Großkommentare der Praxis

STAUB

Handelsgesetzbuch

Großkommentar

Begründet von Hermann Staub

5., neu bearbeitete Auflage

herausgegeben von

Claus-Wilhelm Canaris
Mathias Habersack
Carsten Schäfer

Fünfter Band

§§ 238–289a

Bearbeiter:

§§ 238–245; 257–263: Moritz Pöschke
§§ 246–253: Detlef Kleindiek
§§ 254–256a: Klaus-Dieter Drüen
§§ 264–288: Rainer Hüttemann/André Meyer
§§ 289–289a: Peter Hommelhoff/Daniela Mattheus

Sachregister: Thomas Vetter

De Gruyter

Bearbeitungsstand: 30. Oktober 2013

Zitiervorschlag: *Hüttemann/Meyer* in Großkomm. HGB, 5A, § 264 Rn 6

Bandherausgeber: Professor Dr. *Carsten Schäfer*, Mannheim

Sachregister: Rechtsanwalt *Thomas Vetter*, Berlin

ISBN 978-3-89949-411-2
eISBN 978-3-89949-855-4

Bibliografische Information der Deutschen Nationalbibliothek

Die Deutsche Nationalbibliothek verzeichnet diese Publikation in der Deutschen Nationalbibliografie; detaillierte bibliografische Daten sind im Internet über http://dnb.d-nb.de abrufbar.

Satz/Konvertierung: Werksatz Schmidt & Schulz GmbH, Gräfenhainichen
Druck: Strauss GmbH, Mörlenbach

∞ Gedruckt auf säurefreiem Papier

Printed in Germany

www.degruyter.com

Verzeichnis der Bearbeiter der 5. Auflage

Professor Dr. **Jochen Axer**, Rechtsanwalt, Wirtschaftsprüfer, Steuerberater, axis Rechtsanwälte, Köln

Dr. **Peter Balzer**, Rechtsanwalt, Sernetz Schäfer Rechtsanwälte, Düsseldorf

Professor Dr. **Benjamin B. von Bodungen**, LL.M. (Auckland), GGS, Heilbronn

Professor Dr. **Ulrich Burgard**, Otto-von-Guericke-Universität Magdeburg

Professor Dr. Dr. h.c. mult. **Claus-Wilhelm Canaris**, Ludwig-Maximilians-Universität München

Professor Dr. **Matthias Casper**, Westfälische Wilhelms-Universität Münster

Dipl.-Kfm. **Andrej Cepuran**, axis Beratungsgruppe, Köln

Professor Dr. **Gerhard Dannecker**, Ruprecht-Karls-Universität Heidelberg

Professor Dr. **Klaus-Dieter Drüen**, Heinrich-Heine-Universität Düsseldorf

Dr. **Raimond Emde**, Rechtsanwalt, Graf von Westphalen, Hamburg

Professor Dr. **Florian Faust**, LL.M. (Univ. of Michigan), Bucerius Law School, Hamburg

Professor Dr. **Stefan Grundmann**, Humboldt-Universität Berlin

Professor Dr. **Mathias Habersack**, Ludwig-Maximilians-Universität München

Dr. **Stephan Harbarth**, LL.M. (Yale), Rechtsanwalt, SZA Schilling, Zutt & Anschütz, Mannheim

Professor Dr. h.c. mult. **Peter Hommelhoff**, Ruprecht-Karls-Universität Heidelberg

Professor Dr. **Rainer Hüttemann**, Dipl.-Volksw., Rheinische Friedrich-Wilhelms-Universität Bonn

Professor Dr. **Detlev Joost**, Universität Hamburg

Professor Dr. **Christian Kersting**, LL.M. (Yale), Heinrich-Heine-Universität Düsseldorf

Professor Dr. **Peter Kindler**, Ludwig-Maximilians-Universität München

Professor Dr. **Detlef Kleindiek**, Universität Bielefeld

Professor Dr. **Jens Koch**, Rheinische Friedrich-Wilhelms-Universität Bonn

Professor Dr. **Ingo Koller**, Universität Regensburg

Dr. **Ernst-Thomas Kraft**, Rechtsanwalt, Hengeler Mueller, Frankfurt am Main

Dr. **Stefan Kröll**, LL.M. (London), Rechtsanwalt, Köln

Daniela Mattheus, Ernst & Young Wirtschaftsprüfungsgesellschaft, Berlin

Privatdozent Dr. **André Meyer**, LL.M., Rheinische Friedrich-Wilhelms-Universität Bonn

Professor Dr. **Hartmut Oetker**, Universität zu Kiel

Professor Dr. **Karsten Otte**, M.J.C. (Austin), Direktor bei der Bundesnetzagentur, Bonn

Dr. **Moritz Pöschke**, LL.M. (Havard), Rechtsanwalt, Mülheim an der Ruhr

Dr. **Moritz Renner**, Humboldt-Universität zu Berlin

Professor Dr. **Carsten Schäfer**, Universität Mannheim

Professor Dr. **Patrick Schmidt**, Universität Mannheim

Professor Dr. **Jan Schürnbrand**, Eberhard-Karls-Universität Tübingen

Professor Dr. **Martin Schwab**, Freie Universität Berlin

Professor Dr. **Jan Thiessen**, Eberhard-Karls-Universität Tübingen
Professor Dr. **Christoph Weber**, Julius-Maximilians-Universität Würzburg
Professor Dr. **Jens Wüstemann**, Universität Mannheim

Vorwort zur 5. Auflage

Die fünfte Auflage des von Hermann Staub begründeten Großkommentars zum HGB fällt in eine Epoche, die das Handelsrecht – und mit ihm seine Kommentatoren – vor große Herausforderungen stellt. Sah sich das HGB, vom Bilanzrichtliniengesetz abgesehen, über Jahrzehnte nur punktuellen und überwiegend marginalen Änderungen ausgesetzt, so haben Tempo und Intensität der Reformen während der vergangenen fünfzehn Jahre ganz erheblich zugenommen. Das Handelsrechtsreformgesetz 1998, die Schuldrechtsreform, das Bilanzkontroll- und das Bilanzrechtsreformgesetz, das EHUG und zuletzt das MoMiG und das BilMoG – all diese und weitere Änderungsgesetze haben, vielfach gemeinschaftsrechtlichen Vorgaben Rechnung tragend, tiefgreifende Änderungen des Textes und der Systematik des HGB bewirkt, die es in der Neuauflage aufzubereiten und in ihren praktischen Folgen zu würdigen gilt.

Anspruch und inhaltliche Konzeption des Kommentars haben gegenüber der Vorauflage keine Änderungen erfahren: Nach wie vor soll der Kommentar in einer sowohl wissenschaftlichen Ansprüchen genügenden als auch die Belange und Gepflogenheiten der Praxis berücksichtigenden Art und Weise über den Stand der Diskussion informieren und Entwicklungslinien aufzeigen. Im Unterschied zur Vorauflage erscheint die Neuauflage freilich nicht mehr in Einzellieferungen, sondern in Bänden. Fünfzehn Bände sind vorgesehen, und damit liegt die Gesamtzahl über derjenigen der Vorauflage, was aber vor allem auf eine neue Bandeinteilung zurückzuführen ist. Diese wiederum soll es ermöglichen, einzelne Bände je nach Bedarf und unabhängig von andern Bänden in neuer Bearbeitung vorzulegen, ohne dass damit eine Neuauflage des Gesamtwerkes verbunden sein müsste. Mit der Neuauflage des Staub soll also eingeführt werden, was für die dreizehnte Auflage des Staudinger längst bewährte Realität ist. Der Abschluss der fünften Auflage ist für das Jahr 2015 vorgesehen.

Unter den Autoren sind *Claus-Wilhelm Canaris*, der bereits – zusammen mit *Wolfgang Schilling* und *Peter Ulmer* – Mitherausgeber der vierten Auflage war, *Mathias Habersack* und *Carsten Schäfer* mit der Herausgeberaufgabe betraut worden. Die wissenschaftliche Verantwortung der Bearbeiter für den von ihnen jeweils übernommenen Teil der Kommentierung bleibt unberührt.

Der jetzt vorgelegte Band 5 umfasst die Kommentierung der §§ 238 bis 288 sowie eine Erläuterung zu den §§ 289 und 289a. Die Kommentierung der – in der Vorauflage von *Uwe Hüffer* besorgten – §§ 238 bis 245 sowie der §§ 257 bis 263 hat *Moritz Pöschke* übernommen. Die §§ 246 bis 253 liegen erneut in den Händen von *Detlef Kleindiek*; für die §§ 254 bis 256a ist jetzt *Klaus-Dieter Drüen* verantwortlich. Die §§ 264 bis 288 werden von *Rainer Hüttemann* und *André Meyer* kommentiert. Bei den §§ 289 und 289a zeichnen sich seit 2012 erhebliche Veränderungen auf europäischer Ebene ab, deren Niederschlag im deutschen Recht gegenwärtig noch nicht abzusehen ist. Daher erscheint in diesem Band lediglich eine knappe Erläuterung; eine ausführliche Kommentierung des neuen Rechts wird *Peter Hommelhoff* in einem Nachtragsband zu Band 5 vorlegen.

November 2013 Herausgeber und Verlag

Inhaltsübersicht

DRITTES BUCH

Handelsbücher

Abkürzungsverzeichnis

aA	anderer Ansicht
aaO	am angegebenen Ort
abl.	ablehnend
ablehn.	ablehnend
Abs.	Absatz
Abschn.	Abschnitt
abw.	abweichend
AcP	Archiv für civilistische Praxis
ADAC	Allgemeiner Deutscher Automobil-Club
ADHGB	Allgemeines Deutsches Handelsgesetzbuch v. 1861
aE	am Ende
a.F.	alte Fassung
AG	1. Amtsgericht 2. Aktiengesellschaft
AGB	Allgemeine Geschäftsbedingungen
AGG	Allgemeines Gleichbehandlungsgesetz
AiB	Arbeitsrecht im Betrieb
AktG	Aktiengesetz
Aktz.	Aktenzeichen
allg.	allgemein
allgM	allgemeine Meinung
a.M.	andere(r) Meinung
amtl. Begr.	Amtliche Begründung
AnfG	Anfechtungsgesetz
Anh.	Anhang
Anl.	Anleitung
Anm.	Anmerkung(en)
AO	1. Amtsordnung (Schleswig Holstein) 2. Abgabenordnung
AöR	Archiv des öffentlichen Rechts
AP	Arbeitsrechtliche Praxis
ApothekenBetrO	Apothekenbetriebsordnung
ApothekenG	Apothekengesetz
ArbG	Arbeitsgericht
ArbGG	Arbeitsgerichtsgesetz
AR-Blattei	Arbeitsrecht-Blattei
ArbR	Arbeitsrecht
ArbstättVO	Arbeitsstättenverordnung
ArbZG	Arbeitszeitgesetz
ArchBürgR	Archiv für Bürgerliches Recht
Art.	Artikel
AÜG	Arbeitnehmerüberlassungsgesetz
Aufl.	Auflage
AV	Ausführungsverordnung
AWD	Allgemeiner Wirtschaftsdienst
AZR	Gesetz über das Ausländerzentralregister

Baden-Württ.	Baden-Württemberg
BaFin	Bundesfinanzaufsicht
BAnz	Bundesanzeiger
BauspG	Gesetz über Bausparkassen
BayERVV	Bayerische Verordnung über den elektronischen Rechtsverkehr und elektronische Verfahren (E-Rechtsverkehrsverordnung – ERVV)
BaWüNotZ	Baden-Württembergische Notarzeitung
BayObLG	Bayerisches Oberlandesgericht
BayZ	Bayerische Zeitung
BAG	Bundesarbeitsgericht
BAO	Bundesabgabenordnung
BÄO	Bundesärzteordnung
BB	Der Betriebs-Berater
BBiG	Berufsbildungsgesetz
BC	Zeitschrift für Bilanzierung, Rechnungswesen und Controlling
Bd.	Band
Bek. v.	Bekanntmachung vom
Begr.	Begründung
Beschl.	Beschluss
BetrAVG	Gesetz zur Verbesserung der betrieblichen Altersversorgung (Betriebsrentengesetz)
BetrVG	Betriebsverfassungsgesetz
BeurkG	Beurkundungsgesetz
BfA	Bundesversicherungsanstalt für Angestellte
BFH	Bundesfinanzhof
BFHE	Entscheidungen des Bundesfinanzhofes
BGB	Bürgerliches Gesetzbuch vom 18.8.1896
BGBl.	Bundesgesetzblatt
BGH	Bundesgerichtshof
BGHR	BGH-Rechtsprechung, hrsg. von den Richtern des Bundesgerichtshofes
BGHZ	Entscheidungen des Bundesgerichtshofes in Zivilsachen
BKartA	Bundeskartellamt
BKR	Zeitschrift für Bank- und Kapitalmarktrecht
Bl.	Blatt
BMJ	Bundesministeriums der Justiz
BNotO	Bundesnotarordnung
BoHdR	Bonner Handbuch der Rechnungslegung
BörsG	Börsengesetz
BörsZulV	Börsenzulassungsverordnung
BPatG	Bundespatentgericht
BPatGE	Entscheidungen des Bundespatentgerichts
BR-Drucks.	Bundesratsdrucksache
BRAGO	Bundesgebührenordnung für Rechtsanwälte
BRAK-Mitt	Mitteilungen der Bundesrechtsanwaltskammer
BStBl	Bundessteuerblatt
BT	Bundestag
BT-Drucks.	Bundestagsdrucksache
BUrlG	Bundesurlaubsgesetz vom 8.1.1963
BVerfG	Bundesverfassungsgericht
BVerfGE	Entscheidungen des Bundesverfassungsgerichts
BVK	Bayerische Versicherungskammer
BWNotZ	Zeitschrift für das Notariat in Baden-Württemberg
bzgl.	bezüglich
bzw.	beziehungsweise

CDH	Centralvereinigung Deutscher Wirtschaftsverbände für Handelsvermittlung und Vertrieb e.V.
cic	culpa in contrahendo
CISG	United Nations Convention on Contracts for the International Sale of Goods, UN-Kaufrecht
DAR	Deutsches Autorecht
DAV	Deutscher Anwaltsverein
ders.	derselbe
DB	Der Betrieb
DCGK	Deutscher Corporate Governance Kodex
d.h.	das heißt
dies.	dieselbe(n)
DIHT	Deutscher Industrie- und Handelstag
Dipl.	Diplom
Diss	Dissertation
DJT	Deutscher Juristentag
DNotZ	Deutsche Notarzeitung
DR	Deutsches Recht
DStR	1. Deutsche Steuerrundschau 2. Deutsches Strafrecht
DV	1. Durchführungsverordnung 2. Deutsche Verwaltung
DZWIR	Deutsche Zeitschrift für Wirtschafts- und Insolvenzrecht
E	Entscheidung
EBE/BGH	Eildienst Bundesgerichtliche Entscheidungen
EBJS	Ebenroth/Boujong/Joost/Strohn
EDV	elektronische Datenverarbeitung
EFG	Entscheidungen der Finanzgerichte
EFZG	Entgeltfortzahlungsgesetz
EG	Europäische Gemeinschaft
EGBGB	Einführungsgesetz zum Bürgerlichen Gesetzbuch
EGHGB	Einführungsgesetz zum Handelsgesetzbuch
EGInsO	Einführungsgesetz zur Insolvenzordnung
EGVP	Elektronisches Gerichts- und Verwaltungspostfach
EGVVG	Einführungsgesetz zum Versicherungsvertragsgesetz
ehem.	ehemalige
EHUG	Gesetz über elektronische Handelsregister und Genossenschaftsregister sowie das Unternehmensregister
einh.	Einheitlich
Einl.	Einleitung
e.K.	Eingetragener Kaufmann/Eingetragene Kauffrau
Entsch.	Entscheidung
ErbStG	Erbschaftsteuer- und Schenkungsteuergesetz
E-Register	elektronisches Register
ERJuKoG	Gesetz über elektronische Register und Justizkosten für Telekommunikation
Erl.	Erläuterung
EStG	Einkommenssteuergesetz
etc.	et cetera
EU	Europäische Union
EuGH	Europäischer Gerichtshof
EuGHE	Entscheidungen des Europäischen Gerichtshofs
EuG	Europäisches Gericht Erster Instanz
EuGVVO	Verfahrensverordnung des Europäischen Gerichts Erster Instanz vom 1.3.2002

EuGVÜ	Übereinkommen über die gerichtliche Zuständigkeit und die Vollstreckung von Entscheidungen in Zivil- und Handelssachen, vom 27.9.1968, seit dem 1.3.2002 weitgehend durch die EuGVVO ersetzt
EuInsVO	Europäische Insolvenzverordnung
EuLF	European Law Forum
EuZVO	Europäische Zustellungsverordnung
EuZW	Europäische Zeitung für Wirtschaftsrecht
EuroEG	Euro- Einführungsgesetz
EWiR	Entscheidungen zum Wirtschaftsrecht
EWIV	Europäische wirtschaftliche Interessenvereinigung
EWR	Europäischer Wirtschaftsraum
EWS	1. Europäisches Währungssystem 2. Europäisches Wirtschafts- und Steuerrecht
EV	1. Eigentumsvorbehalt 2. Einführungsverordnung
EzA	Entscheidungssammlung zum Arbeitsrecht
f	folgende
FamFG	Familienverfahrensgesetz
FAZ	Frankfurter Allgemeine Zeitung
FeiertagslohnzahlungsG	Feiertagslohnzahlungsgesetz
ff	fortfolgende
FG	Finanzgericht
FGG	Gesetz über die Freiwillige Gerichtsbarkeit
FGPrax	Praxis der freiwolligen Gerichtsbarkeit
Fn	Fußnote
FS	Festschrift
GBO	Grundbuchordnung
GbR	Gesellschaft bürgerlichen Rechts
gem.	gemäß
GenG	Genossenschaftsgesetz
GewO	Gewerbeordnung
GesRZ	Der Gesellschafter
GG	Grundgesetz
ggf.	gegebenenfalls
GK	Großkommentar
GmbH	Gesellschaft mit beschränkter Haftung
GmbHG	Gesetz betreffend die Gesellschaften mit beschränkter Haftung
GmbHR	GmbH-Rundschau
GenG	Genossenschaftsgesetz
GewO	Gewerbeordnung
GewStG	Gewerbesteuergesetz
GoA	Geschäftsführung ohne Auftrag
GOÄ	Gebührenordnung für Ärzte
GOZ	Gebührenordnung für Zahnärzte
GREStG	Grunderwerbsteuergesetz
GRUR	Gewerblicher Rechtsschutz und Urheberrecht
GRUR-RR	Gewerblicher Rechtsschutz und Urheberrecht/Rechtsprechungsreport
GSG	Gerätesicherheitsgesetz
GV	Gebührenverzeichnis
GVG	Gerichtsverfassungsgesetz
GVO	Gerichtsvollzieherordnung
GWB	Gesetz gegen Wettbewerbsbeschränkungen

hA	herrschende Ansicht
HAG	1. Heimarbeitsgesetz 2. Hessisches Ausführungsgesetz
Halbbd.	Halbband
HansGZ	Hanseatische Gerichtszeitschrift
HandelsR	Handelsrecht
Hdb.	Handbuch
HdJ	Handbuch des Jahresabschlusses
HdR-EA	Handbuch der Rechnungslegung – Einzelabschluss
HGB	Handelsgesetzbuch
HK	Handelskammer
HKO	Haager Landkriegsordnung
hL	herrschende Lehre
hM	herrschende Meinung
HOAI	Honorarordnung für Architekten und Ingenieure in der Bekanntmachung vom 4.3.1991
HRefG	Handelsrechtsreformgesetz vom 22.6.1998
HRegGebV	Verordnung über Gebühren in Handels, Partnerschafts- und Genossenschaftsregistersachen Handelsregistergebührenverordnung)
HRegGebNeuOG	Handelsregistergebühren-Neuordnungsgesetz
HRR	Höchstrichterliche Rechtsprechung
Hrsg.	Herausgeber
HRV	Verordnung über die Einrichtung und Führung des Handelsregisters
Hs./Hs	Halbsatz
HSG	Hochschulgesetz
HuRB	Handwörterbuch unbestimmter Rechtsbegriffe im Bilanzrecht des HGB
HV	Handelsvertreter
HVR	Humanitäres Völkerrecht
HVuHM	Der Handelsvertreter und Handelsmarker
HWK	Handwerkskammer
ICC	1. Intergovernmental Copyright Committee 2. International Chamber of Commerce
i.d.F.	in der Fassung
i.d.R.	in der Regel
IDW	Institut der Wirtschaftsprüfer
i.E.	im Ergebnis
i.e.S.	im engeren Sinne
IFSt	Institut Finanzen und Steuern
IHR	Internationales Handelsrecht
insbes.	insbesondere
Ind.- u. Handelsk.	Industrie- und Handelskammer
InsO	Insolvenzordnung
InsoBekV	Verordnung zu öffentlichen Bekanntmachungen in Insolvenzverfahren im Internet
InvG	Investmentgesetz
InvStG	Investmentsteuergesetz
IPRax	Praxis des Internationalen Privat- und Verfahrensrechts
IPRsp.	Die Deutsche Rechtsprechung auf dem Gebiet des internationalen Privatrechts
i.S.d.	im Sinne des
i.S.v.	im Sinne von
i.V.m.	in Verbindung mit
i.w.S.	im weiteren Sinne

IZPR	Das Internationale Zivilprozess
JA	Juristische Arbeitsblätter
JbFSt	Jahrbuch der Fachanwälte für Steuerrecht
jew.	jeweils
JMBl.	Justizministerialblatt
JR	Juristische Rundschau
JRPV	Juristische Rundschau für Privatversicherung
JURA	Juristische Ausbildung
JuS	Juristische Schulung
JVKostO	Justizverwaltungskostengesetz
JW	Juristische Wochenschrift
JZ	Juristenzeitung
Kart	Kartell
Kfm.	Kaufmann
KFR	Kommentierte Finanzrechtsprechung
Kfz	Kraftfahrzeug
KG	1. Kammergericht 2. Kommanditgesellschaft
KGaA	Kommanditgesellschaft auf Aktien
KGJ	Jahrbuch für Entscheidungen des Kammergerichts in Sachen der freiwilligen Gerichtsbarkeit und Kosten-, Stempel- und Strafsachen
KO	1. Kassenordnung 2. Konkursordnung
KOM	Kommissionsdokumente
Königl.	Königlich
KÖSDI	Kölner Steuerdialog
KostG	Kostengesetz
KostO	Kostenordnung
krit.	kritisch
KSchG	Kündigungsschutzgesetz in der Bekanntmachung vom 25.8.1969
KTS	Konkurs-, Treuhand- und Schiedsgerichtswesen
KWG	1. Kommunalwahlgesetz 2. Kreditwesengesetz
LAG	Landesarbeitsgericht
LG	Landgericht
lit.	litera
LM	Nachschlagewerk des Bundesgerichtshofes, hrsg. v. Lindemaier
LS	1. Landessatzung 2. Leitsatz
Ltd.	Private Company Limited by Shares
LVA	Landesversicherungsanstalt
LZ	Leipziger Zeitschrift für Deutsches Recht
m.	mit
M.	Meinung
MarkenG	Markengesetz
m.a.W.	mit anderen Worten
m. Bespr.	mit Besprechung
mglw.	möglicherweise
MitbestG	Mitbestimmungsgesetz
MittRhNotK	Mitteilungen Rheinische Notar-Kammer
MittBayNot	Mitteilungen der Bayerischen Notarkammer

MiZi	Mitteilungen in Zivilsachen
mN	mit Nachweisen
MoMiG	Gesetz zur Modernisierung des GmbH-Rechts und zur Bekämpfung von Missbräuchen
MuW	Markenschutz und Wettbewerb
mwN	mit weiteren Nachweisen
m.W.v.	mit Wirkung vom
Nachw.	Nachweise
NaStraG	Gesetz zur Namensaktie und zur Erleichterung der Stimmrechtsausübung
NdsRpfl.	Niedersächsische Rechtspflege
n.F.	neue Fassung
NJOZ	Neue Juristische Online Zeitschrift
NJW	Neue Juristische Wochenschrift
NJW-RR	Neue Juristische Wochenschrift, Rechtssprechungsreport
NotBZ	Zeitschrift für die notarielle Beurkundungspraxis
Nr.	Nummer
NRW	Nordrhein-Westfalen
n.v.	nicht veröffentlicht
NWB	NWB Steuer- und Wirtschaftsrecht (bis 2008: Neue Wirtschafts-Briefe für Steuer- und Wirtschaftsrecht)
NZA	Neue Zeitschrift für Arbeits- und Sozialrecht
NZA-RR	Neue Zeitschrift für Arbeits- und Sozialrecht, Rechtsprechungsreport
NZG	Neue Zeitschrift für Gesellschaftsrecht
NZI	Neue Zeitschrift für das Recht der Insolvenz und Sanierung
NZM	Neue Zeitschrift für Miet- und Wohnungsrecht
o.	oben
o.ä.	oder ähnliches
OFD	Oberfinanzdirektion
österr.	Österreichisches
(ö)OGH	Oberster Gerichtshof (Österreich)
OGHZ	Entscheidungen des Obersten Gerichtshofs für die Britische Zone in Zivilsachen
OHG	Offene Handelsgesellschaft
OLG	Oberlandesgericht
OLGR	OLG-Report: Zivilrechtsprechung der Oberlandesgerichte
OWiG	Ordnungswidrigkeitengesetz
PartGG	Partnerschaftsgesellschaftsgesetz
PflegeVG	Pflege-Versicherungsgesetz
PiR	NWB Internationale Rechnungslegung
ppa.	per procura (in Vollmacht)
ProdHaftG	Produkthaftungsgesetz
PublG	Publizitätsgesetz
PucheltsZ	Zeitschrift für französisches Zivilrecht
RabelsZ	Zeitschrift für ausländisches und internationales Privatrecht
RAG	Reichsarbeitsgericht
RAG ARS	Reichsarbeitsgericht, Arbeitsrechts-Sammlung (Entscheidungen des Reichsarbeitsgerichts und des Reichsehrengerichts, der Landesarbeitsgerichte, Arbeitsgerichte und Ehrengerichte, 1928 ff)
RBerG	Rechtsberatungsgesetz
RdA	Recht der Arbeit

Rdn	Randnummer
Rdsch.	Rundschau
RdW	Das Recht der Wirtschaft
RegBegr	Regierungsbegründung
RegE	Regierungsentwurf
RG	1. Reichsgericht 2. Reichsgesetz
RGSt	Entscheidungen des Reichsgerichts in Strafsachen
RGZ	Entscheidungen des Reichsgerichts in Zivilsachen
RIW	Recht der Internationalen Wirtschaft
RJA	Entscheidungen in Angelegenheiten der freiwilligen Gerichtsbarkeit und des Grundbuchrechts, zusammengestellt im Reichsjustizamt
RKS	Rechtsprechung kaufmännischer Schiedsgerichte
RL	Richtlinie
RNotZ	Rheinische Notar-Zeitschrift
Rn	Randnummer
ROHG	Reichsoberhandelsgericht
ROHGE	Entscheidungen des Reichsoberhandelsgerichts
Rpfleger	Rechtspfleger
RPflG	Rechtspflegergesetz
Rs.	Rechtssache
Rspr.	Rechtsprechung
RuS	Recht und Schaden
Rz	Randziffer
s.	siehe
S.	1. Seite 2. Satz
s.a.	siehe auch
SAE	Sammlung arbeitsgerichtlicher Entscheidungen
Sächs.	Sächsisch
ScheckG	Scheckgesetz vom 14.8.1933
SE	Societas Europaea – Europäische Gesellschaft
SEAG	Gesetz zur Ausführung der Verordnung des Rates über das Statut der Europäischen Gesellschaft (SE)
Sg	Sozialgericht
SGB	Sozialgesetzbuch
SigG	Signaturgesetz
Slg.	Sammlung
sog.	Sogenannte
SpruchG	Gesetz über das gesellschaftsrechtliche Spruchverfahren – Spruchverfahrensgesetz
st.	ständige
Stgb	Die Steuerberatung
StBp	Die steuerliche Betriebsprüfung
std. Rspr.	ständige Rechtsprechung
StGB	Strafgesetzbuch
str.	strittig
StuB	Zeitschrift für das Steuerrecht und die Rechnungslegung der Unternehmen
StuW	Steuer und Wirtschaft
s.u.	siehe unten
TB-Merkmale	Tatbestandsmerkmale
TDG	Gesetz über die Nutzung von Telediensten – Teledienstegesetz

teilw.	teilweise
TranspR	Transportrecht
TUG	Transparenzrichtlinie-Umsetzungsgesetz
TVG	Tarifvertragsgesetz
Tz	Teilziffer
TzBfG	Teilzeit- und Befristungsgesetz
u.a.	unter anderem
u.ä.	und ähnliches
Ubg	Die Unternehmensbesteuerung
UG	Unternehmergesellschaft
umf.	umfassend
UmwG	Umwandlungsgesetz
unstr.	unstrittig
Unterabs.	Unterabsatz
UrhG	Urheberrechtsgesetz
Urt.	Urteil
URV	Verordnung über das Unternehmensregister
usf.	und so fort
UWG	Gesetz gegen den unlauteren Wettbewerb
u.U.	unter Umständen
v.	von/vom
VAG	Versicherungsaufsichtsgesetz
VerBAV	Veröffentlichungen des Bundesaufsichtsamtes für das Versicherungswesen
VerkprospG	Verkaufsprospektgesetz
VersVerm	Versicherungsvermittlung
Vertikal-GVO	Die Gruppenfreistellungsverordnung für vertikale Vereinbarungen
VertriebsR	Vertriebsrecht
VGA	Bundesverband der Geschäftsstellenleiter und Assekuranz
Vgl.	Vergleiche
v.H.	von Hundert
VO	Verordnung
Voraufl.	Vorauflage
Vorb.	Vorbemerkung
VRS	Verkehrsrechts-Sammlung
VvaG	Versicherungsverein auf Gegenseitigkeit
VVG	Gesetz über den Versicherungsvertrag
VW	Versicherungswirtschaft
VwVfG	Verwaltungsverfahrensgesetz
WarnRprs	1. Rechtsprechung des Reichsgerichts auf dem Gebiete des Zivilrechts, soweit sie nicht in der amtlichen Sammlung der Entscheidungen des RG abgedruckt ist, hrsg. v. Warnmeyer 2. Sammlung zivilrechtlicher Entscheidungen des Reichsgerichts hrsg. von Buchwald (Begründet von Warnmeyer)
WechselG	Wechselgesetz
weit.	weitere(n)
WG	1. Wassergesetz 2. Wechselgesetz 3. Wohnwirtschaftliche Gesetzgebung
WM	1. Wertpapier Mitteilungen, Zeitschrift für Wirtschafts- und Bankrecht 2. Wohnwirtschaft und Mietrecht
wN	weitere Nachweise

WpAIV	Wertpapierhandelsanzeige- und Insiderverzeichnisverordnung
WPg	Die Wirtschaftsprüfung
WpHG	Wertpapierhandelsgesetz
WPO	Gesetz über eine Berufsordnung der Wirtschaftsprüfer. (Wirtschaftsprüferordnung)
WpÜG	Wertpapiererwerbs- und Übernahmegesetz
WRP	Wettbewerb in Recht und Praxis
WuW	Wirtschaft und Wettbewerb
WuW-E	Wirtschaft und Wettbewerb, Entscheidungen zum Kartellrecht
WVK	Wiener Vertragsrechtskonvention
Z	(in Zusammenhängen) Zeitschrift, Zeitung, Zentralblatt
z.B.	zum Beispiel
ZBH	Zentralblatt für Handelsrecht
ZBR	Zeitschrift für Beamtenrecht
ZErb	Zeitschrift für die Steuer- und Erbrechtspraxis
ZEuP	Zeitschrift für Europäisches Privatrecht
ZEV	Zeitschrift für Erbrechts- und Vermögensnachfolge
ZfA	Zeitschrift für Arbeitsrecht
ZfLR	Zeitschrift für Immobilienrecht
ZfV	1. Zeitschrift für Versicherungswesen 2. Zeitschrift für Verwaltung
ZGR	Zeitschrift für Unternehmens- und Gesellschaftsrecht
ZHR	Zeitschrift für das gesamte Handelsrecht und Wirtschaftsrecht
ZIP	Zeitschrift für Wirtschaftsrecht
ZInsO	Zeitschrift für das gesamte Insolvenzrecht
ZPO	Zivilprozessordnung
ZR	Zivilrecht
ZRP	Zeitschrift für Rechtspolitik
ZS	Zivilsenat
ZSR	1. Zeitschrift für Schweizerisches Recht 2. Zeitschrift für Sozialrecht
z.T.	zum Teil
zust.	zustimmend
ZustErgG	Zuständigkeitsergänzungsgesetz
zutr.	zutreffend
ZVersWiss	Zeitschrift für Versicherungswissenschaft
ZVglRWi(ss)	Zeitschrift für vergleichende Rechtswissenschaft
zwh.	zweifelhaft

Verzeichnis der abgekürzt zitierten Literatur

zu

Staub, Handelsgesetzbuch
Großkommentar

Abkürzungen der 5. Aufl.

Soweit andere als im nachfolgenden Verzeichnis angegebene Auflagen zitiert werden, sind diese mit einer hochgestellten Ziffer gekennzeichnet.

Adler	Das Handelsregister, seine Öffentlichkeit und sein öffentlicher Glaube, 1908
ADS	Adler/Düring/Schmaltz (Hrsg.),Rechnungslegung und Prüfung der Unternehmen, Stuttgart, 6. Aufl. 1995–2000
ADS International	Adler/Düring/Schmaltz (Hrsg.), Rechnungslegung nach Internationalen Standards, Stuttgart, 7. Ergänzungslieferung August 2011 (Loseblatt)
AnwKommBGB	Dauner-Lieb/Heidel/Ring (Hrsg.), Anwaltkommentar BGB, 6 Bd., Bonn, 2. Aufl. 2012
Assmann/Schütze/*Bearbeiter*	Assmann/Schütze (Hrsg.), Handbuch des Kapitalanlagerechts, München, 3. Aufl. 2007
Baetge et al./*Bearbeiter*	Baetge/Wollmert/Kirsch/Oser/Bischof (Hrsg.), Rechnungslegung nach IFRS, Stuttgart, 2. Aufl. 2011 (Loseblatt)
Baetge/Kirsch/Thiele/*Bearbeiter*	Baetge/Kirsch/Thiele (Hrsg.) Bilanzrecht, Bonn/Berlin, 49. Ergänzungslieferung Mai 2013 (Loseblatt)
Ballwieser et al./*Bearbeiter*	Ballwieser/Beine/Hayn/Peemöller/Schruff/Weber (Hrsg.), Wiley IFRS-Handbuch 2010, Weinheim, 7. Aufl. 2011
Bamberger/Roth	Kommentar zum Bürgerlichen Gesetzbuch, 3 Bd., München, 3. Aufl. 2012
Bassenge/Roth FamFG/RPflG	Bassenge/Roth, Gesetz über die Angelegenheiten der freiwilligen Gerichtsbarkeit. Rechtspflegergesetz, Kommentar, Heidelberg, 12. Aufl. 2009
Bauer/Diller Wettbewerbsverbote	Bauer/Diller, Wettbewerbsverbote, München, 6. Aufl. 2012
Baumbach/Hefermehl/Casper	Baumbach/Hefermehl/Casper, Wechselgesetz, Scheckgesetz, Recht der kartengestützten Zahlungen: WG,
WechselG u. ScheckG	ScheckG, Kartengestützte Zahlungen, München, 23. Aufl. 2008
Baumbach/Hueck/*Bearbeiter* GmbHG	Baumbach/Hueck, GmbH-Gesetz, München, 20. Aufl. 2013
Baumbach/Hopt/*Bearbeiter*	Baumbach/Hopt, Handelsgesetzbuch, München, 35. Aufl. 2012
Baumbach/Lauterbach/Albers/ *Bearbeiter*	Baumbach/Lauterbach/Albers/Hartmann, Zivilprozessordnung: ZPO, München, 70. Aufl. 2012
Baums	Eintragung und Löschung von Gesellschafterbeschlüssen, 1981

Beck-HdR-*Bearbeiter*	Beck'sches Handbuch der Rechnungslegung, Castan/Böcking/Heymann/Pfitzer/Scheffler (Hrsg.), München 40. Aufl. 2013(Loseblatt)
Beck IFRS-Hdb-*Bearbeiter*	Beck'sches IFRS-Handbuch, Bohl/Riese/Schlüter (Hrsg.), München, 4. Aufl. 2013
BeckRS	Beck Rechtsprechung
Beck BilKomm-*Bearbeiter*	Ellrott/Förschle/Hoyos/Winkeljohann (Hrsg.), Beck'scher Bilanz-Kommentar, München, 8. Aufl. 2012
BoHdR-*Bearbeiter*	Hofbauer/Kupsch, Bonner Handbuch der Rechnungslegung, Loseblatt, Stand 2012
Bohl/Riese/Schlüter/*Bearbeiter*	Bohl/Riese/Schlüter (Hrsg.), Beck'sches IFRS-Handbuch, München, 4. Aufl. 2013
Bohnert OWiG	Bohnert, OWiG, Kommentar zum Ordnungswidrigkeitenrecht, München, 3. Aufl. 2010
Bokelmann Firmenrecht	Das Recht der Firmen- und Geschäftsbezeichnungen, Freiburg, 5. Aufl. 2000
Boos/Fischer/Schulte-Mattler/*Bearbeiter* KWG	Boos/Fischer/Schulte-Mattler (Hrsg.), Kreditwesengesetz: KWG, München, 4. Aufl. 2012
Bork	Bork, Der Vergleich, Berlin 1988
Braun, InsO	Braun (Hrsg.), Insolvenzordnung: InsO, München, 5. Aufl. 2012 zitiert: *Bearbeiter* in: Braun, InsO
Brox/Henssler	Brox/Henssler, Handelsrecht mit Grundzügen des Wertpapierrechts, München, 21. Aufl. 2011
Brox/Walker	Brox/Walker, Allgemeiner Teil des BGB, Berlin, 37. Aufl. 2013
Bruck/Möller	Baumann, Horst/Beckmann, Roland Michael/Johannsen, Katharina/Johannsen, Ralf (Hrsg.), Großkommentar zum Versicherungsvertragsgesetz, Berlin, 9. Aufl. 2008 ff
Bürgers/Körber/*Bearbeiter* AktG	Bürgers/Körber (Hrsg.), Heidelberger Kommentar zum Aktiengesetz, Heidelberg, 2. Aufl. 2011
Bumiller/Harders FamFG	Kommentar zum Gesetz über das Verfahren in Familiensachen und in den Angelegenheiten der freiwilligen Gerichtsbarkeit, München, 10. Aufl. 2011
Busse von Colbe/Ordelheide Konzernabschlüsse	Busse von Colbe, Walther/Ordelheide, Dieter, Konzernabschlüsse, 9. Aufl. 2009
Canaris Handelsrecht	Canaris, Claus-Wilhelm, Handelsrecht, München, 24. Aufl. 2006
Canaris Vertrauenshaftung	Canaris, Claus-Wilhelm, Die Vertrauenshaftung im deutschen Privatrecht, München 1971
Christ/Müller-Helle	Veröffentlichungspflichten nach dem neuen EHUG, Freiburg 2007
Deloitte iGAAP 2011	Deloitte (Hrsg.), iGAAP 2011, London, 4. Aufl. 2010
Düringer/Hachenburg	Düringer, Adelbert/Hachenburg, Max, Das Handelsgesetzbuch vom 10. Mai 1897 (unter Ausschluß d. Seerechts) auf d. Grundlage d. Bürgerl. Gesetzbuchs, Mannheim 1935
Ebenroth/Boujong/Joost/Strohn/*Bearbeiter*; EBJS	Ebenroth/Boujong/Joost/Strohn (Hrsg.), Handelsgesetzbuch: HGB, Band 1 §§ 1–342e, München, 2. Aufl. 2008, Band 2 §§ 343–475h, München, 2. Aufl. 2009
Ehrenbergs Hdb	Ehrenbergs Handbuch des gesamten Handelsrechts, 5. Band, I. Abteilung, 1. Hälfte, 1. Lieferung, 1926
Eidenmüller	Ausländische Kapitalgesellschaften im deutschen Recht, München 2004

Emmerich/Habersack KonzernR	Konzernrecht, München, 9. Aufl. 2008
Ensthaler	Ensthaler (Hrsg.), Gemeinschaftskommentar zum Handelsgesetzbuch: HGB, Neuwied, 7. Aufl. 2007, zitiert: *Bearbeiter* in: Ensthaler
Erman/*Bearbeiter*	Erman, Bürgerliches Gesetzbuch, Kommentar, Köln, 13. Aufl. 2011
Ernst & Young International GAAP 2011	Ernst & Young (Hrsg.), International GAAP 2011, Chichester 2011
Fezer MarkenG	Markenrecht, Kommentar, München, 4. Aufl. 2009
FK-InsO/*Bearbeiter*	Wimmer (Hrsg.), Frankfurter Kommentar zur Insolvenzordnung, München, 7. Aufl. 2013
Fleischhauer/Preuß	Handelsregisterrecht – Verfahren – Anmeldemuster – Erläuterungen, Berlin, 2. Aufl. 2010
Frankfurter Kommentar zum Kartellrecht/*Bearbeiter*	Jaeger, u.a. (Hrsg.), Frankfurter Kommentar zum Kartellrecht, 77. Lieferung Dezember 2012 (Loseblatt)
Gesetzgebungsmaterialien zum ADHGB	Lutz, Protokolle der Kommission zur Berathung eines allgemeinen deutschen Handelsgesetzbuches 1858 ff
Geßler/Hefermehl	Geßler/Hefermehl/Eckardt/Kropff, Aktiengesetz, 1973 ff
v. Gierke/Sandrock Handels- und Wirtschaftsrecht	v. Gierke/Sandrock, Handels- und Wirtschaftsrecht, Berlin, 9. Aufl. 1975
Goldmann	Der Schutz des Unternehmenskennzeichens, Berlin, 2. Aufl. 2005
Großkommentar AktG/*Bearbeiter*	Hopt/Wiedemann (Hrsg.), Aktiengesetz Großkommentar, Berlin, 4. Aufl. 1992 ff
Großkomm/*Bearbeiter*	Staub, Hermann, Handelsgesetzbuch: Großkommentar, Berlin, 5. Aufl. 2008 ff
Großkomm GmbHG/*Bearbeiter*	Ulmer/Habersack/Winter (Hrsg.), Gesetz betreffend die Gesellschaften mit beschränkter Haftung (GmbHG): Großkommentar, Tübingen, 2005 ff
GroßkommUWG/*Bearbeiter*	Jacobs/Lindacher/Teplitzky (Hrsg.), Großkommentar zum UWG, Berlin, 1991 ff
Grüll/Janert Die Konkurrenzklausel	Grüll/Janert, Die Konkurrenzklausel, Heidelberg, 5. Aufl. 1993
Habersack	Habersack, Europäisches Gesellschaftsrecht, München, 4. Aufl. 2011
Hachenburg/*Bearbeiter* GmbHG	Ulmer (Hrsg.), Hachenburg, GmbHG – Gesetz betreffend die Gesellschaften mit beschränkter Haftung, Kommentar, 3 Bd., Berlin, 8. Aufl. 1992/1997
Hahn ADHGB	von Hahn, Friedrich, Das Handelsgesetzbuch vom 10. Mai 1897 (mit Ausschluss des Seerechts) auf der Grundlage des Bürgerlichen Gesetzbuchs, Braunschweig, 4. Aufl. 1894
Handbuch des Außendienstrechts I	Küstner/Thume, Handbuch des gesamten Außendienstrechts, Band I: Das Recht des Handelsvertreters. Ohne Ausgleichsrecht, Heidelberg, 4. Aufl. 2012
HdJ-*Bearbeiter*	von Wysocki/Schulze-Osterloh/Hennrichs/Kuhner (Hrsg.), Handbuch des Jahresabschlusses (HdJ) Rechnungslegung nach HGB und internationalen Standards, Köln, 56. Ergänzungslieferung Mai 2013 (Loseblatt)
Heidel/*Bearbeiter* AktienR	Heidel (Hrsg.), Aktienrecht und Kapitalmarktrecht, Kommentar, Baden-Baden, 4. Aufl. 2013
Herrmann/Heuer/Raupach/*Bearbeiter*	Einkommensteuer- und Körperschaftsteuergesetz mit Nebengesetzen, Köln (256. Ergänzungslieferung) 2013 (Loseblatt)

Hess/Binz/Wienberg Gesamtvollstreckungsordnung	Hess/Binz/Wienberg, Gesamtvollstreckungsordnung, Neuwied, 4. Aufl. 1998
Hess/Weis/Wienberg InsO	Hess/Weis/Wienberg (Hrsg.), Insolvenzordnung, Heidelberg, 2. Aufl. 2001, zitiert: *Bearbeiter* in: Hess/Weis/Wienberg InsO
Heuser/Theile/*Bearbeiter*	Heuser/Theile (Hrsg.), IFRS-Handbuch, Köln, 5. Aufl. 2012
Heymann/*Bearbeiter* HGB	Horn (Hrsg.), Heymann, Handelsgesetzbuch (ohne Seerecht), Kommentar, 4 Bd., Berlin, 2. Aufl. 1995 ff
HuRB	Leffson/Rückle/Großfeld (Hrsg.), Handwörterbuch unbestimmter Rechtsbegriffe im Bilanzrecht des HGB, Köln 1986
Hirte/Bücker	Grenzüberschreitende Gesellschaften, Berlin, 2. Aufl. 2006
HK-HGB	Glanegger/Kirnberger/Kusterer u.a., Heidelberger Kommentar zum Handelsgesetzbuch, Heidelberg, 7. Aufl. 2007, zitiert: *Bearbeiter* HK-HGB
Hoeren/Sieber/*Bearbeiter*	Handbuch Multimediarecht – Rechtsfragen des elektronischen Geschäftsverkehrs, Loseblatt, München 2009 ff 33. Aufl. 2013, 34. Erg.Lief. April 2013
Hopt/Mössle/*Bearbeiter* Handelsrecht	Hopt/Mössle, Handels- und Gesellschaftsrecht, Band I: Handelsrecht, München, 2. Aufl. 1999
Hueck/Canaris Recht der Wertpapiere	Hueck/Canaris, Recht der Wertpapiere, München, 12. Aufl. 1986
Hueck/Nipperdey Arbeitsrecht	Hueck, Alfred, Lehrbuch des Arbeitsrechts, Band 2: Kollektives Arbeitsrecht, Berlin, 7. Aufl. 1967/1970
A. Hueck OHG	Alfred Hueck, Das Recht der offenen Handelsgesellschaft, Berlin, 4. Aufl. 1971
Hüffer AktG	Hüffer, Aktiengesetz, München, 10. Auflage 2012
Ingerl/Rohnke	Markengesetz, Kommentar, München, 3. Aufl. 2010
Jansen/*Bearbeiter*	von Schuckmann/Sonnenfeld (Hrsg.), Großkommentar zum FGG, 3. Aufl., 3 Bd., Berlin 2005/2006
Kallmeyer/*Bearbeiter*	Kallmeyer u.a., Umwandlungsgesetz, Köln, 5. Aufl. 2013
Keidel/Krafka/*Bearbeiter* RegisterR	Keidel/Krafka (Hrsg.), Registerrecht, München, 9. Aufl. 2013
Keidel/*Bearbeiter* FamFG	FamFG, Kommentar, München, 17. Aufl. 2011
Köhler BGB, Allgemeiner Teil	Köhler, Helmut, BGB Allgemeiner Teil, München, 38. Aufl. 2013
Köhler/Bornkamm/*Bearbeiter*	Gesetz gegen den unlauteren Wettbewerb: UWG – PAngV – UKlaG, München, 31. Aufl. 2013
Koller/Roth/Morck/*Bearbeiter*	Koller/Roth/Morck, Handelsgesetzbuch: HGB, München, 7. Aufl. 2011
KölnKomm-AktG/*Bearbeiter*	Claussen/Zöllner (Hrsg.), Kölner Kommentar zum Aktiengesetz, Köln, 2. Aufl. 1988 ff; 3. Aufl. 2004 ff
KK-*Bearbeiter*	Claussen/Scherrer (Hrsg.), Kölner Kommentar zum Rechnungslegungsrecht, Köln, 2011
KK-OWiG/*Bearbeiter*	Senge (Hrsg.), Karlsruher Kommentar zum Gesetz über Ordnungswidrigkeiten: OWiG, München, 3. Aufl. 2006
KPMG Insights into IFRS	KPMG (Hrsg.), Insights into IFRS, London, 9. Aufl. 2012/2013
Küstner/Thume	Küstner/Thume, Handelsvertreterverträge, Frankfurt am Main, 2. Aufl. 2011
Küstner/Thume I	Küstner, Thume (Hrsg.), Handbuch des gesamten Außendienstrechts, Band 1: Das Recht des Handelsvertreters. Ohne Ausgleichsrecht, Heidelberg, 3. Aufl. 2000

Küstner/Thume II	Küstner, Thume (Hrsg.), Handbuch des gesamten Außendienstrechts, Band 2: Der Ausgleichsanspruch des Handelsvertreters. Warenvertreter, Versicherungs- und Bausparkassenvertreter, Heidelberg, 8. Aufl. 2008
Küstner/Thume III	Küstner/Thume, Handbuch des gesamten Außendienstrechts, Band 3: Vertriebsrecht. Reisende, Vertragshändler, Kommissionsagenten, Versicherungsmakler, Franchising und Direktvertrieb, Heidelberg, 3. Aufl. 2009
HdR-EA/*Bearbeiter*/ HdR-*Bearbeiter*	Küting/Weber (Hrsg.), Handbuch der Rechnungslegung – Einzelabschluss, Stuttgart, 5. Aufl. 2011 (Loseblatt)
Küting/Weber/*Bearbeiter*	Küting/Weber (Hrsg.), Handbuch der Konzernrechnungslegung, Stuttgart, 2. Aufl. 1998
Lettl	Handelsrecht, München, 2. Aufl. 2011
Loewenheim/Meessen/Riesenkampff/ *Bearbeiter*	Loewenheim/Meessen/Riesenkampff (Hrsg.), Kartellrecht, München, 2. Aufl. 2009
Lohmüller/Beustien/Josten	Lohmüller u.a., Handels- und Versicherungsvertreterrecht, 2. Aufl. 1970/71, Loseblatt
Lüdenbach/Hoffmann/*Bearbeiter*	Lüdenbach/Hoffmann (Hrsg.), Haufe IFRS-Kommentar, Freiburg, 9. Aufl. 2011
Lutter/*Bearbeiter* UmwG	Lutter/Winter (Hrsg.), Umwandlungsgesetz, 2 Bd., Köln, 4. Aufl. 2009
Lutter/Hommelhoff/*Bearbeiter* GmbHG	Lutter/Hommelhoff u.a., GmbH-Gesetz, Köln, 18. Aufl. 2012
Manigk	Manigk, Alfred, Willenserklärung und Willensgeschäft, Berlin 1907
Martinek Franchising	Martinek, Michael, Franchising, Heidelberg 1987
Martinek/*Bearbeiter*	Martinek, Michael (Hrsg.), Handbuch des Vertriebsrechts, München, 3. Aufl. 2010
Medicus AT	Allgemeiner Teil des BGB, Heidelberg, 10. Aufl. 2010
Meilicke/von Westphalen PartGG	Meilicke/Graf von Westphalen/Hoffmann/Lenz/Wolff, Kommentar, Partnerschaftsgesellschaftsgesetz: PartGG, Gesetz über Partnerschaftsgesellschaften Angehöriger Freier Berufe, München, 2. Aufl. 2006
Michalski/*Bearbeiter* GmbHG	Michalski (Hrsg.), Kommentar zum Gesetz betreffend die Gesellschaften mit beschränkter Haftung (GmbH-Gesetz), 2 Bd., München, 2. Aufl. 2010
MünchHdbGesR/*Bearbeiter*	Münchener Handbuch des Gesellschaftsrechts, 6 Bd., München, 3. Aufl. 2007 ff
MünchKommAktG/*Bearbeiter*	Goette/Habersack (Hrsg.), Münchener Kommentar zum Aktiengesetz, 3. Aufl., München 2008 ff
MünchKommBGB/*Bearbeiter*	Rebmann/Säcker/Rixecker (Hrsg.), Münchener Kommentar zum Bürgerlichen Gesetzbuch, München, 5. Aufl. 2006 ff, 6. Aufl. 2012 ff
MünchKommBilR/*Bearbeiter*	Hennrichs/Kleindiek/Watrin (Hrsg.), Münchener Kommentar zum Bilanzrecht, Band 1 IFRS, München 2011
MünchKommHGB/*Bearbeiter*	Schmidt, Karsten (Hrsg.), Münchener Kommentar zum Handelsgesetzbuch: HGB, München, 2. Aufl. 2005 ff, 3. Aufl. 2010 ff
MünchKommInsO/*Bearbeiter*	Kirchhof/Lwowski/Stürner (Hrsg.), Münchener Kommentar zur Insolvenzordnung, 3 Bd., München, 3. Aufl. 2013
MünchKommZPO/*Bearbeiter*	Rauscher/Wax/Wenzel (Hrsg.), Münchener Kommentar zur Zivilprozessordnung, 4 Bd., München, 3. Aufl. 2007 ff, 4. Aufl. 2012 ff

Musielak/*Bearbeiter* ZPO	Musielak (Hrsg.), Kommentar zur Zivilprozessordnung: ZPO, München, 10. Aufl. 2013
Noack/*Bearbeiter*	Noack (Hrsg.), Das neue Gesetz über elektronische Handels- und Unternehmensregister – EHUG, 2007
Oetker Handelsrecht	Handelsrecht, Heidelberg, 6. Aufl. 2010
Oetker/*Bearbeiter*	HGB, Kommentar, München, 3. Aufl. 2013
Oppenländer/*Bearbeiter*	Praxishandbuch der GmbH-Geschäftsführung, München, 2. Aufl. 2011
Palandt/*Bearbeiter*	Palandt, Bürgerliches Gesetzbuch: BGB, München, 72. Aufl. 2013
Prölss/Martin/*Bearbeiter* VVG	Prölss/Martin, Versicherungsvertragsgesetz: VVG, München, 28. Aufl. 2010
PwC IFRS Manual of Accounting 2011	PricewaterhouseCoopers (Hrsg.), IFRS Manual of Accounting 2011, London 2010
PWW/*Bearbeiter*	Prütting/Wegen/Weinrich (Hrsg.), BGB Kommentar, Köln, 8. Aufl. 2013
Raiser/Veil	Recht der Kapitalgesellschaften, München, 5. Aufl. 2010
Reithmann/Martiny/*Bearbeiter*	Reithmann/Martiny (Hrsg.), Internationales Vertragsrecht Internationales Vertragsrecht, Köln, 7. Aufl. 2010
RGRK/*Bearbeiter* BGB	Das Bürgerliche Gesetzbuch mit besonderer Berücksichtigung der Rechtsprechung des Reichsgerichts und des Bundesgerichtshofes, Berlin, 12. Aufl. 1975–1999
RGRK-HGB/*Bearbeiter*	Kommentar zum Handelsgesetzbuch, Berlin, 1. Aufl. 1939 ff
Richardi Wertpapierrecht	Richardi, Reinhard, Wertpapierrecht, Heidelberg 1987
Ritter HGB	Ritter, Kommentar zum HGB, 2. Aufl. 1932
Röhricht/v. Westphalen/*Bearbeiter*	Röhricht/Westphalen (Hrsg.), Handelsgesetzbuch: HGB, Kommentar zu Handelsstand, Handelsgesellschaften, Handelsgeschäften und besonderen Handelsverträgen (ohne Bilanz-, Transport- und Seerecht), Köln, 3. Aufl. 2008
Roth/Altmeppen	GmbHG-Gesetz betreffend die Gesellschaften mit beschränkter Haftung, Kommentar, München, 7. Aufl. 2012
Rowedder/Schmidt-Leithoff/*Bearbeiter* GmbHG	Rowedder/Schmidt-Leithoff (Hrsg.), Gesetz betreffend die Gesellschaften mit beschränkter Haftung: GmbHG, München, 5. Aufl. 2013
Schlegelberger/*Bearbeiter*	Schlegelberger/Geßler, Handelsgesetzbuch Kommentar, München, 5. Aufl. 1973
K. Schmidt Gesellschaftsrecht	Schmidt, Karsten, Gesellschaftsrecht, Köln, 4. Aufl. 2002
K. Schmidt Handelsrecht	Schmidt, Karsten, Handelsrecht, Köln, 5. Aufl. 1999
K. Schmidt/Lutter AktG	Schmidt, Karsten/Lutter, Marcus, Kommentar zum Aktiengesetz, Köln, 2. Aufl. 2010
Scholz/*Bearbeiter* GmbHG	Scholz (Hrsg.), Kommentar zum GmbHG, 3 Bd., Köln, 10. Aufl. 2010
Schönke/Schröder/*Bearbeiter* StGB	Schönke/Schröder (Hrsg.), Strafgesetzbuch: StGB, Kommentar, München, 28. Aufl. 2010
Schubert/Schmiedel/Krampe	Schubert, Werner/Schmiedel, Burkhard/Krampe, Christoph (Hrsg.), Quellen zum Handelsgesetzbuch von 1897, Frankfurt am Main 1988, zitiert: *Schubert/Schmiedel/Krampe* Bd. / Seitenzahl
Schultze/Wauschkuhn/Spenner/Dau	Schultze/Wauschkuhn/Spenner/Dau, Der Vertragshändlervertrag, Frankfurt am Main, 4. Aufl. 2008, zitiert: *Bearbeiter* in: Schultze/Wauschkuhn/Spenner/Dau

Schwark/Zimmer/*Bearbeiter*	Schwark/Zimmer (Hrsg.), Kapitalmarktrechts-Kommentar, München, 4. Aufl. 2010
Soergel/*Bearbeiter*	Soergel/Siebert (Hrsg.), Bürgerliches Gesetzbuch mit Einführungsgesetz und Nebengesetzen, Stuttgart, 13. Aufl. 2001 ff
Spindler/Stilz/*Bearbeiter* AktG	Spindler/Stilz (Hrsg.), Aktiengesetz, Kommentar, 2 Bd., München, 2. Aufl. 2010
Staub ADHGB	Staub, Hermann: Kommentar zum Allgemeinen Deutschen Handelsgesetzbuch, Berlin, 5. Aufl. 1897
Staudinger/*Bearbeiter*	J. von Staudingers Kommentar zum Bürgerlichen Gesetzbuch mit Einführungsgesetz und Nebengesetzen, 13. Bearbeitung, Berlin 1993 ff
Stolterfoht	Stolterfoht, Joachim N., Handelsrecht, Berlin 1973
Straatmann/Ulmer	Straatmann/Ulmer, Handelsrechtliche Schiedsgerichts-Praxis (HSG), 1975 ff
Straube/*Bearbeiter*	Straube (Hrsg.), Kommentar zum Handelsgesetzbuch, Wien, 3. Aufl. 2003 ff
Ströbele/Hacker	Markengesetz, Kommentar, Köln, 10. Aufl. 2012
Stumpf/Jaletzke/*Bearbeiter*	Stumpf/Jaletzke, Der Vertragshändlervertrag, Heidelberg, 3. Aufl. 1997
Stüsser	Stüsser, Rolf, Die Anfechtung der Vollmacht nach Bürgerlichem Recht und Handelsrecht, Berlin 1986
Thiele/von Keitz/Brücks/*Bearbeiter*	Thiele/von Keitz/Brücks (Hrsg.), Internationales Bilanzrecht, Bonn/Berlin 2008 (Loseblatt)
Thomas/Putzo/*Bearbeiter*	Thomas/Putzo, Zivilprozessordnung: ZPO, München, 34. Aufl. 2013
Uhlenbruck/*Bearbeiter*	Uhlenbruck/Hirte/Vallender (Hrsg.), Insolvenzordnung: InsO, Kommentar, München, 13. Aufl. 2010
Ulmer/Brandner/Hensen/ *Bearbeiter* AGB-Recht	Ulmer/Brandner/Hensen, AGB-Recht Kommentar, Köln, 11. Aufl. 2011
Ulmer/Habersack	Ulmer/Habersack, Verbraucherkreditgesetz, München, 2. Aufl. 1995
Ulmer/Habersack/Winter/ *Bearbeiter* GmbHG	Ulmer/Habersack/Winter (Hrsg.), GmbH-Gesetz, Kommentar, 3 Bd., Tübingen, 2005 ff, 2. Aufl. 2013 ff
Ulmer/Schäfer	Ulmer/Schäfer, Gesellschaft bürgerlichen Rechts und Partnerschaftsgesellschaft, München, 5. Aufl. 2009
Vater et al./*Bearbeiter* IFRS Änderungskommentar 2009	Vater/Ernst/Hayn/Knorr/Mißler (Hrsg.), IFRS Änderungskommentar 2009, Weinheim 2009
von Godin/Wilhelmi	Aktiengesetz, Kommentar, Berlin, 4. Aufl. 1971
von Wysocki et al./*Bearbeiter*	von Wysocki/Schulze-Osterloh/Hennrichs/Kuhner (Hrsg.), Handbuch des Jahresabschlusses, Köln 1984 (Loseblatt)
Wessel/Zwernemann/Kögel Firmengründung	Wessel/Zwernemann/Kögel, Firmengründung, Heidelberg, 7. Aufl. 2001
WP-Handbuch I	IDW (Hrsg.), WP Handbuch 2012, Band I, Düsseldorf, 14. Aufl. 2012
Zöller/*Bearbeiter* ZPO	Zöller, Richard, Zivilprozessordnung: ZPO, Kommentar, Köln, 30. Aufl. 2014
Zöllner Wertpapierrecht	Zöllner, Wolfgang, Wertpapierrecht, München, 14. Aufl. 1987

Erläuterungen

DRITTES BUCH

Handelsbücher

ERSTER ABSCHNITT

Vorschriften für alle Kaufleute

ERSTER UNTERABSCHNITT

Buchführung. Inventar

Vorbemerkungen

Vor § 238

Schrifttum

(Auswahl; nur Monographien und selbständig erschienene Arbeiten; soweit nicht anders angegeben, zitiert mit den Verfassernamen und, soweit üblich, mit Kurztitel). *Adler/Düring/Schmaltz* Rechnungslegung und Prüfung der Unternehmen[6] (sieben Teilbände, Register- und Ergänzungsband seit 1995), zitiert: ADS; *Baetge/Kirsch/Thiele* Bilanzen[12] (2012); *Baetge/Kirsch/Thiele* (Hrsg.) Bilanzrecht (Loseblatt, seit 2002), zitiert: BilR; *Baetge/Kirsch/Thiele* Konzernbilanzen[9] (2011); *Baumbach/Hueck* GmbHG[18] (2006); *Bertram/Brinkmann/Kessler/Müller* (Hrsg.) Haufe HGB Bilanz Kommentar[3] (2012); *Biener* AG, KGaA, GmbH, Konzerne – Rechnungslegung, Prüfung und Publizität nach den Richtlinien der EG (1979); *Biener* Die gesellschafts- und bilanzrechtlichen Gesetze nach Änderung durch das Bilanzrichtlinien-Gesetz (1986); *Bierich/Busse v. Colbe/Laßmann/Lutter* (Hrsg.) Rechnungslegung nach neuem Recht (ZGR-Sonderheft 2) (1980); *Böcking/Castan/Heymann/Pfitzer/Scheffler* (Hrsg.) Beck'sches Handbuch der Rechnungslegung (Loseblatt, seit 1987); *Budde/Förschle/Winkeljohann* Sonderbilanzen[4] (2008); *Chmielewicz/Schweitzer* Handwörterbuch des Rechnungswesens[3] (1993), zitiert: HWR; *Claussen/Scherrer* (Hrsg.) Kölner Kommentar zum Rechnungslegungsrecht (2011); *Eisele/Knobloch* Technik des betrieblichen Rechnungswesens[8] (2011); *Ellrott/Förschle/Grottel/Kozikowski/Schmidt/Winkeljohann* (Hrsg.) Beck'scher Bilanz-Kommentar[8] (2012); *Federmann* Bilanzierung nach Handelsrecht, Steuerrecht und IAS/IFRS[12] (2010); *Glade* Praxishandbuch der Rechnungslegung und Prüfung[2] (1995); *Großfeld* Bilanzrecht[3] (1997); *Großfeld/Luttermann* Bilanzrecht[4] (2005); *Helmrich* Bilanzrichtlinien-Gesetz – Texte, Stellungnahmen, Protokolle (1986); *Hennrichs* Wahlrechte im Bilanzrecht der Kapitalgesellschaften (1999); *Hennrichs/Kleindiek/Watrin* (Hrsg.) Münchener Kommentar zum Bilanzrecht (Loseblatt, seit 2009); *Herrmann/Heuer/Raupach* Kommentar zum EStG und KStG einschließlich Nebengesetzen[21] (Loseblatt, seit 1996); *Hofbauer/Grewe/Albrecht/Kupsch/Scherrer/Kirsch* (Hrsg.) Rechnungslegung (vormals: Bonner Handbuch Rechnungslegung)[2] (Loseblatt, seit 1994), zitiert: BoHdR; *Hübschmann/Hepp/Spitaler* Kommentar zur AO und FGO[10] (Loseblatt, seit 1995); *Icking* Die Rechtsnatur des Handelsbilanzrechts (2000); *IdW* (Hrsg.) Das neue Bilanzrecht – Jahresabschluss, Konzernabschluss und Prüfung nach dem BilMoG (2009); *IdW* (Hrsg.) Wirtschaftsprüfer-Handbuch Bd. I[13] (2006), Bd. II[13] (2008); *Kirchhof/Söhn/Mellinghoff* EStG Kommentar (Loseblatt, seit 1986); *Knobbe-Keuk* Bilanz- und Unternehmenssteuerrecht[9] (1993); *Kropff/Semler* (Hrsg.) Münchener Kommentar zum Aktiengesetz, Bd. 5/1[2] (2003), Bd. 5/2[2] (2004); *Küting/Pfitzer/Weber* (Hrsg.) Handbuch der Rechnungslegung – Einzelabschluss[5] (Loseblatt, seit 2002); *Küting/Pfitzer/Weber* Das neue deutsche Bilanzrecht[2] (2009); *Leffson/Rückle/Großfeld* (Hrsg.) Handwörterbuch unbestimmter Rechtsbegriffe im Bilanzrecht des HGB (1986), zitiert: HuRB; *Lutter* Europäisches Unternehmensrecht (ZGR-Sonderheft 1)[4] (1996); *Maul* Handelsrechtliche Rechnungslegung (1978); *Moxter* Bilanzlehre[3] Bd. I (1984), Bd. II (1986); *Moxter* Bilanzrechtsprechung[6] (2007); *Münzinger* Bilanzrechtsprechung der Zivil- und Strafgerichte (1987); *Petersen/Zwirner* Bilanzrechtsmodernisierungsgesetz: BilMoG (2009); *L. Schmidt* Kommentar zum EStG[30] (2011); *Theile* Bilanzrechtsmodernisierungsgesetz[3] (2011); *Thiel/Lüdtke-Handjery* Bilanzrecht – Handelsbilanz/Steuerbilanz[5] (2005); *Tipke/Lang* Steuerrecht[21] (2013); *Tipke/Kruse* AO-FGO, Kommentar (Loseblatt, seit 1996); *Weber-Grellet* Steuerbilanzrecht (1996); *Winnefeld* Bilanz-Handbuch[4] (2006); *v. Wysocki/Schulze-Osterloh/Hennrichs/Kuhner* (Hrsg.) Handbuch des Jahresabschlusses in Einzeldarstellungen (Loseblatt, seit 1984), zitiert: HdJ.

Geschichte der Buchführung und Bilanzierung: *Barth* Die Entwicklung des deutschen Bilanzrechts, Bd. I (1953), Bd. II 1 (1955); *Diekmann* Die Geschichte des französischen Bilanzrechts (1991); *Leyerer* Historische Entwicklung der Buchführung seit der ersten Kenntnis bis zum 17. Jahrhundert, ZfhF 1922, 141; *Luttermann* Über Buchführung und Bilanzrecht – 502 Jahre nach Erscheinen von Paciuolos „Summa de Arithmetica, Geometria, Proportioni et Proportionalita", Festschrift Ludewig (1996) S. 595; *Schmidt-Busemann* Entstehung und Bedeutung der Vorschriften über Handelsbücher (1977); *D. Schneider* Geschichte der Buchhaltung und Bilanzierung, HWR[3] Sp. 712 ff; *Wieland* Handelsrecht Bd. I (1921) S. 300 ff.

Übersicht

I. Rechnungslegung und öffentliches Interesse; Rechtsnatur des Bilanzrechts

1 **1. Begriff und Zweck der Rechnungslegung.** Zur Rechnungslegung gehören die Führung der Handelsbücher (§§ 238 f), die Aufstellung des Inventars und die Inventur (§§ 240 f), die Bilanzierung (§§ 242 ff, 264 ff) sowie die Aufbewahrung der Handelsbücher und sonstigen Aufzeichnungen (§§ 257 ff). Zwecke der Rechnungslegung sind

Dokumentation und **Gläubigerschutz durch Selbstkontrolle** des Kaufmanns[1] (§ 238 Rdn 2 f; § 240 Rdn 1; § 242 Rdn 2; § 257 Rdn 1). Dokumentation und Selbstkontrolle liegen zunächst im eigenen Interesse des Kaufmanns. Die Normierung gesetzlicher Pflichten ist gerechtfertigt, weil ein öffentliches Interesse an ordentlicher Geschäftsführung und der Wahrung der Gläubigerbelange besteht; dieses öffentliche Interesse rechtfertigt auch die Strafbarkeit von Buchführungs- und Bilanzdelikten nach §§ 283 ff StGB (vgl. § 238 Rdn 65 ff).

2. **Rechnungslegung und Publizität.** Unter Publizität versteht man die **Offenlegung** des Jahres- und Konzernabschlusses sowie zusätzlicher Unterlagen in den Grenzen und unter den Voraussetzungen der §§ 325 ff, §§ 1 ff PublG durch elektronische Einreichung beim Betreiber des Bundesanzeigers (mit anschließender Zugänglichmachung im Unternehmensregister, vgl. § 8b Abs. 2 Nr. 4, Abs. 3 S. 2 Nr. 1) und Bekanntmachung im Bundesanzeiger. Während die Rechnungslegung trotz ihrer öffentlich rechtlichen Funktion als Instrument ordnungsmäßiger Geschäftsführung (Rdn 1) zunächst zum **internen Organisationsrecht** jedes kaufmännischen Geschäftsbetriebs gehört,[2] betrifft die Publizität die **Außenbeziehungen** publizitätspflichtiger Unternehmen. Ein Zusammenhang zwischen Publizität und Rechnungslegung besteht nur mittelbar, indem die Ergebnisse der Rechnungslegung das gegenständliche Substrat der Offenlegung bilden. Publizität bezweckt die Transparenz der wirtschaftlichen Lage des Unternehmens für außenstehende Dritte. Damit soll ein zusätzlicher, also über die interne Dokumentation und Selbstkontrolle (Rdn 1) hinausreichender Gläubigerschutz erreicht, aber auch den Informationsinteressen einer sachverständigen Öffentlichkeit sowie der von Unternehmensentscheidungen mittelbar Betroffenen Rechnung getragen und die allgemeine Vertrauensbasis gestärkt werden.[3] 2

3. **Rechtsnatur der Bilanzrechts.** Die Vorschriften des Dritten Buchs sind nach ganz hM Teil des **öffentlichen Rechts.**[4] Dabei ist nur von terminologischem Interesse, auf welche der Theorien zur Abgrenzung von öffentlichem und privatem Recht[5] zur Begründung abgestellt werden sollte.[6] Fest steht in jedem Fall, dass Rechnungslegungsvorschriften prinzipiell **grundrechtsrelevante Pflichten** statuieren.[7] Der Hinweis, dass Rechnungslegungsrecht heute nicht mehr ausschließlich Sache des Gesetzgebers, sondern auch der privatrechtlich organisierten „Standardsetter" sei,[8] ist zwar eine durchaus zutreffende 3

---

1 Statt vieler HdJ – *Schulze/Osterloh* Abt. I/1 Rdn 34.

2 Ebenso *Canaris* HandelsR[23] §12 I 2; **aA** *K. Schmidt* HandelsR § 15 I 1.

3 Die genannten Gesichtspunkte stammen aus der Reg. Begr. zum PublG, vgl. BT-Drucks. V/3197, S. 13 f.

4 S. nur BGHZ 125, 366 (377); *Canaris* HandelsR[24] S. 3 f.; *Hennrichs/Pöschke* Fortentwicklung der GoB, in Bilanzpolitik und Bilanzanalyse nach neuem Handelsrecht (2010) S. 47 (49); HdJ – *Schulze-Osterloh* Abt. I/1 Rdn 28; ausf. *Icking* Rechtsnatur S. 409 ff; *W. Müller* FS Moxter (1994) S. 75 (81 f). **AA** (Teil des Privatrechts) KölnKomm-RLR/*Claussen* Einl. Rdn 67 ff mwN; MünchKommAktG/*Luttermann*[2] Einf BilanzR Rdn 48 ff.

5 Dazu etwa *Maurer* Allg. VerwR[18] (2011) § 3 Rdn 10 ff.

6 Vgl. zur Diskussion m. zahlr. Nachw. KölnKomm-RLR/*Claussen* Einl. Rdn 67 ff sowie HdJ – *Schulze-Osterloh* Abt. I/1 Rdn 28.

7 Im Einzelnen *Hennrichs/Schubert*, ZIP 2007, 563 (566 f); ebenso *Hennrichs* ZHR 170 (2006), 498 (512); *Hennrichs/Pöschke* Fortentwicklung der GoB, in Bilanzpolitik und Bilanzanalyse nach neuem Handelsrecht (2010) S. 47 (49); *Kirchhof* ZGR 2000, 681; *Pöschke* Eigenkapital mittelständischer Gesellschaften nach IAS/IFRS (2009) S. 197.

8 KölnKomm-RLR/*Claussen* Einl. Rdn 69.

Beschreibung der in den letzten Jahren entstandenen – verfassungsrechtlich bedenklichen[9] – Praxis; hieraus Rückschlüsse auf die privatrechtliche Natur von Rechnungslegungsvorschriften zu ziehen,[10] überzeugt jedoch nicht.

4 Im Übrigen ist klarzustellen, dass die Diskussion über die Rechtsnatur des Handelsbilanzrechts nicht mit der sich nach internationalem Privatrecht richtenden Frage vermischt werden darf, ob **ausländische Gesellschaften** mit Verwaltungssitz oder Zweigniederlassung in Deutschland nach den §§ 238 ff Rechnung legen müssen. Denn die bloße Einordnung der §§ 238 ff als öffentliches Recht beantwortet diese Frage nach richtigem Verständnis nicht (anders die hM, s. § 238 Rdn 26 und 9 aE); entscheidend ist vielmehr, ob die §§ 238 ff im Rahmen einer autonomen internationalprivatrechtlichen Betrachtung dem Bereich des Gesellschaftsstatuts zugeordnet werden können, was nach richtiger Auffassung zu bejahen ist (s. § 238 Rdn 26).[11]

II. Systematik des Dritten Buchs; Rechnungslegungsvorschriften außerhalb des HGB

5 **1. Zum Aufbau des Dritten Buches.** Der systematische Aufbau des Dritten Buches basiert auf dem rechtsformbezogenen Ansatz des BiRiLiG[12] (dazu Rdn 15 ff), wobei die Abschnitte vier, fünf und sechs später ergänzend eingefügt wurden (dazu Rdn 13). Der erste Abschnitt enthält die für alle Kaufleute geltenden Regelungen (§§ 238–263); diese werden ergänzt durch die zwei folgenden Abschnitte, die den Kapitalgesellschaften und Personenhandelsgesellschaften i.S.d. § 264a (§§ 264–335b) sowie den Genossenschaften (§§ 336–339) gewidmet sind. Der vierte Abschnitt enthält ergänzende Vorschriften für Unternehmen bestimmter Geschäftszweige, namentlich der Kredit- und der Versicherungswirtschaft (§§ 340–341o), und ist Ausdruck des Grundgedankens, die Rechnungslegung als Gegenstand des Handelsrechts aufzufassen und die Vorschriften deshalb in das HGB zu integrieren. Der fünfte Abschnitt enthält Vorschriften über ein privates Rechnungslegungsgremium und einen Rechnungslegungsbeirat (§§ 342, 342a). Im sechsten Abschnitt (§§ 342b–342e) finden sich schließlich Vorschriften über die Prüfstelle für Rechnungslegung.

6 Hervorzuheben ist die **Doppelfunktion des ersten Abschnitts:** Er enthält die grundsätzlich abschließende Regelung für Einzelkaufleute und Personenhandelsgesellschaften und übernimmt zugleich die Aufgabe eines allgemeinen Teils, indem er die Vorschriften zusammenfasst, die grundsätzlich auch von Kapitalgesellschaften und diesen gleichgestellten Personenhandelsgesellschaften (§ 264a), von Genossenschaften sowie von Unternehmen bestimmter Geschäftszweige zu beachten sind. Diese vom Gesetzgeber des BiRiLiG bewusst gewählte Regelungstechnik soll insbesondere vermeiden, dass die für Kapitalgesellschaften geltenden Anforderungen des zweiten Abschnitts verallgemeinert werden.[13] Der an Sachkomplexen orientierte Aufbau der Regierungsentwürfe zum BiRiLiG (vgl. Rdn 15 ff) ist erst auf der zweiten Gliederungsstufe bei den für Kapitalgesell-

---

[9] S. bereits *Schulze-Osterloh* DK 2004, 173 (173 f); vgl. ferner *Hennrichs* GmbHR 2011, 1065 (1068 f); Staub/*J. Wüstemann/S. Wüstemann* Anh. § 315a IFRS Rdn 2.

[10] So KölnKomm-RLR/*Claussen* Einl. Rdn 69.

[11] Zutr. *Hennrichs* FS Horn, S. 387 (391).

[12] Gesetz zur Durchführung der Vierten, Siebenten und Achten Richtlinie des Rates der Europäischen Gemeinschaften zur Koordinierung des Gesellschaftsrechts (Bilanzrichtlinien-Gesetz – BiRiLiG) vom 19.12.1985 (BGBl. I S. 2355).

[13] Ausschussbericht, BT-Drucks. 10/4268, S. 90.

schaften geltenden Vorschriften umgesetzt worden. Dabei ist die in den Entwürfen noch nicht enthaltene Konzernrechnungslegung (§§ 290–315a) zwischen die Rechnungslegung der Kapitalgesellschaft (§§ 264–289a) und die Vorschriften über Prüfung, Publizität, Formblätter und Sanktionen (§§ 316–335b) eingeschoben worden.

2. Zu den Normadressaten

a) Jahresabschluss

aa) Allgemeines. Die jeweiligen Spitzenvorschriften des ersten Abschnitts (§§ 238, 242, 257) sprechen den Kaufmann als Träger des Unternehmens an und gelten über § 6 auch für Personenhandels- sowie Kapitalgesellschaften; wegen der Einzelheiten vgl. § 238 Rdn 7 ff. Die Neufassung des Kaufmannsbegriffs in den §§ 1 ff durch das HRefG[14] hat daher auch für die Rechnungslegung Bedeutung. 7

bb) Insbesondere: Kapitalgesellschaften & Co. Besondere Vorschriften für Kapitalgesellschaften & Co. enthalten die §§ 264a–264c sowie § 335b. Diese Vorschriften sind 2000 durch das KapCoRiLiG[15] eingefügt worden. Im Wesentlichen stellen sie Personenhandelsgesellschaften, bei denen eine natürliche Person weder unmittelbar noch als Mitglied einer anderen Personengesellschaft unbeschränkt persönlich haftet, den Kapitalgesellschaften gleich (§ 264a Abs. 1).[16] Der praktisch bedeutsamste Anwendungsfall ist nach wie vor die **GmbH & Co. KG**, die der Gesetzgeber des BiRiLiG bewusst nicht der GmbH gleichgestellt hatte.[17] Dies führte von Beginn an zu berechtigter rechtspolitischer Kritik,[18] war gemeinschaftsrechtlich fragwürdig[19] und führte schließlich zur sog. GmbH & Co.-Richtlinie von 1990.[20] Die Richtlinie wurde schließlich mit dem KapCoRiLiG umgesetzt,[21] nachdem die Bundesrepublik Deutschland 1999 in einem Vertragsverletzungsverfahren unterlegen war.[22] Die neue Regelung war gem. Art. 48 EGHGB erstmals für 8

---

14 Gesetz zur Neuregelung des Kaufmanns- und Firmenrechts und zur Änderung anderer handels- und gesellschaftsrechtlicher Vorschriften (Handelsrechtsreformgesetz – HRefG) vom 22.6.1998 (BGBl. I 1998, S. 1474).

15 Gesetz zur Durchführung der Richtlinie des Rates der Europäischen Union zur Änderung der Bilanz- und der Konzernbilanzrichtlinie hinsichtlich ihres Anwendungsbereichs (90/605/EWG), zur Verbesserung der Offenlegung von Jahresabschlüssen und zur Änderung anderer handelsrechtlicher Bestimmungen (Kapitalgesellschaften- und Co.-Richtlinie-Gesetz – KapCoRiLiG) vom 24.2.2000 (BGBl. I 2000, S. 154). Abdruck der Materialien *IdW* (Hrsg.) Kapitalgesellschaften- und Co.-Richtlinie-Gesetz (KapCoRiLiG) 2000; vgl. dazu auch HdJ/*Schulze-Osterloh* Abt. I/1 Rdn 60 ff.

16 Zu den Regelungen des KapCoRiLiG im Überblick *Eisolt/Verdenhalven* NZG 2000, 130; *Ernst* DStR 1999, 903; *Kusterer/Kirnberger/Fleischmann* DStR 2000, 606; *Luttermann* ZIP 2000, 517; *Strobel* DB 1999, 1713 sowie DB 2000, 53; *Zimmer/Eckhold* NJW 2000, 1361.

17 Abg. *Dr. Schroeder* in der zweiten Gesetzesberatung des Deutschen Bundestages: Man wolle „das Scheunentor offenlassen"; vgl. Plenarprotokoll 10/181, S. 13733, 13747 B. Vgl. auch Bericht des Rechtsausschusses BT-Drucks. 10/4268, S. 88; Begr. RegE, BT-Drucks. 10/317, S. 64 re. Sp. unten.

18 Vgl. namentlich *Canaris* HandelsR[23] § 13 III; *Lutter/Mertens/Ulmer* BB 1983, 1737 f; *Schulze-Osterloh* ZHR 150 (1986) 403 (430f); *Ulmer* Richterrechtliche Entwicklungen im Gesellschaftsrecht 1971–1985 (1986) S. 21.

19 Vgl. *Biener* AG, KGaA, GmbH, Konzerne (1979) S. 23 f; *Lutter/Mertens/Ulmer* BB 1983, 1737 (1739); *Marx/Delp* DB 1986, 289; *Schwierz* BB 1984, 703 f.

20 Richtlinie 90/605/EWG vom 8.11.1990 (ABl. EG Nr. L 317 S. 60).

21 Ferner die Richtlinie 1999/60/EG vom 17.6.1999 (ABl. EG Nr. L 162 S. 65).

22 EuGH Slg. 1999 I, 2175; vgl. schon *Schulze-Osterloh* ZIP 1998, 2157.

die nach dem 31.12.1999 beginnenden Geschäftsjahre anzuwenden, bei Übereinstimmung von Kalender- und Geschäftsjahr also für das Jahr 2000.

9 b) **Konzernabschluss.** Während das Gesetz beim Jahresabschluss einen rechtsformorientierten Ansatz verfolgt, verwendet es die Begriffe Mutter- und Tochterunternehmen, um den Anwendungsbereich der Vorschriften über die Konzernrechnungslegung zu bestimmen (§§ 290 ff). In großen Zügen (wegen der Einzelheiten s. die Erl. zu §§ 290 ff) bietet sich hinsichtlich der Pflicht zur Aufstellung eines Konzernabschlusses folgendes Bild: (1.) Das **Mutterunternehmen** muss eine Kapitalgesellschaft sein (vgl. besonders § 290 Abs. 1 S. 1). Der sonst konzernrechtstypische rechtsformneutrale Ansatz bei der Bestimmung des herrschenden Unternehmens wird also bei der Konzernrechnungslegung nicht durchgehalten. Das entspricht weitgehend der früher in § 329 Abs. 1 S. 1 AktG a.F., § 28 Abs. 1 EGAktG a.F. enthaltenen Regelung. Nur für die GmbH als Mutterunternehmen kommt es, anders als nach § 28 Abs. 1 EGAktG a.F., nicht mehr darauf an, dass wenigstens ein anderes Konzernunternehmen die Rechtsform einer AG oder KGaA hat. Weil das Gesetz die Konsolidierungspflicht davon abhängig macht, dass die Funktion des Mutterunternehmens von einer Kapitalgesellschaft wahrgenommen wird, brauchen Personenhandelsgesellschaften grundsätzlich keinen Konzernabschluss nach den §§ 290 ff aufzustellen. Anders ist es seit dem KapCoRiLiG (Rdn 8) jedoch dann, wenn sie unter § 264a fallen. Eine andere Beurteilung kann auch nach § 11 Abs. 1 PublG geboten sein; denn für die Definition des auch dort verwendeten Begriffs des Mutterunternehmens stellt das Gesetz nur auf Größenmerkmale, nicht auf die Rechtsform ab. (2.) Die Kapitalgesellschaft muss ihren Sitz im Inland haben.[23] (3.) Zum Mutterunternehmen wird eine Kapitalgesellschaft durch die Existenz von **Tochterunternehmen.** Insoweit wird der Unternehmensbegriff rechtsformneutral gebraucht. Tochterunternehmen können also alle Unternehmensträger sein, die rechnungslegungspflichtig sind (vgl. ferner die Erweiterung in § 290 Abs. 2 Nr. 4 S. 2 i.d.F. des BilMoG); sie können ihren Sitz auch im Ausland haben. (4.) Für die Begründung des Mutter-Tochter-Verhältnisses verlangt das Gesetz seit dem BilMoG nur noch, dass **beherrschender Einfluss** ausgeübt werden kann (sog. Control-Konzept;[24] zur Rechtslage vor dem BilMoG Staub/*Hüffer*[4] Rdn 16 aE). Dies wird gemäß § 290 Abs. 2 Nr. 1 unwiderleglich vermutet, wenn dem Mutterunternehmen die Mehrheit der Stimmrechte der Gesellschafter zusteht; gemäß § 290 Abs. 2 S. 1 Nr. 2–4 kann beherrschender Einfluss aber auch ohne Stimmrechtsmehrheit bestehen.[25]

3. Rechnungslegungsvorschriften außerhalb des HGB

10 a) **Spezialgesetze.** Trotz des seit dem BiRiLiG herrschenden gesetzgeberischen Grundverständnisses, Rechnungslegung als Gegenstand des Handelsrechts aufzufassen und die Vorschriften deshalb in das HGB zu integrieren, bestehen nach wie vor verschiedene Sonderregeln, die die Vorschriften des Dritten Buchs ergänzen bzw. überlagern. Zu nennen sind hier neben dem PublG[26] insbesondere die §§ 26 ff KWG, §§ 55 ff VAG, §§ 150 ff AktG, §§ 41 ff GmbHG sowie verschiedene Vorschriften im KAGB. Darüber hinaus enthalten auch verschiedene Rechtsverordnungen Regelungen zur Rechnungslegung, die ggf. zu beachten sind.[27]

---

[23] Vgl. dazu *Roß* BB 2012, 1783.

[24] Ausf. Staub/*Kindler* § 290 Rdn 19 ff; ferner etwa Baumbach/Hopt/*Merkt* § 290 Rdn 5 f; Beck BilKomm-*Kozikowski/Kreher* § 290 Rdn 20 ff.

[25] Ausf. Staub/*Kindler* § 290 Rdn 40 ff.

[26] Dazu etwa HdJ/*Schulze-Osterloh* Abt. I/1 Rdn 81 ff.

[27] Überblick bei HdJ/*Schulze-Osterloh* Abt. I/1 Rdn 12.

b) Internationale Rechnungslegungsstandards (IFRS). Mit der sog. IAS-Verordnung[28] hat der europäische Gesetzgeber die Einführung der IFRS[29] für Konzernabschlüsse kapitalmarktorientierter Unternehmen ab 2005 vorgeschrieben. Darüber hinaus wird den Mitgliedstaaten in Art. 5 der IAS-Verordnung ein Wahlrecht eingeräumt, die Anwendung der IFRS für Konzern- und/oder Jahresabschlüsse von Gesellschaften vorzuschreiben oder (nach Wahl der Gesellschaft) zuzulassen.[30] Die ursprünglich vom IASB – einer privatrechtlichen Organisation mit Sitz in London – erlassenen IFRS werden in einem bestimmten Verfahren[31] in Form europäischer Verordnungen übernommen und gelten dann unmittelbar in allen Mitgliedstaaten (vgl. Art. 288 AEUV).[32] Der deutsche Gesetzgeber hat die Vorgaben der IAS-Verordnung mit dem BilReG[33] umgesetzt, insbesondere durch Einfügung des § 315a.[34] Während § 315a Abs. 1 (nur) ergänzende Regelungen für Gesellschaften enthält, die ihren Konzernabschluss bereits gemäß Art. 4 IAS-Verordnung zwingend nach den IFRS aufstellen müssen, erweitert § 315a Abs. 2 die Pflicht zur Anwendung der IFRS auf Konzernabschlüsse bestimmter anderer Gesellschaften; § 315a Abs. 3 schließlich gewährt allen Gesellschaften, die ihren Konzernabschluss weder gemäß Art. 4 IAS-Verordnung noch gemäß § 315a Abs. 2 nach IFRS aufstellen müssen, ein Wahlrecht: sie können statt eines HGB-Konzernabschlusses einen IFRS-Konzernabschluss aufstellen.[35] Zu Einzelabschlüssen vgl. § 325 Abs. 2a; zur Frage, ob die europarechtlich übernommenen IFRS bei der **Auslegung der Vorschriften des Dritten Buchs** zu berücksichtigen sind, s. § 238 Rdn 44b. 11

---

[28] Verordnung (EG) Nr. 1606/2002 des Europäischen Parlaments und des Rates vom 19.7.2002 betreffend die Anwendung internationaler Rechnungslegungsstandards (ABl. EG Nr. L 243 S. 1), zuletzt geändert durch Verordnung (EG) Nr. 297/2008 des Europäischen Parlaments und des Rates vom 11.3.2008 zur Änderung der Verordnung (EG) Nr. 1606/2002 betreffend die Anwendung internationaler Rechnungslegungsstandards im Hinblick auf die der Kommission übertragenen Durchführungsbefugnisse (ABl. EG Nr. L 97 S. 62).

[29] Zur Terminologie: Die Vorschriften des internationalen Rechnungslegungssystems bestehen aus Standards (IAS und IFRS) sowie Interpretationen (SIC und IFRIC); IAS 1.7 bestimmt, dass alle diese Vorschriften von dem Oberbegriff IFRS umfasst sind. Vgl. dazu und zu den Verlautbarungen des IASB insgesamt Baumbach/Hopt/*Merkt*[34] Einl v § 238 Rdn 127 ff.

[30] Ein Überblick über die Ausübung der Wahlrechte durch die Mitgliedstaaten (Stand: 7.2.2012) findet sich in der Veröffentlichung „Implementation of the IAS Regulation (1606/2002) in the EU and EEA" der Europäischen Kommission, abrufbar unter: http://ec.europa.eu/internal_market/accounting/docs/ias/ias-use-of-options_en.pdf [letzter Zugriff: 6.9.2013].

[31] Dazu ausf. Staub/*J. Wüstemann/S. Wüstemann* Anh. § 315a IFRS Rdn 2 ff, dort unter 7 ff auch zu den Übernahmevoraussetzungen; zu Recht krit. zur bisherigen Praxis im Rahmen des Übernahmeverfahrens („zahnloser Tiger") *Hennrichs* GmbHR 2011, 1065 (1069); *Kleindiek* Rechnungslegung in der EU (2005) S. 13 ff.

[32] Zur Anwendung und Auslegung der europarechtlich übernommenen IFRS Staub/*J. Wüstemann/S. Wüstemann* Anh. § 315a IFRS Rdn 15 ff.

[33] Gesetz zur Einführung internationaler Rechnungslegungsstandards und zur Sicherung der Qualität der Abschlussprüfung (Bilanzrechtsreformgesetz – BilReG) vom 4.12.2004 (BGBl. I 2004, S. 3166).

[34] Zu den Regelungen des BilReG im Überblick *Meyer* DStR 2005, 41.

[35] Zum Ganzen ausf. Staub/*J. Wüstemann/S. Wüstemann* § 315a Rdn 3 ff.

III. Ursprung und Entwicklung des HGB Bilanzrechts

1. Überblick

12 a) **Einfügung des Dritten Buchs durch das BiRiLiG.** Das Dritte Buch des HGB wurde mit Wirkung zum 1.1.1986 durch das BiRiLiG eingefügt. In der Fassung des BiRiLiG bestand das Dritte Buch nur aus den **ersten drei Abschnitten**, also aus den für alle Kaufleute geltenden Regelungen (§§ 238 ff) und den ergänzenden Vorschriften für Kapitalgesellschaften und Personenhandelsgesellschaften i.S.d. § 264a (§§ 264 ff) sowie Genossenschaften (§§ 336 ff). Der aus dem rechtsformbezogenen Ansatz des BiRiLiG folgende systematische Aufbau des Dritten Buchs besteht bis heute fort. Entstehungsgeschichte und Grundkonzeption des BiRiLiG sind deshalb auch heute noch von grundlegender Bedeutung für das Handelsbilanzrecht und werden in Rdn 15 ff näher erläutert. Mit dem BiRiLiG sind, wie schon der volle Titel des Gesetzes zum Ausdruck bringt,[36] die 4., 7. und 8. Richtlinie zur Koordinierung des Gesellschaftsrechts umgesetzt worden.[37] Die 4. Richtlinie vom 25.7.1978 ist die sog. Bilanzrichtlinie;[38] als Konzernbilanzrichtlinie bezeichnet man die 7. Richtlinie vom 13.6.1983;[39] die 8. Richtlinie vom 10.4.1984 ist die Bilanzprüferrichtlinie.[40] Die Richtlinien sind in der Folge mehrfach geändert worden.[41] Die Bilanz- und die Konzernbilanzrichtlinie sind mit Wirkung vom 29.6.2013 aufgehoben und durch eine konsolidierte Richtlinie ersetzt worden, s. dazu Rdn 24.

13 b) **Erweiterungen des Dritten Buchs.** Mit dem BankBiRiLiG[42] vom 30.11.1990 hat der Gesetzgeber einen **vierten Abschnitt** in das Dritte Buch eingefügt (§§ 340 ff), der branchenbezogene Sondervorschriften für die Kreditwirtschaft, seit dem VersBiRiLiG[43] vom 24.6.1994 auch für die Versicherungswirtschaft enthält. Mit diesen Gesetzen wurden die Bankbilanzrichtlinie[44] vom 8.12.1986 und die Versicherungsbilanzrichtlinie[45] vom 19.12.1991 umgesetzt; der deutsche Gesetzgeber ist dabei dem Grundgedanken gefolgt, auch branchenspezifische Vorschriften zur Rechnungslegung grundsätzlich im HGB zu regeln (vgl. aber Rdn 10). Der **fünfte Abschnitt**, der Vorschriften über ein privates Rechnungslegungsgremium und einen Rechnungslegungsbeirat enthält (§§ 342,

---

36 Gesetz zur Durchführung der Vierten, Siebenten und Achten Richtlinie des Rates der Europäischen Gemeinschaften zur Koordinierung des Gesellschaftsrechts (Bilanzrichtlinien-Gesetz – BiRiLiG) vom 19.12.1985 (BGBl. I 1985, S. 2355).

37 Zu den Richtlinien im Überblick KölnKomm-RLR/*Claussen* Einl. Rdn 6 ff; MünchKommAktG/*Luttermann*[2] Einf BilanzR Rdn 185 ff.

38 Richtlinie 78/660/EWG des Rates (ABl. EG vom 25.7.1978 Nr. L 222 S. 11).

39 Richtlinie 83/349/EWG des Rates (ABl. EG vom 18.7.1983 Nr. L 193 S. 1).

40 Richtlinie 84/253/EWG des Rates (ABl. EG vom 12.5.1984 Nr. L 126 S. 20).

41 Überblick bei HdJ/*Schulze-Osterloh* Abt. I/1 Rdn 6.

42 Gesetz zur Angleichung von Vorschriften des dt. Rechts an die EG-Bankbilanzrichtlinie (Bankbilanzrichtlinie-Gesetz – BankBiRiLiG) vom 30.11.1990 (BGBl. I 1990, S. 2570).

43 Gesetz zur Durchführung der Richtlinie des Rates der Europäischen Gemeinschaften über den Jahresabschluß und den konsolidierten Abschluß von Versicherungsunternehmen (Versicherungsbilanzrichtlinien-Gesetz – VersBiRiLiG) vom 24.6.1994 (BGBl. I 1994, S. 1377).

44 Richtlinie 86/635/EWG des Rates (ABl. EG vom 31.12.1986 Nr. L 372 S. 1); zu den Regelungen der Richtlinie im Überblick MünchKommAktG/*Luttermann*[2] Einf BilanzR Rdn 199 ff.

45 Richtlinie 91/674/EWG des Rates (ABl. EG vom 31.12.1991 Nr. L 374 S. 7); zu den Regelungen der Richtlinie im Überblick MünchKommAktG/*Luttermann*[2] Einf BilanzR Rdn 202 ff.

342a), wurde mit dem KonTraG[46] vom 27.4.1998 eingefügt. Durch das BilKoG[47] vom 15.12.2004 wurde schließlich der **sechste Abschnitt** mit den Vorschriften über die Prüfstelle für Rechnungslegung (§§ 342b–342e) eingefügt.

c) **Laufende Änderungen.** Über die in Rdn 13 genannten Ergänzungen hinaus ist das Dritte Buch durch zahlreiche Gesetze geändert worden, die zu großen Teilen ebenfalls der **Umsetzung verschiedener europäischer Richtlinien** dienten.[48] Insoweit wird auf die Erl. zu den einzelnen Vorschriften verwiesen; hervorzuheben sind an dieser Stelle nur das KapCoRiLiG[49] aus 2000 (s. bereits Rdn 8), das BilReG[50] aus 2004 (s. bereits Rdn 11), das EHUG[51] aus 2006, mit dem das System der Rechnungslegungspublizität geändert wurde, sowie das TUG[52] aus 2007, mit dem insbesondere der sog. Bilanzeid (§ 264 Abs. 2 S. 5; § 289 Abs. 1 S. 5; § 297 Abs. 2 S. 4; § 315 Abs. 1 S. 6) eingeführt wurde. Von besonderer Bedeutung ist die seit dem BiRiLiG umfassendste Reform des HGB Bilanzrechts durch das BilMoG in 2009 (dazu Rdn 19 f). Mit dem am 28.12.2012 in Kraft getretenen MicroBilG[53] entfallen schließlich für sog. **„Kleinstkapitalgesellschaften"** zahlreiche Vorgaben zu Aufstellung und Offenlegung des Jahresabschlusses. 14

2. BiRiLiG: Entstehungsgeschichte und Grundkonzeption

a) **Gesetzgebungsverfahren.** Das Gesetzgebungsverfahren vollzog sich in folgenden Schritten: Zunächst war allein die **Durchführung der Bilanzrichtlinie** von 1978 vorgesehen. Die entsprechenden Vorarbeiten fanden im Vorentwurf eines BiRiLiG vom 5.2.1980 ihr erstes greifbares Ergebnis.[54] Dessen überarbeitete Fassung bildete den Referentenentwurf vom 18.5.1981,[55] der seinerseits die Grundlage für den ersten Regierungs- 15

---

[46] Gesetz zur Kontrolle und Transparenz im Unternehmensbereich (KonTraG) vom 27.4.1998 (BGBl. I 1998, S. 786).

[47] Gesetz zur Kontrolle von Unternehmensabschlüssen (Bilanzkontrollgesetz – BilKoG) vom 15.12.2004 (BGBl. I 2004, S. 3408); zu den Regelungen im Überblick *Meyer* DStR 2005, 41.

[48] Überblick über die Bilanzrechtsentwicklung bei Baumbach/Hopt/*Merkt* Einl v § 238 Rdn 4 ff.

[49] S. bereits Fn. 15.

[50] S. bereits Fn. 32.

[51] Gesetz über elektronische Handelsregister und Genossenschaftsregister sowie das Unternehmensregister (EHUG) vom 10.11.2006 (BGBl. I 2006, S. 2553); zu den Regelungen im Überblick *Liebscher/Scharff* NJW 2006, 3745.

[52] Gesetz zur Umsetzung der Richtlinie 2004/109/EG des Europäischen Parlaments und des Rates vom 15. Dezember 2004 zur Harmonisierung der Transparenzanforderungen in Bezug auf Informationen über Emittenten, deren Wertpapiere zum Handel auf einem geregelten Markt zugelassen sind, und zur Änderung der Richtlinie 2001/34/EG (Transparenzrichtlinie-Umsetzungsgesetz – TUG) vom 5.1.2007 (BGBl. I 2007, S. 10); zu den Regelungen im Überblick *Beiersdorf/Buchheim* BB 2006, 1674 i.V.m. *Beiersdorf/Rahe* BB 2007, 99.

[53] Gesetz zur Umsetzung der Richtlinie 2012/6/EU des Europäischen Parlaments und des Rates vom 14.3.2012 zur Änderung der Richtlinie 78/660/EWG des Rates über den Jahresabschluss von Gesellschaften bestimmter Rechtsformen hinsichtlich Kleinstbetrieben (Kleinstkapitalgesellschaften-Bilanzrechtsänderungsgesetz – MicroBilG), BGBl. I 2012, S. 2751; dazu Fey/Deubert/Lewe/*Roland* BB 2013, 107; Müller/*Kreipl* DB 2013, 73.

[54] Text und synoptische Darstellung: *Forster/Gelhausen* Der Jahresabschluß nach dem Vorentwurf eines Bilanzrichtlinie-Gesetzes (1980).

[55] Schrifttum zu den beiden Entwürfen (Auswahl): *Biener* WPg 1980, 689; *Chmielewicz* DBW 1980, 295; *Clemm* WPg 1981, 385; *Eisele* BB 1982, 1025; *Herber* StBKongreß-Report 1981, 91; *Knobbe-Keuk* StuW 1980,

entwurf vom 10.2.1982 war.[56] Das Ende der 9. Legislaturperiode verhinderte die weitere parlamentarische Behandlung. Deshalb wurde der Entwurf in der 10. Legislaturperiode unter dem 26.8.1983 neu vorgelegt.[57] Dieser zweite Regierungsentwurf unterschied sich von seinem Vorgänger allerdings in einem wesentlichen Punkt: Die Gleichstellung von GmbH und GmbH & Co. KG war nicht mehr vorgesehen. Nach der ersten Lesung im Deutschen Bundestag am 29.9.1983 wurde der Entwurf an die zuständigen Ausschüsse unter Federführung des Rechtsausschusses überwiesen. Dieser richtete seinerseits einen Unterausschuss ein, der eine eigene Gesetzgebungskonzeption entwickelte (vgl. noch Rdn 17 ff).[58] Der erste Teilentwurf vom 29.3.1985 war Gegenstand einer Anhörung in der 17. Sitzung des Unterausschusses vom 9.5.1985; zum zweiten (vollständigen) Entwurf vom 1.8.1985 fand nochmals eine Sachverständigenanhörung in der 18. und 19. Sitzung des Unterausschusses am 23. und 24.9.1985 statt. Die Stenographischen Protokolle der Anhörungen[59] enthalten für die Auslegung einzelner Bestimmungen wesentliches Material.[60]

16 Zur **Durchführung der Konzernbilanzrichtlinie** von 1983 und der **Bilanzprüferrichtlinie** von 1984 wurde unter dem 3.6.1985 ein zusammenfassender Regierungsentwurf vorgelegt.[61] Dieser Regierungsentwurf wurde in die Beratungen des Unterausschusses einbezogen und bereits in den Text des 2. Unterausschuss-Entwurfs vom 1.8.1985 (Rdn 15 aE) integriert. Nach den Anhörungen (Rdn 15 aE) und nochmaliger Überarbeitung wurde der Entwurf zur Durchführung der drei Richtlinien dem Deutschen Bundestag als Beschlussempfehlung und Bericht des Rechtsausschusses unter dem 18.11.1985 vorgelegt.[62] Die Verabschiedung in zweiter und dritter Lesung erfolgte in der 181. Sitzung des Deutschen Bundestages am 5.12.1985.[63] Der Bundesrat beschloss seine Zustimmung in der 558. Sitzung vom 19.12.1985.[64]

17 b) **Ursprüngliche und neue Konzeption des BiRiLiG.** Die **Regierungsentwürfe** von 1982 und 1983 (vgl. Rdn 15) enthielten, wenngleich in der äußeren Gestalt eines Artikelgesetzes, einen kompakten Bestand von Rechnungslegungs-, Prüfungs- und Publizitätsbestimmungen, die sich an die in § 236 Abs. 1 HGB-E 1983[65] aufgelisteten „Unternehmen“ richteten, also den Normadressaten im Prinzip rechtsformunabhängig definierten. Die auch nach den Entwürfen für erforderlich gehaltenen Differenzierungen knüpften an zusätzliche Merkmale an; die Normadressaten wurden danach in offenlegungspflichtige, prüfungspflichtige und große prüfungspflichtige Unternehmen eingeteilt (§ 236 Abs. 2 HGB-E 1983[66]). Unterschiedslos für alle Unternehmen sollte die neue **Generalnorm**

172; *Schulze-Osterloh* (Hrsg.) Alternativen zum Bilanzrichtlinie-Gesetzentwurf, 1981; *Schwark* BB 1982, 1149; *Strobel* DB 1980, 1225.

56 BT-Drucks. 9/1878 = BR-Drucks. 61/82.

57 BT-Drucks. 10/317 = BR-Drucks. 257/83. Schrifttum zu den Regierungsentwürfen (Auswahl): *Biener* GmbHR 1982, 53 und 77; *ders.* GmbHR 1983, 253; *Chmielewicz* DBW 1982, 285; *Herber* BB 1982, 959; *v. Wysocki* DB 1982, 1478; *ders.* DB 1983, 96.

58 Zum Entwurf des Unterausschusses s. namentlich: *Biener* DB 1985 Beilage Nr. 10 zu Heft 18; *Forster* ZfbF 1985, 742; *Göllert/Ringling* BB 1985, 966; *Groh* DB 1985, 1849; *Helmrich* ZfbF 1985, 723; *Moxter* BB 1985, 1101; *v. Wysocki* ZfbF 1985, 735.

59 17. Sitzung: BT 925 5.85; der Entwurf vom 29.3.1985 ist als Anlage 2 nachgeheftet; 18. U. 19. Sitzung: BT 1075 10.85; dort als Anlage 2 der Entwurf vom 1.8.1985.

60 Auszugsweiser Textabdruck auch bei *Helmrich* Bilanzrichtlinien-Gesetz (1986).

61 BT-Drucks. 10/3440 = BR-Drucks. 163/85.

62 BT-Drucks. 10/4268.

63 Plenarprotokoll 10/181 S. 13733 ff.

64 Plenarprotokoll 558 S. 16 D.

65 BT-Drucks. 10/317, S. 4.

66 BT-Drucks. 10/317, S. 4.

(„**true and fair view**") des § 237 Abs. 2 HGB-E[67] gelten, also auch für Einzelkaufleute und für Handelsgesellschaften, die nach Rechtsform und Struktur den §§ 105 ff, 161 ff entsprechen. Zwar nicht in der Form, aber doch in der Sache kam dieser Entwurf den Vorstellungen der Betriebswirtschaftslehre weit entgegen, die ein Rechnungslegungs- und Prüfungsrecht mit Geltung für alle Unternehmen gefordert hatte.[68] Dagegen widersprach die Konzeption den Vorstellungen der Wirtschaft und ihrer Verbände.[69] Diese forderten, sich auf die Durchführung der Bilanzrichtlinie durch Änderung des Aktiengesetzes und des GmbH-Gesetzes zu beschränken (kein „Übersoll"), unnütze Belastungen der Wirtschaft zu vermeiden und das Gesetz lesbar und benutzerfreundlich zu gestalten.[70] Die Konzeption der Regierungsentwürfe litt unter dem inneren Widerspruch, einen unternehmensrechtlichen, also rechtsformunabhängigen, Regelungsansatz zu wählen und zugleich eine wesentlich nach Rechtsformen differenzierende Regelung zu wollen. Anzumerken bleibt ferner, dass der unternehmensbezogene, durch eine einheitlich geltende Bilanzzielbestimmung verstärkte Regelungsansatz trotz der vorgesehenen Differenzierungen die Tendenz begründete, unmittelbar nur für Kapitalgesellschaften geltende Anforderungen auch auf Einzelkaufleute und Personengesellschaften zu übertragen.

Der **Unterausschuss** des **Rechtsausschusses** hat es in seiner Überarbeitung bei einem **18** kompakten Normenbestand in der äußeren Form eines Artikelgesetzes belassen und ist diesen Weg konsequent zu Ende gegangen, indem er die zuvor auf zwei Blöcke (§§ 38 ff HGB-E, §§ 236 ff HGB-E) verteilte Regelung im neuen Dritten Buch des HGB zusammengefasst hat. In der Sache ist eine neue Konzeption entwickelt worden, die darauf abzielt, bei der Reform nicht über den durch die Richtlinie vorgegebenen Angleichungsstandard hinauszugehen. Wesentliche Schritte waren die Rückkehr zu einer rechtsformorientierten Bestimmung der Normadressaten (Verabschiedung des Unternehmensbegriffs aus seiner zentralen Rolle), die klare Trennung des Regelungskomplexes in einen Grundlagenabschnitt, der die für alle Kaufleute geltenden Vorschriften zusammenfasst (§§ 238 ff), und in einen ergänzenden Abschnitt für Kapitalgesellschaften (§§ 264 ff) sowie die Zuordnung der den „**true and fair view**" fordernden Generalnorm zum Kapitalgesellschaftsrecht (§ 264 Abs. 2). Die Mehrheit des Rechtsausschusses formulierte es schließlich als ihr besonderes Anliegen, „eine ähnliche Entwicklung wie nach der Verabschiedung des Aktiengesetzes im Jahre 1965" zu verhindern, und „einer pauschalen Übertragung der für Kapitalgesellschaften vorgeschriebenen Regelungen auf andere Rechtsformen" entgegenzuwirken.[71]

3. Reform des Handelsbilanzrechts durch das BilMoG. Das am 29.5.2009 in Kraft **19** getretenen BilMoG[72] enthält die umfassendste inhaltliche Überarbeitung des Handelsbilanzrechts seit dem BiRiLiG.[73] Das BilMoG diente einerseits der **Umsetzung** verschie-

---

67 BT-Drucks. 10/317, S. 5.

68 Bierich/Busse v. Colbe/Laßmann/Lutter/*Chmielewicz* Rechnungslegung nach neuem Recht (ZGR-Sonderheft 2) S. 15; *Kommission* Rechnungswesen im Verband der Hochschullehrer für Betriebswirtschaft e.V., DBW 1979, 1.

69 *GEFIU* DB 1980 Beilage Nr. 12; *Spitzenverbände der Wirtschaft* DB 1979, 1093; BB 1980 Beilage Nr. 9 zu Heft 28; BB 1981, 1864; DB 1981, 2447; DB 1984 Beilage Nr. 7 zu Heft 9.

70 Weitere Stellungnahmen z.B.: BNotK GmbHR 1982, 45; *IdW* WPg 1984, 125; *WPK* u. *IdW* WPg 1980, 501; WPg 1981, 609; WPg 1985, 349 u. 537.

71 Ausschussbericht, BT-Drucks. 10/4268, S. 88 f.

72 Gesetz zur Modernisierung des Bilanzrechts (Bilanzrechtsmodernisierungsgesetz – BilMoG) vom 25.05.2009 (BGBl. I 2009, S. 1102).

73 Vgl. zum BilMoG allgemein auch Köln-Komm-RLR/*Claussen* Einl. Rdn 42 ff.

dener europäischer **Richtlinien;**[74] andererseits nutzte der Gesetzgeber die Gelegenheit dazu, dass HGB Bilanzrecht insgesamt zu reformieren (nach dem bereits im Namen des Gesetzes zum Ausdruck kommenden Verständnis des Gesetzgebers: zu „modernisieren“[75]) – und zwar durch „eine **maßvolle Annäherung der handelsrechtlichen Rechnungslegungsvorschriften an die IFRS**“.[76] Das so modernisierte HGB soll sowohl hinsichtlich des Jahres- als auch des Konzernabschlusses[77] „eine gleichwertige, aber einfachere und kostengünstigere Alternative“[78] zu den IFRS bieten. Eine grundsätzliche Änderung der Systematik des Dritten Buches oder der Grundkonzepte der handelsrechtlichten Rechnungslegung bezweckte der Gesetzgeber mit dem BilMoG nicht.

20 Das BilMoG enthält zwar zahlreiche Regelungen, die auf IFRS-Vorschriften basieren oder sich an diese anlehnen.[79] Die **Grundprinzipien der handelsrechtlichen Rechnungslegung**, wie z.B. das Realisations- und das Vorsichtsprinzip, behält das BilMoG aber bewusst bei; soweit Regelungen des BilMoG Grundprinzipien des HGB Bilanzrechts durchbrechen (wie z.B. § 246 Abs. 2 S. 2, 3 HGB das Verrechnungsverbot), bleibt dies auf eng umrissene Tatbestände beschränkt und die Grundprinzipien werden im Übrigen nicht in Frage gestellt.[80] Die mitunter getroffene Aussage, dass das BilMoG am „Fundament der handelsrechtlichen Rechnungslegung“ rüttele,[81] trifft daher nicht zu. Auch die mit dem BiRiLiG geschaffene **Systematik des Dritten Buchs** mit einem allgemeinen ersten Abschnitt sowie der **rechtsformorientierte Ansatz** wurden durch das BilMoG nicht geändert.

---

74 Vorrangig waren die Richtlinie 2006/43/EG des Europäischen Parlaments und des Rates vom 17.5.2006 über Abschlussprüfungen von Jahresabschlüssen und konsolidierten Abschlüssen, zur Änderung der Richtlinien 78/660/EWG und 83/349/EWG des Rates und zur Aufhebung der Richtlinie 84/253/EWG des Rates (ABl. EU Nr. L 157 S. 87) – sog. Abschlussprüferrichtlinie – und die Richtlinie 2006/46/EG des Europäischen Parlaments und des Rates vom 14.6.2006 zur Änderung der Richtlinien des Rates 78/660/EWG, 83/349/EWG, 86/635/EWG und 91/674/EWG (ABl. EU Nr. L 224 S. 1) – sog. Abänderungsrichtlinie – umzusetzen.

75 RegE der Bundesregierung, BT-Drucks. 16/10067, S. 34: „im Wege einer moderaten Modernisierung“.

76 RegE der Bundesregierung, BT-Drucks. 16/10067, S. 34 (Hervorhebung nur hier).

77 Vgl. RegE der Bundesregierung, BT-Drucks. 16/10067, S. 34: „Nach Auffassung der Bundesregierung soll auch der handelsrechtliche Konzernabschluss als einfachere und kostengünstigere Alternative im Vergleich zum Konzernabschluss nach den IFRS, insbesondere für konzernrechnungslegungspflichtige, nicht kapitalmarktorientierte Unternehmen, dauerhaft erhalten bleiben.“

78 RegE der Bundesregierung, BT-Drucks. 16/10067, S. 32.

79 Zu den Regelungen des BilMoG im Überblick Baumbach/Hopt/*Merkt* Einl v § 238 Rdn 27 ff; *Böcking/Gros* DK 2009, 355; Haufe HGB BilKomm[2] S. 43 ff; Köln-Komm-RLR/*Claussen* Einl. Rdn 52 ff. Empirische Analysen der ersten nach dem BilMoG aufgestellten Abschlüsse finden sich bei *Keitz/Wenk/Jagosch* DB 2011, 2445 und 2503 sowie (zu Konzernabschlüssen) in der von BDI, Ernst & Young und DHBW Stuttgart herausgegebenen Studie „Das Bilanzrechtsmodernisierungsgesetz in der Praxis mittelständischer Unternehmen“ (2011) (abrufbar unter: http://www.bdi.eu/download_content/Marketing/327-2011_BilMoG_web.pdf [letzter Zugriff: 6.9.2013]); zu ersten Erfahrungen mit dem BilMoG aus steuerlicher Sicht *Herzig* DB 2012, 1343.

80 *Hennrichs/Pöschke* Fortentwicklung der GoB, in Bilanzpolitik und Bilanzanalyse nach neuem Handelsrecht (2010) S. 54.

81 So *Fülbier/Gassen* DB 2007, 2605 (2612); dagegen bereits *Hennrichs/Pöschke* Fortentwicklung der GoB, in Bilanzpolitik und Bilanzanalyse nach neuem Handelsrecht (2010) S. 54.

IV. Bedeutung der Richtlinien für die Auslegung des Handelsbilanzrechts

Die europarechtliche Herkunft des Handelsbilanzrechts (Rdn 12 ff) ist auch nach der Umsetzung der Richtlinien durch den deutschen Gesetzgeber von fortdauernder Bedeutung; namentlich ist sie bei der Auslegung der Vorschriften des Dritten Buchs[82] zu berücksichtigen. Die nationalen Auslegungsmethoden werden durch das Prinzip der unionsrechtskonformen Auslegung (hier in Form der **richtlinienkonformen Auslegung**) „*europarechtlich überlagert*".[83] Nach diesem inzwischen allgemein anerkannten Grundsatz[84] ist die Auslegung des deutschen Bilanzrechts **primär am Rechtsangleichungsprogramm** der Richtlinien **auszurichten**; bei Zweifeln über die Bedeutung der innerstaatlichen Regelung ist auf Wortlaut, Zweck, Systematik und Entstehungsgeschichte der jeweiligen Richtlinie zurückzugreifen. 21

Die Pflicht zur richtlinienkonformen Auslegung erfasst das **gesamte nationale Recht im Angleichungsbereich** einer Richtlinie, und zwar unabhängig davon, ob es vor oder nach der Richtlinie, um die es geht, erlassen wurde.[85] Ergeben sich Zweifel am Sinngehalt der Richtlinienregelung selbst, so ist die Rechtssache von letztinstanzlichen Gerichten gem. Art. 267 AEUV dem EuGH zur Vorabentscheidung über die Auslegung des Unionsrechts (nicht: der deutschen Regelung) vorzulegen.[86] Diese Vorlage ist in dem Sinne Gegenstand rechtlicher Verpflichtung, dass nur der EuGH gesetzlicher Richter i.S.d. Art. 101 Abs. 1 S. 2 GG ist.[87] Ein solches Vorgehen ist beispielsweise auch dann geboten, wenn es auf die Bedeutung der 4. Richtlinie für die Rechnungslegung von Einzelkaufleuten oder solchen Gesellschaften ankommt, die dem Geltungsanspruch der Richtlinie nicht unterliegen, ferner, soweit die handelsrechtlichen Grundsätze gem. § 5 Abs. 1 S. 1 EStG das Bilanzsteuerrecht beeinflussen. 22

Da die unionsrechtliche Pflicht nicht durch das methodische Verständnis der einzelnen Mitgliedstaaten beschränkt werden kann, folgt aus der Pflicht zur richtlinienkonformen Auslegung mehr als bloße Auslegung im engeren Sinn; erforderlich ist, das nationale Recht, wo dies nötig und möglich ist, richtlinienkonform fortzubilden.[88] Im Ergebnis müssen die nationalen Gerichte alles tun, um die volle Wirksamkeit und die einheitliche Anwendung der Richtlinien in den Mitgliedstaaten zu gewährleisten. Die Grenzen des richterlichen Handelns werden dabei durch die allgemein anerkannten Methoden der Gesetzesauslegung und der **Rechtsfortbildung** gezogen.[89] 23

---

[82] Allg. zur Auslegung der §§ 238 ff *Hennrichs/Pöschke* DK 2009, 532 ff.

[83] *Hennrichs* Wahlrechte im Bilanzrecht der Kapitalgesellschaften (1999) S. 84 (im Original kursiv); *Hennrichs/Pöschke* DK 2009, 532 (535).

[84] S. nur EuGH NJW 2006, 2465 (2467); BGH NJW 2009, 427 (428); *Auer* NJW 2007, 1106; *Hennrichs* Wahlrechte im Bilanzrecht der Kapitalgesellschaften (1999) S. 84 ff; *Hennrichs/Pöschke* DK 2009, 532 (535); Palandt/*Sprau* BGB[71] Einl Rdn 43; *Ulmer* FS Goerdeler (1987) S. 623 (646).

[85] EuGH NJW 2006, 2465 (2467); Palandt/*Sprau* BGB[71] Einl. Rdn 43.

[86] HdJ – *Schulze/Osterloh* Abt. I/1 Rdn 56; Palandt/*Sprau* BGB[71] Einl Rdn 43.

[87] BVerfGE 73, 339 (366 ff); BVerfG BB 1987, 2111 f. Aus der Rechtsprechung des EuGH vgl. etwa EuGH NJW 1983, 1257.

[88] BGH NJW 2009, 427 (428 f); *Hennrichs/Pöschke* DK 2009, 532 (535); allg. auch EuGH EuZW 2010, 26 (33).

[89] BVerfG NJW 2012, 669 (670 ff); *Hennrichs* Wahlrechte im Bilanzrecht der Kapitalgesellschaften (1999) S. 89 f; Palandt/*Sprau* BGB[71] Einl Rdn 43; zu den Grenzen richtlinienkonformer Auslegung EuGH NJW 2006, 2465 (2467); allg. auch BVerfG JZ 2009, 675 (676 ff).

V. Aktuelle Entwicklungen im europäischen Bilanzrecht

24 Nach langen politischen Diskussionen ist auf europäischer Ebene jüngst eine grundlegende Überarbeitung des Bilanzrechts zum vorläufigen Ende gekommen. Am 29.6.2013 ist eine **neue Rechnungslegungsrichtlinie** in Kraft getreten, die die Bilanz- und die Konzernbilanzrichtlinie aufhebt und ersetzt.[90] Der deutsche Gesetzgeber muss die Regelungen gemäß Artikel 52 der Richtlinie bis zum 20.7.2015 umsetzen; dabei kann er vorsehen, dass die neuen nationalen Regelungen erstmals auf Abschlüse für die Geschäftsjahre angewandt werden, die am oder nach dem 1.1.2016 beginnen. Die neue Richtlinie soll nach dem Verständnis der Europäischen Kommission die bisherigen Bilanzrichtlinien modernisieren, die Bilanzierungsvorschriften für kleine Unternehmen vereinfachen sowie die Klarheit und Vergleichbarkeit von Abschlüssen in der Europäischen Union erhöhen.[91] Konzeptionell ist ein Festhalten an einer (konsolidierten) Richtlinie als Rahmen des europäischen Bilanzrechts zu begrüßen;[92] eine inhaltliche Reform der Bilanzrichtlinien war überfällig.[93]

25 Die Europäische Kommission befasst sich daneben schon seit einiger Zeit vertieft mit der Rechnungslegung kleiner und mittlerer Unternehmen, sog. KMU (*small- and medium-sized entities, SMEs*);[94] im Juni 2011 wurde eine Studie zur Rechnungslegung von KMU veröffentlicht.[95] Bereits in 2009 hatte die Kommission Änderungen der Bilanzrichtlinie zur Erleichterung der Rechnungslegungsanforderungen für sog. Kleinstunternehmen (*micro entities*) vorgeschlagen;[96] dieser Vorschlag führte schließlich zu einer **Richtlinie zur Rechnungslegung von Kleinstunternehmen**, die am 14.3.2012 veröffentlicht wurde.[97] Der deutsche Gesetzgeber hat diese Richtlinie durch das MicroBilG bereits umgesetzt (s. Rdn 14 aE). Rege diskutiert wird daneben nach wie vor, ob und ggf. wie

---

[90] Richtlinie 2013/34/EU des Europäischen Parlaments und des Rates vom 26.6.2013 über den Jahresabschluss, den konsolidierten Abschluss und damit verbundene Berichte von Unternehmen bestimmter Rechtsformen und zur Änderung der Richtlinie 2006/43/EG des Europäischen Parlaments und des Rates und zur Aufhebung der Richtlinien 78/660/EWG und 83/349/EWG des Rates (Abl. EU Nr. L 182 S. 19); zum Inhalt der Richtlinie und dem Umsetzungsbedarf im deutschen Bilanzrecht s. *Jessen/Haaker* DB 2013, 1617.

[91] S. den Entwurf der Kommission KOM (2011) 684 endgültig; Stellungnahmen zum Inhalt des Kommissionsentwurfs bei *Arbeitskreis Fortentwicklung der Rechnungslegung für KMU* DB 2012, 991; *Lanfermann* BB 2011, 3051; *Scheffler* AG 2011, R425; *Zülch/Güth/Stamm* DB 2012, 413.

[92] *Arbeitskreis Fortentwicklung der Rechnungslegung für KMU* DB 2012, 991; *Hennrichs* GmbHR 2011, 1065 (1066 ff); *Kleindiek* GmbHR 2010, 1333 (1339).

[93] Vgl. nur *Hennrichs* GmbHR 2011, 1065 (1071 f); ebenso *Kleindiek* GmbHR 2010, 1333 (1339); zum Inhalt der neuen Rechnungslegungsrichtlinie s. *Jessen/Haaker* DB 2013, 1617.

[94] Vgl. den aktuellen Bericht von *Bremer* NZG 2011, 1417.

[95] Abrufbar unter: http://ec.europa.eu/enterprise/policies/sme/business-environment/files/study_on_accounting_requirements_for_smes_final_report_en.pdf [letzter Zugriff: 30.7.2013].

[96] Vorschlag für eine „Richtlinie des Europäischen Parlaments und des Rates zur Änderung der Richtlinie 70/660/EWG des Rates über den Jahresabschluss von Gesellschaften bestimmter Rechtsformen im Hinblick auf Kleinstunternehmen" vom 26.2.2009. Dazu ausf. *Zwirner* BC 2009, 369; s.a. Köln-Komm-RLR/*Claussen* § 241a Rdn 14; *Philipp* EuZW 2010, 283.

[97] Richtlinie 2012/6/EU des Europäischen Parlaments und des Rates vom 14.3.2012 zur Änderung der Richtlinie 78/660/EWG des Rates über den Jahresabschluss von Gesellschaften bestimmter Rechtsformen hinsichtlich Kleinstbetrieben (ABl. EU Nr. L 81 S. 3). Dazu etwa *Lanfermann* BB 2012, 1209.

die ***IFRS for SMEs*** in das europäische Bilanzrecht aufgenommen werden sollten.[98] Diese Fragen bleiben auch nach Inkrafttreten der neuen Rechnungslegungsrichtlinie (Rdn 24) offen; diese sieht keinen „Rückgriff" auf die IFRS for SMEs vor.[99]

§ 238
Buchführungspflicht

(1) Jeder Kaufmann ist verpflichtet, Bücher zu führen und in diesen seine Handelsgeschäfte und die Lage seines Vermögens nach den Grundsätzen ordnungsmäßiger Buchführung ersichtlich zu machen. Die Buchführung muß so beschaffen sein, daß sie einem sachverständigen Dritten innerhalb angemessener Zeit einen Überblick über die Geschäftsvorfälle und über die Lage des Unternehmens vermitteln kann. Die Geschäftsvorfälle müssen sich in ihrer Entstehung und Abwicklung verfolgen lassen.

(2) Der Kaufmann ist verpflichtet, eine mit der Urschrift übereinstimmende Wiedergabe der abgesandten Handelsbriefe (Kopie, Abdruck, Abschrift oder sonstige Wiedergabe des Wortlauts auf einem Schrift-, Bild- oder anderen Datenträger) zurückzubehalten.

Schrifttum

(vgl. auch die Angaben vor § 238 und unten vor Rdn 35, 69). *Baetge/Zülch* Rechnungslegungsgrundsätze nach HGB und IFRS, HdJ Abt. I/2 (Loseblatt, Stand: September 2010); *Biener* Die Neufassung handelsrechtlicher Buchführungsvorschriften, DB 1977, 257; *Feuerbaum* EDV-Buchführung, GoB, AO 1977 und HGB, DB 1977, 549 und 597; *Hüttemann/Meinert* Zur handelsrechtlichen Buchführungspflicht des Kaufmanns kraft Eintragung, BB 2007, 1436; *Icking* Die Rechtsnatur des Handelsbilanzrechts – zugleich ein Beitrag zur Abgrenzung von öffentlichem und privatem Recht, Tübinger Schriften zum Staats- und Verwaltungsrecht Bd. 53 (2000); *Kruse* Grundsätze ordnungsmäßiger Buchführung³ (1979); *Leffson* Die Grundsätze ordnungsmäßiger Buchführung⁷ (1987); *Moxter* Grundsätze ordnungsgemäßer Rechnungslegung (2003); *W. Müller* Der Jahresabschluß im Spannungsfeld zwischen öffentlichem Recht und Gesellschaftsrecht, Festschrift Moxter (1994) S. 75; *Offerhaus* Die neuen handelsrechtlichen Buchführungsvorschriften, BB 1976, 1622; *Peetz* Handelsrechtliche Rechnungslegung der aufgelösten GmbH, GmbHR 2007, 858; *Rönnau* Rechtsprechungsüberblick zum Insolvenzstrafrecht, NStZ 2003, 525; *Schuppenhauer* EDV-Buchführung im Ausland, WPg 1984, 514; *Schuppenhauer* GoDV-Handbuch – Grundsätze ordnungsmäßiger Datenverarbeitung und DV-Revision⁶ (2007); *Völker-Lehmkuhl/Mages* Erfüllung der Buchführungspflicht nach HGB durch IAS/IFRS?, NWB Fach 17, 1957 (34/2005); *Weyand* Buchführungs- und Bilanzdelikte, PStR 2004, 235; *Zepf* Die Realisierung der Belegfunktion bei Einsatz unterschiedlicher Informationstechnologie, WPg 1985, 621.

---

[98] Dazu ausf. *Kleindiek* GmbHR 2010, 1333; ferner *Hennrichs* GmbHR 2011, 1065 (1069 ff); Ergebnisse einer Befragung mittelständischer Unternehmen dazu bei *Grottke/Späth/Haendel* DStR 2011, 2422; zur möglichen Vereinbarkeit der Änderung der Bilanzrichtlinien und der Einführung eines Mitgliedstaatenwahlrechts zur Anwendung der IFRS for SMEs *Arbeitskreis Fortentwicklung der Rechnungslegung für KMU* DB 2012, 991, 993; eine systematische Untersuchung der IFRS for SMEs vor dem Hintergrund deutscher Besonderheiten in der Rechnungslegung findet sich bei *Janke* DB 2011, 2863.

[99] Vgl. *Jessen/Haaker* DB 2013, 1617 f.

Übersicht

I. Einführung

1. Entstehungsgeschichte und Regelungsgegenstand. Die Vorschrift wurde durch das BiRiLiG vom 19.12.1985[1] in das HGB eingefügt. Die zentrale Regelung enthält § 238 Abs. 1 S. 1, der die **handelsrechtliche Buchführungspflicht** begründet. Dieser Teil der Vorschrift entspricht § 38 Abs. 1 HGB i.d.F. vor dem BilRiLiG und wurde vom Gesetzgeber des BiRiLiG wortgleich in Abs. 1 S. 1 übernommen. Darüber hinaus normieren § 238 Abs. 1 S. 2 und 3 ohne Vorbild in § 38 a.F. die allgemeinen Anforderungen, denen die Buchführung genügen muss. Insoweit hat der Gesetzgeber des BiRiLiG die in § 145 Abs. 1 AO getroffene Regelung übernommen.[2] § 238 Abs. 2 schließlich verpflichtet den Kaufmann unter nur sprachlicher Änderung des § 38 Abs. 2 a.F. zur Zurückbehaltung von Briefkopien oder vergleichbaren Wiedergaben. Der in der Vorauflage getroffenen Feststellung, dass der Regelungskern ausschließlich in § 238 Abs. 1 S. 1 liege und § 238 Abs. 1 S. 2 und 3 sowie Abs. 2 nur klarstellenden Charakter hätten,[3] kann nur eingeschränkt zugestimmt werden. Zwar ist richtig, dass die in § 238 Abs. 1 S. 2 und 3 sowie Abs. 2 normierten Pflichten letztlich auch Teil der nach § 238 Abs. 1 zwingend zu beachtenden **Grundsätze ordnungsmäßiger Buchführung** (GoB) sind. Der Begriff der GoB in § 238 Abs. 1 S. 1 ist aber ein unbestimmter Rechtsbegriff, der erst durch weitere Vorschriften – und dazu zählen auch § 238 Abs. 1 S. 2 und 3 sowie Abs. 2 – konkretisiert wird (zu Rechtsnatur und Herleitung der GoB ausf. Rn 35 ff). 1

2. Regelungszweck; Rechtsnatur der Buchführungspflicht

Meinungsstand. Über den Zweck der handelsrechtlichen Buchführungspflicht besteht im Großen und Ganzen Einigkeit; einzelne Aspekte werden jedoch unterschiedlich beurteilt. Nach ganz hM liegt der zentrale, die gesetzliche Pflicht zur Buchführung (und Bilanzierung) rechtfertigende Gesichtspunkt im **Schutz der Gläubiger**, der durch den kontinuierlichen Überblick des Kaufmanns über seine wirtschaftliche Lage verwirklicht werden soll. Schlagwortartig wird vom Gläubigerschutz durch Selbstkontrolle des Kaufmanns gesprochen.[4] Bezweckt ist ferner die **Dokumentation der Geschäftsvorfälle.**[5] Sie ist nicht nur Instrument des Gläubigerschutzes, sondern hat wegen der in §§ 258 ff normierten Vorlagepflichten im Prozess auch selbständige Bedeutung. Vereinzelt wird die Dokumentation auch als primärer Zweck der Buchführungspflicht angesehen.[6] Unübersichtlich ist der Meinungsstand in drei Bereichen: Erstens kann der Zweck der Buch- 2

---

[1] Gesetz zur Durchführung der Vierten, Siebenten und Achten Richtlinie des Rats der Europäischen Gemeinschaften zur Koordinierung des Gesellschaftsrechts (Bilanzrichtlinien-Gesetz – BiRiLiG) vom 19.12.1985 (BGBl. I 1985, S. 2355); umfassende Dokumentation in *Biener* Bilanzrichtlinien-Gesetz (1986).

[2] Vgl. Begr. RegE, BT-Drucks. 10/317, S. 72; zur mit dem BiRiLiG erfolgten sprachlichen Anpassung des § 145 Abs. 1 S. 1 AO s. HdR-EA/*Pfitzer/Oser* Rdn 1.

[3] Staub/*Hüffer*[4] Rdn 1; ebenso – jedenfalls für § 238 Abs. 2 – Ebenroth/Boujong/Joost/Strohn/*Wiedmann* Rn 4; MünchKommBilR/*Graf* Rdn 1.

[4] BGH bei *Holtz* MDR 1981, 454; BGHZ 125, 366 (377 f); Begr. RegE 1. WiKG, BT-Drucks. 7/3441, S. 38; BoHdR-*Streim* Rdn 18; HdJ – *Schulze/Osterloh* Abt. I/1 Rdn 34; Köln-Komm-RLR/*Drüen* Rdn 7; *Moxter* Bilanzlehre, Bd. II S. 5 f; Staub/*Hüffer*[4] Rdn 2; Tipke/Kruse/*Drüen* AO § 145 Rdn 13, 15 f.

[5] Baetge/Kirsch/Thiele/*Quick/Wolz* BilR Rdn 2; HdJ – *Schulze/Osterloh* Abt. I/1 Rdn 34; *Kruse* GoB S. 199f; *Leffson* GoB S. 38 ff, 157 ff; *Moxter* Bilanzlehre, Bd. II S. 8 f; Münch-KommHGB/*Ballwieser*[2] Rdn 1; Tipke/Kruse/*Drüen* AO § 145 Rdn 13.

[6] *Kruse* GoB S. 199 f.

führung nicht unabhängig vom Zweck der Bilanz gesehen werden. Die verschiedenen, in ihren Hauptrichtungen üblicherweise als statisch oder als dynamisch gekennzeichneten Bilanzauffassungen können sich deshalb schon bei der Beurteilung der Buchführungspflichten auswirken. In der rechtlichen Beurteilung dominiert nach wie vor die statische, im Kern auf die Ermittlung des Vermögensstandes abzielende Bilanzauffassung (vgl. § 242 Rdn 8 f). Zweitens stellt sich die Frage nach einem generellen Rechenschaftszweck der Buchführung; er wird im betriebswirtschaftlichen Schrifttum bejaht,[7] im juristischen dagegen verneint.[8] Schließlich werden unter den Buchführungszwecken vereinzelt auch die Belange des Fiskus genannt.[9] **Rechtsnatur.** Nahezu einig ist man sich heute jedenfalls bei der Einordnung der Buchführungspflicht als **öffentlich-rechtliche**, auf die Wahrung des Allgemeininteresses gerichtete Pflicht.[10]

3 **Stellungnahme.** Mit der hM ist der Zweck der Buchführungspflicht im **Gläubigerschutz durch Selbstkontrolle** des Kaufmanns zu finden.[11] Dies zeigt sich insbesondere in der Bedeutung, die den Verstößen gegen die Pflicht zur Buchführung (Aufbewahrung; Bilanzierung) im Rahmen der Insolvenzstraftaten (§§ 283 ff StGB; dazu Rdn 65 f) zukommt. Daneben muss aber auch die **Dokumentation** der Geschäftsvorfälle als eigenständiger Zweck der Buchführungspflicht angesehen werden. Die Dokumentationspflicht bildet die Grundlage der gerichtlichen Befugnis, die Vorlegung der Handelsbücher von Amts wegen – also auch gegen den Willen des Kaufmanns – (§ 258 Abs. 1; vgl. dort Rdn 10 f) anzuordnen. Mit Blick auf die drei genannten Bereiche, in denen der Meinungsstand unübersichtlich ist (Rdn 2), gilt: Erstens muss es für das Handelsrecht bei der statischen Bilanzauffassung verbleiben, weil nur sie dem vom Gesetz bezweckten Gläubigerschutz entspricht. Zweitens: Ein genereller Rechenschaftszweck der Buchführung ist dem geltenden Recht fremd. Richtig ist zwar, dass das Gesetz ein Informationsinteresse der Öffentlichkeit anerkennt, dies aber nur hinsichtlich bestimmter Unterlagen und nur bei publizitätspflichtigen Gesellschaften (§§ 325 ff und § 1 ff PublG). Nicht zutr. ist es schließlich drittens, die Belange des Fiskus unter den Zwecken der handelsrechtlichen Buchführungspflicht aufzuführen. Vielmehr macht sich das Steuerrecht, soweit es nicht eine eigenständige Buchführungspflicht begründet (§ 141 AO), die handelsrechtliche Buchführungspflicht für seine Zwecke nur zunutze (§ 140 AO; vgl. Rdn 69 ff).[12] Hinsichtlich der **Rechtsnatur** der Buchführungspflicht als **öffentlich-rechtlich** ist der ganz hM zu folgen. In der Sache bedeutet dies einerseits, dass es sich um eine Pflicht gegenüber der Allgemeinheit handelt, die von Pflichten gegenüber Einzelpersonen (dazu Rdn 4, 68) sowie von Pflichten in der Innensphäre von Gesellschaften (namentlich bei der Feststellung des Jahresabschlusses, vgl. § 242 Rdn 20) zu unterscheiden ist. Andererseits begründen Buchführungspflichten grundrechtsrelevante Lasten, die einen Eingriff in Grundrechte darstellen können und dann einer Rechtfertigung bedürfen.[13]

---

7 *Leffson* GoB S. 56 ff.

8 Tipke/Kruse/*Drüen* AO § 145 Rdn 16.

9 Staub/*Brüggemann*[3] vor § 38 Rdn 4; dagegen bereits Staub/*Hüffer*[4] Rdn 3. Vgl. ferner BoHdR-*Kirsch* § 242 Rdn 6 für die Aufstellung der Bilanz.

10 Beck BilKomm-*Winkeljohann/Klein* Rdn 56; BoHdR-*Streim* Rdn 16; Ebenroth/Boujong/Joost/Strohn/*Wiedmann* Rn 1; *Icking* Rechtsnatur S. 166 ff (Ergebnis: S. 443 f); *W. Müller* FS Moxter (1994) S. 75, 79ff; s. auch *Hennrichs* ZHR 170 (2006), 498 (512); *Hennrichs/Schubert* ZIP 2007, 563 (566); *Kirchhof* ZGR 2000, 681 (681); *Pöschke* Eigenkapital mittelständischer Gesellschaften nach IAS/IFRS (2009) S. 197; **aA** Köln-Komm-RLR/*Claussen* Einl. Rdn 67 ff; MünchKommAktG/*Luttermann*[2] Einf BilanzR Rdn 48 ff.

11 Klar Tipke/Kruse/*Drüen* AO § 145 Rdn 16.

12 Zutr. Münch-KommHGB/*Ballwieser*[3] Rdn 1.

13 Vgl. dazu *Hennrichs/Schubert* ZIP 2007, 563 (566); *Pöschke* Eigenkapital mittelständischer Gesellschaften nach IAS/IFRS (2009) S. 197 ff.

An der Erfüllung der Buchführungspflicht haben vielfach auch **Einzelpersonen** ein **individuelles Interesse,** namentlich diejenigen, denen ein Recht auf Einsichtnahme und Kontrolle zusteht (vgl. etwa §§ 118, 166, § 51a GmbHG). Der Schutz dieser Individualinteressen ist jedoch nicht Zweck des § 238, sondern der jeweiligen Einzelnormen über Einsichtnahme und Kontrolle. Die in den §§ 238 ff enthaltenen Buchführungsvorschriften sind nach heute ganz hM **keine Schutzgesetze** i.S.d. § 823 Abs. 2 BGB.[14] Das folgt zwar nicht allein aus ihrem überindividuellen Regelungszweck (Rdn 2 f), es fehlen aber Anhaltspunkte dafür, dass das Gesetz die Schaffung eines individuellen Schadensersatzanspruchs erstrebt. Ein solches Ergebnis würde sich auch nicht in das haftungsrechtliche Gesamtsystem einfügen, da der Gesetzgeber sich im Grundsatz gegen eine allgemeine deliktische Haftung für primäre Vermögensschäden entschieden hat.[15] **4**

3. Zwingender Charakter; fehlende Durchsetzbarkeit der Buchführungspflicht. Die §§ 238 ff enthalten **zwingendes Recht.**[16] Mithin genügt nur eine Buchführung, die mit den §§ 238 ff in Einklang steht, den gesetzlichen Anforderungen. Abweichende Vereinbarungen, z.B. mit Gläubigern des Buchführungspflichtigen oder in Gesellschaftsverträgen, können den Inhalt der öffentlich-rechtlichen Buchführungspflicht nicht verändern (u.U. aber ergänzen). Allerdings kann die Einhaltung der Buchführungspflicht, soweit es nur um die Buchführung selbst geht (hinsichtlich der von publizitätspflichtigen Unternehmen offen zu legenden Unterlagen vgl. § 335 HGB, § 21 PublG), nicht erzwungen werden. Es gibt **kein Zwangsgeldverfahren** in dem das Registergericht (oder eine andere behördliche Stelle) die unmittelbare Einhaltung der Buchführungsvorschriften oder der GoB durchsetzen könnte.[17] Das Gesetz vertraut auf das Eigeninteresse der Buchführungspflichtigen und auf den Druck, der von einer möglichen Strafbarkeit nach den §§ 283 ff StGB, von den Nachteilen eines versagten oder mit Einschränkungen versehenen Bestätigungsvermerks sowie von den möglichen steuerrechtlichen Folgen, insbesondere dem Risiko einer Steuerschätzung (Rdn 71) ausgeht. Einzelheiten zu den Rechtsfolgen bei Verletzung der Buchführungspflicht in Rdn 64 ff. **5**

4. Ursprünge. Die Buchführung der Kaufleute ist bereits im 16. und 17. Jahrhundert zum Gegenstand von Stadtrechten geworden.[18] In Frankreich enthielt die Ordonnance pour le commerce von 1673 umfassende Bestimmungen,[19] die in den Art. 28 ff ADHGB von 1861 nachwirkten. Die Vorschriften des ADHG dienten wiederum als Vorbild für die §§ 38 ff a.F. Leitendes Motiv der frühen Rechtsetzung war es, die **Beweiskraft der** **6**

---

14 Überzeugend *Canaris* HandelsR[23] § 12 Rdn 12 sowie HdJ – *Schulze/Osterloh* Abt. I/1 Rdn 40 ff; RGZ 73, 30, 32 (zu § 240 KO a.F.); ferner BGH DB 1964, 1585; BGHZ 125, 366 (377); 165, 85 (92); Baetge/Kirsch/Thiele/*Quick/Wolz* BilR Rdn 61; Baumbach/Hopt/*Merkt* Rdn 19; Beck BilKomm-*Winkeljohann/Klein* Rdn 56; MünchKommAktG/*Graf*[2] Rdn 65 f; Palandt/*Sprau*[71] § 823 BGB Rdn 65; eine **aA** wurde teilweise im älteren Schrifttum vertreten, vgl. die Nachw. bei Staub/*Hüffer*[4] Rdn 4.

15 Vgl. BGH NJW 2008, 1734 (1736).

16 Vgl. z.B. *Icking* Rechtsnatur S. 446 ff; *W. Müller* FS Moxter (1994) S. 75, 85.

17 Missverständlich insoweit Baumbach/Hopt/*Merkt* Rdn 20.

18 Zur Geschichte der Buchführung und der Buchführungspflicht vgl. *Wieland* HandelsR Bd. I S. 300 ff mwN in Fn. 7; ferner *Icking* Rechtsnatur S. 58 ff; *Leyerer* ZfhF 1922, 141 ff; MünchKommAktG/*Luttermann*[2] Einf BilanzR Rdn 56 ff, und (für die Rechnungslegung der AG) 67 ff; *Schmidt-Busemann* Entstehung und Bedeutung der Vorschriften über Handelsbücher, 1977.

19 Vgl. dazu MünchKommAktG/*Luttermann*[2] Einf BilanzR Rdn 58.

Handelsbücher als Voraussetzung der an sie anknüpfenden besonderen Beweisregeln sicherzustellen;[20] dieser enge Bezug zum Verfahrensrecht spiegelte sich noch in den zahlreichen prozessrechtlichen Bestimmungen der Art. 28 ff ADHGB wider. Wie schon in Art. 28 ADHGB verzichtete der Gesetzgeber auch bei der Revision des Handelsrechts 1897 darauf, detaillierte Vorgaben über Art und Zahl der Handelsbücher und ihre Führung zu machen. Er nahm stattdessen den in Art. 28 ADHGB noch nicht enthaltenen Hinweis auf die Grundsätze ordnungsmäßiger Buchführung (vgl. Rdn 35 ff) in das Gesetz auf.[21]

II. Voraussetzungen und zeitliche Grenzen der handelsrechtlichen Buchführungspflicht

1. Kaufmannseigenschaft

7 a) **Einzelkaufleute.** Nach § 238 Abs. 1 S. 1 trifft die handelsrechtliche Buchführungspflicht jeden Kaufmann (eine **Ausnahme** für bestimmte Einzelkaufleute enthält seit dem BilMoG[22] § **241a**, s. dort). Wer Kaufmann ist, bestimmt sich nach §§ 1 ff. Die Neufassung namentlich der §§ 1 und 2 sowie die Aufhebung des § 4 im Zuge der Handelsrechtsreform 1998[23] wirken sich daher auch auf den Anwendungsbereich der §§ 238 ff aus – und zwar tendenziell eher im Sinne einer Erweiterung des Kreises der Buchführungspflichtigen. Das folgt aus § 1 Abs. 2, der jeden einer kaufmännischen Betriebsorganisation bedürftigen Gewerbebetrieb ohne Rücksicht auf Art oder Gegenstand als Handelsgewerbe definiert und eine Regelvermutung dahin gehend enthält, dass eine **kaufmännische Betriebsorganisation** erforderlich ist. Wie bei den früheren Kaufleuten kraft Grundhandelsgewerbes hängt die Buchführungspflicht auch nicht von der Eintragung des Kaufmanns in das Handelsregister ab; die Eintragung hat insoweit nur deklaratorische Bedeutung. Anders liegt es in den Fällen des § 2, also bei **Kleingewerbetreibenden** (genauer: bei Entbehrlichkeit kaufmännischer Betriebsorganisation), die von ihrer Eintragungsoption Gebrauch machen. Ihre Buchführungspflicht entsteht erst, sobald sie ihre Kaufmannseigenschaft durch Registereintragung erworben haben; die Eintragung wirkt also konstitutiv. Folgerichtig wurde der frühere § 262 im Zuge der Handelsrechtsreform 1998 aufgehoben. Nach § 262 a.F. war bei den vormaligen Sollkaufleuten der Zeitpunkt, in dem die Pflicht zur Anmeldung entstand, auch für den Beginn der Buchführungspflicht entscheidend (so auch schon § 47b a.F.). Die Erweiterung der Handelsgewerbe durch § 1 und der Übergang zur bloßen Eintragungsoption in § 2 haben die Vorschrift obsolet werden lassen. Auch die früheren Minderkaufleute (§ 4 a.F.) wurden durch die Handelsrechtsreform 1998 als besondere rechtliche Kategorie beseitigt. Nach der neuen Konzeption können sie nur buchführungspflichtig werden, wenn sie von der Option des § 2 Gebrauch machen. Allerdings ist es nicht ausgeschlossen, dass die Vermutung des § 1 Abs. 2 nicht widerlegt werden kann und die Buchführungspflicht deshalb schon nach § 1 eintritt. **Land- und Forstwirte**[24] sind in keinem Fall Kaufleute kraft Gewerbebetriebs (§ 3

20 *Kruse* GoB S. 199 f.

21 Vgl. Denkschrift 1896 S. 45.

22 Gesetz zur Modernisierung des Bilanzrechts (Bilanzrechtsmodernisierungsgesetz – BilMoG) vom 25.5.2009 (BGBl. I 2009, S. 1102).

23 Gesetz zur Neuregelung des Kaufmanns- und Firmenrechts und zur Änderung anderer handels- und gesellschaftsrechtlicher Vorschriften (Handelsrechtsreformgesetz – HRefG) vom 22.6.1998 (BGBl. I 1998, S. 1474); Begr RegE: BT-Drucks. 13/8444; vgl. dazu z.B. *Ammon* DStR 1998, 1476 ff; *Henssler* ZHR 161 (1997), 13 ff; *K. Schmidt* NJW 1998, 2161 ff.

24 Zum Begriff Staub/*Oetker* § 3 Rdn 9 ff.

Abs. 1). Folglich sind sie nur dann buchführungspflichtig, wenn sie von dem auch ihnen zustehenden Recht auf Erwerb der Kaufmannseigenschaft Gebrauch gemacht haben (§ 3 Abs. 2 und 3) und ihre Eintragung im Handelsregister vollzogen ist.[25] **Stille Gesellschaft:** Die Buchführung obliegt allein dem Geschäftsinhaber, weil nur er das Handelsgewerbe als Kaufmann betreibt (§ 230). Zur Buchführung in Zweigniederlassungen vgl. Rdn 21, 26 f.

Die **Fälle der zu Unrecht eingetragenen Firma** (§ 5) werden nicht einheitlich beurteilt. 8
Meinungsstand. Das Meinungsbild ist diffus, da in der Argumentation häufig nicht deutlich genug zwischen dem Institut des Scheinkaufmanns und dem Fall des § 5 und zwischen den beiden Ebenen der Voraussetzungen und der Rechtsfolgen des § 5 unterschieden wird. Grob lässt sich das Meinungsspektrum wie folgt zusammenfassen: Nach wohl hM besteht im Anwendungsbereich des § 5 keine Buchführungspflicht.[26] Begründet wird dies einerseits damit, dass der fälschlich Eingetragene nur Schein- oder Fiktivkaufmann sei, andererseits auch mit dem öffentlich-rechtlichen Charakter der Buchführungspflichten und deren strafrechtlicher Relevanz. Eine Gegenansicht knüpft dagegen an die Tatsache der Eintragung an und hält den Eingetragenen jedenfalls dann für buchführungspflichtig, wenn er kein Kleingewerbe (früher: kein minderkaufmännisches Gewerbe nach § 4 a.F.) betreibt.[27] Nach einer dritten Meinung ist die Buchführungspflicht des Eingetragenen in jedem Fall begründet, also auch dann, wenn sein Gewerbe keiner kaufmännischen Betriebsorganisation bedarf.[28] **Stellungnahme.** Bei der Argumentation sind zwei Ebenen zu unterscheiden: Zunächst geht es um die Frage, ob die Voraussetzungen des § 5 erfüllt sind.[29] Hier ist insbesondere auch der **Anwendungsbereich des** § 5 vom Rechtsinstitut des Scheinkaufmanns abzugrenzen.[30] Verneint man auf dieser Ebene die Anwendbarkeit des § 5, stellt sich die Frage nach der Buchführungspflicht nicht. Sind demgegenüber die Voraussetzungen des § 5 erfüllt, sind die Rechtsfolgen zu untersuchen; hier ist es zutr., eine **Buchführungspflicht nach § 238 zu bejahen.** Denn nach überzeugender Auffassung ist unmittelbare Rechtsfolge des § 5 zunächst nur, dass der Eingetragene ein Handelsgewerbe betreibt; daraus folgt dann mittelbar die Kaufmannseigenschaft nach § 1 Abs. 1.[31] Das heißt der Eingetragene ist Kaufmann. Er unterliegt den Normen des Handelsrechts. Auch wenn man dem nicht folgt und von einer Fiktionswirkung hinsichtlich der Kaufmannseigenschaft ausgeht, sprechen der Schutzzweck des § 5 auf der einen und der Zweck der Buchführungspflicht auf der anderen Seite dafür, den zu Unrecht eingetragenen Kaufmann als buchführungspflichtig anzusehen.[32] Dass die Verletzung der Buchführungspflicht unter den weiteren Voraussetzungen der §§ 283 ff StGB eine strafbare

---

[25] BGH LM § 240 KO Nr. 8.

[26] ADS Rdn 4; Baumbach/Hopt/*Merkt* Rdn 7; Ebenroth/Boujong/Joost/Strohn/*Wiedmann* Rn 6; Staub/*Brüggemann*[3] § 38 Rdn 5; entschieden in diesem Sinne *Canaris* HandelsR[23] § 12 Rdn 8 ff; Schlegelberger/*Hildebrandt/Steckhan* §38 Rdn 5; s. ferner OLG Celle NJW 1968, 2119 (2120) (im Strafverfahren).

[27] Beck BilKomm-*Winkeljohann/Klein* Rdn 21 f.

[28] *K. Schmidt* JuS 1977, 209, 212; *K. Schmidt* Handelsrecht § 10 III 3 b; Staub/*Hüffer*[4] Rdn 8; ferner *Hüttemann/Meinert* BB 2007, 1436 (1440); Heidel/Schall/*Reich/Szczesny/Voß* HGB Rdn 7.

[29] Dazu ausf. Staub/*Oetker* § 5 Rdn 5 ff.

[30] Dazu ausf. Staub/*Oetker* § 5 Rdn 24 ff. Der Scheinkaufmann ist nicht nach § 238 buchführungspflichtig (Beck BilKomm-*Winkeljohann/Klein* Rdn 34; Heidel/Schall/*Reich/Szczesny/Voß* HGB Rdn 8).

[31] Zutr. Staub/*Oetker* § 5 Rdn 3; Ebenroth/Boujong/Joost/Strohn/*Kindler* § 5 Rdn 2; im Ergebnis offen MünchKommHGB/*K. Schmidt*[3] § 5 Rdn 7 ff mN zur Gegenauffassung (Fiktionswirkung hinsichtlich der Kaufmannseigenschaft).

[32] Ausf. *Hüttemann/Meinert* BB 2007, 1436 (1438 ff).

Handlung darstellt, steht diesem Ergebnis dogmatisch nicht entgegen. Auch die praktischen Folgen sind handhabbar: Die Eintragung beruht in aller Regel auf einer Anmeldung des Eingetragenen und in dem (eher theoretischen) Fall einer von ihm nicht veranlassten Eintragung kommt die strafrechtliche Irrtumslehre zur Anwendung.

9 b) **Handelsgesellschaften.** Die Buchführungspflicht der **OHG** und der **KG** folgt ohne Weiteres aus § 6 Abs. 1 i.V.m. § 238 Abs. 1 S. 1. Entsprechendes gilt für die **AG** gem. § 3 Abs. 1 AktG i.V.m. § 6 Abs. 1 (für die **KGaA** über § 278 Abs. 3 AktG), für die **SE**[33] mit Sitz im Inland gem. Art. 61 SE-VO, § 3 Abs. 1 AktG i.V.m. § 6 Abs. 1 und für die **GmbH** gem. § 13 Abs. 3 GmbHG i.V.m. § 6 Abs. 1. Diese Gesellschaften sind auch dann buchführungspflichtig, wenn sie kein Gewerbe ausüben oder wenn das ausgeübte Gewerbe keiner kaufmännischen Betriebsorganisation bedarf. AG, KGaA und GmbH unterliegen ferner auch dann der Buchführungspflicht, wenn nur ihr Satzungssitz in Deutschland, ihr **Verwaltungssitz** aber **im Ausland** liegt (zur Zulässigkeit s. § 5 AktG, § 4a GmbHG);[34] denn diese Gesellschaften unterliegen deutschem Gesellschaftsrecht, und das Recht der Rechnungslegung ist Teil des Gesellschaftsstatuts (dazu Rdn 26). Für die **Genossenschaften** ergibt sich die Buchführungspflicht aus § 17 Abs. 2 GenG i.V.m. § 6 Abs. 2 i.V.m. § 238 Abs. 1 S. 1. Keine Pflicht zur Buchführung nach §§ 238 ff besteht nach zutreffender Auffassung für sog. **Scheinauslandsgesellschaften;**[35] hierunter sind ausländische Gesellschaften zu verstehen, die ihren Verwaltungssitz in Deutschland haben, sofern ihr (ausländisches) Gesellschaftsstatut keinen Verwaltungssitz im Heimatland verlangt und die deutsche Rechtsordnung sie als ausländische Gesellschaften anerkennt. Zur Person des jeweils Buchführungsverantwortlichen vgl. Rdn 22 ff, wegen der **Vorgesellschaften** vgl. Rdn 17.

10 c) **EWIV; Partnerschaftsgesellschaft; GbR.** Die **EWIV** gilt nach § 1, 2. Halbsatz EWIV-Ausführungsgesetz als Handelsgesellschaft i.S.d. HGB. Deshalb finden §§ 238 ff gem. § 6 Abs. 1 Anwendung, und zwar ohne Rücksicht darauf, ob die von der Gesellschaft oder ihren Mitgliedern ausgeübte Tätigkeit im Einzelfall kaufmännischen oder auch nur gewerblichen Charakter hat.[36] Für die **Partnerschaftsgesellschaft** bestimmt § 1 Abs. 1 S. 2 PartGG demgegenüber, dass sie kein Handelsgewerbe ausübt. Folgerichtig wird sie durch § 1 Abs. 4 PartGG den §§ 705 ff BGB unterstellt. Damit scheidet die Anwendung der §§ 238 ff aus.[37] Anderes kann gelten, wenn die Berufsträger i.S.d. § 1 Abs. 2 PartGG im Einzelfall ein Gewerbe betreiben, dieses unter § 1 Abs. 2 HGB fällt

---

[33] KölnKomm-RLR/*Drüen* Rdn 4; MünchKommAktG/*Fischer* Art. 61 SE-VO Rdn 16.

[34] Ebenso zur Konzernrechnungslegungspflicht etwa *Roß* BB 2012, 1783 (1785); dazu **aA** Staub/*Kindler* § 290 Rdn 17.

[35] Die Argumente gegen die Buchführungspflicht entsprechen den unter Rdn 26 für Zweigniederlassungen dargestellten; ausf. *Hennrichs* FS Horn, S. 387; ferner *Heinz/Hartung* Die englische Limited[3] (2011) Abs. 14 Rdn 2; *Just* Die englische Limited in der Praxis[3] (2008) Rdn 258; Lutter/Hommelhoff/*Bayer*[18] GmbHG Anh II zu § 4a Rdn 46; MünchKommAktG/*Altmeppen*[2] Europ. AktR 4. Kapitel Rdn 144; jedenfalls für Scheinauslandsgesellschaften mit Sitz in der EU auch MünchKommBilR/*Graf* Rdn 13; **aA** *Degenhardt* Die Limited in Deutschland[7] (2011) S. 69; *Ebert/Levedag* GmbHR 2003, 1337 (1339 f); *Hey* DK 2004, 577 (585); MünchKommBGB/*Kindler* Int Handels- und GesR Rdn 277.

[36] MünchKommHGB/*Ballwieser*[3] Rdn 8; vgl. auch Begr. RegE, BT-Drucks. 11/352, S. 7 li. Sp.

[37] ADS Rdn 19; Beck BilKomm-*Winkeljohann/Klein* Rdn 24; *Knoll/Schüppen* DStR 1995, 608 (613); *Seibert* DB 1994, 2381 (2382).

und die Eintragung in das Partnerschaftsregister unterblieben ist. Soweit unter diesen Voraussetzungen eine OHG vorliegt,[38] greift § 6 Abs. 1 ein und es besteht auch eine Buchführungspflicht nach § 238 Abs. 1 S. 1. Die Gesellschaft bürgerlichen Rechts (**GbR**) ist nicht nach § 238 Abs. 1 buchführungspflichtig, da sie kein Handelsgewerbe betreiben kann. Entwickelt sich das von ihr betriebene Gewerbe zu einem Handelsgewerbe, wird die Gesellschaft kraft Gesetzes zur OHG (dann gelten die unter Rdn 9 dargestellten Grundsätze).[39]

d) **Juristische Personen als Einzelkaufleute; Versicherungsvereine.** Juristische Perso- **11**
nen, die nicht wie AG oder GmbH Formkaufleute sind (z.B. eingetragene Vereine; Stiftungen; juristische Personen des öffentlichen Rechts), unterliegen den für Einzelkaufleute geltenden Bestimmungen, wenn sie ein Gewerbe betreiben, das unter die §§ 1 ff fällt.[40] Unter der genannten Voraussetzung sind sie nach § 238 Abs. 1 S. 1 buchführungspflichtig. Das gilt auch für **Eigenbetriebe der öffentlichen Hand**, die nicht in der Rechtsform einer Handelsgesellschaft organisiert sind.[41] Gewerbliche Unternehmen der öffentlichen Hand sind nach Aufhebung des § 36 a.F. auch nicht mehr von der Registerpflicht befreit.[42] § 263 begründet allerdings nach wie vor den Vorrang landesrechtlicher Vorschriften (Eigenbetriebsgesetze und -verordnungen), die eine von §§ 238 ff abweichende Regelung enthalten (dazu näher § 263 Rdn 7 ff). **Versicherungsvereine** auf Gegenseitigkeit sind keine Formkaufleute; die Frage nach der Kaufmannseigenschaft gem. § 1 Abs. 2 ist für die Buchführungspflicht jedoch praktisch bedeutungslos, weil sich die Pflicht dazu bereits aus §16 VAG ergibt.[43]

2. Zeitliche Grenzen

a) Grundsätze

aa) **Beginn der Buchführungspflicht.** §238 normiert keine besonderen zeitlichen **12**
Grenzen der Buchführungspflicht. Sie ergeben sich deshalb aus der Dauer der Kaufmannseigenschaft. Daraus folgt für den Beginn der Buchführungspflicht: **Einzelkaufleute** i.S.d. § 1 sind vom Beginn ihrer Tätigkeit an buchführungspflichtig; das gilt bereits für Vorbereitungsgeschäfte (soweit diese grundsätzlich buchungspflichtige Vorgänge auslösen), wenn die geplante Tätigkeit insgesamt als Handelsgewerbe zu qualifizieren ist.[44] In den Fällen des § 2 beginnt die Buchführungspflicht dagegen, wenn die Eintragung in das Handelsregister erfolgt ist. Auch für Land- und Forstwirte (§ 3) verbleibt es beim Zeitpunkt der Eintragung.[45]

---

[38] S. dazu MünchKommBGB/*Ulmer* § 1 PartGG Rdn 16 ff.

[39] Heidel/Schall/*Reich/Szczesny/Voß* HGB Rdn 11.

[40] Vgl. § 33 und die Erl. dazu bei Staub/*Burgard* § 33.

[41] MünchKommHGB/*Ballwieser*[3] Rdn 9.

[42] Dazu Staub/*Burgard* § 33 Rdn 39.

[43] MünchKommHGB/*Ballwieser*[3] Rdn 8.

[44] OLG Dresden SächsArch. (8) 170; OLGR Schleswig 2005, 170 f; HdR-EA/*Pfitzer/Oser* Rdn 8; Heidel/Schall/*Reich/Szczesny/Voß* HGB Rdn 21; KölnKomm-RLR/*Drüen* Rdn 8; Tipke/Kruse/*Drüen* AO § 140 Rdn 19; nach Baumbach/Hopt/*Merkt* Rdn 16 beginnt die Buchführungspflicht mit dem ersten Geschäftsvorfall nach Aufnahme des Handelsgewerbes; im Ergebnis dürfte dies indes keinen Unterschied machen, da der Gewerbebetrieb nach zutr. Auffassung bereits mit der ersten planmäßigen Vorbereitungshandlung entsteht, s. zur steuerrechtlichen Dogmatik Blümich/*Stuhrmann* EStG § 15 Rdn 208 mwN.

[45] MünchKommHGB/*Ballwieser*[3] Rdn 14.

13 Nach denselben Grundsätzen ist der Beginn der Buchführungspflicht bei den **Personenhandelsgesellschaften** zu beurteilen. Die Gesellschaft muss Bücher führen, sobald sie ein Handelsgewerbe betreibt.[46] Das entspricht im Ergebnis der in § 123 Abs. 2 getroffenen Regelung, ohne dass diese auf das Außenverhältnis zugeschnittene Vorschrift hier anwendbar wäre. In den Fällen des **§ 1** kommt es allein auf die Aufnahme eines Gewerbes an, das eine kaufmännische Betriebsorganisation erfordert. Nur bei Gesellschaften mit Eintragungsoption (**§ 2**) oder mit land- oder forstwirtschaftlichem Unternehmensgegenstand (**§ 3**) ist die Eintragung in das Handelsregister maßgeblich, weil vorher kein Handelsgewerbe vorliegt. **AG, SE und GmbH:** Die durch Registereintragung als solche entstandene juristische Person ist buchführungspflichtig; das gilt auch für die **UG** (haftungsbeschränkt) nach § 5a GmbHG.[47] Zur Buchführungspflicht der Vorgesellschaften vgl. Rdn 17. **VVaG:** Für die Buchführungspflicht nach § 16 VAG ist wegen § 15 VAG der Zeitpunkt maßgeblich, zu dem die Geschäftserlaubnis erteilt wird.[48]

14 **bb) Ende der Buchführungspflicht.** Die Buchführungspflicht der **Einzelkaufleute** endet mit dem Verlust der Kaufmannseigenschaft. Wann diese verloren geht, hängt davon ab, ob die gewerbliche Tätigkeit ganz eingestellt wird oder auf ein Kleingewerbe absinkt, das keine kaufmännische Betriebsorganisation mehr erfordert. Bei **dauernder Einstellung des Gewerbebetriebs**[49] enden Kaufmannseigenschaft und Buchführungspflicht im Zeitpunkt der Einstellung.[50] Das gilt auch bei fortdauernder Eintragung im Handelsregister, weil das Fehlen eines Gewerbebetriebs nach zutr. Auffassung durch § 5 nicht überbrückt wird.[51] Bei **Absinken der gewerblichen Tätigkeit auf ein Kleingewerbe** muss die Buchführungspflicht nach hM ebenfalls enden,[52] weil die in § 5 getroffene Regelung keine Bedeutung für die Buchführungspflicht haben soll (vgl. Rdn 8). Zu überzeugen vermag dies aus den in Rdn 8 angeführten Gründen nicht. Richtig scheint vielmehr, dass Kaufmannseigenschaft und Buchführungspflicht bestehen bleiben, bis die Firma im Handelsregister gelöscht wird.[53] Entsprechendes gilt in den Fällen des § 2, also bei ausgeübter Eintragungsoption.[54] Danach sind Handelsgewerbe, Kaufmannseigenschaft und Buchführungspflicht gegeben, sobald und solange die Firma eingetragen ist. Der Unternehmer kann seine Kaufmannseigenschaft und damit die Buchführungspflicht zwar beenden, indem er seine Firma löschen lässt (§ 2 S. 3). Bis zur Löschung muss er sich jedoch an dem durch die Eintragung begründeten Rechtsstatus festhalten lassen. Die Eröffnung des **Insolvenzverfahrens** beendet die Buchführungspflicht nicht.[55] Die Buchführung obliegt aber während der Dauer des Verfahrens nicht dem Schuldner, sondern dem Insolvenzverwalter (§ 155 Abs. 1 InsO; vgl. noch Rdn 30).[56]

---

46 OLG Schleswig OLGR 2005, 170 f.

47 Tipke/Kruse/*Drüen* AO § 140 Rdn 23; zur UG *Kußmaul/Ruiner* StuB 2009, 599.

48 Tipke/Kruse/*Drüen* AO § 140 Rdn 23.

49 Zum Begriff Blümich/*Stuhrmann* EStG § 15 Rdn 209.

50 BFH BStBl. 1978, 430; HdR-EA/*Pfitzer/Oser* Rdn 10.

51 Staub/*Oetker* § 5 Rdn 8 f mwN; s. ferner MünchKommBilR/*Graf* Rdn 27.

52 So folgerichtig OLG Celle NJW 1968, 2119 (2120); Koller/Roth/*Morck* Rdn 4; Schlegelberger/*Hildebrandt/Steckhan* § 38 Rdn 5.

53 Ebenso Heidel/Schall/*Reich/Szczesny/Voß* HGB Rdn 22; wohl auch HdR-EA/*Pfitzer/Oser* Rdn 10.

54 Koller/Roth/*Morck* Rdn 3.

55 BFH BStBl. II 1972, 784; BFH BStBl. II 1979, 89; HdR-EA/*Pfitzer/Oser* Rdn 10; Schlegelberger/*Hildebrandt/Steckhan* § 38 Rdn 4; Tipke/Kruse/*Drüen* AO § 140 Rdn 24; **aA** *Fichtelmann* FR 1972, 538.

56 MünchKommBilR/*Graf* Rdn 26; Tipke/Kruse/*Drüen* AO § 140 Rdn 24.

15 Für **OHG und KG** gilt: Ist eine kaufmännische Betriebsorganisation dauerhaft nicht mehr erforderlich, gelten die in Rdn 14 entwickelten Grundsätze. OHG und KG bleiben als solche auch dann bestehen, wenn sie nur noch ein Kleingewerbe betreiben, solange ihre Firma im Handelsregister nicht gelöscht wird. Erst bei Löschung erfolgt die Umwandlung in eine nicht buchführungspflichtige Gesellschaft bürgerlichen Rechts (§ 2). Im Übrigen endet die Buchführungspflicht wie bei Einzelkaufleuten mit der dauernden Einstellung des Gewerbebetriebs. **Nicht genügend ist bloße Auflösung.**[57] Vielmehr gehört die Liquidation als Rechtsfolge der Auflösung noch zum Betrieb des Handelsgewerbes; die Buchführung obliegt während der Liquidation den Liquidatoren.[58] Die dauernde Einstellung des Gewerbebetriebs fällt also erst mit dem Liquidationsende (Vollbeendigung der Gesellschaft) zusammen.

16 Bei **AG und GmbH** endet die Buchführungspflicht mit dem **Erlöschen der juristischen Person** (zu den während der Liquidation geltenden Sonderregeln s. § 242 Rdn 52). Die Bücher und Schriften der Gesellschaft sind aber nach dem Erlöschen für zehn Jahre aufzubewahren (§ 273 Abs. 2 AktG, § 74 Abs. 2 S. 1 GmbHG). Wann eine juristische Person erlischt, ist nach wie vor umstritten. Das Meinungsbild lässt sich grob in drei Strömungen gliedern:[59] Einer Ansicht nach hat die Löschung im Register konstitutive Wirkung; sie ist also einerseits notwendige Voraussetzung des Erlöschens der Gesellschaft und führt diese andererseits auch dann herbei, wenn die Gesellschaft noch Restvermögen hat.[60] Nach der Gegenansicht hat die Löschung im Register rein deklaratorische Wirkung, die juristische Person erlischt unabhängig von der Registereintragung mit Eintritt der Vermögenslosigkeit.[61] Nach der heute überwiegend vertretenen Auffassung bewirken nur Löschung und Vermögenslosigkeit als Doppeltatbestand das Erlöschen der juristischen Person.[62] Die Systematik des Gründungsrechts der Kapitalgesellschaften und das Gebot der Rechtssicherheit sprechen entgegen der hM für die erstgenannte Auffassung, nach der eine juristische Person erst und nur mit Eintragung der Löschung im Handelsregister erlischt.[63] Die juristische Person, die erst mit der Registereintragung entsteht (vgl. § 41 AktG, § 11 GmbHG) kann nicht ohne Löschung im Register (als *actus contrarius*) aus dem Rechtsleben verschwinden. Andererseits widerspricht es dem gesetzlichen Leitbild der Rechtsfähigkeit kraft Eintragung, dass eine gelöschte (also nicht mehr eingetragene) Kapitalgesellschaft als solche weiter existiert, solange sie Restvermögen hat.

17 b) **Insbesondere: Vorgesellschaften.** Im Fall der Errichtung der AG oder GmbH durch mehrere Personen entsteht die Vor-AG oder Vor-GmbH, sobald die Satzung festgestellt worden ist; bei der AG muss auch die Übernahme sämtlicher Aktien durch die Gründer

---

57 Allg. M., vgl. z.B. Beck BilKomm-*Winkeljohann/Klein* Rdn 54; Koller/Roth/*Morck* Rdn 3.

58 HdR-EA/*Pfitzer/Oser* Rdn 10.

59 Aktueller Überblick bei *Hüffer* AktG § 262 Rdn 23 m. zahlr. Nachw.

60 Z.B. *Hönn* ZHR 138 (1974), 50 (69); *Hüffer* AktG § 262 Rdn 23; *Hüffer* GS Schultz, 1987, S. 99 (102 ff); MünchKommAktG/*Heider* § 1 Rdn 27; Tipke/Kruse/*Drüen* AO § 140 Rdn 26.

61 Z.B. KG JW 1927, 1383; RGZ 149, 293 (296); 155, 42 (43 ff); BGHZ 53, 264 (267); 94, 105 (108); GroßKommAktG/*Wiedemann*[3] § 273 Anm. 3.

62 Z.B. BAG NZA 2003, 1049 (1050); OLG Koblenz ZIP 2007, 2166; OLG Düsseldorf NZG 2004, 916 (918); Baumbach/Hueck/*Haas* GmbHG[20] § 60 Rdn 6 f; GroßKommAktG/*Brändel* § 1 Rdn 34; Michalski/*Nerlich* GmbHG § 74 Rdn 31 ff; Roth/*Altmeppen* GmbHG § 65 Rdn 19, 23; Scholz/*K. Schmidt* GmbHG § 74 Rdn 13 f.

63 Überzeugend MünchKommAktG/*Heider* § 1 Rdn 27; s. ferner *Hüffer* AktG § 262 Rdn 23.

(§ 29 AktG) erfolgt sein.[64] Vor-AG oder Vor-GmbH sind als solche buchführungspflichtig; auf die Eintragung in das Handelsregister (§ 41 AktG bzw. 11 GmbHG) kommt es nicht an.[65] Das gilt ohne Weiteres, wenn schon im Gründungsstadium ein Gewerbe betrieben wird, das eine kaufmännische Betriebsorganisation erfordert (§ 1 Abs. 2), ist aber auch dann richtig, wenn eine nichtgewerbliche oder kleingewerbliche Tätigkeit ausgeübt wird.[66] Zwar ist die Vorgesellschaft nicht Formkaufmann, weil § 3 Abs. 1 AktG, § 13 Abs. 3 GmbHG dafür gerade auf die Eintragung abstellen. Für die Buchführung besteht aber eine zwingende sachliche Notwendigkeit wegen der allgemein anerkannten Gesamtrechtsnachfolge der entstandenen juristischen Person in die Rechte und Verbindlichkeiten ihrer Vorform bei gleichzeitiger Vorbelastungshaftung (auch Unterbilanzhaftung, Differenzhaftung) der Gesellschafter;[67] denn ohne Buchführung ist die Vermögenslage der Gesellschaft im Zeitpunkt der Eintragung (Zusammensetzung von Vermögen und Verbindlichkeiten; Kapitaldeckung) nicht vernünftig feststellbar. Der **Beginn der Buchführungspflicht** kann nicht vor der Feststellung der Satzung liegen,[68] weil es ohne die Feststellung noch keine Vorgesellschaft gibt. Allerdings kann bereits vor diesem Zeitpunkt eine **Vorgründungsgesellschaft**[69] bestehen, die nach allgemeinen Grundsätzen (§§ 1, 238 Abs. 1 S. 1) buchführungspflichtig sein kann.[70] Dies dürfte jedoch der Ausnahmefall sein. Für die Vorgesellschaft beginnt die Buchführungspflicht nach heute wohl allg. M. nicht erst mit der Leistung der Einlagen oder anderen effektiven Vermögensbewegungen, sondern mit dem **ersten Geschäftsvorfall**, der in der **Entstehung der Einlageforderungen** zu sehen ist.[71] Für die Einmanngründung gelten diese Grundsätze entsprechend:[72] Nimmt man an, dass der Alleingründer Inhaber eines Sondervermögens ist, welches er der künftigen AG oder GmbH mit dem Gründungsgeschäft widmet, ist er mit dem Sondervermögen buchführungspflichtig. Dabei wird die Verpflichtung zur Leistung der Einlage durch die Verpflichtung ersetzt, den Einlagegegenstand in die alleinige Verfügungsbefugnis des Vorstands bzw. der Geschäftsführer zu überführen. Wer statt eines Sondervermögens des Gründers eine teilrechtsfähige Wirkungseinheit annimmt, kann auch hier eine Forderung einbuchen.

---

[64] Ausführlich zur Vorgesellschaft MünchKommAktG/*Pentz*[3] § 41 Rdn 22 ff.

[65] Ganz hM, s. ADS Rdn 17; Baetge/Kirsch/Thiele/*Quick*/*Wolz* BilR Rdn 22; Baumbach/Hueck/*Haas* GmbHG[20] § 41 Rdn 7; Beck BilKomm-*Winkeljohann*/*Klein* Rdn 49, 35; HdR-EA/*Pfitzer*/*Oser* Rdn 10; Lutter/Hommelhoff/*Kleindiek* GmbHG[18] § 41 Rdn 7; MünchKommAktG/*Pentz*[3] § 41 Rdn 51; Tipke/Kruse/*Drüen* AO § 140 Rdn 23.

[66] Ebenso Budde/Förschle/Winkeljohann/*Förschle*/*Kropp*/*Schellhorn* Sonderbilanzen[4] (2008) Abs. D Rdn 73; HdR-EA/*Pfitzer*/*Oser* Rdn 9; MünchKommAktG/*Pentz*[3] § 41 Rdn 51; Tipke/Kruse/*Drüen* AO § 140 Rdn 23; **str.**, **aA** etwa Beck-HdR-*Bieg*/*Waschbusch* A 100 Rdn 7.

[67] S. dazu *Hüffer* AktG § 41 Rdn 8 ff.

[68] Unklar Beck BilKomm-*Winkeljohann*/*Klein* Rdn 35.

[69] Ausführlich zur Vorgründungsgesellschaft MünchKommAktG/*Pentz*[3] § 41 Rdn 10 ff.

[70] ADS Rdn 17; Baetge/Kirsch/Thiele/*Quick*/*Wolz* BilR Rdn 22; BoHdR-*Streim* Rdn 12; KölnKomm-RLR/*Drüen* Rdn 11; MünchKommAktG/*Graf*[2] Rdn 5; MünchKommBilR/*Graf* Rdn 23.

[71] S. etwa Baumbach/Hopt/*Merkt* Rdn 16; Baumbach/Hueck/*Haas* GmbHG[20] § 41 Rdn 7; Lutter/Hommelhoff/*Kleindiek*[18] GmbHG § 41 Rdn 7; wohl auch KölnKomm-RLR/*Drüen* Rdn 11 aE.

[72] Vgl. zur Einmanngründung z.B. MünchKommAktG/*Pentz*[3] § 41 Rdn 73 ff, dort unter Rdn 75 ff auch zu den im Folgenden genannten unterschiedlichen dogmatischen Positionen.

III. Die Person des Buchführungsverantwortlichen

1. Einzelkaufleute; Allgemeine Grundsätze

a) **Allgemeines.** Nach § 238 Abs. 1 S. 1 ist der Kaufmann selbst zur Buchführung verpflichtet. Kaufmann ist im Regelfall derjenige, der unter seiner Firma im Handelsregister eingetragen ist. Die Feststellung des Verantwortlichen wird daher im Allgemeinen keine Schwierigkeiten machen. Sonderfälle sind die **Eintragung eines Strohmanns** und die gesetzliche Vertretung (vgl. Rdn 19) des geschäftsunfähigen oder in der Geschäftsfähigkeit beschränkten Kaufmanns. Wenn der Eingetragene und der tatsächliche Inhaber des Unternehmens nicht identisch sind, gilt Folgendes: Wer kein Gewerbe betreibt, wird auch durch die Eintragung nicht Kaufmann; insoweit folgt auch aus § 5 nichts anderes.[73] Der Strohmann ist also nicht buchführungspflichtig, wenn er sich auf diese Rolle beschränkt. Nur wenn er darüber hinaus tätig wird, also das Gewerbe (wenn auch mit den Einrichtungen des Hintermanns) tatsächlich betreibt, wird er zum Adressaten der Buchführungspflicht; seine Motivation (z.B. bloße Verschleierung des Hintermanns) ist dabei unerheblich. Der **tatsächliche Inhaber** ist in den Fällen des § 1 auch ohne Eintragung Kaufmann und damit nach § 238 Abs. 1 S. 1 buchführungspflichtig.[74] 18

b) **Gesetzliche Vertretung.** Der Geschäftsunfähige und der in der Geschäftsfähigkeit Beschränkte können Kaufmann sein.[75] Sind sie es, so sind sie in dieser Eigenschaft auch Schuldner der handelsrechtlichen Buchführungspflicht (§ 238 Abs. 1 S. 1). Für sie handeln aber die oder der gesetzliche Vertreter (Vater und Mutter; Vormund). Der gesetzliche Vertreter wird zwar im Namen des Vertretenen, aber unter eigener Verantwortung tätig (§§ 1627, 1793 BGB). Mehrere gesetzliche Vertreter sind sämtlich für die Buchführung verantwortlich. Das gilt auch dann, wenn der eine Elternteil dem anderen für den Betrieb des Handelsgeschäfts eine Generalvollmacht erteilt hat; denn die gesetzliche Buchführungspflicht kann nicht delegiert werden (vgl. noch Rdn 20). Nur wenn das Familiengericht mehrere Vormünder bestellt, kann es die Aufgabenbereiche nach § 1797 Abs. 2 BGB so festlegen, dass nicht jeder Vormund Träger der Buchführungspflicht ist. 19

c) **Hilfspersonen; externe Dienstleister.** Die Buchführungspflicht kann der Kaufmann nicht in dem Sinne delegieren, dass die Verantwortung auf einen Dritten übergeht. Das gilt auch dann, wenn der Dritte Prokura oder Generalvollmacht hat. Der mit der Pflicht zur Buchführung bezweckte Gläubigerschutz (Rdn 3) würde nicht erreicht, wenn der Kaufmann sich als Träger der Verwaltungs- und Verfügungsbefugnis der Kontrolle über die ihm zurechenbaren Vermögensbewegungen begeben dürfte. Zulässig ist aber der Einsatz von Hilfspersonen, insbesondere von Personal des eigenen Unternehmens. Zulässig ist es auch, mit der Buchführung einen externen Dienstleister zu beauftragen (sog. **Fernbuchführung**), und zwar nach heut allg. M. ohne Rücksicht auf Art und Größe des buchführungspflichtigen Unternehmens (zu den Fristen vgl. noch § 239 Rdn 14).[76] Die Fernbuchführung kann auch im Ausland durchgeführt werden (enger im Steuerrecht, § 146 Abs. 2, 2a AO).[77] Die **fortdauernde Verantwortung des Kaufmanns** wird in diesen Fällen 20

---

73 S. Staub/*Oetker* § 5 Rdn 8.

74 Heidel/Schall/*Reich/Szczesny/Voß* HGB Rdn 15.

75 Staub/*Oetker* § 1 Rdn 58.

76 Dazu und zum Folgenden ADS Rdn 22 ff.

77 Baumbach/Hopt/*Merkt* § 239 Rdn 4; Beck BilKomm-*Winkeljohann/Klein* Rdn 90; MünchKommHGB/*Ballwieser*[3] Rdn 38; zur steuerlichen Regelung Tipke/Kruse/*Drüen* AO § 146 Rdn 31 ff (zu § 146 Abs. 2 AO) und 40 ff (zu § 146 Abs. 2a AO).

inhaltlich verändert: Es ist seine Aufgabe, geeignetes Personal auszusuchen, die notwendigen organisatorischen Anordnungen zu treffen, deren Einhaltung und die Durchführung der Arbeiten zu überwachen.[78] Das gilt auch, wenn die Buchführung durch einen externen Dienstleister erledigt wird. Der Kaufmann ist dafür verantwortlich, dass sein Vertragspartner für die Aufgabe geeignet ist. Der Kaufmann bleibt ferner dafür verantwortlich, die erforderlichen Daten zu liefern und auf die Stimmigkeit der Ergebnisse zu achten. **Verträge mit externen Dienstleistern** müssen entsprechend ausgestaltet sein. Fehlen dem Kaufmann danach die notwendigen Einsichts- und Kontrollbefugnisse, so resultiert aus der fehlerhaften Vertragsgestaltung ein Verstoß gegen die Buchführungspflicht.

21 d) **Zweigniederlassungen.** S. zunächst §§ 13 ff. Um eine Zweigniederlassung handelt es sich nur, wenn der in Frage stehende Unternehmensteil **keine** eigene **Rechtspersönlichkeit** hat, tatsächlich aber so organisiert ist, dass er **selbständig am Geschäftsverkehr** teilnehmen kann.[79] Angesichts dessen wird eine Zweigniederlassung regelmäßig auch eine gesonderte Buchführung erfordern (sog. **Filialbuchhaltung**); zur Erfüllung der Pflicht aus § 238 Abs. 1 S. 1 ist dies jedoch nicht notwendig, solange die Buchhaltung insgesamt den GoB genügt.[80] Ob die gesonderte Buchführung in der Zweig- oder in der Hauptniederlassung durchgeführt wird, ist unerheblich. In jedem Falle bleibt der Kaufmann nach § 238 Abs. 1 S. 1 Träger der Buchführungspflicht. Seine Verantwortlichkeit umfasst also nicht nur die Buchführung der Haupt-, sondern auch die jeder Zweigniederlassung. Bei dezentralisierter Buchführung ist zwar der Leiter der Zweigniederlassung intern zuständig; rechtlich handelt es sich dabei jedoch nur um den Einsatz von Hilfspersonen (Rdn 20). Die Buchführungspflicht besteht selbstverständlich auch hinsichtlich des Geschäfts ausländischer Zweigniederlassungen eines inländischen Unternehmens; § 238 Abs. 1 S. 1 verpflichtet zur Buchführung für das gesamte Unternehmen.[81] Zu den bei inländischen **Zweigniederlassungen ausländischer Unternehmen** bestehenden Besonderheiten vgl. unten Rdn 26 f.

2. OHG und KG; EWIV

22 a) **Beschränkung auf geschäftsführende Gesellschafter bzw. Geschäftsführer.** Die OHG oder KG ist selbst verpflichtet, ihre Bücher zu führen (§ 238 Abs. 1 S. 1 i.V.m. § 6 Abs. 1; §§ 124, 161 Abs. 2). Für sie werden ihre Organe tätig. Ob daraus die Verantwortung aller vollhaftenden Gesellschafter oder nur die Verantwortung der geschäftsführenden Gesellschafter folgt, ist umstritten. Nach hM trifft das Erste zu.[82] Eine beachtliche Gegenauffassung spricht sich jedoch für eine Beschränkung der organschaftlichen Pflicht auf die geschäftsführenden Gesellschafter bei OHG und KG aus.[83] Anders ist es bei der EWIV

---

78 BGH GmbHR 1998, 387 (388); Baumbach/Hopt/*Merkt* Rdn 10; HdR-EA/*Pfitzer/Oser* Rdn 6; Koller/Roth/*Morck* Rdn 1.

79 Zum Begriff und zum Meinungsstand Staub/*Koch* § 13 Rdn 19 ff.

80 Zutr. Beck BilKomm-*Winkeljohann/Klein* Rdn 36.

81 *Winnefeld* BilanzHdb⁴ Kap. A Rdn 192.

82 RGSt 45, 387; ADS Rdn 10; Baumbach/Hopt/*Merkt* Rdn 8 (der folgerichtig jedoch auf die Möglichkeit der Delegation mit den hier in Rdn 20 dargestellten Konsequenzen hinweist); Beck BilKomm-*Winkeljohann/Klein* Rdn 42; Düringer/Hachenburg/*Lehmann* § 38 Rdn 6; Ebenroth/Boujong/Joost/Strohn/*Wiedmann* Rn 11; HdR-EA/*Pfitzer/Oser* Rdn 6; MünchKommAktG/*Graf*[2] Rdn 6 f; Schlegelberger/*Hildebrandt/Steckhan* § 38 Rdn 2.

83 RGSt 5, 354 (359); Beck-HdR-*Bieg/Waschbusch* A 100 Rdn 7; Heymann/*Walz* HGB Rdn 12; Koller/Roth/*Morck* Rdn 1; Staub/*Hüffer*[4] Rdn 21.

(Rdn 10); hier bestimmt § 6 EWIV-AG, dass die Geschäftsführer buchführungspflichtig sind. Entgegen der hM ist eine derartige Lösung auch für OHG und KG richtig. Die herrschende Ansicht kann sich zwar darauf berufen, dass § 245 S. 2 wie schon früher § 41 S. 2 a.F. die Unterzeichnung des Jahresabschlusses durch alle persönlich haftenden Gesellschafter vorsieht. Auch lässt sich für sie ein Argument aus dem Umstand ableiten, dass der Ausschluss von der Geschäftsführung vertraglichen Ursprungs ist und der Wegfall der Buchführungspflicht mit dem zwingenden Charakter des § 238 Abs. 1 S. 1 (Rdn 5) nicht ohne Weiteres zusammenpasst. Gegen die hM spricht jedoch entscheidend, dass sie der **rechtlichen Selbständigkeit der OHG oder KG** und der **Eigenart organschaftlicher Vertretung** nicht genügend Rechnung trägt. Weil die Gesellschaft selbst Schuldnerin der Buchführungspflicht ist, kann die Verantwortlichkeit nur die Gesellschafter treffen, die die Gesellschaft organschaftlich vertreten. Die hM ist auch unvereinbar mit den in §§ 114 Abs. 2, 118 getroffenen Regelungen. Wenn das Gesetz den Gesellschaftern freistellt, Recht und Pflicht zur Geschäftsführung auf einen oder einige Gesellschafter zu konzentrieren, und wenn es selbst die von der Geschäftsführung ausgeschlossenen Gesellschafter auf ein Einsichtsrecht beschränkt, kann es diese nicht gleichzeitig als für die Buchführung verantwortlich ansehen. Unzulässig wäre allerdings eine weitere vertragliche Eingrenzung der Buchführungspflichtigen, etwa dergestalt, dass nur der „kaufmännische Geschäftsführer" verantwortlich sein soll. Derartige Abreden können zwar für die interne Pflichtverteilung beachtlich sein, berühren aber nicht die grundsätzliche gesetzliche Pflicht nach § 238 Abs. 1 S. 1. Für die Delegation sowie den Einsatz von Hilfspersonen und externen Dienstleistern gelten die Ausführungen in Rdn 20.

b) **Keine Buchführungsverantwortung der Kommanditisten.** Im gesetzlichen Regelfall **23**
ist der Kommanditist nicht nur von der Vertretung (§ 170), sondern auch von der Geschäftsführung ausgeschlossen (§ 164). Wenn es dabei bleibt, stellt sich die Frage nach der Buchführungspflicht des Kommanditisten nicht.[84] Aus § 163 folgt jedoch, dass der Kommanditist abweichend von der gesetzlichen Regel mit der Geschäftsführung betraut werden kann.[85] In diesem Fall stellt sich die Frage nach seiner Buchführungspflicht. Sie wird von der hM verneint. Die Verpflichtung nach § 238 Abs. 1 S. 1 treffe den geschäftsführenden Kommanditisten wegen ihrer Außenwirkung nicht; möglich sei es nur, dem Kommanditisten die Buchführung als interne Aufgabe zuzuweisen.[86] Diese Differenzierung leuchtet zwar dogmatisch ein, führt aber insbesondere dann zu praktischen Problemen, wenn der Kommanditist, wie von der hM zugelassen,[87] Alleingeschäftsführer ist und den Komplementär von dieser Aufgabe verdrängt. Zumindest in diesem Fall sollte man den allein geschäftsführenden Kommanditisten auch als (Mit)Adressaten der handelsrechtlichen Buchführungspflicht ansehen.

3. **AG und GmbH; SE.** Nach § 91 Abs. 1 AktG hat der Vorstand für die Führung der **24**
erforderlichen Handelsbücher zu sorgen.[88] Verantwortlich sind **alle Mitglieder des Vor-**

---

[84] Zu seiner Mitwirkung bei der Feststellung des Jahresabschlusses vgl. MünchKomm-HGB/*Grunewald*[2] § 167 Rdn 2.

[85] RGZ 110, 418 (420); BGHZ 17, 392 (394); 45, 204 (206); 51, 198 (201); BGH BB 1976, 526; aus dem Schrifttum vgl. statt vieler Ebenroth/Boujong/*Joost/Strohn* § 163 Rdn 19.

[86] Düringer/Hachenburg/*Flechtheim* §164 Rdn 6; Schlegelberger/*Martens* § 164 Rdn 27 ff.

[87] Vgl. z.B. BGHZ 51, 198 (201); Baumbach/*Hopt* § 164 Rdn 7; MünchKommHGB/*Grunewald*[2] § 164 Rdn 23; **aA** mit beachtlichen Argumenten Ebenroth/Boujong/*Joost/Strohn* § 164 Rnd. 5.

[88] Zum Umfang der diesbezüglichen Überwachungspflicht des Aufsichtsrats OLG Stuttgart DB 2012, 2332, 2335 f.

stands, gem. § 94 AktG auch die stellvertretenden.[89] Die entsprechende Regelung für die **Geschäftsführer der GmbH** treffen §§ 41, 44 GmbHG. Die genannten Vorschriften enthalten zwingendes Recht (vgl. für die AG § 23 Abs. 5 AktG), Probleme der in Rdn 22 erörterten Art stellen sich daher nicht.[90] Bei ressortmäßiger Aufgabenverteilung bleibt die Verantwortlichkeit der danach nicht zuständigen Organmitglieder erhalten.[91] Diese müssen darauf achten, dass die zuständigen Vorstandsmitglieder oder Geschäftsführer der Buchführungspflicht nachkommen, Bedenken im Gesamtorgan zur Sprache bringen und notfalls dem Aufsichtsrat bzw. der Gesellschafterversammlung (§ 46 Nr. 6 GmbHG) berichten. Schon diese allgemeinen Überwachungspflichten können es gebieten, ein internes Überwachungssystem einzurichten.[92] In der AG muss der Vorstand zudem ein den Anforderungen des § 91 Abs. 2 genügendes Überwachungssystem einrichten, das auch die Erkennung von Verstößen gegen Vorschriften der Rechnungslegung zum Ziel hat (Controlling, Innenrevision).[93] Wegen des Einsatzes von Personal und externen Dienstleistern vgl. Rdn 20.

25 Für die **dualistisch strukturierte SE** gelten die Ausführungen zur AG entsprechend; verantwortlich für die Erfüllung der Buchführungspflichten ist der Vorstand.[94] Komplizierter ist die Rechtslage bei der **monistisch strukturierten SE**. Hier sind die geschäftsführenden Direktoren nach hM zwar für die Aufstellung des Jahresabschlusses zuständig (dazu § 242 Rdn 4); nach § 22 Abs. 3 S. 1 SEAG hat aber der Verwaltungsrat dafür zu sorgen, dass die erforderlichen Handelsbücher geführt werden.[95]

4. Zweigniederlassungen ausländischer Unternehmen

26 a) **Pflicht zur Buchführung nach deutschem Recht.** Für die inländische Zweigniederlassung (zum Begriff Rdn 21) ausländischer Unternehmensträger i.S.d. §§ 13d–13g gilt grundsätzlich das jeweilige ausländische Recht (Personalstatut beim Einzelkaufmann; Gesellschaftsstatut bei einer Gesellschaft).[96] Die öffentlich-rechtliche Buchführungspflicht nach § 238 Abs. 1 S. 1 erfasst aber nach **hM** auch inländische Zweigniederlassungen ausländischer Unternehmensträger (zur Pflicht zur Aufstellung eines Jahresabschlusses vgl. § 242 Rdn 4).[97] Die Person des Buchführungspflichtigen sei nach den in

---

89 *Hüffer* AktG § 91 Rdn 3.

90 ADS Rdn 11; s. ferner für die GmbH Baumbach/Hueck/*Haas* GmbHG[20] § 41 Rdn 1.

91 RG HRR 1941 Nr. 132; ADS AktG § 172 Rdn 12; Heidel/Schall/*Reich/Szczesny/Voß* HGB Rdn 18; HdR-EA/*Pfitzer/Oser* Rdn 6; *Hüffer* AktG § 91 Rdn 3; Lutter/Hommelhoff/*Kleindiek* GmbHG[18] § 41 Rdn 3.

92 So dezidiert Staub/*Hüffer*[4] Rdn 2; s. für die GmbH z.B. Baumbach/Hueck/*Haas* GmbHG[20] § 41 Rdn 4.

93 Vgl. *Hüffer* AktG § 91 Rdn 6; diese Pflicht besteht unabhängig davon, wie groß die Gesellschaft und wie komplex ihr Rechnungswesen ist (**aA** KölnKomm-RLR/*Drüen* Rdn 13a); die genannten Faktoren bestimmen aber, welchen Mindestanforderungen nach Art und Umfang das System genügen muss (insoweit zutr. *Drüen* aaO).

94 MünchKommAktG/*Fischer* Art. 61 SE-VO Rdn 24.

95 Zum Ganzen ausf. MünchKommAktG/*Fischer* Art. 61 SE-VO Rdn 25.

96 Dazu Staub/*Koch* § 13d Rdn 20 ff.

97 ADS Rdn 18; Baetge/Kirsch/Thilele/*Quick*/*Wolz* BilR Rdn 13; Baumbach/Hopt/*Merkt* Rdn 9; Beck BilKomm-*Winkeljohann*/*Klein* Rdn 37; BoHdR-*Streim* Rdn 10; Ensthaler/*Möller*[7] Rdn 6; HdR-EA/*Pfitzer/Oser* Rdn 5; *Hey* DK 2004, 577 (585); MünchKomm-AktG/*Graf*[2] Rdn 4; MünchKommBilR/*Graf* Rdn 9; MünchKommHGB/*Ballwieser*[3] Rdn 13; Staub/*Hüffer*[4] Rdn 24; Tipke/Kruse/*Drüen* AO § 140 Rdn 11; **aA** *Hennrichs* FS Horn, S. 387 (394 f); *Heinz/Hartung* Die englische Limited[3] (2011) Abs. 14 Rdn 2; jedenfalls für Zweigniederlassungen von Kapitalgesellschaften, die sich auf die

Rdn 18 ff entwickelten Grundsätzen zu bestimmen; ob Gegenstand der Betrachtung dabei allein die inländische Zweigniederlassung oder das Unternehmen als Ganzes ist, ist innerhalb der hM umstritten.[98] Liegen die Voraussetzungen (Kaufmannseigenschaft) bezogen auf den für maßgeblich gehaltenen Betrachtungsgegenstand vor, soll jedenfalls nur eine partielle (auf die Geschäfte der inländischen Zweigniederlassung beschränkte) Buchführungspflicht begründet werden.[99] Für die Art und Weise der Buchführung gelten dann die §§ 238 ff (s. dazu Rdn 21). Zu **überzeugen** vermag die hM **nicht**, da sie die internationalprivatrechtliche Dimension der Problematik vernachlässigt. Das nationale Recht der Rechnungslegung ist eng mit dem jeweiligen nationalen Gesellschaftsrecht verzahnt; im europäischen Rechtsraum folgt dies schon aus europarechtlichen Vorgaben.[100] Daher liegt es im Rahmen einer teleologischen Betrachtung näher, Rechnungslegungsvorschriften – unabhängig von ihrem öffentlich-rechtlichen Charakter – als Teil des Gesellschaftsstatuts zu begreifen.[101] Als Folge besteht für rechtlich unselbständige Zweigniederlassungen ausländischer Rechtsträger (zu sog. **Scheinauslandsgesellschaften** vgl. Rdn 9) in Deutschland keine handelsrechtliche Pflicht zur Rechnungslegung; maßgeblich sind allein die nach dem Recht des Sitzes der Hauptniederlassung geltenden Vorschriften.[102] Dieses Ergebnis lässt sich auch auf § 325a stützen, der für Zweigniederlassungen ausländischer Kapitalgesellschaften die Offenlegung der nach ihrer Heimatrechtsordnung aufgestellten Rechnungslegungsunterlagen anordnet.[103] Grundsätzlich anders ist die Rechtslage hingegen im Steuerrecht.[104] **Ort der Buchführungspflicht.** Es gibt nach zutreffender hM keine Rechtsgrundlage für eine handelsrechtliche Pflicht zur Buchführung im Inland.[105] Die nach der hM gemäß § 238 erforderliche Sonderbuchführung für eine Zweigniederlassung kann deshalb handelsrechtlich im Ausland in der Hauptniederlassung bzw. am Gesellschaftssitz erfolgen. Anders ist die Rechtslage für das Steuerrecht; vgl. dazu § 146 Abs. 2, 2a AO sowie § 148 AO zur Möglichkeit von Erleichterungen.[106]

Niederlassungsfreiheit (Art. 49 und 54 AEU) berufen können auch HdJ – *Schulze/Osterloh* Abt. I/1 Rdn 140 ff.

98 Für Ersteres ADS § 244 Rdn 4; BoHdR-*Streim* Rdn 10; HdR-EA/*Pfitzer/Oser* Rdn 5; HdR-EA/*Ellerich/Swart* § 244 Rdn 1; wohl auch Tipke/Kruse/*Drüen* AO § 140 Rdn 11; für Letzteres Beck BilKomm-*Winkeljohann/Klein* Rdn 37; MünchKommAktG/*Graf*[2] Rdn 4; Staub/*Hüffer*[4] § 244 Rdn 3; wohl auch Baumbach/Hopt/*Merkt* Rdn 9; MünchKommHGB/*Ballwieser*[3] Rdn 13; FG Köln EFG 1982, 422 f.

99 Tipke/Kruse/*Drüen* AO § 140 Rdn 11.

100 Vgl. *Hennrichs* FS Horn, S. 387 (391 f.); *Hennrichs* StuW 2005, 256 (257 f).

101 So auch die wohl hM im IntGesR, ausführlich und überzeugend *Hennrichs* FS Horn, S. 387 (390 ff); *Schön* FS Heldrich, S. 391 (395); Staudinger/*Großfeld* IntGesR Rdn 362 ff; *Zimmer* IntGesR (1996) S. 176 ff; *Beinert/Werder* DB 2005, 1480 (1484); *Roß* BB 2012, 1783 (1785); **aA** *Ebert/Levedag* GmbHR 2003, 1337 (1338 f); MünchKommBGB/*Kindler* Int Handels- und GesR Rdn 273.

102 I. Erg. ebenso *Hennrichs* FS Horn, S. 387 (394 f); *Heinz/Hartung* Die englische Limited[3] (2011) Abs. 14 Rdn 2; jedenfalls für Zweigniederlassungen von Kapitalgesellschaften, die sich auf die Niederlassungsfreiheit (Art. 49 und 54 AEUV) berufen können auch HdJ – *Schulze/Osterloh* Abt. I/1 Rdn 144 ff.

103 Darauf stützt sich auch HdJ – *Schulze/Osterloh* Abt. I/1 Rdn 144 ff.

104 Dazu z.B. HdJ – *Schulze/Osterloh* Abt. I/1 Rdn 147 ff mwN.

105 FG Köln EFG 1982, 422 f; *Offerhaus* BB 1976, 1622, 1624; *Schuppenhauer* WPg 1984, 514 f (mit Zweifeln).

106 Wegen der Einzelheiten Tipke/Kruse/*Drüen* AO § 146 Rdn 31 ff und § 148 Rdn 1 ff (einschlägige Beispiele in Rdn 22).

27 b) **Besonderheiten in der Kredit- und Versicherungswirtschaft.** Für den Bereich der Bankenaufsicht bestehen Sonderregeln insbesondere in §§ 53 ff KWG, für den Bereich der Versicherungsaufsicht insbesondere in §§ 106, 110d VAG.

5. Vermögensverwalter

28 a) **Testamentsvollstrecker.** Der Testamentsvollstrecker kann das Nachlassunternehmen nach hM zwar nicht in dieser Eigenschaft, aber als Bevollmächtigter oder als Treuhänder des oder der Erben führen.[107] Entsprechend ist auch für die Buchführungspflicht zu differenzieren. Bei der **Vollmachtlösung** wird das Handelsgeschäft im Namen der Erben geführt; folglich sind sie Kaufleute und deshalb buchführungspflichtig.[108] Den Testamentsvollstrecker trifft die Buchführungspflicht hingegen nicht.[109] Auch eine vertragliche Übertragung der Pflicht auf den Testamentsvollstrecker ist nicht möglich; sie wäre mit dem zwingenden Charakter des § 238 (Rdn 5) unvereinbar.

29 Grundsätzlich anders ist die Lage bei der **Treuhandlösung.** Der Testamentsvollstrecker, der als Treuhänder tätig wird, betreibt das Geschäft im eigenen Namen und wird damit selbst Kaufmann.[110] Folglich trifft ihn auch die Buchführungspflicht, und zwar in seiner Eigenschaft als Kaufmann, nicht etwa als Träger des privatrechtlichen Amtes.

30 b) **Insolvenzverwalter.** Der Insolvenzverwalter ist nicht Kaufmann und wird es auch nicht durch Fortführung des Handelsgeschäfts des Insolvenzschuldners.[111] Vielmehr bleibt dessen Kaufmannseigenschaft erhalten, solange die Voraussetzungen der §§ 1 ff erfüllt sind. Folglich ist er auch Adressat des § 238 Abs. 1 S. 1. Weil die Buchführung aber zur Verwaltung des Vermögens gehört, sind die Bücher nicht mehr von ihm, sondern vom Insolvenzverwalter zu führen (§ 155 Abs. 1 S. 2 InsO);[112] Verpflichtung und Verantwortung fallen also auseinander. Mit der Eröffnung des Insolvenzverfahrens beginnt ein neues Geschäftsjahr (§ 155 Abs. 2 S. 1 InsO). Die Bestellung des Abschlussprüfers nach § 318 erfolgt durch das Registergericht auf Antrag des Insolvenzverwalters; die Wirksamkeit einer bereits erfolgten Bestellung wird durch die Eröffnung des Insolvenzverfahrens nicht berührt (§ 155 Abs. 3 InsO). Wegen der **Massezugehörigkeit** der Geschäftsbücher vgl. § 36 Abs. 2 Nr. 1 InsO.

IV. Die Führung der Handelsbücher nach den GoB

1. Das sachliche Substrat der Buchführung („Handelsbücher")

31 a) **Entwicklung und Begriff.** § 238 Abs. 1 S. 1 verpflichtet den Kaufmann, „Bücher" zu führen; üblich ist der Ausdruck „Handelsbücher". **Entwicklung.** Bis 1976 verstand das Gesetz den Ausdruck noch im Wortsinn; § 43 Abs. 2 a.F. schrieb vor, dass die Bücher „gebunden und Blatt für Blatt oder Seite für Seite mit fortlaufenden Zahlen versehen" sein sollten. Die Praxis war über diese Sollvorschrift – spätestens nach den verschiedenen Gutachten, die von der IHK Berlin seit 1927 zur Loseblattbuchführung

---

107 S. ausführlich mN zum Meinungsstand Staub/*Burgard* § 27 Rdn 77 ff.

108 Staub/*Oetker* § 1 Rdn 88.

109 Wohl **aA** Baumbach/Hopt/*Merkt* Rdn 8.

110 Staub/*Oetker* § 1 Rdn 88.

111 Staub/*Oetker* § 1 Rdn 82 f.

112 BGHZ 74, 316; KG DB 1997, 1708 f; Baumbach/Hopt/*Merkt* Rdn 8; Beck BilKomm-*Winkeljohann/Klein* Rdn 42.

erstattet worden sind[113] – freilich schon längst hinweggegangen. Seit dem Inkrafttreten des EGAO am 1.1.1977[114] gestattete § 43 Abs. 4 a.F. (jetzt: § 239 Abs. 4) auch die Aufzeichnung auf Datenträgern, soweit Ergebnis und Verfahren den GoB entsprechen. Eine bestimmte Technik hat der Gesetzgeber dabei bewusst nicht angesprochen, um nicht durch den Fortgang der technischen Entwicklung in neue Zugzwänge zu geraten.[115] Bedeutung für die inhaltliche Ausgestaltung der Buchführung hat deshalb allein der Maßstab der GoB, dem jedes Buchführungssystem genügen muss (§ 239 Abs. 4 S. 1).

Definition. Nach dem heutigen Stand der Entwicklung lässt sich der Begriff der Handelsbücher wie folgt fassen: Handelsbücher i.S.d. §§ 238, 239 sind sämtliche urkundlichen oder nicht urkundlichen Informationsträger, die dazu bestimmt und geeignet sind, die Handelsgeschäfte des Kaufmanns und die Lage seines Vermögens ersichtlich zu machen. Die Bestimmung trifft der Kaufmann. Die Eignung beurteilt sich nach den GoB unter Beachtung gesetzlicher Spezialregelungen. Das Gesetz fordert namentlich die Verfügbarkeit der Daten und die Möglichkeit, sie jederzeit binnen angemessener Frist lesbar zu machen (§ 239 Abs. 4 S. 2). Diesen Erfordernissen genügen (nicht abschließend): die Führung von gebundenen Büchern (praktisch weitgehend obsolet); die Loseblattbuchführung, auch in der Form der Offene-Posten-Buchhaltung; die EDV-Buchführung[116]; wegen der Einzelheiten vgl. § 239 Rdn 20 f, 22 ff und zum (engeren) prozessrechtlichen Urkundenbegriff § 258 Rdn 17. Traditionell wird weiter zwischen **Grundbuch** (Memorial), **Nebenbuch** (Skontro) und **Hauptbuch** sowie weiteren Büchern und Journalen unterschieden.[117] Während die Funktionen dieser Bücher nach wie vor erfüllt werden müssen, haben sie mit der Technik der Buchführung heute praktisch nichts mehr zu tun. **32**

Einzelfragen. Das HGB und seine Nebengesetze kennen eine Reihe von Büchern mit besonderer Funktion, für die sich die Frage stellt, ob sie Handelsbücher i.S.d. §§ 238, 239 sind. Das **Verwahrungsbuch** nach § 14 DepotG ist kraft gesetzlicher Bestimmung Handelsbuch;[118] EDV-Führung ist nach § 239 Abs. 4 möglich. Für das **Aktienregister** (§ 67 AktG, früher Aktienbuch) trifft das Gesetz keine entsprechende Anordnung; weil es einen anderen Inhalt hat als in §§ 238, 239 vorgesehen, ist es kein Handelsbuch. Es gehört aber zu den „sonst erforderlichen Aufzeichnungen“ i.S.d. § 239 Abs. 1 S. 1 (§ 43 Abs. 1 a.F.) und muss deshalb den dort normierten Anforderungen entsprechen.[119] Ebenso ist § 239 Abs. 4 in der Variante der „sonst erforderlichen Aufzeichnungen“ einschlägig, so dass das Aktienregister z.B. auch auf Datenträgern geführt werden kann, soweit dieses Vorgehen den GoB entspricht. Das Aktienregister kann ferner durch externe Dienstleister (vgl. Rdn 20) und auch im Ausland (vgl. Rdn 26 aE), etwa am Sitz der Börse bei ausländischer Notierung, geführt werden. Das **Tagebuch des Handelsmaklers** (§ 100) ist aus denselben Gründen wie das Aktienregister kein Handelsbuch; §§ 239, 257 gelten aber über § 100 Abs. 2. **33**

b) Rechtliche Behandlung außerhalb der §§ 238 ff. Handelsbücher, sofern in Gebrauch genommen, sind gem. § 811 Nr. 11 ZPO **unpfändbar,** weil ihr rechtliches Schick- **34**

---

[113] Von einer Wiedergabe kann heute abgesehen werden. Textabdruck noch bei Staub/*Brüggemann*[3] § 43 Rdn 2.

[114] Einführungsgesetz zur Abgabenordnung vom 17.12.1976 (BGBl. I, S. 3341).

[115] Dazu und zu weiteren Einzelheiten *Biener* DB 1977, 527; *Feuerbaum* DB 1977, 549 und 597 (besonders zur EDV-Buchführung).

[116] Dazu ausführlich Beck-HdR-*Schmick* A 121.

[117] Überblick bei Beck BilKomm-*Winkeljohann/Klein* Rdn 70 ff; HdR-EA/*Pfitzer/Oser* Rdn 13; MünchKommBilR/*Graf* Rdn 68 ff.

[118] Baumbach/Hopt/*Merkt* Rdn 1; Beck BilKomm-*Winkeljohann/Klein* Rdn 74.

[119] *Hüffer* AktG § 67 Rdn 4; MünchKomm-AktG/Bayer[3] § 67 Rdn 13.

sal nicht von dem des Unternehmens getrennt werden soll, für das sie geführt werden. Der Begriff ist nach der Definition in Rdn 32 zu bestimmen; auch Lochkarten, Disketten, CD/DVD, Magnetbänder, Festplatten, Memory Sticks und Ähnliches können also dem Pfändungsverbot unterliegen. Wegen der Unpfändbarkeit erstrecken sich auch **gesetzliche Pfandrechte,** etwa des Vermieters, nicht auf die Handelsbücher (§ 562 Abs. 1 S. 2 BGB). Trotz Unpfändbarkeit sind die Handelsbücher aber Vermögen i.S.d. § 23 ZPO; das Vorhandensein eines Handelsbuches genügt, um den **Gerichtsstand des Vermögens** zu begründen.[120] Im **Insolvenzverfahren** erstreckt sich die Wirkung der Beschlagnahme trotz fehlender Pfändbarkeit auf die Handelsbücher (§ 36 Abs. 2 Nr. 1 InsO; vgl. schon Rdn 30). **Beweiswert** im Erkenntnisverfahren: Handelsbücher sind Privaturkunden i.S.d. § 416 ZPO;[121] ihnen kommt aber keine formelle Beweiskraft zu, da sie nicht unterschrieben werden. Besondere Beweisregeln zugunsten des Kaufmanns gibt es nicht mehr (zur geschichtlichen Entwicklung vgl. Rdn 6). Auch ordnungsmäßig geführte Handelsbücher begründen also keine (echte) Beweislastumkehr. Es spricht auch kein prima-facie-Beweis für die Richtigkeit des verbuchten Vorgangs.[122] Vielmehr gilt das Prinzip freier Beweiswürdigung nach § 286 ZPO.[123] In diesem Rahmen ist die Verbuchung (oder Nicht-Verbuchung) eines behaupteten Geschäftsvorfalls in ordnungsmäßig geführten Handelsbüchern aber ein gewichtiges Indiz.[124] Zu Einzelheiten vgl. § 258 Rdn 22.

2. GoB: Rechtsnatur und Ermittlung

Schrifttum

(Auswahl; Monographien vor Rdn 1) *Beisse* Zum Verhältnis von Bilanzrecht und Betriebswirtschaftslehre, StuW 1984, 1; *Biener* Die Möglichkeiten und Grenzen berufsständischer Empfehlungen zur Rechnungslegung, Festschrift Goerdeler (1987) S. 45; *Biener* Fachnormen statt Rechtsnormen – Ein Beitrag zur Deregulierung der Rechnungslegung, Festschrift Claussen (1997) S.59; *Brunnmeier* Laufende Buchführung und Buchführungstätigkeit nach den Grundsätzen ordnungsmäßiger Buchführung, DB 1977, Beil. Nr. 12 zu Heft 32; *Christoffers* Die Grundlagen der Grundsätze ordnungsmäßiger Bilanzierung, BFuP 1970, 78; *Döllerer* Grundsätze ordnungsmäßiger Bilanzierung, deren Entstehung und Ermittlung, WPg 1959, 653 = BB 1959, 1217; *Feuerbaum* EDV-Buchführung, GoB, AO 1977 und HGB, DB 1977, 549 und 597; *Fülbier/Gassen* Das Bilanzrechtsmodernisierungsgesetz (BilMoG): Handelsrechtliche GoB vor der Neuinterpretation, DB 2007, 2605; *Hennrichs* Bilanzrechtsmodernisierung – erste Grundsatzfragen aus handels- und gesellschaftsrechtlicher Sicht, Festschrift K. Schmidt (2009) S. 581; *Hennrichs* GoB im Spannungsfeld von BilMoG und IFRS, WPg 2011, 861; *Hennrichs/Pöschke* Die Bedeutung der IFRS für die Auslegung und Anwendung des (Konzern-)Bilanzrechts nach dem BilMoG, Der Konzern 2009, 532; *Hennrichs/Pöschke* Fortentwicklung der GoB vor dem Hintergrund von BilMoG und IFRS, Bilanzpolitik und Bilanzanalyse nach neuem Handelsrecht (2010) S. 47; *Herrmann* Die Grundsätze ordnungsmäßiger Buchführung im Licht einer entscheidungswissenschaftlichen Rechtstheorie, ZGR 1976, 203; *Kirsch* Neuinterpretation der Grundsätze ordnungsmäßiger Buchführung durch das Bilanzrechtsmodernisierungsgesetz, StuB 2008, 453; *Körner* Wesen und System der Grundsätze ordnungsmäßiger Buchführung, BFuP 1971, 21 und 80; *Körner* Wesen und Funktion der Grundsätze ordnungsmäßiger Buchführung, WPg 1973, 309; *Maul* Offene Probleme der Ermittlung von Grundsätzen ordnungsmäßiger Buchführung, ZfbF 1974, 726; *Moxter* Die handelsrechtlichen Grundsätze ordnungsmäßiger Buchführung und das neue Bilanzrecht, ZGR 1980, 254; *Moxter* IFRS als Auslegungshilfe für handelsrechtliche GoB?, WPg 2009, 7; *Mutze* Die Wandlung der Grundsätze

---

120 RGZ 51, 163 (165 f) für ein Hauptbuch mit 300 Blättern, davon „nur 180 beschrieben"; Baumbach/Hopt/*Merkt* Rdn 2.

121 Baumbach/Hopt/*Merkt* Rdn 3.

122 BGH BB 1954, 1044; Baumbach/Hopt/*Merkt* Rdn 3.

123 OLG Hamm NJW 1987, 964 (965).

124 Ebenso Baumbach/Hopt/*Merkt* Rdn 3.

ordnungsmäßiger Buchführung durch die Weiterentwicklung des Buchführungs- und Bilanzwesens, BB 1969, 56; *Niemann* Grundsätze ordnungsmäßiger Durchführung von Abschlussprüfungen im Umbruch?, DStR 2003, 1454; *Schmalenbach* Grundsätze ordnungsmäßiger Bilanzierung, ZfhF 1933, 225; *H. Schmidt* Grundsätze ordnungsmäßiger Buchführung, PdR Gruppe 3/44A, 1–11 (3/2010); *D. Schneider* Bilanzrechtsprechung und wirtschaftliche Betrachtungsweise, BB 1980, 1225; *D. Schneider* Rechtsfindung durch Deduktion von Grundsätzen ordnungsmäßiger Buchführung aus gesetzlichen Jahresabschlußzwecken?, StuW 1983, 141; *D. Schneider* Betriebswirtschaftliche Analyse von Bundesfinanzhofurteilen als Grundlage einer Deduktion handelsrechtlicher GoB, Festschrift Ludewig (1996) S. 921; *Schulze-Osterloh* Handelsrechtliche GoB und steuerliche Gewinnermittlung – Das Beispiel der Teilwertabschreibung, DStR 2011, 534; *Solmecke* Auswirkungen des Bilanzrechtsmodernisierungsgesetzes (BilMoG) auf die handelsrechtlichen Grundsätze ordnungsmäßiger Buchführung (2009); *Steinbach* Gedanken zum gegenwärtigen Stand der Diskussion über Wesen, Rechtsnatur und Ermittlungsmethoden der GoB, ZfbF 1973, 1; *Stibi/Fuchs* Zur Umsetzung der HGB-Modernisierung durch das BilMoG: Konzeption des HGB – Auslegung und Interpretation der Grundsätze ordnungsmäßiger Buchführung unter dem Einfluss der IFRS?, DB Beilage 2009, Nr. 5, 9; *J. Wüstemann/S. Wüstemann* Das System der Grundsätze ordnungsmäßiger Buchführung nach dem Bilanzrechtsmodernisierungsgesetz, Festschrift Krawitz (2010) S. 751.

a) **Rechtsnatur: Meinungsstand.** Nach § 238 Abs. 1 S. 1 wie zuvor nach § 38 Abs. 1 **35**
a.F. ist der Kaufmann verpflichtet, seine Handelsgeschäfte und seine Vermögenslage in den Büchern unter Beachtung der GoB ersichtlich zu machen. Mit dieser Anordnung verknüpft sich traditionell die Frage nach der Rechtsnatur der GoB. Die vielfältigen Antworten[125] lassen sich grob in vier Gruppen einteilen: Nach einer im älteren Schrifttum vertretenen Ansicht sind die GoB keine Rechtsnormen, sondern Handelsbräuche.[126] Die jüngere Lehre bezeichnet die GoB dagegen vielfach als Rechtsnormen,[127] stellt aber häufig nicht klar, was damit genau gemeint ist. Eine dritte Auffassung verwirft den Ausschließlichkeitsanspruch beider Lehren; nach ihr können die GoB der Verkehrsanschauung entspringen, Handelsbräuche sein, zu Gewohnheitsrecht erstarken und vom Gesetzgeber aufgegriffen werden.[128] Viertens soll es nach einer in der Betriebswirtschaftslehre verbreiteten Ansicht überhaupt nicht auf den Charakter als Handelsbrauch oder Rechtsnorm ankommen; diese Ansicht verweist vielmehr auf die fachliche Kompetenz der Betriebswirtschaftslehre und leitet für diese daraus den Anspruch ab, den Inhalt von GoB zu bestimmen und zu formulieren.[129] In die Sprache des Juristen übersetzt, könnten die GoB danach eine Art von Fachnormen sein.[130] Zuweilen findet sich sogar die Ansicht, die von der Betriebswirtschaftslehre formulierten GoB gingen dem Gesetz vor.[131]

---

125 Genauere Übersichten bei *Kruse* GoB S. 13 ff (Zusammenfassung: S. 100 ff); *Moxter* ZGR 1980, 254 (256 ff).

126 Staub/*Brüggemann*³ § 38 Rdn 2 (der aber zugleich von Rechtsnormen spricht); Düringer/Hachenburg/*Lehmann* §38 Rdn 15; Schlegelberger/*Hildebrandt*/*Steckhan* §38 Rdn 18 (unter gleichzeitigem Rückgriff auf die Erkenntnisse der Betriebswirtschaftslehre); *Trumpler* Die Bilanz der Aktiengesellschaft 1950, S. 80.

127 BFHE 89, 191; 95, 31 (GS); ADS § 243 Rdn 6; *Beisse* StuW 1984, 1 (6 f); Köln-Komm-RLR/*Drüen* Rdn 18; auch *Döllerer* WPg 1959, 653 = BB 1959, 1217 (der indessen von „Rechtsquellen" (?) „mit abgeleiteter Rechtssatzwirkung" spricht, was sich allgemeiner Anerkennung erfreuen soll).

128 *Kruse* GoB S. 100 ff; wohl auch *Knobbe-Keuk* § 3 II 1.

129 So in jüngerer Zeit prononciert *Schneider* StuW 1983, 141 (147 f) und 158 ff; vgl. auch schon *Schneider* BB 1980, 1225; deutlich behutsamer *Leffson* GoB S. 112 ff, der aber S. 143 ff doch die besondere Bedeutung der betriebswirtschaftlichen Forschung betont; älteres Schrifttum bei *Kruse* GoB S. 74 Fn. 43 und 44.

130 Zum möglichen Vergleich mit DIN-Normen Staub/*Hüffer*⁴ Rdn 35 (der aber die Vergleichbarkeit verneint).

131 *Körner* WPg 1973, 309 (316); gegen ihn *Feuerbaum* BB 1977, 549 f.

36 b) **Herleitung: Meinungsstand.** In den vergangenen Jahrzehnten, spätestens seit dem grundlegenden Beitrag von *Döllerer*[132], wird die traditionelle Frage nach der Rechtsnatur der GoB von dem Meinungsstreit über deren Herleitung überlagert. Drei Positionen sind dabei auszumachen: Der traditionellen Ansicht zur Rechtsnatur (Handelsbrauch) entspricht die **induktive Methode**, nach der die GoB aus der empirisch festgestellten Kaufmannsübung zu entnehmen sind.[133] Wer dagegen, in welcher Variante auch immer, von der Rechtsnormqualität der GoB ausgeht, kann deren Inhalt nicht durch umfragegestützte Kammergutachten oder auf ähnliche Weise ermitteln. An die Stelle der induktiven tritt deshalb die **deduktive Methode**, nach welcher die GoB aus den Bilanzzwecken abgeleitet werden sollen, nämlich durch „Nachdenken darüber, wie eine konkrete Bilanzierungsfrage entschieden werden muß, um zu einer sachgerechten Bilanz zu gelangen".[134] Diese deduktive Methode liegt auch der Rechtsprechung des BFH zugrunde[135] – der BGH hatte bisher kaum Gelegenheit, in dieser Frage als Autorität zu wirken[136] – und wird häufig als herrschende Lehre angesehen.[137] Je nach der Deduktionsbasis wird teilweise weiter zwischen einer handelsrechtlich und einer betriebswirtschaftlich deduktiven Methode unterschieden.[138] Allerdings wurde nach der Wende zum deduktiven Ansatz vermehrt gefragt, ob mit dem deduktiven Ansatz allein wirklich auszukommen ist. Gegen solche methodische Einseitigkeit wendet sich die 1970 von *Kruse* entwickelte These,[139] § 38 Abs. 1 a.F. (§ 238 Abs. 1 S. 1) eröffne einen Spielraum für richterliche Rechtsetzung, der Verweis auf die GoB schaffe in diesem Sinne einen Ermächtigungsspielraum. *Moxter* spricht in seiner zusammenfassenden Würdigung[140] von einer „Teilrenaissance der Kaufmannsübung". Im neueren betriebswirtschaftlichen Schrifttum scheint sich – auf Grundlage der in der jahrzehntelangen Diskussion gewonnenen Erkenntnisse – die sog. **hermeneutische Methode** im Sinne einer umfassenden und ausgewogenen Berücksichtigung aller Determinanten durchzusetzen.[141]

37 c) **Ausgangspunkt: Die Bestimmung der GoB als Rechtsproblem.** § 238 Abs. 1 S. 1 verpflichtet den Kaufmann, seine Bücher nach den GoB zu führen. Gemäß § 243 Abs. 1 bestimmen die GoB überdies Form und Inhalt des Jahresabschlusses. Die Verletzung der Buchführungspflicht kann unter den weiteren Voraussetzungen der §§ 283 ff StGB die

---

132 WPg 1959, 653 = BB 1959, 1217.

133 *Schmalenbach* ZfhF 1933, 225; jüngere Darstellung der induktiven Methode bei HdR-EA/*Baetge/Kirsch* Kap. 4 Rdn 10 f; treffende Beschreibung unter Vernachlässigung jeglicher Gegenposition: *Spitzenverbände der dt. Wirtschaft* DB 1979, 1093 f (berechtigte Kritik daran bei *Moxter* ZGR 1980, 254 (273 f)).

134 *Döllerer* BB 1959, 1217 (1220).

135 BFHE 89, 191; 95, 31 (GS); überholt: BFHE 86, 118.

136 Induktive Argumentation: BGHZ 34, 324 (327) (Pensionsrückstellungen); deduktive: BGH BB 1966, 915 f (künftige Ausgleichsansprüche von Handelsvertretern).

137 S. z.B. Baumbach/Hopt/*Merkt* Rdn 11; *Großfeld* BilanzR[3] Rdn 46; Heidelberger Komm/*Kirnberger* HGB[7] E vor § 242 Rdn 8; *Moxter* ZGR 1980, 254 (263).

138 HdJ – *Baetge/Zülch* Abt. I/2 Rdn 22; HdR-EA/*Baetge/Kirsch* Kap. 4 Rdn 12 ff; KölnKomm-RLR/*Braun* § 243 Rdn 14.

139 *Kruse* GoB S. 103 ff (Zusammenfassung: S. 187 ff).

140 *Moxter* ZGR 1980, 254 (262); skeptisch gegenüber bloßer Deduktion Hachenburg/*Goerdeler/Müller* §42 Rdn 17; *Maul* ZfbF 1974, 726; kombinierte Anwendung induktiver und deduktiver Methode auch bei *Knobbe-Keuk* § 3 II 1.

141 ADS § 243 Rdn 18 ff; *Ballwieser* FS Budde (1995) S. 43 (46); Beck BilKomm-*Förschle/Usinger* § 243 Rdn 18 (noch keine allseits akzeptierte Lehre); Beck-HdR-*Bieg/Waschbusch* A 100 Rdn 40; HdJ - *Baetge/Kirsch* Abt. I/2 Rdn 23 ff; HdR-EA/*Baetge/Kirsch* Kap. 4 Rdn 18 ff; *Solmecke* Auswirkungen des BilMoG S. 20 ff; WP-Hdb[13] Bd. I E Rdn 5.

strafrechtliche Verantwortlichkeit des Buchführungspflichtigen begründen. Und schließlich ist für die Ermittlung des der Besteuerung unterliegenden Gewinns (§ 4 Abs. 1 EStG) das Betriebsvermögen anzusetzen, das nach den GoB auszuweisen ist (§ 5 Abs. 1 S. 1 EStG; sog. Maßgeblichkeit). Was GoB sind und welchen Inhalt sie haben, ist nach alledem eine Rechtsfrage, folglich als solche zu erörtern und zu entscheiden.[142] Dies folgt auch aus **verfassungsrechtlichen Überlegungen**:[143] Rechnungslegungsvorschriften sind Teil des öffentlichen Rechts[144] und sie wirken prinzipiell grundrechtsbeschränkend[145] (vgl. bereits Vor § 238 Rdn 3). Der in der Pflicht zur Rechnungslegung liegende Eingriff in Grundrechte lässt sich nur durch eine gesetzliche Regelung rechtfertigen, aus der der Rechtsanwender Art und Umfang des Eingriffs erkennen kann. Generalklauseln wie § 238 Abs. 1 S. 1 und § 243 Abs. 1 werden dieser Anforderung nur gerecht, wenn sie sich „durch eine Auslegung der betreffenden Normen nach den Regeln der juristischen Methodik hinreichend konkretisieren lassen und verbleibende Ungewissheiten nicht so weit gehen, dass die Vorhersehbarkeit und Justitiabilität des Handelns der durch die Normen ermächtigten staatlichen Stellen gefährdet sind […]."[146] Ein bloßer Verweis auf außergesetzliche Handelsbräuche, die empirisch zu ermitteln sind, erfüllt diese Voraussetzungen nicht. Die These von den GoB als sogenannte „Fachnormen" (vgl. Rdn 35) führt deshalb nicht weiter;[147] die (vereinzelte) Annahme vom Vorrang der GoB gegenüber dem Gesetz (Fn. 131) ist schlicht falsch.

d) **Die Vorstellung des historischen Gesetzgebers und ihre Grenzen.** Das Reichsjustizamt formulierte in der Denkschrift 1896 S. 45: „Durch den in dem bisherigen Art. 28" (sc.: ADHGB) „nicht enthaltenen Hinweis auf die Grundsätze ordnungsmäßiger Buchführung wird der wesentliche Punkt hervorgehoben; nach den Gepflogenheiten sorgfältiger Kaufleute ist zu beurtheilen, wie die Bücher geführt werden müssen. Je nach dem Gegenstande, der Art und insbesondere dem Umfange des Geschäfts können diese Anforderungen verschieden sein." Ganz ähnlich verwies § 13 Preuß. EStG vom 24.6.1891 für die Ermittlung des Reingewinns auf Grundsätze, „wie solche … dem Gebrauche eines ordentlichen Kaufmanns entsprechen." Die handelsrechtliche Vorschrift hätte danach ohne sachliche Veränderung lauten können: „Jeder Kaufmann ist verpflichtet, Bücher zu führen und in diesen seine Handelsgeschäfte und die Lage seines Vermögens so ersichtlich zu machen, wie es den Gepflogenheiten sorgfältiger Kaufleute entspricht." Die Umformulierung macht deutlich, dass § 38 Abs. 1 a.F. keine Norm von singulärer Struktur war, sondern der Sache nach mit gesetzlichen Formulierungen anderer Verhaltensstandards übereinstimmte; augenfällig ist etwa die Parallele zu § 347 Abs. 1 HGB sowie zu § 276 Abs. 2 BGB,[148] vergleichbar ist aber auch der Verweis auf die als Konventionalnormen gedachten guten Sitten in § 138 Abs. 1 BGB oder die unlauteren geschäftlichen Handlungen in § 1 UWG. 38

Indem § 38 Abs. 1 a.F. auf die Gepflogenheiten sorgfältiger Kaufleute verwies, brachte er den **bewussten Verzicht des Gesetzgebers auf eine eigene Sachentscheidung** zum Aus- 39

---

142 Vgl. etwa *Großfeld* NJW 1986, 955; *Großfeld* BilanzR³ Rdn 18; *Hennrichs* Wahlrechte im Bilanzrecht der Kapitalgesellschaften (1999) S. 79 ff.

143 S. bereits *Hennrichs/Pöschke* Fortentwicklung der GoB, in Bilanzpolitik und Bilanzanalyse nach neuem Handelsrecht (2010) S. 49 f.

144 Vgl. BGHZ 125, 366 (377); *Icking* Rechtsnatur S. 409 ff; *W. Müller* FS Moxter (1994) S. 75, 81 f; HdJ – *Schulze-Osterloh* Abt. I/1 Rdn 22 ff.

145 Im Einzelnen *Hennrichs/Schubert* ZIP 2007, 563 (566 f).

146 BVerfGE 118, 168 (188); dies entspricht der ständigen Rechtsprechung des BVerfG.

147 Dazu schon *Kruse* GoB S. 79 ff, 81 ff.

148 Zutr. *Großfeld* BilanzR³ Rdn 46.

druck. Statt selbst die Führung der Bücher zu regeln, sah das Gesetz eine **zweistufige Rechtsanwendung** vor: Erstens war zu ermitteln, welche Buchführungsgepflogenheiten tatsächlich bestehen. Danach musste geprüft werden, ob diese Gepflogenheiten rechtlich akzeptabel sind. Die Formulierungskompetenz stand also zunächst der kaufmännischen Praxis zu; ihre Ergebnisse standen aber unter dem Vorbehalt richterlicher Überprüfung.[149] Als seit jeher von einem Missverständnis getragen erweist sich damit die an der traditionellen Lehre geübte Kritik, sie müsse auch Missstände und laxe Bräuche in den Rang von GoB erheben.[150] Dass die GoB Handelsbräuche seien, dürfte den Vorstellungen des historischen Gesetzgebers entgegen der traditionellen Lehre jedoch aus anderen Gründen nicht entsprochen haben. Soweit mit der Einordnung als Handelsbrauch nicht nur die tatsächliche Übung gemeint ist, hat diese Qualifizierung den Sinn, das noch unterhalb der Rechtsebene liegende normative Element der „guten" Übung auszudrücken. Es war und ist jedoch überflüssig, dafür die Figur des Handelsbrauchs zu bemühen, weil das normative Element schon im Erfordernis des „Ordnungsmäßigen" zum Ausdruck kam und kommt. Der Verweis auf den Handelsbrauch wäre auch deshalb schief, weil der Handelsbrauch nach § 346 „unter Kaufleuten" zu beachten ist, und zwar nach der systematischen Stellung des § 346 im Vierten Buch, soweit sie untereinander Handelsgeschäfte schließen.[151] Dagegen dient die Erfüllung der Buchführungspflicht dem Allgemeininteresse (Rdn 3), hat also unmittelbar nichts mit dem Geschäftsverkehr der Kaufleute untereinander zu tun.

40 **Die Führung der Handelsbücher als alleiniger Regelungsgegenstand.** Von der Frage, welchen sachlichen Regelungsgehalt die Generalklausel hatte, ist die Frage zu trennen, was damit gegenständlich geregelt werden sollte. Während der Streit um Rechtsnatur und Herleitung der GoB (Rdn 35 f) heute ein Streit um den materiellen Gehalt des Bilanzrechts und um die Kompetenz zur Fixierung dieses Gehalts ist,[152] hatte der Gesetzgeber des § 38 Abs. 1 a.F. diese Fragen nicht im Sinn. Die von ihm vorgesehene zweistufige Rechtsanwendung (Rdn 39) bezieht sich allein auf die Führung der Handelsbücher, auf die Buchführung im engen Sinne des Wortes, aber nicht auf materielle Fragen der Bilanzierung oder Gewinnermittlung.[153] Das folgt schon aus der Wortwahl (Buchführung statt Bilanzierung), ferner aus dem Fehlen jeden Hinweises auf die GoB in den damaligen Bilanzierungsvorschriften (§§ 39, 40, 261 a.F.), aus dem Fehlen eines Aufstellungsgrundsatzes selbst für die Bilanz der AG (§ 261 a.F.) und findet schließlich noch eine Bestätigung darin, dass sich die Erwägungen des Reichsjustizamts auf nichts anderes als die Buchführung im engen Sinne bezogen haben. Die GoB als leitender Grundsatz der Bilanzierung sind demnach das Ergebnis einer nachträglichen, vom Gesetzgeber der §§ 38 ff a.F. noch nicht gesehenen Entwicklung.

41 e) **Geltendes Recht: GoB als unbestimmter Rechtsbegriff.** Die Entwicklung des Bilanzrechts seit 1900 hat dem Konzept des historischen Gesetzgebers den Boden entzogen. In

149 Unmissverständlich schon das grundlegende Urteil RGZ 48, 114, 124 f; vgl. ferner RGZ 103, 146, 147 f; RGZ 114, 9, 13; RGZ 125, 76, 79; BGHZ 10, 228, 233 = NJW 1953, 1665.

150 So namentlich *Schmalenbach* ZfhF 1933, 225 (232); aber auch *Döllerer* BB 1959, 1217; schon im Ansatz schief ist auch die Unterscheidung zwischen einem „dem Kaufmann vertrauenden Gesetzgeber von 1896" und dem „mißtrauenden Gesetzgeber" von 1931 und 1965 bei *Leffson* GoB S. 130 ff, 133 ff. Vgl. auch *Hennrichs/Pöschke* Fortentwicklung der GoB, in Bilanzpolitik und Bilanzanalyse nach neuem Handelsrecht (2010) S. 50.

151 Richtig dazu *Kruse* GoB S. 83 ff.

152 S. beispielhaft HdR-EA/*Baetge/Kirsch* Kap. 4 Rdn 29 ff.

153 Zutr. *Leffson* GoB S. 131.

dem Maße, in dem das Steuerrecht eine nach den GoB aufgestellte Handelsbilanz voraussetzte[154] und der Gesetzgeber zunächst im Aktienrecht[155] eine entsprechende Bilanzzielbestimmung in seine Normen aufnahm, verlor das bloße Buchführungskonzept des Reichsjustizamtes an Brauchbarkeit; denn ein umfassendes, als Summe von formellen und materiellen GoB gedachtes Bilanzrecht, das diesen Namen verdient, kommt weder inhaltlich noch rechtsquellen-theoretisch mit der guten Kaufmannsübung als Basis aus. Das BiRiLiG hat mit dem Aufstellungsgrundsatz des § 243 nur den Schlusspunkt unter diese Entwicklung gesetzt und zugleich mit der Kodifizierung des Bilanzrechts der hier erörterten Problematik einen erheblichen Teil ihrer praktischen Bedeutung genommen.

Nach dem heutigen Stand der Entwicklung, insbesondere nach der Regelung durch das BiRiLiG, ist als **Grundsatz** festzuhalten: § 238 Abs. 1 S. 1[156] enthält keinen Verweis auf ein außerrechtliches Normgefüge oder die praktische Übung. Bei dem Begriff der GoB handelt es sich um einen **unbestimmten Rechtsbegriff**, dessen Inhalt durch Auslegung des Gesetzes zu ermitteln ist. Dies ist heute auch nahezu allgemein anerkannt.[157] Bei der Herleitung der GoB sind daher die allgemein anerkannten juristischen Methoden zur Gesetzesauslegung, zur wertenden Konkretisierung von Prinzipien sowie zur Schließung von Regelungslücken anzuwenden.[158] Die **gewohnheitsrechtliche Geltung von GoB** bleibt nach allgemeinen Grundsätzen denkbar, doch hat diese Möglichkeit durch die Kodifizierung gerade der grundlegenden, von allgemeiner Rechtsüberzeugung getragenen Bilanzierungsregeln ihre praktische Bedeutung weitgehend eingebüßt. **42**

In der Praxis ist ein Rückgriff auf die GoB freilich nur dann erforderlich, wenn das HGB eine Bilanzierungsfrage nicht ausdrücklich regelt.[159] Geht es beispielsweise um die Passivierung von Rückstellungen oder um die Abgrenzung des Anschaffungs- und Herstellungskostenbegriffs, muss nicht auf den allgemeinen Begriff der GoB zurückgegriffen werden, da das Gesetz in §§ 249, 255 Abs. 1 bis 3 konkrete Regelungen enthält. Ob man diese und andere Regelungen des HGB-Bilanzrechts, so etwa insbesondere die allgemeinen Grundsätze des § 252 HGB, mit einer im betriebswirtschaftlichen Schrifttum ver- **43**

---

154 Überblick über die Gesetzesentwicklung bei Herrmann/Heuer/Raupach/*Stobbe* EStG § 5 Rdn 2.

155 Beginnend mit der Novelle von 1931, die in den §§ 261–262g des damaligen HGB erstmals detaillierte Vorschriften über die Bilanz schuf und die Pflichtprüfung einführte.

156 Das Gleiche gilt für § 243 Abs. 1.

157 BFHE 89, 191 (194); 95, 31 (32 f); ADS § 243 Rdn 6; *Baetge/Kirsch/Thiele* Bilanzen[12] (2012) S. 105; Baumbach/Hopt/*Merkt* Rdn 11; Beck BilKomm-*Förschle/Usinger* § 243 Rdn 12; Beck-HdR-*Bieg/Waschbusch* A 100 Rdn 31; BoHdR-*Streim* Rdn 31; BoHdR-*Kirsch* § 243 Rdn 6; Haufe HGB BilKomm/*Noodt*[2] § 243 Rdn 3; HdJ – *Schulze/Osterloh* Abt. I/1 Rdn 14; HdR-EA/*Baetge/Fey/Fey* § 243 Rdn 4, 18; Heidelberger Komm/*Kirnberger* HGB[7] E vor § 242 Rdn 7; *Hennrichs* Wahlrechte im Bilanzrecht der Kapitalgesellschaften (1999) S. 80 f; *Hennrichs* WPg 2011, 861 (863); *Hennrichs/Pöschke* DK 2009, 532 (535); *Hennrichs/Pöschke* Fortentwicklung der GoB, in Bilanzpolitik und Bilanzanalyse nach neuem Handelsrecht (2010) S. 50; KölnKomm-RLR/*Drüen* Rdn 18; *Moxter* GoR S. 9 ff; MünchKommAktG/*Graf*[2] Rdn 26; MünchKommBilR/*Graf* Rdn 48; *Solmecke* Auswirkungen des BilMoG S. 13; *Thiel/Lüdtke-Handjery* BilanzR[5] Rdn 333; *J. Wüstemann/S. Wüstemann* FS Krawitz (2010) S. 751 (755); **aA** noch Staub/*Hüffer*[4] Rdn 43.Wenig überzeugend ist die terminologische Kritik bei *Luttermann/Großfeld* BilanzR[4] Rdn 62 sowie MünchKommAktG/*Luttermann*[2] §§ 243, 342 HGB Rdn 15.

158 *Hennrichs/Pöschke* Fortentwicklung der GoB, in Bilanzpolitik und Bilanzanalyse nach neuem Handelsrecht (2010) S. 50.

159 *Hennrichs/Pöschke* Fortentwicklung der GoB, in Bilanzpolitik und Bilanzanalyse nach neuem Handelsrecht (2010) S. 49.

breiteten Strömung als „gesetzlich kodifizierte GoB“ bezeichnen will, mag offen bleiben. Die Anwendung dieser Vorschriften unterscheidet sich methodisch jedenfalls nicht von der Anwendung anderer Rechtsvorschriften.[160] Der allgemeine Verweis des § 238 Abs. 1 S. 1 auf die GoB erlangt nur dort Bedeutung, wo konkrete gesetzliche Vorgaben fehlen. Dann greifen die **Generalklauseln** der §§ 238 Abs. 1 S. 1, 243 Abs. 1 ein und der unbestimmte Rechtsbegriff der GoB muss **mit Hilfe der anerkannten juristischen Methoden der Rechtsanwendung** konkretisiert werden.[161]

44 Die Diskussion um die **Herleitung von GoB** leidet offensichtlich unter der Verwendung wenig glücklicher Begriffe und der Betonung eines **praxisfremden Gegensatzes zwischen „induktiv“ und „deduktiv“**. Wenn die Praxis mit der gesetzlichen Verweisung auf die GoB „im ganzen recht gut fertig geworden ist“,[162] so deshalb, weil die induktive und die deduktive Methode einander nicht ausschließen, sondern ergänzen und vermutlich immer nebeneinander gehandhabt worden sind. Die induktive Feststellung einer tatsächlichen Übung bedarf schon nach dem Konzept des historischen Gesetzgebers der rechtlichen Überprüfung, ob sie auch den Gepflogenheiten „sorgfältiger“ Kaufleute entspricht (Rdn 39). Und die deduktive Methode ist missverstanden, wenn man sie als abstrakt-begriffliche Ableitung aus ihrerseits teilweise schwer fassbaren Bilanzzielen[163] oder aus den betriebswirtschaftlichen Bilanztheorien[164] begreift. Tatsächlich sind nämlich die empirischen Erkenntnisse zur Praxis der ehrbaren Kaufleute und die theoretischen Erkenntnisse der Betriebswirtschaft auch im Rahmen der juristischen Methodik zur Rechtsanwendung von Bedeutung. Sie können wertvolle Hinweise auf die vom Gesetzgeber verfolgten Ziele geben und aufzeigen, welches Verständnis der rechtlichen Rahmenbedingungen zu einem auch wirtschaftlich stimmigen und kohärenten System der Rechnungslegung führt.[165] In der praktischen Anwendung **ergänzen sich daher deduktive und induktive Elemente**,[166] weswegen das betriebswirtschaftliche Schrifttum heute häufig von einer hermeneutischen Methode spricht (Rdn 36). In der Diskussion wird jedoch zu wenig betont, dass im Konfliktfall stets dem **deduktiven Element Vorrang** gebührt:[167] Daraus folgt einerseits, dass eine kaufmännische Praxis, die den handelsrechtlichen Vorschriften widerspricht, keine GoB begründet; es gibt **keine GoB contra legem**.[168] Ande-

---

160 *Hennrichs/Pöschke* Fortentwicklung der GoB, in Bilanzpolitik und Bilanzanalyse nach neuem Handelsrecht (2010) S. 49: „Mit den GoB hat das eigentlich noch nichts zu tun.“

161 Dazu ausführlich *Hennrichs/Pöschke* DK 2009, 532 (532 ff); *Hennrichs/Pöschke* Fortentwicklung der GoB, in Bilanzpolitik und Bilanzanalyse nach neuem Handelsrecht (2010) S. 52 f; s. auch HdJ – *Schulze/Osterloh* Abt. I/1 Rdn 14; MünchKommAktG/*Graf*[2] Rdn 31.

162 *Knobbe-Keuk* § 3 II 1.

163 So das Hauptargument der Gegner des deduktiven Verfahrens, vgl. besonders *Schneider* StuW 1983, 141 (148 ff).

164 Überblick zu den Bilanztheorien bei KölnKomm-RLR/*Claussen* Einl. Rdn 78 ff.

165 Vgl. ausf. *Hennrichs/Pöschke* DK, 532 (532 ff).

166 So bereits *Moxter* ZGR 1980, 254 (262); Baumbach/Hopt/*Merkt* Rdn 11; Beck BilKomm-*Förschle/Usinger* § 243 Rdn 17; *Hennrichs/Pöschke* Fortentwicklung der GoB, in Bilanzpolitik und Bilanzanalyse nach neuem Handelsrecht (2010) S. 51; Tipke/Lang/*Hennrichs* Steuerrecht[21] § 9 Rdn 67 aE; ganz ähnlich Beck-HdR-*Ballwieser* B 105 Rdn 2.

167 Beck BilKomm-*Förschle/Usinger* § 243 Rdn 18; HdJ – *Schulze/Osterloh* Abt. I/1 Rdn 14.

168 *Hennrichs/Pöschke* Fortentwicklung der GoB, in Bilanzpolitik und Bilanzanalyse nach neuem Handelsrecht (2010) S. 51; missverständlich demgegenüber HdJ – *Baetge/Zülch* Abt. I/2 Rdn 11 ff; *Solmecke* Auswirkungen des BilMoG S. 15.

rerseits können einzelne Vorschriften des HGB nicht **„GoB-widrig"** sein;[169] wenn das Gesetz für spezielle Fälle Vorschriften enthält, die von den allgemein formulierten Rechnungslegungsprinzipien abweichen bzw. diesen widersprechen, sind auch diese Vorschriften Teil des handelsrechtlichen Systems, anhand dessen der unbestimmte Rechtsbegriff der GoB zu konkretisieren ist. Auch von allgemeinen Prinzipien abweichende Einzelvorschriften sind damit Teil der handelsrechtlichen GoB.[170]

Im Ergebnis zeigt sich, dass der Verweis des Gesetzes auf die GoB sowohl aus rechtstheoretischer Sicht als auch für die praktische Rechtsanwendung nur von untergeordneter Bedeutung ist.[171] Zum einen muss auf die GoB nur dann zurückgegriffen werden, wenn das Gesetz keine einschlägige Einzelregelung enthält. Zum anderen geht es in der Regel nicht darum, „echte" Regelungslücken durch eine umfassende Rechtsfortbildung zu schließen; da auch der Gesetzgeber des BilMoG zugunsten der bewährten prinzipienorientierten Regelungstechnik auf eine Fülle von Detailregelungen verzichtet hat,[172] muss der Bilanzierende vielmehr regelmäßig durch wertende Konkretisierung der allgemeinen Bilanzierungsprinzipien ermitteln, welche bilanzielle Abbildung sich am besten in das System des HGB-Bilanzrechts einfügt. Dabei sind kollidierende Prinzipien in einen schonenden Ausgleich zu bringen. Die in diesem methodischen Rahmen abgeleitete Regel entspricht den GoB im Sinne des HGB.[173] Letztlich entpuppen sich die **GoB** damit „als das durch das Handelsbilanzrecht geschaffene und im Rahmen der methodischen Rechtsanwendung **konkretisierte Gesamtsystem der Rechnungslegung** nach dem HGB."[174] **44a**

Mit dieser Erkenntnis lässt sich auch die in der jüngeren Vergangenheit umstrittene Frage lösen, ob die IFRS bei der **Auslegung des durch das BilMoG modernisierten HGB-Bilanzrechts** verstärkt berücksichtigt werden müssen.[175] Da der Begriff der GoB letztlich das Gesamtsystem der Rechnungslegung nach dem HGB bezeichnet (ausf. Rdn 44a), wirkt das BilMoG entgegen einer mitunter geäußerten Fehlvorstellung nicht auf ein unabhängig vom HGB bestehendes GoB-System ein, sondern es ändert dieses System unmittelbar.[176] Die Konkretisierung des Begriffs der GoB muss heute aus dem moderni- **44b**

---

169 *Hennrichs* StuW 1999, 138 (141); *Hennrichs/Pöschke* Fortentwicklung der GoB, in Bilanzpolitik und Bilanzanalyse nach neuem Handelsrecht (2010) S. 51; dagegen aber (zumindest missverständlich) z.B. HdJ – *Baetge/Zülch* Abt. I/2 Rdn 15; HdJ – *Schulze/Osterloh* Abt. I/1 Rdn 18; *Hommel/Rößler* BB 2009, 2526 (2527 f); *Schulze-Osterloh* DStJG 14 (1991), 123 (129).

170 *Hennrichs/Pöschke* Fortentwicklung der GoB, in Bilanzpolitik und Bilanzanalyse nach neuem Handelsrecht (2010) S. 51.

171 *Hennrichs/Pöschke* Fortentwicklung der GoB, in Bilanzpolitik und Bilanzanalyse nach neuem Handelsrecht (2010) S. 54.

172 *Hennrichs/Pöschke* Fortentwicklung der GoB, in Bilanzpolitik und Bilanzanalyse nach neuem Handelsrecht (2010) S. 53.

173 *Hennrichs/Pöschke* Fortentwicklung der GoB, in Bilanzpolitik und Bilanzanalyse nach neuem Handelsrecht (2010) S. 54.

174 *Hennrichs/Pöschke* Fortentwicklung der GoB, in Bilanzpolitik und Bilanzanalyse nach neuem Handelsrecht (2010) S. 51.

175 Dazu ausführlich *Hennrichs/Pöschke* DK 2009, 532; *Hennrichs/Pöschke* Fortentwicklung der GoB, in Bilanzpolitik und Bilanzanalyse nach neuem Handelsrecht (2010) S. 47; *Hennrichs* WPg 2011, 861; *Moxter* WPg 2009, 7; s. ferner HdJ – *Schulze/Osterloh* Abt. I/1 Rdn 16 f. Klar für eine stärkere Berücksichtigung der IFRS *Köster* BB 2007, 2791 (2792); *Mujkanovic/Raatz* KoR 2008, 245 (245). Unentschieden Beck BilKomm-*Förschle/Usinger* § 243 Rdn 23. Ausführlich zur Bedeutung der mit dem BilMoG im Einzelnen umgesetzten Änderungen *Solmecke* Auswirkungen des BilMoG S. 123 ff.

176 *Hennrichs/Pöschke* Fortentwicklung der GoB, in Bilanzpolitik und Bilanzanalyse nach neuem Handelsrecht (2010) S. 54.

sierten HGB-Bilanzrecht selbst heraus erfolgen; dabei dürfen die **IFRS** nur insoweit berücksichtigt werden, als dies den handelsrechtlichen Wertungen entspricht. Insoweit ist zu beachten, dass mit dem BilMoG zwar durchaus einige tradierte handelsrechtliche Prinzipien geändert,[177] die tragenden Säulen des bisherigen Systems (u.a. Realisationsprinzip, Vorsichtsprinzip) aber nicht aufgegeben wurden.[178] Nach dem Willen des Gesetzgebers soll das HGB-Bilanzrecht den IFRS nur punktuell angenähert werden und dauerhaft eine eigenständige Alternative zu den IFRS bieten.[179] Angesichts dessen sind die IFRS bei der Auslegung des HGB-Bilanzrechts nicht zwingend oder gar vorrangig zu berücksichtigen; sie zeigen vielmehr nur mögliche Lösungsansätze auf und es ist nach allgemeinen Methoden (grammatikalische, systematische, teleologische und richtlinienkonforme Auslegung der handelsrechtlichen Normen, vgl. Rdn 43) zu prüfen, ob sich die in den IFRS vorgesehene Lösung in das HGB-System der Rechnungslegung einfügt.[180]

45 **f) Exkurs: Fachgutachten; Stellungnahmen.** Von erheblicher Bedeutung für die Bilanzierungspraxis sind die Fachgutachten des Instituts der Deutschen Wirtschaftsprüfer (**IdW**) und die Stellungnahmen seines Hauptfachausschusses (HFA) sowie die Verlautbarungen des Deutschen Rechnungslegungs Standards Committees (**DRSC**) bzw. des Deutschen Standardisierungsrates (**DSR**). Weder das IDW noch das DRSC haben allerdings die Kompetenz, GoB „zu erlassen" oder in sonstiger Weise Recht zu setzen.[181] Ihre Verlautbarungen entfalten daher keinerlei rechtliche Verbindlichkeit; sie sind nicht mehr und nicht weniger als Auslegungsvorschläge sachverständiger Gremien, die allein durch die fachliche Autorität ihrer Verfasser wirken können.[182] Ganz Ähnliches gilt für die auf die **Konzernrechnungslegung** bezogenen Standards des DSR, die vom Bundesministerium der Justiz bekannt gemacht werden.[183] Zwar knüpft das Gesetz in § 342 Abs. 2 eine Vermutung an die Befolgung dieser Standards;[184] aber diese Vermutung ist widerlegbar und die Gerichte sind an die Standards des DSR nicht gebunden.[185]

---

[177] Zu den Regelungen des BilMoG im Überblick Baumbach/Hopt/*Merkt* Einl v § 238 Rdn 27 ff; *Böcking/Gros*, DK 2009, 355; Haufe HGB BilKomm² S. 43 ff; Köln-Komm-RLR/*Claussen* Einl. Rdn 52 ff. Eine empirische Analyse der ersten nach dem BilMoG aufgestellten Abschlüsse findet sich bei *Keitz/Wenk/Jagosch* DB 2011, 2445 u. 2503.

[178] *Hennrichs/Pöschke* Fortentwicklung der GoB, in Bilanzpolitik und Bilanzanalyse nach neuem Handelsrecht (2010) S. 54 f; anders *Fülbier/Gassen* DB 2007, 2605 (2612), die vor dem Hintergrund des BilMoG eine Neuorientierung der GoB fordern.

[179] RegE der Bundesregierung zum BilMoG, BT-Drucks. 16/10067, S. 32.

[180] *Hennrichs/Pöschke* Fortentwicklung der GoB, in Bilanzpolitik und Bilanzanalyse nach neuem Handelsrecht (2010) S. 56; *Hennrichs/Pöschke* DK 2009, 532 (536); *Hennrichs* WPg 2011, 861 (867 ff); s. auch bereits *Hennrichs* FS K. Schmidt (2009) S. 581 (597); in der Sache ebenso *Moxter* WPg 2009, 7; ähnlich *Herzig* WPg 2005, 211 (214) in Bezug auf das Bilanzsteuerrecht. Ausführliche Analyse unter Bildung von Fallgruppen bei *Hennrichs/Pöschke* Fortentwicklung der GoB, in Bilanzpolitik und Bilanzanalyse nach neuem Handelsrecht (2010) S. 53 ff; *Hennrichs/Pöschke* DK 2009, 532 (536 ff); *Hennrichs* WPg 2011, 861 (867 ff); im Ansatz schon bei *Hennrichs* S:R 2009, 127 (128 f).

[181] Treffend bereits *Döllerer* BB 1959, 1217 (1219); s. ferner *Flume* DB 1973, 1661 (1663); *Leffson* GoB S. 128; *Hennrichs/Pöschke* DK 2009, 532 (534).

[182] HdJ – *Schulze/Osterloh* Abt. I/1 Rdn 22, 24; *Hennrichs/Pöschke* DK 2009, 532 (534).

[183] *Hennrichs/Pöschke* DK 2009, 532 (534).

[184] Krit. zur rechtlichen Qualität dieser Vermutung HdJ – *Schulze/Osterloh* Abt. I/1 Rdn 23 f.

[185] S. ausführlich Beck BilKomm-*Förschle* § 342 Rdn 19 mwN; ferner MünchKomm-BilR/*Graf* Rdn 49.

3. GoB: Formelle und materielle GoB; GoI; GoBil; Buchführungsrichtlinien; Kontenrahmen

a) **Formelle und materielle GoB; GoI; GoBil.** Die Buchführung ist die Grundlage des Jahresabschlusses. Das Inventar beruht auf der grundsätzlich körperlich gedachten Bestandsaufnahme (Inventur). Buchführung, Jahresabschluss, Inventur und Inventar bilden Teilelemente der Rechnungslegung. Es hat sich eingebürgert, die Gesamtheit der dabei zu beachtenden Grundsätze über den unmittelbaren Wortsinn und die Konzeption des historischen Gesetzgebers (dazu Rdn 38 ff) hinaus als GoB zu bezeichnen. Die so verstandenen GoB im weiteren Sinn lassen sich einteilen in die formellen und materiellen GoB und in die Grundsätze ordnungsmäßiger Inventur (GoI) sowie ordnungsmäßiger Bilanzierung (GoBil). Die terminologische Unterscheidung wird nicht einheitlich gehandhabt,[186] lohnt aber auch keine ausführliche Diskussion. Maßgeblich sind die inhaltlichen Anforderungen, die an Buchführung, Inventur und den Jahresabschluss gestellt werden. Die Bezeichnung als formelle oder materielle GoB spielt hierbei richtigerweise keine Rolle. Möchte man dennoch an einer systematischen Unterteilung festhalten, bietet sich folgende Terminologie an: Die **formellen GoB** beziehen sich auf die Buchführung im eigentlichen Sinne, also vor allem auf die technisch-praktische Seite des kaufmännischen Dokumentationswesens, sowie auf die Technik der Bilanzierung (Darstellung, Gliederung des Jahresabschlusses).[187] Die **materiellen GoB** beziehen sich auf den Jahresabschluss und fassen Ansatz- und Bewertungsregeln sowie die allgemeinen Bilanzierungsgrundsätze zusammen.[188] Die materiellen GoB und die formellen GoB, die sich auf den Jahresabschluss beziehen, können als GoBil bezeichnet werden. Die GoI erfassen den Vorgang der Bestandsaufnahme und sein Ergebnis, das Inventar. Die nachfolgenden Erläuterungen beschränken sich auf die für die Buchführung geltenden GoB. Wegen der GoI vgl. § 240 Rdn 8 ff, und wegen der GoBil § 243 Rdn 6 ff. 46

b) **Buchführungsrichtlinien.** Durch Erlass des Reichswirtschaftsministers und des Reichskommissars für die Preisbildung vom 11.11.1937 wurden „Richtlinien zur Organisation der Buchführung (im Rahmen eines einheitlichen Rechnungswesens)" geschaffen.[189] Ungeachtet ihres damaligen Zwecks im Rahmen einer gelenkten Wirtschaft (der Erlass beruft sich insbesondere auf „die Ziele des Vierjahresplans"), sind diese Richtlinien auch heute noch interessant, weil sie die Entwicklung der für die Buchführung geltenden GoB geprägt haben.[190] Rechtlich verbindlich sind die Vorgaben freilich nicht. Das bedeutet, dass eine den Richtlinien entsprechende Buchführung nicht per se als ordnungsmäßig angesehen werden kann; umgekehrt kann aus der Abweichung von den Richtlinien auch nicht per se ein Buchführungsmangel hergeleitet werden. 47

---

186 Vgl. etwa Beck BilKomm-*Förschle/Usinger* § 243 Rdn 1; Beck-HdR-*Bieg/Waschbusch* A 100 Rdn 28; *Winnefeld* BilanzHdb[4] Kap. A Rdn 240; s. ferner z.B. Baumbach/Hopt/*Merkt* Rdn 11; Baumbach/Hueck/*Schulze-Osterloh* GmbHG[18] § 42 Rdn 8 ff; HdJ – *Baetge/Zülch* Abt. I/2 Rdn 4.

187 Anders z.B. (alle GoBil sind materielle GoB) Staub/*Hüffer*[4] Rdn 46; wieder anders Heidelberger Komm/*Kirnberger* HGB[7] E vor § 242 Rdn 9.

188 Anders z.B. (auch hinsichtlich der Buchführung ist zwischen formellen und materiellen GoB zu unterscheiden) Baumbach/Hopt/*Merkt* Rdn 11, 14.

189 MinBl. für Wirtschaft 1937 S. 239.

190 Beck BilKomm-*Winkeljohann/Klein* Rdn 72 (noch heute richtungsweisend); Schlegelberger/*Hildebrandt/Steckhan* Einl. § 38 V.

48 **Richtlinientext.** Die Richtlinien haben folgenden Wortlaut:

I. Grundaufgaben des Rechnungswesens

Ein geordnetes Rechnungswesen muß alle Geschäftsvorfälle und die mit ihnen verbundenen Mengen- und Wertbewegungen lückenlos erfassen und planmäßig ordnen. Es bietet dadurch eine unerläßliche Voraussetzung für eine Ordnung der Betriebe und der Gesamtwirtschaft sowie für eine dauernde Beobachtung des Betriebszustandes und der Betriebsgebarung.

1. Das Rechnungswesen verfolgt vier Grundzwecke:
   a) Ermittlung der Bestände – Vermögens- und Schuldteile – und des Erfolges am Ende des Jahres (Jahresbestands- und Erfolgsrechnung) und während der Betriebsperiode (kurzfristige Erfolgsrechnung),
   b) Preisbildung, Kostenüberwachung und Preisprüfung (auf der Grundlage der Selbstkosten),
   c) Überwachung der Betriebsgebarung (Wirtschaftlichkeitsrechnung),
   d) Disposition und Planung.

Betriebliche und gesamtwirtschaftliche Zwecke werden gleichermaßen durch das Rechnungswesen verfolgt.

2. Das betriebliche Rechnungswesen umfaßt alle Verfahren zur ziffernmäßigen Erfassung und Zurechnung der betrieblichen Vorgänge. Es gliedert sich in vier Grundformen:
   a) Buchführung und Bilanz (Zeitrechnung),
   b) Selbstkostenrechnung (Kalkulation, Stückrechnung),
   c) Statistik (Vergleichsrechnung),
   d) Planung (betriebliche Vorschau-Rechnung).

Alle vier Formen besitzen ihre besonderen Verfahren, ihre eigenen Anwendungsgebiete und ihre besondere Erkenntniskraft. Sie stehen aber nicht nebeneinander, sondern hängen eng zusammen und ergänzen einander.

3. Die ursprüngliche und wichtigste Form des Rechnungswesens ist die Buchführung. Sie ist eine Zeitrechnung und hat den Zweck, Bestände und ihre Veränderung, Aufwände, Leistungen und Erfolge in einem Zeitraum festzustellen. Die wertmäßige Erfassung wird zweckmäßigerweise durch eine mengenmäßige in Nebenbüchern (amtl. Fn. 1: Gemeint sind hier nicht nur gebundene Bücher, sondern auch „lose Blätter" und Karteien.) ergänzt werden.
4. Aus dem derzeitigen Stand des Rechnungswesens und aus den Anforderungen, die die gegenwärtige Erzeugungs- und Wirtschaftsweise und nicht zuletzt die gesamtwirtschaftliche Überwachung an das Rechnungswesen und insbesondere an die Buchführung stellen, ergeben sich bestimmte Anforderungen an die Organisation der Buchführung.

II. Anforderungen an die Organisation der Buchführung

1. Die Buchführung muß im Regelfalle die doppelte kaufmännische oder eine gleichwertige kameralistische Buchführung sein. Nur unter besonderen Verhältnissen, vor allem in Kleinbetrieben des Einzelhandels und des Handwerks, ist eine einfache Buchführung angängig.
2. Die Buchführung muß klar und übersichtlich sein (amtl. Fn. 2: Komplizierte Buchführungen verfehlen in den meisten Fällen ihren Zweck. Solche Buchführungen verbindlich vorschreiben zu wollen, hieße den Stand des betrieblichen Rechnungswesens überschätzen, bzw. ihre Durchführung unmöglich machen.). Vorgeschrieben werden kann nur eine Buchführung, die Mindestansprüchen genügt und auf mittlere Betriebe einer Reichsgruppe bzw. Wirtschaftsgruppe abgestellt ist. Ist ein Betrieb rechnungsmäßig bereits so entwickelt, daß er über Mindestanforderungen hinausgehen will, so muß sein Aufbau der Buchführung die Vergleichbarkeit mit der auf Grund dieser Richtlinien aufgestellten Kontenübersicht seiner Reichsgruppe bzw. Wirtschaftsgruppe in bequemer Weise zulassen. In einem solchen Falle erscheint eine weitere Aufgliederung der Kontengruppen, die für Vergleichszwecke wiederum ein leichtes Zusammenziehen ermöglicht, am geeignetsten (Grundsatz der weitergehenden Gliederung der Kontengruppen). Jede grundsätzlich andere Organisationsform der Buchführung erscheint weniger geeignet, weil sie die Vergleichbarkeit stört, mag sie als Buchführungsform auch gleichwertig sein. Für Kleinbetriebe sind die Anforderungen zu ermäßigen, was am besten durch die Zusammenziehung der Konten erreicht wird. Auch hier muß eine Vergleichbarkeit gegeben sein.

Der aufgestellte Kontenrahmen ist demnach der einheitliche Organisationsplan der Buchführung für alle Betriebe.

3. Die Buchführung muß Stand und Veränderung an Vermögen, am Kapital und an Schulden und die Aufwände, Leistungen und Erfolge erfassen (Geschäftsbuchführung, häufig auch Finanzbuchführung genannt, und Betriebsbuchführung).
4. Bei getrennten Buchführungen (z.B. Geschäfts- und Betriebsbuchführung, Haupt- und Nebenbuchführung, Zentral- und Filialbuchführung) müssen die einzelnen Teile der Buchführung in einem organischen Zusammenhang stehen.
5. Die wichtigste Form der Organisation der Buchführung ist die Kontierung, d.h. die Art und Zahl der Konten. Der Kontierung dient am besten ein Kontenplan (für den Einzelbetrieb), der dem Kontenrahmen (der Reichsgruppe bzw. Wirtschaftsgruppe oder Fachgruppe) angepaßt werden muß.
6. Die Kontierung muß eine klare Erfassung und Abgrenzung der einzelnen Geschäftsvorfälle sowie eine ausreichend tiefe Gliederung der Bestands-, Aufwands-, Leistungs- und Erfolgsposten ermöglichen. Zusammenziehungen, die eine genügende Einsicht nicht gestatten, sind unzulässig. Für die Gliederung der Konten sind insbesondere die gesetzlichen Mindestanforderungen, die Betriebsgröße und der Gang der Erzeugung bzw. die Betriebsfunktion maßgebend.
7. Die Führung gemischter, Bestand und Erfolg enthaltender Konten ist möglichst zu vermeiden.
8. Für die Gliederung der Bilanz ist die Anwendung der Vorschriften für die Gliederung der Jahresbilanz (§ 131 des Aktiengesetzes[191]) mit sinngemäßer Anwendung auch für Nicht-Aktiengesellschaften erwünscht. Weitergehende besondere rechtliche Bestimmungen sind einzuhalten.
   Für die Gewinn- und Verlustrechnung ist die Trennung der betrieblichen Ergebnisse von den außerordentlichen Erträgen im Sinne der Gewinn- und Verlustrechnung (§ 132 des Aktiengesetzes[192]) notwendig.
9. Es ist gleichwertig, ob bei Aktiengesellschaften die einzelnen Posten der Gewinn- und Verlustrechnung gemäß Aktiengesetz buchhalterisch oder statistisch festgestellt werden. Bei statistischer Feststellung ist aber eine leichte Nachprüfbarkeit der einzelnen Ziffern durch die Buchführung unerläßlich.
10. Die Buchführung muß weiterhin eine ausreichende Trennung ermöglichen:
    a) zwischen Jahres- und Monatsrechnung,
    b) zwischen kalkulierbaren und nicht kalkulierbaren sowie außerordentlichen Aufwänden bzw. Erträgen.
11. Die Buchführung hat die Abstimmungsfunktion für alle betrieblichen Zahlen und Rechnungsformen zu erfüllen, insbesondere für Kalkulation und Statistik (Kontrollprinzip).
12. Für die einzelnen Buchungen müssen rechnungsmäßige Belege vorhanden sein, die geordnet aufzubewahren sind (Belegprinzip).
13. Die Buchführung muß leichte Nachprüfbarkeit, im Sinne der vier Grundzwecke des Rechnungswesens (1a–d), zulassen.
14. Die Buchführung muß ausreichende Vergleichsmöglichkeit der einzelnen Betriebe und daher eine genügende Analyse der Struktur und der Entwicklung des Kapitals, des Umsatzes, der Kosten und des Erfolges bieten.
15. Eine weitgehende Vereinheitlichung der Buchführung ist nicht nur notwendig, sondern auch ohne Beeinträchtigung der Erkenntniskraft der Buchführung und der berechtigten besonderen Betriebsbedürfnisse möglich. Die wichtigsten Bilanz- und Aufwandsposten und sogar Kostenstellengruppen sind allen Betrieben, insbesondere aber allen Betrieben eines Wirtschaftszweiges, gemeinsam. Die Eigenart beruht meistens auf den einzelnen Kostenstellen und der weiteren oder geringeren Gliederung der Bestands-, Aufwands- und Ertragskosten.
16. In der Betriebsbuchführung der industriellen und sonstigen Betriebe, in denen die Leistungseinheits- oder Abteilungsrechnung von besonderer Bedeutung ist, sind insbesondere – mit sinngemäßer Anwendung – Konten der Kostenarten, Halb-, Fertigerzeugnis- und Erlöskonten zu führen.

---

[191] AktG 1937: vgl. jetzt §§ 266, 268; zuvor: §§ 151, 152 AktG 1965.

[192] AktG 1937; vgl. jetzt §§ 275, 277; zuvor: §§ 157, 158 AktG 1965.

Es ist besonderes Gewicht auf die Kostenarten und Kosten-(Leistungs-)träger (Erzeugnisse) zu legen. Die Kostenstellen (Orte der Kostenentstehung: Abteilungen usw.) in die Buchführung einzugliedern, ist in der Regel nur Betrieben mit gleichartigen Produktionsverhältnissen, die sich der Divisionskalkulation bedienen, zu empfehlen. In den meisten übrigen Fällen ist die Auflassung der Kostenstellen aus der Buchführung und die Aufstellung eines „Betriebsabrechnungsbogens" die bessere Lösung.

17. Der Betriebsabrechnungsbogen (im Bedarfsfall auch mehrere), der mit sinngemäßer Anwendung für jede Kostenstellenrechnung geeignet ist, also nicht nur für die Zuschlagkalkulation, sondern auch für die Divisionskalkulation mit Kostenstellenrechnung der Industrie und des Handwerks, für die Abteilungskalkulation des Handels, der Banken und der Versicherungsbetriebe, übernimmt die Zahlen aus der Buchführung, verteilt die Kostenarten nach festgelegten Gesichtspunkten auf die Kostenstellen und führt die umgruppierten Zahlen (über die Verrechnungskosten) zur Belastung der Kosten-(Leistungs-)träger wieder in die Buchführung ein.
Der Betriebsabrechnungsbogen stellt die Verbindung zwischen Buchführung und Kalkulation dar, die auf diese Weise durch die Buchführung stets leicht nachprüfbar ist. Die Anwendung der vorstehenden Richtlinien stellt der anliegende „Kontenrahmen" mit dem „Beispiel eines Kontenplanes für Fertigungsbetriebe" dar. Er ist ein Organisationsplan der Buchführung und bestimmt nicht ihre Technik, die in völliger Freiheit durchgeführt werden kann.

III. Der Kontenrahmen als Grundlage der Selbstkostenrechnung und Statistik

1. Auf der Grundlage der vereinheitlichten Buchführung ist eine in den Grundsätzen vereinheitlichte Selbstkostenrechnung aufzubauen.
2. Zur Ergänzung der Buchführung und weiteren Auswertungen der Ziffern der Buchführung dient eine vereinheitlichte Statistik, die bestimmte Betriebsanalysen vorzunehmen und Kennziffern der Vermögensverhältnisse, Umsätze, Bestände, Kosten und Erfolge zu errechnen hat. Diese Ziffern dienen unter entsprechender Auswertung vor allem der Wirtschaftlichkeitsrechnung und dem Betriebsvergleich. Darüber hinaus wird der Betrieb zweckmäßigerweise nach Bedarf weitere Statistiken führen.

49 c) **Kontenrahmen.** Jede sinnvolle Buchführung setzt einen Kontenplan voraus, der üblicherweise aus einem Kontenrahmen entwickelt wird;[193] den vorstehend abgedruckten Buchführungsrichtlinien war deshalb ein Kontenrahmen mit dem Beispiel eines Kontenplans für Fertigungsbetriebe samt Erläuterungen beigegeben (sogenannter Erlasskontenrahmen).[194] Von einer Wiedergabe kann heute abgesehen werden,[195] weil der Erlasskontenrahmen durch die Entwicklung überholt ist. Praktische Bedeutung hat zunächst die Weiterentwicklung zum Gemeinschaftskontenrahmen (GKR 1951) erlangt.[196] Weil der GKR eine den aktienrechtlichen Gliederungsvorschriften entsprechende Bilanz sowie Gewinn- und Verlust-Rechnung nicht ohne Weiteres erlaubte, wurde durch den Betriebswirtschaftlichen Fachausschuss des BDI der sogenannte Industriekontenrahmen (IKR 1971) entwickelt (Neufassung: IKR 1986).[197] Neben dem IKR sind andere Kontenrahmen für bestimmte Branchen in Gebrauch. Erhebliche Bedeutung haben auch die DATEV-Kontenrahmen erlangt, besonders die Kontenrahmen SKR 03 und SKR 04.[198] Schließlich gibt es noch Kontenrahmen kraft besonderer Rechtsvorschrift, so z.B. für Krankenhäuser gem. §3 Abs. 1 Krankenhaus-BuchführungsVO.

---

[193] Anschaulich die Darstellung bei *Winnefeld* BilanzHdb[4] Kap. A Rdn 556 ff; s. ferner MünchKommBilR/*Graf* Rdn 72.

[194] MinBl. für Wirtschaft 1937 S. 243.

[195] Textabdruck noch bei Staub/*Brüggemann*[3] § 38 Rdn 3; Schlegelberger/*Hildebrandt/Steckhan* Einl. § 38 V.

[196] Überblick dazu bei Beck-HdR-*Brüggemann* A 130 Rdn 9 ff.

[197] Beck-HdR-*Brüggemann* A 130 Rdn 9 ff; Nachw. aus dem älteren Schrifttum bei Staub/*Hüffer*[4] Rdn 49 Fn. 97.

[198] Beck-HdR-*Brüggemann* A 130 Rdn 18.

4. Gegenstand der Buchführung: „Handelsgeschäfte" und Lage des Vermögens

a) **Dokumentation (Buchung der „Handelsgeschäfte").** Nach § 238 Abs. 1 S. 1 muss der Kaufmann seine Handelsgeschäfte in den Büchern ersichtlich machen. Das entspricht dem Dokumentationszweck der Buchführung (Rdn 2 f). Der Begriff des Handelsgeschäfts ist dabei nicht streng i.S.d. §§ 343 ff zu verstehen. Die Verbuchung von Forderungen und Verbindlichkeiten richtet sich nicht (allein) nach dem rechtlichen Zeitpunkt des Entstehens. Maßgeblich sind insoweit das **Vorsichtsprinzip** und das **Realisationsprinzip** einerseits (§ 252 Abs. 1 Nr. 4), andererseits auch der Grundsatz der **Nichtbilanzierung schwebender Geschäfte.**[199] Eine Forderung aus einem gegenseitigen Handelsgeschäft ist grundsätzlich erst zu verbuchen, wenn der Kaufmann die von ihm geschuldete Gegenleistung vollständig erbracht hat. Maßgeblich ist insoweit eine wirtschaftliche Betrachtungsweise. Das bedeutet am Beispiel des Kaufvertrags, dass ein buchungspflichtiger Vorgang vorliegt, sobald die verkaufte Ware ausgeliefert ist; ab diesem Zeitpunkt gilt das Erfordernis zeitgerechter Buchung (§ 239 Abs. 2; vgl. dort Rdn 13 ff). 50

b) Lage des Vermögens

aa) **Allgemeines.** § 238 Abs. 1 S. 1 verlangt darüber hinaus, dass der Kaufmann in den Büchern die Lage seines Vermögens ersichtlich macht. Auch hier sind nicht allein die zivilrechtlichen Kategorien über den Erwerb und Verlust von Rechten maßgeblich; vielmehr sind auch hier insbes. das Realisationsprinzip (§ 252 Abs. 1 Nr. 4, 2. Halbsatz)[200] sowie eine wirtschaftliche Betrachtungsweise bei der Zuordnung von Vermögen (§ 246 Abs. 1 S. 2)[201] zu beachten. Grundsätzlich gilt für **Aktiva** Folgendes: Das Geschäftsvermögen (zu der darin liegenden Beschränkung vgl. Rdn 52 f) muss vollständig verbucht sein, und zwar so, dass seine Zusammensetzung und der Wert der einzelnen Vermögensgegenstände richtig ersichtlich werden; zur Richtigkeit gehört die Dokumentation der Geschäftsvorfälle durch Belege (vgl. noch Rdn 59 und zu Einzelfragen § 239 Rdn 10 f). Es darf nichts fehlen, aber auch nichts erdichtet oder mit überhöhten Werten verbucht sein. Für die **Passiva** gilt Entsprechendes. Namentlich müssen die Verbindlichkeiten des Kaufmanns vollständig und unter korrekter Bezeichnung des Gläubigers ersichtlich sein. Auch Verbindlichkeiten dürfen nicht erdichtet werden, etwa zwecks Verschleierung privater Entnahmen. Schließlich müssen die Buchungen nicht nur vollständig, richtig und geordnet (beleggebunden), sondern auch zeitgerecht erfolgen. Das Erfordernis (Präzisierung: § 239 Rdn 13 ff) hat gerade für die Lage des Vermögens besondere Bedeutung; denn nur die zeitgerechte Buchung erlaubt es, kurzfristig eine Bilanz aufzustellen und damit den unverzichtbaren Überblick über die Relation von Vermögen und Verbindlichkeiten zu gewinnen. Seit Inkrafttreten des BiRiLiG veranschaulicht § 238 Abs. 1 S. 2 die Anforderungen, die insoweit zu stellen sind (vgl. Rdn 56 ff); dabei ist die Lage des Unternehmens in § 238 Abs. 1 S. 2 sinngleich mit der Lage des Vermögens in § 238 Abs. 1 S. 1 (näher Rdn 57 aE). 51

bb) **Buchführungspflicht nur für das Geschäftsvermögen.** Lange Zeit war umstritten, ob sich die Buchführungspflicht der Einzelkaufleute auf das Privatvermögen und die Privatverbindlichkeiten erstreckt oder ob sie gegenständlich beschränkt ist, nämlich auf das Geschäftsvermögen und die Geschäftsverbindlichkeiten. **Meinungsstand.** Die früher 52

199 Beck BilKomm-*Winkeljohann/Klein* Rdn 62 ff; zum Ganzen ferner Baumbach/Hopt/*Merkt* § 252 Rdn 10, 19, 21.

200 Zutr. Baumbach/Hopt/*Merkt* Rdn 13.

201 Dazu Baumbach/Hopt/*Merkt* § 246 Rdn 14 mwN.

ganz herrschende, namentlich auf die Rechtsprechung des RG in Strafsachen zurückgehende Ansicht (sie fußt allerdings noch auf der alten Gesetzeslage, vgl. Rdn 53 aE) bejahte die Buchführungspflicht auch für das Privatvermögen und die privaten Schulden, wobei allerdings nicht immer klar zwischen Buchführung, Bilanz und Inventar unterschieden wurde und eine Zusammenfassung des Privatvermögens und der Privatverbindlichkeiten nach wirtschaftlichen Gesamtbegriffen genügen sollte.[202] In den letzten Jahrzehnten hat sich indes die Gegenmeinung durchgesetzt, nach der sich die Buchführungspflicht des Einzelkaufmanns auf diejenigen Vermögensgegenstände und Verbindlichkeiten beschränkt, die zum Betrieb seines Handelsgeschäfts gehören.[203]

53 **Stellungnahme.** Die Buchführungspflicht erfasst den Kaufmann als Inhaber des Handelsgeschäfts und nur in dieser Eigenschaft; der heute hM ist also beizupflichten. Der Gegenansicht muss zwar eingeräumt werden, dass ihr Standpunkt mit dem isoliert gesehenen Wortlaut des § 238 Abs. 1 S. 1 (Lage seines Vermögens) vereinbar ist. Sie kann sich auch darauf stützen, dass es für den Haftungszugriff der Gläubiger keine Trennung zwischen Privat- und Geschäftssphäre gibt. Es ist aber nicht Zweck der Buchführung, den Gläubigern mögliche Zugriffsobjekte des Privatvermögens buchmäßig aufzuzeigen. Das Gesetz will vielmehr Dokumentation und Gläubigerschutz durch Selbstkontrolle des Kaufmanns. Die Dokumentation knüpft aber ausschließlich an den Geschäftsvorfall an; und die Selbstkontrolle wird nicht erleichtert, sondern erschwert, wenn ein schlechter Geschäftsgang durch die pauschale Einbeziehung des Privatvermögens verschleiert wird; hinzu kommt, dass sich die handelsrechtlichen Bewertungsregeln nicht ohne Weiteres auf die Privatsphäre übertragen lassen. Zu beachten ist ferner, dass sich auch das Normumfeld geändert hat: Die buchmäßige Trennung von Privat- und Geschäftssphäre kennt das Gesetz seit langem z.B. in § 5 Abs. 4 PublG; seit dem 1.1.1986 verlangt § 238 Abs. 1 S. 2 zudem, dass die Buchführung einen Überblick über die Lage des Unternehmens (und nicht des Unternehmers) vermitteln kann.

54 **Entnahmen** aus dem Geschäftsvermögen zu Privatzwecken und umgekehrt die **Zuführung privater Mittel** in das Geschäftsvermögen sind Geschäftsvorfälle und werden von der Buchführungspflicht erfasst. Es versteht sich von selbst, dass das gesamte Geschäftsvermögen des Kaufmanns in der Buchführung erscheinen muss. Bei einer eventuell gebotenen **gesonderten Buchführung für Zweigniederlassungen** (Rdn 21) müssen deshalb die Ergebnisse in die Buchführung der Hauptniederlassung übernommen werden.

55 **Handelsgesellschaften.** AG, SE und GmbH haben **nur Geschäftsvermögen und entsprechende Schulden.** Folglich unterliegen ihr gesamtes Vermögen und ihre sämtlichen Verbindlichkeiten ohne Weiteres der Buchführungspflicht. Nichts anderes gilt für OHG und KG, weil nur sie und nicht auch die Gesellschafter Träger des Handelsgeschäfts sind (§§ 124, 161 Abs. 2). Vermögensgegenstände, die der Gesellschaft nicht gehören, können deshalb von ihr nicht aktiviert, Verbindlichkeiten der Gesellschafter nicht passiviert werden.

---

202 RGSt 41, 41 (45 ff) unter Berufung auf Jacques Savary (17. Jh.); RG LZ 1914, 1898; Schlegelberger/*Hildebrandt/Steckhan* § 38 Rdn 14; eingehend zur Entwicklung des Diskussionsstandes *Icking* Rechtsnatur S. 484 ff.

203 S. nur Baumbach/Hopt/*Merkt* Rdn 7; *Canaris* HandelsR[23] § 13 Rdn 3; Düringer/Hachenburg/*Lehmann* § 38 Rdn 13 (dort auch Angaben zum älteren Schrifttum); HdJ – *Lutz/Schlag* Abt. I/4 Rdn 97; *Winnefeld* BilanzHdB[4] Kap. A Rdn 80 und Kap. D Rdn 2081. Monographie: *Flaßkühler* Die Abgrenzung des Betriebs- und Privatvermögens in Handels- und Steuerbilanz des Einzelkaufmanns (1982).

5. Mindestanforderungen an die Buchführung (§ 238 Abs. 1 S. 2 und 3)

a) **Überschaubarkeit.** Für den Jahresabschluss gilt das **Prinzip der Bilanzklarheit.** Weil die Bilanz auf der Grundlage der Buchführung erstellt wird, muss auch diese klar und übersichtlich sein. Die Vorschrift des § 238 Abs. 1 S. 2 verdeutlicht dieses Prinzip, indem sie das bis zum Inkrafttreten des § 238 nur für das Abgabenrecht (§ 145 Abs. 1 S. 1 AO) kodifizierte Gebot der Überschaubarkeit in den Gesetzestext aufnimmt. Eine sachliche Änderung gegenüber § 38 Abs. 1 a.F. ist damit nicht bezweckt.[204] Es sind vielmehr die schon vorher geltenden Grundsätze weiter zu befolgen. 56

Danach gilt: Die Buchführung muss einen **Überblick über die Geschäftsvorfälle** (Begriff: Rdn 50) vermitteln können. Die damit gestellten Anforderungen werden durch § 239 Abs. 2 präzisiert; wegen der Einzelheiten vgl. dort Rdn 5 ff. Erforderlich ist insbesondere, dass der Zusammenhang zwischen der Buchung und dem tatsächlichen Geschäftsvorfall hergestellt werden kann (Belegprinzip, vgl. Rdn 59). Ferner muss die Buchführung geeignet sein, einen Überblick über die **Lage des Unternehmens** zu vermitteln. Der Begriff ist unscharf. § 238 Abs. 1 S. 2 passt insoweit auch nicht ohne Weiteres mit § 238 Abs. 1 S. 1 zusammen, wonach die Buchführung dazu bestimmt ist, die Vermögenslage des Buchführungspflichtigen ersichtlich zu machen.[205] Weil eine sachliche Änderung des früheren Rechtszustands nicht bezweckt ist (Rdn 56), ist die Lage des Unternehmens als Vermögenslage des Unternehmensträgers (bei Einzelkaufleuten: unter Beschränkung auf das Geschäftsvermögen, vgl. Rdn 52 f) zu interpretieren.[206] Da ein Überblick über die Vermögenslage nur durch Bilanzierung gewonnen werden kann, lässt sich die gesetzliche Anforderung weiter präzisieren: Es muss in jedem Zeitpunkt möglich sein, aus der Buchführung einen Abschluss zu erstellen und damit die Selbstkontrolle auszuüben, die das Gesetz mit der Bilanzierungspflicht bezweckt (vgl. schon Rdn 51). 57

Der Überblick muss **in angemessener Zeit durch einen sachverständigen Dritten** gewonnen werden können. Welcher Zeitaufwand angemessen ist, hängt von Art und Umfang des Unternehmens und seines Buchführungssystems ab. Bei der Beurteilung der Angemessenheit muss berücksichtigt werden, dass das Gesetz dem Bilanzierenden kein bestimmtes Buchführungssystem vorschreibt und auch die Fernbuchhaltung erlaubt. Erfolgt die Buchführung im Ausland (Rdn 26), muss die Kontrolle über das im Inland gelegene, der Zweigniederlassung zugeordnete Vermögen ohne wesentliche Verzögerung möglich sein. Auch eine beträchtliche Zeitspanne kann noch angemessen sein,[207] wenn es sich um komplizierte Verhältnisse handelt. Auch die Anforderungen an die notwendige Sachkunde lassen sich nur teilweise präzisieren. Eine formal nachgewiesene Qualifikation (Wirtschaftsprüfer; Steuerberater) ist nicht vorgeschrieben. Es muss aber eine Ausbildung in der Buchführung vorhanden sein; handels- und steuerrechtliche Kenntnisse allein genügen nicht.[208] Im Übrigen ist dasjenige Maß an Sachkunde erforderlich und genügend, das dem jeweiligen Unternehmen entspricht. Sie muss sich jedenfalls auf das im Rahmen des Zulässigen gewählte Buchführungssystem (regelmäßig: EDV-Buchführung) beziehen. 58

---

204 Begr. RegE, BT-Drucks. 10/317, S. 72: nur Klarstellung.

205 Vgl. auch öffentliche Anhörung 18/5 (Abdruck bei *Helmrich* BiRiLiG S. 37 f).

206 So die zutr. hM, s. etwa HdR-EA/*Pfitzer*/*Oser* Rdn 15; *Winnefeld* BilanzHdB[4] Kap. A Rdn 80; **aA** Baumbach/Hopt/*Merkt* Rdn 14, nach dem ein Überblick „schlechthin, nicht nur [über] Vermögens-, Finanz- und Ertragslage" gegeben werden soll.

207 *Leffson* GoB S. 170 f; missverständlich RG RStBl. 1939, 1165 zu § 240 Abs. 1 Nr. 3 KO a.F.

208 Beck BilKomm-*Winkeljohann*/*Klein* Rdn 66; Tipke/Kruse/*Drüen* AO § 145 Rdn 10.

58a Es steht dem Prinzip der Überschaubarkeit nicht per se entgegen, dass bestimmte Geschäftsvorfälle gesondert erfasst werden und die entsprechenden Bücher nur einem begrenzten Personenkreis zugänglich sind (**Geheimbuchführung**; Direktionsbuchführung; Buchführung mit beschränkter Öffentlichkeit).[209] Auch dieser Teil der Buchführung muss jedoch den allgemeinen Anforderungen des § 238 genügen. Weiter ist erforderlich, dass die gesonderte Buchführung organisatorisch mit der Hauptbuchführung verknüpft ist und die Kontenabstimmung jederzeit möglich ist; bei der Aufstellung des Jahresabschlusses ist die gesonderte Buchführung dann auch über die Hauptbuchführung abzuschließen.[210]

59 b) **Verfolgbarkeit.** § 238 Abs. 1 S. 3 ergänzt § 238 Abs. 1 S. 2 hinsichtlich der Geschäftsvorfälle dahin, dass diese in ihrer Entstehung und Abwicklung verfolgbar sein müssen. Damit ist das Belegprinzip angesprochen, das seinerseits über das Erfordernis materiell richtiger Buchführung auf den Grundsatz der Bilanzwahrheit zurückgeht. Nach dem **Belegprinzip** muss für jeden gebuchten Geschäftsvorfall ein ordnungsmäßiger Beleg existieren; der Beleg muss anhand der Buchung aufgefunden werden können; umgekehrt muss auch die Buchungsstelle aus dem Beleg ersichtlich sein.[211] Zu Einzelheiten vgl. § 239 Rdn 10 f. Aus dem sachlichen und systematischen Zusammenhang von § 238 Abs. 1 S. 2 und 3 ergibt sich schließlich, dass auch die Verfolgung der Geschäftsvorfälle für einen sachverständigen Dritten in angemessener Zeit möglich sein muss (dazu Rdn 58).

V. Zurückbehaltung von Briefwiedergaben (§ 238 Abs. 2)

1. Zurückbehaltungspflicht

60 a) **Zweck, Voraussetzungen, Schuldner.** § 238 Abs. 2 begründet wie zuvor § 38 Abs. 2 a.F. die Pflicht, von abgesandten Handelsbriefen eine Wiedergabe zurückzubehalten. Die Zurückbehaltungspflicht dient der **Dokumentation** der Geschäftsvorfälle und ist die erste Stufe der in § 257 Abs. 1 Nr. 3 (früher: § 44 a.F.) angeordneten Aufbewahrungspflicht; Frist: sechs Jahre seit Absendung (§ 257 Abs. 4 und 5). **Voraussetzungen** der Pflicht. Aus dem sachlichen und systematischen Zusammenhang mit §238 Abs. 1 ergibt sich, dass die Zurückbehaltungspflicht unter denselben Voraussetzungen eintritt wie die Buchführungspflicht; vgl. deshalb Rdn 7 ff. **Schuldner** der Zurückbehaltungspflicht ist nach § 238 Abs. 2 der Kaufmann. Auch insoweit kann auf die Ausführungen zur Buchführungspflicht (Rdn 18 ff) verwiesen werden.

61 b) **Handelsbriefe.** Von der Zurückbehaltungspflicht erfasst sind Handelsbriefe. Handelsbriefe sind nach der 1965 in § 44 Abs. 2 a.F.[212] aufgenommenen Legaldefinition des § 257 Abs. 2 nur **Schriftstücke, die ein Handelsgeschäft betreffen**; wegen des Zusammenhangs von Zurückbehaltung und Aufbewahrung gilt die Definition auch im Rahmen des

[209] Beck BilKomm-*Winkeljohann/Klein* § 239 Rdn 3; HdR-EA/*Pfitzer/Oser* Rdn 15; MünchKommAktG/*Graf*[2] § 239 HGB Rdn 6; MünchKommBilR/*Graf* § 239 Rdn 7; *Winnefeld* BilanzHdB[4] Kap. A Rdn 90, dort in Rdn 97 auch zur steuerrechtlichen Zulässigkeit.

[210] HdR-EA/*Pfitzer/Oser* Rdn 15; *Winnefeld* BilanzHdB[4] Kap. A Rdn 95 f.

[211] KölnKomm-RLR/*Drüen* Rdn 29.

[212] Gesetz zur Änderung des HGB und der RAO vom 2.8.1965, BGBl. I, S. 665.

§ 238 Abs. 2 S. 1.[213] Schriftstücke sind nicht nur Briefe im engeren Sinn, sondern auch Telegramme, Telefaxe,[214] E-Mails, Nachrichten über Internetmasken und ähnliche Formen der modernen Kommunikation.[215] Entscheidend ist, dass dem Empfänger ein schriftlicher Text zugehen soll. Wie er hergestellt (vgl. noch Rdn 63) oder übermittelt wird, spielt für die Zurückbehaltungspflicht keine Rolle. Nach hM können abweichend von diesem Grundsatz aber auch **Telefon- bzw. Gesprächsnotizen** Schriftstücke sein, und zwar namentlich dann, wenn sie telefonisch abgegebene oder empfangene rechtsgeschäftliche Erklärungen dokumentieren, die Rechtswirkungen erzeugen, ohne dass eine schriftliche Bestätigung erfolgt (**krit. dazu** § 257 Rdn 22).[216] Das Schriftstück muss stets ein Handelsgeschäft betreffen. Der Begriff ist i.S.d. §§ 343 ff zu verstehen; von einer weitergehenden Präzisierung wurde 1965 bewusst abgesehen.[217] Gemeint ist die kaufmännische Korrespondenz, die sich auf Anbahnung, Abschluss, Durchführung oder Rückabwicklung eines Geschäfts bezieht, einschließlich Mahnungen, Mängelrügen, Fristsetzungen und ähnlicher Erklärungen (vgl. § 257 Rdn 23).[218] Keine Handelsbriefe sind z.B. Postwurfsendungen; ihnen fehlt der erforderliche Bezug zu einem konkreten Geschäft.

2. Übereinstimmende Wiedergabe

Grundsatz. Es muss eine mit der Urschrift des abgesandten Handelsbriefs übereinstimmende Wiedergabe zurückbehalten werden. Erforderlich ist **vollständige und wörtliche Wiedergabe**; bloße Zusammenfassungen des wesentlichen Inhalts genügen nicht; auch vorgedruckte Briefteile dürfen nicht fehlen.[219] Sie müssen also bei der Herstellung von Durchschriften wiederholt werden, wenn nicht auch diese den vorgedruckten Text tragen; das gilt grundsätzlich auch bei Verwendung von AGB (genauer § 257 Rdn 38).[220] Wie die Wiedergabe hergestellt werden darf, erläutert der in § 238 Abs. 2 enthaltene Klammerzusatz. Die Fassung des Gesetzes beruht auf dem EGAO 1977.[221] Während bis dahin die Wiedergabe auf einem Schrift- oder Bildträger (Fotokopie, Mikrokopie, Mikrofilm) erforderlich war, genügt seither grundsätzlich jeder Datenträger (Lochkarten, Lochstreifen, Magnetbänder oder -platten, CD/DVD, Festplatten, etc.), sofern (§ 257 Abs. 3 S. 1 Nr. 2) sichergestellt ist, dass die Daten während der Dauer der Aufbewahrungsfrist (Rdn 60) verfügbar sind und jederzeit innerhalb angemessener Frist lesbar gemacht werden können. 62

Einzelfragen.[222] Die unbestimmte Fassung des Gesetzes soll verhindern, dass der Gesetzgeber durch den Fortgang der technischen Entwicklung zu Anpassungsmaßnahmen 63

---

213 Baumbach/Hopt/*Merkt* Rdn 15; Schlegelberger/*Hildebrandt/Steckhan* § 38 Rdn 16; Staub/*Hüffer*[4] Rdn 61; s. ferner Beck BilKomm-*Winkeljohann/Klein* Rdn 96; Ebenroth/Boujong/Joost/Strohn/*Wiedmann* Rdn 34; HdR-EA/*Pfitzer/Oser* Rdn 19.

214 Vgl. dazu Beck BilKomm-*Winkeljohann/Philipps* § 257 Rdn 15.

215 Beck BilKomm-*Winkeljohann/Philipps* § 257 Rdn 15; Ebenroth/Boujong/Joost/Strohn/*Wiedmann* § 257 Rdn 15; MünchKommHGB/*Ballwieser*[3] § 257 Rdn 12.

216 ADS § 257 Rdn 34: Beck BilKomm-*Winkeljohann/Philipps* § 257 Rdn 15; Ebenroth/Boujong/Joost/Strohn/*Wiedmann* § 257 Rdn 15.

217 Begr. RegE, BT-Drucks. IV/2865, S. 8; Schlegelberger/*Hildebrandt/Steckhan* §§ 44–44b Rdn 5.

218 Beck BilKomm-*Winkeljohann/Philipps* § 257 Rdn 15; Ebenroth/Boujong/Joost/Strohn/*Wiedmann* § 257 Rdn 15.

219 HdR-EA/*Pfitzer/Oser* Rdn 20.

220 So ausdrücklich Begr. RegE, BT-Drucks. IV/2865, S. 5.

221 Einführungsgesetz zur AO vom 14.12.1976 (BGBl. I 1976, S. 3341).

222 Dazu aus dem älteren Schrifttum *Biener* DB 1977, 527 (532 f); *Offerhaus* BB 1976, 1622 (1623 f); zu sog. Textselektionen auch HdR-EA/*Pfitzer/Oser* Rdn 20.

gezwungen wird. Sie ändert also nichts an der seit jeher bestehenden Verpflichtung, eine Wiedergabe zurückzubehalten, die dem Dokumentationszweck genügt und unter diesem Gesichtspunkt Kopie, Abdruck oder Abschrift vergleichbar ist. Danach gilt: **Herkömmliche Schreibvorlagen** (Manuskripte, Stenogramme, Tonbänder) sind schon deshalb keine Wiedergaben, weil nicht sichergestellt ist, dass der abgesandte Text der Vorlage entspricht. **Lochstreifen, Magnetbänder, Festplatten, optische Datenträger** und Ähnliches: Die auf ihnen enthaltene Textvorlage genügt den Anforderungen des § 238 Abs. 2, weil eine Abweichung von gespeichertem und ausgedrucktem Text praktisch ausgeschlossen ist. Die Daten dürfen auch (unbeschadet der Aufbewahrungspflicht nach § 257) **löschbar** sein; das früher im Gesetzestext enthaltene Wort „dauerhaft" ist 1977 gestrichen worden. Wegen weiterer Einzelheiten zur EDV-gestützten Archivierung vgl. § 257 Rdn 30 ff.

VI. Rechtsfolgen bei Verletzung der handelsrechtlichen Buchführungspflicht

64 **1. Überblick.** Auf den Buchführungspflichtigen wird **kein Registerzwang** ausgeübt (vgl. schon Rdn 5). Es gibt kein Zwangsgeldverfahren in dem das Registergericht (oder eine andere behördliche Stelle) die unmittelbare Einhaltung der Buchführungsvorschriften durchsetzen könnte (für publizitätspflichtige Unternehmen kann sich aber ein „mittelbarer Registerzwang" über das Verfahren nach § 335 HGB[223], § 21 PublG ergeben). Die Verletzung der Buchführungspflicht kann ferner zur **Strafbarkeit** nach §§ 283 ff StGB bzw. bei daraus folgender Unrichtigkeit der Darstellung nach § 331 oder zur Verhängung eines Bußgelds gem. § 334 (**Ordnungswidrigkeit**) führen (Rdn 65 ff). Eine rechtskräftige Verurteilung nach §§ 283–283d StGB begründet den gesetzlichen **Ausschluss von der Organmitgliedschaft** im Vorstand einer AG bzw. als Geschäftsführer einer GmbH; Organmitglieder können zudem nach § 93 Abs. 2 AktG bzw. § 43 Abs. 2 GmbHG schadensersatzpflichtig sein (Rdn 67). Bei prüfungspflichtigen Kapitalgesellschaften (§ 316 Abs. 1 S. 1) unterliegt auch die Buchführung der **Abschlussprüfung**. Der Prüfer muss im Prüfungsbericht unter anderem feststellen, ob die Buchführung den gesetzlichen Vorschriften entspricht (§ 321 Abs. 2 S. 1); Verstoß gegen die GoB ist Verstoß gegen § 238 Abs. 1 S. 1. Einwendungen gegen die Buchführung können zur Einschränkung, in krassen Fällen zur Versagung des **Bestätigungsvermerks** führen (§ 322 Abs. 4).[224] Setzt sich die fehlerhafte Buchführung bei der Aufstellung der Bilanz fort, kommt unter besonderen Umständen auch eine **Nichtigkeit des Jahresabschlusses** nach § 256 AktG in Betracht. Im **Zivilprozess** drohen **Beweisnachteile**, wenn aufzubewahrende Unterlagen der Buchführung nicht vorgelegt werden (dazu § 258 Rdn 23). Schließlich kann die Verletzung der handelsrechtlichen Buchführungspflicht mittelbar, nämlich über § 162 Abs. 2 AO, zur Steuerschätzung führen; vgl. dazu noch Rdn 71.

65 **2. Strafrechtliche Sanktionen.** Die in §§ 283 ff StGB normierten Insolvenzstraftaten knüpfen zum Teil unmittelbar an die Buchführungs-, Aufbewahrungs- und Bilanzierungs-

---

[223] Zu diesem Verfahren z.B. LG Bonn NZG 2013, 1157; LG Bonn Beschl. v. 07.04.2011 – 38 T 1869/10, BeckRS 2011, 20583; Beschl. v. 20.01.2010 – 31 T 1398/09, BeckRS 2010, 20251; zum weiteren Rechtsschutz OLG Köln GmbHR 2013, 94; zur geplanten Reform des Ordnungsgeldverfahrens s. *Meyer* DStR 2013, 930.

[224] Vgl. *IDW* PS 400, WPg Supplement 2010, S. 25 ff, Rdn 54 u. 68a.

pflichten an (s. §§ 283 Abs. 1 Nrn. 5–7, 283b StGB).[225] **Täter** dieser Sonderdelikte kann insoweit **nur** sein, wer handelsrechtlich zur Buchführung, Aufbewahrung oder Bilanzierung verpflichtet ist.[226] Ohne besondere gesetzliche Bestimmung würden sich daher bei juristischen Personen und Personenhandelsgesellschaften Strafbarkeitslücken ergeben; denn Adressatin der Buchführungspflicht ist die Gesellschaft. § 14 StGB erweitert deshalb den möglichen Täterkreis und zwar in Abs. 1 auf die **organschaftlichen und gesetzlichen Vertreter**, in Abs. 2 auf Beauftragte, die den Betriebs- oder Unternehmensinhaber ganz oder in Teilbereichen repräsentieren.[227] Als **Tat** kommt insbesondere die mangelhafte **Buchführung** in Betracht (§§ 283 Abs. 1 Nr. 5, 283b Abs. 1 Nr. 1 StGB);[228] die Buchführung ist mangelhaft, wenn sie **die Übersicht über den Vermögensstand erschwert**. Weil das Strafrecht keine weitergehenden Anforderungen stellen kann als das Handelsrecht, sind auch für die Auslegung der Straftatbestände die GoB bzw. die Mindestanforderungen nach § 238 Abs. 1 maßgeblich.[229] Erhebliche Schwierigkeiten können sich daraus ergeben, dass die für die Buchführung maßgeblichen GoB nicht im Detail normiert sind, sondern durch Auslegung ermittelt werden müssen (dazu Rdn 36 ff). Insbesondere bei neu entstehenden Buchführungsfragen ist die Grenze zwischen „nicht optimal, aber noch ordnungsmäßig“ und strafwürdigem Verhalten schwer zu ziehen.

Weitere Tatbestandsmerkmale sind objektiv das Vorliegen einer **Krise** (Überschuldung [§ 19 Abs. 2 InsO]; drohende [§18 Abs. 2 InsO] oder eingetretene Zahlungsunfähigkeit [§ 17 Abs. 2 InsO])[230] und subjektiv die diesbezügliche Kenntnis oder fahrlässige Unkenntnis des Täters. Dagegen sind Zahlungseinstellung, Eröffnung des Insolvenzverfahrens oder Ablehnung des Eröffnungsantrags mangels Masse (§ 283 Abs. 6 StGB) nur noch objektive Bedingung der Strafbarkeit.[231] Einen ursächlichen Zusammenhang zwischen mangelhafter Buchführung und dem Eintritt der objektiven Bedingung der Strafbarkeit (§ 283 Abs. 6 StGB) verlangt § 283 StGB nicht, wohl aber einen zeitlichen und tatsächlichen.[232] **65a**

Die Mitglieder des **vertretungsberechtigten Organs** oder des **Aufsichtsrats** einer **Kapitalgesellschaft** können gem. § 331 strafbar sein, wenn die nicht ordnungsgemäße Buchführung zur Unrichtigkeit der Darstellung über die Verhältnisse der Kapitalgesellschaft (des Konzerns) in einem der genannten Abschlüsse oder Berichte führt. Möglich ist auch die Verhängung eines Bußgelds bei Vorliegen einer Ordnungswidrigkeit nach § 334 (s. insbes. § 334 Abs. 1 Nr. 1 lit. a; u.a. Verstoß gegen die GoB bei der Aufstellung des Jahresabschlusses nach § 243 Abs. 1). Diese Vorschriften gelten gemäß § 335b entsprechend für Personenhandelsgesellschaften i.S.d. § 264a. **66**

3. Zivilrechtliche Sanktionen. Eine rechtskräftige Verurteilung nach §§ 283–283d StGB begründet den gesetzlichen **Ausschluss von der Organmitgliedschaft** im Vorstand **67**

225 Dazu ausführlich mit auszugsweisem Abdruck der strafrechtlichen Vorschriften Staub/*Hüffer*[4] Rdn 65 ff.

226 BGH DB 2013, 1661 f (dort auch zur Strafbarkeit wegen Beihilfe); Schönke/Schröder/*Heine*[28] StGB § 283 Rdn 29.

227 Dazu ausführlich mit auszugsweisem Abdruck der strafrechtlichen Vorschriften Staub/*Hüffer*[4] Rdn 69 ff.

228 Zu einer möglichen Straffreiheit wegen „rechtlicher oder tatsächlicher Unmöglichkeit zur Buchführung oder Bilanzerstellung“ s. BGH NStZ 2012, 511.

229 Schönke/Schröder/*Heine*[28] StGB § 283 Rdn 34.

230 Dazu BGH DB 2013, 1661.

231 Vgl. statt vieler Schönke/Schröder/*Heine* StGB[28] § 283 Rdn 59; *Weyand/Diversy* Insolvenzdelikte[8] (2010) S. 56 ff.

232 BGHSt 1, 186 (191); Schönke/Schröder/*Heine*[28] StGB § 283 Rdn 59; *Fischer* StGB vor § 283 Rdn 17 mwN.

einer AG (§ 76 Abs. 3 S. 2 Nr. 3 lit. b) AktG) bzw. als Geschäftsführer einer GmbH (§ 6 Abs. 2 S. 2 Nr. 3 lit. b) GmbHG). Eine Bestellung, die gleichwohl erfolgt, ist nach § 134 BGB nichtig; Rechtskraft des Strafurteils nach Bestellung beendet die Organmitgliedschaft kraft Gesetzes.[233] Organmitglieder können bei Vorliegen der übrigen Voraussetzungen zudem nach § 93 Abs. 2 AktG bzw. § 43 Abs. 2 GmbHG **schadensersatzpflichtig** sein. Ansprüche aus § 823 Abs. 2 BGB bestehen nicht, weil § 238 Abs. 1 S. 1 kein Schutzgesetz i.S. dieser Vorschrift ist (Rdn 4). Möglich bleiben in Sonderfällen vertragliche Schadensersatzansprüche,[234] die aber jedenfalls nicht unmittelbar aus der Verletzung der Buchführungspflicht folgen.

VII. Zur Abgrenzung: Zivilrechtliche Ansprüche auf Buchführung

68 Die handelsrechtliche Buchführungspflicht dient dem Allgemeininteresse (Dokumentation und Gläubigerschutz durch Selbstkontrolle, Rdn 2 ff). An einer geordneten Buchführung kann aber auch ein **Privatinteresse einzelner Personen** bestehen, ohne dass § 238 allerdings den Schutz solcher Privatinteressen bezweckt (vgl. Rdn 4). Die handelsrechtliche Buchführungspflicht kann einzelnen Personen also nur mittelbar (reflexartig) zugutekommen (in solchen Fällen wird mitunter von „zivilrechtlichen" Buchführungspflichten gesprochen[235]). Dies kann in verschiedenen Konstellationen bedeutsam werden: Erstens bei der **Verwaltung fremden Vermögens** (vgl. auch § 259 Abs. 1 BGB), etwa bei der Testamentsvollstreckung (vgl. § 2216 BGB) als Bestandteil der gegenüber den Erben bestehenden Verwalterpflichten (vorausgesetzt, der Testamentsvollstrecker wird als solcher tätig, also nicht bei der Führung eines Handelsgeschäfts, vgl. Rdn 29) – unter Umständen auch schon bei der Wahrung einzelner Vermögensinteressen, wenn die geschuldete Rechnungslegung ohne Buchführung nicht möglich ist (§§ 662, 665, 675 BGB). Freilich ist in jedem Einzelfall zu beurteilen, ob der zivilrechtliche Anspruch auf Rechnungslegung eine Buchführung verlangt, die den Anforderungen des § 238 Abs. 1 gerecht wird. Zweitens bei **Ansprüchen auf Gewinnbeteiligung;** hier setzen insbesondere die Vorschriften, die ein Recht auf Einsichtnahme in die Bücher gewähren, deren Führung voraus (§§ 118, 166, 233). Schließlich kann eine zivilrechtlicher Anspruch auf Bereitstellung einer den Voraussetzungen des § 238 Abs. 1 entsprechenden Buchführung auch als **vertragliche Nebenleistungspflicht** begründet sein, z.B. im Rahmen partiarischer Schuldverhältnisse.

VIII. Steuerrechtliche Buchführungspflichten (Überblick)

Schrifttum (Auswahl)

Drüen Zur Wahl der steuerlichen Gewinnermittlungsart, DStR 1999, 1589; *Mrosek* Aufzeichnungspflichten bei der Überschussrechnung, EStB 2003, 349; *Richter/Kruczynski/Kurz* Die E-Bilanz: Ein Beitrag zum Steuerbürokratieabbau, DB 2010, 1604; *Richter/Wilke* Partieller oder vollständiger Betriebsvermögensvergleich – GoB auch für Minderkaufleute, FR 1998, 464; *Schöck* Die Buchführungs- und Aufzeichnungsvorschriften nach der AO 1977, NSt 160/101; *Schulze-Osterloh* Die neuen handels- und steuerrechtlichen Buchführungsvorschriften nach dem 1. WiKG und dem EGAO 1977 sowie nach der AO 1977, WM 1977, 606.

---

233 Zur AG Spindler/Stilz/*Fleischer* AktG § 76 Rdn 121; zur GmbH Lutter/Hommelhoff/*Kleindiek* GmbHG[18] § 6 Rdn 12.

234 Vgl. Baumbach/Hopt/*Merkt* Rdn 19.

235 So etwa Staub/*Hüffer*[4] Rdn 73.

1. Tatbestände und Ausgestaltung. Steuerrechtliche Buchführungspflichten sind seit 1977 zusammengefasst in den §§ 140 ff AO geregelt.[236] Zu unterscheiden ist zwischen der **abgeleiteten Buchführungspflicht** nach § 140 AO und der **originären Buchführungspflicht** nach §§ 141 ff AO. Während § 140 AO an die anderweitig, vor allem nach §§ 238 ff,[237] gesetzlich begründeten Buchführungspflichten anknüpft und diese Pflichten für das Steuerrecht inhaltsgleich übernimmt, begründet § 141 AO die steuerrechtliche Buchführungspflicht für die Steuerpflichtigen, die nicht bereits nach den §§ 238 ff oder anderen Vorschriften buchführungspflichtig sind, deren Betrieb jedoch bestimmte Größenmerkmale erreicht. Die in der Praxis größte Gruppe bilden hier die Land- und Forstwirte, die von der Option des § 3 keinen Gebrauch gemacht haben. Eine **besondere Aufzeichnungspflicht** für gewerbliche Unternehmer, und zwar auch für solche mit abgeleiteter Buchführungspflicht nach § 140 AO, begründen §§ 143, 144 AO **für den Warenein- und -ausgang.** 69

§§ 145 ff AO enthalten die Anforderungen an Aussagefähigkeit sowie Art und Weise der Buchführung. Die Formulierung der **Mindestanforderungen** in § 145 Abs. 1 AO hat in § 238 Abs. 1 S. 2 und 3 Eingang gefunden (vgl. Rdn 56 ff). § 146 AO entspricht im Wesentlichen § 239 (s. aber jetzt § 146 Abs. 2a und 2b AO[238]), § 147 AO der Aufbewahrungsvorschrift des § 257 (s. aber zu den Abweichungen in § 147 Abs. 2 Nr. 2 AO sogleich). Der weiterreichende Wortlaut des § 147 AO (Bücher statt Handelsbücher; Handels- oder Geschäftsbriefe) sollte für Kaufleute keine über die handelsrechtlichen Pflichten hinausgehenden Anforderungen statuieren; bezweckt ist lediglich, eine dem Gegenstand nach vergleichbare Aufbewahrungspflicht für die originär Buchführungspflichtigen (§ 141 AO) zu begründen.[239] Seit 1. 1. 2002 verlangt § 147 Abs. 2 Nr. 2 AO allerdings abweichend von den handelsrechtlichen Vorschriften, dass die Daten unverzüglich lesbar gemacht und maschinell ausgewertet werden können; ferner wurde die Regelung, dass Daten statt auf einem Datenträger auch in ausgedruckter Form aufbewahrt werden können, gestrichen.[240] Seit 1.8.2009 begründet § 147a AO besondere Aufbewahrungspflichten für Steuerpflichtige mit bestimmten Einkünften (Überschusseinkünfte) ab einer bestimmten Höhe. Schließlich können die Finanzbehörden nach § 148 AO **Erleichterungen** bewilligen, allerdings nur von der Einhaltung der steuerrechtlichen Vorschriften; Pflichten, die nach §§ 238 ff zu erfüllen sind, bleiben in jedem Fall unberührt.[241] 70

2. Rechtsfolgen. Die Verletzung der steuerrechtlichen Buchführungspflicht nach §§ 140–148 AO kann insbes. die Festsetzung von Zwangsgeld, die Steuerschätzung und die Verfolgung als Steuerordnungswidrigkeit nach sich ziehen.[242] Bei Verlagerung der Buchführung ins Ausland ist unter bestimmten Umständen auch die Festsetzung eines Verzögerungsgelds nach § 146 Abs. 2b AO möglich.[243] **Zwangsgeld.** Die Führung und 71

236 Von einem Textabdruck kann abgesehen werden; vgl. außer den Kommentaren noch *Biener* BiRiLiG S. 508 ff. Überblick zu den steuerlichen Buchführungspflichten auch bei HdR-EA/*Pfitzer/Oser* Rdn 7.

237 Dazu ausf. FG Berlin-Brandenburg EFG 2012, 1427.

238 Dazu Tipke/Kruse/*Drüen* AO § 146 Rdn 40 ff.

239 Pahlke/Koenig/*Cöster* AO[2] § 147 Rdn 10 und § 140 Rdn 6; Tipke/Kruse/*Drüen* AO § 147 Rdn 1 f.

240 S. dazu und zu den Folgen Tipke/Kruse/*Drüen* AO § 147 Rdn 40 ff.

241 Tipke/Kruse/*Drüen* AO § 148 Rdn 1 mwN.

242 Ausführlichere Übersicht bei Tipke/Kruse/*Drüen* AO vor § 140 Rdn 22 ff.

243 Näher Tipke/Kruse/*Drüen* AO vor § 140 Rdn 22a.

Aufbewahrung von Büchern und Aufzeichnungen ist eine Mitwirkungspflicht des Steuerpflichtigen (s. Überschrift des Zweiten Abschnitts vor § 140 AO) und als solche eine Handlung i.S.d. § 328 Abs. 1 AO, deren Vornahme durch Verwaltungsakt angeordnet werden kann. Dies gilt im Fall der abgeleiteten steuerrechtlichen Buchführungspflicht gem. § 140 auch für die handelsrechtliche Buchführungspflicht nach § 238.[244] Ist ein Verwaltungsakt auf Vornahme erlassen, so ist er auch vollstreckbar. Als Zwangsmittel kommt bei unterbliebener oder mangelhafter Buchführung (Aufzeichnung; Aufbewahrung) das Zwangsgeld in Betracht; wegen des Verfahrens vgl. §§ 329 ff AO. **Schätzung der Besteuerungsgrundlagen.** Wenn vorgeschriebene Bücher oder Aufzeichnungen nicht existieren oder zwar vorhanden, aber nicht entsprechend den Anforderungen der §§ 140 ff AO geführt sind und deshalb der Besteuerung nicht gem. § 158 AO zugrundegelegt werden können, sind die Besteuerungsgrundlagen gem. § 162 Abs. 2 S. 2 AO von der Finanzbehörde zu schätzen.[245] Bei einer derartigen Schätzung darf die Behörde bis an die obere Grenze des Schätzungsrahmens gehen, und zwar insbesondere dann, wenn die Buchführung gravierende Mängel aufweist (Unsicherheitszuschlag); unzulässig ist aber eine Schätzung, die bewusst zu hoch liegt (keine „Strafsteuer").[246] **Ordnungswidrigkeit.** Die Verletzung von Buchführungs- oder Aufzeichnungspflichten ist wegen der damit verbundenen Steuergefährdung eine Ordnungswidrigkeit nach § 379 Abs. 1 S. 1 Nr. 2 AO und als solche durch Geldbuße zu ahnden, wenn sie vorsätzlich oder leichtfertig begangen wird. Möglich ist auch, dass die Voraussetzungen einer leichtfertigen Steuerverkürzung gem. § 378 erfüllt sind. Eine **strafbare** Steuerhinterziehung (§ 370 AO) wird nur ausnahmsweise in Betracht kommen.

§ 239
Führung der Handelsbücher

(1) Bei der Führung der Handelsbücher und bei den sonst erforderlichen Aufzeichnungen hat sich der Kaufmann einer lebenden Sprache zu bedienen. Werden Abkürzungen, Ziffern, Buchstaben oder Symbole verwendet, muß im Einzelfall deren Bedeutung eindeutig festliegen.

(2) Die Eintragungen in Büchern und die sonst erforderlichen Aufzeichnungen müssen vollständig, richtig, zeitgerecht und geordnet vorgenommen werden.

(3) Eine Eintragung oder eine Aufzeichnung darf nicht in einer Weise verändert werden, daß der ursprüngliche Inhalt nicht mehr feststellbar ist. Auch solche Veränderungen dürfen nicht vorgenommen werden, deren Beschaffenheit es ungewiß läßt, ob sie ursprünglich oder erst später gemacht worden sind.

(4) Die Handelsbücher und die sonst erforderlichen Aufzeichnungen können auch in der geordneten Ablage von Belegen bestehen oder auf Datenträgern geführt werden, soweit diese Formen der Buchführung einschließlich des dabei angewandten Verfahrens

---

[244] Tipke/Kruse/*Drüen* AO vor § 140 Rdn 22.

[245] Sind die Bücher hingegen formell ordnungsgemäß geführt, wird ihre sachliche Richtigkeit grds. vermutet (s. etwa FG Köln EFG 2009, 1092 [1093]; Heidel/Schall/*Reich/Szczesny/Voß* HGB Rdn 2).

[246] FG Baden-Württemberg EFG 1997, 45 f; Einzelheiten bei Tipke/Kruse/*Seer* AO § 162 Rdn 44 f.

den Grundsätzen ordnungsmäßiger Buchführung entsprechen. Bei der Führung der Handelsbücher und der sonst erforderlichen Aufzeichnungen auf Datenträgern muß insbesondere sichergestellt sein, daß die Daten während der Dauer der Aufbewahrungsfrist verfügbar sind und jederzeit innerhalb angemessener Frist lesbar gemacht werden können. Absätze 1 bis 3 gelten sinngemäß.

Schrifttum

(vgl. auch die Angaben vor und zu § 238 sowie unten vor Rdn 19). *Arnold/Schumann* § 5b EStG: Die Pilotierung der E-Bilanz aus Sicht der Finanzverwaltung, DStZ 2011, 740; *Arnold/Schumann* E-Bilanz: Das Anwendungsschreiben zu § 5b EStG vom 28.9.2011, DStZ 2011, 812; *Biener* Die Neufassung handelsrechtlicher Buchführungsvorschriften, DB 1977, 527; *Blau* Die hebräische Sprache und Schrift und § 43 des H.G.B., ArchBürgR 23 (1904) 177; *Droscha/Reimer* Verlagerung der Buchführung in andere EG-Mitgliedstaaten, DB 2003, 1689; *Eisele/Knobloch* Technik des betrieblichen Rechnungswesens[8] (2011); *Engelhardt/Raffée/Wischermann* Grundzüge der doppelten Buchhaltung[8] (2010); *Herzig/Briesemeister/Schäperclaus* Von der Einheitsbilanz zur E-Bilanz, DB 2011, 1; *Herzig/Briesemeister/Schäperclaus* E-Bilanz – Konkretisierung, Erleichterungen, verbleibende Problembereiche, DB 2011, 1651; *Herzig/Briesemeister/Schäperclaus* E-Bilanz: Finale Fassung des BMF-Schreibens und der Steuertaxonomie 2012, DB 2011, 2509; *Hüttemann* Die Zukunft der Steuerbilanz, DStZ 2011, 507; *Kammerl* Vollständige und richtige Aufzeichnungen nach § 239 Abs. 2 HGB und die Organisation der Geschäftstätigkeit, DB 1991, 2352; *Offerhaus* Die neuen handelsrechtlichen Buchführungsvorschriften, BB 1976, 1622; *Peter/v. Bornhaupt/Körner* Ordnungsmäßigkeit der Buchführung nach dem Bilanzrichtlinien-Gesetz[8] (1987); *Pößl* Der Grundsatz der zeitgerechten Erfassung, WPg 1988, 559; *Rausnitz* Können Handelsbücher in hebräischer Sprache und Schrift geführt werden?, JW 1926, 533; *Ravenstein* Elektronische Auslandsbuchführung nach dem Entwurf des JStG 2009, BB 2008, 2226; *Schulze-Osterloh* Die neuen handels- und steuerrechtlichen Buchführungsvorschriften nach dem 1. WiKG und dem EGAO 1977 sowie nach der AO 1977, WM 1977, 606; *Schulze-Osterloh* Die Rechnungslegung der Einzelkaufleute und Personenhandelsgesellschaften nach dem Bilanzrichtlinien-Gesetz, ZHR 150 (1986) 403; *Wöhe* Bilanzierung und Bilanzpolitik[9] (1997).

Übersicht

I. Regelungsgegenstand und -zweck; Entstehungsgeschichte

1 § 239 regelt die Art und Weise der Buchführung. Die Vorschrift soll zunächst die in § 238 begründeten Verpflichtungen konkretisieren. Daneben bezweckt sie aber auch einen sachgerechten Ausgleich zwischen den Buchführungspflichten und den **wirtschaftlichen Interessen** (Effizienz, Rationalisierung) der kaufmännischen Praxis.[1] Der Konkretisierung dienen die Beschränkungen des § 239 Abs. 1 für Sprache und Zeichen, die Formulierung von Mindestanforderungen an die Buchungen und Aufzeichnungen in § 239 Abs. 2, ferner das Verbot von Veränderungen, nach denen der ursprüngliche Inhalt oder die Zeitfolge von Eintragungen nicht mehr feststellbar ist (§ 239 Abs. 3), und schließlich die Beschränkung der zulässigen Buchführungsformen auf solche Systeme, die mit den GoB übereinstimmen (§ 239 Abs. 4). Den wirtschaftlichen Interessen der Kaufleute trägt das Gesetz Rechnung, indem es seit dem EGAO 1977[2], auf das der mit § 239 wörtlich übereinstimmende § 43 a.F. zurückgeht, darauf verzichtet, die Förmlichkeiten der Buchführung zu regeln. Statt gebundene Bücher mit fortlaufender Nummerierung und eine Buchführung ohne Zwischenräume zu fordern, umschreibt das Gesetz seit 1977 nur noch die inhaltlichen Anforderungen (§ 239 Abs. 2) und lässt Handelsbücher in Gestalt der geordneten Ablage von Belegen sowie die EDV-Buchführung ausdrücklich zu (§ 239 Abs. 4).

II. Sprache und Zeichen (§ 239 Abs. 1)

2 **1. Sprache (§ 239 Abs. 1 S. 1).** Handelsbücher (Begriff: § 238 Rdn 32) und sonst erforderliche Aufzeichnungen wie das Aktienregister (§ 67 AktG, s. § 238 Rdn 33), das Inventar, Unterlagen zur Organisation der Buchführung, Handelsbriefe oder Buchungsbelege (§ 257 Abs. 1) müssen nach § 239 Abs. 1 S. 1 **in einer lebenden Sprache** geführt werden. Auch Fremdsprachen sind damit grundsätzlich zulässig; eine Buchführung in mehreren Sprachen ist nur ausnahmsweise zulässig, wenn die Buchführung für sachlich abgegrenzte Bereiche in einer Sprache erfolgt und die Buchführung insgesamt nachvollziehbar bleibt.[3] Anders als für den Jahresabschluss (§ 244 Rdn 7) ist die deutsche Sprache für die Buchführung nicht vorgeschrieben. Auch gibt es keine handelsrechtliche

---

1 Vgl. Beck-HdR/*Bieg/Waschbusch* A 100 Rdn 90 (Grundsatz der Wirtschaftlichkeit).

2 Einführungsgesetz zur AO vom 14.12.1976 (BGBl. I 1976, S. 3341); zum Rationalisierungszweck vgl. Begr. RegE, BT-Drucks. 7/261, S. 51 ff; aus dem Schrifttum vgl. namentlich *Biener* DB 1977, 527 f; *Schulze-Osterloh* WM 1977, 606, 609 f.

3 Haufe HGB BilKomm/*Graf*[2] Rdn 9 f.

Pflicht, für die fremdsprachige Buchführung eine Übersetzung beizubringen (zum Steuerrecht vgl. Rdn 39). Nach dem Wortlaut der Norm wäre es zulässig, die Buchführung in jeder beliebigen Sprache zu führen, sofern sie nur eine lebende Sprache ist. Nach **hM** bedarf die Vorschrift indes einer **zweckorientierten Einschränkung**. Die Norm solle es dem Kaufmann ermöglichen, die Bücher in seiner Muttersprache zu führen.[4] Für eine fremdsprachige Buchführung soll deshalb dieses oder ein anderer Ausnahmegrund von sachlich vergleichbarem Gewicht erforderlich sein.[5] Dem ist insoweit zu folgen, als dass der deutsche Kaufmann sich nicht willkürlich einer Fremdsprache bedienen darf. Wenn aber **sachliche Gründe** für die **Verwendung einer Fremdsprache** bestehen (z.B. bei Verwendung der Fremdsprache für die Geschäftsabwicklung oder für die interne Kommunikation bei international tätigen Unternehmen), muss es dem Kaufmann erlaubt sein, diese Fremdsprache auch für die Buchführung zu nutzen.[6] Nur dies trägt der angestrebten Berücksichtigung wirtschaftlicher Interessen (s. Rdn 1) angesichts der zunehmenden Globalisierung des Geschäftsverkehrs angemessen Rechnung. Ob die Buchführung in einer Fremdsprache angesichts der Vorgabe des § 244 für den Jahresabschluss (§ 244 Rdn 7) sinnvoll ist, muss der Kaufmann im Einzelfall selbst entscheiden. Auch nach hM ist es jedenfalls zulässig, dass die **deutsche Tochter eines ausländischen Unternehmens** ihre Bücher in der am Sitz des Mutterunternehmens gesprochenen Sprache führt.

Darüber hinaus muss der Kreis zulässiger Fremdsprachen auf solche beschränkt werden, für die sich **mit vernünftigem Aufwand** an Zeit (§ 238 Abs. 1 S. 2) und finanziellen Mitteln ein **zuverlässiger Übersetzer** finden lässt, weil sonst der Dokumentationszweck der Buchführung kaum oder überhaupt nicht erreichbar wäre.[7] Überzogen ist dagegen die teilweise erhobene Forderung, dass die Übersetzung jederzeit durch erreichbare Dolmetscher möglich sein müsse.[8] Dies ist weder nach dem Wortlaut noch nach dem Sinn und Zweck der Vorschrift zu verlangen. Sprachen, die nicht oder **nicht mehr zur alltäglichen Verständigung in Gebrauch** sind, die also niemandes Muttersprache sind, dürfen bei der Führung der Bücher und sonst erforderlichen Aufzeichnungen nicht verwandt werden. Damit scheiden künstliche Verständigungsmittel (Esperanto) ebenso aus wie tote Sprachen (Latein, Altgriechisch); keine tote Sprache und deshalb grundsätzlich zulässig ist dagegen modernes Hebräisch (Iwrit).[9] **2a**

4 Baumbach/Hopt/*Merkt* Rdn 1; Beck-HdR/*Bieg/Waschbusch* A 100 Rdn 82; *Biener* DB 1977, 527 f; BoHdR-*Streim* Rdn 2; HdR-EA/*Kußmaul* Rdn 2; *Kruse* GoB S. 48 ff (eingehend unter Darlegung der Entstehungsgeschichte); Staub/*Hüffer*[4] Rdn 2; **aA** Ebenroth/Boujong/Joost/Strohn/*Wiedmann* Rdn 2; wohl auch MünchKommHGB/*Ballwieser*[3] Rdn 4; weniger restriktiv auch ADS Rdn 14.

5 So namentlich Staub/*Hüffer*[4] Rdn 2; ähnlich Heidel/Schall/*Reich/Szczesny/Voß* HGB Rdn 4.

6 Ähnlich Haufe HGB BilKomm/*Graf*[2] Rdn 7 f, 11; KölnKomm-RLR/*Drüen* Rdn 5; MünchKommBilR/*Graf* Rdn 2; enger Baumbach/Hueck/*Schulze-Osterloh* GmbHG[18] § 41 Rdn 42.

7 Ebenso Baumbach/Hopt/*Merkt* Rdn 1; Staub/*Hüffer*[4] Rdn 2; **aA** (jede lebende Sprache) Düringer/Hachenburg/*Lehmann* § 43 Rdn 1; MünchKommHGB/*Ballwieser*[3] Rdn 4; Tipke/Kruse/*Drüen* AO § 146 Rdn 52. Die Frage ist praktisch bedeutungslos (vgl. schon *Kruse* GoB S. 50 Fn. 90, 91) und deshalb nicht zu vertiefen.

8 So Baetge/Kirsch/Thiele/*Quick/Wolz* BilR Rdn 11; Beck BilKomm-*Winkeljohann/Klein* Rdn 2; BoHdR-*Streim* Rdn 2; HdR-EA/*Kußmaul* Rdn 2; MünchKommAktG/*Graf*[2] Rdn 2; MünchKommBilR/*Graf* Rdn 2; Schlegelberger/*Hildebrandt/Steckhan* § 43 Rdn 1; dagegen zutr. Tipke/Kruse/*Drüen* AO § 146 Rdn 52; KölnKomm-RLR/*Drüen* Rdn 4.

9 HdR-EA/*Kußmaul* Rdn 2; Tipke/Kruse/*Drüen* AO § 146 Rdn 52; s. bereits *Kruse* GoB S. 49 Fn. 84 unter Hinweis auf die Arbeiten von *Blau* ArchBürgR 23 (1904), 177 u. von *Rausnitz* JW 1926, 533.

3 **2. Abkürzungen; Ziffern; Buchstaben; Symbole** (§ 239 **Abs. 1 S. 2**). Für Abkürzungen, Ziffern, Buchstaben und Symbole ist nach § 239 Abs. 1 S. 2 erforderlich, aber auch genügend, dass ihre **Bedeutung** im Einzelfall **eindeutig festliegt.** Die Vorschrift ist 1977 (vgl. Rdn 1) an die Stelle der früher ausgesprochenen Forderung getreten, der Kaufmann habe sich bei seinen Aufzeichnungen der Schriftzeichen einer lebenden Sprache zu bedienen. Dies konnte das Gesetz nicht mehr fordern, ohne mit der ausdrücklichen Zulassung der EDV-Buchführung (§ 239 Abs. 4) in Widerspruch zu geraten. Denn die dabei verwandten digitalisierten Zeichen sind nicht Teil einer lebenden Sprache. Vor dem Hintergrund dieser Entstehungsgeschichte ist die Norm auszulegen. Eine Buchführung in deutscher Sprache unter Verwendung fremdsprachiger Schriftzeichen ist regelmäßig unzulässig;[10] in der Praxis dürfte dies jedoch ohnehin so gut wie nie relevant werden. Demgegenüber ist es zulässig, die in der kaufmännischen Praxis üblichen (z.B. **lateinischen**) **Abkürzungen**, Ziffern, Buchstaben oder Symbole zu verwenden.[11] Nicht zulässig ist es, Bücher und Aufzeichnungen ganz oder im Wesentlichen in Stenographie[12] oder in einer verschlüsselten Form abzufassen; das ergibt sich aus § 238 Abs. 1 S. 2.

4 Das **Eindeutigkeitserfordernis** gilt für sämtliche Abkürzungen, Ziffern, Buchstaben und Symbole. Es ist jedenfalls dann gewahrt, wenn **generell eindeutige Zeichen** verwandt werden. Dabei ist es nicht erforderlich, dass ihre Bedeutung von jedermann verstanden werden kann; es genügt, dass die Zeichen dem sachverständigen Dritten verständlich sind (§ 238 Abs. 1 S. 2). Das Eindeutigkeitserfordernis ist ferner auch dann gewahrt, wenn die Bedeutung der verwandten Abkürzungen, Ziffern usw. **im Einzelfall eindeutig** festliegt.[13] Dem gesetzlichen Erfordernis kann also auch durch **unternehmensinterne Abkürzungs- und Symbolverzeichnisse** entsprochen werden. Treten Änderungen ein, so müssen auch diese sowie die Zeiträume dokumentiert werden, für die das Verzeichnis jeweils Gültigkeit gehabt hat. Praktische Bedeutung hat das Eindeutigkeitserfordernis vor allem für die Verwendung einer Programmiersprache bei Buchführung unter **EDV-Einsatz**. Hier müssen die Organisationsunterlagen, vor allem die Systemdokumentation, vorhanden sein und unabhängig von der jeweiligen technischen Form der Buchführung ein eindeutiges Verständnis ermöglichen;[14] vgl. noch Rdn 30.

4a **3. Währung.** § 239 schreibt für die Buchführung **keine bestimmte Währungseinheit** vor. Daraus ergibt sich die grundsätzliche Zulässigkeit der Buchführung in einer Fremdwährung (sog. Währungsbuchhaltung).[15] Weil der Jahresabschluss gem. § 244 zwingend in Euro aufzustellen ist (§ 244 Rdn 2), dürfte es allerdings regelmäßig sinnvoll sein, auch die Bücher in Euro zu führen.

III. Sachliche Anforderungen an die Buchführung (§ 239 Abs. 2)

1. Allgemeines

5 **a) Das Anforderungsprofil und seine steuerrechtliche Herkunft.** Die Eintragungen in die Handelsbücher müssen *vollständig, richtig, zeitgerecht und geordnet* erfolgen; entsprechend sind die sonstigen Aufzeichnungen vorzunehmen (§ 239 Abs. 2). Das gilt in

10 *Biener* DB 1977, 527 (kyrillische Schriftzeichen).

11 Beck BilKomm-*Winkeljohann/Klein* Rdn 2; MünchKommHGB/*Ballwieser*[3] Rdn 5.

12 Ebenroth/Boujong/Joost/Strohn/*Wiedmann* Rdn 2.

13 HdR-EA/*Kußmaul* Rdn 3.

14 KölnKomm-RLR/*Drüen* Rdn 9.

15 Baetge/Kirsch/Thiele/*Quick*/*Wolz* BilR Rdn 14; Beck BilKomm-*Winkeljohann/Klein* Rdn 2.

dieser Form für das Handelsrecht erst seit dem EGAO 1977 (Rdn 1), doch spricht das Gesetz damit nichts aus, was in der Sache neu wäre; vielmehr hat sich die Regelungstechnik geändert, indem nicht mehr Buchführungsförmlichkeiten normiert werden, sondern das mit ihnen angestrebte Ziel einer aussagefähigen und überprüfbaren Buchführung umschrieben wird. Auch die dafür gewählte sprachliche Formulierung ist nicht neu. Sie geht auf § 162 Abs. 2 S. 1 RAO 1931 (heute: §146 Abs. 1 S. 1 AO) zurück;[16] dort hieß es bereits: „Die Eintragungen in die Bücher sollen fortlaufend, vollständig und richtig bewirkt werden". Das Erfordernis fortlaufender Verbuchung ist durch das Anforderungspaar „zeitgerecht und geordnet" ersetzt worden. Die neue Formulierung ist gewählt worden, weil sich die rechtliche Notwendigkeit fortlaufender Verbuchung mit der Zulässigkeit des EDV-Einsatzes, insbesondere der Speicherbuchführung (§ 239 Abs. 4), nicht verträgt; vgl. noch Rdn 34.[17]

b) **Buchführungssysteme und -formen. aa) Einfache und doppelte Buchführung.** Das Gesetz beschränkt sich auf sachliche Anforderungen an die Buchführung und überlässt es damit grundsätzlich dem Buchführungspflichtigen, wie er diesen Anforderungen gerecht wird (Rdn 5). Er muss dabei jedoch den Rahmen beachten, den das Gesetz – insbesondere auch durch den Verweis auf die GoB – setzt. Angesichts dessen stellt sich die Frage, ob eine rechtliche Notwendigkeit zu doppelter Buchführung besteht. **Bedeutung der Begriffe.**[18] Bei der einfachen Buchführung gibt es nur Bestandskonten, die den Posten der Bilanz entsprechen. Damit werden die einzelnen Geschäftsvorfälle und ihr Einfluss auf die Entwicklung von Vermögen und Schulden festgehalten. Dagegen erlaubt es die einfache Buchführung nicht ohne Weiteres, die Quellen von Ertrag und Aufwand darzustellen. Das leistet die doppelte Buchführung, die neben den Bestandskonten eine zweite Kontengruppe kennt, nämlich die an der Gewinn- und Verlustrechnung (**GuV**) orientierten Erfolgskonten.[19] Beispiel: Die Warenlieferung an einen Kunden erscheint zugleich im Bestand als Vermehrung der Forderungen aus Lieferung und Leistung (§ 266 Abs. 2 B II 1) und im Erfolg als Umsatzerlös (§ 275 Abs. 2 Nr. 1). Zum **Kontenplan,** der für die Ordnung der Buchführung unverzichtbar ist, vgl. schon § 238 Rdn 49. 6

Rechtliche Notwendigkeit doppelter Buchführung? Eine handelsrechtliche Vorschrift, die eine Verpflichtung zu doppelter Buchführung ausspricht, gibt es nicht; gleichwohl ist die Frage im Schrifttum seit jeher für den Fall streitig, dass der Bilanzierungspflichtige nicht nur eine Bilanz, sondern auch eine GuV aufstellen muss. Weil § 242 Abs. 2 heute generell eine GuV als Bestandteil des Jahresabschlusses vorschreibt, also auch für Einzelkaufleute und Personenhandelsgesellschaften (vgl. § 242 Rdn 2), hat das Problem allgemeine Bedeutung. **Meinungsstand.** Nach einer vielfach vertretenen Auffassung, die sich insbesondere in der Literatur zum Recht der GmbH herausgebildet hat, besteht eine gesetzliche Verpflichtung zu doppelter Buchführung.[20] Allerdings sind weder Begründung 7

---

16 Vgl. Tipke/Kruse/*Drüen* AO § 146 Rdn 1.

17 Staub/*Hüffer*[4] Rdn 5.

18 Vgl. zum System der **Kameralistik**, das insbes. im Bereich der öffentlichen Verwaltung zum Einsatz kommt Beck-HdR/*Gehringer* A 120 Rdn 40 ff.

19 Einführende Darstellungen: Beck-HdR/*Gehringer* A 120 Rdn 4 ff; Tipke/Lang/*Hennrichs* Steuerrecht[21] § 9 Rdn 25 ff; *Winnefeld* BilanzHdb.[4] Kap. A Rdn 300 ff; ausführlich: *Eisele/Knobloch* Technik des betrieblichen Rechnungswesens[8] (2011) S. 74 ff; *Engelhardt/Raffée/Wischermann* Grundzüge der doppelten Buchhaltung[8] (2010).

20 Baumbach/Hueck/*Haas* GmbHG[20] § 41 Rdn 9 mwN; BoHdR-*Kirsch* § 242 Rdn 82; *Fleischer* WM 2006, 2021 (2022); Heidel/Schall/*Reich/Szczesny/Voß* HGB § 238 Rdn 29 (anders aber *dieselben* in § 239 Rdn 9); Lutter/Hommelhoff/*Kleindiek* GmbHG[18] § 41 Rdn 6; MünchKommHGB/*Ballwieser*[3] § 238 Rdn 32; Roth/*Altmeppen*

noch Reichweite dieser Auffassung gänzlich klar.[21] Beachtliche Teile der Literatur gelangen demgegenüber mit unterschiedlichen Begründungen zu dem Ergebnis, dass die gesetzlichen Vorgaben in §§ 238, 239 nicht in jedem Fall eine doppelte Buchführung verlangen.[22] **Stellungnahme.** Mit der letztgenannten Auffassung ist anzunehmen, dass keine generelle gesetzliche Verpflichtung zu doppelter Buchführung besteht. Bei geschäftlicher Tätigkeit geringen Umfangs (Abschn. II Nr. 1 Buchführungsrichtlinien 1937 [§ 238 Rdn 48]: vor allem Kleinbetriebe des Einzelhandels und des Handwerks) und in Ausnahmefällen wie z.B. Unternehmensgründungen können die Anforderungen des Gesetzes auch durch einfache Buchführung erfüllt werden[23] – und nur für solche Fälle hat die Frage überhaupt eine gewisse praktische Bedeutung. Sonst, also bei einer Tätigkeit, die ohne Weiteres eine kaufmännische Betriebsorganisation erfordert, überzeugen die allseits anerkannten Vorzüge der doppelten Buchführung und nur diese wird regelmäßig auch den Anforderungen der GoB genügen.[24] Diese Ansicht dürfte auch den Vorstellungen der Verfasser des BiRiLiG entsprechen, die mit der Regelung in § 242 Abs. 2 keine neue Rechtslage schaffen wollten.[25]

8 bb) **Buchführungsformen.** Die von § 239 Abs. 2 verlangte geordnete Verbuchung kann in jeder der vier als GoB-gemäß anerkannten Formen erfolgen. Dem funktionsbestimmten Begriff der Handelsbücher (§ 238 Rdn 32) genügen daher neben der Führung von **gebundenen Büchern** auch die **Loseblattbuchführung** (dazu schon § 238 Rdn 31) und die praktisch wichtigen Formen der **Offene-Posten-Buchhaltung** sowie der **EDV-Buchführung,** beide zugelassen durch § 239 Abs. 4 S. 1; zu ihnen unten Rdn 20 f, 22 ff.

2. Vollständige und richtige Buchung

a) Vollständig und sachlich richtig (Wahrheitsgrundsatz)

9 aa) **Bedeutung der Anforderungen.** Das Gebot vollständiger Verbuchung erfordert lückenlose und uneingeschränkte Erfassung aller relevanten Geschäftsvorfälle (**Lückenlosigkeit**).[26] Es darf also kein Geschäftsvorfall fehlen. Einzelfälle eines Verstoßes gegen das Vollständigkeitsgebot (vgl. auch § 238 Rdn 51): Nichtverbuchung von Einnahmen,[27]

GmbHG § 41 Rdn 9; Rowedder/Schmidt-Leithoff/*Tiedchen* GmbHG § 41 Rdn 55; Scholz/*Crezelius* GmbHG § 41 Rdn 9; *Wicke* GmbHG § 41 Rdn 6; ferner bereits *Groh* DB 1985, 1849; *Schulze-Osterloh* ZHR 150 (1986), 403 (410); s.a. H 5.2 EStH (Stichwort: „Grundsätze ordnungsmäßiger Buchführung (GoB)", 2. Spiegelstrich).

[21] Vgl. Staub/*Hüffer*[4] Rdn 7 zur älteren Literatur; in der jüngeren Literatur wird das Erfordernis doppelter Buchführung ganz überwiegend mit einem bloßen Verweis auf die gesetzlichen Anforderungen hinsichtlich der GuV begründet.

[22] Dezidiert Staub/*Hüffer*[4] Rdn 7; Baetge/Kirsch/Thiele/*Quick*/*Wolz* § 238 Rdn 33; MünchKommAktG/*Graf*[2] § 238 HGB Rdn 38 f; MünchKommBilR/*Graf* Rdn 67; s. ferner Baumbach/Hopt/*Merkt* § 238 Rdn 12 (doppelte Buchführung i.d.R. erforderlich); ähnlich Beck BilKomm-*Winkeljohann*/*Klein* § 238 Rdn 76 ff; Beck-HdR/*Gehringer* A 120 Rdn 2, 38; BoHdR-*Streim* § 238 Rdn 24; Ensthaler/*Möller*[7] § 238 Rdn 15; Tipke/Kruse/*Drüen* AO § 145 Rdn 17 f; in diese Richtung wohl auch KölnKomm-RLR/*Drüen* Rdn 23, insbesondere Fn. 62.

[23] Baumbach/Hopt/*Merkt* § 238 Rdn 12; Beck BilKomm-*Winkeljohann*/*Klein* § 238 Rdn 78; Beck-HdR/*Gehringer* A 120 Rdn 2, 38; MünchKommAktG/*Graf*[2] § 238 HGB Rdn 39.

[24] Zurückhaltender Staub/*Hüffer*[4] Rdn 7 (kein Rechtszwang).

[25] Begr. RegE, BT-Drucks. 10/317, S. 75.

[26] HdR-EA/*Kußmaul* Rdn 5; *Leffson* GoB S. 219.

[27] FG Düsseldorf EFG 1967, 280.

insbesondere Kasseneinnahmen;[28] Nichtverbuchung von erhaltenen Waren;[29] Nichtverbuchung von Privatentnahmen, von baren Auszahlungen, von Gefälligkeitsakzepten.[30] Das **Gebot sachlicher Richtigkeit** hat gegenüber dem Vollständigkeitserfordernis insoweit selbständige Bedeutung, als es die Verbuchung erdichteter Geschäftsvorfälle, die Verbuchung mit falschen Werten, die Verbuchung von Lieferungen unter falscher Bezeichnung des Abnehmers, entsprechend von Zahlungen unter falschem Namen, oder das Unterlassen notwendiger Wertberichtigungen[31] untersagt.[32]

bb) Insbesondere: Belegprinzip. Sachlich richtig ist ein Geschäftsvorfall darüber hinaus nur dann verbucht, wenn die Buchung auf Grundaufzeichnungen beruht, die ihrerseits richtig sind, und der notwendige Zusammenhang zwischen Buchung und Aufzeichnung derart hergestellt werden kann, dass sich anhand der Buchung die Aufzeichnung und umgekehrt anhand der Aufzeichnung die Buchung auffinden lässt.[33] Weil die Aufzeichnung die Funktion hat, die Richtigkeit der Buchung zu belegen, können diese Anforderungen unter dem Begriff des Belegprinzips zusammengefasst werden. Dieses Prinzip ist schon in § 238 Abs. 1 S. 3 (vgl. dort Rdn 59) angesprochen, weil sich Geschäftsvorfälle in der Buchführung nur anhand von Belegen verfolgen lassen. **10**

Im Einzelnen fordert das Belegprinzip:[34] (1.) Es muss ein Beleg vorhanden sein, und zwar je nach der Art des Geschäftsvorfalls ein externer oder ein interner Beleg. Externe Belege sind z.B. erhaltene Rechnungen, Duplikate der erteilten Rechnungen, Unterlagen des Zahlungsverkehrs (Überweisungsträger; Lastschriftanzeigen), Korrespondenz. Interne Belege dokumentieren innerbetriebliche Vorgänge; hierher gehören Lohn- und Gehaltslisten, Nachweise über Bestandsveränderungen wie Materialscheine (Entnahme oder Rückgabe), aber auch Buchungsanweisungen (Storno-, Abschluss- oder Umbuchungen). (2.) Der Beleg muss sachlich und rechnerisch richtig sein. Er ist sachlich richtig, wenn er unmissverständlich ist und den Geschäftsvorfall hinreichend erklärt (wenn nicht: Ergänzung durch den Buchungstext erforderlich, vgl. Rdn 12). (3.) Der Beleg muss datiert (Eingangsstempel, Ausgangsvermerk) und entsprechend den innerbetrieblichen Anweisungen (die ihrerseits vorliegen müssen) abgezeichnet sein. (4.) Die Vollständigkeit der Belege muss anhand fortlaufender Nummerierung und lückenloser Abheftung kontrollierbar sein. (5.) Es müssen Verweisungen vorhanden sein; auf dem Beleg ist deshalb das Buchungskonto zu vermerken, und umgekehrt muss das Konto den Beleg bezeichnen. Die Bedeutung der vorstehenden Grundsätze für die Ordnungsmäßigkeit der Buchführung kommt auch darin zum Ausdruck, dass die Buchungsbelege nach § 257 Abs. 1 Nr. 4 aufbewahrt werden müssen; vgl. dazu § 257 Rdn 18 f. **11**

b) Förmlich richtig (Grundsatz der Klarheit). Die Buchung muss nicht nur sachlich, sondern auch förmlich richtig sein. Damit ist hier (Grundsatz der Klarheit) gemeint, dass ein sachverständiger Dritter Entstehung und Abwicklung des jeweiligen Geschäftsvorfalls (§ 238 Abs. 1 S. 3) ohne Schwierigkeiten nachvollziehen können muss.[35] Danach ist im Einzelnen und über die Anforderungen des Belegprinzips (Rdn 11) hinaus erforderlich[36]: **12**

---

28 BFH BStBl. II 1982, 409 (412).
29 BGH MDR 1981, 100.
30 RG LZ 1913, 698 Nr. 7.
31 RGSt 13, 354 (355 f); RGSt 39, 222 f.
32 BGH NZG 2010, 1190 (1192 f); ausführlich zum Ganzen Beck-HdR/*Bieg/Waschbusch* A 100 Rdn 58 ff.
33 BGH BB 1954, 455; Abschn. II Nr. 12 Buchführungsrichtlinien 1937 (§ 238 Rdn 48); ADS Rdn 34 ff; *Leffson* GoB S. 200 f.
34 Vgl. HdR-EA/*Kußmaul* Rdn 7.
35 KölnKomm-RLR/*Drüen* Rdn 14.
36 Abschn. II Nr. 5–7, 11 Buchführungsrichtlinien 1937 (§ 238 Rdn 48); ADS Rdn 37; HdR-EA/*Kußmaul* Rdn 21 ff; *Leffson* GoB S. 207 ff.

(1.) Alle Aufzeichnungen müssen den Anforderungen des § 239 Abs. 1 genügen; vgl. insoweit Rdn 2 ff. (2.) Es muss grundsätzlich (zu den Ausnahmen bei EDV-Einsatz unten Rdn 32) ein Buchungstext vorhanden sein. (3.) Der Buchungstext muss datiert sein, auf den Beleg verweisen (Rdn 11), den Geschäftsvorfall ergänzend bezeichnen, wenn er sich nicht schon aus dem Beleg hinreichend klar ergibt (Rdn 11); bei doppelter Buchführung (Rdn 6 f) muss das Gegenkonto angeben sein, sofern es nicht schon aus dem Buchungsbeleg hervorgeht. (4.) Es muss ein hinreichend gegliederter Kontenplan existieren. (5.) Umbuchungen müssen kenntlich gemacht sein und auf Ausnahmefälle beschränkt bleiben.

3. Zeitgerechte und geordnete Buchführung

a) Zeitgerechte Buchung

13 **aa) Allgemeines.** Ein spezifisch handelsrechtliches Verständnis des Erfordernisses zeitgerechter Buchung hat sich bislang nicht herausgebildet. Wegen der steuerrechtlichen Herkunft des Begriffs (Rdn 5) kann aber auf die für das Steuerrecht anerkannte Konkretisierung zurückgegriffen werden.[37] Danach gilt: Das Erfordernis der zeitgerechten Verbuchung verlangt einerseits die **periodengerechte Erfassung** des Geschäftsvorfalls.[38] Darüber hinaus ist eine Buchung aber nur dann zeitgerecht, wenn sie in zeitlicher Nähe zum Geschäftsvorfall erfolgt; **zeitliche Nähe** ist jedenfalls gegeben, wenn unverzüglich, also ohne schuldhaftes Zögern, gebucht wird.[39] Hierbei kann jedoch nicht ohne Weiteres auf die zu § 121 BGB entwickelten Anforderungen zurückgegriffen werden.[40] Vielmehr gilt: Tägliche Buchung ist im Allgemeinen (zur Kassenbuchführung vgl. Rdn 15) nicht erforderlich. Bei der Prüfung schuldhaften Zögerns ist entscheidend, wie groß das Risiko ist, dass Buchungsunterlagen infolge Zeitablaufs verlorengehen, und welche Vorkehrungen zur Sicherung des Belegmaterials getroffen sind.[41] Tendenziell verkürzt sich deshalb die Frist, je umfangreicher der Buchungsstoff ist; sie verlängert sich dagegen mit der Zuverlässigkeit der ergriffenen Sicherungsmaßnahmen. Die Fristen dürfen nicht so kurz bemessen werden, dass rationeller EDV-Einsatz nicht mehr möglich ist; denn damit würde der Regelungszweck des § 239 Abs. 4 verfehlt (vgl. noch Rdn 33). Weil Fernbuchführung zulässig ist (§ 238 Rdn 20), müssen die damit unvermeidlich verbundenen Verzögerungen hingenommen werden.

14 **bb) Einzelfälle.** Der Buchungsrückstand darf nach der Rechtsprechung des BFH im Regelfall eine Frist von zehn Tagen nicht überschreiten; die Frist wird gewahrt, wenn der Geschäftsvorfall rechtzeitig grundbuchmäßig erfasst ist.[42] Bei der Würdigung dieser Rechtsprechung ist zu beachten, dass die einschlägigen Entscheidungen mehrere Jahrzehnte alt sind. Der „Regelfall" ist daher auf konventionelle Buchführung zu beschränken;[43] auch dann gibt es noch Ausnahmen, nämlich für Kleinbetriebe mit geringem

---

37 Begr. RegE zu § 91 AO-Entwurf 1974, BT-Drucks. VI/1982, S. 126; *Schulze-Osterloh* WM 1977, 606 (609); Tipke/Kruse/*Drüen* AO § 146 Rdn 10 ff.

38 Baetge/Kirsch/Thiele/*Quick*/*Wolz* BilR Rdn 26.

39 KölnKomm-RLR/*Drüen* Rdn 18.

40 ADS Rdn 26; Heidel/Schall/*Reich*/*Szczesny*/*Voß* HGB Rdn 13; missverständlich MünchKommAktG/*Graf*[2] Rdn 8.

41 Vgl. auch BFH BStBl. II 2006, 509 (510).

42 BFH BStBl. II 1968, 527 (532); BFH BStBl. II 1969, 157; BFH BStBl. II 1970, 540.

43 Anders offenbar HdR-EA/*Kußmaul* Rdn 33 aE.

Buchungsanfall.[44] Bei Fernbuchführung unter EDV-Einsatz toleriert die Rechtsprechung einen Buchungsrückstand bis zum Ablauf des Folgemonats.[45] Nach R 5.2 Abs. 1 S. 4 EStR gilt diese Frist für unbare Geschäfte auch bei unternehmensinterner Buchführung, wenn die Geschäftsvorfälle grundsätzlich nicht laufend, sondern nur periodenweise gebucht werden, sofern die gebotenen Sicherungsmaßnahmen (Rdn 13) ergriffen sind. Es bestehen keine durchgreifenden Bedenken, diese steuerrechtliche Präzisierung für die Auslegung des § 239 Abs. 2 zu übernehmen, wenn sie im Sinne einer Obergrenze verstanden wird (vgl. noch Rdn 34).[46]

b) **Insbesondere: Kassenbuchführung.** Nach § 146 Abs. 1 S. 2 AO sollen Kasseneinnahmen und Kassenausgaben **täglich festgehalten** werden.[47] § 239 Abs. 2 enthält zwar keine entsprechende Konkretisierung des Erfordernisses zeitgerechter Verbuchung, doch ist die steuerrechtliche Regelung nach ihrem Sinn und Zweck als GoB in das Handelsrecht zu übernehmen,[48] weil das Manipulationsrisiko bei Kassenmitteln besonders hoch ist und die bei kreditierten Geschäftsvorfällen üblichen Sicherheitsmaßnahmen (fortlaufende Nummerierung und Abheftung von Rechnungen, Gutschriften usw.) nicht zur Verfügung stehen. Danach ist zwar nicht erforderlich, dass täglich ein Kassensturz durchgeführt wird; es muss aber täglich möglich sein, Ist- und Sollbestand der Kasse abzugleichen.[49] Ausnahmen (Buchung am nächsten Geschäftstag) toleriert die Rechtsprechung bei zwingender geschäftlicher Veranlassung und sicher erkennbarer Entwicklung des Kassensolls.[50] **15**

c) **Geordnete Buchung.** Nach § 239 Abs. 2 müssen die Eintragungen und Aufzeichnungen schließlich „geordnet" vorgenommen werden. Die Bedeutung dieses Erfordernisses ergibt sich aus einem Vergleich der geltenden Normfassung mit der Vorläuferbestimmung in § 162 Abs. 1 S. 1 RAO 1931 (vgl. Rdn 5). Die dort verlangte fortlaufende Verbuchung war nämlich nicht nur eine zeitnahe (Rdn 13 ff), sondern überdies eine nach der Zeitfolge geordnete Verbuchung. Eine solche chronologische Ordnung der Buchführung ist auch heute noch genügend, aber nicht mehr erforderlich. Vielmehr genügt **jede sinnvolle Ordnung**, die es einem sachverständigen Dritten erlaubt, innerhalb angemessener Zeit (vgl. § 238 Abs. 1 S. 2) den Überblick über die Geschäftsvorfälle und die Lage des Unternehmensvermögens zu gewinnen.[51] **16**

---

[44] BFH BStBl. II 1970, 307 und 540; BFH BStBl. II 1976, 210, 212 (hingenommen wird ein Buchungsrückstand bis zu einem Monat).

[45] BFH BStBl. II 1979, 20; FG Münster EFG 1973, 25.

[46] Beck BilKomm-*Winkeljohann/Klein* Rdn 5; wohl ebenso Baumbach/Hopt/*Merkt* Rdn 2; Ebenroth/Boujong/Joost/Strohn/*Wiedmann* Rdn 6.

[47] Dazu BFH/NV 2005, 667.

[48] Ebenroth/Boujong/Joost/Strohn/*Wiedmann* Rdn 6; HdR-EA/*Kußmaul* Rdn 34; wohl ebenso ADS Rdn 27; Ensthaler/*Möller*[7] Rdn 4.

[49] Aus der Rechtsprechung namentlich BFH BStBl. II 1982, 430; Tipke/Kruse/*Drüen* AO § 146 Rdn 27 ff mwN.

[50] BFH BStBl. III 1966, 371; BFH BStBl. II 1976, 96; HdR-EA/*Kußmaul* Rdn 34 mwN.

[51] Bericht des Finanzausschusses, BT-Drucks. 7/4292, S. 30; Baumbach/Hopt/*Merkt* Rdn 2; HdR-EA/*Kußmaul* Rdn 33; KölnKomm-RLR/*Drüen* Rdn 21; Tipke/Kruse/*Drüen* AO § 146 Rdn 15; s. ferner Beck BilKomm-*Winkeljohann/Klein* Rdn 6; Heidel/Schall/*Reich/Szczesny/Voß* HGB Rdn 14.

IV. Grenzen zulässiger Veränderungen (§ 239 Abs. 3)

17 **1. Normzweck; Anwendungsbereich.** § 239 Abs. 3 verbietet Veränderungen, nach denen der ursprüngliche Inhalt einer Eintragung oder Aufzeichnung nicht mehr festgestellt werden kann; unzulässig ist es auch, Veränderungen so vorzunehmen, dass die zeitliche Abfolge der Eintragungen ungewiss ist. Die Vorschrift dient dem **Dokumentationszweck**, namentlich der Beweiskraft der Handelsbücher, und enthält eine im Grunde selbstverständliche Ausprägung des **Klarheitsprinzips** (Rdn 12);[52] denn von eindeutigen Buchungen kann nicht die Rede sein, wenn ihr Inhalt oder ihre zeitliche Abfolge infolge nachträglicher Maßnahmen nicht mehr feststellbar sind. Der Vergleich der geltenden Gesetzesfassung mit dem bis 1977 maßgeblichen Text (§ 43 Abs. 3 a.F.), der Durchstreichungen und Radierungen verbot, macht deutlich, dass die neue Vorschrift **ohne Rücksicht auf das Buchführungsmedium** gilt.[53] Der ursprüngliche Inhalt von Eintragungen sowie ihre zeitliche Folge müssen also unabhängig vom angewendeten technischen Verfahren feststellbar sein und bleiben. Bei **EDV-Buchführung** resultieren daraus namentlich das **Verbot** von Löschungen und das **Gebot**, gegen solche Löschungen hinreichende technische Sicherungen und Kontrollverfahren vorzusehen (näher Rdn 36).

18 **2. Einzelheiten bei konventioneller Buchführung.** Für die Konkretisierung des § 239 Abs. 3 kann zunächst auf § 43 Abs. 3 a.F. zurückgegriffen werden; denn die dort ausgesprochenen Verbote sind nicht obsolet, sondern nur zu eng formuliert. **Durchstreichungen** und **Radierungen** sind also nach wie vor unzulässig, ebenso alle vergleichbaren Maßnahmen wie **Überkleben, Auslöschen** mit Korrekturlack, **Überschreiben** mit Hand oder Maschine. Die zeitliche Abfolge von Eintragungen wird ungewiss, wenn in verbliebene Zwischenräume hineingeschrieben, Hinweisvermerke oder -pfeile beigefügt, erst recht, wenn ganze Blätter entfernt und erneuert werden. Über den Gesetzeswortlaut hinaus ist für die formelle Ordnungsmäßigkeit der Buchführung zu verlangen, dass Maßnahmen der erwähnten Art möglichst verhindert werden. Zahlen und Text müssen also zwar nicht mehr mit Tinte (so noch § 162 Abs. 6 RAO 1931), aber doch dauerhaft geschrieben werden; Buchführung mit Bleistift ist daher unzulässig.[54] Aus demselben Grund ist es ferner richtig, am Verbot von Zwischenräumen festzuhalten, wenn Bücher noch konventionell geführt werden.[55]

V. Offene-Posten-Buchhaltung; EDV-Buchführung (§ 239 Abs. 4)

Schrifttum

(vgl. auch Angaben vor und zu § 238 und oben vor Rdn 1). *Beck-Folten* Checkliste zur digitalen Archivierung steuerrelevanter Daten und Dokumente, BC 2009, 157; *Buchner* Überzogene Dokumentationsanforderungen an die EDV-Buchführung?, DB 1979, 1045; *Buchner* Vier Thesen zur Weiterentwicklung von Grundsätzen ordnungsmäßiger EDV-Buchführung, DB 1982, 1837; *Bundesminister der Finanzen* Grundsätze ordnungsmäßiger Speicherbuchführung (GoS), BStBl. 1978 I 250;

[52] Ebenroth/Boujong/Joost/Strohn/*Wiedmann* Rdn 8.

[53] S. bereits *Biener* DB 1977, 527 f; *Offerhaus* BB 1976, 1622 (1624); *Schulze-Osterloh* WM 1977, 606 (609).

[54] HdR-EA/*Kußmaul* Rdn 35; MünchKomm-HGB/*Ballwieser*3 Rdn 8.

[55] Ebenroth/Boujong/Joost/Strohn/*Wiedmann* Rdn 8; Tipke/Kruse/*Drüen* AO § 146 Rdn 58; s. ferner *Biener* DB 1977, 527 f: Buchhalternase.

Bundesminister der Finanzen Grundsätze ordnungsmäßiger DV-gestützter Buchführungssysteme (GoBS), DB 1996, Beilage 2 zu Heft 3; *Bundesminister der Finanzen* Grundsätze zum Datenzugriff und zur Prüfbarkeit digitaler Unterlagen (GDPdU), BStBl. 2001 I 415; *Eggemann/Petry* Fast Close – Verkürzung von Aufstellungs- und Veröffentlichungszeiten für Jahres- und Konzernabschlüsse, BB 2002, 1635; *Feuerbaum* Bedenken gegen die Grundsätze ordnungsmäßiger Speicherbuchführung (GoS), DB 1978, 1943; *Feuerbaum* Gibt es Speicherbuchführungen i.S. des BdF-Schreibens vom 5.7.1978?, DB 1979, 1952; *Feuerbaum* Anzeichen geänderter Auffassung der Finanzverwaltung zu den Grundsätzen ordnungsmäßiger Speicherbuchführung (GoS), DB 1981, 2344; *Finanzminister des Landes NRW* Erlaß betr. Ordnungsmäßigkeit der Buchführung; hier: Offene-Posten-Buchhaltung, BStBl. II 1963, II 93 = DB 1963, 849; *Gebert* Die Offene-Posten-Buchhaltung und ihre Prüfung, WPg 1966, 197; *Giebichenstein* Chancen und Risiken beim Einsatz von Cloud Computing in der Rechnungslegung, BB 2011, 2218; *Hanisch* Die Gestaltung des internen Kontrollsystems bei PC-gestütztem Rechnungswesen, DB 1987, 749; *Hassold* Sind die Bedenken gegen die Grundsätze ordnungsmäßiger Speicherbuchführung gerechtfertigt? – Eine Diskussion, DB 1979, 1003; *Henn* Anforderungen an die Ordnungsmäßigkeit der EDV-Buchführung, BBK Fach 7, 1185 (4/2006); *Homp* Die Rolle der qualifizierten elektronischen Signatur für die Ordnungsmäßigkeit von Buchführung und Dokumentenablage, StB 2005, 457; *Hoppen* DV-technische Aspekte bei der Erfüllung rechtlicher Aufbewahrungspflichten, CR 2008, 674; *Hüttche* Virtual Close - Ordnungsmäßigkeit virtueller Jahresabschlüsse, BB 2002, 1629; *IDW* PS 330 Abschlussprüfung bei Einsatz von Informationstechnologie, WPg 2002, 1167; *IDW* RS FAIT 1 Grundsätze ordnungsmäßiger Buchführung bei Einsatz von Informationstechnologie, WPg 2002, 1157; *IDW* RS FAIT 2 Grundsätze ordnungsmäßiger Buchführung bei Einsatz von Electronic Commerce, WPg 2003, 1258; *IDW* RS FAIT 3 Grundsätze ordnungsmäßiger Buchführung beim Einsatz elektronischer Archivierungsverfahren, WPg 2006, 1465; *Schmick* EDV-Buchführung, Beck HdR A 121 (Stand Mai 2005); *G. Schmidt* Elektronische Rechnungen im Lichte von GoBS und GDPdU: Verfahrensdokumentation, BRZ 2010, 180; *Schmidtmann* Die Bedeutung von Dokumentationsunterlagen bei Prüfung computergestützter Buchführungen, StBp 1981, 103; *Schuppenhauer* GoDV-Handbuch – Grundsätze ordnungsmäßiger Datenverarbeitung und DV-Revision[6] (2007); *Schuppenhauer* Die neuen GoBS – wie stehen sie zur Beweiskraft der Buchführung?, WPg 1996, 691; *Schuppenhauer* Grundsätze ordnungsmäßiger Datenverarbeitung im Rechnungswesen (GoDV 2000), WPg 2000, 128; *Stengert* Planung und Einführung von PC-gestützten Buchführungssystemen, DB 1987, 2056; *Votteler* Die ordnungsmäßige Dokumentation von Datenverarbeitungsprogrammen (1982); *Zepf* Prüfung von EDV-Buchführung, CR 1987, 314 und 318; Zepf Grundsätze ordnungsmäßiger DV-gestützter Buchführungssysteme – Erläuterungen zu den GoBS für die Praxis, DStR 1996, 1259; *Zepf* Die Prüfung des Zugriffsschutzes bei DV-Buchführungen, WPg 1997, 277; *Zepf* Ordnungsmäßige optische Archivierung – Die handels- und steuerrechtlichen Anforderungen an das Brutto- und Netto-Imaging, WPg 1999, 569; *Zwank* Steuerliche Anforderungen an die Prüfbarkeit einer EDV-Buchführung, StBp 1980, 100; *Zwank* Die Grundsätze ordnungsmäßiger Speicherbuchführung (GoS), DStZ 1981, 298.

1. **Allgemeines.** § 239 Abs. 4 S. 1 erlaubt seit 1977 (Rdn 1) ausdrücklich die Offene-Posten-Buchhaltung (geordnete Ablage von Belegen) und die EDV-Buchführung (Führung von Büchern auf Datenträgern); das praktische Interesse konzentriert sich seit langem auf die EDV-Buchführung. Zu gebundenen Büchern und Loseblattbuchführung vgl. § 238 Rdn 31 f sowie oben Rdn 8. Die Offene-Posten-Buchhaltung und die EDV-Buchführung sind nach dem Gesetz ausdrücklich nur zulässig, soweit sie einschließlich des angewendeten Verfahrens den **GoB entsprechen**. Dabei bezieht sich die Generalklausel nicht wie in § 238 Abs. 1 S. 1 auf den Inhalt, sondern auf die **Art und Weise der Buchführung**. Verlangt wird also eine Buchführung, die zwar nicht dem Verfahren nach einer konventionellen Buchführung entspricht, aber deren Zuverlässigkeit und Beweiskraft in gleichwertiger Weise erreicht.[56] § 239 Abs. 4 eröffnet damit einerseits Spiel- 19

[56] *Biener* DB 1977, 527 f re. Sp.

räume für die Rationalisierung der Buchführung, stellt aber andererseits Praxis und Wissenschaft vor die Herausforderung, aus den gesetzlichen Vorgaben verfahrensbezogene GoB zu entwickeln (vgl. zur Herleitung von GoB § 238 Rdn 35 ff, insbes. 43 ff).

2. Offene-Posten-Buchhaltung

20 **a) Kennzeichnung.** Die offenen Posten, die dem Verfahren den Namen gegeben haben, sind vor allem die offenen, also noch nicht erledigten Rechnungen. Um die Debitoren- und Kreditorenbuchführung (sog. **Kontokorrentbuchführung**) von Übertragungsarbeiten freizuhalten, werden die Geschäftsvorfälle traditionell nicht in einem Kontokorrentbuch festgehalten. Dessen Funktion übernehmen vielmehr die Rechnungen selbst, indem sie bis zur Zahlung als Kartei der offenen Posten zusammengefasst bleiben und danach in die Kartei der ausgeschiedenen (erledigten) Posten eingereiht werden.[57] Die Belegsammlung selbst übernimmt also Buchfunktion und ist entsprechend zu behandeln (zehnjährige Aufbewahrungspflicht nach § 257 Abs. 1 Nr. 1, Abs. 4; vgl. § 257 Rdn 9 und 18). Die Offene-Posten-Buchhaltung entstammt dem Kontokorrentbereich und hat dort ihre Hauptbedeutung, kommt aber auch als Ersatz für andere Nebenbücher (z.B. Wechselbuch) in Betracht.[58] Sie kann mit anderen technischen Verfahren (z.B. EDV-Einsatz im Mahnwesen) kombiniert werden.

21 **b) Rechtliche Anforderungen.** Die Praxis richtet sich nach den Anforderungen, die erstmals im *Gemeinsamen Ländererlass* von 1963[59] formuliert wurden (vgl. auch R 5.2 Abs. 1 Satz 6 EStR). Sie können sich auf eine feste Übung und die Billigung der Rechtsprechung[60] stützen und entsprechen den handelsrechtlichen GoB.[61] Danach ist erforderlich:[62] (1.) Von jeder Rechnung sind zwei Kopien zu fertigen (Namens- und Nummernkopie). (2.) Die geordnet (Beispiele für Ordnungsprinzipien in Abs. 2 Nr. 2 des Ländererlasses 1963) abgelegten Namenskopien (= offene Posten) müssen die jederzeitige Übersicht über die Forderungen und Schulden gegenüber dem Geschäftspartner ermöglichen. (3.) Die Nummernkopien werden chronologisch abgelegt; sie erfüllen Grundbuchfunktion. (4.) Die Rechnungsbeträge sind nach Tagen zu addieren und die Tagessummen in das Debitoren- oder Kreditorensachkonto zu übernehmen (Hauptbuchfunktion). Bei doppelter Buchführung (Rdn 6 f) ist zusätzlich und gleichzeitig die entsprechende Gegenbuchung notwendig. (5.) Die Summe der offenen Posten ist in angemessenen Abständen mit dem Saldo des Debitoren- oder Kreditorensachkontos abzustimmen; Zeitpunkt und Ergebnis sind festzuhalten.

3. EDV-Buchführung: Allgemeines

22 **a) Kennzeichnung; rechtliche Fragestellung.** Nach dem allgemeinen Sprachgebrauch kann als EDV-Buchführung (sinngleich: ADV-Buchführung; Buchführung unter Einsatz von IT) jede computergestützte Buchführung bezeichnet werden. Das bedeutet erstens,

---

57 Wegen der Einzelheiten vgl. z.B. *Winnefeld* BilanzHdb.[4] Kap. A Rdn 650 ff; ferner ausführlich *Gebert* WPg 1966, 197.

58 HdR-EA/*Kußmaul* Rdn 40.

59 Erlass FM NRW vom 10.6.1963, BStBl. II 1963, S. 93.

60 BFH BStBl. III 1964, 654; wN bei Tipke/Kruse/*Drüen* AO § 146 Rdn 66.

61 Baumbach/Hopt/*Merkt* Rdn 4; *Kruse* GoB S. 64; wohl ebenso Beck-HdR/*Bieg/Waschbusch* A 100 Rdn 87; HdR-EA/*Kußmaul* Rdn 41.

62 Vgl. auch *Eisele/Knobloch* Technik des betrieblichen Rechnungswesens[8] (2011) S. 661 f; HdR-EA/*Kußmaul* Rdn 41.

dass es nicht darauf ankommt, ob die Geschäftsvorfälle ganz oder teilweise ausgedruckt (verarbeitet) oder nicht ausgedruckt (nur verarbeitungsfähig) gespeichert werden. Zweitens bedeutet es, dass es nicht auf die Art und Größe der eingesetzten Anlage ankommt;[63] auch bei Einsatz eines handelsüblichen PC liegt also EDV-Buchführung vor. Bei der rechtlichen Betrachtung geht es um die Zulässigkeit der EDV-Buchführung. Dabei ist zum einen fraglich, ob es computergestützte Verfahren gibt, die den vom Gesetz selbst formulierten Anforderungen nicht genügen und deshalb von vornherein (ganz oder teilweise) nicht als zulässige Buchführungsmethoden in Betracht kommen (Rdn 23). Zweitens ist klärungsbedürftig, welche Anforderungen an die Ordnungsmäßigkeit eines grundsätzlich zulässigen Verfahrens zu stellen sind und ob sich dabei bestimmten Verfahrensweisen bestimmte Anforderungen zuordnen lassen (Rdn 24 ff).

23 b) **Generelle Zulässigkeit.** § 239 Abs. 4 S. 1 spricht von der Führung der Handelsbücher oder den sonst erforderlichen Aufzeichnungen „auf Datenträgern". Ergänzend bestimmt § 257 Abs. 3 S. 2, dass die so auf Datenträgern hergestellten Unterlagen „auch ausgedruckt" aufbewahrt werden können. Daraus und aus der beabsichtigten Förderung effizienter Buchführungsmethoden (Rdn 1) ergibt sich als Grundsatz, dass computergestützte Buchführungen **jeglicher Art grundsätzlich zulässig** sind; der Kreis der Methoden, die nach dem Gesetz vorbehaltlich ihrer Ausgestaltung entsprechend den GoB zulässig sind, deckt sich also mit dem allgemeinen Sprachgebrauch. Eine **Ausnahme** gilt nur für empfangene **Handelsbriefe und Buchungsbelege**, weil insoweit gem. § 257 Abs. 3 S. 1 Nr. 1 Wiedergaben oder Daten vorhanden sein müssen, die, nachdem sie lesbar gemacht worden sind, mit den Originalen **bildlich übereinstimmen.**[64] Diese Übereinstimmung lässt sich mit vielen traditionellen Methoden EDV-gestützter Buchführung nicht herstellen. Möglich ist insoweit aber schon lange die optische Archivierung (Mikrofilm), heute auch die digital optische Archivierung (sog. *DOR-Systeme*, „**D**igital **O**ptical **R**ecording") auf verschiedensten Datenträgern,[65] die nach zutreffender und heute hM den Anforderungen des § 257 Abs. 3 S. 1 Nr. 1 genügt (dazu § 257 Rdn 31 f).

c) **Ordnungsmäßigkeit**

24 aa) **GoBS; FAIT.** Die nach Wortlaut und Zweck des § 239 Abs. 4 S. 1 unverzichtbare Übereinstimmung jeder computergestützten Buchführung mit den GoB (vgl. Rdn 19) stellt Praxis, Wissenschaft und Rechtsprechung vor die schwierige Aufgabe, solche Grundsätze unter Berücksichtigung der tatsächlichen Übung aus der Funktion der Buchführung und den Wertungen des Gesetzes (§ 238 Rdn 44) abzuleiten. In der praktischen Rechtsanwendung kommt dabei den Erlassen der Finanzverwaltung und den Veröffentlichungen des IDW besondere Bedeutung zu. Zur Beurteilung der Ordnungsmäßigkeit der EDV-Buchführung wird in der Praxis einerseits auf die durch **BMF-Schreiben** vom 7.11.1995 bekanntgemachten Grundsätze ordnungsmäßiger DV-gestützter Buchführungssysteme (**GoBS**) zurückgegriffen;[66] dieses BMF-Schreiben ersetzt das BMF-Schreiben vom 5.7.1978 zu Grundsätzen ordnungsmäßiger Speicherbuchführung (**GoS**).[67] Daneben

---

[63] Vgl. zur technischen Entwicklung ausführlich Beck-HdR/*Schmick* A 121 Rdn 7 ff.

[64] Dazu *IDW* RS FAIT 1 Tz. (68); HdR-EA/*Kußmaul* Rdn 11.

[65] Beck-HdR/*Bieg/Waschbusch* A 100 Rdn 88; dazu auch *IDW* RS FAIT 1 Tz. (69 ff); HdR-EA/*Kußmaul* Rdn 11; s. zu den Anforderungen an die Dokumentation elektronisch empfangener Handelsbriefe *IDW* RS FAIT 2 Tz. (41 ff). Zu generell in Betracht kommenden elektronischen Speichermedien Beck-HdR/*Schmick* A 121 Rdn 15 ff.

[66] BStBl. I 1995, S. 738.

[67] BStBl. I 1978, S. 250; auszugsweiser Abdruck bei Staub/*Hüffer*[4] Rdn 25.

spielen die Stellungnahmen **IDW RS FAIT 1** zu Grundsätzen ordnungsmäßiger Buchführung bei Einsatz von Informationstechnologie sowie **IDW RS FAIT 2** zu Grundsätzen ordnungsmäßiger Buchführung bei Einsatz von Electronic Commerce eine wichtige Rolle. IDW RS FAIT 1 ersetzt die Stellungnahme FAMA 1/1987 zu Grundsätzen ordnungsmäßiger Buchführung bei computergestützten Verfahren und deren Prüfung.[68] Diese hatte seinerzeit bereits die älteren Stellungnahmen FAMA 1/1974 zur Prüfung von EDV-Buchführungen[69] und FAMA 1/1975 zur Auslegung der Grundsätze ordnungsmäßiger Buchführung beim Einsatz von EDV-Anlagen im Rechnungswesen[70] sowie die Verlautbarung FAMA 1/1978 zur Datenverarbeitung als Prüfungshilfsmittel[71] ersetzt. IDW RS FAIT 2 ersetzt die Stellungnahme FAMA 1/1995[72].

25 **Von den GoS zu den GoBS.** Mit den GoS hat die Finanzverwaltung 1978 *ein* Verfahren der EDV-Buchführung (namentlich die sog. Speicherbuchführung[73]) herausgegriffen, definitorisch umschrieben und zum Gegenstand von Ordnungsregeln gemacht. Dies hat zu der Diskussion geführt, ob die Anforderungen der Finanzverwaltung dem Ziel einer aussagefähigen und überprüfbaren Buchführung angemessen oder im Gegenteil überzogen seien und die Wirtschaft unangemessen überforderten.[74] Insgesamt setzte sich aber relativ schnell **in den zentralen Punkten ein weitgehender Konsens** durch:[75] (1.) Der Unterschied zwischen Speicherbuchführung und konventioneller (mit Ausdruck arbeitender) EDV-Buchführung ist nicht prinzipieller, sondern gradueller Natur. (2.) Die konventionelle EDV-Buchführung muss deshalb grundsätzlich denselben Anforderungen genügen wie die Speicherbuchführung; soweit sich nicht gerade aus der Tatsache des Ausdrucks etwas anderes ergibt, sind demnach die GoS anzuwenden. (3.) Zu den wesentlichen Anforderungen gehört die Existenz einer System- oder Verfahrensdokumentation. (4.) Für den Inhalt der Systemdokumentation verbleibt es bei den in Ziff. 6.2 GoS geforderten Angaben. (5.) Eine grundsätzliche Differenzierung der Anforderungen nach bestimmten Typen der EDV-Buchführung ist generell, also auch unabhängig von den Fragen der Speicherbuchführung, ein Irrweg; vielmehr sind die prinzipiell gleichen Anforderungen und Prüfungsmethoden entsprechend den einzelnen, konkret fassbaren Verfahrensabweichungen zu variieren. (6.) So wie es auf bestimmte Verfahrenstypen nicht ankommt, ist es auch unerheblich, von welcher Art und Größe die eingesetzten EDV-Geräte sind. (7.) Die in den GoS niedergelegten Anforderungen sind also beispielsweise auch dann zu erfüllen, wenn zur Erledigung der Buchführung einfache PC eingesetzt werden.

26 Bereits im **Begleitschreiben** des BMF zu den GoS wurde zudem darauf hingewiesen, dass die GoS zwar unmittelbar nur auf die Speicherbuchführung bezogen seien, dies aber nicht ausschließe, dass ein Teil dieser Grundsätze auch für andere Arten der EDV-Buchführung maßgeblich sein könne.[76] Mit der **Ersetzung der GoS durch die GoBS** in 1995 hat die Finanzverwaltung die in Wissenschaft und Praxis gereifte Erkenntnis, dass ein den GoS vergleichbarer Rahmen für alle EDV-gestützten Buchführungssysteme gelten müsse, Rechnung getragen.

---

[68] WPg 1988, 1. *IDW* RS FAIT 1 ersetzt nur die Abschnitte A. und B. dieser Stellungnahme. Die Abschnitte C. und D. wurden 2002 durch *IDW* PS 330 ersetzt.

[69] WPg 1977, 433.

[70] WPg 1975, 555.

[71] WPg 1978, 208.

[72] WPg 1995, 168.

[73] Einzelheiten dazu bei *Winnefeld* BilanzHdb.[4] Kap. A Rdn 690 ff.

[74] Einzelheiten und Nachw. zur Diskussion bei Staub/*Hüffer*[4] Rdn 26 f.

[75] Nachw. bei Staub/*Hüffer*[4] Rdn 27.

[76] BStBl. I 1978, S. 250.

bb) Heutiger Meinungsstand. Heute ist anerkannt, dass die allgemeinen Ordnungsmäßigkeitsgrundsätze für **alle Varianten der EDV-Buchführung** gelten müssen.[77] Allein bei der Konkretisierung im Einzelfall ist die gewählte Organisationsform zu berücksichtigen.[78] Inhaltlich orientiert sich die ganz hM dabei eng an den **Vorgaben der GoBS** und an den **Stellungnahmen IDW** RS FAIT 1 sowie IDW RS FAIT 2.[79] Aus dogmatischer Sicht ist zu betonen, dass es keine eigenständigen GoB für die EDV-Buchführung gibt; vielmehr sind die allgemeinen Anforderungen des § 238 Abs. 1 S. 1 nur auf die spezifischen Eigenschaften der EDV-Buchführung anzupassen.[80] Somit sind auch die **GoBS keine eigenständige Kategorie** von Ordnungsmäßigkeitsgrundsätzen, sondern Ausfluss und Konkretisierung der allgemeinen GoB. **27**

cc) Stellungnahme. Der in Rdn 27 dargestellten ganz hM ist beizutreten. Die im älteren Schrifttum anzutreffende Auffassung, nach der eine System- oder Verfahrensdokumentation zwar im Rahmen der Speicherbuchführung angemessen, für übrige Formen der EDV-Buchführung aber nicht sachgerecht und nicht erforderlich sei,[81] hat sich nicht durchgesetzt und ist heute überholt. Die rechtliche Beurteilung muss zwar darauf gerichtet sein, dem auch vom Gesetz als berechtigt anerkannten Rationalisierungsinteresse der kaufmännischen Praxis Rechnung zu tragen (Wirtschaftlichkeitsgrundsatz, vgl. Rdn 1); sie kann dies aber nur im Rahmen der **Erfordernisse einer aussagefähigen und prüfbaren Buchführung** (§ 238 Abs. 1 S. 2) tun, die insbesondere dem Wahrheits- und Klarheitsgrundsatz gerecht wird. Die in der Vergangenheit gelegentlich anzutreffende Tendenz, den Inhalt der GoB an den wirklichen oder vermeintlichen technischen Möglichkeiten auszurichten, verfehlt deshalb die von § 239 Abs. 4 S. 1 gestellte Aufgabe. Sie muss sich entgegenhalten lassen, dass sie Rationalisierungseffekte mit Verfahren, die den gesetzlichen Anforderungen nicht genügen, nur um den Preis einer ordnungswidrigen Buchführung erzielen kann. Für künftige Entwicklungen sollte aus dem Diskussionsverlauf der letzten Jahrzehnte die Lehre gezogen werden, dass es nicht sinnvoll ist, bestimmte Verfahrensarten herauszugreifen und spezifische Anforderungen an die Ordnungsmäßigkeit zu bestimmen; denn damit würde auf der Ebene der Herleitung von GoB der Fehler begangen, den das Gesetz gerade vermeiden wollte, indem es auf die Beschreibung eines bestimmten technischen Verfahrens verzichtete. **28**

4. EDV-Buchführung: Ausgewählte Einzelfragen[82]

a) Verfügbarkeit; potentielle Lesbarkeit. Nach **§ 239 Abs. 4 S. 2** muss insbesondere sichergestellt sein, dass Bücher und Aufzeichnungen auch bei EDV-Buchführung während der jeweiligen Aufbewahrungsfrist (§ 257 Abs. 4) verfügbar und potentiell lesbar sind. **29**

---

77 S. z.B. HdR-EA/*Kußmaul* Rdn 43. ADS Rdn 46 f.

78 Zutr. HdR-EA/*Kußmaul* Rdn 43.

79 Ausdrücklich Ebenroth/Boujong/Joost/Strohn/*Wiedmann* Rdn 14; ferner Baetge/Kirsch/Thiele/*Quick*/*Wolz* BilR Rdn 48; Beck BilKomm-*Winkeljohann*/*Klein* Rdn 11 f; (jedenfalls GoBS) *Roßnagel*/*Wilke* NJW 2006, 2145 (2146); implizit auch Baumbach/Hopt/*Merkt* Rdn 4; Beck-HdR/*Bieg*/*Waschbusch* A 100 Rdn 29; Koller/Roth/*Morck* Rdn 4; *Winnefeld* BilanzHdb.[4] Kap. A Rdn 671.

80 Deutlich *Winnefeld* BilanzHdb.[4] Kap. A Rdn 670; ferner MünchKommHGB/*Ballwieser*[3] Rdn 14; s.a. Beck-HdR/*Bieg*/*Waschbusch* A 100 Rdn 68.

81 So namentlich z.B. *Feuerbaum* DB 1980, 745 und DB 1981, 2344; ausführlich zur Diskussion Staub/*Hüffer*[4] Rdn 26 f mwN.

82 Zu den Anforderungen und den technischen Umsetzungsmöglichkeiten bei EDV-Buchführung umfassend Baetge/Kirsch/Thiele/*Quick*/*Wolz* BilR Rdn 44 ff; HdR-EA/*Kußmaul* Rdn 8 ff und *passim*; Beck-HdR/*Schmick* A 121.

Inhaltlich entsprechen die Anforderungen denjenigen, die § 257 Abs. 3 S. 1 Nr. 2 mit den gleichen Worten an die Erfüllung der Aufbewahrungspflicht stellt. Sie erlangen hauptsächlich dort praktische Bedeutung und werden deshalb im Rahmen der Erläuterungen zur Aufbewahrungspflicht behandelt; vgl. § 257 Rdn 27 und 39.

30 b) **Eindeutigkeit der Aufzeichnungen.** Aus der in **§ 239 Abs. 4 S. 3** vorgeschriebenen sinngemäßen Anwendung von § 239 Abs. 1 bis 3 folgt zunächst, dass auch bei EDV-Buchführung der Inhalt der Handelsbücher sowie der sonstigen Aufzeichnungen eindeutig sein muss. Zu beachten ist also namentlich die Forderung des § 239 Abs. 1 S. 2 nach der Eindeutigkeit von Abkürzungen, Ziffern, Buchstaben oder Symbolen. Eindeutigkeit im Einzelfall genügt; den gesetzlichen Anforderungen kann also durch unternehmensinterne Abkürzungs- oder Symbolverzeichnisse entsprochen werden (Rdn 4). Programmiersprachen sind keine lebenden Sprachen, weil sie niemandes Muttersprache sind (Rdn 3). Das deshalb auch für sie zu beachtende Eindeutigkeitserfordernis (§ 239 Abs. 1 S. 2) verlangt die Erklärung des Programminhalts in der Systemdokumentation.[83]

c) **Inhaltliche Anforderungen**

31 aa) **Vollständig und richtig.** Die sinngemäße Anwendung des § 239 Abs. 2 führt zu der Forderung, dass auch bei EDV-Einsatz vollständig sowie sachlich und förmlich richtig verbucht werden muss; vgl. zunächst oben Rdn 9 ff, 12. Um die **lückenlose Erfassung** aller Geschäftsvorfälle im Rahmen der EDV-Buchführung sicherzustellen, dürften **Eingabekontrollen** regelmäßig unverzichtbar sein.[84] Die weiter gehende Forderung nach **sachlicher Richtigkeit** der Buchführung schließt das **Belegprinzip** ein. Sein materieller Gehalt muss auch bei EDV-Einsatz verwirklicht werden. Es bleibt also dabei, dass über sämtliche buchungspflichtige Geschäftsvorfälle ein gesonderter Nachweis vorliegen muss; nur Art und Form der Belege sowie die Modalitäten ihrer Aufbewahrung dürfen Veränderungen erfahren.[85] Bei Austausch von Datenträgern genügen diese noch nicht als Belege. Zwar ist es nicht erforderlich, die Vorgänge zusätzlich lesbar aufzulisten,[86] es muss aber das mit dem Geschäftspartner vereinbarte Verfahren dokumentiert sein; das Verfahren muss auch Kontrollen vorsehen. Verschlüsselt erstellte interne Belege müssen anhand des Symbolverzeichnisses (Rdn 30) in angemessener Zeit (§ 238 Abs. 1 S. 2) verständlich gemacht werden können. Die Verantwortlichkeit muss durch allgemeine Buchungsanweisungen und Kontrollmaßnahmen (anstelle des herkömmlichen Handzeichens) feststellbar bleiben. Für maschinenintern erzeugte Buchungen, die bei periodisch oder jedenfalls ständig wiederkehrenden Vorgängen sinnvoll sein können, muss ein Dauerbeleg vorhanden sein; als solcher kommt namentlich die Verfahrensdokumentation in Betracht.

32 Zur **förmlichen Richtigkeit** der Buchung gehört vor allem, dass eine für den sachverständigen Dritten in angemessener Zeit nachvollziehbare Verbindung zwischen Beleg und Konto besteht; die Grundbuchfunktion muss also in dem Sinne erfüllt werden, dass der jeweilige Zusammenhang von Buchung, Beleg und Geschäftsvorfall hergestellt werden kann. Weil ausgedruckte Texte jedenfalls vorübergehend nicht zur Verfügung stehen oder (Speicherbuchführung) überhaupt nur zu Prüfungszwecken angefertigt werden, kommt

---

83 Ausführlich zu den Dokumentationspflichten HdR-EA/*Kußmaul* Rdn 23 ff.

84 *IDW* RS FAIT 1 Tz. (95).

85 Ausführlich dazu und zum Folgenden *IDW* RS FAIT 1 Tz. (33 ff); HdR-EA/*Kußmaul* Rdn 9 ff.

86 Beck-HdR/*Bieg*/*Waschbusch* A 100 Rdn 88.

insoweit wiederum der Verfahrensdokumentation, ferner der Sicherung der Ausdruckbereitschaft und der Existenz eines Kontrollsystems, das Verfahren und Ausdruckbereitschaft umfasst, besondere Bedeutung zu.[87]

bb) Zeitgerecht und geordnet. Das Gebot **zeitgerechter Verbuchung** ist so auszulegen, dass ein sinnvoller EDV-Einsatz möglich ist (vgl. dazu schon Rdn 13). Grundsätzlich sinnvolle Organisationsformen, wie z.B. Stapelverarbeitung und Fernbuchführung, dürfen nicht schon durch zu kurz bemessene Buchungsfristen praktisch verhindert werden.[88] Die in R 5.2 Abs. 1 S. 4 EStR festgelegte Praxis der Finanzverwaltung,[89] die bei unbaren Geschäften und entsprechender Buchführungsorganisation (insbes. Belegsicherung) eine Frist bis zum Ablauf des Folgemonats nach der Entstehung des buchungspflichtigen Geschäftsvorfalls einräumt, trägt diesem Gesichtspunkt Rechnung. Sie kann für das Handelsrecht aus Gründen der Praktikabilität übernommen werden, obwohl der bezweckte Gläubigerschutz durch Selbstkontrolle (§ 238 Rdn 3) durch kürzere Buchungsfristen u.U. besser erreicht würde.[90] Je nach dem Umfang des Buchungsstoffs und der Intensität der ergriffenen Sicherungsmaßnahmen (Rdn 13) kann auch eine kürzere Buchungsfrist bestehen. **33**

Schließlich ist gem. § 239 Abs. 2 eine **geordnete Verbuchung** notwendig. Eine nach der Zeitfolge geordnete und in diesem Sinne fortlaufende Verbuchung verlangt das Gesetz heute nicht mehr (vgl. Rdn 16). Eine solche Forderung würde sowohl die Speicherbuchführung als auch die EDV-Buchführung mit Ausdruck praktisch ausschließen, weil zwischen Dateneingabe und Ausdruck stets ein mehr oder minder großer Zeitabstand liegt und die chronologische Folge primär durch eine sachlogische Ordnung ersetzt wird. Es genügt nach § 239 Abs. 2 vielmehr jede Ordnung, die dem Standard des § 238 Abs. 1 S. 2 gerecht wird.[91] Mit Hilfe der vorhandenen Software muss der gezielte Zugriff auf gespeicherte Buchungen möglich sein. Erforderlich ist also eine Organisation, die es erlaubt, einen einzelnen, etwa vom Prüfer bezeichneten Geschäftsvorfall abzurufen und einen Ausdruck herzustellen, der seine kontenmäßige Erfassung zeigt und den Zugriff auf den Beleg erlaubt. Es ist deshalb praktisch unumgänglich, dass bei der Datenverarbeitung verschiedene Grundbuchfunktionen erfüllt werden, also etwa nach erteilten und erhaltenen Rechnungen oder Zahlungsvorgängen sortiert, gespeichert und ausgedruckt wird.[92] **34**

d) Grenzen zulässiger Veränderungen. Auch § 239 Abs. 3 gilt bei der EDV-Buchführung sinngemäß. Es ist also unzulässig, gespeicherte Daten zu löschen oder durch Eingabe und Speicherung neuer Daten zu verändern. Wegen der verfahrenstypischen Möglichkeiten, Änderungen unbemerkt vorzunehmen, kommt dem Verbot des § 239 Abs. 3 bei der EDV-Buchführung gesteigerte Bedeutung zu. Manipulationsmöglichkeiten müssen schon durch technische Vorkehrungen und durch die Programmgestaltung minimiert werden.[93] Wenn die technisch möglichen Sicherungsmaßnahmen nicht ergriffen sind, wird man zwar nicht von vornherein von einer ordnungswidrigen Buchführung sprechen **35**

---

[87] Ausführlich dazu HdR-EA/*Kußmaul* Rdn 21 ff.

[88] Zutr. HdR-EA/*Kußmaul* Rdn 34 mwN.

[89] Vgl. aber auch das grundsätzliche Erfordernis des zeitlichen Zusammenhangs in H 5.2 EStH (Stichwort: „Zeitgerechte Erfassung“, Satz 3).

[90] HdR-EA/*Kußmaul* Rdn 34 aE; wohl auch Beck-HdR/*Bieg*/*Waschbusch* A 100 Rdn 75.

[91] Vgl. HdR-EA/*Kußmaul* Rdn 12 ff.

[92] *IDW* RS FAIT 1 Tz. (46 ff); HdR-EA/*Kußmaul* Rdn 19 f.

[93] Ausführlich dazu HdR-EA/*Kußmaul* Rdn 36 f.

können,[94] weil § 239 Abs. 3 nicht auf die bloße Möglichkeit von Veränderungen, sondern auf deren tatsächliche Vornahme abstellt. Gerechtfertigt ist aber die Vermutung, dass von gegebenen Möglichkeiten auch Gebrauch gemacht worden ist. Es ist Sache des Buchführungspflichtigen, diese Vermutung zu entkräften; dabei wird der Gesamtzustand der Buchführung wesentliche Bedeutung erlangen. Ein erhebliches Risiko unkontrollierbarer Veränderungen besteht, wenn herkömmliche PC in der Buchführung eingesetzt werden; eine Buchführung dieser oder ähnlicher Art muss deshalb erhöhten organisatorischen Anforderungen genügen. Wenn Veränderungen im Rahmen der ordnungsgemäßen Buchführung vorgenommen werden, sind sie als solche kenntlich zu machen und, z.B. durch Protokolle (Fehlerlisten), zu dokumentieren. Das gilt auch dann, wenn die veränderte Buchung falsch war. Notwendig ist eine Korrektur durch Stornobuchung;[95] die Anweisung ist als Beleg aufzubewahren. Nur die Änderung von eingegebenen, aber noch nicht gespeicherten Daten (Blickkontrolle am Bildschirm) braucht als solche nicht feststellbar zu sein.

36 e) **Internes IT-Kontrollsystem als übergreifende Anforderung.** Aufgrund der dargestellten Schwächen der EDV-Buchführung hinsichtlich der Sicherstellung der Einhaltung der GoB, wird die Einrichtung eines internen IT-Kontrollsystems zu einem übergreifenden Ordnungsmäßigkeitskriterium.[96] Die praktische Bedeutung derartiger Systeme zeigt sich auch darin, dass die Ausführungen zum IT-Kontrollsystem einen Schwerpunkt der Stellungnahme IDW RS FAIT 1 bilden.[97] Allerdings ist die Einrichtung eines internen Kontrollsystems kein eigenständiges Ordnungsmäßigkeitskriterium oder gar ein eigenständiger GoB für die EDV-Buchführung. Vielmehr folgt aus den spezifischen Eigenschaften der EDV-Buchführung allein, dass die Einhaltung der im Lichte des EDV-Systems verstandenen allgemeinen Anforderungen des § 238 nur durch ein wirksames internes IT-Kontrollsystem sichergestellt werden kann. Die Anforderungen an die Ausgestaltung des IT-Kontrollsystems können daher auch nur vor dem Hintergrund dieses Zwecks entwickelt werden.[98]

VI. Rechtsfolgen

37 Ein Verstoß gegen § 239 kann insbesondere zur **Strafbarkeit wegen eines Insolvenzdelikts** nach §§ 283–283d StGB führen. Als Tatbestände kommen namentlich § 283 Abs. 1 Nr. 5, 2. und 3. Fall StGB sowie § 283b Abs. 1 Nr. 1, 2. und 3. Fall StGB in Betracht (vgl. bereits § 238 Rdn 65 f). Insofern enthält § 239 nicht nur eine Konkretisierung der handelsrechtlichen Pflichten (Rdn 1); vielmehr ist festzuhalten, dass ein Verstoß gegen diese Pflichten nicht notwendig, aber doch typischerweise eine Tathandlung ist, durch die es erschwert wird, den Vermögensstand zu überblicken. Das gilt jedenfalls dann, wenn es sich nicht um Einzelmängel handelt, sondern die Buchführung insgesamt den Standard des § 239 Abs. 2 nicht erreicht; besonderes Gewicht legt die Rechtsprechung auf die Vollständigkeit der Belege.[99]

---

94 So aber HdR-EA/*Kußmaul* Rdn 37; wohl ebenso ADS Rdn 38 f.

95 Baetge/Kirsch/Thiele/*Quick*/*Wolz* BilR Rdn 31.

96 Baetge/Kirsch/Thiele/*Quick*/*Wolz* BilR Rdn 54; HdR-EA/*Kußmaul* Rdn 29; ebenso Beck BilKomm-*Winkeljohann*/*Klein* Rdn 15; MünchKommAktG/*Graf*² Rdn 22.

97 S. *IDW* RS FAIT 1 Tz. (6 ff).

98 Zur möglichen Ausgestaltung des IT-Kontrollsystems im Einzelnen HdR-EA/*Kußmaul* Rdn 29 ff.

99 BGH MDR 1980, 453 (455); vgl. auch *Fischer* StGB § 283 Rdn 23 mwN.

Die Veränderung von Handelsbüchern und sonst erforderlichen Aufzeichnungen (§ 239 Abs. 3) kann nicht nur als Insolvenzdelikt, sondern auch als **Urkundenfälschung** gem. § 267 StGB strafbar sein. Der Kaufmann als Aussteller der Urkunde kommt dann als Täter in Betracht, wenn er die Änderungsbefugnis verloren hat.[100] Das ist der Fall, wenn die Bücher zum Gegenstand des Rechtsverkehrs, insbesondere zum Beweismittel geworden sind, sei es durch gerichtliche Vorlegungsanordnung (§ 258 Abs. 1), sei es durch eigene Bezugnahme (§ 423 ZPO),[101] sei es dadurch, dass ein Anspruch nach § 810 BGB geltend gemacht wird[102] (vgl. auch § 258 Rdn 4 ff, 13 ff). Bei EDV-Buchführung kommt als ein der Urkundenfälschung analoges Vergehen die **Fälschung beweiserheblicher Daten** in Betracht; es ist nach § 269 StGB strafbar, die Daten so zu verändern, dass bei herkömmlicher Buchführung eine verfälschte Urkunde vorliegen würde. **38**

VII. Steuerrechtliche Anforderungen (§ 146 AO); Übersicht; Bedeutung der „E-Bilanz"

Die steuerrechtlichen Ordnungsvorschriften für die Führung der Bücher und die sonstigen Aufzeichnungen sind in § 146 AO enthalten. Danach gilt im **Grundsatz**, dass die handels- und die steuerrechtlichen Anforderungen übereinstimmen, so dass auch zu § 146 AO auf die Erläuterungen des § 239 zurückgegriffen werden kann. In wesentlichen Fragen haben steuerrechtliche Vorschriften und die Erlasspraxis der Finanzverwaltung auch für das Handelsrecht und die handelsrechtliche Praxis prägend gewirkt; vgl. oben Rdn 5 zur Normgeschichte des § 239 Abs. 2, Rdn 24 ff zu den GoBS. Von der prinzipiellen Übereinstimmung gibt es jedoch zwei **Ausnahmen**. Erstens: Anders als nach Handelsrecht (§ 238 Rdn 26) ist **Buchführung im Ausland** grundsätzlich unzulässig (§ 146 Abs. 2 S. 1 AO). Sonderregelungen bestehen für die Führung elektronischer Bücher (§ 146 Abs. 2a AO)[103] sowie für ausländische Betriebsstätten inländischer Steuerpflichtiger (§ 146 Abs. 2 S. 2 AO)[104]. Für inländische Betriebsstätten ausländischer Steuerpflichtiger gibt es keine entsprechende Vorschrift und die hM im Steuerrecht lässt die entsprechende Anwendung von § 146 Abs. 2 S. 2 AO nicht zu.[105] Zweitens: Zwar genügt es auch steuerrechtlich, dass die Bücher in einer **lebenden Sprache** geführt werden (§ 146 Abs. 3 S. 1 AO). Anders als nach Handelsrecht (oben Rdn 2) hat der Steuerpflichtige jedoch auf Verlangen der Finanzbehörde eine Übersetzung beizubringen, wenn er eine andere als die deutsche Sprache verwendet (§ 146 Abs. 3 S. 2 AO); dies gilt auch dann, wenn Deutsch nicht seine Muttersprache ist.[106] Die Kosten der Übersetzung trägt der Steuerpflichtige. Nur eine scheinbare Ausnahme enthält schließlich § 146 Abs. 1 S. 2 AO. Das dort ausgesprochene Gebot, Kasseneinnahmen und Kassenausgaben täglich festzuhalten, ist zwar **39**

---

100 So die hM, vgl. BGHSt 13, 382 (387) (Veränderung von Inventurlisten nach Mitteilung an den Aufsichtsratsvorsitzenden); OLG Saarbrücken NJW 1975, 658f; *Fischer* StGB § 267 Rdn 34; im Schrifttum str., **aA** z.B. MünchKommStGB/*Erb* § 267 Rdn 191 ff; Schönke/Schröder/*Cramer*/*Heine* § 267 Rdn 68.

101 RGSt 52, 88 (90 f).

102 RGSt 67, 245 f; 69, 396 (398); vgl. auch RGSt 50, 420 (422).

103 Dazu Tipke/Kruse/*Drüen* AO § 146 Rdn 40 ff.

104 Dazu Tipke/Kruse/*Drüen* AO § 146 Rdn 33 ff.

105 Tipke/Kruse/*Drüen* AO § 146 Rdn 38 mwN; möglich bleibt die Bewilligung einer Erleichterung nach § 148 AO.

106 Pahlke/Koenig/*Cöster* AO § 146 Rdn 37; unklar Tipke/Kruse/*Drüen* AO § 146 Rdn 53.

im Wortlaut des § 239 nicht enthalten, gilt aber als GoB auch für das Handelsrecht (vgl. Rdn 15).

40 Im steuerrechtlichen Schrifttum wird diskutiert, inwieweit die **Einführung der sog. E-Bilanz**[107] dazu führt, dass die Organisation der handelsrechtlichen Buchführungsmethoden faktisch an die steuerrechtlichen Vorgaben zur E-Bilanz angepasst werden (müssen).[108] Unter der Bezeichnung E-Bilanz wird der Datensatz verstanden, den der Steuerpflichtige in Erfüllung seiner Pflicht aus § 5b Abs. 1 S. 1 EStG[109] an das Finanzamt übermittelt; die Vorschrift normiert die Pflicht, den Inhalt der Bilanz sowie der Gewinn- und Verlustrechnung nach amtlich vorgeschriebenem Datensatz durch Datenfernübertragung zu übermitteln. Die Anforderungen an den Datensatz werden durch das BMF-Schreiben „Elektronische Übermittlung von Bilanzen sowie Gewinn-und Verlustrechnungen; Anwendungsschreiben zur Veröffentlichung der Taxonomie" vom 28.9.2011 konkretisiert.[110] In der Literatur wird die Gefahr gesehen, dass die Vorgabe eines standardisierten Datensatzes, der keine Rücksicht auf die individuellen Besonderheiten der unternehmensinternen Buchführungsorganisation nimmt, auf die handelsrechtliche Buchführung zurückwirken wird – z.B. durch Änderungen des Kontenrahmens/-plans und der Kontierungsrichtlinien.[111] Die tatsächlichen praktischen Auswirkungen können derzeit noch nicht verlässlich abgeschätzt werden. Möglich ist auch, dass sich steuerliche und handelsbilanzielle Gewinnermittlung durch die E-Bilanz weiter auseinanderentwickeln werden.[112] Aus dogmatischer Sicht ist jedenfalls anzumerken, dass Vorgaben der Finanzverwaltung **keine** unmittelbaren **Auswirkungen auf die handelsrechtlichen GoB** haben. Änderungen des handelsrechtlichen Buchführungssystems sind nur zulässig, wenn dies aus den eigenständigen Wertungen des Handelsrechts heraus begründet werden kann (zur Konkretisierung der handelsrechtlichen Anforderungen und zur Ermittlung von GoB s. § 238 Rdn 41 ff).

---

107 Dazu ausf. Beck BilKomm-*Kozikowski/Kreidl/Adrian* § 266 Rdn 300 ff; Tipke/Lang/*Hennrichs* Steuerrecht[21] § 9 Rdn 6; zum Anwendungszeitpunkt s. dort Rdn 304 ff sowie die BMF-Schreiben vom 28.9.2011 (BStBl. I 2011, 855 Rdn 26 f), 5.6.2012 (BStBl. I 2012, 598) und 27.6.2013 (BStBl. I 2013, 844).

108 *Herzig/Briesemeister/Schäperclaus* DB 2011, 1 (8); *Höschler/Ahrend* StuB 2010 Beil. 1, 13 f; *Kußmaul/Weiler* StuB 2010 Beil. 1, 17 (19); diese Gefahr sieht auch Tipke/Lang/*Hennrichs* Steuerrecht[21] § 9 Rdn 6.

109 Zur Vorschrift ausführlich Blümich/*Hofmeister* EStG § 5b Rdn 1 ff; ferner *Bergan/Martin* DStR 2010, 1755.

110 BStBl. I 2011, 855; ergänzt durch BMF-Schreiben vom 5.6.2012, BStBl. I 2012, 598 und BMF-Schreiben vom 27.6.2013, BStBl. I 2013, 844; dazu Beck BilKomm-*Kozikowski/Kreidl/Adrian* § 266 Rdn 323 ff; *Herzig/Briesemeister/Schäperclaus* DB 2011, 2509; *Richter/Kruczynski/Kurz* BB 2011, 1963 und 2731; zweifelnd im Hinblick darauf, dass § 5 Abs. 1 S. 1 EStG und § 51b Abs. 4 Nr. 1b EStG eine hinreichende gesetzliche Grundlage für die Festlegung des Inhalts der E-Bilanz durch die Finanzverwaltung bilden, *Hüttemann* DStZ 2011, 507; dem zustimmend Tipke/Lang/*Hennrichs* Steuerrecht[21] § 9 Rdn 6 mwN.

111 *Herzig/Briesemeister/Schäperclaus* DB 2011, 1 (8).

112 Schmidt/*Weber-Grellet* EStG[31] § 5b Rdn 1; Tipke/Lang/*Hennrichs* Steuerrecht[21] § 9 Rdn 6.

§ 240
Inventar

(1) Jeder Kaufmann hat zu Beginn seines Handelsgewerbes seine Grundstücke, seine Forderungen und Schulden, den Betrag seines baren Geldes sowie seine sonstigen Vermögensgegenstände genau zu verzeichnen und dabei den Wert der einzelnen Vermögensgegenstände und Schulden anzugeben.

(2) Er hat demnächst für den Schluß eines jeden Geschäftsjahrs ein solches Inventar aufzustellen. Die Dauer des Geschäftsjahrs darf zwölf Monate nicht überschreiten. Die Aufstellung des Inventars ist innerhalb der einem ordnungsmäßigen Geschäftsgang entsprechenden Zeit zu bewirken.

(3) Vermögensgegenstände des Sachanlagevermögens sowie Roh-, Hilfs- und Betriebsstoffe können, wenn sie regelmäßig ersetzt werden und ihr Gesamtwert für das Unternehmen von nachrangiger Bedeutung ist, mit einer gleichbleibenden Menge und einem gleichbleibenden Wert angesetzt werden, sofern ihr Bestand in seiner Größe, seinem Wert und seiner Zusammensetzung nur geringen Veränderungen unterliegt. Jedoch ist in der Regel alle drei Jahre eine körperliche Bestandsaufnahme durchzuführen.

(4) Gleichartige Vermögensgegenstände des Vorratsvermögens sowie andere gleichartige oder annähernd gleichwertige bewegliche Vermögensgegenstände können jeweils zu einer Gruppe zusammengefaßt und mit dem gewogenen Durchschnittswert angesetzt werden.

Schrifttum

(vgl. auch die Angaben vor und zu § 238 sowie unten vor Rdn 41, 58). *Brösel/Mindermann/Boecker* Zur Vereinfachung der Vorratsbewertung durch BilMoG, BRZ 2009, 501; *Brusel/Kunz/Nies/Riemer/Schmitz* Stichprobeninventuren, StBp 1988, 101 u. 129; *Burghardt/Gliesche/Wolz* Formulierung von Grundsätzen ordnungsmäßiger RFID-gestützter Inventur, DB 2006, 2245; *Daniel* Das regelmäßig vom Kalenderjahr abweichende Geschäftsjahr, BB 1985, 2211; *Fülling* Grundsätze ordnungsmäßiger Bilanzierung für Vorräte (1976); *Goebel* Gestaltung der Stichprobeninventur bei vermuteter Ordnungsmäßigkeit der Lagerbuchführung (1992); *Hachmeister/Zeyer* Inventur und Inventar, HdJ Abt. I/14 (Loseblatt, Stand Juni 2008); *Harrmann* Aufnahmetechniken bei der körperlichen Bestandsaufnahme von Vorräten, DB 1978, 2377; *Hildebrandt* Führt die Nutzung von elektronischer Datenverarbeitung zur Abschaffung der Lifo-Bewertung?, DB 2011, 1999; *Hofmann* Die Aufgaben der Inventur, DB 1964, 1197; *IDW* HFA 1/1990 Zur körperlichen Bestandsaufnahme im Rahmen von Inventurverfahren, WPg 1990, 143; *IDW* PS 301 Prüfung der Vorratsinventur, WPg 2003, S. 715; *Köhler* Bilanzpolitische Gestaltungsmöglichkeiten im Rahmen der Zugangsbewertung beim Vorratsvermögen. Verfahren zur Ermittlung der Anschaffungskosten beim Vorratsvermögen, StBp 2008, 221; *Köhler* Bilanzpolitische Gestaltungsmöglichkeiten im Hinblick auf den Grundsatz der Einzelbewertung. Beispielhafte Darstellung beim Anlage- und Umlaufvermögen, StBp 2009, 9; *Kußmaul* Nutzungsrechte an Grundstücken in Handels- und Steuerbilanz (1987); *Kußmaul/Meyering* Zur Bedeutung der Inventur beim Unternehmenskauf, ZSteu 2008, 157; Arbeitskreis *Ludewig* Die Vorratsinventur (1967); *Lutz/Schlag* Der Gegenstand der Aktivierung und Passivierung und seine Zurechnung im Handelsrecht, Steuerrecht und nach IFRS, HdJ Abt. I/4 (Loseblatt, Stand Mai 2010); *Moxter* Selbständige Bewertbarkeit als Aktivierungsvoraussetzung, BB 1987 1846; *Nestle* Die Inventur zum Jahresende, BB 1973 1620; *Niehus* Zur Bilanzierungspraxis in den USA, WPg 1970, 121; *Olbrich* Die Abgrenzung bilanzieller Bewertungseinheiten als Wirtschaftsgüter des Sachanlagevermögens, Festschrift Ludewig (1996) S. 753; *Peter/v. Bornhaupt/Körner* Ordnungsmäßigkeit der Buchführung nach dem Bilanzrichtlinien-Gesetz[8] (1987); *Petersen/Zwirner* Grundsätze für die Erstellung des Inventars, Beck-HdR A 210 (Loseblatt, Stand November 2010); *Petersen/Zwirner* Vorratsinventur, Beck-HdR A 220 (Loseblatt, Stand November 2010); *Petersen/Zwirner*

Inventur für andere Vermögenswerte und Schulden, Beck-HdR A 230 (Loseblatt, Stand November 2010); *Scherrer/Obermeier* Stichprobeninventur – Theoretische Grundlagen und praktische Anwendung (1981); *Schneider* Vermögensgegenstände und Schulden, Hdwb. unbestimmter Rechtsbegriffe (1986) S. 335; *Schoor* Von der Inventur zum Inventar, BuW 2002, 793; *Schulze zur Wiesch* Grundsätze ordnungsmäßiger Inventur (1961); *Spörlein* Die Inventur nach Handelsrecht und nach Steuerrecht[5] (1964); *Streck/Schwedhelm* Zwei aufeinanderfolgende Rumpfgeschäftsjahre – stets unzulässig?, BB 1988, 679; *Wehe* Die Inventur, BB 1968 1375; *Weidenbach-Koschnike* Kann eine RFID-gestützte Inventur handelsrechtlich zulässig sein?, BC 2007, 303; *Weisse* Inventur in Recht und Praxis (1964); *Wolff* Die Zulässigkeit einer rückwirkenden Änderung des Geschäftsjahres bei Kapitalgesellschaften, DB 1999, 2149.

Übersicht

I. Normzweck und Allgemeines

1. Regelungsgegenstand und -zweck; Entstehungsgeschichte. Nach §§ 240, 241 ist der Kaufmann verpflichtet, ein **Inventar** aufzustellen und eine **Inventur** vorzunehmen. Während das Inventar ein Bestandsverzeichnis ist, lässt sich die Inventur als die Bestandsaufnahme kennzeichnen, die Grundlage des Inventars ist (näher Rdn 5). Beide dienen wie Buchführung (§ 238 Rdn 2 f) und Bilanz (§ 242 Rdn 2) dem **Gläubigerschutz durch Selbstkontrolle** des Kaufmanns. Das wurde vereinzelt in Zweifel gezogen, weil die erforderliche Vermögensübersicht schon durch Buchführung und Bilanz gewährleistet werde.[1] Diese Kritik überzeugt nicht, weil sie die Nachweisfunktion verkennt, die dem Inventar gegenüber der Bilanz zukommt (vgl. Rdn 7). Der Gläubigerschutzfunktion von Inventarerrichtung und Inventur entspricht der **öffentlich-rechtliche Charakter** der darauf bezogenen Pflichten; die Bedeutung der Vorschriften kommt auch in der Strafbarkeit verspäteter Inventaraufstellung als Insolvenzdelikt zum Ausdruck (§§ 283 Abs. 1 Nr. 7 lit. b, 283b Abs. 1 Nr. 3 lit. b StGB), dazu Rdn 67. 1

Entstehungsgeschichte. § 240 hat seine jetzige Fassung erst in den Beratungen des mit dem **BiRiLiG** befassten Unterausschusses erhalten. Die Vorschrift ist jedoch nicht sachlich neu, sondern setzt sich aus verschiedenen Vorläuferbestimmungen zusammen, soweit sie sich auf das Inventar bezogen. Während § 240 Abs. 1 und 2 aus § 39 Abs. 1 und 2 a.F. übernommen worden sind, entsprechen § 240 Abs. 3 und 4 dem bisherigen § 40 Abs. 4 a.F. (dazu noch Rdn 41, 58). **Nicht Gesetz geworden** sind zwei Neuerungen, die noch im letzten RegE eines BiRiLiG vorgesehen waren, nämlich die Ersetzung der Begriffe Vermögensgegenstände und Schulden durch den Begriff des Wirtschaftsguts in § 39 Abs. 1, 4–6 HGB-E und die Übertragung der für den Jahresabschluss geltenden Bewertungsvorschriften auf das Inventar in § 40 Abs. 2 HGB-E.[2] Zum ersten Punkt heißt es im Bericht des Unterausschusses, dass eine Vereinheitlichung der handels- und steuerrechtlichen Terminologie nicht erforderlich sei; durch die Beibehaltung des bisherigen Sprachgebrauchs werde vielmehr klargestellt, dass auch der Inhalt der verwendeten Begriffe nicht geändert werden solle; s. dazu Rdn 11. Im zweiten Punkt wird von der Übernahme der bilanzrechtlichen Bewertungsvorschriften eine unnötige Einengung des geltenden Rechts befürchtet;[3] vgl. noch Rdn 31. 2

Aus den **früheren Gesetzesänderungen** ist noch hervorzuheben: Festbewertung und Gruppenbewertung (§ 240 Abs. 3 und 4) gehen über § 40 Abs. 4 a.F. auf die Novelle von 1965 zurück[4] (näher Rdn 41, 58). Sie bezwecken eine Vereinfachung der Inventarerstellung, die teilweise auf die Inventur zurückwirkt (Beeinflussung des sogenannten Mengengerüsts bei Festbewertung[5]) und durch die Übernahme der Wertansätze auch auf 3

---

1 *Hofmann* DB 1964, 1197 (1199).
2 BT-Drucks. 10/317, S. 3.
3 Zu beiden Punkten vgl. Ausschussbericht, BT-Drucks. 10/4268, S. 96; zum Problemfeld Vermögensgegenstand/Wirtschaftsgut unten Rdn 11; zur Bewertung näher in Rdn 37.
4 Gesetz zur Änderung des HGB und der RAO vom 2.8.1965 (BGBl. I 1965, 665).
5 Vgl. z.B. HdJ – *Hachmeister/Zeyer* Abt. I/14 Rdn 362.

die Bilanz ausstrahlt; vgl. noch Rdn 41 f, 58 f. Die ursprünglich in § 41 a.F. vorgeschriebene **Unterzeichnung** des Inventars ist 1976 durch das 1. WiKG[6] abgeschafft worden; sie ist seither weder bei EDV-Einsatz noch bei konventionell erstellten Inventaren erforderlich (Einzelheiten: § 245 Rdn 8).

4 **2. Normadressaten.** § 240 verpflichtet **jeden Kaufmann**, Inventare aufzustellen (eine **Ausnahme** für bestimmte Einzelkaufleute enthält seit dem BilMoG[7] **§ 241a**, s. dort). Der Normadressat ist also ebenso bezeichnet wie in §§ 238, 239 Abs. 1, 242; entsprechend ist die Vorschrift auszulegen. Inventarpflichtig ist also jeder, der buchführungspflichtig ist; vgl. dazu § 238 Rdn 7 ff und zur Verantwortlichkeit § 238 Rdn 18 ff. Der Stichtag für das Eröffnungsinventar (s. noch Rdn 5) ergibt sich danach aus dem Zeitpunkt, in dem eine kaufmännische Betriebsorganisation erforderlich wird.

3. Grundbegriffe

5 a) **Inventar und Inventur.** Wie sich aus § 240 Abs. 2 S. 1 ergibt, versteht das Gesetz die in § 240 Abs. 1 enthaltene Umschreibung als Definition des Inventars. Danach ist das Inventar ein **stichtagsbezogenes Bestandsverzeichnis,**[8] in dem der Kaufmann seine Vermögensgegenstände und seine Schulden genau, namentlich unter Angabe von Art und Menge, verzeichnet und grundsätzlich einzeln mit einer Wertangabe versieht. Je nach dem Stichtag ist zwischen **Eröffnungsinventar** (oder Anfangsinventar) und **Jahresinventar** (oder Schlussinventar) zu unterscheiden. Das Eröffnungsinventar wird zu Beginn des Handelsgewerbes aufgestellt (§ 240 Abs. 1), das Jahresinventar zum Schluss eines jeden Geschäftsjahrs (§ 240 Abs. 2).

6 Den Begriff der **Inventur** definiert das Gesetz nicht; er ist vielmehr in der amtlichen Überschrift zu § 241 („Inventurvereinfachungsverfahren") vorausgesetzt. Der Begriff wird im Schrifttum heute kaum noch problematisiert; im Allgemeinen wird die Inventur einfach als **Prozess der Inventarerstellung** angesprochen.[9] Im betriebswirtschaftlichen Schrifttum wird teils weiter differenziert: Während die allgemeine Definition die Inventur im weiteren Sinn bezeichne, sei unter der Inventur im engeren Sinn die rein körperliche Bestandsaufnahme (Messen, Zählen, Wiegen) im Bereich des Vorratsvermögens zu verstehen.[10] Diese Differenzierung beruht auf der Wahl eines deskriptiven Ansatzes und der zunehmenden Veränderung der betrieblichen Praxis von der traditionellen Waren- oder Vorratsinventur über die verschiedenen Vereinfachungsverfahren bis zur sogenannten Buchinventur.[11] Für die rechtliche Betrachtung muss dagegen das Inventar als Inventurzweck im Vordergrund stehen (vgl. noch Rdn 22). Deshalb ist die Inventur als die Bestandsaufnahme **zu definieren**, die es erlaubt, Art und Menge der Vermögensgegenstände und der Schulden inventarmäßig zu verzeichnen. Welches Verfahren dabei ange-

---

[6] Erstes Gesetz zur Bekämpfung der Wirtschaftskriminalität vom 29.7.1976 (BGBl. I 1976, 2034); anders noch der damalige RegE, vgl. dessen Art. 4 Nr. 2 (BT-Drucks. 7/3441, S. 9).

[7] Gesetz zur Modernisierung des Bilanzrechts (Bilanzrechtsmodernisierungsgesetz – BilMoG) vom 25.5.2009 (BGBl. I 2009, 1102).

[8] Zust. Beck-HdR/*Petersen/Zwirner* A 210 Rdn 17.

[9] Vgl. z.B. Baetge/Kirsch/Thiele/*Quick/Wolz* BilR Rdn 1; Baumbach/Hopt/*Merkt* Rdn 2; Beck-HdR/*Petersen/Zwirner* A 210 Rdn 9; MünchKommHGB/*Ballwieser*[3] Rdn 4; HdR-EA/*Knop* Rdn 3.

[10] Baetge/Kirsch/Thiele/*Quick/Wolz* BilR Rdn 2; Beck-HdR/*Petersen/Zwirner* A 210 Rdn 11; *Schulze zur Wiesch* GoI S. 1 ff mwN.

[11] Nachw. zur Entwicklung der betriebswirtschaftlichen Diskussion bei Staub/*Hüffer*[4] Rdn 6.

wandt wird, ist nicht für die begriffliche Erfassung der Inventur, sondern für die Beurteilung ihrer Ordnungsmäßigkeit wesentlich. Ob man die Ermittlung der Werte der Inventur oder der eigentlichen Inventarerstellung zuordnet,[12] ist ohne grundsätzliche Bedeutung, weil der Kaufmann zu beidem verpflichtet ist. Nach der hier entwickelten Definition gehört die Bewertung zur Inventarerstellung. Dem steht nicht entgegen, dass der Bewertungsvorgang in einfachen Fällen tatsächlich in einem Zug mit der Bestandsfeststellung erfolgen kann. Zwischen Bestandsaufnahme und Bewertung rechtlich zu trennen, erweist sich deshalb als sinnvoll, weil damit klargestellt wird, dass nur die Bestandsaufnahme in enger zeitlicher Nähe zum Bilanzstichtag (Rdn 40) durchzuführen ist, während für die Bewertung die längere Inventarfrist (Rdn 33, 39) zur Verfügung steht.

b) Buchführung, Inventar und Bilanz. Inventar und Inventur bewirken Gläubiger- 7
schutz durch Selbstkontrolle (Rdn 1) nicht allein aus sich heraus, sondern kraft ihres Funktionszusammenhangs mit Buchführung und Bilanz. Die handelsrechtliche Bilanz erfüllt ihre Gläubigerschutzfunktion im Zusammenspiel mit dem Gesellschaftsrecht, indem sie den gesellschaftsrechtlich maximal entnahmefähigen oder verteilbaren Gewinn ausweist (§ 242 Rdn 8). Die dazu erforderliche Gegenüberstellung von Vermögen und Schulden (der Ausweis des Eigenkapitals kann an dieser Stelle vernachlässigt werden) setzt voraus, dass für die Bilanzposten entsprechend der gesetzlichen Gliederung (§ 266) Summen zur Verfügung stehen. Diese Summen sind nichts anderes als die der Übersicht dienende rechnerische Zusammenfassung der Bewertungsvorgänge. Das Inventar verhält sich dazu wie der Beleg zur Buchung (zum Belegprinzip vgl. § 239 Rdn 10 ff). Es muss also nachweisen, dass die bewerteten Vermögensgegenstände auch existieren.[13] Die dem Inventar zugrundeliegende Inventur erfüllt zusätzlich eine Kontrollfunktion gegenüber der Buchführung,[14] weil die Bestände selbständig, d.h. unabhängig von der Buchführung, aufgenommen werden, soweit das nach der Art der Vermögensgegenstände möglich ist (vgl. Rdn 6). Es findet also eine jährliche interne Gegenprüfung statt. Das ist nach wie vor bei der traditionellen Wareninventur am deutlichsten, gilt aber nicht nur für diese.

II. Grundsätze ordnungsmäßiger Inventur und Inventarisierung (GoI)

§ 240 enthält keinen §§ 238 Abs. 1 S. 1, 243 Abs. 1 sachlich entsprechenden Hinweis 8
auf die Verbindlichkeit von Grundsätzen ordnungsmäßiger Inventur und Inventarisierung (GoI). Eine entsprechende Generalklausel ist an dieser Stelle aber auch überflüssig, weil Inventar und Inventur Bestandteile der Rechnungslegung nach HGB sind und die **GoB** für diese umfassend **gelten.** Das ist allgemein anerkannt[15] und wird für die Regelung der Inventurvereinfachungsverfahren (§ 241) bestätigt. Die dort betonte Maßgeblichkeit der GoB (§ 241 Abs. 1 S. 2, Abs. 2, Abs. 3 Nr. 2) ist nichts Besonderes, sondern die Wieder-

12 Dazu Beck-HdR/*Petersen/Zwirner* A 210 Rdn 18; HdR-EA/*Knop* Rdn 4.

13 In diesem Sinne wird zutr. von einer eigenständigen Sicherungs- und Überwachungsfunktion gesprochen, vgl. etwa Beck-HdR/*Petersen/Zwirner* A 210 Rdn 19; HdJ – *Hachmeister/Zeyer* Abt. I/14 Rdn 9; HdR-EA/*Knop* Rdn 7.

14 Beck-HdR/*Petersen/Zwirner* A 210 Rdn 20; MünchKommHGB/*Ballwieser*[3] Rdn 4.

15 S. etwa Beck BilKomm-*Winkeljohann/Philipps* Rdn 17; Beck-HdR/*Petersen/Zwirner* A 210 Rdn 31 f; MünchKommAktG/*Graf*[2] Rdn 12; MünchKommBilR/*Graf* Rdn 12; MünchKommHGB/*Ballwieser*[3] Rdn 14.

holung des allgemeinen Grundsatzes. Vgl. auch Rdn 41, 58 zum Wegfall des einleitenden Halbsatzes aus § 40 Abs. 4 a.F.

9 Trotz dieses eindeutigen Ausgangspunkts ist in der **näheren Umschreibung der GoI** einige Unsicherheit zu verzeichnen. Das handelsrechtliche Schrifttum hat sich des Themas bislang nicht vertieft angenommen. Die im betriebswirtschaftlichen Schrifttum zusammengestellten Kataloge sind nicht einheitlich.[16] Angeboten werden zunächst die Forderungen nach **Vollständigkeit, Richtigkeit** und **Klarheit.** Über diesen Kernbestand besteht Konsens; dabei macht es keinen sachlichen Unterschied, wenn teilweise statt vom Klarheitsgrundsatz von einem Prinzip der Genauigkeit gesprochen wird.[17] Daneben werden als Grundsätze die **Wesentlichkeit und Wirtschaftlichkeit**, die **Nachprüfbarkeit** sowie die **Einzelerfassung und -bewertung** genannt; in der jüngeren Literatur scheint sich die Auffassung durchzusetzen, dass alle diese Grundsätze Teil der GoI sind.[18] Ob man dem folgt und die genannten Aspekte als eigenständige Grundsätze anerkennt oder inhaltlich auf andere Weise berücksichtigt,[19] hat keine praktische Bedeutung. Die Nachprüfbarkeit kann auch als allgemeiner Maßstab für die Beurteilung ordnungsmäßiger Buchführung und Inventur (vgl. § 238 Abs. 1 S. 2 und dort Rdn 57 f) verstanden werden. Die Forderung nach Einzelerfassung und -bewertung ergibt sich ohnehin unmittelbar aus § 240 Abs. 1 (Rdn 23). Und auch der Grundsatz der Wesentlichkeit bzw. Wirtschaftlichkeit ist als allgemeiner Grundsatz der Rechnungslegung anerkannt.[20]

10 Methodisch überzeugend dürfte es sein, zunächst die in § 238 Abs. 1 S. 2 formulierte Zielvorstellung für das Inventar zu übernehmen. Das Inventar muss also so beschaffen sein, dass ein sachverständiger Dritter daraus in angemessener Zeit einen Überblick über die dem Unternehmen gewidmeten Vermögensgegenstände und über die im Unternehmen begründeten Schulden gewinnen kann. Diese Zielvorstellung lässt sich nur erreichen, wenn auch die in § 239 Abs. 2 für die Buchführung aufgestellten Anforderungen (vgl. § 239 Rdn 5 ff) unter sachgerechter Anpassung für das Inventar übernommen werden. Damit gelangt man im Ergebnis mit leichten terminologischen Abweichungen inhaltlich zu den drei allgemein anerkannten Kerngrundsätzen der GoI: Das Inventar muss vollständig und sachlich richtig (**Wahrheitsgrundsatz**) sowie förmlich richtig und geordnet (**Prinzip der Klarheit**) erstellt werden.

---

16 Vgl. etwa Beck-HdR/*Petersen/Zwirner* A 210 Rdn 33; BoHdR-*Kirsch* Rdn 31 ff; HdJ – *Hachmeister/Zeyer* Abt. I/14 Rdn 14.

17 So HdR-EA/*Knop* Rdn 29 ff.

18 Baetge/Kirsch/Thiele/*Quick/Wolz* BilR Rdn 13 ff; Beck-HdR/*Petersen/Zwirner* A 210 Rdn 34 ff; HdJ – *Hachmeister/Zeyer* Abt. I/14 Rdn 16 ff; KölnKomm-RLR/*Braun* Rdn 13; *Winnefeld* BilanzHdb. 4 Kap. B Rdn 30 ff (der zusätzlich noch den Grundsatz der Stetigkeit nennt); Beschränkung auf die drei Kerngrundsätze aber noch bei HdR-EA/*Knop* Rdn 16 ff. Wieder anders das juristische Schrifttum, s. etwa Ebenroth/Boujong/Joost/Strohn/*Wiedmann* Rdn 5 ff; Koller/Roth/*Morck* Rdn 2; MünchKomm-BilR/*Graf* Rdn 12; MünchKommHGB/*Ballwieser*³ Rdn 14.

19 So dezidiert Staub/*Hüffer*⁴ Rdn 9.

20 Etwa HdJ – *Baetge/Zülch* Abt. I/2 Rdn 64; s.a. Beck BilKomm-*Winkeljohann/Philipps* Rdn 28; MünchKommAktG/*Graf*² Rdn 24; MünchKommBilR/*Graf* Rdn 24.

III. Anforderungen an das Inventar im Allgemeinen (§ 240 Abs. 1)

1. Vollständig und sachlich richtig (Wahrheitsgrundsatz)

a) Lückenlose Angaben

aa) **Vermögensgegenstände.** Das Inventar ist vollständig, wenn es lückenlos ist; es **11**
dürfen also keine Vermögensgegenstände und keine Schulden fehlen (vgl. schon § 239 Rdn 9). Häufig wird auch das Verbot von Doppelerfassungen als Teil des Vollständigkeitsgrundsatzes genannt;[21] zutr. dürfte es sein, in Doppelerfassungen einen Verstoß gegen die Forderung nach sachlicher Richtigkeit zu sehen (Rdn 18). **Grundlage für die Beurteilung der Vollständigkeit** ist zunächst der Begriff des Vermögensgegenstands, und zwar nicht nur für das Inventar, sondern vor allem für die Bilanz und hier für die Frage der Aktivierungsfähigkeit (s. § 246 Abs. 1). Das Gesetz verwendet den Begriff des Vermögensgenstands einheitlich und an zahlreichen Stellen (s. insbes. die grundlegende Ansatzvorschrift des § 246 Abs. 1), definiert ihn aber nicht. Über die richtige **Definition** und die Abgrenzung zum steuerrechtlichen Begriff des Wirtschaftsguts wird im Einzelnen gestritten; im Grundsatz dürfte anerkannt sein, dass nicht nur Gegenstände im Sinne des BGB[22] als Vermögensgegenstände in Betracht kommen, sondern sämtliche Vorteile für das Unternehmen, deren Erlangung sich der Kaufmann etwas kosten lässt, sofern ihnen im Geschäftsverkehr ein selbstständiger Wert beigelegt wird und sie verkehrsfähig sind.[23] Die handelsrechtliche Definition ist auch durch das **BilMoG** nicht geändert worden.[24] Zum Begriff des Vermögensgegenstands s. die Erl. zu § 246.

Nicht jeder Vermögensgegenstand ist allerdings zwingend in der Bilanz zu aktivieren; **12**
dem können einerseits **Aktivierungsverbote** entgegenstehen (z.B. § 248 Abs. 2 S. 2 für bestimmte selbst geschaffene immaterielle Vermögensgegenstände), andererseits räumt das Gesetz dem Bilanzierenden in bestimmten Fällen ein **Aktivierungswahlrecht** ein (z.B. § 248 Abs. 2 S. 1 für selbst geschaffene immaterielle Vermögensgegenstände des Anlagevermögens).[25] Dies ist hinsichtlich der Forderung nach Vollständigkeit des Inventars allerdings unbeachtlich. Alle Vermögensgegenstände sind – unabhängig davon, ob ein Aktivierungsverbot besteht oder ein Aktivierungswahlrecht nicht ausgeübt werden soll – zu inventarisieren.[26] Nur so lässt sich der mit dem Inventar verfolgte Kontrollzweck erreichen. Bilanzposten, die keinen Vermögensgegenstand abbilden (z.B. §§ 246 Abs. 2 S. 3, 250, 274),[27] sind hingegen nicht im Inventar zu erfassen;[28] zu inventarisieren ist

---

21 Z.B. Baetge/Kirsch/Thiele/*Quick*/*Wolz* BilR Rdn 13; Beck-HdR/*Petersen*/*Zwirner* A 210 Rdn 38; HdR-EA/*Knop* Rdn 16.

22 Zum Begriff Palandt/*Ellenberger* BGB[71] Überbl v § 90 Rdn 2.

23 Ausf. MünchKommAktG/*Hennrichs*[2] § 246 HGB Rdn 20 ff; Beck-HdR/*Ballwieser* B 131 Rdn 7 ff; HdJ – *Lutz*/*Schlag* Abt. I/4 Rdn 3 ff; ferner Staub/*Hüffer*[4] Rdn 11 f sowie Anh. § 243 Rdn 13 ff.

24 Ausf. HdJ – *Lutz*/*Schlag* Abt. I/4 Rdn 3 ff; s. ferner die Begründung RegE zum BilMoG, BT-Drucks. 16/10067, S. 35: „Ebenso behält auch die bisherige Interpretation des handelsrechtlichen Vermögensgegenstandsbegriffs ihre Bedeutung."

25 Vgl. HdJ – *Lutz*/*Schlag* Abt. I/4 Rdn 109 f.

26 Ebenso Baumbach/Hopt/*Merkt* Rdn 4; wohl auch HdR-EA/*Knop* Rdn 21; **aA** (Inventarisierung bei Aktivierungswahlrecht nur, wenn dieses positiv ausgeübt wird) Beck-HdR/*Petersen*/*Zwirner* A 210 Rdn 35; Haufe HGB BlKomm/*Graf*[2] Rdn 7.

27 Vgl. HdJ – *Lutz*/*Schlag* Abt. I/4 Rdn 109 f.

28 Beck BilKomm-*Winkeljohann*/*Philipps* Rdn 22; offen gelassen bei Beck-HdR/*Petersen*/*Zwirner* A 210 Rdn 35; HdJ – *Hachmeister*/*Zeyer* Abt. I/14 Rdn 53; **aA** MünchKommHGB/*Ballwieser*[3] Rdn 10 hinsichtlich Rechnungsabgrenzungsposten.

aber seit dem BilMoG ein Geschäfts- oder Firmenwert, weil dieser nach § 246 Abs. 1 S. 4 als Vermögensgegenstand gilt.[29]

13 **bb) Schulden.** Schulden sind im Inventar ebenso lückenlos anzugeben wie Vermögensgegenstände (Rdn 11). Die Gesamtschau der gesetzlichen Vorschriften ergibt, dass der Begriff der Schulden nicht nur Verbindlichkeiten (§ 266 Abs. 3 C), sondern auch Rückstellungen (§ 266 Abs. 3 B), und zwar im Gesamtumfang des § 249, umfasst.[30] All diese Posten sind mithin zwingend zu inventarisieren.[31] Keine Schulden und deshalb nicht inventarpflichtig sind das Eigenkapital (§ 266 Abs. 3 A) und die Rechnungsabgrenzungsposten (§ 266 Abs. 3 D). Zum Begriff der Schuld s. die Erl. zu § 246.

14 **Inventur der Risiken.** Nach verbreiteter Auffassung muss die Aufnahme der Vermögensgegenstände und Schulden um eine sog. Inventur der Risiken ergänzt werden.[32] Der Kaufmann muss sich danach im Rahmen der Inventur einen umfassenden Überblick über die Risiken aus Dauerschuldverhältnissen, schwebenden Geschäften, Haftungsverhältnissen und ähnlichen Vorgängen verschaffen. Dem kann unter Hinweis auf das die Rechnungslegung nach HGB insgesamt prägende Vorsichtsprinzip grundsätzlich zugestimmt werden. Inwieweit eine detaillierte Pflicht zur Erfassung dieser Risiken im Inventar besteht, kann nur für den Einzelfall und unter besonderer Berücksichtigung des allgemeinen Grundsatzes der Wesentlichkeit bzw. Wirtschaftlichkeit entschieden werden.

b) Zuordnung von Vermögensgegenständen und Schulden

15 **aa) Unternehmensbezogenheit (sachliche Zuordnung).** Nach dem Wortlaut des § 240 Abs. 1 muss der Kaufmann „seine“ Vermögensgegenstände und Schulden inventarisieren. Damit stellt sich zunächst ähnlich wie für die Buchführungspflicht die Frage, ob die Inventarpflicht des Kaufmanns auch sein Privatvermögen umfasst. Für **Handelsgesellschaften** ergibt sich das Problem nicht, weil sie kein Privatvermögen haben. Für **Einzelkaufleute** ist es schon wegen des Sachzusammenhangs zwischen Buchführung und Inventar für beide Bereiche im gleichen Sinne zu entscheiden; es gibt also keine Inventarpflicht für Vermögensgegenstände und Schulden des Privatvermögens (vgl. § 238 Rdn 52 f).[33] Dasselbe gilt selbstverständlich bei Handelsgesellschaften für Vermögen und Schulden der Gesellschafter (Aktionäre).

16 **bb) Persönliche Zuordnung.** Die Forderung des § 240 Abs. 1, wonach der Kaufmann „seine“ Vermögensgegenstände im Inventar zu verzeichnen hat, hat eine weitere Bedeutung. Vermögensgegenstände sind nur dann zu inventarisieren, wenn sie dem Einzelkaufmann oder der Handelsgesellschaft zuzuordnen sind. Aus systematischen Gründen und dem Funktionszusammenhang von Inventar, Buchführung und Bilanz (s. Rdn 7) entspricht die persönliche Zuordnung für Zwecke des Inventars derjenigen für Zwecke der Bilanzierung. Maßgeblich ist also auch für das Inventar die aus § 246 Abs. 1 S. 2 und S. 3 folgende Zuordnung. Vermögensgenstände sind nach § 246 Abs. 1 S. 2 grundsätzlich in der Bilanz desjenigen auszuweisen, dem das zivilrechtliche Vollrecht (bei Sachen:

---

29 Beck BilKomm-*Winkeljohann/Philipps* Rdn 22; unklar Heidel/Schall/*Reich/Szczesny/Voß* HGB Rdn 6.

30 Ausf. MünchKommAktG/*Hennrichs*[2] § 246 HGB Rdn 70 ff.

31 Zur umstrittenen Frage, ob die nach dem BilMoG nicht mehr zulässigen Aufwandrückstellungen zu inventarisieren waren, Staub/*Hüffer*[4] Rdn 14.

32 ADS Rdn 20; Beck-HdR/*Petersen/Zwirner* A 210 Rdn 39; HdJ – *Hachmeister/Zeyer* Abt. I/14 Rdn 50; MünchKommBilR/*Graf* Rdn 14.

33 Vgl. Baumbach/Hopt/*Merkt* § 246 Rdn 24.

Eigentum; bei Rechten: Inhaberschaft) zusteht; eine Ausnahme gilt dann, wenn sie wirtschaftlich einem anderen zuzurechnen sind (sog. **wirtschaftliche Zurechnung**[34]). Schulden sind gemäß § 246 Abs. 1 S. 3 in die Bilanz des Schuldners aufzunehmen. Wegen der Einzelheiten s. Erl. zu § 246.

cc) **Zeitliche Zuordnung (Zugang).** Zuordnungsprobleme stellen sich nicht nur in sachlicher, sondern auch in zeitlicher Hinsicht. Fraglich ist dabei, welche Voraussetzungen erfüllt sein müssen, um den Zugang eines Vermögensgegenstands zum Vermögen des Inventarpflichtigen zu bejahen. Bei einer Übertragung des jeweiligen Vollrechts stellen sich insoweit selten Probleme; maßgeblich ist grundsätzlich der rechtliche Zeitpunkt des Vollrechtserwerbs. Schwieriger ist es bei Forderungen, insbesondere bei solchen aus **schwebenden Geschäften.** Hierunter versteht man zweiseitig verpflichtende Verträge, bei denen beide Hauptleistungen noch nicht erbracht sind.[35] Zivilrechtlich entstehen die Ansprüche und Verbindlichkeiten mit dem Vertragsschluss; damit liegen an sich auch bilanzrechtlich Vermögensgegenstände und Schulden vor.[36] Nach dem als GoB anerkannten Grundsatz der Nichtbilanzierung schwebender Geschäfte werden diese Vermögensgegenstände und Schulden indes nicht bilanziert, solange die gegenseitigen Leistungspflichten sich ausgeglichen (hier gilt zudem die sog. Ausgeglichenheitsvermutung) und unerfüllt gegenüberstehen.[37] Eine Forderung im bilanzrechtlichen Sinn ist erst dann zu aktivieren, wenn einer der Vertragspartner im Wesentlichen vollständig geleistet hat; eine Kaufpreisforderung ist beispielsweise also in Inventar und Bilanz des Verkäufers aufzunehmen, wenn er ausgeliefert hat (vgl. § 252 Abs. 1 Nr. 4, 2. Halbsatz zum **Realisationsprinzip**). Für die Aktivierung erhaltener Lieferungen wird vor allem darauf abgestellt, wann der Gläubiger die tatsächliche Verfügungsgewalt über den Leistungsgegenstand erhalten hat. 17

c) **Sachlich richtig.** Das Inventar muss nicht nur vollständig, sondern auch sachlich richtig sein. Die Angaben über Art und Menge der verzeichneten Gegenstände (zur Bewertung vgl. unten Rdn 31 f) müssen mit den Tatsachen übereinstimmen.[38] Verboten sind danach Doppelerfassungen, die Erfindung von Vermögensgegenständen oder Schulden, die Angabe von Phantasiemengen oder die unrichtige Bezeichnung der Art von Vorräten. Die Probleme liegen nicht in der Konkretisierung dieser Vorgaben, sondern darin, sie in praktisch brauchbare Anforderungen umzusetzen. Dies gilt insbesondere deshalb, weil der Bestand an Vermögensgegenständen und Schulden zum Inventurstichtag bei nachträglichen Zweifeln nicht beliebig rekonstruierbar ist. Entscheidende Bedeutung hat deshalb eine dem Belegprinzip der Buchführung (§ 239 Rdn 10 f) funktional vergleichbare Verknüpfung zwischen dem Inventar und dem Aufnahmevorgang anhand der dabei gefertigten Aufzeichnungen sowie die Wahl der geeigneten Inventurform 18

---

34 Verfehlt ist indes nach wie vor der Begriff des wirtschaftlichen Eigentums, dazu zutr. MünchKommAktG/*Hennrichs*[2] § 246 HGB Rdn 127. Eine Änderung der bisherigen Rechtslage war mit der Normierung des Grundsatzes der wirtschaftlichen Zurechnung im Rahmen des BilMoG nicht beabsichtigt, s. Begründung RegE BilMoG, BT-Drucks. 16/10067, S. 47 f.

35 BFH/NV 2011, 1147; MünchKommAktG/*Hennrichs*[2] § 246 HGB Rdn 117, dort Rdn 117 ff auch ausführlich zum Folgenden.

36 MünchKommAktG/*Hennrichs*[2] § 246 HGB Rdn 117.

37 BFH/NV 2011, 1147; MünchKommAktG/*Hennrichs*[2] § 246 HGB Rdn 117.

38 Arbeitskreis *Ludewig* Vorratsinventur S. 14; *Schulze zur Wiesch* GoI S. 63; *Weisse* Inventur S. 33.

einschließlich sorgfältiger Planung und Durchführung.[39] Bei der Konkretisierung der Anforderungen an die sachliche Richtigkeit spielt der **Wirtschaftlichkeitsgrundsatz** eine große Rolle; da kleinere Fehler insbesondere bei umfangreichen Beständen nicht zu vermeiden sind, begründen solche Fehlangaben keinen Verstoß gegen den Grundsatz der sachlichen Richtigkeit, wenn und soweit sie sich im Rahmen des wirtschaftlich Vertretbaren halten und insgesamt willkürfrei verfahren wird.[40]

2. Förmlich richtig und geordnet (Grundsatz der Klarheit)

19 a) **Förmlich richtig.** § 240 Abs. 1 verlangt die **Genauigkeit** des Verzeichnisses. Die gesetzliche Forderung entspricht dem Klarheitsprinzip (vgl. schon Rdn 10). Danach muss das Inventar so gestaltet sein, dass ein sachverständiger Dritter innerhalb angemessener Zeit (vgl. § 238 Abs. 1 S. 2 und dort Rdn 56 ff) einen Überblick über die Vermögensgegenstände und Schulden gewinnen und den Weg von der Inventur in das Inventar nachvollziehen kann. Daraus ergeben sich Anforderungen an das Inventar und an die belegartige Verknüpfung von Inventar und Inventur.[41] Für das Inventar gilt: Es muss eine hinreichende Gliederung aufweisen (dazu Rdn 20). Ferner müssen Vermögensgegenstände und Schulden eindeutig bezeichnet sein. Art und Menge sind also durch Einzelbeschreibung anzugeben. Die Angabe bloßer Warengruppen ohne Artikelbezeichnung genügt nicht.[42] Ebenso unzureichend ist ein Verzeichnis von Waren ohne Mengenangaben.[43] Die Verknüpfung von Inventar und Inventur wird durch ordnungsmäßige Originalaufzeichnungen hergestellt.[44] Es müssen also Unterlagen vorhanden sein, aus denen sich die Durchführung der Bestandsaufnahme, das dabei angewendete Verfahren (Rdn 23 ff) und die Übereinstimmung des so gewonnenen Ergebnisses mit der jeweiligen Angabe im Inventar ergibt.

b) Geordnet

20 aa) **Gliederung.** Ein hinreichend aussagefähiges Inventar bedarf nicht nur eindeutiger Bezeichnungen (Rdn 19), sondern auch einer aussagekräftigen Gliederung. Gesetzliche Gliederungsvorschriften für das Inventar gibt es allerdings nicht.[45] Zulässig ist deshalb jede Gliederung, die dem Standard des § 238 Abs. 1 S. 2 genügt. Bei seiner Konkretisierung ist die Belegfunktion zu beachten, die dem Inventar im Verhältnis zur Bilanz zukommt. Die verschiedenen Bilanzposten (§ 266) ergeben deshalb unverzichtbare Orientierungsmarken;[46] anders wäre auch die Umwandlung (Verdichtung) der in das Inventar aufgenommenen Bewertung in Bilanzzahlen nicht möglich. Innerhalb dieses Rahmens kann nach Größe und Art des Unternehmens differenziert werden.[47] Die verschiedenen

---

[39] *Fülling* GoBil für Vorräte S. 52; *Scherrer/Obermeier* Stichprobeninventur S. 20 f; s.a. Beck-HdR/*Petersen/Zwirner* A 210 Rdn 49.

[40] Baetge/Kirsch/Thiele/*Quick/Wolz* BilR Rdn 14; Beck-HdR/*Petersen/Zwirner* A 210 Rdn 41 ff.

[41] Zum folgenden vgl. HdJ – *Hachmeister/Zeyer* Abt. I/14 Rdn 31 ff; s. bereits *Fülling* GoBil für Vorräte S. 52 f; *Scherrer/Obermeier* Stichprobeninventur S. 24 f; *Schulze zur Wiesch* GoI S. 64 f.

[42] *Nestle* BB 1973, 1620 (1626); *Peter/v. Bornhaupt/Körner* Ordnungsmäßigkeit der Buchführung Rdn 483.

[43] BFH BStBl. II 1971, S. 709.

[44] Vgl. zum Einsatz von Diktiergeräten HdR-EA/*Knop* Rdn 30.

[45] MünchKommAktG/*Graf*[2] Rdn 20; MünchKommBilR/*Graf* Rdn 20.

[46] *Weisse* Inventur S. 36.

[47] Vgl. zur Inventargliederung *Schulze zur Wiesch* GoI S. 73 f.

auf Vereinfachung der Inventur oder der Inventarerstellung abzielenden Verfahren (vgl. § 241 sowie unten Rdn 41 ff, 58 ff) bewirken im praktischen Ergebnis eine zusätzliche Gliederung des (rechtlich einheitlichen) Inventars in mehrere Bestandsverzeichnisse oder sie ersetzende Unterlagen (Lagerbücher oder -karteien). Das ist nicht nur zulässig, sondern erwünscht, weil auf diese Weise deutlich wird, in welchem Inventurverfahren die Mengen- und Wertangaben des Inventars gewonnen worden sind.

bb) Form. Eine besondere Form ist für das Inventar nicht vorgeschrieben. Erforderlich und genügend ist deshalb, dass es als „sonst erforderliche Aufzeichnung" den Anforderungen des § 239 entspricht (vgl. schon dort Rdn 2). Das Inventar kann also konventionell in Schriftform, aber auch auf Datenträgern erstellt werden.[48] Zu beachten sind namentlich das Gebot lebender Sprache und eindeutiger Abkürzungen (§ 239 Rdn 2 ff), das Veränderungsverbot (§ 239 Rdn 17 f) und bei Inventaren auf Datenträgern die Gebote der Verfügbarkeit und der potentiellen Lesbarkeit (§ 239 Rdn 29). Seit 1976 ist die Unterzeichnung des Inventars nicht mehr erforderlich; vgl. dazu schon Rdn 3 und näher § 245 Rdn 8. **21**

IV. Inventur und Bewertung

1. Zur gesetzlichen Ausgangslage; Einzelerfassung und Stichtagsbezogenheit (§ 240 **Abs. 1 und 2**). Die kaufmännische Praxis betrachtet das Inventar verständlicherweise vor allem als Arbeitsergebnis und das Interesse gilt deshalb vorrangig der ihm vorausgehenden Inventur. Das Gesetz orientiert sich dagegen am **Inventar** und überlässt es im Einzelnen den Inventarpflichtigen, wie sie ein den gesetzlichen Vorgaben entsprechendes Verzeichnis zustande bringen. Deshalb gibt es für die Inventur keine Begriffsbestimmung (Rdn 6) und, abgesehen von den Inventurvereinfachungsverfahren (§ 241), auch keine gesetzlichen Regeln über die Durchführung der Bestandsaufnahme. Die rechtlichen Anforderungen an die Inventur müssen weithin aus den allgemeinen Grundsätzen und Prinzipien abgeleitet werden. Neben der erstrebten **Vollständigkeit** des Inventars (Rdn 11 ff) kommt dabei vor allem dem Grundsatz der **Einzelbewertung** (§ 240 Abs. 1) und der **Stichtagsbezogenheit** (§ 240 Abs. 1 und 2) Bedeutung zu; denn die Einzelbewertung ist nicht möglich ohne die Einzelerfassung, und die Stichtagsbezogenheit ergibt die notwendige zeitliche Eingrenzung für die Erfassung und die Bewertung der Bestände. Im Folgenden werden zunächst die als Bestandsaufnahme verstandene Inventur (vgl. Rdn 6 aE) und gesondert die Bewertungsfragen (dazu Rdn 31 f) erläutert. **22**

2. Inventur

a) Gesetzliche Grundform und Ausnahmen. Die gesetzliche Grundform der Inventur ist die Einzelerfassung der Vermögensgegenstände und Schulden durch Vollaufnahme zum Bilanzstichtag. In der Praxis erfolgt dies heute z.B. unter Verwendung von Transpondern, sog. **RFID** (*Radio Frequency Identification*) gestützte Inventur.[49] **Einzelerfassung** bedeutet, dass jeder Vermögensgegenstand und jede Schuldposition getrennt von anderen gleichartigen oder ungleichartigen Vermögensgegenständen und Schuldpositio- **23**

---

[48] Zu Letzterem bereits *Nestle* BB 1973, 1620 (1623 f).

[49] Dazu ausführlich HdJ – *Hachmeister/Zeyer* Abt. I/14 Rdn 203a ff; *Weidenbach-Koschnike* BC 2007, 303.

nen aufzunehmen und durch Einzelbeschreibung festzuhalten ist (vgl. aber noch Rdn 27 zur Behandlung geschlossener Anlagen). Das folgt aus dem Prinzip der Einzelbewertung (§ 240 Abs. 1 und 2), die ohne solche Einzelerfassung nicht möglich ist. Ausnahmen bestehen nur, soweit das Gesetz auf die Einzelbewertung verzichtet, also im Rahmen des § 240 Abs. 3 und 4 (Festwert- und Gruppenbewertungsverfahren, vgl. Rdn 41 ff, 58 ff). Die **Vollaufnahme** ist das Gegenstück zur Stichprobeninventur, die nach § 241 Abs. 1 nur für Vermögensgegenstände (also nicht für Schulden) zulässig ist und unter zwei Vorbehalten steht: Erstens muss das Verfahren GoI-konform sein, und zweitens muss das so erstellte Bestandsverzeichnis einem auf körperlicher Bestandsaufnahme beruhenden Inventar gleichwertig sein. Mit dem Begriff der **Stichtagsinventur** ist schließlich gemeint, dass die Inventur die Vermögensgegenstände und Schulden zu erfassen hat, die am Bilanzstichtag vorhanden sind – sei es der Stichtag der Eröffnungsbilanz (§ 240 Abs. 1) oder des Jahresabschlusses (§ 240 Abs. 2). Ausnahmen ergeben sich aus der Zulässigkeit der permanenten Inventur (§ 241 Abs. 2) und der vor- oder nachverlegten Inventur (§ 241 Abs. 3). In der Betriebswirtschaftslehre wird ferner wie folgt unterschieden:[50] Der Ausdruck **Inventurverfahren** kennzeichnet die Art und Weise der Inventur (Vollaufnahme; Stichproben); dagegen wird von **Inventursystemen** gesprochen, wenn nach der zeitlichen Abhängigkeit der Inventur vom Bilanzstichtag differenziert werden soll.

24 b) **Kein Prinzip körperlicher Bestandsaufnahme.** Die Einzelerfassung durch Vollaufnahme kann durch körperliche Bestandsaufnahme oder anhand der Buchführung und ihrer Unterlagen als sogenannte Buchinventur erfolgen (vgl. schon Rdn 6).[51] Teilweise wird die erste Methode in den Vordergrund gerückt und ein Prinzip körperlicher Bestandsaufnahme statuiert.[52] Dem Gesetz ist aber gerade keine grundsätzliche Aussage über das geeignete Inventurverfahren zu entnehmen (Rdn 22). Nachdem sich für das bewegliche Anlagevermögen die buchmäßige Aufnahme als Inventurmethode durchgesetzt hat (vgl. noch Rdn 27), findet die körperliche Aufnahme, sieht man von einigen nicht repräsentativen Ausnahmen ab, nur noch bei der Vorratsinventur statt (Rdn 28 f).[53] Die körperliche Bestandsaufnahme sollte deshalb, bezogen auf die Inventur insgesamt, heute nicht mehr als Regelfall angesehen werden (vgl. auch Rdn 51, 55). Das bedeutet allerdings nicht, dass die Inventur ihre gläubigerschützende Kontrollfunktion (Rdn 1, 7) verlieren darf. Daran ist festzuhalten. Gläubigerschutz und Kontrolle der Buchführungsergebnisse sind aber nicht durch die grundsätzliche Forderung nach einer weithin nicht praktikablen Aufnahmetechnik, sondern durch detaillierte Aufzeichnungen und deren gründliche Überprüfung zu verwirklichen.

25 Die **körperliche Bestandsaufnahme** eignet sich insbesondere zur Feststellung von Mengen und erfolgt traditionell durch Zählen, Messen oder Wiegen.[54] Zulässig sind aber auch andere Verfahren, sofern sie eine überprüfbare Mengenfeststellung erlauben (vgl. noch Rdn 27). Jedes Aufnahmeergebnis ist durch entsprechende Aufzeichnungen

---

[50] Baetge/Kirsch/Thiele/*Quick*/*Wolz* BilR Rdn 28 ff, 33 ff; HdJ – *Hachmeister*/*Zeyer* Abt. I/14 Rdn 101 ff; HdR-EA/*Knop* Rdn 30; s. bereits *Fülling* GoBil für Vorräte S. 58 f; Arbeitskreis *Ludewig* Vorratsinventur S. 9 f; *Schulze zur Wiesch* GoI S. 79 f.

[51] Zutr. *IDW* HFA 1/1990 A. II.

[52] Nachw. aus dem älteren Schrifttum bei Staub/*Hüffer*[4] Rdn 30 Fn. 48; in diese Richtung wohl immer noch Baumbach/Hopt/*Merkt* Rdn 2; Heidel/Schall/*Reich*/*Szczesny*/*Voß* HGB Rdn 2; von einem grundsätzlichen Vorrang gehen offenbar auch Beck Bil-Komm-*Winkeljohann*/*Philipps* Rdn 5 f aus.

[53] Vgl. z.B. Beck-HdR/*Petersen*/*Zwirner* A 230 Rdn 3.

[54] Zum Ganzen ausführlich HdR-EA/*Knop* Rdn 83 ff.

(Aufnahmeblätter, Inventurlisten) festzuhalten. Schriftliche Aufzeichnungen sind nicht unbedingt erforderlich. Zulässig ist namentlich auch hier EDV-Einsatz sowie unter Wahrung der Sicherheitsanforderungen die Benutzung von Diktiergeräten.

Soweit eine körperliche Bestandsaufnahme nach der Art des Objekts nicht möglich **26**
(so etwa bei Forderungen und Schulden, vgl. noch Rdn 28 aE, 30) oder wegen mangelnder Praktikabilität unter Rationalitätsgesichtspunkten nicht sinnvoll ist, findet die sogenannte **Buchinventur** statt. Den Erfordernissen einer Buchinventur entspricht es allerdings nicht, wenn Kontostände einfach in die Abschlussübersicht übertragen werden, weil damit die Kontrollfunktion der Inventur (Rdn 7) verfehlt wird. Notwendig ist vielmehr eine nachweisbare Gegenprüfung der Buchführungsunterlagen z.B. über Saldenlisten,[55] die der Inventarpflichtige oder der von ihm Beauftragte abzuzeichnen hat. Zweck der Prüfung ist es, die Übereinstimmung der Sammelkonten mit den Einzelkonten festzustellen, die für Kunden und Lieferanten angelegt worden sind.[56]

c) **Einzelfragen**

aa) **Vermögensgegenstände des Anlagevermögens. Immaterielle Vermögensgegen-** **27**
stände (zum Begriff des Vermögensgegenstands vgl. Rdn 11) können ihrer Art nach nur im Wege der Buchinventur erfasst werden. Soweit sie nicht aufgrund früherer Inventare oder der Buchführung genau beschrieben werden können, sind für die Aufnahme die verfügbaren Belege (z.B. Vertragsurkunden) heranzuziehen. Gewerbliche Schutzrechte sind nicht nur ihrem Inhalt nach, sondern auch hinsichtlich ihres räumlichen und zeitlichen Geltungsbereichs aufzunehmen.[57] Das **unbewegliche Sachanlagevermögen**, namentlich Grundstücke einschließlich aufstehender Gebäude, wird durch Buchinventur erfasst; in Frage kommen dafür: Rückgriff auf das bisherige Inventar, bei Neuzugängen das jeweilige, namentlich anhand der Grundbuch- und Katasterauszüge zu überprüfende Sachkonto oder eine gesonderte Anlagenkartei.[58] Auch für das **bewegliche Sachanlagevermögen** (technische Anlagen, Maschinen, Betriebs- und Geschäftsausstattung) ist eine jährliche körperliche Bestandsaufnahme nicht erforderlich; vielmehr genügt die buchmäßige Erfassung im Bestandsverzeichnis.[59] Als Bestandsverzeichnis können bei hinlänglicher Aussagefähigkeit[60] schon die Sachkonten der Buchführung in Betracht kommen; das Verzeichnis wird aber regelmäßig als gesonderte Anlagekartei geführt werden.[61] Um die Zuverlässigkeit der Bestandsführung zu sichern, empfiehlt es sich, in regelmäßigen Abständen eine körperliche Bestandsaufnahme durchzuführen und die Bestände abzugleichen.[62] Gegenstände, die eine geschlossene Anlage bilden (Beispiele nach R 5.4 Abs. 2 S. 1 EStR: Hochofen einschließlich Zubehör, Breitbandstraße einschließlich Zubehör, die Überlandleitungen einschließlich der Masten usw. eines Elektrizitätswerks, Anlagen von Gas- und Wasserwerken, Wasser-, Gas- und sonstige Rohrleitungen innerhalb eines

---

[55] BGH DB 1971, 2010.

[56] ADS Rdn 31 f; *Schulze zur Wiesch* GoI S. 89; *Spörlein* Inventur S. 32.

[57] HdJ – *Hachmeister/Zeyer* Abt. I/14 Rdn 130.

[58] Beck-HdR/*Petersen/Zwirner* A 230 Rdn 13 ff; *Schulze zur Wiesch* GoI S. 85 f; *Spörlein* Inventur S. 28; *Weisse* Inventur S. 86.

[59] Dazu ausführlich Beck-HdR/*Petersen/Zwirner* A 230 Rdn 17 ff; Heidel/Schall/*Reich/Szczesny/Voß* HGB Rdn 4.

[60] Zu den Anforderungen HdJ – *Hachmeister/Zeyer* Abt. I/14 Rdn 125; *IDW* HFA 1/1990 A. II. b).

[61] Beck-HdR/*Petersen/Zwirner* A 230 Rdn 17; HdJ – *Hachmeister/Zeyer* Abt. I/14 Rdn 125; MünchKommAktG/*Graf*[2] Rdn 35.

[62] Beck-HdR/*Petersen/Zwirner* A 230 Rdn 19; HdJ – *Hachmeister/Zeyer* Abt. I/14 Rdn 126 (empfohlen wird – in Anlehnung an § 240 Abs. 3 S. 2 – ein Dreijahresrhythmus).

Fabrikationsbetriebs)[63], können nicht nur steuerrechtlich, sondern auch handelsrechtlich als eine Gesamtanlage in das Bestandsverzeichnis eingetragen werden.[64] **Finanzanlagen** werden im Allgemeinen ebenfalls buchmäßig erfasst und durch Gesellschaftsverträge, Depotauszüge usw. belegt.[65] Eine körperliche Bestandsaufnahme ist nur erforderlich bei Wertpapieren, und auch das nur, wenn sie der Inventarpflichtige selbst verwahrt.[66]

28 **bb) Vermögensgegenstände des Umlaufvermögens.** Die Inventur des Vorratsvermögens erfolgt im Wege körperlicher Bestandsaufnahme zum Bilanzstichtag, soweit sich nicht aus § 241 die Zulässigkeit eines abweichenden Verfahrens ergibt und davon auch Gebrauch gemacht wird. Bei besonders wertvollen Beständen (z.B. Edelmetalle) und bei Beständen, die von dem Risiko erheblicher unkontrollierbarer Abgänge bedroht sind (z.B. Schwund, Verdunsten, Verderb, leichte Zerbrechlichkeit, hohes Diebstahlrisiko) gibt es keine Inventurerleichterungen; es verbleibt bei dem Erfordernis körperlicher Bestandsaufnahme zum Bilanzstichtag.[67] In der Praxis bestehen häufig erhebliche Schwierigkeiten:[68] Zum einen deshalb, weil die körperliche Aufnahme wegen der Art der Bestände nicht immer einfach ist; zum anderen, weil die Inventurpflichtigen das (im Grundsatz anerkennenswerte) Bestreben haben, die gesetzliche Verpflichtung mit einem Minimum an organisatorischem Aufwand und Kosten zu erfüllen. Beispiel für das Erste: Aufnahme von Kohlehalden (Vermessung und Kartierung);[69] flüssige Chemikalien (Multiplizieren des Messergebnisses in Litern mit dem spezifischen Gewicht);[70] Kraftstoff in Tanks.[71] Beispiel für das Zweite: Abschnittsweises Fotografieren der Laden- und Lagerregale durch Drogerie-Einzelhändler.[72] Den handelsrechtlichen Anforderungen genügt jedes Verfahren, das eine hinlänglich genaue Feststellung der jeweiligen Mengen erlaubt. Das gilt auch, soweit besondere technische oder naturwissenschaftliche Kenntnisse zur Verfahrensoptimierung nutzbar gemacht werden, sofern die Prüfung durch einen sachverständigen Dritten in angemessener Zeit möglich ist. An dieser Forderung hält der BFH in ständiger Rechtsprechung fest.[73] Sie folgt aus § 238 Abs. 1 S. 2 auch für das Handelsrecht. Bei der Konkretisierung des jeweils Angemessenen wird jedenfalls in der Tendenz um so mehr Zeit eingeräumt werden müssen, je schwieriger und aufwendiger die körperliche Bestandsaufnahme ihrer Art nach ist. Für Forderungen und sonstige unkörperliche Gegenstände des Umlaufvermögens kann keine körperliche Bestandsaufnahme erfolgen; die Inventur muss daher insoweit als Buchinventur durchgeführt werden.

29 **Einzelfälle.** Eine nicht den gesetzlichen Anforderungen entsprechende Inventur des Vorratsvermögens wurde in der Rechtsprechung des BFH (handelsrechtliche Entscheidungen sind nicht ersichtlich) in folgenden Fällen angenommen: Für die Hälfte des Vor-

---

[63] Vgl. zu Windparks BFH BB 2011, 1648 m. Anm. *Schmid.*

[64] BFH BStBl. II 1974, 132 (135 f) = BB 1974, 304 f m. Anm. *Labus;* HdJ – *Hachmeister/Zeyer* Abt. I/14 Rdn 128. Darstellung auch bei *Wiedmann* FS Moxter (1994) S. 453 (455 f) mwN in Fn. 2–7.

[65] HdJ – *Hachmeister/Zeyer* Abt. I/14 Rdn 131.

[66] Beck-HdR/*Petersen/Zwirner* A 230 Rdn 41 f.

[67] Beck-HdR/*Petersen/Zwirner* A 220 Rdn 12.

[68] Daraus resultiert eine im Einzelnen kaum noch zu überschauende Literatur; grundlegend: Arbeitskreis *Ludewig* Die Vorratsinventur (1967); Monographie: *Fülling* GoBil für Vorräte (1976); dort Zusammenstellung des Schrifttums S. 49f (Fn. 54); später noch *Bäuerle* BB 1986, 846; *Harrmann* DB 1978, 2377 sowie die einschlägigen Handbücher (z.B. Beck-HdR/*Petersen/Zwirner* A 220).

[69] Vgl. *Harrmann* DB 1978, 2377 f; Lösungsvorschlag bei *Fülling* GoBil für Vorräte S. 54 Fn. 64: stereoskopische Luftaufnahme.

[70] Vgl. *Harrmann* DB 1978, 2377 f.

[71] Vgl. *Harrmann* DB 1978, 2377 f.

[72] Nicht ausreichend, vgl. BFH BB 1980, 1506.

[73] BFHE 105, 138; 109, 167; 117, 224; BFH BB 1980, 1505 f.

ratsvermögens einer Maschinenfabrik fehlen die Mengenangaben; Originalnotizen (Schmierzettel) existieren nicht mehr[74]. Aufnahmelisten in Reinschrift tragen weder Datum noch Unterschrift des Aufnehmenden; Uraufzeichnungen sind nicht angefertigt worden[75]. Bestandsaufnahme in Bleistift auf nicht nummerierten, nicht unterschriebenen und nicht datierten Blättern bei Widersprüchlichkeit der durch Kartei und durch körperliche Aufnahme ermittelten Mengen.[76] Halbfertige Arbeiten und Hilfsstoffe werden weder bestands- noch wertmäßig aufgenommen.[77] Laden- und Lagerregale werden nur abschnittsweise fotografiert (vgl. schon Rdn 28).

cc) **Rückstellungen; Verbindlichkeiten.** Die Inventur der Rückstellungen (zu der auch insoweit bestehenden Inventarpflicht vgl. Rdn 13 f) kann nur anhand von Aufzeichnungen erfolgen, weil nichts körperlich Greifbares vorhanden ist.[78] Das jeweils Erforderliche hängt von der Art des Vorgangs ab, der die Rückstellung begründet. Unverzichtbar ist auch insoweit ein sogenanntes Mengengerüst, weil sonst kein Ausgangstatbestand für die erforderliche Bewertung vorhanden wäre. Es ist aus den Konten abzuleiten, die für die einzelnen Rückstellungen geführt werden, und muss anhand der vorliegenden Aufzeichnungen (Verträge; Pensionszusagen; Nachweise über den Stand der Abwicklung von Verträgen; Kostenvoranschläge bei Reparaturbedürftigkeit von Maschinen und Anlagen; unternehmensintern erstellte Berichte und Kalkulationen) überprüft werden. Zur Inventur der Verbindlichkeiten vgl. schon Rdn 26. Sie können nach der gebotenen Kontrolle der Konten (Saldenliste) im Allgemeinen ohne nochmalige Zusammenstellung aus der Buchführung übernommen werden. Im Einzelfall, nämlich wenn sonst in angemessener Zeit keine brauchbare Übersicht zu gewinnen ist, kann eine gegliederte Zusammenstellung der „sonstigen Verbindlichkeiten" (§ 266 Abs. 3 C 8) erforderlich sein. **30**

3. Bewertung

a) **Allgemeines.** Nach § 240 Abs. 1 muss das Inventar Wertangaben enthalten, und zwar einzeln für die Vermögensgegenstände und die Schulden. Die Belegfunktion, die dem Inventar gegenüber der Bilanz zukommt (Rdn 7), bezieht sich nicht nur auf den Ansatz, sondern auch auf die Bewertung. Wie die Bewertung zu erfolgen hat, führt das Gesetz, abgesehen vom Prinzip der Einzelbewertung, nicht aus. Nach § 40 Abs. 2 HGB-E sollten für die Bewertung im Inventar die Vorschriften über den Jahresabschluss gelten.[79] Die Bestimmung ist nicht Gesetz geworden, obwohl ihre Fassung den Bewertungs- und Inventurvereinfachungsverfahren (§ 240 Abs. 3 und 4; § 241) Rechnung getragen hätte.[80] Sie ist vielmehr auf Empfehlung des Unterausschusses gestrichen worden, weil eine unnötige Einengung des geltenden Rechts befürchtet wurde.[81] Diese Befürchtung wird in Teilen der neueren Literatur geteilt.[82] Daraus wird gefolgert, dass für die Bewertung im Rahmen der Inventur nur die Anschaffungs- oder Herstellungskosten detailliert zu ermitteln seien; die besonderen Bewertungsgrundsätze für die Bilanz **31**

---

74 BFH BStBl. II 1971, 709.
75 BFHE 104, 414.
76 BFH BB 1973, 73.
77 BFHE 117, 224.
78 **AA** offenbar Beck BilKomm-*Ellrott/Rhiel* § 249 Rdn 169 für Pensionsverpflichtungen (gemeint ist aber wohl: Einzelerfassung durch Vollaufnahme).
79 BT-Drucks. 10/317, S. 3.
80 Vgl. Begr. RegE, BT-Drucks. 10/317, S. 73.
81 Ausschussbericht, BT-Drucks. 10/4268, S. 96.
82 Baumbach/Hopt/*Merkt* Rdn 5; Beck-HdR/*Petersen/Zwirner* A 210 Rdn 18.

(§§ 252 ff) seien hingegen (noch) nicht zu berücksichtigen.[83] Andere halten dagegen die bilanziellen Bewertungsgrundsätze schon im Rahmen des Inventars für maßgeblich.[84] Letztlich scheint hier um Begrifflichkeiten gestritten zu werden. In der Sache ist klar, dass die für die Bilanz geltenden Bewertungsgrundsätze (§§ 252 ff) anzuwenden sind, wenn die Bilanz aus dem Inventar abgeleitet wird.[85] Ob dies formell bereits im Rahmen der Bewertung des Inventars erfolgt, oder ob eine separate Überleitungsrechnung[86] aufgestellt wird, ist nicht entscheidend. In jedem Fall müssen sämtliche **Informationen**, die für die **bilanzielle Bewertung** erforderlich sind, **im Inventar festgehalten** werden. Sonst könnte das Inventar die Kontroll- und Belegfunktion gegenüber der Bilanz hinsichtlich der Bewertung nicht erfüllen. Um sowohl eine unnötige Erfassung von Informationen als auch eine unvollständige Erfassung zu vermeiden, sollten die bilanziellen Bewertungsgrundsätze ganz überwiegend bereits für das Inventar befolgt werden. Von der Frage nach den Bewertungsgrundsätzen ist demgegenüber die nach dem sachgerechten Verfahren der Wertermittlung zu unterscheiden. Jedenfalls für das **Vorratsvermögen** ist es dabei i.d.R. zweckmäßig, zweistufig vorzugehen: zunächst sind die Anschaffungs- oder Herstellungskosten als Bruttowerte zu ermitteln, danach ist die eigentliche Bewertung vorzunehmen.[87]

32 **b) Grundsatz der Einzelbewertung.** Das Prinzip der Einzelbewertung (zu seiner Bedeutung im Rahmen der GoBil vgl. § 243 Rdn 14) findet seine gesetzliche Basis nicht nur in § 240 Abs. 1, sondern wird in § 252 Abs. 1 Nr. 3 für die Bilanz wiederholt; vgl. Erl. dazu. Einzelbewertung bedeutet erstens, dass Vermögensgegenstände oder Schulden für die Bewertung prinzipiell nicht nach ihren Merkmalen zu einer Gruppe oder einem anderen Inbegriff zusammengefasst werden dürfen (wegen der Ausnahmen vgl. Rdn 41 ff, 58 ff). Einzelbewertung bedeutet zweitens, dass Saldierungen verboten sind; die Wertsteigerung des einen und die Wertminderung eines anderen Gegenstands dürfen also nicht verrechnet werden (vgl. für die Bilanz § 246 Abs. 2 S. 1). Wie schon bei der Bestandsaufnahme (Rdn 27), so kann sich auch bei der Bewertung die Frage stellen, was als „einzelner" Gegenstand anzusehen ist. Die Frage ist hier wie dort im gleichen Sinne zu entscheiden; Funktionseinheiten, die aus einer Mehrzahl von Gegenständen zusammengesetzt sind, werden also als eine Einheit erfasst und bewertet. Darin liegt keine Ausnahme, sondern eine zweckorientierte Interpretation des § 240 Abs. 1. Ausnahmen, die dem Vereinfachungsinteresse des Inventarpflichtigen dienen, sind in § 240 Abs. 3 und 4 vorgesehen; vgl. dazu Rdn 41 ff, 58 ff.

V. Eröffnungsinventar: Anlässe; Stichtag; Frist (noch: § 240 Abs. 1)

33 § 240 Abs. 1 verlangt, dass der Kaufmann „zu Beginn seines Handelsgewerbes" ein Inventar errichtet. Das entspricht der Formulierung für die Eröffnungsbilanz in § 242 Abs. 1 und ist nicht nur wegen des übereinstimmenden Wortlauts, sondern auch wegen

[83] Beck-HdR/*Petersen/Zwirner* A 220 Rdn 73 ff.
[84] Namentlich Staub/*Hüffer*[4] Rdn 37.
[85] Darüber besteht Einigkeit, vgl. statt vieler Beck BilKomm-*Winkeljohann/Philipps* Rdn 52 f.
[86] Beck-HdR/*Petersen/Zwirner* A 220 Rdn 76 f; wohl ebenso Baetge/Kirsch/Thiele/*Quick/Wolz* BilR Rdn 59; MünchKommBilR/*Graf* Rdn 9.
[87] *IDW* HFA 1/1990 E. (gesonderter Bearbeitungsgang, sog. **Anhängeverfahren**); Beck BilKomm-*Winkeljohann/Philipps* Rdn 52.

des Sachzusammenhangs zwischen Inventar und Bilanz (Rdn 7) einheitlich auszulegen. Danach gilt: **Inventaranlässe** (Beginn des Handelsgewerbes) sind sowohl der Neubeginn wie auch der Inhaberwechsel; Einzelheiten: § 242 Rdn 23 ff. Der **Stichtag** des Inventars entspricht dem Bilanzstichtag (dazu § 242 Rdn 28 ff).[88] Eine Bestimmung über die **Aufstellungsfrist** trifft das Gesetz nicht unmittelbar (§ 240 Abs. 2 S. 3 bezieht sich nur auf das Jahresinventar). Das Inventar muss aber jedenfalls so rechtzeitig aufgestellt sein, dass die Frist für die Eröffnungsbilanz eingehalten werden kann (die für die Aufstellung der Eröffnungsbilanz geltenden Fristen können also i.d.R. nicht vollständig ausgeschöpft werden).[89] Die Eröffnungsbilanz muss innerhalb der einem ordnungsmäßigen Geschäftsgang entsprechenden Zeit (§ 243 Abs. 3 i.V.m. § 242 Abs. 1 S. 2; vgl. § 242 Rdn 30) bzw. innerhalb von drei Monaten bei großen und mittelgroßen Kapitalgesellschaften bzw. Personenhandelsgesellschaften i.S.d. § 264a (§ 264 Abs. 1 S. 3 i.V.m. § 242 Abs. 1 S. 2)[90] auf Grundlage des Inventars aufgestellt werden können; die Aufstellung innerhalb von drei Monaten entspricht handelsrechtlich stets, innerhalb von sechs Monaten regelmäßig noch einem ordnungsmäßigen Geschäftsgang (§ 243 Rdn 31 ff).[91] Für die Inventur, also für die Aufnahme der Bestände (Rdn 22 ff) gelten diese Fristen nicht; sie muss vielmehr, vorbehaltlich der Vereinfachungsverfahren des § 241, zeitnah zum Bilanzstichtag erfolgen, um ihren Zweck erfüllen zu können; wegen der Konkretisierung vgl. Erl. zur Jahresinventur (Rdn 40). Die längere Inventarfrist steht also vor allem zur Verfügung, um die erforderlichen Bewertungsentscheidungen zu treffen (vgl. schon Rdn 6 aE).

VI. Jahresinventar (§ 240 Abs. 2)

1. Stichtag. Das Jahresinventar ist für den **Schluss eines jeden Geschäftsjahrs** aufzustellen (§ 240 Abs. 2 S. 1). Das korrespondiert mit der in § 242 Abs. 1 S. 1 für den Jahresabschluss getroffenen Regelung (dazu § 242 Rdn 43) und ist notwendig, weil die Bilanz sonst ohne die erforderliche Grundlage aufgestellt würde. Der Schluss des Geschäftsjahrs ergibt jedoch nur den maßgeblichen Stichtag. Davon zu unterscheiden ist wiederum die Frage nach den Fristen für Inventar und Inventur (Rdn 39 f). 34

2. Geschäftsjahr

a) **Begriff und Dauer.** Das Gesetz verwendet den Begriff des Geschäftsjahrs (gleichbedeutend sprechen z.B. §§ 4a EStG, 7 Abs. 4 KStG von Wirtschaftsjahr), ohne ihn zu definieren. Im Schrifttum wird das Geschäftsjahr teilweise als Periode zwischen zwei Bilanzstichtagen definiert.[92] Das ist als Beschreibung richtig, führt aber als Definition nicht weiter, weil sich der Bilanzstichtag wiederum nach dem Schluss des Geschäftsjahrs richtet (Rdn 34). Weil das Gesetz keine eigene Bestimmung trifft, ist das Geschäftsjahr nichts anderes als die von dem Kaufmann oder der Handelsgesellschaft festgesetzte Rechnungs- 35

88 Beck BilKomm-*Winkeljohann/Philipps* Rdn 40.

89 Beck BilKomm-*Winkeljohann/Philipps* Rdn 68; MünchKommAktG/*Graf*² Rdn 22; s.a. Ensthaler/*Möller*⁷ Rdn 5.

90 Für kleine Kapitalgesellschaften beachte die Sonderregelung in § 264 Abs. 1 S. 4, die über § 267a Abs. 2 auch für Kleinstkapitalgesellschaften gilt; vgl. zum Ganzen Beck Bil-Komm-*Winkeljohann/Philipps* Rdn 69.

91 Enger (maximal drei Monate) hinsichtlich des Inventars BoHdR-*Kirsch* Rdn 19 aE.

92 *Daniel* BB 1985, 2211; Meyer-Landrut/Miller/Niehus/*Niehus/Scholz* GmbHG §§ 238–335 HGB Rdn 95.

periode;[93] sie **deckt sich mit dem Kalenderjahr**, wenn von der Möglichkeit zu abweichender Bestimmung kein Gebrauch gemacht worden ist[94] (vgl. Rdn 38) und wenn sich auch aus Beginn oder Ende der werbenden geschäftlichen Tätigkeit nichts Abweichendes ergibt (Rumpfgeschäftsjahr, vgl. Rdn 36).

36 Hinsichtlich der Länge des Geschäftsjahrs beschränkt sich § 240 Abs. 2 S. 2 auf eine Bestimmung über die **Höchstdauer.** Der Zeitraum von zwölf Monaten ist zwingend[95] und darf unter keinen Umständen überschritten werden. Wenn der Beginn des Handelsgewerbes z.B. im Oktober liegt und das Geschäftsjahr dem Kalenderjahr entsprechen soll, darf das erste Geschäftsjahr also nicht bis zum 31.12. des Folgejahres laufen.[96] Unzulässig ist es auch, das Geschäftsjahr mit 52 Wochen und in jedem fünften Jahr mit 53 Wochen anzusetzen.[97] Weil es keine Bestimmung über die Mindestdauer des Geschäftsjahrs gibt, darf die Frist von zwölf Monaten unterschritten werden. Die dadurch entstehenden **Rumpfgeschäftsjahre** sind unvermeidlich, wenn die Gründung im Laufe des Kalenderjahrs erfolgt und dieses das Geschäftsjahr sein soll,[98] ferner dann, wenn es während des Kalenderjahrs zur Einstellung der einzelkaufmännischen Tätigkeit oder zur Auflösung der Handelsgesellschaft kommt.[99] Nach zutreffender hM ist bei unterjähriger Geschäftsaufgabe stets ein Jahresabschluss für das so entstandene Rumpfgeschäftsjahr aufzustellen.[100] Ein Rumpfgeschäftsjahr entsteht auch, wenn das bisherige Geschäftsjahr umgestellt werden soll (vgl. noch Rdn 37 f). Allgemein gilt, dass Rumpfgeschäftsjahre nur zulässig sind, wenn ein **sachlicher Grund** vorliegt; andernfalls ginge die Vergleichbarkeit der Jahresabschlüsse verloren. Auch zwei aufeinander folgende Rumpfgeschäftsjahre können zulässig sein, wenn ein sachlicher Grund (z.B. konzerninterne Umstrukturierung mit unterjähriger Beendigung von Unternehmensverträgen) gegeben ist.[101]

37 **Kalenderjahr und abweichendes Geschäftsjahr.** Das Geschäftsjahr kann unter Wahrung der Zwölfmonatsfrist auf Dauer vom Kalenderjahr abweichen; als Bilanzstichtag kommt beispielsweise der jeweils letzte Quartalstag in Frage. Eine solche Regelung kann zweckmäßig sein und hat insbesondere in Branchen mit saisonal geprägtem Geschäft Tradition (Brauereien; Warenhäuser; Zuckerindustrie).[102]

38 **b) Festlegung und Änderung des Geschäftsjahrs.** Bei der erstmaligen Festlegung des Geschäftsjahrs ist das Unternehmen frei.[103] Auch für die nachträgliche Änderung des Geschäftsjahrs bestehen keine besonderen handelsrechtlichen Schranken; eine **willkür-**

---

93 Ebenroth/Boujong/Joost/Strohn/*Wiedmann* Rdn 21. Vgl. auch die entsprechende Definition des Wirtschaftsjahrs in § 4a Abs. 1 S. 2 Nr. 2 EStG.

94 Beck BilKomm-*Winkeljohann/Philipps* Rdn 62; MünchKommAktG/*Graf*[2] Rdn 27; MünchKommBilR/*Graf* Rdn 27.

95 KG OLGR 7, 1 MünchKommHGB/*Ballwieser*[3] Rdn 13.

96 KG OLGR 7, 1.

97 Zust. Beck BilKomm-*Winkeljohann/Philipps* Rdn 61.

98 Eine Pflicht, diese Übereinstimmung herbeizuführen, besteht freilich nicht, vgl. für das Steuerrecht BFHE 216, 57.

99 BayObLG DB 1994, 523 (524); MünchKommAktG/*Hüffer* § 270 AktG Rdn 8 f.

100 BayObLG DB 1994, 523 (524); MünchKommAktG/*Hüffer* § 270 AktG Rdn 9 mwN.

101 MünchHdbGesR/*Wiesner* § 9 Rdn 4 aE. Dies sollte bei entsprechender sachlicher Begründung handelsrechtlich auch dann gelten, wenn von Anfang an geplant ist, zwei Rumpfgeschäftsjahre „hintereinanderzuschalten"; für das steuerliche Wirtschaftsjahr gelten insoweit restriktivere Vorgaben, s. BFH BStBl. II 1969, 337 sowie *Streck/Schwedhelm* BB 1988, 679.

102 Beck BilKomm-*Winkeljohann/Philipps* Rdn 62.

103 BoHdR-*Kirsch* Rdn 20; Koller/Roth/*Morck* Rdn 5; MünchKommAktG/*Graf*[2] Rdn 27.

liche Änderung ist jedoch **unzulässig.**[104] Steuerrechtlich ist nach § 4a Abs. 1 S. 2 Nr. 2 S. 2 EStG bzw. § 7 Abs. 4 S. 3 KStG die Zustimmung des Finanzamts erforderlich, wenn das Wirtschaftsjahr (Rdn 35) vom Kalenderjahr abweichen soll. Der Einzelkaufmann bestimmt über sein Geschäftsjahr durch einen Organisationsakt, der nicht als Rechtsgeschäft zu qualifizieren ist. Für Handelsgesellschaften kann eine Bestimmung über das Geschäftsjahr im **Gesellschaftsvertrag** getroffen werden. Das gilt auch für die Satzung der AG, weil das Gesetz insoweit keine Regelung enthält (vgl. § 23 Abs. 5 AktG). Eine solche Bestimmung muss aufgenommen werden, wenn das Geschäftsjahr vom Kalenderjahr abweichen soll. Die **nachträgliche Änderung** des Geschäftsjahrs kann nur durch Änderung des Gesellschaftsvertrags oder der Satzung erfolgen; das gilt auch dann, wenn die Satzung ursprünglich keine Bestimmung über das Geschäftsjahr enthielt.[105] Bei Kapitalgesellschaften sind damit stets die entsprechenden Anforderungen an Form und Stimmenmehrheit sowie das Eintragungserfordernis zu beachten (§§ 179 ff AktG, §§ 53, 54 GmbHG). Ob das geschäftsführende Organ in Gesellschaftsvertrag oder Satzung zur Änderung des Geschäftsjahres bevollmächtigt werden kann, ist umstritten,[106] im Kern jedoch eine Frage der gesellschaftsrechtlichen Kompetenzordnung. Eine **rückwirkende Änderung** des Geschäftsjahrs ist ausgeschlossen;[107] allerdings sollte es entgegen der überwiegend vertreten Auffassung[108] genügen, dass die Satzungsänderung noch vor Beginn des neuen (geänderten) Geschäftsjahrs beschlossen und zum Handelsregister angemeldet wird, einer vorherigen Eintragung bedarf es nicht.[109] Zum Neubeginn des Geschäftsjahres bei Eröffnung eines **Insolvenzverfahrens** s. § 155 Abs. 2 InsO.[110]

---

[104] Beck BilKomm-*Winkeljohann/Philipps* Rdn 63; BoHdR-*Kirsch* Rdn 20; Ebenroth/Boujong/Joost/Strohn/*Wiedmann* Rdn 22; Koller/Roth/*Morck* Rdn 5; MünchKomm-AktG/*Graf*[2] Rdn 27 f; weiter offenbar noch Staub/*Hüffer*[4] Rdn 44; **aA** (freie Änderung möglich) offenbar noch BoHdR-*Streim* Vorbearbeitung Rdn 5.

[105] HM, s. nur *Hüffer* AktG § 23 Rdn 3; K. Schmidt/Lutter/*Seibt* AktG § 179 Rdn 15; Michalski/*Hoffmann* GmbHG § 53 Rdn 148; MünchKommAktG/*Stein* § 179 Rdn 27; MünchKommGmbHG/*Harbarth* § 53 Rdn 246; Scholz/*Priester/Veil* GmbHG § 53 Rdn 139; *Ulmer*/Habersack/Winter GmbHG § 53 Rdn 125; wohl auch ADS § 270 AktG Rdn 25; die Gegenauffassung (KG JW 1926, 599; Baumbach/Hueck/*Zöllner/Noack* GmbHG[20] § 53 Rdn 26; wohl auch Beck BilKomm-*Winkeljohann/Philipps* Rdn 63) verkennt die gesetzliche Ausgangslage (mangels Bestimmung: Geschäftsjahr = Kalenderjahr).

[106] Einerseits etwa Beck'sches NotarHdb/*Mayer/Weiler*[5] Abschn. D. I. Rdn 32; *Priester* GmbHR 1992, 584; Scholz/*Priester/Veil* GmbHG § 53 Rdn 139; andererseits etwa OLG Stuttgart GmbHR 1992, 468 f; Baumbach/Hopt/*Merkt* Rdn 6.

[107] Ganz hM, s. nur BFH GmbHR 1997, 670 f; OLG Schleswig AG 2001, 149; LG Mühlhausen BB 1997, 463 f; *Hüffer* AktG § 179 Rdn 28; MünchKommGmbHG/*Harbarth* § 53 Rdn 248; Scholz/*Priester/Veil* GmbHG § 53 Rdn 187; **aA** LG Frankfurt GmbHR 1979, 208; wohl auch LG Frankfurt GmbHR 1978, 112 f. Vgl. ferner *Wolff* DB 1999, 2149.

[108] S. nur BFH GmbHR 1997, 670 f; OLG Schleswig NJW-RR 2000, 1425; Michalski/*Hoffmann* GmbHG § 53 Rdn 149; MünchKommGmbHG/*Harbarth* § 53 Rdn 248; Scholz/*Priester/Veil* GmbHG § 54 Rdn 55; Spindler/Stilz/*Holzborn* AktG § 181 Rdn 43; Ziemons/Binnewies/*Schluck-Amend* Hdb AG Abschn. 3 Anm. 3.67; wohl auch Beck'sches NotarHdb/*Mayer/Weiler*[5] Abschn. D. I. Rdn 32.

[109] Ebenso LG Berlin RPfleger 1978, 143 f; tendenziell auch (aber offen gelassen) OLG Karlsruhe, RPfleger 1975, 178; Ensthaler/*Möller*[7] Rdn 6; *Herrmann* BB 1999, 2270 (2273); Staub/*Hüffer*[4] Rdn 44; *Ulmer*/Habersack/Winter GmbHG § 53 Rdn 125; noch weiter (Anmeldung nach Beginn des neuen Geschäftsjahrs genügt) LG Frankfurt GmbHR 1978, 112 f.

[110] Dazu ausf. OLG Frankfurt DB 2012, 2389.

3. Fristen für Inventar und Inventur

39 a) **Inventar.** § 240 Abs. 2 S. 3 verlangt, dass das Jahresinventar innerhalb einer Zeitspanne aufgestellt wird, die einem ordnungsmäßigen Geschäftsgang entspricht. Das deckt sich mit der Regelung für den Jahresabschluss in § 243 Abs. 3 und stimmt der Sache nach auch mit den Anforderungen überein, die bei der Aufstellung des Eröffnungsinventars einzuhalten sind (Rdn 33). Die für den Jahresabschluss geltende Frist von handelsrechtlich jedenfalls drei, längstens i.d.R. sechs Monaten (dazu § 243 Rdn 31 ff) bezeichnet für die Erstellung des Inventars die zeitliche Obergrenze, weil Bestandsaufnahme und Einzelwertermittlung sonst die ihnen im Rahmen der Bilanzierung zukommende Funktion nicht erfüllen könnten. Auch beim Jahresinventar ist allerdings zu beachten, dass es so rechtzeitig aufgestellt werden muss, dass der Jahresabschluss innerhalb der gesetzlichen Fristen aufgestellt werden kann (vgl. Rdn 33).

40 b) **Inventur.** Für die Inventur im Sinne der bloßen Bestandsaufnahme (Rdn 6) gilt § 240 Abs. 2 S. 3 weder wörtlich noch sinngemäß. Sie muss vielmehr als Stichtagsinventur (Rdn 23) zwar nicht am Bilanzstichtag, aber doch **in enger zeitlicher Nähe** zu diesem erfolgen.[111] Die Praxis der Finanzverwaltung gewährt eine Frist von in der Regel zehn Tagen vor oder nach dem Bilanzstichtag (R 5.3 Abs. 1 S. 2 EStR); das entspricht in der Regel auch den handelsrechtlichen GoI.[112] Wenn eine solche sogenannte **ausgeweitete Stichtagsinventur** (im Unterschied zur vor- oder nachverlegten Stichtagsinventur des § 241 Abs. 3) stattfindet, müssen die Bestandsveränderungen zwischen dem Aufnahmetag und dem Bilanzstichtag (oder umgekehrt) buchmäßig erfasst und belegt sein; denn die Gewährung des zeitlichen Spielraums ändert nichts daran, dass es auf die Bestände am Stichtag ankommt. An den buchmäßigen Nachweis der Bestandsveränderungen sind nach R 5.3 Abs. 1 S. 4 EStR strenge Anforderungen zu stellen, wenn die Zehntagesfrist aus besonderen Gründen nicht eingehalten werden kann; dies ist auch handelsrechtlich zu verlangen.

VII. Festwertverfahren (§ 240 Abs. 3)

Schrifttum

(vgl. auch die Angaben vor Rdn 1 sowie unten vor Rdn 58). *Breitwieser* Zur Abgrenzung Festbewertung – Einzelbewertung, StBp 1975, 101; *Funk* Festwerte in der Handelsbilanz – ein überholtes Instrument vereinfachender Bilanzierung?, Festschrift v. Wysocki (1985) S. 73; *Groh* Das werdende Bilanzrecht in steuerlicher Sicht, DB 1985, 1849; *Lorson* Festwert, PdR Gruppe 3/36, 1 (2/2006); *Maus* Festwerte in der Handels- und Steuerbilanz, BBK Fach 12, 6659 (6/2003); *Richter* Wertbildung und -kontrolle bei Anwendung der Festwertmethode, StBp 2009, 249; *Stumpe* Zur Frage des Festwerts, FR 1957, 510; *Woltmann* Festwerte und Eiserner Bestand, DB 1976, 1389.

41 **1. Normgeschichte; Begriff und Zweck.** § 240 Abs. 3 erlaubt das sogenannte Festwertverfahren. **Normgeschichte.** Die Bestimmung entspricht der Regelung, die seit 1965 in § 40 Abs. 4 Nr. 2 a.F. bestand (vgl. Rdn 3). Die Novelle von 1965 brachte seinerzeit allerdings keine sachliche Neuerung, sondern bestätigte ein Verfahren, das der RFH

---

[111] Beck BilKomm-*Winkeljohann/Philipps* Rdn 42 f; ferner Arbeitskreis *Ludewig* Vorratsinventur S. 33; *Schulze zur Wiesch* GoI S. 80 f.

[112] *IDW* HFA 1/1990 C. I. b); Beck BilKomm-*Winkeljohann/Philipps* Rdn 43; MünchKommAktG/*Graf*[2] Rdn 29.

schon 1933 als „durchaus zulässig und üblich" bezeichnete.[113] Der heutige Gesetzestext in der Fassung des BilRiG weicht von der Regelung in § 40 Abs. 4 Nr. 2 a.F. in mehrfacher Hinsicht ab: Es fehlt der Hinweis auf die GoB (einleitender Halbsatz des § 40 Abs. 4 a.F.); eine Beschränkung des Verfahrens auf das *Sach*anlagevermögen gab es früher nicht; auch war das Erfordernis regelmäßiger Ersetzung im alten Text nicht enthalten; und schließlich wurde früher nicht gefordert, dass der Gesamtwert der Vermögensgegenstände für das Unternehmen von nachrangiger Bedeutung sein muss. Trotz dieser Abweichungen haben sich durch das BiRiLiG keine wesentlichen materiellen Veränderungen ergeben. Selbstverständlich muss das Festwertverfahren nach wie vor den GoB entsprechen. Weil das schon aus §§ 238 Abs. 1 S. 1, 243 Abs. 1 folgt, konnte der Hinweis im einleitenden Halbsatz gestrichen werden.[114] Im Übrigen entsprechen die tendenziell engeren Formulierungen der neuen Vorschrift im Wesentlichen der bisherigen Praxis (vgl. dazu Rdn 44, 47); Schwierigkeiten können sich allenfalls aus dem Erfordernis nur nachrangiger Bedeutung ergeben (dazu Rdn 48 f). Die geltende Vorschrift war im RegE noch als § 266 Abs. 1 HGB-E („Bewertungsvereinfachungsverfahren") vorgesehen und ist erst im Zuge der neuen Konzeption des BiRiLiG in die Inventarvorschrift eingegliedert und um die Klarstellung in § 256 S. 2 ergänzt worden.[115]

Begriff. Das Festwertverfahren erlaubt es unter bestimmten Voraussetzungen, Vermö- **42**
gensgegenstände zu einem nach Menge und Wert gleichbleibenden Bestand zusammenzufassen, diesen Bestand zu inventarisieren und den gleichbleibenden Wert in der Bilanz zu aktivieren. Die Prinzipien der Einzelerfassung und -bewertung sowie der jährlichen Aufnahme zum Bilanzstichtag (Rdn 23, 32) werden also durchbrochen.[116] Der Grund für die Ausnahme ist die tatsächliche Annahme (ein Teil des Schrifttums spricht von einer gesetzlichen Fiktion[117]), dass der Bestand nach Menge und Wert wirklich gleichbleibt oder zumindest nur solchen Schwankungen unterliegt, die im Verhältnis zum Aufwand der Einzelerfassung unerheblich sind.[118] Bei Anwendung des Festwertverfahrens ist dies gemäß § 284 Abs. 2 Nr. 1 **im Anhang anzugeben**; das Gleiche gilt gemäß § 284 Abs. 2 Nr. 3 für den Übergang zum bzw. vom Festwertverfahren.[119] **Zweck.** Das Festwertverfahren bezweckt die Vereinfachung der Bestandsermittlung und der Bewertung.[120] Vielfach tritt allein der zweite Gesichtspunkt in den Vordergrund, so etwa auch in Art. 38 der 4. Richtlinie und in dem darauf beruhenden § 266 Abs. 1 HGB-E, die das Festwertverfahren als bloßes Bewertungsvereinfachungsverfahren verstanden. Dass in diesem Punkt ein sachlicher Gegensatz vorliegt, ist jedoch nicht anzunehmen. Vielmehr wird der Bewertungsvorgang offenbar in einem umfassenderen, die Definition des Bewertungsgegenstands und die Ermittlung der entsprechenden Bestände einschließenden Sinn verstanden. Gesetzessystematisch war es jedenfalls richtig, das Verfahren in die Inventarvorschrift aufzunehmen und im Rahmen der reinen Bewertungsnormen einen bloßen

---

113 RFH RStBl. 1933, 763 (764) und 1062 (1065); vgl. auch BFH BStBl. III 1955, 144 (149); Überblick über die Entwicklung bei *Breitwieser* StBp 1975, 101; *Funk* FS v. Wysocki (1985) S. 73 (76).

114 HdR-EA/*Knop* Rdn 53.

115 Zu § 266 Abs. 1 HGB-E vgl. BT-Drucks. 10/317, S. 15 (Begr. RegE aaO S. 90 f); zur Neukonzeption vgl. Ausschussbericht, BT-Drucks. 10/4268, S. 8 u. 96.

116 MünchKommAktG/*Graf*[2] § 240 HGB Rdn 43.

117 So z.B. ADS Rdn 73; HdR-EA/*Knop* Rdn 54.

118 Wie hier Beck BilKomm-*Winkeljohann/Philipps* Rdn 72.

119 Beck BilKomm-*Winkeljohann/Philipps* Rdn 73; KölnKomm-RLR/*Braun* Rdn 24.

120 HdJ – *Hachmeister/Zeyer* Abt. I/14 Rdn 364; KölnKomm-RLR/*Braun* Rdn 24.

Verweis anzubringen (§ **256 S. 2**).[121] Der Vereinfachungszweck wird um den Preis erreicht, dass die auch im Eigeninteresse des Unternehmers wünschenswerte Kontrolle über die tatsächliche Entwicklung des Bestands verlorengeht oder doch deutlich eingeschränkt wird. Im Schrifttum wird deshalb vereinzelt empfohlen, das Festwertverfahren zurückhaltend anzuwenden und zu prüfen, ob die Einbuße an Kontrollmöglichkeiten auch dann noch durch Wirtschaftlichkeitsgesichtspunkte aufgewogen wird, wenn die Bestandsaufnahme durch Einzelerfassung unter EDV-Einsatz erfolgen kann.[122]

43 2. **Abgrenzungen.** Weil das Festwertverfahren der Vereinfachung der Inventur und der Bewertung dient, unterscheidet es sich zunächst von den in § 241 zusammengefassten **Inventurvereinfachungsverfahren**; diese sollen sämtlich nur die Bestandsaufnahme erleichtern, sei es, indem auf die Vollaufnahme verzichtet wird (§ 241 Abs. 1), sei es, indem die Stichtagsbezogenheit aufgegeben oder gelockert wird (§ 241 Abs. 2 und 3).[123] Sein doppelter Zweck grenzt das Festwertverfahren aber auch von den bloßen **Methoden zur Bewertungsvereinfachung** wie der Bewertung nach unterstellter Verbrauchsfolge (§ 256 S. 1; beachte die Änderungen durch das BilMoG, s. Erl. zu § 256), der Sammelbewertung von Rückstellungen oder der Pauschalwertberichtigung von Forderungen ab. Die **Gruppenbewertung** (§ 240 Abs. 4) unterscheidet sich vom Festwertverfahren in der Zielsetzung (keine Inventurvereinfachung) und ferner in den Voraussetzungen und in der Methode; bei der Gruppenbewertung ermittelt man die Anschaffungs- oder Herstellungskosten einer Gruppe von Vermögensgegenständen durch die rechnerische Feststellung des Gruppendurchschnitts (näher Rdn 59). Schließlich wird das Festwertverfahren im Schrifttum teilweise zum sogenannten **eisernen Bestand** in Beziehung gesetzt.[124] Dabei handelt es sich um den Minimalumfang des Vorratsvermögens, der unverzichtbar ist, um die Betriebsbereitschaft aufrechtzuerhalten.[125] Der erstrebte Ansatz dieses Minimalbestandes mit einem Festwert soll, darin liegt die Besonderheit des sogenannten eisernen Bestands, zugleich dem Ausgleich von Preisschwankungen dienen. Das Handelsrecht kennt jedoch grundsätzlich keine bilanzielle Sonderbehandlung des Mindest-Vorratsvermögens,[126] und auch steuerrechtlich hat sich dieser Ansatz in der Rechtsprechung nicht durchgesetzt.[127] Soweit die mit der Lehre vom eisernen Bestand verfolgten Ziele durch § 240 Abs. 3 erreicht werden, geschieht dies nur reflexartig.[128]

3. Voraussetzungen

a) Gegenständliche Beschränkungen

44 aa) **Sachanlagevermögen.** Zulässig ist das Festwertverfahren zunächst für Gegenstände des Sachanlagevermögens (§ 266 Abs. 2 A II), folglich nicht für das immaterielle Anlagevermögen (§ 266 Abs. 2 A I) und nicht für die Finanzanlagen (§ 266 Abs. 2 A III).[129] Mangels weiterer gesetzlicher Beschränkung kommen grundsätzlich alle Gegenstände des Sachanlagevermögens in Betracht. Das unbewegliche Anlagevermögen schei-

---

121 Vgl. HdR-EA/*Knop* Rdn 53; ferner auch schon *Fülling* GoBil für Vorräte S. 193.

122 *Funk* FS v. Wysocki (1985) S. 73 (82 ff).

123 **Str., aA** etwa KölnKomm-RLR/*Braun* Rdn 23 (s. dort die Tabelle).

124 *Fülling* GoBil für Vorräte S. 4 f, 193; MünchKommAktG/*Graf*[2] § 240 HGB Rdn 44; *Woltmann* DB 1976, 1389 (1392 f).

125 *Fülling* GoBil für Vorräte S. 4 f.

126 *Fülling* GoBil für Vorräte S. 193; **aA** *Woltmann* DB 1976, 1389 (1392 f).

127 BFH BStBl. III 1955, S. 144 und 222.

128 ADS Rdn 74.

129 Baumbach/Hueck/*Schulze-Osterloh* GmbHG[18] § 41 Rdn 51.

det aber regelmäßig deshalb als tauglicher Gegenstand der Festbewertung aus, weil es sich dabei zumeist um hohe Einzelwerte handelt, bei denen es nicht zu einem regelmäßigen Ersatz kommt (vgl. noch Rdn 47). Von **praktischer Bedeutung** ist das Festwertverfahren daher nur für das **bewegliche Anlagevermögen.**

Beispiele. In der Praxis wird das Festwertverfahren unter anderem in folgenden Bereichen angewandt:[130] bei Gastronomie und Hotelbetrieben für das Geschirr und die Bettwäsche; bei Unternehmen des Bergbaus für die Grubenausstattung, ferner für Transport- und Förderanlagen (beides wesentlich bei Übertageabbau); für Bahn- und Gleisanlagen, für Laboreinrichtungen, Mess- und Prüfgeräte; in der Stahlindustrie für Walzen, Pressen, Formen, Kokillen; bei Unternehmen des Maschinenbaus für Werkzeuge, produktionsabhängige Vorrichtungen, Schablonen und Formen; bei Bauunternehmen für Gerüst- und Schalungsteile.[131] **45**

bb) Roh-, Hilfs- und Betriebsstoffe. Das Festwertverfahren darf nach § 240 Abs. 3 auch auf Roh-, Hilfs- und Betriebsstoffe (§ 266 Abs. 2 B I 1) angewandt werden, dagegen nicht auf die sonstigen Posten des Umlaufvermögens. Festbewertung kommt zum Beispiel in Betracht für vorratsweise gehaltene Brennstoffe wie Kohle oder Öl, aber auch für Büromaterial oder Kantinenvorräte. Im Übrigen ist sie beim Umlaufvermögen traditionell wenig gebräuchlich, teilweise, weil die zusätzlichen Voraussetzungen des Gesetzes nicht erfüllt werden können (Wertschwankungen infolge der Preisveränderungen für Rohstoffe), teilweise, weil der Verzicht auf die tatsächliche Kontrolle der Bestandsentwicklung als überwiegend nachteilig empfunden wird (vgl. schon Rdn 42). **46**

b) Regelmäßige Ersetzung. § 240 Abs. 3 setzt für die Zulässigkeit des Festwertverfahrens voraus, dass die einbezogenen Gegenstände des Anlage- oder Umlaufvermögens regelmäßig ersetzt werden. Die Vorschrift beruht insoweit auf Art. 38 der 4. Richtlinie und ist ohne Vorbild in § 40 Abs. 4 Nr. 2 a.F. Die Regierungsbegründung enthält zu diesem Punkt nichts,[132] obwohl der Richtlinientext die ständige, das Gesetz hingegen die regelmäßige Ersetzung fordert. Das Schrifttum geht zutr. davon aus, dass mit dem Erfordernis regelmäßigen Ersatzes nur die tatsächliche Annahme eines nach Menge und Wert gleichbleibenden Bestandes gesetzlichen Ausdruck gefunden hat, sich also Abgänge und Zugänge die Waage halten müssen.[133] Beurteilungsschwierigkeiten ergeben sich aber auch auf dieser Grundlage für solche Gegenstände des Anlagevermögens, die nach altem Recht festwertfähig waren, ohne Massengüter mit regelmäßigem Umschlag zu sein, also etwa für die Grubenausstattung, für Transport- und Förderanlagen, für Gleise und andere Bahnanlagen (vgl. Rdn 45). Weil nicht ersichtlich ist, dass der Gesetzgeber des BiRiLiG die bisherige Rechtslage verändern wollte und Art. 38 der 4. Richtlinie als reine Bewertungsvorschrift konzipiert ist (Rdn 42), muss angenommen werden, dass weiterhin ein regelmäßiger Wertausgleich im jeweiligen Vermögensbestand entscheidend ist. Diesem Erfordernis genügt es, wenn die beispielhaft genannten Anlagen durch Ersatzbeschaffung und Reparatur auf einem kontinuierlich funktionsfähigen Stand gehalten werden.[134] **47**

---

130 Vgl. auch die Zusammenstellung von Beispielen bei ADS Rdn 93; Beck BilKomm-*Winkeljohann/Philipps* Rdn 125 f; Beck-HdR/*Petersen/Zwirner* A 220 Rdn 89; HdJ – *Hachmeister/Zeyer* Abt. I/14 Rdn 365.

131 S. insbes. *Funk* FS v. Wysocki (1985) S. 73 (77).

132 S. BT-Drucks. 10/317, S. 90 f.

133 Baumbach/Hopt/*Merkt* Rdn 7; Beck BilKomm-*Winkeljohann/Philipps* Rdn 84; Heymann/*Walz* HGB Rdn 13; HdR-EA/*Knop* Rdn 57; KölnKomm-RLR/*Braun* Rdn 27; MünchKommAktG/*Graf*[2] Rdn 48.

134 Baumbach/Hueck/*Schulze-Osterloh* GmbHG[18] § 41 Rdn 51.

Nicht festwertfähig sind vor diesem Hintergrund i.d.R. Vermögensgegenstände, die hohe Einzelwerte repräsentieren, da es hier typischerweise nicht zur regelmäßigen Ersetzung kommt.

48 c) **Nachrangige Bedeutung.** Die Anwendung des Festwertverfahrens setzt nach § 240 Abs. 3 weiter voraus, dass der Gesamtwert der in die Festbewertung einbezogenen Vermögensgegenstände für das Unternehmen von nachrangiger Bedeutung ist. Auch dieser Teil der Vorschrift geht nicht auf § 40 Abs. 4 Nr. 2 a.F. zurück, sondern dient der Umsetzung von Art. 38 der 4. Richtlinie. Die Regierungsbegründung enthält dazu keine substantiellen Angaben.[135] **Bisherige Konkretisierungsversuche** des Schrifttums bieten kein einheitliches Bild. So findet sich zunächst die Auffassung, Beurteilungsmaßstab sei in erster Linie die Bilanzsumme und Beurteilungsgegenstand der einzelne Festwert; es dürfe sich dabei „nicht um den für das Unternehmen bedeutendsten Bilanzposten handeln".[136] Die Spitzenverbände der gewerblichen Wirtschaft knüpften daran den erfolglos gebliebenen Vorschlag, in der Gesetzesbegründung klarzustellen, „daß Nachrangigkeit stets vorliegt, wenn ein einziger Festwert nicht den Hauptposten in der Bilanz bildet".[137] Konkretisiert wird die **Relation zwischen einzelnem Festwert und Bilanzsumme** mit 5 % oder 10 %.[138] Nach anderer Meinung ist zwar auf die Bilanzsumme abzuheben, sind aber nicht die einzelnen Festwerte, sondern deren Summe auf ihre Nachrangigkeit zu prüfen; konkret wird vertreten, die Nachrangigkeit bleibe gewahrt, wenn die **Summe aller Festwerte** 5 % der Bilanzsumme nicht übersteige.[139] Zunehmend setzt sich schließlich die Ansicht durch, dass letztlich die Wesentlichkeit für den Vermögens- und Ertragsausweis **in jedem Einzelfall** beurteilt werden muss; hierzu müssten verschiedene **Bilanzrelationen** überprüft und wertend berücksichtigt werden.[140]

49 **Stellungnahme.** Der letztgenannten Auffassung ist zuzustimmen. Das Gesetz verwendet bewusst einen **unbestimmten Rechtsbegriff.** Quantifizierungen im Sinne von 5 % der Bilanzsumme oder andere letztlich willkürlich gegriffene Zahlen sind damit nicht vereinbar, auch wenn sie einem verständlichen Interesse der Beratungs- und Prüfungspraxis an möglichst klaren Beurteilungsmaßstäben entsprechen. Die erforderliche **Konkretisierung** muss vielmehr **durch teleologische Auslegung** des § 240 Abs. 3 erfolgen. Diese methodische Vorgehensweise ergibt *erstens,* dass es nicht auf die Bedeutung der in Frage stehenden Gegenstände für die Arbeitsfähigkeit des Unternehmens ankommt.[141] Sie ist unerheblich, weil das Gesetz nicht die Relevanz der Gegenstände, sondern die Bedeutung ihres Festwertes für das Unternehmen zum Maßstab macht und dieser Wert nur mit einem anderen ebenso summenmäßig ausgedrückten Wert verglichen werden kann; die

---

135 BT-Drucks. 10/317, S. 90 f.

136 *Biener* AG, KGaA, GmbH, Konzerne (1979) S. 131.

137 Stellungnahme der Spitzenverbände DB 1984 Beil. Nr. 7 zu Heft 9, S. 7 (re. Sp. unten); ausweislich des Stenographischen Protokolls der 17., 18. u. 19. Sitzung des Unterausschusses im Rahmen der Anhörungen nicht mehr erörtert.

138 ADS Rdn 80 f; BMF BStBl. I 1993, 276.

139 Beck BilKomm-*Winkeljohann/Philipps* Rdn 87; HdJ – *Hachmeister/Zeyer* Abt. I/14 Rdn 367; Heidel/Schall/*Reich/Szczesny/Voß* HGB Rdn 15; einschränkend („allenfalls in einem zweiten Schritt") HdR-EA/*Knop* Rdn 58.

140 Baetge/Kirsch/Thiele/*Quick/Wolz* BilR Rdn 77; Baumbach/Hopt/*Merkt* Rdn 7; Beck-HdR/*Petersen/Zwirner* A 220 Rdn 91 f; Koller/Roth/*Morck* Rdn 6; MünchKommHGB/*Ballwieser* 3 Rdn 22; *Richter* StBp 2009, 249 (250); ähnlich Baumbach/Hueck/*Schulze-Osterloh* GmbHG18 § 41 Rdn 51; in diese Richtung bereits *Niehus* WPg 1981, 1 (6); wohl auch Heymann/*Walz* HGB Rdn 14; KölnKomm-RLR/*Braun* Rdn 28.

141 Ebenso ADS Rdn 80.

Nachrangigkeit lässt sich demnach nur anhand von Bilanzrelationen ermitteln. Dass ein Großunternehmen der Chemie nicht ohne Bahnanlagen, ein Unternehmen des Bergbaus nicht ohne Grubenbau arbeiten kann, ist demnach kein Argument gegen die Festwertfähigkeit. *Zweitens*: Weil auf die Relationen innerhalb der Bilanz abzustellen ist, steht es der Festwertfähigkeit eines Bestandes nicht entgegen, dass er absolut gesehen mit einer hohen Summe ausgewiesen werden muss.[142] *Drittens*: „Nachrangig" bedeutet nicht dasselbe wie „unwesentlich" oder „geringfügig". Der englische und der französische Richtlinientext („of secondary importance"; „d'importance secondaire") sind insoweit präziser als die deutsche Fassung und zeigen, dass nur die bedeutendsten Bilanzposten vom Festwertverfahren ausgeschlossen sein sollten.[143] Dafür spricht auch, dass Art. 35 des Richtlinienvorschlags von 1972[144] noch einen Gesamtwert „von untergeordneter Bedeutung" voraussetzte; das ist weniger als die in die Endfassung eingegangene „nachrangige Bedeutung". Eine Begrenzung auf 5 % der Bilanzsumme oder vergleichbare Begrenzungen sind jedenfalls zu eng, soweit sich solche Zahlen auf die Summe aller Festwerte beziehen sollen. Eine derart weitgehende prinzipielle Eingrenzung des Festwertverfahrens wird von Wortlaut und Sinn des § 240 Abs. 3 nicht getragen. Einschränkungen lassen sich nur so begründen, dass die Festbewertung im Einzelfall nach Abwägung des für sie sprechenden Vereinfachungsinteresses gegen die Nachteile, die der Verzicht auf die Einzelbewertung mit sich bringt, als **nicht GoB-konform** erscheint.[145] Hierbei sind sowohl der einzelne Festwertposten als auch die Gesamtsumme aller ausgewiesenen Festwerte zu berücksichtigen. Soweit sich eine **Orientierungsmarke**[146] von 5% der Bilanzsumme als gute Praxis feststellen lässt und im Einzelfall keine Anhaltspunkte für einen Ausnahmesachverhalt (wozu auch eine in Relation zur Bilanzsumme hohe Gesamtsumme aller ausgewiesenen Festwerte zählen kann) bestehen, werden einzelne Festwerte in dieser Größenordnung regelmäßig zulässig sein.[147]

d) **Geringe Veränderungen.** Erforderlich ist nach § 240 Abs. 3 schließlich, dass der **50**
Bestand nach Größe, Wert und Zusammensetzung nur geringen Veränderungen unterliegt. Eine enge Auslegung dieses Erfordernisses widerspräche dem Vereinfachungszweck des Festwertverfahrens und überzeugt deshalb nicht. Die Zulässigkeit des Festwertverfahrens setzt namentlich nicht voraus, dass während des gesamten Geschäftsjahrs nur geringe Veränderungen eintreten; vielmehr genügt es, wenn im Vergleich der jeweiligen Bilanzstichtage nur geringe Schwankungen zu verzeichnen sind, Mengenbewegungen sich also über das Geschäftsjahr ausgleichen.[148] Als **Größe** bezeichnet das Gesetz die Menge der Vermögensgegenstände, als **Wert** natürlich nicht den Festwert, sondern die Preise, die seiner Ermittlung zugrundeliegen (vgl. noch Rdn 52).[149] Vermögensgegenstände, die erfahrungsgemäß hohen Preisschwankungen unterliegen, scheiden daher für eine Festbewertung aus.[150] **Zusammensetzung:** Die in einem Festwert ausgedrückten Vermögens-

---

142 Zust. MünchKommAktG/*Graf*[2] Rdn 50; MünchKommBilR/*Graf* Rdn 51.

143 *Biener* AG, KGaA, GmbH, Konzerne (1979) S. 131.

144 ABl. EG Nr. C 7/23.

145 Zust. ADS Rdn 81; ähnlich MünchKommAktG/*Graf*[2] Rdn 50; MünchKommBilR/*Graf* Rdn 51.

146 ADS Rdn 81.

147 Ganz ähnlich MünchKommAktG/*Graf*[2] Rdn 50; MünchKommBilR/*Graf* Rdn 51.

148 ADS Rdn 83; HdJ – *Hachmeister/Zeyer* Abt. I/14 Rdn 369; wohl ebenso Beck BilKomm-*Winkeljohann/Philipps* Rdn 89; **aA** HdR-EA/*Knop* Rdn 60, nach denen das Festwertverfahren schon bei saisonal bedingten Schwankungen ausgeschlossen sein soll.

149 MünchKommAktG/*Graf*[2] Rdn 51 f.

150 HdR-EA/*Knop* Rdn 60; Heidel/Schall/*Reich/Szczesny/Voß* HGB Rdn 16; MünchKommHGB/*Ballwieser*[3] Rdn 23.

gegenstände müssen nicht gleichartig sein.[151] Zulässig ist also auch die Festbewertung gemischter Bestände.[152] Das Erfordernis geringer Veränderungen bezieht sich bei gemischten Beständen auf die Wertrelationen zwischen den verschiedenen Gruppen gleichartiger Vermögensgegenstände. Wann Veränderungen als **gering** einzustufen sind, ist eine Frage des Einzelfalls. Nach R 5.4 Abs. 3 S. 2 EStR ist der bisherige Festwert anzupassen, wenn sich bei seiner Überprüfung durch körperliche Bestandsaufnahme (dazu Rdn 55) eine Erhöhung um 10 % oder mehr ergibt, ohne dass damit das Festwertverfahren selbst als unzulässig anzusehen wäre. Schwankungen um mehrere Prozentpunkte von Bilanzstichtag zu Bilanzstichtag werden damit als unschädlich vorausgesetzt. Strengere Anforderungen sind im Interesse der erstrebten Vereinfachung auch handelsrechtlich nicht zu stellen.[153] Zur Zulässigkeit oder Notwendigkeit von Anpassungen vgl. noch Rdn 53.

4. Gleichbleibender Ansatz

51 a) **Anfängliche Festlegung von Menge und Wert.** Wenn die erläuterten Voraussetzungen vorliegen, dürfen die Vermögensgegenstände mit einer gleichbleibenden Menge und einem gleichbleibenden Wert angesetzt werden. Das setzt die **Festlegung der Menge** und des Wertes voraus. Für die Menge gilt: Der Inventarpflichtige muss zunächst entscheiden, welche Vermögensgegenstände er zu einem Festwert zusammenfassen will. Erforderlich ist also die Entwicklung sinnvoller Abgrenzungskriterien, die jedenfalls bei den Gegenständen des Sachanlagevermögens nur aus ihrer Funktion innerhalb des Unternehmens gewonnen werden können.[154] Der nächste Schritt wird nach wohl hM durch eine körperliche Bestandsaufnahme gebildet, deren Ziel die eigentliche Mengenfeststellung ist.[155] Es leuchtet ein, dass jedenfalls eine Einzelerfassung durch Vollaufnahme (dazu Rdn 23) notwendig ist. Warum das Sachanlagevermögen, das für die Festbewertung in erster Linie in Frage kommt, abweichend von den allgemeinen Grundsätzen (Rdn 27) nicht anhand der Anlagekartei oder eines sonstigen Bestandsverzeichnisses buchmäßig aufgenommen werden darf, wird im Schrifttum nicht näher dargelegt. Eine Begründung ließe sich aus § 240 Abs. 3 S. 2 ableiten, wenn diese Bestimmung ihrerseits einen zweifelsfreien Inhalt hätte; auch das ist jedoch nicht der Fall (s. noch Rdn 55). Weitere Anhaltspunkte für die hM sind dem Gesetz nicht zu entnehmen. Die notwendige Mengenfeststellung im Rahmen des Sachanlagevermögens durch Buchinventur vorzunehmen, ist deshalb gut vertretbar.[156] Als Hilfsmittel der Mengenfeststellung dienen auch betriebliche Schlüsselzahlen wie Belegschaftsstärke, Länge des Gleisnetzes, Zahl bestimmter Maschinen oder andere die Kapazität eines Betriebes ausweisende Daten (Bettenzahl eines Hotels).[157]

52 Für die **Bildung des Festwerts** gibt es keine gesetzlichen Vorschriften. Zu ermitteln ist der Durchschnittswert der zusammengefassten und durch Inventur (Rdn 51) festgestellten Gegenstände.[158] Dafür bilden die durchschnittlichen Anschaffungs- oder Herstel-

---

151 Die häufig erhobene Forderung nach Funktionsgleichheit (etwa Heidel/Schall/*Reich/Szczesny/Voß* HGB Rdn 17; KölnKomm-RLR/*Braun* Rdn 29; MünchKommAktG/*Graf*² Rdn 54) ist daher an dieser Stelle nicht berechtigt.

152 ADS Rdn 92 ff; HdR-EA/*Knop* Rdn 62; Heidel/Schall/*Reich/Szczesny/Voß* HGB Rdn 17 aE.

153 Koller/Roth/*Morck* Rdn 6.

154 Dazu HdR-EA/*Knop* Rdn 64 ff.

155 Beck BilKomm-*Winkeljohann/Philipps* Rdn 98; HdR-EA/*Knop* Rdn 70; Heidel/Schall/*Reich/Szczesny/Voß* HGB Rdn 19.

156 Zust. MünchKommAktG/*Graf*² Rdn 56.

157 ADS Rdn 105; Beck BilKomm-*Winkeljohann/Philipps* Rdn 98.

158 Vgl. dazu ADS Rdn 101; Beck BilKomm-*Winkeljohann/Philipps* Rdn 100; *Funk* FS v. Wysocki (1985) S. 73 (79 f).

lungskosten (Preise) den Ausgangspunkt. Zu berücksichtigen ist aber, dass der einmal gebildete Festwert nicht durch die planmäßigen Abschreibungen gem. § 253 Abs. 3 S. 1, 2 vermindert werden darf,[159] sondern der gleichwohl eintretende Wertverlust (Abgang) durch die Berücksichtigung des laufenden Anschaffungs- oder Herstellungsaufwands (Zugang) ausgeglichen werden soll. Deshalb ist es erforderlich, von den durchschnittlichen Kosten der Anschaffung oder Herstellung zunächst Abschreibungen vorzunehmen, bis der verbleibende Wert der voraussichtlichen dauernden betriebsgewöhnlichen Nutzungsdauer des Bestandes entspricht. Die teilweise streitigen Einzelheiten der erforderlichen Berechnungen finden sich im steuerrechtlichen Schrifttum.[160]

b) **Spätere Veränderungen.** Eine Veränderung des Festwerts durch planmäßige Ab- **53**
schreibungen auf das bewegliche Sachanlagevermögen ist unzulässig (Rdn 52). Zulässig und auch geboten sind demgegenüber **außerplanmäßige Abschreibungen** gem. § 253 Abs. 3 S. 3 sowie bei Roh-, Hilfs- und Betriebsstoffen Abschreibungen gem. § 253 Abs. 4 S. 1 und 2. Eine Korrektur des Festwerts kommt ferner bei **Bestandsveränderungen** in Betracht, die sich etwa bei der Kontrollinventur nach § 240 Abs. 3 S. 2 (dazu Rdn 55) herausstellen können (Mehr- oder Mindermenge; andere Zusammensetzung als angenommen). Insoweit gibt es keine handelsrechtliche Detailregelung. Die Finanzverwaltung trägt dem Vereinfachungszweck des Festwertverfahrens Rechnung, indem sie drei Fälle unterscheidet: Bei einer Werterhöhung um mehr als 10 % wird der festgestellte Wert zum neuen Festwert; bei einer Werterhöhung bis einschließlich 10 % kann der bisherige Festwert beibehalten werden; Wertminderungen können durch entsprechende Kürzungen des bisherigen Festwerts berücksichtigt werden (R 5.4 Abs. 3 S. 2 bis 5 EStR). Es ist üblich und zulässig, für die Handelsbilanz entsprechend zu verfahren, soweit es um Werterhöhungen geht.[161] Dagegen kann es für **Wertminderungen** grundsätzlich kein handelsrechtliches Wahlrecht geben. Der Wert ist nach hM **stets nach unten anzupassen**;[162] bei nur geringfügigen Abweichungen sollte es indes auch zugelassen werden, den Wertansatz beizubehalten.[163]

c) **Übergang zur Einzelbewertung.** Nach § 252 Abs. 1 Nr. 6 i.d.F. des BilMoG sind **54**
die Bewertungsmethoden beizubehalten, die auf den vorhergehenden Jahresabschluss angewandt worden sind. Dieser **Grundsatz der Bewertungsstetigkeit**[164] gilt auch für die Festbewertung. Während die Anfangsentscheidung zugunsten der Festbewertung aufgrund der Sonderregelung in §§ 240 Abs. 3, 256 S. 2 im Ermessen des Bilanzierungspflichtigen steht, steht ihm ein vergleichbares Wahlrecht für die Folgejahre nicht zu. Die einmal getroffene Entscheidung ist vielmehr grundsätzlich bindend.[165] Das gilt nur dann nicht, wenn die besonderen Voraussetzungen des Verfahrens nicht mehr erfüllt sind;[166] dann ist zwingend zur Einzelbewertung überzugehen und der Gesamtwert auf die einzelnen Vermögensgegenstände aufzuteilen.[167] Sonst ist die Aufgabe des Festwertverfahrens

---

159 MünchKommAktG/*Graf*² Rdn 67.
160 S. etwa *Richter* StBp 2009, 249 (251) mwN.
161 Ganz hM, s. etwa Beck-HdR/*Petersen/Zwirner* A 220 Rdn 96; MünchKommAktG/*Graf*² Rdn 61 f.
162 Baetge/Kirsch/Thiele/*Quick/Wolz* BilR Rdn 83; Beck BilKomm-*Winkeljohann/Philipps* Rdn 106; HdJ – *Hachmeister/Zeyer* Abt. I/14 Rdn 383; KölnKomm-RLR/*Braun* Rdn 31; MünchKommAktG/*Graf*² Rdn 63.
163 Beck-HdR/*Petersen/Zwirner* A 220 Rdn 95.
164 Dazu allg. Beck BilKomm-*Winkeljohann/Büssow* § 252 Rdn 55 ff.
165 ADS Rdn 109; Heymann/*Walz* HGB Rdn 18.
166 ADS Rdn 109.
167 Zu Letzterem MünchKommAktG/*Graf*² Rdn 66.

nur in begründeten Ausnahmefällen zulässig (§ 252 Abs. 2).[168] Ein solcher Ausnahmefall liegt z.B. vor, wenn der Vereinfachungszweck aufgrund betriebsbedingter Besonderheiten nicht mehr erreicht werden kann.[169]

55 **5. Kontrolle durch körperliche Bestandsaufnahme.** § 240 Abs. 3 S. 2 verlangt die Kontrolle des Festwerts durch körperliche Bestandsaufnahme und bestimmt dafür eine Regelfrist von drei Jahren; zur Anpassung des Festwerts bei festgestellten Änderungen vgl. Rdn 53. **Körperliche Bestandsaufnahme.** Der Gesetzeswortlaut ist an sich eindeutig (danach erforderlich: Messen, Zählen, Wiegen und ähnliche Verfahren [vgl. Rdn 25]) und die Frage findet im Schrifttum auch keine vertiefte Erörterung.[170] Klar ist jedenfalls, dass die Inventur bei Roh-, Hilfs- und Betriebsstoffen regelmäßig durch körperliche Bestandsaufnahme erfolgen wird, weil es um Vorratsvermögen geht (§ 266 Abs. 2 B I 1) und die körperliche Aufnahme hier in der Regel erforderlich ist (Rdn 28). Fraglich bleibt aber, wie hinsichtlich des **Sachanlagevermögens** zu verfahren ist. Während der Gesetzeswortlaut auch insoweit für die Notwendigkeit einer körperlichen Bestandsaufnahme spricht, lassen sich aus der Entstehungsgeschichte der Norm Argumente für die These gewinnen, dass auch eine durch **Buchinventur** erfolgte Einzelerfassung durch Vollaufnahme genügt. Dafür spricht zum Einen, dass § 40 Abs. 4 Nr. 2 a.F. auch die Festbewertung von Finanzanlagen zuließ, die, abgesehen von selbst verwahrten Wertpapieren, nur buchmäßig aufgenommen werden können (Rdn 27 aE). Zum Anderen lässt sich für die Zulässigkeit der Buchinventur anführen, dass die Gesetzesfassung aus dem Jahr 1965 stammt (Rdn 3) und die früher verbreitete Vorstellung, es bedürfe beim beweglichen Sachanlagevermögen körperlicher Bestandsaufnahme, erst in der Mitte der sechziger Jahre endgültig überwunden worden ist. Aus diesen Gründen ist es gut vertretbar, **§ 240 Abs. 3 S. 2 einschränkend auszulegen** und anzunehmen, dass auch die Kontrollinventur des § 240 Abs. 3 S. 2 keine körperliche Bestandsaufnahme erfordert, soweit es um das Sachanlagevermögen geht (vgl. auch Rdn 51).

56 **Regelfrist von drei Jahren.** Die Dreijahresfrist des § 240 Abs. 3 S. 2 ist eine Regelfrist. Im Einzelfall kann die Kontrolle durch Inventur auch in kürzeren Abständen erforderlich sein; es kommen aber auch längere Zeitabschnitte in Betracht, wenn dafür ausreichende sachliche Gründe bestehen.[171] Eine Kontrollinventur vor Ablauf der Dreijahresfrist ist insbesondere erforderlich, wenn Grund zu der Annahme besteht, dass sich in Umfang oder Zusammensetzung des Bestands wesentliche Veränderungen ergeben haben.[172] Die für die steuerrechtliche Praxis in R 5.4 Abs. 3 S. 1 EStR festgelegte Höchstgrenze von fünf Jahren dürfte in der Regel auch den handelsrechtlichen GoB entsprechen;[173] Ausnahmen sind jedoch denkbar. Eine pauschale Aussage dahin gehend, dass ein ständiges Überschreiten der Regelfrist in jedem Fall unzulässig ist,[174] lässt sich nicht treffen; entscheidend ist stets, ob ausreichende sachliche Gründe gegeben sind.

---

168 Offenbar großzügiger (Wechsel stellt stets Ausnahmefall dar) Beck BilKomm-*Winkeljohann/Büssow* § 252 Rdn 61; für § 256 auch ADS § 252 Rdn 113.

169 ADS Rdn 109.

170 Vgl. ADS Rdn 95 ff; Beck BilKomm-*Winkeljohann/Philipps* Rdn 93; HdR-EA/*Knop* Rdn 63.

171 Baetge/Kirsch/Thiele/*Quick/Wolz* BilR Rdn 81; Beck BilKomm-*Winkeljohann/Philipps* Rdn 93; Beck-HdR/*Petersen/Zwirner* A 220 Rdn 94 f; HdJ – *Hachmeister/Zeyer* Abt. I/14 Rdn 378; MünchKommAktG/*Graf*[2] Rdn 55.

172 ADS Rdn 98; Beck-HdR/*Petersen/Zwirner* A 220 Rdn 94.

173 Wohl ebenso Beck-HdR/*Petersen/Zwirner* A 220 Rdn 94.

174 So ADS Rdn 96; Staub/*Hüffer*[4] Rdn 62 aE.

6. Wertbeibehaltungswahlrecht (Art. 24 Abs. 1 EGHGB). Nach Art. 24 Abs. 1 S. 1 EGHGB darf unter anderem ein Wertansatz beibehalten werden, der niedriger ist, als es nach § 240 Abs. 3 zulässig wäre. Die Vorschrift gilt nur für Vermögensgegenstände des **Anlagevermögens**, die bereits im Jahresabschluss für das am 31.12.1986 endende oder laufende Geschäftsjahr abgebildet waren. Das Wahlrecht hat nur in den Fällen praktische Bedeutung, in denen vor dem Übergang auf das neue Recht ein Festwert gebildet worden ist, der die neuen Anforderungen nicht erfüllt und hinter dem Ergebnis einer Einzelbewertung zurückbleibt. Diese Voraussetzungen werden nur in Ausnahmefällen erfüllt sein, weil § 240 Abs. 3 von § 40 Abs. 4 Nr. 2 a.F. inhaltlich kaum abweicht (vgl. Rdn 41). Wenn sie erfüllt sind, besteht ein dauerhaftes, also nicht auf das erste Geschäftsjahr unter der Geltung des neuen Bilanzrechts eingeschränktes Wahlrecht. Für das **Umlaufvermögen** gibt es kein entsprechendes Wertbeibehaltungswahlrecht, weil Art. 24 Abs. 2 EGHGB die Regelung des § 240 Abs. 3 (und Abs. 4) nicht aufführt. Roh-, Hilfs- und Betriebsstoffe scheiden also aus dem Festwertverfahren aus, wenn die Anforderungen des § 240 Abs. 3 im Einzelfall nicht mehr erfüllt sind; zur bilanziellen Behandlung eines daraus folgenden Wertunterschieds vgl. Art. 24 Abs. 3 EGHGB. **57**

VIII. Gruppen- oder Sammelbewertung (§ 240 Abs. 4)

1. Normgeschichte; Begriff und Zweck

Schrifttum

(vgl. auch die Angaben vor Rdn 1, 41). *Bernert* Gleichartige Vermögensgegenstände des Vorratsvermögens sowie andere gleichartige oder annähernd gleichwertige bewegliche Vermögensgegenstände, Hdwb. unbestimmter Rechtsbegriffe (1986) S. 216; *Brösel/Mindermann/Boecker* Zur Vereinfachung der Vorratsbewertung durch BilMoG, BRZ 2009, 501; *Hömberg* Gewogener Durchschnittswert (1986) ebenda S. 205; *Paulus* Zulässigkeit und Bedeutung der Bewertung von Wertpapieren mit Mischkursen in der Handels- und Steuerbilanz, StuW 1963 Sp. 233.

§ 240 Abs. 4 gestattet die Gruppen- oder Sammelbewertung. **Normgeschichte.** Die Vorschrift geht auf § 40 Abs. 4 Nr. 1 a.F. zurück, enthält jedoch einige, durch Art. 40 der 4. Richtlinie bedingte Abweichungen. So unterscheidet § 240 Abs. 4 zwischen Vermögensgegenständen des Vorratsvermögens und anderen beweglichen Vermögensgegenständen. Für Vermögensgegenstände des Vorratsvermögens ist die Gruppenbewertung nur noch zulässig, wenn sie gleichartig sind. Anders als nach § 40 Abs. 4 Nr. 1 a.F. genügt annähernde Gleichwertigkeit also nicht mehr. Die Rechtsfolgenseite der Norm ist klarer gefasst und sachlich insofern verändert worden, als nunmehr nicht wie früher ein undefinierter, etwa auf Branchenerfahrungen beruhender Durchschnittswert in das Inventar und in die Bilanz eingeht; maßgeblich ist vielmehr der gewogene Durchschnittswert als Ergebnis eines bestimmten rechnerischen Verfahrens (vgl. noch Rdn 64). Ohne sachliche Bedeutung ist es, dass der im einleitenden Halbsatz des § 40 Abs. 4 a.F. enthaltene Hinweis auf die GoB entfallen ist; sie sind auch für die Gruppenbewertung gem. §§ 238 Abs. 1 S. 1, 243 Abs. 1 verbindlich (vgl. schon Rdn 41 zur Festwertbildung). § 40 Abs. 4 Nr. 1 a.F. wurde seinerseits durch die Novelle von 1965 eingefügt (Rdn 3) und verhalf einer schon lange bestehenden Praxis[175] zur gesetzlichen Anerkennung. Wie das Fest- **58**

---

[175] Vgl. RFH RStBl. 1933, 763; Gutachten DIHT von 1933, abgedruckt in RStBl. 1933, 1062.

wertverfahren (Rdn 41) war auch die Gruppenbewertung im RegE noch als § 266 Abs. 2 S. 1 HGB-E vorgesehen; sie wurde also als bloße Bewertungsvereinfachung angesehen. Die Eingliederung in die Inventarvorschrift und die Ergänzung um die klarstellende Verweisung in § **256 S. 2** erfolgten erst in den Beratungen des Unterausschusses.[176]

59 Das Gesetz versteht unter dem **Begriff der Gruppenbewertung** für Inventar und Bilanz die Zusammenfassung von beweglichen Vermögensgegenständen, die ihrer Art oder (außerhalb des Vorratsvermögens) wenigstens ihrem Wert nach im Wesentlichen übereinstimmen, zu einer Gruppe; diese Gruppe wird mit dem rechnerisch ermittelten Preisdurchschnitt der sie konstituierenden Vermögensgegenstände bewertet; auf eine Einzelbewertung wird verzichtet. Bei Anwendung der Gruppenbewertung ist dies gemäß § 284 Abs. 2 Nr. 1 **im Anhang anzugeben**; das Gleiche gilt gemäß § 284 Abs. 2 Nr. 3 für den Übergang zur bzw. von der Gruppenbewertung;[177] ferner ist gemäß § 284 Abs. 2 Nr. 4 ggf. der dort definierte Unterschiedsbetrag anzugeben (Ausnahme gem. § 288 Abs. 1 für kleine Kapitalgesellschaften und i.V.m. § 267a Abs. 2 für Kleinstkapitalgesellschaften).[178] **Zweck.** Die Gruppenbewertung stellt in erster Linie ein **Bewertungsvereinfachungsverfahren** dar.[179] Insofern war die ursprüngliche systematische Einordnung in § 266 HGB-E (Rdn 58) hier eher zutr. als bei der Festbewertung (vgl. Rdn 42). Die Gruppenbewertung erleichtert jedoch auch die Erstellung des Inventars, weil die Vermögensgegenstände nicht einzeln verzeichnet werden müssen, sondern in ihrer Zusammenfassung zur Gruppe in das Inventar aufgenommen werden dürfen.[180] Dagegen erlaubt und bezweckt die Gruppenbewertung anders als das Festwertverfahren (Rdn 42) keine Vereinfachung der Inventur i.S.d. Bestandsaufnahme.[181] Insoweit verbleibt es vielmehr bei den allgemeinen Grundsätzen (Rdn 23 ff). Schließlich wird der Vereinfachungszweck ähnlich wie bei der Festbewertung (Rdn 42) nur über den Nachteil erreicht, dass die Kontrolle über die Entwicklung innerhalb einer Gruppe von Vermögensgegenständen nur eingeschränkt möglich ist; vor allem die Erfolgskontrolle ist nicht gewährleistet, wenn die zusammengefassten Gegenstände nur gleichwertig, aber nicht gleichartig sind. Innerhalb des Vorratsvermögens ist eine derartige Gruppierung nach § 240 Abs. 4 indes unzulässig.

2. Voraussetzungen

60 a) **Vorratsvermögen.** Vermögensgegenstände des Vorratsvermögens[182] sind Roh-, Hilfs- und Betriebsstoffe, unfertige Erzeugnisse und Leistungen sowie fertige Erzeugnisse und Waren (§ 266 Abs. 2 B I 1-3). Geleistete Anzahlungen (§ 266 Abs. 2 B I 4) sind zwar zu aktivieren, damit das Geschäft in der Bilanz erfolgsneutral berücksichtigt wird, stellen aber als solche keine Vermögensgegenstände dar und werden daher nicht von § 240 Abs. 4 erfasst.[183] Damit Gruppenbewertung zulässig ist, müssen die genannten Vermö-

---

176 Wegen § 266 Abs. 2 HGB-E vgl. BT-Drucks. 10/317, S. 15 (Begr. RegE: ebda. S. 90 f); wegen der Neukonzeption s. Ausschussbericht, BT-Drucks. 10/4268, S. 8 u. 96.

177 Baetge/Kirsch/Thiele/*Quick*/*Wolz* BilR Rdn 106; MünchKommAktG/*Graf*² Rdn 80.

178 Baumbach/Hueck/*Schulze-Osterloh* GmbHG¹⁸ § 41 Rdn 53 aE; KölnKomm-RLR/*Braun* Rdn 33.

179 Vgl. BFH/NV 2004, 1099 f; KölnKomm-RLR/*Braun* Rdn 33.

180 Beck-HdR/*Petersen*/*Zwirner* A 220 Rdn 98; HdJ – *Hachmeister*/*Zeyer* Abt. I/14 Rdn 385.

181 KölnKomm-RLR/*Braun* Rdn 33; anders Beck BilKomm-*Winkeljohann*/*Philipps* Rdn 130.

182 Ausführlich zum Begriff Beck BilKomm-*Ellrott*/*Roscher* § 247 HGB Rdn 60 ff.

183 Beck BilKomm-*Winkeljohann*/*Philipps* Rdn 134.

gensgegenstände gleichartig sein. Damit verwendet das Gesetz ein geläufiges Kriterium, das seine Hauptbedeutung bei der Beurteilung der Zulässigkeit einer Bewertung nach **Verbrauchsfolgemodellen** hat (**§ 256 S. 1**). Die dort zur Bestimmung der Gleichartigkeit anerkannten Grundsätze sind für die Gruppenbewertung des Vorratsvermögens zu übernehmen.[184] Für **unbewegliche Vermögensgegenstände** ist die Gruppenbewertung nach dem Wortlaut des § 240 Abs. 4 entgegen der **hM**[185] möglich, wenn sie ausnahmsweise zum Vorratsvermögen gehören.[186] Die von der hM angeführte sprachliche Verknüpfung mit den anderen beweglichen Vermögensgenständen erlaubt keinen entgegenstehenden Rückschluss.

61 Die **Gleichartigkeit** von Vermögensgegenständen kann nach der **Beschaffenheit** oder alternativ nach der **Funktion** bestimmt werden;[187] annähernde Wertgleichheit wird teilweise für unerlässlich,[188] überwiegend aber für nicht zwingend erforderlich gehalten.[189] Der Wortlaut des § 240 Abs. 4 spricht klar gegen das Erfordernis annähernder Wertgleichheit (für Vorratsvermögen genügt nur Gleichartigkeit; für andere Vermögensgegenstände Gleichartigkeit oder annähernde Wertgleichheit); bei **wesentlichen Wert- bzw. Preisunterschieden** wird man die Gleichartigkeit hinsichtlich z.B. der Qualität aber regelmäßig verneinen müssen.[190] Insgesamt ist eine enge Beurteilung des Kriteriums der Gleichartigkeit mit Rücksicht auf den Vereinfachungszweck des Verfahrens nicht angebracht; insbesondere darf Gleichartigkeit nicht im Sinne von Identität missverstanden werden. **Gleichartige Beschaffenheit** ist erforderlich bei Waren und fertigen Erzeugnissen; insoweit ist entscheidend, dass die Vermögensgegenstände der gleichen Warengattung angehören. Weil Waren und fertige Erzeugnisse am Markt abgesetzt werden sollen, hilft hier die Hilfsüberlegung weiter, ob die fraglichem Vermögensgegenstände im Verkehr nach Zahl, Maß oder Gewicht bestimmt zu werden pflegen (§ 91 BGB). Vor diesem Hintergrund ist es z.B. unzulässig, annähernd preisgleiche Kopierautomaten, Drucker und Kleincomputer für die Bewertung zu einer Gruppe zusammenzufassen. Bei den übrigen Gegenständen des Vorratsvermögens[191] muss auf die **gleichartige Funktion** abgehoben werden. Sie ist zu bejahen, wenn die Gegenstände dem gleichen betrieblichen Verwendungszweck dienen. Bei unfertigen Erzeugnissen ergibt sich die Funktion aus dem geplanten Endprodukt.

62 b) **Andere bewegliche Vermögensgegenstände.** Auch bewegliche Vermögensgegenstände, die nicht zum Vorratsvermögen zählen, können als Gruppe bewertet werden,

---

184 Beck BilKomm-*Winkeljohann/Philipps* Rdn 135.

185 ADS Rdn 115; Baumbach/Hueck/*Schulze-Osterloh* GmbHG[18] § 41 Rdn 52; HdJ – *Hachmeister/Zeyer* Abt. I/14 Rdn 384; KölnKomm-RLR/*Braun* Rdn 35.

186 Ebenso *Trappmann* DB 1996, 391 (392).

187 Statt vieler Beck BilKomm-*Winkeljohann/Philipps* Rdn 136; MünchKommAktG/*Graf*[2] Rdn 72.

188 ADS Rdn 120 ff; Baumbach/Hopt/*Merkt* Rdn 8; Baumbach/Hueck/*Schulze-Osterloh* GmbHG[18] § 41 Rdn 53; Koller/Roth/*Morck* Rdn 7; MünchKommAktG/*Graf*[2] Rdn 73; Staub/*Hüffer*[4] Rdn 67.

189 Baetge/Kirsch/Thiele/*Quick*/*Wolz* BilR Rdn 96; Beck BilKomm-*Winkeljohann/Philipps* Rdn 136; Beck-HdR/*Petersen/Zwirner* A 220 Rdn 103; HdR-EA/*Knop* Rdn 76; Heymann/*Walz* HGB Rdn 22; KölnKomm-RLR/*Braun* Rdn 36; MünchKommHGB/*Ballwieser*[3] Rdn 28; vgl. auch R 6.8 Abs. 4 S. 3 EStR.

190 Vgl. auch R 6.9 Abs. 3 S. 4 EStR. Wenig überzeugend ist es indes, für diese Beurteilung auf die in der Literatur für andere Vermögensgegenstände postulierte 20 %-Grenze (dazu Rdn 62) zurückzugreifen (so Beck-HdR/*Petersen/Zwirner* A 220 Rdn 104; MünchKommAktG/*Graf*[2] Rdn 73 aE; MünchKommBilR/*Graf* Rdn 74 aE).

191 Zur Gruppenbewertung von Wertpapieren vgl. *Paulus* StuW 1963 Sp. 233.

wenn sie **gleichartig** (dazu Rdn 61) *oder* **annähernd gleichwertig** sind. Annähernde Gleichwertigkeit ist gegeben, wenn die Einzelpreise der zusammengefassten Vermögensgegenstände nur geringfügig voneinander abweichen. Nach verbreiteter Auffassung soll eine **Differenz von 20 % zwischen dem niedrigsten und dem höchsten Einzelpreis** noch unschädlich sein, wenn es sich um geringwertige Gegenstände handelt; bei höherwertigen Vermögensgenständen soll ein wesentlich geringerer Prozentsatz maßgeblich sein.[192] Derartige pauschale Wertgrenzen können in der Praxis hilfreich sein, überzeugen aber aus theoretischer Sicht nicht; die genannte Prozentgrenze kann zwar als Orientierungsmarke dienen, im Einzelfall ist die annähernde Wertgleichheit aber umfassend nach den GoB zu beurteilen.[193] Generell ist dabei auch zu beachten, dass der Wertansatz für die Gruppe von Vermögensgegenständen nicht wesentlich höher oder niedriger sein darf, als die sich bei einer Bewertung zu Einzelpreisen ergebende Summe.[194] Über den Wortlaut der Vorschrift hinaus ist nach zutreffender allgemeiner Meinung erforderlich, dass die zusammengefassten Gegenstände nicht nur annähernd gleichwertig, sondern **durch weitere wesentliche Merkmale miteinander verbunden** sind.[195] Diese Voraussetzung ist beispielsweise erfüllt, wenn die Vermögensgegenstände zum gleichen Sortiment gehören.[196] Diese einschränkende Auslegung konnte sich unter der Geltung des § 40 Abs. 4 Nr. 1 a.F. ohne Weiteres auf den einschränkenden Vorbehalt stützen, dass die Gruppenbewertung den GoB entsprechen muss. Für § 240 Abs. 4 gilt jedoch das Gleiche, weil für die Darstellung der Vermögenslage nach §§ 238 Abs. 1 S. 1, 243 Abs. 1 allgemein die GoB maßgeblich sind. Danach muss die Zusammenfassung von Gegenständen zu einer Gruppe durch ihre Eigenschaften sachlich gerechtfertigt sein; eine bloß zufällige annähernde Preisgleichheit genügt nicht.

63 c) **Schulden.** Schließlich erlaubt § 240 Abs. 4 auch die Gruppenbewertung von gleichartigen oder annähernd gleichwertigen Schulden. Die unter Rdn 62 genannten Voraussetzungen gelten im Grundsatz auch hier. Praktisch allein zweckmäßig dürfte es sein, auf die annähernde Gleichwertigkeit der Risiko-Arten abzustellen.[197] Praktisch relevant ist insbesondere die Zusammenfassung von Rückstellungen.[198]

---

192 Baetge/Kirsch/Thiele/*Quick*/*Wolz* BilR Rdn 98; Beck BilKomm-*Winkeljohann*/*Philipps* Rdn 137; HdJ – *Hachmeister*/*Zeyer* Abt. I/14 Rdn 387; ferner (ohne Unterscheidung nach dem Wert der Vermögensgegenstände) Beck-HdR/*Petersen*/*Zwirner* A 220 Rdn 104; Ebenroth/Boujong/Joost/Strohn/*Wiedmann* HGB Rdn 35; Heidel/Schall/*Reich*/*Szczesny*/*Voß* HGB Rdn 23; enger ADS Rdn 127 f sowie dem zust. MünchKommHGB/*Ballwieser*[3] Rdn 29; krit. auch Baumbach/Hueck/*Schulze-Osterloh* GmbHG[18] § 41 Rdn 53.

193 Deutlich auch Beck-HdR/*Petersen*/*Zwirner* A 220 Rdn 104 aE; ähnlich KölnKomm-RLR/*Braun* Rdn 37 aE; MünchKommAktG/*Graf*[2] Rdn 74.

194 Beck BilKomm-*Winkeljohann*/*Philipps* Rdn 137.

195 Statt vieler ADS Rdn 128; Baetge/Kirsch/Thiele/*Quick*/*Wolz* BilR Rdn 98; HdR-EA/*Knop* Rdn 78.

196 Beck BilKomm-*Winkeljohann*/*Philipps* Rdn 137; HdJ – *Hachmeister*/*Zeyer* Abt. I/14 Rdn 387; MünchKommAktG/*Graf*[2] Rdn 75.

197 Beck BilKomm-*Winkeljohann*/*Philipps* Rdn 137, s. dort in Rdn 140 auch Beispiele dazu (bezogen auf Rückstellungen).

198 Vgl. Baetge/Kirsch/Thiele/*Quick*/*Wolz* BilR Rdn 93 aE; Baumbach/Hueck/*Schulze-Osterloh* GmbHG[18] § 41 Rdn 52.

3. Ansatz mit dem gewogenen Durchschnittswert

a) **Allgemeines.** Wenn die Voraussetzungen des § 240 Abs. 4 erfüllt sind (Rdn 60 ff), dürfen die Vermögensgegenstände jeweils zu einer Gruppe zusammengefasst und mit dem gewogenen Durchschnittswert angesetzt werden; ein Ansatz mit **einfachen** (also nicht gewogenen) **Durchschnittswerten** ist **unzulässig.**[199] Aus dem Wort „jeweils" folgt, dass die Bildung verschiedener Gruppen zulässig und entsprechend der Gleichartigkeit oder annähernden Gleichwertigkeit der Vermögensgegenstände auch erforderlich ist. Der Ansatz mit dem gewogenen Durchschnittswert geht auf Art. 40 der 4. Richtlinie zurück. „Gewogener" Durchschnittswert heißt bei Anschaffung: Es genügt nicht, die Summe der gezahlten Preise durch die Summe der vorhandenen Stücke (oder sonstigen Mengen) zu dividieren; erforderlich ist vielmehr eine Rechnung, die berücksichtigt, welche Mengen zu welchen Preisen bezogen worden sind. Zu beachten ist bei der Bewertung stets, dass auch bei Anwendung der Gruppenbewertung **zwingend** das **Niederstwertprinzip** gem. § 253 **anzuwenden** ist (dazu Erl. dort).[200] 64

b) **Berechnungsmethoden.** Die kaufmännische Praxis kennt den einfachen und den gleitenden gewogenen Durchschnittswert. Beide genügen den Anforderungen des § 240 Abs. 4.[201] **Einfacher gewogener Durchschnittswert:** Anfangs- und Zugangsmengen sind (ohne Rücksicht auf den Zeitpunkt des Zugangs) mit dem jeweiligen Preis zu multiplizieren. Die daraus folgenden Produkte sind in einer Summe zusammenzufassen (Gesamtheit der gezahlten Preise). Anfangs- und Zugangsmengen sind gleichfalls zu addieren. Die Summe der Preise dividiert durch die Summe der Mengen ist der einfache gewogene Durchschnittswert pro Stück (oder sonstige Mengeneinheit). Für den Ansatz in Inventar und Bilanz ist der Durchschnittswert pro Mengeneinheit mit der durch Inventur festgestellten Menge zu multiplizieren. *Beispiel:* 65

Anfangsbestand	100 Stück zu EURO 50,–	=	EURO 5 000,–
Zugang	200 Stück zu EURO 52,–	=	EURO 10 400,–
Zugang	100 Stück zu EURO 48,–	=	EURO 4 800,–
Zugang	50 Stück zu EURO 49,–	=	EURO 2 450,–
Summe Mengen	450 Stück Summe Preise	=	EURO 22 650,–

Durchschnittspreis: EURO 22650 : 450 = EURO 50,33
Menge zum Bilanzstichtag (nach Abgang von 350 Stück)
100 Stück, Ansatz (abgerundet) also mit EURO 50,333 × 100 = EURO 5 033,–

Gleitender gewogener Durchschnittswert: Dabei handelt es sich um eine fortlaufende Rechnung, nach welcher der Durchschnittspreis nach jedem Zugang neu berechnet und der Bewertung des folgenden Abgangs zugrunde gelegt wird. Das Verfahren ist umständlicher, liefert aber genauere Ergebnisse als die einfache Berechnungsmethode und ist bei EDV-Buchführung das am häufigsten angewandte Verfahren. *Beispiel:*

---

199 Beck BilKomm-*Winkeljohann/Philipps* Rdn 131; MünchKommAktG/*Graf*² Rdn 76.

200 AllgM, s. etwa Baetge/Kirsch/Thiele/*Quick/Wolz* BilR Rdn 105; Beck-HdR/*Petersen/Zwirner* A 220 Rdn 109; HdJ – *Hachmeister/Zeyer* Abt. I/14 Rdn 390.

201 Beck BilKomm-*Winkeljohann/Philipps* Rdn 138 f; Ebenroth/Boujong/Joost/Strohn/*Wiedmann* HGB Rdn 36; MünchKomm-HGB/*Ballwieser*³ Rdn 30; ausführlich zum Folgenden mit leichten terminologischen Abweichungen Baetge/Kirsch/Thiele/*Quick/Wolz* BilR Rdn 99 ff.

Anfangsbestand	100 Stück zu EURO 50,–	=	EURO 5000,–
Zugang	200 Stück zu EURO 52,–	=	EURO 10400,–
Bestand	300 Stück	=	EURO 15400,–
Durchschnittspreis: EURO 15400:300 = EURO 51,33			
Abgang	100 Stück zu EURO 51,33	=	EURO 5133,–
Bestand	200 Stück	=	EURO 10267,–
Zugang	100 Stück zu EURO 48,–	=	EURO 4800,–
Bestand	300 Stück	=	EURO 15067,–
Durchschnittspreis: EURO 15067:300 = EURO 50,22			
Abgang	200 Stück zu EURO 50,22	=	EURO 10044,–
Bestand	100 Stück	=	EURO 5023,–
Zugang	50 Stück zu EURO 49,–	=	EURO 2450,–
Bestand	150 Stück	=	EURO 7473,–
Durchschnittspreis: EURO 7473:150 = EURO 49,82			
Abgang	50 Stück zu EURO 49,82	=	EURO 2491,–
Endbestand	100 Stück	=	EURO 4982,–

Während die Ermittlung des einfachen gewogenen Durchschnittswerts zum Ansatz von EURO 5033,– führt (vgl. oben), ergibt sich also bei der Berechnung des entsprechenden gleitenden Wertes – für die beispielhaft angenommene Abgangssequenz – eine in Inventar und Bilanz zu übernehmende Summe von EURO 4982,–.

65a c) **Übergang zur Einzelbewertung.** Der Grundsatz der **Bewertungsstetigkeit** gilt auch für den Ansatz mit dem gewogenen Durchschnittswert.[202] Die Ausführungen unter Rdn 54 gelten entsprechend.

66 **4. Wertbeibehaltungswahlrecht (Art. 24 Abs. 1 EGHGB).** Ergab sich aufgrund der Rechtslage vor dem BilRiLG (§ 40 Abs. 4 Nr. 1 a.F.) zum letzten Bilanzstichtag vor Anwendung des neuen Rechts im **Anlagevermögen** ein niedrigerer Wertansatz als nach § 240 Abs. 4, so darf dieser nach Art. 24 Abs. 1 EGHGB beibehalten werden. Für das **Umlaufvermögen** besteht das Wahlrecht nicht, weil Art. 24 Abs. 2 EGHGB in seiner enumerativ gehaltenen Zusammenstellung von Vorschriften § 240 Abs. 4 nicht aufführt. Damit besteht für die Gruppenbewertung dieselbe Lage wie für die Festwertbildung; vgl. deshalb auch Rdn 57.

---

[202] ADS Rdn 139.

IX. Rechtsfolgen einer Pflichtverletzung

Besondere Sanktionen bei einer Verletzung der in § 240 ausgesprochenen Pflichten **67** kennt das Handelsrecht nicht. In Betracht kommt jedoch **Strafbarkeit,** und zwar zunächst nach §§ 283 Abs. 1 Nr. 7 lit. b, 283b Abs. 1 Nr. 3 lit. b StGB, wenn das Inventar nicht „in der vorgeschriebenen Zeit" aufgestellt wird. Entgegen den Erwartungen, die dieser Gesetzeswortlaut hervorruft, gibt es keine ausdrücklichen handelsrechtlichen Vorschriften über die Inventarfrist; vgl. zunächst Rdn 33 und 39. Nach der Rechtsprechung in Strafsachen zur Aufstellung des Jahresabschlusses besteht eine Frist von längstens sechs Monaten seit dem Bilanzstichtag, die sich bei Eintritt der Krisenlage entsprechend dem Schutzzweck der §§ 283 ff StGB verkürzen kann (s. § 243 Rdn 32). Weil das Inventar die notwendige Grundlage der Bilanz ist, kann die Inventarfrist jedenfalls nicht länger als die Frist zur Aufstellung des Jahresabschlusses sein. Mangelhafte Inventur und fehlerhaftes Inventar werden überdies regelmäßig den Tatbestand der mangelhaften Bilanzierung nach §§ 283 Abs. 1 Nr. 7 lit. a, 283b Abs. 1 Nr. 3 lit. a StGB verwirklichen. **Abschlussprüfung:** Die Verletzung des § 240 kann bei der Abschlussprüfung nach §§ 316 ff zur Einschränkung oder zur Versagung des Bestätigungsvermerks führen (§ 322 Abs. 3, 4). Das gilt bei Verstößen gegen die Inventurpflicht, bei mangelhaftem (oder gar fehlendem) Inventar und schließlich bei Bewertungsfehlern im Rahmen des § 240 Abs. 3 und 4, insbesondere, wenn eines der Vereinfachungsverfahren in Anspruch genommen wurde, obwohl seine gesetzlichen Voraussetzungen nicht vorliegen. Es handelt sich regelmäßig auch um Verstöße gegen die GoB.[203]

X. Steuerrecht

Das Steuerrecht kennt keine § 240 vergleichbare Bestimmung über Inventar, Inventur **68** und Vereinfachungsverfahren. Allerdings erklärt § 141 Abs. 1 S. 2 AO unter anderem § 240 für **sinngemäß anwendbar**, sofern sich nicht aus den Steuergesetzen etwas anderes ergibt; vgl. dazu ausführlich die steuerrechtliche Kommentarliteratur.

§ 241
Inventurvereinfachungsverfahren

(1) Bei der Aufstellung des Inventars darf der Bestand der Vermögensgegenstände nach Art, Menge und Wert auch mit Hilfe anerkannter mathematisch-statistischer Methoden auf Grund von Stichproben ermittelt werden. Das Verfahren muß den Grundsätzen ordnungsmäßiger Buchführung entsprechen. Der Aussagewert des auf diese Weise aufgestellten Inventars muß dem Aussagewert eines auf Grund einer körperlichen Bestandsaufnahme aufgestellten Inventars gleichkommen.

(2) Bei der Aufstellung des Inventars für den Schluß eines Geschäftsjahrs bedarf es einer körperlichen Bestandsaufnahme der Vermögensgegenstände für diesen Zeitpunkt nicht, soweit durch Anwendung eines den Grundsätzen ordnungmäßiger Buchführung

---

203 Vgl. Baetge/Kirsch/Thiele/*Quick*/*Wolz* BilR Rdn 111; BoHdR-*Kirsch* Rdn 197.

entsprechenden anderen Verfahrens gesichert ist, daß der Bestand der Vermögensgegenstände nach Art, Menge und Wert auch ohne die körperliche Bestandsaufnahme für diesen Zeitpunkt festgestellt werden kann.

(3) In dem Inventar für den Schluß eines Geschäftsjahrs brauchen Vermögensgegenstände nicht verzeichnet zu werden, wenn

1. der Kaufmann ihren Bestand auf Grund einer körperlichen Bestandsaufnahme oder auf Grund eines nach Absatz 2 zulässigen anderen Verfahrens nach Art, Menge und Wert in einem besonderen Inventar verzeichnet hat, das für einen Tag innerhalb der letzten drei Monate vor oder der ersten beiden Monate nach dem Schluß des Geschäftsjahrs aufgestellt ist, und

2. auf Grund des besonderen Inventars durch Anwendung eines den Grundsätzen ordnungsmäßiger Buchführung entsprechenden Fortschreibungs- oder Rückrechnungsverfahrens gesichert ist, daß der am Schluß des Geschäftsjahrs vorhandene Bestand der Vermögensgegenstände für diesen Zeitpunkt ordnungsgemäß bewertet werden kann.

Schrifttum

(vgl. auch die Angaben vor und zu § 238 sowie unten vor Rdn 8, 26, 41). *AWV* Rationalisierung der Inventur unter Berücksichtigung neuer Techniken und Verfahren (1976); *Biener* Die Neufassung handelsrechtlicher Buchführungsvorschriften, DB 1977, 527; *Biester/Pollok* Bestandsführung von Rückstellungen nach BilMoG - Herausforderungen bei der DV-Umsetzung, BRZ 2009, 565; *Fülling* Grundsätze ordnungsmäßiger Bilanzierung für Vorräte (1976); *IDW* HFA 1/1990 Zur körperlichen Bestandsaufnahme im Rahmen von Inventurverfahren, WPg 1990, 143; Arbeitskreis *Ludewig* Die Vorratsinventur (1967); *Offerhaus* Die neuen handelsrechtlichen Buchführungsvorschriften, BB 1976, 1622; *Schulze-Osterloh* Die neuen handels- und steuerrechtlichen Buchführungsvorschriften nach dem 1. WiKG und dem EGAO 1977 sowie nach der AO 1977, WM 1977, 606.

Übersicht

I. Normzweck und Allgemeines

1 **1. Regelungsgegenstand und -zweck; Entstehungsgeschichte.** § 241 ergänzt die in § 240 Abs. 1 und 2 getroffenen Bestimmungen. Die Vorschrift regelt **Stichprobeninventur** (Abs. 1), **permanente Inventur** (Abs. 2) sowie **vor- oder nachverlegte Inventur** (Abs. 3). Alle drei Verfahren bezwecken die Vereinfachung der Inventur im Vergleich zu den Anforderungen, die sich aus § 240 Abs. 1 und 2 ergeben. Danach bildet die Einzelerfassung durch Vollaufnahme zum Bilanzstichtag die Grundform der Inventur (§ 240 Rdn 23). Während die Stichprobeninventur auf die Vollaufnahme verzichtet und damit im Sinne der Betriebswirtschaftslehre (vgl. § 240 Rdn 23 bei Fn. 50) eine Erleichterung des Inventurverfahrens gewährt, stellen die permanente Inventur und die vor- oder nachverlegte Inventur Ausnahmen vom Prinzip der Stichtagsbezogenheit dar; im Sinne der Betriebswirtschaftslehre (vgl. aaO) beziehen sich diese Vereinfachungen auf das Inventursystem. Anders als das Festwertverfahren nach § 240 Abs. 3 (vgl. dort Rdn 41 ff) erlaubt es § 241 aber nicht, auf die Einzelerfassung zu verzichten; die Einzelaufnahme erfolgt nur in einem anderen Verfahren oder zu anderen Zeitpunkten als nach den allgemeinen Grundsätzen.

2 **Entstehungsgeschichte.** Die heute in § 241 enthaltene Regelung war im RegE des **BiRiLiG** noch in § 39 Abs. 4–6 HGB-E enthalten, wobei jeweils das Wort „Vermögensgegenstände“ durch das Wort „Wirtschaftsgüter“ ersetzt werden sollte.[1] Die geltende Fassung geht auf die Ausschussberatungen zurück. Der Ausschuss hat den Wortlaut des § 39 Abs. 2a–4 a.F. nahezu vollständig beibehalten; eine Umstellung im Text des § 39 Abs. 4 Nr. 1 a.F. („ersten beiden Monate“) soll der sprachlichen Verbesserung dienen.[2] Dass auf den Begriff des Wirtschaftsguts verzichtet wurde, folgt konsequent aus der zu § 240 Abs. 1 und 2 getroffenen Entscheidung (dazu § 240 Rdn 2 und 11). Mit § 241 wird die vor dem BilRiLiG geltende **Rechtslage sachlich unverändert beibehalten.**[3] Die

---

1 BT-Drucks. 10/317, S. 3.
2 Ausschussbericht, BT-Drucks. 10/4268, S. 96.
3 BoHdR-*Kirsch* Rdn 1.

Vorgängerreglung ging ihrerseits auf Gesetzesänderungen von 1977 und von 1965 zurück: Die Stichprobeninventur wurde durch das EGAO 1977 in § 39 Abs. 2a als zulässig anerkannt,[4] um Zweifel an der rechtlichen Zulässigkeit des zuvor schon in der Praxis[5] verbreiteten Verfahrens zu beseitigen.[6] Permanente Inventur sowie vor- oder nachverlegte Inventur wurden durch die Novelle von 1965[7] in § 39 Abs. 3 und 4 a.F. gesetzlich verankert; während § 39 Abs. 3 a.F. nur klarstellende Bedeutung zukam, wurde mit der vor- oder nachverlegten Inventur in § 39 Abs. 4 a.F. ein Verfahren gebilligt, dessen rechtliche Zulässigkeit noch zweifelhaft war.[8]

2. Praktische Grundlagen der Inventurvereinfachung

3 a) **Allgemeines.** Sämtliche Inventurvereinfachungsverfahren verdanken ihre Entstehung den Bestrebungen der kaufmännischen Praxis nach Effizienz und Rationalisierung; sie sind vom Gesetzgeber nachträglich anerkannt worden. Diesem Umstand sind die elastischen Verfahrensbeschreibungen des § 241 zu verdanken (z.B. „anerkannter mathematisch-statistischer Methoden“, GoB-konforme Bestandsfeststellung auf den Bilanzstichtag). Damit soll erreicht werden, dass sich in der **Praxis** auch zukünftig **Methoden der Inventurvereinfachung entwickeln** können, ohne ständige Änderungen des HGB erforderlich zu machen.[9] Daraus folgt, dass Vereinfachungsverfahren nicht schon deshalb als unzulässig eingestuft werden dürfen, weil sie dem Gesetzgeber noch unbekannt waren. Entscheidend ist vielmehr, ob sie unter die unbestimmten Rechtsbegriffe des § 241 subsumiert und damit als ordnungsmäßig beurteilt werden können (vgl. auch Rdn 39 f zur Einlagerungsinventur).

4 b) **Insbesondere: Lagerbuchführung.** Unter dem Begriff der Lagerbuchführung versteht man die Führung von Aufzeichnungen über das Vorratsvermögen; sie zeigen die Entwicklung der Bestände nach Art, Menge und Wert. § 241 verlangt eine solche Lagerbuchführung nicht. Vielmehr genügt es den gesetzlichen Anforderungen, wenn die Bestände des Vorratsvermögens zum Bilanzstichtag körperlich aufgenommen (§ 240 Rdn 28 f) und nach Art, Menge und Wert durch das Inventar nachgewiesen werden. In der Praxis ist die Lagerbuchführung gleichwohl verbreitet; sie ermöglicht eine bessere Kontrolle während des Geschäftsjahrs und dient als Grundlage für Entscheidungen über die notwendigen Lagerdispositionen. Die Inventurvereinfachungsverfahren basieren auf dieser praktischen Entwicklung, und zwar in einem doppelten Sinn: Erstens verdanken sie ihre Entstehung dem Bestreben, eine vorhandene Lagerbuchführung für die Inventur des Vorratsvermögens nutzbar zu machen, um auch insoweit (zu anderen Bilanzposten vgl. § 240 Rdn 27 und 30) die körperliche Vollaufnahme zum Bilanzstichtag weitgehend durch eine Buchinventur zu ersetzen. Zweitens setzen sowohl die Stichprobeninventur als auch die permanente Inventur eine Lagerbuchführung voraus; ohne Lagerbuchführung ist die Inventurvereinfachung in der einen oder der anderen Form unzulässig (näher Rdn 11, 28).

---

[4] Einführungsgesetz zur AO 1977 vom 14.12.1976 (BGBl. I, S. 3341, 3370 [Art. 56 EGAO]).

[5] Vgl. Arbeitskreis *Ludewig* Vorratsinventur S. 55 ff (ausführlich); *Kümmel* DB 1967, 433 (435 f).

[6] Bericht des Finanzausschusses, BT-Drucks. 7/5458, S. 19; *Biener* DB 1977, 527 (533); *Offerhaus* BB 1976, 1622 (1624); *Schulze-Osterloh* WM 1977, 606 f.

[7] Gesetz zur Änderung des HGB und der RAO vom 2.8.1965 (BGBl. I, S. 665).

[8] Begr. RegE, BT-Drucks. IV/2865, S. 5 f.

[9] Begr. RegE, BT-Drucks. IV/2865, S. 6; Bericht des Finanzausschusses, BT-Drucks. 7/5458, S. 19.

II. Anwendungsvoraussetzungen der Inventurvereinfachungsverfahren (§ 241 Abs. 1–3)

1. Beschränkung auf Vermögensgegenstände

a) **Grundsatz: keine Inventurvereinfachung für Schulden.** § 241 setzt in jedem seiner drei Absätze voraus, dass es sich um die Bestandsaufnahme oder um die Inventarisierung von Vermögensgegenständen (zum Begriff s. Erl. zu § 246) handelt. Die Inventur von Schulden kann also nach dem Wortlaut des Gesetzes nicht vereinfacht werden. Möglich wäre nur eine analoge Anwendung des § 241. Dafür wäre jedoch erforderlich, dass bei der Schuldeninventur Schwierigkeiten bestehen, die denen der körperlichen Aufnahme des Vorratsvermögens (vgl. schon Rdn 4) vergleichbar sind, und dass Stichprobeninventur, permanente Inventur oder Vor- oder Nachverlegung geeignet sind, diesen Schwierigkeiten zu begegnen. Ersichtlich fehlt es schon an der ersten Voraussetzung, weil Schulden ohnehin buchmäßig aufgenommen werden (vgl. § 240 Rdn 26 und 30). Deshalb scheidet auch eine entsprechende Anwendung des § 241 grundsätzlich aus (zu Rückstellungen für Pensionszusagen s. Rdn 7).[10] 5

b) **Alle Vermögensgegenstände oder nur Vorratsvermögen?** Nach dem Wortlaut des § 241 kann die Inventur aller Vermögensgegenstände durch die dort geregelten Verfahren vereinfacht werden; danach würde es z.B. genügen, den Bestand an Forderungen nur stichprobenweise zu prüfen (§ 241 Abs. 1) oder zu einem vom Bilanzstichtag abweichenden Inventurstichtag aufzunehmen (§ 241 Abs. 2). Dies überzeugt jedoch nicht. Die Norm ist entsprechend ihrem Sinn und Zweck – Vereinfachung der Inventur durch körperliche Bestandsaufnahme (Rdn 4 f) – **einschränkend auszulegen**. Soweit Vermögensgegenstände ohnehin nur buchmäßig aufgenommen werden (wie insbes. Forderungen), gibt es keine zusätzliche Inventarerleichterung nach § 241.[11] Praktisch beschränkt sich der Anwendungsbereich der Vorschrift damit größtenteils auf Gegenstände des Vorratsvermögens, nachdem sich auch für das bewegliche Anlagevermögen weitgehend die Buchinventur durchgesetzt hat (vgl. § 240 Rdn 24 und 27). 6

2. **Vereinfachung der Inventur von Pensionszusagen.** Nach R 6a Abs. 18 Satz 2 EStR darf die Inventur von Pensionszusagen „in Anwendung von § 241 Abs. 3 HGB" **vor- oder nachverlegt** erfolgen. Die entsprechende Praxis fand und findet im Wortlaut der handelsrechtlichen Bestimmung keine Stütze, weil Pensionsrückstellungen den Schulden zuzurechnen sind, für die § 241 nicht unmittelbar und prinzipiell auch nicht analog gilt (vgl. Rdn 5). Fraglich ist damit, ob § 241 Abs. 3 ausnahmsweise analog angewendet werden kann. Dies würde voraussetzen, dass bei der Inventur von Pensionszusagen Schwierigkeiten bestehen, die denen einer körperlichen Bestandsaufnahme vergleichbar und durch die Gewährung eines längeren Inventurzeitraums lösbar sind. Das ist zu bejahen, 7

---

10 Beck BilKomm-*Winkeljohann/Philipps* Rdn 1 sowie § 240 Rdn 9; BoHdR-*Kirsch* Rdn 4; HdR-EA/*Weiss/Heiden* Rdn 65; MünchKommHGB/*Ballwieser*[3] Rdn 2; implizit z.B. Koller/Roth/*Morck* Rdn 1 f; **aA** ADS Rdn 2; BoHdR-*Streim* Vorbearbeitung Rdn 2; MünchKommAktG/*Graf*[2] Rdn 1; MünchKommBilR/*Graf* Rdn 1; nicht eindeutig Ebenroth/Boujong/Joost/Strohn/*Wiedmann* Rdn 22. Nachw. zum älteren Schrifttum bei Staub/*Hüffer*[4] Rdn 5.

11 So bereits *Schulze-Osterloh* WM 1977, 606 f; ähnlich Ebenroth/Boujong/Joost/Strohn/*Wiedmann* Rdn 1; MünchKommHGB/*Ballwieser*[3] Rdn 2; Koller/Roth/*Morck* Rdn 1; **aA** HdR-EA/*Weiss/Heiden* Rdn 65; auch noch *Nies* StBp 1976, 245; *Offerhaus* BB 1976, 1622 (1624).

weil für die Berechnung der Rückstellung die pensionsberechtigten Personen und die Höhe ihrer jeweiligen Ansprüche festgestellt werden müssen (R 6a Abs. 18 S. 1 EStR bezeichnet das als „körperliche Bestandsaufnahme") und diese Feststellungen je nach dem Umfang des berechtigten Personenkreises einen Zeitraum beanspruchen können, der auch bei der ausgeweiteten Stichtagsinventur (vgl. § 240 Rdn 40: zehn Tage vor und nach dem Bilanzstichtag) nicht zur Verfügung steht. Aus diesen Gründen kann die bisherige Praxis auch handelsrechtlich beibehalten werden.[12] Nicht, auch nicht analog, anwendbar sind dagegen § 241 Abs. 1 und 2.

7a **3. Kombination und Wechsel der Inventurverfahren; Angaben im Anhang.** Die verschiedenen gem. § 240 zulässigen Inventurverfahren und die verschiedenen Inventurvereinfachungsverfahren nach § 241 dürfen grundsätzlich **miteinander kombiniert** werden (das gilt auch für die nach §§ 240, 241 jeweils zulässigen Verfahren untereinander);[13] im Einzelfall ist aber stets zu prüfen, ob die gesetzlichen Inventurzwecke die Kombination erlauben, vgl. dazu etwa Rdn 45. Dabei ist der Kaufmann **nicht** an eine einmal getroffene Wahl **gebunden**; da die Inventurverfahren nicht zu Bilanzierungs- und Bewertungsmethoden i.S.d. §§ 246 Abs. 3, 252 Abs. 1 Nr. 6 zählen, gelten die Grundsätze der Ansatz- und Bewertungsstetigkeit nicht.[14] Aus demselben Grund besteht auch keine Pflicht, gemäß § 284 Abs. 2 Nr. 3 Angaben über Abweichungen von Inventur- oder Inventurvereinfachungsverfahren im **Anhang** zu machen.[15]

III. Stichprobeninventur (§ 241 Abs. 1)

Schrifttum

(Auswahl; vgl. auch die Angaben vor Rdn 1 und unten vor Rdn 26, 41). *AWV* Stichprobeninventur in Vertriebseinrichtungen des Handels (1984); *AWV* Sequentialtest für die Inventur mit Stichproben bei ordnungsmäßiger Lagerbuchführung (1985); *Bauer/Heller* Die optimale Schichtung des Lagerkollektivs, WPg 1981, 107; *Bellinger* Stichprobeninventur – ein rationelles Verfahren und sein statistischer Hintergrund, DSWR 1977, 3; *Broermann* Stichprobeninventuren – Ein Beitrag zur Anwendung der Stichprobeninventur in der Praxis und zur Auslegung des § 241 Abs. 1 HGB (1987); *Bühler* Zum optimalen Stichprobenumfang bei der Stichprobeninventur, ZfbF 1984, 699; *Bujack/Roth* Schätzverfahren in der Inventur, DB 1959, 577 und 601; *Burkel* Zur Problematik der Lagerinventur mittels Stichprobenverfahren, BB 1987, 29; *Deindl* Zur Problematik der Stichprobeninventur, StBp 1977, 269; *Fandel/Dyckhoff/Müller* Stichprobeninventur – Zur Problematik der Anwendung in der Praxis, DBW 1985, 278; *Hömberg* Grundlagen und Organisation einer Stichprobeninventur nach § 39 Abs. 2a HGB, DB 1985, 2057 und 2112; *Hofmann* Inventurvereinfachung, Diss. Frankfurt (1963); *IDW* HFA 1/1981 i.d.F. 1990 Stichprobenverfahren für die Vorratsinventur zum Jahresabschluss, WPg 1990, 649; *Jaspers* Stichprobeninventur – Anwendungsvoraussetzungen für die praktische Durchführung, DB 2004, 264; *Jaspers* Inventur von Vertriebseinrichtungen des

---

12 H.M. s. etwa ADS Rdn 2; Beck BilKomm-*Winkeljohann/Philipps* Rdn 50; Ebenroth/Boujong/Joost/Strohn/*Wiedmann* Rdn 22; HdJ – *Hachmeister/Zeyer* Abt. I/14 Rdn 149; Heidel/Schall/*Reich/Szczesny/Voß* HGB Rdn 2; krit. MünchKommHGB/*Ballwieser*³ Rdn 21.

13 Ausf. HdJ – *Hachmeister/Zeyer* Abt. I/14 Rdn 250 ff; ferner ADS Rdn 41 und § 240 Rdn 45 f; Beck BilKomm-*Winkeljohann/Philipps* Rdn 61 f; HdR-EA/*Weiss/Heiden* Rdn 16; MünchKommAktG/*Graf*² § 240 Rdn 41; MünchKommBilR/*Graf* § 240 Rdn 41.

14 ADS Rdn 42; Beck BilKomm-*Winkeljohann/Philipps* Rdn 63; HdR-EA/*Weiss/Heiden* Rdn 16.

15 ADS Rdn 42; Beck BilKomm-*Winkeljohann/Philipps* Rdn 63; HdR-EA/*Weiss/Heiden* Rdn 16.

Handels mit Hilfe von Stichprobenverfahren, WPg 2010, 692; *Köhle/Sturm* Methode der geschichteten Stichprobeninventur, WPg 1980, 126; *Köhle/Sturm* Die permanente Stichprobeninventur mit Annahmetests, WPg 1983, 398; *Köhler* Grundlagen der Verfahren der Stichprobeninventur, StBp 2013, 185, 230; *Kunz* Zu Fragen der Stichprobeninventur, WPg 1981, 309; *Matt* Zur Stichprobeninventur, WPg 1980, 192; *Nagels/Plüschke/Zimmermann* Bemerkungen zur Verwendung von Stichprobenverfahren bei der Vorratsinventur, WPg 1980, 398; *Nagels/Zimmermann* Stichprobeninventur, ZfbF 1982, 1055; *Nies* Mathematisch-statistische Methoden als Hilfsmittel zur Aufstellung des Inventars, StBp 1976, 245; *Pack/Wendt/Zimmermann* Erfahrungen mit der Stichprobeninventur, DBW 1984, 263; *Plüschke* Anwendung von Stichprobenverfahren bei der Stichtagsinventur und der permanenten Inventur (1982); *Schaich/Ungerer* Stichprobeninventuren in methodisch-statistischer Betrachtung, WPg 1979, 653; *Scherrer/Obermeier* Stichprobeninventur – Theoretische Grundlagen und praktische Anwendung (1981); *Schmitz* Überlegungen zur Anwendung der Stichprobeninventur gemäß §39 Abs. 2a HGB, WPg 1982, 430 und 569; *Uhlig* Überlegungen zur Anwendung der Stichprobeninventur, WPg 1982, 476; *de Vries* Anwendungsmöglichkeiten mathematisch-statistischer Stichprobenmethoden für Inventurzwecke, DB 1981, 1245; *Weinrich/Steinecke* Die Verwendung gebundener Schätzverfahren bei der Stichprobeninventur, WPg 1979, 597; *Weiss/Zaich* Anmerkungen zur Zulässigkeit des Sequentialtests als Stichprobenverfahren für die Vorratsinventur, DB 1986, 1029; *Wittmann* Probleme der Stichproben-Inventur aus steuerrechtlicher Sicht, StBp 1980, 25; *v. Wysocki/Schmidle* Die Verwendung gebundener Schätzverfahren bei der Stichprobeninventur, WPg 1979, 417; *v. Wysocki* Einzelfragen zur Verwendung gebundener Schätzverfahren bei der Stichprobeninventur, WPg 1980, 28; *v. Wysocki* Überlegungen zu den Grundsätzen ordnungsmäßiger Stichproben-Inventur, Festgabe Loitlsberger (1981) S. 273; *Zimmermann* Stichprobenverfahren in der Vorrats-Inventur, DBW 1980, 267.

1. **Allgemeines.** Der **Begriff der Stichprobeninventur** hat sich eingebürgert, findet sich aber nicht im Gesetz. § 241 Abs. 1 spricht von einem Verfahren, das sich bei der Aufstellung des Inventars der Hilfe anerkannter mathematisch-statistischer Methoden bedient, um aufgrund von Stichproben den Bestand der Vermögensgegenstände nach Art, Menge und Wert zu ermitteln. Die Betonung des Inventars statt der Inventur entspricht der Struktur des § 240 (vgl. dort Rdn 22). Die gesetzliche Verfahrensbeschreibung ist in sich widersprüchlich, weil auf der Basis von Stichproben mit Hilfe mathematisch-statistischer Methoden nur auf den Gesamtwert des untersuchten Bestandes geschlossen werden kann (vgl. noch Rdn 9 ff). Dagegen lassen sich Art, Menge und Einzelwerte der Vermögensgegenstände durch Stichproben und Hochschätzung der Probenergebnisse nicht ermitteln. Weil § 241 Abs. 1 aber verlangt, dass das Inventar auch über Art, Menge und Einzelwerte Auskunft gibt, wird eine bloße Stichprobeninventur den handelsrechtlichen Anforderungen nicht gerecht. Rechtlich zulässig ist vielmehr nur ein aus der Lagerbuchführung abgeleitetes vollständiges Inventar des Vorratsvermögens (Rdn 6), dessen Richtigkeit verifiziert wird, indem die Gesamtwerte durch ein methodisch abgesichertes Schätzverfahren überprüft werden (heute **hM**, vgl. noch Rdn 9 f). Die kaum zu überschauende Literatur konzentriert sich auf die im Rahmen der Stichprobeninventur anwendbaren mathematisch-statistischen Methoden und ist deshalb ohne spezifische juristische Bedeutung. Angesichts dessen können die nachfolgenden Erläuterungen nur den Rahmen bieten, der es erlaubt, das Fachwissen anderer Disziplinen sinnvoll in rechtliche Fragestellungen einzubringen. **8**

2. Aufstellung des Inventars mit Hilfe einer Stichprobeninventur

a) **Einzelverzeichnis trotz Gesamtwertorientierung des Verfahrens.** Nach § 240 Abs. 1 und 2 ist das Inventar ein genaues Verzeichnis der Vermögensgegenstände und der Schulden mit Einzelwertangabe (§ 240 Rdn 5). Dagegen sind die bei der Stichprobeninventur anwendbaren Schätzverfahren (vgl. noch Rdn 12 f, 14 ff) sämtlich darauf gerichtet, die **9**

Ergebnisse der Stichprobe auf den Gesamtwert des inventarpflichtigen Bestands („Inventurgrundgesamtheit") hochzurechnen. Welche Folgerungen aus diesem Befund zu ziehen sind, war lange sehr umstritten. **Meinungsstand.** Nach einer älteren, namentlich im statistisch orientierten betriebswirtschaftlichen Schrifttum anzutreffenden Meinung[16] verzichtet das Gesetz auf ein Bestandsverzeichnis i.S.d. § 240, indem es die Stichprobeninventur zulässt. Begreift man diesen Verzicht als verfahrensimmanente Konsequenz der Stichprobeninventur, so kann das in § 241 Abs. 1 geforderte Inventar nichts anderes als die „Einzelaufstellung der in die Stichprobe gelangten Elemente der Grundgesamtheit sowie das Verfahren der Schätzung des gesamten Inventurwertes" sein.[17] Diese Auffassung hat sich nicht durchgesetzt. Nach der heute ganz **hM** ist der Inventarbegriff der §§ 240, 241 Abs. 1 identisch, und die deshalb unverzichtbare Bestandsaufnahme erfolgt als Buchinventur anhand der Lagerbuchführung.[18] Bei der **Stichprobeninventur** geht es folglich nach hM nur um die **Kontrolle des Gesamtwerts**, die notwendig ist, um den Verzicht auf die im Bereich des Vorratsvermögens grundsätzlich erforderliche körperliche Aufnahme sachlich zu rechtfertigen.

10 **Stellungnahme.** Der hM, die sich am herkömmlichen Inventarbegriff orientiert, ist beizutreten. Für sie spricht schon der Wortlaut des Gesetzes: § 241 Abs. 1 S. 1 verlangt, den Bestand der Vermögensgegenstände nach Art, Menge und Wert zu ermitteln und § 241 Abs. 1 S. 3 setzt die Gleichwertigkeit der Inventaraussagen für die Zulässigkeit der Stichprobeninventur voraus. Ferner ist zu berücksichtigen, dass § 241 Abs. 1 S. 1 von einer bloßen „Hilfe" bei der Aufstellung des Inventars spricht, also auf die Inventarfunktion und auf den Grundsatz der Einzelbewertung, der zwangsläufig ein entsprechendes Verzeichnis voraussetzt, nicht vollständig verzichten will.[19]

11 **Notwendigkeit einer bestandszuverlässigen Lagerbuchführung.** Daraus folgt, dass eine bestandszuverlässige Lagerbuchführung auch dann unabdingbare Zulässigkeitsvoraussetzung der Stichprobeninventur ist, wenn sie nicht schon, wie namentlich bei der gebundenen Schätzung (Rdn 15), ein systemimmanentes Erfordernis darstellt; in dieser Folgerung liegt der praktische Kern des Meinungsstreits. Zur Lagerbuchführung vgl. schon Rdn 4. Eine Lagerbuchführung wird **nicht** als **bestandszuverlässig** angesehen, wenn der gesamte durch Schätzung ermittelte **Istwert** und der gesamte aus der Lagerbuchführung abgeleitete **Sollwert** um mehr als **2% voneinander abweichen.**[20] Wird diese Toleranzgrenze überschritten, so ist der Versuch, das Inventar aus Lagerbuchführung und Stichprobeninventur zu ermitteln, gescheitert; dann muss grundsätzlich eine Vollinventur durch körperliche Aufnahme stattfinden (zu Einzelheiten und zur Behandlung geringerer Abweichungen in Inventar und Bilanz vgl. Rdn 19 ff).

---

16 *Broermann* Stichprobeninventuren S. 147 ff; *Burkel* BB 1987, 29 (30 f); *Plüschke* Anwendung von Stichprobenverfahren S. 38 ff; *Schaich/Ungerer* WPg 1979, 653 (659); *Scherrer/Obermeier* Stichprobeninventur S. 33.

17 *Burkel* BB 1987, 29 (30).

18 ADS Rdn 12; *IDW* HFA 1/1981 i.d.F. 1990 I. 4.; Beck BilKomm-*Winkeljohann/Philipps* Rdn 25; Beck-HdR-*Petersen/Zwirner* A 220 Rdn 131, 134; Ebenroth/Boujong/Joost/Strohn/*Wiedmann* Rdn 2; Koller/Roth/*Morck* Rdn 2; MünchKommAktG/*Graf*² Rdn 13; MünchKommBilR/*Graf* Rdn 13; *Kunz* WPg 1981, 309, 310f; *Uhlig* WPg 1981, 461f; *v. Wysocki* FS Loitlsberger (1981) S. 273 (283 ff); nicht eindeutig HdR-EA/*Weiss/Heiden* Rdn 67.

19 Zutr. *Wittmann* StBp 1980, 25 (28); *v. Wysocki* FS Loitlsberger (1981) S. 284.

20 Diese Toleranzgrenze steht heute wohl außer Streit, s. etwa *IDW* HFA 1/1981 i.d.F. 1990 IV. 1. b) und IV. 2. b); Beck-HdR-*Petersen/Zwirner* A 220 Rdn 171; HdJ – *Hachmeister/Zeyer* Abt. I/14 Rdn 239; *Jaspers* WPg 2010, 692 (693); vgl. auch noch Rdn 20.

b) **Wertermittlung durch Schätzverfahren. Grundlagen.** Wie die Gesamtwertschätzung vorzunehmen ist, umschreibt § 241 Abs. 1 S. 1 bewusst nicht näher (vgl. Rdn 3). Fest steht nach dem Gesetzeswortlaut nur, dass Stichproben zu erheben sind und das Probenergebnis mit Hilfe anerkannter mathematisch-statistischer Methoden auszuwerten ist. **Stichproben.** Erforderlich ist zunächst die sachgerechte **Abgrenzung des Lagerbestandes**, der einer Stichprobeninventur unterworfen werden soll. Kriterien sind dafür der Wert der Gegenstände und ein überdurchschnittliches Wertminderungsrisiko. Gegenstände mit **hohen Einzelwerten** und Gegenstände, die **leicht verderblich** oder unkontrollierbarem **Schwund** ausgesetzt sind, eignen sich nicht für ein Stichprobenverfahren; sie sind daher vollständig und körperlich aufzunehmen.[21] Damit ergibt sich die Teilung des Lagerbestandes in eine sogenannte **Vollerhebungsschicht** und in eine (stichprobengeeignete) **Teilerhebungsschicht**. Letztere ist hinreichend exakt abzugrenzen.[22] Sie bildet die „Inventurgrundgesamtheit" des Stichprobenverfahrens; auch die Bildung mehrerer Inventurgrundgesamtheiten ist denkbar. Die Artikel oder Lagerpositionen (Einzelelemente der Grundgesamtheit) sind als Wert (also in Euro) auszudrücken, damit die Vergleichbarkeit hergestellt ist. Schließlich muss ein Stichprobenplan aufgestellt werden, der den Stichprobenumfang und das Auswahlverfahren festlegt. Die Stichprobe muss den statistisch erforderlichen **Mindestumfang** aufweisen.[23] Im Rahmen des Auswahlverfahrens muss jede Lagerposition die Chance haben, als Stichprobe gezogen zu werden. Zwingend erforderlich ist **Zufallsauswahl** (z.B. Losverfahren, Auswahl bestimmter Endziffern); jede bewusste Auswahl verstößt gegen die wahrscheinlichkeitstheoretischen Grundlagen der Stichprobeninventur und macht das Verfahren unbrauchbar.[24] 12

Anerkannte mathematisch-statistische Methoden. Nach dem Wortlaut des Gesetzes darf jede anerkannte mathematisch-statistische Methode verwandt werden, um aus dem Stichprobenergebnis auf den Gesamtwert des Inventars zu schließen; Übersicht: Rdn 14 ff. Fraglich ist jedoch, wie und durch wen die Anerkennung zustande kommt. Die Frage wird kaum erörtert; Ausnahme vor allem: *v. Wysocki* FS Loitlsberger (1981) S. 273 (275 f), der die statistische Methodenlehre als Anerkennungsinstanz anspricht, weil sie die einschlägige Fachwissenschaft sei.[25] Daran ist richtig, dass von der zuständigen Fachwissenschaft als ungeeignet abgelehnte Methoden nicht als i.S.d. § 241 Abs. 1 S. 1 „anerkannt" gelten können. Erforderlich ist aber über die fachwissenschaftliche Anerkennung hinaus, dass die Methode gerade für Inventurzwecke geeignet ist.[26] Bei dieser Beurteilung überschneiden sich die Vorgaben der § 241 Abs. 1 S. 1 und 2. § 241 Abs. 1 S. 2 verlangt ausdrücklich, dass das methodische Verfahren den GoB (dazu Rdn 17 ff) entsprechen muss; eine wahrscheinlichkeitstheoretische Absicherung ist deshalb zwar unabdingbar, aber noch nicht genügend. Ob man dieses weitere Erfordernis bereits im Begriff „anerkannt" verortet oder in einem zweiten Schritt bei der GoB-Konformität prüft, ist nur von terminologischem Interesse. Anerkannt und GoB-konform i.S.d. § 241 Abs. 1 S. 1 und 2 ist eine in der Statistik anerkannte Methode jedenfalls nur dann, wenn die Auslegung der handelsrechtlichen Vorschriften unter Berücksichtigung der tatsächlichen Übung der 13

---

21 Baetge/Kirsch/Thiele/*Quick* BilR Rdn 26 f; *IDW* HFA 1/1981 i.d.F. 1990 I. 5. b).

22 Vgl. zum Verfahren außer *IDW* HFA 1/1981 i.d.F. 1990 II. auch die vor Rdn 8 nachgewiesenen Arbeiten des *AWV*; ferner *AWV* Stichprobenverfahren zur Inventur buchmäßig geführter Vorräte im Lagerbereich (1979); *Hömberg* DB 1985, 2112 f.

23 Dazu etwa HdJ – *Hachmeister/Zeyer* Abt. I/14 Rdn 211 ff mwN.

24 Beck-HdR-*Petersen/Zwirner* A 220 Rdn 135.

25 I.E. ebenso *IDW* HFA 1/1981 i.d.F. 1990 II. 2. a).

26 So auch *v. Wysocki* FS Loitlsberger (1981) S. 273 (275 f).

kaufmännischen Praxis ergibt, dass die Methode den handelsrechtlichen Wertungen entspricht (vgl. zur Herleitung der GoB allgemein § 238 Rdn 36 ff). Zu unterscheiden ist zwischen **Schätzverfahren** (Rdn 14 f) und **Testverfahren** (Rdn 16).

c) Einzelne Schätzverfahren

14 **aa) Freie Mittelwertschätzung.** In diesem Sinn anerkannt ist zunächst die sogenannte freie Mittelwertschätzung, jedenfalls in der Variante der geschichteten Schätzung. „Frei" bedeutet hier, dass ohne Berücksichtigung der Buchwerte, also nur aufgrund der Stichprobenergebnisse, auf den Gesamtwert hochgerechnet wird (Gegenstück: gebundene Schätzung, vgl. Rdn 15). Im Einzelnen sind die einfache und die geschichtete Schätzung zu unterscheiden. **Einfache Schätzung.** Jede Lagerposition muss eine beliebige, aber identische von Null verschiedene Chance haben, in die Stichprobe zu gelangen. Der Stichprobenmittelwert multipliziert mit der Anzahl der Lagerpositionen gemäß Buchführung ergibt den Gesamtinventurwert.[27] **Geschichtete Schätzung.** Bei diesem Verfahren muss jede Lagerposition eine berechenbare von Null verschiedene Chance haben, als Stichprobe herangezogen zu werden. Die Inventurgrundgesamtheit wird in verschiedene Gruppen (Schichten) zerlegt, der Stichprobenmittelwert zunächst schichtenweise getrennt festgestellt, danach auf die Grundgesamtheit umgerechnet und erst dann mit der Anzahl der Lagerpositionen multipliziert, um den Gesamtinventurwert zu erhalten.[28] Im Vergleich mit der einfachen Schätzung liefert das geschichtete Verfahren tendenziell genauere Ergebnisse, weil es möglich ist, in den Schichten möglichst vergleichbare (homogene) Gegenstände zusammenzufassen (Bildung von Wertklassen). Wenn die einfache Schätzung im Ergebnis gleichwertig sein soll, ist ein hoher Stichprobenumfang erforderlich.[29] Die geschichtete Schätzung ist deshalb grundsätzlich vorzugswürdig.[30]

15 **bb) Gebundene Mittelwertschätzung.** Kennzeichen der gebundenen Mittelwertschätzung ist, dass sie zusätzlich zu den Stichprobenergebnissen Hilfsinformationen verwendet, die sie aus der Lagerbuchführung gewinnt; dazu zählen insbesondere die Buchwerte der jeweiligen als Stichproben gezogenen Lagerpositionen.[31] Bei diesem Verfahren ist die Existenz einer bestandszuverlässigen **Lagerbuchführung** also **schon verfahrenstechnisch unerlässlich** (vgl. schon Rdn 11). Die Abweichung zwischen Buchwert und Inventurwert der einzelnen Positionen werden zu einer Gesamtabweichung hochgerechnet. Dabei sind verschiedene Verfahren möglich, nämlich die Differenzenschätzung, die Verhältnisschätzung und die Regressionsschätzung.[32] Anders als bei der freien Mittelwertschätzung (Rdn 14) sind von einer Schichtenbildung bei der gebundenen Schätzung im Allgemeinen keine Verbesserungen des Verfahrensergebnisses zu erwarten; empfohlen wird deshalb zwar die Bildung einer Vollerhebungsschicht, aber nicht die zusätzliche Einteilung nach Wertklassen.[33]

---

[27] Vgl. z.B. Beck-HdR-*Petersen/Zwirner* A 220 Rdn 137 ff mwN.

[28] Vgl. z.B. Beck-HdR-*Petersen/Zwirner* A 220 Rdn 140 ff mwN.

[29] Beispielrechnung bei *Hömberg* DB 1985, 2057 (2059).

[30] Ausführliche Abwägung: *Scherrer/Obermeier* Stichprobeninventur S. 136 ff; vgl. auch *Bauer/Heller* WPg 1981, 107; *Kunz* WPg 1981, 309 (313).

[31] Vgl. z.B. Beck-HdR-*Petersen/Zwirner* A 220 Rdn 143 ff mwN.

[32] Vgl. z.B. HdJ – *Hachmeister/Zeyer* Abt. I/14 Rdn 218 ff mwN.

[33] *IDW* HFA 1/1981 i.d.F. 1990 II. 2. b); *Uhlig* WPg 1982, 476 (478).

d) **Testverfahren.** Neben den dargestellten Schätzverfahren wird die Zulässigkeit von Testverfahren diskutiert[34] – und hier insbesondere der sogenannte **Sequentialtest.** Im Unterschied zu den Schätzverfahren wird bei Testverfahren kein Gesamtinventarwert ermittelt (geschätzt); vielmehr wird das Ergebnis der Lagerbuchführung überprüft und bei statistisch zufriedenstellendem Ergebnis als richtig angenommen.[35] **16**

3. Übereinstimmung mit den GoB bzw. GoI

a) **Allgemeines.** Nach § 241 Abs. 1 S. 2 muss das Verfahren den Grundsätzen ordnungsmäßiger Buchführung entsprechen. Gemeint sind damit die GoI, also die Grundsätze der Wahrheit (vollständig und sachlich richtig) und der Klarheit (förmlich richtig und geordnet) unter Berücksichtigung von Nachprüfbarkeit und Wesentlichkeit (§ 240 Rdn 8 ff).[36] Dabei ergeben sich Überschneidungen mit der in § 241 Abs. 1 S. 3 verlangten Gleichwertigkeit des Inventars,[37] die jedoch in der Sache unschädlich sind. Die genannten Grundsätze müssen in ihrer Zielvorstellung verwirklicht sein; dagegen sind die daraus resultierenden Verhaltensanforderungen entsprechend den Besonderheiten der Stichprobeninventur abzuwandeln. Deshalb ist es zwar nicht falsch, von Grundsätzen ordnungsmäßiger Stichprobeninventur zu sprechen; um Missverständnissen vorzubeugen, sollte dies jedoch vermieden werden. Ein solches Missverständnis ist es beispielsweise, wenn unter Berufung auf die Grundsätze ordnungsmäßiger Stichprobeninventur eine Verkürzung des Inventars auf Stichprobenergebnisse gefordert wird.[38] Die gesetzliche Forderung nach einem vollständigen Inventar lässt sich mit solchen Begründungsversuchen nicht unterlaufen (näher Rdn 9 f). **17**

b) **Vollständig und sachlich richtig (Wahrheitsgrundsatz). aa) Lückenlos.** Eine Bestandsaufnahme, die vollständig im Sinne von lückenlos wäre, findet bei der Stichprobeninventur definitionsgemäß nicht statt. Die Forderung nach Vollständigkeit bezieht sich deshalb in diesem Rahmen nicht auf die Bestandsaufnahme, sondern auf die Faktoren, die den Inventurgesamtwert ergeben, also auf den Stichprobenmittelwert und die Anzahl der Lagerpositionen, mit denen dieser Wert zu multiplizieren ist (vgl. Rdn 14). Demnach muss sichergestellt sein, dass alle Lagerpositionen einschließlich der Nullstellen (sofern zur „Inventurgrundgesamtheit" gehörig) in die Stichprobe gelangen können (vgl. schon Rdn 12, 14) und dass die Anzahl der Lagerpositionen richtig aus der Buchführung übernommen wird.[39] Dabei wird unterstellt, dass die Lagerbuchführung ihrerseits vollständig ist. Fehlt es daran, so haben die nicht buchmäßig aufgenommenen Bestände auch keine reale Chance, als Stichprobe gezogen zu werden, so dass bei lückenhafter Lagerbuchführung die Stichprobeninventur nicht GoI-konform sein kann.[40] **18**

---

[34] Ausführlich HdR-EA/*Weiss/Heiden* Rdn 88 ff; ferner MünchKommAktG/*Graf*² Rdn 5; MünchKommBilR/*Graf* Rdn 5.

[35] Vgl. z.B. HdJ – *Hachmeister/Zeyer* Abt. I/14 Rdn 222 mwN, dort unter Rdn 223 f auch zum Sequentialtest; ferner Beck-HdR-*Petersen/Zwirner* A 220 Rdn 147 ff mwN.

[36] Inhaltlich mit leichten terminologischen Unterschieden allg. anerkannt, s. nur Beck BilKomm-*Winkeljohann/Philipps* Rdn 17 ff; Beck-HdR-*Petersen/Zwirner* A 220 Rdn 153 ff; BoHdR-*Kirsch* Rdn 31 ff; MünchKommAktG/*Graf*² Rdn 6 ff; MünchKommBilR/*Graf* Rdn 6 ff.

[37] Vgl. auch *v. Wysocki* FS Loitlsberger (1981) S. 273 (276).

[38] So *Burkel* BB 1987, 29 f.

[39] Beck-HdR-*Petersen/Zwirner* A 220 Rdn 155.

[40] *Kunz* WPg 1981, 309 f; *Wittmann* StBp 1980, 25 (30).

19 **bb) Sachlich richtig.** Die Forderung nach sachlicher Richtigkeit kann sich beim Stichprobenverfahren von vornherein nur auf den Inventurgesamtwert beziehen, weil nichts anderes ermittelt wird. Die Eignung des Schätzverfahrens und seine rechnerisch richtige Handhabung unterstellt, kommen als **Fehlerquellen** noch der Stichprobenplan, insbesondere die Erhebung einer ungenügenden Anzahl von Stichproben, und Fehler bei der körperlichen Aufnahme der in die Stichprobe gelangten Lagerpositionen in Betracht. Hierzu gilt:[41] Weil auch die herkömmliche Vollinventur keine absolut richtigen Ergebnisse erbringen kann, ist auch von der Stichprobeninventur nur relative Richtigkeit zu verlangen. Ferner darf die Möglichkeit von Aufnahmefehlern wegen der geringen Zahl der aufzunehmenden Objekte und wegen des Einsatzes von im Vergleich zur Vollinventur qualifiziertem Personal außer Betracht gelassen werden. Danach verbleibt die Aufgabe, den Bereich des relativ Richtigen hinreichend abzugrenzen, und zwar in zwei Richtungen: Es muss erstens festgelegt werden, welche Maximalabweichung das Schätzergebnis vom gedachten wirklichen Inventurgesamtwert aufweisen darf, und es muss zweitens bestimmt werden, mit welcher Sicherheit der daraus resultierende Grenzwert einzuhalten ist.

20 Nach Ziff. IV. 1. a) der Stellungnahme *IDW* HFA 1/1981 i.d.F. 1990 beträgt die **zulässige Maximalabweichung** 1 % (relativer Stichprobenfehler), während der **Sicherheitsgrad** (Aussagewahrscheinlichkeit) 95 % erreichen muss. Die zweite Zahl steht im Schrifttum außer Streit.[42] Über den relativen Stichprobenfehler gehen die Ansichten dagegen auseinander: Während die heute **hM** der Stellungnahme des HFA folgt,[43] wollen manche einen Fehlerspielraum von 2 % gewähren.[44] Dabei ist jedoch zu berücksichtigen, dass die in der Stellungnahme des HFA genannte Zahl die Vollaufnahmeschicht (Rdn 12) in die „Inventurgrundgesamtheit" einschließt, während die Gegenmeinung regelmäßig nur auf die Teilerhebungsschicht abstellt.[45] Zieht man außerdem in Betracht, dass die Hypothese einer fehlerlosen körperlichen Aufnahme der gezogenen Stichproben ungeachtet der insoweit anzutreffenden allseitigen Zustimmung (Rdn 19) als eher optimistisch einzustufen ist, sollte man sich auf den von der hM favorisierten Wert von 1 % verständigen können.

c) Grundsatz der Klarheit

21 **aa) Förmlich richtig.** Die Stichprobeninventur ist förmlich richtig durchgeführt,[46] wenn aus den Inventurunterlagen ersehen werden kann, welche Bestände in den Inventurwert eingegangen sind, nach welchem Stichprobenplan dabei vorgegangen wurde, welche Lagerpositionen in die Stichprobe gelangt sind, ob deren körperliche Aufnahme

---

41 Vgl. zum Folgenden etwa *Kunz* WPg 1981, 309f; Arbeitskreis *Ludewig* Vorratsinventur S. 70; *Scherrer/Obermeier* Stichprobeninventur S. 31 f; *v. Wysocki* FS Loitlsberger (1981) S. 273 (281 f).

42 S. etwa Baumbach/Hopt/*Merkt* Rdn 1; Beck BilKomm-*Winkeljohann/Philipps* Rdn 20; MünchKommHGB/*Ballwieser*[2] Rdn 7.

43 ADS Rdn 14; Baumbach/Hopt/*Merkt* Rdn 1; Beck BilKomm-*Winkeljohann/Philipps* Rdn 20; Beck-HdR-*Petersen/Zwirner* A 220 Rdn 158; HdR-EA/*Weiss/Heiden* Rdn 108; Heidel/Schall/*Reich/Szczesny/Voß* HGB Rdn 10; Koller/Roth/*Morck* Rdn 2; Köln-Komm-RLR/*Braun* Rdn 10; MünchKomm-AktG/*Graf*[2] Rdn 9; MünchKommBilR/*Graf* Rdn 9; MünchKommHGB/*Ballwieser*[3] Rdn 7; ferner Baetge/Kirsch/Thiele/*Quick* BilR Rdn 24 (1–2 %).

44 *AWV* Stichprobenverfahren zur Inventur buchmäßig geführter Vorräte im Lagerbereich (1979) S. 28; *Burkel* BB 1987, 29 (32); Arbeitskreis *Ludewig* Vorratsinventur S. 71; *Scherrer/Obermeier* Stichprobeninventur S. 31 f.

45 Vgl. Beck-HdR-*Petersen/Zwirner* A 220 Rdn 158.

46 Zum Folgenden statt vieler *IDW* HFA 1/1981 i.d.F. 1990 I.; Beck-HdR-*Petersen/Zwirner* A 220 Rdn 161 f; *Scherrer/Obermeier* Stichprobeninventur S. 31.

ordnungsgemäß durchgeführt worden ist, welches Schätzverfahren angewandt wurde und welche Rechenoperationen angestellt worden sind. Dabei ist so vorzugehen und die Vorgehensweise so zu dokumentieren, dass ein sachverständiger Dritter die Prüfung in angemessener Zeit vornehmen kann (§ 238 Abs. 1 S. 2). Die zur Dokumentation erforderlichen Unterlagen sind regelmäßig Arbeitsanweisungen oder Organisationsunterlagen i.S.d. § 257 Abs. 1 Nr. 1 und unterliegen dann der Aufbewahrungsfrist von zehn Jahren (§ 257 Abs. 4; vgl. dort Rdn 16 f).

bb) Ordnung des Inventars. Abweichung zwischen Schätz- und Buchwert. Weil auch 22
bei der Stichprobeninventur ein vollständiges Inventar erforderlich ist (Rdn 9 f), sind die allgemeinen Gliederungsgrundsätze auch hier anzuwenden (vgl. § 240 Rdn 20 f). Schwierigkeiten ergeben sich bei der Überleitung des Schätzwerts auf das Inventar, wenn der Gesamtwert nach Lagerbuchführung und der Gesamtwert nach Stichprobeninventur und Schätzung auseinanderfallen. Beträgt die Abweichung zwischen Schätz- und Buchwert mehr als 2 %, so hat sich die Lagerbuchführung als nicht bestandszuverlässig erwiesen; deshalb ist jetzt grundsätzlich eine Vollaufnahme erforderlich (vgl. schon Rdn 11). Ausnahmen: Es liegen Fehler der Lagerbuchführung vor, die sich ohne Weiteres beheben lassen, oder die Abweichungen können mit Sicherheit auf bestimmte Bestände zurückgeführt werden; dann mag Korrektur der Buchführung oder Vollaufnahme nur der problematischen Bestände ausreichen.[47]

Schätzmethode und Annahmemethode. Meinungsstand. Fraglich bleibt, wie verfahren 23
werden soll, wenn die **Abweichung innerhalb der Toleranzgrenze von 2 %** liegt. Hierzu bestehen an sich (nach Korrektur der im Stichprobenverfahren gefundenen Einzelfehler) drei Möglichkeiten:[48] (1.) Der Schätzwert wird als maßgeblich angesehen; die Abweichung wird auf die Lagerpositionen gemäß Buchführung verteilt. (2.) Der Schätzwert wird zwar als maßgeblich angesehen, die Differenz wird aber nicht verteilt, sondern im Inventar global durch einen Ausgleichsposten berücksichtigt. (3.) Nicht der Schätzwert, sondern der Buchwert ist entscheidend, weil sich die Abweichung innerhalb der Grenzen bewegt, in denen die Lagerbuchführung als bestandszuverlässig angesehen wird; im Ergebnis bleibt der Differenzbetrag also unberücksichtigt. Einigkeit besteht darin, dass die Verteilung der Abweichung auf Lagerpositionen unzulässig ist, weil die Gesamtwertabweichung nicht bestimmten Positionen zugeordnet werden kann; das Verfahren liefe deshalb notwendig auf die Verfälschung bisher richtiger Buchwerte hinaus.[49] Im Übrigen werden die drei denkbaren Meinungen vertreten: (1.) Der Schätzwert soll maßgeblich sein, weil für ihn die Wahrscheinlichkeit spricht; die Differenz zum Buchwert wird als globaler Ausgleichsposten verbucht (sogenannte **Schätzmethode**).[50] (2.) Der Buchwert soll entscheiden, weil ein globaler Ausgleichsposten keinen Vermögensgegenstand repräsentiere und damit im Inventar keinen systemgerechten Platz finde (sogenannte **Annahmemethode**; akzeptiert wird die Lagerbuchführung).[51] (3.) **Beide Methoden** sollen

---

[47] *Uhlig* WPg 1982, 476 (478).

[48] Vgl. namentlich *v. Wysocki* FS Loitlsberger (1981) S. 273 (285 ff); *v. Wysocki/Schmidle* WPg 1979, 417 (419 f).

[49] *IDW* HFA 1/1981 i.d.F. 1990 IV. 2. a); HdJ – *Hachmeister/Zeyer* Abt. I/14 Rdn 248; *Scherrer/Obermeier* Stichprobeninventur S. 56; *Weinrich/Steinecke* WPg 1979, 597 (602); *v. Wysocki* FS Loitlsberger (1981) S. 273 (286).

[50] *Schaich/Ungerer* WPg 1979, 653 f; *Scherrer/Obermeier* Stichprobeninventur S. 53 ff, 57; *Steinecke/Weinrich* WPg 1980, 385 (395 f); wohl auch HdJ – *Hachmeister/Zeyer* Abt. I/14 Rdn 248.

[51] *v. Wysocki* FS Loitlsberger (1981) S. 273 (289 f); *v. Wysocki/Schmidle* WPg 1979, 417 (420).

zulässig sein; die Entscheidung zwischen Schätz- und Annahmemethode obliege dem Inventarpflichtigen.[52] **Stellungnahme.** Der dritten Ansicht ist beizutreten. Weil es keine objektive Gewissheit über den richtigen Gesamtwert gibt, kann das Problem nur durch Entscheidung gelöst werden; die entsprechende Kompetenz sollte beim Inventarpflichtigen selbst liegen, weil die beiden in Frage kommenden Werte jeweils in einem korrekten Verfahren ermittelt worden sind. Eine Begrenzung auf die Annahmemethode wäre nur überzeugend, wenn die rechtssystematischen Bedenken gegen einen Ausgleichsbetrag im Inventar als zwingende Einwände erschienen. Das ist indes nicht der Fall. Weil § 241 Abs. 1 die am Gesamtwert orientierte Stichprobeninventur zulässt, muss es abweichend von allgemeinen Grundsätzen auch zulässig sein, einen zum Gesamtwert führenden Ausgleichsbetrag in das Inventar aufzunehmen.[53]

24 d) **Anhängeverfahren.** Der nach den vorstehenden Grundsätzen ermittelte Inventarwert ist noch nicht identisch mit dem Bilanzwert. Für die Überleitung des Inventarwerts in die Bilanz sind zusätzliche Bewertungsentscheidungen erforderlich, die mit dem Stichprobenverfahren nichts zu tun haben. Insbesondere ist der Inventarwert am Niederstwertprinzip zu messen, ist also z.B. zu prüfen, ob bisherige, auf den Anschaffungskosten basierende Bruttowerte einem zum Bilanzstichtag bestehenden niedrigeren Marktpreis angepasst werden müssen (§ 253 Abs. 3 S. 1). Für solche und vergleichbare, im Anschluss an die Stichprobeninventur notwendige Maßnahmen hat sich der Begriff des Anhängeverfahrens eingebürgert.[54] Vgl. bereits § 240 Rdn 31.

25 **4. Gleichwertigkeit des Inventars.** § 241 Abs. 1 S. 3 verlangt ausdrücklich, dass der Aussagewert des auf dem Stichprobenverfahren beruhenden Inventars dem Aussagewert des aufgrund herkömmlicher Vollinventur erstellten Inventars gleichkommt (sogenannte **Aussageäquivalenz**).[55] Damit wird nichts verlangt, was in der Sache über die Anforderungen hinausginge, die aus § 241 Abs. 1 S. 1 und 2 abzuleiten sind. Die Vorschrift dient also nur der Klarstellung und der Präzisierung der gesetzlichen Vorgaben. Danach bezieht sich das Erfordernis der Gleichwertigkeit erstens auf den Einzelnachweis der Vermögensgegenstände durch das Inventar und zweitens auf den Gesamtwert, der sich aufgrund der Inventur ergibt. **Einzelnachweis:** Das Inventar muss auch bei Stichprobeninventur den Anforderungen des § 240 Abs. 1 und 2 entsprechen; die erforderlichen Angaben sind der Lagerbuchführung zu entnehmen, die sich damit als unabdingbare Verfahrensvoraussetzung erweist (hM, vgl. Rdn 9 ff). **Gesamtwert:** Die Anforderungen, die insoweit zu stellen sind, ergeben sich aus dem Postulat sachlicher Richtigkeit. Nach zutreffender Ansicht ist Gleichwertigkeit deshalb zu bejahen, wenn der relative Stichprobenfehler 1 % nicht überschreitet und eine Aussagewahrscheinlichkeit von 95 % erreicht wird (hM, vgl. Rdn 19 f).

---

52 *IDW* HFA 1/1981 i.d.F. 1990 IV. 2.; Beck-HdR-*Petersen/Zwirner* A 220 Rdn 178 ff; *Burkel* BB 1987, 29 (32).

53 Insoweit zust. *Scherrer/Obermeier* Stichprobeninventur S. 56.

54 S. z.B. *AWV* Stichprobenverfahren zur Inventur buchmäßig geführter Vorräte im Lagerbereich (1979) S. 34; *IDW* HFA 1/1981 i.d.F. 1990 IV. 3.; Beck-HdR-*Petersen/Zwirner* A 220 Rdn 183 f.

55 Vgl. z.B. Beck BilKomm-*Winkeljohann/Philipps* Rdn 22 f; Beck-HdR-*Petersen/Zwirner* A 220 Rdn 164 ff.

IV. Permanente Inventur (§ 241 Abs. 2)

Schrifttum

(vgl. auch die Angaben vor Rdn 1, 8 sowie unten vor Rdn 41). *AWV* Sequentialtest für die Inventur von nicht bewegten Lagereinheiten in automatisch gesteuerten Lagersystemen (1980); *AWV* Permanente Inventur mit Stichproben (1982); *Bäuerle* Körperliche Bestandsaufnahme bei der Einlagerungsinventur, BB 1986, 846; *Gans/Quick* Inventurvereinfachungen: Vor- oder nachverlegte Inventur, permanente Inventur, DStR 1995, 306; *Haasis* Formvorschriften der permanenten Inventur bei EDV, DB 1971, 1318; *Horchler* Körperliche Bestandsaufnahme bei automatisch gesteuerten Lagersystemen, WPg 1977, 58; *Karsten* Die neuen handelsrechtlichen Inventarisierungs- und Bewertungsvorschriften, WPg 1965, 277; *Köhle/Sturm* Die permanente Stichprobeninventur mit Annahmetest, WPg 1983, 369; *Kraushaar/Müller* Inventur bei automatisch gesteuerten Lagersystemen, WPg 1979, 7; *Martienß* Körperliche Bestandsaufnahme bei automatisch gesteuerten Hochregal-Lagersystemen ohne gekoppelte Bestandsfortschreibung, ZfB 1980, 47; *Plüschke* Anwendung von Stichprobenverfahren bei der Stichtagsinventur und der permanenten Inventur (1982); *Plüschke/Zimmermann* Stichprobenverfahren bei automatisch gesteuerten Lagersystemen, WPg 1981, 317; *Roth* Inventur im Lagerbereich, DB 1966, 429; *Uelner* Die neuen Inventur- und Bewertungsvorschriften des Handelsgesetzbuches, BB 1965, 757; *Zinndorf* Die permanente Inventur (1951).

1. Grundform

a) **Begriff und Allgemeines.** Die permanente Inventur ist ein Inventursystem (Rdn 1), bei dem die Stichtage für die Aufstellung des Inventars und für die körperliche Bestandsaufnahme auseinanderfallen.[56] Während das Inventar zum Bilanzstichtag aufzustellen ist (§ 240 Abs. 2; vgl. dort Rdn 34 ff), darf der Kaufmann den Stichtag für die körperliche Aufnahme so in den Lauf des Geschäftsjahrs legen, wie es ihm zweckmäßig erscheint; die körperliche Aufnahme der Bestände kann auch zu verschiedenen Stichtagen erfolgen. Die unumgängliche Inventur zum Bilanzstichtag selbst erfolgt nicht als körperliche Aufnahme, sondern als bloße Buchinventur anhand der Lagerbuchführung (vgl. noch Rdn 28); diese muss entsprechend den Ergebnissen der körperlichen Aufnahme berichtigt und der Bestand seither bis zum Bilanzstichtag durch Einzelbuchung jedes Zugangs und Abgangs fortgeschrieben worden sein. Die Bestände müssen also in diesem Sinne „permanent" buchmäßig erfasst worden sein. Damit erweist sich die permanente Inventur als Mischform zwischen Buchinventur und körperlicher Bestandsaufnahme. 26

Unbestimmte Verfahrensumschreibung. Die Regelung zur permanenten Inventur wurde 1965 als § 39 Abs. 3 a.F. in das HGB eingefügt und bestätigte eine seit langem verbreitete Praxis.[57] Die Bestimmung, die heute in § 242 Abs. 2 unverändert fortbesteht (Rdn 2), verwendet den Begriff der permanenten Inventur nicht. Vielmehr spricht das Gesetz unbestimmt von einem „anderen Verfahren" als der körperlichen Aufnahme zum Bilanzstichtag, das den GoB entspricht und geeignet ist, ein inventargerechtes Bestandsverzeichnis zu liefern. Damit soll der Praxis der erforderliche Entwicklungsspielraum belassen werden (vgl. schon Rdn 3); sie soll nicht auf die in Rdn 26 umschriebene Inventurmethode festgelegt werden.[58] Dieses Ziel des Gesetzgebers ist im Rahmen der Auslegung des § 241 Abs. 2 zu berücksichtigen. Bedeutung erlangt dies insbesondere für die 27

---

[56] Zur Kennzeichnung des Verfahrens vgl. BFH BStBl. III 1967, 113 f; ADS Rdn 19 f; *Zinndorf* Die permanente Inventur S. 89 ff.

[57] Vgl. z.B. FG 1/1940, Slg. *IdW* FG S. 15 ff; *Zinndorf* Die permanente Inventur S. 78 ff.

[58] Begr. RegE, BT-Drucks. IV/2865, S. 6; Bericht des Wirtschaftsausschusses, BT-Drucks. IV/3258, S. 2.

bei der Einlagerungsinventur (Rdn 39 f) auftretenden Frage, ob es der jährlichen körperlichen Bestandsaufnahme unbedingt bedarf[59] oder ob darauf ausnahmsweise verzichtet werden kann, wenn eine vergleichbare Bestandssicherheit durch andere Maßnahmen erreicht wird. Der Einfachheit halber wird im Folgenden trotzdem der Begriff der permanenten Inventur verwendet.

28 b) **Voraussetzungen.** Unabdingbare Voraussetzung der permanenten Inventur ist zunächst eine **Lagerbuchführung** (vgl. schon Rdn 4), weil die Bestände zum Bilanzstichtag festgestellt werden müssen; dies kann ohne körperliche Aufnahme zu diesem Stichtag nur anhand der Buchführung geschehen.[60] Darüber hinaus setzt § 241 Abs. 2 nur voraus, dass es um die Bestandsaufnahme der **Vermögensgegenstände** geht (dazu zunächst Rdn 5 f). Die gelegentlich geäußerte Ansicht, es seien die „Inventurvereinfachungsverfahren des § 241"[61] und damit wohl auch die permanente Inventur von **Verbindlichkeiten** zulässig, findet im Gesetz keine Stütze. Richtig ist aber, dass § 241 Abs. 2 auch auf das **Anlagevermögen** angewandt werden kann,[62] in diesem Fall muss statt auf die Lagerbuchführung auf die Anlagekartei zurückgegriffen werden. Praktische Bedeutung kommt dieser Möglichkeit jedoch nicht zu, seitdem sich für das bewegliche Anlagevermögen die Buchinventur durchgesetzt hat (§ 240 Rdn 24 und 27). Die Erläuterungen können sich deshalb auf die permanente Inventur des Vorratsvermögens beschränken.

29 c) **Inventargerechte Feststellung des Bestandes.** Die Zulässigkeit der permanenten Inventur ändert nichts an der Verpflichtung zur Aufstellung des Inventars. Die Lagerbuchführung (Lagerkartei) muss deshalb so beschaffen sein, dass die Inventarpflicht erfüllt werden kann. Dazu gehört, dass die Vermögensgegenstände nach Art, Menge und Wert verzeichnet sind – und zwar einzeln (artikelgenau), weil sonst das in § 240 Abs. 1 und 2 geforderte Einzelverzeichnis nicht erstellt werden kann. Die entsprechende Konkretisierung in H 5.3 (Permanente Inventur) S. 2 Nr. 1 S. 1 EStH trifft also auch für das Handelsrecht zu;[63] zur Verbuchung „nach Tag" vgl. noch Rdn 32 f.

d) **Übereinstimmung des Verfahrens mit den GoB bzw. GoI**

30 aa) **Allgemeines. Vollständig und sachlich richtig (Wahrheitsgrundsatz).** Die Feststellung des Bestands ohne körperliche Aufnahme zum Bilanzstichtag muss nach § 241 Abs. 2 den Grundsätzen ordnungsmäßiger Buchführung entsprechen. Damit sind wie bei der Stichprobeninventur (vgl. Rdn 17) die GoI gemeint, die ihrerseits unter den Aspekten der Wahrheit und Klarheit zu konkretisieren sind (vgl. § 240 Rdn 8 ff). Die Buchinventur (Rdn 26) muss gewährleisten, dass die Bestände zum Bilanzstichtag vollständig im Sinne von lückenlos und sachlich richtig aufgenommen sind.[64] Das setzt voraus: (1.) Die Lagerbuchführung oder -kartei muss Aufschluss über sämtliche Bestandsbewegungen geben (vgl. auch § 239 Rdn 9). Aufzeichnungen außerhalb der Lagerbuchführung mit monatlichem Übertrag des summierten Ergebnisses mögen für Dispositionszwecke durchaus genügen, entsprechen aber nicht den Anforderungen der permanenten Inventur. (2.) Das

---

[59] So BFH BStBl. III 1967, 13 f.

[60] Die Notwendigkeit der Lagerbuchführung ist deshalb allg. anerkannt, vgl. statt vieler Beck-HdR-*Petersen/Zwirner* A 220 Rdn 207; HdJ – *Hachmeister/Zeyer* Abt. I/14 Rdn 172.

[61] ADS Rdn 2.

[62] ADS Rdn 22; HdR-EA/*Weiss/Heiden* Rdn 44; *Karsten* WPg 1965, 277 f; *Uelner* BB 1965, 757 f.

[63] AllgM, vgl. etwa ADS Rdn 25; Beck BilKomm-*Winkeljohann/Philipps* Rdn 32; HdR-EA/*Weiss/Heiden* Rdn 46.

[64] Vgl. z.B. Beck-HdR-*Petersen/Zwirner* A 220 Rdn 211 ff.

Belegprinzip (§ 239 Rdn 10 f) ist auch für die Lagerbuchführung zu beachten; H 5.3 (Permanente Inventur) S. 2 Nr. 1 S. 2 EStH steht also mit den handelsrechtlichen Anforderungen in Einklang. (3.) Es muss geprüft werden, ob der Sollbestand nach Buchführung und der Istbestand übereinstimmen. Deshalb ist im Allgemeinen (Ausnahme: Rdn 40) die jährliche und körperliche Aufnahme des Vorratsvermögens erforderlich, und zwar entweder als Vollaufnahme oder unter Anwendung des § 241 Abs. 1 als Stichprobeninventur (vgl. noch Rdn 34). Die in H 5.3 (Permanente Inventur) S. 2 Nr. 2 S. 1–4 EStH enthaltenen Anforderungen gelten also auch handelsrechtlich. Die körperliche Aufnahme muss entgegen einer heute überholten Auffassung[65] nicht durch Personen erfolgen, die weder mit der Lagerung noch mit der Lagerbuchführung betraut sind. (4.) Der Zulässigkeit bloßer Buchinventur zum Bilanzstichtag liegt die tatsächliche Annahme zugrunde, dass die Lagerbuchführung den Bestand richtig wiedergibt. Bei manchen Vermögensgegenständen ist diese Annahme aufgrund ihrer Eigenart nicht gerechtfertigt oder zu risikoreich. R 5.3 Abs. 3 EStR nimmt deshalb die Bestände, bei denen durch Schwund, Verdunsten, Verderb, leichte Zerbrechlichkeit oder ähnliche Vorgänge unkontrollierbare Abgänge entstehen, sowie hohe Einzelwerte aus der permanenten Inventur aus. Das entspricht seit jeher und zu Recht auch der handelsrechtlichen Auffassung.[66]

bb) Grundsatz der Klarheit. Förmlich richtig. Der Grundsatz der Klarheit verlangt bei der permanenten Inventur (wiederum in Übereinstimmung mit H 5.3 [Permanente Inventur] S. 2 Nr. 2 S. 5 und Nr. 3 EStH) eine ausreichende und in den zeitlichen Grenzen des § 238 Abs. 1 S. 2 nachprüfbare Dokumentation der Inventurvorgänge, und zwar sowohl auf der Basis der Lagerbuchführung wie auch der körperlichen Aufnahme. In der Buchführung muss deshalb der Tag der körperlichen Aufnahme vermerkt werden. Die körperliche Aufnahme selbst muss in der auch sonst erforderlichen Weise (Aufnahmeblätter; Inventurlisten) protokolliert werden (vgl. § 240 Rdn 25 und zu Einzelfällen § 240 Rdn 29). Aufbewahrungsfrist: zehn Jahre nach § 257 Abs. 1 Nr. 1, Abs. 4. **31**

Ordnung, insbesondere bei EDV-Einsatz. Auch die permanente Inventur bedarf der Ordnung. Das gilt insbesondere für den Nachweis der Bestandsbewegungen durch die Lagerbuchführung (vgl. Rdn 30). Deshalb verlangt H 5.3 (Permanente Inventur) S. 2 Nr. 1 S. 1 EStH, dass alle Zu- und Abgänge nicht nur einzeln, sondern **nach Tag eingetragen** werden. Nach **hM** entspricht auch diese Anforderung den GoI.[67] Regelmäßig wird jedoch nicht erörtert, ob dies tatsächlich eine streng chronologische Verbuchung unter Angabe des Tags des jeweiligen Zugangs oder Abgangs erfordert.[68] Nur vereinzelt wird darauf hingewiesen, dass die Forderung nach chronologischer Verbuchung jeder einzelnen Bestandsveränderung den EDV-Einsatz praktisch unmöglich machen würde, weil es schon wegen der Kapazität der Anlagen erforderlich sei, den Buchungsstoff zu sammeln.[69] **32**

Seit dem EGAO 1977 müssen die Geschäftsvorfälle nicht mehr chronologisch, sondern zeitgerecht und geordnet verbucht werden (§ 239 Abs. 2; vgl. dort Rdn 13 ff, 16). Das gilt nicht nur handelsrechtlich, sondern gem. § 146 Abs. 1 S. 1 AO auch steuerrechtlich; die noch von § 162 Abs. 2 S. 1 RAO 1931 verlangte „fortlaufende Verbuchung“ ist **33**

---

65 Nachw. zur Diskussion bei Staub/*Hüffer*[4] Rdn 40.

66 S. nur Beck-HdR-*Petersen/Zwirner* A 220 Rdn 214; ferner z.B. bereits Arbeitskreis *Ludewig* Vorratsinventur S. 38.

67 Beck BilKomm-*Winkeljohann/Philipps* Rdn 32; Beck-HdR-*Petersen/Zwirner* A 220 Rdn 211; HdR-EA/*Weiss/Heiden* Rdn 46.

68 So interpretiert Staub/*Hüffer*[4] Rdn 32 die hM.

69 *Haasis* DB 1971, 1318 f; *Roth* DB 1966, 429 (430 f).

seit 1977 nicht mehr erforderlich (§ 239 Rdn 5). Zweck der Neuregelung ist es gerade, den sinnvollen Einsatz von Datenverarbeitungsanlagen zu ermöglichen (§ 239 Rdn 16 und 34). Dabei dürfte zwar nur an die Geschäftsbuchführung gedacht worden sein. § 241 Abs. 2 verlangt aber nur ein GoI-konformes Verfahren, um der Praxis den notwendigen Spielraum zu belassen (Rdn 3, 27); darüber hinaus ist nicht ersichtlich, warum die Buchführung im Lagerbereich weitergehende Anforderungen erfüllen müsste als im Geschäftsbereich. Daher kann eine Verbuchung „nach Tag" im streng chronologischen Sinn handelsrechtlich nicht verlangt werden. Vielmehr genügt in sachlicher Hinsicht **jede sinnvolle Ordnung**, die es einem sachverständigen Dritten erlaubt, sich in angemessener Zeit einen Überblick über die Bestände an einem bestimmten Stichtag zu machen (§ 238 Abs. 1 S. 2).

2. Permanente Inventur mit Stichproben

34 **a) Gesetzliche Zulässigkeit.** Bei der permanenten Inventur mit Stichproben erfolgt die grundsätzlich jährlich erforderliche körperliche Aufnahme nicht als Vollaufnahme nach § 240 Abs. 1 und 2, sondern im Stichprobenverfahren nach § 241 Abs. 1; dabei ist es wiederum möglich, Vollaufnahme- und Teilaufnahmeschicht (Rdn 12) unterschiedlichen Inventursystemen zu unterwerfen.[70] Weil § 241 die verschiedenen Inventurvereinfachungsverfahren ohne Beschränkungen nebeneinanderstellt, ist anerkannt, dass sie miteinander verbunden werden dürfen.[71] Davon geht auch H 5.3 (Permanente Inventur) S. 2 Nr. 2 S. 3 EStH aus; denn danach genügt zwar eine stichprobenartige Bestandsprüfung grundsätzlich nicht, doch soll die Regelung des § 241 Abs. 1 unberührt bleiben.

35 **b) Übereinstimmung beider Verfahren mit den GoB bzw. GoI.** Werden permanente Inventur und Stichprobeninventur miteinander verbunden, muss jedes Verfahren für sich den GoI entsprechen. Zur **Ordnungsmäßigkeit der permanenten Inventur** gehört es, dass die Einzelwerte der Lagerbuchführung entsprechend den Ergebnissen der körperlichen Aufnahme berichtigt werden (Rdn 30). Wegen seiner Gesamtwertorientierung (Rdn 9) stehen Einzelwerte beim Stichprobenverfahren aber definitionsgemäß nicht zur Verfügung. Das Verfahren wird nur mit dem Ziel durchgeführt, die Richtigkeit der Lagerbuchführung zu bestätigen. Diese Bestätigung misslingt, wenn Buch- und Schätzwert um mehr als 2 % voneinander abweichen (Rdn 22). Die Ordnungsmäßigkeit der permanenten Inventur erfordert in diesem Fall eine Vollaufnahme des Lagerbestandes. Wird die Richtigkeit der Lagerbuchführung demgegenüber durch die Stichprobeninventur bestätigt (Abweichung kleiner als 2 %), kann eine Abweichung innerhalb der Toleranzgrenze anders als bei der Stichtagsinventur nicht berücksichtigt werden. Denn das Ergebnis der im Laufe des Geschäftsjahrs durchgeführten Stichprobeninventur geht nicht in ein zu diesem Zeitpunkt aufgestelltes Inventar ein; für einen globalen Ausgleichsposten (Schätzmethode, vgl. Rdn 23) fehlt also schon der Rahmen. **Ordnungsmäßigkeit des Stichprobenverfahrens.** Die Abhängigkeit des Verfahrens von den Bedingungen der permanenten Inventur ist bei der Auswahl der Schätzmethode zu berücksichtigen. Weil die Lagerbuchführung bestätigt werden soll, kommt die freie, also von den Buchwerten abstrahierende Mittelwertschätzung (Rdn 14) ersichtlich nicht in Betracht. Vgl. im Übrigen Rdn 17 ff;

---

[70] Vgl. *Köhle/Sturm* WPg 1983, 369.

[71] S. etwa Baumbach/Hueck/*Schulze-Osterloh* GmbHG[18] § 41 Rdn 49; Beck BilKomm-*Winkeljohann/Philipps* Rdn 61 f; Köln-Komm-RLR/*Braun* Rdn 4; ausf. *AWV* Permanente Inventur mit Stichproben (1982).

insbesondere müssen auch hier die Grenzen der zulässigen Maximalabweichung eingehalten und der erforderliche Sicherheitsgrad erreicht werden (1 % bzw. 95 %, vgl. Rdn 20).

3. Besonderheiten bei automatisch gesteuerten Lagersystemen

a) **Ausgangslage.** Wandlungen der Lagertechnik und EDV-Einsatz im Lagerbereich haben zur Entwicklung von vielfältigen Lagersystemen geführt, bei denen eine herkömmliche Inventur durch körperliche Bestandsaufnahme nicht oder nicht ohne Weiteres möglich ist.[72] Die Kennzeichen solcher Systeme sind die (im Normalbetrieb) mangelnde Begehbarkeit des Lagerraums und das Prinzip der Freiplatzlagerung; letzteres führt dazu, dass sich die gleichen Artikel an ständig wechselnden Plätzen des Lagers befinden. Die Lagerbewegungen einschließlich Ein- und Auslagerung erfolgen durch Regalbedienungsgeräte, die automatisch gesteuert werden. Vielfach ist die Steuerung der Ein- und Auslagerung durch eine Datenverarbeitungsanlage mit einer Bestandsfortschreibung zwingend verkoppelt (gekoppelte oder synchrone Bestandsfortschreibung).[73] Als besondere Lagerhaltungssysteme sind schließlich Produktionsplanungs- und Steuerungssysteme (**PPS**) im Werkstattbereich und **Warenwirtschaftssysteme** im Handel anzusprechen. **36**

b) Anforderungen an die Inventur im Allgemeinen

aa) **Grundsatz.** Auch das beste rechnergesteuerte Lagersystem entbindet nicht von der gesetzlichen Verpflichtung zur Inventur. Bei der Wahl des geeigneten Lagersystems muss daher von vornherein bedacht werden, dass es nicht nur technische und wirtschaftliche Gesichtspunkte, sondern auch rechtliche Eckdaten gibt, die die Bedingungen sinnvoller Lagerhaltung bestimmen. Das Gleiche gilt für PPS und Warenwirtschaftssysteme.[74] **37**

bb) **Inventurvereinfachungen.** Vereinfachungen der Inventur sind auch bei automatisch gesteuerten Lagersystemen nur im Rahmen des § 241 möglich. Dabei konzentriert sich das praktische Interesse vor allem auf die permanente Inventur, weil bei ihr Aufnahmearbeiten und Bilanzstichtag entkoppelt werden können (Rdn 26). Im Einzelnen ist zwischen vollautomatischen, halbautomatischen und sonstigen (einfachen) Lagersystemen zu unterscheiden.[75] **Vollautomatische Lagersysteme.** Sie sind im Wesentlichen durch drei Merkmale gekennzeichnet: mit den Lagerbewegungen gekoppelte (synchrone) Bestandsfortschreibung, die durch maschineninterne Kontrolle gewährleistet wird; die Mehrfachbelegung einer Lagereinheit (eines Faches) ist durch automatische Kontrolle ausgeschlossen, ebenso die Teilentnahme; manueller Zugriff auf den Lagerbestand ist im laufenden Betrieb nicht möglich. **Halbautomatische Lagersysteme.** Diese Bezeichnung hat sich für solche Systeme eingebürgert, die den Sicherheitsstandard der ersten Gruppe zwar nicht erreichen, aber im Vergleich zur herkömmlichen Lagerhaltung doch einen weit höheren Sicherheitsgrad aufweisen, und zwar sowohl hinsichtlich des Bestandes wie auch seiner Fortschreibung; Hauptfall: Der manuelle Zugriff auf den Lagerbestand ist technisch möglich. **Einfache Lagersysteme.** Bei ihnen wird auch der vergleichsweise weit **38**

---

[72] Dazu bereits *Bäuerle* BB 1986, 846; *Horchler* WPg 1977, 58; *Martienß* ZfB 1980, 47.

[73] Vgl. zum Ganzen Beck-HdR-*Petersen/Zwirner* A 220 Rdn 220 ff; HdJ – *Hachmeister/Zeyer* Abt. I/14 Rdn 186 ff; *IDW* HFA 1/1990 D. II.

[74] Zur Konkretisierung der Anforderungen ausführlich Beck-HdR-*Petersen/Zwirner* A 220 Rdn 228 ff; HdJ – *Hachmeister/Zeyer* Abt. I/14 Rdn 194 ff.

[75] Beck-HdR-*Petersen/Zwirner* A 220 Rdn 221 ff.

höhere Sicherheitsstandard des halbautomatischen Lagersystems nicht erreicht; Hauptfall: keine maschinenintern kontrollierte synchrone Bestandsfortschreibung.

39 Bei **vollautomatischen** Lagersystemen genügt die sogenannte **Einlagerungsinventur**. Das bedeutet: Die körperliche Bestandsaufnahme findet grundsätzlich nur bei der Einlagerung statt. Eine Ausnahme gilt nach **hM** jedoch für die im Geschäftsjahr **nicht bewegten Bestände**; für sie wird körperliche Aufnahme spätestens zum Bilanzstichtag gefordert (vgl. noch Rdn 40).[76] Danach eignet sich das vollautomatische Lagersystem vornehmlich für Bestände mit hoher Umschlagshäufigkeit. Bei halbautomatischen Lagersystemen ist eine von der Einlagerung unabhängige körperliche Aufnahme notwendig, die jedoch als **fachweise Aufnahme** erfolgen darf. Abweichend von allgemeinen Grundsätzen muss ein und derselbe Artikel also nicht vollständig und gleichzeitig aufgenommen werden. Vielmehr genügt es, nach Regalfächern vorzugehen; auf diese Weise wird dem Prinzip der Freiplatzlagerung (Rdn 36) Rechnung getragen. Dagegen gelten für einfache Lagersysteme die allgemeinen Regeln der permanenten Inventur; erforderlich ist also eine von der Einlagerung unabhängige artikelweise Bestandsaufnahme.[77]

40 c) **Insbesondere: Zur körperlichen Aufnahme der nicht bewegten Bestände.** Dass die Pflicht zur jährlichen Aufnahme nicht bewegter Bestände in der Praxis zu Problemen führt (in der Regel sind Aus- und anschließende Wiedereinlagerung nötig), sieht auch die hM; sie verweist auf die möglichen Erleichterungen durch die Anwendung von Stichprobenverfahren.[78] Fraglich ist aber, ob sich die Pflicht, auch bei vollautomatischen Lagersystemen spätestens zum Bilanzstichtag die nicht bewegten Bestände aufzunehmen, tatsächlich aus dem Gesetz ableiten lässt. Die Auffassung der hM geht offenbar auf die Vorstellung zurück, es bedürfe nach § 241 Abs. 2 stets einer jährlichen körperlichen Bestandsaufnahme. Diese Ansicht ist, soweit sie eine Regel ohne Ausnahme formuliert, nicht gut fundiert (vgl. schon Rdn 27). Sie findet allerdings in H 5.3 (Permanente Inventur) S. 2 Nr. 2 S. 1 EStH und in der dort aufgeführten Entscheidung BFH BStBl. III 1967, 113 eine Stütze. Dieses Urteil stützt sich wiederum auf den Bericht des Wirtschaftsausschusses zu § 39 Abs. 3 a.F.[79] Die vom BFH zitierte Passage, aus der sich „einwandfrei" ergeben soll, dass eine permanente Inventur der jährlichen Kontrolle durch körperliche Aufnahme bedarf,[80] findet sich im Schlussteil von Ziff. 2 Abs. 2 des Ausschussberichts. Dabei handelt es sich jedoch um ein selektives Zitat. In Abs. 3 heißt es nämlich: „Ausschlaggebend dafür, daß der Wirtschaftsausschuß dem Ergänzungsvorschlag nicht gefolgt ist, war jedoch, daß es unzweckmäßig erschien, handelsrechtlich durch eine starre Vorschrift die jährliche körperliche Bestandsaufnahme zu fordern, während steuerrechtlich nach § 160 Abs. 2 S. 2, § 161 Abs. 2 der Reichsabgabenordnung den Steuerpflichtigen im Einzelfall Erleichterungen gewährt werden können und schon heute für bestimmte Branchen gewährt sind … Entsprechend der Regierungsvorlage ist es daher vorzuziehen, daß die Bestimmung der zeitlichen Abstände, in denen bei der permanenten Inventur eine körperliche Bestandsaufnahme stattfinden muß, auch beim Vorratsvermögen handels-

[76] S. nur *IDW* HFA 1/1990 D. II. b); Baetge/Kirsch/Thiele/*Quick* BilR Rdn 52; Beck-HdR-*Petersen/Zwirner* A 220 Rdn 224; HdR-EA/*Weiss/Heiden* Rdn 51; Ebenroth/Boujong/Joost/Strohn/*Wiedmann* Rdn 14; **aA** *Bäuerle* BB 1986, 846.

[77] HM, vgl. z.B. *IDW* HFA 1/1990 D. II. c); Ebenroth/Boujong/Joost/Strohn/*Wiedmann* Rdn 15; HdJ – *Hachmeister/Zeyer* Abt. I/14 Rdn 193.

[78] Baetge/Kirsch/Thiele/*Quick* BilR Rdn 53; Beck-HdR-*Petersen/Zwirner* A 220 Rdn 224; HdR-EA/*Weiss/Heiden* Rdn 52.

[79] BT-Drucks. IV/3258.

[80] BFH BStBl. III 1967, 113 (114).

rechtlich wie bisher den Grundsätzen ordnungmäßiger Buchführung überlassen bleibt."[81] Das bedeutet, dass nicht nur nach Wortlaut und Zweck des § 241 Abs. 2, sondern auch nach den Materialien zur Vorläuferbestimmung die Bestimmung der zeitlichen Abstände einer körperlichen Aufnahme den GoI überlassen werden sollte. Die generelle Forderung nach einer jährlichen körperlichen Bestandsaufnahme folgt bei richtigem Verständnis also entgegen der Ansicht des BFH nicht aus dem Gesetz.[82] Dass sie unter den besonderen Bedingungen vollautomatischer Lagersysteme aus den GoI folgt, weil sonst Vollständigkeit und sachliche Richtigkeit der Inventur (vgl. Rdn 30) nicht gewährleistet wären, lässt sich so allgemein nicht begründen; eine solche Pflicht kann höchstens im Einzelfall unter Würdigung des konkreten Lagersystems abgeleitet werden.

V. Vor- oder nachverlegte Inventur (§ 241 Abs. 3)

Schrifttum

(vgl. auch die Angaben vor Rdn 1, 8 und 26). *Frantz/Karsten* Die vorverlegte Inventur mit Wertfortschreibung, WPg 1962, 253 und 287; *Karsten* Müssen Inventur- und Bilanzstichtag übereinstimmen? WPg 1960, 373; *Krause-Kärsten* Alte und neue Wege der Vorratsinventur – Probleme der Stichtagsinventur, StBp 1961, 164 u. 196.

1. Begriff und Allgemeines. Das in § 241 Abs. 3 zugelassene System der vor- oder nachverlegten Inventur ist durch die teilweise **Entkoppelung von Bilanzstichtag und Inventurstichtag** gekennzeichnet.[83] Während bei der **ausgeweiteten Stichtagsinventur** (§ 240 Rdn 40) und der permanenten Inventur (Rdn 26 ff) Inventarstichtag und Bilanzstichtag identisch bleiben, erlaubt § 241 Abs. 3 die Aufstellung des Bestandsverzeichnisses auf einen anderen Tag als den Bilanzstichtag, soweit eine ordnungsmäßige Bewertung für diesen Zeitpunkt gesichert bleibt. Deshalb kann von einem **System zeitlich gestaffelter Inventarerrichtung** gesprochen werden.[84] Die Vorschrift wurde 1965 als § 39 Abs. 4 a.F. in das Gesetz aufgenommen; durch das BiRiLiG hat die Regelung nur eine unbedeutende sprachliche Änderung erfahren (vgl. schon Rdn 2). Kennzeichnend ist schließlich wiederum die unbestimmte Umschreibung des Verfahrens zur Bewertung auf den Bilanzstichtag (§ 241 Abs. 3 Nr. 2); sie soll wie sonst auch (Rdn 17, 27) der Praxis den notwendigen Spielraum für die Entwicklung adäquater Methoden belassen.[85] **41**

2. Voraussetzungen. Für die grundsätzliche Zulässigkeit des Verfahrens verlangt § 241 Abs. 3 nur, dass es um die inventarmäßige Verzeichnung von **Vermögensgegenständen** geht; vgl. auch Rdn 5 f und 28. Mangels näherer gesetzlicher Beschränkung darf also auch die Inventur des Anlagevermögens vor- oder nachverlegt erfolgen.[86] Praktisch findet das Verfahren aber nur im Bereich des Vorratsvermögens statt. Weil Schulden keine **42**

---

81 Der im Zitat erwähnte Ergänzungsvorschlag ist in der Stellungnahme des Bundesrates (BT-Drucks. IV/2865, S. 11) enthalten; als Regelung wurde vorgeschlagen: „Das Vorratsvermögen ist jedoch mindestens einmal jährlich durch eine körperliche Bestandsaufnahme festzustellen."

82 Zutr. *Bäuerle* BB 1986, 846.

83 Dazu näher *Frantz/Karsten* WPg 1962, 253 (259 ff); *Karsten* WPg 1965, 277 (278 ff); Arbeitskreis *Ludewig* Vorratsinventur S. 44 ff; *Uelner* BB 1965, 757 (758 f).

84 So bereits Staub/*Brüggemann*[3] § 39 Rdn 11.

85 Begr. RegE, BT-Drucks. IV/2865, S. 6; *Karsten* WPg 1965, 277 (280).

86 *Karsten* WPg 1965, 277 f; *Uelner* BB 1965, 757 f.

Vermögensgegenstände sind, ist § 241 Abs. 3 insoweit nicht unmittelbar anzuwenden. Insbesondere für **Pensionsrückstellungen** ist die entsprechende Anwendung jedoch anerkannt (s. schon Rdn 7).[87] Während die Existenz einer **Lagerbuchführung** bei der Stichprobeninventur und bei der permanenten Inventur zu den unverzichtbaren Zulässigkeitsvoraussetzungen gehört (Rdn 4, 11, 28), ist das bei der vor- oder nachverlegten Inventur nicht der Fall. Denn das besondere Inventar zum Inventurstichtag (Rdn 43 f) kann aufgrund körperlicher Aufnahme erstellt werden; die **Fortschreibung** oder Rückrechnung auf den Bilanzstichtag bezieht sich nicht auf Art und Menge der Bestände, sondern auf ihren **Wert**,[88] der auch ohne Lagerbuchführung ermittelt werden kann. Die Zu- und Abgänge während des Fortschreibungs- oder Rückrechnungszeitraums müssen allerdings festgehalten werden (vgl. noch Rdn 48).

3. Besonderes Inventar

43 a) **Pflicht zur Aufstellung.** Von der Aufstellung des Inventars für den Bilanzstichtag darf nur abgesehen werden, wenn die Vermögensgegenstände „in einem besonderen Inventar" verzeichnet sind (§ 241 Abs. 3 Nr. 1). Anders als bei der permanenten Inventur (Rdn 26) genügt es also nicht, nur die Bestandsaufnahme durchzuführen; dafür erübrigt sich die Fortschreibung der Bestände nach Art und Menge (vgl. noch Rdn 46). Das besondere Inventar muss den Anforderungen des § 240 Abs. 1 und 2 genügen; zur Klarstellung verlangt § 241 Abs. 3 Nr. 1, dass die Vermögensgegenstände nach Art, Menge und Wert verzeichnet sind. Die Bewertung richtet sich nach den allgemeinen Grundsätzen einschließlich des Prinzips der Einzelbewertung, allerdings mit der Maßgabe, dass nicht auf den Bilanz-, sondern auf den Inventurstichtag abzuheben ist (vgl. auch R 5.3 Abs. 2 S. 3 EStR).

44 b) **Fristen.** Der Stichtag für das besondere Inventar muss so gewählt werden, dass er innerhalb der letzten drei Monate vor dem Bilanzstichtag (Wertfortschreibung) oder innerhalb der beiden ersten Monate nach dem Bilanzstichtag (Wertrückrechnung) liegt. Zweck dieser zeitlichen Eingrenzung ist es, die Fehlermöglichkeiten zu beschränken, die zwangsläufig bestehen, wenn zum Bilanzstichtag keine Mengenfeststellung erfolgt. Mit der kürzeren Frist bei Verschiebung der Inventaraufstellung in das neue Geschäftsjahr soll erreicht werden, dass die Aufstellung des Jahresabschlusses nicht zu lange verzögert werden kann.[89] Für die Berechnung der Frist sind die §§ 186 ff BGB maßgeblich. Daraus folgt beispielsweise für ein am 31.12. endendes Geschäftsjahr: Das vorverlegte Inventar darf nicht für einen Tag vor dem 30.9. aufgestellt werden (§§ 187 Abs. 1, 188 Abs. 2 BGB analog),[90] das nachverlegte Inventar nicht für einen Tag nach dem 28. oder 29.2.

---

[87] S. etwa Beck BilKomm-*Winkeljohann/Philipps* Rdn 50; HdJ – *Hachmeister/Zeyer* Abt. I/14 Rdn 149.

[88] Beck-HdR-*Petersen/Zwirner* A 220 Rdn 197; HdJ – *Hachmeister/Zeyer* Abt. I/14 Rdn 148; ferner bereits Arbeitskreis *Ludewig* Vorratsinventur S. 47; vgl. auch R 5.3 Abs. 2 S. 3 ff EStH (steuerrechtlich wird von einer **zeitverschobenen Inventur** gesprochen, inhaltlich ist die Inventur i.S.d. § 241 Abs. 3 gemeint).

[89] Vgl. zu beiden Punkten Begr. RegE, BT-Drucks. IV/2865, S. 6.

[90] *Uelner* BB 1965, 757 (758); i.E. auch Baetge/Kirsch/Thiele/*Quick* BilR Rdn 72; HdJ – *Hachmeister/Zeyer* Abt. I/14 Rdn 150; HdR-EA/*Weiss/Heiden* Rdn 34, die alle grundsätzlich auf den 1.10. abstellen, den 30.9. jedoch nach den Grundsätzen der ausgeweiteten Stichtagsinventur für zulässig halten.

(§ 188 Abs. 3 BGB). Innerhalb der Fristen darf der Stichtag frei gewählt werden.[91] Wenn ohnehin Zwischenabschlüsse aufgestellt werden (z.B. ein Quartalsfinanzbericht nach §§ 37x Abs. 3, 37w Abs. 2–4 WpHG), bietet es sich an, diesen Stichtag auch der Aufstellung des besonderen Inventars zugrunde zu legen.

c) **Zulässige Inventurmethoden.** Das besondere Inventar muss wie jedes Inventar auf einer Bestandsaufnahme beruhen. § 241 Abs. 3 Nr. 1 stellt dafür die körperliche Bestandsaufnahme und die permanente Inventur zur Wahl. Daraus folgt: Stets zulässig ist es, das besondere Inventar auf der Basis körperlicher Vollaufnahme zum (besonderen) Inventarstichtag aufzustellen. Weil § 241 Abs. 3 Nr. 1 ausdrücklich auf § 241 Abs. 2 Bezug nimmt, ist es aber auch erlaubt, das besondere Inventar aus der Lagerbuchführung abzuleiten und die Buchwerte zur Basis der Fortschreibung oder Rückrechnung zu machen, wenn die Kontrolle durch körperliche Aufnahme zu einem anderen Zeitpunkt (regelmäßig jährlich, vgl. Rdn 30, 40) vorgenommen wird. Darüber hinaus wird es für zulässig gehalten, die vor- oder nachverlegte Inventur mit dem **Stichprobenverfahren** des § 241 Abs. 1 zu **kombinieren.**[92] Das ist nach dem Wortlaut des Gesetzes nicht unproblematisch, weil neben der permanenten Inventur nur die körperliche Bestandsaufnahme zugelassen wird, während bei der Stichprobeninventur die Lagerbuchführung die Grundlage des Inventars abgibt und die (zudem nicht vollständige) körperliche Aufnahme nur die Kontrolle des Inventargesamtwerts bezweckt (vgl. Rdn 9 ff). Gleichwohl ist es als rechtlich möglich anzusehen, das besondere Inventar aufgrund einer Stichprobeninventur aufzustellen, weil der Wortlaut des § 241 Abs. 3 über § 39 Abs. 4 a.F. auf die Gesetzeslage vor Regelung der Stichprobeninventur zurückgeht (vgl. Rdn 2), eine körperliche Bestandsaufnahme wenigstens teilweise und zu Kontrollzwecken stattfindet und kein sachlicher Grund erkennbar ist, das Verfahren auf eine Inventur zum Bilanzstichtag zu beschränken. 45

4. Fortschreibungs- oder Rückrechnungsverfahren

a) **Wertermittlung zum Bilanzstichtag.** Nach § 241 Abs. 3 Nr. 2 muss aufgrund des besonderen Inventars gesichert sein, dass der Bestand, für den die Inventur vor- oder nachverlegt worden ist, zum Bilanzstichtag ordnungsgemäß bewertet werden kann. Dieses Ziel wird durch Fortschreibung oder Rückrechnung erreicht, die den GoI entsprechen muss (dazu Rdn 47 f). Der Inventarpflichtige kann sein Vorgehen in diesem Rahmen selbst bestimmen. Aus der gesetzlichen Umschreibung des Verfahrens folgt im Einzelnen:[93] Basis der Wertermittlung ist das besondere Inventar. Während bis dahin das Prinzip der Einzelbewertung gilt (Rdn 43), ist der Fortschreibung oder der Rückrechnung der **Gesamtwert des besonderen Inventars** zugrunde zu legen. Bestandsveränderungen der Zwischenzeit sind nicht nach Art und Menge, sondern nur wertmäßig zu berücksichtigen. Fortschreibung oder Rückrechnung führen also dann zu einer richtigen Bewertung 46

---

[91] KölnKomm-RLR/*Braun* Rdn 28; enger *Karsten* WPg 1965, 277 (279), nach dem ein Stichtag im Laufe eines Monats wegen gesteigerten Fehlerrisikos den GoI widersprechen soll.

[92] Beck BilKomm-*Winkeljohann/Philipps* Rdn 52; wohl auch HdR-EA/*Weiss/Heiden* Rdn 30.

[93] Vgl. zum Ganzen Beck BilKomm-*Winkeljohann/Philipps* Rdn 53 ff; HdR-EA/*Weiss/Heiden* Rdn 28 ff; ferner bereits *Karsten* WPg 1965, 277 (279 f); Arbeitskreis *Ludewig* Vorratsinventur S. 46 ff.

für den Bilanzstichtag, wenn der Gesamtwert des besonderen Inventars so modifiziert wird, dass der neue Gesamtwert dem Betrag entspricht, der sich aus einer Einzelbewertung ergeben hätte, wenn sie zum Bilanzstichtag durchgeführt worden wäre. Für den praktischen Hauptfall, nämlich die Fortschreibung eines Bestandswerts ohne wesentliche Veränderungen in der Zusammensetzung des Bestandes, kann nach R 5.3 Abs. 2 S. 9 EStR nach der **Formel** vorgegangen werden: Wert des Warenbestands am Bilanzstichtag = Wert des Warenbestands am Inventurstichtag zuzüglich Wareneingang abzüglich Wareneinsatz (Umsatz abzüglich des durchschnittlichen Rohgewinns). Die entsprechende Formel für das Rückrechnungsverfahren würde lauten: Wert am Bilanzstichtag = Gesamtinventarwert abzüglich Wert der Zugänge zuzüglich Wert der Abgänge.

b) Übereinstimmung mit den GoB bzw. GoI

47 **aa) Grundsatz.** Die Ermittlung des Bilanzwerts durch Fortschreibung oder Rückrechnung muss den Grundsätzen ordnungsmäßiger Buchführung entsprechen. Damit sind wie in § 241 Abs. 1 S. 2 und Abs. 2 die GoI gemeint, die sich unter den Gesichtspunkten Wahrheit (vollständig und sachlich richtig) und Klarheit (förmlich richtig und geordnet) konkretisieren lassen (vgl. Rdn 17 ff, 30 ff).

48 **bb) Einzelfragen.** Die wertmäßigen Veränderungen zwischen Inventur- und Bilanzstichtag müssen vollständig erfasst werden. Das setzt eine genaue Bestandsabgrenzung und die Existenz zuverlässiger Unterlagen über Zu- und Abgänge voraus. Wenn keine Lagerbuchführung vorhanden ist (Rdn 42), müssen sich die Bestandsveränderungen also aus anderen Unterlagen ergeben. Ferner muss die Annahme gerechtfertigt sein, dass die buchmäßige Entwicklung die tatsächliche Bestandsentwicklung richtig wiedergibt. Deshalb schließt R 5.3 Abs. 3 EStR die vor- oder nachverlegte Inventur aus, wenn das **Risiko unkontrollierbarer Abgänge** besteht (Schwund, Verdunsten, Verderb, leichte Zerbrechlichkeit oder ähnliche Vorgänge) oder wenn es um **hohe Einzelwerte** geht; die Regelung entspricht nach allgM den handelsrechtlichen GoI.[94] Offenkundige Schwierigkeiten bereitet das Gebot sachlicher Richtigkeit im Sinne **richtiger Bewertung der Zu- und Abgänge,** weil die Einzelveränderungen des Zeitraums zwischen Inventur- und Bilanzstichtag gerade nicht erfasst werden. Empfohlen wird ein dreistufiges Verfahren auf der Basis von Verrechnungspreisen: Die Bewertung im besonderen Inventar soll zu Verrechnungspreisen (also nicht: Einstandspreisen) erfolgen; entsprechend sollen die Bestandsveränderungen umgerechnet und berücksichtigt werden; erst in der dritten Stufe soll die Überleitung des zu Verrechnungspreisen ermittelten Bestandswerts auf den Niederstwert erfolgen.[95] Schließlich fordert das Prinzip der Klarheit, dass die Fortschreibung oder Rückrechnung des im besonderen Inventar ermittelten Bestandswerts **vollständig dokumentiert** ist, und zwar so, dass ein sachverständiger Dritter die Prüfung in angemessener Zeit vornehmen kann (§ 238 Abs. 1 S. 2). Die danach notwendigen Unterlagen sind gem. § 257 Abs. 1 Nr. 1, Abs. 4 für die Dauer von zehn Jahren aufzubewahren.

---

94 Vgl. z.B. Beck-HdR-*Petersen/Zwirner* A 220 Rdn 203 f.

95 Ausführlich *Karsten* WPg 1962, 253 (260 ff); zust. z.B. Beck-HdR-*Petersen/Zwirner* A 220 Rdn 201; s.a. HdJ – *Hachmeister/Zeyer* Abt. I/14 Rdn 158.

VI. Steuerrecht

Grundsatz. Stichprobeninventur, permanente Inventur sowie vor- oder nachverlegte Inventur sind nicht nur handels-, sondern auch steuerrechtlich zulässig, weil für die Besteuerung das Betriebsvermögen anzusetzen ist, das sich nach den handelsrechtlichen GoB ergibt (§ 5 Abs. 1 EStG). Die Praxis der Finanzverwaltung zur permanenten Inventur und zur vor- oder nachverlegten Inventur hat in R 5.3 Abs. 2 und 3 EStR und H 5.3 (Permanente Inventur) EStH Niederschlag gefunden. Der Richtlinientext bringt durchgängig auch die handelsrechtlichen Anforderungen zum Ausdruck. Zur Stichprobeninventur gibt es keine entsprechende Verwaltungsregelung. Das auf der Basis einer bestandszuverlässigen Lagerbuchführung durchgeführte Stichprobenverfahren ist jedoch auch steuerrechtlich anerkannt.[96] 49

Besonderheiten bestehen, soweit es für steuerliche Zwecke gerade auf die Zusammensetzung der Bestände nach Art und Menge zum Bilanzstichtag ankommt; insoweit genügt die bloße Wertermittlung der vor- oder nachverlegten Inventur (Rdn 41, 46) nicht. R 5.3 Abs. 2 S. 10 EStR verlangt insoweit (Beispiel: § 6 Abs. 1 Nr. 2a EStG) einen Bestandsnachweis durch körperliche Aufnahme oder permanente Inventur.[97] Als körperliche Aufnahme sollte auch die Stichprobeninventur auf der Grundlage einer bestandszuverlässigen Lagerbuchführung in Betracht kommen (vgl. auch Rdn 45). 50

§ 241a
Befreiung von der Pflicht zur Buchführung und Erstellung eines Inventars

Einzelkaufleute, die an den Abschlussstichtagen von zwei aufeinander folgenden Geschäftsjahren nicht mehr als 500 000 Euro Umsatzerlöse und 50 000 Euro Jahresüberschuss aufweisen, brauchen die §§ 238 bis 241 nicht anzuwenden. Im Fall der Neugründung treten die Rechtsfolgen schon ein, wenn die Werte des Satzes 1 am ersten Abschlussstichtag nach der Neugründung nicht überschritten werden.

Schrifttum

Ebner Insolvenzstrafrechtliche Konsequenzen der Einführung der §§ 241a, 242 Abs. 4 HGB zum 29.5.2009, wistra 2010, 92; *Grefe* Buchführungsbefreiungen von Einzelunternehmen nach Handels- und Steuerrecht, SteuerStud 2010, 585; *Happe* Aktuelle Entwicklungen zur Einnahmen-Überschussrechnung, BBK 2009, 893; *Kersting* Handels- und gesellschaftsrechtliche Auswirkungen der Befreiung „kleiner" Kaufleute und Personenhandelsgesellschaften von der Buchführungs- und Bilanzierungspflicht, BB 2008, 790; *Kußmaul/Meyering* BilMoG-Regierungsentwurf: Wen entlastet § 241a HGB-E?, DB 2008, 1445; *Marten/Maccari* Die Abschaffung der Buchführungspflicht gemäß § 241a HGB: Zur möglichen Wirkung einer Deregulierungsmaßnahme, Festschrift Krawitz (2010) S. 650; *Neufang* Wechsel der Gewinnermittlungsart vor dem Hintergrund des § 241a HGB, StBp 2009, 260; *Rätke* Befreiung von der handelsrechtlichen Buchführungspflicht nach § 241a HGB, BBK 2010, 951; *Richter* BilMoG: Befreiung von der handelsrechtlichen Buchführungspflicht gem. § 241a HGB, FR 2009, 804; *H. Schmidt* Befreiung von der Buchführungspflicht nach BilMoG, BBK 2009, 535; *Schoor* Befreiung von der Buchführungspflicht für Einzelkaufleute nach dem BilMoG,

---

96 Tipke/Kruse/*Drüen* AO § 145 Rdn 52.

97 S. Beck BilKomm-*Winkeljohann/Philipps* Rdn 55; HdJ – *Hachmeister/Zeyer* Abt. I/14 Rdn 159.

SteuerStud 2009, 452; *Schulze-Osterloh* Ausgewählte Änderungen des Jahresabschlusses nach dem Referentenentwurf eines Bilanzrechtsmodernisierungsgesetzes, DStR 2008, 63; *Zwirner* Geplante Befreiung für Kleinstunternehmen (micro entities) von der Bilanzierungs- und Publizitätspflicht vielleicht schon ab 2009?, BC 2009, 369.

Übersicht

I. Grundlagen

1. Regelungsgegenstand und -zweck

1 **Befreiungsvorschrift.** § 241a ist eine Befreiungsvorschrift.[1] Einzelkaufleute, die grundsätzlich nach § 238 Abs. 1 S. 1 zur Buchführung verpflichtet sind, werden von dieser Pflicht – und der damit einhergehenden Anwendung der §§ 238–241 HGB – befreit, wenn Umsatzerlöse und Jahresüberschuss bestimmte **Schwellenwerte** nicht überschreiten. Die durch das BilMoG[2] eingeführte Regelung wird durch § 242 Abs. 4 (s. dort Rdn 46 ff) ergänzt. Einzelkaufleute, die die in § 241a genannten Voraussetzungen erfüllen und die Befreiung in Anspruch nehmen (dazu Rdn 8), sind gem. **§ 242 Abs. 4** auch von der Pflicht zur Aufstellung von Eröffnungsbilanz und Jahresabschlüssen befreit. Gem. Art. 66 Abs. 1 EGHGB ist § 241a, ebenso wie § 242 Abs. 4 (vgl. dort Rdn 1 aE), erstmals für das **nach dem 31.12.2007 beginnende Geschäftsjahr** anzuwenden. Entspricht das Geschäftsjahr dem Kalenderjahr, kann die Befreiung also erstmals für das Geschäftsjahr 2008 in Anspruch genommen werden (vgl. allgemein zu den maßgeblichen Zeitpunkten für das Unterschreiten der Schwellenwerte Rdn 9).[3]

2 **Zweck.** Ziel des Gesetzgebers ist die Entlastung von Einzelkaufleuten mit relativ kleinem Umsatzvolumen. Nach der Auffassung des Gesetzgebers werden Einzelkaufleute, die die Voraussetzungen des § 241a erfüllen, ihre Rechnungslegung regelmäßig auf eine Einnahmen-Überschuss-Rechnung nach § 4 Abs. 3 EStG beschränken; deren einfache Grundkonzeption und Durchführbarkeit sollen zu **Kosteneinsparungen** führen.[4] Ob hiermit wirklich eine **umfassende Deregulierung**[5] erreicht werden kann, wird unterschiedlich beurteilt.[6]

2. Normadressaten

3 **Einzelkaufleute.** Die Norm richtet sich an Einzelkaufleute. Sie knüpft also allein an die rechtliche Organisationsform und die Kaufmannseigenschaft an, ohne Rücksicht auf den Unternehmensgegenstand oder die Art der Finanzierungsaktivitäten. Grundsätzlich

1 BoHdR-*Kirsch* Rdn 1.
2 Gesetz zur Modernisierung des Bilanzrechts (Bilanzrechtsmodernisierungsgesetz – BilMoG) vom 25.5.2009 (BGBl. I, S. 1102).
3 HdR-EA/*Ellerich* Rdn 24; KölnKomm-RLR/*Claussen* Rdn 13.
4 Begr. RegE BilMoG, BT-Drucks. 16/10067, S. 46.
5 Begr. RegE BilMoG, BT-Drucks. 16/10067, S. 1.
6 Vgl. etwa HdR-EA/*Ellerich* Rdn 2 sowie *Künkele/Zwirner* DStR 2009, 1277 (1278) einerseits; *Ebner* wistra 2010, 92 (94) andererseits. Offen gelassen bei KölnKomm-RLR/*Claussen* Rdn 10. Ergebnisse einer empirischen Untersuchung bei *Brähler/Krenzin/Scholz* StuW 2013, 173.

können daher **alle nach § 238 Abs. 1 S. 1 buchführungspflichtigen** Einzelkaufleute (s. dort Rdn 7 ff) die Befreiung nach § 241a in Anspruch nehmen; das gilt auch für Kleingewerbetreibende, die kraft Eintragung gemäß § 2 Kaufmannseigenschaft erlangt haben. Im Gesetzesentwurf der Bundesregierung war noch vorgesehen, **kapitalmarktorientierten** (i.S.d. § 264d) Einzelkaufleuten die Befreiung zu versagen (§ 241a Abs. 2 HGB-E). Diese Einschränkung wurde aber im weiteren Verlauf des Gesetzgebungsverfahrens gestrichen. Auch Einzelkaufleute, die zu Finanzierungszwecken einen organisierten Markt in Anspruch nehmen, können also die Befreiung nach § 241a in Anspruch nehmen. In der Praxis dürfte dies jedoch kaum relevant werden.[7] Auf die ursprünglich ebenfalls vorgesehene Erstreckung der Befreiung auf **Personenhandelsgesellschaften** und Genossenschaften wurde vorerst verzichtet. Hier hätten sich zahlreiche, insbesondere gesellschaftsrechtliche Folgefragen ergeben.[8] Der Gesetzgeber will nun die Erfahrungen mit der Befreiung für Einzelkaufleute und die weitere wissenschaftliche Auseinandersetzung mit der Materie abwarten und dann erneut über eine Ausweitung des Anwendungsbereichs auf Personenhandelsgesellschaften und Genossenschaften entscheiden.[9]

Verhältnis zu 141 AO. Voraussetzung für die Inanspruchnahme der Befreiung ist, dass 4
der Einzelkaufmann hinsichtlich Umsatz und Jahresüberschuss bestimmte Schwellenwerte nicht überschreitet (Rdn 5 ff). Der Gesetzgeber hat die Voraussetzungen für eine Befreiung „in Annäherung" an § 141 AO festgelegt,[10] steuer- und handelsrechtliche **Voraussetzungen** sind aber **nicht identisch.**[11] Als Folge muss eine Befreiung von der handelsrechtlichen Buchführungspflicht nach § 241a nicht zwingend bedeuten, dass auch keine *originäre* steuerrechtliche Buchführungspflicht gem. § 141 AO besteht;[12] dies folgt im Übrigen auch daraus, dass der steuerrechtliche und handelsrechtliche Gewerbebegriff nicht deckungsgleich sind.[13] Klarzustellen ist aber, dass jedenfalls keine *derivative* steuerrechtliche Buchführungspflicht nach § 140 AO besteht, wenn die Befreiung nach § 241a in Anspruch genommen wird.[14]

II. Voraussetzungen der Befreiung

Schwellenwerte. § 241a S. 1 setzt voraus, dass der Einzelkaufmann an den Abschluss- 5
stichtagen von zwei aufeinander folgenden Geschäftsjahren nicht mehr als 500 000 Euro **Umsatzerlöse** und 50 000 Euro **Jahresüberschuss** erwirtschaftet. Es handelt sich um starre Grenzwerte, die einer Auslegung nicht zugänglich sind.[15] Das Erfordernis gilt kumulativ, d.h. bereits bei Überschreiten eines Werts kann die Befreiung nicht in Anspruch genommen werden. Mangels anderweitiger gesetzlicher Definition ist im Grundsatz zwingend auf die **im Jahresabschluss ausgewiesenen** Werte zurückzugreifen; maß-

---

7 So auch die Beschlussempfehlung des Rechtsausschusses zum BilMoG, BT-Drucks. 16/12407, S. 84; s. ferner HdR-EA/*Ellerich* Rdn 6.

8 Ausführlich *Kersting* BB 2008, 790 (792 ff); vgl. auch BoHdR-*Kirsch* Rdn 7; KölnKomm-RLR/*Claussen* Rdn 1.

9 Begr. RegE BilMoG, BT-Drucks. 16/10067, S. 47; *Ernst/Seidler* ZGR 2008, 631 (658).

10 Ausführlich *Richter* FR 2009, 804; Übersicht bei *H. Schmidt* BBK 2009, 535 (540 f); s. ferner HdR-EA/*Ellerich* Rdn 20 f.

11 Begr. RegE BilMoG, BT-Drucks. 16/10067, S. 46; vgl. KölnKomm-RLR/*Claussen* Rdn 11 f; MünchKommBilR/*Graf/Bisle* Rdn 12 ff.

12 Tipke/Kruse/*Drüen* AO § 141 Rdn 1a.

13 Vgl. Tipke/Kruse/*Drüen* AO § 140 Rdn 21.

14 Beck BilKomm-*Winkeljohann/Lawall* Rdn 10; MünchKommHGB/*Ballwieser*[3] Rdn 5; Tipke/Kruse/*Drüen* AO § 140 Rdn 20a; auch Baetge/Kirsch/Thiele/*Wolz* BilR Rdn 15 aE.

15 KölnKomm-RLR/*Claussen* Rdn 5.

geblich sind damit die in Wissenschaft und Praxis konkretisierten Anforderungen an die entsprechenden Posten im gesetzlichen Gliederungsschema für die GuV – § 275 Abs. Nr. 1 und Nr. 20 bzw. Abs. 3 Nr. 1 und Nr. 19 (s. insbesondere auch § 277 Abs. 1).[16] Allerdings ist eine direkte Anknüpfung an diese Posten nur möglich, wenn der Einzelkaufmann einen Jahresabschluss nach § 242 aufstellt. Muss der Einzelkaufmann hingegen gemäß §§ 241a, 242 Abs. 4 **keinen Jahresabschluss** aufstellen und tut er dies auch nicht freiwillig, kann nicht auf die entsprechenden GuV-Posten zurückgegriffen werden. In diesem Fall ist es nicht erforderlich, eine den handelsrechtlichen Anforderungen entsprechende GuV aufzustellen, um das Vorliegen der Befreiungsvoraussetzungen zu überprüfen; dies würde den vom Gesetzgeber angestrebten Zweck der Vereinfachung (Rdn 2) konterkarieren.[17] Es soll ausweislich der Gesetzesbegründung vielmehr genügen, dass der Einzelkaufmann im Rahmen einer **überschlägigen Ermittlung** unter Berücksichtigung der handelsrechtlichen Vorschriften zum Jahresabschluss zu dem Ergebnis gelangt, dass ein Überschreiten der Schwellenwerte nicht zu erreichen ist.[18] Dies bedeutet aber nicht, dass der Einzelkaufmann einen erheblichen Ermessensspielraum insbesondere bei der überschlägigen Ermittlung des Jahresüberschusses hat. Die Pflicht zur Berücksichtigung der handelsrechtlichen Vorschriften verbietet es beispielsweise, die Beurteilung allein auf ein durch **Einnahmen-Überschuss-Rechnung** ermitteltes Jahresergebnis zu stützen;[19] ebenso wenig kann direkt auf die Werte einer etwaig erstellten **Steuerbilanz** zurückgegriffen werden.[20] Der Einzelkaufmann muss ein durch Einnahmen-Überschuss-Rechnung ermitteltes Jahresergebnis durch die **Berücksichtigung zentraler Elemente der handelsrechtlichen Rechnungslegung** (insbesondere: Erfolgsneutralität von Anschaffungsvorgängen; planmäßige Abschreibung; periodengerechte Gewinnermittlung) anpassen.[21] Hierdurch wird auch die Möglichkeit zur Manipulation (insbesondere durch Vorziehen oder Verzögern von Auszahlungen um den Abschlussstichtag herum) erschwert bzw. verhindert.[22] Dabei können allerdings **nachvollziehbar ermittelte Schätzwerte** verwendet werden; die angewandten Schätzmethoden sind in den für die Beurteilung der Befreiungsvoraussetzungen maßgeblichen Geschäftsjahren (s. Rdn 6) stetig anzuwenden. Greift der Einzelkaufmann auf eine Steuerbilanz zurück, gilt Entsprechendes.[23]

6 **Zwei aufeinander folgende Geschäftsjahre.** Nach dem Gesetzeswortlaut dürfen die Schwellenwerte an den Abschlussstichtagen von zwei aufeinander folgenden Geschäftsjahren nicht überschritten werden. Problematisch ist diese Bestimmung für Einzelkaufleute, die gemäß §§ 241a, 242 Abs. 4 **keinen Jahresabschluss aufstellen** müssen und dies auch nicht freiwillig tun. Bei ihnen gibt es keinen Abschlussstichtag.[24] Gemeint ist das Ende eines jeden Geschäftsjahrs; anders gewendet sollen also der Umsatz und der Jahresüberschuss maßgeblich sein, die **in einem Geschäftsjahr** erwirtschaftet wurden.[25] In der Regel sind also Umsatz und Erlös über zwölf Monate (vgl. § 240 Abs. 2 S. 2) zu berech-

---

16 Beck BilKomm-*Winkeljohann/Lawall* Rdn 4; BoHdR-*Kirsch* Rdn 11; HdR-EA/*Ellerich*[5] Rdn 9; *Richter* FR 2009, 804 (806); Heidel/Schall/*Reich/Szczesny/Voß* HGB Rdn 4.

17 Zutr. *Budde/Heusinger-Lange* Hdb. BilMoG, S. 113.

18 Begr. RegE BilMoG, BT-Drucks. 16/10067, S. 46 f.

19 Ebenso HdR-EA/*Ellerich* Rdn 10; Tipke/Kruse/*Drüen* AO § 140 Rdn 20a; **aA** BoHdR-*Kirsch* Rdn 14 f (Wahlrecht); *H. Schmidt* BBK 2009, 535 (537); wohl auch (noch zum Gesetzentwurf) *Kersting* BB 2008, 790 (791); *Richter* FR 2009, 804 (810).

20 **AA** BoHdR-/*Kirsch* Rdn 13 (Wahlrecht).

21 Ausführlich HdR – *Ellerich* Rdn 10; ähnlich KölnKomm-RLR/*Claussen* Rdn 7.

22 HdR-EA/*Ellerich* Rdn 10; auf diese Gefahr weist auch *Kersting* BB 2008, 790 (791) hin.

23 Vgl. die insoweit zutr. Ausführungen bei BoHdR-*Kirsch* Rdn 13.

24 Beck BilKomm-*Winkeljohann/Lawall* Rdn 5.

25 Beck BilKomm-*Winkeljohann/Lawall* Rdn 5; HdR – *Ellerich* Rdn 11.

nen. § 241a enthält keine ausdrückliche Vorgabe für den Fall, dass ein Geschäftsjahr kürzer (**Rumpfgeschäftsjahr**, dazu § 240 Rdn 36) oder, bei Einzelkaufleuten die gemäß § 241a nicht an die Vorgabe in § 240 Abs. 2 S. 2 gebunden sind, **länger als zwölf Monate** ist. Unter Berücksichtigung des Sinn und Zwecks der Regelung, eine gewisse Kontinuität der Rechnungslegung zu erreichen,[26] einerseits und des übergeordneten Interesses der handelsrechtlichen Rechnungslegung an willkürfreien Ergebnissen andererseits gilt Folgendes: Maßgeblich sind stets die in den letzten zwölf Monaten vor dem maßgeblichen Stichtag tatsächlich erwirtschafteten Werte. Das gilt auch für Rumpfgeschäftsjahre, bei denen die zu zwölf fehlende Zahl an Monaten aus dem Zeitraum vor Beginn des Rumpfgeschäftsjahrs hinzuzunehmen ist;[27] demgegenüber ist es **nicht zulässig**, die Monatswerte des Rumpfgeschäftsjahrs **auf volle zwölf Monate hochzurechnen**[28] (s. aber zum Fall der Neugründung Rdn 7).

Neugründung. Nach § 241a S. 2 genügt es bei Neugründungen für die Inanspruch- 7
nahme der Befreiung, dass die Schwellenwerte am ersten Abschlussstichtag nach der Neugründung nicht überschritten werden. Hinsichtlich des Begriffs des Abschlussstichtags gelten die Ausführungen in Rdn 6 entsprechend. Ist das erste Geschäftsjahr nach Neugründung ein **Rumpfgeschäftsjahr**, soll es nach bisher **hM** allerdings abweichend zur unter Rdn 6 aE dargestellten Situation auf den im Rumpfgeschäftsjahr erwirtschafteten Umsatz und Jahresüberschuss ankommen; eine Hochrechnung wird auch hier nicht für zulässig gehalten.[29] Dem ist nicht zuzustimmen, da die in § 241a definierten Schwellenwerte an eine Geschäftstätigkeit über zwölf Monate anknüpfen. Stellt man auf die tatsächlichen Werte des Rumpfgeschäftsjahrs ab, könnten auch Einzelkaufleute, die die Schwellenwerte über einen Zeitraum von zwölf Monaten mit Sicherheit überschreiten werden, in den ersten beiden Geschäftsjahren von der Befreiung des § 241a Gebrauch machen (zum Zeitraum, für den die Befreiung in Anspruch genommen werden kann, Rdn 9), wenn sie nur das erste (Rumpf)Geschäftsjahr kurz genug festlegen. Dies ist mit dem **Ziel des Gesetzgebers**, eine gewisse Kontinuität der Rechnungslegung zu erreichen (Rdn 6), **nicht vereinbar.** Im Fall der Neugründung ist es daher ausnahmsweise zulässig und geboten, die Werte des Rumpfgeschäftsjahrs auf volle zwölf Monate hochzurechnen.[30] **Umwandlungsvorgänge** werden vom Begriff der Neugründung nicht erfasst, *arg. ex* § 267 Abs. 4 S. 2; für diese bleibt es bei der Anwendung von § 241a S. 1.[31] Ebensowenig liegt eine Neugründung i.S.d. § 241a S. 2 vor, wenn ein Kleingewerbetreibender durch Eintragung gemäß § 2 Kaufmannseigenschaft erlangt (vgl. § 238 Rdn 7).[32]

III. Rechtsfolgen

Befreiung als Wahlrecht. Sind die Voraussetzungen des § 241a erfüllt, **braucht** der 8
Einzelkaufmann nach dem Wortlaut der Norm die handelsrechtlichen Vorschriften zu Buchführung und Inventar (§§ 238–241) **nicht zu befolgen.** Er hat daher ein Wahlrecht,

---

[26] Begr. RegE BilMoG, BT-Drucks. 16/10067, S. 46.

[27] **AA** (Werte des Rumpfgeschäftsjahrs entscheidend) BoHdR-*Kirsch* Rdn 21; Haufe HGB BilKomm/*Graf*[2] Rdn 21.

[28] Beck BilKomm-*Winkeljohann/Lawall* Rdn 5; HdR-EA/*Ellerich* Rdn 11; Heidel/Schall/*Reich/Szczesny/Voß* HGB Rdn 5.

[29] Baumbach/Hopt/*Merkt* Rdn 3; Beck BilKomm-*Winkeljohann/Lawall* Rdn 5; Haufe HGB BilKomm/*Graf*[2] Rdn 42; HdR-EA/*Ellerich* Rdn 11.

[30] Ebenso *Ebner* wistra 2010, 92 (96).

[31] Baumbach/Hopt/*Merkt* Rdn 3.

[32] Haufe HGB BilKomm/*Graf*[2] Rdn 16.

ob er die Befreiung in Anspruch nimmt. Wenn darüber hinausgehend häufig formuliert wird, der Einzelkaufmann könne sich dazu entscheiden, einzelne Vorschriften der §§ 238–241 nicht anzuwenden,[33] so überzeugt dies zwar rechtstechnisch nicht. Denn der Wortlaut der Norm sieht als Rechtsfolge eine vollständige Befreiung von den §§ 238–241 vor. Im Ergebnis ist aber das Richtige gemeint, da es dem Einzelkaufmann unbenommen bleibt, eine Buchführung einzurichten, die in einzelnen Elementen den Anforderungen der §§ 238–241 entspricht, in anderen aber nicht.[34] Entsprechendes gilt für die Befreiung von der Pflicht zur Aufstellung von Eröffnungsbilanz und Jahresabschlüssen nach § 242 Abs. 4 (s. dort Rdn 46 ff). In diesem Zusammenhang wird darauf hingewiesen, dass ein Einzelkaufmann, der sich insgesamt für eine Buchführung nach den §§ 238 ff entscheidet, sich bei mangelhafter Buchführung nicht darauf berufen könne, dass die Voraussetzungen einer Befreiung erfüllt waren.[35] Dies ist zwar theoretisch richtig, dürfte aber kaum praktische Bedeutung haben. Da der Einzelkaufmann im Vorhinein niemandem gegenüber eine Erklärung darüber abgeben muss, dass er die Befreiung in Anspruch nimmt,[36] wird er im Nachhinein regelmäßig behaupten, dass er die Befreiung in Anspruch genommen und eben abweichend von den §§ 238 ff Rechnung gelegt habe. Eine bindende Erklärung darüber, dass der Einzelkaufmann die Befreiung nicht in Anspruch nimmt, wird man aber in der Unterzeichnung (§ 245) eines Jahresabschlusses sehen können, der den Anschein der Rechnungslegung nach HGB begründet.[37]

9 **Erstmaliger Zeitpunkt der Inanspruchnahme.** Hinsichtlich des Zeitpunkts, zu dem die Befreiung erstmalig in Anspruch genommen werden kann, macht § 241a keine Vorgabe. Klar ist jedenfalls, dass die Befreiung für das dritte Geschäftsjahr (GJ 03) in Anspruch genommen werden kann, wenn die Schwellenwerte an den Abschlussstichtagen des ersten (GJ 01) und des zweiten (GJ 02) Geschäftsjahrs nicht überschritten wurden. Fraglich ist, ob die **Befreiung** in diesem Beispiel auch **schon im GJ 02** in Anspruch genommen werden kann. Dafür sprechen zum einen Sinn und Zweck des Gesetzes: Angesichts des gewünschten Effekts der Deregulierung und Vereinfachung wäre es kontraproduktiv, im GJ 02 eine vollständige handelsrechtliche Buchführung und Bilanzierung zu verlangen. Noch gewichtiger ist aber ein anderes Argument: Derjenige Einzelkaufmann, der bereits von der Befreiung des § 241a Gebrauch macht, muss Umsatz und Jahresüberschuss nur überschlägig ermitteln und, wenn er die Schwellenwerte überschreitet, nur für die Zukunft nach den §§ 238–241 Rechnung legen (Rdn 10). Um Wertungswidersprüche zu dieser Situation zu vermeiden, muss es auch dem Einzelkaufmann, der noch Bücher nach den §§ 238–241 führt, möglich sein, Umsatz und Jahresüberschuss für das GJ 02 nur überschlägig zu ermitteln; ergibt sich dabei, dass er die Schwellenwerte nicht überschreitet, kann die Befreiung nach §§ 241a, 242 Abs. 4 bereits für das GJ 02 in Anspruch genommen werden.[38] Die damit im GJ 02 verbundene Rechtsunsicherheit und mögliche negative Konsequenzen für den Einzelkaufmann können hingenommen werden, da der

---

33 Beck BilKomm-*Winkeljohann/Lawall* Rdn 6; HdR-EA/*Ellerich* Rdn 13; MünchKommBilR/*Graf/Bisle* Rdn 16.

34 Baetge/Kirsch/Thiele/*Wolz* BilR Rdn 11.

35 Heidel/Schall/*Reich/Szczesny/Voß* HGB Rdn 7; vgl. auch Haufe HGB BilKomm/*Graf*[2] Rdn 25 (Vermutung zugunsten des Einzelkaufmanns).

36 Haufe HGB BilKomm/*Graf*[2] Rdn 24; Heidel/Schall/*Reich/Szczesny/Voß* HGB Rdn 7.

37 Ebenso Haufe HGB BilKomm/*Graf*[2] Rdn 27.

38 Beck BilKomm-*Winkeljohann/Lawall* Rdn 8 aE; *Budde/Heusinger-Lange* Hdb. BilMoG, S. 124; HdR-EA/*Ellerich* Rdn 18; MünchKommBilR/*Graf/Bisle* Rdn 17; wohl auch Baumbach/Hopt/*Merkt* Rdn 2; jedenfalls für § 242 Abs. 4 auch BoHdR-*Kirsch* Rdn 42; krit. *Richter* FR 2009, 804 (807); **aA** Haufe HGB BilKomm/*Graf*[2] Rdn 20; Heidel/Schall/*Reich/Szczesny/Voß* HGB Rdn 10.

Einzelkaufmann die Wahl hat, im GJ 02 die §§ 238–241 vollständig zu befolgen sowie einen Jahresabschluss aufzustellen.[39] Entsprechend muss es dem Einzelkaufmann im Fall der **Neugründung** möglich sein, die Befreiung nach § 241a bereits für das erste Geschäftsjahr in Anspruch zu nehmen, wenn eine überschlägige Ermittlung von Umsatz und Jahresüberschuss für dieses Geschäftsjahr ergibt, dass die Schwellenwerte nicht überschritten werden.[40]

Fortlaufende Prüfung der Befreiungsvoraussetzungen. Verzicht auf die Inanspruchnahme. Nimmt der Einzelkaufmann die Befreiung nach §§ 241a, 242 Abs. 4 in Anspruch, muss er in jedem Geschäftsjahr prüfen, ob er die Schwellenwerte überschreitet; dabei sind Umsatz und Jahresüberschuss unter Berücksichtigung der handelsrechtlichen Vorschriften überschlägig zu ermitteln (Rdn 5).[41] Wird mindestens einer der beiden Schwellenwerte in einem Geschäftsjahr überschritten, lebt die handelsrechtliche Buchführungspflicht für die Zukunft wieder auf;[42] der Einzelkaufmann muss **auf den Beginn des folgenden Geschäftsjahrs** eine **Eröffnungsbilanz** nach § 242 Abs. 1 S. 1 aufstellen (vgl. § 242 Rdn 48).[43] Für die Eröffnungsbilanz gelten die allgemeinen Ansatz- und Bewertungsvorschriften. Mangels gesetzlicher Grundlage ist es beim Übergang von der Einnahmen-Überschuss-Rechnung (Rdn 11) zur Bilanzierung nicht zulässig, alle Geschäftsvorfälle, die bei der Einnahmen-Überschuss-Rechnung nicht erfasst wurden, dem ersten Bilanzgewinn hinzuzurechnen.[44] Entsprechendes gilt, wenn der Einzelkaufmann bei fortdauerndem Vorliegen der Befreiungsvoraussetzungen **darauf verzichtet**, die Befreiung für die Zukunft weiter in Anspruch zu nehmen; ein solcher Verzicht ist stets möglich,[45] aber wohl nur zum Ende eines Geschäftsjahrs praktikabel. 10

Einnahmen-Überschuss-Rechnung. § 241a trifft keine Regelung zu der Frage, wie der Einzelkaufmann, der die Befreiung in Anspruch nimmt, seinen Gewinn zu ermitteln hat. In der Praxis wird er regelmäßig eine Einnahmen-Überschuss-Rechnung[46] aufstellen, da dies für steuerliche Zwecke (sofern der Einzelkaufmann, wovon auszugehen ist, den Gewinn nicht durch bilanziellen Betriebsvermögensvergleich ermittelt, § 4 Abs. 1 EStG) ohnehin erforderlich ist (§ 4 Abs. 3 EStG). Auch der Gesetzgeber des BilMoG hält das für den Regelfall: „Einzelkaufleute, die die größenabhängige Befreiung in Anspruch nehmen dürfen, sollen ihre Rechnungslegung auf eine Einnahmen-Überschuss-Rechnung 11

---

[39] Darauf weist zutr. auch *Richter* FR 2009, 804 (807) hin.

[40] Baetge/Kirsch/Thiele/*Wolz* BilR Rdn 13; BoHdR-*Kirsch* Rdn 42 aE; HdR-EA/*Ellerich* Rdn 18 aE; KölnKomm-RLR/*Braun* § 242 Rdn 14; MünchKommHGB/*Ballwieser*³ Rdn 3; wohl auch *Ebner* wistra 2010, 92 (96) (allerdings mit Hinweis auf die strafrechtlichen Risiken); wohl auch Heidel/Schall/*Reich/Szczesny/Voß* HGB Rdn 6; **aA** Baumbach/Hopt/*Merkt* Rdn 3.

[41] **AA** Haufe HGB BilKomm/*Graf*² Rdn 30 ff (handelsrechtliche Buchführungspflicht lebt erst und nur wieder auf, wenn gemäß § 141 AO eine steuerrechtliche Buchführungspflicht entsteht).

[42] Ausführliche Begründung bei *Ebner* wistra 2010, 92 (95); s. ferner Tipke/Kruse/*Drüen* AO § 140 Rdn 20a; wohl **aA** (Aufleben der Buchführungspflicht bereits für das laufende Geschäftsjahr) *Richter* FR 2009, 804 (811); MünchKommBilR/*Graf/Bisle* Rdn 18.

[43] Beck BilKomm-*Winkeljohann/Philipps* § 242 Rdn 14; *H. Schmidt* BBK 2009, 535 (536); wohl auch Baetge/Kirsch/Thiele/*Wolz* BilR Rdn 2; terminologisch anders (Bilanz auf den Schluss des Geschäftsjahrs, die die Funktion einer Eröffnungsbilanz hat), aber in der Sache ebenso HdR-EA/*Ellerich* Rdn 18.

[44] So aber Beck BilKomm-*Winkeljohann/Lawall* Rdn 9; ähnlich Haufe HGB BilKomm/*Graf*² Rdn 46 ff; dagegen zutr. HdR-EA/*Ellerich* Rdn 19.

[45] Einschränkend Haufe HGB BilKomm/*Graf*² Rdn 35.

[46] Dazu übersichtlich *Budde/Heusinger-Lange* Hdb. BilMoG, S. 116 ff.

nach Maßgabe des § 4 Abs. 3 EStG beschränken dürfen."[47] Trotz des berechtigten Hinweises darauf, dass die Einnahmen-Überschuss-Rechnung den Zielen der handelsrechtlichen Rechnungslegung nicht gerecht wird,[48] ist es vor diesem Hintergrund bei Inanspruchnahme der Befreiung nach § 241a unzweifelhaft **zulässig**, die Gewinnermittlung allein auf eine Einnahmen-Überschuss-Rechnung zu stützen.[49] Allerdings lässt sich aus dem Gesetz nicht folgern, dass der Einzelkaufmann seinen Gewinn zwingend durch eine Einnahmen-Überschuss-Rechnung ermitteln muss, wenn er die Befreiung nach § 241a in Anspruch nimmt.[50] Der Einzelkaufmann ist hinsichtlich der Gewinnermittlung **handelsrechtlich** vielmehr **frei**.[51] Allerdings muss er in jedem Geschäftsjahr prüfen, ob er die Schwellenwerte überschreitet und dazu Umsatz und Jahresüberschuss unter Berücksichtigung der handelsrechtlichen Vorschriften überschlägig ermitteln (Rdn 5).

12 **Kaufmannseigenschaft im Übrigen.** Auch wenn der Einzelkaufmann die Befreiung nach §§ 241a, 242 in Anspruch nimmt, bleibt er Kaufmann i.S.d. HGB; insbesondere sind auf ihn die **für Kaufleute geltende Vorschriften** weiter anzuwenden.[52] Daneben drängt sich aber die Frage auf, ob die Regelung in § 241a Rückwirkung auf die Definition der Kaufmannseigenschaft selbst hat.[53] Denn der nach § 1 HGB für die Kaufmannseigenschaft entscheidende Begriff des Handelsgewerbes stellt gerade darauf ab, ob ein Gewerbebetrieb einen in kaufmännischer Weise eingerichteten Geschäftsbetrieb (und dazu zählt insbesondere die kaufmännische Buchführung) erfordert.[54] Der Gesetzgeber hat eine solche Rückwirkung nicht gewollt; die Gesetzesmaterialien weisen ausdrücklich darauf hin, dass die Verknüpfung zwischen Kaufmannseigenschaft und Buchführungspflicht im Anwendungsbereich des § 241a aufgegeben wird.[55] Auch wenn dies eine nicht ganz widerspruchsfreie begriffliche Spaltung zur Folge hat,[56] sollte die Vorschrift des § 241a bei der **Bestimmung der Kaufmannseigenschaft** nach § 1 HGB daher unberücksichtigt bleiben.[57]

---

[47] Begr. RegE BilMoG, BT-Drucks. 16/10067, S. 46.

[48] HdR-EA/*Ellerich* Rdn 16.

[49] AllgM, s. etwa Baumbach/Hopt/*Merkt* Rdn 2; HdR-EA/*Ellerich* Rdn 16.

[50] Dafür aber *H. Schmidt* BBK 2009, 535 (538); *Kersting* BB 2008, 790 (791); wohl auch *Ernst/Seidler* ZGR 2008, 631 (659); Haufe HGB BilKomm/*Graf*² Rdn 18; *Herzig* DB 2008, 1 (2).

[51] Beck BilKomm-*Winkeljohann/Lawall* Rdn 7; HdR-AE/*Ellerich* Rdn 15; Koller/Roth/*Morck* Rdn 2 aE.

[52] Haufe HGB BilKomm/*Graf*² Rdn 13; Koller/Roth/*Morck* Rdn 1; KölnKomm-RLR/*Claussen* Rdn 3.

[53] Dazu *Kersting* BB 2008, 790 (791 f); vgl. auch *Herzig* DB 2008, 1 (2); *Richter* FR 2009, 804 (805 f); KölnKomm-RLR/*Claussen* Rdn 3.

[54] Vgl. die darauf gestützte Kritik an der Neuregelung bei *Schulze-Osterloh* DStR 2008, 63 (71); in diese Richtung auch *AK BilR der Hochschullehrer Rechtswissenschaft* BB 2008, 152 (155).

[55] Begr. RegE BilMoG, BT-Drucks. 16/10067, S. 46.

[56] *AK BilR der Hochschullehrer Rechtswissenschaft* BB 2008, 152 (155): „gedanklich unabgestimmte(n) Regelung"; dem zustimmend BoHdR-*Kirsch* Rdn 1; s.a. MünchKommBilR/*Graf/Bisle* Rdn 10.

[57] Ebenso Haufe HGB BilKomm/*Graf*² Rdn 14; **aA** *Kersting* BB 2008, 790 (792): „Denn der Schritt zum Kaufmann kann nicht mehr von der Frage abhängen, ob ein Bedarf nach kaufmännischer Buchführung und Bilanzierung besteht."; s. ferner MünchKommBilR/*Graf/Bisle* Rdn 11: „Es ist allerdings davon auszugehen, dass die Schwellenwerte des § 241a zukünftig bei der Abgrenzung zwischen Kaufmann und Nichtkaufmann heranzuziehen sind, was dann in der praktischen Anwendung zu Erleichterungen führt."

ZWEITER UNTERABSCHNITT

Eröffnungsbilanz. Jahresabschluß

ERSTER TITEL

Allgemeine Vorschriften

§ 242
Pflicht zur Aufstellung

(1) Der Kaufmann hat zu Beginn seines Handelsgewerbes und für den Schluß eines jeden Geschäftsjahrs einen das Verhältnis seines Vermögens und seiner Schulden darstellenden Abschluß (Eröffnungsbilanz, Bilanz) aufzustellen. Auf die Eröffnungsbilanz sind die für den Jahresabschluß geltenden Vorschriften entsprechend anzuwenden, soweit sie sich auf die Bilanz beziehen.

(2) Er hat für den Schluß eines jeden Geschäftsjahrs eine Gegenüberstellung der Aufwendungen und Erträge des Geschäftsjahrs (Gewinn- und Verlustrechnung) aufzustellen.

(3) Die Bilanz und die Gewinn- und Verlustrechnung bilden den Jahresabschluß.

(4) Die Absätze 1 bis 3 sind auf Einzelkaufleute im Sinn des § 241a nicht anzuwenden. Im Fall der Neugründung treten die Rechtsfolgen nach Satz 1 schon ein, wenn die Werte des § 241a Satz 1 am ersten Abschlussstichtag nach der Neugründung nicht überschritten werden.

Schrifttum

(vgl. auch die Angaben vor und zu § 238; zu § 242 Abs. 4 vgl. die Angaben zu § 241a). *Arians* Sonderbilanzen[2] (1985); *Blumers* Bilanzierungstatbestände und Bilanzierungsfristen im Handelsrecht und Strafrecht (1983); *Blumers* Neue handels- und steuerrechtliche Bilanzierungsfristen und die Risiken der neuen Rechtslage, DB 1986, 2033; *Budde/Förschle/Winkeljohann* Sonderbilanzen[4] (2008); *Busse v. Colbe* Die handelsrechtliche Umwandlungsbilanz von Kapitalgesellschaften, ZfB 1959, 599; *Ebner* Insolvenzstrafrechtliche Konsequenzen der Einführung der §§ 241a, 242 Abs. 4 HGB zum 29.5.2009, wistra 2010, 92; *Hennrichs* Bilanzgestützte Kapitalerhaltung, HGB-Jahresabschluss und Maßgeblichkeitsprinzip – Dinosaurier der Rechtsgeschichte?, StuW 2005, 256; *Hoffmann* Eröffnungsbilanzen, StuB 2009, 867; *Hoffmann* Keine Pflicht zur Erstellung und Prüfung einer BilMoG-Eröffnungsbilanz, StuB 2011, 201; *Hoffmann-Becking* Das neue Verschmelzungsrecht in der Praxis, Festschrift Fleck (1988) S. 105; *Hopt* Bilanz, Reservenbildung und Gewinnausschüttung bei der OHG und KG, Festschrift Odersky (1996) S. 799; *Joswig* Gründungsbilanzierung bei Kapitalgesellschaften nach Handels- und Steuerrecht (1995); *Joswig* Der Stichtag der Gründungsbilanz von Kapitalgesellschaften, DStR 1996, 1907; *Kropff* Der „Jahresabschluß": Ist er ein Jahresabschluß? – Eine terminologische Betrachtung, Festschrift Peltzer (2002) S. 219; *Küting/Lauer* Die Jahresabschlusszwecke nach HGB und IFRS – Polarität oder Konvergenz?, DB 2011, 1985; *Langenbeck* Sonderbilanzen, BBK Fach 18, 723 (2006, 473); *Meilicke* Probleme der Bilanzierungsfristen, BB 1984, 893; *Meister* Zur Vorbelastungsproblematik und zur Haftungsverfassung der Vorgesellschaft bei der GmbH, Festschrift Werner (1984) S. 521; *Olfert/Körner/Langenbeck* Sonderbilanzen[4] (1994); *Peetz* Handelsrechtliche Rechnungslegung der aufgelösten GmbH, GmbHR 2007, 858; *Petersen/Zwirner/Boecker* Notwendigkeit zur Prüfung der BilMoG-Eröffnungsbilanz, DB 2011, 255; *Rodewald* Der maßgebliche Zeitpunkt für die Aufstellung von GmbH-Eröffnungsbilanzen, BB 1993, 1693; *Scherrer/Heni* Liquidations-Rechnungslegung[3] (2009); *Schulze-Osterloh* Die Vorbelastungsbilanz der GmbH auf den Eintragungszeitpunkt und der Ausweis des Anspruches aus der Vorbelastungshaftung im Jahresabschluß, Festschrift Goerdeler (1987) S. 531; *Zwirner* Notwendigkeit einer eigenständigen BilMoG-Eröffnungsbilanz, DB 2010, 1844.

Übersicht

I. Normzweck und Allgemeines

1. Regelungsgegenstand und -zweck

a) **Regelungsgegenstand.** § 242 verpflichtet grundsätzlich alle Kaufleute (Ausnahmen nach Abs. 4) und Handelsgesellschaften (näher Rdn 4 f) zur Aufstellung einer Eröffnungsbilanz zu Beginn des Handelsgewerbes und eines Jahresabschlusses für den Schluss eines jeden Geschäftsjahrs; der geforderte Jahresabschluss besteht gem. § 242 Abs. 3 aus der Bilanz (§ 242 Abs. 1 S. 1) und der GuV (§ 242 Abs. 2). Die Vorschrift ist aus § 39 Abs. 1 und Abs. 2 S. 1 a.F. hervorgegangen. Neu ist gegenüber der Vorläufernorm, dass nun alle Kaufleute und Handelsgesellschaften zur Aufstellung einer GuV verpflichtet sind (vgl. noch Rdn 2); die Definition des Jahresabschlusses mit entsprechend umfassendem Geltungsbereich (§ 242 Abs. 3) ist die Konsequenz aus dem Nebeneinander von Jahresbilanz und GuV. Die Bilanz wird von § 242 Abs. 1 S. 1 nach wie vor als ein Rechnungsabschluss charakterisiert, der das Verhältnis von Vermögen und Schulden des Kaufmanns darstellt. Die Regelung in § 242 Abs. 4 wurde durch das BilMoG[1] eingefügt und erstreckt die mit dem BilMoG in § 241a (s. dort) geschaffene **Befreiung für bestimmte Einzelkaufleute** von der Buchführungspflicht auf die Pflicht zur Aufstellung des Jahresabschlusses; Einzelkaufleute i.S.d. § 241a sind auch von den Pflichten nach § 242 Abs. 1–3 befreit. Eine weitergehende Bedeutung kommt Abs. 4 nicht zu.[2] Wie § 241a (s. dort Rdn 1) ist auch § 242 Abs. 4 gem. Art 66 Abs. 1 EGHGB erstmals für das nach dem 31.12.2007 beginnende Geschäftsjahr anzuwenden.[3] 1

b) **Regelungszweck; Rechtsnatur der Bilanzierungspflicht.** Die Pflicht nach § 242 knüpft an die handelsrechtliche Buchführungspflicht an und setzt diese gleichsam fort; es geht um Dokumentation und **Gläubigerschutz durch Selbstkontrolle** des Kaufmanns.[4] Dies ist der traditionelle Zweck des handelsrechtlichen Bilanzerfordernisses und deckt sich mit dem der Buchführungspflicht (§ 238 Rdn 2 f).[5] Die Pflicht zur Aufstellung des Jahresabschlusses hat deshalb auch dieselbe Rechtsnatur wie die Buchführungspflicht: sie ist eine **öffentlich-rechtliche Pflicht** (§ 238 Rdn 2 f).[6] Der Kaufmann soll sich am Anfang seiner geschäftlichen Tätigkeit (Eröffnungsbilanz) und zum Schluss jedes Geschäftsjahrs (Bilanz als Teil des Jahresabschlusses) darüber Rechenschaft ablegen, wie sich sein Vermögen und seine Schulden zueinander verhalten und welche Veränderungen dieses Verhältnis erfahren hat (Gewinnermittlung durch Bilanzvergleich); zu diesem handelsrechtlichen Bilanzzweck in Abgrenzung von anderen Bilanzzwecken vgl. unten Rdn 8 ff. Eine ordentliche Rechenschaft muss nach der Vorstellung des Gesetzgebers aber noch einen Schritt weitergehen, indem sie aufdeckt, wie der Erfolg zustande gekommen ist und welchen Beitrag die verschiedenen Bereiche der geschäftlichen Tätigkeit geleistet haben. Notwendig ist deshalb neben der Aufstellung einer Bilanz die **Feststellung der Ertragslage** durch eine GuV. Die Pflicht zur Aufstellung einer GuV folgte für Einzelkaufleute und 2

[1] Gesetz zur Modernisierung des Bilanzrechts (Bilanzrechtsmodernisierungsgesetz – BilMoG) vom 25.5.2009 (BGBl. I 2009, 1102).

[2] Vgl. RegE BilMoG, BT-Drucks. 16/10067, S. 47; HdR-EA/*Ellerich/Swart* Rdn 15.

[3] Vgl. HdR-EA/*Ellerich/Swart* Rdn 20.

[4] Heidel/Shall/*Kuhn* HGB Rdn 2; KölnKomm-RLR/*Braun* Rdn 3.

[5] HdJ – *Schulze-Osterloh* Abt. I/1 Rdn 35; *Küting/Lauer* DB 2011, 1985 f.

[6] S. etwa BoHdR-*Kirsch* Rdn 27; KölnKomm-RLR/*Braun* Rdn 2; MünchKommHGB/*Ballwieser*[3] Rdn 1; ausf. *Icking* Die Rechtsnatur des Handelsbilanzrechts (2000) S. 166 ff (Ergebnis: S. 443 ff); **aA** MünchKommAktG/*Luttermann*[2] Rdn 9.

Personengesellschaften vor dem BilRiLG nach hM aus den GoB, so dass § 242 Abs. 2 die materielle Rechtslage insoweit nicht geändert hat.[7]

3 Die im Rechtsausschuss des Bundestags zum BilRiLG erarbeitete Neukonzeption weicht insofern vom Regierungsentwurf ab, als dieser in § 39 Abs. 2 HGB-E auch für den Jahresabschluss von Einzelkaufleuten und Personenhandelsgesellschaften auf § 237 HGB-E verwies. Inhaltlich hätte dies bedeutet, dass auch für Einzelkaufleute und Personenhandelsgesellschaften das ***true and fair view*-Prinzip** gegolten hätte (§ 39 Abs. 2 HGB-E i.V.m. § 237 Abs. 2 HGB-E; vgl. heute für Kapitalgesellschaften § 264 Abs. 2 S. 1 sowie Erl. dazu). Durch die getrennte Regelung der für alle Kaufleute und der für Kapitalgesellschaften zusätzlich geltenden Anforderungen soll ausweislich des Ausschussberichts „deutlich werden, daß die Anforderungen an den Jahresabschluß des Kaufmanns nicht erhöht werden sollen".[8]

2. Normadressaten

4 a) **Überblick.** § 242 nennt den **Kaufmann** als Adressaten der Aufstellungspflicht. Gemeint ist jeder, der nach § 238 buchführungspflichtig ist. Das folgt nicht nur aus der übereinstimmenden Terminologie beider Vorschriften, sondern auch aus dem sachlichen Zusammenhang von Buchführung und Bilanz. Im Einzelnen ist zu unterscheiden zwischen dem Schuldner der Bilanzierungspflicht und der Person des oder der jeweils Verantwortlichen. Der Verpflichtete ist der jeweilige Unternehmensträger, also derjenige, der das Geschäft im eigenen Namen betreibt; wegen der Einzelheiten vgl. § 238 Rdn 7 ff. Bei ihm liegt grundsätzlich auch die Verantwortung. Das gilt auch für den Jahresabschluss, den ausländische Kaufleute nach herrschender – wenngleich nicht zutreffender – Meinung für ihre inländische Zweigniederlassung aufzustellen haben (s. § 238 Rdn 26). Die nach hM für die inländische Zweigniederlassung erforderliche gesonderte Buchführung muss in einem gesonderten Jahresabschluss münden, bei dessen Aufstellung der Leiter der Zweigniederlassung nur Hilfsfunktion hat. Verpflichtung und Verantwortung fallen insbes. bei den **Handelsgesellschaften** auseinander, weil sie als Schuldner der Pflicht nur durch ihre Organe handeln können. Die Verantwortung für die Aufstellung der Eröffnungsbilanz und des Jahresabschlusses liegt bei OHG und KG in den Händen der geschäftsführenden Gesellschafter (§ 238 Rdn 22 f), bei AG (und entsprechend bei der dualistisch strukturierten SE) und GmbH in den Händen aller Vorstandsmitglieder bzw. Geschäftsführer, jeweils einschließlich der stellvertretenden (§ 238 Rdn 24), in der monistisch strukturierten SE nach hM[9] in den Händen der geschäftsführenden Direktoren (arg. ex § 47 SEAG). Diese Personen sind in § 264 Abs. 1 S. 1 als die gesetzlichen Vertreter einer Kapitalgesellschaft angesprochen. Von der Aufstellung **strikt zu unterscheiden** ist die **Feststellung** des Jahresabschlusses, für die andere Zuständigkeiten gelten (dazu Rdn 20 ff).

5 b) **Ergänzende Vorschriften für Kapitalgesellschaften.** Die grundsätzliche Pflicht zur Aufstellung von Eröffnungsbilanz und Jahresabschluss folgt auch für Kapitalgesellschaften aus § 242. Auch die allgemeinen Ansatz- und Bewertungsvorschriften (§§ 246 ff bzw. §§ 252 ff) gelten für Kapitalgesellschaften ebenso wie für Einzelkaufleute und Personen-

[7] Begr. RegE, BT-Drucks. 10/317, S. 75; vgl. auch Staub/*Hüffer*[4] Rdn 2 mN zur Rechtslage vor dem BilRiLG.

[8] BT-Drucks. 10/4268, S. 96.

[9] *Manz*/Mayer/Schröder Europ. AG Art. 43 SE-VO Rdn 173; MünchKommAktG/*Fischer* Art. 61 SE-VO Rdn 25; Spindler/Stilz/*Casper* AktG Art. 61 SE-VO Rdn 4.

handelsgesellschaften. Kapitalgesellschaften (und Personenhandelsgesellschaften i.S.d. § 264a) müssen jedoch seit dem BilRiLG die im Zweiten Abschnitt (§§ 264 ff) enthaltenen Sonderregeln beachten, die die für alle Kaufleute geltenden Regeln des Ersten Abschnitts (§§ 238 ff) ergänzen. Hervorzuheben ist hierzu insbes.: Notwendiger Bestandteil des Jahresabschlusses von Kapitalgesellschaften ist der **Anhang** (§ 264 Abs. 1 S. 1; weitere Einzelheiten in §§ 284 ff); eine Ausnahme besteht gemäß § 264 Abs. 1 S. 5 unter den dort genannten Voraussetzungen für Kleinstkapitalgesellschaften (§ 267a Abs. 1). Aufzustellen ist weiter ein **Lagebericht,** der jedoch nicht Teil des Jahresabschlusses ist, sondern eigenständig neben diesem steht (§ 264 Abs. 1 S. 1; weitere Einzelheiten in §§ 289 f). Kapitalmarktorientierte Kapitalgesellschaften i.S.d. § 264d müssen ihren Jahresabschluss zusätzlich um eine **Kapitalflussrechnung** und einen **Eigenkapitalspiegel** erweitern (diese sind Teil des Jahresabschlusses); das gilt allerdings nur, wenn keine Pflicht zur Aufstellung eines Konzernabschlusses besteht (§ 264 Abs. 1 S. 2). Ferner gibt es für Kapitalgesellschaften (vgl. im Übrigen § 243 Abs. 3) eine **feste Aufstellungsfrist,** die grundsätzlich drei Monate (§ 264 Abs. 1 S. 3), bei kleinen Kapitalgesellschaften i.S.d. § 267 Abs. 1 und Kleinstkapitalgesellschaften i.S.d. § 267a Abs. 1 längstens sechs Monate beträgt (§ 264 Abs. 1 S. 4 ggf. i.V.m. § 267a Abs. 2). Schließlich sind auch die **materiellen Anforderungen** an den Jahresabschluss bei Einzelkaufleuten und Personenhandelsgesellschaften einerseits sowie Kapitalgesellschaften und Personenhandelsgesellschaften i.S.d. § 264a andererseits nicht identisch. Während es § 243 Abs. 1 für die erste Gruppe bei der Geltung der GoB (§ 243 Abs. 1) und bei der gesetzlichen Verankerung des Prinzips der Bilanzklarheit (§ 243 Abs. 2) belässt, fordert § 264 Abs. 2 für die zweite Gruppe, dass unter Beachtung der GoB ein den tatsächlichen Verhältnissen entsprechendes Bild der Vermögens-, Finanz- und Ertragslage vermittelt wird (sog. *true and fair view*-Prinzip). Darüber hinaus bestehen besondere Vorschriften zu Gliederung von Bilanz und GuV sowie zu bestimmten Posten (§§ 265, 266 ff, §§ 275 ff). Die in §§ 279 ff a.F. enthaltenen besonderen Bewertungsvorschriften sind durch das BilMoG aufgehoben worden.[10]

3. Grundbegriffe

a) Bilanz

aa) Formaler Aufbau. Der zentrale Begriff des § 242 ist der der Bilanz, mit dem das Gesetz auf den nach handelsrechtlichen Vorschriften aufgestellten Rechnungsabschluss des einzelnen Unternehmens Bezug nimmt. Das Gesetz unterscheidet begrifflich stets zwischen der Bilanz in diesem Sinn, der Konzernbilanz (s. § 297 Abs. 1. S. 2) und dem Einzelabschluss nach IFRS (s. § 325 Abs. 2a S. 1; z.B. auch § 171 Abs. 4 S. 1 AktG; der Einzelabschluss nach IFRS ist genau genommen nur vom Jahresabschluss abzugrenzen, dazu Rdn 12, eine besondere Bezeichnung für die Bilanz nach IFRS als Teil des Einzelabschlusses nach IFRS kennt das Gesetz aber nicht). § 242 Abs. 1 S. 1 umschreibt die Bilanz wie schon § 39 Abs. 1 a.F. als einen Abschluss, der das Verhältnis des Vermögens und der Schulden darstellt. Gemeint ist ein **Rechnungsabschluss**, der für den jeweiligen Bilanzstichtag eine **summarische Übersicht über das Verhältnis von Vermögen und Schulden** erlaubt. Weil es im Unterschied zum Inventar (§ 240; vgl. dort Rdn 7) gerade um das Verhältnis geht, in dem Vermögen und Schulden zueinander stehen, ist ihre sachlich 6

[10] Vgl. dazu RegE BilMoG, BT-Drucks. 16/10067, S. 68.

geordnete und optisch übersichtliche Gegenüberstellung erforderlich. Sie erfolgt äußerlich durch die Trennung der Bilanz in zwei Seiten (mehr besagt die in § 266 Abs. 1 S. 1 vorgeschriebene Kontoform nicht): in die **Aktivseite** (links) und in die **Passivseite** (rechts). Während die Vermögensgegenstände auf die Aktivseite gehören, sind auf der Passivseite die Schulden und das Eigenkapital zu verzeichnen. Dabei ließe sich von einer Darstellung des Verhältnisses noch nicht sprechen, wenn lediglich die Endsummen von Vermögen (links) und Schulden (rechts) erkennbar wären. Erforderlich ist vielmehr sowohl auf der Aktiv- wie auf der Passivseite eine zusätzliche **vertikale Gliederung** (vgl. dazu § 266 Abs. 2 und 3).

7 Das Gesetz spricht, offenbar noch von der Idee einer Schuldendeckungskontrolle beeinflusst (dazu Rdn 9), von **Vermögen und Schulden** und schafft damit eine Quelle fortdauernder Missverständnisse. Durch diese Terminologie ist intuitiv nicht eingängig, warum das Eigenkapital auf der Passivseite bilanziert wird, ebenso der Gewinn, während ein nicht durch Eigenkapital gedeckter Fehlbetrag (§ 268 Abs. 3) auf der Aktivseite erscheint. Die teilweise angeführte Hilfsüberlegung, beim Eigenkapital handele es sich um Schulden des Kaufmanns gegen sich selbst,[11] ist aus rechtlicher Sicht unzutreffend und daher auch als Erklärungsversuch schief. Über das in der Sache Gemeinte herrscht indessen Einigkeit:[12] Die beiden Seiten der Bilanz sind Ausdruck ein- und derselben Wertgesamtheit. Sie unterscheiden sich allein nach ihrer Funktion. Während die **Passivseite** die **Mittelherkunft** offenlegt (Eigen- oder Fremdkapital), zeigt die **Aktivseite** die **Mittelverwendung** (Gegenstände des Anlage- oder Umlaufvermögens), allerdings ohne dass Rückschlüsse auf die (Eigen- oder Fremd-)Finanzierung des Vermögens zulässig wären. Statt von Schulden könnte deshalb besser von Kapital gesprochen werden. Die Passivseite wäre demnach die Kapitalseite, die Aktivseite die Vermögensseite der Bilanz. Der rechnerische Ausgleich erfolgt notwendig durch Ausweis der Differenz, die zwischen den beiden Seiten der Bilanz ohne Berücksichtigung des Eigenkapitals bestünde. Ein Überschuss der Aktiva (= positives Eigenkapital) gehört folgerichtig auf die Passivseite, ein Überschuss der Schulden (= negatives Eigenkapital bzw. nicht durch Eigenkapital gedeckter Fehlbetrag) auf die Aktivseite. Das **Eigenkapital** ist folglich eine **Residualgröße** und hält die Bilanz stets in der Waage.[13] Daraus ergibt sich die sog. **Bilanzgleichung**: Vermögen = Kapital oder Aktiva = Passiva.

8 **bb) Charakter als Vermögensbilanz; Gewinnermittlung.** Die handelsrechtliche Bilanz ist keine Erfolgsbilanz, sondern eine Vermögensbilanz. Vermögensbilanzen können verschiedenen Zwecken dienen. Zweck der handelsrechtlichen Bilanz ist die Gewinnermittlung.[14] Das scheinbare Paradoxon einer auf Gewinnermittlung gerichteten Vermögensbilanz löst sich auf, wenn man die Begriffe Vermögens- und Erfolgsbilanz richtig versteht: Sie charakterisieren nicht den Zweck der Bilanz, sondern ihren primären Informationsgehalt. In diesem Sinne informiert die handelsrechtliche Bilanz über die Vermögenslage. Dagegen ist die GuV eine Aufwands- und Ertragsrechnung; sie zeigt auf, wo und wie das Ergebnis zustande gekommen ist (dazu Rdn 10 f). Gewinn bezeichnet den von einem Bilanzstichtag zum anderen erzielten Zuwachs an Reinvermögen (= Eigenkapital), das seinerseits als Überschuss der Aktiva über die Schulden zu definieren ist (Rdn 7). Die Ausrichtung der handelsrechtlichen Bilanz auf die Gewinnermittlung in diesem Sinn

---

11 Vgl. statt vieler *Wöhe* Bilanzierung und Bilanzpolitik[9] S. 30.

12 *Großfeld* BilanzR[3] Rdn 3; *Wöhe* Bilanzierung und Bilanzpolitik[9] S. 29 ff.

13 Übersichtlich *Dettmeier/Pöschke* JuS 2007, 313 (315).

14 MünchKommAktG/*Luttermann*[2] Rdn 20.

kann trotz einiger terminologischer Schwankungen in der Sache als geklärt angesehen werden. Seit dem BiRiLiG findet sie auch eine gesetzliche Basis[15] in § 252 Abs. 1 Nr. 2. Die dort für alle Kaufleute vorgeschriebene Bewertungsprämisse fortgeführter Unternehmenstätigkeit (sog. *going concern*-Prinzip) schließt die Schuldendeckungskontrolle als primäre Aufgabe der handelsrechtlichen Bilanz aus (vgl. noch Rdn 9). Nimmt man das Imparitätsprinzip (§ 252 Abs. 1 Nr. 4) hinzu, das auch im Rahmen der Modernisierung des Bilanzrechts durch das BilMoG im Grundsatz nicht angetastet wurde[16] und das tendenziell eine Begrenzung des ausgewiesenen Gewinns bewirkt, so ergibt sich der Ausweis des unter Schonung der nominellen (zur Inflation vgl. § 244 Rdn 10 f) Unternehmenssubstanz maximal entnahmefähigen oder verteilbaren Gewinns als allgemeiner Zweck der handelsrechtlichen Bilanz.[17]

cc) **Zur Abgrenzung: Überschuldungsbilanz.** Die Terminologie des Gesetzes (Gegen- **9**
überstellung von Vermögen und Schulden) ist mit dem Zweck der Bilanz als Gewinnermittlungsbilanz nicht gut vereinbar. Sie beruht offenbar auf einer anderen Bilanzkonzeption, nämlich auf der Idee, dass der Kaufmann zum Abschluss des Geschäftsjahrs durch die Aufstellung einer Bilanz prüft, ob seine Schulden (ohne Berücksichtigung des Eigenkapitals, vgl. Rdn 7) von seinem Vermögen gedeckt werden. Anders gewendet soll der Kaufmann nach dieser Konzeption eine Schuldendeckungskontrolle vornehmen, und zwar auf der Basis eines fiktiven, vornehmlich insolvenzbedingten Zerschlagungsfalls.[18] Diese Zielvorstellung ist im allgemeinen bilanzrechtlichen Schrifttum als überholtes Gedankengut des 19. Jahrhunderts in Misskredit geraten und zugunsten der auf Gewinnermittlung gerichteten Bilanz aufgegeben worden.[19] Diese Kritik ist zumindest nicht in vollem Umfang berechtigt.[20] Allerdings bleibt festzuhalten, dass die handelsrechtliche Bilanz in ihrer heutigen Ausgestaltung **keine Schuldendeckungskontrolle** leisten will und auch das **Insolvenzrecht** an eine handelsrechtliche Überschuldung keine Konsequenzen knüpft (vgl. dazu Rdn 15).

b) **GuV.** Während der Erfolg in der Bilanz als Veränderung des Reinvermögens **10**
(= Eigenkapital) ermittelt wird, also durch eine auf den Vergleich von Endsummen ausgerichtete Vermögensrechnung, ist die GuV nach der Legaldefinition in § 242 Abs. 2 eine **Gegenüberstellung der Aufwendungen und Erträge** des Geschäftsjahrs. Sie ist für Kapitalgesellschaften anders als die Bilanz nicht in Konto-, sondern in Staffelform aufzustellen (§ 275 Abs. 1 S. 1), also in einer systematisch aufgebauten Reihenfolge; bei Anwendung des Gesamtkostenverfahrens (§ 275 Abs. 2)[21] ist zunächst das Ergebnis der betrieblichen Tätigkeit, danach das Ergebnis der Finanzlagen, die aus beiden Ergebnissen folgende Zwischensumme (Ergebnis der gewöhnlichen Geschäftstätigkeit), anschließend das außerordentliche Ergebnis, die Steuern und schließlich das Jahresergebnis auszuweisen.

---

15 *Moxter* Bilanzlehre Bd. II S. 17 f; klare Darstellung des Gesamtzusammenhangs aaO S. 16 ff sowie in Bilanzlehre Bd. I S. 6 und S. 156 ff.

16 Dazu RegE BilMoG, BT-Drucks. 16/10067, S. 35.

17 Ausführlich zur Rolle der handelsrechtlichen Bilanz im System der gesellschaftsrechtlichen Kapitalerhaltung *Hennrichs* StuW 2005, 256.

18 ROHGE 12, 15, 19: „Der Bilanz liegt hiernach in der That die Idee einer fingirten augenblicklichen Realisirung sämmtlicher Activa und Passiva zum Grunde". RGZ 43, 123, 127 erwähnt die fingierte Zerschlagung indes schon nicht mehr.

19 Vgl. etwa *Moxter* Bilanzlehre Bd. I S. 16 f; Bd. II S. 6.

20 Dazu ausführlich Staub/*Hüffer*[4] Rdn 9 f.

21 Möglich ist nach § 275 Abs. 1 auch die Anwendung des Umsatzkostenverfahrens (dazu § 275 Abs. 3).

Für Einzelkaufleute und Personenhandelsgesellschaften (Ausnahme: Personenhandelsgesellschaften i.S.d. § 264a) gilt § 275 nicht unmittelbar; genügend ist deshalb jede Darstellung, sofern sie den allgemeinen Anforderungen entspricht, also klar, übersichtlich, vollständig und in ihrer Aussagefähigkeit nicht durch Saldierungen beeinträchtigt ist. Diese Erfordernisse führen in der Praxis aber regelmäßig zur Übernahme der wesentlichen Gliederungspositionen der GuV von Kapitalgesellschaften.[22]

11 Nach ihrer Zielsetzung ist die GuV eine **Aufwands- und Ertragsrechnung.** Wegen ihres komplementären Charakters müssen Bilanz und GuV den Gewinn (oder Verlust) in gleicher Höhe ausweisen. Während sich aus der Bilanz aber nur die absolute Vermögensänderung ersehen lässt, zeigt die Darstellung in der GuV, wo die Quellen für Erfolg (oder Misserfolg) zu suchen sind und mit welchem Mitteleinsatz das jeweilige Teilergebnis erwirtschaftet worden ist. Weil damit die **Ertragskraft** des jeweiligen Unternehmens dargestellt wird, die ihrerseits Rückschlüsse auf die künftige Vermögenslage erlaubt, sind die GuV und die darauf gestützte Analyse als Planungs- und Führungsinstrumente in der Praxis meist wichtiger als die Bilanz, die wegen ihrer zentralen Rolle im System des Gläubigerschutzes das handelsrechtliche Interesse dominiert.

12 c) **Jahresabschluss.** Die handelsrechtliche Bilanz und die GuV bilden nach der Legaldefinition des § 242 Abs. 3, die inhaltlich der Klammerdefinition in § 148 AktG a.F. entspricht, den Jahresabschluss. Jahresabschluss ist also lediglich ein **Oberbegriff**, der zwecks sprachlicher Abkürzung die beiden Zahlenwerke bezeichnet.[23] Für Kapitalgesellschaften und Personenhandelsgesellschaften i.S.d. § 264a ist zusätzlich ein Wortbericht erforderlich, der als **Anhang** bezeichnet wird und bei diesen Gesellschaften den dritten Bestandteil des Jahresabschlusses bildet (§§ 264 Abs. 1, 284 ff; eine Ausnahme besteht gemäß § 264 Abs. 1 S. 5 unter den dort genannten Voraussetzungen für Kleinstkapitalgesellschaften i.S.d. § 267a Abs. 1). Kein Bestandteil des Jahresabschlusses ist dagegen der von Kapitalgesellschaften und Personenhandelsgesellschaften i.S.d. § 264a zusätzlich aufzustellende **Lagebericht** (§§ 264 Abs. 1, 289). Kapitalmarktorientierte Kapitalgesellschaften i.S.d. § 264d müssen ihren Jahresabschluss zusätzlich um eine **Kapitalflussrechnung** und einen **Eigenkapitalspiegel** erweitern (diese sind Teil des Jahresabschlusses); das gilt allerdings nur, wenn keine Pflicht zur Aufstellung eines Konzernabschlusses besteht (§ 264 Abs. 1 S. 2).[24] Das **Gesetz unterscheidet begrifflich** streng zwischen dem Jahresabschluss (der stets bloß als „Jahresabschluss" bezeichnet wird), dem Konzernabschluss (s. §§ 290 Abs. 1. S. 2, 297 Abs. 1 S. 1) und dem Einzelabschluss nach IFRS (s. § 325 Abs. 2a S. 1); vgl. zu dieser begrifflichen Unterscheidung z.B. § 170 Abs. 1 AktG.

13 d) **Sonderbilanzen, insbesondere Eröffnungsbilanz.** § 242 Abs. 1 S. 1 bezeichnet die Bilanz für den Schluss eines Geschäftsjahrs als Bilanz schlechthin und stellt ihr die Eröffnungsbilanz gegenüber. Wegen ihrer regelmäßigen Wiederkehr ist die Bilanz für den Schluss eines Geschäftsjahrs die allgemeine Bilanz (im Schrifttum wird häufig auch von **Jahresbilanz** oder **Jahresschlussbilanz** gesprochen,[25] sachliche Unterschiede sind damit aber nicht verbunden), die Eröffnungsbilanz dagegen, weil sie nur aus dem besonderen

---

22 Vgl. etwa Beck BilKomm-*Förschle* § 247 Rdn 632 (Gliederung nach § 275 bietet Anhaltspunkt für die notwendigen Informationen).

23 MünchKommAktG/*Luttermann*² Rdn 31.

24 Empirische Erkenntnisse zur praktischen Bedeutung des § 264 Abs. 1 S. 2 bei *Zwirner/Petersen/König* DB 2012, 61 ff.

25 So etwa Baetge/Kirsch/Thiele/*Kirsch/Harms/Siegel* BilR Rdn 24; MünchKommHGB/*Ballwieser*³ Rdn 20.

Anlass der Unternehmensgründung aufzustellen ist, eine Sonderbilanz. Die Eröffnungsbilanz als Sonderbilanz ist nicht mit der **in § 252 Abs. 1 Nr. 1 genannten Eröffnungsbilanz** zu verwechseln; dort geht es nicht um eine eigenständige Bilanz, sondern allein um das Prinzip der zeitlichen Bilanzidentität.[26] Das Gesetz trägt dem besonderen Charakter der Eröffnungsbilanz als Sonderbilanz Rechnung, indem es die nur entsprechende Anwendung der Vorschriften über die Bilanz anordnet (§ 242 Abs. 1 S. 2); näher Rdn 32 ff. Im Schrifttum wird häufig nicht von Eröffnungs-, sondern ohne erkennbaren sachlichen Unterschied von Gründungsbilanz gesprochen.[27] Als Sonderbilanzen[28] werden darüber hinaus alle Bilanzen bezeichnet, die nicht der jährlichen Gewinnermittlung, sondern einem speziellen Zweck dienen; es handelt sich nicht notwendigerweise um gesetzlich vorgeschriebene Rechenwerke. Zu nennen sind neben der Eröffnungsbilanz zum Beispiel: die Abfindungs-/Auseinandersetzungsbilanz aus Anlass des Ausscheidens eines Gesellschafters; die Vermögensübersicht im Insolvenzverfahren (§ 153 InsO); die Liquiditätsbilanz (zwecks Feststellung der Zahlungsfähigkeit [Finanzplan] oder -unfähigkeit); die Liquidationsbilanz (§ 154 HGB; §270 AktG; § 71 GmbHG; vgl. dazu Rdn 52); die Sanierungsbilanz; Umwandlungsbilanzen (z.B. §§ 17 Abs. 2, 24 UmwG; s. noch Rdn 26 f).

e) **Handels- und Steuerbilanz.** § 4 Abs. 1 S. 1 EStG definiert den steuerpflichtigen Gewinn als Unterschiedsbetrag, der sich durch den Vergleich der Betriebsvermögen am Schluss des Wirtschaftsjahrs und am Schluss des vorangegangenen Wirtschaftsjahrs ergibt; gem. § 5 Abs. 1 EStG ist für diesen Vergleich prinzipiell das Betriebsvermögen maßgeblich, das nach den handelsrechtlichen GoB auszuweisen ist. Der Steuerpflichtige ist daher verpflichtet, der Steuererklärung eine Abschrift der handelsrechtlichen Bilanz beizufügen (§ 60 Abs. 1 EStDV; zur sog. **E-Bilanz** vgl. § 239 Rdn 40). Das Steuerrecht enthält indes zahlreiche Sonderregeln, die von den handelsrechtlichen Ansatz- und Bewertungsvorschriften abweichen. Soweit Posten in der handelsrechtlichen Bilanz den steuerlichen Vorschriften nicht entsprechen, muss der Steuerpflichtige sie durch Zusätze oder Anmerkungen den steuerlichen Vorschriften anpassen; stattdessen kann er aber auch eine den steuerlichen Vorschriften entsprechende Bilanz beifügen (§ 60 Abs. 2 EStDV). Diese sog. **Steuerbilanz** ist also die Bilanz, die für den Zweck der Besteuerung, insbes. der Einkommensbesteuerung, aus der handelsrechtlichen Bilanz entwickelt wird. Weil nach § 5 Abs. 1 EStG prinzipiell die handelsrechtlichen Ansätze und Bewertungen zu übernehmen sind, spricht man vom Grundsatz der **Maßgeblichkeit der Handelsbilanz für die Steuerbilanz.**[29] Wegen der zahlreichen steuerrechtlichen Sonderregeln sollten Handels- und Steuerbilanz in der Praxis jedoch **getrennt aufgestellt** werden. Gerade in kleineren Unternehmen ist aber auch die sog. **Einheitsbilanz** verbreitet; hier wird bereits die Handelsbilanz unter Berücksichtigung der steuerlichen Sonderregeln aufgestellt (eine entsprechende Vorgabe findet sich vielfach auch in Gesellschaftsverträgen[30]). Zu beachten ist aber, dass 14

---

26 Vgl. HdR-EA/*Ellerich/Swart* Rdn 2; Ensthaler/*Puckler*[7] Rdn 3.

27 Vgl. z. *Joswig* DStR 1996, 1907; *Langenbeck* Sonderbilanzen, BBK Fach 18, 723 (725).

28 Spezialschrifttum: *Arians* Sonderbilanzen[2] (1995); *Budde/Förschle/Winkeljohann* Sonderbilanzen[4] (2008); Überblick bei *Langenbeck* BBK Fach 18, 723.

29 Vgl. dazu und zur Neufassung des Grundsatzes durch das BilMoG ausführlich Beck BilKomm-*Winkeljohann/Buchholz* § 274 Rdn 121 ff; ferner etwa *Hennrichs* Ubg 2009, 533.

30 Vgl. dazu z.B. *Zwirner/Mugler* DStR 2011, 1191; *Neumayer* BB 2011, 2411 (2412 f). Eine gesellschaftsvertragliche Regelung, nach der eine Einheitsbilanz gebildet werden soll, muss allerdings einen Vorbehalt zugunsten des zwingenden Handelsrechts enthalten – sonst folgt Teilnichtigkeit, s. BGHZ 132, 263 (270); Baumbach/Hopt/*Merkt* Rdn 6.

die Einheitsbilanz die **handelsrechtlichen Vorgaben** nur dann erfüllt, wenn die steuerlich erforderlichen Ansätze und Bewertungen auch handelsrechtlich zulässig sind.[31] Die Zukunft der Einheitsbilanz ist zweifelhaft, da mit dem **BilMoG** das Prinzip der sog. **umgekehrten Maßgeblichkeit** – wonach bestimmte steuerliche Wahlrechte in die Handelsbilanz übernommen werden mussten (und dies abweichend von den allgemeinen Vorschriften handelsrechtlich auch erlaubt war)[32] – abgeschafft wurde.[33] Zwar ist es theoretisch weiter möglich, eine Einheitsbilanz aufzustellen; angesichts der nun noch größeren Divergenz[34] von handels- und steuerrechtlichen Vorschriften dürfte die Verbreitung der Einheitsbilanz in der Praxis jedoch weiter zurückgehen.[35]

15 f) **Insolvenzrechtliche Überschuldung. Überschuldungsstatus.** § 19 Abs. 1 InsO nennt für juristische Personen und Gesellschaften ohne Rechtspersönlichkeit i.S.d. § 19 Abs. 3 InsO die Überschuldung als Eröffnungsgrund für ein Insolvenzverfahren. Der insolvenzrechtliche Begriff der Überschuldung ist **nicht identisch** mit dem **handelsrechtlichen** Begriff der **Überschuldung** (also des Ausweises eines nicht durch Eigenkapital gedeckten Fehlbetrags in der Bilanz nach HGB, § 268 Abs. 3; vgl. Rdn 7). Für die Feststellung der Überschuldung im insolvenzrechtlichen Sinn ist ein Überschuldungsstatus zu erstellen, in dem die Aktiva mit Liquidations- oder Fortführungswerten, jedenfalls aber nicht mit den handelsrechtlichen Buchwerten anzusetzen sind;[36] darüber hinaus spielt insolvenzrechtlich das Element der positiven Fortführungsprognose eine Rolle.[37]

II. Die Unterscheidung von Auf- und Feststellung

1. Aufstellung als Maßnahme der Geschäftsführung

16 a) **Allgemeines.** § 242 spricht allein von der Aufstellung der Eröffnungsbilanz und des Jahresabschlusses, nicht von ihrer Feststellung. Die **Unterscheidung** zwischen beiden Vorgängen hat sich in der Gesetzessprache des HGB nicht durchgesetzt, weil es bei Einzelkaufleuten keiner differenzierenden Kompetenzzuweisung bedarf und weil für OHG und KG jedenfalls keine unmittelbar einschlägige Zuständigkeitsregelung vorhanden ist. Bekannt ist die Unterscheidung dagegen **aus dem Recht der Kapitalgesellschaften.** Dort ist die Aufstellung des Jahresabschlusses Aufgabe der gesetzlichen Vertreter (§ 264 Abs. 1 S. 1), also des Vorstands der AG (vgl. noch § 148 AktG a.F.) und der dualistisch struktu-

---

[31] Tatsächlich sind die Unterschiede zwischen Handels- und Steuerrecht so groß, dass die in der Praxis aufgestellten Einheitsbilanzen häufig gegen handelsrechtliche Vorschriften verstoßen dürften, dazu zutr. *Arbeitskreis Bilanzrecht der Hochschullehrer Rechtswissenschaft* DStR 2008, 1057 (1060).

[32] Dazu noch ausf. Staub/*Hüffer*[4] Anh. § 243 Rdn 36 ff.

[33] Dazu etwa Beck BilKomm-*Winkeljohann/Buchholz*[7] § 274 Rdn 125 ff.

[34] Vgl. z.B. für den Bereich der Rückstellungen ausf. *Prinz* DB 2011, 492.

[35] Ebenso Baumbach/Hopt/*Merkt* Rdn 6; *Neumayer* BB 2011, 2411 (2412 f); ausf. zum Ganzen etwa *Haller/Ferstl/Löffelmann* DB 2011, 885; *Zwirner/Mugler* DStR 2011, 1191 (1192 ff, 1195) („stiften Einheitsbilanzklauseln kaum noch Nutzen").

[36] Vgl. zur Darlegungslast bei einer auf eine handelsrechtliche Überschuldung gestützten Schadensersatzklage wegen Insolvenzverschleppung (§ 823 Abs. 2 BGB i.V.m. § 15a Abs. 1 InsO) BGH WM 2011, 979 (983) = WuB II C. § 64 GmbHG 2.11 m. Anm. *Pöschke*.

[37] Vgl. zum Ganzen – insbes. auch zu den Unterschieden zwischen jetziger (Übergangs)Rechtslage und der ab dem 1.1.2014 (wieder) geltenden Regelung – Braun/*Bußhardt* InsO[4] § 19 Rdn 7 ff.

rierten SE, der Geschäftsführer der GmbH (vgl. noch § 41 Abs. 2 GmbHG a.F.) und der geschäftsführenden Direktoren der monistisch strukturierten SE (s. Rdn 4). Die Feststellung des Jahresabschlusses erfolgt dagegen bei AG und dualistisch strukturierter SE im Regelfall durch die Billigung des Aufsichtsrats (§ 172 AktG), ausnahmsweise durch Beschluss der Hauptversammlung (§ 173 AktG), bei der monistisch strukturierten SE durch Billigung des Verwaltungsrats, ausnahmsweise durch Beschluss der Hauptversammlung (§ 47 Abs. 5, 6 SEAG), bei der GmbH stets durch Beschluss der Gesellschaftergesamtheit (§§ 42a Abs. 2, 46 Nr. 1 GmbHG); zur Frage, ob auch die Eröffnungsbilanz festgestellt werden muss, s. Rdn 22. Wie sich aus der Zuständigkeitsverteilung ergibt, ist die Aufstellung des Jahresabschlusses (und auch die der Eröffnungsbilanz) eine Maßnahme der Geschäftsführung. Mit der begrifflichen Unterscheidung zwischen Auf- und Feststellung des Jahresabschlusses hat sich diese Beurteilung samt der daraus folgenden Funktionszuweisung im Grundsatz auch für das **Recht der Personenhandelsgesellschaften** durchgesetzt.[38]

Ihrem **Inhalt** nach lässt sich die Aufstellung als Maßnahme der Geschäftsführung wie **17**
folgt kennzeichnen: Formell findet die Führung der Handelsbücher in der Aufstellung ihren Anfang (Eröffnungsbilanz) oder ihren periodischen Abschluss (Bilanz). Der Prozess der Aufstellung besteht einerseits aus rein **tatsächlichen und buchhalterischen Elementen** (Zusammenführung der Buchführung, Vornahme der Abschlussbuchungen, etc.). Andererseits entscheidet das geschäftsführende Organ bei der Aufstellung aber auch vollumfänglich über die **Ausübung von bilanziellen Gestaltungsmöglichkeiten** (Ansatz- und Bewertungswahlrechte, Ermessenspielräume, etc.).[39] Ihrer **rechtlichen Bedeutung** nach ist die Aufstellung diejenige Maßnahme, mit der Einzelkaufleute ihrer durch § 242 begründeten öffentlich-rechtlichen Verpflichtung nachkommen. Bei Gesellschaften hat die Aufstellung hingegen eine **doppelte Natur**: In ihr liegt einerseits die Erfüllung der entsprechenden öffentlich-rechtlichen Verpflichtung der Gesellschaft, andererseits die Erfüllung der Organpflicht zur Geschäftsführung in der Innensphäre der Gesellschaft.[40]

b) Zeitpunkt der Aufstellung. Unterzeichnung (§ 245). Umstritten ist, wann der Vor- **18**
gang der Aufstellung abgeschlossen, wann also Jahresabschluss bzw. Eröffnungsbilanz aufgestellt sind.[41] Dies ist zum einen deshalb bedeutsam, weil gesetzliche Fristen häufig an den Zeitpunkt der Aufstellung des Jahresabschlusses anknüpfen (z.B. §§ 243 Abs. 3, 264 Abs. 1 S. 3, 4). Darüber hinaus endet erst mit der Aufstellung die Pflicht, nach dem Abschlussstichtag gewonnene Erkenntnisse über bereits am Abschlussstichtag bestehende Risiken (sog. **Wertaufhellungen**) im Jahresabschluss zu berücksichtigen[42] (vgl. aber für den Fall der Aufstellung nach Ablauf der Aufstellungsfrist § 243 Rdn 36 aE). Aus der

---

[38] BGHZ 76, 338 (342); 132, 263 (272 ff); BGH ZIP 2007, 475 (477); Baumbach/*Hopt* §114 Rdn 3, § 164 Rdn 3; *Hopt* FS Odersky (1996) S. 800 f. Zur dort nach wie vor streitigen Abgrenzung der Kompetenzen bei Auf- und Feststellung s. etwa *Priester* in FS U.H. Schneider (2011) S. 985; Staub/*Schäfer* § 120 Rdn 32 ff.

[39] Vgl. die Umschreibung der Bilanzaufstellung bei *Ulmer* FS Hefermehl (1976) S. 207 (210); zum Streit über die Kompetenzabgrenzung in Personenhandelsgesellschaften s. die Nachw. in Fn 38.

[40] AllgM., s. etwa MünchKommAktG/*Hennrichs/Pöschke* § 172 Rdn 20; *Winnefeld* BilHdb.[4] Kap. H Rdn 15.

[41] Ausführlich z.B. Beck-HdR-*Hentschel* B 101 Rdn 5 mwN.

[42] Vgl. § 252 Abs. 1 Nr. 4 HGB: „selbst wenn diese erst zwischen dem Abschlußstichtag und dem Tag der Aufstellung bekannt geworden sind"; dazu Beck BilKomm-*Winkeljohann/Büssow* § 252 Rdn 38.

Pflicht der gesetzlichen Vertreter, den Jahresabschluss „unverzüglich nach der Aufstellung" dem Abschlussprüfer vorzulegen (§ 320 Abs. 1), wird mitunter gefolgert, dass die Aufstellung mit der Vorlage an den Abschlussprüfer ende.[43] Dies ist jedoch unzutreffend.[44] Bis zu seiner **Feststellung** – und damit auch im Zeitpunkt der Vorlage an den Abschlussprüfer – ist der Abschluss ein bloßer **Entwurf**,[45] der ohne Einhaltung eines besonderen Verfahrens noch geändert werden kann. Eine Änderung mag auf im Zuge der Prüfung erkannte Bilanzierungsfehler, auf Anregungen des Prüfers oder auch auf Bedenken des für die Feststellung zuständigen Organs (Aufsichtsrat, Gesellschafterversammlung) zurückgehen.[46] Die Entscheidung über solche Änderungen trifft das geschäftsführende Organ (Vorstand, Geschäftsführer, geschäftsführende Gesellschafter) im Rahmen seiner Verantwortung für die Aufstellung des Jahresabschlusses. Der Aufstellungszeitraum endet erst dann, wenn das für die Aufstellung zuständige Organ den Entwurf des Jahresabschlusses dem für die Feststellung zuständigen Organ **abschließend zur Billigung vorlegt.**[47] Praktisch wird dies häufig erst der Zeitpunkt der Beschlussfassung über die Feststellung des Jahresabschlusses sein.[48] Erst damit endet die Aufstellung. Bei der **Eröffnungsbilanz**, die nach zutreffender Auffassung keiner Feststellung bedarf (Rdn 22), ist der Zeitpunkt maßgeblich, in dem das für die Aufstellung zuständige Organ die Eröffnungsbilanz im Rechtsverkehr erkennbar als endgültig gelten lassen will.

19 Nach § 245 ist der Jahresabschluss vom Kaufmann bzw. von allen persönlich haftenden Gesellschaftern **zu unterzeichnen** (das Gleiche gilt über § 242 Abs. 1 S. 2 für die Eröffnungsbilanz, s. Rdn 32 f). Diese Unterzeichnungspflicht ist Teil der öffentlich-rechtlichen Pflicht zur Rechnungslegung (vgl. § 245 Rdn 2). Daraus folgt jedoch nicht, dass nur ein unterzeichneter Jahresabschluss als aufgestellt i.S.d. § 242 angesehen werden kann. Das **Fehlen der erforderlichen Unterschrift(en)** ist lediglich ein Indiz dafür, dass die notwendigen Arbeiten noch nicht abgeschlossen oder die erforderlichen Entscheidungen noch nicht endgültig getroffen sind (Rdn 17). Wenn dies trotzdem zu bejahen ist, liegt bei Einzelkaufleuten ein formeller Bilanzfehler vor, der an der Tatsache der Aufstellung nichts zu ändern vermag.[49] Bei Personenhandels- und Kapitalgesellschaften liegt regelmäßig bis zur Feststellung des Jahresabschlusses (dazu Rdn 20 ff) noch nicht einmal ein formeller Bilanzfehler vor, weil nach hM nicht zwingend schon der aufgestellte Jahresabschluss zu unterzeichnen ist, sondern die Unterzeichnung des **festgestellten Jahresabschlusses** genügt.[50]

20 **2. Verbindlichkeit durch Feststellung.** Die Feststellung des Jahresabschlusses ist strikt von der Aufstellung zu trennen. Die Feststellung ist **keine Maßnahme der Geschäftsführung**, sondern sie bezweckt die rechtliche **Verbindlichkeit des Jahresabschlusses** für die Beteiligten. Dies sind die Gesellschafter, soweit es um die Gewinnausschüttung geht, und die Gesellschaft, soweit der festgestellte Jahresabschluss die Anfangsbilanz für das

---

43 So *Küting/Kaiser* WPg 2000, 577, 581 (596).
44 Eingehend *Kropff* WPg 2000, 1137 ff; MünchKommAktG/*Hennrichs/Pöschke* § 172 Rdn 21.
45 Eingehend *Kropff* FS Peltzer (2001) S. 219 ff; MünchKommAktG/*Hennrichs/Pöschke* § 172 Rdn 21 mwN.
46 MünchKommAktG/*Hennrichs/Pöschke* § 172 Rdn 21.
47 Beck-HdR-*Hentschel* B 101 Rdn 8; MünchKommAktG/*Hennrichs/Pöschke* § 172 Rdn 21; ähnlich Schmidt/Lutter/*Drygala* AktG § 172 Rdn 13.
48 MünchKommAktG/*Hennrichs/Pöschke* § 172 Rdn 21.
49 RGZ 112, 19 (25); OLG Karlsruhe WM 1987, 533 (536); vgl. auch § 245 Rdn 14.
50 BGH BB 1985, 567 zur GmbH; näher § 245 Rdn 5 f.

folgende Geschäftsjahr bildet; daneben aber auch Dritte, die vertragliche Ansprüche aus dem festgestellten Zahlenwerk ableiten können (z.B. gewinnbasierte Vergütungsansprüche). Weil es um die Verbindlichkeit des Jahresabschlusses geht, kann die Zuständigkeit für die Feststellung nicht in der Hand des jeweiligen Geschäftsführungsorgans liegen. Die Feststellung erfolgt vielmehr durch den rechtsgeschäftlichen, nicht notwendig vertraglichen Konsens der Beteiligten bzw. durch Mehrheitsbeschluss; für die nähere Ausgestaltung ist zwischen den Personenhandelsgesellschaften, der AG und der GmbH zu unterscheiden; die Einzelheiten einschließlich der rechtlichen Wirkungen, die die Feststellung entfaltet, sind umstritten.[51] Auch die Feststellung des Jahresabschlusses ist zugleich **öffentlich-rechtliche** und gesellschaftsrechtliche **Pflicht**.[52] Zwar wird die Feststellung teilweise als ein rein gesellschaftsrechtlicher Vorgang angesehen, eine öffentlich-rechtliche Pflicht zur Feststellung soll nach dieser Auffassung nicht bestehen.[53] Zu überzeugen vermag dies aber nicht, da vor der Feststellung kein gültiger Jahresabschluss besteht und die öffentlich-rechtliche Pflicht zur Rechnungslegung nicht bereits durch Erstellen eines bloßen Entwurfs (s. Rdn 18) erfüllt werden kann.[54] Aus eben diesem Grund (ferner auch deshalb, weil die Unterschrift nach § 245 ebenfalls in ihren Pflichtenkreis fällt) sind die aufstellungspflichtigen Gesellschaftsorgane auch verpflichtet, die Feststellung im Rahmen ihrer rechtlichen Möglichkeiten herbeizuführen (insbes.: rechtzeitige Vorlage).

Die **Feststellung** des Jahresabschlusses **durch den Einzelkaufmann ist weder notwendig noch möglich**. Sie ist nicht notwendig, weil er im Rahmen der gesetzlichen Bestimmungen und der GoB allein darüber entscheidet, welchen Betrag er als Gewinn oder auch darüber hinaus entnehmen und mit welcher bilanziellen Grundlage er in das nächste Geschäftsjahr gehen will. Sie ist nicht möglich, weil der Einzelkaufmann mit sich keinen Vertrag schließen und keinen Beschluss fassen kann. Wenn es im Schrifttum gleichwohl heißt,[55] der Kaufmann stelle seinen Jahresabschluss durch Unterzeichnung fest, so ist damit ersichtlich etwas anderes gemeint, nämlich die in der Unterzeichnung ausgedrückte Endgültigkeit der Aufstellung und die Aussage, dass der Jahresabschluss in dieser Form zur Erfüllung der Pflicht aus § 242 dienen soll, sowie schließlich die Übernahme der Verantwortung für den Jahresabschluss. Es dient jedoch der Klarheit, dafür nicht den Ausdruck Feststellung zu verwenden; denn in der Sache geht es nur um einen Formalakt, der weder rechtsgeschäftlichen noch korporationsrechtlichen Charakter hat. **21**

Eine allgemeine Pflicht zur **Feststellung der Eröffnungsbilanz** sieht das Gesetz dem Wortlaut nach nicht vor; die Zuständigkeitsvorschriften (§§ 172, 173 AktG; §§ 42a Abs. 2, 46 Nr. 1 GmbHG) sprechen allein von der Feststellung des Jahresabschlusses (vgl. demgegenüber ausdrücklich § 270 Abs. 2 S. 1 AktG; § 71 Abs. 2 S. 1 GmbHG). Für eine entsprechende Anwendung dieser Vorschriften spricht zwar auf den ersten Blick, **22**

51 Für die AG MünchKommAktG/*Hennrichs*/*Pöschke* § 172 Rdn 22 ff; für die GmbH BGH NZG 2009, 659 (661 f), OLG Stuttgart GmbHR 2013, 472 sowie Lutter/Hommelhoff/*Kleindiek* GmbHG[18] § 42a Rdn 1 ff; für Personenhandelsgesellschaften OLG Nürnberg, Urt. v. 30.1.2013, 12 U 726/11, BeckRS 2013, 02392 (zur KG) sowie *Winnefeld* BilHdb.[4] Kap. H Rdn 112 ff; allg. zum Ganzen Beck-HdR-*Hentschel* B 101 Rdn 44 ff.

52 HM, s. etwa *Kropff* WPg 2000, 1137 (1139); *W. Müller* FS Quack (1991) S. 359 (360); MünchKommAktG/*Hennrichs*/*Pöschke* § 172 Rdn 20; Schmidt/Lutter/*Drygala* AktG § 172 Rdn 7; Spindler/Stilz/*Euler* AktG § 172 Rdn 5, 13.

53 Beck-HdR-*Hentschel* B 101 Rdn 47; *Hüffer* AktG § 172 Rdn 2; Staub/*Hüffer*[4] Rdn 19.

54 MünchKommAktG/*Hennrichs*/*Pöschke* § 172 Rdn 20.

55 So z.B. Baumbach/Hopt/*Merkt* § 245 Rdn 3.

dass die Eröffnungsbilanz die Grundlage für die Buchführung und mittelbar für den Jahresabschluss des folgenden Geschäftsjahrs bildet, mittelbar ist sie damit aber ohnehin Gegenstand der Feststellung des Jahresabschlusses für das folgende Geschäftsjahr. § 242 Abs. 1 S. 2 beschränkt zudem die entsprechende Anwendung der Vorschriften über den Jahresabschluss auf diejenigen, die sich auf die Aufstellung der Bilanz beziehen (dazu noch Rdn 32). Allgemeine Vorschriften, die den Umgang mit dem bereits aufgestellten Jahresabschluss betreffen, sind **nicht** über § 242 Abs. 1 S. 2 auf die Eröffnungsbilanz **anzuwenden**; das gilt auch für die Vorschriften über die Feststellung des Jahresabschlusses. Einer Feststellung der Eröffnungsbilanz bedarf es daher nicht.[56]

III. Aufstellung der Eröffnungsbilanz

1. Beginn des Handelsgewerbes

a) Begründung der Aufstellungspflicht

23 **aa) Allgemeines.** § 242 Abs. 1 S. 1 verpflichtet den Kaufmann, zu Beginn seines Handelsgewerbes eine Eröffnungsbilanz aufzustellen, und umschreibt damit zunächst den wesentlichen, die Bilanzierungspflicht begründenden Tatbestand. Beginn des Handelsgewerbes ist zunächst der **Neubeginn**, also der **Aufbau eines Unternehmens**, das bisher nicht bestanden hat. Insoweit kann auf die Erläuterungen zum Beginn der Buchführungspflicht verwiesen werden (vgl. § 238 Rdn 12 f). Zweifelhaft mag allein sein, ob wie bei der Buchführungspflicht so auch hier bloße Vorbereitungsgeschäfte (Anmietung eines Geschäftslokals, Kauf von Büromaterial) genügen. Die Frage erledigt sich für die Praxis jedoch durch den Beurteilungsspielraum, der dem Kaufmann bei der Wahl des Bilanzstichtags zusteht (vgl. noch Rdn 29). Beginn des Handelsgewerbes i.S.d. § 242 Abs. 1 S. 1 ist auch der **Inhaberwechsel**;[57] denn der Bestand des Unternehmens ändert nichts daran, dass es der neue Inhaber erst von der Übernahme an betreibt, also entweder erst damit zum Kaufmann (§ 1 Abs. 1) oder, falls er ein Unternehmen hinzu erwirbt, zum Schuldner einer neuen gesonderten Bilanzierungspflicht wird. Bei einer Mehrheit von Unternehmen desselben Inhabers ist dieser also verpflichtet, jeweils bei Beginn der Geschäftstätigkeit eine gesonderte Eröffnungsbilanz aufzustellen.

24 **bb) Einzelfragen.** Trotz dieses klaren Grundsatzes können sich im Detail Beurteilungsschwierigkeiten ergeben. Für **Einzelkaufleute** gilt:[58] Die Eröffnungsbilanz ist ohne Rücksicht auf die Vermögenslage aufzustellen, also auch dann, wenn weder Vermögen noch Kapital vorhanden sind.[59] Die Pflicht zur Bilanzierung wird begründet durch den Übergang von einem kleingewerblichen zu einem kaufmännischen, also entsprechender Betriebsorganisation bedürftigen Gewerbe.[60] Bei **Minderjährigen** ist nach älterer Recht-

---

[56] So die hM, ADS § 42a GmbHG Rdn 6; Baumbach/Hueck/*Haas* GmbHG[20] § 42a Rdn 3; Michalski/*Römermann* GmbHG § 46 Rdn 19; Scholz/*Crezelius* GmbHG § 42a Rdn 3; Ulmer/Habersack/Winter/*Paefgen* GmbHG § 42a Rdn 7; **aA** Baumbach/Hueck/*Schulze-Osterloh* GmbHG[18] § 41 Rdn 61; Budde/Förschle/Winkeljohann/*Förschle/Kropp/Schellhorn* Sonderbilanzen[4] Abschn. D Rdn 253; *Winnefeld* BilHdb.[4] Kap. N Rdn 101.

[57] RGSt 28, 428f; *Blumers* Bilanzierungstatbestände S. 29 f.

[58] Vgl. zum Folgenden ausf. Budde/Förschle/Winkeljohann/*Förschle/Kropp* Sonderbilanzen[4] Abschn. B Rdn 30 ff.

[59] RG JW 1890, 432; RG LZ 1915, 897.

[60] Vgl. noch zur früheren Gesetzeslage (Minder- und Vollkaufleute) RGSt 45, 3 (6); RG DJZ 1906, 656; RG JW 1908, 603; RG Recht 1914 Nr. 1943; *Blumers* Bilanzierungstatbestände S. 27 ff; zum Umkehrfall

sprechung in Strafsachen[61] eine Eröffnungsbilanz erforderlich, wenn sie zuvor das Handelsgewerbe ohne die Genehmigung des Vormundschaftsgerichts betrieben haben und nunmehr die Genehmigung erteilt wird oder Volljährigkeit eintritt. Das ist trotz des im Namen der Praxis geäußerten Erstaunens[62] richtig, weil der Bilanzierungspflichtige erst jetzt zur Verantwortung gezogen werden kann (Alternative: Eine sanktionsbewehrte Pflicht zur Aufstellung einer Eröffnungsbilanz entsteht überhaupt nicht). Folglich muss keine Eröffnungsbilanz bei Eintritt der Volljährigkeit aufgestellt werden, wenn zuvor die gesetzlichen Vertreter das Geschäft geführt haben; verantwortlich sind sie (vgl. § 238 Rdn 19 und 65). Beim **Inhaberwechsel** kommt es weder auf dessen Rechtsgrund noch auf die nähere Ausgestaltung an. Deshalb muss auch der **Erbe** des bisherigen Inhabers eine Eröffnungsbilanz aufstellen,[63] und bei demjenigen, der aufgrund eines **Kaufvertrags** erwirbt, kommt es nicht darauf an, ob er die bisherige Firma weiterführt (§ 22 HGB) oder eine neue annimmt.[64] Für die geschäftliche Tätigkeit des früheren Insolvenzschuldners nach **Beendigung des Insolvenzverfahrens** gilt als Grundsatz, dass es einer Eröffnungsbilanz bedarf;[65] denn in der Regel handelt es sich um den Neubeginn einer wirtschaftlichen Tätigkeit. Als Ausnahmetatbestände kommen die Einstellung des Insolvenzverfahrens auf Antrag des Schuldners unter Zustimmung der Gläubiger (§ 213 InsO) und seine Aufhebung nach rechtskräftiger Bestätigung eines Insolvenzplans (§ 258 InsO) in Betracht.

Gesellschaftsrechtliche Veränderungen lassen sich im Wesentlichen nach den vorste- 25
henden Grundsätzen beurteilen. **Eintritt eines Gesellschafters** in das Geschäft eines Einzelkaufmanns ist rechtlich Wechsel des Unternehmensträgers, also Beginn eines Handelsgewerbes in der Variante des Inhaberwechsels (Rdn 23); folglich muss die neu entstandene OHG oder KG eine Eröffnungsbilanz aufstellen.[66] Dasselbe gilt, wenn das Geschäft einer zweigliedrigen Gesellschaft unter **Ausscheiden des vorletzten Gesellschafters** übernommen (Anwachsung) und unter Einzelfirma fortgeführt wird.[67] **Neugründung** einer OHG oder KG ist Wechsel des Unternehmensträgers. Dagegen lässt bloßer Gesellschafterwechsel den Bestand der Gesellschaft als Unternehmensträgerin unberührt; also ist keine Eröffnungsbilanz aufzustellen.[68] Zu den Bilanzen bei Errichtung einer Kapitalgesellschaft vgl. unten Rdn 35 ff.

cc) **Insbesondere: Umwandlungsmaßnahmen.** Besondere Vorschriften zur Rechnungs- 26
legung bei Umwandlungsmaßnahmen enthalten insbes. die **§§ 17 Abs. 2, 24 UmwG.** § 17 Abs. 2 UmwG betrifft die Schlussbilanz der übertragenden Rechtsträger und gehört deshalb nicht in den Zusammenhang des § 242. Anders ist es mit § 24 UmwG; die Vorschrift bezieht sich auf die Jahresbilanz (gemeint ist die Bilanz als Teil des Jahresabschlusses i.S.d. § 242) und kann deshalb über § 242 Abs. 1 S. 2 auch für die Eröffnungsbilanz Bedeutung erlangen. Dafür ist zu unterscheiden: Bei der **Verschmelzung durch Aufnahme**

(Schlussbilanz) vgl. BGH NJW 1954, 1853; OLG Karlsruhe GA 1975, 313 (315).

61 RGSt 45, 3 (5); ebenso *Blumers* Bilanzierungstatbestände S. 25 ff; Schlegelberger/*Hildebrandt/Steckhan* §39 Rdn 7; Staub/*Brüggemann*[3] § 39 Rdn 5.

62 *Meilicke* BB 1984, 893.

63 RGSt 28, 428 f.

64 RGSt 16, 55; 26, 222.

65 RGSt 25, 76 (78); *Blumers* Bilanzierungstatbestände S. 25 f.

66 RG LZ 1914, 689 f; *Blumers* Bilanzierungstatbestände S. 29 ff; HdR-EA/*Ellerich/Swart* Rdn 4.

67 RGSt 16, 55 f; 26, 222 (223 ff); 45, 3 (6); ferner Budde/Förschle/Winkeljohann/*Förschle/Kropp* Sonderbilanzen[4] Abschn. B Rdn 36.

68 RG LZ 1914, 689; KölnKomm-RLR/*Braun* Rdn 18 aE.

(§ 2 Nr. 1 UmwG) gibt es keine Verpflichtung der übernehmenden Gesellschaft, eine Eröffnungsbilanz i.S.d. § 242 Abs. 1 aufzustellen.[69] Vielmehr ist die Übernahme als Geschäftsvorfall in der Buchführung des laufenden Geschäftsjahrs zu dokumentieren, namentlich durch Ausbuchung bisher gehaltener Beteiligungsrechte und durch Einbuchung der durch Gesamtrechtsnachfolge erworbenen Vermögensgegenstände und Schulden.[70] Anders liegt es bei der **Verschmelzung durch Neugründung**, bei der die übertragenden Rechtsträger mit der Übertragung ihrer Vermögen einen neuen Rechtsträger zur Entstehung bringen (§ 2 Nr. 2 UmwG). Dieser beginnt sein Handelsgewerbe i.S.d. § 242 Abs. 1 und ist daher verpflichtet, eine Eröffnungsbilanz aufzustellen.[71] Der Bilanzstichtag ergibt sich kraft der besonderen Vorschrift des § 5 Abs. 1 Nr. 6 UmwG aus dem Verschmelzungsstichtag, entspricht also nicht dem Eintragungsdatum.[72] Im ersten Fall (§ 2 Nr. 1 UmwG) gilt § 24 UmwG für die (nächstfolgende) Bilanz unmittelbar. Im zweiten Fall (§ 2 Nr. 2 UmwG) ist die Vorschrift auf die Eröffnungsbilanz gem. § 242 Abs. 1 S. 2 analog anzuwenden. Wesentlich ist dabei der Übergang von der obligatorischen Buchwertverknüpfung des früheren Rechts zum Wahlrecht des § 24 UmwG, das auch eine an den Anschaffungskosten orientierte Aktivierung erlaubt.[73]

27 Die grundsätzliche Unterscheidung zwischen der Verschmelzung durch Aufnahme und derjenigen durch Neugründung (Rdn 26) ist auch für die Beurteilung anderer Umwandlungsvorgänge fruchtbar zu machen, und zwar in dem Sinne, dass eine Eröffnungsbilanz stets, aber auch nur dann geboten ist, wenn infolge der Umwandlung ein neuer Rechtsträger entsteht.[74] Deshalb kommt es bei der Spaltung (§§ 123 ff UmwG) darauf an, ob eine **Spaltung zur Aufnahme** vorliegt (§ 123 Abs. 1 Nr. 1 UmwG) oder ob es sich um eine **Spaltung zur Neugründung** handelt (§ 123 Abs. 1 Nr. 2 UmwG). Im ersten Fall verbleibt es bei der Buchführung des laufenden Geschäftsjahrs und bei der ergebniswirksamen Berücksichtigung des Spaltungsvorgangs im nächsten Jahresabschluss (§§ 24, 125 S. 1 UmwG). Dagegen bedarf es im zweiten Fall einer Eröffnungsbilanz, für die §§ 24, 125 S. 1 UmwG gem. § 242 Abs. 1 S. 2 entsprechend gelten.[75] Beim **Formwechsel** kommt es unabhängig von der Beteiligung von Personen- oder Kapitalgesellschaften nicht zur Entstehung eines neuen Rechtsträgers; vielmehr erhält der bisherige Rechtsträger in allen Fällen nur ein neues Rechtskleid (§ 190 Abs. 1 UmwG),[76] womit die übertragende Umwandlung des früheren Rechts auch der Sache nach entfallen ist.[77] Folglich ist eine Eröffnungsbilanz weder erforderlich noch sachgerecht.[78]

28 b) **Bilanzstichtag.** Der Beginn des Handelsgewerbes begründet nicht nur die Pflicht, eine Eröffnungsbilanz aufzustellen. Vielmehr ist damit auch der maßgebliche Zeitpunkt für die Aufstellung der Vermögensübersicht bezeichnet, also der Bilanzstichtag. Von der

---

69 Vgl. OLGR Schleswig 2005, 170 f.

70 Kallmeyer/W. *Müller* UmwG[4] § 24 Rdn 5; s. ferner Budde/Förschle/Winkeljohann/*Förschle/Hoffmann* Sonderbilanzen[4] Abschn. K Rdn 1.

71 Budde/Förschle/Winkeljohann/*Budde/Zerwas* Sonderbilanzen[4] Abschn. H Rdn 121. Kallmeyer/W. *Müller* UmwG[4] § 24 Rdn 5; Lutter/*Priester* UmwG[4] § 24 Rdn 22.

72 HM, Kallmeyer/W. *Müller* UmwG[4] § 5 Rdn 32; Lutter/*Priester* UmwG[4] § 24 Rdn 22.

73 Vgl. dazu namentlich Kallmeyer/W. *Müller* UmwG[4] § 24 Rdn 2; *Schulze-Osterloh* ZGR 1993, 420 (425 ff).

74 BoHdR-*Kirsch* Rdn 32; Übersicht über mögliche Fälle bei Budde/Förschle/Winkeljohann/*Förschle/Hoffmann* Sonderbilanzen[4] Abschn. K Rdn 2.

75 Kallmeyer/W. *Müller* UmwG[4] § 125 Rdn 35a.

76 Vgl. Kallmeyer/*Meister/Klöcker* UmwG[4] § 190 Rdn 6 f.

77 S. zur alten Rechtslage noch die Hinweise bei Staub/*Hüffer*[4] Rdn 25 mwN.

78 BoHdR-*Kirsch* Rdn 32.

Festlegung des Bilanzstichtags ist die Bestimmung des Zeitraums zu unterscheiden, der für die Aufstellung zur Verfügung steht; dazu Rdn 30 ff. Hinsichtlich des Bilanzstichtags gilt Folgendes: Wenn Grund für die Aufstellung der Eröffnungsbilanz ein **Inhaberwechsel** (Rdn 23) ist und dieser sich durch konstitutiv wirkende Eintragung im Handelsregister vollzieht, ist die Rechtslage klar; Bilanzstichtag ist dann der Tag der Eintragung. Ebenso ist zu entscheiden, wenn **Kleingewerbetreibende, Land- oder Forstwirte** zugunsten des Handelsrechts optieren (§§ 2, 3), weil sie erst mit ihrer Eintragung die Kaufmannseigenschaft erwerben.[79] Der Bilanzstichtag lässt sich schließlich auch dann klar bestimmen, wenn sich der Inhaberwechsel außerhalb des Handelsregisters vollzieht. So ist das Datum des Erbfalls stets bestimmbar, und Übernahme- oder Gesellschaftsverträge ohne Datierung sind praktisch kaum vorstellbar.

Problematisch sind demgegenüber der Grundfall des § 242 Abs. 1 S. 1, nämlich der **Aufbau eines neuen Unternehmens**, sowie der Übergang von einem kleingewerblichen zu einem handelsgewerblichen Unternehmen. Dafür kann in den Fällen des § 1 nicht ausschließlich an die Registereintragung angeknüpft werden. Sie stellt vielmehr nur den spätesten Zeitpunkt dar, zu dem die Bilanz jedenfalls aufzustellen ist. Im Übrigen wird im Schrifttum hinsichtlich des Aufbaus eines neuen Unternehmens überwiegend der Zeitpunkt als maßgeblich angesehen, in dem die Vorbereitungsphase abgeschlossen ist und sich die Eröffnung des Geschäftsbetriebs nach außen hin dokumentiert.[80] Dem ist grundsätzlich zuzustimmen, doch kann auch die danach erforderliche Abgrenzung im Einzelfall noch Schwierigkeiten bereiten. Es muss deshalb genügen, dass der Geschäftsinhaber **im Rahmen eigener vernünftiger Beurteilung** den Stichtag für die Geschäftseröffnung und damit auch für die Eröffnungsbilanz festlegt.[81] Beim **Übergang** von einem kleingewerblichen **zu einem handelsgewerblichen** Unternehmen ist der Zeitpunkt maßgeblich, zu dem das Gewerbe einen in kaufmännischer Weise eingerichteten Geschäftsbetrieb erfordert.[82] Auch insoweit wird man dem Kaufmann aus praktischen Erwägungen heraus jedoch einen Beurteilungsspielraum einräumen müssen. **29**

c) Aufstellungsfrist

aa) **Einzelkaufleute und Personenhandelsgesellschaften.** Gem. § 243 Abs. 3 i.V.m. § 242 Abs. 1 S. 2 ist die Eröffnungsbilanz innerhalb der Zeitspanne aufzustellen, die einem **ordnungsmäßigen Geschäftsgang** entspricht. Die teilweise zur Rechtslage vor dem BiRiLG vertretene Forderung nach einer „unverzüglichen" Aufstellung ist jedenfalls mit der heutigen Rechtslage nicht mehr vereinbar.[83] Die Regelung für Einzelkaufleute und Personengesellschaften geriete sonst zwangsläufig in einen Wertungswiderspruch zu der Regelung für kleine Kapitalgesellschaften, denen das Gesetz eine Aufstellungsfrist bis zu sechs Monaten einräumt (Rdn 31). Eine Forderung nach unverzüglicher Aufstellung entspricht auch nicht den Vorstellungen der Gesetzesverfasser, die in § 39 Abs. 3 S. 1 und 2 **30**

---

79 Baetge/Kirsch/Thiele/*Kirsch/Harms/Siegel* BilR Rdn 32.

80 *Arians* Sonderbilanzen S. 90; HdR-EA/*Ellerich/Swart* Rdn 7; Staub/*Brüggemann*³ § 39 Rdn 2; das Meinungsbild ist im Einzelnen unübersichtlich, s. etwa ADS Rdn 19 f (spätestens erster erfolgswirksamer Geschäftsvorfall); dem zust. MünchKommHGB/*Ballwieser*³ Rdn 13; Baetge/Kirsch/Thiele/*Kirsch/Harms/Siegel* BilR Rdn 32 (erster Geschäftsvorfall); *Hoffmann* StuB 2009, 867 (867) (erster buchungspflichtiger Geschäftsvorfall).

81 Ähnlich HdR-EA/*Ellerich/Swart* Rdn 7.

82 Ganz hM, s. etwa Baetge/Kirsch/Thiele/*Kirsch/Harms/Siegel* BilR Rdn 32; HdR-EA/*Ellerich/Swart* Rdn 7.

83 Ausführlich zur Regelung vor dem BilRiLG und zur Diskussion im Schrifttum Staub/*Hüffer*⁴ Rdn 28 m. zahlr. Nachw.

HGB-E[84] zwischen ordnungsmäßigem Geschäftsgang und unverzüglicher Aufstellung differenziert und für die Eröffnungsbilanz auf den ordnungsmäßigem Geschäftsgang abgestellt haben. Weil sich an der allgemeinen Frist für die Aufstellung des Jahresabschlusses erklärtermaßen nichts ändern sollte,[85] ist unter normalen Umständen davon auszugehen, dass eine Aufstellung der Eröffnungsbilanz innerhalb von drei Monaten jedenfalls, innerhalb von sechs Monaten regelmäßig noch einem ordnungsmäßigem Geschäftsgang entspricht (s. § 243 Rdn 31 ff).[86]

31 bb) **Kapitalgesellschaften.** Einen festen Zeitraum fixiert das HGB auch bei Kapitalgesellschaften und Personenhandelsgesellschaften i.S.d. § 264a nur für die Aufstellung der Jahresabschlüsse. In Übereinstimmung mit § 148 AktG a.F. schreibt § 264 Abs. 1 S. 3 eine Frist von **drei Monaten** vor. § 264 Abs. 1 S. 4 bestimmt für **kleine Kapitalgesellschaften** (§ 267 Abs. 1), dass diese den Jahresabschluss auch später aufstellen dürfen, wenn dies einem ordnungsgemäßen Geschäftsgang entspricht – jedenfalls aber innerhalb von **sechs Monaten** (vgl. früher § 41 Abs. 2 und 3 GmbHG a.F.). Weil für die Aufstellung der Eröffnungsbilanz keine besondere Regelung besteht, verbleibt es insoweit bei § 242 Abs. 1 S. 2, nunmehr aber nicht i.V.m. § 243 Abs. 3, sondern i.V.m. § 264 Abs. 1. Danach ergibt sich für große und mittlere Gesellschaften auch für die Aufstellung der Eröffnungsbilanz eine Frist von drei Monaten, für kleine Gesellschaften (sowie Kleinstkapitalgesellschaften, vgl. § 267a Abs. 1 und 2) eine Frist von drei bis maximal sechs Monaten nach Maßgabe des ordnungsmäßigen Geschäftsgangs.[87]

2. Entsprechende Anwendung der Vorschriften über die Bilanz

32 a) **Grundsatz.** Nach § 242 Abs. 1 S. 2 sind auf die Eröffnungsbilanz die Vorschriften über die Bilanz entsprechend anzuwenden; bezweckt ist damit nur eine Klarstellung.[88] Denn allein die entsprechende Anwendung der Vorschriften über die Bilanz ist auch sachgerecht, weil die bilanzielle Darstellung der Vermögens- und Kapitalstruktur zum Gründungsstichtag nicht nur der Selbstinformation der Gründer dient, sondern die Basis für die künftige Ermittlung des Gewinns durch die jährliche Bilanz legt (Bilanzkontinuität). Der Gewinn des ersten Geschäftsjahrs ist der Betrag, der sich ergibt, wenn vom Überschuss der Aktiva über die Passiva der in der Eröffnungsbilanz ausgewiesene Überschuss abgezogen wird. Aus dem einschränkenden Zusatz des Verweises in § 242 Abs. 1 S. 2 sowie aus der systematischen Stellung der Norm und dem Zusammenhang mit § 242 Abs. 1 S. 1 ergeben sich jedoch **zwei Beschränkungen**: Einerseits sind auf die Eröffnungsbilanz nur Vorschriften anzuwenden, die sich auf die Bilanz als separaten Teil des Jahresabschlusses beziehen; andererseits müssen die Vorschriften die Aufstellung des Jahresabschlusses betreffen.

b) Einzelfragen

33 **Allgemeines.** Die entsprechende Anwendung der Vorschriften über die Aufstellung der Bilanz bedeutet im Einzelnen: Die Eröffnungsbilanz ist entsprechend § 245 zu unterzeichnen; sie bedarf **keiner Feststellung** (**hM**, Rdn 22) und unterliegt als solche **nicht** der

[84] BT-Drucks. 10/317, S. 3.
[85] Beschlussempfehlung, BT-Drucks. 10/4268, S. 97.
[86] Wohl ebenso Baetge/Kirsch/Thiele/*Kirsch/Harms/Siegel* BilR Rdn 43.
[87] Baetge/Kirsch/Thiele/*Kirsch/Harms/Siegel* BilR Rdn 43; HdR-EA/*Ellerich/Swart* Rdn 6.
[88] Ausschussbericht, BT-Drucks. 10/4268, S. 97.

gesetzlichen Pflicht zur **Prüfung** (§§ 316 ff) und **Offenlegung** (§§ 325 ff).[89] Ansatzfähigkeit, Gliederung und Bewertung richten sich nach den einschlägigen Vorschriften, also für Einzelkaufleute und Personenhandelsgesellschaften nach § 243 Abs. 1 und 2, §§ 246 ff, §§ 252 ff; für Kapitalgesellschaften und Personenhandelsgesellschaften i.S.d. § 264a sind die ergänzenden Regeln der §§ 264 ff zu beachten.[90] Ein Wortbericht ist jedoch weder als **Anhang** noch als **Lagebericht** erforderlich, weil für den Beginn des Handelsgewerbes in § 242 Abs. 1 nur eine Eröffnungsbilanz vorgeschrieben ist und § 264 Abs. 1 daran nichts ändert.

Ansatz und Bewertung. Das in § 248 Abs. 1 ausgesprochene Aktivierungsverbot für **Gründungsaufwand und Beschaffung des Eigenkapitals** gilt gem. § 242 Abs. 1 S. 2 auch für die Eröffnungsbilanz;[91] zum Begriff des Gründungsaufwands vgl. Erl. zu § 248. Dagegen darf ein **Disagio** als Aufwand für die Beschaffung von Fremdkapital im Rahmen der Rechnungsabgrenzung gem. § 250 Abs. 3 auch in der Eröffnungsbilanz aktiviert werden (Wahlrecht). Ein entsprechendes allgemeines Aktivierungswahlrecht für **Ingangsetzungskosten** gibt es dagegen seit der Aufhebung des § 269 durch das BilMoG auch für Kapitalgesellschaften nicht mehr.[92] Die allgemeinen Bewertungsvorschriften des Handelsrechts sind anzuwenden. Bei barer Gründung ergeben sich keine Bewertungsprobleme. Die **Bewertung von Sacheinlagen** führt in der Praxis demgegenüber häufig zu Problemen. Im Gründungsrecht der Kapitalgesellschaften sind ferner die strengen Vorgaben hinsichtlich der Erfüllung von Einlagepflichten und die möglichen Folgen einer fehlerhaften Sacheinlage zu beachten (s. insbes. § 27 AktG, §§ 5 Abs. 4, 9, 19 GmbHG).[93] 34

3. Insbesondere: Bilanzen im Gründungsstadium von Kapitalgesellschaften

a) Eröffnungsbilanz

aa) Gesellschaftsrechtliche Grundlagen (Überblick). Im Entstehungsprozess der AG oder der GmbH sind drei Stadien zu unterscheiden:[94] das Stadium der **Vorgründungsgesellschaft,** das der **Vorgesellschaft** (sinngleich: Gründungsgesellschaft, Gründervereinigung) und schließlich dasjenige der als **juristische Person** entstandenen AG oder GmbH. Die die einzelnen Abschnitte trennenden Rechtsvorgänge sind die notarielle Feststellung der Satzung gem. § 23 AktG bzw. der Abschluss des Gesellschaftsvertrags in notarieller Form gem. § 2 GmbHG und die Eintragung der Gesellschaft in das Handelsregister (vgl. § 41 AktG bzw. § 11 GmbHG). Mit der Feststellung der Satzung beginnt die Vorgesellschaft. Die Eintragung in das Handelsregister bewirkt ihren liquidationslosen Untergang und lässt zugleich die AG oder GmbH als juristische Person entstehen. Die Vorgesellschaft (Vor-AG oder Vor-GmbH) ist eine als Gesamthand strukturierte Gesellschaft eige- 35

---

[89] Ganz hM, s. etwa Baumbach/Hopt/*Merkt* Rdn 1; Baumbach/Hueck/*Schulze-Osterloh* GmbHG[18] § 41 Rdn 61; BoHdR-*Kirsch* Rdn 66 f; ausf. zum Ganzen Baetge/Kirsch/Thiele/*Kirsch/Harms/Siegel* BilR Rdn 64 ff.

[90] Vgl. BoHdR-*Kirsch* Rdn 46 ff.

[91] Budde/Förschle/Winkeljohann/*Förschle/Kropp* Sonderbilanzen[4] Abschn. B Rdn 92 (für die Eröffnungsbilanz des Einzelkaufmanns).

[92] Vgl. zur Rechtslage vor dem BilMoG Staub/*Hüffer*[4] Rdn 33.

[93] Vgl. dazu ausführlich die gesellschaftsrechtliche Kommentarliteratur; Überblick etwa bei *Hüffer* AktG § 27 Rdn 1 ff (zur AG) sowie Lutter/Hommelhoff/*Bayer* GmbHG[18] § 5 Rdn 12 ff (zur GmbH).

[94] Seit der Leitentscheidung BGHZ 80, 129 sind die Aussagen des Textes nahezu unstreitig; es wird auf die ausf. Kommentierungen von MünchKommAktG/*Pentz* (zu § 41 AktG) sowie von *Ulmer*/Habersack/Winter GmbHG (zu § 11 GmbHG) verwiesen.

ner Art, die dem Recht der entstandenen juristischen Person unterliegt, soweit die jeweils in Betracht kommenden Vorschriften nicht gerade die Eintragung voraussetzen. Vor-AG oder Vor-GmbH nehmen deshalb, organschaftlich vertreten durch ihren Vorstand bzw. ihre Geschäftsführer, die Einlagen der Gründer an. Sie nehmen auch im Rahmen ihres jeweiligen satzungsmäßigen Zwecks am Rechtsverkehr teil. Dazu kann schon der Betrieb eines Handelsgewerbes gehören, und zwar insbes. dann, wenn ein bereits bestehendes Unternehmen als Sacheinlage eingebracht wird (vgl. schon § 238 Rdn 17).

36 Wie das **Rechtsverhältnis zwischen der Vorgesellschaft und der entstandenen juristischen Person** aufzufassen ist, ist nach wie vor umstritten. Einerseits wird angenommen, dass sich das liquidationslose Ende der Vorgesellschaft und die Entstehung der juristischen Person uno actu in einem **umwandlungsähnlichen Vorgang** vollziehen; die AG oder GmbH rückt hiernach also von Rechts wegen durch **Gesamtrechtsnachfolge** in die Rechte oder Verbindlichkeiten der Vorgesellschaft ein.[95] Weil die AG oder GmbH das Rechts- und Pflichtenleben ihrer Vorform weiterführt, kann in diesem Sinne schlagwortartig jedenfalls von Kontinuität gesprochen werden. Die Gegenauffassung geht noch einen Schritt weiter und betont, dass die Handelsregistereintragung keinen Rechtsübergang (Gesamtrechtsnachfolge), sondern allein eine Änderung der Organisationsform des Rechtsträgers bewirke; es bestehe **Identität** zwischen der Vorgesellschaft und der mit der Eintragung im Handelsregister als juristische Person entstehenden juristischen Person.[96] In den praktischen Auswirkungen unterscheiden sich die beiden Auffassungen kaum;[97] hinsichtlich der im Folgenden zu behandelnden bilanzrechtlichen Folgerungen bedarf es jedenfalls keiner Entscheidung.

37 bb) **Bilanzrechtliche Folgerungen.** Welche Konsequenzen sich aus der skizzierten gesellschaftsrechtlichen Lage für die Eröffnungsbilanz ergeben, ist noch immer nicht abschließend geklärt. Das Meinungsbild ist diffus; im Schrifttum wird auf die förmliche Errichtung, die tatsächliche Geschäftsaufnahme, die Anmeldung zum Handelsregister oder die Eintragung in das Handelsregister abgestellt.[98] Wegen des Zusammenspiels von Eröffnungsbilanz, Buchführung und Jahresabschluss muss der **Bilanzstichtag** für die Eröffnungsbilanz nach zutreffender hM mit dem **Beginn der Buchführungspflicht** zeitlich **zusammenfallen.**[99] Die Eröffnungsbilanz ist daher auf den Zeitpunkt des **Entstehens der Einlageforderungen** (also i.E. auf den Zeitpunkt der Errichtung) aufzustellen, da zu diesem Zeitpunkt auch die Buchführungspflicht beginnt (wohl allgM.; dazu § 238 Rdn 17).[100]

---

95 BGHZ 80, 129 (137 f, 140); BGH NJW 1982, 932; Baumbach/*Hueck/Fastrich* GmbHG[20] § 11 Rdn 56; *Meister* FS Werner (1984) S. 521 (525); *Hüffer* AktG § 41 Rdn 16 f.

96 BFH NZG 2002, 399 (400); Lutter/Hommelhoff/*Bayer* GmbHG[18] § 11 Rdn 5; MünchKommAktG/*Pentz* § 41 Rdn 107 f; *Ulmer*/Habersack/Winter GmbHG § 11 Rdn 89 f (formwechselnde Umwandlung).

97 Baumbach/*Hueck/Fastrich* GmbHG[20] § 11 Rdn 56 („iE ganz entsprechend").

98 Zum Meinungsstand etwa Baetge/Kirsch/Thiele/*Kirsch/Harms/Siegel* BilR Rdn 39; Budde/Förschle/Winkeljohann/*Förschle/Kropp/Schellhorn* Sonderbilanzen[4] Abschn. D Rdn 68 ff; *Joswig* S. 141 f.

99 S. etwa ADS Rdn 23; Baumbach/Hueck/*Schulze-Osterloh* GmbHG[18] § 41 Rdn 57; Budde/Förschle/Winkeljohann/*Förschle/Kropp/Schellhorn* Sonderbilanzen[4] Abschn. D Rdn 68; MünchKommHGB/*Ballwieser*[3] Rdn 13; Ebenroth/Boujong/Joost/Strohn/*Wiedmann* Rdn 6 (sinnvoll); **aA** *Joswig* DStR 1996, 1907, 1909.

100 Wohl hM, s. etwa Baumbach/Hueck/*Schulze-Osterloh* GmbHG[18] § 41 Rdn 57; *Rodewald* BB 1993, 1693 (1694 f); i.Erg. ebenso ADS Rdn 19; BoHdR-*Kirsch* Rdn 38; Ebenroth/Boujong/Joost/Strohn/*Wiedmann* Rdn 6 (sinnvoll); jedenfalls zweckmäßig nach HdR-EA/*Ellerich/Swart* Rdn 8; **aA** Budde/Förschle/Winkeljohann/*Förschle/Kropp/Schellhorn* Sonderbilanzen[4]

Wenn demgegenüber auf den Beginn der Geschäftstätigkeit der Vorgesellschaft abgestellt wird,[101] kann daraus in der Sache eigentlich nichts anderes folgen, weil das Entstehen der Einlageforderungen den ersten Geschäftsvorfall darstellt (§ 238 Rdn 17).[102] Nicht überzeugend ist es jedenfalls, die Vorgesellschaft vom Zeitpunkt der Errichtung an für buchführungspflichtig zu halten, eine Eröffnungsbilanz aber erst dann zu verlangen, wenn die Gesellschaft ein Handelsgewerbe betreibt bzw. wenn die Registereintragung erfolgt.[103]

Anderes gilt für die **Vorgründungsgesellschaft:**[104] Als Personengesellschaft kann sie nur nach den allgemeinen Grundsätzen zur Buchführung und zur Aufstellung einer Eröffnungsbilanz verpflichtet sein. Mit Errichtung der Vorgesellschaft kommt es zur Vollbeendigung der Vorgründungsgesellschaft; ein automatischer Übergang des Gesellschaftsvermögens und der Verbindlichkeiten auf die Vorgesellschaft im Wege der Gesamtrechtsnachfolge findet nicht statt – erforderlich ist vielmehr eine Einzelübertragung.[105] Daraus folgt, dass die Vorgesellschaft auch bei Buchführungspflicht der Vorgründungsgesellschaft stets eine eigene Eröffnungsbilanz aufstellen muss.[106] **37a**

Fraglich bleibt, ob neben der Eröffnungsbilanz der Vorgesellschaft eine **weitere Eröffnungsbilanz** auf den Zeitpunkt der Registereintragung aufzustellen ist. Dafür wird vorgebracht, dass der durch die Eintragung bewirkte Inhaberwechsel (AG oder GmbH statt Vorgesellschaft, Rdn 36) als Beginn eines neuen Handelsgewerbes zu qualifizieren sei.[107] Dies **überzeugt**, unabhängig davon, wie man das Rechtsverhältnis zwischen Vorgesellschaft und zur Entstehung gelangter juristischer Person (Rdn 36) qualifiziert, jedoch **nicht:**[108] Folgt man der gesellschaftsrechtlichen Identitätsthese, fehlt es zweifellos an einem Inhaberwechsel. Aber auch dann, wenn man von einer Gesamtrechtsnachfolge ausgeht, sprechen der Charakter der Vorgesellschaft als Durchgangsstadium und die allgemein anerkannte Kontinuität der Unternehmensträgerschaft gegen die Annahme eines Inhaberwechsels, der die Pflicht zur Aufstellung einer Eröffnungsbilanz gem. § 242 Abs. 1 S. 1 auslöst. Zwar ist richtig, dass die Vorgesellschaft eine Schlussrechnung über den abgeschlossenen Gründungsvorgang[109] und nach heute hM aus gesellschaftsrechtlichen Gründen eine **Vorbelastungsbilanz** (auch Kapitalaufbringungsbilanz, Vermögensbilanz; dazu Rdn 39) aufstellen muss; Letztere kann aber schon deshalb keine Eröff- **38**

Abschn. D Rdn 75 (erst Entgegennahme der Einlagen).

101 Beck BilKomm-*Winkeljohann/Philipps* Rdn 3 f; *Joswig* S. 141 ff; *Joswig* DStR 1996, 1907 (109 f); Koller/Roth/*Morck* Rdn 1.

102 Allerdings dürfte häufig der Beginn des tatsächlichen Geschäftsbetriebs gemeint sein; unklar ist dann aber schon, nach welchen Kriterien die Erfüllung dieser Voraussetzung beurteilt werden soll. Hier müsste man der Gesellschaft konsequenterweise ein kaufmännisches Ermessen einräumen (vgl. Rdn 29).

103 So aber Staub/*Hüffer*[4] Rdn 38 i.V.m. § 238 Rdn 16; ähnlich Baetge/Kirsch/Thiele/*Kirsch/Harms/Siegel* BilR Rdn 40.

104 Ausführlich zur Vorgründungsgesellschaft MünchKommAktG/*Pentz* § 41 Rdn 10 ff.

105 Ausführlich MünchKommAktG/*Pentz* § 41 Rdn 21.

106 Budde/Förschle/Winkeljohann/*Förschle/Kropp/Schellhorn* Sonderbilanzen[4] Abschn. D Rdn 78; **aA** *Hoffmann* StuB 2009, 867 (868).

107 So namentlich Staub/*Hüffer*[4] Rdn 38, unklar Baumbach/Hopt/*Merkt* Rdn 1 (zusätzliche Bilanz).

108 Ebenso Baumbach/Hueck/*Schulze-Osterloh* GmbHG[18] § 41 Rdn 57; Budde/Förschle/Winkeljohann/*Förschle/Kropp/Schellhorn* Sonderbilanzen[4] Abschn. D Rdn 70; HdR-EA/*Ellerich/Swart* Rdn 8; wohl auch Baetge/Kirsch/Thiele/*Kirsch/Harms/Siegel* BilR Rdn 40.

109 HdR-EA/*Ellerich/Swart* Rdn 8.

nungsbilanz i.S.d. § 242 Abs. 1 S. 1 sein, weil die Wertansätze sich nicht nach den §§ 252 ff richten, sondern nach den gesellschaftsrechtlichen Grundsätzen über die Bewertung von Sacheinlagen.[110] Einer weiteren Eröffnungsbilanz auf den Zeitpunkt der Registereintragung bedarf es daher nicht. Anderes gilt nur dann, wenn **Satzung oder Gesellschaftsvertrag** vorschreiben, dass für die Zeit ab Eintragung bis zum Bilanzstichtag des ersten Jahresabschlusses ein **Rumpfgeschäftsjahr** zu bilden ist; hier muss grundsätzlich eine zusätzliche Eröffnungsbilanz (für den Beginn des Rumpfgeschäftsjahrs) auf den Zeitpunkt der Eintragung aufgestellt werden.[111]

b) Vorbelastungsbilanz

39 **aa) Gesellschaftsrechtliche Grundlagen (Überblick).** Die früher verbreitete These vom Vorbelastungsverbot ist überholt. Seit der Grundsatzentscheidung BGHZ 80, 129 ist für die Praxis geklärt, dass **sämtliche Verbindlichkeiten** der Vorgesellschaft im Eintragungszeitpunkt auf die juristische Person übergehen. Die nach nahezu einhelliger Meinung[112] erforderliche wertmäßige Unversehrtheit des Grund- oder Stammkapitals soll nach der neueren Rechtsprechung des BGH[113] – der die anderen obersten Bundesgerichte und die Instanzgerichte sowie große Teile des Schrifttums folgen[114] – durch eine unbeschränkte proratarische Innenhaftung (sog. **Vorbelastungshaftung**; auch Unterbilanzhaftung; früher auch allgemeine Differenzhaftung), der Gesellschafter erreicht werden. Maßgeblicher Stichtag für die Unversehrtheit des Kapitals ist nach ganz hM der Tag der Eintragung.[115]

40 **bb) Notwendigkeit, Zweck und Begriff der Vorbelastungsbilanz.** Ob und in welchem Umfang der haftungsbegründende Tatbestand einer Vorbelastung/Unterbilanz gegeben ist, kann nur durch eine Bilanz ermittelt werden.[116] Als ihr Ziel wird vom BGH die „Feststellung eines Aktivüberschusses in Höhe der Stammkapitalziffer" (oder Grundkapitalziffer) angegeben.[117] Erforderlich ist also ein entsprechender Überschuss der Vermögenswerte über die Verbindlichkeiten. Danach erweist sich diese Bilanz als eine **Vermögensbilanz mit dem besonderen Ziel, die wertmäßige Aufbringung des Kapitals festzustellen.** Es handelt sich nicht um eine Eröffnungsbilanz i.S.d. § 242 Abs. 1 S. 1 (s. schon Rdn 38). Die aufzustellende Bilanz kann treffend als Kapitalaufbringungsbilanz bezeichnet werden.[118] Um Verwirrungen zu vermeiden, wird jedoch im Folgenden der heute verbreitete Begriff der Vorbelastungsbilanz verwendet; in der Sache ist das Gleiche gemeint.[119]

---

110 S. etwa MünchKommAktG/*Pentz* § 41 Rdn 118 ff; *Ulmer*/Habersack/Winter GmbHG § 11 Rdn 108.

111 Dazu ausführlich mit Darstellung von Gestaltungsmöglichkeiten Budde/Förschle/Winkeljohann/*Förschle/Kropp/Schellhorn* Sonderbilanzen[4] Abschn. D Rdn 77.

112 Anders mit beachtlichen Argumenten jüngst *Kersting* ZHR 175 (2011), 644; vgl. ferner bereits *Barz* GmbHR 1962, 189 (191).

113 BGHZ 134, 333.

114 Ausf. Nachw. zu Rechtsprechung und Schrifttum bei Lutter/Hommelhoff/*Bayer* GmbHG[18] § 11 Rdn 17.

115 Etwa BGHZ 80, 129 (141); 80, 182 (184); BGH NZG 2012, 539 (540); Baumbach/*Hueck/Fastrich* GmbHG[20] § 11 Rdn 64; *Ulmer*/Habersack/Winter GmbHG § 11 Rdn 108; für die AG: *Hüffer* AktG § 41 Rdn 9; MünchKommAktG/*Pentz* § 41 Rdn 118; **aA** (Zeitpunkt der Anmeldung) *Priester* ZIP 1982, 1141 (1146 ff); *K. Schmidt* ZHR 154 (1992), 93 (98 ff). Der Zeitpunkt der Anmeldung ist nach hM entscheidend, wenn eine sog. wirtschaftliche Neugründung vorliegt, s. etwa BGH NZG 2012, 539 (540 f); NZG 2011, 1066 (1067); *Hüffer* NZG 2011, 1257 (1259).

116 S. bereits BGHZ 80, 129 (140).

117 BGHZ 80, 129 (140).

118 Staub/*Hüffer*[4] Rdn 40.

119 Vgl. *Meister* FS Werner (1984) S. 521 (540); *Schulze-Osterloh* FS Goerdeler (1987) S. 531 (536).

cc) **Einzelfragen. Bewertung.** Die Einzelfragen zu Ansatz und Bewertung in der Vorbelastungsbilanz[120] müssen entsprechend dem besonderen Zweck dieser Bilanz entschieden werden. Aus der Diskussion sind die Behandlung von Gründungsaufwand, Ingangsetzungskosten und der Ansatz von Aktiva zu Fortführungs- oder Zerschlagungswerten herauszugreifen. **Gründungsaufwand** (i.S.d. §§ 26 Abs. 2 AktG, 9a Abs. 1 GmbHG) kann nach hM entgegen § 248 Abs. 1 (Rdn 34) aktiviert werden, soweit eine förmliche Übernahme in der Satzung bzw. im Gesellschaftsvertrag enthalten ist.[121] Dem ist beizupflichten, da der Verlust in der Bilanz ohne entsprechende Aktivierung nicht neutralisiert werden kann. § 248 Abs. 1 steht wegen des besonderen Zwecks der Vorbelastungsbilanz nicht entgegen. Auch die Aktivierung von **Ingangsetzungskosten** (§ 269 a.F.; die Vorschrift ist durch das BilMoG aufgehoben worden) ist vorgeschlagen worden.[122] Das war schon bisher nicht überzeugend,[123] weil es sich dabei nicht um einen realisierbaren Vermögenswert, sondern um eine bloße Bilanzierungshilfe gehandelt hat und das Risiko einer vorzeitigen Aufnahme der Geschäftstätigkeit gerade von den Gesellschaftern getragen werden soll, die diese Aufnahme zu verantworten haben. Hinsichtlich der Wertansätze **gelten** die **§§ 252 ff nicht.** Vermögensgegenstände sind unter Auflösung der stillen Reserven anzusetzen; auch nicht entgeltlich erworbene **immaterielle Vermögensgegenstände** können angesetzt werden, selbst wenn sie dem Aktivierungsverbot des § 248 Abs. 2 S. 2 unterliegen.[124] Eine **unternehmerisch tätige Vorgesellschaft** ist als Organisationseinheit mit dem Ertragswert zu bewerten (ein entsprechender Geschäfts- oder Firmenwert ist anzusetzen), wenn mit der Fortführung zu rechnen ist.[125] Im Übrigen sind für Vermögensgegenstände stille Reserven aufzulösen und **Fortführungswerte** anzusetzen, sofern von der Fortführung des Unternehmens auszugehen ist; sonst sind Liquidationswerte anzusetzen.[126] 41

4. Insbesondere: Keine Pflicht zur Aufstellung einer „BilMoG-Eröffnungsbilanz“. 42
Angesichts der umfassenden Änderung des HGB-Bilanzrechts durch das BilMoG wurde im Schrifttum vereinzelt die These vertreten, der Kaufmann müsse den Neustart nach dem BilMoG in einer separaten Bilanz – einer „BilMoG-Eröffnungsbilanz“ – abbilden.[127] Für eine solche Pflicht findet sich indes **keine gesetzliche Grundlage.** Die Voraussetzungen des § 242 Abs. 1 S. 1 sind nicht erfüllt und Sondervorschriften, wie sie z.B. das DMBilG für buchführungspflichtige Unternehmen mit Hauptniederlassung (Sitz) im

120 Vgl. dazu *Meister* FS Werner (1984) S. 521 (540 ff); MünchKommAktG/*Pentz* § 41 Rdn 118 ff; *Priester* ZIP 1982, 1141 (1142 f); *Schulze-Osterloh* FS Goerdeler (1987) S. 531 (537 ff); *Ulmer*/Habersack/Winter GmbHG § 11 Rdn 108 ff.

121 *Meister* FS Werner (1984) S. 521 (540 f); *Ulmer*/Habersack/Winter GmbHG § 11 Rdn 110.

122 *Priester* ZIP 1982, 1141 (1142 f).

123 Zu Recht ablehnend *Ulmer*/Habersack/Winter GmbHG § 11 Rdn 109.

124 MünchKommAktG/*Pentz* § 41 Rdn 119; *Schulze-Osterloh* FS Goerdeler (1987) S. 531 (540); *Ulmer*/Habersack/Winter GmbHG § 11 Rdn 109.

125 BGHZ 140, 35; s. ferner BGHZ 165, 391 (397); Baumbach/*Hueck*/*Fastrich* GmbHG[20] § 11 Rdn 64; Lutter/Hommelhoff/*Bayer* GmbHG[18] § 11 Rdn 34.

126 HM, s. etwa Baumbach/*Hueck*/*Fastrich* GmbHG[20] § 11 Rdn 64; *Ulmer*/Habersack/Winter GmbHG § 11 Rdn 109; nicht ganz eindeutig MünchKommAktG/*Pentz* § 41 Rdn 119; **aA** Staub/*Hüffer*[4] Rdn 41 (stets Fortführungswerte).

127 *Zwirner* DB 2010, 1844; *Zwirner* DB 2010, 2686; wohl auch *Petersen*/*Zwirner*/*Boecker* DB 2011, 255 (allerdings missverständlich, da sie im ersten Satz feststellen: „Es gibt keine gesetzliche Verpflichtung, eine eigenständige BilMoG-Eröffnungsbilanz zu erstellen.“).

Gebiet der ehemaligen DDR enthielt (Aufstellung eines Inventars und einer Eröffnungsbilanz in DM auf den 1.7.1990),[128] wurden mit dem BilMoG nicht geschaffen.[129]

IV. Aufstellung des Jahresabschlusses

43 1. **Bilanzstichtag.** Der Jahresabschluss (Begriff: Rdn 12) ist für den **Schluss des Geschäftsjahrs** aufzustellen (§ 242 Abs. 1 S. 1). Für die Dauer des Geschäftsjahrs gilt § 240 Abs. 2 S. 2. Es darf also zwölf Monate nicht überschreiten. Im Übrigen ist der Bilanzierungspflichtige frei, sein Geschäftsjahr selbst zu bestimmen. Es muss sich also nicht mit dem Kalenderjahr decken und darf ausnahmsweise auch kürzer sein als zwölf Monate (Rumpfgeschäftsjahr); wegen der Einzelheiten vgl. § 240 Rdn 36, 38. Bilanzstichtag ist demnach der letzte Tag des Monats, in dem das von dem Kaufmann oder der Gesellschaft festgesetzte Geschäftsjahr abläuft.

44 2. **Aufstellungsfrist.** Die Aufstellungsfrist ist nicht in § 242, sondern in § 243 Abs. 3 bestimmt. Einzelkaufleuten und Personenhandelsgesellschaften steht also vorbehaltlich der Sonderregelung für Kapitalgesellschaften und Personenhandelsgesellschaften i.S.d. § 264a (§ 264 Abs. 1 S. 3 und 4) die Zeit zur Verfügung, die einem **ordnungsmäßigen Geschäftsgang** entspricht. Kapitalgesellschaften und Personenhandelsgesellschaften i.S.d. § 264a müssen ihre Jahresabschlüsse in drei, als kleine Gesellschaften (§ 267 Abs. 1) in längstens sechs Monaten aufgestellt haben. Zur Konkretisierung des ordnungsmäßigen Geschäftsgangs vgl. § 243 Rdn 31 ff, zur Aufstellungsfrist bei der Eröffnungsbilanz oben Rdn 30 ff; zum Zeitpunkt der Aufstellung Rdn 18.

45 3. **Materielle und förmliche Anforderungen (Überblick und Weiterverweise).** Der Jahresabschluss besteht mindestens aus der **Bilanz** und der **GuV**, bei Kapitalgesellschaften überdies aus dem **Anhang** (§ 264 Abs. 1 S. 1; eine Ausnahme besteht gemäß § 264 Abs. 1 S. 5 unter den dort genannten Voraussetzungen für Kleinstkapitalgesellschaften [§ 267a Abs. 1]), bei bestimmten Kapitalgesellschaften zudem aus **Kapitalflussrechnung** und **Eigenkapitalspiegel** sowie fakultativ aus einer **Segmentberichterstattung** (§ 264 Abs. 1 2). Zu Begriff und Funktion der Bilanz vgl. oben Rdn 6 ff, zu Zweck und Inhalt der GuV Rdn 10 f. Der Jahresabschluss ist **in deutscher Sprache und in Euro** aufzustellen (§ 244; vgl. Erl. dort) und von dem Kaufmann, bei Gesellschaften von den Aufstellungsverantwortlichen **zu unterzeichnen** (§245; vgl. Erl. dort und oben Rdn 19). Die zentralen Anforderungen an den Inhalt normiert § 243. Danach muss der Jahresabschluss den GoB entsprechen (§ 243 Abs. 1, vgl. dort Rdn 6 ff) und dem Prinzip der Bilanzklarheit Rechnung tragen (§ 243 Abs. 2; vgl. dort Rdn 26 ff). Keine allgemeine Anwendung findet das Prinzip des *true and fair view* (§ 264 Abs. 2 Abs. 1); seine Geltung ist auf den Jahresabschluss der Kapitalgesellschaften beschränkt (vgl. Rdn 3 und § 243 Rdn 2). Präzisiert wird die Generalklausel des § 243 Abs. 1 schließlich durch die **Ansatz- und Bewertungsvorschriften** der §§ 246 ff, 252 ff, die für alle Jahresabschlüsse ohne Rücksicht auf die Rechtsform des Unternehmensträgers gelten.

---

[128] Vgl. dazu Ebenroth/Boujong/Joost/Strohn/*Kindler* Vorb. vor § 1 Rdn 56.

[129] Zutr. zur buchtechnischen Abwicklung der Umstellung *Hoffmann* StuB 2011, 201. Empirische Daten zur erstmaligen Anwendung des BilMoG finden sich bei *Keitz/Wenk/Jagosch* DB 2011, 2445 und 2503.

V. Befreiung von der Aufstellungspflicht (§ 242 Abs. 4)

Die mit dem BilMoG eingefügte Regelung **ergänzt** die in **§ 241a** (siehe Erl. dort) geregelte Befreiung für bestimmte Einzelkaufleute von der Buchführungspflicht; Einzelkaufleute i.S.d. § 241a sind auch von den Pflichten nach § 242 Abs. 1–3 befreit (zum Zeitpunkt der erstmaligen Anwendung Rdn 1). Das ist konsequent, weil Einzelkaufleute, die nach § 241a von der Buchführungspflicht befreit sind, sonst eine Eröffnungsbilanz und Jahresabschlüsse nach den handelsrechtlichen GoB aufstellen müssten – dies würde mittelbar zu einer Buchführungspflicht führen und die in § 241a vorgesehene Befreiung zumindest teilweise aushebeln.[130] Eine weitergehende Bedeutung kommt Abs. 4 nicht zu.[131] Inhaltlich wird daher auf die Erl. zu § 241a verwiesen. Nimmt der Einzelkaufmann die Befreiung in Anspruch, muss er das von ihm erstellte Rechenwerk (in der Praxis meist eine Einnahme-Überschussrechnung, s. § 241a Rdn 11) entgegen einer in der Literatur vertreten Auffassung[132] **nicht entsprechend § 245 unterzeichnen**, da § 242 Abs. 4 von der Aufstellung des Jahresabschluss insgesamt und damit von der Anwendung aller die Aufstellung betreffenden Vorschriften befreit. **46**

Nach § 241a hat der Einzelkaufmann ein Wahlrecht, auf die handelsrechtliche Buchführung zu verzichten (s. dort Rdn 7). § 242 Abs. 4 S. 1 scheint demgegenüber eine zwingende Befreiung zu enthalten. Nach dem Sinn und Zweck der Norm (Ergänzung der in § 241a enthaltenen Befreiung) ist diese Anordnung so zu verstehen, dass nur ein Einzelkaufmann, der die Befreiung nach § 241a **tatsächlich in Anspruch nimmt, unmittelbar** auch von den Pflichten nach § 242 Abs. 1–3 **befreit ist.**[133] Die Annahme eines Wahlrechts zur Inanspruchnahme der Befreiung nach § 242 Abs. 4, das unabhängig von der Inanspruchnahme der Befreiung nach § 241a ausgeübt werden kann, sofern nur die Tatbestandsvoraussetzungen des § 241a erfüllt sind,[134] lässt sich weder mit dem Wortlaut noch mit dem Zweck des § 242 Abs. 4 vereinbaren. Freilich bleibt es einem Einzelkaufmann, der die Befreiung des § 241a in Anspruch nimmt, unbenommen, freiwillig eine den Vorschriften der §§ 242 ff entsprechende Eröffnungsbilanz und oder entsprechende Jahresabschlüsse aufzustellen. Zum Erfordernis einer „Schlussbilanz" bei erstmaliger Inanspruchnahme der Befreiung s. Rdn 51 aE. **47**

Liegen die **Voraussetzungen** der Befreiung nach **§ 241a nicht mehr vor** (dazu § 241a Rdn 9) oder entschließt sich der Einzelkaufmann, auf die Befreiung künftig zu verzichten, muss er auf den Beginn des folgenden Geschäftsjahrs eine **Eröffnungsbilanz** nach § 242 Abs. 1 S. 1 aufstellen.[135] Dies folgt zwar nicht unmittelbar aus dem Wortlaut der Norm, da das Handelsgewerbe nicht neu beginnt.[136] Teleologisch und systematisch lässt **48**

130 HdR-EA/*Ellerich/Swart* Rdn 16.

131 Vgl. RegE BilMoG, BT-Drucks. 16/10067, S. 47; HdR-EA/*Ellerich/Swart* Rdn 15.

132 Beck BilKomm-*Winkeljohann/Schellhorn* § 245 Rdn 1 aE.

133 Zutr. Beck BilKomm-*Winkeljohann/Philipps* Rdn 14; wohl ebenso Baumbach/Hopt/*Merkt* § 241a Rdn 1; *Richter* FR 2009, 804 (805).

134 So Beck BilKomm-*Winkeljohann/Lawall* § 241a Rdn 6; HdR-EA/*Ellerich/Swart* Rdn 17; HdR-EA/*Ellerich* § 241a Rdn 13.

135 Baetge/Kirsch/Thiele/*Wolz* BilR § 241a Rdn 2; Beck BilKomm-*Winkeljohann/Philipps* Rdn 14; *H. Schmidt* BBK 2009, 535 (536); terminologisch anders (Bilanz auf den Schluss des Geschäftsjahrs, die die Funktion einer Eröffnungsbilanz hat), aber in der Sache ebenso HdR-EA/*Ellerich/Swart* Rdn 18; **aA** (Jahresabschluss für das abgelaufene Geschäftsjahr) BoHdR-*Kirsch* Rdn 93.

136 S. aber zur Frage, ob die Befreiung nach §§ 241a, 242 Abs. 4 möglicherweise Rückwirkungen auf die Einordnung der unternehmerischen Tätigkeit des Einzelkaufmanns als Handelsgewerbe hat, *Kersting* BB 2008, 790 (791 f).

sich die Pflicht aber daraus herleiten, dass die Eröffnungsbilanz einerseits als formeller Anfangspunkt der handelsrechtlichen Buchführungspflicht erforderlich ist und andererseits die Pflicht zur Aufstellung bei Beginn des Handelsgewerbes durch §§ 241a, 242 Abs. 4 auf den Zeitpunkt des späteren Beginns der Buchführungspflicht aufgeschoben wird. Für die Eröffnungsbilanz gelten die **allgemeinen Ansatz- und Bewertungsvorschriften.** Mangels gesetzlicher Grundlage ist es beim Übergang von der Einnahmen-Überschuss-Rechnung (dazu § 241a Rdn 10) zur Bilanzierung nicht zulässig, alle Geschäftsvorfälle, die bei der Einnahmen-Überschuss-Rechnung nicht erfasst wurden, dem ersten Bilanzgewinn hinzuzurechnen.[137]

VI. Rechtsfolgen bei Verletzung der Aufstellungspflicht

49 Der Kaufmann verletzt die Aufstellungspflicht nach § 242, wenn er den Jahresabschluss überhaupt nicht oder verspätet aufstellt. Für die Rechtsfolgen ist zu unterscheiden, ob es sich um den Abschluss eines Einzelkaufmanns oder einer Personenhandelsgesellschaft einerseits, einer Kapitalgesellschaft oder einer Personenhandelsgesellschaft i.S.d. § 264a andererseits handelt. Für Einzelkaufleute und Personenhandelsgesellschaften verbleibt es bei der **Strafdrohung** der §§ 283 Abs. 1 Nr. 7 lit. b, 283b Abs. 1 Nr. 3 lit. b StGB (vgl. § 238 Rdn 65 ff). Da die strafrechtlichen Vorschriften an die handelsrechtliche Pflicht zur Aufstellung der Bilanz anknüpfen, scheidet eine Strafbarkeit aus, wenn eine Einzelkaufmann gem. **§ 242 Abs. 4** von dieser Pflicht befreit ist (Rdn 47).[138] Für Kapitalgesellschaften und Personenhandelsgesellschaften i.S.d. § 264a ist neben den Insolvenzstraftaten insbes. § 335 S. 1 Nr. 1 (ggf. i.V.m. § 335b) zu beachten. Danach kann das Bundesamt für Justiz gegen die verantwortlichen Organmitglieder ein **Ordnungsgeldverfahren** durchführen, wenn die Pflicht zur Offenlegung des Jahresabschlusses und weiterer Unterlagen nach § 325 nicht (rechtzeitig) erfüllt wird; das Ordnungsgeldverfahren kann gemäß § 335 Abs. 1 S. 2 auch gegen die Gesellschaft durchgeführt werden.

VII. Exkurs: Schlussbilanz; Liquidationsbilanzen

50 **1. Einzelkaufleute.** § 242 regelt zwar die Bilanzierungspflicht für den Beginn und während der Dauer der kaufmännischen Tätigkeit. Weder hier noch an anderer Stelle ist aber die Frage geregelt, ob und wie bei Ende der bilanzierungspflichtigen Tätigkeit Rechnung zu legen ist. Häufig wird insoweit davon gesprochen, dass der Kaufmann eine **Schlussbilanz** aufzustellen habe.[139] Das ist richtig, darf aber nicht dahin verstanden werden, dass eine Sonderbilanz erforderlich sei. Weil es für den Einzelkaufmann keine Abwicklungspflicht gibt, besteht nämlich auch kein besonderes Bedürfnis für eine Sonderbilanz (mit besonderem Bilanzzweck), wenn er seine Tätigkeit aufgibt. Die Schlussbilanz ist deshalb nichts anderes als die Bilanz i.S.d. § 242 Abs. 1 S. 1 für das letzte Geschäftsjahr. Wenn dieses kürzer als zwölf Monate ist, muss für dieses (kürzere) letzte Geschäftsjahr als Rumpfgeschäftsjahr Rechnung gelegt werden. Gem. § 242 Abs. 2 wird man neben der Schlussbilanz auch eine letzte GuV fordern müssen.

---

[137] So aber Beck BilKomm-*Winkeljohann/Lawall* § 241a Rdn 9; dagegen zutr. HdR-EA/*Ellerich* § 241a Rdn 19.

[138] Zu den Auswirkungen der §§ 241a, 242 Abs. 4 auf die Insolvenzstraftaten ausführlich *Ebner* wistra 2010, 92.

[139] Vgl. z.B. HdR-EA/*Ellerich/Swart* Rdn 14.

Kleingewerbe. Befreiung gem. §§ 241a, 242 Abs. 4. Die vorstehenden Grundsätze (Rdn 50) gelten nicht nur, wenn die bilanzierungspflichtige Tätigkeit gänzlich aufgegeben wird, sondern auch dann, wenn die Pflicht zur Rechnungslegung infolge des Absinkens auf ein Kleingewerbe endet, genauer, wenn das Gewerbe zwar noch betrieben wird, aber keine kaufmännische Betriebsorganisation mehr erfordert (vgl. § 1 Abs. 2).[140] Nach dem hier vertretenen Verständnis des § 5 führt aber nicht schon das Absinken auf ein Kleingewerbe, sondern erst die Löschung der Firma im Handelsregister dazu, dass die handelsrechtliche Pflicht zur Buchführung endet (vgl. § 238 Rdn 8). Die in Rdn 50 ausgeführten Grundsätze gelten schließlich auch, wenn künftig die Befreiung gem. §§ 241a, 242 Abs. 4 in Anspruch genommen wird. **51**

2. Liquidationsbilanzen. Liquidationsbilanzen sind erforderlich, wenn die bilanzierungspflichtige Tätigkeit von einer **Handelsgesellschaft** getragen wird (§§ 154, 161 Abs. 2; § 270 AktG; § 71 Abs. 1–3 GmbHG); denn die Gesellschaft besteht ungeachtet der durch die Auflösung bewirkten Änderung des Gesellschaftszwecks zumindest bis zum Abwicklungsende weiter und muss auch für diesen Zeitraum Rechnung legen. Die Rechtslage ist sehr umstritten und kann hier nur angerissen werden. Bei **Personenhandelsgesellschaften**[141] wird bereits unterschiedlich beurteilt, ob die Liquidationsrechnungslegung nach § 154 nur interne Wirkung hat und daher neben die weiter zu führende externe Rechnungslegung nach §§ 238 tritt (so die heute wohl hM) oder letztere ersetzt.[142] Bei **AG und GmbH** wird die externe Rechnungslegung demgegenüber nach allgemeiner Ansicht durch die Liquidationsrechnungslegung ersetzt; § 270 AktG, § 71 Abs. 1–3 GmbHG sind Spezialvorschriften zu den §§ 238 ff, 242 ff.[143] Fällt der Liquidationsbeginn mit dem Ende eines Geschäftsjahrs zusammen, ist für das abgelaufene Geschäftsjahr eine **Schlussbilanz** i.S.d. § 242 Abs. 1 S. 1 (vgl. Rdn 50) zu erstellen.[144] Umstritten ist, ob dies auch dann gilt, wenn die Auflösung der Gesellschaft (wie regelmäßig) während eines Geschäftsjahrs erfolgt. Nach überwiegender Auffassung müssen AG und GmbH in diesem Fall zusätzlich zur **Liquidationseröffnungsbilanz** für die letzte Periode werbender Tätigkeit (Rumpfgeschäftsjahr) eine Schlussbilanz i.S.d. § 242 Abs. 1 S. 1 aufstellen.[145] Erforderlich sind schließlich im weiteren Verlauf **Liquidationsjahresabschlüsse.**[146] Den Abschluss bildet eine **Schlussrechnung** (vgl. § 273 Abs. 1 S. 1 AktG), die nicht zwingend in Bilanzform aufgestellt werden muss; i.d.R. wird diese jedoch zweckmäßig sein.[147] **52**

---

140 BGH BB 1954, 951; HdR-EA/*Ellerich/Swart* Rdn 14.

141 Vgl. zur Liquidationsrechnungslegung in der GbR BGH NZG 2011, 697.

142 Dazu ausführlich Budde/Förschle/Winkeljohann/*Förschle/Deubert* Sonderbilanzen[4] Abschn. S Rdn 40 ff; Ebenroth/Boujong/Joost/Strohn/*Hillmann* § 154 Rdn 1 ff.

143 Zur Rechnungslegung der GmbH in der Liquidation *Peetz* GmbHR 2007, 858.

144 BoHdR-*Kirsch* Rdn 72.

145 S. etwa BayObLG DB 1994, 523 (524); *Hüffer* AktG § 270 Rdn 3 mwN; dagegen mit ausf. Darstellung Budde/Förschle/Winkeljohann/*Förschle/Deubert* Sonderbilanzen[4] Abschn. T Rdn 45 ff.

146 Dazu Budde/Förschle/Winkeljohann/*Förschle/Deubert* Sonderbilanzen[4] Abschn. T Rdn 195 ff.

147 Vgl. *Hüffer* AktG § 273 Rdn 3.

§ 243
Aufstellungsgrundsatz

(1) Der Jahresabschluß ist nach den Grundsätzen ordnungsmäßiger Buchführung aufzustellen.

(2) Er muß klar und übersichtlich sein.

(3) Der Jahresabschluß ist innerhalb der einem ordnungsmäßigen Geschäftsgang entsprechenden Zeit aufzustellen.

Schrifttum

(vgl. auch die Angaben vor § 238). *Blumers* Bilanzierungstatbestände und Bilanzierungsfristen im Handelsrecht und Strafrecht (1983); *ders.* Neue handels- und steuerrechtliche Bilanzierungsfristen und die Risiken der neuen Rechtslage, DB 1986, 2033; *Claussen* Zum Stellenwert des § 264 Abs. 2 HGB, Festschrift Goerdeler (1987) S. 79; *Großfeld/Reemann* Die neue Genossenschaftsbilanz, Festschrift Goerdeler (1987) S. 149; *Hoffmann* Die Gliederung des Jahresabschlusses von nicht publizitätspflichtigen Vollkaufleuten (Einzelunternehmen, Personenhandelsgesellschaften) nach künftigem Handelsrecht, BB 1985, 630; *IDW* RS HFA 7 Zur Rechnungslegung bei Personenhandelsgesellschaften, WPg Supplement 1/2012, 73; *Leffson* Die beiden Generalnormen, Festschrift Goerdeler (1987) S. 315; *Meilicke* Probleme der Bilanzierungsfristen, BB 1984, 893; *Moxter* Fundamentalgrundsätze ordnungsmäßiger Rechenschaft, Festschrift Leffson (1976) S. 87; *Moxter* Zum Sinn und Zweck des handelsrechtlichen Jahresabschlusses nach neuem Recht, Festschrift Goerdeler (1987) S. 361; *Welf Müller* Zur Rangordnung der in § 252 Abs. 1 Nr. 1 bis 6 HGB kodifizierten allgemeinen Bewertungsgrundsätze, Festschrift Goerdeler (1987) S. 397; *Reichel* Zeitpunkt der Bilanzaufstellung und Ordnungsmäßigkeit der Buchführung, BB 1981, 708; *Rodewald* Der maßgebliche Zeitpunkt für die Aufstellung von GmbH-Eröffnungsbilanzen, BB 1993, 1693; *Sarx* Grenzfälle des Grundsatzes der Unternehmensfortführung im deutschen Bilanzrecht, Festschrift Budde (1995) S. 561; *Schulze-Osterloh* Die Rechnungslegung der Einzelkaufleute und Personenhandelsgesellschaften nach dem Bilanzrichtliniengesetz, ZHR 150 (1986) 403.

Übersicht

I. Grundlagen

1. Regelungsgegenstand und -zweck

a) **§ 243 als Generalnorm.** Während § 242 die Pflicht zur Aufstellung eines Jahresabschlusses begründet (§ 242 Rdn 1), bezeichnet § 243 die allgemeinen Anforderungen, denen der Aufstellungspflichtige in sachlicher und zeitlicher Hinsicht genügen muss. Der Jahresabschluss ist gem. § 243 Abs. 1 nach den Grundsätzen ordnungsmäßiger Buchführung aufzustellen; gemeint sind hier die GoB in ihrer Ausprägung als Grundsätze ordnungsmäßiger Bilanzierung (**GoBil**), dazu Rdn 5 und § 238 Rdn 46. Der Aufstellungspflichtige muss insbesondere dem Prinzip der Bilanzklarheit Rechnung tragen (§ 243 Abs. 2) und er darf sich mit der Aufstellung nicht mehr Zeit lassen, als es dem ordnungsmäßigen Geschäftsgang entspricht (§ 243 Abs. 3). § 243 nimmt unter Erweiterung des Adressatenkreises (vgl. Rdn 4) Teile der Bilanzzielbestimmung auf, die vor dem BiRiLG in § 149 Abs. 1 AktG a.F. enthalten war.[1] Zugleich ergänzt sie § 238 Abs. 1, indem sie klarstellt, dass die GoB nicht nur für die Buchführung, sondern auch für den Jahresabschluss maßgeblich sind. 1

Wie schon § 242 (vgl. dort Rdn 3), so ist auch § 243 Teil der im Rechtsausschuss des Bundestags erarbeiteten **Neukonzeption.** Der Regierungsentwurf verwies in § 39 Abs. 2 HGB-E auch für die Bestimmung des Bilanzziels auf § 237 HGB-E; damit wäre allen Bilanzierungspflichtigen vorgeschrieben worden, durch den Abschluss „ein den tatsächlichen Verhältnissen entsprechendes Bild der Vermögens-, Finanz- und Ertragslage des Unternehmens zu vermitteln" (vgl. jetzt § 264 Abs. 2 S. 1). Weil der Gesetzgeber die damit verbundenen inhaltlichen Anforderungen für Einzelkaufleute und Personenhandelsgesellschaften nicht übernehmen wollte, musste der Verweis in § 39 Abs. 2 HGB-E entfallen.[2] 2

b) **Regelungszweck.** Die Generalnorm hat drei Aufgaben, die sich als Sperr-, Auffang- und Leitfunktion bezeichnen lassen.[3] **Sperrfunktion.** Auch nach der Entscheidung für die Neukonzeption und die Streichung des Verweises in § 39 Abs. 2 HGB-E (Rdn 2) hatte der Gesetzgeber noch eine Regelungsalternative. Er stand vor der Frage, ob auf die gesetzliche Formulierung eines Aufstellungsgrundsatzes für Einzelkaufleute und Personenhandelsgesellschaften verzichtet, oder ob auch insoweit eine Generalnorm geschaffen 3

---

[1] Vgl. MünchKommAktG/*Luttermann*[2] §§ 243, 342 HGB Rdn 4.

[2] Ausschussbericht, BT-Drucks. 10/4268, S. 96 (vgl. auch das Zitat in § 242 Rdn 3 aE).

[3] Zust. Baetge/Kirsch/Thiele/*Thiele/Brötzmann* BilR Rdn 2; krit. BoHdR-*Kirsch* Rdn 7.

werden sollte. In der Anhörung durch den Unterausschuss gab es zu dieser Frage verschiedene Ansichten.[4] Der Gesetzgeber hat sich letztlich für die Generalnorm in § 243 entschieden, damit die für Kapitalgesellschaften getroffene Regelung, insbesondere die in § 264 Abs. 2 S. 1 enthaltene Bilanzzielbestimmung, nicht verallgemeinert wird.[5] **Auffangfunktion.** Der allgemeine Verweis in 243 Abs. 1 auf die GoB erlangt dort Bedeutung, wo konkrete gesetzliche Einzelvorschriften fehlen. Dann greift die Generalklausel ein und der unbestimmte Rechtsbegriff der GoB muss mit Hilfe der anerkannten juristischen Methoden der Rechtsanwendung konkretisiert werden (vgl. ausführlich § 238 Rdn 41 ff). In seiner praktischen Bedeutung ist § 243 Abs. 1 S. 1 insoweit allerdings nicht mit § 238 Abs. 1 S. 1 vergleichbar, weil die wesentlichen GoBil vollständig kodifiziert worden sind (vgl. noch Rdn 6 ff), während das Gesetz hinsichtlich der die Buchführung betreffenden GoB (vgl. § 238 Rdn 46) nach wie vor kaum Detailregeln enthält. **Leitbildfunktion.** § 243 Abs. 1 i.V.m. § 238 Abs. 1 sowie § 243 Abs. 2 umschreiben schließlich das Leitbild, dem jeder Jahresabschluss genügen muss; für Kapitalgesellschaften treten die zusätzlichen Anforderungen des § 264 Abs. 2 S. 1 hinzu.[6]

4 2. **Normadressaten.** § 243 gilt für alle bilanzierungspflichtigen **Einzelkaufleute** (Ausnahmen von der Bilanzierungspflicht bestehen nach §§ 241a, 242 Abs. 4, s. Erl. dort) und **Personenhandelsgesellschaften** sowie auch für **Kapitalgesellschaften.** Das folgt aus der systematischen Stellung der Vorschrift im Ersten Abschnitt, aus dem systematischen Zusammenhang mit § 242 und § 264 sowie aus ihrer Entstehungsgeschichte (Rdn 2). Während § 242 den Kaufmann anspricht und damit jeden meint, der nach § 238 buchführungspflichtig ist (§ 242 Rdn 4), beschränkt sich § 264 als Spitzenvorschrift des Zweiten Abschnitts auf Ergänzungen und Modifikationen für die Jahresabschlüsse von Kapitalgesellschaften und Personenhandelsgesellschaften i.S.d. § 264a.

5 3. **Grundbegriffe: Jahresabschluss und GoB bzw. GoBil (Weiterverweise).** Der in § 243 vorausgesetzte **Begriff des Jahresabschlusses** ist in § 242 Abs. 3 definiert (s. dort Rdn 12). Der Jahresabschluss besteht aus der Bilanz und der GuV, bei Kapitalgesellschaften und Personenhandelsgesellschaften i.S.d. § 264a zusätzlich aus dem Anhang (§ 264 Abs. 1 S. 1; eine Ausnahme besteht gemäß § 264 Abs. 1 S. 5 unter den dort genannten Voraussetzungen für Kleinstkapitalgesellschaften i.S.d. § 267a Abs. 1). Kapitalmarktorientierte Kapitalgesellschaften i.S.d. § 264d müssen ihren Jahresabschluss zusätzlich um eine Kapitalflussrechnung und einen Eigenkapitalspiegel erweitern; das gilt allerdings nur, wenn keine Pflicht zur Aufstellung eines Konzernabschlusses besteht; sie können den Jahresabschluss zusätzlich um eine Segmentberichterstattung erweitern (§ 264 Abs. 1 S. 2). Die Bilanz ist die auf Gewinnermittlung gerichtete Vermögensbilanz (§ 242 Rdn 8). Die in § 243 Abs. 1 angesprochenen „Grundsätze ordnungsmäßiger Buchführung" sind die GoBil (§ 238 Rdn 46). Zu Rechtsnatur und Herleitung der GoB gilt das Gleiche wie zu § 238; vgl. dort Rdn 35 ff, besonders 43 ff.

---

[4] Vgl. *Helmrich* BiRiLiG S. 44 ff.

[5] Ausschussbericht, BT-Drucks. 10/4268, S. 88 li. Sp.: Nach dem Mehrheitswillen keine pauschale Übertragung der für Kapitalgesellschaften vorgeschriebenen Regelungen.

[6] Krit. zu dieser Unterscheidung MünchKomm-AktG/*Luttermann*[2] §§ 243, 342 HGB Rdn 9 f.

II. Verbindlichkeit der GoB für den Jahresabschluss (§ 243 Abs. 1)

1. Vor dem BiRiLiG anerkannte wesentliche GoBil (Übersicht). Schon vor der umfassenden gesetzlichen Fixierung des Bilanzrechts durch das BiRiLiG waren als GoBil anerkannt:[7] das Prinzip der **Bilanzwahrheit** im Sinne von Vollständigkeit und Richtigkeit der Rechnungslegung; das Prinzip der **Bilanzklarheit**; das Prinzip der **Bilanzkontinuität** im Sinne formeller Kontinuität (Identität) und materieller Kontinuität (Bewertungsstetigkeit); das **Stichtagsprinzip**; das **Bruttoprinzip** (Saldierungsverbot); ferner aus dem Bereich der Bewertungsregeln das Prinzip des ***going-concern***, der Grundsatz der **Einzelbewertung** und das **Vorsichtsprinzip** in seinen Ausprägungen als Realisationsprinzip, Imparitätsprinzip und Niederstwertprinzip. 6

2. Kodifizierung der wesentlichen GoBil

a) Allgemeines. Der Gesetzgeber des BiRiLiG hat die in Rdn 6 genannten GoBil in §§ 242, 246 ff im Wesentlichen kodifiziert. Sie müssen insoweit also nicht mehr aus der Generalklausel des § 243 Abs. 1 hergeleitet werden, sondern gelten kraft ausdrücklicher gesetzlicher Anordnung. Wenn deshalb allerdings wie in der Vorauflage von **gesetzlichen GoB/GoBil** gesprochen wird,[8] so ist dies zumindest missverständlich; es entsteht der Eindruck, nicht ausdrücklich kodifizierte GoB/GoBil hätten keinen Gesetzesrang. Das Gegenteil ist der Fall: Auch die aus den Generalklauseln in §§ 238 Abs. 1 S. 1, § 243 Abs. 1 abgeleiteten GoB/GoBil stellen zwingende gesetzliche Vorgaben dar (vgl. insbesondere § 238 Rdn 44a).[9] Wenn man daher eine besondere Bezeichnung für die mit dem BilRiG kodifizierten GoBil verwenden will, sollte man von **normierten**[10] oder besser von **ausdrücklich kodifizierten**[11] GoB/GoBil sprechen (vgl. bereits § 238 Rdn 43 f). Die nachfolgende Darstellung beschränkt sich auf einen kurzen Überblick zu den mit dem BilRiLG ausdrücklich kodifizierten GoBil. Die Einzelfragen sind im jeweiligen Normzusammenhang erläutert. 7

b) Die Prinzipien

aa) Vollständigkeit (Bilanzwahrheit).[12] Der Grundsatz der Bilanzwahrheit ist in § 246 Abs. 1 in seiner Ausprägung als Vollständigkeitsgebot verankert.[13] Eine weitergehende Vorschrift, nach welcher der Jahresabschluss auch „richtig" sein müsse, ist nicht erforderlich; denn der Jahresabschluss ist für das Handelsrecht grundsätzlich **„richtig"**, wenn er fachgerecht aufgestellt ist, also den gesetzlichen Vorschriften einschließlich der nicht ausdrücklich kodifizierten GoB entspricht. Angemerkt sei aber, dass das Handelsrecht keinen rein objektiven Fehlerbegriff kennt. Auch eine Bilanz, die den tatsächlichen Ver- 8

---

[7] Vgl. noch *Kropff* in Geßler/Hefermehl AktG § 149 Rdn 41 ff.

[8] Staub/*Hüffer*[4] Rdn 7.

[9] Zutr. und eindeutig HdJ – *Baetge/Zülch* Abt. I/2 Rdn 2.

[10] S. etwa Koller/Roth/*Morck* Rdn 2.

[11] S. etwa Baetge/Kirsch/Thiele/*Thiele/Brötzmann* BilR Rdn 22; HdJ - *Baetge/Zülch* Abt. I/2 Rdn 12; MünchKommHGB/*Ballwieser*[3] Rdn 9.

[12] Zur Bedeutung für die GuV OLG Hamburg AG 2006, 45 (48); zust. Baumbach/Hopt/*Merkt* Rdn 5 aE.

[13] Baumbach/Hopt/*Merkt* Rdn 5; die Terminologie ist nicht einheitlich, anders z.B. MünchKommHGB/*Ballwieser*[3] Rdn 9, 12, der das Prinzip der Bilanzwahrheit und das Vollständigkeitsgebot unverbunden nebeneinander stellt und die Bilanzwahrheit zu den unkodifizierten GoB zählt. In der Sache dürfte jedoch Einigkeit bestehen.

hältnissen nicht entspricht oder Rechtsvorschriften verletzt, ist nach den handelsrechtlichen GoB als richtig anzusehen, wenn ein pflichtgemäß und gewissenhaft handelnder Kaufmann nach den ihm zur Verfügung stehenden Erkenntnismöglichkeiten von der Richtigkeit ausgehen durfte (sog. **normativ-subjektiver Fehlerbegriff**).[14]

9 bb) **Bilanzklarheit.** Nach § 243 Abs. 2 muss der Jahresabschluss klar und übersichtlich sein. Diesem Ziel dienen auch die in § 238 Abs. 1 S. 2 geforderte Überschaubarkeit (§ 238 Rdn 56 ff), das Verrechnungsverbot des § 246 Abs. 2 (dazu Rdn 12) und die allgemeine Gliederungsvorschrift des § 247. Zu Einzelheiten vgl. noch Rdn 26 ff.

10 cc) **Bilanzkontinuität.** Zu unterscheiden ist zwischen formeller und materieller Kontinuität. Die Forderung nach **formeller** Kontinuität oder Bilanzidentität beinhaltet zunächst, dass die Wertansätze aus der Bilanz auf den Schluss des abgelaufenen Geschäftsjahrs in die Eröffnungsbilanz[15] des neuen Geschäftsjahrs übernommen werden müssen (§ 252 Abs. 1 Nr. 1). Nicht generell kodifiziert, aber auch für Einzelkaufleute und Personenhandelsgesellschaften unverzichtbar ist darüber hinaus die formelle Kontinuität in der Ausprägung der Gliederungsstetigkeit.[16] **Materielle** Kontinuität bedeutet Bewertungsstetigkeit, also die Beibehaltung der einmal angewandten Bewertungsmethoden (§ 252 Abs. 1 Nr. 6[17]), und – jedenfalls seit dem BilMoG – auch Ansatzstetigkeit (§ 246 Abs. 3).

11 dd) **Stichtagsprinzip.** Nach dem Stichtagsprinzip soll der Jahresabschluss das Verhältnis von Vermögen und Schulden so darstellen, wie es sich am Abschlussstichtag ergibt; der Abschlussstichtag ist wiederum mit dem Schluss des Geschäftsjahrs identisch (§ 242 Rdn 43). Auf diesem Prinzip beruht die in § 242 Abs. 1 und 2 getroffene Regelung. Zusammen mit dem Grundsatz kaufmännischer Vorsicht bildet das Stichtagsprinzip die Basis für das Realisations- und das Imparitätsprinzip, die gleichfalls gesetzlich fixiert worden sind (§ 252 Abs. 1 Nr. 4; vgl. noch Rdn 15), ferner für das Gebot, wertaufhellende, also vor dem Bilanzstichtag entstandene, aber erst nachher bekannt gewordene Tatsachen im Gegensatz zu wertbeeinflussenden Tatsachen zu berücksichtigen (gleichfalls § 252 Abs. 1 Nr. 4).

12 ee) **Bruttoprinzip (Verrechnungsverbot).** Nach dem Bruttoprinzip dürfen aktive und passive Posten der Bilanz sowie Ertrags- und Aufwandspositionen der GuV nicht miteinander verrechnet (saldiert) werden. Eine Verrechnung würde regelmäßig gegen die Forderung nach Bilanzklarheit (Rdn 9) und gegen das Vollständigkeitsgebot (Rdn 8) verstoßen. Sie ist deshalb in § 246 Abs. 2 S. 1 grundsätzlich verboten; es bestehen aber Ausnahmen, s. seit BilMoG insbesondere § 246 Abs. 2 S. 2 sowie § 254.

---

[14] S. nur *IDW* RS HFA 6 Tz. 14; ADS § 172 AktG Rdn 43; *Balthasar* Die Bestandskraft handelsrechtlicher Jahresabschlüsse (1999) S. 129 ff; Baumbach/Hueck/*Schulze-Osterloh* GmbHG[18] § 42 Rdn 568; Beck BilKomm-*Grottel/Schubert* § 253 Rdn 805; *Kaiser* Berichtigung und Änderung des handelsrechtlichen Jahresabschlusses (2000) S. 71 ff.; *Küting/Ranker* WPg 2005, 1 (2 ff); *W. Müller* FS Quack (1991) S. 359 (366 f); MünchKommAktG/*Hennrichs/Pöschke* § 172 Rdn 76; *Prinz* FS W. Müller (2001) S. 687 (690, 693). Zur abweichenden Rechtslage im Steuerrecht s. BFH GrS DStR 2013, 633; zu möglichen Auswirkungen dieser Entscheidung auf das Handelsrecht s. *Hennrichs* NZG 2013, 681 m.N. zur Diskussion.

[15] Gemeint ist hier nicht die Eröffnungsbilanz auf den Beginn des Handelsgewerbes i.S.d. § 242 Abs. 1 S. 1, sondern die buchhalterischen Ausgangsgrößen für die Buchführung im folgenden Geschäftsjahr.

[16] Beck BilKomm-*Förschle/Usinger* Rdn 65.

[17] Zur klarstellenden Änderung der Vorschrift durch das BilMoG vgl. Begr. RegE BT-Drucks. 16/10067, S. 52.

ff) Prinzip des *going-concern*. Das Prinzip des *going-concern* besagt, dass bei der Bewertung grundsätzlich von der Prämisse fortgeführter Unternehmenstätigkeit auszugehen ist; die entsprechende Vorschrift findet sich in § 252 Abs. 1 Nr. 2. 13

gg) Einzelbewertung. Vermögensgegenstände, die bei wirtschaftlicher Betrachtung selbständig sind, also nicht zusammen mit anderen Gegenständen eine Nutzungs- und Funktionseinheit bilden, müssen je für sich bewertet werden. Die Bilanz muss also Wertsteigerungen und Wertverluste getrennt ausweisen und darf die Wertentwicklung nicht durch Zusammenrechnung verschleiern. Entsprechendes gilt für die Passivseite. Das Gebot der Einzelbewertung lässt sich nach seiner Funktion dem Bruttoprinzip (Rdn 12) an die Seite stellen und wie dieses auf die Gesichtspunkte der Klarheit und Vollständigkeit zurückführen. Die gesetzliche Grundlage ist § 252 Abs. 1 Nr. 3; vgl. auch § 240 Abs. 1 aE zur Inventur. 14

hh) Vorsichtsprinzip, besonders Realisations-, Imparitäts- und Niederstwertprinzip. Nach § 252 Abs. 1 Nr. 4 ist vorsichtig zu bewerten. Auf diesen Grundsatz lassen sich zunächst das Realisations- und das Imparitätsprinzip zurückführen, die das Gesetz als Beispiele („namentlich") zum Ausdruck bringt. **Realisationsprinzip** heißt: Ein Ertrag darf durch Aktivierung einer Forderung aus Lieferung oder Leistung nur und erst dann ausgewiesen werden, wenn er als Gegenleistung eigener vollständiger Vertragserfüllung verdient ist. Vorher verbleibt es beim Ansatz des Vermögensgegenstandes, und zwar höchstens mit den Anschaffungs- oder Herstellungskosten (§ 253 Abs. 1). **Imparitätsprinzip** bedeutet: Erträge einerseits, Risiken und Verluste andererseits sind ungleich zu behandeln. Letztere sind im Jahresabschluss schon vor ihrer Realisierung zu berücksichtigen, wenn sie bis zum Abschlussstichtag entstanden sind, auch wenn sie erst nach dem Bilanzstichtag, aber vor der Aufstellung des Abschlusses bekanntgeworden sind. Eine Ausprägung des Vorsichtsprinzips ist drittens das **Niederstwertprinzip.** Es bezweckt und bewirkt wie das Imparitätsprinzip die Vorwegnahme drohender oder schon eingetretener, aber noch nicht realisierter Verluste und bildet die gedankliche Basis der in § 253[18] getroffenen Regelung. Danach ist von den historischen Anschaffungs- oder Herstellungskosten auszugehen und dem Wertverlust durch Abschreibungen Rechnung zu tragen. 15

3. Zur Leitbildfunktion des § 243. Für sich genommen, also ohne den Zusammenhang mit anderen Vorschriften des Gesetzes, kann § 243 Abs. 1 die ihm zugedachte Leitbildfunktion nicht erfüllen. Der Hinweis auf die GoB bzw. GoBil ist für die Lösung von Bilanzierungsproblemen aus rechtstheoretischer Sicht nur eingeschränkt bedeutsam. Als unbestimmter Rechtsbegriff bedürfen die GoB selbst der wertenden Konkretisierung. Fehlt eine eindeutige Regelung des zur Bilanzierung stehenden Sachverhalts, muss der Bilanzierende durch systemorientierte, wertende Konkretisierung der allgemeinen Vorschriften ermitteln, welche bilanzielle Abbildung sich am besten in das System des HGB-Bilanzrechts einpasst und damit die „richtige" ist. Die in diesem Prozess abgeleitete Regel für die bilanzielle Abbildung entspricht den GoB im Sinne des HGB. Die GoB sind damit nichts anderes als das durch das Handelsbilanzrecht geschaffene und im Rahmen der methodischen Rechtsanwendung konkretisierte Gesamtsystem der Rechnungslegung nach dem HGB (zum Ganzen ausführlich § 238 Rdn 35 ff, insbes. 43 ff). 16

---

[18] Zu den umfassenden Änderungen der Vorschrift durch das BilMoG vgl. Begr. RegE BT-Drucks. 16/10067, S. 52 ff.

17 Ein aussagekräftiges Leitbild lässt sich deshalb nur aus dem **Zusammenhang des § 243 Abs. 1 mit anderen Vorschriften des Gesetzes** ableiten.[19] Nachdem die Bestimmung im Zuge der Neukonzeption (Rdn 2) durch gezielte Verkürzung des § 237 HGB-E entstanden ist und dabei den eigenen sachlichen Gehalt eingebüßt hat, ist sie unter Vergleich mit § 264 Abs. 2 aus den Buchführungsanforderungen des § 238 Abs. 1, ferner aus § 242 Abs. 1 und aus den besonders aussagekräftigen Bewertungsvorschriften[20] aufzufüllen. Danach ergibt sich als Leitbild, dem alle Bilanzierungspflichtigen gerecht werden müssen, ein Jahresabschluss, der durch die Darstellung des Verhältnisses von Vermögen und Schulden (§ 242 Abs. 1) einen Überblick über die Lage des Unternehmens vermittelt (§ 238 Abs. 1 S. 2). Die Lage des Unternehmens wird nicht durch einen Überschuldungsstatus, sondern durch den unter Schonung der Unternehmenssubstanz maximal verteilbaren Jahresgewinn ausgedrückt (§ 252 Abs. 1 Nr. 2 und 4). Eine Verfälschung des Bildes, die durch Anwendung des Vorsichtsprinzips (Rdn 15) entsteht, nimmt das Gesetz bewusst in Kauf. Dies ist auch bei der Konkretisierung der Anforderungen zu beachten, die für Kapitalgesellschaften aus der Forderung nach einem den tatsächlichen Verhältnissen entsprechenden Bild der Vermögens-, Finanz- und Ertragslage (§ 264 Abs. 2 S. 1) abgeleitet werden.

18 **4. Keine Geltung der Bilanzierungsregeln für Kapitalgesellschaften als GoB i.S.d. § 243 Abs. 1.** Die Generalklausel des 243 Abs. 1 soll nicht die Möglichkeit eröffnen, das Bilanzrecht der Kapitalgesellschaften nach §§ 264 ff zu verallgemeinern (vgl. schon Rdn 3: **Sperrfunktion**).[21] Dies folgt systematisch aus der gesetzgeberischen Formulierung eines Aufstellungsgrundsatzes für alle Bilanzierungspflichtigen in § 243 und einer nur ergänzenden Generalklausel für Kapitalgesellschaften in § 264 und entspricht auch dem Willen des Gesetzgebers. Nach der unmissverständlichen Erläuterung des Rechtsausschusses[22] soll mit dieser Aufteilung nach dem Willen der Ausschussmehrheit „einer pauschalen Übertragung der für Kapitalgesellschaften vorgeschriebenen Regelungen auf andere Rechtsformen", wie sie nach der Aktienrechtsreform 1965 zu beobachten gewesen sei, entgegengewirkt werden. Die Frage, ob die für Kapitalgesellschaften geltenden besonderen Regeln als GoB bzw. GoBil allgemeine Geltung beanspruchen können, ist deshalb grundsätzlich zu verneinen. Grundsätzlich unzulässig ist es daher auch, Einzelvorschriften der §§ 264 ff durch Analogie auf Einzelkaufleute oder Personenhandelsgesellschaften zu übertragen. Mit dem vorstehenden Grundsatz sind allerdings **Ausnahmen** vereinbar;[23] auch der Ausschussbericht tritt nur einer „pauschalen" Übertragung entgegen. Eine hinreichende Rechtfertigung für solche Ausnahmen ergibt sich aber insbesondere nicht schon aus einer vom Gesetz abweichenden Grundauffassung über den Stellenwert externer Interessen an der Rechnungslegung (z.B. hinsichtlich des Informationsbedürfnisses internationaler Investoren). Erforderlich ist vielmehr stets eine **Rechtfertigung aus dem Zusammenhang** der **gesetzlichen Vorschriften.**

19 **5. Stille Reserven und GoB.** Die Bildung stiller Reserven ist nach ihrem Zweck ein Instrument der **Selbstfinanzierung.** Kennzeichnend ist jedoch nicht ihr Zweck, sondern die Art und Weise ihrer Entstehung: Sie ergeben sich durch **Unterbewertungen auf der**

---

[19] Zutr. bereits *Leffson* FS Goerdeler (1987) S. 315 (318 ff).
[20] *Moxter* FS Goerdeler (1987) S. 361 (365 ff).
[21] Baumbach/Hopt/*Merkt* Rdn 3 aE.
[22] Ausschussbericht, BT-Drucks. 10/4268, S. 88 f.
[23] So bereits *Schulze-Osterloh* ZHR 150 (1986) 403 (426); vgl. auch *Welf Müller* FS Goerdeler (1987) S. 397 (402): vorsichtige Analogie.

Aktivseite oder durch Überbewertungen auf der Passivseite der Bilanz, sind also mangels offenen Ausweises nicht ohne Weiteres erkennbar. Um die Problematik der so gebildeten verschleierten Eigenmittel sprachlich einzugrenzen, bot es sich bis zum BilMoG an, zwischen stillen Reserven im weiteren und im engeren Sinne zu unterscheiden. Unter die stillen Reserven im weiteren Sinne ließen sich alle Rücklagen fassen, die dadurch entstehen, dass die **Buchwerte hinter den wirklichen Werten zurückbleiben**. Das einschlägige bilanzpolitische Instrumentarium ist durch das BilMoG allerdings stark reduziert worden.[24] Heute liegt es im Wesentlichen in den durch das Niederstwertprinzip eröffneten Schätzungsreserven und im Abwertungswahlrecht des § 253 Abs. 2 S. 4 bei Finanzanlagen. Als stille Reserven im engeren Sinne wurden solche bezeichnet, die nach § 253 Abs. 4 a.F. gebildet wurden, die also über die Ausschöpfung aller nach unten gerichteten Bewertungsspielräume noch hinausgingen. Die Vorschrift wurde durch das BilMoG aufgehoben; die Diskussion[25] über eine mögliche Beschränkung der durch § 253 Abs. 4 a.F. eröffneten Spielräume durch die GoBil hat sich damit erledigt.[26] Auch die – ohnehin wenig glückliche – sprachliche Differenzierung zwischen stillen Reserven im engeren und im weiteren Sinn kann aufgegeben werden.

III. Die Forderung nach Klarheit und Übersichtlichkeit (§ 243 Abs. 2)

1. Geltungsbereich. § 243 Abs. 2 gilt **in subjektiver Hinsicht** für alle Bilanzierungs- **20**
pflichtigen (vgl. Rdn 4). Das vor dem BiRiLiG nur für den aktienrechtlichen Jahresabschluss ausdrücklich formulierte Gebot der Bilanzklarheit (§ 149 Abs. 1 S. 2 AktG a.F.) ist heute auch für Einzelkaufleute und Personenhandelsgesellschaften sowie für die GmbH kodifiziert. Eine sachliche Änderung des Rechtszustands war mit dieser Änderung freilich nicht verbunden, weil das Prinzip schon vorher zu den anerkannten GoBil gehörte (Rdn 6 f, 9). **In objektiver Hinsicht** gilt § 243 Abs. 2 für den Jahresabschluss, also stets für die Bilanz und die GuV (§ 242 Abs. 3), bei Kapitalgesellschaften und Personenhandelsgesellschaften i.S.d. § 264a auch für den Anhang (§ 264 Abs. 1 S. 1) sowie für etwaige sonstige Bestandteile des Jahresabschlusses (§ 264 Abs. 1. S. 2; vgl. auch Rdn 5). Für den Lagebericht, der nicht Teil des Jahresabschlusses ist (§§ 264 Abs. 1 S. 1 aE, 289), gilt die Vorschrift als solche nicht. Auch für den **Lagebericht** gilt aber als allgemeine Anforderung, dass die Darstellung klar und übersichtlich sein muss.[27]

2. Allgemeine Anforderungen nach § 243 Abs. 2

a) **Klarheit.** Klarheit und Übersichtlichkeit betreffen die äußere Gestaltung des Jah- **21**
resabschlusses.[28] Die Forderung nach Klarheit wird durch **eindeutige Bezeichnungen** verwirklicht.[29] Die Posten der Bilanz und der GuV sowie bei Kapitalgesellschaften und Per-

---

24 Ein Vergleich der bilanzpolitischen Wahlrechte und Spielräume nach HGB a.F. und i.d.F. des BilMoG findet sich z.B. bei *Hüttche* BB 2009, 1346; vgl. zur Rechtslage vor BilMoG auch Staub/*Hüffer*[4] Rdn 22.

25 HdR-EA/*Baetge/D. Fey/G. Fey* Rdn 34 ff; Staub/*Hüffer*[4] Rdn 23 ff.

26 Vgl. zur Situation nach BilMoG auch Baumbach/Hopt/*Merkt* Rdn 2.

27 ADS § 289 Rdn 38; Baumbach/Hopt/*Merkt* § 289 Rdn 1; Beck BilKomm-*Ellrot* § 289 Rdn 12; BoHdR-*Kirsch* Rdn 92; Koller/Roth/*Morck* § 289 Rdn 1.

28 Beck BilKomm-*Förschle/Usinger* Rdn 52; HdR-EA/*Baetge/D. Fey/G. Fey* Rdn 44; ähnlich auch BoHdR-*Kirsch* Rdn 96 ff.

29 HdR-EA/*Baetge/D. Fey/G. Fey* Rdn 45; *Leffson* GoB S. 210 ff; *Moxter* FS Leffson (1976) S. 87 (93 f); s. ferner Baetge/Kirsch/Thiele/*Thiele/Brötzmann* BilR Rdn 86 ff; MünchKommAktG/*Luttermann*[2] §§ 243, 342 HGB Rdn 76.

sonenhandelsgesellschaften i.S.d. § 264a die im Anhang dargestellten Tatsachen müssen so bezeichnet werden, dass Irrtümer und Missverständnisse soweit wie möglich ausgeschlossen sind (Entsprechendes gilt für die eventuell nach § 264 Abs. 1 S. 2 aufzustellenden weiteren Bestandteile des Jahresabschlusses). Daraus ergeben sich **vier Einzelforderungen:**[30] Die Bezeichnungen müssen sachlich zutreffen, also den Sachverhalt sprachlich richtig abbilden; für gleiche Sachverhalte sind die gleichen Bezeichnungen zu verwenden, und zwar sowohl innerhalb desselben Jahresabschlusses wie in der Verknüpfung mehrerer Rechnungsperioden; verschiedene Sachverhalte sind auch verschieden zu bezeichnen; die Bezeichnungen müssen aussagekräftig, also möglichst konkret sein und einen nachvollziehbaren Inhalt haben.

22 b) **Übersichtlichkeit.** Die Forderung nach Übersichtlichkeit betrifft die Ordnung des Jahresabschlusses. Sie ist nicht Selbstzweck, sondern dient ihrerseits der **Aussagefähigkeit der Rechnungslegung.**[31] Die Rechnungslegung ist aussagefähig, wenn sie ihren Zweck erreicht, also einem sachverständigen Dritten innerhalb angemessener Zeit einen Überblick über die Lage des Unternehmens vermitteln kann; § 238 Abs. 1 S. 2 ist insoweit verallgemeinerungsfähig.[32] Die Ordnung des Jahresabschlusses wird durch seine **Gliederung** verwirklicht. Detaillierte Gliederungsvorschriften enthält das Gesetz nur für Kapitalgesellschaften und Personenhandelsgesellschaften i.S.d. § 264a (vgl. noch Rdn 25). Für alle anderen Abschlusspflichtigen sind die Gliederungsanforderungen unter Beachtung der §§ 246 Abs. 2, 247 aus dem Zweck des Jahresabschlusses zu entwickeln (vgl. noch Rdn 26 ff).

23 c) **Bilanzklarheit und Dokumentation.** Der Jahresabschluss beruht auf der Buchführung und dem Inventar (zu Letzterem § 240 und Erl. dort). Die Buchführung muss so beschaffen sein, dass es jederzeit möglich ist, auf ihr einen Jahresabschluss aufzubauen und damit die erforderliche Selbstkontrolle auszuüben (§ 238 Rdn 57 aE). Umgekehrt muss sich der aufgestellte Jahresabschluss jederzeit aus der Buchführung rekonstruieren lassen. Zur Bilanzklarheit im weiteren Sinn gehört also eine überschaubare Verbuchung der Geschäftsvorfälle (§ 238 Rdn 56 ff), und zwar unter geordneter und greifbarer Ablage und Aufbewahrung der Belege (Belegprinzip, vgl. § 238 Rdn 59).

3. Gesetzliche Konkretisierungen

24 a) **Für alle Abschlusspflichtigen.** Die Anforderungen des § 243 Abs. 2 werden für alle Abschlusspflichtigen einerseits durch das **Bruttoprinzip** oder Saldierungsverbot des § 246 Abs. 2 S. 1 (dazu schon Rdn 12), andererseits durch das Gebot einer hinreichenden **Aufgliederung** (§ 247 Abs. 1) konkretisiert;[33] zur Gliederung vgl. noch Rdn 26 ff.

25 b) **Für Kapitalgesellschaften und Personenhandelsgesellschaften i.S.d. § 264a.** Das Gebot einer hinreichenden Aufgliederung (§ 247 Abs. 1) wird für Kapitalgesellschaften und Personenhandelsgesellschaften i.S.d. § 264a durch die ausdrücklich normierten Gliederungsschemata weiter präzisiert; hinreichend ist danach nur eine Aufgliederung, die wenigstens dem gesetzlichen Schema entspricht. Die gesetzliche Gliederung der Bilanz

---

30 Vgl. HdR-EA/*Baetge/D. Fey/G. Fey* Rdn 47 ff.

31 HdR-EA/*Baetge/D. Fey/G. Fey* Rdn 45 f; *Knop* DB 1984, 569 (574); s. ferner Baetge/Kirsch/Thiele/*Thiele/Brötzmann* BilR Rdn 86 ff.

32 HdR-EA/*Baetge/D. Fey/G. Fey* Rdn 46.

33 KölnKomm-RLR/*Braun* Rdn 23.

findet sich in der ausführlichen Form für große und mittelgroße Gesellschaften (§ 267 Abs. 2 und 3) in § 266 (früher: § 151 AktG a.F.); kleine Gesellschaften (§ 267 Abs. 1) sowie Kleinstkapitalgesellschaften (§ 267a) dürfen die Gliederung bis auf die mit römischen Zahlen bezeichneten Posten verkürzen (§ 266 Abs. 1 S. 3). Die gesetzlichen Vorschriften zu einzelnen Posten der Bilanz (§§ 268 ff) enthalten weitere Konkretisierungen des Gliederungsgebots. Die entsprechenden Bestimmungen für die GuV sind in den §§ 275 ff (früher: § 157 AktG a.F.) enthalten. Schließlich bestehen Spezialvorschriften außerhalb des HGB, die zu beachten sind (insbesondere: §§ 150 ff AktG; §§ 42 f GmbHG). Ergänzend ist anzumerken, dass hinsichtlich der **Offenlegung** (§ 325) weitere Erleichterungen bestehen (§§ 326 ff).

4. Zur Gliederung des Jahresabschlusses von Einzelkaufleuten und Personenhandelsgesellschaften

a) **Allgemeines.** Für die Gliederung des Abschlusses von Einzelkaufleuten und Perso- **26**
nengesellschaften belässt es das Gesetz bei §§ 243 Abs. 2, 247 Abs. 1 und 2. Die ursprünglich vorgesehene (§§ 39 Abs. 2, 239 HGB-E) und während der Gesetzesberatungen wieder erhobene Forderung nach einem verbindlichen Gliederungsschema, das dem für große Kapitalgesellschaften entspricht,[34] ist nicht erfüllt worden. Der Gesetzgeber ist jedoch der Anregung[35] gefolgt, die ursprünglich vorgesehene Fassung, die nur den gesonderten Ausweis von Anlage- und Umlaufvermögen, Eigenkapital, Schulden und Rechnungsabgrenzungsposten vorsah,[36] um das Gebot hinreichender Aufgliederung zu ergänzen. Damit ist klargestellt, dass eine Bilanz nicht schon deshalb den Anforderungen des § 243 Abs. 2 entspricht, weil sie den umschriebenen gesonderten Ausweis enthält.[37]

b) Zur Entwicklung von Gliederungs-GoB

aa) **Bilanz.** Die Gliederungsvorschrift des § 266 gilt als solche nicht für Einzelkauf- **27**
leute und Personenhandelsgesellschaften. Sie kann angesichts des § 247 Abs. 1 und der Grundkonzeption des BiRiLiG (Rdn 3) auch nicht ohne Weiteres über die Verbindlichkeit der GoB verallgemeinert werden, und zwar entgegen einer offenbar zunehmend vertretenen Meinung[38] auch nicht in Form der verkürzten für kleine Kapitalgesellschaften vorgeschriebenen Bilanz.[39] Maßgeblich ist vielmehr die Auslegung des § 247 unter Beachtung der von § 243 Abs. 2 verlangten Klarheit und Übersichtlichkeit. Danach ergibt sich: § 247 Abs. 1 schreibt zwar nicht vor, wie Vermögen und Kapital zu gliedern sind, verlangt aber den „gesonderten" Ausweis der wesentlichen Bilanzgruppen. Weil

34 Stenographisches Prot. der 18. Sitzung des Unterausschusses vom 23.9.1985, S. 12–15.

35 Stenographisches Prot. der 18. Sitzung des Unterausschusses vom 23.9.1985, S. 11, 12, 17.

36 § 247 Abs. 1 im Entwurf einer geänderten Konzeption von Vorschriften des BiRiLiG (Anlage 2 zum Stenographischen Prot. der 17. Sitzung des Unterausschusses vom 9.5.1985).

37 ADS § 247 Rdn 11; Beck BilKomm-*Ellrott/Krämer* § 247 Rdn 5; HdJ – *Lenz/Fiebiger* Abt. I/6 Rdn 11.

38 Baumbach/Hopt/*Merkt* § 247 Rdn 2; HdR-EA/*Baetge/D. Fey/G. Fey* Rdn 55 ff; Heidel/Schall/*Kuhn* HGB Rdn 17 f; ähnlich Baetge/Kirsch/Thiele/*Thiele/Brötzmann* BilR Rdn 90 und Beck BilKomm-*Ellrott/Krämer* § 247 Rdn 5 (sollte eingehalten werden).

39 Dagegen zutr. ADS § 247 Rdn 26; Koller/Roth/*Morck* Rdn 4; KölnKomm-RLR/*Braun* Rdn 24; vgl. ferner *Hoffmann* BB 1985, 630 (632 ff).

damit die Lage des Unternehmens durch Darstellung des Verhältnisses von Vermögen und Schulden abgebildet werden soll, ist für die Bilanz auch ohne eine § 266 Abs. 1 S. 1 entsprechende allgemeine Vorschrift grundsätzlich die **Kontoform** zu fordern; die Zulässigkeit der Staffelform kann zwar nicht allgemein ausgeschlossen werden (vgl. auch Art. 10 der 4. EG-Richtlinie), sie muss aber auf solche Ausnahmefälle beschränkt bleiben, in denen sie vergleichbar aussagefähig ist.[40] In Verbindung mit der Kontoform führt die Pflicht zu gesondertem Ausweis regelmäßig zu einer der **Grobgliederung des § 266 (Großbuchstaben)** im Wesentlichen entsprechenden Darstellung.[41] Bei der von § 247 Abs. 1 verlangten weiteren („hinreichenden") Untergliederung ist zu beachten, dass das Prinzip der Bilanzklarheit jedenfalls die Verwendung unzutreffender Bezeichnungen verbietet (Rdn 21). Das schließt es aus, die gängigen Bilanzbegriffe mit einer anderen als ihrer jeweiligen technischen Bedeutung zu verwenden.[42] In der Regel wird die Jahresbilanz von Einzelkaufleuten und Personenhandelsgesellschaften deshalb dem verkürzten Schema des § 266 (Großbuchstaben und römische Zahlen) weitgehend entsprechen. Spielräume verbleiben insbesondere beim Eigenkapitalausweis und bei der Gliederungstiefe der einzelnen Bilanzposten;[43] s. insoweit Erl. zu § 247. Das Gliederungsschema nach § 266 für große Kapitalgesellschaften stellt umgekehrt in der Regel auch die **Obergrenze des Detaillierungsgrads** dar, der mit der Forderung nach Klarheit und Übersichtlichkeit vereinbar ist; sachgerechte Erweiterungen im Einzelfall sind allerdings zulässig.[44]

28 bb) **GuV.** Zwar formuliert das Gesetz für die GuV kein ausdrückliches Gebot hinreichender Aufgliederung. Daraus und aus § 247 Abs. 1 kann jedoch nicht der Umkehrschluss gezogen werden, dass die formale Gestaltung der GuV im Belieben der Einzelkaufleute und Personenhandelsgesellschaften stände. Die pauschale Übernahme der in § 275 getroffenen Regelung scheidet aus den in Rdn 26 f dargelegten Gründen aus. Die Gliederungsgrundsätze sind deshalb aus dem Prinzip der Bilanzklarheit (§ 243 Abs. 2) und dem **Saldierungsverbot** (§ 246 Abs. 2 S. 1)[45] zu entwickeln. Danach ist die Wahl zwischen **Staffel- und Kontoform, Gesamt- und Umsatzkostenverfahren** (vgl. § 275) freigestellt.[46] Im Übrigen gelten die für die Bilanz gemachten Ausführungen entsprechend (Rdn 27); insbesondere:[47] Bezeichnungen aus § 275 müssen in ihrer technischen Bedeutung verwendet werden; Gliederung regelmäßig in Anlehnung an § 275; maximale Gliederung nach § 275 als Obergrenze, die nur in Einzelfällen erweitert werden sollte.

---

40 Ebenso Beck BilKomm-*Ellrott/Krämer*[7] § 247 Rdn 7; weniger streng HdJ – *Lenz/Fiebiger* Abt. I/6 Rdn 16; offenbar auch Köln-Komm-RLR/*Braun* Rdn 24.

41 Ganz ähnlich Baumbach/Hopt/*Merkt* Rdn 4; wohl auch HdJ – *Lenz/Fiebiger* Abt. I/6 Rdn 13; *IDW* RS HFA 7 Tz. (41); in diese Richtung auch BeckBilKomm-*Förschle/Usinger*[7] Rdn 56.

42 Unstr., vgl. z.B. Beck BilKomm-*Förschle/Usinger*[7] Rdn 57; HdR-EA/*Baetge/D. Fey/G. Fey* Rdn 51; *Schulze-Osterloh* ZHR 150 (1986) 403 (427).

43 Vgl. *Schulze-Osterloh* ZHR 150 (1986) 403 (427).

44 HdR-EA/*Baetge/D. Fey/G. Fey* Rdn 59; ebenso Baetge/Kirsch/Thiele/*Thiele/Brötzmann* BilR Rdn 91; ähnlich Beck BilKomm-*Förschle/Usinger*[7] Rdn 61.

45 Die früher außerhalb des Aktienrechts als zulässig beurteilte Saldierung von Aufwendungen und Erträgen (GoBil-konforme Nettomethode) ist durch § 246 Abs. 2 S. 1 für alle Bilanzierungspflichtigen ausgeschlossen; vgl. dazu *Hoffmann* BB 1985, 630, 633; **aA** ohne Begründung Baumbach/Hopt/*Merkt* § 247 Rdn 3.

46 Baumbach/Hopt/*Merkt* § 247 Rdn 3.

47 Ausführlich HdR-EA/*Baetge/D. Fey/G. Fey* Rdn 60 ff; auch Baetge/Kirsch/Thiele/*Thiele/Brötzmann* BilR Rdn 92 ff.

5. Sanktionen. Das Gesetz sieht **keine besonderen zivilrechtlichen Sanktionen** bei Verstoß gegen § 243 Abs. 2 vor. Erhebliche Verstöße gegen § 243 Abs. 2 können bei der **Abschlussprüfung** jedoch zur Einschränkung oder Versagung des Bestätigungsvermerks führen (§ 322 Abs. 4). Bei **Insolvenz** (§ 283 Abs. 6 StGB) kommt auch eine Strafbarkeit gem. § 283 Abs. 1 Nr. 7 lit. a StGB oder gem. § 283 Abs. 1 Nr. 3 lit. a StGB in Betracht. Ferner können Organmitglieder einer Kapitalgesellschaft nach § 331 Nr. 1 strafbar sein oder eine Ordnungswidrigkeit nach § 334 Abs. 1 Nr. 1 lit. a begehen; Entsprechendes gilt über § 335b für Personenhandelsgesellschaften i.S.d. § 264a. 29

IV. Zeitraum der Aufstellung (§ 243 Abs. 3)

1. Geltungsbereich. In **subjektiver Hinsicht** gilt § 243 Abs. 3 nach seiner systematischen Stellung für alle Bilanzierungspflichtigen. Für große und mittelgroße Kapitalgesellschaften und Personenhandelsgesellschaften i.S.d. § 264a wird er aber durch die Spezialvorschrift in § 264 Abs. 1 S. 3 verdrängt: die Aufstellungsfrist beträgt für sie drei Monate (das Gleiche gilt nach § 5 Abs. 1 PublG für Unternehmen, die in den Anwendungsbereich des PublG fallen). Für kleine Kapitalgesellschaften (und Kleinstkapitalgesellschaften, § 267a) verbleibt es gemäß § 264 Abs. 1 S. 4 bei der durch den ordnungsmäßigen Geschäftsgang bestimmten Frist (der sprachlich Unterschied [„ordnungsmäßig", „ordnungsgemäß"] hat keine inhaltliche Bedeutung) doch darf diese sechs Monate nicht übersteigen; anders als nach § 41 Abs. 3 GmbHG a.F. kann auch die Satzung eine Sechsmonatsfrist nicht allgemein, d.h. ohne Rücksicht auf den ordnungsmäßigen Geschäftsgang, festlegen.[48] Spezialvorschriften bestehen z.B. für Genossenschaften (§ 336 Abs. 1 S. 2), Kreditinstitute (§ 340a Abs. 1, § 26 Abs. 1 KWG) und Versicherungsunternehmen (§ 341 Abs. 1 und 5).[49] **In objektiver Hinsicht** bezieht sich § 243 Abs. 3 auf den Jahresabschluss, mithin auf die Bilanz und auf die GuV (§ 242 Abs. 3), ferner bei Kapitalgesellschaften und Personenhandelsgesellschaften i.S.d. § 264a auch auf den Anhang (§ 264 Abs. 1 S. 1) sowie auf etwaige sonstige Bestandteile des Jahresabschlusses (§ 264 Abs. 1. S. 2; vgl. auch Rdn 5). Für den Lagebericht gelten dieselben Fristen wie für den Jahresabschluss (§ 264 Abs. 1 S. 3 und 4). 30

2. Ordnungsmäßiger Geschäftsgang

a) **Unbestimmter Rechtsbegriff.** § 243 Abs. 3 verlangt, dass der Jahresabschluss innerhalb der Zeit aufgestellt wird, die einem ordnungsmäßigen Geschäftsgang entspricht. Außerhalb des Anwendungsbereichs der speziellen Regelungen in § 264 Abs. 1 S. 3, 4 und § 5 PublG wird die Aufstellungsfrist also nur durch einen unbestimmten Rechtsbegriff bezeichnet; sie ist zugleich die „vorgeschriebene Zeit" i.S.d. §§ 283 Abs. 1 Nr. 7 lit. b, 283b Abs. 1 Nr. 3 lit. b StGB. Die Gesetzeslage nach dem BiRiLiG stimmt mit § 39 Abs. 2 S. 2 a.F. überein. Die in § 39 Abs. 3 HGB-E vorgesehene Regelung, die unter anderem eine Obergrenze von fünf Monaten unter flexibler Anpassung an eine Fristverlängerung der Finanzverwaltung für die Abgabe der Steuererklärung vorsah,[50] ist nicht Gesetz geworden. Der Rechtsausschuss hielt es nicht für erforderlich, eine be- 31

48 BayObLG WM 1987, 502; Lutter/Hommelhoff/*Kleindiek* GmbHG[18] § 42 Rdn 2.

49 Vgl. BoHdR-*Kirsch* Rdn 136; Heidel/Schall/*Kuhn* HGB Rdn 21.

50 Dazu Begr. RegE, BT-Drucks. 10/317, S. 73.

stimmte Frist festzulegen und wollte die vor dem BiRiLiG bestehende Rechtslage erklärtermaßen nicht verändern.[51]

b) **Zur Konkretisierung**

32 aa) **Meinungsstand.** Handelsrechtliche **Rechtsprechung** ist nicht ersichtlich; hinzuweisen ist allerdings auf eine Entscheidung des BayObLG, wonach die Satzung einer kleinen Kapitalgesellschaft unwirksam ist, soweit sie generell, also ohne Rücksicht auf den ordnungsmäßigen Geschäftsgang, eine Aufstellungsfrist von sechs Monaten vorsieht.[52] Die Rechtsprechung in **Strafsachen** bewilligt eine Frist von längstens sechs Monaten seit dem Bilanzstichtag unter variabler am Schutzzweck der §§ 283 ff StGB orientierter Verkürzung bei Eintritt der Krisenlage;[53] das BVerfG hat diese Praxis gebilligt.[54] Die Rechtsprechung in **Steuersachen** ist tendenziell großzügiger, im Einzelnen recht vielfältig (*Maul* Rechnungslegung, S. 17: „wirres Bild").[55] Ordnungsmäßiger Geschäftsgang wurde bejaht bei sechs bis sieben Monaten,[56] zwölf Monaten,[57] 17 und 23 Monaten;[58] möglicherweise bis zu zwei Jahren.[59] Als zu lang wurden beurteilt: mehr als ein Jahr,[60] zwei Jahre und vier Monate[61] sowie fünf Jahre.[62] Ähnlich vielfältig ist das Meinungsbild im älteren **Schrifttum.** Die handelsrechtliche Auffassung favorisiert eine Frist von sechs Monaten, die strafrechtliche entsprechend der Judikatur eine Frist von sechs Monaten mit variabler Verkürzung, die steuerrechtliche eine Frist von zwölf Monaten.[63] Auch in jüngerer Zeit hat sich die Lage trotz Inkrafttretens des BiRiLG nicht gebessert; vertreten werden: zwei bis drei Monate;[64] drei, begründbar sechs Monate;[65] sechs Monate;[66] sechs bis neun Monate;[67] zwölf Monate jedenfalls zu lang;[68] zwölf Monate;[69] überwiegend wird zudem angenommen, dass die Frist sich verkürzt (unverzüglich, zwei bis drei oder bis zu drei Monate), wenn Anzeichen für eine wirtschaftliche Krise bestehen.[70]

---

51 Ausschussbericht, BT-Drucks. 10/4268, S. 93; aus der Anhörung vgl. Stenographisches Prot. der 18. Sitzung des Unterausschusses vom 23.9.1985, S. 4 unten.

52 WM 1987, 502. S. bereits Fn. 48.

53 BGH BB 1955, 109 f m. Anm. *Rowedder*; OLG Düsseldorf NJW 1980, 1292 f.

54 BVerfGE 48, 48 (62).

55 Überblick: *Blumers* Bilanzierungstatbestände S. 58 ff; *Blumers* DB 1986, 2033; *Reichel* BB 1981, 708; vgl. auch *Meilicke* BB 1984, 893.

56 BFH BStBl. III 1965, 409 f; FG Düsseldorf EFG 1976, 507 f.

57 BFH BStBl. III 1973, 555, 557; FG Hessen EFG 1970, 494.

58 FG Berlin EFG 1970, 54 f.

59 BFH/NV 2007, 1308 f.

60 BFHE 140, 74 (79); vgl. auch FG Hessen EFG 1970, 494.

61 BFH BStBl. II 1973, 555 f.

62 BFH BStBl. III 1965, 285 f.

63 Nachw. bei Staub/*Hüffer*[4] Rdn 38.

64 *Moxter* Bilanzlehre Bd. II S. 19; MünchKommAktG/*Luttermann*[2] §§ 243, 342 HGB Rdn 81.

65 Beck HdR/*Hentschel* B 101 Rdn 31.

66 Baumbach/Hopt/*Merkt* Rdn 10; BoHdR-*Kirsch* Rdn 144.

67 ADS Rdn, 41 ff; Baetge/Kirsch/Thiele/*Thiele/Brötzmann* BilR Rdn 118 f; HdR-EA/*Baetge/D. Fey/G. Fey* Rdn 99; Heidel/Schall/*Kuhn* HGB Rdn 24; KölnKomm-RLR/*Braun* Rdn 30.

68 MünchKommHGB/*Ballwieser*[3] Rdn 78.

69 Beck BilKomm-*Förschle/Usinger* Rdn 93; Ensthaler/*Puckler*[7] Rdn 8; Haufe HGB BilKomm/*Noodt*[2] Rdn 35; Heidelberger Komm/*Kirnberger* HGB[7] Rdn 6aE; Koller/Roth/*Morck* Rdn 5.

70 ADS Rdn 41 ff; Baetge/Kirsch/Thiele/*Thiele/Brötzmann* BilR Rdn 118 f; Baumbach/Hopt/*Merkt* Rdn 10; Beck BilKomm-*Förschle/Usinger* Rdn 95; Ensthaler/*Puckler*[7] Rdn 8; Haufe HGB BilKomm/*Noodt*[2] Rdn 36; HdR-EA/*Baetge/D. Fey/G. Fey* Rdn 99, 94; Heidel/Schall/*Kuhn* HGB Rdn 24; Koller/Roth/*Morck* Rdn 6; KölnKomm-RLR/*Braun* Rdn 30.

bb) Stellungnahme. Die Vielfalt unterschiedlicher Meinungen hat drei Ursachen. Erstens wird verständlicherweise ein Minimum an Rechtssicherheit angestrebt, das der unbestimmte Rechtsbegriff des ordnungsmäßigen Geschäftsgangs nicht bieten kann; unter diesem Gesichtspunkt hat der Gesetzgeber des BiRiLiG es versäumt, die damals bestehende Rechtsunsicherheit zu beseitigen. Zweitens geht die Unsicherheit über die Fristen auf unterschiedliche Normzwecke zurück:[71] Gläubigerschutz durch Strafrecht führt zwangsläufig zu kürzeren Fristen als die Ermittlung des steuerpflichtigen Gewinns. Drittens ist weder das eine noch das andere der originäre Zweck der Handelsbilanz; denn der Gläubigerschutz durch Selbstkontrolle (§ 238 Rdn 2 f; § 242 Rdn 2) verbindet sich nicht ohne Weiteres mit der Strafbarkeit und schon gar nicht mit dem Gewinnausweis in der Steuerbilanz. Die Verknüpfung der strafrechtlichen und der steuerrechtlichen Fristen mit § 243 Abs. 3 ist deshalb wenig sachgerecht. 33

Aus dem **Zusammenhang der Fristenfrage mit den Normzwecken** folgt, dass es eine „richtige“ Aufstellungsfrist nicht geben kann. Vielmehr ist zwischen Handels-, Straf- und Steuerrecht zu differenzieren. Für das **Handelsrecht gilt:** Da es an einem überzeugenden Grund für rechtsformspezifische Differenzierungen fehlt, dürfen Bilanzierungspflichtige, die allein § 243 Abs. 3 beachten müssen, jedenfalls den Zeitraum in Anspruch nehmen, den § 264 Abs. 1 den Kapitalgesellschaften und Personenhandelsgesellschaften i.S.d. § 264a zubilligt. Als Maximalfrist ist daher regelmäßig die Sechsmonatsfrist des § 264 Abs. 1 S. 4 anzusehen. Die Frist kann unter Berücksichtigung der Gegebenheiten des Einzelfalls kürzer sein, kann aber ohne Wertungswiderspruch zu § 264 Abs. 1 S. 3 nicht unter drei Monaten liegen. Eine Begründung für das Überschreiten der Frist von drei Monaten sollte bei Einhalten der Frist von sechs Monaten nur gefordert werden, wenn klare Anhaltspunkte dafür bestehen, dass der Abschluss ohne Weiteres innerhalb von drei Monaten hätte aufgestellt werden können. Eine Verkürzung dieser Frist, wenn Anzeichen für eine wirtschaftliche Krise bestehen, scheint insbesondere aus strafrechtlicher Sicht sinnvoll (und mag dort auch ein zutreffendes Ergebnis der Auslegung sein[72]), lässt sich aus den handelsrechtlichen Vorschriften heraus für § 243 Abs. 3 aber nicht begründen. Auch eine längere Frist als sechs Monate kann, wie auch in der Formulierung des § 264 Abs. 1 S. 4 zum Ausdruck kommt, ausnahmsweise noch dem ordnungsmäßigen Geschäftsgang entsprechen. Das ist jedoch der Ausnahmefall, Darlegungs- und Beweislast liegen beim Aufstellungsverantwortlichen. Im Ergebnis bedeutet dies, dass die Aufstellung **innerhalb von drei Monaten stets, innerhalb von sechs Monaten regelmäßig** noch dem **ordnungsmäßigen Geschäftsgang entspricht.**[73] Die Fristversäumung ist bei Einzelkaufleuten handelsrechtlich folgenlos. Bei Gesellschaften ist die interne Pflicht zur ordentlichen Geschäftsführung verletzt.[74] 34

cc) Fristbeginn. Die nach den vorstehenden Grundsätzen bestimmte Frist beginnt mit dem Bilanzstichtag (zum Stichtagsprinzip vgl. Rdn 11). Maßgeblich ist folglich der Schluss des Geschäftsjahrs (§ 242 Rdn 43). 35

---

71 Zutr. HdR-EA/*Baetge*/*D. Fey*/*G. Fey* Rdn 88 aE; ferner bereits *Blumers* Bilanzierungstatbestände S. 88 ff; *Blumers* DB 1986, 2033 (2034 f).

72 Vgl. auch HdR-EA/*Baetge*/*D. Fey*/*G. Fey* Rdn 95 (Pflicht zur unverzüglichen Aufstellung in der Krise ergibt sich aus den vorhandenen strafrechtlichen Bestimmungen).

73 Ganz ähnlich Beck HdR/*Hentschel* B 101 Rdn 31 (mit leichten Abweichungen hinsichtlich des Erfordernisses einer Begründung); ähnlich auch BoHdR-*Kirsch* Rdn 144.

74 Vgl. Beck HdR/*Hentschel* B 101 Rdn 43.

36 **3. Aufstellung.** Innerhalb der Frist muss der Jahresabschluss aufgestellt sein; zum Begriff und zum Zeitpunkt der Aufstellung vgl. § 242 Rdn 16 ff. Erforderlich sind innerhalb der Frist der periodische **Abschluss der Buchführung** und die **Ausarbeitung eines unterschriftsreifen Entwurfs.** Wenn die in § 245 vorgeschriebene Unterzeichnung noch nicht erfolgt ist, bildet dieser Umstand i.d.R. ein Indiz gegen die Annahme eines aufgestellten Jahresabschlusses; die Aufstellung kann aber auch ohne Unterzeichnung bejaht werden (§ 242 Rdn 19; § 245 Rdn 14). In der Regel wird die Aufstellungsfrist auch die äußerste **Grenze für die Berücksichtigung wertaufhellender Tatsachen** darstellen.[75]

37 **4. Sanktionen.** Das Gesetz sieht **kein Zwangsverfahren** vor, um die rechtzeitige Aufstellung des Jahresabschlusses zu sichern. Das Bundesamt für Justiz kann jedoch gegen die Mitglieder des Vertretungsorgans einer Kapitalgesellschaft (oder alternativ[76] gegen die Kapitalgesellschaft selbst) ein Ordnungsgeldverfahren nach § 335 Abs. 1 S. 1 Nr. 1 (S. 2) einleiten, wenn die Fristen für die Offenlegung nach § 325 nicht eingehalten werden;[77] Entsprechendes gilt über § 335b für Personenhandelsgesellschaften i.S.d. § 264a. Wegen der **Strafbarkeit** nach §§ 283 Abs. 1 Nr. 7 lit. b, 283b Abs. 1 Nr. 3 lit. b StGB vgl. schon Rdn 29. Eine Straftat nach § 331 kommt nicht in Betracht; auch eine Ordnungswidrigkeit nach § 334 wegen Verstoßes gegen die GoB scheidet nach zutreffender Meinung aus.[78] Die Vorlage der Steuerbilanz kann erzwungen werden;[79] Fristversäumung allein – also ohne zusätzlichen Anlass, die sachliche Richtigkeit des Jahresabschlusses zu beanstanden – berechtigt aber nicht zur Schätzung der Besteuerungsgrundlagen (§§ 158, 162 AO).[80]

§ 244
Sprache. Währungseinheit

Der Jahresabschluß ist in deutscher Sprache und in Euro aufzustellen.

Schrifttum

(vgl. auch die Angaben vor § 238). *Ballwieser/Zimmermann* Bilanzrecht und Sprache, WPg-Sonderheft 2004, S 73; *Betsche* Bilanz- und steuerrechtliche Konsequenzen der Einführung des Euro, DStR 1998, 1895; *Csik/Schneck* Fremdwährungsumrechnung in einem Weltabschluß, WPg 1983, 293, 329 und 361; *Ernst* Bilanzrechtliche Regelungen anläßlich der Einführung des Euro, ZGR 1998, 20; *Groh* Zur Bilanzierung von Fremdwährungsgeschäften, DB 1986, 869; *Hakenberg* Das

75 BFH BB 1991, 1827 (1829); FG Köln EFG 2011, 1768 (1770 f).

76 Beck BilKomm-*Kozikowski/Gutman* § 335 Rdn 10 aE mwN.

77 Zu diesem Verfahren z.B. LG Bonn Beschl. v. 07.04.2011 – 38 T 1869/10, BeckRS 2011, 20583; Beschl. v. 20.01.2010 – 31 T 1398/09, BeckRS 2010, 20251; zum weiteren Rechtsschutz OLG Köln GmbHR 2013, 94.

78 **Sehr str.**, ebenso z.B. Beck BilKomm-*Förschle/Usinger* Rdn 95; HdR-EA/*Baetge/D. Fey/G. Fey* Rdn 100; **aA** etwa ADS § 243 Rdn 45; Baetge/Kirsch/Thiele/*Thiele/Brötzmann* BilR Rdn 140; Haufe HGB BilKomm/*Noodt*[2] Rdn 38; Koller/Roth/*Morck* Rdn 6; wohl auch Beck HdR/*Hentschel* B 101 Rdn 41.

79 Baetge/Kirsch/Thiele/*Thiele/Brötzmann* BilR Rdn 141; Beck BilKomm-*Förschle/Usinger* Rdn 94.

80 BFHE 140, 74 (81); *Meilicke* BB 1984, 893; vgl. Tipke/Kruse/*Seer* AO § 162 Rdn 43; **aA** FG Schleswig-Holstein EFG 1984, 17.

Euro-Einführungsgesetz, BB 1998, 1491; *Keller* Der Geschäftsbericht (2006); *Kemsat/Wichmann* Der aufgrund einer Währungsbuchhaltung erstellte Jahresabschluss – unter Berücksichtigung des BilMoG, StC 2011, Nr 1, 32; *Küting/Heiden* Zur Systematisierung von Pro-forma-Kennzahlen – Gleichzeitig: Fortsetzung einer empirischen Bestandsaufnahme, DStR 2003, 1544; *Küting/Mojadadr* Währungsumrechnung im Einzel- und Konzernabschluss nach dem RegE zum BilMoG, DB 2008, 1869; *v. Maydell* Geldschuld und Geldwert – Die Bedeutung von Änderungen des Geldwertes für die Geldschulden (1974); *Olbrich/Fuhrmann* DAX 30-Geschäftsberichte im Lichte von § 244 HGB und § 400 AktG, AG 2011, 326; *Pöller* Währungsumrechnung im Einzelabschluss nach BilMoG: Empfehlungen für die Bilanzierungspraxis, BC 2008, 193; *Pöller* Währungsumrechnung im Konzernabschluss nach BilMoG: Empfehlungen für die Bilanzierungspraxis, BC 2008, 261; *Pooten* Bilanzrechtliche Auswirkungen des Entwurfs eines Gesetzes zur Einführung des Euro, DStR 1998, 51; *Rädler* Deutsches Steuerrecht und inflationäre Entwicklung im Ausland, StbJb 1975/76, 449; *Schmitz* Auswirkungen der Europäischen Währungsunion auf die Bilanzierung, DB 1997, 1480; *Söffing* 4. EG-Richtlinie – Mögliche steuerliche Auswirkungen (1979); *Tubbesing* Bilanzierungsprobleme bei Fremdwährungsposten im Einzelabschluß, ZfbF 1981, 804.

Übersicht

I. Grundlagen

1. Regelungsgegenstand und -zweck. Die Vorschrift des § 244 regelt Sprache und Währung des Jahresabschlusses. **Sprache.** Eine Vorschrift über die Sprache, in der Bilanz oder Jahresabschluss aufzustellen sind, gab es bis zum BiRiLiG nicht. § 43 Abs. 1 S. 1 a.F. betraf nur die Buchführung und ließ für diese die Verwendung einer lebenden Sprache genügen;[1] ebenso § 239 Abs. 1 S. 1 (s. dort Rdn 2). Bei der Neuregelung ließ sich der Gesetzgeber von der Beobachtung leiten, dass eine steigende Zahl von Handelsgeschäften von ausländischen Kaufleuten betrieben werde; dies erfordere die Klarstellung, dass der Jahresabschluss in deutscher Sprache aufzustellen sei.[2] Die Vorschrift dient der Konkretisierung des Prinzips der Bilanzklarheit.[3] Ob eine allgemeine Regelung dieses Inhalts sachlich notwendig war, ist zumindest zweifelhaft.[4] 1

Währung. Als Währungseinheit ist nunmehr, nämlich seit der Änderung des § 244 in 1998 durch Art. 4 § 1 Nr. 1 EuroEG,[5] der Euro vorgeschrieben; zur Übergangsregelung Rdn 13. Die Bestimmung bereitet in der Anwendung keine Probleme, soweit der Jahres- 2

---

1 Vgl. MünchKommAktG/*Luttermann*[2] Rdn 3.
2 Begr. RegE, BT-Drucks. 10/317, S. 73.
3 HdR-EA/*Ellerich/Swart* Rdn 1.
4 Näher dazu Staub/*Hüffer*[4] Rdn 1.
5 Gesetz zur Einführung des Euro (Euro-Einführungsgesetz – EuroEG) vom 9.6.1998 (BGBl. I, S. 1242); Begr. RegE, BT-Drucks. 13/9347; zur früheren Rechtslage MünchKommAktG/*Luttermann*[2] Rdn 4.

abschluss keine Posten enthält, die zunächst in fremder Währung ausgedrückt werden müssen. Sind dagegen **auf fremde Währung lautende Posten** vorhanden, folgt unmittelbar aus § 244 ein **Umrechnungsgebot** (vgl. Rdn 12).

3 **2. Normadressaten.** Die Norm richtet sich an jeden, der verpflichtet ist, einen Jahresabschluss aufzustellen. Das ist nach § 242 Abs. 1 S. 1 der **Kaufmann**, und zwar **mit den für die Buchführungspflicht entwickelten Präzisierungen** (vgl. § 242 Rdn 4; § 238 Rdn 7 ff). Namentlich muss der inländische Kaufmann auch seine in einer ausländischen Zweigniederlassung vorhandenen Vermögensgegenstände und Schulden in Euro bilanzieren (anders aber für rechtlich selbständige ausländische Tochterunternehmen, die eigenständig Rechnung legen).[6] § 244 gilt auch für den Jahresabschluss, den ausländische Kaufleute nach hM unter bestimmten Voraussetzungen für ihre **inländische Zweigniederlassung** aufzustellen haben (dazu krit. § 238 Rdn 26); die für die inländische Zweigniederlassung erforderliche gesonderte Buchführung muss in einem gesonderten Jahresabschluss münden, der gemäß § 244 in deutscher Sprache und in Euro aufzustellen ist.[7]

II. Aufstellung des Jahresabschlusses

4 **1. Jahresabschluss.** Inhaltlich bezieht sich das Gebot des § 244 auf den Jahresabschluss. Der Begriff ist nach §§ 242 Abs. 3, 264 Abs. 1 S. 1, 2 zu bestimmen. Den Anforderungen des § 244 müssen also die **Bilanz,** die **GuV** und bei Kapitalgesellschaften und Personenhandelsgesellschaften i.S.d. § 264a der **Anhang** genügen. Das Gleiche gilt für verpflichtend oder freiwillig aufgestellte **Kapitalflussrechnung, Eigenkapitalspiegel** und **Segmentberichterstattung;**[8] kapitalmarktorientierte Kapitalgesellschaften i.S.d. § 264d müssen ihren Jahresabschluss zusätzlich um die beiden erstgenannten Bestandteile erweitern, wenn keine Pflicht zur Aufstellung eines Konzernabschlusses besteht; sie können ferner eine Segmentberichterstattung aufstellen (§ 264 Abs. 1 S. 2). Für den **Lagebericht** (§§ 264 Abs. 1 S. 1, 289) gibt es keine § 244 entsprechende Bestimmung. Daraus kann aber nicht der Umkehrschluss gezogen werden, dass der Lagebericht in einer fremden Sprache aufgestellt werden darf. Ein derartiges Resultat wäre nicht nur sachwidrig, sondern widerspräche auch dem Willen des Gesetzgebers, dem ein offenbares Redaktionsversehen unterlaufen ist. Die Regierungsentwürfe (§ 244 entspricht § 40 Abs. 1 HGB-E[9]) enthielten bis zuletzt § 149 AktG-E, nach dem die Vorschriften des HGB auch bei der Aufstellung des Lageberichts zu beachten waren.[10] Entsprechendes sah § 42 Abs. 1 GmbHG-E vor.[11] Bei der Streichung dieser Vorschriften wurde in der Beschlussempfehlung des Rechtsausschusses[12] übersehen, dass die umfassende Regelung im HGB zwar für den Jahresabschluss, aber nicht für den Lagebericht getroffen wurde. Die ungewollte Lücke ist durch sinngemäße Anwendung des § 244 zu schließen.[13]

---

[6] AllgM, s. etwa ADS Rdn 4; BoHdR-*Kirsch* Rdn 18; HdR-EA/*Ellerich/Swart* Rdn 2; MünchKommHGB/*Ballwieser*[3] Rdn 1; zu den steuerlichen Anforderungen, allerdings vor Inkrafttreten des BilMoG, BFH/NV 2009, 940 f.

[7] Beck BilKomm-*Förschle* Rdn 7; Haufe HGB BilKomm/*Noodt*[2] Rdn 3; HdR-EA/*Ellerich/Swart* Rdn 1.

[8] Beck BilKomm-*Förschle* Rdn 2.

[9] S. BT-Drucks. 10/317, S. 3.

[10] BT-Drucks. 10/317, S. 27.

[11] BT-Drucks. 10/317, S. 36.

[12] BT-Drucks. 10/4268, S. 125, 130.

[13] AllgM, s. etwa ADS Rdn 1; Baetge/Kirsch/Thiele/*Bartone* BilR Rdn 3; Beck BilKomm-*Förschle* Rdn 2; BoHdR-*Kirsch* Rdn 17; Ebenroth/Boujong/Joost/Strohn/*Wiedmann* Rdn 1; HdR-EA/*Ellerich/Swart* Rdn 6; KölnKomm-RLR/*Braun* Rdn 6; MünchKomm-HGB/*Ballwieser*[3] Rdn 2.

2. Entsprechende Anwendung. Für die **Eröffnungsbilanz** und den **Konzernabschluss** sieht das Gesetz die entsprechende Anwendung des § 244 vor; vgl. §§ 242 Abs. 1 S. 2, 298 Abs. 1.[14] Weil zum Konsolidierungskreis alle Tochterunternehmen ohne Rücksicht auf ihren Sitz gehören (§294 Abs. 1), sind die in Fremdwährung bewerteten Vermögensgegenstände, Schulden etc. sowie das Kapital (§§ 300 ff) ausländischer Töchter in Euro umzurechnen (vgl. dazu die Erl. zu den entsprechenden Vorschriften).[15] § 244 gilt ferner auch für einen **Konzernabschluss nach IFRS** (§ 315a Abs. 1) sowie für einen für Zwecke der Offenlegung aufgestellten **Einzelabschluss nach IFRS** (§ 325 Abs. 2a S. 3).[16] Exkurs: Für **befreiende Konzernabschlüsse** i.S.d. §§ 291 f gilt § 244 nicht; Voraussetzung für eine Befreiung ist aber gemäß § 291 Abs. 1 S. 1, dass eine Offenlegung in deutscher Sprache erfolgt (Aufstellung in Euro ist nicht erforderlich).[17] 5

3. Aufstellung. § 244 gilt nur für die Aufstellung des Jahresabschlusses; zur Unterscheidung von Auf- und Feststellung vgl. ausführlich § 242 Rdn 16 ff). Mittelbar gilt § 244 aber auch für die **Feststellung** des Jahresabschlusses: entweder wird der aufgestellte Jahresabschluss in dieser Form festgestellt; oder das geschäftsführende Organ nimmt auf Anregung des für die Feststellung zuständigen Organs Änderungen vor (und tritt damit technisch wieder in die Aufstellungsphase ein, so dass § 244 direkt gilt); oder das für die Feststellung zuständige Organ ändert, soweit zulässig, den als Entwurf vorgelegten aufgestellten Abschluss selbst – dann sind aber die Vorschriften über die Aufstellung zu befolgen (s. z.B. § 173 Abs. 2 S. 1 AktG; § 42a Abs. 2 S. 3 GmbHG). 6

III. Sprache und Währung

1. Sprache. Der **Jahresabschluss** ist zwingend in deutscher Sprache aufzustellen. Mangelnde Sprachkenntnisse rechtfertigen keine Ausnahme. Notfalls muss die Hilfe eines Übersetzers in Anspruch genommen werden. Für die **Buchführung** verbleibt es hingegen bei dem Erfordernis einer lebenden Sprache (§ 239 Abs. 1; dort Rdn 2); jedoch kann die Finanzbehörde für steuerliche Zwecke Übersetzungen verlangen (§ 146 Abs. 3 S. 2 AO). 7

Die Forderung nach Verwendung der deutschen Sprache ist eindeutig.[18] In der Praxis stellen sich jedoch durch die zunehmende Globalisierung der Wirtschaft und die Verbreitung der englischen Sprache in der Geschäftswelt und der Finanzwissenschaft Probleme. Empirische Daten belegen, dass die Geschäftsberichte der DAX 30-Unternehmen heute zahlreiche **englische Fachbegriffe** enthalten, die häufig nicht durch ein entsprechendes Glossar erklärt und/oder definiert werden.[19] *Olbrich/Fuhrmann* kommen vor diesem Hintergrund zu dem Schluss, dass „in vielen Fällen" der „Verdacht eines Verstoßes gegen § 244" nahe liegt.[20] In der Tat ist bedenklich, dass der Aussagegehalt vieler Jahresabschlüsse durch die Verwendung nicht eindeutig definierter,[21] meist englischsprachiger 8

14 Vgl. ausführlich (auch zur entsprechenden Anwendung auf andere Sonderbilanzen) HdR-EA/*Ellerich/Swart* Rdn 2 ff.

15 Dazu auch *Pöller* BC 2008, 261; zu beachten ist, dass DRS 14 zwischenzeitlich aufgehoben wurde, vgl. Beck BilKomm-*Förschle* Rdn 65.

16 BoHdR-*Kirsch* Rdn 19 f.

17 Beck BilKomm-*Förschle* Rdn 5; HdR-EA/*Ellerich/Swart* Rdn 2.

18 Rechtspolitische Kritik bei MünchKomm-AktG/*Luttermann*[2] Rdn 25 ff.

19 *Olbrich/Fuhrmann* AG 2011, 326.

20 *Olbrich/Fuhrmann* AG 2011, 326 (331).

21 Vgl. eindrucksvoll zur Verbreitung sog. Proforma-Kennzahlen bereits *Küting/Heiden* DStR 2003, 1544.

Fachbegriffe leidet. Die Interessen der berichtspflichtigen Unternehmen an einem internationalen und den tatsächlichen Gepflogenheiten entsprechenden Erscheinungsbild sind mit den handelsrechtlichen Forderungen nach der Verwendung der deutschen Sprache (§ 244) und dem allgemeinen Klarheitsgebot (§ 243 Abs. 2, s. dort Rdn 20 ff) in einen **schonenden Ausgleich** zu bringen. Dabei ist zu berücksichtigen, dass auch in der Alltagssprache inzwischen zahlreiche englische Begriffe verwendet werden, deren Übersetzung zwar möglich ist, das Verständnis dadurch aber eher erschwert würde. Ob dies auch für bestimmte im Jahresabschluss verwendete Begriffe gilt, ist im Einzelfall zu beurteilen. Aber auch darüber hinaus ist die Verwendung englischer Begriffe grundsätzlich nicht zu beanstanden. Allerdings ist darauf zu achten, dass die Lesbarkeit und Verständlichkeit der Darstellung insgesamt erhalten bleibt, ggf. sind deutsche Begriffe in Klammern einzufügen.[22] Werden Fachbegriffe zur Kennzeichnung z.B. einer bestimmten Erfolgsgröße verwendet, so ist diese zwingend **zu definieren** (regelmäßig geschieht dies in einem Glossar), wenn – wie häufig[23] – in Wissenschaft und Praxis keine eindeutige Definition existiert. Dies folgt allerdings weniger aus der Forderung nach der Verwendung der deutschen Sprache als vielmehr aus dem allgemeinen Klarheitsgebot. Im Übrigen muss es genügen, wenn die verwendeten englischsprachigen Begriffe und Bezeichnungen von einem **sachverständigen Dritten** in angemessener Zeit **nachvollzogen** werden können (§ 238 Abs. 1 S. 2 ist insoweit verallgemeinerungsfähig). Daraus folgt auch, dass nicht zwingend auf einen existierenden deutschen Begriff zurückgegriffen werden muss, wenn in der Fachwelt ganz überwiegend der entsprechende englische Begriff verwendet wird (z.B. *fair value* statt Zeitwert).[24]

9 Davon zu unterscheiden ist die Frage, ob einzelne Passagen des Jahresabschlusses vollständig in englischer Sprache abgefasst sein können. Dies ist zwar grundsätzlich unter Verweis auf § 244 zu verneinen, in Einzelfällen kann jedoch anderes gelten. **§ 160 Abs. 1 Nr. 8 AktG** verlangt beispielsweise die Angabe im Anhang über „das Bestehen einer Beteiligung, die nach § 20 Abs. 1 oder Abs. 4 dieses Gesetzes oder nach § 21 Abs. 1 oder Abs. 1a des Wertpapierhandelsgesetzes mitgeteilt worden ist; dabei ist der nach § 20 Abs. 6 dieses Gesetzes oder der nach § 26 Abs. 1 des Wertpapierhandelsgesetzes veröffentlichte Inhalt der Mitteilung anzugeben". Die Pflicht nach § 26 Abs. 1 WpHG kann der Emittent in bestimmten Fällen durch Veröffentlichung einer **Mitteilung in englischer Sprache** erfüllen (vgl. §§ 20, 3b WpAIV).[25] Wenn § 160 Abs. 1 Nr. 8 AktG im zweiten Halbsatz den Abdruck des Inhalts der Mitteilung im Anhang verlangt, knüpft es an die Veröffentlichungspflicht nach WpHG an. Der Inhalt der Mitteilung kann in diesen Fällen daher auch im englischen Originalwortlaut wiedergegeben werden;[26] zulässig ist aber auch eine deutsche Übersetzung.

2. Währung

10 a) **Nominalwertprinzip; Geldentwertung.** Die bloße gesetzliche Vorgabe des Euro als Rechengröße führt nicht zu Verzerrungen aufgrund von Geldentwertung. Dieses Phänomen resultiert vielmehr aus der Annahme, dass die Währungseinheit als Wertmesser im

---

[22] Beck BilKomm-*Förschle/Deubert* § 298 Rdn 12.

[23] Vgl. noch einmal *Küting/Heiden* DStR 2003, 1544.

[24] Ebenso Beck BilKomm-*Förschle/Deubert* § 298 Rdn 12; **AA** *Olbrich/Fuhrmann* AG 2011, 326 (329).

[25] S. dazu Assmann/U.H. Schneider/*U.H. Schneider* WpHG[5] § 26 Rdn 54 ff; *Olbrich/Fuhrmann* AG 2011, 326 (329 f).

[26] **AA** *Olbrich/Fuhrmann* AG 2011, 326 (330).

Zeitablauf konstant bleibt (sog. Nominalwertprinzip).[27] Das Nominalwertprinzip nimmt Kaufkraftverluste also nicht zur Kenntnis und kann damit zu ausschüttungsfähigen und steuerpflichtigen Scheingewinnen (allerdings auch zu echten Schuldnergewinnen) führen (für die Deflation gilt die Umkehrung);[28] da das Gesellschaftsrecht insbesondere hinsichtlich der Beschränkung von Ausschüttungen an die bilanziellen Größen anknüpft, gilt dort das Prinzip der nominellen Kapitalerhaltung.[29] Das **Nominalwertprinzip folgt zwar nicht aus § 244.**[30] Dies ändert aber nichts daran, dass sich das Prinzip über § 244 auf die Gewinnermittlung auswirkt. Dies ließe sich z.B. vermeiden, indem etwa die Abschreibungen von Gegenständen des Anlagevermögens auf der Grundlage von Wiederbeschaffungswerten vorgenommen und/oder eine Neubewertungsrücklage gebildet würde, wobei sich die Bewertung an Indices (problematisch: welche?) ausrichten könnte.[31] Entsprechende Reformforderungen sind jedoch schon bei der Aktienrechtsreform 1965 gescheitert.[32] Die durch Art. 33 der 4. Richtlinie gebotenen Möglichkeiten, insbesondere die einer Neubewertungsrücklage (Art. 33 Abs. 4 4. Richtlinie), hat auch der Gesetzgeber des BiRiLiG nicht genutzt; die Bundesregierung hat vielmehr bereits 1978 zu Protokoll erklärt, „daß sie Bewertungsmethoden zur Berücksichtigung inflationärer Entwicklungen ablehnt und daß sie solche Bewertungsmethoden für die Bundesrepublik Deutschland nicht zulassen wird".[33] Diesem Grundsatz ist auch der Gesetzgeber des BilMoG treu geblieben. Wegen der Einzelheiten vgl. Erl. zu §§ 253, 255 und 272.

In seinem Kern ist das Problem ohnehin weniger eines des Handelsbilanz- als des Steuerrechts;[34] denn die Substanz des Unternehmens kann auch durch Zuführungen zu freien Rücklagen erhalten werden. Wenn man Reformen für notwendig erachtet, können sich Vorschläge sinnvollerweise deshalb letztlich nur darauf richten, Maßnahmen zur Substanzerhaltung **aus unversteuertem Gewinn** zu ermöglichen. **11**

b) Umrechnung von Fremdwährungen. Wenn und soweit **auf fremde Währung lautende Posten** vorhanden sind, folgt unmittelbar aus § 244 die Pflicht, diese für den Jahresabschluss in Euro umzurechnen (**Umrechnungsgebot**).[35] Die praktische Bedeutung der damit verbundenen Fragen ist heute evident. Auch nach der Einführung des Euro werden in Folge der zunehmenden Globalisierung zahlreiche Geschäfte in ausländischer Währung abgeschlossen. Der Gesetzgeber des **BilMoG** hat dies anerkannt und mit **§ 256a** (für den Konzernabschluss s. § 308a) erstmals eine die Währungsumrechnung regelnde Vorschrift in das HGB aufgenommen (wegen der Einzelheiten vgl. Erl. dort).[36] Ziel des Gesetzgebers war es, die „gängige Praxis der Währungsumrechnung" zu kodifizieren;[37] vgl. zur Rechtslage vor dem BilMoG Staub/*Hüffer*[4] Rdn 10 ff. Beibehalten wurde die **12**

---

27 Überblick bei *Großfeld* BilanzR3 Rdn 433 ff; *Siepe* FS Budde (1995) S. 615 ff; Staudinger/*K. Schmidt* GeldR vor § 244 ff Rdn D 349.

28 Baumbach/Hopt/*Merkt* Rdn 2.

29 Staudinger/*K. Schmidt* GeldR vor § 244 ff Rdn D 351.

30 ADS Rdn 6; BoHdR-*Kirsch* Rdn 2; Ebenroth/Boujong/Joost/Strohn/*Wiedmann* Rdn 3; MünchKommHGB/*Ballwieser*[3] Rdn 5.

31 *Großfeld* BilanzR[3] Rdn 441ff; vgl. auch Staudinger/*K. Schmidt* GeldR vor § 244 ff Rdn D 349 ff (dort in Rdn D 349 weitere Literaturangaben).

32 Vgl. *Kropff* AktG S. 242; MünchKomm-AktG/*Luttermann*[2] Rdn 40.

33 BT-Drucks. 9/1978, S. 87; vgl. auch Staudinger/*K. Schmidt* GeldR vor § 244 ff Rdn D 352.

34 Vgl. Staudinger/*K. Schmidt* GeldR vor § 244 ff Rdn D 357 ff.

35 Baetge/Kirsch/Thiele/*Bartone* BilR Rdn 22; Baumbach/Hopt/*Merkt* Rdn 2; HdR-EA/*Ellerich/Swart* Rdn 7.

36 Dazu etwa *Pöller* BC 2008, 193.

37 Begr. RegE BilMoG, BT-Drucks. 16/10067 S. 62.

bereits vor dem BilMoG bestehende Regelung in § 284 Abs. 2 Nr. 2 (für den Konzernabschluss s. § 313 Abs. 1 S. 2 Nr. 2), wonach Bilanzierungspflichtige, die einen **Anhang** gem. § 264 Abs. 1 S. 1 aufstellen, dort Angaben zu den **Umrechnungsgrundlagen** machen müssen (wegen der Einzelheiten s. Erl. dort).

13 c) **Historischer Überblick: Umstellung auf Euro.** Seit der Änderung des § 244 in 1998 durch Art. 4 § 1 Nr. 1 EuroEG[38] ist der Euro als Währungseinheit vorgeschrieben. Übergangsweise durfte der Jahresabschluss nach Art. 42 Abs. 1 S. 2 EGHGB auch in DM aufgestellt werden, letztmalig jedoch für das im Kalenderjahr 2001 endende Geschäftsjahr (vgl. zur Rechtslage während des Übergangszeitraums Staub/*Hüffer*[4] Rdn 15ff). Mit Ablauf des Übergangszeitraums, also für alle Bilanzstichtage nach dem 31.12.2001, wurde aus dem Wahlrecht zwischen Euro- und DM-Bilanzierung die Pflicht, den Jahresabschluss in Euro aufzustellen. Sofern das Geschäftsjahr dem Kalenderjahr entspricht, war von dieser Pflicht erstmals der Abschluss für 2002 betroffen. Es gab dabei **keine Euro-Eröffnungsbilanz.**[39] Das ist folgerichtig, weil es sich nur um eine Währungsumstellung, nicht um eine Währungsreform handelt, also Neubewertungen aus diesem Anlass weder erforderlich noch zulässig waren. Die Umrechnung erfolgte daher durch **lineare Transformation.** Darunter ist die Umrechnung der Bilanzposten zum festgelegten[40] Umrechnungskurs zu verstehen (1 Euro = 1,95583 DM).

14 d) **Rundung.** Aus Gründen der Klarheit und Übersichtlichkeit (§ 243 Abs. 2) ist es in der Praxis regelmäßig angebracht und üblich, die im Jahresabschluss ausgewiesenen Beträge **auf volle Beträge zu runden.**[41] Je nach Größe des Unternehmens wird in der Regel auf volle Euro, volle tausend Euro oder volle Millionen Euro gerundet; dabei ist auch die Darstellung mit Nachkommastellen zulässig (Beispiel: 3,45 Mio. Euro).[42] § 244 steht dem nicht entgegen, da allein der Ausweis in der Währungs- bzw. Recheneinheit Euro verlangt wird. **Prüfungsmaßstab** ist allein § 243 Abs. 2.

IV. Rechtsfolgen eines Verstoßes

15 Im Rahmen der **Abschlussprüfung** ist auch die Einhaltung des § 244 zu prüfen; bei Verstößen kann der Bestätigungsvermerk eingeschränkt oder versagt werden (§ 322 Abs. 4).[43] Für die Organmitglieder einer Kapitalgesellschaft ist der Verstoß gegen § 244 eine bußgeldbewehrte **Ordnungswidrigkeit** nach § 334 Abs. 1 Nr. 1 lit. a; Entsprechendes gilt über § 335b für Personenhandelsgesellschaften i.S.d. § 264a. **Bestrafung** wegen eines Insolvenzdelikts nach §§ 283 ff StGB ist bei einem Verstoß gegen das Gebot deutscher Sprache eher fernliegend, kommt aber zum Beispiel dann in Betracht (§ 283 Abs. 1 Nr. 7 lit. a StGB), wenn die Übersicht über den Vermögensstand bei der gebotenen Umrechnung von Fremdwährungsposten erschwert worden ist (etwa: falsche Währungskurse, fingierte Deckungsgeschäfte).[44]

---

[38] Gesetz zur Einführung des Euro (Euro-Einführungsgesetz – EuroEG) vom 9.6.1998 (BGBl. I, S. 1242).

[39] Vgl. dazu *Betsche* DStR 1998, 1805 f; *Pooten* DStR 1998, 51 (52).

[40] VO (EG) 2866/98 des Rates vom 31.12.1998 über die Umrechnungskurse zwischen den Euro und den Währungen der Mitgliedstaaten, die den Euro einführen, Abl. EG Nr. L 359, S. 1.

[41] Beck BilKomm-*Förschle* Rdn 6; BoHdR-*Kirsch* Rdn 35.

[42] HdR-EA/*Ellerich/Swart* Rdn 10 mwN.

[43] Vgl. dazu HdR-EA/*Ellerich/Swart* Rdn 12.

[44] HdR-EA/*Ellerich/Swart* Rdn 13.

§ 245
Unterzeichnung

Der Jahresabschluß ist vom Kaufmann unter Angabe des Datums zu unterzeichnen. Sind mehrere persönlich haftende Gesellschafter vorhanden, so haben sie alle zu unterzeichnen.

Schrifttum

(zum Fragenkreis Unterzeichnung/Feststellung vgl. die Angaben bei § 242). *Biener* Die Neufassung handelsrechtlicher Buchführungsvorschriften, DB 1977, 527; *Erle* Unterzeichnung und Datierung des Jahresabschlusses bei Kapitalgesellschaften, WPg 1987, 637; *Maluck/Göbel* Die Unterzeichnung der Bilanz nach § 41 HGB, WPg 1978, 624; *Offerhaus* Die neuen handelsrechtlichen Buchführungsvorschriften, BB 1976, 1622; *Oser/Eisenhardt* Zur Unterzeichnungspflicht von Jahresabschlüssen im Fall von Meinungsverschiedenheiten zwischen den Geschäftsführern einer GmbH, DB 2011, 717; *Schellhorn* Der Bilanzeid nach § 264 Abs. 2 Satz 3 HGB – Anwendungsfragen und Bedeutung, DB 2009, 2363; *Schubert* Die Unterzeichnung der Jahresabschlüsse von Aktiengesellschaften, WPg 1956, 393; *Weilinger* Die Aufstellung und Feststellung des Jahresabschlusses im Handels- und Gesellschaftsrecht (1997); *Weiß* Die Pflicht zur Unterzeichnung des Jahresabschlusses der AG bei seiner Aufstellung und die Folgen ihrer Verletzung, WM 2010, 1010.

Übersicht

I. Grundlagen

1. Regelungsgegenstand und -zweck. Die Vorschrift verpflichtet zur **datierten Unterzeichnung des Jahresabschlusses** und entspricht bis auf die Ersetzung des Begriffs Bilanz durch den des Jahresabschlusses wörtlich § 41 a.F.;[1] zur früher vorgeschriebenen Unterzeichnung des Inventars vgl. Rdn 8. Die Regelung dient der **Rechtsklarheit** und der **Dokumentation.** Sie will gewährleisten, dass der Kaufmann oder die sonst verpflichteten Personen durch ihre Unterschrift die **öffentlich-rechtliche Verantwortung** für den Jahresabschluss übernehmen;[2] eine zivilrechtliche Haftung für die Richtigkeit übernehmen die 1

[1] Vgl. MünchKommAktG/*Luttermann*[2] Rdn 4.

[2] Überwiegend wird sogar noch weiter formuliert, dass die Unterzeichner allgemein die Verantwortung für die Richtigkeit übernähmen, so etwa ADS Rdn 1; Beck BilKomm-*Winkeljohann/Schellhorn* Rdn 1; Heidel/

Unterzeichner indes nicht. Durch die vorgeschriebene Angabe des Datums wird zugleich der Zeitpunkt festgelegt, in dem die Unterzeichner ihrer Verpflichtung nachgekommen sind.[3] Mit der Unterzeichnung trifft der Kaufmann auch die **Unterscheidung** zwischen dem Jahresabschluss und eventuell **vorhergehenden Entwürfen**. Die öffentliche Verantwortung ist in erster Linie die strafrechtliche Verantwortung i.S.d. §§ 283 ff StGB (§ 238 Rdn 65); denn der gem. § 245 unterzeichnete Jahresabschluss ist dasjenige Zahlenwerk, das eine ordnungsmäßige Vermögensübersicht ermöglichen muss. Der damit verbundene Druck und die Appellfunktion des Unterschriftserfordernisses dienen zugleich dem Gläubigerschutz.[4] Schließlich hat die Unterzeichnung des Jahresabschlusses auch **beweisrechtliche Bedeutung** (§ 416 ZPO).[5]

2 **2. Rechtsnatur der Unterzeichnungspflicht.** Weil die Pflicht zur Unterzeichnung als Bestandteil der Buchführungs- und Bilanzierungspflicht dem Allgemeininteresse dient (§ 238 Rdn 2 f), ist sie wie diese als **öffentlich-rechtliche Pflicht** anzusehen. Darüber besteht weitgehend Einigkeit.[6] Nicht selten findet sich aber die Meinung, dass die Unterzeichnung des Jahresabschlusses auch eine zivilrechtliche Seite habe. Sie soll namentlich gegenüber Mitgesellschaftern,[7] nach weiterer Auffassung auch gegenüber Gläubigern, die an Gewinn oder Umsatz beteiligt sind, eine Art Anerkenntnis zum Ausdruck bringen, das, jedenfalls verbunden mit der Mitteilung des Jahresabschlusses, deren Ansprüche begründet oder konkretisiert.[8] Daran ist richtig, dass Ansprüche auf Gewinnbeteiligung die bilanzielle Ermittlung des Gewinns voraussetzen. Rechtlich verbindlich erfolgt die Gewinnermittlung jedoch erst durch die Feststellung des Jahresabschlusses; der aufgestellte Jahresabschluss ist – auch dann, wenn er bereits unterzeichnet ist – rechtlich nur ein Entwurf (vgl. zum Ganzen § 242 Rdn 16 ff); umgekehrt kann auch ein nicht unterzeichneter Jahresabschluss wirksam festgestellt sein (Rdn 14). Dass in bestimmten Konstellationen gesellschafts- und/oder schuldrechtliche Folgen an die Unterzeichnung geknüpft sein können, trifft zwar zu. Dabei handelt es sich jedoch nicht um eine zivilrechtliche Seite der Unterzeichnungspflicht, sondern um sachlich getrennte, nur äußerlich zusammenfallende Rechtsvorgänge. Es gibt **keine zivilrechtliche Seite der Unterzeichnungspflicht**, die über diesen äußerlichen Zusammenhang hinausginge.[9]

3 **3. Normadressaten.** § 245 spricht in Satz 1 den Kaufmann, in Satz 2 die persönlich haftenden Gesellschafter an. **Kaufmann:** Zur Unterzeichnung verpflichtet ist, wer einen

---

Schall/*Kuhn* HGB Rdn 1; KölnKomm-RLR/*Braun* Rdn 2; MünchKommHGB/*Ballwieser*[3] Rdn 1; krit. zur Übernahme der Verantwortung *Weilinger* Die Aufstellung und Feststellung (1997) Rdn 839 ff; zutr. ist die differenzierte Betrachtung bei Baetge/Kirsch/Thiele/*Hennrichs* BilR Rdn 3, dem zust. BoHdR-*Kirsch* Rdn 4 ff.

3 Vgl. BGH BB 1962, 426.

4 Zutr. HdR-EA/*Ellerich/Swart* Rdn 1.

5 Vgl. dazu OLG Brandenburg ZInsO 2008, 561 (563); MünchKommAktG/*Luttermann*[2] Rdn 9 ff; ferner Beck BilKomm-*Winkeljohann/Schellhorn* Rdn 6.

6 BGH AG 1985, 188 (189); OLG Karlsruhe WM 1987, 533 (536); aus dem Schrifttum etwa ADS Rdn 1; Baetge/Kirsch/Thiele/*Hennrichs* BilR Rdn 21; Baumbach/Hopt/*Merkt* Rdn 1; Beck BilKomm-*Winkeljohann/Schellhorn* Rdn 2 aE; **aA** KölnKommAktG/*Claussen/Korth*[2] Rdn 5; MünchKommAktG/*Luttermann*[2] Rdn 16.

7 Beck BilKomm-*Winkeljohann/Schellhorn* Rdn 6; Ebenroth/Boujong/Joost/Strohn/*Wiedmann* Rdn 1.

8 So z.B. HdR-EA/*Ellerich/Swart* Rdn 1; Staub/*Brüggemann*[3] § 41 Rdn 2; dagegen bereits zutr. Staub/*Hüffer*[4] Rdn 2.

9 Zust. *Weilinger* Die Aufstellung und Feststellung (1997) Rdn 849; Baetge/Kirsch/Thiele/*Hennrichs* BilR Rdn 21; wohl auch BoHdR-*Kirsch* Rdn 4 ff; *Oser/Eisenhardt* DB 2011, 717.

Jahresabschluss aufzustellen hat; der Kreis der Unterzeichnungspflichtigen deckt sich also mit dem Kreis der Buchführungspflichtigen (vgl. § 242 Rdn 4; § 238 Rdn 7 ff). Ein Einzelkaufmann, der die **Befreiung nach §§ 241a, 242 Abs. 4** in Anspruch nimmt (s. Erl. zu § 241a und § 242 Rdn 46 ff), muss das von ihm erstellte Rechenwerk (in der Praxis meist eine Einnahme-Überschussrechnung, s. § 241a Rdn 11) nicht entsprechend § 245 unterzeichnen (s.a. § 242 Rdn 46).[10] **Persönlich haftender Gesellschafter:** Die auf Art. 30 S. 2 ADHGB zurückgehende Regelung ist verunglückt, weil sie die rechtliche Selbständigkeit von OHG und KG (§§ 124, 161 Abs. 2) nicht beachtet. Sie verkennt, dass nicht die Gesellschafter, sondern die Gesellschaft selbst als Inhaber des Handelsgeschäfts und damit als Kaufmann anzusehen ist. Es wäre deshalb dogmatisch folgerichtig und wegen des Zusammenhangs mit der Buchführungs- und Aufstellungspflicht auch sachgerecht, wenn, wie in § 39 Abs. 3 S. 3 HGB-E noch vorgesehen,[11] nur die geschäftsführenden Gesellschafter die öffentliche Verantwortung für den Jahresabschluss (Rdn 1) übernehmen müssten.[12] Dem eindeutigen Gesetzeswortlaut ist jedoch Folge zu leisten.[13] Zu den Einzelheiten vgl. unten Rdn 13.

II. Gegenstand der Unterzeichnungspflicht

1. Jahresabschluss

a) **Bilanz, GuV, Anhang.** Zu unterzeichnen ist der Jahresabschluss, also bei Einzelkaufleuten und Personenhandelsgesellschaften die Bilanz und die GuV (§ 242 Abs. 3), bei Kapitalgesellschaften und Personenhandelsgesellschaften i.S.d. § 264a auch der Anhang, weil er mit den Zahlenwerken eine Einheit bildet (§ 264 Abs. 1 S. 1); das Gleiche gilt für **Kapitalflussrechnung, Eigenkapitalspiegel** und **Segmentberichterstattung**, wenn diese nach § 264 Abs. 1 S. 2 aufgestellt werden (auch sie sind Bestandteil des Jahresabschlusses). **Nicht** zu unterzeichnen ist der nach § 264 Abs. 1 S. 1 von Kapitalgesellschaften und Personenhandelsgesellschaften i.S.d. § 264a aufzustellende **Lagebericht** (str.).[14] Eine entsprechende Verpflichtung normieren §§ 264 Abs. 1 S. 1, 289 nicht; eine solche war, anders als die Erfordernisse deutscher Sprache und Währung (§ 244; vgl. dort Rdn 4), auch im Gesetzgebungsverfahren des BilRiLiG nicht vorgesehen. 4

b) **Auf- oder festgestellter Jahresabschluss?** § 245 spricht ohne weitere Präzisierung von der Unterzeichnung des Jahresabschlusses. Für **Einzelkaufleute,** an die jedenfalls bei der Abfassung des § 41 a.F. in erster Linie gedacht war, ergibt sich daraus kein Problem, weil der Jahresabschluss bei ihnen keiner eigenständigen Feststellung durch Gesellschaf- 5

---

10 **AA** Beck BilKomm-*Winkeljohann/Schellhorn* Rdn 1 aE.

11 BT-Drucks. 10/317, S. 3.

12 Weiter Baetge/Kirsch/Thiele/*Hennrichs* BilR Rdn 25, der meint, dass an sich die Unterzeichnung durch ein vertretungsberechtigtes Organ genügen müsste. Dies würde jedoch zu einem Wertungswiderspruch mit der nach hM für Kapitalgesellschaften geltenden Regelung (alle Mitglieder des vertretungsberechtigten Organs einschließlich ihrer Stellvertreter müssen unterzeichnen, s.u. Rdn 10) führen.

13 AllgM, s. etwa ADS Rdn 10; Baetge/Kirsch/Thiele/*Hennrichs* BilR Rdn 25; MünchKommHGB/*Ballwieser*[3] Rdn 8.

14 Ebenso ADS Rdn 3; Baetge/Kirsch/Thiele/*Hennrichs* BilR Rdn 22; BoHdR-*Kirsch* Rdn 21 aE; HdR-EA/*Ellerich/Swart* Rdn 7; MünchKommHGB/*Ballwieser*[3] Rdn 4; **aA** Beck BilKomm-*Winkeljohann/Schellhorn* § 264 Rdn 16; Baumbach/Hueck/*Schulze-Osterloh* GmbHG[18] § 41 Rdn 74; Heymann/*Walz* HGB Rdn 3; in diese Richtung auch Lutter/Hommelhoff/*Kleindiek* GmbHG[18] § 42 Rdn 14.

terbeschluss bedarf (§ 242 Rdn 21). Sie haben deshalb diejenige Fassung ihres Jahresabschlusses zu unterzeichnen, die sie als endgültig gelten lassen wollen.[15] Dagegen ist für das **Gesellschaftsrecht** umstritten, ob bereits der aufgestellte oder erst der festgestellte Abschluss (zur Unterscheidung § 242 Rdn 16 ff) zu unterzeichnen ist; für das Zweite die **Rechtsprechung**[16] und die heute ganz **hL**[17]. Wegen der klaren Trennung und der ausdrücklichen Zuständigkeitsregeln (Aufstellung als Maßnahme der Geschäftsführung, Feststellung bei der AG regelmäßig durch Billigung des Aufsichtsrats, § 172 AktG, bei der GmbH durch Beschluss der Gesellschafter, §§ 42a Abs. 2, 46 Nr. 1 GmbHG) wird die Frage häufig auf das Kapitalgesellschaftsrecht verengt. Im Kern geht es jedoch um das **allen bilanzierungspflichtigen Gesellschaften gemeinsame Problem**, ob es sinnvoll ist, dass die persönlich haftenden Gesellschafter (OHG und KG) oder die Vorstandsmitglieder bzw. Geschäftsführer die öffentliche Verantwortung (Rdn 1) für eine Vorlage übernehmen, die im Verhältnis der Gesellschafter oder der Gesellschaftsorgane untereinander noch keine Verbindlichkeit erlangt hat und auch noch geändert werden kann; die Vorlage ist bei prüfungspflichtigen Gesellschaften auch noch nicht nach §§ 316 ff geprüft worden. Da die bilanzierungspflichtige Gesellschaft erst mit der Feststellung des Jahresabschlusses ihre öffentlich-rechtliche Pflicht zur Rechnungslegung erfüllt, muss sich auch die Übernahme der öffentlich-rechtlichen Verantwortung (und damit die Unterzeichnungspflicht) auf den festgestellten Jahresabschluss beziehen. Das Gleiche gilt im Übrigen für die Abgabe des sog. **Bilanzeids**[18] nach § 264 Abs. 2 S. 3.[19] Rechtspolitisch mag man kritisieren, dass die Unterzeichner die öffentlich-rechtliche Verantwortung für einen Jahresabschluss übernehmen müssen, der ggf. im Rahmen der Feststellung geändert worden ist.[20] Ein anderes Ergebnis ist mit der Ausgestaltung der Rechnungslegungspflichten *de lege lata* aber nicht vereinbar. Der hM ist daher jedenfalls in zwei Punkten zuzustimmen:[21] Erstens muss der Jahresabschluss **in seiner festgestellten Form unterzeichnet** sein; zweitens genügen die Aufstellungsverantwortlichen jedenfalls ihrer Pflicht aus § 245, wenn sie erst und nur den festgestellten Jahresabschluss unterzeichnen (vgl. aber sogleich Rdn 6).

---

15 Baetge/Kirsch/Thiele/*Hennrichs* BilR Rdn 23; BoHdR-*Kirsch* Rdn 11, 23; KölnKomm-RLR/*Braun* Rdn 16.

16 BGH AG 1985, 185 (189) (zur GmbH); OLG Stuttgart DB 2009, 1521 (1522).

17 ADS Rdn 7; Baetge/Kirsch/Thiele/*Hennrichs* BilR Rdn 23; *Balthasar* Die Bestandskraft handelsrechtlicher Jahresabschlüsse (1999) S. 46 ff; Baumbach/Hopt/*Merkt* Rdn 1; Baumbach/Hueck/*Schulze-Osterloh* GmbHG[18] § 41 Rdn 74; Beck-HdR-*Hentschel* B 101 Rdn 36; BoHdR-*Kirsch* Rdn 23; Ebenroth/Boujong/Joost/Strohn/*Wiedmann* Rdn 2; Ensthaler/*Puckler*[7] Rdn 3; Haufe HGB BilKomm/*Noodt*[2] Rdn 13; HdR-EA/*Ellerich/Swart* Rdn 13; *Hopt* FS Odersky (1996) S. 799 (801); *Hüffer* AktG § 172 Rdn 6; Koller/Roth/*Morck* Rdn 2; Lutter/Hommelhoff/*Kleindiek* GmbHG[18] § 42 Rdn 14; *Oser/Eisenhardt* DB 2011, 717 f; Spindler/Stilz/*Euler* AktG § 172 Rdn 18; *Weilinger* Die Aufstellung und Feststellung (1997) Rdn 877 f; **aA** *Weiß* WM 2010, 1010 (1015); KölnKomm-RLR/*Braun* Rdn 16; *Küting/Kaiser* WPg 2000, 577 (585 ff); aus dem älteren Schrifttum: *Heymann*/Walz HGB Rdn 6; *Erle* WPg 1987, 637 (641 f); *Maluck/Göbel* WPg 1978, 624 f; *Schubert* WPg 1956, 393; offen gelassen bei Beck BilKomm-*Winkeljohann/Schellhorn* Rdn 3.

18 Dazu etwa *Schellhorn* DB 2009, 2363.

19 HM, s. etwa Baumbach/Hopt/*Merkt* § 264 Rdn 26; Beck BilKomm-*Winkeljohann/Schellhorn* § 264 Rdn 66; *Fleischer* ZIP 2007, 97 (101 f); MünchKommAktG/*Hennrichs/Pöschke* § 172 Rdn 53; MünchKommHGB/*Reiner*[2] § 264 Rdn 95; **aA** z.B. *DAV-Handelsrechtsausschuss* NZG 2006, 655 (658).

20 Vgl. etwa *Weiß* WM 2010, 1010 (1012).

21 Ganz ähnlich Beck BilKomm-*Winkeljohann/Schellhorn* Rdn 3.

Zu berücksichtigen ist allerdings, dass die erst bei Feststellung erfolgende Unterzeichnung bei Gesellschaften (trotz Datierung, vgl. Rdn 12) in aller Regel **nicht geeignet** ist, die **rechtzeitige Aufstellung des Jahresabschlusses zu dokumentieren.** Die Aufstellung obliegt als Geschäftsführungsmaßnahme den geschäftsführenden Gesellschaftern, Vorstandsmitgliedern oder Geschäftsführern; eine Fristversäumung führt bei Vorliegen weiterer Tatbestandsvoraussetzungen zur Strafbarkeit nach §§ 283 Abs. 1 Nr. 7 lit. b, 283b Abs. 1 Nr. 3 lit. b StGB (zum bloßen Fehlen der Unterschrift vgl. aber Rdn 14). Es ist deshalb im Eigeninteresse der Aufstellungsverantwortlichen unverzichtbar, den Zeitpunkt aktenkundig zu machen, zu dem sie die Aufstellung abgeschlossen haben. Dazu **empfiehlt es sich,** bereits den **aufgestellten Jahresabschluss zu unterzeichnen** (vgl. auch Rdn 12).[22] Wenn der Jahresabschluss im Rahmen der Feststellung dann nicht mehr geändert wird, ist eine erneute Unterzeichnung grundsätzlich nicht erforderlich[23] (Ausnahme: der Kreis der Unterzeichnungspflichtigen hat sich geändert; vgl. Rdn 10, 13). Freilich genügt es zur Dokumentation der Aufstellung auch, wenn sie sich durch Sitzungsprotokoll, Schreiben an den Aufsichtsrat oder in ähnlicher Weise unzweideutig belegen lässt.[24] Wird der aufgestellte Jahresabschluss nicht unterschrieben, ist aber in jedem Fall die Unterzeichnung des festgestellten Abschlusses erforderlich. 6

2. Entsprechende Anwendung. § 245 ist auf die **Eröffnungsbilanz** und auf den **Konzernabschluss** entsprechend anzuwenden (§§ 242 Abs. 1 S. 2, 298 Abs. 1). Im ersten Fall ist naturgemäß nur die Bilanz zu unterzeichnen. Im zweiten Fall müssen alle in § 297 Abs. 1 genannten Bestandteile des Konzernabschlusses von den Unterschriften der gesetzlichen Vertreter des Mutterunternehmens (§ 290 Abs. 1) erfasst werden.[25] Wenn von der **Erleichterung des § 298 Abs. 3** Gebrauch gemacht wird, also bei Zusammenfassung des Konzernanhangs und des Anhangs zum Jahresabschluss des Mutterunternehmens, muss deutlich werden, dass die Unterschrift für beide Abschlüsse gelten soll.[26] § 245 gilt schließlich auch für einen **Konzernabschluss nach IFRS** (§ 315a Abs. 1) sowie für einen für Zwecke der Offenlegung aufgestellten **Einzelabschluss nach IFRS** (§ 325 Abs. 2a S. 3).[27] 7

3. Keine Unterzeichnungspflicht für das Inventar. Bis 1976 schrieb § 41 a.F. auch die Unterzeichnung des Inventars vor. Diese Unterzeichnungspflicht ist durch das 1. WiKG[28] abgeschafft worden, um die Erstellung des Inventars auf Datenträgern zu ermöglichen; genauer genommen sollte vermieden werden, dass der Datensatz nur zum Zweck der Unterschrift ausgedruckt werden muss.[29] Mit Rücksicht auf den Normzweck wurde vereinzelt die Ansicht vertreten, es gebe einen GoB, nach dem **konventionell erstellte Inven-** 8

---

[22] Haufe HGB BilKomm/*Noodt*[2] Rdn 13; MünchKommAktG/*Hennrichs/Pöschke* § 170 Rdn 17, § 172 Rdn 51; *Maluck/Göbel* WPg 1978, 624 f.

[23] ADS Rdn 8; Beck BilKomm-*Winkeljohann/Schellhorn* Rdn 3; Beck-HdR-*Hentschel* B 101 Rdn 36 aE; BoHdR-*Kirsch* Rdn 23; Ensthaler/*Puckler*[7] Rdn 3; Haufe HGB BilKomm/*Noodt*[2] Rdn 13; HdR-EA/*Ellerich/Swart* Rdn 14; *Schellhorn* DB 2009, 2363 (2364); wohl auch MünchKommHGB/*Ballwieser*[3] Rdn 5; vgl. ferner MünchKommAktG/*Luttermann*[2] Rdn 32 ff.

[24] Vgl. OLG Stuttgart DB 2009, 1521 (1522); ferner Beck BilKomm-*Winkeljohann/Schellhorn* Rdn 3.

[25] HdR-EA/*Ellerich/Swart* Rdn 18.

[26] ADS Rdn 3; Ebenroth/Boujong/Joost/Strohn/*Wiedmann* Rdn 4.

[27] HdR-EA/*Ellerich/Swart* Rdn 20 u. 11.

[28] Erstes Gesetz zur Bekämpfung der Wirtschaftskriminalität vom 29.7.1976 (BGBl. I, S. 2034).

[29] *Biener* DB 1977, 527 (533); *Offerhaus* BB 1976, 1623 f.

tare nach wie vor zu unterzeichnen seien.[30] Dieser Ansicht ist **nicht zu folgen.**[31] Der Gesetzgeber hat von der Möglichkeit, nur einen auf den EDV-Einsatz beschränkten Dispens zu erteilen offenbar bewusst keinen Gebrauch gemacht. Eine entsprechende Pflicht ist auch sachlich nicht geboten, weil die Unterschrift unter den Jahresabschluss zugleich die Verantwortung für das Inventar ausdrückt.

III. Die Person des Unterzeichnungspflichtigen

9 **1. Einzelkaufleute.** Unterzeichnungspflichtig ist der Kaufmann; die Präzisierungen, die zur Buchführungspflicht entwickelt worden sind (§ 238 Rdn 7 f, 11 und 12), gelten auch hier. Seine Unterschrift ist eine **höchstpersönliche Rechtshandlung.** Er kann sich deshalb nicht von einem Bevollmächtigten vertreten lassen, auch nicht von seinem Prokuristen.[32] Bei höherer Gewalt (z.B. schwere Krankheit) wird man indes eng umgrenzte **Ausnahmen** zulassen können.[33] Mangelnde Sachkenntnis (keine kaufmännische Ausbildung; keine Kenntnisse in Buchführung und Bilanzierung) befreit den Kaufmann nicht von der Verpflichtung, die Verantwortung für den Jahresabschluss durch Unterschrift zu übernehmen;[34] es ist seine Sache, sich geeigneten fremden Sachverstands zu bedienen oder die erforderlichen Kenntnisse selbst zu erwerben. Wegen denkbarer **Sonderfälle** bei der Bestimmung des Verantwortlichen vgl. § 238 Rdn 18 ff. Danach gilt: Für Minderjährige handeln der oder die gesetzlichen Vertreter (§ 238 Rdn 19); der Kaufmann ist auch für die Zweigniederlassung unterzeichnungspflichtig (§ 238 Rdn 21); der Testamentsvollstrecker unterschreibt als Treuhänder selbst, bei Vollmachtlösung unterschreiben die Erben (§ 238 Rdn 28 f); der das Handelsgeschäft fortführende Insolvenzverwalter unterzeichnet in amtlicher Eigenschaft (§ 238 Rdn 30).

10 **2. Handelsgesellschaften.** Für **OHG und KG** enthält § 245 S. 2 eine besondere Vorschrift; vgl. zum Grundsätzlichen schon Rdn 3 und zu den Einzelfragen unten Rdn 13. Den **Jahresabschluss der AG** müssen nach fast einhelliger Ansicht sämtliche Mitglieder des Vorstands einschließlich der stellvertretenden (§ 94) unterzeichnen.[35] Dem ist zuzustimmen, obwohl das Gesetz für diese Verpflichtung keine ausdrückliche Bestimmung enthält. Die Pflicht lässt sich aus der Buchführungsverantwortung aller Vorstandsmitglieder (§ 91 Abs. 1 AktG; vgl. § 238 Rdn 24) ableiten und zusätzlich darauf stützen, dass § 264 Abs. 1 die Aufstellung des Jahresabschlusses in die Verantwortung aller gesetzlichen Vertreter legt; ferner ist auch die in § 264 Abs. 2 S. 3 geregelte Versicherung (sog. Bilanzeid) von allen gesetzlichen Vertretern abzugeben. Im Einzelnen gilt: Weil zwingend erst der festgestellte Jahresabschluss zu unterzeichnen ist (Rdn 5), ergibt die **Feststellung**

---

30 *Offerhaus* BB 1976, 1623 f.

31 So auch die heute allgM, statt vieler Baetge/Kirsch/Thiele/*Hennrichs* BilR Rdn 22; BoHdR-*Kirsch* Rdn 24; Ebenroth/Boujong/Joost/Strohn/*Wiedmann* Rdn 3.

32 RGZ 112, 19 (25); Baumbach/Hopt/*Merkt* Rdn 1; HdR-EA/*Ellerich/Swart* Rdn 5.

33 Ausf. HdR-EA/*Ellerich/Swart* Rdn 5; s. ferner ADS Rdn 13a; Baetge/Kirsch/Thiele/*Hennrichs* BilR Rdn 27; Ebenroth/Boujong/Joost/Strohn/*Wiedmann* Rdn 9; KölnKomm-RLR/*Braun* Rdn 13.

34 RG DJZ 1907, 1148; Baetge/Kirsch/Thiele/*Hennrichs* BilR Rdn 27.

35 S. nur ADS Rdn 12; Baetge/Kirsch/Thiele/*Hennrichs* BilR Rdn 26; Baumbach/Hopt/*Merkt* Rdn 2; Beck BilKomm-*Winkeljohann/Schellhorn* Rdn 2; HdR-EA/*Ellerich/Swart* Rdn 3; *Hüffer* AktG § 172 Rdn 6; MünchKommAktG/*Luttermann*[2] Rdn 7; MünchKommHGB/*Ballwieser*[3] Rdn 8; s. bereits *Erle* WPg 1987, 637 (638); **aA** *Weilinger* Die Aufstellung und Feststellung (1997) Rdn 883.

den **maßgeblichen Stichtag** für die Personen der Unterzeichnungspflichtigen.[36] Das gilt jedenfalls in den Fällen des § 172 AktG, aber nach richtiger Ansicht auch in denen des § 173 AktG, weil es keinen Sinn ergibt, dass der Vorstand einen Jahresabschluss(-entwurf) verantwortet, der später von der Hauptversammlung geändert wird. Erforderlich sind demnach die Unterschriften der Personen, die im Zeitpunkt der Feststellung Vorstandsmitglieder waren.[37] Vorher ausgeschiedene Vorstandsmitglieder haben nicht zu unterzeichnen. Unterzeichnen müssen auch diejenigen Vorstandsmitglieder, die **mit dem Jahresabschluss nicht einverstanden** sind;[38] das gilt nach richtiger Auffassung nur dann nicht, wenn sie den Jahresabschluss für nichtig halten.[39] Vielfach wird eine Verweigerung der Unterschrift allerdings bereits dann für zulässig erachtet, wenn ein Vorstandsmitglied der Auffassung ist, dass der Abschluss gegen gesetzliche Vorschriften verstößt.[40] Dies würde in der Praxis jedoch zu erheblicher Rechtsunsicherheit führen. Für die **GmbH** gelten die vorstehenden Regeln entsprechend. Es müssen also sämtliche Geschäftsführer unterschreiben, einschließlich der Stellvertreter (§§ 41, 44 GmbHG). Den maßgeblichen Stichtag ergibt der Beschluss der Gesellschafterversammlung (§ 46 Nr. 1 GmbHG) über die Feststellung des Jahresabschlusses.[41] Entsprechendes gilt für die **SE**; die Verpflichtung trifft bei der dualistisch strukturierten SE alle Vorstandsmitglieder und bei der monistisch strukturierten SE (s. dazu § 242 Rdn 4) die geschäftsführenden Direktoren – jeweils einschließlich der Stellvertreter. Zur **GmbH & Co. KG** vgl. Rdn 13 aE. Unterzeichnen daneben **weitere Personen** (z.B. Prokuristen) den Jahresabschluss, ist dies unschädlich, solange alle zur Unterzeichnung verpflichteten Personen unterzeichnet haben und klar ist, wer in welcher Funktion unterzeichnet hat (s.a. Rdn 11).[42]

IV. Die Unterzeichnung

1. Namensunterschrift. Über die Art und Weise der Unterzeichnung trifft § 245 keine **11**
nähere Bestimmung. Erforderlich ist **jedenfalls** die **eigenhändige Unterschrift** (nicht genügend: Faksimile, Stempel u.ä.).[43] Bei **Einzelkaufleuten** ist eine Unterschrift unter Angabe der Firma jedenfalls dann nicht erforderlich, wenn diese sich ohne Weiteres aus den unterzeichneten Jahresabschlussunterlagen selbst ergibt.[44] Bei **Gesellschaften** muss ein

---

36 OLG Stuttgart DB 2009, 1521 (1524); ADS Rdn 14; Baetge/Kirsch/Thiele/*Hennrichs* BilR Rdn 27; Koller/Roth/*Morck* Rdn 3; in der Literatur wird teilweise anders bzw. nicht eindeutig formuliert: Beck BilKomm-*Winkeljohann/Schellhorn* Rdn 2 („zum Zeitpunkt der Unterzeichnung"); BoHdR-*Kirsch* Rdn 50 („zum Zeitpunkt der Unterschriftsleistung unter den festgestellten Jahresabschluss"); MünchKommHGB/*Ballwieser*[3] Rdn 8 („Zeitpunkt der Erstellung bzw. Feststellung").

37 Beck-HdR-*Hentschel* B 101 Rdn 37; *Hüffer* AktG § 172 Rdn 6; MünchKommAktG/*Hennrichs/Pöschke* § 172 Rdn 52.

38 ADS Rdn 12; Baetge/Kirsch/Thiele/*Hennrichs* BilR Rdn 26; Beck BilKomm-*Winkeljohann/Schellhorn* Rdn 2; HdR-EA/*Ellerich/Swart* Rdn 3; KölnKomm-RLR/*Braun* Rdn 13; **aA** Beck-HdR-*Hentschel* B 101 Rdn 37.

39 MünchKommAktG/*Hennrichs/Pöschke* § 172 Rdn 52; Spindler/Stilz/*Euler* AktG § 172 Rdn 17.

40 Beck BilKomm-*Winkeljohann/Schellhorn* Rdn 2; Lutter/Hommelhoff/*Kleindiek* GmbHG[18] § 42 Rdn 14 aE; *Oser/Eisenhardt* DB 2011, 717 (718 f); ähnlich MünchKommAktG/*Luttermann*[2] § 245 HGB Rdn 8 (nur wenn offenbar bußgeldpflichtige oder strafbewehrte Verstöße vorliegen).

41 BGH AG 1985, 188 (189).

42 ADS Rdn 14 aE; Beck BilKomm-*Winkeljohann/Schellhorn* Rdn 2.

43 ADS Rdn 5; eingehend zu den Anforderungen MünchKommAktG/*Luttermann*[2] Rdn 12 ff.

44 ADS Rdn 5; Ebenroth/Boujong/Joost/Strohn/*Wiedmann* Rdn 11; HdR-EA/*Ellerich/Swart* Rdn 5; **aA** Baetge/Kirsch/Thiele/*Hennrichs* BilR Rdn 28; Beck BilKomm-*Winkeljohann/*

Hinweis auf die Funktion des/der Unterzeichnenden erfolgen (z.B. „Der Vorstand").[45] Weil Bilanz, GuV und (gegebenenfalls) Anhang sowie sonstige Abschlussbestandteile (s. Rdn 4) zu unterzeichnen sind, muss so unterschrieben werden, dass die **Übernahme der Verantwortung für alle Teile des Jahresabschlusses** deutlich wird. Unterschrift unter der letzten Seite genügt, sofern alle Papiere derart eine Urkundeneinheit bilden, dass eine nachträgliche Trennung notwendig erkennbar ist.[46] Wenn das nicht gewährleistet werden kann, muss jedes Blatt unterschrieben oder zumindest abgezeichnet und am Ende die Abzeichnung durch Unterschrift ausdrücklich anerkannt werden.[47] Zu unterschreiben ist auf dem **Original**, das gemäß § 257 Abs. 1 Nr. 1 vom Kaufmann aufzubewahren ist.[48] Zur Offenlegung nach § 325 vgl. Erl. dort.

12 2. **Angabe des Datums.** Seit dem 1. WiKG von 1976 (vgl. Rdn 8) ist vorgeschrieben, dass der Jahresabschluss unter Angabe des Datums unterzeichnet wird. Dass das Datum der Namensunterschrift **handschriftlich** beigefügt wird, ist **nicht erforderlich.**[49] Anzugeben sind **Tag, Monat und Jahr;**[50] eine Angabe des Ortes ist nicht erforderlich.[51] Zweck der Datumsangabe ist es ausweislich der Regierungsbegründung,[52] den Tag der Unterzeichnung nachträglich feststellbar zu machen und damit die Prüfung zu ermöglichen, wann die Aufstellung des Jahresabschlusses erfolgt ist.[53] Die Gesetzesverfasser haben sich also ersichtlich am Abschluss des Einzelkaufmanns orientiert (Rdn 5). Für den Jahresabschluss von Gesellschaften erfüllt das Erfordernis der Datumsangabe diesen Zweck nicht, wenn – was zulässig ist – erst und nur der festgestellte Abschluss unterschrieben wird (Rdn 5). Das gesetzgeberische Ziel wird dann nur erreicht, wenn die Aufstellungsverantwortlichen bereits den Abschlussentwurf unterzeichnen (Rdn 6).

V. Insbesondere: OHG und KG (§ 245 S. 2)

13 § 245 S. 2 verlangt die Unterzeichnung des Jahresabschlusses durch **alle persönlich haftenden Gesellschafter**. Im Einzelnen gilt: Zwischen der **Aufstellung** des Jahresabschlusses und seiner Unterzeichnung muss unterschieden werden. Aus § 245 S. 2 folgt nicht, dass alle persönlich haftenden Gesellschafter den Jahresabschluss aufzustellen haben; die Aufstellung liegt vielmehr wie die Buchführung allein in den Händen der geschäftsführenden Gesellschafter (vgl. schon § 238 Rdn 22). Aus § 245 S. 2 ergibt sich ferner nicht, wer an der **Feststellung** des Abschlusses mitzuwirken hat; dies folgt aus dem

Schellhorn Rdn 2; offen gelassen bei BoHdR-*Kirsch* Rdn 36.

[45] ADS Rdn 5; Baetge/Kirsch/Thiele/*Hennrichs* BilR Rdn 28; BoHdR-*Kirsch* Rdn 36; Ebenroth/Boujong/Joost/Strohn/*Wiedmann* Rdn 11; **aA** HdR-EA/*Ellerich/Swart* Rdn 5.

[46] ADS Rdn 6; Beck BilKomm-*Winkeljohann/Schellhorn* Rdn 1; HdR-EA/*Ellerich/Swart* Rdn 10; *Maluck/Göbel* WPg 1956, 624f; *Weilinger* Die Aufstellung und Feststellung (1997) Rdn 883.

[47] ADS Rdn 6; Baetge/Kirsch/Thiele/*Hennrichs* BilR Rdn 28; Beck BilKomm-*Winkeljohann/Schellhorn* Rdn 1; HdR-EA/*Ellerich/Swart* Rdn 10.

[48] Baetge/Kirsch/Thiele/*Hennrichs* BilR Rdn 28; Ebenroth/Boujong/Joost/Strohn/*Wiedmann* Rdn 5; MünchKommHGB/*Ballwieser*[3] Rdn 6.

[49] Baetge/Kirsch/Thiele/*Hennrichs* BilR Rdn 28; *Offerhaus* BB 1976, 1622 f.

[50] Baetge/Kirsch/Thiele/*Hennrichs* BilR Rdn 28; Beck BilKomm-*Winkeljohann/Schellhorn* Rdn 3 aE; Heidel/Schall/*Kuhn* HGB Rdn 6.

[51] HdR-EA/*Ellerich/Swart* Rdn 13 aE.

[52] BT-Drucks. 7/3441, S. 46.

[53] Ebenso *Maluck/Göbel* WPg 1978, 624f; *Offerhaus* BB 1976, 1622 f.

Gesellschaftsrecht.[54] Die Unterzeichnungspflicht bedeutet also nur, dass alle persönlich haftenden Gesellschafter die **öffentliche Verantwortung** (Rdn 1) für den Jahresabschluss übernehmen müssen – und zwar unabhängig davon, wer von ihnen die tatsächlichen Abschlussarbeiten geleistet hat. Einflussmöglichkeit und öffentliche Verantwortung decken sich demnach nicht unbedingt. Das kann man kritisieren (vgl. schon Rdn 3), ein anderes Ergebnis ist *de lege lata* aber nicht zu erreichen. Weil sich die Unterzeichnungspflicht auf den festgestellten Jahresabschluss bezieht, muss unterschreiben, wer **im Zeitpunkt der Feststellung** persönlich haftender Gesellschafter ist; Gesellschafter, die vor der Feststellung ausgeschieden sind, müssen folglich nicht unterzeichnen, wohl aber solche, die bis dahin eingetreten sind. Mit dieser Maßgabe sind alle Gesellschafter der OHG und die Komplementäre der KG unterzeichnungspflichtig, dagegen nicht die Kommanditisten (auch wenn sie in dem Geschäftsjahr, auf das sich der Abschluss bezieht, noch vollhaftende Gesellschafter waren). Für die **GmbH & Co. KG** unterschreibt die GmbH, und zwar nach richtiger Ansicht entsprechend dem in § 41 GmbHG und § 245 S. 2 zum Ausdruck kommenden Rechtsgedanken **sämtliche Geschäftsführer**.[55]

VI. Rechtsfolgen eines Verstoßes

Der Verstoß gegen § 245 ist ein **formeller Bilanzfehler ohne unmittelbare handelsrechtliche Folgen**.[56] Insbes. kann trotz fehlender Unterschrift ein aufgestellter Jahresabschluss vorliegen.[57] Das gilt auch für den Jahresabschluss von Gesellschaften. Ihr Jahresabschluss kann überdies auch festgestellt werden, obwohl er nicht unterzeichnet ist; das Fehlen der erforderlichen Unterschriften führt nicht zur Nichtigkeit nach § 256 AktG.[58] Ob der Verstoß gegen § 245 eine grobe Pflichtverletzung i.S.d. §§ 117 HGB, 84 Abs. 3 AktG, 38 Abs. 2 GmbHG darstellt, ist im Einzelfall zu prüfen, dürfte regelmäßig aber zu verneinen sein.[59] Die Verletzung der Unterzeichnungspflicht ist bei Kapitalgesellschaften und Personenhandelsgesellschaften i.S.d. § 264a aber eine **Ordnungswidrigkeit** nach § 334 Abs. 1 Nr. 1 lit. a (ggf. i.V.m. § 335b).[60] Dagegen genügt der bloße Verstoß gegen § 245 noch **nicht** als Anknüpfungspunkt **für eine Straftat** nach den §§ 283 ff StGB. Denn der Jahresabschluss ist nicht allein deshalb verspätet aufgestellt (§§ 283 Abs. 1 Nr. 7 lit. b, 283b Abs. 1 Nr. 3 lit. b StGB), weil ihm die in § 245 vorgesehenen Unterschriften fehlen.[61] Das Ende der Abschlussarbeiten ist zweckmäßig anders zu dokumentieren, 14

[54] Vgl. dazu z.B. Staub/*Schäfer* § 120 Rdn 18 ff; MünchKommHGB/*Grunewald*[2] § 167 Rdn 2 ff; s.a. *Winnefeld* BilHdb.[4] Kap. H Rdn 120 ff.

[55] Wie hier Baetge/Kirsch/Thiele/*Hennrichs* BilR Rdn 25; Beck BilKomm-*Winkeljohann/Schellhorn* Rdn 2; BoHdR-*Kirsch* Rdn 47; HdR-EA/*Ellerich/Swart* Rdn 3; Heymann/*Walz* HGB Rdn 8; MünchKommHGB/*Ballwieser*[3] Rdn 8 aE; **aA** ADS Rdn 11; Ebenroth/Boujong/Joost/Strohn/*Wiedmann* Rdn 8; Koller/Roth/*Morck* Rdn 3; *Maluck/Göbel* WPg 1978, 624 (628).

[56] Baetge/Kirsch/Thiele/*Hennrichs* BilR Rdn 31; BoHdR-*Kirsch* Rdn 8.

[57] RGZ 112, 19 (25); OLG Stuttgart DB 2009, 1521 (1522); Baetge/Kirsch/Thiele/*Hennrichs* BilR Rdn 31; HdR-EA/*Ellerich/Swart* Rdn 15; MünchKommAktG/*Hüffer* § 256 Rdn 40.

[58] OLG Frankfurt NJW-RR 1989, 546 (547); OLG Karlsruhe WM 1987, 533 (536); ADS § 256 Rdn 63; Beck BilKomm-*Winkeljohann/Schellhorn* Rdn 6; BoHdR-*Kirsch* Rdn 8; Ebenroth/Boujong/Joost/Strohn/*Wiedmann* Rdn 14; Haufe HGB BilKomm/*Noodt*[2] Rdn 17; Koller/Roth/*Morck* Rdn 4; KölnKomm-RLR/*Braun* Rdn 6; MünchKommAktG/*Hüffer* § 256 Rdn 40.

[59] Vgl. Koller/Roth/*Morck* Rdn 4 aE.

[60] Baetge/Kirsch/Thiele/*Hennrichs* BilR Rdn 31; HdR-EA/*Ellerich/Swart* Rdn 15.

[61] RGSt 7, 87 f; 8, 424 (427); RG JW 1898, 438; RGZ 112, 19 (25).

wenn noch nicht unterschrieben werden kann oder soll (vgl. Rdn 6). **Zivilrechtliche Rechtsfolgen** ergeben sich aus der Unterzeichnung als solcher nach zutreffender Auffassung **nicht** (Rdn 2); auch eine verspätete oder fehlende Unterzeichnung zeitigt daher aus sich heraus keine zivilrechtlichen Konsequenzen.[62]

[62] Zutr. Baetge/Kirsch/Thiele/*Hennrichs* BilR Rdn 32 – dort auch zu eher fernliegenden Schadensersatzansprüchen aus § 823 Abs. 2 BGB i.V.m. § 331 Nr. 1 und 2 sowie § 400 Abs. 1 Nr. 1 AktG.

ZWEITER TITEL

Ansatzvorschriften

§ 246
Vollständigkeit. Verrechnungsverbot

(1) Der Jahresabschluss hat sämtliche Vermögensgegenstände, Schulden, Rechnungsabgrenzungsposten sowie Aufwendungen und Erträge zu enthalten, soweit gesetzlich nichts anderes bestimmt ist. Vermögensgegenstände sind in der Bilanz des Eigentümers aufzunehmen; ist ein Vermögensgegenstand nicht dem Eigentümer, sondern einem anderen wirtschaftlich zuzurechnen, hat dieser ihn in seiner Bilanz auszuweisen. Schulden sind in die Bilanz des Schuldners aufzunehmen. Der Unterschiedsbetrag, um den die für die Übernahme eines Unternehmens bewirkte Gegenleistung den Wert der einzelnen Vermögensgegenstände des Unternehmens abzüglich der Schulden im Zeitpunkt der Übernahme übersteigt (entgeltlich erworbener Geschäfts- oder Firmenwert), gilt als zeitlich begrenzt nutzbarer Vermögensgegenstand.

(2) Posten der Aktivseite dürfen nicht mit Posten der Passivseite, Aufwendungen nicht mit Erträgen, Grundstücksrechte nicht mit Grundstückslasten verrechnet werden. Vermögensgegenstände, die dem Zugriff aller übrigen Gläubiger entzogen sind und ausschließlich der Erfüllung von Schulden aus Altersversorgungsverpflichtungen oder vergleichbaren langfristig fälligen Verpflichtungen dienen, sind mit diesen Schulden zu verrechnen; entsprechend ist mit den zugehörigen Aufwendungen und Erträgen aus der Abzinsung und aus dem zu verrechnenden Vermögen zu verfahren. Übersteigt der beizulegende Zeitwert der Vermögensgegenstände den Betrag der Schulden, ist der übersteigende Betrag unter einem gesonderten Posten zu aktivieren.

(3) Die auf den vorhergehenden Jahresabschluss angewandten Ansatzmethoden sind beizubehalten. § 252 Abs. 2 ist entsprechend anzuwenden.

Schrifttum

Altmeier Rückstellungsbilanzierung in Deutschland und Frankreich (1999); *Arnold* Die Bilanzierung des Geschäfts- oder Firmenwertes in der Handels-, Steuer- und Ergänzungsbilanz (1997); *Babel* Ansatz und Bewertung von Nutzungsrechten (1997); *ders.* Zum Saldierungsbereich bei Rückstellungen für drohende Verluste aus schwebenden Geschäften, ZfB 68 (1988) 825; *Bachem* Berücksichtigung negativer Geschäftswerte in Handels-, Steuer- und Ergänzungsbilanz, BB 1993, 967; *Back* Richtlinienkonforme Interpretation des Handelsbilanzrechts (1999); *Baetge/Kirsch/Thiele* Bilanzen, 11. Aufl. (2011); *Baetge/Zülch* Rechnungslegungsgrundsätze nach HGB und IFRS, HdJ Abt. I/2 (2010); *Baierl* Verbindlichkeiten, Beck HdR B 234 (2010); *Ballwieser* Grundsätze der Aktivierung und Passivierung, Beck HdR B 131 (2009); *Balthasar* Die Bestandskraft handelsrechtlicher Jahresabschlüsse (1999); *Berberich* Ein Framework für das DRSC (2002); *Blaum/Kessler* Das Ende der phasengleichen Vereinnahmung von Beteiligungserträgen in der Steuerbilanz? StuB 2000, 1233; *Bormann* Eigenkapitalersetzende Gesellschafterleistungen in der Jahres- und Überschuldungsbilanz (2001); *Breidert* Grundsätze ordnungsmäßiger Abschreibungen auf abnutzbare Anlagegegenstände (1994); *Clemm* Zur Bilanzierung von Rückstellungen für drohende Verluste, vor allem aus schwebenden Dauerschuldverhältnissen, Festschrift Beisse (1997) S. 123; *ders.* Zum Streit über die Bilanzierung des „derivativen negativen Geschäfts- oder Firmenwerts“, Festschrift Claussen (1997) S. 605; *Crezelius* Das sogenannte schwebende Geschäft in Handels-, Gesellschafts- und Steuerrecht, Festschrift Döllerer (1988) S. 81; *Christiansen* Zur Passivierung von Verbindlichkeiten: (Nicht-) Passivierung im Rahmen schwebender Geschäfte, DStR 2007, 869; *Ebke* Verrechnungsverbot, Leffson/Rückle/Großfeld (Hrsg.) Handwörterbuch bestimmter Rechtsbegriffe im Bilanzrecht des HGB, HuRB (1986) S. 365; *Ekkenga* Gibt es „wirtschaftliches Eigentum“ im Handelsbilanzrecht? ZGR 1997, 262; *Ernsting* Zur Bilanzierung eines negativen Geschäfts- oder Firmenwerts nach Handels- und Steuerrecht, WPg 1998, 405; *ders.* Bilanzierung eines negativen Kaufpreises im Rahmen eines Unternehmenserwerbs, GmbHR 2007, 135; *Euler* Das System der Grundsätze ordnungsmäßiger Bilanzierung (1996); *Fabri* Grundsätze ordnungsmäßiger Bilanzierung entgeltlicher Nutzungsverhältnisse (1986); *Fasselt/Radde* Immaterielle Vermögensgegenstände, Beck HdR B 211 (2013); *Fasselt/Brinkmann* Geschäfts- oder Firmenwert, Beck HdR B 211a (2004); *Fleischer* Finanzplankredite und Eigenkapitalersatz im Gesellschaftsrecht (1995); *Gassner* Bilanzierung von Verbindlichkeiten nach bedingtem Verzicht oder nach Rangrücktritt, Freundesgabe Haas (1996) S.121; *Gelhausen/Fey/Kämpfer* Rechnungslegung und Prüfung nach dem Bilanzrechtsmodernisierungsgesetz (2009); *Gelhausen/Henneberger* Die Bilanzierung von Leasingverträgen, HdJ Abt. VI/1 (2012); *Gießler* Der „passive Ausgleichsposten“ in der Bilanz – nichts anderes als ein negativer Geschäftswert? DStR 1995, 699; *ders.* Der negative Geschäftswert – Bilanzielle Anerkennung und Behandlung, BB 1996, 1759; *Groh* Eigenkapitalersatz in der Bilanz, BB 1993, 1882; *ders.* Negative Geschäftswerte in der Bilanz, Festschrift F. Klein (1994) S. 815; *ders.* Kein Abschied von der phasengleichen Bilanzierung, DB 2000, 2444; *Gschwendtner* Mietereinbauten als Vermögensgegenstand und Wirtschaftsgut i.S.d. Handels- und Steuerbilanzrechts, Festschrift Beisse (1997) S. 215; *Günther* Aktivische Bilanzierungshilfen im deutschen und französischen Bilanzrecht (1999); *Hachmeister* Das Finanzanlagevermögen, HdJ Abt. II/3 (2001); *Hartung* Negative Firmenwerte als Verlustrückstellungen, Festschrift Beisse (1997) S. 235; *Hasenburg* Die Bilanzierungshilfe als Rechtsbegriff (1999); *ders./Hausen* Zur Umsetzung der HGB-Modernisierung durch das BilMoG: Bilanzierung von Altersversorgungsverpflichtungen ... unter Einbeziehung der Verrechnung mit Planvermögen, DB 2009, Beilage 5, S. 38; *Hayn/Jutz/Zündorf* Forderungen und sonstige Vermögensgegenstände, Beck HdR B 215 (2011); *Heddäus* Handelsrechtliche Grundsätze ordnungsmäßiger Bilanzierung für Drohverlustrückstellungen (1997); *Heger/Weppler* Die Pensionsrückstellungen, HdJ Abt. III/7 (2012); *Hennrichs* Wahlrechte im Bilanzrecht der Kapitalgesellschaften (1999); *ders./Pöschke* Das Eigenkapital des Einzelkaufmanns, der offenen Handelsgesellschaft und der Kommanditgesellschaft, HdJ Abt. III/1 (2009); *Henssler* Die phasengleiche Aktivierung von Gewinnansprüchen im GmbH-Konzern, JZ 1998, 701; *Herlinghaus* Forderungsverzichte und Besserungsvereinbarungen zur Sanierung von Kapitalgesellschaften (1994); *Herrmann* Zur Bilanzierung bei Personenhandelsgesellschaften, WPg 1994, 500; *Herzig* (Hrsg.) Europäisierung des Bilanzrechts (1997); *Herzig/Köster* Rückstellungen für ungewisse Verbindlichkeiten, für drohende Verluste aus schwebenden Geschäften, für unterlassene Aufwendungen für Instandhaltung und Abraumbeseitigung sowie für Kulanzleistungen, HdJ Abt. III/5 (1999); *Heurung/Sabel* Leasing, Beck HdR B 710 (2009); *Heymann* Eigenkapital, Beck HdR B231 (2011); *Hoffmann* Zur ertragssteuerlichen Behandlung eines negativen Kaufpreises bzw. Geschäftswerts, DStR 1994, 1762; *ders.* Von der phasengleichen Dividendenvereinnahmung zu den Grundsätzen ordnungsmäßiger steuerlicher Bilanzierung, DStR 2000, 1809; *Hommel* Bilanzierung immaterieller Anlagewerte (1998); *Janke* Dauerschuldverträge und Grundsätze ordnungsmäßiger Bilanzierung (1997); *Kellner* „Phasengleiche“ Aktivierung der Gewinne von Tochtergesellschaften im Jahresabschluß der Muttergesellschaft, WM 2000, 229; *Kleindiek* Eigenkapitalersatz im Bilanzrecht, v. Gerkan/Hommelhoff (Hrsg.) Handbuch des Kapitalersatzrechts, 2. Aufl. (2002) Teil 7; *Knobbe-Keuk* Bilanz- und Unternehmenssteuerrecht, 9. Aufl. (1993); *dies.* Rangrücktrittsvereinbarung und Forderungserlaß mit oder ohne Besserungsschein, StuW 1991, 306; *dies.* Stille Beteiligung und Verbindlichkeiten mit Rangrücktrittsvereinbarung im Überschuldungsstatus und in der Handelsbilanz des Geschäftsinhabers, ZIP 1983, 127; *Körner/Weiken* Wirtschaftliches Eigentum nach § 5 Abs. 1 Satz 1 EStG, BB 1992, 1033; *Kothes* Die Wahlrechtsproblematik im handelsrechtlichen Jahresabschluß der Kapitalgesellschaft (1999); *Kraft* Schlußfolgerungen aus der Entscheidung des Großen Senats des Bundesfinanzhofs zur phasengleichen Dividendenaktivierung für die Rechnungslegungspraxis, WPg 2001, 2; *ders.* Steuer-, bilanz- und gesellschaftsrechtliche Überlegungen zur phasengleichen Dividendenaktivierung nach der Entscheidung des Großen Senats des BFH 2/99, Festschrift W. Müller

(2001) S. 755; *Kropff* Phasengleiche Gewinnvereinnahmung aus der Sicht des Europäischen Gerichtshofs, ZGR 1997, 115; *Kruse* Über das „wirtschaftliche Eigentum", Festschrift Hüffer (2010) S. 555; *Kuhner* Die immateriellen Vermögensgegenstände und -werte des Anlagevermögens, HdJ Abt. II/1 (2007); *Kupsch* Zum Verhältnis von Einzelbewertungsprinzip und Imparitätsprinzip, Festschrift Forster (1992) S. 341; *Lamers* Aktivierungsfähigkeit und Aktivierungspflicht immaterieller Werte (1981); *Leffson* Grundsätze ordnungsmäßiger Buchführung, 7. Aufl. (1987); *Ludz* Der neue Firmenwert des Bilanzrichtlinien-Gesetzes (1997); *Lutz/Schlag* Der Gegenstand der Aktivierung und Passivierung und seine Zurechnung im Handelsrecht, Steuerrecht und nach IFRS, HdJ Abt. I/4 (2010); *Marx/Löffler* Bilanzierung des Franchising, Beck HdR B 732 (2010); *St. Mayer* Wirtschaftliches Eigentum an Kapitalgesellschaftsanteilen (2003); *Meier/Geberth* Behandlung des passiven Ausgleichspostens („negativer Geschäftswert") in der Steuerbilanz, DStR 2011, 733; *Möhrle* Ökonomische Interpretation und bilanzielle Behandlung eines negativen derivativen Geschäftswertes, DStR 1999, 1414; *Moxter* Immaterielle Vermögensgegenstände des Anlagevermögens, Leffson/Rückle/Großfeld (Hrsg.) Handwörterbuch unbestimmter Rechtsbegriffe im Bilanzrecht des HGB (zit. HuRB) (1986) S. 246; *ders.* Zum Sinn und Zweck des handelsrechtlichen Jahresabschlusses nach neuem Recht, Festschrift Goerdeler (1987) S. 361; *ders.* „Selbständige Bewertbarkeit" als Aktivierungsvoraussetzung, BB 1987, 1846; *ders.* Bilanzrechtliche Probleme beim Geschäfts- oder Firmenwert, Festschrift Semler (1993) S. 853; *ders.* Das „matching principle": Zur Integration eines internationalen Rechnungslegungs-Grundsatzes in das deutsche Recht, Festschrift Havermann (1995) S. 487; *ders.* Phasengleiche Dividendenaktivierung: Der Große Senat des BFH im Widerstreit zu den handelsrechtlichen GoB, DB 2000, 2333; *W. Müller* Wohin entwickelt sich der bilanzrechtliche Eigenkapitalbegriff? Festschrift Budde (1995) S. 445; *Mujkanovic* Der negative Geschäftswert in der Steuerbilanz des Erwerbers eines Betriebs oder Mitunternehmeranteils, WPg 1994, 522; *Niemann* Immaterielle Wirtschaftsgüter im Handels- und Steuerrecht (1999); *Ossadnik* Zur Diskussion um den „negativen Geschäftswert", BB 1994, 747; *Poullie* Die kurzfristigen Forderungen, HdJ Abt. II/6 (2010); *Preißer/Bressler* Bilanzierungsfragen bei negativen Geschäftswert im Falle des Share Deal, BB 2011, 427; *Preißer/Preißer* Negativer Geschäftswert beim Asset Deal – Handelsrechtliche Überlegungen unter Einbeziehung der Steuersituation der Beteiligten, DStR 2011, 133; *Pusecker/Schruff* Anschaffungswertprinzip und „negativer Geschäftswert", BB 1996, 735; *Scheunemann/v.Mandelsloh/Preuß* Negativer Kaufpreis beim Unternehmenskauf, DB 2011, 201; *Schiffers* Bilanzielle Folgen bei Erwerb einer Beteiligung gegen Zuzahlung des Veräußerers, WPg 2006, 1279; *K. Schmidt* Quasi-Eigenkapital als haftungsrechtliches und handelsbilanzrechtliches Problem, Festschrift Goerdeler (1987) S. 487; *Schruff* Zur Bilanzierung latenter Verpflichtungen aus Besserungsscheinen, Festschrift Leffson (1976) S. 153; *Schubert* Der Ansatz von gewissen und ungewissen Verbindlichkeiten in der HGB-Bilanz (2008); *Schülen* Gibt es einen „negativen Geschäftswert"? Festschrift Stehle (1997) S. 151; *Schülke* Zur Aktivierbarkeit selbstgeschaffener immaterieller Vermögensgegenstände, DStR 2010, 992; *Schulze-Osterloh* Rangrücktritt, Besserungsschein, eigenkapitalersetzende Darlehen, WPg 1996, 97; *ders.* Handels- und Steuerbilanz, ZGR 2000, 594; *ders.* Phasengleiche Aktivierung von Dividendenansprüchen, ZGR 2001, 497; *Sessar* Grundsätze ordnungsmäßiger Gewinnrealisierung im deutschen Bilanzrecht (2007); *Siegel/Bareis* Der „negative Geschäftswert" – eine Schimäre als Steuersparmodell? BB 1993, 1477; *dies.* Zum „negativen Geschäftswert" in Realität und Bilanz, BB 1994, 317; *Söffing* Der Geschäfts- oder Firmenwert, Festschrift Döllerer (1988) S. 593; *Tiedchen* Der Vermögensgegenstand im Handelsbilanzrecht (1991); *Watermeyer* Pflicht zur phasengleichen Bilanzierung über „Tomberger" hinaus? GmbHR 1998, 1061; *Wittig* Rangrücktritt – Antworten und offene Fragen nach dem Urteil des BGH vom 8.1.2001, NZI 2001, 169; *Woerner* Grundfragen zur Bilanzierung schwebender Geschäfte, FR 1984, 489; *ders.* Die Gewinnrealisierung bei schwebenden Geschäften, BB 1988, 769; *Wohlgemuth* Die Anschaffungskosten in der Handels- und Steuerbilanz, HdJ Abt. I/9 (2011); *ders.* Die Herstellungskosten in der Handels- und Steuerbilanz, HdJ Abt. I/10 (2012); *ders./Radde* Anschaffungskosten, Beck HdR B 162 (2009); *Wollny* Überlegungen im Zusammenhang mit dem Minderwert eines Unternehmens, dem sog. negativen Geschäfts- oder Firmenwert, Festschrift Offerhaus (1999) S. 647.

IDW-Verlautbarungen: IDW RS HFA 4: Zweifelsfragen zum Ansatz und zur Bewertung von Drohverlustrückstellungen (Stand 29.11.2012; FN-IDW 2013, 61; WPg Supplement 2013, 131); IDW RS HFA 28: Übergangsregelungen des Bilanzrechtsmodernisierungsgesetzes (Stand 9.9.2010; FN-

IDW 2010, 451; WPg Supplement 2010, 54); IDW RS HFA 30: Handelsrechtliche Bilanzierung von Altersversorgungsverpflichtungen (Stand 10.6.2011; FN-IDW 2011, 545; WPg Supplement 2011, 44); IDW RS HFA 38: Ansatz- und Bewertungsstetigkeit im handelsrechtlichen Jahresabschluss (Stand 10.6.2011; FN-IDW 2011, 560; WPg Supplement 2011, 74); *IDW-HFA* Verlautbarung zur phasengleichen Vereinnahmung von Erträgen aus Beteiligungen an Kapitalgesellschaften nach dem Urteil des BGH v. 12.1.1998 (WPg 1998, 427).

Übersicht

I. Überblick

§ 246 ist im Zuge des Bilanzrechtsmodernisierungsgesetzes (BilMoG) vom 25.5.2009 (BGBl. I S. 1102) erheblich modifiziert und erweitert worden. Die Vorschrift unterwirft den Jahresabschluss aller Rechnungslegungspflichtigen dem **Vollständigkeitsgebot (Abs. 1 S. 1)** und dem **Verrechnungsverbot (Abs. 2 S. 1)**; diese Bestimmungen sind unverändert geblieben. Das Vollständigkeitsgebot gilt als zentrale Ansatzvorschrift für den gesamten Jahresabschluss, also für die Bilanz, die GuV sowie – bei Kapitalgesellschaften (§§ 264 Abs. 1 S. 1, 284 ff), diesen gleichgestellten Personenhandelsgesellschaften ohne natürliche Person als Vollhafter (§ 264a), eingetragenen Genossenschaften (§ 336 Abs. 1), allen Kreditinstituten, Finanzdienstleistungsinstituten und Versicherungsunternehmen (§§ 340a, 341a) sowie von § 5 Abs. 2 PublG erfassten Unternehmen – den Anhang. Über den Maßgeblichkeitsgrundsatz des § 5 Abs. 1 EStG ist das Vollständigkeitsgebot auch für die Steuerbilanz von zentraler Bedeutung. Das Verrechnungsverbot gilt gleichfalls für Bilanz und GuV aller Kaufleute und Handelsgesellschaften. Es verbietet die Saldierung von Aktiv- und Passivposten, Aufwendungen und Erträgen sowie speziell von Grundstücksrechten und -lasten. Das Vollständigkeitsgebot nach Abs. 1 S. 1 ist in der 4. EG-Richtlinie (**Jahresabschlussrichtlinie 78/660/EWG**[1]) zwar nicht ausdrücklich normiert, wird dort aber stillschweigend vorausgesetzt.[2] Das in Abs. 2 S. 1 kodifizierte Verrechnungsverbot beruht auf Art. 7 der Richtlinie. 1

Die mit dem BilMoG neu gefasste Regelung in **Abs. 1 S. 2 und 3** enthält konkretisierende Bestimmungen für die **Zuordnung von Vermögensgegenständen und Schulden**. Sie tritt an die Stelle der bisherigen, seinerzeit durch das Bankbilanzrichtlinie-Gesetz vom 30.11.1990 (BGBl. I S. 2570) geschaffenen Regelung des Abs. 1 S. 2 und 3 a.F., mit der der deutsche Gesetzgeber Art. 8 Abs. 1 und 2 der Bankbilanzrichtlinie vom 8.12.1986 (86/635/EWG, ABl. EG Nr. L 372 v. 31.12.1986, S. 1) umgesetzt hatte. Diese frühere Vorschrift war gegenüber der heute geltenden Bestimmung enger gefasst, da sie nur die Zuordnung von Vermögensgegenständen betraf, an denen dingliche Sicherungsrechte bestehen. Mit der Neufassung von Abs. 1 S. 2 und 3 bezweckt der Gesetzgeber die Klarstellung und gesetzliche Verankerung des Prinzips der wirtschaftlichen Zurechnung, ohne damit eine Änderung des bisherigen Rechtszustandes zu beabsichtigen.[3] 2

Abs. 1 S. 4, ebenfalls im Zuge des BilMoG eingefügt, erklärt den **entgeltlich erworbenen Geschäfts- oder Firmenwert** im Wege der Fiktion („gilt als") zu einem zeitlich begrenzt nutzbaren Vermögensgegenstand, der folglich zwingend zu aktivieren und nach Maßgabe des § 253 Abs. 3, Abs. 5 S. 2 abzuschreiben ist. Abs. 1 S. 4 ist an die Stelle von § 255 Abs. 4 a.F. getreten, der noch ein Ansatzwahlrecht – verbunden mit wahlweise pauschaler oder planmäßiger Abschreibung nach § 255 Abs. 4 S. 2 und 3 a.F. – enthielt (s. dazu 4. Aufl. § 255, 39 ff) und durch das BilMoG aufgehoben wurde. Die Neuregelung bezweckt eine Verbesserung der Vergleichbarkeit handelsrechtlicher Jahresabschlüsse; darüber hinaus soll mit ihr die Darstellung der Vermögens-, Finanz- und Ertragslage stärker an den tatsächlichen Werteverzehr angepasst werden.[4] 3

---

[1] Zuletzt geändert durch Richtlinie 2012/6/EU vom 14.3.2012 (ABl. L 81 vom 21.3.2012, S. 3).

[2] ADS[6] § 246 Rdn 3; MünchKommAktG[2]/*Hennrichs* § 246 HGB Rdn 8.

[3] In diesem Sinne schon die Begründung zum RegE BilMoG, BT-Drucks. 16/10067, S. 47, der freilich noch eine (gegenüber dem heutigen Gesetzestext abweichende) Formulierung vorgeschlagen hatte; s. dazu *Küting/Tesche* GmbHR 2008, 953 ff und zur heutigen Gesetzesfassung Beschlussempfehlung und Bericht des Rechtsausschusses zum RegE BilMoG, BT-Drucks. 16/12407, S. 84.

[4] Begründung zum RegE BilMoG, BT-Drucks. 16/10067, S. 48.

4 Durch das BilMoG ebenfalls neu geschaffen wurden schließlich Abs. 2 S. 2 und 3 sowie Abs. 3 der Vorschrift. **Abs. 2 S. 2 und 3** normieren – unter Durchbrechung des Verrechnungsverbots nach Abs. 2 S. 1 und in Anlehnung an Vorbilder in den internationalen Rechnungslegungsstandards (Planvermögen nach IAS 19) – **für bestimmte Ausnahmefälle ein Gebot zur Verrechung von Vermögensgegenständen und Schulden** (sowie der korrespondierenden Aufwendungen und Erträge aus der Abzinsung und aus dem zu verrechnenden Vermögen): nämlich dort, wo Vermögensgegenstände dem Zugriff aller übrigen Gläubiger entzogen sind und ausschließlich der Erfüllung von Schulden aus Altersversorgungsverpflichtungen oder vergleichbaren langfristig fälligen Verpflichtungen dienen (sog. **Deckungsvermögen**). Vermögensgegenstände i.S.d. Abs. 2 S. 2 sind nach § 253 Abs. 1 S. 4 zwingend mit ihrem beizulegenden Zeitwert zu bewerten; im Anhang sind (soweit ein solcher zu erstellen ist) erläuternde Angaben nach Maßgabe von § 285 Nr. 25 zu machen. – Im Konzept des BilMoG-Gesetzgebers rechtfertigt sich die mit der Neuregelung verbundene Durchbrechung des auch in Art. 7 der 4. EG-Richtlinie normierten Verrechnungsverbots mit der Überlegung, hierdurch werde dem true and fair view-Gebot (Art. 2 Abs. 3 und 5 der Richtlinie) Rechnung getragen, weil durch Deckungsvermögen ausgeglichene Schulden letztlich keine wirtschaftliche Belastung des Unternehmens mehr darstellten.[5]

5 Der neu geschaffene **Abs. 3** ergänzt schließlich den schon bisher in § 252 Abs. 1 Nr. 6, Abs. 2 kodifizierten Grundsatz der Bewertungsstetigkeit (näher § 252, 46 ff) um das **Gebot der Ansatzstetigkeit**.

II. Das Gebot der Vollständigkeit (Abs. 1)

6 **1. Allgemeines.** Nach Abs. 1 S. 1 müssen sämtliche Vermögensgegenstände, Schulden, Rechnungsabgrenzungsposten, Aufwendungen und Erträge in den Jahresabschluss aufgenommen werden, soweit gesetzlich nichts anderes bestimmt ist. Im gedanklichen Ausgangspunkt ist damit alles, was abstrakt bilanzierungsfähig ist, auch bilanzierungspflichtig; der **Aktivierungs- und Passivierungsfähigkeit** entspricht also ein **Aktivierungs- und Passivierungsgebot.**[6]

7 Freilich gilt diese Pflicht zur vollständigen Bilanzierung nur mit der **Einschränkung**, dass gesetzlich nichts anderes bestimmt ist (Abs. 1 S. 1, 2. HS). Zum einen kann ein konkretes Bilanzierungsverbot der Aktivierung bzw. Passivierung zwingend entgegenstehen; zum anderen kann die Bilanzierung durch gesetzliche Ansatzwahlrechte in das Entscheidungsermessen des Rechnungslegungspflichtigen gestellt sein (näher s.u. Rdn 69 ff).

2. Vermögensgegenstände

8 a) **Begriff.** Abstrakt aktivierungsfähig ist jeder Vermögensgegenstand, der dem bilanzierenden Kaufmann zuzurechnen ist.[7] Das Gesetz definiert den Begriff des Vermögensgegenstandes freilich nach wie vor nicht; Einzelheiten der Begriffsbestimmung sind dementsprechend strittig.[8] Nach der im handelsbilanzrechtlichen Schrifttum herrschenden,

---

[5] Begründung zum RegE BilMoG, BT-Drucks. 16/10067, S. 48 f.

[6] S. schon *Kropff* in Geßler/Hefermehl/Eckardt/Kropff AktG § 149 Rdn 44 und etwa HdR-EA/*Kußmaul* § 246 Rdn 5; Heymann[2]/*Walz* § 246 Rdn 7.

[7] HdR-EA/*Kußmaul* § 246 (Stand November 2009) Rdn 6 f u. eingehend. HdR-EA/*ders.* Kap. 6 (Stand März 2010) Rdn 1 ff.

[8] S. zur Diskussion etwa ADS[6] § 246 Rdn 9 ff; *Baetge/Kirsch/Thiele* Bilanzen[11] S. 156 ff; MünchKommHGB[3]/*Ballwieser* § 246

auch hier vertretenen Auffassung ist für die abstrakte Aktivierungsfähigkeit auf die *Schuldendeckungsfähigkeit* eines Gegenstandes abzustellen.[9] Unter den Begriff des Vermögensgegenstandes fallen deshalb alle Sachen, Rechte sowie sonstige rechtliche wie tatsächliche Positionen von wirtschaftlichem Wert, die – sofern sie dem bilanzierungspflichtigen Kaufmann zuzurechnen sind (dazu s.u. Rdn 40 ff) – ein verwertbares Potential zur Deckung seiner Schulden begründen. Zentrales Merkmal des Vermögensgegenstands ist deshalb seine – wie verbreitet formuliert wird – **selbständige Verkehrsfähigkeit.**[10] Diese ist freilich nicht im Sinne konkreter Einzelveräußerbarkeit zu verstehen:[11] gesetzliche wie schuldrechtliche Veräußerungsverbote (oder fehlende Erwerbsinteressenten) hindern die Eigenschaft eines Gutes als Vermögensgegenstand noch nicht,[12] zumal der Gesetzgeber – wie sich aus § 266 Abs. 2 Aktivposition A I ergibt – auch nicht einzeln veräußerbare Rechte und Werte als aktivierungsfähig und -pflichtig ansieht.[13] Selbständige Verkehrsfähigkeit ist vielmehr im Sinne von **Verwertungsfähigkeit** des Gegenstandes (*Einzelverwertbarkeit*) zu interpretieren, die sich – außer durch Veräußerung – auch durch Verarbeitung, Verbrauch oder Nutzungsüberlassung etc. realisieren lässt: Entscheidend ist die Verwertungsfähigkeit des mit dem Gut verbundenen wirtschaftlichen Potentials gegenüber Dritten.[14] Eben dieser Vermögensgegenstandsbegriff liegt auch dem Konzept des BilMoG zugrunde. In der Begründung zum RegE heißt es (bezogen auf selbst erstellte immaterielle Vermögensgegenstände i.S.d. § 248 Abs. 2): „Vom Vorliegen eines Vermögensgegenstandes ist auszugehen, wenn das selbst erstellte Gut nach der Verkehrsauffassung einzeln verwertbar ist.“[15]

Die Einzelverwertbarkeit schließt die **selbständige Bewertbarkeit** des Gegenstands (*Einzelbewertbarkeit*) ein.[16] Nicht zu folgen ist jedoch jenen Stimmen im handelsbilanz- **9**

Rdn 13 ff; HdR-EA/*Kußmaul* Kap. 6 (Stand März 2010) Rdn 1 ff; eingehend auch *Günther* Bilanzierungshilfen S. 85ff; *Tiedchen* Vermögensgegenstand S. 28 ff.

[9] Im Ansatz übereinstimmend etwa ADS[6] § 246 Rdn 13; *Baetge/Kirsch/Thiele* Bilanzen[11] S. 157 f; HdJ-*Baetge/Zülch* I/II, Rdn 83; HdJ-*Lutz/Schlag* I/4, Rdn 3 ff mwN; aA MünchKommAktG[2]/*Hennrichs* § 246 HGB Rdn 23.

[10] S. dazu etwa ADS[6] § 246 Rdn 15 ff; Beck BilKomm[8]-*Ellrott/Krämer* § 247 Rdn 13; HdR-EA/*Kußmaul* § 246 (Stand November 2009) Rdn 6; HdJ-*Lutz/Schlag* I/4, Rdn 24 ff; Baumbach/Hopt/*Merkt* HGB[35] § 246 Rdn 5; Baumbach/Hueck/*Schulze-Osterloh* GmbHG[18] § 42 Rdn 77, je mwN; eingehend *Tiedchen* Vermögensgegenstand S. 28 ff.

[11] So die früher hM; Einzelnachw. bei *Tiedchen* Vermögensgegenstand S. 28 ff.

[12] ADS[6] § 246 Rdn 19 mwN.

[13] Das streitet auch gegen den Vorschlag von *Tiedchen* Vermögensgegenstand S. 44 ff (ihr folgend ein Teil des Schrifttums, s. Baumbach/Hueck/*Schulze-Osterloh* GmbHG[18] § 42 Rdn 77 mwN), für den Begriff des Vermögensgegenstandes auf die selbständige Vollstreckungsfähigkeit abzustellen; dagegen u.a. auch *Baetge/Kirsch/Thiele* Bilanzen[11] S. 159 f.

[14] In diesem Sinne heute etwa ADS[6] § 246 Rdn 26 ff; *Baetge/Kirsch/Thiele* Bilanzen[11] S. 160 f; HdR-EA/*Baetge/Kirsch/Thiele* Kap. 4 (Stand Dezember 2011) Rdn 96 f; HdR-EA/*Baetge/Fey/Weber/Sommerhoff* § 248 (Stand März 2010) Rdn 19; Beck-HdR-*Ballwieser* B 131 Rdn 12 f; *Berberich* Framework S. 190 f; *Fabri* Grundsätze S. 48 ff, 89 ff; *Gelhausen/Fey/Kämpfer* Abschn. E Tz 36; *Lamers* Aktivierungsfähigkeit S. 205 ff; *Schülke* DStR 2010, 992, 993; Baetge/Kirsch/Thiele/*Thiele* § 246 (Stand September 2002) Rdn 44 f.

[15] Begründung zum RegE BilMoG, BT-Drucks. 16/10067, S. 50.

[16] ADS[6] § 246 Rdn 29; Baumbach/Hueck/*Schulze-Osterloh* GmbHG[18] § 42 Rdn 77; eingehend *Hommel* Bilanzierung S. 206 ff. Mitunter wird das Kriterium selbständiger Bewertbarkeit mit dem Merkmal der „bilanziellen Greifbarkeit“ gleichgesetzt; s. etwa HdR-EA/*Kußmaul* § 246 (Stand November 2009) Rdn 6; wohl auch MünchKomm-AktG[2]/*Hennrichs* § 246 HGB Rdn 26. Jedoch wird das bemerkenswert schillernde

rechtlichen Schrifttum, welche die selbständige Bewertbarkeit (Bewertungsfähigkeit) für den Begriff des Vermögensgegenstandes schon genügen lassen wollen.[17] In Parallele zur Interpretation des steuerrechtlichen Begriffs des Wirtschaftsgutes durch den BFH (s.u. Rdn 10) wird dabei nicht an die Einzelverwertbarkeit des Gutes, sondern allein daran angeknüpft, ob ihm im Falle fiktiver Veräußerung des ganzen Unternehmens vom Erwerber ein eigener Wert beigemessen würde.[18] Eine solche Sehweise legt das Schwergewicht einseitig auf die Periodengerechtigkeit des Erfolgsausweises und vernachlässigt die der Bilanz jedenfalls auch zukommende Funktion, objektiv über das Schuldendeckungspotential des Unternehmens zu unterrichten. Eben jener Aspekt der Schuldendeckungskontrolle kennzeichnet – neben der Rechenschaftsfunktion des Jahresabschlusses – ein zentrales Verbindungselement zwischen der Informationsfunktion und der (gläubigerschützenden) Zahlungsbemessungsfunktion der Bilanz. Die These, schon die selbständige Bewertungsfähigkeit fülle den Begriff des Vermögensgegenstandes aus, lässt sich auch weder mit dem Einblicksgebot aus § 264 Abs. 2 und seiner vermeintlichen Ausstrahlung auf Nicht-Kapitalgesellschaften, noch mit dem going concern-Prinzip des § 252 Abs. 1 Nr. 2 rechtfertigen.[19] Das unter den Bewertungsgrundsätzen kodifizierte going concern-Prinzip kann keine Grundsatzfragen des Bilanzansatzes in einem Sinne entscheiden, mit dem zentrale Bilanzfunktionen beeinträchtigt würden. Und das Einblicksgebot aus § 264 Abs. 2 (true and fair view) begründet keineswegs einen Vorrang des Informationsinteresses an periodengerechtem Erfolgsausweis vor den gläubigerschützenden Zwecken der Rechnungslegung.[20]

10 Aus alldem ergibt sich zugleich, dass der handelsrechtliche Begriff des Vermögensgegenstandes mit dem steuerrechtlichen Begriff des **Wirtschaftsgutes**, wie ihn die finanzgerichtliche Rechtsprechung interpretiert, faktisch nicht identisch ist – und zwar ungeachtet des Grundsatzes der Maßgeblichkeit der Handelsbilanz für die Steuerbilanz (§ 5 Abs. 1 EStG) und der hieraus vom BFH (im Ansatz systemgerecht) abgeleiteten Kongruenz beider Begriffe.[21] Denn während es für den handelsbilanzrechtlichen Begriff des Vermögensgegenstandes maßgeblich auf die selbständige Verwertungsfähigkeit ankommt, stellt der BFH für den Begriff des Wirtschaftsgutes entscheidend auf die selbständige Bewertbar-

---

Merkmal der „Greifbarkeit" in sehr unterschiedlichem Sinne verstanden: etwa auch zur Abgrenzung von solchen wirtschaftlichen Vorteilen, die nur einen nicht isolierbaren Bestandteil des Geschäfts- oder Firmenwertes darstellen (so Beck-HdR-*Ballwieser* B 131 Rdn 16; HdR-*Kirsch* § 246 [Stand April 2011] Rdn 60), oder im Sinne rechtlicher Unentziehbarkeit des vermögenswerten Vorteils (so *Hommel* Bilanzierung S. 152 ff); HdR-EA/*Baetge/Fey/Weber/Sommerhoff* § 248 (Stand März 2010) Rdn 19 wollen ein Gut dann als greifbar ansehen, wenn es bei der Unternehmensveräußerung „als Einzelheit ins Gewicht fällt".

[17] So etwa Baetge/Kirsch/Thiele/*Breithaupt* § 247 (Stand September 2002) Rdn 54, der einen wirtschaftlichen Wert verlangt, für den „eine selbständige Bewertung möglich und ein greifbarer längerfristiger Nutzen gegeben ist"; ähnlich MünchKommAktG²/*Hennrichs* § 246 HGB Rdn 29, der für den Begriff des Vermögensgegenstandes entscheidend auf die „selbständige zuverlässige Bewertbarkeit" eines „wahrscheinliche(n) zukünftige(n) wirtschaftliche(n) Nutzen(s) für das Unternehmen" abstellt.

[18] In diesem Sinne z.B. Heymann²/*Walz* § 246 Rdn 9 f im Anschluss an *Moxter* BB 1987, 1846, 1848 ff; *dens.* FS Havermann S. 487, 491; HuRB-*dens.* S. 246, 247; tendenziell auch *Gschwendtner* FS Beisse S. 215, 228 ff; dagegen wie hier auch *Schülke* DStR 2010, 992, 994.

[19] So aber Heymann²/*Walz* § 246 Rdn 9.

[20] Näher *Kleindiek* ZGR 1998, 466, 473 ff.

[21] S. nur BFH 26.10.1987, GrS 2/86, BStBl II 1988, 348, 352; BFH 7.8.2000, GrS 2/99, BStBl II 632, 635.

keit (Bewertungsfähigkeit) im Rahmen einer fiktiven Gesamtveräußerung des Unternehmens ab; Einzelveräußerbarkeit bzw. -verwertbarkeit werden nicht als notwendige Merkmale eines Wirtschaftsguts angesehen.[22] Von einer inhaltlichen Kongruenz beider Begriffe kann vor dem Hintergrund dieser Rechtsprechung nach wie vor keine Rede sein.[23]

b) **Funktionseinheiten und Sachgesamtheiten.** Nicht (mehr) aktivierungsfähig sind **11**
(ehemals selbständige) Güter, die durch feste Verbindung, Verarbeitung oder Vermischung zu unselbständigen Teilen einer neuen **Funktionseinheit** geworden sind und damit ihre Einzelverwertbarkeit (s.o. Rdn 8) verloren haben. Hier bildet allein die neue Einheit den Vermögensgegenstand.[24] In Einzelfällen können freilich das rechtliche Eigentum an der durch Verbindung entstandenen neuen Einheit und die wirtschaftliche Zuordnung der verbundenen Bestandteile auseinanderfallen. Praktisch besonders bedeutsam sind Bauten auf fremdem Grundstück in Ausnutzung eines obligatorischen oder dinglichen Rechts, die – auch wenn sie nach §§ 93, 94 BGB rechtlich im Eigentum des Grundstückseigentümers stehen – wirtschaftlich dem Nutzungsberechtigten (Mieter, Pächter, Nießbraucher usw.) zuzuordnen und deshalb in dessen Bilanz zu aktivieren sein können.[25] Für das auf einem gemieteten Grundstück errichtete Gebäude hat der BGH „wirtschaftliches Eigentum" des Mieters angenommen, wenn dieser gegenüber dem Eigentümer (Vermieter) eine rechtlich derart gesicherte Position hat, dass dessen Eigentumsherausgabeanspruch praktisch bedeutungslos ist und die Substanz und der Ertrag des Gegenstands dem Mieter vollständig und auf Dauer zuzuordnen sind.[26] Entsprechendes gilt für Mietereinbauten oder -umbauten.[27]

Die lediglich funktionale Verknüpfung im Sinne einer gemeinsamen Zweckbestim- **12**
mung mehrerer Güter beseitigt deren Charakter als selbständige Vermögensgegenstände indes nicht. Das gilt etwa für **Sachgesamtheiten** wie das Sortiment eines Einzelhändlers, die zum Fuhrpark eines Unternehmens zusammengefassten Kraftfahrzeuge oder – ganz allgemein – die das Betriebsvermögen bildenden Vermögensgegenstände.[28]

---

22 Vgl. etwa BFH 26.2.1975, I R 72/73, BStBl II 1976, 13, 14; BFH 9.7.1986, I R 218/82, BStBl II 1987, 14, 15; BFH 10.8.1989, X R 176–177/87, BStBl II 1990, 15, 16; BFH 7.8.2000, GrS 2/99, BStBl II 632, 635. Nähere Darstellung der BFH-Rechtsprechung etwa bei *Glade* Praxishandbuch² Teil I Rdn 390 ff; Schmidt/*Weber-Grellet* EStG³¹ § 5 Rdn 93 ff; ferner MünchKommHGB³/*Ballwieser* § 246 Rdn 19 ff.

23 Vgl. die zusammenfassende Gegenüberstellung der handelsrechtlichen („statisch geprägten") sowie der steuerrechtlichen („dynamisch geprägten") Aktivierungskonzeption bei *Baetge/Kirsch/Thiele* Bilanzen¹¹ S. 157 ff und Baetge/Kirsch/Thiele/*Thiele* § 246 (Stand September 2002) Rdn 34 ff; kritische Würdigung der BFH-Rechtsprechung auch bei *Knobbe-Keuk* § 4 IV 2; HdJ-*Lutz/Schlag* I/4, Rdn 35 ff; ferner etwa *Costede* StuW 1995, 115, 116 f; *Kraft* WPg 2001, 2, 3 f; *Schulze-Osterloh* ZGR 2000, 594, 597 f. Eine (gänzliche oder weitgehende) Begriffsidentität sehen aber etwa *Babel* Ansatz und Bewertung S. 101; MünchKommAktG²/*Hennrichs* § 246 HGB Rdn 16; *Melwig/Weinstock* DB 1996, 2345; *Westerfelhaus* DB 1995, 885; *Wüstemann/Wüstemann* FS Krawitz (2010) S. 751, 760 f; wohl auch Beck BilKomm⁸-*Ellrott/Krämer* § 247 Rdn 13.

24 ADS⁶ § 246 Rdn 34; *Kupsch* FS Forster S. 341 ff; Heymann²/*Walz* § 246 Rdn 12.

25 Zu Einzelheiten ADS⁶ § 246 Rdn 407 ff; HdR-EA/*Dusemond/Heusinger-Lange/Knop* § 266 (Stand Dezember 2010) Rdn 27; Beck BilKomm⁸-*Kozikowski/F. Huber* § 247 Rdn 450 ff.

26 BGH BB 1996, 155; dazu etwa *Ekkenga* ZGR 1997, 262; *Groh* BB 1996, 1487; *Kusterer* DStR 1996, 438.

27 ADS⁶ § 246 Rdn 411; HdR-EA/*Dusemond/Heusinger-Lange/Knop* § 266 (Stand Dezember 2010) Rdn 28; *Gschwendtner* FS Beisse S. 215.

28 ADS⁶ § 246 Rdn 35.

13 c) **Immaterielle Vermögensgegenstände.** Unter der Voraussetzung von Einzelverwertbarkeit und -bewertbarkeit (s.o. Rdn 8 f) zählen auch körperlich nicht fassbare Güter, namentlich Rechte und andere vermögenswerte Vorteile zu den Vermögensgegenständen; die Vorteile müssen sich rechtlich so weitgehend verdichtet haben, dass sie dem Berechtigten nicht mehr gegen seinen Willen entzogen werden können.[29] Zu den immateriellen Vermögensgegenständen zählen etwa die gewerblichen Schutzrechte, aber auch solche Werte, für die noch kein Schutzrecht entstanden ist (ungeschützte Erfindungen);[30] außerdem etwa Konzessionen, (sonstige) Nutzungsrechte, Belieferungs- und Bezugsrechte sowie Lizenzen an jenen Rechten und Werten.[31] Auch Anwendersoftware (fixe und variable Standardsoftware, Individualsoftware) erfüllt regelmäßig die Voraussetzungen eines (immateriellen) Vermögensgegenstandes; Systemsoftware nur dann nicht, wenn sie als ein nicht einzeln ver- und bewertbarer Bestandteil der Hardware anzusehen ist.[32] Nicht aktivierungsfähig sind bloße Gewinnerwartungen (etwa für ein mit hohem Werbeaufwand beworbenes neues Produkt) oder tatsächliche Vorteile, denen die Einzelverwertbarkeit fehlt (z.B. die günstige Standortlage eines Einzelhandelsgeschäfts); sie stellen keine Vermögensgegenstände dar.[33]

14 **Entgeltlich erworbene immaterielle Vermögensgegenstände** (des Anlage- wie des Umlaufvermögens) sind aktivierungspflichtig. Zum **entgeltlich erworbenen Geschäfts- oder Firmenwert,** den Abs. 1 S. 4 im Wege der Fiktion („gilt als") zu einem zeitlich begrenzt nutzbaren Vermögensgegenstand erklärt, s.u. Rdn 74 ff.

15 Für **selbst geschaffene immaterielle Vermögensgegenstände des Anlagevermögens** besteht nach § 248 Abs. 2 i.d.F.d. BilMoG nunmehr ein Aktivierungs*wahlrecht*; die Aktivierung selbst geschaffener Marken, Drucktitel, Verlagsrechte, Kundenlisten und vergleichbarer immaterieller Vermögensgegenstände des Anlagevermögens bleibt freilich verboten (näher § 248, 24 ff und 32 ff). Zur Aktivierung **unentgeltlich erworbener immaterieller Vermögensgegenstände des Anlagevermögens** s. § 248, 47 f. § 248 Abs. 2 belegt einmal mehr, dass im Kriterium des entgeltlichen Erwerbs kein Begriffsmerkmal des Vermögensgegenstandes liegt.[34] Selbst geschaffene oder unentgeltlich erworbene **immaterielle Vermögensgegenstände des Umlaufvermögens** sind deshalb (wie schon nach bisherigem Recht; vgl. 4. Aufl. § 248, 17) ebenso aktivierungspflichtig wie solche, die entgeltlich erworben wurden. Allerdings sind bei nicht entgeltlichem Erwerb jener Güter ihre

---

29 S. ADS[6] § 246 Rdn 36 und eingehend *Hommel* Bilanzierung S. 152 ff.

30 ADS[6] § 246 Rdn 40 mwN.

31 Vgl. die ausführliche Zusammenstellung bei *Niemann* Immaterielle Wirtschaftsgüter S. 33 ff, 129 ff; ferner etwa HdR-*Baetge/Fey/Weber* § 248 (Stand März 2010) Rdn 20, 42 ff; Beck-HdR-*Fasselt/Radde* B 211 Rdn 16 ff, 99 ff; *Hoffmann/Lüdenbach* NWB KommBilanzierung[3] § 246 Rdn 19 ff, 41 ff; zusammenfassend HdJ-*Kuhner* II/1, Rdn 26 ff.

32 Weiterführend ADS[6] § 246 Rdn 37; HdR-EA/*Baetge/Fey/Weber/Sommerhoff* § 248 (Stand März 2010) Rdn 22, MünchKommAktG[2]/*Hennrichs* § 246 HGB Rdn 57; Beck BilKomm[8]-*Kozikowski/F. Huber* § 247 Rdn 385 ff; *Niemann* Immaterielle Wirtschaftsgüter S. 192 ff; Baumbach/Hueck/*Schulze-Osterloh* GmbHG[18] § 42 Rdn 76, je mwN. Zum Ganzen auch IDW RS HFA 11: Bilanzierung entgeltlich erworbener Software beim Anwender (Stand 23.6.2010; FN-IDW 2010, 304; WPg Supplement 2010, 57).

33 ADS[6] § 246 Rdn 41; Beck BilKomm[8]-*Ellrott/Krämer* § 247 Rdn 10.

34 Schon bislang hM; etwa ADS[6] § 246 Rdn 21; MünchKommAktG[2]/*Hennrichs* § 246 HGB Rdn 13; *Tiedchen* Vermögensgegenstand S. 80 ff mwN; einschränkend noch *Hommel* Bilanzierung S. 181 ff, der im entgeltlichen Erwerb ein abstraktes Aktivierungsmerkmal für solche immateriellen Anlagewerte sieht, die (lediglich) faktisch unentziehbar sind.

Einzelverwertbarkeit und -bewertbarkeit – und damit die Voraussetzungen für die Charakterisierung als Vermögensgegenstand – besonders sorgfältig zu prüfen (s. § 248, 49).

d) Forderungen insbesondere

aa) **Grundlagen des Bilanzausweises.** Als Vermögensgegenstände aktivierungspflichtig sind alle realisierten Forderungen, d.h. grundsätzlich solche, die rechtlich entstanden und noch nicht erloschen sind.[35] Auf die Fälligkeit der Forderung kommt es nicht an. Für Forderungen aus Umsatzgeschäften ergeben sich freilich *Einschränkungen aus den Grundsätzen über die (Nicht-)Bilanzierung schwebender Geschäfte* (dazu s.u. Rdn 59 ff). Zum Bilanzausweis s. §§ 266 Abs. 2 B II, 268 Abs. 4 und die Kommentierung dort. 16

Auch **rechtlich noch nicht entstandene Forderungen, die nicht aus Umsatzgeschäften resultieren,** sind zu aktivieren, wenn sie im abgelaufenen Geschäftsjahr wirtschaftlich begründet worden sind und ihre rechtliche Entstehung (aus einem existenten Rechtsverhältnis) in bestimmter Höhe als sicher zu gelten hat;[36] unter diesen Voraussetzungen ist die Pflicht zu ihrer Aktivierung ebenso aus dem Ziel periodengerechter Aufwands- und Ertragszuordnung (s. dazu die Erläuterungen zu § 252 Abs. 1 Nr. 4 u. 5) als auch dem Gebot getreuen Einblicks in die Vermögens-, Finanz- und Ertragslage des bilanzierenden Unternehmens (§ 264 Abs. 2 S. 1) herleitbar.[37] Wie sich aus § 268 Abs. 4 S. 2 ergibt, hat der Gesetzgeber die Aktivierungsfähigkeit von am Abschlussstichtag rechtlich noch nicht entstandenen Forderungen auch keineswegs ausschließen wollen. 17

Dementsprechend sind **aufschiebend bedingte Forderungen** ausnahmsweise schon vor Bedingungseintritt zu aktivieren, wenn der Eintritt der Bedingung sicher zu erwarten ist; fehlt es daran (wie i.d.R.), dürfen aufschiebend bedingte Forderungen erst mit Bedingungseintritt aktiviert werden.[38] Umgekehrt sind **auflösend bedingte Forderungen** aktivierungspflichtig, solange die auflösende Bedingung noch nicht eingetreten ist; jedoch beeinflussen die Existenz der auflösenden Bedingung sowie die Wahrscheinlichkeit ihres Eintritts die Höhe des Ansatzes (Bewertung der Forderung).[39] 18

Bei **Streit** zwischen Gläubiger und Schuldner über den (Fort-)Bestand einer Forderung ist zu differenzieren: Eine **im vertraglichen Synallagma stehende Forderung** ist aktivierungsfähig und -pflichtig, wenn das Entstehen der Forderung plausibel darlegbar ist und der zur Sachleistung Verpflichtete den Vertrag wirtschaftlich erfüllt hat; andernfalls würde die Forderungsaktivierung schon am Grundsatz der mangelnden Bilanzierung 19

---

35 ADS[6] § 246 Rdn 45 ff; Beck BilKomm[8]-*Ellrott/Roscher* § 247 Rdn 75 ff; Beck-HdR-*Hayn/Jutz/Zündorf* B 215 Rdn 4 ff, 16 ff; Baumbach/Hueck/*Schulze-Osterloh* GmbHG[18] § 42 Rdn 81 ff.

36 Ganz hM; BGHZ 137, 378, 380 („Tomberger") = NJW 1998, 1559; ADS § 246 Rdn 179 f; *Hoffmann/Lüdenbach* NWB KommBilanzierung[3] § 246 Rdn 46; *Kropff* ZGR 1997, 115, 120; *Schulze-Osterloh* ZGR 1995, 170, 181; Baumbach/Hueck/*Schulze-Osterloh* GmbHG[18] §42 Rdn 81, je mwN; letztlich auch MünchKomm AktG[2]/*Hennrichs* § 246 HGB Rdn 45; kritisch HdR-EA/*Knop/Zander* §268 (Stand Oktober 2010) Rdn 204.

37 *Kropff* ZGR 1997, 115, 120 f; *Schulze-Osterloh* ZGR 1995, 170, 181.

38 BFH 26.4.1995, I R 92/94, BStBl II 594; ADS[6] § 246 Rdn 53; HdJ-*Poullie* II/6, Rdn 48; Baumbach/Hueck/*Schulze-Osterloh* GmbHG[18] § 42 Rdn 81 u. 83 mwN; s. aber auch Beck BilKomm[8]-*Ellrott/Roscher* § 247 Rdn 77; MünchKommAktG[2]/*Hennrichs* § 246 HGB Rdn 46.

39 ADS[6] § 246 Rdn 54; MünchKommAktG[2]/*Hennrichs* § 246 HGB Rdn 47; HdJ-*Poullie* II/6, Rdn 48; Baumbach/Hueck/*Schulze-Osterloh* GmbHG[18] § 42 Rdn 83.

schwebender Geschäfte scheitern (s.u. Rdn 61 und § 252, 32 f). Einem Streit über den (Fort-)Bestand einer synallagmatischen Forderung – z.B. Streit über den Fortbestand des zugrunde liegenden Rechtsgeschäfts nach erklärter Anfechtung seitens des Schuldners – ist nach Maßgabe des Vorsichtsprinzips (§ 252 Abs. 1 Nr. 4) im Rahmen der Bewertung der bestrittenen Forderung Rechnung zu tragen.[40] Nur vereinzelt wird behauptet, bestrittene Forderungen aus Lieferungen und Leistungen dürften „grundsätzlich" nicht bilanziert werden.[41]

20 Bestrittene **Forderungen, die nicht im vertraglichen Synallagma stehen**, dürfen nach ganz hM im Handels- wie im Steuerrecht indes (wiederum in Konsequenz des Vorsichts- und Realisationsprinzips, § 252 Abs. 1 Nr. 4) erst nach rechtskräftiger Entscheidung über den Streit aktiviert werden;[42] denn hier fehlt es an der (vertraglichen) Einigung der Parteien über das Entstehen der Forderung ebenso wie am Merkmal der Erfüllung durch den zur Sachleistung Verpflichteten.[43] Die von Teilen des Schrifttums[44] im Blick auf das Vollständigkeitsgebot aus Abs. 2 verfochtene Auffassung, auch einem Streit über den Bestand nicht synallagmatischer Forderungen lediglich durch einen Bewertungsabschlag zu begegnen (vgl. auch 4. Aufl. § 246, 14), hat sich aus diesem Grund nicht durchzusetzen vermocht. Auf der Basis der hM muss die Aktivierung nicht vertraglicher Forderungen vor ihrer rechtskräftigen Feststellung (oder Anerkennung) deshalb von vornherein vielfach ausscheiden, zumal mit dem Bestreiten gesetzlicher Erstattungs- oder Schadensersatzansprüche durch den in Anspruch Genommenen typischerweise gerechnet werden muss.[45]

21 Nicht länger aktivierungsfähig sind Forderungen, die durch Erfüllung (§ 362 BGB), Aufrechnung (§ 389 BGB) oder Erlass bzw. negatives Schuldanerkenntnis (§ 397 BGB) **erloschen** sind.[46] Dem Erlöschen der Forderung durch Bewirken der geschuldeten Leistung steht die Annahme einer anderen Leistung an Erfüllungs statt gleich (§ 264 Abs. 1 BGB). Hingegen ist die Forderung weiterhin zu aktivieren, wenn der Gläubiger eine andere als die geschuldete Leistung lediglich erfüllungshalber annimmt (z.B. Wechsel). Die ursprüngliche Forderung erlischt erst, wenn sich der Gläubiger aus dem erfüllungshalber Geleisteten befriedigen kann (der Wechsel eingelöst wird); erst jetzt ist die Forderung auszubuchen.[47]

22 Nur zeitweilig bestehende **Leistungsverweigerungsrechte** des Schuldners (dilatorische Einreden) beseitigen Aktivierungsfähigkeit und -pflichtigkeit einer Forderung nicht. Anders dort, wo die Durchsetzung der Forderung dauerhaft gehemmt ist, namentlich

---

[40] S. etwa BFH 26.4.1989, I R 147/84, BFHE 157, 121, 124; MünchKommAktG[2]/*Hennrichs* § 246 HGB Rdn 47; Baumbach/Hueck/*Schulze-Osterloh* GmbHG[18] § 42 Rdn 81 f.

[41] So Baetge/Kirsch/Thiele/*Breithaupt* § 247 (Stand September 2002) Rdn 168, freilich ohne Reflexion des Meinungsstandes.

[42] S. aus der Rechtsprechung des BFH insbesondere BFH BFHE 157, 121, 123 f; BFH 10.2.1994, IV R 37/92, BFHE 174, 140, 143; BFH 15.3.2000, II R 15/98, BFHE 191, 403, 409; BFH 14.3.2006, VIII R 60/03, BFHE 212, 535, 539 f; für den BGH s. BGHZ 180, 9 Tz 48; BGH ZIP 2002, 802. Aus dem Schrifttum vgl. etwa Kirchhof/*Crezelius*, EStG[9], § 5 Rdn 81; MünchKommAktG[2]/*Hennrichs* § 246 HGB Rdn 48; *Hoffmann/Lüdenbach* NWB KommBilanzierung[3] § 246 Rdn 45; Beck BilKomm[8]-*Kozikowski/Roscher* § 253 Rdn 568; Schmidt/*Weber-Grellet*, EStG[31] § 5 Rdn 98.

[43] Dazu BFHE 157, 121, 124.

[44] ADS[6] § 246 Rdn 48 u.176; Baumbach/Hueck/*Schulze-Osterloh* GmbHG[18] § 42 Rdn 82.

[45] Auch hierzu BFHE 157, 121, 124; BGH ZIP 2002, 802; MünchKommAktG[2]/*Kropff* § 317 AktG Rdn 24.

[46] Vgl. ADS[6] § 246 Rdn 61 ff; HdJ-*Poullie* II/6, Rdn 37 ff.

[47] ADS[6] § 246 Rdn 61 f; Beck BilKomm[8]-*Ellrott/Roscher* § 247 Rdn 111.

infolge Verjährungseintritts. Besteht noch Ungewissheit, ob der Schuldner die Verjährungseinrede erheben wird, ist dem im Rahmen der Bewertung Rechnung zu tragen. Hat der Schuldner auf die Erhebung der Verjährungseinrede verzichtet, ist die Forderung weiterhin zum Nennwert zu aktivieren.[48]

bb) „Phasengleiche" Aktivierung von Gewinnansprüchen. Das unter bestimmten 23
Voraussetzungen für rechtlich noch nicht entstandene Forderungen geltende Aktivierungsgebot (s.o. Rdn 17) ist auch Ausgangspunkt der Diskussion um die „phasengleiche" Aktivierung von **Gewinnansprüchen der Muttergesellschaft aus Beteiligungen an Tochter-Kapitalgesellschaften.**[49] Die handelsbilanzielle Praxis hatte früher ein Wahlrecht zur phasengleichen Aktivierung des Gewinnanspruchs im Jahresabschluss der Mutter angenommen, wenn der Gewinnanspruch – wegen noch ausstehenden Gewinnverwendungsbeschlusses in der Tochter – zum Stichtag des Mutter-Abschlusses rechtlich zwar noch nicht entstanden, seine Entstehung aber als sicher zu erwarten war.[50] Jene Bilanzierungspraxis stützte sich auf eine Entscheidung des BGH aus dem Jahre 1975,[51] in welcher der II. Zivilsenat – bezogen auf eine Tochter-Aktiengesellschaft – die Aktivierung für statthaft erklärt hatte, wenn bei einer Mehrheitsbeteiligung und sich deckenden Geschäftsjahren der Jahresabschluss der Tochter noch vor Abschluss der Prüfung bei der Mutter festgestellt worden ist, mindestens ein entsprechender Gewinnverwendungsvorschlag vorliegt und eine diesem entsprechende Beschlussfassung angesichts der Mehrheitsverhältnisse mit Sicherheit zu erwarten ist.[52] In seiner „Tomberger"-Entscheidung vom 12.1.1998[53] hat der BGH indes, nach vorausgegangener Anrufung des EuGH,[54] eine Pflicht zur phasengleichen Aktivierung des Gewinnanspruchs angenommen – für den Fall einer 100 %-igen Tochter-GmbH sowie unter der Voraussetzung, dass der Jahresabschluss der Tochter noch vor Abschluss der Prüfung bei der Mutter festgestellt worden ist und deren Gesellschafterversammlung über die Gewinnverwendung beschlossen hat.[55]

Fraglich ist, ob und ggf. unter welchen **Voraussetzungen** eine entsprechende **Aktivierungspflicht** auch dort anzunehmen ist, wo es in der Tochtergesellschaft noch nicht zur Beschlussfassung über die Gewinnverwendung gekommen ist. Nicht zu überzeugen vermag jedenfalls, unter den Voraussetzungen der alten BGH-Entscheidung aus 1975 (soeben Rdn 23) weiterhin ein Aktivierungs*wahlrecht* annehmen zu wollen.[56] Zum einen nämlich hatte der BGH seinerzeit ausdrücklich unentschieden gelassen, ob unter den damals gegebenen Umständen die phasengleiche Aktivierung des Gewinnanspruchs nicht 24

[48] Vgl. auch ADS[6] § 246 Rdn 49 u. 74; MünchKommAktG[2]/*Hennrichs* § 246 HGB Rdn 49; HdJ-*Poullie* II/6, Rdn 43.

[49] Zur Bilanzierung der Gewinnanteile aus Beteiligungen an Personengesellschaften s. IDW RS HFA 18: Bilanzierung von Anteilen an Personenhandelsgesellschaften im handelsrechtlichen Jahresabschluss (Stand 25.11.2011; FN-IDW 2012, 24; WPg Supplement 2012, 84); Beck BilKomm[8]-*Förschle* § 275 Rdn 177; HdJ-*Hennrichs/Pöschke* III/1, Rdn 109 ff; HdJ-*Poullie* II/6, Rdn 21 ff mwN.

[50] S. näher ADS[6] § 246 Rdn 214 ff mwN.

[51] BGHZ 65, 230.

[52] BGHZ 65, 230, 236 f.

[53] BGHZ 137, 378 = NJW 1998, 1559

[54] Vorlagebeschluss des BGH v. 21.7.1994, ZIP 1994, 1259; Urteil des EuGH v. 27.6.1996, ZIP 1996, 1168 mit Berichtigungsbeschluss v. 10.7.1997, ZIP 1997, 1374.

[55] BGHZ 137, 378, 381 ff.

[56] So aber etwa HdR-EA/*Budde* § 275 (Stand Oktober 2010) Rdn 79; *Kellner* WM 2000, 229, 232; WP-Handbuch I[14] Tz F 559; s.a. *IDW-HFA* Verlautbarung zur phasengleichen Vereinnahmung von Erträgen aus Beteiligungen an Kapitalgesellschaften nach dem Urteil des BGH vom 12.1.1998, WPg 1998, 427, 428.

nur statthaft, sondern sogar geboten ist.[57] Zum anderen kann es vor dem Hintergrund des Vollständigkeitsgebots aus § 246 Abs. 1 S. 1 Aktivierungswahlrechte nur in den gesetzlich bestimmten Ausnahmefällen (s. u. Rdn 71) geben. Regelmäßig folgt aus der abstrakten Aktivierungsfähigkeit eines Vermögensgegenstandes auch die *Verpflichtung* zu seiner Aktivierung. Für ein Wahlrecht zur phasengleichen Aktivierung von Gewinnansprüchen der Muttergesellschaft an Beteiligungen an Tochter-Kapitalgesellschaften ist deshalb richtigerweise kein Raum.[58] In Frage steht allein, ob und unter welchen Voraussetzungen die Gewinnforderung zum Abschlussstichtag – obwohl rechtlich noch nicht entstanden – schon als realisiert und deshalb aktivierungspflichtig anzusehen ist. Sofern man eine Forderungsrealisierung vor Fassung des Gewinnverwendungsbeschlusses (und damit vor dem rechtlichen Entstehen des Anspruchs) nicht schon grundsätzlich ablehnt,[59] kommt es darauf an, in welchem Zeitraum nach dem Stichtag des Mutter-Abschlusses welche werterhellenden Tatsachen eintreten müssen, um auf eine aktivierungsfähige Dividendenforderung zum Stichtag rückschließen zu können.[60] Die **Rechtsprechung des BGH** hat hier insoweit Klärung gebracht, als sie auf den Zeitraum zwischen dem Bilanzstichtag und dem (freilich beeinflussbaren) Abschluss der Prüfung bei der Mutter abstellt.[61] Hinsichtlich der Tatsachen, die jenen Rückschluss zulassen, hat der BGH einzelfallorientiert vor dem Hintergrund der jeweils vorgefundenen Umstände argumentiert. Im ersten (aktienrechtlichen) Fall[62] hat er den unterbreiteten Gewinnverwendungsvorschlag genügen lassen, im zweiten (GmbH-rechtlichen) Fall[63] auf den getroffenen Gewinnverwendungsbeschluss abgestellt. Rechtssichere Schlussfolgerungen auf die zwingenden Mindestvoraussetzungen der Realisierung von Gewinnansprüchen lässt die aktuelle Rechtsprechung des BGH kaum zu.[64] Die Feststellung des Jahresabschlusses der Tochter noch vor Abschluss der Prüfung bei der Mutter wird von der Rechtsprechung aber jedenfalls verlangt.[65]

25 Die Debatte im **Schrifttum** indes verlief von Beginn an kontrovers. Die unterbreiteten Vorschläge reichen von der bloßen Aufstellung des Tochter-Abschlusses, über seine Feststellung, die Unterbreitung eines Gewinnverwendungsvorschlags bis hin zum Gewinnverwendungsbeschluss, wobei rechtsformspezifisch differenziert wird.[66] Andere wollen

---

[57] BGHZ 65, 230, 238. Gleichwohl ist aus der Entscheidung verbreitet der Schluss gezogen worden, der BGH habe seinerzeit ein Wahlrecht gewährt; in diesem Sinne selbst die „Tomberger"-Entscheidung des Senats: BGHZ 137, 378, 384. Wie hier *Back* Richtlinienkonforme Interpretation S. 172; *Herzig/Rieck* IStR 1998, 309, 311; *Schulze-Osterloh* WuB IV E. § 252 HGB 1.98.

[58] Im Ergebnis wie hier etwa *Kropff* ZGR 1997, 115, 122 f; *W. Müller* LM AktG § 256 Nr. 4; *Watermeyer* GmbHR 1998, 1061, 1063.

[59] Ablehnend etwa *Knobbe-Keuk* § 5 VIIa bb; s. demgegenüber aber *Kropff* ZGR 1997, 115, 120 ff.

[60] Im Ansatz ebenso *Henssler* JZ 1998, 701, 704.

[61] BGHZ 65, 230, 237 u. BGHZ 137, 378, 381 ff; deutlich in diesem Sinne auch OLG Köln NZG 1999, 82, 83 f; kritisch *Henssler* JZ 1998, 701, 705, (der wohl auf den Zeitpunkt der Aufstellung des Mutter-Abschlusses abstellen will); *Schüppen* NZG 1999, 352 f.

[62] BGHZ 65, 230.

[63] BGHZ 137, 378.

[64] BGHZ 65, 230 hatte für Tochter-Aktiengesellschaften „mindestens" einen Gewinnverwendungsvorschlag verlangt.

[65] BGHZ 65, 230, 237 und BGHZ 137, 378, 381 ff. Die Notwendigkeit eines solchen Feststellungsbeschlusses im Tochterunternehmen bis zu diesem Zeitpunkt betonen unter Bezugnahme auf jene Rechtsprechung etwa auch ADS § 246 Rdn 213 f; HdR-EA/*Budde* § 275 (Stand Oktober 2010) Rdn 79; HdJ-*Hachmeister* II/3 Rdn 223.

[66] S. etwa *Back* Richtlinienkonforme Interpretation S. 177 ff; *Herzig/Rieck* IStR 1998, 309 ff; *Kropff* ZGR 1997, 115, 126 f; *Schulze-Osterloh* ZGR 1975, 170, 181 ff; *Watermeyer* GmbHR 1998, 1061, 1062 ff;

selbst den Gewinnverwendungsbeschluss nur im Falle 100 %-iger Töchter als wertaufhellende Tatsache anerkennen[67] oder statt des Gewinnverwendungsvorschlags in bestimmten Konstellationen auch eine Erklärung der Mutter über ihr Stimmverhalten in der Tochtergesellschaft genügen lassen.[68]

Der **Große Senat des BFH** hat in seiner Entscheidung vom 7.8.2000[69] die Möglichkeit 26
der Aktivierung einer Dividendenforderung vor Fassung des Gewinnverwendungsbeschlusses „im Grundsatz" verneint, weil die künftige Dividendenforderung regelmäßig noch kein aktivierungsfähiges Wirtschaftsgut darstelle. Etwas anderes sei „in äußerst seltenen Ausnahmefällen" denkbar, wenn zum Bilanzstichtag ein Bilanzgewinn der Gesellschaft auszuweisen, der mindestens ausschüttungsfähige Bilanzgewinn den Gesellschaftern bekannt und für diesen Zeitpunkt anhand objektiver Anhaltspunkte nachgewiesen sei, dass die Gesellschafter endgültig entschlossen seien, eine bestimmte Gewinnverwendung künftig zu beschließen.[70] Manche Stimmen im **Schrifttum** wollen dies auch auf das Handelsrecht übertragen,[71] andere wollen es genügen lassen, dass das Mutterunternehmen bei einer Mehrheitsbeteiligung unter 100 % allein in der Lage ist, den Gewinnverwendungsbeschluss in der Tochter durchzusetzen.[72]

Im Konzept des GrS muss der Ausschüttungswille der Gesellschafter also – als wert- 27
begründender Umstand – zum Abschlussstichtag feststehen, muss die Ausschüttungsentscheidung zum Stichtag faktisch getroffen und nach außen dokumentiert sein. Ein bloß vermuteter Ausschüttungswille zum Stichtag, auf den erst kraft späterer Beschlussfassung rückgeschlossen wird, genügt demgegenüber nicht.[73] Nach späteren Entscheidungen des VIII. und des I. BFH-Senats setzen die vom GrS in Erwägung gezogenen Ausnahmefälle deshalb voraus, dass am Bilanzstichtag entweder bereits eine Verpflichtung zu einer bestimmten Gewinnausschüttung bestehe (z.B. infolge eines Ausschüttungsgebots nach Gesetz oder Gesellschaftsvertrag, eines Vorabausschüttungsbeschlusses, einer Ausschüttungsvereinbarung etc.) oder doch zumindest die Meinungsbildung der Gesellschafter über die Höhe der späteren Ausschüttung bereits endgültig abgeschlossen sei; die Höhe der zu beschließenden Gewinnausschüttung sowie der Ausschüttungswille müssten zum Stichtag endgültig feststehen.[74] Im Detail sind die Fallkonstellationen einer phasenglei-

Kellner WM 2000, 229, 232 ff; ferner die Beiträge in *Herzig* (Hrsg.) Europäisierung des Bilanzrechts (1997).

67 So (für das GmbH-Recht) *Henssler* JZ 1998, 701, 704.

68 In diesem Sinne (mit Blick auf die mitbestimmte AG) *Kropff* ZGR 1997, 115, 127.

69 BFH GrS 2/99, BStBl II 2000, 632, auf Vorlagebeschluss des I. Senats des BFH, 16.12.1998, I R 50/95, BStBl II 1999, 551. S. ferner BFH 26.11.1998, IV R 52/96, BStBl II 1999, 547; BFH 23.2.1999, VIII R 60/96, GmbHR 1999, 866; BFH 20.12.2000, I R 50/95, BStBl II 2001, 409; BFH 28.2.2001, I R 48/94, BStBl II 401 u. die Nachw zur steuerrechtlichen Rechtsprechung bei Schmidt/*Weber-Grellet* EStG[31] § 5 Rdn 270 „Dividendenansprüche".

70 BFH BStBl II 2000, 632, 635 f (zu C II 3 der Gründe); bestätigend BFH 7.2.2007, I R 15/06, BStBl II 2008, 340.

71 S. etwa (mit Unterschieden im Detail) MünchKommAktG[2]/*Hennrichs* § 246 HGB Rdn 41 ff; Baumbach/Hueck/*Schulze-Osterloh*[18] § 42 Rdn 166; MünchKommAktG[2]/*Tiedchen* § 252 HGB Rdn 71.

72 So Beck BilKomm[8]-*Ellrott/Krämer* § 266 Rdn 120.

73 S. dazu auch BFH 28.2.2001, I R 48/94, BStBl II 401 und die Erläuterungen von *Wassermeyer* DB 2001, 1053f; dem BFH insoweit zustimmend *Schulze-Osterloh* ZGR 2001, 497, 502ff, 507; kritisch etwa *Blaum/Kessler* StuB 2000, 1233, 1235 ff; *Moxter* DB 2000, 2333 ff.

74 BFH 31.10.2000, VIII R 85/94, BStBl II 2001, 185; BFH, 20.12.2000, I R 50/95, DB 2001, 734; BFH 28.2.2001, I R 48/94, BStBl II 401.

chen Aktivierung unter der vom BFH verfochtenen Prämisse freilich nach wie vor ebenso diskussionsbedürftig wie die Erwägungen, mit denen der GrS des BFH – in fragwürdiger Interpretation der BGH-Entscheidung aus dem Jahre 1975[75] und unter Hinweis auf unterschiedliche Sachgesetzlichkeiten von Handels- und Steuerrecht – eine Verpflichtung zur Vorlage an den Gemeinsamen Senat der obersten Gerichtshöfe des Bundes verneint hat.[76] Indes sind jene Einzelheiten im Rahmen dieser Kommentierung nicht zu erörtern.

28 e) **Abgrenzung: Bilanzierungshilfen.** Von den Vermögensgegenständen sind die sog. Bilanzierungshilfen begrifflich abzugrenzen. Sie ermöglichen die Aktivierung einmaliger Aufwendungen, die weder für aktivierungsfähige Vermögensgegenstände anfallen noch in den Rechnungsabgrenzungsposten (s. § 250 und die Erläuterungen dort) erfasst werden können. Mit den Bilanzierungshilfen soll verhindert werden, dass einmalige Aufwendungen in dem Jahr, in dem sie angefallen sind, sogleich das ausgewiesene Eigenkapital schmälern. Dies lässt sich immerhin mit der Überlegung rechtfertigen, dass jene Aufwendungen die Grundlagen für die zukünftige Ertragsfähigkeit des Unternehmens bilden. Die mittels Bilanzierungshilfen ausgewiesenen Beträge sind in den Folgejahren aufzulösen und als Aufwand zu verrechnen. – Als Bilanzierungshilfe werden mitunter die aktivischen latenten Steuern (§ 274 Abs. 1 S. 2; zu Einzelheiten s. die Erläuterungen dort) gedeutet,[77] in denen überwiegend indes ein Sonderposten eigener Art gesehen wird.[78] Die Bilanzierungshilfe hinsichtlich der Aufwendungen für die Ingangsetzung und Erweiterung des Geschäftsbetriebs (§§ 269/282 a.F.) ist im Zuge des BilMoG entfallen.

3. Schulden

29 a) **Begriffe: Schulden, Verbindlichkeiten, Rückstellungen.** So wie der Jahresabschluss sämtliche Vermögensgegenstände auszuweisen hat, muss er auch alle Schulden enthalten. Der in Abs. 1 S. 1 (wie auch in §§ 240 Abs. 1, 242 Abs. 1, 247 Abs. 1, 252 Abs. 1 Nr. 3, 265 Abs. 3) verwendete Begriff der **Schulden** meint den bilanzrechtlichen **Oberbegriff für Verbindlichkeiten und Rückstellungen.**[79] Das ergibt sich schon aus der Bewertungsvorschrift des § 253 Abs. 1, wo den Vermögensgegenständen die Verbindlichkeiten und Rückstellungen gegenübergestellt werden. Freilich anerkennt das Gesetz unter den Voraussetzungen des § 249 auch Rückstellungen ohne Schuldcharakter, seit Inkrafttreten des BilMoG indes nur noch in engen Grenzen (näher dazu § 249, 9).

30 **Verbindlichkeiten** sind zu passivieren für in Bestand und Höhe gewisse Verpflichtungen des Rechnungslegungspflichtigen gegenüber Dritten. Ist die Verpflichtung in Bestand

---

[75] BGHZ 65, 230; das vom BGH seinerzeit erörterte Aktivierungswahlrecht (s.o. Rdn 23 f) wird vom GrS-BFH als (steuerrechtlich unbeachtliche) Bilanzierungshilfe interpretiert.

[76] BFH BStBl II 2000, 632, 638 (zu C II 13b der Gründe); dazu kritisch etwa *Beisse* FS W. Müller S. 731, 750 ff; *Blaum/Kessler* StuB 2000, 1233, 1238 ff; *Groh* DB 2000, 2444; *Henze* DB 2003, 2159, 2162 f; *Kraft* WPg 2001, 2, 5 f; *ders.* FS W. Müller S. 755, 761 ff; *Moxter* DB 2000, 2333, 2335 f.

[77] So z.B. MünchKommHGB³/*Ballwieser* § 246 Rdn 93.

[78] In diesem Sinne, im Anschluss an Begründung zum RegE BilMoG, BT-Drucks. 16/10067, S. 67, etwa BoHdR-*Kirsch* § 246 (Stand April 2011) Rdn 22; Beck BilKomm⁸-*Kozikowski/Fischer* § 274 Rdn 4; HdR-EA/*Kußmaul* § 246 (Stand November 2009) Rdn 13.

[79] ADS⁶ § 246 Rdn 102; MünchKommAktG²/*Hennrichs* § 246 HGB Rdn 71; Beck BilKomm⁸-*Kozikowski/Schubert* § 247 Rdn 201; HdR-EA/*Kußmaul* Kap. 6 (Stand März 2010) Rdn 25; Ebenroth/Boujong/Joost/Strohn²/*Wiedmann* § 246 Rdn 4; im Ansatz auch *W. Müller* FS Budde S. 445, 451.

oder Höhe noch ungewiss, mit einer Inanspruchnahme aus ihr aber hinreichend wahrscheinlich zu rechnen, so ist eine **Verbindlichkeitsrückstellung** nach Maßgabe von § 249 zu bilden (s. zu Einzelheiten die Erläuterungen dort). Wo mit einer Inanspruchnahme noch nicht hinreichend wahrscheinlich zu rechnen ist, kann jedenfalls ein vermerkpflichtiges Haftungsverhältnis (§ 251; **„unter-dem-Strich-Vermerk“**) vorliegen (zu Einzelheiten s. die Erläuterungen zu § 251).

b) **Abgrenzung: Eigenkapital.** In Abs. 1 nicht ausdrücklich erwähnt ist das **Eigenkapital**, das auf der Passivseite der Bilanz gesondert auszuweisen ist (§ 247 Abs. 1) und sich als Saldo aus den vollständig angesetzten Aktiv- und Passivpositionen der Bilanz ergibt (näher § 247, 14 ff). **31**

c) **Verbindlichkeiten insbesondere. aa) Begriff und Grundlagen des Bilanzausweises.** Verbindlichkeiten bilden rechtliche oder faktische, dem Grunde wie der Höhe nach gewisse Verpflichtungen des Rechnungslegungspflichtigen ab, die zum Bilanzstichtag als quantifizierbare Belastungen entstanden, aber noch nicht erfüllt sind.[80] Verbindlichkeiten aus schwebenden Geschäften sind nicht zu bilanzieren (näher s.u. Rdn 59 ff); zeichnet sich aus dem schwebenden Geschäft bis zum Abschlussstichtag jedoch ein Verlust ab, so muss nach § 249 Abs. 1 S. 1 eine Drohverlustrückstellung in Höhe des Verpflichtungsüberschusses gebildet werden (s.u. Rdn 59 und § 249, 63 ff). Zum Ausweis von Verbindlichkeiten in Bilanz und Anhang nach §§ 266 Abs. 3 C, 268 Abs. 5, 285 Nr. 1 u. 2 s. die Erläuterungen dort. **32**

Auch eine rechtlich **noch nicht vollständig entstandene Verpflichtung** ist dann als Verbindlichkeit zu passivieren, wenn die Vollendung des Entstehungstatbestandes als sicher zu gelten hat und die Verbindlichkeit dem abgelaufenen (oder einem früheren) Geschäftsjahr zuzuordnen ist (s. auch unten Rdn 48). Dementsprechend können **aufschiebend bedingte Verpflichtungen** ausnahmsweise schon zu passivieren sein, wenn der Bedingungseintritt sicher ist; solange diese Voraussetzung nicht gegeben ist, ist regelmäßig eine Rückstellung zu passivieren.[81] **Auflösend bedingte Verbindlichkeiten** sind so lange als solche zu passivieren, als die Bedingung noch nicht eingetreten ist.[82] Steht der Durchsetzbarkeit der Verbindlichkeit eine zeitweilig wirkende (dilatorische) **Einrede** entgegen, so beseitigt dies die Passivierungspflicht nicht. Anderes gilt für eine dauerhafte (peremptorische) Einrede, namentlich für die Einrede der Verjährung (§ 222 BGB). Ist die Verjährung eingetreten, die Verjährungseinrede erhoben und der Rechnungslegungspflichtige auch weiterhin entschlossen, die Zahlung zu verweigern, entfällt eine Passivierung.[83] **33**

---

[80] Ganz ähnlich MünchKommAktG[2]/*Hennrichs* § 246 HGB Rdn 79.

[81] ADS[6] § 246 Rdn 121; Beck HdR-*Baierl* B 234 Rdn 24; Heymann[2]/*Walz* § 246 Rdn 20. Der BFH lehnt bei aufschiebend bedingten Verbindlichkeiten vor Bedingungseintritt eine Passivierung als Verbindlichkeit ab, bejaht aber die Rückstellungspflicht; s. etwa BFH 17.12.1998, IV R 21/97, DB 1999, 776 f; BFH 4.2.1999, IV R 54/97, BB 1999, 894, 896; ferner Schmidt/*Weber-Grellet* EStG[31] § 5 Rdn 314 mwN; ebenso für das Handelsbilanzrecht MünchKommAktG[2]/*Hennrichs* § 246 HGB Rdn 81 u. 91; Beck BilKomm[8]-*Kozikowski/Schubert* § 247 Rdn 224; Baumbach/Hueck/*Schulze-Osterloh* GmbHG[18] §42 Rdn 277.

[82] Zutreffend ADS[6] § 246 Rdn 122; Beck-HdR-*Baierl* B 234 Rdn 27; aA MünchKomm-AktG[2]/*Hennrichs* § 246 HGB Rdn 81 u. 91; Baumbach/Hueck/*Schulze-Osterloh* GmbHG[18] § 42 Rdn 277, die Bildung einer Rückstellung befürworten; ebenso Beck BilKomm[8]-*Kozikowski/Schubert* § 247 Rdn 225, wenn der Eintritt der auflösenden Bedingung wahrscheinlich sei.

[83] Näher ADS[6] § 246 Rdn 111 ff; Beck BilKomm[8]-*Kozikowski/Schubert* § 247 Rdn 221.

Dasselbe gilt, wo das der Verbindlichkeit zugrunde liegende Rechtsgeschäft angefochten und die Nichtigkeitsfolge der Anfechtung gerichtlich festgestellt oder zwischen den Beteiligten unstreitig ist. Ist die Wirksamkeit der Anfechtung bestritten, ist jedenfalls eine Rückstellung zu passivieren.[84] Eine Unterscheidung danach, ob schon das Entstehen der Verbindlichkeit umstritten ist,[85] kann nicht überzeugen, da auch die wirksam erklärte Anfechtung zur Nichtigkeit des Rechtsgeschäfts von Anfang an führt (§ 142 Abs. 1 BGB). Steht die Wirksamkeit der Anfechtung außer Streit, kann aber ein anderer Schuldposten (z.B. Rückgewährverbindlichkeit) zu passivieren sein.[86] Im Übrigen entfällt die Passivierung, wenn die Verbindlichkeit durch Erfüllung (§ 362 BGB), Aufrechnung (§ 389 BGB), Erlass und negatives Schuldanerkenntnis (§ 397 BGB) oder befreiende Schuldübernahme (§§ 414 ff BGB) **erlischt.**[87] Im Falle der Schuldumwandlung (Novation) ist statt der alten die neue Verbindlichkeit zu passivieren.[88]

34 Zu passivieren sind ggf. auch sog. **faktische Leistungsverpflichtungen**, die auf keiner rechtlichen Verbindlichkeit (oder nur auf einer nicht mehr durchsetzbaren) gründen, denen sich der Rechnungslegungspflichtige aber aus tatsächlichen oder wirtschaftlichen Gründen nicht entziehen kann (vgl. auch § 249, 33 und 82 f).[89] Beispiele dafür sind Gewährleistungen aus Kulanz oder verjährte Verbindlichkeiten, zu deren Erfüllung (ungeachtet mangelnder Klagbarkeit) ein faktischer Zwang besteht; letzteres ist nach objektiven Kriterien aus der Sicht eines ordentlichen Kaufmanns zu beurteilen.[90]

35 **bb) Forderungsverzicht mit Besserungsabrede.** Erklärt der Gläubiger durch Erlassvertrag mit dem Schuldner (§ 397 BGB) den endgültigen *Verzicht* auf die Forderung, ist die Verbindlichkeit erloschen und in der Bilanz des Schuldners auszubuchen (s.o. Rdn 33). Der Forderungsverzicht kann jedoch auch mit einer *Besserungsabrede* verbunden sein, in der sich der Schuldner verpflichtet, die Forderung unter bestimmten Voraussetzungen (ganz oder teilweise) zu erfüllen.[91] Konstruktiv ist eine solche Besserungsabrede als auflösend bedingter Forderungsverzicht oder ggf. als unbedingter Verzicht mit aufschiebend bedingter Nachzahlungsverpflichtung zu deuten.[92] Je nach den Umständen des Einzelfalls kann die Auslegung aber auch ergeben, dass ein Forderungserlass gar nicht gewollt war, sondern ein *Rangrücktritt* mit dinglich wirkender Umgestaltung des Forderungsinhalts oder sogar nur ein *pactum de non petendo* vereinbart wurde; dann ist die Ver-

---

84 Für eine weitere Passivierung als Verbindlichkeit offenbar ADS[6] § 246 Rdn 117; Beck BilKomm[8]-*Kozikowski/Schubert* § 247 Rdn 222; i.E. wie hier *Schubert* Verbindlichkeiten S. 205 ff.

85 So ADS[6] § 246 Rdn 117, die nur in diesen Fällen die Passivierung in Form einer Rückstellung genügen lassen wollen.

86 ADS[6] § 246 Rdn 126.

87 Weiterführend Beck BilKomm[8]-*Kozikowski/Schubert* § 247 Rdn 235 ff; *Schubert* Verbindlichkeiten S. 146 ff.

88 ADS[6] § 246 Rdn 126.

89 ADS[6] § 246 Rdn 119 f u. § 249 Rdn 52 f; Beck BilKomm[8]-*Kozikowski/Schubert* § 247 Rdn 204 u. § 249 Rdn 31, je mwN; einschränkend MünchKommAktG[2]/*Hennrichs* § 246 HGB Rdn 87; ihm folgend *Schubert* Verbindlichkeiten S. 238 ff.

90 Zum Ganzen auch BGH BB 1991, 507, 508.

91 Zu den unterschiedlichen Varianten von Besserungsabreden s. etwa *Groh* BB 1993, 1882, 1883 f; *Herlinghaus* Forderungsverzichte und Besserungsvereinbarungen S. 107 ff; *Schruff* FS Leffson S. 153, 156 ff; *Schulze-Osterloh* WPg 1996, 97, 102.

92 S. etwa ADS[6] § 246 Rdn 149; Beck BilKomm[8]-*Kozikowski/Schubert* § 247 Rdn 237; *Döllerer* FS Forster S. 199, 203; *Groh* BB 1993, 1882, 1884; *Häuselmann* BB 1993, 1552 f; *Schubert* Verbindlichkeiten S. 179 f; *Wittig* NZI 2001, 169, 170.

bindlichkeit nach wie vor zu passivieren. Die Besserungsabrede regelmäßig als schlichte Stundung der Forderung interpretieren zu wollen,[93] ist freilich nicht gerechtfertigt.

Für die **bilanzielle Behandlung** eines Forderungsverzichts unter Besserungsabrede im Jahresabschluss des Schuldners kommt es auf den jeweiligen Inhalt der getroffenen Vereinbarung an. Wie beim unbedingten Forderungsverzicht (s.o. Rdn 35) ist zu verfahren, wenn Zahlungen auf die erlassene Schuld allein aus einem künftigen Bilanzgewinn oder einem etwaigen Liquidationserlös zu leisten sind. Mit einer solchen Abrede steht fest, dass das Stichtagsvermögen nicht belastet ist. Unter dieser Voraussetzung kann die Verbindlichkeit – nach den Bilanzierungsgrundsätzen für „gewinnabhängige Verpflichtungen"[94] – ausgebucht werden[95] und ist erst mit Eintritt der Bedingung wieder zu passivieren. Wo die Zahlungspflicht jedoch von weniger sicheren Umständen abhängig gemacht wird, ist die nicht endgültig erlassene Verbindlichkeit zumindest in Form einer Rückstellung zu passivieren. Die Passivierungspflicht bleibt deshalb auch dort bestehen, wo die erlassene Forderung nach dem Inhalt der Besserungsabrede bei Insolvenzeintritt wieder auflebt. Im Ergebnis besteht über diese Differenzierungen ein vergleichsweise breiter Konsens.[96] Unterschiedlich wird freilich beurteilt, ob die Beschränkung der Zahlungspflicht auf künftige Gewinne den in der Praxis typischen Inhalt einer Besserungsabrede kennzeichnet oder nicht.[97] **36**

cc) **Verbindlichkeiten mit Rangrücktrittsvereinbarung.** Für die bilanzielle Behandlung von Verbindlichkeiten, die (bei ihrer Begründung oder später) mit einer Vereinbarung über den Rücktritt hinter die Forderungen aller übrigen Gläubiger verbunden werden, ist der jeweilige genaue Inhalt der Vereinbarung zu analysieren, zumal in der Praxis sehr unterschiedliche Formulierungen von Rangrücktrittsvereinbarungen begegnen.[98] Hinsichtlich der **Passivierungspflicht** von Verbindlichkeiten mit Rangrücktritt ist schon vorzeiten eine Parallele zur bilanziellen Behandlung des Forderungsverzichts gegen Besserungsschein (s.o. Rdn 35) gezogen und nach der Ausgestaltung der konkreten Tilgungsabrede differenziert worden:[99] Sofern die Verbindlichkeit nur aus einem künftigen – auf einem Jahresüberschuss oder einer Eigenkapitalzuführung beruhenden – Bilanzgewinn oder zu Lasten eines etwaigen Liquidationsüberschusses beglichen werden solle, werde das Ergebnis des laufenden Geschäftsjahres nicht belastet; die Verbindlichkeit sei deshalb nicht zu passivieren. Sei die Forderung hingegen auch aus dem am Bilanzstichtag vorhandenen sonstigen Vermögen des Schuldners zu bedienen, sei Passivierungspflicht gegeben. **37**

---

93 So aber *Herlinghaus* Forderungsverzichte und Besserungsvereinbarungen S. 113 ff, zusammenfassend S. 129; dagegen auch *Schubert* Verbindlichkeiten S. 177 f.

94 Zusammenfassend ADS[6] § 246 Rdn 150; Beck BilKomm[8]-*Kozikowski/Schubert* § 247 Rdn 237; Baumbach/Hueck/*Schulze-Osterloh* GmbHG[18] §42 Rdn 281; ausführlich *Herlinghaus* Forderungsverzichte und Besserungsvereinbarungen S. 147 ff.

95 Zum notwendigen Hinweis im Anhang (für die Aktiengesellschaften: § 160 Abs. 1 Nr. 6 AktG) s. etwa ADS[6] § 246 Rdn 156 mwN.

96 Vgl. etwa die Darlegungen bei ADS[6] § 246 Rdn 150 ff; *Becker/Wobbe* DStR 2010, 506, 508; *Groh* BB 1993, 1882, 1884 f; MünchKommAktG[2]/*Hennrichs* § 246 HGB Rdn 85; *Kleindiek* Handbuch des Kapitalersatzrechts[2] Tz 7.27; Beck BilKomm[8]-*Kozikowski/Schubert* § 247 Rdn 237 f; HdR-EA/*Küting/Kessler* § 272 (Stand April 2011) Rdn 222 ff; *dies.* BB 1994, 2103, 2110; *Schulze-Osterloh* WPg 1996, 97, 103f; Baumbach/Hueck/*ders.* GmbHG[18] § 42 Rdn 282.

97 Bejahend ADS[6] § 246 Rdn 150 („Regelfall"); verneinend *Schulze-Osterloh* WPg 1996, 97, 102 („nicht üblich").

98 Näher *Habersack* ZGR 2000, 384, 400 f; *Schulze-Osterloh* WPg 1996, 97 f, je mwN.

99 Eingehend *Schulze-Osterloh* WPg 1996, 97, 99 ff; zusammenfassend Baumbach/Hueck/*ders.* GmbHG[18] § 42 Rdn 281 f; ferner etwa *Gassner* Freundesgabe Haas S. 121, 126.

38 Wenn der Rangrücktritt einen entsprechenden Verzichtswillen des Gläubigers freilich nicht umfasst, lässt sich diese Parallele zum Forderungsverzicht gegen Besserungsschein nicht ziehen:[100] In der Regel wird ein solcher Forderungserlass nicht gewollt sein, mag man den Rangrücktritt im Übrigen als ein bloßes pactum de non petendo deuten oder (weitergehend) eine mit dinglicher Kraft wirkende Umgestaltung des Forderungsinhalts ansehen.[101] Eine fortbestehende Verbindlichkeit im Jahresabschluss unberücksichtigt lassen zu wollen, würde indes dem Vollständigkeitsgebot aus Abs. 1 widersprechen und (entgegen § 264 Abs. 2 S. 1) ein unzutreffendes Bild von der Vermögenslage des Schuldners zeichnen. Folgerichtig beseitigt der bloße Rangrücktritt die Passivierungspflicht im Jahresabschluss nicht, auch nicht ein sog. qualifizierter Rangrücktritt auf die Stufe der Einlagenrückgewähransprüche der Gesellschafter.[102] Anders jedoch, wenn die Formulierung (ggf. Auslegung) der Rangrücktrittsvereinbarung im Einzelfall ergibt, dass die Parteien einen dem Forderungsverzicht gegen Besserungsabrede entsprechenden Gestaltungswillen verfolgt haben, d.h. Zahlungen ausschließlich aus einem künftigen Bilanzgewinn oder einem etwaigen Liquidationserlös (nicht aber aus sonstigem freiem Vermögen) zu leisten sind.[103] Auch steuerrechtlich sind nach § 5 Abs. 2a EStG Verbindlichkeiten nicht zu passivieren, die allein aus künftigen Jahresüberschüssen oder einem etwaigen künftigen Liquidationsüberschuss (und nicht auch aus sonstigem Vermögen) zu bedienen sind; das aktuelle Stichtagsvermögen wird dann nicht belastet.[104]

39 Kein Konsens besteht im Übrigen über den **Standort** der (das Stichtagsvermögen belastenden) Verbindlichkeiten mit Rangrücktritt auf der **Passivseite der Bilanz.** Während sie ein Teil des Schrifttums in einem zwischen dem Eigenkapital und den Rückstellungen angesiedelten Sonderposten ausweisen will,[105] spricht sich die Gegenansicht für einen Ausweis unter den Verbindlichkeiten aus: verbunden mit einer besonderen Kennzeichnung des Rangrücktritts, etwa durch den Ausgliederungsvermerk „davon durch Rangrücktritt nachrangig …“ oder eine entsprechende Angabe im Anhang.[106] Der Ausweis unter den Verbindlichkeiten – verbunden mit einem „davon-Vermerk“ – verdient den Vorzug. Denn Verbindlichkeiten mit Rangrücktritt verlieren – ungeachtet ihrer Funktion

---

100 Heute wohl allgemeine Ansicht, s. etwa ADS[6] §246 Rdn 146; *Küting/Kessler* BB 1994, 2103, 2108 f; *K. Schmidt* FS Goerdeler S. 487, 500; *Wittig* NZI 2001, 169, 170; auch *Schulze-Osterloh* WPg 1996, 97, 98.

101 Zu diesem (für die Bilanzierung unerheblichen) Streit weiterführend ADS[6] § 246 Rdn 133; *Fleischer* Finanzplankredite S. 286 f; *Groh* BB 1993, 1882, 1883; *Habersack* ZGR 2000, 384, 403; HdR-EA/*Küting/Kessler* § 272 (Stand April 2011) Rdn 212; *dies.* BB 1994, 2103, 2108 f; *Peters* WM 1988, 641, 685, 689.

102 *Fichtelmann* GmbHR 2007, 518, 522; *Hoffmann/Lüdenbach* NWB KommBilanzierung[3] § 246 Rdn 73; Beck BilKomm[8]-*Kozikowski/Schubert* § 247 Rdn 232.

103 Zum Ganzen ADS[6] § 246 Rdn 140, 142, 147; *Fleischer* Finanzplankredite, S. 327 ff; *v. Gerkan* ZGR 1997, 173, 197; *Groh* BB 1993, 1882, 1884; *Häuselmann* BB 1993, 1552, 1554; *Kleindiek* Handbuch des Kapitalersatzrechts[2] Tz 7.19 f; Beck BilKomm[8]-*Kozikowski/Schubert* § 247 Rdn 232 u. 238; HdR-EA/*Küting/Kessler* §272 (Stand April 2011) Rdn 215; *dies.* BB 1994, 2103, 2109; *Moxter* Bilanzrechtsprechung[6] § 5 II 10; *K. Schmidt* FS Goerdeler S. 487, 502; *Wittig* NZI 2001, 169, 176.

104 S. dazu, mit umfassender Dokumentation der BFH-Rechtsprechung, BFH 30.11.2011, I R 100/10, DStR 2012, 450.

105 So etwa *Knobbe-Keuk* ZIP 1983, 127, 131; *dies.* StuW 1991, 306, 308 f; *Peters* WM 1988, 685, 692; *K. Schmidt* FS Goerdeler S. 487, 502.

106 *Fleischer* Finanzplankredite S.322, 329; *Häuselmann* BB 1993, 1552, 1555; Beck BilKomm[8]-*Kozikowski/Schubert* § 266 Rdn 255; *Küffner* DStR 1993, 180, 181 f; HdR-EA/*Küting/Kessler* § 272 (Stand April 2011) Rdn 216; *dies.* BB 1994, 2103, 2109; *Wittig* NZI 2001, 169, 176.

als nachrangiges Haftkapital – ihren Fremdkapitalcharakter nicht. Und der Hinweis im Zahlenwerk des Jahresabschlusses vermittelt einen besseren Einblick in die Vermögens- und Finanzlage des Schuldners (§ 264 Abs. 2 S. 1) als eine Kennzeichnung im Anhang.[107]

4. Zuordnung der Vermögensgegenstände und Schulden

a) **Problemstellung.** Nach **Abs. 1 S. 1** hat der Jahresabschluss (u.a.) sämtliche Vermögensgegenstände und Schulden zu enthalten. Im Grundsatz ebenso wie nach § 240 Abs. 1 für das Inventar („seine") sind auch in den Jahresabschluss nur solche Vermögensgegenstände, Schulden usw. aufzunehmen, die dem Bilanzierungspflichtigen zuzuordnen sind. Das wird in **Abs. 1 S. 2 und 3 i.d.F.d. BilMoG** (s.o. Rdn 2) klargestellt: Vermögensgegenstände sind danach grundsätzlich in der Bilanz des Eigentümers auszuweisen; ist jedoch ein Vermögensgegenstand nicht dem Eigentümer, sondern einem anderen wirtschaftlich zuzurechnen, hat dieser ihn in seiner Bilanz auszuweisen (Abs. 1 S. 2). Schulden sind in der Bilanz des Schuldners auszuweisen (Abs. 1 S. 3). **40**

Die damit angesprochenen **Zuordnungsfragen** stellen sich in vornehmlich zwei Richtungen. Zunächst im Sinne einer *persönlichen* Zuordnung, d.h. mit Blick auf die Frage, unter welchen Voraussetzungen die Vermögensgegenstände bzw. Schulden gerade dem Bilanzierungspflichtigen (und nicht einem Dritten) zuzuordnen sind (s.u. Rdn 42 ff). Teilaspekte der persönlichen Zuordnung sind Zugang bzw. Abgang von Vermögensgegenständen und Schulden, also ihre *zeitliche* Zuordnung zum Bilanzierungspflichtigen (Rdn 47 ff). Von persönlicher und zeitlicher Zuordnung zu unterscheiden ist schließlich die Problematik der *funktionalen* Zuordnung (Rdn 57 f), verbreitet auch als *sachliche* Zuordnung bezeichnet. Sie stellt sich bei Einzelkaufleuten und betrifft die Frage, ob Vermögensgegenstand oder Schuld dem Betriebsvermögen des Einzelkaufmanns (und nicht seinem Privatvermögen) zuzuordnen sind. Denn für die Vermögensgegenstände und Schulden seines Privatvermögens ist der Kaufmann weder buchführungs- noch bilanzierungspflichtig. **41**

b) **Persönliche Zuordnung.** Die Problematik der persönlichen Zuordnung stellt sich vor allem für die **Vermögensgegenstände**, weniger für die **Schulden**. Denn Schulden sind – nach Grund und Höhe gewisse oder ungewisse, jedoch hinreichend wahrscheinlich bestehende – Verpflichtungen gerade des Bilanzierungspflichtigen (vgl. oben Rdn 30). In seiner Person muss der Entstehungsgrund der Schuld erfüllt sein. Das ist auch dort gegeben, wo er die Verpflichtung für fremde Rechnung eingegangen ist.[108] Schon in der Begriffsbestimmung der Schuld ist mithin das maßgebliche Zuordnungskriterium enthalten, so dass **Abs. 1 S. 3** folgerichtig anordnet, Schulden seien in die Bilanz des Schuldners aufzunehmen. Freilich stellen sich auch hier bilanzspezifische Fragen nach lediglich „faktischen" Verpflichtungen (s.o. Rdn 34) und nach dem Zeitpunkt von Zu- und Abgang einer Verpflichtung (s. schon oben Rdn 33 und unten Rdn 48). Die Begriffskriterien des Vermögensgegenstandes (s.o. Rdn 8 f) umfassen demgegenüber noch keine Zuordnungselemente. **42**

aa) **„Wirtschaftliches Eigentum"?** Im handelsbilanzrechtlichen Schrifttum findet sich – in Übereinstimmung mit der im Steuerrecht gängigen Terminologie[109] – verbreitet **43**

[107] S.a. *Kleindiek* Handbuch des Kapitalersatzrechts[2] Tz 7.22.

[108] Vgl. auch *Gelhausen/Fey/Kämpfer* Abschn. B Tz 21 ff.

[109] Dazu stellvertretend Schmidt/*Weber-Grellet* EStG[31] § 5 Rdn 150 ff; s. zur Zuordnungskonzeption des Steuerrechts auch *Walz* FS L. Fischer (1999) S. 463 ff.

die Formulierung, für die Zuordnung von Vermögensgegenständen in der Bilanz sei eine *wirtschaftliche Betrachtungsweise* maßgeblich. Dazu sei zwar von den rechtlichen Eigentumsverhältnissen bzw. der Rechtsinhaberschaft auszugehen. Im Konfliktfall sei der Vermögensgegenstand aber nicht dem zivilrechtlichen Eigentümer, sondern dem „wirtschaftlichen Eigentümer" zuzuordnen.[110]

44 **Kritik.** Die Rede vom *„wirtschaftlichen Eigentum"* ist wenig glücklich[111] und letztlich ohne Aussagekraft (s. zur Kritik schon 4. Aufl. Rdn 51 mwN). Denn das Eigentum ist eine ausschließlich *rechtliche* Kategorie. Ein vom Begriff des sachenrechtlichen Eigentums zu unterscheidendes „wirtschaftliches Eigentum" kann es von Rechts wegen nicht geben – auch nicht im Bilanzrecht.[112] Im Bilanzrecht stellt sich freilich die Frage, ob und unter welchen Voraussetzungen ein Vermögensgegenstand dem Bilanzierungspflichtigen zugeordnet werden muss, obwohl er – zivilrechtlich – nicht Eigentümer desselben ist. Der Begriff des „wirtschaftlichen Eigentums" gibt darauf noch keine Antwort. Denn ihm sind, weil es nur sachenrechtliches Eigentum gibt, keine verbindlichen *Zuordnungskriterien* immanent. Diese gilt es vielmehr erst zu formulieren, so dass das „wirtschaftliche Eigentum" nicht mehr als eine bloße Etikettierung jener Zuordnungskriterien sein kann, auf die es allein ankommt. Eben diese Zuordnungskriterien bestimmen denn auch die viel beschworene „wirtschaftliche Betrachtungsweise" bei der Zuordnung von Vermögensgegenständen in der Bilanz,[113] ohne dass damit freilich eine Gegensatzbildung zur rechtlich determinierten Zurechenbarkeit assoziiert werden darf. Denn auch die vom zivilrechtlichen Eigentum abweichende bilanzielle Zuordnung eines Vermögensgegenstandes fußt stets auf zivilrechtlichen Regelungen.[114]

45 **bb) Zuordnungskriterien.** Über die maßgeblichen Zuordnungskriterien besteht jedenfalls im Ausgangspunkt ein vergleichsweise breiter Konsens.[115] So ist für die bilanzielle Zuordnung eines Vermögensgegenstandes von den *rechtlichen Eigentumsverhältnissen* bzw. der *Inhaberschaft an dem Recht* auszugehen.[116] In der Regel ist eine Sache auch bilanziell dem Eigentümer, eine Forderung oder ein sonstiges Recht dem Rechtsinhaber zuzuordnen.[117] Ganz in diesem Sinne bestimmt auch **Abs. 1 S. 2, 1. HS**, Vermögens-

---

110 In diesem Sinne statt vieler ADS[6] § 246 Rdn 169 f, 262; MünchKommHGB[3]/*Ballwieser* § 246 Rdn 35; Beck BilKomm[8]-*Förschle/Kroner* § 246 Rdn 5; *Hoffmann/Lüdenbach* NWB KommBilanzierung[3] § 246 Rdn 179; BoHdR-*Kirsch* § 246 (Stand April 2011) Rdn Abschn. B Tz 3, 8 ff, 16.

111 Treffend *Kruse* FS Hüffer S. 555, 559: „Der Begriff ‚wirtschaftliches Eigentum' ist unjuristisch. Er gehört in Anführungszeichen." Kritisch auch MünchKommAktG[2]/*Hennrichs* § 246 HGB Rdn 127: „Begriffsbildung ‚wirtschaftliches Eigentum' ist ein Widerspruch in sich".

112 Auch der Gesetzgeber des BilMoG hat den Begriff des „wirtschaftlichen Eigentums" nicht in das HGB eingeführt (unzutreffend Petersen/Zwirner/Brösel/*Tanski* SystPraxisKomm [2010] § 246 Rdn 53), sondern stellt in Abs. 1 S. 2 darauf ab, wem ein Vermögensgegenstand „wirtschaftlich zuzurechnen" ist.

113 S. nur die Begriffswahl in BGHZ 137, 378, 380 („Tomberger") = NJW 1998, 1559.

114 In diesem Sinne auch BGH BB 1996, 155, 156 – nachdem im Satz zuvor die „wirtschaftliche Zurechenbarkeit" der „materiellrechtlichen Zuständigkeit" gegenübergestellt wird.

115 Übereinstimmende Feststellung schon in BGH BB 1996, 155, 156.

116 So deutlich – trotz der „ergänzenden" Anerkennung „wirtschaftlichen Eigentums" – ADS[6] § 246 Rdn 170 f u. 263.

117 ADS[6] § 246 Rdn 170 f u. 263; *Kropff* in Geßler/Hefermehl/Eckardt/Kropff AktG § 149 Rdn 52; HdJ-*Lutz/Schlag* I/4, Rdn 85 f.

gegenstände seien in der Bilanz des Eigentümers aufzunehmen.[118] Nur ausnahmsweise ist ein Vermögensgegenstand in der Bilanz eines Dritten zu aktivieren: nämlich dann, wenn er nicht dem Eigentümer, sondern dem Dritten wirtschaftlich zuzurechnen ist (**Abs. 1 S. 2, 2. HS**). Zutreffend hatte vorzeiten schon der BGH formuliert, die Bilanzierung von Vermögensgegenständen, die zivilrechtlich einem anderen Rechtssubjekt gehörten, müsse „unter dem Gesichtspunkt ‚wirtschaftliches Eigentum' als Ausnahmetatbestand aufgefasst werden".[119]

Eine Sache ist in die **Bilanz des Nicht-Eigentümers** aufzunehmen, wenn sich dieser – **46**
aufgrund dinglicher oder schuldrechtlicher Berechtigung – für die gewöhnliche Nutzungsdauer des Gegenstandes (mithin dauerhaft) „den Wert der Sache dienstbar machen"[120] und den zivilrechtlichen Eigentümer von der Einwirkung auf die Sache ausschließen kann.[121] Entsprechendes gilt für sonstige Vermögensgegenstände. Tatsächliche Sachherrschaft und Gefahr zufälliger Verschlechterung oder Untergangs müssen dazu in der Regel ebenso dem bilanzierenden Unternehmen zugewiesen sein wie Nutzen und Lasten des Vermögensgegenstandes.[122] Die wirtschaftliche Zurechnung beurteilt sich also nicht zuletzt anhand der Verteilung der wesentlichen Chancen (von Wertsteigerungen) und Risiken (von Wertverlusten), die aus dem betreffenden Vermögensgegenstand erwachsen.[123] Jene Kriterien finden ihre steuerrechtliche Entsprechung in § 39 Abs. 2 AO. In Anknüpfung an die oben skizzierten Elemente des Vermögensgegenstandsbegriffs (Rdn 8 f) muss dem Nicht-Eigentümer die *Zuständigkeit zur Verwertung* des mit dem Gut verbundenen *wirtschaftlichen Potentials* zustehen.[124] So gesehen mag man von „wirtschaftlicher Verfügungsmacht"[125] sprechen. Die Befugnis zur Veräußerung des Gegenstandes ist freilich keine notwendige Voraussetzung für die bilanzielle Zuordnung zum Nicht-Eigentümer, zumal die konkrete Einzelveräußerbarkeit auch kein zwingendes Kriterium für einen Vermögensgegenstand darstellt (s.o. Rdn 8).[126] Ist der Bilanzierungs-

---

118 S. dazu Beschlussempfehlung und Bericht des Rechtsausschusses zum RegE BilMoG, BT-Drucks. 16/12407, S. 84.

119 BGH BB 1996, 155, 156.

120 So die treffende, zusammenfassende Charakterisierung bei ADS[6] § 246 Rdn 171. Nichts anderes dürfte gemeint sein, wenn auf die Zuweisung von „Substanz und Ertrag" der Sache abgestellt wird; so etwa BGH BB 1996, 155, 156.

121 BGH BB 1996, 155, 156; ADS § 246 Rdn 170 f, 262ff; Beck BilKomm[8]-*Förschle/Kroner* §246 Rdn 6; Baumbach/Hopt/*Merkt* HGB[35] § 246 Rdn 14; HdJ-*Lutz/Schlag* I/4, Rdn 86; *Mayer* Wirtschaftliches Eigentum S. 27 ff, 46 ff.

122 ADS[6] § 246 Rdn 170, 263; Beck BilKomm[8]-*Förschle/Kroner* § 246 Rdn 7. Ebenso für das Steuerrecht schon BFH 8.3.1977, VIII R 180/74, BStBl II 629, 630; s.a. die umfangreichen Nachw. zur Rechtsprechung des BFH bei *Körner/Weiken* BB 1992, 1033, 1035.

123 Begründung zum RegE BilMoG, BT-Drucks. 16/10067, S. 47; Beck BilKomm[8]-*Förschle/Kroner* §246 Rdn 8; *Gelhausen/Fey/Kämpfer* Abschn. B Tz 19; *Hoffmann/Lüdenbach* NWB KommBilanzierung[3] § 246 Rdn 183 ff.

124 Im Ansatz ähnlich Heymann[2]/*Walz* § 246 Rdn 32, der auf die Befugnis („Möglichkeit") abstellt, „die in dem Gegenstand enthaltenen Nutzungsmöglichkeiten produktiv in einer durch Marktrisiko und Marktchancen gekennzeichneten Weise einzusetzen".

125 S. etwa Beck BilKomm[8]-*Förschle/Kroner* § 246 Rdn 7; terminologisch ganz ähnlich HdR-EA/*Kußmaul* Kap. 6 (Stand März 2010) Rdn 12: „Verfügungsgewalt".

126 Im bilanzrechtlichen Schrifttum ist umstritten, ob die Zurechnung zum Nicht-Eigentümer auch dessen Berechtigung umfassen muss, den Vermögensgegenstand „für eigene Rechnung zu verwerten" (bejahend etwa HdJ-*Lutz/Schlag* I/4, Rdn 87; Baumbach/Hueck/*Schulze-Osterloh* GmbHG[18] § 42 Rdn 90; dagegen z.B. Baumbach/Hopt/*Merkt* HGB[35] § 246 Rdn 14, je mwN); BGH BB 1996, 155, 156 hat diese Frage ausdrücklich offengelassen. – In den Äuße-

pflichtige allerdings nur zeitlich vorübergehend zur Nutzung berechtigt, kann er – vorbehaltlich des Nichtausweises schwebender Geschäfte (dazu s.u. Rdn 59 ff) – auch nur ein Nutzungsrecht am Vermögensgegenstand aktivieren; der Gegenstand selbst bleibt dem Inhaber des Vollrechts zugeordnet.[127]

47 c) **Zeitliche Zuordnung.** Im Sinne der soeben skizzierten „wirtschaftlichen Betrachtungsweise" mit den für sie maßgebenden rechtlichen Zuordnungskriterien ist auch die Frage zu beantworten, *ab wann* Vermögensgegenstände und Schulden dem Bilanzierungspflichtigen *zuzuordnen* sind. Im Ausgangspunkt ist auf die Vollendung des zivilrechtlichen Erwerbstatbestandes abzustellen – bei Sachen also auf den Eigentumsübergang, bei Rechten auf den Erwerb der Inhaberschaft, bei Verpflichtungen auf die Vollendung des Entstehungstatbestandes. Nach den entsprechenden Kriterien richtet sich der Abgang von Vermögensgegenständen und Schulden.

48 In Konsequenz des Vorsichts- und Imparitätsprinzips (§ 252 Abs. 1 Nr. 4, s. die Erläuterungen § 252, 27 ff) kann auch eine **rechtlich noch nicht vollständig entstandene Verpflichtung** als Verbindlichkeit zu passivieren sein, wenn die Vollendung des Entstehungstatbestandes als sicher zu gelten hat (s. schon s.o. Rdn 33).[128] Für noch **ungewisse Verpflichtungen** sind bei hinreichend wahrscheinlicher Inanspruchnahme aber jedenfalls *Verbindlichkeitsrückstellungen* (§ 249 Abs. 1 S. 1, 1. Alt.) zu bilden, sofern die künftigen Aufwendungen Erträgen des vergangenen (oder eines früheren) Geschäftsjahres zuzuordnen sind. Für eine nur der Höhe nach noch ungewisse, dem Grunde nach jedoch schon vollständig entstandene Verbindlichkeit ist in jedem Fall eine Rückstellung zu bilden, selbst wenn die künftigen Aufwendungen allein Erträge späterer Abrechnungsperioden alimentieren (sehr str.; zu Einzelheiten s. § 249, 40 ff).

49 **Rechtlich noch nicht entstandene Forderungen** sind – wiederum in Konsequenz des Vorsichts- und Imparitätsprinzips – erst dann aktivierungsfähig (und -pflichtig), wenn sie dem abgelaufenen Geschäftsjahr wirtschaftlich zuzuordnen und ihre rechtliche Entstehung (aus einem existenten Rechtsverhältnis) in bestimmter Höhe als sicher zu gelten hat (s.o. Rdn 17). Im Übrigen sind die Konkretisierungen des Realisationsprinzips (§ 252 Abs. 1 Nr. 4; s. die Erläuterungen § 252, 30 ff) bei Umsatzgeschäften auch für den Zeitpunkt des Zugangs von Vermögensgegenständen maßgebend.[129] Umsatzrealisierung kann schon vor der Vollendung des Erwerbstatbestandes eintreten, nämlich wenn tatsächliche Sachherrschaft, Gefahr, Nutzen und Lasten auf den Erwerber übergehen.[130]

---

rungen zu jener Streitfrage wird nicht immer hinreichend deutlich, was genau unter „Verwertung" verstanden werden soll. Auf die Befugnis zur Veräußerung kann es aus den im Text genannten Gründen jedenfalls nicht ankommen (i.E. ebenso schon *Kropff* in Geßler/Hefermehl/Eckardt/Kropff AktG § 149 Rdn 53: nicht erforderlich sei „die Berechtigung, den Gegenstand für eigene Rechnung zu verwerten, also zu verkaufen").

127 ADS⁶ § 246 Rdn 398 ff; Heymann²/*Walz* § 246 Rdn 34 mwN; eingehend zur Bilanzierung von Nutzungsrechten *Babel* Ansatz und Bewertung von Nutzungsrechten (1997).

128 ADS⁶ §246 Rdn 181 f; Beck-HdR-*Ballwieser* B 131 Rdn 78 ff; Beck-HdR-*Baierl* B 234 Rdn 24; MünchKommAktG²/*Hennrichs* § 246 HGB Rdn 90.

129 Beck-HdR-*Ballwieser* B 131 Rdn 42 ff; HdR-EA/*Kußmaul* Kap. 6 (Stand März 2010) Rdn 14.

130 Zu Einzelheiten ADS⁶ § 246 Rdn 186 ff u. etwa ADS⁶ § 252 Rdn 82 ff; Beck BilKomm⁸-*Ellrott/Roscher* § 247 Rdn 80 ff; HdR-EA/*Fülbier/Kuschel/Selchert* § 252 (Stand Dezember 2010) Rdn 90 ff; Beck BilKomm⁸-*Winkeljohann/Büssow* § 252 Rdn 43 ff; s. im Übrigen auch die Erläuterungen § 246, 61 und § 252, 30 ff.

Deshalb setzt auch die *Zuordnung von Grundstücken* (oder grundstücksgleichen Rechten) nicht zwingend die Eintragung im Grundbuch voraus. Notwendig sind aber Übergang von Besitz, Gefahr, Nutzungen und Lasten auf den Erwerber. Ob dies freilich schon hinreichende Voraussetzungen für die Zuordnung des Grundstücks zum Vermögen des Erwerbers sind, ist umstritten, nach hier vertretener Auffassung aber zu verneinen (s. schon 4. Aufl. Rdn 56 mN zum Meinungsstand): Hinreichend sicher ist die Vollendung des Rechtserwerbs erst, wenn die Auflassung erklärt, der Eintragungsantrag beim Grundbuchamt gestellt ist und alle notwendigen behördlichen Bescheinigungen und Genehmigungen vorliegen.[131] – Zur Problematik der *„phasengleichen" Aktivierung von Gewinnansprüchen* der Muttergesellschaft aus Beteiligungen an Tochter-Kapitalgesellschaften s. schon oben Rdn 23 ff.[132]

d) Einzelfälle

aa) Sicherungsrechte. Vermögensgegenstände, die unter Eigentumsvorbehalt erwor- **50**
ben, an Dritte verpfändet oder in anderer Weise als *Sicherheit* übertragen worden sind, sind in die Bilanz des *Sicherungsgebers* aufzunehmen. So war es in *Abs. 1 S. 2 a.F.* noch ausdrücklich normiert (s. 4. Aufl. Rdn 57). In diesen Fällen verbleibt die „wirtschaftliche Verfügungsmacht" über den Sicherungsgegenstand beim Sicherungsgeber.[133] Entsprechendes gilt bei der Sicherungszession. Sofern jedoch *Bareinlagen* (einschließlich Buchgeld) als Sicherheit gewährt werden, sind sie (wie schon nach ausdrücklicher Bestimmung in *Abs. 1 S. 3 a.F.*) nach wie vor in die Bilanz des *Sicherungsnehmers* aufzunehmen; denn sie gehen typischerweise ununterscheidbar in dessen Vermögensbestand über. Der Sicherungsnehmer hat eine entsprechende Verbindlichkeit gegenüber dem Sicherungsgeber zu passivieren, der Sicherungsgeber eine komplementäre Forderung zu aktivieren.[134]

bb) Treuhandverhältnisse. *Treugut* ist auch außerhalb der soeben Rdn 50 angespro- **51**
chenen Fälle grundsätzlich beim *Treugeber* zu bilanzieren. Wegen des bestehenden Herausgabeanspruchs des Treugebers gilt dies auch dort, wo der Treuhänder das Treugut von einem Dritten erworben oder selbst hergestellt hat.[135] Ein paralleler Ausweis des Treuguts in der Bilanz des Treuhänders (unter gleichzeitiger Passivierung der Herausgabepflicht) ist nicht geboten;[136] ein „unter-dem-Strich-Vermerk" (§ 251) bei wesentlichem Treuhandvermögen aber jedenfalls empfehlenswert.[137]

---

131 Wie hier ADS[6] § 246 Rdn 204 ff; *Knobbe-Keuk* § 4 III 1 (S. 69); anders etwa *Kropff* in Geßler/Hefermehl/Eckardt/Kropff AktG § 149 Rdn 71.

132 Zu weiteren problematischen Einzelfällen im Zusammenhang mit der zeitlichen Zuordnung von Vermögensgegenständen s. etwa ADS[6] §246 Rdn 203 ff.

133 Zu weiteren Detailfragen der Bilanzierung s. ADS[6] § 246 Rdn 267 ff.

134 ADS[6] § 246 Rdn 273; Beck BilKomm[8]-*Förschle/Kroner* § 246 Rdn 19.

135 ADS[6] § 246 Rdn 282; Beck BilKomm[8]-*Förschle/Kroner* § 246 Rdn 11; Baumbach/Hueck/*Schulze-Osterloh* GmbHG[18] § 42 Rdn 92; **aA** Baumbach/Hopt/*Merkt* HGB[35] § 246 Rdn 19, der dem Treugeber gestatten will, wahlweise auch den Herausgabeanspruch gegen den Treuhänder zu aktivieren; für zwingende Aktivierung des Treuguts beim Treuhänder in diesen Fällen HdR-EA/*Wöhe/Richter* Kap. 6 (Stand Juni 2010) Rdn 335 (indes ohne jede Erwähnung abweichender Ansichten).

136 Str., aber hM; Einzelnachw. zum Meinungsstand bei ADS[6] § 246 Rdn 289 ff; Beck BilKomm[8]-*Förschle/Kroner* § 246 Rdn 12 f.

137 So schon *Kropff* in Geßler/Hefermehl/Eckardt/Kropff AktG § 149 Rdn 56; s.a. Baumbach/Hopt/*Merkt* HGB[35] § 246 Rdn 19; Baumbach/Hueck/*Schulze-Osterloh* GmbHG[18] § 42 Rdn 92. ADS[6] § 246 Rdn 291 ff nehmen eine Rechtspflicht zum Hinweis im Jahresabschluss an und empfehlen ebenfalls den Vermerk nach § 251.

52 cc) **Kommissionsgeschäfte.** *Kommissionsgut* ist als Ware des *Kommittenten* in dessen Bilanz auszuweisen. Das gilt nicht nur für die Verkaufskommission, sondern auch für die Einkaufskommission, bei der der Kommissionär zwar das Eigentum am Gut erlangt, aber für Rechnung und auf Risiko des Kommittenten tätig wird. Der Kommissionär aktiviert hier seine Forderungen gegen den Kommittenten und passiviert seine Verbindlichkeiten gegenüber dem Lieferanten.[138]

53 dd) **Leasing.** Für die *Bilanzierung von Leasingverhältnissen* ist im Ausgangspunkt das (rechtliche) Eigentum ebenfalls zentrales Zuordnungskriterium, so dass der Leasinggegenstand – wie durchgängig beim Operating-Leasing – in der Bilanz des Leasinggebers auszuweisen ist. Beim Finanzierungs-Leasing ist eine bilanzielle Zuordnung zum Leasingnehmer jedoch dann geboten, wenn ihm zwar nicht das (rechtliche) Eigentum am Leasinggegenstand, wohl aber die „wirtschaftliche Verfügungsmacht" (s.o. Rdn 46) zusteht. Hinsichtlich der hierfür maßgeblichen Kriterien orientiert sich die Praxis auch für die Handelsbilanz an den *steuerrechtlichen Zuordnungsregeln*, wie sie die Finanzverwaltung in verschiedenen *Erlassen* festgelegt hat.[139] Maßgebliche Zuordnungskriterien sind danach die Grundmietzeit im Verhältnis zur gewöhnlichen Nutzungsdauer sowie eine etwaige Mietverlängerungs- bzw. Kaufoption. Dabei ergeben sich Differenzierungen je nach Vollamortisations- bzw. Teilamortisationsverträgen sowie nach dem konkreten Leasinggegenstand (Mobilien, Gebäude, Grund und Boden). Speziell nach den Bedürfnissen des Leasingnehmers angefertigtes Leasinggut (Spezial-Leasing) ist diesem stets zuzurechnen. Für alle Einzelheiten ist auf das einschlägige Spezialschrifttum zu verweisen.[140]

54 ee) **Factoring.** Beim *echten Factoring*, das einen Forderungskauf des Factors darstellt, geht die Forderung mit Vollzug der Abtretung auf den *Factor* über und ist in dessen Bilanz auszuweisen; der Zedent hat die noch nicht erfüllte Gegenforderung gegen den Factor zu aktivieren.[141] Auch beim *unechten Factoring* – bei dem die Abtretung nur erfüllungshalber zur Sicherung eines Kreditgeschäfts erfolgt – nimmt die herrschende Ansicht einen Forderungsabgang (und damit den Ausweis der Forderung in der Bilanz des *Factors*) jedenfalls dann an, wenn die Abtretung offengelegt wird und die Zahlungen beim Factor eingehen. Dem beim Zedenten im Falle des unechten Factoring verbleibenden Ausfallrisiko ist – bei drohender Realisierung – in dessen Bilanz durch eine Rückstellung Rechnung zu tragen, sonst durch einen „unter-dem-Strich-Vermerk" (§ 251). Bei lediglich stiller Zession und Zahlungseingang beim Zedenten wird ein Forderungsabgang jedoch verneint.[142]

---

138 ADS[6] § 246 Rdn 306 ff; Beck BilKomm[8]-*Förschle/Kroner* § 246 Rdn 21 ff.

139 BMF v. 19.4.1971, BStBl I 1971, 264; v. 21.3. 1972, BStBl I 1972, 188; v. 22.12.1975, BB 1976, 72; v. 23.12.1991, BStBl I 1992, 13.

140 S. etwa HdJ-*Gelhausen/Henneberger* VI/1; HdR-EA/*Heitmüller/Hellen* Kap. 6 (Stand März 2004) Rdn 101 ff; Beck HdR-*Heurung/Sabel* B 710; *Hoffmann/Lüdenbach* NWB KommBilanzierung[3] § 246 Rdn 198 ff; Haufe HGB BilKomm[3]-*Noodt* § 246 Rdn 28 ff; zusammenfassend ADS[6] § 246 Rdn 385 ff; Beck BilKomm[8]-*Förschle/Kroner* § 246 Rdn 37 ff; MünchKommAktG[2]/*Hennrichs* § 246 HGB Rdn 162 ff; Baumbach/Hueck/*Schulze-Osterloh* GmbHG[18] § 42 Rdn 93 ff; Schmidt/*Weber-Grellet* EStG[31] § 5 Rdn 721 ff, alle mwN. Zu Sale-and-lease-back-Geschäften *Schulze-Osterloh* ZIP 2005, 1617. Zur Bilanzierung des Franchising Beck HdR-*Marx/Löffler* B 732.

141 ADS[6] § 246 Rdn 312, 318; eingehend auch HdR-EA/*Strickmann* Kap. 6 (Stand Juli 2011) Rdn 401 ff.

142 Zum Ganzen etwa ADS[6] § 246 Rdn 312, 321 f; Beck BilKomm[8]-*Ellrott/Roscher* § 247 Rdn 113; Baumbach/Hopt/*Merkt* HGB[35] § 246 Rdn 22; Baumbach/Hueck/*Schulze-*

ff) **Pensionsgeschäfte.** Auch bei den sog. *Pensionsgeschäften* (s. die Legaldefinition in § 340b Abs. 1 für Pensionsgeschäfte zwischen Kreditinstituten) ist zwischen echten und unechten Geschäften zu unterscheiden. Beim *unechten Pensionsgeschäft* (bei dem kein Rücknahmeanspruch des Pensionsgebers, aber eine Berechtigung des Pensionsnehmers zur Rückübertragung besteht; vgl. § 340b Abs. 3) ist der Pensionsgegenstand unstreitig in der Bilanz des *Pensionsnehmers* auszuweisen (so auch § 340b Abs. 5 S. 1).[143] Beim *echten Pensionsgeschäft* – bei dem der Pensionsnehmer zur Rückgabe verpflichtet ist (vgl. § 340b Abs. 2) – verlangt § 340b Abs. 4 für Kreditinstitute den Ausweis des übertragenen Vermögensgegenstandes in der Bilanz des *Pensionsgebers*, der in Höhe des für die Übertragung erhaltenen Betrages zugleich eine Verbindlichkeit auszuweisen hat; ein etwaiger Unterschiedsbetrag ist auf die Laufzeit des Pensionsgeschäfts zu verteilen. Der *Pensionsnehmer* wiederum hat in seiner Bilanz in Höhe des gezahlten Betrages eine Forderung gegen den Pensionsgeber auszuweisen (zu Einzelheiten s. die Erläuterungen zu § 340b). Diese gesetzlichen Regelungen sind in ihrer unmittelbaren Geltung zwar auf Pensionsgeschäfte zwischen Kreditinstituten (bzw. deren Kunden) beschränkt, geben aber nach heute deutlich hM Grundsätze ordnungsgemäßer Bilanzierung von Pensionsgeschäften im Allgemeinen wieder und sind deshalb auch außerhalb des unmittelbaren Anwendungsbereichs des § 340b zu beachten.[144] 55

gg) **Nießbrauch.** Ein mit einem *Nießbrauchsrecht* belasteter Vermögensgegenstand wird grundsätzlich weiterhin in der Bilanz des Eigentümers ausgewiesen; der Nießbrauchsberechtigte kann nur das dingliche Nutzungsrecht aktivieren.[145] Ausnahmsweise hat der Nießbrauchsberechtigte den belasteten Gegenstand zu aktivieren, insbesondere wenn ihm die Verfügungsbefugnis über die Substanz des Gegenstandes oder das Nießbrauchsrecht für die gesamte gewöhnliche Nutzungsdauer des Gegenstandes zugewiesen worden ist.[146] 56

e) **Funktionale Zuordnung.** Das Problem der *funktionalen* Zuordnung von Vermögensgegenständen und Schulden (vielfach wird auch von „*sachlicher*" Zuordnung gesprochen[147]) stellt sich mit Blick auf den *Einzelkaufmann*, denn in die Bilanz sind nur die Vermögensgegenstände des Betriebsvermögens und die betrieblichen Schulden, nicht aber die privaten Vermögensgegenstände und Verbindlichkeiten des Kaufmanns aufzunehmen. Für die funktionale Zuordnung von Vermögensgegenständen kommt es auf den 57

Osterloh GmbHG[18] § 42 Rdn 91. Zu Asset-Backed-Securities-Transaktionen s. IDW RS HFA 8: Zweifelsfragen der Bilanzierung von asset backed securities-Gestaltungen und ähnlichen Transaktionen (Stand 9.12.2003; FN-IDW 2004, 28; WPg 2004, 138); Beck BilKomm[8]-*Förschle/Kroner* §246 Rdn 29 ff; Haufe HGB BilKomm[3]/*Noodt* § 246 Rdn 63 ff.

143 S. nur ADS[6] § 246 Rdn 344; *Mayer* Wirtschaftliches Eigentum S. 129.

144 ADS[6] § 246 Rdn 336; MünchKommAktG[2]/*Hennrichs* § 246 HGB Rdn 149 ff; *Mayer* Wirtschaftliches Eigentum S. 127 ff; WP-Handbuch I[14] Tz E 60, je mwN; s.a. Beck BilKomm[8]-*Förschle/Kroner* § 246 Rdn 24 ff, deren Darstellung ebenfalls den Regelungen in § 340b Abs. 4 u. 5 folgt; kritisch etwa HdJ-*Lutz/Schlag* I/4, Rdn 290.

145 ADS[6] § 246 Rdn 396; Beck BilKomm[8]-*Förschle/Kroner* § 246 Rdn 48.

146 Näher – mit Einzelnachw. – ADS[6] § 246 Rdn 397; Beck BilKomm[8]-*Förschle/Kroner* § 246 Rdn 48.

147 S. etwa bei Beck BilKomm[8]-*Förschle/Kroner* § 246 Rdn 55 ff; HdJ-*Lutz/Schlag* I/4, Rdn 93 ff; doch dieser Begriff wird nicht einheitlich gebraucht: so spricht von „sachlicher" im Sinne der hier (Rdn 41) als „persönlicher" bezeichneten Zuordnung etwa HdR-EA/*Kußmaul* Kap. 6 (Stand März 2010) Rdn 12 u. 15.

objektiven Willen des Kaufmanns an, der in einem äußeren Widmungsakt (v.a. in der Dokumentation im Rahmen der Buchführung) Ausdruck findet.[148] Betriebliche Schulden sind solche, die als betriebliche Verbindlichkeiten eingegangen oder durch den Betrieb des Handelsgewerbes verursacht worden sind.[149] Hier wie dort gilt die Vermutung aus § 344 Abs. 1, wonach die von einem Kaufmann vorgenommenen Rechtsgeschäfte im Zweifel zum Betrieb seines Handelsgewerbes gehören. Persönliche Steuerschulden des Einzelkaufmanns, die auf sein Handelsgewerbe zurückzuführen sind, dürfen nach überwiegender Ansicht als betriebliche Verbindlichkeiten ausgewiesen werden (arg. § 5 Abs. 5 S. 2 PublG).[150]

58 Für die **Handelsgesellschaften** stellt sich das Problem der funktionalen Zuordnung in dieser Weise nicht, da sie keine „Privatsphäre" und mithin auch kein Privatvermögen haben. Für die Handelsgesellschaften stellen sich freilich Zuordnungsfragen mit Blick auf die Abgrenzung zu Vermögensgegenständen und Verbindlichkeiten ihrer Gesellschafter. So sind der Personenhandelsgesellschaft allein jene Vermögensgegenstände und Schulden zuzuordnen, die – nach den allgemeinen Zuordnungskriterien (s.o. Rdn 45 ff) – zum Gesamthandsvermögen zählen. Vermögensgegenstände, die vom Gesellschafter als Einlage dem Werte nach (quoad sortem) in das Gesellschaftsvermögen erbracht werden, sind als Teil des Gesellschaftsvermögens zu bilanzieren. Zwar bleibt das (zivilrechtliche) Eigentum am Vermögensgegenstand beim Gesellschafter. Nutzungen und Wertsteigerungen fließen aber dem Gesellschaftsvermögen zu, dem auch Lasten und Sachgefahr zugewiesen sind.[151] Hingegen kommt im Falle bloßer Nutzungsüberlassung (Einbringung des Vermögensgegenstandes quoad usum) regelmäßig nur eine Aktivierung des Nutzungsrechts in Betracht.[152] Zu den Gesellschaftsschulden gehören alle Verpflichtungen, die im Namen der Gesellschaft begründet worden sind. Das gilt auch dort, wo die Gegenleistung privaten Zwecken eines Gesellschafters zugute kommt. Jedoch ist in diesem Fall regelmäßig zugleich eine entsprechende Forderung gegen den Gesellschafter zu aktivieren oder dessen Privatkonto zu belasten.[153] Steuerverbindlichkeiten der Gesellschafter, die durch das Handelsgeschäft der Gesellschaft ausgelöst sind, dürfen im Jahresabschluss der Gesellschaft nicht angesetzt werden, da es sich nicht um Gesamthandsverbindlichkeiten handelt; ein Ausweis in der Bilanz der Gesellschaft ist nur dort zulässig, wo die Gesamthand selbst Steuerschuldnerin ist (vgl. auch § 247, 48).[154]

5. Bilanzierung schwebender Geschäfte

59 **Schwebende Geschäfte** sind zweiseitig verpflichtende Rechtsverhältnisse, die auf Leistungsaustausch gerichtet sind und bei denen der zur Sach- oder Dienstleistung Verpflichtete seine Leistungspflicht noch nicht vollständig erbracht hat.[155] Schwebende Geschäfte

---

148 ADS[6] § 246 Rdn 427; Beck BilKomm[8]-*Förschle/Kroner* § 246 Rdn 56; HdJ-*Lutz/Schlag* I/4, Rdn 97.

149 ADS[6] § 246 Rdn 428 f; Beck BilKomm[8]-*Förschle/Kroner* § 246 Rdn 70.

150 ADS[6] § 246 Rdn 430; Beck BilKomm[8]-*Förschle/Kroner* § 246 Rdn 70; **aA** etwa HdR-EA/*Kußmaul* Kap. 6 (Stand März 2010) Rdn 30.

151 S. schon § 105, 226 (*Schäfer*).

152 Zu weiteren Einzelheiten etwa ADS[6] § 246 Rdn 432, 439 f mwN.

153 Auch dazu weiterführend ADS[6] § 246 Rdn 433 ff; ferner Beck BilKomm[8]-*Förschle/Kroner* § 246 Rdn 75 f.

154 ADS[6] § 246 Rdn 442 mwN.

155 Vgl. etwa BFH 23.6.1997, GrS 2/93, BStBl II 735, 737; BFH 13.11.1991, I R 78/89; BStBl II 1992, 177, 178; *Babel*, ZfB 68 (1998), 825, 828 f; *ders.*, Ansatz und Bewertung von Nutzungsrechten S. 49 ff, 51; MünchKommHGB[3]/*Ballwieser* § 246 Rdn 30; *Crezelius* FS Döllerer S. 81; HdJ-*Herzig/Köster* III/5, Rdn 239; *Knobbe-Keuk*

(zur begrifflichen Abgrenzung näher § 249, 65) sind *im Grundsatz nicht zu bilanzieren*. Eine früher verbreitete Sehweise begründete dies mit Vereinfachungserwägungen: weil sich in der Schwebezeit Ansprüche und Verpflichtungen in gleicher Höhe gegenüber stünden und mithin neutralisierten, sei ein Bilanzausweis entbehrlich.[156] Indes ist die unterstellte Gleichwertigkeit von Leistung und Gegenleistung in der Regel fiktiv, weil in der Forderung des Sachleistungsverpflichteten typischerweise ein Gewinnanteil enthalten ist. Mit der Aktivierung seines Zahlungsanspruchs vor der vollständigen Erfüllung der Sachleistungsverpflichtung würde jedoch ein noch nicht realisierter Gewinn ausgewiesen. Der Nichtausweis schwebender Geschäfte ist deshalb letztlich eine Folge des Vorsichts- und Realisationsprinzips (§ 252 Abs. 1 Nr. 4).[157] Konsequent finden schwebende Geschäfte dort ihren Niederschlag in der Bilanz, wo bis zum Abschlussstichtag ein Verlust aus ihnen entstanden ist oder zu entstehen droht. Das Imparitätsprinzip (§ 252 Abs. 1 Nr. 4) erzwingt dann die Bildung einer Rückstellung für drohende Verluste aus dem schwebenden Geschäft (§ 249 Abs. 1 S. 1) in Höhe des Verpflichtungsüberschusses;[158] näher dazu § 249, 63 ff.

Der **Schwebezustand beginnt** grundsätzlich mit dem Abschluss des nämlichen Rechtsgeschäfts. 60 Es genügt jedoch schon ein bindendes Vertragsangebot seitens des Bilanzierungspflichtigen, wenn mit dessen Annahme durch den anderen Teil wahrscheinlich (ernsthaft) zu rechnen ist;[159] „Sicherheit" ist insoweit nicht zu verlangen.[160] Auch wenn das Geschäft unter einer aufschiebenden Bedingung in der Sphäre des Partners steht, muss der Bilanzierende im Falle eines für ihn nachteiligen Geschäfts gemäß dem Vorsichtsprinzip davon ausgehen, dass die Bedingung eintreten wird; ein schwebendes Geschäft (für das ggf. eine Drohverlustrückstellung nach § 249 Abs. 1 S. 1, 2. Alt. zu bilden ist) liegt dann bereits vor.[161] Ein schwebendes Geschäft kann aber auch bei einer aufschiebenden Bedingung in der Sphäre des Bilanzierungspflichtigen selbst gegeben sein, etwa im Falle eines bestehenden Gremienvorbehalts, wenn ein faktischer Zwang vorliegt, der den Gremienvorbehalt dominiert.[162]

---

§ 4 VII 1; Beck BilKomm[8]-*Kozikowski/Schubert* § 249 Rdn 53; Baumbach/Hueck/*Schulze-Osterloh* GmbHG[18] §42 Rdn 102; *Woerner* FR 1984, 489, 491.

156 Diese ältere Argumentationslinie ist eingehend nachgezeichnet bei *Babel* Ansatz und Bewertung von Nutzungsrechten S. 62 ff. – Auch BFH BStBl II 1997, 735, 737 sieht in der Ausgeglichenheitsvermutung der wechselseitigen Rechte und Pflichten den tragenden Grund für den Nichtausweis schwebender Geschäfte.

157 *Altmeier* Rückstellungsbilanzierung S. 96 f; *Babel* Ansatz und Bewertung von Nutzungsrechten S. 69 ff; *Crezelius* FS Döllerer S. 81, 85; MünchKommAktG[2]/*Hennrichs* § 246 HGB Rdn 117; HdJ-*Herzig/Köster* III/5, Rdn 244; *Janke* Dauerschuldverträge S. 36 f; *Woerner* FR 1984, 489, 492; *ders.*, BB 1988, 769, 771, je mwN; eingehend *Sessar* Gewinnrealisierung S. 14 ff; s. aber auch Baumbach/Hueck/*Schulze-Osterloh* GmbHG[18] §42 Rdn 102.

158 Statt anderer Beck BilKomm[8]-*Kozikowski/Schubert* § 249 Rdn 51.

159 ADS[6] § 249 Rdn 150; BoHdR-*Kirsch* § 249 (Stand Januar 2012) Rdn 204 ff; Beck BilKomm[8]-*Kozikowski/Schubert* § 249 Rdn 55; HdJ-*Herzig/Köster* III/5, Rdn 247; Baumbach/Hueck/*Schulze-Osterloh* GmbHG[18] §42 Rdn 102; s. hierzu und zum Folgenden auch IDW RS HFA 4 Tz 7 ff.

160 So aber HdR-EA/*Mayer-Wegelin* § 249 (Stand November 2012) Rdn 63; wohl auch MünchKommAktG[2]/*Hennrichs* § 249 Rdn 101: „(so gut wie) sicher"; dagegen zutreffend HdJ-*Herzig/Köster* III/5, Rdn 247; Baumbach/Hueck/*Schulze-Osterloh* GmbHG[18] §42 Rdn 102.

161 IDW RS HFA 4 Tz 9; BoHdR-*Kirsch* § 249 (Stand Januar 2012) Rdn 204 ff.

162 IDW RS HFA 4 Tz 8; Haufe HGB BilKomm[3]-*Bertram* § 249 Rdn 119 ff; MünchKommAktG[2]/*Hennrichs* § 249 HGB Rdn 101.

61 Der Schwebezustand **endet**, wenn der Sachleistungsverpflichtete seine Leistung erbracht hat; er kann dann seine (jetzt realisierte) Forderung auf die Gegenleistung aktivieren.[163] Der hierfür maßgebliche Zeitpunkt kann ggf. schon vor Eintritt des Leistungserfolgs (Erfüllung i.S.v. § 362 BGB) liegen. Nämlich dann, wenn dem Sachleistungsverpflichteten der Anspruch auf die Gegenleistung auch ohne Eintritt des Leistungserfolgs sicher ist, weil die Preisgefahr auf den anderen Vertragsteil übergegangen ist und der Leistende nur noch die Risiken der Mängelhaftung und das Ausfallrisiko hinsichtlich des Gegenanspruchs zu tragen hat.[164] Es kommt also auf die materiellen Voraussetzungen der Realisierung des Anspruchs auf die Gegenleistung an; die Versendung der Rechnung allein führt noch nicht zur Forderungsrealisierung. Im Übrigen bedarf es für die Konkretisierung des Realisationszeitpunktes einer Gesamtwürdigung aller Umstände.[165] Wenn etwa bei Kaufverträgen der Verkäufer nach Lieferung der Kaufsache noch weitere vertragliche Nebenleistungen zu erbringen hat, wird das einer Gewinnrealisierung nur dann nicht entgegen stehen, wenn es sich um *unwesentliche* Nebenleistungen handelt, wie z.B. relativ geringfügige Montagekosten.[166]

62 Die skizzierten Grundsätze finden auch auf **Dauerschuldverhältnisse** Anwendung,[167] die jedoch in bilanzrechtlich selbständig zu behandelnde Abrechnungsperioden zu unterteilen sind. Ist die auf jene Periode entfallene Teilleistung einseitig erbracht, ist der Schwebezustand insoweit beendet.[168] Der Leistende hat den Anspruch auf die entsprechende Gegenleistung zu aktivieren; der Leistungsempfänger hat in Höhe seines *Erfüllungsrückstandes* eine Verbindlichkeit bzw. Verbindlichkeitsrückstellung zu passivieren (s. § 249, 66). Hinsichtlich der noch nicht abgewickelten Leistungen liegt ein schwebendes Geschäft vor.[169]

---

[163] BFH 23.6.1997, GrS 2/93, BStBl II, 735; IDW RS HFA 4 Tz 11; ADS[6] § 246 Rdn 185; *Babel* ZfB 68 (1998), 825, 829 f; *ders.* Ansatz und Bewertung von Nutzungsrechten S. 56; MünchKommAktG[2]/*Hennrichs* § 246 HGB Rdn 119; HdJ-*Herzig/Köster* III/5, Rdn 248; *Hoffmann/Lüdenbach* NWB KommBilanzierung[3] § 249 Rdn 131 f; *Janke* Dauerschuldverträge S. 33; Beck BilKomm[8]-*Kozikowski/Schubert* § 249 Rdn 56. Nach aA endet der Schwebezustand auch im Falle der Vorleistung des Entgeltpflichtigen: so BFH 18.12.2002, I R 17/02, BStBl. II 2004, 126; BFH 17.11.2010, I R 83/90, DStR 2011, 355; s. zur uneinheitlichen Rechtsprechung des BFH auch *Christiansen* DStR 2007, 869, 870 f.

[164] Zu Einzelheiten s. ADS[6] § 246 Rdn 185 ff; *Babel* Ansatz und Bewertung von Nutzungsrechten S. 56 ff; *Crezelius* FS Döllerer S. 81, 86 f; *Heddäus* Drohverlustrückstellungen S. 47 f; *Sessar* Gewinnrealisierung S. 27 ff; *Woerner* FR 1984, 489, 493 ff; s.a. Beck BilKomm[8]-*Ellrott/Roscher* §247 Rdn 80.

[165] ADS[6] § 246 Rdn 191; ähnlich Beck BilKomm[8]-*Winkeljohann/Büssow* § 252 Rdn 44: Gesamtheit der Verhältnisse; es kommt auf den dauerhaften Übergang von Chancen und Risiken auf den Erwerber an.

[166] So Beck BilKomm[8]-*Ellrott/Roscher* § 247 Rdn 83; zust. MünchKommAktG[2]/*Hennrichs* § 246 HGB Rdn 52; eingehend *Sessar* Gewinnrealisierung S. 80 ff.

[167] Ganz hM, s. nur BFH 23.6.1997, GrS 2/93, BStBl II 735, 738 mwN; weiterführend, auch in Auseinandersetzung mit ablehnenden Stimmen *Clemm* FS Beisse S. 123, 126 ff; *Heddäus* Drohverlustrückstellungen S. 110 ff; *Janke* Dauerschuldverträge S. 42 ff.

[168] HdR-EA/*Fülbier/Kuschel/Selchert* § 252 (Stand Dezember 2010) Rdn 95; *Sessar* Gewinnrealisierung S. 94; MünchKommAktG[2]/*Tiedchen* § 252 HGB Rdn 65; Beck BilKomm[8]-*Winkeljohann/Büssow* § 252 Rdn 47, je mwN.

[169] *Crezelius* FS Döllerer S. 81, 84 f, 88; HdJ-*Herzig/Köster* III/5, Rdn 250; *Janke* Dauerschuldverträge S. 39; *Knobbe-Keuk* § 6 I 5; Baumbach/Hueck/*Schulze-Osterloh* GmbHG[18] § 42 Rdn 103.

Erhält der Sachleistungsverpflichtete eine **Anzahlung** bzw. **Vorleistung** auf die Gegenleistung des Vertragspartners, so wird der Zahlungsvorgang in den Bilanzen von Zahlendem und Zahlungsempfänger *erfolgsneutral* abgebildet. Der empfangene bzw. gezahlte Betrag ist entweder unter den erhaltenen Anzahlungen zu passivieren bzw. unter den geleisteten Anzahlungen zu aktivieren[170] oder in passivische bzw. aktivische Rechnungsabgrenzungsposten einzustellen; zu den sich insoweit stellenden Konkurrenzproblemen näher § 250, 7. **63**

6. Rechnungsabgrenzungsposten. Dem Vollständigkeitsgebot sind auch die **Rechnungsabgrenzungsposten** unterworfen. Das Gesetz stellt sie in Abs. 1 S. 1 zu Recht neben die Vermögensgegenstände (s.o. Rdn 8 ff) und Schulden (s.o. Rdn 29 ff), denn Rechnungsabgrenzungsposten dienen der periodengerechten Verteilung von Aufwendungen und Erträgen (näher § 250, 1, 6). Sie begegnen sowohl auf der Aktivseite (nach § 250 Abs. 1 für Ausgaben vor dem Abschlussstichtag, soweit sie Aufwand für eine bestimmte Zeit nach diesem Tag darstellen) als auch auf der Passivseite der Bilanz (nach § 250 Abs. 2 für Einnahmen vor dem Abschlussstichtag, soweit sie Ertrag für eine bestimmte Zeit nach diesem Tag darstellen). Für nähere Einzelheiten ist auf die Erläuterungen zu § 250 zu verweisen. **64**

7. Aufwendungen und Erträge. Nach Abs. 1 S. 1 hat der Jahresabschluss auch sämtliche **Aufwendungen und Erträge** zu enthalten. Das Gesetz erstreckt das Vollständigkeitsgebot damit auch auf die *Gewinn- und Verlustrechnung (GuV)*, die § 242 Abs. 2 als Gegenüberstellung der Aufwendungen und Erträge des Geschäftsjahres definiert. Es wird insoweit konkretisiert durch die Bestimmungen in § 275 Abs. 2 und Abs. 3, wo für den Aufbau der GuV von Kapitalgesellschaften und ihnen gleichgestellten Unternehmen sowohl das *Gesamtkostenverfahren* als auch das *Umsatzkostenverfahren* zugelassen werden. Diese alternativen Gestaltungsmöglichkeiten bestehen auch außerhalb des unmittelbaren Anwendungsbereichs der §§ 264 ff, können also auch von Einzelkaufleuten und Personenhandelsgesellschaften genutzt werden (näher § 247, 45). **65**

Begrifflich gilt es zu unterscheiden:[171] Als **Aufwand** bezeichnet man den Verzehr (Verbrauch) von Gütern und Dienstleistungen in einer bestimmten Abrechnungsperiode. Der Teil des Werteverzehrs, der bei der Erbringung der Betriebsleistungen anfällt, sind die **Kosten**. Im Übrigen sind von den Aufwendungen die Ausgaben und Auszahlungen zu unterscheiden. **Ausgaben** bezeichnen Minderungen des Geldvermögens, **Auszahlungen** den Abgang von Zahlungsmitteln. **66**

Ertrag ist der bewertbare Vermögenszuwachs (Wertezugang) einer Abrechnungsperiode. Soweit er aus der betrieblichen Tätigkeit stammt, wird der Ertrag als *(Betriebs-) Leistung* bezeichnet; verbreitet wird anstelle von Leistungen auch von **Erlösen** gesprochen. Der Leistungs- bzw. Erlösbegriff stellt also den Komplementärbegriff zu den Kosten dar. Den Ausgaben und Auszahlungen entsprechen die **Einnahmen** und **Einzahlungen** als Zuwachs des Geldvermögens bzw. des Zahlungsmittelbestandes. **67**

---

170 ADS[6] § 246 Rdn 184; MünchKommAktG[2]/*Hennrichs* § 246 HGB Rdn 118; *Knobbe-Keuk* § 4 VII 3b; Baumbach/Hueck/*Schulze-Osterloh* GmbHG[18] §42 Rdn 102; ferner *Kropff* in Geßler/Hefermehl/Eckardt/Kropff AktG § 149 Rdn 50.

171 S. zur Begriffsbildung etwa ADS[6] §246 Rdn 165 ff; *Egger* Aufwand und Ertrag HWR3, Sp. 88 ff; Beck BilKomm[8]-*Förschle* § 247 Rdn 610 ff; *Lück* Ausgaben und Einnahmen HWR3, Sp. 102 ff; *Weber* Kosten und Erlöse HWR3, Sp. 1264 ff.

68 **Steuerrechtlich** treten an die Stelle von Aufwand und Ertrag die Begriffe Betriebsausgaben und Betriebseinnahmen: Nach § 4 Abs. 4 EStG sind Betriebsausgaben die Aufwendungen, die durch den Betrieb veranlasst sind.

69 **8. Vorbehalt anderweitiger gesetzlicher Bestimmung.** Nach Abs. 1 S. 1 beansprucht das Vollständigkeitsgebot nur insoweit Geltung, als „gesetzlich nichts anderes bestimmt ist". Diese Einschränkung verweist insbesondere auf die gesetzlichen **Ansatzverbote** und **Ansatzwahlrechte**. Zu den Grundsätzen über den Nichtausweis schwebender Geschäfte s. im Übrigen oben Rdn 59 ff.

70 a) **Ansatzverbote.** Ein klarstellendes Ansatzverbot enthält § 249 Abs. 2 S. 1, wo die Bildung von Rückstellungen für andere als die in § 249 Abs. 1 genannten Zwecke ausgeschlossen wird. Gesetzliche Aktivierungsverbote finden sich in § 248 Abs. 1 für Aufwendungen für die Gründung des Unternehmens, für die Beschaffung des Eigenkapitals und für den Abschluss von Versicherungsverträgen, in § 248 Abs. 2 S. 2 für die dort genannten unentgeltlich erworbenen immateriellen Vermögensgegenstände des Anlagevermögens (Marken, Drucktitel, Verlagsrechte, Kundenlisten sowie vergleichbare immaterielle Vermögensgegenstände des Anlagevermögens. Als Durchbrechungen des Vollständigkeitsgebots aus Abs. 1 stellen sich jene Aktivierungsverbote freilich nur dar, soweit sie sich auf Güter beziehen, welche die Kriterien des Vermögensgegenstandes erfüllen (zu ihnen näher s.o. Rdn 8 f) und deshalb jedenfalls abstrakt aktivierungsfähig sind. Daher haben etwa die Aktivierungsverbote des § 248 Abs. 1 Nr. 1 und 2 nur klarstellenden Charakter, da Gründungsaufwendungen sowie Aufwendungen für die Eigenkapitalbeschaffung weder Vermögensgegenstände darstellen noch als Rechnungsabgrenzungsposten aktivierungsfähig bzw. -pflichtig sind (§ 248, 7). – Im Übrigen besteht nach Art. 66 Abs. 7 EGHGB i.V.m. § 248 Abs. 2 a.F. (weiterhin) ein Aktivierungsverbot für alle nicht entgeltlich erworbenen immateriellen Vermögensgegenstände, mit deren Entwicklung in vor dem 1.1.2010 endenden Geschäftsjahren begonnen worden war.

71 b) **Ansatzwahlrechte.** Gesetzliche Ansatzwahlrechte stellen die Aktivierung bzw. Passivierung bestimmter Positionen in die Entscheidung des Rechnungslegungspflichtigen. Der Gesetzgeber des BilMoG hat die bis dahin bestehenden Ansatzwahlrechte freilich weitgehend beseitigt. Ein **Aktivierungswahlrecht** gewährt das Gesetz aktuell für selbst geschaffene immaterielle Vermögensgegenstände des Anlagevermögens (§ 248 Abs. 2), für die Abgrenzung des Unterschiedsbetrages zwischen Ausgabe- und Rückzahlungsbetrag einer Verbindlichkeit (§ 250 Abs. 3) sowie für den Ansatz aktiver latenter Steuern nach Maßgabe von § 274 Abs. 1.

72 **Passivierungswahlrechte** bestehen hinsichtlich der Bildung von Rückstellungen für bestimmte Pensionsverpflichtungen aus Altzusagen nach Maßgabe von Art. 28 EGHGB sowie im Rahmen der Übergangsbestimmungen zum BilMoG gem. Art. 67 EGHGB.[172]

73 Über jene gesetzlich eingeräumten Wahlrechte hinaus nimmt die Praxis in gewissem Umfang auch **nicht kodifizierte Ansatzwahlrechte** an. So erscheint es ungeachtet des Vollständigkeitsgebots aus Abs. 1 S. 1 – aus Vereinfachungsgründen und unter Berufung auf den Grundsatz der Wesentlichkeit (zu ihm § 252, 59) – als vertretbar, eine Bilanzierungspflicht für geringwertige Anlagegüter zu verneinen.[173] Problematisch ist indes, wenn für

[172] Vgl. Beck BilKomm[8]-*Förschle/Kroner* § 246 Rdn 86.

[173] Vgl. schon ADS[6] § 246 Rdn 451 für Anschaffungs- bzw. Herstellungskosten von nicht mehr als 100 DM.

unentgeltlich erworbene Vermögensgegenstände (d.h. für den Fall eines Erwerbs ohne Anschaffungskosten) ein Aktivierungswahlrecht angenommen wird,[174] denn das kollidiert mit dem Vollständigkeitsgebot, welches für eine Aktivierungspflicht streitet.[175] Bei einem Erwerb ohne Anschaffungskosten ist deshalb auch kein Bewertungswahlrecht zugunsten eines Ansatzes zu Null anzuerkennen.[176] Für die Zugangsbewertung ist vielmehr an den vorsichtig geschätzten Betrag anzuknüpfen, den der Rechnungslegungspflichtige bei entgeltlichem Erwerb hätte aufwenden müssen (vgl. 4. Aufl. § 255, 13).

9. Entgeltlich erworbener Geschäfts- oder Firmenwert (Abs. 1 S. 4)

a) **Grundlagen.** Die mit dem BilMoG eingefügte Bestimmung des **Abs. 1 S. 4** erklärt den **entgeltlich erworbenen Geschäfts- oder Firmenwert** im Wege der Fiktion („gilt als") zu einem zeitlich begrenzt nutzbaren Vermögensgegenstand. In der Konsequenz ist er zwingend zu aktivieren und nach Maßgabe des § 253 Abs. 3, Abs. 5 S. 2 abzuschreiben. Diese Regelung ist an die Stelle des § 255 Abs. 4 a.F. getreten, der noch ein Ansatzwahlrecht enthielt und zudem wahlweise die pauschale oder planmäßige Abschreibung ermöglichte (s. schon oben Rdn 3). Das Ansatzgebot nach Abs. 1 S. 4 erfasst allein den entgeltlich erworbenen Geschäfts- oder Firmenwert. Der selbst geschaffene Geschäfts- oder Firmenwert ist demgegenüber weiterhin *nicht* aktivierungsfähig; ebenso wenig ein unentgeltlich erworbener Geschäfts- oder Firmenwert (s.u. Rdn 80). **74**

Die Neuregelung nach § 246 Abs. 1 S. 4, § 253 Abs. 3, Abs. 5 S. 2 war erstmals zwingend anzuwenden auf Erwerbsvorgänge in Geschäftsjahren, die nach dem 31.12. 2009 begonnen haben (Art. 66 Abs. 3 S. 2 EGHGB). Ein noch unter der Geltung des früheren Rechts (§ 255 Abs. 4 a.F.) aktivierter entgeltlich erworbener Geschäfts- oder Firmenwert kann weiterhin nach § 255 Abs. 4 S. 2 und 3 a.F. (also auch pauschal nach S. 2 dieser Vorschrift) abgeschrieben werden; einer Nachaktivierung unter Anwendung von § 246 Abs. 1 S. 4 n.F. bedarf es nicht.[177] **75**

Steuerrechtlich galt der entgeltlich erworbene Geschäfts- oder Firmenwert auch schon bislang als ein aktivierungspflichtiges immaterielles Wirtschaftsgut. Es ist nach Maßgabe von § 7 Abs. 1 S. 3 EStG auf eine (fiktive) Nutzungsdauer von 15 Jahren abzuschreiben; ein ggf. niedrigerer Teilwert kann nach § 6 Abs. 1 Nr. 1 S. 2 EStG angesetzt werden.[178] **76**

---

174 Dafür im Ergebnis etwa ADS[6] § 255 Rdn 83 ff; Beck BilKomm[8]-*Grottel/Gadek* § 255 Rdn 100; WP-Handbuch I[14] Tz E 334.

175 MünchKommHGB[3]/*Ballwieser* § 246 Rdn 34; HdR-EA/*Knop/Küting* § 255 (Stand August 2010) Rdn 107; Beck-HdR-*Wohlgemuth/Radde* B 162 Rdn 63; Baumbach/Hueck/*Schulze-Osterloh* GmbHG[18] § 42 Rdn 359; HdJ-*Wohlgemuth* I/9, Rdn 71.

176 Für ein Bewertungswahlrecht zugunsten eines Ansatzes zu Null aber etwa ADS[6] § 246 Rdn 44 u. § 255 Rdn 83 f, Beck BilKomm[8]-*Grottel/Gadek* § 255 Rdn 100. ADS[6] aaO sehen die im Grundsatz bejahte Ansatzpflicht schon durch Aufnahme in das Inventar als erfüllt an; nach ADS[6] § 255 Rdn 83 ist nicht einmal ein Merkposten zu verlangen (einschränkend ADS[6] § 246 Rdn 44: Merkposten erforderlich wenn der Bilanzposten sonst keinen Inhalt hat). *Knobbe-Keuk* § 5 IV 5a, sieht bei einem Erwerb ohne Anschaffungskosten die Bewertung mit Null als „geboten" an.

177 IDW RS HFA 28 Tz 32; *Gelhausen/Fey/Kämpfer* Abschn. E Tz 30 f; BoHdR-*Kirsch* § 246 (Stand April 2011) Rdn 243.

178 Zu Einzelheiten *Arnold* Bilanzierung des Geschäfts- oder Firmenwertes S. 175 ff; Schmidt/*Weber-Grellet* EStG[31] § 5 Rdn 221 ff und Schmidt/*Kulosa* EStG[31] § 6 Rdn 311 ff.

77 b) **Begriff und Rechtsnatur.** Abs. 1 S. 4 erfasst als entgeltlich erworbenen Geschäfts- oder Firmenwert denjenigen Unterschiedsbetrag, um den die für die Unternehmensübernahme bewirkte Gegenleistung den Wert der einzelnen Vermögensgegenstände des Unternehmens abzüglich der Schulden im Zeitpunkt der Übernahme übersteigt; diese Begriffsbestimmung entspricht § 255 Abs. 4 S. 1 a.F. Damit wird an den Umstand angeknüpft, dass der „Gesamtwert" eines Unternehmens nicht lediglich durch die Summe der aktivierungsfähigen Vermögensgegenstände abzüglich der Schulden und zuzüglich vorhandener stiller Reserven (Substanzwert), sondern durch den Ertragswert als den diskontierten erwarteten Erträgen bestimmt wird. Damit fließen in die Wertermittlung auch solche wertbildenden Faktoren ein, die in der Bilanz keinen Niederschlag finden. Hierzu zählen nicht aktivierte (nach § 248 Abs. 2 S. 2 ggf. auch gar nicht aktivierbare) selbstgeschaffene immaterielle Vermögensgegenstände, aber auch so unbestimmte Komponenten wie etwa der Kundenstamm des Unternehmens, Ausbildungsstand und Leistungsfähigkeit der Mitarbeiter, Vertriebsnetz, der Ruf und der Bekanntheitsgrad des Unternehmens und seiner Produkte oder das Marktpotential für die Zukunft. All das wird zusammengefasst als Geschäfts- oder Firmenwert, verbreitet auch als Goodwill oder Unternehmenswert bezeichnet. Jene Faktoren bestimmen maßgeblich – wenn auch nicht ausschließlich[179] – den in Abs. 1 S. 4 konkretisierten Unterschiedsbetrag.[180]

78 Unter der Geltung des **früheren Rechts**, das in § 255 Abs. 4 S. 1 a.F. die Aktivierung dieses Unterschiedsbetrages, verbunden mit der Verpflichtung zur Abschreibung nach Maßgabe von § 255 Abs. 4 S. 2 oder 3 a.F. erlaubte, war die Rechtsnatur des entgeltlich erworbenen Geschäfts- oder Firmenwertes umstritten. Nicht zuletzt vor dem Hintergrund, dass schon § 266 Abs. 2 A I 2 a.F. seinen Ansatz innerhalb der immateriellen Vermögensgegenstände vorschrieb, wurde er von manchen als ein immaterieller Vermögensgegenstand eingestuft. Andere sahen die Voraussetzungen eines aktivierungsfähigen Vermögensgegenstandes als nicht erfüllt an und bewerteten die Regelung des § 255 Abs. 4 a.F. deshalb als eine Bilanzierungshilfe oder interpretierten den Geschäfts- oder Firmenwert – weil eine Bilanzierungshilfe nur bei gleichzeitig angeordneter Ausschüttungssperre angenommen werden dürfe – als einen „Wert eigener Art"; zu Einzelnachw. vgl. 4. Aufl. § 252 Rdn 40.

79 Nach hier vertretener Auffassung (näher s.o. Rdn 8 f) ist zentrales Merkmal des Vermögensgegenstandes seine selbständige Verkehrsfähigkeit im Sinne von Verwertungsfähigkeit (Einzelverwertbarkeit); die Einzelverwertbarkeit schließt die selbständige Bewertbarkeit des Gegenstands (Einzelbewertbarkeit) ein. Die selbständige Bewertungsfähigkeit allein genügt indes noch nicht, um die Eigenschaft eines Vermögensgegenstandes zu begründen. Vor diesem Hintergrund kann der Geschäfts- oder Firmenwert nicht als Vermögensgegenstand charakterisiert werden, auch nicht der entgeltlich erworbene. Denn das Kriterium der selbständigen Verkehrsfähigkeit erfüllt er gewiss nicht. § 255 Abs. 4 a.F. gestattete die Aktivierung des entgeltlich erworbenen Geschäfts- oder Firmenwerts, um die andernfalls erforderliche sofortige Verrechnung über den Aufwand vermeiden zu können. Die aufgewendete Gegenleistung sollte nicht zwingend allein das

[179] S. dazu *Arnold* Bilanzierung des Geschäfts- oder Firmenwertes S. 100; *Hennrichs* Wahlrechte S. 155; HdR⁴-*Knop/Küting* § 255 Rdn 424; HdJ-*Richter* II/9, Rdn 24.

[180] S. zum Begriff des Geschäfts- oder Firmenwertes etwa ADS⁶ § 255 Rdn 257; *Arnold* Bilanzierung des Geschäfts- oder Firmenwertes S. 33 ff; Beck HdR-*Fasselt/Brinkmann* B 211a Rdn 1 ff; *Hommel* Bilanzierung S. 234 f; HdR⁴-*Knop/Küting* § 255 Rdn 422 ff; Beck BilKomm⁸-*Kozikowski/F. Huber* § 247 Rdn 405 ff; *Söffing* FS Döllerer S. 593 ff.

Geschäftsjahr des Zugangs belasten, sondern über mehrere Geschäftsjahre verteilt werden können. Das nach altem Recht bestehende Aktivierungswahlrecht war deshalb als **Bilanzierungshilfe** zu qualifizieren. Das Fehlen einer Ausschüttungssperre (entsprechend §§ 269 S. 2, 274 Abs. 2 S. 3 a.F.) stand dem nicht entgegen, da diese kein begrifflich notwendiges Merkmal einer Bilanzierungshilfe ist.[181]

Demgegenüber wird der entgeltlich erworbene Geschäfts- oder Firmenwert **nach heutigem Recht** (§ 246 Abs. 1 S. 4) **als zeitlich begrenzt nutzbarer (mithin aktivierungs- und abschreibungspflichtiger) Vermögensgegenstand fingiert** („gilt als …"). Diese Fiktion,[182] mit der der Gesetzgeber eine Verbesserung der Vergleichbarkeit handelsrechtlicher Jahresabschlüsse (s.o. Rdn 3), aber keine Änderung des handelsrechtlichen Vermögensgegenstandsbegriffs beabsichtigt hat,[183] erfasst allein den *entgeltlich erworbenen* Geschäfts- oder Firmenwert. Der *selbst geschaffene* Geschäfts- oder Firmenwert ist demgegenüber auch weiterhin (ebenso wie nach altem Recht; vgl. 4. Aufl. § 255 Rdn 43) *nicht* aktivierungsfähig;[184] denn die Voraussetzungen des Vermögensgegenstandsbegriffs – selbständige Verkehrsfähigkeit im Sinne von Verwertungsfähigkeit (Einzelverwertbarkeit) – erfüllt er gerade nicht (s. auch unten Rdn 87). Gleiches gilt für einen *unentgeltlich erworbenen* Geschäfts- oder Firmenwert, der deshalb ebenfalls nicht aktivierbar ist.[185] Auch nach § 248 Abs. 2 i.d.F.d. BilMoG sind nur solche selbst geschaffenen Werte aktivierungsfähig, die „immaterielle Vermögensgegenstände" darstellen (s. dazu § 248, 15 ff). **80**

c) **Aktivierungsvoraussetzungen.** Die Aktivierung des Geschäfts- oder Firmenwertes nach Abs. 1 S. 4 steht unter zwei Voraussetzungen. Zum einen muss der Tatbestand der Übernahme eines Unternehmens vorliegen; zum anderen muss die für das übernommene Unternehmen gewährte Gegenleistung den Wert der einzelnen Vermögensgegenstände des Unternehmens abzüglich der Schulden zum Zeitpunkt der Übernahme übersteigen. **81**

Übernahme eines Unternehmens. Unternehmen in diesem Sinne ist eine zur selbständigen Teilnahme am Wirtschaftsleben fähige Einheit; das kann auch ein Teilbetrieb sein.[186] Die Übernahme des Unternehmens muss sich durch Übertragung der diesem zuzuordnenden Vermögensgegenstände vollziehen. Nicht erfasst wird hingegen die Unternehmensübernahme in Form des Erwerbs der Anteile einer GmbH oder AG; der regelmäßig vergütete Geschäfts- oder Firmenwert ist hier schon Teil der Anschaffungskosten der erworbenen Geschäftsanteile.[187] Wird bei Verschmelzungen das Wahlrecht **82**

---

181 Dazu eingehend *Hasenburg* Bilanzierungshilfe S. 159 ff, 193, der den Geschäfts- oder Firmenwert selbst aber als „Vermögensgegenstand kraft Gesetzes" (aaO S. 231) interpretierte.

182 Von einer solchen spricht auch die Begründung zum RegE BilMoG; BT-Drucks. 16/10067, S. 47: „Der entgeltlich erworbene Geschäfts- oder Firmenwert wird im Wege einer Fiktion zum zeitlich begrenzt nutzbaren Vermögensgegenstand erhoben."

183 So ausdrücklich Begründung zum RegE BilMoG; BT-Drucks. 16/10067, S. 48.

184 Ebenso Begründung zum RegE BilMoG; BT-Drucks. 16/10067, S. 57; wie hier auch *Gelhausen/Fey/Kämpfer* Abschn. E Tz 8; im Ergebnis übereinstimmend *Hoffmann/Lüdenbach* NWB KommBilanzierung[3] § 246 Rdn 317; BoHdR-*Kirsch* § 246 (Stand April 2011) Rdn 183 ff; Baumbach/Hopt/*Merkt* HGB[35] § 246 Rdn 9.

185 *Gelhausen/Fey/Kämpfer* Abschn. E Tz 9.

186 ADS[6] § 255 Rdn 260; BoHdR-*Kirsch* § 246 (Stand April 2011) Rdn 196; HdR[4]-*Knop/Küting* § 255 Rdn 448; Beck BilKomm[8]-*Kozikowski/F.Huber* § 247 Rdn 420; Baumbach/Hueck/*Schulze-Osterloh* GmbHG[18] § 42 Rdn 120; *Söffing* FS Döllerer S. 593, 601.

187 ADS[6] § 255 Rdn 261; HdR[4]-*Knop/Küting* § 255 Rdn 449; Heymann[2]/*Walz* § 255 Rdn 72; zum Erwerb der Anteile einer Personenhandelsgesellschaft vgl. ADS[6] aaO.

nach § 24 UmwG zugunsten der Neubewertung ausgeübt, ist der Unterschiedsbetrag i.S.v. § 246 Abs. 1 S. 4 zu aktivieren. Bei Buchwertfortführung führt die Differenz zwischen Gesamtanschaffungskosten und Buchwertansatz zum Ausweis eines Umwandlungsverlustes; die Aktivierung eines Verschmelzungsmehrwertes (§ 348 Abs. 2 S. 2 AktG a.F.; § 27 Abs. 2 KapErhG a.F.) ist nicht mehr möglich.[188]

83 **Ermittlung des Unterschiedsbetrages.** Aktivierungspflichtig ist derjenige Unterschiedsbetrag, um den die für die Unternehmensübernahme bewirkte Gegenleistung den Wert der einzelnen Vermögensgegenstände des Unternehmens abzüglich der Schulden im Zeitpunkt der Übernahme übersteigt. Dabei sind alle übernommenen Vermögensgegenstände und Schulden – unabhängig davon, ob sie in der Bilanz des Veräußerers angesetzt waren oder nicht – unter Beachtung des Gebots der Bewertungsvorsicht (§ 252 Abs. 1 Nr. 4) zu ihren Zeitwerten im Zeitpunkt der Übernahme zu bewerten.[189] Bilanzierungshilfen in der Bilanz des Veräußerers bleiben unberücksichtigt.[190] Rechnungsabgrenzungsposten sind insoweit zu berücksichtigen, als den zugrundeliegenden Ausgaben bzw. Einnahmen Ansprüche bzw. Verpflichtungen gegenüberstehen, die auf den Erwerber übergegangen sind.[191] Rückstellungen mit Verpflichtungscharakter (zur Übersicht über die Rückstellungsarten s. § 249, 5 ff) sind einzubeziehen; Aufwandsrückstellungen fließen demgegenüber in die Ermittlung des Zeitwertes der sie betreffenden Vermögensgegenstände ein.[192] Der so ermittelte Unterschiedsbetrag ist (vorbehaltlich der daran anknüpfenden Abschreibung; s. sogleich Rdn 84) in voller Höhe zu aktivieren. Seine nur teilweise Aktivierung – nach altem Recht ganz überwiegend als zulässig angesehen (vgl. 4. Aufl. § 255, 42) – kommt nach Wegfall des früheren Ansatz*wahlrechts* nicht mehr in Betracht.

84 d) **Abschreibung.** Weil der entgeltlich erworbene Geschäfts- oder Firmenwert von Abs. 1 S. 4 „als zeitlich begrenzt nutzbarer Vermögensgegenstand“ fingiert wird (s.o. Rdn 80), ist der aktivierte Unterschiedsbetrag nach Maßgabe der für Vermögensgegenstände des Anlagevermögens geltenden Bestimmungen (§ 253 Abs. 3, Abs. 5 S. 2) abzuschreiben: Zum einen **planmäßig** über die voraussichtliche individuelle betriebliche Nutzungsdauer des Geschäfts- oder Firmenwertes (§ 253 Abs. 3 S. 1 und 2), zum anderen – sofern die entsprechenden Tatbestandsvoraussetzungen vorliegen – **außerplanmäßig** gem. § 253 Abs. 3 S. 3, Abs. 5 S. 2.[193] Die Option der pauschalen Abschreibung nach § 255 Abs. 4 S. 2 a.F. (Abschreibung in jedem folgenden Geschäftsjahr zu mindestens einem Viertel des Ausgangsbetrages; s. dazu 4. Aufl. § 255 Rdn 47) gewährt das heutige Recht nicht mehr.

---

188 ADS[6] §255 Rdn 291 ff; HdR[4]-*Knop/Küting* § 255 Rdn 493 ff; Lutter/*Priester* UmwG[4] § 24 Rdn 33, 40 mwN; s. zum Ganzen auch IDW RS HFA 42: Auswirkungen einer Verschmelzung auf den handelsrechtlichen Jahresabschluss (Stand 29.10.2012; FN-IDW 2012, 701; WPg Supplement 2012, 91) Tz 56 ff.

189 ADS[6] § 255 Rdn 269; *Clemm* FS Claussen S. 605, 606; Beck-HdR-*Fasselt/Brinkmann* B 211a Rdn 37 ff; BoHdR-*Kirsch* § 246 (Stand April 2011) Rdn 217 ff; HdR[4]-*Knop/Küting* § 255 Rdn 438 f, 462; Haufe HGB BilKomm[3]-*Noodt* § 246 Rdn 92 f; HdJ-*Richter* II/9 Rdn 22; Baumbach/Hueck/*Schulze-Osterloh* GmbHG[18] § 42 Rdn 121; *Söffing* FS Döllerer S. 593, 604.

190 ADS[6] § 255 Rdn 267; *Arnold* Bilanzierung des Geschäfts- oder Firmenwertes S. 128 mwN.

191 ADS[6] § 255 Rdn 266; Beck-HdR-*Fasselt/Brinkmann* B 211a Rdn 40 f; BoHdR-*Kirsch* § 246 (Stand April 2011) Rdn 213 ff; HdR[4]-*Knop/Küting* § 255 Rdn 455, 461.

192 ADS[6] § 255 Rdn 268; BoHdR-*Kirsch* § 246 (Stand April 2011) Rdn 215; HdR[4]-*Knop/Küting* § 255 Rdn 459; Haufe HGB BilKomm[3]-*Noodt* § 246 Rdn 93.

193 Begründung zum RegE BilMoG; BT-Drucks. 16/10067, S. 48.

85 Die **planmäßige Abschreibung** des entgeltlich erworbenen Geschäfts- oder Firmenwertes verteilt auf die Geschäftsjahre, in denen er voraussichtlich genutzt wird (§ 253 Abs. 3 S. 1 und 2), muss im Zugangsjahr beginnen und einem zuvor festgelegten Abschreibungsplan folgen (s. dazu allgemein § 253, 80 ff). Nutzungsdauer und Abschreibungsmethode dürfen nicht im Widerspruch zum voraussichtlichen Entwertungsverlauf festgesetzt werden.[194] Für die Handelsbilanz ist die **voraussichtliche Nutzungsdauer des Geschäfts- oder Firmenwertes** selbständig **zu schätzen.** Das folgt zwingend schon aus der Vorgabe des Art. 37 Abs. 2 S. 2 der Jahresabschlussrichtlinie, wonach das jeweilige nationale Recht die Möglichkeit zur planmäßigen Abschreibung des Geschäfts- oder Firmenwertes über mehr als fünf Jahre nur insoweit eröffnen kann, als der Abschreibungszeitraum die tatsächliche Nutzungsdauer des Geschäfts- oder Firmenwertes nicht überschreitet. Als Anhaltspunkte für die Schätzung der individuellen betrieblichen Nutzungsdauer nennt die Begründung zum RegE BilMoG beispielhaft: Art und voraussichtliche Bestandsdauer des erworbenen Unternehmens sowie Stabilität und Bestandsdauer seiner Branche; Lebenszyklus seiner Produkte; Auswirkungen von Veränderungen der Absatz- und Beschaffungsmärkte sowie der wirtschaftlichen Rahmenbedingungen auf das erworbene Unternehmen; Umgang der Erhaltungsaufwendungen, die erforderlich sind, um den erwarteten ökonomischen Nutzen des erworbenen Unternehmens zu realisieren; Laufzeit wichtiger Absatz- oder Beschaffungsverträge des erworbenen Unternehmens; voraussichtliche Tätigkeit von wichtigen Mitarbeitern oder Mitarbeitergruppen für das erworbene Unternehmen; erwartetes Verhalten potentieller Wettbewerber; voraussichtliche Dauer der Beherrschung des erworbenen Unternehmens.[195]

86 In der Praxis bereitet eine Schätzung der voraussichtlichen Nutzungsdauer allerdings erhebliche Probleme. Unter der Geltung des früheren Rechts wurde es deshalb verbreitet als zulässig angesehen, die in **§ 7 Abs. 1 S. 3 EStG** unterstellte **Nutzungsdauer von 15 Jahren** (s.o. Rdn 76) auch für die planmäßige Abschreibung in der Handelsbilanz zu übernehmen, wenn und soweit nicht konkrete Anhaltspunkte vorliegen, dass die tatsächliche Nutzungsdauer kürzer zu bemessen ist.[196] Dies erklärte sich vor dem Hintergrund der Tatsache, dass der Gesetzgeber mit der planmäßigen Abschreibung nach § 255 Abs. 4 S. 3 a.F. (alternativ zur Pauschalabschreibung nach § 255 Abs. 4 S. 2 a.F.) die übereinstimmende Handhabung der handelsrechtlichen Bilanzierung mit der steuerbilanziellen Praxis gerade hatte ermöglichen wollen (vgl. 4. Aufl. § 255, 48). Eine solche Anknüpfung an die allein fiskalisch motivierte steuerrechtliche Regelung ist auf der Basis des heutigen Rechts indes ausgeschlossen.[197] Der Gesetzgeber des BilMoG verfolgte mit der aktuellen handelsrechtlichen Regelung in § 246 Abs. 1 S. 4 auch nicht den Zweck,

---

194 Näher dazu etwa *Gelhausen/Fey/Kämpfer* Abschn. E Tz 21 f; s. zum früheren Recht auch ADS[6] § 255 Rdn 281 ff; HdR[4]-*Knop/Küting* § 255 Rdn 470 ff.

195 Begründung zum RegE BilMoG; BT-Drucks. 16/10067, S. 48 im Anschluss an DRS 4 Tz 33; s. dazu auch *Gelhausen/Fey/Kämpfer* Abschn. E Tz 19 f.

196 ADS[6] § 255 Rdn 283; Beck BilKomm[6]-*Ellrott/Brendt* § 255 Rdn 520; Beck-HdR-*Fasselt/Brinkmann* B 211a Rdn 176 f; HdR[4]-*Knop/Küting* § 255 Rdn 474; zu Recht kritisch schon *Arnold* Bilanzierung des Geschäfts- oder Firmenwertes S. 151 ff; KölnKomm[2]-*Claussen/Korth* § 255 HGB Rdn 111; *Großfeld* BilanzR[3] Rdn 291; Heymann[2]/*Walz* § 255 Rdn 81; entgegengesetzte Vorbehalte aber bei *Söffing* FS Döllerer S. 593, 607, der eine Unterschreitung des 15-Jahres-Zeitraums im Handelsrecht als „nicht unproblematisch" ansah; ähnlich *Breidert* Grundsätze S. 175, die eine Unterschreitung „nur in Ausnahmefällen" zulassen wollte.

197 Begründung zum RegE BilMoG; BT-Drucks. 16/10067, S. 70; s.a. *Gelhausen/Fey/Kämpfer* Abschn. E Tz 17 und 21.

eine entsprechende Übereinstimmung (weiterhin) zu ermöglichen (vgl. schon oben Rdn 3). Vielmehr ist die Annahme einer über einen Zeitraum von fünf Jahren hinausgehenden Nutzungsdauer nur in begründeten Fällen zulässig (s. auch unten Rdn 89).

87 **Außerplanmäßige Abschreibungen** des entgeltlich erworbenen Geschäfts- oder Firmenwerts auf den niedrigeren Wert zum Abschlussstichtag sind nach § 253 Abs. 3 S. 3 bei voraussichtlich dauernder Wertminderung vorzunehmen.[198] Dieser niedrigere Wertansatz ist auch dann beizubehalten, wenn die Gründe für die außerplanmäßige Abschreibung nicht länger bestehen; das ordnet § 253 Abs. 5 S. 2 – unter Durchbrechung des Wertaufholungsgebots nach § 253 Abs. 5 S. 1 – ausdrücklich an. Dem **Wertaufholungsverbot nach § 253 Abs. 5 S. 2** liegt die Überlegung zugrunde, dass eintretende Werterholungen eines erworbenen Geschäfts- oder Firmenwertes nach einer außerplanmäßigen Abschreibung auf der Geschäfts- oder Betriebstätigkeit des erwerbenden Unternehmens beruhen; die Wertaufholung würde dann eine (verbotene) Aktivierung eines selbst geschaffenen Geschäfts- oder Firmenwertes darstellen.[199] Auch hierdurch unterstreicht der Gesetzgeber des BilMoG seinen Willen, an der mangelnden Aktivierungsfähigkeit des *selbst geschaffenen* Geschäfts- oder Firmenwertes (s.o. Rdn 80) festzuhalten.

88 e) **Bilanzausweis und Anhangsangaben.** Kapitalgesellschaften und ihnen nach § 264a gleichgestellte Personenhandelsgesellschaften haben den Unterschiedsbetrag nach Abs. 1 S. 4 in der **Bilanz** unter den immateriellen Vermögensgegenständen auszuweisen, wobei für mittelgroße und große Gesellschaften ein gesonderter Ausweis zwingend geboten ist (§ 266 Abs. 2 Aktivseite A I 3 i.V.m. Abs. 1 S. 3). Entsprechendes gilt für Genossenschaften (§ 336 Abs. 2). Den Bestimmungen für große Kapitalgesellschaften unterliegen im Übrigen alle Kreditinstitute, Finanzdienstleistungsinstitute und Versicherungsunternehmen (§§ 340a, 341a). Unter das PublG fallende Unternehmen sind ebenfalls stets zum gesonderten Ausweis verpflichtet (§ 5 Abs. 1 PublG). Für sonstige Rechnungslegungspflichtige, welche die Größenmerkmale mittelgroßer Kapitalgesellschaften erreichen, ist das Erfordernis gesonderten Ausweises aus § 247 Abs. 1 („hinreichend aufzugliedern") herzuleiten.[200]

89 Kapitalgesellschaften und ihnen nach § 264a gleichgestellte Personenhandelsgesellschaften haben, wenn der planmäßigen Abschreibung des entgeltlich erworbenen Geschäfts- oder Firmenwertes die Annahme einer betrieblichen Nutzungsdauer von mehr als fünf Jahren zugrunde liegt, nach § 285 Nr. 13 i.d.F.d. BilMoG im **Anhang** die Gründe anzugeben, die eine solche Annahme rechtfertigen. Damit wird der Vorgabe aus Art. 37 Abs. 2 S. 2 der Jahresabschlussrichtlinie (s.o. Rdn 85) Rechnung getragen.[201] Für Genossenschaften (§ 336 Abs. 2), für die von § 5 Abs. 2 PublG erfassten Unternehmen sowie für alle Kreditinstitute, Finanzdienstleistungsinstitute und Versicherungsunternehmen (§§ 340a, 341a) gelten die skizzierten Verpflichtungen zu Angaben im Anhang entsprechend.

90 10. **Negativer Geschäfts- oder Firmenwert.** Unterschreitet die für die Unternehmensübernahme bewirkte Gegenleistung die ermittelten Zeitwerte der Aktiva abzüglich der

198 *Gelhausen/Fey/Kämpfer* Abschn. E Tz 23 f; s. zum früheren Recht auch ADS[6] § 255 Rdn 285; Beck-HdR-*Fasselt/Brinkmann* B 211a Rdn 183 ff mwN.

199 So Begründung zum RegE BilMoG; BT-Drucks. 16/10067, S. 57.

200 S. zum früheren Recht HdJ-*Richter* II/9, Rdn 66; aA *Arnold* Bilanzierung des Geschäfts- oder Firmenwertes S. 171.

201 Begründung zum RegE BilMoG; BT-Drucks. 16/10067, S. 70.

Zeitwerte der Passiva, so entsteht ein **sog. negativer Geschäfts- oder Firmenwert.** Der Verkauf eines Unternehmens zu einem unter dem Substanzwert liegenden Kaufpreis (ggf. zum symbolischen Preis von 1 Euro oder gar gegen eine Zuzahlung seitens des Verkäufers)[202] macht aus Verkäufersicht Sinn, wenn der sofortigen Stilllegung und Liquidation des Unternehmens rechtliche oder faktische Hindernisse entgegenstehen und der Verkäufer für den Fall der Fortführung mit noch höheren Verlusten rechnet.[203] Die **Behandlung** des negativen Geschäfts- oder Firmenwerts in der Bilanz des Erwerbers ist seit längerem Gegenstand einer kontroversen Diskussion im Handels- wie im Steuerrecht.[204] Der Gesetzgeber des BilMoG hat diese Frage nicht aufgegriffen, so dass die schon unter der Geltung des alten Rechts erörterten Vorschläge (vgl. 4. Aufl. § 255, 52 ff) ihre Bedeutung nicht verloren haben.

Meinungsstand. Teilweise ist vorgeschlagen worden, den negativen Unterschiedsbetrag zwischen Gegenleistung und Substanzwert sogleich als negativen Geschäfts- oder Firmenwert zu passivieren, da nur so die Vermögens- und Ertragslage des Unternehmens zutreffend dargestellt werde.[205] Die wohl herrschende Lehre indes sah in Übereinstimmung mit der finanzgerichtlichen Rechtsprechung[206] und in Konsequenz des Anschaffungswertprinzips (§ 253 Abs. 1 S. 1) zunächst eine sog. Abstockung der Zeitwerte der Vermögensgegenstände (sowie ggf. eine Aufstockung der Schuldposten) als geboten an.[207] Weil eine objektive Verteilung des Minderkaufpreises auf die einzelnen Vermögensgegenstände regelmäßig nicht möglich sei, wurde verbreitet dafür plädiert, den Minderbetrag wertanteilig auf die einzelnen Vermögensgegenstände umzurechnen.[208] Für den Fall der Erschöpfung des Abstockungsvolumens befürworteten einige Autoren den Ausweis eines außerordentlichen Ertrages in Höhe der verbleibenden Differenz.[209] Die 91

---

202 Praxisbeispiele sind nachgewiesen bei *Ernsting* WPg 1998, 405; s.a. noch *Clemm* FS Claussen S. 605, 607 f.

203 Zur ökonomischen Erklärung des negativen Geschäfts- oder Firmenwertes etwa *Ernsting* WPg 1998, 405, 406 ff; *Hartung* FS Beisse S. 235, 239; *Möhrle* DStR 1999, 1414 ff; *Schülen* FS Stehle S. 151, 154 ff.

204 Ältere Übersichten über den Meinungsstand bei *Clemm* FS Claussen S. 605, 609 f; *Ernsting* WPg 1998, 405, 408 ff; Beck-HdR-*Fasselt/Brinkmann* B 211a Rdn 64 ff; aus jüngerer Zeit s. etwa *Scheunemann/v. Mandelsloh/Preuß* DB 2011, 201 ff.

205 So i.E. etwa *Bachem* BB 1993, 967, 968 ff; MünchKommHGB²/*Ballwieser* § 255 Rdn 114; *Clemm* FS Claussen S. 605, 610 ff; *Geiger* DB 1996, 1533 ff; *Gießler* BB 1996, 1759, 1759 f; *Knobbe-Keuk* S. 900 f; *Mujkanovic* WPg 1994, 522, 524 f; Heymann²/*Walz* § 255 Rdn 74; grundlegend *Heinze/Roolfs* DB 1976, 214 ff.

206 S. etwa BFH 21.4.1994, IV R 70/92, BStBl II, 745, 746 f; BFH 12.12.1996, IV R 77/93, BStBl II 1998, 180, 182 mwN.

207 *Arnold* Bilanzierung des Geschäfts- oder Firmenwertes S. 215 ff; Beck BilKomm⁶-*Ellrott/Brendt* § 255 Rdn 516; Beck HdR-*Fasselt/Brinkmann* B 211a Rdn 64; *Groh* FS F. Klein S. 815, 820; HdR⁴-*Knop/Küting* § 255 Rdn 463; *Ossadnik* BB 1994, 747, 752; *Pusecker/Schruff* BB 1996, 735, 736 f, 741; *Schiffers* WPg 2006, 1279, 1283; *Schülen* FS Stehle S. 151, 156 ff; Baumbach/Hueck/*Schulze-Osterloh* GmbHG¹⁸ § 42 Rdn 121; *Söffing* FS Döllerer S. 593, 596; MünchKommAktG²/*Tiedchen* § 255 HGB Rdn 93; im Ansatz ebenso – wenn auch nur unter engen Voraussetzungen – *Ernsting* WPg 1998, 405, 408 ff; *Moxter* FS Semler S. 853, 855.

208 *Groh* FS F. Klein S. 815, 820; HdR⁴-*Knop/Küting* § 255 Rdn 463; *Ossadnik* BB 1994, 747, 752; *Pusecker/Schruff* BB 1996, 735, 741; Baumbach/Hueck/*Schulze-Osterloh* GmbHG¹⁸ §42 Rdn 121; Baetge/Kirsch/Thiele/*Thiele/Kahling* § 255 (Stand November 2009) Rdn 312.

209 In diesem Sinne etwa *Groh* FS F. Klein S. 815, 822 f; HdR⁴-*Knop/Küting* § 255 Rdn 463; Baumbach/Hueck/*Schulze-Osterloh* GmbHG¹⁸ § 42 Rdn 121; *Siegel/Bareis* BB 1993, 1477 ff; *dies.* BB 1994, 317 ff; MünchKommAktG²/*Tiedchen* § 255 HGB Rdn 93.

deutlich überwiegende Ansicht sah jedoch eine Passivierung des nicht abstockungsfähigen Restbetrages als erforderlich an, auch wenn man über den richtigen Bilanzansatz stritt. Vorgeschlagen wurde der Ausweis eines negativen Geschäfts- oder Firmenwertes[210], der Ansatz einer der Drohverlustrückstellung ähnlichen Rückstellung[211] oder – im Anschluss an die Rechtsprechung des BFH[212] – die Bildung eines „passiven Ausgleichspostens"[213]. Über die zutreffende Folgebewertung des angesetzten Passivpostens gingen die Meinungen ebenfalls auseinander. Unter Geltung von § 255 Abs. 4 a.F. befürworteten einige eine pauschale jährliche Zuschreibung analog § 255 Abs. 4 S. 2 a.F.,[214] andere plädierten für eine Verrechnung mit den Jahresfehlbeträgen künftiger Geschäftsjahre;[215] dritte schließlich wollten eine Auflösung erst dann zulassen, wenn gerade die im negativen Geschäfts- oder Firmenwert zum Ausdruck kommenden Belastungen eingetreten sind bzw. nicht mehr bestehen, spätestens aber bei Verkauf des Unternehmens bzw. in der Liquidation.[216]

92 **Stellungnahme.** Zu dieser Diskussion ist schon in der 4. Aufl. § 255, 54 Stellung genommen worden: Die Übernahme eines Unternehmens stellt für den Erwerber ein Anschaffungsgeschäft dar, das erfolgsneutral zu bilanzieren ist. Eine ertragswirksame Erfassung des negativen Geschäfts- oder Firmenwerts kommt deshalb nicht in Betracht. Auch der ertragswirksame Ausweis des nicht abstockungsfähigen Restbetrages wäre mit dem Gebot erfolgsneutraler Anschaffungskostenbilanzierung und dem Verbot des Ausweises nicht realisierter Gewinne unvereinbar.[217] Der negative Geschäfts- oder Firmen-

---

210 So etwa ADS[6] § 255 Rdn 295; *Ernsting* WPg 1998, 405, 415 ff; *Hoffmann* DStR 1994, 1762, 1766; *Pusecker/Schruff* BB 1996, 735, 740 f; *Schiffers* WPg 2006, 1279, 1283; Ebenroth/Boujong/Joost/Strohn[2]/*Wiedmann* § 255 Rdn 46.

211 Beck BilKomm[6]-*Ellrott/Brendt* § 255 Rdn 516; *Hartung* FS Beisse S. 235, 242.

212 BFH 21.4.1994, IV R 70/92, BStBl II, 745, 747; BFH 12.12.1996, IV R 77/93, BStBl II 1998, 180, 182. – Auch im Fall der Unternehmensübernahme durch Erwerb der Anteile an einer Kapitalgesellschaft gegen Zuzahlung des Veräußerers befürwortet der BFH (nachdem sich der Ansatz der Beteiligung selbst nur noch auf 1 DM belief) den Ausweis eines passiven Ausgleichspostens: BFH 26.4.2006, I R 50/04, BStBl II, 656.

213 Dafür etwa *Arnold* Bilanzierung des Geschäfts- oder Firmenwertes S. 222 f; von „Ausnahmepassivposten" sprachen *Ernsting* WPg 1998, 405, 421; *Moxter* FS Semler S. 853, 861; von „bilanztechnischem" bzw. „rechentechnischem Ausgleichposten" *Möhrle* DStR 1999, 1414, 1419; *Mujkanovic* WPg 1994, 522, 527; vom „Ausweis eines Sonderpostens" Beck-HdR-*Fasselt/Brinkmann* B 211a Rdn 67.

214 Im Ansatz übereinstimmend, wenn auch mit Unterschieden im Einzelnen etwa *Clemm* FS Claussen S. 605, 618 f; *Möhrle* DStR 1999, 1414, 1420; *Pusecker/Schruff* BB 1996, 735, 741 f.

215 BFH BStBl II 1994, 745, 747; BFH BStBl II 1998, 180, 182; ähnlich *Bachem* BB 1993, 967, 970; *Geiger* DB 1996, 1533, 1535.

216 ADS[6] § 255 Rdn 295; MünchKommHGB[2]/*Ballwieser* § 255 Rdn 115; *Breidert* Grundsätze S. 208; *Ernsting* WPg 1998, 405, 420; *Gießler* DStR 1995, 699, 701 f; *ders.* BB 1996, 1759, 1762 f; *Moxter* FS Semler S. 853, 858; Baetge/Kirsch/Thiele/*Thiele/Kahling* § 255 (Stand November 2009) Rdn 313; im Ansatz auch *Euler* System S. 163, der bei einem nicht offensichtlichen Abgang des Verlustpotentials allerdings eine planmäßige Auflösung über 15 Jahre „als vertretbaren Kompromiß zwischen dem Vorsichts- und dem Objektivierungsprinzip" vorschlug; für Beibehaltung des Passivpostens bis zur Liquidation bzw. Veräußerung des Unternehmens etwa *Ernsting* GmbHR 2007, 135, 138; *Mujkanovic* WPg 1994, 522, 527 f.

217 Zurückhaltung ist deshalb auch gegenüber Vorschlägen geboten, eine Ertragsvereinnahmung ausnahmsweise dort zuzulassen, wo für den Erwerber objektiv ein „gutes Geschäft" („lucky buy") angenommen werden dürfe; in diesem Sinne etwa *Breidert* Grundsätze S. 198, 206; *Ernsting* WPg 1998, 405, 418; *Hartung* FS Beisse S. 235, 241; kritisch

wert – der künftige Verlusterwartungen repräsentiert – indiziert vielmehr eine Überbewertung der einzelnen Vermögensgegenstände und mithin entsprechenden Bedarf zur Abschreibung (**Abstockung**). Dabei sind freilich alle Aktiva auszunehmen, die nach dem Nominalwertprinzip zu bewerten sind; eine Abstockung des Bargeldbestandes, der Bankguthaben oder der (sonstigen) vollwertigen Forderungen scheidet aus.[218] Nicht zu überzeugen vermag im Übrigen der Vorschlag einer pauschalen Umrechnung des Minderbetrages auf die abstockungsfähigen Aktiva.[219] Ein solches Konzept ist mit dem Gebot willkürfreier Bewertung ebenso schwer in Einklang zu bringen wie mit dem Prinzip der Einzelbewertung gem. § 252 Abs. 1 Nr. 3. Für jeden einzelnen Vermögensgegenstand ist vielmehr gesondert zu untersuchen, ob angesichts der für die Zukunft erwarteten Verluste eine Abstockung geboten erscheint; unter denselben Vorzeichen ist zu überprüfen, ob die Schuldposten vollständig angesetzt und zutreffend bewertet sind. Maßgeblich ist dabei die Sicht des Erwerbers, der an die Ausübung von Wahlrechten und Ermessensspielräumen seitens des Veräußerers nicht gebunden ist.[220]

Das zur Verfügung stehende Ab- und Aufstockungsvolumen ist vor diesem Hintergrund freilich begrenzt, eine gänzliche Verteilung des Minderbetrages auf dem beschriebenen Weg häufig nicht möglich. Der **nicht abstockungsfähige Restbetrag** ist zu **passivieren**. Ob dies im Sinne eines negativen Geschäfts- oder Firmenwerts, durch Ansatz einer der Drohverlustrückstellung ähnlichen Rückstellung oder durch Bildung eines (sonstigen) passiven Ausgleichspostens geschieht, ist von nachrangiger Bedeutung.[221] In der Sache handelt es sich um einen – nach § 265 Abs. 5 S. 2 („neuer Posten") durchaus zulässigen – Passivposten eigener Art, der weder die Kriterien der Verbindlichkeit noch die einer Rückstellung uneingeschränkt erfüllt. Seine Folgebewertung hat sich am Vorsichtsprinzip zu orientieren, so dass die Auflösung (vor Unternehmensveräußerung oder Liquidation) nur insoweit in Betracht kommt, als die durch den negativen Geschäfts- oder Firmenwert antizipierten Belastungen eingetreten sind oder für die Zukunft nicht länger bestehen. 93

Die auch hier befürwortete Pflicht zur Abstockung der Aktiva (respektive Aufstockung der Passiva) in Verbindung mit dem erfolgsneutralen Ansatz eines Passivpostens für den nicht abstockungsfähigen Restbetrag entspricht im Grundsatz der **inzwischen herrschenden Meinung**, der auch die Praxis offensichtlich folgt.[222] Über Einzelheiten, insbesondere die zutreffende Folgebewertung,[223] wird freilich nach wie vor kontrovers diskutiert. 94

Möhrle DStR 1999, 1414, 1418 f; *Pusecker/Schruff* BB 1996, 735, 736.

218 In diesem Sinne auch BFH BStBl II 1998, 180, 183; dazu *Strahl* DStR 1998, 515 ff.

219 Zutreffende Kritik bei *Breidert* Grundsätze S. 199 ff, 206 f; *Ernsting* WPg 1998, 405, 410 ff; *Euler* System S. 161 f; *Hartung* FS Beisse S. 235, 240 ff; *Möhrle* DStR 1999, 1414, 1418; *Mujkanovic* WPg 1994, 522, 524 f; s. ferner *Schülen* FS Stehle S. 151, 156 ff; *Wollny* FS Offerhaus S. 647, 656 f.

220 S. dazu auch *Schülen* FS Stehle S. 151, 156 ff.

221 Nicht zu Unrecht ist geltend gemacht worden, dass der vom BFH verlangte „passive Ausgleichsposten" der Bilanzierung eines negativen Geschäfts- oder Firmenwerts in der Sache durchaus entspreche; s. in diesem Sinne etwa *Hoffmann* DStR 1994, 1762, 1766; *Schülen* FS Stehle S. 151, 157.

222 Im Ausgangspunkt übereinstimmend etwa Beck BilKomm^8-*Ellrott/Krämer* § 247 Rdn 15; WP-Handbuch I^{14} Tz E 502; wN bei *Scheunemann/v.Mandelsloh/Preuß* DB 2011, 201, 202 ff. Für sofortige erfolgswirksame Auflösung des negativen Unterschiedsbetrages (also gegen Bildung eines Passivpostens) indes nach wie vor Haufe HGB BilKomm^3-*Noodt* § 246 Rdn 94.

223 Dazu weiterführend *Preißer/Preißer* DStR 2011, 133, 137 f; *Scheunemann/v. Mandelsloh/Preuß* DB 2011, 201, 204 f. – Zur Behandlung dieser Frage in den Fällen des Anteilserwerbs vgl. etwa *Preißer/Bressler* BB 2011, 427, 430 ff; *Schiffers* WPg 2006, 1279, 1282 f, je mwN.

III. Das Verrechnungsverbot (Abs. 2)

95 **1. Inhalt und Reichweite.** Das in Abs. 2 S. 1 normierte **Verrechnungs- oder Saldierungsverbot** ergibt sich in der Sache schon aus § 243 Abs. 2, wonach der Jahresabschluss klar und übersichtlich sein muss. Es gilt für **Bilanz** sowie **GuV** gleichermaßen: Aktivposten dürfen nicht mit Passivposten, Aufwendungen nicht mit Erträgen verrechnet werden. Das darüber hinaus ausdrücklich formulierte Saldierungsverbot für Grundstücksrechte und Grundstückslasten wurde aus § 152 Abs. 8 AktG 1965 – und dessen Vorläuferbestimmung (§ 131 Abs.5 AktG 1937) – übernommen.[224] Abs. 2 S. 1 soll einer Saldierung von Aktiva und Passiva, Aufwendungen und Erträgen begegnen, die im Zahlenwerk des Jahresabschlusses nicht offengelegt wird. Die offene Absetzung bestimmter einzelner Posten wird dadurch nicht ausgeschlossen (vgl. §§ 268 Abs. 5 S. 2, 272 Abs. 1 S. 3).[225]

96 **2. Ausnahmen in Bilanz und GuV.** Das Verrechungsverbot ist ein wichtiges Element zur Sicherung der Informationsfunktion des Jahresabschlusses und zur Gewährung eines getreuen Einblicks in die Vermögens-, Finanz- und Ertragslage des Unternehmens (§ 264 Abs. 2 S. 1). Es wurde jedoch schon vor dem Inkrafttreten des BilMoG durch eine Reihe von **Ausnahmen** durchbrochen, deren Reichweite freilich nicht immer unstrittig ist.

97 **a) Bilanz.** So können in der Bilanz gleichartige Forderungen und Verbindlichkeiten zwischen denselben Personen, die sich in einer *Aufrechnungslage* gem. § 387 BGB gegenüberstehen, miteinander verrechnet werden.[226] Die Saldierung zieht die bilanztechnische Konsequenz aus der jederzeit möglichen Aufrechnung und beeinträchtigt Klarheit und Übersichtlichkeit des Jahresabschlusses nicht. Die Saldierung ist auch zuzulassen, wenn am Abschlussstichtag lediglich die Forderung des bilanzierenden Unternehmens fällig, dessen Verbindlichkeit aber immerhin erfüllbar ist;[227] das nämlich genügt für die Aufrechnungslage. Darüber hinaus wird eine Saldierung teilweise für zulässig erachtet, wenn beide Forderungen am Abschlussstichtag zwar noch nicht fällig, aber annähernd gleich befristet waren und bis zur Aufstellung des Jahresabschlusses durch tatsächlich erklärte Aufrechnung erloschen sind.[228] In diesen Fällen ist eine Saldierung aber allenfalls zulässig, nicht jedoch geboten.[229]

---

224 Vgl. ADS[6] § 246 Rdn 459; HuRB-*Ebke* S. 365, 372.

225 Näher ADS[6] § 246 Rdn 455.

226 ADS[6] § 246 Rdn 466; Beck BilKomm[8]-*Förschle/Kroner* § 246 Rdn 106; HuRB-*Ebke* S. 364, 367 ff; HdR-EA/*Kußmaul* § 246 (Stand November 2009) Rdn 24; Baumbach/Hueck/*Schulze-Osterloh* GmbHG[18] § 42 Rdn 42.

227 Für Zulässigkeit einer Saldierung in diesen Fällen die hM; s. etwa Beck BilKomm[8]-*Förschle/Kroner* § 246 Rdn 107; MünchKommAktG[2]/*Hennrichs* § 246 HGB Rdn 200; *Kropff* in Geßler/Hefermehl/Eckardt/Kropff AktG § 152 Rdn 84; HdR-EA/*Kußmaul* § 246 (Stand November 2009) Rdn 24; Baumbach/Hueck/*Schulze-Osterloh* GmbHG[18] § 42 Rdn 42; einschränkend ADS[6] § 246 Rdn 467; HuRB-*Ebke* S. 365, 370.

228 So etwa HuRB-*Ebke* S. 365, 371; *Kropff* in Geßler/Hefermehl/Eckardt/Kropff AktG § 152 Rdn 84; HdR-EA/*Kußmaul* § 246 (Stand November 2009) Rdn 24; ablehnend gegenüber einer Verrechnung in diesen Fällen MünchKommAktG[2]/*Hennrichs* § 246 HGB Rdn 199; Baumbach/Hueck/*Schulze-Osterloh* GmbHG[18] § 42 Rdn 42; jetzt auch Beck BilKomm[8]-*Förschle/Kroner* § 246 Rdn 108 u. WP-Handbuch I[14] Tz E 75.

229 S. etwa *Kropff* in Geßler/Hefermehl/Eckardt/Kropff AktG §152 Rdn85; MünchKommAktG[2]/*Hennrichs* § 246 HGB Rdn 202; einschränkend HuRB-*Ebke* S. 365, 371 mwN.

Abzulehnen ist hingegen die Verrechnung von Verbindlichkeiten aus einem Gesamtschuldverhältnis mit **Rückgriffsansprüchen** gegen Mitschuldner. Denn die jeweiligen Verbindlichkeiten bzw. Forderungen erwachsen aus rechtlich voneinander getrennten Schuldverhältnissen und sind in der Bilanz gesondert auszuweisen.[230] Keine Durchbrechung des Verrechnungsverbots liegt im Übrigen vor, wenn bei Kontokorrentverhältnissen nur der zum Abschlussstichtag bestehende Kontokorrentsaldo ausgewiesen wird, denn hier entstehen Forderung bzw. Verbindlichkeit von vornherein nur in Höhe des jeweiligen Saldos aus der Abrechnung.[231] 98

b) **GuV.** Das Verrechnungsverbot aus Abs. 2 erfasst im Ansatz auch alle Posten der **Gewinn- und Verlustrechnung** (s.o. Rdn 95). Das Gesetz folgt damit dem *Bruttoprinzip* in der GuV,[232] lässt jedoch an anderer Stelle eine Reihe von Ausnahmen zu.[233] Exemplarisch hingewiesen sei auf die für kleine und mittelgroße Kapitalgesellschaften durch § 276 S. 1 eröffnete Möglichkeit, bestimmte Positionen der GuV zu dem Gesamtposten „Rohergebnis" zusammenzufassen, sowie auf die Regelungen in §§ 265 Abs. 7 und 275 Abs. 2 Nr. 2; zu Einzelheiten s. die Erläuterungen dort. 99

3. Verrechnungsgebot bei Deckungsvermögen für Schulden aus Altersversorgungsverpflichtungen (Abs. 2 S. 2 und 3)

a) **Übersicht.** Im Zuge des BilMoG hat der Gesetzgeber das Verrechnungsverbot nach S. 1 für einen spezifischen Ausnahmefall durchbrochen: **Abs. 2 S. 2** normiert – angelehnt an IAS 19 und dessen Regelung zum „Planvermögen"[234] – ein Gebot zur Verrechung von Vermögensgegenständen und Schulden (sowie der korrespondierenden Aufwendungen und Erträge aus der Abzinsung und dem zu verrechnenden Vermögen), wenn Vermögensgegenstände dem Zugriff aller übrigen Gläubiger entzogen sind und ausschließlich der Erfüllung von Schulden aus Altersversorgungsverpflichtungen oder vergleichbaren langfristig fälligen Verpflichtungen dienen (sog. **Deckungsvermögen**). Vermögensgegenstände im Sinne des Abs. 2 S. 2 sind nach *§ 253 Abs. 1 S. 4* zwingend mit ihrem *beizulegenden Zeitwert* zu bewerten. Ein nach der Verrechnung verbleibender negativer Unterschiedsbetrag ist zu passivieren, ein positiver Unterschiedsbetrag ist nach Maßgabe von **Abs. 2 S. 3** unter einem gesonderten Posten zu aktivieren. Der aus der Bewertung des Deckungsvermögens zum beizulegenden Zeitwert resultierende Betrag, der die Anschaffungskosten der entsprechenden Vermögensgegenstände übersteigt, unterliegt abzüglich der hierfür gebildeten passiven latenten Steuern der Ausschüttungssperre gem. § 268 Abs. 8 S. 3 i.V.m. S. 1. Im Anhang des Jahresabschlusses sind erläuternde Angaben nach § 285 Nr. 25 zu machen. 100

Die Neuregelung war erstmals zwingend anzuwenden auf den Jahresabschluss für das nach dem 31.12.2009 beginnende Geschäftsjahr (Art. 66 Abs. 3 S. 1 EGHGB). Auch hinsichtlich der Verrechnung von Pensionsrückstellungen und Deckungsvermögen sind im 101

---

230 S. etwa ADS[6] § 246 Rdn 469 f; Baumbach/Hueck/*Schulze-Osterloh* GmbHG[18] § 42 Rdn 42; großzügiger Beck BilKomm[8]-*Förschle/Kroner* § 246 Rdn 109.

231 Beck BilKomm[8]-*Förschle/Kroner* § 246 Rdn 110; s.a. noch ADS[6] § 246 Rdn 463.

232 S. dazu nur HuRB-*Ebke* S. 365, 372 f.

233 Übersichten bei ADS[6] § 246 Rdn 471 ff; Beck BilKomm[8]-*Förschle/Kroner* § 246 Rdn 115; HdR-EA/*Kußmaul* § 246 (Stand November 2009) Rdn 26.

234 Vgl. dazu etwa MünchKommBilanzR/*Wielenberg/Blecher* IAS 19 (Stand Juli 2008) Rdn 52 ff; HdJ-*Heger/Weppler* III/7, Rdn 45 ff.

Übrigen die Erleichterungen nach Maßgabe der Übergangsvorschrift des Art. 67 Abs. 1 EGHGB von Bedeutung (vgl. § 253, 15 ff).[235] – Steuerrechtlich findet das Verrechnungsgebot keine Entsprechung; für die Steuerbilanz bleibt es vielmehr beim Verrechnungsverbot des § 5 Abs. 1a S. 1 EStG.

102 **b) Schulden aus Altersversorgungsverpflichtungen oder vergleichbaren langfristig fälligen Verpflichtungen.** Das Verrechnungsgebot setzt voraus, dass die Vermögensgegenstände allein der Erfüllung von Schulden aus Altersversorgungsverpflichtungen oder vergleichbaren langfristig fälligen Verpflichtungen gegenüber Mitarbeitern (nicht notwendig Arbeitnehmern im arbeitsrechtlichen Sinne,[236] so dass auch Organmitglieder erfasst werden) dienen. Darunter fallen Verpflichtungen zur Leistung von Alters-, Invaliditäts- oder Hinterbliebenenversorgung oder vergleichbare langfristige Verpflichtungen mit Versorgungscharakter wie etwa Altersteilzeitverpflichtungen oder solche aus Lebensarbeitszeitmodellen.[237]

103 **c) Erfasste Vermögensgegenstände.** Vom Deckungsvermögen[238] erfasst werden aktivierbare Vermögensgegenstände (vgl. oben Rdn 8 ff), die ausschließlich der Erfüllung von Schulden aus Altersversorgungsverpflichtungen oder vergleichbaren langfristig fälligen Verpflichtungen dienen und die zu eben diesem Zweck jederzeit verwertbar sind; es darf sich deshalb nicht um betriebsnotwendige Gegenstände des Anlagevermögens handeln.[239] Zur Sicherung der Zweckexklusivität müssen die Vermögensgegenstände dem Zugriff der übrigen Gläubiger entzogen sein. Nach dem Konzept des Gesetzgebers müssen sie „in einer Art und Weise isoliert werden", dass im Falle einer Insolvenz des rechnungslegungspflichtigen Unternehmens eine Verwertung zugunsten anderer Gläubiger ausgeschlossen ist. Davon soll auszugehen sein, soweit die Voraussetzungen des § 7e Abs. 2 SGB IV (Übertragung der Vermögensgegenstände auf einen Dritten im Rahmen eines Treuhandverhältnisses oder Vermögenstrennung im Zuge eines gleichwertigen Sicherungsmodells) erfüllt sind.[240] Ein Aussonderungsrecht in Bezug auf die Vermögensgegenstände (§ 47 InsO) ist im Übrigen nicht zwingend erforderlich; Absonderungsrecht (§ 49 InsO) kann genügen, wenn ein wirtschaftlich vergleichbarer Schutz gewährleistet ist.[241]

---

[235] Zur Behandlung von Deckungsvermögen in diesem Kontext s. Beschlussempfehlung und Bericht des Rechtsausschusses zum RegE BilMoG, BT-Drucks. 16/12407, S. 95 und etwa IDW RS HFA 28 Tz 48; *Gelhausen/Fey/Kämpfer* Abschn. C Tz 101 und Abschn. I Tz 132 f.

[236] Dazu Beschlussempfehlung und Bericht des Rechtsausschusses zum RegE BilMoG, BT-Drucks. 16/12407, S. 84; *Hasenburg/Hausen* DB 2009, Beilage 5, S. 38, 42.

[237] Begründung zum RegE BilMoG, BT-Drucks. 16/10067, S. 48; IDW RS HFA 30 Tz 28 f; *Gelhausen/Fey/Kämpfer* Abschn. C Tz 10 ff; *Hasenburg/Hausen* DB 2009, Beilage 5, S. 38; HdJ/*Heger/Weppler* III/7, Rdn 13 f; Haufe HGB BilKomm³-*Noodt* § 246 Rdn 111 ff.

[238] S. dazu auch IDW RS HFA 30 Tz 22 ff.

[239] Beschlussempfehlung und Bericht des Rechtsausschusses zum RegE BilMoG, BT-Drucks. 16/12407, S. 84 f; *Gelhausen/Fey/Kämpfer* Abschn. C Tz 44 ff; *Hasenburg/Hausen* DB 2009, Beilage 5, S. 38, 43; HdJ/*Heger/Weppler* III/7, Rdn 49.

[240] So Beschlussempfehlung und Bericht des Rechtsausschusses zum RegE BilMoG, BT-Drucks. 16/12407, S. 84 f; s. dazu auch *Gelhausen/Fey/Kämpfer* Abschn. C Tz 23 ff, 34 ff; Haufe HGB BilKomm³-*Noodt* § 246 Rdn 104 ff.

[241] IDW RS HFA 30 Tz 23 f; *Gelhausen/Fey/Kämpfer* Abschn. C Tz 41; *Hasenburg/Hausen* DB 2009, Beilage 5, S. 38 42 f; HdJ/*Heger/Weppler* III/7, Rdn 48.

d) **Bewertung, Verrechnung und Bilanzausweis.** Vor der (zwingend gebotenen) Verrechnung der einzelnen oder zu Gruppen zusammengefassten Vermögensgegenstände mit den entsprechenden Schulden sind diese wie jene zunächst (getrennt voneinander) zu bewerten: die Schulden mit dem Erfüllungsbetrag nach Maßgabe von § 253 Abs. 1 S. 2,[242] die Gegenstände des Deckungsvermögens mit ihrem beizulegenden Zeitwert gem. § 253 Abs. 1 S. 4 i.V.m. § 255 Abs. 4 (vgl. die Erläuterungen § 253, 58 f);[243] zu Einschränkungen für den Jahresabschluss von Kleinstkapitalgesellschaften i.S.d. § 267a (und diesen gleichgestellten Personenhandelsgesellschaften) s. § 253 Abs. 1 S. 5–6 und die Erläuterungen § 253, 60 ff. Der sich aus der Verrechnung ergebende **Unterschiedsbetrag** ist im Falle der Unterdeckung (d.h. wenn der Betrag der Schulden den Wert des Deckungsvermögens übersteigt) zu passivieren; übersteigt hingegen der beizulegende Zeitwert der Vermögensgegenstände den Betrag der Schulden (Überdeckung), ist der Unterschiedsbetrag gem. **Abs. 2 S. 3** unter einem gesonderten Posten (Verrechnungsposten gem. § 266 Abs. 2 E: „Aktiver Unterschiedsbetrag aus der Vermögensverrechnung") zu aktivieren.[244] Die noch im RegE BilMoG vorgesehene Restriktion, wonach der Zeitwertansatz der zum Deckungsvermögen gehörenden Gegenstände auf den Erfüllungsbetrag der Schulden begrenzt werden sollte (so § 253 Abs. 1 S. 3, 2. HS RegE BilMoG), ist nicht Gesetz geworden.[245] 104

105 Soweit aufgrund der Bewertung des Deckungsvermögens zum beizulegenden Zeitwert nicht realisierte stille Reserven gehoben werden, unterliegt der Betrag, der die Anschaffungskosten der entsprechenden Vermögensgegenstände übersteigt, abzüglich der hierfür gebildeten passiven latenten Steuern der **Ausschüttungssperre** gem. § 268 Abs. 8 S. 3 i.V.m. S. 1 dieser Vorschrift (s. die Erläuterungen zu § 268 Abs. 8).[246] Im Übrigen sind im Falle einer Verrechnung nach Abs. 2 S. 2 im **Anhang** des Jahresabschlusses erläuternde Angaben nach Maßgabe von § 285 Nr. 25 (vgl. die Kommentierung dort) zu machen.[247]

106 e) **Verrechnung der Aufwendungen und Erträge in der GuV.** Entsprechend der Verrechnung von Deckungsvermögen und Schulden in der Bilanz nach Abs. 2 S. 2, 1. HS sind gem. Abs. 2 S. 2, 2. HS auch in der GuV die zugehörigen **Aufwendungen und Erträge aus der Abzinsung der Schulden sowie aus dem Deckungsvermögen** zu verrechnen; der sich aus der Verrechnung ergebende Betrag ist unter den Zinsaufwendungen oder -erträgen gesondert auszuweisen.[248] Nach dem Regelungsplan des Gesetzgebers soll mit der Formulierung in Abs. 2 S. 2, 2. HS zugleich „klargestellt (werden), dass Aufwendungen und Erträge aus der Abzinsung und aus dem zu verrechnenden Vermögen nur innerhalb des Finanzergebnisses zu verrechnen sind (§ 246 Abs. 2 S. 2 i.V.m. § 277 Abs. 5)".[249] Dass nur solche Aufwendungen und Erträge aus dem Deckungsvermögen

---

242 S. *Gelhausen/Fey/Kämpfer* Abschn. C Tz 53, 65 ff.

243 *Gelhausen/Fey/Kämpfer* Abschn. C Tz 53, 54 ff.

244 *Gelhausen/Fey/Kämpfer* Abschn. C Tz 73 ff; *Hasenburg/Hausen* DB 2009, Beilage 5, S. 38, 44; HdJ-*Heger/Weppler* III/7 Rdn 51 ff.

245 Dazu Beschlussempfehlung und Bericht des Rechtsausschusses zum RegE BilMoG, BT-Drucks. 16/12407, S. 85; kritisch gegenüber diesem Kurswechsel etwa HdR-EA/*Brösel/Olbrich* § 253 Rdn 233 f.

246 Dazu auch *Gelhausen/Fey/Kämpfer* Abschn. C Tz 88 ff.

247 Hierzu auch HdJ-*Heger/Weppler* III/7 Rdn 183.

248 *Gelhausen/Fey/Kämpfer* Abschn. C Tz 87.

249 So Beschlussempfehlung und Bericht des Rechtsausschusses zum RegE BilMoG, BT-Drucks. 16/12407, S. 84. S. dazu aber IDW RS HFA 30 Tz 85 ff und etwa *Haas/David/Skowronek* KoR 2011, 483, 491; HdJ-*Heger/Weppler* III/7 Rdn 163 ff mwN.

der Verrechnung unterliegen, die andernfalls gesondert gerade im Rahmen des Finanzergebnisses (d.h. unter den Positionen § 275 Abs. 2 Nr. 9–13 bzw. § 275 Abs. 3 Nr. 8–12[250]) auszuweisen wären, ergibt sich aus der gesetzlichen Vorgabe freilich noch nicht. Deshalb sollen in den Saldierungsbereich sämtliche Aufwendungen und Erträge einbezogen werden, die im Zusammenhang mit dem Deckungsvermögen stehen.[251]

IV. Das Gebot der Ansatzstetigkeit (Abs. 3)

107 **1. Grundsatz.** § 252 Abs. 1 Nr. 6 verlangte schon bisher die Beibehaltung der im vorangegangenen Jahresabschluss angewandten Bewertungsmethoden (Grundsatz der Bewertungsstetigkeit; näher § 252, 46 ff). Ob jenes Stetigkeitsgebot auch die Ansatzmethoden (darunter die Ausübung von Ansatzwahlrechten) umfasste, wurde kontrovers erörtert. Die Frage war mit der ganz hM zu verneinen (näher 4. Aufl. § 252, 46), hat sich nunmehr freilich erledigt. Denn mit dem **BilMoG** vom 25.5.2009 (BGBl. I S. 1102) hat der Gesetzgeber das **Gebot der Ansatzstetigkeit** kodifiziert: Weil es aus Gründen der Verbesserung der Transparenz geboten sei, auch beim Ansatz stetig zu verfahren,[252] bestimmt § **246 Abs. 3**, dass die auf den vorhergehenden Jahresabschluss angewandten Ansatzmethoden beizubehalten sind. Dabei ist § 252 Abs. 2 entsprechend anzuwenden, so dass auch vom Gebot der Ansatzstetigkeit (nur) in begründeten Ausnahmefällen abgewichen werden darf.

108 **2. Ansatzmethode.** Der **Begriff** der Ansatzmethode erfasst jedes planmäßige Vorgehen zur Bildung eines Jahresabschlusspostens und damit die Ausübung von bestehenden Ansatzwahlrechten ebenso wie die Wahrnehmung von Ermessensspielräumen beim Ansatz eines Postens.[253] Die früher bestehenden **Ansatzwahlrechte** sind im Zuge des BilMoG freilich erheblich reduziert worden; die noch verbleibenden Wahlrechte betreffen die Aktivierung selbst geschaffener immaterieller Vermögensgegenstände des Anlagevermögens (§ 248 Abs. 2), die aktivische Abgrenzung des Unterschiedsbetrages zwischen Ausgabe- und Rückzahlungsbetrag einer Verbindlichkeit (§ 250 Abs. 3), den Ansatz aktiver latenter Steuern nach Maßgabe von § 274 Abs. 1 sowie die Passivierung von Pensionsverpflichtungen aus Altzusagen nach Art. 28 Abs. 1 EGHGB. Darüber hinaus ergeben sich Wahlrechte aus den Übergangsbestimmungen in Art. 67 Abs. 1 S. 2 und 3, Abs. 3 S. 1, Abs. 4 S. 1 und Abs. 5 EGHGB.[254] **Ermessensspielräume** bestehen etwa beim Ansatz selbst geschaffener immaterieller Vermögensgegenstände im Blick auf die notwendige Abgrenzung von Forschung und Entwicklung,[255] da die Aktivierung von Forschungskosten unzulässig ist (vgl. § 255 Abs. 2a und die Erläuterungen dort).

109 **3. Reichweite der Ansatzstetigkeit.** Ebenso wie die Bewertungsstetigkeit (s. dazu § 252, 49) erstreckt sich das Gebot der Ansatzstetigkeit in sachlicher Hinsicht nicht nur auf

---

250 Vgl. *Gelhausen/Fey/Kämpfer* Abschn. C Tz 79 mit Fn. 102.

251 So *Gelhausen/Fey/Kämpfer* Abschn. C Tz 81 ff; ebenso MünchKommHGB³/*Ballwieser* § 246 Rdn 148.

252 So Begründung zum RegE BilMoG, BT-Drucks. 16/10067, S. 49.

253 IDW RS HFA 38 Tz 7; *Gelhausen/Fey/Kämpfer* Abschn. G Tz 6; HdR-EA/*Kußmaul* § 246 (Stand November 2009) Rdn 18; Haufe HGB BilKomm³-*Noodt* § 246 Rdn 132.

254 S. auch *Gelhausen/Fey/Kämpfer* Abschn. G Tz 7 und 24.

255 Vgl. *Gelhausen/Fey/Kämpfer* Abschn. G Tz 12; Haufe HGB BilKomm³-*Noodt* § 246 Rdn 134.

schon im vorangegangenen Jahresabschluss in Ansatz gebrachte (oder eben nicht angesetzte) Vermögensgegenstände und Schulden, sondern auch auf alle *art- und funktionsgleichen Objekte*.[256] Aus demselben Grund ist ggf. auch die *Ansatzmethode aus mehr als einem Jahr zurückliegenden Jahresabschlüssen* beizubehalten, selbst wenn sie im letzten Abschluss nicht zur Anwendung kam.

Nach Art. 66 Abs. 3 S. 1 EGHGB war die neue Bestimmung des § 246 Abs. 3 erstmals auf den Jahresabschluss für das nach dem 31.12.2009 begonnene Geschäftsjahr zwingend anwendbar. Von da an gebietet die Ansatzstetigkeit aber auch die Beibehaltung der vor Inkrafttreten des BilMoG angewandten Ansatzmethoden, sofern ein Abweichen nicht nach § 252 Abs. 2 (s. sogleich Rdn 111) gerechtfertigt ist.[257] Dem Übergang auf eine veränderte Ansatzmethode, die gerade aus den veränderten gesetzlichen Vorgaben im Zuge des BilMoG resultiert, steht das Gebot der Ansatzstetigkeit nicht entgegen. **110**

4. **Ausnahmen vom Gebot der Ansatzstetigkeit.** Nach Abs. 3 S. 2 gilt § 252 Abs. 2 entsprechend, so dass auch *Abweichungen* von der Ansatzstetigkeit (nur) *in begründeten Ausnahmefällen* zulässig sind. Dabei kann an jene Kriterien angeknüpft werden, nach denen sich auch die zulässigen Abweichungen von der Bewertungsstetigkeit nach § 252 Abs. 1 Nr. 6 richten (s. dazu § 252, 51 f):[258] *Zulässig* sind Abweichungen etwa, um veränderten rechtlichen Grundlagen der Rechnungslegung (einschließlich Rechtsprechungsänderungen) Rechnung zu tragen, um bei Eintritt in einen Konzernverbund eine Anpassung an die Konzernrechnungslegung vorzunehmen oder um den Einblick in die Vermögens-, Finanz- und Ertragslage des Unternehmens zu verbessern. Eine Neuorientierung der Bilanzpolitik infolge von Veränderungen im Gesellschafterkreis und in der Zusammensetzung der Verwaltungsorgane rechtfertigt die Abkehr vom Stetigkeitsgebot indes nicht; Abweichungen von der Stetigkeit dürfen nicht in den Dienst bilanzpolitisch motivierter Einflussnahme auf die Ergebnisermittlung gestellt werden. **111**

Die zulässigen Abweichungen vom Gebot der Ansatzstetigkeit haben Ausnahmecharakter und sind – einzelfallbezogen – **begründungsbedürftig.** Zur **Berichtspflicht im Anhang** gem. § 284 Abs. 2 s. § 252, 49. **112**

V. Rechtsfolgen eines Verstoßes gegen Vollständigkeitsgebot und Verrechnungsverbot

Ein Verstoß gegen das Vollständigkeitsgebot aus Abs. 1 oder das Stetigkeitsgebot nach Abs. 3 hat in den *Kapitalgesellschaften* (Aktiengesellschaft, KGaA und GmbH) ggf. die **Nichtigkeit des Jahresabschlusses** nach **§ 256 Abs. 5 Nr. 1** oder **2 AktG** zur Folge.[259] § 256 Abs. 5 AktG findet ungeachtet seines zu engen Wortlauts auch bei der Verletzung von Ansatzgeboten oder -verboten Anwendung.[260] Nach § 256 Abs. 5 Nr. 2 löst eine unterbliebene Aktivierung jedoch nur dann die Nichtigkeitsfolge aus, wenn dadurch die Vermögens- und Ertragslage der Gesellschaft vorsätzlich unrichtig wiedergegeben oder **113**

---

256 IDW RS HFA 38 Tz 14; HdR-EA/*Kußmaul* § 246 (Stand November 2009) Rdn 18.

257 Zutr. *Gelhausen/Fey/Kämpfer* Abschn. G Tz 9.

258 S. dazu auch IDW RS HFA 38 Tz 15.

259 Zur Anwendbarkeit des § 256 Abs. 5 im GmbH-Recht s. nur Lutter/Hommelhoff/*Bayer* GmbHG[18] Anh §47 Rdn 24 und eingehend *Balthasar* Bestandskraft S. 234 ff, 236, je mwN.

260 Statt anderer *Hüffer* AktG[10] § 256 Rdn 7, 25 f mwN.

verschleiert wird; ein nicht vorsätzlicher Verstoß gegen zwingende gesetzliche Bilanzierungsvorschriften führt aber jedenfalls zur (fristgebundenen) Anfechtbarkeit des Feststellungsbeschlusses.[261]

114 Ein Verstoß gegen das Verrechnungsverbot aus Abs. 2 kann nach § **256 Abs. 4 AktG** zur Nichtigkeit des Jahresabschlusses führen, wenn seine Klarheit und Übersichtlichkeit wesentlich beeinträchtigt werden. Für prüfungspflichtige Gesellschaften (oder bei einer Abschlussprüfung auf freiwilliger Grundlage) kann ein Verstoß gegen § 246 im Übrigen die Versagung oder Einschränkung des Bestätigungsvermerks (§ 322) zur Folge haben. Zu möglichen straf- und ordnungswidrigkeitenrechtlichen Konsequenzen einer Verletzung von § 246 vgl. §§ 331, 334, 335b (und die dortigen Erläuterungen) sowie §§ 283 ff StGB.

115 Auf gesetzestypische **Personenhandelsgesellschaften** sind die aktienrechtlichen Regelungen des § 256 AktG freilich nicht übertragbar. Da sich die rechtlichen Wirkungen der Bilanzfeststellung hier in erster Linie auf das Verhältnis der Gesellschafter untereinander sowie zur Gesellschaft beziehen,[262] führt der Verstoß gegen zwingende handelsbilanzrechtliche Vorschriften auch nicht zur Nichtigkeit des Feststellungsbeschlusses nach § 134 BGB. Denn die Gesellschafter können ihre Rechtsbeziehungen im Innenverhältnis – vorbehaltlich der Schranken aus § 138 BGB – frei ausgestalten; das schließt die Möglichkeit ein, ihren innergesellschaftlichen Beziehungen eine von den Vorgaben des HGB abweichende Rechnungslegung zugrunde zu legen. Sofern jene gesetzlichen Vorgaben nicht beachtet werden, ist die im Außenverhältnis bestehende öffentlich-rechtliche Rechnungslegungspflicht freilich nicht erfüllt; „interne" (innergesellschaftliche) und „externe" (handelsbilanzielle) Rechnungslegung können also auseinanderfallen.[263] Wo die Gesellschafter jedoch auch ihrem Innenverhältnis die Rechnungslegung nach HGB als verbindlich zugrunde gelegt haben, ist die – als kausales Anerkenntnis zu bewertende[264] – Feststellung eines hiervon abweichenden Jahresabschlusses ohne Bindungswirkung. Sofern die Gesellschafter den Feststellungsbeschluss nicht in Kenntnis des Verstoßes gegen bilanzrechtliche Vorschriften gefasst haben, kann jeder Gesellschafter Berichtigung des Jahresabschlusses verlangen.[265]

§ 247
Inhalt der Bilanz

(1) In der Bilanz sind das Anlage- und das Umlaufvermögen, das Eigenkapital, die Schulden sowie die Rechnungsabgrenzungsposten gesondert auszuweisen und hinreichend aufzugliedern.

(2) Beim Anlagevermögen sind nur die Gegenstände auszuweisen, die bestimmt sind, dauernd dem Geschäftsbetrieb zu dienen.

[261] S. zum Ganzen BGHZ 137, 378, 384 ff („Tomberger") = NJW 1998, 1559.

[262] S. dazu § 120, 17 (*Schäfer*).

[263] Zum Ganzen eingehend *Balthasar* Bestandskraft S. 262 ff.

[264] Heute hM; s. näher § 120, 19 (*Schäfer*); eingehend *Balthasar* Bestandskraft S. 244 ff mit eingehender Darstellung des Meinungsstandes.

[265] S. auch dazu *Balthasar* Bestandskraft S. 254 ff und schon Schlegelberger/*Martens* HGB[5] § 120 Rdn 6.

Schrifttum

Albach Steuerliche Probleme der Abgrenzung von Anlage- und Umlaufvermögen, Steuerberater-Jahrbuch (StbJb) 1973/74, S. 265; *Baetge/Brüggemann* Ausweis von Genussrechten auf der Passivseite der Bilanz des Emittenten, DB 2005, 2145; *Balthasar* Die Bestandskraft handelsrechtlicher Jahresabschlüsse (1999); *Bitz* Schöpfungswille und Harmoniestreben des Renaissancemenschen: Luca Pacioli und die Folgen. – Dogmenhistorische und sprachtheoretische Reflektionen zum Begriff des Eigenkapitals, Festschrift Schneeloch (2007) S. 147; *Castan* Allgemeine Gliederungsgrundsätze, Beck HdR B 141 (2010); *ders.* Gliederung der Bilanz, Beck HdR B 200 (2010); *Emmerich/Naumann* Zur Behandlung von Genußrechten im Jahresabschluß von Kapitalgesellschaften, WPg 1994, 677; *Förschle/Kropp* Mindestinhalt der Gewinn- und Verlustrechnung für Einzelkaufleute und Personenhandelsgesellschaften, DB 1989, 1037 u. 1096; *Freidank* Der Ausweis des Eigenkapitals bei Personengesellschaften in der handelsrechtlichen Jahresabschlußrechnung, WPg 1994, 397; *Goerdeler* Auswirkungen des Bilanzrichtlinien-Gesetzes auf Personengesellschaften, insbesondere auf deren Gesellschaftsvertrag, Festschrift Fleck (1988) S. 53; *Hachmeister* Das Finanzanlagevermögen, HdJ Abt. II/3 (2011); *Hennrichs* Wahlrechte im Bilanzrecht der Kapitalgesellschaften (1999); *ders./Pöschke* Das Eigenkapital des Einzelkaufmanns, der offenen Handelsgesellschaft und der Kommanditgesellschaft, HdJ Abt. III/1 (2009); *Hense* Die stille Gesellschaft im handelsrechtlichen Jahresabschluß, Diss. Düsseldorf (1990); *Herrmann* Zur Bilanzierung bei Personenhandelsgesellschaften, WPg 1994, 500; *Heymann* Eigenkapital, Beck HdR B 231 (2011); *U. Huber* Vermögensanteil, Kapitalanteil und Gesellschaftsanteil an Personengesellschaften des Handelsrechts, Heidelberg 1970; *ders.* Gesellschafterkonten in der Personengesellschaft, ZGR 1988, 1; *ders.* Freie Rücklagen in Kommanditgesellschaften, Gedächtnisschrift Knobbe-Keuk (1997) S. 203; *IDW*-HFA Stellungnahme 1/1994: Zur Behandlung von Genußrechten im Jahresabschluß von Kapitalgesellschaften (WPg 1994, 419); *Kahle/Heinstein/Dahlke* Das Sachanlagevermögen, HdJ Abt. II/2 (2010); *Kleindiek* Eigenkapital im nationalen und internationalen Bilanzrecht: Kapitalabgrenzung nach HGB und IFRS, ZHR 175 (2011) 247; *Kloos* Die Transformation der IV. EG-Richtlinie (Bilanzrichtlinie) in den Mitgliedstaaten der Europäischen Gemeinschaft (1993); *Kußmaul/Huwer* Die Widerspruchslosigkeit der bilanziellen Differenzierung zwischen Anlage- und Umlaufvermögen – Ein Widerspruch? DStR 2010, 2471; *Leffson* Die Grundsätze ordnungsmäßiger Buchführung, 7. Aufl. (1987); *Ley* Gesellschafterkonten der OHG und KG: Gesellschaftsrechtliche und steuerrechtliche Charakterisierung und Bedeutung, KÖSDI 1994, 9972; *Lenz/Fiebiger* Die Gliederung der Bilanz nach HGB und IFRS, HdJ Abt. I/6 (2011); *Lutter* Zur Bilanzierung von Genußrechten, DB 1993, 2441; *W. Müller* Wohin entwickelt sich der bilanzrechtliche Eigenkapitalbegriff? Festschrift Budde (1995) S. 445; *Mundt* Offene Fragen zur Bilanzierungspraxis von Personengesellschaften, IDW (Hrsg.), Personengesellschaft und Bilanzierung (1990) S. 147; *Nordmeyer/Göbel* Sachanlagen, Beck HdR B 212 (März 2011); *Oppenländer* Zivilrechtliche Aspekte der Gesellschafterkonten der OHG und KG, DStR 1999, 939; *Otto* Posteninhalte und Ausweisprobleme in der GuV nach § 275 HGB, BB 1988, 1703; *Pauli* Das Eigenkapital der Personengesellschaften, Diss. Münster (1990); *Pöschke* Eigenkapital mittelständischer Gesellschaften nach IAS/IFRS (2009); *Rodewald* Zivil- und steuerrechtliche Bedeutung der Gestaltung von Gesellschafterkonten, GmbHR 1998, 521; *Rückle/Klatte* Eigenkapital des Einzelkaufmanns und der Personenhandelsgesellschaften, Leffson/Rückle/Großfeld (Hrsg.), Handwörterbuch unbestimmter Rechtsbegriffe im Bilanzrecht des HGB (HuRB) (1986) S. 113; *Schluck-Amend/Krispenz* Das IDW-Kriterium der Nachrangigkeit bei der Qualifizierung von Darlehenskonten als Eigenkapital in der Personenhandelsgesellschaft, BB 2012, 1847; *Schulze-Osterloh* Die Personengesellschaft als Bilanzierungssubjekt und Bilanzierungsobjekt, IDW (Hrsg.), Personengesellschaft und Bilanzierung (1990) S. 129; *Sieben/Ossadnik* Dauernd, Leffson/Rückle/Großfeld (Hrsg.), Handwörterbuch unbestimmter Rechtsbegriffe im Bilanzrecht des HGB (HuRB) (1986) S. 105; *Sieker* Eigenkapital und Fremdkapital der Personengesellschaft (1991); *Singhof* Das Eigenkapital der Kapitalgesellschaften, HdJ Abt. III/2 (2008); *Thiele* Das Eigenkapital im handelsrechtlichen Jahresabschluß (1998); *Vogel* Die Rechnungslegungsvorschriften des HGB für Kapitalgesellschaften und die IV. EG-Richtlinie (Bilanzrichtlinie) (1993); *Wengel* Die handelsrechtliche Eigen- und Fremdkapitalqualität von Genußrechtskapital, DStR 2001, 1316; *Wiedemann* Eigenkapital und Fremdkapital, Festschrift Beusch (1993) S. 893; *ders.* Gedanken zur Vermögensordnung der Personengesellschaft, Festschrift Odersky (1996) S. 925.

IDW-Verlautbarungen: IDW RS HFA 7: Handelsrechtliche Rechnungslegung bei Personenhandelsgesellschaften (Stand 6.2.2012; FN-IDW 2012, 189; WPg Supplement 2012, 73); IDW RS HFA 28: Übergangsregelungen des Bilanzrechtsmodernisierungsgesetzes (Stand 9.9.2010; FN-IDW 2010, 451; WPg Supplement 2010, 54).

Übersicht

I. Inhalt und Anwendungsbereich

1 **Abs. 1** schreibt den **gesonderten Ausweis** der dort näher genannten Bilanzposten (Anlagevermögen, Umlaufvermögen, Eigenkapital, Schulden sowie Rechnungsabgrenzungsposten) vor und gebietet die **hinreichende Aufgliederung** jener Positionen in der Bilanz. Die Vorschrift ergänzt das Vollständigkeitsgebot aus § 246 Abs. 1 und konkretisiert den Grundsatz der Klarheit und Übersichtlichkeit aus § 243 Abs. 2. Sie gilt für alle Rechnungslegungspflichtigen und findet in den Regelungen der 4. EG-Richtlinie (**Jahresabschlussrichtlinie 78/660/EWG**[1]) keine unmittelbare Entsprechung.

2 Für **Kapitalgesellschaften** und nach § 264a gleichgestellte Personenhandelsgesellschaften ohne mindestens eine natürliche Person als „Vollhafter" wird die Regelung aus Abs. 1 durch die Bestimmungen in §§ 265 ff präzisiert, die als leges speciales vorgehen und die Vorgaben der Jahresabschlussrichtlinie (sowie der Richtlinie 2012/6/EU – MicroRL[2]) umsetzen. In der AG und KGaA führt ein Verstoß gegen die gesetzlichen Gliederungsvorschriften nach § 256 Abs. 4 AktG zur Nichtigkeit des Jahresabschlusses, wenn seine Klarheit und Übersichtlichkeit hierdurch wesentlich beeinträchtigt werden;[3] auf die GmbH findet die Regelung aus § 256 Abs. 4 AktG entsprechende Anwendung.[4] Für prüfungspflichtige Gesellschaften (oder bei einer Abschlussprüfung auf freiwilliger Grundlage) kann die unzureichende Aufgliederung im Übrigen die Einschränkung (oder in

[1] Zuletzt geändert durch Richtlinie 2012/6/EU vom 14.3.2012 (ABl. L 81 vom 21.3.2012, S. 3).
[2] ABl. L 81 vom 21. 3. 2012, S. 3.
[3] ADS[6] § 247 Rdn 56.
[4] S. nur *Balthasar* Bestandskraft S. 234 ff, 236; Baumbach/Hueck/*Schulze-Osterloh* GmbHG[18] § 42a Rdn 30.

schweren Fällen gar Versagung) des Bestätigungsvermerks (§ 322) zur Folge haben; zu möglichen straf- und ordnungswidrigkeitenrechtlichen Konsequenzen vgl. §§ 331, 334, 335b (und die dortigen Erläuterungen) sowie §§ 283 ff StGB.

Über § 5 Abs. 1 S. 2 PublG gelten die Gliederungsvorschriften der §§ 265 ff auch für **3**
Personengesellschaften und Einzelkaufleute, die dem **PublG** unterfallen; über § 336 Abs. 2 S. 1 sind sie zudem (mit gewissen Modifizierungen nach §§ 337 ff) auf eingetragene Genossenschaften anwendbar. Zu **Kreditinstituten, Finanzdienstleistungsinstituten und Versicherungsunternehmen** s. § 340a bzw. § 341a und die Kommentierung dort.

Abs. 2 entspricht Art. 15 Abs. 2 der 4. EG-Richtlinie (**Jahresabschlussrichtlinie**) und **4**
umschreibt – im Wesentlichen übereinstimmend mit § 152 Abs. 1 S. 1 AktG 1965 – die dem **Anlagevermögen** zugewiesenen Gegenstände. Die Begriffsbestimmung gilt rechtsformübergreifend für alle Jahresabschlüsse.

Durch das Bilanzrechtsmodernisierungsgesetz (**BilMoG**) vom 25.5.2009 (BGBl. I **5**
S. 1102) **aufgehoben** wurde der frühere Abs. 3 der Vorschrift, der eine Frucht des Steuerrechts und des Prinzips der „umgekehrten Maßgeblichkeit" (§ 5 Abs. 1 S. 2 EStG a.F.) war. **Abs. 3 a.F.** (s. dazu 4. Aufl. § 247, 53 ff) enthielt eine – ebenfalls rechtsformunabhängig formulierte – Sonderregelung zur Bildung **Sonderposten mit Rücklageanteil** nach Maßgabe des Steuerrechts. Sie schaffte die Voraussetzung dafür, dass der Gesetzgeber die Ausübung steuerlicher Wahlrechte zur Bildung unversteuerter Rücklagen von einer kongruenten Bilanzierung im handelsrechtlichen Jahresabschluss abhängig machen konnte. Die Vorschrift erlaubte die Bildung von Passivposten, die zum Zwecke der Steuern vom Einkommen und vom Ertrag zulässig waren. Sie waren als Sonderposten mit Rücklageanteil auszuweisen und nach Maßgabe des Steuerrechts aufzulösen; einer Rückstellung bedurfte es insoweit nicht. Für Kapitalgesellschaften und diesen gleichgestellte Unternehmen wurde das Wahlrecht aus Abs. 3 a.F. allerdings durch § 273 a.F. eingeschränkt. Danach durfte der Sonderposten mit Rücklageanteil nur insoweit gebildet werden, als das Steuerrecht die Anerkennung des Wertansatzes bei der steuerrechtlichen Gewinnermittlung davon abhängig machte, dass der Sonderposten in der Bilanz gebildet wurde. Eine wichtige Ergänzung traf schließlich § 281 a.F. Danach konnten steuerlich zulässig Mehrabschreibungen i.S.v. § 254 a.F. von Kapitalgesellschaften und gleichgestellten Unternehmen wahlweise auch als Wertberichtigungen in den Sonderposten mit Rücklageanteil gem. Abs. 3 a.F. eingestellt werden.

Abs. 3 a.F. wurde aufgehoben, da der Gesetzgeber des BilMoG die **Verknüpfung** **6**
zwischen Handels- und Steuerbilanz i.S.d. umgekehrten Maßgeblichkeit (§ 5 Abs. 1 S. 2 EStG a.F.) **aufgegeben** hat.[5] Zu daraus resultierenden passiven latenten Steuern und ihrem Ausweis im handelsrechtlichen Jahresabschluss s. die Regelungen in §§ 274, 285 Nr. 29 und die Erläuterungen dort.

Abs. 3 a.F. war letztmals auf den Jahresabschluss für das vor dem 1.1.2010 begin- **7**
nende Geschäftsjahr anzuwenden, Art. 66 Abs. 5 EGHGB. Ein Sonderposten mit Rücklageanteil im Jahresabschluss für das letzte vor dem 1.1.2010 beginnende Geschäftsjahr durfte wahlweise (unter Anwendung der bisher geltenden Vorschriften) beibehalten oder unmittelbar in die Gewinnrücklagen eingestellt werden, Art. 67 Abs. 3 EGHGB.[6]

---

5 S. dazu etwa *Gelhausen/Fey/Kämpfer* Abschn. D Tz 1 ff.

6 Zu Einzelheiten der Übergangsregeln s. IDW RS HFA 28 Tz 3, 7, 8 ff; *Gelhausen/Fey/Kämpfer* Abschn. D Tz 19 ff.

II. Mindestgliederung der Bilanz (Abs. 1) sowie der GuV

8 **1. Grundlagen.** Abs. 1 verlangt für die Bilanz aller Rechnungslegungspflichtigen den **gesonderten Ausweis** von Anlage- und Umlaufvermögen (näher zu beiden Begriffen s.u. Rdn 49 ff, 56), Eigenkapital (s.u. Rdn 14 ff) und Schulden (§ 246, 29 ff) sowie der Rechnungsabgrenzungsposten (s. die Erläuterungen zu § 250). Da zugleich aber die **hinreichende Aufgliederung** jener Bilanzpositionen gefordert wird, würde eine Bilanz, deren Gliederungstiefe sich in der Nennung der genannten Posten erschöpft, den Vorgaben aus Abs. 1 regelmäßig nicht genügen.[7]

9 Für **Einzelkaufleute** und gesetzestypische **Personenhandelsgesellschaften** hat der Gesetzgeber jedoch bewusst darauf verzichtet, das Gebot der „hinreichenden Aufgliederung" näher zu konkretisieren. Insbesondere hat er für solche Unternehmen kein (auch kein vereinfachtes) Gliederungsschema entsprechend § 266 vorgesehen.[8] Es wäre deshalb verfehlt, die auf **Kapitalgesellschaften** (und gleichgestellte Unternehmen) beschränkten Vorgaben aus § 266 auf sonstige Rechnungslegungspflichtige schematisch zu übertragen und eine hinreichend aufgegliederte Bilanz bei Einzelkaufleuten und gesetzestypischen Personenhandelsgesellschaften etwa immer nur dann annehmen zu wollen, wenn dem Schema des § 266 entsprochen wird. Auch das darf als allgemein konsentiert gelten.[9]

10 Im Übrigen ist die Aufzählung der im Sinne einer Mindestgliederung gesondert auszuweisenden Bilanzposten in Abs. 1 nicht vollständig, da bestimmte Bilanzierungshilfen, Sonder- und Korrekturposten unerwähnt bleiben:[10] so etwa der Ansatz aktiver latenter Steuern (§ 274 Abs. 1 S. 2; § 266 Abs. 2 Aktivseite D), der aktive Unterschiedsbetrag aus der Vermögensverrechnung nach § 246 Abs. 2 S. 3 (§ 266 Abs. 2 Aktivseite E), der „Nicht durch Eigenkapital gedeckte Fehlbetrag" (§ 268 Abs. 3) oder der Ansatz passiver latenter Steuern (§ 274 Abs. 1 S. 1; § 266 Abs. 3 Passivseite E).

11 **2. Konkretisierungen.** In der Praxis ist es freilich weitgehend üblich geworden, das **Gliederungsschema des § 266** – soweit es für kleine Kapitalgesellschaften gilt – auch der Bilanz von Personenhandelsgesellschaften und Einzelkaufleuten zugrunde zu legen.[11] Den Gesellschaftern einer Personengesellschaft ist es zudem unbenommen, im *Gesellschaftsvertrag* eine Bilanzierung entsprechend den für Kapitalgesellschaften verbindlichen Regelungen (ggf. nach Teilen davon) vorzuschreiben, sofern die Rechtsformunterschiede nicht (wie beim Eigenkapitalausweis) Abweichungen gebieten (s.a. die Erläuterungen § 120, 29 ff). Und doch können, wo es an derartigen gesellschaftsvertraglichen Bindungen fehlt, die Vorgaben aus § 266 in bilanzrechtlicher Hinsicht nur als eine (nicht verbindliche) *Richtschnur* gelten.[12] Im Übrigen wird man auch Nicht-Kapitalgesellschaften, welche die für mittelgroße Kapitalgesellschaften geltenden Größenmerkmale (§ 267 Abs. 2) nicht

---

[7] Bericht des BT-Rechtsausschusses zu § 247, dokumentiert bei *Biener/Berneke* Bilanzrichtlinien-Gesetz (1986) S. 74; aus dem Schrifttum s. etwa ADS[6] § 247 Rdn 9; Beck BilKomm[8]-*Ellrott/Krämer* § 247 Rdn 4 f; HdR-EA/*Hütten/Lorson* § 247 (Stand August 2010) Rdn 1 f, 10.

[8] Auch dazu Bericht des BT-Rechtsausschusses zu § 247, dokumentiert bei *Biener/Berneke* Bilanzrichtlinien-Gesetz (1986) S. 74.

[9] ADS[6] § 247 Rdn 24; Beck-HdR-*Castan* B 200 Rdn 22; HdR-EA/*Hütten/Lorson* § 247 (Stand August 2010) Rdn 2, 13 f; Petersen/Zwirner/Brösel/*Waschbusch* SystPraxisKomm(2010) § 247 Rdn 7 ff.

[10] MünchKommHGB[3]/*Ballwieser* § 247 Rdn 1.

[11] S. nur Beck BilKomm[8]-*Ellrott/Krämer* § 247 Rdn 5.

[12] Im Ansatz ähnlich etwa ADS[6] §247 Rdn 24; Ebenroth/Boujong/Joost/Strohn[2]/*Wiedmann* § 247 Rdn 3 („Anhaltspunkt"); Heymann[2]/*Walz* §247 Rdn 6 („Leitorientierung").

erreichen, im Grundsatz das Recht zur Aufstellung einer verkürzten Bilanz i.S.v. § 266 Abs. 1 S. 3 zugestehen können. Als Muster für alle Nicht-Kapitalgesellschaften taugt die verkürzte Bilanz indes nicht,[13] weil in ihr – entgegen der Vorgabe aus Abs. 1 – Rückstellungen und Verbindlichkeiten nicht weiter aufgegliedert sind. Die Bilanz eines Einzelkaufmanns oder einer Personenhandelsgesellschaft, welche die in § 266 vorgesehene Gliederungstiefe aufweist, wird aber regelmäßig den Anforderungen aus Abs. 1 genügen; sie ist im Sinne jener Vorschrift „hinreichend aufgegliedert". Zwingend geboten ist eine entsprechende Gliederung deshalb aber noch nicht. Im Einzelfall kann eine geringere Gliederungstiefe durchaus genügen, zumal Kleinstkapitalgesellschaften i.S.d. § 267a Abs. 1 eine weiter verkürzte Bilanz nach Maßgabe von § 266 Abs. 1 S. 4 aufstellen dürfen; unter besonderen Voraussetzungen kann aber auch die Bildung zusätzlicher, in § 266 nicht genannter Bilanzpositionen geboten sein (vgl. auch § 265 Abs. 5 und die Erläuterungen dort).[14]

Die Konkretisierung des Gebots hinreichender Aufgliederung ist deshalb letztlich nur *einzelfallorientiert* möglich, wobei als Maßstab der **Grundsatz von Klarheit und Übersichtlichkeit** des Jahresabschlusses aus § 243 Abs. 2 sowie das **Saldierungsverbot** aus § 246 Abs. 2 heranzuziehen sind.[15] Dabei müssen die einzelnen Bilanzposten Mittelherkunft und Mittelverwendung derart dokumentieren, dass der Jahresabschluss seine Informationsfunktion, insbesondere unter dem Gesichtspunkt getreuer Rechenschaft, erfüllt.[16] **12**

Im Übrigen ist die Aufstellung der Bilanz in **Kontoform** in der Praxis ganz überwiegend üblich und für Kapitalgesellschaften (sowie diesen gleichgestellte Unternehmen) zudem zwingend vorgeschrieben (§ 266 Abs. 1 S. 1). Außerhalb dieser Fälle bleibt aber die **Staffelform** zulässig, sofern mit ihr dem Gebot der Klarheit und Übersichtlichkeit (§ 243 Abs. 2) Rechnung getragen werden kann.[17] Nach dem Grundsatz der **Gliederungsstetigkeit** (Darstellungsstetigkeit), der – über den unmittelbaren Anwendungsbereich von § 265 Abs. 1 hinaus – rechtsformübergreifende Geltung als allgemeiner GoB beanspruchen kann, darf von der einmal gewählten Darstellungsform nur aus zwingenden Gründen abgewichen werden.[18] In der (für Kapitalgesellschaften und diesen gleichgestellte Gesellschaften geltenden) Verpflichtung zur **Angabe der Vorjahreszahlen** nach **13**

---

[13] Anders Baumbach/Hopt/*Merkt* HGB[35] § 247 Rdn 2: Gliederung der Bilanz von Einzelkaufleuten und Personengesellschaften „grundsätzlich" bis zur Tiefe der römischen Ziffern.

[14] S. zum Ganzen Beck-HdR-*Castan* B 200 Rdn 22 ff; HdR-EA/*Hütten/Lorson* § 247 (Stand August 2010) Rdn 16 ff; HdJ-*Lenz/Fiebiger* I/6, Rdn 12 ff, 215, je mit Gliederungsvorschlag.

[15] Bericht des BT-Rechtsausschusses zu § 247, dokumentiert bei *Biener/Berneke* Bilanzrichtlinien-Gesetz (1986) S. 74; IDW RS HFA 7 Tz 41; ADS[6] § 247 Rdn 20; Beck-HdR-*Castan* B 141 Rdn 31; Beck BilKomm[8]-*Ellrott/Krämer* § 247 Rdn 5; HdR-EA/*Hütten/Lorson* § 247 (Stand August 2010) Rdn 13 u. 17; *Schellein* WPg 1988, 693, 694.

[16] ADS[6] § 247 Rdn 13 ff; Beck-HdR-*Castan* B 200 Rdn 22 ff; HdR-EA/*Hütten/Lorson* § 247 (Stand August 2010) Rdn 14, 16 ff; eingehend auch *Leffson* Grundsätze S. 210 ff.

[17] Übereinstimmend ADS[6] § 247, 29; MünchKommHGB[3]/*Ballwieser* § 247 Rdn 5; Beck-HdR-*Castan* B 200 Rdn 21; Beck BilKomm[8]-*Ellrott/Krämer* § 247 Rdn 7; HdR-EA/*Hütten/Lorson* § 247 (Stand August 2010) Rdn 15. Zu den unterschiedlichen Aufbaukriterien für Bilanzgliederungen s. etwa Beck-HdR-*Castan* B 200 Rdn 7 ff; Petersen/Zwirner/Brösel/*Waschbusch* SystPraxisKomm (2010) § 247 Rdn 10 ff.

[18] S. zur Gliederungsstetigkeit etwa ADS[6] § 247 Rdn 35; Baetge/Kirsch/Thiele/*Breithaupt* § 247 (Stand September 2002) Rdn 39; Beck-HdR-*Castan* B 141 Rdn 34 ff; HdJ-*Lenz/Fiebiger* I/6, Rdn 18.

§ 265 Abs. 2 S. 1 kommt indes kein allgemeiner GoB zum Ausdruck.[19] Dessen ungeachtet ist die Angabe von Vorjahreszahlen aber auch Nicht-Kapitalgesellschaften allemal zu empfehlen.

3. Insbesondere: Eigenkapital

14 a) **Begriff; Abgrenzung zum Fremdkapital.** Dem Ausweis- und Aufgliederungsgebot aus Abs. 1 unterliegt auch das bilanzielle Eigenkapital. Das Gesetz definiert den Begriff des Eigenkapitals nicht. In der Bilanz des Kaufmanns, die gem. § 242 Abs. 1 das Verhältnis seines Vermögens und seiner Schulden darstellt, bildet das Eigenkapital nach tradiertem Verständnis eine Residualgröße.[20] Es bemisst sich als die Differenz zwischen dem bilanzierten Vermögen und den bilanzierten Schulden (Verbindlichkeiten und Rückstellungen), jeweils unter Berücksichtigung der Rechnungsabgrenzungsposten sowie sonstiger Bilanzposten.[21] Das Eigenkapital wird mithin als eine rechnerisch ermittelte **Saldogröße** definiert, deren Höhe von Ansatz und Bewertung der in der Bilanz ausgewiesenen Vermögensgegenstände und Schulden abhängt. Die Zuordnung zum Eigen- oder Fremdkapital – und die Abgrenzung zwischen beidem – entscheidet sich im Ergebnis danach, ob mit dem Zugang von Vermögenswerten eine Schuldposition zu Lasten des bilanzierenden Unternehmensträgers begründet wird oder nicht.[22]

15 Für die idealtypischen Formen der Verschuldung, die mit einem ergebnisunabhängigen Festbetragsanspruch einhergehen, steht die Klassifizierung als *Fremdkapital* außer Frage. Eine ebenso unproblematische Zuordnung zum *Eigenkapital* ergibt sich für solche Mittel, für die das Gesetz selbst wegen Herkunft und Zweckbestimmung den Ausweis im bilanziellen Eigenkapital vorsieht, wie etwa für erbrachte Einlagen oder thesaurierte Jahresüberschüsse (s. nur § 272). Insbesondere das von den Gesellschaftern einer Handelsgesellschaft zu den gesetzlich vorgegebenen Bedingungen überlassene Kapital – man mag es „gesetzestypisches"[23] oder **„gesellschaftsrechtliches Eigenkapital"** nennen[24] – ist auch Eigenkapital im bilanzrechtlichen Sinne. Für die Kapitalgesellschaften folgt das schon aus der Nennung der Eigenkapitalbestandteile in § 266; für die Personengesellschaften gilt – wie die Aufzählung der Eigenkapitalpositionen in § 9 Abs. 3 PublG zeigt – nichts anderes.[25] Der gesellschaftsrechtliche Eigenkapitalbegriff konkretisiert damit zugleich den bilanziellen Schuldbegriff:[26] Was in das Eigenkapital eingezahlt wird, be-

---

19 Übereinstimmend die hM, s. etwa ADS[6] § 247 Rdn 30; KölnKomm-RLR/*Braun* § 247 Rdn 20; Baetge/Kirsch/Thiele/*Breithaupt* § 247 (Stand September 2002) Rdn 40; *Glade* Praxishandbuch[2] § 243 Rdn 76; HdJ-*Lenz/Fiebiger* I/6, Rdn 16; WP-Handbuch I[14] Tz E 598; aA Haufe HGB BilKomm[3]-*Bertram* § 247 Rdn 12; Beck-HdR-*Castan* B 141 Rdn 31.

20 ADS[6] § 246 Rdn 79; *Bitz* FS Schneeloch S. 147, 153; Beck BilKomm[8]-*Förschle/Hoffmann* § 247 Rdn 150; HdJ-*Hennrichs/Pöschke* III/1, Rdn 8; Beck-HdR-*Heymann* B 231 Rdn 1; *W. Müller* FS Budde S. 445, 450 f, 457 f; *Pöschke* Eigenkapital S. 13; HuRB-*Rückle/Klatte* S. 113, 116; *Thiele* Eigenkapital S. 41, 64, 94; Heymann[2]/*Walz* § 247 Rdn 11.

21 Namentlich Bilanzierungshilfen (früher zudem Sonderposten mit Rücklageanteil); vgl. *Thiele* Eigenkapital S. 94 Fn. 94.

22 Hierzu und zum Folgenden schon *Kleindiek* ZHR 175 (2011) 247, 248 f, 273 ff.

23 So die Begriffswahl bei *Thiele* Eigenkapital S. 95.

24 Vom „gesellschaftsrechtlichen Eigenkapital" bzw. dem „gesellschaftsrechtlichen Eigenkapitalbegriff" sprechen etwa HdJ-*Hennrichs/Pöschke* III/1, Rdn 13 ff; *Hennrichs* ZHR 170 (2006), 498, 506.

25 Zutreffend *Thiele* Eigenkapital S. 95.

26 *Thiele* Eigenkapital S. 114, 157.

gründet im Konzept unseres Gesellschafts- und Bilanzrechts keine Schuldposition. Für ein aufeinander abgestimmtes Gesamtsystem des Gesellschafts- und Bilanzrechts ist selbstverständlich, dass die gesellschaftsrechtlichen Eigenkapitalformen auch zum bilanziellen Eigenkapital gehören. Der bilanzielle Eigenkapitalbegriff kann deshalb zwar weiter, aber er darf nicht enger abgegrenzt werden als das gesellschaftsrechtliche Eigenkapital.[27] Darin kommt eine spezifische Steuerungswirkung unseres Gesellschaftsrechts zum Ausdruck, das den Kernbestand des Eigenkapitals eben auch mit Bindung für den Ausweis im HGB-Jahresabschluss abgrenzt. Ein solcher Mechanismus ist der gesellschaftsrechtsneutral konzipierten Standardsetzung in der internationalen Rechnungslegung naturgemäß fremd; im autonom konstruierten Modell der internationalen Rechnungslegung wird das bilanzielle Eigenkapital unabhängig vom gesellschaftsrechtlichen Eigenkapitalbegriff definiert.[28]

Jenseits dieser gesellschaftsrechtlichen Steuerungsvorgaben sind Eigenkapital- und **16** Schuldbegriff freilich längst nicht mehr trennscharf abgegrenzt, seitdem moderne Finanzierungsformen Merkmale klassischer *Fremd*finanzierung mit Merkmalen gesetzestypischen *Eigen*kapitals kombinieren. So etwa wenn beim Genussrechtskapital ein der Höhe nach fixer Rückzahlungsanspruch mit einer variablen (weil erfolgsabhängigen) Kapitalvergütung verknüpft wird. Hier setzt die Debatte um den sog. **materiellen Eigenkapitalbegriff** an, der sich um eine *positive* Umschreibung der die Eigenfinanzierung kennzeichnenden Merkmale und damit um die Konkretisierung der *materiellen Kriterien* für die Grenzziehung zwischen dem Eigen- und dem Fremdkapital bemüht.[29] Das soll der Klärung dienen, ob und unter welchen Voraussetzungen – über die im Gesetz benannten Eigenkapitalpositionen hinaus – weitere Zugänge in das Gesellschaftsvermögen dem Eigenkapital zuzuordnen sind. Mit dem Verständnis vom Eigenkapital als einer bloßen *Residualgröße* (s.o. Rdn 14) ist die Suche nach den materiell-inhaltlichen Kriterien des Eigenkapitalbegriffs freilich nicht mehr ohne weiteres kompatibel. Doch mag man sich auf die Überlegung zurückziehen, eine solche Methodik sei gewissermaßen eine Hilfsoperation für die (negative) Abgrenzung des Schuldbegriffs.

Wenn der Gesetzgeber selbst bestimmte Kapitalbestandteile dem Eigenkapital zu- **17** ordnet, liegt es im Übrigen durchaus nahe, die jenen Eigenkapitalposten gemeinsamen Merkmale aufzuspüren. In der Debatte um die Konkretisierung dieser Merkmale ist die Funktion des Eigenkapitals herausgearbeitet worden.[30] Eigenkapital ist in Handelsgesellschaften *gebundenes Risikokapital*. Als gebundenes Kapital unterliegt das Eigenkapital keinem einseitigen Auszahlungs- oder Rückforderungsrecht des Kapitalgebers. Eine Rückerstattung kann vielmehr nur aus Anlass der Beendigung der Mitgliedschaft oder im Zuge eines förmlichen Beschlussverfahrens des dafür zuständigen Gesellschaftsorgans durchgesetzt werden.[31] Die Möglichkeit, Eigenkapitalbestandteile nach Maßgabe eines

---

27 Der Sache nach ebenso *Thiele* Eigenkapital S. 95 f sowie HdJ-*Hennrichs/Pöschke* III/1, Rdn 15.

28 Hierzu und zu den daraus resultierenden Konflikten der Kapitalabgrenzung nach IAS 32 mit dem Gesamtgefüge unseres Unternehmensrechts *Kleindiek* ZHR 175 (2011) 247, 250 ff, 274 ff.

29 Zur Diskussion um die Abgrenzung zwischen Eigenkapital und Fremdkapital im HGB-Bilanzrecht eingehend *Thiele* Eigenkapital S. 73 ff; s. außerdem etwa ADS[6] § 246 Rdn 79 ff; *W. Müller* FS Budde S. 445 ff; GroßKommAktG[4]-*Wiedemann* Vor § 182 Rdn 1 ff sowie – speziell mit Blick auf die Personengesellschaften – *Sieker* Eigenkapital S. 25 ff.

30 Zu den Funktionen der Eigenfinanzierung s. zusammenfassend etwa HdJ-*Hennrichs/Pöschke* III/1, Rdn 4 ff; HdJ-*Singhof* III/2, Rdn 1 ff; ausführlich *Thiele* Eigenkapital S. 49 ff.

31 *Thiele* Eigenkapital S. 128 f; Großkommentar AktG[4]/*Wiedemann* Vor § 182 Rdn 5.

Gesellschafterbeschlusses und unter Beachtung von Gesetz und Gesellschaftsvertrag an die Unternehmenseigner auszukehren, steht der Einordnung als Eigenkapital also noch nicht entgegen.[32] Weil Eigenkapital stets Risikokapital ist, mindern etwa eintretende Verluste das Eigenkapital; im Falle von Insolvenz oder Liquidation können Auskehrungsansprüche der Eigenkapitalgeber erst nach Befriedigung sämtlicher Fremdkapitalgeber realisiert werden. In eben diesem Sinne leiten sich aus den mit dem gesellschaftsrechtlichen Eigenkapital verbundenen Restriktionen zugleich die prägenden Merkmale des bilanziellen Eigenkapitals ab: rechtsformübergreifend die **Verrechnung mit künftigen Verlusten im Fortführungsfall** und die **Nachrangigkeit des überlassenen Kapitals im Insolvenz- bzw. Liquidationsfall.**[33]

18 Dabei bezieht sich das Kriterium der **Verlustbeteiligung** freilich auf das Eigenkapital als Ganzes.[34] Deshalb verlieren Einlageleistungen eines Personengesellschafters, der von der Beteiligung an den laufenden Verlusten ausgeschlossen ist,[35] noch nicht ihren Eigenkapitalcharakter. Denn auch in diesem Fall geht der Rückerstattungsanspruch des Gesellschafters in Liquidation oder Insolvenz den Ansprüchen der Drittgläubiger im Rang nach, nimmt also – ungeachtet des Saldenausgleichs unter den Gesellschaftern[36] – am Endverlust (Totalverlust) teil.[37] Hingegen ist die Teilnahme des Kapitalgebers an den laufenden Verlusten (Periodenverlust) kein unabdingbar notwendiges Kriterium bilanziellen Eigenkapitals.[38] Gleichwohl ist die Beteiligung am laufenden Verlust ein durchaus typisches Einlagemerkmal.[39] In der Personengesellschaft repräsentieren deshalb Guthaben auf Gesellschafterkonten, die vereinbarungsgemäß mit dem anteiligen Periodenverlust zu verrechnen sind, in aller Regel Eigenkapital.[40] Die Verlustverrechnung spricht in besonderem Maße dafür, dass dem Konto eine Kapitalanteilsfunktion zukommt.[41]

---

32 ADS[6] § 246 Rdn 82 f.

33 Im Ansatz übereinstimmend IDW RS HFA 7 Tz 13 und im Schrifttum etwa ADS[6] § 247 Rdn 60; MünchKommHGB[3]/*Ballwieser* § 246 Rdn 81, 86; *Bormann* Eigenkapitalersetzende Gesellschaftsleistungen in der Jahres- und Überschuldungsbilanz (2001) S. 87 ff; Beck BilKomm[8]-*Förschle/Hoffmann* § 247 Rdn 160; *Herrmann* WPg 1994, 500, 501; Beck-HdR-*Heymann* B 231 Rdn 2; *Schluck-Auend/Kispenz* BB 2012, 1847 ff; *Schulze-Osterloh* IDW (Hrsg.), Personengesellschaft und Bilanzierung S. 129, 135; *Thiele* Eigenkapital S. 115 ff; Heymann[2]/ *Schluck-Amend/Krispenz* BB 2012, 1847 ff; *Walz* § 247 Rdn 27; s.a. noch HdJ-*Hennrichs/Pöschke* III/1, Rdn 17 ff u. 48 ff, die freilich entscheidend auf die Verlustteilhabe (nicht auch die Nachrangigkeit in Insolvenz und Liquidation) abstellen wollen.

34 Zutreffend *Hense* Stille Gesellschaft S. 213; *Thiele* Eigenkapital S. 155, 225.

35 S. zur Zulässigkeit entsprechender Regelungen im Gesellschaftsvertrag § 105, 22 u. § 121, 19 (*Schäfer*).

36 Näher zur verfahrensmäßigen Abwicklung jenes Innenausgleichs einerseits Baumbach/ Hopt/*Hopt* HGB[35] § 155 Rdn 2, andererseits in diesem Kommentar § 155, 7 ff (*Habersack*).

37 HdJ-*Hennrichs/Pöschke* III/1, Rdn 22; *Sieker* Eigenkapital S. 30; Großkommentar AktG[4]/ *Wiedemann* Vor § 182 Rdn 6.

38 *Hense* Stille Gesellschaft S. 210 f, 213 f; *Sieker* Eigenkapital S. 29 ff; *Thiele* Eigenkapital S. 155, 225.

39 Grundlegend in diesem Sinne *Huber* Vermögensanteil S. 248 f.

40 Übereinstimmend der BFH in ständiger Rechtsprechung; s. nur BFH 3.2.1988, I R 394/83, BStBl II 551, 553 und die Nachw. in BFH 3.11.1982, II R 94/80, BStBl II 1983, 240, 242; BFH 15.5.2008, IV R 46/05, DStR 2008, 1577, 1578.

41 So BFH BStBl II 1988, 551, 554; ganz ähnlich schon BFH 17.12.1980, II R 36/79, BStBl II 1981, 325, 326 („entscheidendes Indiz"); s.a. *Pauli* Eigenkapital S. 152 f („starkes Indiz"); *Thiele* Eigenkapital S. 225 („sehr gewichtiges, wenngleich widerlegbares Indiz") sowie in diesem Kommentar § 120, 57 *(Schäfer)* mwN.

b) **Bilanzausweis**

aa) **Grundlagen.** Für die *Aufgliederung des Eigenkapitals* in der Bilanz von Kapitalgesellschaften und diesen nach § 264a gleichgestellten Unternehmen treffen §§ 266 Abs. 3 A, 272 sowie § 264c Abs. 2 nähere Regelungen (s. die Kommentierung dort). Die Bestimmungen der §§ 266 Abs. 3 A, 272 finden sinngemäß auf Einzelkaufleute und Personengesellschaften Anwendung, die dem PublG unterfallen (§ 5 Abs. 1 S. 2 PublG). In der offengelegten Bilanz solcher Personengesellschaften dürfen jedoch die Kapitalanteile der Gesellschafter, die Rücklagen, ein Gewinnvortrag und ein Gewinn unter Abzug der nicht durch Vermögenseinlagen gedeckten Verlustanteile von Gesellschaftern, eines Verlustvortrags und eines Verlustes in *einem* Posten „Eigenkapital" zusammengefasst ausgewiesen werden (§ 9 Abs. 3 PublG). 19

Eine Übertragung der Gliederungsvorschriften aus §§ 266 Abs. 3 A, 272 auf sonstige Personenhandelsgesellschaften (oder gar Einzelkaufleute) kommt freilich nicht in Betracht. Dem stehen die **Rechtsformunterschiede** zwischen Kapital- und Personengesellschaften entgegen, zumal das Personengesellschaftsrecht erhebliche Spielräume auch und gerade hinsichtlich der Eigenkapitalausstattung eröffnet. Die Nutzung jener Spielräume (nach Maßgabe des jeweiligen Gesellschaftsvertrags) bestimmt auch den bilanziellen Ausweis des Eigenkapitals. Da der Gesetzgeber des BiRiLiG auf detaillierte Vorgaben zum Eigenkapitalausweis bei Einzelkaufleuten und Personengesellschaften bewusst verzichtet hat,[42] ist anerkannt, dass sich die Aufgliederung des Eigenkapitals in der Bilanz jener Unternehmen allein an dem Gebot der Klarheit und Übersichtlichkeit (§ 243 Abs. 3) zu orientieren hat.[43] 20

bb) **Einzelkaufleute.** Sie können das zum Bilanzstichtag vorhandene Eigenkapital in einem Nettobetrag ausweisen oder aber seine Entwicklung nachzeichnen, indem Einlagen und Entnahmen sowie das Jahresergebnis vermerkt werden.[44] Darin liegt freilich keine – bei Einzelkaufleuten in der Regel auch gar nicht mögliche – Aufgliederung des Eigenkapitals, sondern lediglich die nähere Aufschlüsselung seiner Entwicklung (Veränderung) im Geschäftsjahr.[45] Bei negativem Eigenkapital (Sollsaldo) ist ein entsprechender Ausweis auf der Aktivseite der Bilanz notwendig, wobei eine Bezeichnung entsprechend § 268 Abs. 3 („Nicht durch Eigenkapital gedeckter Fehlbetrag") o.ä. empfehlenswert ist.[46] 21

cc) **Personenhandelsgesellschaften.** Für den Eigenkapitalausweis in der Bilanz von Personenhandelsgesellschaften ist nach der *konkreten Kapitalverfassung* der Gesellschaft zu unterscheiden – je nachdem, ob die Gliederung der Gesellschafterkonten dem gesetzlichen Modell folgt oder ob – wie regelmäßig – im Gesellschaftsvertrag eine hiervon abweichende Anordnung getroffen wird. 22

---

[42] Anders noch der Vorentwurf von 1980 sowie die Regierungsentwürfe von 1982 und 1983; s. näher HuRB-*Rückle/Klatte* S. 113, 115 f mwN.

[43] ADS[6] § 247 Rdn 57; *Herrmann* WPg 1994, 500, 507 f; *Pauli* Eigenkapital S. 75 ff; HuRB-*Rückle/Klatte* S. 113, 121; *Thiele* Eigenkapital S. 210 ff.

[44] Zu den unterschiedlichen Darstellungsmöglichkeiten näher ADS[6] § 247 Rdn 74 f; Beck Bil-Komm[8]-*Förschle/Hoffmann* § 247 Rdn 155; HdJ-*Hennrichs/Pöschke* III/1, Rdn 41 f; HdR-EA/*Hütten/Lorson* § 247 (Stand August 2010) Rdn 30 ff; HuRB-*Rückle/Klatte* S. 113, 123; *Thiele* Eigenkapital S. 165 f.

[45] *Thiele* Eigenkapital S. 165 f.

[46] HuRB-*Rückle/Klatte* S. 113, 123; Beck Bil-Komm[8]-*Förschle/Hoffmann* § 247 Rdn 155: „Nicht durch Vermögenseinlage gedeckte Verluste/Entnahmen des Geschäftsinhabers".

23 aaa) **Kontenführung entsprechend dem gesetzlichen Modell.** Nach dem (dispositiven) Gesetzesrecht ist für jeden Gesellschafter einer OHG sowie für jeden Komplementär einer KG ein *einheitliches, variables Kapitalkonto* zu führen, das den Stand des Kapitalanteils des jeweiligen Gesellschafters anzeigt. Vom Gesellschafter geleistete Einlagen sowie ein ihm (aufgrund der Jahresbilanz) zukommender Gewinnanteil werden dem Konto zugeschrieben, Verlustanteil und (gesellschaftsrechtlich zulässige) Entnahmen werden davon abgebucht („abgeschrieben"; § 120 Abs. 2). Auch für jeden *Kommanditisten* ist ein solches variables Kapitalkonto zu führen, dem geleistete Einlagen und anteilige Gewinne zu-, Verlustanteile abgebucht werden (§§ 167 Abs. 1, 120 Abs. 2). Sobald der Stand dieses Kontos die vom Kommanditisten nach dem Gesellschaftsvertrag zu erbringende Einlage („Pflichteinlage") erreicht, ist jedoch ein zweites Konto zu eröffnen (§ 167 Abs. 2). Diesem sind nunmehr die anteiligen Gewinne zuzuschreiben, jetzt zulässige Entnahmen (§ 169 Abs. 1 S. 2) sind hier abzuschreiben. Erleidet die Gesellschaft Verluste, wird das erste Konto „wiedereröffnet". Denn der Verlustanteil des Kommanditisten ist diesem Konto zu belasten, auch wenn das zweite Konto noch ein Guthaben aufweist; spätere Gewinnanteile sind dem ersten Konto solange gutzuschreiben, bis der Habensaldo jenes Kontos die nach dem Gesellschaftsvertrag zu erbringende Einlage wieder erreicht hat.

24 Guthaben auf dem (variablen) Kapitalkonto des OHG-Gesellschafters oder des Komplementärs haben Eigenkapitalcharakter; gleiches gilt für das (erste) Kapitalkonto des Kommanditisten, auf dem gem. § 167 Abs. 2 seine Einlage verbucht wird. Die Summe der auf jenen Konten verbuchten Kapitalanteile der Gesellschafter macht das **Eigenkapital** der Gesellschaft aus.[47] Hingegen ist das zweite Konto des Kommanditisten ein Forderungs- bzw. (aus der Sicht der Gesellschaft) ein Verbindlichkeitskonto.[48] Hierauf gutgeschriebene (und stehengelassene) Gewinnanteile kann der Kommanditist – vorbehaltlich anderweitiger Vereinbarung – jederzeit entnehmen (§ 169 Abs. 1), auch wenn das erste Konto durch zwischenzeitliche Verluste den Betrag der bedungenen Einlage nicht mehr erreicht (§ 169 Abs. 2). Vereinbarte Entnahmebeschränkungen heben zwar die (ex lege gegebene) sofortige Fälligkeit des Auszahlungsanspruchs auf, ändern aber noch nicht den Charakter der dort gutgeschriebenen Mittel als **Fremdkapital.**[49] Sie sind als Verbindlichkeiten gegenüber den Gesellschaftern gesondert auszuweisen.[50] All das ist erst anders, wo die Vereinbarung auch eine Verrechnung jenes Guthabens mit den laufenden Verlusten vorsieht; dann hat auch das zweite Konto insgesamt in aller Regel Eigenkapitalcharakter (s. schon oben Rdn 17 f).[51]

25 In der Bilanz einer **Kommanditgesellschaft** ist der **getrennte Ausweis des Kommanditisten- und des Komplementärkapitals** geboten, um den unterschiedlichen Haftungsverhältnissen Rechnung zu tragen.[52] Jedoch können die Kapitalanteile der Komplementäre

---

[47] *Huber* ZGR 1988, 1, 4; s.a. HdJ-*Hennrichs/Pöschke* III/1, Rdn 60 f u. 105 ff.

[48] Beck-HdR-*Heymann* B 231 Rdn 25; *Huber* ZGR 1988, 1, 29, 32; *ders.* GedS Knobbe-Keuk S. 203, 204; *Ley* KÖSDI 1994, 9972, Tz 5; *Pauli* Eigenkapital S. 133, 160 f; HdR[4]-*Reinhard* § 247 Rdn 101; *Thiele* Eigenkapital S. 222.

[49] BGH DB 1978, 877; OLG Köln NZG 2000, 979, 980.

[50] IDW RS HFA 7 Tz 55; ADS[6] § 247 Rdn 64 u. 38; *Döllerer* WPg 1977, 81, 83; *Freidank* WPg 1994, 397, 401; *Thiele* Eigenkapital S. 214 f.

[51] BFH 17.12.1980, II R 36/79, BStBl II 1981, 325, 326; BFH 3.2.1988, I R 394/83, BStBl II 1988, 551, 554; ADS[6] § 247 Rdn 65; HdJ-*Hennrichs/Pöschke* III/1, Rdn 100; *Huber* ZGR 1988, 1, 32, 43 f, 50 f; *Ley* KÖSDI 1994, 9972, Tz 14; *Rodewald* GmbHR 1998, 521, 524; grundlegend *Huber* Vermögensanteil S. 259.

[52] Ganz hM: IDW RS HFA 7 Tz 43; ADS[6] § 247 Rdn 62; Beck-HdR-*Castan* B 200

und jene der Kommanditisten zu je einem Posten „Eigenkapital“ *zusammengefasst* werden; entsprechendes gilt für die Anteile der OHG-Gesellschafter. Das entsprach schon früh ganz überwiegender Auffassung[53] und ist vom Gesetzgeber des KapCoRiLiG für Personengesellschaften ohne natürliche Person als Vollhafter ausdrücklich bestätigt worden (§ 264c Abs. 2 S. 2 und 6). Wenn demgegenüber mit Blick auf die Selbstinformationsfunktion der Bilanz gefordert worden ist, die Kapitalanteile der einzelnen Gesellschafter zumindest in einer Vorspalte getrennt auszuweisen,[54] so vermag das nicht zu überzeugen. Denn über den Stand der jeweiligen Gesellschafterkonten kann jeder Gesellschafter schon mit Hilfe seines allgemeinen Auskunftsanspruchs aus § 118 Abs. 1 bzw. (für den Kommanditisten) § 166 Abs. 1 Auskunft verlangen. Des Einsatzes der Bilanz bedarf es insoweit nicht.

Die Option zum zusammenfassenden Ausweis der Kapitalanteile der Komplementäre **26**
einerseits und der Kommanditisten andererseits (soeben Rdn 25) erlaubte nach früher vorherrschender Ansicht innerhalb der jeweiligen Gesellschaftergruppe ohne Einschränkung auch eine (offene oder verdeckte) **Saldierung negativer** Kapitalanteile einzelner Gesellschafter **mit positiven Anteilen** der anderen Gesellschafter.[55] Mit dem Inkrafttreten des KapCoRiLiG war die Zulässigkeit dieser Praxis für Personengesellschaften ohne natürliche Person als Vollhafter angesichts der Regelung in § 264c Abs. 2 S. 3 (mit der Verweisung im dortigen S. 6) zweifelhaft geworden; sie wurde kontrovers diskutiert; s. dazu 4. Aufl. § 247, 21 (*Kleindiek*) einerseits und § 264c, 13 (*Hüttemann*) andererseits.[56] Der HFA des IDW sieht für Personengesellschaften i.S.d. § 264a die Saldierung negativer Kapitalkonten einzelner Gesellschafter mit positiven Kapitalkonten anderer Gesellschafter, auch in der gleichen Gesellschaftergruppe, als „nicht sachgerecht“ an.[57] Das vermag zwar nicht zu überzeugen, doch hat sich die Praxis darauf eingestellt. Für gesetzestypische Personenhandelsgesellschaften wird die Zulässigkeit einer Saldierung negativer und positiver Kapitalanteile (erkennbar oder nicht erkennbar) weiterhin anerkannt;[58] jedenfalls insoweit besteht ein entsprechendes *Ausweiswahlrecht* also fort.[59] Gläubigerinte-

---

Rdn 51; *Freidank* WPg 1994, 397, 404; Beck-HdR-*Heymann* B 231 Rdn 34; *Pauli* Eigenkapital S. 118; HdR[4]-*Reinhard* § 247 Rdn 102; HuRB-*Rückle/Klatte* S. 113, 125, 130; *Thiele* Eigenkapital S. 220, 223; kritisch *Hoffmann/Lüdenbach* NWB KommBilanzierung[3] § 246 Rdn 140 f.

53 IDW-HFA, Stellungnahme 2/1993, Teil B I 2 b/c (WPg 1994, 22, 23); ADS[6] § 247 Rdn 62; *Freidank* WPg 1994, 397, 399. S. aktuell IDW RS HFA 7 Tz 43 und etwa HdJ-*Hennrichs/Pöschke* III/1, Rdn 102; Beck-HdR-*Heymann* B 231 Rdn 34; BoHdR-*Kirsch* § 247 (Stand Juni 2011) Rdn 61.

54 So *Pauli* Eigenkapital S. 92, 118 f, der einen zusammenfassenden Ausweis der Kapitalanteile nur zulassen will, wenn es angesichts der Vielzahl der Gesellschafter andernfalls zur Unübersichtlichkeit der Bilanz kommen würde; ähnlich *Thiele* Eigenkapital S. 219 f, der bei großer Gesellschafterzahl jedenfalls eine Aufschlüsselung in einem Anhang zur Bilanz verlangt; ebenso *Hoffmann/Lüdenbach* NWB KommBilanzierung[3] § 246 Rdn 105.

55 S. schon IDW-HFA, Stellungnahme 2/1993, Teil B I 2 b (WPg 1994, 22, 23) und etwa ADS[6] § 247 Rdn 66; *Freidank* WPg 1994, 397, 399; aA HuRB-*Rückle/Klatte* S. 113, 127, die mit Blick auf die Informationsinteressen der von der Geschäftsführung ausgeschlossenen Gesellschafter nur eine offene Verrechnung negativer und positiver Kapitalanteile zulassen wollen; ihnen folgend Heymann[2]/*Walz* § 247 Rdn 26.

56 Außerdem noch HdJ-*Hennrichs/Pöschke* III/1, Rdn 122 f.

57 IDW RS HFA 7 Tz 44; ebenso etwa Beck BilKomm[8]-*Förschle/Hoffmann* § 264c Rdn 21; WP-Handbuch I[14] Tz F 353.

58 IDW RS HFA 7 Tz 43.

59 S. auch HdJ-*Hennrichs/Pöschke* III/1, Rdn 74 u. 102; Beck-HdR-*Heymann* B 231 Rdn 34; BoHdR-*Kirsch* § 247 (Stand Juni 2011) Rdn 61.

ressen werden dadurch nicht beeinträchtigt. Die Gesellschafter können mit Hilfe ihrer Informationsrechte aus § 118 Abs. 1 bzw. (für den Kommanditisten) § 166 Abs. 1 Auskunft über den Stand der jeweiligen Gesellschafterkonten verlangen.

27 Ein **insgesamt negatives Eigenkapital** ist auf der Aktivseite – getrennt nach Gesellschaftergruppen – gesondert auszuweisen,[60] wobei der Betrag – in Anlehnung an § 264c Abs. 2 S. 5 – als „Nicht durch Vermögenseinlagen gedeckte Verlustanteile“ bezeichnet werden sollte. Ein Ausweis unter den Forderungen („Einzahlungsverpflichtungen“; vgl. § 264c Abs. 2 S. 4) ist dabei aber nur ausnahmsweise zulässig, sofern die Gesellschafter (nach den getroffenen Vereinbarungen) spätestens im Insolvenzfall Verlustanteile durch Nachzahlung auszugleichen haben.[61]

28 Für den **Kommanditisten** ist zwischen der bedungenen Einlage („Pflichteinlage“) und der – im Handelsregister einzutragenden – „Hafteinlage“ im Sinne von § 172 Abs. 1 (besser: „Haftsumme“) zu unterscheiden; letztere bezeichnet den Betrag, bis zu dem der Kommanditist den Gesellschaftsgläubigern gegenüber ggf. unmittelbar haftet. Für den *Bilanzausweis* ist allein auf den Betrag der *Pflichteinlage* abzustellen, auch wenn diese ausnahmsweise einmal nicht mit der im Handelsregister eingetragenen Haftsumme übereinstimmt. Denn mit der „bedungenen Einlage“ im Sinne von § 167 Abs. 2 ist die „Pflichteinlage“ gemeint. Es besteht deshalb auch kein Anlass, den die Haftsumme übersteigenden Betrag der geleisteten Pflichteinlage als Kapitalrücklage in der Bilanz auszuweisen.[62] Und ebenso wenig ist ein Bilanzvermerk zu verlangen, wenn (umgekehrt) die Haftsumme den Betrag der bedungenen Einlage übersteigt. Ein solcher Vermerk könnte in die Irre führen, wo eine Einlageleistung sogar in Höhe der Haftsumme erbracht ist, anteilige Verluste den Kapitalanteil des Kommanditisten aber später gemindert haben;[63] denn hierdurch lebt die Haftung des Kommanditisten gerade noch nicht wieder auf. Zweckmäßig mag ein Vermerk aber dann sein, wenn und soweit die Haftsumme den Betrag der Pflichteinlage übersteigt und eine Einlageleistung in Höhe des Differenzbetrages noch aussteht.[64] Für Personenhandelsgesellschaften im Sinne des § 264a (also solche ohne natürliche Person als Vollhafter) verlangt § 264c Abs. 2 S. 9 eine entsprechende Angabe im *Anhang*.[65] Die gesetzestypischen Personenhandelsgesellschaften sind zur Erstellung eines Anhangs aber nicht verpflichtet. Auch eine Rechtspflicht zu einem Vermerk innerhalb der Bilanz lässt sich zu ihren Lasten nicht begründen. Der daraus resultierende unterschiedliche Informationsgehalt des Jahresabschlusses normtypischer Personengesellschaften ist auch unter Gläubigerschutzaspekten hinzunehmen, da den Gläubigern hier stets wenigstens eine natürliche Person unbeschränkt persönlich haftet.

29 Nach §§ 120 Abs. 1, 161 Abs. 2, 167 werden das Jahresergebnis sowie der jeweilige Gesellschafteranteil daran aufgrund der Jahresbilanz ermittelt; gem. §§ 120 Abs. 2, 167

---

60 HdJ-*Hennrichs/Pöschke* III/1, Rdn 75; *Pauli* Eigenkapital S. 94, 126; HdR⁴-*Reinhard* § 247 Rdn 105.

61 ADS⁶ §247 Rdn 67; s.a. 4. Aufl. § 264c, 12 (*Hüttemann*).

62 So aber etwa *Pauli* Eigenkapital S. 123; HdR⁴-*Reinhard* § 247 Rdn 103; HuRB-*Rückle/Klatte* S. 113, 130; wohl auch *Freidank* WPg 1994, 397, 406; dagegen zutreffend ADS⁶ § 247 Rdn 72; wie hier auch HdJ-*Hennrichs/Pöschke* III/1, Rdn 96.

63 S. schon IDW-HFA Stellungnahme 1/1976: Stellungnahme zur Bilanzierung bei Personenhandelsgesellschaften (WPg 1976, 114, 117) und im Schrifttum etwa ADS⁶ § 247 Rdn 72; *Pauli* Eigenkapital S. 124f; HuRB-*Rückle/Klatte* S. 113, 131; wie hier auch HdJ-*Hennrichs/Pöschke* III/1, Rdn 97.

64 Für diesen Fall bezeichnet HdR⁴-*Reinhard* § 247 Rdn 103 einen Bilanzvermerk als „zweckmäßig und auch wünschenswert“; zustimmend HdR-EA/*Hütten/Lorson* § 247 (Stand August 2010) Rdn 41.

65 Näher 4. Aufl. § 264c, 17 (*Hüttemann*).

Abs. 2 sind anteiliger Gewinn und Verlust dem Kapitalanteil des Gesellschafters zu- bzw. abzuschreiben. Das Gesetz geht also von einer **Bilanz nach Ergebnisverteilung** aus, zum Ausweis eines Jahresüberschusses in der Bilanz kommt es dann nicht.[66] Knüpft der Gesellschaftsvertrag die Gewinnverteilung jedoch (ganz oder teilweise) an einen entsprechenden Gesellschafterbeschluss, so wird – wenn die Beschlussfassung noch aussteht – in der Bilanz das **unverteilte Jahresergebnis** (ggf. nur der zu verteilende Teil) als Jahresüberschuss (ggf. als Bilanzgewinn) unter dem Eigenkapital ausgewiesen.[67] Vor diesem Hintergrund erklären sich auch die unterschiedlichen Möglichkeiten, die § 264c Abs. 2 für den Eigenkapitalausweis bei Personenhandelsgesellschaften ohne natürliche Person als Vollhafter bereithält.[68]

bbb) Modifizierte Kontenführung. Die Praxis weicht vom gesetzlichen Modell des einheitlichen, variablen Kapitalkontos des OHG-Gesellschafters und Komplementärs vielfach ab; auch die gesetzliche Regelung zu den Kommanditistenkonten wird durch Vereinbarungen im Gesellschaftsvertrag häufig modifiziert. Die Varianten sind vielfältig und an dieser Stelle nicht im Detail zu beschreiben.[69] Mit Blick auf den Bilanzausweis sind vor allem die nachfolgenden Konstellationen zu unterscheiden. **30**

Das einheitliche **Kapitalkonto** kann in einen festen und einen beweglichen Teil **aufgespalten** werden: auf dem ersten Konto wird die ursprünglich bedungene Einlage, auf dem zweiten werden Gewinne, Verluste und Entnahmen verbucht. Bei dieser Gestaltung – die in der Praxis auch bei den Kommanditistenkonten begegnet – haben außer den Guthaben auf dem ersten Konto (das die vom Gesellschafter geleistete Einlage ausweist) auch Guthaben auf dem zweiten Konto Eigenkapitalcharakter, sofern die dort gutgeschriebenen und stehengebliebenen Gewinne (nach der Vereinbarung unter den Gesellschaftern) mit laufenden Verlusten zu verrechnen sind.[70] Eine etwaige Bezeichnung des zweiten Kontos als „Darlehenskonto" oder „Privatkonto" (statt „Kapitalkonto II" etc.) steht dem nicht entgegen, da sich der Charakter der dort verbuchten Mittel als Eigen- oder Fremdkapital nach materiellen Kriterien, nicht aber nach der Kontenbezeichnung bestimmt.[71] **31**

Verbreitet wird das zweite (**bewegliche**) **Konto** freilich **noch einmal unterteilt**: in ein Konto, auf dem die – nach Maßgabe des Gesellschaftsvertrags – nicht entnahmefähigen Gewinn- sowie Verlustanteile verbucht werden („Kapitalkonto II" oder „Rücklagenkonto") und in ein weiteres (drittes) Konto, das die entnahmefähigen Gewinnanteile sowie Entnahmen aufnimmt („Darlehenskonto", „Privatkonto" etc.). Hier geben das feste Kapitalkonto („Kapitalkonto I") und das Kapitalkonto II („Rücklagenkonto") zusammen den Stand des Kapitalanteils des Gesellschafters an; die entsprechenden Konten aller Gesellschafter weisen das Eigenkapital der Gesellschaft aus. Ein Habensaldo auf **32**

---

[66] IDW RS HFA 7 Tz 47.

[67] IDW RS HFA 7 Tz 48; ADS⁶ § 247 Rdn 70; Haufe HGB BilKomm³-*Bertram* § 247 Rdn 99 f; HdJ-*Hennrichs/Pöschke* III/1, Rdn 84 ff; *Pauli* Eigenkapital S. 97 ff.

[68] S. die erläuternde Passage in der Beschlussempfehlung des BT-Rechtsausschusses zu §264c Abs. 2 S. 1, dokumentiert in IDW (Hrsg.) KapCoRiLiG Textausgabe S. 66; zu Einzelheiten s. 4. Aufl. § 264c, 18 ff (*Hüttemann*).

[69] S. näher § 120, 64 ff (*Schäfer*) und zu allen Einzelheiten *Huber* ZGR 1988, 1, 42 ff.

[70] OLG Köln NZG 2000, 979, 980; ADS⁶ § 247 Rdn 60 ff; HdJ-*Hennrichs/Pöschke* III/1, Rdn 70; Beck-HdR-*Heymann* B 231 Rdn 27 ff; *Oppenländer* DStR 1999, 939, 941; *Pauli* Eigenkapital S. 159 ff; *Rodewald* GmbHR 1998, 521, 524 f; *Thiele* Eigenkapital S. 224 f.

[71] Zum Ganzen eingehend und instruktiv *Huber* ZGR 1988, 1, 51 ff, 65 ff.

dem dritten Konto indes gibt, wenn der Gesellschafter einen von künftigen Verlusten der Gesellschaft unabhängigen Auszahlungsanspruch geltend machen kann, eine Verbindlichkeit der Gesellschaft gegenüber dem Gesellschafter wieder, mag sie auch – je nach den getroffenen Vereinbarungen – noch nicht fällig sein; die hier verbuchten Mittel zählen dann zum Fremdkapital der Gesellschaft.[72] Entsprechendes gilt für das Kapitalkonto II, sofern es nur die nicht entnahmefähigen Gewinne aufnimmt, während die Verluste auf einem gesonderten Verlustvortragskonto verbucht werden. Während das Verlustvortragskonto einen Korrekturposten zum Eigenkapital darstellt, repräsentiert ein Guthaben auf dem Kapitalkonto II eine Forderung des Gesellschafters: die Verrechnung mit späteren Verlusten ist ja gerade ausgeschlossen.[73]

33 Der Gesellschaftsvertrag kann im Übrigen auch vorsehen, dass nicht entnahmefähige Gewinne einem **gemeinschaftlichen Rücklagenkonto** (statt anteilig dem „Rücklagenkonto" bzw. „Kapitalkonto II" der einzelnen Gesellschafter) zuzuführen sind. Für den materiellen Charakter der verbuchten Beträge kommt es auf solche Unterschiede in der buchungstechnischen Abwicklung nicht an. Auch die in eine „gemeinschaftliche Rücklage" gebuchten Mittel sind Teil des Eigenkapitals der Gesellschaft, sofern eine Verrechnung der Rücklage mit künftigen Verlusten vorgesehen ist.[74] Sie können dann in der Bilanz als Rücklage unter dem Eigenkapital ausgewiesen werden; eine weitere Aufteilung in Anlehnung an das für Kapitalgesellschaften geltende Gliederungsschema des § 266 Abs. 3 A (Kapital- und Gewinnrücklage) ist dabei entbehrlich.[75]

34 Sieht der Gesellschaftsvertrag die Aufspaltung des einheitlichen Kapitalkontos des Gesellschafters in einen festen und einen variablen Teil vor, wird auf dem festen Konto („Kapitalkonto I") sogleich der vollständige Betrag der bedungenen Einlage gebucht, auch wenn diese noch nicht vollständig erbracht ist. Entsprechend der für Kapitalgesellschaften geltenden Regelung in **§ 272 Abs. 1** sind die **ausstehenden Einlagen** in der Bilanz auszuweisen, in der Kommanditgesellschaft getrennt für Komplementäre und Kommanditisten. Bis zum Inkrafttreten des BilMoG erlaubte § 272 Abs. 1 in seinem Anwendungsbereich wahlweise den Brutto- oder den Nettoausweis: Nach der Bruttomethode (§ 272 Abs. 1 S. 2 a.F.) werden die ausstehenden Einlagen auf der Aktivseite vor dem Anlagevermögen gesondert ausgewiesen, wobei die schon eingeforderten Einlagen kenntlich zu machen sind. Nach der Nettomethode (§ 272 Abs. 1 S. 3 a.F.) werden die noch nicht eingeforderten, ausstehenden Einlagen auf der Passivseite (in der Vorspalte) offen vom Eigenkapital abgesetzt; der Differenzbetrag beider Positionen wird in der Hauptspalte als „Eingefordertes Kapital" ausgewiesen, wobei auf der Aktivseite die eingeforderten, aber noch nicht eingezahlten Einlagen unter den Forderungen gesondert ausgewiesen werden.[76] Im Zuge des BilMoG ist das Wahlrecht aus § 272 Abs. 1 a.F.

---

[72] S. § 120, 70 (*Schäfer*) und eingehend *Huber* ZGR 1988, 1, 72 ff, 85 f; ferner HdJ-*Hennrichs/Pöschke* III/1, Rdn 72; Beck-HdR-*Heymann* B 231 Rdn 30 f; *Ley* KÖSDI 1994, 9972, Tz 19 f; *Oppenländer* DStR 1999, 939, 941; *Pauli* Eigenkapital S. 162 f; *Rodewald* GmbHR 1998, 521, 525 f; *Wiedemann* FS Odersky S. 925, 935.

[73] S. auch dazu *Huber* ZGR 1988, 1, 86 ff; ferner ADS⁶ § 247 Rdn 68; *Ley* KÖSDI 1994, 9972, Tz 23 ff; *Oppenländer* DStR 1999, 939, 941 f; *Rodewald* GmbHR 1998, 521, 526.

[74] Näher *Huber* ZGR 1988, 1, 89 ff; *ders.* GedS Knobbe-Keuk S. 203, 207 ff, 216 f; ferner HdJ-*Hennrichs/Pöschke* III/1, Rdn 82; *Oppenländer* DStR 1999, 939, 942; *Pauli* Eigenkapital S. 102 f; HdR^4-*Reinhard* § 247 Rdn 104; *Rodewald* GmbHR 1998, 521, 526 f.

[75] Vgl. IDW RS HFA 7 Tz 46; ADS^6 § 247 Rdn 63 u. 71; HdJ-*Hennrichs/Pöschke* III/1, Rdn 83.

[76] S. zur Rechtslage bis zum Inkrafttreten des BilMoG ADS^6 § 247 Rdn 69; *Freidank* WPg 1994, 397, 400; *Huber* ZGR 1988, 1, 48 f;

beseitigt worden; im Anwendungsbereich der Vorschrift ist heute der **Nettoausweis gem. § 272 Abs. 1 S. 3 n.F.** zwingend vorgeschrieben, was auf den Ausweis ausstehender Einlagen in der Bilanz der gesetzestypischen Personenhandelsgesellschaft übertragen wird.[77]

c) **Hybride Finanzierungsinstrumente: Genussrechtskapital und Einlageleistungen stiller Gesellschafter.** Je nach vertraglicher Ausgestaltung funktional entweder dem Eigen- oder dem Fremdkapital zuzuordnen sind die sog. hybriden (oder mezzaninen) Finanzierungsinstrumente, wie sie in der Praxis in unterschiedlichsten Ausformungen begegnen. Ihre Zuordnung zum Eigen- oder Fremdkapital nach den oben Rdn 16 ff skizzierten Kriterien der HGB-Bilanzierung (oder gar der internationalen Rechnungslegung) ist im Rahmen dieser Kommentierung nicht im Einzelnen nachzuzeichnen.[78] Allein die Leitlinien für die handelsbilanzielle Behandlung von Genussrechtskapital sowie der Einlage eines stillen Gesellschafters werden im Folgenden zusammengefasst. 35

aa) **Genussrechtskapital.** Der bilanzielle Ausweis von Genussrechtskapital ist in den Einzelheiten nach wie vor umstritten. Genussrechte – gesetzlich nur fragmentarisch normiert (vgl. §§ 221 Abs. 1, 3, 4; 160 Abs. 1 Ziff. 6 AktG) – gewähren dem Berechtigten gegen die emittierende (Kapital-)Gesellschaft schuldrechtliche Ansprüche eigener Art, die in der Regel den typischen Vermögensrechten von Gesellschaftern (insbesondere Beteiligung am Gewinn und/oder Liquidationserlös) angenähert sind. Die Praxis kennt freilich vielfältige Gestaltungsvarianten des Genussrechtskapitals.[79] Seine Zuordnung zum Eigen- oder Fremdkapital hängt von der konkreten Ausgestaltung der Genussrechtsbedingungen ab. 36

Die **Zuordnung zum Eigenkapital** ist nur gerechtfertigt, wenn das Genussrechtskapital die Eigenkapitalkriterien (s.o. Rdn 17) erfüllt. Die *IDW-HFA*-Stellungnahme 1/1994 „Zur Behandlung von Genussrechten im Jahresabschluss von Kapitalgesellschaften"[80] und das ihr folgende Schrifttum[81] verlangen dazu – kumulativ – (1.) die Nachrangigkeit eines Rückzahlungsanspruchs der Genussrechtsinhaber in Insolvenz oder Liquidation, (2.) die volle Verlustbeteiligung (Verrechnung) und Erfolgsabhängigkeit der Vergütung sowie (3.) die Längerfristigkeit der Kapitalüberlassung.[82] 37

Pauli Eigenkapital S. 103 ff, 120; HdR[4]-*Reinhard* § 247 Rdn 102.

[77] So IDW RS HFA 7 Tz 45.

[78] Dazu aus jüngerer Zeit etwa *Bogenschütz* Neuausrichtung des Eigenkapitalbegriffs. Dogmatische Überlegungen im Lichte hybrider Finanzierungen (2008) S. 63 ff; *Dürr* Mezzanine-Kapital in der HGB- und IFRS-Rechnungslegung (2007) S. 205 ff; *Häger/Elkemann-Reusch* Mazzanine Finanzierungsinstrumente (2. Aufl. 2007) S. 71 ff; *Häuselmann* BB 2007, 931 ff; *Kraft* ZGR 2008, 324, 330 ff; *Küting/Erdmann/Dürr* DB 2008, 941 ff und 997 ff; *Kuhn/Scharpf* Rechnungslegung von Financial Instruments nach IFRS (3. Aufl. 2006) Rdn 3770 ff; *Matthies* Die Abgrenzung von Eigen- und Fremdkapital entsprechend der Rechnungslegung nach deutschem Handelsrecht und IAS/IFRS (2008) S. 92 ff; *Schaber/Isert* BB 2006, 2401 ff.

[79] Allerdings wird die aktienrechtliche Zulässigkeit von Genussrechten mit Eigenkapitalcharakter noch immer kontrovers diskutiert; näher zum Meinungsstand *Hüffer* AktG[10] § 221 Rdn 31 ff.

[80] WPg 1994, 419.

[81] Etwa ADS[6] § 246 Rdn 87 ff u. § 266 Rdn 190 ff; HdR-EA/*Dusemond/Heusinger-Lange/Knop* § 266 (Stand Dezember 2010) Rdn 171; Beck BilKomm[8]-*Ellrott/Krämer* § 266 Rdn 191; *Emmerich/Naumann* WPg 1994, 677; Beck-HdR-*Heymann* B 231 Rdn 6; Beck BilKomm[8]-*Kozikowski/Schubert* § 247 Rdn 228; HdJ-*Singhof* III/2, Rdn 175 ff.

[82] IDW-HFA Stellungnahme 1/1994, Ziff 2.1.1. (WPg 1994, 419 f).

38 **Nachrangigkeit** und **Verlustbeteiligung** spiegeln die zentralen Kriterien des allgemeinen Eigenkapitalbegriffs wider. Auch das Erfordernis **erfolgsabhängiger Vergütung** verdient – in der Interpretation der *IDW-HFA*-Stellungnahme – als Eigenkapitalmerkmal im Recht der Kapitalgesellschaften Zustimmung: die Kapitalüberlassungsvergütung darf nicht aus den gegen Ausschüttung geschützten Kapitalbestandteilen gezahlt werden.[83] Das recht unbestimmte Merkmal der „Längerfristigkeit" der Kapitalüberlassung – verstanden als „längerfristiger Zeitraum, während dessen sowohl für den Genussrechtsemittenten als auch den Genussrechtsinhaber die Rückzahlung ausgeschlossen ist"[84] – ist indes konkretisierungsbedürftig. Im Schrifttum wird insoweit verbreitet eine Mindestüberlassungsdauer von fünf Jahren, z.T. verbunden mit einer Kündigungsfrist von nicht weniger als zwei Jahren (analog zum Ergänzungskapital nach § 10 Abs. 5 KWG) befürwortet.[85]

39 Das Kriterium der **Längerfristigkeit** stößt jedoch schon grundsätzlich auf Vorbehalte.[86] Denn in der Diskussion um die materiellen Kriterien des Eigenkapitalbegriffs ist zutreffend herausgearbeitet worden, dass die Möglichkeit, Eigenkapitalbestandteile nach Maßgabe eines Gesellschafterbeschlusses und unter Beachtung von Gesetz und Gesellschaftsvertrag an die Unternehmenseigner auszukehren, der Einordnung als Eigenkapital keineswegs entgegensteht.[87] Freilich kann der Kapitalgeber nicht willkürlich und einseitig Auszahlung oder Rückforderung des Eigenkapitals verlangen; die Rückerstattung kann vielmehr nur aus Anlass der Beendigung der Mitgliedschaft oder im Zuge eines förmlichen Beschlussverfahrens des dafür zuständigen Gesellschaftsorgans durchgesetzt werden (s.o. Rdn 17). Es sprechen deshalb gute Gründe dafür, die Zuordnung des Genussrechtskapitals zum Eigenkapital daran zu knüpfen, dass die Genussrechtsbedingungen **Kündigung und Rückzahlung** des Kapitals von wertungsmäßig vergleichbaren Sach- und Verfahrensvoraussetzungen abhängig machen.[88]

40 Wo das Genussrechtskapital alle Eigenkapitalkriterien erfüllt, ist es **unmittelbar in das Eigenkapital einzustellen und** dort **gesondert auszuweisen.**[89] Demgegenüber befürworten Teile des Schrifttums wegen des lediglich „eigenkapitalähnlichen" Charakters der Genussrechte den Ausweis in einem Sonderposten zwischen dem Eigen- und dem Fremdkapital.[90] Ist das Genussrechtskapital als **Fremdkapital** zu qualifizieren, so sind die

---

83 Näher zum rechtsformspezifischen Stellenwert des Merkmals erfolgsabhängiger Vergütung *Thiele* Eigenkapital S. 140 ff.

84 IDW-HFA Stellungnahme 1/1994, Ziff 2.1.1.c (WPg 1994, 419, 420).

85 S. dazu, mit Unterschieden im einzelnen, *Baetge/Brüggemann* DB 2005, 2145, 2148; Beck-HdR-*Heymann* B 231 Rdn 6; HdR-EA/*Küting/Kessler* § 272 (Stand April 2011) Rdn 235; HdJ-*Singhof* III/2, Rdn 176, je mwN.

86 Mit Recht kritisch auch HdR-EA/*Küting/Kessler* § 272 (Stand April 2011) Rdn 231 ff; Baumbach/Hueck/*Schulze-Osterloh* GmbHG[18] § 42 Rdn 284; *Wengel* DStR 2001, 1316, 1319 f.

87 Dazu etwa ADS[6] § 246 Rdn 82 f; *Lutter* DB 1993, 2441, 2444; *W. Müller* FS Budde S. 445, 457; *Wengel* DStR 2001, 1316, 1317 f, 1319 f.

88 In diese Richtung zielen auch die Überlegungen von HdR-EA/*Küting/Kessler* § 272 (Stand April 2011) Rdn 235; zust. *Wengel* DStR 2001, 1316, 1321.

89 IDW-HFA Stellungnahme 1/1994, Ziff 2.1.2./2.1.3. (WPg 1994, 419, 421); ADS[6] § 246 Rdn 89 u. § 266 Rdn 197; HdR-EA/*Dusemond/Heusinger-Lange/Knop* § 266 (Stand Dezember 2010) Rdn 171; *Emmerich/Naumann* WPg 1994, 677, 685 f; Beck-HdR-*Heymann* B 231 Rdn 8; HdR-EA/*Küting/Kessler* § 272 (Stand April 2011) Rdn 232.

90 So etwa *Baetge/Brüggemann* DB 2005, 2145, 2151 f; *W. Müller* FS Budde S. 445, 459 f; Baumbach/Hueck/*Schulze-Osterloh* GmbHG[18] § 42 Rdn 286; HdJ-*Singhof* III/2, Rdn 177; s.a. noch HdJ-*Hennrichs/Pöschke* III/1, Rdn 9.

zugeflossenen Mittel im Rahmen der Verbindlichkeiten auszuweisen, und zwar als Sonderposten oder ggf. – gesondert ausgewiesen – innerhalb der Anleihen.[91] Eine erfolgswirksame Vereinnahmung der Mittel über die GuV ist ausnahmsweise zulässig für Genussrechtskapital mit Eigenkapitalcharakter, das der Genussrechtsinhaber – in der Regel zu Sanierungszwecken – als Ertragszuschuss ohne Rückforderungsanspruch gewährt.[92]

bb) Einlageleistungen stiller Gesellschafter. Für die Zuordnung der Einlageleistungen eines stillen Gesellschafters zum Eigen- oder Fremdkapital des Geschäftsinhabers kommt es auf die Ausgestaltung der stillen Gesellschaft im Einzelfall an. Ist das Rechtsverhältnis normtypisch nach §§ 230 ff gestaltet, der Stille also mit den Gläubigerrechten aus §§ 235 f ausgestattet, sind die Einlageleistungen – auch bei Verlustbeteiligung des Stillen – dem Fremdkapital zuzuordnen und als Verbindlichkeiten auszuweisen.[93] Eine Zuordnung zum Eigenkapital ist nur gerechtfertigt, wenn die Eigenkapitalkriterien (s.o. Rdn 17) uneingeschränkt vorliegen.[94] Erforderlich ist also die volle Verlustbeteiligung des Stillen sowie die Nachrangigkeit seines Rückzahlungsanspruchs in Liquidation und Insolvenz; entsprechend den Überlegungen zur bilanziellen Zuordnung von Genussrechtskapital (s.o. Rdn 39) sollte statt auf die Fristigkeit der Kapitalüberlassung auch hier auf die nähere Ausgestaltung der Sach- und Verfahrensvoraussetzungen für die Kündigung der stillen Gesellschaft abgestellt werden. Sind die Einlageleistungen des Stillen in diesem Sinne dem Eigenkapital zuzuordnen, so ist in der Bilanz des Geschäftsinhabers ihr gesonderter Ausweis innerhalb des Eigenkapitals geboten.[95] 41

4. Gliederung der Gewinn- und Verlustrechnung (GuV)

a) Übersicht. Die Ausweis- und Aufgliederungsvorschrift des Abs. 1 betrifft die Bilanz. Zur *Gliederung der Gewinn- und Verlustrechnung (GuV)* von Kapitalgesellschaften und ihnen gleichgestellten Unternehmen treffen §§ 275–278 nähere Bestimmung (s. die Erläuterungen dort), wobei jene Vorschriften mit Ausnahme von § 276 sinngemäß auch auf Einzelkaufleute und Personengesellschaften Anwendung finden, die dem PublG 42

---

91 IDW-HFA Stellungnahme 1/1994, Ziff 2.1.3. (WPg 1994, 419, 421); ADS[6] § 266 Rdn 199; HdR-EA/*Dusemond/Heusinger-Lange/Knop* § 266 (Stand Dezember 2010) Rdn 172; *Emmerich/Naumann* WPg 1994, 677, 685 f; Beck BilKomm[8]-*Kozikowski/Schubert* § 266 Rdn 216; HdR-EA/*Küting/Kessler* § 272 (Stand April 2011) Rdn 240.

92 IDW-HFA Stellungnahme 1/1994, Ziff 2.1.2. (WPg 1994, 419, 421); ADS[6] § 266 Rdn 196 u. 198; *Emmerich/Naumann* WPg 1994, 677, 684; HdR-EA/*Küting/Kessler* § 272 (Stand April 2011) Rdn 242.

93 In diesem Sinne etwa ADS[6] § 246 Rdn 90 u. § 266 Rdn 189; HdR-EA/*Dusemond/Heusinger-Lange/Knop* § 266 (Stand Dezember 2010) Rdn 120; Beck BilKomm[8]-*Ellrott/Krämer* § 266 Rdn 192; Beck-HdR-*Heymann* B 231 Rdn 16; Baumbach/Hueck/*Schulze-Osterloh* GmbHG[18] § 42 Rdn 285; HdJ-*Singhof* III/2, Rdn 184; im Grundsatz auch *Hense* Stille Gesellschaft S. 142 ff.

94 Im Ausgangspunkt übereinstimmend etwa ADS[6] § 246 Rdn 91 f u. § 266 Rdn 189; Beck BilKomm[8]-*Kozikowski/Schubert* § 247 Rdn 233; Beck-HdR-*Heymann* B 231 Rdn 15; *Hense* Stille Gesellschaft S. 181ff; HdR-EA/*Küting/Kessler* § 272 (Stand April 2011) Rdn 251; Baumbach/Hueck/*Schulze-Osterloh* GmbHG[18] § 42 Rdn 285; HdJ-*Singhof* III/2, Rdn 185.

95 Ebenso etwa ADS[6] § 246 Rdn 91; Beck-HdR-*Heymann* B 231 Rdn 16; HdR-EA/*Küting/Kessler* § 272 (Stand April 2011) Rdn 252; andere Stimmen sprechen sich für einen Ausweis zwischen den Postengruppen Eigenkapital und Rückstellungen aus, s. HdJ-*Singhof* III/2, Rdn 15 mwN.

unterfallen (§ 5 Abs. 1 S. 2 PublG). Zur Aufgliederung der GuV von sonstigen Gesellschaften und Einzelkaufleuten enthält das HGB indes keine Regelungen. Insoweit hat sich der Gesetzgeber auf das allgemeine Gebot aus § 242 Abs. 2 beschränkt, wonach alle Rechnungslegungspflichtigen für den Schluss eines Geschäftsjahres „eine Gegenüberstellung der Aufwendungen und Erträge des Geschäftsjahrs (Gewinn- und Verlustrechnung)" aufzustellen haben; vgl. die Erläuterungen zu § 242 Abs. 2. Freilich kann der Gesellschaftsvertrag einer Personengesellschaft auch nähere Vorgaben zur GuV machen und etwa die Anwendung der für Kapitalgesellschaften verbindlichen Regelungen vorschreiben (s. schon oben Rdn 11).

b) Die GuV von Einzelkaufleuten und gesetzestypischen Personenhandelsgesellschaften

43 **aa) Grundlagen.** Für die Anforderungen, die außerhalb des Anwendungsbereichs der §§ 275 ff an die Aufgliederung der GuV zu stellen sind, ist wiederum auf die GoB zurückzugreifen. Zentrale Bedeutung hat auch hier der Grundsatz der Klarheit und Übersichtlichkeit aus § 243 Abs. 2 (s. schon oben Rdn 12), ergänzt um das Vollständigkeitsgebot (§ 246 Abs. 1 S. 1) und das Saldierungsverbot (§ 246 Abs. 2).[96]

44 Die GuV soll durch Gegenüberstellung von Aufwendungen und Erträgen Auskunft über die Quellen des Erfolgs bzw. Misserfolgs (Gewinn oder Verlust) der Abrechnungsperiode geben. Ihre Gliederungstiefe muss diese Funktion erfüllen; Aufwendungen und Erträge sind also so weit aufzuschlüsseln, dass sich die wesentlichen Einflussursachen für das Jahresergebnis (**Erfolgskomponenten**) ablesen lassen.[97] Insoweit lassen sich den Gliederungsschemata in § 275 wichtige Orientierungshilfen entnehmen; freilich ist eine GuV, die den Anforderungen des § 275 nicht voll entspricht, deshalb noch keineswegs GoB-widrig.[98]

45 **bb) Staffel- und Kontoform.** Während für Kapitalgesellschaften und ihnen gleichgestellte Gesellschaften die Darstellung in Staffelform zwingend vorgeschrieben ist (§ 275 Abs. 1 S. 1), können Gesellschaften und Einzelkaufleute außerhalb des Geltungsbereichs der §§ 275 ff zwischen *Staffel- und Kontoform* wählen.[99] Ebenso besteht Wahlfreiheit zwischen der Anwendung des **Gesamtkostenverfahrens** und des **Umsatzkostenverfahrens,**[100] da der Gesetzgeber mit § 275 beide Gliederungsformen als gleichwertig anerkannt hat (s. zu Einzelheiten die Erläuterungen zu § 275). Nach dem Grundsatz der Gliederungsstetigkeit (Darstellungsstetigkeit), der – über den unmittelbaren Anwendungsbereich von § 265 Abs. 1 hinaus – rechtsformübergreifende Geltung als allgemeiner GoB beanspruchen kann, darf von der einmal gewählten Darstellungsform nur aus zwingen-

---

[96] ADS[6] § 247 Rdn 78, 80; Beck BilKomm[8]-*Förschle*, § 247 Rdn 620; *Förschle/Kropp* DB 1989, 1037, 1039 ff; *Glade* Praxishandbuch[2] Teil I Rdn 813; Heymann[2]/*Walz* § 247 Rdn 12.

[97] ADS[6] § 247 Rdn 79 f; Beck BilKomm[8]-*Förschle* § 247 Rdn 600, 631 ff; *Förschle/Kropp* DB 1989, 1037, 1038 f; Ebenroth/Boujong/Joost/Strohn[2]/*Wiedmann* § 247 Rdn 10.

[98] ADS[6] § 247 Rdn 81; Beck BilKomm[8]-*Förschle* § 247 Rdn 601, 632 f; *Förschle/Kropp* DB 1989, 1037, 1042; *Otto* BB 1988, 1703.

[99] ADS[6] § 247 Rdn 86; Beck BilKomm[8]-*Förschle* § 247 Rdn 660 f; *Förschle/Kropp* DB 1989, 1037, 1044; Heymann[2]/*Walz* § 247 Rdn 12; Ebenroth/Boujong/Joost/Strohn[2]/*Wiedmann* § 247 Rdn 13.

[100] ADS[6] § 247 Rdn 84; Beck BilKomm[8]-*Förschle* § 247 Rdn 662; *Förschle/Kropp* DB 1989, 1037, 1044 f; Heymann[2]/*Walz* § 247 Rdn 12.

den Gründen abgewichen werden (s.a. oben Rdn 13). Dasselbe gilt für die Abgrenzung und Bezeichnung der einzelnen Aufwands- und Ertragsposten.[101]

cc) **Grundstruktur und weitere Aufgliederung.** Um den Anforderungen an eine funktionsgerechte GuV zu entsprechen, muss jedenfalls der in § 275 zum Ausdruck kommenden *Grundstruktur* Rechnung getragen werden, bei der Staffelform also:[102] 46

Betriebsergebnis
+/– Finanzergebnis
= Ergebnis der gewöhnlichen Geschäftstätigkeit
+/– außerordentliches Ergebnis
– Steuern
= Jahresergebnis

Diese **Grundstruktur-Elemente** sind nach Maßgabe des jeweiligen Einzelfalls **weiter aufzugliedern**, so dass sich die wesentlichen Erfolgsquellen der Abrechnungsperiode aus der GuV ablesen lassen (s. schon oben Rdn 44).[103] Sofern dieses Ziel nicht gefährdet wird, ist auch der zusammenfassende Ausweis einzelner Gliederungsposten zuzulassen. Denn außerhalb der publizitätspflichtigen Kapitalgesellschaften (bzw. der ihnen gleichgestellten Unternehmen) dient die Rechnungslegung internen Informationszwecken.[104] Eine nähere Aufschlüsselung der in der GuV ggf. zusammengefassten Posten können die von der Geschäftsführung ausgeschlossenen Gesellschafter einer Personengesellschaft bei Bedarf im Wege ihrer gesetzlichen Informationsrechte aus §§ 118, 166 verlangen.[105] 47

Die auf den Anteil am Gewinn der Personenhandelsgesellschaft entfallenden **persönlichen Steuern** eines Gesellschafters sind in der GuV der Gesellschaft nicht auszuweisen.[106] Gewährt eine Personenhandelsgesellschaft **Vergütungen** an einen Gesellschafter, ist für die Abbildung in der GuV zu unterscheiden, ob es sich nach den im Einzelfall getroffenen Vereinbarungen materiell um einen Vorgang der Gewinnermittlung oder der Gewinnverwendung handelt. Vergütungen außerhalb der gesellschaftsrechtlichen Gewinnverteilung – insbesondere solche, die ergebnisunabhängig vereinbart wurden – sind als Aufwand zu verrechnen und bei den entsprechenden Posten durch einen Davon-Vermerk gesondert auszuweisen.[107] 48

---

101 ADS[6] § 247 Rdn 34 u. 87; Beck BilKomm[8]-*Förschle* § 247 Rdn 625; *Förschle/Kropp* DB 1989, 1037, 1040 f; s.a. *Leffson* Grundsätze S. 432 ff.

102 ADS[6] § 247 Rdn 90; Beck BilKomm[8]-*Förschle* § 247 Rdn 622; *Förschle/Kropp* DB 1989, 1037, 1040.

103 S. näher ADS[6] § 247 Rdn 92 ff und – mit Darstellungsbeispielen – Beck BilKomm[8]-*Förschle* § 247 Rdn 666 ff; *Förschle/Kropp* DB 1989, 1037, 1040, 1042, 1045 ff.

104 Beck BilKomm[8]-*Förschle* § 247 Rdn 600 ff; *Förschle/Kropp* DB 1989, 1037, 1038 f, 1096 f.

105 S. dazu auch ADS[6] § 247 Rdn 92; *Förschle/Kropp* DB 1989, 1096, 1097.

106 IDW RS HFA 7 Tz 32; zu Einzelheiten des Steuerausweises vgl. ADS[6] § 246 Rdn 442 u. § 247 Rdn 96 f; Beck BilKomm[8]-*Förschle* § 247 Rdn 640 ff; *Förschle/Kropp* DB 1989, 1096, 1098 f.

107 S. dazu etwa HdR-EA/*Baetge/Fey/Fey/Klönne* § 243 (Stand Dezember 2011) Rdn 68; *Mundt* IDW (Hrsg.), Personengesellschaft und Bilanzierung S. 147, 163 f; *Schulze-Osterloh* ebenda, S. 129, 135 f mwN; ferner ADS[6] § 247 Rdn 100; Beck BilKomm[8]-*Förschle* § 247 Rdn 645 ff.

III. Anlagevermögen (Abs. 2) und Umlaufvermögen

49 **1. Begriff des Anlagevermögens.** **Abs. 2** definiert – in Umsetzung von Art. 15 Abs. 1 u. 2 der 4. EG-Richtlinie (Jahresabschlussrichtlinie) – den Begriff des **Anlagevermögens,** das nach Abs. 1 getrennt vom Umlaufvermögen zu bilanzieren ist. Die Abgrenzung hat außerdem u.a. Bedeutung für die Bewertungsvorschriften in § 253 Abs. 3 u. 4, für das Aktivierungswahlrecht aus § 248 Abs. 2 sowie für die Bilanz- und Finanzanalyse.[108]

50 Nach der gesetzlichen Begriffsbestimmung gehören zum Anlagevermögen nur solche Vermögensgegenstände, „die bestimmt sind, dauernd dem Geschäftsbetrieb zu dienen". Maßgebliches Kriterium für die Abgrenzung zwischen Anlagevermögen und Umlaufvermögen ist also die **Zweckbestimmung (Funktionsbestimmung)**, die einem Gegenstand des Betriebsvermögens beigemessen wird.[109] Die konkrete betriebliche Verwendungsart bestimmt seine Zuordnung zum Anlage- oder Umlaufvermögen.[110] Die steuerrechtliche Rechtsprechung unterscheidet insoweit plastisch zwischen *Gebrauchs- und Verbrauchsgütern.*[111] Auch für Zwecke der Handelsbilanz bietet dieses Begriffspaar eine wertvolle Orientierungshilfe.[112] Während Gegenständen des Umlaufvermögens typischerweise Verbrauchsfunktion (ggf. auch durch Verarbeitung oder Veräußerung) zukommt, erfüllen jene des Anlagevermögens eine Gebrauchsfunktion (Nutzungsfunktion). Dem Geschäftsbetrieb dauernd zu dienen bestimmt sind solche Vermögensgegenstände, die der planmäßig-wiederholten betrieblichen Nutzung gewidmet sind.[113]

51 Das Merkmal **„dauernd"** ist also nicht rein temporal oder gar i.S.v. „immer" bzw. „für alle Zeiten" zu verstehen.[114] Die Absicht des Rechnungslegungspflichtigen, einen

---

[108] ADS[6] § 247 Rdn 102 ff; HdR-EA/*Hütten/Lorson* § 247 (Stand August 2010) Rdn 44; BoHdR-*Kirsch* § 247 (Stand Juni 2011) Rdn 67 ff; *Kußmaul/Huwen* StuB 2011, 290 ff.

[109] So ausdrücklich auch Art. 15 Abs. 1 der Jahresabschlussrichtlinie: „Für die Zuordnung der Vermögenswerte zum Anlage- oder Umlaufvermögen ist ihre Zweckbestimmung maßgebend."

[110] Heute einhellige Auffassung; s. etwa ADS[6] § 247 Rdn 107; MünchKommAktG[2]/*Hennrichs* § 247 HGB Rdn 12 ff; HdJ-*Kahle/Heinstein* II/2, Rdn 1 ff; BoHdR-*Kirsch* § 247 (Stand Juni 2011) Rdn 77; Beck BilKomm[8]-*Kozikowski/F. Huber* § 247 Rdn 351; Beck-HdR-*Nordmeyer/Göbel* B 212 Rdn 1 ff; HdR-EA/*Hütten/Lorson* § 247 (Stand August 2010) Rdn 45.

[111] S. nur BFH 13.1.1972, V R 47/71, BStBl II 744, 745.

[112] ADS[6] § 247 Rdn 111; Beck BilKomm[8]-*Kozikowski/F.Huber* § 247 Rdn 352; BoHdR-*Kirsch* § 247 (Stand Juni 2011) Rdn 77 ff; Beck BilKomm[8]-*Kozikowski/F. Huber* § 247 Rdn 352; *Kußmaul/Huwer* DStR 2010, 2471, 2473; HuRB-*Sieben/Ossadnik* S. 105, 109. – S. in diesem Zusammenhang auch noch *Albach* StbJb 1973/1974, S. 265, 286 ff, der eine vertiefende Systematisierung auf der Basis betriebswirtschaftlicher Analyse des Produktionsprozesses versucht: *Albach* unterscheidet zwischen Gütern der Produktionsbereitschaft, der Produktionsdurchführung, der Produktionserhaltung sowie des Produktionsprozesses und will nur erstere dem Anlagevermögen, alle übrigen dem Umlaufvermögen zuordnen. Für die Güter der Produktionserhaltung (z.B. Ersatzteile, Reserveteile, Formen, Modelle und Werkzeuge etc.) erscheint die unterschiedslose Zuordnung zum Umlaufvermögen indes als zu pauschal; s. dazu etwa ADS[6] § 266 Rdn 46 ff.

[113] Wie hier *Kußmaul/Huwer* DStR 2010, 2471, 2474, 2476: mehrmalige oder wiederholte Nutzung.

[114] ADS[6] § 247 Rdn 107 ff; MünchKomm HGB[3]/*Ballwieser* § 247 Rdn 15; *Glade* Praxishandbuch[2] Teil I Rdn 702; HdJ-*Kahle/Heinstein* II/2, Rdn 3; Beck BilKomm[8]-*Kozikowski/F.Huber* § 247 Rdn 353 f; Beck-HdR-*Nordmeyer/Göbel* B 212 Rdn 4; HdR-*Hütten/Lorson* § 247 (Stand August 2010) Rdn 48 f; HuRB-*Sieben/Ossadnik* S. 105, 106 ff.

Vermögensgegenstand zu einem späteren Zeitpunkt zu veräußern, hindert seine Zuordnung zum Anlagevermögen nicht, sofern bis zur Veräußerung die betriebliche Gebrauchsfunktion (i.S. planmäßig-wiederholter Nutzung) im Vordergrund steht. Deshalb zählen etwa Vorführwagen von Kfz-Händlern[115] oder Mietwagen von Mietwagen-Unternehmen[116] selbst dann zum Anlagevermögen, wenn sie binnen weniger Monate wieder veräußert werden sollen. Ähnliches gilt für Musterhäuser eines Fertighausherstellers, die – wenn auch nur für eine gewisse Zeit – zur Besichtigung bereitgestellt werden.[117] Freilich kann es bei Muster- und Ausstellungsstücken zu Abgrenzungsschwierigkeiten kommen.[118] Ähnliche Zuordnungsprobleme können bei Ersatzteilen und Reserveteilen, Formen und Modellen oder Werkzeugen entstehen; für nähere Einzelheiten – auch zur Praxis der Finanzverwaltung – ist auf das einschlägige Spezialschrifttum zu verweisen.[119]

Leasinggegenstände, die wirtschaftlich dem Leasingnehmer zuzurechnen sind (dazu s.o. § 246, 53), werden dort als Gegenstände des Anlagevermögens aktiviert, da sie zur dauerhaften Nutzung in seinem Geschäftsbetrieb bestimmt sind.[120] Sind die Leasingobjekte dem Leasinggeber zuzurechnen, werden sie ebenfalls in dessen Anlagevermögen ausgewiesen.[121] Zwar kommt das Leasinggut im betrieblichen Produktions- und Leistungsprozess des Leasingnehmers zum unmittelbaren Einsatz. Da die Nutzungsüberlassung an den Leasinggegenständen aber den Betriebszweck des Leasinggebers ausmacht, ist das Leasinggut bestimmt, dem Geschäftsbetrieb des Leasinggebers dauernd zu dienen. Das gilt auch für das oft nur kurzfristige Operating-Leasing, bei dem typischerweise mehrere aufeinanderfolgende Verträge mit verschiedenen Kunden abgeschlossen werden.[122] **52**

Die Feststellung der Zweckbestimmung – und mithin die **Zuordnung** zum Anlage- oder Umlaufvermögen (s.o. Rdn 50) – ist **vorrangig nach objektiven Kriterien** zu treffen:[123] Auszugehen ist von der *tatsächlichen* Verwendung des Vermögensgegenstandes im Unternehmen oder doch der *typischen* Verwendungsart angesichts von Eigenschaften und Beschaffenheit des Gegenstandes. Wo eine solche objektivierte Anknüpfung noch keine eindeutige Zuordnung zum Anlage- oder Umlaufvermögen zulässt, ist auf den **Verwendungswillen** des Rechnungslegungspflichtigen abzustellen.[124] In Einzelfällen kann sich jene subjektive Komponente auch gegen die Indizwirkung objektiver Abgrenzungsmerkmale durchsetzen.[125] **53**

---

115 BFH 17.11.1981, VIII R 86/78, BStBl II 1982, 344.

116 BFH BStBl II 1972, 744.

117 BFH 31.3.1977, V R 44/73, BStBl II 684.

118 Vgl. auch dazu BFH BStBl II 1977, 684, 686 f sowie Beck BilKomm[8]-*Kozikowski/F. Huber* § 247 Rdn 354; *Westerfelhaus* DStR 1997, 1220 ff, je mwN.

119 Eingehend ADS[6] § 266 Rdn 46 ff; *Glade* Praxishandbuch[2] Teil I Rdn 702 ff; zusammenfassend etwa HdJ-*Kahle/Heinstein* II/2, Rdn 7 f; Beck-HdR-*Nordmeyer/Göbel* B 212 Rdn 7 f mwN.

120 ADS[6] § 247 Rdn 125; Beck BilKomm[8]-*Kozikowski/F. Huber* § 247 Rdn 355.

121 Heute ganz hM; s. etwa ADS[6] § 247 Rdn 125; BoHdR-*Kirsch* § 247 (Stand Juni 2011) Rdn 84; Beck BilKomm[8]-*Kozikowski/F. Huber* §247 Rdn 355; Beck-HdR-*Nordmeyer/Göbel* B 212 Rdn 6, alle mwN; aA noch *Wichmann* DB 1983, 144 ff: Bilanzierung im Umlaufvermögen.

122 S. nur ADS[6] § 247 Rdn 125; Beck BilKomm[8]-*Kozikowski/F.Huber* § 247 Rdn 355.

123 ADS[6] § 247 Rdn 110 f.

124 ADS[6] § 247 Rdn 113 f; HdR-EA/*Hütten/Lorson* § 247 (Stand August 2010) Rdn 46.

125 ADS[6] § 247 Rdn 115 verweisen beispielhaft auf ein Grundstück, das ein Industrieunternehmen erworben hat, um eine Forderung vor dem Ausfall zu retten, das bei sich bietender Gelegenheit aber wieder veräußert werden soll.

54 Maßgeblicher **Zeitpunkt** für die Zuordnung eines Vermögensgegenstandes zum Anlagevermögen (oder Umlaufvermögen) ist die Funktionsbestimmung am Bilanzstichtag.[126] Das folgt schon allein daraus, dass die Bilanz ein stichtagsbezogenes Rechenwerk ist. Wenn Abs. 2 – anders als noch § 152 Abs. 1 S. 1 AktG 1965 – nicht ausdrücklich auf den Abschlussstichtag Bezug nimmt, ist damit doch kein abweichendes Verständnis des Merkmals dauernder Verwertungsbestimmung verbunden. Das wird im Bericht des BT-Rechtsausschusses zu § 247[127] explizit klargestellt. Dabei wird aber darauf hingewiesen, dass für die Zuordnung eines Vermögensgegenstandes nicht ausschließlich auf die Verhältnisse am Abschlussstichtag abgestellt werden dürfe, ohne davor oder danach liegende Umstände zu berücksichtigen. Derartige Umstände sind für die bilanzielle Zuordnung eines Vermögensgegenstandes jedoch nur zu beachten, soweit sie die am Abschlussstichtag bestehende Funktionsbestimmung lediglich erhellen („wertaufhellende Tatsachen"; s. dazu die Erläuterungen § 252, 17 ff).[128] Eine erst nach dem Stichtag vollzogene Umwidmung (i.S. einer nicht lediglich vorübergehenden Änderung der Zweckbestimmung) findet im Jahresabschluss keinen Niederschlag. Sie führt jedoch im Abschluss des Folgejahres zur Umgliederung des Gegenstandes vom Anlage- in das Umlaufvermögen (bzw. umgekehrt).[129]

55 Die Unterscheidung zwischen Anlage- und Umlaufvermögen nach Maßgabe der Zweckbestimmung gilt im Übrigen auch für die Abgrenzung der **Finanzanlagen**. Dabei werden Ausleihungen mit einer Laufzeit von nicht mehr als einem Jahr stets dem Umlaufvermögen, solche mit einer Laufzeit von mindestens vier Jahren stets dem Anlagevermögen zugeordnet. Bei Laufzeiten zwischen einem und vier Jahren ist der Verwendungswille des Rechnungslegungspflichtigen entscheidend. Auf die subjektive Zweckbestimmung kommt es auch bei den sonstigen Finanzanlagen ohne vertraglich vereinbarte „Laufzeiten" an.[130]

56 **2. Begriff des Umlaufvermögens.** Abs. 2 definiert den Begriff des Anlage-, nicht aber den des Umlaufvermögens. In negativer Abgrenzung umfasst das **Umlaufvermögen** alle Vermögensgegenstände, die nicht zum Anlagevermögen zählen und auch nicht in einem anderen aktivischen Posten auszuweisen sind.[131] Positive Umschreibungsversuche weisen dem Umlaufvermögen alle Gegenstände zu, die zur Veräußerung, zum Verbrauch oder zur Verarbeitung im betrieblichen Prozess bestimmt sind.[132] Freilich kann eine solche Begriffsbestimmung nur als „Faustformel" Geltung beanspruchen, da sie an den Vorräten orientiert ist und deshalb keineswegs alle zum Umlaufvermögen zählenden Gegenstände (s. § 266 Abs. 2 Aktivseite B) zu erfassen vermag.[133]

---

126 ADS[6] § 247 Rdn 105; Beck BilKomm[8]-*Kozikowski/F.Huber* § 247 Rdn 360.

127 Dokumentiert bei *Biener/Berneke* Bilanzrichtlinien-Gesetz (1986) S. 74.

128 ADS[6] § 247 Rdn 106.

129 S. dazu etwa ADS[6] § 247 Rdn 117 ff; Haufe HGB BilKomm[3]-*Bertram* § 247 Rdn 40 ff; MünchKommAktG[2]/*Hennrichs* § 247 HGB Rdn 22 ff; BoHdR-*Kirsch* § 247 (Stand Juni 2011) Rdn 91 ff; Beck BilKomm[8]-*Kozikowski/F. Huber* § 247 Rdn 360 f; Beck-HdR-*Nordmeyer/Göbel* B 212 Rdn 9.

130 Zum Ganzen Baetge/Kirsch/Thiele/*Breithaupt* § 247 (Stand September 2002) Rdn 124 ff u. 175 ff; HdJ-*Hachmeister* II/3, Rdn 11 ff; Beck BilKomm[8]-*Kozikowski/F. Huber* § 247 Rdn 356 f.

131 ADS[6] § 247 Rdn 123; Beck BilKomm[8]-*Ellrott/Roscher* § 247 Rdn 51; HdR-EA/*Hütten/Lorson* § 247 (Stand August 2010) Rdn 43.

132 In diesem Sinne etwa ADS[6] § 247 Rdn 124; HdR-EA/*Hütten/Lorson* § 247 (Stand August 2010) Rdn 43; Heymann[2]/*Walz* § 247 Rdn 15.

133 ADS[6] § 247 Rdn 124.

3. Bilanzausweis. Für den **Ausweis des Anlage- und Umlaufvermögens in der Bilanz** von Kapitalgesellschaften sowie (nach § 264a) gleichgestellten Personenhandelsgesellschaften gilt das Gliederungsschema nach § 266 Abs. 2. Auch die dem PublG unterfallenden Unternehmen haben ihr Anlage- und Umlaufvermögen entsprechend zu bilanzieren (§ 5 Abs. 1 S. 2 PublG). Für kleine Kapitalgesellschaften gilt freilich die Erleichterung nach § 266 Abs. 1 S. 3. Sie können einen verkürzten Vermögensausweis wählen, bei denen nur die in § 266 Abs. 2 mit Buchstaben und römischen Zahlen bezeichneten Posten ausgewiesen werden: 57

A. Anlagevermögen
I. Immaterielle Vermögensgegenstände
II. Sachanlagen
III. Finanzanlagen

B. Umlaufvermögen
I. Vorräte
II. Forderungen und sonstige Vermögensgegenstände
III. Wertpapiere
IV. Kassenbestand, Bundesbankguthaben, Guthaben bei Kreditinstituten und Schecks

Für rechnungslegungspflichtige **Unternehmen außerhalb des Anwendungsbereichs des § 266** fehlt es an einer Bestimmung zur näheren Aufgliederung des Anlage- und Umlaufvermögens; insoweit ist wiederum auf die GoB, insbesondere den Grundsatz der Klarheit und Übersichtlichkeit nach § 243 Abs. 2 zurückzugreifen (s. schon oben Rdn 12). Dabei dürfte wenigstens die für kleine Kapitalgesellschaften vorgeschriebene Mindestgliederung des Vermögensbestandes (Rdn 57) auszuweisen sein; abhängig von den Umständen des Einzelfalls wird vielfach aber eine weitergehende Aufschlüsselung des Anlage- und Umlaufvermögens in Anlehnung an die mit arabischen Zahlen bezeichneten Posten nach § 266 Abs. 2 geboten sein.[134] Wegen der Einzelheiten zur näheren Abgrenzung dieser Bilanzposten ist auf die Erläuterungen zu § 266 zu verweisen. 58

§ 248
Bilanzierungsverbote und -wahlrechte

(1) In die Bilanz dürfen nicht als Aktivposten aufgenommen werden:
1. Aufwendungen für die Gründung eines Unternehmens,
2. Aufwendungen für die Beschaffung des Eigenkapitals und
3. Aufwendungen für den Abschluss von Versicherungsverträgen.

(2) Selbst geschaffene immaterielle Vermögensgegenstände des Anlagevermögens können als Aktivposten in die Bilanz aufgenommen werden. Nicht aufgenommen werden dürfen selbst geschaffene Marken, Drucktitel, Verlagsrechte, Kundenlisten oder vergleichbare immaterielle Vermögensgegenstände des Anlagevermögens.

---

[134] Beck BilKomm^{8}-*Kozikowski/F. Huber* § 247 Rdn 370; Ebenroth/Boujong/Joost/Strohn^{2}/*Wiedmann* § 247 Rdn 5 f.

Schrifttum

Arbeitskreis Bilanzrecht der Hochschullehrer Rechtswissenschaft Stellungnahme zu dem Entwurf eines BilMoG: Grundkonzept und Aktivierungsfragen, BB 2008, 152; *Arbeitskreis „Immaterielle Werte im Rechnungswesen" der Schmalenbach-Gesellschaft für Betriebswirtschaft e.V.* Leitlinien zur Bilanzierung selbstgeschaffener immaterieller Vermögensgegenstände des Anlagevermögens nach dem Regierungsentwurf des BilMoG, DB 2008, 1813; *Ballwieser* Aktivierungs- und Passivierungsverbote, Beck-HdR B 137; *Balthasar* Die Bestandskraft handelsrechtlicher Jahresabschlüsse (1999); *Fasselt/Radde* Immaterielle Vermögensgegenstände, Beck HdR B 211 (2013); *Hennrichs* Immaterielle Vermögensgegenstände nach dem Entwurf des Bilanzrechtsmodernisierungsgesetzes (BilMoG), DB 2008, 537; *Hommel* Bilanzierung immaterieller Anlagewerte (1998); *Küting/Ellmann* Die Herstellungskosten von selbst geschaffenen immateriellen Vermögensgegenständen des Anlagevermögens, DStR 2010, 1300; *Kuhner* Die immateriellen Vermögensgegenstände und -werte des Anlagevermögens, HdJ Abt. II/1 (2007); *Löcke* Aktivierung konzernintern erworbener immaterieller Vermögensgegenstände des Anlagevermögens? BB 1998, 415; *Marx* Objektivierungserfordernisse bei der Bilanzierung immaterieller Anlagewerte, BB 1994, 2379; *Mindermann* Zur Aktivierung selbst erstellter Vermögensgegenstände nach dem Entwurf eines Bilanzrechtsmodernisierungsgesetzes (BilMoG), WPg 2008, 273; *Moxter* Zur wirtschaftlichen Betrachtungsweise im Bilanzrecht, StuW 1989, 232; *ders.* Aktivierungspflicht für selbsterstellte immaterielle Anlagewerte? DB 2008, 1514; *Niemann* Immaterielle Wirtschaftsgüter im Handels- und Steuerrecht, Bielefeld 1999; *Oser/Roß/Wader/Drögemüller* Eckpunkte des Regierungsentwurfs zum Bilanzrechtsmodernisierungsgesetz (BilMoG), WPg 2008, 675; *dies.* Änderungen des Bilanzrechts durch das Bilanzrechtsmodernisierungsgesetz (BilMoG), WPg 2009, 573; *Schülke* Zur Aktivierbarkeit selbstgeschaffener immaterieller Vermögensgegenstände, DStR 2010, 992; *Theile* Immaterielle Vermögensgegenstände nach RegE BilMoG – Akzentverschiebung beim Begriff des Vermögensgegenstands? WPg 2008, 1064; *Treiber* Die Behandlung von Software in der Handels- und Steuerbilanz, DStR 1993, 887.

IDW-Verlautbarung: IDW RS HFA 28: Übergangsregelungen des Bilanzrechtsmodernisierungsgesetzes (Stand 9.9.2010; FN-IDW 2010, 451; WPg Supplement 2010, 54).

Übersicht

I. Überblick

Abs. 1 der Vorschrift enthält bestimmte **Aktivierungsverbote**: hinsichtlich der Aufwendungen für die Gründung eines Unternehmens (Nr. 1), für die Beschaffung des Eigenkapitals (Nr. 2) und für den Abschluss von Versicherungsverträgen (Nr. 3). **Abs. 1 Nr. 1 und Nr. 2** entsprechen – abgesehen von einer redaktionellen Korrektur („Gründung eines Unternehmens" statt früher „Gründung des Unternehmens") Abs. 1 a.F. Die Regelung korrespondiert mit Art. 9 Aktiva B der 4-EG-Richtlinie (**Jahresabschlussrichtlinie 78/660/EWG**[1]), wonach Aufwendungen für die Errichtung und Erweiterung des Unternehmens insoweit unter den Aktivposten auszuweisen sind, „wie in den entsprechenden einzelstaatlichen Rechtsvorschriften festgelegt und soweit diese eine Aktivierung gestatten". 1

Die Bestimmung des **Abs. 1 Nr. 3** war früher getrennt in Abs. 3 a.F. geregelt, der durch das Versicherungsbilanzrichtlinie-Gesetz vom 24.6.1994 (BGBl. I S. 1377) in das HGB eingefügt worden war. Für die Rechnungslegung von Versicherungsunternehmen sieht Art. 18 Abs. 1 der Versicherungsbilanzrichtlinie (91/674/EWG vom 19.12.1991, ABl EG Nr. L 374, 7) unter den aktivischen Rechnungsabgrenzungsposten den gesonderten Ausweis bestimmter Abschlusskosten vor; jedoch wird den Mitgliedstaaten die Möglichkeit gewährt, eine solche Aktivierung zu untersagen. Der deutsche Gesetzgeber hat hiervon Gebrauch gemacht und hatte in Abs. 3 a.F. – mit Geltung für alle Kaufleute und Handelsgesellschaften – ein entsprechendes Aktivierungsverbot ausgesprochen. Die Vorschrift entsprach wörtlich dem früheren § 56 Abs. 2 VAG, dessen Gültigkeit aber noch auf Versicherungsunternehmen beschränkt war. Im Zuge des Bilanzrechtsmodernisierungsgesetzes (**BilMoG**) vom 25.5.2009 (BGBl. I S. 1102) wurden Abs. 1 und 3 a.F. zum heute geltenden Abs. 1 zusammengefasst. 2

Abs. 2 statuiert in **S. 1** ein **Aktivierungswahlrecht** für selbst geschaffene immaterielle Vermögensgegenstände des Anlagevermögens, sofern nicht eine der **Ausnahmen nach S. 2** gegeben ist; denn danach gilt ein **Aktivierungsverbot** für selbst geschaffene Marken, Drucktitel, Verlagsrechte, Kundenlisten oder vergleichbare immaterielle Vermögensgegenstände des Anlagevermögens. 3

Die 4. EG-Richtlinie (**Jahresabschlussrichtlinie**) gewährt den Mitgliedstaaten ein Wahlrecht, die Aktivierung selbsterstellter immaterieller Vermögensgegenstände zu gestatten (Art. 9 Aktiva C. I. 1. und 2.). Bis zum BilMoG hatte der deutsche Gesetzgeber hiervon keinen Gebrauch gemacht, sondern in Abs. 2 a.F. ein Aktivierungsverbot normiert (s. dazu 4. Aufl. § 248, 10 ff). Diese Bestimmung lautete: „Für immaterielle Vermögensgegenstände des Anlagevermögens, die nicht entgeltlich erworben werden, darf ein Aktivposten nicht angesetzt werden." 4

Der **RegE BilMoG** hatte vorgesehen, jenes Aktivierungsverbot durch eine grundsätzliche Aktivierungspflicht (auch) für nicht entgeltlich erworbene immaterielle Vermögensgegenstände zu ersetzen, indem allein für „Marken, Drucktitel, Verlagsrechte, Kundenlisten oder vergleichbare immaterielle Vermögensgegenstände des Anlagevermögens, die nicht entgeltlich erwoben wurden" ein Aktivierungsverbot normiert werden sollte (so der Vorschlag in § 248 Abs. 1 Nr. 4 i.d.F. d. RegE BilMoG; BT-Drucks. 16/10067, S. 6). Der **Rechtsausschuss des Deutschen Bundestages** erachtete es indes als ausreichend, für selbst geschaffene immaterielle Vermögensgegenstände des Anlagevermögens anstelle einer 5

[1] Zuletzt geändert durch Richtlinie 2012/6/EU vom 14.3.2012 (ABl. L 81 vom 21.3.2012, S. 3).

Aktivierungspflicht ein Aktivierungswahlrecht vorzusehen.[2] So ist es mit Abs. 2 n.F. auch Gesetz geworden. Näher zu den Motiven der Neuregelung sowie zum Erstanwendungszeitpunkt und den Übergangsregelungen s.u. Rdn 15 ff.

6 Die in § 248 enthaltenen Bilanzierungsverbote und -wahlrechte betreffen **nur** die **Aktivseite** der Bilanz. Ggf. sind Aufwendungen auf der Passivseite als Verbindlichkeiten oder in Form von Rückstellungen abzubilden, sofern die Voraussetzungen hierfür nach den allgemeinen Bilanzierungsgrundsätzen erfüllt sind.[3] Zur Ansatzpflicht passiver latenter Steuern nach § 274 Abs. 1 S. 1 (mit Befreiung für kleine Gesellschaften nach § 274a Nr. 5) und zu den für passive Steuerlatenzen ggf. nach § 249 Abs. 1 S. 1, 1. Alt zu bildenden Verbindlichkeitsrückstellungen s. die Hinweise § 249, 29.

II. Aufwendung für die Gründung, für die Beschaffung des Eigenkapitals und für den Abschluss von Versicherungsverträgen (Abs. 1)

7 **1. Regelungsgegenstand und -zweck.** Die Bestimmung des **Abs. 1 Nr. 1 und 2,** wonach Aufwendungen für die Gründung eines Unternehmens und für die Beschaffung des Eigenkapitals nicht als Aktivposten in die Bilanz aufgenommen werden dürfen, hat **klarstellenden Charakter.** Ein entsprechendes Aktivierungsverbot ergibt sich schon aus den allgemeinen Grundsätzen des § 246 Abs. 1, weil Gründungsaufwendungen sowie Aufwendungen für die Eigenkapitalbeschaffung weder Vermögensgegenstände darstellen noch als Rechnungsabgrenzungsposten aktivierungsfähig bzw. -pflichtig sind.[4] Das Aktivierungsverbot aus Abs. 1 Nr. 1 und 2 entspricht Abs. 1 a.F. (s.o. Rdn 1), der nicht zuletzt im Zusammenhang mit dem früheren § 269 zu sehen war. Nach § 269 a.F. war Kapitalgesellschaften sowie diesen (nach §§ 264a, 336 Abs. 2 bzw. § 5 Abs. 1 S. 2 PublG) insoweit gleichgestellten Unternehmen gestattet, die Aufwendungen für die Ingangsetzung des Geschäftsbetriebs und dessen Erweiterung als Bilanzierungshilfe zu aktivieren. Vor diesem Hintergrund wurde mit dem Aktivierungsverbot in Abs. 1 a.F. (heute Abs. 1 Nr. 1 und 2) auch klargestellt, das Gründungsaufwendungen oder Aufwendungen für die Beschaffung des Eigenkapitals nicht als Aufwendungen für die Ingangsetzung oder Erweiterung des Geschäftsbetriebes anzusehen sind. Im Zuge des BilMoG ist das Aktivierungswahlrecht aus § 269 a.F. freilich aufgehoben worden.[5]

8 **Abs. 1 Nr. 3** enthält ein spezielles **Aktivierungsverbot für Versicherungsverträge,** das für alle Rechnungslegungspflichtigen gilt (s. schon oben Rdn 2) und eine Aktivierung der **Abschlusskosten** verbietet.

9 Das Aktivierungsverbot für Gründungs- und Eigenkapitalbeschaffungsaufwendungen beansprucht auch *steuerrechtlich* Geltung; entsprechendes gilt hinsichtlich der verbotenen Aktivierung von Aufwendungen für den Abschluss von Versicherungsverträgen.[6]

10 **2. Aufwendungen für die Gründung eines Unternehmens (Nr. 1).** Die Gründungsaufwendungen i.S.v. Abs. 1 Nr. 1 dienen dem **Aufbau der rechtlichen Verfassung** des

---

[2] S. Beschlussempfehlung und Bericht des Rechtsausschusses zum RegE BilMoG, BT-Drucks. 16/12407, S. 85.

[3] S. nur ADS[6] § 248 Rdn 6; Ebenroth/Boujong/Joost/Strohn[2]/*Wiedmann* § 248 Rdn 5.

[4] HdR-EA/*Baetge/Fey/Weber/Sommerhoff* § 248 (Stand März 2010) Rdn 1 ff, 4; *Glade* Praxishandbuch[2] § 248 Rdn 7; MünchKommAktG[2]/*Hennrichs* § 248 HGB Rdn 6.

[5] S. dazu Begründung zum RegE BilMoG, BT-Drucks. 16/10067, S. 64 f; *Gelhausen/Fey/Kämpfer* Abschn. F Tz 40 ff.

[6] HdR-EA/*Baetge/Fey/Weber/Sommerhoff* § 248 (Stand März 2010) Rdn 1 u. 15; Beck BilKomm[8]-*Förschle/Usinger* § 248 Rdn 5 u. 7.

Unternehmens.[7] Demgegenüber betrafen die in § 269 a.F. (s.o. Rdn 7) angesprochenen Ingangsetzungsaufwendungen die Maßnahmen zum Aufbau des technischen und kaufmännischen Betriebs, soweit sie nicht als Anschaffungs- oder Herstellungskosten (§ 255) ohnehin aktivierungspflichtig waren. „Gründung" des Unternehmens ist in einem weiten Sinne zu verstehen und erfasst auch „Umgründungen" wie die formwechselnde Umwandlung.[8]

Zu den **Gründungsaufwendungen** gehören etwa alle im Zusammenhang mit der Gründung stehenden Beratungsaufwendungen, Notarkosten, Gerichtsgebühren und Veröffentlichungskosten, Genehmigungsgebühren, Kosten einer Gründungsprüfung einschließlich der Kosten für Bewertungsgutachten sowie Reisekosten der Gründer.[9] Abs. 1 Nr. 1 stellt klar, dass all diese Aufwendungen erfolgswirksam über die GuV zu verrechnen sind. **11**

3. Aufwendungen für die Beschaffung des Eigenkapitals (Nr. 2). Abs. 1 Nr. 2 normiert ein ausdrückliches Verbot zur Aktivierung von **Aufwendungen für die Beschaffung des Eigenkapitals.** In der Gründungsphase sind die Aufwendungen für die Eigenkapitalbeschaffung freilich Bestandteil der Gründungsaufwendungen.[10] Die Eigenkapitalbeschaffung i.S.d. Vorschrift betrifft im Übrigen nicht nur die erstmalige Kapitalausstattung, sondern auch spätere Kapitalerhöhungen.[11] Erfasst werden etwa alle Beratungskosten im Zusammenhang mit der Eigenkapitalbeschaffung sowie Notar- und Gerichtsgebühren, Genehmigungsgebühren, Druck- und Veröffentlichungskosten usw.[12] **12**

Im Gegensatz zu § 153 Abs. 4 AktG 1965, der ein Aktivierungsverbot bezogen auf die Aufwendungen für die „Kapitalbeschaffung (§§ 182–221 AktG)" enthielt, spricht Abs. 1 Nr. 2 nur noch die Aufwendungen für die Beschaffung des *Eigen*kapitals an. **Aufwendungen für die Fremdkapitalbeschaffung** – etwa für Gewinn- und Wandelschuldverschreibungen nach § 221 AktG – werden vom Aktivierungsverbot des Abs. 1 Nr. 2 also nicht erfasst. Ausweislich der Begründung zu § 242 RegE BiRiLiG (jetzt § 248 HGB)[13] sollte mit dem gegenüber § 153 Abs. 4 S. 1 AktG 1965 „geringfügig modifizierten Wortlaut" jedoch keine inhaltliche Änderung verbunden sein. Die Feststellung ist im Ergebnis zutreffend. Denn Aufwendungen für die Beschaffung von Fremdkapital sind in aller Regel schon deshalb nicht aktivierungsfähig, weil sie nicht zur Schaffung eines Vermögensgegenstandes führen und die Aufnahme in einen aktivischen Abgrenzungsposten nur ausnahmsweise in Betracht kommt.[14] **13**

4. Aufwendungen für den Abschluss von Versicherungsverträgen (Nr. 3). Abs. 1 Nr. 3 verbietet eine Aktivierung der **Abschlusskosten für Versicherungsverträge.** Dem Aktivierungsverbot unterliegen alle Aufwendungen, die unmittelbar oder mittelbar durch den **14**

---

[7] ADS[6] § 248 Rdn 4; HdR-EA/*Baetge/Fey/Weber/Sommerhoff* § 248 (Stand März 2010) Rdn 5; Beck BilKomm[8]-*Förschle/Usinger* § 248 Rdn 2; Heymann[2]/*Walz* § 248 Rdn 4.

[8] ADS[6] § 248 Rdn 5.

[9] ADS[6] § 248 Rdn 5; HdR-EA/*Baetge/Fey/Weber/Sommerhoff* § 248 (Stand März 2010) Rdn 5 f; Beck BilKomm[8]-*Förschle/Usinger* § 248 Rdn 2.

[10] S.a. Beck BilKomm[8]-*Förschle/Usinger* § 248 Rdn 3.

[11] ADS[6] § 248 Rdn 8.

[12] Vgl. etwa ADS[6] § 248 Rdn 10; Beck BilKomm[8]-*Förschle/Usinger* § 248 Rdn 3.

[13] Dokumentiert bei *Biener/Berneke* Bilanzrichtlinien-Gesetz (1986) S. 76.

[14] Näher ADS[6] § 248 Rdn 11 u. § 250 Rdn 89; HdR-EA/*Baetge/Fey/Weber/Sommerhoff* § 248 (Stand März 2010) Rdn 9 ff; *Löcke* BB 1998, 415 mwN in Fn. 9.

Abschluss von Versicherungsverträgen entstanden sind.[15] Für **Versicherungsunternehmen** hat die Begründung zum RegE des Versicherungsbilanzrichtlinie-Gesetzes (BT-Drucks. 12/5587, S. 18; s.a. oben Rdn 2) klargestellt, dass die Aktivierung anteiliger Abschlusskosten nach Maßgabe des sog. Zillmer-Verfahrens (versicherungsmathematisches Verfahren zur Kalkulation von Prämienzuschlägen bzw. Deckungsrückstellungen vor dem Hintergrund der einmaligen Abschlusskosten eines Versicherungsvertrages) nicht als Aktivierung von Abschlusskosten i.S.d. heutigen Abs. 1 Nr. 3 (früher Abs. 3 a.F.) und damit nicht als Verstoß gegen das Aktivierungsverbot jener Vorschrift anzusehen ist.[16]

III. Selbst geschaffene immaterielle Vermögensgegenstände des Anlagevermögens (Abs. 2)

15 **1. Entstehungsgeschichte der Vorschrift; Regelungsgegenstand und -zweck.** Abs. 2 in seiner heutigen Fassung ist an die Stelle des früheren Abs. 2 a.F. getreten, wonach für immaterielle Vermögensgegenstände des Anlagevermögens, die nicht entgeltlich erworben wurden, ein Aktivposten nicht angesetzt werden durfte (s. schon oben Rdn 4). Das **Aktivierungsverbot nach Abs. 2 a.F.** durchbrach damit das Vollständigkeitsgebot aus § 246 Abs. 1, wonach der Jahresabschluss sämtliche Vermögensgegenstände zu enthalten hat, soweit gesetzlich nichts anderes bestimmt ist. Wo immaterielle Werte die Voraussetzungen des Vermögensgegenstandsbegriffs (s. § 246, 8 ff, 13) erst gar nicht erfüllten, scheiterte die Aktivierungsfähigkeit schon daran. Das Aktivierungsverbot aus Abs. 2 a.F. griff deshalb nur dort, wo ein Vermögensgegenstand i.S.v. § 246 gegeben war. Es beschränkte sich insoweit auf *nicht entgeltlich erworbene* Vermögensgegenstände des Anlagevermögens und erklärte sich als eine Ausprägung des Vorsichtsprinzips nach § 252 Abs. 1 Nr. 4 (s. 4. Aufl. § 248, 11): Die Bewertung immaterieller Vermögensgegenstände ist mit besonders hohen Unsicherheiten verbunden. Solange sich ihr Wert nicht durch eine „am Markt" erzielte Gegenleistung objektivieren lässt, sollte die Aktivierung nach früherem Recht zwingend unterbleiben. Dies galt freilich nur für nicht entgeltlich erworbene immaterielle Vermögensgegenstände des *Anlage*vermögens, nach § 247 Abs. 2 also für solche, die dauernd dem Geschäftsbetrieb zu dienen bestimmt sind (näher § 247, 49 ff). Entgeltlich erworbene immaterielle Vermögensgegenstände des Anlagevermögens waren deshalb ebenso aktivierungspflichtig wie alle immateriellen Vermögensgegenstände des Umlaufvermögens. Für den entgeltlich erworbenen Geschäfts- oder Firmenwert bestand im Übrigen ein Aktivierungswahlrecht nach Maßgabe von § 255 Abs. 4 a.F. (vgl. § 246, 3 und 74).

16 Das Ansatzverbot nach § 248 Abs. 2 a.F. stand seit längerem auf dem rechtspolitischen Prüfstand, denn es führte in einer zunehmend auf immaterielle Werte ausgerichteten, wissensbasierten Wirtschaft und Gesellschaft geradezu zu einer „Entleerung" der Bilanzen. Der **RegE BilMoG** sah deshalb – in Anlehnung an die internationalen Rechnungslegungsstandards (IAS 38; s.u. Rdn 30 ff) – vor, auch für nicht entgeltlich erworbene immaterielle Vermögensgegenstände des Anlagevermögens eine **grundsätzliche Aktivierungspflicht** einzuführen,[17] von der (unter Anordnung eines entsprechendes Aktivierungsverbotes) allein „Marken, Drucktitel, Verlagsrechte, Kundenlisten oder vergleichbare immaterielle Vermögensgegenstände des Anlagevermögens, die nicht entgelt-

[15] ADS[6] § 248 Rdn 25.

[16] Zu Einzelheiten ADS[6] § 248 Rdn 27; HdR-EA/*Baetge/Fey/Weber/Sommerhoff* § 248 (Stand März 2010) Rdn 16.

[17] Dazu kritisch *Moxter* DB 2008, 1514, 1515 ff.

lich erwoben wurden" ausgenommen werden sollten (s. schon oben Rdn 5). Das war dem – im Zuge des BilMoG generell verfolgten – Ziel geschuldet, das Informationsniveau des HGB-Jahresabschlusses deutlich anzuheben und den Unternehmen – im Verhältnis zu den internationalen Rechnungslegungsregeln – eine gleichwertige, jedoch einfachere und kostengünstigere Alternative zu bieten.[18]

Mit der Aufhebung des Ansatzverbots nach § 248 Abs. 2 a.F. sollte der zunehmenden Bedeutung der immateriellen Vermögensgegenstände im Wirtschaftsleben Rechnung getragen werden, „die insbesondere auf den in Deutschland schon weit fortgeschrittenen Wandel von der produktions- zur wissensbasierten Gesellschaft zurückzuführen" sei; Ziel sei es, „die immateriellen Vermögensgegenstände stärker als bisher in den Fokus der Abschlussadressaten zu rücken".[19] Den Bewertungsschwierigkeiten, wie sie für selbst geschaffene immaterielle Vermögensgegenstände des Anlagevermögens kennzeichnend sind (und den daraus resultierenden Risiken für den Gläubigerschutz in einem bilanzbasierten Kapitalschutzsystem), hat schon der RegE BilMoG begegnen wollen, indem er die Aktivierung mit einer **Ausschüttungssperre** gekoppelt hat. Das ist mit **§ 268 Abs. 8** (ergänzt um § 172 Abs. 4 S. 3) Gesetz geworden (s.u. Rdn 42). Hinzu tritt die Verpflichtung, selbst geschaffene sowie entgeltlich erworbene immaterielle Vermögensgegenstände des Anlagevermögens in getrennten Aktivposten auszuweisen (§ 266 Abs. 2 Posten A. I. 1. und 2.; s.u. Rdn 40). Zudem stellt § 255 Abs. 2 S. 4 klar, dass für die Bewertung eines Vermögensgegenstandes Forschungskosten nicht in die Herstellungskosten einbezogen werden dürfen. Und schließlich verpflichtet § 285 Nr. 22 (s.u. Rdn 41) dazu, im Anhang den Gesamtbetrag der Forschungs- und Entwicklungskosten des Geschäftsjahres sowie den davon auf selbst geschaffene immaterielle Vermögensgegenstände des Anlagevermögens entfallenden Betrag anzugeben.[20] **17**

Im Verlauf des Gesetzgebungsverfahrens erfuhr das ursprüngliche Konzept freilich in einem Punkt eine wesentliche Korrektur: Als **Ergebnis der Beratungen im Rechtsausschuss des Deutschen Bundestages**[21] trat an die Stelle des im RegE BilMoG noch vorgesehenen Aktivierungsgebots das **Aktivierungswahlrecht** für selbst geschaffene immaterielle Vermögensgegenstände des Anlagevermögens **nach Abs. 2 S. 1 n.F.** (mit Einschränkung nach Abs. 2 S. 2, s.u. Rdn 32 ff). Diese Entscheidung des Gesetzgebers war v.a. den erwähnten Bewertungsschwierigkeiten sowie dem damit verbunden Bewertungs- und Begründungsaufwand geschuldet (s.u. Rdn 28 ff). Solchen Beschwernissen, die für kleine und mittlere Unternehmen allemal problematisch sind, lässt sich nach Einführung des Ansatzwahlrechts entgehen, indem auf eine Aktivierung immaterieller Vermögensgegenstände des Anlagevermögens verzichtet wird.[22] Das vom Gesetzgeber gewährte Wahlrecht steht allerdings einem wesentlichen Leitgedanken des BilMoG – das HGB-Bilanzrecht durch nachhaltige Reduktion bislang bestehender Ansatz- und Bewertungswahlrechte den internationalen Rechnungslegungsstandards anzunähern, das Informationsniveau des Jahresabschlusses zu erhöhen und für eine bessere Vergleichbarkeit der Jahres- **18**

---

18 Begründung zum RegE BilMoG, BT-Drucks. 16/10067, S. 32 u. 35.

19 So Begründung zum RegE BilMoG, BT-Drucks. 16/10067, S. 49.

20 S. Begründung zum RegE BilMoG, BT-Drucks. 16/10067, S. 35.

21 S. Beschlussempfehlung und Bericht des Rechtsausschusses zum RegE BilMoG, BT-Drucks. 16/12407, S. 85.

22 In Familienunternehmen scheint von der Aktivierungsmöglichkeit nach § 248 Abs. 2 S. 1 denn auch kaum Gebrauch gemacht zu werden: vgl. den Befund bei *v. Keitz/Wenk/Jagosch* DB 2011, 2445, 2448 f; übereinstimmende Einschätzung bei *Spingler* WPg 2012, 637.

abschlüsse zu sorgen[23] – entgegen.[24] Es steht zudem in Kontrast zu den internationalen Rechnungslegungsstandards: Während die *Full IFRS* unter bestimmten, freilich mit erheblichen Ermessensspielräumen einhergehenden Voraussetzungen eine Aktivierungspflicht für selbst geschaffene immaterielle Vermögenswerte des Anlagevermögens anordnen (s.u. Rdn 30), erzwingt der *IFRS for SMEs* die sofortige aufwandswirksame Verrechnung der Ausgaben für jene Werte. Ein § 248 Abs. 2 n.F. vergleichbares, explizites Ansatzwahlrecht ist den IFRS jedenfalls fremd.

19 § 248 Abs. 2 n.F. war – wie auch §§ 253–255 Abs. 2a n.F. – zwingend erstmals auf Jahresabschlüsse für das nach dem 31.12.2009 beginnende Geschäftsjahr anzuwenden (Art. 66 Abs. 3 S. 1 EGHGB); § 255 Abs. 2 n.F. fand erstmals auf Herstellungsvorgänge Anwendung, die im nach dem 31.12.2009 beginnenden Geschäftsjahr in Angriff genommen wurden (Art. 66 Abs. 3 S. 3 EGHGB). Die neuen Vorschriften konnten aber auch schon auf nach dem 31.12.2008 beginnende Geschäftsjahre angewandt werden (Art. 66 Abs. 3 S. 6 EGHGB). § 248 Abs. 2 und § 255 Abs. 2a n.F. (s.u. Rdn 25 f) finden nach Art. 66 Abs. 7 EGHGB nur auf selbst geschaffene immaterielle Vermögensgegenstände des Anlagevermögens Anwendung, mit deren Entwicklung in Geschäftsjahren begonnen wurde, die nach dem 31.12.2009 ihren Anfang genommen haben. Doch soll unter Berücksichtigung von Wesentlichkeitsgesichtspunkten nichts dagegen sprechen, auch in den Fällen eine Aktivierung der Entwicklungskosten für selbst geschaffene immaterielle Vermögensgegenstände des Anlagevermögens zuzulassen, in denen unwesentliche Teile der Entwicklung in dem vorhergehenden Geschäftsjahr liegen; eine Nachaktivierung dieser in dem vorhergehenden Geschäftsjahr angefallenen Aufwendungen ist aber ausgeschlossen.[25]

20 **Steuerrechtlich** gilt nach § 5 Abs. 2 EStG für entgeltlich erworbene immaterielle Gegenstände des Anlagevermögens ein Aktivierungsgebot; liegen die Voraussetzungen entgeltlichen Erwerbs nicht vor, besteht indes weiterhin ein steuerrechtliches Aktivierungsverbot.[26]

2. Erfasste Vermögensgegenstände

21 a) **Immaterielle Vermögensgegenstände des Anlagevermögens.** Der **Begriff des Vermögensgegenstandes** ist auch vom Gesetzgeber des BilMoG nicht explizit definiert worden. Nach herrschendem und zutreffendem – ausweislich der Gesetzesmaterialien auch dem Regelungsplan des BilMoG zugrundeliegendem[27] – Begriffsverständnis fallen darunter alle Sachen, Rechte sowie sonstige rechtliche wie tatsächliche Positionen von wirtschaftlichem Wert, die – sofern sie dem bilanzierungspflichtigen Kaufmann zuzurechnen sind (dazu § 246, 40 ff) – ein verwertbares Potential zur Deckung seiner Schulden begründen. Zentrales Merkmal des Vermögensgegenstands ist deshalb seine selbständige

---

[23] S. Begründung zum RegE BilMoG, BT-Drucks. 16/10067, S. 34.

[24] Betont kritisch etwa *Wüstemann/Wüstemann* FS Krawitz (2010) S. 751, 765 f.

[25] So Beschlussempfehlung und Bericht des Rechtsausschusses zum RegE BilMoG, BT-Drucks. 16/12407, S. 95; s. dazu auch IDW RS HFA 28 Tz 34; *Gelhausen/Fey/Kämpfer* Abschn. E Tz 137; BoHdR-*Kirsch* § 248 (Stand April 2011) Rdn 88 ff.

[26] Weiterführend Beck BilKomm[8]-*Förschle/Usinger* § 248 Rdn 35 ff.

[27] Vgl. Begründung zum RegE BilMoG, BT-Drucks. 16/10067, S. 50: „Vom Vorliegen eines Vermögensgegenstandes ist auszugehen, wenn das selbst erstellte Gut nach der Verkehrsauffassung einzeln verwertbar ist."

Verkehrsfähigkeit im Sinne von Verwertungsfähigkeit (**Einzelverwertbarkeit**), die sich – außer durch Veräußerung – auch durch Verarbeitung, Verbrauch oder Nutzungsüberlassung etc. realisieren lässt: Entscheidend ist die Verwertungsfähigkeit des mit dem Gut verbundenen wirtschaftlichen Potentials gegenüber Dritten. Diese Einzelverwertbarkeit schließt die selbständige Bewertbarkeit des Gegenstands (Einzelbewertbarkeit) ein; näher zum Ganzen § 246, 8 f mwN.

Immaterielle Vermögensgegenstände sind körperlich nicht fassbare Güter, namentlich Rechte und andere vermögenswerte Vorteile, die dem Berechtigten nicht mehr gegen seinen Willen entzogen werden können, wenn die Voraussetzung der Einzelverwertbarkeit (und -bewertbarkeit) gegeben ist.[28] Zu den immateriellen Vermögensgegenständen zählen z.B. die gewerblichen Schutzrechte, aber auch solche Werte, für die noch kein Schutzrecht entstanden ist (ungeschützte Erfindungen); außerdem etwa Konzessionen, (sonstige) Nutzungsrechte oder Belieferungs- und Bezugsrechte sowie Lizenzen an jenen Rechten und Werten; s. dazu schon § 246, 13.[29] Nicht losgelöst vom Unternehmen verwertbaren, ausschließlich intern nutzbaren immateriellen Gütern fehlt es indes an der Einzelverwertbarkeit.[30] – Zum entgeltlich erworbenen Geschäfts- oder Firmenwert, der kraft der Fiktion gem. § 246 Abs. 1 S. 4 i.d.F.d. BilMoG zwingend zu aktivieren und planmäßig abzuschreiben ist, s. § 246, 74 ff. 22

Zum **Anlagevermögen** gehören nach der gesetzlichen Begriffsbestimmung in § 247 Abs. 2 nur solche Vermögensgegenstände, „die bestimmt sind, dauernd dem Geschäftsbetrieb zu dienen". Maßgebliches Kriterium für die Zuordnung zum Anlagevermögen (und für die Abgrenzung gegenüber dem Umlaufvermögen) ist also die Zweckbestimmung (Funktionsbestimmung) des entsprechenden Vermögensgegenstandes[31], und zwar am Bilanzstichtag. Zu Einzelheiten s. § 247, 49 ff. 23

b) Selbst geschaffene Vermögensgegenstände. Abs. 2 erfasst die *selbst geschaffenen* immateriellen Vermögensgegenstände des Anlagevermögens, so dass es einer *Abgrenzung* zu den Vorgängen des (entgeltlichen sowie nicht entgeltlichen) *Erwerbs* immaterieller Vermögensgegenstände bedarf; dabei kann an den Diskussionsstand zu § 248 a.F. angeknüpft werden, der ein Aktivierungsverbot für immaterielle Gegenstände des Anlagevermögens, „die nicht entgeltlich erworben wurden", normierte; s. zur Abgrenzung unten Rdn 43 ff. 24

Selbst geschaffen sind jene körperlich nicht fassbaren, einzelverwert- und bewertbaren Güter, die **Produkte eines Herstellungsprozesses** im rechnungslegungspflichtigen Unternehmen sind; die Herstellung durch Dritte im Auftrag des rechnungslegungspflichtigen Unternehmens steht dem gleich, soweit dieses als Hersteller anzusehen ist.[32] § 255 25

---

[28] S. dazu etwa auch Beck-HdR-*Fasselt/Radde* B 211 Rdn 16 ff; *Gelhausen/Fey/Kämpfer* Abschn. E Tz 58 ff.

[29] Ein „ABC" praktisch wichtiger immaterieller Vermögensgegenstände des Anlagevermögens findet sich etwa bei – HdR-EA/*Baetge/Fey/Weber/Sommerhoff* § 248 (Stand März 2010) Rdn 42; Beck-HdR-*Fasselt/Radde* B 211 Rdn 99.

[30] *Arbeitskreis Bilanzrecht der Hochschullehrer Rechtswissenschaft* BB 2008, 152, 157 f; Baumbach/Hueck/*Schulze-Osterloh* GmbHG[18] § 42 Rdn 77; relativierend *Gelhausen/Fey/Kämpfer* Abschn. E Tz 60; BoHdR-*Kirsch* § 248 (Stand April 2011) Rdn 48.

[31] S.a. HdR-EA/*Baetge/Fey/Weber/Sommerhoff* § 248 (Stand März 2010) Rdn 25; Beck-HdR-*Fasselt/Radde* B 211 Rdn 33 ff.

[32] Dazu etwa HdR-EA/*Baetge/Fey/Weber/Sommerhoff* § 248 (Stand März 2010) Rdn 29; *Gelhausen/Fey/Kämpfer* Abschn. E Tz 49; Beck BilKomm[8]-*Grottel/Pastor* § 255 Rdn 360; BoHdR-*Kirsch* § 248 (Stand April

Abs. 2 i.d.F.d. BilMoG definiert als die Kosten der Herstellung (Herstellungskosten) jene Aufwendungen, die durch den Verbrauch von Gütern und die Inanspruchnahme von Diensten für die Herstellung eines Vermögensgegenstandes, seine Erweiterung oder für eine über seinen ursprünglichen Zustand hinausgehende wesentliche Verbesserung entstehen. Dabei dürfen Forschungs- und Vertriebskosten nicht in die Berechnung der Herstellungskosten eingeschlossen werden; sie sind unmittelbar als Aufwand zu erfassen. Herstellungskosten eines selbst geschaffenen immateriellen Vermögensgegenstandes des Anlagevermögens sind nach § 255 Abs. 2a S. 1 i.d.F.d. BilMoG die bei dessen *Entwicklung* anfallenden Aufwendungen nach § 255 Abs. 2.

26 Ausweislich der **Begründung zum RegE BilMoG** sollte § 255 Abs. 2a S. 1 i.d.F.d. RegE deutlich machen, dass eine Aktivierung nicht erst vorzunehmen sei, wenn ein selbst geschaffener immateriellen Vermögensgegenstand des Anlagevermögens vorliege; die Aktivierung habe vielmehr schon bei der Entwicklung zu erfolgen.[33] Diese Bemerkung in der Begründung stand freilich noch unter den Vorzeichen der vorgesehenen Aktivierungs*pflicht* für selbst geschaffene immaterielle Vermögensgegenstände des Anlagevermögens (s.o. Rdn 16) und bezog sich zudem auf einen (gegenüber der späteren Gesetzesfassung) abweichenden Wortlaut des § 255 Abs. 2a S. 1.[34] Übertragen auf die Gesetz gewordene Fassung von § 248 Abs. 2 (Aktivierungswahlrecht statt Aktivierungspflicht) würde das bedeuten: Das Aktivierungswahlrecht besteht schon in der Entwicklungsphase des Vermögensgegenstandes. Die Begründung zum RegE BilMoG fährt sodann fort: „Dies wiederum setzt eine Zukunftsprognose des bilanzierungspflichtigen Unternehmens voraus. Im Zeitpunkt der Aktivierung – gleichsam ex ante – muss mit hoher Wahrscheinlichkeit davon ausgegangen werden können, dass ein einzeln verwertbarer immaterieller Vermögensgegenstand des Anlagevermögens zur Entstehung gelangt. Kann die Vermögensgegenstandseigenschaft nicht bejaht werden, kommt die Aktivierung der Entwicklungskosten nicht in Betracht. Demgemäß ist für Zwecke der Abschlussprüfung eine hinreichende Dokumentation erforderlich, aus der sich entnehmen lässt, aus welchen Gründen von der künftigen Entstehung eines selbst geschaffenen immateriellen Vermögensgegenstandes des Anlagevermögens ausgegangen werden muss."[35]

27 Aus den zitierten Formulierungen in der Begründung zum RegE BilMoG ist von Teilen des Schrifttums gefolgert worden, die Aktivierung von Entwicklungskosten setze „keine Existenz eines immateriellen Vermögensgegenstandes" voraus; vielmehr genüge die Wahrscheinlichkeit seines Entstehens.[36] Eine solche Schlussfolgerung widerspräche indes nicht nur dem klaren Wortlaut von § 248 Abs. 2 S. 1, wo von der Aktivierung eines immateriellen Vermögensgegenstandes (nicht eines „Noch-nicht-Vermögensgegenstandes"[37]) die Rede ist. Sie stünde zudem in Konflikt mit der allgemeinen Voraussetzung abstrakter Aktivierungsfähigkeit nach Maßgabe von § 246 Abs. 1, die (von den aktiven Rechnungsabgrenzungsposten abgesehen) an einen existenten Vermögensgegen-

2011) Rdn 37 f; s.a. schon ADS[6] § 248 Rdn 22; MünchKommAktG[2]/*Hennrichs* § 248 HGB Rdn 20.

[33] So Begründung zum RegE BilMoG, BT-Drucks. 16/10067, S. 60.

[34] Nämlich: „Die bei der Entwicklung eines selbst geschaffenen immateriellen Vermögensgegenstands des Anlagevermögens anfallenden Herstellungskosten sind zu aktivieren."

[35] Begründung zum RegE BilMoG, BT-Drucks. 16/10067, S. 60.

[36] Deutlich in diesem Sinne MünchKomm-HGB[3]/*Ballwieser* § 248 Rdn 16; i.E. ebenso auch *Gelhausen/Fey/Kämpfer* Abschn. E Tz 44 u. 64 ff; BoHdR-*Kirsch* § 255 (Stand Januar 2011) Rdn 176.

[37] Begriff bei *Theile* WPg 2008, 1064, 1066; zuvor auch schon *Hoffmann/Lüdenbach* DStR Beihefter 2008, S. 49, 53.

stand anknüpft. Der **Rechtsausschuss des Deutschen Bundestages** hatte die (zumindest) missverständliche Formulierung in der Begründung des RegE BilMoG offenbar erkannt und in Zusammenhang mit seiner Beschlussempfehlung zu § 248 Abs. 2 formuliert: „Klarstellend weist der Ausschuss darauf hin, dass eine Aktivierung erst in Frage kommt, wenn die Vermögensgegenstandseigenschaft des selbst geschaffenen immateriellen Vermögensgegenstands des Anlagevermögens bejaht werden kann."[38]

Die **Aktivierungsfähigkeit von Entwicklungskosten schon in der laufenden Entwicklungsphase** bedeutet deshalb, dass die Entwicklung des letztlich angestrebten („fertigen") Vermögensgegenstandes zwar noch nicht abgeschlossen sein muss. Sehr wohl muss in der Zwischenphase der Entwicklung aber schon ein **Zwischenprodukt**[39] entstanden sein, das seinerseits die Voraussetzungen der **Einzelverwertbarkeit** und -bewertbarkeit (s.o. Rdn 21) erfüllt und als immaterieller Vermögensgegenstand des Anlagevermögens angesehen werden kann.[40] Die Rechtfertigung einer solchen Annahme ist Gegenstand der – in der Entwicklungsphase allgemein angenommenen[41] – **Dokumentationsobliegenheit.** 28

Die **Abgrenzung der Entwicklungs- von den Forschungsphase** und damit der Entwicklungs- von den nach § 255 Abs. 2 S. 4 nicht aktivierungsfähigen Forschungskosten ist im Übrigen auf Basis der begrifflichen Umschreibungen in § 255 Abs. 2a S. 2 und 3 vorzunehmen. Danach ist Entwicklung die Anwendung von Forschungsergebnissen oder von anderem Wissen für die Neuentwicklung von Gütern oder Verfahren oder die Weiterentwicklung von Gütern oder Verfahren mittels wesentlicher Änderungen (§ 255 Abs. 2a S. 2). Forschung ist die eigenständige und planmäßige Suche nach neuen wissenschaftlichen oder technischen Erkenntnissen oder Erfahrungen allgemeiner Art, über deren technische Verwertbarkeit und wirtschaftliche Erfolgsaussichten grundsätzlich keine Aussagen gemacht werden können (§ 255 Abs. 2a S. 3). S. zu Einzelheiten dieser Abgrenzung die Erläuterungen zu § 255 Abs. 2a. Können Forschung und Entwicklung im konkreten Einzelfall nicht verlässlich voneinander unterschieden werden, ist eine Aktivierung des in der Entwicklung begriffenen immateriellen Vermögensgegenstandes des Anlagevermögens nach § 255 Abs. 2a S. 4 ausgeschlossen; alle angefallenen Aufwendungen sind dann aufwandswirksam zu erfassen.[42] 29

Die mit dem BilMoG verbundenen Steuerungsvorgaben des Gesetzgebers sind damit deutlich weniger dicht als jene Regelungen, die **IAS 38** zu den Ansatzvoraussetzungen für 30

---

[38] Beschlussempfehlung und Bericht des Rechtsausschusses zum RegE BilMoG, BT-Drucks. 16/12407, S. 85.

[39] *Theile* WPg 2008, 1064, 1068, spricht von einem „‚unfertigen' immateriellen Vermögensgegenstand".

[40] Zutreffend HdR-EA/*Baetge/Fey/Weber/Sommerhoff* § 248 (Stand März 2010) Rdn 18 f; *Baetge/Kirsch/Thiele* Bilanzen[11] S. 248; *Küting/Ellmann* DStR 2010, 1300, 1303; HdR-EA/*dies.* § 255 (Stand August 2010) Rdn 398; Baumbach/Hopt/*Merkt* HGB[35] § 255 Rdn 22; *Theile* WPg 2008, 1064, 1067 f; i.E. ebenso Beck-HdR-*Fasselt/Radde* B 211 Rdn 58 ff; *Schülke* DStR 2010, 992, 996 ff, 998; s.a. schon *Schulze-Osterloh* DStR 2008, 63, 67; *Hennrichs* DB 2008, 537, 540; *Arbeitskreis „Immaterielle Werte im Rechnungswesen" der Schmalenbach-Gesellschaft*, DB 2008, 1813, 1815; KölnKomm-RLR/*Ekkenga* § 255 Rdn 135.

[41] S. zum Dokumentationserfordernis etwa Begründung zum RegE BilMoG, BT-Drucks. 16/10067, S. 60; Beck-HdR-*Fasselt/Radde* B 211 Rdn 71 ff; *Gelhausen/Fey/Kämpfer* Abschn. E Tz 64 ff u. 85 ff; BoHdR-*Kirsch* § 248 (April 2011) Rdn 56 ff; *Küting/Ellmann* DStR 2010, 1300, 1305; HdR-EA/*dies.* § 255 (Stand August 2010) Rdn 403 d; Petersen/Zwirner/Brösel/*Mindermann* SystPraxisKomm (2010) § 248 Rdn 24.

[42] Begründung zum RegE BilMoG, BT-Drucks. 16/10067, S. 61.

immaterielle Vermögenswerte trifft:[43] Danach müssen die allgemeinen Kriterien des Vermögenswertbegriffs (*asset*) und die speziellen Kriterien eines immateriellen Wertes erfüllt sein. Es muss sich um eine in der Verfügungsmacht eines Unternehmens stehende Ressource handeln, von der erwartet wird, dass dem Unternehmen durch sie künftig wirtschaftlicher Nutzen zufließt (IAS 38.8). Und ein immaterieller Wert muss darüber hinaus identifizierbar sein, um ihn vom Geschäfts- oder Firmenwert unterscheiden zu können, was wiederum an näher bezeichnete Voraussetzungen (IAS 38.11 f) geknüpft wird. Neben diesen Kriterien abstrakter Aktivierungsfähigkeit müssen als weiter konkretisierende Voraussetzungen für den Ansatz immaterieller Vermögenswerte die Wahrscheinlichkeit künftigen Nutzenzuflusses und die Möglichkeit einer verlässlichen Bewertung der Anschaffungs- und Herstellungskosten bejaht werden können (IAS 38.21 f). Zur näheren Bestimmung jener Kriterien und Voraussetzungen macht IAS 38 Vorgaben zur Aufteilung des Erstellungsprozesses in die Forschungs- und Entwicklungsphase (IAS 38. 51 ff) und zu Nachweisen, die das Unternehmen in Bezug auf die Entwicklungsphase erbringen muss, um die Entwicklungskosten aktivieren zu können. Das sind v.a. der Nachweis des künftigen wirtschaftliche Nutzens des immateriellen Gutes sowie Nachweise zur Absicht und zur technischen Realisierbarkeit der Fertigstellung, zu den hierzu erforderlichen Ressourcen des Unternehmens, zu seiner Fähigkeit der Nutzung oder der Veräußerung sowie zur Fähigkeit, die dem immateriellen Vermögenswert während seiner Entwicklung zurechenbaren Ausgaben verlässlich zu bewerten (IAS 38.57).

31 Das Aktivierungsgebot nach näherer Ausgestaltung in IAS 38 war Vorbild jedenfalls für die im RegE BilMoG noch vorgesehene Verpflichtung zur Aktivierung immaterieller Vermögensgegenstände des Anlagevermögens (vgl. oben Rdn 16). Auch vor diesem Hintergrund scheint es nahezuliegen, für die Auslegung der §§ 248 Abs. 2, 255 Abs. 2a die Ansatzkriterien aus IAS 38 zur **Orientierungshilfe** heranzuziehen.[44] Das wird verbreitet auch und gerade im Blick auf die Frage befürwortet, ob die noch laufende Entwicklungsphase schon zu einem aktivierungsfähigen immateriellen Vermögensgegenstand (oder doch wenigstens zu einem „Vermögensgegenstand in der Entstehung") geführt hat (s.o. Rdn 28): Hierzu soll auf die soeben Rdn 30 skizzierten Kriterien nach IAS 38.57 zurückgegriffen werden.[45] – Indes knüpfen die Ansatzvoraussetzungen nach IAS 38.57 an das Ansatzobjekt eines immateriellen Vermögenswertes (*asset*) im Sinne der IFRS an, der gerade durch die Erwartung künftigen Zuflusses wirtschaftlichen Nutzens geprägt wird (s.o. Rdn 30). Im Kontext von §§ 248 Abs. 2, 255 Abs. 2a geht es hingegen darum, ob und ab wann ein Vermögenswert identifiziert werden kann, der die Voraussetzungen des *handelsrechtlichen Vermögensgegenstandsbegriffs* erfüllt. Erst dann dürfen Entwicklungskosten aktiviert werden (s.o. Rdn 27 f). Allein die Kriterien des handelsrechtlichen Vermögensgegenstandes (Einzelverwertbarkeit und -bewertbarkeit), nicht die Ansatzkrite-

---

[43] Hierzu weiterführend etwa Baetge/Wolmert/Kirsch/Oser/Bischof/*Baetge/v.Keitz* Rechnungslegung nach IFRS, IAS 38 (Stand Oktober 2010) Rdn 54 ff; MünchKomm-BilR/*Böcking/Wiederhold* IAS 38 (Stand September 2010) Rdn 56 ff.

[44] *Gelhausen/Fey/Kämpfer* Abschn. E Tz 46 f, 68, 76.

[45] S. dazu die Begründung zum RefE BilMoG (November 2007), S. 122 und aus dem Schrifttum etwa *Arbeitskreis „Immaterielle Werte im Rechnungswesen" der Schmalenbach-Gesellschaft*, DB 2008, 1813, 1817; Beck-HdR-*Fasselt/Radde* B 211 Rdn 66 u. 78; BoHdR-*Kirsch* § 248 (Stand April 2011) Rdn 57 ff und § 255 (Stand Januar 2011) Rdn 180 ff; *Küting/Ellmann* DStR 2010, 1300, 1303 f; HdR-EA/*dies.* § 255 (Stand August 2010) Rdn 399; *Theile* WPg 2008, 1064, 1069; ebenso Petersen/Zwirner/Brösel/*Mindermann* SystPraxisKomm (2010) § 248 Rdn 23; krit. aber noch *ders.*, WPg 2008, 273, 274.

rien entsprechend IAS 38.57 bestimmen die Aktivierung von Entwicklungskosten. Einzelheiten sind im Rahmen von § 255 Abs. 2a zu erörtern; vgl. die Erläuterungen dort.

c) **Aktivierungsverbot nach Abs. 2 S. 2.** Dem Vorbild der internationalen Rechnungs- 32
legungsstandards folgt im Übrigen auch das Aktivierungsverbot nach Abs. 2 S. 2. So wie nach IAS 38.63 selbst geschaffene Markennamen, Drucktitel, Verlagsrechte, Kundenlisten sowie ihrem Wesen nach ähnliche Sachverhalte vom Bilanzansatz ausgeschlossen sind, dürfen auch in die HGB-Bilanz nicht als Aktivposten aufgenommen werden: **selbst geschaffene Marken, Drucktitel, Verlagsrechte, Kundenlisten oder vergleichbare immaterielle Vermögensgegenstände des Anlagevermögens.** Die hierauf entfallenden Kosten sind unmittelbar aufwandswirksam zu erfassen. Dieses Aktivierungsverbot trägt dem Umstand Rechnung, dass die auf jene Gegenstände entfallenden Kosten als nicht zuverlässig unterscheidbar von den Kosten für die Entwicklung des Unternehmens als Ganzes angesehen werden, eine zuverlässige Abgrenzung zum selbst geschaffenen Geschäfts- oder Firmenwert, der nach wie vor nicht aktivierungsfähig ist (vgl. § 246, 80), deshalb nicht möglich ist. Die Begründung zum RegE BilMoG nennt beispielhaft den Aufwand für Werbemaßnahmen, der alternativ ebenso einer Marke wie dem selbst geschaffenen Geschäfts- oder Firmenwert zugerechnet werden könne.[46]

Unter den Begriff der **Marke** fallen rechtlich geschützte Kennzeichnungen von Waren 33
oder Dienstleistungen mit Unterscheidungseignung (Wörter, Abbildungen, Zahlen und sonstige Zeichen, auch dreidimensionale Gestaltungen einschließlich der Form einer Ware oder ihrer Verpackung etc.; vgl. § 3 MarkenG); auf die Eintragung in ein Register kommt es nicht an.[47]

Drucktitel sind Bezeichnungen, unter denen Druckschriften publiziert werden (z.B. 34
Titelschriftzug einer Zeitung).[48] **Verlagsrechte** betreffen das Recht zur Vervielfältigung und Verbreitung eines Werks der Literatur oder Tonkunst (vgl. §§ 1, 8 VerlG).[49]

Kundenlisten sind systematische Zusammenstellungen von Informationen (Namen, 35
Anschrift, bisherige Bestellungen und sonstige kundenspezifische Daten) über aktuelle oder frühere (aber auch potentielle) Geschäftskunden.[50]

Die Kategorie der **vergleichbaren immateriellen Vermögensgegenstände des Anlage-** 36
vermögens erfasst jedenfalls den Marken, Drucktiteln, Verlagsrechten oder Kundenlisten ähnliche immaterielle Vermögensgegenstände (z.B. Unternehmenskennzeichen, Werktitel, Internetdomain-Namen, Geschmacks- und Gebrauchsmuster etc.),[51] deren Kosten sich gleichfalls nicht zuverlässig von den Kosten für die Entwicklung des Unternehmens als Ganzem unterscheiden und deshalb nicht zweifelsfrei einem selbst geschaffenen immateriellen Vermögensgegenstand unmittelbar zuordnen lassen. Sie sind aufwandswirksam zu erfassen.

Schon das im RegE BilMoG genannte Beispiel der Aufwendungen für Werbemaß- 37
nahmen (s.o. Rdn 32 a.E.) deutet freilich darauf hin, dass dem Konzept des (heutigen)

---

46 Begründung zum RegE BilMoG, BT-Drucks. 16/10067, S. 50 und dazu näher *Gelhausen/Fey/Kämpfer* Abschn. E Tz 80 ff.

47 Beck BilKomm⁸-*Förschle/Usinger* § 248 Rdn 16; BoHdR-*Kirsch* § 248 (Stand April 2011) Rdn 72.

48 S. etwa HdR-EA/*Baetge/Fey/Weber/Sommerhoff* § 248 (Stand März 2010) Rdn 27; Beck BilKomm⁸-*Förschle/Usinger* § 248 Rdn 17.

49 HdR-EA/*Baetge/Fey/Weber/Sommerhoff* § 248 (Stand März 2010) Rdn 27; Beck BilKomm⁸-*Förschle/Usinger* § 248 Rdn 18.

50 HdR-EA/*Baetge/Fey/Weber/Sommerhoff* § 248 (Stand März 2010) Rdn 27; Beck BilKomm⁸-*Förschle/Usinger* § 248 Rdn 19.

51 S. etwa Beck BilKomm⁸-*Förschle/Usinger* § 248 Rdn 20.

Abs. 2 S. 2 eine weite Abgrenzung des Begriffs der „vergleichbaren immateriellen Vermögensgegenstände des Anlagevermögens“ zugrunde liegt, die entscheidend an die nicht zweifelsfreie unmittelbare Zuordnung von Aufwendungen zu einem einzelnen immateriellen Vermögensgegenstand anknüpft;[52] so hat auch der Rechtsausschuss des Deutschen Bundestages die Regelung in Abs. 2 S. 2 verstanden wissen wollen.[53] In der rechtspolitischen Diskussion nach Bekanntwerden des RegE BilMoG war denn auch vorgeschlagen worden, die gegenstandsbezogenen Aktivierungsverbote im (heutigen) Abs. 2 S. 2 durch eine generelle Formulierung zu ersetzen, die eine Aktivierung aller Aufwendungen verbietet, die sich nicht zuverlässig von Aufwendungen zur Erhöhung des originären Geschäfts- oder Firmenwerts abgrenzen lassen.[54] Der Gesetzgeber hat diesen Vorschlag zwar nicht aufgegriffen. Angesichts der mit Abs. 2 S. 2 verfolgten Regelungsabsicht wird man unter die Kategorie der „vergleichbaren immateriellen Vermögensgegenstände des Anlagevermögens“ aber gleichwohl nicht nur solche Gegenstände einzuordnen haben, die Marken, Drucktiteln, Verlagsrechten oder Kundenlisten auch funktional ähnlich sind. Vielmehr sind Aufwendungen, die sich einem selbst geschaffenen immateriellen Vermögensgegenstand des Anlagevermögens nicht zweifelsfrei unmittelbar zuweisen lassen, generell nicht aktivierungsfähig.[55] Im Übrigen kann ein Vermögensvorteil ohnehin nur dann als (immaterieller) Vermögensgegenstand angesehen werden, wenn das Kriterium der Einzelverwertbarkeit und -bewertbarkeit (s.o. Rdn 21) erfüllt ist.

38 **3. Zugangs- und Folgebewertung.** Der **Bewertung** aktivierter selbst geschaffener immaterieller Vermögensgegenstände des Anlagevermögens sind bei **Zugang** die Herstellungskosten nach Maßgabe von § 255 Abs. 2 und 2a (s. die Erläuterungen dort) zugrunde zu legen;[56] die **Folgebewertung** richtet sich nach den allgemeinen Grundsätzen gem. § 253 Abs. 3, Abs. 5 S. 1 (planmäßige Abschreibung über die voraussichtliche betriebliche Nutzungsdauer, ggf. außerplanmäßige Abschreibung auf den niedrigeren beizulegenden Wert; s. dazu § 253, 77 ff).[57]

39 Ansatz und Bewertung unterliegen dem **Stetigkeitsgebot** aus §§ 246 Abs. 3, 252 Abs. 1 Nr. 6,[58] so dass in gleichgelagerten Sachverhalten eine Änderung der Ansatz- und Bewertungsmethode nur unter den Voraussetzungen von § 252 Abs. 2 zulässig ist.

40 **4. Ausweis im Jahresabschluss.** In der **Bilanz** mittelgroßer und großer Kapitalgesellschaften (und diesen gleichgestellter Unternehmen) sind selbst geschaffene gewerbliche

---

[52] S. schon *Ernst/Seidler* ZGR 2008, 631, 639 und etwa Haufe HGB BilKomm³-*Bertram* § 248 Rdn 53; Petersen/Zwirner/Brösel/*Mindermann* SystPraxisKomm (2010) § 248 Rdn 11; *Oser/Roß/Wader/Drögemüller* WPg 2008, 675, 679; WP-Handbuch I¹⁴ Tz E 99.

[53] Beschlussempfehlung und Bericht des Rechtsausschusses zum RegE BilMoG, BT-Drucks. 16/12407, S. 85.

[54] *Oser/Roß/Wader/Drögemüller* WPg 2008, 675, 679.

[55] Beschlussempfehlung und Bericht des Rechtsausschusses zum RegE BilMoG, BT-Drucks. 16/12407, S. 85.

[56] Vgl. auch Beck-HdR-*Fasselt/Radde* B 211 Rdn 163 ff; *Gelhausen/Fey/Kämpfer* Abschn. E Tz 93 ff.

[57] *Gelhausen/Fey/Kämpfer* Abschn. E Tz 101 ff; HdR-EA/*Baetge/Fey/Weber/Sommerhoff* § 248 (Stand März 2010) Rdn 39 ff; Beck-HdR-*Fasselt/Radde* B 211 Rdn 181 ff.

[58] *Arbeitskreis „Immaterielle Werte im Rechnungswesen“ der Schmalenbach-Gesellschaft*, DB 2008, 1813, 1817; MünchKommHGB³/*Ballwieser* § 248 Rdn 32; Haufe HGB BilKomm³/*Bertram* § 248 Rdn 37 ff; Beck-HdR-*Fasselt/Radde* B 211 Rdn 82 ff; BoHdR-*Kirsch* § 248 (Stand April 2011) Rdn 76 ff; Baumbach/Hopt/*Merkt* HGB³⁵ § 248 Rdn 3; Petersen/Zwirner/Brösel/*Mindermann* SystPraxisKomm (2010) § 248 Rdn 18.

Schutzrechte und ähnliche Rechte und Werte getrennt von entgeltlich erworbenen Konzessionen, gewerblichen Schutzrechten und ähnlichen Rechten und Werten unter den immateriellen Vermögensgegenständen auszuweisen (§ 266 Abs. 2 A I. 1. und 2. i.V.m. § 266 Abs. 1). Ein separater Ausweis von unentgeltlich erworbenen immateriellen Vermögensgegenständen (zu ihnen s.u. Rdn 47 f) – entweder als gesonderte Posten oder ihm Rahmen eines Davon-Vermerks – ist gesetzlich zwar nicht explizit vorgeschrieben, wird aber empfohlen[59] und dürfte angesichts der unten Rdn 48 skizzierten Parallelen auch geboten sein.

Mittelgroße und große Kapitalgesellschaften (und diesen gleichgestellte Unternehmen) **41**
müssen im Fall einer Aktivierung nach Abs. 2 im **Anhang** den Gesamtbetrag der Forschungs- und Entwicklungskosten des Geschäftsjahrs sowie den davon auf die selbst geschaffenen immateriellen Vermögensgegenstände des Anlagevermögens entfallenden Betrag angeben (§ 285 Nr. 22 i.V.m. § 288 Abs. 1; s. die Kommentierung dort).

Werden selbst geschaffene immaterielle Vermögensgegenstände des Anlagevermögens **42**
in der Bilanz ausgewiesen, dürfen Kapitalgesellschaften Gewinne nur ausschütten, wenn die nach der Ausschüttung verbleibenden frei verfügbaren Rücklagen zuzüglich eines Gewinnvortrags und abzüglich eines Verlustvortrags mindestens den insgesamt angesetzten Beträgen abzüglich der hierfür gebildeten passiven latenten Steuern entsprechen: **Ausschüttungssperre gem. § 268 Abs. 8** (vgl. die Erläuterungen dort). Für Kommanditgesellschaften s. § 172 Abs. 4 S. 3 i.d.F.d. BilMoG.

5. Abgrenzungen

a) Entgeltlich erworbene immaterielle Vermögensgegenstände des Anlagevermögens. **43**
Die Regelung des Abs. 2 erfasst ihrem Wortlaut nach allein selbst geschaffene immaterielle Vermögensgegenstände des Anlagevermögens, also solche, die Produkte eines Herstellungsprozesses durch das rechnungslegungspflichtige Unternehmen sind (s.o. Rdn 25). Sind die Gegenstände hingegen entgeltlich erworben worden, unterliegen sie – wie schon unter dem früheren Recht (s. 4. Aufl. § 248, 13) – der **Aktivierungspflicht** nach den allgemeinen Grundsätzen aus § 246 Abs. 1 (Vollständigkeitsgebot).[60]

Entgeltlicher Erwerb meint den Übergang des immateriellen Gegenstandes aus dem **44**
Vermögen eines Dritten in das des Rechnungslegungspflichtigen, und zwar gegen eine Leistung aus dem Vermögen des Erwerbers, die nach den Vorstellungen der Beteiligten gerade die Gegenleistung für den erworbenen Gegenstand sein soll.[61] Aufwendungen, die – wie Provisionen, Gebühren etc. – lediglich bei Gelegenheit des Erwerbs getätigt werden, genügen nicht. Der entgeltliche Erwerb beruht regelmäßig auf einem **Austauschvertrag** zwischen dem Rechnungslegungspflichtigen und einem Dritten, der auf Übertragung des Vermögensgegenstandes gerichtet ist; dabei genügt es, dass der Gegenstand erst im Zuge

---

59 *Gelhausen/Fey/Kämpfer* Abschn. E Tz 119 ff.

60 Wohl allgem. Ansicht; s. etwa HdR-EA/*Baetge/Fey/Weber/Sommerhoff* § 248 (Stand März 2010) Rdn 28; KölnKomm-RLR/*Braun* § 248 Rdn 22; Beck-HdR-*Fasselt/Radde* B 211 Rdn 90; *Gelhausen/Fey/Kämpfer* Abschn. E Tz 34; Petersen/Zwirner/Brösel/*Mindermann* SystPraxisKomm (2010) § 248 Rdn 12.

61 S. dazu etwa ADS[6] § 248 Rdn 15 ff; HdR-EA/*Baetge/Fey/Weber/Sommerhoff* § 248 (Stand März 2010) Rdn 31 ff; BoHdR-*Kirsch* § 248 (Stand April 2011) Rdn 36; *Kropff* in Geßler/Hefermehl/Eckardt/Kropff AktG § 153 Rdn 43 ff; *Marx* BB 1994, 2379, 2384; *Niemann* Immaterielle Wirtschaftsgüter S. 55 ff; s.a. Beck BilKomm[8]-*Förschle/Usinger* § 248 Rdn 13 i.V.m. Rdn 35 ff.

des Erwerbsgeschäfts geschaffen wird.[62] Der entgeltliche Erwerb muss sich nicht notwendig in Gestalt eines Kaufvertrages vollziehen, sondern kann auch auf einem Tauschvorgang beruhen, sofern der Tauschleistung ein objektiv zu bemessender Wert beikommt. Der Tausch gegen einen anderen immateriellen Vermögensgegenstand, dessen Wert (noch) nicht durch ein drittbezogenes Anschaffungsgeschäft objektivierbar ist, genügt für die Entgeltlichkeit des Erwerbs deshalb nicht.[63] Jedoch liegt entgeltlicher Erwerb vor, wenn ein Mitarbeiter des Unternehmens den immateriellen Vermögensgegenstand gegen Zahlung einer Erfindervergütung überträgt.[64]

45 Auch in einer Übertragung des Anlagegegenstandes im Wege der **Sacheinlage** gegen Gewährung von Gesellschafterrechten kann ein entgeltlicher Erwerb liegen.[65] Erfolgt die Übertragung jedoch im Wege einer „anderen Zuzahlung, die Gesellschafter in das Eigenkapital leisten" (§ 272 Abs. 2 Nr. 4), fehlt es mangels einer korrespondierenden Gegenleistung aus dem Vermögen der empfangenden Gesellschaft an der *Entgeltlichkeit* des Erwerbsvorgangs.[66] Immaterielle Vermögensgegenstände, die infolge einer **Verschmelzung** auf den übernehmenden Rechtsträger übergehen, sind aus dessen Sicht entgeltlich erworben und deshalb auch dann aktivierungspflichtig, wenn sie vom übertragenden Rechtsträger selbst erstellt worden waren.[67]

46 Da der entgeltliche Erwerb den Übergang des immateriellen Anlagegegenstandes aus dem Vermögen eines Dritten voraussetzt, ist die Einordnung von **Erwerbsvorgängen zwischen nahestehenden Personen, namentlich** zwischen **verbundenen Unternehmen**, fraglich. Einige Stimmen im Schrifttum wollen bei konzerninternen Erwerbsvorgängen einen entgeltlichen Erwerb generell verneinen oder nur unter engen Voraussetzungen bejahen, weil die zwischen Konzernunternehmen vereinbarte Gegenleistung nicht als objektiver

---

[62] HdR-EA/*Baetge/Fey/Weber/Sommerhoff* § 248 (Stand März 2010) Rdn 30; MünchKommAktG²/*Hennrichs* § 248 HGB Rdn 19; vgl. BFH, 26.8.1992, I R 24/91, BStBl II 977, 978 ff (Aktivierungspflicht für Transferzahlungen im Berufsfußball) und dazu *Marx* BB 1994, 2379, 2384 ff mwN.

[63] Wie hier schon *Kropff* in Geßler/Hefermehl/Eckardt/Kropff AktG § 153 Rdn 45; übereinstimmend etwa MünchKommAktG²/*Hennrichs* § 248 HGB Rdn 25; Baumbach/Hopt/*Merkt* HGB³⁵ § 248 Rdn 4; Heymann²/*Walz* § 248 Rdn 11; anders ADS⁶ § 248 Rdn 16; Baetge/Kirsch/Thiele/*Hömberg/König* § 248 (Stand April 2006) Rdn 41; wohl auch HdR-EA/*Baetge/Fey/Weber/Sommerhoff* § 248 (Stand März 2010) Rdn 33; Beck BilKomm⁸-*Förschle/Usinger* § 248 Rdn 40.

[64] ADS⁶ § 248 Rdn 18; MünchKommAktG²/*Hennrichs* § 248 HGB Rdn 26; HdJ-*Kuhner* II/1, Rdn 211, je mwN; aA, weil einen Erwerbsvorgang verneinend, MünchKommHGB³/*Ballwieser* § 248 Rdn 36; Baetge/Kirsch/Thiele/*Hömberg/König* § 248 (Stand April 2006) Rdn 49; i.E. auch HdR-EA/*Baetge/Fey/Weber/Sommerhoff* § 248 (Stand März 2010) Rdn 34, wo freilich unklar bleibt, ob es am Merkmal der Entgeltlichkeit oder schon an einem Erwerbsvorgang fehlen soll.

[65] ADS⁶ § 248 Rdn 21; Beck BilKomm⁸-*Förschle/Usinger* § 248 Rdn 40; MünchKommAktG²/*Hennrichs* § 248 HGB Rdn 25; Baumbach/Hopt/*Merkt* HGB³⁵ § 248 Rdn 4; *Niemann* Immaterielle Wirtschaftsgüter S. 72 ff; einschränkend *Hommel* Bilanzierung S. 260 ff.

[66] Übereinstimmend etwa ADS⁶ § 248 Rdn 21; MünchKommAktG²/*Hennrichs* § 248 HGB Rdn 25; Baetge/Kirsch/Thiele/*Hömberg/König* § 248 (Stand April 2006) Rdn 46; insoweit nicht eindeutig HdR-EA/*Baetge/Fey/Weber/Sommerhoff* § 248 (Stand März 2010) Rdn 32 (wo bei entgeltlichem und unentgeltlichem Erwerb freilich gleichermaßen eine Aktivierungspflicht bejaht wird).

[67] IDW RS HFA 42: Auswirkungen einer Verschmelzung auf den handelsrechtlichen Jahresabschluss (Stand 29.10.2012; FN-IDW 2012, 701; WPg Supplement 2012, 91) Tz 36; *Naumann* FS Ludewig (1996) S. 683, 696; Lutter/*Priester* UmwG⁴ § 24 Rdn 35; aA *Dehmer* UmwG2 § 24 Rdn 17.

Wertmaßstab angesehen werden könne.[68] Indes sind auch (konzern-)verbundene Unternehmen rechtlich selbständige Träger verschiedener Vermögensmassen und je eigenständige Vertragssubjekte, so dass einer verbundinternen Vermögensübertragung der Charakter eines entgeltlichen Erwerbsvorgangs von einem Dritten nicht von vornherein abgesprochen werden kann. Wegen der bestehenden Manipulationsgefahren sind jedoch strenge Anforderungen an die Darlegung und Überprüfung der Werthaltigkeit vereinbarter Gegenleistungen zu stellen;[69] zu einer widerlegbaren Vermutung des Inhalts, eine Preisvereinbarung zwischen verbundenen Unternehmen könne mangels entgegengesetzter Interessen zwischen Veräußerer und Erwerber nicht als Wertobjektivierung durch den Markt anerkannt werden,[70] besteht dabei freilich kein Anlass.

b) Unentgeltlich erwobene immaterielle Vermögensgegenstände des Anlagevermögens. **47**
Noch nicht rechtssicher geklärt ist die Behandlung unentgeltlich erworbener immaterieller Vermögensgegenstände des Anlagevermögens, z.B. im Rahmen von Schenkungen. Sie sind nicht „selbst geschaffen" i.S.d. Abs. 2. Da die Regelung in Abs. 2 n.F. aber gerade an selbst geschaffene immaterieller Vermögensgegenstände des Anlagevermögens – und nicht, wie noch Abs. 2 a.F., an nicht entgeltlich erworbene Gegenstände – anknüpft, liegt für alle nicht selbst geschaffenen Vermögensgegenstände der Rückgriff auf den allgemeinen Grundsatz des Vollständigkeitsgebots (§ 246 Abs. 1 S. 1) nahe. Unentgeltlich erworbene immaterielle Vermögensgegenstände des Anlagevermögens wären dann zwingend zu aktivieren (*Aktivierungspflicht*), wobei für die Zugangsbewertung richtigerweise an den vorsichtig geschätzten Betrag anzuknüpfen wäre, den der Rechnungslegungspflichtige bei entgeltlichem Erwerb hätte aufwenden müssen (vgl. auch 4. Aufl. § 255, 13 zum Ansatz von unentgeltlich erworbenen materiellen Vermögensgegenständen).[71] Mit Hinweis auf die mangelnde ausdrückliche gesetzliche Regelung zur Aktivierung unentgeltlich erworbener immaterieller Vermögensgegenstände des Anlagevermögens lässt sich die (entsprechende) Anwendung des Aktivierungs*wahlrechts* nach Abs. 2 jedenfalls noch nicht rechtfertigen.[72] Soweit vereinzelt ein Aktivierungs*verbot* angenommen wird,[73] ist das mit dem aktuellen Recht schlechterdings nicht zu vereinbaren.

Allerdings wollen Teile des Schrifttums das *Aktivierungswahlrecht* aus Abs. 2 gerade **48**
deshalb analog auf unentgeltlich erworbene immaterielle Vermögensgegenstände des Anlagevermögens anwenden, weil der Charakter selbst geschaffener und unentgeltlich erworbener Vermögensgegenstände sehr ähnlich sei: hier wie dort sei die Höhe ihrer Anschaffungs- oder Herstellungskosten nicht durch eine Markttransaktion bestätigt

---

68 Generell verneinend *Löcke* BB 1998, 415, 418 f im Anschluss an *Moxter* StuW 1989, 232, 238; auf enge Voraussetzungen rekurrierend MünchKommAktG²/*Hennrichs* § 248 HGB Rdn 22 f; *Kropff* in Geßler/Hefermehl/Eckardt/Kropff § 153 Rdn 47 f.

69 In diesem Sinne die ganz hM; etwa ADS⁶ § 248 Rdn 15; HdR-EA/*Baetge/Fey/Weber/Sommerhoff* § 248 (Stand März 2010) Rdn 31; MünchKommHGB³/*Ballwieser* § 248 Rdn 37; Beck BilKomm⁸-*Förschle/Usinger* § 248 Rdn 35; Baetge/Kirsch/Thiele/*Hömberg/König* § 248 (Stand April 2006) Rdn 39; HdJ-*Kuhner* II/1, Rdn 201; Baumbach/Hopt/*Merkt* HGB³⁵ § 248 Rdn 4; Baumbach/Hueck/*Schulze-Osterloh* GmbHG¹⁸ § 42 Rdn 79.

70 So Heymann²/*Walz* § 248 Rdn 12; ganz ähnlich schon *Kessler* BB 1994, Beilage 12, S. 18.

71 Für Aktivierungspflicht etwa HdR-EA/*Baetge/Fey/Weber/Sommerhoff* § 248 (Stand März 2010) Rdn 32; Beck-HdR-*Fasselt/Radde* B 211 Rdn 142.

72 Das verkennt Haufe HGB BilKomm³-*Bertram* § 248 Rdn 3; i.E. ebenso BoHdR-*Kirsch* § 248 (Stand April 2011) Rdn 34 sowie (freilich ohne Begründung) Beck BilKomm⁸-*Förschle/Usinger* § 248 Rdn 13.

73 So (auf Grundlage des BilMoG) KölnKomm-RLR/*Braun* § 248 Rdn 24.

worden.[74] Das sind beachtliche Erwägungen, die in der Tat gegen eine Ansatzpflicht sprechen: Die Bewertung unentgeltlich erworbener immaterieller Vermögensgegenstände ist mit ähnlichen Unsicherheiten (und vergleichbarem Begründungsaufwand) verbunden wie die der selbst geschaffenen Gegenstände. Gerade dem aber hat der Gesetzgeber mit dem Wahlrecht in Abs. 2 Rechnung tragen wollen (vgl. oben Rdn 18). Im Falle der Inanspruchnahme des Aktivierungswahlrechts[75] wird dann folgerichtig auch § 268 Abs. 8 (Ausschüttungssperre) analog angewandt.[76]

49 c) **Immaterielle Vermögensgegenstände des Umlaufvermögens.** Sie werden von der Regelung des Abs. 2 nicht erfasst. Vor dem Hintergrund des Vollständigkeitsgebots aus § 246 Abs. 1 unterliegen sie – ebenso wie schon im früherem Recht[77] – der **Aktivierungspflicht**, und zwar unabhängig davon, ob sie entgeltlich oder unentgeltlich erworben oder selbst geschaffen worden sind.[78] Das wird beispielsweise für Unternehmen praktisch, die EDV-Programme im Drittauftrag oder zur Weiterveräußerung entwickeln. Vor der Aktivierung von immateriellen Vermögensgegenständen des Umlaufvermögens ist freilich sorgfältig zu prüfen, ob tatsächlich ein Vermögensgegenstand gegeben (dazu s.o. Rdn 21), seine Zuordnung zum Umlaufvermögen gerechtfertigt (s. § 247, 56) und zu welchem Betrag eine Aktivierung vor dem Hintergrund der allgemeinen Bewertungsgrundsätze vertretbar ist.[79]

50 d) **Materielle Vermögensgegenstände** werden von Abs. 2 ebenfalls nicht erfasst. Angesichts des Vollständigkeitsgebots aus § 246 Abs. 1 unterliegen sie der **Aktivierungspflicht**, unabhängig davon, ob sie entgeltlich oder unentgeltlich erworben oder selbst geschaffen worden, dem Umlaufvermögen oder dem Anlagevermögen zuzuordnen sind.[80]

IV. Rechtsfolgen verbotswidriger Aktivierung

51 Verstöße gegen eines der Aktivierungsverbote aus § 248 bewirken eine Überbewertung der Aktivposten i.S.v. § 256 Abs. 5 Nr. 1 AktG und führen deshalb in der AG, KGaA und GmbH – soweit es sich nicht lediglich um unbedeutende Überbewertungen handelt – zur *Nichtigkeit des festgestellten Jahresabschlusses.*[81] Für prüfungspflichtige

---

[74] In diesem Sinne *Gelhausen/Fey/Kämpfer* Abschn. E Tz 91 u. 116 ff; dem folgend Petersen/Zwirner/Brösel/*Mindermann* SystPraxisKomm (2010) § 248 Rdn 12; WP-Handbuch I[14] Tz E 100.

[75] *Gelhausen/Fey/Kämpfer* Abschn. E Tz 92 wollen dieses Wahlrecht bei unentgeltlichem Erwerb auch für die Gegenstände i.S.v. Abs. 2 S. 2 (Marken, Drucktitel, Verlagsrechte, Kundenlisten und vergleichbare immaterielle Vermögensgegenstände des Anlagevermögens) gelten lassen; zweifelhaft.

[76] *Gelhausen/Fey/Kämpfer* Abschn. E Tz 135.

[77] Statt anderer ADS[6] § 248 Rdn 23; MünchKommAktG[2]/*Hennrichs* § 248 HGB Rdn 14, je mwN.

[78] Ebenso HdR-EA/*Baetge/Fey/Weber/Sommerhoff* § 248 (Stand März 2010) Rdn 35; Beck-HdR-*Fasselt/Radde* B 211 Rdn 97; *Gelhausen/Fey/Kämpfer* Abschn. E Tz 34; Petersen/Zwirner/Brösel/*Mindermann* SystPraxisKomm (2010) § 248 Rdn 12; Beck BilKomm[8]-*Förschle/Usinger* § 248 Rdn 14.

[79] ADS[6] §248 Rdn 23; HdR-EA/*Baetge/Fey/Weber/Sommerhoff* § 248 (Stand März 2010) Rdn 36.

[80] Statt anderer HdR-EA/*Baetge/Fey/Weber/Sommerhoff* § 248 (Stand März 2010) Rdn 37.

[81] ADS[6] § 248 Rdn 1 u. § 256 AktG Rdn 47 ff; Beck BilKomm[8]-*Förschle/Usinger* § 248 Rdn 50 u. Beck BilKomm[8]-*Winkeljohann/*

Gesellschaften (oder bei einer Abschlussprüfung auf freiwilliger Grundlage) kann ein Verstoß gegen § 246 im Übrigen die Versagung oder Einschränkung des Bestätigungsvermerks (§ 322) zur Folge haben. Zu möglichen straf- und ordnungswidrigkeitenrechtlichen Konsequenzen einer Verletzung von § 246 vgl. §§ 331, 334, 335b (und die dortigen Erläuterungen) sowie §§ 283 ff StGB. Zur Rechtslage in der *Personenhandelsgesellschaft* s. § 246, 115.

§ 249
Rückstellungen

(1) Rückstellungen sind für ungewisse Verbindlichkeiten und für drohende Verluste aus schwebenden Geschäften zu bilden. Ferner sind Rückstellungen zu bilden für
1. **im Geschäftsjahr unterlassene Aufwendungen für Instandhaltung, die im folgenden Geschäftsjahr innerhalb von drei Monaten, oder für Abraumbeseitigung, die im folgenden Geschäftsjahr nachgeholt werden,**
2. **Gewährleistungen, die ohne rechtliche Verpflichtung erbracht werden.**

(2) Für andere als die in Absatz 1 bezeichneten Zwecke dürfen Rückstellungen nicht gebildet werden. Rückstellungen dürfen nur aufgelöst werden, soweit der Grund hierfür entfallen ist.

Schrifttum

Albach/Forster (Hrsg.), Beiträge zum Bilanzrichtlinien-Gesetz – das neue Recht in Theorie und Praxis, ZfB-Ergänzungsheft 1/1987, S. 67; *Altmeier* Rückstellungsbilanzierung in Deutschland und Frankreich (1999); *Babel* Zum Saldierungsbereich bei Rückstellungen für drohende Verluste aus schwebenden Geschäften, ZfB 68 (1998) 825; *Baetge* Zur Frage der Reichweite des Passivierungsgrundsatzes, Festschrift Forster (1992) S. 27; *Ballwieser* Grundsätze der Aktivierung und Passivierung, Beck-HdR B 131 (2009); *ders.* Zur Passivierung von Verpflichtungen zum Schutz und zur Wiederherstellung der Umwelt, Bericht über die Fachtagung 1991 des Instituts der Wirtschaftsprüfer in Deutschland (1992) S. 131; *Beisse* Gläubigerschutz – Grundprinzip des deutschen Bilanzrechts, Festschrift Beusch (1993) S. 77; *Berberich* Ein Framework für das DRSC (2002); *Böcking* Verbindlichkeitsbilanzierung (1994); *Borstell* Aufwandsrückstellungen nach neuem Bilanzrecht (1988); *Crezelius* Was ist Recht im Bilanzrecht? ZIP 2003, 461; *Christiansen* Das Erfordernis der wirtschaftlichen Verursachung ungewisser Verbindlichkeiten vor dem Hintergrund der Rechtsprechung des Bundesfinanzhofs – Versuch einer kritischen Analyse, BFuP 1994, 25; *ders.* Realisationsprinzip beim Ausweis von Verbindlichkeiten – eine „unendliche" Geschichte, DStR 2009, 2213; *ders.* „Weißer Rauch" für die Passivierung rechtlich bestehender Verbindlichkeiten? DStR 2011, 2483; *Claussen/Korth* Altlasten – Ein Umwelt- und Bilanzierungsproblem, Festschrift Budde (1995) S. 105; *Clemm* Zur Nichtpassivierung entstandener Verbindlichkeiten wegen nachträglicher wirtschaftlicher Verursachung (Realisation) oder: Wie dynamisch ist die Bilanz im Rechtssinne? Festschrift Moxter (1994) S. 167; *ders.* Zur Bilanzierung von Rückstellungen für drohende Verluste, vor allem aus schwebenden Dauerschuldverhältnissen, Festschrift Beisse (1997) S. 123; *Daub* Rückstellungen nach HGB, US-GAAP und IAS (2000); *Dietrich* Die Bewertungseinheit im allgemeinen Handelsbilanzrecht (1998); *Eber* Aufwandsrückstellungen nach § 249 Abs. 2 HGB (1988); *Engel-Ciric/Moxter* Das

---

Schellhorn § 264 Rdn 56 ff; zur Anwendbarkeit des § 256 Abs. 5 im GmbH-Recht s. nur Lutter/Hommelhoff/*Bayer* GmbHG[18] Anh. § 47 Rdn 24 und eingehend *Balthasar* Bestandskraft S. 234 ff, 236, je mwN.

umstrittene Rückstellungskriterium der wirtschaftlichen Verursachung in der jüngeren Rechtsprechung, BB 2012, 1143; *Erle* Drohverlustrückstellungen, BC 1998, 249; *Fumi* Steuerrechtliche Rückstellungen für Dauerschuldverhältnisse (1991); *Gosch* Einige Bemerkungen zur aktuellen bilanzsteuerrechtlichen Rechtsprechung des I. Senats des BFH, DStR 2002, 977; *Groh* Verbindlichkeitsrückstellungen und Verlustrückstellungen: Gemeinsamkeiten und Unterschiede, BB 1988, 27; *ders.* Vor der dynamischen Wende im Bilanzsteuerrecht? BB 1989, 1586; *ders.* Altlasten: Abweichung von den Rückstellungsregeln? StbJb 1994/95, 23; *Hayn* Rechnungsabgrenzungsposten, Beck-HdR B 218 (2005); *Heddäus* Handelsrechtliche Grundsätze ordnungsmäßiger Bilanzierung für Drohverlustrückstellungen (1997); *Heger/Weppler* Die Pensionsrückstellungen, HdJ Abt. III/7 (2012); *Hennrichs* Wahlrecht im Bilanzrecht der Kapitalgesellschaften (1999); *Herzig* Rückstellungen wegen öffentlich-rechtlicher Verpflichtungen, insbesondere Umweltschutz, DB 1990, 1341; *ders.* Die rückstellungsbegrenzende Wirkung des Realisationsprinzips, Festschrift L. Schmidt (1993) S. 209; *Herzig/Köster* Rückstellungen wegen öffentlich-rechtlich begründeter Verpflichtungen, insbesondere wegen Altlastensanierungsverpflichtungen, BB 1994, Beilage 23; *Herzig/Köster* Rückstellungen für ungewisse Verbindlichkeiten, für drohende Verluste aus schwebenden Geschäften, für unterlassene Aufwendungen für Instandhaltung und Abraumbeseitigung sowie für Kulanzleistungen, HdJ Abt. III/5 (1999); *Herzig/Rieck* Abgrenzung des Saldierungsbereichs bei Rückstellungen für drohende Verluste aus schwebenden Geschäften, Stbg. 1995, 529; *Herzig/Rieck* Saldierungsbereich bei Drohverlustrückstellungen infolge der Apothekerentscheidung, DB 1997, 1881; *Herzig/Rieck* Die Rückstellung für drohende Verluste aus schwebenden Geschäften im Steuerrecht – Übergangsfragen und Grundsätzliches, BB 1998, 311; *Janke* Dauerschuldverträge und Grundsätze ordnungsmäßiger Bilanzierung (1997); *Kapps* Die materiellrechtlichen und verfahrensrechtlichen Voraussetzungen der Bildung von Aufwandsrückstellungen nach § 249 Abs. 2 HGB (1998); *Kessler* Rückstellungen und Dauerschuldverhältnisse (1992); *ders.* Die Drohverlustrückstellung auf dem höchstrichterlichen Prüfstand, DStR 1994, 567; *Knobbe-Keuk* Bilanz- und Unternehmenssteuerrecht, 9. Aufl. (1993); *Köster* Umweltschutzverpflichtungen im handelsrechtlichen Jahresabschluß und in der Steuerbilanz (1994); *Kropff* Rückstellungen für künftige Verlustübernahmen aus Beherrschungs- und/oder Gewinnabführungsverträgen? Festschrift Döllerer (1988) S. 349; *Küting* Der Wahrheitsgehalt deutscher Bilanzen, DStR 1997, 84; *Küting/Kessler* Der Streit um den Apotheker-Fall: Meinungssache oder Stimmungsmache? DB 1997, 2441; *Küting/Kessler* Rückstellungsbildung nach der Entscheidung „Apotheker-Fall“, DStR 1997, 1665; *Küting/Kessler/Cassel/Metz* Die bilanzielle Würdigung bestandsunsicherer Schadensersatzverpflichtungen nach IFRS und HGB, WPg 2010, 315; *Leffson* Grundsätze ordnungsmäßiger Buchführung, 7. Aufl. (1987); *Matschke/Schellhorn* Gibt es einen neuen Verbindlichkeitsbegriff? Festschrift Sieben (1998) S. 447; *Mayer-Wegelin* Die wirtschaftliche Verursachung von Verbindlichkeitsrückstellungen, DB 1995, 1241; *Moxter* Wirtschaftliche Gewinnermittlung und Bilanzsteuerrecht, StuW 1983, 300; *ders.* Das Realisationsprinzip – 1884 und heute, BB 1984, 1780; *ders.* Periodengerechte Gewinnermittlung und Bilanz im Rechtssinne, Festschrift Döllerer (1988) S. 447; *ders.* Die BFH-Rechtsprechung zu den Wahrscheinlichkeitsschwellen bei Schulden, BB 1998, 2464; *ders.* Neue Ansatzkriterien für Verbindlichkeitsrückstellungen? DStR 2004, 1057 ff u. 1098 ff; *W. Müller* Gedanken zum Rückstellungsbegriff in der Bilanz, ZGR 1981, 126; *Naumann* Rechtliches Entstehen und wirtschaftliche Verursachung als Voraussetzung der Rückstellungsbilanzierung, WPg 1991, 529; *ders.* Die Bewertung von Rückstellungen in der Einzelbilanz nach Handels- und Ertragssteuerrecht, 2. Aufl. (1993); *Oser* Zum Saldierungsbereich bei Rückstellungen für drohende Verluste aus schwebenden Dauerschuldverhältnissen, BB 1997, 2367; *Osterloh-Konrad* Rückstellungen für Prozessrisiken in Handels- und Steuerbilanz – Kriterien der Risikokonkretisierung und ihre Anwendung auf die Prozesssituation, DStR 2003, 1631 ff u. 1675 ff; *Rürup* Rückstellungen für Verpflichtungen aus Umwelthaftung, Festschrift Forster (1992) S. 519; *Scheffler* Rückstellungen, Beck-HdR B 233 (2010); *Schön* Der Bundesfinanzhof und die Rückstellungen, BB 1994, Beilage 9; *Schubert* Der Ansatz von gewissen und ungewissen Verbindlichkeiten in der HGB-Bilanz (2007); *Schulze-Osterloh* Die Rechnungslegung der Einzelkaufleute und Personenhandelsgesellschaften nach den Bilanzrichtlinien-Gesetz, ZHR 150 (1986) 403; *ders.* Der Ausweis von Aufwendungen nach dem Realisations- und dem Imparitätsprinzip, Festschrift Forster (1992) S. 653; *ders.* Realisationsprinzip und Rückstellungsbildung, BFuP 1994, 39; *Sessar* Grundsätze ordnungsmäßiger Gewinnrealisierung im deutschen Bilanzrecht (2007); *Siegel* Rückstellungen für ihrer Eigenart nach genau umschriebene Aufwendungen, BFuP 1987, 301; *Sielaff* Das Objektivierungserfordernis bei der Bilanzierung von Rückstellungen, DStR 2008, 369; *Söffing* Altlastenrückstellungen, Festschrift Ritter (1997) S. 257; *Strobl* Matching Principle und deutsches Bilanzrecht, Festschrift Moxter (1994) S. 407; *Thoms-Meyer* Grundsätze ordnungsmäßiger Bilanzierung für Pensionsrückstellungen (1996); *Wassermeyer* Aktuelle Rechtsprechung des I. Senats des BFH, WPg 2002, 10; *Weber-Grellet* Adolf Moxter und die Bilanzrechtsprechung, BB 1994, 30; *ders.* Realisationsprinzip und Rückstellungen unter Berücksichtigung der neueren Rechtsprechung, DStR 1996, 896; *ders.* Der Apotheker-Fall – Anmerkungen und Konsequenzen zum Beschluß des Großen Senats vom 23.6.1997, GrS 2/93, DB 1997, 2233; *ders.* Realisationsprinzip und Belastungsprinzip – Zum zeitlichen Ausweis von Ertrag und Aufwand, DB 2002, 2180; *Woerner* Kriterien zur Bestimmung des Passivierungszeitpunkts bei Verbindlichkeitsrückstellungen, BB 1994, 246; *ders.* Zeitpunkt der Passivierung von Schulden und Verbindlichkeitsrückstellungen – Problematik der „wirtschaftlichen Verursachung" –, Festschrift Moxter (1994) S. 483.

IDW-Verlautbarungen: IDW RS HFA 4: Zweifelsfragen zum Ansatz und zur Bewertung von Drohverlustrückstellungen (Stand 29.11.2012; FN-IDW 2013, 61; WPg Supplement 2013, 131); IDW RS HFA 7: Handelsrechtliche Rechnungslegung bei Personenhandelsgesellschaften (Stand 6.2.2012; FN-IDW 2012, 189; WPg Supplement 2012, 73); IDW RS HFA 28: Übergangsregelungen des Bilanzrechtsmodernisierungsgesetzes (Stand 9.9.2010; FN-IDW 2010, 451; WPg Supplement 2010, 54); IDW RS HFA 30: Handelsrechtliche Bilanzierung von Altersversorgungsverpflichtungen (Stand 10.6.2011; FN-IDW 2011, 545; WPg Supplement 2011, 44); IDW RS HFA 34: Einzelfragen zur handelsrechtlichen Bilanzierung von Verbindlichkeitsrückstellungen (Stand 29.11.2012; FN-IDW 2013, 53; WPg Supplement 2013, 123).

Übersicht

I. Grundlagen

1 **1. Regelungsgegenstand und EG-rechtlicher Hintergrund der Vorschrift.** Die im Zuge des Bilanzrechtsmodernisierungsgesetzes (BilMoG) vom 25.5.2009 (BGBl. I S. 1102) erheblich modifizierte Vorschrift steckt in **Abs. 1 und 2** Voraussetzungen und Grenzen des **Ansatzes von Rückstellungen** ab. Für die in Abs. 1 bestimmten Zwecke müssen Rückstellungen gebildet werden (Ansatzpflicht); Abs. 1 in seiner heutigen Fassung entspricht Abs. 1 S. 1 und 2 a.F. Für andere Zwecke dürfen Rückstellungen nicht mehr gebildet werden: Abs. 2 S. 1. Die in § 249 Abs. 1 S. 3 und Abs. 2 a.F. für bestimmte andere Rückstellungen gewährten Ansatzwahlrechte (s.u. Rdn 6) sind mit dem BilMoG entfallen. Abs. 2 S. 2 erlaubt die Auflösung gebildeter Rückstellungen nur, wenn der Grund für die Rückstellung entfallen ist; unter dieser Voraussetzung besteht zugleich ein Auflösungsgebot. Abs. 2 entspricht in der Sache Abs. 3 a.F. § 249 trifft keine Regelung zur Höhe von Rückstellungen; ihre **Bewertung** ist vielmehr in **§ 253 Abs. 1 S. 2 und 3** normiert (s. die Erläuterungen § 253, 34 ff). Zur Zusammenfassung von Vermögensgegenständen, Schulden etc. zu **Bewertungseinheiten i.S.v. § 254** s. die Erläuterungen dort.

2 Sowohl die Ansatzvorschriften in § 249 als auch die Bewertungsbestimmungen nach § 253 Abs. 1 S. 2 und 3 gelten für alle Rechnungslegungspflichtigen. Für Kreditinstitute, Finanzdienstleistungsinstitute und Versicherungsunternehmen bestehen jedoch ergänzende Sondervorschriften in §§ 340 ff bzw. §§ 341 ff (s. die Erläuterungen dort), namentlich in §§ 341e–341h zu den (praktisch wichtigen) versicherungstechnischen Rückstellungen.[1] Zum Ausweis von Rückstellungen im Jahresabschluss von Kapitalgesellschaften und gleichgestellten Unternehmen s.u. Rdn 24 f. Zur Ansatzpflicht passiver latenter Steuern nach § 274 Abs. 1 S. 1 (mit Befreiung für kleine Gesellschaften nach § 274a Nr. 5) sowie zur etwaigen Rückstellungspflicht für Steuerlatenzen nach Maßgabe von § 249 Abs. 1 S. 1, 1. Alt s. die Hinweise unten Rdn 29.

3 Mit § 249 n.F. schöpft der deutsche Gesetzgeber die (für Kapitalgesellschaften sowie Kapitalgesellschaften & Co. bestehenden) Spielräume aus Art. 20 der 4. EG-Richtlinie (**Jahresabschlussrichtlinie 78/660/EWG**[2]) nicht länger aus. Nach dessen Abs. 1 sind als Rückstellungen ihrer Eigenart nach genau umschriebene Verbindlichkeiten auszuweisen,

---

[1] Für einen Überblick s. HdJ-*Herzig/Köster* III/5, Rdn 364 ff; WP-Handbuch I[14] Tz K 323 ff.

[2] Zuletzt geändert durch Richtlinie 2012/6/EU vom 14.3.2012 (ABl. L 81 vom 21.3.2012, S. 3).

die am Bilanzstichtag wahrscheinlich oder sicher, aber hinsichtlich ihrer Höhe oder dem Zeitpunkt ihres Eintritts unbestimmt sind. Diese Vorgabe wird in § 249 Abs. 1 n.F. umgesetzt, der § 249 Abs. 1 S. 1 und 2 a.F. entspricht.

Nach Art. 20 Abs. 2 der Jahresabschlussrichtlinie können die Mitgliedstaaten außerdem die Bildung von Rückstellungen für ihrer Eigenart nach genau umschriebene, dem Geschäftsjahr oder einem früheren Geschäftsjahr zuzuordnende Aufwendungen zulassen, die am Bilanzstichtag wahrscheinlich oder sicher, aber hinsichtlich ihrer Höhe oder des Zeitpunkts ihres Eintritts unbestimmt sind. Mit § 249 Abs. 2 a.F. war dieses Wahlrecht (nahezu wortgleich) an alle Bilanzierungspflichtigen weitergegeben worden; Abs. 2 a.F. ist im Zuge des BilMoG aufgehoben worden (s.u. Rdn 11 ff). 4

2. Rückstellungen nach heutigem und nach früherem Recht; Systematisierungen

a) **Passivierungspflicht nach heutigem Recht.** Die handelsbilanziellen Bestimmungen in Abs. 1 statuieren für bestimmte Arten von Rückstellungen eine Ansatzpflicht. Rückstellungen müssen gebildet werden (*Passivierungspflicht*) 5

(1) für ungewisse Verbindlichkeiten (Abs. 1 S. 1, 1. Alt.; dazu Rdn 27 ff);

(2) für drohende Verluste aus schwebenden Geschäften (Abs. 1 S. 1, 2. Alt.; dazu Rdn 63 ff);

(3) für im Geschäftsjahr unterlassene Aufwendungen für Instandhaltung, die im folgenden Geschäftsjahr innerhalb von drei Monaten nachgeholt werden (Abs. 1 S. 2 Nr. 1, 1. Alt.; dazu Rdn 75 ff);

(4) für im Geschäftsjahr unterlassene Aufwendungen für Abraumbeseitigung, die im folgenden Geschäftsjahr nachgeholt werden (Abs. 1 S. 2 Nr. 1, 2. Alt.; dazu Rdn 81);

(5) für Gewährleistungen, die ohne rechtliche Verpflichtung erbracht werden (Abs. 1 S. 2 Nr. 2; dazu Rdn 82 f).

Für andere als die vorbezeichneten Zwecke dürfen Rückstellungen nach heutigem Recht nicht mehr gebildet werden.

b) **Passivierungswahlrechte nach früherem Recht.** Die Passivierungspflichten nach den heutigen Vorgaben in Abs. 1 entsprachen Abs. 1 S. 1 und 2 a.F. Vor dem BilMoG durften aber außerdem Rückstellungen gebildet werden (*Passivierungswahlrecht*) 6

(6) für im Geschäftsjahr unterlassene Aufwendungen für Instandhaltung, wenn diese im vierten bis zwölften Monat des folgenden Geschäftsjahres nachgeholt werden (Abs. 1 S. 3 a.F.; dazu 4. Aufl. § 249, 68);

(7) für ihrer Eigenart nach genau umschriebene, dem Geschäftsjahr oder einem früheren Geschäftsjahr zuzuordnende Aufwendungen, die am Abschlussstichtag wahrscheinlich oder sicher, aber hinsichtlich ihrer Höhe oder des Zeitpunkts ihres Eintritts unbestimmt sind (Abs. 2 a.F.; dazu 4. Aufl. § 249, 69 ff).

c) **Rückstellungen mit und solche ohne Verpflichtungscharakter.** Je nachdem, ob der gebildeten Rückstellung eine Verpflichtung gegenüber Dritten („Außenverpflichtung“[3]) 7

[3] Dieser verbreitete Begriff wird gemeinhin zur Abgrenzung gegenüber den sog. „Innenverpflichtungen“ benutzt, die eine Verbindlichkeitsrückstellung unstreitig nicht begründen können; statt vieler HdJ-*Herzig/Köster* III/5, Rdn 82. Zur Kritik am Begriff der „Innenverpflichtung“ s.u. Rdn 16.

zugrunde liegt oder nicht, werden Rückstellungen mit und solche ohne Verpflichtungscharakter (Schuldcharakter) unterschieden. Zur ersten Gruppe (**Rückstellungen mit Verpflichtungscharakter**) zählen – nach der Zusammenstellung oben Rdn 5 – (1) Verbindlichkeitsrückstellungen und (2) Drohverlustrückstellungen, aber auch die sog. (5) Kulanzrückstellungen; denn der „Verpflichtungscharakter" im Sinne jener Abgrenzung setzt nicht notwendig eine rechtliche Verpflichtung voraus. Schon für den Begriff der Verbindlichkeit im bilanzrechtlichen Sinne genügen vielmehr sog. „faktische" Verbindlichkeiten, denen sich der Bilanzierende nicht entziehen kann (s. § 246, 34). Systematisch ist die Kulanzrückstellung damit ein Unterfall der Verbindlichkeitsrückstellung und nur dadurch hervorgehoben, dass sie nicht auf einer rechtlich erzwingbaren (einklagbaren) Verpflichtung beruht.[4]

8 Für sämtliche **Rückstellungen mit Verpflichtungscharakter** ordnete schon § 249 a.F. – in Übereinstimmung mit den bereits zuvor anerkannten Grundsätzen ordnungsmäßiger Rückstellungsbildung – **Passivierungspflicht** an; daran hat sich nichts geändert (s.o. Rdn 5).

9 Die übrigen im heutigen Abs. 1 der Vorschrift bzw. in Abs. 1 S. 3 und Abs. 2 a.F. noch bzw. ehedem zugelassenen Rückstellungsarten – in der Aufstellung oben Rdn 5 und 6 also jene unter (3), (4), (6) und (7) – sind als **Rückstellungen ohne Verpflichtungscharakter** (Schuldcharakter) anzusehen. Soweit sie nach heutigem Recht noch zulässig sind – (3) und (4) –, besteht für sie (ebenso wie schon nach altem Recht) ebenfalls Passivierungspflicht. Für die nach altem Recht daneben noch zulässigen Rückstellungen nach (6) und (7) gewährte § 249 a.F. indes ein Passivierungswahlrecht. Diese nicht ohne weiteres nachvollziehbaren Differenzierungen haben einerseits einen steuerrechtlichen Hintergrund (s. näher Rdn 75 für die noch heute bestehende Passivierungspflicht für Instandhaltungsaufwendungen) und erklärten sich andererseits aus der gesetzgeberischen Entscheidung, das Wahlrecht aus Art. 20 Abs. 2 der Jahresabschlussrichtlinie (s.o. Rdn 4) an die Bilanzierungspflichtigen weiterzugeben (vgl. 4. Aufl. § 249, 8 für die Aufwandsrückstellungen nach § 249 Abs. 2 a.F.). All jenen Fallgruppen der Rückstellungen ohne Verpflichtungscharakter ist gemeinsam, dass ihnen keine Verpflichtung des Bilanzierenden gegenüber Dritten zugrunde liegt. Sie bilden (bzw. bildeten) künftige Aufwendungen ab, die zwar nicht auf einer bestehenden Außenverpflichtung beruhen, aber dem abgelaufenen Geschäftsjahr (oder einer früheren Abrechnungsperiode) zuzurechnen sind. Diese (reinen) **Aufwandsrückstellungen** dienen (bzw. dienten) somit der periodengerechten Verteilung aperiodisch („stoßweise") anfallender Aufwendungen.[5]

10 **3. Rückstellungsbegriff.** Schon jene Systematisierungen mögen verdeutlichen, dass dem bilanzrechtlichen Institut der Rückstellung unterschiedliche Sachverhalte zugeordnet sind, ohne dass sich aus der gesetzlichen Regelung in § 249 ein einheitlicher Rückstellungsbegriff isolieren ließe.[6] Die (bilanztheoretische) Diskussion um den Rückstellungsbegriff ist seit jeher verbunden mit der Auseinandersetzung um die *statische oder dynamische Bilanzauffassung.*[7] Während die Rückstellungsbildung nach statischer Konzeption der vollständigen Erfassung der bestehenden Verpflichtungen des Bilanzierenden im

---

[4] ADS[6] § 249 Rdn 54; HdJ-*Herzig/Köster* III/5, Rdn 358; für Zuordnung zu den Aufwandsrückstellungen indes MünchKommAktG[2]/*Hennrichs* § 249 HGB Rdn 26 u. 138.

[5] HdJ-*Herzig/Köster* III/5, Rdn 24.

[6] Übereinstimmend ADS[6] § 249 Rdn 27; HdJ-*Herzig/Köster* III/5, Rdn 4 ff; HdR-EA/*Mayer-Wegelin* § 249 (Stand November 2012) Rdn 17.

[7] S. dazu etwa *Altmeier* Rückstellungsbilanzierung S. 19 ff; *Daub* Rückstellungen S. 61 ff; HdJ-*Herzig/Köster* III/5, Rdn 22 ff; HdR-EA/*Mayer-Wegelin* § 249 (Stand November 2012) Rdn 17 ff.

Interesse zutreffender stichtagsbezogener Vermögensermittlung dient, stehen die Rückstellungen nach dynamischer Auffassung im Dienste einer periodengerechten Verteilung von Aufwendungen und Erträgen. Die Rückstellungen mit Verpflichtungscharakter fügen sich nahtlos in die statische Betrachtungsweise ein: Damit die Bilanz das zum Stichtag vorhandene Schuldendeckungspotential dem Vorsichtsprinzip entsprechend ausweist, ist für eine bestehende Außenverpflichtung, die in Grund oder Höhe mit einer Ungewissheit behaftet und deshalb nicht als Verbindlichkeit zu buchen ist, eine Rückstellung zu passivieren, wenn der Bilanzierende mit einer Inanspruchnahme rechnen muss. Zur Erklärung der Aufwandsrückstellungen bedarf (bzw. bedurfte) es demgegenüber des Rekurses auf die dynamische Bilanzauffassung, die für den Rückstellungsbegriff nicht an den Verpflichtungstatbestand anknüpft, sondern allein auf die periodengerechte Aufwandszurechnung abstellt. Mit der seinerzeitigen Kodifizierung des § 249 waren also – wie auch etwa im Rahmen der Rechnungsabgrenzungsposten (§ 250, 5) – dynamische Elemente („Tendenzen“[8]) in das Bilanzrecht eingeflossen. Vor diesem Hintergrund werden *Rückstellungen* hier definiert als *Passivposten zum Ausweis ungewisser Verbindlichkeiten gegenüber Dritten oder künftiger Vermögensminderungen, die der abgelaufenen Abrechnungsperiode zuzurechnen sind*[9] *und denen sich der Rechnungslegungspflichtige nicht sanktionslos entziehen kann.*[10] Dabei ist zu berücksichtigen, dass Rückstellungen keine Korrekturposten zur Aktivseite der Bilanz sind.[11] Für künftige Ausgaben, die später als Bestandteile der Anschaffungs- oder Herstellungskosten zu aktivieren sind, dürfen deshalb keine Rückstellungen gebildet werden.[12]

4. Aufwandsrückstellungen nach früherem Recht (Abs. 1 S. 3, Abs. 2 a.F.)

a) **Wegfall der Aufwandsrückstellungen nach Abs. 1 S. 3, Abs. 2 a.F.** Das in **Abs. 1** 11
S. 3 a.F. gewährte Wahlrecht zur Rückstellungsbildung für im Geschäftsjahr unterlassene Instandhaltungsaufwendungen (s.o. Rdn 6) knüpfte an einen eng umgrenzten Rückstellungszweck an. Demgegenüber erlaubte das Wahlrecht aus **Abs. 2 a.F.** Rückstellungen für alle „ihrer Eigenart nach genau umschriebene“ Aufwendungen mit Vergangenheitsbezug (s.o. Rdn 6). Im Konzept des Gesetzgebers (näher 4. Aufl. § 249, 8 f) sollten die Aufwandsrückstellungen nach Abs. 2 a.F. zwar nicht der allgemeinen Vorsorge für die Zukunft dienen, welche durch Rücklagenbildung vorzunehmen ist. Die Erfahrungen mit dem Rückstellungswahlrecht aus Abs. 2 a.F. zeigten jedoch, dass sich jene Grenzziehung schlechterdings nicht verteidigen ließe. Die Praxis nutzte die Möglichkeit zur Bildung von Aufwandsrückstellungen nach Abs. 2 a.F. zudem in erheblichem Maße als bilanz-

---

[8] Von Statik und Dynamik als „Tendenzbegriffen“ sprechen *Groh* BB 1989, 1586; HdJ-*Herzig/Köster* III/5, Rdn 25; s.a. ADS[6] § 249 Rdn 191 mwN.

[9] Im Ansatz ganz ähnlich der Rückstellungsbegriff und die Kriterien der Rückstellungsbildung bei ADS[6] § 249 Rdn 30; HdJ-*Herzig/Köster* III/5, Rdn 4 ff u. 26.

[10] Vgl. zum Merkmal der Unentziehbarkeit noch unten Rdn 33.

[11] S. Art. 20 Abs. 3 der Jahresabschlussrichtlinie: „Rückstellungen dürfen keine Wertberichtigungen zu Aktivposten darstellen“.

[12] BFH 1.4.1981, I R 27/79, BStBl II 660, 662; BFH 19.8.1998, XI R 8/96, BStBl II 1999, 18, 19; BFH 6.10.2009, 1 R 36/07, BStBl II 2010, 232, 233; ADS[6] § 249 Rdn 30 f; MünchKommHGB[3]/*Ballwieser* § 249 Rdn 23; *Bartels* BB 1992, 1095, 1098 f; MünchKommAktG[2]/*Hennrichs* § 249 HGB Rdn 53; *Kapps* Aufwandsrückstellungen S. 74 ff; BeckBilKomm[8]-*Kozikowski/Schubert* § 249 Rdn 100 „Anschaffungs- und Herstellungskosten“; HdR-EA/*Mayer-Wegelin* § 249 (Stand November 2012) Rdn 44; Baumbach/Hueck/*Schulze-Osterloh* GmbHG[18] § 42 Rdn 238; s.a. § 5 Abs. 4b S. 1 EStG.

politisches Instrument zur Ergebnisbeeinflussung, womit die Rückstellungsbildung der zentralen Funktion der Rechnungslegung als getreuer Rechenschaftslegung und ihrem Leitgedanken der Objektivierung[13] massiv zuwiderlief. Die geringe Akzeptanz des deutschen Rechnungslegungsrechts an den internationalen Kapitalmärkten hatte ihre Ursache nicht zuletzt in der Existenz solcher bilanzpolitischer Handlungsspielräume. Bei der Revision des hiesigen Bilanzrechts im Zuge des BilMoG stand deshalb auch das Wahlrecht zur Bildung von Aufwandsrückstellungen auf dem Prüfstand.

12 Der Gesetzgeber des BilMoG hat das frühere Wahlrecht aus Abs. 1 S. 3, Abs. 2 a.F. zu Recht aufgehoben. Diese Entscheidung entspricht den Leitgedanken des BilMoG, nämlich das HGB-Bilanzrecht durch nachhaltige Reduktion bislang bestehender Ansatz- und Bewertungswahlrechte den internationalen Rechnungslegungsstandards anzunähern, das Informationsniveau des Jahresabschlusses zu erhöhen und für eine bessere Vergleichbarkeit der Jahresabschlüsse zu sorgen.[14] – Zur Diskussion um die **komponentenweise Abschreibung** abnutzbarer Vermögensgegenstände des Anlagevermögens und ihre (mangelnde) Eignung zur Kompensation der weggefallenen Aufwandsrückstellungen s. § 253, 98 ff.

13 § 249 n.F. – und damit der Wegfall des Wahlrechts zur Bildung von Aufwandsrückstellungen nach § 249 Abs. 1 S. 3, Abs. 2 a.F. – fand erstmals Anwendung auf Jahresabschlüsse für das nach dem 31.12.2009 beginnende Geschäftsjahr (Art. 66 Abs. 3 S. 1, Abs. 5 EGHGB).

14 b) **Übergangsregelung.** Waren im Jahresabschluss für das letzte vor dem 1.1.2010 beginnende Geschäftsjahr Aufwandsrückstellungen nach Abs. 1 S. 3 a.F. oder Abs. 2 a.F. enthalten, so erlaubt(e) Art. 67 Abs. 3 S. 1 EGHGB ihre – auch „teilweise“[15] – Beibehaltung unter Anwendung der für sie geltenden Vorschriften des alten Rechts.[16] Soweit von diesem Beibehaltungswahlrecht kein Gebrauch gemacht wurde, war der Betrag gem. Art. 67 Abs. 3 S. 2 unmittelbar (erfolgsneutral) in die Gewinnrücklage einzustellen. Nach Art. 67 Abs. 3 S. 3 EGHGB galt das freilich nicht für Beträge, die der Rückstellung nach Abs. 1 S. 3 a.F. oder Abs. 2 a.F. im letzten vor dem 1.1.2010 beginnenden Geschäftsjahr zugeführt wurden. Sie waren im Falle der Rückstellungsauflösung erfolgswirksam zu erfassen. Damit sollte verhindert werden, dass in diesem Geschäftsjahr Aufwandsrückstellungen allein mit der Zielsetzung gebildet wurden, diese im folgenden Geschäftsjahr direkt in die Gewinnrücklagen einzustellen.[17]

15 5. **Abgrenzung zu anderen Bilanzposten.** Die weder in § 246 Abs. 1 noch in § 247 Abs. 1 gesondert erwähnten **Rückstellungen** sind in der Terminologie des Gesetzes **Bestandteile der Schulden.** Das ergibt sich schon aus der Bewertungsvorschrift des § 253 Abs. 1, wo den Vermögensgegenständen die Verbindlichkeiten und Rückstellungen als Schulden gegenübergestellt werden. Der bilanzrechtliche Begriff der *Schulden* ist in der Konzeption des Gesetzgebers also als *Oberbegriff für Verbindlichkeiten und Rückstellungen* zu verstehen (s. § 246, 29). Für die *Rückstellungen mit Verpflichtungscharak-*

---

[13] S. dazu MünchKommBilR/*Kleindiek* (2013) § 242 Rdn 6 mwN.

[14] S. Begründung zum RegE BilMoG, BT-Drucks. 16/10067, S. 34 u. 50 f.

[15] Zu den damit verbundenen Auslegungsfragen s. *Gelhausen/Fey/Kämpfer* Abschn. F Tz 21 f.

[16] S. zur Übergangsvorschrift des Art. 67 Abs. 3 EGHGB weiterführend IDW RS HFA 28 Tz 8 ff; *Gelhausen/Fey/Kämpfer* Abschn. F Tz 20 ff; WP-Handbuch I[14] Tz E 133 f.

[17] Beschlussempfehlung und Bericht des Rechtsausschusses zum RegE BilMoG, BT-Drucks. 16/12407, S. 96.

ter (s.o. Rdn 7) ist das unmittelbar plausibel. Sie sind zu passivieren, wenn der Bilanzierende mit der Inanspruchnahme aus einer Außenverpflichtung rechnen muss, der hinsichtlich Bestand oder Höhe freilich Ungewissheiten anhaften. Für in Bestand und Höhe gewisse Verpflichtungen des Rechnungslegungspflichtigen gegenüber Dritten ist demgegenüber eine Verbindlichkeit zu buchen.

Hinsichtlich der *Aufwandsrückstellungen* (s.o. Rdn 9) leuchtet die Zuordnung zu den **16** Schulden indes sehr viel weniger ein. Weil ihnen eine Verpflichtung („Außenverpflichtung") gerade nicht zugrunde liegt, fehlt der Schuldcharakter („Rückstellungen ohne Schuldcharakter"). In diesen Fällen von einer Verpflichtung des Bilanzierenden „gegen sich selbst"[18] oder von „Innenverpflichtungen" zu sprechen und sie mit dieser Begründung den Schulden zurechnen zu wollen,[19] hilft kaum weiter. Denn „Schulden gegen sich selbst" kann ein Kaufmann nach *rechtlichen* Maßstäben nicht haben. Auch die reinen Aufwandsrückstellungen bilden (bzw. bildeten) allerdings künftige – und schon deshalb noch nicht gewisse – Vermögensminderungen ab, die der abgeschlossenen (oder einer früheren) Abrechnungsperiode zuzurechnen sind. Den Schulden lassen sie sich gleichwohl nicht bruchlos zuordnen.[20]

Rückstellungen unterscheiden sich von den **nach § 251 vermerkpflichtigen Haftungs-** **17** **verhältnissen** („Eventualverbindlichkeiten") dadurch, dass der Bilanzierende mit einer Inanspruchnahme zu rechnen hat; ein Vermerk unter der Bilanz hingegen kann nur dort genügen, wo mit einer Inanspruchnahme – obwohl rechtlich möglich – nicht zu rechnen ist (s. die Erläuterungen zu § 251).

Zu unterscheiden sind die Rückstellungen schließlich auch von den passivischen **18** **Rechnungsabgrenzungsposten** nach § 250 Abs. 2. Diese weisen Einnahmen vor dem Abschlussstichtag aus, soweit sie Ertrag für eine bestimmte Zeit nach diesem Tag darstellen. Rückstellungen dienen indes der Aufwandsabgrenzung und ließen sich allenfalls als *antizipative* Abgrenzungsposten auf der Passivseite deuten, die begrifflich jene Fälle erfassen, in denen der Aufwand in einer Periode vor der Ausgabe liegt (s. § 250, 1). Jedoch sind antizipative Rechnungsabgrenzungsposten nach geltendem Recht unzulässig; ggf. sind Forderungen bzw. Verbindlichkeiten auszuweisen.[21] Außerdem ist bei der Rechnungsabgrenzung Grund, Höhe und zeitliche Zuordnung der jeweiligen Zahlung bestimmt; den Rückstellungen hingegen ist gerade ein Moment der Ungewissheit immanent.

6. Bildung, Nachholung und Auflösung von Rückstellungen

a) **Rückstellungsbildung.** Die Bildung von Rückstellungen ist geboten, sobald die **19** Kriterien des Rückstellungsbegriffs (s.o. Rdn 10) erfüllt sind, der Bilanzierungspflichtige also mit der Inanspruchnahme aus – wenngleich in Grund oder Höhe noch ungewissen – Verbindlichkeiten gegenüber Dritten oder mit künftigen Vermögensminderungen zu rechnen hat, die der laufenden Abrechnungsperiode zuzurechnen sind. In ihren Einzelheiten sind diese Kriterien nach Maßgabe der einzelnen Rückstellungstatbestände aus Abs. 1 zu konkretisieren (s.u. Rdn 27 ff). Liegen diese Voraussetzungen vor, können die Rück-

---

[18] In diesem Sinne *Altmeier* Rückstellungsbilanzierung S. 67; HdJ-*Herzig/Köster* III/5, Rdn 24; Beck-HdR-*Scheffler* B 233 Rdn 19.

[19] So etwa *Baetge* FS Forster S. 27, 41 f.

[20] Von „unechten Schulden" sprechen Beck BilKomm⁸-*Kozikowski/Schubert* § 249 Rdn 4.

[21] Statt anderer ADS⁶ § 250 Rdn 6; Beck-HdR-*Hayn* B 218 Rdn 2 ff.

stellungen laufend gebucht werden. Es genügt jedoch, wenn sie im Zuge der Abschlussarbeiten stichtagsbezogen bestimmt und zum Ansatz gebracht werden.[22]

20 Gleichartigen Risiken darf ausnahmsweise durch Bildung einer **Pauschalrückstellung** Rechnung getragen werden, etwa im Rahmen drohender Produkthaftung;[23] s.a. unten Rdn 48.

21 Für die vollständige Erfassung aller rückstellungsrelevanten Risiken ist eine entsprechende **Risikoinventur** erforderlich, für die §§ 240, 241 (s. die Erläuterungen dort) analog gelten.[24] Für die stichtagsbezogene Rückstellungsbildung sind **wertaufhellende Tatsachen** zu berücksichtigen, d.h. solche, die schon zum Abschlussstichtag begründet waren, aber erst nach dem Stichtag bekannt werden.[25] Sog. wertbeeinflussende Tatsachen, die erst nach dem Abschlussstichtag eintreten, finden indes keine Berücksichtigung (zur Unterscheidung zwischen wertaufhellenden und wertbeeinflussenden Tatsachen s. die Erläuterungen § 252, 17 ff).[26]

22 b) **Nachholung unterlassener Rückstellungen.** Für unterlassene Rückstellungen – d.h. solche, die zu einem früheren Stichtag hätten gebildet werden müssen, aber nicht gebildet worden sind – stellt sich die Frage nach der Erforderlichkeit bzw. Zulässigkeit ihrer Nachholung. Unterlassene *Rückstellungen mit Verpflichtungscharakter* (Rdn 6) sind zwingend im letzten noch nicht festgestellten Jahresabschluss nachzuholen,[27] da für sie in der Handelsbilanz[28] eine uneingeschränkte Passivierungspflicht besteht. Für die Aufwandsrückstellungen wegen unterlassener Instandhaltung und Abraumbeseitigung – s.o. Rdn 5 Fälle (3) und (4) – stellt sich die Problematik in dieser Form nicht, weil die Rückstellungsbildung hier per definitionem an die Nachholung der Aufwendungen im folgenden Geschäftsjahr geknüpft ist.

23 c) **Auflösung von Rückstellungen.** Nach Abs. 2 S. 2 dürfen Rückstellungen nur aufgelöst werden, soweit der Grund hierfür entfallen ist. Das ist für die heute nur noch zulässigen Pflichtrückstellungen ohnehin selbstverständlich. Die Vorschrift enthält freilich zugleich ein Auflösungs*gebot*: soweit der Grund für die Rückstellungsbildung entfallen ist, muss die Rückstellung aufgelöst werden.[29] Deshalb ist etwa statt einer bisherigen Verbindlichkeitsrückstellung (Abs. 1 S. 1, 1. Alt.) eine Verbindlichkeit zu passivieren, sobald die Ungewissheit der Verpflichtung entfällt.

---

[22] HdJ-*Herzig/Köster* III/5, Rdn 26; Beck BilKomm[8]-*Kozikowski/Schubert* § 249 Rdn 16.

[23] Dazu etwa *Funk/Müller* BB 2010, 2163, 2164 f; Beck BilKomm[8]-*Kozikowski/Schubert* § 249 Rdn 100 „Produzentenhaftung" mwN; zur Zulässigkeit von Pauschalrückstellungen für potentiell entstandene Gewährleistungsverpflichtungen EuGH (5. Kammer), 14.9.1999, Rs. C-275/97, BB 1999, 2291; hierzu näher *Berndt* ZfbF 53 (2001), 366 ff; ferner *Sielaff* DStR 2008, 369, 370.

[24] S. etwa ADS[6] § 249 Rdn 40 f; Beck BilKomm[8]-*Kozikowski/Schubert* § 249 Rdn 16; zu Einzelheiten HdJ-*Herzig/Köster* III/5, Rdn 41 ff.

[25] S. dazu auch BGH BB 1991, 507, 509 mwN.

[26] HdJ-*Herzig/Köster* III/5, Rdn 27.

[27] HdJ-*Herzig/Köster* III/5, Rdn 28; Beck BilKomm[8]-*Kozikowski/Schubert* § 249 Rdn 19.

[28] Zur Nachholung unterlassener Rückstellungen in der Steuerbilanz s. Beck BilKomm[8]-*Kozikowski/Schubert* § 249 Rdn 20.

[29] ADS[6] § 249 Rdn 253; HdJ-*Herzig/Köster* III/5, Rdn 32; Beck BilKomm[8]-*Kozikowski/Schubert* § 249 Rdn 21 u. 327; HdR-EA/*Mayer-Wegelin* § 249 (Stand November 2012) Rdn 253 ff.

7. **Ausweis im Jahresabschluss.** Für **Kapitalgesellschaften**, ihnen nach § 264a gleichgestellte Personenhandelsgesellschaften ohne mindestens eine natürliche Person als „Vollhafter" sowie für eingetragene Genossenschaften (§ 336 Abs. 2 S. 1) und Unternehmen, die dem PublG unterliegen (§ 5 Abs. 1 PublG), ist die Gliederungsvorschrift des § 266 Abs. 3 Passivseite B 1–3 zu beachten. Danach sind Rückstellungen für Pensionen und ähnliche Verpflichtungen, Steuerrückstellungen sowie sonstige Rückstellungen je gesondert auszuweisen. Kleine Kapitalgesellschaften (§ 267 Abs. 1) dürfen die Rückstellungen freilich in einem Posten zusammenfassen (§ 266 Abs. 1 S. 3). **24**

Mittelgroße und große Kapitalgesellschaften (§ 267 Abs. 2 u. 3) sowie die ihnen gleichgestellten Unternehmen sind nach §§ 285 Nr. 12, 288 zudem verpflichtet, die im Posten „sonstige Rückstellungen" enthaltenen Rückstellungen im **Anhang** zu erläutern, wenn sie einen nicht unerheblichen Umfang haben und in der Bilanz nicht gesondert ausgewiesen werden; [30] vgl. die Erläuterungen zu § 285 Nr. 12. Zu den bestehenden Sondervorschriften für Kreditinstitute, Finanzdienstleistungsinstitute und Versicherungsunternehmen s. im Übrigen den Hinweis oben Rdn 2. **25**

8. **Rückstellungen in der Steuerbilanz.** Nach dem in § 5 Abs. 1 S. 1 EStG verankerten Maßgeblichkeitsgrundsatz ist auch für die Steuerbilanz das nach den handelsrechtlichen Grundsätzen ordnungsmäßiger Buchführung auszuweisende Vermögen anzusetzen. Insbesondere mit Blick auf die Behandlung von Rückstellungen wird jene Maßgeblichkeit der Handelsbilanz für die Steuerbilanz jedoch in vielfältiger Weise eingeschränkt. Handelsbilanzielle Wahlrechte zur Rückstellungsbildung bewirken für die Steuerbilanz ein Ansatzverbot.[31] Rückstellungen für drohende Verluste aus schwebenden Geschäften dürfen nach § 5 Abs. 4a EStG (i.d.F. v. 29.10.1997, BGBl. I S. 2590) in der Steuerbilanz nicht mehr gebildet werden.[32] Diese und andere steuerrechtliche Vorschriften haben dazu geführt, dass heute mit Recht von einem „genuin steuerbilanziellen Rückstellungsrecht" gesprochen wird.[33] Auf die einschlägige, umfangreiche Rechtsprechung des BFH ist hier nur einzugehen, soweit sie für Fragen der Handelsbilanz unmittelbar relevant ist. Im Übrigen sind die spezifisch steuerrechtlichen Voraussetzungen und Grenzen der Rückstellungsbildung im Rahmen dieser Kommentierung nicht zu erörtern; dazu muss auf das steuerrechtliche Spezialschrifttum[34] verwiesen werden. **26**

II. Rückstellungen für ungewisse Verbindlichkeiten (Abs. 1 S. 1, 1. Alt.)

1. **Überblick.** Nach Abs. 1 S. 1 sind Rückstellungen für **ungewisse Verbindlichkeiten** zu bilden. Die Verbindlichkeitsrückstellungen knüpfen damit an Verpflichtungen des Bilanzierenden gegenüber Dritten („Außenverpflichtungen") an, die in Grund oder Höhe **27**

---

30 Dazu HdJ-*Herzig/Köster* III/5, Rdn 53 ff; *Zeyer* DB 2011, 1466 ff.

31 Seit der Grundsatzentscheidung des GrS, BFH, 3.2.1969, GrS 2/68, BStBl II, 291, 293.

32 Dazu statt anderer *Herzig/Rieck* BB 1998, 311 ff; Beck BilKomm[8]-*Kozikowski/Schubert* § 249 Rdn 85. – Zur zulässigen Passivierung „angeschaffter" Rückstellungen in der Steuerbilanz des Unternehmenserwerbers ungeachtet eines den Veräußerer treffenden Rückstellungsverbots s. BFH 16.12.2009, I R 102/08, BStBl II 2011, 566; BFH 14.12.2011, I R 72/10, BFHE 236, 101; BFH 12.12.2012, I R 69/11, BFHE 240, 34.

33 So Beck BilKomm[8]-*Kozikowski/Schubert* § 249 Rdn 14 mit einer Zusammenstellung der einschlägigen Vorschriften.

34 Stellvertretend Schmidt/*Weber-Grellet* EStG[31] § 5 Rdn 350 ff.

ungewiss sind. Ist die Verpflichtung zum Abschlussstichtag in Grund und Höhe gewiss, ist sie also bereits (vollständig) entstanden und der Höhe nach eindeutig bestimmt, so ist eine Verbindlichkeit zu passivieren.

28 Dem Grunde nach ungewisse Verbindlichkeiten müssen jedenfalls hinreichend konkretisiert, d.h. ihr **Be- oder Entstehen** muss hinreichend **wahrscheinlich** sein (Rdn 35 f). Zudem setzt eine Rückstellungsbildung für dem Grunde oder der Höhe nach ungewisse Verbindlichkeiten voraus, dass der Bilanzierende **mit einer Inanspruchnahme zu rechnen** hat (Rdn 37 ff); fehlt es daran, so ist keine Rückstellung in der Bilanz zu buchen, sondern unter den Voraussetzungen des § 251 ein Vermerk *unter* der Bilanz veranlasst (s. die Erläuterungen zu § 251). Und schließlich setzt die Rückstellungsbildung für ungewisse Verbindlichkeiten die Zurechnung der Verpflichtung zum abgelaufenen (oder einem früheren) Geschäftsjahr voraus. In Anknüpfung an die Rechtsprechung des BFH wird verbreitet von der „wirtschaftlichen Verursachung" zum Abschlussstichtag gesprochen. Die Konkretisierung jener Zuordnungsvoraussetzungen und ihre möglicherweise rückstellungsbegrenzende Wirkung ist Gegenstand einer kontrovers geführten Diskussion (s. Rdn 40 ff).

29 Nach §§ 274 Abs. 1 S. 1, 274a Nr. 5 müssen mittelgroße und große Kapitalgesellschaften (sowie diesen gleichgestellte Personengesellschaften i.S.d § 264a, welche die entsprechenden Größenmerkmale erfüllen) **passive latente Steuern** in einem entsprechenden Posten (§ 266 Abs. 3 Passivposten E.) ausweisen. Rechnungslegungspflichtige Unternehmen außerhalb des Anwendungsbereichs von § 274 Abs. 1 S. 1 müssen für Steuerlatenzen **Verbindlichkeitsrückstellungen** bilden, soweit die Voraussetzungen von § 249 Abs. 1 S. 1, 1. Alt vorliegen. Die – aktuell umstrittenen[35] – Einzelheiten sind im Rahmen der Kommentierung der §§ 274, 274a genauer zu erörtern; vgl. die Erläuterungen dort.

30 **2. Nach Grund oder Höhe ungewisse Verpflichtungen.** Verbindlichkeitsrückstellungen knüpfen an rechtliche (oder faktische) Verpflichtungen des Bilanzierenden an, die in Grund oder Höhe ungewiss sind. Sie setzen also eine Verpflichtung gegenüber Dritten („**Außenverpflichtung**") voraus. Die Person des Dritten muss nicht notwendig bekannt sein (s.a. unten Rdn 38);[36] deshalb sind etwa Rückstellungen für drohende Produzentenhaftung nicht davon abhängig, dass die Geschädigten schon individualisiert sind.[37]

31 Die Rückstellung beruht regelmäßig auf einer **rechtlichen Verpflichtung** (zu faktischen Verpflichtungen sogleich Rdn 33), die eine zivilrechtliche oder auch öffentlich-rechtliche Grundlage haben kann. Zur zweiten Gruppe gehören etwa Steuerrückstellungen, Rückstellungen für Altlastensanierung oder solche für die Erfüllung der gesetzlichen Pflicht zu Aufstellung und Prüfung des Jahresabschlusses.[38]

---

[35] S. einerseits Begründung zum RegE BilMoG, BT-Drucks. 16/10067, S. 68; IDW RS HFA 7 Tz 26–28; IDW RS HFA 34 Tz 2 mit Anm. 9 u. etwa *Karrenbrock* BB 2013, 235 ff; *Kirsch/Hoffmann/Siegel* DStR 2012, 1290 ff; andererseits *Verlautbarung der Bundessteuerberaterkammer* zum Ausweis passiver latenter Steuern als Rückstellungen in der Handelsbilanz (vom 18.9.2012), DStR 2012, 2296 u. etwa *Kleemann/Metzing* DStR 2012, 2405 ff; *Pöschke* NZG 2013, 646 ff; *Pollanz* DStR 2013, 58 ff.

[36] ADS[6] § 249 Rdn 44; MünchKommAktG[2]/*Hennrichs* § 249 HGB Rdn 22; Beck BilKomm[8]-*Kozikowski/Schubert* § 249 Rdn 30, je mwN.

[37] Anders freilich, wo noch keine konkreten Anhaltspunkte für eingetretene Drittschäden bestehen; dazu noch unten Rdn 38.

[38] Näher etwa ADS[6] § 249 Rdn 49; *Herzig* DB 1990, 1341, 1342 ff. Zur hinreichenden Konkretisierung von Verpflichtungen auf öffentlich-rechtlicher Grundlage s.u. Rdn 36.

32 Der Verpflichtungsgegenstand kann in einer Geldleistung oder in sonstigen Liefer- und Leistungspflichten bestehen.[39] Rückstellungsfähig und -pflichtig sind auch selbständige Nebenverpflichtungen mit genau umschriebenem Gegenstand wie die Abrechnungsverpflichtung nach § 14 VOB/B[40] sowie als unselbständige Nebenleistungen alle Aufwendungen, die zur Erfüllung der Verpflichtung erforderlich sind;[41] wo der Vertragspartner eines Dauerschuldverhältnisses eine Vorleistung erbracht hat, ist für den Erfüllungsrückstand eine Verbindlichkeitsrückstellung zu bilden, auch wenn die ausstehende Leistung des Bilanzierenden noch nicht fällig ist (näher unten Rdn 66).

33 Den Verbindlichkeitsrückstellungen müssen nicht notwendig rechtliche oder rechtlich durchsetzbare Leistungsverpflichtungen zugrunde liegen. Entsprechend den allgemeinen Kriterien des bilanzrechtlichen Verbindlichkeitsbegriffs (§ 246, 29 ff) genügen vielmehr auch sog. **faktische Leistungspflichten**, denen sich der Bilanzierende aus tatsächlichen oder wirtschaftlichen Gründen nicht entziehen kann;[42] s.a. § 246, 34. Die in Abs. 1 S. 2 Nr. 2 ausdrücklich genannten Rückstellungen für Gewährleistungen, die ohne rechtliche Verpflichtung erbracht werden, bilden deshalb schon eine Fallgruppe der Verbindlichkeitsrückstellungen nach Abs. 1 S. 1, 1. Alt. Die Regelung in Abs. 1 S. 2 Nr. 2 hat lediglich deklaratorischen Charakter (s. schon oben Rdn 7). Vor diesem Hintergrund lässt sich eine generelle Voraussetzung des Inhalts formulieren, dass der Rückstellung eine Verpflichtung zugrunde liegen muss, der sich der Kaufmann (aus welchen Gründen auch immer) **nicht sanktionslos entziehen** kann.[43]

34 Für die Rückstellungsbildung muss die **Verpflichtung nach Grund oder Höhe unbestimmt** sein; nach Grund und Höhe bestimmte Verpflichtungen sind als Verbindlichkeiten zu passivieren (s. § 246, 30). Die Ungewissheit dem Grunde nach bezieht sich auf das Entstehen, jene der Höhe nach auf den Umfang der nämlichen Verpflichtung. Auch eine rechtlich noch nicht (voll) entstandene Verpflichtung kann nach den allgemeinen Grundsätzen freilich als Verbindlichkeit zu passivieren sein: wenn die Vollendung des Entstehungstatbestandes als sicher zu gelten hat und die Verbindlichkeit der abgelaufenen (oder einer früheren) Abrechnungsperiode zuzuordnen ist (s. § 246, 33).

35 3. **Wahrscheinlichkeit der be- oder entstehenden Verbindlichkeit.** Zur weiteren *Konkretisierung der Voraussetzungen für die Rückstellungsfähigkeit (und -pflichtigkeit)* ungewisser Verbindlichkeiten sind eine Reihe eingrenzender Kriterien entwickelt worden, die der Objektivierung, aber auch der Periodenabgrenzung dienen.[44] So müssen dem Grunde nach ungewisse Verbindlichkeiten jedenfalls hinreichend konkretisiert, d.h. ihr **Be- oder Entstehen** muss **wahrscheinlich** sein. Dem Grunde nach unsicher ist eine Verbindlichkeit,

---

39 ADS[6] § 249 Rdn 46; Beck BilKomm[8]-*Kozikowski/Schubert* § 249 Rdn 32; HdR-EA/*Mayer-Wegelin* § 249 (Stand November 2012) Rdn 35.

40 Weiterführend, auch zur Abgrenzung zu den unselbständigen Nebenverpflichtungen: HdR-EA/*Mayer-Wegelin* § 249 (Stand November 2012) Rdn 36.

41 ADS[6] § 249 Rdn 58; Beck BilKomm[8]-*Kozikowski/Schubert* § 249 Rdn 27 f, je mwN; speziell zu den Schadensregulierungsaufwendungen der Versicherer s. etwa ADS[6] § 249 Rdn 56 f u. heute § 341g Abs. 2 HGB.

42 S. etwa BGH BB 1991, 507, 508; BFH 15.3.1999, I B 95/98, FR 1999, 801; ADS[6] § 249 Rdn 52 f; Beck BilKomm[8]-*Kozikowski/Schubert* § 249 Rdn 31; aA MünchKommAktG[2]/*Hennrichs* § 249 HGB Rdn 26; *Schubert* Verbindlichkeiten S. 238 ff.

43 S. zum mitunter sog. „Unentziehbarkeitstheorem" etwa *Berberich* Framework S. 198 f; Haufe HGB BilKomm[3]-*Bertram* § 249 Rdn 46; Baetge/Kirsch/Thiele/*Hommel* § 249 (Stand Juli 2011) Rdn 52; *Siegel* DStR 2002, 1192 ff; *Schulze-Osterloh* FS Siegel (2005) S. 185, 187 ff.

44 S. etwa HdJ-*Herzig/Köster* III/5, Rdn 90 ff.

wenn die Merkmale ihres Entstehungstatbestandes noch nicht (vollständig) erfüllt und ihre Vollendung auch nicht als sicher zu gelten hat (soeben Rdn 34) oder wenn begründeter Streit über den Bestand der Verbindlichkeit besteht. Rückstellungsfähig ist eine solche Verbindlichkeit aber nur, wenn – wie der BFH für Verpflichtungen auf privatrechtlicher Grundlage formuliert hat – die Verbindlichkeit nach den am Bilanzstichtag objektiv gegebenen Verhältnissen mit einiger Wahrscheinlichkeit besteht oder entstehen wird,[45] wenn der Bilanzierende mit ihrem Be- oder Entstehen ernsthaft zu rechnen hat.[46] Diese objektivierenden Kriterien müssen auch für das Handelsbilanzrecht gelten. Sie sind freilich nicht im Sinne einer statistischen Wahrscheinlichkeit von mehr als 50 % o.ä. zu verstehen,[47] sondern erfordern eine am Vorsichtsprinzip orientierte Beurteilung aus der Sicht eines ordentlichen Kaufmanns.[48]

36 Für **öffentlich-rechtliche Verpflichtungen** hat der BFH verschärfende Anforderungen an die „hinreichende Konkretisierung" entwickelt, nach denen dem Steuerpflichtigen durch Gesetz oder Verwaltungsakt eine bestimmte (genau konkretisierte) Maßnahme aufgegeben sein muss, die innerhalb eines bestimmten Zeitraums zu erfüllen ist.[49] Hintergrund dieser Verschärfung ist nicht zuletzt das Bemühen, die Verbindlichkeitsrückstellungen von den steuerrechtlich schon bisher unzulässigen Aufwandsrückstellungen abzugrenzen.[50] Im Ergebnis führt die Rechtsprechung des BFH jedoch dazu, dass für öffentlich-rechtliche Verpflichtungen ein Ungewissheitsmoment hinsichtlich Art und Weise der Inanspruchnahme die Rückstellungsfähigkeit beseitigt. Im Schrifttum ist ein solches „Sonderrecht für öffentlich-rechtliche Verpflichtungen"[51] deshalb mit Recht heftig kritisiert worden, weil es den gesetzlichen Voraussetzungen für die Bilanzierung von Rückstellungen eklatant widerspreche.[52] Der skizzierten Rechtsprechung ist für die Handelsbilanz *nicht* zu folgen.[53]

---

[45] BFH 17.7.1980, IV R 10/76, BStBl II 1981, 669, 671; BFH 28.6.1989, I R 86/85, BStBl II 1990, 550, 552; BFH 13.11.1991, I R 78/89, BStBl II 1992, 177, 179; BFH 2.12.1992, I R 46/91, BStBl II 1993, 109, 110.

[46] BFH 17.7.1980, IV R 10/76, BStBl II 1981, 669, 671 f; BFH 19.10.2005, XI R 64/04, BStBl II 2006, 371, 373 f.

[47] So aber etwa MünchKommAktG²/*Hennrichs* § 249 HGB Rdn 36.

[48] Im Ansatz übereinstimmend MünchKommHGB³/*Ballwieser* § 249 Rdn 13; HdJ-*Herzig/Köster* III/5, Rdn 102; Baetge/Kirsch/Thiele/*Hommel* § 249 (Stand Juli 2011) Rdn 44 ff; Beck BilKomm⁸-*Kozikowski/Schubert* § 249 Rdn 33; außerdem etwa Haufe HGB BilKomm³-*Bertram* § 249 Rdn 44; *Hoffmann/Lüdenbach* NWB KommBilanzierung³ § 249 Rdn 41 ff; *Moxter* DStR 2004, 1057, 1058; Beck-HdR-*Scheffler* B 233 Rdn 133 f; *Schubert* Verbindlichkeiten S. 37 f; *Sielaff* DStR 2008, 369 ff. Speziell zur Rückstellungsbildung für Prozessrisiken s. die Diskussion bei *Osterloh-Konrad* DStR 2003, 1631 ff u. 1675 ff; *Küting/Kessler/Cassel/Metz* WPg 2010, 315, 322 ff.

[49] S. stellvertretend BFH 12.12.1991, IV R 28/91, BStBl II 1992, 600, 603 u. – mit Einschränkungen gegenüber dem bislang zusätzlich geforderten Merkmal der „Sanktionierung" – BFH 19.10.1993, VIII R 14/92, BStBl II 891, 892 f; BFH 8.11.2000, I R 6/96, BStBl II 2001, 570 ff; BFH 27.6.2001, I R 45/97, BStBl II 2003, 121, 122; BFH 13.12.2007, IV R 85/05, BStBl II 2008, 516 ff; BFH 6.2.2013, I R 8/12, DStR 2013, 1018 f; wN zur BFH-Rechtsprechung bei ADS⁶ § 249 Rdn 50; Baetge/Kirsch/Thiele/*Hommel* § 249 (Stand Juli 2011) Rdn 54 ff; Schmidt/*Weber-Grellet* EStG³¹ § 5 Rdn 364; zusammenfassende Würdigung bei HdJ-*Herzig/Köster* III/5, Rdn 114 ff; eingehend *Daub* Rückstellungen S. 155 ff; *Köster* Umweltschutzverpflichtungen S. 74 ff.

[50] ADS⁶ § 249 Rdn 50.

[51] *Herzig* DB 1990, 1341, 1345.

[52] So etwa *Schön* BB 1994, Beilage 9, S. 1, 8; zahlr. wN zur Diskussion im Schrifttum bei ADS⁶ § 249 Rdn 51.

[53] Ablehnend auch ADS⁶ § 249 Rdn 51; HdJ-*Herzig/Köster* III/5, Rdn 114 ff; Beck BilKomm⁸-*Kozikowski/Schubert* § 249 Rdn 33; Heymann²/*Walz* § 249 Rdn 12.

37 **4. Wahrscheinlichkeit der Inanspruchnahme aus der Verbindlichkeit.** Die Bildung einer Rückstellung für ungewisse Verbindlichkeiten setzt weiterhin voraus, dass die **Inanspruchnahme** aus der Verbindlichkeit **wahrscheinlich** ist. Diese Rückstellungsvoraussetzung ist von dem soeben erörterten Erfordernis einer wahrscheinlich be- oder entstehenden Verbindlichkeit zu trennen.[54] Sie ist auch dort zu prüfen, wo die Verbindlichkeit dem Grunde nach schon sicher entstanden und nur in ihrer Höhe noch ungewiss ist. Erforderlich ist, dass der Bilanzierende mit einer Inanspruchnahme aus der Verpflichtung ernsthaft zu rechnen hat.[55] Dafür ist wiederum auf die Sicht eines sorgfältigen und gewissenhaften Kaufmanns zum Bilanzstichtag abzustellen,[56] freilich nicht auf eine statistische Wahrscheinlichkeit, etwa im Sinne von mehr als 50 % o.ä.[57]

38 Mit Blick auf das **Vorsichtsprinzip** (§ 252 Abs. 1 Nr. 4; s. die Erläuterungen § 252, 27 ff) ist die fehlende Wahrscheinlichkeit einer Inanspruchnahme aus einer (zumindest wahrscheinlich) be- oder entstehenden Verbindlichkeit nur ausnahmsweise und unter engen Voraussetzungen anzunehmen. Bei einer dem Grunde nach gewissen Verbindlichkeit geht der BFH seit längerem von einer Vermutung aus, dass mit der Inanspruchnahme zu rechnen sei.[58] Ganz ähnlich sieht er es bei dem Grunde nach noch ungewissen, aber wahrscheinlichen Verpflichtungen auf vertraglicher Grundlage, da der Gläubiger seinen Anspruch hier typischerweise kenne.[59] Für nicht vertraglich (einseitig) begründete Verbindlichkeiten – sei es auf privatrechtlicher oder öffentlich-rechtlicher Grundlage – soll die Rückstellungsfähigkeit demgegenüber davon abhängen, dass sich die *Gläubigerkenntnis vom Anspruch* (oder die unmittelbar bevorstehende Kenntnis) positiv feststellen lasse.[60] Indes kann es auf die Kenntnis des Gläubigers (bzw. der zuständigen Behörde) schlechterdings nicht ankommen. Mit der Inanspruchnahme aus einer (gewissen oder wahrscheinlich bestehenden) Verpflichtung hat der Bilanzierende auch dann zu rechnen, wenn der Berechtigte noch keine Kenntnis vom bestehenden Anspruch hat; denn die kann er jederzeit erlangen. Solange ihm diese Kenntnis fehlt, bleibt die Inanspruchnahme des Bilanzierenden aus der Verpflichtung zwar noch ungewiss. Aber diese Ungewissheit ist kein Hindernis, sondern allenfalls ein Grund für die Rückstellungsbildung.[61] Das mag

---

[54] Weil das Wahrscheinlichkeitskriterium beiden Rückstellungsvoraussetzungen gemeinsam ist, werden sie nicht selten in einem Atemzug genannt; s. etwa BFH 2.10.1992, III R 54/91, BStBl II 1993, 153, 154 u. ADS[6] § 249 Rdn 74; wie hier MünchKommAktG[2]/*Hennrichs* § 249 HGB Rdn 47 f; Beck BilKomm[8]-*Kozikowski/Schubert* § 249 Rdn 42.

[55] BFH 17.7.1980, IV R 10/76, BStBl II 1981, 669, 671; BFH 19.10.2005, XI R 64/04, BStBl II 2006, 371, 374; Beck BilKomm[8]-*Kozikowski/Schubert* § 249 Rdn 43.

[56] BFH 27.11.1997, IV R 95/96, BStBl II 1998, 375, 376; BFH 19.10.2005, XI R 64/04, BStBl II 2006, 371, 374.

[57] Wie hier etwa ADS[6] § 249 Rdn 75; *Daub* Rückstellungen S. 141 ff; HdJ-*Herzig/Köster* III/5, Rdn 104 u. 107; HdR-EA/*Mayer-Wegelin* § 249 (Stand November 2012) Rdn 54; *Naumann* Rückstellungen S. 123 ff; *Schubert* Verbindlichkeiten S. 43; für „51 % Wahrscheinlichkeit" aber MünchKommAktG[2]/*Hennrichs* § 249 HGB Rdn 48; Heymann[2]/*Walz* § 249 Rdn 16.

[58] BFH 11.11.1981, I R 157/79, BStBl II 1982, 748, 749; BFH 22.11.1988, VIII R 62/85, BStBl II 1989, 359, 361; BFH 9.2.2006, IV R 33/05, BStBl II, 517, 518 f; HdJ-*Herzig/Köster* III/5, Rdn 105.

[59] BFH 19.10.1993, VIII R 14/92, BStBl II, 891, 893.

[60] BFH BStBl II 1993, 891, 893; BFH 25.4.2006, VIII R 40/04, BStBl II, 749, 751 f.

[61] Mit Recht ablehnend gegenüber der skizzierten Rechtsprechung des BFH deshalb die ganz hM im bilanzrechtlichen Schrifttum; s. etwa ADS[6] § 249 Rdn 75; *Daub* Rückstellungen S. 146 ff; HdJ-*Herzig/Köster* III/5, Rdn 111 f; Beck BilKomm[8]-*Kozikowski/Schubert* § 249 Rdn 44; *Schön* BB 1994, Beilage 9, S. 1, 8 f; *Schubert* Verbindlichkeiten S. 44 ff; Baumbach/Hueck/*Schulze-Osterloh* GmbHG[18] § 42 Rdn 236 u. 245;

anders sein, wenn – etwa mit Blick auf die Rückstellungsbildung für Produkthaftungsrisiken – noch nicht einmal dem potentiellen Schuldner klar ist, ob es einen Gläubiger überhaupt gibt.[62] Doch betreffen solche Fälle typischerweise schon das Entstehen der Verpflichtung. Fehlen nämlich konkrete Anhaltspunkte dafür, dass Dritte überhaupt zu Schaden gekommen sind, wird man von einer hinreichend konkretisierten Schadensersatzverpflichtung noch kaum sprechen können.[63]

39 Muss der Bilanzierende nicht mit einer Inanspruchnahme aus der Verpflichtung rechnen, so ist weder eine Verbindlichkeit zu passivieren noch eine Rückstellung zu buchen; für die in § 251 genannten Haftungsverhältnisse bedarf es dann lediglich eines **Vermerks unter der Bilanz** (s. die Erläuterungen zu § 251).

5. Periodengerechte Zuordnung

40 a) **Die Rechtsprechung des BFH.** Die Rückstellungsbildung für ungewisse Verbindlichkeiten setzt schließlich die Zurechnung der Verpflichtung zum abgelaufenen (oder einem früheren) Geschäftsjahr voraus. Der Bundesfinanzhof stellt hierzu in ständiger Rechtsprechung[64] auf die „wirtschaftliche Verursachung" der ungewissen Verbindlichkeit zum Abschlussstichtag ab. Die *„wirtschaftliche Verursachung"* der Verbindlichkeit wird dabei als gegeben angesehen, wo die *„wirtschaftlich wesentlichen Tatbestandsmerkmale"* der Verpflichtung erfüllt seien und das rechtliche Entstehen der Verbindlichkeit nur noch von wirtschaftlich unwesentlichen Merkmalen abhänge.[65] Damit wird auf die Elemente (Merkmale) des rechtlichen Entstehungstatbestandes abgestellt, wenn auch auf ihre „wirtschaftlich wesentlichen". Die Bestandteile des rechtlichen Entstehungstatbestandes einer Verpflichtung sind bestimmbar, der Begriff der „wirtschaftlichen Wesentlichkeit" ist hingegen allemal interpretationsbedürftig. Zur Interpretation stellt der BFH zum einen auf die weitgehende Verwirklichung des rechtlichen Entstehungstatbestandes vor dem Bilanzstichtag ab,[66] mitunter im Sinne der rechtlichen Unentziehbarkeit der Verpflichtung aus Sicht des Steuerpflichtigen:[67] Wo die Vollendung des rechtlichen Entstehungstatbestandes dem Einfluss des Steuerpflichtigen entzogen sei und nur noch vom Willen des Gläubigers abhänge, sei die Verbindlichkeit wirtschaftlich wesentlich verursacht.[68] Zugleich wird die wirtschaftlich wesentliche Verursachung freilich von der Verknüpfung der noch nicht vollständig entstandenen Verbindlichkeit mit dem wirtschaftlichen Geschehen der Abrechnungsperiode abhängig gemacht. In einer Reihe von Entscheidungen hat sich der

---

WP-Handbuch I[14] Tz E 149; wN, auch zu einzelnen zustimmenden Äußerungen bei ADS[6] aaO; *Altmeier* Rückstellungsbilanzierung S. 71 ff; wie der BFH auch MünchKommAktG[2]/*Hennrichs* § 249 HGB Rdn 52.

[62] Hier sieht *Schön* BB 1994, Beilage 9, S. 1, 9 die Inanspruchnahme noch nicht als hinreichend wahrscheinlich an.

[63] Anders wiederum, wenn der Schadenseintritt sicher oder wahrscheinlich, die Geschädigten aber noch nicht individualisiert sind; s. dazu schon oben Rdn 30.

[64] S. dazu etwa die Übersichten bei *Glade* Praxishandbuch[2] § 249 Rdn 52 ff; *Janke* Dauerschuldverträge S. 68 ff; *Moxter* Bilanzrechtsprechung[6] § 8; Schmidt/*Weber-Grellet* EStG[31] § 5 Rdn 381 ff; zusammenfassend auch *Moxter* DStR 2004, 1057, 1058 f, 1098.

[65] Stellvertretend BFH 1.8.1984, I R 88/80, BStBl II 1985, 44, 44; BFH 27.1.2010, I R 103/08, BStBl II, 614, 616.

[66] Stellvertretend BFH 24.6.1969, I R 15/68, BStBl II 581, 582.

[67] S. die Nachw. u. Analyse bei *Schön* BB 1994, Beilage 9, S. 1, 4 f; ferner *Altmeier* Rückstellungsbilanzierung S. 86 ff.

[68] So etwa BFH 19.5.1987, VIII R 327/83, BStBl II, 848, 849; BFH 12.12.1990, I R 18/89, BStBl II 1991, 486.

BFH der Formel bedient, die Erfüllung der Verpflichtung müsse nicht nur an Vergangenes anknüpfen, sondern auch Vergangenes abgelten.[69]

In der Sache wird damit an eine namentlich von *Moxter* entwickelte Lehre[70] angeknüpft, welche für die Zuordnung ungewisser Verbindlichkeiten zur jeweiligen Abrechnungsperiode – unter Anknüpfung an das Realisationsprinzip – darauf abstellt, ob die künftigen Ausgaben Erträge vor dem Abschlussstichtag „alimentieren".[71] Nichts anderes meint wohl auch der BFH, wenn er die Bildung einer Rückstellung von der „konkretisierte(n) Zugehörigkeit künftiger Ausgaben zu bereits realisierten Erträgen" abhängig machen will.[72] Es geht also um eine periodengerechte Zuordnung ungewisser Verbindlichkeiten und in diesem Sinne um den *rückstellungsbegrenzenden Rückgriff auf das Realisationsprinzip*.[73] Der Bundesgerichtshof hatte sich dieser BFH-Rechtsprechung in einer Entscheidung aus dem Jahre 1991 angeschlossen.[74] **41**

Meinungsstand im Schrifttum und Kritik. Die Relevanz des – in § 252 Abs. 1 Nr. 4 (s. die Erläuterungen § 252, 30 ff) unvollständig als bloßer Bewertungsgrundsatz kategorisierten – Realisationsprinzips für den Bilanzansatz ist heute weitgehend akzeptiert, und zwar auch mit Blick auf den Ausweis von Aufwendungen.[75] Einer Reihe von gesetzlichen Regelungen (so zur Aktivierung unfertiger Leistungen und geleisteter Anzahlungen sowie zur aktiven Rechnungsabgrenzung; vgl. auch § 250, 5) liegt das Ziel einer periodengerechten Aufwands- und Ertragszuordnung zugrunde, das seinerseits vom Realisationsprinzip vorgegeben wird.[76] Es ist deshalb durchaus folgerichtig, wenn auch für den Ausweis künftiger Aufwendungen im Rahmen der Rückstellungsbildung die Wertungen des Realisationsprinzips fruchtbar gemacht und zur Steuerung der Rückstellungsbildung eingesetzt werden. Fraglich ist jedoch, inwieweit dies gerade mit rückstellungs*begrenzender* Wirkung geschehen kann. Das Problem stellt sich in aller Deutlichkeit für solche Verbindlichkeiten, die dem Grunde nach schon sicher entstanden und nur der Höhe nach ungewiss sind. Kann das Realisationsprinzip hier die mangelnde Rückstellungsfähigkeit der künftigen Aufwendungen begründen oder setzen Vorsichts- und Imparitätsprin- **42**

---

69 Auch dafür stellvertretend BFH BStBl II 1987, 848, 850; s. hierzu etwa *Christiansen* BFuP 1994, 25, 29 ff; *Matschke/Schellhorn* FS Sieben S. 447, 451 ff; *Schön* BB 1994, Beilage 9, S. 1, 6 f; *Woerner* BB 1994, 246; *ders.* FS Moxter S. 483, 492 ff.

70 *Moxter* StuW 1983, 300, 304 ff; *ders.* BB 1984, 1780 ff; *ders.* FS Döllerer S. 447, 455 ff; aus jüngerer Zeit s. etwa *dens.* DStR 2004, 1057, 1058 f u. 1098 ff; *Breidert/ders.* WPg 2007, 912, 915, 916 ff.

71 Modifizierend jüngst *Engel-Ciric/Moxter* BB 2012, 1143, 1145, wo für die „wirtschaftliche Verursachung" einer Verpflichtung darauf abgestellt wird, ob sie zum Bilanzstichtag von einem gedachten Erwerber des ganzen Unternehmens „in seinem Kaufpreiskalkül preismindernd berücksichtigt würde".

72 BFH 28.6.1989, I R 86/85, BStBl II 1990, 550, 553; BFH 25.8.1989, III R 95/87, BStBl II, 893, 895; BGH BB 1991, 507, 509; das wird begrifflich auch mit dem Merkmal der „wirtschaftlichen Belastung" umschrieben: s. *Weber-Grellet* DB 2002, 2180, 2182 mN.

73 Dazu schon *Herzig* FS L. Schmidt S. 209 ff u. ausführlich HdJ-*ders./Köster* III/5, Rdn 125 ff, 134 ff.

74 BGH 28.1.1991, II ZR 20/90, BB 1991, 507, 508 f; dazu *Claussen* ZGR 1992, 254.

75 Weiterführend *Ballwieser* FS Beusch S. 63, 67; *Herzig* DB 1990, 1341, 1344; *ders.* FS L. Schmidt S. 209, 212 f, 219; *Moxter* BB 1984, 1780 ff; *ders.* FS Döllerer S. 447, 449 ff; *Schulze-Osterloh* FS Forster S. 653, 656; Baumbach/Hueck/*ders.* GmbHG[18] § 42 Rdn 15 mwN.

76 S. die Analyse bei *Schulze-Osterloh* FS Forster S. 653, 657 ff; zum Zusammenhang zwischen Realisationsprinzip und Periodisierung etwa *Moxter* FS Döllerer S. 447, 449 f.

zip (s. § 252 Abs. 1 Nr. 4 und die Erläuterungen § 252, 27 ff) einem rückstellungsbegrenzenden Rückgriff auf das Realisationsprinzip Grenzen?

43 Der angesprochene Konflikt tritt nicht auf, wo die Rückstellung künftiger Aufwendungen in Rede steht, welche den in der Abrechnungsperiode schon realisierten Erträgen zuzuordnen sind. Hier ist die Rückstellungsbildung (sofern ihre Voraussetzungen im Übrigen vorliegen) auch dann geboten, wenn die Verbindlichkeit rechtlich noch nicht (vollständig) entstanden ist.[77] Zweifelhaft und umstritten ist indes die Behandlung jener Fälle, in denen die Verbindlichkeit zum Abschlussstichtag rechtlich schon entstanden, die darauf beruhenden Aufwendungen aber Erträge künftiger Abrechnungsperioden „alimentieren" sollen. Die **„wirtschaftliche Verursachung"**, so wird häufig formuliert, sei hier der rechtlichen Entstehung der Verbindlichkeit nachgelagert.[78] Zahlreiche Stimmen wollen dann – im Interesse einer periodengerechten Zuordnung von Aufwendungen und Erträgen – die Rückstellungsbildung erst mit Vollzug der „wirtschaftlichen Verursachung" zulassen und bejahen so die rückstellungsbegrenzende Wirkung des Realisationsprinzips trotz hinreichend konkretisierter Verbindlichkeiten.[79]

44 Doch lässt sich dem Gesetz eine derart weitreichende Wirkung des Realisationsprinzips nicht entnehmen.[80] Es verlangt gerade im Rahmen der Rückstellungsbildung an zentraler Stelle die *vorgezogene* Berücksichtigung künftiger Aufwendungen: nämlich mit dem Gebot der Rückstellungsbildung für drohende Verluste aus schwebenden Geschäften (Abs. 1 S. 1, 2. Alt.; näher unten Rdn 63 ff). Die hier zum Ausdruck kommende Wertung – eine Konsequenz aus dem **Imparitätsprinzip**[81] – muss auch im Rahmen der Verbindlichkeitsrückstellungen nach Abs. 1 S. 1, 1. Alt. Beachtung finden. Sie gebietet die Rückstellungsbildung, selbst wo künftige Aufwendungen eindeutig erst späteren Erträgen zuzurechnen sind,[82] sobald das Stichtagsvermögen mit einer Verbindlichkeit belastet ist. Eine solche Belastung tritt spätestens mit einer zum Abschlussstichtag rechtlich vollständig entstandenen Drittverpflichtung ein.[83]

---

77 Übereinstimmend etwa ADS[6] § 249 Rdn 69; *W. Müller* ZGR 1981, 126, 139; *Naumann* WPg 1991, 529, 532 f; *Schulze-Osterloh* FS Forster S. 653, 656 f; s.a. MünchKomm-AktG[2]/*Hennrichs* § 249 HGB Rdn 42 ff.

78 S. nur die Fallgruppenbildung bei ADS[6] § 249 Rdn 68 f; HdJ-*Herzig/Köster* III/5, Rdn 139; *Naumann* WPg 1991, 529, 532 ff.

79 S. etwa *Altmeier* Rückstellungsbilanzierung S. 82 ff; MünchKommHGB[3]/*Ballwieser* § 249 Rdn 21; Beck-HdR-*ders.* B 131 Rdn 79; *Böcking* Verbindlichkeitsbilanzierung S. 135 ff, 191 ff; *Daub* Rückstellungen S. 80; *Förschle/Scheffels* DB 1993, 1197, 1198; *Heddäus* Drohverlustrückstellungen S. 56; *Herzig* DB 1990, 1341, 1347; HdJ-*ders./Köster* III/5, Rdn 134 ff, 139; *Janke* Dauerschuldverträge S. 96; *Naumann* WPg 1991, 529, 533 ff; *ders.* Rückstellungen S. 142; *Rürup* FS Forster S. 519, 536 f; *Weber-Grellet* BB 1994, 30, 31 f; *ders.* DStR 1996, 896, 904; Schmidt/*ders.* EStG[31] § 5 Rdn 383 f; s. außerdem etwa *Moxter* DStR 2004, 1098, 1100 ff; ferner Baetge/Kirsch/Thiele/*Hommel* § 249 (Stand Juli 2011) Rdn 69 ff; BoHdR-*Kirsch* § 249 (Stand Januar 2012) Rdn 86 ff.

80 *Schulze-Osterloh* FS Forster S. 653, 656 ff; *ders.* BFuP 1994, 39, 47 f.

81 Zu diesem grundlegend *Leffson* Grundsätze ordnungsmäßiger Buchführung[7] S. 339 ff.

82 Eine solch eindeutige Zurechnung ist keineswegs immer möglich. Deshalb müssen auch die Verfechter der Maßgeblichkeit „wirtschaftlicher Verursachung" im Hinblick auf das Vorsichtsprinzip in Zweifelsfällen für eine Passivierungspflicht eintreten; so auch *Moxter* DStR 2004, 1057, 1058: „in Zweifelsfällen muss passiviert werden". S. zu diesem Aspekt auch Beck BilKomm[8]-*Kozikowski/Schubert* § 249 Rdn 34.

83 I.E. wie hier ADS[6] § 249 Rdn 69; *Bartels* BB 1992, 1311, 1314; *Christiansen* BFuP 1994, 25, 32 ff; *Crezelius* DB 1992, 1353, 1361; *ders.* NJW 1994, 981, 983; *ders.* ZIP 2003, 461 ff; MünchKommAktG[2]/*Hennrichs* § 249 HGB Rdn 29; *Kessler* DStR 2001, 1903, 1906 ff; Beck BilKomm[8]-*Kozikowski/*

45 Mit Recht hatte deshalb auch der I. Senat des **BFH** in seiner viel beachteten Entscheidung vom 27.6.2001 eine Rückstellungspflicht schon dann bejaht, wenn zum Abschlussstichtag alle Elemente des rechtlichen Entstehungstatbestandes einer Verpflichtung erfüllt sind, die Höhe der daraus resultierenden Verbindlichkeit aber noch ungewiss ist; für rechtlich bereits entstandene Verbindlichkeiten hat er den rückstellungsbegrenzenden Rückgriff auf das Realisationsprinzip explizit verworfen.[84] Zwischen den verschiedenen BFH-Senaten besteht über diese Frage aber ersichtlich kein Konsens;[85] so lassen sich andere Entscheidungen in der Weise deuten, dass die vollständige rechtliche Entstehung einer Verbindlichkeit die Prüfung ihrer „wirtschaftlichen Verursachung" nicht erübrigt.[86] In einem jüngeren Urteil vom 8.9.2011 hat der IV. Senat des BFH die „Rangfrage" zwischen rechtlicher Entstehung und „wirtschaftlicher Verursachung" offen lassen können.[87]

46 **6. Gewährleistungsrückstellungen insbesondere.** Zu Einzelfällen von Verbindlichkeitsrückstellungen hat sich – für die Rückstellungsbildung in der Steuerbilanz und auf der Grundlage zahlreicher BFH-Entscheidungen – eine umfangreiche **Kasuistik** entwickelt; für die sich hier stellenden Detailprobleme ist auf die verschiedenen Kataloge im einschlägigen Spezialschrifttum zu verweisen.[88] Hier sollen nur exemplarisch herausgegriffen werden: Gewährleistungsrückstellungen; Rückstellungen für Umweltschutzverpflichtungen sowie solche für Pensionsverpflichtungen (Altersversorgungsverpflichtungen):

47 Wenn Sach- oder Werkmängel des gelieferten Gegenstandes hinreichend wahrscheinlich sind und damit mit einer Inanspruchnahme aus Gewährleistung zu rechnen ist, entsteht mit der Umsatzrealisation zugleich die Pflicht zur Bildung einer **Gewährleistungs-**

Schubert § 249 Rdn 34; *Kupsch* BB 1992, 2320, 2324 f; *Mayer-Wegelin* DB 1995, 1241, 1244 f; HdR-EA/*ders.* § 249 (Stand November 2012) Rdn 42 f; *W. Müller* ZGR 1981, 126, 139 f; Beck-HdR-*Scheffler* B 233 Rdn 112; *Schön* BB 1994, Beilage 9, S. 1, 7; *Schulze-Osterloh* FS Forster S. 653, 663; Baumbach/Hueck/*ders.* GmbHG[18] § 42 Rdn 237 mwN; ferner Haufe HGB BilKomm[3]-*Bertram* § 249 Rdn 34 u. 39; wohl auch WP-Handbuch I[14] Tz E 135.

[84] BFH 27.6.2001, I R 45/97, BStBl II 2003, 121, 123 („findet in der Rechtsprechung des BFH keine Stütze"). S.a. BFH 5.6.2002, I R 96/00, BStBl 2005, 736, 738 u. zuvor schon BFH 19.5.1987, VIII R 327/83, BStBl II 848, 849; BFH 28.6.1989, I R 86/85, BStBl II 1990, 550, 552; BFH 12.12.1991, IV R 28/91, BStBl II 1992, 600, 601; BFH 10.12.1992, XI R 34/91, BStBl II 1994, 158, 159.

[85] S. einerseits *Christiansen* DStR 2007, 127, 128; *ders.* DStR 2009, 2213, 2214 ff; *Gosch* DStR 2002, 977, 978 ff; *Wassermeyer* WPg 2002, 10 ff, andererseits *Weber-Grellet* FR 2001, 900 f; *ders.* DB 2002, 2180 ff; Schmidt/*ders.* EStG[31] § 5 Rdn 384.

[86] Vgl. etwa BFH 25.8.1989, III R 95/87, BStBl II, 893, 895 (unter II.3. der Gründe); BFH 19.10.1993 VIII R 14/92, BStBl II, 891, 892 (unter 1.a der Gründe); BFH 18.1.2011, X R 14/09, BStBl II, 496, 497 (unter II.1.b der Gründe).

[87] BFH 8.9.2011, IV R 5/09, BStBl II 2012, 122 Tz 14; dazu *Christiansen* DStR 2011, 2483 ff vgl. auch *ders.* DStR 2013, 1347.

[88] S. aus dem handelsrechtlichen Schrifttum etwa ADS[6] § 249 Rdn 133 f; Haufe HGB BilKomm[3]-*Bertram* § 249 Rdn 190 ff; Baetge/Kirsch/Thiele/*Hommel* § 249 (Stand Juli 2011) Rdn 251 ff; HdR-EA/*Kessler* § 249 (Stand November 2012) Rdn 130 ff; BoHdR-*Kirsch* § 249 (Stand Januar 2012) Rdn 121 ff; Beck BilKomm[8]-*Kozikowski/Schubert* § 249 Rdn 100; HdR-EA/*Mayer-Wegelin* § 249 (Stand November 2012) Rdn 229 ff; Beck-HdR-*Scheffler* B 233 Rdn 470 ff; WP-Handbuch I[14] Tz E 158 ff; vgl. auch die Rechtsprechungs- und Schrifttumshinweise bei Baumbach/Hueck/*Schulze-Osterloh* GmbHG[18] § 42 Rdn 243 ff.

rückstellung. Mit ihr wird das Risiko erfasst, den (Kauf-)Preis einer Lieferung oder sonstigen Leistung ganz oder teilweise zurückzahlen zu müssen oder kostenlose Nacharbeiten oder Ersatzleistungen erbringen zu müssen; auch kann die Leistung von Schadensersatz aufgrund gesetzlicher Verpflichtung in Betracht kommen.[89] Gewährleistungsrückstellungen sind demnach zu bilden wegen der Verpflichtung zu kostenlosen Nacharbeiten, Ersatzlieferungen, Rückgewährungen nach Rücktritt vom Vertrag, Minderungen oder Schadensersatzleistungen.[90] Eine Rückstellung wegen Verpflichtung zur Rückerstattung des (Kauf-)Preises in der Folge eines Rücktritts ist ggf. auch schon vor Ausübung des entsprechenden Gestaltungsrechts zu bilden, wenn die Ausübung dieses Gestaltungsrechts am Stichtag wahrscheinlich ist;[91] ist die Minderung wahrscheinlich, ist hierfür eine entsprechende Rückstellung zu bilden.[92]

48 Es sind **Einzelrückstellungen** für alle bis zum Ende des Wertaufhellungszeitraums bekannt gewordenen Gewährleistungsfälle zu bilden.[93] Ergänzend kann der Ansatz einer **Pauschalrückstellung**[94] bzw. Sammelrückstellung[95] geboten sein, wenn der Rechnungslegungspflichtige aufgrund seiner Erfahrungen in der Vergangenheit damit rechnen muss, wegen Gewährleistung in Anspruch genommen zu werden, oder wenn sich aus branchenmäßigen Erfahrungen und den Gegebenheiten des konkreten Betriebs die hinreichende Wahrscheinlichkeit ergibt, Gewährleistungen erbringen zu müssen.[96]

7. Umweltschutzverpflichtungen insbesondere

49 a) **Altlastenbeseitigung.** Eine bestehende Verpflichtung zur Beseitigung gefahrträchtiger Verunreinigungen von Boden oder Grundwasser, die sich aus öffentlich-rechtlicher oder zivilrechtlicher Grundlage ergeben kann,[97] ist mit den erforderlichen Sanierungsaufwendungen – soweit sie keinen Anschaffungs- oder Herstellungsaufwand beinhalten (s. Rdn 10 aE) – rückstellungsfähig; die Sanierungsaufwendungen sind eindeutig nicht künftigen, sondern schon erwirtschafteten Erträgen zuzuordnen.[98] Inwieweit der BFH seine einengende Rechtsprechung zur Konkretisierung öffentlich-rechtlicher Pflichten (s.o. Rdn 36) auf solche zur Altlastenbeseitigung angewandt wissen will, ist nicht klar.[99]

---

89 ADS[6] § 253 Rdn 224.

90 In diesem Sinne Beck BilKomm[8]-*Kozikowski/Schubert* § 249 Rdn 100 („Gewährleistung") u. etwa HdR-EA/*Meyer-Wegelin* § 249 (Stand November 2012) Rdn 229 (29); Beck-HdR-*Scheffler* B 233 Rdn 531 ff.

91 Näher BFH 28.3.2000, VIII R 77/96, BStBl II 2002, 227 u. dazu BMF-Schreiben vom 21.2.2002, WPg 2002, 390.

92 Beck BilKomm[8]-*Kozikowski/Schubert* § 249 Rdn 100 („Gewährleistung").

93 Beck BilKomm[8]-*Kozikowski/Schubert* § 249 Rdn 100 („Gewährleistung"); Beck-HdR-*Scheffler* B 233 Rdn 534; s.a. BFH 17.2.1993, X R 60/89, BStBl. II, 437.

94 Zur Zulässigkeit von Pauschalrückstellungen für potentiell entstandene Gewährleistungsverpflichtungen s.a. EuGH (5. Kammer), 14.9.1999, Rs. C-275/97, BB 1999, 2291.

95 ADS[6] § 253 Rdn 184 ff u. 224.

96 Weiterführend ADS[6] § 253 Rdn 224 f; MünchKommAktG[2]/*Hennrichs* § 249 HGB Rdn 43, Beck BilKomm[6]-*Kozikowski/Schubert* § 249 Rdn 100 („Gewährleistung"); HdR-EA/*Meyer-Wegelin* § 249 (Stand November 2012) Rdn 229 (29); Beck-HdR-*Scheffler* B 233 Rdn 534, s.a. BFH 30.6.1983, IV R 41/81, BStBl II 1984, 263; BFH 28.3.2000, VIII R 77/96, BStBl II 2002, 227.

97 Für eine Übersicht über die Rechtsgrundlagen s. etwa ADS[6] § 249 Rdn 129 f; Beck BilKomm[8]-*Kozikowski/Schubert* § 249 Rdn 100 „Altlastensanierung".

98 ADS[6] § 249 Rdn 131; Beck BilKomm[8]-*Kozikowski/Schubert* § 249 Rdn 100 „Altlastensanierung"; HdR-EA/*Mayer-Wegelin* § 249 (Stand November 2012) Rdn 101 f; WP-Handbuch I[14] Tz E 212.

99 Offen gelassen in BFH 19.10.1993, VIII R 14/92, BStBl II 891, 893.

Soweit der BFH die Rückstellungsfähigkeit der Sanierungsaufwendungen an die positive Kenntnis der zuständigen Behörde von der bestehenden Verpflichtung knüpft (Rdn 38), ist dem nicht zu folgen. Der Bilanzierende hat eine Rückstellung zu bilden, sobald er Kenntnis von der Altlast und der daraus entstehenden Beseitigungsverpflichtung erlangt; jedoch wird man eine gewisse Konkretisierung der Gefahr einer Inanspruchnahme verlangen müssen.[100] Umstritten und noch nicht hinreichend geklärt ist, in welchem Verhältnis die Rückstellungspflicht zur außerplanmäßigen Abschreibung eines Grundstücks nach § 253 Abs. 3 S. 3 steht, wenn die Nutzungsmöglichkeit wegen der Verunreinigung nachhaltig eingeschränkt und das Grundstück deshalb im Wert gemindert ist.[101]

b) Entsorgungs- und Rekultivierungsverpflichtungen. Für zum Abschlussstichtag nicht erfüllte Entsorgungspflichten (insbesondere solche zur Abfallbeseitigung) ist eine Rückstellung in Höhe des Entsorgungsrückstandes zu bilden.[102] Hinsichtlich der Verpflichtung zur Entsorgung verstrahlter Brennelemente aus Kernkraftwerken wird heute überwiegend eine ratierliche Ansammlungsrückstellung befürwortet; entsprechendes gilt für die Stilllegungskosten eines Kernkraftwerks (für das Steuerrecht s. § 6 Abs. 1 Nr. 3a Buchst. d EStG).[103] Damit wird nicht zuletzt praktischen Zwängen Rechnung getragen, weil die Bildung einer Vollrückstellung für die künftigen Stilllegungskosten schon im Jahr der Inbetriebnahme in aller Regel zur Überschuldung führen würde und deshalb als „höchst unbefriedigend bzw. untragbar“[104] anzusehen ist. Gleichwohl bleibt der Einwand berechtigt, dass die Entsorgungspflicht schon mit der Inbetriebnahme des Kraftwerks begründet wird und der Pflichtenumfang auch nicht etwa mit der Dauer des Betriebes anwächst.[105] Das ist anders hinsichtlich künftiger Aufwendungen für die Erfüllung von Rekultivierungspflichten (etwa zum Gruben- oder Schachtversatz, zur Wiederaufforstung etc.), die deshalb sukzessive entsprechend dem Fortschritt der Bodenausbeute am jeweiligen Abschlussstichtag anzusammeln sind;[106] für Rekultivierungsaufwendungen 50

[100] Weiterführend (mit Unterschieden im Einzelnen) *Bäcker* DStZ 1991, 31, 35; *Bartels* DB 1992, 1095, 1101; *Claussen/Korth* FS Budde S. 105, 114 ff; *Groh* StbJb 1994/95, S. 23, 28 f; *Herzig/Köster* BB 1994, Beilage 23, S. 1, 13; HdR-EA/*Mayer-Wegelin* § 249 (Stand November 2012) Rdn 103; *Söffing* FS Ritter S. 257, 259 ff; Baumbach/Hueck/*Schulze-Osterloh* GmbHG[18] § 42 Rdn 245 mwN.

[101] Dazu etwa *Claussen/Korth* FS Budde S. 105, 110 ff; HdJ-*Herzig/Köster* III/5, Rdn 206 ff; Beck BilKomm[8]-*Kozikowski/Schubert* § 249 Rdn 100 „Altlastensanierung“; *Kraus-Gründewald* BFuP 1997, 173 ff; *Schmidtbauer* BB 2000, 1130, 1132; Baumbach/Hueck/*Schulze-Osterloh* GmbHG[18] § 42 Rdn 245, je mwN zum Meinungsstand.

[102] ADS[6] § 249 Rdn 126; HdR-EA/*Mayer-Wegelin* § 249 (Stand November 2012) Rdn 112; WP-Handbuch I[14] Tz E 160. Speziell zu Rückstellungen für Altautorücknahme und -entsorgung *Roß/Seidler* BB 1999, 1258.

[103] Beck BilKomm[8]-*Kozikowski/Schubert* § 249 Rdn 100 „Atomanlagen“; WP-Handbuch I[14] Tz E 175; weiterführend etwa *Heintzen* StuW 2001, 71 ff.

[104] So *Clemm* FS Moxter S. 167, 183.

[105] S. zur Kritik an der „Ansammlungslösung“ etwa HdR-EA/*Kessler* § 249 (Stand November 2012) Rdn 136; *Knobbe-Keuk* § 4 V 5d (S. 124 f); *Schmidtbauer* BB 2000, 1130, 1137; *Siegel* BB 1993, 326, 333; Baumbach/Hueck/*Schulze-Osterloh* GmbHG[18] § 42 Rdn 247 mwN; eingehend zur Problematik auch *Clemm* FS Moxter S. 167, 177 ff; *Matschke/Schellhorn* FS Sieben S. 447, 451 ff.

[106] ADS[6] § 249 Rdn 127; HdR-EA/*Kessler* § 249 Rdn 137 f (anders aber Rdn 139 für Schachtversatz); Beck BilKomm[8]-*Kozikowski/Schubert* § 249 Rdn 100 „Rekultivierung“, HdR-EA/*Mayer-Wegelin* § 249 (Stand November 2012) Rdn 114 f; WP-Handbuch I[14] Tz E 184, je mwN.

bildet ein Wertansatz in Gestalt von Ansammlungsrückstellungen die Belastung des Vermögens zum jeweiligen Stichtag zutreffend ab.[107]

51 c) **Anpassungsverpflichtungen** betreffen öffentlich-rechtliche Pflichten zur Nachrüstung technischer Anlagen, um vorgegebene Grenzwerte einzuhalten. Entsprechend dem Meinungsstand zur „wirtschaftlichen Verursachung" ungewisser Verbindlichkeiten (s.o. Rdn 42 ff) verneint eine verbreitete Ansicht die Rückstellungsfähigkeit der entsprechenden Anpassungsaufwendungen: Da von der Anpassung die Erlaubnis zum künftigen Betrieb der Anlage abhängig gemacht werde, seien die Aufwendungen allein künftigen Erträgen zuzuordnen.[108] Nach der hier vertretenen Auffassung (s.o. Rdn 44) ist die Rückstellungsfähigkeit gleichwohl zu bejahen, sobald die Anpassungsverpflichtung rechtlich entstanden ist. Jedoch entfällt die Rückstellungsfähigkeit, soweit die notwendigen Anpassungsmaßnahmen zu aktivierungspflichtigen Anschaffungs- und Herstellungskosten führen (s.o. Rdn 10 aE).[109]

8. Pensionsverpflichtungen (Altersversorgungsverpflichtungen) insbesondere

52 a) **Grundlagen.** Pensionsverpflichtungen (von „Pension" spricht der Gesetzgeber etwa in § 266 Abs. 3 B.1.; § 285 Nr. 24) oder – synonym – Altersversorgungsverpflichtungen (so etwa die Begriffswahl in § 246 Abs. 2 S. 2 u. § 253 Abs. 2 S. 2 i.d.F.d. BilMoG) sind Verpflichtungen zur Gewährung laufender oder einmaliger Leistungen, die dem Berechtigten gegenüber versorgungshalber nach Beendigung der Erwerbstätigkeit im Dienste des Verpflichteten zu erbringen sind.[110] Laufende Pensionen sowie erworbene Anwartschaften auf Pensionen (insoweit auch hinsichtlich der noch im rechnungslegungspflichtigen Unternehmen aktiven Arbeitnehmer) begründen ungewisse Verbindlichkeiten, für die an sich Rückstellungen nach Abs. 1 S. 1, 1. Alt. zu bilden sind.[111] Da die Praxis bis zum Inkrafttreten des BiRiLiG – gestützt auf ein Urteil des BGH vom 27.2.1961[112] – jedoch von einem Rückstellungs*wahlrecht* für Pensionsverpflichtungen ausgegangen war,[113] hatte der Gesetzgeber des BiRiLiG eine (überwiegend fiskalpolitisch motivierte) handelsbilanzielle[114] Übergangsregelung (mit teilw. dauerhaftem Charakter) geschaffen:

---

[107] S. zur Problematik auch HdJ-*Herzig/Köster* III/5, Rdn 140 ff.

[108] S. etwa *Förschle/ Scheffels* DB 1993, 1197, 1198 f; *Herzig* DB 1990, 1341, 1351; *Köster* Umweltschutzverpflichtungen S. 366 ff; *Schmidtbauer* BB 2000, 1130, 1135 f.

[109] I.E. wie hier etwa Beck BilKomm[8]-*Kozikowski/Schubert* § 249 Rdn 100 „Anpassungsverpflichtungen"; HdR-EA/*Mayer-Wegelin* § 249 (Stand November 2012) Rdn 105 ff; Baumbach/Hueck/*Schulze-Osterloh* GmbHG[18] § 42 Rdn 246, je mwN.

[110] Zu Einzelheiten s. etwa ADS[6] § 249 Rdn 85 ff; Beck BilKomm[8]-*Ellrott/Rhiel* § 249 Rdn 151 ff; HdJ-*Heger/Weppler* III/7, Rdn 5 ff; HdR-EA/*Höfer* § 249 (Stand November 2012) Rdn 600 ff.

[111] Stellvertretend IDW RS HFA 30 Tz 11, 16 ff; HdJ-*Heger/Weppler* III/7, Rdn 10 f, 25 ff.

[112] BGHZ 34, 324, 328 ff.

[113] S. zur (im Schrifttum seinerzeit umstrittenen) Rechtslage auf der Basis von § 152 Abs. 7 AktG 1965 etwa *Kropff* in Geßler/Hefermehl/Eckardt/Kropff § 152 AktG Rdn 64 ff.

[114] Zur steuerrechtlichen Behandlung von Pensionsrückstellungen s. etwa ADS[6] § 249 Rdn 98 ff; Beck BilKomm[8]-*Ellrott/Rhiel* § 249 Rdn 161, 175 ff.

Art. 28 EGHGB

(1) Für eine laufende Pension oder eine Anwartschaft auf eine Pension auf Grund einer unmittelbaren Zusage braucht eine Rückstellung nach § 249 Abs. 1 Satz 1 des Handelsgesetzbuchs nicht gebildet zu werden, wenn der Pensionsberechtigte seinen Rechtsanspruch vor dem 1. Januar 1987 erworben hat oder sich ein vor diesem Zeitpunkt erworbener Rechtsanspruch nach dem 31. Dezember 1986 erhöht. Für eine mittelbare Verpflichtung aus einer Zusage für eine laufende Pension oder eine Anwartschaft auf eine Pension sowie für eine ähnliche unmittelbare oder mittelbare Verpflichtung braucht eine Rückstellung in keinem Fall gebildet zu werden. 53

(2) Bei Anwendung des Absatzes 1 müssen Kapitalgesellschaften die in der Bilanz nicht ausgewiesenen Rückstellungen für laufende Pensionen, Anwartschaften auf Pensionen und ähnliche Verpflichtungen jeweils im Anhang und im Konzernanhang in einem Betrag angeben.

Nach dieser Regelung des **Art. 28 EGHGB** besteht eine Passivierungs*pflicht* nur für eine laufende Pension oder eine Pensionsanwartschaft aufgrund einer *unmittelbaren* Zusage, wenn der Berechtigte seinen Rechtsanspruch *nach* dem 31.12.1986 erstmals erworben hat (Neuzusage). Für Pensionsverpflichtungen aus unmittelbaren Zusagen *vor* dem 1.1.1987 (Altzusagen) besteht weiterhin ein Passivierungs*wahlrecht* (Art. 28 Abs. 1 S. 1). Ebenso besteht ein Passivierungs*wahlrecht* für *mittelbare* Pensionsverpflichtungen sowie für unmittelbare oder mittelbare *pensionsähnliche Verpflichtungen*, und zwar unabhängig vom Zeitpunkt der erstmaligen Entstehung des entsprechenden Anspruchs (Art. 28 Abs. 1 S. 2).[115] Namentlich die Vereinbarkeit dieser dauerhaften Passivierungswahlrechte mit der 4. EG-Richtlinie (Jahresabschlussrichtlinie) wird mit beachtlichen Gründen in Abrede gestellt.[116] Der Gesetzgeber des Bilanzrechtsmodernisierungsgesetzes (**BilMoG**) vom 25.5.2009 (BGBl. I S. 1102) hat gleichwohl an der Regelung des Art 28 EGHGB uneingeschränkt festgehalten.[117] 54

Nach Art. 28 Abs. 2 EGHGB müssen Kapitalgesellschaften und diesen nach § 264a gleichgestellte Personenhandelsgesellschaften ohne natürliche Person als „Vollhafter" (vgl. Art. 48 Abs. 6 EGHGB), die in Ausübung des Wahlrechts auf die Bildung von Pensionsrückstellungen verzichten, die in der Bilanz nicht ausgewiesenen Rückstellungen für laufende Pensionen, Anwartschaften auf Pensionen oder pensionsähnliche Verpflichtungen im **Anhang** und im Konzernanhang in einem Betrag angeben (sog. **Fehlbetragsangabe**).[118] 55

b) Unmittelbare Pensionsverpflichtungen

aa) Begriff. Unmittelbare Pensionsverpflichtungen entstehen durch Einzelvertrag oder Gesamtzusage (Pensions- oder Versorgungsordnung), Betriebsvereinbarung, Tarifvertrag oder Besoldungsordnung, ggf. auch durch betriebliche Übung, infolge des Grund- 56

---

115 Zur massiven rechtspolitischen Kritik an dieser Regelung zusammenfassend *Thoms-Meyer* Pensionsrückstellungen S. 42 f mwN.

116 Eingehend *Hennrichs* Wahlrechte S. 220 ff mwN, der freilich auch schon die Richtlinienkonformität des in Art. 28 Abs. 1 S. 1 gewährten Wahlrechts zur Passivierung unmittelbarer Altzusagen bezweifelt; zusammenfassend MünchKommAktG[2]/*ders.* § 249 HGB Rdn 72.

117 Dazu Begründung zum RegE BilMoG, BT-Drucks. 16/10067, S. 38 f; krit. etwa *Heger/Weppler* DStR 2009, 239, 240 f.

118 Zu Einzelheiten Beck BilKomm[8]-*Ellrott/Rhiel* § 249 Rdn 271 ff; HdJ-*Heger/Weppler* III/7, Rdn 30, 185; HdR-EA/*Höfer* § 249 (Stand November 2012) Rdn 728 ff; eingehend zu Ausweis und Erläuterung der Pensionsrückstellungen *Thoms-Meyer* Pensionsrückstellungen S. 167 ff.

satzes der Gleichbehandlung, durch Gesetz oder Gerichtsurteil.[119] Die *Unmittelbarkeit* der Verpflichtung ist dadurch gekennzeichnet, dass das verpflichtete Unternehmen die Leistungen gegenüber dem Pensionsempfänger ohne Zwischenschaltung eines selbständigen Versorgungsträgers (Unterstützungskasse, Pensionskasse, Pensionsfonds, Direktversicherung) zu erbringen hat.[120]

57 bb) **Alt- und Neuzusagen.** Für die Abgrenzung der Alt- von den Neuzusagen (s. Rdn 54) ist auf die erstmalige Entstehung des zugrundeliegenden Rechtsanspruchs abzustellen; ist der Rechtsanspruch nach dem 31.12.1986 entstanden, liegt eine *Neuzusage* (und damit Rückstellungspflicht) vor. Für *Altzusagen* gewährt Art. 28 Abs. 1 S. 1 EGHGB ein Passivierungswahlrecht, das auch bei Erhöhungen und Verbesserungen von vor dem 1.1.1987 erworbenen Pensionsansprüchen erhalten bleibt (Art. 28 Abs. 1 S. 1 aE). Bei Übergang eines Betriebs durch Gesamtrechtsnachfolge oder Einzelrechtsnachfolge kommt es grundsätzlich nicht zu einer eigenen Zusage (Neuzusage) des Erwerbers. Jedoch entsteht eine Passivierungspflicht der übernommenen Pensionsverpflichtungen (Altzusagen), wenn die übernommenen Verpflichtungen Bestandteil des Entgelts für die Übernahme von Vermögensgegenständen sind.[121]

58 Die Ausübung eines nach Art. 28 Abs. 1 EGHGB bestehenden Wahlrechts im Sinne einer Entscheidung für die Passivierung unterliegt seit Inkrafttreten des BilMoG dem Gebot der **Ansatzstetigkeit** nach §§ 246 Abs. 3; 252 Abs. 2.[122] Einmal gebildete Rückstellungen für Pensionsverpflichtungen, auch sofern sie auf der Ausübung des Wahlrechts für Altzusagen beruhen, dürfen nur **aufgelöst** werden, wenn der Grund für die gebildete Rückstellung entfallen ist (§ 249 Abs. 2 S. 2).[123]

59 c) **Mittelbare Pensionsverpflichtungen** liegen vor, wenn das bilanzierende Unternehmen einen externen Versorgungsträger zur Erfüllung der Pensionsverpflichtungen zwischenschaltet. Externer Versorgungsträger, von dem der Berechtigte seine Leistungen direkt erhält, kann eine Unterstützungskasse, eine Pensionskasse, ein Pensionsfonds oder ein Versicherungsunternehmen (Direktversicherung) sein. Bei Zwischenschaltung einer Unterstützungskasse kann das bilanzierende Unternehmen eine Rückstellung in Höhe seiner latenten Einstandspflicht bilden; mit Einschränkungen gilt entsprechendes bei Einschaltung eines Pensionsfonds. Im Falle der Zwischenschaltung einer Pensionskasse oder einer Direktversicherung entsteht eine mittelbare Pensionsverpflichtung des bilanzierenden Unternehmens jedoch so lange nicht, wie es seinen Beitragsverpflichtungen gegenüber der Kasse oder Versicherung nachkommt. Die Einzelheiten sind im Rahmen dieser Kommentierung nicht zu erläutern.[124]

---

119 ADS[6] § 249 Rdn 85; Haufe HGB BilKomm[3]-*Bertram* § 249 Rdn 52 ff; Beck BilKomm[8]-*Ellrott/Rhiel* § 249 Rdn 158; HdJ-*Heger/Weppler* III/7, Rdn 7, 32.

120 ADS[6] § 249 Rdn 86; Beck BilKomm[8]-*Ellrott/Rhiel* § 249 Rdn 164; HdJ-*Heger/Weppler* III/7, Rdn 8.

121 Näher zum Ganzen IDW RS HFA 30 Tz 97; ADS[6] § 249 Rdn 87 ff, 92; Beck BilKomm[8]-*Ellrott/Rhiel* § 249 Rdn 167 f; zu weiteren Problemfällen bei der Abgrenzung von Alt- und Neuzusagen HdJ-*Heger/Weppler* III/7, Rdn 35; HdR-EA/*Höfer* § 249 (Stand November 2012) Rdn 645 ff; *Thoms-Meyer* Pensionsrückstellungen S. 35 ff.

122 Zu (teils strittigen) Einzelheiten s. IDW RS HFA 30 Tz 79 ff; *Fey/Ries/Lewe* BB 2010, 1011 ff; HdJ-*Heger/Weppler* III/7, Rdn 36 ff mwN.

123 IDW RS HFA 30 Tz 13; ADS[6] § 249 Rdn 97; HdJ-*Heger/Weppler* III/7, Rdn 33, 155 ff.

124 Zum Ganzen weiterführend IDW RS HFA 30 Tz 36 ff; Beck BilKomm[8]-*Ellrott/Rhiel* § 249 Rdn 267; HdJ-*Heger/Weppler* III/7, Rdn 54–86; HdR-EA/*Höfer* § 249 (Stand

Für mittelbare Verpflichtungen besteht ein handelsrechtliches **Rückstellungswahlrecht** 60
nach Art. 28 Abs. 1 S. 2 EGHGB unabhängig vom Zeitpunkt der erstmaligen Entstehung des zugrundeliegenden Rechtsanspruchs; zur Ansatzstetigkeit s. schon oben Rdn 58.

d) **Pensionsähnliche Verpflichtungen.** Ein entsprechendes Passivierungswahlrecht be- 61
steht für pensionsähnliche (unmittelbare wie mittelbare) Verpflichtungen. Art. 28 Abs. 1 S. 2 EGHGB hat insofern freilich nur die Funktion einer Auffangvorschrift für etwaige, in Art. 28 Abs. 1 im Übrigen noch nicht erfasste Verpflichtungsformen mit Versorgungscharakter. Der Begriff der „eine(r) Pension … ähnliche(n) unmittelbare(n) oder mittelbare(n) Verpflichtung" i.S.d. Art. 28 Abs. 1 S. 2 EGHGB – der im Übrigen *nicht* identisch ist mit dem Begriff der den Altersversorgungsverpflichtungen „vergleichbaren langfristig fälligen Verpflichtungen" i.S.v. §§ 246 Abs. 2 S. 2; 253 Abs. 2 S. 2 (vgl. § 246, 102) – wird heute denkbar restriktiv ausgelegt.[125] Abfindungen, Vorruhestandsgelder, Jubiläumszahlungen und Treueprämien, Deputatleistungen oder künftige Beiträge an den Pensionssicherungsverein zählen nach jeweils ganz überwiegender Ansicht nicht zu den pensionsähnlichen Verpflichtungen.[126]

e) **Bewertung.** Die Bewertung von Pensionsrückstellungen ist Gegenstand der Bestim- 62
mungen von § 253 Abs. 1 und 2; s. die Erläuterungen § 253, 46 ff, 72 ff. Zur nach Maßgabe von § 246 Abs. 2 S. 2 vorgeschriebenen Verrechung von Vermögensgegenständen und Schulden (sowie der korrespondierenden Aufwendungen und Erträge aus der Abzinsung und dem zu verrechnenden Vermögen), wenn Vermögensgegenstände dem Zugriff aller übrigen Gläubiger entzogen sind und ausschließlich der Erfüllung von Schulden aus Altersversorgungsverpflichtungen oder vergleichbaren langfristig fälligen Verpflichtungen dienen (sog. **Deckungsvermögen**), s. die Kommentierung § 246, 100 ff.

III. Rückstellungen für drohende Verluste aus schwebenden Geschäften (Abs. 1 S. 1, 2. Alt.)

1. **Grundlagen. Abs. 1 S. 1, 2. Alt.** verpflichtet für die *Handelsbilanz* zur Bildung von 63
Rückstellungen für drohende Verluste aus schwebenden Geschäften. Jene **Drohverlustrückstellungen** sind nach tradierter Ansicht ein Anwendungsfall der Verbindlichkeitsrückstellungen nach Abs. 1 S. 1, 1. Alt.[127] Andere[128] sehen indes grundlegende Unter-

---

November 2012) Rdn 791 ff; aus dem älteren Schrifttum vgl. ADS[6] § 249 Rdn 106 ff; *Thoms-Meyer* Pensionsrückstellungen S. 38 ff, je mwN.

125 Vor diesem Hintergrund heißt es in IDW RS HFA 30 Tz 9: „Bis heute sind keine Anwendungsfälle für pensionsähnliche Verpflichtungen bekannt geworden."

126 S. zu Einzelheiten ADS[6] § 249 Rdn 114 ff; Beck BilKomm[8]-*Ellrott/Rhiel* § 249 Rdn 162 f; HdJ-*Heger/Weppler* III/7, Rdn 15 ff; *Thoms-Meyer* Pensionsrückstellungen S. 48 ff; teilw. abweichend HdR-EA/*Höfer* § 249 (Stand November 2012) Rdn 605 ff, je mwN.

127 In diesem Sinne etwa ADS[6] § 249 Rdn 137; BoHdR-*Kirsch* § 249 (Stand Januar 2012) Rdn 221; *Knobbe-Keuk* § 4 V 5b (S. 116); Beck BilKomm[8]-*Kozikowski/Schubert* § 249 Rdn 52 (vgl. aber auch Rdn 67); *Kropff* FS Döllerer S. 349, 357; Beck-HdR-*Scheffler* B 233 Rdn 26; *Schön* BB 1994, Beilage 9, S. 1, 11. Ebenso für § 152 Abs. 7 S. 1 AktG 1965 schon Begründung zum RegE § 152 Abs. 7 AktG 1965 bei *Kropff* AktG 1965, S. 236.

128 S. etwa MünchKomm-HGB[3]/*Ballwieser* § 249 Rdn 58; *Groh* BB 1988, 27 ff; HdJ-*Herzig/Köster* III/5, Rdn 321 ff; Baetge/Kirsch/Thiele/*Hommel* § 249 (Stand

schiede zwischen beiden Rückstellungsarten, weil die Verbindlichkeitsrückstellungen von Realisationsprinzip und Periodisierungsziel geprägt seien, während bei den Drohverlustrückstellungen das Imparitätsprinzip zur Anwendung komme. Vor diesem Hintergrund sei „das Verwandtschaftsverhältnis widerlegt"[129], jedenfalls aber sei von zwei verschiedenen Rückstellungskategorien zu sprechen.[130] Dieser Streit ist handelsrechtlich nur von akademischem Interesse, da Verbindlichkeitsrückstellungen wie Drohverlustrückstellungen (wenn die gesetzlichen Voraussetzungen vorliegen) in der *Handelsbilanz* gebildet werden müssen. In der *Steuerbilanz* dürfen Rückstellungen für drohende Verluste aus schwebenden Geschäften indes nicht gebildet werden: § 5 Abs. 4a EStG.

64 **Schwebende Geschäfte** (zu ihnen schon § 246, 59 ff) sind zweiseitig verpflichtende Rechtsverhältnisse, die auf Leistungsaustausch gerichtet sind und bei denen der zur Sach- oder Dienstleistung Verpflichtete seine Leistungspflicht noch nicht vollständig erbracht hat. Sie sind im Grundsatz nicht zu bilanzieren. Wenn aber bis zum Abschlussstichtag ein Verlust aus ihnen zu entstehen droht, erzwingt das Imparitätsprinzip (§ 252 Abs. 1 Nr. 4; s. die Erläuterungen § 252, 38 ff) die Bildung einer Drohverlustrückstellung nach Abs. 1 S. 1, 2. Alt. in Höhe des Verpflichtungsüberschusses.[131]

65 In den typischen Fallkonstellationen liegt dem schwebenden Geschäft ein gegenseitiger Vertrag zugrunde, jedoch ist der Begriff des „schwebenden Geschäfts" i.S.v. § 249 Abs. 1 S. 1, 2. Alt. nicht auf gegenseitige Verträge i.S.d. §§ 320 ff BGB beschränkt,[132] sondern kann etwa auch gesellschaftsrechtliche oder öffentlich-rechtliche Rechtsverhältnisse umfassen.[133] Kennzeichnend für das „Geschäft" i.S.v. § 249 Abs. 1 S. 1, 2. Alt. ist, dass Leistung und Gegenleistung in einem **wirtschaftlichen Austauschverhältnis** stehen, dass es sich in diesem Sinne um ein wechselseitig verpflichtendes Geschäft handelt.[134] Da das für die Ermittlung des Verpflichtungsüberschusses aus einem „schwebenden Geschäft" maßgebliche Austauschverhältnis nicht lediglich nach zivilrechtlichen Maßstäben, sondern nach wirtschaftlichen Gesichtspunkten („wirtschaftliches Synallagma") abzugrenzen ist (näher sogleich Rdn 70 ff), darf auch der Begriff des schwebenden Geschäfts i.S.v. § 249 Abs. 1 S. 1, 2. Alt. nicht allein auf gegenseitige Verträge im Sinne der (zivilrechtlichen) Abgrenzung nach §§ 320 ff BGB verengt werden. Das wäre mit dem Charakter der Drohverlustrückstellung als Ergebnis einer Saldierung der wechselseitigen Ansprüche und Verpflichtungen aus dem als „wirtschaftliches Austauschverhältnis" verstandenen schwebenden Geschäft[135] nicht zu vereinbaren. Ein „schwebendes

---

November 2012) Rdn 21 ff; *Kessler* DStR 1994, 567, 569 f; ferner Heymann²/*Walz* § 249 Rdn 34; s.a. noch *Moxter* BB 1998, 2464, 2466 u. IDW RS HFA 4 Tz 17 ff.

129 *Groh* BB 1988, 27.

130 So etwa *Groh* BB 1988, 27 ff; HdJ-*Herzig/Köster* III/5, Rdn 321.

131 Statt anderer Beck BilKomm⁸-*Kozikowski/Schubert* § 249 Rdn 51.

132 So aber – aus Gründen der „Objektivierung" – Beck BilKomm⁸-*Kozikowski/Schubert* § 249 Rdn 52; HdR-EA/*Hommel* § 249 (Stand November 2012) Rdn 107; für eine entsprechend enge Abgrenzung des Begriffs auch Haufe HGB BilKomm³-*Bertram* § 249 Rdn 117; MünchKommAktG²/*Hennrichs* § 246 HGB Rdn 98; in BoHdR-*Kirsch* § 249 (Stand Januar 2012) Rdn 201; *Sessar* Gewinnrealisierung S. 6.

133 Wie hier für eine weite Abgrenzung auch ADS⁶ § 249 Rdn 139 f; HdJ-*Herzig/Köster* III/5, Rdn 239; HdR-EA/*Mayer-Wegelin* § 249 (Stand November 2012) Rdn 63; Beck-HdR-*Scheffler* B 233 Rdn 327 u. 550, 553.

134 S. etwa ADS⁶ § 249 Rdn 141; HdJ-*Herzig/Köster* III/5, Rdn 240; Baetge/Kirsch/Thiele/*Hommel* § 249 (Stand Juli 2011) Rdn 107; HdR-EA/*Kessler* § 249 (Stand November 2012) Rdn 184. Auf einen „wirtschaftlichen Austausch" bzw. ein „wirtschaftliches Austauschverhältnis" stellt auch IDW RS HFA 4 Tz 2 u. 18 ab.

135 IDW RS HFA 4 Tz 18 i.V.m. Tz 2.

Geschäft", aus dem ein drohender Verlust zur Rückstellungspflicht nach § 249 Abs. 1 Satz 1, 2. Alt. führt, ist immer dann gegeben, wenn sich zwei- oder mehrseitige Leistungspflichten im Rahmen eines „wirtschaftlichen Austauschverhältnisses" gegenüberstehen. Auch ein nichtiger Vertrag kann ein schwebendes Geschäft sein, wenn die Vertragsparteien das Geschäft als bindend behandeln.[136] Die Drohverlustrückstellung ist ggf. schon vor dem rechtsverbindlichen Abschluss des auf Leistungsaustausch gerichteten (schwebenden) Geschäfts zu bilden: wenn bereits ein Zustand eingetreten ist, in dem sich der Bilanzierende Ansprüchen und Verpflichtungen aus eigener Kraft oder jedenfalls aus wirtschaftlichen Gründen nicht mehr entziehen kann.[137] Zu Beginn und Ende des „schwebenden Geschäfts" s. im Übrigen schon § 246, 60 ff.

Drohverlustrückstellungen sind dort zu buchen, wo die Vermutung der Ausgeglichenheit von Ansprüchen und Pflichten aus dem schwebenden Geschäft nicht mehr gerechtfertigt ist. Davon zu unterscheiden sind die Fälle des **Leistungs- oder Erfüllungsrückstands**, die insbesondere bei schwebenden Dauerschuldverhältnissen begegnen. Gerät ein Vertragsteil mit der in einer Abrechnungsperiode zu erbringenden Gegenleistung (gegenüber der vom anderen Teil erbrachten Leistung) in Rückstand, so liegt für den abgelaufenen Zeitraum ein schwebendes Geschäft nicht mehr vor. Es ist deshalb auch keine Drohverlustrückstellung zu bilden. In Höhe des Erfüllungsrückstandes ist vielmehr eine Verbindlichkeit oder eine Verbindlichkeitsrückstellung im Blick auf zukünftige Aufwendungen zu buchen, die in der Vergangenheit (schon) realisierten Erträgen zuzuordnen sind; dabei kommt es – schon im Interesse zutreffender Periodisierung – auf die Fälligkeit der rückständigen Gegenleistung nicht an.[138] Ein Leistungs- oder Erfüllungsrückstand knüpft an ein Ereignis aus der Vergangenheit an (einseitige Vorleistung vor dem Bilanzstichtag) und führt auch dort zur Bildung einer Verbindlichkeitsrückstellung (ggf. Buchung einer Verbindlichkeit), wo sich Leistung und Gegenleistung aus dem Austauschverhältnis insgesamt gesehen ausgewogen gegenüberstehen. **66**

Da die Rückstellungen keine Korrekturposten zur Aktivseite der Bilanz darstellen (s. schon oben Rdn 10 aE), sind auch die Drohverlustrückstellungen subsidiär gegenüber **Abschreibungen** auf der Aktivseite der Handelsbilanz. Deshalb sind etwa im Zuge schwebender Absatzgeschäfte drohende Verluste zunächst von den Herstellungskosten der unfertigen Erzeugnisse abzuschreiben; nur ein darüber hinausgehender Verlustanteil ist in eine Drohverlustrückstellung einzustellen.[139] **67**

Die Drohverlustrückstellung weist den Verpflichtungsüberschuss[140] aus dem schwebenden Geschäft aus und ist in ihrem Ansatz eine **Saldogröße** aus der Gegenüberstellung **68**

---

[136] Vgl. etwa Baetge/Kirsch/Thiele/*Hommel* § 249 (Stand Juli 2011) Rdn 107; HdR-EA/*Mayer-Wegelin* § 249 (Stand November 2012) Rdn 63.

[137] HdJ-*Herzig/Köster* III/5, Rdn 247.

[138] Zum Ganzen etwa ADS[6] § 249 Rdn 60 f; *Groh* BB 1988, 27; HdJ-*Herzig/Köster* III/5, Rdn 326 ff; *Janke* Dauerschuldverträge S. 39, 58 ff; HdR-EA/*Kessler* § 249 (Stand November 2012) Rdn 142 ff; Beck BilKomm[8]-*Kozikowski/Schubert* § 249 Rdn 67, je mwN; zu einzelnen Erscheinungsformen von Erfüllungsrückständen s. die Kataloge bei ADS[6] aaO Rdn 61 u. HdR-EA/*Kessler* aaO Rdn 147 ff.

[139] IDW RS HFA 4 Tz 20; ADS[6] § 249 Rdn 138; Haufe HGB BilKomm[3]-*Bertram* § 249 Rdn 132 ff; MünchKommAktG[2]/*Hennrichs* § 249 HGB Rdn 97; HdJ-*Herzig/Köster* III/5, Rdn 317 ff; *Herzig* FS W. Müller, S. 599, 606 ff; Beck BilKomm[8]-*Kozikowski/Schubert* § 249 Rdn 68; HdR-EA/*Mayer-Wegelin* § 249 (Stand November 2012) Rdn 72; *Naumann* Rückstellungen S. 100 f.

[140] Statt des eingeführten Begriffs des Verpflichtungsüberschusses will *Christiansen* DStR 2007, 868, 871 von einem „Verpflichtungsüberhang" sprechen.

der wechselseitigen Ansprüche und Pflichten;[141] insoweit ist Abs. 1 S. 1, 2. Alt. als eine Ausnahme vom Saldierungsverbot aus § 246 Abs. 2 gedeutet worden.[142] Da die Ermittlung der Saldogröße für den Ansatz der Drohverlustrückstellung zugleich die Ermittlung der Rückstellungshöhe umfasst, sind bei Bildung einer Drohverlustrückstellung Ansatz und Bewertung nicht zu trennen: ihr Ansatz wird von der Bewertung her bestimmt.[143]

69 Rückstellungen für drohende Verluste aus *Beschaffungsgeschäften* sind zu bilden, wenn die vereinbarte Gegenleistung den Bilanzwert der aus dem Beschaffungsgeschäft geschuldeten Leistung oder Lieferung zum Abschlussstichtag übersteigt. Bei *Absatzgeschäften* ist die vereinbarte Gegenleistung mit den Aufwendungen zu vergleichen, die dem Bilanzierenden für die Erfüllung seiner Leistungs- und Lieferpflichten entstehen. Zu den sich dabei stellenden *Bewertungsfragen*[144] s. die Erläuterungen § 253, 41 ff. An dieser Stelle ist zu erörtern, welche Vor- und Nachteile aus dem Geschäft in die Saldierung einzubeziehen (Rdn 70 ff) und welche objektivierenden Anforderungen an das „Drohen" eines Verlustes zu stellen sind (Rdn 73 f).

70 **2. Abgrenzung des Saldierungsbereichs.** Die Rückstellung für einen drohenden Verpflichtungsüberschuss aus einem schwebenden Geschäft ist das Ergebnis einer Saldierung. Der **Saldierungsbereich** erfasst **in sachlicher Hinsicht** zunächst (im zivilrechtlichen Sinne) synallagmatisch einander gegenüberstehende Leistungspflichten der Parteien, ist hierauf jedoch nicht beschränkt. Eine Rückstellungsbildung ist nicht veranlasst, wenn die mangelnde Ausgeglichenheit der im Gegenseitigkeitsverhältnis stehenden Leistungspflichten durch anderweitige Vorteile kompensiert wird, die unmittelbar durch das Geschäft erschlossen werden. Das ist der überzeugende Ansatz der „Apothekerentscheidung" des Großen Senats des BFH, nach der auch alle Nebenleistungen und sonstigen wirtschaftlichen Vorteile in die Saldierung einzubeziehen sind, die nach dem Inhalt des Rechtsgeschäfts oder den Vorstellungen der Partner eine Gegenleistung für die vereinbarte Sachleistung darstellen; der BFH spricht insoweit vom *„wirtschaftlichen Synallagma"*.[145] Die Terminologie im Schrifttum ist demgegenüber nicht einheitlich; teils wird vom „wirtschaftlichen", teils vom „bilanziellen" Synallagma gesprochen.[146]

---

141 IDW RS HFA 4 Tz 15 u. 19; Beck BilKomm[8]-*Kozikowski/Schubert* § 249 Rdn 63.

142 BFH 23.6.1997, GrS 2/93, BStBl II, 735, 738; *Knobbe-Keuk* § 4 V 5 b (S. 116) erklärt aus diesem Umstand die besondere gesetzliche Erwähnung der Drohverlustrückstellungen in § 249 Abs. 1 S. 1.

143 ADS[6] § 249 Rdn 144; HdR-EA/*Mayer-Wegelin* § 249 (Stand November 2012) Rdn 66; Beck BilKomm[8]-*Kozikowski/Schubert* § 249 Rdn 52.

144 Dazu ADS[6] § 253 Rdn 247 ff; Beck Bil-Komm[8]-*Kozikowski/Schubert* § 249 Rdn 69 ff, 77 f u. § 253 Rdn 167 ff; HdJ-*Herzig/Köster* III/5, Rdn 273 ff u. 312 ff; HdR-EA/*Kessler* § 249 (Stand November 2012) Rdn 182 ff, 257 ff; Baumbach/Hueck/*Schulze-Osterloh* GmbHG[18] § 42 Rdn 248 ff, je mwN.

145 BFH 23.6.1997, GrS 2/93, BStBl II 735, 738; s. zu dieser Entscheidung etwa *Altmeier* Rückstellungsbilanzierung S. 99 ff; *Babel* ZfB 68 (1998) 825, 837 f; *Groh* FR 1997, 682 f; *Herzig/Rieck* DB 1997, 1881; *Küting/Kessler* DStR 1997, 1665; *dies.*, DB 1997, 2446; *Moxter* DStR 1998, 509, 512 f; *Oser* BB 1997, 2367; *Weber-Grellet* DB 1997, 2233 u. 2446 f; weitere Schrifttumsnachw. bei MünchKommAktG[2]/*Hennrichs* § 249 HGB Rdn 105 ff.

146 Vgl. etwa MünchKommHGB[3]/*Ballwieser* § 249 Rdn 59 ff; HdJ-*Herzig/Köster* III/5, Rdn 260; Baetge/Kirsch/Thiele/*Hommel* § 249 (Stand Juli 2011) Rdn 133; HdR-EA/*Kessler* § 249 (Stand November 2012) Rdn 123.

Mit Blick auf das Vorsichtsprinzip sind dabei freilich nur solche Vorteile als kompen- 71
sationsfähig anzuerkennen, die hinreichend konkretisiert sind, d.h. mit hoher Wahrscheinlichkeit anfallen. Die Vorteile müssen unmittelbar ursächlich auf dem betrachteten schwebenden Geschäft beruhen und dürfen nicht nur bei Gelegenheit desselben entstanden sein.[147] Sie können sich auch aus Ansprüchen gegen Dritte ergeben. In die Saldierung einzubeziehen sind deshalb etwa verlustkompensierende Regressansprüche gegen Dritte oder etwaige Deckungsgeschäfte,[148] die mit dem schwebenden Geschäft in engem Zusammenhang stehen; in solchen Fällen werden – als Ausnahmen vom Gebot der Einzelbewertung (§ 252 Abs. 1 Nr. 3, Abs. 2; s. die Erläuterungen § 252, 23 ff u. 53 f) – mehrere Geschäfte zu einer **Bewertungseinheit** zusammengefasst.[149] Auch rein faktische Vorteile, wie der betriebliche Standortvorteil im Apothekerfall,[150] sind ggf. kompensationsfähig, nicht aber bloße Gewinnchancen aus möglichen Anschlussgeschäften.[151]

Probleme hinsichtlich der **zeitlichen Abgrenzung** des Saldierungsbereichs stellen sich 72
insbesondere für Dauerschuldverhältnisse, deren Erfüllung sich über mehrere Abrechnungsperioden hinweg erstreckt. Hier konkurrieren das Modell der *Ganzheitsbetrachtung,*[152] wonach in die Saldierung das Geschäft in seiner Gesamtheit einschließlich der zum Abschlussstichtag schon erbrachten Teilleistungen einzubeziehen ist, und das Konzept der *Restlaufzeitbetrachtung,*[153] das allein auf das Wertverhältnis der Leistungen und Verpflichtungen noch nicht abgewickelter Abrechnungsperioden abstellt. Die Restlaufzeitbetrachtung verdient den Vorzug, weil Dauerschuldverhältnisse in bilanzrechtlich selbständig zu behandelnde Abrechnungsperioden zu unterteilen sind (s. § 246, 62), deren Abwicklung den Schwebezustand insoweit beendet; für die Bildung einer Drohverlustrückstellung ist allein auf den noch schwebenden Rest des Dauerrechtsverhältnis-

---

[147] *Erle* BC 1998, 249, 251; *Herzig/Rieck* Stbg. 1995, 529, 536 f; Baetge/Kirsch/Thiele/*Hommel* § 249 (Stand Juli 2011) Rdn 138; Beck BilKomm[8]-*Kozikowski/Schubert* § 249 Rdn 64; *Kupsch* DB 1989, 53, 59.

[148] S. für sog. Swapgeschäfte etwa ADS[6] § 249 Rdn 163 ff.

[149] ADS[6] § 249 Rdn 143; Beck BilKomm[8]-*Kozikowski/Schubert* § 249 Rdn 6; eingehend *Dietrich* Bewertungseinheit S. 6 ff, 111 ff; *Heddäus* Drohverlustrückstellungen S. 62 ff.

[150] BFH BStBl II 1997, 735, 737 ff, 739; zur kontroversen Diskussion im Schrifttum *vor* jener Entscheidung s. die Nachw. bei ADS[6] § 249 Rdn 143 u. eingehend *Heddäus* Drohverlustrückstellungen S. 131 ff; *Janke* Dauerschuldverträge S. 166 ff.

[151] ADS[6] § 249 Rdn 143; HdJ-*Herzig/Köster* III/5, Rdn 267; *Herzig/Rieck* Stbg. 1995, 529, 537; Baumbach/Hueck/*Schulze-Osterloh* GmbHG[18] § 42 Rdn 249; s. zum Ganzen auch IDW RS HFA 4 Tz 25 ff.

[152] So etwa *Fumi* Rückstellungen S. 84 ff mwN; der BFH tendierte in einigen Entscheidungen ebenfalls in diese Richtung (etwa BFH 3.7.1980, IV R 138/76, BStBl II 648, 650; BFH 19.7.1983, VIII R 160/79, BStBl II 1984, 56, 58; BFH 8.10.1987, IV R 18/86, BStBl II 1988, 57, 59), hat die Frage in anderen aber offen gelassen (etwa BFH 11.2.1988, IV R 191/85, BStBl II 661, 663; BFH 20.1.1993, I R 115/91, BStBl II 373, 375); s. zur insgesamt nicht eindeutigen Rechtsprechung *Heddäus* Drohverlustrückstellungen S. 123 ff; *Janke* Dauerschuldverträge S. 131 ff; *Kessler* Rückstellungen S. 270 ff.

[153] Im Schrifttum etwa ADS[6] § 249 Rdn 148; MünchKommHGB[3]/*Ballwieser* § 249 Rdn 72; *Groh* BB 1988, 27, 28 f; HdJ-*Herzig/Köster* III/5, Rdn 272; Baetge/Kirsch/Thiele/*Hommel* § 249 (Stand Juli 2011) Rdn 125; *Janke* Dauerschuldverträge S. 136 ff; *Kessler* Rückstellungen S. 278 ff; Beck BilKomm[8]-*Kozikowski/Schubert* § 249 Rdn 76; HdR-EA/*Mayer-Wegelin* § 249 (Stand November 2012) Rdn 70; *Schön* BB 1994, Beilage 9, S. 1, 13; Baumbach/Hueck/*Schulze-Osterloh* GmbHG[18] § 42 Rdn 254; Heymann[2]/*Walz* § 249 Rdn 46; WP-Handbuch I[14] Tz E 156; ebenso auch IDW RS HFA 4 Tz 14.

ses abzustellen. Hinsichtlich des abgewickelten Teils kann ein Erfüllungsrückstand (s.o. Rdn 66) bestehen, der zur Bildung einer Verpflichtungsrückstellung (Abs. 1 S. 1, 1. Alt.) führt.[154]

73 **3. Objektivierung der Verlusterwartung.** Für die Bildung einer Drohverlustrückstellung genügt die bloße Möglichkeit, das schwebende Geschäft könnte mit einem Verlust abgeschlossen werden, noch nicht. Der Verlust muss vielmehr objektiv zu erwarten sein. Es bedarf *konkreter Anzeichen* dafür, dass der Wert der eigenen Leistung aus dem Geschäft den Wert des Anspruchs auf die Gegenleistung übersteigt;[155] mit dem Verlust muss ernsthaft zu rechnen sein.[156]

74 Freilich muss der Verlust nicht wider die Erwartung des Bilanzierenden drohen. Auch wo das verlustbringende Geschäft bewusst eingegangen wird, ist eine Drohverlustrückstellung zu bilden, sofern der zu erwartende Verlust nicht durch hinreichend konkretisierte Vorteile kompensiert wird.[157]

IV. Rückstellungen für unterlassene Instandhaltungen, die innerhalb der ersten drei Monate des folgenden Geschäftsjahres nachgeholt werden (Abs. 1 S. 2 Nr. 1, 1. Alt.)

75 **1. Grundlagen.** Abs. 1 S. 2 Nr. 1, 1. Alt. normiert eine Rückstellungspflicht für im Geschäftsjahr unterlassene Instandhaltungsaufwendungen, die im folgenden Geschäftsjahr innerhalb von drei Monaten nachgeholt werden. Werden solche Aufwendungen innerhalb des vierten bis zwölften Monats jenes Geschäftsjahres nachgeholt, so gewährte Abs. 1 S. 3 a.F. noch ein Rückstellungs*wahlrecht*, das im Zuge des BilMoG freilich beseitigt wurde (s.o. Rdn 11). Die Differenzierung hatte einen **steuerlichen Hintergrund:**[158] Rückstellungen für unterlassene Instandhaltungsaufwendungen wurden von der älteren Rechtsprechung steuerrechtlich anerkannt, wenn sie in den ersten drei Monaten des folgenden Geschäftsjahres nachgeholt wurden. Der BFH korrigierte diese Rechtsprechungslinie freilich im Jahre 1983[159] angesichts der bloßen handelsrechtlichen Rückstellungsmöglichkeit, aus der er ein steuerrechtliches Passivierungsverbot ableitete. Hätte der Gesetzgeber des BiRiLiG für die Handelsbilanz nun lediglich ein Rückstellungswahlrecht gewährt, so hätte die Steuerrechtsprechung hieraus wohl wiederum auf ein steuerrechtliches Passivierungsverbot geschlossen; dieser Gefahr sollte begegnet werden.

---

154 *Groh* DB 1988, 27 f.

155 BFH 23.6.1997, GrS 2/93, BStBl II 735, 738.

156 IDW RS HFA 4 Tz 15; ADS[6] § 249 Rdn 144; MünchKommAktG[2]/*Hennrichs* § 249 HGB Rdn 103; Beck BilKomm[8]-*Kozikowski/Schubert* § 249 Rdn 60; HdR-EA/*Mayer-Wegelin* § 249 (Stand November 2012) Rdn 71.

157 BFH 19.7.1983, VIII R 160/79, BStBl II 1984, 56, 59; BFH, 26.5.1993, X R 72/90, BStBl II 855, 857; ADS[6] § 249 Rdn 145; MünchKommAktG[2]/*Hennrichs* § 249 HGB Rdn 104; Baetge/Kirsch/Thiele/*Hommel* § 249 (Stand Juli 2011) Rdn 121; HdR-EA/*Kessler* § 249 (Stand November 2012) Rdn 185; Beck BilKomm[8]-*Kozikowski/Schubert* § 249 Rdn 61; *Oser* BB 1997, 2367, 2370; *Schön* BB 1994, Beilage 9, S. 1, 11 f; s. zum Ganzen auch *Heddäus* Drohverlustrückstellungen S. 164 ff.

158 S. dazu eingehend *Borstell* Aufwandsrückstellungen S. 98 f, 116 ff; ferner etwa *Glade* Praxishandbuch[2] § 249 Rdn 106; Baumbach/Hopt/*Merkt* HGB[35] § 249 Rdn 21; *Knobbe-Keuk* § 4 V 4 b (S. 117).

159 BFH 23.11.1983, I R 216/78, BStBl II 1984, 277, 279.

Rückstellungen für unterlassene Instandhaltungsaufwendungen sind Aufwandsrückstellungen. Die Vorschrift des Abs. 1 S. 2 Nr. 1, 1. Alt. erfasst nur solche Fälle, in denen **keine „Außenverpflichtung"** zur Instandhaltung besteht. Hat der Bilanzierende zum Abschlussstichtag eine (vertragliche oder öffentlich-rechtliche) Verpflichtung zur Instandhaltung noch nicht erfüllt, ist eine Verbindlichkeitsrückstellung nach Abs. 1 S. 1, 1. Alt. zu bilden oder eine Verbindlichkeit zu buchen.[160] **76**

Die Rückstellungsbildung für unterlassene Instandhaltungsaufwendungen scheidet aus, sofern es sich bei der Instandhaltung um aktivierungspflichtigen Herstellungsaufwand handelt.[161] Wo der beizulegende Wert des Vermögensgegenstandes aufgrund der unterlassenen Instandhaltung unter seinen Buchwert gesunken ist, ist nach den oben Rdn 10 skizzierten Grundsätzen die Rückstellungsbildung subsidiär gegenüber einer außerplanmäßigen **Abschreibung** (§ 253 Abs. 3 S. 3). Teile des Schrifttums wollen jedoch der Rückstellungsbildung den Vorrang einräumen, weil sie die Bestimmung des Abs. 1 S. 2 Nr. 1 „als Ausnahmeregelung (lex specialis)" auffassen.[162] **77**

2. Voraussetzungen der Rückstellungspflicht

a) Unterlassene Aufwendungen für Instandhaltung. *Aufwendungen* i.S.v. Abs. 1 S. 2 Nr. 1 meinen einen erfolgswirksamen Güterverbrauch in einer späteren Abrechnungsperiode.[163] Unter *Instandhaltung* wird allgemein die mehr oder weniger regelmäßige Inspektion, Wartung und Instandsetzung von Vermögensgegenständen des Anlagevermögens verstanden.[164] Die Aufwendungen sind *unterlassen*, wenn nach technischer oder betriebswirtschaftlicher Betrachtungsweise die vollständige Durchführung der Instandhaltung bis zum Abschlussstichtag als notwendig anzusehen war; das ist auf objektiver Grundlage (etwa Instandhaltungspläne, Herstellerempfehlungen, Beanspruchung einer Anlage in der Vergangenheit etc.) zu beurteilen.[165] **78**

b) Unterlassung im Geschäftsjahr. Die Aufwendungen müssen *im Geschäftsjahr* der Rückstellungsbildung unterlassen worden, müssen also dem abgelaufenen Geschäftsjahr zuzurechnen sein. Schon in früheren Geschäftsjahren unterlassene Aufwendungen sind nicht rückstellungsfähig; ebenso wenig können zulässig gebildete Rückstellungen für unterlassene Instandhaltungsaufwendungen in den folgenden Geschäftsjahren fortgeführt werden.[166] **79**

---

160 ADS[6] § 249 Rdn 166; HdJ-*Herzig/Köster* III/5, Rdn 337 f; Beck BilKomm[8]-*Kozikowski/Schubert* § 249 Rdn 101.

161 ADS[6] § 249 Rdn 175; HdR-EA/*Mayer-Wegelin* § 249 (Stand November 2012) Rdn 75.

162 So ADS[6] § 249 Rdn 170; zustimmend HdJ-*Herzig/Köster* III/5, Rdn 341; unklar Beck BilKomm[8]-*Kozikowski/Schubert* § 249 Rdn 102; wie hier MünchKommAktG[2]/*Hennrichs* § 249 HGB Rdn 131.

163 ADS[6] § 249 Rdn 167; Beck BilKomm[8]-*Kozikowski/Schubert* § 249 Rdn 101.

164 ADS[6] § 249 Rdn 168; *Borstell* Aufwandsrückstellungen S. 86 ff; HdJ-*Herzig/Köster* III/5, Rdn 339 f; Beck BilKomm[8]-*Kozikowski/Schubert* § 249 Rdn 101.

165 Weiterführend ADS[6] § 249 Rdn 172 ff; *Glade* Praxishandbuch[2] § 249 Rdn 108 ff; HdJ-*Herzig/Köster* III/5, Rdn 343; Beck BilKomm[8]-*Kozikowski/Schubert* § 249 Rdn 105; HdR-EA/*Mayer-Wegelin* § 249 (Stand November 2012) Rdn 76 f.

166 Wie hier HdJ-*Herzig/Köster* III/5, Rdn 106; Baumbach/Hueck/*Schulze-Osterloh* GmbHG[18] § 42 Rdn 260; wohl auch HdR-EA/*Mayer-Wegelin* §249 (Stand November 2012) Rdn 78; aA ADS[6] § 249 Rdn 177, die (unabhängig von der erstmaligen Unterlassung) die Rückstellungsbildung immer dann zulassen wollen, wenn die Instandhaltung im folgenden Geschäftsjahr fristgerecht nachgeholt wird; dem folgend WP-Handbuch I[14] Tz E 261.

80 c) **Nachholung im folgenden Geschäftsjahr.** Dritte Voraussetzung der Rückstellungspflicht ist schließlich, dass die Instandhaltungsarbeiten in den *ersten drei Monaten* des folgenden Geschäftsjahres vollständig *nachgeholt* werden.[167] Abs. 1 S. 3 a.F., wonach die Rückstellungsbildung handelsrechtlich auch dann noch anerkannt wurde, wenn die Instandhaltung zwischen dem vierten und zwölften Monat des Folgejahres nachgeholt wurde (s. 4. Aufl. § 249, 68), ist im Zuge des BilMoG aufgehoben worden (s.o. Rdn 11).

V. Rückstellungen für unterlassene Abraumbeseitigung, die im folgenden Geschäftsjahr nachgeholt wird (Abs. 1 S. 2 Nr. 1, 2. Alt.)

81 Abs. 1 S. 2 Nr. 1, 2. Alt. normiert eine Rückstellungspflicht für im Geschäftsjahr unterlassene Aufwendungen für *Abraumbeseitigung*, die im folgenden Geschäftsjahr nachgeholt werden. Ebenso wie bei den Rückstellungen für unterlassene Instandhaltungsaufwendungen (s.o. Rdn 76) handelt es sich um reine Aufwandsrückstellungen. Wo eine (vertragliche oder öffentlich-rechtliche) Verpflichtung zur Abraumbeseitigung nicht erfüllt wird, ist eine Verbindlichkeitsrückstellung zu bilden oder eine Verbindlichkeit zu buchen; dies dürfte wohl regelmäßig der Fall sein.[168] Die Rückstellung nach Abs. 1 S. 2 Nr. 1, 2. Alt. ist daran geknüpft, dass die im Geschäftsjahr unterlassenen Aufwendungen im Folgejahr nachgeholt werden. Wurden die Abraumbeseitigungsmaßnahmen schon in früheren Geschäftsjahren unterlassen, so ist eine Rückstellungsfähigkeit nach dieser Vorschrift nicht gegeben.[169]

VI. Rückstellungen für Gewährleistungen, die ohne rechtliche Verpflichtung erbracht werden (Abs. 1 S. 2 Nr. 2)

82 Abs. 1 S. 2 Nr. 2 normiert eine Pflicht zur Bildung sog. **Kulanzrückstellungen** für Gewährleistungen, die ohne rechtliche Verpflichtung erbracht werden. Die Regelung hat gleichwohl nur deklaratorischen Charakter, weil Rückstellungen für Gewährleistungen, die ohne rechtliche Verpflichtung erbracht werden, schon eine *Fallgruppe der Verbindlichkeitsrückstellungen* nach Abs. 1 S. 1, 1. Alt. bilden (s. schon oben Rdn 7). Denn als Grundlage der Verbindlichkeitsrückstellungen genügen auch sog. *faktische* Leistungspflichten, denen sich der Bilanzierende aus tatsächlichen oder wirtschaftlichen Gründen nicht entziehen kann. Der Gesetzgeber des BiRiLiG hatte sich zur ausdrücklichen Erwähnung der Kulanzrückstellungen offenbar veranlasst gesehen, um die steuerliche Anerkennung entsprechender Kulanzrückstellungen sicherzustellen.[170]

83 Der mit der Kulanzleistung verbundene Aufwand muss im Zusammenhang mit einer vorausgegangenen Lieferung oder Leistung des Bilanzierenden (oder eines mit diesem

---

[167] ADS[6] § 249 Rdn 178; HdJ-*Herzig/Köster* III/5, Rdn 345; Beck BilKomm[8]-*Kozikowski/Schubert* § 249 Rdn 107; großzügiger HdR-EA/*Mayer-Wegelin* § 249 (Stand November 2012) Rdn 81, der „unbedeutende Restarbeiten" nach Ablauf dieser Frist als unschädlich ansieht.

[168] Näher ADS[6] § 249 Rdn 180 ff; *Glade* Praxishandbuch[2] § 249 Rdn 117 ff.

[169] Str. aA wiederum ADS[6] § 249 Rdn 181; s. zur parallelen Problematik bei den Instandhaltungsaufwendungen oben Rdn 79.

[170] S. dazu Begründung zu § 250 Abs. 1 S. 2 RegE HGB (heute § 249 HGB), dokumentiert bei *Biener/Berneke* Bilanzrichtlinien-Gesetz (1986) S. 84.

verbundenen Unternehmens) stehen und hat typischerweise die Beseitigung von Material-, Funktions- oder vergleichbaren Fehlern gelieferter Ware zum Gegenstand.[171] Es handelt sich regelmäßig um **Gewährleistungen**, die nach Ablauf der Gewährleistungsfrist über das gesetzlich oder vertraglich verpflichtende Maß hinaus erbracht werden.[172] In Einzelfällen wird man aber auch Kulanzrückstellungen für die Beseitigung von Schäden zulassen müssen, die der Sphäre des Verbrauchers zuzurechnen sind (etwa Verschleißschäden), denen sich der Bilanzierende nach den Kriterien der sog. faktischen Verpflichtungen aber aus tatsächlichen oder wirtschaftlichen Gründen nicht entziehen kann.[173]

VII. Verbot sonstiger Rückstellungen (Abs. 2 S. 1)

Abs. 2 S. 1 stellt klar, dass für andere als die in Abs. 1 der Vorschrift bezeichneten **84**
Zwecke Rückstellungen nicht gebildet werden dürfen. Damit sind die früheren Aufwandsrückstellungen nach Abs. 1 S. 3 a.F. und Abs. 2 a.F. (s. dazu 4. Aufl. § 249, 68 u. 69 ff) nicht mehr zulässig. Ebenso unzulässig sind etwa Rückstellungen für Risiken, mit deren Realisierung der Bilanzierende nicht rechnen muss, Rückstellungen zur Sicherung des allgemeinen Unternehmensrisikos oder – vgl. Art. 20 Abs. 3 Jahresabschlussrichtlinie – Rückstellungen zum Zwecke der Wertberichtigung von Aktivposten.[174]

VIII. Voraussetzungen der Rückstellungsauflösung (Abs. 2 S. 2)

Nach Abs. 2 S. 2 dürfen Rückstellungen nur aufgelöst werden, soweit der Grund **85**
hierfür entfallen ist. Das umfasst freilich zugleich ein Auflösungs*gebot*: soweit der Grund für die Rückstellungsbildung entfallen ist, muss die Rückstellung aufgelöst werden (s. dazu schon oben Rdn 23). Die speziellen Übergangsregelungen nach Art. 67 Abs. 1 (dazu § 253, 15 ff) gehen freilich vor.[175]

§ 250
Rechnungsabgrenzungsposten

(1) Als Rechnungsabgrenzungsposten sind auf der Aktivseite Ausgaben vor dem Abschlussstichtag auszuweisen, soweit sie Aufwand für eine bestimmte Zeit nach diesem Tag darstellen.

(2) Auf der Passivseite sind als Rechnungsabgrenzungsposten Einnahmen vor dem Abschlussstichtag auszuweisen, soweit sie Ertrag für eine bestimmte Zeit nach diesem Tag darstellen.

---

171 S.a. BFH 10.12.1992, XI R 34/91, BStBl II 1994, 158, 159.

172 Zum Ganzen ADS⁶ § 249 Rdn 183 f; *Borstell* Aufwandsrückstellungen S. 113; HdJ-*Herzig/Köster* III/5, Rdn 359 f; Beck BilKomm⁸-*Kozikowski/Schubert* § 249 Rdn 113 f; HdR-*Mayer-Wegelin* § 249 (Stand November 2012) Rdn 90 f.

173 Ebenso ADS⁶ § 249 Rdn 184; enger MünchKommAktG²/*Hennrichs* § 249 HGB Rdn 139 f.

174 Ausführlicher HdR-EA/*Mayer-Wegelin* § 249 (Stand November 2012) Rdn 252.

175 S.a. Beck BilKomm⁸-*Ellrott/Rhiel* § 249 Rdn 208.

(3) Ist der Erfüllungsbetrag einer Verbindlichkeit höher als der Ausgabebetrag, so darf der Unterschiedsbetrag in den Rechnungsabgrenzungsposten auf der Aktivseite aufgenommen werden. Der Unterschiedsbetrag ist durch planmäßige jährliche Abschreibungen zu tilgen, die auf die gesamte Laufzeit der Verbindlichkeit verteilt werden können.

Schrifttum

Babel Zur Bewertbarkeit von aktiven Rechnungsabgrenzungsposten, zfbf 50 (1998) 778; *Back* Richtlinienkonforme Interpretation des Handelsbilanzrechts (1999); *Beisse* Wandlungen der Rechnungsabgrenzung, Festschrift Budde (1995) S. 67; *Berberich* Ein Framework für das DRSC (2002); *Berndt* Grundsätze ordnungsmäßiger passiver Rechnungsabgrenzung (1998); *Crezelius* Bestimmte Zeit und passive Rechnungsabgrenzung, DB 1998, 633; *Gschwendtner* Zur Bilanzierung von Vorleistungen bei Dauerrechtsverhältnissen, DStZ 1995, 417; *Hartung* Rechnungsabgrenzungsposten und richtlinienkonforme Auslegung, Festschrift Moxter (1994) S. 213; *Hayn* Rechnungsabgrenzungsposten, Beck HdR B 218 (2005); *Hennrichs* Wahlrechte im Bilanzrecht der Kapitalgesellschaften (1999); *Herzig/Söffing* Rechnungsabgrenzungsposten und die Lehre vom Mindestzeitraum, BB 1993, 465; *Janke* Dauerschuldverträge und Grundsätze ordnungsmäßiger Bilanzierung, (1997); *Kothes* Die Wahlrechtsproblematik im handelsrechtlichen Jahresabschluß der Kapitalgesellschaft (1999); *Kramer* True and Fair View in der Konzernrechnungslegung (1999); *Kudert/Marquard* Anmerkungen zur Bilanzierung von Signing Fees, WPg 2010, 238; *Küting/Strauß* Der passive Rechnungsabgrenzungsposten: ein „Schlüsselspieler" in der Fußball-Bundesliga, DB 2010, 1189; *Meyer-Scharenberg* Zweifelsfragen bei der Bilanzierung transitorischer Rechnungsabgrenzungsposten, DStR 1991, 754; *Moxter* Periodengerechte Gewinnermittlung und Bilanz im Rechtssinne, Festschrift Döllerer (1988) S. 447; *Schulze-Osterloh* Der Ausweis von Aufwendungen nach dem Realisations- und dem Imparitätsprinzip, Festschrift Forster (1992) S. 653; *ders.* Die Rechnungslegung der Einzelkaufleute und Personenhandelsgesellschaften nach dem Bilanzrichtlinien-Gesetz, ZHR 150 (1986) 403; *Stobbe* Das Kriterium der „bestimmten Zeit" bei den Rechnungsabgrenzungsposten, FR 1995, 399; *Strobl* Matching Principle und deutsches Bilanzrecht, Festschrift Moxter (1994) S.407; *Tiedchen* Rechnungsabgrenzung und „bestimmte Zeit", BB 1997, 2471; *dies.* Posten der aktiven und passiven Rechnungsabgrenzung, HdJ Abt. II/11 (2006); *Veit* Das Aktivierungswahlrecht für ein Disagio – eine Bilanzierungshilfe? BB 1989, 524; *Vogel* Die Rechnungslegungsvorschriften des HGB für Kapitalgesellschaften und die 4. EG-Richtlinie (Bilanzrichtlinie) (1993).

IDW-Verlautbarung: IDW RS HFA 28: Übergangsregelungen des Bilanzrechtsmodernisierungsgesetzes (Stand 9.9.2010; FN-IDW 2010, 451; WPg Supplement 2010, 54).

Übersicht

I. Grundlagen

1. Regelungsgehalt der Vorschrift. Die für alle Rechnungslegungspflichtigen geltende Vorschrift steckt die Voraussetzungen für die Bildung von Rechnungsabgrenzungsposten auf der Aktiv- und Passivseite ab. Nach **Abs. 1** sind als **aktivische Rechnungsabgrenzungsposten** Ausgaben vor dem Abschlussstichtag auszuweisen, soweit sie Aufwand für eine bestimmte Zeit nach diesem Tag darstellen. Nach **Abs. 2** sind als **passivische Rechnungsabgrenzungsposten** Einnahmen vor dem Abschlussstichtag auszuweisen, soweit sie Ertrag für eine bestimmte Zeit nach diesem Tag darstellen. Diese Bestimmungen bilden den Kern der Vorschrift, mit welcher der Gesetzgeber allein sog. *transitorische* Abgrenzungsposten anerkennt. Von ihnen spricht man, wenn Aufwand bzw. Ertrag den Ausgaben bzw. Einnahmen periodisch nachgelagert sind, also in einem späteren Geschäftsjahr anfallen. Demgegenüber würden *antizipative* Abgrenzungsposten jene Fälle erfassen, in denen der Aufwand in einer Periode vor der Ausgabe bzw. der Ertrag in einer Periode vor der Einnahme liegt. Antizipative Rechnungsabgrenzungsposten sind unzulässig; ggf. sind Forderungen oder Verbindlichkeiten auszuweisen.[1] 1

Freilich ist auch die transitorische Abgrenzung an eine einschränkende Voraussetzung gebunden: Im Interesse einer **Objektivierung** müssen die abzugrenzenden Ausgaben bzw. Einnahmen Aufwand bzw. Ertrag „für eine *bestimmte* Zeit" nach dem Abschlussstichtag darstellen. Man spricht deshalb von transitorischen Rechnungsabgrenzungsposten im engeren Sinne. Wo das objektivierende Tatbestandsmerkmal einer bestimmten Zeit nicht gegeben ist – wie etwa bei Werbeaufwendungen und Entwicklungskosten – ist ein Ausweis als Rechnungsabgrenzungsposten („transitorischer Abgrenzungsposten im weiteren Sinne") nicht zulässig. Die de lege lata bestehenden Spielräume für die aktive wie passive Rechnungsabgrenzung hängen also ganz maßgeblich von der Interpretation jenes Tatbestandsmerkmals der bestimmten Zeit ab (näher dazu unten Rdn 17 ff). 2

Ergänzend zur transitorischen Abgrenzung nach Abs. 1 statuiert **Abs. 3** ein Wahlrecht zur aktivischen Abgrenzung des Unterschiedsbetrages, um den der Erfüllungsbetrag einer Verbindlichkeit höher als der Ausgabebetrag ist; der Unterschiedsbetrag ist durch planmäßige jährliche Abschreibungen zu tilgen. 3

Die (steuerrechtlich motivierten) Bestimmungen des **früheren Abs. 1 S. 2** (dazu 4. Aufl. § 250, 20 ff u. 25 ff) sind im Zuge des Bilanzrechtsmodernisierungsgesetzes (**BilMoG**) vom 25.5.2009 (BGBl. I S. 1102) **aufgehoben** worden. Sie gestatteten – systematisch unstimmig – die aktivische Abgrenzung von Zöllen und Verbrauchsteuern, soweit sie auf am Abschlussstichtag auszuweisende Vermögensgegenstände des Vorratsvermögens entfielen (Abs. 1 S. 2 Nr. 1 a.F.), sowie die aktivische Abgrenzung der Umsatzsteuer auf erhaltene Anzahlungen (Abs. 1 S. 2 Nr. 2 a.F.). Zur Aufhebung dieser den Rechnungsabgrenzungsposten zugeordneten Posten, bei denen es sich der Sache aber um Sonderposten eigener Art handelte, sowie zur einschlägigen Übergangsvorschrift näher unten Rdn 8 ff. 4

2. Funktion der Rechnungsabgrenzungsposten. Rechnungsabgrenzungsposten sind **Korrekturposten** *(Verrechnungsposten)* auf der Aktiv- oder Passivseite der Bilanz, mit deren Hilfe dem Realisationsprinzip (s. § 252 Abs. 1 Nr. 4 und die Erläuterungen § 252, 5

[1] S. etwa ADS[6] § 250 Rdn 6; Beck HdR-*Hayn* B 218 Rdn 2 ff; MünchKommAktG[2]/*Hennrichs* § 250 HGB Rdn 3.

30 ff) sowie dem daraus folgenden Gebot periodengerechter Abgrenzung von Aufwendungen und Erträgen Rechnung getragen wird.[2] Durch Buchung und Auflösung von Rechnungsabgrenzungsposten sollen Ausgaben erst in der Periode Aufwandswirkung entfalten, in der die dazugehörigen Erträge realisiert werden; parallel dazu soll die Ertragswirkung von Einnahmen in die Periode verlagert werden, in der die korrespondierenden Aufwendungen anfallen. Auf diese Weise tragen Rechnungsabgrenzungsposten ein „dynamisches Element" in die Bilanz.[3]

6 Rechnungsabgrenzungsposten finden ihr zentrales Anwendungsfeld als bilanztechnische Mittel zur erfolgsneutralen Erfassung von Ausgaben und Einnahmen im Zuge schwebender Geschäfte (zu ihnen § 246, 59 ff). Paradigmatisch: Mieter M zahlt an Vermieter V schon vor dem Jahresende 01 den Mietzins für die Überlassung der Mietsache im Geschäftsjahr 02. Rechnungsabgrenzungsposten sind ggf. aber auch im Rahmen dinglicher oder öffentlich-rechtlicher Rechtsverhältnisse zu bilden, etwa zur Erfassung von Vorauszahlungen auf Gebühren und Beiträge.[4] Sie werden in § 246 Abs. 1 deutlich von den Vermögensgegenständen und Schulden unterschieden und stellen auch keine (künftigen) Vermögensgegenstände oder Schulden dar.[5] Vielmehr haben sie als Verrechnungsposten (Korrekturposten) ihre Funktion überall dort, wo die Grundsätze ordnungsmäßiger Bilanzierung eine **periodenbezogene Erfolgsermittlung** andernfalls nicht gewährleisten könnten. Auch dafür sind Vorauszahlungen im Rahmen schwebender Geschäfte ein anschauliches Beispiel.

7 Bei den **schwebenden Geschäften** stellen sich allerdings *Abgrenzungsprobleme* zu den geleisteten oder erhaltenen **Anzahlungen**[6] und ihrer Bilanzierung im Rahmen der Posten nach § 266 Abs. 2 Aktivseite A II 4, B I 4, B II 4 bzw. § 266 Abs. 3 Passivseite C 3, C 8. Hier kommt es zu Überschneidungen, weil auch der Ausweis von geleisteten und erhaltenen Anzahlungen der erfolgsneutralen Erfassung des schwebenden Geschäfts dient.[7] Vollends zufriedenstellende „Handlungsanweisungen" mit überzeugenden Abgrenzungskriterien für die Bilanzierung entweder unter den Anzahlungen oder innerhalb der Rechnungsabgrenzungsposten lassen sich kaum finden.[8] Immerhin scheidet eine Einstellung in die Rechnungsabgrenzung aus, wo es am Zeitraumbezug von Aufwand bzw. Ertrag (s.u. Rdn 15 f) fehlt. Im Übrigen geht die Rechnungslegungspraxis wohl dahin, Anzah-

---

[2] Dazu etwa ADS[6] § 250 Rdn 4; *Berndt* Rechnungsabgrenzung S. 200 ff; MünchKomm-AktG[2]/*Hennrichs* § 250 HGB Rdn 4 ff; *Herzig/Söffing* BB 1993, 465, 467; *Kramer* True and fair view S. 115 f; *Strobl* FS Moxter S. 407, 422; HdJ-*Tiedchen* II/11, Rdn 7 ff. S. zum Zusammenhang zwischen Realisationsprinzip und periodengerechter Gewinnermittlung auch *Moxter* FS Döllerer S. 447, 449 f.

[3] Vgl. etwa *Herzig/Söffing* BB 1993, 465, 468; HdJ-*Tiedchen* II/11, Rdn 7; HdR-EA/*Trützschler* § 250 (Stand März 2010) Rdn 3; krit. *Berndt* Rechnungsabgrenzung S. 90 ff, 249.

[4] Näher zum Ganzen – mit Beispielen – HdJ-*Tiedchen* II/11, Rdn 57 ff.

[5] I.E. ebenso etwa Beck-HdR-*Hayn* B 218 Rdn 11; *Strobl* FS Moxter S. 407, 421; HdJ-*Tiedchen* II/11, Rdn 35 ff; HdR-EA/*Trützschler* § 250 (Stand März 2010) Rdn 53 f; anders etwa ADS[6] § 250 Rdn 11; *Babel* zfbf 50 (1998) 778, 783 ff; *Küting/Strauß* DB 2010, 1189, 1190 f.

[6] Dazu auch ADS[6] § 250 Rdn 14 f; *Gschwendtner* DStZ 1995, 417, 422 ff; Beck-HdR-*Hayn* B 218 Rdn 12; *Janke* Dauerschuldverträge S. 38 f; *Kropff* in Geßler/Hefermehl/Eckardt/Kropff AktG § 151 Rdn 49 u. § 152 Rdn 93; *Schulze-Osterloh* FS Forster S. 653, 661 f; eingehend HdJ-*Tiedchen* II/11, Rdn 43 ff.

[7] ADS[6] § 266 Rdn 59; Beck BilKomm[8]-*Kozikowski/F. Huber* §247 Rdn 545; *Schulze-Osterloh* FS Forster S. 653, 660; HdJ-*Tiedchen* II/11, Rdn 44.

[8] S. dazu die eingehende Auseinandersetzung mit der Problematik bei HdJ-*Tiedchen* II/11, Rdn 43 ff.

lungen dann als solche zu bilanzieren, wenn die Zahlung dem Erwerb eines konkret aktivierungsfähigen Vermögensgegenstandes dient[9] und andernfalls (v.a. bei Vorauszahlungen des Entgelts aus Dienst-, Miet- oder Pachtverträgen) einen Rechnungsabgrenzungsposten zu bilden.[10]

3. Ansatzwahlrechte nach früherem Recht (Abs. 1 S. 2 Nr. 1 und 2 a.F.)

a) Wegfall der Ansatzwahlrechte nach Abs. 1 S. 2 Nr. 1 und 2 a.F. Nach **Abs. 1 S. 2** 8
Nr. 1 a.F. durften als Rechnungsabgrenzungsposten auf der Aktivseite auch ausgewiesen werden als Aufwand berücksichtigte **Zölle und Verbrauchsteuern**, soweit sie auf am Abschlussstichtag auszuweisende Vermögensgegenstände des Vorratsvermögens entfallen. Die Aktivierung der Zölle und Verbrauchsteuern bewirkt ihre ergebnisneutrale Behandlung bis zum Abgang der betreffenden Vermögensgegenstände. Die Vorschrift, die einen steuerrechtlichen Hintergrund hatte, war systemwidrig und widersprach den zwingenden Vorgaben der 4. EG-Richtlinie (Jahresabschlussrichtlinie), denn aktivierte Zölle und Verbrauchsteuern zählen nicht zu den transitorischen Rechnungsabgrenzungsposten nach Abs. 1, weil sie keinen Aufwand für eine bestimmte Zeit nach dem Abschlussstichtag darstellen (zu Einzelheiten s. 4. Aufl. § 250, 20 ff).

Nach **Abs. 1 S. 2 Nr. 2 a.F.** durfte als Rechnungsabgrenzungsposten auf der Aktiv- 9
seite auch ausgewiesen werden die als Aufwand berücksichtigte **Umsatzsteuer** auf am Abschlussstichtag auszuweisende oder von den Vorräten offen abgesetzte Anzahlungen. Die Bildung des Abgrenzungspostens sollte die ergebnisneutrale Behandlung der erfassten Umsatzsteuer ermöglichen. Auch jene Regelung hatte einen steuerlichen Hintergrund, war aber ebenso systemwidrig und mit den zwingenden Vorgaben der 4. EG-Richtlinie (Jahresabschlussrichtlinie) unvereinbar, denn auch die aktivierte Umsatzsteuer auf Anzahlungen kann nicht als transitorischer Rechnungsabgrenzungsposten im engeren Sinne angesehen werden (zu Einzelheiten s. 4. Aufl. § 250, 26 ff).

Abs. 1 S. 2 Nr. 1 und 2 a.F. sind **im Zuge des BilMoG aufgehoben** worden (s. schon 10
oben Rdn 4), weil die internationalen Rechnungslegungsstandards entsprechende Regelungen nicht enthalten, ihre Beibehaltung deshalb der mit der Bilanzrechtsreform angestrebten Gleichwertigkeit des handelsrechtlichen Jahresabschlusses im Verhältnis zu den IFRS entgegengestanden hätte.[11] Zölle und Steuern i.S.v. Abs. 1 S. 2 a.F. sind damit aufwandswirksam zu behandeln, soweit nicht Zölle und Verbrauchssteuern in die Anschaffungs- und Herstellungskosten einzubeziehen sind (s. dazu 4. Aufl. § 250, 24 und die Erläuterungen unten zu § 255). § 250 n.F. – und damit der Wegfall der Ansatzwahlrechte nach § 250 Abs. 1 S. 2 Nr. 1 und 2 a.F. – fand erstmals Anwendung auf Jahresabschlüsse

---

[9] So jedenfalls die Feststellung bei HdJ-*Tiedchen* II/11, Rdn 49; i.E. ebenso Petersen/Zwirner/Brösel/*Heine/Zenger* SystPraxisKomm (2010) § 250 Rdn 6; MünchKommAktG²/*Hennrichs* § 250 HGB Rdn 9. Allerdings ist die Aktivierung einer Anzahlung keineswegs zwingend an die Voraussetzung geknüpft, dass der Gegenstand der Gegenleistung konkret aktivierungsfähig ist; s. nur ADS⁶ § 266 Rdn 134; Beck BilKomm⁸-*Kozikowski/F. Huber* § 247 Rdn 545; *Schulze-Osterloh* FS Forster S. 653, 660; HdJ-*Tiedchen* II/11, Rdn 44 mwN.

[10] Zur Kontroverse um die bilanzielle Abbildung von sog. *Signing Fees* (Sonderzahlungen bei Unterzeichnung von Dauerschuldverträgen, insbes. Vermarktungsverträgen im Profifußball) s. einerseits *Küting/Strauß* DB 2010, 1189, 1195; andererseits *Hoffmann* StuB 2010, 449, 450; *Kudert/Marquardt* WPg 2010, 238 ff.

[11] So Begründung zum RegE BilMoG, BT-Drucks. 16/10067, S. 51.

für das nach dem 31.12.2009 beginnende Geschäftsjahr (Art. 66 Abs. 3 S. 1, Abs. 5 EGHGB).

11 b) **Übergangsregelung.** Waren im Jahresabschluss für das letzte vor dem 1.1.2010 beginnende Geschäftsjahr ein Rechnungsabgrenzungsposten nach Abs. 1 S. 2 a.F. enthalten, so erlaubt(e) Art. 67 Abs. 3 S. 1 EGHGB die Beibehaltung unter Anwendung der bislang geltenden Vorschriften des alten Rechts.[12] Soweit von diesem Beibehaltungswahlrecht kein Gebrauch gemacht wurde, war der Betrag gem. Art. 67 Abs. 3 S. 2 unmittelbar (erfolgsneutral) in die Gewinnrücklage einzustellen (zu verrechnen).

II. Transitorische Rechnungsabgrenzung (Abs. 1 und Abs. 2)

12 1. **Grundlagen. Abs. 1** verlangt den Ausweis eines *aktivischen* Rechnungsabgrenzungspostens für Ausgaben vor dem Abschlussstichtag, soweit sie Aufwand für eine bestimmte Zeit nach diesem Tag darstellen. Nach **Abs. 2** sind in einem *passivischen* Rechnungsabgrenzungsposten Einnahmen vor dem Abschlussstichtag auszuweisen, soweit sie Ertrag für eine bestimmte Zeit nach diesem Tag darstellen. Diese Regelung zur transitorischen Rechnungsabgrenzung (s.o. Rdn 1) entspricht weitgehend der Vorläuferbestimmung des § 152 Abs. 9 AktG 1965 (die freilich noch als Ausweiswahlrecht konzipiert war) und setzt die Vorgaben aus Art. 18 S. 1, 1. Alt. sowie Art. 21 S. 1, 1. Alt. der 4. EG-Richtlinie (**Jahresabschlussrichtlinie 78/660/EWG**[13]) in nationales Recht um. Von der in Art. 18 S. 1, 2. Alt. bzw. Art. 21 S. 1, 2. Alt. außerdem gewährten Option zum Ausweis antizipativer Rechnungsabgrenzungsposten auf der Aktiv- wie Passivseite hat der deutsche Gesetzgeber keinen Gebrauch gemacht (s.o. Rdn 1).

13 Der handelsrechtlichen Regelung in Abs. 1 und Abs. 2 entspricht die **steuerrechtliche Regelung** in § 5 Abs. 5 S. 1 Nr. 1 u. Nr. 2 EStG.

2. Voraussetzungen der Rechnungsabgrenzung

14 a) **Ausgaben bzw. Einnahmen vor dem Stichtag.** *Ausgaben* bezeichnen eine Minderung des Geldvermögens, *Einnahmen* einen Zuwachs desselben (s. schon § 246, 66 f). Darunter fallen nicht nur bare und unbare Auszahlungs- bzw. Einzahlungsvorgänge, sondern auch der Zu- bzw. Abgang von Forderungen und Verbindlichkeiten oder die Sachleistung im Rahmen eines Tauschgeschäfts. Die Begriffe „Ausgaben" und „Einnahmen" sind also *weit auszulegen.*[14] Freilich steht die Buchung von Forderungen und Verbindlichkeiten dabei unter dem Vorbehalt der Grundsätze ordnungsmäßiger Bilanzierung. Das Gebot der Nichtbilanzierung schwebender Geschäfte (s. § 246, 59) wird den Ausweis der Forderung bzw. Verbindlichkeit deshalb vielfach verbieten.[15] Ausgaben bzw.

---

[12] S. zur Übergangsvorschrift des Art. 67 Abs. 3 EGHGB weiterführend IDW RS HFA 28 Tz 8 ff; *Gelhausen/Fey/Kämpfer* Abschn. F Tz 37 ff.

[13] Zuletzt geändert durch Richtlinie 2012/6/EU vom 14.3.2012 (ABl. L 81 vom 21.3.2012, S. 3).

[14] S. schon BFH 31.5.1967, I 208/63, BStBl II, 607, 608; aus dem Schrifttum etwa ADS[6] § 250 Rdn 25 ff, 112; Beck-HdR-*Hayn* B 218 Rdn 17 u. 59; HdJ-*Tiedchen* II/11, Rdn 70 ff; HdR-EA/*Trützschler* § 250 (Stand März 2010) Rdn 56, je mwN.; aA (nur Aus- oder Einzahlungen) MünchKommAktG[2]/*Hennrichs* § 250 HGB Rdn 15; Baumbach/Hueck/*Schulze-Osterloh* GmbHG[18] § 42 Rdn 178.

[15] BoHdR-*Kirsch* § 250 (Stand Juni 2011) Rdn 57; *Kropff* in Geßler/Hefermehl/Eckardt/Kropff, AktG § 152 Rdn 94; Baum-

Einnahmen „vor dem Abschlussstichtag" meinen solche vor Ablauf des Abschlussstichtages (24 Uhr).[16]

b) Aufwand bzw. Ertrag für eine bestimmte Zeit nach dem Stichtag

aa) Nach dem Stichtag. Die geleisteten bzw. erhaltenen Einnahmen müssen als Aufwand bzw. Ertrag einer Abrechnungsperiode nach dem Abschlussstichtag zuzuordnen sein. Als *Aufwand* bezeichnet man den Verzehr (Verbrauch) von Gütern und Dienstleistungen in einer bestimmten Abrechnungsperiode, als *Ertrag* den bewertbaren Vermögenszuwachs (Wertezugang) einer Periode (s. § 246, 66 f). Maßgebend für die zeitliche Zuordnung ist die „wirtschaftliche Verursachung" von Ausgabe bzw. Einnahme: der im abgelaufenen Wirtschaftsjahr vollzogenen Ausgabe/Einnahme muss eine erst künftig zu erwartende (zeitraumbezogene) Gegenleistung gegenüberstehen, wie etwa im Falle von Mietzinszahlungen, die schon im alten Wirtschaftsjahr für die Gebrauchsüberlassung im Folgejahr getätigt werden.[17] **15**

Allerdings müssen Aufwand bzw. Ertrag nicht notwendig (nur) das den Ausgaben/Einnahmen folgende Geschäftsjahr betreffen. Aufwand und Ertrag können vielmehr auch **mehreren Folgejahren** zuzuordnen sein oder erst ein **ferner liegendes Geschäftsjahr** betreffen.[18] Sind Aufwand/Ertrag sowohl dem Geschäftsjahr der Ausgaben/Einnahmen als auch einem oder mehreren Folgejahren zuzuordnen, sind anteilig jene Ausgaben/Einnahmen abzugrenzen, die zukünftige Geschäftsjahre betreffen.[19] **16**

bb) Bestimmte Zeit. Die transitorische Rechnungsabgrenzung sowohl auf der Aktiv- als auch auf der Passivseite setzt nach dem übereinstimmenden Wortlaut von Abs. 1 und Abs. 2 voraus, dass Ausgaben bzw. Einnahmen Aufwand bzw. Ertrag für eine „*bestimmte* Zeit" nach dem Abschlussstichtag darstellen. Auf diesem Wege versucht der Gesetzgeber, die erfolgswirksame Zuordnung von Ausgaben bzw. Einnahmen zu einer späteren Abrechnungsperiode von einem *objektivierenden* Tatbestandsmerkmal abhängig zu machen, mit dem zugleich der Realisations- und Periodisierungsgedanke (s.o. Rdn 5 f) eingeschränkt wird.[20] **17**

Das Merkmal der bestimmten Zeit nach dem Abschlussstichtag war bereits in § 152 Abs. 9 AktG 1965 enthalten.[21] Es findet sich übereinstimmend in Artt. 18 S. 1 u. 21 S. 1 der 4. EG-Richtlinie (**Jahresabschlussrichtlinie**), freilich nur in deren deutschsprachiger Fassung. Die englische und französische Fassung des Richtlinientextes enthalten eine entsprechende Restriktion nicht.[22] Auch vor diesem Hintergrund ist noch nicht hinreichend geklärt, welche konkreten Schranken jenes Tatbestandselement der transitorischen Rechnungsabgrenzung setzt. **18**

---

bach/Hueck/*Schulze-Osterloh* GmbHG[18] § 42 Rdn 178; HdJ-*Tiedchen* II/11, Rdn 72.

16 Unstreitig; s. etwa ADS[6] § 250 Rdn 28; Beck BilKomm[8]-*Ellrott/Krämer* § 250 Rdn 19; HdJ-*Tiedchen* II/11, Rdn 74.

17 Näher zur wirtschaftlichen Zuordnung HdR-EA/*Trützschler* § 250 (Stand März 2010) Rdn 60.

18 ADS[6] § 250 Rdn 30; Beck BilKomm[8]-*Ellrott/Krämer* § 250 Rdn 21; HdJ-*Tiedchen* II/11, Rdn 76 ff mwN.

19 ADS[6] § 250 Rdn 38 u. das Beispiel Rdn 26 f; speziell zur Abgrenzung von Leasingraten ADS[6] § 250 Rdn 121 ff; *Glade* Praxishandbuch[2] § 250 Rdn 38 ff; HdJ-*Tiedchen* II/11, Rdn 81 ff, je mwN.

20 S. nur *Herzig/Söffing* BB 1993, 465, 467.

21 Näher HdJ-*Tiedchen* II/11, Rdn 23 ff; HdR-EA/*Trützschler* § 250 (Stand März 2010) Rdn 12 ff.

22 S. dazu etwa *Beisse* FS Budde S. 67, 68, 83; *Hartung* FS Moxter S. 213, 216 f; *Schulze-Osterloh* FS Forster S. 653, 664; HdJ-*Tiedchen* II/11, Rdn 31.

19 **Meinungsstand.** Lange Zeit herrschend war eine restriktive Interpretation i.S. notwendig *kalendermäßiger Bestimmtheit* desjenigen Zeitraums, in dem sich Aufwand bzw. Ertrag realisieren.[23] Kritik an dieser engen Sehweise wurde aus zwei Richtungen formuliert. Zum einen wurde auf die fragwürdigen Ergebnisse der seinerzeit herrschenden Meinung hingewiesen.[24] Nach ihr war die (passivische) Rechnungsabgrenzung zwar etwa bei Empfang des einmaligen Entgelts für eine fünfjährige Leistung zulässig (und geboten), nicht hingegen bei einer längeren, jedoch unbestimmten Leistung. Zum anderen ist geltend gemacht worden, dass sich jede Restriktion passivischer Rechnungsabgrenzung an der Geltung des Vorsichts- und Realisationsprinzips (s. § 252 Abs. 1 Nr. 4 und die Erläuterungen § 252, 27 ff) messen lassen müsse. An einer verbleibenden Ungewissheit über den Zeitraum der Ertragsrealisierung dürfe die passivische Rechnungsabgrenzung nicht scheitern, weil sich der Kaufmann andernfalls – nämlich bei Ertragsausweis vor Erbringung der geschuldeten Gegenleistung – reicher rechnen würde als er sei.[25] Vor diesem Hintergrund plädiert das Schrifttum heute verbreitet für ein *imparitätisches Verständnis* des Kriteriums der bestimmten Zeit. Wo eine aktivische Rechnungsabgrenzung wegen verbleibender Ungewissheit über den Realisierungszeitraum unzulässig sei, könne die passivische Abgrenzung durchaus geboten sein.[26]

20 **Stellungnahme.** Jenes imparitätische Verständnis des Merkmals der bestimmten Zeit verdient Zustimmung. Das nämliche Tatbestandselement ist aus § 152 Abs. 9 AktG 1965 übernommen worden (s.o. Rdn 18) und diente schon dort dem primären Ziel, die Aktivierung von Ausgaben nur bei hinreichend objektivierten Ertragserwartungen zuzulassen.[27] Es soll und kann die **passivische Rechnungsabgrenzung** nicht hindern, wo diese nach den Grundsätzen vorsichtiger Gewinnermittlung geboten ist. Mit der einheitlichen Formulierung der Voraussetzungen aktivischer und passivischer Rechnungsabgrenzung folgte der Gesetzgeber der Konvention, aktive und passive Rechnungsabgrenzung „spiegelbildlich (symmetrisch)" aufzubauen.[28] Ungeachtet dieser vordergründigen Parallelität ist das Objektivierungsmerkmal der bestimmten Zeit – seiner Funktion sowie dem Verständnis des (übergeordneten) Realisationsprinzips entsprechend – für aktivische und passivische Rechnungsabgrenzung differenziert zu interpretieren. Der Ausweis von Einnahmen in einem passivischen Rechnungsabgrenzungsposten ist deshalb auch dort geboten, wo sich der Zeitraum der korrespondierenden Gegenleistung – ggf. auf der Basis statistischer Erhebungen und Berechnungen – nur plausibel schätzen lässt; in diesem

---

23 Einzelnachweise bei *Berberich* Framework S. 225 f; HdJ-*Tiedchen* II/11, Rdn 86 Fn 196; s.a. noch WP-Handbuch I[14] Tz E 269 u. 277.

24 Vgl. etwa *Knobbe-Keuk* § 4 VI 1 (S. 137); *Kupsch* WPg 1984, 369, 374.

25 Vgl. etwa *Crezelius* DB 1998, 633, 637 f; *Herzig/Söffing* BB 1993, 465, 467.

26 Befürwortung des imparitätischen Ansatzes etwa bei ADS[6] § 250 Rdn 36 u. 115; MünchKommHGB[3]/*Ballwieser* § 250 Rdn 9, 24 f; *Beisse* FS Budde S. 67, 77 ff; Haufe HGB BilKomm[3]/*Bertram* § 250 Rdn 12; *Crezelius* DB 1998, 633, 637 f; *Glade* Praxishandbuch[2] § 250 Rdn 67; Beck-HdR-*Hayn* B 218 Rdn 60 f; *Herzig/Söffing* BB 1993, 465, 469; Baetge/Kirsch/Thiele/*Hömberg/König* § 250 (Stand Juli 2009) Rdn 75 ff; KölnKomm-RLR/*Prinz* § 250 Rdn 13; Heymann[2]/*Walz* § 250 Rdn 7, 12; Schmidt/*Weber-Grellet* EStG[31] § 5 Rdn 250; Ebenroth/Boujong/Joost/Strohn[2]/*Wiedmann* § 250 Rdn 11; kritisch indes etwa *Berberich* Framework S. 227 f; MünchKommAktG[2]/*Hennrichs* § 250 HGB Rdn 22 u. 25; HdJ-*Tiedchen* II/11, Rdn 103.

27 Vgl. Begründung zum RegE § 153 AktG 1965 bei *Kropff* AktG 1965, S. 237 u. dazu näher *Beisse* FS Budde S. 67, 73 f, 76, 79; *Schulze-Osterloh* FS Forster S. 653, 664.

28 In diesem Sinne *Beisse* FS Budde S. 67, 74 u. 79.

Rahmen kann z.B. auch auf die Lebenserwartung eines Menschen oder die betriebsgewöhnliche Nutzungsdauer einer Sache abgestellt werden.[29]

Zurückhaltung ist jedoch gegenüber Erwägungen angezeigt, die bloße Schätzung des Zeitraums der Ertragsrealisierung auch für die **aktivische Rechnungsabgrenzung** genügen zu lassen.[30] Der Gesetzesanwender ist an das Objektivierungsmerkmal der bestimmten Zeit gebunden, das nach der Gesetzeskonzeption im Übrigen unabhängig davon Geltung beansprucht, ob sich die getätigten Ausgaben auf den Erwerb eines (abstrakt aktivierungsfähigen) Vermögensgegenstandes beziehen oder nicht.[31] So wie Vorsichts- und Realisationsprinzip für die passivische Rechnungsabgrenzung eine weite Auslegung des Merkmals der bestimmten Zeit nahelegen, ist für die aktivische Rechnungsabgrenzung eine enge Interpretation geboten.[32] Sie lässt es freilich zu, auch für die aktivische Rechnungsabgrenzung – in Anknüpfung an einschlägige Judikate des BFH[33] – einen bestimmbaren *Mindestzeitraum* der Ertragsrealisierung genügen zu lassen;[34] dem Ziel einer objektivierten Ertragsverteilung wird auf diesem Wege (und durch Abgrenzung der Ausgaben auf den Mindestzeitraum) hinreichend Rechnung getragen.[35] Dazu muss der Mindestzeitraum allerdings – insbesondere vor dem Hintergrund der von den Vertragsparteien getroffenen Vereinbarungen – objektiv bestimmbar, nicht lediglich schätzbar sein. Doch ist die Grenzziehung hier fließend.[36] 21

3. Bildung und Auflösung des Abgrenzungspostens. Liegen die Voraussetzungen für die aktivische oder passivische Rechnungsabgrenzung nach Abs. 1 bzw. Abs. 2 vor,[37] so ist ein entsprechender Posten zu bilden (**Ansatzpflicht**). Dabei gilt das Verrechnungsverbot nach § 246 Abs. 2; eine Saldierung aktiver und passiver Abgrenzungsposten ist also unzulässig. Entsprechend dem Grundsatz der Wesentlichkeit (s. § 252, 59) kann von der 22

---

[29] Übereinstimmend etwa ADS[6] § 250 Rdn 115; *Crezelius* DB 1998, 633, 637 f; Beck-HdR-*Hayn* B 218 Rdn 60; *Herzig/Söffing* BB 1993, 465, 469; *Stobbe* FR 1995, 399, 401; Heymann[2]/*Walz* § 250 Rdn 12; eingehend auch *Berndt* Rechnungsabgrenzung S. 239 ff.

[30] In diesem Sinne *Hartung* FS Moxter S. 213, 216 f, 222; Baumbach/Hueck/*Schulze-Osterloh* GmbHG[18] §42 Rdn 180, jeweils auch unter Hinweis auf die nichtdeutschen Fassungen der einschlägigen Bestimmungen in der 4. EG-Richtlinie (vgl. oben im Text Rdn 18); s.a. MünchKommAktG[2]/*Hennrichs* § 250 HGB Rdn 23 f sowie schon *Knobbe-Keuk* § 4 VI 1 (S. 138).

[31] Dennoch will HdJ-*Tiedchen* II/11, Rdn 95 ff u. BB 1997, 2471, 2473 ff eine Schätzung immer dann zulassen, wenn sich Vorauszahlungen auf die Erlangung eines Vermögensgegenstandes beziehen; ebenso Baumbach/Hueck/*Schulze-Osterloh* GmbHG[18] § 42 Rdn 180.

[32] Übereinstimmend *Beisse* FS Budde S. 67, 78; *Crezelius* DB 1998, 633, 637; Beck-HdR-*Hayn* B 218 Rdn 60 f.

[33] S. BFH 9.12.1993, IV R 130/91, BStBl II 1995, 202, 204 u. außerdem etwa BFH 17.10.1968, IV 84/85, BStBl II 1969, 180, 182; 17.7.1980, IV R 10/76 BStBl II 1981, 669, 672; 24.3.1982, IV R 96/78, BStBl II 643, 646; 5.4.1984, IV R 96/82, BStBl II 552, 553 ff. Ausführlich zur Lehre vom Mindestzeitraum *Herzig/Söffing* BB 1993, 465; s.a. noch *Stobbe* FR 1995, 399.

[34] Ebenso etwa ADS[6] § 250 Rdn 32a; Beck BilKomm[8]-*Ellrott/Krämer* § 250 Rdn 21; Beck-HdR-*Hayn* B 218 Rdn 21; HdR-EA/*Trützschler* § 250 (Stand März 2010) Rdn 72.

[35] Überzeugend *Herzig/Söffing* BB 1993, 465, 467.

[36] S.a. BoHdR-*Kirsch* § 250 (Stand Juni 2011) Rdn 76 ff.

[37] Zu Beispielen für aktive und passive Rechnungsabgrenzungsposten s. etwa die Kataloge bei ADS[6] § 250 Rdn 53 f u. 117 f; *Glade* Praxishandbuch[2] § 250 Rdn 33 ff u. 73 ff.

Abgrenzung geringfügiger Beträge abgesehen werden, wenn hierdurch der getreue Einblick in die Vermögens- und Ertragslage des bilanzierungspflichtigen Unternehmens nicht beeinträchtigt wird.[38]

23 Rechnungsabgrenzungsposten sind Verrechnungsposten (Korrekturposten), keine Vermögensgegenstände oder Schulden (s.o. Rdn 5 f). Sie sind deshalb auch keiner Bewertung, sondern nur einer **Berechnung** zugänglich. Wo der Wert der künftigen Gegenleistung für den Vorausleistenden sinkt, ist keine außerplanmäßige Abschreibung auf den Abgrenzungsposten vorzunehmen, sondern eine Rückstellung für drohende Verluste aus schwebenden Geschäften zu buchen.[39] Die Höhe des zu bildenden Abgrenzungspostens richtet sich nach dem Verhältnis der am Abschlussstichtag noch ausstehenden Gegenleistung zur gesamten Gegenleistung. Soweit der gezahlte bzw. vereinnahmte Betrag eine Abrechnungsperiode nach dem Stichtag betrifft, ist er entsprechend abzugrenzen.[40]

24 Der Rechnungsabgrenzungsposten ist in dem Maße **aufzulösen**, in dem im laufenden Geschäftsjahr Aufwand bzw. Ertrag entsteht, auf den sich die abgegrenzten Ausgaben bzw. Einnahmen beziehen. Ist die Gegenleistung dem Werte nach konstant, ist der Abgrenzungsposten zeitproportional aufzulösen; bei im Werte veränderlicher Gegenleistung ist für die Auflösung das Wertverhältnis der weiterhin ausstehenden Gegenleistung zur gesamten Gegenleistung maßgeblich.[41]

III. Aktivische Abgrenzung des Unterschiedsbetrages zwischen Ausgabe- und Erfüllungsbetrag einer Verbindlichkeit (Abs. 3)

25 **1. Grundlagen.** Abs. 3 S. 1 erlaubt die aktivische Rechnungsabgrenzung für einen Unterschiedsbetrag, um den der Erfüllungsbetrag einer Verbindlichkeit höher als der Ausgabebetrag ist. Im Gegensatz zu Abs. 1 (Ansatzpflicht) gewährt das Gesetz – insoweit nicht konsequent (s.a. unten Rdn 31) – ein *Wahlrecht*. Terminologisch wird der Unterschiedsbetrag als **Disagio** bezeichnet, wobei jener Betrag gleichermaßen auf einem Auszahlungs-Disagio (bei Hypothekendarlehen: Damnum) wie einem Rückzahlungs-Agio beruhen kann.[42] Der Unterschiedsbetrag ist durch planmäßige jährliche *Abschreibungen* nach Maßgabe von Abs. 3 S. 2 zu tilgen.

26 Die Regelung setzt Art. 41 der 4. EG-Richtlinie (**Jahresabschlussrichtlinie**) um und entspricht in der Sache dem früheren § 156 Abs. 3 AktG 1965; dort war allerdings noch

---

38 ADS[6] § 250 Rdn 44; Haufe HGB BilKomm[3]-*Bertram* § 250 Rdn 8; Beck BilKomm[8]-*Ellrott/Krämer* § 250 Rdn 28; HdJ-*Tiedchen* II/11, Rdn 111 f, je mwN; s.a. BFH 18.3.2010, X R 20/09, DStRE 2010, 1036.

39 Übereinstimmend die hM; s. stellvertretend Beck-HdR-*Hayn* B 218 Rdn 23 f mwN – Wer die Rechnungsabgrenzungsposten den Vermögensgegenständen oder Schulden zuordnet, verlangt eine Bewertung und ggf. Wertberichtigung des Abgrenzungspostens; eingehende Darstellung des Streitstands mit Einzelnachweisen bei HdJ-*Tiedchen* II/11, Rdn 114 ff.

40 Vgl. BFH 17.7.1974, I R 195/72, BStBl II 684, 685 f; Beck BilKomm[8]-*Ellrott/Krämer* § 250 Rdn 29; Beck-HdR-*Hayn* B 218 Rdn 23; MünchKommAktG[2]/*Hennrichs* § 250 HGB Rdn 30; HdJ-*Tiedchen* II/11, Rdn 120 mwN.

41 Zu weiteren Einzelheiten s. ADS[6] § 250 Rdn 49 ff; Beck BilKomm[8]-*Ellrott/Krämer* § 250 Rdn 31; Beck-HdR-*Hayn* B 218 Rdn 25; HdJ-*Tiedchen* II/11, Rdn 121 ff; HdR-EA/*Trützschler* § 250 (Stand März 2010) Rdn 74 f.

42 ADS[6] § 250 Rdn 87; Beck BilKomm[8]-*Ellrott/Krämer* § 250 Rdn 36; Beck-HdR-*Hayn* B 218 Rdn 75; HdJ-*Tiedchen* II/11, Rdn 189.

von „Verbindlichkeiten oder Anleihen" die Rede. Das **Steuerrecht** enthält eine dem Abs. 3 entsprechende Regelung nicht, doch wird der Unterschiedsbetrag – da es sich um zinsähnlichen Aufwand (Vergütung für die Kapitalüberlassung) handelt (s.u. Rdn 29) – der Grundnorm für die transitorische Rechnungsabgrenzung auf der Aktivseite (§ 5 Abs. 5 Nr. 1 EStG) zugeordnet; steuerrechtlich besteht deshalb eine Aktivierungspflicht.[43]

In der früheren Fassung von Abs. 3 S. 1 war statt von „Erfüllungsbetrag" von „Rück- **27**
zahlungsbetrag" die Rede. Die aktuelle Formulierung beruht auf einer redaktionellen Korrektur im Zuge des **BilMoG** vom 25.5.2009 (BGBl. I S. 1102) und folgt der entsprechenden Änderung in § 253 Abs. 1 S. 2 (s. § 253, 25).

2. Bemessung des Unterschiedsbetrages und Charakter des Abgrenzungspostens. Ob **28**
es sich beim aktivierten Unterschiedsbetrag nach Abs. 3 um einen echten Rechnungsabgrenzungsposten handelt, ist umstritten.[44] Der jeweils eingenommene Standpunkt hängt davon ab, **welche Kostenbestandteile** als **abgrenzungsfähig** angesehen werden. Wenn man auch die Ausgabekosten der Verbindlichkeit (z.B. Bankprovision, Druckkosten für Schuldverschreibungen etc.) und Geldbeschaffungskosten bei der Bemessung des Unterschiedsbetrags berücksichtigen will, liegt eine Deutung des aktivierten Betrags nach Abs. 3 als Bilanzierungshilfe[45] oder als ein Mischposten nahe, der sowohl Elemente eines Rechnungsabgrenzungspostens als auch einer Bilanzierungshilfe enthält.[46]

Nach zutreffender, ganz hM sind solche Kosten wegen ihres „Einmalcharakters" **29**
jedoch regelmäßig nicht als laufende Aufwendungen auf die Laufzeit der Verbindlichkeit verteilungsfähig. Bei der Bemessung des Unterschiedsbetrages sind vielmehr nur die – nach Maßgabe der jeweils getroffenen Vereinbarung: zeitraumbezogenen – Kosten der Kapitalüberlassung einschließlich deren Nebenkosten zu berücksichtigen.[47] Wegen des Charakters dieser Kapitalüberlassungskosten als zusätzlicher Zins kann von einer Ausgabe gesprochen werden, die Aufwand (Zinsaufwand) für eine bestimmte Zeit nach dem Abschlussstichtag darstellt (transitorische Rechnungsabgrenzungsposten; s.o. Rdn 1). Folgerichtig ist der aktivierte Unterschiedsbetrag nach Abs. 3 als ein **echter Rechnungsabgrenzungsposten** zu deuten.

Bei den sog. **Zero-Bonds** (Nullkupon-Anleihen) ist die Differenz zwischen Ausgabe- **30**
und Erfüllungsbetrag nicht nach Abs. 3 abzugrenzen. Der im Erfüllungsbetrag enthaltene Zinsanteil wird vielmehr ratierlich dem passivierten Ausgabebetrag zugeschlagen, womit die zum jeweiligen Abschlussstichtag bestehende Verbindlichkeit zutreffend ausgewiesen wird.[48]

---

[43] Vgl. BFH 19.1.1978, IV R 153/72, BStBl II 262, 263 ff u. etwa ADS[6] § 250 Rdn 86; Beck-HdR-*Hayn* B 218 Rdn 80, je mwN; differenzierend HdJ-*Tiedchen* II/11, Rdn 222 ff.

[44] Eingehende Darstellung des Meinungsstandes mit umfangreichen Einzelnachw. bei HdJ-*Tiedchen* II/11, Rdn 193 ff.

[45] Stellvertretend *Veit* BB 1989, 524, 527.

[46] So HdJ-*Tiedchen* II/11, Rdn 194 ff.

[47] Etwa ADS[6] §250 Rdn 89; Beck-HdR-*Hayn* B 218 Rdn 76; HdR-EA/*Trützschler* § 250 (Stand März 2010) Rdn 80; wN, auch zu abweichenden Ansichten bei *Kramer* True and Fair View S. 136 f u. HdJ-*Tiedchen* II/11, Rdn 193 ff; s.a. noch BGHZ 111, 287, 288 ff = NJW 1990, 2250; BGHZ 133, 355, 358 = NJW 1996, 3337; *Herzig/Joisten* DB 2011, 1014 ff.

[48] Näher ADS[6] § 253 Rdn 85 ff; MünchKomm-AktG[2]/*Hennrichs* § 250 HGB Rdn 38; *Ulmer/Ihrig* ZIP 1985, 1169, 1173 ff; HdJ-*Tiedchen* II/11, Rdn 190 mwN; s.a. schon IDW-HFA, Stellungnahme 1/1986: Zur Bilanzierung von Zero-Bonds (WPg 1986, 248).

31 **3. Bildung und Auflösung des Abgrenzungspostens.** Im Gegensatz zu Abs. 1 (Ansatzpflicht) gewährt Abs. 3 ein **Aktivierungswahlrecht**. Angesichts des Charakters des Unterschiedsbetrages (echter Rechnungsabgrenzungsposten, s.o. Rdn 29) ist das zwar inkonsequent, als klare Entscheidung des Gesetzgebers aber zu respektieren.[49] Vor Inkrafttreten des BilMoG wurde überwiegend auch eine Teilaktivierung des Unterschiedsbetrages als zulässig angesehen.[50] Zudem sollte das Wahlrecht für jedes aufgenommene Darlehen neu wahrgenommen werden können,[51] freilich nur in dem Jahr , in dem das Darlehen ausgegeben wird. Eine Nachholung der Rechnungsabgrenzung in späteren Geschäftsjahren ist nicht zulässig.[52]

32 Der Gesetzgeber des BilMoG hat indes das **Gebot der Ansatzstetigkeit** kodifiziert (§ 246 Abs. 3), mit dem sich die Aktivierung von Teilbeträgen einzelner Disagien nicht mehr vereinbaren lässt; das Wahlrecht kann deshalb nur noch hinsichtlich des gesamten Unterschiedsbetrages ausgeübt werden.[53] Das Gebot zur stetigen Ausübung des Aktivierungswahlrechts aus Abs. 3 steht aber ebenso der bislang herrschenden Ansicht entgegen, das Wahlrecht könne für jeden Unterschiedsbetrag i.S.d. Abs. 3 neu wahrgenommen werden.[54]

33 Für mittelgroße und große Kapitalgesellschaften (vgl. § 274a Nr. 4 i.V.m. § 267 Abs. 2 u. 3) – sowie die ihnen nach § 264a gleichgestellten Personenhandelsgesellschaften jener Größenklassen, Genossenschaften (§ 336 Abs. 2) und die unter das PublG fallenden Unternehmen (§ 5 Abs. 1 S. 2 PublG) sowie Kreditinstitute, Finanzdienstleistungsinstitute und Versicherungsunternehmen (§§ 340a Abs. 1, 341a Abs. 1) – besteht nach **§ 268 Abs. 6** die Verpflichtung, ein aktiv abgegrenztes Disagio unter dem Rechnungsabgrenzungsposten gesondert auszuweisen oder im Anhang anzugeben; dabei ist eine Zusammenfassung verschiedener Disagiobeträge zulässig.[55]

34 Der Unterschiedsbetrag ist nach Abs. 3 S. 2 durch **planmäßige jährliche Abschreibungen** zu tilgen, die auf die gesamte Laufzeit der Verbindlichkeit verteilt werden können.

---

49 Die Interpretation als (umfassendes) Aktivierungswahlrecht entspricht der Konzeption des BiRiLiG (vgl. Begründung zum RegE bei *Biener/Berneke* Bilanzrichtlinien-Gesetz [1986] S. 87) u. der ganz herrschenden Ansicht im Schrifttum, statt anderer ADS[6] § 250 Rdn 85; Beck BilKomm[8]-*Ellrott/Krämer* § 250 Rdn 38; stark einschränkend indes MünchKommAktG[2]/*Hennrichs* § 250 HGB Rdn 41; *ders.* Wahlrechte S. 416 ff.

50 S. etwa ADS[6] § 250 Rdn 85; Beck BilKomm[6]-*Ellrott/Krämer* § 250 Rdn 61 u. die Nachw. 4. Aufl. § 250, 37; aA Baumbach/Hueck/*Schulze-Osterloh* GmbHG[18] § 42 Rdn 186; HdJ-*Tiedchen* II/11, Rdn 203. Für Zulässigkeit der Teilaktivierung auch unter der Geltung des neuen Rechts Petersen/Zwirner/Brösel/*Heine/Zenger* SystPraxisKomm (2010) § 250 Rdn 36; HdR-EA/*Trützschler* § 250 (Stand März 2010) Rdn 82.

51 Heymann[2]/*Walz* § 250 Rdn 18; HdJ-*Tiedchen* II/11 (2006), Rdn 202 mwN; ebenso unter der Geltung des neuen Rechts HdR-EA/*Trützschler* § 250 (Stand März 2010) Rdn 82; unter Verweis auf den „Wortlaut der Vorschrift" auch Beck BilKomm[8]-*Ellrott/Krämer* § 250 Rdn 40.

52 ADS[6] § 250 Rdn 85; Beck BilKomm[8]-*Ellrott/Krämer* § 250 Rdn 40; HdJ-*Tiedchen* II/11, Rdn 204.

53 MünchKommHGB[3]-*Ballwieser* § 250 Rdn 16; Haufe HGB BilKomm[3]/*Bertram* § 250 Rdn 17; Beck BilKomm[8]-*Ellrott/Krämer* § 250 Rdn 38; Baetge/Kirsch/Thiele/*Hömberg/König* § 250 (Stand Juli 2009) Rdn 94.1; WP-Handbuch I[14] Tz E 274.

54 Gleichsinnig MünchKommHGB[3]-*Ballwieser* § 250 Rdn 16; Haufe HGB BilKomm[3]/*Bertram* § 250 Rdn 17; Baetge/Kirsch/Thiele/*Hömberg/König* § 250 (Stand Juli 2009) Rdn 86.1 u. 94.1, die stetige Wahrnehmung des Wahlrechts für die einzelnen „Disagienkategorien" verlangen; großzügiger Beck BilKomm[8]-*Ellrott/Krämer* § 250 Rdn 40: „eine einheitliche Vorgehensweise in einem Geschäftsjahr ist … zumindest zu empfehlen".

55 HdJ-*Tiedchen* II/11, Rdn 205 mwN.

Die Abschreibung hat kontinuierlich nach Maßgabe eines Abschreibungsplans zu erfolgen, wobei die festgelegte Abschreibungszeit die Laufzeit der Verbindlichkeit unterschreiten darf;[56] Fälligkeitsdarlehen sind linear, Tilgungsdarlehen annuitätisch abzuschreiben.[57]

Außerplanmäßige Abschreibungen sind geboten, wenn die Verbindlichkeit vorzeitig (ganz oder teilweise) getilgt wird, das Zinsniveau erheblich sinkt oder die Laufzeit der Verbindlichkeit verkürzt wird.[58] Ein Teil des Schrifttums lässt darüber hinaus auch *freiwillige* außerplanmäßige Abschreibungen zu: Weil der Gesetzgeber die aktivische Rechnungsabgrenzung des Unterschiedsbetrages nach Abs. 3 als Wahlrecht ausgestaltet habe und damit selbst der Nichtansatz eines Abgrenzungspostens möglich sei, müsse auch eine jährliche Abschreibung zugelassen werden, welche die Höhe der planmäßigen Abschreibungsbeträge überschreite.[59] Dem ist nicht zu folgen. Das Gesetz verlangt die „planmäßige" Abschreibung; willkürliche Durchbrechungen des Abschreibungsplans lassen sich damit nicht vereinbaren.[60] Wollte man freiwillige außerplanmäßige Abschreibungen gleichwohl zulassen, müssten Kapitalgesellschaften (und ihnen gleichgestellte Unternehmen) Abweichungen vom Abschreibungsplan jedenfalls im Anhang erläutern.[61] 35

4. Passivische Abgrenzung des Unterschiedsbetrages in der Bilanz des Gläubigers. Aus der Sicht des Gläubigers ist der einbehaltene Unterschiedsbetrag wegen seines Charakters als zusätzlicher Zins eine Einnahme, die Ertrag für eine bestimmte Zeit nach dem Abschlussstichtag (nämlich für die weitere Laufzeit der Verbindlichkeit) darstellt. Wo der Gläubiger die Ausleihung mit dem höheren Erfüllungsbetrag aktiviert, wird ihm verbreitet ein *Wahlrecht* zur passivischen Rechnungsabgrenzung des Unterschiedsbetrags zugebilligt.[62] Da § 250 Abs. 2 jedoch eine Ansatzpflicht statuiert (s.o. Rdn 22), sofern die Voraussetzungen transitorischer Rechnungsabgrenzung auf der Passivseite vorliegen, bejahen andere mit guten Gründen eine *Passivierungspflicht*.[63] 36

---

[56] ADS[6] § 250 Rdn 90; Beck BilKomm[8]-*Ellrott/Krämer* § 250 Rdn 46; Beck-HdR-*Hayn* B 218 Rdn 77; HdR-EA/*Trützschler* § 250 (Stand März 2010) Rdn 88.

[57] S. dazu die einschlägigen Berechnungsformeln bei ADS[6] § 250 Rdn 91 ff; *Glade* Praxishandbuch[2] § 250 Rdn 52 f; HdR-EA/*Trützschler* § 250 (Stand März 2010) Rdn 87.

[58] ADS[6] § 250 Rdn 98; Beck BilKomm[6]-*Ellrott/Krämer* § 250 Rdn 49; Beck-HdR-*Hayn* B 218 Rdn 78; HdR-EA/*Trützschler* § 250 (Stand März 2010) Rdn 89; einschränkend HdJ-*Tiedchen* II/11, Rdn 210 ff, die bei Änderung des Zinsniveaus nur die Bildung einer Drohverlustrückstellung zulassen will.

[59] In diesem Sinne etwa ADS[6] § 250 Rdn 99; HdR-*Trützschler* § 250 (Stand März 2010) Rdn 85; *Veit* BB 1989, 524, 525; WP-Handbuch I[14] Tz E 275; trotz Bedenken auch Beck BilKomm[8]-*Ellrott/Krämer* § 250 Rdn 76 f; ferner *Glade* Praxishandbuch[2] § 250 Rdn 62; Petersen/Zwirner/Brösel/*Heine*/*Zenger* SystPraxisKomm (2010) § 250 Rdn 42.

[60] Mit Recht kritisch deshalb MünchKomm-HGB[3]/*Ballwieser* § 250 Rdn 19; *Kothes* Wahlrechtsproblematik, S. 198; Baumbach/Hueck/*Schulze-Osterloh* GmbHG[18] § 42 Rdn 186; HdJ-*Tiedchen* II/11, Rdn 214; s.a. schon *Kropff* in Geßler/Hefermehl/Eckardt/Kropff AktG § 156 Rdn 25; wie hier auch MünchKommAktG[2]/*Hennrichs* § 250 HGB Rdn 44; Baetge/Kirsch/Thiele/*Hömberg/König* § 250 (Stand Juli 2009) Rdn 100.

[61] ADS[6] § 250 Rdn 100.

[62] S. etwa Beck BilKomm[8]-*Ellrott/Krämer* § 250 Rdn 53; wN bei HdJ-*Tiedchen* II/11, Rdn 218.

[63] *Meyer-Scharenberg* DStR 1991, 754, 755; HdJ-*Tiedchen* II/11, Rdn 220; gleichsinnig MünchKommAktG[2]/*Hennrichs* § 250 HGB Rdn 45.

§ 251
Haftungsverhältnisse

Unter der Bilanz sind, sofern sie nicht auf der Passivseite auszuweisen sind, Verbindlichkeiten aus der Begebung und Übertragung von Wechseln, aus Bürgschaften, Wechsel- und Scheckbürgschaften und aus Gewährleistungsverträgen sowie Haftungsverhältnisse aus der Bestellung von Sicherheiten für fremde Verbindlichkeiten zu vermerken. Haftungsverhältnisse sind auch anzugeben, wenn ihnen gleichwertige Rückgriffsforderungen gegenüberstehen.

Schrifttum

Bordt Die Eventualverbindlichkeiten, HdJ Abt. III/9 (2000); *G.Fey* Grundsätze ordnungsmäßiger Bilanzierung für Haftungsverhältnisse (1989); *ders.* Probleme bei der Rechnungslegung von Haftungsverhältnissen, WPg 1992, 1; *Roß* Angabepflicht gesetzlicher Haftungen als Haftungsverhältnis i.S. der §§ 251, 268 Abs. 7 HGB, DB 2011, 2219; *Schubert* Der Ansatz von gewissen und ungewissen Verbindlichkeiten in der HGB-Bilanz (2008); *Wiehn* Haftungsverhältnisse, Beck-HdR B 250 (2010).

Übersicht

I. Grundlagen

1 **1. Inhalt und Zweck der Regelung.** Die – für alle Rechnungslegungspflichtigen geltende – Vorschrift verlangt für bestimmte Verbindlichkeiten und Haftungsverhältnisse des bilanzierenden Unternehmens den Ausweis unter der (Passivseite der) Bilanz, sofern die betreffende Verpflichtung nicht auf der Passivseite selbst auszuweisen ist. Die Regelung setzt (in Verbindung mit den ergänzenden Bestimmungen des § 268 Abs. 7; s. sogleich Rdn 3) Art. 14 der 4. EG-Richtlinie (**Jahresabschlussrichtlinie 78/660/EWG**[1])

[1] Zuletzt geändert durch Richtlinie 2012/6/EU vom 14.3.2012 (ABl. L 81 vom 21.3.2012, S. 3).

um und entspricht dem früheren § 151 Abs. 5 AktG 1965. Der **Ausweis unter der Bilanz** („unter-dem-Strich-Vermerk") dient der Information über den Bestand spezifischer Haftungsrisiken, aus denen eine Inanspruchnahme zwar rechtlich möglich ist, mit deren Realisierung der Bilanzierende zum Abschlussstichtag jedoch (noch) nicht zu rechnen hat. Ebenso wie das Gebot zur Passivierung einer Verbindlichkeit (s. § 246, 32 ff) oder zur Bildung bestimmter Rückstellungen (s. § 249, 27 ff) knüpft auch die Ausweispflicht nach § 251 an eine Verpflichtung des Kaufmanns an. Ist mit einer Inanspruchnahme hinreichend wahrscheinlich zu rechnen, die Verpflichtung in Bestand oder Höhe jedoch noch ungewiss, ist eine Verbindlichkeitsrückstellung zu bilden. Ist die Verpflichtung in Bestand und Höhe gewiss, muss eine Verbindlichkeit passiviert werden. Wo mit der Inanspruchnahme indes nicht konkret zu rechnen ist, genügt der Ausweis unter der Bilanz. In diesem Sinne wird zur Kennzeichnung der vermerkpflichtigen Tatbestände verbreitet von „*Eventualverbindlichkeiten*" gesprochen[2] (in internationaler Terminologie: „off-balance-sheet-risks").

Freilich besteht diese Ausweispflicht nur für spezifische **Verpflichtungen aus Verträgen**. Das Gesetz nennt die Verbindlichkeiten aus der Begebung und Übertragung von Wechseln, aus Bürgschaften, Wechsel- und Scheckbürgschaften, aus Gewährleistungsverträgen sowie Haftungsverhältnisse aus der Bestellung von Sicherheiten für fremde Verbindlichkeiten. Der Begriff „Haftungsverhältnisse" ist ein Oberbegriff.[3] Der Gesetzgeber hat die Vermerkpflicht aber auf solche Haftungsverhältnisse beschränken wollen, mit denen der Rechtsverkehr nicht schon ohnehin generell zu rechnen hat (näher zur Abgrenzung der vermerkpflichtigen Tatbestände s.u. Rdn 11 ff). 2

2. Ergänzungen für Kapitalgesellschaften und gleichgestellte Unternehmen. Für **Kapitalgesellschaften** und die ihnen nach § 264a gleichgestellten Personenhandelsgesellschaften ohne mindestens eine natürliche Person als „Vollhafter" sowie für eingetragene Genossenschaften (§ 336 Abs. 2) und Unternehmen, die unter das PublG fallen (§ 5 Abs. 1 S. 2 PublG), wird die Regelung durch *§ 268 Abs. 7* ergänzt. Sie müssen die in § 251 bezeichneten Haftungsverhältnisse jeweils gesondert unter Angabe der gewährten Pfandrechte und sonstigen Sicherheiten angeben, können dem aber wahlweise durch entsprechenden Ausweis unter der Bilanz oder im Anhang nachkommen. Bestehen solche Verpflichtungen gegenüber verbundenen Unternehmen, so sind sie gesondert anzugeben. Die Regelung des § 268 Abs. 7 ist nicht in den Katalog der größenabhängigen Erleichterungen nach § 274a aufgenommen worden. Gleichwohl ist für *kleine Kapitalgesellschaften* (§ 267 Abs. 1) eine Verpflichtung zum gesonderten Ausweis der einzelnen Haftungsverhältnisse und der Verpflichtungen gegenüber verbundenen Unternehmen zu verneinen, weil sie – nach ausdrücklicher Bestimmung des § 266 Abs. 1 S. 3 – schon in der Bilanz weder ihre Verbindlichkeiten aufzuschlüsseln, noch solche gegenüber verbundenen Unternehmen gesondert auszuweisen haben.[4] 3

Mittelgroße und große Kapitalgesellschaften (§ 267 Abs. 2 u. 3), die ihnen nach § 264a gleichgestellten Personenhandelsgesellschaften dieser Größenklassen und alle von § 5 Abs. 2 PublG erfassten Unternehmen müssen nach §§ 285 Nr. 3a, 288 zudem im Anhang den Gesamtbetrag der sonstigen finanziellen Verpflichtungen („sonstige Haftungsverhältnisse") angeben, die nicht in der Bilanz erscheinen und auch nicht nach 4

[2] Statt anderer HdJ-*Bordt* III/9, Rdn 1.
[3] Heymann[2]/*Walz* § 251 Rdn 3.
[4] Übereinstimmend etwa ADS[6] § 268 Rdn 125; HdJ-*Bordt* III/9, Rdn 28 u. 35; Beck BilKomm[8]-*Ellrott* § 268 Rdn 123; Baumbach/Hueck/*Schulze-Osterloh* GmbHG[18] § 42 Rdn 311.

§ 251 anzugeben sind, sofern diese Angabe für die Beurteilung der Finanzlage von Bedeutung ist; davon sind Verpflichtungen gegenüber verbundenen Unternehmen gesondert anzugeben (s. die Erläuterungen zu § 285 Nr. 3a). Schließlich besteht – größenunabhängig – für alle Kapitalgesellschafen (und gleichgestellten) Unternehmen die Verpflichtung, im Anhang Angaben über die zugunsten ihrer Organmitglieder eingegangenen Haftungsverhältnisse zu machen: § 285 Nr. 9c.

5 Für den **Konzernabschluss** gelten entsprechende Vermerk- und Berichtspflichten nach Maßgabe der §§ 298 Abs. 1, 314 Abs. 1 Nr. 2a/6c. Für **Kreditinstitute, Finanzdienstleistungsinstitute und Versicherungsunternehmen** bestehen im Übrigen Sonderregelungen nach Maßgabe von §§ 340a Abs. 2 S. 2, 341a Abs. 2 S. 2 i.V.m. mit den einschlägigen Rechtsverordnungen (s. die Erläuterungen zu den genannten Vorschriften).

II. Voraussetzungen der Vermerkpflicht

6 **1. Überblick.** Die Vermerkpflicht aus S. 1 der Vorschrift erfasst keineswegs alle zum Abschlussstichtag existenten Haftungsrisiken, sondern ist an eine *Reihe einschränkender Voraussetzungen* geknüpft. Der „unter-dem-Strich-Vermerk" entfällt von vornherein für solche Verpflichtungen, die – als Verbindlichkeiten oder in Form von Rückstellungen – schon in der Bilanz selbst auszuweisen sind (Rdn 7). Die vermerkpflichtigen Haftungsverhältnisse müssen sich zum Abschlussstichtag rechtlich hinreichend konkretisiert haben; dabei kann die Vermerkpflicht auch dort zu bejahen sein, wo die Haftungsverbindlichkeit rechtlich (noch) nicht entstanden ist (Rdn 8). Haftungsrisiken aus schwebenden Geschäften sind jedoch nicht vermerkpflichtig (Rdn 10). Im Übrigen gilt es die vermerkpflichtigen von den nicht vermerkpflichtigen Haftungsverhältnissen abzugrenzen (Rdn 11 ff). Der Katalog in S. 1 der Vorschrift erfasst vertragliche Haftungsübernahmen, und zwar überwiegend solche für fremde Verbindlichkeiten. Gesetzliche Haftungsrisiken – etwa aus der Gefährdungshaftung des Kfz-Halters – sind nicht vermerkpflichtig (Rdn 13). Umstritten ist, ob auch gesetzliche Haftungsfolgen aus bestehenden vertraglichen Bindungen die Vermerkpflicht auslösen (Rdn 14 f).

7 **2. Fehlende Passivierungspflicht.** Für Verbindlichkeiten, die auf der *Passivseite* der Bilanz *erfolgswirksam* zu buchen sind, besteht keine zusätzliche Vermerkpflicht. Das gilt uneingeschränkt freilich nur dort, wo der volle Betrag der möglichen Haftung als Verbindlichkeit oder in Form einer Rückstellung passiviert wurde. Ist – etwa im Rahmen einer Rückstellung entsprechend dem Grad der Wahrscheinlichkeit einer Inanspruchnahme – nur ein Teilbetrag erfolgswirksam gebucht worden, so muss der nicht passivierte Restbetrag der rechtlich möglichen Haftung durch einen Vermerk unter der Bilanz ausgewiesen werden. Andernfalls würde die Bilanz das bestehende Haftungsrisiko nur zu einem Teil dokumentieren. Das in S. 1 der Vorschrift enthaltene „sofern" ist deshalb im Sinne von „soweit" zu verstehen.[5]

8 **3. Konkretisierung des Haftungsverhältnisses zum Abschlussstichtag.** Das Gesetz knüpft die Vermerkpflicht an bestimmte Verbindlichkeiten bzw. Haftungsverhältnisse. Ihre rechtliche Grundlage muss am Abschlussstichtag bereits gelegt sein, ohne dass die Verpflichtung jedoch notwendig rechtlich entstanden sein muss. Es genügt, dass seitens

---

[5] ADS[6] § 250 Rdn 6; HdJ-*Bordt* III/9, Rdn 19; Beck BilKomm[8]-*Ellrott* § 251 Rdn 3; HdR-EA/*D. Fey* § 251 (Stand Februar 2011) Rdn 20; Beck-HdR-*Wiehn* B 250 Rdn 15.

des Bilanzierenden eine haftungsbegründende **Bindung** eingegangen worden ist, mag die vollständige Entstehung des Verpflichtungstatbestandes auch noch von weiteren, seinem Einfluss entzogenen Umständen – Annahmeerklärung seitens des Vertragspartners, Eintritt einer aufschiebenden Bedingung etc. – abhängen.[6] Ebensowenig setzt die Vermerkpflicht voraus, dass die Schuld eines Dritten, auf die sich die Haftungsübernahme durch den Bilanzierenden bezieht, rechtlich entstanden ist. Manche wollen eine Vermerkpflicht in diesen Fällen allerdings nur dann bejahen, wenn der Dritte die Hauptschuld in seiner Bilanz bereits zu passivieren hat.[7] Doch wird diese Einschränkung dem Zweck des „unter-dem-Strich-Vermerks" nicht gerecht. Er soll über die rechtlich mögliche Inanspruchnahme aus spezifischen Haftungsverhältnissen informieren, obgleich der Bilanzierende mit einer Inanspruchnahme gerade (noch) nicht rechnen muss. Die (noch) fehlende Wahrscheinlichkeit einer Inanspruchnahme des Dritten aus der Hauptschuld, die einer Passivierung in dessen Bilanz entgegensteht, kann die Vermerkpflicht des Bilanzierenden deshalb nicht beseitigen. Denn die rechtliche Grundlage eines Haftungsrisikos zu seinen Lasten ist gelegt; nur darauf kommt es an.[8]

Eine **Vermerkpflicht entfällt** nur dort, wo schon die Möglichkeit einer Inanspruch- **9**
nahme aus einem abstrakt vermerkpflichtigen Haftungsverhältnis zu verneinen (etwa aufgrund eines konkret vereinbarten Haftungsausschlusses) oder wo sie allein vom Willen des Bilanzierenden abhängig ist.[9] Die Strittigkeit eines Haftungsverhältnisses beseitigt die Vermerkpflicht indes nicht.[10]

4. Schwebende Geschäfte. Risiken aus *schwebenden Geschäften* (zu ihnen s. § 246, **10**
59 ff) begründen eine Vermerkpflicht nach § 251 nicht.[11] Für drohende Verluste aus schwebenden Geschäften ist eine Rückstellung nach Maßgabe von § 249 Abs. 1 S. 1, 2. Alt. zu bilden (näher § 249, 63 ff). Der im Übrigen geltende Grundsatz des Nichtausweises schwebender Geschäfte (s. § 246, 59) wird von der Vermerkpflicht aus § 251 nicht durchbrochen.

5. Abgrenzung der vermerkpflichtigen Verbindlichkeiten und Haftungsverhältnisse

a) Vertragliche Haftungsübernahmen. Die in § 251 genannten Verbindlichkeiten und **11**
Haftungsverhältnisse beruhen auf *vertraglicher Grundlage*. Vermerkpflichtig im Sinne der Vorschrift sind nur Verbindlichkeiten und Haftungsverhältnisse, die unter eine der vier im Gesetz genannten Fallgruppen (zu ihnen s.u. Rdn 16 ff) subsumiert werden können.[12] Nach näherer Bestimmung des § 285 Nr. 3a haben jedoch bestimmte Kapitalgesellschaften und gleichgestellte Unternehmen über „sonstige finanzielle Verpflichtungen, die ... nicht nach § 251 anzugeben sind", im Anhang zu berichten (s. schon oben Rdn 4).

---

6 ADS[6] § 251 Rdn 12; HdJ-*Bordt* III/9, Rdn 7 f; Beck BilKomm[8]-*Ellrott* § 251 Rdn 6; HdR-EA/*D. Fey* § 251 (Stand Februar 2011) Rdn 26.

7 So etwa ADS[6] § 251 Rdn 13; HdJ-*Bordt* III/9, Rdn 9; Beck BilKomm[8]-*Ellrott* § 251 Rdn 6; aA MünchKommAktG[2]/*Hennrichs* § 251 HGB Rdn 26.

8 I.E. wie hier HdR-EA/*D. Fey* § 251 (Stand Februar 2011) Rdn 27; *G.Fey*, Haftungsverhältnisse S. 90 ff; zustimmend KölnKomm-RLR/*Printz* § 251 Rdn 8; *Schubert* Verbindlichkeiten S. 85 f.

9 HdR-EA/*D. Fey* § 251 (Stand Februar 2011) Rdn 34 mwN.

10 Beck BilKomm[8]-*Ellrott* § 251 Rdn 4; HdR-EA/*D. Fey* § 251 (Stand Februar 2011) Rdn 26.

11 ADS[6] § 251 Rdn 4; HdJ-*Bordt* III/9, Rdn 6; Beck BilKomm[8]-*Ellrott* § 251 Rdn 2; HdR-EA/*D. Fey* § 251 (Stand Februar 2011) Rdn 30; Beck-HdR-*Wiehn* B 250 Rdn 6.

12 Vgl. statt anderer HdR-EA/*D. Fey* § 251 (Stand Februar 2011) Rdn 2 u. 39 mwN.

12 Die nach § 251 vermerkpflichtigen Tatbestände begründen ganz überwiegend eine mögliche Haftung für **fremde Verbindlichkeiten**; allein die Fallgruppe der Verbindlichkeiten aus Gewährleistungsverträgen schließt unter bestimmten Voraussetzungen auch eine Haftung für eigene Leistungen ein: nämlich dort, wo die entsprechenden Haftungsrisiken nicht mehr betriebs- oder branchenüblich sind (näher Rdn 18). Diese Einschränkung erklärt sich aus dem Zweck der Vermerkpflicht, die nicht schon für solche Haftungsrisiken besteht, die ohnehin üblich sind und vom Gesetzgeber deshalb nicht als generell ausweisbedürftig angesehen werden.[13]

13 b) **Nicht vermerkpflichtige Haftungsrisiken.** Außer üblichen Gewährleistungsverpflichtungen für eigene Leistungen (s.o. Rdn 12) sind unstreitig nicht vermerkpflichtig potentielle Risiken einer (außervertraglichen) Haftung auf gesetzlicher Grundlage, etwa aus einer möglichen Gefährdungshaftung, aus deliktischer Haftung wegen Verkehrspflichtverletzung oder aus steuerrechtlichen bzw. anderen öffentlich-rechtlichen Vorschriften.[14] Droht insoweit eine Inanspruchnahme oder ist sie gar sicher, so ist eine Rückstellung zu bilden bzw. eine Verbindlichkeit zu passivieren. Liegen diese Voraussetzungen aber noch nicht vor, finden die Risiken gesetzlicher Haftung keinen Niederschlag in der Bilanz. Denn mit der Existenz solcher Haftungsrisiken muss der Rechtsverkehr allgemein rechnen.

14 c) **Gesetzliche Haftungsfolgen aus vertraglichen Bindungen.** Im Zentrum der in § 251 genannten Verpflichtungstatbestände stehen Fälle, in denen die Haftungsübernahme für den zugrundeliegenden Vertrag typusprägend oder gar primärer Vertragszweck ist. Hieraus wird von der heute **ganz überwiegenden Ansicht** geschlossen, dass eine Vermerkpflicht nicht besteht, wenn die Haftung für fremde Verbindlichkeiten lediglich gesetzliche Folge eines eingegangenen Vertragsverhältnisses ist. In der Konsequenz werden Fälle der gesetzlich angeordneten Mithaftung für fremde Schuld nicht als vermerkpflichtig angesehen. Das soll nicht nur für Haftungsrisiken aus Beteiligungen an Personenhandelsgesellschaften (§ 128 bzw. §§ 171, 172), sondern auch für solche aus Eingliederungstatbeständen (§ 322 AktG) und Spaltungen (§ 133 UmwG) oder für die gesellschaftsrechtlichen Haftungstatbestände der §§ 65 AktG; 22, 24 GmbHG gelten.[15] Unter den Voraussetzungen des § 285 Nr. 3a (s.o. Rdn 4) seien allein Angaben im Anhang geboten.[16]

15 **Kritik.** Es ist indes nicht zu rechtfertigen, solche spezifischen Haftungsrisiken im Rechenwerk der Bilanz ggf. (nämlich soweit es an einer Passivierungspflicht noch fehlt) völlig unberücksichtigt zu lassen. Denn es handelt sich keineswegs um übliche Risiken, mit denen der Rechtsverkehr ohnehin generell rechnen muss. In den Fällen der gesamt-

---

13 ADS[6] § 250 Rdn 62; HdJ-*Bordt* III/9, Rdn 56; Beck BilKomm[8]-*Ellrott* § 251 Rdn 5 u. 26; HdR-EA/*D. Fey* § 251 (Stand Februar 2011) Rdn 35 u. 50; *G. Fey* WPg 1992, 1, 2 f, je mwN.

14 ADS[6] § 250 Rdn 10; Beck BilKomm[8]-*Ellrott* § 251 Rdn 5; HdR-EA/*D. Fey* § 251 (Stand Februar 2011) Rdn 21; Beck-HdR-*Wiehn* B 250 Rdn 11.

15 ADS[6] § 250 Rdn 10; HdJ-*Bordt* III/9, Rdn 53; MünchKommAktG[2]/*Hennrichs* § 251 HGB Rdn 40 ff; *Hoffmann/Lüdenbach* NWB KommBilanzierung[3] § 251 Rdn 9; Baetge/Kirsch/Thiele/*Karrenbrock* § 251 (Stand Januar 2012) Rdn 24; BoHdR-*Kirsch* § 251 (Stand August 2011) Rdn 12; Beck-HdR-*Wiehn* B 250 Rdn 11; ferner etwa MünchKommHGB[3]/*Ballwieser* § 251 Rdn 11; Beck BilKomm[8]-*Ellrott* § 251 Rdn 4 f, 25; Haufe HGB BilKomm[3]-*Heininger* § 251 Rdn 22 sowie die Nachw. bei *Bordt* aaO Fn 59.

16 HdJ-*Bordt* III/9, Rdn 53; MünchKommAktG[2]/*Hennrichs* § 251 HGB Rdn 42.

schuldnerischen Mithaft (etwa nach § 128; §§ 322 AktG; 133 UmwG) ist an sich sogar ein passivischer Ausweis in der Bilanz selbst geboten, weil der Schuldner primär und unmittelbar haftet. Weil die Mithaft jedoch wirtschaftlich lediglich der Sicherung des Schuldners dient, ist für den Bilanzausweis auch hier die Anwendung des § 251 sachgerecht, so lange mit einer Inanspruchnahme des Mithaftenden noch nicht zu rechnen ist;[17] der „unter-dem-Strich-Vermerk" informiert dann über die bestehende latente Belastung des rechnungslegungspflichtigen Unternehmens. Die in Rdn 14 genannten Fälle der gesetzlich angeordneten Mithaftung sind angesichts des durch § 251 verfolgten Zwecks als „Verpflichtungen aus Gewährleistungsverträgen" im Sinne jener Vorschrift anzusehen, selbst wenn die Haftungsrisiken hier nur als gesetzliche (Neben-)Folgen einer vertraglichen Bindung entstehen.[18] Die gesetzliche Regelung in § 285 Nr. 3a kann dem nicht überzeugend entgegen gehalten werden.[19] Denn diese bezieht sich allein auf „sonstige finanzielle Verpflichtungen", die nicht schon nach § 251 anzugeben sind. Welche Verpflichtungen von § 251 erfasst werden, ist also vorrangig im Wege der *Auslegung* zu klären. Nach hier vertretener Ansicht (s. schon 4. Aufl. Rdn 15) fallen unter die „Verpflichtungen aus Gewährleistungsverträgen" i.S.d. § 251 auch solche Haftungsrisiken, die gesetzliche Folge gerade eines geschlossenen *Vertrages* sind und mit denen der Rechtsverkehr nicht schon generell rechnen muss. Dazu zählt auch die gesamtschuldnerische Mithaft der an einer Spaltung beteiligten Rechtsträger nach § 133 UmwG, welche deshalb ebenfalls vermerkpflichtig ist.[20] Die wechselnde Position, die der HFA des IDW in eben dieser Frage eingenommen hat,[21] darf im Übrigen als Indiz dafür gelten, auf welch schwankendem Fundament sich die herrschende Lehre bewegt, soweit sie gesetzlich normierte (obwohl auf dem Abschluss eines Vertrages beruhende) Haftungsrisiken generell vom Anwendungsbereich des § 251 ausnehmen will.

6. Die einzelnen vermerkpflichtigen Verbindlichkeiten und Haftungsverhältnisse

a) **Verbindlichkeiten aus der Begebung und Übertragung von Wechseln** betreffen das Wechselobligo des Ausstellers (Art. 9 Abs. 1 WG) und des Indossanten (Art. 15 Abs. 1 WG), sofern der Indossant seine wechselmäßige Haftung nicht in gehöriger Form ausgeschlossen hat.[22] Vermerkpflichtig ist an sich der Gesamtbetrag der Haftung, wobei die **16**

17 S. dazu auch *Kleindiek* ZGR 1992, 513, 526 f; *Kropff* in Geßler/Hefermehl/Eckardt/Kropff AktG § 151 Rdn 134.

18 Übereinstimmend HdR-EA/*D. Fey* § 251 (Stand Februar 2011) Rdn 23 f u. 58; *Kropff* in Geßler/Hefermehl/Eckardt/Kropff AktG § 151 Rdn 134; Baumbach/Hueck/*Schulze-Osterloh* GmbHG[18] § 42 Rdn 309; für eine entsprechend extensive Interpretation schon *Biener/Berneke* Bilanzrichtlinien-Gesetz (1986) S. 88 Anm. 4 („auch gesetzliche Mithaftungen für fremde Schulden dürften einzubeziehen sein") u. ausführlich *G. Fey* Haftungsverhältnisse S. 78 ff; *ders.* WPg 1992, 1, 3; im Ausgangspunkt ebenso zuletzt *Roß* DB 2011, 2219, 2220 u. 2221.

19 So aber MünchKommAktG[2]/*Hennrichs* § 251 HGB Rdn 41.

20 S. etwa *Priester* in Lutter (Hrsg.), Kölner Umwandlungsrechtstage: Verschmelzung, Spaltung, Formwechsel (1995) S. 154 f; *Schulze-Osterloh* ZGR 1993, 420, 449 ff; Baumbach/Hueck/*ders.* GmbHG[18] § 42 Rdn 309; ferner Beck BilKomm[8]-*Ellrott* § 251 Rdn 36; Petersen/Zwirner/Brösel/*Heine/Zenger* SystPraxisKomm (2010) § 251 Rdn 63; unklar Lutter/*Schwab* UmwG[4], § 133 Rdn 85.

21 Eine Vermerkpflicht bejahend IDW-HFA, Stellungnahme 1/1998: Zweifelsfragen bei Spaltungen (WPg 1998, 508), Tz 5; nunmehr verneinend indes IDW RS HFA 43: Auswirkungen einer Spaltung auf den handelsrechtlichen Jahresabschluss (Stand 6.9.2012; FN-IDW 2012, 714 ff; WPg Supplement 2012, 104), Tz 30.

22 Zu (teils strittigen) Einzelheiten s. etwa ADS[6] § 251 Rdn 38; HdJ-*Bordt* III/9, Rdn 37; Beck BilKomm[8]-*Ellrott* § 251 Rdn 15; HdR-EA/*D. Fey* § 251 (Stand Februar 2011)

Praxis die schwer schätzbaren Nebenkosten (Zinsen, Protestkosten etc.) freilich im Rahmen einer Rückstellung für Risiken im Wechselobligo berücksichtigt und für den „unter-dem-Strich-Vermerk" nur die Wechselsumme heranzieht.[23] Das Wechselobligo erlischt mit der Einlösung des Wechsels, dessen genauer Zeitpunkt vielfach nicht bekannt ist. Mit Blick auf die kurzen Fristen für die Benachrichtigung der Vormänner (Art. 45 WG) nimmt die Bilanzierungspraxis ein Erlöschen des Obligos und damit ein Ende der Vermerkpflicht fünf Tage nach dem Verfalltag an.[24]

17 b) **Verbindlichkeiten aus Bürgschaften, Wechsel- und Scheckbürgschaften** sind solche aus Art. 30 ff WG bzw. Art. 25 ff ScheckG sowie nach §§ 765 ff BGB. Die spezifische Ausgestaltung der Bürgschaft (Nach-, Rück-, Ausfallbürgschaft etc.) ist auf die Vermerkpflicht ohne Einfluss. Bürgschafts*ähnliche* Rechtsverhältnisse können als Verbindlichkeiten aus Gewährleistungsverträgen (s.u. Rdn 18) vermerkpflichtig sein.[25] Für die Bemessung der Bürgenverpflichtung ist der aktuelle Bestand der Hauptverbindlichkeit am Abschlussstichtag maßgeblich;[26] bei Höchstbetragsbürgschaften der Höchstbetrag jedoch auch dann, wenn er den aktuellen Stand der Hauptschuld übersteigt.[27]

18 c) **Verbindlichkeiten aus Gewährleistungsverträgen** erfassen vor allem Gewährleistungen für fremde Leistungen. Unter bestimmten Voraussetzungen fallen aber auch solche **für eigene Leistungen** darunter: nämlich dann, wenn die Verpflichtung das Maß des Betriebs- oder Branchenüblichen übersteigt (s. schon oben Rdn 12). Das gilt namentlich für die Übernahme einer selbständigen Garantie, aufgrund derer der Schuldner für den Eintritt eines bestimmten (von der vertraglichen Leistungspflicht nicht erfassten) Erfolges haftet.[28]

19 Gewährleistungen **für fremde Leistungen** betreffen bestehende oder künftige Verbindlichkeiten Dritter, für die der Bilanzierende eine Einstandspflicht übernommen hat. Jene Gewährleistungen können ihre rechtliche Grundlage – abgesehen von den gesondert erfassten Bürgschaften (s.o. Rdn 17) – in vielfältigsten Verpflichtungstatbeständen finden und begegnen etwa als Schuldbeitritt oder in Form von Freistellungsverpflichtungen und Garantien aller Art, als Liquiditätszusagen oder Forderungsaufkaufsverpflichtungen etc.[29] Hinsichtlich der Vermerkpflicht von Patronatserklärungen[30] kommt es auf deren konkrete Ausgestaltung an, die im Wege der Auslegung zu ermitteln ist. Solange eine

---

Rdn 40 ff; MünchKommAktG[2]/*Hennrichs* § 251 HGB Rdn 14 ff.

[23] Beck BilKomm[8]-*Ellrott* § 251 Rdn 19; nach anderen erfasst die Vermerkpflicht aus § 251 die Nebenkosten ohnehin nicht, vgl. ADS[6] § 251 Rdn 41; MünchKommAktG[2]/*Hennrichs* § 251 HGB Rdn 21, je mwN zum Meinungsstand.

[24] ADS[6] § 251 Rdn 39 mwN, auch auf die Gegenmeinung, die ein Erlöschen am Verfalltag befürwortet.

[25] Statt anderer ADS[6] § 251 Rdn 48.

[26] ADS[6] § 251 Rdn 52; HdJ-*Bordt* III/9, Rdn 46; Beck BilKomm[8]-*Ellrott* § 251 Rdn 23.

[27] Wie hier etwa ADS[6] § 251 Rdn 52 u. 56; HdR-EA/*D. Fey* § 251 (Stand Februar 2011) Rdn 48; WP-Handbuch I[14] Tz E 115; aA HdJ-*Bordt* III/9, Rdn 46; Beck BilKomm[8]-*Ellrott* § 251 Rdn 23; MünchKommAktG[2]/*Hennrichs* § 251 HGB Rdn 25.

[28] ADS[6] § 251 Rdn 63; Beck BilKomm[8]-*Ellrott* § 251 Rdn 27; aA MünchKommAktG[2]/*Hennrichs* § 251 HGB Rdn 43, der Gewährleistungen für eigene Leistungen generell nicht als von § 251 erfasst ansieht.

[29] Vgl. im Einzelnen ADS[6] § 251 Rdn 64 ff; Beck BilKomm[8]-*Ellrott* § 251 Rdn 29 ff.

[30] Zu den zivilrechtlichen Haftungsvoraussetzungen bei Patronatserklärungen weiterführend BGHZ 117, 127, 129 ff; BGHZ 187, 69 Tz 13 ff; BGH ZIP 2011, 1111 Tz 17 ff; MünchKommBGB[5]/*Habersack* Vor § 765 Rdn 49 ff mwN.

Passivierungspflicht noch nicht besteht,[31] sind jene Patronatserklärungen vermerkpflichtig, in denen die Muttergesellschaft die Zusage gibt, eine bestimmte Kapitalausstattung bei der Tochter aufrechtzuerhalten oder sie doch so ausgestattet zu halten, dass sie ihren Verbindlichkeiten aus dem Kreditvertrag nachkommen kann.[32]

Zur Einbeziehung von Fällen der **gesetzlich angeordneten Mithaftung** unter die Verbindlichkeiten aus Gewährleistungsverträgen, auch wenn die Haftungsrisiken hier nur als gesetzliche Nebenfolgen einer vertraglichen Bindung entstehen, s. im Übrigen schon oben Rdn 14 f. **20**

d) **Haftungsverhältnisse aus der Bestellung von Sicherheiten für fremde Verbindlichkeiten** betreffen die dingliche Sicherung durch Bestellung von Grundpfandrechten oder Pfandrechten an beweglichen Sachen und Rechten sowie die Sicherungsübereignung von Vermögensgegenständen und die Sicherungsabtretung.[33] Der vermerkpflichtige Betrag richtet sich nicht nach dem Wert des jeweiligen Sicherungsgutes, sondern nach dem Stand der gesicherten Verbindlichkeit am Abschlussstichtag (ggf. nach einem darüber hinausreichenden Haftungshöchstbetrag).[34] **21**

III. Bewertung der Haftungsverpflichtung und Ausgestaltung des Haftungsvermerks

1. Grundlagen. S. 1 der Vorschrift fordert den Ausweis der genannten Verbindlichkeiten und Haftungsverhältnisse „unter der Bilanz", verlangt also **grundsätzlich** eine eindeutige **Betragsangabe.** Nach S. 1, 2. HS dürfen die Angaben in einem Betrag zusammengefasst werden (anders für Kapitalgesellschaften und gleichgestellte Unternehmen, s.u. Rdn 26 f). Bei gesondertem Ausweis einzelner Beträge sind dafür die im Gesetz vorgesehenen Bezeichnungen der jeweiligen Verpflichtungstatbestände zu übernehmen.[35] Der Ausweis hat im Übrigen auf der Passivseite unter der Summe zu erfolgen; Angaben in einer (nicht mitaddierten) Vorspalte in der Bilanz sind unzulässig.[36] **22**

Der Vermerk hat **auf den vollen Haftungsbetrag** zu lauten. Schon auf der Passivseite der Bilanz ergebniswirksam gebuchte Teilbeträge (s.o. Rdn 7) sind freilich abzuziehen; **23**

---

31 Zu den Voraussetzung der Passivierung s. BFH, 25.10.2006, I R 6/05, BB 2007, 598.

32 Zu weiteren Einzelheiten s. IDW RH HFA 1.013: Handelsrechtliche Vermerk- und Berichterstattungspflichten bei Patronatserklärungen (Stand 22.2.2008; FN-IDW 2008, 116; WPg Supplement 2008, 37); im Schrifttum zusammenfassend ADS[6] § 251 Rdn 78 ff; HdJ-*Bordt* III/9, Rdn 71 ff; Beck BilKomm[8]-*Ellrott* § 251 Rdn 41; HdR-EA/*D. Fey* § 251 (Stand Februar 2011) Rdn 54 ff; MünchKommAktG[2]/*Hennrichs* § 251 HGB Rdn 33 ff; *Schubert* Verbindlichkeiten S. 214 ff; s. ferner BGHZ 117, 127 = NJW 1992, 2093 u. die Nachw. bei *Küffner* DStR 1996, 146 ff, der eine Vermerkpflicht nach § 251 aber entgegen der ganz hM nicht anerkennen will.

33 S. etwa ADS[6] § 251 Rdn 94 ff; HdJ-*Bordt* III/9, Rdn 58 ff; Beck BilKomm[8]-*Ellrott* § 251 Rdn 45; *G. Fey* WPg 1992, 1, 4 f; Baumbach/Hueck/*Schulze-Osterloh* GmbHG[18] § 42 Rdn 310; Beck-HdR-*Wiehn* B 250 Rdn 128 ff.

34 Im Ansatz übereinstimmend etwa ADS[6] § 251 Rdn 95; HdJ-*Bordt* III/9, Rdn 61; Beck BilKomm[8]-*Ellrott* § 251 Rdn 45; MünchKommAktG[2]/*Hennrichs* § 251 HGB Rdn 45.

35 ADS[6] § 251 Rdn 29; HdJ-*Bordt* III/9, Rdn 21; Beck BilKomm[8]-*Ellrott* § 251 Rdn 8 f.

36 ADS[6] § 251 Rdn 27; Beck BilKomm[8]-*Ellrott* § 251 Rdn 7.

sie würden andernfalls doppelt ausgewiesen. Da die Vermerkpflicht gerade dort besteht, wo der Bilanzierende mit einer Inanspruchnahme (noch) gar nicht rechnen muss, kommt es auf den Grad der Wahrscheinlichkeit einer Inanspruchnahme in keiner Weise an.[37] Nach ausdrücklicher Bestimmung in **S. 2** der Vorschrift sind Haftungsverhältnisse im Übrigen auch dann anzugeben, wenn ihnen gleichwertige **Rückgriffsforderungen** gegenüberstehen. Auch jede Saldierung des Haftungsbetrages mit dem (geringeren) Betrag etwaiger Rückgriffsforderungen ist unzulässig.[38] All das gilt auch für die Fälle gesamtschuldnerischer Haftung mit etwaigen Regressansprüchen im Innenverhältnis.[39] Zur Zulässigkeit eines (zusätzlichen) Vermerks von Rückgriffsforderungen s.u. Rdn 28.

24 Die vermerkpflichtigen Verbindlichkeiten und Haftungsverhältnisse sind – entsprechend dem in § 253 Abs. 1 S. 2 für passivierungspflichtige Verbindlichkeiten niedergelegten Bewertungsgrundsatz – mit dem **nominellen Erfüllungsbetrag** anzusetzen.[40] Sichert die Haftungsverpflichtung eine variable Fremdverbindlichkeit, ist deren Stand zum Abschlussstichtag (einschließlich rückständiger Zinsen und Nebenkosten) für die Bemessung des Haftungsbetrages heranzuziehen; unterschreitet der aktuelle Stand der Fremdverbindlichkeit einen zugesagten Haftungshöchstbetrag, so ist jedoch der **Höchstbetrag** zu vermerken.[41] Auf eine in der Höhe unbegrenzte Haftungszusage ist durch einen verbalen Zusatz hinzuweisen.

25 Ist die mögliche Inanspruchnahme **nicht betragsmäßig bestimmbar**, so ist die Höhe der bestehenden Haftungsverpflichtung nach vernünftiger kaufmännischer Beurteilung zu **schätzen**. Wo selbst eine plausible Schätzung nicht möglich ist, muss die Verpflichtung durch *verbale Angaben* in einer Fußnote zum „unter-dem-Strich-Vermerk" (bei Kapitalgesellschaften und gleichgestellten Unternehmen: wahlweise im Anhang) erläutert werden.[42] Sofern alle vermerkpflichtigen Haftungsverhältnisse in diesem Sinne unbestimmbar sind, ist – neben der verbalen Erläuterung – jedenfalls ein Merkposten „unter dem Strich" geboten.[43]

26 **2. Besonderheiten für Kapitalgesellschaften und gleichgestellte Unternehmen.** Die für **Kapitalgesellschaften** und ihnen gleichgestellte Unternehmen geltenden Besonderheiten zum Ausweis von Haftungsverhältnissen sind eingangs schon skizziert worden (Rdn 3 f). Nach § 268 Abs. 7 müssen sie die in § 251 bezeichneten Haftungsverhältnisse ebenso gesondert angeben wie bestehende Verpflichtungen gegenüber verbundenen Unternehmen; dem kann aber jeweils wahlweise durch entsprechenden Ausweis unter der Bilanz

---

[37] ADS[6] § 251 Rdn 99.

[38] ADS[6] § 251 Rdn 34; das Saldierungsverbot (vgl. auch § 246 Abs. 2) greift – entgegen HdR-EA/*D. Fey* § 251 (Stand Februar 2011) Rdn 73 – auch dort, wo die Bonität des Rückgriffsschuldners „zweifelsfrei" ist; wie hier MünchKommAktG[2]/*Hennrichs* § 251 HGB Rdn 47.

[39] ADS[6] § 251 Rdn 99.

[40] Zu weiteren Einzelheiten ADS[6] § 251 Rdn 101 ff; HdR-EA/*D. Fey* § 251 (Stand Februar 2011) Rdn 71 ff.

[41] ADS[6] § 251 Rdn 56 u. 104; HdR-EA/*D. Fey* § 251 (Stand Februar 2011) Rdn 76; BeckHdR-*Wiehn* B 250 Rdn 69; WP-Handbuch I[14] Tz E 115; gegen diese Differenzierung HdJ-*Bordt* III/9, Rdn 64; Beck BilKomm[8]-*Ellrott* § 251 Rdn 10.

[42] ADS[6] § 251 Rdn 108 f; HdJ-*Bordt* III/9, Rdn 67; HdR-EA/*D. Fey* § 251 (Stand Februar 2011) Rdn 71; Baumbach/Hueck/*Schulze-Osterloh* GmbHG[18] § 42 Rdn 340; einschränkend Beck BilKomm[8]-*Ellrott* § 251 Rdn 11: verbale Hinweise könnten für nicht anhangspflichtige Gesellschaften nicht gefordert werden, seien aber wünschenswert.

[43] ADS[6] § 251 Rdn 109 i.V.m. § 246 Rdn 77 f; HdJ-*Bordt* III/9, Rdn 67; einen Merkposten verlangen auch Beck BilKomm[8]-*Ellrott* § 251 Rdn 11.

oder im Anhang entsprochen werden. Für kleine Kapitalgesellschaften besteht die Verpflichtung zum gesonderten Ausweis freilich nicht (s. zur Begründung Rdn 3).

Mittelgroße und große Kapitalgesellschaften (§ 267 Abs. 2 u. 3) sowie die ihnen gleichgestellten Unternehmen haben nach §§ 285 Nr. 3a, 288 im Anhang auch den Gesamtbetrag der sonstigen finanziellen Verpflichtungen (s. zum Begriff die Erläuterungen zu § 285 Nr. 3a) anzugeben, soweit sie nicht schon in oder unter der Bilanz auszuweisen sind und sofern diese Angabe für die Beurteilung der Finanzlage von Bedeutung ist. Die von Kapitalgesellschaften und gleichgestellten Unternehmen (größenunabhängig) zu machenden Anhangsangaben über die zugunsten ihrer Organmitglieder eingegangenen Haftungsverhältnisse (§ 285 Nr. 9c) müssen auch solche Verpflichtungen ausweisen, die schon in oder unter der Bilanz berücksichtigt worden sind.[44] **27**

3. Vermerk von Rückgriffsforderungen. Stehen den vermerkpflichtigen Verbindlichkeiten und Haftungsverhältnissen *Rückgriffsforderungen* gegenüber, die sich aus Vertrag oder Gesetz ergeben können, so dürfen diese auf der Aktivseite unter der Bilanz vermerkt werden; alternativ ist auch ein Zusatz beim Vermerk der Haftungsverhältnisse („davon durch Rückgriffsforderungen gesichert …") zulässig.[45] Die Rückgriffsforderung ist mit ihrem Wert im Falle einer Inanspruchnahme aus der Haftungsverpflichtung anzusetzen. Da Rückgriffsforderungen gegen den Hauptschuldner dann aber oftmals wertlos sind, werden in der Praxis vielfach nur bestehende Rückgriffsforderungen gegen Dritte ausgewiesen.[46] **28**

IV. Verstöße gegen die Vermerkpflicht

Obwohl sich die Verletzung gegen die Vermerkpflicht aus § 251 nicht ergebniswirksam auswirkt, ist ein Verstoß gegen die Vorschrift strafbewehrt nach Maßgabe von § 331 Nr. 1/2 HGB bzw. § 17 Abs. 1 Nr. 1/2 PublG. Im Übrigen wird die Verletzung der Vermerkpflichten aus §§ 251, 268 Abs. 7, 285 Nr. 3a/9c im Rahmen von § 334 Abs. 1 HGB bzw. § 20 Abs. 1 PublG als Ordnungswidrigkeit sanktioniert. Nicht ausgeschlossen ist auch eine Strafbarkeit nach §§ 283 Abs. 1 Nr. 7; 283b Abs. 1 Nr. 3a StGB bzw. §§ 263, 265b StGB.[47] Die Verletzung der Vermerkpflicht kann ggf. die Nichtigkeitsfolge des § 256 Abs. 1 Nr. 1 AktG auslösen[48] und für prüfungspflichtige Gesellschaften zur Einschränkung oder gar Versagung des Bestätigungsvermerks führen. Zum Anwendungsbereich des § 256 AktG s. schon § 246, 113 ff. **29**

---

[44] ADS[6] § 251 Rdn 16; HdR-EA/*D. Fey* § 251 (Stand Februar 2011) Rdn 19.

[45] ADS[6] § 251 Rdn 35; HdJ-*Bordt* III/9, Rdn 66; Beck-HdR-*Wiehn* B 250 Rdn 22; s.a. noch Beck BilKomm[8]-*Ellrott* § 251 Rdn 10 u. 12.

[46] Vgl. etwa HdJ-*Bordt* III/9, Rdn 66; s.a. Beck-HdR-*Wiehn* B 250 Rdn 21 f.

[47] Näher *G. Fey* Haftungsverhältnisse S. 258 ff; zum Ganzen auch ADS[6] § 251 Rdn 24 ff; Beck BilKomm[8]-*Ellrott* § 251 Rdn 55.

[48] ADS[6] § 251 Rdn 23; *G. Fey* Haftungsverhältnisse S. 264 ff.

DRITTER TITEL

Bewertungsvorschriften

§ 252
Allgemeine Bewertungsgrundsätze

(1) Bei der Bewertung der im Jahresabschluss ausgewiesenen Vermögensgegenstände und Schulden gilt insbesondere folgendes:

1. **Die Wertansätze in der Eröffnungsbilanz des Geschäftsjahrs müssen mit denen der Schlussbilanz des vorhergehenden Geschäftsjahrs übereinstimmen.**
2. **Bei der Bewertung ist von der Fortführung der Unternehmenstätigkeit auszugehen, sofern dem nicht tatsächliche oder rechtliche Gegebenheiten entgegenstehen.**
3. **Die Vermögensgegenstände und Schulden sind zum Abschlussstichtag einzeln zu bewerten.**
4. **Es ist vorsichtig zu bewerten, namentlich sind alle vorhersehbaren Risiken und Verluste, die bis zum Abschlussstichtag entstanden sind, zu berücksichtigen, selbst wenn diese erst zwischen dem Abschlussstichtag und dem Tag der Aufstellung des Jahresabschlusses bekanntgeworden sind; Gewinne sind nur zu berücksichtigen, wenn sie am Abschlussstichtag realisiert sind.**
5. **Aufwendungen und Erträge des Geschäftsjahrs sind unabhängig von den Zeitpunkten der entsprechenden Zahlungen im Jahresabschluss zu berücksichtigen.**
6. **Die auf den vorhergehenden Jahresabschluss angewandten Bewertungsmethoden sind beizubehalten.**

(2) Von den Grundsätzen des Absatzes 1 darf nur in begründeten Ausnahmefällen abgewichen werden.

Schrifttum

Baetge/Kirsch/Thiele Bilanzen, 11. Aufl. (2011); *Baetge/Zülch* Rechnungslegungsgrundsätze nach HGB und IFRS, HdJ I/2 (2010); *Baetge/Knüppe* Vorhersehbare Risiken und Verluste, Leffson/Rückle/Großfeld (Hrsg.), Handwörterbuch unbestimmter Rechtsbegriffe im Bilanzrecht des HGB (1986) S. 394; *Ballwieser* Das Anschaffungs- und Höchstwertprinzip für Schulden, Festschrift Forster (1992) S. 45; *Berberich* Ein Framework für das DRSC (2002); *Ciric* Grundsätze ordnungsmäßiger Wertaufhellung (1995); *Euler* Das System der Grundsätze ordnungsmäßiger Bilanzierung (1996); *Förschle/Kropp* Die Bewertungsstetigkeit im Bilanzrichtlinien-Gesetz, ZfB 56 (1986) S. 873; *Gelhausen* Das Realisationsprinzip im Handels- und Steuerbilanzrecht (1985); *Hater* Insolvenzrechtliche Fortbestehensprognose und handelsrechtliche Fortführungsprognose: eine vergleichende Untersuchung (2013); *Hennrichs* Wahlrechte im Bilanzrecht der Kapitalgesellschaften (1999); *Hüttemann* Stichtagsprinzip und Wertaufhellung, Festschrift Priester (2007) S. 301; *Kaiser* Die Crux mit dem Going Concern – Einige Gedanken zu § 252 Abs. 1 Nr. 2 HGB, ZIP 2012, 2478, *Kammann* Stichtagsprinzip und zukunftsorientierte Bilanzierung (1988); *Krawitz* Die bilanzielle Behandlung der langfristigen Auftragsfertigung und Reformüberlegungen unter Berücksichtigung internationaler Entwicklungen, DStR 1997, 886; *Kropff* Auswirkungen der Nichtigkeit eines Jahresabschlusses auf die Folgeabschlüsse, Festschrift Budde (1995) S. 341; *ders.* Sind neue Erkenntnisse (Wertaufhellungen) auch noch bei der Feststellung des Jahresabschlusses zu berücksichtigen? Festschrift Ludewig

(1996) S. 521; *ders.* Vorsichtsprinzip und Wahlrechte, Festschrift Baetge (1997) S. 65; *ders.* Wann endet der Wertaufhellungszeitraum? WPg 2000, 1137; *Küting/Kaiser* Aufstellung oder Feststellung: Wann endet der Wertaufhellungszeitraum? WPg 2000, 577; *Kupsch* Einheitlichkeit und Stetigkeit der Bewertung gemäß § 252 Abs. 1 Nr. 6 HGB, DB 1987, 1101; *ders.* Zum Verhältnis von Einzelbewertungsprinzip und Imparitätsprinzip, Festschrift Forster (1992) S. 339; *ders.* Bewertungseinheitlichkeit und Jahresabschluß, Festschrift Börner (1998) S. 31; *Kupsch/Achtert* Der Grundsatz der Bewertungseinheitlichkeit in Handels- und Steuerbilanz, BB 1997, 1403; *Leffson* Die Grundsätze ordnungsmäßiger Buchführung, 7. Aufl. (1987); *ders.* Das Gebot der Stetigkeit im europäischen Bilanzrecht, WPg 1988, 441; *Leuschner* Gewinnrealisierung bei langfristiger Fertigung, Festschrift Budde (1995) S. 377; *Lück* Das Going-Concern-Prinzip in Rechnungslegung und Jahresabschlußprüfung, DB 2001, 1945; *Luik* Das Going-Concern-Prinzip im deutschen Bilanzrecht, Festschrift v. Wysocki (1985) S. 61; *Lutter* Fortführung der Unternehmenstätigkeit, Leffson/Rückle/Großfeld (Hrsg.), Handwörterbuch unbestimmter Rechtsbegriffe im Bilanzrecht des HGB (1986) S. 185; *Marx/Löffler* Bilanzierung der langfristigen Auftragsfertigung, Beck-HdR B 700 (2010); *Moxter* Periodengerechte Gewinnermittlung und Bilanz im Rechtssinne, Festschrift Döllerer (1988) S. 447; *ders.* Unterschiede im Wertaufhellungsverständnis zwischen den handelsrechtlichen GoB und den IAS/IFRS, BB 2003, 2559; *ders.* Das Wertaufhellungsverständnis in der jüngeren Rechtsprechung, DStR 2008, 469; *J. Müller* Das Stetigkeitsprinzip im neuen Bilanzrecht, BB 1987, 1629; *W. Müller* Zur Rangordnung der in § 252 Abs. 1 Nr. 1 bis 6 HGB kodifizierten allgemeinen Bewertungsgrundsätze, Festschrift Goerdeler (1987) S. 397; *Naumann/Breker* Bewertungsprinzipien für die Rechnungslegung nach HGB, Bilanzsteuerrecht und IAS/IFRS, HdJ I/7 (2003); *Pittroff/Schmidt/Siegel* Allgemeine Bewertungsgrundsätze, Beck-HdR B 161 (2011); *Rümmele* Die Bedeutung der Bewertungsstetigkeit für die Bilanzierung (1991); *Sarx* Grenzfälle des Grundsatzes der Unternehmensfortführung im deutschen Bilanzrecht, Festschrift Budde (1995) S. 561; *Schneeloch* Maßgeblichkeitsgrundsätze und Bewertungsstetigkeit, WPg 1990, 221; *Schröer* Das Realisationsprinzip in Deutschland und Großbritannien (1998); *Schulze-Osterloh* Der Ausweis von Aufwendungen nach dem Realisations- und dem Imparitätsprinzip, Festschrift Forster (1992) S. 653; *ders.* Fortführungsprinzip und Stichtagsprinzip, DStR 2007, 1006; *Sessar* Grundsätze ordnungsmäßiger Gewinnrealisierung im deutschen Bilanzrecht (2007); *Siegel* Metamorphosen des Realisationsprinzips? Festschrift Forster (1992) S. 585; *ders.* Das Realisationsprinzip als allgemeines Periodisierungsprinzip? BFuP 1994, 1; *Wenk* Bilanzierung bei langfristiger Fertigung nach deutschem Handelsrecht unter Berücksichtigung US-amerikanischer Rechnungslegungsgrundsätze (1997); *Witt* Der Umfang der Herstellungskosten im handelsrechtlichen Jahresabschluss (1997).

IDW-Verlautbarungen: IDW PS 203: Ereignisse nach dem Abschlussstichtag (Stand 9.9.2009; FN-IDW 2009, 440; WPg Supplement 2009, 14); IDW PS 270: Die Beurteilung der Fortführung der Unternehmenstätigkeit im Rahmen der Abschlussprüfung (Stand 9.9.2010; FN-IDW 2010, 423; WPg Supplement 2010, 1); IDW PS 400: Grundsätze für die ordnungsmäßige Erstellung von Bestätigungsvermerken bei Abschlussprüfungen (Stand 12.12.2012; FN-IDW 2013, 11 u. 179; WPg Supplement 2013, 7 u. 31); IDW RS HFA 17: Auswirkungen einer Abkehr von der Going Concern-Prämisse auf den handelsrechtlichen Jahresabschluss (Stand 10.6.2011; FN-IDW 2011, 438; WPg Supplement 2011, 37); IDW RS HFA 38: Ansatz- und Bewertungsstetigkeit im handelsrechtlichen Jahresabschluss (Stand 10.6.2011; FN-IDW 2011, 560; WPg Supplement 2011, 74).

Übersicht

I. Überblick

1. Systematik des Gesetzes. Die Bestimmungen der §§ 252 bis 256a enthalten Vorschriften zur *Bewertung* der bilanzierten Vermögensgegenstände und Schulden. Sie gelten für alle Rechnungslegungspflichtigen gleichermaßen. Dabei sind in § 252 allgemeine Bewertungsgrundsätze niedergelegt, während §§ 253 bis 256a spezielle Normen zu den Wertansätzen der Vermögensgegenstände und Schulden, einschließlich Abschreibungen und Bewertungsvereinfachungsverfahren, enthalten. Die für Kapitalgesellschaften und die ihnen nach § 264a gleichgestellten Personenhandelsgesellschaften ohne mindestens eine natürliche Person als „Vollhafter" früher geltenden ergänzenden Bestimmungen der §§ 279 bis 283, die z.T. auch auf eingetragene Genossenschaften (§ 336 Abs. 2) sowie dem PublG unterfallende Unternehmen (nach Maßgabe von § 5 Abs. 1 und 2 PublG) Anwendung fanden, sind im Zuge des Bilanzrechtsmodernisierungsgesetzes (BilMoG) vom 25.5.2009 (BGBl. I S. 1102) aufgehoben worden. Für Kreditinstitute und Versicherungsunternehmen enthalten §§ 340e ff und §§ 341b ff spezielle Bewertungsvorschriften (s. die Erläuterungen dort). **1**

2. Inhalt der Vorschrift. Die in **Abs. 1** niedergelegten **allgemeinen Bewertungsgrundsätze** waren schon vor ihrer gesetzlichen Normierung durch das BiRiLiG als Grundsätze ordnungsmäßiger Buchführung und Bilanzierung (vgl. § 243 Abs. 1) anerkannt.[1] Das in Nr. 4 umschriebene Vorsichtsprinzip (s. Rdn 27 ff) enthält freilich keinen reinen Bewertungsgrundsatz, sondern hat gleichermaßen für den Bilanzansatz Bedeutung. Der in Nr. 5 **2**

[1] S. die Nachw. bei HdR-EA/*Fülbier/Kuschel/Selchert* § 252 (Stand Dezember 2010) Rdn 13.

genannte Grundsatz der Aufwands- und Ertragsperiodisierung (s. Rdn 43 ff) ist kein Bewertungs-, sondern ein Ansatzgrundsatz.[2] Seine Auflistung unter Abs. 1 erklärt sich daraus, dass der Gesetzgeber mit jener Vorschrift die Vorgaben aus Art. 31 der 4. EG-Richtlinie (**Jahresabschlussrichtlinie 78/660/EWG**[3]) umgesetzt hat, wo das Periodisierungsprinzip ebenfalls als ein Bewertungsgrundsatz klassifiziert ist. Lediglich auf eine ausdrückliche Umsetzung von Art. 31 Abs. 1 lit. c cc hat der deutsche Gesetzgeber verzichtet. Die darin enthaltene Bestimmung, dass Wertminderungen unabhängig davon zu berücksichtigen sind, ob das Geschäftsjahr mit einem Gewinn oder Verlust abschließt, verstehe sich „von selbst".[4]

3 **Abs.** 2 der Vorschrift erlaubt in begründeten Ausnahmefällen die **Abweichung** von den Grundsätzen des Abs. 1. Damit wird Art. 31 Abs. 2 S. 1 der Jahresabschlussrichtlinie umgesetzt. Der in Art. 31 Abs. 2 S. 2 für Kapitalgesellschaften (und gleichgestellte Unternehmen) enthaltenen Vorgabe, solche Abweichungen im Anhang anzugeben und zu begründen, trägt der Gesetzgeber in § 284 Abs. 2 Nr. 3 Rechnung (s.u. Rdn 54).

4 Im Zuge des Bilanzrechtsmodernisierungsgesetzes (**BilMoG**) vom 25.5.2009 (BGBl. I S. 1102) ist die Vorschrift nur geringfügig geändert worden. Eine Korrektur gab es lediglich in **Abs. 1 Nr. 6** (Bewertungsstetigkeit), wo es statt „sollen beibehalten werden" seither klarstellend heißt, die auf den vorhergehenden Jahresabschluss angewandten Bewertungsmethoden „sind beizubehalten" (s. dazu unten Rdn 47).

5 3. **Konkurrenzen.** Die **allgemeinen Bewertungsgrundsätze des Abs. 1** sind untereinander **gleichrangig** und beanspruchen grundsätzlich unabhängig voneinander Geltung. In Fällen echter Konkurrenz erlaubt Abs. 2, einem einzelnen Grundsatz den Vorrang vor einem anderen einzuräumen; dabei lässt sich das Konkurrenzverhältnis freilich nur einzelfallbezogen lösen.[5] Soweit früher aus dem Umstand, dass der Grundsatz der Bewertungsstetigkeit (Abs. 1 Nr. 6) seinerzeit (bis zum Inkrafttreten des BilMoG, s.o. Rdn 4) lediglich als „Soll-Vorschrift" formuliert war, gefolgert wurde, im Konflikt zwischen Stetigkeitsgrundsatz und Vorsichtsgebot (Abs. 1 Nr. 4) spreche schon der Gesetzeswortlaut für einen Vorrang des Vorsichtsprinzips,[6] war das schon bisher ohne Überzeugungskraft. Denn die ehemalige Formulierung des Gebots der Bewertungsstetigkeit als „Soll-Vorschrift" war keineswegs Ausdruck einer – gegenüber den übrigen Grundsätzen des Abs. 1 – geringeren Bindungswirkung (näher s.u. Rdn 47). Auch im Verhältnis zwischen Vorsichtsprinzip und Bewertungsstetigkeitsgebot war für eine pauschale Dominanz des Ersteren niemals Raum.[7]

6 Die allgemeinen Bewertungsgrundsätze aus Abs. 1 werden durch die **Bewertungsvorschriften der §§ 253 bis 256a** konkretisiert und ausgefüllt. Zu echten Konkurrenzsituationen wird es nur selten kommen. Wo diese auftreten, gebührt den spezielleren Vorschriften der §§ 253 bis 256a der Vorrang vor den allgemeinen Bewertungsgrundsätzen.[8]

---

2 HdR-EA/*Fülbier/Kuschel/Selchert* § 252 (Stand Dezember 2010) Rdn 11; *W. Müller* FS Goerdeler S. 397, 403; Baumbach/Hueck/*Schulze-Osterloh* GmbHG[18] § 42 Rdn 328.

3 Zuletzt geändert durch Richtlinie 2012/6/EU vom 14.3.2012 (ABl. L 81 vom 21.3.2012, S. 3).

4 Bericht des BT-Rechtsausschusses zu § 252 Abs. 1 HGB, dokumentiert in *Biener/Berneke* Bilanzrichtlinien-Gesetz (1986) S. 92.

5 ADS[6] § 252 Rdn 6; *W. Müller* FS Goerdeler S. 397, 408; Beck BilKomm[8]-*Winkeljohann/Büssow* § 252 Rdn 2.

6 Etwa ADS[6] § 252 Rdn 6; wN bei *Hennrichs* Wahlrechte S. 259 f.

7 *Hennrichs* Wahlrechte S. 265.

8 ADS[6] § 252 Rdn 7; HdR-EA/*Fülbier/Kuschel/Selchert* § 252 (Stand Dezember 2010) Rdn 16.

4. **Bewertungsgrundsätze außerhalb der Vorschrift.** Die in Abs. 1 enthaltene Auflistung allgemeiner Bewertungsgrundsätze ist nicht abschließend. In den konkretisierenden Bestimmungen der §§ 253 bis 256a sind weitere Bewertungsgrundsätze niedergelegt, etwa das Anschaffungswertprinzip (s. § 253, 21), das Niederstwertprinzip (§ 253, 105 ff, 114 ff) oder das Gebot planmäßiger Abschreibungen für Vermögensgegenstände des Anlagevermögens, die der Abnutzung unterliegen (§ 253, 80 ff). Darüber hinaus sind einige weitere, gesetzlich nicht kodifizierte Bewertungsgrundsätze anerkannt; zu ihnen näher unten Rdn 55 ff. 7

II. Grundsatz der Bilanzidentität (Abs. 1 Nr. 1)

1. **Terminologisches.** Nach Abs. 1 Nr. 1 müssen die Wertansätze in der Eröffnungsbilanz des Geschäftsjahres mit denen der Schlussbilanz des vorhergehenden Geschäftsjahres übereinstimmen. Die Vorschrift enthält das *Gebot der formellen Bilanzkontinuität (Bilanzidentität)*. Es ist vom Gebot der materiellen Bilanzkontinuität (*Grundsätze der Ansatzstetigkeit und der Bewertungsstetigkeit*) zu unterscheiden, das die Beibehaltung der Ansatzmethode und der Bewertungsmethode verlangt und in § 246 Abs. 3 (Ansatzstetigkeit) sowie § 252 Abs. 1 Nr. 6 (Bewertungsstetigkeit) normiert ist.[9] Hiervon wiederum ist die – über § 265 Abs. 1 hinaus – rechtsformübergreifend geltende *Gliederungsstetigkeit oder Ausweisstetigkeit* zu trennen (dazu § 247, 13 und 45), welche Kontinuität in der Form der Darstellung in Bilanz sowie Gewinn- und Verlustrechnung verlangt.[10] 8

2. **Identität der Wertansätze.** Abs. 1 Nr. 1 begründet keine Verpflichtung, zu Beginn eines jeden Geschäftsjahres eine Eröffnungsbilanz aufzustellen. Vielmehr wird verlangt, dass die **Saldenvorträge** zu Beginn eines jeden Geschäftsjahres („Eröffnungsbuchungen") mit den **Schlusssalden** auf den Bestandskonten des Vorjahres **übereinstimmen.** In diesem Sinne dürfen zwischen der Schlussbilanz und der Eröffnungsbilanz des Folgejahres keine Zu- oder Abgänge gebucht, keine Veränderungen des Bilanzinhalts und auch keine Bewertungsänderungen innerhalb der einzelnen Bilanzposten vorgenommen werden. Die Wertansätze von Vermögensgegenständen, Schulden und Rechnungsabgrenzungsposten in der Schlussbilanz des Vorjahres sind also unverändert in die Rechnung des Folgejahres zu übernehmen.[11] Auch eine – summenneutrale – Umverteilung innerhalb eines Postens ist untersagt.[12] 9

3. **Ausnahmen. Bilanzberichtigungen** erlauben keine Durchbrechung des Grundsatzes der Bilanzidentität. Wo sie nicht erst im nächsten aufzustellenden Jahresabschluss vorgenommen, sondern in frühere Bilanzen zurückverfolgt werden, sind auch alle nachfolgen- 10

---

[9] S. zur Terminologie etwa ADS[6] § 252 Rdn 10; Baumbach/Hueck/*Schulze-Osterloh* GmbHG[18] § 42 Rdn 21 f.

[10] In der Sache übereinstimmend Baumbach/Hopt/*Merkt* HGB[35] § 252 Rdn 20, der insoweit allerdings von „formeller Bilanzkontinuität (Ausweiskontinuität)" spricht.

[11] S. zum Ganzen etwa ADS[6] § 252 Rdn 9 ff; HdR-EA/*Fülbier/Kuschel/Selchert* § 252 (Stand Dezember 2010) Rdn 30 ff; Baumbach/Hueck/*Schulze-Osterloh* GmbHG[18] § 42 Rdn 316; MünchKommAktG[2]/*Tiedchen* § 252 HGB Rdn 7; Beck BilKomm[8]-*Winkeljohann/Büssow* § 252 Rdn 3 ff; anschaulich KölnKomm-RLR/*Claussen* § 252 Rdn 10: Bilanzidentität als „Bindeglied zwischen den Geschäftsjahren"; ähnlich auch BoHdR-*Wohlgemuth/Radde* § 252 (Stand Juni 2012) Rdn 9.

[12] ADS[6] § 252 Rdn 12 mwN.

den Abschlüsse entsprechend zu korrigieren.[13] Auch bei Nichtigkeit des vorangegangenen Jahresabschlusses ist eine Ausnahme zu Abs. 1 Nr. 1 nicht zulässig.[14] Bei der Buchung der **Gewinnverwendung** sowie von Vermögensübertragungen, die im Schnittpunkt zweier Geschäftsjahre Wirksamkeit entfalten („**Mitternachtsgeschäfte**"[15]), erfährt der Grundsatz der Bilanzkontinuität jedoch gewisse Durchbrechungen, die aus den Besonderheiten des jeweiligen Geschäftsvorfalls resultieren.[16]

III. Grundsatz der Unternehmensfortführung (Abs. 1 Nr. 2)

11 **1. Gesetzliche Regelvermutung.** Nach Abs. 1 Nr. 2 ist bei der Bewertung der Vermögensgegenstände und Schulden von der Fortführung der Unternehmenstätigkeit auszugehen, sofern dem nicht tatsächliche oder rechtliche Gegebenheiten entgegenstehen. Dieser Grundsatz der Unternehmensfortführung (**Going-Concern-Prinzip**) gehört zu den zentralen Grundsätzen ordnungsmäßiger Buchführung und Bilanzierung.[17] Dabei spricht eine gesetzliche Vermutung für die Unternehmensfortführung, die jedoch durch entgegenstehende Gegebenheiten erschüttert bzw. widerlegt werden kann. Sobald Hinweise auf entsprechende Umstände vorliegen, ist die Fortführungsfähigkeit näher zu überprüfen.[18]

12 Die Fähigkeit zur Unternehmensfortführung muss für einen **überschaubaren Zeitraum** erwartet werden dürfen. Als Richtmaß wird dabei auf das Ende des dem Abschlussstichtag folgenden Geschäftsjahres abgestellt, jedoch sind einzelfallbezogene Abweichungen in beide Richtungen möglich.[19] Für die Beurteilung der Fähigkeit zur Unternehmensfortführung sind die Verhältnisse zum **Abschlussstichtag** maßgeblich.[20]

13 **2. Entgegenstehende Gegebenheiten und Prognoseentscheidung.** Die einer Unternehmensfortführung entgegenstehenden Gegebenheiten können tatsächlicher wie rechtlicher

---

[13] ADS[6] § 252 Rdn 19 f; HdR-EA/*Fülbier/Kuschel/Selchert* § 252 (Stand Dezember 2010) Rdn 37 f; Baumbach/Hueck/*Schulze-Osterloh* GmbHG[18] § 42 Rdn 317.

[14] *Kropff* FS Budde S. 341, 345 f; aA *Hense* WPg 1993, 716.

[15] Begriff bei *Kropff* FS Budde S. 341, 345.

[16] Dazu weiterführend ADS[6] § 252 Rdn 16 ff; HdR-EA/*Fülbier/Kuschel/Selchert* § 252 (Stand Dezember 2010) Rdn 35, 39 ff; MünchKommAktG[2]/*Tiedchen* § 252 HGB Rdn 11 f; Beck BilKomm[8]-*Winkeljohann/Büssow* § 252 Rdn 8.

[17] Statt anderer KölnKomm-RLR/*Claussen* § 252 Rdn 15 f; *Lück* DB 2001, 1945 f, je mwN; monographisch *Hater* Fortführungsprognose, S. 36 ff.

[18] IDW PS 270 Tz 9 ff; ADS[6] § 252 Rdn 23, 25; Baetge/Kirsch/Thiele/*Baetge/Ziesemer/Schmidt* § 252 (Stand Oktober 2011) Rdn 51 f; Haufe HGB BilKomm[3]-*Rapp* § 252 Rdn 31; Baumbach/Hueck/*Schulze-Osterloh* GmbHG[18] § 42 Rdn 319. In der Sache übereinstimmend wohl auch Beck BilKomm[8]-*Winkeljohann/Büssow* § 252 Rdn 10, die darauf hinweisen, jeder Kaufmann müsse im Rahmen der Bilanzerstellung prüfen, ob entgegenstehende Gegebenheiten bestünden. Zu weiteren Einzelheiten *Hater* Fortführungsprognose, S. 71 ff.

[19] ADS[6] § 252 Rdn 24; HdR-EA/*Fülbier/Kuschel/Selchert* § 252 (Stand Dezember 2010) Rdn 48; *Hater* Fortführungsprognose, S. 218 ff; *Lück* DB 2001, 1945, 1947; Baumbach/Hueck/*Schulze-Osterloh* GmbHG[18] § 42 Rdn 319; Beck BilKomm[8]-*Winkeljohann/Büssow* § 252 Rdn 11. Auf eine Bezugsperiode von mindestens 12 Monaten ab dem Abschlussstichtag des Geschäftsjahres stellt IDW PS 270 Tz 8 u. 20a ab.

[20] Im Ansatz übereinstimmend ADS[6] § 252 Rdn 26; Baumbach/Hueck/*Schulze-Osterloh* GmbHG[18] § 42 Rdn 319; MünchKommAktG[2]/*Tiedchen* § 252 HGB Rdn 18; Beck BilKomm[8]-*Winkeljohann/Büssow* § 252 Rdn 12; zu teils kontroversen Einzelheiten s. *Schulze-Osterloh* DStR 2007, 1006; ferner *Kaiser* ZIP 2012, 2478, 2484 f; Haufe HGB BilKomm[3]-*Rapp* § 252 Rdn 38.

Natur sein. *Tatsächliche Gegebenheiten* in diesem Sinne sind insbesondere wirtschaftliche Schwierigkeiten des Unternehmens, auch wenn ein Insolvenzgrund (noch) nicht eingetreten ist.[21] *Rechtliche Gegebenheiten*, die einer Unternehmensfortführung entgegenstehen können, sind insbesondere der (bevorstehende) Eintritt eines gesetzlichen oder statutarischen Auflösungstatbestandes; dabei setzt die Abkehr von der Going-Concern-Prämisse jedoch auch die Absicht zur tatsächlichen Abwicklung voraus.[22] Wo jene Abkehr nicht schon durch rechtliche Gegebenheiten erzwungen wird, ist die Bestätigung oder Widerlegung der gesetzlichen Regelvermutung Ausdruck einer komplexen *Prognoseentscheidung* über die Gesamtsituation des Unternehmens, in die eine Vielzahl von Faktoren einfließen (Auftrags- und Ertragslage, Umsatzentwicklung, Gläubigerverhalten, eingeleitete Sanierungsmaßnahmen usw.).[23] Dabei besteht naturgemäß ein gewisser Ermessensspielraum. Lageberichtspflichtige *Kapitalgesellschaften* und ihnen nach § 264a gleichgestellte Unternehmen haben auf Zweifel hinsichtlich der Unternehmensfortführung jedenfalls im Lagebericht hinzuweisen (§ 289 Abs. 1 S. 4).[24]

3. Konsequenzen für die Bewertung. Soweit von der Fortführung der Unternehmenstätigkeit ausgegangen werden kann, finden die allgemeinen Bewertungsvorschriften der §§ 252 bis 256a Anwendung. Bei *negativer Prognoseentscheidung*, wenn also von der Fortführung der Unternehmenstätigkeit nicht ausgegangen werden kann, hat die Bewertung aller Vermögensgegenstände nach vorsichtiger Schätzung der zu erzielenden Veräußerungserlöse zu erfolgen;[25] dabei dürfen die Anschaffungs- oder Herstellungskosten jedoch nicht überschritten werden.[26] Die Fortgeltung des Going-Concern-Prinzips ist im Übrigen für das Unternehmen als solches zu prüfen, nicht auch für die Einzelbewertung der Aktiva und Passiva von Teilbetrieben.[27] Allerdings gilt für die Bewertung von Vermö- **14**

---

21 Dazu (mit Beispielen) etwa ADS[6] § 252 Rdn 28; HdR-EA/*Fülbier/Kuschel/Selchert* § 252 (Stand Dezember 2010) Rdn 49; Beck BilKomm[8]-*Winkeljohann/Büssow* § 252 Rdn 15.

22 ADS[6] § 252 Rdn 29 f; *Scherrer* WPg 1996, 681; Baumbach/Hueck/*Schulze-Osterloh* GmbHG[18] § 42 Rdn 319; Beck BilKomm[8]-*Winkeljohann/Büssow* § 252 Rdn 16.

23 Weiterführend ADS[6] § 252 Rdn 25; HdR-EA/*Fülbier/Kuschel/Selchert* § 252 (Stand Dezember 2010) Rdn 48 ff; *Hater* Fortführungsprognose, S. 91 ff, 121 ff, 177 ff; *Kaiser* ZIP 2012, 2478, 2480 ff; *Lück* DB 2001, 1945, 1947 f; Beck BilKomm[8]-*Winkeljohann/Büssow* § 252 Rdn 15.

24 Baumbach/Hopt/*Merkt* HGB[35] § 252 Rdn 7; Baumbach/Hueck/*Schulze-Osterloh* GmbHG[18] § 42 Rdn 320; nach aA ist die weitere Anwendung der Fortführungsprämisse gem. § 264 Abs. 2 S. 2 zusätzlich im Anhang zu begründen: s. etwa Beck BilKomm[8]-*Winkeljohann/Büssow* § 252 Rdn 15; wN zum Meinungsstand bei Baumbach/Hueck/*Schulze-Osterloh* GmbHG[18] § 42 Rdn 38.

25 IDW RS HFA 17 Tz 4, 18 ff; zu weiteren Einzelheiten ADS[6] § 252 Rdn 32 ff; Baetge/Kirsch/Thiele/*Baetge/Ziesemer/Schmidt* § 252 (Stand Oktober 2011) Rdn 64; KölnKomm-RLR/*Claussen* § 252 Rdn 22 f; *Kaiser* ZIP 2012, 2478, 2487 f; s.a. HdR-EA/*Fülbier/Kuschel/Selchert* § 252 (Stand Dezember 2010) Rdn 54 ff.

26 IDW RS HFA 17 Tz 5, 20; ADS[6] § 252 Rdn 33; Baetge/Kirsch/Thiele/*Baetge/Ziesemer/Schmidt* § 252 (Stand Oktober 2011) Rdn 66; HdR-EA/*Fülbier/Kuschel/Selchert* § 252 (Stand Dezember 2010) Rdn 57; *Sarx* FS Budde S. 561, 575; Baumbach/Hueck/*Schulze-Osterloh* GmbHG[18] § 42 Rdn 320; MünchKommAktG[2]/*Tiedchen* § 252 HGB Rdn 22; BoHdR-*Wohlgemuth/Radde* § 252 (Stand Juni 2012) Rdn 22; WP-Handbuch I[14] Tz E 293; aA *Luik* FS v. Wysocki S. 61, 68 f; *Moxter* WPg 1982, 473.

27 Wie hier *Leffson* WPg 1984, 604 f; HuRB-*Lutter* S. 185, 187; Baumbach/Hueck/*Schulze-Osterloh* GmbHG[18] § 42 Rdn 319; aA ADS[6] § 252 Rdn 36; Baetge/Kirsch/Thiele/*Baetge/Ziesemer/Schmidt* § 252 (Stand Oktober 2011) Rdn 73; Beck BilKomm[8]-*Winkeljohann/Büssow* § 252 Rdn 21.

gensgegenständen eines stillgelegten oder stillzulegenden Betriebsteils das Niederstwertprinzip (§ 253 Abs. 3 S. 3, Abs. 4).[28]

15 4. **Ausnahmen.** Ausnahmen vom Grundsatz der Unternehmensfortführung sind nicht vorstellbar. Wo die Prognoseentscheidung (s.o. Rdn 13) negativ ausfällt, sind schon die Voraussetzungen des Going-Concern-Prinzips nicht mehr gegeben.

IV. Grundsatz der Bewertung zum Abschlussstichtag und Grundsatz der Einzelbewertung (Abs. 1 Nr. 3)

16 Nach Abs. 1 Nr. 3 sind die Vermögensgegenstände und Schulden zum Abschlussstichtag einzeln zu bewerten. Die Vorschrift normiert also zwei voneinander unabhängige Bewertungsgrundsätze:[29] zum einen den Grundsatz der stichtagsbezogenen Bewertung (**Stichtagsprinzip**) und zum anderen den Grundsatz der **Einzelbewertung.**

1. Grundsatz der Bewertung zum Abschlussstichtag

17 a) **Wertaufhellende und wertbeeinflussende Tatsachen.** Die Vermögensgegenstände und Schulden sind nach den Verhältnissen zum Stichtag des Jahresabschlusses zu bewerten. Es sind also alle bewertungsrelevanten Umstände zu berücksichtigen, die zum Abschlussstichtag vorgelegen haben. Ob sie dem Rechnungslegungspflichtigen zu diesem Zeitpunkt auch schon bekannt waren, ist hingegen nicht entscheidend. Vielmehr sind auch die sog. **wertaufhellenden Tatsachen** bei der Bewertung zu berücksichtigen: das sind solche Umstände, die schon zum Abschlussstichtag objektiv vorgelegen haben, aber erst später bekannt werden.[30] Hinsichtlich der Berücksichtigung von Risiken und Verlusten ist dies in Abs. 1 Nr. 4 noch einmal ausdrücklich ausgesprochen (s.u. Rdn 40). Dasselbe gilt jedoch für die Berücksichtigung von Chancen. Erweist sich etwa später, dass ein bestimmtes Risiko zum Abschlussstichtag doch nur in geringerer Höhe als zunächst angenommen bestand, so ist dem bei der Bewertung Rechnung zu tragen.[31]

18 Ereignisse, die erst nach dem Abschlussstichtag eingetreten sind (**wertbeeinflussende Tatsachen**), bleiben indes bei der Bewertung zum Stichtag unberücksichtigt. Während die *wertaufhellenden* Tatsachen lediglich (rückwirkend) die schon *am* Abschlussstichtag bestehenden Verhältnisse erhellen, beziehen sich die *wertbeeinflussenden* Tatsachen (synonym wird von wertbegründenden Tatsachen gesprochen[32]) auf die Entwicklung der Verhältnisse *nach* dem Stichtag.[33] Allerdings kann ein erst nach dem Stichtag eingetrete-

---

[28] HuRB-*Lutter* S. 185, 187 f.

[29] Statt anderer: ADS[6] § 252 Rdn 37.

[30] S. etwa ADS[6] § 252 Rdn 39; Baetge/Kirsch/Thiele/*Baetge/Ziesemer/Schmidt* § 252 (Stand Oktober 2011) Rdn 97; HdR-EA/*Fülbier/Kuschel/Selchert* § 252 (Stand Dezember 2010) Rdn 71; Baumbach/Hueck/*Schulze-Osterloh* GmbHG[18] § 42 Rdn 247; MünchKommAktG[2]/*Tiedchen* § 252 HGB Rdn 36 f; Beck BilKomm[8]-*Winkeljohann/Büssow* § 252 Rdn 37 f; eingehend *Kropff* FS Ludewig S. 521, 523 ff.

[31] ADS[6] § 252 Rdn 42; Baetge/Kirsch/Thiele/*Baetge/Ziesemer/Schmidt* § 252 (Stand Oktober 2011) Rdn 99; *Kropff* FS Ludewig S. 521, 532 f; Baumbach/Hueck/*Schulze-Osterloh* GmbHG[18] § 42 Rdn 322; Beck BilKomm[8]-*Winkeljohann/Büssow* § 252 Rdn 38.

[32] Vgl. zur begrifflichen Unterscheidung auch IDW PS 203 Tz 8 ff u. etwa BFH 30.1.2002, I R 68/00, BStBl II 2002, 688, 690; BFH 19.10.2005, XI R 64/04, BStBl II 2006, 371.

[33] S. nur *Hüttemann* FS Priester S. 301, 311 f, 315 f; Baumbach/Hueck/*Schulze-Osterloh* GmbHG[18] § 42 Rdn 322.

ner Umstand zu Rückschlüssen auf den Stichtag zwingen. So ist die erst nach dem Stichtag eingetretene Insolvenz eines Schuldners ein Indiz dafür, dass die Forderung gegen ihn schon zuvor nicht voll werthaltig war.[34]

Maßgebender Zeitpunkt, bis zu dem die **wertaufhellende Tatsache** bekannt geworden sein muss, ist nach der Formulierung in Abs. 1 Nr. 4 die *Aufstellung* des Jahresabschlusses. Die Formulierung ist freilich auf den Einzelkaufmann zugeschnitten. Wo indes für die Aufstellung des Jahresabschlusses einer Gesellschaft (also die Erstellung des Rechnungs*entwurfs*) und seine Feststellung (also die Verbindlicherklärung des Rechenwerks) verschiedene Organe funktional zuständig sind, markiert nicht schon die Aufstellung des Abschlusses (die Fertigung seines Entwurfs) das Ende des Wertaufhellungszeitraums. Hängt die Verbindlichkeit des Jahresabschlusses von seiner Feststellung ab, sind vielmehr auch solche wertaufhellenden Tatsachen noch zu berücksichtigen, die erst zwischen Aufstellung und Feststellung erkannt werden konnten. Allein wo sie nach den Verhältnissen des Einzelfalls von lediglich unwesentlicher Bedeutung sind, kann auf die Einarbeitung in den Jahresabschluss verzichtet werden.[35] Der ohne die gebotene Berücksichtigung wertaufhellender Tatsachen festgestellte Jahresabschluss ist bilanzrechtlich fehlerhaft.[36] Denn mit den wertaufhellenden Umständen sollen gerade solche Tatschen berücksichtigt werden, durch die ein dem Grund oder Höhe nach unrichtiger Bilanzansatz erkennbar wird.[37] Ganz im Sinne der hier vertretenen zeitlichen Abgrenzung hatte auch der II. Zivilsenat des BGH schon in einer Entscheidung aus dem Jahre 1989 – im Zusammenhang mit der Bildung von Rückstellungen – auf die bis zur Feststellungsentscheidung der Gesellschafter (*in casu* einer GmbH) bekannt gewordenen Umstände abgestellt.[38] **19**

Allerdings wird im bilanzrechtlichen Schrifttum nicht immer in der gebotenen Weise zwischen Bilanz*auf*stellung und Bilanz*fest*stellung differenziert. Wo für das Ende des Aufhellungszeitraums ohne weitere Erläuterungen auf das „Ende der Bilanzaufstellung", das „Ende der Bilanzerstellung" oder den „Tag der Aufstellung" abgestellt wird,[39] kommt nicht hinreichend klar zum Ausdruck, welcher Zeitpunkt genau gemeint sein soll.[40] Zu **20**

---

34 S. dazu etwa ADS[6] § 252 Rdn 44; HdR-EA/*Fülbier/Kuschel/Selchert* § 252 (Stand Dezember 2010) Rdn 74; *Hüttemann* FS Priester S. 301, 312 f, 320 f; *Kropff* in Geßler/Hefermehl/Eckardt/Kropff AktG § 149 Rdn 79; MünchKommAktG[2]/*Tiedchen* § 252 HGB Rdn 38; Beck BilKomm[8]-*Winkeljohann/Büssow* § 252 Rdn 38.

35 Wie hier etwa ADS[6] § 252 Rdn 78 u. § 42a GmbHG Rdn 46; Baetge/Kirsch/Thiele/*Baetge/Ziesemer/Schmidt* § 252 (Stand Oktober 2011) Rdn 108 ff; *Hüttemann* FS Priester S. 301, 331 ff; *Kropff* FS Ludewig S. 521, 534 ff; *Moxter* BB 2003, 2559, 2563; *ders.* DStR 2008, 469, 470; Baumbach/Hueck/*Schulze-Osterloh* GmbHG[18] § 42 Rdn 322; MünchKommAktG[2]/*Tiedchen* § 252 HGB Rdn 39; Beck BilKomm[8]-*Winkeljohann/Büssow* § 252 Rz. 39 aE. S. aus der Rechtsprechung des BFH etwa schon BFH 8.3.1989, X R 9/86, BStBl. II, 714, 718. Nicht ganz eindeutig freilich BFH 15.9.2004, I R 5/04, DStR 2005, 238, 242 f (BIAO), wenn dort auf den „Tag der Bilanzerstellung" bzw. das „Ende der Bilanzerstellung" abgestellt wird.

36 Zutreffend *Kropff* FS Ludewig S. 521, 530 f; Baumbach/Hueck/*Schulze-Osterloh* GmbHG[18] § 42 Rdn 322. Insoweit anders ADS[6] § 252 Rdn 78 im Anschluss an *H.-P. Müller* FS Quack, 1991, S. 345, 355: Frage der Ordnungsmäßigkeit der Geschäftsführung, nicht der Gesetzmäßigkeit des Jahresabschlusses.

37 Vgl. *Hüttemann* FS Priester S. 301, 311 im Anschluss an *Simon* Die Bilanzen der Aktiengesellschaften und der Kommanditgesellschaften auf Aktien, 3. Aufl. (1899) S. 319.

38 BGH 5.6.1989, II ZR 172/88, NJW-RR 1989, 1198, 1199.

39 Unter Übernahme der Formulierung in § 252 Abs. 1 Nr. 4 an den „Tag der Aufstellung" anknüpfend etwa Baumbach/Hopt/*Merkt* HGB[35] § 252 Rdn 8.

40 Auch in der aktuellen 14. Aufl. des WP-Handbuches, Bd. I (2012), wird in Tz E 303 nach wie vor ohne weitere Differenzierung

Recht nicht durchzusetzen vermocht hat sich im Übrigen die vor Jahren zur Diskussion gestellte These, für Gesellschaften, die der Prüfungspflicht unterliegen, sei für das Ende des Wertaufhellungszeitraums auf die Übergabe des aufgestellten Jahresabschlusses an den Abschlussprüfer abzustellen.[41] Und ebenso wenig wird das Ende des Wertaufhellungszeitraums in prüfungspflichtigen Gesellschaften durch den Moment des materiellen Abschlusses der Prüfung durch den Abschlussprüfer bestimmt. In prüfungspflichtigen Gesellschaften ist zu differenzieren zwischen einerseits den Erkenntnissen, die der Abschlussprüfer für die *Prüfung* des Abschlusses verwerten kann und muss, sowie andererseits solchen Erkenntnissen, die ggf. später noch gewonnen werden und die dann bei der *Feststellung* des Abschlusses zu verwerten sind. Selbstverständlich kann der Abschlussprüfer im Rahmen seiner Tätigkeit nur solche Tatsachen verwerten, die ihm bis zur Erteilung des Bestätigungsvermerks bekannt geworden sind; insofern ist die Entscheidung über Erteilung oder Versagung des Bestätigungsvermerks immer (nur) das Ergebnis seiner (materiell abgeschlossenen) Prüfung. Wenn sich aber nach Abschluss der Prüfung aufgrund neuer Erkenntnisse über (wesentliche) Risiken und Wertminderungen die Notwendigkeit ergibt, den Aufstellungsvorgang neu zu eröffnen, dann hat dies in prüfungspflichtigen Gesellschaften eine Nachtragsprüfung (§ 316 Abs. 3 HGB) zur Folge. Werden dem Abschlussprüfer nach Erteilung des Bestätigungsvermerks neue wertaufhellende Tatsachen von nicht nur unwesentlicher Bedeutung bekannt, kann er im Übrigen selbst gehalten sein, das Unternehmen zur Änderung des Abschlusses zu veranlassen.[42]

21 Nach wie vor kontrovers wird allerdings über die Frage debattiert, ob nur solche wertaufhellenden Tatsachen berücksichtigt werden dürfen, die der Rechnungslegungspflichtige schon am Abschlussstichtag hätte erkennen können: Die sog. **subjektive Wertaufhellungskonzeption** bejaht das und will nur die bei angemessener Sorgfalt zum Stichtag „wissbaren" Umstände berücksichtigen.[43] Richtigerweise sind jedoch alle im Wertaufhellungszeitraum bekannt gewordenen Umstände zu berücksichtigen, die für die Verhältnisse am Abschlussstichtag objektiv von Bedeutung sind.[44] Diese **objektive Wertaufhellungskonzeption** kommt schon im Wortlaut des § 252 Abs. 1 Nr. 4 klar zum Ausdruck; sie verdient den Vorzug.[45]

---

auf Ereignisse abgestellt, die „vor Aufstellung des JA bekannt geworden sind"; zur Erläuterung wird in Fn 679 dann aber immerhin u.a. auf „*Kropff*, Wertaufhellungen, S. 21 ff" (richtig wäre: „S. 521 ff") verwiesen.

41 In diesem Sinne *Küting/Kaiser* WPg 2000, 577 ff; ähnlich Haufe HGB BilKomm³-*Avella/Brinkmann* § 252 Rdn 140: „Prüfungsbereitschaft des Abschlussprüfers". Eingehende und überzeugende Kritik schon bei *Kropff* WPg 2000, 1137 ff; s.a. noch *Kropff* FS Peltzer S. 219, 225 f, 238 f.

42 IDW PS 400 Tz 104; IDW PS 203 Tz 18 ff.

43 Eingehend *Ciric* Wertaufhellung S. 129 ff; ebenso etwa *Hoffmann* BB 1996, 1157; *Hommel/Berndt* DStR 2000, 1745 ff.

44 Baetge/Kirsch/Thiele/*Baetge/Ziesemer/Schmidt* § 252 (Stand Oktober 2011) Rdn 97; *Gschwendtner* DStZ 2000, 646, 649; *Hüttemann* FS Priester S. 301, 304 ff; *Knobbe* BB 2012, 2169, 2170; *Moxter* GedS Knobbe-Keuk S. 487, 496 f; *ders.* BB 2003, 2559, 2561; *ders.* DStR 2008, 469, 469 f; *Osterloh-Konrad* DStR 2003, 1631, 1679; Baumbach/Hueck/*Schulze-Osterloh* GmbHG[18] § 42 Rdn 322; MünchKomm-AktG²/*Tiedchen* § 252 HGB Rdn 36; Beck BilKomm[8]-*Winkeljohann/Büssow* § 252 Rdn 38; s.a. noch *Kammann* Stichtagsprinzip S. 93 ff.

45 Vgl. aus der – freilich nicht einheitlichen – Rechtsprechung des Bundesfinanzhofes auch BFH 30.1.2002, I R 68/00, BStBl II, 688, 690; BFH 15.9.2004, I R 5/04, DStR 2005, 238, 242 (BIAO).

b) Ausnahmen. *Ausnahmen* vom Stichtagsprinzip – nach Abs. 2 in begründeten Fällen zulässig – kommen insbesondere bei der Rückbeziehung von Sanierungsmaßnahmen in Betracht.[46] **22**

2. Grundsatz der Einzelbewertung

a) Inhalt. Nach Abs. 1 Nr. 3 sind die Vermögensgegenstände und Schulden einzeln zu bewerten. Die Bewertung hat sich an den individuellen wertbildenden Faktoren jedes einzelnen Vermögensgegenstandes und Schuldpostens auszurichten (zum Begriff der Vermögensgegenstände und Schulden s. § 246, 8 ff und 29 ff). **Wertminderungen** bei einem einzelnen Bewertungsobjekt dürfen **mit Wertsteigerungen** bei einem anderen also **nicht kompensiert** werden.[47] Damit soll nicht zuletzt verhindert werden, dass unrealisierte Gewinne in die Bewertung einfließen oder schon verursachte, aber noch nicht realisierte Verluste unberücksichtigt bleiben. Der Grundsatz der Einzelbewertung flankiert so das Realisations- und Imparitätsprinzip nach Abs. 1 Nr. 4.[48] Er ist schon in § 240 Abs. 1 („Wert der einzelnen Vermögensgegenstände und Schulden") verankert und findet für den Bilanzansatz seine Entsprechung im Saldierungsverbot aus § 246 Abs. 2 (s. § 246, 95 ff). **23**

Abs. 1 Nr. 3 bindet die Bewertung an die individuellen Gegebenheiten jedes einzelnen Bewertungsobjekts. Mitunter ist es allerdings schwierig, für eine Mehrzahl von Bewertungsobjekten anfallende Kosten den einzelnen Objekten individuell zuzurechnen. Hier ist eine Zuordnung unter **Rückgriff auf pauschale Verteilungsschlüssel** geboten. Eine Durchbrechung des Grundsatzes der Einzelbewertung liegt darin nicht; die Kostenschlüsselung macht die Bewertung der einzelnen Objekte vielmehr erst möglich.[49] Ebenso ist es erlaubt, Forderungen mit gleichartigen Risiken zu Gruppen zusammenzufassen und zu bewerten (s. dazu § 253, 121). Im Übrigen trifft der Grundsatz der Einzelbewertung keine Aussage zur Abgrenzung der Bewertungsobjekte. Er hindert deshalb nicht, mehrere sächliche Gegenstände, die zu einer **Funktionseinheit** verbunden sind, als ein einheitliches Bewertungsobjekt (Vermögensgegenstand) anzusehen (s. dazu § 246, 11). **24**

b) Spezielle Regelungen und Ausnahmen. Als allgemeiner Bewertungsgrundsatz tritt der Grundsatz der Einzelbewertung ggf. hinter *speziellere Bewertungsregelungen* in §§ 253 bis 256a zurück. Eine Durchbrechung erfährt der Grundsatz der Einzelbewertung etwa durch das Gebot der Verrechnung von sog. Deckungsvermögen mit Schulden aus Altersversorgungsverpflichtungen oder vergleichbaren langfristig fälligen Verpflichtungen nach Maßgabe von §§ 246 Abs. 2 S. 2, 253 Abs. 1 S. 4; s. dazu § 246, 100 ff. Vorrang gegenüber Abs. 1 Nr. 3 haben auch die Bestimmungen zur Zulässigkeit der Festbewertung nach § 256 S. 2 i.V.m. § 240 Abs. 3 bzw. der Gruppenbewertung (§ 256 S. 2 i.V.m. § 240 Abs. 4) oder zur Zulässigkeit der Bewertung nach Verbrauchsfolgefiktionen **25**

---

46 Weiterführend ADS[6] § 252 Rdn 47; HdR-EA/*Fülbier/Kuschel/Selchert* § 252 (Stand Dezember 2010) Rdn 64; Baumbach/Hueck/*Schulze-Osterloh* GmbHG[18] § 42 Rdn 323, je mwN.

47 ADS[6] § 252 Rdn 48 f; KölnKomm-RLR/*Claussen* § 252 Rdn 25; HdR-EA/*Fülbier/Kuschel/Selchert* § 252 (Stand Dezember 2010) Rdn 63; Beck BilKomm[8]-*Winkeljohann/Büssow* § 252 Rdn 22.

48 MünchKommHGB[3]/*Ballwieser* § 252 Rdn 19; *Kupsch* FS Forster S. 339, 341, 346 ff.

49 ADS[6] § 252 Rdn 50; HdR-EA/*Fülbier/Kuschel/Selchert* § 252 (Stand Dezember 2010) Rdn 61; Beck BilKomm[8]-*Winkeljohann/Büssow* § 252 Rdn 25.

(§ 256 S. 1). Zur Bildung von Bewertungseinheiten (vgl. 4. Aufl. § 252, 20) s. nunmehr die Erläuterungen zu § 254.

26 *Ausnahmen* vom Grundsatz der Einzelbewertung sind gem. Abs. 2 dann zulässig, wenn die individuelle Ermittlung des Wertes eines einzelnen Bewertungsobjekts nicht oder nur mit unverhältnismäßigem Zeit- und Kostenaufwand möglich ist. In diesem Sinne wird z.B. die Bildung von Pauschalrückstellungen für gleichartige Risiken (etwa aus drohender Produkthaftung) als zulässig angesehen (vgl. § 249, 20 und 48).[50]

V. Grundsatz der Vorsicht (Abs. 1 Nr. 4)

27 Abs. 1 Nr. 4 verpflichtet im ersten Halbsatz zur vorsichtigen Bewertung, „namentlich" zur Berücksichtigung aller vorhersehbaren Risiken und Verluste, die zum Abschlussstichtag entstanden sind, selbst wenn diese erst zwischen dem Abschlussstichtag und dem Tag der Aufstellung des Jahresabschlusses bekannt geworden sind. Nach dem zweiten Halbsatz der Vorschrift sind Gewinne nur zu berücksichtigen, wenn sie am Abschlussstichtag realisiert sind. Damit normiert die Bestimmung den im System des deutschen Bilanzrechts zentral bedeutsamen (s.u. Rdn 41) *Grundsatz der Vorsicht*, als dessen konkretisierende *Ausprägungen* das *Gebot der Bewertungsvorsicht* (Rdn 28 f), das *Realisationsprinzip* (Rdn 30 ff) und das *Imparitätsprinzip* (Rdn 38 ff) anzusehen sind.[51]

28 **1. Gebot der Bewertungsvorsicht.** Das Gebot der Bewertungsvorsicht[52] (vgl. den Wortlaut von Abs. 1 Nr. 4 am Anfang: „Es ist vorsichtig zu bewerten, ...") kommt überall dort zum Tragen, wo die Ermittlung des Betrages, der einem Bewertungsobjekt zum Abschlussstichtag beizumessen ist, mit einem gewissen **Ermessensspielraum** verbunden ist. Dies ist verbreitet und immer dann der Fall, wenn die Bewertung mit einer Schätzung oder einer Prognoseentscheidung einhergeht. Dann nämlich soll im Zweifel eher ein ungünstiger als ein günstiger Verlauf zugrunde zu legen, soll von mehreren Schätzungsalternativen im Zweifel die pessimistischere zu wählen sein.[53] Das befreit den Rechnungslegungspflichtigen freilich nicht von der Verpflichtung, alle für die Bewertung maßgebenden Faktoren (Chancen ebenso wie Risiken) vollständig zu erfassen und sorgfältig abzuwägen. Die Unterstellung unwahrscheinlicher oder besonders negativer Geschehensabläufe (worst case) ist vom Vorsichtsprinzip nicht gedeckt.[54] Der Wertansatz aus dem Intervall denkbarer Werte muss so bemessen sein, dass die *überwiegende Wahrscheinlichkeit* gegen eine höhere Belastung spricht. An starren Rechenwerten[55] ist dies allerdings

---

[50] Dazu und zu weiteren Beispielen etwa ADS[6] § 252 Rdn 57; *Perlet/Baumgärtel* FS Beisse (1997) S. 389 ff; Baumbach/Hueck/*Schulze-Osterloh* GmbHG[18] § 42 Rdn 325; MünchKommAktG[2]/*Tiedchen* § 252 HGB Rdn 29; Beck BilKomm[8]-*Winkeljohann/Büssow* § 252 Rdn 26; s. aber auch HdR-EA/*Fülbier/Kuschel/Selchert* § 252 (Stand Dezember 2010) Rdn 67 f.

[51] S. zu dieser Systematisierung etwa *Berberich* Framework S. 255 ff; HdR-EA/*Fülbier/Kuschel/Selchert* § 252 (Stand Dezember 2010) Rdn 75.

[52] *Euler* System S. 29, 59, spricht vom „spezielle(n) Vorsichtsprinzip".

[53] ADS[6] § 252 Rdn 68; Baumbach/Hueck/*Schulze-Osterloh* GmbHG[18] § 42 Rdn 326; MünchKommAktG[2]/*Tiedchen* § 252 HGB Rdn 46; BoHdR-*Wohlgemuth/Radde* § 252 (Stand Juni 2012) Rdn 55 ff; wohl auch HdR-EA/*Fülbier/Kuschel/Selchert* § 252 (Stand Dezember 2010) Rdn 78.

[54] ADS[6] § 252 Rdn 68.

[55] S. die Vorschläge von *Leffson* Grundsätze ordnungsmäßiger Buchführung[7] S. 479 („z.B. 90 %"); Beck-HdR-*Pittroff/Schmidt/Siegel* B 161 Rdn 129 („90–95 %").

nicht festzumachen, da sich eine statistische Wahrscheinlichkeit in der Regel nicht objektiv bestimmen lässt; es kann nur darauf ankommen, ob sich die Bewertung nachvollziehbar (plausibel) begründen lässt.[56]

Das Vorsichtsprinzip rechtfertigt keinen Verstoß gegen die Grundsätze getreuer Rechenschaft, insbesondere kein „künstliches Ärmerrechnen" durch willkürliche, weil sachlich nicht gerechtfertigte Unterbewertungen.[57] Das **gezielte Legen stiller Reserven** war den Kapitalgesellschaften und den ihnen nach § 264a gleichgestellten Personenhandelsgesellschaften schon bisher nicht (§ 279 Abs. 1 S. 1 a.F.) und ist nach Wegfall des Wahlrechts aus § 253 Abs. 4 (frühere Zulässigkeit von Abschreibungen „im Rahmen vernünftiger kaufmännischer Beurteilung"; s. § 253, 9 f) auch sonstigen Unternehmen nicht mehr gestattet. Denn stille Reserven können ebenso still wieder aufgelöst werden, wie sie gebildet wurden. Die unbemerkte Auflösung versteckter Reserven verschleiert aber den erwirtschafteten Misserfolg des Unternehmens und verstellt den Einblick in dessen wirtschaftliche Lage gerade dann, wenn die Gläubiger durch getreuen Ergebnisausweis geschützt werden sollen. 29

2. Realisationsprinzip

a) **Regelungsgehalt.** Nach Abs. 1 Nr. 4, 2. HS dürfen Gewinne nur berücksichtigt werden, wenn sie am Abschussstichtag realisiert sind. Das so umrissene Realisationsprinzip bestimmt die erfolgswirksame Vereinnahmung von Erträgen (s. zum Begriff § 246, 67), nach heute überwiegender Sehweise aber auch den Ausweis der ihnen zuzuordnenden Aufwendungen (sogleich Rdn 31; zum Aufwandsbegriff s. § 246, 66). Die Vorschrift normiert, von welchem Zeitpunkt an **Erträge** als vereinnahmt anzusehen sind, wann statt der Anschaffungs- oder Herstellungskosten eines Vermögensgegenstandes (§ 253 Abs. 1 S. 1; s. dazu § 253, 19 ff) der aus der Lieferung oder Leistung erzielte Erlös auszuweisen ist. Indem das Gesetz auf den Zeitpunkt der Ertrags*realisation* abstellt, soll der Ausweis von Erträgen verhindert werden, die am Absatzmarkt noch keine Bestätigung gefunden haben. Bis dahin sind Vermögensgegenstände höchstens mit den Anschaffungs- oder Herstellungskosten zu bilanzieren. Beschaffungsvorgänge wirken sich auf den Jahresabschluss mithin erfolgsneutral aus, soweit nicht – nach Maßgabe des Imparitätsprinzips (s.u. Rdn 38 ff) – Verluste zu antizipieren sind. Dies verdeutlicht: Realisationsprinzip und Anschaffungswertprinzip sind eng miteinander verknüpft.[58] Ob man dabei letzteres als von ersterem dominiert ansehen will (weil nur so lange zu Anschaffungs- oder Herstellungskosten zu aktivieren ist, wie es noch an der Ertragsrealisation fehlt) oder das Rangverhältnis gerade umgekehrt sieht (weil eine Ertragsrealisation erst dann angenommen werden darf, wenn kein Zwang zur Bilanzierung zu Anschaffungs- oder Herstellungskosten mehr besteht),[59] ist ohne praktische Bedeutung. – Zur aus- 30

---

56 ADS[6] § 252 Rdn 68; Baetge/Kirsch/Thiele/*Baetge/Ziesemer/Schmidt* § 252 (Stand Oktober 2011) Rdn 144; HdR-EA/*Fülbier/Kuschel/Selchert* § 252 (Stand Dezember 2010) Rdn 78.

57 S. schon ADS[6] § 252 Rdn 71; KölnKomm-RLR/*Claussen* § 252 Rdn 40; *Kropff* FS Beisse S. 65, 77; *Leffson* Grundsätze ordnungsmäßiger Buchführung[7] S. 465 ff.

58 Zu den skizzierten Zusammenhängen etwa HdR-EA/*Baetge/Kirsch/Thiele* Kap. 4 (Stand Dezember 2011) Rdn 85; HdJ-*Baetge/Zülch* I/2, Rdn 72; Baetge/Kirsch/Thiele/*Baetge/Ziesemer/Schmidt* § 252 (Stand Oktober 2011) Rdn 182; *Ballwieser* FS Forster S. 45, 56 f; *Euler* System S. 211 f; HdR-EA/*Fülbier/Kuschel/Selchert* § 252 (Stand Dezember 2010) Rdn 90; *Leffson* Grundsätze ordnungsmäßiger Buchführung[7] S. 251 f.

59 S. zu diesen unterschiedlichen Betrachtungsweisen nur *Schröer* Realisationsprinzip S. 131 f mwN.

nahmsweise zulässigen (und gebotenen) Vermögensbewertung zum beizulegenden Zeitwert im Falle der Verrechnung von sog. Deckungsvermögen mit Schulden aus Altersversorgungsverpflichtungen oder vergleichbaren langfristig fälligen Verpflichtungen (§§ 246 Abs. 2 S. 2, 253 Abs. 1 S. 4) s. § 246, 100 ff und § 253, 58 ff.

31 Über den Realisationszeitpunkt prägt das Realisationsprinzip zugleich den Ausweis der den Erträgen zuzuordnenden **Aufwendungen**. Einer Reihe von Regelungen im geltenden Bilanzrecht (etwa zur Aktivierung unfertiger Leistungen und geleisteter Anzahlungen oder zur aktiven Rechnungsabgrenzung; s.a. § 250, 5) liegt das Ziel einer periodengerechten Aufwands- und Ertragszuordnung zugrunde,[60] das seinerseits vom Realisationsprinzip vorgegeben wird.[61] Vor diesem Hintergrund ist heute überwiegend akzeptiert, dass das Realisationsprinzip den Ausweis von Aufwendungen und Erträgen gleichermaßen regelt und nicht lediglich als ein Bewertungs-, sondern auch und insbesondere als ein zentraler **Ansatzgrundsatz** zu begreifen ist.[62] Nach wie vor sehr umstritten ist freilich, in welchen Grenzen das Realisationsprinzip den Ausweis von Aufwendungen beherrscht, ob es auch rückstellungsbegrenzende Wirkungen entfalten kann. Die Frage stellt sich für dem Grunde nach schon sicher entstandene, in der Höhe aber noch ungewisse Verbindlichkeiten, die erst Erträgen künftiger Abrechnungsperioden zuzuordnen sind. Hierauf ist an anderer Stelle (§ 249, 40 ff) näher eingegangen.

32 **b) Zeitpunkt der Ertragsrealisierung.** Für die nähere Bestimmung des Realisationszeitpunktes ist an den Zweck des Realisationsprinzips anzuknüpfen, das den Ertragsausweis von einem bestätigenden „Umsatzakt am Absatzmarkt"[63] abhängig machen soll. Der bloße *Abschluss eines Austauschvertrages* kann dazu noch nicht ausreichen. Zwar ist der Wert der zu erbringenden Sach- oder Dienstleistung – da die geschuldete Gegenleistung vertraglich bestimmt ist – am Markt bewertet; ob der Leistungspflichtige seine Leistung auch tatsächlich vertragsgerecht erbringen wird (und mit welchen Kosten dies einhergeht), ist aber noch ganz ungewiss.[64] Dem zur Leistung Verpflichteten ist der Anspruch auf die Gegenleistung also noch nicht sicher. Die Gewinnrealisierung erst mit *Zahlungseingang* eintreten zu lassen,[65] kann aber ebenso wenig überzeugen. Ein solcher Ansatz stünde im Konflikt mit § 252 Abs. 1 Nr. 5 (dazu s.u. Rdn 43 ff). Er wäre zudem nicht nur manipulationsanfällig und unpraktikabel, sondern würde – wenn Leistungszeitpunkt und Zahlungszeitpunkt weit auseinander liegen – den Informationsgehalt des Jahresabschlusses deutlich mindern.[66] In Übereinstimmung mit der ganz hM ist für den

---

[60] S. die Analyse bei *Schulze-Osterloh* FS Forster S. 653, 657 ff.

[61] Zum Zusammenhang zwischen Realisationsprinzip und Periodisierung etwa *Moxter* FS Döllerer S. 447, 449 f.

[62] Weiterführend *Ballwieser* FS Beusch S. 63, 67; MünchKommHGB³/*ders.* § 252 Rdn 53 ff; *Euler* System S. 113 f, 196 f; *Herzig* DB 1990, 1341, 1344; *ders.* FS L. Schmidt S. 209, 212 f, 219; *Moxter* Bilanzlehre Bd. II, 3. Aufl. (1986) S. 23 f; *ders.* BB 1984, 1780 ff; *ders.* FS Döllerer S. 447, 449 ff; *ders.* FS Havermann S. 486, 496 f; *Schröer* Realisationsprinzip S. 126; *Schulze-Osterloh* FS Forster S. 653, 656; Baumbach/Hueck/*ders.* GmbHG¹⁸ § 42 Rdn 15 mwN; aA etwa *Christiansen* BFuP 1994, 25, 34; *Siegel* FS Forster S. 585, 595 ff; *ders.* BFuP 1994, 1 ff; wN bei *Witt* Herstellungskosten S. 16 ff.

[63] *Leffson* Grundsätze ordnungsmäßiger Buchführung⁷ S. 247, 250.

[64] *Gelhausen* Realisationsprinzip S. 93 ff; *Leffson* Grundsätze ordnungsmäßiger Buchführung⁷ S. 261 f; *Schröer* Realisationsprinzip S. 136; Beck-HdR-*Siegel/Schmidt* B 161 Rdn 147.

[65] Dafür etwa noch *Schneider* FS Leffson S. 103, 116.

[66] Weiterführend etwa *Gelhausen* Realisationsprinzip S. 111 ff; *Leffson* Grundsätze ordnungsmäßiger Buchführung⁷ S. 259; *Schröer* Realisationsprinzip S. 134 f.

Realisationszeitpunkt bei **Umsatzgeschäften** deshalb auf den Umsatzakt der **Leistungsbewirkung** durch den Sach- oder Dienstleistungsverpflichteten abzustellen, wobei es darauf ankommt, ob dem Sach- oder Dienstleistungspflichtigen der Anspruch auf die Gegenleistung sicher ist.[67] Ist eine Forderung aus schwebendem Geschäft in eben diesem Sinne realisiert, endet der Schwebezustand; s. § 246, 61 f.

Deshalb sind Erträge aus Lieferungs- und Leistungsgeschäften ggf. auch schon **vor Eintritt des Leistungserfolgs** (Erfüllung i.S.v. § 362 BGB) realisiert: wenn dem Sach- oder Dienstleistungspflichtigen der Anspruch auf die Gegenleistung auch ohne Eintritt des Leistungserfolgs sicher ist, weil die Preisgefahr auf den anderen Vertragsteil übergegangen ist (dazu schon § 246, 61). **Dauerschuldverhältnisse** sind in bilanzrechtlich selbständig zu behandelnde Abrechnungsperioden zu unterteilen; mit Erbringung der zeitanteiligen Leistung tritt insoweit Ertragsrealisierung ein (s.a. § 246, 62).[68] Schadensersatzforderungen und sonstige **Forderungen**, die **nicht aus Umsatzgeschäften** resultieren, sind – auch schon vor ihrer rechtlichen Entstehung – realisiert, wenn sie im abgelaufenen Geschäftsjahr wirtschaftlich begründet worden sind und ihre rechtliche Entstehung aus einem existenten Rechtsverhältnis als sicher zu gelten hat.[69] Zur *„phasengleichen" Aktivierung von Gewinnansprüchen* der Muttergesellschaft aus Beteiligungen an Tochter-Kapitalgesellschaften eingehend § 246, 23 ff. **33**

c) **Langfristige Auftragsfertigung.** Seit langem kontrovers wird die Zulässigkeit einer Durchbrechung des Realisationsprinzips in den Fällen langfristiger Auftragsfertigungen diskutiert, die sich über mehr als eine Rechnungslegungsperiode erstrecken und etwa im Industrieanlagen- und Großmaschinenbau, im Hoch- und Tiefbau oder im Schiffs- und Flugzeugbau sowie bei der Softwareentwicklung Bedeutung haben.[70] Nach den allgemein akzeptierten Grundsätzen der Ertragsrealisierung bei Umsatzgeschäften (s.o. Rdn 32 f) wäre auch bei langfristiger Fertigung eine Gewinnrealisierung erst im Zeitpunkt der Abnahme des Werkes anzunehmen; in der Konsequenz dürften bis dahin nur die Herstellungskosten nach Maßgabe der Bestimmungen des § 255 aktiviert werden. Die Bilanzierung in diesem Sinne – in der Terminologie der internationalen Rechnungslegung: „Completed-Contract-Method" – kann zu deutlichen Verzerrungen in der Darstellung der Ertragslage des Unternehmens führen.[71] Werden nämlich in den Perioden der Auftrags- **34**

---

67 ADS⁶ § 252 Rdn 82; MünchKommHGB³/*Ballwieser* § 252 Rdn 56 f; KölnKomm-RLR/*Claussen* § 252 Rdn 45; HdR-EA/*Fülbier/Kuschel/Selchert* § 252 (Stand Dezember 2010) Rdn 92; *Gelhausen* Realisationsprinzip S. 136 ff; *Leffson* Grundsätze ordnungsmäßiger Buchführung⁷ S. 262 ff; *Schröer* Realisationsprinzip S. 138 ff; *Sessar* Gewinnrealisierung S. 43 ff; MünchKommAktG²/*Tiedchen* § 252 HGB Rdn 64; Beck BilKomm⁸-*Winkeljohann/Büssow* § 252 Rdn 44; BoHdR-*Wohlgemuth* § 252 (Stand Juni 2012) Rdn 40.

68 HdR-EA/*Fülbier/Kuschel/Selchert* § 252 (Stand Dezember 2010) Rdn 95; *Sessar* Gewinnrealisierung S. 94; MünchKomm-AktG²/*Tiedchen* § 252 HGB Rdn 65; Beck BilKomm⁸-*Winkeljohann/Büssow* § 252 Rdn 47, je mwN.

69 BGHZ 137, 378, 380 („Tomberger") = NJW 1998, 1559; ADS⁶ § 246 Rdn 179 f; *Kropff* ZGR 1997, 115, 120; *Schulze-Osterloh* ZGR 1995, 170, 181; Baumbach/Hueck/*ders.* GmbHG¹⁸ § 42 Rdn 81; MünchKomm-AktG²/*Tiedchen* § 252 HGB Rdn 69, je mwN.

70 Eingehend und instruktiv *Schröer* Realisationsprinzip S. 215 ff; zusammenfassend etwa *Krawitz* DStR 1997, 886 ff; Beck-HdR-*Marx/Löffler* B 700, je mwN.

71 Dazu etwa *Clemm* FS Budde S. 135, 137; *Krawitz* DStR 1997, 886; Beck-HdR-*Marx/Löffler* B 700 Rdn 14 ff, 30 ff; *Schröer* Realisationsprinzip S. 227 ff mwN.

fertigung nur die Herstellungskosten aktiviert, müssen möglicherweise erhebliche Verluste ausgewiesen werden, obwohl das Unternehmen durchaus profitabel wirtschaftet. In der Periode der Werkabnahme wiederum kann es zu einem beträchtlichen „Gewinnsprung" kommen, der jedoch auf Leistungen aus Vorperioden beruht und die aktuelle Ertragslage deshalb gleichfalls nicht zuverlässig widerspiegelt. Vorsichts- und Realisationsprinzip geraten also in einen Gegensatz zum betriebswirtschaftlichen Grundsatz der periodengerechten Ergebnisermittlung. Die Problematik ist beispielhaft für die Systemunterschiede zwischen HGB-Bilanzrecht einerseits und den internationalen Rechnungslegungsstandards andererseits. Die IFRS räumen dem Gebot periodengerechter Gewinnermittlung auch in den Fällen langfristiger Fertigung den Vorrang ein. Der erwartete Gesamtgewinn aus einem Auftrag wird den Produktionsperioden entsprechend dem Grad der Fertigstellung zugeordnet; nach Maßgabe des Leistungsfortschritts wird ein entsprechender Teilgewinn als realisiert angesehen („Percentage-of-Completion-Method"; IAS 11.25).[72] Das Realisationsprinzip wird im Kontext der internationalen Rechnungslegungsstandards – anders als im System des HGB (s.u. Rdn 41) – nicht als Konkretisierung eines dem Gläubigerschutz verpflichteten Vorsichtsprinzips gedeutet, sondern aus dem Grundsatz periodengerechter Gewinnermittlung heraus interpretiert.

35 **Meinungsstand.** Die hierzulande nach wie vor *herrschende Ansicht* verneint mit Blick auf die Ausschüttungsbegrenzungsfunktion der Bilanz die Zulässigkeit eines vorgezogenen Gewinnausweises und nimmt die daraus resultierenden Verzerrungen im Informationsgehalt der Bilanz als systembedingte Folge eines unstetigen Geschäftsverlaufs in Kauf, denen allerdings durch Angaben im Anhang nach § 264 Abs. 2 S. 2 Rechnung zu tragen sei.[73] Auf dieser Grundlage kommt ein Gewinnausweis vor Fertigstellung des Auftrags nur in den (selteneren) Fällen vertraglich vereinbarter Aufteilung des Gesamtprojekts in isolierbare Teilabschnitte mit entsprechenden (nicht nur kalkulatorischen) Teilabrechnungen in Betracht, wenn und soweit die Teilleistungen bindend abgenommen werden und die Gefahr insoweit auf den Besteller übergeht.[74] Demgegenüber ist eine Teilgewinnrealisierung durch lediglich abwicklungstechnische Aufteilung des Gesamtauftrages (kalkulatorische Teilabrechnungen)[75] wegen Verstoßes gegen das Realisationsprinzip unzulässig. Die *Gegenposition* will für die Handelsbilanz indes eine Durchbrechung des Realisationsprinzips zulassen und nimmt dabei in der Regel ein entsprechendes Wahlrecht an, für das freilich unterschiedlich weite Grenzen gezogen werden.

---

[72] Dazu weiterführend etwa *Buhleier* Harmonisierung der Rechnungslegung bei langfristiger Auftragsfertigung (1997) S. 134 ff; *Krawitz* DStR 1997, 886, 892 ff; Beck-HdR-*Marx/Löffler* B 700 Rdn 104 ff, je mwN.

[73] Etwa *Baetge/Kirsch/Thiele* Bilanzen[11] S. 362 ff; Baetge/Kirsch/Thiele/*Baetge/Ziesemer/Schmidt* § 252 (Stand Oktober 2011) Rdn 202 ff; MünchKommHGB[3]/*Ballwieser* § 252 Rdn 61; HdR-EA/*Fülbier/Kuschel/Selchert* § 252 (Stand Dezember 2010) Rdn 105 f; *Krawitz* DStR 1997, 886, 888 ff; Petersen/Zwirner/Brösel/*Brösel/Schmitz* SystPraxisKomm (2010) § 252 Rdn 49; Baumbach/Hueck/*Schulze-Osterloh* GmbHG[18] § 42 Rdn 104; MünchKomm-AktG[2]/*Tiedchen* § 252 HGB Rdn 66; i.E. auch Haufe HGB BilKomm[3]-*Avella/Brinkmann* § 252 Rdn 99; BoHdR-*Wohlgemuth/Radde* § 252 (Stand Juni 2012) Rdn 43; aus dem älteren Schrifttum s. stellvertretend *Döllerer* BB 1980, 1333, 1336; *ders.* BB 1982, 777, 778; *Siegel* FS Forster S. 585, 590 ff.

[74] Zu den insoweit zu stellenden Anforderungen etwa Beck BilKomm[8]-*Grottel/Pastor* § 255 Rdn 461; *Krawitz* DStR 1997, 886, 890; Beck-HdR-*Marx/Löffler* B 700 Rdn 49 ff; *Schröer* Realisationsprinzip S. 241 ff; *Sessar* Gewinnrealisierung S. 100 ff; *Wenk* Bilanzierung bei langfristiger Fertigung S. 120 ff.

[75] Näher dazu *Krawitz* DStR 1997, 886, 890; Beck-HdR-*Marx/Löffler* B 700 Rdn 63 ff, je mwN.

Zum Teil ist – im Sinne einer „begrenzten Lösung"[76] – eine wahlweise Teilgewinnrealisierung durch Erhöhung der Herstellungskosten bis höchstens zu den am jeweiligen Abschlussstichtag erreichten anteiligen Selbstkosten (d.h. um die angefallenen Verwaltungs- und Vertriebskosten) befürwortet worden, soweit sich die Auftragsabwicklung über mehr als zwei Geschäftsjahre erstrecke und übersehbar sei, dass die zukünftigen Erlöse abzüglich der noch anfallenden Herstellungs- und sonstigen Aufwendungen (Verwaltungs- und Vertriebskosten) und abzüglich Gewinnzuschlag den Wertansatz deckten.[77] Andere Stimmen wollen eine Teilgewinnrealisierung durch lediglich kalkulatorische Teilabrechnungen zulassen, wobei freilich – auf konstruktiv unterschiedlichem Wege – eine bilanztechnische Neutralisierung der anteiligen Gewinne vorgeschlagen wird.[78] Und schließlich wird (in Anlehnung an die „Percentage-of-Completion-Method") eine Teilgewinnrealiserung entsprechend dem Fortschritt der Leistungserstellung zugelassen, wenn bestimmte einschränkende Voraussetzungen vorliegen: so müsse – u.a. – der aus der langfristigen Fertigung erwartete Gewinn „sicher zu ermitteln" sein und es dürften keine Risiken ersichtlich sein, die das erwartete Ergebnis wesentlich beeinträchtigen könnten.[79] Die Durchbrechung des Realisationsprinzips wird dabei auf die Regelung in § 252 Abs. 2 (s.u. Rdn 42, 53 f) gestützt, die auch eine von den üblichen Grundsätzen abweichende Gewinnvereinnahmung in begründeten Ausnahmefällen zulasse.[80]

Stellungnahme. Die besseren Gründe sprechen nach wie vor dagegen, bei der lang- **36**
fristigen Auftragsfertigung einen vorgezogenen Gewinnausweis unter Durchbrechung des Realisationsprinzips zuzulassen (s. schon 4. Aufl. § 252, 31). Die Bilanzrechtsreform im Zuge des BilMoG hat daran nichts geändert, zumal der Gesetzgeber Forderungen, die Zulässigkeit der Teilgewinnrealisierung entsprechend dem Leistungsfortschritt gesetzlich zu verankern, bewusst nicht nachgekommen ist.[81] Zu Recht: Denn bis zur Abnahme und dem damit verbundenen Gefahrübergang ist die langfristige Auftragsfertigung mit erheblichen Risiken verknüpft, die eine sichere Vorhersage des zu erwartenden Gesamtgewinns regelmäßig nicht erlauben:[82] Erst mit der Abnahme wird die Vergütung des Werkunternehmers fällig und geht die Preisgefahr auf den Besteller über; erst zu diesem Zeitpunkt lässt sich zuverlässig absehen, ob der Unternehmer sein angestrebtes Auftragsergebnis tatsächlich erzielen kann oder ob sich Kalkulations- und Haftungsrisiken ergebnisschmälernd verwirklichen. Die im Schrifttum genannten Voraussetzungen für den anteiligen Gewinnausweis entsprechend dem Fortschritt der Leistungserstellung (s.o. Rdn 35) – will man sie beim Wort nehmen – dürften deshalb nur selten gegeben sein.[83] Die typischerweise bestehende Risikolage streitet **für die strenge Beachtung des Realisationsprin-**

---

[76] Beck BilKomm[6]-*Ellrott/Brendt* § 255 Rdn 462.

[77] So noch Beck BilKomm[6]-*Ellrott/Brendt* § 255 Rdn 459; zustimmend *Leuschner* FS Budde S. 377, 390 ff; ablehnend aber dann Beck BilKomm[8]-*Grottel/Pastor* § 255 Rdn 459: „im Ergebnis nicht praktikabel".

[78] S. dazu – mit Einzelnachw. – die Darstellung bei Beck-HdR-*Marx/Löffler* B 700 Rdn 63 ff; *Schröer* Realisationsprinzip S. 248 ff.

[79] In diesem Sinne – und unter weiteren eingrenzenden Voraussetzungen – ADS[6] § 252 Rdn 88 f; zustimmend Ebenroth/Boujong/Joost/Strohn[2]/*Wiedmann* § 252 Rdn 31; tendenziell ebenso Baumbach/Hopt/*Merkt* HGB[35] § 252 Rdn 19; WP-Handbuch I[14] Tz E 317; noch großzügiger KölnKomm-RLR/*Claussen* § 252 Rdn 46; Heymann[2]/*Walz* § 252 Rdn 34; *Wenk* Bilanzierung bei langfristiger Fertigung S. 126 ff.

[80] ADS[6] § 252 Rdn 87; KölnKomm-RLR/*Claussen* § 252 Rdn 72.

[81] S. Begründung zum RegE BilMoG, BT-Drucks. 16/10067, S. 38 u. dazu etwa *Wüstemann/Wüstemann* FS Krawitz (2010) S. 751, 772.

[82] S. zur Risikoanalyse etwa *Krawitz* DStR 1997, 886, 889, 891; *Schröer* Realisationsprinzip S. 223 ff.

[83] S. schon *Kropff* in Geßler/Hefermehl/Eckardt/Kropff AktG § 149 Rdn 89.

zips im Interesse der Ausschüttungsbegrenzung: Mit der auf den Abnahmezeitpunkt herausgeschobenen Gewinnrealisierung soll dem Ausweis bloß erwarteter (und eben deshalb noch nicht ausschüttungsfähiger) Gewinne begegnet werden. Wollte man bei der langfristigen Auftragsfertigung zur Stärkung der Informationsfunktion des Jahresabschlusses den Ausweis unrealisierter Erträge zulassen, so müssten diese jedenfalls gegen Ausschüttung gesperrt werden. Entsprechende Regelungen (wie in § 268 Abs. 8) sind gewiss vorstellbar,[84] müssen jedoch der Entscheidung des Gesetzgebers vorbehalten bleiben. Bis auf Weiteres kann den Verzerrungen im Informationsgehalt der Bilanz nur durch Angaben im Anhang (§ 264 Abs. 2 S. 2) begegnet werden.

37 Der von Teilen des Schrifttums verfochtene Vorschlag einer Teilgewinnrealisierung durch Aktivierung von anteiligen Selbstkosten (s.o. Rdn 35) stößt an die Schranke des § 255 Abs. 2 S. 4, wonach die Einbeziehung von Vertriebskosten in die Herstellungskosten untersagt ist. Jener Ansatz bietet deshalb nur (aber immerhin) insoweit eine gesetzeskonforme Lösung, als Kosten, die im Allgemeinen den **sog. Sondereinzelkosten des Vertriebs** zugeordnet werden, tatsächlich keine Vertriebskosten, sondern **Bestandteile der Herstellungskosten** sind. Denn bei dem Begriff „Sondereinzelkosten des Vertriebs" handelt es sich um einen „historisch gewachsenen Sammelbegriff für unterschiedlichste auftragsbezogene Kosten"[85] ohne präjudizielle Wirkung für eine sachliche Zuordnung jener Kosten gerade zu den *Vertriebs*einzelkosten. Aber nur *wenn* Vertriebskosten (Vertriebseinzelkosten oder Vertriebsgemeinkosten) gegeben sind, ist das Einbeziehungsverbot (Aktivierungsverbot) des heutigen § 255 Abs. 2 S. 4 (früher § 255 Abs. 2 S. 6 a.F.) einschlägig. So sind etwa *Kosten der Auftragsvorbereitung* (z.B. für die Anfertigung von Plänen, Konstruktionszeichnungen, Mustern und Modellen etc.) jedenfalls dann als Herstellungskosten anzusehen, wenn sie *nach* Erlangung des Auftrags anfallen.[86] Ebenso zählen – im Falle des Zustandekommens des Langfrist-Auftrags und bei positiver Ertragserwartung – die einem einzelnen Auftrag direkt zurechenbaren *Kosten der Auftragserlangung* zu den Herstellungskosten.[87] Denn der Zweck des Ansatzes der Herstellungskosten – erfolgsneutrale Abbildung des Herstellungsvorgangs – prägt zugleich den (finalen) Begriff der Herstellung und die Abgrenzung der bilanziellen Herstellungskosten: Der bilanzielle Herstellungsbegriff umfasst sämtliche Vorgänge, die – durch Verbrauch von Gütern und Inanspruchnahme von Diensten – final dem Entstehen des zu bewertenden Vermögensgegenstandes dienen und deren Aktivierung durch die zugehörigen erwarteten Erträge gerechtfertigt ist.[88]

---

[84] S. schon die Vorschläge etwa bei *Freidank* DB 1989, 1197, 1204; *Knobbe-Keuk* S. 252; *Schindler* BB 1984, 574, 576; grundlegend *Moxter* Betriebswirtschaftliche Gewinnermittlung (1982) S. 103 ff.

[85] Zutreffend *Weber* DB 1987, 393; s.a. *Förschle* ZfB-Ergänzungsheft 1/1987, S. 95, 102; *Sarx* in Mellwig/Moxter/Ordelheide (Hrsg.), Handelsbilanz und Steuerbilanz, Beiträge zum neuen Bilanzrecht, Bd. 2 (1989) S. 127, 131; *Witt* Herstellungskosten, S. 167 mwN.

[86] ADS[6] § 255 Rdn 214; Beck BilKomm[8]-*Grottel/Pastor* § 255 Rdn 456; BoHdR-*Kirsch* § 255 (Stand Januar 2011) § 255 Rdn 143; HdR-EA/*Knop/Küting* § 255 (Stand August 2010) Rdn 194; *Selchert* BB 1986, 2298, 2304.

[87] Grundlegend *Förschle* ZfB-Ergänzungsheft 1/1987, S. 95 ff; *Selchert* BB 1986, 2298, 2302 ff; s. außerdem etwa *Backhaus* FS Ludewig (1996) S. 21, 42 ff; HdR-EA/*Knop/Küting* § 255 (Stand August 2010) Rdn 191 ff, 318 f; *Weber* DB 1987, 393, 398 u. schon *Siegel* BB 1980, 1649, 1650 f. – Aber sehr str.; aA (in der Regel Zuordnung zu den Vertriebskosten) etwa ADS[6] § 255 Rdn 212 f; Beck BilKomm[8]-*Grottel/Pastor* § 255 Rdn 456; *Witt* Herstellungskosten S. 198 ff.

[88] So zutreffend *Förschle* ZfB-Ergänzungsheft 1/1987, S. 95, 100; s.a. *Selchert* BB 1986, 2298, 2299.

3. Imparitätsprinzip. Während Gewinne nur berücksichtigt werden dürfen, wenn sie am Abschlussstichtag realisiert sind (s.o. Rdn 30 ff), sind nach Abs. 1 Nr. 4, 1. HS Verluste und Risiken schon zu berücksichtigen, soweit sie vorhersehbar und dem abgelaufenen Geschäftsjahr zuzurechnen („bis zum Abschlussstichtag entstanden") sind. Mit dieser **Verpflichtung zum antizipierten Verlustausweis** ist die Gewinn- und Verlustberücksichtigung „imparitätisch" geregelt; eben deshalb hat sich für die Verpflichtung zur Verlustantizipation die Bezeichnung „Imparitätsprinzip" eingebürgert.[89] Spezialgesetzliche Ausprägungen erfährt das Imparitätsprinzip im Niederstwertprinzip (§ 253 Abs. 3 S. 3, Abs. 4) und in der Verpflichtung zur Rückstellungsbildung für drohende Verluste aus schwebenden Geschäften (§ 249 Abs. 1 S. 1, 2. Alt.). Schon dies verdeutlicht, dass auch das Imparitätsprinzip nicht lediglich als Bewertungsgrundsatz, sondern auch und vor allem als **Ansatzgrundsatz** Bedeutung erlangt. 38

Berücksichtigungspflichtig sind alle **vorhersehbaren Risiken und Verluste**. Das sind solche, für deren Eintritt bei vernünftiger kaufmännischer Beurteilung eine gewisse Wahrscheinlichkeit spricht.[90] Die Höhe der Antizipationsbeträge ist ggf. unter Beachtung des Gebotes der Bewertungsvorsicht (s.o. Rdn 28) zu schätzen.[91] 39

Nach ausdrücklicher Bestimmung in Abs. 1 Nr. 4 sind bis zum Abschlussstichtag entstandene Risiken und Verluste auch dann zu berücksichtigen, wenn sie erst zwischen dem Abschlussstichtag und dem Tag der Aufstellung des Jahresabschlusses bekannt geworden sind. Hiermit wird hinsichtlich der Risiken und Verluste eine Pflicht zur Berücksichtigung sog. **wertaufhellender Tatsachen** normiert, die nach Maßgabe des *Stichtagsprinzips* (Abs. 1 Nr. 3) aber gleichermaßen für die Berücksichtigung von Chancen besteht (s.o. Rdn 17). *Maßgebender Zeitpunkt*, bis zu dem die wertaufhellende Tatsache bekannt geworden sein muss, ist nach dem Wortlaut von Abs. 1 Nr. 4 die Aufstellung des Jahresabschlusses. Wo – wie bei Kapitalgesellschaften stets – die Verbindlichkeit des Jahresabschlusses von seiner Feststellung abhängt, sind auch solche wertaufhellenden Tatsachen noch zu berücksichtigen, die erst zwischen Aufstellung und Feststellung bekannt werden, sofern sie wesentliche Bedeutung haben (näher oben Rdn 19 ff). 40

4. Funktion des Grundsatzes der Vorsicht; Ausnahmen. Das Gebot der Bewertungsvorsicht zwingt zur vorsichtigen Wahrnehmung von Bewertungsspielräumen (s.o. Rdn 28). Das Realisationsprinzip verbietet den Ausweis von Gewinnen, die am Markt noch keine Bestätigung gefunden haben (Rdn 30). Und das Imparitätsprinzip verlangt die Antizipation noch nicht realisierter, aber vorhersehbarer Verluste, die dem abgelaufenen Geschäftsjahr zuzuordnen sind (Rdn 38). All jene Teilprinzipien des Grundsatzes der Vorsicht stehen damit im Dienst der Zahlungsbemessungs- bzw. Ausschüttungsbegrenzungsfunktion des Jahresabschlusses[92] und sind insoweit von wesentlicher Bedeutung für den **Gläubigerschutz**. Eben hieraus erklärt sich ihr *zentraler Stellenwert im System des* 41

---

89 Stellvertretend Beck BilKomm⁸-*Winkeljohann/Büssow* § 252 Rdn 34; BoHdR-*Wohlgemuth* § 252 (Stand Juni 2012) Rdn 45; s. freilich auch ADS⁶ § 252 Rdn 93; Beck-HdR-*Pittroff/Schmidt/Siegel* B 161 Rdn 160 ff, die von „Verlustantizipationsprinzip" sprechen wollen.

90 ADS⁶ § 252 Rdn 74; HuRB-*Baetge/Knüppe* S. 394, 398 ff; HdR-EA/*Fülbier/Kuschel/Selchert* § 252 (Stand Dezember 2010) Rdn 82; MünchKommAktG²/*Tiedchen* § 252 HGB Rdn 55; Beck BilKomm⁸-*Winkeljohann/Büssow* § 252 Rdn 35.

91 HdR-EA/*Fülbier/Kuschel/Selchert* § 252 (Stand Dezember 2010) Rdn 83; Beck BilKomm⁸-*Winkeljohann/Büssow* § 252 Rdn 42.

92 Hierzu etwa MünchKommBilR/*Kleindiek* (2013) § 242 Rdn 5 mwN.

deutschen Bilanzrechts, für das der in der Bilanz ausgewiesene Gewinn zugleich auch der ausschüttungsfähige Gewinn ist.

42 **Ausnahmen** vom Grundsatz der Vorsicht – nach Abs. 2 theoretisch möglich – sind deshalb nicht anzuerkennen. Das gilt nach hier vertretener Auffassung auch für den Ertragsausweis bei langfristiger Auftragsfertigung; die für die Auftragsfertigung typische Risikolage verbietet einen vorzeitigen Teilgewinnausweis (s.o. Rdn 36 f). Im Übrigen stellt Abs. 2 konzeptionell auf *punktuelle* Ausnahmen von den allgemeinen Grundsätzen des Abs. 1 ab. Schon deshalb können die Besonderheiten einer Fertigungsform, die bei vielen der betroffenen Unternehmen gerade ein prägendes Kennzeichen der Unternehmenstätigkeit ist, keine Befreiung von einem zentralen Ansatz- und Bewertungsgrundsatz rechtfertigen.[93]

VI. Grundsatz der Periodenabgrenzung (Abs. 1 Nr. 5)

43 **1. Inhalt.** Gem. Abs. 1 Nr. 5 sind Aufwendungen und Erträge des Geschäftsjahres unabhängig von den Zeitpunkten der entsprechenden Zahlungen im Jahresabschluss zu berücksichtigen. Die Vorschrift normiert keinen Bewertungs-, sondern einen **Ansatzgrundsatz**; ihre Einordnung unter die allgemeinen Bewertungsgrundsätze erklärt sich aus den Vorgaben in Art. 31 Abs. 1 der Jahresabschlussrichtlinie (s.o. Rdn 2).

44 Der Grundsatz der Periodenabgrenzung verlangt eine **periodengerechte Erfolgsermittlung**, die **unabhängig vom Zeitpunkt der entsprechenden Zahlungen** ist.[94] Über das maßgebliche Kriterium für die periodengerechte Zuordnung der Aufwendungen und Erträge (zu diesen Begriffen § 246, 66 f) trifft die Vorschrift allerdings keine Regelung. Nach ganz überwiegender Auffassung ist auf die *wirtschaftliche Verursachung* der Aufwendungen und Erträge abzustellen;[95] s. schon § 249, 40 ff für die periodengerechte Zuordnung von ungewissen Verbindlichkeiten. Das Merkmal der wirtschaftlichen Verursachung bedarf jedoch der *rechtlichen Konkretisierung* unter Rückgriff auf das *Realisations- und Imparitätsprinzip* (Abs. 1 Nr. 4; s.o. Rdn 30 ff):[96] Erträge sind dann zu vereinnahmen, wenn sie als realisiert zu gelten haben.[97] Minderungen des Stichtagsvermögens sind spätestens mit ihrer Entstehung zu buchen. Nach hier vertretener Auffassung ist deshalb bei einer zum Abschlussstichtag rechtlich vollständig entstandenen Drittverpflichtung die Passivierung selbst dort geboten, wo die entsprechenden Aufwendungen erst Erträgen einer späteren Abrechnungsperiode zuzurechnen sind (sehr str.; zu Einzelheiten s. § 249, 40 ff).

45 **2. Spezielle Regelungen und Ausnahmen.** *Spezialgesetzliche Regelungen* gehen dem Grundsatz der Periodenabgrenzung nach Abs. 1 Nr. 5 vor. Sie spielten im früheren, bis

---

93 S. dazu schon Beck-HdR-*Marx/Löffler* B 700 Rdn 82 f mwN.

94 S. nur ADS[6] § 252 Rdn 94; KölnKomm-RLR/*Claussen* § 252 Rdn 56; HdR-EA/*Fülbier/Kuschel/Selchert* § 252 (Stand Dezember 2010) Rdn 109.

95 S. etwa ADS[6] § 252 Rdn 97; HdR-EA/*Fülbier/Kuschel/Selchert* § 252 (Stand Dezember 2010) Rdn 111 ff; Beck BilKomm[8]-*Winkeljohann/Büssow* § 252 Rdn 52.

96 Wie hier Baumbach/Hueck/*Schulze-Osterloh* GmbHG[18] § 42 Rdn 328; MünchKomm-AktG[2]/*Tiedchen* § 252 HGB Rdn 76; Heymann[2]/*Walz* § 252 Rdn 27.

97 ADS[6] § 252 Rdn 101; HdR-EA/*Fülbier/Kuschel/Selchert* § 252 (Stand Dezember 2010) Rdn 116; s.a. oben § 246, 49.

zum Inkrafttreten des BilMoG (s.o. Rdn 4) geltenden Recht eine gewisse Rolle, soweit der Gesetzgeber hinsichtlich der Aufwandszurechnung Wahlrechte (Ansatz- oder Bewertungswahlrechte) gewährte, etwa in den ehemaligen Bestimmungen der §§ 247 Abs. 3; 249 Abs. 1 S. 3, Abs. 2; 253 Abs. 3 S. 3; 254; 255 Abs. 2 S. 3, Abs. 4 a.F. Als Ausnahmen gegenüber Abs. 1 Nr. 5 waren solche spezialgesetzlichen Regelungen – die im Zuge des BilMoG aufgehoben wurden – aber nicht einzuordnen, da auch nach ihnen die Periodenzurechnung nicht etwa an den jeweiligen Zahlungszeitpunkt geknüpft war. Derartige *Ausnahmen* sind auch nicht vorstellbar.

VII. Grundsatz der Bewertungsstetigkeit (Abs. 1 Nr. 6)

1. Grundlagen. Nach Abs. 1 Nr. 6 sind die auf den vorhergehenden Jahresabschluss angewandten Bewertungsmethoden beizubehalten. Das so umrissene Gebot sog. *Bewertungsstetigkeit* (zur *Ansatzstetigkeit* s.u. Rdn 50) soll die Vergleichbarkeit der Jahresabschlüsse fördern und zur Objektivierung der Rechnungslegung beitragen.[98] **46**

Bis zum Inkrafttreten des BilMoG vom 25.5.2009 (BGBl. I S. 1102) war Abs. 1 Nr. 6 als Soll-Vorschrift formuliert (… „sollen beibehalten werden“); gleichwohl entfaltete der Grundsatz der Bewertungsstetigkeit schon damals keine geringere *Bindungswirkung* als die übrigen Grundsätze nach Abs. 1 (näher zur Begründung 4. Aufl. § 252, 41). Das folgte bereits aus dem Gebot richtlinienkonformer Auslegung. Denn die zugrunde liegende Bestimmung in Art. 31 Abs. 1 lit. b der Jahresabschlussrichtlinie ist zwar in der deutschsprachigen Fassung als Soll-Vorschrift formuliert,[99] in der englischen wie in der französischen Textfassung aber als verpflichtendes Gebot ausgestaltet. Im Zuge des BilMoG wurde der bisherige Text des Gesetzes klarstellend korrigiert:[100] In der jetzt geltenden Fassung des Abs. 1 Nr. 6 heißt es, die auf den vorhergehenden Jahresabschluss angewandten Bewertungsmethoden „sind beizubehalten“. **47**

2. Bewertungsmethode. Der **Begriff** der Bewertungsmethode erfasst bestimmte, in ihrem Ablauf definierte Verfahren der Wertfindung, die den Grundsätzen ordnungsmäßiger Buchführung und Bilanzierung entsprechen.[101] Dazu zählen Methoden der *Wertermittlung* und solche der zeitraumbezogenen *Wertverteilung* gleichermaßen.[102] Deshalb sind die Methoden zur Bestimmung von Abschreibungen ebenso vom Stetigkeitsgebot erfasst wie etwa die Verfahren zur Ermittlung der Anschaffungs- und Herstellungskosten, zur Bewertung der Verbindlichkeiten oder zur Berichtigung von Forderungen.[103] Der Grundsatz der Bewertungsstetigkeit kommt überall dort zum Tragen, wo mehrere Bewertungsmethoden alternativ zulässig sind oder wo es Schätzungsspielräume methodisch **48**

---

[98] ADS[6] § 251 Rdn 103; HdR-EA/*Fülbier/Kuschel/Selchert* § 252 (Stand Dezember 2010) Rdn 119; *Rümmele* Bewertungsstetigkeit S. 10 ff; Baumbach/Hueck/*Schulze-Osterloh* GmbHG[18] § 42 Rdn 330; Beck BilKomm[8]-*Winkeljohann/Büssow* § 252 Rdn 55.

[99] „In der Anwendung der Bewertungsmethoden soll Stetigkeit bestehen.“

[100] Dazu Begründung zum RegE BilMoG, BT-Drucks. 16/10067, S. 52.

[101] In diesem Sinne etwa IDW RS HFA 38 Tz 8; ADS[6] § 252 Rdn 105; *Rümmele* Bewertungsstetigkeit S. 16 ff; Beck BilKomm[8]-*Winkeljohann/Büssow* § 252 Rdn 56.

[102] HdR-EA/*Fülbier/Kuschel/Selchert* § 252 (Stand Dezember 2010) Rdn 126.

[103] ADS[6] § 252 Rdn 105; KölnKomm-RLR/*Claussen* § 252 Rdn 60; *Glade* Praxishandbuch[2] § 252 Rdn 47 ff; Baumbach/Hueck/*Schulze-Osterloh* GmbHG[18] § 42 Rdn 331; Beck BilKomm[8]-*Winkeljohann/Büssow* § 252 Rdn 56.

auszufüllen gilt.[104] Das einmal gewählte Wertfindungsverfahren ist im nachfolgenden Jahresabschluss beizubehalten.

49 **3. Reichweite der Bewertungsstetigkeit.** In sachlicher Hinsicht erstreckt sich das Stetigkeitsgebot nicht nur auf die schon im vorangegangenen Jahresabschluss erfassten Vermögensgegenstände und Schulden, sondern auch auf alle *art- und funktionsgleichen Bewertungsobjekte*, die bis zum Abschlussstichtag neu hinzugekommen sind.[105] Nur so lässt sich das Ziel der Bewertungsstetigkeit (s.o. Rdn 46) verwirklichen. Aus demselben Grund ist ggf. auch die *Bewertungsmethode aus mehr als einem Jahr zurückliegenden Jahresabschlüssen* beizubehalten, selbst wenn sie im letzten Abschluss nicht zur Anwendung kam.[106] Aus der so umrissenen Reichweite der Bewertungsstetigkeit wird verbreitet der *Grundsatz der Einheitlichkeit der Bewertung* abgeleitet (s.u. Rdn 56).

50 **4. Ansatzstetigkeit.** Abs. 1 Nr. 6 verlangt die Beibehaltung der im vorangegangenen Jahresabschluss angewandten *Bewertungsmethoden*. Die Ausübung von Ansatzwahlrechten wird von Abs. 1 Nr. 6 nicht erfasst; diese Bestimmung normiert kein Gebot der Ansatzstetigkeit (zur näheren Begründung vgl. 4. Aufl. § 252, 46). Im Zuge des BilMoG hat der Gesetzgeber aber nunmehr auch das **Gebot der Ansatzstetigkeit** kodifiziert: Nach **§ 246 Abs. 3** sind die auf den vorhergehenden Jahresabschluss angewandten Ansatzmethoden beizubehalten. Dabei ist § 252 Abs. 2 entsprechend anzuwenden, so dass auch von der Ansatzstetigkeit (nur) in begründeten Ausnahmefällen abgewichen werden darf. S. zum Ganzen die Erläuterungen § 246, 107 ff.

51 **5. Ausnahmen vom Stetigkeitsgebot.** Abs. 2 lässt auch *Abweichungen* vom Gebot der Bewertungsstetigkeit nur *in begründeten Ausnahmefällen* zu; das Gesetz legt für mögliche Ausnahmetatbestände also dieselben Maßstäben an wie bei den übrigen Bewertungsgrundsätzen aus Abs. 1 (s. schon oben Rdn 47). Nicht gerechtfertigt ist es deshalb, Abweichungen vom Stetigkeitsgebot betont großzügig zuzulassen oder gar in den Dienst bilanzpolitisch motivierter Einflussnahme auf die Ergebnisermittlung zu stellen.[107] Der im älteren Schrifttum zum Teil verfochtene Katalog zulässiger Ausnahmetatbestände[108] wurde zu Recht einer kritischen Überprüfung unterzogen.[109] *Zulässig* sind Abweichungen von der Bewertungsstetigkeit etwa, um veränderten rechtlichen Grundlagen der Rechnungslegung (einschließlich Rechtsprechungsänderungen) Rechnung zu tragen. In

104 ADS⁶ § 252 Rdn 105; HdR-EA/*Fülbier/Kuschel/Selchert* § 252 (Stand Dezember 2010) Rdn 125; s.a. IDW RS HFA 38 Tz 9.

105 Übereinstimmend etwa IDW RS HFA 38 Tz 14; ADS⁶ § 252 Rdn 107; Baetge/Kirsch/Thiele/*Baetge/Ziesemer/Schmidt* § 252 (Stand Oktober 2011) Rdn 249; HdR-EA/*Fülbier/Kuschel/Selchert* § 252 (Stand Dezember 2010) Rdn 140 ff; *Rümmele* Bewertungsstetigkeit S. 26 ff; Baumbach/Hueck/*Schulze-Osterloh* GmbHG[18] § 42 Rdn 332; Beck BilKomm[8]-*Winkeljohann/Büssow* § 252 Rdn 58; BoHdR-*Wohlgemuth/Radde* § 252 (Stand Juni 2012) Rdn 69 f.

106 ADS[6] § 252 Rdn 108; HdR-EA/*Fülbier/Kuschel/Selchert* § 252 (Stand Dezember 2010) Rdn 145; Baumbach/Hueck/*Schulze-Osterloh* GmbHG[18] § 42 Rdn 332; MünchKommAktG[2]/*Tiedchen* § 252 HGB Rdn 87; aA *Eckes* BB 1985, 1435, 1437.

107 So aber tendenziell ADS[6] § 252 Rdn 112 u. auch noch WP-Handbuch I[14] Tz E 312; tendenziell enger aber WP-Handbuch I[14] Tz E 313 f.

108 S. etwa ADS[6] § 252 Rdn 113; s. aber auch noch Beck BilKomm[8]-*Winkeljohann/Büssow* § 252 Rdn 61 sowie die Darstellung bei *Hennrichs* Wahlrechte S. 260 ff mwN.

109 S. die eingehende Analyse bei *Hennrichs* Wahlrechte S. 305 ff; zu Recht restriktiv deshalb auch IDW RS HFA 38 Tz 15.

diesem Sinne bestimmt Art. 67 Abs. 8 EGHGB ausdrücklich, dass § 252 Abs. 1 Nr. 6 „nicht anzuwenden" ist, soweit sich bei der erstmaligen Anwendung der im Zuge des BilMoG geänderten Bilanzierungsbestimmungen die bisher angewandten Bewertungsmethoden ändern; die bisherige Bilanzierungspraxis steht dem Wechsel der Bilanzierungsmethode also nicht entgegen. Ebenso können Abweichungen zulässig sein, wenn der Eintritt in einen Konzernverbund eine Anpassung an die Konzernrechnungslegung erforderlich macht oder wenn nachhaltige betriebliche Veränderungen die Durchbrechung der Bewertungsstetigkeit rechtfertigen.[110] Ebenfalls zulässig sind Abweichungen von der Bewertungsstetigkeit, um den Einblick in die Vermögens-, Finanz- und Ertragslage des Unternehmens zu verbessern.[111]

Eine Neuorientierung der Bilanzpolitik infolge von Veränderungen im Gesellschafterkreis und in der Zusammensetzung der Verwaltungsorgane rechtfertigt die Abkehr vom Stetigkeitsgebot indes *nicht*; vielmehr verlangen die Interessen der (Minderheits-) Gesellschafter gerade in solchen Fällen seine Beachtung.[112] Ebenso *unzulässig* ist eine Abweichung von der Bewertungsstetigkeit, um (durch stille Auflösung stiller Bewertungsreserven) einer sich anbahnenden oder vertiefenden Unternehmenskrise zu begegnen oder gar die gebotene Verlustanzeige nach §§ 92 Abs. 1 AktG, 49 Abs. 3 GmbHG zu vermeiden.[113] Das Bilanzrecht stellt nicht das Instrumentarium bereit, um gesellschaftsrechtliche Verpflichtungen zu unterlaufen und die mit ihnen verbundene Warnfunktion zu konterkarieren.[114] **52**

VIII. Zulässige Abweichungen von den allgemeinen Bewertungsgrundsätzen (Abs. 2)

Von den in Abs. 1 normierten allgemeinen Bewertungsgrundsätzen darf nach Abs. 2 nur in begründeten Ausnahmefällen abgewichen werden. In der Konzeption des Gesetzes haben die zulässigen **Abweichungen Ausnahmecharakter** und sind – einzelfallbezogen – **begründungsbedürftig.** Pauschale Umschreibungen möglicher Ausnahmetatbestände sind deshalb nicht möglich; auf einschlägige Ausnahmen ist bei Erläuterung der einzelnen Grundsätze hingewiesen worden. **53**

Kapitalgesellschaften und ihnen nach § 264a gleichgestellte Personenhandelsgesellschaften – ebenso Genossenschaften (§ 336 Abs. 2), die von § 5 Abs. 2 PublG erfassten Unternehmen sowie Kreditinstitute, Finanzdienstleistungsinstitute und Versicherungsunternehmen (§§ 340a Abs. 1, 341a Abs. 1) – haben die Berichtspflichten nach § 284 Abs. 2 zu beachten: Nach § 284 Abs. 2 Nr. 1 sind im Anhang die in Bilanz und Gewinn- **54**

---

110 Weiterführend ADS[6] § 252 Rdn 113; HdR-EA/*Fülbier/Kuschel/Selchert* § 252 (Stand Dezember 2010) Rdn 150 ff; *Hennrichs* Wahlrechte S. 307 ff, 318 ff; Baumbach/Hueck/*Schulze-Osterloh* GmbHG[18] § 42 Rdn 335 f.

111 IDW RS HFA 38 Tz 15; Beck BilKomm[8]-*Winkeljohann/Büssow* § 252 Rdn 59; *Hennrichs* Wahlrechte S. 323 ff.

112 *Hennrichs* Wahlrechte S. 306 f; Baumbach/Hueck/*Schulze-Osterloh* GmbHG[18] § 42 Rdn 336; MünchKommAktG[2]/*Tiedchen* § 252 HGB Rdn 91; aA etwa ADS[6] § 252 Rdn 113; Beck BilKomm[8]-*Winkeljohann/Büssow* § 252 Rdn 61; wohl auch HdR-EA/*Fülbier/Kuschel/Selchert* § 252 (Stand Dezember 2010) Rdn 149.

113 Wie hier *Hennrichs* Wahlrechte S. 261, 306 f, 318 f; Baumbach/Hueck/*Schulze-Osterloh* GmbHG[18] § 42 Rdn 336; MünchKommAktG[2]/*Tiedchen* § 252 HGB Rdn 91; Heymann[2]/*Walz* § 252 Rdn 41, je mwN; aA ADS[6] § 252 Rdn 115.

114 *Hennrichs* Wahlrechte S. 307.

und Verlustrechnung angewandten Bilanzierungs- und Bewertungsmethoden anzugeben. Nach § 284 Abs. 2 Nr. 3 sind Abweichungen von Bilanzierungs- und Bewertungsmethoden anzugeben und zu begründen; ihr Einfluss auf die Vermögens-, Finanz- und Ertragslage ist gesondert darzustellen. Mit § 284 Abs. 2 Nr. 3 hat der Gesetzgeber die Vorgabe aus Art. 31 Abs. 2 S. 2 der Jahresabschlussrichtlinie umgesetzt. Die Berichts- und Begründungspflicht nach dieser Vorschrift greift ihrem Wortlaut nach schon überall dort ein, wo – gestützt auf § 252 Abs. 2 – von den allgemeinen Bewertungsgrundsätzen des § 252 Abs. 1 abgewichen wird, erfasst also nicht nur Durchbrechungen der Bewertungsstetigkeit.[115] Doch ist über Abweichungen von den gesetzlichen „Regelmethoden" schon nach Maßgabe von § 284 Abs. 2 Nr. 1 zu berichten. Vor diesem Hintergrund verdient Zustimmung, wenn die Funktion von § 284 Abs. 2 Nr. 3 gerade darin gesehen wird, Abweichungen gegenüber der im Vorjahr angewandten Methode aufzudecken.[116]

IX. Nicht in § 252 normierte Bewertungsgrundsätze

55 Die in § 252 normierten allgemeinen Bewertungsgrundsätze sind nicht abschließend. Auf weitere Bewertungsgrundsätze, die in den konkretisierenden Bestimmungen der §§ 253 bis 256a niedergelegt sind, ist bereits hingewiesen worden (s.o. Rdn 7). Davon sind sonstige, gesetzlich nicht kodifizierte Bewertungsgrundsätze zu unterscheiden: insbesondere der Grundsatz der Einheitlichkeit der Bewertung (Rdn 56), das Willkürverbot (Rdn 58) und der Grundsatz der Wesentlichkeit (Rdn 59).

56 **1. Grundsatz der Einheitlichkeit der Bewertung.** Das Gebot der *Bewertungsstetigkeit* nach Abs. 1 Nr. 6 erstreckt sich nicht nur auf die schon im vorangegangenen Jahresabschluss erfassten Vermögensgegenstände und Schulden, sondern auch auf *alle art- und funktionsgleichen Bewertungsobjekte*, die bis zum Abschlussstichtag neu hinzugekommen sind; ggf. ist auch eine Bewertungsmethode aus mehr als ein Jahr zurückliegenden Jahresabschlüssen beizubehalten; Entsprechendes gilt heute für die Ansatzstetigkeit nach Maßgabe von § 246 Abs. 3 (s. zum Ganzen schon oben Rdn 49 und § 246, 109). Aus der so umrissenen Reichweite der Bewertungs- und Ansatzstetigkeit wird verbreitet der **Grundsatz der einheitlichen Bewertung (Einheitlichkeit der Bewertung)** abgeleitet.[117] Ob damit auch die Verpflichtung einhergeht, *Bewertungswahlrechte* bei verschiedenen Bewertungsobjekten jeweils *in der gleichen Weise auszuüben*, wird allerdings unterschiedlich beurteilt.[118] Die Kontroverse gewinnt etwa bei der Frage Bedeutung, ob von Wahlrechten zur Berechnung der Herstellungskosten nach Maßgabe des § 255 Abs. 2 S. 3 für fertige Erzeugnisse in anderer Weise als für unfertige Erzeugnisse Gebrauch gemacht werden darf. Schon in Konsequenz des Willkürverbots (s.u. Rdn 58) sind der-

---

[115] In diesem Sinne Beck BilKomm[8]-*Ellrott* § 284 Rdn 151 ff.

[116] S. etwa ADS[6] § 252 Rdn 116, 120; Baumbach/Hueck/*Schulze-Osterloh* GmbHG[18] § 42 Rdn 338 aE, 490; vgl. auch IDW RS HFA 38 Tz 19 ff.

[117] Etwa ADS[6] § 252 Rdn 129; KölnKomm-RLR/*Claussen* Vor § 252 Rdn 22 f; *Kupsch/Achert* BB 1997, 1403 ff; *Kupsch* FS Börner S. 31, 33 ff; Baumbach/Hueck/*Schulze-Osterloh* GmbHG[18] § 42 Rdn 343; MünchKommAktG[2]/*Tiedchen* § 252 HGB Rdn 84; *Wohlgemuth* FS v. Wysocki (1985) S. 45 ff; BoHdR-*Wohlgemuth/Radde* § 252 (Stand Juni 2012) Rdn 78 ff; monographisch *Achert* Der Grundsatz der Bewertungseinheitlichkeit in Handels- und Steuerbilanz (1999).

[118] S. einerseits ADS[6] § 252 Rdn 130 (verneinend), andererseits Baumbach/Hueck/*Schulze-Osterloh* GmbHG[18] § 42 Rdn 343 (bejahend), je mwN.

artige Differenzierungen von einem *sachlichen Grund* abhängig zu machen. Darüber sollte im Ausgangspunkt kein Streit bestehen.[119] Kapitalgesellschaften und gleichgestellte Unternehmen haben über eine unterschiedliche Ausübung der Wahlrechte (und die Gründe hierzu) im Anhang zu berichten (§ 284 Abs. 2 Nr. 1).

Vom Grundsatz der Einheitlichkeit der Bewertung ist im Übrigen der **Grundsatz der Methodenbestimmtheit** zu unterscheiden. Er verlangt die Wertermittlung nach *einer* zulässigen Methode, verbietet also die Ermittlung von Mischwerten (Zwischenwerten) unter gleichzeitiger Heranziehung mehrerer Methoden.[120] 57

2. Gebot willkürfreier Bewertung. Das Gebot willkürfreier Bewertung dient der Objektivierung der Rechnungslegung. Es verpflichtet zu einer von sachfremden Erwägungen freien Wertermittlung; Bewertungswahlrechte müssen in einer den Zielen der Rechnungslegung als getreuer Rechenschaftslegung entsprechenden Weise ausgeübt werden.[121] Eine ausschließlich bilanzpolitisch motivierte Ausübung des Wahlrechts stünde mit einem solchen Gebot nicht in Einklang.[122] Das Willkürverbot ist jedoch nicht auf die Bewertung beschränkt, sondern erfasst auch den Bilanzansatz. Das spielte für die Ausübung von Ansatzwahlrechten eine Rolle, so lange insoweit – anders als heute in § 246 Abs. 3 i.d.F.d. BilMoG (s.o. Rdn 50) – die Geltung des Stetigkeitsgebots noch nicht kodifiziert war: Schon im früheren Recht durften der „unstetigen“ Ausübung von Ansatzwahlrechten keine sachwidrigen Erwägungen zugrunde liegen; die unterschiedliche Wahrnehmung des Wahlrechts musste sachlich begründbar sein. 58

3. Grundsatz der Wesentlichkeit. Der Grundsatz der Wesentlichkeit (in der internationalen Rechnungslegung: Principle of Materiality) besagt, dass in den Jahresabschluss alle Faktoren einfließen müssen, die für seine Adressaten von Bedeutung (wesentlich) sind; umgekehrt dürfen Faktoren von untergeordneter Bedeutung, die keinen Einfluss auf die Aussagekraft des Abschlusses haben, vernachlässigt werden.[123] Verallgemeinernde Schwellenwerte zur Konkretisierung der Grenzziehung zwischen „wesentlich“ und „unwesentlich“ in diesem Sinne lassen sich freilich nicht aufstellen;[124] eine Abgrenzung ist typischerweise nur unter Berücksichtigung aller Umstände des jeweiligen Einzelfalls möglich.[125] 59

---

119 S. nur ADS[6] § 252 Rdn 130 sowie Baumbach/Hueck/*Schulze-Osterloh* GmbHG[18] § 42 Rdn 343, wo jeweils auf das Gebot der Willkürfreiheit Bezug genommen wird; übereinstimmender Ansatz bei *Kupsch* FS Börner S. 31, 43 ff.

120 ADS[6] § 252 Rdn 124; KölnKomm-RLR/*Claussen* Vor § 252 Rdn 23; Baumbach/Hueck/*Schulze-Osterloh* GmbHG[18] § 42 Rdn 344; Beck BilKomm[8]-*Winkeljohann/Büssow* § 252 Rdn 67.

121 S. etwa ADS[6] § 252 Rdn 126; *Kupsch/Achert* BB 1997, 1403, 1404; *Kupsch* FS Börner S. 31, 43 f; Baumbach/Hueck/*Schulze-Osterloh* GmbHG[18] § 42 Rdn 345; Beck BilKomm[8]-*Winkeljohann/Büssow* § 252 Rdn 68 f.

122 *Kupsch/Achert* BB 1997, 1403, 1404.

123 S. etwa ADS[6] § 252 Rdn 127; KölnKomm-RLR/*Claussen* Vor § 252 Rdn 15 ff; HdR-EA/*Oser/Holzwarth* §§ 284–288 (Stand April 2011) Rdn 7 ff; Beck-HdR-*Pittroff/Schmidt/Siegel* B 161 Rdn 46 ff; Baumbach/Hueck/*Schulze-Osterloh* GmbHG[18] § 42 Rdn 346; Beck BilKomm[8]-*Winkeljohann/Büssow* § 252 Rdn 70 f; vertiefend *Leffson* Grundsätze ordnungsmäßiger Buchführung[7] S. 180 ff; *Mekat* Der Grundsatz der Wesentlichkeit in Rechnungslegung und Abschlussprüfung (2009) S. 70 ff; zuletzt *Hirschberger/Leuz* DB 2012, 2529 ff.

124 S. aber die Versuche bei KölnKomm-RLR/*Claussen* Vor § 252 Rdn 20; Beck BilKomm[8]-*Winkeljohann/Schellhorn* § 264 Rdn 57.

125 ADS § 252 Rdn 128.

X. Rechtsfolgen eines Verstoßes gegen die gesetzlichen Bewertungsvorschriften

60 Ein Verstoß gegen die gesetzlichen Bewertungsvorschriften hat bei **Kapitalgesellschaften** (Aktiengesellschaft, KGaA und GmbH) ggf. die **Nichtigkeit des Jahresabschlusses** nach § **256 Abs. 5 Nr. 1** oder **2 AktG** zur Folge. Die Vorschrift gilt ausdrücklich zwar nur für die Aktiengesellschaft und die KGaA; sie findet im GmbH-Recht aber analoge Anwendung.[126] Freilich knüpft § 256 Abs. 5 AktG an eine Verletzung von §§ 253–256 an; keine Erwähnung findet hingegen § 252. Doch dürfte eine isolierte Verletzung der allgemeinen Bewertungsgrundsätze des § 252, die nicht auch zugleich mit einem Verstoß gegen eine der speziellen Bewertungsbestimmungen der §§ 253–256 verbunden ist, selten sein. Wo sie vorkommt und zu erheblichen Über- oder Unterbewertungen führt, wird die Nichtigkeitsfolge analog § 256 Abs. 5 AktG ausgelöst.[127] Im Übrigen setzt § 256 Abs. 5 die Überbewertung eines Postens[128] oder die Unterbewertung eines solchen voraus, wenn durch letztere die Vermögens- und Ertragslage der Gesellschaft vorsätzlich unrichtig wiedergegeben oder verschleiert wird; ein unvorsätzlicher Verstoß gegen zwingende gesetzliche Bewertungsvorschriften führt aber jedenfalls zur (fristgebundenen) Anfechtbarkeit des Feststellungsbeschlusses (vgl. § 246, 113). Auf gesetzestypische **Personenhandelsgesellschaften** sind die aktienrechtlichen Regelungen des § 256 AktG freilich nicht übertragbar; s. schon § 246, 115. Für prüfungspflichtige Gesellschaften (oder bei einer Abschlussprüfung auf freiwilliger Grundlage) kann ein Verstoß gegen die gesetzlichen Bewertungsvorschriften im übrigen die Versagung oder Einschränkung des Bestätigungsvermerks (§ 322) zur Folge haben.

61 Zu möglichen **straf- und ordnungswidrigkeitenrechtlichen Konsequenzen** einer Verletzung von §§ 252–256a vgl. §§ 331, 334, 335b (und die dortigen Erläuterungen), § 20 PublG sowie §§ 283 ff StGB.[129]

§ 253
Zugangs- und Folgebewertung

(1) Vermögensgegenstände sind höchstens mit den Anschaffungs- oder Herstellungskosten, vermindert um die Abschreibungen nach den Absätzen 3 bis 5, anzusetzen. Verbindlichkeiten sind zu ihrem Erfüllungsbetrag und Rückstellungen in Höhe des nach vernünftiger kaufmännischer Beurteilung notwendigen Erfüllungsbetrages anzusetzen. Soweit sich die Höhe von Altersversorgungsverpflichtungen ausschließlich nach dem beizulegenden Zeitwert von Wertpapieren im Sinn des § 266 Abs. 2 A. III. 5 bestimmt, sind Rückstellungen hierfür zum beizulegenden Zeitwert dieser Wertpapiere anzusetzen, soweit er einen garantierten Mindestbetrag übersteigt. Nach § 246 Abs. 2 Satz 2 zu verrechnende Vermögensgegenstände sind mit ihrem beizulegenden Zeitwert zu bewerten.

[126] S. nur Lutter/Hommelhoff/*Bayer* GmbHG[18] Anh § 47 Rdn 24 u. eingehend *Balthasar* Die Bestandskraft handelsrechtlicher Jahresabschlüsse (1999) S. 234 ff, 236, je mwN.

[127] Ebenso ADS[6] Vor §§ 252–256 Rdn 31.

[128] Dazu *Schulze-Osterloh* ZIP 2008, 2241.

[129] Eine tabellarische Übersicht über die Anwendung von Bußgeldvorschriften bei Verstößen gegen die gesetzlichen Bewertungsvorschriften findet sich bei ADS[6] Vor §§ 252–256 Rdn 40; vgl. ferner Beck BilKomm[8]-*Kozikowski/Roscher/Andrejewski* § 253 Rdn 685.

Kleinstkapitalgesellschaften (§ 267a) dürfen eine Bewertung zum beizulegenden Zeitwert nur vornehmen, wenn sie von keiner der in § 264 Absatz 1 Satz 5, § 266 Absatz 1 Satz 4, § 275 Absatz 5 und § 326 Absatz 2 vorgesehenen Erleichterungen Gebrauch machen. In diesem Fall erfolgt die Bewertung der Vermögensgegenstände nach Satz 1, auch soweit eine Verrechnung nach § 246 Absatz 2 Satz 2 vorgesehen ist.

(2) Rückstellungen mit einer Restlaufzeit von mehr als einem Jahr sind mit dem ihrer Restlaufzeit entsprechenden durchschnittlichen Marktzinssatz der vergangenen sieben Geschäftsjahre abzuzinsen. Abweichend von Satz 1 dürfen Rückstellungen für Altersversorgungsverpflichtungen oder vergleichbare langfristig fällige Verpflichtungen pauschal mit dem durchschnittlichen Marktzinssatz abgezinst werden, der sich bei einer angenommenen Restlaufzeit von 15 Jahren ergibt. Die Sätze 1 und 2 gelten entsprechend für auf Rentenverpflichtungen beruhende Verbindlichkeiten, für die eine Gegenleistung nicht mehr zu erwarten ist. Der nach den Sätzen 1 und 2 anzuwendende Abzinsungszinssatz wird von der Deutschen Bundesbank nach Maßgabe einer Rechtsverordnung ermittelt und monatlich bekannt gegeben. In der Rechtsverordnung nach Satz 4, die nicht der Zustimmung des Bundesrates bedarf, bestimmt das Bundesministerium der Justiz im Benehmen mit der Deutschen Bundesbank das Nähere zur Ermittlung der Abzinsungszinssätze, insbesondere die Ermittlungsmethodik und deren Grundlagen, sowie die Form der Bekanntgabe.

(3) Bei Vermögensgegenständen des Anlagevermögens, deren Nutzung zeitlich begrenzt ist, sind die Anschaffungs- oder die Herstellungskosten um planmäßige Abschreibungen zu vermindern. Der Plan muss die Anschaffungs- oder Herstellungskosten auf die Geschäftsjahre verteilen, in denen der Vermögensgegenstand voraussichtlich genutzt werden kann. Ohne Rücksicht darauf, ob ihre Nutzung zeitlich begrenzt ist, sind bei Vermögensgegenständen des Anlagevermögens bei voraussichtlich dauernder Wertminderung außerplanmäßige Abschreibungen vorzunehmen, um diese mit dem niedrigeren Wert anzusetzen, der ihnen am Abschlussstichtag beizulegen ist. Bei Finanzanlagen können außerplanmäßige Abschreibungen auch bei voraussichtlich nicht dauernder Wertminderung vorgenommen werden.

(4) Bei Vermögensgegenständen des Umlaufvermögens sind Abschreibungen vorzunehmen, um diese mit einem niedrigeren Wert anzusetzen, der sich aus einem Börsen- oder Marktpreis am Abschlussstichtag ergibt. Ist ein Börsen- oder Marktpreis nicht festzustellen und übersteigen die Anschaffungs- oder Herstellungskosten den Wert, der den Vermögensgegenständen am Abschlussstichtag beizulegen ist, so ist auf diesen Wert abzuschreiben.

(5) Ein niedrigerer Wertansatz nach Absatz 3 Satz 3 oder 4 und Absatz 4 darf nicht beibehalten werden, wenn die Gründe dafür nicht mehr bestehen. Ein niedrigerer Wertansatz eines entgeltlich erworbenen Geschäfts- oder Firmenwertes ist beizubehalten.

Schrifttum

Altmeier Rückstellungsbilanzierung in Deutschland und Frankreich (1999); *Baetge* Bilanzen, 4. Aufl. (1996); *Ballwieser* Das Anschaffungs- und Höchstwertprinzip für Schulden, Festschrift Forster (1992) S. 45; *ders.* Zum Nutzen handelsrechtlicher Rechnungslegung, Festschrift Clemm (1996) S. 1; *Böcking* Bilanztheorie und Verzinslichkeit (1988); *ders./Gros* Wertaufholung und Zuschreibung, Beck-HdR B 169 (2010); *Breidert* Grundsätze ordnungsmäßiger Abschreibungen auf abnutzbare Anlagegegenstände (1994); *Clemm* Zur Bilanzierung von Rückstellungen für drohende Verluste, vor allem aus schwebenden Dauerschuldverhältnissen, Festschrift Beisse (1997) S. 123; *D. Fey* Imparitätsprinzip und GoB-System im Bilanzrecht (1987); *Fink/Kunath* Bilanzpolitisches Potential bei der Rückstellungsbildung und -bewertung nach neuem Handelsrecht, DB 2011, 2345;

Fülling Grundsätze ordnungsmäßiger Bilanzierung für Vorräte (1976); *Haas/David/Skowronek* Aktuelle Anwendungsfragen bei der Abzinsung von sonstigen Rückstellungen nach BilMoG, KoR 2011, 483; *Hachmeister* Das Finanzanlagevermögen, HdJ Abt. II/3 (2011); *Hasenburg/Hausen* Zur Umsetzung der HGB-Modernisierung durch das BilMoG: Bilanzierung von Altersversorgungsverpflichtungen ... unter Einbeziehung der Verrechnung mit Planvermögen, DB 2009, Beilage 5, S. 38; *Heddäus* Handelsrechtliche Grundsätze ordnungsmäßiger Bilanzierung für Drohverlustrückstellungen (1997); *Heger/Weppler* Die Pensionsrückstellungen, HdJ Abt. III/7 (2012); *Herzig/Briesemeister/Joisten/Vossel* Component approach im Handels- und Steuerbilanzrecht – Anmerkungen zu IDW RH HFA 1.016, WPg 2010, 561; *Herzig/Köster* Rückstellungen für ungewisse Verbindlichkeiten, für drohende Verluste aus schwebenden Geschäften, für unterlassene Aufwendungen für Instandhaltung und Abraumbeseitigung sowie für Kulanzleistungen, HdJ Abt. III/5 (1999); *Hommel/Rößler* Komponentenansatz des IDW RH HFA 1.016 – eine GoB-konforme Konkretisierung der planmäßigen Abschreibungen? BB 2009, 2526; *IDW-HFA* Stellungnahme IDW RS HFA 4: Zweifelsfragen zum Ansatz und zur Bewertung von Drohverlustrückstellungen, WPg 2000, 716 und WPg 2001, 216; *Husemann* Abschreibung eines Vermögensgegenstands entsprechend der Nutzungsdauer wesentlicher Komponenten, WPg 2010, 507; *Kahle/Heinstein/Dahlke* Das Sachanlagevermögen, HdJ Abt. II/2 (2010); *Knobbe-Keuk* Bilanz- und Unternehmenssteuerrecht, 9. Aufl. (1993); *Koch* Die Problematik des Niederstwertprinzips, WPg 1957, 1 ff, 31 ff, 60 ff; *Kropp/Wirtz* Probleme bei der Abzinsung von Rückstellungen, DB 2011, 541; *Küting/Cassel/Metz* Die Bewertung von Rückstellungen nach neuem Recht, DB 2008, 231; *Leffson* Die Grundsätze ordnungsmäßiger Buchführung, 7. Aufl. (1987); *K.-P. Naumann* Die Bewertung von Rückstellungen in der Einzelbilanz nach Handels- und Ertragssteuerrecht, 2. Aufl. (1993); *T. K. Naumann* Fremdwährungsumrechnung in Bankbilanzen nach neuem Recht (1992); *Nordmeyer/Göbel* Sachanlagen, Beck-HdR B 212 (2011); *Pittroff/Schmidt/Siegel* Allgemeine Bewertungsgrundsätze, Beck-HdR B 161 (2011); *Poullie* Die kurzfristigen Forderungen, HdJ Abt. II/6 (2010); *Rimmelspacher/Fey* Einzelfragen zur Folgebilanzierung von Rückstellungen nach den Übergangsregeln des BilMoG, WPg 2012, 421; *Scheffler* Rückstellungen, Beck-HdR B 233 (2010); *ders.* Finanzanlagen, Beck-HdR B 213 (2012); *Schröer* Das Realisationsprinzip in Deutschland und Großbritannien (1998); *Schulze-Osterloh* Die Rechnungslegung der GmbH als Spiegelbild sich wandelnder Bilanzauffassungen und Publizitätsinteressen, Festschrift 100 Jahre GmbHG (1992) S. 501; *Stapf/Elgg* Abzinsung von Rückstellungen nach dem BilMoG: Ermittlung und Bekanntgabe der Zinssätze durch die Deutsche Bundesbank, BB 2009, 2134; *Thoms-Meyer* Grundsätze ordnungsmäßiger Bilanzierung für Pensionsrückstellungen (1996); *Wehrheim* Tageswerte, Beck-HdR, B 164 (2009); *Wohlgemuth* Bewertungsmaßstäbe der Folgebewertung, HdJ Abt. I/11 (2003); *Zwirner/Künkele/Liebscher* Abzinsung von „sonstigen Rückstellungen" nach BilMoG: Praxisprobleme und Lösungen, BB 2011, 2155.

IDW-Verlautbarungen: IDW RS HFA 4: Zweifelsfragen zum Ansatz und zur Bewertung von Drohverlustrückstellungen (Stand 29.11.2012; FN-IDW 2013, 61; WPg Supplement 2013, 131); IDW RS HFA 28: Übergangsregelungen des Bilanzrechtsmodernisierungsgesetzes (Stand 9.9.2010; FN-IDW 2010, 451; WPg Supplement 2010, 54); IDW RS HFA 30: Handelsrechtliche Bilanzierung von Altersversorgungsverpflichtungen (Stand 10.6.2011; FN-IDW 2011, 545; WPg Supplement 2011, 44); IDW RS HFA 34: Einzelfragen zur handelsrechtlichen Bilanzierung von Verbindlichkeitsrückstellungen (Stand 29.11.2012; FN-IDW 2013, 53; WPg Supplement 2013, 123); IDW RH 1.016: Handelsrechtliche Zulässigkeit einer komponentenweisen planmäßigen Abschreibung von Sachanlagen (Stand 25.5.2009; FN-IDW 2009, 362; WPg Supplement 2009, 39).

Übersicht

I. Überblick

1. Regelungsgegenstand der Vorschrift; Vorgaben der Jahresabschlussrichtlinie. Die Vorschrift enthält zentrale Bestimmungen zur **Zugangs- und Folgebewertung der Vermögensgegenstände und Schulden.** Sie gilt für alle Rechnungslegungspflichtigen gleichermaßen und hat im Zuge des Bilanzrechtsmodernisierungsgesetzes (**BilMoG**) vom 25.5.2009 (BGBl. I S. 1102) erhebliche Änderungen erfahren (näher sogleich Rdn 3 ff), in deren Folge die früher für Kapitalgesellschaften (und ihnen nach § 264a gleichgestellte 1

Personenhandelsgesellschaften ohne mindestens eine natürliche Person als Vollhafter) in §§ 279, 280 a.F. normierten Modifizierungen hinsichtlich der Bewertung der Vermögensgegenstände (vgl. 4. Aufl. § 253, 6) aufgehoben werden konnten. Die nach § 253 a.F. i.V.m. §§ 279, 280 a.F. für jene Gesellschaften früher geltenden (Sonder-)Bestimmungen sind mit § 253 n.F. im Ergebnis auf alle Rechnungslegungspflichtigen erstreckt worden. Für Kreditinstitute und Versicherungsunternehmen enthalten §§ 340e ff und §§ 341b ff freilich spezielle, gegenüber § 253 vorrangige Bewertungsvorschriften. Zur Bewertung im Rahmen von **Bewertungseinheiten i.S.v. § 254** s. die Erläuterungen dort. Zu den *Rechtsfolgen eines Verstoßes* gegen die gesetzlichen Bewertungsvorschriften s. § 252, 60 f.

2 § 253 beruht auf den folgenden Bestimmungen der 4. EG-Richtlinie (**Jahresabschlussrichtlinie 78/660/EWG**[1]): **Abs. 1 S. 1** auf Art. 31 Abs. 1a, Art. 35 Abs. 1 lit. a und Art. 39 Abs. 1 lit. a; **Abs. 1 S. 2 und 3** (die Rückstellungsbewertung betreffend) auf Art. 31 Abs. 1a, Art. 42 S. 1; **Abs. 1 S. 4** auf Art. 42a Abs. 1; **Abs. 1 S. 5 und 6** auf Art. 1a Abs. 4; **Abs. 2** auf Art. 31 Abs. 1a, Art. 42 S. 1; **Abs. 3 S. 1 und 2** auf Art. 35 Abs. 1 lit. b; **Abs. 3 S. 3 und 4** auf Art. 35 Abs. 1 lit. c aa und bb; **Abs. 4** auf Art. 39 Abs. 1 lit. b; **Abs. 5 S. 1** auf Art. 35 Abs. 1 lit. c dd, Art. 39 Abs. 1 lit. d.

3 **2. Bewertung der Vermögensgegenstände: Gesetzessystematik; Änderungen im Zuge des BilMoG.** Nach **Abs. 1 S. 1** sind **Vermögensgegenstände** des Anlage- wie des Umlaufvermögens höchstens mit den **Anschaffungs- oder Herstellungskosten** anzusetzen (näher unten Rdn 19 ff), vermindert um Abschreibungen nach den Abs. 3 und 4 (s. sogleich Rdn 5). Der im Zuge des BilMoG eingefügte **Abs. 1 S. 4** macht eine Ausnahme für die Bewertung von Vermögensgegenständen i.S.d. § 246 Abs. 2 S. 2, also solchen, die zum (verrechnungspflichtigen) Deckungsvermögen für Schulden aus Altersversorgungsverpflichtungen gehören: sie sind mit ihrem beizulegenden Zeitwert zu bewerten (näher Rdn 58 ff).

4 Insoweit enthalten freilich Abs. 1 S. 5 und 6, im Zuge des Kleinstkapitalgesellschaften-Bilanzrechtsänderungsgesetzes (**MicroBilG**) vom 20.12.2012 (BGBl. I S. 2751) in die Vorschrift eingefügt, Einschränkungen für **Kleinstkapitalgesellschaften** i.S.d. § 267a. **Abs. 1 S. 5** bestimmt, dass Kleinstkapitalgesellschaften (und gleichgestellte Personenhandelsgesellschaften i.S.d. § 264a) eine Bewertung zum beizulegenden Zeitwert (im Rahmen der Verrechnung nach § 246 Abs. 2 S. 2) nur vornehmen dürfen, wenn sie von keiner der für sie in § 264 Abs. 1 S. 5, § 266 Abs. 1 S. 4, § 275 Abs. 5 und § 326 Abs. 2 vorgesehenen Erleichterungen Gebrauch machen. Damit wird Art. 1a Abs. 4 Jahresabschlussrichtlinie in der Fassung der Richtlinie 2012/6/EU – **MicroRL** (ABl EU Nr L 81 vom 21.3.2012, S. 3) umgesetzt. Macht eine Kleinstkapitalgesellschaft von einer der genannten Erleichterungen Gebrauch, so stellt **Abs. 1 S. 6** klar: Die Bewertung der gem. § 246 Abs. 2 S. 2 zu verrechnenden Vermögensgegenstände erfolgt dann nach Abs. 1 S. 1, also zu fortgeführten Anschaffungs- oder Herstellungskosten. Zum Ganzen näher unten Rdn 60 ff.

5 Hinsichtlich der **Abschreibungen nach Abs. 3 und 4** ist zwischen planmäßigen Abschreibungen und sonstigen (außerplanmäßigen) Abschreibungen zu unterscheiden. Bei **Vermögensgegenständen des Anlagevermögens**, deren Nutzung zeitlich begrenzt ist, sind die Anschaffungs- oder Herstellungskosten um *planmäßige Abschreibungen* zu vermin-

[1] Zuletzt geändert durch Richtlinie 2012/6/EU vom 14.3.2012 (ABl. L 81 vom 21.3.2012, S. 3).

dern (**Abs. 3 S. 1 und 2**; sog. fortgeführte Anschaffungs- oder Herstellungskosten; dazu Rdn 80 ff). Im Übrigen müssen im Falle einer voraussichtlich dauernden Wertminderung bei allen Vermögensgegenständen des Anlagevermögens *Abschreibungen* vorgenommen werden, um die Vermögensgegenstände mit dem niedrigeren Wert anzusetzen, der ihnen am Abschlussstichtag beizulegen ist (**Abs. 3 S. 3**; näher Rdn 105 ff). Diese Pflicht zu Abschreibungen auf den niedrigeren Stichtagswert gilt unabhängig davon, ob die Nutzung des Anlagegegenstandes zeitlich begrenzt ist oder nicht. Bei Anlagegegenständen mit zeitlich begrenzter Nutzung treten jene Abschreibungen als *außerplanmäßige Abschreibungen* neben die planmäßigen Abschreibungen. Da die sonstigen Vermögensgegenstände des Anlagevermögens indes nicht planmäßig abzuschreiben sind, ist es missverständlich, wenn der Gesetzgeber die Abschreibung auf den niedrigeren Stichtagswert auch hier als „außerplanmäßig" bezeichnet.

Bis zum Inkrafttreten des BilMoG war die Folgebewertung von Vermögensgegen- **6** ständen des Anlagevermögens in Abs. 2 der Vorschrift normiert. Das in **Abs. 2 S. 3 a.F.** für den Fall einer nur *vorübergehenden* Wertminderung eingeräumte Wahlrecht zur außerplanmäßigen Abschreibung der Gegenstände des Anlagevermögens (sog. *gemildertes Niederstwertprinzip*[2]) ist durch **Abs. 3 S. 4** n.F. erheblich reduziert worden. Es besteht jetzt nur noch hinsichtlich der *Finanzanlagen*; bei nur vorübergehenden Wertminderungen sonstiger Anlagegegenstände sind Abschreibungen hingegen unzulässig (s. Rdn 111 f). Das entspricht den schon vor dem BilMoG für Kapitalgesellschaften (und diesen gleichgestellte Gesellschaften) geltenden Vorgaben nach §§ 253 Abs. 2 S. 3, 279 Abs. 1 S. 2 a.F. Die Neuregelung soll das bisherige bilanzpolitische Gestaltungspotential verringern und die Vergleichbarkeit der Jahresabschlüsse verbessern.[3]

Bei **Vermögensgegenständen des Umlaufvermögens** gibt es planmäßige Abschreibun- **7** gen nicht. Hier müssen Abschreibungen vorgenommen werden, um diese mit einem gegenüber den Anschaffungs- oder Herstellungskosten niedrigeren Stichtagswert anzusetzen (**Abs. 4 S. 1 und 2**): sog. *strenges Niederstwertprinzip* (näher Rdn 113 ff).

Bis zum Inkrafttreten des BilMoG waren die Bestimmungen des heutigen Abs. 4 S. 1 **8** und 2 der Vorschrift in Abs. 3 S. 2 und 3 a.F. enthalten. Die danach maßgeblichen Werte konnten jedoch weiter unterschritten werden: Nach **Abs. 3 S. 3 a.F.** durften Abschreibungen auch vorgenommen werden, soweit diese nach vernünftiger kaufmännischer Beurteilung notwendig waren, um zu verhindern, dass in der nächsten Zukunft der Wertansatz dieser Vermögensgegenstände aufgrund von Wertschwankungen geändert werden musste (sog. *erweitertes Niederstwertprinzip*; s. dazu 4. Aufl. § 253, 75 ff). Im Zuge des BilMoG ist dieses Wahlrecht, das im Übrigen auch Kapitalgesellschaften und diesen gleichgestellten Gesellschaften zur Verfügung stand, aufgehoben worden. Diese Korrektur, von Art. 39 Abs. 1 lit. c der Jahresabschlussrichtlinie getragen, beruht auf der Erkenntnis des Gesetzgebers, das bisherige Wahlrecht zur „vorauseilend(en)" Abschreibung im Blick auf erwartete Wertverluste sei unvereinbar mit dem Ziel einer den tatsächlichen Verhältnissen entsprechenden Darstellung der Vermögens-, Finanz- und Ertragslage.[4]

Vor dem BilMoG gewährte **Abs. 4 a.F.** ein zusätzliches Wahlrecht zugunsten sog. **9** *Ermessensabschreibungen*. Danach durften – neben den Abschreibungen nach Abs. 2 und 3 a.F. – weitere Abschreibungen im Rahmen vernünftiger kaufmännischer Beurtei-

---

2 Statt aller ADS⁶ § 253 Rdn 18.
3 So Begründung zum RegE BilMoG, BT-Drucks. 16/10067, S. 56.
4 Vgl. Begründung zum RegE BilMoG, BT-Drucks. 16/10067, S. 56 f.

lung vorgenommen werden (näher 4. Aufl. § 253, 78 ff). Jenes Wahlrecht sollte der allgemeinen Risikovorsorge dienen und ermöglichte die Vornahme von Abschreibungen mit dem Ziel, stille (Ermessens-) Reserven zu bilden. Mit dem Grundsatz der Vorsicht – und den mit ihm verknüpften Belangen des Gläubigerschutzes (s. § 252, 41) – ließ sich dies indes nicht legitimieren. Denn stille Reserven können ebenso still wieder aufgelöst werden wie sie gebildet wurden. Das mit ihnen verbundene Verschleierungspotential gefährdet den Gläubigerschutz, beeinträchtigt die Ausschüttungs- und Informationsinteressen der Gesellschafter und verfälscht die Selbstinformation des Kaufmanns. Als leicht nutzbares Instrument zur bilanzpolitischen Ergebnisbeeinflussung laufen Ermessensabschreibungen der zentralen Funktion der Rechnungslegung als getreuer Rechenschaftslegung massiv zuwider. Die Ermessensabschreibungen nach Abs. 4 a.F. waren deshalb ähnlichen Einwänden ausgesetzt wie die Aufwandsrückstellungen nach § 249 Abs. 2 a.F. (s. zu ihnen § 249, 11 ff).[5]

10 Wie jene Bestimmung ist auch Abs. 4 a.F. im Zuge des BilMoG zu Recht **aufgehoben** worden. Für Kapitalgesellschaften und diesen gleichgestellte Unternehmen hat sich dadurch freilich nichts geändert, denn die Möglichkeit zu weiteren Abschreibungen im Rahmen vernünftiger kaufmännischer Beurteilung war ihnen schon vor dem BilMoG nach § 279 Abs. 1 S. 1 a.F. verschlossen.

11 Mit dem BilMoG aufgehoben wurde auch das Beibehaltungswahlrecht nach **Abs. 5 a.F.** Die darin gewährte Möglichkeit, einen niedrigeren Wertansatzes nach Abs. 2 S. 3 a.F., Abs. 3 a.F. oder Abs. 4 a.F. auch dann beizubehalten, wenn die Gründe dafür nicht mehr bestanden (näher 4. Aufl. § 253, 78 ff), ist entfallen. Jenes Wahlrecht stand Kapitalgesellschaften und diesen gleichgestellten Unternehmen freilich schon vor dem BilMoG nicht mehr zur Verfügung, weil es durch das Wertaufholungsgebot nach § 280 Abs. 1 vollständig verdrängt worden war (näher 4. Aufl. § 253, 85). Der heute geltende **Abs. 5 S. 1** normiert ein für alle Rechnungslegungspflichtigen geltendes **Wertaufholungsgebot** für alle Formen von außerplanmäßigen Abschreibungen (s.u. Rdn 123 ff), womit bilanzpolitisches Gestaltungspotential verringert, die Vergleichbarkeit der Jahresabschlüsse verbessert und eine (weitere) Annäherung an die internationalen Rechnungslegungsgepflogenheiten erreicht werden soll.[6] Nach Abs. 5 S. 1 darf ein niedrigerer Wertansatz nach Abs. 3 S. 3 oder 4 und Abs. 4 der Vorschrift nicht beibehalten werden, wenn die Gründe dafür nicht mehr bestehen. Eine **Ausnahme** hiervon normiert **Abs. 5 S. 2**, wonach ein niedrigerer Wertansatz eines (außerplanmäßig abgeschriebenen) entgeltlich erworbenen Geschäfts- oder Firmenwertes i.S.v. § 246 Abs. 1 S. 4 beibehalten werden muss (näher Rdn 128 f).

12 Im Zuge des BilMoG entfallen ist schließlich **§ 254 S. 1 a.F.**, wonach Abschreibungen auch vorgenommen werden konnten, um Vermögensgegenstände des Anlage- oder Umlaufvermögens mit dem niedrigeren Wert anzusetzen, der auf einer nur steuerrechtlich zulässigen Abschreibung beruhte (s. dazu 4. Aufl. § 254, 6 ff); der Gesetzgeber des BilMoG hat die sog. umgekehrte Maßgeblichkeit (§ 5 Abs. 1 S. 2 EStG a.F.) abgeschafft.[7]

13 **3. Bewertung der Verbindlichkeiten und Rückstellungen: Gesetzessystematik; Änderungen im Zuge des BilMoG. Abs. 1 S. 2** regelt die Wertansätze für Verbindlichkeiten

---

[5] S.a. Begründung zum RegE BilMoG, BT-Drucks. 16/10067, S. 57.
[6] Begründung zum RegE BilMoG, BT-Drucks. 16/10067, S. 57.
[7] Hierzu u. zu den begleitenden Übergangsregeln nach Art. 67 EGHGB näher etwa *Gelhausen/Fey/Kämpfer* Abschn. D Tz 1 ff, 19 ff.

und Rückstellungen, für die das Gesetz an anderer Stelle (§§ 240 Abs. 1, 242 Abs. 1, 246 Abs. 1, 247 Abs. 1, 252 Abs. 1 Nr. 3, 265 Abs. 3) den Oberbegriff der *Schulden* verwendet (s. dazu § 246, 29). Verbindlichkeiten sind zu ihrem Erfüllungsbetrag (näher Rdn 25 ff), Rückstellungen nur in Höhe des nach vernünftiger kaufmännischer Beurteilung notwendigen Erfüllungsbetrages anzusetzen (Rdn 34 ff). Die im Zuge des BilMoG eingefügte Bestimmung des **Abs. 1 S. 3** betrifft die Rückstellungsbewertung bei wertpapiergebundenen Altersversorgungsverpflichtungen (Rdn 51 ff).

Der ebenfalls durch das BilMoG neu geschaffene Abs. 2 der Vorschrift enthält Rege- **14**
lungen zur **Abzinsung** bei Rückstellungen. Nach Abs. 1 S. 2, letzter HS a.F. durften Rückstellungen nur abgezinst werden, soweit die ihnen zugrundeliegenden Verbindlichkeiten einen Zinsanteil enthielten. Diese Regelung ist durch eine generelle Abzinsungspflicht für längerfristige Rückstellungen ersetzt worden: Nach **Abs. 2 S. 1** sind Rückstellungen mit einer Restlaufzeit von mehr als einem Jahr mit dem ihrer Restlaufzeit entsprechenden durchschnittlichen Marktzinssatz der vergangenen sieben Geschäftsjahre abzuzinsen (näher Rdn 65 ff). Abweichend davon dürfen Rückstellungen für Altersversorgungsverpflichtungen oder vergleichbare langfristig fällige Verpflichtungen nach **Abs. 2 S. 2** pauschal mit dem durchschnittlichen Marktzinssatz abgezinst werden, der sich bei einer angenommenen Restlaufzeit von 15 Jahren ergibt (Rdn 72 f). Diese gesetzlichen Vorgaben gelten gem. **Abs. 2 S. 3** entsprechend für auf Rentenverpflichtungen beruhende Verbindlichkeiten, für die eine Gegenleistung nicht mehr zu erwarten ist (Rdn 74). Jene Regelung in S. 3 ist an die Stelle der früheren – schon ein entsprechendes Abzinsungsgebot enthaltenden – Bestimmung in Abs. 1 S. 2 a.F. getreten. Die Abzinsungszinssätze werden von der Deutschen Bundesbank nach Maßgabe einer Rechtsverordnung – Verordnung über die Ermittlung und Bekanntgabe der Sätze zur Abzinsung von Rückstellungen (Rückstellungsabzinsungsverordnung – RückAbzinsV) vom 18.11.2009 (BGBl. I S. 3790) – ermittelt und monatlich bekannt gegeben (**Abs. 2 S. 3 und 4**).

4. Übergangsregeln. Die geänderten gesetzlichen Vorgaben zur Zugangs- und Folge- **15**
bewertung nach § 253 i.d.F.d. BilMoG waren erstmals zwingend anzuwenden auf den Jahresabschluss für das nach dem 31.12.2009 beginnende Geschäftsjahr (Art. 66 Abs. 3 S. 1 EGHGB). Nach Art. 67 Abs. 7 EGHGB waren Aufwendungen und Erträge, die sich aus der erstmaligen Anwendung des neuen Rechts ergaben, in der Gewinn- und Verlustrechnung gesondert unter den Posten „außerordentliche Aufwendungen“ bzw. „außerordentliche Erträge“ anzugeben; zur Erläuterung im Anhang s. § 277 Abs. 4 und die Kommentierung dort. Allerdings hat der Gesetzgeber in Art. 67 EGHGB Übergangserleichterungen geschaffen:[8]

War auf Grund der geänderten Bewertung von Verpflichtungen, die die Bildung einer **16**
Rückstellung erfordern, eine Auflösung der Rückstellungen erforderlich (insbesondere aufgrund des Abzinsungsgebots nach § 253 Abs. 2 n.F.), durften diese nach Art. 67 Abs. 1 S. 2 gleichwohl beibehalten werden, soweit der aufzulösende Betrag bis spätestens zum 31.12.2024 wieder zugeführt werden müsste. Wurde von diesem Wahlrecht kein Gebrauch gemacht, waren die aus der Auflösung resultierenden Beträge unmittelbar in die Gewinnrücklagen einzustellen; wurde von dem Wahlrecht Gebrauch gemacht, war der Betrag der Überdeckung im Anhang anzugeben (Art. 67 Abs. 1 S. 3 und 4 EGHGB).[9]

---

[8] S. dazu Beschlussempfehlung und Bericht des Rechtsausschusses zum RegE BilMoG, BT-Drucks. 16/12407, S. 95 f u. eingehend IDW RS HFA 28 Tz 8 ff; außerdem etwa *Gelhausen/Fey/Kämpfer* Abschn. I Tz 115 ff; HdJ-*Heger/Weppler* III/7, Rdn 129 ff, 133 ff; *Rimmelspacher/Fey* WPg 2012, 421.

[9] Dazu etwa IDW RS HFA 28 Tz 8 ff, 36 ff; *Thaut* DB 2011, 1645, 1648 f.

17 Für die Zuführung zu den Pensionsrückstellungen enthält Art. 67 Abs. 1 S. 1 eine spezielle Übergangsregelung:[10] War auf Grund der geänderten Bewertung der laufenden Pensionen oder Anwartschaften auf Pensionen eine Zuführung zu den Rückstellungen erforderlich, so gewährt(e) Art. 67 Abs. 1 S. 1 das Wahlrecht, diesen Betrag (anstelle seiner aufwandswirksamen Erfassung im Jahr der Erstanwendung des neuen Rechts) bis spätestens zum 31.12.2024 in jedem Geschäftsjahr zu mindestens einem Fünfzehntel anzusammeln; nach Maßgabe von Art. 67 Abs. 2 EGHGB sind die in der Bilanz nicht ausgewiesenen Rückstellungen für laufende Pensionen, Anwartschaften auf Pensionen und ähnliche Verpflichtungen im Anhang anzugeben.

18 Nach Art. 67 Abs. 4 S. 1 EGHGB konnten niedrigere Wertansätze von Vermögensgegenständen, die auf Abschreibungen nach § 253 Abs. 3 S. 3 a.F., § 253 Abs. 4 a.F. oder §§ 254, 279 Abs. 2 a.F. (nicht aber solche nach § 253 Abs. 2 S. 3 a.F.) beruhten und die in Geschäftsjahren vorgenommen wurden, die vor dem 1.1.2010 begonnen hatten, unter Anwendung der für sie einschlägigen Vorschriften des alten (bis zum Inkrafttreten des BilMoG geltenden) Rechts fortgeführt werden. Wurde von diesem Wahlrecht kein Gebrauch gemacht, waren die aus der Zuschreibung resultierenden Beträge unmittelbar in die Gewinnrücklagen einzustellen; dies galt nicht für Abschreibungen, die im letzten vor dem 1.1.2010 beginnenden Geschäftsjahr vorgenommen worden waren (Art. 67 Abs. 4 S. 2 EGHGB).[11]

II. Bewertung der Vermögensgegenstände: Anschaffungswertprinzip (Abs. 1 S. 1)

19 Abs. 1 S. 1 i.d.F.d. BilMoG entspricht – abgesehen von einer redaktionellen Korrektur (jetzt Verweisung auf „Abs. 3 bis 5“ statt früher „Abs. 2 und 3“) – dem bisherigen Text der Vorschrift. Danach sind **Vermögensgegenstände des Anlage- wie des Umlaufvermögens** höchstens mit den Anschaffungs- oder Herstellungskosten anzusetzen, vermindert um Abschreibungen nach Abs. 3 bis 5. Eine Durchbrechung dieses Grundsatzes normiert freilich Abs. 1 S. 4 der Vorschrift, wonach Vermögensgegenstände i.S.v. § 246 Abs. 2 S. 3 – d.h. solche, die dem Zugriff aller übrigen Gläubiger entzogen sind, ausschließlich der Erfüllung von Schulden aus Altersversorgungsverpflichtungen dienen und deshalb mit diesen Schulden zu verrechnen sind (s. hierzu § 246, 100 ff) – mit ihrem beizulegenden Zeitwert zu bewerten sind (dazu s.u. Rdn 58 ff).

20 Der **Begriff des Vermögensgegenstandes** ist im Gesetz nicht definiert; zu Einzelheiten der Begriffsbestimmung s. § 246, 8 ff. Zum **Anlagevermögen** gehören gem. § 247 Abs. 2 nur solche Vermögensgegenstände, die bestimmt sind, dauernd dem Geschäftsbetrieb zu dienen (näher § 247, 49 ff). In negativer Abgrenzung hierzu umfasst das **Umlaufvermögen** alle Vermögensgegenstände, die nicht zum Anlagevermögen zählen und auch nicht in aktivischen Rechnungsabgrenzungsposten (oder sonstigen Sonderposten bzw. Erweiterungen der Aktivseite) auszuweisen sind (s. dazu § 247, 56).

21 Das in Abs. 1 S. 1 niedergelegte **Anschaffungswertprinzip** bildet Grundlage und Ausgangspunkt der Bewertung von Vermögensgegenständen im Handelsrecht wie im Steuer-

[10] Hierzu Beschlussempfehlung und Bericht des Rechtsausschusses zum RegE BilMoG, BT-Drucks. 16/12407, S. 95 u. etwa IDW RS HFA 28 Tz 41 ff; *Gelhausen/Fey/Kämpfer* Abschn. I Tz 127 ff; HdJ-*Heger/Weppler* III/7, Rdn 129 ff; *Höfer/Rhiel/Veit* DB 2009, 1605, 1610 f; *Müller/Kreipl* WPg 2012, 1029 ff; *Thaut* DB 2011, 1645, 1649 f.

[11] Dazu etwa IDW RS HFA 28 Tz 3, 7, 8 ff; *Gelhausen/Fey/Kämpfer* Abschn. J Tz 30 ff.

recht. Danach markieren die Anschaffungs- oder Herstellungskosten solange die **Obergrenze der Bewertung**, als noch keine Ertragsrealisation angenommen werden darf. Das Anschaffungswertprinzip verhindert den Ausweis noch nicht realisierter Gewinne und steht deshalb in enger Verknüpfung zum Realisationsprinzip (§ 252 Abs. 1 Nr. 4; s. § 252, 30). Wie dieses dient es der Zahlungsbemessungs- bzw. Ausschüttungsbegrenzungsfunktion des Jahresabschlusses und ist so gleichfalls von wesentlicher Bedeutung für den Gläubigerschutz (s. schon § 252, 41).[12]

Die mit den Anschaffungs- und Herstellungskosten als Einstandswerte konkretisierte Obergrenze der Bewertung wird durch **Abschreibungen** nach Maßgabe von Abs. 3 bis 5 unterschritten. Außerhalb des durch jene Bestimmungen vorgegebenen Rahmens ist ein Unterschreiten der Anschaffungs- oder Herstellungskosten nicht zulässig. Die Formulierung des Gesetzes, Vermögensgegenstände seien *„höchstens"* mit den Anschaffungs- und Herstellungskosten anzusetzen, ist nicht etwa als Wahlrecht zugunsten eines beliebigen Wertansatzes unterhalb der Obergrenze der Anschaffungs- oder Herstellungskosten zu verstehen.[13] **22**

Die **Anschaffungskosten** bilden den Ausgangspunkt der Bewertung all jener Vermögensgegenstände des Anlage- oder Umlaufvermögens, die von Dritten erworben worden sind.[14] Begriff und Bestandteile der Anschaffungskosten werden in § 255 Abs. 1 näher konkretisiert (s. die Erläuterungen dort). Die **Herstellungskosten** sind Einstandswert für alle Vermögensgegenstände, die im Unternehmen selbst hergestellt worden sind; dazu zählen etwa Halbfabrikate, Fertigfabrikate, unfertige Leistungen oder auch selbst erstellte Vermögensgegenstände des Anlagevermögens.[15] Begriff und Bestandteile der Herstellungskosten werden in § 255 Abs. 2 bis 3 konkretisiert (s. die Kommentierung dort). Für Detailfragen der Bewertung ist im Übrigen nach dem Typus des jeweiligen Vermögensgegenstandes zu differenzieren; zu Einzelheiten ist auf die verschiedenen Zusammenstellungen im einschlägigen Spezialschrifttum zu verweisen.[16] Zum Ansatzwahlrecht nach § 248 Abs. 2 für *selbst geschaffene immaterielle Vermögensgegenstände des Anlagevermögens* s. § 248, 15 ff; zur Bewertung von *Forderungen* s.u. Rdn 121 f. **23**

III. Bewertung der Verbindlichkeiten und Rückstellungen (Abs. 1 S. 2 und 3)

1. Bewertung von Verbindlichkeiten. Verbindlichkeiten bezeichnen rechtliche oder faktische, dem Grunde wie der Höhe nach gewisse Verpflichtungen des Rechnungslegungspflichtigen, die zum Bilanzstichtag als quantifizierbare Belastungen entstanden, aber noch nicht erfüllt sind (näher § 246, 32 ff). Nach **Abs. 1 S. 2** sind sie zu ihrem „Erfüllungsbetrag" zu passivieren, sofern sie nicht nach den Grundsätzen über die Bilanzierung schwebender Geschäfte (dazu § 246, 59 ff) außer Ansatz bleiben. In der *Steuerbilanz* sind Verbindlichkeiten nach § 6 Abs. 1 Nr. 3 i.V.m. Nr. 2 EStG sinngemäß mit den Anschaffungskosten oder ihrem höheren Teilwert anzusetzen und zu 5, 5 % abzuzinsen; ausgenommen von der Abzinsung sind Verbindlichkeiten, deren Laufzeit am Bilanzstichtag weniger als 12 Monate beträgt, sowie Verbindlichkeiten, die verzinslich sind oder auf einer Anzahlung oder Vorausleistung beruhen.[17] **24**

---

12 Dazu aus historischer Perspektive *Schulze-Osterloh* FS 100 Jahre GmbHG, S. 501, 504 ff.

13 Allgemeine Ansicht; s. statt anderer ADS[6] § 253 Rdn 35 ff mwN.

14 ADS[6] § 253 Rdn 38.

15 ADS[6] § 253 Rdn 40.

16 S. etwa HdR-EA/*Brösel/Olbrich* § 253 (Stand November 2012) Rdn 66 ff; WP-Handbuch I[14] Tz E 491 ff.

17 Näher etwa Schmidt/*Kulosa* EStG[31] § 6 Rdn 441 ff.

25 a) **Erfüllungsbetrag.** Abs. 1 S. 2 i.d.F.d. BilMoG spricht vom „Erfüllungsbetrag", während in Abs. 1 S. 2 a.F. vom „Rückzahlungsbetrag" die Rede war. Der Begriff „Rückzahlungsbetrag" war irreführend, da eine „Rückzahlung" streng genommen nur bei Verbindlichkeiten aus Gelddarlehen vorkommt. Rückzahlungsbetrag war deshalb schon bislang im Sinne des **Erfüllungsbetrages** zu verstehen (vgl. 4. Aufl. § 253, 13 mwN): Verbindlichkeiten sind in Höhe des Betrags anzusetzen, dessen es zu ihrer Erfüllung bedarf.[18]

26 Bei Verpflichtungen, die in Geld zu erfüllen sind, ist Erfüllungsbetrag der Nennbetrag. Sach- oder Dienstleistungsverbindlichkeiten sind mit dem Betrag zu bewerten, der zu ihrer Erfüllung voraussichtlich aufzuwenden ist; betrifft die Verpflichtung einen noch herzustellenden Vermögensgegenstand, ist zu **Vollkosten** zu bewerten.[19] Kosten der Aufnahme und Rückzahlung der Verbindlichkeit fließen nicht in den Rückzahlungsbetrag ein. Die dem Rechnungslegungspflichtigen ggf. zugeflossene Leistung (der sog. Verfügungsbetrag) ist für die Bewertung der Verbindlichkeit ebenfalls unerheblich.[20]

27 Ist der Rückzahlungsbetrag einer Verbindlichkeit höher als der Ausgabebetrag, so darf der Unterschiedsbetrag (**Disagio**) gem. § 250 Abs. 3 in einen aktivischen Rechnungsabgrenzungsposten eingestellt werden (s. hierzu und zu den nach § 250 Abs. 3 S. 2 vorzunehmenden Abschreibungen § 250, 25 ff). Zur Bilanzierung sog. Zero-Bonds (Nullcoupon-Anleihen) s. § 250, 30.

28 b) **Zinskonditionen.** Liegt der vereinbarte Zinssatz einer Verbindlichkeit nicht unwesentlich **über dem** zwischenzeitlich erreichten **marktüblichen Zinssatz**, so muss in Höhe des Barwertes der Mehrzinsen eine Rückstellung für drohende Verluste aus schwebenden Geschäften (§ 249 Abs. 1 S. 1, 2. Alt.) gebildet werden. Der Rückstellungsbetrag ergibt sich aus der Differenz zwischen dem Barwert der vereinbarten Zinsen einerseits und dem Barwert der Marktzinsen andererseits.[21] Jedoch entfällt die Rückstellung der Zinsdifferenz, wenn und soweit der Überverzinslichkeit ein vom Gläubiger gewährter Vorteil gegenübersteht, der nicht nur einmaliger, sondern dauerhafter Natur ist.[22]

29 Ist die Verbindlichkeit **unverzinslich** oder die **Zinsverpflichtung niedriger als der marktübliche Zins**, so ist gleichwohl eine Bewertung mit dem Erfüllungsbetrag geboten. Eine Abzinsung der Verbindlichkeit würde gegen das Realisationsprinzip (§ 252 Abs. 1

---

[18] So auch Begründung zum RegE BilMoG, BT-Drucks. 16/10067, S. 52.

[19] BFH 11.10.2012, I R 66/11, DStR 2013, 451 Tz 15; HdR-EA/*Brösel/Olbrich* § 253 (Stand November 2012) Rdn 315.

[20] S. zum Ganzen etwa BFH 13.12.1972, I R 7 – 8/70, BStBl II 1973, 217; 4.3.1976, IV R 78/72, BStBl II 1977, 380, 381; ADS[6] § 253 Rdn 72 ff, 120 ff; HdR-EA/*Brösel/Olbrich* § 253 (Stand November 2012) Rdn 254 ff; Beck BilKomm[8]-*Kozikowski/Schubert* § 253 Rdn 51 ff. Zur Bewertung von Sachwertschulden und Geldwertschulden s. etwa HdR- EA/*Brösel/Olbrich* § 253 (Stand November 2012) Rdn 313 ff.

[21] S. etwa HdR-EA/*Brösel/Olbrich* § 253 (Stand November 2012) Rdn 268; Beck BilKomm[8]-*Kozikowski/Schubert* § 253 Rdn 60; Baumbach/Hueck/*Schulze-Osterloh* GmbHG[18] § 42 Rdn 427 mwN; einschränkend ADS[6] § 253 Rdn 78, wonach Rückstellungen nur bei solchen Verbindlichkeiten gebildet werden müssen, für die Zinsen oberhalb der langfristigen Schwankungsbreite zu zahlen sind. Konzeptionell abweichend (Erhöhung der Verbindlichkeit) *Böcking* Bilanztheorie und Verzinslichkeit, S. 152 ff; *Moxter* WPg 1984, 397, 405 ff.

[22] ADS[6] § 253 Rdn 80; HdR-EA/*Brösel/Olbrich* § 253 (Stand November 2012) Rdn 267; Beck BilKomm[8]-*Kozikowski/Schubert* § 253 Rdn 62; Baumbach/Hueck/*Schulze-Osterloh* GmbHG[18] § 42 Rdn 427; BoHdR-*Wohlgemuth* (Stand Januar 2005) § 253 Rdn 53 f.

Nr. 4) verstoßen und ist deshalb nicht zulässig.[23] Sind im Erfüllungsbetrag verdeckte Zinszahlungen enthalten und ist dieser deshalb höher als der Barwert der Verbindlichkeit, so kann der Unterschiedsbetrag allerdings nach § 250 Abs. 3 in die aktivische Rechnungsabgrenzung eingestellt werden.[24]

c) **Fremdwährungsverbindlichkeiten.** Fremdwährungsverbindlichkeiten sind mit dem Wechselkurs (Geldkurs) jenes Tages anzusetzen, an dem die Verbindlichkeit nach den GoB einzubuchen ist (Zeitpunkt der Erstverbuchung; s. 4. Aufl. § 253, 17). Zur Folgebewertung am Abschlussstichtag s. nunmehr § **256a** und die Erläuterungen dort. **30**

d) **Wertgesicherte Geldschulden** sind erst nach Eintritt der Wertsicherungsbedingung (z.B.: Steigerung des Lebenshaltungskostenindex um eine bestimmte Spanne) mit dem höheren Erfüllungsbetrag anzusetzen. Vor Eintritt des Wertsicherungsfalls ist auch die Bildung einer Verbindlichkeitsrückstellung (§ 249 Abs. 1 S. 1, 1. Alt.) nur insoweit zulässig, als sich zum Abschlussstichtag das Risiko durch Anstieg des Bezugswertes bereits realisiert hat (z.B.: bei einer als Wertsicherungsbedingung vereinbarten Indexsteigerung in Höhe von 8 % sind zum Stichtag 5 % erreicht).[25] **31**

e) **Rentenverpflichtungen. Renten** sind für bestimmte Dauer periodisch wiederkehrende Leistungen in Geld oder vertretbaren Sachen auf der Grundlage eines entsprechenden Rechts (Rentenstammrecht). Auch die Bewertung von Rentenverpflichtungen richtet sich nach ihrem Erfüllungsbetrag (s.o. Rdn 25). Schon nach § 253 Abs. 1 S. 2 a.F. waren Rentenverpflichtungen, für die – wie z.B. bei verrenteten Kaufpreisschulden – eine **Gegenleistung nicht mehr zu erwarten** ist,[26] freilich als Verbindlichkeit zu ihrem *Barwert* anzusetzen, der Erfüllungsbetrag war also abzuzinsen (vgl. 4. Aufl. § 253, 19 f). **32**

Im Zuge des BilMoG ist dieses Abzinsungsgebot in die Regelung des Abs. 2 verlagert worden: **Abs. 2 S. 3 i.d.F.d. BilMoG** ordnet für auf Rentenverpflichtungen beruhende Verbindlichkeiten, für die eine Gegenleistung nicht mehr zu erwarten ist, die entsprechende Geltung von Abs. 2 S. 1 und 2 an. Das heißt: Die Abzinsung unterliegt denselben Regeln, wie sie in Abs. 2 S. 1 und 2 i.d.F.d. BilMoG für die Abzinsung von Rückstellungen normiert sind; näher dazu unten Rdn 65 ff. **33**

---

23 ADS[6] § 253 Rdn 81; HdR-EA/*Brösel/Olbrich* § 253 (Stand November 2012) Rdn 266; Beck BilKomm[8]-*Kozikowski/Schubert* § 253 Rdn 63; *Moxter* FS L. Schmidt, S. 195, 203; Baumbach/Hueck/*Schulze-Osterloh* GmbHG[18] § 42 Rdn 427; BoHdR-*Wohlgemuth* § 253 (Stand Januar 2005) Rdn 58; wie hier auch KölnKomm-RLR/*Ekkenga* § 253 Rdn 18.

24 S. dazu u. zu anderen Fällen verdeckter Zinsen ADS[6] § 253 Rdn 81 f; Beck BilKomm[8]-*Kozikowski/Schubert* § 253 Rdn 63 ff, 64; im Ansatz übereinstimmend *Moxter* FS L. Schmidt, S. 195, 202 ff; Baumbach/Hueck/*Schulze-Osterloh* GmbHG[18] § 42 Rdn 427; BoHdR-*Wohlgemuth* § 253 (Stand Januar 2005) Rdn 58; aA HdR-EA/*Brösel/Olbrich* § 253 (Stand November 2012) Rdn 289; *Rodin* Disagio, Diskont und Damnum im Einkommensteuerrecht (1988) S. 34 ff: Passivierung der Verbindlichkeit mit dem Barwert unter ratierlicher Zuschreibung des Unterschiedsbetrags während der Laufzeit; zum Ganzen auch *Strobl* FS Döllerer, S. 615, 624 ff.

25 ADS[6] § 253 Rdn 126 ff; HdR-EA/*Brösel/Olbrich* § 253 (Stand November 2012) Rdn 323 ff; Beck BilKomm[8]-*Kozikowski/Schubert* § 253 Rdn 57 ff; BoHdR-*Wohlgemuth* § 253 (Stand Januar 2005) Rdn 66; krit. Baetge/Kirsch/Thiele/*Thiele/Kahling* § 253 (Stand September 2002) Rdn 91.

26 Zusammenstellung der wichtigsten Fälle bei ADS[6] § 253 Rdn 167.

2. Bewertung von Rückstellungen

34 a) **Grundlagen.** Rückstellungen sind Passivposten zum Ausweis (dem Grunde und/oder der Höhe nach) ungewisser Verbindlichkeiten gegenüber Dritten oder künftiger Vermögensminderungen, die der abgelaufenen Abrechnungsperiode zuzurechnen sind (s. im Einzelnen die Erläuterungen zu § 249, zum Rückstellungsbegriff dort Rdn 10). Nach **Abs. 1 S. 2** sind Rückstellungen in Höhe des **Erfüllungsbetrages** anzusetzen, der **nach vernünftiger kaufmännischer Beurteilung notwendig** ist.[27] Die Bestimmung setzt Art. 42 S. 1 der Jahresabschlussrichtlinie um, wonach Rückstellungen „nur in Höhe des notwendigen Betrages anzusetzen" sind. Die Bezugnahme auf die vernünftige kaufmännische Beurteilung in der deutschen Transformationsnorm ist als Konkretisierung des „notwendigen Betrages" zu verstehen.[28] Dem Rechnungslegungspflichtigen verbleibt jedoch gleichwohl ein beträchtlicher Schätzungsspielraum.

35 Die **Rückstellungsbemessung** ist unter Beachtung der allgemeinen Bewertungsgrundsätze des § 252 Abs. 1 vorzunehmen[29] und hat sich dabei am *Gebot der Bewertungsvorsicht* (§ 252 Abs. 1 Nr. 4; dazu näher § 252, 28 f) zu orientieren. Die Unterstellung unwahrscheinlicher oder besonders negativer Geschehensabläufe ist nicht zulässig. Der Wertansatz aus dem Intervall denkbarer Werte muss vielmehr so bemessen sein, dass die überwiegende Wahrscheinlichkeit gegen eine höhere Belastung spricht.[30] **Ersatzansprüche gegen Dritte** mindern wegen des Verrechnungsverbots aus § 246 Abs. 2 (dazu § 246, 95 ff) die Rückstellungsbewertung nicht, sind jedoch – vorsichtig bewertet – zu aktivieren. Rechtlich noch nicht entstandene (und damit nicht aktivierbare) Ersatzansprüche können unter engen Voraussetzungen rückstellungsmindernd berücksichtigt werden, wenn und soweit der Ersatzanspruch unbestritten und werthaltig ist.[31]

36 Bis zum Inkrafttreten des BilMoG durften Rückstellungen nur abgezinst werden, soweit die ihnen zugrunde liegenden Verbindlichkeiten einen Zinsanteil enthielten: § 253 Abs. 1 S. 2, 1. HS a.F. Demgegenüber gilt heute für alle Rückstellungen – auch soweit die ihnen zugrunde liegenden Verbindlichkeiten einen Zinsanteil nicht enthalten – das **Abzinsungsgebot nach Abs. 2 n.F.**; hierzu näher unten Rdn 65 ff.

37 **Steuerbilanzrechtlich** hatte das Steuerentlastungsgesetz 1999/2000/2002 vom 24.3.1999 (BGBl. I 402) spezifische Vorschriften zur Rückstellungsbewertung eingeführt. Sie haben – im Verbund mit den steuerrechtlichen Bestimmungen zu Voraussetzung und Grenzen der Rückstellungsbildung – dazu geführt, dass heute von einem „genuin steuerbilanziellen Rückstellungsrecht"[32] gesprochen wird (s. schon § 249, 26). Einzelheiten sind im Rahmen dieser Kommentierung nicht zu erörtern.

38 b) **Verbindlichkeitsrückstellungen.** Rückstellungen für ungewisse Verbindlichkeiten (§ 249 Abs. 1 S. 1, 1. Alt.; Entsprechendes gilt für die sog. Kulanzrückstellungen nach § 249 Abs. 1 S. 2 Nr. 2) sind mit dem Betrag anzusetzen, dessen es zur Erfüllung der

---

27 Dazu eingehend IDW RS HFA 34 Tz 13 ff.

28 S. nur ADS[6] § 253 Rdn 176.

29 Dazu HdR-EA/*Kessler* § 249 (Stand November 2012) Rdn 269 ff.

30 S. dazu etwa ADS[6] § 253 Rdn 188 ff; Beck BilKomm[8]-*Kozikowski/Schubert* § 253 Rdn 154 f; HdJ-*Herzig/Köster* III/5, Rdn 159; HdR-EA/*Kessler* § 249 (Stand November 2012) Rdn 291 ff; Beck-HdR-*Scheffler* B 233 Rdn 51 f; Baumbach/Hueck/*Schulze-Osterloh* GmbHG[18] § 42 Rdn 424; BoHdR-*Wohlgemuth* § 253 (Stand Januar 2005) Rdn 91 ff.

31 Zum Ganzen etwa Beck BilKomm[8]-*Kozikowski/Schubert* § 253 Rdn 157; HdR-EA/*Kessler* § 249 (Stand November 2012) Rdn 279 ff, je mwN.

32 Beck BilKomm[8]-*Kozikowski/Schubert* § 249 Rdn 14.

(ungewissen) Verbindlichkeit nach vernünftiger kaufmännischer Beurteilung voraussichtlich bedarf. Im Ansatz ebenso wie bei der Verbindlichkeitsbewertung (s.o. Rdn 25 ff) ist also auch für die Rückstellungsbemessung auf den (**voraussichtlichen**) **Erfüllungsbetrag** nach Abs. 1 S. 2, 1. HS abzustellen.[33]

39 Für die Rückstellungsbildung bei Sach- und Dienstleistungsverpflichtungen ist der Erfüllungsbetrag zu Vollkosten zu ermitteln;[34] s.a. oben Rdn 26 und unten Rdn 43. Zu erwartende **künftige Kostensteigerungen** sind handelsbilanzrechtlich – wie nach zutreffender Ansicht auch schon vor Inkrafttreten des BilMoG (vgl. 4. Aufl. § 253, 25) und anders als im Steuerrecht (§ 6 Abs. 1 Nr. 3a lit. f EStG) – bei der Bemessung des voraussichtlichen Erfüllungsbetrages dann zu berücksichtigen, wenn sie sich (nach vernünftiger kaufmännischer Beurteilung) zum Abschlussstichtag bereits objektivierbar abzeichnen.[35] Mit der ausdrücklichen Bezugnahme auf den „Erfüllungsbetrag", der eine in der Zukunft liegende Bezugsgröße darstellt, hat der Gesetzgeber des BilMoG „einer zunkunftsgerichteten Rückstellungsbewertung Rechnung getragen" und klarstellen wollen, dass die Höhe einer Rückstellung von den Preis- und Kostenverhältnissen im Zeitpunkt des tatsächlichen Anfalls der Aufwendungen abhängt.[36] Weil nur der nach vernünftiger kaufmännischer Beurteilung notwendige Erfüllungsbetrag anzusetzen ist, müssen freilich „ausreichende objektive Hinweise auf den Eintritt künftiger Preis- und Kostensteigerungen schließen lassen".[37] Ob auch **künftige Kostenminderungen** zu berücksichtigen sind, ist umstritten,[38] liegt auf der Grundlage einer zukunftsgerichteten Bewertungskonzeption aber durchaus nahe. An die Annahme künftiger Kostenminderungen sind vor dem Hintergrund des Vorsichtsprinzips (§ 252 Abs. 1 Nr. 4) freilich strenge Anforderungen zu stellen; im Zweifel hat ihre Berücksichtigung zu unterbleiben.[39]

40 Wo eine **Verbindlichkeit nur dem Grunde nach ungewiss**, in der Höhe im Übrigen aber sicher ist, wird mit Blick auf das Vorsichtsprinzip (§ 252 Abs. 1 Nr. 4) verbreitet

---

33 ADS[6] § 253 Rdn 196; *Ballwieser* FS Forster, S. 45, 49; Beck BilKomm[8]-*Kozikowski/Schubert* § 253 Rdn 151; HdR-EA/*Kessler* § 249 (Stand November 2012) Rdn 257 ff. S. zum Folgenden auch IDW RS HFA 34 Tz 13 ff.

34 S. etwa HdR-EA/*Brösel/Olbrich* § 253 (Stand November 2012) Rdn 359; Beck BilKomm[8]-*Kozikowski/Schubert* § 253 Rdn 159; HdJ-*Herzig/Köster* III/5, Rdn 168 f; HdR-EA/*Kessler* § 249 (Stand November 2012) Rdn 309; *Naumann* Rückstellungen, S. 261; Baumbach/Hueck/*Schulze-Osterloh* GmbHG[18] § 42 Rdn 424.

35 Im Ansatz übereinstimmend, wenn auch mit Unterschieden im Detail, etwa ADS[6] § 253 Rdn 196; *Altmeier* Rückstellungsbilanzierung, S. 120 f; HdR-EA/*Brösel/Olbrich* § 253 (Stand November 2012) Rdn 354 ff; *Gelhausen/Fey/Kämpfer* Abschn. I Tz 17 ff; Beck BilKomm[8]-*Kozikowski/Schubert* § 253 Rdn 158; HdR-EA/*Kessler* § 249 (Stand November 2012) Rdn 321 ff, 325; Beck-HdR-*Scheffler* B 233 Rdn 60 ff; Baumbach/Hueck/*Schulze-Osterloh* GmbHG[18] § 42 Rdn 424; aA noch HdJ-*Herzig/Köster* III/5, Rdn 170 ff, 283.

36 So Begründung zum RegE BilMoG, BT-Drucks. 16/10067, S. 52.

37 Begründung zum RegE BilMoG, BT-Drucks. 16/10067, S. 52; s.a. IDW RS HFA 34 Tz 25.

38 Bejahend Haufe HGB BilKomm[3]/*Bertram/Kessler* § 253 Rdn 45 ff; KölnKomm-RLR/*Ekkenga* § 253 Rdn 47; *Fink/Kunath* DB 2011, 2345, 2347; HdR-EA/*Kessler* § 249 (Stand November 2012) Rdn 321; *Küting/Cassel/Metz* DB 2008, 2317, 2318; Beck-HdR-*Scheffler* B 233 Rdn 64; verneinend HdR-EA/*Brösel/Olbrich* § 253 (Stand November 2012) Rdn 355; Beck BilKomm[8]-*Kozikowski/Schubert* § 253 Rdn 158.

39 Ähnlich IDW RS HFA 34 Tz 28; Haufe HGB BilKomm[3]/*Bertram/Kessler* § 253 Rdn 48; *Gelhausen/Fey/Kämpfer* Abschn. I Tz 20; HdR-EA/*Kessler* § 249 (Stand November 2012) Rdn 326.

eine Rückstellungsbemessung zum vollen Erfüllungsbetrag verlangt.[40] Dem ist für den Regelfall zuzustimmen.[41] Doch sollten begründete Ausnahmen dort anerkannt werden, wo bei vorsichtiger und objektiver Beurteilung die deutlich überwiegende Wahrscheinlichkeit gegen eine Inanspruchnahme spricht; sofern hier nicht schon die Rückstellungspflicht als solche entfällt (s. dazu § 249, 35), ist die Ungewissheit über den Bestand der Verbindlichkeit bei der Rückstellungsbewertung berücksichtigungsfähig. Bei einer größeren Anzahl dem Grunde nach ungewisser Verbindlichkeiten wird es im übrigen allgemein als zulässig angesehen, bei der Rückstellungsbewertung die statistische Wahrscheinlichkeit zu berücksichtigen, nur aus einem Teil der Verbindlichkeiten in Anspruch genommen zu werden.[42]

41 c) **Rückstellungen wegen drohender Verluste aus schwebenden Geschäften.** Schwebende Geschäfte sind zweiseitig verpflichtende Rechtsverhältnisse, die auf Leistungsaustausch gerichtet sind und bei denen der zur Sach- oder Dienstleistung Verpflichtete seine Leistungspflicht noch nicht vollständig erbracht hat (näher § 246, 59 ff). § 249 Abs. 1 S. 1, 2. Alt. verpflichtet für die Handelsbilanz zur Bildung von Rückstellungen für drohende Verluste aus schwebenden Geschäften. In der *Steuerbilanz* dürfen Drohverlustrückstellungen nicht gebildet werden, § 5 Abs. 4a S. 1 EStG.[43] Handelsrechtlich sind Drohverlustrückstellungen dort zu buchen, wo die Vermutung der Ausgeglichenheit von Ansprüchen und Pflichten aus dem schwebenden Geschäft nicht mehr gerechtfertigt, also mit einem *Verpflichtungsüberschuss* zu rechnen ist (näher § 249, 63 ff). In ihrem Ansatz ist die Drohverlustrückstellung somit eine Saldogröße aus der Gegenüberstellung der wechselseitigen Ansprüche und Pflichten. Zur näheren Abgrenzung der in die Saldierung einzubeziehenden Vor- und Nachteile aus dem Geschäft s. schon § 249, 70 ff.

42 Für die **Bemessung der Drohverlustrückstellung** kommt es folglich auf die Höhe des voraussichtlichen Verpflichtungsüberschusses an.[44] Bei **Beschaffungsgeschäften** bestimmt sich die Rückstellungsbewertung nach der Differenz, um den die vereinbarte Gegenleistung den Bilanzwert der aus dem Beschaffungsgeschäft geschuldeten Leistung oder Lieferung zum Abschlussstichtag übersteigt.[45] Der zum Stichtag zulässige (niedrigere) Bilanzwert des Leistungs- und Lieferungsanspruchs bemisst sich bei Geschäften über aktivierungsfähige Vermögensgegenstände des Anlagevermögens nach dem Wiederbeschaffungswert, ggf. nach dem Einzelveräußerungswert; wo sich weder das eine noch das andere bestimmen lässt, ist auf den Ertragswert abzustellen (näher dazu Rdn 109). Bei Vermögensgegenständen des Umlaufvermögens kommt es auf den niedrigeren Börsen-

---

[40] So etwa Beck BilKomm⁸-*Kozikowski/Schubert* § 253 Rdn 155; HdR-EA/*Kessler* § 249 (Stand November 2012) Rdn 297 f; Baumbach/Hueck/*Schulze-Osterloh* GmbHG[18] § 42 Rdn 424, je mwN; aA ADS[6] § 253 Rdn 193; KölnKomm-RLR/*Ekkenga* § 253 Rdn 47; *Kropff* in Gessler/Hefermehl/Eckardt/Kropff AktG § 156 Rdn 37; *Paus* BB 1988, 1419, 1420 f.

[41] Von „regelmäßig" sprechen auch Beck BilKomm[8]-*Kozikowski/Schubert* § 253 Rdn 155.

[42] Übereinstimmend etwa Beck BilKomm[8]-*Kozikowski/Schubert* § 253 Rdn 155; HdR-EA/*Kessler* § 249 (Stand November 2012) Rdn 299; Baumbach/Hueck/*Schulze-Osterloh* GmbHG[18] § 42 Rdn 424.

[43] S. dazu etwa Beck BilKomm[8]-*Kozikowski/Schubert* § 249 Rdn 85.

[44] ADS[6] § 253 Rdn 196; HdR-EA/*Mayer-Wegelin* § 249 (Stand November 2012) Rdn 66. S. zum Folgenden auch IDW RS HFA 4 Tz 28 ff.

[45] Dazu ADS[6] § 253 Rdn 247 ff; Beck BilKomm[8]-*Kozikowski/Schubert* § 249 Rdn 69 ff; HdJ-*Herzig/Köster* III/5, Rdn 273 ff; HdR-EA/*Kessler* § 249 (Stand November 2012) Rdn 192 ff; Baumbach/Hueck/*Schulze-Osterloh* GmbHG[18] § 42 Rdn 252, je mwN.

oder Marktpreis am Abschlussstichtag an (näher Rdn 115). Ist jedoch so gut wie sicher, dass der zu erwartende Weiterveräußerungspreis des Vermögensgegenstandes seinen Anschaffungswert mindestens erreicht, entfällt eine Drohverlustrückstellung.[46] Bei Beschaffungsgeschäften über nicht aktivierungsfähige Leistungen ist eine Drohverlustrückstellung in der Höhe zu bilden, in der die Leistung nach den am Abschlussstichtag gegebenen Verhältnissen des entsprechenden Beschaffungsmarktes einen gegenüber der vereinbarten Gegenleistung geringeren Wert hat.[47]

Bei **Absatzgeschäften** ist die vereinbarte Gegenleistung mit den Aufwendungen zu vergleichen, die dem Bilanzierenden für die Erfüllung seiner Leistungs- und Lieferpflichten entstehen,[48] wobei sich die Berechnung der noch anfallenden Aufwendungen angesichts der Neufassung von § 255 Abs. 2 im Zuge des BilMoG unstreitig zu Vollkosten zu vollziehen hat.[49] Zur demgegenüber vor Inkrafttreten des BilMoG geführten kontroversen Diskussion s. 4. Aufl. § 253, 29 ff. 43

Die skizzierten Leitlinien der Rückstellungsbewertung bei Beschaffungs- und Absatzgeschäften finden im Grundsatz auch auf schwebende **Dauerschuldverhältnisse** Anwendung.[50] Weil Dauerschuldverhältnisse in bilanzrechtlich selbständig zu behandelnde Abrechnungsperioden zu unterteilen sind, ist für die Bildung einer Drohverlustrückstellung allein auf den noch schwebenden Rest des Dauerrechtsverhältnisses abzustellen (Restlaufzeitbetrachtung; s. dazu § 249, 72). 44

d) **Aufwandsrückstellungen.** Rückstellungen zum Ausweis künftiger Vermögensminderungen, die der abgelaufenen Abrechnungsperiode zuzurechnen sind (*Rückstellungen ohne Verpflichtungscharakter oder Aufwandsrückstellungen*) sieht § 249 n.F. – neben Rückstellungen zum Ausweis ungewisser Verbindlichkeiten gegenüber Dritten (Rückstellungen mit Verpflichtungscharakter; zur Systematisierung näher § 249, 5 ff) – nur noch in den engen Grenzen von Abs. 1 S. 2 vor. Danach besteht eine Rückstellungspflicht für im Geschäftsjahr unterlassene Aufwendungen für Instandhaltung, die im folgenden Geschäftsjahr innerhalb von drei Monaten nachgeholt werden (§ 249 Abs. 1 S. 2 Nr. 1, 1. Alt.); Entsprechendes gilt für im Geschäftsjahr unterlassene Aufwendungen für Abraumbeseitigung, die im folgenden Geschäftsjahr nachgeholt werden (§ 249 Abs. 1 S. 2 Nr. 2, 2. Alt.). Insoweit ist derjenige Betrag zurückzustellen, der nach vernünftiger kaufmännischer Beurteilung für die Nachholung der genannten Aufwendungen aufgebracht werden muss; der für Verbindlichkeitsrückstellungen geltende Bewertungsmaßstab ist sinngemäß anzuwenden. 45

---

[46] Ebenso etwa Beck BilKomm[8]-*Kozikowski/Schubert* § 249 Rdn 70; HdR-EA/*Mayer-Wegelin* § 249 (Stand November 2012) Rdn 68; Baumbach/Hueck/*Schulze-Osterloh* GmbHG[18] § 42 Rdn 252; aA ADS[6] § 249 Rdn 153 mwN.

[47] Im Ansatz übereinstimmend Beck BilKomm[8]-*Kozikowski/Schubert* § 249 Rdn 73; HdJ-*Herzig/Köster* III/5, Rdn 279; Baumbach/Hueck/*Schulze-Osterloh* GmbHG[18] § 42 Rdn 252; gegen Rückstellungsbildung aber etwa Ebenroth/Boujong/Joost/Strohn[2]/*Wiedmann* § 249 Rdn 47.

[48] Dazu ADS[6] § 253 Rdn 251 ff; Beck BilKomm[8]-*Kozikowski/Schubert* § 249 Rdn 74 u. § 253 Rdn 168 ff; HdJ-*Herzig/Köster* III/5, Rdn 280 ff; HdR-EA/*Kessler* § 249 (Stand November 2012) Rdn 188 ff, 312 ff; Baumbach/Hueck/*Schulze-Osterloh* GmbHG[18] § 42 Rdn 253, je mwN.

[49] HdR-EA/*Brösel/Olbrich* § 253 (Stand November 2012) Rdn 359; KölnKomm-RLR/*Ekkenga* § 253 Rdn 63; Beck BilKomm[8]-*Kozikowski/Schubert* § 253 Rdn 169 f.

[50] S. zu Einzelheiten ADS[6] § 253 Rdn 257 ff; Beck BilKomm[8]-*Kozikowski/Schubert* § 249 Rdn 76 ff; HdJ-*Herzig/Köster* III/5, Rdn 287 ff; HdR-EA/*Kessler* § 249 (Stand November 2012) Rdn 188 ff; Baumbach/Hueck/*Schulze-Osterloh* GmbHG[18] § 42 Rdn 254 ff m. zahlr. Nachw.

3. Rückstellungen für Altersversorgungsverpflichtungen

46 a) **Grundsätze.** Die *Bewertung* von Rückstellungen für (in ihrer konkreten Höhe ungewisse) Verpflichtungen zur Gewährung wiederkehrender oder einmaliger Leistungen, die dem Berechtigten gegenüber versorgungshalber nach Beendigung der Erwerbstätigkeit im Dienste des Verpflichteten zu erbringen sind (Altersversorgungsverpflichtungen; es wird auch von Rückstellungen für Pensionen bzw. Pensionsverpflichtungen gesprochen; vgl. § 249, 52) unterliegt der Regel des **Abs. 1 S. 2** (s.o. Rdn 34): Dotierung der Rückstellungen – im Sinne zukunftsgerichteter Rückstellungsbewertung – **in Höhe des nach vernünftiger kaufmännischer Beurteilung notwendigen Erfüllungsbetrages.**[51] Pensionsrückstellungen sind zu bilden für laufende Pensionen sowie im Blick auf erworbene Anwartschaften auf Pensionen (insoweit auch hinsichtlich der noch im rechnungslegungspflichtigen Unternehmen aktiven Arbeitnehmer); zum **Ansatz** der entsprechenden Rückstellungen s. schon § 249, 52 ff.

47 Die zu bildenden Rückstellungen sind **nach Maßgabe von Abs. 2 n.F. abzuzinsen:** Nach **Abs. 2 S. 1** sind Rückstellungen mit einer Restlaufzeit von mehr als einem Jahr mit dem ihrer individuellen Restlaufzeit entsprechenden durchschnittlichen Marktzinssatz der vergangenen sieben Geschäftsjahre abzuzinsen. Alternativ gewährt **Abs. 2 S. 2** ein Wahlrecht im Blick auf Altersversorgungsverpflichtungen und vergleichbare langfristig fällige Verpflichtungen: Diese dürfen – aus Vereinfachungsgründen unter Durchbrechung des Grundsatzes der Einzelbewertung (§ 252 Abs. 1 Nr. 3) – pauschal mit dem durchschnittlichen Marktzinssatz abgezinst werden, der sich bei einer angenommenen Restlaufzeit von 15 Jahren ergibt. Zu Einzelheiten des Abzinsungsgebots nach Abs. 2 n.F. s.u. Rdn 65 ff.

48 b) **Rückstellungsbewertung nach anerkannten versicherungsmathematischen Verfahren.** Ungeachtet der mit dem BilMoG eingeführten gesetzlichen Regelung zu den maßgeblichen Abzinsungszinssätzen nach Abs. 2 n.F. (s.u. Rdn 75 f) wird die Dotierung der Pensionsrückstellungen im Sinne des nach vernünftiger kaufmännischer Beurteilung notwendigen Erfüllungsbetrages (Abs. 1 S. 2) von einer Vielzahl, zum Abschlussstichtag noch ungewisser Faktoren beeinflusst. Dazu zählen etwa Pensionierungs-, Invaliditäts- oder Sterbewahrscheinlichkeiten, Fluktuationswahrscheinlichkeiten oder – je nach der konkreten Ausgestaltung der Versorgungszusagen – die Lohn-, Gehalts- und Rentenentwicklung. Die Rückstellungsdotierung ist deshalb auf der Basis anerkannter versicherungsmathematischer Verfahren unter statistischer Berücksichtigung eben dieser Faktoren zu ermitteln, wobei auch der Gesetzgeber des BilMoG bewusst kein bestimmtes Verfahren vorgeschrieben hat.[52] Eine Rückstellungsbewertung mit dem Teilwert nach Maßgabe von § 6a EStG ist handelsrechtlich nicht zulässig.[53]

---

[51] S. dazu – und zu den Änderungen gegenüber dem bisherigen Recht – auch HdJ-*Heger/Weppler* III/7, Rdn 91 ff.

[52] Begründung zum RegE BilMoG, BT-Drucks. 16/10067, S. 56; näher zu den handelsrechtlich zulässigen Methoden und den hier strittigen Einzelheiten etwa ADS[6] § 253 Rdn 323 ff; Haufe HGB BilKomm[3]/*Bertram/Harth* § 253 Rdn 73 ff; HdR-EA/*Brösel/Olbrich* § 253 (Stand November 2012) Rdn 393; KölnKomm-RLR/*Ekkenga* § 253 Rdn 72 ff; *Gelhausen/Fey/Kämpfer* Abschn. I Tz 81 ff; *Hoffmann/Lüdenbach* NWB KommBilanzierung[3] § 253 Rdn 60 ff; Beck BilKomm[8]-*Ellrott/Rhiel* § 249 Rdn 195 ff; HdR-EA/*Höfer* § 249 (Stand November 2012) Rdn 671 ff; HdJ-*Heger/Weppler* III/7, Rdn 87 ff, 103 ff; Baetge/Kirsch/Thiele/*Thiele/Kahling* § 253 (Stand September 2002) Rdn 165 ff, 182 ff; *Thoms-Meyer* Pensionsrückstellungen, S. 57 ff, 137 ff. Zur steuerrechtlichen Beurteilung nach Maßgabe von § 6a EStG vgl. etwa Beck BilKomm[8]-*Ellrott/Rhiel* § 249 Rdn 209 ff. Zum Ganzen auch IDW RS HFA 30 Tz 50 ff.

[53] IDW RS HFA 30 Tz 63.

Die entsprechenden **Pensionsgutachten** werden in der Praxis regelmäßig zwei bis drei Monate vor dem Abschlussstichtag erstellt. Ausweislich der Begründung zum RegE BilMoG soll das auch weiterhin im Grundsatz nicht zu beanstanden sein. Soweit sich jedoch im Zeitraum zwischen der Erstellung eines Pensionsgutachtens und dem Bilanzstichtag Änderungen bei den zugrunde gelegten Annahmen (Bewertungsparametern) ergäben, die zu wesentlichen Abweichungen in der Rückstellungsbewertung führen, sei dies am Bilanzstichtag zu berücksichtigen;[54] es ist dann eine entsprechende Anpassung im Jahresabschluss vorzunehmen. 49

Kapitalgesellschaften und ihnen nach § 264a gleichgestellte Personenhandelsgesellschaften haben gem. § 284 Abs. 2 Nr. 1 und 24 im **Anhang** die gewählte Bewertungsmethode (Berechnungsverfahren) sowie die grundlegenden Annahmen der Berechnung anzugeben und etwaige Änderungen (nach § 284 Abs. 2 Nr. 3) zu begründen;[55] Entsprechendes gilt für Genossenschaften (§ 336 Abs. 2) sowie für die von § 5 Abs. 2 PublG erfassten Unternehmen. Zur Angabepflicht im Anhang nach Art. 28 Abs. 2 EGHGB s. § 249, 55. 50

c) Rückstellungsbewertung bei wertpapiergebundenen Altersversorgungsverpflichtungen (Abs. 1 S. 3). Eine demgegenüber erheblich vereinfachte Bewertungsvorgabe enthält Abs. 1 S. 3 i.d.F.d. BilMoG für Altersversorgungsverpflichtungen, deren Umfang sich (gemäß der bestehenden Altersversorgungszusage) ausschließlich nach dem beizulegenden Zeitwert von Wertpapieren i.S.d. § 266 Abs. A. III. 5. bestimmt:[56] Rückstellungen hierfür sind – im Sinne einer „korrespondierenden Bewertung" – zum beizulegenden Zeitwert eben dieser Wertpapiere anzusetzen, soweit dieser Wert einen garantierten Mindestbetrag übersteigt. 51

Vom Wortlaut des Abs. 1 S. 3 werden nur (wertpapiergebundene) **„Altersversorgungsverpflichtungen"** erfasst, während der Gesetzgeber an anderer Stelle (so in § 246 Abs. 2 S. 2 oder in § 253 Abs. 2 S. 2) von „Altersversorgungsverpflichtungen oder vergleichbare(n) langfristig fällige(n) Verpflichtungen" spricht. Auch in den Erläuterungen zu § 253 Abs. 1 S. 3 im Bericht des Rechtsausschusses ist nicht lediglich von „Altersversorgungsverpflichtungen", sondern von „Altersversorgungs- oder vergleichbaren langfristig fälligen Verpflichtungen" (auf die sich Abs. 1 S. 3 beziehe) die Rede.[57] Hieraus wird gefolgert, die Bewertungsvereinfachung nach Abs. 1 S. 3 finde nicht nur auf Verpflichtungen zur Leistung von Alters-, Invaliditäts- oder Hinterbliebenenversorgung (Altersversorgungsverpflichtungen), sondern auch (wenigstens analog) auf **vergleichbare langfristige Verpflichtungen mit Versorgungscharakter** – wie Altersteilzeitverpflichtungen oder solche aus Lebensarbeitszeitmodellen[58] – Anwendung.[59] 52

---

[54] So Begründung zum RegE BilMoG, BT-Drucks. 16/10067, S. 55; s. dazu auch IDW RS HFA 30 Tz 65; Haufe HGB Bil-Komm^3-*Bertram/Kessler* § 253 Rdn 68; *Gelhausen/Fey/Kämpfer* Abschn. I Tz 93.

[55] S. etwa IDW RS HFA 30 Tz 89 ff; ADS^6 § 253 Rdn 337 f; HdJ-*Heger/Weppler* III/7, Rdn 182 f; *Thoms-Meyer* Pensionsrückstellungen, S. 176 f.

[56] Hierzu IDW RS HFA 30 Tz 71 ff u. etwa HdR-EA/*Brösel/Olbrich* § 253 (Stand November 2012) Rdn 395; HdJ-*Heger/Weppler* III/7, Rdn 122 ff.

[57] Beschlussempfehlung und Bericht des Rechtsausschusses zum RegE BilMoG, BT-Drucks. 16/12407, S. 85.

[58] Dazu etwa HdJ-*Heger/Weppler* III/7, Rdn 13 f.

[59] IDW RS HFA 30 Tz 77; Haufe HGB Bil-Komm^3-*Bertram/Harth* § 253 Rdn 105 ff; *Gelhausen/Fey/Kämpfer* Abschn. I Tz 97; HdJ-*Heger/Weppler* III/7, Rdn 122.

53 Als **Wertpapiere i.S.d. § 266 Abs. A. III. 5.** sind übertragbare und bei Bedarf verwertbare Inhaber- und Orderpapiere anzusehen, wie etwa Aktien, Pfandbriefe, Investmentanteile, Genussscheine, Wandelschuldverschreibungen etc.[60] Nicht erforderlich ist freilich, dass sich die Wertpapiere im Vermögensbestand (im „wirtschaftlichen" Eigentum) des rückstellungspflichtigen Unternehmens befinden.[61] Für Abs. 1 S. 3 entscheidend ist allein die Bindung der Versorgungszusage an den beizulegenden Zeitwert von Wertpapieren, die solche i.S.v. § 266 Abs. A. III. 5. (Wertpapiere des Anlagevermögens) sein können. Im Übrigen sollen vom Anwendungsbereich des Abs. 1 S. 3 darüber hinaus auch Ansprüche aus Rückdeckungsversicherungen erfasst sein.[62]

54 Die Rückstellungsbewertung bei wertpapiergebundenen Altersversorgungsverpflichtungen bemisst sich nach dem **beizulegenden Zeitwert der Wertpapiere am Abschlussstichtag.** Die Ermittlung des beizulegenden Zeitwerts hat den Vorgaben in § 255 Abs. 4 zu folgen; s. die Erläuterungen dort. Danach entspricht der beizulegende Zeitwert dem Marktpreis. Soweit kein aktiver Markt besteht, anhand dessen sich der Marktpreis ermitteln lässt, ist der beizulegende Zeitwert mit Hilfe allgemein anerkannter Bewertungsmethoden zu bestimmen. Lässt sich der beizulegende Zeitwert auch auf diese Weise nicht ermitteln, sind die Anschaffungs- oder Herstellungskosten gem. § 253 Abs. 4 fortzuführen, wobei der zuletzt nach § 255 Abs. 4 S. 1 oder 2 ermittelte beizulegende Zeitwert als Anschaffungs- oder Herstellungskosten in diesem Sinne gilt.

55 Abs. 1 S. 3 trifft im Übrigen nur eine Regelung zur Rückstellungsbewertung bei wertpapiergebundenen Versorgungsverpflichtungen, nicht hingegen auch zur Bewertung der Wertpapiere selbst, sofern sich diese im Vermögensbestand des Unternehmens befinden. Sind die im Bestand des Unternehmens gehaltenen Wertpapiere und die Altersversorgungsverpflichtung freilich als zu einer **Bewertungseinheit** i.S.v. § 254 zusammengefasst anzusehen (zu den Voraussetzungen s. die Erläuterungen zu § 254), sind nach Maßgabe der Durchbuchungsmethode auch die Wertpapiere zum beizulegenden Zeitwert zu bewerten.[63] Zur Verrechnung gem. § 246 Abs. 2 S. 2, wenn im Bestand des Unternehmens gehaltene Wertpapiere die Voraussetzungen von **Deckungsvermögen** für Schulden aus Altersversorgungsverpflichtungen erfüllen,[64] s. die Erläuterungen § 246, 100 ff und unten Rdn 58 ff.

56 In welchen Grenzen der nach dem beizulegenden Zeitwert der Wertpapiere ermittelte Rückstellungsbetrag dem **Abzinsungsgebot nach Abs. 2 S. 1 und 2** (dazu s.u. Rdn 65 ff) unterliegt, ist noch nicht zuverlässig geklärt. Die Geltung des Abzinsungsgebots wird mit der Überlegung verneint, Abs. 1 S. 3 solle die Rückstellungsbewertung nach dem Willen des Gesetzgebers vereinfachen[65] und der beizulegende Zeitwert der Wertpapiere ergebe

---

[60] S. etwa ADS[6] § 266 Rdn 84 ff; Beck BilKomm[8]-*Kozikowski/Kreher* § 266 Rdn 80.

[61] IDW RS HFA 30 Tz 72; Haufe HGB BilKomm[3]/*Bertram/Harth* § 253 Rdn 94 u. 98 ff; *Gelhausen/Fey/Kämpfer* Abschn. I Tz 98, 102 ff; *Hasenburg/Hausen* DB 2009, Beilage 5, S. 38, 39; HdJ-*Heger/Weppler* III/7, Rdn 123; aA HdR-EA/*Brösel/Olbrich* § 253 (Stand November 2012) Rdn 395.

[62] IDW RS HFA 30 Tz 74; Haufe HGB BilKomm[3]-*Bertram/Harth* § 253 Rdn 95; *Gelhausen/Fey/Kämpfer* Abschn. I Tz 98; HdJ-*Heger/Weppler* III/7, Rdn 124.

[63] IDW RS HFA 30 Tz 76; Haufe HGB BilKomm[3]-*Bertram/Harth* § 253 Rdn 101; *Gelhausen/Fey/Kämpfer* Abschn. I Tz 106; HdJ-*Heger/Weppler* III/7, Rdn 126.

[64] Dazu auch Haufe HGB BilKomm[3]-*Bertram/Harth* § 253 Rdn 100.

[65] Vgl. Beschlussempfehlung und Bericht des Rechtsausschusses zum RegE BilMoG, BT-Drucks. 16/12407, S. 85: „aus Vereinfachungsgründen".

sich regelmäßig aus Kursen auf aktiven Wertpapiermärkten, in die auch stichtagsbezogene Barwertermittlungen der Marktteilnehmer eingeflossen seien.[66] Deshalb sei eine Abzinsung nur dann vorzunehmen, wenn das Unternehmen die Wertpapiere bereits im „wirtschaftlichen" Eigentum halte und die zukünftigen Erträge aus den Wertpapieren nicht dem Versorgungsberechtigten, sondern dem Unternehmen zustünden.[67]

Ist die wertpapiergebundene Versorgungsverpflichtung mit einer **Mindestgarantie** (garantierter Mindestbetrag) verbunden, darf der Rückstellungsbetrag den zur Erfüllung der Mindestgarantie notwendigen Betrag nicht unterschreiten, **Abs. 1 S. 3, 2. HS.** Der beizulegende Zeitwert der Wertpapiere am Abschlussstichtag ist für die Dotierung der Rückstellungen also nur maßgeblich, wenn er den Erfüllungsbetrag der Mindestgarantie wenigstens erreicht, wobei hier der nach Maßgabe von Abs. 2 abgezinste Erfüllungsbetrag den Vergleichsmaßstab bildet.[68] **57**

IV. Bewertung von Deckungsvermögen für Schulden aus Altersversorgungsverpflichtungen (Abs. 1 S. 4 bis 6)

1. Bewertung zum beizulegenden Zeitwert (Abs. 1 S. 4). Im Zuge des BilMoG hat der Gesetzgeber in § 246 Abs. 2 S. 2 – unter Durchbrechung des Verrechnungsverbots nach § 246 Abs. 2 S. 1 – ein Gebot zur Verrechung von Vermögensgegenständen und Schulden (sowie der korrespondierenden Aufwendungen und Erträge aus der Abzinsung und dem zu verrechnenden Vermögen) normiert, wenn Vermögensgegenstände dem Zugriff aller übrigen Gläubiger entzogen sind und ausschließlich der Erfüllung von Schulden aus Altersversorgungsverpflichtungen oder vergleichbaren langfristig fälligen Verpflichtungen dienen (sog. **Deckungsvermögen**). Ein nach der Verrechnung verbleibender negativer Unterschiedsbetrag ist zu passivieren, ein positiver Unterschiedsbetrag ist nach Maßgabe von § 246 Abs. 2 S. 3 unter einem gesonderten Posten zu aktivieren. Der aus der Bewertung des Deckungsvermögens zum beizulegenden Zeitwert resultierende Betrag, der die Anschaffungskosten der entsprechenden Vermögensgegenstände übersteigt, unterliegt abzüglich der hierfür gebildeten passiven latenten Steuern der Ausschüttungssperre gem. § 268 Abs. 8 S. 3 i.V.m. S. 1. Im Anhang des Jahresabschlusses sind erläuternde Angaben nach § 285 Nr. 25 zu machen. S. zu Einzelheiten die Erläuterungen § 246, 100 ff. **58**

Vor diesem Hintergrund enthält Abs. 1 S. 4 eine Vorgabe für die Bewertung der zum Deckungsvermögen für Schulden aus Altersversorgungsverpflichtungen (oder vergleichbaren langfristig fälligen Verpflichtungen) gehörenden Vermögensgegenstände: Sie sind zwingend mit ihrem **beizulegenden Zeitwert** zu bewerten, und zwar für die Erst- wie Folgebewertung gleichermaßen. Die Ermittlung des beizulegenden Zeitwerts hat den Regeln in § 255 Abs. 4 zu folgen; s. die Erläuterungen dort. Danach entspricht der beizulegende Zeitwert dem Marktpreis. Soweit kein aktiver Markt besteht, anhand dessen sich der Marktpreis ermitteln lässt, ist der beizulegende Zeitwert mit Hilfe allgemein anerkannter Bewertungsmethoden zu bestimmen. Lässt sich der beizulegende Zeitwert auch auf diese Weise nicht ermitteln, sind die Anschaffungs- oder Herstellungskosten gem. § 253 Abs. 4 fortzuführen, wobei der zuletzt nach § 255 Abs. 4 S. 1 oder 2 ermittelte beizulegende Zeitwert als Anschaffungs- oder Herstellungskosten in diesem Sinne gilt.[69] **59**

---

[66] So *Gelhausen/Fey/Kämpfer* Abschn. I Tz 100.

[67] *Gelhausen/Fey/Kämpfer* Abschn. I Tz 101.

[68] IDW RS HFA 30 Tz 71; Haufe HGB BilKomm³-*Bertram/Harth* § 253 Rdn 91 u. 96; *Gelhausen/Fey/Kämpfer* Abschn. I Tz 96.

[69] Zum Ganzen auch IDW RS HFA 30 Tz 67 ff; Haufe HGB BilKomm³-*Bertram/Harth* § 253 Rdn 109 ff; *Gelhausen/Fey/Kämpfer* Abschn. C Tz 54 ff; HdJ-*Heger/Weppler* III/7, Rdn 113 ff.

60 **2. Einschränkungen für Kleinstkapitalgesellschaften (Abs. 1 S. 5 und 6).** In Umsetzung der im März 2012 verabschiedeten Richtlinie 2012/6/EU – **MicroRL** (ABl. EU Nr L 81 vom 21.3.2012, S. 3) gewährt das Kleinstkapitalgesellschaften-Bilanzrechtsänderungsgesetz (**MicroBilG**) vom 20.12.2012 (BGBl. I S 2751)[70] bestimmte **Erleichterungen für Kleinstkapitalgesellschaften** (und gleichgestellte Personenhandelsgesellschaften i.S.d. § 264a); das sind solche, welche mindestens zwei dieser drei Größenmerkmale nicht überschreiten (§ 267a Abs. 1; vgl. die Erläuterungen dort):

(1) 350.000 € Bilanzsumme nach Abzug eines auf der Aktivseite ausgewiesenen Fehlbetrages;

(2) 700.000 € Umsatzerlöse in den zwölf Monaten vor dem Abschlussstichtag;

(3) im Jahresdurchschnitt zehn Arbeitnehmer.

61 Solche Kleinstgesellschaften können die schon für „kleine Gesellschaften" i.S.d. § 267 Abs. 1 bestehenden Erleichterungen auch weiterhin nutzen (so ausdrücklich § 267a Abs. 2; mit Einschränkung nach § 276 S. 3). Ihnen werden aber zusätzliche Erleichterungen gewährt: Kleinstkapitalgesellschaften

- dürfen unter bestimmten Voraussetzungen auf einen **Anhang verzichten** (s. § 264 Abs 1 S. 5),
- brauchen nur eine **weiter verkürzte Bilanz** nach Maßgabe von § 266 Abs. 1 S. 4 aufzustellen,
- dürfen ihre **GuV vereinfacht** darstellen (s. § 275 Abs. 5) und
- können ihrer Pflicht zur **Offenlegung der Bilanz** – statt durch Bekanntmachung im (elektronisch geführten) Bundesanzeiger – auch **durch Hinterlegung** beim Betreiber des Bundesanzeigers (in elektronischer Form) nachkommen (§ 326 Abs. 2). Interessenten wird dann auf Antrag eine Kopie der Bilanz (über das Unternehmensregister in ebenfalls elektronischer Form) übermittelt.

62 Der Gesetzgeber gewährt jene Erleichterungen schon erstmals für Jahresabschlüsse, die sich auf einen nach dem 30.12.2012 liegenden Abschlussstichtag beziehen; erfasst sind also schon die auf den 31.12.2012 aufgestellten Abschlüsse (Art. 70 EGHGB).

63 Nach Art. 1a Abs. 4 Jahresabschlussrichtlinie i.d.F.d. MicroRL (s.o. Rdn 60) dürfen die Mitgliedstaaten eine Bewertung der Vermögensgegenstände mit dem beizulegenden Zeitwert im Jahresabschluss von „Kleinstbetrieben" nicht gestatten oder vorschreiben, wenn Letztere von einer der soeben Rdn 61 skizzierten Erleichterungen Gebrauch machen. Diese Richtlinienvorgabe wird in **Abs. 1 S. 5** (bußgeldbewehrt nach § 334 Abs. 1 Nr. 1 lit. b) umgesetzt: Danach dürfen Kleinstkapitalgesellschaften nach § 246 Abs. 2 S. 2 zu verrechnendes Deckungsvermögen nur dann zum beizulegenden Zeitwert bewerten (Abs. 1 S. 4; s.o. Rdn 58 f), sofern sie von keiner der in § 264 Abs. 1 S. 5, § 266 Abs. 1 S. 4, § 275 Abs. 5 und § 326 Abs. 2 vorgesehenen Erleichterungen Gebrauch machen.

64 **Abs. 1 S. 6** stellt klar, nach welchen Regeln die von § 246 Abs. 2 S. 2 erfassten Vermögensstände statt dessen zu bewerten sind, wenn eine Kleinstgesellschaft von einer der in § 264 Abs. 1 S. 5, § 266 Abs. 1 S. 4, § 275 Abs. 5 und § 326 Abs. 2 vorgesehenen Erleichterungen Gebrauch macht: In diesem Fall erfolgt die Bewertung der zur Verrechnung stehenden Vermögensgegenstände nach Abs. 1 S. 1, also zu fortgeführten Anschaffungs- oder Herstellungskosten.[71] Am Verrechnungsgebot selbst ändert sich dadurch nichts.

---

[70] Siehe dazu RegE mit Begründung: BT-Drucks. 17/11292.

[71] Dazu Begründung zum RegE MicroBilG, BT-Drucks. 17/11292, S. 16.

V. Abzinsung bei Rückstellungen (Abs. 2)

1. Grundlagen. Die Abzinsung bei Rückstellungen[72] beruht auf der Überlegung, dass die durch Rückstellung gebundenen Mittel bis zum Zeitpunkt der tatsächlichen Ausgabe ertragbringend angelegt werden können; die unabgezinste Rückstellungsbildung würde deshalb zu einer übervorsichtigen Bilanzierung führen. Steuerrechtlich war deshalb schon mit dem Steuerentlastungsgesetz 1999/2000/2002 vom 24.3.1999 (BGBl. I S. 402) ein Abzinsungsgebot nach Maßgabe von § 6 Abs. 1 Nr. 3a lit. e EStG (Zinssatz 5, 5%) eingeführt worden. Indes kollidiert die generelle Abzinsung von Rückstellungen mit dem Vorsichts- und Realisationsprinzip (§ 252 Abs. 1 Nr. 4).[73] Bis zum Inkrafttreten des BilMoG durften deshalb Rückstellungen gem. Abs. 1 S. 2, 2. HS a.F. handelsrechtlich nur abgezinst werden, soweit die ihnen zugrunde liegenden Verbindlichkeiten einen Zinsanteil enthielten (vgl. 4. Aufl. § 253, 37). 65

Im Zuge des **BilMoG** hat der Gesetzgeber hingegen – zum Zwecke der „realitätsgerechte(n) Information der Abschlussadressaten über die wahre Belastung“,[74] jedoch unter nicht unproblematischer Durchbrechung des Vorsichts- und Realisationsprinzips (§ 252 Abs. 1 Nr. 4)[75] – eine **generelle Abzinsungspflicht für Rückstellungen** nach Maßgabe von Abs. 2 n.F. normiert: Nach **Abs. 2 S. 1** sind Rückstellungen mit einer Restlaufzeit von mehr als einem Jahr mit dem ihrer Restlaufzeit entsprechendem durchschnittlichen Marktzinssatz der vergangenen sieben Geschäftsjahre abzuzinsen. Abweichend davon dürfen Rückstellungen für Altersversorgungsverpflichtungen oder vergleichbare langfristig fällige Verpflichtungen nach **Abs. 2 S. 2** pauschal mit dem durchschnittlichen Marktzinssatz abgezinst werden, der sich bei einer angenommenen Restlaufzeit von 15 Jahren ergibt. Diese Vorgaben gelten gem. **Abs. 2 S. 3** entsprechend für auf Rentenverpflichtungen beruhende Verbindlichkeiten, für die eine Gegenleistung nicht mehr zu erwarten ist (s. dazu schon oben Rdn 14). Die Abzinsungszinssätze werden von der Deutschen Bundesbank nach Maßgabe einer Rechtsverordnung – Verordnung über die Ermittlung und Bekanntgabe der Sätze zur Abzinsung von Rückstellungen (**Rückstellungsabzinsungsverordnung** – RückAbzinsV) vom 18.11.2009 (BGBl. I S. 3790) – ermittelt und monatlich bekannt gegeben (**Abs. 2 S. 3 und 4**). 66

---

[72] Dazu weiterführend etwa ADS[6] § 253 Rdn 197 ff; MünchKommHGB[3]/*Ballwieser* § 253 Rdn 85 ff; *Clemm* FS Beisse (1997) S. 123, 133 ff; *Heddäus* Drohverlustrückstellungen, S. 26 ff; HdR-EA/*Kessler* § 249 (Stand November 2012) Rdn 328 ff; *Strobl* FS Döllerer, S. 615, 630 ff.

[73] Eingehend schon *Böcking* Bilanzrechtstheorie und Verzinslichkeit (1988) S. 257 ff; s. außerdem die Nachw. bei ADS[6] § 253 Rdn 200; HdR-EA/*Kessler* § 249 (Stand November 2012) Rdn 329.

[74] Vgl. Begründung zum RegE BilMoG, BT-Drucks. 16/10067, S. 54.

[75] S. zur Kritik etwa *Arbeitskreis Bilanzrecht der Hochschullehrer Rechtswissenschaft* BB 2008, 209; Haufe HGB BilKomm[3]-*Bertram/Kessler* § 253 Rdn 11; HdR-EA/*Brösel/Olbrich* § 253 (Stand November 2012) Rdn 374 f, 389; *Küting/Cassel/Metz* DB 2008, 2317, 2319 ff; *Schulze-Osterloh* DStR 2008, 63, 70; verteidigend etwa *Hoffmann/Lüdenbach* NWB KommBilanzierung[3] § 253 Rdn 80; *Mellwig* FS Krawitz (2010) S. 667 ff; *Wüstemann/Wüstemann* FS Krawitz (2010) S. 751, 768 f.

2. Restlaufzeitadäquate Abzinsung bei Rückstellungen mit einer Restlaufzeit von mehr als einem Jahr (Abs. 2 S. 1)

67 a) **Erfasste Rückstellungen.** Das Abzinsungsgebot nach Abs. 2 S. 1 erfasst Rückstellungen mit einer Restlaufzeit von mehr als einem Jahr; „Restlaufzeit" meint den Zeitraum zwischen dem Stichtag des Jahresabschlusses und der voraussichtlichen Inanspruchnahme aus der Schuld, für welche die Rückstellung gebildet wird.[76] Die Abzinsungspflicht besteht unabhängig davon, ob die zugrunde liegende Verpflichtung einen Zinsanteil enthält oder nicht; sie erfasst auch Drohverlustrückstellungen.[77]

68 b) **Abzinsung.** Abzuzinsen ist der nach vernünftiger kaufmännischer Beurteilung notwendige Erfüllungsbetrag i.S.v. Abs. 1 S. 2 (zu diesem s.o. Rdn 34).[78] Die Abzinsung hat mit dem durchschnittlichen Marktzinssatz der vergangenen sieben Geschäftsjahre zu erfolgen, den die Deutsche Bundesbank nach Maßgabe der RückAbzinsV für Referenz-Finanzanlagen mit einer Laufzeit ermittelt hat, welche der Restlaufzeit der abzuzinsenden Rückstellung entspricht (näher unten Rdn 75). Mit der Anknüpfung an den durchschnittlichen Marktzinssatz der vergangenen sieben Geschäftsjahre verfolgt der Gesetzgeber das Ziel, Zufallselemente in der Zinsentwicklung unberücksichtigt zu lassen; gleichzeitig soll – insbesondere bezogen auf Pensionsrückstellungen – eine gewisse Annäherung an die internationalen Rechnungslegungsstandards erreicht werden.[79]

69 Ganz im Sinne des Grundsatzes der **Einzelbewertung** (§ 252 Abs. 1 Nr. 3) ist für jede einzelne Rückstellung (resp. für jede einzelne zugrunde liegende Verpflichtung) die individuelle, zum jeweiligen Stichtag verbleibende Restlaufzeit zu bestimmen, weil nur so der jeweils zutreffende Abzinsungszinssatz herangezogen werden kann. Im Rahmen der Bewertungsvereinfachung nach § 256 S. 2 i.V.m. § 240 Abs. 4 wird es allerdings als zulässig angesehen, gleichartige und annähernd gleichwertige Verpflichtungen auch hinsichtlich der Rückstellungsbewertung zu einer Gruppe zusammenzufassen (**Gruppenbewertung**) und einen Abzinsungszinssatz auf der Basis einer mittleren Restlaufzeit heranzuziehen.[80] Zur wahlweise zulässigen pauschalen Abzinsung bei Rückstellungen für Altersversorgungsverpflichtungen (Abs. 2 S. 2) s.u. Rdn 72 f.

70 c) **Ausweis in der GuV.** Nach § 277 Abs. 5 S. 1 sind Erträge aus der Abzinsung von Rückstellungen in der Gewinn- und Verlustrechnung gesondert unter dem Posten „Sonstige Zinsen und ähnliche Erträge" (§ 275 Abs. 2 Nr. 11 bzw. § 275 Abs. 3 Nr. 10), Aufwendungen aus der Aufzinsung unter dem Posten „Zinsen und ähnliche Aufwendungen" (§ 275 Abs. 2 Nr. 13 bzw. § 275 Abs. 3 Nr. 12) – also als Bestandteile des Finanzergeb-

---

[76] S. dazu auch IDW RS HFA 34 Tz 36 ff; Haufe HGB BilKomm[3]-*Bertram/Kessler* § 253 Rdn 126; *Haas/David/Skowronek* KoR 2011, 483 ff; Beck BilKomm[8]-*Kozikowski/Schubert* § 253 Rdn 180.

[77] IDW RS HFA 4 Tz 41; Beck BilKomm[8]-*Kozikowski/Schubert* § 253 Rdn 175; *Küting/Cassel/Metz* DB 2008, 2317, 2320 f; aA KölnKomm-RLR/*Ekkenga* § 253 Rdn 64.

[78] *Gelhausen/Fey/Kämpfer* Abschn. I Tz 41; *Kropp/Wirtz* DB 2011, 541; anders das Begriffsverständnis in IDW RS HFA 34 Tz 17 u. etwa bei Haufe HGB BilKomm[3]-/*Bertram/Kessler* § 253 Rdn 29: der nach vernünftiger kaufmännischer Beurteilung notwendige Erfüllungsbetrag stelle den bereits abgezinsten Nominalbetrag der Verpflichtung dar.

[79] So Begründung zum RegE BilMoG, BT-Drucks. 16/10067, S. 55.

[80] Dazu etwa Haufe HGB BilKomm[3]-*Bertram/Kessler* § 253 Rdn 136; *Gelhausen/Fey/Kämpfer* Abschn. I Tz 55; *Haas/David/Skowronek* KoR 2011, 483, 488 ff; *Kropp/Wirtz* DB 2011, 541, 544.

nisses – auszuweisen. Damit soll ein konsistenter Ausweis der aus der Abzinsung resultierenden Beträge in der GuV erreicht werden.[81] Im Rahmen der erstmaligen Rückstellungsbildung wird im Schrifttum verbreitet die Bruttodarstellung (Ausweis des vollen Erfüllungsbetrages als Aufwand, gesonderter Ausweis des Abzinsungsbetrages als Ertrag) als ebenso zulässig wie die Nettodarstellung (Ausweis nur des abgezinsten Erfüllungsbetrages) angesehen;[82] der HFA des IDW verlangt freilich die Anwendung der Nettomethode.[83] Die Begründung zum RegE BilMoG empfiehlt im Übrigen die Erstellung eines Rückstellungsspiegels, der auch die Effekte aus der Ab- und Aufzinsung gesondert darstellt.[84] – S. im Übrigen auch die Hinweise § 246, 106 sowie die Erläuterungen zu § 277 Abs. 5.

d) **Rückstellungen mit einer Restlaufzeit von nicht mehr als einem Jahr.** Rückstellungen mit einer Restlaufzeit von bis zu einem Jahr werden vom Abzinsungsgebot des Abs. 2 S. 1 nicht erfasst; sie müssen nicht abgezinst werden.[85] Allein fraglich ist, ob sie abgezinst werden dürfen, ob insoweit also ein (freilich stetig wahrzunehmendes) **Abzinsungswahlrecht** besteht. Das wird verbreitet bejaht, weil ein explizites Abzinsungsverbot nicht normiert sei und die Abzinsung kurzfristiger Rückstellungen zudem in der Regel keine wesentlichen Auswirkungen auf die Darstellung der Vermögens-, Finanz- und Ertragslage eines Unternehmens haben werde.[86] **71**

3. **Pauschale Abzinsung bei Rückstellungen für Altersversorgungsverpflichtungen (Abs. 2 S. 2).** Bei der Abzinsung nach Abs. 2 S. 1 ist der Abzinsungszinssatz in Abhängigkeit von der Restlaufzeit jeder einzelnen Rückstellung (resp. jeder einzelnen zugrunde liegende Verpflichtung) zu bestimmen. Für die Bewertung von Rückstellungen für Altersversorgungsverpflichtungen mit einer Restlaufzeit von mehr als einem Jahr wäre also für jede einzelne Verpflichtung der Zinssatz nach Maßgabe der jeweiligen Restlaufzeit zu ermitteln. Vor diesem Hintergrund erlaubt **Abs. 2 S. 2** aus Vereinfachungsgründen und unter Durchbrechung des Grundsatzes der Einzelbewertung (§ 252 Abs. 1 Nr. 3) wahl- **72**

---

[81] So Begründung zum RegE BilMoG, BT-Drucks. 16/10067, S. 55; der RegE BilMoG wollte die Bestimmung des heutigen § 277 Abs. 5 S. 1 allerdings noch in § 253 Abs. 2 verorten.

[82] S. etwa Haufe HGB BilKomm³-*Bertram/Kessler* § 253 Rdn 128 ff; *Gelhausen/Fey/Kämpfer* Abschn. I Tz 61 f; Beck BilKomm⁸-*Kozikowski/Schubert* § 253 Rdn 180; *Zwirner/Künkele/Liebscher* BB 2011, 2155, 2157 f; ebenso, wenngleich mit klarer Empfehlung zugunsten der Nettomethode, *Haas/David/Skowronek* KoR 2011, 483, 490; aA KölnKomm-RLR/*Ekkenga* § 253 Rdn 50: nur Nettomethode; gleichsinnig wohl auch HdR-EA/*Brösel/Olbrich* § 253 (Stand November 2012) Rdn 377.

[83] IDW RS HFA 34 Tz 11; IDW RS HFA 4 Tz 43; IDW RS HFA 30 Tz 59.

[84] Begründung zum RegE BilMoG, BT-Drucks. 16/10067, S. 55; vgl. auch Haufe HGB BilKomm³-*Bertram/Kessler* § 253 Rdn 132; *Gelhausen/Fey/Kämpfer* Abschn. I Tz 64; Beck BilKomm⁸-*Kozikowski/Schubert* § 253 Rdn 189.

[85] In diesem Sinne auch Begründung zum RegE BilMoG, BT-Drucks. 16/10067, S. 54: „sind nicht abzuzinsen".

[86] S. etwa *Gelhausen/Fey/Kämpfer* Abschn. I Tz 44 f; *Haas/David/Skowronek* KoR 2011, 483, 485 f; WP-Handbuch I¹⁴ Tz E 139; im Ergebnis ebenso Haufe HGB BilKomm³-*Bertram/Kessler* § 253 Rdn 119; *Fink/Kunath* DB 2011, 2345, 2347; Beck BilKomm⁸-*Kozikowski/Schubert* § 253 Rdn 180; *Küting/Cassel/Metz* DB 2008, 2317, 2321; auch IDW RS HFA 34 Tz 44, IDW RS HFA 4 Tz 42 u. IDW RS HFA 30 Tz 58 sehen die Abzinsung als zulässig an. Unklar HdR-EA/*Brösel/Olbrich* § 253 (Stand November 2012) Rdn 378. Für ein „uneingeschränktes Abzinsungsverbot" indes KölnKomm-RLR/*Ekkenga* § 253 Rdn 48.

weise eine pauschale Abzinsung: Rückstellungen für Altersversorgungsverpflichtungen (Verpflichtungen zur Leistung von Alters-, Invaliditäts- oder Hinterbliebenenversorgung) sowie für vergleichbare langfristig fällige Verpflichtungen mit Versorgungscharakter (wie Altersteilzeitverpflichtungen oder solche aus Lebensarbeitszeitmodellen[87]; s. § 246, 102) dürfen **pauschal** mit dem (von der Bundesbank ermittelten) durchschnittlichen Marktzinssatz der vergangenen sieben Geschäftsjahre für Referenz-Finanzanlagen mit einer **Laufzeit von 15 Jahren** abgezinst werden. Die Ermittlung der konkreten Restlaufzeit jeder einzelnen Versorgungsverpflichtung etc. ist dann also entbehrlich.

73 Die (stetig vorzunehmende[88]) Ausübung dieses Wahlrechts steht freilich unter dem **Vorbehalt**, dass der Jahresabschluss noch ein **den tatsächlichen Verhältnissen entsprechendes Bild der Vermögens-, Finanz- und Ertragslage** vermittelt.[89] Wo das bei einer pauschalen Abzinsung nach Abs. 2 S. 2 nicht der Fall wäre – etwa wegen einer großen Zahl von Versorgungszusagen mit deutlich kürzeren oder erheblich längeren Restlaufzeiten als 15 Jahren – darf von jener Vereinfachungsmöglichkeit deshalb kein Gebrauch gemacht werden.[90]

74 **4. Abzinsung von auf Rentenverpflichtungen beruhenden Verbindlichkeiten (Abs. 2 S. 3).** Abs. 2 S. 3 trifft eine Bestimmung zur Abzinsung für auf Rentenverpflichtungen beruhenden Verbindlichkeiten, für die eine Gegenleistung nicht mehr zu erwarten ist. **Renten** sind für bestimmte Dauer periodisch wiederkehrende Leistungen in Geld oder vertretbaren Sachen auf der Grundlage eines entsprechenden Rechts (Rentenstammrecht). Auch die Bewertung von Rentenverpflichtungen richtet sich nach ihrem Erfüllungsbetrag (s.o. Rdn 25). Schon nach § 253 Abs. 1 S. 2 a.F. waren Rentenverpflichtungen, für die – wie z.B. bei verrenteten Kaufpreisschulden[91] – eine **Gegenleistung nicht mehr zu erwarten** ist,[92] als Verbindlichkeit zu ihrem *Barwert* anzusetzen, der Erfüllungsbetrag war also abzuzinsen (vgl. 4. Aufl. § 253, 19 f). Im Zuge des BilMoG ist dieses Abzinsungsgebot in die Regelung des Abs. 2 verlagert worden: Abs. 2 S. 3 i.d.F.d. BilMoG ordnet für auf Rentenverpflichtungen beruhende Verbindlichkeiten, für die eine Gegenleistung nicht mehr zu erwarten ist, die entsprechende Geltung von Abs. 2 S. 1 und 2 an. Das heißt: Die Abzinsung unterliegt denselben Vorgaben, wie sie in Abs. 2 S. 1 und 2 i.d.F.d. BilMoG für die Abzinsung von Rückstellungen normiert sind (zu ihnen s.o. Rdn 65 ff); es sind einheitliche Abzinsungszinssätze anzuwenden.

75 **5. Ermittlung und Bekanntgabe der Abzinsungszinssätze (Abs. 2 S. 4 und 5).** Der nach Abs. 2 S. 1 oder 2 (sowie Abs. 2 S. 3) jeweils maßgebliche Abzinsungszinssatz wird von der Deutschen Bundesbank nach Maßgabe der Verordnung über die Ermittlung und Bekanntgabe der Sätze zur Abzinsung von Rückstellungen (**Rückstellungsabzinsungsverordnung** – RückAbzinsV) vom 18.11.2009 (BGBl. I S. 3790) mit zwei Nachkommastellen

---

87 Dazu etwa HdJ-*Heger/Weppler* III/7, Rdn 13 f.

88 Begründung zum RegE BilMoG, BT-Drucks. 16/10067, S. 55.

89 So ausdrücklich Begründung zum RegE BilMoG, BT-Drucks. 16/10067, S. 55.

90 HdR-EA/*Brösel/Olbrich* § 253 (Stand November 2012) Rdn 392; *Gelhausen/Fey/Kämpfer* Abschn. I Tz 87; s. aber auch Haufe HGB BilKomm³-*Bertram/Kessler* § 253 Rdn 135 f; *Hoffmann/Lüdenbach* NWB KommBilanzierung³ § 253 Rdn 86. Großzügiger IDW RS HFA 30 Tz 57: bloße Empfehlung.

91 Dazu etwa Haufe HGB BilKomm³-*Bertram/Kessler* § 253 Rdn 142 ff; KölnKomm-RLR/*Ekkenga* § 253 Rdn 86.

92 Zusammenstellung der wichtigsten Fälle bei ADS⁶ § 253 Rdn 167.

ermittelt und bekannt gegeben (**Abs. 2 S. 3 und 4**). Die Zinssätze werden aus einer um einen Aufschlag erhöhten Null-Kupon-Euro-Zinsswapkurve errechnet (§ 1 S. 2 RückAbzinsV; zur Datengrundlage s. § 2 RückAbzinsV)[93] und monatlich für die ganzjährigen Laufzeiten von einem Jahr bis 50 Jahre auf der Internetseite der Deutschen Bundesbank (www.bundesbank.de[94]) veröffentlicht (§ 7 RückAbzinsV). Für **unterjährig endende Restlaufzeiten** dürfte es sich empfehlen, den von der Bundesbank ermittelten Abzinsungszinssatz zu interpolieren;[95] verbreitet wird es freilich ebenso als zulässig angesehen, statt dessen wahlweise den Zinssatz für die kürzere oder längere Restlaufzeit des vollen Jahres heranzuziehen.[96] Bei Rückstellungen mit einer Restlaufzeit von mehr als 50 Jahren wird allgemein akzeptiert, den von der Deutschen Bundesbank für eine Laufzeit von 50 Jahren ermittelten Abzinsungssatz anzuwenden.[97]

Die von der Deutschen Bundesbank bekannt gegebenen Abzinsungszinssätze sind im Grundsatz „aus Vereinfachungsgründen"[98] auch dann maßgeblich, wenn die der Rückstellung zugrunde liegende Verpflichtung in **fremder Währung** zu erfüllen ist. Wo die Anwendung dieses Zinssatzes im Einzelfall aber zu einer den tatsächlichen Verhältnissen nicht entsprechenden Darstellung der Vermögens-, Finanz- und Ertragslage führt, ist der Abzinsungszinssatz vom rechnungslegungspflichtigen Unternehmen nach den Maßstäben des § 253 Abs. 2 S. 1 selbst zu ermitteln oder von privaten Anbietern zu beziehen.[99] 76

VI. Abschreibungen bei Vermögensgegenständen des Anlagevermögens (Abs. 3)

1. Grundlagen. Beim Ansatz von **Vermögensgegenständen des Anlagevermögens** sind die Anschaffungs- oder Herstellungskosten als Einstandswert (s.o. Rdn 19 ff) um Abschreibungen nach Abs. 3 zu mindern. Anlagegegenstände, deren *Nutzung zeitlich begrenzt* ist, sind *planmäßig abzuschreiben* (Abs. 3 S. 1 und 2; dazu unten Rdn 80 ff). Im Übrigen müssen bei allen Vermögensgegenständen des Anlagevermögens im Falle voraussichtlich dauernder Wertminderung *außerplanmäßige Abschreibungen* vorgenommen werden, um die Vermögensgegenstände mit dem niedrigeren Wert anzusetzen, der ihnen am Abschlussstichtag beizulegen ist (Abs. 3 S. 3; näher Rdn 105 ff). Nur bei Finanzanlagen können außerplanmäßige Abschreibungen auch bei voraussichtlich nicht dauernder Wertminderung vorgenommen werden (Abs. 3 S. 4; dazu Rdn 111 f). S. zur 77

---

[93] Dazu *Stapf/Elgg* BB 2009, 2134.

[94] Pfad (Stand 15.10.2013): Statistiken/Zeitreihen-Datenbanken/Makroökonomische Zeitreihen/Geld- und Kapitalmärkte/Zinssätze und Renditen/Abzinsungszinssätze gem. § 253 Abs. 2 HGB (BilMoG). – Zu den wachsenden Ergebnisbelastungen aus der aktuellen „Zinssatzschmelze" vgl. *Zwirner* DStR 2013, 875.

[95] Haufe HGB BilKomm[3]-*Bertram/Kessler* § 253 Rdn 123; Beck BilKomm[8]-*Kozikowski/Schubert* § 253 Rdn 188; vgl. auch Begründung zum RegE BilMoG, BT-Drucks. 16/10067, S. 54.

[96] IDW RS HFA 34 Tz 42; *Fink/Kunath* DB 2011, 2345, 2348; *Haas/David/Skowronek* KoR 2011, 483, 487; Beck BilKomm[8]-*Kozikowski/Schubert* § 253 Rdn 188; *Kropp/Wirtz* DB 2011, 541, 543; *Zwirner/Künkele/Liebscher* BB 2011, 2155, 2157.

[97] S. etwa IDW RS HFA 34 Tz 45; *Gelhausen/Fey/Kämpfer* Abschn. I Tz 57; *Zwirner/Künkele/Liebscher* BB 2011, 2155.

[98] So Begründung zum RegE BilMoG, BT-Drucks. 16/10067, S. 54.

[99] Begründung zum RegE BilMoG, BT-Drucks. 16/10067, S. 54; s.a. HdR-EA/*Brösel/Olbrich* § 253 (Stand November 2012) Rdn 369; Beck BilKomm[8]-*Kozikowski/Schubert* § 253 Rdn 188; *Wüstemann/Koch* BB 2010, 1075, 1076 sowie IDW RS HFA 34 Tz 46 u. IDW RS HFA 30 Tz 66.

Systematik der gesetzlichen Bewertungsregeln und zu den Änderungen im Zuge des BilMoG schon oben Rdn 3 ff.

78 **Planmäßige Abschreibungen** verteilen die Anschaffungs- oder Herstellungskosten des Anlagegegenstandes auf die Jahre der gewöhnlichen Nutzungsdauer. Sie erfassen den während der Nutzung voraussichtlich eintretenden Wertverzehr. Auf den planmäßigen Ansatz ist allerdings auch dann abzuschreiben, wenn der dem Vermögensgegenstand zum Abschlussstichtag beizulegende Wert den Buchwert übersteigt. Die planmäßigen Abschreibungen tragen deshalb primär dem **Gebot periodengerechter Aufwandsabgrenzung** und damit dem Ziel eines periodengerechten Ausweises des verteilungsfähigen Gewinns Rechnung.[100] Die **außerplanmäßigen Abschreibungen** auf den am Abschlussstichtag beizulegenden niedrigeren Wert (*Niederstwertprinzip*) dienen der Berücksichtigung eingetretener Wertverluste gegenüber den Anschaffungs- oder Herstellungskosten als Einstandswert; sie sind eine Konsequenz des Imparitätsprinzips (§ 252 Abs. 1 Nr. 4). Bei den abnutzbaren Anlagegegenständen führen nur solche Wertverluste zur außerplanmäßigen Abwertung, die nicht schon durch planmäßige Abschreibung erfasst worden sind.[101]

79 Abs. 3 trifft keine Bestimmung zur **Form** der vorzunehmenden Abschreibung. Denkbar sind Abschreibungen *in direkter Form* (nämlich im Wege aktivischer Absetzungen von den Anschaffungs- oder Herstellungskosten) oder *in indirekter Form* (durch Ausweis von Wertberichtigungsposten auf der Passivseite). Für Kapitalgesellschaften, ihnen nach § 264a gleichgestellte Personenhandelsgesellschaften sowie für alle sonstigen dem PublG unterliegenden Unternehmen (§ 5 Abs. 1 S. 2 PublG) und Genossenschaften (§ 336 Abs. 2) schreibt § 268 Abs. 2 den Ausweis in direkter Form vor, wobei die Abschreibung bei dem betreffenden Posten in der Bilanz zu vermerken oder im Anhang anzugeben ist; s. dazu die Erläuterungen zu § 268 Abs. 2. Außerhalb des Anwendungsbereichs von § 268 Abs. 2 wird ganz überwiegend ein Wahlrecht zum Abschreibungsausweis in direkter Form (aktivische Absetzung) oder in indirekter Form (passivische Wertberichtigung) gewährt.[102]

2. Planmäßige Abschreibungen (Abs. 3 S. 1 und 2)

80 **a) Übersicht.** Nach Abs. 3 S. 1 und 2 sind bei Vermögensgegenständen des Anlagevermögens, deren Nutzung zeitlich begrenzt ist, die Anschaffungs- oder Herstellungskosten um **planmäßige Abschreibungen** zu vermindern. Der Plan muss die Anschaffungs- oder Herstellungskosten auf die Geschäftsjahre verteilen, in denen der Vermögensgegenstand voraussichtlich genutzt werden kann. Die planmäßige Abschreibung von abnutzbaren Anlagegegenständen (zur Abgrenzung näher Rdn 83 ff) ist **zwingend.**

81 Das Gebot der Planmäßigkeit gebietet die Abschreibung nach Maßgabe eines im Voraus – also spätestens bei Vornahme der ersten Abschreibung – festzulegenden **Abschreibungsplans.**[103] Der Abschreibungsplan muss das *Abschreibungsvolumen* (dazu Rdn 86) nach einer festgelegten *Abschreibungsmethode* (Rdn 88 ff) auf den *Abschreibungszeitraum* (Rdn 87) verteilen. Freiwillige Änderungen des Abschreibungsplans sind als Aus-

---

[100] S. dazu ADS[6] § 253 Rdn 358; HdR-EA/*Brösel/Olbrich* § 253 (Stand November 2012) Rdn 437; Beck BilKomm[8]-*Kozikowski/Roscher/Andrejewski* § 253 Rdn 202; BoHdR-*Wohlgemuth* § 253 (Stand Januar 2005) Rdn 142 f.

[101] Beck BilKomm[8]-*Kozikowski/Roscher/Andrejewski* § 253 Rdn 203.

[102] S. etwa ADS[6] § 253 Rdn 353; Beck BilKomm[8]-*Kozikowski/Roscher/Andrejewski* § 253 Rdn 209.

[103] ADS[6] § 253 Rdn 362; Beck BilKomm[8]-*Kozikowski/Roscher/Andrejewski* § 253 Rdn 220.

nahmen vom Gebot der Bewertungsstetigkeit (§ 252 Abs. 1 Nr. 6) nach § 252 Abs. 2 nur in begründeten Ausnahmefällen zulässig (Rdn 104). Der Abschreibungsplan muss nicht für jeden einzelnen Anlagegegenstand schriftlich niedergelegt sein; die rechnerischen Grundlagen der Abschreibung können sich auch aus allgemeinen Bilanzierungsrichtlinien oder aus ständiger Übung des rechnungslegungspflichtigen Unternehmens ergeben.[104]

Der planmäßigen Abschreibung entspricht **steuerrechtlich** die Absetzung für betriebs- 82
gewöhnliche Abnutzung (AfA) sowie die Absetzung für Substanzverringerung nach Maßgabe von § 7 EStG.[105]

b) **Abgrenzung der Vermögensgegenstände.** Der planmäßigen Abschreibung unter- 83
liegen nur solche Vermögensgegenstände des Anlagevermögens, deren Nutzung ihrer Eigenart nach zeitlich begrenzt ist und die in diesem Sinne „abnutzbar" sind.[106] Darunter fallen Anlagegegenstände, die der technischen oder wirtschaftlichen Abnutzung unterliegen, insbesondere alle Verschleißanlagen (einschließlich Gebäude), aber regelmäßig auch immaterielle Vermögensgegenstände (vgl. auch § 248, 38).

Der **entgeltlich erworbene Geschäfts- oder Firmenwert** wird von § 246 Abs. 1 S. 4 im 84
Wege der Fiktion („gilt als") zu einem zeitlich begrenzt nutzbaren Vermögensgegenstand erklärt (zu Einzelheiten s. die Erläuterungen § 246, 74 ff). In der Konsequenz ist er zwingend zu aktivieren. Der aktivierte Unterschiedsbetrag i.S.v. § 246 Abs. 1 S. 4 ist nach Maßgabe der für Vermögensgegenstände des Anlagevermögens geltenden Bestimmungen (§ 253 Abs. 3) abzuschreiben. Er unterliegt mithin der Pflicht zur planmäßigen Abschreibung über die voraussichtliche individuelle betriebliche Nutzungsdauer gem. Abs. 3 S. 1 und 2 (s. dazu § 246, 84 ff); ggf. sind außerplanmäßige Abschreibungen nach Maßgabe von Abs. 3 S. 3, Abs. 5 S. 2 vorzunehmen.

Nicht abnutzbar sind namentlich Finanzanlagen und Grundstücke. Letztere unter- 85
liegen aber dann planmäßigen Abschreibungen, wenn sie der Ausbeutung von Bodenschätzen dienen.[107] Für Detailfragen der planmäßigen Abschreibung einzelner Vermögensgegenstände ist nach dem Typus des jeweiligen Vermögensgegenstandes zu unterscheiden; zu Einzelheiten ist auf die Zusammenstellungen im einschlägigen Spezialschrifttum zu verweisen.[108] Die folgenden Ausführungen konzentrieren sich auf die zentralen Parameter eines jeden Abschreibungsplans.

c) **Abschreibungsvolumen.** Das Abschreibungsvolumen wird durch den Abschreibungs- 86
ausgangswert sowie den Endwert bestimmt. *Ausgangswert* sind die Anschaffungs- oder Herstellungskosten (zu ermitteln nach Maßgabe von § 255; s. die Erläuterungen dort). *Endwert* ist vielfach der Erinnerungswert (Merkposten) von einem Euro, wobei die Zusammenfassung mehrerer abgeschriebener Vermögensgegenstände eines Bilanzpostens

---

104 ADS[6] § 253 Rdn 365; Beck BilKomm[8]-*Kozikowski/Roscher/Andrejewski* § 253 Rdn 221; *Knobbe-Keuk* § 5 V 2a (S. 188); *Kropff* in Geßler/Hefermehl/Eckardt/Kropff AktG § 154 Rdn 6; BoHdR-*Wohlgemuth* § 253 (Stand Januar 2005) Rdn 149.

105 Zu Abschreibungen in der Steuerbilanz s. etwa WP-Handbuch I[14] Tz E 401 ff.

106 ADS[6] § 253 Rdn 355; HdR-EA/*Brösel/Olbrich* § 253 (Stand November 2012) Rdn 422 ff; Beck BilKomm[8]-*Kozikowski/Roscher/Andrejewski* § 253 Rdn 212.

107 Zu weiteren Einzelheiten etwa ADS[6] § 253 Rdn 355 ff; HdR-EA/*Brösel/Olbrich* § 253 (Stand November 2012) Rdn 422 ff; Beck BilKomm[8]-*Kozikowski/Roscher/Andrejewski* § 253 Rdn 213 ff.

108 Etwa Beck BilKomm[8]-*Kozikowski/Kreher/Roscher/Andrejewski* § 253 Rdn 370 ff; BoHdR-*Wohlgemuth* § 253 (Stand Januar 2005) Rdn 221 ff.

unter einen Merkposten verbreitet als zulässig angesehen wird.[109] Wo jedoch nach Ablauf der voraussichtlichen Nutzungsdauer (sogleich Rdn 87) ein – im Verhältnis zum Abschreibungsausgangswert nicht nur unerheblicher – Veräußerungserlös mit Sicherheit zu erwarten ist, ist dieser *Restwert* bei der Bemessung des Abschreibungsvolumens zu berücksichtigen.[110]

87 d) **Abschreibungszeitraum.** Die voraussichtliche Nutzungsdauer des Anlagegegenstandes bestimmt den Abschreibungszeitraum. Sein *Beginn* wird durch die erstmalige Möglichkeit zur bestimmungsgemäßen Nutzung markiert; auf die tatsächliche Ingebrauchnahme kommt es nicht an.[111] Aus Vereinfachungsgründen ist es handelsrechtlich (nicht auch steuerrechtlich; § 7 Abs. 1 S. 4 EStG) zulässig, die Abschreibung mit Beginn des Halbjahres erfolgen zu lassen, in dem der Gegenstand zugegangen ist (Halbjahresregel).[112] Das *Ende* der voraussichtlichen Nutzungsdauer ist vorsichtig zu prognostizieren, wobei es auf die Verhältnisse des individuellen Betriebes ankommt. Dabei wird der Abschreibungszeitraum durch die *technische Nutzungsmöglichkeit* des Anlagegegenstandes nach oben begrenzt. Maßgeblich ist jedoch die (regelmäßig kürzere) *wirtschaftliche Nutzungsdauer*, d.h. der Zeitraum, in dem der Gegenstand rentabel genutzt werden kann.[113] Zur näheren Bestimmung sind ggf. eigene Erfahrungswerte aus der Vergangenheit heranzuziehen. Die von der Finanzverwaltung veröffentlichten Abschreibungstabellen (*AfA-Tabellen*)[114] liefern zwar Hinweise, entbinden jedoch nicht von der pflichtgemäßen Prüfung der betriebsindividuell zu erwartenden Nutzungsdauer.[115] Bei Vermögensgegenständen von geringem Wert nimmt die Praxis handelsrechtlich (zur – wiederholt geänderten – steuerrechtlichen Regelung s. § 6 Abs. 2 EStG) jedenfalls die Befugnis zur sofortigen Vollabschreibung im Jahr des Zugangs an, wobei Anschaffungs- oder Herstellungskosten bis 410 Euro als (wenn auch nicht starre) Wertgrenze gelten; kurzlebige Anlage-

---

109 S. etwa ADS[6] § 246 Rdn 78; BoHdR-*Kirsch* § 246 (Stand April 2010) Rdn 41; HdR-EA/*Kußmaul* § 246 (Stand November 2009) Rdn 2. Für Zulässigkeit auch eines Ansatzes von Null etwa Beck BilKomm[8]-*Kozikowski/Roscher/Andrejewski* § 253 Rdn 223; BoHdR-*Wohlgemuth* § 253 (Stand Januar 2005) Rdn 154.

110 ADS[6] § 253 Rdn 415 ff; MünchKomm-HGB[3]/*Ballwieser* § 253 Rdn 20; HdR-EA/*Brösel/Olbrich* § 253 (Stand November 2012) Rdn 455; Beck BilKomm[8]-*Kozikowski/Roscher/Andrejewski* § 253 Rdn 223; BoHdR-*Wohlgemuth* § 253 (Stand Januar 2005) Rdn 156.

111 HdR-EA/*Brösel/Olbrich* § 253 (Stand November 2012) Rdn 460; Beck BilKomm[8]-*Kozikowski/Roscher/Andrejewski* § 253 Rdn 224; Baumbach/Hueck/*Schulze-Osterloh* GmbHG[18] § 42 Rdn 397 mwN.

112 ADS[6] § 253 Rdn 441; HdR-EA/*Brösel/Olbrich* § 253 (Stand November 2012) Rdn 459; KölnKomm-RLR/*Ekkenga* § 253 Rdn 95; Baumbach/Hueck/*Schulze-Osterloh* GmbHG[18] § 42 Rdn 397; BoHdR-*Wohlgemuth* § 253 (Stand Januar 2005) Rdn 174; zumindest für bewegliche Anlagegüter auch Beck BilKomm[8]-*Kozikowski/Roscher/Andrejewski* § 253 Rdn 276.

113 ADS[6] § 253 Rdn 366 ff; MünchKomm-HGB[3]/*Ballwieser* § 253 Rdn 18; HdR-EA/*Brösel/Olbrich* § 253 (Stand November 2012) Rdn 462 ff; Beck BilKomm[8]-*Kozikowski/Roscher/Andrejewski* § 253 Rdn 229 ff; Beck-HdR-*Nordmeyer/Göbel* B 212 Rdn 144 ff; s. aber auch BoHdR-*Wohlgemuth* § 253 (Stand Januar 2005) Rdn 159 ff.

114 Zu der seit 1.1.2001 geltenden AfA-Tabelle für allgemein verwendbare Anlagegüter (BMF-Schreiben vom 15.12.2000, BGBl. I S. 1532 ff; geänderte „Allgemeine Vorbemerkungen" gem. BMF-Schreiben vom 6.12.2001, WPg 2002, 46 f) s. etwa *Hommel* BB 2001, 247 ff; zur Rechtsnatur der AfA-Tabellen *Starck* JZ 2001, 132 f.

115 Zu weiteren, hier nicht zu erörternden Einzelheiten s. etwa ADS[6] § 253 Rdn 366 ff; Beck BilKomm[8]-*Kozikowski/Roscher/Andrejewski* § 253 Rdn 231 ff.

gegenstände (Nutzungsdauer bis zu einem Jahr) sowie solche mit Anschaffungs- oder Herstellungskosten bis 150 Euro brauchen nicht als Zugang behandelt, sondern können sogleich als Aufwand verrechnet werden.[116]

e) **Abschreibungsmethoden.** Das Abschreibungsvolumen ist auf den Abschreibungszeitraum nach Maßgabe einer anerkannten, vorher festgelegten Abschreibungsmethode zu verteilen. Die *Wahl* der Abschreibungsmethode steht im Ermessen des Bilanzierungspflichtigen. Handelsrechtlich zulässig ist jede Abschreibungsmethode, die zu einer willkürfreien, dem tatsächlichen Verlauf des Wertverlustes nicht offenkundig widersprechenden Verteilung des Abschreibungsvolumens führt und dem Gebot periodengerechter Aufwandsabgrenzung gerecht wird.[117] Die einmal gewählte Bewertungsmethode unterliegt dem *Stetigkeitsgebot* nach § 252 Abs. 1 Nr. 6, das auch für Neuzugänge art- und funktionsgleicher Vermögensgegenstände gilt (näher § 252, 49);[118] zum freiwilligen Wechsel der Abschreibungsmethode s. Rdn 104. **88**

Unter den verschiedenen Abschreibungsmethoden[119] haben die diversen Verfahren der **Zeitabschreibung** die mit Abstand größte Bedeutung. Bei ihnen wird das Abschreibungsvolumen zu jeweils *fixen* Abschreibungsbeträgen entsprechend dem Zeitablauf auf den Abschreibungszeitraum verteilt (sogleich Rdn 90 ff und das Berechnungsbeispiel Rdn 96). Davon zu unterscheiden ist die **Leistungsabschreibung** als *variable* Abschreibung, die an die Beanspruchung des Anlagegegenstandes anknüpft; ihr vergleichbar ist die **Abschreibung für Substanzverringerung** (Rdn 97). Zur Diskussion um die **komponentenweise Abschreibung** s.u. Rdn 98 ff. **89**

aa) **Zeitabschreibung.** Der bei der Zeitabschreibung fixe Abschreibungsbetrag pro Jahr kann seinerseits wiederum nach verschiedenen Methoden ermittelt werden. Bei der in der Praxis verbreiteten und rechnerisch einfachen **linearen Abschreibung** vollzieht sich die *Abschreibung in gleichbleibenden Jahresbeträgen* (s. das Berechnungsbeispiel Rdn 96). Diese werden ermittelt, indem die Anschaffungs- oder Herstellungskosten (ggf. vermindert um den am Ende des Abschreibungszeitraums verbleibenden Restwert) durch die Zahl der Nutzungsjahre dividiert werden. **Steuerrechtlich** ist die lineare AfA nach Maßgabe von § 7 Abs. 1 S. 1 EStG für bewegliche Wirtschaftsgüter grundsätzlich geboten. Freilich wird der mit ihr unterstellte kontinuierliche Entwertungsverlauf der tatsächlichen Wertminderung oftmals nicht gerecht. **90**

---

[116] Zum Ganzen etwa HdR-EA/*Brösel/Olbrich* § 253 (Stand November 2012) Rdn 517; Haufe HGB BilKomm³-*Heusinger-Lange* § 253 Rdn 195 f; HdJ-*Kahle/Heinstein* II/2, Rdn 174 ff; Beck BilKomm⁸-*Kozikowski/Roscher/Andrejewski* § 253 Rdn 275.

[117] ADS⁶ § 253 Rdn 384 ff; HdR-EA/*Brösel/Olbrich* § 253 (Stand November 2012) Rdn 476 ff; HdJ-*Kahle/Heinstein* II/2, Rdn 148; Beck BilKomm⁸-*Kozikowski/Roscher/Andrejewski* § 253 Rdn 238 f; *Knobbe-Keuk* § 5 V 2a (S. 188 f); *Kropff* in Geßler/Hefermehl/Eckardt/Kropff AktG § 154 Rdn 13; BoHdR-*Wohlgemuth* § 253 (Stand Januar 2005) Rdn 178 f.

[118] Zu den Konsequenzen für die Wahl der Abschreibungsmethode s. etwa BoHdR-*Wohlgemuth* § 253 (Stand Januar 2005) Rdn 202 ff.

[119] S. dazu etwa die Darstellungen (teilweise mit Berechnungsbeispielen) bei ADS⁶ § 255 Rdn 384 ff; MünchKommHGB³/*Ballwieser* § 253 Rdn 30 ff; HdR-EA/*Brösel/Olbrich* § 253 (Stand November 2012) Rdn 476 ff; *Glade* Praxishandbuch² § 253 Rdn 236 ff, 340 ff; Beck BilKomm⁸-*Kozikowski/Roscher/Andrejewski* § 253 Rdn 238 ff; *Knobbe-Keuk* § 5 V 2c (S. 190 ff); Beck-HdR-*Nordmeyer/Göbel* B 212 Rdn 153 ff; Baumbach/Hueck/*Schulze-Osterloh* GmbHG¹⁸ § 42 Rdn 398; BoHdR-*Wohlgemuth* § 253 (Stand Januar 2005) Rdn 181 ff.

91 Realistischer wird der Entwertungsverlauf deshalb häufig durch eine *Abschreibung in fallenden Jahresbeträgen* widergespiegelt, die sog. degressive Abschreibung. Bei der **geometrisch-degressiven Abschreibung** werden die jährlichen Abschreibungsquoten als fester Prozentsatz des sich nach jährlicher Abschreibung ergebenden Restbuchwertes ermittelt (deshalb auch die Bezeichnung „Buchwertabschreibung").[120]

92 Allerdings führt die geometrische Reihe niemals zu einem Restwert von „Null" (s. das Beispiel Rdn 96). Um am Ende des Abschreibungszeitraums einen realistischen Restwert zu erreichen, müsste vielfach ein unrealistischer Abschreibungsprozentsatz gewählt werden.[121] Steuerrechtlich würde dem schon § 7 Abs. 2 S. 2 EStG in seiner aktuellen Fassung entgegenstehen, wonach der Abschreibungsprozentsatz bei der degressiven Abschreibung beweglicher Wirtschaftsgüter, die für Anschaffungen zwischen dem 1.1.2009 und dem 31.12.2010 wieder zugelassen worden ist,[122] höchstens das Zweieinhalbfache des bei linearer Abschreibung in Betracht kommenden Hundertsatzes betragen und zudem nicht höher als 25 % sein darf. Es ist deshalb üblich und zulässig, **im Abschreibungsverlauf von der degressiven zur linearen Abschreibung** überzugehen. Da in der Regel eine Vorverlagerung des Abschreibungsaufwands angestrebt wird, vollzieht man jenen Übergang typischerweise in dem Jahr, in dem der Abschreibungsbetrag bei linearer Abschreibung den bei fortgeführter degressiver Abschreibung übersteigt (s. das Beispiel Rdn 96).[123] Ist dieser Übergang, der auch **steuerrechtlich** anerkannt wird (§ 7 Abs. 3 S. 1 und 2 EStG), im Abschreibungsplan von vornherein vorgesehen, liegt darin keine Änderung der Bewertungsmethode i.S.v. § 252 Abs. 2; die Kombination aus geometrisch-degressiver und linearer Abschreibung ist vielmehr als eigenständige Abschreibungsmethode anzuerkennen.[124]

93 Vom geometrisch-degressiven Verfahren ist die **arithmetisch-degressive Abschreibung** zu unterscheiden. Bei ihr vermindern sich die jährlichen Abschreibungsbeträge stets um den gleichen (absoluten) Betrag, die Differenz zwischen den jährlichen Abschreibungsbeträgen bleibt also jeweils gleich hoch. Wichtigste Ausprägungsform der arithmetisch-degressiven Abschreibung ist die **digitale Abschreibung.** Hier entspricht der Abschreibungsbetrag des letzten Jahres dem Betrag, um den die jährlichen Abschreibungsbeträge jeweils sinken;[125] auf diese Weise wird ein Restbuchwert von „Null" erreicht (s. das Beispiel Rdn 96). Die arithmetisch-degressive Abschreibung wird **steuerrechtlich** nicht (mehr) anerkannt und ist deshalb auch in der handelsrechtlichen Praxis nur noch wenig verbreitet.

94 Eine besondere Form der degressiven Abschreibung ist schließlich die **Abschreibung in fallenden Staffelsätzen.** Bei ihr wird die Nutzungsdauer des Anlagegegenstandes in verschiedene Teilabschnitte (Staffeln) unterteilt; innerhalb der jeweiligen Staffeln wird zu einem jeweils gleichen Prozentsatz abgeschrieben. Als Beispiel sei auf die **steuerrechtliche**

---

120 „Mathematisches Rüstzeug" für die geometrisch-degressive Abschreibung vermittelt *Bürger* DB 1980, 608 f.

121 Die geometrisch-degressive Methode bietet sich aber gerade dort an, wo nur bis zu einem bestimmten Restwert abgeschrieben werden soll; s. dazu u. zur einschlägigen Berechnungsformel BoHdR-*Wohlgemuth* § 253 (Stand Januar 2005) Rdn 189.

122 Dazu auch IDW RH HFA 1.015: Zulässigkeit degressiver Abschreibungen in der Handelsbilanz vor dem Hintergrund der jüngsten Rechtsänderungen (Stand 27.11.2009; FN-IDW 2009, 690; WPg Supplement 2010, 97).

123 Berechnungsformel bei *Bürger* DB 1980, 608, 609.

124 S. etwa ADS[6] § 253 Rdn 398; Beck BilKomm[8]-*Kozikowski/Roscher/Andrejewski* § 253 Rdn 247; BoHdR-*Wohlgemuth* § 253 (Stand Januar 2005) Rdn 199.

125 Berechnungsformel bei *Schnepper* DB 1982, 924, 925; BoHdR-*Wohlgemuth* § 253 (Stand Januar 2005) Rdn 190.

Abschreibung in fallenden Staffelsätzen für Wohngebäude nach Maßgabe von § 7 Abs. 5 EStG sowie für diesen gleichgestellte Objekte nach § 7 Abs. 5a EStG verwiesen.

Zeitabschreibung in steigenden Jahresbeträgen (**progressive Abschreibung**) ist handels- 95
rechtlich zwar nicht per se verboten,[126] aber doch nur in wenigen Ausnahmefällen als zulässig anzusehen, weil sie dem tatsächlichen Entwertungsverlauf in der Regel gerade widerspricht. Ausnahmen sind allenfalls bei Investitionsprojekten denkbar, die (wie Großanlagen) eine beträchtliche Anlaufzeit bis zur vollen Nutzung haben.[127] **Steuerrechtlich** ist die progressive Zeitabschreibung nicht anerkannt.

Im folgenden **Berechnungsbeispiel** wird ein zu Jahresbeginn zu Anschaffungskosten 96
(AK) in Höhe von 60 000 Euro erworbener Vermögensgegenstand über 10 Jahre abgeschrieben. Die Tabelle weist die jeweiligen Abschreibungsbeträge (ABn) und Buchwerte

	lineare Abschreibung	**geometrisch-degressive Abschreibung**	**geometrisch-degressive Abschreibung mit Übergang zur linearen Methode**	**arithmetisch-degressive Abschreibung (digitale Variante)**
AK	60 000	60 000		60 000
AB_1	6 000	./.20 % 12 000		10 910
BW_1	54 000	48 000		49 090
AB_2	6 000	9 600		9 819
BW_2	48 000	38 400		39 271
AB_3	6 000	7 680		8 728
BW_3	42 000	30 720		30 543
AB_4	6 000	6 144		7 637
BW_4	36 000	24 576		22 906
AB_5	6 000	4 915		6 546
BW_5	30 000	19 661		16 360
AB_6	6 000	3 932		5 455
BW_6	24 000	15 729	15 729	10 905
AB_7	6 000	3 146	3 932	4 364
BW_7	18 000	12 583	11 797	6 541
AB_8	6 000	2 517	3 932	3 273
BW_8	12 000	10 066	7 865	3 268
AB_9	6 000	2 013	3 932	2 182
BW_9	6 000	8 053	3 933	1 086
AB_{10}	6 000	8 053	3 933	1 086
BW_{10}	0	0	0	0

[126] S. dazu auch Begründung zum RegE BilMoG, BT-Drucks. 16/10067, S. 56.

[127] Näher ADS[6] § 253 Rdn 401 ff; Beck BilKomm[8]-*Kozikowski/Roscher/Andrejewski* § 253 Rdn 246.

(BWn) aus, die sich bei linearer Abschreibung, bei geometrisch-degressiver Abschreibung zu jährlich 20 % (ergänzend: mit Übergang zur linearen Methode) sowie in der digitalen Variante der arithmetisch-degressiven Abschreibung ergeben.

97 **bb) Leistungsabschreibung.** Von den verschiedenen Methoden der Zeitabschreibung ist die Leistungsabschreibung zu unterscheiden. Bei ihr werden die jährlichen *Abschreibungsbeträge variabel* je nach in der Abrechnungsperiode angefallener Leistungseinheit (z.B. Stückzahl der Produktion, Maschinenlaufstunden, km-Leistung bei Kfz usw.) bemessen.[128] **Steuerrechtlich** ist diese Abschreibungsform nach Maßgabe von § 7 Abs. 1 S. 6 EStG sowie in der Sonderform der Absetzung für Substanzverringerung (§ 7 Abs. 6 EStG) zulässig. Handelsrechtlich kommen auch Kombinationsformen zwischen leistungsbedingter und linearer Abschreibung vor.[129]

98 **cc) Komponentenweise Abschreibung.** Für abnutzbare Vermögensgegenständen des Sachanlagevermögens sieht der HFA des IDW die komponentenweise Abschreibung nach Maßgabe des im Mai 2009 veröffentlichten, in Anlehnung an IAS 16.43–49 konzipierten Rechnungslegungshinweises IDW RH HFA 1.016[130] als zulässig an. Wo sich ein Gegenstand des Sachanlagevermögens (gedanklich) in physisch separierbare, im Verhältnis zum Gesamtgegenstand wesentliche Komponenten aufteilen lasse (wie etwa ein Gebäude in dessen Dach und den Gebäuderest[131]), könnten wahlweise – statt der Abschreibung des Gesamtgegenstandes über dessen voraussichtliche Nutzungsdauer – die jeweiligen Komponenten über ihre jeweilige (typischerweise unterschiedliche) Nutzungsdauer abgeschrieben werden. In diesem Falle sollen bei Ersatz einer Komponente die dafür anfallenden Kosten als nachträgliche Anschaffungs- bzw. Herstellungskosten zu aktivieren und wiederum über die voraussichtliche Nutzungsdauer jener (erneuerten) Komponente abzuschreiben sein.[132]

99 Dieser Komponentenansatz, der im Schrifttum verbreitet Zustimmung erfahren hat,[133] bricht noch nicht mit dem Grundsatz der Einzelbewertung (§ 252 Abs. 1 Nr. 3). Aktivierungspflichtiger Vermögensgegenstand ist der Gesamtgegenstand, der nicht nur weiterhin die Bezugsbasis für etwaige außerplanmäßige Abschreibungen nach Abs. 3 S. 3 bildet,[134] sondern auch das Bezugsobjekt der planmäßigen Abschreibungen (Abschreibungseinheit) bleibt. Seine planmäßige Abschreibung wird jedoch nicht einheitlich über die angenommene Nutzungsdauer des Gesamtgegenstandes vollzogen, sondern in parallele Teilabschreibungen der einzelnen Komponenten (orientiert an deren Nutzungsdauer) unterteilt. Im Komponentenansatz begegnet deshalb eine spezielle Methode zur Verteilung des

---

128 S. etwa ADS[6] § 253 Rdn 404 ff; Beck BilKomm[8]-*Kozikowski/Roscher/Andrejewski* § 253 Rdn 245.

129 ADS[6] § 253 Rdn 407 ff.

130 Handelsrechtliche Zulässigkeit einer komponentenweisen planmäßigen Abschreibung von Sachanlagen (FN-IDW 2009, 362; WPg Supplement 2009, 39).

131 So das Beispiel in IDW RH HFA 1.016 Tz 5.

132 IDW RH HFA 1.016 Tz 4 ff.

133 Haufe HGB BilKomm[3]-*Bertram/Heusinger-Lange* § 253 Rdn 184 ff; *Gelhausen/Fey/Kämpfer* Abschn. F Tz 10 ff; Beck BilKomm[8]-*Grottel/Pastor* § 255 Rdn 391; *Hommel/Rößler* BB 2009, 2526, 2528 ff; *Husemann* WPg 2010, 507, 512 ff; HdJ-*Kahle/Heinstein* II/2, Rdn 177a ff; Beck BilKomm[8]-*Kozikowski/Roscher/Andrejewski* § 253 Rdn 278; wohl auch HdR-EA/*Brösel/Olbrich* § 253 (Stand November 2012) Rdn 526 (freilich unter unzutreffender Berufung auf einen entsprechenden „Willen des Gesetzgebers"); BoHdR-*Kirsch* § 255 (Januar 2011) Rdn 73; aA indes *Haaker* PiR 2009, 240; *Herzig/Briesemeister/Joisten/Vossel* WPg 2010, 561 ff.

134 IDW RH HFA 1.016 Tz 10.

Abschreibungsvolumens auf den Abschreibungszeitraum.[135] Eine Abschreibungsmethode ist GoB-konform, wenn sie zu einer willkürfreien, dem tatsächlichen Verlauf des Wertverlustes nicht offenkundig widersprechenden Verteilung des Abschreibungsvolumens führt und dem Gebot periodengerechter Aufwandsabgrenzung gerecht wird (s.o. Rdn 88). Diesen Maßstäben dürfte die komponentenweise Abschreibung durchaus genügen, wenn sich der Abschreibungsgegenstand in physisch separierbare, im Verhältnis zum Gesamtgegenstand wesentliche Komponenten mit unterschiedlicher wirtschaftlicher Nutzungsdauer aufteilen lässt.

Die Feststellungen des IDW zur (Nach-)Aktivierung der Kosten für den Austausch **100**
einer Komponente müssen sich freilich an den Kriterien nachträglicher Anschaffungs-/Herstellungskosten (§ 255 Abs. 1 S. 2, Abs. 2 S. 1) – und deren Abgrenzung zum bloßen Erhaltungsaufwand – messen lassen.[136] Insoweit ist entscheidend, ob der Ersatz einer abgenutzten Komponente den *Gesamt*gegenstand über seinen *ursprünglichen* Zustand hinaus wesentlich verbessert, seinen Gebrauchswert substantiell angereichert – und nicht lediglich wiederhergestellt – hat.[137] Der Austausch einer verschlissenen Komponente gegen eine neue *kann* mit einem solchen Wertzuwachs gegenüber dem ursprünglichen Zustand (vor der Abnutzung) verbunden sein. Das ist aber keineswegs per se der Fall. Ebenso wenig machen der Untergang der alten sowie der Zugang der neuen Komponente die Prüfung der „wesentlichen Verbesserung" i.S.v. § 255 Abs. 2 S. 1 entbehrlich.[138] Denn der Austausch einer Komponente geht in der Regel gerade nicht mit dem Untergang des vorhandenen *Gesamt*gegenstandes unter Schaffung eines neuen Vermögensgegenstandes einher. Die einzelnen Komponenten als je eigenständige Vermögensgegenstände interpretieren zu wollen, wäre GoB-widrig und entspräche auch nicht dem gedanklichen Modell des hier in Rede stehenden Komponentenansatzes.[139] Schließlich: Unter der Geltung der GoB besteht eine Pflicht zur Aktivierung nachträglicher Anschaffungs-/Herstellungskosten, wenn solche tatsächlich vorliegen. Ihre Aktivierung davon abhängig machen zu wollen, wie ein Methodenwahlrecht zur planmäßigen Abschreibung von Vermögensgegenständen des Sachanlagevermögens wahrgenommen wird, wäre mit dem Konzept des HGB nicht zu vereinbaren.[140]

Vorbehalte sind auch anzumelden, soweit in der komponentenweisen Abschreibung **101**
ein Mittel gesehen wird, den Wegfall der Aufwandsrückstellungen nach § 249 Abs. 2 a.F. (Rückstellungen für ihrer Eigenart nach genau umschriebene, dem Geschäftsjahr oder einem früheren Geschäftsjahr zuzuordnende Aufwendungen, die am Abschlussstichtag wahrscheinlich oder sicher, aber hinsichtlich ihrer Höhe oder des Zeitpunkts ihres Eintritts unbestimmt sind; s. § 249, 11 ff) zu kompensieren. Denn künftige Inspektionen und Großreparaturen sollen aus dem Wahlrecht zur komponentenweisen Abschreibung ausgenommen sein, weil es hier am physischen Austausch wesentlicher separierbarer Kom-

135 *Gelhausen/Fey/Kämpfer* Abschn. J Tz 19; *Hennrichs/Pöschke* DK 2009, 532, 540; *Husemann* WPg 2010, 507, 512 f.

136 Nachdrücklich kritisch gegenüber einer komponentenweisen Nachaktivierung deshalb *Herzig/Briesemeister/Joisten/Vossel* WPg 2010, 561, 566 ff; s. zuvor auch schon *Haaker* PiR 2009, 240.

137 S. zur Abgrenzung nachträglicher Herstellungskosten 4. Aufl. § 255, 19 u. etwa Beck BilKomm[8]-*Grottel/Pastor* § 255 Rdn 375 ff; BoHdR-*Kirsch* § 255 (Stand Januar 2011) Rdn 110 ff; HdR-EA/*Knop/Küting* § 255 (Stand August 2010) Rdn 332, 335 ff, 345 ff, 354.

138 So aber *Hommel/Rößler* BB 2009, 2526, 2529.

139 Vgl. IDW RH HFA 1.016 Tz 8 f.

140 Zutreffend *Haaker* PiR 2009, 240; s.a. *Herzig/Briesemeister/Joisten/Vossel* WPg 2010, 561, 568.

ponenten fehle.[141] Auch das ist freilich zu undifferenziert formuliert, da Großreparaturen durchaus mit einem solchen Komponentenaustausch verbunden sein *können*.[142]

102 Insgesamt bedarf die Frage der GoB-Konformität des Komponentenansatzes nach der Verlautbarung IDW RH HFA 1.016 noch weiterer Diskussion. **Steuerlich** bleibt der komponentenweisen Abschreibung jedenfalls die Anerkennung versagt. Denn der BFH leitet aus § 7 Abs. 1 S. 2 EStG die Verpflichtung zur einheitlichen Abschreibung eines aus verschiedenen Gegenständen zusammengesetzten Wirtschaftsguts ab; die komponentenweise Abschreibung habe für die steuerliche Gewinnermittlung keine Bedeutung.[143]

103 f) **Änderungen des Abschreibungsplans** sind geboten, wenn sich im Abschreibungsverlauf die Bemessungsgrundlage für die planmäßige Abschreibung ändert; so löst beispielsweise schon jede außerplanmäßige Abschreibung Berichtigungsbedarf hinsichtlich der (weiteren) planmäßigen Abschreibungen aus.[144] Stellt sich heraus, dass die voraussichtliche **Nutzungsdauer** des Anlagegegenstandes erheblich **zu lang** bemessen worden war, wird verbreitet eine Korrektur in der Weise befürwortet, dass der noch nicht abgeschriebene Restbuchwert nach geändertem Abschreibungsplan auf die neu festgesetzte (verkürzte) Restnutzungsdauer verteilt wird, soweit nicht eine außerplanmäßige Abschreibung nach § 253 Abs. 3 S. 3 erforderlich sei.[145] Demgegenüber ist freilich darauf hingewiesen worden, dass die Fehleinschätzung der Nutzungsdauer zur Überbewertung in der Vergangenheit und in der Folge zur Nichtigkeit der zurückliegenden Jahresabschlüsse geführt haben kann, die berichtigt werden müssen.[146] War die **Nutzungsdauer zu kurz** bemessen, so werden mit Beibehaltung der planmäßigen Abschreibung stille Bewertungsreserven gelegt. Jedenfalls nach Wegfall der Ermessensabschreibungen i.S.v. § 253 Abs. Abs. 4 a.F. spricht das rechtsformübergreifend für die Verpflichtung, den noch nicht abgeschriebenen Restbuchwert auf die nunmehr korrigierte (längere) Restnutzungsdauer zu verteilen.[147]

104 **Freiwillige Änderungen der Abschreibungsmethode** sind als Durchbrechungen des Gebots der Bewertungsstetigkeit (§ 252 Abs. 1 Nr. 6) nach § 252 Abs. 2 nur in begründeten Ausnahmefällen erlaubt; zu den hier anzulegenden Maßstäben s. § 252, 51. Zum Zwecke der (bilanzpolitisch motivierten) Ergebnisgestaltung sind solche Planänderungen *nicht* zulässig. Kapitalgesellschaften und gleichgestellte Unternehmen haben Methodenänderungen im Anhang anzugeben und zu begründen (§ 284 Abs. 2 Nr. 3).[148]

---

141 So IDW RH HFA 1.016 Tz 7.

142 *Herzig/Briesemeister/Joisten/Vossel* WPg 2010, 561, 562; *Linder* DStR 2011, 1238 ff.

143 BFH 14.4.2011, IV R 46/09, DStR 2011, 1024 Tz 24.

144 Zusammenstellung der denkbaren Ursachen notwendiger Planänderungen bei ADS[6] § 253 Rdn 421 ff; Beck BilKomm[8]-*Kozikowski/Roscher/Andrejewski* § 253 Rdn 260 ff; s.a. noch *Breidert* Grundsätze, S. 16 ff.

145 S. dazu etwa ADS[6] § 253 Rdn 423 ff; HdR-EA/*Brösel/Olbrich* § 253 (Stand November 2012) Rdn 542 ff; HdJ-*Kahle/Heinstein* II/2, Rdn 105; Beck BilKomm[8]-*Kozikowski/Roscher/Andrejewski* § 253 Rdn 260; WP-Handbuch I[14] Tz E 394; BoHdR-*Wohlgemuth* § 253 (Stand Januar 2005) Rdn 206 f.

146 Baumbach/Hueck/*Schulze-Osterloh* GmbHG[18] § 42 Rdn 399.

147 S. auf der Grundlage des alten Rechts schon *Hennrichs* Wahlrechte, S. 299; Baumbach/Hueck/*Schulze-Osterloh* GmbHG[18] § 42 Rdn 399; sehr viel großzügiger indes ADS[6] § 253 Rdn 438; HdR-EA/*Brösel/Olbrich* § 253 (Stand November 2012) Rdn 543 ff; tendenziell auch Beck BilKomm[8]-*Kozikowski/Roscher/Andrejewski* § 253 Rdn 260; BoHdR-*Wohlgemuth* § 253 (Stand Januar 2005) Rdn 208 f; unter Berufung auf das Vorsichtsprinzip gegen die Zulässigkeit einer Planänderung in solchen Fällen *Breidert* Grundsätze, S. 28 f.

148 S. zum Ganzen auch ADS[6] § 253 Rdn 435 ff; Beck BilKomm[8]-*Kozikowski/Roscher/Andrejewski* § 253 Rdn 270 ff.

3. Außerplanmäßige Abschreibungen auf die niedrigeren Stichtagswerte (Abs. 3 S. 3 und 4)

a) **Übersicht.** Bei allen Vermögensgegenständen des Anlagevermögens – einerlei, ob ihre Nutzung zeitlich begrenzt ist oder nicht – müssen im Falle einer voraussichtlich *dauernden* Wertminderung Abschreibungen vorgenommen werden, um die Vermögensgegenstände mit dem **niedrigeren Wert** anzusetzen, der ihnen **am Abschlussstichtag** beizulegen ist: **Abs. 3 S. 3.** Bei nur *vorübergehender* Wertminderung bestand bis zum Inkrafttreten des BilMoG ein Wahlrecht zur außerplanmäßigen Abschreibung auf den niedrigeren Stichtagswert (Abs. 2 S. 3 a.F.), das Kapitalgesellschaften (und diesen nach § 264a gleichgestellte Personenhandelsgesellschaften) allerdings schon bisher nur hinsichtlich der Finanzanlagen in Anspruch nehmen durften (§ 279 Abs. 1 S. 2 a.F.; vgl. 4. Aufl. § 253, 65). Nach **Abs. 3 S. 4** i.d.F.d. BilMoG dürfen außerplanmäßige Abschreibungen im Falle voraussichtlich nicht dauernder Wertminderung von allen rechnungslegungspflichtigen Unternehmen nur noch bei Finanzanlagen vorgenommen werden. **105**

Kapitalgesellschaften und ihnen nach § 264a gleichgestellte Personenhandelsgesellschaften haben nach § 277 Abs. 3 S. 1 die außerplanmäßigen Abschreibungen auf den niedrigeren Stichtagswert in der Gewinn- und Verlustrechnung gesondert auszuweisen oder im Anhang anzugeben. **106**

Der außerplanmäßigen Abschreibung auf den niedrigeren Stichtagswert entspricht **steuerrechtlich** die Abschreibung auf den niedrigeren Teilwert (Teilwertabschreibung) nach näherer Bestimmung von § 6 Abs. 1 EStG bzw. die Absetzung für außergewöhnliche technische oder wirtschaftliche Abnutzung gem. § 7 Abs. 1 S. 7 EStG. Die Teilwertabschreibung ist nur bei voraussichtlich dauernder Wertminderung zulässig; das gilt für das Anlage- wie das Umlaufvermögen gleichermaßen (§ 6 Abs. 1 Nr. 1 S. 2/Nr. 2 S. 2 EStG).[149] **107**

b) **Ermittlung des „niedrigeren Wertes“.** Nach der Formulierung in Abs. 3 S. 3 muss die außerplanmäßige Abschreibung auf den „niedrigeren Wert“ vorgenommen werden, der den Anlagegegenständen „am Abschlussstichtag beizulegen ist“. **Vergleichswert** sind die Anschaffungs- oder Herstellungskosten des Vermögensgegenstandes, ggf. vermindert um alle in den vorangegangenen Geschäftsjahren bereits vorgenommenen Abschreibungen und ggf. erhöht um die in den Vorjahren vorgenommenen Zuschreibungen; bei den abnutzbaren Anlagegegenständen ist dieser Buchwert zudem um den planmäßigen Abschreibungsbetrag des aktuellen Geschäftsjahres zu kürzen.[150] **108**

Dem so berechneten Vergleichswert ist der ggf. **niedrigere Stichtagswert** gegenüber zu stellen, über dessen konkrete Ermittlung das Gesetz freilich keine Aussage trifft. Er ist unter Beachtung des Vorsichtsprinzips (§ 252 Abs. 1 Nr. 4) und im Interesse eines zutreffenden Ausweises des Schuldendeckungspotentials des Unternehmens zu bestimmen, wobei alle Gegebenheiten des Einzelfalls zu berücksichtigen sind.[151] Je nach Art des zu **109**

---

[149] Zu Einzelheiten der steuerrechtlichen Regelung s. etwa Beck BilKomm[8]-*Kozikowski/Roscher/Andrejewski* § 253 Rdn 316 ff.

[150] S. etwa ADS[6] § 253 Rdn 453; HdR-EA/*Brösel/Olbrich* § 253 (Stand November 2012) Rdn 573; Beck BilKomm[8]-*Kozikowski/Roscher/Andrejewski* § 253 Rdn 306.

[151] S. hierzu u. zum Folgenden etwa ADS[6] § 253 Rdn 454 ff; *Breidert* Grundsätze, S. 22 ff, 51 ff; HdR-EA/*Brösel/Olbrich* § 253 (Stand November 2012) Rdn 576 ff; Beck BilKomm[8]-*Kozikowski/Roscher/Andrejewski* § 253 Rdn 307 ff; Beck-HdR-*Nordmeyer/Göbel* B 212 Rdn 169 ff; Baumbach/Hueck/*Schulze-Osterloh* GmbHG[18] § 42 Rdn 401; BoHdR-*Wohlgemuth* § 253 (Stand Januar 2005) Rdn 265 ff.

bewertenden Anlagegegenstandes sind verschiedene **Hilfswerte** heranzuziehen, wobei die Praxis der steuerrechtlichen Teilwertermittlung Anhaltspunkte liefern kann.[152] Auszugehen ist vom *Wiederbeschaffungswert*;[153] bei Anlagegegenständen, die zur alsbaldigen Veräußerung bestimmt sind, sowie für die Bewertung stillgelegter Anlagen ist auf den *Einzelveräußerungswert* abzustellen.[154] Wo sich in Ermangelung eines entsprechenden Marktes weder ein Wiederbeschaffungs- noch ein Einzelveräußerungswert bestimmen lässt (insbesondere bei Patenten, Lizenzen und Beteiligungen), kann nur der *Ertragswert* als Hilfsgröße herangezogen werden.[155] **Maßgeblicher Zeitpunkt** für die Wertermittlung sind die Verhältnisse zum Abschlussstichtag, wobei wertaufhellende Umstände (s. zum Begriff § 252, 17) zu berücksichtigen sind.[156]

110 c) **Abschreibungspflicht bei voraussichtlich dauernder Wertminderung.** Bei voraussichtlich *dauernder* Wertminderung des Anlagegegenstandes ist die Abschreibung auf den niedrigeren Stichtagswert *zwingend* geboten (Abs. 3 S. 3); bei lediglich vorübergehender Wertminderung besteht ein Abschreibungswahlrecht nur noch bezogen auf die Finanzanlagen (Abs. 3 S. 4). Vor dem Hintergrund des Vorsichtsprinzips (§ 252 Abs. 1 Nr. 4) ist von einer dauernden Wertminderung auszugehen, sofern nicht begründeter Anlass für die Annahme einer nur vorübergehenden Wertminderung besteht.[157] Dabei sind strenge Maßstäbe bei Anlagegegenständen anzulegen, deren Nutzung nicht zeitlich beschränkt ist und die deshalb nicht schon der planmäßigen Abschreibung unterliegen. Bei abnutzbaren Vermögensgegenständen des Anlagevermögens ist eine dauernde Wertminderung dann anzunehmen, wenn der niedrigere Stichtagswert voraussichtlich während eines erheblichen Teils der Restnutzungsdauer (Richtwert: die Hälfte der verbleibenden Nutzungsdauer) unter dem planmäßigen Restbuchwert liegt.[158]

111 d) **Abschreibungswahlrecht bei nur vorübergehender Wertminderung von Finanzanlagen.** Bei nur *vorübergehenden* Wertminderungen besteht nach Abs. 3 S. 4 i.d.F.d. BilMoG ein *Abschreibungswahlrecht* nur noch hinsichtlich der **Finanzanlagen**; bei nur

152 ADS[6] § 253 Rdn 471; Beck BilKomm[8]-*Kozikowski/Roscher/Andrejewski* § 253 Rdn 307; Heymann[2]/*Walz* § 253 Rdn 71.

153 Zu den Modalitäten seiner Ermittlung ADS[6] § 253 Rdn 457 ff; BoHdR-*Wohlgemuth* § 253 (Stand Januar 2005) Rdn 266 ff.

154 ADS[6] § 253 Rdn 469 ff; Beck BilKomm[8]-*Kozikowski/Roscher/Andrejewski* § 253 Rdn 309; BoHdR-*Wohlgemuth* § 253 (Stand Januar 2005) Rdn 271 f.

155 ADS[6] § 253 Rdn 464 ff; HdR-EA/*Brösel/Olbrich* § 253 (Stand November 2012) Rdn 581; Beck BilKomm[8]-*Kozikowski/Roscher/Andrejewski* § 253 Rdn 310; BoHdR-*Wohlgemuth* § 253 (Stand Januar 2005) Rdn 273 ff.

156 Beck BilKomm[8]-*Kozikowski/Roscher/Andrejewski* § 253 Rdn 313.

157 ADS[6] § 253 Rdn 476; Beck BilKomm[8]-*Kozikowski/Roscher/Andrejewski* § 253 Rdn 315.

158 BFH 14.3.2006, I R 22/05, BB 2006, 1737; weiterführend, mit Unterschieden im Detail, ADS[6] § 253 Rdn 477; Haufe HGB BilKomm[3]-*Bertram/Kessler* § 253 Rdn 221 ff; KölnKomm-RLR/*Ekkenga* § 253 Rdn 124; *Gelhausen/Fey/Kämpfer* Abschn. J Tz 15; HdR-EA/*Brösel/Olbrich* § 253 (Stand November 2012) Rdn 602; Beck BilKomm[8]-*Kozikowski/Roscher/Andrejewski* § 253 Rdn 315; s. aber auch *Hoffmann/Lüdenbach* DB 2009, 577; HdR-*Wohlgemuth* § 253 (Stand Januar 2005) Rdn 280 mwN; deutlich restriktiver Ebenroth/Boujong/Joost/Strohn[2]/*Wiedmann* § 253 Rdn 88: Pflichtabschreibung wegen dauernder Wertminderung schon immer dann, wenn bis zum Zeitpunkt der Bilanzerstellung noch keine Werterholung eingetreten ist; so in der Tendenz auch Beck-HdR-*Wehrheim* B 164 Rdn 52.

vorübergehenden Wertminderungen sonstiger Vermögensgegenstände des Anlagevermögens sind außerplanmäßige Abschreibungen hingegen unzulässig.

Zu den Finanzanlagen gehören alle Finanzierungstitel, die dazu bestimmt sind, dauernd dem Geschäftsbetrieb zu dienen (vgl. § 247, 49 ff); zum Begriff der Finanzanlagen und zu ihrer Aufgliederung nach § 266 Abs. 2 Aktivseite A. III. (Anteile an verbundenen Unternehmen; Ausleihungen an verbundene Unternehmen; Beteiligungen; Ausleihungen an Unternehmen, mit denen ein Beteiligungsverhältnis besteht; Wertpapiere des Anlagevermögens; sonstige Ausleihungen) s. die Erläuterungen zu § 266.[159] Die Ausübung des Wahlrechts nach Abs. 3 S. 4 unterliegt dem Stetigkeitsgebot aus § 252 Abs. 1 Nr. 6.[160] **112**

VII. Abschreibungen bei Vermögensgegenständen des Umlaufvermögens (Abs. 4)

1. Übersicht. Bei Vermögensgegenständen des Umlaufvermögens gibt es planmäßige Abschreibungen nicht. Hier sind Abschreibungen vorzunehmen, um die Vermögensgegenstände mit einem niedrigeren Wert anzusetzen, der ihnen am Abschlussstichtag beizulegen ist (Abs. 4). Unter diesen Voraussetzungen besteht ein zwingendes Abschreibungsgebot; für Vermögensgegenstände des Umlaufvermögens gilt deshalb das sog. **strenge Niederstwertprinzip**. Das daneben von Abs. 3 S. 3 a.F. gewährte Wahlrecht zur Vornahme weiterer Abschreibungen wegen künftiger Wertschwankungen (dazu 4. Aufl. § 253, 75 ff) ist durch das BilMoG aufgehoben worden. S. zur Systematik der gesetzlichen Regelung und zu den Änderungen im Zuge des BilMoG schon oben Rdn 3 ff. Zur *steuerrechtlichen Teilwertabschreibung* s. Rdn 107. **113**

2. Abschreibungen auf den niedrigeren Stichtagswert

a) **Grundlagen.** Bei den Vermögensgegenständen des Umlaufvermögens entsteht ein **Abschreibungsbedarf** immer dann und insoweit, als der „Stichtagswert" des Vermögensgegenstandes unter den Einstandswert der Anschaffungs- oder Herstellungskosten (dazu s.o. Rdn 19 ff) – bzw. unter den Buchwert nach vorausgegangenen Abschreibungen in den Vorjahren – gesunken ist. Bei der Ermittlung des Stichtagswertes sind wertaufhellende Umstände, die schon zum Abschlussstichtag begründet waren, aber erst nach dem Stichtag bekannt werden, zu berücksichtigen.[161] Für die *Bestimmung des niedrigeren Stichtagswertes* stellt **Abs. 4 S. 1** auf den Börsen- oder Marktpreis am Abschlussstichtag ab. Ist ein Börsen- oder Marktpreis nicht festzustellen, so ist nach **Abs. 4 S. 2** auf den niedrigeren (Zeit-)Wert abzuschreiben, der den Vermögensgegenständen am Abschlussstichtag beizulegen ist. Ob für die Ermittlung des Börsen- oder Marktpreises nach S. 1 (dazu Rdn 115) bzw. des beizulegenden Wertes nach S. 2 (Rdn 116) auf den Absatz- oder den Beschaffungsmarkt (ggf. auf beide Märkte) abzustellen ist, bleibt in der gesetzlichen Regelung offen (Rdn 117 ff). **114**

---

159 Eingehend auch HdJ-*Hachmeister* II/3, Rdn 11 ff; Beck-HdR-*Scheffler* B 213 Rdn 3 ff; zur Bewertung s. Beck-HdR-*Scheffler* B 213 Rdn 50 ff, 295 ff, 481 ff u. 514; HdJ-*Hachmeister* II/3, Rdn 81 ff; speziell zu außerplanmäßigen Abschreibungen Beck-HdR-*Scheffler* B 213 Rdn 63 ff, 358 ff, 491 u. 518 f; HdJ-*Hachmeister* II/3, Rdn 301 ff.

160 Haufe HGB BilKomm³-*Bertram/Kessler* § 253 Rdn 248; Beck BilKomm⁸-*Kozikowski/Kreher* § 253 Rdn 350.

161 Statt anderer: ADS⁶ § 253 Rdn 485.

115 b) **Aus dem Börsen- oder Marktpreis abgeleiteter niedrigerer Wert (S. 1).** *Börsenpreis* ist der an einer amtlich anerkannten Börse (ggf. im Freiverkehr) festgestellte Kurs an eben dem Börsenplatz, an dem die zu bewertenden Vermögensgegenstände mutmaßlich an- bzw. verkauft werden; dies kann auch ein ausländischer Börsenplatz sein.[162] *Marktpreis* ist derjenige Preis, der für Waren einer bestimmten Gattung durchschnittlicher Art und Güte an einem bestimmten Handelsplatz zu einer bestimmten Zeit im Durchschnitt erzielt wird.[163] Der niedrigere Wert i.S.v. S. 1 ist aus dem Börsen- oder Marktpreis *abzuleiten*; es sind also – je nach Maßgeblichkeit von Beschaffungs- oder Absatzmarkt (dazu sogleich s.u. Rdn 117 ff) – die üblichen Anschaffungsnebenkosten hinzuzurechnen (bei Orientierung am Beschaffungsmarkt) bzw. die üblichen Verkaufskosten abzuziehen (bei Anknüpfung an den Absatzmarkt).[164] Liegt bei *Kursschwankungen* der Stichtagskurs erheblich über dem allgemeinen Kurs oder dem Durchschnittskurs, ist ggf. auf einen mittleren Kurs abzuschreiben. Bei einem unter das allgemeine Kursniveau gesunkenen Stichtagskurs ist jedoch eine Abschreibung auf den Stichtagswert vorzunehmen; ein „Aufschlag" mit der Folge der Abschreibung lediglich auf den mittleren Kurs würde dem Vorsichtsprinzip (§ 252 Abs. 1 Nr. 4) widersprechen.[165]

116 c) **Beizulegender Wert i.S.v. S. 2.** Vermögensgegenstände des Umlaufvermögens, für die ein Börsen- oder Marktpreis nicht festzustellen ist, sind nach Abs. 4 S. 2 auf den am Abschlussstichtag beizulegenden (Zeit-)Wert abzuschreiben, wenn dieser die Anschaffungs- oder Herstellungskosten unterschreitet. Die Ermittlung des in diesem Sinne beizulegenden Werts bestimmt sich bei Ableitung aus dem Absatzmarkt nach dem *Verkaufswert*, bei Anknüpfung an den Beschaffungsmarkt (näher sogleich Rdn 117 ff) nach dem *Wiederbeschaffungswert*.[166]

117 d) **Beschaffungs- oder Absatzmarkt.** Die nähere Bestimmung des aus dem Börsen- oder Marktpreis abgeleiteten niedrigeren Wertes i.S.v. S. 1 sowie des beizulegenden Wertes i.S.v. S. 2 hängt maßgeblich davon ab, ob auf die *Verhältnisse am Absatzmarkt oder am Beschaffungsmarkt* abzustellen ist. Die Entscheidung dieser seit Jahrzehnten kontrovers diskutierten Frage war schon vom Gesetzgeber des AktG 1965 (dort § 155 Abs. 2) den Grundsätzen ordnungsmäßiger Buchführung überlassen worden;[167] sie hat auch

---

162 ADS^{6} § 253 Rdn 504 ff; Beck BilKomm^{8}-*Kozikowski/Roscher* § 253 Rdn 511; BoHdR-*Wohlgemuth* § 253 (Stand Januar 2005) Rdn 319 ff; HdJ-*ders.* I/11, Rdn 14 ff.

163 ADS^{6} § 253 Rdn 508; HdR-EA/*Brösel/Olbrich* § 253 (Stand November 2012) Rdn 628; Beck BilKomm^{8}-*Kozikowski/Roscher* § 253 Rdn 512; Baumbach/Hueck/*Schulze-Osterloh* GmbHG^{18} § 42 Rdn 406; BoHdR-*Wohlgemuth* § 253 (Stand Januar 2005) Rdn 323 f.

164 ADS^{6} § 253 Rdn 510; Beck BilKomm^{8}-*Kozikowski/Roscher* § 253 Rdn 513; Ebenroth/Boujong/Joost/Strohn^{2}/*Wiedmann.* § 253 Rdn 98; BoHdR-*Wohlgemuth* § 253 (Stand Januar 2005) Rdn 322, 324; einschränkend KölnKomm-RLR/*Ekkenga* § 253 Rdn 128.

165 Zum Ganzen näher ADS^{6} § 253 Rdn 511 ff; HdR-EA/*Brösel/Olbrich* § 253 (Stand November 2012) Rdn 637; Beck BilKomm^{8}-*Kozikowski/Roscher* § 253 Rdn 514; Baumbach/Hueck/*Schulze-Osterloh* GmbHG^{18} § 42 Rdn 406; BoHdR-*Wohlgemuth* § 253 (Stand Januar 2005) Rdn 321; HdJ-*ders.* I/11, Rdn 18; grds. ablehnend gegenüber einer Korrektur der Stichtagskurse mit Hinweis auf Zufallskurse aber MünchKomm-HGB^{3}/*Ballwieser* § 253 Rdn 56.

166 Weiterführend ADS^{6} § 253 Rdn 513 ff; HdR-EA/*Brösel/Olbrich* § 253 (Stand November 2012) Rdn 629; Beck BilKomm^{8}-*Kozikowski/Roscher* § 253 Rdn 515; BoHdR-*Wohlgemuth* § 253 (Stand Januar 2005) Rdn 325; HdJ-*ders.* I/11, Rdn 19 ff.

167 S. nur *Kropff* in Geßler/Hefermehl/Eckardt/Kropff AktG § 155 Rdn 41 ff.

durch das BiRiLiG keine gesetzliche Klärung erfahren. In den zurückliegenden Jahrzehnten hatte sich eine **lange hM** herausgebildet, die sowohl beschaffungsmarkt- als auch absatzmarktorientiert bewertet und dabei wie folgt **differenzierte:**[168] Der *Absatzmarkt* soll maßgeblich sein für unfertige und fertige Erzeugnisse sowie unfertige Leistungen; ebenso für Überbestände an Roh-, Hilfs- und Betriebsstoffen. Auf den *Beschaffungsmarkt* wird abgestellt für Roh-, Hilfs- und Betriebsstoffe sowie für unfertige und fertige Erzeugnisse, für die auch ein Fremdbezug möglich ist.[169] Die (doppelte) *Maßgeblichkeit sowohl von Absatz- als auch Beschaffungsmarkt* mit der Folge der Berücksichtigung des jeweils niedrigeren Wertes wird für Handelswaren sowie für Überbestände an unfertigen und fertigen Erzeugnissen befürwortet.

Kritik. Diese starke Berücksichtigung der Verhältnisse des Beschaffungsmarktes sieht sich freilich erheblichen Einwänden ausgesetzt (s. schon 4. Aufl. § 253, 71 ff),[170] die mittlerweile zu einem Umdenken geführt haben.[171] Denn die früher hM lässt sich mit dem Vorsichtsprinzip im allgemeinen und dem Imparitätsprinzip im besonderen (§ 252 Abs. 1 Nr. 4) nicht überzeugend begründen, weil für die Antizipation künftiger Verluste auf einen zu erwartenden **Aufwandsüberschuss** abzustellen ist. Dem entspricht grundsätzlich die **absatzmarktorientierte Bewertung**, die mögliche Veräußerungserlöse – und damit nicht zuletzt den Beitrag des Vermögensgegenstands zur Schuldendeckung – erfasst. An den Beschaffungsmarkt ist allerdings dort anzuknüpfen, wo eine absatzmarktorientierte Abschätzung der voraussehbaren Verluste nicht oder nur mit unvertretbarem Aufwand möglich ist.[172] **118**

Ein Rückgriff auf die **Beschaffungsmarktpreise** kommt deshalb insbesondere für Roh-, Hilfs- und Betriebsstoffe in Betracht. Ebenso wird die Maßgeblichkeit der Wiederbeschaffungskosten befürwortet für selbsterstellte Halbfabrikate, die auch fremd bezogen werden können.[173] Bei Handelswaren und Überbeständen an unfertigen und fertigen Erzeugnissen ist indes allein auf den Absatzmarkt abzustellen.[174] **119**

---

168 In diesem Sinne (mit gewissen Unterschieden im Detail) etwa ADS⁶ § 253 Rdn 488 ff; *Knobbe-Keuk* § 5 V 3a (S. 198); Beck BilKomm⁸-*Kozikowski/Roscher* § 253 Rdn 516 ff; Baumbach/Hopt/*Merkt* HGB³⁵ § 253 Rdn 19 ff; BoHdR-*Wohlgemuth* § 253 (Stand Januar 2005) Rdn 334.

169 Für Wertpapiere, die zur alsbaldigen Veräußerung bestimmt sind, wird auf den Absatzmarkt, sonst auf den Beschaffungsmarkt abgestellt; zu (teils strittigen) Einzelheiten ADS⁶ § 253 Rdn 488, 501 f; Beck BilKomm⁸-*Kozikowski/Roscher* § 253 Rdn 516, 609 ff; Baumbach/Hueck/*Schulze-Osterloh* GmbHG¹⁸ § 42 Rdn 406, je mwN.

170 Zur Kritik grundlegend *Koch* WPg 1957, 1 ff, 31 ff, 60 ff; s. außerdem etwa *Fülling* Bilanzierung für Vorräte, S. 214 ff; *Leffson* WPg 1967, 57 ff; *ders.* Grundsätze ordnungsmäßiger Buchführung⁷, S. 373 ff, 398 ff.

171 S. u.a. MünchKommHGB³/*Ballwieser* § 253 Rdn 57 ff; Baumbach/Hueck/*Schulze-Osterloh* GmbHG¹⁸ § 42 Rdn 405; Baetge/Kirsch/Thiele/*Thiele/Kahling* § 253 (Stand September 2002) Rdn 393 f; Heymann²/*Walz* § 253 Rdn 87 ff; Beck-HdR-*Wehrheim* B 164 Rdn 113 ff; Ebenroth/Boujong/Joost/Strohn²/*Wiedmann* § 253 Rdn 93.

172 Übereinstimmend etwa Haufe HGB BilKomm³-*Bertram/Kessler* § 253 Rdn 277 f; KölnKomm-RLR/*Ekkenga* § 253 Rdn 130; *Leffson* Grundsätze ordnungsmäßiger Buchführung⁷, S. 398 ff; Baumbach/Hueck/*Schulze-Osterloh* GmbHG¹⁸ § 42 Rdn 405; im Ansatz auch schon *Kropff* in Geßler/Hefermehl/Eckardt/Kropff AktG § 155 Rdn 44.

173 HdR-EA/*Brösel/Olbrich* § 253 (Stand November 2012) Rdn 639; Ebenroth/Boujong/Joost/Strohn²/*Wiedmann* § 253 Rdn 93.

174 Haufe HGB BilKomm³-*Bertram/Kessler* § 253 Rdn 281; HdR-EA/*Brösel/Olbrich* § 253 (Stand November 2012) Rdn 639; Ebenroth/Boujong/Joost/Strohn²/*Wiedmann* § 253 Rdn 93; s.a. schon *Kropff* in Geßler/Hefermehl/Eckardt/Kropff AktG § 155 Rdn 42 f, 46.

120 Insbesondere bei Roh-, Hilfs- und Betriebsstoffen mit eingeschränkter Verwendbarkeit sind ggf. weitere Abschreibungen unter die Wiederbeschaffungskosten erforderlich, die als pauschale Abschläge von den Anschaffungs- und Herstellungskosten vorgenommen werden und sich an der Umschlaghäufigkeit des zu bewertenden Lagerbestandes orientieren (sog. **Gängigkeitsabschreibungen**).[175]

121 e) **Forderungen insbesondere.** Originär erworbene Forderungen sind nach Maßgabe des Realisationsprinzips (§ 252 Abs. 1 Nr. 4) mit ihrem Nennbetrag als Anschaffungswert anzusetzen; bei derivativem Erwerb durch Abtretung bestimmen sich die Anschaffungskosten nach dem Anschaffungspreis zuzüglich etwaiger Anschaffungsnebenkosten.[176] Forderungen sind in dem Maße abzuschreiben, in dem der Zahlungseingang zweifelhaft ist. Dabei sind bestehende Sicherheiten zu berücksichtigen. Unverzinsliche oder unterverzinsliche Forderungen sind auf der Basis eines marktkonformen Zinses zum Barwert anzusetzen; bei kurzfristigen Forderungen kann die Abzinsung unterbleiben.[177] Im Übrigen ist auch für Forderungen der Grundsatz der Einzelbewertung (§ 252 Abs. 1 Nr. 3) zu beachten; doch wird es als zulässig angesehen, Forderungen mit gleichartigen Risiken zu Gruppen zusammenzufassen und das Gruppenrisiko durch einen pauschalen Abschlag zu berücksichtigen.[178]

122 **Forderungen in Fremdwährung** sind mit dem Wechselkurs (Briefkurs) am Tage der Erstverbuchung (Zeitpunkt, an dem die Forderung nach den GoB einzubuchen ist) anzusetzen (s. 4. Aufl. § 253, 74). Zur Folgebewertung am Abschlussstichtag s. nunmehr § **256a** und die Erläuterungen dort.

VIII. Wertaufholungsgebot (Abs. 5)

123 **1. Übersicht. Bis zum Inkrafttreten des BilMoG** gewährte Abs. 5 a.F. das Wahlrecht, einen niedrigeren Wertansatz nach Maßgabe von Abs. 2 S. 3 a.F. (heute Abs. 3 S. 3 und 4), Abs. 3 a.F. (heute Abs. 4) oder Abs. 4 a.F. (Wahlrecht zu Abschreibungen im Rahmen vernünftiger kaufmännischer Beurteilung; heute nicht mehr zulässig) auch dann beizubehalten, wenn die Gründe dafür nicht mehr bestanden. Für Kapitalgesellschaften und

---

175 Hierzu u. zu den in der Praxis angewandten Verfahren s. etwa ADS[6] § 253 Rdn 518 ff; HdR-EA/*Brösel/Olbrich* § 253 (Stand November 2012) Rdn 654 ff; *Glade* Praxishandbuch[2] § 253 Rdn 529 ff, 541 ff; Beck BilKomm[8]-*Kozikowski/Roscher* § 253 Rdn 529 f; MünchKommAktG[2]/*Tiedchen* § 253 HGB Rdn 79; Heymann[2]/*Walz* § 253 Rdn 98; WP-Handbuch I[14] Tz E 433; ausführlich: BoHdR-*Wohlgemuth* § 253 (Stand Januar 2005) Rdn 351 ff.

176 HdR-EA/*Brösel/Olbrich* § 253 (Stand November 2012) Rdn 180; Beck BilKomm[8]-*Grottel/Gadek* § 255 Rdn 250 ff; HdJ-*Poullie* II/6, Rdn 136 ff.

177 Zu weiteren, zum Teil kontrovers erörterten Einzelheiten s. etwa ADS[6] § 253 Rdn 531 ff; HdR-EA/*Brösel/Olbrich* § 253 (Stand November 2012) Rdn 180 ff; KölnKomm-RLR/*Ekkenga* § 253 Rdn 147 f; Beck BilKomm[8]-*Grottel/Gadek* § 255 Rdn 255 ff; Beck BilKomm[8]-*Kozikowski/Roscher* § 253 Rdn 558 ff; *Moxter* FS L. Schmidt, S. 195, 199 f; HdJ-*Poullie* II/6, Rdn 149; Baumbach/Hueck/*Schulze-Osterloh* GmbHG[18] § 42 Rdn 364, 407; Beck-HdR-*Wehrheim* B 164 Rdn 130; BoHdR-*Wohlgemuth* § 253 (Stand Januar 2005) Rdn 362 ff, je mwN.

178 Dazu etwa ADS[6] § 253 Rdn 533; HdR-EA/*Brösel/Olbrich* § 253 (Stand November 2012) Rdn 192 ff; Beck BilKomm[8]-*Kozikowski/Roscher* § 253 Rdn 572; HdJ-*Poullie* II/6, Rdn 152 f; Baumbach/Hueck/*Schulze-Osterloh* GmbHG[18] § 42 Rdn 407; BoHdR-*Wohlgemuth* § 253 (Stand Januar 2005) Rdn 368 ff, je mwN.

ihnen nach § 264a gleichgestellte Personenhandelsgesellschaften trat an die Stelle dieses Beibehaltungswahlrechts allerdings auch schon vor dem BilMoG das Wertaufholungsgebot nach näherer Bestimmung in § 280 a.F. (dazu 4. Aufl. § 253, 85).

Im Zuge des **BilMoG** ist das nach altem Recht bestehende Beibehaltungswahlrecht (Abs. 5 a.F.) aufgehoben und für alle rechnungslegungspflichtigen Unternehmen durch das **Wertaufholungsgebot nach Abs. 5 S. 1** für alle Formen von außerplanmäßigen Abschreibungen ersetzt worden (s.u. Rdn 125 ff). Zur Übergangsregelung in Art. 67 Abs. 4 EGHGB s.o. Rdn 18. Eine **Ausnahme** vom Wertaufholungsgebot normiert **Abs. 5 S. 2**, wonach ein niedrigerer Wertansatz eines (außerplanmäßig abgeschriebenen) entgeltlich erworbenen Geschäfts- oder Firmenwertes beibehalten werden muss (Rdn 129). **124**

2. Grundsätzliche Pflicht zur Wertaufholung (Abs. 5 S. 1). Ist ein aktivierter Vermögensgegenstand in einem vorherigen Geschäftsjahr (außerplanmäßig) auf den niedrigeren Stichtagswert nach Abs. 3 S. 3 und 4 oder nach Abs. 4 abgeschrieben worden, darf der niedrigere Wertansatz gem. Abs. 5 S. 1 nicht länger beibehalten werden, wenn die Gründe dafür nicht mehr bestehen. In diesem Fall besteht vielmehr die **Pflicht zur Zuschreibung** (Wertaufholung). Hatte der frühere Abschreibungsbedarf mehrere Ursachen, von denen nur ein Teil wieder entfallen ist, so ist die Zuschreibung in Höhe der teilweisen Werterholung vorzunehmen.[179] Ebenso ist die Zuschreibung dort geboten, wo die Werterholung des in der Vergangenheit abgewerteten Vermögensgegenstandes eine eigenständige Ursache hat, die sich nicht als Umkehr der Ursachen des in den Vorjahren eingetretenen Wertverlustes darstellt.[180] Überhöhte planmäßige Abschreibungen sind indes nicht durch Zuschreibungen nach Abs. 5 S. 1 zu korrigieren; sie können – unter Änderung des Abschreibungsplans – lediglich durch eine Korrektur künftiger Abschreibungen ausgeglichen werden.[181] **125**

Abs. 5 S. 1 grenzt die Voraussetzungen des Wertaufholungsgebots im Übrigen rein objektiv, also unabhängig von der Kenntnis des Rechnungslegungspflichtigen ab. Zu jedem Jahresabschlussstichtag ist deshalb zu **prüfen**, inwieweit die Gründe für eine in den Vorjahren vorgenommene Abschreibung noch fortbestehen. **126**

Obergrenze der Zuschreibung sind dabei die Anschaffungs- oder Herstellungskosten des betreffenden Vermögensgegenstandes, bei abnutzbaren Vermögensgegenständen des Anlagevermögens allerdings vermindert um die planmäßigen Abschreibungen bis zum jeweiligen Stichtag.[182] Angesichts der bestehenden Zuschreibungspflicht ist der Ansatz eines bloßen Zwischenwertes zwischen dem bisherigen Buchwert und der gebotenen Zuschreibung nicht ausreichend.[183] Kapitalgesellschaften können den Eigenkapitalanteil von Wertaufholungen in eine **Wertaufholungsrücklage** einstellen (§ 58 Abs. 2a AktG; § 29 Abs. 4 GmbHG). **127**

3. Entgeltlich erworbener Geschäfts- oder Firmenwert (Abs. 5 S. 2). Die mit dem **BilMoG** eingefügte Bestimmung des § 246 Abs. 1 S. 4 erklärt den **entgeltlich erworbenen** **128**

---

179 KölnKomm-RLR/*Ekkenga* § 253 Rdn 154; Beck BilKomm[8]-*Winkeljohann/Taetzner* § 253 Rdn 637 ff.

180 Haufe HGB BilKomm[3]-*Bertram/Kessler* § 253 Rdn 312; Beck-HdR-*Böcking/Gros* B 169 Rdn 26; Beck BilKomm[8]-*Winkeljohann/Taetzner* § 253 Rdn 638; HdR-EA/*Zündorf* § 253 (Stand November 2012) Rdn 775 f.

181 Beck BilKomm[8]-*Winkeljohann/Taetzner* § 253 Rdn 636; HdR-EA/*Zündorf* § 253 (Stand November 2012) Rdn 801.

182 Haufe HGB BilKomm[3]-*Bertram/Kessler* § 253 Rdn 313; HdR-EA/*Zündorf* § 253 (Stand November 2012) Rdn 781 f.

183 S. demgegenüber zum früheren Recht ADS[6] § 253 Rdn 606.

Geschäfts- oder Firmenwert im Wege der Fiktion („gilt als") zu einem **zeitlich begrenzt nutzbaren Vermögensgegenstand** (zu Einzelheiten s. die Erläuterungen § 246, 74 ff). In der Konsequenz ist er zwingend zu aktivieren. Der aktivierte Unterschiedsbetrag i.S.v. § 246 Abs. 1 S. 4 ist nach Maßgabe der für Vermögensgegenstände des Anlagevermögens geltenden Bestimmungen (§ 253 Abs. 3) abzuschreiben: Zum einen – da der entgeltlich erworbene Geschäfts- oder Firmenwert als nur zeitlich begrenzt nutzbarer Vermögensgegenstand des Anlagevermögens i.S.v. Abs. 3 S. 1 gilt – planmäßig über die voraussichtliche individuelle betriebliche Nutzungsdauer des Geschäfts- oder Firmenwertes gem. Abs. 3 S. 1 und 2 (s. dazu § 246, 84 ff); zum anderen außerplanmäßig nach Maßgabe von Abs. 3 S. 3.[184]

129 Außerplanmäßige Abschreibungen des entgeltlich erworbenen Geschäfts- oder Firmenwerts auf den niedrigeren Wert zum Abschlussstichtag sind danach bei voraussichtlich dauernder Wertminderung vorzunehmen.[185] Dieser niedrigere Wertansatz ist nach **Abs. 5 S. 2** – unter Durchbrechung des Wertaufholungsgebots nach Abs. 5 S. 1 – auch dann beizubehalten, wenn die Gründe für die außerplanmäßige Abschreibung nicht länger bestehen. Jenem **Wertaufholungsverbot** liegt die Überlegung zugrunde, dass eintretende Werterholungen eines erworbenen Geschäfts- oder Firmenwertes nach einer außerplanmäßigen Abschreibung auf der Geschäfts- oder Betriebstätigkeit des erwerbenden Unternehmens beruhen; die Wertaufholung würde dann eine (verbotene) Aktivierung eines selbst geschaffenen Geschäfts- oder Firmenwertes darstellen.[186] Auch hierdurch unterstreicht der Gesetzgeber des BilMoG im Übrigen seinen Willen, an der mangelnden Aktivierungsfähigkeit des *selbst geschaffenen* Geschäfts- oder Firmenwertes (s. § 246 Rdn 80 und 87) festzuhalten.

§ 254
Bildung von Bewertungseinheiten

Werden Vermögensgegenstände, Schulden, schwebende Geschäfte oder mit hoher Wahrscheinlichkeit erwartete Transaktionen zum Ausgleich gegenläufiger Wertänderungen oder Zahlungsströme aus dem Eintritt vergleichbarer Risiken mit Finanzinstrumenten zusammengefasst (Bewertungseinheit), sind § 249 Abs. 1, § 252 Abs. 1 Nr. 3 und 4, § 253 Abs. 1 Satz 1 und § 256a in dem Umfang und für den Zeitraum nicht anzuwenden, in dem die gegenläufigen Wertänderungen oder Zahlungsströme sich ausgleichen. Als Finanzinstrumente im Sinn des Satzes 1 gelten auch Termingeschäfte über den Erwerb oder die Veräußerung von Waren.

Schrifttum

Dietrich Die Bewertungseinheit im allgemeinen Handelsrecht, 1998; *Drewes* Bewertungseinheiten nach Handels- und Steuerrecht, DStR 2011, 1967; *ders.* Offene Fragen zur Bildung handelsrechtlicher Bewertungseinheiten im Konzern, DB 2012, 241; *Glaser/Hachmeister* Pflicht oder Wahl-

[184] Begründung zum RegE BilMoG; BT-Drucks. 16/10067, S. 48.

[185] *Gelhausen/Fey/Kämpfer* Abschn. E Tz 23 f; s. zum früheren Recht auch ADS[6] § 255 Rdn 285.

[186] So Begründung zum RegE BilMoG; BT-Drucks. 16/10067, S. 57.

recht zur Bildung bilanzieller Bewertungseinheiten nach dem BilMoG, BB 2011, 555; *Günkel* Bewertungseinheiten in der Steuerbilanz beim Einsatz von Finanzinstrumenten zur Abdeckung finanzieller Risiken, RdF 2011, 59; *Haisch/Helios* Bilanzierung von Bewertungseinheiten, in dies. Rechtshandbuch Finanzinstrumente, 2011, § 2 V; *Helios* Bewertungseinheiten, in Prinz/Kanzler, NWB Praxishandbuch Bilanzsteuerrecht, 2012, Kap. VII; *Hennrichs* Zur handelsrechtlichen Beurteilung von Bewertungseinheiten bei Auslandsbeteiligungen WPg 2010, 1185; *Herzig/Mauritz* Ökonomische Analyse von Konzepten zur Bildung von Bewertungseinheiten, zfbf 1998, 99; *Jonas* Die Bildung von Bewertungseinheiten im handelsrechtlichen Jahresabschluss, 2011; *Lüdenbach/Freiberg* Handelsbilanzielle Bewertungseinheiten nach IDW ERS HFA 35 unter Berücksichtigung der steuerbilanziellen Konsequenzen, BB 2010, 2683; *Meinert* Die Bildung objektübergreifender Bewertungseinheiten nach Handels- und Steuerrecht, 2010; *Petersen/Zwirner* Bilanzrechtsmoderisierungsgesetz, 2009; *Oser/Hahn/Breitweg/Eisenhardt/Kuhn* Bewertungseinheiten in der Bilanzierungspraxis mittelständischer Konzerne, StuB 2012, 91; *Rimmelspacher/Fey* Handelsrechtliche Bilanzierung antizipativer Bewertungseinheiten, WPg 2011, 805; *M. Schmidt* Bewertungseinheiten nach dem BilMoG, BB 2009, 882; *Velte/Haaker* Bewertungseinheiten bei kompensatorischen Risikosicherungsbeziehungen in der Handels- und Steuerbilanz, StuW 2013, 182; *Weigel/Löw/Flintrop/Helke/Jessen/Kopatschek/Vietze* Handelsrechtliche Bilanzierung von Bewertungseinheiten bei Kreditinstituten – Teil 1, WPg 2012, 71; *Wulf* Bilanzierung von Bewertungseinheiten nach § 254 HGB unter Berücksichtigung des IDW RS HFA 35, DStZ 2012, 534; *Zwirner/Froschhammer* Die Bilanzierung von Bewertungseinheiten nach § 254 HGB, BRZ 2010, 153.

Übersicht

I. Inhalt, Zweck und Anwenderkreis der Vorschrift

1. Inhalt und Zweck. Neuregelung und zeitliche Geltungsanordnung. Durch das **Bilanzrechtsmodernisierungsgesetz** (BilMoG[1]) mit dem Kernziel der Aufhebung der sog. umgekehrten Maßgeblichkeit wurde das in § 254 S. 1 a.F. enthaltene Wahlrecht, Vermögensgegenstände des Anlage- wie des Umlaufvermögens auch in der Handelsbilanz mit dem niedrigeren Wert anzusetzen, der auf einer nur steuerrechtlich zulässigen Abschreibung beruht, obsolet. § 254 a.F. wurde aufgehoben.[2] Die Vakanz wurde mit einem vollständig neuen Inhalt belegt. § 254 n.F. ist erstmals auf Einzel- und Konzernabschlüsse 1

[1] Gesetz zur Modernisierung des Bilanzrechts (BilMoG) vom 25.5.2009, BGBl 2009, 1102, 1104.

[2] BT-Drucks. 16/10067, 59.

für das nach dem 31.12.2009 beginnende Geschäftsjahr anzuwenden (Art. 66 Abs. 3 EGHGB).

2 **Inhalt.** § 254 S. 1 normiert erstmalig die tatbestandlichen **Voraussetzungen und die Rechtsfolgen einer handelsrechtlichen Bewertungseinheit.** Als solche definiert S. 1 die Zusammenfassung von Vermögensgegenständen, Schulden, schwebenden Geschäften oder mit hoher Wahrscheinlichkeit erwartete Transaktionen mit **Finanzinstrumenten,** sofern diese zum Ausgleich gegenläufiger Wertänderungen oder Zahlungsströme aus dem Eintritt vergleichbarer Risiken erfolgt. Damit werden zur Absicherung von Grundgeschäften abgeschlossene risikokompensierende Sicherungsgeschäfte[3] bei Finanzinstrumenten als Einheit für die Bewertung verklammert (näher Rdn 17 ff). Als **Rechtsfolge** suspendiert § 254 S. 1 innerhalb seines sachlichen und zeitlichen Anwendungsbereichs (soweit und solange) mit der Bildung von Rückstellungen für drohende Verluste aus schwebenden Geschäften (§ 249 Abs. 1), dem Grundsatz der Einzelbewertung (§ 252 Abs. 1 Nr. 3), dem Realisations- und Imparitätsprinzip (§ 252 Abs. 1 Nr. 4), dem Anschaffungskostenansatz (§ 253 Abs. 1 S. 1) und der Fremdwährungsumrechnung (§ 256a) grundlegende Bewertungs- und Bilanzierungsgrundsätze (dazu Rdn 12). § 254 S. 2 erweitert den Anwendungsbereich einer Bewertungseinheit über reine „Finanzinstrumente" hinaus auf **Warentermingeschäfte** (s. Rdn 24). Insgesamt ist § 254 ausweislich seiner Rechtsfolge eine **Ausnahmevorschrift,** die die Abweichung von allgemeinen Ansatz- und Bewertungsgrundsätzen eröffnet. Allerdings ist die Ausnahme sachlich und zeitlich limitiert (s. Rdn 17 ff).

3 **Zweck.** Der Gesetzgeber wollte an die Rechnungslegungspraxis der Bildung von Bewertungseinheiten anknüpfen. Die Neufassung des § 254 dient erklärtermaßen „**der gesetzlichen Verankerung** der im Schrifttum als Grundsätze ordnungsmäßiger Bilanzierung eingestuften **Abbildung von Bewertungseinheiten**".[4] Dabei orientierte sich der Gesetzgeber auch an den IFRS, ohne diese zu kopieren (s. Rdn 16). § 254 bezweckt, die Darstellung der Vermögens-, Finanz- und Ertragslage stärker als zuvor und in Abweichung vom Grundsatz der Einzelbewertung an den tatsächlichen (wirtschaftlichen) Verhältnissen eines Unternehmens auszurichten.[5] Dabei wollte der Gesetzgeber mit § 254 keine in der Praxis anzutreffende Art von Bewertungseinheiten bevorzugen oder gar ausschließen.[6] Die handelsrechtliche Normierung schließt zugleich eine Regelungslücke[7] im Verhältnis zur steuerrechtlichen Übernahme handelsrechtlicher Bewertungseinheiten (s. Rdn 25). Gerade wegen der steuerrechtlichen Bezugnahme hielt der Gesetzgeber „eine handelsrechtliche Vorschrift zur Beschreibung der in der Praxis bereits angewandten handelsrechtlichen Grundsätze zur Bildung von Bewertungseinheiten (für) dringend erforderlich".[8]

4 **2. Anwenderkreis.** § 254 gilt als Teil der allgemeinen Bewertungsvorschriften **für alle Kaufleute** unabhängig von ihrer Rechtsform, Größe und Branchenzugehörigkeit.[9] Bei **Kreditinstituten** wird § 254 durch die branchenspezifische Regelung des § 340e Abs. 3 S. 4 für Finanzinstrumente des Handelsbestands ergänzt.[10] **Kapitalgesellschaften** und ihnen nach § 264a **gleichgestellte Personenhandelsgesellschaften** sowie Genossenschaften (§ 336 Abs. 2) müssen bei Bildung von Bewertungseinheiten **im Anhang Angaben** nach

---

3 Zur Terminologie vgl. nur KölnKomm-RLR-*Prinz* § 254 Rdn 9 ff.
4 BT-Drucks. 16/10067, 57.
5 BT-Drucks. 16/10067, 59.
6 BT-Drucks. 16/10067, 58.
7 BoHdR-*Kirsch* § 254 Rdn 3.
8 BT-Drucks. 16/10067, 57.
9 HdR-EA/*Scharpf* § 254 Rdn 1.
10 Zum Zusammenwirken KölnKomm-RLR-*Braun* § 340e Rdn 66 ff.

§ 285 Nr. 23 (im Konzernanhang nach § 314 Abs. 1 Nr. 15[11]) über die jeweils abgesicherten Positionen, die Risiken und ihre Höhe, über Umfang, Zeitraum und Ermittlung der Absicherung sowie über mit hoher Wahrscheinlichkeit erwartete Transaktionen machen.[12] Diese Angaben sind der Ausgleich für den Verzicht auf die Dokumentationspflicht von Bewertungseinheiten als tatbestandliche Voraussetzung des § 254.[13] Sie stehen in enger Beziehung zu den **Angaben im Lagebericht** über Risikomanagement und die Methoden zur Absicherung im Rahmen der Bilanzierung von Sicherungsgeschäften (§ 289 Abs. 2 Nr. 2a), so dass im Lagebericht insoweit auf den Anhang zu verweisen ist (§ 289 Abs. 2 S. 2).

II. Grundlagen der Bildung und Bilanzierung von Bewertungseinheiten

1. Regelungshintergrund: Praxis der Bildung von Bewertungseinheiten. Ausgangspunkt: Rechnungslegungspraxis vor dem BilMoG. Bereits vor Einführung von § 254 n.F. wurde die Bildung von Bewertungseinheiten in der Handelsbilanz unter bestimmten Voraussetzungen für zulässig gehalten,[14] wobei zahlreiche Detailfragen zur Bildung und Auflösung von handelsrechtlichen Bewertungseinheiten umstritten waren.[15] Der Gesetzgeber hat an die Rechnungslegungspraxis der Bildung von Bewertungseinheiten angeknüpft und wollte die im Schrifttum als GoB anerkannte Abbildung von Bewertungseinheiten in § 254 gesetzlich verankern (s. Rdn 3). Wenngleich dies als Rückfall in eine **induktive Gewinnung von GoB** erscheinen mag,[16] erhellt die vormalige Rechnungslegungspraxis zu Bewertungseinheiten das Regelungsbedürfnis und ist zumindest **Ausgangspunkt**[17] für die Auslegung der neuen Vorschrift. Entscheidend für die Auslegung ist freilich die konkrete gesetzliche „Abschöpfung" der bisherigen Praxis durch § 254 und der zum Ausdruck gekommene **Zweck der Vorschrift**, der zentral für die deduktive Ableitung eines GoB ist.[18] Auch nach der Neufassung des § 254 müssen Bewertungseinheiten den GoB entsprechen[19], soweit diese nicht durch § 254 als neue Spezialregelung zu den GoB[20] verdrängt werden. 5

Probleme bei isolierender Bewertung verbundener Geschäfte. Die Bildung von Bewertungseinheiten ist eine Antwort der Rechnungslegungspraxis auf die Bewertungsfolgen und Probleme, die sich bei Anwendung der **allgemeinen Bewertungsvorschriften** auf im 6

---

[11] Zur Behandlung von Bewertungseinheiten im Konzern näher HdR-EA/*Scharpf* § 254 Rdn 396 ff.

[12] Zu den einzelnen geforderten Angaben vgl. IDW-Stellungnahme zur Rechnungslegung, Handelsrechtliche Bilanzierung von Bewertungseinheiten (IDW RS HFA 35), IDW-Fachnachrichten Nr. 7/2011, 445, Rdn 93 ff.

[13] BT-Drucks. 16/12407, 86.

[14] Näher *Dietrich* Die Bewertungseinheit im allgemeinen Handelsrecht, 1998; *Oestreicher* Grundsätze ordnungsmäßiger Bilanzierung von Zinsterminkontrakten, 1992, S. 263 ff; *Tönnies/Schiersmann* DStR 1997, 174 u. 756; in der Rückschau *Meinert* Die Bildung objektübergreifender Bewertungseinheiten nach Handels- und Steuerrecht, 2010, S. 53 ff, 147 mwN.

[15] *Haisch/Helios* Rechtshandbuch Finanzinstrumente, § 2 Rdn 81 ff; NWB Praxishandbuch Bilanzsteuerrecht-*Helios* Rdn 1025, 1027; KölnKomm-RLR-*Prinz* § 254 Rdn 1 mwN.

[16] Krit. dazu MünchKommHGB-*Ballwieser* § 254 Rdn 4.

[17] Allgemein sehen auch Beck BilKomm-*Förschle/Usinger* § 243 Rdn 18, einen fortbestehenden Raum für die induktive Entwicklung der GoB, machen aber den Vorbehalt, dass im Konfliktfall die induktive der deduktiven Methode weichen müsse.

[18] Allgemein HdJ-*Schulze-Osterloh* Abt. I/1 Rdn 14 mwN.

[19] HdR-EA/*Scharpf* § 254 Rdn 3.

[20] *Meinert* Die Bildung objektübergreifender Bewertungseinheiten nach Handels- und Steuerrecht, 2010, S. 351.

Sicherungsverbund stehende Geschäfte ergeben.[21] Danach sind Vermögensgegenstände und Schulden grundsätzlich unter Beachtung des Realisations- bzw. Imparitätsprinzips einzeln zu bewerten (§ 252 Abs. 1 Nr. 3 und 4). Nach dem **Vorsichtsprinzip** sind bis zum Stichtag entstandene unrealisierte Verluste wegen des Imparitätsprinzips zu berücksichtigen, während unrealisierte Gewinne wegen des Realisationsprinzips außen vor bleiben (§ 252 Abs. 1 Nr. 4). Als Folge des **Kompensationsverbots** dürfen nach den allgemeinen Bewertungsgrundsätzen auszuweisende Wertminderungen einzelner Vermögensgegenstände nicht mit Wertsteigerungen kompensiert werden, die bei anderen Vermögensgegenständen eingetreten sind.[22] Der **Zielkonflikt** des derart zergliedernden Vorsichtsprinzips mit dem Einsichtsgebot des § 264 Abs. 2 S. 1 liegt auf der Hand.[23] Eine strikte **Einzelbewertung** führt zusammen mit dem **Imparitätsprinzip** beim Sicherungszusammenhang zu einer inadäquaten bilanziellen Abbildung, die auch die Vermögens- und Ertragslage verzerrt darstellen kann.[24] Denn bei einer getrennten Erfassung und Bewertung von Grund- und Sicherungsgeschäft führen die allgemeinen Bewertungsgrundsätze dazu, dass bei dem einen Geschäft ein Verlust gewinnmindernd berücksichtigt wird, während bei dem zusammenhängenden anderen Geschäft ein Gewinn entsteht, der aber nach dem Realisationsprinzip nicht erfasst werden darf.[25] Eine **„objektübergreifende Bewertungseinheit"** dient der **einheitlichen Bewertung mehrerer Vermögensgegenstände und Schulden sowie schwebender Geschäfte.**[26] Dabei bilden die in der Bewertungseinheit verbundenen Geschäfte kein neues Bilanzierungsobjekt, sondern lediglich ihre gegenläufigen Gewinn- und Verlustwirkungen werden im Sinne einer **„kompensatorischen Bewertung"** lediglich verrechnet.[27]

7 **Sicherungsmodelle in der Unternehmenspraxis.** In der unternehmerischen Praxis haben sich – mit Unterschieden und fließenden Übergängen[28] – in Anlehnung an finanzwirtschaftliche Hedging-Strategien folgende nach der Art und Anzahl der zu sichernden Grundgeschäfte differenzierende Bewertungseinheiten herausgebildet:[29] Beim sog. **Micro-Hedging** erfolgt eine Absicherung auf Einzelgeschäftsebene, indem ein Grundgeschäft durch ein einzelnes (oder mehrere) Deckungsgeschäft(e) unmittelbar betrags- und zeitidentisch abgesichert wird. Beim sog. **Marco-Hedge** wird eine Gruppe von Grundgeschäften gemeinsam betrachtet und eine sich ergebene Netto-Risikoposition durch ein oder mehrere Sicherungsinstrumente abgesichert. Das vor allem bei Handelsbeständen von Kreditinstituten verbreitete sog. **Portfolio-Hedge** geht über die homogene Zusammenfassung von Geschäften hinaus und bündelt unterschiedliche Grundgeschäftstypen zum Zwecke einer möglichst kostengünstigen Absicherung. Auf alle genannten Siche-

[21] Näher *Meinert* Die Bildung objektübergreifender Bewertungseinheiten nach Handels- und Steuerrecht, 2010, S. 21 ff, 30 ff mwN.

[22] ADS[6] § 252 Rdn 48.

[23] Allgemein KölnKomm-RLR-*Claussen* § 252 Rdn 38, 40.

[24] *Meinert* Die Bildung objektübergreifender Bewertungseinheiten nach Handels- und Steuerrecht, 2010, S. 34.

[25] NWB Praxishandbuch Bilanzsteuerrecht-*Helios* Rdn 1020.

[26] *Meinert* Die Bildung objektübergreifender Bewertungseinheiten nach Handels- und Steuerrecht, 2010, S. 36 f; ebenso NWB Praxishandbuch Bilanzsteuerrecht-*Helios* Rdn 1020.

[27] *Meinert* Die Bildung objektübergreifender Bewertungseinheiten nach Handels- und Steuerrecht, 2010, S. 39 mwN; Baumbach/Hopt/*Merkt* § 254 Rdn 1.

[28] KölnKomm-RLR-*Prinz* § 254 Rdn 6.

[29] Zusammenfassend *Haisch/Helios* Rechtshandbuch Finanzinstrumente, § 2 Rdn 77 ff; NWB Praxishandbuch Bilanzsteuerrecht-*Helios* Rdn 1022 ff; *Velte/Haaker* StuW 2013, 182, 185; näher *Meinert* Die Bildung objektübergreifender Bewertungseinheiten nach Handels- und Steuerrecht, 2010, S. 12 ff mwN.

rungsinstrumente nimmt die Gesetzesbegründung Bezug und betont, dass § 254 „keine bestimmte Art von Bewertungseinheiten bevorzugen oder gar ausschließen" solle.[30] Aufgrund der Kodifikation verlagert sich die Frage der Anerkennung handelsrechtlicher Bewertungseinheiten von der beispielhaften, typenbezogenen Abgrenzung sog. Hedging-Instrumente der Gesetzesbegründung[31] hin zu den tatbestandlichen Voraussetzungen des § 254 (s. Rdn 17 ff). Trotz der bewussten Anknüpfung an die Sicherungs- und Rechnungslegungspraxis haben die in der Gesetzesbegründung erwähnten Formen nach der **„abschöpfenden" Kodifikation** durch den Gesetzgeber keine unmittelbar gesetzesbestimmende und verbindliche Wirkung mehr (s. Rdn 5). Der Gesetzgeber wollte zwar „eine handelsrechtliche Vorschrift zur Beschreibung der in der Praxis bereits angewandten handelsrechtlichen Grundsätze zur Bildung von Bewertungseinheiten"[32] schaffen, hat aber darauf verzichtet, in § 254 bestimmte Arten von Bewertungseinheiten zu definieren.[33] Er hat – notwendigerweise – durch § 254 generalisiert und abstrahiert. § 254 definiert Bewertungseinheiten insbesondere ohne Rückgriff auf die verbreiteten Begriffe des „Grundgeschäfts" und des „Sicherungsgeschäfts". Nach der Lückenschließung durch 254 (s. Rdn 3) sind in der Rechnungslegungspraxis gebildete Bewertungseinheiten allein Gegenstand, aber nicht Maßstab der handelsrechtlichen Beurteilung.

2. Bilanzielle Abbildung von Bewertungseinheiten. Keine gesetzliche Determination. **8**
§ 254 setzt die Zusammenfassung zu einer Bewertungseinheit voraus, bestimmt aber nicht, wie gebildete Bewertungseinheiten bilanziell abzubilden sind.[34] Im Rahmen der GoB steht die Abbildung von Bewertungseinheiten den Rechnungslegungspflichtigen frei. In der Rechnungslegungspraxis sind zwei verschiedene Methoden verbreitet:[35]

Einfrierungsmethode. Bei der sog. Einfrierungsmethode (oder Festbewertungsmethode **9**
bzw. Methode der kompensatorischen Bewertung[36]) werden die Wertänderungen bzw. Zahlungsstromänderungen von Grundgeschäft und Sicherungsinstrument weder in der Bilanz noch in der Gewinn- und Verlustrechnung berücksichtigt, soweit sie auf den effektiven Teil der Sicherungsbeziehungen entfallen. Sowohl unrealisierte Verluste als auch unrealisierte Gewinne bleiben bilanziell unter Durchbrechung des Imparitätsprinzips unberücksichtigt. Die GuV wird bei dieser Methode nur im Hinblick auf den ineffektiven Teil berührt.[37] Die Finanzverwaltung gibt der Einfrierungsmethode für steuerliche Zwecke generell den Vorzug.[38]

Durchbuchungsmethode. Bei der alternativen Durchbuchungsmethode (oder Brutto- **10**
methode) werden sämtliche Wertschwankungen von Grundgeschäft und Sicherungsinstrument, sowohl für den effektiven als auch für den ineffektiven Teil der Sicherungsbeziehung, ergebniswirksam erfasst.[39] Ineffektive Teile werden nach den allgemeinen

---

[30] Explizit BT-Drucks. 16/10067, 58.
[31] Zutreffend HdR-EA/*Scharpf* § 254 Rdn 32, 34.
[32] BT-Drucks. 16/10067, 57.
[33] NWB Praxishandbuch Bilanzsteuerrecht-*Helios* Rdn 1035.
[34] MünchKommHGB-*Ballwieser* § 254 Rdn 20; BoHdR-*Kirsch* § 254 Rdn 101.
[35] Zusammenfassend NWB Praxishandbuch Bilanzsteuerrecht-*Helios* Rdn 1037. Praktisches Anschauungsbeispiel bei *Petersen/Zwirner/Froschhammer* in Petersen/Zwirner BilMoG 2009, S. 430 f.
[36] Beck BilKomm-*Förschle/Usinger* § 254 Rdn 52.
[37] NWB Praxishandbuch Bilanzsteuerrecht-*Helios* Rdn 1037 mwN.
[38] BMF-Schreiben an den Bankenverband zur steuerlichen Gewinnermittlung bei der Bildung von Bewertungseinheiten 25.8.2010, DB 2010, 2024.
[39] Insoweit ist diese Methode informativer (MünchKommHGB-*Ballwieser* § 254 Rdn 21; krit. BoHdR-*Kirsch* § 254 Rdn 104).

handelsrechtlichen Vorschriften behandelt. Dabei werden nicht nur unrealisierte Verluste, sondern auch unrealisierte Gewinne unter Modifikation bzw. Durchbrechung des Anschaffungskosten- und Realisationsprinzips im Bilanzansatz zum Abschlussstichtag erfasst. Eintretende Wertveränderungen werden zum jeweiligen Abschlussstichtag erfolgswirksam in der GuV ausgewiesen.[40] Das IDW erachtet die Durchbuchungsmethode auch ohne Berührung der GuV als zulässig.[41] Dagegen wird diese Methode zum Teil als unzulässig erachtet, weil sie insbesondere Wertveränderungen schwebender Geschäfte ausweist.[42]

11 **Methodenwahlrecht.** § 254 setzt keine „Buchungslogik" von Bewertungseinheiten zwingend voraus. Überdies hat der Gesetzgeber sehenden Auges von der Festschreibung einer bestimmten Abbildungsmethode für Bewertungseinheiten abgesehen. Anders als noch der Referentenentwurf, der die sog. Einfrierungsmethode für maßgeblich hielt,[43] ist es nach der Regierungsbegründung zur Aufhebung von § 340h a.F. den Unternehmen selbst überlassen, die gegenläufigen Wertänderungen oder Zahlungsströme entweder „durchzubuchen" oder die Bilanzierung „einzufrieren".[44] Darum ist mit dem IDW[45] und dem überwiegenden Schrifttum[46] von einem Methodenwahlrecht[47] auszugehen, wonach **grundsätzlich beide alternativen Bilanzierungsmethoden für Bewertungseinheiten zulässig** sind.

12 **3. Rechtsfolgen bei Bildung einer Bewertungseinheit. Ausnahme von den allgemeinen Vorschriften.** § 254 S. 1 suspendiert innerhalb seines sachlichen und zeitlichen Anwendungsbereichs die Bildung von Rückstellungen für drohende Verluste aus schwebenden Geschäften (§ 249 Abs. 1), den Grundsatz der Einzelbewertung (§ 252 Abs. 1 Nr. 3), das Realisations- und Imparitätsprinzip (§ 252 Abs. 1 Nr. 4), den Anschaffungskostenansatz (§ 253 Abs. 1 S. 1) und die Fremdwährungsumrechnung (§ 256a; dazu § 256a Rdn 4). Er setzt damit sachlich und zeitlich begrenzt grundlegende Bewertungs- und Bilanzierungsgrundsätze außer Kraft. § 254 S. 1 ist darum eine **anwendungsverdrängende Spezialregelung für die Bewertung.** Die Norm begründet **keinen einheitlichen Vermögensgegenstand.**[48] Grundgeschäft und Sicherungsinstrument sind nicht als Einheit zu bilanzieren,[49] sie bilden **keine Bilanzierungseinheit,**[50] sondern nur eine Einheit für Bewer-

---

40 NWB Praxishandbuch Bilanzsteuerrecht-*Helios* Rdn 1037 mwN.

41 IDW RS HFA 35, Rdn 81; *Hennrichs* WPg 2010, 1185, 1188.

42 Scharfe Kritik bei HdR-EA/*Scharpf* § 254 Rdn 303, 305 ff, 307; krit. auch *Velte/Haaker* StuW 2013, 182, 193; antikritisch NWB Praxishandbuch Bilanzsteuerrecht-*Helios* Rdn 1038.

43 *Petersen/Zwirner/Froschhammer* in Petersen/Zwirner BilMoG 2009, S. 429.

44 BT-Drucks. 16/10067, 95; dazu krit. HdR-EA/*Scharpf* § 254 Rdn 303.

45 IDW RS HFA 35, Rdn 75.

46 NWB Praxishandbuch Bilanzsteuerrecht-*Helios* Rdn 1038; näher *Meinert* Die Bildung objektübergreifender Bewertungseinheiten nach Handels- und Steuerrecht, 2010, S. 359 ff, 366 mwN.

47 So KölnKomm-RLR-*Prinz* § 254 Rdn 16.

48 Zum früheren Rechtszustand Gerichtsbescheid BFH 19.3.2002, I R 87/00, BFH/NV 2003, 785 sowie *Christiansen* DStR 2003, 264, 266; zustimmend NWB Praxishandbuch Bilanzsteuerrecht-*Helios* Rdn 1026.

49 Dafür aber *Petersen/Zwirner/Froschhammer* in Petersen/Zwirner BilMoG 2009, S. 432.

50 Zur „objektbestimmenden Bewertungseinheit" bei der einzelne Bilanzierungsobjekte aufgrund eines einheitlichen Funktions- und Nutzungszusammenhangs zu einem Vermögensgegenstand zusammengefasst werden vgl. *Meinert* Die Bildung objektübergreifender Bewertungseinheiten nach Handels- und Steuerrecht, 2010, S. 35 f mwN.

tungszwecke. Der Anwendungsausschluss der allgemeinen Grundsätze ist sachlich und zeitlich limitiert („in dem Umfang und für den Zeitraum"; s. Rdn 13). Ansonsten gelten die allgemeinen Bewertungsgrundsätze. Soweit sich die gegenläufigen Wertveränderungen und Zahlungsströme nicht ausgleichen, findet das Vorsichtsprinzip mit allen seinen Ausprägungen (Anschaffungskostenprinzip, Realisationsprinzip und Imparitätsprinzip) uneingeschränkt Anwendung.[51] Als Ausnahmevorschrift ist § 254 aber nicht eng auszulegen,[52] weil die Auslegungsmaxime „singularia non sunt extendenda" nicht zur engen,[53] sondern vielmehr zur zweckgerechten Auslegung einer Ausnahmevorschrift anleiten soll.[54]

Umfang und Dauer der Suspendierung. Die verdrängten allgemeinen Bewertungs- 13
und Bilanzierungsgrundsätze sind nur in dem **Umfang** und für den **Zeitraum** nicht anzuwenden, **in dem sich die** mittels der Bewertungseinheit hinsichtlich der abgesicherten Risiken ergebenden **gegenläufigen Wertänderungen oder Zahlungsströme ausgleichen** (sog. effektiver Teil).[55] Soweit dagegen der erstrebte Ausgleich ausbleibt, greift § 254 nicht und stattdessen sind die allgemeinen Bewertungs- und Bilanzierungsgrundsätze anzuwenden.[56] Grund- und Einzelfragen sind noch umstritten. Bei der **Auflösung der Bewertungseinheit** sind mangels gesetzlicher Sonderregeln über eine fortbestehende Gesamtbetrachtung die allgemeinen Bewertungs- und Bilanzierungsvorschriften anzuwenden.[57] Nach der Gegenansicht entspricht es der Zwecksetzung von § 254, wonach das gesicherte Risiko nicht ergebniswirksam werden soll, am besten, wenn die Effekte der Risikokompensation ohne Berührung der Gewinn- und Verlustrechnung verarbeitet werden, sowohl während der Dauer der Sicherungsbeziehung als auch nach ihrer Beendigung, so dass § 254 danach bis zur Schlussrechnung noch einschlägig ist.[58] Allerdings begründet § 254 nur eine temporäre Ausnahme vom Realisationsprinzip und tritt als Sonderbewertungsnorm (s. Rdn 12) bei tatsächlicher **Realisation** von Gewinnen und Verlusten zurück. Durch Realisation endet die Bewertungseinheit.[59]

4. Pflicht oder Wahlrecht zur Bildung einer Bewertungseinheit? Gestaltungs- statt 14
Rechtsfolgenfreiheit. Während aus § 254 zum Teil eine **gesetzliche Pflicht zur Bildung von Bewertungseinheiten** abgeleitet wird,[60] gehen das IDW[61] und andere Teile des Schrifttums von einem **Wahlrecht des Rechnungslegungspflichtigen** aus, wonach auch bei Bestehen eines Sicherungsverbundes die Bildung von Bewertungseinheiten rein fakultativ ist.[62] Gegen ein echtes Wahlrecht, das ins Belieben des rechnungslegungspflichtigen

---

51 So bereits BT-Drucks. 16/12407, 86.
52 Dafür für § 5 Abs. 1a S. 2 EStG aber Schmidt/*Weber-Grellet* EStG[32], 2013, § 5 Rdn 70.
53 Allgemein *Muscheler* Singularia non sunt extendenda, FS Kruse, 2001, S. 135 f.
54 So allgemein Tipke/Kruse/*Drüen*, AO/FGO, § 4 AO Tz. 224 f mwN.
55 Beck BilKomm-*Förschle/Usinger* § 254 Rdn 50.
56 Beck BilKomm-*Förschle/Usinger* § 254 Rdn 50.
57 *Meinert* Die Bildung objektübergreifender Bewertungseinheiten nach Handels- und Steuerrecht, 2010, S. 365 f.
58 *Hennrichs* WPg 2010, 1185, 1188 f, 1191 f; Tipke/Lang/*Hennrichs* Steuerrecht[21] 2012, § 9 Rdn 273; Herrmann/Heuer/Raupach/*Hick* EStG/KStG, § 5 EStG Anm. 1649.
59 Dazu *Herzig/Briesemeister* Ubg 2009, 157, 160 und wohl die Sicht der Finanzverwaltung vgl. BMF 25.8.2010, DB 2010, 2024.
60 KölnKomm-RLR-*Prinz* § 254 Rdn 1, 14; HdR-EA/*Scharpf* § 254 Rdn 4 ff, 20; *Scharpf/Schaber* Handbuch Bankbilanz[4] 2011, S. 372 ff.
61 IDW RS HFA 35, Rdn 12.
62 NWB Praxishandbuch Bilanzsteuerrecht-*Helios* Rdn 1035; *Meinert* Die Bildung objektübergreifender Bewertungseinheiten nach Handels- und Steuerrecht, 2010, S. 358 mwN.

Unternehmens gestellt ist,[63] spricht bereits der Wortlaut des S. 1 („werden Vermögensgegenstände … mit Finanzinstrumenten zusammengefasst"). Denn wenn diese Voraussetzung erfüllt ist, treten die Rechtsfolgen des S. 1 unabhängig vom Willen des Rechnungslegungspflichtigen ein. Statt eines (echten) Rechtsfolgenwahlrechts, könnte § 254 allenfalls ein bilanzielles **Gestaltungswahlrecht** auf der Tatbestandsseite[64] eröffnen.[65] Wegen der Nachweis- und Dokumentationspflicht des Sicherungszusammenhangs (s. Rdn 20, 22), ohne die die „Möglichkeit" der Bildung einer Bewertungseinheit entfällt,[66] ist von einem **faktischen Wahlrecht** des Rechnungslegungspflichtigen die Rede.[67] Nach vorzugswürdiger Ansicht besteht aber **kein Wahlrecht zur Bildung von Bewertungseinheiten unabhängig von der tatsächlichen internen Risikoabsicherung.**[68] Sofern nach der tatsächlichen Praxis des betrieblichen Risikomanagements Geschäfte aufgrund des Sicherungszusammenhangs die Voraussetzungen des § 254 erfüllen, sind Bewertungseinheiten **zwingend** zu bilden.[69]

15 **5. Rechtsfolgen eines Verstoßes gegen § 254.** Mangels spezieller Rechtsfolgen bei einem Verstoß gegen § 254 entsprechen die Rechtsfolgen grundsätzlich denen bei Verstößen gegen die übrigen gesetzlichen Bewertungsvorschriften. Soweit die Bildung von Bewertungseinheiten ohne die gesetzlichen Voraussetzungen oder eine Überkompensation der Risiken zu einer **Überbewertung** führt, kann dies zur Nichtigkeit des Jahresabschlusses führen.[70] Bereits die Gesetzesbegründung betont die „Aufgabe der Abschlussprüfer, in jedem Einzelfall zu klären, ob die gebildeten antizipativen Bewertungseinheiten noch im Einklang mit den handelsrechtlichen Bilanzierungsprinzipien stehen".[71] Bei Verstößen ist für prüfungspflichtige Unternehmen nach Maßgabe des § 322 Abs. 4 der **Bestätigungsvermerk** einzuschränken oder gar zu versagen.[72]

16 **6. Handelsrechtliche Bewertungseinheiten und internationale Rechnungslegungsstandards. Orientierung an IFRS.** Allgemein diente die Bilanzrechtsmodernisierung dem Ziel, den handelsrechtlichen Jahresabschluss den IFRS „maßvoll anzunähern" und das Informationsniveau anzuheben, um ein den IFRS gleichwertiges, aber einfacheres und kostengünstigeres Rechnungslegungsregelwerk zu schaffen.[73] Wenngleich die Neufassung des § 254 von internationalen Rechnungslegungsstandards inspiriert worden ist, bestehen erhebliche Abweichungen gegenüber dem IAS 39.[74] So lehnt bereits die Gesetzesbegrün-

---

63 So Beck BilKomm-*Förschle/Usinger* § 254 Rdn 5.

64 Ebenso HdR-EA/*Scharpf* § 254 Rdn 4: „Sachverhaltsgestaltung".

65 In diesem Sinne lässt sich auch BT-Drucks. 16/10067, 122 begreifen, wonach es „der Entscheidung der Unternehmen (unterliegt), ob und in welchem Umfang Bewertungseinheiten gebildet werden".

66 KölnKomm-RLR-*Prinz* § 254 Rdn 7.

67 MünchKommHGB-*Ballwieser* § 254 Rdn 17; *Herzig/Briesemeister* DB 2009, 976, 980; *Meinert* Die Bildung objektübergreifender Bewertungseinheiten nach Handels- und Steuerrecht, 2010, S. 359.

68 MünchKommHGB-*Ballwieser* § 254 Rdn 19; *Velte/Haaker* StuW 2013, 182, 194; näher HdR-EA/*Scharpf* § 254 Rdn 5 f.

69 **A.M.** IDW RS HFA 35, Rdn 12.

70 Beck BilKomm-*Förschle/Usinger* § 254 Rdn 59; HdR-EA/*Scharpf* § 254 Rdn 13, 405.

71 BT-Drucks. 16/10067, 58; dazu angesichts der Offenheit des Gesetzes zu Recht krit. MünchKommHGB-*Ballwieser* § 254 Rdn 11.

72 Beck BilKomm-*Förschle/Usinger* § 254 Rdn 59.

73 BT-Drucks. 16/10067, 34.

74 Im Einzelnen Beck BilKomm-*Förschle/Usinger* § 254 Rdn 60 ff; BoHdR-*Kirsch* § 254 Rdn 116 ff.

dung die Übernahme von Effektivitätsspannen nach den IFRS für die Annahme einer wirksamen Bewertungseinheit ab.[75] Darum taugen diese Regeln ohne Rechtsverbindlichkeit **allenfalls als Auslegungshilfe** für § 254.[76]

III. Bewertungseinheit mit Finanzinstrumenten (S. 1)

1. Zusammenfassung von Grundposition und Sicherungsinstrument. Definition. Bewertungseinheiten liegen einer herkömmlichen Definition nach vor, wenn bei wirtschaftlicher Betrachtung bestimmte Risiken aus einem Grundgeschäft durch den Einsatz von Sicherungsinstrumenten neutralisiert werden.[77] Auch wenn der Klammerzusatz des S. 1 auf eine Legaldefinition der Bewertungseinheit hindeutet,[78] umschreibt die Norm nur die **„Elemente der Bewertungseinheit"**[79], ohne die verbreiteten Begriffe „Grund- und Sicherungsgeschäft" zu verwenden: Risikobehaftete „Vermögensgegenstände, Schulden, schwebende Geschäfte oder mit hoher Wahrscheinlichkeit erwartete Transaktionen" als „Grundpositionen"[80] werden mit dem **Ziel der Risikoabsicherung** („zum Ausgleich gegenläufiger Wertänderungen oder Zahlungsströme aus dem Eintritt vergleichbarer Risiken") „mit Finanzinstrumenten" als Sicherungsinstrumenten „zusammengefasst". Auch wenn die Gesetzesbegründung die Erscheinungsformen der **Micro-, Macro- und Portfolio-Hedges** benennt und insoweit die Bildung von Bewertungseinheiten nach § 254 S. 1 überwiegend als zulässig erachtet wird,[81] sind diese nur Regelungshintergrund, aber keine tatbestandlichen Voraussetzungen der Norm (s. bereits Rdn 7). 17

Absicherungsfähige Grundpositionen. An erster Stelle benennt S. 1 abschließend[82] Bilanzposten und weitere Positionen die **Anlass und Gegenstand einer Risikoabsicherung** und damit „Grundposition" einer Bewertungseinheit sein können. Der Kreis der Grundpositionen ist weit gefasst und bewusst nicht auf Finanzinstrumente beschränkt.[83] **Vermögensgegenstände und Schulden** sind Pflichtbestandteile der Bilanz (§ 246 Abs. 1). Absicherungswürdig sind insbesondere Zins- und Fremdwährungsforderungen,[84] fest oder variabel verzinsliche Wertpapiere und Forderungen sowie Auslandsbeteiligungen außerhalb des Euroraums auf der Aktivseite und Fremdwährungsverbindlichkeiten sowie fest oder variabel verzinsliche Verbindlichkeiten auf der Passivseite.[85] Zu den Schulden rechnen auch Rückstellungen.[86] Rechnungsabgrenzungsposten fallen als eigenständige Bilanzposten (§ 246 Abs. 1 S. 1) mangels Aufzählung nicht unter § 254 S. 1.[87] Erfasst sind dagegen **schwebende Geschäfte**, die aufgrund der Ausgeglichenheitsvermutung nur dann bilanziellen Niederschlag finden, wenn Anzahlungen geleistet wurden oder ein Verlust daraus droht (Rückstellung nach § 249 Abs. 1 S. 1 2. Alt.). Preis- und Währungsrisiken aus am Bilanzstichtag abgeschlossenen, aber noch nicht erfüllten Beschaffungs- 18

---

75 BT-Drucks. 16/12407, 86.
76 KölnKomm-RLR-*Prinz* § 254 Rdn 1.
77 Baumbach/Hopt/*Merkt* § 254 Rdn 1.
78 Dafür HdR-EA/*Scharpf* § 254 Rdn 19.
79 MünchKommHGB-*Ballwieser* § 254 Rdn 6.
80 Baumbach/Hopt/*Merkt* § 254 Rdn 2 f.
81 IDW RS HFA 35, Rdn 4; NWB Praxishandbuch Bilanzsteuerrecht-*Helios* Rdn 1035; BoHdR-*Kirsch* § 254 Rdn 78 ff; krit. zu Macro- und Portfolio-Hedges weiterhin *Velte/Haaker* StuW 2013, 182, 188, 194, 196; einschränkend für Portfolio-Hedges *Meinert* Die Bildung objektübergreifender Bewertungseinheiten nach Handels- und Steuerrecht, 2010, S. 343, 351.
82 KölnKomm-RLR-*Prinz* § 254 Rdn 9.
83 BT-Drucks. 16/10067, 58.
84 MünchKommHGB-*Ballwieser* § 254 Rdn 6.
85 HdR-EA/*Scharpf* § 254 Rdn 56.
86 Beck BilKomm-*Förschle/Usinger* § 254 Rdn 10; HdR-EA/*Scharpf* § 254 Rdn 56.
87 Beck BilKomm-*Förschle/Usinger* § 254 Rdn 10; HdR-EA/*Scharpf* § 254 Rdn 56.

geschäften über Roh-, Hilfs- und Betriebsstoffe, Waren oder Anlagegüter sowie Absatzgeschäfte über Fertigungserzeugnisse und Waren fallen unter S. 1.[88] Absicherungsfähig sind weiterhin **„mit hoher Wahrscheinlichkeit erwartete Transaktionen"** als neue gesetzliche Kategorie des Bilanzrechts.[89] Mit diesen können dieselben Risiken wie bei schwebenden Geschäften verbunden sein, aber im Gegensatz zu ihnen fehlt noch der Abschluss des Rechtsgeschäfts.[90] Erwartete Transaktionen können im Wege einer antizipativen Sicherungsbeziehung[91] als Grundposition nur nach § 254 S. 1 abgesichert werden, wenn der Vertragsschluss mit hoher Wahrscheinlichkeit[92] zu erwarten ist.[93] Das auf der Tatbestandsseite der Norm fortgeltende Vorsichts- und Realisationsprinzip[94] erfordert besondere Anforderungen und Prognosesicherheit zur Einbeziehung erwarteter Transaktionen.[95] Nur durch derartige Sicherungen können trotz der Anerkennung antizipativer Hedges bilanzpolitische Spielräume und die Gefahr willkürlicher Bilanzansätze eingegrenzt werden.[96]

19 **Sicherungsinstrumente.** Im Gegensatz zum weit gefassten Kreis der Grundpositionen ist der Kreis der Sicherungsinstrumente bewusst auf **Finanzinstrumente** beschränkt.[97] Wenngleich der Begriff „Finanzinstrumente" auch in § 340e III verwendet wird, fehlt eine gesetzliche Definition. Angesichts der Vielfalt und Entwicklungsoffenheit[98] von Finanzinstrumenten[99] ist der gesetzgeberische Verzicht auf eine Legaldefinition nachvollziehbar. Der handelsrechtlich **unbestimmte Rechtsbegriff** ist darum unter Anknüpfung an fachrechtliche Definitionen (§ 1 Abs. 11, § 1a Abs. 3 KWG, § 2 Abs. 2b WpHG) in teleologischer Zurichtung auf den Sicherungszweck des § 254 S. 1 zu bestimmen.[100] Ein direkter Rückgriff auf IAS 32.11 scheidet dagegen aus (s. Rdn 16).[101] Finanzinstrumente sind nach der Gesetzesbegründung nicht nur **derivative** (wie Optionen, Forwards, Futures, Swaps pp.[102]), sondern auch **originäre Finanzinstrumente** (wie Währungsverbindlichkeiten).[103] Ergänzend zu den **auf Zahlungsmittel oder -äquivalente gerichteten** Finanzinstrumenten erweitert S. 2 die Sicherungsinstrumente auf Warentermingeschäfte (s. Rdn 24).

20 **2. Kompensierende Risikoabsicherung. Finalität.** Die Grundposition muss „zum Ausgleich gegenläufiger Wertänderungen oder Zahlungsströme aus dem Eintritt vergleichbarer Risiken mit Finanzinstrumenten zusammengefasst (werden)". Bewertungseinheiten sind bereits nach dem Wortlaut und den Gesetzesmotiven mit einer Zwecksetzung zu

---

88 HdR-EA/*Scharpf* § 254 Rdn 59.

89 Zutreffend Baumbach/Hopt/*Merkt* § 254 Rdn 2: „Novum".

90 BT-Drucks. 16/10067, 58; ebenso *Baumbach/Hopt/Merkt* § 254 Rdn 2.

91 HdR-EA/*Scharpf* § 254 Rdn 2, 38.

92 Vgl. KölnKomm-RLR-*Prinz* § 254 Rdn 10: Über 90 % Eintrittswahrscheinlichkeit als Hilfsaspekt für eine sachgerechte Individualeinschätzung.

93 BT-Drucks. 16/10067, 58: „so gut wie sicher".

94 Baumbach/Hopt/*Merkt* § 254 Rdn 2.

95 Beck BilKomm-*Förschle/Usinger* § 254 Rdn 12.

96 *Meinert* Die Bildung objektübergreifender Bewertungseinheiten nach Handels- und Steuerrecht, 2010, S. 333 ff, 338.

97 BT-Drucks. 16/10067, 58.

98 BT-Drucks. 16/10067, 53.

99 Überblick und Systematisierung bei *Haisch*/Helios Rechtshandbuch Finanzinstrumente, § 1 Rdn 1 ff.

100 Ebenso Beck BilKomm-*Förschle/Usinger* § 254 Rdn 20; KölnKomm-RLR-*Prinz* § 254 Rdn 12.

101 Insoweit **a.M.** Beck BilKomm-*Förschle/Usinger* § 254 Rdn 20; ohne Stellungnahme MünchKommHGB-*Ballwieser* § 254 Rdn 8.

102 Zu Einzelheiten *Haisch*/Helios Rechtshandbuch Finanzinstrumente, § 1 Rdn 8 ff, 40 ff.

103 BT-Drucks. 16/10067, 58.

bilden; sie dienen dem „**Ziel der Risikoabsicherung**".[104] Diese **Sicherungsabsicht** ist Voraussetzung der Bildung einer Bewertungseinheit.[105] Ohne einen erkennbaren Ausgleichswillen scheidet eine „Sicherungsbilanzierung"[106] aus. Bei Bildung der Bewertungseinheit muss Sicherungsabsicht bestehen und bis zum Eintritt oder Wegfall des Risikos als **Durchhalteabsicht**[107] fortbestehen, was entsprechend als subjektives Element nur aufgrund einer **Nachweis- und Dokumentationspflicht** des Kaufmanns[108] belegt werden kann (dazu Rdn 22). Denn ohne diese entfällt die „Möglichkeit" der Bildung einer Bewertungseinheit und die allgemeinen Grundsätze der Bewertung und Bilanzierung gelten.[109] Dies gilt insbesondere, wenn wirtschaftlich plausible Gründe für die vorzeitige Beendigung der Bewertungseinheit[110] vorliegen.[111] Zu Umfang und Dauer der Bewertungseinheit s. bereits Rdn 13.

Absicherungsfähige Risiken. Als ausgleichbare **Risiken** nennt S. 1 „**Wertänderungen oder Zahlungsströme**". **Finanzielle Risiken** wie Zins-, Währungs-, Ausfall-, Verzugs- und Liquiditätsrisiken[112] werden ebenso erfasst wie das Kursrisiko (insbesondere bei Aktien) und das Preisänderungsrisiko.[113] Der weite Wortlaut spricht dafür, dass § 254 neben der Absicherung finanzieller Wert- und Zahlungsstromrisiken[114] im Gegensatz zu § 5 Abs. 1a S. 2 EStG (s. Rdn 25) auch leistungswirtschaftliche Preisrisiken (wie das Preisänderungsrisiko) einschließt.[115] Das allgemeine Unternehmerrisiko ist dagegen nicht kompensationsfähig.[116] Ein **Ausfallrisiko** ist durch eine Bewertungseinheit absicherungsfähig, während akut ausfallgefährdete Grundpositionen einer Bewertungseinheit nicht zugänglich sind.[117] 21

Risikokompensation und Dokumentation. Die Zusammenfassung muss weiterhin im Zeitpunkt der Begründung der Bewertungseinheit **objektiv zur Absicherung absicherungsfähiger Risiken geeignet** sein.[118] Eine **gegenläufige Entwicklung der Wertänderungen oder Zahlungsströme in Grund- und Sicherungsgeschäft** ist Voraussetzung.[119] Gerade die **Sicherungseignung**[120] bedarf hinreichender vorhergehender **Dokumentation im Zeitpunkt der Bildung des Sicherungszusammenhangs.** Die Dokumentation der Bewertungseinheit ist, obgleich kein gesetzliches Tatbestandsmerkmal, **zwingend geboten.**[121] Dabei verzichtet der Gesetzgeber in Hinblick auf die Vielzahl der möglichen Formen von 22

---

[104] BT-Drucks. 16/10067, 59.
[105] Beck BilKomm-*Förschle/Usinger* § 254 Rdn 27.
[106] Baumbach/Hopt/*Merkt* § 254 Rdn 4.
[107] Zu diesem ungeschriebenen Tatbestandsmerkmal näher *Meinert* Die Bildung objektübergreifender Bewertungseinheiten nach Handels- und Steuerrecht, 2010, S. 342 f.
[108] Beck BilKomm-*Förschle/Usinger* § 254 Rdn 40 f.
[109] KölnKomm-RLR-*Prinz* § 254 Rdn 7.
[110] Zu noch umstrittenen Voraussetzungen IDW RS HFA 35, Rdn 47; weitergehend HdR-EA/*Scharpf* § 254 Rdn 229 ff.
[111] BT-Drucks. 16/10067, 59; zustimmend KölnKomm-RLR-*Prinz* § 254 Rdn 15.
[112] KölnKomm-RLR-*Prinz* § 254 Rdn 13.
[113] Beck BilKomm-*Förschle/Usinger* § 254 Rdn 25; *Meinert* Die Bildung objektübergreifender Bewertungseinheiten nach Handels- und Steuerrecht, 2010, S. 339 f.
[114] Darauf beschränkt HdR-EA/*Scharpf* § 254 Rdn 1, 35 ff.
[115] *Meinert* Die Bildung objektübergreifender Bewertungseinheiten nach Handels- und Steuerrecht, 2010, S. 339 f.
[116] KölnKomm-RLR-*Prinz* § 254 Rdn 13.
[117] Beck BilKomm-*Förschle/Usinger* § 254 Rdn 14; KölnKomm-RLR-*Prinz* § 254 Rdn 11.
[118] BT-Drucks. 16/10067, 58.
[119] Relativierend *Meinert* Die Bildung objektübergreifender Bewertungseinheiten nach Handels- und Steuerrecht, 2010, S. 345.
[120] *Meinert* Die Bildung objektübergreifender Bewertungseinheiten nach Handels- und Steuerrecht, 2010, S. 344.
[121] IDW RS HFA 35, Rdn 41; näher HdR-EA/*Scharpf* § 254 Rdn 142 ff.

Bewertungseinheiten auf zwingende gesetzliche Vorgaben für die Dokumentation.[122] Diese muss sachgerecht und zeitgerecht erfolgen.[123] Der Gesetzgeber hat auch bewusst darauf verzichtet, die Methoden zur **Feststellung der Wirksamkeit der Bewertungseinheiten** festzuschreiben, die den Unternehmen überlassen bleiben.[124] Bereits die Rechtsfolge, dass sich „die gegenläufigen Wertänderungen oder Zahlungsströme ... ausgleichen" zwingt aber dazu, dass der Ausgleich auf Effektivität angelegt ist, dies überwacht und angemessen dokumentiert wird.[125]

23 **Teilabsicherung.** Finanzinstrumente können ebenso wie Grundpositionen nur partiell als Sicherungsinstrumente eingesetzt werden.[126] So ist die partielle Absicherung von **Teilrisiken, Teilvolumina oder eines Teils der Laufzeit** möglich.[127] Gerade diese Gestaltungsfreiheiten sprechen für eine Pflicht zur Bildung von Bewertungseinheiten entsprechend der tatsächlichen internen Risikoabsicherung (s. Rdn 14).

IV. Bewertungseinheit mit Warentermingeschäften (S. 2)

24 § 254 S. 2 erweitert im Wege einer gesetzlichen Fiktion[128] den Anwendungsbereich einer Bewertungseinheit über reine Finanzinstrumente hinaus auf **Warentermingeschäfte**. Sie sind auf den physischen Bezug oder die Lieferung von Waren, Rohstoffen oder sonstigen nicht finanziellen Gütern gerichtet und fallen trotz ihres derivativen Charakters nicht unter den Begriff der Finanzinstrumente im Sinne des S. 1.[129] Darum plädierte der Rechtsausschuss für eine Ergänzung um „Termingeschäfte" im Sinne des § 1 Abs. 11 S. 4 Nr. 1 KWG.[130] Danach sind **Termingeschäfte** als Kauf, Tausch oder anderweitig ausgestaltete Festgeschäfte oder Optionsgeschäfte anzusehen, die zeitlich verzögert zu erfüllen sind und deren Wert sich mittel- oder unmittelbar vom Preis oder Maß eines Basiswertes ableitet. Auch schwebende Wareneinkaufs- und –verkaufsgeschäfte sind als Sicherungsinstrument zulässig.[131] Der Begriff der **Waren** ist weit auszulegen und umfasst neben Warentermingeschäften auch Termingeschäfte über den Erwerb von Roh-, Hilfs- und Betriebsstoffen, aber auch Edelmetalle,[132] Energie und Emissionsberechtigungen.[133]

V. Bewertungseinheiten im Steuerrecht

25 **Regelungszusammenhänge.** Das Verhältnis der bilanziellen Bildung von Bewertungseinheiten auf die steuerrechtliche Gewinn- und Einkommensermittlung ist noch nicht abschließend geklärt.[134] Nach der im Jahre 2006 eingeführten Vorschrift des § 5 Abs. 1a

---

122 BT-Drucks. 16/10067, 58.
123 Zu Umfang und Zeitpunkt näher HdR-EA/*Scharpf* § 254 Rdn 145 ff, 151 ff.
124 BT-Drucks. 16/10067, 58 f.
125 MünchKommHGB-*Ballwieser* § 254 Rdn 12; zum gebotenen Effektivitätstest und seiner Dokumentation näher Beck BilKomm-*Förschle/Usinger* § 254 Rdn 42 f.
126 HdR-EA/*Scharpf* § 254 Rdn 131.
127 Beck BilKomm-*Förschle/Usinger* § 254 Rdn 13, 26; KölnKomm-RLR-*Prinz* § 254 Rdn 12; HdR-EA/*Scharpf* § 254 Rdn 132.
128 HdR-EA/*Scharpf* § 254 Rdn 107.
129 Beck BilKomm-*Förschle/Usinger* § 254 Rdn 24.
130 BT-Drucks. 16/12407, 86.
131 IDW RS HFA 35, Rdn 36; KölnKomm-RLR-*Prinz* § 254 Rdn 17; HdR-EA/*Scharpf* § 254 Rdn 107.
132 Näher *Meinert* Die Bildung objektübergreifender Bewertungseinheiten nach Handels- und Steuerrecht, 2010, S. 327 ff 330.
133 HdR-EA/*Scharpf* § 254 Rdn 109.
134 NWB Praxishandbuch Bilanzsteuerrecht-*Helios* Rdn 1050 ff; *Prinz/Hick* DStR 2006, 771; *Velte/Haaker* StuW 2013, 182, 190 ff;

S. 2 EStG[135] sind die Ergebnisse der in der handelsrechtlichen Rechnungslegung zur Absicherung finanzwirtschaftlicher Risiken gebildeten Bewertungseinheiten auch für die steuerliche Gewinnermittlung maßgeblich. Diese zeitlich vorgehende Anordnung der Maßgeblichkeit handelsrechtlicher Bewertungseinheiten hat der Gesetzgeber im Bilanzmodernisierungsgesetz nachholend ausgefüllt (s. Rdn 3). Dabei sind § 254 und § 5 Abs. 1a S. 2 EStG nicht deckungsgleich. Sie verfolgen zum Teil unterschiedliche Ziele und haben eine unterschiedliche Reichweite.[136] So erfasst § 5 Abs. 1a EStG nur die Absicherung finanzwirtschaftlicher Risiken wie Zins- und Währungsschwankungen, nicht dagegen leistungswirtschaftlicher Risiken.[137] Das negative Ergebnis einer Bewertungseinheit unterfällt nicht dem Verbot der steuerrechtlichen Bildung einer Rückstellung für drohende Verluste aus schwebenden Geschäften (§ 5 Abs. 4a S. 2 EStG).[138] Im Sinne einer **formellen**[139] oder **konkreten**[140] **Maßgeblichkeit** sollen handelsrechtlich gebildete Bewertungseinheiten bei der Besteuerung zu übernehmen sein. Allerdings stehen neben den tatbestandlichen Divergenzen mit Blick auf die Gebote der Gesetz- und Gleichmäßigkeit der Besteuerung auch verfassungsrechtliche Bedenken gegen den Verweis in § 5 Abs. 1a S. 2 auf § 254 und die Forderung nach einer eigenständigen steuerbilanziellen Regelung von Bewertungseinheiten im Raum.[141]

Fehlende steuerrechtliche Einkommensrelevanz bilanzieller Bewertungseinheiten. 26
Losgelöst von der Gewinnermittlung sind auch steuerrechtliche Sekundärfolgen von Bewertungseinheiten für die Einkommensermittlung bei der Einkommen- bzw. Körperschaftssteuer umstritten. Die steuerrechtliche Literatur plädiert zum Teil für eine gesamtbetrachtende Übernahme der bilanziellen Bewertungseinheit in die körperschaftsteuerrechtliche Einkommensermittlung mit der Folge einer 95 %igen Freistellung des Gesamtveräußerungsgewinns aus dem Grund- und Absicherungsgeschäft nach § 8b KStG.[142] Nach der Gegenansicht ist auch eine bilanzielle Bewertungseinheit der Gewinnermittlung bei der Ermittlung des Einkommens der Körperschaft in Einzelkomponenten zu separieren und insbesondere die **Befreiungsvorschrift des § 8b KStG** nur auf die ihr unterfallenden Gewinne anzuwenden.[143] Dementsprechend ist auch aus Sicht der Finanzverwaltung im Falle der Bildung von Bewertungseinheiten strikt zwischen der bilanziellen Gewinnermittlung, der Einkommensermittlung und der Verlustverrechnung (§§ 3 Nr. 40, 3c und 15 Abs. 4 EStG und § 8b KStG) zu trennen.[144] Dem folgend verneint die Finanzrecht-

---

eingehend zur Rechtslage vor und nach den steuerrechtlichen und handelsrechtlichen Änderungen *Meinert* Die Bildung objektübergreifender Bewertungseinheiten nach Handels- und Steuerrecht, 2010, S. 149 ff, 177 ff, 319 ff.

135 Gesetz zur Eindämmung missbräuchlicher Steuergestaltungen v. 28.4.2006, BGBl. I 2006, 1095.

136 *Velte/Haaker* StuW 2013, 182, 192 mwN.

137 Schmidt/*Weber-Grellet* EStG[32] 2013, § 5 Rdn 70; näher *Meinert* Die Bildung objektübergreifender Bewertungseinheiten nach Handels- und Steuerrecht, 2010, S. 369 f.

138 Dazu *Meinert* Die Bildung objektübergreifender Bewertungseinheiten nach Handels- und Steuerrecht, 2010, S. 236 ff.

139 Tipke/Lang/*Hennrichs* Steuerrecht[21] 2012, § 9 Rdn 274; *Velte/Haaker* StuW 2013, 182, 192 mwN.

140 NWB Praxishandbuch Bilanzsteuerrecht-*Helios* Rdn 1041; KölnKomm-RLR-*Prinz* § 254 Rdn 8.

141 *Meinert* Die Bildung objektübergreifender Bewertungseinheiten nach Handels- und Steuerrecht, 2010, S. 371 ff, 379.

142 *Hahne* StuB 2008, 181, 184 ff; ebenso zuvor *Haarmann* JbFStR 2005/2006, 205, 209.

143 *Herzig/Briesemeister* Ubg 2009, 157, 160; *Meinert* Die Bildung objektübergreifender Bewertungseinheiten nach Handels- und Steuerrecht, 2010, 257–265.

144 BMF 25.8.2010, DB 2010, 2024; OFD Rheinland 11.3.2011, DB 2011, 737; OFD Frankfurt/Main 22.3.2012, DStR 2012, 1389.

sprechung für die erst auf der zweiten Stufe der Einkommensermittlung außerbilanziell vorzunehmende Steuerfreistellung nach § 8b KStG aufgrund ihres Zweck der Vermeidung einer Doppelerfassung und wegen des rein innerbilanziellen Zwecks des § 5 Abs. 1a S. 2 EStG zu Recht die steuerrechtliche Einkommensrelevanz bilanzieller Bewertungseinheiten.[145]

§ 255
Anschaffungs- und Herstellungskosten

(1) Anschaffungskosten sind die Aufwendungen, die geleistet werden, um einen Vermögensgegenstand zu erwerben und ihn in einen betriebsbereiten Zustand zu versetzen, soweit sie dem Vermögensgegenstand einzeln zugeordnet werden können. Zu den Anschaffungskosten gehören auch die Nebenkosten sowie die nachträglichen Anschaffungskosten. Anschaffungspreisminderungen sind abzusetzen.

(2) Herstellungskosten sind die Aufwendungen, die durch den Verbrauch von Gütern und die Inanspruchnahme von Diensten für die Herstellung eines Vermögensgegenstands, seine Erweiterung oder für eine über seinen ursprünglichen Zustand hinausgehende wesentliche Verbesserung entstehen. Dazu gehören die Materialkosten, die Fertigungskosten und die Sonderkosten der Fertigung sowie angemessene Teile der Materialgemeinkosten, der Fertigungsgemeinkosten und des Werteverzehrs des Anlagevermögens, soweit dieser durch die Fertigung veranlasst ist. Bei der Berechnung der Herstellungskosten dürfen angemessene Teile der Kosten der allgemeinen Verwaltung sowie angemessene Aufwendungen für soziale Einrichtungen des Betriebs, für freiwillige soziale Leistungen und für die betriebliche Altersversorgung einbezogen werden, soweit diese auf den Zeitraum der Herstellung entfallen. Forschungs- und Vertriebskosten dürfen nicht einbezogen werden.

(2a) Herstellungskosten eines selbst geschaffenen immateriellen Vermögensgegenstands des Anlagevermögens sind die bei dessen Entwicklung anfallenden Aufwendungen nach Absatz 2. Entwicklung ist die Anwendung von Forschungsergebnissen oder von anderem Wissen für die Neuentwicklung von Gütern oder Verfahren oder die Weiterentwicklung von Gütern oder Verfahren mittels wesentlicher Änderungen. Forschung ist die eigenständige und planmäßige Suche nach neuen wissenschaftlichen oder technischen Erkenntnissen oder Erfahrungen allgemeiner Art, über deren technische Verwertbarkeit und wirtschaftliche Erfolgsaussichten grundsätzlich keine Aussagen gemacht werden können. Können Forschung und Entwicklung nicht verlässlich voneinander unterschieden werden, ist eine Aktivierung ausgeschlossen.

(3) Zinsen für Fremdkapital gehören nicht zu den Herstellungskosten. Zinsen für Fremdkapital, das zur Finanzierung der Herstellung eines Vermögensgegenstands verwendet wird, dürfen angesetzt werden, soweit sie auf den Zeitraum der Herstellung entfallen; in diesem Falle gelten sie als Herstellungskosten des Vermögensgegenstands.

---

[145] FG Düsseldorf 13.12.2011, 6 K 1209/09 F, DStR 2012, 1331 (dazu krit. *Helios/Niedrig* DStR 2012, 1301; *Helios* DB 2012, 2890, 2897 f; positiv *Schnitger* DStR 2013, 1771, 1773); bestätigt durch BFH 6.3.2012, I R 18/12, BStBl. II 2013, 588 (ohne Aussagen zu Bewertungseinheiten).

(4) Der beizulegende Zeitwert entspricht dem Marktpreis. Soweit kein aktiver Markt besteht, anhand dessen sich der Marktpreis ermitteln lässt, ist der beizulegende Zeitwert mit Hilfe allgemein anerkannter Bewertungsmethoden zu bestimmen. Lässt sich der beizulegende Zeitwert weder nach Satz 1 noch nach Satz 2 ermitteln, sind die Anschaffungs- oder Herstellungskosten gemäß § 253 Abs. 4 fortzuführen. Der zuletzt nach Satz 1 oder 2 ermittelte beizulegende Zeitwert gilt als Anschaffungs- oder Herstellungskosten im Sinn des Satzes 3.

Schrifttum

Anschaffungs- und Herstellungskosten *Bachem* Bilanzielle Herstellungskosten des Kuppelproduktvermögens, BB 1997, 1037; *Baetge.* Herstellungskosten: Vollaufwand versus Teilaufwand, Festschrift Ludewig (1996) S. 53; *Egger* Die Herstellungskosten im Spannungsfeld von Kostenrechnung und Jahresabschluß, Festschrift Moxter (1994) S. 195; *Hartung* Herstellungskosten bei Kuppelproduktion, BB 1997, 1627; *Kahle/Heinstein/Dahlke* Das Sachanlagevermögen, HdJ Abt. II/2 (2010); *Kahle/Hiller* Anschaffungs- und Herstellungskosten nach HGB, EStG und IFRS, DStZ 2013, 462; *Karrenbrock* Der Umfang der Herstellungskosten nach Handels- und Steuerrecht, Festschrift Börner (1998) S. 3; *Knobbe-Keuk* Bilanz- und Unternehmenssteuerrecht, 9. Aufl. (1993); *Kothes* Die Wahlrechtsproblematik im handelsrechtlichen Jahresabschluß der Kapitalgesellschaft (1999); *Mathiak* Anschaffungs- und Herstellungskosten, DStJG 7 (1984), S. 97; *Mellwig* Herstellungskosten und Realisationsprinzip, Festschrift Budde (1995) S. 397; *Moxter* Aktivierungspflichtige Herstellungskosten in Handels- und Steuerbilanz, BB 1988, 937; *ders.* Bilanzrechtsprechung, 6. Aufl. (2007); *Ordelheide* Zum Verbot der Aktivierung von Vertriebskosten in den Herstellungskosten gem. § 255 Abs. 2 Satz 6 HGB, Festschrift Forster (1992) S. 507; *Oestreicher* Herstellungskosten, Beck HdR B 163 (2010); *Rade* „Angemessene" Herstellungskosten nach BilMoG, DStR 2011, 1334; *Schröer* Das Realisationsprinzip in Deutschland und Großbritannien (1998); *Siegel* Herstellungskosten und Grundsätze ordnungsmäßiger Buchführung, Festschrift D. Schneider (1995) S. 635; *Spingler/Dietter* Die Neuregelungen beim steuerlichen Herstellungskostenbegriff im Rahmen der Einkommensteueränderungsrichtlinie (EStÄR) 2012, Ubg 2013, 201; *Witt* Der Umfang der Herstellungskosten im handelsrechtlichen Jahresabschluß (1997); *Wöhe* Bilanzierung und Bilanzpolitik, 9. Aufl. (1997); *Wohlgemuth* Die Herstellungskosten in der Handels- und Steuerbilanz, HdJ Abt. I/10 (2012); *ders.* Die Anschaffungskosten in der Handels- und Steuerbilanz, HdJ Abt. I/9 (2011); *Wohlgemuth/Radde* Der Bewertungsmaßstab „Anschaffungskosten" nach HGB und IAS – Darstellung der Besonderheiten und kritische Gegenüberstellung, WPg 2000, 903; *dies.* Anschaffungskosten, Beck HdR B 162 (2009).

Herstellungskosten selbst geschaffener immaterieller Vermögensgegenstände des Anlagevermögens *Arbeitskreis „Immaterielle Werte im Rechnungswesen" der Schmalenbach-Gesellschaft für Betriebswirtschaft e.V.* Leitlinien zur Bilanzierung selbstgeschaffener immaterieller Vermögensgegenstände des Anlagevermögens nach dem Regierungsentwurf des BilMoG, DB 2008, 1813; *Ernsting* Aktivierung von Entwicklungskosten in der Zulieferindustrie, JbFfSt 2009/2010, 736; *Hennrichs* Immaterielle Vermögensgegenstände nach dem Entwurf des Bilanzmodernisierungsgesezes, DB 2008, 537; *Kahle/Haas* Herstellungskosten selbst geschaffener immaterieller Vermögensgegenstände des Anlagevermögens, WPg 2010, 34; *Küting/Ellmann* Herstellungskosten selbst geschaffener immaterieller Vermögensgegenstände des Anlagevermögens, DStR 2010, 1300; *Laubach/Kraus/Bornhofen* Zur Durchführung der HGB-Modernisierung durch BilMoG: Die Bilanzierung selbst geschaffener immaterieller Vermögensgegenstände, DB 2009, 19; *Seidel/Grieger/Muske* Bilanzierung von Entwicklungskosten nach dem BilMoG, BB 2009, 1286; *Schülke* Zur Aktivierbarkeit selbstgeschaffener immaterieller Vermögensgegenstände, DStR 2010, 992; *Theile* Immaterielle Vermögensgegenstände nach dem RegE BilMoG, WPg 2008, 1064; *Haaker/Mindermann* Entwicklungskosten als Vermögensgegenstand? PiR 2012, 90.

Beizulegender Zeitwert *Helke/Wiechens/Klaus* Zur Umsetzung der HGB-Modernisierung durch das BilMoG: Die Bilanzierung von Finanzinstrumenten, Beilage DB 2009, 30; *Küting* Grundlagen der fair value-Bewertung, StuB 2009, 829; *Mujkanovic* Die Bewertung von Finanzierungsinstrumenten zum fair value nach BilMoG, StuB 2009, 329; *Nguyen/Rohlf* Zeitwertbilanzierung von Finanzinstrumenten bei Kredit- und Finanzdienstleistungsinstituten, Kreditwesen 2011, 94; *Roß* Bilanzierung des Posten „Aktiver Unterschiedsbetrag aus der Vermögensverrechnung", BB 2011, 1835; *Schildbach* Fair Value – Leitstern für Wege ins Abseits, DStR 2010, 69; *Velte/Haaker* Entwicklung der Zeitwertbilanzierung im Handels- und Steuerrecht, StuW 2012, 56.

*Übersicht**

I. Regelungsgehalt der Vorschrift

1 **Inhalt.** § 255 ist neben § 253 die **Basisvorschrift** des gesamten Bewertungsrechts.[1] Sie enthält als Kernbewertungsvorschrift **Definitionen zentraler handelsrechtlicher Bewertungsmaßstäbe.**[2] Vermögensgegenstände sind nach dem Anschaffungswertprinzip[3] höchstens mit den fortgeführten Anschaffungs- oder Herstellungskosten anzusetzen (§ 253 Abs. 1 S. 1). § 255 **Abs. 1–3** konkretisieren **für alle Rechnungslegungspflichtigen ohne Rücksicht auf die Rechtsform und Unternehmensmerkmale Begriff und Bestandteile der Anschaffungs- und Herstellungskosten** als die „ursprünglichen" Bewertungsmaßstäbe für fremdbezogene und selbst hergestellte Gegenstände.[4] Über die Konkretisierung der Bewertungsbestimmung des § 253 Abs. 1 S. 1[5] enthält § 255 als „Ergän-

---

* Der Verfasser dankt seinem Mitarbeiter Dipl. Finw. *Jochen Mundfortz* für wertvolle Unterstützung bei der Aktualisierung und Erweiterung der Kommentierung.

[1] Weitergehend HdR-EA/*Knop/Küting* § 255 Rdn 5.

[2] Vor der Kodifikation in § 255 war die Ausfüllung der vorausgesetzten Bewertungsmaßstäbe den Grundsätzen ordnungsmäßiger Buchführung überlassen (*Knobbe-Keuk* Bilanz- und Unternehmenssteuerrecht[9], S. 162).

[3] Beck BilKomm-*Grottel/Gadek* § 255 Rdn 1.

[4] HdJ-*Wohlgemuth* Abt. I/9 Rdn 1; Abt. I/10 Rdn 1.

[5] ADS[6] § 255 Rdn 1.

zungsnorm" eigenständige Aussagen zur Zugangsbewertung.[6] Trotz der durch das Bilanzrechtsmodernisierungsgesetz (BilMoG[7]) neugefassten Überschrift „Bewertungsmaßstäbe" konkretisiert § 255 aber **nicht alle handelsrechtlichen Bewertungsmaßstäbe** und spart den (abgezinsten) Erfüllungsbetrag für Schulden (§ 253 Abs. 1 S. 2 sowie Abs. 2 für Rückstellungen) und den niedrigen beizulegenden Wert (§ 253 Abs. 3 S. 3, Abs. 4) aus.[8] Neben den weiterhin **zentralen Bewertungsmaßstäben der Anschaffungs- und Herstellungskosten**[9] hat der Gesetzgeber durch das BilMoG in Abs. 4 als **neuen Bewertungsmaßstab den beizulegenden Zeitwert** eingeführt[10] und dadurch die bisherige generelle Wertobergrenze relativiert (dazu Rdn 43). Als weitere Neuerung bestimmt Abs. 2a aufbauend auf § 248 Abs. 2 n.F. die Höhe der **aktivierungsfähigen Aufwendungen für die Entwicklung selbst geschaffener immaterieller Vermögensgegenstände** und ergänzt dabei den Herstellungskostenbegriff nach Abs. 2 speziell für den Entwicklungsprozess in Abgrenzung zu nicht aktivierungsfähigen Forschungskosten (§ 255 Abs. 2 S. 4; dazu Rdn 34). An die Stelle des früheren Aktivierungswahlrechts des erworbenen Geschäfts- und Firmenwertes nach § 255 Abs. 4 a.F. ist durch das BilMoG die Fiktion als zeitlich begrenzt nutzbarer Vermögensgegenstand (§ 246 Abs. 1 S. 4) getreten.

Funktionen und Ziele. § 255 konkretisiert die Bewertungsmaßstäbe der Anschaf- **2**
fungs- und Herstellungskosten und legt zugleich **bilanzrechtliche Wertungsmaßstäbe** fest. Die Bewertung mit den historischen Anschaffungs- bzw. Herstellungskosten dient dem **Prinzip der Erfolgsneutralität** von Anschaffungs- und Herstellungsvorgängen.[11] Danach wird der Zugang eines Vermögensgegenstandes zum Anlage- oder Umlaufvermögen als bloße **Vermögensumschichtung** abgebildet, die weder eine Vermögensmehrung noch eine Vermögensminderung auslöst (s. Rdn 4, 18). Die **Bewertungsobergrenze** ist zugleich eine Bestätigung und Konkretisierung des Realisationsprinzips (§ 252 Abs. 1 Nr. 4),[12] wonach erst der Umsatz und nicht bereits die Anschaffung erfolgswirksam ist.[13] Nach der Aktienrechtsnovelle vom 18.7.1884 weitete die Rechtsprechung die Anschaffungskosten als Obergrenze der Bewertung[14] auch ohne explizite gesetzliche Regelung rechtsformübergreifend auf alle Kaufleute aus.[15] In Umsetzung der 4. EG-Richtlinie (Bilanzrichtlinie)[16] normierte der Bilanzgesetzgeber durch das Bilanzrichtliniengesetz (BilRiLiG) das Niederstwertprinzip und das Realisationsprinzips als allgemeine Bilanzierungsgrundsätze für alle Kaufleute und räumte damit letzte Zweifel zur Obergrenze der Bewertung aus.[17] Durch die Bindung an das Nominalwertprinzip mit den historischen Kosten als für die Anschaffungs- und Herstellungskosten maßgebenden Einstandswerte der Vermögensgegenstände kommt zudem die gesetzliche Wertung zum Ausdruck, dass keine Substanzwerterhaltung (s.a. § 256, 1), sondern nur eine nominelle Kapitalwerterhaltung angestrebt ist.[18] Im Zuge der **Bilanzrechtsmodernisierung** wollte der Gesetzgeber durch die Anhebung der Bewertungsuntergrenze bei den Herstellungskosten (Abs. 2) sich an den

6 KölnKomm-RLR-*Ekkenga* § 255 Rdn 1.

7 Gesetz zur Modernisierung des Bilanzrechts (BilMoG) vom 25.5.2009, BGBl. 2009, 1102, 1104.

8 MünchKommHGB/*Ballwieser* § 255 Rdn 1; BoHdR-*Kirsch* § 255 Rdn 1.

9 So BoHdR-*Kirsch* § 255 Rdn 2; ebenso Heymann/*Walz* HGB § 255 Rdn 1: „fundamentale Bewertungsansätze".

10 BT-Drucks. 16/10067, 59.

11 *Moxter* Bilanzrechtsprechung § 11 I 1b, § 12 I 1a; Heymann/*Walz* HGB § 255 Rdn 2.

12 Zu dessen Entwicklung und seiner wechselvollen Bedeutung seit 1884 zusammenfassend *Hommel/Berndt* BB 2009, 2190.

13 *Moxter* Bilanzrechtsprechung § 11 I 1b; Heymann/*Walz* HGB § 255 Rdn 2.

14 Näher *K. Barth*, Die Entwicklung des deutschen Bilanzrechts, Band I, 1953, S. 156 ff.

15 Zuletzt *Velte/Haaker* StuW 2012, 56, 59 f.

16 Vierte Richtlinie des Rates vom 25.7.1978 (78/660/EWG).

17 *Velte/Haaker* StuW 2012, 56, 60.

18 Heymann/*Walz* HGB § 255 Rdn 2.

produktionsbezogenen Vollkostenbegriff der internationalen Rechnungslegung annähern und die Vergleichbarkeit des handelsrechtlichen Jahresabschlusses verbessern.[19] Mit dem „Prinzip der Zeitwertbewertung“ (Abs. 4) wollte er speziell für zu Handelszwecken erworbene Finanzinstrumente die bisher bereits ohne gesetzliche Regelung übliche und z.T. als GoB eingestufte Bilanzierungspraxis klarstellen und vereinheitlichen.[20] Innerhalb des beschränkten Anwendungsbereichs weicht das Gesetz mit der Zeitwertbewertung trotz historischer Erfahrungen und aktueller Warnungen[21] von den allgemeinen Bewertungsgrundsätzen ab (dazu Rdn 46).

3 **Europäischer Rechtsrahmen und Rechtsfolgen.** Mit den Bestimmungen in Abs. 1 (Anschaffungskosten) hat der deutsche Gesetzgeber die Vorgaben in Artt. 35 Abs. 2, 39 Abs. 2 S. 1 der 4. EG-Richtlinie (**Bilanzrichtlinie**)[22] konkretisierend umgesetzt. Die Regelungen in Abs. 2 (Herstellungskosten) und Abs. 3 (Fremdkapitalzinsen als fiktive Bestandteile der Herstellungskosten) beruhen auf Artt. 35 Abs. 3, 39 Abs. 2 S. 1 und 3 bzw. Artt. 35 Abs. 4, 39 Abs. 2 S. 2 der Richtlinie. Die Ausdehnung des Herstellungskostenbegriffs durch Abs. 2 S. 2 i.d.F. des BilMoG auf die angemessenen Teile der Materialgemeinkosten, der Fertigungsgemeinkosten und des Werteverzehrs des Anlagevermögens, soweit dieser durch die Fertigung veranlasst ist (s. Rdn 25), stützt der Gesetzgeber vertretbar auf Art. 35 Abs. 3 der Richtlinie („der dem einzelnen Erzeugnis nur mittelbar zurechenbaren Kosten“).[23] Die Zeitwertbewertung (§ 255 Abs. 4 n.F.) stützt er auf Art. 42b der Richtlinie.[24] Mangels spezieller Rechtsfolgen bei einem Verstoß gegen § 255 entsprechen die **Rechtsfolgen** grundsätzlich denen bei Verstößen gegen die übrigen gesetzlichen Bewertungsvorschriften (s. allg. § 252, 60 f). Führt die Verletzung der Bewertungsvorgaben zu einer Überbewertung oder Unterbewertung im Sinne des § 256 Abs. 5 AktG kann dies zur Nichtigkeit des Jahresabschlusses führen.[25] Im **Anhang** müssen Kapitalgesellschaften und ihnen nach § 264a gleichgestellte Personenhandelsgesellschaften die gewählte Bewertungsmethode nach § 284 Abs. 2 Nr. 1 angeben und dabei berichten, wie die Bewertungswahlrechte bei der Bestimmung der Wertuntergrenze genutzt und welche Wahlbestandteile in die Herstellungskosten (§ 255 Abs. 2 S. 3) einbezogen wurden.[26] Über Änderungen der Bewertungsmethoden ist nach § 284 Abs. 2 Nr. 3 zu berichten. Überdies sind im Anhang Angaben über die Einbeziehung von Zinsen für Fremdkapital in die Herstellungskosten (§ 255 Abs. 3 S. 2) nach § 284 Abs. 2 Nr. 5 zu machen. Entsprechendes gilt für Genossenschaften (§ 336 Abs. 2) sowie für die von § 5 Abs. 2 PublG erfassten Unternehmen.

---

[19] BT-Drucks. 16/10067, 59.

[20] BT-Drucks. 16/10067, 53; dazu krit. Köln-Komm-RLR-*Ekkenga* § 255 Rdn 154; *Velte/Haaker* StuW 2012, 56, 63, 70 mwN.

[21] *Schildbach* DStR 2010, 69, 73 f; *Velte/Haaker* StuW 2012, 56, 59, 61 ff, 70.

[22] Vierte Richtlinie des Rates vom 25.7.1978, 78/660/EWG (aufgehoben und ersetzt durch Richtlinie 2013/34/EU des Europäischen Parlaments und des Rates vom 26.6.2013 mit einer Umsetzungsfrist bis zum 20.6.2015, ABl. EU L 182/19).

[23] BT-Drucks. 16/10067, 59 f, Aufwendungen, „die in Abhängigkeit von der Erzeugnismenge variieren“.

[24] BT-Drucks. 16/10067, 60.

[25] Beck BilKomm-*Grottel/Pastor* § 255 Rdn 550.

[26] HdR-EA/*Knop/Küting* § 255 Rdn 386.

II. Anschaffungskosten (Abs. 1)

1. Begriff und Ermittlung der Anschaffungskosten. Anschaffungskosten. Die Bestandteile der Anschaffungskosten eines Vermögensgegenstandes ergeben sich nach Abs. 1 S. 1–3 als rechnerisches Ergebnis aus: 4
Anschaffungspreis (S. 1)
+ Anschaffungsnebenkosten (S. 2)
+ nachträgliche Anschaffungskosten (S. 2)
– Anschaffungspreisminderungen (S. 3)
= Anschaffungskosten. Nach Abs. 1 S. 1 sind Anschaffungskosten die Aufwendungen, die geleistet werden, um einen Vermögensgegenstand zu erwerben und ihn in einen betriebsbereiten Zustand zu versetzen; dabei zählen nur solche Aufwendungen zu den Anschaffungskosten, die dem Vermögensgegenstand einzeln zugeordnet werden können („soweit"). Die Aufwendungen müssen also den Charakter von **Einzelkosten** haben, während Gemeinkosten nicht in die Anschaffungskosten einzubeziehen sind.[27] Durch diesen Unterschied zu den Herstellungskosten (s. Rdn 20 ff) hat sich der Unterschied zwischen den Bewertungsmaßstäben durch die Bilanzrechtsmodernisierung noch vergrößert.[28] Der für den angeschafften Vermögensgegenstand aufgewendete Betrag (Anschaffungsbetrag) bestimmt den **Einstandswert** im Sinne des § 253 Abs. 1 S. 1 für den Anschaffungsgegenstand. Die Bewertung zu den Anschaffungskosten dient dazu, den **Anschaffungsvorgang erfolgsneutral** im Sinne einer bloßen Vermögensumschichtung zu erfassen (s. bereits Rdn 2).[29] Im Vergleich zum deutschen Bilanzrecht hat der Anschaffungskostenbegriff bei den **IFRS** nur eine untergeordnete Bedeutung, während der Umfang der Anschaffungskosten nahezu deckungsgleich ist.[30]

Zur **Ermittlung** der Anschaffungskosten kommen neben der Einzelfeststellung die Bewertungsvereinfachungsverfahren nach Maßgabe von § 256 S. 1 und 2 (s. § 256 Rdn 11 ff) in Betracht. Namentlich in Einzelhandelsunternehmen, wo die Waren schon beim Einkauf mit den Verkaufspreisen ausgezeichnet werden und die Anschaffungskosten später nur mit unverhältnismäßigem Aufwand ermittelt werden können, ist eine retrograde Wertermittlung verbreitet.[31] Bei ihr wird vom Verkaufspreis die Bruttospanne abgezogen, die durch (in den jeweiligen Warengruppen) einheitliche Zuschläge auf die Anschaffungskosten zustande kommt.[32] 5

2. Kosten des Erwerbs. Anschaffungsvorgang ist nach Abs. 1 S. 1 sowohl der Erwerb des Vermögensgegenstandes als auch seine Versetzung in einen betriebsbereiten Zustand. 6

---

27 ADS[6] § 255 Rdn 16; MünchKommHGB-*Ballwieser* § 255 Rdn 9 ff; KölnKomm-RLR-*Ekkenga* § 255 Rdn 4; Blümich/*Ehmcke* EStG § 6 Rdn 269; Baumbach/Hueck/*Schulze-Osterloh* GmbHG[18] 2006 § 42 Rdn 349; Heymann/*Walz* HGB § 255 Rdn 28; WP-Handbuch I Tz E 322; HdJ-*Wohlgemuth* Abt. I/9 Rdn 11.

28 HdJ-*Wohlgemuth* Abt. I/9 Rdn 50.

29 ADS[6] § 255 Rdn 5; Beck BilKomm-*Grottel/Gadek* § 255 Rdn 20; BoHdR-*Kirsch* § 255 Rdn 21; HdR-EA/*Knop/Küting* § 255 Rdn 7 f; *Moxter* Bilanzrechtsprechung § 11 I 1b; Beck-HdR-*Wohlgemuth/Radde* B 162 Rdn 6; Ebenroth/Boujong/Joost/Strohn/*Wiedmann* § 255 Rdn 4; HdJ-*Wohlgemuth* Abt. I/9 Rdn 3.

30 *Kahle/Hiller* DStZ 2013, 462, 466 ff, 473.

31 Zur steuerrechtlichen Anerkennung R 6.8 Abs. 2 EStR 2008 (ohne Änderung durch die EStÄR 2012).

32 ADS[6] § 255 Rdn 114; *Glade* § 253 Rdn 534 ff; HdR-EA/*Knop/Küting* § 255 Rdn 10; *Loitz/Winnacker* DB 2000, 2234; Herrmann/Heuer/Raupach/*Richter* EStG § 6 Rdn 110; Heymann/*Walz* HGB § 255 Rdn 39; Ebenroth/Boujong/Joost/Strohn/*Wiedmann* § 255 Rdn 9; *Winnefeld* Bilanz-Handbuch E 412.

„**Erwerb**" ist die Erlangung der wirtschaftlichen Verfügungsmacht über den Vermögensgegenstand, die regelmäßig durch Übergang von Eigenbesitz, Gefahr, Nutzen und Lasten auf den Erwerber gekennzeichnet ist.[33]

7 Erwerbskosten sind alle Aufwendungen, die unmittelbar dazu bestimmt sind, den Erwerb zu ermöglichen.[34] Sie werden in erster Linie durch den **Anschaffungspreis** (Kaufpreis) bestimmt. Mit dem Vermögensgegenstand übernommene Schulden und Lasten sind Bestandteil der Anschaffungskosten und als Verpflichtungen zu passivieren.[35] Ist der Erwerber zum Vorsteuerabzug berechtigt, so wird der Kaufpreis um die in ihm enthaltene Umsatzsteuer gekürzt, soweit diese als Vorsteuer abziehbar ist (§ 15 UStG[36]).[37] Anschaffungskosten in ausländischer Währung sind in Euro umzurechnen (s. § 256a Rdn 8, 27 ff). Bei Vorauszahlung oder Anzahlung ist der tatsächlich aufgewandte Betrag in Euro maßgeblich. Beim Kauf auf Kredit ist der Wechselkurs zum Zeitpunkt der Erstverbuchung (Kurs des Tages, an dem der Geschäftsvorfall nach GoB einzubuchen ist)[38] entscheidend; spätere Wechselkursänderungen beeinflussen die Anschaffungskosten nicht mehr.[39] Wo – etwa beim Kauf ganzer Unternehmen oder Betriebe bzw. Betriebsteile – mehrere Vermögensgegenstände zu einem einheitlichen Gesamtkaufpreis erworben werden, ist nach dem Grundsatz der Einzelbewertung (§ 252 Abs. 1 Nr. 3) der Gesamtanschaffungspreis auf die einzelnen Vermögensgegenstände aufzuteilen.[40] Dabei können nachvollziehbare Vereinbarungen der Vertragsparteien über die Kaufpreisbemessung und -verteilung ein Anhalt für die Aufteilung sein, sofern diese Ausdruck gegensätzlicher Interessen und nicht dem Streben nach einseitigen Steuervorteilen geschuldet sind.[41]

8 **3. Kosten für die Erlangung der Betriebsbereitschaft.** Zu den Anschaffungskosten rechnen auch die Aufwendungen, die entstehen, um den erworbenen Vermögensgegenstand in einen betriebsbereiten Zustand zu versetzen. Darum markiert erst die Erlangung der Betriebsbereitschaft das Ende des Anschaffungsvorgangs. Dabei ist das Kriterium der **Betriebsbereitschaft** des Vermögensgegenstandes **objektiv** auf der Basis der vom Rech-

---

33 BFH 28.4.1977, IV R 163/75, BStBl II 1977, 553, 554; ADS[6] § 255 Rdn 10; Beck Bil-Komm-*Grottel/Gadek* § 255 Rdn 31; Heymann/*Walz* HGB § 255 Rdn 5.

34 ADS[6] § 255 Rdn 8 ff; Beck BilKomm-*Grottel/Gadek* § 255 Rdn 21 ff; HdR-EA/*Knop/Küting* § 255 Rdn 12.

35 ADS[6] § 255 Rdn 67; Beck-HdR-*Wohlgemuth/Radde* B 162 Rdn 11, 34; *Winnefeld* Bilanz-Handbuch E 575; WP-Handbuch I Tz E 331; HdJ-*Wohlgemuth* Abt. I/9 Rdn 17.

36 Explizit bestimmt § 9b Abs. 1 EStG für das Steuerrecht, dass der abziehbare Vorsteuerbetrag nach § 15 UStG nicht zu den Anschaffungs- oder Herstellungskosten gehört.

37 ADS[6] § 255 Rdn 20; Beck BilKomm-*Grottel/Gadek* § 255 Rdn 51; *Kahle/Hiller* DStZ 2013, 462, 465; HdR-EA/*Knop/Küting* § 255 Rdn 20; Beck-HdR-*Wohlgemuth/Radde* B 162 Rdn 30; Baumbach/Hueck/*Schulze-Osterloh* GmbHG[18] 2006 § 42 Rdn 350; WP-Handbuch I Tz E 324.

38 HdR-EA/*Knop/Küting* § 255 Rdn 26.

39 So die hM, jedoch sind Einzelheiten str.; weiterführend ADS[6] § 255 Rdn 63 f; Beck BilKomm-*Grottel/Gadek* § 255 Rdn 52 ff; BoHdR-*Kirsch* § 255 Rdn 55; HdR-EA/*Knop/Küting* § 255 Rdn 26; *Schröer* Realisationsprinzip S. 324 ff; WP-Handbuch I Tz E 332; Beck-HdR-*Wohlgemuth/Radde* B 162 Rdn 46; HdJ-*Wohlgemuth* Abt. I/9 Rdn 22 mwN.

40 ADS[6] § 255 Rdn 104 ff; Blümich/*Ehmcke* EStG § 6 Rdn 340 ff; Beck BilKomm-*Grottel/Gadek* § 255 Rdn 81 ff; HdR-EA/*Knop/Küting* § 255 Rdn 23 ff; Heymann/*Walz* HGB § 255 Rdn 7; *Winnefeld* Bilanz-Handbuch E 495 ff; WP-Handbuch I Tz E 333; Beck-HdR-*Wohlgemuth/Radde* B 162 Rdn 79; HdJ-*Wohlgemuth* Abt. I/9 Rdn 18, 91 ff.

41 Näher, auch zur steuerrechtlichen Anerkennung Schmidt/*Kulosa* EStG[32] 2013 § 6 Rdn 118 mwN.

nungslegungspflichtigen beabsichtigten Verwendung zu bestimmen.[42] Auf die lediglich subjektive Einschätzung der Betriebsbereitschaft des Vermögensgegenstandes durch den Kaufmann[43] kommt es dagegen nicht entscheidend an.[44] Freilich verbleiben Spielräume bei der Festlegung der „bestimmungsmäßigen Nutzung" des Gegenstandes.[45]

Zu den **Kosten** für die Versetzung in die Betriebsbereitschaft gehören bei Gegenstän- 9
den des Sachanlagevermögens etwa Montagekosten und Kosten für Probeläufe. Soll ein bebautes Grundstück im Unternehmen von vornherein als unbebautes genutzt werden, zählen auch die Kosten für den Abbruch des Gebäudes hierzu. Entsprechendes gilt, wenn gebrauchte Gegenstände zur Erlangung der Betriebsbereitschaft instandgesetzt oder umgerüstet werden müssen.[46] Erhaltungsaufwendungen, die (selbst anschaffungsnah) nach der erstmaligen Erlangung der Betriebsbereitschaft anfallen, gehören nicht mehr zu den Anschaffungskosten;[47] ggf. liegt ein Herstellungsvorgang vor (s. Rdn 19).

4. Anschaffungsnebenkosten und nachträgliche Anschaffungskosten. Zu den An- 10
schaffungskosten gehören nach Abs. 1 S. 2 auch die Anschaffungsnebenkosten sowie die nachträglichen Anschaffungskosten. **Anschaffungsnebenkosten** sind Aufwendungen, die mit dem Anschaffungsvorgang (Erwerb und Versetzung des Vermögensgegenstands in einen betriebsbereiten Zustand) unmittelbar verbunden sind und dem angeschafften Vermögensgegenstand als Einzelkosten direkt zugemessen werden können. Aktivierungspflichtige Anschaffungsnebenkosten können auch schon vor Vollendung des Erwerbsvorgangs anfallen.[48] Zu den Nebenkosten der Anschaffung zählen etwa Transport- und Transportversicherungskosten, Steuern und Zölle, Notar- und Gerichtskosten, Vermittlungs- und Maklergebühren. Die Grenze zu den „Hauptkosten" für den Erwerb und die Erlangung der Betriebsbereitschaft ist fließend, wegen der ausdrücklichen Einbeziehung der Nebenkosten in die Anschaffungskosten aber rechtsfolgenlos. Die bei einer Vielzahl von Warenbezügen üblicherweise anfallenden Nebenkosten können pauschaliert in Ansatz gebracht werden; auf die Einbeziehung von (im Verhältnis zum Kaufpreis) unerheblichen Nebenkosten kann nach den Grundsätzen des Wesentlichkeitsprinzips[49] verzichtet werden.[50] Finanzierungskosten sind grundsätzlich nicht Bestandteil der Anschaffungs-

---

[42] Beck BilKomm-*Grottel/Gadek* § 255 Rdn 23 f; Heymann/*Walz* HGB § 255 Rdn 14.

[43] Darauf abstellend ADS[6] § 255 Rdn 14.

[44] Vermittelnd Baumbach/Hueck/*Schulze-Osterloh* GmbHG[18] 2006 § 42 Rdn 352, der verlangt, dass sich die beabsichtigte Verwendung aus objektiven Umständen ergeben muss.

[45] HdJ-*Wohlgemuth* Abt. I/9 Rdn 48.

[46] Näher ADS[6] § 255 Rdn 12 ff; Beck Bil-Komm-*Grottel/Gadek* § 255 Rdn 25; Baumbach/Hueck/*Schulze-Osterloh* GmbHG[18] 2006 § 42 Rdn 352 mwN.

[47] ADS[6] § 255 Rdn 14; Baumbach/Hueck/*Schulze-Osterloh* GmbHG[18] 2006 § 42 Rdn 352.

[48] ADS[6] § 255 Rdn 11; Beck BilKomm-*Grottel/Gadek* § 255 Rdn 34; *Ordelheide* FS Felix (1989) S. 229; Beck-HdR-*Wohlgemuth/Radde* B 162 Rdn 99 ff; HdJ-*Wohlgemuth* Abt. I/9 Rdn 27; **a.M.** für Verbuchung als Aufwand HdR-EA/*Knop/Küting* § 255 Rdn 28; im Ansatz ebenso *Mathiak* DStJG 7 (1984) S. 97, 119: zunächst Verbuchung als Aufwand, aber gewinnerhöhende Aktivierung nach Erlangung der wirtschaftlichen Verfügungsmacht über den Vermögensgegenstand.

[49] Zuletzt *Marx* FR 2011, 267, 268.

[50] Dazu ADS[6] § 255 Rdn 21 ff; Beck BilKomm-*Grottel/Gadek* § 255 Rdn 70 ff; BoHdR-*Kirsch* § 255 Rdn 72; HdR-EA/*Knop/Küting* § 255 Rdn 34; Beck-HdR-*Wohlgemuth/Radde* B 162 Rdn 94; HdJ-*Wohlgemuth* Abt. I/9 Rdn 24, 28 ff; *ders./Radde* WPg 2000, 903, 905; ferner Baumbach/Hueck/*Schulze-Osterloh* GmbHG[18] 2006 § 42 Rdn 353; Heymann/*Walz* HGB § 255 Rdn 18; *Winnefeld* Bilanz-Handbuch E 439.

kosten. Ausnahmsweise gehören sie dazu, wenn der Erwerber bis zur Lieferung des Vermögensgegenstandes beim Veräußerer entstehende Kreditkosten vergütet.[51]

11 **Nachträgliche Anschaffungskosten** betreffen spätere Erhöhungen des Anschaffungspreises (etwa des Kaufpreises durch Urteil oder durch entsprechenden Vergleich) wie auch der Anschaffungsnebenkosten (z.B. aufgrund Neufestsetzung der Grunderwerbssteuer).[52] Darüber hinaus fallen alle Aufwendungen darunter, die noch dem Anschaffungsvorgang selbst zuzuordnen sind,[53] wie z.B. nachträglich erhobene Erschließungsbeiträge.[54] Dagegen fallen Aufwendungen, die erst nach dem Erwerb des Vermögensgegenstandes und seiner (erstmaligen) Versetzung in einen betriebsbereiten Zustand anfallen und den Vermögensgegenstand erweitern bzw. über seinen ursprünglichen Zustand hinaus wesentlich verbessern, nicht in die Kategorie der nachträglichen Anschaffungskosten.[55] Sie sind als Kosten eines Herstellungsvorgangs anzusehen (s. Rdn 19).

12 **5. Anschaffungspreisminderungen.** Anschaffungspreisminderungen sind nach Abs. 1 S. 3 von den Anschaffungskosten **abzusetzen.** Zu den Anschaffungspreisminderungen zählen etwa in Anspruch genommene Rabatte, Skonti und sonstige Preisnachlässe, einschließlich etwaiger Kaufpreisminderungen infolge von Mängeln des erworbenen Vermögensgegenstandes.[56] Bei nicht in Anspruch genommenen Skonti sind die Anschaffungskosten in Höhe des Rechnungsbetrages zu bemessen.[57] Ein mengen- oder umsatzabhängiger Bonus ist dem am Abschlussstichtag vorhandenen Bestand an Vermögensgegenständen in der Regel nicht einzeln zuzuordnen und darum nicht anschaffungspreismindernd zu berücksichtigen.[58]

13 **6. Ausgewählte Einzelfragen.**[59] Vollzieht sich der Anschaffungsvorgang im Wege des **Tausches**, so besteht nach herrschender Meinung ein Wahlrecht, die Anschaffungskosten

---

51 Zu Bauzeitzinsen BFH 19.4.1977, VIII R 44/74, BStBl II 1977, 600; 18.2.1993, IV R 40/92, BStBl II 1994, 224, 225 mwN; 23.5.2012, IX R 2/12, BStBl II 2012, 674; Beck BilKomm-*Grottel/Pastor* § 255 Rdn 501; Baumbach/Hueck/*Schulze-Osterloh* GmbHG[18] 2006 § 42 Rdn 356 mwN; *Winnefeld* Bilanz-Handbuch E 456; HdJ-*Wohlgemuth* Abt. I/9 Rdn 15, 35 ff; zweifelnd Heymann/*Walz* HGB § 255 Rdn 19.

52 ADS[6] § 255 Rdn 45 ff; HdR-EA/*Knop/Küting* § 255 Rdn 44 ff, 54; Baumbach/Hueck/*Schulze-Osterloh* GmbHG[18] 2006 § 42 Rdn 354; Beck-HdR-*Wohlgemuth/Radde* B 162 Rdn 123.

53 Übereinstimmend HdR-EA/*Knop/Küting* § 255 Rdn 44.

54 Beck BilKomm-*Grottel/Gadek* § 255 Rdn 77 mwN.

55 Für die Zuordnung solcher Kosten zu den nachträglichen Anschaffungskosten aber ADS[6] § 255 Rdn 14, 42.

56 ADS[6] § 255 Rdn 49ff; Beck BilKomm-*Grottel/Gadek* § 255 Rdn 60 ff; HdR-EA/*Knop/Küting* § 255 Rdn 55 ff; Baumbach/Hueck/*Schulze-Osterloh* GmbHG[18] 2006 § 42 Rdn 355; HdJ-*Wohlgemuth* Abt. I/9 Rdn 54 ff.

57 ADS[6] § 255 Rdn 52; KölnKomm-RLR-*Ekkenga* § 255 Rdn 48; Beck BilKomm-*Grottel/Gadek* § 255 Rdn 64; HdR-EA/*Knop/Küting* § 255 Rdn 58 ff, 61; Beck-HdR-*Wohlgemuth/Radde* B 162 Rdn 138; HdJ-*Wohlgemuth* Abt. I/9 Rdn 58 f; *ders./Radde* WPg 2000, 903, 906 sowie Baumbach/Hueck/*Schulze-Osterloh* GmbHG[18] 2006 § 42 Rdn 355 mwN.

58 I.E. übereinstimmend Beck BilKomm-*Grottel/Gadek* § 255 Rdn 62; HdR-EA/*Knop/Küting* § 255 Rdn 62; Baumbach/Hopt/*Merkt* § 255 Rdn 4; Baumbach/Hueck/*Schulze-Osterloh* GmbHG[18] 2006 § 42 Rdn 355; **a.M.** für anteilige Berücksichtigung, soweit die gekauften Gegenstände noch vorhanden sind ADS[6] § 255 Rdn 50; KölnKomm-RLR-*Ekkenga* § 255 Rdn 48; Beck-HdR-*Wohlgemuth/Radde* B 162 Rdn 133; HdJ-*Wohlgemuth* Abt. I/9 Rdn 56.

59 Zu weiteren, vielfach kontroversen Sonder- und Einzelfragen vgl. „ABC der Anschaffungskosten" bei Beck BilKomm-*Grottel/Gadek* § 255 Rdn 325 sowie ADS[6] § 255

des erworbenen Vermögensgegenstandes entweder (erfolgsneutral) mit dem Buchwert des hingegebenen Gegenstandes zu bemessen (ggf. erhöht auf den zur Neutralisierung der steuerlichen Belastung erforderlichen Betrag) oder mit dessen vorsichtig geschätztem Zeitwert anzusetzen.[60] Für **unentgeltlich erworbene Vermögensgegenstände** soll ein Aktivierungswahlrecht bestehen, sofern der Zuwendende dem Empfänger keinen Vermögensvorteil verschaffen will.[61] Dem hält die Gegenmeinung zu Recht ein **Aktivierungsgebot** entgegen, nach dem der vorsichtig geschätzte Betrag anzusetzen ist, den der Rechnungslegungspflichtige bei entgeltlichem Erwerb des Vermögensgegenstandes hätte aufwenden müssen.[62] Denn das Vollständigkeitsgebot (§ 246 Abs. 1) streitet für die Aktivierungspflicht, zumal nur so in den Folgejahren der Werteverzehr durch Abschreibungen periodengerecht ausgewiesen werden kann;[63] ohne einen solchen Ausweis würde kein getreuer Einblick in die Vermögens- und Ertragslage des Unternehmens gewährt. Für unentgeltlich erworbene immaterielle Vermögensgegenstände des Anlagevermögens besteht nach Maßgabe des § 248 Abs. 2 nunmehr ein **Aktivierungswahlrecht.**[64]

Überhöhter Anschaffungspreis und Zuwendungen. Der Anschaffungspreis ist selbst dann für die Bestimmung der Anschaffungskosten maßgeblich, wenn er (unter nahen Angehörigen oder verbundenen Unternehmen) überhöht bemessen ist. Allerdings gilt das Gebot der Abschreibung auf den niedrigeren Stichtagswert (§ 253 Abs. 3 S. 3 und Abs. 4 S. 2).[65] Eine andere Betrachtungsweise ist freilich in jenen Fällen geboten, in denen im **14**

Rdn 63 ff; HdR-EA/*Knop/Küting* § 255 Rdn 77 ff; Baumbach/Hueck/*Schulze-Osterloh* GmbHG[18] 2006 § 42 Rdn 361; Ebenroth/Boujong/Joost/Strohn/*Wiedmann* § 255 Rdn 19 ff; *Winnefeld* Bilanz-Handbuch E 424.

60 ADS[6] § 255 Rdn 89 ff; HdR-EA/*Knop/Küting* § 255 Rdn 110; Ensthaler/*Lezius* § 255 Rdn 6; Baumbach/Hopt/*Merkt* § 255 Rdn 5; Ebenroth/Boujong/Joost/Strohn/*Wiedmann* § 255 Rdn 24; *Winnefeld* Bilanz-Handbuch E 545 ff; WP-Handbuch I E 339 f; *Wöhe* Bilanzierung und Bilanzpolitik[9] S. 384; MünchKommHGB/*Ballwieser* § 255 Rdn 42; jedenfalls für den Tausch von Gegenständen des Anlagevermögens auch Beck BilKomm-*Grottel/Gadek* § 255 Rdn 40; **a.M.** Bemessung der Anschaffungskosten nach dem vorsichtig geschätzten Verkaufspreis des hingegebenen Gegenstandes BoHdR-*Kirsch* § 255 Rdn 89; Baumbach/Hueck/*Schulze-Osterloh* GmbHG[18] 2006 § 42 Rdn 357; Heymann/*Walz* HGB § 255 Rdn 31; HdJ-*Wohlgemuth* Abt. I/9 Rdn 62 ff; differenzierend Beck-HdR-*Wohlgemuth/Radde* B 162 Rdn 53 ff; zum Steuerrecht vgl. § 6 Abs. 6 EStG (s. Rdn 54).

61 So im Ansatz übereinstimmend, wenn auch mit Unterschieden im Detail, ADS[6] § 255 Rdn 83 ff; KölnKomm-RLR-*Ekkenga* § 255 Rdn 32; *Glade* Teil I Rdn 500; Beck BilKomm-*Grottel/Gadek* § 255 Rdn 90 ff; BoHdR-*Kirsch* § 255 Rdn 86; Ensthaler/*Lezius* § 255 Rdn 7; Baumbach/Hopt/*Merkt* § 255 Rdn 6; Heymann/*Walz* HGB § 255 Rdn 34; Ebenroth/Boujong/Joost/Strohn/*Wiedmann* § 255 Rdn 21; *Wöhe* Bilanzierung und Bilanzpolitik[9] S. 385.

62 So MünchKommHGB/*Ballwieser* § 255 Rdn 45; HdR-EA/*Knop/Küting* § 255 Rdn 107; Beck-HdR-*Wohlgemuth/Radde* B 162 Rdn 63; HdJ-*Wohlgemuth* Abt. I/9 Rdn 71; *Winnefeld* Bilanz-Handbuch E 530.

63 Baumbach/Hueck/*Schulze-Osterloh* GmbHG[18] 2006 § 42 Rdn 359.

64 KölnKomm-RLR-*Ekkenga* § 255 Rdn 50; HdR-EA/*Knop/Küting* § 255 Rdn 107; Beck-HdR-*Wohlgemuth/Radde* B 162 Rdn 66; **a.M.** für eine Aktivierungspflicht bei unentgeltlich erworbenen immateriellen Vermögensgegenständen MünchKommHGB/*Ballwieser* § 255 Rdn 45.

65 Beck BilKomm-*Grottel/Gadek* § 255 Rdn 20; HdR-EA/*Knop/Küting* § 255 Rdn 19; Baumbach/Hueck/*Schulze-Osterloh* GmbHG[18] 2006 § 42 Rdn 361; Ebenroth/Boujong/Joost/Strohn/*Wiedmann* § 255 Rdn 11; *Winnefeld* Bilanz-Handbuch E 424; WP-Handbuch I E 337; HdJ-*Wohlgemuth* Abt. I/9 Rdn 13; Beck-HdR-*Wohlgemuth/Radde* B 162 Rdn 33; **a.M.** für ein Wahlrecht zugunsten einer von vornherein niedrigeren Bemessung der Anschaffungskosten wohl ADS[6] § 255 Rdn 18.

überhöhten Preis eine Vermögensverlagerung an ein verbundenes Unternehmen oder einen Gesellschafter zum Ausdruck kommt. In diesen Fällen ist nur der angemessene Betrag (Zeitwert) als Anschaffungskosten anzusetzen; der Unterschiedsbetrag ist als Zuwendung zu qualifizieren, die ggf. einen aktivierungspflichtigen Rückgewähranspruch auslöst.

15 Erwirbt der Rechnungslegungspflichtige den Vermögensgegenstand im Wege der **Zwangsversteigerung** als Pfandgläubiger selbst, so ist in die Anschaffungskosten – neben dem gezahlten Gebot und den Kosten der Zwangsvollstreckung – auch jener Teil der gesicherten Forderung einzubeziehen, für den mit anderweitiger Befriedigung nicht mehr zu rechnen ist; dabei ist indes der Zeitwert des Gegenstandes die Obergrenze der Bewertung.[66]

16 **Spezialfragen** der Bemessung der Anschaffungskosten sind umstritten, wie namentlich die Behandlung von Zuschüssen und Subventionen, die aus Anlass des Anschaffungsvorgangs von öffentlicher oder privater Seite gewährt werden,[67] die Bewertung von Sacheinlagen bzw. Sachübernahmen[68] und von Beteiligungen[69] und die Bemessung der Anschaffungskosten bei Umstrukturierungen nach dem UmwG.[70]

---

[66] BFH 11.11.1987, I R 7/84, BStBl II 1988, 424, 426; ADS[6] § 255 Rdn 76; Baumbach/Hueck/*Schulze-Osterloh* GmbHG[18] 2006 § 42 Rdn 362; *Winnefeld* Bilanz-Handbuch E 580; krit. und einschränkend aber wegen Verstoßes gegen Einzelbewertungsgebot und Realisationsprinzip HdR-EA/*Knop/Küting* § 255 Rdn 119 f; HdJ-*Wohlgemuth* Abt. I/9 Rdn 94.

[67] Weiterführend IDW-HFA Stellungnahme 2/1996 i.d.F. 2013: Zur Bilanzierung privater Zuschüsse, WPg 1996, 709, WPg Supplement 2/2013, 38; ADS[6] § 255 Rdn 56 ff; MünchKommHGB/*Ballwieser* § 255 Rdn 38 ff; *Förschle/Scheffels* DB 1993, 2393 ff; Beck BilKomm-*Grottel/Gadek* § 255 Rdn 113 ff; HdR-EA/*Knop/Küting* § 255 Rdn 63 ff; Baumbach/Hueck/*Schulze-Osterloh* GmbHG[18] 2006 § 42 Rdn 358 mwN; *Winnefeld* Bilanz-Handbuch E 535 ff; WP-Handbuch I Tz E 326 ff; Beck-HdR-*Wohlgemuth/Radde* B 162 Rdn 69 ff; HdJ-*Wohlgemuth* Abt. I/9 Rdn 74 ff.

[68] Näher ADS[6] § 255 Rdn 95 ff; *Delmas* Die Bewertung von Sacheinlagen in der Handelsbilanz von AG und GmbH (1997); KölnKomm-RLR-*Ekkenga* § 255 Rdn 24 ff; Baumbach/Hueck/*Schulze-Osterloh* GmbHG[18] 2006 § 42 Rdn 360; WP-Handbuch I Tz E 335 f; HdJ-*Wohlgemuth* Abt. I/9 Rdn 81; s.a. IDW S 1 i.d.F. 2008: Grundsätze zur Durchführung von Unternehmensbewertungen, WPg Supplement 3/2008, 68 ff.

[69] *Baetge/Thiele* FS Großfeld (1999) S. 49 ff; KölnKomm-RLR-*Ekkenga* § 255 Rdn 71 ff; *Glade* § 253 Rdn 392 ff; Beck BilKomm-*Grottel/Gadek* § 255 Rdn 141 ff; *Schulze-Osterloh* FS Kropff (1997) S. 607 ff; *Teichmann* Die Bilanzierung von Beteiligungen im handelsrechtlichen Jahresabschluß von Kapitalgesellschaften (1993) mwN.

[70] Dazu weiterführend IDW RS HFA 41 Auswirkungen eines Formwechsels auf den handelsrechtlichen Jahresabschluss, WPg Supplement 4/2012, 85 ff; IDW RS HFA 42 Auswirkungen einer Verschmelzung auf den handelsrechtlichen Jahresabschluss, WPg Supplement 4/2012, 91 ff; IDW RS HFA 43 Auswirkungen einer Spaltung auf den handelsrechtlichen Jahresabschluss, WPg Supplement 4/2012, 104 ff; Beck BilKomm-*Grottel/Gadek* § 255 Rdn 42 ff; HdR-EA/*Knop/Küting* § 255 Rdn 83 ff; *W. Müller* WPg 1996, 857 ff; *ders.* FS Clemm (1996) S. 243 ff; *Mujkanovic* BB 1995, 1735 ff; *Naumann* FS Ludewig (1996) S. 683, 689 ff; *Scherrer* FS Claussen (1997), S. 743, 745 ff; *ders.* FS L. Fischer (1999) S. 391 ff; *Veit/Lorenz* StuB 1999, 74 ff; WP-Handbuch I Tz E 340; HdJ-*Wohlgemuth* Abt. I/9 Rdn 82 ff.

III. Herstellungskosten (Abs. 2, 2a und 3)

1. Grundlagen

17 a) **Begriff der Herstellungskosten (Abs. 2 S. 1).** Herstellungskosten sind nach Abs. 2 S. 1 die Aufwendungen, die durch den Verbrauch von Gütern und die Inanspruchnahme von Diensten für die Herstellung eines Vermögensgegenstandes, für seine Erweiterung oder für eine über seinen ursprünglichen Zustand hinausgehende wesentliche Verbesserung entstehen. Einbeziehungsfähig sind nur die tatsächlich angefallenen (pagatorischen) Aufwendungen, nicht bloß kalkulatorische Kosten.[71] Der Begriff der Herstellungskosten in der Bilanz deckt sich aufgrund divergierender Zwecke nicht mit dem Herstellungskostenbegriff in der Gewinn- und Verlustrechnung, weshalb beim Umsatzkostenverfahren (§ 275 Abs. 3 Nr. 2) nach hM die Vollkosten auszuweisen sind.[72]

18 **Ziele.** Die Bewertung des hergestellten, erweiterten oder verbesserten Vermögensgegenstandes mit den damit verbundenen Aufwendungen zielt wie der Ansatz eines erworbenen Vermögensgegenstandes mit den Anschaffungskosten (s. Rdn 4) auch auf die **Erfolgsneutralität** des Herstellungsvorgangs als bloße Vermögensumschichtung ab (s. bereits Rdn 2).[73] Angesichts der in Abs. 2 S. 2 vorgesehenen Einbeziehung von angemessenen Teilen der Material- und Fertigungsgemeinkosten sowie des Werteverzehrs des Anlagevermögens sind die unmittelbar mit dem **Ziel der Herstellung getätigten Aufwendungen** zu aktivieren.[74] Wie die Anschaffungskosten sind auch die Herstellungskosten final bestimmt.[75] Mit der **Anhebung der handelsrechtlichen Herstellungskostenuntergrenze** ist der Gesetzgeber durch das BilMoG[76] im Jahre 2009 dem „Sog des Steuerrechts" gefolgt (s. noch Rdn 55), das sich in Schritten dem Vollkostenansatz internationaler Rechnungslegungsstandards annähert.[77] Abs. 2 S. 2 n.F. statuiert über die Anforderungen der Artt. 35 Abs. 3 und 39 Abs. 2 der Jahresabschlussrichtlinie hinaus eine Aktivierungspflicht für Gemeinkosten.[78] Mit der Anhebung der Bewertungsuntergrenze bei den Herstellungskosten wollte der Gesetzgeber sich an den produktionsbezogenen Vollkostenbegriff der internationalen Rechnungslegung[79] annähern und die Vergleichbarkeit des handelsrechtlichen Jahresabschlusses verbessern.[80]

19 Die **Herstellung** eines Vermögensgegenstandes umfasst die Schaffung eines neuen, bislang nicht vorhandenen Gegenstandes („Ersthererstellung"). Darunter fällt aber auch die Generalüberholung eines im Wesentlichen abgenutzten, verbrauchten oder zerstörten Gegenstandes („Zweitherstellung").[81] Die **Erweiterung** eines Vermögensgegenstandes zielt auf die Mehrung seiner Substanz ab, während die bloße Erhaltung der Funktions-

---

71 *Moxter* Bilanzrechtsprechung § 12 I 1b; zuletzt *Kahle/Hiller* DStZ 2013, 462, 463 f.

72 Näher *Witt* Herstellungskosten S. 213 ff, 229 ff, 285 mwN.

73 ADS[6] § 255 Rdn 117; HdR-EA/*Knop/Küting* § 255 Rdn 125, 132; *Moxter* Bilanzrechtsprechung § 12 I 1.

74 KölnKomm-RLR-*Ekkenga* § 255 Rdn 82.

75 *Mathiak* DStJG 7 (1984) S. 97, 117, 128, 139.

76 Gesetz zur Modernisierung des Bilanzrechts (BilMoG) vom 25.5.2009, BGBl. 2009, 1102, 1104.

77 Dazu näher *Kahle/Hiller* DStZ 2013, 462, 469 ff, 473.

78 KölnKomm-RLR-*Ekkenga* § 255 Rdn 84; Beck BilKomm-*Grottel/Pastor* § 255 Rdn 353 f.

79 Dazu zuletzt *Kahle/Hiller* DStZ 2013, 462, 470 ff.

80 BT-Drucks. 16/10067, 59.

81 ADS[6] § 255 Rdn 119 ff; KölnKomm-RLR-*Ekkenga* § 255 Rdn 83; HdR-EA/*Knop/Küting* § 255 Rdn 130; Beck-HdR-*Oestreicher* B 163 Rdn 2, 262; Baumbach/Hueck/*Schulze-Osterloh* GmbHG[18] 2006 § 42 Rdn 373.

fähigkeit nicht genügt.[82] Erweiterung ist bereits eine geringfügige Substanzmehrung, z.B. der nutzbaren Fläche eines Gebäudes bei Ersetzung eines Flachdachs durch ein Satteldach.[82a] Die über seinen ursprünglichen Zustand hinausgehende **wesentliche Verbesserung** eines Vermögensgegenstandes erfordert eine qualitative Veränderung der Gebrauchs- oder Verwendungsmöglichkeit des Gegenstandes insgesamt, so dass für die Zukunft ein höheres „Nutzungspotential" geschaffen wird.[83] Lediglich substanzerhaltende (Modernisierungs-)Maßnahmen erfüllen dieses Kriterium noch nicht. Solche Aufwendungen zählen lediglich zu den nicht aktivierbaren Erhaltungsaufwendungen.[84] Für die Herstellung hat auch die Herbeiführung der Betriebsbereitschaft (s. Rdn 9) implizit Bedeutung.[85] Sog. **anschaffungsnahe Aufwendungen** als Bestandteil der Herstellungskosten bei Gebäuden (§ 6 Abs. 1 Nr. 1a EStG) sind eine rein steuerrechtliche Kategorie (s. Rdn 55) und handelsrechtlich ohne Belang.[86]

20 b) **Einzelkosten und Gemeinkosten.** Für die einzelnen Bestandteile der Herstellungskosten ist zwischen Einzelkosten und (anteiligen) Gemeinkosten zu unterscheiden. **Einzelkosten** sind solche Kosten, die einem Bezugsobjekt direkt (unmittelbar) zugerechnet werden können, wobei für die Bewertung im Jahresabschluss das Bezugsobjekt regelmäßig der einzeln zu bewertende Vermögensgegenstand ist.[87] Die Unmittelbarkeit der Zurechnung bedingt einen eindeutigen und nachweisbaren quantitativen Zusammenhang zwischen dem hergestellten Gegenstand und dem durch seine Herstellung entstandenen Verbrauch an Gütern und Leistungen.[88] Dabei wird der Einzelkostencharakter nicht dadurch aufgehoben, dass es zur Bewertung eines Produktionsfaktors einer Umrechnung bedarf. So steht die Umrechnung von Stundenlöhnen auf die eingesetzte Fertigungszeit dem unmittelbaren Zusammenhang von Lohnkosten mit dem produzierten Vermögensgegenstand nicht entgegen.[89]

21 **Gemeinkosten**, im Sinne von **allgemein** im Unternehmen angefallenen Kosten, bezeichnen demgegenüber jene Kosten, die erst aufgrund einer Schlüsselung und Umlage

---

82 ADS[6] § 255 Rdn 122; KölnKomm-RLR-*Ekkenga* § 255 Rdn 86; Beck BilKomm-*Grottel/Pastor* § 255 Rdn 380; Beck-HdR-*Oestreicher* B 163 Rdn 241.

82a BFH 15.5.2013, IX R 36/12, DStR 2013, 1720.

83 BFH 9.5.1995, IX R 116/92, BStBl. II 1996, 632, 635.

84 Näher ADS[6] § 255 Rdn 124 ff; KölnKomm-RLR-*Ekkenga* § 255 Rdn 87; Beck Bil-Komm-*Grottel/Pastor* § 255 Rdn 385 ff; Beck-HdR-*Oestreicher* B 163 Rdn 245.

85 HdJ-*Wohlgemuth* Abt. I/9 Rdn 47.

86 Beck BilKomm-*Grottel/Pastor* § 255 Rdn 388 f; Baumbach/Hueck/*Schulze-Osterloh* GmbHG[18] 2006 § 42 Rdn 373.

87 ADS[6] § 255 Rdn 138; HdR-EA/*Knop/Küting* § 255 Rdn 163 ff; *Witt* Herstellungskosten S. 94 ff.

88 So IDW RS HFA 31 Aktivierung von Herstellungskosten, Ziff. 4, WPg Supplement 3/2010, 70 ff; ähnlich BFH 21.10.1993, IV R 87/92, BStBl II 1994, 176, 177.

89 BFH 21.10.93, IV R 87/92, BStBl II 1994, 176, 177; IDW RS HFA 31 Aktivierung von Herstellungskosten, Ziff. 4, WPg Supplement 3/2010, 70 ff; aus dem Schrifttum ADS[6] § 255 Rdn 138, 147; MünchKommHGB-*Ballwieser* § 255 Rdn 58; Blümich/*Ehmcke* EStG § 6 Rdn 466; KölnKomm-RLR-*Ekkenga* § 255 Rdn 103; Beck BilKomm-*Grottel/Pastor* § 255 Rdn 346 f; *Karrenbrock* FS Börner S. 3, 17; *Mellwig* FS Budde S. 397, 408 ff; Beck-HdR-*Oestreicher* B 163 Rdn 81; *Schneeloch* DStR 1990, 51, 58; Baumbach/Hueck/*Schulze-Osterloh* GmbHG[18] 2006 § 42 Rdn 374, 376; Heymann/*Walz* HGB § 255 Rdn 47; *Witt* Herstellungskosten S. 98 f, 100 ff; **a.M.** HdR-EA/*Knop/Küting* § 255 Rdn 180 ff, die nur reine Akkordlöhne und Quantitätsprämien den Einzelkosten zuschlagen wollen.

dem einzelnen Bezugsobjekt zugerechnet werden können.[90] Sie fallen entweder unabhängig von der produzierten Leistungsmenge an (sog. fixe Gemeinkosten) oder sind von der Leistungsmenge abhängig (variable Gemeinkosten).[91] Davon zu unterscheiden sind sog. **unechte Gemeinkosten.**[92] Dies sind Kosten, die aus Praktikabilitätsgründen in der betrieblichen Kostenrechnung als Gemeinkosten erfasst und geschlüsselt werden, die aber dem jeweiligen Vermögensgegenstand direkt zugerechnet werden können und darum einer separaten Erfassung zugänglich wären. Bei solchen unechten Gemeinkosten handelt es sich um Einzelkosten, die aktivierungspflichtig sind.[93] Die Aktivierungspflicht folgt schon aus der zwingenden Vorgabe in Artt. 35 Abs. 3 lit. a/39 Abs. 2 S. 1 der Jahresabschlussrichtlinie.[94]

c) **Einbeziehungspflicht und Einbeziehungswahlrecht.** Hinsichtlich der **Einzelkosten** (Materialeinzelkosten, Fertigungseinzelkosten und Sondereinzelkosten der Fertigung), der angemessenen Teile der Gemeinkosten (Materialgemeinkosten und Fertigungsgemeinkosten) und des Werteverzehrs des Anlagevermögens besteht nach Abs. 2 S. 2 eine **Aktivierungspflicht.** Diese Kosten bilden die handelsrechtliche **Bewertungsuntergrenze.** Demgegenüber wird in Abs. 2 S. 3 für Kosten der allgemeinen Verwaltung sowie Aufwendungen für soziale Einrichtungen des Betriebs, für freiwillige soziale Leistungen und für betriebliche Altersversorgung handelsrechtlich ein Aktivierungswahlrecht gewährt (**Herstellungskostenobergrenze**). Dieses Wahlrecht mag gegen die GoB verstoßen, genießt aber als Sonderregel Vorrang vor den GoB.[95] Ob das handelsrechtliche Einbeziehungswahlrecht nach Abs. 2 S. 3 auch im Steuerrecht gilt, ist derzeit heftig umstritten (s. Rdn 55). Die genannten Gemeinkosten sind nur insoweit berücksichtigungsfähig, als sie auf den Zeitraum der Herstellung entfallen. Nur unter dieser Voraussetzung dürfen nach Abs. 3 S. 2 auch **Zinsen** für Fremdkapital angesetzt werden (s. Rdn 36). Für **Forschungs- und Vertriebskosten** ordnet Abs. 2 S. 4 ein gesetzliches **Einbeziehungsverbot** an (s. Rdn 34). 22

Abgrenzungs- und Zuordnungsfragen. Durch die Einbeziehung der angemessenen Teile der Gemeinkosten sowie des Werteverzehrs des Anlagevermögens in die Herstellungskostenuntergrenze sind die bilanzpolitischen Gestaltungsspielräume erheblich einge- 23

---

90 IDW RS HFA 31 Aktivierung von Herstellungskosten, Ziff. 4, WPg Supplement 3/2010, 70 ff; ADS⁶ § 255 Rdn 139; Beck BilKomm-*Grottel/Pastor* § 255 Rdn 347; HdR-EA/*Knop/Küting* § 255 Rdn 157; Baumbach/Hopt/*Merkt* § 255 Rdn 17; Heymann/*Walz* HGB § 255 Rdn 49; Ebenroth/Boujong/Joost/Strohn/*Wiedmann* § 255 Rdn 44; *Witt* Herstellungskosten S. 91; **a.M.** Baumbach/Hueck/*Schulze-Osterloh* GmbHG[18] 2006 § 42 Rdn 374, der entscheidend auf die Nähe variabler Aufwendungen zur Produktion abstellen will: wo sie zu bejahen sei, lägen Einzelkosten vor, sonst Gemeinkosten.

91 ADS[6] § 255 Rdn 139; HdR-EA/*Knop/Küting* § 255 Rdn 157, 166; Heymann/*Walz* HGB § 255 Rdn 44.

92 Eingehend *Witt* Herstellungskosten S. 102 ff.

93 IDW RS HFA 31 Aktivierung von Herstellungskosten, Ziff. 4, WPg Supplement 3/2010, 70 ff; im Ansatz übereinstimmend, wenn auch mit gewissen Einschränkungen ADS[6] § 255 Rdn 137; Beck BilKomm-*Grottel/Pastor* § 255 Rdn 347 (Aktivierungspflicht, soweit die quantitative Erfassung jener Kosten praktikabel und verhältnismäßig ist); HdR-EA/*Knop/Küting* § 255 Rdn 166; für Zulässigkeit der Schätzung des Anteils unechter Gemeinkosten MünchKommHGB/*Ballwieser* § 255 Rdn 57; *Mellwig* FS Budde S. 396, 407 f.

94 „Zu den Herstellungskosten gehören … die dem einzelnen Erzeugnis unmittelbar zurechenbaren Kosten."

95 HdJ-*Schulze-Osterloh* Abt. I/1 Rdn 18.

schränkt worden.[96] Die Grenze zwischen Einzelkosten einerseits und Gemeinkosten andererseits ist zwar normativ vorgegeben (s. Rdn 22),[97] ihre praktische Konkretisierung aber schwierig und von der Ausgestaltung des innerbetrieblichen Rechnungswesens abhängig.[98] Die Zuordnung zu den Einzel- bzw. Gemeinkosten hängt daher von der maßgeblichen Schlüsselbildung ab. Zur Erfassung und Schlüsselung der Gemeinkosten kommen unterschiedliche betriebswirtschaftliche Kalkulations- und Berechnungsmethoden mit verschiedenen Berechnungsbasen in Betracht.[99] Zur Ermittlung der Herstellungskosten kann neben der Einzelfeststellung auch auf die Bewertungsvereinfachungsverfahren nach Maßgabe von § 256 S. 1 und 2 zurückgegriffen werden (s. Rdn 5 u. § 256 Rdn 11 ff).

24 d) **Stetigkeitsgebot und Anhangsangaben.** Die Wahl der Bewertungsmethoden, welche der Ermittlung der Herstellungskosten zugrunde gelegt werden, ist dem **Stetigkeitsgebot** des § 252 Abs. 1 Nr. 6 unterworfen,[100] das auch für art- und funktionsgleiche Vermögensgegenstände gilt. Kapitalgesellschaften und nach § 264a gleichgestellte Personenhandelsgesellschaften haben die bei der Ermittlung der Herstellungskosten angewandten Bewertungsmethoden nach § 284 Abs. 2 Nr. 1 im **Anhang** anzugeben und die Ausübung der in Abs. 2 gewährten Aktivierungswahlrechte erkennbar zu machen (s. Rdn 3).

2. Bewertungsuntergrenze (Abs. 2 S. 2)

25 a) **Materialkosten, Fertigungskosten und Sonderkosten der Fertigung.** Nach Abs. 2 S. 2 sind Materialkosten, Fertigungskosten und Sonderkosten der Fertigung sowie angemessene Teile der Materialgemeinkosten, der Fertigungsgemeinkosten und des Werteverzehrs des Anlagevermögens, soweit dieser durch die Fertigung veranlasst ist, als Bestandteile der Herstellungskosten zwingend zu aktivieren. Dies gilt gleichermaßen für den handelsrechtlichen Jahresabschluss und die Steuerbilanz (s. Rdn 18 und 55).[101]

26 **Materialeinzelkosten** umfassen die dem Vermögensgegenstand unmittelbar zuzurechnenden Rohstoffe sowie selbsterstellte oder fremdbezogene Teilerzeugnisse. Hilfsstoffe (z.B. Konservierungsstoffe) gehören ebenfalls zu den Einzelkosten, werden aber häufig als sog. unechte Gemeinkosten (s. Rdn 21) erfasst. Demgegenüber lassen sich Betriebsstoffe (z.B. Schmieröl) regelmäßig nicht auf den einzelnen Vermögensgegenstand beziehen.[102] Verpackungskosten sind nur dort Bestandteil der Materialkosten, wo das Erzeugnis ohne die Verpackung gar nicht erst in den Verkehr gebracht werden kann

---

96 HdR-EA/*Knop/Küting* § 255 Rdn 131g; HdJ-*Wohlgemuth* Abt. I/10 Rdn 16 f.

97 Zur Notwendigkeit der Abgrenzung von Einzel- und Gemeinkosten *Rade* DStR 2011, 1334.

98 Heymann/*Walz* HGB § 255 Rdn 44; *Winnefeld* Bilanz-Handbuch E 680; WP-Handbuch I Tz E 344.

99 Zu Einzelheiten ADS[6] § 255 Rdn 217 ff; Blümich/*Ehmcke* EStG § 6 Rdn 510 ff; HdR-EA/*Knop/Küting* § 255 Rdn 313 ff, 372 ff; *Winnefeld* Bilanz-Handbuch, E 691 f, 715 ff, 725 ff; *Wöhe* Bilanzierung und Bilanzpolitik[9] S. 391 ff; HdJ-*Wohlgemuth* Abt. I/10 Rdn 116 ff.

100 ADS[6] § 255 Rdn 250 f; BoHdR-*Kirsch* § 255 Rdn 106; HdR-EA/*Knop/Küting* § 255 Rdn 321 ff; Heymann/*Walz* HGB § 255 Rdn 66, der ein objektübergreifendes Bewertungskonzept verlangt.

101 Beck BilKomm-*Grottel/Pastor* § 255 Rdn 357.

102 Näher ADS[6] § 255 Rdn 142 ff; Beck BilKomm-*Grottel/Pastor* § 255 Rdn 423; HdR-EA/*Knop/Küting* § 255 Rdn 169.

(„Innenverpackung", z.B. bei Mehl, Milch, Waschpulver).[103] Das verbrauchte Material ist zu seinen Anschaffungskosten einschließlich der Anschaffungsnebenkosten und abzüglich etwaiger Anschaffungskostenminderungen anzusetzen. Selbsterstellte Teilerzeugnisse sind mit den Herstellungskosten zu bewerten. Wo Materialien aus abgewerteten Vorjahresbeständen verarbeitet werden, sind die niedrigeren Buchwerte maßgebend.[104]

Fertigungseinzelkosten betreffen in erster Linie die Fertigungslöhne einschließlich der 27
Lohnnebenkosten,[105] auch wenn die Löhne erst auf der Grundlage einer Schlüsselung den einzelnen Vermögensgegenständen zugerechnet werden können (s. bereits Rdn 20). Die **Sondereinzelkosten der Fertigung** umfassen schließlich alle sonstigen Einzelkosten, die weder als Materialkosten noch als Fertigungskosten im engeren Sinne aufgefasst werden können. Dazu zählen Aufwendungen für Sonderbetriebsmittel (Modelle, Schablonen, Spezialwerkzeuge usw.), Lizenzgebühren oder auftrags- bzw. objektgebundene Planungs- und Konstruktionskosten, nicht aber Kosten für Grundlagenforschung.[106]

Die Abgrenzung der Einzelkosten kann schwierig, im Einzelfall sogar unmöglich sein. 28
Letzteres ist der Fall bei der sog. **Kuppelproduktion.** Das sind Produktionsprozesse, bei denen in einem Arbeitsgang aus technischen Gründen gleichzeitig mehrere Produkte entstehen (z.B. in Raffinerien: Benzine, Öle, Gase).[107] Da die Kosten hier nicht einzeln abgrenzbar sind, stellen sämtliche Kosten der Kuppelproduktion (echte) Gemeinkosten dar. Sie sind daher wegen des Vollständigkeitsgebotes aus § 246 Abs. 1 und aufgrund des Wortlautes aus Abs. 2 S. 2 auf die hergestellten Produkte zu verteilen.[108] Umstritten ist indes, wie die aktivierungspflichtigen Kosten abzugrenzen sind. Einerseits lässt sich als Bezugsobjekt zur Abgrenzung der Einzelkosten die gesamte Kuppelproduktion wählen, um sodann Zurechnungsfiktionen vorzunehmen.[109] Anderseits sollen für jedes Kuppelprodukt die Einzelkosten unter der Fiktion ermittelt werden, dass nur dieses eine Produkt hergestellt werden würde, so dass sämtliche Kostenbestandteile aktivierungspflichtig sind, die bei irgendeinem Produkt Einzelkosten darstellen.[110] Auch die Angemessenheit denkbarer Verteilungsschlüssel bei der Kuppelproduktion ist nicht zweifelfrei geklärt,[111] so dass den Rechnungslegungspflichtigen Einschätzungsspielräume verbleiben.

---

103 BFH 3.3.1978, III R 30/76, BStBl. II 1978, 412, 413; HdR-EA/*Knop/Küting* § 255 Rdn 172 f, 277; Ebenroth/Boujong/Joost/Strohn/*Wiedmann* § 255 Rdn 53 f.

104 Beck BilKomm-*Grottel/Pastor* § 255 Rdn 351; HdR-EA/*Knop/Küting* § 255 Rdn 177; Baumbach/Hueck/*Schulze-Osterloh* GmbHG[18] 2006 § 42 Rdn 376.

105 Näher *Rade* DStR 2011, 1334, 1337 f.

106 Zu (in Einzelheiten umstrittenen) Detailfragen ADS[6] § 255 Rdn 149 ff; KölnKomm-RLR-*Ekkenga* § 255 Rdn 104; Beck BilKomm-*Grottel/Pastor* § 255 Rdn 424 ff; Beck-HdR-*Oestreicher* B 163 Rdn 50 ff; *Wöhe* Bilanzierung und Bilanzpolitik[9] S. 402 f.

107 Zu den Bewertungsproblemen der Kuppelproduktion näher *Bachem* BB 1997, 1037 ff; Beck BilKomm-*Grottel/Pastor* § 255 Rdn 470 „Kuppelproduktkalkulationen"; *Hartung* BB 1997, 1627 ff; HdR-EA/*Knop/Küting* § 255 Rdn 213, 218 ff; Beck-HdR-*Oestreicher* B 163 Rdn 33; Baumbach/Hueck/*Schulze-Osterloh* GmbHG[18] 2006 § 42 Rdn 380; *Siegel* FS D. Schneider S. 635, 670 f; *Witt* Herstellungskosten S. 115 ff.

108 Beck BilKomm-*Grottel/Pastor* § 255 Rdn 470 „Kuppelproduktkalkulationen"; HdR-EA/*Knop/Küting* § 255 Rdn 218.

109 In diesem Sinne HdR-EA/*Knop/Küting* § 255 Rdn 218; *Siegel* FS Schneider S. 635, 670 f; HdJ-*Wohlgemuth* Abt. I/10 Rdn 129.

110 So *Witt* Herstellungskosten S. 117; ebenso Baumbach/Hueck/*Schulze-Osterloh* GmbHG[18] 2006 § 42 Rdn 380.

111 Vgl. Beck BilKomm-*Grottel/Pastor* § 255 Rdn 470 „Kuppelproduktkalkulationen"; HdR-EA/*Knop/Küting* § 255 Rdn 218 ff.

29 b) **Gemeinkosten (Abs. 2 S. 2 und 3). Rechtsfolgendualismus.** Soweit sie auf den Zeitraum der Herstellung entfallen (Abs. 2 S. 2 aE), sind auch angemessene Teile der notwendigen Materialgemeinkosten, der notwendigen Fertigungsgemeinkosten und des Werteverzehrs des Anlagevermögens, soweit er durch die Fertigung veranlasst ist, in die Herstellungskosten einzurechnen (Abs. 2 S. 2). Insoweit besteht nunmehr eine **Ansatzpflicht.** Unter denselben Voraussetzungen können Aufwendungen für die allgemeine Verwaltung sowie für soziale Einrichtungen des Betriebs, für freiwillige soziale Leistungen und für betriebliche Altersversorgung eingerechnet werden (Abs. 2 S. 3). Das Gesetz gewährt für die zuletzt genannten Gemeinkosten ein handelsrechtliches **Ansatzwahlrecht.**[112]

30 **Zeitkomponente.** Die in Abs. 2 S. 2 und 3 genannten Aufwendungen dürfen nur insoweit in die Herstellungskosten einbezogen werden, als sie auf den **Zeitraum der Herstellung** entfallen. Dabei werden ggf. auch Aufwendungen für vorbereitende Maßnahmen erfasst, die in sachlichem Zusammenhang mit dem Herstellungsprozess stehen; dies gilt für Einzel- und Gemeinkosten gleichermaßen (z.B. Architektenhonorar für Baupläne).[113]

31 **Einzurechnende Gemeinkosten.** Abs. 2 S. 2 gebietet die Einbeziehung von angemessenen Teilen der Material- und Fertigungsgemeinkosten sowie des Werteverzehrs des Anlagevermögens. Das **Angemessenheitsprinzip**[114] verlangt die Beachtung des Vorsichtsgebots (§ 252 Abs. 1 Nr. 4) und die Eliminierung unangemessen hoher Kosten, z.B. von Leerkosten bei dauerhafter Unterbeschäftigung.[115]

32 Unter die **Materialgemeinkosten** fallen die Organisationskosten für Einkauf, Lagerung und Wartung des Materials; die **Fertigungsgemeinkosten** erfassen etwa Energiekosten, Sachversicherungskosten für die Anlagen der Fertigung, Aufwendungen für die Arbeitsvorbereitung, Werkstattverwaltung, das Lohnbüro oder für den Wach- und Sicherheitsdienst.[116] Unter den **Werteverzehr des Anlagevermögens**, der durch die Fertigung veranlasst ist, fallen im Ausgangspunkt die kalkulatorischen Abschreibungen, die jedoch durch die planmäßigen Bilanzabschreibungen nach § 253 Abs. 2 S. 1 und 2 nach oben begrenzt werden.[117] Auch insofern gilt das Angemessenheitsprinzip (s. Rdn 31), das bei allen Gemeinkosten zu beachten ist.[118] Darum dürfen außerplanmäßige Abschreibun-

---

[112] Zur kontroversen ökonomischen Diskussion um die Berechtigung eines solchen Wahlrechts trotz des Realisationsprinzips einerseits (krit.) *Mellwig* FS Budde S. 397, 403 ff; *Siegel* FS D. Schneider S. 635 ff; andererseits (verteidigend) *Baetge* FS Ludewig S. 53 ff; *Karrenbrock* FS Börner S. 3, 20 ff; je mwN; zusammmenfassend zur Diskussion *Witt* Herstellungskosten S. 36 ff, 136 ff.

[113] ADS[6] § 255 Rdn 166; Beck BilKomm-*Grottel/Pastor* § 255 Rdn 370; HdR-EA/*Knop/Küting* § 255 Rdn 136 f; Heymann/*Walz* HGB § 255 Rdn 55; Ebenroth/Boujong/Joost/Strohn/*Wiedmann* § 255 Rdn 50; WP-Handbuch I Tz E 354.

[114] Eingehend *Rade* DStR 2011, 1334, 1335 ff.

[115] IDW RS HFA 31 Aktivierung von Herstellungskosten, Ziff. 5, WPg Supplement 3/2010, 70 ff; weiterführend ADS[6] § 255 Rdn 156 ff; MünchKommHGB/*Ballwieser* § 255 Rdn 66; Beck BilKomm-*Grottel/Pastor* § 255 Rdn 437 ff; *Winnefeld* Bilanz-Handbuch E 678, 690; *Witt* Herstellungskosten S. 123, 128 ff.

[116] Zu weiteren Beispielen und Abgrenzungsfragen ADS[6] § 255 Rdn 174 ff; Beck BilKomm-*Grottel/Pastor* § 255 Rdn 422.

[117] IDW RS HFA 31 Aktivierung von Herstellungskosten, Ziff. 6, WPg Supplement 3/2010, 70 ff; ADS[6] § 255 Rdn 184 ff; KölnKomm-RLR-*Ekkenga* § 255 Rdn 111 f; Beck BilKomm-*Grottel/Pastor* § 255 Rdn 427 ff; BoHdR-*Kirsch* § 255 Rdn 127; Beck-HdR-*Oestreicher* B 163 Rdn 65, 91 ff; Baumbach/Hueck/*Schulze-Osterloh* GmbHG[18] 2006 § 42 Rdn 378.

[118] ADS[6] § 255 Rdn 156; *Rade* DStR 2011, 1334, 1337.

gen nach § 253 Abs. 3 S. 3 und Abs. 4 nicht in die Herstellungskosten eingerechnet werden, zumal sie keinen durch die Fertigung veranlassten Werteverzehr zum Ausdruck bringen.[119]

Zu den in Abs. 2 S. 3 genannten **Kosten der allgemeinen Verwaltung** zählen etwa Aufwendungen für die Geschäftsleitung, für die Personalverwaltung oder das Rechnungswesen. Dagegen rechnen Aufwendungen für die Fertigungsverwaltung zu den Fertigungsgemeinkosten.[120] **Aufwendungen für soziale Einrichtungen des Betriebs** sind etwa Kosten für die Unterhaltung der Kantine, eines Betriebskindergartens oder für den Betriebsarzt. **Freiwillige soziale Leistungen** erfassen z.B. Weihnachtszuwendungen oder Wohnungsbeihilfen. Aufwendungen für **betriebliche Altersversorgung** sind insbesondere Zuwendungen an Pensions- und Unterstützungskassen oder die Dotierung der Pensionsrückstellungen.[121] 33

3. Einbeziehungsverbot für Forschungs- und Vertriebskosten (Abs. 2 S. 4). Forschungskosten dürfen nach Abs. 2 S. 4 nicht in die Herstellungskosten einbezogen werden. Der Begriff der Forschungskosten entspricht demjenigen aus Abs. 2a S. 3 und 4 (s. Rdn 41).[122] Im Zuge des neuen Aktivierungswahlrechts für selbst geschaffene immaterielle Vermögensgegenstände (§ 248 Abs. 2) wurde das ausdrückliche Verbot zur Aktivierung von Forschungskosten durch das BilMoG[123] im Jahre 2009 in den erweiterten Abs. 2 S. 4 zur Klarstellung ohne inhaltliche Änderung aufgenommen.[124] 34

Vertriebskosten dürfen nach Abs. 2 S. 4 (= Abs. 2 S. 6 a.F.) weiterhin nicht in die Herstellungskosten einbezogen werden.[125] Dieses Verbot entspricht Art. 39 Abs. 2 S. 3 der Jahresabschlussrichtlinie. Es betrifft neben den Einzelkosten des Vertriebs auch die **Vertriebsgemeinkosten.**[126] Darum scheidet auch bei der langfristigen Auftragsfertigung eine Teilgewinnrealisierung durch Ansatz der Sondereinzelkosten des Vertriebs aus. Der „Vertrieb“ umfasst alle Maßnahmen zum Produkt- oder Leistungsabsatz.[127] Im Einzelfall kann die Abgrenzung zwischen Vertriebseinzelkosten und Fertigungseinzelkosten allerdings schwierig sein, insbesondere hinsichtlich der Kosten für Auftragserlangung und Auftragsvorbereitung.[128] 35

---

119 ADS[6] § 255 Rdn 191; MünchKommHGB/*Ballwieser* § 255 Rdn 73; Beck BilKomm-*Grottel/Pastor* § 255 Rdn 428; HdR-EA/*Knop/Küting* § 255 Rdn 245; Baumbach/Hueck/*Schulze-Osterloh* GmbHG[18] 2006 § 42 Rdn 378; Ebenroth/Boujong/Joost/Strohn/*Wiedmann* § 255 Rdn 48; WP-Handbuch I Tz E 358.

120 ADS[6] § 255 Rdn 192 ff; Beck BilKomm-*Grottel/Pastor* § 255 Rdn 431; HdR-EA/*Knop/Küting* § 255 Rdn 239 ff.

121 ADS[6] § 255 Rdn 196 ff; Beck BilKomm-*Grottel/Pastor* § 255 Rdn 434 f; Beck-HdR-*Oestreicher* B 163 Rdn 131; Baumbach/Hueck/*Schulze-Osterloh* GmbHG[18] 2006 § 42 Rdn 379.

122 KölnKomm-RLR-*Ekkenga* § 255 Rdn 131.

123 Gesetz zur Modernisierung des Bilanzrechts (BilMoG) vom 25.5.2009, BGBl 2009, 1102, 1104.

124 BT-Drucks. 16/10067, 60.

125 BT-Drucks. 16/10067, 60.

126 ADS[6] § 255 Rdn 211; KölnKomm-RLR-*Claussen/Korth* § 255 Rdn 125; Beck BilKomm-*Grottel/Pastor* § 255 Rdn 442; HdR-EA/*Knop/Küting* § 255 Rdn 270; Beck-HdR-*Oestreicher* B 163 Rdn 203; *Ordelheide* FS Forster S. 507, 510 ff; Baumbach/Hueck/*Schulze-Osterloh* GmbHG[18] 2006 § 42 Rdn 382; Heymann/*Walz* HGB § 255 Rdn 56; WP-Handbuch I Tz E 363; *Witt* Herstellungskosten S. 169 ff.

127 ADS[6] § 255 Rdn 212; Beck-HdR-*Oestreicher* B 163 Rdn 208 ff; Ebenroth/Boujong/Joost/Strohn/*Wiedmann* § 255 Rdn 53.

128 Dazu ADS[6] § 255 Rdn 213 f; Beck BilKomm-*Grottel/Pastor* § 255 Rdn 456; HdR-EA/*Knop/Küting* § 255 Rdn 271 ff; Beck-HdR-*Oestreicher* B 163 Rdn 211 ff;

36 **4. Einbeziehungswahlrecht für bestimmte Fremdkapitalzinsen (Abs. 3). Zinsen für Fremdkapital** gehören nach Abs. 3 S. 1 **nicht zu den Herstellungskosten.** Sie betreffen die dem Herstellungsvorgang vorgelagerte Kapitalbeschaffung des Unternehmens insgesamt. S. 2 gewährt jedoch ein **Wahlrecht** zugunsten ihres Ansatzes, sofern die Fremdmittel zur Finanzierung der Herstellung eines Vermögensgegenstandes verwendet werden und soweit sie auf den Zeitraum der Herstellung entfallen. Unter diesen Voraussetzungen gelten Zinsen für Fremdkapital als Herstellungskosten des Vermögensgegenstands. Die Vorschrift mag den GoB widersprechen,[129] steht aber im Einklang mit Artt. 35 Abs. 4, 39 Abs. 2 S. 2 der Jahresabschlußrichtlinie. Die gesetzliche **Sonderregel**[130] erlaubt unter ihren einschränkenden Voraussetzungen den **Ansatz fiktiver Herstellungskosten** im Sinne einer Bewertungshilfe.[131] Die geforderte Verwendung zur Herstellungsfinanzierung erfordert einen tatsächlich bestehenden funktionellen und zeitlichen Zusammenhang zwischen der Fremdkapitalaufnahme und der Herstellung des Vermögensgegenstandes.[132]

5. Herstellungskosten bei selbst geschaffenen immateriellen Vermögensgegenständen (Abs. 2a)

37 **a) Regelungsgehalt und -zusammenhang. Inhalt.** Abs. 2a wurde im Zuge des BilMoG[133] eingeführt und soll keine eigenständige Bewertungsnorm oder Aktivierungsvorschrift enthalten,[134] sondern nur Klarstellungen für den Entwicklungsprozess vorsehen.[135] Allerdings hängen Inhalt und Bedeutung der Norm wegen des engen Zusammenhangs mit § 248 Abs. 2 (s. Rdn 38) und der Offenheit des gesetzlichen Bezugsobjekts der Bewertung (s. Rdn 39) entscheidend vom Grundverständnis ab. Je nach Deutung betrifft Abs. 2a nicht nur Bewertungsfragen selbst geschaffener immaterieller Vermögensgegenstände des Anlagevermögens, sondern wirkt zugleich auf die vorgelagerte Ansatzfrage[136] zurück (näher Rdn 38 f). S. 1 behandelt unmittelbar **Besonderheiten** der Höhe aktivierungsfähiger Aufwendungen für die **Entwicklung selbst geschaffener immaterieller Vermögensgegenstände** und überträgt dabei durch den Verweis den **Herstellungskostenbegriff nach Abs. 2 speziell auf den Entwicklungsprozess.**[137] Aktivierungsfähig sind nur Aufwendungen welche für die Entwicklung eines immateriellen Vermögensgegenstandes angefallen sind. S. 2 und 3 definieren die **Begriffe der Forschung** und **Entwicklung**

Ordelheide FS Forster S. 507, 512 ff; Ebenroth/Boujong/Joost/Strohn/*Wiedmann* § 255 Rdn 55; *Witt* Herstellungskosten S. 196 ff.

[129] Dafür HdJ-*Schulze-Osterloh* Abt. I/1 Rdn 18.

[130] So KölnKomm-RLR-*Ekkenga* § 255 Rdn 150.

[131] BT-Drs. 10/317, 88; Beck BilKomm-*Grottel/Pastor* § 255 Rdn 502; BoHdR-*Kirsch* § 255 Rdn 203; *Karrenbrock* FS Börner S. 3, 20; Heymann/*Walz* HGB § 255 Rdn 57; krit. zum Begriff der Bewertungshilfe ADS[6] § 255 Rdn 210; HdR-EA/*Knop/Küting* § 255 Rdn 310.

[132] Näher IDW RS HFA 31 Aktivierung von Herstellungskosten, Ziff. 7, WPg Supplement 3/2010, 70 ff; ADS[6] § 255 Rdn 203 ff; KölnKomm-RLR-*Ekkenga* § 255 Rdn 151 f; Beck BilKomm-*Grottel/Pastor* § 255 Rdn 504 ff; HdR-EA/*Knop/Küting* § 255 Rdn 312; Beck-HdR-*Oestreicher* B 163 Rdn 175 ff; Ebenroth/Boujong/Joost/Strohn/*Wiedmann* § 255 Rdn 56.

[133] Gesetz zur Modernisierung des Bilanzrechts (BilMoG) vom 25.5.2009, BGBl. 2009, 1102, 1104.

[134] Baumbach/Hopt/*Merkt* § 255 Rdn 22; *Schülke* DStR 2010, 992, 996 f.

[135] Beck BilKomm-*Grottel/Pastor* § 255 Rdn 481; Koller/Roth/*Morck* § 255 Rdn 12.

[136] Der umstrittene Zeitpunkt der Erfassung von Entwicklungskosten wirft die Frage der Vorverlegung der Aktivierung auf.

[137] MünchKommHGB/*Ballwieser* § 255 Rdn 90; ähnlich KölnKomm-RLR-*Ekkenga* § 255 Rdn 132.

(Rdn 40). S. 4 normiert ein **Einbeziehungsverbot,**[138] soweit Forschung und Entwicklung nicht trennscharf und verlässlich voneinander geschieden werden können. Abs. 2a regelt die **Erstbewertung**, während die Folgebewertung mangels spezieller Vorgaben nach § 253 erfolgt.[139]

Zusammenhänge. Abs. 2a steht in engem Zusammenhang mit dem durch das BilMoG eingeführten **Ansatzwahlrecht für selbst geschaffene immaterielle Vermögensgegenstände des Anlagevermögens nach § 248 Abs. 2.**[140] Nicht aktivierungsfähig sind aufgrund des dem Vorsichtsprinzip dienenden Verbots des § 248 Abs. 2 S. 2 nicht entgeltlich erworbene Marken, Drucktitel, Verlagsrechte, Kundenlisten oder vergleichbare immaterielle Vermögensgegenstände, weil deren Wert anhand der Entwicklungskosten in Abgrenzung zu den Kosten für die Entwicklung des Unternehmens in seiner Gesamtheit nicht zweifelsfrei zurechenbar ist.[141] Nach Abs. 2a sind nur die bei der Entwicklung aktivierungsfähiger selbst geschaffener immaterieller Vermögensgegenstände anfallenden Herstellungskosten im Sinne des Abs. 2 aktivierbar. Die optionale Aktivierung (im Gliederungsschema nach § 266 Abs. 2 HGB gesondert auszuweisen unter dem Posten A. I.1. „Selbstgeschaffene gewerbliche Schutzrechte und ähnliche Rechte und Werte") ist an eine Ausschüttungssperre gekoppelt (§ 268 Abs. 8 S. 1). Im Anhang (und im Konzernanhang, § 314 Abs. 1 Nr. 14) ist im Falle der Aktivierung der Gesamtbetrag der Forschungs- und Entwicklungskosten des Geschäftsjahres sowie der davon auf selbst geschaffene immaterielle Vermögensgegenstände des Anlagevermögens entfallende Betrag anzugeben (§ 285 Nr. 22), wovon kleine Gesellschaften befreit sind (§ 288 Abs. 1). Die Definition der Entwicklung in Abs. 2a S. 2 in Abgrenzung zur Forschung (Abs. 2 S. 4, Abs. 2a S. 3) beschränkt zugleich das Ansatzwahlrecht des § 248 Abs. 2 auf die Neu- oder Weiterentwicklung von Gütern oder Verfahren und wirkt folglich auf Ansatzfähigkeit von Vermögensgegenständen zurück.[142] Auch das Aktivierungsverbot bei Ununterscheidbarkeit von Forschung und Entwicklung (Abs. 2a S. 4) schränkt das Ansatzwahlrecht des § 248 Abs. 2 ein.[143] 38

Die Neuregelungen durch das BilMoG gelten insgesamt trotz fortbestehender Unterschiede als **Annäherung an internationale Rechnungslegungsstandards.**[144] Wenngleich die Abs. 2a zugrundeliegende Trennung zwischen Forschungs- und Entwicklungsphase[145] deutliche Anleihen an internationale Rechnungslegungsstandards (IAS 38.54 und 38.57) nimmt, scheidet eine interpretatorischer Rückgriff darauf bei der Auslegung des eigenständigen deutschen Bilanzrechts (s.a. Rdn 46) aus.[146] 39

---

138 Baumbach/Hopt/*Merkt* § 255 Rdn 22.

139 Zur Folgebewertung *Arbeitskreis „Immaterielle Werte im Rechnungswesen"* DB 2008, 1813, 1819 ff; *Laubach/Kraus/Bornhofen* DB 2009, 19, 23 f, *Seidel/Grieger/Muske* BB 2009, 1286, 1289 f.

140 Das Aktivierungswahlrecht gilt nur für selbst geschaffene immaterielle Vermögensgegenstände, deren Entwicklung in nach dem 31.12.2009 beginnenden Geschäftsjahren in Angriff genommen worden ist (Art. 66 Abs. 7 EGHGB).

141 BT-Drucks. 16/10067, 50.

142 KölnKomm-RLR-*Ekkenga* § 255 Rdn 132.

143 KölnKomm-RLR-*Ekkenga* § 255 Rdn 132, 146.

144 Beck BilKomm-*Grottel/Pastor* § 255 Rdn 484; *Laubach/Kraus/Bornhofen* DB 2009, 19, 20, 24.

145 BT-Drucks. 16/10067, 60 f.

146 *Hennrichs* DB 2008, 537 f, 540, 542; *Kahle/Haas* WPg 2010, 34, 39; **a.M.** *Küting/Ellmann* DStR 2010, 1300, 1303, 1305; *Laubach/Kraus/Bornhofen* DB 2009, 19, 22; für eine Annäherung der Regelungen „de facto" trotz normativer Unterschiede *Arbeitskreis „Immaterielle Werte im Rechnungswesen"* DB 2008, 1813, 1817, 1821.

40 **b) Entwicklungskosten bei selbst geschaffenen immateriellen Vermögensgegenständen. Bezugsobjekt und Zuordnung der Kosten.** Der Verweis in Abs. 2a S. 1 auf Abs. 2 lässt erkennen, welche Kosten[147] für einen selbst geschaffenen immateriellen Vermögensgegenstand aktiviert werden können.[148] Dabei trifft das Gesetz zu Gegenstand und Zeitpunkt[149] der Herstellungskostenermittlung nach Abs. 2a keine zweifelsfreie Aussage. Die Gesetzesbegründung[150] ist insoweit nicht frei von Widersprüchen.[151] Je nach Sichtweise kommt § 255 Abs. 2a auch eine Aussage über den Bilanzansatz zu,[152] zumal Bewertungsfragen auf den Bilanzansatz zurückwirken können.[153] Anders als für Sachanlagen (§ 266 Abs. 2 A II. Nr. 4 „Anlagen im Bau") sieht das Gesetz **keine Aktivierungsvorschrift für „immaterielle Vermögensgegenstände in der Entstehung"**[154] vor. Von „selbst zu schaffenden" immateriellen Vermögensgegenständen ist in § 255 Abs. 2a gerade nicht die Rede. Gleichwohl soll im Vorgriff auf einen künftigen Vermögensgegenstand die Aktivierung von Entwicklungskosten ab dem Zeitpunkt vorzunehmen sein, wenn die zukünftige Vermögensgegenstandeigenschaft feststeht.[155] Eine derartige Antizipation eröffnet freilich neben Prognoseproblemen[156] auch subjektive Gestaltungsmöglichkeiten.[157] Darum kommt der **„hinreichenden Dokumentation"**[158] über die Entwicklung eines **selbst geschaffenen immateriellen Vermögensgegenstands** (sog. F&E Controlling) und der Vernetzung mit dem internen Rechnungswesen[159] eine entscheidende Bedeutung zu.[160] Nur wenn und soweit sich bereits in der Entwicklungsphase die Kosten hinreichend nachvollziehbar als Herstellungskosten eines betrieblich nutzbaren Immaterialgutes des Anlagevermögens qualifizieren lassen, greift Abs. 2a. Die Wertung des § 248 Abs. 2, wonach bei Marken, Drucktiteln, Verlagsrechten, Kundenlisten oder vergleichbaren immateriellen Vermögensgegenständen des Anlagevermögens eine konkrete Zurechnung der Aufwendungen auf ein spezielles Gut oder Verfahren ausscheidet (s. Rdn 38), entfaltet bei der Frage der Zurechenbarkeit von Herstellungskosten eine **negative Maßstabsfunktion.**[161] Bei diesem restriktiven Verständnis lassen sich die Gefahren fehlender

---

147 Zum sachlichen Umfang der zu aktivierenden Entwicklungskosten im Einzelnen *Küting/Ellmann* DStR 2010, 1300, 1301 ff.

148 Zu noch ungeklärten Detailfragen im Verhältnis von § 255 Abs. 2 und Abs. 2a näher KölnKomm-RLR-*Ekkenga* § 255 Rdn 140.

149 *Laubach/Kraus/Bornhofen* DB 2009, 19, 22; *Schülke* DStR 2010, 992, 996 f.

150 BT-Drucks. 16/10067, 60, einerseits „Aktivierung schon bei der Entwicklung", „nicht erst ..., wenn ein Vermögensgegenstand ... vorliegt", andererseits aber „Kann die Vermögensgegenstandseigenschaft nicht bejaht werden, kommt die Aktivierung der Entwicklungskosten nicht in Betracht".

151 *Theile* WPg 2008, 1064, 1067.

152 KölnKomm-RLR-*Ekkenga* § 255 Rdn 134; Baumbach/Hopt/*Merkt* § 255 Rdn 22; *Seidel/Grieger/Muske* BB 2009, 1286, 1287: „ergänzendes Aktivierungskriterium".

153 Zur Interdependenz der Ebenen *Laubach/Kraus/Bornhofen* DB 2009, 19, 22.

154 *Arbeitskreis „Immaterielle Werte im Rechnungswesen"* DB 2008, 1813, 1816 f; *Kahle/Haas* WPg 2010, 34, 35; *Küting/Ellmann* DStR 2010, 1300, 1303; *Theile* WPg 2008, 1064, 1067, 1069.

155 Dafür *Laubach/Kraus/Bornhofen* DB 2009, 19, 22 f; dagegen *Schülke* DStR 2010, 992, 997 f.

156 BT-Drucks. 16/10067, 60 f: „Zukunftsprognose des bilanzierungspflichtigen Unternehmens" und „hinreichende Wahrscheinlichkeit ... der Entstehung eines Vermögensgegenstandes".

157 Sehr krit. KölnKomm-RLR-*Ekkenga* § 255 Rdn 135.

158 BT-Drucks. 16/10067, 60.

159 *Küting/Ellmann* DStR 2010, 1300, 1305 f.

160 *Arbeitskreis „Immaterielle Werte im Rechnungswesen"* DB 2008, 1813, 1816 f; Beck BilKomm-*Grottel/Pastor* § 255 Rdn 491; *Seidel/Grieger/Muske* BB 2009, 1286, 1288.

161 Ähnlich bereits *Schülke* DStR 2010, 992, 995 f.

Objektivierbarkeit[162] und die Konterkarierung der Ziele der Aussagekraft und Vergleichbarkeit der Jahresabschlüsse zumindest eingrenzen.

41 **Entwicklung vs. Forschung.** Abs. 2a S. 2 definiert **Entwicklung als Anwendung von Forschungsergebnissen oder von anderem Wissen für die Neuentwicklung von Gütern oder Verfahren oder die Weiterentwicklung von Gütern oder Verfahren mittels wesentlicher Änderungen.** Entwicklung ist damit produkt- und verwertungsbezogen. Im Gegensatz dazu ist Forschung erkenntnisbezogen ohne Rücksicht auf Verwertungsoptionen und Anwendungsreife. Forschung ist ein offener auf ständige Überprüfung und Verbesserung menschlicher Erkenntnis gerichteter Prozess.[163] Dementsprechend definiert Abs. 2a S. 3 **Forschung**[164] als **Gegenbegriff zur Entwicklung** als die eigenständige und planmäßige Suche nach neuen wissenschaftlichen oder technischen Erkenntnissen oder Erfahrungen allgemeiner Art, über deren technische Verwertbarkeit und wirtschaftliche Erfolgsaussichten grundsätzlich keine Aussagen gemacht werden können. Diese Definition des Forschungsbegriffs dient der Abgrenzung zum Entwicklungsbegriff und der Konkretisierung des Einbeziehungsverbots in Abs. 2 S. 4 für Forschungskosten.[165] Begrifflich und praktisch bestehen erhebliche Abgrenzungsprobleme zwischen Forschung und Entwicklung und dem mitunter fließenden Übergang zwischen Forschungs- und Entwicklungsphase.[166] Die auch dem Gesetzgeber vor Augen stehenden Schwierigkeiten der rechtsfolgentragenden Abgrenzung von Forschung und Entwicklung[167] trägt das **Einbeziehungsverbot** des Abs. 2a S. 4 Rechnung. Danach ist eine Aktivierung ausgeschlossen, wenn und soweit Forschung und Entwicklung nicht verlässlich voneinander unterschieden werden können. Als zeitliche Zäsur sieht die Gesetzesbegründung den Übergang vom systematischen Suchen (Forschung) zum Erproben und Testen der gewonnenen Erkenntnisse oder Fertigkeiten (Entwicklung).[168] Freilich ergeben sich zusätzliche Abgrenzungsfragen, wenn der Phasenverlauf von Forschung und Entwicklung nicht sequenziell, sondern iterativ oder alternierend verläuft.[169] Jedenfalls können **Kosten für Grundlagenforschung** mangels hinreichender Objektivierbarkeit der Aufwendungen in der Forschungsphase nicht als Herstellungskosten aktiviert werden.[170]

42 **Nachaktivierung und nachträgliche Herstellungskosten.** Umstritten ist, ob Entwicklungskosten im Nachhinein noch aktiviert werden können, zumal das Gesetz – anders als IAS 38.71 – kein explizites Nachaktivierungsverbot enthält.[171] Wenngleich eine Analogie unstatthaft ist (s. Rdn 39, 46) bestehen gegen eine **nachträgliche Umqualifizierung von Aufwendungen** zu Herstellungskosten bei mehrjähriger Entwicklung erhebliche Bedenken.[172] Darum ist nur eine **unterjährige Abgrenzung und Zuordnung** zu den Ent-

---

162 *Küting/Ellmann* DStR 2010, 1300, 1305 f.

163 *Popper* Logik der Forschung[11], 2005, S. 30 ff.

164 In bewusster Anknüpfung an die Definition der Grundlagenforschung § 51 Abs. 1 Nr. 2 Buchst. u Doppelbuchst. aa EStG (BT-Drucks. 16/10067, 60).

165 KölnKomm-RLR-*Ekkenga* § 255 Rdn 132.

166 *Kahle/Haas* WPg 2010, 34, 37 f; *Küting/Ellmann* DStR 2010, 1300 und HdR-EA/*Küting/Ellmann* § 255 Rdn 389b.

167 BT-Drucks. 16/10067, 60, wonach die entscheidende Abgrenzung „in jedem Einzelfall besonders zu beurteilen“ ist.

168 BT-Drucks. 16/10067, 61.

169 KölnKomm-RLR-*Ekkenga* § 255 Rdn 147; *Kahle/Haas* WPg 2010, 34, 38; *Küting/Ellmann* DStR 2010, 1300, 1304.

170 Beck BilKomm-*Grottel/Pastor* § 255 Rdn 486.

171 Gegen eine Beschränkung auf Entwicklungskosten der laufenden Rechnungslegungsperiode KölnKomm-RLR-*Ekkenga* § 255 Rdn 141; *Küting/Ellmann* DStR 2010, 1300, 1304 und HdR-EA/*Küting/Ellmann* § 255 Rdn 400.

172 *Arbeitskreis „Immaterielle Werte im Rechnungswesen“* DB 2008, 1813, 1818 f; *Hennrichs* DB 2008, 537, 542; *Seidel/Grieger/Muske* BB 2009, 1286, 1288; ebenso *Kahle/Haas* WPg 2010, 34, 35 f.

wicklungskosten nach Abs. 2a zulässig.[173] **Nachträgliche Entwicklungskosten** für eine **Weiterentwicklung** sind dagegen in Abgrenzung zu Erhaltungsaufwendungen zu aktivieren.[174]

IV. Beizulegender Zeitwert (Abs. 4)

43 **1. Grundlagen. Regelungsgegenstand.** Abs. 4 regelt speziell die Folgebewertung zum Bilanzstichtag von bestimmten Vermögensgegenständen, namentlich der zu Handelszwecken erworbenen Finanzinstrumente bei Kreditinstituten (§ 340e Abs. 3 und 4; s. noch Rdn 44), **mit dem beizulegenden Zeitwert.**[175] Der Bilanzrechtsmodernisierungsgesetzgeber folgt dem umstrittenen **Leitbild des sog. fair value**[176] der internationalen Rechnungslegung.[177] Dazu definiert Abs. 4 i.d.F. des BilMoG[178] **den neuen gesetzlichen Bewertungsmaßstab** des beizulegenden Zeitwertes,[179] welcher in Abkehr bisheriger Bilanzierungsgrundsätze auch über den (fortgeführten) Anschaffungs- oder Herstellungskosten als allgemeiner Obergrenze der Bewertung (s. Rdn 2) liegen kann.[180] Der beizulegende Zeitwert ist in einem gestuften Bewertungsverfahren zu ermitteln.[181] Er entspricht nach S. 1 dem **Marktpreis,** sofern ein aktiver Markt vorhanden ist[182] (mark to market). Lässt sich ein Marktpreis unter dieser Voraussetzung nicht ermitteln, ist nach S. 2 im nächsten Schritt der beizulegende Zeitwert mithilfe eines anerkannten Bewertungsverfahrens zu bestimmen (mark to model). Sofern nach den vorhergehenden Schritten ein beizulegender Zeitwert nicht ermittelt werden kann, sind nach S. 3 die Anschaffungs- oder Herstellungskosten nach § 253 Abs. 4 fortzuführen. Für die Ermittlung, ob der beizulegende Wert niedriger als die Anschaffungskosten oder Herstellungskosten ist, fingiert S. 4 den zuletzt ermittelten beizulegenden Zeitwert als Anschaffungs- oder Herstellungskosten. Der neue Bewertungsmaßstab des beizulegenden Zeitwerts ist trotz der sprachlichen Nähe vom „beizulegenden Wert" i.S.d. § 253 Abs. 3 und 4 zu unterscheiden.[183]

44 **Beschränktes Anwendungsfeld.** Eine Bewertung mit dem beizulegenden Zeitwert als speziellem und eigenständigen Bewertungsmaßstab ist nur zulässig, wenn und soweit eine gesetzliche Bezugsnorm eine solche anordnet. Abs. 4 erwähnt – erstaunlicherweise –

---

173 Beck BilKomm-*Grottel/Pastor* § 255 Rdn 489.

174 *Arbeitskreis „Immaterielle Werte im Rechnungswesen"* DB 2008, 1813, 1819; *Kahle/Haas* WPg 2010, 34, 36; *Küting/Ellmann* DStR 2010, 1300, 1304.

175 Koller/Roth/*Morck* § 255 Rdn 14; **a.M.** Haufe BilKomm-*Tichy/Brinkmann* § 255 Rdn 203 ff.

176 Nach IAS 39.9 ist der fair value „der Betrag, zu dem zwischen sachverständigen, vertragswilligen und voneinander unabhängigen Geschäftspartnern ein Vermögenswert getauscht oder eine Schuld beglichen werden könnte".

177 Zur Kritik deutlich *Schildbach* DStR 2010, 69 sowie KölnKomm-RLR-*Ekkenga* § 255 Rdn 154.

178 Gesetz zur Modernisierung des Bilanzrechts (BilMoG) vom 25.5.2009, BGBl. 2009, 1102, 1104.

179 Haufe BilKomm-*Tichy/Brinkmann* § 255 Rdn 194.

180 Tipke/Lang/*Hennrichs* Steuerrecht[21], § 9 Rdn 266; *Helke/Wiechens/Klaus* DB 2009, 30, 35; Haufe BilKomm-*Tichy/Brinkmann* § 255 Rdn 198.

181 *Küting* StuB 2009, 829 (830); Haufe Bil-Komm-*Tichy/Brinkmann* § 255 Rdn 211.

182 BT-Drucks. 16/10067, 61.

183 Zu den Unterschieden näher MünchKomm-HGB-*Ballwieser* § 255 Rdn 95; KölnKomm-RLR-*Ekkenga* § 255 Rdn 153; Beck Bil-Komm-*Grottel/Pastor* § 255 Rdn 512; *Küting* StuB 2009, 829, 830 ff.

nicht die einschlägigen Objekte der Bewertung.[184] Das HGB sieht derzeit **drei Fallgruppen für die Folgebewertung an nachfolgenden Bilanzstichtagen**[185] vor: § 246 Abs. 2 S. 3 bestimmt, dass die mit dem beizulegenden Zeitwert bewerteten Vermögensgegenstände, welche den Betrag der Schulden aus **Altersvorsorgeverpflichtungen** übersteigen, unter einem gesonderten Posten zu aktivieren sind. Entsprechend ordnet § 253 Abs. 1 S. 3 die Bildung einer Rückstellung in Höhe des beizulegenden Zeitwertes an, soweit sich die Höhe der Altersvorsorgeverpflichtungen ausschließlich nach dem beizulegenden Zeitwert von Wertpapieren im Sinn des § 266 Abs. 2 A. III. 5 bestimmen und einen garantierten Mindestbetrag übersteigen. Zweitens haben **Kreditinstitute** nach § 340e Abs. 3 ihre **Finanzinstrumente des Handelsbestandes** zum beizulegenden Zeitwert abzüglich eines Risikoabschlages zu bewerten.[186] Eine Ausdehnung auf alle Unternehmen scheiterte am Widerstand des Bundesrates.[187] Drittens ist nach § 301 Abs. 1 S. 2 **zur Kapitalkonsolidierung das Vermögen** mit dem beizulegenden Zeitwert anzusetzen.

Ziele und Entwicklung der Zeitwertbewertung. Konzeptionell entspricht eine Bilanzierung mit dem Zeitwert der organischen Bilanztheorie.[188] Die Bilanzierung mit dem aktuellen Zeitwert war bereits nach Allgemeinen Landrecht für die preußischen Staaten von 1794 aufgrund einer gesellschaftsvertraglichen Bestimmung dispositiv zulässig.[189] Im Folgenden sah das Allgemeine Deutsche Handelsgesetzbuch von 1861 den „beizulegenden Wert" als Bewertungsmaßstab für sämtliche Vermögensgegenstände und Forderungen vor, bevor erst 1884 mit der Aktienrechtsnovelle nach dem damaligen Börsenkrach der Ausweis höherer Zeitwerte oberhalb der Grenze der Anschaffungskosten (s. bereits Rdn 2) verboten wurde.[190] Über die internationalen Rechnungslegungsstandards und die Neufassung der fair-value Richtlinie[191] im Zuge der „Neuen Rechnungslegungsstrategie"[192] der Europäischen Kommission hat der beizulegende Zeitwert nach einer Zwischenetappe als bloße Angabe im Anhang nach § 285 Abs. 1 S. 3 und 4 a.F. durch das BilMoG eine **Renaissance** im deutschen Bilanzrecht als **zwingender spezieller Bewertungsmaßstab** erlangt. Wollte der Gesetzgeber durch die Bilanzrechtsmodernisierung allgemein die **Informationsfunktion** des handelsrechtlichen Jahresabschluss stärken,[193] so mag die Bilanzierung ausgewählter Vermögensgegenstände mit dem beizulegenden Zeitwert der besseren Information über die den tatsächlichen Verhältnissen entsprechende Vermögenslage dienen. Freilich hängt der Informationsmehrwert aufgrund der Fiktion[194] tagesaktueller Beschaffungspreise gegenüber den historischen Anschaffungskosten entscheidend von der Verlässlichkeit der Bewertung[195] und deren ihnen zugrundeliegenden Wertschätzungsprämissen ab.[196] Jedenfalls führt die partielle Abkehr von der allgemeinen Obergrenze der Bewertung entgegen § 252 Abs. 1 Nr. 4 zum Ausweis noch nicht 45

184 KölnKomm-RLR-*Ekkenga* § 255 Rdn 153.
185 *Küting* BB 2009, 829, 831.
186 Näher *Nguyen/Rohlf* Kreditwesen 2011, 94.
187 BR-Drucks. 344/08, 4 f.
188 KölnKomm-RLR-*Claussen* Einl. Rdn 79; *Velte/Haaker* StuW 2012, 56, 58, 61.
189 Eingehend *K. Barth* Die Entwicklung des deutschen Bilanzrechts, Band I, 1953, S. 115.
190 Zur Entwicklung zusammenfassend *Velte/Haaker* StuW 2012, 56, 57 ff.
191 Richtlinie 2001/65/EG des Europäischen Parlaments und des Rates vom 27.9.2001.
192 Mitteilung der Kommission auf dem Gebiet der Harmonisierung der Rechnungslegung: Eine neue Strategie für die internationale Harmonisierung, KOM (95) 508 endg., November 1995.
193 BT-Drucks. 16/10067, 1.
194 Zur „Fair Value-Fiktion" näher *Tanski/Zeretzke* DStR 2006, 53, 54 ff.
195 MünchKommHGB-*Ballwieser* § 255 Rdn 113.
196 Zu Recht krit. *Schildbach* DStR 2010, 69, 70 ff.

realisierter Gewinne[197] und steht im **Spannungsverhältnis zur Gläubigerschutzfunktion** der Rechnungslegung.[198]

46 **Regelungshintergrund: IFRS/IAS.** Wenngleich die Rückkehr zur partiellen Zeitwertbewertung der Annäherung an internationale Rechnungslegungsstandards geschuldet ist und sich auch die Europäische Kommission der fair-value-Bewertung aufgeschlossen zeigt (s. Rdn 45), resultiert hieraus keine mittelbare Maßgeblichkeit der rechtlichen Vorbilder für das deutsche Bilanzrecht. Regelungsinspiration und Auslegungssteuerung dürfen nicht gleichgesetzt werden. Die IFRS/IAS sind keine Rechtsquelle des deutschen Bilanzrechts. Sie sind allein der Regelungshintergrund, aber kein Auslegungsmaßstab[199] und fungieren – wie allgemein – allenfalls als unverbindliche Auslegungs"anregung" für das deutsche Bilanzrecht.[200] Darum ist Abs. 4 trotz offenkundiger Anleihen an internationale Rechnungslegungsstandards nach den allgemeinen Regeln auszulegen. Ein unmittelbarer Rekurs auf den Begriff des fair value und seine Bestimmungsverfahren (s. Rdn 48) scheidet dagegen aus.

47 **2. Marktpreis (Abs. 4 S. 1). Preis am aktiven Markt zum Stichtag.** Abs. 4 S. 1 bestimmt, dass der beizulegende Zeitwert dem Marktpreis entspricht. Im Umkehrschluss aus S. 2 folgt, dass der Marktpreis einen aktiven Markt voraussetzt.[201] Entsprechend der allgemeinen Definition bezeichnet „Markt" funktionell das Zusammentreffen von Angebot und Nachfrage, durch das sich der Marktpreis bildet. Ein Markt besteht insbesondere bei organisierten und institutionalisierten Einrichtungen wie Börsen. Ob ein Markt „aktiv" ist, hängt von verschiedenen Parametern ab.[202] Nach der Gesetzesbegründung fehlt es jedenfalls an einem aktiven Markt, wenn beispielsweise wegen einer geringen Anzahl umlaufender Aktien im Verhältnis zum Gesamtvolumen der emittierten Aktien nur kleine Volumina gehandelt werden oder in einem engen Markt keine aktuellen Marktpreise verfügbar sind.[203] Dagegen soll ein Markt regelmäßig hinreichend aktiv sein, wenn der Preis „an einer Börse, von einem Händler, von einem Broker, von einer Branchengruppe, von einem Preisberechnungsservice oder von einer Aufsichtsbehörde leicht und regelmäßig erhältlich ist und auf aktuellen und regelmäßig auftretenden Markttransaktionen zwischen unabhängigen Dritten beruht."[204] Paketzu– oder Abschläge sollen unterbleiben.[205] Der maßgebende Zeitpunkt zur Bestimmung des Marktpreises ist der Bilanzstichtag, so dass der Bewertungsvorgang bei einem aktiven Markt „ein ‚Ablesen' des Zeitwertes von den einschlägigen Kurstabellen"[206] erfordert.

48 **3. Bestimmung anhand allgemeiner Bewertungsmethoden (Abs. 4 S. 2). Abstrakt taugliche Bewertungsmethoden.** Sofern ein Marktpreis nach S. 1 nicht ermittelt werden kann, erfolgt eine Wertbestimmung mithilfe allgemein anerkannter Bewertungsmetho-

---

197 Haufe BilKomm-*Tichy/Brinkmann* § 255 Rdn 198; krit. auch *Hommel/Berndt* BB 2009, 2190, 2194.

198 *Velte/Haaker* StuW 2012, 56, 61 f.

199 *Hennrichs* WPg 2011, 861, 866 ff; Tipke/Lang/*Hennrichs* Steuerrecht[21], § 9 Rdn 68 mwN.

200 KölnKomm-RLR-*Drüen* § 238 Rdn 21 mwN.

201 BR-Drucks. 344/08, 132; BT-Drucks. 16/10067, 61; KölnKomm-RLR-*Ekkenga* § 255 Rdn 156.

202 Haufe BilKomm-*Tichy/Brinkmann* § 255 Rdn 219.

203 BT-Drucks. 16/10067, 61.

204 BT-Drucks. 16/10067, 61.

205 BT-Drucks. 16/10067, 61; Baumbach/Hopt/*Merkt* § 255 Rdn 25; ebenso wegen fehlender Maßstäbe für die Zuschlaghöhe KölnKomm-RLR-*Ekkenga* § 255 Rdn 158.

206 KölnKomm-RLR-*Ekkenga* § 255 Rdn 158.

den. Anders als internationale Vorbilder[207] benennt Abs. 4 S. 2 weder das Ziel der hypothetischen Bewertung noch legt er inhaltlich an das Bewertungsverfahren zu stellende Anforderungen fest. Darum schließt das Gesetz apriori kein bestimmtes Bewertungsverfahren aus, solange es „allgemein anerkannt“ ist. Abs. 4 S. 2 greift nicht etwa aus § 285 S. 4 a.F. auf, dass „allgemein anerkannte Bewertungsmodelle und -methoden ... eine angemessene Annäherung an den Marktwert gewährleisten“ müssen. Inhaltlich daran anknüpfend soll nach der Gesetzesbegründung „die Anwendung von Bewertungsmethoden dazu dienen, den beizulegenden Zeitwert angemessen an den Marktpreis anzunähern, wie er sich am Bewertungsstichtag zwischen unabhängigen Geschäftspartnern bei Vorliegen normaler Geschäftsbedingungen ergeben hätte“.[208] Mangels gesetzlicher Konkretisierung ist das Spektrum allgemein anerkannter Bewertungsmethoden weit. Generell zulässig erscheinen die anerkannten wirtschaftlichen Bewertungsmethoden des **Discounted-Cashflow-(DCF)Verfahrens** und der **Optionspreismodelle.**[209] Entsprechend der Gesetzesbegründung kann der Marktpreis z.B. durch einen „Vergleich mit dem vereinbarten Marktpreis jüngerer vergleichbarer Geschäftsvorfälle zwischen sachverständigen, vertragswilligen und unabhängigen Geschäftspartnern“ ermittelt werden.[210] Beim **Marktpreisvergleich** ist ein „jüngerer vergleichbarer Geschäftsvorfall“ eine Transaktion des zu bewertenden Vermögensgegenstandes in zeitlicher Nähe zum Bewertungsstichtag,[211] sofern am Bilanzstichtag selbst kein aktiver Markt besteht (s. Rdn 43). Eine Bewertung entsprechend IAS 39.48A anhand eines Vergleiches mit dem aktuellen beizulegenden Zeitwert eines anderen, im Wesentlichen identischen Finanzinstruments scheidet dagegen aus.[212] Denn einerseits ist die Wertbestimmung nach Abs. 4 S. 2 auf die Marktpreisrekonstruktion des Vermögensgegenstandes gerichtet und im Gegensatz zu § 285 S. 4 a.F. nicht „aus den Marktwerten der einzelnen Bestandteile des Finanzinstruments oder aus dem Marktwert eines gleichwertigen Finanzinstruments abzuleiten“. Andererseits gibt es eine solche „Identität“ zwischen Finanzinstrumenten schon wegen der unterschiedlichen Bonität des Emittenten nicht.[213] Da der beizulegende Zeitwert nach S. 2 „zu ermitteln“ (S. 3) und nicht bloß einzugrenzen ist, taugen auch einschlägige Ratings für das Vergleichsinstrument nicht als Hilfsmaßstab oder Näherungswert.

Verlässlichkeit. Die mittels eines Bewertungsverfahrens bestimmten Marktpreise müs- **49**
sen verlässlich „zu ermitteln“ (S. 3) sein. Dieses ungeschriebene Tatbestandsmerkmal[214] resultiert aus dem Erfordernis der vorsichtigen Bilanzierung.[215] An einer Verlässlichkeit der ermittelten Werte fehlt es, wenn die angewandte Bewertungsmethode eine Bandbreite möglicher Werte voneinander zulässt, diese Abweichung signifikant ist und eine Gewichtung der Werte nach Eintrittswahrscheinlichkeit nicht möglich ist.[216] Dieses Verständnis von einer verlässlichen Wertermittlung gibt demzufolge eine zweistufige Prüfung der Verlässlichkeit vor. Weichen die in anerkannten Bewertungsverfahren ermittelten **Werte**

---

207 Vgl. IAS 39.A71 und IAS 39.A75.

208 BT-Drucks. 16/10067, 61.

209 KölnKomm-RLR-*Ekkenga* § 255 Rdn 161; Beck BilKomm-*Grottel/Pastor* § 255 Rdn 519; NK-*Jonas/Elprana* § 255 Rdn 126; Haufe BilKomm-*Tichy/Brinkmann* § 255 Rdn 222.

210 BT-Drucks. 16/10067, 61; ebenso Beck BilKomm-*Grottel/Pastor* § 255 Rdn 519.

211 Ähnlich KölnKomm-RLR-*Ekkenga* § 255 Rdn 160.

212 **A.M.** Baumbach/Hopt/*Merkt*, § 255 Rdn 26; Haufe BilKomm-*Tichy/Brinkmann* § 255 Rdn 235, 237.

213 KölnKomm-RLR-*Ekkenga* § 255 Rdn 160.

214 Eine verlässliche Feststellung des Marktpreises war demgegenüber in § 285 S. 3 a.F. noch ausdrücklich erforderlich.

215 Explizit BT-Drucks. 16/10067, 61; ebenso Beck BilKomm-*Grottel/Pastor* § 255 Rdn 515; Haufe BilKomm-*Tichy/Brinkmann* § 255 Rdn 231.

216 BT-Drucks. 16/10067, 61.

nicht signifikant voneinander ab, sondern liegen in einem der Bewertung immanenten Toleranzbereich, ist derjenige Wert anzusetzen, der die größte Eintrittswahrscheinlichkeit aufweist. Kann keinem der nicht signifikant voneinander abweichenden Werte eine größere Eintrittswahrscheinlichkeit zugerechnet werden, gebietet das Vorsichtsprinzip den Ansatz des niedrigsten Wertes. **Im Falle einer signifikanten Abweichung** der ermittelten Werte ist festzustellen, ob eine Gewichtung der Werte nach Eintrittswahrscheinlichkeiten möglich ist. Kommt einem der vorgenannten Werte eine größere Eintrittswahrscheinlichkeit zu, stellt dieser Wert den beizulegenden Zeitwert dar. Andernfalls scheidet eine Bewertung nach S. 2 aus.[217]

50 **4. Fortschreibungsbewertung (Abs. 4 S. 3 und 4). Regelungsgehalt.** Lässt sich nach S. 1 und 2 ein beizulegender Zeitwert nicht ermittelt, sind nach S. 3 die Anschaffungs- und Herstellungskosten nach § 253 Abs. 4 fortzuführen. Dies steht in Zusammenhang zur Zeitwertfiktion[218] des S. 4, der den zuletzt ermittelten beizulegenden Zeitwert als Anschaffungs- oder Herstellungskosten des zu bewertenden Vermögensgegenstandes fingiert. S. 3 erfordert allein, dass ein beizulegender Zeitwert nicht ermittelt werden kann. Rechtsfolge ist neben der Fortführung der Anschaffungs- oder Herstellungskosten mit dem zuletzt ermittelten beizulegenden Zeitwert eine etwaige Abschreibung auf den beizulegenden Wert nach § 253 Abs. 4.

51 **Erfordernis eines Ersatzfolgewertes.** Die Bewertung mit den Anschaffungs- oder Herstellungskosten nach Abs. 4 S. 3 entspricht funktional § 253 Abs. 1 S. 1. Sie ist erforderlich, weil § 253 Abs. 1 für alle Vermögensgegenstände die Folgebewertung regelt, während eine allgemeine ausdrückliche Regelung für die Vermögensgegenstände fehlt, die mit dem beizulegenden Zeitwert zu bewerten sind. Die speziellen Normen, die eine Bewertung mit dem beizulegenden Zeitwert anordnen (s. Rdn 44), regeln die Folgebewertung und schließen die nach § 253 Abs. 1 S. 1 angeordnete allgemeine Bewertung mit den Anschaffungs- oder Herstellungskosten aus. Für den Fall, dass kein beizulegender Zeitwert ermittelt werden kann, enthalten die Bezugsnormen keine Anordnung zum Bewertungsmaßstab. Darum ordnet S. 3 im Ergebnis die **Rückkehr zur Folgebewertung nach § 253 Abs. 1 S. 1** an und schließt damit für alle nach dem beizulegenden Zeitwert zu bewertenden Vermögensgegenstände einheitlich die andernfalls auftretende **Maßstabslücke** bei der Folgebewertung.

52 **Niederstwertprinzip.** Nach S. 3 sind die Anschaffungs- oder Herstellungskosten nach § 253 Abs. 4 fortzuführen. Allerdings normiert § 253 Abs. 4 S. 1 ein Abschreibungsgebot auf einen niedrigeren Börsen- oder Marktpreis, den es jedoch im Fall des S. 3 nicht geben kann, weil andernfalls der vorrangige beizulegende Zeitwert nach S. 1 bekannt wäre. Insofern ist § 253 Abs. 4 S. 1 für die Bewertung des Vermögensgegenstandes nach S. 3 unergiebig.[219] Der Verweis auf § 253 Abs. 4 S. 1 hätte insoweit Rechtsfolgen, falls lediglich für Vermögensgegenstände des Umlaufvermögens Abschreibungen vorzunehmen wären, weil der Bezug auf § 253 Abs. 3 fehlt. Bei dieser Deutung wären Vermögensgegenstände des Anlagevermögens nicht auf den niedrigeren beizulegenden Wert abzuschreiben. Für eine Ausnahme vom Niederstwertprinzip für die nach § 246 Abs. 2 S. 2 und 3 der Erfüllung von Schulden aus Altersvorsorgeverpflichtungen dienenden Vermö-

[217] Haufe BilKomm-*Tichy/Brinkmann* § 255 Rdn 222.

[218] KölnKomm-RLR-Ekkenga § 255 Rdn 164, der zu Recht die Sinnhaftigkeit der Perpetuierung vergangener Zeitwerte in Frage stellt.

[219] MünchKommHGB-*Ballwieser* § 255 Rdn 102.

gensgegenständen enthält aber die Gesetzesbegründung keinen Anhalt[220] und auch das Vorsichtsprinzip spricht dagegen. Darum geht der Verweis auf § 253 Abs. 4 S. 1 wohl ins Leere.[221] § 253 Abs. 4 S. 2 normiert das Gebot zur Abschreibung der Anschaffungs- oder Herstellungskosten auf den beizulegenden Wert. Durch diesen werden die Normen für die Bewertung des Umlaufvermögens auf die im Anlagevermögen enthalten Vermögensgegenstände übertragen, soweit sie zum beizulegenden Zeitwert zu bilanzieren sind (strenges Niederstwertprinzip).[222]

V. Bewertungsmaßstäbe im Steuerrecht

Maßgeblichkeit und Bewertungsvorbehalt. Grundsätzlich ist der den handelsrechtlichen GoB entsprechende Ausweis des Betriebsvermögens nach § 5 Abs. 1 S. 1 HS. 1 EStG auch für die Steuerbilanz maßgeblich. Seit dem BilMoG ist indes die Reichweite der Maßgeblichkeit umstritten[223] und ohnehin gilt für das Steuerrecht der sog. Bewertungsvorbehalt nach § 5 Abs. 6 EStG.[224] Die einkommensteuerrechtlichen Normen über die Bewertung (§§ 6 bis 7k EStG) haben danach Vorrang vor dem Handelsrecht.[225] Allerdings verzichtet das Steuerrecht auf eine eigenständige Definition der einkommensteuerrechtlichen „Hauptbewertungsmaßstäbe"[226] der Anschaffungs- und Herstellungskosten und knüpft an die handelsrechtlichen Begriffe an. Diese gelten nicht nur für die Bewertung des Betriebsvermögens nach § 6 Abs. 1 EStG, sondern auch für die Bemessung von Abschreibungen und Veräußerungsgewinnen im Rahmen der sog. Überschusseinkünfte (§ 2 Abs. 1 Nr. 4–7, Abs. 2 Nr. 2 EStG).[227] Insoweit haben die handelsrechtlichen Begriffe der Anschaffungs- und Herstellungskosten Fernwirkungen für die nichtunternehmerischen Einkunftsarten bei der Einkommensteuer (insbesondere Kapitalvermögen nach § 20 EStG, Vermietung und Verpachtung nach § 21 EStG sowie private Veräußerungsgewinne nach § 23 EStG).[228] 53

Bewertungsmaßstäbe und Sonderregeln im Steuerrecht. Der **steuerrechtliche Begriff der Anschaffungskosten** (§ 6 Abs. 1 EStG)[229] ist mit dem handelsrechtlichen Begriff nach § 255 Abs. 1 identisch.[230] Daneben gelten vielfach besondere gesetzliche Bewertungsvor- 54

---

220 BT-Drucks. 16/10067, 61.

221 Ähnlich KölnKomm-RLR-Ekkenga § 255 Rdn 163.

222 Beck BilKomm-*Grottel/Pastor* § 255 Rdn 521; **a.M.** KölnKomm-RLR-Ekkenga § 255 Rdn 163, nach dem der Verweis keinen Anwendungsbereich habe, sofern in der Ertragsbewertung vom Wertpapierbesitz eine anerkannte Bewertungsmethode zu sehen sei.

223 Stellvertretend Tipke/Lang/*Hennrichs* Steuerrecht[21], § 9 Rdn 40 ff mwN; monographisch *Gräbe*, Das Maßgeblichkeitsprinzip vor dem Hintergrund des BilMoG, 2012.

224 *Knobbe-Keuk* Bilanz- und Unternehmenssteuerrecht[9], S. 154 f.

225 Schmidt/*Weber-Grellet* EStG[32] 2013 § 5 Rdn 1.

226 Treffend *Mathiak* DStJG 7 (1984) S. 97, 138.

227 BFH 4.7.1990, GrS 1/89, BStBl II 1990, 830, 833; 23.5.2012, IX R 2/12, BStBl II 2012, 674, 675.

228 Statt vieler Kirchhof/Söhn/Mellinghoff/*Drüen* EStG § 21 Rdn B 325, 367.

229 Zu Einzelfragen R 6.2 EStR 2008 i.d.F. der EStÄR 2012.

230 BFH 24.8.1995, IV R 27/94, BStBl II 1995, 895; *Knobbe-Keuk* Bilanz- und Unternehmenssteuerrecht[9], S. 162; näher Blümich/*Ehmcke* EStG § 6 Rdn 90 ff; Schmidt/*Kulosa* EStG[32] 2013 § 6 Rdn 31 ff; Herrmann/Heuer/Raupach/*Stobbe* EStG § 6 Rdn 271 ff; Kirchhof/Söhn/Mellinghoff/*Werndl* EStG § 6 Rdn B 25 ff.

schriften[231], wie für die Anschaffung bei Tausch (§ 6 Abs. 6 EStG) oder die unentgeltliche Übertragung von Wirtschaftsgütern (§ 6 Abs. 3 und 4 EStG). Ebenfalls ist der handelsrechtliche **Begriff der Herstellungskosten** auch steuerrechtlich maßgeblich.[232] Allein das Steuerrecht enthält eine Sonderregelung (s. bereits Rdn 19) für **anschaffungsnahe Herstellungskosten bei Gebäuden,**[233] wonach Aufwendungen für Instandsetzungs- und Modernisierungsmaßnahmen, die innerhalb von drei Jahren nach der Anschaffung des Gebäudes durchgeführt werden, zu den Herstellungskosten des Gebäudes rechnen, sofern diese Aufwendungen (ohne solche für Erweiterungen und jährlich üblicherweise anfallende Erhaltungsarbeiten) 15 % der Anschaffungskosten des Gebäudes übersteigen (§ 6 Abs. 1 Nr. 1a EStG).[234] Neben den Anschaffungs- und Herstellungskosten hat nur im Steuerrecht der eigenständige **Bewertungsmaßstab des Teilwerts** (§ 6 Abs. 1 Nr. 1 S. 3 EStG) zentrale Bedeutung.[235]

55 **Ausdehnung der steuerrechtlichen Herstellungskosten durch Verwaltungsrichtlinien?** Die Einkommensteuerrichtlinien nehmen zu Einzelfragen aus Sicht der Finanzverwaltung Stellung,[236] sind indes als normeninterpretierende Verwaltungsanweisung nicht geeignet, den Bewertungsvorbehalt des § 5 Abs. 6 EStG auszufüllen.[237] Allerdings sehen die neugefassten Verwaltungsrichtlinien **seit 2012 eine Einbeziehungspflicht für die Aufwendungen im Sinne des § 255 Abs. 2 S. 3** vor, für die handelsrechtlich ein Einbeziehungswahlrecht besteht. Danach müssen steuerrechtlich angemessene Teile der Kosten der allgemeinen Verwaltung sowie angemessene Aufwendungen für soziale Einrichtungen des Betriebs, für freiwillige soziale Leistungen und für die betriebliche Altersversorgung einbezogen werden, soweit diese auf den Zeitraum der Herstellung entfallen.[238] Die Abkehr vom bisherigen Einbeziehungswahlrecht[239] und die Anhebung der steuerrechtlichen Bewertungsuntergrenze für Herstellungskosten nach dem BilMoG begründet die Finanzverwaltung[240] mit der fragwürdigen und durch die Entwicklung überholten Grundsatzentscheidung des Großen Senats zum „vollen" Gewinn im Steuerrecht aus dem Jahre 1969,[241] in dem dieser früher bestehende handelsrechtliche Wahlrechte aus Gleichheitsgründen für steuerrechtlich unmaßgeblich erklärt hatte.[242] Darauf gestützt hatte der BFH später das handelsrechtliche Bewertungswahlrecht nach § 255 Abs. 2 S. 3 a.F. für steuerrechtlich nicht maßgeblich erklärt, allerdings ausdrücklich offengelassen, ob Kosten der allgemeinen Verwaltung und für soziale Leistungen ebenfalls zu aktivieren

---

231 Z.B. Bewertungsfreiheit für geringwertige Wirtschaftsgüter (§ 6 Abs. 2 EStG) oder die sog. Poolbewertung nach § 6 Abs. 2a EStG.

232 BFH 4.7.1990, GrS 1/89, BStBl II 1990, 830, 833; *Knobbe-Keuk* Bilanz- und Unternehmenssteuerrecht[9], S. 170.

233 Zur Rechtsschöpfung durch die Finanzrechtsprechung krit. *Kruse* Lehrbuch des Steuerrechts I, 1991, S. 141.

234 Näher Schmidt/*Kulosa* EStG[32] 2013 § 6 Rdn 381 ff; *Wendt* FS Spindler (2011), S. 879, 881, 894 f.

235 *Kahle/Hiller* NWB Praxishandbuch Bilanzsteuerecht 2012, Rdn 812 f, 895 ff; dazu monographisch *Gabert* Der Bewertungsmaßstab des Teilwerts im Bilanzsteuerrecht, 2011.

236 R 6.3 EStR 2008 i.d.F. der EStÄR 2012. Zur historischen Entwicklung der Verwaltungssicht näher *Schumann* DStZ 2013, 474.

237 So schon *Knobbe-Keuk* Bilanz- und Unternehmenssteuerrecht[9], S. 155, 171.

238 R 6.3 Abs. 1, 3 EStR 2008 i.d.F. der EStÄR 2012.

239 R 6.3 Abs. 4 EStR 2008.

240 Zur Erläuterung *Hörhammer/Rosenbaum* StuB 2013, 250, 254; dagegen *Spingler/Dietter* Ubg 2013, 201, 206 ff.

241 BFH 3.2.1969, GrS 2/68, BStBl II 1969, 291.

242 Dagegen schon *Drüen* Periodengewinn und Totalgewinn, 1999, S. 136 f; *Schön* StuW 1995, 366 (375 f); zuletzt *Spingler/Dietter* Ubg 2013, 201, 205; befürwortend indes nunmehr Tipke/Lang/*Hennrichs* Steuerrecht[21], § 9 Rdn 40 ff sowie *Weber-Grellet* DStR 2013, 729, 732.

sind.[243] Die zwingende steuerrechtliche Einbeziehungspflicht dieser dem einzelnen Vermögensgegenstand nur schwer willkürfrei zuzurechnenden Aufwendungen ist umstritten.[244] Bis zur Verifizierung des für die Unternehmen anfallenden Erfüllungsaufwands beanstandet die Finanzverwaltung es nicht, wenn die steuerrechtlichen Herstellungskosten nach der alten Verwaltungsansicht unter Ausklammerung der Aufwendungen im Sinne des § 255 Abs. 2 S. 3 bemessen werden.[245]

Entwicklungskosten nach Abs. 2a. Entgegen § 248 Abs. 2 ist die Aktivierung selbst geschaffener immaterieller Wirtschaftsgüter im Steuerrecht nach § 5 Abs. 2 EStG weiterhin ausgeschlossen.[246] Darum hat Abs. 2a (s. Rdn 37) steuerrechtlich keine direkte Bedeutung,[247] vielmehr sind auch die angefallenen Entwicklungskosten steuerrechtlich Aufwand in der jeweiligen Periode.[248] 56

Fremdkapitalzinsen nach Abs. 3. Im Unterschied zum Wahlrecht nach § 255 Abs. 2 S. 3 gilt das Einbeziehungswahlrecht für Fremdkapitalzinsen nach § 255 Abs. 3 S. 2 auch für die steuerrechtliche Gewinnermittlung.[249] Werden Fremdkapitalzinsen handelsrechtlich in die Herstellungskosten einbezogen (s. Rdn 36), sind sie aufgrund von § 5 Abs. 1 S. 1 EStG auch steuerrechtlich Teil der Herstellungskosten.[250] 57

Zeitwertbewertung nach Abs. 4. Altersvorsorgeverpflichtungen als Vermögensgegenstände, welche nach § 246 Abs. 2 S. 3 mit dem beizulegenden Zeitwert zu bewerten sind (s. Rdn 44), sind für steuerliche Zwecke aufgrund des Bewertungsvorbehalts nach § 5 Abs. 1 und 6, § 6 Abs. 1 Nr. 2 EStG mit den historischen Anschaffungs- oder Herstellungskosten anzusetzen. Eine Bilanzierung nach dem beizulegenden Zeitwert ist steuerrechtlich nicht zulässig. Für **Finanzinstrumente des Handelsbestandes** gilt nach § 6 Abs. 1 Nr. 2b EStG für Steuerpflichtige, die in den Anwendungsbereich des § 340 HGB fallen, dass die zu Handelszwecken erworbenen Finanzinstrumente, die nicht in einer Bewertungseinheit im Sinne des § 5 Abs. 1a S. 2 abgebildet werden, mit dem beizulegenden Zeitwert abzüglich eines Risikoabschlages (§ 340e Abs. 3 HGB) zu bewerten sind. Damit findet die **Bewertung mit dem beizulegenden Zeitwert für Kreditinstitute** (s. Rdn 44) **auch Eingang in die steuerliche Gewinnermittlung.**[251] 58

---

243 BFH 21.10.93, IV R 87/92, BStBl II 1994, 176, 177; dem folgend Schmidt/*Kulosa* EStG[32] 2013 § 6 Rdn 194 mwN.

244 Befürwortend *Schumann* DStZ 2013, 474, 479 f; ablehnend *Kahle/Hiller* DStZ 2013, 462, 470; *Spingler/Dietter* Ubg 2013, 201, 205 ff.

245 BMF 25.3.2013, BStBl I 2013, 276; zu diesem „Nichtanwendungserlass" *Spieker* DB 2013, 780, 782.

246 *Buciek* JbFStR 2009/2010, 750.

247 Beck BilKomm-*Grottel/Pastor* § 255 Rdn 492 unter Hinweis auf die indirekte Relevanz bei Aktivierung wegen der Steuerlatenz (zu dieser *Theile* WPg 2008, 1064, 1065 sowie mit Bsp. *Küting/Ellmann* DStR 2010, 1300, 1302).

248 BT-Drucks. 16/10067, 50.

249 *Hörhammer/Rosenbaum* StuB 2013, 250, 254.

250 R 6.3 Abs. 5 EStR 2008 i.d.F. der EStÄR 2012; krit. *Schumann* DStZ 2013, 474, 480.

251 Zu den Konsequenzen näher Beck BilKomm-*Grottel/Pastor* § 255 Rdn 524; Schmidt/*Kulosa* EStG[32] 2013 § 6 Rdn 427 ff.

§ 256
Bewertungsvereinfachungsverfahren

Soweit es den Grundsätzen ordnungsmäßiger Buchführung entspricht, kann für den Wertansatz gleichartiger Vermögensgegenstände des Vorratsvermögens unterstellt werden, daß die zuerst oder daß die zuletzt angeschafften oder hergestellten Vermögensgegenstände zuerst verbraucht oder veräußert worden sind. § 240 Abs. 3 und 4 ist auch auf den Jahresabschluß anwendbar.

Schrifttum

Fülling Grundsätze ordnungsmäßiger Bilanzierung für Vorräte (1976); *Hennrichs* Wahlrechte im Bilanzrecht der Kapitalgesellschaften (1999); *ders.* Lifo in der Handels- und Steuerbilanz – Neues nach BilMoG?, Ubg 2011, 705; *Herzig/Gasper* Die Lifo-Methode in der Handels- und Steuerbilanz, DB 1991, 557; *dies.* Eine Zwischenbilanz zur Lifo-Diskussion, DB 1992, 1301; *Hildebrandt* Führt die Nutzung von elektronischer Datenverarbeitung zur Abschaffung der Lifo-Bewertung? DB 2011, 1999; *Hüttemann/Meinert* Die Lifo-Bewertung in Handels- und Steuerbilanz, Institut Finanzen und Steuern (IFSt)-Schrift Nr. 486 (2013); *Kessler/Suchan* Das „Lifo-Urteil" des BFH und seine Bedeutung für das Handelsrecht, DStR 2003, 345; *Köhler* Die Prüfung des Vorratsvermögens, StBp 2009, 309; *Mayer-Wegelin* Zum Anwendungsbereich der Lifo-Methode bei der Bewertung von Vorräten, DB 1989, 937; *ders.* Die Lifo-Bewertung: Regelungszweck einerseits und Ausgestaltung andererseits, DB 2001, 554; *Moxter* Lifo-Methode: Durch Vereinfachungszweck eingeschränkter Geltungsbereich in der Steuerbilanz? DB 2001, 157; *Niemann* Zur handelsrechtlichen und steuerrechtlichen Bewertung des Vorratsvermögens – insbesondere zum Vereinfachungsverfahren nach § 256 HGB/§ 6 Abs. 1 Nr. 2a EStG, Institut Finanzen und Steuern (IFSt)-Schrift Nr. 401 (2002); *Siepe/Husemann/Borges* Das Indexverfahren als Bewertungsvereinfachung i.S.d. § 256 HGB, WPg 1994, 645; *Schildbach* Die Vorräte, HdJ Abt. II/4 (1990); *Siegel* Grundsatzprobleme der Lifo-Methode und des Indexverfahren, DB 1991, 1941; *Schmidt/Labrenz* Vorräte, Beck HdR B 214 (2009); *Schneider/Siegel* Das Index-Lifo-Verfahren als „Fortentwicklung" von Grundsätzen ordnungsmäßiger Buchführung? WPg 1995, 261.

Übersicht

I. Grundlagen der Bewertungsvereinfachung

1 **Inhalt und Zweck.** § 256 gehört zu den Bewertungsvorschriften der §§ 252–256a und modifiziert die allgemeine Bewertungsvorschrift des § 253. Vorratsvermögen ist auf schnellen Umschlag angelegt,[1] was insbesondere bei Massengütern zu praktischen Be-

[1] KölnKomm-RLR-*Claussen* § 256 Rdn 3.

wertungsproblemen führt. Die Vorschrift bezweckt die **Vereinfachung der Bewertung des Vorratsvermögens.**[2] Auch wenn § 256 im Ausgangspunkt auf dem **Grundsatz der Einzelbewertung** (§ 252 Abs. 1 Nr. 3) aufbaut,[3] erlaubt sie gerade im Zusammenwirken mit der Fest- und Gruppenbewertung (S. 2) letztlich aus Gründen der Praktikabilität eine praxisgerechte Abkehr von diesem Grundsatz.[4] Für den Kaufmann ist es oftmals unmöglich, bzw. mit unvertretbarem Aufwand verbunden, die einzelnen auf Lager befindlichen Vorräte mit den konkreten Anschaffungs- oder Herstellungskosten zu bewerten (s. Rdn 3). Darum erlaubt die Vorschrift, den Wertansatz für Vermögensgegenstände nicht nach individueller Ermittlung der Anschaffungs- oder Herstellungskosten, sondern auf der Grundlage von Bewertungsvereinfachungsverfahren zu bestimmen. § 256 schafft keine neuen Bewertungsmaßstäbe.[5] Vielmehr ermöglicht **S. 1** für die Bewertung der Vermögensgegenstände des Vorratsvermögens die **Unterstellung der zeitlichen Verbrauchsfolge** nach der Lifo- (last in – first out; Rdn 11) oder Fifo-Methode (first in – first out; Rdn 13). Wenngleich die steuerrechtliche Bewertung nach der Lifo-Methode ausweislich der Gesetzesmotive auch der Verhinderung von Scheingewinnen dienen soll (s. Rdn 17), sind **Substanzerhaltung** und **Vermeidung von Scheingewinnen**[6] nicht zu (Neben-) Zwecken der handelsrechtlichen Bewertungsvereinfachung[7] geworden.[8] Sie beschreiben bei steigenden Preisen lediglich Wirkung und Nebeneffekt der Lifo-Methode,[9] aber (bereits vor der Zulassung im Steuerrecht) nicht ihren handelsrechtlichen Zweck.[10] Daran hat sich auch durch das Bilanzrechtsmodernisierungsgesetz (BilMoG[11]) nichts geändert[12] (s. noch Rdn 14). Darum kommt diesen gerade mit der Lifo-Methode verbundenen Effekten für die Auslegung von § 256 insgesamt und seiner einzelnen Voraussetzungen (wie dem Vorbehalt der GoB-Konformität und der Voraussetzung der Gleichartigkeit) keine eigenständige Bedeutung zu.[13] Sie sind allein rechnerischer Reflex, aber nicht sekundärer Regelungszweck der Bewertungsvereinfachung.[14] Auch die Eröffnung bilanzpolitischer Spielräume ist kein eigener Gesetzeszweck der Vorschrift.[15] Weiterhin erklärt **S. 2** die in § 240 Abs. 3 und Abs. 4 für das Inventar erlaubten Verfahren auch auf den Jahresabschluss für anwendbar. Zulässig sind durch diesen Verweis die **Festbewertung** (bei Vermögensgegenständen des Sachanlagevermögens sowie bei Roh-, Hilfs- und

---

2 BFH 20.6.2000, VIII R 32/98, BStBl II 2001, 636, 638 ff; *Hennrichs* Ubg 2011, 705, 707; *Hüttemann/Meinert* IFSt-Schrift Nr. 486 S. 42 ff, 56; Baumbach/Hueck/*Schulze-Osterloh* GmbHG[18] 2006 § 42 Rdn 386; Baetge/Kirsch/Thiele/*Quick* § 256 Rdn 2, 23.

3 HdR-EA/*Mayer-Wegelin* § 256 Rdn 6; ebenso *Kessler/Suchan* DStR 2003, 345, 346; **a.M.** BoHdR-*Wohlgemuth/Radde* § 256 Rdn 3.

4 Beck BilKomm-*Ellrott/Krämer* § 256 Rdn 2, 31; NK-*Jonas/Elprana* § 256 Rdn 1; *Hüttemann/Meinert* IFSt-Schrift Nr. 486 S. 24.

5 BoHdR-*Wohlgemuth/Radde* § 256 Rdn 5.

6 Zu diesen Zwecken bereits *Fülling* Grundsätze ordnungsmäßiger Bilanzierung für Vorräte, 1976, S. 168, 173 ff.

7 Dafür indes *Herzig/Gasper* DB 1991, 557, 558 ff; *dies.* DB 1992, 1301, 1302, 1306 f.

8 Dagegen bereits ADS[6] § 256 Rdn 78; *Hennrichs* Wahlrechte S. 395 ff; *ders.* Ubg 2011, 705, 706 f; *Hüttemann/Meinert* IFSt-Schrift Nr. 486 S. 42 ff; *Siegel*, DB 1991, 1941, 1948.

9 ADS[6] § 256 Rdn 8; Beck BilKomm-*Ellrott/Krämer* § 256 Rdn 9; im Sinne eines „(Neben-)Effekts", statt einer eigentlichen handelsrechtlichen Zielsetzung (s. noch Fn 8) nunmehr auch HdR-EA/*Mayer-Wegelin* § 256 Rdn 18.

10 Heymann/*Walz* § 256 Rdn 3; **a.M.** *Mayer-Wegelin* DB 2001, 554, 555 und *Kessler/Suchan* DStR 2003, 345, 346 f.

11 Gesetz zur Modernisierung des Bilanzrechts (BilMoG) vom 25.5.2009, BGBl. 2009, 1102, 1104.

12 *Hennrichs* Ubg 2011, 705, 706 f.

13 *Hüttemann/Meinert* IFSt-Schrift Nr. 486 S. 45 f.

14 BFH 20.6.2000, VIII R 32/98, BStBl II 2001, 636, 638 ff; *Hennrichs* Ubg 2011, 705, 707 mwN.

15 Heymann/*Walz* § 256 Rdn 3.

Betriebsstoffen) nach § 240 Abs. 3 und die **Gruppenbewertung** nach der Methode des gewogenen Durchschnitts (bei gleichartigen Vermögensgegenständen des Vorratsvermögens sowie bei anderen gleichartigen oder annähernd gleichwertigen beweglichen Vermögensgegenständen) nach § 240 Abs. 4. Damit umfasst § 256 entsprechend seiner Überschrift **alle Bewertungsvereinfachungsverfahren.**[16]

2 **Systematik und Entstehungsgeschichte.** Als spezielle Regelungen haben die Bestimmungen von S. 1 und 2 Vorrang gegenüber dem Gebot der Einzelbewertung aus § 252 Abs. 1 Nr. 3. Vereinfachende Bewertungsverfahren für Vorräte entsprachen bereits langjähriger Übung vor Inkrafttreten des AktG 1965.[17] § 256 S. 1 ersetzte § 155 Abs. 1 S. 3 AktG 1965 und steht im Einklang mit Art. 40 Abs. 1 und Art. 38 der 4. EG-Richtlinie[18] (Jahresabschlussrichtlinie). Von der in Art. 40 Abs. 1 der 4. EG Richtlinie gewährten Möglichkeit, die Zulässigkeit bestimmter Verbrauchsfolgeverfahren auch auf weitere Vermögensgegenstände (alle beweglichen Vermögensgegenstände einschließlich der Wertpapiere) auszudehnen, hat der deutsche Gesetzgeber allgemein keinen Gebrauch gemacht, weil ein entsprechendes Bedürfnis offenbar nicht bestehe.[19] Als Spezialvorschrift dehnt § 341b Abs. 2 für Versicherungsunternehmen § 256 auf bestimmte Kapitalanlagen (Aktien, Investmentanteile sowie sonstige festverzinsliche und nicht festverzinsliche Wertpapiere) aus (s. noch Rdn 5).

3 **Grundsätze der Wirtschaftlichkeit und Wesentlichkeit als Grund und Grenze der Bewertungsvereinfachung.** § 256 ist gerechtfertigt durch die die GoB ebenfalls konstituierenden Grundsätze der Wirtschaftlichkeit und der Wesentlichkeit der Bilanzierung.[20] Bewertungsvereinfachungsverfahren stehen in ihrem Kern nicht in Widerspruch zu den GoB, sondern sind Ausdruck derselben.[21] Einer Bewertungsvereinfachung durch praxisgerechte Relativierung des Grundsatzes der Einzelbewertung[22] (s. bereits Rdn 1) bedarf es in Fällen, in denen die tatsächlichen Anschaffungs- und Herstellungskosten (wie bei Massengütern) nur mit unverhältnismäßigem Aufwand oder (z.B. bei Schüttgütern und Flüssigkeiten) gar nicht ermittelt werden können.[23] Der Gesetzgeber hat mit § 256 einen „**Wertungskompromiss**“[24] getroffen ist, indem er wegen der Grundsätze der Wirtschaftlichkeit und der Wesentlichkeit die Bewertungsvereinfachung zulässt, diese aber zugleich unter den **Vorbehalt der GoB-Konformität** stellt (s. Rdn 7). In den tatbestandlich erfassten Fällen ist dem Kaufmann – ohne konkret nachweisbaren Vereinfachungseffekt – die Möglichkeit eröffnet, den Wert der Vermögensgegenstände nach einem von § 256 zugelassenen Vereinfachungsverfahren zu bewerten.[25] Äußerste Grenze bilden die GoB

---

16 HdR-EA/*Mayer-Wegelin* § 256 Rdn 1.

17 HdR-EA/*Mayer-Wegelin* § 256 Rdn 5; BoHdR-*Wohlgemuth/Radde* § 256 Rdn 1.1.

18 Vierte Richtlinie des Rates vom 25.7.1978, 78/660/EWG (aufgehoben und ersetzt durch Richtlinie 2013/34/EU des Europäischen Parlaments und des Rates vom 26.6.2013, ABl. EU L 182/19; Art. 38 der 4. EG-Richtlinie wurde ersatzlos aufgehoben. Demnach sind die Festbewertung und Gruppenbewertung nach der neuen Richtlinie nicht mehr zulässig. Der Gesetzgeber muss innerhalb der Umsetzungsfrist nach Art. 53 Abs. 1 der neuen Richtlinie bis zum 20.6.2015 einen unionsrechtskonformen Zustand herstellen).

19 BT-Drucks. 10/317, 90.

20 BFH 20.6.2000, VIII R 32/98, BStBl II 2001, 636, 638; *Hüttemann/Meinert* IFSt-Schrift Nr. 486 S. 26 f, 56, 66; Baetge/Kirsch/Thiele/*Quick* § 256 Rdn 3; *Siegel* DB 1991, 1941, 1943 f.

21 *Hennrichs* Ubg 2009, 533, 536; **a.M.** HdJ-*Schulze-Osterloh* Abt. I/1 Rdn 18.

22 BFH 20.6.2000, VIII R 32/98, BStBl II 2001, 636, 638.

23 BFH 20.6.2000, VIII R 32/98, BStBl II 2001, 636, 637; *Fülling* Grundsätze ordnungsmäßiger Bilanzierung für Vorräte, 1976, S. 153; Ebenroth/Boujong/Joost/Strohn/*Wiedmann* § 256 Rdn 1.

24 Explizit BFH 20.6.2000, VIII R 32/98, BStBl II 2001, 636, 638.

25 *Hüttemann/Meinert* IFSt-Schrift Nr. 486 S. 59, 67.

insofern, als die Bewertungsvereinfachung selbst gegen GoB verstoßen würde.[26] Darum sind die Grundsätze der Wirtschaftlichkeit und der Wesentlichkeit als GoB, nicht nur Grund, sondern zugleich – freilich eine nur schwer zu quantifizierende[27] – Grenze der Bewertungsvereinfachung nach § 256 (s. noch Rdn 8).

Anwenderkreis. § 256 gilt für alle Rechnungslegungspflichtigen gleichermaßen.[28] 4
Kapitalgesellschaften und ihnen nach § 264a gleichgestellte Personenhandelsgesellschaften müssen die gewählte Bewertungsmethode nach § 284 Abs. 2 Nr. 1 im Anhang angeben und ggf. die sich aus vereinfachten Bewertungsverfahren ergebenden Unterschiedsbeträge nach § 284 Abs. 2 Nr. 4[29] angeben. Eine entsprechende Pflicht trifft Genossenschaften (§ 336 Abs. 2) sowie alle von § 5 Abs. 2 PublG erfassten Unternehmen. Ggf. können – bei entsprechenden Auswirkungen der gewählten Methode – weitere Anhangsangaben nach § 264 Abs. 2 S. 2 erforderlich werden.[30] Die Rechtsfolgen eines Verstoßes gegen § 256 entsprechen den Sanktionen bei Verstoß gegen die übrigen gesetzlichen Bewertungsvorschriften. Auch internationale Rechnungslegungsstandards sehen zum Teil verwandte Bewertungsvereinfachungsverfahren vor.[31]

II. Verbrauchsfolgeverfahren (S. 1)

1. Anwendungsbereich: Vermögensgegenstände des Vorratsvermögens. S. 1 erlaubt 5
die Anwendung bestimmter Verbrauchsfolgeverfahren für den Wertansatz (gleichartiger) **Vermögensgegenstände des Vorratsvermögens**. Der Anwendungsbereich der Vorschrift beschränkt sich damit nach § 266 Abs. 2 B. I. auf gleichartige **Roh-, Hilfs- und Betriebsstoffe**, auf **unfertige und fertige Erzeugnisse** sowie auf **Waren**.[32] Die Auslegung, wonach Verbrauchsfolgeverfahren **auch bei anderen gleichartigen Vermögensgegenständen des Umlaufvermögens**, wie insb. Wertpapieren und Devisenbeständen, angewendet werden können,[33] verdient keine Zustimmung. Denn der Wortlaut der Norm nennt ausdrücklich nur die Vermögensgegenstände des Vorratsvermögens und bezieht sich nicht auf das gesamte Umlaufvermögen. Weiterhin hat der Gesetzgeber von der in der 4. EG Richtlinie eingeräumten Befugnis die Verbrauchsfolgeverfahren auch auf weitere Vermögensgegenstände auszudehnen, trotz entsprechender rechtspolitischer Forderungen der Wirtschaft[34] bewusst keinen Gebrauch gemacht (s. Rdn 2). Überdies spricht die systematische Auslegung gegen die Erstreckung auf sonstige Vermögensgegenstände, weil § 341b Abs. 2 eine Anwendbarkeit der Verbrauchsfolgeverfahren nach § 256 bei Versicherungsunternehmen ausdrücklich anordnet.[35] Daraus folgt im Umkehrschluss, dass für die

---

[26] Baetge/Kirsch/Thiele/*Quick* § 256 Rdn 23; MünchKommHGB-*Ballwieser* § 256 Rdn 3.

[27] So zu Recht *Hüttemann/Meinert* IFSt-Schrift Nr. 486 S. 27 f, 56 f.

[28] Baetge/Kirsch/Thiele/*Quick* § 256 Rdn 4.

[29] Für kleine Kapitalgesellschaften gilt die Erleichterung des § 288 Abs. 1.

[30] ADS[6] § 256 Rdn 13; Beck BilKomm-*Ellrott/Krämer* § 256 Rdn 46.

[31] Zum Vergleich mit den IFRS/IAS Beck BilKomm-*Ellrott/Krämer* § 256 Rdn 107 f; HdR-EA/*Mayer-Wegelin* § 256 Rdn 92 f; Baetge/Kirsch/Thiele/*Quick* § 256 Rdn 501 ff; rechtsvergleichend speziell zur Lifo-Methode *Hüttemann/Meinert* FSt-Schrift Nr. 486 S. 119 ff.

[32] Beck BilKomm-*Ellrott/Krämer* § 256 Rdn 21; HdR-EA/*Mayer-Wegelin* § 256 Rdn 35.

[33] So ADS[6] § 256 Rdn 24 f; für Wertpapiere und Devisen auch KölnKomm-RLR-*Claussen* § 256 Rdn 20 ff; *Winnefeld* Bilanz-Handbuch E 771.

[34] Dazu HdR-EA/*Mayer-Wegelin* § 256 Rdn 3 mwN. Für die Ausdehnung auf alle Gegenstände des Umlaufvermögens de lege ferenda auch *Niemann* IFSt-Schrift Nr. 401 S. 37.

[35] *Hüttemann/Meinert* IFSt-Schrift Nr. 486 S. 46.

übrigen Vermögensgegenstände des Umlaufvermögens die Anwendung von Verbrauchsfolgeverfahren nach § 256 ausgeschlossen ist. Andernfalls würde die Benennung des § 256 in § 341b keine Regelungswirkung entfalten, weil Verbrauchsfolgeverfahren ohnehin Anwendung finden würden.[36] Auf Wertpapiere findet die Vorschrift (abgesehen von Versicherungsunternehmen) darum keine Anwendung.[37]

6 **2. Gleichartigkeit der Vermögensgegenstände.** Verbrauchsfolgeverfahren sind nur für den Wertansatz **gleichartiger** Vermögensgegenstände des Vorratsvermögens zulässig. Diese tatbestandliche Voraussetzung enthält bereits § 240 Abs. 4. Für die Gleichartigkeit ist bei Waren und fertigen Erzeugnissen auf die Zugehörigkeit zur selben **Warengattung**, bei den sonstigen Vermögensgegenständen des Vorratsvermögens (oben Rdn 5) auf die Gleichartigkeit in der **Funktion** abzustellen[38]. Bei gleichem Verwendungszweck ist darum auch bei Substitutionsgütern aufgrund der Funktionsgleichheit ein Verbrauchsfolgeverfahren zulässig.[39] Als zusätzliche Voraussetzung des Verbrauchsfolgeverfahrens fordert die traditionelle Sicht, zumindest eine **annähernde Gleichwertigkeit** der Vermögensgegenstände.[40] Die Forderung einer annähernden Gleichwertigkeit soll aus den GoB resultieren[41] und verhindern, „daß sich bei einer wertmäßig heterogenen Gruppe reale Vermögensveränderungen durch Strukturverschiebungen zwischen gering- und hochwertigen Vermögensgegenständen ergeben“[42] mit der Folge einer verzerrten Darstellung der Vermögens- und Ertragslage.[43] Gegen die Ergänzung von § 256 um ein ungeschriebenes Tatbestandsmerkmal der „Gleichwertigkeit“ oder „Preisgleichheit“ sprechen indes durchschlagende Bedenken: Zunächst differenziert der durch S. 2 in Bezug genommene § 240 Abs. 4, der in seiner ersten Variante ebenfalls „gleichartige Vermögensgegenstände des Vorratsvermögens“ nennt, in seiner zweiten Variante zwischen „gleichartigen“ und „annähernd gleichwertigen“ Vermögensgegenständen.[44] Aus dieser expliziten gesetzlichen Differenzierung zwischen gleichartigen und gleichwertigen Vermögensgegenständen folgt im Umkehrschluss, dass Gleichwertigkeit kein zwingendes Wesensmerkmal

---

[36] Vgl. Baetge/Kirsch/Thiele/*Quick* § 256 Rdn 22; **a.M.** *Winnefeld* Bilanz-Handbuch E 771, der in der Nennung des § 256 in § 341b eine Bestätigung der analogen Anwendung des § 256 auf Vermögensgegenstände des Vorratsvermögens sieht.

[37] *Hüttemann/Meinert* IFSt-Schrift Nr. 486 S. 46; Baumbach/Hueck/*Schulze-Osterloh* GmbHG[18] 2006 § 42 Rdn 389; Baetge/Kirsch/Thiele/*Quick* § 256 Rdn 22.

[38] KölnKomm-RLR-*Claussen* § 256 Rdn 19; Beck BilKomm-*Ellrott/Krämer* § 256 Rdn 21; Baetge/Kirsch/Thiele/*Quick* § 256 Rdn 27; *Glade* Praxishandbuch der Rechnungslegung und Prüfung[2] § 240 Rdn 73 ff und § 256 Rdn 21 ff; HdR-EA/*Mayer-Wegelin* § 256 Rdn 27 f, 38 ff; *ders.* DB 1989, 938; Baumbach/Hueck/*Schulze-Osterloh* GmbHG[18] 2006 § 42 Rdn 384; Heymann/*Walz* § 256 Rdn 7; BoHdR-*Wohlgemuth/Radde* § 256 Rdn 8.

[39] *Glade* Praxishandbuch der Rechnungslegung und Prüfung[2] § 256 Rdn 26.

[40] ADS § 256 Rdn 22; KölnKomm-RLR-*Claussen* § 256 Rdn 18; *Glade* Praxishandbuch der Rechnungslegung und Prüfung[2] § 240 Rdn 75 und § 256 Rdn 24 f; Koller/Roth/*Morck* § 256 Rdn 1; Baumbach/Hueck/*Schulze-Osterloh* GmbHG[18] 2006 § 42 Rdn 384; Ebenroth/Boujong/Joost/Strohn/*Wiedmann* § 256 Rdn 5; *Winnefeld* Bilanz-Handbuch E 775; BoHdR-*Wohlgemuth/Radde* § 256 Rdn 8 f; WP-Handbuch I Tz. E 475; *Siegel* DB 1991, 1941, 1946 und noch *Hüffer* in der Voraufl. dieses Kommentars (§ 240, 66).

[41] ADS[6] § 256 Rdn 22; BoHdR-*Wohlgemuth/Radde* § 256 Rdn 9.

[42] ADS[6] § 256 Rdn 22.

[43] Krit. unter Hinweis auf „Gewinnmanipulationsspielräume“ auch Beck-HdR-*Schmidt/Labrenz* B 214 Rdn 81 f.

[44] MünchKommHGB-*Ballwieser* § 240 Rdn 28; *Hüttemann/Meinert* IFSt-Schrift Nr. 486 S. 47; *Mayer-Wegelin* DB 1989, 937, 938.

eines gleichartigen Vermögensgegenstandes ausmacht.[45] Der Sorge vor einer verzerrten Darstellung der Vermögens- und Ertragslage tragen die Anhangsangaben nach § 284 Abs. 2 Nr. 4 (s. Rdn 4) hinreichend Rechnung, wonach ein erheblicher Unterschiedsbetrag zwischen Buchwert und Börsenwert/Marktpreis pauschal angegeben werden muss.[46] Darum ist **Gleichwertigkeit keine notwendige Voraussetzung** zur Bildung einer Gruppe gleichartiger Vermögensgegenstände des Vorratsvermögens.[47] Die Gleichwertigkeit hat aber **indiziellen Charakter** für die Voraussetzung der Gleichartigkeit.[48] Dem Wert von Vorräten kommt allein eine Indizfunktion zu, um festzustellen, ob die jeweiligen Vorräte noch gleichartig sind oder ob derartige Unterschiede hinsichtlich der Beschaffenheit bestehen, welche eine Gleichartigkeit ausschließen.[49] Erhebliche Preisunterschiede können (entkräftbare) Anzeichen für Qualitätsunterscheide sein.[50] Bei dieser Wertungsfrage, hinter der der balancierende Ausgleich von Rechnungslegungszwecken und den Grundsätzen der Wirtschaftlichkeit und der Wesentlichkeit steht (s. Rdn 3), kann nicht die absolute Größe des Preisunterschieds, sondern nur die Wertrelation entscheidend sein.[51]

3. Übereinstimmung mit den Grundsätzen ordnungsmäßiger Buchführung. Vorbehalt der GoB-Konformität. S. 1 stellt die Anwendung eines Verbrauchsfolgeverfahrens unter den Vorbehalt der GoB-Kontormität („soweit es den Grundsätzen ordnungsmäßiger Buchführung (GoB) entspricht"). Verbrauchsfolgeverfahren sollen den Schwierigkeiten einer genauen Bewertung des einzelnen Vermögensgegenstandes durch praxisgerechte Erleichterungen begegnen, dürfen aber den Zwecken der Rechnungslegung nicht zuwider laufen.[52] Verfahren zur Bewertungsvereinfachung nach § 256 dürfen nicht als „bilanzpolitische Manövriermasse" fehlgedeutet werden.[53] Der Vorbehalt der GoB-Konformität ist **Voraussetzung und zugleich Grenze der Anwendung von Verfahren zur Bewertungsvereinfachung.** Ihm kommt – wenngleich die konkrete Grenzziehung umstritten ist – erhebliche praktische Bedeutung zu.[54] Aus Sicht des historischen Gesetzgebers des AktG 1965 muss das Verbrauchsfolgeverfahren **„zur Vermeidung von Missbräuchen"** den GoB entsprechen.[55] Das deutet auf eine rein negative Selektion der Fälle eines missbräuchlichen 7

45 Beck BilKomm-*Ellrott/Krämer* § 256 Rdn 22.

46 HdR-EA/*Mayer-Wegelin* § 256 Rdn 28; *ders.* DB 1989, 937, 938.

47 Beck BilKomm-*Ellrott/Krämer* § 256 Rdn 22 f; Baetge/Kirsch/Thiele/*Quick* § 256 Rdn 28; HdR-EA/*Mayer-Wegelin* § 256 Rdn 28, 31 ff; *ders.* DB 1989, 937, 939; NK-Schall/*Jonas/Elprana* § 256 Rdn 11; ebenso für das Steuerrecht BMF 28.3.1990, BStBl I 1990, 148 (Weinwirtschaft) und allg. R. 6.8 Abs. 4; R 6.9 Abs. 3 EStR 2008 (ohne Änderung durch die EStÄR 2012).

48 Zusammenfassend *Hüttemann/Meinert* IFSt-Schrift Nr. 486 S. 50 f.

49 S. Nachweise in Fn 47.

50 Ähnlich für das Steuerrecht R 6.9 Abs. 3 S. 3 f EStR 2008 (ohne Änderung durch die EStÄR 2012).

51 *Hüttemann/Meinert* IFSt-Schrift Nr. 486 S. 48 ff.

52 ADS[6] § 256 Rdn 14; Beck BilKomm-*Ellrott/Krämer* § 256 Rdn 28; Baumbach/Hueck/*Schulze-Osterloh* GmbHG[18] 2006 § 42 Rdn 386; Baetge/Kirsch/Thiele/*Quick* § 256 Rdn 23; MünchKommHGB-*Ballwieser* § 256 Rdn 3; eingehend *Hennrichs* Wahlrechte S. 395 ff.

53 Treffend *Hennrichs* Wahlrechte S. 410; gleichsinnig *Siegel* DB 1991, 1941, 1943.

54 Zuletzt und eingehend *Hüttemann/Meinert* IFSt-Schrift Nr. 486 S. 52, 56 ff in Auseinandersetzung mit BFH 20.6.2000, VIII R 32/98, BStBl II 2001, 636 zur Lifo-Methode.

55 Bericht des Rechtsausschusses, BT-Drucks. IV/3296, 31; zur Relevanz für die Anwendung der Bewertungsvereinfachung näher BFH 20.6.2000, VIII R 32/98, BStBl II 2001, 636, 639.

Einsatz der Bewertungsvereinfachung hin (s. Rdn 8). Demgegenüber deutet der **BFH** in seinem **Lifo-Urteil** das Erfordernis der GoB-Konformität im Sinne des „Wertungskompromiss" zwischen den GoB der Einzelbewertung und der periodengerechten Aufwandsabgrenzung und der auf die Grundsätze der Wirtschaftlichkeit und der Wesentlichkeit gestützten Bewertungsvereinfachung und fordert eine **die Rechnungslegung vereinfachende Wirkung.**[56] Im Urteilsfall hatte ein Kfz-Händler für Neufahrzeuge Bewertungsgruppen nach Wagentypen und für Gebrauchtfahrzeuge nach ihrem Wert gebildet. Für den BFH kann der Vereinfachungszweck jedenfalls dann ein Zurücktreten der GoB nicht mehr rechtfertigen, wenn Vorratsgegenständen mit (absolut betrachtet) hohen Erwerbsaufwendungen, deren Anschaffungskosten ohne weiteres identifiziert und den einzelnen Vermögensgegenständen angesichts deren individueller Merkmale ohne Weiteres zugerechnet werden können, in Frage stehen.[57] Obwohl der BFH ausdrücklich offengelassen hat, ob Bewertungserschwernisse notwendige Voraussetzungen der Lifo-Methode sind,[58] benennt er allgemein **teleologische Ausschlusskriterien**, die mangels einer Vereinfachung die Lifo-Methode ausschließen sollen. Dabei sind die Kriterien der Individualisierbarkeit und der einfachen Zurechenbarkeit Ausdruck des Grundsatzes der Wirtschaftlichkeit, während das Indiz zur Höhe der Erwerbsaufwendungen auf den Grundsatz der Wesentlichkeit zurückzuführen ist.[59] Der BFH stellt mittels dieser Kriterien eine Abwägung zwischen dem Vereinfachungszweck und der negativen Auswirkungen auf die GoB und die Aussagekraft des Jahresabschlusses an, obwohl absolute Aussagen hierzu für alle denkbaren Fallgestaltungen schwerfallen.[60] Der GoB-Vorbehalt für die Bewertungsvereinfachung würde überdehnt, wenn diese – angesichts der Abstraktionshöhe und der Wertungsoffenheit schwierige – Abwägung in jedem Einzelfall anzustellen wäre und die Anwendung von § 256 stets das positives Testat über die konkrete Vereinfachungswirkungen voraussetzen würde. Stattdessen ist das BFH-Urteil als Ausnahmefall zu begreifen, in dem die **Bewertungsvereinfachung ausnahmsweise ausgeschlossen** ist, während sie durch § 256 im Regelfall eröffnet ist.[61] Darum bedarf es keines positiven Nachweises eines konkreten Vereinfachungseffektes (s. bereits Rdn 3).[62] Nur in Fällen, in denen eine Vereinfachung der Bewertung aufgrund der Verbrauchsfolgenunterstellung evident ausgeschlossen ist, scheidet dieses als zweckinadäquat[63] und darum GoB-widrig aus.[64] Bei der Beurteilung des Vereinfachungseffektes ist zudem nicht auf die konkrete betriebliche Organisation und den individuellen **Einsatz einer modernen Lagerhaltung und eines modernen Warenwirtschaftssystems** abzustellen, weil eine computergestützte Lager- und Buchhaltung gesetzlich nicht vorgeschrieben ist.[65] Trotz der seit Jahrzehnten eingesetzten und fortschreitend leistungsfähigeren Datenverarbeitungssysteme bleibt darum § 256, an

---

[56] Explizit BFH 20.6.2000, VIII R 32/98, BStBl II 2001, 636, 638.

[57] BFH 20.6.2000, VIII R 32/98, BStBl II 2001, 636, 638; dazu kritisch *Moxter* DB 2001, 157; *Mayer-Wegelin* DB 2001, 554; *Kessler/Suchan* DStR 2003, 345.

[58] BFH 20.6.2000, VIII R 32/98, BStBl II 2001, 636, 638.

[59] Zur Systematisierung und Kritik näher *Hüttemann/Meinert* IFSt-Schrift Nr. 486 S. 56 f, 60 ff; *Hildebrandt* DB 2011, 1999, 2000 ff.

[60] Weiterführend *Hüttemann/Meinert* IFSt-Schrift Nr. 486 S. 60 ff.

[61] Im Sinne eines „Regel-Ausnahme-Verhältnisses" bereits *Hüttemann/Meinert* IFSt-Schrift Nr. 486 S. 58 ff, 66 f.

[62] *Hüttemann/Meinert* IFSt-Schrift Nr. 486 S. 59, 67.

[63] *Hennrichs* Ubg 2011, 705, 710.

[64] Niederschwelliger *Hüttemann/Meinert* IFSt-Schrift Nr. 486 S. 67: „Vereinfachungszweck kaum noch erkennbar".

[65] *Hennrichs* Ubg 2011, 705, 710; *Hüttemann/Meinert* IFSt-Schrift Nr. 486 S. 64 f; allgemein zu dieser Frage und ihrem Aufgriff durch die Finanzverwaltung *Hildebrandt* DB 2011, 1999.

dem der Gesetzgeber unlängst im Bilanzrechtsmodernisierungsgesetz festgehalten hat, grundsätzlich anwendbar.

8 **Realitätsgerechtigkeit der unterstellten Verbrauchsfolge?** Der BFH hat in seinem Lifo-Urteil ausdrücklich offengelassen, ob die dieser Bewertungsmethode zugrunde liegende Verbrauchsfiktion „im Großen und Ganzen" dem tatsächlichen Geschehensablauf entsprechen muss.[66] Da § 256 nicht auf die tatsächliche Verbrauchsfolge abstellt, kann sich eine derartige Einschränkung nur aus dem **GoB-Vorbehalt** (§ 256 S. 1) ergeben.[67] Im Sinne einer inneren Konformitätsanforderung des Bewertungsvereinfachungsverfahrens lässt sich aber nicht voraussetzen, dass die unterstellte Verbrauchsfolge der Wirklichkeit entsprechen oder ihr möglichst nahe kommen muss. Denn die Abweichung vom tatsächlichen Verlauf liegt in der **Natur einer Verbrauchsfolgefiktion.**[68] Dabei eröffnet das Gesetz mit der Lifo und der Fifo-Methode nebeneinander und ohne zugeschnittenen Vorbehalt zwei verschiedene Verbrauchsfolgenfiktionen, obwohl ihre unterschiedliche Realitätsgerechtigkeit bekannt ist. So unterstellt die Fifo-Methode eine Verbrauchsfolge, die der tatsächlichen aus wirtschaftlichen Gründen (Verderb, Alterung) in vielen Fällen entspricht, während die Lifo-Methode dieser nur in den wenigsten Fällen entsprechen wird.[69] Erkennt der Gesetzgeber gleichwohl die Verbrauchsfolgeverfahren an, so geht es zu weit positiv zu fordern, dass die Verbrauchsfolge „im konkreten Fall möglich und potentiell sinnvoll sein" muss[70], weil durch den **Nachweis einer „potentiellen Wirklichkeitsnähe"**[71] der Einsatz der Bewertungsvereinfachung ohne gesetzlichen Anhaltspunkt strukturell erschwert würde. Die Grenze der in Kauf zu nehmender Abweichungen ist erst erreicht, wenn sich aufdrängt, dass ein tatsächlicher Ablauf im Sinne der unterstellten **Verbrauchsfolge praktisch undenkbar** ist (etwa bei unrealistischen Unterstellungen hinsichtlich der Verarbeitung leicht verderblicher Waren[72]), nach den tatsächlichen Verhältnissen **offensichtlich ausgeschlossen** ist[73] oder die Ergebnisse der Verbrauchsfolgefiktion von vornherein unvertretbar und mit Grundprinzipien der Bilanzierung unvereinbar sind (s. Rdn 3).

9 **Stetigkeitsgebot.** Dem Rechnungslegungspflichtigen steht der erstmalige Übergang auf eine Bewertung des Vorratsvermögens nach einem Verbrauchsfolgeverfahren frei. Die einmal getroffene Wahl unterliegt aber dem Gebot der Bewertungsstetigkeit nach § 252 Abs. 1 Nr. 6, das auch art- und funktionsgleiche Vermögensgegenstände erfasst. Ein Wechsel des Verbrauchsfolgeverfahrens ist darum nur in den engen Grenzen von § 252

---

66 BFH 20.6.2000, VIII R 32/98, BStBl II 2001, 636, 638.

67 Zuletzt *Hüttemann/Meinert* IFSt-Schrift Nr. 486 S. 68.

68 ADS[6] § 256 Rdn 15; KölnKomm-RLR-*Claussen* § 256 Rdn 5; Ensthaler/*Lezius* § 256 Rdn 3; MünchKommHGB-*Ballwieser* § 256 Rdn 4; HdR-EA/*Mayer-Wegelin* § 256 Rdn. 21; Baetge/Kirsch/Thiele/*Quick* § 256 Rdn 23; Heymann/*Walz* § 256 Rdn 8; Ebenroth/Boujong/Joost/Strohn/*Wiedmann* § 256 Rdn 3; BoHdR-*Wohlgemuth/Radde* § 256 Rdn 10.

69 *Fülling* Grundsätze ordnungsmäßiger Bilanzierung für Vorräte, 1976, S. 167, 169; ebenso *Siegel* DB 1991, 1941, 1943 f sowie *Hüttemann/Meinert* IFSt-Schrift Nr. 486 S. 69.

70 Heymann/*Walz* § 256 Rdn 8.

71 *Niemann* IFSt-Schrift Nr. 401 S. 35.

72 Dazu – mit Unterschieden im Einzelnen – etwa ADS[6] § 256 Rdn 18; MünchKomm-HGB-*Ballwieser* § 256 Rdn 4; KölnKomm-RLR-*Claussen* § 256 Rdn 17; Beck Bil-Komm-*Ellrott/Krämer* § 256 Rdn 28; Baetge/Kirsch/Thiele/*Quick* § 256 Rdn 24; *Hennrichs* Ubg 2011, 705, 709; HdR-EA/*Mayer-Wegelin* § 256 Rdn 21 f; *Herzig/Gasper* DB 1991, 557 und DB 1992, 1301, 1302; *Siegel* DB 1991, 1941, 1943.

73 So *Hüttemann/Meinert* IFSt-Schrift Nr. 486 S. 69 f.

Abs. 2 in begründeten Ausnahmefällen zulässig.[74] Das Stetigkeitsgebot umfasst nicht nur die Methodenwahl als solche, sondern auch die nähere Ausgestaltung (s. Rdn 11, 13) der angewandten Methode.[75]

10 **Niederstwertprinzip.** Schließlich befreit die Anwendung einer Verbrauchsfolgefiktion nicht von der Pflicht zur Beachtung des Niederstwertprinzips nach § 253 Abs. 4.[76] Die unter Anwendung eines Verbrauchsfolgeverfahrens ermittelten Wertansätze für den zum Abschlussstichtag vorhandenen Bestand an Vermögensgegenständen des Vorratsvermögens dürfen die Verkaufspreise bzw. (hilfsweise) Wiederbeschaffungskosten zum Stichtag nicht übersteigen (sog. „*Niederstwerttest*"[77]); ggf. ist eine entsprechende Abwertung vorzunehmen.[78] Sofern die Preise für Vermögensgegenstände des Vorratsvermögens nach einer Abschreibung auf den niedrigeren Wert wieder gestiegen sind, ist das Wertaufholungsgebot nach § 253 Abs. 5 zu beachten und eine Zuschreibung bis zum Betrag der ursprünglichen Bewertung nach dem Bewertungsvereinfachungsverfahren vorzunehmen.[79]

4. Zulässige Verbrauchsfolgeverfahren im Einzelnen

11 **a) Lifo-Methode (last in – first out).** Die Lifo-Methode unterstellt, dass die zuletzt zugegangenen Vermögensgegenstände des Vorratsvermögens buchtechnisch zuerst veräußert oder verbraucht werden, im Endbestand also der Anfangsbestand und ggf. die ersten Zugänge enthalten sind. Es ist sowohl in der periodischen als auch in der permanenten Verfahrensausgestaltung zulässig. Bei der **permanenten Lifo-Methode** werden Abgänge fortlaufend erfasst und entsprechend der zugrunde gelegten Fiktion bewertet. Bei der **periodischen Lifo-Methode** wird nur der vorhandene Bestand am Ende der Abrechnungsperiode (Geschäftsjahresende, Halbjahresende, Quartalsende oder auch – im Ergebnis dann nahe bei der permanenten Lifo – Monatsende) nach der unterstellten Verbrauchsfolge bewertet. In der Variante der Bildung sog. **Layer** („Schichten" oder „Ableger") werden Bestandszuwächse am jeweiligen Periodenende jeweils als selbständige Teilmengen (Layer) fortgeführt und entsprechend der zugrundeliegenden Verbrauchsfolgefiktion[80] isoliert bewertet.[81] Die Lifo-Methode führt bei stetig steigenden

---

[74] Näher ADS[6] § 256 Rdn 20; Beck BilKomm-*Ellrott/Krämer* § 256 Rdn 34 und eingehend *Hennrichs* Wahlrechte S. 400 ff.

[75] *Hüttemann/Meinert* IFSt-Schrift Nr. 486 S. 71.

[76] Beck BilKomm-*Ellrott/Krämer* § 256 Rdn 32; NK-*Jonas/Elprana* § 256 Rdn 7; HdR-EA/*Mayer-Wegelin* § 256 Rdn 54; **a.M.** KölnKomm-RLR-*Claussen* § 256 Rdn 8, der das Niederstwertprinzip aus § 253 Abs. 3 S. 3 herleitet.

[77] Treffend Beck BilKomm-*Ellrott/Krämer* § 256 Rdn 32.

[78] ADS[6] § 256 Rdn 21; Beck BilKomm-*Ellrott/Krämer* § 256 Rdn 32, 53; WP-Handbuch I Tz. E 475; BoHdR-*Wohlgemuth* § 256 Rdn 12.

[79] § 256 Rdn 32; HdR-EA/*Mayer-Wegelin* § 256 Rdn 58; **a.M.** KölnKomm-RLR-*Claussen* § 256 Rdn 8, der das Wertaufholungsgebot nach § 253 Abs. 5 als nicht einschlägig ansieht, obwohl eine Abschreibung auf den niedrigeren Wert aus § 253 Abs. 3 S. 3 folgen soll.

[80] *Siegel* DB 1991, 1941, 1944; Beck-HdR-*Schmidt/Labrenz* B 214 Rdn 101.

[81] Zu Berechnungsbeispielen für die Lifo-Methode in ihren unterschiedlichen Ausprägungen vgl. ADS[6] § 256 Rdn 34 ff sowie MünchKommHGB-*Ballwieser* § 256 Rdn 7 ff; Beck BilKomm-*Ellrott/Krämer* § 256 Rdn 49 ff; HdJ-*Hundsdoerfer* Abt. II/4 Rdn 84 f; *Köhler* StBp 2009, 309, 314 f; HdR-EA/*Mayer-Wegelin* § 256 Rdn 43 ff; Beck-HdR-*Schmidt/Labrenz* B 214 Rdn 99 ff; Heymann/*Walz* § 256 Rdn 11 ff; Kirchhof/Söhn/Mellinghoff/*Werndl* EStG § 6 Rdn C 75 ff; BoHdR-*Wohlgemuth/Radde* § 256 Rdn 18.

Marktpreisen zur Bildung stiller Reserven (s. bereits Rdn 1). Bei fallenden Preisen hat sie eine Überbewertung des Stichtagsbestandes zur Folge, so dass – entsprechend dem „Niederstwerttest" (s. Rdn 10) – eine Abwertung auf den beizulegenden niedrigeren Stichtagswert vorzunehmen ist.[82] Zum (umstrittenen) Index-Verfahren s. Rdn 15.

Da **steuerrechtlich** (neben der Durchschnittsbewertung) allein die Lifo-Methode nach § 6 Abs. 1 Nr. 2a EStG die anerkannte Verbrauchsfolgefiktion ist (s. Rdn 17), wird es auch in der handelsbilanziellen Praxis am häufigsten angewandt. 12

b) **Fifo-Methode (first in – first out).** Die Fifo-Methode beruht auf der Prämisse, dass die zuerst erworbenen Vermögensgegenstände buchtechnisch auch zuerst veräußert oder verbraucht werden, der Endbestand sich also aus den letzten Zugängen zusammensetzt. Auch die Fifo-Methode kann sowohl als periodisches wie als permanentes Verfahren ausgestaltet werden.[83] 13

c) **Sonstige Methoden.** Bis zur Änderung des § 256 durch das **Bilanzrechtsmodernisierungsgesetz** (BilMoG[84]) konnte das Vorratsvermögen neben den beschaffungszeitbestimmten Verfahren (Lifo- und Fifo) auch unter der Annahme „einer sonstigen bestimmten Folge" bewertet werden. Die Zulässigkeit alternativer Verfahren wie der beschaffungspreisbestimmten Verbrauchsfolgemodelle **Lofo** (lowest in – first out) und **Hifo** (highest in – first out) war zuvor umstritten.[85] Durch die gesetzgeberische Klarstellung sind derartige Verfahren zur besseren **Vergleichbarkeit der handelsrechtlichen Jahresabschlüsse** nunmehr **ausgeschlossen.**[86] Der Gesetzgeber hat sich aber zugleich gegen die Beschränkung der Bewertungsvereinfachung auf die Bewertung mit dem gewogenen Durchschnittswert ausgesprochen, obwohl dieses Verfahren aus theoretischer Sicht als neutraleres Bewertungsverfahren einer den tatsächlichen Verhältnissen entsprechenden Darstellung der Vermögens-, Finanz- und Ertragslage (§ 264 Abs. 2 S. 1) am nächsten komme.[87] Auch wenn die unterlassene Verengung nur mit dem Hinweis auf die unveränderte Zulässigkeit von Durchschnittsbewertung und Lifo-Methode bei der steuerrechtlichen Bewertung begründet wurde, ist dies als deutliches **gesetzgeberisches Bekenntnis zur Lifo- und Fifo-Methode** – trotz erkannter theoretischer Zweifel[88] – zu sehen.[89] Über den Vorbehalt der GoB-Konformität (s. Rdn 7) hinaus, scheidet darum eine restriktive Begrenzung dieser Methoden allein wegen vorzugswürdiger alternativer Bewertungsmethoden aus. **Verbrauchsfolgenfiktionen im Konzernverbund**, die unterstel- 14

---

82 Näher HdR-EA/*Mayer-Wegelin* § 256 Rdn 27 f, 54 ff und 68 f.

83 Berechnungsbeispiele bei ADS[6] § 256 Rdn 28 ff; Beck BilKomm-*Ellrott/Krämer* § 256 Rdn 59; HdJ-*Hundsdoerfer* Abt. II/4 Rdn 80 ff; HdR-EA/*Mayer-Wegelin* § 256 Rdn 72; Beck-HdR-*Schmidt/Labrenz* B 214 Rdn 92 ff; *Siegel* DB 1991, 1941, 1942 ff; Heymann/*Walz* § 256 Rdn 15; BoHdR-*Wohlgemuth/Radde* § 256 Rdn 16 ff.

84 Gesetz zur Modernisierung des Bilanzrechts (BilMoG) vom 25.5.2009, BGBl. 2009, 1102, 1104.

85 KölnKomm-RLR-*Claussen* § 256 Rdn 15 f; *Fülling* Grundsätze ordnungsmäßiger Bilanzierung für Vorräte, 1976, S. 159 f; *Köhler* StBp 2009, 309, 314 f; Beck-HdR-*Schmidt/Labrenz* B 214 Rdn 123 ff, 126.

86 BT-Drucks. 16/10067, 62. Diese Klarstellung begrüßend *Arbeitskreis Bilanzrecht der Hochschullehrer Rechtswissenschaft* BB 2008, 209, 214.

87 So BT-Drucks. 16/10067, 62.

88 Zum Vergleich der Methoden bereits *Fülling* Grundsätze ordnungsmäßiger Bilanzierung für Vorräte, 1976, S. 166 ff.

89 Zur Deutung als Erhaltung des Status quo der Zulässigkeit der Lifo-Methode in Handels- und Steuerbilanz ebenso *Hennrichs* Ubg 2011, 705, 706 f, 709; *Hüttemann/Meinert* IFSt-Schrift Nr. 486 S. 44.

len, dass konzernintern gelieferte Vorratsbestände entweder zuerst (Kifo, Konzern in – first out) oder zuletzt (Kilo, Konzern in – last out) veräußert oder verbraucht werden[90] sind an den GoB und den Zwecken der Konzernrechnungslegung zu messen.[91] Seit Wegfall „einer sonstigen bestimmten Folge" genügen Fiktionen über die Verbrauchsfolge im Konzern als beschaffungsquellenbestimmte (und nicht beschaffungszeitbestimmte) Verfahren nicht mehr § 256.[91a]

15 Umstritten ist die Zulässigkeit des **Index-Verfahrens.** Es lässt sich als spezifische Ausprägung der Lifo-Methode (s. Rdn 11) umschreiben, ermittelt den Wertansatz der Vermögensgegenstände aber nicht durch einen Mengenvergleich, sondern durch einen Vergleich von **Werteinheiten.**[92] Damit steht es im Konflikt zur Grundkonzeption des § 256, der eine bestimmte Verbrauchsfolge der Vermögensgegenstände in zeitlicher Hinsicht voraussetzt. Darum und wegen des Manipulationspotentials wird die GoB-Konformität des Index-Verfahrens zu Recht bezweifelt.[93]

III. Festbewertung und Gruppenbewertung (S. 2)

16 Nach S. 2 sind auf den Jahresabschluss die in § 240 Abs. 3 und Abs. 4 für das Inventar erlaubten Verfahren der **Festbewertung** (bei Vermögensgegenständen des Sachanlagevermögens sowie bei Roh-, Hilfs- und Betriebsstoffen) und der **Gruppenbewertung** nach der Methode des gewogenen Durchschnitts (bei gleichartigen Vermögensgegenständen des Vorratsvermögens sowie bei anderen gleichartigen oder annähernd gleichwertigen beweglichen Vermögensgegenständen) ebenfalls anwendbar.

IV. Bewertungsvereinfachung im Steuerrecht

17 **Zulässigkeit der Lifo-Methode.** Der Steuergesetzgeber hatte sich lange dem Anliegen der Bewertungsvereinfachung verschlossen.[94] Seit 1990 hat der Steuergesetzgeber allein die Lifo-Methode in fast wörtlicher Übernahme von § 256 in **§ 6 Abs. 1 Nr. 2a EStG** i.d.F. des Steuerreformgesetzes 1990 normiert.[95] Steuerrechtlich ist (abseits der Durchschnittsbewertung[96]) die Lifo-Methode die **einzig anerkannte Verbrauchsfolgefiktion.**[97]

---

[90] ADS[6] § 256 Rdn 75; *Köhler* StBp 2009, 309, 315; Beck-HdR-*Schmidt/Labrenz* B 214 Rdn 127; Ebenroth/Boujong/Joost/Strohn/*Wiedmann* § 256 Rdn 12.

[91] *Fülling* Grundsätze ordnungsmäßiger Bilanzierung für Vorräte, 1976, S. 160.

[91a] Baetge/Kirsch/Thiele/*Quick* § 256 Rdn 50; Beck BilKomm-*Ellrott/Krämer* § 256 Rdn 71; HdR-EA/*Mayer-Wegelin* § 256 Rdn 75; Koller/Roth/*Morck* § 256 Rdn 3.

[92] Zu Einzelheiten des Verfahrens ADS[6] § 256 Rdn 56 ff; Beck BilKomm-*Ellrott/Krämer* § 256 Rdn 66 ff; HdR-EA/*Mayer-Wegelin* § 256 Rdn 60 ff.

[93] Kritisch bis ablehnend insb. Beck BilKomm-*Ellrott/Krämer* § 256 Rdn 67; *Hüttemann/Meinert* IFSt-Schrift Nr. 486 S. 41; HdR-EA/*Mayer-Wegelin* § 256 Rdn 60 ff; *Siegel* DB 1991, 1941, 1946 ff; Baumbach/Hueck/*Schulze-Osterloh* GmbHG[18] 2006 § 42 Rdn 387, je mwN; verteidigend hingegen ADS[6] § 256 Rdn 56 ff; *Herzig/Gasper* DB 1991, 557, 562 ff; *dies.* DB 1992, 1301, 1304 ff; *Herzig* DB 1993, 1252 ff.

[94] Zur früheren Rechtsprechung und Verwaltungssicht *Hüttemann/Meinert* IFSt-Schrift Nr. 486 S. 11 ff.

[95] Dazu BFH 20.6.2000, VIII R 32/98, BStBl II 2001, 636, 637.

[96] *Köhler* StBp 2009, 309, 312 f.

[97] R 6.9 Abs. 1 S. 1 EStR 2008 (i.d.F. EStÄR 2012); näher zur steuerrechtlichen Praxis Blümich/*Ehmcke* EStG § 6 Rdn 72 ff; Herrmann/Heuer/Raupach/*Richter* EStG § 6

Die steuerrechtliche Einführung der Lifo-Methode wurde neben der Übernahme der im Handelsrecht seit langem anerkannten Bewertungsvereinfachung auch mit der Vermeidung der Besteuerung eines preissteigerungsbedingten Scheingewinns begründet.[98] Die gewagte These, dass der (einheitliche) Gesetzgeber dadurch die GoB weiterentwickelt habe und die Milderung einer Scheingewinnbesteuerung auch zum weiteren Zweck der handelsrechtlichen Bewertungsvereinfachung nach § 256 geworden sei,[99] hat sich zu Recht nicht durchsetzt (s. Rdn 1). Der BFH sieht trotz der Gesetzesmaterialien in der **Vermeidung von Scheingewinnen und der (realen) Substanzerhaltung keine sekundären Zielsetzungen** der Lifo-Methode nach § 6 Abs. 1 Nr. 2a EStG.[100] Dem ist – mit ergänzender Begründung – zuzustimmen.[101] Zusammenfassend haben jüngst *Hüttemann/Meinert* die Grundfragen und branchenbezogene Einzelfragen der Lifo-Methode im Steuerbilanzrecht beantwortet.[102]

Maßgeblichkeit? Die umgekehrte Maßgeblichkeit, die zuvor auch die übereinstim- **18**
mende Wahlrechtsausübung in Handels- und Steuerbilanz bei der Bewertungsvereinfachung (§ 256 und § 6 Abs. 1 Nr. 2a EStG) nach § 5 Abs. 1 S. 2 EStG a.F. vorausgesetzt hat,[103] ist als Kernziel der Bilanzrechtsmodernisierung aufgeben worden. Im Sinne einer fortbestehenden formellen Maßgeblichkeit erscheint aus teleologischen Gründen eine **„gleichsinnige Wahlrechtsausübung"**[104] des kongruenten Wahlrechts in Handelsbilanz und in Steuerbilanz weiterhin vorzugswürdig.[105] Allerdings soll die Lifo-Methode aus Sicht der Finanzverwaltung unabhängig von der handelsrechtlich gewählten Methode[106] in der Steuerbilanz selbst dann zulässig sein, wenn in der Handelsbilanz statt des Verbrauchsfolgeverfahrens eine Einzelbewertung erfolgt.[107] Eine **abgekoppelte Wahlrechtsausübung** steht dagegen nicht nur im Widerspruch zur gesetzgeberisch mit § 6 Abs. 1 Nr. 2a EStG erstrebten Anknüpfung an die handelsrechtliche Bewertungsvereinfachung (s. Rdn 17), sondern stellt auch den allein die Relativierung der Einzelbewertung rechtfertigenden **Vereinfachungszweck** (s. Rdn 1, 3) empfindlich in Frage und weckt darum Zweifel an der Berechtigung des Verfahrens überhaupt.[108] Setzt der BFH seine kritische Rechtsprechung gegenüber überschießenden norminterpretierenden Verwaltungsvorschriften zur Bewertungsvereinfachung fort,[109] dürfte er einer zweckwidrig[110] allein zur

---

Rdn 1121 ff; Beck BilKomm-*Ellrott/Krämer* § 256 Rdn 85 ff; *Glade* Praxishandbuch der Rechnungslegung und Prüfung² § 256 Rdn 14; Schmidt/*Kulosa* EStG § 6 Rdn 411 ff; Kirchhof/Söhn/Mellinghoff/*Werndl* EStG § 6 Rdn C 1 ff; zusammenfassend HdR-EA/*Mayer-Wegelin* § 256 Rdn 83 ff; WP-Handbuch I Tz. E 476.

98 BT-Drucks. 11/2536, 47; dazu näher und kritisch *Hüttemann/Meinert* IFSt-Schrift Nr. 486 S. 19 ff, 84 ff, 90.

99 *Herzig/Gasper* DB 1991, 557, 558 ff; *dies.* DB 1992, 1301, 1302, 1306 f.

100 Eingehend BFH 20.6.2000, VIII R 32/98, BStBl II 2001, 636, 638 ff; dazu kritisch *Moxter* DB 2001, 157 f; *Mayer-Wegelin* DB 2001, 554 f; *Kessler/Suchan* DStR 2003, 345 f.

101 *Hüttemann/Meinert* IFSt-Schrift Nr. 486 S. 88 ff.

102 *Hüttemann/Meinert* IFSt-Schrift Nr. 486 S. 71 ff mit rechtspolitischen Überlegungen S. 124 ff.

103 Zur früheren Rechtslage BFH 20.6.2000, VIII R 32/98, BStBl II 2001, 636, 637, 640.

104 So noch BFH 20.6.2000, VIII R 32/98, BStBl II 2001, 636, 640.

105 Dafür mit beachtlichen Gründen *Hennrichs* Ubg 2009, 533, 537 ff; *Hüttemann/Meinert* IFSt-Schrift Nr. 486 S. 94 f, 140.

106 *Köhler* StBp 2009, 309, 315 f.

107 So BMF 12.3.2010, BStBl I 2010, 239, Rdn 17 speziell zu § 256 HGB; ebenso nunmehr R 6.9 Abs. 1 S. 3 EStR 2008 (i.d.F. EStÄR 2012).

108 Dazu *Hüttemann/Meinert* IFSt-Schrift Nr. 486 S. 94 ff.

109 Deutlich BFH 20.6.2000, VIII R 32/98, BStBl II 2001, 636, 640.

110 Deutlich *Hennrichs* Ubg 2011, 705, 710: Ohne Vereinfachung der Bewertung ist die Anwendung von Lifo nicht „zweckadäquat".

Steueroptimierung eingesetzten Anwendung der Lifo-Methode in der Steuerbilanz, die aufgrund der konkreten handelsrechtlichen Bewertung erkennbar nicht Bewertungsschwernissen geschuldet ist, Grenzen setzen. Denn ohne eine die Rechnungslegung vereinfachende Wirkung[111] besteht für die Anwendung von § 6 Abs. 1 Nr. 2a EStG weder Grund noch Anlass.

19 **Festwert- und Gruppenbewertung.** Die nach §§ 240 Abs. 3 und 4 i.V.m. § 256 S. 2 ermittelten Werte (s. Rdn 16) sind aufgrund der **Maßgeblichkeit** nach § 5 Abs. 1 S. 1 EStG auch in der **Steuerbilanz** anzusetzen.[112] Denn der Bewertungsvorbehalt des § 6 EStG bezieht sich lediglich auf die Einzelbewertung und lässt die handelsrechtliche Bewertungsanordnung unberührt.[113] Auch die Finanzverwaltung ist für die Festwert- und Gruppenbewertung der Ansicht, dass die Wertansätze der Handelsbilanz aufgrund dieser Bewertungsvereinfachungsverfahren in die Steuerbilanz zu übernehmen sind.[114] Dies ist zutreffend, steht aber im Gegensatz zu ihrer Ansicht zu § 256 S. 1 (s. Rdn 18). Gerade die in der Bewertungspraxis verbreitet anzutreffende Kombination der Verfahren nach § 256 S. 1 und 2 lässt diese „gespaltene“ Maßgeblichkeit der handelsrechtlichen Bewertungsvereinfachung für das Steuerrecht als fragwürdig erscheinen. Vorzugswürdig und dem Vereinfachungszweck allein dienend ist die **generelle Maßgeblichkeit handelsrechtlicher Bewertungsvereinfachungsverfahren für das Steuerrecht.**

§ 256a
Währungsumrechnung

Auf fremde Währung lautende Vermögensgegenstände und Verbindlichkeiten sind zum Devisenkassamittelkurs am Abschlussstichtag umzurechnen. Bei einer Restlaufzeit von einem Jahr oder weniger sind § 253 Abs. 1 Satz 1 und § 252 Abs. 1 Nr. 4 Halbsatz 2 nicht anzuwenden.

Schrifttum

Hahne Steuerliche Anerkennung wechselkursbedingter Teilwertzuschreibungen bei Fremdwährungsverbindlichkeiten, DStR 2009, 1573; *Hoffmann* Währungsumrechnung für monetäre Bilanzposten im Einzelabschluss, PiR 2011, 55; *Hommel/Laas* Währungsumrechnung im Einzelabschluss – die Vorschläge des BilMoG-RegE, BB 2008, 1666; *Hübner/Leyh* Währungsumrechnung und Folgebewertung nach BilMoG in Handelsbilanz und Steuerbilanz, DStR 2010, 1951; *Kessler/Veldkamp* Umrechnung von Fremdwährungsgeschäften, KoR 2009, 245; *Künkele/Zwirner* Währungsumrechnung bei ausländischen Betriebsstätten, Stbg 2012, 445; *dies.* Währungsumrechnung im handelsrechtlichen Einzelabschluss: Erstmalige Regelung durch das BilMoG, BC 2009, 557; *Küting/Mojadadr* Währungsumrechnung im Einzel- und Konzernabschluss nach dem RegE zum BilMoG, DB 2008, 1869; *Küting/Pfirmann/Mojadadr* Einzelfragen der Umrechnung und Bewertung von Fremdwährungsgeschäften im Einzelabschluss nach § 256a HGB, StuB 2010, 411; *Küting/Pfitzer/Weber* Das neue deutsche Bilanzrecht (2009); *Pöller* Währungsumrechnung im Einzelabschluss nach BilMoG: Empfehlungen für die Bilanzierungspraxis, BC 2008, 193; *Roß* Zur Währungsumrechnung im Jahresabschluss gemäß § 256a HGB, WPg 2012, 18; *Schüttler* Währungsumrechnung in der Steuer-

---

[111] Explizit BFH 20.6.2000, VIII R 32/98, BStBl II 2001, 636, 639.

[112] Zur Festwertmethode *Richter* StBp 2009, 249.

[113] Kirchhof/Söhn/Mellinghoff/*Mathiak* EStG § 5 Rdn A 315.

[114] BMF 12.3.2010, BStBl I 2010, 239, Rdn 7 speziell zu § 240 Abs. 3 u. 4 HGB.

bilanz, PiR 2011, 136; *Schüttler/Stolz/Jahr* Die Währungsumrechnung nach § 256a HGB n.F.: Wider die einseitige Maßgeblichkeit!, DStR 2010, 768; *Zwirner/Künkele* Währungsumrechnung nach HGB: Erstmalige Kodifikation durch das BilMoG, StuB 2008, 636; *dies.* Währungsumrechnung nach HGB: Erstmalige Kodifikation durch das BilMoG, StuB 2009, 517; *Zwirner/Künkele/Froschhammer* Angaben zur Fremdwährungsrechnung nach BilMoG, BB 2011, 1323.

Übersicht *

I. Regelungsgehalt

§ 256a regelt die **Umrechnung von Fremdwährungsposten im Jahresabschluss.** Auf fremde Währung lautende Vermögensgegenstände und Verbindlichkeiten sind zum Devisenkassamittelkurs am Abschlussstichtag umzurechnen. Im Zuge der Globalisierung reagierte der Gesetzgeber auf die wachsende Bedeutung von Fremdwährungsgeschäften und kodifizierte im Rahmen des Bilanzrechtsmodernisierungsgesetzes[1] mit § 256a erstmalig eine einheitliche Umrechnungsmethode. Bislang wurde bei der Umrechnung auf allgemeine Bilanzierungs- und Bewertungsregeln zurückgegriffen.[2] Mit § 256a sollen die bereits gängigen Währungsumrechnungsregeln festgeschrieben werden.[3] Die damit einhergehende Vereinheitlichung der Währungsumrechnung soll zu einer besseren Vergleichbarkeit der Jahresabschlüsse beitragen.[4] § 256a konkretisiert somit die durch § 244 kodifizierte Verpflichtung der Unternehmen zur Aufstellung des Jahresabschlusses in Euro. 1

Umrechnung und Bewertung. S. 1 ist eine Umrechnungs- und keine eigenständige Bewertungsvorschrift. Die Norm regelt, dass die Umrechnung eines auf fremde Währung valutierenden Bilanzpostens durch Anwendung des Devisenkassamittelkurses auf den entsprechenden Fremdwährungsbetrag erfolgt. Das Ergebnis dieses Rechenvorgangs steht danach unter dem „Vorbehalt"[5] der allgemeinen Bewertungsvorschriften (s. Rdn 16). Der Umrechnungsvorgang ist der Bewertung der Bilanzposten nur vorgelagert und grds. von ihr zu trennen (s. Rdn 18).[6] S. 2 ist dagegen nicht auf die Währungsumrechnung beschränkt, sondern ordnet bei Restlaufzeiten von einem Jahr oder weniger eine Durchbrechung der allgemeinen Bewertungsregeln an, indem er das Anschaffungskosten- (§ 253 2

* Der Verfasser dankt seinem Mitarbeiter Dipl. Finw. *Michael Krebbers* für wertvolle Unterstützung.

1 BGBl. I 2009, 1102.

2 Vgl. *Hommel/Laas* BB 2008, 1666, 1667.

3 BT-Drucks. 16/10067, 62.

4 HdR-EA/*Küting/Mojadadr* § 256a Rdn 37.

5 Haufe BilKomm-*Kessler/Veldkamp* § 256a Rdn 5.

6 KölnKomm-RLR-*Claussen* § 256a Rdn 16.

Abs. 1 Satz 1) und Realisationsprinzip (§ 252 Abs. 1 Nr. 4 Halbs. 2) außer Kraft setzt. Insoweit erhält die vordergründige Währungsumrechnungsnorm des § 256a insgesamt auch charakteristische Elemente einer Bewertungsvorschrift[7] (s. Rdn 21).

II. Geltungsbereich und tatbestandlich erfasste Bilanzposten

3 **1. Sachlicher Anwendungsbereich.** § 256a betrifft die Währungsumrechnung einzelner Bilanzposten auf Ebene des **Einzelabschlusses.** Die Vorschrift regelt nach ihrem Wortlaut („auf fremde Währung lautende") primär die Folgebewertung der einzelnen Bilanzposten.[8] Im Gegensatz zur Zugangsbewertung betrifft die Folgebewertung den Ausweis bereits verbuchter Vermögensgegenstände und Verbindlichkeiten am Abschlussstichtag bzw. in den Folgebilanzen.[9]

4 Die Umrechnung von auf fremde Währung lautenden Abschlüssen im Rahmen der **Konzernrechnungslegung** erfolgt nicht nach § 256a, sondern nach § 308a.[10] Ergänzend für die Währungsumrechnung bei Kreditinstituten und Finanzdienstleistungsinstituten gilt § 340h. Soweit Bilanzposten in eine Bewertungseinheit einbezogen werden, schließt § 254 die Anwendung des § 256a aus.[11]

5 **2. Zeitlicher Anwendungsbereich.** Die Währungsumrechnung nach § 256a erfolgt erstmalig in Jahresabschlüssen, die für nach dem 31. Dezember 2009 beginnende Geschäftsjahre erstellt werden (Art. 66 Abs. 3 Satz 1 EGHGB). Art. 66 Abs. 3 Satz 6 EGHGB erlaubt unter bestimmten Voraussetzungen auch die Anwendung für nach dem 31.12.2008 beginnende Geschäftsjahre. Mangels Übergangsregelung gelten die Umrechnungsgrundsätze nicht etwa nur für nach dem 31.12.2009 bilanziell zu erfassende, sondern vielmehr für alle vorhandenen Bilanzpositionen unabhängig von ihrer erstmaligen Erfassung.[12] Die durch die Erstanwendung des § 256a Satz 2 auszuweisenden unrealisierten Gewinne (s. Rdn 22) sind außerhalb der gewöhnlichen Geschäftstätigkeit unter dem Posten „außerordentliche Erträge" anzugeben (Art. 67 Abs. 7 EGHGB).[13]

6 **3. Vermögensgegenstände und Verbindlichkeiten. Ein- und Ausgrenzungen.** § 256a betrifft Vermögensgegenstände und Verbindlichkeiten. Die Norm nimmt Bezug auf § 266, der verschiedene Vermögensgegenstände in Abs. 2 A und B auflistet und den Begriff der Verbindlichkeiten in Abs. 3 C ausdifferenziert.[14] Nach seinem Wortlaut

---

[7] **A.M.** Haufe BilKomm-*Kessler/Veldkamp* § 256a Rdn 5, welche die Norm insgesamt als „reine Transformationsanweisung" bezeichnen.

[8] BR-Drucks. 344/08, 134; Baumbach/Hopt/*Merkt* § 256a Rdn 2; Beck BilKomm-*Kozikowski/Leistner* § 256a Rdn 36; NK-*Jonas/Elprana* § 256a Rdn 21; *Künkele/Zwirner* Stbg 2012, 445.

[9] BT-Drucks. 16/10067, 62; KölnKomm-RLR-*Claussen* § 256a Rdn 23.

[10] Zur Währungsumrechnung im Konzernabschluss vgl. HdB BilMoG-*Küting/Mojadadr* S. 482 ff; *Zwirner/Künkele* StuB 2008, 636, 639 ff; zur Währungsumrechnung bei Einbeziehung ausländischer Betriebsstättenergebnisse im Einzelabschluss nach Konzerngrundsätzen siehe *Künkele/Zwirner* Stbg 2012, 445, 449.

[11] Baetge/Kirsch/Thiele/*Kirsch/Köhling* § 256a Rdn 5; Beck BilKomm-*Kozikowski/Leistner* § 256a Rdn 42; Haufe BilKomm-*Kessler/Veldkamp* § 256a Rdn 3; KölnKomm-RLR-*Claussen* § 256a Rdn 27; NK-*Jonas/Elprana* § 256a Rdn 17.

[12] Haufe BilKomm-*Kessler/Veldkamp* § 256a Rdn 42; KölnKomm-RLR-*Claussen* § 256a Rdn 30.

[13] Dazu und zu den steuerrechtlichen Folgen HdR-EA/*Küting/Mojadadr* § 256a Rdn 113 f.

[14] Beck BilKomm-*Kozikowski/Leistner* § 256a Rdn 32.

greifen die Rechtsfolgen des § 256a nicht für Rechnungsabgrenzungsposten, Rückstellungen, latente Steuern und das Eigenkapital (zur Umrechnung der einzelnen Bilanzposten s. Rdn 26).[15] Nach der Gesetzesbegründung sollen auch (insbesondere im Bestand von Kreditinstituten gehaltene) Sorten nicht erfasst werden, weil sie für eine den tatsächlichen Verhältnissen entsprechende Darstellung der Vermögens-, Finanz- und Ertragslage in der ganz überwiegenden Anzahl der Fälle zu vernachlässigen seien.[16]

4. Fremdwährungsvaluta am Abschlussstichtag. Schwebende Fremdwährungsgeschäfte. 7
Die umzurechnenden Bilanzposten müssen nach § 256a am Abschlussstichtag noch auf fremde Währung lauten. Typischerweise fallen darunter Fremdwährungsforderungen bzw. -verbindlichkeiten. Diese führen erst in Zukunft zu einem Zahlungsfluss und enthalten am Bilanzstichtag somit noch ein Währungsrisiko.[17] Eine Umrechnung nach § 256a kommt darum nur bei noch nicht abgewickelten Fremdwährungsgeschäften in Betracht.

Abgewickelte Fremdwährungsgeschäfte. Für Fremdwährungstransaktionen, die be- 8
reits während des laufenden Geschäftsjahres vollständig abgewickelt worden sind, gilt dagegen Folgendes: Beim Erwerb von Vermögensgegenständen in fremder Währung werden die Anschaffungskosten unmittelbar mit dem aktuellen Kurs im Zeitpunkt der Verschaffung der Verfügungsmacht in Euro umgerechnet (zur Zugangsbewertung s. Rdn 27). Wechselkursschwankungen im Laufe des restlichen Geschäftsjahres betreffen nur noch die aus dem Fremdwährungsgeschäft ggf. resultierende Verbindlichkeit und führen im Zeitpunkt der Begleichung der Fremdwährungsverbindlichkeit ggf. zu einer erfolgswirksamen Umrechnungsdifferenz.[18] Wird der Vermögensgegenstand unmittelbar in Euro in der Bilanz erfasst und die entsprechende Verbindlichkeit bereits vor dem Abschlussstichtag beglichen, hat das abgewickelte Fremdwährungsgeschäft am Abschlussstichtag mangels weiterer Zahlungsflüsse keine Währungsumrechnungsrelevanz mehr[19] (zu Anhangangaben s. Rdn 31).

Ausnahme: Fortwirkendes Währungsrisiko. Ausnahmsweise kann eine Währungs- 9
umrechnung aber auch bei bereits abgewickelten Geschäften an den nachfolgenden Bilanzstichtagen erforderlich sein. Das ist insbesondere der Fall, wenn ein Wiederbeschaffungspreis von Vermögensgegenständen nur in ausländischer Währung besteht oder sich die Vermögensgegenstände im Ausland befinden oder zur Verwertung im Ausland bestimmt sind.[20] Gleiches gilt für Wertpapiere, die an ausländischen Börsen gehandelt werden.[21]

5. Abgrenzung nach der Restlaufzeit. Die Rechtsfolgen des S. 2 setzen tatbestandlich 10
eine „Restlaufzeit von einem Jahr oder weniger" voraus (näher Rdn 21). Terminologisch betrifft eine **Laufzeit** nur Bilanzposten, denen Ansprüche und Verpflichtungen zugrunde liegen, die zu einem festgelegten Endzeitpunkt zu erfüllen sind (insb. Forderungen und

[15] Beck BilKomm-*Kozikowski/Leistner* § 256a Rdn 3; Koller/Roth/*Morck* § 256a Rdn 4; NK-*Jonas/Elprana* § 256a Rdn 18.

[16] BT-Drucks. 16/10067, 62; ebenso HdR-EA/*Küting/Mojadadr* § 256a Rdn 39.

[17] Koller/Roth/*Morck* § 256a Rdn 2; NK-*Jonas/Elprana* § 256a Rdn 13.

[18] Beck BilKomm-*Kozikowski/Leistner* § 256a Rdn 51, 61.

[19] Zum Ganzen HdR-EA/*Küting/Mojadadr* § 256a Rdn 54, 58 mit Bsp; außerdem Baetge/Kirsch/Thiele/*Kirsch/Köhling* § 256a Rdn 4.

[20] HdR-EA/*Küting/Mojadadr* § 256a Rdn 60; Koller/Roth/*Morck* § 256a Rdn 2; *Hommel/Laas* BB 2008, 1666, 1667.

[21] Haufe BilKomm-*Kessler/Veldkamp* § 256a Rdn 30.

Verbindlichkeiten).[22] Andere Vermögensgegenstände haben dagegen eine betriebsgewöhnliche Nutzungsdauer (bspw. Sachanlagevermögen) bzw. Verweildauer (bspw. Wertpapiere) und fallen nicht unter S. 2.[23]

11 Indem S. 2 die **„Restlaufzeit"** zum Tatbestandsmerkmal erhebt,[24] umfasst die Regelung auch Vermögensgegenstände und Verbindlichkeiten, deren ursprüngliche Gesamtlaufzeit über einem Jahr lag, deren Restlaufzeit am Stichtag jedoch nur noch ein Jahr oder weniger beträgt.[25]

III. Umrechnung und Bewertung

12 **1. Umrechnung zum Devisenkassamittelkurs.** S. 1 bestimmt den **Devisenkassamittelkurs** des Abschlussstichtages als maßgeblichen Wechselkurs für die Umrechnung der Fremdwährungsposten. Ein **Wechselkurs** bezeichnet das Austauschverhältnis zweier Währungen zueinander. Seit Einführung des Euro wird dieses Austauschverhältnis üblicherweise in Form der Mengennotierung angegeben (1 € = x Fremdwährungseinheiten).[26]

13 **Begriffsabgrenzung.** Den Devisenkassamittelkurs definiert das Gesetz nicht. Eine Begriffsbestimmung muss bei der allgemeinen Systematik von Wechselkursen anhand der einzelnen Begriffselemente ansetzen.[27] Der **Devisenkurs** bezeichnet den Preis unbarer, auf eine ausländische Währung lautender Forderungen (Kontoguthaben bei Kreditinstituten, Wechsel, Schecks).[28] Der **Kassakurs** stellt den Wechselkurs dar, zu dem ein Fremdwährungsgeschäft bei sofortiger Erfüllung (i.d.R. innerhalb von zwei Tagen nach dem Verpflichtungsgeschäft) abgewickelt wird.[29] Der **Mittelkurs** ist das arithmetische Mittel zwischen Geld- und Briefkurs. Der **Briefkurs** ist der Kurs, zu dem Kreditinstitute Devisen pro einem Euro ankaufen (Nachfragekurs); demgegenüber drückt der **Geldkurs** aus, zu welchem Kurs Kreditinstitute Devisen verkaufen (Angebotskurs).[30] Aus diesen Elementen lässt sich der Devisenkassamittelkurs errechnen.[31]

14 Durch die Verwendung des Mittelkurses erübrigt sich – zumindest bei der Folgebewertung der Bilanzposten – eine einzelfallbezogene Unterscheidung zwischen Brief- oder

---

[22] *Hommel/Laas* BB 2008, 1666, 1668.

[23] Zur strengen Wortlautauslegung *Hommel/Laas* BB 2008, 1666, 1668.

[24] In Abgrenzung zum Gesetzesentwurf der Bundesregierung, der statt der „Restlaufzeit" nur die „Laufzeit" in Bezug nahm; zur Anpassung vgl. BT-Drucks. 16/12407, 86.

[25] Beck BilKomm-*Kozikowski/Leistner* § 256a Rdn 52; Baetge/Kirsch/Thiele/*Kirsch/Köhling* § 256a Rdn 21.

[26] Vgl. Beck BilKomm-*Kozikowski/Leistner* § 256a Rdn 11: Bei einer Preisnotierung wird der für eine ausländische Währung zu zahlende inländische Währungsbetrag angegeben (1 Fremdwährungseinheit = x Euro).

[27] NK-*Jonas/Elprana* § 256a Rdn 9.

[28] HdR-EA/*Küting/Mojadadr* § 256a Rdn 9; im Gegensatz dazu werden auf ausländische Währung lautende Banknoten und Münzen (Bargeld) als Sorten bezeichnet, vgl. Beck BilKomm-*Kozikowski/Leistner* § 256a Rdn 13.

[29] Beck BilKomm-*Kozikowski/Leistner* § 256a Rdn 12; MünchKommHGB-*Ballwieser* § 256a Rdn 6; NK-*Jonas/Elprana* § 256a Rdn 10. Bei Devisengeschäften, bei denen Abschluss und Erfüllung mindestens drei Tage auseinander liegen (Devisentermingeschäfte), ist anstelle des Kassakurses der Terminkurs einschlägig (HdR-EA/*Küting/Mojadadr* § 256a Rdn 11).

[30] Beck BilKomm-*Kozikowski/Leistner* § 256a Rdn 14; HdR-EA/*Küting/Mojadadr* § 256a Rdn 15; KölnKomm-RLR-*Claussen* § 256a Rdn 20; MünchKommHGB-*Ballwieser* § 256a Rdn 7; NK-*Jonas/Elprana* § 256a Rdn 10; *Pöller* BC 2008, 193, 195.

[31] Zur wertmäßigen Ermittlung im Einzelnen vgl. NK-*Jonas/Elprana* § 256a Rdn 12; *Künkele/Zwirner* BC 2009, 557.

Geldkurs (zum Umrechnungskurs im Rahmen der Zugangsbewertung s. Rdn 27). Damit soll die Währungsumrechnung nach § 256a insgesamt eine Vereinfachung bewirken.[32]

2. Bewertung am Abschlussstichtag

a) **Grundlagen der Währungsumrechnung.** Währungsumrechnungs- und Bewertungsvorgang sind unabhängig voneinander (s. Rdn 2). Zur bilanziellen Abbildung von Fremdwährungsposten im Jahresabschluss knüpft § 256a indes an die allgemeinen Bewertungsvorschriften an. So korrespondiert die Umrechnung mit dem Stichtagsprinzip des § 252 Abs. 1 Nr. 3, indem § 256a die Maßgeblichkeit der Kursverhältnisse am Abschlussstichtag vorschreibt.[33] Gestiegene Wechselkurse kennzeichnen im Rahmen der Mengennotierung (s. Rdn 12) einen Wertverfall der ausländischen Währung, der zu einem niedrigeren Gegenwert in Euro führt. Ist der Wechselkurs am Abschlussstichtag dagegen gesunken, erhöht sich der Gegenwert der auf fremde Währung lautenden Bilanzposten.[34] Ob die aus der Währungsumrechnung resultierenden Wertveränderungen bilanziell abgebildet werden dürfen und eine Buchwertanpassung infolgedessen zum Ausweis von Fremdwährungsgewinnen bzw. -verlusten führt, bestimmt sich nach der Restlaufzeit (s. Rdn 21 ff).[35] Erträge aus der Währungsumrechnung sind in der **Gewinn- und Verlustrechnung** gesondert unter dem Posten „sonstige betriebliche Erträge“ und Aufwendungen aus der Währungsumrechnung gesondert unter dem Posten „sonstige betriebliche Aufwendungen“ auszuweisen (§ 277 Abs. 5 S. 2). 15

b) **Restlaufzeit von über einem Jahr.** Der Umkehrschluss aus § 256a S. 2 ergibt, dass nach erfolgter Währungsumrechnung von Vermögensgegenständen und Verbindlichkeiten bei einer Restlaufzeit von über einem Jahr die allgemeinen Bilanzierungs- und Bewertungsgrundsätze anzuwenden sind.[36] Diese erfordern einen Vergleich des Valutapostens nach der Währungsumrechnung zum Abschlussstichtag mit dessen Wertansatz im Zugangszeitpunkt (zur Zugangsbewertung s. Rdn 27) bzw. zum Zeitpunkt des vorherigen Abschlussstichtages. Dabei begrenzen insbesondere das Realisationsprinzip (§ 252 Abs. 1 Nr. 4 Halbs. 2) und das damit eng verbundene Anschaffungskostenprinzip (§ 253 Abs. 1 S. 1) den Wertansatz. 16

Imparitätisches Realisationsprinzip. Nach dem Realisationsprinzip dürfen währungskursbedingte Wertsteigerungen als Gewinn erst ausgewiesen werden, wenn sie realisiert wurden (Vereinnahmung des Fremdwährungsforderungsbetrags, Begleichung der Fremdwährungsverbindlichkeit). Stehen Forderungen bzw. Verbindlichkeiten am Abschlussstichtag noch in der Bilanz und haben sich seit Entstehen des Valutapostens für den Kaufmann günstige Wechselkursveränderungen ergeben, so führen diese zu noch nicht realisierten Kursgewinnen.[37] Währungskursbedingte Verluste werden hingegen als Ausfluss des Imparitätsprinzips auch ohne Realisationsakt unmittelbar erfolgswirksam berücksichtigt und aus Vorsichtsgründen antizipiert.[38] 17

Bewertungsobergrenze. Die (fortgeführten) **Anschaffungs- bzw. Herstellungskosten** sind nach § 253 Abs. 1 S. 1 die Bewertungsobergrenze für Vermögensgegenstände. Das 18

---

[32] BT-Drucks. 16/12407, 86; ebenso HdR-EA/*Küting/Mojadadr* § 256a Rdn 17; Baetge/Kirsch/Thiele/*Kirsch/Köhling* § 256a Rdn 14.
[33] HdR-EA/*Küting/Mojadadr* § 256a Rdn 22.
[34] HdR-EA/*Küting/Mojadadr* § 256a Rdn 9.
[35] KölnKomm-RLR-*Claussen* § 256a Rdn 13.
[36] Beck BilKomm-*Kozikowski/Leistner* § 256a Rdn 37; KölnKomm-RLR-*Claussen* § 256a Rdn 16.
[37] HdR-EA/*Küting/Mojadadr* § 256a Rdn 20.
[38] NK-*Jonas/Elprana* § 256a Rdn 15; *Küting/Mojadadr* DB 2008, 1869, 1870.

gilt im Rahmen der Währungsumrechnung sinngemäß auch für den Kurs, zu dem ein Vermögensgegenstand angeschafft wurde (historischer Kurs). Sinkt der Devisenkassamittelkurs am Abschlussstichtag unter den historischen Anschaffungskurs, ergibt sich rein rechnerisch ein die Anschaffungskosten übersteigender Gegenwert in Euro. Der sich anschließende Bewertungsvorgang nimmt die Währungsumrechnung aber insoweit zurück, als dass der Vermögensgegenstand in der Bilanz unter Berücksichtigung des Anschaffungskostenprinzips nicht aufgewertet werden darf; es entsteht ein noch nicht realisierter Kursgewinn als stille Reserve. Dagegen lässt sich einwenden, das Ergebnis sei widersprüchlich, weil gegen den Wortlaut des S. 1 nicht zum Devisenkassamittelkurs des Abschlussstichtages bewertet werde.[39] Allerdings schreibt S. 1 nicht die Bewertung, sondern lediglich die davon zu unterscheidende Umrechnung zum Devisenkassamittelkurs vor. Erst in einem zweiten Schritt wird der Umrechnungsbetrag – unabhängig von § 256a – eigenständig bewertet (s. Rdn 2).

19 **Ab- und Zuschreibungen.** Nach § 253 Abs. 3 bzw. 4 kommen auch bei Fremdwährungsposten **außerplanmäßige Abschreibungen** in Betracht.[40] Nach dem Niederstwertprinzip ist im Vergleich zwischen den fortgeführten Anschaffungs- oder Herstellungskosten und dem umgerechneten Fremdwährungsbetrag der niedrigere Wert anzusetzen.[41] Dabei kann die Umrechnung sowohl durch eine Veränderung des Zeitwerts (z.B. niedrigere Wiederbeschaffungskosten) als auch durch Wechselkursänderungen beeinflusst werden. In einer **Gesamtbetrachtung** können sich beide Faktoren sowohl kompensieren als auch verstärken. So kann sich bei überproportionalem Anstieg der Wechselkurse ein niedriger beizulegender Wert auch dann ergeben, wenn die Wiederbeschaffungskosten eines Vermögensgegenstandes in ausländischer Währung über die historischen Anschaffungskosten gestiegen sind. Im umgekehrten Fall kann sich eine außerplanmäßige Abschreibung aber gerade wegen der Gesamtbetrachtung verbieten.[42] Für Verbindlichkeiten kehrt sich das Niederstwertprinzip in entsprechender Anwendung in ein Höchstwertprinzip um und erfordert aus Vorsichtsgründen grds. entsprechende Zuschreibungen auf den höheren Wert am Bilanzstichtag.[43] Bewertungsuntergrenze bleibt bei steigenden Wechselkursen hingegen der Erfüllungsbetrag nach § 253 Abs. 1 S. 2.

20 **Wertaufholungsgebot.** Nach § 253 Abs. 5 S. 1 darf der niedrigere Wertansatz nach einer außerplanmäßigen Abschreibung nicht beibehalten werden, wenn die Gründe dafür nicht mehr bestehen. Indem der Wortlaut auf die jeweilige Ursache der außerplanmäßigen Abschreibung abhebt, verbietet die Vorschrift eine Gesamtbetrachtung und verlangt bei Prüfung der Wertaufholung eine **isolierte Betrachtung** von Zeitwertänderung einerseits und wechselkursbedingter Wertänderung andererseits.[44] Wurde im Vorjahr eine

---

[39] So MünchKommHGB-*Ballwieser* § 256a Rdn 17.

[40] Zur dauernden Wertminderung i.S.d. § 253 Abs. 3 S. 3 bei Wechselkursschwankungen siehe Baetge/Kirsch/Thiele/*Kirsch/Köhling* § 256a Rdn 17, 18; *Kessler/Veldkamp* KoR 2009, 245, 248 mit Beispiel.

[41] Beck BilKomm-*Kozikowski/Leistner* § 256a Rdn 37, 65; Haufe BilKomm-*Kessler/Veldkamp* § 256a Rdn 30; HdR-EA/*Küting/Mojadadr* § 256a Rdn 61; MünchKommHGB-*Ballwieser* § 256a Rdn 16.

[42] HdR-EA/*Küting/Mojadadr* § 256a Rdn 77.

[43] Beck BilKomm-*Kozikowski/Leistner* § 256a Rdn 37; zur Anwendung eines gemilderten Höchstwertprinzips bei Verbindlichkeiten siehe BFH 23.4.2009, IV R 62/06, BStBl II 2009, 778; dazu *Hahne* DStR 2009, 1573 ff; *Küting/Pfirmann/Mojadadr* StuB 2010, 411, 416.

[44] Beck BilKomm-*Kozikowski/Leistner* § 256a Rdn 67: Aus Vereinfachungsgründen sollen die Veränderung des Wechselkurses und des Zeitwerts bei Ermittlung der Wertaufholung zusammen betrachtet werden können, wenn hieraus keine wesentlichen Auswirkungen auf die Vermögens-, Finanz- und Ertragslage resultieren.

außerplanmäßige Abschreibung aufgrund gesunkener Wiederbeschaffungskosten eines Vermögensgegenstandes vorgenommen, berechtigt ein Preisanstieg im Folgejahr zur Wertaufholung bis maximal zur Höhe der historischen Anschaffungskosten in ausländischer Währung. Neben die Zeitwertänderung eines Vermögensgegenstandes tritt auch der Umrechnungskurs als eigenständiger Anknüpfungspunkt der Wertaufholung. Nach einer (auch) wechselkursindizierten außerplanmäßigen Abschreibung, kann die Aufwertung der ausländischen Währung auch nur bis **maximal zur Höhe des historischen Anschaffungskurses** berücksichtigt werden.[45] Als Bewertungsobergrenze gelten somit nicht nur die historischen Anschaffungs- bzw. Herstellungskosten, sondern auch der historische Wechselkurs. Somit hat das Anschaffungskostenprinzip bei Fremdwährungstransaktionen zwei Anknüpfungspunkte.

c) **Restlaufzeit von einem Jahr oder weniger.** Das Anschaffungskostenprinzip (§ 253 **21**
Abs. 1 Satz 1) und das Realisationsprinzip (§ 252 Abs. 1 Nr. 4 Halbsatz 2) sind nach S. 2 bei Vermögensgegenständen und Verbindlichkeiten mit einer Restlaufzeit von einem Jahr oder weniger nicht anzuwenden. S. 2 setzt die Umrechnung zum Devisenkassamittelkurs nach S. 1 voraus, modifiziert allerdings den nachfolgenden Bewertungsvorgang und erhält damit selbst Bewertungscharakter (s. bereits Rdn 2).

Bewertungskonsequenzen. Bei der Bewertung kann es am Abschlussstichtag durch **22**
Wechselkursänderungen zur erfolgswirksamen Anpassung der Wertansätze der Bilanzposten kommen. Ist der Devisenkassamittelkurs bei Fremdwährungsverbindlichkeiten am Abschlussstichtag im Vergleich zum Anschaffungskurs im Zeitpunkt der Zugangsbewertung gestiegen, kommt es rein rechnerisch zu einer Abwertung des Valutapostens. Ungeachtet des Anschaffungskosten- und Realisationsprinzips führt die Bewertung bei kurzfristigen Verbindlichkeiten wegen S. 2 zur Anpassung des Buchwerts unter den ursprünglichen Erfüllungsbetrag und hat damit den **Ausweis eines noch nicht realisierten Gewinns** zur Folge. Eine derartige Stichtagsumrechnung ähnelt der Vorgehensweise in der internationalen Bilanzierung.[46]

Vereinfachung vs. Vorsichtsprinzip. Durch die Ausschaltung des Anschaffungskosten- **23**
und Realisationsprinzips durch S. 2 kann es zu einer vorzeitigen Realisierung von Kursgewinnen kommen.[47] Dadurch besteht die Gefahr einer nicht unwesentlichen Verzerrung der tatsächlichen Vermögens-, Finanz- und Ertragslage, die auch zur Ausschüttung unrealisierter Gewinne führen kann.[48] Um dem handelsrechtlichen Vorsichtsprinzip (§ 252 Abs. 1 Nr. 4) insofern Rechnung zu tragen[49], wird teilweise eine teleologische Reduktion des S. 2 für ertragswesentliche Vermögensgegenstände vorgeschlagen.[50]

---

45 Beck BilKomm-*Kozikowski/Leistner* § 256a Rdn 67; HdR-EA/*Küting/Mojadadr* § 256a Rdn 62, 77.

46 HdR-EA/*Küting/Mojadadr* § 256a Rdn 55; *Künkele/Zwirner* BC 2009, 557, 558 mit Beispielen; zur Währungsumrechnung nach IFRS auch Haufe BilKomm-*Kessler/Veldkamp* § 256a Rdn 43 ff; HdR-EA/*Küting/Mojadadr* § 256a Rdn 122 ff; Baetge/Kirsch/Thiele/*Kirsch/Köhling* § 256a Rdn 501 ff; MünchKommHGB-*Ballwieser* § 256a Rdn 18; NK-*Jonas/Elprana* § 256a Rdn 23.

47 Baetge/Kirsch/Thiele/*Kirsch/Köhling* § 256a Rdn 21.

48 *Hübner/Leyh* DStR 2010, 1951, 1952; *Küting/Mojadadr* DB 2008, 1869, 1870.

49 § 256a S. 2 schließt nur das Realisationsprinzip nach § 252 Abs. 1 Nr. 4 Halbs. 2 aus und lässt das in § 252 Abs. 1 Nr. 4 Halbs. 1 normierte Vorsichtsprinzip unberührt.

50 *Hübner/Leyh* DStR 2010, 1951, 1952; vgl. auch *Küting/Mojadadr* DB 2008, 1869, 1870, welche die reine Stichtagsumrechnung ebenfalls als Durchbrechung des Vorsichtsprinzips betrachten.

Zweck des S. 2 ist jedoch eine Vereinfachung der Währungsumrechnung.[51] Die einzelfallbezogene Feststellung der Erheblichkeit einer Gewinnauswirkung führt zu Abgrenzungsschwierigkeiten und kollidiert mit dem Normzweck. Darüber hinaus ist der Schutzgedanke des Vorsichtsprinzips bei Restlaufzeiten von bis zu einem Jahr zu vernachlässigen, weil der Realisationsakt in Kürze erfolgt.[52] Die Nichtanwendung des Anschaffungskosten- und Realisationsprinzips bei kurzfristigen Bilanzposten entsprach zudem bereits vor Einführung des § 256a den Grundsätzen ordnungsgemäßer Buchführung.[53]

24 **Berechnung der Restlaufzeit.** Da der Ausweis unrealisierter Währungsgewinne am Abschlussstichtag unmittelbar an die Restlaufzeit des Fremdwährungspostens anknüpft, kommt der Berechnung der Restlaufzeit einer besonderen Bedeutung zu. Sie ist in verschiedenen Fallgruppen mit praktischen Schwierigkeiten verbunden:[54] Insbesondere sind bei verzinslichen Fremdwährungsdarlehen die Restlaufzeiten für den ausgereichten Darlehensbetrag einerseits (§ 256a S. 1) und die aufgelaufenen kurzfristigen Zinsforderungen andererseits (§ 256a S. 2) jeweils getrennt zu bestimmen.[55] Bei Tilgungsdarlehen sind nicht nur die Zinsforderungen, sondern auch die kurzfristigen Tilgungsraten von dem endfälligen Darlehensbetrag abzugrenzen und eigenständig umzurechnen.[56] Diese Abgrenzungsschwierigkeiten rechtfertigen aber mit Blick auf die vom Gesetzgeber intendierte Praktikabilität[57] eine einheitliche Umrechnung des Darlehensbetrages, so dass insoweit § 256a teleologisch zu reduzieren ist.[58]

25 **Steuerrechtliche Bewertung.** S. 1 ist nach § 5 Abs. 1 S. 1 Halbs. 1 EStG auch für die **Steuerbilanz** maßgeblich.[59] § 256a Satz 2 gilt hingegen wegen des Bewertungsvorbehalts nach § 5 Abs. 6 EStG i.V.m. mit dem in § 6 Abs. 1 Nr. 1 und 2 EStG gesondert geregelten Anschaffungskostenprinzip nicht.[60] Ein handelsrechtlicher Ausweis von unrealisierten Kursgewinnen führt deshalb zwangsläufig zum Auseinanderfallen von Handels- und Steuerbilanz und kann den Ansatz passiver latenter Steuern erforderlich machen.[61]

26 d) **Übrige Bilanzposten.** § 256a betrifft nach seinem Wortlaut nur Vermögensgegenstände und Verbindlichkeiten (s. Rdn 6). **Sortenbestände** können aufgrund der unwesentlichen Auswirkungen auf die Vermögens-, Finanz- und Ertragslage aus Vereinfachungs-

---

[51] BT-Drucks. 16/10067, 62; *Künkele/Zwirner* Stbg 2012, 445, 446.

[52] KölnKomm-RLR-*Claussen* § 256a Rdn 25, 29; zustimmend Baetge/Kirsch/Thiele/*Kirsch/Köhling* § 256a Rdn 21, die allerdings bei wesentlicher Verzerrung der Darstellung der Vermögens-, Finanz- und Ertragslage einen Hinweis im Anhang für erforderlich halten.

[53] KölnKomm-RLR-*Claussen* § 256a Rdn 29; **a.M.** *Küting/Pfirmann/Mojadadr* StuB 2010, 411.

[54] Dazu mit Beispielen Haufe BilKomm-*Kessler/Veldkamp* § 256a Rdn 19 ff.

[55] Haufe BilKomm-*Kessler/Veldkamp* § 256a Rdn 19 mit Beispiel.

[56] Haufe BilKomm-*Kessler/Veldkamp* § 256a Rdn 22 mit Beispiel.

[57] BT-Drucks. 16/10067, 62.

[58] Haufe BilKomm-*Kessler/Veldkamp* § 256a Rdn 23 sowie HdR-EA/*Küting/Mojadadr* § 256a Rdn 72 f.

[59] *Frotscher* § 5 EStG Rdn 141a; Kirchhof/Söhn/Mellinghoff/*Werndl* § 6 EStG Rdn B 570; **a.M.** Blümich/*Ehmcke* § 6 EStG Rdn 21a; zu weiteren steuerrechtlichen Fragen der Bewertung von Fremdwährungsgeschäften vgl. *Schüttler/Stolz/Jahr* DStR 2010, 768; *Hübner/Leyh* DStR 2010, 1951.

[60] So wohl auch Blümich/*Ehmcke* § 6 EStG Rdn 21a; Schmidt/*Kulosa* § 6 EStG Rdn 22; Beck BilKomm-*Kozikowski/Leistner* § 256a Rdn 51; Koller/Roth/*Morck* § 256a Rdn 5.

[61] Haufe BilKomm-*Kessler/Veldkamp* § 256a Rdn 37 ff; Baetge/Kirsch/Thiele/*Kirsch/Köhling* § 256a Rdn 56 ff; NK-*Jonas/Elprana* § 256a Rdn 23; zur Abgrenzung latenter Steuern auf Währungsumrechnungsdifferenzen siehe außerdem: HdR-EA/*Küting/Mojadadr* § 256a Rdn 107 ff.

gründen ohne Rücksicht auf das Anschaffungskosten- und Realisationsprinzip mit dem Sortenmittelkurs umgerechnet werden.[62] **Rückstellungen und latente Steuern** sind an jedem Bilanzstichtag neu zu bewerten bzw. zu ermitteln und anschließend – ohne Rücksicht auf §§ 252 Abs. 1 Nr. 4 bzw. § 253 Abs. 1 S. 1 – zum Devisenkassakurs des Abschlussstichtages umzurechnen.[63] **Rechnungsabgrenzungsposten** beziehen sich auf bereits abgewickelte Fremdwährungsgeschäfte, so dass sich eine Währungsumrechnung am Abschlussstichtag erübrigt (s. Rdn 8). Die durch die Zahlungsvorgänge im laufenden Geschäftsjahr entstandenen Einnahmen bzw. Ausgaben werden bereits im Zeitpunkt der Erstverbuchung mit dem dann gültigen Devisenkassakurs umgerechnet, so dass Wechselkursveränderungen mangels weiterer Zahlungsflüsse nicht mehr erfolgswirksam werden können.[64] Dasselbe gilt für **Anzahlungen**: Da der Zahlungsmittelfluss ebenfalls bereits erfolgt ist, besteht für diese Posten nach der Umrechnung im Zugangszeitpunkt kein Fremdwährungsrisiko mehr.[65] Ebenso birgt das **Eigenkapital** als bloßer Saldoposten grds. kein Fremdwährungsrisiko.[66]

IV. Währungsumrechnung bei Zugangsbewertung

Grundsatz eigenständiger Zugangsbewertung. Die Zugangsbewertung betrifft – im Gegensatz zur Folgebewertung (s. Rdn 3) – die erstmalige Erfassung des Geschäftsvorfalls bei der Erstverbuchung.[67] § 256a betrifft angesichts des Wortlauts („auf fremde Währung lautende") primär die Folgebewertung.[68] Die Zugangsbewertung erfordert darum grundsätzlich je nach Sachverhalt eine Differenzierung zwischen Devisenkassageld- oder Devisenkassabriefkurs (s. Rdn 13, 30).[69] Der Geldkurs ist bei Geschäftsvorfällen maßgeblich, für die Devisen beschafft werden müssen (Anschaffung von Vermögensgegenständen und damit korrespondierende Verbindlichkeiten). Müssen dagegen Devisen aufgrund eines (zukünftigen) Zuflusses von Fremdwährungsbeträgen in Euro getauscht werden (Fremdwährungsforderungen, flüssige Mittel), so ist der Briefkurs anzusetzen.[70] **27**

---

[62] Beck BilKomm-*Kozikowski/Leistner* § 256a Rdn 54, 155; Haufe BilKomm-*Kessler/Veldkamp* § 256a Rdn 27; Baetge/Kirsch/Thiele/*Kirsch/Köhling* § 256a Rdn 26.

[63] BT-Drucks. 16/10067, 62; Baetge/Kirsch/Thiele/*Kirsch/Köhling* § 256a Rdn 24; Koller/Roth/*Morck* § 256a Rdn 4; NK-*Jonas/Elprana* § 256a Rdn 20; *Hommel/Laas* BB 2008, 1666, 1669; **a.M.** Haufe BilKomm-*Kessler/Veldkamp* § 256a Rdn 25; *Künkele/Zwirner* Stbg 2012, 445, 446, danach sollen auch Rückstellungen und latente Steuern zum Devisenkassamittelkurs umgerechnet werden.

[64] BT-Drucks. 16/10067, 62; *Kirsch/Köhling* in Baetge/Kirsch/Thiele § 256a Rdn 25; NK-*Jonas/Elprana* § 256a Rdn 19; *Küting/Mojadadr* DB 2008, 1869, 1870.

[65] Beck BilKomm-*Kozikowski/Leistner* § 256a Rdn 40; Haufe BilKomm-*Kessler/Veldkamp* § 256a Rdn 29.

[66] NK-*Jonas/Elprana* § 256a Rdn 19; zur Ausnahme bei Personengesellschaften s. Beck BilKomm-*Kozikowski/Leistner* § 256a Rdn 158.

[67] KölnKomm-RLR-*Claussen* § 256a Rdn 16; zu den verschiedenen Umrechnungszeitpunkten im Geschäftsjahr siehe auch: Beck BilKomm-*Kozikowski/Leistner* § 256a Rdn 30; HdR-EA/*Küting/Mojadadr* § 256a Rdn 6; NK-*Jonas/Elprana* § 256a Rdn 4–7.

[68] BR-Drucks. 344/08, 134; Baumbach/Hopt/*Merkt* § 256a Rdn 2; *Künkele/Zwirner* Stbg 2012, 445.

[69] Koller/Roth/*Morck* § 256a Rdn 1; NK-*Jonas/Elprana* § 256a Rdn 21; zu Verbindlichkeiten: Beck-HdR-*Baierl* B 234 Rdn 72; *Künkele/Zwirner* Stbg 2012, 445.

[70] Zum Ganzen Beck BilKomm-*Kozikowski/Leistner* § 256a Rdn 3, 34, 35; Haufe BilKomm-*Kessler/Veldkamp* § 256a Rdn 11; MünchKommHGB-*Ballwieser* § 256a Rdn 9.

28 **Antizipation des § 256a bei Zugang?** Aus Praktikabilitätserwägungen soll auch für die Zugangsbewertung § 256a und der Devisenkassamittelkurs als Umrechnungskurs gelten.[71] Dadurch wird indes das Anschaffungskostenprinzip insofern verletzt, als dass der Mittelkurs – als arithmetisches Mittel zwischen Brief- und Geldkurs – rein fiktiver Natur ist und die tatsächlichen Anschaffungskosten somit nie widerspiegelt. Aufgrund der regelmäßig marginalen Abweichung des Mittelkurses zum Geld- und Briefkurs sind die Umrechnungsdifferenzen jedoch hinzunehmen.[72] Zwar soll nach der Regierungsbegründung eine Umrechnung zum Devisenkassakurs im Zugangszeitpunkt erfolgen.[73] Da in diesem Stadium des Gesetzgebungsverfahrens allerdings auch der vorgeschlagene Gesetzestext des § 256a noch auf den Devisenkassakurs abstellte[74], sind die Gesetzesmaterialien hinsichtlich der Zugangsbewertung nicht eindeutig.

29 **Reichweite erfolgsneutraler Anschaffung.** Bei der Zugangsbewertung ist das Prinzip der Erfolgsneutralität von Anschaffungsvorgängen zentral.[75] Grund- und Einzelfragen im Zusammenhang mit der Währungsumrechnung sind indes noch ungeklärt. Teilweise wird danach differenziert, ob bereits Zahlungsflüsse stattgefunden haben.[76] Ist eine Fremdwährungstransaktion bei Erstverbuchung bereits **zahlungswirksam** geworden, sei die Umrechnung zum Brief- bzw. Geldkurs vorzugswürdig. Bei Anschaffungsvorgängen stelle der auf dem Devisenkassamarkt – unter Berücksichtigung des Geldkurses – aufgewandte Eurobetrag die Anschaffungskosten des Vermögensgegenstandes dar. Die Umrechnung des angeschafften Vermögensgegenstandes zu Mittelkursen führe ggü. dem tatsächlich aufgewendeten Anschaffungsbetrag zum Ausweis eines Aufwands oder Ertrags und verstoße gegen den Grundsatz der Erfolgsneutralität von Anschaffungsvorgängen.[77] Hat dagegen (insbesondere bei einem Zielkauf) noch **kein Zahlungsfluss** stattgefunden, sei die Zugangsbewertung zu Mittelkursen zulässig, weil Währungsumrechnungsdifferenzen im Folgenden nur noch die Abgangsbewertung der Verbindlichkeit betreffen und sich etwaige Ergebniseffekte ausgleichen.[78] Die Anschaffungskosten des Vermögensgegenstandes bleiben dabei unberührt. Insoweit kann der Vereinfachungsgedanke des S. 1 auf die Zugangsbewertung von Forderungen und Verbindlichkeiten übertragen werden.[79]

30 **Vorbehalt.** Soweit zwischen Brief- und Geldkurs keine großen Abweichungen bestehen und die Auswirkung auf die Darstellung der Vermögens-, Finanz- und Ertragslage nicht wesentlich ist, besteht im Ergebnis Einigkeit über die Zulässigkeit der Währungsumrechnung zum Devisenkassamittelkurs im Zugangszeitpunkt.[80]

---

[71] So wohl Baumbach/Hopt/*Merkt* § 256a Rdn 2; *Kirsch/Köhling* in Baetge/Kirsch/Thiele § 256a Rdn 12; KölnKomm-RLR-*Claussen* § 256a Rdn 23.

[72] HdR-EA/*Küting/Mojadadr* § 256a Rdn 41; KölnKomm-RLR-*Claussen* § 256a Rdn 20.

[73] BT-Drucks. 16/10067, 62.

[74] Der Devisenkassamittelkurs wurde im Gesetzgebungsverfahren erst auf Empfehlung des Rechtsausschusses als maßgeblicher Umrechnungskurs in den Gesetzestext aufgenommen, BT-Drucks. 16/12407, 86.

[75] *Zwirner/Künkele* StuB 2009, 517, 519.

[76] Zum Ganzen Haufe BilKomm-*Kessler/Veldkamp* § 256a Rdn 7 ff; HdR-EA/*Küting/Mojadadr* § 256a Rdn 44 ff.

[77] Haufe BilKomm-*Kessler/Veldkamp* § 256a Rdn 7 mit Beispiel in Rdn 8.

[78] Zur Darstellung der Ergebniseffekte näher Beck BilKomm-*Kozikowski/Leistner* § 256a Rdn 38.

[79] Haufe BilKomm-*Kessler/Veldkamp* § 256a Rdn 9, 10 jew. m. Bsp.

[80] So i.E. auch BT-Drucks. 16/10067, 62; Beck BilKomm-*Kozikowski/Leistner* § 256a Rdn 35; Haufe BilKomm-*Kessler/Veldkamp* § 256a Rdn 7; HdR-EA/*Küting/Mojadadr* § 256a Rdn 59; MünchKommHGB-*Ballwieser* § 256a Rdn 9; NK-*Jonas/Elprana* § 256a Rdn 22.

V. Anhangangaben zur Währungsumrechnung

Nach § 284 Abs. 2 Nr. 2 müssen im Anhang die **Grundlagen für die Währungsumrechnung** angegeben werden. Das gilt nicht nur für am Abschlussstichtag **auf fremde Währung lautende Bilanzposten**, sondern auch für solche, die ursprünglich auf fremde Währung lauteten. § 284 Abs. 2 Nr. 2 ist somit weiter gefasst als § 256a.[81] 31

[81] Näher HdR-EA/*Küting/Mojadadr* § 256a Rdn 115 ff; zum Lagebericht ebd. Rdn 120 ff sowie insgesamt *Zwirner/Künkele/Froschhammer* BB 2011, 1323, 1324 f.

DRITTER UNTERABSCHNITT

Aufbewahrung und Vorlage

§ 257

Aufbewahrung von Unterlagen. Aufbewahrungsfristen

(1) Jeder Kaufmann ist verpflichtet, die folgenden Unterlagen geordnet aufzubewahren:

1. Handelsbücher, Inventare, Eröffnungsbilanzen, Jahresabschlüsse, Einzelabschlüsse nach § 325 Abs. 2a, Lageberichte, Konzernabschlüsse, Konzernlageberichte sowie die zu ihrem Verständnis erforderlichen Arbeitsanweisungen und sonstigen Organisationsunterlagen,

2. die empfangenen Handelsbriefe,

3. Wiedergaben der abgesandten Handelsbriefe,

4. Belege für Buchungen in den von ihm nach § 238 Abs. 1 zu führenden Büchern (Buchungsbelege).

(2) Handelsbriefe sind nur Schriftstücke, die ein Handelsgeschäft betreffen.

(3) Mit Ausnahme der Eröffnungsbilanzen und Abschlüsse können die in Absatz 1 aufgeführten Unterlagen auch als Wiedergabe auf einem Bildträger oder auf anderen Datenträgern aufbewahrt werden, wenn dies den Grundsätzen ordnungsmäßiger Buchführung entspricht und sichergestellt ist, daß die Wiedergabe oder die Daten

1. mit den empfangenen Handelsbriefen und den Buchungsbelegen bildlich und mit den anderen Unterlagen inhaltlich übereinstimmen, wenn sie lesbar gemacht werden,

2. während der Dauer der Aufbewahrungsfrist verfügbar sind und jederzeit innerhalb angemessener Frist lesbar gemacht werden können.

Sind Unterlagen auf Grund des § 239 Abs. 4 Satz 1 auf Datenträgern hergestellt worden, können statt des Datenträgers die Daten auch ausgedruckt aufbewahrt werden; die ausgedruckten Unterlagen können auch nach Satz 1 aufbewahrt werden.

(4) Die in Absatz 1 Nr. 1 und 4 aufgeführten Unterlagen sind zehn Jahre, die sonstigen in Absatz 1 aufgeführten Unterlagen sechs Jahre aufzubewahren.

(5) Die Aufbewahrungsfrist beginnt mit dem Schluß des Kalenderjahrs, in dem die letzte Eintragung in das Handelsbuch gemacht, das Inventar aufgestellt, die Eröffnungsbilanz oder der Jahresabschluß festgestellt, der Einzelabschluss nach § 325 Abs. 2a oder der Konzernabschluß aufgestellt, der Handelsbrief empfangen oder abgesandt worden oder der Buchungsbeleg entstanden ist.

Schrifttum

(vgl. auch die Angaben vor und zu § 238 sowie unten vor Rdn 30). *AWV* Aufbewahrungspflichten und -fristen nach Handels- und Steuerrecht[8] (2002); *Biener* Die Neufassung handelsrechtlicher Buchführungsvorschriften, DB 1977, 527; *Bucher* Die Archivierung von Geschäftsunterlagen, ZInsO 2007, 1031; *Bundesamt für Sicherheit in der Informationstechnik (BSI)* Technische Richtlinie 03138 Ersetzendes Scannen (2013), https://www.bsi.bund.de/DE/Publikationen/TechnischeRichtlinie/tr03138/

index_htm.html [letzter Zugriff: 4.11.2013]; *Bundesminister der Finanzen* Grundsätze zum Datenzugriff und zur Prüfbarkeit digitaler Unterlagen (GDPdU), BStBl. 2001 I 415; *Dauen* Aufbewahrungspflichten[3] (2007); *Feuerbaum* EDV-Buchführung, GoB, AO 1977 und HGB, DB 1977, 549 und 597; *Henckel* Praxishinweise zur Passivierung von Aufwand für die Aufbewahrung von Geschäftsunterlagen nach § 249 Abs. 1 HGB i.d.F. des BilMoG, BB 2009, 1798; *Höllig* Aufbewahrung von Büchern, Inventaren, Bilanzen, Aufzeichnungen, Geschäftspapieren und sonstigen Unterlagen, BB 1959, 1287; *Höllig* Die gesetzliche Regelung der Aufbewahrung von Mikrokopien, DB 1965, 1061; *Homp* Die Rolle der qualifizierten elektronischen Signatur für die Ordnungsmäßigkeit von Buchführung und Dokumentenablage, StB 2005, 457; *IDW* PS 330 Abschlussprüfung bei Einsatz von Informationstechnologie, WPg 2002, 1167; *IDW* RS FAIT 1 Grundsätze ordnungsmäßiger Buchführung bei Einsatz von Informationstechnologie, WPg 2002, 1157; *IDW* RS FAIT 2 Grundsätze ordnungsmäßiger Buchführung bei Einsatz von Electronic Commerce, WPg 2003, 1258; *IDW* RS FAIT 3 Grundsätze ordnungsmäßiger Buchführung beim Einsatz elektronischer Archivierungsverfahren, WPg 2006, 1465; *Lohmeyer* Handels- und steuerrechtliche Aufbewahrungspflichten und -fristen, BB 1973, 29; *Müller* Die Aufbewahrungsvorschriften des Handelsgesetzbuches, WPg 1965, 560; *Offerhaus* Zur bevorstehenden Änderung handelsrechtlicher Buchführungsvorschriften, BB 1976, 373; *Offerhaus* Die neuen handelsrechtlichen Buchführungsvorschriften, BB 1976, 1622; *Pieske-Kontny* Betriebsprüfung und Dokumentenarchivierung, StBp 1992, 141; *Pulte* Steuer- und handelsrechtliche Aufbewahrungspflichten, NWB Fach 18, 937; *Radke* Grenzen von Buchführungs- und Aufbewahrungspflichten, BB 1977, 1529; *Roßnagel/Wilke* Die rechtliche Bedeutung gescannter Dokumente, NJW 2006, 2145; *Scherff/Willeke* Rückstellungen für Aufbewahrung von Geschäftsunterlagen sowie für Aufstellung, Prüfung und Offenlegung, BBK 2010, 1169; *Schulze-Osterloh* Die neuen handels- und steuerrechtlichen Buchführungsvorschriften nach dem 1. WiKG und dem EGAO 1977 sowie nach der AO 1977, WM 1977, 606; *Szymczak* Aufbewahrungs- und Buchführungspflichten[2], Pohlmann (Hrsg.), Der Steuersparer Heft 23 (1981); *Trappmann* Archivierung von Geschäftsunterlagen, DB 1989, 1482; *Trappmann* Handelsrechtliche und steuerliche Aufbewahrungspflichten und der Begriff des Handelsbriefs, DB 1990, 2437; *Wanik* Die Buchführungsvorschriften des Handelsgesetzbuches in der Diskussion, AG 1975, 29 und 62; *v. Westphalen* Einsatz von optischen Speicherplatten in der Buchführung, DB 1989, 742.

Übersicht

I. Grundlagen

1. Regelungsgegenstand und -zweck. § 257 regelt Gegenstand, Verfahren und Fristen der kaufmännischen **Aufbewahrung von Unterlagen**. Die Pflicht zur Aufbewahrung folgt im Wesentlichen schon aus der Pflicht zur Buchführung (§ 238 Abs. 1 S. 1 und Abs. 2), zur Inventur (§ 240 Abs. 1 und 2) und zur Bilanzierung (§ 242 Abs. 1 S. 1 und Abs. 2); denn diese Arbeiten wären weitgehend zwecklos, wenn ihre schriftlichen Ergebnisse alsbald vernichtet würden. Aus dem sachlichen Zusammenhang mit den genannten Pflichten folgt, dass auch die Aufbewahrungspflicht der **Dokumentation** der kaufmännischen Tätigkeit (einschließlich der **Beweissicherung**)[1] und dem **Gläubigerschutz** dient.[2] Weil schon die Buchführungspflicht die Dokumentation der Geschäftsvorfälle unter Beachtung des Belegprinzips einschließt (§ 238 Rdn 50 und 59) und weil auch die Pflicht, Briefwiedergaben zurückzubehalten, schon in § 238 Abs. 2 normiert ist (vgl. § 238 Rdn 60 ff), liegt der Regelungsschwerpunkt des § 257 insoweit aber nicht auf der Begründung neuer Pflichten, sondern in der näheren Bestimmung der sachlichen und zeitlichen Modalitäten. Dem öffentlichen Interesse an Dokumentation und Gläubigerschutz entsprechen schließlich die **öffentlich-rechtliche Natur** der Aufbewahrungspflicht und der **zwingende Charakter** des § 257.[3] 1

2. Entwicklung der Aufbewahrungsvorschriften. § 257 entspricht im Wesentlichen § 44 a.F. Der Gesetzgeber des BiRiLiG konnte sich auf sprachliche Anpassungen und auf 2

1 Beck BilKomm-*Winkeljohann/Philipps* Rdn 1; MünchKommAktG/*Graf*[2] Rdn 1; MünchKommBilR/*Graf* Rdn 1.
2 Ensthaler/*Lezius*[7] Rdn 1.
3 Baetge/Kirsch/Thiele/*Bartone* BilR Rdn 1; BoHdR-*Krawitz* Rdn 4; HdR-EA/*Isele* Rdn 4; KölnKomm-RLR/*Braun* Rdn 3.

solche Ergänzungen beschränken, die infolge des neuen Bilanzrechts unvermeidbar waren.[4] An die Stelle des Wortes „Bilanzen" in § 44 Abs. 1 a.F. sind deshalb Eröffnungsbilanzen (vgl. § 242 Abs. 1), Jahresabschlüsse (vgl. § 242 Abs. 3), Lageberichte (vgl. § 289) sowie Konzernabschlüsse und Konzernlageberichte getreten (vgl. §§ 290 ff). Eine entsprechende Erweiterung hat § 257 Abs. 3 S. 1 erfahren. Auch die im Rahmen des BilReG[5] erfolgten Änderungen des § 257 beschränken sich auf Anpassungen und Ergänzungen aufgrund der Einführung internationaler Rechnungslegungsstandards.[6] Die Aufbewahrungspflichten wurden auf den neuen Einzelabschluss nach § 325 Abs. 2a erstreckt; diese Pflicht besteht gem. Art. 58 Abs. 3 S. 1 EGHGB erstmals für das nach dem 31.12.2004 beginnende Geschäftsjahr.

3 Inhaltlich geändert wurden die Aufbewahrungspflichten demgegenüber durch das **EGAO 1977**[7] und die **Änderungsgesetze von 1959 und 1965**.[8] Die Gesetzesänderungen waren von dem Bestreben geleitet, den mit der Archivierung des anfallenden Schriftguts zwangsläufig verbundenen Aufwand in vernünftigen Grenzen zu halten.[9] Deshalb wurde zunächst die ursprünglich (seit 1900) einheitliche Aufbewahrungsfrist von zehn Jahren aufgespalten und für Handelskorrespondenz und Buchungsbelege auf sieben Jahre verkürzt (1959). Dieser Reformschritt erwies sich rasch als unzulänglich. Die nächste Novellierung stand daher 1965 an. Sie brachte die gesetzliche Anerkennung der Mikroverfilmung von empfangenen Handelsbriefen und Buchungsbelegen, die 1959 noch an grundsätzlichen Bedenken[10] gescheitert war. Auch diese Lösung erwies sich indes noch als zu kurz gegriffen, weil sie den Einsatzmöglichkeiten der EDV und den damit erzielbaren Rationalisierungseffekten nicht ausreichend Rechnung trug. Aus diesem Grund kam es zur erneuten Novellierung von 1977 und mit ihr zum gegenwärtigen Stand zulässiger Aufbewahrungsmedien, ferner zur Einführung der sechsjährigen Aufbewahrungsfrist für Handelskorrespondenz und ursprünglich auch für Buchungsbelege (Rdn 3a).

3a Für **Buchungsbelege** ist die Aufbewahrungsfrist durch Art. 4 SteueränderungsG 1998 wieder auf zehn Jahre ausgedehnt worden.[11] Nach der durch Art. 5 des Gesetzes eingeführten Übergangsregelung in Art. 47 EGHGB gilt die Zehnjahresfrist erstmals für die Buchungsbelege, für welche die alte Sechsjahresfrist Ende 1998 noch nicht abgelaufen war. Daraus folgt i.V.m. § 257 Abs. 5 (dazu Rdn 42 ff), dass es für Unterlagen, die bis zum Ablauf des Kalenderjahrs 1991 entstanden sind, bei der früheren Regelung verbleibt. Alle ab dem 1.1.1992 angefallenen Buchungsbelege sind dagegen zehn Jahre aufzubewahren.[12]

---

4 Vgl. Begr. RegE, BT-Drucks. 10/317, S. 74; Ausschussbericht, BT-Drucks. 10/4268, S. 102.

5 Gesetz zur Einführung internationaler Rechnungslegungsstandards und zur Sicherung der Qualität der Abschlussprüfung vom 4.12.2004 (BGBl. I, S. 3166); vgl. dazu *Wendlandt/Knorr* KoR 2005, 53; Überblick über die Änderungen bei *Meyer* DStR 2005, 41.

6 Vgl. Begr. RegE, BT-Drucks. 15/349, S. 29.

7 Einführungsgesetz zur AO vom 14.12.1976 (BGBl. I, S. 3341); vgl. dazu *Biener* DB 1977, 527; *Feuerbaum* DB 1977, 549 und 597; *Offerhaus* BB 1976, 373 und 1622; *Schulze-Osterloh* WM 1977, 606.

8 Gesetz zur Abkürzung handelsrechtlicher und steuerrechtlicher Aufbewahrungsfristen vom 2.3.1959 (BGBl. I, S. 77) u. dazu *Höllig* BB 1959, 1267; Gesetz zur Änderung des HGB und der RAO vom 2.8.1965 (BGBl. I, S. 665) und dazu *Höllig* DB 1965, 1061; *Müller* WPg 1965, 560.

9 Vgl. dazu *Wanik* AG 1975, 29 (30 ff).

10 *Franta* BB 1957, 1189.

11 Gesetz vom 19.12.1998 (BGBl. I, S. 3816).

12 Zur steuerrechtlichen Motivation für die Änderung Staub/*Hüffer*[4] Rdn 3a. Zu weiteren Änderungen der steuerrechtlichen Aufbewahrungspflichten durch das Steuersenkungsgesetz vom 23.10.2000 (BGBl. I 2000, S. 1433) vgl. HdR-EA/*Isele* Rdn 2 aE.

3. Besondere Anwendungsfälle. § 257 Abs. 1 Nr. 1 betrifft (unter anderem) Handelsbücher (vgl. § 238 Rdn 31 ff). Handelsbuch ist nach § 14 DepotG auch das **Verwahrungsbuch** (vgl. § 238 Rdn 33); deshalb besteht auch insoweit die handelsrechtliche Aufbewahrungspflicht. Dagegen fällt das **Aktienregister** (§ 67 AktG) aufgrund seines abweichenden Inhalts nicht unter die Vorschrift (§ 238 Rdn 33). Das Aktienregister ist bis zum Schluss der Abwicklung zu führen und danach gem. § 273 Abs. 2 AktG auf zehn Jahre an dem gerichtlich bestimmten Ort aufzubewahren.[13] Das **Tagebuch** des Handelsmaklers ist zwar kein Handelsbuch (§ 238 Rdn 33), doch gilt § 257 kraft der Verweisung in § 100 Abs. 2. 4

4. Zum Regelungsgehalt des Dritten Unterabschnitts (Überblick). Der Dritte Unterabschnitt fasst die Regelungen über Aufbewahrung und Vorlage der Handelsbücher zusammen und bringt damit die **Doppelfunktion der Aufbewahrungspflicht** zum Ausdruck. Ohne sie wäre einerseits die Pflicht zu Buchführung, Inventur und Bilanzierung weitgehend zwecklos (Rdn 1); ohne sie fehlte andererseits aber auch den Vorschriften über die **Vorlegung von Handelsbüchern** im Rechtsstreit (§§ 258 ff) die erforderliche Grundlage. Die Verpflichtung, Unterlagen i.S.d. § 257 vorzulegen, ist in § 258 geregelt. Danach besteht eine über die allgemeinen prozessrechtlichen Grundsätze hinausgehende Pflicht zur Vorlegung nur für Handelsbücher (§ 258 Rdn 7 f) und nur auf gerichtliche Anordnung (§ 258 Abs. 1; vgl. dort Rdn 9 ff). Hinsichtlich der sonstigen Unterlagen verbleibt es bei den §§ 422, 423 ZPO; dabei ist insbes. der Verweis des § 422 ZPO auf die materiell-rechtlichen Vorschriften und hier namentlich auf § 810 BGB zu beachten (§ 258 Rdn 13 ff). § 261 ergänzt die Regelung des § 258 und will die herkömmliche Beweisfunktion der kaufmännischen Unterlagen (vgl. § 261 Rdn 1) angesichts der in § 257 normierten Erleichterungen erhalten. Demgegenüber betreffen die eingeschobenen §§ 259, 260 den Umfang der Einsichtnahme; sie suchen einen Ausgleich zwischen dem Geheimhaltungsinteresse des Kaufmanns und dem Informationsinteresse seines Prozessgegners (§ 259 Rdn 1; § 260 Rdn 1 ff). Von den besonderen Beweisregeln früheren Prozessrechts (vgl. noch Art. 34 f ADHGB) ist nichts verblieben; auch für Handelsbücher gilt daher das Prinzip der freien Beweiswürdigung nach § 286 ZPO (dazu § 258 Rdn 22). 5

5. Exkurs: Rückstellung für die Kosten der Aufbewahrung. Ausstrahlungswirkung der Aufbewahrungspflicht. Für die zu erwartenden Kosten der Erfüllung der Aufbewahrungspflichten nach § 257 und § 147 AO ist handels- wie steuerrechtlich eine Rückstellung zu bilden; die Rückstellung ist mit dem voraussichtlichen Erfüllungsbetrag zu bewerten.[14] 5a

Die handelsrechtlichen Aufbewahrungsfristen können Ausstrahlungswirkung über das Recht der Rechnungslegung hinaus haben. So sollen nach der Rechtsprechung bei Ablauf der handelsrechtlichen Aufbewahrungspflicht für die Handelskorrespondenz (Rdn 22 f) in der Regel das für eine Verwirkung von Ansprüchen des Bankkunden aus einer Bankverbindung nötige Zeit- wie auch das Umstandsmoment erfüllt sein.[15] Ferner soll die 5b

---

13 MünchKommAktG/*Hüffer* § 273 Rdn 18 ff.

14 AllgM, s. etwa BFHE 199, 561; BFH DStR 2008, 2007; BFH/NV 2009, 746; *IDW* RH HFA 1.009, FN-IDW 2010, 354; HdR-EA/*Isele* Rdn 11; Koller/Roth/*Morck* Rdn 1 aE; Tipke/Kruse/*Drüen* AO § 147 Rdn 3a; ausf. *Henckel* BB 2009, 1798; *Scherff*/*Willeke* BBK 2010, 1169.

15 OLG München WM 2006, 1292 (1293), dazu *Haertlein* WuB IV E § 257 HGB 2.06; OLG München WM 2006, 523 (524); in diese Richtung auch BGH NJW 1980, 880 (881) zu einem Rückzahlungsanspruch der öffentlichen Hand; Baumbach/Hopt/*Merkt* Rdn 3 aE; **aA** OLG Frankfurt ZIP 2000, 615 (617); Heidel/Schall/*Reich*/*Szczesny*/*Voß*

gerichtliche Anordnung nach § 166 Abs. 3 – z.B. hinsichtlich der rückwirkenden Darstellung der Entwicklung der Gesellschafterkonten – regelmäßig auf die Aufbewahrungsfrist gem. § 257 beschränkt sein.[16] Unterlagen, für die eine Aufbewahrungspflicht nach § 257 besteht, dürfen nicht gemäß § 885 Abs. 4 Satz 2 ZPO vernichtet werden.[17]

II. Kaufmannseigenschaft als Voraussetzung der Aufbewahrungspflicht

6 **1. Grundsatz.** Wie §§ 238, 240 Abs. 1 und 242 Abs. 1 macht § 257 die Kaufmannseigenschaft zur Voraussetzung der Aufbewahrungspflicht. Es gelten dieselben **Auslegungsgrundsätze wie für § 238** (dort eingehend Rdn 7 ff).[18] Adressaten der Aufbewahrungspflicht sind also die Kaufleute kraft eines unter § 1 Abs. 2 fallenden Gewerbebetriebs, die Kaufleute kraft Eintragung (§ 2), die eingetragenen Land- und Forstwirte (§ 3), ferner OHG und KG (§ 6 Abs. 1), AG, SE und GmbH (§ 6 Abs. 1 i.V.m. § 3 AktG, Art. 61 SE-VO bzw. § 13 Abs. 3 GmbHG), Genossenschaften (§ 6 Abs. 2 i.V.m. § 17 Abs. 2 GenG) und auch sonstige juristische Personen, die nicht Formkaufleute sind, aber ein Handelsgewerbe betreiben, einschließlich der juristischen Personen öffentlichen Rechts (zu diesen vgl. noch § 263 Rdn 3, 8 und 12). Die Aufhebung des § 262 durch das HRefG[19] (§ 262 Rdn 1) hat nicht dazu geführt, dass der Kreis aufbewahrungspflichtiger Kaufleute und Gesellschaften enger würde.

7 **2. Einzelfragen.** Wegen der mit Beginn und Ende der Aufbewahrungspflicht und der Person des jeweils Verantwortlichen verbundenen Einzelfragen wird grundsätzlich auf die Ausführungen zur Buchführungspflicht verwiesen; vgl. insbes. § 238 Rdn 12 ff und 18 ff. Zu § 257 werden jedoch einige Punkte besonders diskutiert. Dazu ist festzuhalten: In den **Fällen des § 5**, also bei einer zu Unrecht eingetragenen Firma, besteht nicht nur die Buchführungs-, sondern **entgegen der hM**[20] auch die Aufbewahrungspflicht, und zwar aus den in § 238 Rdn 8 dargelegten Gründen; namentlich lässt sich aus dem öffentlich-rechtlichen Charakter der Aufbewahrungspflicht (Rdn 1) nach Wortlaut und Zweck des § 5 kein Gegenargument herleiten. Weil § 5 das Fehlen eines kaufmännischen Gewerbes überbrückt, ist auch derjenige aufbewahrungspflichtig, der ohne die Eintragung nur ein nicht unter § 1 Abs. 2 fallendes Kleingewerbe betreiben würde.

8 Auch für das **Ende der Aufbewahrungspflicht**, genauer für den Zeitpunkt, von dem an aufbewahrungspflichtiges Schriftgut nicht mehr anfällt (denn die Aufbewahrungspflicht für entstandene Unterlagen endet nicht mit der Beendigung der Buchführungspflicht[21]), ist danach zu differenzieren, ob die Firma noch im Handelsregister eingetragen ist oder nicht. Ist die Firma eingetragen, so besteht die Aufbewahrungspflicht für die

---

HGB Rdn 4. Vgl. auch OLG Köln v. 22.03.2012 – 18 U 104/11, juris Tz. 153 sowie die Parallelentscheidung OLG Köln v. 21.02.2012 – 18 U 107/11, juris Tz 154.

[16] OLG Hamm NZG 2006, 620 (621); Baumbach/Hopt/*Merkt* Rdn 3; **aA** Heidel/Schall/*Reich/Szczesny/Voß* HGB Rdn 4.

[17] LG Koblenz MDR 2006, 473; Baumbach/Hopt/*Merkt* Rdn 4 aE.

[18] AllgM, statt vieler MünchKommHGB/*Ballwieser*[3] Rdn 2; KölnKomm-RLR/*Braun* Rdn 4 aE.

[19] Gesetz zur Neuregelung des Kaufmanns- und Firmenrechts und zur Änderung anderer handels- und gesellschaftsrechtlicher Vorschriften (Handelsrechtsreformgesetz – HRefG) vom 22.06.1998 (BGBl. I, S. 1474).

[20] OLG Celle NJW 1968, 2119; ADS Rdn 9; Baetge/Kirsch/Thiele/*Bartone* BilR Rdn 22; HdR-EA/*Isele* Rdn 13; *Radke* BB 1977, 1529.

[21] Beck-HdR-*Bieg/Waschbusch* A 110 Rdn 2; BoHdR-*Krawitz* Rdn 15; KölnKomm-RLR/*Braun* Rdn 9.

in § 257 bezeichneten Unterlagen grundsätzlich, bis die Löschung erfolgt; denn bis dahin konstituiert die Eintragung die vom Gesetz vorausgesetzte Kaufmannseigenschaft. Eine Ausnahme gilt nur, wenn der Betrieb eines Gewerbes vollständig eingestellt wird; die danach anfallenden Unterlagen werden von der Aufbewahrungspflicht nicht mehr erfasst, weil § 5 das Fehlen eines Gewerbebetriebs nicht überbrückt. Wenn keine Firma eingetragen ist, sind die Unterlagen nicht mehr aufbewahrungspflichtig, die nach der Einstellung des Gewerbebetriebs oder nach seinem dauernden Absinken auf ein Kleingewerbe anfallen. Mit dem **Tod des Kaufmanns** gehen bestehende Aufbewahrungspflichten gem. § 1922 BGB auf seine Erben über, und zwar auch dann, wenn sie das Handelsgeschäft nicht fortführen; die Einstellung des Betriebs kann also nur verhindern, dass neue Aufbewahrungspflichten entstehen.[22]

III. Sachlicher Umfang der Aufbewahrungspflicht

1. Unterlagen mit zehnjähriger Aufbewahrungsfrist: Allgemeines (§ 257 Abs. 1 Nr. 1 und 4)

a) **Handelsbücher.** Nach § 257 Abs. 1 Nr. 1 unterliegen zunächst die Handelsbücher der Aufbewahrungspflicht, und zwar für eine Frist von zehn Jahren (§ 257 Abs. 4). Der **Begriff** der Handelsbücher ist für § 257 ebenso zu bestimmen wie für § 238; er umfasst also sämtliche urkundlichen oder nichturkundlichen Informationsträger, die dazu bestimmt und geeignet sind, die Handelsgeschäfte des Kaufmanns und die Lage seines dem Unternehmen gewidmeten Vermögens ersichtlich zu machen (§ 238 Rdn 32). Die jeweils gewählte technische Form ist dabei ohne Belang. Die Handelsbücher sind also so aufzubewahren, wie sie tatsächlich geführt werden (Loseblattsystem, Karteikarten, Computerausdrucke, Magnetbänder usw.); zur Offene-Posten-Buchhaltung vgl. noch Rdn 18 aE. Die zehnjährige Aufbewahrungsfrist gilt allerdings nicht für jede betriebsinterne Aufstellung oder Abrechnung, sondern nur für **Grund- und Hauptbücher** sowie für **Aufzeichnungen mit Nebenbuchfunktion**, soweit diese die Grund- und Hauptbücher im Hinblick auf deren gesetzliche Aufgaben notwendig ergänzen.[23] Die Einordnung kann im Einzelfall schwierig sein. Handelsbücher i.S.d. § 257 Abs. 1 Nr. 1 und damit für zehn Jahre aufbewahrungspflichtig sind jedenfalls:[24] Kontokorrentbuchführung, Kassenbuch, Wechsel- und Scheckkopierbuch, Wareneingangs- und -ausgangsbuch, Anlagen-, Lager- und Lohnbuchführung.[25] **Alphabetische Aufstellung** mit Zuordnung der Aufbewahrungsfristen: *AWV* Aufbewahrungspflichten und -fristen nach Handels- und Steuerrecht[8] S. 27 ff; Haufe HGB BilKomm/*Veldkamp*[2] Rdn 29; *Pulte* NWB Fach 18, 937. 9

b) **Inventare.** Der Begriff des Inventars ergibt sich aus § 240 Abs. 1; aufzubewahren ist also das Verzeichnis der einzelnen oder (soweit zulässig, vgl. § 240 Abs. 3 und 4) in einer Festmenge oder einer Gruppe ermittelten und entsprechend bewerteten Vermögensgegenstände sowie der Schulden; aufzubewahren sind ferner die Unterlagen, die beim 10

---

[22] Ebenso ADS Rdn 11; Baetge/Kirsch/Thiele/*Bartone* BilR Rdn 24; HdR-EA/*Isele* Rdn 22; **aA** *Radke* BB 1977, 1529 (1531).

[23] ADS Rdn 17; BoHdR-*Krawitz* Rdn 24; HdR-EA/*Isele* Rdn 37; KölnKomm-RLR/*Braun* Rdn 15; weiter Beck-HdR-*Bieg/Waschbusch* A 110 Rdn 6; nicht eindeutig Baetge/Kirsch/Thiele/*Bartone* BilR Rdn 31 sowie Ebenroth/Boujong/Joost/Strohn/*Wiedmann* Rdn 9; **aA** Heidel/Schall/*Reich/Szczesny/Voß* HGB Rdn 12 (alle Nebenbücher).

[24] Vgl. auch ADS Rdn 17; Beck BilKomm-*Winkeljohann/Philipps* Rdn 10.

[25] Näher *Müller* WPg 1965, 560 (562 f).

Einsatz von Inventurvereinfachungsverfahren (§ 241) anfallen, beispielsweise das besondere Inventar (vgl. § 241 Rdn 43 ff). Die Aufbewahrungspflicht gilt gleichermaßen für das Anfangsinventar (§ 240 Abs. 1) wie für das Jahresinventar (§ 240 Abs. 2). Rein vorbereitende Aufzeichnungen, z.B. Schmierzettel, aber auch die sogenannten Uraufzeichnungen (Wiegekarten, Lager- und Materiallisten, gleichgültig, ob schriftlich oder unter EDV-Einsatz erstellt) unterliegen jedenfalls dann keiner handelsrechtlichen Aufbewahrungspflicht, wenn ihre Ergebnisse in das Inventar übernommen worden sind.[26] Zur steuerrechtlichen Aufbewahrungspflicht vgl. noch Rdn 49 ff.

11 c) **Eröffnungsbilanzen; Jahresabschlüsse; Einzelabschlüsse nach § 325 Abs. 2a; Lageberichte. aa) Eröffnungsbilanzen.** § 44 Abs. 1 Nr. 1 a.F. sprach einfach von Bilanzen; die differenziertere Terminologie des BiRiLiG schlägt sich auch in § 257 Abs. 1 Nr. 1 nieder, ohne dass damit sachliche Änderungen angestrebt worden wären (vgl. schon Rdn 2). Die **Eröffnungsbilanz** ist nach § 242 Abs. 1 derjenige Abschluss, der das Verhältnis von Vermögen und Schulden zu Beginn des Handelsgewerbes darstellt; wegen der Einzelheiten vgl. § 242 Rdn 23 ff. Nicht gemeint ist also die Eröffnungsbilanz des jeweiligen Geschäftsjahrs, die in § 252 Abs. 1 Nr. 1 genannt ist.[27] Ihre Aufbewahrung kann vom Gesetz schon deshalb nicht sinnvoll angeordnet werden, weil die Aufstellung einer förmlichen Eröffnungsbilanz neben der Schlussbilanz des vorhergehenden Geschäftsjahrs nicht erforderlich ist; § 252 Abs. 1 Nr. 1 bezieht sich auf die Saldenvorträge der Bestandskonten (bzw. die Eröffnungsbuchungen) und bringt das Prinzip der Bilanzidentität zum Ausdruck.[28]

12 **bb) Jahresabschluss und Lagebericht; Einzelabschluss nach § 325 Abs. 2a. Allgemeines.** Der Begriff des Jahresabschlusses ist der Legaldefinition des § 242 Abs. 3 zu entnehmen. Ein aufbewahrungspflichtiger Jahresabschluss ist auch der Abschluss eines Rumpfgeschäftsjahrs (vgl. § 240 Rdn 36 ff) bei Umstellung der bisherigen Rechnungsperiode.[29] Der zehnjährigen Aufbewahrungsfrist unterliegt nicht nur die **Bilanz,** sondern auch die **GuV.** Der Jahresabschluss ist – unabhängig von der Rechtsgrundlage – in der gesetzlich vorgeschriebenen Form aufzubewahren, d.h. ggf. sind auch die Vorgaben des **§ 5 PublG** zu beachten. Bei Kapitalgesellschaften und Personenhandelsgesellschaften i.S.d. § 264a bildet der **Anhang** den dritten Bestandteil des Jahresabschlusses (§§ 264 Abs. 1 S. 1, 284 ff). Gem. § 264 Abs. 1 S. 2 müssen kapitalmarktorientierte Gesellschaften i.S.d. § 264d, die nicht zur Aufstellung eines Konzernabschlusses verpflichtet sind, ihren Jahresabschluss zusätzlich um eine **Kapitalflussrechnung** und einen **Eigenkapitalspiegel** erweitern; sie können ferner eine **Segmentberichterstattung** aufstellen. Als Bestandteile des Jahresabschlusses unterliegen auch der Anhang und die Unterlagen nach § 264 Abs. 1 S. 2 (einschließlich der Segmentberichterstattung, wenn sie aufgestellt wird) der zehnjährigen Aufbewahrungspflicht. Der **Lagebericht** gehört demgegenüber nicht zu den gesetzlichen Bestandteilen des Jahresabschlusses (§§ 264 Abs. 1 S. 1, 289). Deshalb war es notwendig, ihn in § 257 Abs. 1 Nr. 1 neben dem Jahresabschluss gesondert der Aufbewahrungspflicht zu unterwerfen. Der **Einzelabschluss nach § 325 Abs. 2a** kann nur zusätzlich zu einem Jahresabschluss aufgestellt werden, und zwar für Zwecke der Offen-

---

[26] ADS Rdn 20; Baetge/Kirsch/Thiele/*Bartone* BilR Rdn 32; HdR-EA/*Isele* Rdn 41; MünchKommHGB/*Ballwieser*[3] Rdn 4.

[27] ADS Rdn 21; Baetge/Kirsch/Thiele/*Bartone* BilR Rdn 33; HdR-EA/*Isele* Rdn 42.

[28] HdR-EA/*Isele* Rdn 42; zur Behandlung von nach § 252 Abs. 2 möglichen Abweichungen BoHdR-*Krawitz* Rdn 28 aE.

[29] KölnKomm-RLR/*Braun* Rdn 19; MünchKommHGB/*Ballwieser*[3] Rdn 6.

legung im Bundesanzeiger nach § 325 Abs. 2. Geschieht dies, ist *auch* der Einzelabschluss nach § 325 Abs. 2a für zehn Jahre aufzubewahren; welche Unterlagen Teil eines solchen Einzelabschlusses sind, ergibt sich aus den internationalen Rechnungslegungsstandards, nach denen der Abschluss aufgestellt wird – ggf. im Zusammenspiel mit ergänzend anwendbarem nationalen Recht (vgl. § 315a Abs. 1 i.V.m. § 325 Abs. 2a S. 1).

Einzelfragen: Unterschrift; Feststellung; Prüfungsvermerk. Der Aufbewahrungspflicht **13** unterliegt der endgültig aufgestellte Jahresabschluss. Das ist bei Einzelkaufleuten im Allgemeinen derjenige Abschluss, für den der Kaufmann durch die in § 245 geforderte **Unterschrift** die öffentliche Verantwortung übernommen hat (vgl. § 245 Rdn 1, 5). Soweit im Einzelfall auch ein nicht unterschriebener Jahresabschluss endgültig aufgestellt ist (§ 245 Rdn 14),[30] genügt jedoch dessen Aufbewahrung der Pflicht des § 257 Abs. 1 Nr. 1, so dass auch eine Bestrafung nach §§ 283 Abs. 1 Nr. 6, 283b Abs. 1 Nr. 2 StGB ausscheidet. **Bei Gesellschaften** fragt sich, ob der aufgestellte oder der festgestellte Jahresabschluss (dazu § 242 Rdn 16 ff, 20 ff) aufzubewahren ist. Sinnvoll kann sich das öffentliche Interesse an der Aufbewahrung nicht mit der Aufstellung als Maßnahme der Geschäftsführung in der Innensphäre der Gesellschaft (§ 242 Rdn 17), sondern nur mit der Feststellung verbinden, weil erst sie die Entwurfsphase beendet und dem Jahresabschluss rechtliche Verbindlichkeit verleiht (§ 242 Rdn 18). Die Aufbewahrungspflicht bezieht sich deshalb auf den **festgestellten Jahresabschluss**[31] (vgl. auch § 257 Abs. 5 und dazu Rdn 43). In Konsequenz muss sich aus dem aufbewahrten Abschluss auch dessen Feststellungsfähigkeit ergeben; bei prüfungspflichtigen Gesellschaften muss deshalb der **Prüfungsvermerk** (Bestätigungsvermerk mit oder ohne Einschränkungen oder Versagung des Bestätigungsvermerks, vgl. § 322) ersichtlich sein.[32] Keine handelsrechtliche Aufbewahrungspflicht besteht hinsichtlich des **Prüfungsberichts** (§ 321, vgl. aber § 321a Abs. 1).[33]

Größenabhängige Erleichterungen können sich zum einen auf den Jahresabschluss **14** selbst, zum anderen auf dessen Offenlegung beziehen. Wenn kleine Kapitalgesellschaften (§ 267 Abs. 1) die Bilanz, die GuV oder den Anhang nur in verkürzter Form aufstellen (§§ 266 Abs. 1 S. 3, 276, 288), ist der Jahresabschluss auch nur in dieser Form festzustellen und aufzubewahren. Das gilt auch dann, wenn einem Aktionär auf sein Verlangen **in der Hauptversammlung nach § 131 Abs. 1 S. 3 AktG der ungekürzte Jahresabschluss vorgelegt** wird; denn die Erfüllung des Informationsanspruchs des Aktionärs[34] ändert nichts daran, dass der verkürzte Abschluss der Jahresabschluss i.S.d. Gesetzes ist.[35] Machen kleine oder mittelgroße Kapitalgesellschaften bei der **Offenlegung** von den **Erleichterungen der §§ 326, 327** Gebrauch, muss die offengelegte Fassung nicht zusätzlich zum Jahresabschluss aufbewahrt werden. Denn die beschränkte Offenlegung führt

---

[30] RGZ 112, 19 (25); OLG Karlsruhe WM 1987, 523 (536).

[31] Ensthaler/*Lezius*[7] Rdn 9.

[32] I.E. ebenso ADS Rdn 24; Beck BilKomm-*Winkeljohann/Philipps* Rdn 11; BoHdR-*Krawitz* Rdn 32; Ensthaler/*Lezius*[7] Rdn 9; HdR-EA/*Isele* Rdn 44; KölnKomm-RLR/*Braun* Rdn 19; MünchKommHGB/*Ballwieser*[3] Rdn 6.

[33] BoHdR-*Krawitz* Rdn 32; Ensthaler/*Lezius*[7] Rdn 9; HdR-EA/*Isele* Rdn 44 (dort auch zur Situation im Steuerrecht); KölnKomm-RLR/*Braun* Rdn 22; im Grundsatz ebenso ADS Rdn 27, aber auch Rdn 43 f; **aA** Ebenroth/Boujong/Joost/Strohn/*Wiedmann* Rdn 12 (der die Aufbewahrungspflicht nach § 257 Abs. 1 Nr. 1 zudem auf Vorstands- und Aufsichtsratsprotokolle erstrecken will; dies lässt sich mit dem Gesetz indes nicht vereinbaren); ähnlich ADS Rdn 43 ff; Haufe HGB Bil-Komm/*Veldkamp*[2] Rdn 16.

[34] Vgl. dazu Ausschussbericht, BT-Drucks. 10/4268, S. 124.

[35] Ebenso ADS Rdn 25; **aA** noch KölnKomm-AktG/*Claussen/Korth*[2] Rdn 6.

nicht zu einem zweiten Jahresabschluss und die offengelegte Fassung hat gegenüber dem Jahresabschluss auch keinen zusätzlichen Informationswert.[36]

15 cc) **Sonstige Bilanzen.** Durch die Präzisierung des Gesetzeswortlauts gegenüber § 44 Abs. 1 Nr. 1 a.F. werden andere als Eröffnungsbilanzen und Bilanzen als Teil des Jahresabschlusses bzw. Einzelabschlusses nach § 325 Abs. 2a (vgl. die Zusammenstellung in § 242 Rdn 13) nach dem Wortlaut des § 257 Abs. 1 Nr. 1 nicht von der Aufbewahrungspflicht erfasst. Auch nach Sinn und Zweck der Vorschrift (Rdn 1) kann eine Pflicht zur Aufbewahrung nur bestehen, soweit die jeweilige Sonderbilanz nach dem Zweck der Rechnungslegung mit den genannten Bilanzen funktional vergleichbar ist; die Einzelheiten sind bislang kaum geklärt. Immerhin lässt sich festhalten: **Freiwillig erstellte (Zwischen-)Abschlüsse** unterliegen nicht der Aufbewahrungspflicht.[37] Dasselbe gilt für Bilanzen, die zwar gesetzlich vorgesehen sind, aber nur für das Verhältnis der Gesellschafter zueinander Bedeutung haben; charakteristischer Fall ist die **Auseinandersetzungsbilanz** (§ 738 BGB); diese kann jedoch gem. § 257 Abs. 1 Nr. 4 aufbewahrungspflichtig sein, wenn sie z.B. als Buchungsbeleg für den Abfindungsanspruch dient.[38] Die gesetzliche Aufbewahrungspflicht für Abschlüsse, Mitteilungen oder Berichte, die spezielle, z.B. **kapitalmarktrechtliche Informationspflichten** erfüllen, ist schon deshalb zu verneinen, weil sie keine Bilanzen im Rechtssinne darstellen.[39] Dagegen sind **Schlussbilanzen** Jahresbilanzen für das letzte (Rumpf-)Geschäftsjahr der kaufmännischen Tätigkeit (§ 242 Rdn 43 f) und deshalb aufbewahrungspflichtig; zur bloßen Umstellung des Geschäftsjahrs vgl. Rdn 12. Bilanzen, die nach § 209 Abs. 2 AktG bzw. § 57 f GmbHG bei **Kapitalerhöhungen aus Gesellschaftsmitteln** aufgestellt werden, sind nach § 257 Abs. 1 Nr. 1 aufbewahrungspflichtig.[40] Bei Bilanzen im Rahmen von **Umwandlungsvorgängen** ist eine Aufbewahrungspflicht nach § 257 Abs. 1 Nr. 1 anzunehmen, soweit sie ihrer Funktion nach auch als Schlussbilanz der untergehenden Gesellschaft dienen (vgl. auch § 242 Rdn 26 f).[41] Die **Liquidationseröffnungsbilanz** und die anschließenden **Liquidationsjahresabschlüsse** der AG und der GmbH (vgl. § 242 Rdn 52) fallen schon nach dem Wortlaut der §§ 270 Abs. 1 AktG, 71 Abs. 1 GmbHG unter § 257 Abs. 1 Nr. 1 und unterliegen daher der Aufbewahrungspflicht; nach der Löschung der Gesellschaft sind sie gem. §§ 273 Abs. 2 AktG, 74 Abs. 2 GmbHG zu hinterlegen. Bei OHG und KG tritt die Liquidationsrechnungslegung anders als bei AG und GmbH nach heute wohl hM nur neben die externe Rechnungslegung, ersetzt diese aber nicht (vgl. § 242 Rdn 51).[42] Folgt man dem, wird man eine Aufbewahrungspflicht nach § 257 Abs. 1 Nr. 1 für die Unterlagen der rein internen Liquidationsrechnungslegung konsequenterweise verneinen müssen.

d) **Organisationsunterlagen**

16 aa) **Grundsatz.** Nach § 257 Abs. 1 Nr. 1 aufbewahrungspflichtig sind diejenigen Organisationsunterlagen, insbes. die beispielhaft hervorgehobenen Arbeitsanweisungen,

---

36 ADS Rdn 25; HdR-EA/*Isele* Rdn 45.
37 ADS Rdn 26; Ebenroth/Boujong/Joost/Strohn/*Wiedmann* Rdn 12; HdR-EA/*Isele* Rdn 46.
38 ADS Rdn 26; HdR-EA/*Isele* Rdn 47; Köln-Komm-RLR/*Braun* Rdn 21.
39 I.E. ebenso KölnKomm-RLR/*Braun* Rdn 21; ferner ADS Rdn 26; HdR-EA/*Isele* Rdn 47.
40 ADS Rdn 26; KölnKomm-RLR/*Braun* Rdn 21; MünchKommHGB/*Ballwieser*[3] Rdn 6.
41 ADS Rdn 26; KölnKomm-RLR/*Braun* Rdn 21.
42 Dazu ausf. Budde/Förschle/Winkeljohann/*Förschle/Deubert* Sonderbilanzen[4] Abschn. S Rdn 40 ff; Ebenroth/Boujong/Joost/Strohn/*Hillmann* § 154 Rdn 1 ff.

die zum Verständnis der Handelsbücher, Inventare, Eröffnungsbilanzen, Jahresabschlüsse usw. erforderlich sind. Als **Maßstab für die Beurteilung** des Erforderlichen kann wegen des Sachzusammenhangs zwischen Führung und Aufbewahrung der Handelsbücher (vgl. Rdn 1) auf § 238 Abs. 1 S. 2 zurückgegriffen werden.[43] Es müssen deshalb diejenigen Arbeitsanweisungen und sonstigen Organisationsunterlagen vorhanden sein, die ein **sachverständiger Dritter** benötigt, um sich **in angemessener Zeit** aus den aufbewahrten Unterlagen einen Überblick über die Geschäftsvorfälle und die Lage des Unternehmens zum jeweils relevanten Zeitpunkt innerhalb der Aufbewahrungsfrist zu verschaffen; wegen der Einzelheiten vgl. § 238 Rdn 58.

bb) **Einzelfragen.** Aufbewahrungspflichtig sind zunächst die **betriebsinternen Anweisungen** zur Organisation der Buchführung. Hierher gehören jedenfalls: Kontenrahmen und -plan (vgl. auch § 238 Rdn 49), Anweisungen zur Kontierung, zu den Modalitäten der Buchführung, zu den Ordnungs- und Abstimmungsverfahren und zur Gewährleistung der Sicherheit;[44] **Gesellschafterbeschlüsse** oder **Vorstands- und Aufsichtsratsprotokolle** werden demgegenüber nur selten aufbewahrungspflichtig sein.[45] Als Organisationsunterlage unterliegt der Aufbewahrungspflicht die **System- oder Verfahrensdokumentation**, die für das Verständnis und die Überprüfung einer computergestützten Buchführung erforderlich ist (vgl. auch Rdn 34).[46] Der notwendige Umfang einer solchen Dokumentation hängt von der Komplexität des jeweiligen EDV-Systems ab und lässt sich deshalb nur im Einzelfall bestimmen. Eine Übersicht über die Informationen, die ein sachverständiger Dritter in angemessener Zeit (Rdn 16) aus der Dokumentation gewinnen können muss, vermitteln Ziff. 6 GoBS (§ 239 Rdn 24 ff) und die Stellungnahme IDW RS FAIT 1[47] unter Tz. (53 ff); vgl. auch § 239 Rdn 27.[48] Zu beachten ist insbes., dass auch Verfahrensänderungen dokumentiert werden müssen, und zwar so, dass sich das jeweils angewandte Verfahren zeitlich exakt eingrenzen lässt; auch Überleitungsmaßnahmen sind zu dokumentieren.[49] Bei EDV-Buchführung außer Haus muss die im Rechenzentrum geführte Verfahrensdokumentation so schnell verfügbar sein (die entsprechende Vertragsgestaltung obliegt dem Aufbewahrungspflichtigen, vgl. § 238 Rdn 20 aE), dass die im Unternehmen vorhandenen Unterlagen (also bei räumlicher Trennung von Buchführung und Aufbewahrung, vgl. aber auch Rdn 27) dem sachverständigen Dritten in angemessener Zeit verständlich werden.[50] **Prüfungsberichte** des Abschlussprüfers sind generell keine Organisationsunterlagen i.S.d. § 257 Abs. 1 Nr. 1.[51] **17**

e) **Buchungsbelege (§ 257 Abs. 1 Nr. 4).** Für die Dauer von zehn Jahren aufzubewahren sind heute gem. § 257 Abs. 4 (s. Rdn 3a) auch die Buchungsbelege (§ 257 Abs. 1 Nr. 4), soweit sie ab dem 1.1.1992 angefallen sind. Die gesetzliche Aufbewahrungspflicht wurde insoweit erstmals durch die Novelle 1965 ausgesprochen, folgte aber schon zuvor aus dem Belegprinzip (vgl. § 238 Rdn 59; § 239 Rdn 10 f), das als Ausprägung der GoB anerkannt war[52] und sich auch auf die Buchführungsrichtlinien 1937 (Abdruck: § 238 **18**

---

[43] HdR-EA/*Isele* Rdn 51; MünchKommHGB/*Ballwieser*[3] Rdn 10; so bereits *ADS*[5] Rdn 30.
[44] Vgl. ADS Rdn 31; *Müller* WPg 1965, 560 f; *Wanik* AG 1975, 62 (63 f).
[45] Vgl. BoHdR-*Krawitz* Rdn 39; weiter offenbar HdR-EA/*Isele* Rdn 52 aE.
[46] Vgl. dazu HdR-EA/*Isele* Rdn 52.
[47] WPg 2002, 1157.
[48] Vgl. auch *Minz* WPg 1973, 257 (260); *Schulze-Osterloh* WM 1977, 606 (611).
[49] ADS Rdn 33.
[50] ADS[5] Rdn 32; ähnlich HdR-EA/*Isele* Rdn 53 (Beibringung i.d.R. innerhalb von 24 Stunden) und ADS Rdn 32.
[51] BoHdR-*Krawitz* Rdn 39.
[52] BGH BB 1954, 455.

Rdn 48) zurückführen lässt (vgl. dort II 12). Hinsichtlich der Fristlänge ist der Gesetzgeber des SteueränderungsG 1998 zum Stand von 1959 zurückgekehrt (Rdn 3a). Im Rahmen der **Offene-Posten-Buchführung** (§ 239 Abs. 4 S. 1; s. dort Rdn 20) ergab sich die zehnjährige Aufbewahrungsfrist für Belege mit Buchfunktion allerdings schon vorher aus § 257 Abs. 1 Nr. 1.[53]

19 Im Einzelnen ist zwischen externen und internen Belegen zu unterscheiden (vgl. schon § 239 Rdn 11).[54] **Externe Belege** resultieren aus dem Verkehr mit Geschäftspartnern (Rechnungen, Zahlungsnachweise) und sind deshalb weithin schon gem. § 257 Abs. 1 Nr. 2 und 3 aufbewahrungspflichtig. Insoweit findet § 257 Abs. 1 Nr. 4 keine direkte Anwendung. Allerdings sind die Geschäftsvorfälle regelmäßig auch durch einen internen Buchungsvermerk zu erfassen, der häufig auf den externen Belegen erfolgt (z.B. Buchungsanweisungen, Kontierungsstempel) – dann gilt über § 257 Abs. 1 Nr. 4 die zehnjährige Aufbewahrungspflicht.[55] **Interne Belege** gehen auf innerbetriebliche Vorgänge zurück. Insoweit folgt deshalb die Aufbewahrungspflicht nur aus § 257 Abs. 1 Nr. 4. Als Beispiele sind zu nennen:[56] Lohn- und Gehaltslisten, Materialentnahme- und Materialrückgabescheine, aber auch Anweisungen zur Vornahme von Stornobuchungen, Abschluss- oder Umbuchungen. Soweit kein externer Beleg existiert, können auch Telefonnotizen über ein mit Dritten abgeschlossenes Geschäft als interner Buchungsbeleg dienen und deshalb unter diesem Gesichtspunkt (dagegen nicht als Handelsbrief, vgl. Rdn 22 f) aufbewahrungspflichtig sein.

2. Insbesondere: Unterlagen der Konzernrechnungslegung (§ 257 Abs. 1 Nr. 1)

20 a) **Konzernabschlüsse und -lageberichte.** Seit dem BiRiLiG erstreckt § 257 Abs. 1 Nr. 1 die Aufbewahrungspflicht ausdrücklich auf Konzernabschlüsse und -lageberichte. Der Begriff des Konzernabschlusses ergibt sich aus § 297 Abs.1; Teil des Konzernabschlusses und demnach aufbewahrungspflichtig sind Konzernbilanz, Konzern-Gewinn- und Verlustrechnung, Konzernanhang (§§ 313 f), Kapitalflussrechnung und Eigenkapitalspiegel sowie die ggf. freiwillig aufgestellte Segmentberichterstattung.[57] Der Konzernabschluss ist – unabhängig von der Rechtsgrundlage (namentlich §§ 290 ff; § 11 PublG; Art. 4 IAS-VO[58] i.V.m. § 315a) – in der gesetzlich vorgeschriebenen Form aufzubewahren, d.h. ggf. sind die Vorgaben in **§ 13 PublG** oder der europarechtlich übernommenen **IFRS** i.V.m. **§ 315a Abs. 1** maßgeblich.[59] Der Konzernlagebericht (§ 315) ist nicht Teil des Konzernabschlusses, weswegen die Aufbewahrungspflicht in § 257 Abs. 1 Nr. 1 gesondert angeordnet ist. Wie beim prüfungspflichtigen Jahresabschluss (Rdn 13 aE) sind

---

53 ADS Rdn 41.

54 Vgl. ADS Rdn 38 f.

55 HdR-EA/*Isele* Rdn 55; s. ferner ADS Rdn 38; BoHdR-*Krawitz* Rdn 55; KölnKomm-RLR/*Braun* Rdn 26.

56 Vgl. auch ADS Rdn 39.

57 Baetge/Kirsch/Thiele/*Bartone* BilR Rdn 35; KölnKomm-RLR/*Braun* Rdn 23; MünchKommHGB/*Ballwieser*[3] Rdn 9; **aA** (keine Aufbewahrungspflicht hinsichtlich der Segmentberichterstattung) HdR-EA/*Isele* Rdn 49.

58 Verordnung (EG) Nr. 1606/2002 des Europäischen Parlaments und des Rates vom 19.7.2002 betreffend die Anwendung internationaler Rechnungslegungsstandards (ABl. EG Nr. L 243, S. 1), zuletzt geändert durch Verordnung (EG) Nr. 297/2008 des Europäischen Parlaments und des Rates vom 11.3.2008 zur Änderung der Verordnung (EG) Nr. 1606/2002 betreffend die Anwendung internationaler Rechnungslegungsstandards im Hinblick auf die der Kommission übertragenen Durchführungsbefugnisse (ABl. EG Nr. L 97, S. 62).

59 HdR-EA/*Isele* Rdn 49.

auch beim Konzernabschluss die mit **Prüfungsvermerk** (vgl. § 316 Abs. 2) versehenen Unterlagen aufzubewahren.[60]

b) **Freiwillig aufgestellte Konzernabschlüsse** sind grundsätzlich nicht aufbewahrungspflichtig. Anderes gilt nur dann, wenn die Abschlüsse zur Beurteilung der Ordnungsmäßigkeit der Rechnungslegung Bedeutung haben. Das kann der Fall sein, wenn **Probeabschlüsse** aufgestellt wurden, um das **Erreichen der Schwellenwerte nach § 293 Abs. 1 S. 1 Nr. 2 oder § 11 Abs. 1 Nr. 1 und 2 PublG** zu überprüfen: Ergibt die Addition der Bilanzsummen der einzelnen Jahresabschlüsse, dass der Schwellenwert nach § 293 Abs. 1 S. 1 Nr. 1 unterschritten wird und liegt auch die Zahl der Beschäftigten unter der in § 293 Abs. 1 S. 1 Nr. 3 genannten Zahl, kommt es auf den Schwellenwert nach § 293 Abs. 1 S. 1 Nr. 2 nicht an. Dann sind die Probeabschlüsse nicht aufbewahrungspflichtig. Ergibt die Addition der Bilanzsummen der einzelnen Jahresabschlüsse demgegenüber, dass der Schwellenwert nach § 293 Abs. 1 S. 1 Nr. 1 überschritten ist, sind die Probeabschlüsse zwingend aufzubewahren, da nur über sie das Unter- bzw. Überschreiten des in § 293 Abs. 1 S. 1 Nr. 2 normierten Schwellenwerts dokumentiert wird.[61] Unternehmen, die Probeabschlüsse aufstellen, um zu beurteilen, ob sie nach § 290 bzw. § 11 PublG zur Aufstellung eines Konzernabschlusses verpflichtet sind, müssen diese Probeabschlüsse stets aufbewahren, da das Überschreiten des Schwellenwerts sowohl nach § 11 Abs. 1 Nr. 1 PublG als auch nach Nr. 2 der Vorschrift nur auf Grundlage eines konsolidierten Abschlusses beurteilt werden kann.[62] In allen Fällen besteht keine Pflicht zur Aufbewahrung der Probeabschlüsse, wenn schließlich ein Konzernabschluss aufgestellt wird. Stellt ein **nach §§ 291 f befreites Tochterunternehmen** einen Konzernabschluss auf, muss es diesen aufbewahren, wenn es ihn prüfen lässt und offenlegt – denn dann nimmt es die Befreiung nach §§ 291 f schlicht nicht in Anspruch; wird der Konzernabschluss hingegen nicht geprüft und offengelegt, sondern nur aufgestellt, handelt es sich um einen freiwillig aufgestellten Konzernabschluss, der nicht aufzubewahren ist.[63] **20a**

c) **Nebenrechnungen zur Konsolidierungsvorbereitung.** Es gibt keine gesetzliche Verpflichtung zur Konzernbuchführung in dem Sinn, dass der Konzernabschluss unmittelbar aus Handelsbüchern des Konzerns abgeleitet werden müsste. Die vorgeschriebene Konsolidierung in einem eigenständigen, die Jahresabschlüsse des Mutter- und der Tochterunternehmen zusammenfassenden Abschluss (§§ 300 ff) setzt jedoch voraus, dass die Einzelabschlüsse der Tochterunternehmen (sogenannte Handelsbilanz I) so umgearbeitet werden, dass sie auch hinsichtlich der ausländischen Töchter den Anforderungen des deutschen Bilanzrechts einschließlich der GoB und überdies den Grundsätzen entsprechen, die das Mutterunternehmen für die Konzernbilanz entwickelt hat (sogenannte Handelsbilanz II). Die für die Handelsbilanz II erforderlichen Nebenrechnungen sind Handelsbücher i.S.d. § 238 und deshalb aufbewahrungspflichtig; Schuldnerin der Pflicht ist die als Mutterunternehmen fungierende Gesellschaft.[64] Entsprechendes gilt für Zwischenabschlüsse nach § 299 Abs. 2 Satz 2.[65] **21**

---

60 ADS Rdn 28.

61 ADS Rdn 29; HdR-EA/*Isele* Rdn 50; KölnKomm-RLR/*Braun* Rdn 23b.

62 ADS Rdn 29; wohl auch KölnKomm-RLR/*Braun* Rdn 23b.

63 ADS Rdn 29; HdR-EA/*Isele* Rdn 50; KölnKomm-RLR/*Braun* Rdn 23a.

64 ADS Rdn 17, 28; HdR-EA/*Isele* Rdn 38; s.a. Beck BilKomm-*Winkeljohann/Philipps* Rdn 13 aE.

65 Heidel/Schall/*Reich/Szczesny/Voß* HGB Rdn 19.

22 **3. Unterlagen mit sechsjähriger Aufbewahrungsfrist: Handelskorrespondenz (§ 257 Abs. 1 Nr. 2 und 3, Abs. 2).** Die Handelskorrespondenz umfasst die empfangenen und Wiedergaben der abgesandten **Handelsbriefe** (§ 257 Abs. 1 Nr. 2 und 3). Die Aufbewahrungsfrist beträgt nach § 257 Abs. 4 sechs Jahre. Handelsbriefe sind nach der **Legaldefinition** des § 257 Abs. 2 nur Schriftstücke, die ein Handelsgeschäft betreffen. Der Begriff ist damit **enger als** der des **Geschäftsbriefs** in §§ 37a Abs. 1, 125a Abs. 1.[66] Nach § 257 Abs. 2 muss zunächst ein Schriftstück vorliegen; die Art und Weise der Herstellung und der Versendung ist gleichgültig. Auch Telegramme, Fernschreiben, Telefaxe,[67] usw. sowie elektronisch übermittelte Nachrichten (**E-Mail**,[68] Datenträgeraustausch, Internet, EDI, SGML, XBRL, etc.)[69] können deshalb bei Vorliegen der weiteren Voraussetzungen Handelsbriefe sein.[70] Erforderlich ist aber, dass das Schriftstück von einem Dritten empfangen oder an ihn abgegangen ist; **Telefonnotizen** sind deshalb entgegen der hM[71] weder Handelsbriefe noch als solche zu behandeln, sie können allerdings als Buchungsbelege aufbewahrungspflichtig sein (Rdn 19 aE).[72] Anlagen sind als Bestandteil des Handelsbriefs dann aufbewahrungspflichtig, wenn dieser ohne sie nicht verständlich oder als Dokumentation des Geschäftsvorfalls sonst unzureichend ist.[73]

23 Ferner muss sich das Schriftstück auf ein **Handelsgeschäft** beziehen. Maßgeblich für den Begriff des Handelsgeschäfts sind die §§ 343–345.[74] Weil es bei Handelsgesellschaften keine Privatsphäre gibt, sind ihre Geschäfte stets Handelsgeschäfte. Bei Einzelkaufleuten werden nicht nur die typischen Geschäfte erfasst, sondern auch solche, die sich nur mittelbar auf das Handelsgewerbe beziehen,[75] auch ungewöhnliche, auch Vorbereitungs- und Abwicklungsgeschäfte. In Zweifelsfällen greift die Vermutung des § 344 Abs. 1 ein. Schließlich genügt nicht jeder Bezug des Schriftstücks zu einem Handelsgeschäft; die Aufbewahrungspflicht erfasst vielmehr nach § 257 Abs. 2 nur solche Schriftstücke, die ein Handelsgeschäft betreffen. Die Voraussetzung ist erfüllt, wenn es um die **Vorbereitung**, den **Abschluss**, die **Durchführung** oder die **Rückgängigmachung** des Geschäfts geht.[76] Allgemeine Informationen, Werbematerial wie Prospekte oder Postwurfsendungen, Glückwunschschreiben oder erfolglose Angebote sind dagegen nicht aufbewahrungspflichtig.[77] Als Richtschnur kann gelten, dass Korrespondenz dann aufzubewahren ist, wenn sie sich auf ein hinreichend konkretisiertes Geschäft bezieht und über ein ein-

[66] HdR-EA/*Isele* Rdn 57; zum Begriff des Geschäftsbriefs etwa Staub/*Burgard* § 37a Rdn 11.

[67] Vgl. dazu Beck BilKomm-*Winkeljohann/Philipps* Rdn 15; wie hier die ganz hM, s. nur BoHdR-*Krawitz* Rdn 44; Ensthaler/*Lezius*[7] Rdn 7; MünchKommAktG/*Graf*[2] Rdn 12; MünchKommBilR/*Graf* Rdn 13.

[68] Vgl. dazu etwa *Böhme* K&R 2004, 176 (177); *Eckhardt* DuD 2008, 103.

[69] Dazu IDW RS FAIT 3 Tz. (20 ff); vgl. zu EDI auch IDW RS FAIT 2 Tz. (47).

[70] ADS Rdn 34; Baetge/Kirsch/Thiele/*Bartone* BilR Rdn 52; Beck BilKomm-*Winkeljohann/Philipps* Rdn 15; *Dauen* S. 11; HdR-EA/*Isele* Rdn 57; Heidelberger Komm/*Kirnberger* HGB[7] Rdn 2; KölnKomm-RLR/*Braun* Rdn 25; MünchKommHGB/*Ballwieser*[3] Rdn 12.

[71] ADS Rdn 34; Beck BilKomm-*Winkeljohann/Philipps* Rdn 15; BoHdR-*Krawitz* Rdn 48; Haufe HGB BilKomm/*Veldkamp*[2] Rdn 15; HdR-EA/*Isele* Rdn 57; KölnKomm-RLR/*Braun* Rdn 25.

[72] So wohl auch *Trappmann* DB 1990, 2437 (2438) (aufbewahrungspflichtiger Beleg).

[73] *Trappmann* DB 1990, 2437 f.

[74] AllgM, vgl. z.B. ADS Rdn 34; Baumbach/Hopt/*Merkt* Rdn 1.

[75] BGH NJW 1960, 1852 f; BGHZ 63, 32 (35).

[76] Begr. RegE zum Gesetz zur Änderung des HGB und der RAO vom 2.8.1965 (BGBl. I, S. 665), BT-Drucks. IV/2865, S. 8; vgl. auch ADS Rdn 34; Schlegelberger/*Hildebrandt/Steckhan* §§ 44–44b Rdn 5.

[77] Vgl. ADS Rdn 34; ferner bereits *Höllig* DB 1965, 1061 f.

seitiges Angebot hinaus geht; dass es zwingend **zu einem Geschäftsabschluss gekommen** sein muss,[78] sollte man angesichts des umfassenden Dokumentationszwecks der Rechnungslegung nicht verlangen. Im Einzelnen werden als Beispiele für Handelsbriefe genannt:[79] Aufträge samt Ergänzungen; Auftragsbestätigungen; Versandanzeigen; Lieferscheine, Frachtbriefe; Rechnungen; Reklamationen, Stellungnahmen von Lieferanten zu Reklamationen; Gutschriften; Zahlungsbelege wie Schecks, Überweisungsträger und entsprechende Abrissteile oder Durchschriften, Kontoauszüge und -abschlüsse, Barquittungen; schriftliche oder notarielle Verträge.

4. Abschließender Charakter der Regelung. Während nach § 147 Abs. 1 Nr. 5 AO auch „sonstige", für die Besteuerung relevante Unterlagen aufbewahrungspflichtig sind (vgl. noch Rdn 50), kennt **§ 257 Abs. 1 keine vergleichbare Ergänzung.** Die gesetzliche Aufzählung ist deshalb abschließend; was nicht unter § 257 Abs. 1 subsumiert werden kann, unterliegt keiner handelsrechtlichen Aufbewahrungspflicht.[80] Die Aufbewahrung weiterer, vom Gesetz nicht erfasster Unterlagen – zu nennen sind namentlich Protokolle über Sitzungen des Vorstands, es sei denn, sie enthalten Arbeitsanweisungen i.S.d. § 257 Abs. 1 Nr. 1 (Rdn 16 f), des Aufsichtsrats und von Ausschüssen dieser Organe, ferner die Prüfungsberichte des Abschlussprüfers sowie etwa auf freiwilliger Basis erstellte (Zwischen-)Abschlüsse – kann sinnvoll und als Bestandteil der **Pflicht zur ordnungsgemäßen Geschäftsführung im Einzelfall** bei Handelsgesellschaften auch zivilrechtlich geboten sein. Um einen Anwendungsfall der öffentlich-rechtlichen Aufbewahrungspflicht geht es jedoch nicht; deshalb sollte auch nicht von Lücken der handelsrechtlichen Regelung in § 257 gesprochen werden.[81] 24

IV. Art und Weise der Aufbewahrung

1. Geordnete Aufbewahrung (§ 257 Abs. 1, Einleitungshalbsatz)

a) **Ableitung von Anforderungen aus § 238 Abs. 1 S. 2 und 3.** Das Gesetz verlangt in § 257 Abs. 1 die geordnete Aufbewahrung der Unterlagen. Wegen des Sachzusammenhangs zwischen der Führung und der Aufbewahrung der Handelsbücher (Rdn 1) sind die damit gestellten Anforderungen anhand von § 238 Abs. 1 S. 2 und 3 zu konkretisieren (vgl. auch schon Rdn 16).[82] Die Aufbewahrung erfolgt geordnet, wenn ein sachverständiger Dritter den Überblick über die Geschäftsvorfälle oder die Unternehmenslage zu einem zurückliegenden Zeitpunkt innerhalb der Aufbewahrungspflicht aus dem archivierten Schriftgut in angemessener Zeit gewinnen und dabei Entstehung und Abwicklung der Geschäftsvorfälle verfolgen kann. 25

b) **Systematische Ablage.** Wie Ablage und Registratur zu erfolgen haben, regelt das Gesetz nicht. Es ist Sache der kaufmännischen Praxis, die geforderte Ordnung herzustellen und die dafür notwendigen Systeme zu entwickeln. Als grobe Richtschnur kann gelten: Handelsbücher, Inventare, Abschlüsse sowie die sonstigen in § 257 Abs. 1 Nr. 1 26

---

78 So *Trappmann* DB 1990, 2437; Staub/*Hüffer*[4] Rdn 23; wohl auch ADS Rdn 34.

79 Vgl. *Müller* WPg 1965, 560 (563 ff); ferner ADS Rdn 35 f.

80 Tipke/Kruse/*Drüen* AO § 147 Rdn 22; jedenfalls im Grundsatz auch ADS Rdn 42 f.

81 So aber ADS Rdn 43; ähnlich auch Beck BilKomm-*Winkeljohann/Philipps* Rdn 17.

82 ADS Rdn 46; KölnKomm-RLR/*Braun* Rdn 27.

genannten Unterlagen werden zweckmäßig chronologisch abgelegt.[83] Für die Handelskorrespondenz (§ 257 Abs. 1 Nr. 2 und 3) ist alphabetische Ablage (innerhalb des Alphabets: chronologische Ordnung, die mit dem jüngsten Schriftstück beginnt) üblich; sie kann in geeigneten Fällen durch die Bildung geschlossener Vorgänge ergänzt werden. Für Buchungsbelege (§ 257 Abs. 1 Nr. 4) kommt Aufbewahrung nach Kontenklassen und -gruppen sowie Belegnummern in Betracht.

27 c) **Ort der Aufbewahrung.** § 257 Abs. 1 überlässt die Wahl des Aufbewahrungsorts grundsätzlich dem Verpflichteten. Von einer geordneten Aufbewahrung kann jedoch nur die Rede sein, wenn die Unterlagen in angemessener Zeit (§ 238 Abs. 1 S. 2) zugänglich sind (vgl. Rdn 25).[84] Aufbewahrung innerhalb des Unternehmens ist danach stets genügend, aber nicht erforderlich. Bei Fernbuchführung durch ein Rechenzentrum können die Bücher dort nicht nur geführt, sondern auch aufbewahrt werden; zur notwendigen Vertragsgestaltung vgl. § 238 Rdn 20 und oben Rdn 17 aE. Entsprechendes gilt bei **Buchführung im Ausland:** Im Ausland geführte Bücher (vgl. § 238 Rdn 26) können dort auch aufbewahrt werden, sofern sie hinreichend schnell verfügbar gemacht werden können (zum Steuerrecht vgl. unten Rdn 50).[85] Sonderregeln bestehen im Bereich der **Kredit- und Versicherungswirtschaft** insbes. gemäß §§ 53 ff KWG und §§ 106, 110d VAG, soweit ausländische Unternehmen inländische Zweigstellen bzw. Niederlassungen unterhalten.

2. Aufbewahrung im Original (§ 257 Abs. 3 S. 1)

28 a) **Obligatorisch: Eröffnungsbilanzen, Jahres- und Konzernabschlüsse, Einzelabschlüsse nach § 325 Abs. 2a.** Die nach § 257 Abs. 1 aufbewahrungspflichtigen Unterlagen können gem. § 257 Abs. 3 S. 1 grundsätzlich als Wiedergabe auf einem Bildträger oder auf einem anderen Datenträger aufbewahrt werden (dazu Rdn 30 ff). Eine Ausnahme gilt nur für Eröffnungsbilanzen, Jahres- und Konzernabschlüsse sowie Einzelabschlüsse nach § 325 Abs. 2a. Diese müssen im Original aufbewahrt werden. Hierin zeigt sich die Bedeutung, die das Gesetz diesen Unterlagen für die Rechnungslegung der Kaufleute und Handelsgesellschaften zumisst. Welche Unterlagen danach im Einzelnen im Original aufzubewahren sind, ergibt sich aus den Erl. in Rdn 11 ff, 18. Zu beachten ist, dass die **Lageberichte** nicht Teil der Abschlüsse sind und daher nicht im Original aufbewahrt werden müssen. Mit dem Begriff Original ist die Urschrift der genannten Rechenwerke bezeichnet. Werden die Abschlüsse per **EDV** erstellt, müssen sie **zwingend ausgedruckt** werden.[86] Zur Urschrift werden die Rechenwerke im Allgemeinen (vgl. aber auch Rdn 13) durch die nach § 245 erforderliche Unterschrift des oder der Aufstellungsverantwortlichen. Dagegen ist es gleichgültig, in welcher technischen Form die Abschlüsse hergestellt worden sind (Schreibmaschine, Durchschreibverfahren, Fotokopie, Ausdruck usw.), solange für die Dauer der Aufbewahrungsfrist vollständig erkennbar bleibt, was inhaltlich durch die Unterschriften abgedeckt wird. Es genügt nicht, nur Fotokopien oder nicht unterzeichnete Durchschriften der Bilanzen oder Abschlüsse aufzubewahren.[87]

29 b) **Fakultativ: Übrige Unterlagen.** Alle übrigen Unterlagen, also auch die in § 257 Abs. 1 Nr. 1 zusätzlich genannten Handelsbücher, Inventare, Lageberichte, Konzernlage-

[83] Ebenso ADS Rdn 46.

[84] ADS Rdn 47; Beck BilKomm-*Winkeljohann/Philipps* Rdn 18; HdR-EA/*Isele* Rdn 88; KölnKomm-RLR/*Braun* Rdn 37; *Schuppenhauer* WPg 1984, 514.

[85] ADS Rdn 47 f.

[86] ADS Rdn 52; BoHdR-*Krawitz* Rdn 66; HdR-EA/*Isele* Rdn 62.

[87] ADS Rdn 51.

berichte und Organisationsunterlagen können nach § 257 Abs. 3 S. 1 als Wiedergabe oder als Datensatz aufbewahrt werden. Das Gesetz eröffnet damit nur eine Möglichkeit. Die Aufbewahrung im Original bleibt stets zulässig. Auch gegen Mischsysteme bestehen keine rechtlichen Bedenken, sofern die allgemeinen Anforderungen an Übersichtlichkeit und Nachvollziehbarkeit (Rdn 25 ff) erfüllt sind.

3. Aufbewahrung als Wiedergabe oder Datensatz (§ 257 Abs. 3 S. 1)

Schrifttum

(Auswahl; zur EDV-Buchführung weitergehende Nachw. in § 239 vor Rdn 19; vgl. auch die Angaben vor Rdn 1). *Bierekoven* Aufbewahrungspflichten und Compliance bei elektronischen Dokumenten, ITRB 2008, 141; *Buchner* Überzogene Dokumentationsanforderungen an die EDV-Buchführung?, DB 1979, 1045; *Eckhardt* Archivierung von E-Mails, DuD 2008, 103; *Feuerbaum* Bedenken gegen die Grundsätze ordnungsmäßiger Speicherbuchführung (GoS), DB 1978, 1943; *Frank* Aufbewahrung von Belegen auf Magnetband, WPg 1964, 207; *Hoppen* Datenarchivierung, CR 2008, 674; *Hilgard* Archievierung und Löschung von E-Mails in Unternehmen, ZIP 2007, 985; *Jandt/Wilke* Gesetzliche Anforderungen an das ersetzende Scannen von Papierdokumenten, K&R 2009, 96; *Kampffmeyer* E-Mail Compliance – revisionssichere Archivierung, DuD 2010, 619; *Knolmayer/Disterer* Anforderungsgerechte Dokumentation der E-Mail-Kommunikation: Rechtliche Vorschriften, technische Lösungen und betriebliche Regelungsbedarfe, Festschrift Baetge (2007) S. 869; *Minz* Zur Frage der Aufbewahrung von Belegen auf Magnetband, WPg 1964, 258; *Müller* Beurteilung der Mikroverfilmung vom Standpunkt des Wirtschaftsprüfers, WPg 1964, 58; *Ohlf* Die bildliche Übereinstimmung nach Handels- und Steuerrecht, BB 1995, 1787; *Schuppenhauer* GoDV-Handbuch – Grundsätze ordnungsmäßiger Datenverarbeitung und DV-Revision[6] (2007); *Schuppenhauer* GoDV – Grundsätze für eine ordnungsmäßige Datenverarbeitung, WPg 2000, 128; *Votteler* Die ordnungsmäßige Dokumentation von Datenverarbeitungsprogrammen (1982); *Zepf* Ordnungsmäßige optische Archivierung, WPg 1999, 569; *Zwank* Die Grundsätze ordnungsmäßiger Speicherbuchführung (GoS), DStZ 1981, 298; *Zwank* Der Mikrofilm im Steuer- und Handelsrecht (Neue Mikrofilm-Grundsätze), BB 1984, 1245.

a) **Allgemeines.** Soweit § 257 Abs. 3 S. 1 nicht die Aufbewahrung im Original verlangt (Rdn 28), ist die Aufbewahrung als Wiedergabe oder als Datensatz (vgl. Rdn 31) zulässig, wenn **vier Vorgaben** erfüllt sind: Das Verfahren muss den GoB entsprechen (dazu Rdn 33 ff); Wiedergabe oder Datensatz müssen mit dem Original übereinstimmen (Rdn 36 ff); sie müssen verfügbar und schließlich potentiell lesbar sein (Rdn 39). Während das rechtliche Anforderungsprofil damit feststeht, sieht das Gesetz von einer näheren Kennzeichnung des technischen Verfahrens und der dabei eingesetzten Medien ab. Die unbestimmte Umschreibung als Bild- oder anderer Datenträger ist bei der Novellierung 1977 bewusst gewählt worden, um künftige Anpassungen des Gesetzes an den Stand der praktischen Entwicklung überflüssig zu machen.[88] **30**

b) **Grundbegriffe: Bild- oder Datenträger; Wiedergabe.** § 257 Abs. 3 S. 1 erlaubt die Aufbewahrung „als Wiedergabe auf einem Bildträger oder auf anderen Datenträgern" und unterscheidet im Folgenden zwischen „Wiedergabe" sowie „Daten". Was diese Begriffe bedeuten und wie sie sich zueinander verhalten, ist nicht restlos klar; die praktische Bedeutung der Frage liegt darin, ob die in § 257 Abs. 3 S. 1 Nr. 1 für empfangene Handelsbriefe und Buchungsbelege geforderte bildliche Übereinstimmung nur durch den **31**

---

88 *Biener* DB 1977, 527; HdR-EA/*Isele* Rdn 64; *Zwank* BB 1984 (1245 f); vgl. zu verschiedenen technisch möglichen Archivierungsverfahren *IDW* RS FAIT 1 Tz (69 ff).

Einsatz eines Bildträgers (**optische Archivierung**) hergestellt werden kann oder ob dafür auch Datenträger in Betracht kommen, sofern sich gleichwertige und deshalb GoB-konforme Verfahren entwickeln lassen. Hierzu kommen heute insbes. das **Scannen der Unterlagen** und die anschließende Speicherung auf Festplatten, CD-ROM, DVD, etc. in Betracht (**digital optische Archivierung;** Digital Optical Recording [DOR]).[89]

32 **Meinungsstand.** Nach Teilen des älteren Schrifttums besteht eine notwendige Verknüpfung von Wiedergabe, Bildträger und bildlicher Übereinstimmung, so dass Datenträger als zulässige Aufbewahrungsmedien von vornherein ausscheiden, soweit das Gesetz bildliche Übereinstimmung verlangt.[90] Die heute **ganz hM** sieht dagegen ein solches gesetzliches Hindernis nicht; sie wendet sich gegen eine Überbewertung der Unterscheidung vom Bild- und Datenträger und sieht die bildliche Übereinstimmung auch dann als dem Gesetz genügend an, wenn ein optisches Abbild digital gespeichert wird.[91] **Stellungnahme.** Der hM ist beizutreten (vgl. auch § 239 Rdn 23 aE). Im Einzelnen gilt:[92] Datenträger ist jedes technische Medium, das durch oder nach einem maschinellen Arbeitsablauf lesbar ist (etwa: Diskette, Lochkarte oder -streifen, Magnetband oder -platte, CD-ROM, DVD). Der Bildträger ist eine besondere Form des Datenträgers, und zwar nach richtiger Auffassung nur ein solches Medium, das optisch dem Original entspricht (wenn auch in verkleinerter Form) und daher mit rein optischen Hilfsmitteln lesbar gemacht werden kann; ein Bildträger ist zur „Wiedergabe" bestimmt und geeignet, also dazu, eine schon vorhandene Unterlage mit ihren optischen Merkmalen aufzunehmen (Mikrofilm, Mikrokopie).[93] Die für die Zulässigkeit digital optischer Archivierungsverfahren (Rdn 31) entscheidende Frage lautet, ob sich die Gesetzesworte „als Wiedergabe" nur auf Bildträger oder auch auf andere Datenträger beziehen. Das Erste ist richtig, weil angesichts des nicht ganz eindeutigen Wortlauts Entstehungsgeschichte und Zweck des Gesetzes den Ausschlag geben müssen. Aus der Normgeschichte ergibt sich, dass die Umschreibung zulässiger Aufbewahrung als „Wiedergabe auf einem Bildträger" auf § 44a in der Fassung des Änderungsgesetzes vom 2.8.1965[94] zurückgeht, während die Datenträger erst bei der Novellierung von 1977 hinzugefügt wurden; seinerzeit beließ man es bei der bestehenden gesetzlichen Wendung, ohne dass erkennbar wäre, dass sich das Wiedergabeerfordernis auch auf Datenträger erstrecken sollte. Schließlich widerspricht die Gegenansicht auch dem Normzweck. Denn sie würde das Wiedergabeerfordernis im engen optischen Sinn perpetuieren, obwohl sich eine gleichwertige bildliche Übereinstimmung auch über digitale Archivierungsverfahren verwirklichen lässt; damit würde der Gesetzgeber zu einer Textanpassung genötigt, die er durch die unbestimmte Umschreibung der zulässigen technischen Verfahren gerade vermeiden wollte (vgl. Rdn 30).

33 **c) Gängige Aufbewahrungsformen und zugehörige GoB. aa) Mikroverfilmung.** Mittlerweile schon traditionell ist die Aufbewahrung in Form der Mikroverfilmung, die der Gesetzgeber bereits 1965 anerkannt hat (vgl. schon Rdn 3, 32); sie tritt in mehreren, nach der Art des eingesetzten Bildträgers (Rollfilm, Jacket, Mikrofiche, ergänzbares

---

[89] Dazu ausf. *Jandt/Wilke* K&R 2009, 98 ff; vgl. zum Stand der Technik auch die Technische Richtlinie 03138 – Ersetzendes Scannen des *BSI*.

[90] S. etwa *Szymczak* Aufbewahrungs- und Buchführungspflichten Rdn 287.

[91] BoHdR-*Krawitz* Rdn 81; HdR-EA/*Isele* Rdn 67; *IDW* RS FAIT 1 Tz. (67 ff); Heidel/Schall/*Reich/Szczesny/Voß* HGB Rdn 30; *Jandt/Wilke* K&R 2009, 98 ff; KölnKomm-RLR/*Braun* Rdn 33; MünchKommHGB/*Ballwieser*[3] Rdn 18; *Zwank* BB 1984, 1245 (1246 f); in diese Richtung auch ADS Rdn 63.

[92] Vgl. bereits *Zwank* BB 1984, 1245 (1246 f).

[93] Zum Ganzen zutreffend HdR-EA/*Isele* Rdn 65 f mwN.

[94] BGBl. I, S. 665.

Mikrofiche) unterscheidbaren Unterformen auf,[95] dient aber stets und im Unterschied zum COM-Verfahren (Rdn 35) der Reproduktion einer Originalunterlage. Die rechtlichen Anforderungen der Finanzverwaltung, die im Rahmen des § 147 Abs. 2 S. 1 AO zu beachten sind (vgl. auch Rdn 50), hat das BMF durch die **Mikrofilm-Grundsätze** 1984 festgelegt.[96] Sie stellen nach dem Verständnis des BMF[97] eine Ergänzung der allgemeinen handelsrechtlichen GoB dar. Daran ist jedenfalls richtig, dass diese Grundsätze die kaufmännische Aufbewahrung praktisch beherrschen.

bb) EDV-Buchführung. Im Rahmen der EDV-Buchführung werden traditionell zwei Varianten unterschieden (vgl. auch schon § 239 Rdn 22 ff): die Speicherbuchführung und die konventionelle EDV-Buchführung. Der Unterschied liegt in dem mehr oder minder großen zeitlichen Abstand zwischen Datenerfassung einerseits und Datenverarbeitung sowie -ausdruck andererseits; er ist also mehr graduell als prinzipiell, auch Mischsysteme sind möglich. Aufbewahrungspflichtig sind bei der Speicherbuchführung die Datenträger, bei der konventionellen EDV-Buchführung die Datenträger oder die ausgedruckten Daten (vgl. noch Rdn 40). **GoB (dazu bereits § 239 Rdn 27):** Die GoB gelten **einheitlich für alle Varianten** der EDV-Buchführung.[98] Allein bei der Konkretisierung im Einzelfall ist die gewählte Organisationsform zu berücksichtigen.[99] Inhaltlich orientiert sich die hM dabei eng an den Vorgaben der steuerrechtlichen GoBS (dazu § 239 Rdn 24 f) und an den Stellungnahmen IDW RS FAIT 1 sowie IDW RS FAIT 2.[100] 34

cc) **COM-Verfahren.** Das COM-Verfahren (Computer **O**utput on **M**icrofilm) bezeichnet eine besondere Ausgabeart von EDV-Anlagen. Sie besteht in der nur maschinell lesbaren Ausgabe von digitalisierten Daten auf Mikrofilm. Weil der Mikrofilm Datenträger ist, bestehen an der grundsätzlichen Zulässigkeit dieses Verfahrens für die Aufbewahrung von Unterlagen keine Zweifel (vgl. schon § 239 Rdn 23).[101] Es unterliegt aber nicht den Mikrofilm-Grundsätzen (Rdn 33), sondern muss den für die EDV-Buchführung entwickelten Grundsätzen entsprechen (vgl. Rdn 34), weil es sich um ein Instrument der Datenerfassung handelt, also nicht der bloßen Wiedergabe von Originalunterlagen dient.[102] 35

d) **Übereinstimmung mit dem Original. aa) Bildliche Übereinstimmung.** § 257 Abs. 3 S. 1 Nr. 1 verlangt hinsichtlich der empfangenen Handelsbriefe und der Buchungsbelege, dass die Wiedergabe oder die Daten mit den Originalen bildlich übereinstimmen, wenn sie lesbar gemacht werden. Die besondere Beweisfunktion der empfangenen Handels- 36

95 Einzelheiten bei *Zwank* BB 1984, 1245; aus dem älteren Schrifttum vgl. noch *Höllig* DB 1965, 1061; *Müller* WPg 1964, 58.

96 Anlage zum Schreiben des BMF vom 1.2.1984, BStBl. I 1984, S. 155; dazu HdR-EA/*Isele* Rdn 72 f; *Zwank* BB 1984, 1245.

97 Schreiben vom 1.2.1984, BStBl. I 1984, S. 155 re. Sp.; zust. ADS Rdn 55; Koller/Roth/*Morck* Rdn 4.

98 S. z.B. HdR-EA/*Kußmaul* § 239 Rdn 43.

99 Zutr. HdR-EA/*Kußmaul* § 239 Rdn 43.

100 Ausdrücklich Ebenroth/Boujong/Joost/Strohn/*Wiedmann* § 239 Rdn 14; ferner Baetge/Kirsch/Thiele/*Quick*/*Wolz* BilR § 239 Rdn 48; Beck BilKomm-*Winkeljohann*/*Philipps* Rdn 21; jedenfalls implizit Baumbach/Hopt/*Merkt* § 239 Rdn 4; Beck-HdR-*Bieg*/*Waschbusch* A 100 Rdn 29; Koller/Roth/*Morck* § 239 Rdn 4; MünchKommHGB/*Ballwieser*[3] § 239 Rdn 14; *Winnefeld* BilanzHdb.[4] Kap. A Rdn 671.

101 ADS Rdn 57; *Biener* DB 1977, 527 (529); *Schulze-Osterloh* WM 1977, 606 (611); *Zwank* BB 1984, 1245 (1249).

102 Begleitschreiben BMF zu den Mikrofilm-Grundsätzen 1984 (Fn. 97) unter I; ADS Rdn 57; HdR-EA/*Isele* Rdn 73 aE.

briefe und der Buchungsbelege darf also nicht unter dem jeweils angewandten technischen Verfahren leiden.[103] Zur bildlichen Wiedergabe ist jedenfalls die Mikroverfilmung (optische Archivierung, dazu bereits Rdn 33) und keinesfalls die EDV-Speicherung in Form der Speicherung von Datensätzen (elektronische Archivierung) geeignet, und zwar ohne Rücksicht auf die Ausgabeart (vgl. Rdn 34 f). Die **digital optische Archivierung** (**DOR-Systeme**) ist nach zutreffender und heute ganz herrschender Ansicht grundsätzlich geeignet, eine bildliche Übereinstimmung zu gewährleisten (Rdn 31 f);[104] die Praxis steht hier vor der Herausforderung, die Anforderungen der GoB an die sich kontinuierlich weiterentwickelnden elektronischen Archivierungsverfahren zu konkretisieren, um die Gleichwertigkeit mit einer Aufbewahrung des Originals sicherzustellen. Weil für Buchungsbelege bildliche Übereinstimmung erforderlich ist, müssen abgesandte Handelsbriefe, für die grundsätzlich inhaltliche Übereinstimmung genügt (vgl. Rdn 38), dem weitergehenden Erfordernis dann entsprechen, wenn und soweit sie Belegfunktion haben.[105]

37 **Einzelfragen.** Zu den Anforderungen an eine bildliche Übereinstimmung gehört nicht, dass Original und Abbildung auch im **Format** übereinstimmen, sofern die Abbildung, nachdem sie mit den für die Speicherform charakteristischen Hilfsmitteln lesbar gemacht wurde, ohne weitere Hilfsmittel lesbar ist (dies ist z.B. nicht der Fall, wenn zusätzlich noch eine Lupe benötigt wird).[106] Eine **farbliche Übereinstimmung** des gespeicherten Abbilds mit dem Original ist nicht erforderlich, wenn den Farbunterschieden keine inhaltliche Bedeutung zukommt (z.B. bloß farbliches Firmenlogo auf einem empfangenen Handelsbrief; anders z.B. bei Sicht- und Bearbeitungsvermerken, deren Bedeutung [auch] von der Farbe abhängt oder bei denen der Aussteller sich nur durch Farbzuordnung ermitteln lässt).[107] Jedenfalls handelsrechtlich besteht daher auch keine Pflicht, mit Dienststempelabdrucken versehene Ausfuhrbelege stets im Original aufzubewahren.[108] Bei der Archivierung von Handelsbriefen, die mittels **elektronischer Datenübermittlung** empfangen wurden (insbes. **E-Mails**), bietet es sich regelmäßig an, das Original in elektronischer Form aufzubewahren; auch andere Aufbewahrungsformen sind indes möglich, wenn die Gleichwertigkeit mit einer Aufbewahrung des Originals sichergestellt ist.[109] Sind **allgemeine Geschäftsbedingungen** Teil der empfangenen Handelsbriefe, müssen auch die AGB bildlich aufbewahrt werden.[110]

38 bb) **Inhaltliche Übereinstimmung.** Nach § 257 Abs. 3 S. 1 Nr. 1 genügt im Übrigen die inhaltliche Übereinstimmung der Wiedergabe oder der Daten mit dem Original. Strengere Anforderungen, etwa bildliche Übereinstimmung mit dem Original für alle aufbewahrungspflichtigen Unterlagen, kann das Gesetz nicht aufstellen, ohne dem Verpflichteten den weitgehenden Verzicht auf die Rationalisierungsvorteile der EDV zuzumuten. Der Beweiswert abgesandter Handelsbriefe bleibt zudem schon deshalb voll

---

103 Reg. Begr. EGAO (Fn. 7), BT-Drucks. VI/3528, S. 52; vgl. aus dem Schrifttum z.B. ADS Rdn 58; *Zwank* BB 1984, 1245 f.

104 Vgl. zur Unterscheidung zwischen Brutto- und Netto-Imaging HdR-EA/*Isele* Rdn 75; ferner Beck BilKomm-*Winkeljohann*/*Philipps* Rdn 21; BoHdR-*Krawitz* Rdn 74.

105 ADS Rdn 58; HdR-EA/*Isele* Rdn 77; *Müller* WPg 1965, 560 (566).

106 ADS Rdn 58; HdR-EA/*Isele* Rdn 74; *Zwank* BB 1984, 1245 f.

107 Ebenso HdR-EA/*Isele* Rdn 74; *Biener* DB 1977, 527 (530); BoHdR-*Krawitz* Rdn 82; großzügiger (Vorkehrungen, die Beweiswert sichern, genügen) ADS Rdn 58; **aA** (farbliche Übereinstimmung stets erforderlich) *Jandt*/*Wilke* K&R 2009, 96 (100).

108 So aber für das Steuerrecht OFD Koblenz vom 7.5.2007, NWB 27/2007, 2263; Beck BilKomm-*Winkeljohann*/*Philipps* Rdn 20.

109 Ebenso HdR-EA/*Isele* Rdn 76; vgl. auch *Eckhardt* DuD 2008, 103.

110 BoHdR-*Krawitz* Rdn 80; HdR-EA/*Isele* Rdn 78.

erhalten, weil sie bei dem Empfänger im Original oder in bildlicher Übereinstimmung existieren müssen (Rdn 36 f). Inhaltliche Übereinstimmung ist gegeben, wenn der Inhalt des Originals **sachlich richtig** und im Wortlaut **vollständig** in der Wiedergabe oder im Datensatz erfasst ist.[111] Umstritten ist, ob **allgemeine Geschäftsbedingungen**, die abgesandten Handelsbriefen beigefügt waren, aufgrund des Vollständigkeitsgebots bei jedem Brief als Wiedergabe oder Datensatz vorhanden sein müssen[112] oder ob es insoweit genügt, dass die AGB allgemein vorhanden sind und auf sie bei den einzelnen Briefen Bezug genommen wird.[113] Der zweiten Meinung ist mit der Maßgabe beizutreten, dass die jeweils geltende Fassung der AGB gesondert vorhanden und die Bezugnahme in den aufbewahrten Unterlagen eindeutig sein muss.[114]

e) **Verfügbarkeit; potentielle Lesbarkeit.** Nach § 257 Abs. 3 S. 1 Nr. 2 müssen die Wiedergaben oder die Daten in allen Fällen verfügbar sein und innerhalb angemessener Zeit lesbar gemacht werden können. **Verfügbarkeit** ist im Sinn der unter Rdn 27 gegebenen Erläuterung zu verstehen. Entscheidend ist also nicht der Ort der Aufbewahrung, sondern die Möglichkeit, die aufbewahrungspflichtigen Unterlagen in den zeitlichen Grenzen des § 238 Abs. 1 S. 2 vorzulegen, solange die jeweilige gesetzliche Aufbewahrungspflicht läuft. Die **Aufbewahrungsform** muss über den Zeitraum der Aufbewahrungsfrist **dauerhaft** sein und im Rahmen der Angemessenheit **Schutz gegen Verfälschung, Verlust, etc.** gewährleisten.[115] Die **potentielle Lesbarkeit** muss innerhalb der Aufbewahrungsfrist jederzeit bestehen und sich in einer angemessenen Frist aktualisieren lassen. Maschinelle Lesbarkeit (Rdn 32) genügt. Es ist jedoch Sache des Aufbewahrungspflichtigen, die dafür erforderlichen Einrichtungen bereitzuhalten oder bei Buchführung außer Haus bereithalten zu lassen.[116] Welche Frist angemessen ist, kann nur im Einzelfall unter Berücksichtigung des Zwecks der Aufbewahrungspflicht (Rdn 1) beurteilt werden. Die Informationen müssen also in die Entscheidungen des Aufbewahrungspflichtigen noch einfließen und im Rahmen der §§ 258 ff ohne wesentliche Verfahrensverzögerungen verfügbar gemacht werden können. Überdies dürfen keine Verzögerungen auftreten, die nach dem Stand der Technik unschwer vermeidbar sind. 39

4. **Aufbewahrung in Form ausgedruckter Daten; Wechsel der Aufbewahrungsart (§ 257 Abs. 3 S. 2).** § 257 Abs. 3 S. 2 geht von einer Form der EDV-Buchführung (§ 239 Abs. 4 S. 1) aus, die es vorerst bei der Datenerfassung belässt, so dass die Daten zwangsläufig nur in Form des jeweiligen Datenträgers (Diskette, Magnetband usw.) aufbewahrt werden können. Für diesen Fall gestattet der erste Halbsatz des § 257 Abs. 3 S. 2 zunächst den Wechsel der Aufbewahrungsart vom Datenträger zum **Datenausdruck**. Der zweite Halbsatz eröffnet zusätzliche Möglichkeiten: Der Ausdruck kann nach § 257 Abs. 3 S. 1 etwa **verfilmt oder erneut gespeichert** werden. Zweck der Regelung ist es, dem Aufbewahrungspflichtigen die Entscheidung über die nach seinen Bedürfnissen jeweils günstigste Aufbewahrungsart freizustellen.[117] Die Vorschrift erlaubt zum Beispiel, die Art der Archivierung einem **Wechsel der EDV-Anlage** anzupassen. Entsprechend dem 40

[111] ADS Rdn 58; HdR-EA/*Isele* Rdn 79.
[112] So *Müller* WPg 1965, 560 (564); Staub/*Hüffer*[4] Rdn 38; wohl auch HdR-EA/*Isele* Rdn 79.
[113] So ADS Rdn 58; Beck BilKomm-*Winkeljohann/Philipps* Rdn 20; *Trappmann* DB 1989, 1482 (1483).
[114] So wohl auch HdR-EA/*Isele* Rdn 78 unter (1) – enger aber Rdn 79.
[115] HdR-EA/*Isele* Rdn 61, 86; vgl. ausf. *Hoppen* CR 2008, 674 (677 ff).
[116] ADS Rdn 59; HdR-EA/*Isele* Rdn 81.
[117] ADS Rdn 66; *Biener* DB 1977, 527 (530); *Offerhaus* BB 1977, 373 (375).

Normzweck sollte es über den Wortlaut des Gesetzes hinaus auch möglich sein, die Aufbewahrungsart **ohne die Zwischenstufe des Datenausdrucks** zu wechseln,[118] sofern die inhaltliche Übereinstimmung mit den Originalen durch den Verfahrenswechsel nicht berührt wird.[119]

V. Aufbewahrungsfristen

41 **1. Länge der Fristen (§ 257 Abs. 4).** Die Frist zur Aufbewahrung beträgt nach § 257 Abs. 4 **zehn Jahre** oder **sechs Jahre.** Die Sechsjahresfrist geht auf das EGAO 1977 (Fn. 7) zurück und ist seinerzeit an die Stelle der seit 1959 geltenden Frist von sieben Jahren getreten (vgl. Rdn 3). Die Zehnjahresfrist gilt für sämtliche Unterlagen i.S.d. § 257 Abs. 1 Nr. 1 (dazu Rdn 9 ff) und seit dem SteueränderungsG 1998 (Rdn 3a) auch für die in § 257 Abs. 1 Nr. 4 genannten Buchungsbelege (dazu Rdn 18 f). Die Sechsjahresfrist gilt also nur noch für die Handelskorrespondenz (§ 257 Abs. 1 Nr. 2 und 3; dazu Rdn 22 f). Die Art und Weise der Aufbewahrung ist für die Länge der Frist ohne Bedeutung. Alphabetische Listen von Unterlagen mit Zuordnung der jeweiligen Aufbewahrungsfrist: *AWV* Aufbewahrungspflichten und -fristen nach Handels- und Steuerrecht[8] S. 51 ff.[120]

2. Fristbeginn und -ablauf (§ 257 Abs. 5)

a) Fristbeginn

42 **aa) Grundsatz.** Die zehn- oder sechsjährige Aufbewahrungsfrist beginnt mit dem **Schluss des Kalenderjahrs**, in dem die aufbewahrungspflichtige Unterlage im Original entstanden ist (vgl. noch Rdn 44). Die tatsächliche Dauer der Aufbewahrungspflicht kann sich daher um bis zu ein Jahr verlängern;[121] dies nimmt der Gesetzgeber um einer klaren Regelung willen in Kauf. Das Kalenderjahr ist auch dann maßgeblich, wenn das **Geschäftsjahr** davon abweichen sollte.[122]

43 **bb) Einzelfragen.** Maßgeblich ist das Kalenderjahr, in dem die aufbewahrungspflichtige Unterlage tatsächlich entstanden ist, nicht das Jahr, auf das sie sich inhaltlich bezieht. Daraus folgt:[123] Wenn **Handelsbücher** für ein mit dem Kalenderjahr übereinstimmendes Geschäftsjahr geführt werden, entscheidet die Abschlussbuchung auch dann, wenn sie erst im neuen Jahr vorgenommen wird;[124] bei Abschlussbuchung am 2.1.2010 läuft die Frist für die Bücher des Jahres 2009 also erst mit Ablauf des Jahres 2010 (technisch ab dem 1.1.2011, 0:00 Uhr; vgl. Rdn 44). Für die **Inventare** entscheidet die Aufstellung, also der endgültige Abschluss der erforderlichen Arbeiten. Weil eine zeitnahe Durchführung der auf den Bilanzstichtag bezogenen Inventur genügt (§ 240 Rdn 40), wird sich im Allgemeinen dieselbe Situation ergeben wie bei Handelsbüchern. Für **Eröffnungsbilanzen** und **Jahresabschlüsse** stellt das Gesetz unterschiedslos auf die Feststellung

118 Vgl. dazu *Hoppen* CR 2008, 674 (678 f).
119 ADS Rdn 66; HdR-EA/*Isele* Rdn 87.
120 Vgl. auch die Übersicht bei Beck BilKomm-*Winkeljohann/Philipps* Rdn 27.
121 ADS Rdn 69; KölnKomm-RLR/*Braun* Rdn 42.
122 Beck BilKomm-*Winkeljohann/Philipps* Rdn 25; BoHdR-*Krawitz* Rdn 109; HdR-EA/*Isele* Rdn 96; KölnKomm-RLR/*Braun* Rdn 42.
123 Vgl. auch ADS Rdn 70 f.
124 HdR-EA/*Isele* Rdn 96; KölnKomm-RLR/*Braun* Rdn 44.

ab.[125] Weil die Eröffnungsbilanz nach zutr. Auffassung nicht festgestellt wird (§ 242 Rdn 22), ist insoweit die Aufstellung entscheidend, deren Zeitpunkt im Allgemeinen aus der in § 245 S. 1 vorgeschriebenen Datierung zu ersehen ist (vgl. § 245 Rdn 12); Entsprechendes gilt für den Jahresabschluss des Einzelkaufmanns, der ebenfalls nicht festgestellt wird (§ 242 Rdn 21). Zur Maßgeblichkeit des festgestellten Jahresabschlusses bei Gesellschaften vgl. schon Rdn 13. Bei **nachträglicher Änderung**[126] des festgestellten Jahresabschlusses entscheidet der Zeitpunkt der erneuten Feststellung. Bezieht sich die Änderung auf zurückliegende Jahre, so führen die notwendigen Buchungen auch für alle betroffenen Handelsbücher und Unterlagen zu einem neuen Fristbeginn;[127] anders liegt es nur, wenn eine Korrektur in laufender Rechnung erfolgt.[128] Für die vom Gesetzgeber in § 257 Abs. 5 (anders als in § 257 Abs. 1 Nr.1) offenbar vergessenen **Lageberichte** und **Konzernlageberichte** ist die Aufstellung maßgeblich.[129] Dasselbe gilt für **Einzelabschlüsse nach § 325 Abs. 2a** sowie **Konzernabschlüsse.** Bei **Handelskorrespondenz** entscheidet Empfang bzw. Absendung (nicht: Zugang).[130] Schließlich kommt es für **Buchungsbelege** auf ihre Entstehung an; allerdings ist der Zusammenhang mit der zugrunde liegenden Buchung in den Handelsbüchern zu beachten. Entscheidend ist deshalb, ob die zugehörige Buchung im alten oder im neuen Geschäftsjahr vorgenommen wird.[131] **Beispiel** (bei dem Kalenderjahr entsprechenden Geschäftsjahr): Für die am 30.12.2009 erhaltene Rechnung, die erst am 7.1.2010 zu einer Buchung führt, beginnt die Frist also bereits mit Ablauf des Jahres 2009, wenn die Verbuchung in alter Rechnung (also für das Geschäftsjahr 2009) erfolgt. Erfolgt die Verbuchung dagegen in neuer Rechnung, beginnt die Frist erst mit Ablauf des Jahres 2010.

b) **Fristablauf.** Maßgeblich für den Ablauf der Aufbewahrungsfrist ist § 188 Abs. 2, **44**
2. Fall BGB, weil sich der Fristbeginn nicht nach der Buchung, der Auf- oder Feststellung und vergleichbaren Sachverhalten, mithin nach dem Eintritt eines Ereignisses i.S.d. § 187 Abs. 1 BGB,[132] sondern nach dem Ende des Kalenderjahrs richtet. Die zehnjährige Aufbewahrungsfrist, die mit Ablauf des Jahres 2010 beginnt (Fristbeginn: 1.1.2011, 0:00 Uhr[133]), endet also mit Ablauf des 31.12.2020 (um 24:00 Uhr), die entsprechende sechsjährige Frist mit dem Ablauf des 31.12.2016.[134] Anders als nach §147 Abs. 3 S. 3 AO

[125] Nicht erst seit dem BiRiLiG, sondern seit dem Änderungsgesetz 1965 (Fn. 8), vgl. § 44b Abs. 2 in der bis 1977 geltenden Fassung.

[126] Zur Änderung festgestellter Jahresabschlüsse ausf. MünchKommAktG/*Hennrichs/Pöschke* § 172 Rdn 65 ff.

[127] ADS Rdn 71; HdR-EA/*Isele* Rdn 96; wohl auch Beck BilKomm-*Winkeljohann/Philipps* Rdn 25.

[128] ADS Rdn 71.

[129] HdR-EA/*Isele* Rdn 96.

[130] BoHdR-*Krawitz* Rdn 109 (gilt auch für elektronische Nachrichten).

[131] Ebenso ADS Rdn 71; HdR-EA/*Isele* Rdn 96; KölnKomm-RLR/*Braun* Rdn 45; wohl auch BoHdR-*Krawitz* Rdn 110; **aA** Staub/*Hüffer*[4] Rdn 43.

[132] So aber ADS Rdn 72; HdR-EA/*Isele* Rdn 96; MünchKommAktG/*Graf*[2] Rdn 23; MünchKommBilR/*Graf* Rdn 25; Staub/*Hüffer*[4] Rdn 44, die daher für den Fristablauf auf § 188 Abs. 2, 1. Fall BGB abstellen.

[133] Zum strukturgleichen § 199 Abs. 1 BGB ebenso Bamberger/Roth/*Henrich/Spindler* BGB[2] § 199 Rdn 3 aE; Staudinger/*Peters* BGB (2004) § 199 Rdn 61 aE; **aA** (Beginn der Frist am 31.12. um 24:00 Uhr) Palandt/*Ellenberger* BGB[71] § 199 Rdn 41; Prütting/Wegen/Weinreich/*Kesseler* BGB[6] § 199 Rdn 18 – die Gegenauffassung kann sich zwar auf den Wortlaut des Gesetzes stützen, ist aber mit dem Konzept der §§ 187 ff BGB für Jahresfristen (Fristen beginnen stets um 0:00 Uhr, vgl. Staudinger/*Repgen* BGB (2004) § 188 Rdn 17 ff, allg. auch Rdn 2) nicht zu vereinbaren.

[134] Hinsichtlich des Fristablaufs allgM, s. nur ADS Rdn 72; BoHdR-*Krawitz* Rdn 113.

(vgl. Rdn 51) gibt es für die handelsrechtlichen Fristen **keine Ablaufhemmung.** Der Fristablauf tritt also auch dann ein, wenn die Unterlagen noch von Bedeutung sind, z.B. für das Ergebnis eines laufenden Rechtsstreits. Rechtsnachteile, die sich aus der Vernichtung solcher Unterlagen ergeben können (vgl. noch Rdn 48), treten jedenfalls nicht als Sanktion für eine Verletzung der Aufbewahrungspflicht ein.

VI. Rechtsfolgen

45 **1. Vorlage aufbewahrungspflichtiger Unterlagen im Rechtsstreit (Überblick und Weiterverweise).** Die Aufbewahrung von Handelsbüchern und anderen Unterlagen ist nicht Selbstzweck und dient auch nicht nur der Selbstinformation, sondern stellt die **Dokumentation** der kaufmännischen Tätigkeit und ihre Ergebnisse dar (vgl. auch Rdn 1). Auf diese Dokumentation kann zunächst der Kaufmann selbst zurückgreifen, und zwar namentlich dann, wenn er im Rechtsstreit Beweisführer ist; der Beweisantritt erfolgt nach § 420 ZPO durch Vorlegung der Handelsbücher oder der sonstigen Unterlagen (§ 258 Rdn 2). Die Dokumentation dient ferner den Interessen der Rechtspflege, da das Prozessgericht die Vorlage der Handelsbücher gem. § 258 Abs. 1 auch von Amts wegen anordnen kann; dabei steht neben dem Beweiswert der Handelsbücher die Verfahrensbeschleunigung im Vordergrund (§ 258 Rdn 3). Dokumentationszweck ist dagegen nicht die Befriedigung eines allgemeinen Informationsinteresses. Abgesehen von der gerichtlichen Entscheidung nach § 258 Abs. 1, verbleibt es deshalb bei den allgemeinen Regeln des Zivilrechts und des Zivilprozessrechts über die Vorlegung von Urkunden (§ 258 Abs. 2; vgl. dort Rdn 13 ff). Wenn nicht der Sonderfall des § 260 vorliegt (vgl. Erl. dazu), ist auch der Umfang der Einsichtnahme gem. § 259 auf die streitrelevanten Teile der Handelsbücher beschränkt (§ 259 Rdn 5 ff). Zu den **Folgen bei Nichtvorlage** s. § 258 Rdn 23.

46 **2. Verletzung der Aufbewahrungspflicht.** Die Verletzung der Aufbewahrungspflicht hat neben möglichen negativen prozessualen **Konsequenzen bei Nichtvorlage** (dazu § 258 Rdn 23) **keine besondere handelsrechtliche Sanktion** zur Folge. Ein Ordnungsgeldverfahren findet nicht statt, weil die tatbestandlichen Voraussetzungen des § 335 nicht vorliegen. Auch die Straf- und Bußgeldvorschriften der §§ 331 ff erfassen den Verstoß gegen die Pflichten aus § 257 nicht. In Betracht kommt aber **Strafbarkeit wegen eines Insolvenzdelikts** nach §§ 283 Abs. 1 Nr. 6, 283b Abs. 1 Nr. 2 StGB, sofern Zahlungseinstellung, Eröffnung des Insolvenzverfahrens oder Ablehnung des Eröffnungsantrags mangels Masse (§§ 283 Abs. 6, 283b Abs. 3 StGB) vorliegen. Zu den möglichen **Tathandlungen** ist hervorzuheben:[135] Zerstörung der aufbewahrungspflichtigen Unterlagen ist neben der Vernichtung auch die „sonstige Aufhebung der Funktionsfähigkeit durch Sacheinwirkung", „z.B. die völlige und irreparable Auflösung der Ordnung einer Loseblattsammlung".[136] Zurückbehaltung einer Abschrift anstelle des aufbewahrungspflichtigen Originals wirkt nicht ohne Weiteres strafbefreiend.[137] Eine Pflicht zur Erneuerung untergegangener Handelsbücher und die Tatbestandsmäßigkeit eines entsprechenden Unterlassens sind nur dann zu bejahen, wenn der Kaufmann ohne die Erneuerung die erforderliche Übersicht über die Geschäftsvorfälle und die Lage des Unternehmensver-

135 Nähere Erläuterung bei Schönke/Schröder/*Heine* StGB § 283b Rdn 3 i.V.m. § 283 Rdn 40.

136 Begr. RegE 1. WiKG, BT-Drucks. 7/3441, S. 36 (li. Sp.).

137 RGSt 16, 426 (429).

mögens (§ 238 Abs. 1) nicht zu gewinnen vermag.[138] Möglich ist schließlich in bestimmten Fällen auch eine Strafbarkeit nach §§ 267, 268 (Urkundenfälschung; Fälschung technischer Aufzeichnungen) oder § 274 (Urkundenunterdrückung).[139]

Bei prüfungspflichtigen Unternehmen und Gesellschaften kann die Verletzung der Aufbewahrungspflicht zur **Einschränkung oder Versagung des Bestätigungsvermerks** führen (§ 322 Abs. 3, 4), weil die Buchführung nach § 317 Abs. 1 S. 1 Gegenstand der Pflichtprüfung ist und zur ordnungsgemäßen Führung der Bücher auch die Erfüllung der Aufbewahrungspflichten gehört.[140] Einwendungen i.S.d. § 322 Abs. 4 setzen jedoch voraus, dass der **Verstoß** gegen die Vorschriften des Gesetzes oder gegen die GoB **wesentlich** ist.[141] Der Verlust einzelner Belege oder sonstige für den Gesamtzustand der Buchführung nicht repräsentative Alltagsfehler genügen danach nicht. Eine andere Beurteilung kann aber geboten sein, wenn der Jahresabschluss wegen der Buchführungsmängel ganz oder teilweise nicht mehr aus der vorhandenen Dokumentation abgeleitet werden kann und deshalb der tatsächliche Unterbau des Zahlenwerks nicht in objektiv nachvollziehbarer Weise vorhanden ist. **47**

3. Folgen des Fristablaufs. Nach dem Ablauf der jeweiligen Frist stellt die **Vernichtung** der in § 257 Abs. 1 aufgeführten Unterlagen **keine Verletzung der öffentlich-rechtlichen Aufbewahrungspflicht** dar. Die Vernichtung ist deshalb auch nicht mehr tatbestandsmäßig i.S.d. §§ 283 Abs. 1 Nr. 6, 283b Abs. 1 Nr. 2 StGB (Rdn 46), so dass eine Bestrafung nach diesen Vorschriften ausscheidet. Auch die Ordnungsmäßigkeit der Buchführung wird durch die Vernichtung nicht mehr berührt. Weitergehende Bedeutung kommt dem Fristablauf dagegen nicht zu; Handelsbücher behalten ihre Eigenschaft als Handelsbücher i.S.d. Gesetzes (§ 258 Rdn 8). Dass die zulässige Vernichtung die **Umkehr der Beweislast** zugunsten des Kaufmanns bewirken kann,[142] ist dagegen so nicht zutreffend (§ 258 Rdn 8). Eine nach anderen Vorschriften noch bestehende Aufbewahrungspflicht, insbes. die steuerrechtliche wegen Ablaufhemmung gem. § 147 Abs. 3 S. 2 AO (dazu Rdn 51), bleibt unberührt. Der Fristablauf verhindert schließlich auch nicht den Eintritt von Rechtsnachteilen, die sich nach anderen Vorschriften oder Grundsätzen aus der Vernichtung von Urkunden ergeben können, etwa von Wertpapieren, Urteilen oder anderen Vollstreckungstiteln.[143] **48**

VII. Steuerrechtliche Aufbewahrungspflichten (Überblick)

1. Allgemeines. Wie das Handelsrecht so verpflichtet auch das Steuerrecht in den §§ 140 ff AO nicht nur zur Buchführung (vgl. den Überblick in § 238 Rdn 69 ff), sondern auch zur Aufbewahrung der dabei entstehenden Unterlagen. **Rechtsgrundlage** ist vor allem § 147 AO (vgl. daneben § 147a AO für bestimmte Steuerpflichtige und § 148 AO zur Bewilligung von Erleichterungen). Entsprechend der grundsätzlichen Konzeption der §§ 140 ff AO **stimmt** auch § 147 AO **weitgehend** mit § 257 **überein**, so dass im **49**

---

[138] RG JW 1899, 804.
[139] S. dazu HdR-EA/*Isele* Rdn 106.
[140] ADS Rdn 80 und 86; Beck BilKomm-*Winkeljohann/Philipps* Rdn 35; BoHdR-*Krawitz* Rdn 117; Ebenroth/Boujong/Joost/Strohn/*Wiedmann* Rdn 43 f; HdR-EA/*Isele* Rdn 105; KölnKomm-RLR/*Braun* Rdn 49.
[141] Vgl. dazu Staub/*Habersack/Schürnbrand* § 322 Rdn 19.
[142] So ADS Rdn 74; Baumbach/Hopt/*Merkt* Rdn 4; HdR-EA/*Isele* Rdn 103.
[143] Vgl. auch HdR-EA/*Isele* Rdn 82; KölnKomm-RLR/*Braun* Rdn 48.

Wesentlichen auf die vorstehenden Erläuterungen zurückgegriffen werden kann. Daneben gibt es jedoch auch einige charakteristische Abweichungen, die im Folgenden angerissen werden (vgl. ausf. die Kommentarliteratur zu §§ 147 ff AO).

2. Einzelfragen

50 a) **Umfang, Art und Weise, Ort der Aufbewahrung.** Während § 257 Abs. 1 abschließenden Charakter hat (Rdn 24), sieht § 147 Abs. 1 Nr. 5 AO vor, dass auch **sonstige Unterlagen** aufbewahrt werden, soweit sie für die Besteuerung von Bedeutung sind. Die genaue Bedeutung der weitgespannten Formulierung ist indes nicht geklärt.[144] Hinsichtlich der Art und Weise der Aufbewahrung stimmt § 147 Abs. 2 AO mit § 257 Abs. 3 textlich weitgehend überein (Ausnahmen: (i) keine Aufbewahrungspflicht für Konzernabschlüsse und -lageberichte; (ii) die Wiedergabe oder die Daten müssen gem. § 147 Abs. 2 Nr. 2 AO *unverzüglich lesbar gemacht* und *maschinell ausgewertet* werden können[145]; (iii) die Aufbewahrung mittels EDV erzeugter Daten in ausgedruckter Form ist, anders als nach § 257 Abs. 3 S. 2, nicht zulässig[146]). Nicht deckungsgleich sind die Anforderungen an den **Ort der Aufbewahrung**, soweit es um die Aufbewahrung **im Ausland** geht. Während gegen eine Aufbewahrung im Ausland keine handelsrechtlichen Einwendungen erhoben werden können (vgl. § 238 Rdn 26 und oben Rdn 27), ist für das Steuerrecht die in § 146 Abs. 2 AO getroffene Regelung maßgeblich. Danach ist die Aufbewahrungspflicht grundsätzlich im Inland zu erfüllen (§ 146 Abs. 2 S. 1 AO). Ausnahmen bestehen unter zusätzlichen Voraussetzungen für ausländische Betriebsstätten inländischer Steuerpflichtiger (§ 146 Abs. 2 S. 2 AO) und für die Verlagerung der elektronischen Buchführung innerhalb der Europäischen Union bzw. des Europäischen Wirtschaftsraums (§ 146 Abs. 2a AO).

51 b) **Aufbewahrungspflichten.** Die steuerrechtliche Regelung der Fristlänge (§ 147 Abs. 3 AO) und des Fristbeginns (§ 147 Abs. 4 AO) stimmt mit § 257 Abs. 4 und 5 im Grundsatz überein (vgl. Rdn 41 ff). Auch die steuerrechtliche Aufbewahrungsfrist ist für Buchungsbelege von sechs auf zehn Jahre verlängert worden, und zwar durch Art. 2 des SteueränderungsG 1998.[147] Dazu und zur inhaltlich ebenfalls übereinstimmenden Übergangsregelung in § 19a EGAO wird auf die Erläuterung in Rdn 3a verwiesen. Der Vorbehalt des § 147 Abs. 3 S. 1 AO zugunsten kürzerer steuerrechtlicher Aufbewahrungsfristen kann im handelsrechtlichen Zusammenhang vernachlässigt werden.[148] Zu beachten ist jedoch die dem Handelsrecht (Rdn 44) unbekannte **Ablaufhemmung** nach § 147 Abs. 3 S. 3 AO. Danach sind Unterlagen auch nach Ablauf der festen Fristen dann aufzubewahren, wenn sie für Steuern von Bedeutung sind, für welche die **Festsetzungsfrist** noch nicht abgelaufen ist. Die Festsetzungsfrist beträgt im Normalfall ein Jahr bzw. vier Jahre (§ 169 Abs. 2 S. 1 AO). Obwohl die Festsetzungsfrist also normalerweise kürzer ist als die Aufbewahrungsfrist, hat § 147 Abs. 3 S. 3 AO erhebliche praktische Bedeu-

---

[144] Vgl. einerseits Hübschmann/Hepp/Spitaler/*Trzaskalik* AO § 147 Rdn 25 (kontrollbezogenes Material), andererseits *Tipke/Kruse/Drüen* AO § 147 Rdn 22 (steuerliche Relevanz erforderlich und ausreichend).

[145] Zu dieser Forderung des § 147 Abs. 2 Nr. 2 AO ausf. Tipke/Kruse/*Drüen* AO § 147 Rdn 40 ff.

[146] Vgl. zum Umfang BMF Schreiben v. 16.7.2001, BStBl. I 2001, S. 415 (417); HdR-EA/*Isele* Rdn 84.

[147] BGBl. I 1998, 3816.

[148] Dazu Tipke/Kruse/*Drüen* AO § 147 Rdn 48 ff.

tung, weil die Festsetzungsfrist aufgrund zahlreicher Ausnahmen tatsächlich regelmäßig erst wesentlich später endet.[149]

c) **Folgen einer Pflichtverletzung.**[150] Die Aufbewahrung ist Gegenstand der Mitwir- 52
kungspflicht des Steuerpflichtigen und deshalb durch **Zwangsgeld** durchsetzbar (vgl. § 238 Rdn 71). Es besteht jedoch auch die Möglichkeit, die **Besteuerungsgrundlagen zu schätzen** (§ 162 Abs. 2 AO), weil die Verletzung der Aufbewahrungspflicht von §§ 140, 158 AO umfasst wird (vgl. auch insoweit § 238 Rdn 71). Sie hebt auch die Ordnungsmäßigkeit der Buchführung auf.[151] Schließlich können Verstöße als Steuerhinterziehung (§ 370 AO) **strafbar** oder als leichtfertige Steuerverkürzung (§ 378 AO) bzw. Steuergefährdung (insbes. § 379 Abs. 1 AO) **ordnungswidrig** sein.

§ 258
Vorlegung im Rechtsstreit

(1) Im Laufe eines Rechtsstreits kann das Gericht auf Antrag oder von Amts wegen die Vorlegung der Handelsbücher einer Partei anordnen.

(2) Die Vorschriften der Zivilprozeßordnung über die Verpflichtung des Prozeßgegners zur Vorlegung von Urkunden bleiben unberührt.

Schrifttum

(vgl. auch die Angaben vor und zu § 238) *Baltzer* Elektronische Datenverarbeitung in der kaufmännischen Buchführung und Prozeßrecht, GedS Bruns (1980) S. 73; *Binder* Pflichten zur Offenlegung elektronisch gespeicherter Informationen im deutschen Zivilprozess am Beispiel der Unternehmensdokumentation, ZZP 122 (2009), 187; *Goldschmidt* Über Editionspflicht, insbesondere betreffend gemeinschaftliche Urkunden und Handelsbücher, ZHR 29 (1883) 341; *Haeger* Das Recht des Agenten auf Vorlegung der Handelsbücher des Geschäftsherrn im Prozeß, Recht 1909 Sp. 444; *Kapoor* Die neuen Vorlagepflichten für Urkunden und Augenscheinsgegenstände in der ZPO (2009); *S. Lang* Die Urkundenvorlagepflichten der Gegenpartei gemäß § 142 Abs. 1 Satz 1 ZPO (2007); *v. Laun* Das richterliche Ermessen bei der Anordnung der Vorlegung der Handelsbücher, ZZP 42 (1912) 1; *Saenger* Grundfragen und aktuelle Probleme des Beweisrechts aus deutscher Sicht, ZZP 121 (2008), 139; *Schreiber* Die Urkunde im Zivilprozeß (1982); *Schuppenhauer* Beleg und Urkunde – ganz ohne Papier? – Welche Beweiskraft bietet das elektronische Dokument an sich? DB 1994, 2041; *Senckpiehl* Die Vorlegung von Handelsbüchern vor Gericht, GesuR 11 (1910) 207; *Siegel* Die Vorlegung von Urkunden im Prozeß (1904).

---

[149] Vgl. ausf. und zu den praktischen Problemen Tipke/Kruse/*Drüen* AO § 147 Rdn 54 ff; ferner HdR-EA/*Isele* Rdn 100 f.

[150] Dazu ausf. Tipke/Kruse/*Drüen* AO § 147 Rdn 63 ff.

[151] BFH BStBl. III 1956, 82; II 1998, 51; zu weiteren Einzelheiten vgl. Tipke/Kruse/*Drüen* AO § 147 Rdn 64, dort in Rdn 65 auch zum unverschuldeten Verlust aufzubewahrender Unterlage; s. zu Letzterem auch HdR-EA/*Isele* Rdn 107.

Übersicht

I. Regelungsgegenstand und -zweck

1 **1. Normzweck.** § 258 stimmt wörtlich mit § 45 a.F. überein. Die Regelung geht auf Art. 37 ADHGB zurück und bezweckt eine **Ergänzung der §§ 422, 423 ZPO;**[1] wegen des besonderen Beweiswerts der Handelsbücher soll das Gericht unabhängig von den Voraussetzungen der §§ 422, 423 ZPO die Möglichkeit haben, die Vorlegung der Handelsbücher anzuordnen.[2] Daneben kann § 258 zur Verfahrensbeschleunigung beitragen. Denn nach § 142 ZPO kann das Gericht nur die Vorlage solcher Urkunden von Amts wegen anordnen, auf die sich eine Partei bezogen hat. § 258 erweitert diese Befugnis für Handelsbücher dahin gehend, dass das Gericht die Vorlegung auch ohne Bezugnahme durch eine Partei anordnen kann.

2. Verfahrensrechtliche Grundlagen

2 **a) Beweisverfahren.** Zu unterscheiden ist, ob der Kaufmann Beweisführer oder Prozessgegner des Beweisführers ist. Für den **Kaufmann als Beweisführer** gilt: § 258 ist für ihn bedeutungslos, weil er den Beweis antreten kann, indem er seine Handelsbücher von sich aus vorlegt (§ 420 ZPO). Eine gerichtliche Anordnung ergäbe also unter beweisrechtlichen Aspekten (zur Verfahrensbeschleunigung vgl. Rdn 3) keinen Sinn. Anders liegt es, wenn der **Kaufmann Prozessgegner des Beweisführers** ist und dieser den Beweis aus den Handelsbüchern des Kaufmanns führen will. In diesem Fall wird der Beweis durch

---

1 Vgl. Denkschrift 1896, S. 47 f; BoHdR-*Krawitz* Rdn 1.

2 BoHdR-*Krawitz* Rdn 2; Ebenroth/Boujong/Joost/Strohn/*Wiedmann* Rdn 1. Früher bestand sogar eine (im Einzelnen unterschiedlich ausgeprägte) förmliche Beweiskraft der Handelsbücher, auf deren Sicherung die Buchführungsvorschriften weitgehend zugeschnitten waren, vgl. § 238 Rdn 6.

einen Antrag des Beweisführers nach § 421 ZPO angetreten; dieser Antrag hat nach allgemeinen Grundsätzen nur Erfolg, wenn eine bürgerlich-rechtliche Vorlagepflicht besteht (§ 422 ZPO) oder wenn der Kaufmann selbst auf seine Handelsbücher Bezug genommen hat (§ 423 ZPO). Gemäß § 258 Abs. 2 bleibt es dem Beweisführer unbenommen, den Antrag nach § 421 ZPO zu stellen. Das Gericht kann die Vorlegung jedoch auch gemäß § 258 Abs. 1 anordnen, ohne an die in §§ 422, 423 ZPO genannten Voraussetzungen gebunden zu sein.

b) **Verfahrensbeschleunigung.** Nach § 142 Abs. 1 ZPO kann das Gericht von Amts wegen anordnen, dass eine Partei Urkunden vorlegt, die sich in ihrem Gewahrsam befinden. Zur Urkundeneigenschaft von Handelsbüchern s. Rdn 17. Voraussetzung für die Anordnung der Vorlage nach § 142 Abs. 1 ZPO ist ferner, dass sich eine Partei auf die Urkunden bezogen hat. Seit dem ZPO-Reformgesetz[3] gilt dies unzweifelhaft auch für die Vorbereitung der mündlichen Verhandlung;[4] § 273 Abs. 2 Nr. 5 ZPO verweist auf § 142 ZPO.[5] Im Ausnahmefall des § 258 Abs. 1 darf sich das Gericht über die allgemeinen Voraussetzungen der Vorlagepflicht nach § 142 Abs. 1 ZPO hinwegsetzen, weil es für die Handelsbücher auf diese Voraussetzungen nicht ankommt.[6] Dasselbe gilt bei der Terminsvorbereitung nach § 273 Abs. 2 Nr. 5 ZPO. Die im Rahmen des § 258 beachtlichen allgemeinen Voraussetzungen (insbes. substantiierter Sachvortrag – kein „Ausforschungsbeweis", vgl. Rdn 10) sind auch bei einer Entscheidung aufgrund der §§ 142, 273 Abs. 1 Nr. 5 ZPO[7] sowie der §§ 421 ff ZPO[8] zu beachten. 3

II. Gerichtliche Anordnung der Vorlegung (§ 258 Abs. 1)

1. Voraussetzungen

a) **Pflicht zur Führung von Handelsbüchern.** § 258 Abs. 1 bezeichnet den Adressaten der Vorlagepflicht nicht ausdrücklich. Aus der systematischen Stellung und der Verwendung des Begriffs der Handelsbücher folgt, dass § 258 sich gegen **alle Personen und Gesellschaften** richtet, **die buchführungspflichtig sind**[9] (dazu näher § 238 Rdn 7 ff, 12). Einzelkaufleute, die die **Befreiung nach § 241a** in Anspruch nehmen, können nicht nach § 258 zur Vorlegung verpflichtet werden.[10] Früher wurde angenommen, dass die Anordnung der Vorlegung nur gegen Vollkaufleute gerichtet werden dürfe.[11] Richtig war daran, dass Minderkaufleute nicht buchführungspflichtig waren (§ 4 Abs. 1 a.F.) und folglich aus dem Anwendungsbereich der Vorschrift ausschieden; das galt auch dann, wenn sie Geschäftsbücher führten, die Handelsbüchern ganz oder teilweise vergleichbar waren[12] (vgl. aber noch Rdn 18 zu § 258 Abs. 2). Die Vorschrift war aber auch nach der 4

---

3 Gesetz zur Reform des Zivilprozesses (Zivilprozessreformgesetz – ZPO-RG) vom 27.7.2001 (BGBl. I, S. 1887).
4 Zum alten Recht Staub/*Hüffer*[4] Rdn 3.
5 Vgl. Musielak/*Stadler* ZPO[8] § 142 Rdn 4.
6 Zum Verhältnis der beiden Normen *Binder* ZZP 122 (2009), 187 (200 Fn 58).
7 Dazu Stein/Jonas/*Leipold* ZPO[22] § 142 Rdn 9 f; Zöller/*Greger* ZPO[29] § 273 Rdn 12 i.V.m. § 142 Rdn 7; ferner BGHZ 173, 23 (31 f).
8 Musielak/*Huber* ZPO[8] § 424 Rdn 2.
9 Ebenroth/Boujong/Joost/Strohn/*Wiedmann* Rdn 3; Heidel/Schall/*Reich*/*Szczesny*/*Voß* HGB Rdn 2.
10 KölnKomm-RLR/*Claussen* Rdn 4 aE.
11 ADS Rdn 5; zutr. war dieser Standpunkt bis zum Inkrafttreten des § 47b a.F. (1976).
12 RG SeuffA 59, 81; RG JW 1903, 421 Nr. 7.

früheren Gesetzeslage anwendbar, wenn zwar keine Kaufmannseigenschaft bestand, aber die Voraussetzungen der Anmeldepflicht nach § 2 a.F. erfüllt waren; das ergab sich aus Wortlaut, Zweck und systematischer Stellung des früheren § 262. Mit der Aufhebung dieser Vorschrift (s. dort Rdn 1) hat sich an der Rechtslage i.E. nichts geändert; vielmehr folgt heute schon aus § 1 Abs. 2, dass es für die Anordnung der Vorlegung genügt, wenn eine kaufmännischen Betriebsorganisation besteht.

5 b) **Rechtsstreit.** Das Gericht kann die Vorlegung der Handelsbücher im Laufe eines Rechtsstreits anordnen. Gemeint sind alle bürgerlichen Rechtsstreitigkeiten i.S.d. § 13 GVG, die der ZPO als Verfahrensordnung unterliegen, einschließlich der Verfahren vor den Arbeitsgerichten.[13] Der Rechtsstreit muss nicht eine Handelssache i.S.d. § 95 GVG betreffen.[14] Vielmehr kommt die Vorlage der Handelsbücher z.B. auch in Unterhaltssachen in Betracht,[15] ferner in entsprechender Anwendung des § 258 im Verfahren nach dem **Spruchverfahrensgesetz.**[16] Die häufig verwendete Formulierung, dass § 258 auch im **Schiedsverfahren** anwendbar sei,[17] ist unscharf. Denn soweit das Verfahren nicht durch Parteivereinbarung geregelt ist, erhebt das Schiedsgericht die Beweise nach seinem Verfahrensermessen (§ 1042 Abs. 4 ZPO). Dass es in diesem Rahmen die Vorlage von Handelsbüchern anordnen kann, versteht sich von selbst[18] und wäre auch dann richtig, wenn es § 258 nicht gäbe. In Verfahren der **freiwilligen Gerichtsbarkeit** nach dem FamFG ist § 258 nach hM grundsätzlich nicht anwendbar;[19] zu **Vermögensauseinandersetzungen** im Verfahren der freiwilligen Gerichtsbarkeit vgl. aber § 260 Rdn 2. Im Strafprozess kommt § 258 ebenfalls nicht zur Anwendung;[20] zu Handelsbüchern als Gegenstand des Beschlagnahmeverfahrens nach §§ 94 ff StPO s. OLG Bremen NJW 1976, 685. Zum Verfahren in Steuersachen unten Rdn 24.

6 Die Anordnungsbefugnis besteht, sobald und **solange der Rechtsstreit „läuft“**. Weil die Vorlage der Handelsbücher Beweiszwecken dient (vgl. schon Rdn 2 f), ist für den Beginn der Anordnungsbefugnis der Eintritt der Rechtshängigkeit zu fordern (§ 261 Abs. 1 ZPO). Die Anordnungsbefugnis besteht, solange Beweise erhoben werden können, also bis zum Schluss der letzten Tatsachenverhandlung und damit grundsätzlich auch im Berufungsverfahren, aber nur ausnahmsweise in der Revisionsinstanz[21]. Die

---

13 ADS Rdn 2; Ebenroth/Boujong/Joost/Strohn/*Wiedmann* Rdn 2.

14 Heute allgM, s. bereits RGZ 69, 20, 21 f; ferner etwa Beck BilKomm-*Winkeljohann/Philipps* Rdn 2; Baumbach/Hopt/*Merkt* Rdn 1; Heidel/Schall/*Reich/Szczesny/Voß* HGB Rdn 5; KölnKomm-RLR/*Claussen* Rdn 6; früher str. aufgrund abweichender Gesetzeslage (Art. 34 Abs. 1 ADHGB), vgl. noch die Darstellung bei Düringer/Hachenburg/*Lehmann* § 45 Rdn 2.

15 RG WarnRspr. 1922, 62; Heidel/Schall/*Reich/Szczesny/Voß* HGB Rdn 5; KölnKomm-RLR/*Claussen* Rdn 6.

16 BayObLG DB 1993, 1027; Baetge/Kirsch/Thiele/*Bartone* BilR Rdn 21; Baumbach/Hopt/*Merkt* Rdn 1 aE; Beck BilKomm-*Winkeljohann/Philipps* Rdn 5 aE; HdR-EA/*Weber/Eichenlaub* Rdn 5.

17 ADS Rdn 2; Ebenroth/Boujong/Joost/Strohn/*Wiedmann* Rdn 2; HdR-EA/*Weber/Eichenlaub* Rdn 5; Koller/Roth/*Morck* Rdn 1; MünchKommHGB/*Ballwieser*³ §§ 258–260 Rdn 2.

18 Zutr. KölnKomm-RLR/*Claussen* Rdn 6.

19 S. etwa ADS Rdn 2; KölnKomm-RLR/*Claussen* Rdn 6; **aA** Heidel/Schall/*Reich/Szczesny/Voß* HGB Rdn 5.

20 AllgM, s. nur ADS Rdn 2; HdR-EA/*Weber/Eichenlaub* Rdn 5; KölnKomm-RLR/*Claussen* Rdn 6; MünchKommHGB/*Ballwieser*³ §§ 258–260 Rdn 2.

21 Vgl. zur Beweiserhebung durch das Revisionsgericht Zöller/*Heßler* ZPO²⁹ § 559 Rdn 9 mwN.

Anordnung kann sich nur gegen eine Partei des Rechtsstreits richten; der Buchführungspflichtige muss also **Kläger oder Beklagter** sein. Kläger ist auch der sogenannte Hauptintervenient (§ 64 ZPO), nicht dagegen der Nebenintervenient (§ 66 ZPO). Weder gegen ihn noch gegen sonstige Dritte kann sich deshalb eine Anordnung nach § 258 Abs. 1 richten. Kommt es auf den Inhalt der Handelsbücher eines Dritten an, kann die Vorlegung nur nach § 142 Abs. 1 ZPO („eine Partei oder ein Dritter")[22] oder §§ 428 ff ZPO erfolgen; ansonsten ist der Dritte als Zeuge zu vernehmen[23].

2. Handelsbücher als Vorlegungsgegenstand

a) **Allgemeines.** Das Gericht kann anordnen, dass ihm die Handelsbücher vorgelegt 7
werden. Der Begriff entspricht dem der §§ 238 Abs. 1 S. 1, 257 Abs. 1 Nr. 1. Als Vorlegungsgegenstand kommen deshalb alle urkundlichen oder nichturkundlichen (vgl. noch Rdn 17) Informationsträger in Betracht, die nach der Bestimmung des Buchführungspflichtigen dazu bestimmt und nach den GoB geeignet sind, seine Handelsgeschäfte und die Lage seines dem Unternehmen gewidmeten Vermögens ersichtlich zu machen (§ 238 Rdn 32). Die Technik der Buchführung ist dabei ohne Bedeutung; namentlich sind alle Bild- oder Datenträger als solche vorzulegen, wenn das Gericht es verlangt (vgl. aber noch Rdn 11 aE).[24] Das folgt schon aus der Prüfungsbefugnis des Gerichts (§ 259 S. 2) und wird bei der Begründung ergänzender Pflichten in § 261 als selbstverständlich vorausgesetzt. **Keine Handelsbücher** sind die sonstigen der Aufbewahrungspflicht des § 257 unterliegenden Aufzeichnungen und Unterlagen,[25] wie die Handelskorrespondenz und die Buchungsbelege, sofern diese nicht selbst die Handelsbücher darstellen (Loseblattsystem). Für andere Unterlagen als Handelsbücher kann sich eine Vorlegungspflicht nur nach den allgemeinen Vorschriften der ZPO ergeben (vgl. Rdn 18).

b) **Einzelfragen.** Der **Ablauf der Zehnjahresfrist** des § 257 Abs. 4 hebt die Eigen- 8
schaft als Handelsbuch nicht auf; noch vorhandene Handelsbücher unterliegen deshalb der Vorlegungspflicht.[26] Vernichtete Handelsbücher können naturgemäß nicht mehr vorgelegt werden.[27] Die **zulässige Vernichtung** selbst bewirkt aber entgegen häufig geäußerter Einschätzungen[28] **keine Umkehr der Beweislast.** Richtig ist nur, dass dem Buchführungspflichtigen aus der zulässigen Vernichtung keine Beweisnachteile erwachsen dürfen, so dass sein Gegner, wenn er die Beweislast trägt, bei einer durch die Vernichtung bedingten Beweislosigkeit den Prozess verliert; richtig ist ferner, dass in derartigen Konstellationen häufig aus Billigkeitsgründen eine Umkehr der Beweislast angenommen wer-

---

[22] Zöller/*Greger* ZPO[29] § 142 Rdn 2; ausf. *Kapoor* Die neuen Vorlagepflichten S. 165 ff.

[23] KölnKomm-RLR/*Claussen* Rdn 4; ferner z.B. ADS Rdn 3; Heidel/Schall/*Reich/Szczesny/Voß* HGB Rdn 5.

[24] *Binder* ZZP 122 (2009), 187 (200); Stein/Jonas/*Leipold* ZPO[22] vor § 415 Rdn 25.

[25] Baetge/Kirsch/Thiele/*Bartone* BilR Rdn 31; Heidel/Schall/*Reich/Szczesny/Voß* HGB Rdn 5.

[26] ADS Rdn 6; Baetge/Kirsch/Thiele/*Bartone* BilR Rdn 23; Baumbach/Hopt/*Merkt* Rdn 1; Ebenroth/Boujong/Joost/Strohn/*Wiedmann* Rdn 4; HdR-EA/*Weber/Eichenlaub* Rdn 9; vgl. zum Bestreiten von in Handelsbüchern dokumentierten Tatsachen nach Ablauf der Aufbewahrungsfrist mit Nichtwissen (§ 138 Abs. 4 ZPO) BGH ZIP 1994, 1851 (1853 f).

[27] ADS Rdn 6; Baetge/Kirsch/Thiele/*Bartone* BilR Rdn 23; BoHdR-*Krawitz* Rdn 5; Ebenroth/Boujong/Joost/Strohn/*Wiedmann* Rdn 4; KölnKomm-RLR/*Claussen* Rdn 9.

[28] ADS Rdn 6; Heidel/Schall/*Reich/Szczesny/Voß* HGB Rdn 5; KölnKomm-RLR/*Claussen* Rdn 9; vgl. auch OLG Köln WM 2004, 1475 f.

den kann.[29] Handelsbücher sind nicht nur die unbedingt erforderlichen, sondern **alle tatsächlich vorhandenen Aufzeichnungen** des Kaufmanns, wenn sie unter den in Rdn 7 definierten Begriff fallen.[30] Das **Tagebuch des Handelsmaklers** (§ 100) ist kein Handelsbuch (§ 238 Rdn 33), unterliegt jedoch der Vorlegungspflicht des § 102.

3. Gerichtliche Entscheidung

9 a) **Verfahren. Entscheidung nach pflichtgemäßem Ermessen.** § 258 Abs. 1 gibt dem Gericht eine Anordnungsbefugnis, ohne das Verfahren zu regeln. Weil die vorgelegten Handelsbücher Beweismittel sind, entspricht die Anordnung i.E. einem Beweisbeschluss (§§ 358, 425 ZPO); möglich sollte auch die Anordnung im Wege einer prozessleitenden Verfügung entsprechend §§ 273 Abs. 2 Nr. 5, 142 ZPO sein.[31] Eine besondere Kostenentscheidung ergeht nicht. Die Beschwerde gegen den Beweisbeschluss ist nicht statthaft (§ 355 Abs. 2 ZPO analog).[32] Das Gericht ordnet die Vorlegung nach § 258 Abs. 1 auf Antrag oder von Amts wegen an. Die erste Variante stammt noch aus Art. 37 S. 1 ADHGB (vgl. Rdn 1) und ist seither durch die zweite Variante praktisch bedeutungslos geworden. Da das Gericht über die Anordnung in beiden Fällen allein nach pflichtgemäßem Ermessen entscheidet, kommt dem Antrag einer Partei nicht die Bedeutung eines formellen Beweisantrags zu; das ist anders, wenn der Antrag auch als Antrag nach den §§ 422 ff ZPO zu behandeln ist.[33] § 258 Abs. 1 gewährt **keinen Anspruch** auf Anordnung der Vorlegung.[34] Die Anordnung kann von Amts wegen **auch gegen den Willen** beider Parteien erfolgen.[35]

10 b) **Ermessensausübung.** Das Gericht muss das ihm zustehende Ermessen zunächst überhaupt ausüben; es stellt also einen Verfahrensfehler dar, wenn das Gericht die Möglichkeit, die Vorlage der Handelsbücher nach § 258 Abs. 1 anzuordnen, insgesamt verkannt hat.[36] Bei seiner Entscheidung hat das Gericht zu berücksichtigen, dass die Handelsbücher nur als Beweismittel vorgelegt werden können. Es müssen deshalb die **Voraussetzungen einer Beweiserhebung** durch Einsichtnahme in die Bücher erfüllt sein. Das bedeutet:[37] Eine Partei muss bestimmte Tatsachen hinlänglich substantiiert behauptet haben; die behaupteten Tatsachen müssen für die Entscheidung des Rechtsstreits von Bedeutung sein, müssen also die Schlüssigkeit der Klage oder die Erheblichkeit von Einwendungen ergeben; sie müssen hinlänglich substantiiert bestritten und dürfen nicht schon anderweitig bewiesen sein; die Handelsbücher müssen geeignet erscheinen, den Beweis für das Vorliegen oder Nichtvorliegen dieser Tatsachen zu erbringen. Unzulässig

[29] BGH WM 1972, 281 f; zutr. auch Heidel/Schall/*Reich/Szczesny/Voß* HGB Rdn 5.
[30] ROHG 2, 126 (130).
[31] Heidel/Schall/*Reich/Szczesny/Voß* HGB Rdn 5.
[32] *Binder* ZZP 122 (2009), 187 (200 Fn. 56); Heidel/Schall/*Reich/Szczesny/Voß* HGB Rdn 5.
[33] Heidel/Schall/*Reich/Szczesny/Voß* HGB Rdn 5.
[34] BoHdR-*Krawitz* Rdn 7; Ebenroth/Boujong/Joost/Strohn/*Wiedmann* Rdn 5; HdR-EA/*Weber/Eichenlaub* Rdn 11.
[35] Düringer/Hachenburg/*Lehmann* § 45 Rdn 3.
[36] RG Sächs.Arch. 14 (1904), 90 (92); s. ferner BGHZ 173, 23 (29 ff) (zu § 142 Abs. 1 ZPO).
[37] Dazu auch Baetge/Kirsch/Thiele/*Bartone* BilR Rdn 24 f; im Großen und Ganzen gelten die bei der Ermessensausübung im Rahmen der Anordnung nach § 142 Abs. 1 ZPO anzuwendenden Grundsätze entsprechend, vgl. dazu BGHZ 173, 23 (31 f) sowie *Kapoor* Die neuen Vorlagepflichten S. 219 ff. Ebenso Heidel/Schall/*Reich/Szczesny/Voß* HGB Rdn 5 Fn. 6.

wäre es namentlich, die Vorlegung der Handelsbücher anzuordnen, wenn sich der Prozessgegner des Kaufmanns daraus das Material für eine substantiierte Sachdarstellung erst zusammensuchen will (kein „**Ausforschungsbeweis**").[38]

Nach pflichtgemäßem Ermessen entscheidet das Gericht ferner auch darüber, in **11**
welchem **Umfang** „die Handelsbücher" dem Gericht vorzulegen sind. Die Frage ist von derjenigen nach dem Umfang des Einsichtsrechts (§ 259) zu unterscheiden und stellt sich insbes. dann, wenn ohne Beschränkung umfängliches Material in den Prozess eingeführt werden müsste. Bei der Ermessensausübung ist neben dem allgemeinen Maßstab der Verhältnismäßigkeit auch das besondere Interesse des Kaufmanns an der **Geheimhaltung seiner Geschäftsgeheimnisse** zu berücksichtigen.[39] Sinnvoll und geboten ist es aus Sicht des Gerichts, die Vorlegungspflicht von vornherein auf diejenigen Teile der Handelsbücher zu beschränken, aus denen sich die von einer Partei behaupteten Tatsachen nach Zeitpunkt, Art und beteiligten Personen überhaupt ergeben können; ergeben sich bei der gerichtlichen Prüfung an der ordnungsmäßigen Führung der Bücher Zweifel (§ 259 S. 2), so steht einer ergänzenden Vorlegungsanordnung nichts im Wege. Wenn das Gericht es verlangt, muss der Kaufmann seine Unterlagen **im Original vorlegen** (vgl. schon Rdn 7). Das Gericht begeht aber keinen Verfahrensfehler, wenn es auf die Vorlegung im Original verzichtet, weil es keinen Anlass sieht, an der Richtigkeit bereits übergebener, womöglich notariell beglaubigter Auszüge zu zweifeln und deshalb eine Tatsache schon als bewiesen annimmt;[40] das gilt nach der Rechtsprechung jedenfalls, wenn die Vorlage der Handelsbücher mit besonderen Schwierigkeiten verbunden wäre.[41]

c) **Einzelfälle aus der Rechtsprechung.** Wenn der Kommissionär den Kommittenten **12**
auf Zahlung der Provision in Anspruch nimmt und die Vornahme von Einkäufen beweist, die seinem Auftrag entsprechen, kann die Vorlage der Handelsbücher nicht allein deshalb angeordnet werden, weil der Kommittent die bloße Möglichkeit des Einkaufs für eigene Rechnung des Kommissionärs oder für andere Kommittenten in den Raum stellt.[42] Vorlage des Börsentagebuchs kann der Kommittent vom Kommissionär nicht mit dem Ziel verlangen, eine angeblich gegenüber allen Kunden geübte Geschäftspraxis (ständige Abweichung von berechneten und erzielten Kursen) festzustellen.[43] Fordert der Verkäufer vom Käufer Schadensersatz wegen vertragswidrigen Weiterverkaufs einer zum Export bestimmten Ware im Inland und ist diese Ware nach Art und Menge genau bezeichnet, so darf dem Käufer die Vorlage der Handelsbücher aufgegeben werden.[44] Wer als Käufer auf Schadensersatz wegen Nichtzahlung und Nichtabnahme verklagt wird und sich gegenüber dem klagenden Verkäufer darauf beruft, dieser habe andere Kunden vertragswidrig vorgezogen, kann nicht die Vorlage der Handelsbücher verlangen, um die angeblichen Vertragswidrigkeiten erst festzustellen.[45] Verlangt der

---

38 Vgl. dazu RG JW 1902, 545 Nr. 10; RG LZ 1916 Sp. 148 Nr. 15; OLG Colmar OLGR 16, 85; OLG Posen OLGR 10, 238; ferner BGHZ 173, 23 (31 f) (zu § 142 Abs. 1 ZPO); ADS Rdn 7; Heidel/Schall/*Reich/Szczesny/Voß* HGB Rdn 5; KölnKomm-RLR/*Claussen* Rdn 6.

39 ADS Rdn 7; Beck BilKomm-*Winkeljohann/Philipps* Rdn 2; BoHdR-*Krawitz* Rdn 7; HdR-EA/*Weber/Eichenlaub* Rdn 12; Heidel/Schall/*Reich/Szczesny/Voß* HGB Rdn 5; ähnlich KölnKomm-RLR/*Claussen* Rdn 8; vgl. zu § 142 Abs. 1 ZPO auch BGHZ 173, 23 (31 f); Zöller/*Greger* ZPO[29] § 142 Rdn 8; *Kapoor* Die neuen Vorlagepflichten S. 249 ff; ferner grundsätzlich zum Schutz von Betriebs- und Geschäftsgeheimnissen BVerfGE 115, 205 (229 ff).

40 ADS Rdn 13.

41 RGZ 15, 379 (381).

42 RGZ 18, 20 (24 f).

43 RG JW 1896, 699.

44 RG JW 1906, 171 Nr. 17.

45 RG LZ 1926 Sp. 1258 Nr. 3.

Handelsvertreter Provision, so ist die Vorlage der Handelsbücher nicht anzuordnen, wenn er bestimmte Behauptungen zur Unvollständigkeit der ihm erteilten Buchauszüge nicht aufstellen kann; es ist seine Sache, die einzelnen angeblich provisionspflichtigen Geschäfte nach Vertragspartner, Zeit und Inhalt genau anzugeben; Vorlage der Handelsbücher zwecks Durchmusterung ist unzulässig.[46]

III. Vorlegungspflicht nach Vorschriften der ZPO (§ 258 Abs. 2)

1. Voraussetzungen

13 **a) Verpflichtung nach bürgerlichem Recht. aa) Überblick.** Gem. § 258 Abs. 2 bleiben die Vorschriften der ZPO unberührt, nach denen der Prozessgegner des Beweisführers dem Gericht Urkunden vorzulegen hat. Die bei der Revision des Handelsrechts 1897 als § 45 Abs. 2 a.F. in den Gesetzestext aufgenommene Bestimmung bezweckt nur eine **Klarstellung.**[47] § 258 Abs. 2 bezieht sich insbes. auf §§ 422, 423 ZPO, hat aber **keine einschränkende Bedeutung** in dem Sinne, dass die Anwendung anderer prozessrechtlicher Vorschriften über das Beweisverfahren – namentlich der Vorschriften über den Augenscheinsbeweis – ausgeschlossen wäre.[48] **§ 422 ZPO** begründet keine eigenständige prozessrechtliche Vorlegungspflicht, sondern verweist auf die Vorschriften des bürgerlichen Rechts über **Herausgabe oder Vorlegung** von Urkunden;[49] gemeint sind damit die Vorschriften des materiellen Zivilrechts einschließlich des Handels- und Gesellschaftsrechts. Als Grundlage eines Herausgabeanspruchs kommen insbes. in Betracht:[50] §§ 985, 952 BGB sowie die schuldrechtlichen Auslieferungsansprüche nach §§ 402, 667 BGB (erweitert durch §§ 681 S. 2, 713 BGB) und der §§ 87c Abs. 2 und 3, § 384 Abs. 2, 2. Halbsatz HGB; ein Recht auf Einsichtnahme gewähren vor allem §§ 259, 666, 716, 809, 810 BGB, §§ 87c Abs. 4, 118, 157, 166, 233 HGB, § 51a GmbHG.

14 **bb) Insbesondere: Urkundeneinsicht nach § 810 BGB.** Praktische Bedeutung bei der Vorlegung von Handelsbüchern als Beweismittel hat insbes. das in § 810 BGB begründete Einsichtsrecht. Das Recht richtet sich auf die Einsichtnahme in Urkunden[51] (dazu Rdn 17 f), setzt ein rechtliches Interesse an der Einsichtnahme voraus und fordert überdies alternativ, dass die Urkunde im Interesse des Anspruchstellers errichtet ist, dass sie ein Rechtsverhältnis zwischen ihm und dem Inhaber der Aufzeichnung beurkundet oder dass sie Verhandlungen über ein Rechtsgeschäft zwischen den Beteiligten enthält. Die zweite Variante (**Beurkundung eines Rechtsverhältnisses**) bildet den Hauptfall des § 810 BGB. Die Vorschrift ist insoweit nach allgM nicht eng auszulegen;[52] nicht der Zweck, sondern der Inhalt der Urkunde entscheidet. Dabei genügt eine unmittelbare rechtliche Beziehung des Urkundeninhalts zu dem in Frage stehenden Rechtsverhältnis,[53] konkret eine entsprechende Beziehung der Handelsbücher zur materiell-rechtlichen Klagegrundlage. Eine solche Beziehung wird in der Rechtsprechung z.B. bejaht, wenn der Kläger

46 OLG Jena LZ 1918 Sp. 521.

47 Denkschrift 1896 S. 48; vgl. auch *Binder* ZZP 122 (2009), 187 (200 Fn. 57).

48 Zutr. *Binder* ZZP 122 (2009), 187 (201).

49 Vgl. Zöller/*Geimer* ZPO[29] § 422 Rdn 1.

50 Vgl. die ausf. Übersichten bei Stein/Jonas/*Leipold* ZPO[22] § 422 Rdn 8 ff sowie bei Zöller/*Geimer* ZPO[29] § 422 Rdn 2.

51 Zur Anwendbarkeit der §§ 809, 810 BGB bei EDV-Buchführung ausf. *Binder* ZZP 122 (2009), 187 (201 ff).

52 BGHZ 55, 201 (203); BGH LM BGB § 810 Nr. 5; MünchKommBGB/*Habersack*[5] § 810 Rdn 7.

53 BGHZ 55, 201 (203); MünchKommBGB/*Habersack*[5] § 810 Rdn 7.

hinreichend substantiiert für einen Provisionsanspruch vorgetragen hat und aufgrund der Handelsbücher die provisionspflichtigen Umsätze ermittelt werden sollen.[54]

cc) **Insbesondere: Einsichtnahme von Gesellschaftern.** Die Gesellschafter einer Perso- 15
nengesellschaft oder einer GmbH haben ein von den Voraussetzungen des § 810 BGB unabhängiges Recht auf Einsichtnahme in die Handelsbücher, solange ihre Mitgliedschaft besteht (§ 716 BGB; §§ 118, 166, 233 HGB; § 51a GmbHG). Dieses Recht kann selbständig ausgeübt werden; es bildet aber auch die Grundlage der prozessrechtlichen Vorlegungspflicht nach § 422 ZPO. Vom Ausnahmefall des Erben in § 157 Abs. 3 abgesehen, **erlischt** das gesellschaftsrechtlich fundierte Einsichtsrecht **mit dem Ausscheiden**; dem ausgeschiedenen Gesellschafter kann aber noch unter den Voraussetzungen des § 810 BGB ein Einsichtsrecht zustehen (dazu Rdn 14).[55]

b) **Bezugnahme auf Urkunden.** Gem. **§ 423 ZPO** ist der Prozessgegner des Beweis- 16
führers ohne Rücksicht auf eine materiell-rechtliche Pflicht (Rdn 13 ff) zur Vorlegung solcher Urkunden verpflichtet, auf die er sich selbst bezogen hat; das gilt selbst dann, wenn die Bezugnahme nur in einem vorbereitenden Schriftsatz erfolgt ist.[56] Umstritten ist, ob die **Bezugnahme zum Zweck der Beweisführung** erfolgt sein muss[57] oder ob jede Bezugnahme zu Aufklärungszwecken genügt[58].

2. Urkunden als Vorlegungsgegenstand

a) **Handelsbücher.** Die §§ 422, 423 ZPO beziehen sich auf die Vorlegung von Urkun- 17
den (ebenso die §§ 428 ff ZPO für die Vorlegung durch Dritte). Das sind nach dem **prozessrechtlichen Urkundenbegriff** durch Niederschrift verkörperte Gedankenerklärungen, die geeignet sind, Beweis für streitiges Parteivorbringen zu erbringen.[59] Handelsbücher weisen diese Merkmale auf und sind damit Urkunden im prozessrechtlichen Sinn, wenn sie schriftlich, auch in Loseblattform, geführt werden. Dagegen lassen sich **Bild- und Datenträger**, wie sie durch §§ 239 Abs. 4, 257 Abs. 3 für die Führung und Aufbewahrung der Handelsbücher zugelassen werden, mangels Schriftlichkeit **nicht unter den Urkundenbegriff** subsumieren.[60] Dass der Umfang der allgemeinen prozessrechtlichen Vorlegungspflicht für Handelsbücher davon abhängt, für welche Technik sich der Buchführungspflichtige entscheidet, überzeugt nicht. Zur Vermeidung dieses Ergebnisses bedarf es aber heute keiner analogen Anwendung der §§ 422, 423 ZPO mehr,[61] da diese Vorschriften auch beim für Bild- und Datenträger einschlägigen **Augenscheinsbeweis** anwendbar sind (s. § 371 Abs. 2 Satz 2 ZPO; vgl. auch § 142 Abs. 1 ZPO und § 144 Abs. 1 ZPO).[62]

---

54 BGHZ 55, 201 (203); Übersicht über weitere Einzelfälle bei MünchKommBGB/*Habersack*[5] § 810 Rdn 8.

55 BGH NZG 2008, 623 (628); NJW 2000, 2276 f; WM 1994, 1925 (1928); WM 1989, 878 (879) (zu § 166 HGB); WM 1988, 1447 (1448) (zu § 51a GmbHG); OLG Frankfurt BB 1982, 143; MünchKommBGB/*Ulmer/Schäfer* § 716 Rdn 13. Vgl. zu dieser Problematik schon das Gutachten von *Goldschmidt* ZHR 29 (1883), 341.

56 Stein/Jonas/*Leipold* ZPO[22] § 423 Rdn 1.

57 So etwa Musielak/*Huber* ZPO[8] § 423 Rdn 1.

58 So etwa Zöller/*Geimer* ZPO[29] § 423 Rdn 1.

59 BGHZ 65, 300 f; Zöller/*Geimer* ZPO[29] Vor § 415 Rdn 2; *Schreiber* Die Urkunde S. 77 f.

60 *Baltzer* GedS Bruns (1980) S. 73 (80); *Schreiber* Die Urkunde S. 35 mwN in Fn. 98.

61 So namentlich Staub/*Hüffer*[4] Rdn 17 zur Rechtslage vor dem ZPO-Reformgesetz (Fn. 3).

62 Vgl. *Binder* ZZP 122 (2009), 187 (201 Fn. 59 sowie 194); zu § 371 Abs. 2 Satz 2

18 b) **Andere Urkunden.** Weil die §§ 422, 423 ZPO sämtliche Urkunden betreffen, begründen sie auch eine Vorlegungspflicht hinsichtlich des übrigen nach § 257 aufbewahrungspflichtigen Schriftguts, namentlich hinsichtlich der **Handelskorrespondenz** und der **Buchungsbelege.**[63] Der Kreis der vorlegungspflichtigen Papiere ist also gegenüber § 258 Abs. 1 erweitert. Handelsrechtlich relevante **Einzelfälle:** Ein Gläubiger der AG kann Einsicht in Sitzungsniederschriften und folglich deren Vorlegung bei Gericht fordern, wenn er nach §§ 93 Abs. 5, 116, 117 Abs. 5 AktG vorgeht.[64] Einen Vorlegungsanspruch haben auch ausgeschiedene Organmitglieder, wenn sie von der Gesellschaft auf Schadensersatz in Anspruch genommen werden.[65]

3. Gerichtliche Entscheidung

19 a) **Verfahren.** Die §§ 422, 423 ZPO bilden nur ein Teilstück des in den §§ 421 ff ZPO geregelten Vorlegungsverfahrens. Es ist gemäß § 421 ZPO Sache des Beweisführers, gegen den Buchführungspflichtigen als seinen Prozessgegner den **Antrag auf Vorlegung** der Handelsbücher (Rdn 17) oder anderer Urkunden (Rdn 18) zu stellen. Den Inhalt des Antrags regelt § 424 ZPO („soll enthalten"). Zur gerichtlichen Prüfung und Entscheidung Stein/Jonas/*Leipold* ZPO[22] § 425 Rdn 1 ff. Wenn ein Antrag nach §§ 421 ff ZPO in einem laufenden Rechtsstreit gestellt werden kann, fehlt einer **selbständigen (Wider-)Klage** auf Herausgabe oder Vorlage der Urkunde regelmäßig das Rechtsschutzbedürfnis.[66]

20 b) **Kein Ermessensspielraum.** Anders als bei der Vorlegung der Handelsbücher nach § 258 Abs. 1 (vgl. Rdn 11 f) hat das Gericht im Rahmen der §§ 421 ff ZPO keinen Ermessensspielraum. Zu beachten ist aber, dass auch im Rahmen der §§ 421 ff ZPO kein „Ausforschungsbeweis" zulässig ist (vgl. Rdn 10).[67] Wenn die Voraussetzungen der §§ 421 ff ZPO vorliegen, muss das Gericht die Vorlegung der Handelsbücher oder der anderen Urkunden anordnen. Wird der Antrag zu Unrecht übergangen, ist dies ein Verfahrensfehler, der im **Rechtsmittelverfahren** gegen das Endurteil gerügt werden kann.[68]

IV. Weiteres Verfahren

1. Bei Vorlegung der Handelsbücher

21 a) **Art und Weise der Vorlegung; Einsichtnahme.** Die Handelsbücher sind nicht der Gegenpartei, sondern dem Gericht vorzulegen (Beweisaufnahme durch das Prozessgericht, § 355 Abs. 1 Satz 1 ZPO). § 811 BGB gilt im Rahmen der prozessualen Vorle-

---

ZPO und § 144 Abs. 1 ZPO *Kapoor* Die neuen Vorlagepflichten S. 278 ff.

63 Baetge/Kirsch/Thiele/*Bartone* BilR Rdn 51; Heidel/Schall/*Reich/Szczesny/Voß* HGB Rdn 4; KölnKomm-RLR/*Claussen* Rdn 11 aE.

64 LG Köln AG 1977, 76.

65 OLG Frankfurt WM 1980, 1246 (1247 f) für ausgeschiedene Aufsichtsratsmitglieder einer liquidierenden KG. Vgl. auch RG LZ 1908, Sp. 448 Nr. 22 (ehemaliger Vorstand einer AG); ADS Rdn 11.

66 OLG Frankfurt WM 1980, 1246 ff (aber Umdeutung einer „Widerklage" in einen Antrag nach § 421 ZPO möglich); Zöller/*Geimer* ZPO[29] § 421 Rdn 3.

67 Musielak/*Huber* ZPO[8] § 424 Rdn 2; ausf. *Kapoor* Die neuen Vorlagepflichten S. 179.

68 OLG Frankfurt WM 1980, 1246 (1248); Heidel/Schall/*Reich/Szczesny/Voß* HGB Rdn 4; vgl. allg. zur Unterlassung eines gebotenen Beweisbeschlusses Zöller/*Greger* ZPO[29] § 358 Rdn 4.

gung auch dann nicht, wenn sie ihre Rechtsgrundlage in § 810 BGB, § 422 ZPO, § 258 Abs. 2 hat.[69] Die Vorlage erfolgt also auch **örtlich** beim Prozessgericht. Das Gericht kann die Handelsbücher aber auch dort einsehen, wo sie aufbewahrt werden, wenn dies nach seinem pflichtgemäßen Ermessen erforderlich ist (§ 219 Abs. 1, 3. Fall ZPO). Das kann bei besonders umfangreichem Aktenmaterial in Frage kommen und ebenso, wenn die Handelsbücher nur mit besonderen technischen Hilfsmitteln lesbar gemacht werden können (vgl. § 261). Stattdessen kann die Vorlegung nach Wahl des Gerichts aber auch vor dem beauftragten oder ersuchten Richter stattfinden (§ 434 ZPO). Vorzulegen sind die Handelsbücher **im Original**,[70] und zwar ohne Rücksicht auf die jeweilige Technik der Buchführung (vgl. schon Rdn 7). Mit **beglaubigten Auszügen** darf sich das Gericht nur begnügen, soweit es gem. § 258 Abs. 1 nach pflichtgemäßem Ermessen entscheidet (Rdn 11 aE); soweit der Antragsteller einen Anspruch auf Vorlegung der Handelsbücher (§ 258 Abs. 2, §§ 421 ff ZPO) hat, müssen stets die Originale vorgelegt werden. Die Einsichtnahme erfolgt unter Zuziehung der Parteien, soweit der Inhalt der Handelsbücher den Streitpunkt betrifft; ohne Mitwirkung der Parteien nimmt das Gericht in weiterem Umfang Einsicht, um sich von der Ordnungsmäßigkeit der Buchführung zu überzeugen (§ 259; vgl. dort Rdn 10 und § 261 Rdn 12).

b) Freie Beweiswürdigung. Das Gericht würdigt das Ergebnis seiner Einsichtnahme in die Handelsbücher nach freier Überzeugung (§ 286 ZPO).[71] Das gilt auch für den Einfluss, den äußere Mängel der Buchführung wie Durchstreichungen, Radierungen, Einschaltungen (§ 419 ZPO) oder mangelnde Ordnung und Sicherung gegen Verlust eines Loseblattsystems, unzureichende technische Sicherung eines Datenbestandes, unklare oder unvollständige Arbeitsanweisungen oder andere Mängel einer EDV-gestützten Buchführung auf deren Beweiskraft ausüben. Besondere Beweisregeln nach dem Vorbild der Art. 34 ff ADHGB gibt es nicht; auch aus **§ 416 ZPO** folgt für Handelsbücher keine volle formelle Beweiskraft, weil die Bücher als solche nicht unterschrieben werden (anders für den Jahresabschluss, dazu § 245 Rdn 1 aE). Dass eine bestimmte Tatsache aus den Handelsbüchern belegt werden kann oder nicht belegt werden kann, hat auch keinen Beweis des ersten Anscheins zur Folge, den die Gegenpartei durch den Beweis solcher Tatsachen erschüttern müsste, die ernsthaft die Möglichkeit unrichtiger Buchführung ergeben könnten.[72] Die Einsichtnahme in die Handelsbücher bringt zunächst nur die Tatsache einer Eintragung oder Nichteintragung zur Überzeugung des Gerichts. Wenn mitunter formuliert wird, ordnungsgemäß geführte Handelsbücher „dokumentierte(n)" die Richtigkeit der in ihnen verbuchten Vorgänge,[73] ist dies unscharf. Der Schluss auf die inhaltliche Richtigkeit ordnungsmäßig geführter Bücher hat nicht mehr, aber auch nicht weniger als eine erhebliche Wahrscheinlichkeit für sich.[74] 22

2. Bei Nichtvorlegung der Handelsbücher. Kommt der Buchführungspflichtige der gerichtlichen Vorlegungsanordnung nicht nach, so ist § 427 ZPO anzuwenden, und zwar 23

---

69 OLG Frankfurt WM 1980, 1246 (1248).

70 BoHdR-*Krawitz* Rdn 11; MünchKomm-AktG/*Graf*² Rdn 7; MünchKommBilR/*Graf* Rdn 7.

71 RGZ 72, 290 (292); BGH BB 1954, 1044; OLG Hamm NJW 1987, 964 (965); ADS Rdn 17; Baumbach/Hopt/*Merkt* § 238 Rdn 3; HdR-EA/*Weber/Eichenlaub* Rdn 18.

72 BGH BB 1954, 1044; Baumbach/Hopt/*Merkt* § 238 Rdn 3.

73 OLG Frankfurt ZIP 2011, 1095 (1096).

74 BGH BB 1954, 1044; Beck BilKomm-*Winkeljohann/Philipps* Rdn 6; missverständlich ADS Rdn 16; Baetge/Kirsch/Thiele/*Bartone* BilR Rdn 34.

analog in den Fällen des § 258 Abs. 1,[75] unmittelbar in den Fällen des § 258 Abs. 2. Danach ergibt sich: Es besteht **kein Vorlegungszwang** in dem Sinn, dass das Gericht seine Anordnung durchsetzen dürfte (anders in Steuersachen, vgl. Rdn 24) oder müsste.[76] Der Vorlegungspflichtige muss aber **Beweisnachteile** hinnehmen. Das Gericht kann nämlich eine vom Beweisführer beigebrachte Abschrift der Urkunde als richtig ansehen (§ 427 S. 1 ZPO) oder, wenn keine Abschrift beigebracht wird, seine Behauptungen über Beschaffenheit und Inhalt der Urkunde als bewiesen annehmen (§ 427 S. 2 ZPO). Für Handelsbücher wird regelmäßig nur das Zweite in Betracht kommen, weil der Beweisführer i.d.R. nicht über Abschriften verfügt. Zu beachten ist, dass nicht die behaupteten Tatsachen selbst als bewiesen angenommen werden können, sondern nur die Behauptungen über Beschaffenheit und Inhalt der Bücher; ob der angenommene Zustand und Inhalt (z.B. Verbuchung eines Geschäftsvorfalls) den **Schluss auf die anspruchsbegründende Tatsache** (z.B. Abschluss eines provisionspflichtigen Geschäfts) erlaubt, entscheidet das Gericht im Rahmen **freier Beweiswürdigung** (Rdn 22).[77] Allerdings hat der BGH in Haftungsprozessen wegen **Insolvenzverschleppung** (§ 823 Abs. 2 BGB i.V.m. § 15a InsO) mehrfach die Voraussetzung der Insolvenzreife nach den Grundsätzen der **Beweisvereitelung** als bewiesen angesehen, wenn der Beklagte die Buchführungs- und Aufbewahrungspflichten verletzt hat, und dem Kläger die entsprechende Darlegung und Beweisführung daher nicht möglich ist.[78]

V. Verfahren in Steuersachen

24 Die **Finanzbehörde** kann von den Beteiligten und anderen Personen verlangen, dass ihr Bücher, Aufzeichnungen, Geschäftspapiere und andere Urkunden zur Einsicht und Prüfung vorgelegt werden (§ 97 Abs. 1 AO). Die Vorschrift konkretisiert die allgemeine Bestimmung über Beweismittel in § 92 AO, die wiederum mit dem Untersuchungsgrundsatz des § 88 AO verknüpft ist. Ob und in welchem Umfang die genannten Urkunden herangezogen werden, entscheidet die Finanzbehörde nach pflichtgemäßem Ermessen (§ 92 S. 1 AO). Dieses Ermessen wird allerdings durch § 97 Abs. 2 AO hinsichtlich der Vorlage der genannten Unterlagen eingeschränkt: grundsätzlich muss die Finanzbehörde zunächst die Auskunft des Vorlagepflichtigen über den beweisbedürftigen Sachverhalt einholen. Im Rahmen einer **Außenprüfung** gilt § 97 Abs. 2 AO jedoch nicht; hier sind Handelsbücher und andere Urkunden auf Verlangen ohne weiteres vorzulegen (§ 200 Abs. 1 S. 2 und 4 AO). Eine Beschränkung auf Handelsbücher wie in § 258 Abs. 1 gibt es nach §§ 97, 200 AO nicht. Die Vorschrift erfasst deshalb auch die Handelskorrespondenz und die Buchungsbelege. Urkunden i.S.d. § 97 AO sind auch auf Bild- oder Datenträgern festgehaltene Gedankenerklärungen (**weiter Urkundenbegriff**).[79] Die Vorlage kann nach §§ 328 ff AO erzwungen werden; stattdessen kann die Finanzbehörde die

[75] Baetge/Kirsch/Thiele/*Bartone* BilR Rdn 42; Beck BilKomm-*Winkeljohann/Philipps* Rdn 5 aE; Ebenroth/Boujong/Joost/Strohn/*Wiedmann* Rdn 11; Heidel/Schall/*Reich/Szczesny/Voß* HGB Rdn 5.

[76] Baetge/Kirsch/Thiele/*Bartone* BilR Rdn 41; Haufe HGB BilKomm/*Strickmann*[2] Rdn 9; HdR-EA/*Weber/Eichenlaub* Rdn 19; Heidel/Schall/*Reich/Szczesny/Voß* HGB Rdn 5; Zöller/*Geimer* ZPO[29] § 427 Rdn 2.

[77] RGZ 69, 20 (23); RG JW 1910, 68 Nr. 21; OLG Colmar OLGR 16, 85 f; Stein/Jonas/*Leipold* ZPO[22] § 427 Rdn 9 f.

[78] BGH NZG 2007, 466 (467) (Überschuldung); NZG 2012, 464 (465) (Zahlungsunfähigkeit).

[79] Tipke/Kruse/*Seer* AO § 97 Rdn 2 mit weiteren Einzelheiten und Nachw.; zur handelsrechtlichen Problematik vgl. Rdn 17.

Nichtvorlage aber auch frei würdigen.[80] Auch das **Finanzgericht** kann gem. § 97 AO vorgehen; denn im Rahmen der ihm aufgegebenen Amtsermittlung gelten § 97 Abs. 1 und 3 AO sinngemäß (§ 76 Abs. 1 S. 4 FGO) – allerdings nur gegenüber den Prozessbeteiligten, nicht gegenüber Dritten.[81] Weil auf § 97 Abs. 2 AO nicht Bezug genommen ist, kann die Vorlage der Handelsbücher und anderer Urkunden auch ohne vorheriges Auskunftsersuchen angeordnet werden.[82]

§ 259
Auszug bei Vorlegung im Rechtsstreit

Werden in einem Rechtsstreit Handelsbücher vorgelegt, so ist von ihrem Inhalt, soweit er den Streitpunkt betrifft, unter Zuziehung der Parteien Einsicht zu nehmen und geeignetenfalls ein Auszug zu fertigen. Der übrige Inhalt der Bücher ist dem Gericht insoweit offenzulegen, als es zur Prüfung ihrer ordnungsmäßigen Führung notwendig ist.

Schrifttum

(vgl. die Angaben zu § 258).

Übersicht

I. Regelungsgegenstand und -zweck

Die Bestimmung entspricht § 46 a.F. und regelt den Umfang und die Form der Ein- **1**
sichtnahme in Handelsbücher, deren Vorlegung (§ 258, vgl. aber Rdn 2) das Prozessgericht anordnet. Die Norm bezweckt den **Schutz des Geheimhaltungsinteresses** des Kaufmanns;[1] „umfassende Ausforschungen" durch den Prozessgegner sollen vermieden werden. Der Kaufmann hat ein berechtigtes Interesse daran, die Informationen über die Lage des Unternehmens und über die einzelnen Geschäftsvorfälle, die sich aus der Buchführung gewinnen lassen (vgl. § 238 Abs. 1), weder der Öffentlichkeit noch dem Prozess-

---

80 Tipke/Kruse/*Seer* AO § 97 Rdn 16.

81 Gräber/*Stapperfend* FGO[7] § 76 Rdn 40.

82 ADS Rdn 18 aE; HdR-EA/*Weber/Eichenlaub* Rdn 21; Heidel/Schall/*Reich/Szczesny/Voß* HGB Rdn 8.

1 ADS Rdn 1; Baetge/Kirsch/Thiele/*Bartone* BilR Rdn 1; BoHdR-*Krawitz* Rdn 2; Ebenroth/Boujong/Joost/Strohn/*Wiedmann* Rdn 1; Heidel/Schall/*Reich/Szczesny/Voß* HGB Rdn 1; KölnKomm-RLR/*Claussen* Rdn 2.

gegner zu offenbaren; denn einen generellen Rechenschaftszweck der Buchführung gibt es nicht (§ 238 Rdn 3), auch nicht unter Berücksichtigung des mit der Buchführungspflicht verfolgten öffentlichen Interesses.[2] Auch soweit das Gesetz eine Pflicht zur Offenlegung begründet (§§ 325 ff; §§ 9, 15 PublG), bezieht diese sich nur auf den Jahres- und Konzernabschluss sowie auf ergänzende Berichte, nicht aber auf die Handelsbücher. Dem Schutz des Geheimhaltungsinteresses dient die in § 259 enthaltene gegenständliche Beschränkung der Vorlegungspflicht; dabei ist zwischen der parteiöffentlichen Einsichtnahme (§ 259 S. 1; dazu Rdn 4 ff) und der Einsichtnahme durch das Gericht allein zu unterscheiden (§ 259 S. 2; dazu Rdn 10).

II. Vorlegung von Handelsbüchern

2 **1. Voraussetzungen der beschränkten Einsichtnahme.** Die tatbestandlichen Voraussetzungen der beschränkten Einsichtnahme umschreibt § 259 S. 1 als **Vorlegung von Handelsbüchern im Rechtsstreit.** Der Begriff des Rechtsstreits ist ebenso auszulegen wie in § 258 Abs. 1. Gemeint sind also alle bürgerlich-rechtlichen Streitigkeiten i.S.d. § 13 GVG, die der ZPO als Verfahrensordnung unterliegen (vgl. § 258 Rdn 5). § 259 gilt aber nicht nur dann, wenn Handelsbücher nach § **258** vorgelegt werden, sondern immer, wenn mit ihnen der urkundliche Beweis bestimmter Tatsachen geführt werden soll.[3] § 259 ist somit etwa auch dann anzuwenden, wenn das Prozessgericht die Vorlegung von Handelsbüchern nach den **allgemeinen prozessrechtlichen Vorschriften** (§§ 421 ff ZPO, §§ 142, 144 ZPO, vgl. § 258 Rdn 13 ff) anordnet. Ist der **Kaufmann selbst Beweisführer** und legt seine Bücher von sich aus vor (§ 420 ZPO), kann er auch selbst den Umfang der Vorlage bestimmen (vgl. aber Rdn 6); insbes. § 259 Satz 2 ist jedoch dem Rechtsgedanken nach anzuwenden.[4]

3 **2. Zur Abgrenzung: Materiell-rechtliche Einsichtsbefugnisse.** Hinsichtlich der Frage, welche Bedeutung § 259 für die Fälle hat, in denen ein materiell-rechtlicher Anspruch auf Einsichtnahme besteht, etwa zugunsten von Gesellschaftern oder von Gläubigern einer gewinn- oder umsatzabhängigen Forderung (vgl. die Zusammenstellung in § 258 Rdn 13), ist **zu differenzieren:** Richtet sich das Klagebegehren auf die Gewährung der Bucheinsicht, so ist § 259 nach Wortlaut und Sinn nicht einschlägig;[5] denn die Handelsbücher werden nicht dem Prozessgericht „in einem Rechtsstreit" vorgelegt, sondern dem erfolgreichen Kläger, notfalls nach Zwangsvollstreckung.[6] Insoweit bestimmt sich der

---

2 Andere Akzentsetzung bei Heymann/*Walz* Rdn 1.

3 RG JW 1927, 2416 Nr. 6; ADS Rdn 2; BoHdR-*Krawitz* Rdn 3; Haufe HGB BilKomm-*Strickmann*[2] Rdn 1; Heidel/Schall/*Reich/Szczesny/Voß* HGB Rdn 5; HdR-EA/*Weber/Eichenlaub* Rdn 2; Heidelberger Komm/*Kirnberger* HGB[7] § 259 Rdn 1; MünchKommAktG/*Graf*[2] § 259 HGB Rdn 2; MünchKommBilR/*Graf* Rdn 2; wohl auch Beck BilKomm-*Winkeljohann/Philipps* Rdn 1; **aA** (§ 259 gilt nur bei Vorlegung nach § 258) Baetge/Kirsch/Thiele/*Bartone* BilR Rdn 2.

4 ADS Rdn 3; weiter Staub/*Hüffer*[4] Rdn 2.

5 ADS Rdn 2; terminologisch nicht immer eindeutig, aber i.E. wohl ebenso die allgM, s. etwa Baetge/Kirsch/Thiele/*Bartone* BilR Rdn 2; Beck BilKomm-*Winkeljohann/Philipps* Rdn 1; HdR-EA/*Weber/Eichenlaub* Rdn 4; Heidel/Schall/*Reich/Szczesny/Voß* HGB Rdn 4; MünchKommHGB/*Ballwieser*[3] §§ 258–260 Rdn 7.

6 Nach welchen Vorschriften sich die Zwangsvollstreckung richtet, ist umstritten; vgl. einerseits (§§ 887, 888 ZPO) MünchKommBGB/*Habersack* § 809 Rdn 17; Staub/*Hüffer*[4] Rdn 3, andererseits (§ 883 ZPO, hM) OLG Bamberg DGVZ 1972, 112;

Umfang der Einsichtsbefugnis allein nach dem Inhalt des materiellen Rechts. Richtet sich das Begehren des Klägers dagegen auf einen anderen Anspruch, z.B. auf Zahlung, so können die Handelsbücher nur Beweismittel sein. Für diesen Fall gilt § 259 auch dann, wenn der Kläger eine weitergehende materiell-rechtlich begründete Einsichtsbefugnis hat. Auf sie kommt es schon deshalb nicht an, weil es nicht um eine Einsichtnahme des Klägers, sondern um die des Prozessgerichts geht (vgl. auch Rdn 4) und sich die richterliche Überzeugungsbildung, der die Einsichtnahme dient, auf einen anderen Streitgegenstand bezieht.

III. Parteiöffentliche Einsichtnahme (§ 259 S. 1)

1. Zuziehung der Parteien. Nicht die Parteien nehmen Einsicht, sondern das Gericht, und zwar grundsätzlich das **Prozessgericht** (§ 355 Abs. 1 ZPO); die Einsichtnahme kann auch vor dem beauftragten oder ersuchten Richter stattfinden (§ 434 ZPO).[7] Das Gericht zieht die Parteien hinzu. Das entspricht dem Gebot der Parteiöffentlichkeit (§ 357 Abs. 1 ZPO). Die Zuziehung erfolgt durch **Benachrichtigung der Parteien**, also durch Terminsnachricht (§§ 214, 176 ZPO); sie ist aber dann entbehrlich, wenn der Termin verkündet worden ist (§ 218 ZPO).[8] Ausbleiben einer oder beider Parteien hindert die Einsichtnahme nicht, sofern die Benachrichtigung ordnungsmäßig erfolgt ist. 4

2. Beschränkung auf den Streitpunkt. § 259 S. 1 beschränkt die parteiöffentliche Einsichtnahme auf die **streitrelevanten Teile der Handelsbücher**. Der Beweisführer muss bereits im Beweisantrag bestimmte Tatsachen behauptet haben, die aus den Büchern bewiesen werden sollen; die Vorlegung darf nicht angeordnet werden, um der Partei erst die Tatsachenkenntnis zu verschaffen, die sie für einen substantiierten Vortrag braucht (näher § 258 Rdn 10 f). Ebensowenig darf dem Prozessgegner des Kaufmanns gestattet werden, die vorgelegten Bücher einer allgemeinen Durchmusterung zu unterziehen. 5

Im Einzelnen ist danach zu unterscheiden, ob der Kaufmann oder sein Prozessgegner Beweisführer ist. Für den **Kaufmann als Beweisführer** gilt: Er kann den Beweis nur durch Vorlegung der Handelsbücher antreten (§ 420 ZPO; vgl. auch § 258 Rdn 2 f). Es genügt jedoch nicht, dass er seine Bücher vorlegt und es dem Gericht oder dem von dem Gericht zugezogenen Sachverständigen (vgl. Rdn 8) überlässt, die etwa in Betracht kommenden Stellen zu suchen; er hat vielmehr die **Eintragungen zu bezeichnen**, auf die es für ihn ankommt.[9] Wenn er das unterlässt, hat er den Beweis nicht ordnungsgemäß angetreten. Das Gericht darf deshalb die vorgelegten Handelsbücher unbeachtet lassen und die Tatsachen, die daraus bewiesen werden sollten, als nicht bewiesen ansehen. 6

Wenn der **Kaufmann Prozessgegner des Beweisführers** ist, kann diesem nicht aufgegeben werden, die streitrelevanten Teile der Handelsbücher zu bezeichnen, weil er nicht über die Bücher verfügt. Er genügt seinen prozessualen Verpflichtungen deshalb mit der konkreten **Bezeichnung des angeblich verbuchten Vorgangs** und mit ergänzenden Hinweisen, die es ermöglichen, die Buchung aufzufinden (Angabe des Handelsbuchs nach 7

OLG Hamm NJW 1974, 653; OLG Köln NJW-RR 1988, 1210; 1996, 382; Zöller/*Stöber* ZPO[29] § 883 Rdn 2.

[7] Baetge/Kirsch/Thiele/*Bartone* BilR Rdn 21; Baumbach/Hopt/*Merkt* Rdn 1; Heidel/Schall/*Reich/Szczesny/Voß* HGB Rdn 3.

[8] KölnKomm-RLR/*Claussen* Rdn 3 aE.

[9] RGZ 1, 423 f; ADS Rdn 3; Heidel/Schall/*Reich/Szczesny/Voß* HGB Rdn 5; KölnKomm-RLR/*Claussen* Rdn 4.

seiner Funktion; des Kontos; des vermuteten Buchungszeitraums; des Betrags).[10] Es ist dann zunächst die Aufgabe, aber, wie sich aus der Wertung des § 259 S. 2 ergibt, auch das Recht des Kaufmanns, anhand dieser Angaben die streitrelevanten Teile der Bücher selbst zu bezeichnen. Erst wenn er dieser Pflicht nicht nachkommt, darf das Gericht die Bücher von sich aus durchsehen, um die der Einsichtnahme unterliegenden Punkte aufzusuchen.[11]

3. Modalitäten der Einsichtnahme

8 a) **Gerichtliches Verfahren.** Die gerichtliche Einsichtnahme erfolgt in einem Beweistermin. Das Gericht muss den Parteien mitteilen, welche Stellen aus den Handelsbüchern es für streitrelevant hält (Rdn 5 ff) und deshalb einsieht. Den Parteien ist Gelegenheit zu geben, sich insoweit vom Inhalt der Handelsbücher zu überzeugen. Über das Ergebnis der Beweisaufnahme ist zu verhandeln (§ 285 ZPO). Das Gericht kann bei der Einsichtnahme einen **Sachverständigen** hinzuziehen, und zwar von Amts wegen (§ 144 ZPO).[12] Geschieht dies, so muss der Sachverständige den Parteien ebenso die Einsichtnahme gewähren wie das Gericht.[13] Zu beachten ist ferner, dass die Einsichtnahme durch den Sachverständigen die gerichtliche Einsichtnahme nicht ersetzen kann.[14]

9 b) **Anfertigung eines Auszugs.** Geeignetenfalls fertigt das Gericht einen Auszug an. Ein geeigneter Fall liegt vor, wenn bei der (zulässigen, s. Rdn 5 ff) Einsichtnahme Eintragungen gefunden werden, die für das Beweisthema von Bedeutung sind; der Auszug ist zu den Gerichtsakten zu nehmen.[15]

IV. Prüfung ordnungsmäßiger Buchführung (§ 259 S. 2)

10 Das Gericht prüft die vorgelegten Handelsbücher **über die streitrelevanten Teile hinaus,** um sich von ihrer ordnungsmäßigen Führung zu überzeugen. Zu diesem Zweck sind gegenüber dem Gericht die Bücher offenzulegen. Diese Pflicht ist auf den für die Prüfung notwendigen Umfang beschränkt.[16] Über die Notwendigkeit entscheidet das

---

[10] ADS Rdn 4; HdR-EA/*Weber/Eichenlaub* Rdn 5; MünchKommAktG/*Graf*[2] § 259 HGB Rdn 3; MünchKommBilR/*Graf* Rdn 3; Schlegelberger/*Hildebrandt/Steckhan* § 46 Rdn 1; s. ferner BoHdR-*Krawitz* Rdn 5; Heidel/Schall/*Reich/Szczesny/Voß* HGB Rdn 5.

[11] Ebenso ADS Rdn 5; ähnlich Ebenroth/Boujong/Joost/Strohn/*Wiedmann* Rdn 2; Heidel/Schall/*Reich/Szczesny/Voß* HGB Rdn 5; **aA** (sogleich gerichtliche Durchsicht) noch Staub/*Brüggemann*[3] § 46 Rdn 1 (wie hier aber bereits Staub/*Hüffer*[4] Rdn 7).

[12] ADS Rdn 5; Baetge/Kirsch/Thiele/*Bartone* BilR Rdn 21; Beck BilKomm-*Winkeljohann/Philipps* Rdn 2.

[13] RG JW 1927, 2416; Baumbach/Hopt/*Merkt* Rdn 1.

[14] ADS Rdn 6; Baetge/Kirsch/Thiele/*Bartone* BilR Rdn 21; Beck BilKomm-*Winkeljohann/Philipps* Rdn 2; wohl auch KölnKomm-RLR/*Claussen* Rdn 6; missverständlich Baumbach/Hopt/*Merkt* Rdn 1; Nachw. zur Diskussion im älteren Schrifttum bei Staub/*Hüffer*[4] Rdn 8.

[15] Heidel/Schall/*Reich/Szczesny/Voß* HGB Rdn 5.

[16] ADS Rdn 8; Baetge/Kirsch/Thiele/*Bartone* BilR Rdn 32; Baumbach/Hopt/*Merkt* Rdn 1; Ebenroth/Boujong/Joost/Strohn/*Wiedmann* Rdn 3; HdR-EA/*Weber/Eichenlaub* Rdn 7; Heidel/Schall/*Reich/Szczesny/Voß* HGB Rdn 5; MünchKommAktG/*Graf*[2] § 259 HGB Rdn 4; MünchKommBilR/*Graf* Rdn 4; enger BoHdR-*Krawitz* Rdn 7 (i.d.R. nur stichprobenweise Einsicht zulässig); offen gelassen bei KölnKomm-RLR/*Claussen* Rdn 7.

Gericht nach pflichtgemäßem Ermessen. Es orientiert sich dabei an dem **Prinzip freier Beweiswürdigung**; denn die Prüfung der Ordnungsmäßigkeit hat allein den Zweck, den nach §§ 286, 419 ZPO zu beurteilenden Beweiswert der Handelsbücher (§ 258 Rdn 22) festzustellen.[17] Auch bei der Prüfung nach § 259 S. 2 kann das Gericht von Amts wegen einen Sachverständigen hinzuziehen (§ 144 ZPO).[18] Die Parteien sind insoweit nicht zu beteiligen.[19] Das dient dem Geheimhaltungsinteresse des Buchführungspflichtigen (Rdn 1), dessen Prozessgegner nicht mehr Informationen aus der Buchführung gewinnen soll, als für die Führung des Rechtsstreits unerlässlich ist.

§ 260
Vorlegung bei Auseinandersetzung

Bei Vermögensauseinandersetzungen, insbesondere in Erbschafts-, Gütergemeinschafts- und Gesellschaftsteilungssachen, kann das Gericht die Vorlegung der Handelsbücher zur Kenntnisnahme von ihrem ganzen Inhalt anordnen.

Schrifttum

(vgl. die Angaben zu § 258).

Übersicht

I. Regelungsgegenstand und -zweck

1 Wie §§ 258, 259 betrifft § 260 die Vorlegung von Handelsbüchern in einem **Rechtsstreit** (vgl. noch Rdn 2) und hier den Umfang der Kenntnis, die das Gericht durch Einsicht in die Bücher unter Zuziehung der Parteien in zulässiger Weise gewinnt. Die Vorschrift entspricht § 47 a.F.[1] und bezweckt, den **Umfang der Einsicht- und Kenntnisnahme** über die Grenzen des § 259 hinaus zu erweitern, soweit diese Erweiterung wegen der besonderen Eigenart des Streitgegenstandes (dazu Rdn 3) sachgerecht ist.

---

[17] ADS Rdn 7; HdR-EA/*Weber*/*Eichenlaub* Rdn 7.

[18] ADS Rdn 9; Baetge/Kirsch/Thiele/*Bartone* BilR Rdn 32; Ebenroth/Boujong/Joost/Strohn/*Wiedmann* Rdn 3; HdR-EA/*Weber*/*Eichenlaub* Rdn 7.

[19] ADS Rdn 9; Baetge/Kirsch/Thiele/*Bartone* BilR Rdn 32; Beck BilKomm-*Winkeljohann*/*Philipps* Rdn 3; HdR-EA/*Weber*/*Eichenlaub* Rdn 7; Heidel/Schall/*Reich*/*Szczesny*/*Voß* HGB Rdn 5; Heymann/*Walz* Rdn 4; KölnKomm-RLR/*Claussen* Rdn 7.

[1] Vgl. BoHdR-*Krawitz* Rdn 1.

II. Voraussetzungen erweiterter Kenntnisnahme

2 **1. Rechtsstreit (§§ 258, 259).** Nach ganz hM setzt § 260 nicht voraus, dass es um die Vorlegung von Handelsbüchern in einem Rechtsstreit geht, welcher der ZPO als Verfahrensordnung unterliegt. Vielmehr genügt danach **jede bürgerlich-rechtliche Streitigkeit** einschließlich der nach dem FamFG zu führenden Verfahren.[2] Zu überzeugen vermag dies zwar nicht (dazu sogleich). In der Praxis dürfte dieser Streit wegen des nach §§ 26 ff FamFG geltenden Amtsermittlungsgrundsatzes aber keine große Bedeutung haben.[3] Zur hM ist dennoch anzumerken: Sie kann sich zwar auf den Gesetzeswortlaut berufen, weil § 260 im Gegensatz zu §§ 258, 259 nicht auf einen laufenden Rechtsstreit abstellt. Sie ist jedoch weder mit der systematischen Stellung der Vorschrift noch mit dem erklärten Willen der Gesetzesverfasser vereinbar. In systematischer Hinsicht ist § 260 lediglich eine Ausnahme gegenüber dem in § 259 formulierten Grundsatz beschränkter Einsichtnahme.[4] Teleologisch ist bei der Auslegung zu berücksichtigen, dass dem Gläubiger eines Auseinandersetzungsanspruchs zur Einsichtnahme in die Handelsbücher nach der Auffassung der Gesetzesverfasser nur der Klageweg offen steht, „es sei denn, daß über die Vermögensauseinandersetzung selbst schon ein Prozeß anhängig ist …".[5] Angesichts dessen muss es auch für § 260 bei dem Erfordernis eines Rechtsstreits bleiben.[6]

3 **2. Vermögensauseinandersetzung.** Die Anordnungsbefugnis des Prozessgerichts besteht nur, wenn der Rechtsstreit (Rdn 2) eine Vermögensauseinandersetzung betrifft. Das Gesetz führt an: die **Erbauseinandersetzung** (§§ 2042 ff BGB); die Auseinandersetzung einer **Gütergemeinschaft** (§§ 1471 ff BGB); die sogenannten Gesellschaftsteilungssachen, mit denen die **Auseinandersetzung unter den Gesellschaftern** nach der Auflösung der Gesellschaft gemeint ist (vgl. z.B. §§ 730 ff BGB; §§ 145 ff HGB). Die Aufzählung ist nur beispielhaft („insbesondere"); § 260 ist auch auf sonstige Vermögensauseinandersetzungen anwendbar.[7] Die von den Gesetzesverfassern insoweit beispielhaft genannten Fälle (Vermögensschenkung; Leibrentenvertrag, wohl gegen die Überlassung eines Handelsgeschäfts)[8] sind praktisch gänzlich unbedeutend geblieben. Immerhin zeigen sie aber, dass die Gesetzesverfasser unter einer Vermögensauseinandersetzung i.S.d. § 260 nicht nur wie in den gesetzlichen Beispielsfällen die Auseinandersetzung unter Gesamthändern verstanden haben. Es genügen vielmehr auch **obligatorische Ansprüche** auf die Überlassung eines Vermögens oder Vermögensteils, wenn der zugehörige Bestand an Gegenständen streitig ist.[9] Weil schuldrechtliche Beziehungen ausreichen, sollte es auch im Prozess des **ausgeschiedenen Gesellschafters** gegen die Gesellschaft wegen der Höhe seines (vom

---

[2] ADS Rdn 1 u. 4; Beck BilKomm-*Winkeljohann/Philipps* Rdn 2; BoHdR-*Krawitz* Rdn 2; Ebenroth/Boujong/Joost/Strohn/*Wiedmann* Rdn 1; Haufe HGB BilKomm/*Strickmann*[2] Rdn 3; HdR-EA/*Weber/Eichenlaub* Rdn 3, 5; KölnKomm-RLR/*Claussen* Rdn 2; Heidelberger Komm/*Kirnberger* HGB[7] Rdn 1; Heymann/*Walz* Rdn 2; MünchKommAktG/*Graf*[2] Rdn 3; MünchKommBilR/*Graf* Rdn 3; Schlegelberger/*Hildebrandt/Steckhan* § 47 Rdn 1; nuanciert Baetge/Kirsch/Thiele/*Bartone* BilR Rdn 21.

[3] Darauf weisen zu Recht auch Heidel/Schall/*Reich/Szczesny/Voß* HGB Rdn 2 hin; vgl. im Übrigen zur Beschränkung des Anwendungsbereichs des § 260 nach hM KölnKomm-RLR/*Claussen* Rdn 3 aE.

[4] RGZ 69, 20 (22); OLG Colmar OLGR 16, 85; Baetge/Kirsch/Thiele/*Bartone* BilR Rdn 2.

[5] Denkschrift 1896 S. 49.

[6] Ebenso mwN. Staub/*Hüffer*[4] Rdn 2.

[7] AllgM, s. etwa Baetge/Kirsch/Thiele/*Bartone* BilR Rdn 22; HdR-EA/*Weber/Eichenlaub* Rdn 5; KölnKomm-RLR/*Claussen* Rdn 3; ferner bereits ausdrücklich Denkschrift 1896 S. 48 f.

[8] Denkschrift 1896 S. 48 f.

[9] KölnKomm-RLR/*Claussen* Rdn 4.

Bestand des Gesellschaftsvermögens abhängigen) **Auseinandersetzungsguthabens** (z.B. § 738 Abs. 1 S. 2 BGB) zulässig sein, die Vorlage der Handelsbücher zur Kenntnisnahme vom gesamten Inhalt anzuordnen.[10]

III. Gerichtliche Anordnung; Kenntnisnahme

Die gegenüber § 259 erweiterte Kenntnisnahme beschränkt sich auf den **Inhalt der** 4
Handelsbücher. Der Begriff hat hier die gleiche Bedeutung wie in §§ 257, 258, 259 (vgl. § 257 Rdn 9 sowie § 258 Rdn 4); insbesondere die Handelskorrespondenz und die Buchungsbelege (vgl. § 258 Rdn 18) werden also nicht von § 260 erfasst.[11] Im Übrigen ist § 260 nur anwendbar, wenn das Gericht die **Vorlegung der Handelsbücher als Beweismittel angeordnet** hat. Dabei ist es gleichgültig, ob die Anordnung aufgrund des § 258 Abs. 1 oder aufgrund allgemeiner prozessrechtlicher Vorschriften (§ 258 Abs. 2) erfolgt (vgl. dazu § 258 Rdn 13 ff sowie § 259 Rdn 2). Anders als § 259 (s. dort Rdn 2 aE) ist § 260 aber nicht – auch nicht dem Rechtsgedanken nach – anwendbar, wenn der Kaufmann seine Bücher als Beweisführer gem. § **420 ZPO** von sich aus vorlegt; insoweit bestimmt er in den Grenzen des § 259 den Umfang der Einsichtnahme. Wegen des zur Vorlegungsanordnung führenden gerichtlichen Verfahrens vgl. § 258 Rdn 9 und 19.

Die **Kenntnisnahme** kann sich auf den ganzen Inhalt der Handelsbücher erstrecken.[12] 5
Kenntnisnahme bedeutet hier wie in § 259 die Einsichtnahme durch das Gericht unter **Zuziehung der Parteien**.[13] Weil es darum geht, einen behaupteten Sachverhalt zur Überzeugung des Gerichts zu bringen (§ 259 Rdn 3 aE), entscheidet das Gericht nach **pflichtgemäßem Ermessen** darüber, wieweit es sich Kenntnis vom Inhalt der Handelsbücher verschaffen will.[14] § 260 begründet also nur eine richterliche Befugnis, keine richterliche Verpflichtung. Damit werden auch der Einsichtnahme durch die Parteien Grenzen gezogen.[15] Wer einen **weitergehenden Einsichtsanspruch aus materiellem Recht** hat (etwa aus § 810 BGB) und geltend machen will, ist auf den Klageweg zu verweisen (§ 260 ist dann ebenso wenig anwendbar wie § 259, vgl. dazu § 259 Rdn 3).

§ 261
Vorlegung von Unterlagen auf Bild- oder Datenträgern

Wer aufzubewahrende Unterlagen nur in der Form einer Wiedergabe auf einem Bildträger oder auf anderen Datenträgern vorlegen kann, ist verpflichtet, auf seine Kosten diejenigen Hilfsmittel zur Verfügung zu stellen, die erforderlich sind, um die Unterlagen lesbar zu machen; soweit erforderlich, hat er die Unterlagen auf seine Kosten auszudrucken oder ohne Hilfsmittel lesbare Reproduktionen beizubringen.

---

[10] Heidel/Schall/*Reich/Szczesny/Voß* HGB Rdn 6 (entsprechende Anwendung); Heymann/*Walz* Rdn 3.

[11] ADS Rdn 5; Baetge/Kirsch/Thiele/*Bartone* BilR Rdn 31; BoHdR-*Krawitz* Rdn 5; HdR-EA/*Weber/Eichenlaub* Rdn 8; Heidel/Schall/*Reich/Szczesny/Voß* HGB Rdn 5.

[12] ADS Rdn 6; HdR-EA/*Weber/Eichenlaub* Rdn 7.

[13] Baetge/Kirsch/Thiele/*Bartone* BilR Rdn 31.

[14] Beck BilKomm-*Winkeljohann/Philipps* Rdn 3; Ebenroth/Boujong/Joost/Strohn/*Wiedmann* Rdn 5; Heidel/Schall/*Reich/Szczesny/Voß* HGB Rdn 7.

[15] KölnKomm-RLR/*Claussen* Rdn 5 aE.

Schrifttum

(vgl. auch die Angaben zu § 257 und zu § 258). *Biener* Die Neufassung handelsrechtlicher Buchführungsvorschriften, DB 1977, 527; *Feuerbaum* EDV-Buchführung, GoB, AO 1977 und HGB, DB 1977, 549 und 597; *Kieback/Ohm* Zulässigkeit der Beschlagnahmeanordnung und Kostenerstattungsanspruch der Kreditinstitute, WM 1986, 313; *Offerhaus* Zur bevorstehenden Änderung handelsrechtlicher Buchführungsvorschriften, BB 1976, 373; *Offerhaus* Die neuen handelsrechtlichen Buchführungsvorschriften, BB 1976, 1622; *Sannwald* Entschädigungsansprüche von Kreditinstituten gegenüber auskunftsersuchenden Ermittlungsbehörden, NJW 1984, 2495; *Schneider* Die Kostenerstattungspflicht gegenüber Kreditinstituten im Falle gerichtlicher und behördlicher Beschlagnahmen und Auskunftsersuchen, DB 1979 Beilage Nr. 17 zu Heft 43.

Übersicht

I. Regelungsgegenstand und -zweck

1 § 261 begründet **komplementäre** Pflichten (sog. **Ergänzungspflichten**)[1] für den Fall, dass Handelsbücher oder andere kaufmännische Unterlagen nur als Wiedergabe auf Bild- oder anderen Datenträgern vorhanden sind. Die Vorschrift entspricht wörtlich § 47a a.F., der 1965 in das HGB eingefügt[2] und 1977 in die durch § 261 übernommene Fassung gebracht worden ist.[3] Der Zweck der Regelung ist mehrschichtig: Einerseits soll es dem Kaufmann in Ergänzung der § 239 Abs. 4 und § 257 Abs. 3 ermöglicht werden, die ihn treffenden Dokumentationspflichten unter Einsatz von **EDV** und **Mikroverfilmung** zu erfüllen (vgl. schon § 257 Rdn 3 und 5); gleichzeitig soll die traditionelle Beweisfunktion dieser Dokumentation erhalten werden; die aus der Bereitstellung technischer Hilfsmittel sowie aus der Herstellung von lesbaren Ausfertigungen resultierenden **Kosten** soll schließlich der Buchführungspflichtige tragen.[4]

II. Voraussetzungen der Ergänzungspflichten

2 **1. Aufbewahrungspflichtige Unterlagen.** Erforderlich und genügend ist, dass es um die Vorlegung von nicht unmittelbar lesbaren Unterlagen geht, die nach § 257 aufzubewahren sind. Danach gilt § 261 zunächst wie §§ 258 bis 260 für Handelsbücher, darüber

[1] KölnKomm-RLR/*Claussen* Rdn 2.
[2] Gesetz zur Änderung des HGB und der RAO vom 2.8.1965 (BGBl. I, S. 665).
[3] Einführungsgesetz zur AO 1977 vom 14.12.1976 (BGBl. I, S. 3341); einführend dazu etwa: *Biener* DB 1977, 527; *Feuerbaum* DB 1977, 549 und 597; *Offerhaus* BB 1976, 373 und 1622.
[4] *Biener* DB 1977, 527 (532); BoHdR-*Krawitz* Rdn 3; KölnKomm-RLR/*Claussen* Rdn 2; ähnlich HdR-EA/*Weber/Eichenlaub* Rdn 2.

hinaus aber auch für **alle** anderen **nach § 257 aufzubewahrenden Unterlagen,**[5] wie insbes. Inventare, empfangene und abgesandte Handelsbriefe sowie Buchungsbelege; für Eröffnungsbilanzen, Jahres- und Konzernabschlüsse sowie Einzelabschlüsse nach § 325 Abs. 2a stellt sich das Problem nicht, weil sie in unmittelbar lesbarer Form vorhanden sein müssen (§ 257 Abs. 1 und 3). Sonstige Unterlagen, die der Kaufmann im Einzelfall aufbewahren mag, fallen nicht unter § 261. Die Bestimmung bleibt jedoch anwendbar, wenn aufbewahrungspflichtige **Unterlagen über die gesetzlichen Fristen hinaus verwahrt werden** (str.).[6] Denn wenn in diesen Fällen weiter eine Pflicht zur Vorlage von Handelsbüchern nach § 258 besteht (s. § 258 Rdn 8), muss es insoweit auch bei der in § 261 geregelten Lastenverteilung bleiben. Maßgeblich für § 261 sollte dann aber *allgemein* nicht die Dauer der öffentlich-rechtlichen Aufbewahrungspflicht sein, sondern die tatsächliche Existenz von Unterlagen, die ihrer Art nach den Ergänzungspflichten unterliegen.

2. Wiedergabe auf Bild- oder anderen Datenträgern. Die Pflicht, Unterlagen lesbar zu **3**
machen und die dabei anfallenden Kosten zu tragen, setzt weiter voraus, dass diese Unterlagen **nur als Wiedergabe** der Originale auf Bild- oder anderen Datenträgern **zur Verfügung** stehen.[7] Wenn die Originale noch vorhanden sind, kann also nicht verlangt werden, dass der Kaufmann Bild- oder Datenträger vorlegt, die Wiedergabe lesbar macht, für Ausdrucke oder sonstige Reproduktionen sorgt und die dabei anfallenden Kosten trägt; umgekehrt ist der Kaufmann aber auch nicht berechtigt, in dieser Weise vorzugehen.[8] Einer **abweichenden Einigung** zwischen Kaufmann und Vorlegungsgläubiger steht allerdings nichts im Wege.[9] In der Umschreibung der Wiedergabetechnik knüpft § 261 an § 257 Abs. 3 S. 1, aber nicht an § 257 Abs. 3 S. 2 an („nur" als Wiedergabe auf einem Bild- oder anderen Datenträger). Wenn die Daten ausgedruckt aufbewahrt werden, sind die Ausdrucke wie Originale vorzulegen; Vorlage des Datenträgers und erneuter Ausdruck kann aber zu Prüfungszwecken gefordert werden (vgl. noch Rdn 12). Sind die Ausdrucke dagegen ihrerseits auf Bild- oder anderen Datenträgern wiedergegeben und nur in dieser Weise existent (Mikroverfilmung oder Scannen mit anschließender Vernichtung des Ausdrucks), so sind die Voraussetzungen des § 261 erfüllt. Beim COM-Verfahren kann die Mikroverfilmung als solche nicht lesbar gemacht werden (vgl. § 257 Rdn 35). Es ist also stets der Datenträger vorzulegen und nach § 261 zu verfahren. § 261 gilt auch für neue **Datenspeichermedien, die künftig noch entwickelt werden,** wenn sie in der EDV-Buchführung zum Einsatz kommen.[10]

3. Vorlegungspflicht. Die Ergänzungspflichten des § 261 setzen ferner voraus, dass **4**
der Kaufmann zur Vorlegung der Unterlagen verpflichtet ist; das folgt schon aus der bloßen Komplementärfunktion der Bestimmung (Rdn 1). Welche **Rechtsgrundlage** die Vorlegungspflicht hat, ist gleichgültig, solange es um Pflichten **zivilrechtlichen oder zivil-**

---

5 ADS Rdn 2; Baetge/Kirsch/Thiele/*Bartone* BilR Rdn 21; Heidel/Schall/*Reich/Szczesny/Voß* HGB Rdn 7.

6 Heidel/Schall/*Reich/Szczesny/Voß* HGB Rdn 9; KölnKomm-RLR/*Claussen* Rdn 3; **aA** hinsichtlich der Pflicht zur Kostentragung ADS Rdn 9; Baetge/Kirsch/Thiele/*Bartone* BilR Rdn 42; BoHdR-*Krawitz* Rdn 10; Haufe HGB BilKomm/*Strickmann*² Rdn 8; HdR-EA/*Weber/Eichenlaub* Rdn 11 aE.

7 Heidel/Schall/*Reich/Szczesny/Voß* HGB Rdn 6.

8 Heidel/Schall/*Reich/Szczesny/Voß* HGB Rdn 6.

9 Baetge/Kirsch/Thiele/*Bartone* BilR Rdn 42 aE.

10 Beck BilKomm-*Winkeljohann/Philipps* Rdn 2 aE; KölnKomm-RLR/*Claussen* Rdn 5.

prozessrechtlichen Ursprungs geht (vgl. noch Rdn 5 f); unerheblich ist ferner, ob die Vorlegung **innerhalb oder außerhalb eines Gerichtsverfahrens** erfolgt.[11] Der Buchführungspflichtige muss die Unterlagen also lesbar machen, wenn er Schuldner eines Einsichtsanspruchs ist, etwa nach § 810 BGB (vgl. die Zusammenstellung in § 258 Rdn 13), aber auch dann, wenn er nicht in dieser Eigenschaft in Anspruch genommen, sondern als Prozessgegner des Beweisführers durch gerichtliche Anordnung nach § 258 Abs. 1 und 2 vorlegungspflichtig wird. Dagegen besteht keine Verpflichtung nach § 261, wenn der **Buchführungspflichtige selbst Beweisführer** ist.[12] In diesem Fall führen jedoch die Grundsätze über den ordnungsmäßigen Beweisantritt zu demselben Ergebnis.[13] Danach ist es zunächst Sache des Beweisführers, dem Gericht Bild- oder Datenträger vorzulegen (vgl. dazu § 258 Rdn 17); darüber hinaus hat er aber auch dafür zu sorgen, dass das Gericht mit diesem Material etwas anfangen kann. Der Beweisantritt bleibt deshalb unbeachtlich, wenn die vorgelegten Bild- oder Datenträger nicht lesbar sind.[14] In diesem Sinne dürfte auch die sonst nicht nachvollziehbare Bemerkung in der Regierungsbegründung zu § 47a a.F. gemeint sein, dass die Pflicht, lesbare Reproduktionen beizubringen, auch bei einer Vorlage aus freien Stücken bestehe.[15]

5 Zweifelhaft ist, ob die Ergänzungspflichten des § 261 auch dann bestehen, wenn sich die **Vorlegungspflicht** nicht auf eine Streitigkeit zivil- oder handelsrechtlichen Ursprungs bezieht, sondern **öffentlich-rechtlicher Natur** ist. Die Frage beschäftigt die Praxis vielfach in Ermittlungsverfahren in **Strafsachen**;[16] hier insbes., wenn **Kreditinstitute** gem. § 95 StPO auf **Herausgabe von Kontounterlagen** in Anspruch genommen werden (zu Steuersachen vgl. Rdn 13). Dabei konzentrieren sich die Meinungsverschiedenheiten auf die Kosten, die durch das Heraussuchen der Unterlagen, die Erteilung von Auskünften und die Anfertigung von Fotokopien oder anderen lesbaren Unterlagen entstehen; vgl. dazu Rdn 10 f.

6 **Stellungnahme.** Angesichts der öffentlich-rechtlichen Natur der Buchführungs- und Aufbewahrungspflicht wäre es widersprüchlich, § 261 generell nicht anzuwenden, wenn die Vorlegung von Handelsbüchern oder sonstigen Unterlagen im öffentlichen Interesse geboten ist. Die Annahme, dass die Norm nur für die Parteistreitigkeiten gilt,[17] ist so allgemein nicht haltbar. Richtig ist aber, dass § 261 nur anwendbar ist, wenn die konkrete Inanspruchnahme vom sachlichen Gehalt des öffentlichen Interesses an der Buchführung gedeckt wird. Es muss also um die eigene, für den vom Gesetz bezweckten Gläubigerschutz relevante geschäftliche Tätigkeit desjenigen gehen, der auf Vorlegung in Anspruch genommen wird (vgl. § 238 Rdn 3). Sinn und Zweck der kaufmännischen Dokumentation und damit auch des § 261 ist es dagegen nicht, Beweismaterial für strafrechtliche Ermittlungsverfahren gegen Dritte (z.B. Kunden des Buchführungspflichtigen) bereitzu-

---

11 Baetge/Kirsch/Thiele/*Bartone* BilR Rdn 3; Beck BilKomm-*Winkeljohann/Philipps* Rdn 3; Ebenroth/Boujong/Joost/Strohn/*Wiedmann* Rdn 2 f; Haufe HGB BilKomm/*Strickmann*[2] Rdn 2; HdR-EA/*Weber/Eichenlaub* Rdn 6; KölnKomm-RLR/*Claussen* Rdn 4.

12 KölnKomm-RLR/*Claussen* Rdn 4; anders offenbar Heidel/Schall/*Reich/Szczesny/Voß* HGB Rdn 6.

13 Ebenso ADS Rdn 3; KölnKomm-RLR/*Claussen* Rdn 4; ähnlich HdR-EA/*Weber/Eichenlaub* Rdn 6.

14 KölnKomm-RLR/*Claussen* Rdn 4.

15 Vgl. Begr. RegE, BT-Drucks. IV/2865, S. 9 re. Sp.; zweifelnd offenbar auch ADS Rdn 3; Staub/*Brüggemann*[3] §47a Rdn 1; Schlegelberger/*Hildebrandt/Steckhan* § 47a Rdn 2.

16 Vgl. aber auch den Hinweis des BayLSG v. 21.10.2009, L 2 U 264/02.Ko, BeckRS 2010, 72240 in einem **sozialgerichtlichen Verfahren.**

17 So KölnKomm-RLR/*Claussen* Rdn 6; *Sannwald* NJW 1984, 2495 f.

halten.[18] Wenn eine handelsrechtliche Vorschrift eine derart untypische Bedeutung haben sollte, bedürfte es dafür eines – in § 261 nicht vorhandenen – Anhaltspunkts im Gesetzeswortlaut. Ferner enthält die Regierungsbegründung zu § 47a a.F. keinen Anhaltspunkt dafür, dass mit dem dort verwendeten Begriff Rechtsverkehr[19] auch derartige Verfahren gegen Dritte gemeint sind. Und schließlich hat es der Gesetzgeber weder im Rahmen des BiRiLiG noch des BilMoG für erforderlich gehalten, die breit diskutierte Frage aufzugreifen und in dem Sinn zu entscheiden, dass § 261 auch für Vorlegungspflichten in Verfahren gegen Dritte gelten soll.

III. Inhalt der Ergänzungspflichten

1. Hilfsmittel zur Lesbarmachung. Nach § 261, 1. HS muss der Buchführungspflich- 7
tige diejenigen Hilfsmittel zur Verfügung stellen, die erforderlich sind, um die Unterlagen lesbar zu machen. Das schließt zunächst **alle Hilfsmittel technischer und personeller Art** ein, die sich im Einzelfall als erforderlich erweisen.[20] **Technische Hilfsmittel** sind bei Mikroverfilmung die erforderlichen Lesegeräte (so noch ausdrücklich § 169 Abs. 9 RAO); bei EDV-Buchführung sind es die Datenverarbeitungsanlage selbst samt den zur Ausgabe der Daten jeweils erforderlichen Zusatzgeräten (Lesbarmachung auf dem Bildschirm eines mobilen Computers genügt;[21] Ausdruck ist nach § 261, 1. HS nicht erforderlich,[22] s. aber sogleich Rdn 8) und der Systemdokumentation (vgl. § 239 Rdn 27, 29; § 257 Rdn 17), ohne die kein zuverlässiges Urteil über den Beweiswert der Wiedergabe (Rdn 12) zu erlangen ist. **Personelle Hilfsmittel** sind die zur Bedienung der Geräte nötigen Personen – und zwar in der Zahl und mit der fachlichen Qualifikation, die erforderlich ist, um die Wiedergaben in angemessener Zeit lesbar zu machen. Werden die Bücher durch einen **externen Dienstleister** (z.B. ein Rechenzentrum) geführt und aufbewahrt (zur Zulässigkeit § 238 Rdn 20), muss der Vorlegungspflichtige den Dienstleister anweisen, die nötigen Geräte und Mitarbeiter zur Verfügung zu stellen. **Örtlich** sind die Unterlagen dort lesbar zu machen, wo die Vorlegungspflicht des Buchführungspflichtigen zu erfüllen ist. Im Prozess also grundsätzlich vor dem Prozessgericht (§ 258 Rdn 21). Können lesbare Unterlagen infolge EDV-Einsatzes nur in den Geschäftsräumen des Buchführungspflichtigen hergestellt werden (dann kann es allerdings auch gemäß § 261, 2. HS erforderlich sein, die Unterlagen auszudrucken oder lesbare Reproduktionen beizubringen, vgl. Rdn 8) oder will sich das Prozessgericht unter Zuziehung eines Sachverständigen vom streitrelevanten Inhalt oder von der ordnungsgemäßen Führung der Handelsbücher an Ort und Stelle überzeugen, muss der Vorlegungspflichtige auch die insoweit erforderlichen Hilfsmittel zur Verfügung stellen bzw. die Kosten tragen (Rdn 9).

2. Ausdrucke oder Reproduktionen. Gemäß § 261, 2. HS muss der Buchführungs- 8
pflichtige, soweit erforderlich, Unterlagen ausdrucken oder lesbare Reproduktionen beibringen. Der **Ausdruck** kommt bei EDV-Buchführung in Frage. Wenn der Buchführungspflichte die Unterlagen ausdruckt, muss auch der Ausdruck lesbar sein; ausgedruckte Computersymbole sind nicht genügend. **Lesefertige Reproduktionen** können bei Mikro-

[18] Dezidiert **aA** ADS Rdn 10.

[19] Nach Begr. RegE, BT-Drucks. IV/2865, S. 9 li. Sp. soll „unerwünschten Erschwerungen des Rechtsverkehrs" entgegengewirkt werden.

[20] Heidel/Schall/*Reich/Szczesny/Voß* HGB Rdn 4.

[21] Baetge/Kirsch/Thiele/*Bartone* BilR Rdn 32; HdR-EA/*Weber/Eichenlaub* Rdn 8.

[22] **AA** KölnKomm-RLR/*Claussen* Rdn 5 aE.

verfilmung gefordert werden; notwendig sind Fotokopien, die den Text in normaler Schriftgröße wiedergeben. Ob es erforderlich ist, die Unterlagen auszudrucken oder lesefertige Reproduktionen beizubringen, lässt sich nur im Einzelfall beurteilen. Der Maßstab des Erforderlichen bezieht sich auf das Ob und die Anzahl. Bei Vorlage **im Rechtsstreit** ist die Anfertigung von Schriftstücken **regelmäßig erforderlich**, damit die Gerichtsakten vollständig geführt werden.[23] Überstücke sind entsprechend der Zahl der Prozessbeteiligten beizubringen.

3. Kosten

9 a) **Allgemeines.** Sämtliche Hilfsmittel, Ausdrucke oder Reproduktionen (Rdn 7 f) hat der Buchführungspflichtige nach § 261 auf seine Kosten bereitzustellen oder beizubringen. Er trägt ferner die Kosten, die dem Vorlegungsgläubiger oder dem Prozessgericht entstehen, wenn der Buchführungspflichtige die Unterlagen an einem anderen Ort lesbar macht, als geschuldet (vgl. Rdn 7). Und schließlich fallen ihm auch die Kosten zur Last, die bei der Prüfung entstehen, ob die lesefertige Wiedergabe, der Ausdruck oder die Reproduktion mit dem Original übereinstimmen[24] (Rdn 12). Die umfassende Kostentragungspflicht des Buchführungspflichtigen ist sachgerecht, weil ihm die Rationalisierungsvorteile zufallen, die sich aus dem Einsatz der EDV, der Mikroverfilmung oder anderer technischer Verfahren ergeben.[25] Diese Kostentragungspflicht setzt sich als spezielle Regelung gegen andere Kostenvorschriften durch.[26] So verbleibt es zwar nach § 811 Abs. 2 S. 1 BGB im Grundsatz dabei, dass der Gläubiger des Einsichtsrechts die Kosten der Vorlegung trägt; die von § 261 erfassten Kosten trägt jedoch der Schuldner dieses Rechts. § 261 ist auch im Kostenausspruch des Prozessgerichts zu beachten. Die unterlegene Partei hat die Kosten des Rechtsstreits gemäß § 91 ZPO also nur mit der Maßgabe zu tragen, dass die Kosten der Bereitstellung von Hilfsmitteln, der Ausdrucke oder Reproduktionen der obsiegenden Partei zur Last fallen, wenn sie vorlegungspflichtig war.[27] Hat der Kaufmann als Beweisführer Unterlagen vorgelegt, ohne vorlegungspflichtig zu sein (§ 420 ZPO; vgl. Rdn 4), so trägt er nach § 261 auch insoweit die dort genannten Kosten; eine Verallgemeinerung auf andere Fälle einer Vorlage ohne Rechtspflicht ist jedoch nicht möglich (vgl. schon Rdn 4 aE).[28]

10 b) **Insbesondere: Kosten der Kreditinstitute in strafrechtlichen Ermittlungsverfahren.** Ob Kreditinstitute die ihnen bei der Bereitstellung von Kontounterlagen entstehenden Personal- und Sachkosten in strafrechtlichen Ermittlungsverfahren gegen ihre Kunden zu tragen haben (vgl. schon Rdn 5 f), wird unterschiedlich beurteilt. Die Übersicht über den **Meinungsstand** wird dadurch erschwert,[29] dass überwiegend, aber nicht durchgängig

---

[23] Heidel/Schall/*Reich/Szczesny/Voß* HGB Rdn 3.

[24] HdR-EA/*Weber/Eichenlaub* Rdn 9; Heidel/Schall/*Reich/Szczesny/Voß* HGB Rdn 5; wohl auch Beck BilKomm-*Winkeljohann/Philipps* Rdn 2; MünchKommAktG/*Graf*[2] Rdn 3; MünchKommBilR/*Graf* Rdn 3.

[25] Begr. RegE, BT-Drucks. IV/2865, S. 9; *Biener* DB 1977, 527, 532.

[26] ADS Rdn 6; Ebenroth/Boujong/Joost/Strohn/*Wiedmann* Rdn 5; Heymann/*Walz* Rdn 3; KölnKomm-RLR/*Claussen* Rdn 6.

[27] KölnKomm-RLR/*Claussen* Rdn 6 aE.

[28] Ebenso ADS Rdn 3.

[29] Einen Überblick zur älteren Rechtsprechung und Literatur gibt *Sannwald* NJW 1984, 2495; vgl. aus der Rechtsprechung seither OLG Koblenz wistra 2006, 73 f; OLG Düsseldorf v. 21.10.2003, III-4 Ws 411/02; LG Berlin NStZ-RR 1998, 222; LG Bielefeld WM 2001, 198 f; OLG Nürnberg WM 1987, 483; LG Stuttgart WM 1986, 926; LG Bochum WM 1987, 887; LG Kiel WM 1987, 483; s. ferner *Kieback/Ohm* WM 1986, 313.

zwei Konstellationen unterschieden werden: Zum einen der Fall, dass ein Kreditinstitut aufgrund eines „schlichten" Ersuchens der Staatsanwaltschaft Auskunft erteilt und Kontounterlagen vorlegt; zum anderen der Fall, dass das Kreditinstitut Auskunft erteilt und Kontounterlagen vorlegt, um die Beschlagnahme bzw. die Vollstreckung eines Beschlagnahmebeschlusses abzuwenden. Insgesamt bestehen drei Ansichten: Das jeweilige Kreditinstitut trägt die Kosten immer;[30] es trägt die Kosten in keinem Fall;[31] es trägt die Kosten nicht bei schlichtem Auskunftsersuchen,[32] wohl aber dann, wenn Unterlagen zur Abwendung der Beschlagnahme bzw. der Vollstreckung eines Beschlagnahmebeschlusses vorgelegt werden.[33]

Stellungnahme. Aus den in Rdn 6 dargelegten Gründen ist § 261 auf Vorlegungspflichten in einem gegen Dritte gerichteten Ermittlungsverfahren insgesamt **nicht anwendbar.** Davon geht auch die strafrechtliche Ermittlungspraxis aus, weil sie das auf Herausgabe von lesbaren Unterlagen gerichtete Ersuchen zutreffend nicht auf § 261, sondern allein auf § 95 StPO stützt. § 261 kann deshalb im Strafverfahren nur „dem Rechtsgedanken" nach angewendet werden,[34] wird damit aber zu einer reinen Kostennorm denaturiert, die das HGB nicht enthält. Offensichtlich ist schließlich, dass jedenfalls aus § 261 für eine Differenzierung zwischen „schlichten" Auskunftsersuchen und Abwendung der Beschlagnahme bzw. der Vollstreckung eines Beschlagnahmebeschlusses kein Anhaltspunkt zu gewinnen ist.[35] 11

IV. Prüfung von Wiedergabe, Ausdruck, Reproduktion

Der Vorlegungsgläubiger und im Rechtsstreit das Prozessgericht haben Anspruch darauf, dass ihnen die Handelsbücher oder die sonstigen Unterlagen in **Urschrift** vorgelegt werden, solange diese noch vorhanden ist.[36] Wenn die Urschrift vernichtet worden ist, richtet sich der Anspruch auf die Vorlegung der **existierenden Wiedergabe,** und zwar so, wie sie vom Kaufmann aufbewahrt wird. Vorzulegen sind also die jeweiligen Magnetbänder, CD, DVD, Festplatten, Disketten, Mikrokopien, Filme u.ä. (vgl. schon § 258 Rdn 7). Das entspricht Wortlaut und Sinn des § 261[37] und ist auch sachgerecht, weil sonst nicht geprüft werden könnte, ob die **lesefertige Wiedergabe, der Ausdrucks oder** 12

---

[30] So z.B. OLG Nürnberg WM 1987, 483; HdR-EA/*Weber*/*Eichenlaub* Rdn 7, 10; Heymann/*Walz* Rdn 3; wohl auch OLG Koblenz wistra 2006, 73 f; BoHdR-*Krawitz* Rdn 9.

[31] So etwa OLG Hamburg NStZ 1981, 107; LG Bochum WM 1987, 887; LG Stuttgart WM 1986, 926; Beck BilKomm-*Winkeljohann*/*Philipps* Rdn 3; Ebenroth/Boujong/Joost/Strohn/*Wiedmann* Rdn 2; Ensthaler/*Lezius*[7] Rdn 2; *Kieback*/*Ohm* WM 1986, 313 f; KölnKomm-RLR/*Claussen* Rdn 8; *Sannwald* NJW 1984, 2495 ff; *Schneider* DB 1979, Beilage Nr. 17 zu Heft 43 (Zusammenfassung: S. 8).

[32] Jedenfalls dafür LG Kiel WM 1987, 483; von einer ganz hM sprechen *Kieback*/*Ohm* WM 1986, 313 mwN.

[33] BGH (Ermittlungsrichter) WM 1982, 74; OLG Düsseldorf v. 21.10.2003, III-4 Ws 411/02; OLG Düsseldorf NStZ 1983, 32; OLG Hamm NStZ 1981, 106; wN bei *Kieback*/*Ohm* WM 1986, 313 Fn. 5; eindeutig auf das Erfordernis eines Beschlagnahmebeschlusses stellen ab: ADS Rdn 10; Baetge/Kirsch/Thiele/*Bartone* BilR Rdn 3, 43; Baumbach/Hopt/*Merkt* Rdn 1; wohl auch Koller/Roth/*Morck* Rdn 1.

[34] OLG Koblenz wistra 2006, 73.

[35] Zutr. dazu LG Stuttgart WM 1986, 926 f; *Sannwald* NJW 1984, 2495 f.

[36] ADS Rdn 3, 5; *Biener* DB 1977, 527 (532); KölnKomm-RLR/*Claussen* Rdn 7.

[37] Vgl. auch Begr. RegE, BT-Drucks. IV/2865, S. 9.

die Reproduktion mit dem Original übereinstimmen.[38] Ferner muss der Kaufmann den Vorlegungsgläubiger oder das Prozessgericht in den Stand versetzen, diese Prüfung vorzunehmen. Der Kaufmann muss deshalb das von ihm angewandte Verfahren und dessen Übereinstimmung mit den GoB darlegen.[39] Auch besteht ein Anspruch auf Vorlage der Systemdokumentation.[40] Zur Kostentragungspflicht Rdn 9. Jedenfalls bei EDV-Buchführung ist es i.d.R. zu empfehlen, dass das Gericht (§ 144 ZPO) oder der Vorlegungsgläubiger einen Sachverständigen hinzuziehen. Das Gericht urteilt über den Beweiswert der vorgelegten Unterlagen nach § 286 ZPO.

V. Verfahren in Steuersachen

13 Für das Steuerrecht enthält § **147 Abs.** 5 **AO** eine mit § 261 weitgehend übereinstimmende Vorschrift (vgl. ferner § 97 Abs. 3 AO und § 85 FGO). Zwar kann die Finanzbehörde nach dem Wortlaut des § 147 Abs. 5, 2. Halbsatz AO ohne Bindung an den Maßstab der Erforderlichkeit verlangen, dass Unterlagen ganz oder teilweise ausgedruckt oder lesbare Reproduktionen beigebracht werden.[41] Jedoch muss die Finanzbehörde das ihr eingeräumte Ermessen fehlerfrei ausüben[42] und dazu bei ihrer Entscheidung insbes. den **Grundsatz der Verhältnismäßigkeit** beachten.[43] Die Aufforderung zum Ausdruck ist ein eigenständiger Verwaltungsakt;[44] der Kaufmann muss diesem unverzüglich nachkommen.[45] Ein Anspruch auf Kostenerstattung steht dem Kaufmann als Steuerpflichtigem gemäß § 107 S. 2 AO nicht zu.[46] Allerdings stellt sich ähnlich wie für Ermittlungsverfahren der Staatsanwaltschaft (Rdn 5 f, 10 f) auch hier die Frage, ob in Ermittlungsverfahren der Finanzbehörden eine Kostentragungspflicht der Kreditinstitute besteht, wenn sie in dem gegen ihre Kunden gerichteten Verfahren um Vorlegung von Kontounterlagen ersucht werden. Die Frage ist mit dem Hinweis auf § 147 Abs. 5 AO nicht beantwortet, weil es nicht um Ermittlungen beim Steuerpflichtigen selbst geht. Nach zutreffender Ansicht besteht daher ein Anspruch des Kreditinstituts auf Entschädigung gemäß § 107 S. 1 AO.[47] Im **Verfahren vor dem Finanzgericht** gilt § 147 Abs. 5 AO über die Verweise in § 76 Abs. 1 S. 4 FGO und § 97 Abs. 3 S. 2 AO.[48]

---

38 Zust. MünchKommHGB/*Ballwieser*[3] Rdn 3.
39 ADS Rdn 5.
40 ADS Rdn 5.
41 HdR-EA/*Weber/Eichenlaub* Rdn 12; Heidel/Schall/*Reich/Szczesny/Voß* HGB Rdn 10.
42 Heidel/Schall/*Reich/Szczesny/Voß* HGB Rdn 10.
43 Vgl. Tipke/Kruse/*Drüen* AO § 147 Rdn 67.
44 Tipke/Kruse/*Drüen* AO § 147 Rdn 67 aE.
45 Vgl. auch Tipke/Kruse/*Drüen* AO § 147 Rdn 40 f.
46 Baetge/Kirsch/Thiele/*Bartone* BilR Rdn 51; HdR-EA/*Weber/Eichenlaub* Rdn 12.
47 Tipke/Kruse/*Seer* AO § 107 Rdn 13.
48 Dazu Baetge/Kirsch/Thiele/*Bartone* BilR Rdn 52.

VIERTER UNTERABSCHNITT

Landesrecht

§ 262

(aufgehoben)

1 Die erst 1976 durch das 1. WiKG[1] als früherer § 47b in das HGB eingefügte Vorschrift ist 1998 durch das HRefG[2] aufgehoben worden. Sie begründete für die nach § 2 a.F. anmeldepflichtigen Gewerbetreibenden (sog. **Sollkaufleute**) eine **vorwirkende Buchführungspflicht**, die schon im Zeitpunkt der Anmeldepflicht eintrat. I.E. hing die Pflicht zur Buchführung damit nicht von der Anmeldung, sondern vom Bestehen einer kaufmännischen Betriebsorganisation ab. Nach den Gesetzgebungsmaterialien zum WiKG ging es vor allem darum, die **Strafbarkeitslücke** zu schließen,[3] die sich seinerzeit ohne ergänzende Regelung aus der tatbestandlichen Verknüpfung der §§ 283 Abs. 1 Nr. 5–7, 283b Abs. 1 Nr. 3 StGB mit den §§ 238, 242, 257 ergeben hätte. Die nach diesen handelsrechtlichen Bestimmungen erforderliche Kaufmannseigenschaft wurde nämlich in den Fällen des § 2 a.F. erst durch die Eintragung in das Handelsregister begründet. Weil § 1 Abs. 2 darauf in seiner heutigen Fassung für Gewerbebetriebe aller Art verzichtet, bedarf es keiner vorwirkenden Buchführungspflicht mehr.[4]

§ 263
Vorbehalt landesrechtlicher Vorschriften

Unberührt bleiben bei Unternehmen ohne eigene Rechtspersönlichkeit einer Gemeinde, eines Gemeindeverbands oder eines Zweckverbands landesrechtliche Vorschriften, die von den Vorschriften dieses Abschnitts abweichen.

Schrifttum

Baldauf Umfang der Buchführungspflicht für kommunale Betriebe gewerblicher Art, FiWi 2001, 115; *Cronauge/Westermann* Kommunale Unternehmen[5] (2006); *Eibelshäuser* Die Aufgaben des Abschlußprüfers nach § 53 Haushaltsgrundsätzegesetz, Festschrift Moxter (1994) S. 919; *Fabry/Augsten* Unternehmen der öffentlichen Hand[2] (2011); *Hoppe/Uechtritz* Handbuch Kommunale

---

[1] Erstes Gesetz zur Bekämpfung der Wirtschaftskriminalität (1. WiKG) vom 29.7.1976 (BGBl. I, S. 2034); Begr. RegE, BT-Drucks. 7/3441.

[2] Gesetz zur Neuregelung des Kaufmanns- und Firmenrechts und zur Änderung anderer handels- und gesellschaftsrechtlicher Vorschriften (HandelsrechtsreformG – HRefG) vom 22.6.1998 (BGBl. I, S. 1474); Begr. RegE, BT-Drucks. 13/8444.

[3] Begr. RegE, BT-Drucks. 7/3441, S. 46; s. ferner *Biener* DB 1977, 527 (533); *Schulze-Osterloh* WM 1977, 606 (613).

[4] Vgl. auch KölnKomm-RLR/*Claussen* Rdn. 2.

Unternehmen[2] (2007); *Lenz* Die Prüfung der Ordnungsmäßigkeit der Geschäftsführung im Rahmen der Abschlußprüfung bei kommunalen Versorgungsunternehmen, WPg 1987, 669; *Püttner* Die öffentlichen Unternehmen[2] (1985); *Vogelpoth/Poullie/Voß* Probleme im Zusammenwirken von HGB, BilMoG und kommunaler Rechnungslegung, WPg 2009, 83; *Zeiss* Das Eigenbetriebsrecht der gemeindlichen Betriebe[3] (1980).

Übersicht

I. Regelungsgegenstand und -zweck

1 § 263 betrifft im Wesentlichen die **Rechnungslegung** (Buchführung, Bilanzierung, Aufbewahrung) der **kommunalen Eigenbetriebe** (genauer: Rdn 3 ff) und führt die früher in § 42 a.F. enthaltene Regelung fort. Die Rechnungslegung hängt bei diesen Unternehmen eng mit dem Recht des jeweiligen Unternehmensinhabers, besonders mit dem Kommunalrecht, zusammen. Daher erlaubt § 263, dass das einschlägige Landesrecht auch die Rechnungslegung der Unternehmen regeln darf. Wenn und soweit die Länder von dieser Kompetenz Gebrauch gemacht haben, gehen die landesrechtlichen Vorschriften den §§ 238 ff vor; ansonsten bzw. im Übrigen gelten die §§ 238 ff.[1]

2 **Gegenüber** § 42 a.F. enthält § 263 **drei Abweichungen**. Erstens: **Unternehmen des Bundes oder eines Landes** fallen nicht mehr unter den Ausnahmetatbestand.[2] Zweitens: Die Befugnis der Verwaltung, die Rechnungsabschlüsse des jeweiligen Eigenbetriebs durch Verwaltungshandeln abweichend von den handelsrechtlichen Vorgaben zu gestalten, ist abgeschafft; Abweichungen von §§ 238 ff können nur durch Rechtsvorschriften, also durch **Gesetze oder Rechtsverordnungen**, vorgesehen werden. Drittens: Die möglichen Abweichungen beziehen sich auf den gesamten Regelungsbereich der §§ 238 ff, nicht mehr nur auf die **Rechnungsabschlüsse**. Die beiden erstgenannten Änderungen sollen erreichen, dass öffentlich-rechtliche Vollkaufleute aus „Gründen des Wettbewerbs und mit Rücksicht auf die Rechtsprechung des Bundesgerichtshofs zur Frage der privatwirtschaftlichen Betätigung der öffentlichen Hand" wie jeder andere Kaufmann auch behandelt werden.[3] Zur Rechnungslegung der danach nicht mehr privilegierten Unternehmen vgl. Rdn 10. Wie weit der dritten Änderung eine sachliche Bedeutung zukommt, ist zweifelhaft und hängt davon ab, ob man der zu § 42 a.F. hM[4] folgt, die die Freistellung wirklich nur auf die Rechnungsabschlüsse bezog, also nicht auch auf Buchführung und Aufbewahrung. § 263 enthält insoweit aber zumindest eine sinnvolle Klarstellung.

---

1 S. etwa Baetge/Kirsch/Thiele/*Bartone* BilR Rdn 1 f.

2 S. etwa Beck BilKomm-*Winkeljohann/Philipps* Rdn 1; BoHdR-*Krawitz* Rdn 3; HdR-EA/*Weber/Eichenlaub* Rdn 4; MünchKommBilR/*Graf/Bisle* Rdn 1.

3 Begr. RegE, BT-Drucks. 10/317, S. 73; vgl. zum Hintergrund Staub/*Hüffer*[4] Rdn 2 mwN.

4 Etwa Staub/*Brüggemann*[3] §42 Rdn 1; Schlegelberger/*Hildebrandt/Steckhan* § 42 Rdn 2; zum davon teils abweichenden Eigenbetriebsrecht der Länder Staub/*Hüffer*[4] Rdn 2.

II. Erfasste Unternehmen

1. Unternehmensbegriff des § 263. § 263 setzt zunächst voraus, dass ein Unternehmen vorliegt. Unternehmen im Sinne der Vorschrift ist ein Gewerbebetrieb,[5] der nach §§ 1 ff die **Kaufmannseigenschaft** begründet. Soweit die Regelvermutung des § 1 Abs. 2 nicht widerlegt wird, kommt es also **nicht** auf die **Eintragung in das Handelsregister** an.[6] Im Übrigen, also bei dem Betrieb eines Kleingewerbes oder eines land- oder forstwirtschaftlichen Unternehmens, ist entscheidend, ob von der Eintragungsoption der §§ 2 bzw. 3 Gebrauch gemacht worden ist. Falls ja, so gelten in erster Linie die landesrechtlichen Sondervorschriften und, soweit sie damit vereinbar sind, in zweiter Linie die §§ 238 ff. Ohne Eintragung in das Handelsregister gelten die §§ 238 ff dagegen in den Fällen der §§ 2 und 3 nicht. Zweifelsfragen des früheren Rechts, die sich aus der Befreiung der Eigenbetriebe der öffentlichen Hand von der Registerpflicht durch § 36 a.F. ergeben konnten, sind mit der Aufhebung der Vorschrift im Zuge der Handelsrechtsreform 1998[7] gegenstandslos geworden. 3

2. Ohne eigene Rechtspersönlichkeit. § 263 setzt weiter voraus, dass es sich um ein Unternehmen „ohne eigene Rechtspersönlichkeit" handelt. Die Formulierung ist unscharf, weil die Rechtsordnung keine Unternehmen mit eigener Rechtspersönlichkeit kennt; Rechtssubjekt ist vielmehr stets der Unternehmensträger, nicht das Unternehmen.[8] Gemeint ist mit der Vorgabe in § 263 Folgendes: Die **Gemeinde** (der Gemeinde- oder Zweckverband) muss **selbst Rechtsträger des Unternehmens** sein. Es darf also keine AG, GmbH oder andere juristische Person zwischengeschaltet sein, die als Rechtsträger fungiert, während sich die Gemeinde auf die Gesellschafterrolle beschränkt. Weil es auf die unmittelbare Zuordnung des Unternehmens zur öffentlich-rechtlichen Körperschaft ankommt, ist § 263 auch dann nicht anwendbar, wenn eine **OHG oder KG** (einschließlich GmbH & Co. KG) Trägerin des Unternehmens ist;[9] und zwar ohne dass es darauf ankommt, dass die rechtsfähigen Personenhandelsgesellschaften nach hM[10] keine Rechtspersönlichkeit haben. 4

3. Unternehmensträger: Gemeinde; Gemeindeverband; Zweckverband. Unternehmensträger muss nach § 263 eine Gemeinde, ein Gemeindeverband oder ein Zweckverband sein.[11] **Gemeinde** ist die durch Gesetz oder durch Staatsakt aufgrund eines Gesetzes als 5

---

[5] Vgl. zur Diskussion darüber, ob sog. nichtwirtschaftliche Unternehmen gewerblich tätig sein können, etwa *Fabry* Organisationsform öffentlicher Unternehmen, in Fabry/Augsten (Hrsg.) Unternehmen der öffentlichen Hand (2011) Rdn 33 sowie *Vogelpoth/Poullie/Voß* WPg 2009, 83 (84) mwN. Stets muss im Einzelfall geprüft werden, ob eine kommunale nichtwirtschaftliche Einrichtung die Voraussetzungen eines Handelsgewerbes erfüllt; zutr. *Cronauge/Westermann* Kommunale Unternehmen (2006) Rdn 115.

[6] KölnKomm-RLR/*Claussen* Rdn 3.

[7] Gesetz zur Neuregelung des Kaufmanns- und Firmenrechts und zur Änderung anderer handels- und gesellschaftsrechtlicher Vorschriften (Handelsrechtsreformgesetz – HRefG) vom 22.6.1998 (BGBl. I, S. 1474).

[8] Ausf. *K. Schmidt* HandelsR § 4 IV; zu der in der rechtspolitischen Diskussion vertretenen Gegenthese s. namentlich *Th. Raiser* Das Unternehmen als Organisation (1969) S. 166 ff.

[9] Ensthaler/*Lezius*[7] Rdn 2; offen gelassen bei KölnKomm-RLR/*Claussen* Rdn 3.

[10] Vgl. dazu etwa Staub/*Schäfer* § 105 Rdn 38 f; vgl. demgegenüber mit beachtlichen Gründen aber *K. Schmidt* GesR § 8.

[11] Vgl. ausf. zum Folgenden das kommunalrechtliche Schrifttum.

juristische Person des öffentlichen Rechts entstehende Gebietskörperschaft (vgl. z.B. § 1 Abs. 2 GemeindeO NW) mit prinzipieller Allzuständigkeit für die Angelegenheiten des Gemeindegebiets. Ein **Gemeindeverband** liegt vor, wenn mehrere Gemeinden in einer Körperschaft öffentlichen Rechts zusammengefasst werden, die ihrerseits Gebietshoheit und einen nicht auf Einzelangelegenheiten beschränkten Kompetenzbereich hat. Beispiele bilden die Landkreise (vgl. z.B. § 1 Abs. 2 KreisO NW) sowie die Landschaftsverbände, aber auch sonstige Kommunalverbände mit spezieller Zwecksetzung wie z.B. der Kommunalverband Ruhrgebiet (vgl. § 2 Abs. 1 S. 2 des Gesetzes über den Kommunalverband Ruhrgebiet). **Zweckverband**[12] ist der freiwillige oder auf gesetzlicher Verpflichtung beruhende Zusammenschluss von Gemeinden oder Gemeindeverbänden in einer Körperschaft öffentlichen Rechts zur gemeinschaftlichen Erledigung von Einzelaufgaben der Mitglieder (vgl. z.B. §§ 1, 5 des Gesetzes [NW] über kommunale Gemeinschaftsarbeit).

6 **4. Einzelfragen.** Nach den vorstehenden Grundsätzen ist § 263 vor allem auf **kommunale Eigenbetriebe**[13] und die entsprechenden wirtschaftlichen Unternehmen der Gemeinde- oder Zweckverbände anwendbar, wenn sie ein Handelsgewerbe betreiben (Rdn 3). § 263 erfasst jedoch nicht nur die (wirtschaftlich und organisatorisch verselbständigten) Eigenbetriebe, sondern auch die **Regiebetriebe**[14], und zwar ohne Rücksicht darauf, ob sie als Brutto- oder Nettoregiebetriebe geführt werden (Brutto: volle Integration in die Gemeindeverwaltung; Netto: Integration in die Gemeindeverwaltung mit gesondertem Rechnungswesen entsprechend dem Eigenbetriebsrecht).[15] Nicht anzuwenden ist § 263 auf **Sparkassen**, die als nicht nur wirtschaftlich, sondern rechtlich selbständige Anstalten des öffentlichen Rechts geführt werden (vgl. z.B. § 1 Abs. 1 SpkG NW).[16] Anders als nach § 42 a.F. gibt es nach § 263 keine Befreiung von den §§ 238 ff für **Eigenbetriebe** in **Bundes- oder Landesbesitz.** Dasselbe gilt für alle kaufmännischen Unternehmen anderer juristischer Personen des öffentlichen Rechts, weil sie nicht dem durch § 263 allein begünstigten Bereich der Kommunalwirtschaft zugerechnet werden können.

III. Anwendbare Vorschriften

7 **1. Abweichendes Landesrecht für Eigenbetriebe.** Soweit Unternehmen die in Rdn 3 ff umschriebenen Voraussetzungen erfüllen, unterliegen sie den **einschlägigen landesrechtlichen Vorschriften.** Dabei handelt es sich um die Eigenbetriebsgesetze und -verordnungen der Länder, die ihrerseits durchgängig (Ausnahme: Hamburg) an die Stelle der zunächst gem. Art. 123 GG als Landesrecht fortgeltenden EigenbetriebsVO vom 21.11.1938[17] getreten und zwecks Anpassung an das BiRiLiG auf der Basis des Musterentwurfs 1986 in den Folgejahren novelliert worden sind;[18] vgl. etwa §§ 19 ff EigVO

---

[12] Zum Zweckverband ausf. etwa *Cronauge/Westermann* Kommunale Unternehmen (2006) Rdn 241 ff.

[13] Zum Eigenbetrieb ausf. etwa *Cronauge/Westermann* Kommunale Unternehmen (2006) Rdn 106 ff u. 141 ff.

[14] Zum Regiebetrieb ausf. etwa Hoppe/Uechtritz/*Hellermann* Hdb Kommunale Unternehmen[2] § 7 Rdn 22 ff.

[15] ADS Rdn 6; Haufe HGB BilKomm/*Strickmann*[2] Rdn 5; HdR-EA/*Weber/Eichenlaub* Rdn 6; vgl. aber zur Frage der Zulässigkeit des Nettoregiebetriebs Hoppe/Uechtritz/*Hellermann* Hdb Kommunale Unternehmen[2] § 7 Rdn 23.

[16] KölnKomm-RLR/*Claussen* Rdn 4.

[17] RGBl. I 1938, 1650.

[18] Zusammenstellung der Rechtsquellen: WP-Hdb[13] Bd. I L Rdn 4; s.a. Beck Bil-Komm-*Winkeljohann/Philipps* Rdn 2.

NW[19]. Die landesrechtlichen Vorschriften über die Rechnungslegung enthalten heute regelmäßig die Pflicht zur **doppelten Buchführung**[20] (z.B. § 19 Abs. 1 S. 1 EigVO NW).[21] Sie werden durch besondere Prüfungsvorschriften ergänzt, die auf die VO zur Durchführung der **Vorschriften über die Prüfungspflicht** der Wirtschaftsbetriebe der öffentlichen Hand vom 30.3.1933[22] zurückgehen, heute aber ebenfalls durchgängig in landesrechtlichen Regelungen enthalten sind.[23] Kennzeichnend ist dabei, dass sich die Prüfung auf die Ordnungsmäßigkeit der Geschäftsführung und auf die bedeutsamen wirtschaftlichen Verhältnisse der Gesellschaft zu erstrecken hat; s. die vergleichbare bundesrechtliche Vorschrift in § 53 HGrG[24] sowie zu den in der Praxis angewandten Prüfungsgrundsätzen den IDW Prüfungsstandard PS 720[25] (Stand: 9.9.2010).

2. §§ 238–261. Soweit keine abweichenden landesrechtlichen Vorschriften (Rdn 7) **8**
bestehen, sind die Gemeinde, der Gemeinde- oder Zweckverband hinsichtlich ihrer kaufmännischen Unternehmen (Rdn 3) als **buchführungspflichtige Einzelunternehmer** zu behandeln; damit gelten die §§ 238–261, nicht aber die §§ 264 ff.[26] Obwohl die landesrechtlichen Normen nach § 263 vorranging sind, verbleibt für die §§ 238 ff ein verhältnismäßig breiter Anwendungsbereich, weil die Landesrechte die Einzelheiten der Rechnungslegung traditionell nur teilweise erfassen.

3. Publizitätsgesetz. Nach § 3 Abs. 1 Nr. 5 PublG gelten die Vorschriften des Ge- **9**
setzes über die Rechnungslegung von Unternehmen (Erster Abschnitt) grundsätzlich auch für Unternehmen der öffentlichen Hand. **§ 3 Abs. 2 Nr. 1a PublG** enthält jedoch eine in der Zielrichtung § 263 vergleichbare **Ausnahmeregelung** zugunsten der kommunalwirtschaftlichen Eigenbetriebe; für sie verbleibt es also bei dem in Rdn 7 dargestellten Rechtszustand.[27] Für die Konzernrechnungslegung (Zweiter Abschnitt = §§ 11 ff PublG) enthält das Gesetz keine entsprechende Ausnahme.

IV. Rechnungslegung der nicht von § 263 erfassten Unternehmen

Für Unternehmen, die sich mittelbar oder unmittelbar in öffentlicher Hand befinden, **10**
aber nicht von § 263 erfasst werden, gilt Folgendes: Für sogenannte **Eigengesellschaften,**[28] also für Kapitalgesellschaften mit einer juristischen Person des öffentlichen Rechts als Alleingesellschafterin, gelten die jeweiligen handelsrechtlichen Vorschriften über die

---

[19] Zur Auswirkung des BilMoG auf die dort enthaltenen Verweise *Vogelpoth/Poullie/Voß* WPg 2009, 83 (85 f).

[20] Vgl. dazu *Vogelpoth/Poullie/Voß* WPg 2009, 83 (84); s. ferner HdR-EA/*Weber/Eichenlaub* Rdn 8; KölnKomm-RLR/*Claussen* Rdn 2.

[21] Überblick über die landesrechtlichen Vorgaben bei Beck BilKomm-*Winkeljohann/ Philipps* Rdn 3 f.

[22] RGBl. I 1933, 180.

[23] Überblick ebenfalls in WP-Hdb[13] Bd. I L Rdn 4; Abriss der Prüfungsbesonderheiten ebenda L Rdn 50 ff.

[24] Dazu *Müller-Marqués Berger* Wirtschaftsführung, Rechnungswesen und Prüfung, in Fabry/Augsten (Hrsg.) Unternehmen der öffentlichen Hand (2011) Rdn 410 ff.

[25] Berichterstattung über die Erweiterung der Abschlussprüfung nach § 53 HGrG (IDW PS 720), FN-IDW 2006, 749 ff, FN-IDW 2011, 113 f.

[26] Haufe HGB BilKomm/*Strickmann*[2] Rdn 1; KölnKomm-RLR/*Claussen* Rdn 2; *Vogelpoth/Poullie/Voß* WPg 2009, 83 (84 f).

[27] ADS Rdn 9; HdR-EA/*Weber/Eichenlaub* Rdn 7.

[28] Definition bei *Fabry* Organisationsform öffentlicher Unternehmen, in Fabry/Augsten (Hrsg.) Unternehmen der öffentlichen Hand (2011) Rdn 8.

Rechnungslegung; dies gilt auch dann, wenn eine Gemeinde, ein Gemeinde- oder Zweckverband Alleingesellschafter ist. Für **Eigenbetriebe außerhalb des kommunalwirtschaftlichen Bereichs** (Bund, Länder) ist zwischen der handelsrechtlichen Ebene und öffentlich-rechtlichen Sondervorschriften zu unterscheiden. Soweit ein Handelsgewerbe vorliegt (Rdn 3), gelten die allgemeinen Vorschriften, also die §§ 238 ff; die §§ 264 ff gelten hingegen nicht, weil der öffentlich-rechtliche Unternehmensträger handelsrechtlich (nur) als buchführungspflichtiger Einzelunternehmer einzuordnen ist. Häufig bestehen aber öffentlich-rechtliche Vorschriften, die die §§ 264 ff für anwendbar erklären (vgl. z.B. § 21 EigVO NW). Darüber hinaus sind insbes. die §§ 53, 55 HGrG (vgl. bereits Rdn 7), §§ 65, 87, 112 BHO sowie die für das jeweilige Unternehmen einschlägigen Sondergesetze[29] zu beachten.

[29] Überblick bei *Söhnle* Wirtschaftsführung, Rechnungswesen und Prüfung, in Fabry/Augsten (Hrsg.) Unternehmen der öffentlichen Hand (2011) Rdn 432 ff.

ZWEITER ABSCHNITT

Ergänzende Vorschriften für Kapitalgesellschaften (Aktiengesellschaften, Kommanditgesellschaften auf Aktien und Gesellschaften mit beschränkter Haftung) sowie bestimmte Personenhandelsgesellschaften

ERSTER UNTERABSCHNITT

Jahresabschluß der Kapitalgesellschaft und Lagebericht

ERSTER TITEL

Allgemeine Vorschriften

§ 264
Pflicht zur Aufstellung

(1) [1]Die gesetzlichen Vertreter einer Kapitalgesellschaft haben den Jahresabschluß (§ 242) um einen Anhang zu erweitern, der mit der Bilanz und der Gewinn- und Verlustrechnung eine Einheit bildet, sowie einen Lagebericht aufzustellen. [2]Die gesetzlichen Vertreter einer kapitalmarktorientierten Kapitalgesellschaft, die nicht zur Aufstellung eines Konzernabschlusses verpflichtet ist, haben den Jahresabschluss um eine Kapitalflussrechnung und einen Eigenkapitalspiegel zu erweitern, die mit der Bilanz, Gewinn- und Verlustrechnung und dem Anhang eine Einheit bilden; sie können den Jahresabschluss um einen Segmentbericht erweitern. [3]Der Jahresabschluß und der Lagebericht sind von den gesetzlichen Vertretern in den ersten drei Monaten des Geschäftsjahrs für das vergangene Geschäftsjahr aufzustellen. [4]Kleine Kapitalgesellschaften (§ 267 Abs. 1) brauchen den Lagebericht nicht aufzustellen; sie dürfen den Jahresabschluß auch später aufstellen, wenn dies einem ordnungsmäßigen Geschäftsgang entspricht, jedoch innerhalb der ersten sechs Monate des Geschäftsjahres. [5]Kleinstkapitalgesellschaften (§ 267a) brauchen den Jahresabschluss nicht um einen Anhang zu erweitern, wenn sie
1. die in den §§ 251 und 268 Absatz 7 genannten Angaben,
2. die in § 285 Nummer 9 Buchstabe c genannten Angaben und
3. im Falle einer Aktiengesellschaft oder Kommanditgesellschaft auf Aktien die in § 160 Absatz 1 Satz 1 Nummer 2 des Aktiengesetzes genannten Angaben

unter der Bilanz angeben.

(2) [1]Der Jahresabschluß der Kapitalgesellschaft hat unter Beachtung der Grundsätze ordnungsmäßiger Buchführung ein den tatsächlichen Verhältnissen entsprechendes Bild der Vermögens-, Finanz- und Ertragslage der Kapitalgesellschaft zu vermitteln. [2]Führen besondere Umstände dazu, daß der Jahresabschluß ein den tatsächlichen Verhältnissen entsprechendes Bild im Sinne des Satzes 1 nicht vermittelt, so sind im Anhang zusätz-

liche Angaben zu machen. [3]Macht eine Kleinstkapitalgesellschaft von der Erleichterung nach Absatz 1 Satz 5 Gebrauch, sind nach Satz 2 erforderliche zusätzliche Angaben unter der Bilanz zu machen. [4]Es wird vermutet, dass ein unter Berücksichtigung der Erleichterungen für Kleinstkapitalgesellschaften aufgestellter Jahresabschluss den Erfordernissen des Satzes 1 entspricht. [5]Die gesetzlichen Vertreter einer Kapitalgesellschaft, die Inlandsemittent im Sinne des § 2 Abs. 7 des Wertpapierhandelsgesetzes und keine Kapitalgesellschaft im Sinne des § 327a ist, haben bei der Unterzeichnung schriftlich zu versichern, dass nach besten Wissen der Jahresabschluss ein den tatsächlichen Verhältnissen entsprechendes Bild im Sinne des Satzes 1 vermittelt oder der Anhang Angaben nach Satz 2 enthält.

(3) Eine Kapitalgesellschaft, die in den Konzernabschluss eines Mutterunternehmens mit Sitz in einem Mitgliedstaat der Europäischen Union oder einem anderen Vertragsstaat des Abkommens über den Europäischen Wirtschaftsraum einbezogen ist, braucht die Vorschriften dieses Unterabschnitts und des Dritten und Vierten Unterabschnitts dieses Abschnitts nicht anzuwenden, wenn

1. alle Gesellschafter des Tochterunternehmens der Befreiung für das jeweilige Geschäftsjahr zugestimmt haben und der Beschluß nach § 325 offengelegt worden ist,
2. das Mutterunternehmen zur Verlustübernahme nach § 302 des Aktiengesetzes oder nach dem für das Mutterunternehmen maßgeblichen Recht verpflichtet ist oder eine solche Verpflichtung freiwillig übernommen hat und diese Erklärung nach § 325 offengelegt worden ist,
3. die Kapitalgesellschaft in den Konzernabschluss einbezogen worden ist und
4. die Befreiung des Tochterunternehmens
   a) im Anhang des von dem Mutterunternehmen aufgestellten und nach § 325 durch Einreichung beim Betreiber des Bundesanzeigers offen gelegten Konzernabschlusses angegeben und
   b) zusätzlich im Bundesanzeiger für das Tochterunternehmen unter Bezugnahme auf diese Vorschrift und unter Angabe des Mutterunternehmens mitgeteilt worden ist.

(4) Absatz 3 ist auf Kapitalgesellschaften, die Tochterunternehmen eines nach § 11 des Publizitätsgesetzes zur Aufstellung eines Konzernabschlusses verpflichteten Mutterunternehmens sind, entsprechend anzuwenden, soweit in diesem Konzernabschluss von dem Wahlrecht des § 13 Abs. 3 Satz 1 des Publizitätsgesetzes nicht Gebrauch gemacht worden ist.

Schrifttum

Alexander A European true and fair view? EAR 1993, 59; *ders.* Truer and fairer. Uninvited comments on invited comments, EAR 1996, 483; Arbeitskreis Bilanzrecht der Hochschullehrer Rechtswissenschaft, Zur Fortentwicklung des deutschen Bilanzrechts, BB 2002, 2372; *Beine* Scheinkonflikte mit dem True and Fair View, WPg 1995, 467; *Beisse* Die Generalnorm des neuen Bilanzrechts, FS Döllerer (1988), S. 25; *ders.* Grundsatzfragen der Auslegung des neuen Bilanzrechts, BB 1990, 2007; *ders.* Zehn Jahre „True and fair view", FS Clemm (1996), S. 27; *Biener* Die Transformation der Mittelstands- und der GmbH&Co-Richtlinie, WPg 1993, 707; *Bleckmann* Die Richtlinie im Europäischen Gemeinschaftsrecht und im Deutschen Recht, HuRB, S. 11; *Budde/Förschle* Das Verhältnis des „True and fair view" zu den Grundsätzen ordnungsmäßiger Buchführung und zu den Einzelrechnungslegungsvorschriften, Mellwig/Moxter/Ordelheide (Hrsg.), Einzelabschluß und Konzernabschluß (1988), S. 27; *dies.* Ausgewählte Fragen zum Inhalt des Anhangs, DB 1988, 1457; *Claussen* Zum Stellenwert des § 264 Abs. 2 HGB, FS Goerdeler (1987), S. 79; *Clemm* § 264 HGB und Wahlrechte, FS Budde (1995), S. 135; *ders.* Unternehmerische Rechnungslegung – Aufgaben, Möglichkeiten und Grenzen –, FS Goerdeler (1987), S. 93; *Deilmann* EHUG: Neuregelung der Jahresabschlusspublizität und mögliche Befreiung nach § 264 Abs. 3 HGB, BB 2006, 2347; *Dietrich*

Die Bewertungseinheit im allgemeinen Handelsbilanzrecht (1998); *Dörner/Wirth* Die Befreiung von Tochter-Kapitalgesellschaften nach § 264 Abs. 3 HGB i.d.F. des KapAEG hinsichtlich Inhalt, Prüfung und Offenlegung des Jahresabschlusses, DB 1998, 1525; *Ekkenga* Anlegerschutz, Rechnungslegung und Kapitalmarkt (1998); *Fey/Deubert/Lewe/Roland* Erleichterungen nach dem MicroBilG – Einzelfragen zur Anwendung der neuen Vorschriften, BB 2013, 107; *Fleischer* Der deutsche „Bilanzeid" nach § 264 Abs. 2 Satz 3 HGB, ZIP 2007, 97; *Goerdeler* Bilanzierung und Publizität im internationalen Vergleich, ZfbF 1982, 235; *Großfeld* Generalnorm (ein den tatsächlichen Verhältnissen entsprechendes Bild der Vermögens-, Finanz- und Ertragslage), HuRB, S. 192; *Groh* Der Fall Tomberger – Nachlese und Ausblick, DStR 1998, 813; *Hennrichs* Die Bedeutung der EG-Bilanzrichtlinie für das deutsche Handelsbilanzrecht, ZGR 1997, 66; *ders.* Wahlrechte im Bilanzrecht der Kapitalgesellschaften (1999); *Herlinghaus* „Tomberger" und die Folgen – ein Beitrag zur Frage der Entscheidungskompetenz des EuGH im Handels- und Steuerbilanzrecht, IStR 1997, 529; *Hoffmann* Jahresabschlußpolitik und die Generalnorm des § 264 Abs. 2 HGB, DB 1995, 1821; *Hüttemann* Stichtagsprinzip und Werthaufhellung, FS Priester (2007), S. 301; *van Hulle* Truth an untruth about true and fair, EAR 1993, 99; *ders.* „True and fair view", im Sinne der 4. EG-Richtlinie, FS Budde (1995), S. 313; *ders.* Die Zukunft der europäischen Rechnungslegung im Rahmen einer sich ändernden internationalen Rechnungslegung, WPg 1998, 138; *Kessler* Die Wahrheit über das Vorsichtsprinzip?! DB 1997, 1; *Kirsch* Die Bedeutung der Generalnorm für den Jahresabschluss von Kapitalgesellschaften nach dem Bilanzrechtsmodernisierungsgesetz und nach dem Gesetz zur Erleichterung für Kleinstkapitalgesellschaften, DStZ 2013, 258; *Kleindiek* Geschäftsleitertätigkeit und Geschäftsleitungskontrolle: Treuhänderische Vermögensverwaltung und Rechnungslegung, ZGR 1998, 466; *Kraft* Die Mitwirkung der Gesellschafter bei der Befreiung nach § 264 Abs. 3 HGB, FS W. Müller (2001), S. 463; *Kuntze-Kaufhold* Verschärfung der Jahresabschlusspublizität und Publizitätswegfall bei Einbeziehung in den Konzernabschluss eines gebietsfremden Mutterunternehmens, BB 2006, 428; *Kußmaul/Huwer/Palm* Die Modifikation des § 264 Abs. 3 HGB, StuB 2013, 559; *Lachnit* „True and fair view" und Rechnungslegung über stille Rücklagen im Jahresabschluß von Kapitalgesellschaften, WPg 1993, 193; *Leffson* Wesentlich, HuRB, S. 434; *ders.* Die beiden Generalnormen, FS Goerdeler (1987), S. 316; *Meinert* Die Bildung objektübergreifender Bewertungseinheiten nach Handels- und Steuerrecht (2010); *Moxter* Die Jahresabschlussaufgaben nach der EG-Bilanzrichtlinie: Zur Auslegung von Art. 2 EG-Bilanzrichtlinie, AG 1979, 141; *ders.* Vermögenslage nach § 264, HuRB, S. 346; *ders.* Zum Verhältnis von handelsrechtlichen Grundsätzen ordnungsmäßiger Bilanzierung und True-and-fair-view-Gebot bei Kapitalgesellschaften, FS Budde (1995), S. 419; *ders.* Zum Umfang der Entscheidungskompetenz des Europäischen Gerichtshofes im Bilanzrecht, BB 1995, 1463; *ders.* Zur Prüfung des true and fair view, FS Ludewig (1996), S. 671; *ders.* Zur Interpretation des True-and-fair-view-Gebots der Jahresabschlussrichtlinie, FS Baetge (1997), S. 97; *ders.* BB-Kommentar, BB 2003, 363; *Müller* Der Europäische Gerichtshof und die deutschen Grundsätze ordnungsmäßiger Buchführung, FS Claussen (1997), S. 707; *Müller/Kreipl* Rechnungslegungserleichterungen für Kleinstkapitalgesellschaften und Tochterunternehmen ausländischer Konzernmütter durch das MicroBilG, DB 2013, 73; *Niehus* „True and fair view" – in Zukunft auch ein Bestandteil der deutschen Rechnungslegung? DB 1979, 221; *Ordelheide* Internationalisierung der Rechnungslegung deutscher Unternehmen, WPg 1996, 545; *ders.* True and fair view, A European and a German perspective, EAR 1993, 81; *ders.* True and fair view, A European und a German perspective II, EAR 1996, 495; *Oser* Vom Schatten ins Licht – Erweiterungen der Befreiungsmöglichkeiten für Tochterunternehmen durch das MicroBilG, DB 2012, 2647; *Reiner* Derivative Finanzinstrumente im Recht (2002); *Rückle* Finanzlage, HuRB, S. 168; *Scheffler* Steuerbilanz und EuGH: Vorabentscheidungszuständigkeit, true and fair view und Vorsichtsprinzip, Wertaufhellung, StuB 2003, 298; *Schellhorn* Anmerkungen zum Kleinstkapitalgesellschaften-Bilanzrechtsänderungsgesetz, DB 2012, 2296; *Schienstock/Veldkamp* Verzicht auf die Aufstellung eines Anhangs nach MicroBilG-E als berichtspflichtiger Satzungsverstoß? BB 2012, 2809; *Schildbach* Die neue Generalklausel für den Jahresabschluss von Kapitalgesellschaften – zur Interpretation des § 264 Abs. 2 HGB, BFuP 1987, 1; *Schnorr* Geschäftsleiterhaftung für fehlerhafte Buchführung, ZHR 170 (2006), 9; *Scholz* Zusammenspiel der Befreiungsvorschriften der §§ 264 Abs. 3 und 264b HGB in mehrstufigen Konzernen, BB 2012, 107; *Schön* Case note on ECJ Case – 234/94 (Tomberger), CMLR 1997 681; *ders.* Entwicklungen und Perspektiven des Handelsbilanzrechts, ZHR 161 (1997), 133; *ders.* Gesellschafter-, Gläubiger- und Anlegerschutz im Europäischen Bilanzrecht, ZGR 2000, 706; *Schulze-Osterloh* Jahresabschluss, Abschlussprüfung und Publizität der Kapitalgesellschaften nach dem Bilanzrichtlinien-Gesetz, ZHR 150 (1986), 532; *ders.* Die Rechnungslegung der Einzelkaufleute und Personenhandelsgesellschaften nach dem Bilanzrichtlinien-Gesetz, ZHR 150 (1986), 403; *Selchert* Zur Generalnorm für offenlegungspflichtige Unternehmen, BB 1993, 753; *Siegel* Wahlrecht, HuRB, S. 417; *Streim* Die Generalnorm des § 264 Abs. 2 HGB – eine kritische Analyse, FS Moxter (1994), S. 392; *Theile* Wo Licht ist, ist auch Schatten – zur (verunglückten?) Erweiterung der Befreiungsmöglichkeiten für Tochterunternehmen durch MicroBilG, DB 2013, 469; *Tromp/Nagler/Gehrke* Die Möglichkeit einer Befreiung von der Offenlegung von Jahresabschlüssen nach § 264 Abs. 3 HGB bei (un-)mittelbarer Konzernmutter im EU-/EWR-Ausland? GmbHR 2009, 641; *Tubbesing* „A True and Fair View" im englischen Verständnis und 4. EG-Richtlinie, AG 1979, 91; *Walton* Introduction: the true and fair view in British accounting, EAR 1993, 49; *Vogel* Die Rechnungslegungsvorschriften des HGB für Kapitalgesellschaften und die 4. EG-Richtlinie (1993); *Weber-Grellet* Bilanzrecht im Lichte, Bilanzsteuerrecht im Schatten des EuGH, DB 1996, 2089; *Zwirner/König/Busch* Freiwillige Konzernrechnungslegung kapitalmarktorientierter Kapitalgesellschaften, DB 2012, 2293.

Übersicht

I. Allgemeines und Anwendungsbereich des Zweiten Abschnitts

1. Allgemeines. § 264 steht am Anfang der Vorschriften des Zweiten Abschnitts, die im Unterschied zu den §§ 238 ff nicht für sämtliche Bilanzierungspflichtige, sondern hauptsächlich für Kapitalgesellschaften und bestimmte Personengesellschaften gelten (näher Rn 2 f). Die §§ 264 ff enthalten also besondere rechtsformspezifische Rechnungslegungsvorschriften, die die allgemeinen Regelungen der §§ 238 ff entweder ergänzen oder als speziellere Normen verdrängen. 1

2. Anwendungsbereich. Wie sich aus der Überschrift des Zweiten Abschnitts ergibt, gelten die §§ 264 ff zum einen für Kapitalgesellschaften (Aktiengesellschaften, Kommanditgesellschaften auf Aktien, Gesellschaften mit beschränkter Haftung). Sie finden darüber hinaus nach § 264a Abs. 1 auch Anwendung auf Personenhandelsgesellschaften, bei denen nicht wenigstens ein persönlich haftender Gesellschafter eine natürliche Person oder eine Personengesellschaft mit einer natürlichen Person als persönlich haftendem Gesellschafter ist, also insbesondere die GmbH & Co. KG (zur Erweiterung des Anwendungsbereichs der §§ 264 ff durch das KapCoRiLiG v. 24.2.2000[1] vgl. näher Erläuterungen zu § 264a, Rn 1 f). Der Gesetzgeber hat die Anwendung der §§ 264 ff auf solche Personenhandelsgesellschaften in § 264a Abs. 1 mittels einer Verweisung geregelt. Deshalb ist im Gesetz weiterhin vom Jahresabschluss „der Kapitalgesellschaft" die Rede, obwohl die Vorschriften nunmehr auch für bestimmte Personengesellschaften gelten (wegen der Besonderheiten bei der Anwendung der §§ 264 ff auf Personengesellschaften vgl. die Erläuterungen zu § 264c). 2

Die §§ 264 ff finden des Weiteren ganz oder teilweise kraft gesetzlicher Verweisung auch auf **andere Gesellschaftsformen und Unternehmen** Anwendung, so etwa nach § 336 Abs. 2 auf Genossenschaften, nach § 340a auf Kreditinstitute und nach § 341a auf Versicherungsunternehmen. Eine Verweisung auf bestimmte Vorschriften des Zweiten Abschnitts – nicht aber auf § 264 – enthält auch § 5 PublG. Demgegenüber ist eine **analoge** 3

[1] BGBl. I 2000, S. 154.

Anwendung der §§ 264 ff auf sonstige Bilanzierungspflichtige, insbesondere Einzelkaufleute und Personengesellschaften, die weder § 264a noch §§ 1, 5 PublG unterfallen, grundsätzlich abzulehnen, da eine solche dem Sinngehalt des Zweiten Abschnitts als rechtsformspezifischer Regelung offensichtlich widersprechen würde.[2] Dies schließt nicht aus, dass einzelne Regelungen als Orientierungshilfe bei der Auslegung der allgemeinen Vorschriften herangezogen werden können.[3] So lassen sich z.B. aus dem Gliederungsschema in § 266 gewisse Rückschlüsse auf die Grundform einer „einfachen“ Bilanz ziehen[4] und verkörpert das Gebot der Darstellungsstetigkeit (§ 265 Abs. 1) einen Grundsatz ordnungsmäßiger Buchführung.[5] Ein derartiges Vorgehen stellt jedoch keine Analogiebildung dar,[6] sondern es handelt sich einfach um eine Ausfüllung konkretisierungsbedürftiger Tatbestandsmerkmale von Rechtsnormen,[7] deren Möglichkeit aber dort endet, wo sich der Regelungsgehalt einer Vorschrift der §§ 264 ff ersichtlich auf Kapitalgesellschaften beschränkt[8] oder in den §§ 242 ff eine andere Lösung vorgezeichnet ist.[9] Beispielsweise ist ein Ansatz latenter Steuern (§ 274) außerhalb des Anwendungsbereichs der §§ 264 ff unzulässig.[10] Eine richtlinienkonforme Auslegung (oder gar Rechtsfortbildung) kommt in derartigen Situationen ebenfalls nicht in Betracht,[11] und zwar unabhängig von einer etwaigen Ausstrahlungswirkung von Richtlinien bei überschießender Umsetzung,[12] denn an einer solchen fehlt es insoweit ja gerade.

4 Ähnliche Grundsätze haben in Bezug auf die Frage zu gelten, ob eine **freiwillige Anwendung** einzelner oder aller Bestimmungen des Zweiten Abschnitts in Betracht kommt, z.B. auf Grund gesellschaftsvertraglicher Regelungen oder sonstiger Vereinbarungen mit Dritten. Von dieser Möglichkeit wird vielfach ausgegangen, da es dem Kaufmann unbenommen bleiben müsse, die weitergehenden Anforderungen der §§ 264 ff zu erfüllen.[13] Zu bedenken ist aber, dass die Rechnungslegungsvorschriften grundsätzlich zwingendes Recht darstellen und daher nicht zur Disposition privat getroffener Vereinbarungen stehen.[14] Hiergegen lässt sich auch nicht anführen, dass die §§ 264 ff weitergehende Anforderungen als die §§ 242 ff enthalten. Das trifft zwar in Bezug auf die Vorgabendichte zu, nicht aber notwendig auch auf die inhaltlichen Anforderungen, die trotz der Angleichungen durch das BilMoG[15] in Teilen *andere* sind.[16] Daher kommt eine freiwillige Anwendung der für Kapitalgesellschaften geltenden Vorschriften nur insoweit in Betracht, wie dies mit dem Regelungsgehalt der §§ 242 ff in Übereinstimmung zu bringen ist. Eine vollständige Übernahme der §§ 264 ff ist hingegen unzulässig.

---

2 BT-Drucks. 10/4268, S. 88 ff; BT-Drucks. 10/317, S. 64; ADS 6; Beck BilKomm-*Winkeljohann/Schellhorn* Rn 1; *Schulze-Osterloh* ZHR 150 (1986), 425 f.

3 Siehe auch MünchKommHGB/*Reiner* Rn 3; HdJ-*Schulze-Osterloh* I/1 Rn 95 ff.

4 So bereits *Knobbe-Keuk* Bilanz- und Unternehmenssteuerrecht, § 3 III 2; zustimmend HdJ-*Schulze-Osterloh* I/1 Rn 96; MünchKommHGB/*Reiner* Rn 3.

5 HdJ-*Schulze-Osterloh* I/1 Rn 97; vgl. auch § 265 Rn 6.

6 So aber MünchKommHGB/*Reiner* Rn 3.

7 Vgl. allgemein *Hennrichs* WPg 2011, 863.

8 Vgl. HdJ-*Schulze-Osterloh* I/1 Rn 98 (zu § 265 Abs. 2 bis 8).

9 Vgl. BT-Drucks. 10/4268, S. 88 a.E.; ADS 6.

10 Näher § 274 Rn 10, 12 f.

11 MünchKommHGB/*Reiner* Rn 3.

12 Siehe dazu *Habersack/Mayer*, in: Riesenhuber, Europäische Methodenlehre, 2. Aufl. (2010), § 15; speziell zur 4. EG-Richtlinie *Hennrichs* ZGR 1997, 66; *Schulze-Osterloh* ZGR 1995, 177; zur prozessualen Seite HdJ-*ders.* I/1 Rn 101 ff.

13 Vgl. ADS 10; *Biener/Berneke*, S. 133; Beck BilKomm-*Winkeljohann/Schellhorn* Rn 1; vorausgesetzt in *IDW* HFA 3/1988, WPg 1989, 27.

14 Siehe nur *Pöschke* § 238 Rn 5; *W. Müller* FS Moxter (1994), S. 85.

15 Vgl. *Kirsch* DStZ 2013, 261.

16 Vgl. mit Blick auf „true and fair view“ *Hennrichs* ZGR 1997, 78 ff; zu Steuerlatenzen siehe § 274 Rn 10 ff.

II. Aufstellung des Jahresabschlusses (Abs. 1)

1. Jahresabschluss bei Kapitalgesellschaften (Abs. 1 S. 1). § 264 Abs. 1 bestimmt für Kapitalgesellschaften mehrere Abweichungen von den allgemeinen Vorschriften über den Jahresabschluss in den §§ 242, 243. Während nach § 242 der Jahresabschluss aus der Bilanz und der Gewinn- und Verlustrechnung (GuV) besteht, ist der Jahresabschluss für Kapitalgesellschaften nach § 264 Abs. 1 S. 1 um einen Anhang zu erweitern. Dieser ist in §§ 284 ff näher geregelt und bildet – wie es in § 264 Abs. 1 S. 1 ausdrücklich heißt – mit der Bilanz und der GuV „eine Einheit“: **Bilanz, GuV und Anhang** bilden den Jahresabschluss der Kapitalgesellschaft.[17] Daraus folgt insbesondere, dass ein Jahresabschluss im Sinne der gesetzlichen Regelungen noch nicht vorliegt, solange eines der drei Elemente fehlt.[18] Aufstellung, Prüfung, Unterzeichnung, Feststellung und Offenlegung müssen sich also immer auf alle Bestandteile beziehen.[19] Ebenso bezieht sich das Einblicksgebot des Abs. 2 S. 1 auf den Jahresabschluss als Einheit und nicht auf die einzelnen Bestandteile. Vermitteln die Bilanz und die GuV für sich genommen noch kein dem § 264 Abs. 2 S. 1 entsprechendes Bild, kann dies durch zusätzliche Angaben im Anhang ausgeglichen werden (vgl. § 264 Abs. 2 S. 2). Zusätzlich zum Jahresabschluss ist nach § 264 Abs. 1 S. 1 ein Lagebericht aufzustellen, der in § 289 näher geregelt ist. Der Lagebericht steht selbständig neben dem Jahresabschluss (arg. e. § 264 Abs. 1 S. 1).[20] Zu den für kleine Kapitalgesellschaften (§ 267 Abs. 1) und Kleinstkapitalgesellschaften (§ 267a) geltenden Erleichterungen nach S. 4 und 5 siehe Rn 10 und 11. 5

2. Kapitalmarktorientierte Kapitalgesellschaften (Abs. 1 S. 2). Kapitalmarktorientierte Kapitalgesellschaften (vgl. § 264d), die nicht zur Aufstellung eines Konzernabschlusses verpflichtet sind,[21] haben den Jahresabschluss um eine Kapitalflussrechnung und einen Eigenkapitalspiegel zu erweitern, die mit der Bilanz, GuV und dem Anhang eine Einheit bilden. Ferner können sie den Jahresabschluss um eine Segmentberichterstattung ergänzen. Mit dieser Regelung, die durch das BilMoG eingefügt worden ist, sollen einheitliche Bilanzierungsstandards für alle kapitalmarktorientierten Kapitalgesellschaften unabhängig von der Konzernrechnungslegungspflicht geschaffen werden.[22] Sie findet ihre Grundlage in Art. 2 Abs. 1 UAbs. 2 der 4. EG-Richtlinie. Wegen der inhaltlichen Anforderungen an Kapitalflussrechnung, Eigenkapitalspiegel und Segmentberichterstattung vgl. Erläuterungen zu § 297 Rn 16 ff. Wird ein Konzernabschluss i.S.v. § 297 *freiwillig* aufgestellt, geprüft und offengelegt, so besteht für die mit § 264 Abs. 1 S. 2 intendierte Gleichstellung aller kapitalmarktorientierten Unternehmen im Hinblick auf ihre handelsrechtlichen Berichterstattungspflichten kein Bedürfnis, so dass die Vorschrift für diesen Fall teleologisch zu reduzieren ist.[23] Dies betrifft vor allem den Anwendungsbereich des § 290 Abs. 5. 6

---

[17] Vgl. auch BGHZ 124, 111 (121) = NJW 1994, 520.

[18] Zur Nichtigkeit der Feststellung eines Jahresabschlusses ohne Anhang BGH ZIP 1999, 1965 f; OLG Stuttgart ZIP 2004, 909.

[19] ADS 15; Beck BilKomm-*Winkeljohann/Schellhorn* Rn 8.

[20] BGHZ 124, 111 (122); OLG Köln ZIP 1993, 110 (112); *Hüffer* § 256 Rn 8; **aA** *Timm* ZIP 1993, 114 (116).

[21] Siehe dazu MünchKommHGB/*Reiner* Rn 11; *Zwirner/König/Busch* DB 2012, 2293.

[22] Vgl. BT-Drucks. 16/10067, S. 62 f.

[23] BoHdR-*Kirsch* Rn 38; HdR-*Baetge/Commandeur/Hippel* Rn 10; MünchKommHGB/*Reiner* Rn 11; *Zwirner/König/Busch* DB 2012, 2293; **aA** WP-Handbuch I F 1063.

3. Aufstellung von Jahresabschluss und Lagebericht (Abs. 1 S. 3)

7 a) **Aufstellungspflicht.** Nach § 264 Abs. 1 S. 3 müssen die gesetzlichen Vertreter der Kapitalgesellschaft den Jahresabschluss und den Lagebericht aufstellen. Wer gesetzlicher Vertreter ist, bestimmt sich nach den Regelungen des Gesellschaftsrechts. Bei der AG trifft die Aufstellungspflicht alle Mitglieder des Vorstandes (vgl. §§ 78, 91 AktG), einschließlich der stellvertretenden Vorstandsmitglieder (§ 94 AktG). Bei der Kommanditgesellschaft auf Aktien sind die Komplementäre verantwortlich (§ 278 Abs. 2 AktG i.V.m. §§ 114 ff, 161 Abs. 2 HGB), bei der GmbH die Geschäftsführer (§§ 35, 41 GmbHG) unter Einschluss der stellvertretenden Geschäftsführer (§ 44 GmbHG). Die Pflicht zur Aufstellung des Jahresabschlusses trifft unabhängig von der konkreten internen Geschäftsverteilung innerhalb des Geschäftsführungsgremiums alle gesetzlichen Vertreter. Daher befreit z.B. die interne Zuweisung der Verantwortlichkeit für die Jahresabschlussarbeiten an ein Vorstandsmitglied nicht die anderen Vorstandsmitglieder von ihrer gesetzlichen Verantwortung für die Aufstellung des Jahresabschlusses.[24] Sie haben dann für eine sachgerechte Auswahl des zuständigen Vorstandsmitglieds zu sorgen und ihn „kontinuierlich und angemessen zu überwachen" und sich über die Buchführung zu informieren.[25] Zur Aufstellungspflicht bei Personenhandelsgesellschaften, auf die die §§ 264 ff nach § 264a Abs. 1 anzuwenden sind, vgl. § 264a Abs. 2.

8 b) **Aufstellung und Unterzeichnung.** Hinsichtlich der Modalitäten der Aufstellung gelten die allgemeinen Vorschriften der §§ 242 ff. Der Jahresabschluss ist nach § 245 S. 2 von allen gesetzlichen Vertretern eigenhändig zu unterzeichnen.[26]

9 c) **Aufstellungsfrist.** Abweichend von § 243 Abs. 3 bestimmt das Gesetz für den Jahresabschluss und den Lagebericht bei Kapitalgesellschaften eine besondere Aufstellungsfrist: Nach § 264 Abs. 1 S. 3 sind Jahresabschluss und Lagebericht innerhalb der ersten drei Monate des folgenden Geschäftsjahres aufzustellen. Diese Voraussetzung ist erfüllt, wenn Jahresabschluss und Lagebericht von den gesetzlichen Vertretern innerhalb der gesetzlichen Frist soweit fertig gestellt sind, dass sie den Abschlussprüfern bzw. bei nicht prüfungspflichtigen Gesellschaften den zur Feststellung berufenen Organen vorgelegt werden können.[27] Eine Verlängerung der gesetzlichen Aufstellungsfrist durch die Satzung ist nicht möglich.[28] Zweifelhaft ist, ob das Gesetz im Interesse eines den Organen gewährten festen Mindestzeitraums für die Aufstellung auch einer satzungsmäßigen Verkürzung entgegensteht.[29] Dafür finden sich indes keine Anhaltspunkte, so dass die Satzung auch eine kürzere Frist vorsehen kann.[30] Allerdings muss die Frist so bemessen sein, dass eine ordnungsgemäße Durchführung der Abschlussarbeiten unter Beachtung der gesetzlichen Vorgaben nach den Umständen möglich ist.

---

[24] RG HRR 1941 Nr. 132; BGH NJW 1986, 54 (55); BGH ZIP 1995, 1334 (1336); ADS 20; Hachenburg/*Goerdeler* § 41 Rn 9; *Hüffer* § 91 Rn 2 f; Baumbach/Hueck/*Schulze-Osterloh* GmbHG[18] § 41 Rn 37.

[25] BGH ZIP 1995, 1334 (1336).

[26] Vgl. näher *Pöschke* § 245 Rn 10; Beck Bil-Komm-*Winkeljohann/Schellhorn* Rn 14 ff.

[27] ADS 19; HdR-*Baetge/Commandeur/Hippel* Rn 6.

[28] Beck BilKomm-*Winkeljohann/Schellhorn* Rn 17; HdR-*Baetge/Commandeur/Hippel* Rn 5.

[29] So ADS 33.

[30] Ebenso Beck BilKomm-*Winkeljohann/Schellhorn* Rn 17; HdR-*Baetge/Commandeur/Hippel* Rn 5.

4. Kleine Kapitalgesellschaften (Abs. 1 S. 4). Für kleine Kapitalgesellschaften i.S.v. § 267 Abs. 1 gilt die Sonderregelung des § 264 Abs. 1 S. 4. Sie sind im Einklang mit Art. 46 Abs. 3 der 4. EG-Richtlinie von der Pflicht zur Aufstellung eines Lageberichts befreit. Ferner dürfen sie den Jahresabschluss „auch später aufstellen, wenn dies einem ordnungsgemäßen Geschäftsgang entspricht, jedoch innerhalb der ersten sechs Monate des Geschäftsjahres". Der Verweis auf den ordnungsgemäßen Geschäftsgang schließt es naturgemäß aus, dass in der Satzung allgemein eine Frist von sechs Monaten festgelegt wird.[31] Eine Aufstellung innerhalb der kurzen Frist des § 264 Abs. 1 S. 3 ist dagegen immer hinreichend.[32] 10

5. Kleinstkapitalgesellschaften (Abs. 1 S. 5). Auf Kleinstkapitalgesellschaften i.S.v. § 267a finden die für kleine Kapitalgesellschaften nach S. 4 geltenden Erleichterungen entsprechende Anwendung (§ 267a Abs. 2). Darüber hinaus eröffnet ihnen S. 5 in Einklang mit Art. 1a Abs. 2 Buchst. c der durch die Micro-Richtlinie[33] geänderten 4. EG-Richtlinie die Möglichkeit, auf einen Anhang zu verzichten, wenn sie die Angaben nach §§ 251, 268 Abs. 7 zu Haftungsverhältnissen sowie nach § 285 Nr. 9 Buchst. c zu gewährten Vorschüssen und Krediten an Mitglieder von Leitungsorganen unter der Bilanz angeben. Handelt es sich bei der Gesellschaft um eine AG oder eine KGaA, so gilt Gleiches für die Angaben nach § 160 Abs. 1 Nr. 2 AktG zu eigenen Aktien.[34] In § 160 Abs. 3 AktG ist zudem klargestellt, dass Abs. 1 der Norm keine Anwendung findet, wenn von dem Wahlrecht nach § 264 Abs. 1 S. 5 Gebrauch gemacht wird. Andernfalls bleibt es bei den zusätzlichen Angabepflichten nach § 160 Abs. 1 AktG.[35] Gemäß § 264 Abs. 2 S. 3 kommen im Falle der Wahlrechtsausübung nach Abs. 1 S. 5 darüber hinaus zusätzliche Angaben i.S.v. Abs. 2 S. 2 unter der Bilanz in Betracht (siehe aber Rn 55 ff). Weitere Angaben auf freiwilliger Basis sind zulässig.[36] Die Neuregelung wird im Schrifttum kritisch bewertet, da ein Verzicht auf den Anhang zu erheblichen Einblicksdefiziten führt.[37] Vor dem Hintergrund der gerade auch im Vergleich zu § 267 Abs. 1 deutlich niedrigeren Schwellenwerte in § 267a Abs. 1 S. 1 erscheint das Wahlrecht in § 264 Abs. 1 S. 5 jedoch auch aus rechtspolitischer Sicht nicht unangemessen. Seine Ausübung kann eine Anpassung des Gesellschaftsvertrags erforderlich machen.[38] 11

6. Sanktionen bei nicht rechtzeitiger Aufstellung. Als Rechtsfolge einer nicht rechtzeitigen Aufstellung des Jahresabschlusses oder des Lageberichts kann gegen die aufstellungspflichtigen gesetzlichen Vertreter nach § 335 Abs. 1 S. 1 Nr. 1 i.d.F. des EHUG ein Ordnungsgeld festgesetzt werden. Hinzuweisen ist ferner auf die strafrechtlichen Tatbestände in den §§ 283 Abs. 1 Nr. 7b, 283b Abs. 1 Nr. 3b StGB. Schließlich kann die nicht rechtzeitige Aufstellung eine schuldhafte Pflichtverletzung der gesetzlichen Vertreter darstellen und zur Schadensersatzpflicht führen. 12

---

[31] BayObLG WM 1987, 502 (503); ADS 33; Baumbach/Hueck/*Schulze-Osterloh* GmbHG[18] § 41 Rn 66.

[32] HdR-*Baetge/Commandeur/Hippel* Rn 5.

[33] RL 2012/6/EU v. 14.3.2012, ABl. L 81 v. 21.3.2012, S. 3.

[34] Soweit in § 264 Abs. 1 S. 5 Nr. 3 auf § 160 Abs. 1 *S. 1* Nr. 2 AktG Bezug genommen wird, handelt es sich offensichtlich um ein Redaktionsversehen.

[35] BT-Drucks. 17/11292, S. 19.

[36] BT-Drucks. 17/11292, S. 16.

[37] *Schellhorn* DB 2012, 2297 f; vgl. auch *Haller/Groß* DB 2012, 2112; *Kirsch* DStZ 2013, 262 f.

[38] Vgl. *Schienstock/Veldkamp* BB 2012, 2809.

III. Vermittlung eines den tatsächlichen Verhältnissen entsprechenden Bildes der Vermögens-, Finanz- und Ertragslage (Abs. 2 S. 1 bis 4)

13 **1. Allgemeines.** Nach § 264 Abs. 2 S. 1 hat der Jahresabschluss der Kapitalgesellschaft unter Beachtung der Grundsätze ordnungsmäßiger Buchführung ein den tatsächlichen Verhältnissen entsprechendes Bild der Vermögens-, Finanz- und Ertragslage der Kapitalgesellschaft zu vermitteln. Soweit dies auf Grund „besonderer Umstände" nicht der Fall ist, sind nach Abs. 2 S. 2 zusätzliche Angaben im Anhang bzw. bei Ausübung des Wahlrechts nach Abs. 1 S. 5 gemäß Abs. 2 S. 3 unter der Bilanz zu machen. Nach Abs. 2 S. 4 wird vermutet, dass ein unter Berücksichtigung der Erleichterungen für Kleinstkapitalgesellschaften aufgestellter Jahresabschluss den in S. 1 aufgestellten Erfordernissen entspricht.

2. „True and fair view" in Art. 2 der 4. EG-Richtlinie und Transformation in das deutsche Recht

14 **a) Vorgaben der Richtlinie.** § 264 Abs. 2 S. 1 u. 2 beruhen auf Art. 2 Abs. 2–5 der 4. EG-Richtlinie v. 25. Juli 1978:[39]

(2) Der Jahresabschluß ist klar und übersichtlich aufzustellen; er muß dieser Richtlinie entsprechen.

(3) Der Jahresabschluß hat ein den tatsächlichen Verhältnissen entsprechendes Bild der Vermögens-, Finanz- und Ertragslage der Gesellschaft zu vermitteln.

(4) Reicht die Anwendung dieser Richtlinie nicht aus, um ein den tatsächlichen Verhältnissen entsprechendes Bild im Sinne des Absatzes 3 zu vermitteln, so sind zusätzliche Angaben zu machen.

(5) Ist in Ausnahmefällen die Anwendung einer Vorschrift dieser Richtlinie mit der in Absatz 3 vorgesehenen Verpflichtung unvereinbar, so muß von der betreffenden Vorschrift abgewichen werden, um sicherzustellen, daß ein den tatsächlichen Verhältnissen entsprechendes Bild im Sinne des Absatzes 3 vermittelt wird. Die Abweichung ist im Anhang anzugeben und hinreichend zu begründen; ihr Einfluß auf die Vermögens-, Finanz- und Ertragslage ist darzulegen. Die Mitgliedstaaten können die Ausnahmefälle bezeichnen und die entsprechende Ausnahmeregelung festlegen.

15 Art. 2 Abs. 3–5 sind das Ergebnis der Verhandlungen über die 4. EG-Richtlinie **und Ausdruck eines Kompromisses** zwischen den unterschiedlichen Rechnungslegungstraditionen im angelsächsischen und kontinentalen Rechtskreis.[40] Einerseits wird mit Art. 2 Abs. 5 dem Prinzip des „true and fair view" ein Vorrang vor den Einzelvorschriften eingeräumt. Andererseits wird dieser Vorrang auf „Ausnahmefälle" beschränkt. Zusätzlich heißt es in der zu Protokoll gegebenen Ratserklärung zu Abs. 4: „Der Rat und die Kommission stellen fest, daß es normalerweise ausreicht, die Richtlinie anzuwenden, damit das gewünschte den tatsächlichen Verhältnissen entsprechende Bild entsteht." Ein enges Verständnis des Abweichungsgebots in Art. 2 Abs. 5 ergibt sich auch aus dem den Mitgliedstaaten eingeräumten Wahlrecht, die „Ausnahmefälle" gesetzlich festzulegen. Auf diese Weise sollte den Mitgliedstaaten ein Mittel in die Hand gegeben werden, einer zu

---

39 Abgedruckt vor § 238.

40 Zur Entstehungsgeschichte des Art. 2 Abs. 2–5 vgl. vor allem *van Hulle* FS Budde (1995), S. 315 ff; *Niehus* DB 1979, 221 f; ferner *Ekkenga* Anlegerschutz, Rechnungslegung und Kapitalmarkt (1998), S. 106 ff; *Hennrichs* Wahlrechte im Bilanzrecht der Kapitalgesellschaften (1999), S. 127 ff; *Schön* ZGR 2000, 706 ff.

großzügigen Abweichungspraxis der Unternehmen entgegenzusteuern.[41] Das Wahlrecht ist also keineswegs als Hinweis darauf zu verstehen, dass es den Mitgliedstaaten freisteht, unter Hinweis auf das Gebot des „true and fair view" im nationalen Recht weitgehende Abweichungen von den Einzelvorschriften der Richtlinie anzuordnen. Vielmehr soll gerade umgekehrt eine einheitliche Auslegung der Bilanzrichtlinie gesichert werden.

b) **„True and fair view".** Für das Verständnis des Einblicksgebots des Art. 2 Abs. 3 kann nicht ohne weiteres auf das Verständnis des „true and fair view" Prinzips im englischen Bilanzrecht zurückgegriffen werden. Mit der Aufnahme in die Richtlinie ist dieser Grundsatz – trotz Anlehnung der Richtlinienverfasser an die angelsächsische Tradition – zu einem **„autonomen Gemeinschaftsbegriff"**[42] geworden, der eigenständig auszulegen ist.[43] Das englische Verständnis von „true and fair view" vermag allenfalls einen ersten Anhaltspunkt für die Interpretation des Art. 2 Abs. 3 zu geben. **16**

Ferner ist zu berücksichtigen, dass dem Gebot des „true and fair view" auch im angelsächsischen Rechnungslegungsrecht **kein gedanklich geschlossenes Konzept** zugrunde liegt:[44] Im Allgemeinen bedeutet „true and fair" nichts anderes, als dass der Jahresabschluss „in Übereinstimmung mit den allgemeinen Grundsätzen aufgestellt ist, wobei soweit wie möglich genaue Zahlen und ansonsten vernünftige Schätzungen zugrunde gelegt und diese so angeordnet worden sind, dass sie innerhalb der Grenzen der derzeitigen Bilanzierungspraxis ein so objektives Bild wie möglich bieten, frei von der Absicht bewussten Vorurteils, der Verfälschung, der Manipulation oder der Unterdrückung wesentlicher Tatsachen."[45] Wenn aber „true and fair view" in der Regel nur die Übereinstimmung mit den allgemeinen Buchführungsgrundsätzen meint, dann relativiert sich zugleich die Einordnung dieses Grundsatzes als „overriding principle" im englischen Recht und im Rahmen der Bilanzrichtlinie: Es geht folglich nicht um die weitgehende Verdrängung oder Modifikation der einzelnen Buchführungsgrundsätze, sondern nur um eine Abweichung in besonders gelagerten „Ausnahmefällen". Das besondere Bedürfnis für ein solches „overriding principle" im angelsächsischen Rechtskreis kann man daraus erklären, dass das Rechnungslegungsrecht dort – jedenfalls vor Umsetzung der 4. EG-Richtlinie – weitgehend auf nicht kodifizierten allgemeinen Rechnungslegungsstandards beruhte.[46] Für die Auslegung des Art. 2 Abs. 3–5 bestätigt der Blick auf die englische Lehre also nur die – auch im Wortlaut des Abs. 5 zum Ausdruck kommende – Beschränkung der Abweichungen von den Einzelvorschriften auf besondere „Ausnahmefälle". **17**

c) **Umsetzung des Art. 2 in deutsches Recht.** Bei der **Umsetzung** des Art. 2 der 4. EG-Richtlinie in das deutsche Recht durch das BiRiLiG ist der Gesetzgeber in mehrfacher Hinsicht vom Richtlinientext abgewichen: **18**

aa) **Grundsatz und Bezugnahme auf GoB (Art. 2 Abs. 3).** Zum einen findet sich in § 264 Abs. 2 S. 1 zusätzlich zum Wortlaut des Art. 2 Abs. 3 der Hinweis „unter Beachtung der Grundsätze ordnungsmäßiger Buchführung". Diese ausdrückliche Bezugnahme **19**

---

[41] Vgl. *van Hulle* FS Budde (1995), S. 321.

[42] HuRB-*Bleckmann*, S. 24 f.

[43] *van Hulle* FS Budde (1995), S. 318; *ders.* EAR 1993, 99; *Ordelheide* EAR 1993, 82; *ders.* EAR 1996, 496; *Hennrichs* ZGR 1997, 73 f; ADS 50; kritisch aber *Alexander* EAR 1993, 59 ff.

[44] Vgl. dazu etwa *Walton* EAR 1993, 49 ff.

[45] So *Lee* Modern Financial Accounting, S. 331, zitiert nach *Niehus* DB 1979, 224 mit weiteren Nachweisen zum angelsächsischen Schrifttum.

[46] So die Einschätzung von *Goerdeler* ZfbF 1982, 235 (244).

auf die GoB verstößt nicht gegen Art. 2 Abs. 3,[47] sondern ist durch Art. 2 Abs. 2 gerechtfertigt, wonach der Jahresabschluss „dieser Richtlinie entsprechen muß". Für ihre Zulässigkeit spricht auch, dass sie in ähnlicher Form bereits in Art. 2 des Richtlinien-Vorschlages von 1971 enthalten war und in den weiteren Beratungen als „entbehrlich" gestrichen wurde.[48]

20 **bb) Pflicht zu zusätzlichen Angaben (Art. 2 Abs. 4).** Während in Art. 2 Abs. 4 der Richtlinie allgemein zusätzliche Angaben gefordert werden, wenn „die Anwendung dieser Richtlinie" nicht ausreicht, um ein den tatsächlichen Verhältnissen entsprechendes Bild im Sinne des Abs. 3 zu vermitteln, sind nach § 264 Abs. 2 S. 2 solche zusätzliche Angaben nur beim Vorliegen „besonderer Umstände" erforderlich. Diese Einschränkung widerspricht nicht der Richtlinie, sondern verdeutlicht nur das Regel-Ausnahme-Verhältnis:[49] In der Regel reicht die Anwendung der Richtlinie aus, um den geforderten Einblick zu vermitteln.

21 **cc) Abweichung von Einzelvorschriften (Art. 2 Abs. 5).** Eine weitere Abweichung betrifft die Umsetzung des Art. 2 Abs. 5 der Richtlinie. Der deutsche Gesetzgeber hat bewusst von einer ausdrücklichen Übernahme des Art. 2 Abs. 5 in das deutsche Recht abgesehen, weil – so die Begründung – „es sich dabei um einen allgemeinen Grundsatz handelt, wonach Gesetze stets so anzuwenden sind, wie es ihrem Sinn und Zweck entspricht. Nach diesem Grundsatz kann auch die Nichtanwendung der Vorschrift gerechtfertigt sein, wenn trotz sachgerechter Auslegung der gesetzliche Zweck der Vorschrift mit deren Anwendung nicht zu erreichen ist."[50]

22 **Vereinbarkeit mit der 4. EG-Richtlinie.** Im Schrifttum ist umstritten, ob in dem Verzicht auf eine ausdrückliche Übernahme des Art. 2 Abs. 5 ein Verstoß gegen die Richtlinie liegt. Die überwiegende Ansicht hält Art. 2 Abs. 5 für richtlinienkonform transformiert,[51] wobei entweder eine ausdrückliche Vorschrift mit Hinweis auf die allgemeinen Grundsätze der Rechtsanwendung für entbehrlich gehalten[52] oder auf die besonderen Abweichungsvorbehalte in §§ 252 Abs. 2, 265 Abs. 1 verwiesen wird.[53] Nach anderer Auffassung ist dagegen ein Richtlinienverstoß anzunehmen.[54] Dabei wird aber übersehen, dass aus dem Fehlen einer ausdrücklichen Übernahmevorschrift allein noch nicht auf eine unvollständige Umsetzung des Art. 2 Abs. 5 geschlossen werden kann. Ein Transformationsdefizit wäre nur dann anzunehmen, wenn man aus dem Wortlaut des § 264 Abs. 2 folgern könnte, dass die in Art. 2 Abs. 5 vorgesehene „Abweichung im Ausnahmefall" im deutschen Recht grundsätzlich ausgeschlossen sein soll.[55] Auch der

47 Kritisch zur Vereinbarkeit mit der Richtlinie aber *Alexander* EAR 1993, 64.

48 Ebenso ADS 42.

49 Vgl. *Schulze-Osterloh* ZHR 150 (1986), 538.

50 Begr. RegE, BT-Drucks. 10/317, S. 77.

51 ADS 44 ff; *Beine* WPg 1995, 475; *Beisse* FS Döllerer (1988), S. 36 ff; Beck BilKomm-*Winkeljohann/Schellhorn* Rn 30; *Claussen* FS Goerdeler (1987), S. 88; *Schulze-Osterloh* ZHR 150 (1986), 542; *Ordelheide* EAR 1993, 86; *ders.* EAR 1996, 495 ff; *Vogel* Rechnungslegungsvorschriften (1993), S. 26; *Groh* DStR 1998, 817.

52 So etwa *Schulze-Osterloh* ZHR 150 (1986), 542; *Vogel* Rechnungslegungsvorschriften (1993), S. 26; *Beine* WPg 1995, 468 ff; *Groh* DStR 1998, 817.

53 Eingehend ADS 45 f.

54 *Alexander* EAR 1993, 64; dem folgend *Streim* FS Moxter (1994), S. 396; *Müller* FS Claussen (1997), S. 720. Zu den Rechtsfolgen eines möglichen Transformationsdefizits vgl. ADS 48 f.

55 Anders *Beisse* FS Döllerer (1988), S. 39, der eine – seiner Ansicht nach vom Gesetzgeber gewollte – Beschränkung des true and fair view auf den Anhang für richtlinienkonform hält.

deutsche Gesetzgeber hat aber in § 264 Abs. 2 S. 1 die Generalnorm des „true and fair view" des Art. 2 Abs. 3 transformiert und – wie es die Gesetzesbegründung erkennen lässt – ihre grundsätzliche Bedeutung für die Auslegung und Anwendung der einzelnen GoB anerkannt. Dem steht nicht entgegen, dass in der Gesetzesbegründung die praktische Bedeutung des neuen § 264 Abs. 2 dahingehend relativiert wird, es würden sich gegenüber § 149 Abs. 1 S. 2 AktG a.F. „keine grundsätzlichen Änderungen ergeben". Auch die Richtlinie geht in Art. 2 Abs. 5 davon aus, dass Abweichungen von den Einzelvorschriften auf „Ausnahmefälle" beschränkt sein sollen. Der Wortlaut des § 264 Abs. 2 ist deshalb grundsätzlich offen für eine richtlinienkonforme Auslegung unter Einbeziehung der Korrekturfunktion des Art. 2 Abs. 5 der Richtlinie.

Schlussfolgerung. Das Fehlen einer entsprechenden ausdrücklichen Umsetzungsvorschrift rechtfertigt also noch nicht den Schluss, dass die GoB im deutschen Recht zwingenden Vorrang vor der Generalklausel haben.[56] Vielmehr ist davon auszugehen, dass eine dem Art. 2 Abs. 5 der Richtlinie entsprechende Abweichung im Einzelfall nach den allgemeinen Grundsätzen der Rechtsanwendung (teleologische Reduktion) unter Berücksichtigung des § 264 Abs. 2 S. 1 in Ausnahmefällen möglich ist.[57] Für diese Annahme bedarf es auch nicht zwingend eines Hinweises auf die besonderen Abweichungsklauseln in §§ 252 Abs. 2, 265 Abs. 1,[58] sondern nur einer richtlinienkonformen Auslegung des § 264 Abs. 2 S. 1 als „Generalnorm" des Jahresabschlusses für Kapitalgesellschaften unter Berücksichtigung der Normgeschichte. **23**

3. Bedeutung des Einblicksgebots (Abs. 2 S. 1)

a) **Problemstellung.** Nach § 264 Abs. 2 S. 1 hat der Jahresabschluss der Kapitalgesellschaft „unter Beachtung der Grundsätze ordnungsmäßiger Buchführung ein den tatsächlichen Verhältnissen entsprechendes Bild der Vermögens-, Finanz- und Ertragslage zu vermitteln". Wie sich aus der zentralen Stellung des Einblicksgebots sowohl im Richtlinientext (Art. 2) als auch in § 264 an der Spitze der Regelungen für Kapitalgesellschaften ergibt, soll dem „true and fair view" eine herausragende Bedeutung für den Jahresabschluss der Kapitalgesellschaften zukommen. Welche Art von Einblick gefordert wird und in welcher Weise sich die Generalklausel auf die Auslegung und Anwendung der Einzelvorschriften auswirkt, lässt sich der Richtlinie und § 264 Abs. 2 S. 1 nicht ohne weiteres entnehmen. Insoweit stellen sich vor allem zwei Fragen. Zum Einen ist das Verhältnis der Generalklausel zu den Einzelvorschriften zu klären, die konkrete Regelungen über die Gewinnermittlung, die Gliederung und den Anhang enthalten. Die zweite Frage betrifft die sachliche Reichweite der Generalklausel und geht dahin, ob sich das Einblicksgebot und die Betonung der Informationsfunktion des Jahresabschlusses nur auf bestimmte Teile des Jahresabschlusses – z.B. die Gliederungsvorschriften und den Anhang – beziehen oder auch den Bereich der Gewinnermittlung beeinflussen. Letzteres ist deshalb fraglich, weil das Ziel eines den „tatsächlichen Verhältnissen entsprechenden" Einblicks dem Prinzip einer vorsichtigen Gewinnermittlung zuwiderlaufen kann, das durch die Ausschüttungsbemessungsfunktion des Jahresabschlusses vorgegeben ist. **24**

[56] So aber etwa *Streim* FS Moxter (1994), S. 396.

[57] Zutreffend *Schulze-Osterloh* ZHR 150 (1986), 542; *Groh* DStR 1998, 817.

[58] So aber wohl ADS 44 ff.

25 b) **Auffassungen im Schrifttum.** Über Inhalt und Bedeutung der Generalnorm des § 264 Abs. 2 S. 1 im Bilanzrecht, insbesondere ihr systematisches Verhältnis zu den einzelnen GoB, besteht seit Inkrafttreten des BiRiLiG Streit. Innerhalb des im Einzelnen breit gefächerten Meinungsspektrums lassen sich – was das Verständnis des § 264 Abs. 2 S. 1 und sein Verhältnis zu den einzelnen Bilanzierungsgrundsätzen angeht – im Wesentlichen zwei Grundansätze unterscheiden: Die eine Auffassung versteht § 264 Abs. 2 S. 1 als *Generalklausel für den gesamten Jahresabschluss*, wenn auch mit unterschiedlich weitgehenden Konsequenzen.[59] Das Einblicksgebot ist danach Auslegungsgrundsatz und Hilfsmittel bei der Schließung von Lücken in der gesetzlichen Regelung.[60] Es führt insbesondere auch zu Einschränkungen der gesetzlichen Handlungsspielräume bei Ansatz- und Bewertungswahlrechten,[61] wenngleich dieser Aspekt im Zuge des BilMoG an Bedeutung verloren hat.[62] Dagegen ist innerhalb dieser Ansicht umstritten, ob der Generalklausel zugleich eine gewisse „Korrekturfunktion" gegenüber den Einzelvorschriften zukommt,[63] oder ob sie gegenüber den GoB „subsidiär" ist.[64] Nach der *sog. Abkopplungsthese* soll es sich dagegen bei § 264 Abs. 2 S. 1 um eine „Generalnorm für den Anhang" handeln.[65] Diese Ansicht will die rechtliche Bedeutung des Einblicksgebots auf den Anhang beschränken, um die Gewinnermittlung in Bilanz und GuV von Rückwirkungen der Generalnorm freizuhalten. Die durch das Einblicksgebot betonte Informationsfunktion des Jahresabschlusses soll durch den Anhang gewährleistet werden. Dabei wird vor allem gefordert, dass aus dem Vergleich mehrerer Jahre mit Hilfe des Jahresabschlusses Entwicklungstendenzen erkennbar werden.[66] Auf diese Weise kann der Jahresabschluss als Einheit das geforderte Bild vermitteln, ohne dass im Bereich der Gewinnermittlung von den GoB abgewichen werden muss.[67]

26 c) **EuGH-Rechtsprechung.** Inzwischen hatte auch der EuGH Gelegenheit, zum Grundsatz des „true and fair view" im Sinne der 4. EG-Richtlinie Stellung zu nehmen. In der Entscheidung v. 27.6.1996 in der *Rechtssache Tomberger*[68] betreffend die Zulässigkeit

---

59 So HdR-*Baetge/Commandeur/Hippel* Rn 19 f; Baumbach/Hopt/*Merkt* Rn 11; *Budde/Förschle* Einzelabschluß und Konzernabschluß (1988), S. 27 ff; Beck BilKomm-*Winkeljohann/Schellhorn* Rn 25; *van Hulle* FS Budde (1995), S. 313 ff; KK-*Claussen* Rn 26 ff; HuRB-*Großfeld,* S. 192 ff; *ders.* Bilanzrecht, S. 25 f; *Hennrichs* ZGR 1997, 78 f; Lutter/Hommelhoff/*Kleindiek* GmbHG § 42 Rn 40; *Schulze-Osterloh* ZHR 150 (1986), 537 ff; Baumbach/Hueck/*Schulze-Osterloh* GmbHG[18] § 42 Rn 31 ff; *Weber-Grellet* DB 1997, 2090; *Groh* DStR 1998, 817.

60 Vgl. etwa *Schulze-Osterloh* aaO.

61 Vgl. etwa Baumbach/Hueck/*Schulze-Osterloh* GmbHG[18] § 42 Rn 33; Beck BilKomm-*Winkeljohann/Schellhorn* Rn 29 ff.

62 Vgl. KK-*Claussen* Rn 56 ff.

63 Bejahend etwa *Budde/Förschle* Einzelabschluß und Konzernabschluß (1988), S. 32; *van Hulle* FS Budde (1995), S. 313 ff; *Groh* DStR 1998, 817.

64 So z.B. HdR-*Baetge/Commandeur/Hippel* Rn 19; Beck BilKomm-*Winkeljohann/Schellhorn* Rn 25 ff; wohl auch Baumbach/Hueck/*Schulze-Osterloh* GmbHG[18] § 42 Rn 28; *Kessler* DB 1997, 1: „konsekutives Bilanzierungsprinzip".

65 Grundlegend *Moxter* BB 1978, 1629 f; *ders.* AG 1979, 141 (143); *ders.* FS Budde (1995), S. 419 ff; *Beisse* FS Döllerer (1988), S. 25 ff; *ders.* BB 1990, 2007 ff; *ders.* FS Clemm (1996), S. 27 ff; ebenso ADS 59, 88; *Knobbe-Keuk* Bilanz- und Unternehmenssteuerrecht, S. 43 f; wohl auch *Schildbach* BFuP 1978, 1 (13); siehe ferner BoHdR-*Kirsch* Rn 91 ff; *ders.* DStZ 2013, 262.

66 ADS 59, 99.

67 *Moxter* AG 1979, 143.

68 EuGH Rs C-234/94 Slg 1996, I-3145 ff = DB 1996, 1400; vgl. auch die – vom Urteil abweichenden – Schlussanträge des Generalanwalts *Thesauro* Slg 1996, I-3135 ff = DB 1996, 316 ff sowie die Berichtigung des Urteils durch Beschluss des EuGH DB 1997,

der sog. phasengleichen Aktivierung von Gewinnansprüchen[69] hat der EuGH einerseits die herausragende Bedeutung des Art. 2 Abs. 3 betont, andererseits aber dessen enge Verbindung zu den einzelnen Bilanzierungsgrundsätzen, insbesondere dem Vorsichtsprinzip anerkannt. Nach Ansicht des EuGH sieht die Richtlinie „zur Koordinierung des Inhalts der Jahresabschlüsse den Grundsatz der Bilanzwahrheit vor, dessen Beachtung ihre Hauptzielsetzung darstellt. Die Anwendung des Grundsatzes der Bilanzwahrheit hat sich möglichst weitgehend an den in Artikel 31 der Vierten Richtlinie enthaltenen allgemeinen Grundsätzen zu orientieren."[70] An diese Feststellungen hat der EuGH in seinem Urteil v. 14.9.1999 in der *Rechtssache DE + ES Bauunternehmung GmbH*[71] angeknüpft. Die Entscheidung betraf die Frage, ob die (steuerliche) Pflicht zur Bildung von sog. Pauschalrückstellungen für Gewährleistungsaufwand gegen die in Art. 20, 31 Abs. 1 Buchst. e der 4. EG-Richtlinie enthaltenen Gebote zur Rückstellungsbildung und Einzelbewertung verstößt. Der EuGH hat dies verneint und sich dazu auch auf Art. 2 Abs. 3 und 5 berufen. Nach Art. 31 Abs. 2 (§ 252 Abs. 2) seien „in Ausnahmefällen" nämlich Abweichungen vom Einzelbewertungsgrundsatz zulässig. Dieser Ausdruck sei „im Licht des mit der Richtlinie verfolgten Zweckes auszulegen", d.h. nach dem Grundsatz der Bilanzwahrheit.[72] Im Urteil v. 7.1.2003 in der *Rechtssache BIAO*[73] betreffend die Behandlung einer nach dem Bilanzstichtag erfolgten Kreditrückzahlung als wertaufhellendes oder wertbegründendes Ereignis hat der EuGH diese Grundsätze im Kern bestätigt. Der Gerichtshof hielt eine „rückwirkende Neubewertung" der zum Bilanzstichtag gebildeten Rückstellung mit Rücksicht auf Art. 31 Abs. 1 Buchst. c bb der 4. EG-Richtlinie wegen der zu diesem Zeitpunkt bestehenden Unsicherheit zwar nicht für geboten.[74] Aus dem Grundsatz des den tatsächlichen Verhältnissen entsprechenden Bildes leitete der EuGH jedoch eine Pflicht ab, im Jahresabschluss den Wegfall des mit dieser Rückstellung erfassten Risikos zu erwähnen. Dies entspricht im deutschen Recht einer Angabepflicht nach § 264 Abs. 2 S. 2.[75]

d) **Stellungnahme.** Geht man mit der Rechtsprechung des EuGH davon aus, dass die Beachtung des Grundsatzes der Bilanzwahrheit die „Hauptzielsetzung" der 4. EG-Richtlinie darstellt, dann ist die sog. Abkopplungsthese mit einer richtlinienkonformen Auslegung des § 264 Abs. 2 S. 1 nicht vereinbar. Dem Richtlinientext und der Normgeschichte sind nicht zu entnehmen, dass das Einblicksgebot nur Bedeutung für den Anhang haben soll. Vielmehr muss der Grundsatz des „true and fair view", wenn man ihn mit dem EuGH und im Einklang mit dem Wortlaut und der Systematik der 4. EG-Richtlinie als ihre *Hauptzielsetzung* versteht, über den Anhang und die Gliederungsvorschriften hinaus auch für die Gewinnermittlungsregelungen der Richtlinie und damit gleichermaßen für alle Teile des Jahresabschlusses – Bilanz, GuV und Anhang – gelten. Die Bedeutung des Einblicksgebots beschränkt sich dabei auch nicht auf eine bloße Auslegungshilfe. Aus Art. 2 Abs. 5 der 4. EG-Richtlinie ergibt sich vielmehr, dass die Generalnorm in „Ausnahmefällen" der Anwendung der Einzelvorschriften vorgeht. Diese Korrekturfunktion 27

1513; Übersichten über das Schrifttum zur Tomberger-Entscheidung bei *Kropff* ZGR 1997, 116 ff; *Herlinghaus* IStR 1997, 529.

[69] Vgl. dazu auch *Schön* CMLR 1997, 681 ff.

[70] EuGH Rs C-234/94 unter Rn 17/18.

[71] EuGH Rs C-275/97 Slg 1999, I-5331 = DB 1999, 2035.

[72] Vgl. EuGH Rs C-275/97 aaO.

[73] EuGH Urt. v. 7.1.2003 Rs C-306/99 Slg 2003, I-1 = BStBl II 2004, 144; dazu näher *Scheffler* StuB 2003, 298; *Moxter* BB 2003, 363; *Hüttemann* FS Priester (2007), S. 301.

[74] **AA** BFH v. 15.9.2004 DStR 2005, 238.

[75] Näher *Hüttemann* FS Priester (2007), S. 327.

des § 264 Abs. 2 S. 1 kann auch nicht einfach mit Hinweis auf den Gesetzeswortlaut des deutschen Umsetzungsgesetzes geleugnet werden. Der deutsche Gesetzgeber hat bei der Umsetzung der 4. EG-Richtlinie die Bedeutung des Art. 2 Abs. 3 als Generalnorm grundsätzlich anerkannt und von einer ausdrücklichen Umsetzung der Abweichungsvorschrift in Art. 2 Abs. 5 – wie oben dargelegt[76] – nur deshalb abgesehen, weil man sie mit Rücksicht auf allgemeine Rechtsanwendungsgrundsätze für entbehrlich gehalten hat. § 264 Abs. 2 S. 1 hat daher auch nach dem HGB als Generalnorm des Jahresabschlusses der Kapitalgesellschaften nicht nur eine **Informationsfunktion**, sondern auch eine **Interpretations- und Korrekturfunktion.**[77]

28 Fraglich ist aber das **Verhältnis der Generalnorm zu den Einzelvorschriften.** Insoweit besteht mit Recht Einigkeit, dass § 264 Abs. 2 S. 1 kein die Einzelvorschriften und insbesondere die Gewinnermittlungsregelungen weitgehend verdrängender oder modifizierender Grundsatz sein kann.[78] Abweichungen kommen – wie es auch in Art. 2 Abs. 5 der Richtlinie heißt – nur in „Ausnahmefällen" in Betracht. Ferner darf der Grundsatz der Bilanzwahrheit nicht als Forderung nach einer „wahren Bilanz" im Sinne einer absoluten Wahrheit oder optimalen Information missverstanden werden.[79] Vielmehr kann es einen „true and fair view" immer nur unter Berücksichtigung der von der Richtlinie vorgegebenen konkreten einzelnen Bilanzierungsgrundsätze geben. Zwischen der Generalnorm und den Einzelvorschriften besteht mithin eine *enge Wechselbeziehung*: Wenn der Richtliniengesetzgeber z.B. mit Rücksicht auf die Ausschüttungsbemessungsfunktion des Jahresabschlusses in Art. 31 Buchst. c die Beachtung des Vorsichtsgrundsatzes bestimmt, dann kann von dieser Wertung nicht mit Hinweis auf die Generalklausel allgemein abgewichen werden. Auch der EuGH betont in seiner Rechtsprechung, dass sich die Anwendung des Grundsatzes der Bilanzwahrheit „möglichst weitgehend" an den in der Richtlinie enthaltenen allgemeinen Grundsätzen zu orientieren habe.[80] Der Generalnorm wird also „im Regelfall" durch Anwendung der Einzelvorschriften entsprochen, ohne dass es zusätzlicher Informationen im Anhang oder einer Abweichung von einzelnen Vorschriften bedarf. Diesem Ansatz liegt die zutreffende Annahme zugrunde, dass die konkreten Einzelvorschriften der Richtlinie nicht allgemein im Gegensatz zum Einblicksgebot stehen können. Der von der Richtlinie angestrebte getreue Einblick wird vielmehr zunächst durch die Anwendung der Einzelvorschriften hergestellt. Damit entfaltet das Prinzip des „true and fair view" seine eigentliche Bedeutung erst dort, wo es um die *Auslegung und Anwendung der Einzelvorschriften bei besonders gelagerten bzw. gesetzlich nicht geregelten Sachverhalten* geht. In solchen Fällen ist die Generalklausel bei der Interpretation und Lückenfüllung heranzuziehen. Ebenso greifen auch die Informations- und Abweichungsfunktion erst ein, wenn besondere Umstände dazu führen, dass ohne zusätzliche Angaben oder – noch weitergehend – ohne eine Abweichung von Einzelnormen der Jahresabschluss einen entsprechenden Einblick nicht vermitteln würde. Nur dann sind nach § 264 Abs. 2 S. 2 zusätzliche Angaben zu machen bzw. die in Art. 2 Abs. 5 der Richtlinie vorgesehene Abweichung im deutschen Recht im Wege einer teleologischen Reduktion der Einzelvorschrift auf Grund der Generalklausel vorzunehmen.

29 Eine weitere Präzisierung der Bedeutung des § 264 Abs. 2 S. 1 muss von der Zielsetzung des Einblicksgebots ausgehen. Gefordert wird ein **„den tatsächlichen Verhältnissen entsprechendes Bild"**. Damit betont die Generalklausel den Informationszweck des

[76] Zur Gesetzgebungsgeschichte oben Rn 15.
[77] So auch *van Hulle* FS Budde (1995), S. 320 ff; siehe auch HuRB-*Großfeld,* S. 200.
[78] Vgl. nur *Beine* WPg 1995, 467 ff.
[79] Statt aller nur KK-*Claussen* Rn 32.
[80] EuGH Rs C-234/94 aaO; EuGH Rs C-275/97 aaO; EuGH Rs C-306/99 aaO.

Jahresabschlusses, ohne aber die anderen Bilanzzwecke, insbesondere die vom Kapitalerhaltungsgedanken geforderte Ausschüttungsbemessungsfunktion, zurückzudrängen. Die Aussagekraft des Jahresabschlusses als Hilfsmittel zur Beurteilung der wirtschaftlichen Lage der Gesellschaft soll im Rahmen der gesetzlichen Bilanzierungsvorgaben gewährleistet werden. Gefordert ist nicht eine optimale Information der Jahresabschlussadressaten über alle Aspekte der Lage der Gesellschaft, sondern nur ein den tatsächlichen Verhältnissen *„entsprechendes"* Bild.[81] § 264 Abs. 2 S. 1 enthält insbesondere – darin ist den Anhängern der sog. Abkopplungsthese zuzustimmen – keine allgemeine Relativierung des im Interesse des Gläubigerschutzes gebotenen Prinzips der vorsichtigen Gewinnermittlung, wie es auch in verschiedenen Einzelregelungen der 4. EG-Richtlinie zum Ausdruck kommt. Die mit dem Realisations- und Imparitätsprinzip naturgemäß verbundenen Verzerrungen der Ertragslage und Einschränkungen der Informationskraft des Jahresabschlusses können also nicht mit Hinweis auf die Generalklausel überspielt werden.[82] Ebenso gilt *im Bereich der Gliederungs- und Anhangsvorschriften* kein Grundsatz „optimaler" Information. Auch hier wird die Bedeutung der Generalklausel durch die gesetzlichen Einzelvorschriften über die Gliederung und die Angaben im Anhang relativiert.[83] Wenn z.B. der Gesetzgeber trotz des Anschaffungskostenprinzips keinen Ausweis der stillen Reserven im Anhang fordert, dann lässt sich auch aus § 264 Abs. 2 S. 1 nicht allgemein das Gegenteil – also eine Pflicht zur Angabe von Zeitwerten – folgern, sondern es kann immer nur um begrenzte Abweichungen in Ausnahmefällen gehen, in denen der Jahresabschluss ohne zusätzliche Angaben nicht das geforderte Bild vermittelt. Richtig ist aber, dass dem Einblicksgebot im Bereich der Gliederungs- und Anhangsvorschriften allgemein eine stärkere Bedeutung zukommen wird, weil hier der Bilanzzweck der Ausschüttungsbemessungsfunktion anders als im Bereich der Gewinnermittlung zurücktritt. Insoweit ist – was die unterschiedliche Bedeutung der Generalklausel im Bereich von Bilanz, GuV und Anhang anbetrifft – den Vertretern der sog. Abkopplungsthese[84] im Ansatz durchaus zuzustimmen. Die Abkopplungsthese schießt aber über das Ziel hinaus, wenn sie den gesamten Bereich der Bilanz und der GuV der Einwirkung des Einblicksgebots entziehen will. So weisen etwa der Einzelbewertungsgrundsatz oder das Stetigkeitsprinzip auch inhaltliche Bezüge zur Informationsfunktion der Rechnungslegung auf. Dem entspricht es, der Forderung nach einem „true and fair view" bei der Anwendung und Auslegung dieser Vorschriften Rechnung zu tragen.

Die Feststellung, dass das Verhältnis von Einzelvorschriften und Generalklausel von **30** einem **Regel-Ausnahmeverhältnis** geprägt ist, wird auch durch die Feststellung im Ratsprotokoll bestätigt,[85] dass ein nach den Einzelvorschriften aufgestellter Jahresabschluss im allgemeinen dem „true and fair view-Gebot" entspricht. Die Problematik findet ihre Entsprechung bei der Konkretisierung anderer Generalklauseln im Recht, so z.B. beim Grundsatz von Treu und Glauben in § 242 BGB.[86] Im Ganzen lässt sich daher für die Bedeutung des Einblicksgebots als bilanzrechtlicher Generalnorm festhalten, dass die Interpretations-, Informations- und Abweichungsfunktion immer nur *im Kontext der anderen Bilanzzwecke und der Einzelvorschriften* konkretisiert werden können.[87] Dies kann nur dadurch geschehen, dass in Rechtsprechung und Literatur solche „Ausnahmekonstellationen" herausgearbeitet werden, in denen sich die Generalnorm auswirkt. Auf

---

[81] Vgl. etwa HuRB-*Großfeld,* S. 202.

[82] Anders wohl *Weber-Grellet* DB 1996, 2090: „Unterordnung" aller weiteren Grundsätze unter der Generalnorm.

[83] Vgl. dazu *Schildbach* BFuP 1987, 9 ff.

[84] Vgl. Nachweise in Fn 65.

[85] Vgl. *Biener/Berneke,* S. 831.

[86] So auch etwa HuRB-*Großfeld,* S. 200; *van Hulle* FS Budde (1995), S. 318 ff.

[87] Vgl. dazu unten Rn 40 ff.

diese Weise kann auch dem im Schrifttum betonten Gesichtspunkt der Rechtssicherheit[88] Rechnung getragen werden und die Generalklausel zugleich als „Bremse gegen Überreglementierung" im Bilanzrecht dienen.[89] Welche praktische Bedeutung dem Einblicksgebot für die weitere Entwicklung des europäischen Handelsbilanzrechts tatsächlich zukommen wird, dürfte entscheidend davon abhängen, in welchem Umfang der EuGH die Generalklausel in seiner zukünftigen Rechtsprechung als Grundlage für eine Fortentwicklung der Richtlinienvorschriften, z.B. zur Abweichung in Sonderfällen oder zur Begründung zusätzlicher Angabepflichten, heranziehen wird. Abzuwarten bleibt auch, ob sich mittel- oder langfristig das noch mindestens gleichrangige Nebeneinander von Informations- und Ausschüttungsbemessungsfunktion[90] im europäischen Bilanzrecht – z.B. durch eine weitere Annäherung der Bilanzrichtlinien an IFRS oder eine Abkehr vom Prinzip des festen Gesellschaftskapitals – zugunsten eines Vorrangs des Informationszwecks verschiebt.[91] Für das nationale Recht hat der deutsche Gesetzgeber dagegen an der bisherigen Konzeption festgehalten. So betont die Begründung zum BilMoG zu Recht die Ausschüttungsbemessungsfunktion des Jahresabschlusses.[92]

4. Einblick in die Vermögens-, Finanz- und Ertragslage

31 a) **Einblicksadressaten.** Im Zusammenhang mit dem Einblicksgebot stellt sich zunächst die Frage nach den Adressaten des Jahresabschlusses. Nach der Präambel der 4. EG-Richtlinie dient die Koordination der nationalen Jahresabschlussvorschriften zunächst dem Schutz der „Gesellschafter sowie Dritter". Ferner wird der Gedanke des Gläubigerschutzes betont. So wird die Richtlinie u.a. auch damit gerechtfertigt, dass die betreffenden Gesellschaften Dritten eine Sicherheit nur durch ihr Gesellschaftsvermögen bieten. Besonders erwähnt werden auch die „miteinander in Wettbewerb stehenden Gesellschaften". Adressaten des Einblicksgebots sind demnach vorrangig die *Gesellschafter* und die *Gläubiger*; darüber hinaus sollen aber auch *Dritte* – z.B. Arbeitnehmer oder konkurrierende Unternehmen – und die sonstige Öffentlichkeit an der Informationsfunktion des Jahresabschlusses teilhaben.[93] Nicht erforderlich ist es, dass die Dritten in einer rechtlichen Beziehung zu der Gesellschaft stehen.[94]

32 Ebenso wie die Richtlinie gleichermaßen den Bilanzzwecken Information und Ausschüttungsbemessung dient, ohne die damit verbundenen Zielkonflikte grundsätzlich zu entscheiden,[95] enthält auch die in der Präambel enthaltene Aufzählung der Adressaten einen Kompromiss, der **keinen einseitigen Vorrang bestimmter Personenkreise** – z.B. der Aktionäre vor den Gläubigern, – zulässt.[96] Damit bleibt es insbesondere bei der Relativierung des Einblicksgebots durch die Belange des Gläubigerschutzes.

33 b) **Einblick in die Vermögens-, Finanz- und Ertragslage.** § 264 Abs. 2 S. 1 fordert, dass der Jahresabschluss ein „den tatsächlichen Verhältnissen entsprechendes Bild der

---

88 Vgl. etwa *Beisse* FS Döllerer (1988), S. 42 f.

89 *van Hulle* FS Budde (1995), S. 325.

90 Dazu statt vieler *Arbeitskreis Bilanzrecht Hochschullehrer Rechtswissenschaft* BB 2002, 2373.

91 Nachweise zur Diskussion bei MünchKomm HGB/*Reiner* Rn 26 ff.

92 Vgl. BT-Drucks. 16/10067, S. 32; siehe auch *Arbeitskreis Bilanzrecht Hochschullehrer Rechtswissenschaft* BB 2008, 152 (153 f).

93 Zu den Adressaten des Jahresabschlusses vgl. etwa *Clemm* FS Goerdeler (1987), S. 93 ff.

94 Vgl. dazu EuGH Rs C-97/96 (Daihatsu Deutschland) Slg 1997, I-6843 = BB 1998, 156; ebenso EuGH Rs C-191/95 (Kommission gegen Bundesrepublik Deutschland) Slg 1998, I-5485 = BB 1998, 2200.

95 Vgl. *Schön* ZHR 161 (1997), 151 ff.

96 *van Hulle* FS Budde (1995), S. 319.

Vermögens-, Finanz- und Ertragslage der Gesellschaft" vermittelt. Das Einblicksgebot zielt also nicht auf einen allgemeinen Einblick in die wirtschaftliche Lage der Gesellschaft, sondern betrifft *drei ausgewählte Bestandteile der Gesamtlage*, nämlich Vermögen, Finanzen und Ertrag.[97] Das in § 264 Abs. 2 S. 1 enthaltene spezielle Einblicksgebot für den Jahresabschluss der Kapitalgesellschaften ist damit von der allgemeinen Forderung des § 238 Abs. 1 zu unterscheiden, wonach jeder Kaufmann seine Buchführung so einzurichten hat, dass sie „einem sachverständigen Dritten ... einen Überblick über die Geschäftsvorfälle und über die Lage des Unternehmens vermitteln kann."[98]

34 Für die Beurteilung der wirtschaftlichen Lage des Unternehmens kann je nach den Umständen und den Interessen des jeweiligen Einblicksadressaten (Gesellschafter, Gläubiger) ein bestimmtes Element – z.B. die Ertragslage oder die Finanzlage – vorrangige Bedeutung haben.[99] Dies ändert aber nichts daran, dass das Gesetz die drei Elemente nebeneinander nennt, ohne einer Teillage einen Vorrang einzuräumen.[100] Aus der gesetzlichen **Gleichrangigkeit der Lagen** ergibt sich aber das Problem, dass es insbesondere bei der richtigen Darstellung der Vermögens- und Ertragslage zu Zielkonflikten kommen kann. Ein Beispiel dafür bilden z.B. die verschiedenen Verbrauchsfolgeverfahren, die je nach Preisentwicklung entweder die Vermögens- oder eher die Ertragslage zutreffender abbilden.[101] Aus der Gleichrangigkeit der drei Elemente folgt dann, dass nicht die Darstellung der einen Lage mit Rücksicht auf die bessere Darstellung der anderen vernachlässigt werden darf. Vielmehr muss versucht werden, derartige Zielkonflikte soweit als möglich mit den zur Verfügung stehenden Darstellungsmitteln – ggf. durch zusätzliche Angaben – aufzulösen.

35 aa) **Vermögenslage.** Die Vermögenslage im Sinne von § 264 Abs. 2 S. 1 umfasst nicht nur den Ausweis des Aktivvermögens, sondern auch der Schulden, d.h. des Nettovermögens im Sinne des Überschusses der Aktiva über die Passiva.[102] Gemeint ist weder eine „Effektivvermögenslage" im Sinne einer Bewertung des Unternehmens als Einheit (innerer oder wirklicher Wert), noch eine Darstellung des Vermögens unter Zerschlagungsgesichtspunkten.[103] Die Darstellung der Vermögenslage im Jahresabschluss wird vielmehr durch das **Bilanzvermögen zum Stichtag**, ergänzt um die Angaben im Anhang, vermittelt.[104] Neben den einzelnen Aktiven und Passiven ergeben sich dabei weitere Informationen über die Vermögenslage aus den Gliederungsvorschriften (§§ 265, 266), die die Art der Aktiva und Passiva sowie ihre Dauer und Bindung bzw. Fristigkeit kenntlich machen.[105] Weitere Informationen ergeben sich etwa aus den Angaben über die Bilanzierungs- und Bewertungsmethoden (§ 284 Abs. 2 Nr. 1) oder aus dem Anlagespiegel (§ 268 Abs. 2).

36 Die Beschränkung der Vermögenslage auf das Bilanzvermögen hat wesentliche **Informationseinschränkungen** zur Folge. So ist z.B. ein originärer Firmenwert nicht auszu-

---

[97] Zum Verhältnis der drei Lagen vgl. *Selchert* BB 1993, 755 ff.

[98] Näher zum Verhältnis von §§ 238 und 264 *Leffson* FS Goerdeler (1987), S. 316 ff.

[99] Vgl. dazu Beck BilKomm-*Winkeljohann/Schellhorn* Rn 38; *Selchert* aaO.

[100] Beck BilKomm-*Winkeljohann/Schellhorn* Rn 38; HdR-*Baetge/Commandeur/Hippel* Rn 24.

[101] Vgl. *Schildbach* BFuP 1987, 5.

[102] Allgemeine Ansicht, vgl. nur ADS 64; HdR-*Baetge/Commandeur/Hippel* Rn 31.

[103] Vgl. HuRB-*Moxter*, S. 348 ff; Baumbach/Hueck/*Schulze-Osterloh* GmbHG[18] § 42 Rn 34.

[104] ADS 64; Beck BilKomm-*Winkeljohann/Schellhorn* Rn 37; *Schulze-Osterloh* aaO.

[105] Zum Folgenden siehe näher ADS 65 f; HdR-*Baetge/Commandeur/Hippel* Rn 32 f.

weisen, ebenso bleiben stille Reserven außer Betracht. Da der Gesetzgeber aber keine entsprechenden Pflichtangaben über die Auswirkungen dieser Bilanzierungsprinzipien vorgesehen hat, sind solche Relativierungen grundsätzlich hinzunehmen und können auch nicht unter Hinweis auf das Einblicksgebot allgemein korrigiert werden.[106] Dafür spricht insbesondere die Überlegung, dass eine solche generelle Angabepflicht mit einem erheblichen Bewertungsaufwand verbunden ist und mangels entsprechender Regelungen nicht vom Gesetzgeber als gewollt angesehen werden kann. Es bleibt aber die Frage, ob nicht jedenfalls unter bestimmten Umständen nach § 264 Abs. 2 S. 2 zusätzliche Angaben erforderlich sind, wenn die Verzerrungen ein bestimmtes Maß überschreiten.[107]

37 bb) **Finanzlage.** Als Finanzlage wird die Fähigkeit der Gesellschaft zum **künftigen Ausgleich der betrieblichen Ein- und Auszahlungen** verstanden.[108] Zur Konkretisierung der inhaltlichen Anforderungen, die an die Darstellung der Finanzlage zu stellen sind, ist die Protokollerklärung zu Art. 2 Abs. 6 der 4. EG-Richtlinie zu berücksichtigen.[109] Darin wird festgestellt, dass die Mitgliedstaaten ermächtigt sind, auch die Aufstellung und Offenlegung einer Kapitalflussrechnung zu verlangen. Der deutsche Gesetzgeber hat hiervon – abgesehen vom Einzelabschluss einer nicht konzernrechnungslegungspflichtigen kapitalmarktorientierten Kapitalgesellschaft (§ 264 Abs. 1 S. 2) und vom Konzernabschluss (§ 297 Abs. 1 S. 1) – keinen Gebrauch gemacht. Daraus ist im Umkehrschluss zu folgern, dass eine entsprechende Berücksichtigung aller für die Finanzierung von Gesellschaften relevanten Aspekte – wie sie mit Kapitalflussrechnungen bzw. zukunftsorientierten Finanzplänen möglich wäre – nicht vom Einblicksgebot gefordert ist.[110] Auch insoweit gilt das schon mehrfach hervorgehobene Prinzip, dass die Generalnorm im Lichte der Einzelvorschriften auszulegen ist. Für die Darstellung der Finanzlage sind damit zunächst die sich *aus Bilanz und Anhang ergebenden Daten* zur Finanzierung der Gesellschaft maßgebend, so die Art der Vermögens- und Schuldposten, ihre Fristigkeit, die aus der Bilanz ableitbaren Relationen – z.B. der Verschuldungsgrad – und die Angaben zu sonstigen Haftungsverhältnissen und finanziellen Verpflichtungen.[111] Konzeptionsbedingt außer Betracht bleiben wegen des Fortführungsgrundsatzes aber z.B. Sozialplanverpflichtungen, die erst im Fall der Unternehmensbeendigung entstehen.[112] Besondere Bedeutung für die Finanzlage hat des Weiteren der Gesichtspunkt der *Liquidität*, also die Fähigkeit des Unternehmens, seine Zahlungsverpflichtungen erfüllen zu können. Dabei ergibt sich aber wiederum das Problem, dass die Aufstellung von Finanzplänen, mit denen sich die zukünftige Liquidität hinreichend sicher beurteilen lässt, vom Gesetz nicht gefordert ist. Es bleibt daher nur die Möglichkeit, aus den Angaben über die Kapitalstruktur und der heutigen Ertragslage gewisse Schätzungen über die Entwicklung der zukünftigen Liquiditätslage der Gesellschaft zu treffen.[113] Für die Finanzlage von Bedeutung sind ferner Angaben zu *Konzernverflechtungen*, weil daraus u.U. Ausgleichspflichten entstehen. Ferner beeinflusst die Verwendung des Jahresergebnisses den Finanzbedarf des Folgejahres.[114]

---

106 Vgl. ADS 123; Beck BilKomm-*Winkeljohann/Schellhorn* Rn 44 f; **aA** *Lachnit* WPg 1993, 193 ff.

107 Vgl. dazu näher unten Rn 47 ff.

108 Eingehend HuRB-*Rückle*, S. 168 ff (174); siehe auch St/SABI 3/86 WPg 1986, 670.

109 Abgedruckt bei *Biener/Berneke*, S. 831.

110 Siehe nur HdR-*Baetge/Commandeur/Hippel* Rn 38; ADS 71.

111 Näher St/SABI 3/86 WPg 1986, 670 f; ADS 72; HdR-*Baetge/Commandeur/Hippel* Rn 37.

112 Zu weiteren Einschränkungen HuRB-*Rückle*, S. 179.

113 Siehe etwa HdR-*Baetge/Commandeur/Hippel* Rn 36.

114 ADS 76 f.

cc) **Ertragslage.** Die Darstellung der Ertragslage soll Auskunft über die Höhe und das Zustandekommen des **wirtschaftlichen Erfolgs** des abgelaufenen Geschäftsjahres geben.[115] Erfolg ist dabei im Sinne des Überschusses der Erträge über die Aufwendungen zu verstehen. Die Ertragslage lässt – etwa durch Vergleich mit früheren Ergebnissen – nur geringe Rückschlüsse auf vorhandene Erfolgspotentiale und damit auf den Zukunftsertrag zu. Für Aussagen zur weiteren Entwicklung der Ertragslage ist vorrangig der Lagebericht heranzuziehen.[116] Für die Darstellung der Ertragslage sind zunächst die *Regelungen über die GuV* maßgebend,[117] deren Gliederung das Ziel verfolgt, die Struktur der Erträge und Aufwendungen kenntlich zu machen (§§ 275, 277). Hinzuweisen ist etwa auf die Aufgliederung der Aufwendungen beim Umsatzkostenverfahren (§ 275 Abs. 2) oder den gesonderten Ausweis des Ergebnisses aus gewöhnlicher Geschäftstätigkeit und der außerordentlichen Aufwendungen und Erträge. Ferner sind verschiedene Posten der GuV – z.B. außerordentliche und periodenfremde Erträge und Aufwendungen – im Anhang näher zu erläutern. Der Ertragsanalyse dienen auch die Angaben über die angewandten Bilanzierungs- und Bewertungsmethoden (§ 284 Abs. 2 Nr. 1) und über die Auswirkungen der Abweichungen von Bilanzierungs- und Bewertungsmethoden (§ 284 Abs. 2 Nr. 3). 38

c) **„... den tatsächlichen Verhältnissen entsprechendes Bild“.** § 264 Abs. 2 S. 1 verlangt ein den tatsächlichen Verhältnissen „entsprechendes“ Bild. Der Jahresabschluss soll nicht die tatsächlichen Verhältnisse im Sinne einer optimalen Information über alle wesentlichen Aspekte der Vermögens-, Finanz- und Ertragslage wiedergeben, sondern gemeint ist ein *relativ richtiges* Bild, wie es im Rahmen der von der Richtlinie vorgebenden Bilanzierungsregeln von einem kundigen Bilanzleser erwartet werden kann.[118] Vermittelt werden soll das Bild von der Vermögens-, Finanz- und Ertragslage, „das der Jahresabschluß seiner Natur nach gewähren kann.“[119] Diese Einschränkung des Einblicksgebots ist bei der Konkretisierung seiner drei Funktionen zu berücksichtigen:[120] Weder darf die Generalnorm dazu dienen, bei der Auslegung der Einzelvorschriften oder der Lückenfüllung die durch andere Bilanzierungsgrundsätze vorgegebenen Grenzen allgemein zu korrigieren, z.B. durch Einschränkungen des Vorsichtsprinzips im Interesse eines besseren Einblicks in die Ertragslage. Noch darf von Einzelvorschriften allgemein abgewichen werden, um die Informationskraft des Jahresabschlusses zu erhöhen. Und schließlich bestimmt sich auch die Pflicht zu zusätzlichen Angaben nicht am Maßstab einer optimalen Information der Anleger über die Entwicklungschancen des Unternehmens, sondern nach dem Maßstab der Informationserwartungen, die der kundige Bilanzleser mit einer nach den gesetzlichen Vorschriften aufgestellten Bilanz verbindet. Die Generalnorm dient also dazu, „ein vom Gesetzgeber beabsichtigtes *Mindestinformationsniveau* sicherzustellen“.[121] 39

---

[115] Baumbach/Hueck/*Schulze-Osterloh* GmbHG[18] § 42 Rn 36; ADS 78; HdR-*Baetge/Commandeur/Hippel* Rn 26 f; näher HuRB-*Coenenberg*, S. 155 ff.

[116] HuRB-*Coenenberg*, S. 162 f.

[117] Zum Folgenden vgl. näher ADS 79 ff; HdR-*Baetge/Commandeur/Hippel* Rn 27 ff.

[118] Vgl. statt vieler ADS 92 ff, HuRB-*Leffson*, S. 94 ff.

[119] *Moxter* Bilanzlehre II, S. 65.

[120] Vgl. oben Rn 27 f.

[121] *Selchert* BB 1993, 754.

5. Einzelfragen zur Anwendung der Generalnorm (Abs. 2 S. 1)

40 a) **Auslegung und Interpretation von Einzelvorschriften.** Die Generalklausel ist als wichtiges Hilfsmittel bei der Auslegung der Einzelvorschriften heranzuziehen.[122] Hier kann aus § 264 Abs. 2 S. 1 geschlossen werden, dass unter Berücksichtigung anderer Bilanzierungsprinzipien, wie sie durch die Ausschüttungsbemessung vorgegeben sind, im Rahmen des Wortlauts dasjenige Auslegungsergebnis Vorrang hat, durch das die Aussagekraft des Jahresabschlusses gesichert bzw. gestärkt wird. In diesem Sinne kann man § 264 Abs. 2 S. 1 als Tendenzaussage des Inhalts verstehen, dass „im Zweifel genauere Informationen zu geben sind".[123] Dieses Auslegungsgebot ist aber – insoweit ist dem sachlichen Anliegen der sog. Abkopplungsthese zu folgen[124] – **im Bereich der Gewinnermittlungsvorschriften** mit den anderen Bilanzierungsvorgaben abzustimmen, die sich aus der Ausschüttungsbemessungsfunktion des Jahresabschlusses ergeben. In diesem Sinne hat auch der EuGH festgestellt, dass die Anwendung des true-and-fair-view-Prinzips sich „möglichst weitgehend" an den in der Richtlinie enthaltenen allgemeinen Grundsätzen zu orientieren habe.[125] Daher kann auch keine Rede davon sein, dass z.B. das Vorsichtsprinzip der Generalklausel untergeordnet wäre.[126] Vielmehr ist auch bei der Interpretationsfunktion des § 264 Abs. 2 S. 1 der Relativierung des Einblicksgebots durch die Einzelvorschriften und den teilweise konfliktionären Bilanzzwecken angemessen Rechnung zu tragen. Dabei sind das Prinzip der vorsichtigen Gewinnermittlung und die daraus folgenden Bilanzierungsgrundsätze allein anhand der ihnen zugrunde liegenden Zielsetzung (Gläubigerschutz) zu konkretisieren.

41 Uneingeschränkt ist das Einblicksgebot dagegen als Auslegungshilfe anwendbar, wenn es um die Interpretation von **Vorschriften ohne Gewinnermittlungsfunktion** geht, die ausschließlich oder vorrangig die Aussagekraft und den Informationsgehalt des Jahresabschlusses sichern sollen. So ist z.B. das Stetigkeitsprinzip in erster Linie darauf angelegt, die Vergleichbarkeit der Jahresabschlüsse im Zeitablauf und damit ihre – wenn auch begrenzte – Eignung als Prognoseinstrument zu gewährleisten.[127] Dies gilt gleichermaßen für die Bewertungs- wie die Darstellungsstetigkeit. Von ausschlaggebender Bedeutung ist das Einblicksgebot schließlich bei der Auslegung der Gliederungs- und Anhangsvorschriften, die ausschließlich dem Ziel einer größeren Aussagekraft des Jahresabschlusses und genauerer Informationen dienen.

b) Ausübung von Wahlrechten

42 aa) **Meinungsstand.** Die Frage, ob und inwieweit die Generalklausel die Auslegung gesetzlicher Bewertungs- und Ansatzwahlrechte beeinflusst und Wahlmöglichkeiten einschränkt, ist im Schrifttum umstritten.[128] Nach der sog. Abkopplungsthese ist dies zu verneinen, weil der Gewinnermittlungsbereich von den Einwirkungen der Generalklausel freizuhalten ist.[129] Nach der Gegenauffassung, die dem Einblicksgebot den Charakter einer Generalnorm beilegt, wird dagegen die Wahlrechtsausübung durch das Einblicksgebot eingeschränkt. Überwiegend soll dabei nach der konkreten Zielsetzung der Wahl-

---

[122] Vgl. oben Rn 27 f.
[123] *Schulze-Osterloh* ZHR 150 (1986), 542.
[124] Vgl. zur Abkopplungsthese oben Rn 25.
[125] EuGH Rs. C-234/94 Slg 1996, I-3145 ff.
[126] Tendenziell anders *Weber-Grellet* DB 1996, 2090; dagegen *Kessler* DB 1997, 1 ff.
[127] Vgl. *Moxter* Bilanzlehre I, S. 53.
[128] Vgl. zum Meinungsstand eingehend *Hennrichs* Wahlrechte (1999), passim; ferner etwa HuRB-*Siegel*, S. 417 ff; *Clemm* FS Budde (1995), S. 135 ff.
[129] Vgl. z.B. *Beisse* FS Döllerer (1988), S. 42; ADS 107; wohl auch *Clemm* FS Budde (1995), S. 155.

rechte zu differenzieren sein.[130] Nach anderer Ansicht folgt aus § 264 Abs. 2 S. 1 nur ein Verbot missbräuchlicher Ausübung von Wahlrechten.[131]

bb) Stellungnahme. Die Problematik hat gegenüber dem früheren Recht erheblich an Bedeutung verloren, nachdem durch das BilMoG zahlreiche Wahlrechte (z.B. §§ 254, 269, 273 a.F.) weggefallen sind. Zu folgen ist auch weiterhin der differenzierenden Ansicht, die Einschränkungen auf Grund des Einblicksgebots nur unter Berücksichtigung der konkreten Zielsetzung eines Wahlrechts befürwortet.[132] So sind z.B. Vereinfachungswahlrechte (vgl. etwa § 256) unter Informationsgesichtspunkten unbedenklich.[133] Im Übrigen gilt: Soweit sich aus dem konkreten Normzweck keine gesetzliche Wertung für einen „echten" Spielraum ergibt, folgt aus der Generalklausel, dass Wahlrechte im Interesse eines möglichst hohen Informationswertes des Jahresabschlusses nicht zweckwidrig ausgeübt, insbesondere nicht als Mittel zur Verschleierung der wirtschaftlichen Lage oder zur willkürlichen Ergebnisbeeinflussung eingesetzt werden dürfen. **43**

c) Abweichung von Einzelvorschriften

aa) Allgemeines. Die Generalnorm hat auch eine begrenzte Korrekturfunktion. Diese ist in Art. 2 Abs. 5 der Richtlinie vorgesehen und auch ohne entsprechende ausdrückliche Umsetzungsvorschrift nach deutschen Rechtsanwendungsgrundsätzen durch teleologische Reduktion zu verwirklichen.[134] Auch diese Funktion der Generalklausel unterliegt – entsprechend dem oben Gesagten – den Einschränkungen, die sich aus der Relativierung des Einblicksgebots durch die Einzelvorschriften ergeben. Von der unter a) beschriebenen Interpretationsfunktion unterscheidet sich die Abweichungsfunktion dadurch, dass das Gesetz an sich eindeutig ist, aber – unter Berücksichtigung der durch die Generalnorm vorgegebenen „Hauptzielsetzung" – für einen bestimmten Fall einer gesetzlich nicht geregelten Einschränkung bedarf, damit der Jahresabschluss ein den tatsächlichen Verhältnissen entsprechendes Bild vermittelt. **44**

bb) Vorrang der besonderen Abweichungsvorschriften. Einer unmittelbaren Anwendung des § 264 Abs. 2 S. 1 bedarf es demnach nicht, wenn das Gesetz selbst – wie etwa in § 252 Abs. 2 – „Abweichungen" von Einzelvorschriften zulässt. In diesem Fall ist § 264 Abs. 2 S. 1 als *Auslegungshilfe* bei der Ermittlung der „Ausnahmefälle" heranzuziehen, in denen nach § 252 Abs. 2 von den Bewertungsgrundsätzen nach Abs. 1 abzuweichen ist. So hat der EuGH in der Rechtssache DE + ES Bauunternehmung in Bezug auf Gewährleistungsrückstellungen eine Einschränkung des Einzelbewertungsgrundsatzes für geboten gehalten, „wenn eine Pauschalbewertung dieser Rückstellung das geeignete Mittel ist, um ein den tatsächlichen Verhältnissen entsprechendes Bild von der Höhe der Aufwendungen zu geben, die als Passiva zu verbuchen sind".[135] Ein weiteres Beispiel waren – vor Einführung des § 254 n.F. – **sog. Bewertungseinheiten**, bei denen ebenfalls **45**

130 HdR-*Baetge/Commandeur/Hippel* Rn 43 ff; Baumbach/Hueck/*Schulze-Osterloh* GmbHG[18] § 42 Rn 33; MünchKommHGB/*Reiner* Rn 69 ff; vgl. auch HuRB-*Siegel*, S. 425 f.

131 So etwa Beck BilKomm-*Winkeljohann/Schellhorn* Rn 29 f; Baumbach/Hopt/*Merkt* Rn 18; KK-*Claussen* Rn 61.

132 Grundlegend *Hennrichs* aaO.

133 HuRB-*Siegel*, S. 423.

134 Vgl. oben Rn 21 ff.

135 EuGH Rs 275/97 Slg 1999, I-5331 = BB 1999, 2291 ff; ebenso EuGH Rs 306/99 Slg 2003, I-1; vgl. in Bezug auf große Immobilienportfolios auch OLG Frankfurt ZIP 2012, 1243 f („Deutsche Telekom"), jedoch ohne Rückgriff auf § 264 Abs. 2.

eine Einschränkung des Einzelbewertungsgrundsatzes zu prüfen war. Grundlage einer solchen Abweichung war wiederum § 252 Abs. 2, der „im Licht" von § 264 Abs. 2 S. 1 auszulegen ist.[136]

46 cc) **Verbleibender Anwendungsbereich.** Fehlen besondere Abweichungsvorschriften (§§ 252 Abs. 2, 265 Abs. 1), ist § 264 Abs. 2 S. 1 unmittelbar anzuwenden. Zudem sind die Abweichungen und ihre Auswirkungen im Anhang anzugeben (§ 284 Abs. 2 Nr. 3). Hinsichtlich weiterer Einzelfälle, in denen aus § 264 Abs. 2 S. 1 abgeleitete Abweichungen von Einzelvorschriften diskutiert werden, ist auf die Erläuterungen zu diesen Vorschriften zu verweisen.

47 dd) **Abgrenzung zur Erläuterungsfunktion.** Die Abweichungsfunktion bedarf auch der Abgrenzung gegenüber der in § 264 Abs. 2 S. 2 ausdrücklich geregelten Erläuterungsfunktion. Wortlaut und Systematik des Art. 2 der 4. EG-Richtlinie deuten dabei auf einen Vorrang der Erläuterungsfunktion im Sinne eines milderen Mittels hin. Nach Art. 2 Abs. 4 sind zusätzliche Angaben zu machen, wenn die Anwendung der Einzelvorschriften zur Vermittlung des geforderten Bildes nicht ausreicht; eine Abweichung nach Art. 2 Abs. 5 kommt hingegen nur in Ausnahmefällen in Betracht. Auch der sog. Kontaktausschuss für Rechnungslegungsrichtlinien geht von einem solchen Vorrang der zusätzlichen Angaben aus.[137] Eine andere Abgrenzung ergibt sich jedoch, wenn man – wie es der hier vertretenen Ansicht entspricht – von der Einbindung der Generalklausel in den Kontext der Einzelvorschriften, insbesondere im Bereich der Gewinnermittlungsvorschriften, ausgeht. Dann wäre die Erläuterungsfunktion vor allem für solche Fallkonstellationen wichtig, in denen sich wesentliche Verzerrungen der Vermögens- und Ertragslage aus vorsichtsbetonten Gewinnermittlungsregeln ergeben, von denen aber mit Rücksicht auf die Zahlungsbemessungsfunktion nicht abgewichen werden kann. Hier muss die Informationsfunktion des Jahresabschlusses – wie es auch die Abkopplungsthese vorschlägt – vom Anhang geleistet werden. Dagegen ist eine Abweichung vorrangig, wenn es – z.B. im Bereich der Gliederungs- und Anhangsvorschriften – einzig auf Belange des besseren Einblicks ankommt.

48 **6. Zusätzliche Angaben (Abs. 2 S. 2).** Nach § 264 Abs. 2 S. 2 sind im Anhang zusätzliche Angaben zu machen, wenn „besondere Umstände" dazu führen, dass der Jahresabschluss ein den tatsächlichen Verhältnissen entsprechendes Bild im Sinne des S. 1 nicht vermittelt. Anders als die Interpretations- und Abweichungsfunktion ist die in Abs. 2 S. 2 ausdrücklich erwähnte **Erläuterungsfunktion** der Generalklausel als solche unbestritten. Während die sog. Abkopplungsthese darin die einzige Bedeutung der Generalklausel sieht („Generalnorm für den Anhang"),[138] stellt nach der Gegenauffassung die Erläuterungsfunktion nur eine – wenn auch wesentliche – Teilfunktion der Generalklausel dar.[139] Damit konzentrieren sich die Überlegungen im Schrifttum auf die Frage, wann genau „besondere Umstände" vorliegen, die zusätzliche Angaben erforderlich machen. Dabei sind zwei Problemkreise zu unterscheiden, die Frage nach der Zielrichtung des Einblicksgebots einerseits und die Beschränkung auf „besondere Umstände" andererseits.

---

[136] Vgl. zum alten Recht Voraufl. Rn 45; *Beine* WPg 1995, 472 mwN; eingehend *Dietrich* S. 95 ff, 111 ff; *Meinert* S. 67 ff; *Reiner* S. 261 ff.

[137] Mitgeteilt bei *van Hulle* FS Budde (1995), S. 320.

[138] Vgl. nur *Moxter* Bilanzlehre II, S. 65.

[139] Siehe etwa *van Hulle* FS Budde (1995), S. 320 ff.

a) **Einblicksziel**

aa) **Meinungsstand.** Nach einer verbreiteten Ansicht ist die Pflicht zu zusätzlichen Angaben nach § 264 Abs. 2 S. 2 dynamisch angelegt: Der Jahresabschluss müsse „eine im abgelaufenen Geschäftsjahr eingetretene Änderung der wirtschaftlichen Situation der Kapitalgesellschaft erkennbar werden lassen".[140] Es gehe also nur um die Erkennbarkeit von „Entwicklungstendenzen".[141] Nach anderer Ansicht wird – tendenziell weitergehend – ein zutreffender Gesamteindruck vom „Zustand und den Entwicklungstendenzen des Unternehmens" gefordert,[142] bzw. noch allgemeiner auf „Verwerfungen der Bilanzaussage" abgestellt,[143] die sich aus der Einhaltung von Bilanzierungsgeboten ergeben können. In eine ähnliche Richtung weist die Auffassung, das Einblicksgebot diene der Kompensation der vorsichtigen Gewinnermittlung dahingehend, dass auch über künftige positive Erwartungen berichtet werden müsse.[144] Der *EuGH* hat in seinem Urteil v. 7.1.2003 in der Rechtssache BIAO[145] zwar die Bedeutung des Art. 2 Abs. 3 der 4. EG-Richtlinie bekräftigt, aber über den Einzelfall hinaus keine allgemeinen Aussagen zu den Voraussetzungen ergänzender Angabenpflichten getroffen. Darüber hinaus verweist der Gerichtshof hinsichtlich der Art und Weise zusätzlicher Angaben auf das nationale Recht.[146] 49

bb) **Stellungnahme.** Ebenso wie die anderen Teilfunktionen der Generalnorm ist auch die Pflicht zu zusätzlichen Angaben im Zusammenhang mit den Einzelvorschriften für die Bilanz, die GuV und den Anhang zu sehen. Danach ist der Jahresabschluss nicht dazu bestimmt, den verschiedenen Einblicksadressaten ein umfassendes Bild der „wahren" wirtschaftlichen (Vermögens-, Finanz- und Ertrags-)Lage zu vermitteln. Die im Jahresabschluss enthaltenen Zahlen und Angaben können immer nur – z.B. durch Vergleich mit den Vorjahreszahlen oder durch Kennzahlenanalyse – bestimmte Anhaltspunkte über den Zustand und die Entwicklung des Unternehmens vermitteln. Weitere Einschränkungen der Aussagekraft ergeben sich in Bezug auf den Vermögensausweis und die Periodisierung von Erfolgen durch die verschiedenen Ausprägungen des Prinzips der vorsichtigen Gewinnermittlung. Die Pflicht zu zusätzlichen Angaben kann alle diese vom Richtlinien- und Gesetzgeber bewusst in Kauf genommenen Defizite, mit denen der kundige Bilanzleser auch rechnet, nicht grundsätzlich ausgleichen. Eine ergänzende Erläuterungspflicht kann vielmehr nur dazu dienen, die Einblicksadressaten auf **„wesentliche" Abweichungen zwischen „Jahresabschlußlage und Effektivlage"**[147] des Unternehmens aufmerksam zu machen, die sie ansonsten nicht erkennen könnten. Eine Pflicht zu zusätzlichen Angaben entsteht folglich erst dann, wenn die Aussagekraft des Jahresabschlusses trotz korrekter Anwendung der Einzelvorschriften hinter dem Informationsgehalt eines Jahresabschlusses unter normalen Umständen zurückbleibt.[148] Dieser Ansatz spricht – was das Einblicksziel anbetrifft – gegen eine sachliche Beschränkung der Erläuterungspflicht auf die Erkennbarkeit von Entwicklungstendenzen. Vielmehr sind grundsätzlich alle Fälle einzubeziehen, in denen der Informationsgehalt des Jahresabschlusses 50

---

140 *Moxter* Bilanzlehre II, S. 66; *ders.* FS Goerdeler (1987), S. 373.

141 ADS 99; *Lange* WPg 1991, 373 (Vergleich von Effektivlage und Jahresabschlußlage); für Erkennbarkeit von Entwicklungen auch *Budde/Förschle* DB 1988, 1460.

142 Beck BilKomm-*Winkeljohann/Schellhorn* Rn 41.

143 KK-*Claussen* Rn 44 (Voraufl.).

144 *Schulze-Osterloh* ZHR 150 (1986), 563.

145 EuGH Urt. v. 7.1.2003 C-306/99 Slg 2003, I-1 = BB 2003, 355.

146 Dazu *Hüttemann* FS Priester (2007), S. 301.

147 *Lange* WPg 1991, 373.

148 BT-Drucks. 10/317, S. 76.

hinsichtlich der Vermögens-, Finanz- oder Ertragslage auf Grund systembedingter Einschränkungen von der Effektivlage abweicht. Die notwendige Einschränkung der Erläuterungspflicht auf Ausnahmefälle ist erst auf der zweiten Ebene durch das Merkmal der „besonderen Umstände“ vorzunehmen.

51 b) **Beschränkung auf „besondere Umstände“.** Die Pflicht zu zusätzlichen Erläuterungen ist nach § 264 Abs. 2 S. 2 auf solche Fälle beschränkt, in denen „besondere Umstände“ vorliegen. Dies entspricht der – auch im Ratsprotokoll zu Art. 2 Abs. 4 der 4. EG-Richtlinie getroffenen[149] – Feststellung, dass die Anwendung der Einzelvorschriften im Allgemeinen ausreicht, um das geforderte Bild der Vermögens-, Finanz- und Ertragslage zu vermitteln.

52 Im Schrifttum besteht grundsätzlich Einigkeit darüber, dass eine Pflicht zu zusätzlichen Angaben erst eingreift, wenn Jahresabschluss- und Effektivlage „wesentlich“ voneinander abweichen. Hinsichtlich der weiteren Konkretisierung der **„Wesentlichkeit“** werden sowohl quantitative als auch qualitative Ansätze herangezogen.[150] Orientiert man sich vorrangig an den berechtigten Erwartungen der Bilanzleser, dann verbieten sich schematische quantitative Erheblichkeitsschwellen. Vielmehr bleibt nur der Weg, anhand der konkreten Umstände des Einzelfalls zu prüfen, ob die festzustellende Abweichung als so erheblich anzusehen ist, dass ein kundiger Bilanzleser ohne entsprechende Hinweise auf Grund des Jahresabschlusses ein falsches, irreführendes Bild von der Vermögens-, Finanz- oder Ertragslage des Unternehmens erhalten würde. In diesem Rahmen können quantitative Größen immer nur eine Hilfsfunktion haben. Entscheidend ist vielmehr, welche Informationsdefizite die Adressaten des Jahresabschlusses noch als vom Gesetzgeber *typischerweise* gewollt hinzunehmen haben. So führt z.B. das Realisationsprinzip bekanntermaßen zu einem verzögerten Gewinnausweis bei langfristiger Fertigung und möglicherweise zu einem verzerrten Ausweis der Ertragslage. Diese Konsequenz hat der Gesetzgeber mit der Aufnahme des Realisationsprinzips bewusst in Kauf genommen und rechtfertigt daher für sich genommen noch nicht die Annahme, dass jede langfristige Fertigung im Anhang als solche erläutert werden muss. „Besondere Umstände“ liegen erst dann vor, wenn es sich um Unternehmen handelt, bei denen langfristige Fertigungen den wesentlichen Teil der wirtschaftlichen Tätigkeit darstellen und daher die Ertragslage durch die Anwendung des Realisationsprinzips gravierend verzerrt wird. Hier bedarf es eines entsprechenden Hinweises, damit die Adressaten des Jahresabschlusses die Zahlen in Bilanz und GuV richtig würdigen können und erhebliche Fehlvorstellungen vermieden werden. Dabei sind unter dem Gesichtspunkt der Rechtssicherheit und in Hinsicht auf die möglichen Rechtsfolgen eines Verstoßes gegen § 264 Abs. 2 S. 2 im Zweifel eher „hohe“ Schwellenwerte anzusetzen, was das Ausmaß der Verzerrung angeht. Die Erforderlichkeit zusätzlicher Angaben im Interesse des gesetzlich geforderten Mindestmaßes an Aussagekraft muss daher auch aus der Sicht der mit der Aufstellung des Jahresabschlusses befassten Organe *evident* sein.

53 c) **Umfang der Angaben.** Das Gesetz enthält keine Vorgaben zur Art und zum Umfang der erforderlichen Angaben. Form und Inhalt sind daher nach den Gesichtspunkten der Sachgerechtigkeit und Berichtsökonomie frei zu wählen.[151] Entscheidend muss sein, welche Angaben erforderlich sind, um die von § 264 Abs. 2 S. 2 geforderte

---

149 Abgedruckt bei *Biener/Berneke*, S. 831.

150 Vgl. die Nachweise bei *Hoffmann* BB 1995, 1824; HuRB-*Leffson*, S. 442 ff.

151 KK-*Claussen* Rn 67.

Entsprechung von Jahresabschlusslage und effektiver Lage herzustellen.[152] Dies wird häufig auch zahlenmäßige Angaben zum Umfang der Auswirkungen der „besonderen Umstände“ auf die Vermögens-, Finanz- und Ertragslage erforderlich machen, soweit realistische Schätzungen möglich sind.

d) **Einzelfälle.** Eine Pflicht zu zusätzlichen Angaben kommt insbesondere in folgenden Einzelfällen in Betracht: Langfristige Fertigung größeren Umfangs, z.B. im Schiffs- und Anlagenbau, soweit die Möglichkeit von Teilgewinnrealisierungen nicht besteht und dadurch die Ertragslage im Zeitablauf verzerrt dargestellt wird;[153] Maßnahmen der Jahresabschlusspolitik, d.h. „ungewöhnliche, rein bilanzpolitische Maßnahmen“ von einigem Gewicht, wie z.B. verstärkte Bildung oder Auflösung von stillen Reserven; „Sale-and-lease-back-Verfahren“;[154] Factoring; Verzerrungen durch das Nominalwertprinzip bei erheblichen Geldwertänderungen;[155] Gewinne aus ausländischen Betriebsstätten mit hoher Inflation;[156] Wahl einer unüblichen Bewertungsmethode oder unübliche Ausübung von Ansatzwahlrechten;[157] Teilliquidation von Betriebsteilen;[158] in der Bilanz nicht ausgewiesene positive Ereignisse mit erheblichen Auswirkungen und wirtschaftlichen Chancen;[159] ungewöhnlich hohe stille Reserven, mit denen der Bilanzleser – auch unter Berücksichtigung von Vermögenszusammensetzung und Branche – nicht rechnet;[160] wertaufhellende Umstände.[161] Zweifelhaft sind Pflichtangaben bei gesellschaftsrechtlich veranlassten Sonderfällen, z.B. verdeckten Gewinnausschüttungen.[162] Abzulehnen ist dagegen wegen des Vorrangs von § 252 Abs. 1 Nr. 2 eine Pflicht zu zusätzlichen Angaben bei Zweifeln an der Fortführung der Unternehmenstätigkeit, die für ein Abgehen vom going-concern nach § 252 Abs. 2 nicht ausreichen.[163] **54**

7. Besonderheiten für Kleinstkapitalgesellschaften (Abs. 2 S. 3 u. 4)

a) **Die Änderung durch das MicroBilG.** Für Kleinstkapitalgesellschaften (§ 267a), die von dem Wahlrecht des Abs. 1 S. 5 Gebrauch machen, bestimmt Abs. 2 S. 3 in der Fassung des MicroBilG v. 20.12.2012,[164] dass die Angaben nach Abs. 2 S. 2 in Ermangelung eines Anhangs unter der Bilanz zu machen sind. Für Gesellschaften, die dieses Wahlrecht nicht ausüben, bleibt es dementsprechend bei der Pflicht, die Angaben im Anhang vorzunehmen (Abs. 2 S. 2). Allerdings wird nach S. 4 „vermutet, dass ein unter Berücksichtigung der Erleichterungen für Kleinstkapitalgesellschaften aufgestellter Jahresabschluss den Erfordernissen des Satzes 1 entspricht“, d.h. ein den tatsächlichen Verhältnissen entsprechendes Bild der Vermögens-, Finanz- und Ertragslage vermittelt. Ausweislich der **55**

---

152 Beck BilKomm-*Winkeljohann/Schellhorn* Rn 54.

153 BT-Drucks. 16/10067, S. 38; ADS 122; KK-*Claussen* Rn 64; Baumbach/Hueck/*Schulze-Osterloh* GmbHG[18] § 42 Rn 38.

154 ADS 117, 121 (123); Baumbach/Hueck/*Schulze-Osterloh* GmbHG[18] § 42 Rn 38; KK-*Claussen* Rn 65.

155 KK-*Claussen* Rn 64; *Schulze-Osterloh* aaO.

156 HdR-*Baetge/Commandeur/Hippel* Rn 47; ADS 119.

157 *Schulze-Osterloh* aaO; **aA** Baumbach/Hopt/*Merkt* Rn 22.

158 ADS 120.

159 *Schulze-Osterloh* aaO; KK-*Claussen* Rn 64; ADS 120.

160 *Schulze-Osterloh* aaO; *ders.* ZHR 150 (1986), 564; HdR-*Baetge/Commandeur/Hippel* Rn 47; noch weitergehend *Lachnit* WPg 1993, 199 f; **aA** ADS 123; Beck Bil-Komm-*Winkeljohann/Schellhorn* Rn 44 f.

161 EuGH Urt. v. 7.1.2003 C-306/99 Slg 2003, I-1 = BB 2003, 355.

162 Vgl. näher ADS 124 ff.

163 Ebenso ADS 118; *Schulze-Osterloh* aaO mwN zum Meinungsstand; **aA** etwa HdR-*Baetge/Commandeur/Hippel* Rn 47.

164 BGBl. I 2012, 2751.

Gesetzesmaterialien liegt der Sinn dieser Vermutung darin, die für Kleinstkapitalgesellschaften zugelassenen Erleichterungen (nach Abs. 1 S. 5 sowie § 266 Abs. 1 S. 4 und § 275 Abs. 5) nicht über eine Anwendung von Abs. 2 S. 1 und 2 wieder entfallen zu lassen, so dass die betroffenen Unternehmen tatsächlich entlastet werden.[165] Die Materialien geben allerdings keinen Hinweis darauf, wie das offensichtliche Spannungsverhältnis zwischen der Vermutungsregelung nach S. 4 und den Angabepflichten nach S. 2 und 3 aufgelöst werden kann.[166] Hinzu kommt, dass die Einblicksdichte bei einer Kleinstkapitalgesellschaft, die von sämtlichen gesetzlich vorgesehenen Erleichterungen Gebrauch macht, geringer sein kann als bei Nichtkapitalgesellschaften.[167] Die in S. 3 in Bezug genommenen zusätzlichen Angaben nach S. 2 werden in den Gesetzesmaterialien mit „dem Bedürfnis nach einer vollständigen Berichterstattung über besondere Umstände" gerechtfertigt, wobei beispielhaft auf Angaben zu Pensionsaltzusagen nach Art. 28 EGHGB Bezug genommen wird.[168] Ferner wird auf mögliche Einblicksdefizite infolge verkürzter Gliederungen (§ 266 Abs. 1 S. 4) und Gewinn- und Verlustrechnungen (§ 275 Abs. 5) hingewiesen.[169] Die wenig klare Fassung des Abs. 2 S. 3 u. 4 resultiert aus der Kritik am Referentenentwurf zum MicroBilG,[170] welcher im Einklang mit Art. 1a Abs. 5 der Micro-Richtlinie[171] vorgesehen hatte, Kleinstkapitalgesellschaften *gänzlich* von den Angabepflichten nach S. 2 freizustellen (dazu Rn 56). Zwar gehen die Gesetzverfasser auch für die nunmehr Gesetz gewordene Regelung davon aus, Art. 1a Abs. 5 der Richtlinie korrekt umgesetzt zu haben.[172] *Dies trifft indes nicht zu*, was eine **richtlinienkonform-einschränkende Auslegung** dieser Vorschriften nach Maßgabe der nachfolgenden Ausführungen erforderlich macht.

56 b) **Vorgaben der Micro-Richtlinie.** Art. 1a Abs. 5 der durch die Micro-Richtlinie geänderten 4. EG-Richtlinie hat folgenden Wortlaut: „Bei den in Absatz 1 genannten Gesellschaften wird davon ausgegangen, dass der gemäß den Absätzen 2, 3 und 4 erstellte Jahresabschluss ein den tatsächlichen Verhältnissen entsprechendes Bild gemäß Artikel 2 Absatz 3 vermittelt; infolgedessen findet Artikel 2 Absätze 4 und 5 auf derartige Jahresabschlüsse keine Anwendung." Die hier in Bezug genommenen Absätze 2 u. 3 des Art. 1a der Richtlinie enthalten diejenigen Erleichterungen, die die Mitgliedstaaten für Kleinstkapitalgesellschaften vorsehen können und von denen der deutsche Gesetzgeber durch das MicroBilG ganz weitgehend Gebrauch gemacht hat, indem er diesen Gesellschaften entsprechende Wahlrechte eingeräumt hat.[173] Da der Richtliniengeber den nationalen Gesetzgebern die Wahl gelassen hat, in welchem Umfang sie von den ihnen eröffneten Gestaltungsspielräumen Gebrauch machen wollen, ist Art. 1a Abs. 5 der Richtlinie so zu lesen, dass er stets Anwendung findet, wenn Erleichterungen nach Abs. 2, 3 Eingang in das nationale Recht gefunden haben und der Jahresabschluss im Einklang mit den entsprechenden Rechtsvorschriften erstellt wurde. Demgegenüber kann nicht verlangt werden, dass die Gesellschaft von *allen* durch die Richtlinie eröffneten

165 BT-Drucks. 17/11292, S. 16.
166 Vgl. auch *Haller/Groß* DB 2012, 2413; *Küting/Eichenlaub* DStR 2012, 2618; *Schellhorn* DB 2012, 2298 sowie die Konkretisierungsvorschläge bei BoHdR-*Kirsch* Rn 175.5 ff.
167 Näher *Kirsch* DStZ 2013, 262 ff.
168 BT-Drucks. 17/11292, S. 16; *IDW* Stellungnahme zum Ref-E MicroBilG v. 31.8.2012, S. 2.
169 BT-Drucks. 17/11292, S. 17, 18; *Kirsch*, aaO; *Küting/Eichenlaub* aaO.
170 *IDW* aaO.
171 RL 2012/6/EU v. 14.3.2012, ABl. L 81 v. 21.3.2012, S. 3.
172 BT-Drucks. 17/11292, S. 16.
173 Vgl. § 267a Rn 2, 4.

Erleichterungen Gebrauch gemacht haben muss, damit Abs. 5 Anwendung findet, denn bei dieser Lesart würde die Vorschrift schon mangels Umsetzungsverpflichtung des nationalen Gesetzgebers in Bezug auf die Vereinfachungen nach Abs. 2 u. 3 weitgehend leerlaufen. Auch stünde eine derartige Auslegung in offensichtlichem Widerspruch zum Entbürokratisierungsansatz, der das zentrale Motiv der Richtlinie bildet. Ist der Anwendungsbereich des Art. 1a Abs. 5 der Richtlinie nach Maßgabe der vorstehenden Ausführungen eröffnet, so „wird davon ausgegangen", dass **der Jahresabschluss in Einklang mit Art. 2 Abs. 3 der Richtlinie steht**, also ein den tatsächlichen Verhältnissen entsprechendes Bild der Vermögens-, Finanz- und Ertragslage vermittelt. Daher findet weder das Erläuterungsgebot nach Art. 2 Abs. 4 noch das Abweichungsgebot des Art. 2 Abs. 5 der Richtlinie Anwendung. Art. 1a Abs. 5 2. Halbs. beschränkt sich dabei nicht auf erleichterungsspezifische Sachverhalte, sondern führt zu einer vollständigen Derogation von Art. 2 Abs. 4 u. 5 der Richtlinie in Bezug auf Kleinstkapitalgesellschaften.

c) **Folgerungen für das deutsche Recht.** Was zunächst die Auslegung des § 264 Abs. 2 S. 4 angeht, folgt aus dem hier vertretenen Verständnis von Art. 1a Abs. 5 der Richtlinie, dass es für die Erfüllung seines Tatbestandes nicht darauf ankommen kann, ob die jeweilige Gesellschaft von allen im MicroBilG vorgesehenen Erleichterungen Gebrauch gemacht hat. Vielmehr ist für jeden Jahresabschluss, der im Einklang mit den für Kleinstkapitalgesellschaften geltenden Vorschriften steht, davon auszugehen, dass er insoweit den Anforderungen des § 264 Abs. 2 S. 1 genügt. Das erscheint auch folgerichtig, denn der Informationsgehalt von Jahresabschlüssen, in denen von den gesetzlichen Erleichterungen wenig oder gar kein Gebrauch gemacht wird, ist höher als bei Ausschöpfung der Vereinfachungswahlrechte. Darüber hinaus wäre den Vorgaben des Art. 1a Abs. 5 der Richtlinie nur dann Genüge getan, wenn § 264 Abs. 2 S. 4 eine Lesart zuließe, wonach die hier statuierte Vermutung *unwiderleglich* ist. Aus S. 3 und seiner Entstehungsgeschichte folgt allerdings, dass auch Kleinstkapitalgesellschaften dazu verpflichtet sein sollen, in Ausnahmefällen zusätzliche Angaben nach S. 2 zu machen. Hierin liegt ein **Verstoß gegen Art. 1a Abs. 5 der Richtlinie.** Von den Vorgaben der Richtlinie unberührt bleibt allerdings § 264 Abs. 2 S. 1 in seiner Funktion als Auslegungshilfe und als Leitgedanke bei der Wahlrechtsausübung (dazu oben Rn 40 ff), soweit es dadurch nicht zu einer Relativierung der gesetzlichen Erleichterungen für Kleinstkapitalgesellschaften kommt. Denn den Bezugspunkt des insoweit einschlägigen Art. 1a Abs. 5 1. Halbs. der Richtlinie bilden ebendiese Erleichterungen, so dass kein genügender Anlass besteht, das Einblicksgebot auch außerhalb der entsprechenden Sonderregelungen – und damit vollständig – als unanwendbar anzusehen. 57

Die Richtlinienwidrigkeit der Angabepflichten nach § 264 Abs. 2 S. 2, 3 bei Kleinstkapitalgesellschaften führt zunächst dazu, dass an ein Unterlassen entsprechender Angaben **keinerlei staatliche Sanktionen** (vgl. Rn 60) geknüpft werden können, da Art. 1a Abs. 5 der Richtlinie aufgrund seines unbedingten und hinreichend genauen Inhalts in vertikaler Hinsicht unmittelbare Wirkung zukommt.[174] Auch darüber hinaus erscheint eine **richtlinienkonforme Anwendung** der neu geschaffenen Vorschriften möglich, die dazu führt, dass die Vermutung in § 264 Abs. 2 S. 4 unwiderlegbar ist und für Kleinstkapitalgesellschaften keine Angabepflichten nach S. 2 bestehen. Denn der Gesetzgeber hat in der Gesetzesbegründung ausdrücklich seine Absicht bekundet, eine richtlinienkon- 58

[174] Vgl. EuGH Rs. C-62/00 (Marks & Spencer) Slg 2002, I-6325; EuGH Rs. 8/81 (Becker) Slg 1982, 53.

forme Regelung zu schaffen.[175] In einer derartigen Situation ist nach der „Quelle"-Rechtsprechung des BGH[176] und den Ausführungen des EuGH in der *Rechtssache Pfeiffer*[177] eine den Gesetzeswortlaut hintanstellende richtlinienkonforme Anwendung nationaler Rechtsvorschriften auch in privatrechtlichen Streitigkeiten zulässig und erforderlich.[178] Dass damit eine Sinnentleerung von § 264 Abs. 2 S. 3 einhergeht, ist hinzunehmen, da die dort tatbestandlich vorausgesetzte „Erforderlichkeit" zusätzlicher Angaben vor dem Hintergrund des Art. 1a Abs. 5 der Micro-Richtlinie stets zu verneinen ist. Die Vorschrift fügt sich ohnehin nicht in das Vereinfachungsanliegen des MicroBilG ein, sondern löst Verwerfungen mit § 264 Abs. 2 S. 4 aus, die im Wege der hier vertretenen europarechtskonformen Interpretation der Gesamtregelung zugunsten einer eindeutigen Lösung vermieden werden, welche nicht zuletzt der Rechtssicherheit zuträglich ist. Soweit damit Einblicksdefizite einhergehen,[179] sind diese in der Micro-Richtlinie selbst angelegt, was sowohl der Gesetzgeber als auch der Rechtsanwender zu akzeptieren hat. Nationale Gerichte, die mit einer entsprechenden Streitigkeit befasst werden, haben § 264 Abs. 2 S. 2, 3 folglich unangewendet zu lassen, soweit Kleinstkapitalgesellschaften betroffen sind. Dies gilt entsprechend den Feststellungen des EuGH in der *Rechtssache Kücükdeveci* unabhängig davon, ob zugleich ein Vorabentscheidungsverfahren nach Art. 267 AEUV eingeleitet wird bzw. eingeleitet werden muss, da bei unionsrechtswidrigen nationalen Rechtsakten kein Verwerfungsmonopol entsprechend Art. 100 Abs. 1 GG anzuerkennen ist.[180]

59 8. **Rechtsfolgen von Verstößen.** Liegt ein Verstoß gegen Abs. 2 vor, ist zunächst eine etwaige **Nichtigkeit des Jahresabschlusses** nach § 256 AktG zu prüfen. Nach § 256 Abs. 1 Nr. 1 AktG ist der Jahresabschluss nichtig, wenn er durch seinen Inhalt Vorschriften verletzt, die ausschließlich oder überwiegend zum Schutze der Gläubiger der Gesellschaft gegeben sind. Dabei reicht es aus, dass Gläubigerschutzbelange von Relevanz sind[181] bzw. schwerpunktmäßig berührt sind,[182] was für das Einblicksgebot zu bejahen ist.[183] Hinsichtlich der Art des Verstoßes gegen § 264 Abs. 2 sind alle drei Funktionen zu beachten. Auch ein Unterlassen zusätzlicher Angaben kann daher zur Nichtigkeit führen, wenn „besondere Umstände" vorliegen.[184] Allerdings bedarf es im Rahmen von § 256 Abs. 1 Nr. 1 AktG stets einer „wesentlichen Beeinträchtigung" von Gläubigerbelangen.[185] Soweit § 264 Abs. 2 als Generalnorm auch eine Interpretations- und Abweichungsfunktion beigelegt wird, ist neben § 256 Abs. 1 Nr. 1 AktG auch eine Nichtigkeit nach § 256 Abs. 4 und 5 AktG denkbar, wenn Gliederungs- und Bewertungsvorschriften entgegen dem true-and-fair-view-Prinzip angewendet worden sind.[186]

60 Verstöße gegen die Generalklausel stellen nach § 334 Abs. 1 Nr. 1 Buchst. a eine **Ordnungswidrigkeit** dar. Daneben – und wegen der besonderen Bedeutung der Generalklausel vorrangig – kommt aber auch ein **Vergehen** nach § 331 Nr. 1 in Betracht, wenn in-

---

175 BT-Drucks. 17/11292, S. 16.

176 BGHZ 179, 27, 31 ff.

177 EuGH Rs. C-397/01 bis 403/01 Slg 2004, I-8835; dazu *Mörsdorf* EuR 2009, 219; vgl. bereits EuGH Rs. 14/83 (v. Colson) Slg 1984, I-1891.

178 Vgl. in Bezug auf § 264 Abs. 3 a.F. (dazu Rn 71) auch BVerfG ZIP 2013, 926.

179 Vgl. *Kirsch* DStZ 2013, 262 ff; *Schellhorn* DB 2012, 2297 f.

180 EuGH Rs. C-555/07 Slg 2010, I-365; **aA** MünchKommHGB/*Reiner* § 271 Rn 32.

181 KK-*Zöllner* § 256 Rn 18.

182 *Hüffer* § 256 Rn 7.

183 ADS 137; Beck BilKomm-*Winkeljohann/Schellhorn* Rn 58; KK-*Claussen* Rn 73.

184 Zurückhaltend ADS 138.

185 Vgl. nur *Hüffer* § 256 Rn 7 mwN.

186 Ebenso für § 256 Abs. 5 AktG Beck BilKomm-*Winkeljohann/Schellhorn* Rn 56.

folge des Verstoßes die Verhältnisse der Kapitalgesellschaft unrichtig wiedergegeben oder verschleiert werden. Dies liegt besonders nahe, wenn die Verletzung so erheblich ist, dass sie zur Nichtigkeit des Jahresabschlusses geführt hat.

Eine Verletzung von Abs. 2 kann auch **Auswirkungen auf das Testat** nach § 322 haben. Vermittelt der Jahresabschluss wegen eines Verstoßes gegen § 264 Abs. 2 nicht das gesetzlich geforderte Bild, ist das Testat nach § 322 Abs. 3 einzuschränken bzw. zu versagen.[187] **61**

Schließlich sind **zivilrechtliche Sanktionen** für die handelnden Personen möglich, so z.B. Schadensersatzpflichten unter dem Gesichtspunkt einer schuldhaften Pflichtverletzung (§ 93 Abs. 2 AktG). Ferner kann ein Schadensersatzanspruch aus § 823 Abs. 2 BGB i.V.m. § 331 Nr. 1 bzw. § 334 Abs. 1 Nr. 1 Buchst. a begründet sein.[188] Umstritten ist, ob auch § 264 Abs. 2 selbst Schutzgesetz i.S.d. § 823 Abs. 2 BGB ist.[189] Grundsätzlich wird Rechnungslegungsvorschriften – anders als Einsichts- und Kontrollrechten – eine drittschützende Wirkung überwiegend abgesprochen.[190] Fraglich ist allenfalls, ob sich – insbesondere auf Grund der besonderen Erwähnung der verschiedenen Einblicksadressaten in der Präambel der Richtlinie – für das Einblicksgebot etwas anderes ergibt. Auch die Gesetzesbegründung spricht in diesem Zusammenhang von der Koordinierung von „Schutzvorschriften". Indessen ist zweifelhaft, ob diese Anhaltspunkte für sich genommen ausreichen, um abweichend von den sonstigen GoB eine drittschützende Wirkung der Generalnorm zu begründen.[191] Eine solche Unterscheidung wäre auch auf Grund der wechselseitigen Verknüpfung von Generalklausel und Einzelvorschriften nicht sachgerecht. **62**

IV. Versicherung eines entsprechenden Bildes (Abs. 2 S. 5)

1. Normgeschichte. Durch das sog. Transparenzrichtlinie-Umsetzungsgesetz (TUG) v. 5.1.2007[192] ist der Pflichtenkanon der gesetzlichen Vertreter von börsennotierten Kapitalgesellschaften um den sog. *Bilanzeid* erweitert worden. Die ursprünglich in § 264 Abs. 2 S. 3 enthaltene Regelung findet sich aufgrund der Änderungen durch das MicroBilG[193] nunmehr wortgleich in S. 5. Die gesetzlichen Vertreter haben nach § 264 Abs. 2 S. 5 die Einhaltung des Einblicksgebots bei der Unterzeichnung des Jahresabschlusses schriftlich zu bestätigen. Die Regelung beruht auf Art. 4 Abs. 2 Buchst. c der Transparenzrichtlinie und geht auf eine entsprechende US-amerikanische Vorschrift im Rahmen des *Sarbanes-Oxley Act* 2002 zurück.[194] Durch die Regelung soll das Vertrauen der Anleger in den Kapitalmarkt und damit auch ihre Investitionsbereitschaft verbessert werden.[195] Sie ist erstmals auf Jahresabschlüsse für nach dem 31.12.2006 beginnende Geschäftsjahre anzuwenden. **63**

---

187 ADS 139.

188 *Dannecker* § 331 Rn 9, § 334 Rn 22.

189 Bejahend Beck BilKomm-*Winkeljohann/Schellhorn* Rn 59; **aA** aber ADS 141; KK-*Claussen* Rn 70; MünchKommHGB/*Reiner* Rn 92.

190 Vgl. RGZ 73, 30; BGH DB 1964, 1585; BGHZ 125, 366; Baumbach/Hopt/*Merkt* § 238 Rn 19; *Pöschke* § 238 Rn 4; eingehend HdJ-*Schulze-Osterloh* I/1 Rn 32 ff; **aA** *Schnorr* ZHR 170 (2006), 9 mwN.

191 Ebenso ADS 141; **aA** Beck BilKomm-*Winkeljohann/Schellhorn* Rn 59.

192 BGBl. I 2007, 10.

193 BGBl. I 2012, 2751.

194 Vgl. BT-Drucks. 14/2498, S. 55; näher *Fleischer* ZIP 2007, 97.

195 Vgl. BT-Drucks. 16/2498, S. 26.

2. **Regelungsgehalt**

64 a) **Sachlicher und persönlicher Anwendungsbereich.** Die Regelung des § 264 Abs. 2 S. 5 gilt – entsprechend ihrem bereichsspezifischen Regelungszweck – nur für Kapitalgesellschaften, die Inlandsemittenten i.S.d. § 2 Abs. 7 WpHG sind, mit Ausnahme von Kapitalgesellschaften nach § 327a.[196] In persönlicher Hinsicht richtet sich die Pflicht zum Bilanzeid – anders als nach US-Recht – an alle gesetzlichen Vertreter, also nicht nur an bestimmte Geschäftsleiter wie z.B. den „CEO und CFO". Diese Ausgestaltung entspricht dem bisherigen nationalen Verständnis der Rechnungslegungspflicht als Gesamtverantwortung des zuständigen Organs (vgl. etwa § 91 Abs. 1 AktG).

65 b) **Gegenstand der Versicherung.** Die gesetzlichen Vertreter haben „bei der Unterzeichnung" des Jahresabschlusses die Einhaltung des Einblicksgebots schriftlich zu versichern. Die Pflicht ist höchstpersönlicher Natur; ferner gilt das Mehrheitsprinzip – anders als bei der Unterzeichnungspflicht nach § 245 – nicht. Der Bilanzeid bezieht sich – ebenso wie die Unterzeichnungspflicht nach § 245[197] – nur auf den festgestellten Jahresabschluss.[198] Eine gesonderte Unterschrift ist dann entbehrlich, wenn die Erklärung nach § 264 Abs. 2 S. 5 (zusammen mit der nach § 289 Abs. 1 S. 5) in der Weise in den Jahresabschluss integriert wird, dass die Unterschrift unter dem Jahresabschluss die anderen Erklärungen mit abdeckt.[199] In inhaltlicher Hinsicht muss die Erklärung die Versicherung enthalten, dass „der Jahresabschluss ein den tatsächlichen Verhältnissen entsprechendes Bild im Sinne des Satzes 1 vermittelt oder der Anhang Angaben nach Satz 2 enthält"[200].

66 c) **Wissensvorbehalt.** Die gesetzlichen Vertreter haben die Versicherung nach § 264 Abs. 2 S. 5 „nach bestem Wissen" abzugeben. Mit diesem – im Rahmen der Beratungen im Finanzausschuss eingefügten[201] – Wissensvorbehalt soll die Verantwortlichkeit der handelnden Personen präzisiert werden. Wie die – allerdings nicht ganz widerspruchsfreie[202] – Begründung des Finanzausschusses erkennen lässt, soll es nicht genügen, dass sich die Geschäftsleiter „nur auf vorhandenes Wissen zurückziehen". § 264 Abs. 2 S. 5 begründet somit auch gewisse Informationsverschaffungspflichten. Diese bedürfen allerdings einer situationsabhängigen Konkretisierung. Dabei sind auch die allgemeinen Grundsätze zur vorstandsinternen Überwachungspflicht zu berücksichtigen[203]. Die von § 264 Abs. 2 S. 5 geforderte *subjektive Redlichkeit*[204] wird deshalb nur dann verletzt, wenn der gesetzliche Vertreter einen bestimmten Anlass hatte, an der Richtigkeit der Angaben im Jahresabschluss zu zweifeln, oder sich bewusst nicht informiert. Überzogen erscheint dagegen die Aussage in der Begründung des Finanzausschusses, die Vorstandsmitglieder hätten sich „grundsätzlich zu bemühen, ein möglichst vollständiges Wissen hinsichtlich der vorgeschriebenen Rechnungslegungsangaben zu erhalten". Eine derart weitgehende Informationsverschaffungspflicht wäre mit dem Vertrauensgrundsatz kaum zu vereinbaren.[205]

---

196 Eingehend MünchKommHGB/*Reiner* Rn 99 ff.

197 Vgl. dazu *Pöschke* § 245 Rn 5.

198 *Fleischer* ZIP 2007, 101 f; MünchKomm-HGB/*Reiner* Rn 104.

199 Ebenso MünchKommHGB/*Reiner* Rn 105.

200 Zum Einblicksgebot vgl. oben Rn 31 ff.

201 BT-Drucks. 16/3644, S. 43.

202 Dazu nur *Fleischer* ZIP 2007, 100 f.

203 Vgl. auch Rn 7.

204 So *Fleischer* ZIP 2007, 101.

205 So auch *Fleischer* ZIP 2007, 101; weitergehend wohl MünchKommHGB/*Reiner* Rn 109: Bemühen um „optimalen Wissensstand" erforderlich.

3. Sanktionen

a) **Strafrecht.** Die nicht richtige Abgabe des Bilanzeides wird nach § 331 Nr. 3a (eingefügt durch das TUG) mit Freiheitsstrafe bis zu drei Jahren oder mit Geldstrafe bestraft. Eine redaktionelle Anpassung dieser Vorschrift an den durch das MicroBilG geänderten § 264 Abs. 2 steht noch aus. Ein Versuch ist nicht strafbar (vgl. § 23 Abs. 1 StGB). Aus der Vergleichbarkeit mit § 331 Nr. 1 folgt, dass auch im Rahmen von § 331 Nr. 3a eine ungeschriebene Erheblichkeitsschwelle gilt[206]. Auch in subjektiver Hinsicht reicht ebenso wie bei § 331 Nr. 1 bedingter Vorsatz hinsichtlich der Unrichtigkeit des Wissens aus.[207] Allerdings reicht der bloße Verzicht auf eine Informationsverschaffung für einen dolus eventualis noch nicht aus, wenn der gesetzliche Vertreter die Versicherung in der Überzeugung der Richtigkeit abgibt[208]. Die praktische Bedeutung der neuen Strafvorschrift dürfte sich auf die Ebene der Strafzumessung beschränken, weil eine unrichtige Darstellung der Verhältnisse im Jahresabschluss schon bisher nach § 331 Nr. 1 strafbar gewesen ist. 67

b) **Zivilrecht.** § 264 Abs. 2 S. 5 begründet schon seinem Wortlaut nach keine Garantiehaftung der gesetzlichen Vertreter für die Richtigkeit des Jahresabschlusses. Denkbar ist aber eine deliktische Außenhaftung nach § 823 Abs. 2 BGB. Entsprechend den Ausführungen in Rn 62 ist auch insoweit an die einschlägigen Strafvorschriften anzuknüpfen, die ganz überwiegend als Schutzgesetze angesehen werden.[209] Für eine Sonderbehandlung des § 264 Abs. 2 S. 5 ist kein hinreichender Grund ersichtlich.[210] 68

V. Befreiung von Tochter-Kapitalgesellschaften (Abs. 3)

1. **Normgeschichte und Vorgaben der 4. EG-Richtlinie.** § 264 ist durch das sog. Kapitalaufnahmeerleichterungsgesetz (KapAEG) v. 20.4.1998[211] um einen dritten Absatz erweitert worden. Nach seiner bis zum Inkrafttreten des MicroBilG v. 20.12.2012[212] geltenden Fassung brauchte eine Kapitalgesellschaft, die Tochtergesellschaft eines nach § 290 zur Aufstellung eines Konzernabschlusses verpflichteten Mutterunternehmens ist, die Vorschriften des Ersten Unterabschnitts (Jahresabschluss und Lagebericht, §§ 264–289), des Dritten Unterabschnitts (Prüfung, §§ 316–324) und des Vierten Unterabschnitts (Offenlegung, §§ 325–329) unter bestimmten Voraussetzungen nicht anzuwenden. In diesen Fällen fehlte nach Ansicht des Gesetzgebers ein Bedürfnis für die Anwendung der für Kapitalgesellschaften geltenden Rechnungslegungsvorschriften.[213] Grundlage des Abs. 3 ist die in Art. 57 der 4. EG-Richtlinie enthaltene Befreiungsmöglichkeit, von der die Bundesrepublik im BiRiLiG noch keinen Gebrauch gemacht hatte. Mit dem Gesetz über elektronische Handelsregister und Genossenschaftsregister sowie das Unternehmensregister (EHUG) v. 10.11.2006[214] ist die praktische Bedeutung der Befreiungsmög- 69

---

206 Dazu *Dannecker* § 331 Rn 173.

207 *Dannecker* § 331 Rn 178 f; *Fleischer* ZIP 2007, 102; siehe nunmehr auch MünchKommHGB/*Reiner* Rn 114.

208 Vgl. zur entsprechenden Problematik *Dannecker* § 331 Rn 80, 179.

209 Vgl. *Dannecker* § 331 Rn 9.

210 Ebenso MünchKommHGB/*Reiner* Rn 118; *Fleischer* ZIP 2007, 103.

211 Gesetz zur Verbesserung der Wettbewerbsfähigkeit deutscher Konzerne an Kapitalmärkten und zur Erleichterung der Aufnahme von Gesellschafterdarlehen, BGBl. I 1998, 707.

212 BGBl. I 2012, 2751.

213 Vgl. BT-Drucks. 13/7141, S. 10.

214 BGBl. I 2006, 2553.

lichkeit nach § 264 Abs. 3 als Mittel zur Publizitätsvermeidung erheblich gewachsen.[215] Durch das EHUG sind auch die bisher in Abs. 3 Nr. 4 und 5 enthaltenen Befreiungsvoraussetzungen an die neuen Gegebenheiten angepasst worden (vgl. Abs. 3 Nr. 4 Buchst. a und b). Das TUG v. 5.1.2007[216] hat den praktischen Stellenwert des Abs. 3 allerdings durch neue kapitalmarktrechtliche Offenlegungsvorschriften im WpHG erheblich relativiert.[217] Zu beachten sind darüber hinaus Spezialregelungen für Kreditinstitute (§ 340a Abs. 2 S. 4), Versicherungs- (§ 341a Abs. 2 S. 4) und Energieversorgungsunternehmen (§ 6b Abs. 1 S. 1 EnWG).

70 Das MicroBilG v. 20.12.2012[218] hat die Bezugnahme des Abs. 3 auf Konzernabschlüsse nach § 290 gelöst und bestimmt nunmehr in Anlehnung an den Wortlaut des § 264b Nr. 1 1. Alt., dass eine **Einbeziehung in den Konzernabschluss eines Mutterunternehmens mit Sitz in einem Mitgliedstaat der EU bzw. einem Vertragsstaat des EWR** ausreicht. Die Neuregelung ist gemäß Art. 70 Abs. 2 EGHGB erstmals für Jahresabschlüsse in Kraft getreten, die nach dem 31.12.2012 beginnen. Für Geschäftsjahre, die im Jahr 2012 begonnen haben, bleibt es hingegen bei § 264 Abs. 3 a.F.[219] Der Gesetzgeber wollte mit dem neuen Abs. 3 „eine zeitgemäße Angleichung der Vorschriften für Konzerne, deren Mutterunternehmen ihren Sitz im EU-Ausland oder EWR-Ausland haben, an die für Konzerne mit deutschem Mutterunternehmen geltende Regelung" erreichen.[220] Den Hintergrund der Änderung dürfte allerdings die Diskussion über die Unionsrechtswidrigkeit von § 264 Abs. 3 a.F. bilden. So war eine Befreiung von Kapitalgesellschaften, die in einen ausländischen Konzernabschluss einbezogen waren, nach dem Wortlaut dieser Vorschrift nicht möglich.[221] Im Schrifttum ist hierin ein Verstoß gegen die Niederlassungsfreiheit (Art. 49 AEUV) sowie die Vorgaben des Art. 57 der 4. EG-Richtlinie erblickt worden,[222] und zwar mit gutem Grund: Die Regelung führte zu einer Benachteiligung von Tochterkapitalgesellschaften mit ausländischer Konzernmutter und bewirkte damit zugleich eine Schlechterstellung von Unternehmen im EU-Ausland, die inländische Tochtergesellschaften innehatten bzw. erwerben wollten. Wie insbesondere an der Existenz des § 264b deutlich wird, dürfte diese Benachteiligung keiner europarechtlichen Rechtfertigung zugänglich sein.[223] Art. 57 der 4. EG-Richtlinie begründet zwar eine Gestaltungsoption für die Mitgliedstaaten. Wenn von ihr aber Gebrauch gemacht wird, so muss dies im Einklang mit der Niederlassungsfreiheit, d.h. *diskriminierungsfrei* geschehen.[224]

71 Aufgrund von Art. 70 Abs. 2 EGHGB bleibt die Fragestellung für **Altfälle** aktuell. Eine Klärung durch den EuGH steht noch aus, weil das für Verfahren nach § 334 Abs. 4 zuständige Bonner Landgericht die nach Art. 267 Abs. 3 AEUV gebotene Vorlage zunächst unterlassen hatte.[225] Zu einer solchen ist es erst im November 2012 gekommen.[226] Zwischenzeitlich hat das BVerfG in der ausgebliebenen Anrufung des EuGH

---

[215] Dazu *Deilmann* BB 2006, 2347 ff; *Grashoff* DB 2006, 513 ff; *Liebscher/Scharff* NJW 2006, 3745 ff.
[216] BGBl. I 2007, 10.
[217] Näher MünchKommHGB/*Reiner* Rn 120.
[218] BGBl. I 2012, 2751.
[219] Dazu Voraufl. Rn 60 ff.
[220] BT-Drucks. 17/11292, S. 16 a.E.
[221] Voraufl. Rn 62; Beck BilKomm-*Förschle/Deubert* Rn 116; MünchKommHGB/*Reiner* Rn 122.
[222] *Kuntze-Kaufhold* BB 2006, 428; *Tromp/Nagler/Gehrke* GmbHR 2009, 641.
[223] Vgl. *Kuntze-Kaufhold* GmbHR 2013, 371 f; *Kußmaul/Huwer/Palm* StuB 2013, 560.
[224] Vgl. auch *Kußmaul/Huwer/Palm* StuB 2013, 561.
[225] Vgl. LG Bonn v. 6.12.2010 – 38 T 1168/10 (juris); LG Bonn v. 7.4.2011 – 38 T 1869/10 (juris).
[226] LG Bonn ZIP 2013, 416.

einen Verstoß gegen Art. 101 Abs. 1 S. 2 GG (gesetzlicher Richter) erblickt und darauf gerichteten Verfassungsbeschwerden betroffener Gesellschaften stattgegeben.[227] Seine Ausführungen lassen erkennen, dass das Gericht eine unionsrechtskonforme Auslegung des § 264 Abs. 3 a.F. als eröffnet ansieht, was zur Folge hätte, dass der aktuelle Rechtszustand ungeachtet Art. 70 Abs. 2 EGHGB auch für die Vergangenheit maßgebend wäre, sollte der EuGH der in Rn 70 dargestellten Rechtsauffassung folgen.[228] Ist die Niederlassungsfreiheit einschlägig, so wäre der Anwendungsvorrang des Primärrechts betroffen, so dass es in diesem Kontext auch nicht entscheidend auf Möglichkeit und Grenzen einer richtlinienkonformen Auslegung bzw. Rechtsfortbildung (vgl. Rn 58) ankäme.

2. **Anwendungsbereich.** Nach seinem geänderten Wortlaut findet § 264 Abs. 3 nunmehr Anwendung auf „eine Kapitalgesellschaft, die in den Konzernabschluss eines Mutterunternehmens mit Sitz in einem Mitgliedstaat der Europäischen Union oder einem anderen Vertragsstaat des Abkommens über den Europäischen Wirtschaftsraum einbezogen ist". **72**

a) **Kapitalgesellschaft.** § 264 Abs. 3 gilt erstens nur für Tochtergesellschaften in der Rechtsform der Kapitalgesellschaft. Für solche Personenhandelsgesellschaften, auf die die Rechnungslegungsvorschriften für Kapitalgesellschaften nach § 264a entsprechende Anwendung finden, gilt die Sondervorschrift des § 264b. Für Unternehmen i.S.v. § 3 Abs. 1 PublG enthält § 5 Abs. 6 PublG eine spezielle Regelung, die auf § 264 Abs. 3 verweist, jedoch insoweit unverändert geblieben ist, als nach ihrem Wortlaut noch immer eine Einbeziehung in einen inländischen Konzernabschluss erforderlich ist. Die für Kapitalgesellschaften geltende Vorschrift des § 264 Abs. 4 ist nach der Änderung des Abs. 3 im Wesentlichen deklaratorischer Natur (dazu Rn 85). **73**

b) **Einbeziehung in den Konzernabschluss eines Mutterunternehmens.** Nach dem Einleitungssatz des Abs. 3 ist eine Einbeziehung in den Konzernabschluss eines Mutterunternehmens mit Sitz in einem Mitgliedstaat der EU bzw. einem Vertragsstaat des EWR erforderlich. Eine § 264b Nr. 2 entsprechende Vorschrift, wonach dieser Konzernabschluss und der Konzernlagebericht im Einklang mit der 7. EG-Richtlinie aufgestellt sowie geprüft und offen gelegt worden ist, wurde hingegen nicht ausdrücklich in Abs. 3 aufgenommen. Eine Anpassung des Abs. 3 Nr. 3 hat zwar stattgefunden, jedoch ist hierdurch eine redundante Regelung entstanden, da die Notwendigkeit der Einbeziehung in den Konzernabschluss bereits aus dem Einleitungssatz selbst folgt. Bei der fehlenden Verankerung einer § 264b Nr. 2 entsprechenden Regelung in § 264 Abs. 3 Nr. 3 dürfte es sich um ein Redaktionsversehen handeln, das mit Blick auf die Vorgaben des Art. 57 Buchst. e und g der 4. EG-Richtlinie im Wege einer **analogen Anwendung des § 264b Nr. 2** auszufüllen ist.[229] **74**

Die Änderung des Abs. 3 durch das MicroBilG hat zur Folge, dass sich der Anwendungsbereich der Vorschrift **nicht mehr auf Konzernabschlüsse nach § 290 beschränkt,** so dass die nach früherem Recht umstrittene Frage, ob Abs. 3 auch auf Kapitalgesellschaften Anwendung finden kann, deren Mutterunternehmen nach anderen Vorschriften, etwa § 340i Abs. 1, § 341i Abs. 1, zur Aufstellung eines Konzernabschlusses verpflichtet **75**

227 BVerfG ZIP 2013, 924.

228 AA *Kuntze-Kaufhold* GmbHR 2013, 372.

229 Siehe auch – jedoch nur *de lege ferenda* – *Kußmaul/Huwer/Palm* StuB 2013, 561 f; *Theile* DB 2013, 470; zu § 264b Nr. 2 näher § 264b Rn 8.

sind,[230] nicht mehr stellt. Ferner ist der Anwendungsbereich des Abs. 3 nunmehr auch für Kapitalgesellschaften eröffnet, die in einen Konzernabschluss von Mutterunternehmen im EU- bzw. EWR-Ausland einbezogen sind. Hierdurch hat der Gesetzgeber den europarechtlichen Bedenken gegen die frühere Fassung des Abs. 3 Rechnung getragen (dazu Rn 70, 71).

76 Bei der einbezogenen Kapitalgesellschaft muss es sich nach wie vor um ein **Tochterunternehmen** handeln (vgl. Abs. 3 Nr. 1, 4; Art. 57 der 4. EG-Richtlinie). Die durch das MicroBilG bewirkte Loslösung von § 290 hat jedoch zur Folge, dass Abs. 3 auf sämtliche Tochterunternehmen i.S.d. 7. EG-Richtlinie Anwendung findet, die in einen nach dieser Richtlinie aufgestellten (sowie geprüften und offen gelegten) Konzernabschluss einbezogen sind. Hierfür maßgebend ist das Recht, das auf das aufstellende Unternehmen Anwendung findet (vgl. § 264b Nr. 2). Konzernabschluss i.S.v. Abs. 3 ist auch ein nach Art. 4 IAS-VO,[231] § 315a Abs. 1, 2 verpflichtend oder nach § 315a Abs. 3 freiwillig nach „internationalen Rechnungslegungsstandards" (IFRS) aufgestellter Konzernabschluss.[232]

77 Die zu befreiende Tochterkapitalgesellschaft muss (tatsächlich) in den Konzernabschluss **„einbezogen"** sein (vgl. auch Abs. 3 Nr. 3). Entsprechend den zu § 264b Nr. 1 anerkannten Grundsätzen[233] genügt hierfür eine freiwillige Einbeziehung. Soweit eine Muttergesellschaft in der Rechtsform einer inländischen Kapitalgesellschaft nach den §§ 291 ff von der Verpflichtung zur Aufstellung eines Konzernabschlusses befreit ist, setzt die Inanspruchnahme der Befreiung nach Abs. 3 durch die Tochter den Verzicht auf die Befreiungsmöglichkeit voraus, da es auf die tatsächliche Einbeziehung ankommt.[234] Anders als bei § 291 Abs. 2 S. 1 Nr. 1 – „unbeschadet des § 296" – kann eine Nichteinbeziehung nach § 296 (oder einer vergleichbaren ausländischen Rechtsvorschrift) nicht gleichgestellt werden.[235] Die Einbeziehung hat bei gleichen Bilanzstichtagen in dem Konzernabschluss des Geschäftsjahres zu erfolgen, für das auch die Erleichterungen hinsichtlich des Einzelabschlusses in Anspruch genommen werden.[236]

78 3. **Befreiungsvoraussetzungen.** § 264 Abs. 3 macht die Befreiung der Tochter-Kapitalgesellschaft in Einklang mit Art. 57 der 4. EG-Richtlinie vom kumulativen Vorliegen verschiedener Voraussetzungen abhängig.

79 a) **Zustimmung aller Gesellschafter.** Nach § 264 Abs. 3 Nr. 1 müssen die Gesellschafter der Tochtergesellschaft der Befreiung für das jeweilige Geschäftsjahr zugestimmt haben. Dies entspricht Art. 57 Buchst. b der 4. EG-Richtlinie, wonach sich „alle Aktionäre oder Gesellschafter" mit der Befreiung einverstanden erklären müssen. Diese

---

230 Dazu Voraufl. Rn 62.

231 VO (EG) Nr. 1606/2002 v. 19.7.2002, ABl. L 243 v. 11.9.2002, S. 1.

232 Vgl. zu § 264 Abs. 3 a.F. Beck BilKomm-*Förschle/Deubert* Rn 142; MünchKomm-HGB/*Reiner* Rn 124; *Deilmann* BB 2006, 2349; ebenso (zu § 292a) *Dörner/Wirth* DB 1988, 1527; Voraufl. Rn 66; zu § 264b siehe Beck BilKomm-*Förschle/Deubert* § 264b Rn 45.

233 Vgl. BT-Drucks. 14/1806, S. 19; Beck BilKomm-*Förschle/Deubert* § 264b Rn 23; KK-*Claussen*, § 264b Rn 6.

234 BT-Drucks. 13/7141, S. 10; Beck BilKomm-*Förschle/Deubert* Rn 118; ADS (ErgBd) § 264 n.F. Rn 56; *Dörner/Wirth* DB 1998, 1526.

235 Beck BilKomm-*Förschle/Deubert* Rn 141; Beck-HdR-*Ischebeck/Oser* B 110 Rn 41; BoHdR-*Kirsch* Rn 231 f; MünchKomm-HGB/*Reiner* Rn 124; *Dörner/Wirth* DB 1988, 1527.

236 Beck BilKomm-*Förschle/Deubert* Rn 143.

Voraussetzung bereitet bei **Publikums-Gesellschaften** grundsätzliche Schwierigkeiten, weil bereits die fehlende Anwesenheit eines unbekannten oder nicht erreichbaren Aktionärs in der Hauptversammlung die Inanspruchnahme der Befreiung vereiteln könnte. Ebenso wie bei der entsprechenden Problematik des § 291 Abs. 3 S. 2 a.F. stellt sich auch für § 264 Abs. 3 Nr. 1 die Frage, ob und unter welchen Voraussetzungen von dem Erfordernis des einstimmigen Beschlusses abgewichen werden kann.[237] Für eine solche Abweichung könnte die Überlegung sprechen, dass die Befreiungsmöglichkeit anderenfalls für Publikumsgesellschaften aus rein tatsächlichen Gründen leerlaufen würde. Gegen eine Relativierung des Zustimmungserfordernisses spricht indes, dass § 264 Abs. 3 zu einem erheblichen Einschnitt in die Rechtsstellung der Gesellschafter führt, und zwar – anders als bei § 291 – auch in ihr Gewinnbezugsrecht.[238] Die Zustimmung zur Befreiung muss nach § 264 Abs. 3 Nr. 1 für jedes Geschäftsjahr erneut erklärt werden, so dass Vorratsbeschlüsse nicht zulässig sind.[239] Der einstimmige Beschluss ist nach § 325 offenzulegen.

b) **Verlustübernahmepflicht.** Nach § 264 Abs. 3 Nr. 2 setzt die Befreiung des Weiteren voraus, dass das Mutterunternehmen zur Verlustübernahme nach § 302 AktG – bzw. bei einer GmbH auch analog § 302 AktG[240] – oder nach dem sonst anwendbaren Recht verpflichtet ist. Gleichgestellt ist der Fall, dass das Mutterunternehmen eine solche Verpflichtung freiwillig übernommen hat und diese Erklärung nach § 325 offengelegt worden ist. Mit dem Erfordernis der Verlustübernahme ist der deutsche Gesetzgeber von Art. 57 Buchst. c der 4. EG-Richtlinie abgewichen, der eine Erklärung des Mutterunternehmens verlangt, „für die von dem Tochterunterunternehmen eingegangenen Verpflichtungen einzustehen". Den Bezugspunkt dieser Erklärung bilden folglich die Außenverpflichtungen des Tochterunternehmens. Der Verlustübernahme ist deshalb – in unionsrechtskonform-weiter Auslegung des Tatbestandsmerkmals „oder eine solche Verpflichtung freiwillig übernommen hat" – eine rechtsverbindliche Erklärung des Mutterunternehmens gleichzustellen, die zu einer (Mit-)Haftung für die Verbindlichkeiten des Tochterunternehmens führt.[241] Diese Erklärung ist nach § 325 offenzulegen (vgl. Art. 57 Buchst. d der Richtlinie). Ergibt sich eine derartige Haftung bereits kraft Gesetzes,[242] so sind Erklärung und Offenlegung gleichwohl erforderlich, haben jedoch nur deklaratorischen Charakter. Nicht ausdrücklich geregelt ist ferner die Frage, zu welchem Zeitpunkt und für welchen Zeitraum die Pflicht zur Verlustübernahme (z.B. auf Grund eines Ergebnisabführungsvertrages) bestehen muss. Geht man davon aus, dass die Verlustübernahme den Schutz der Gläubiger durch Einsicht in den Einzelabschluss ersetzen soll, dann muss die Verlustübernahmepflicht für das Geschäftsjahr bestehen, „in dem" (für den Jahresabschluss des Vorjahres) von einer Erleichterung Gebrauch gemacht werden soll.[243] Die gesetzliche oder freiwillig übernommene Verlustübernahmepflicht muss auf Seiten desjenigen Mutterunternehmens bestehen, in dessen Konzernabschluss die Tochterkapitalgesellschaft einbezogen wird. Ein solches Identitätserfordernis ist aber zweifel- 80

[237] Vgl. dazu ADS § 291 Rn 50 mit eingehenden Nachweisen zum Streitstand.
[238] So auch ADS (ErgBd) § 264 n.F. Rn 30; näher *Kraft* FS W. Müller (2001), S. 466 f.
[239] Beck BilKomm-*Förschle/Deubert* Rn 125.
[240] Beck BilKomm-*Förschle/Deubert* Rn 130.
[241] Vgl. ADS (ErgBd) § 264 n.F. Rn 54.
[242] Vgl. Beck BilKomm-*Förschle/Deubert* Rn 134.
[243] Beck BilKomm-*Förschle/Deubert* Rn 131; anders *Dörner/Wirth* DB 1998, 1528: Maßgeblich sei das Geschäftsjahr, „für dessen Jahresabschluß" die Erleichterung angewandt werden soll; *Deilmann* BB 2006, 2350.

haft bei mehrstufigen Konzernverhältnissen, wenn ein Mutterunternehmen unterer Stufe wegen § 291 keinen eigenen Konzernabschluss aufstellt.[244] Hier erscheint es ausreichend, wenn das den Konzernabschluss aufstellende Mutterunternehmen zwar nicht unmittelbar, aber zumindest mittelbar über eine Kette von Verlustübernahmen auch gegenüber der Kapitalgesellschaft zur Verlustübernahme verpflichtet ist.[245]

81 c) **Einbeziehung in Konzernabschluss.** Die zu befreiende Kapitalgesellschaft muss nach § 264 Abs. 3 Nr. 3 in den Konzernabschluss einbezogen worden sein. Diese Vorschrift ist seit dem Inkrafttreten des MicroBilG redundant, weil das Einbeziehungserfordernis bereits aus dem Einleitungssatz des Abs. 3 folgt (siehe Rn 74 ff.).

82 d) **Angabe der Befreiung im Anhang und Mitteilung im elektronischen Bundesanzeiger.** Viertens muss die Befreiung des Tochterunternehmens im Anhang des von dem Mutterunternehmen aufgestellten und nach § 325 offen gelegten Konzernabschlusses angegeben werden (Abs. 3 Nr. 4 Buchst. a) und im Bundesanzeiger für das Tochterunternehmen unter Bezugnahme auf § 264 Abs. 3 und unter Angabe des Mutterunternehmens mitgeteilt werden (Abs. 3 Nr. 4 Buchst. b). Eine Befreiungsmöglichkeit nach § 313 Abs. 3 ändert an diesen Erfordernissen nichts.[246] Sie gelten auch für Tochterkapitalgesellschaften mit Mutterunternehmen im EU- bzw. EWR-Ausland. Das hat insbesondere zur Folge, dass der im Ausland aufgestellte Konzernabschluss gemäß § 264 Abs. 3 Nr. 4 Buchst. a, § 325 beim Betreiber des elektronischen Bundesanzeigers einzureichen und offen zu legen ist. Diese Rechtslage steht in Übereinstimmung mit Art. 57 Buchst. g der 4. EG-Richtlinie, da die dort vorgenommene Bezugnahme auf die „Rechtsvorschriften der einzelnen Mitgliedstaaten" offensichtlich die für die Tochtergesellschaft geltenden Regelungen zum Gegenstand hat.[247]

83 4. **Umfang der Befreiung.** Nach dem Wortlaut des § 264 Abs. 3 „braucht" die Tochterkapitalgesellschaft „die Vorschriften dieses Unterabschnitts und des Dritten und Vierten Unterabschnitts dieses Abschnitts" unter den genannten Voraussetzungen nicht in Anspruch zu nehmen. Fraglich ist, ob die Befreiung nur als Ganzes oder auch in eingeschränktem Umfang – z.B. nur Nichtanwendung der Offenlegungsvorschriften – in Anspruch genommen werden kann.[248] Da beide Auslegungen mit dem Gesetzestext vereinbar sind und keine sachlichen Gründe für eine zwingende einheitliche Ausübung der Wahlfreiheit erkennbar sind, sprechen die besseren Argumente dafür, dass auch eine eingeschränkte Inanspruchnahme der Befreiung zulässig ist. Eine Tochterkapitalgesellschaft kann also z.B. eine Bilanz nach den Vorschriften des ersten Unterabschnitts aufstellen, ohne deshalb auch zugleich die Regelungen der Unterabschnitte 3 und 4 anwenden zu müssen.[249] Die Befreiung erstreckt sich jedoch nicht auf § 268 Abs. 8, was bei Vorliegen eines Gewinnabführungsvertrags aus § 301 S. 1 AktG folgt und sich in anderen Fällen

---

244 Vgl. *Dörner/Wirth* DB 1998, 1529.

245 Beck BilKomm-*Förschle/Deubert* Rn 135; *Scholz* BB 2012, 109.

246 LG Bonn NJW-RR 2010, 1406; Beck-HdR-*Ischebeck/Oser* B 110 Rn 75; MünchKomm-HGB/*Reiner* Rn 125; **a.A.** Beck BilKomm-*Förschle/Deubert* Rn 154; BoHdR-*Kirsch* Rn 237; WP-Handbuch I F 54: Angabe nach Nr. 4 Buchst. a darf entfallen.

247 LG Bonn GmbHR 2012, 803; LG Bonn NJW-RR 2011, 194 f; so im Ergebnis auch *Fey/Deubert/Lewe/Roland* BB 2013, 111.

248 Vgl. auch *Ordelheide* WPg 1996, 545 (551).

249 Ebenso *Dörner/Wirth* WPg 1998, 1530; ADS (ErgBd) § 264 n.F. Rn 4; MünchKommHGB/*Reiner* Rn 121.

damit begründen lässt, dass § 268 Abs. 8 nicht nur eine Rechnungslegungsvorschrift bildet, sondern auch der Kapitalerhaltung dient.[250]

5. Sanktionen bei Verletzung des Abs. 3. Abs. 3 enthält ein Wahlrecht. Eine isolierte Verletzung der Vorschrift scheidet mithin aus. Soweit zu Unrecht kein Jahresabschluss aufgestellt worden ist, gelten die allgemeinen Sanktionen bei Nichtaufstellung. **84**

VI. Befreiung bei Konzernabschluss nach PublG (Abs. 4)

§ 264 Abs. 4 erweitert die Befreiungsmöglichkeit nach Abs. 3 auf den Fall eines nach **85**
§ 11 PublG konsolidierungspflichtigen Mutterunternehmens. Die Regelung ist erst durch das KapCoRiLiG[251] in das Gesetz eingefügt worden. Da § 264 Abs. 3 in seiner bis Ende 2012 geltenden Fassung entscheidend auf die Pflicht zur Aufstellung eines Konzernabschlusses „nach § 290“ abstellte, war zweifelhaft, ob die Einbeziehung in einen Konzernabschluss nach PublG für die Befreiung einer Tochterkapitalgesellschaft von der Rechnungslegungspflicht ausreichte. Diese Frage hat der Gesetzgeber mit Einfügung des Abs. 4 im bejahenden Sinne entschieden. Grundlage hierfür ist Art. 57 der 4. EG-Richtlinie.[252] Nach der Änderung des Abs. 3 durch das MicroBilG (dazu Rn 70) ist Abs. 4 allerdings weitgehend redundant geworden. Zu beachten ist aber, dass von den Erleichterungen des Abs. 3 im Anwendungsbereich des Abs. 4 nur dann Gebrauch gemacht werden darf, wenn das Wahlrecht des § 13 Abs. 3 S. 1 PublG nicht ausgeübt wurde, d.h. auf die dort in Bezug genommenen Angaben des § 314 Abs. 1 Nr. 6 zu Bezügen und anderen Leistungen an Organmitglieder nicht verzichtet worden ist. Insoweit ist Abs. 4 als Spezialregelung anzusehen.[253] Auch im Anwendungsbereich des Abs. 4 muss der Konzernabschluss den inhaltlichen Anforderungen der 7. EG-Richtlinie entsprechen.[254] Eine dem Abs. 4 entsprechende Ergänzung für Tochterunternehmen, die keine Kapitalgesellschaften, aber nach dem PublG rechnungslegungspflichtig sind, ist mit dem KapCoRiLiG in § 5 Abs. 6 PublG eingefügt worden.

§ 264a
Anwendung auf bestimmte offene Handelsgesellschaften und Kommanditgesellschaften

(1) Die Vorschriften des Ersten bis Fünften Unterabschnitts des Zweiten Abschnitts sind auch anzuwenden auf offene Handelsgesellschaften und Kommanditgesellschaften, bei denen nicht wenigstens ein persönlich haftender Gesellschafter
1. eine natürliche Person oder
2. eine offenen Handelsgesellschaft, Kommanditgesellschaft oder andere Personengesellschaft mit einer natürlichen Person als persönlich haftendem Gesellschafter
ist oder sich die Verbindung von Gesellschaften in dieser Art fortsetzt.

---

[250] Beck BilKomm-*Förschle/Deubert* Rn 110; Beck-HdR-*Ischebeck/Oser* B 110 Rn 10; WP-Handbuch I F 31; vgl. § 268 Rn 39.
[251] BGBl. I 2000, 154.
[252] Vgl. BT-Drucks. 14/1806, S. 17.
[253] BoHdR-*Kirsch* Rn 217, 234; **a.A.** *Kußmaul/Huwer/Palm* StuB 2013, 562; *Müller/Kreipl* DB 2013, 76; *Theile* DB 2013, 470.
[254] Vgl. Rn 74 sowie (zu § 264b) auch BT-Drucks. 14/1806, S. 19.

(2) In den Vorschriften dieses Abschnitts gelten als gesetzliche Vertreter einer offenen Handelsgesellschaft und Kommanditgesellschaft nach Absatz 1 die Mitglieder des vertretungsberechtigten Organs der vertretungsberechtigten Gesellschaften.

Schrifttum

Biener Die Transformation der Mittelstands- und der GmbH & Co.-Richtlinie, WPg 1993, 707; *Bitter/Grashoff* Anwendungsprobleme des Kapitalgesellschaften- und Co.-Richtlinie-Gesetzes, DB 2000, 833; *Eisolt/Verdenhalven* Erläuterung des Kapitalgesellschaften- und Co.-Richtlinie-Gesetzes (KapCoRiLiG), NZG 2000, 130; *Ernst* Die Grundzüge des Referentenentwurfs zum Kapitalgesellschaften-& Co.-Richtlinie-Gesetz, DStR 1999, 903; *Giedinghagen* Rückwirkende Befreiung von den Offenlegungspflichten i.S. der §§ 264a, 325 ff. HGB? NZG 2007, 933; *Hahn* EG-Mittelstandsrichtlinie und EG-Bilanzrichtlinien-Ergänzungsrichtlinie, DStR 1991, 121; *Heni* Transformationen der GmbH & Co.-Richtlinie – Neuer Schub für die Konzernrechnungslegung, DStR 1999, 912; *Herrmann* Zur Rechnungslegung der GmbH & Co.KG im Rahmen des KapCoRiLiG, WPg 2001, 271; *Hoffmann* Eigenkapitalausweis und Ergebnisverteilung bei Personenhandelsgesellschaften nach Maßgabe des KapCoRiLiG, DStR 2000, 837; *von Kanitz* Rechnungslegung bei Personenhandelsgesellschaften – Anmerkung zu IDW RS HFA 7 – WPg 2003, 324; *ders.* Rückwirkende Befreiung von Personenhandelsgesellschaften i.S. des § 264a Abs. 1 HGB von den erweiterten Rechnungslegungspflichten bei Eintritt einer natürlichen Person als Vollhafter? – Anmerkungen zum Beschluss des LG Osnabrück vom 1.7.2005, WPg 2008, 1059; *Kiesel/Grimm* Die Offenlegungsverpflichtung bei Kapitalgesellschaften & Co. nach dem Beschluss des EuGH vom 23.9.2004, DStR 2004, 2210; *Klatte* Zur Transformation der GmbH & Co.-Richtlinie in deutsches Recht, DB 1992, 1637; *Luttermann* Das Kapitalgesellschaften- und Co.-Richtlinie-Gesetz, ZIP 2000, 517; *Naujok* Gemeinschaftsrechtswidrigkeit der Offenlegungspflichten der GmbH & Co. KG, GmbHR 2003, 263; *Schindhelm/Hellwege/Stein* Die Publizität mittelständischer Unternehmen: Gläserne Taschen für alle? StuB 2000, 72; *Streim* Zur Rechnungslegung, Prüfung und Publizität der GmbH & Co. KG, BB 1994, 1109; *Strobel* Die neuen EU-Bilanzpflichten für Kapitalgesellschaften & Co. im Rahmen neuer Schwellenwerte und Offenlegungssanktionen, DB 1999, 1025; *ders.* Die Neuerungen des KapCoRiLiG für den Einzel- und Konzernabschluss, DB 2000, 53; *Wachter* Aktuelle Probleme bei der Ltd. & Co. KG, GmbHR 2006, 79; *Waßmer* Die GmbH & Stroh KG als Publizitäts-Vermeidungsmodell, GmbHR 2002, 412; *Wiechmann* Der Jahres- und Konzernabschluß der GmbH & Co. KG, WPg 1999, 916; Winkeljohann/Schindhelm (Hrsg) Das KapCoRiLiG (2000); *Zimmer/Eckhold* Das Kapitalgesellschaften & Co.-Richtlinie-Gesetz, NJW 2000, 1361.

Übersicht

I. Allgemeines

1 **Regelungsgegenstand.** Die Vorschrift des § 264a Abs. 1 bildet die **Grundnorm** für die Einbeziehung bestimmter Personenhandelsgesellschaften in die Rechnungslegungspflicht nach den §§ 264–330. Die in § 264a Abs. 1 genannten Personengesellschaften werden in Hinsicht auf die Aufstellung, Prüfung und Offenlegung der Jahresabschlüsse den Kapitalgesellschaften gleichgestellt. Hinsichtlich der Straf- und Bußgeldvorschriften enthält § 335b eine eigenständige Verweisungsregelung für Personenhandelsgesellschaften i.S.v. § 264a.

Der Gesetzgeber hat die Einbeziehung von Kapitalgesellschaften und Co. in den Anwendungsbereich der §§ 264 ff mittels einer **Verweisung** geregelt. Nach § 264a Abs. 1 sind die Vorschriften des Ersten bis Fünften Unterabschnitts des Zweiten Abschnitts „auch anzuwenden" auf bestimmte Personenhandelsgesellschaften, insbesondere die GmbH & Co. KG. Der Begriff der „Kapitalgesellschaft" i.S.d. §§ 264 ff umfasst damit zukünftig auch die Kapitalgesellschaften und Co. i.S.v. § 264a. Durch diese Regelungstechnik konnten weiterreichende Anpassungen der Rechnungslegungsvorschriften vermieden werden. Für den Jahresabschluss der Kapitalgesellschaften und Co. gelten somit grundsätzlich die §§ 264 ff, soweit nicht im Einzelfall rechtsformspezifische Sonderregelungen eingreifen. Diese finden sich für den Einzelabschluss in §§ 264b und c, § 285 Nr. 11a, 15 sowie § 286 Abs. 3 S. 1. § 264a Abs. 2 regelt die Frage, wer bei Personenhandelsgesellschaften i.S.v. Abs. 1 als gesetzlicher Vertreter Adressat der entsprechenden Pflichten nach dem HGB ist. Gegenüber dem PublG sind die §§ 264a–c vorrangig. 2

Gesetzgebungsgeschichte. Die Einbeziehung der GmbH & Co. KG in den Anwendungsbereich der §§ 264 ff war schon bei den Gesetzgebungsarbeiten zum BiRiLiG[1] vorgesehen gewesen,[2] wurde dann aber – trotz massiver rechtspolitischer Kritik[3] – nicht weiterverfolgt.[4] Die Ausklammerung der GmbH & Co. in Deutschland führte auf EG-Ebene in der Folgezeit zur Verabschiedung der GmbH & Co.-Richtlinie v. 8.11.1990.[5] Mit dieser Richtlinie sind die entsprechenden Artikel der 4. und 7. EG-Richtlinie geändert worden. Der Anwendungsbereich der Richtlinien umfasst danach (vgl. Art. 1 der 4. EG-Richtlinie, Art. 4 der 7. EG-Richtlinie) auch offene Handelsgesellschaften und Kommanditgesellschaften, bei denen alle unbeschränkt haftenden Gesellschafter Kapitalgesellschaften im Sinne der Richtlinie bzw. vergleichbare Gesellschaften ausländischen Rechts oder wiederum Kapitalgesellschaften & Co. sind. Die entsprechenden Änderungen waren bis spätestens 1.1.1993 in das nationale Recht zu transformieren. Nachdem Deutschland dieser Verpflichtung lange Zeit nicht nachgekommen ist, hat die Kommission ein Vertragsverletzungsverfahren eingeleitet, das am 24.9.1999 mit einer Verurteilung der Bundesrepublik wegen nicht rechtzeitiger Umsetzung durch den EuGH endete.[6] In der Folgezeit wurde dann das KapCoRiLiG v. 24.2.2000 verabschiedet.[7] Gemeinschaftsrechtliche Bedenken gegen die Offenlegungspflichten für GmbH & Co. KG[8] hat der EuGH inzwischen zurückgewiesen.[9] 3

Die Gleichstellung von bestimmten Personenhandelsgesellschaften i.S.v. § 264a mit Kapitalgesellschaften für Zwecke der Rechnungslegung beruht auf der gesetzgeberischen **Grundwertung**, dass solche Personengesellschaften mit Kapitalgesellschaften, insbesondere der GmbH, wirtschaftlich austauschbar sind.[10] In der Tat findet sich kein sachlicher Grund, weshalb Kapitalgesellschaften und Co. im Bereich der Rechnungslegung gegenüber Kapitalgesellschaften gleicher Größe bevorzugt werden sollten.[11] Auch wirtschafts- 4

---

1 Zur Entstehungsgeschichte des BiRiLiG näher *Pöschke* Vor § 238 Rn 15 ff.

2 Vgl. § 178 S. 1 HGB-E, BT-Drucks. 9/1878, S. 4.

3 Statt aller *Lutter/Mertens/Ulmer* BB 1983, 1737.

4 Dazu näher *Schulze-Osterloh* ZHR 150 (1986), 428 ff.

5 RL (90/605/EWG) v. 8.11.1990, ABl. EG Nr. L 317 v. 16.11.1990, S. 60. Dazu etwa *Biener* WPg 1993, 707 ff; *Streim* BB 1994, 1109.

6 EuGH Rs C-272/97 IStR 1999, 317.

7 BGBl. I 2000, 154.

8 Dazu *Naujok* GmbHR 2003, 263 ff.

9 EuGH Urt. v. 23.9.2004 C-435/02 und C-103/03 Slg 2004, I-8663; *Kiesel/Grimm* DStR 2004, 2210.

10 Vgl. BT-Drucks. 14/1806, S. 18; ebenso bereits Begr. RegE BT-Drucks. 9/1878, S. 63.

11 Vgl. dazu statt aller *Vogel* Die Rechnungslegungsvorschriften des HGB für Kapitalgesellschaften (1993), S. 118 ff mit zahlreichen Nachweisen zum Meinungsstand.

politische Gründe (z.B. Erleichterungen für mittelständische Unternehmen) rechtfertigen keine rechtsformspezifischen, sondern nur größenabhängige Differenzierungen. Diesem Anliegen ist aber bereits durch die sog. Mittelstandsrichtlinie v. 8.11.1990[12] und die Micro-Richtlinie v. 14.3.2012[13] Rechnung getragen worden, durch die verschiedene Erleichterungen für kleine und mittelgroße Kapitalgesellschaften sowie Kleinstkapitalgesellschaften eingeführt worden sind.

5 Die Gleichstellung der Kapitalgesellschaften und Co. mit Kapitalgesellschaften durch das KapCoRiLiG betrifft überwiegend mittelständische Unternehmen, die die für Kapitalgesellschaften geltenden Vorschriften über Rechnungslegung, Prüfung und Offenlegung anwenden müssen. Angesichts dieses Befundes wird im Schrifttum die Frage diskutiert, durch welche **Vermeidungsstrategien** man sich den Änderungen durch das KapCoRiLiG entweder ganz oder teilweise entziehen kann. Dabei sind insbesondere folgende Ansatzpunkte hervorzuheben:[14] Eine Möglichkeit besteht darin, durch Aufnahme einer natürlichen – u.U. auch vermögenslosen – Person als Komplementär von vornherein die Anwendung der §§ 264 ff zu vermeiden. Wird ein solcher Vollhafter aber jeweils nur für kurze Zeit vor und nach dem Bilanzstichtag in die Gesellschaft aufgenommen, dürfte dies wohl unter Umgehungsgesichtspunkten nicht ausreichend sein, um eine Anwendung der §§ 264 ff auszuschließen.[15] Lässt sich die Anwendung der §§ 264 ff nicht vollständig vermeiden, bleibt zu überlegen, ob bestimmte Erleichterungen in Anspruch genommen werden können. So könnte etwa durch Umstrukturierung eines großen Unternehmens in mehrere kleine Unternehmen die Inanspruchnahme von größenabhängigen Erleichterungen bei der Gliederung der GuV und der Offenlegung (§§ 275 Abs. 5, 276, 326) angestrebt werden. Des Weiteren ist an die Befreiungsmöglichkeit nach § 264b zu denken, da der Konzernabschluss – anders als der Einzelabschluss – nur einen eingeschränkten Einblick in die Ergebnislage der Tochtergesellschaften eröffnet (vgl. § 264b Rn 2).[16] Weitere Vorschläge zielen auf eine Verlagerung von Ertragspotentialen (z.B. durch Gewinnverlagerungen auf Schwestergesellschaften oder durch den Abschluss stiller Beteiligungen).[17]

6 Die **Übergangsvorschriften** zum KapCoRiLiG finden sich in Art. 48 EGHGB. Danach haben Personengesellschaften i.S.d. § 264a die §§ 264 ff erstmalig für nach dem 31.12. 1999 beginnende Geschäftsjahre anzuwenden (näher Voraufl.).

II. Einbeziehung bestimmter Personenhandelsgesellschaften (Abs. 1)

7 **1. Grundsatz.** Nach § 264a Abs. 1 sind die Vorschriften der §§ 264 ff auch auf OHG und KG anzuwenden, bei denen nicht wenigstens ein persönlich haftender Gesellschafter eine natürliche Person bzw. eine OHG, KG oder andere Personengesellschaft mit einer natürlichen Person als persönlich haftendem Gesellschafter ist oder sich die Verbindung von Gesellschaften in dieser Art fortsetzt. Entscheidende Kriterien für die Gleichstellung einer Personengesellschaft mit einer Kapitalgesellschaft für Zwecke der Rechnungslegung sind somit zum einen die Eigenschaft als Personenhandelsgesellschaft (OHG und KG),

---

[12] RL (90/604/EWG), ABl. EG Nr. L 317 v. 16.11.1990, S. 57.

[13] RL 2012/6/EU, ABl. L 81 v. 21.3.2012, S. 3.

[14] Vgl. zum Folgenden *Bitter/Grashoff* DB 2000, 838 f; *Heni* DStR 1999, 912; *Schindhelm/Hellwege/Stein* StuB 2000, 72 ff.

[15] Ebenso *Bitter/Grashoff* DB 2000, 838; ADS (ErgBd) 37.

[16] Vgl. *Heni* DStR 1999, 914.

[17] Näher *Bitter/Grashoff* DB 2000, 839.

zum anderen das Fehlen einer natürlichen Person oder einer Personengesellschaft, bei der eine natürliche Person persönlich haftet, als Komplementär. Maßgebend sind die Verhältnisse am Bilanzstichtag.[18] Aus der Haftung des neu eintretenden Gesellschafters für Altverbindlichkeiten (§§ 161 Abs. 2, 131) ergibt sich aber, dass die spätere Aufnahme einer natürlichen Person (oder einer entsprechenden Personengesellschaft) als Komplementär die Offenlegungspflicht für frühere Geschäftsjahre rückwirkend entfallen lässt, da die Gläubiger insoweit nicht mehr schutzwürdig sind.[19]

§ 264a Abs. 1 beruht auf Art. 1 Abs. 1 der 4. EG-Richtlinie und Art. 4 Abs. 1 der 8
7. EG-Richtlinie i.d.F. der GmbH & Co.-Richtlinie. Die Regelung geht allerdings **über die Vorgaben des europäischen Rechts hinaus**. Denn die GmbH & Co.-Richtlinie fordert nur die Einbeziehung von OHG und KG, bei denen ausschließlich Kapitalgesellschaften persönlich haftende Gesellschafter sind. Damit wäre z.B. eine Stiftung & Co. KG von der Richtlinie nicht erfasst gewesen. Demgegenüber hat der Gesetzgeber des KapCoRiLiG auf weitergehende Vorschläge aus dem Gesetzgebungsverfahren zum BiRiLiG zurückgegriffen[20] und den entscheidenden Bezugspunkt geändert: Es sind alle Personenhandelsgesellschaften erfasst, bei denen keine natürliche Person unbeschränkt haftet. Eine solche Erweiterung sei – so die Gesetzesbegründung – rechtssystematisch angemessen und entspreche auch den nationalen Regelungen der §§ 125a, 130a und 177a HGB.[21] Auf diese Weise werden jedenfalls publizitätsverhindernde Ausweichgestaltungen, die – wie die Stiftung & Co. – zudem rechtspolitisch umstritten sind,[22] verhindert.[23] Ebenso erledigen sich Streitfragen darüber, welche ausländischen Gesellschaften mit Kapitalgesellschaften i.S.v. Art. 1 der 4. EG-Richtlinie vergleichbar sind.[24]

2. OHG und KG. § 264a setzt zunächst voraus, dass es sich um eine Personenhan- 9
delsgesellschaft in der Rechtsform einer OHG oder KG handelt. Dies entspricht Art. 1 Abs. 1 der 4. EG-Richtlinie. Damit sind andere Personengesellschaften – z.B. BGB-Gesellschaften oder Partnerschaftsgesellschaften – nicht von der Regelung erfasst. Dies gilt auch dann, wenn die Gesellschafter einer GbR ausschließlich z.B. Kapitalgesellschaften sind.[25]

3. Keine unbeschränkte Haftung einer natürlichen Person. Entscheidendes Merkmal 10
für die Einbeziehung einer OHG und KG in die Rechnungslegungspflicht nach den §§ 264 ff ist der Umstand, dass **keine natürliche Person unbeschränkt haftet**. Die gesetzliche Regelung ist negativ formuliert und stellt auf das Nichtvorliegen zweier Merkmale (§ 264a Abs. 1 Nr. 1 und 2) ab. Ferner findet sich eine ergänzende Regelung für mehrstöckige Personengesellschaften.

Eine Rechnungslegungspflicht nach den §§ 264 ff setzt also zunächst voraus, dass 11
nicht wenigstens ein persönlich haftender Gesellschafter eine **natürliche Person** ist. Mit der Aufnahme einer natürlichen Person als Komplementär kann somit die Anwendung

---

18 ADS (ErgBd) 34 ff; Beck BilKomm-*Förschle/Usinger* Rn 29; Winkeljohann/Schindhelm (Hrsg), S. 9 ff.

19 So LG Osnabrück GmbHR 2005, 1618; *IdW* RS HFA 7 Rn 4; *Giedinghagen* NZG 2007, 933; *von Kanitz* WPg 2008, 1059; **aA** Beck BilKomm-*Förschle/Usinger* Rn 29.

20 Siehe BT-Drucks. 14/1806, S. 18 unter Hinweis auf § 178 HGB-E (BR-Drucks. 61/82).

21 Vgl. auch *Ernst* DStR 1999, 904; kritisch – „Übererfüllung" – *Strobel* DB 2000, 54.

22 Zur unternehmensverbundenen Stiftung statt aller Staudinger/*Hüttemann/Rawert* Vorbem zu §§ 80 ff, Rn 136 ff.

23 Ebenso *Wiechmann* WPg 1999, 919.

24 Zur Ltd. & Co. KG vgl. *Wachter* GmbHR 2006, 79 (80).

25 Vgl. *Zimmer/Eckholt* NJW 2000, 1363.

des für Kapitalgesellschaften geltenden Rechnungslegungsrechts, insbesondere die Publizität der Jahresabschlüsse, vermieden werden. Dies gilt auch dann, wenn der persönlich haftende Gesellschafter (im Innenverhältnis) seitens eines Dritten von der Haftung freigestellt ist.[26] Nach dem Wortlaut ist aber eine gesellschaftsrechtliche Beteiligung als Komplementär erforderlich. Eine schuldrechtliche Verlustübernahme oder die Übernahme einer Bürgschaft steht einer solchen Beteiligung daher nicht gleich.[27] Fraglich ist, ob § 264a auch dann anzuwenden ist, wenn zwar eine natürliche Person Komplementär ist, diese Person aber – wie der „beschränkt haftende Einzelkaufmann" nach portugiesischem Recht[28] – wiederum nur beschränkt haftet. Auch wenn dies nach dem Wortlaut zu bejahen wäre, ist dies jedenfalls im Wege einer einschränkenden teleologischen Auslegung zu verneinen: Die Regelung des § 264a setzt erkennbar die unbeschränkte Haftung der natürlichen Person voraus, so dass „beschränkt haftende" natürliche Personen keine „natürliche Person" i.S.v. § 264a sind. Dagegen sind die wirtschaftlichen Verhältnisse des persönlich haftenden Gesellschafters ohne Bedeutung.[29] Die Vermögenslosigkeit des Komplementärs allein rechtfertigt auch noch nicht die Annahme einer Gesetzesumgehung.[30] Anders dürften aber weitergehende Abwehrgestaltungen zu beurteilen sein (z.B. eine wiederholte kurzfristige Aufnahme eines Strohmann-Komplementärs zum Bilanzstichtag).[31]

12 Ist keine natürliche Person Komplementär der OHG oder KG, scheidet eine Anwendung der §§ 264 ff ferner dann aus, wenn mindestens ein persönlich haftender Gesellschafter eine **OHG, KG oder andere Personengesellschaft** mit einer natürlichen Person als haftendem Gesellschafter ist oder sich die Verbindung von Gesellschaften in dieser Art fortsetzt. Nicht erforderlich ist also, dass bei mehrstöckigen Personengesellschaften auf jeder Gesellschaftsebene eine natürliche Person persönlich haftender Gesellschafter ist.[32] Die Formulierung in § 264a Abs. 1 Nr. 2 weicht ab von der entsprechenden Vorschrift in § 19 Abs. 2 betreffend den Rechtsformzusatz.[33] Während es dort ausreicht, dass – auf welcher Stufe auch immer – eine natürliche Person „in" der Gesellschaft unbeschränkt haftet, ist § 264a mit Rücksicht auf die Vorgaben der EG-Richtlinien enger gefasst: Hier ist entscheidend, dass auf der zweiten Ebene eine „OHG, KG oder andere Personengesellschaft" persönlich haftender Gesellschafter ist, bei der entweder eine natürliche Person oder wiederum eine „OHG, KG oder andere Personengesellschaft …" als Komplementär beteiligt ist. Als „andere Personengesellschaft" käme etwa eine Partnerschaftsgesellschaft[34] oder eine EWIV in Betracht. Unterschiede zwischen § 19 Abs. 2 und § 264a Abs. 1 ergeben sich etwa im Fall einer OHG, deren Gesellschafter eine GmbH und eine KG, deren einziger Komplementär eine KGaA ist, sind.[35] Da die KGaA Kapitalgesellschaft i.S.d. Richtlinie ist, unterliegt die OHG den §§ 264 ff auch dann, wenn der

[26] Beck BilKomm-*Förschle/Usinger* Rn 26; einschränkend – keine Befreiung, wenn Dritter eine beschränkt haftende juristische Person ist – ADS (ErgBd) 30.

[27] ADS (ErgBd) 33; Beck BilKomm-*Förschle/Usinger* Rn 25.

[28] Vgl. *Hahn* DStR 1991, 125; *Klatte* DB 1992, 1639. Siehe auch Art. 7 der Einpersonen-GmbH-Richtlinie v. 22.12.1989 (89/667/EWG) ABl. EG Nr. L 395 v. 30.12.1989, S. 40 ff.

[29] *Herrmann* WPg 2001, 271 ff; Winkeljohann/Schindhelm (Hrsg), S. 7; ADS (ErgBd) 29.

[30] Vgl. BGHZ 45, 204.

[31] Dazu *Waßmer* GmbHR 2002, 412; *Zimmer/Eckhold* NJW 2000, 1363; MünchKommHGB/*Reiner* §§ 264a–c Rn 8.

[32] Ebenso ADS (ErgBd) 39; Beck BilKomm-*Förschle/Usinger* Rn 37; **aA** aber *Luttermann* ZIP 2000, 519.

[33] Zum Folgenden vgl. auch Begr. RegE, BT-Drucks. 14/1806, S. 18.

[34] BT-Drucks. 14/1806, S. 18.

[35] BT-Drucks. 14/1806, S. 18.

persönlich haftende Gesellschafter der KGaA eine natürliche Person ist, was nach § 19 Abs. 2 den Rechtsformzusatz entbehrlich macht.

Einzelfälle. § 264a ist folglich anzuwenden auf OHG und KG, an denen als persönlich haftende Gesellschafter nur Kapitalgesellschaften (AG, KGaA, GmbH) beteiligt sind. Ferner sind solche Personenhandelsgesellschaften erfasst, bei denen als persönlich haftende Gesellschafter ausschließlich – bzw. neben Kapitalgesellschaften – Genossenschaften, Stiftungen oder Vereine beteiligt sind. Ist an der OHG bzw. KG wiederum eine OHG, KG oder andere Personengesellschaft beteiligt, muss zumindest an dieser eine natürliche Person oder eine entsprechende Personengesellschaft als Komplementär beteiligt sein. **13**

III. Gesetzliche Vertreter (Abs. 2)

In einzelnen Bestimmungen der §§ 264 ff wird auf die gesetzlichen Vertreter einer Kapitalgesellschaft Bezug genommen (vgl. etwa § 264 Abs. 1 betreffend die Aufstellungspflicht). Nach Abs. 2 „gelten" die Mitglieder des vertretungsberechtigten Organs der vertretungsberechtigten Gesellschaften als gesetzlicher Vertreter der Kapitalgesellschaft und Co. Die Gesetzesbegründung spricht von einer „klarstellenden" Regelung.[36] Indes ist nicht zu übersehen, dass nach allgemeinem Personengesellschaftsrecht nur die vertretungsberechtigten Gesellschafter „gesetzlicher Vertreter" sind, in einer GmbH & Co. KG also die Komplementär-GmbH, die allerdings durch ihre Organe handelt. Demgegenüber führt Abs. 2 – etwa für die Pflicht zur Bilanzaufstellung – zu einer Verpflichtung der Geschäftsführer der GmbH, die der internen Zuständigkeitsordnung nicht entsprechen muss (§ 41 GmbHG gilt nur für die Buchführungspflicht der GmbH).[37] Insoweit hat Abs. 2 durchaus konstitutiven Charakter. **14**

Der Begriff **„Gesellschaften"** i.S.v. Abs. 2 ist nach dem Sinn und Zweck der Regelung weit auszulegen, denn Komplementäre einer Kapitalgesellschaft & Co. i.S.v. § 264a können auch z.B. Stiftungen sein, die nach allgemeinem Sprachgebrauch gerade keine „Gesellschaften" sind. In diesem Fall wären also die Mitglieder des vertretungsberechtigten Organs der Stiftung – d.h. die Stiftungsvorstände – „gesetzlicher Vertreter" i.S.v. Abs. 2. **15**

§ 264b
Befreiung von der Pflicht zur Aufstellung eines Jahresabschlusses nach den für Kapitalgesellschaften geltenden Vorschriften

Eine Personenhandelsgesellschaft im Sinne des § 264a Abs. 1 ist von der Verpflichtung befreit, einen Jahresabschluss und einen Lagebericht nach den Vorschriften dieses Abschnitts aufzustellen, prüfen zu lassen und offen zu legen, wenn

1. **sie in den Konzernabschluss eines Mutterunternehmens mit Sitz in einem Mitgliedstaat der Europäischen Union oder einem anderen Vertragsstaat des Abkommens über den Europäischen Wirtschaftsraum oder in den Konzernabschluss eines anderen Unternehmens, das persönlich haftender Gesellschafter dieser Personenhandelsgesellschaft ist, einbezogen ist;**

---

[36] Vgl. BT-Drucks. 14/1806, S. 18.

[37] Vgl. auch *Strobel* DB 1999, 1027.

2. der Konzernabschluss sowie der Konzernlagebericht im Einklang mit der Richtlinie 83/349/EWG des Rates vom 13. Juni 1983 auf Grund von Artikel 54 Abs. 3 Buchstabe g des Vertrages über den konsolidierten Abschluss (ABl. EG Nr. L 193 S. 1) und der Richtlinie 84/253/EWG des Rates vom 10. April 1984 über die Zulassung der mit der Pflichtprüfung der Rechnungslegungsunterlagen beauftragten Personen (ABl. EG Nr. L 126 S. 20) in ihren jeweils geltenden Fassungen nach dem für das den Konzernabschluss aufstellende Unternehmen maßgeblichen Recht aufgestellt, von einem zugelassenen Abschlussprüfer geprüft und offen gelegt worden ist, und

3. die Befreiung der Personenhandelsgesellschaft

a) im Anhang des von dem Mutterunternehmen aufgestellten und nach § 325 durch Einreichung beim Betreiber des Bundesanzeigers offen gelegten Konzernabschlusses angegeben und

b) zusätzlich im Bundesanzeiger für die Personenhandelsgesellschaft unter Bezugnahme auf diese Vorschrift und unter Angabe des Mutterunternehmens mitgeteilt worden ist.

Schrifttum

Fey/Deubert/Lewe/Roland Erleichterungen nach dem MicroBilG – Einzelfragen zur Anwendung der neuen Vorschriften, BB 2013, 107; *Scholz* Zusammenspiel der Befreiungsvorschriften der §§ 264 Abs. 3 und 264b HGB in mehrstufigen Konzernen, BB 2012, 107; *Schulze-Osterloh* Befreiung der Kapitalgesellschaft & Co. von der Rechnungslegungspflicht für Kapitalgesellschaften durch Einbeziehung in den Konzernabschluß ihres persönlich haftenden Gesellschafters, BB 2002, 1307; vgl. ferner die Angaben zu § 264a.

Übersicht

I. Allgemeines

1 **Regelungsgegenstand.** § 264b enthält eine *spezielle Befreiungsregelung* in Bezug auf die Pflicht zur Aufstellung eines Jahresabschlusses nach den §§ 264 ff für Tochtergesellschaften in der Rechtsform einer Personenhandelsgesellschaft i.S.v. § 264a. Die Vorschrift entspricht sachlich § 264 Abs. 3 und 4, verzichtet aber mit Rücksicht auf die Besonderheiten von Personenhandelsgesellschaften auf die Voraussetzungen des § 264 Abs. 3 Nr. 1 und 2. Ebenso wie § 264 Abs. 3 eröffnet auch § 264b ein Wahlrecht.[1] Im Einzelnen setzt die Befreiungsmöglichkeit nach § 264b voraus:

(1) Einbeziehung in den Konzernabschluss eines Mutterunternehmens oder einer Komplementärgesellschaft,

[1] Beck-HdR-*Ischebeck/Oser* B 110 Rn 53; KK-*Claussen* Rn 3; MünchKommHGB/*Reiner* §§ 264a–c Rn 10.

(2) Vereinbarkeit des Konzernabschlusses mit der 7. EG-Richtlinie, Prüfung durch zugelassenen Abschlussprüfer und Offenlegung,

(3) Angabe der Befreiung im Konzernanhang, elektronische Offenlegung des Konzernabschlusses und Mitteilung der Befreiung im elektronischen Bundesanzeiger unter Angabe des Mutterunternehmens.

Die Befreiungsvorschrift des § 264b schafft einen gewissen **Ausgleich** für die mit dem KapCoRiLiG verbundene Ausweitung der Publizität. Sie vermeidet unerwünschte Einblicke der Konkurrenz, Abnehmer etc. in sensible Unternehmensdaten infolge der Offenlegung von Einzelabschlüssen („Fluchtweg aus der Publizität")[2] und dürfte infolge des EHUG an praktischer Bedeutung gewonnen haben.[3] Durch eine entsprechende Zusammenfassung verschiedener Geschäftsfelder mehrerer Unternehmen in einem konsolidierten Abschluss kann der Einblick in einzelne Geschäftsbereiche erheblich erschwert werden, da die Regelungen über die Segmentberichterstattung im Konzernabschluss nur einen gewissen Einblick erlauben. 2

§ 264b beruht in den wesentlichen Punkten auf Art. 57a Abs. 2 der **4. EG-Richtlinie** i.d.F. der Mittelstandsrichtlinie v. 8.11.1990. Lediglich die in § 264b Nr. 3 Buchst. a (§ 264b Nr. 3 a.F.) vorgesehene Pflicht zur Einreichung des Konzernabschlusses zum Bundesanzeiger geht auf eine autonome Entscheidung des Gesetzgebers zurück und dient – in europarechtlich bedenklicher Weise (siehe Rn 10) – der Vereinheitlichung der Befreiungsregelungen. Von der weitergehenden Möglichkeit des Art. 57a Abs. 1 der 4. EG-Richtlinie, dass die Aufstellungs-, Prüfungs- und Offenlegungspflicht einer Kapitalgesellschaft und Co. durch ein (auch im Ausland ansässiges) vollhaftendes Mutterunternehmen erfüllt werden kann, hat der deutsche Gesetzgeber keinen Gebrauch gemacht.[4] Die in Art. 57a Abs. 3 der 4. EG-Richtlinie vorgesehene Pflicht der befreiten Personenhandelsgesellschaft, jedermann auf Anfrage den Namen der Gesellschaft zu nennen, die den Abschluss offenlegt, ist nicht in das deutsche Recht übernommen worden. Der deutsche Gesetzgeber hielt eine entsprechende Regelung für entbehrlich, weil nach § 264b Nr. 3 a.F. der befreiende Konzernabschluss zum Handelsregister des Sitzes der Personenhandelsgesellschaft eingereicht werden musste.[5] An die Stelle dieser Regelung sind durch das EHUG die in § 264b Nr. 3 Buchst. a und b enthaltenen Vorschriften getreten. 3

Der **Anwendungsbereich** des § 264b ist auf Personenhandelsgesellschaften i.S.v. § 264a beschränkt. Für Personengesellschaften, die nicht § 264a, jedoch § 3 Abs. 1 PublG unterfallen, gilt die Befreiungsvorschrift des § 5 Abs. 6 PublG. Tochterunternehmen in der Rechtsform einer Kapitalgesellschaft können nur nach § 264 Abs. 3 und 4 von der Pflicht zur Aufstellung eines Jahresabschlusses nach den §§ 264 ff befreit werden. Die Befreiungsregelung des § 264b lässt die Pflicht zur Aufstellung eines Jahresabschlusses nach den allgemeinen Vorschriften (§§ 238–263) unberührt.[6] 4

II. Voraussetzungen der Befreiung

Das Gesetz macht die Befreiung einer Personenhandelsgesellschaft i.S.v. § 264a von der Aufstellungspflicht von drei Voraussetzungen abhängig, die kumulativ erfüllt sein müssen. 5

---

2 *Heni* DStR 1999, 915.

3 Vgl. *Scholz* BB 2012, 107.

4 Vgl. BT-Drucks. 14/1806, S. 19.

5 BT-Drucks. 14/1806, S. 20.

6 Vgl. auch *Strobel* DB 2000, 57.

6 **1. Einbeziehung in einen Konzernabschluss (Nr. 1).** Zunächst muss die Personenhandelsgesellschaft (vollständig)[7] in einen Konzernabschluss einbezogen sein. Einen befreienden Konzernabschluss können zum einen **Mutterunternehmen** mit Sitz in einem Mitgliedstaat der Europäischen Union oder einem Vertragsstaat des Abkommens über den Europäischen Wirtschaftsraum aufstellen (§ 264b Nr. 1 1. Alt.). Der Begriff „Mutterunternehmen" umfasst in § 264b neben konzernabschlusspflichtigen Unternehmen i.S.d. 7. EG-Richtlinie auch Unternehmen, die nach § 11 PublG konzernabschlusspflichtig sind.[8] § 264 Abs. 4 2. Halbs. gilt in diesem Fall entsprechend.[9] Bei dem Mutterunternehmen kann es sich um einen persönlich haftenden Gesellschafter der Kapitalgesellschaft und Co. handeln, aber auch z.B. um ein nächst höheres Mutterunternehmen, dessen Enkelunternehmen die Kapitalgesellschaft und Co. ist.[10] Denkbar ist schließlich auch, dass die Kapitalgesellschaft und Co. selbst einen Konzernabschluss als Mutterunternehmen aufstellt.[11]

7 Neben dem Mutterunternehmen kann zum anderen nach § 264b Nr. 1 2. Alt. auch eine **Komplementärgesellschaft** freiwillig einen befreienden Konzernabschluss aufstellen. Dieses Wahlrecht besteht nach dem Wortlaut unabhängig davon, ob die Komplementärgesellschaft ihrerseits Mutterunternehmen ist.[12] Dagegen spricht jedoch, dass nur ein Mutterunternehmen einen mit der 7. EG-Richtlinie vereinbaren Konzernabschluss aufstellen kann, in den die Personenhandelsgesellschaft einbezogen ist und der folglich eine Befreiung rechtfertigen kann.[13]

8 **2. Vereinbarkeit mit der 7. Richtlinie, Prüfung und Offenlegung (Nr. 2).** Der befreiende Konzernabschluss sowie der Konzernlagebericht müssen den Vorgaben der 7. EG-Richtlinie entsprechen und nach dem für das den Konzernabschluss aufstellende Unternehmen maßgebenden Recht aufgestellt, geprüft und offen gelegt worden sein. Dem Vereinbarkeitserfordernis ist genügt, wenn der Konzernabschluss nicht nur den Anforderungen des anwendbaren nationalen Rechts entspricht, sondern auch „im Einklang" mit den Vorgaben den EG-Richtlinien „in ihren jeweils geltenden Fassungen" aufgestellt worden ist. Hierbei ist nicht die Vereinbarkeit mit jeder einzelnen Vorschrift des Unionsrechts und des anwendbaren nationalen Rechts entscheidend,[14] sondern es kommt im Rahmen einer Gesamtschau darauf an, ob ein mit den europarechtlichen Vorgaben zu vereinbarendes Bild der Vermögens-, Finanz- und Ertragslage des Konzerns vermittelt wird.[15] Im Anwendungsbereich der **IAS-VO** sind die IFRS maßgebend.

9 **3. Angabe der Befreiung im offen gelegten Konzernabschluss und Mitteilung im Bundesanzeiger (Nr. 3).** Die bisherigen Befreiungsvoraussetzungen in § 264b Nr. 3 und 4 a.F. sind – ebenso wie die entsprechenden Regelungen in § 264 Abs. 3 Nr. 4 und 5 a.F. durch das EHUG an die Gegebenheiten der elektronischen Publizität angepasst worden. Nach § 264b Nr. 3 Buchst. a ist die Befreiung der Personenhandelsgesellschaft im Anhang des

---

7 *IDW* RS HFA 7 Rn 8.
8 BT-Drucks. 14/1806, S. 19.
9 Beck BilKomm-*Förschle/Deubert* Rn 42; KK-*Claussen* Rn 8.
10 BT-Drucks. 14/1806, S. 19.
11 LG Bonn BB 2010, 1208; *IDW* RS HFA 7 Rn 6; Beck BilKomm-*Förschle/Deubert* Rn 20, 33; **aA** *Herrmann* WPg 2001, 274.
12 Vgl. BT-Drucks. 14/1806, S. 19.
13 Zutreffend *Schulze-Osterloh* BB 2002, 1307 ff; siehe auch *v. Kanitz* WPg 2003, 327; **aA** Beck BilKomm-*Förschle/Deubert* Rn 24, 42; Beck-HdR-*Ischebeck/Oser* B 110 Rn 65 ff; MünchKommHGB/*Reiner* §§ 264a–c Rn 11 f.
14 Vgl. demgegenüber MünchKommHGB/*Reiner* §§ 264a–c Rn 13.
15 Beck BilKomm-*Förschle/Deubert* Rn 44.

elektronisch offen gelegten Konzernabschlusses anzugeben. § 264b Nr. 3 Buchst. b verlangt zusätzlich eine Mitteilung der Befreiung im Bundesanzeiger für die Personenhandelsgesellschaft unter Hinweis auf § 264b und unter Angabe des Mutterunternehmens.

Für Fälle, in denen das **Mutterunternehmen im EU- bzw. EWR-Ausland** ansässig ist, **10**
wird im Schrifttum eine europarechtskonform-einschränkende Auslegung von Nr. 3 Buchst. a vertreten, wonach eine Offenlegung nach dem Recht des Mutterunternehmens ausreichend ist.[16] Im Gegensatz zu inländischen Gesellschaften treffe solche Mutterunternehmen nämlich keine originäre Offenlegungspflicht nach § 325. Während die inhaltsgleiche Vorschrift des § 264 Abs. 3 Nr. 4 Buchst. a durch Art. 57 Buchst. g der 4. EG-Richtlinie gedeckt sei,[17] verlange der im Anwendungsbereich des § 264b einschlägige Art. 57a Abs. 2 Buchst. b lediglich eine Offenlegung des befreienden Konzernabschlusses nach Maßgabe der für das Mutterunternehmen geltenden mitgliedstaatlichen Vorschriften. Diese Bedenken sind berechtigt, da der deutsche Gesetzgeber den Vorgaben der Richtlinie in dieser Hinsicht nicht genügend Rechnung getragen hat und es bei wortlautgetreuer Anwendung des Abs. 3 Nr. 4 Buchst. a auf Auslandsfälle zu einer Erschwerung zu Lasten der betroffenen Mutterunternehmen kommt. Das LG Bonn hat sich dieser Auffassung zwar nicht angeschlossen, dies jedoch nur, weil es unzutreffend von der Anwendung des – insoweit gar nicht einschlägigen – Art. 57 der Richtlinie ausgegangen ist.[18] Richtigerweise ist hingegen in Bezug auf Auslandssachverhalte eine teleologische Reduktion des § 264b Nr. 3 Buchst. a vorzunehmen, die zu einem richtlinienkonformen Zustand führt: Bei § 264b handelt es sich um eine Vorschrift, die zur Umsetzung der GmbH & Co.-Richtlinie[19] geschaffen wurde.[20] Mit der in § 264b Nr. 3 a.F. enthaltenen Vorgängerregelung wollte der Gesetzgeber zwar über die Anforderungen der Richtlinie hinausgehen.[21] Ihm kann jedoch nicht unterstellt werden, dass er seinen Umsetzungswillen in dieser Hinsicht aufgegeben hat, d.h. gegen die Richtlinie *verstoßen* wollte. Hierfür ist auch in der Gesetzesbegründung zum EHUG nichts ersichtlich.[22] In einer derartigen Situation wird man vor dem Hintergrund der Rechtsprechung des EuGH in der *Rechtssache Pfeiffer*[23] annehmen müssen, dass entsprechend den Ausführungen des BGH im *„Quelle"-Urteil*[24] eine verdeckte Regelungslücke vorliegt, die richtlinienkonform auszufüllen ist.[25] Folglich genügt eine Offenlegung, die mit denjenigen Vorschriften in Einklang steht, die auf das ausländische Mutterunternehmen Anwendung finden. Die Befreiung der Personenhandelsgesellschaft ist im Anhang des Konzernabschlusses anzugeben (§ 264b Nr. 3 Buchst. a, Art. 57a Abs. 2 Buchst. b S. 2 der 4. EG-Richtlinie).

---

16 Beck BilKomm-*Förschle/Deubert* Rn 57 f; *Fey/Deubert/Lewe/Roland* BB 2013, 110 f.

17 Siehe dazu § 264 Rn 82.

18 LG Bonn NJW-RR 2011, 194 f; dem folgend MünchKommHGB/*Reiner* §§ 264a–c Rn 3.

19 RL 90/605/EWG v. 8.11.1990, ABl. L 317 v. 16.10.1990, S. 60.

20 BT-Drucks. 14/1806, S. 18 ff.

21 So BT-Drucks. 14/1806, S. 19 f.

22 Vgl. BT-Drucks. 16/960, S. 48.

23 EuGH Rs. C-397/01 bis 403/01 Slg 2004, I-8835.

24 BGHZ 179, 27, 31 ff.

25 Vgl. auch § 264 Rn 58.

§ 264c
Besondere Bestimmungen für offene Handelsgesellschaften und Kommanditgesellschaften im Sinne des § 264a

(1) [1]Ausleihungen, Forderungen und Verbindlichkeiten gegenüber Gesellschaftern sind in der Regel als solche jeweils gesondert auszuweisen oder im Anhang anzugeben. [2]Werden sie unter anderen Posten ausgewiesen, so muss diese Eigenschaft vermerkt werden.

(2) [1]§ 266 Abs. 3 Buchstabe A ist mit der Maßgabe anzuwenden, dass als Eigenkapital die folgenden Posten gesondert auszuweisen sind:
I. Kapitalanteile
II. Rücklagen
III. Gewinnvortrag/Verlustvortrag
IV. Jahresüberschuss/Jahresfehlbetrag.
[2]Anstelle des Postens „Gezeichnetes Kapital" sind die Kapitalanteile der persönlich haftenden Gesellschafter auszuweisen; die dürfen auch zusammengefasst ausgewiesen werden. [3]Der auf den Kapitalanteil eines persönlich haftenden Gesellschafters für das Geschäftsjahr entfallende Verlust ist von dem Kapitalanteil abzuschreiben. [4]Soweit der Verlust den Kapitalanteil übersteigt, ist er auf der Aktivseite unter der Bezeichnung, „Einzahlungsverpflichtungen persönlich haftender Gesellschafter" unter den Forderungen gesondert auszuweisen, soweit eine Zahlungsverpflichtung besteht. [5]Besteht keine Zahlungsverpflichtung, so ist der Betrag als „Nicht durch Vermögenseinlagen gedeckter Verlustanteil persönlich haftender Gesellschafter" zu bezeichnen und gemäß § 268 Abs. 3 auszuweisen. [6]Die Sätze 2 bis 5 sind auf die Einlagen von Kommanditisten entsprechend anzuwenden, wobei diese insgesamt gesondert gegenüber den Kapitalanteilen der persönlich haftenden Gesellschafter auszuweisen sind. [7]Eine Forderung darf jedoch nur ausgewiesen werden, soweit eine Einzahlungsverpflichtung besteht; dasselbe gilt, wenn ein Kommanditist Gewinnanteile entnimmt, während sein Kapitalanteil durch Verlust unter den Betrag der geleisteten Einlage herabgemindert ist, oder soweit durch die Entnahme der Kapitalanteil unter den bezeichneten Betrag herabgemindert wird. [8]Als Rücklagen sind nur solche Beträge auszuweisen, die auf Grund einer gesellschaftsrechtlichen Vereinbarung gebildet worden sind. [9]Im Anhang ist der Betrag der im Handelsregister gemäß § 172 Abs. 1 eingetragenen Einlagen anzugeben, soweit diese nicht geleistet sind.

(3) [1]Das sonstige Vermögen der Gesellschafter (Privatvermögen) darf nicht in die Bilanz und die auf das Privatvermögen entfallenden Aufwendungen und Erträge dürfen nicht in die Gewinn- und Verlustrechnung aufgenommen werden. [2]In der Gewinn- und Verlustrechnung darf jedoch nach dem Posten „Jahresüberschuss/Jahresfehlbetrag" ein dem Steuersatz der Komplementärgesellschaft entsprechender Steueraufwand der Gesellschafter offen abgesetzt oder hinzugerechnet werden.

(4) [1]Anteile an Komplementärgesellschaften sind in der Bilanz auf der Aktivseite unter den Posten A.III.1 oder A.III.3 auszuwerten. [2]§ 272 Abs. 4 ist mit der Maßgabe anzuwenden, dass für diese Anteile in Höhe des aktivierten Betrags nach dem Posten „Eigenkapital" ein Sonderposten unter der Bezeichnung „Ausgleichsposten für aktivierte eigene Anteile" zu bilden ist.

(5) Macht die Gesellschaft von einem Wahlrecht nach § 266 Absatz 1 Satz 3 oder Satz 4 Gebrauch, richtet sich die Gliederung der verkürzten Bilanz nach der Ausübung dieses Wahlrechts. Die Ermittlung der Bilanzposten nach den vorstehenden Absätzen bleibt unberührt.

Schrifttum

Bingel/Weidenhammer Ausweis des Eigenkapitals bei Personenhandelsgesellschaften im Handelsrecht, DStR 2006, 675; *Bundessteuerberaterkammer* Hinweise der Bundessteuerberaterkammer zum Ausweis des Eigenkapitals bei Personenhandelsgesellschaften im Handelsrecht, DStR 2006, 668; *Hempe* Eigenkapitalausweis der GmbH & Co. KG nach dem „KapCoRiLiG“, GmbHR 2000, 613; *Huber* Gesellschafterkonten in der Personengesellschaft, ZGR 1988, 1; *ders.* Freie Rücklagen in Kommanditgesellschaften, GS Knobbe-Keuk (1997), S. 203; *von Kanitz* Rechnungslegung bei Personenhandelsgesellschaften – Anmerkungen zu IDW RS HFA 7 – WPg 2003, 324; *Kirsch* Ertragsteueraufwand bei Personenhandelsgesellschaften nach dem Bilanzrechtsmodernisierungsgesetz, DStR 2009, 1972; *Klatte* Die Rechnungslegung der GmbH & Co. KG (1991); *Müller/Kreipl* Rechnungslegungserleichterungen für Kleinstkapitalgesellschaften und Tochterunternehmen ausländischer Konzernmütter durch das MicroBilG, DB 2013, 73; *Sethe* Die Besonderheiten der Rechnungslegung bei der KGaA, BB 1998, 1044; *Rückle/Klatte* Eigenkapital des Einzelkaufmanns und der Personenhandelsgesellschaften, HuRB, S. 113; *Sieker* Die Funktion des Gesellschaftsrechts für den Ausweis des Eigenkapitals in der Handelsbilanz der Personengesellschaft, FS H. P. Westermann (2008), S. 1519; *Theile* Ausweisfragen beim Jahresabschluß der GmbH & Co. KG nach neuem Recht, BB 2000, 555; *Wiechmann* Der Jahres- und Konzernabschluß der GmbH & Co. KG, WPg 1999, 916; vgl. auch Angaben zu § 264a.

Übersicht

I. Allgemeines

Die §§ 264 ff sind auf die Verhältnisse von Kapitalgesellschaften zugeschnitten. Ihre **1**
Anwendung auf Personenhandelsgesellschaften ist wegen der rechtsformspezifischen Besonderheiten von Personengesellschaften nur in angepasster Form möglich.[1] Die 4. EG-Richtlinie enthält insoweit keine näheren Vorgaben, so dass der nationale Gesetzgeber die entsprechenden Sonderregelungen treffen muss. Der Gesetzgeber des KapCoRiLiG hat die entsprechenden Modifikationen im Interesse größerer Übersichtlichkeit in § 264c zusammenhängend geregelt. Die Vorschrift gilt nur für Personenhandelsgesellschaften i.S.v. § 264a und enthält **Sonderregelungen** zu folgenden Einzelfragen:

(1) Ausweis von Ausleihungen, Forderungen und Verbindlichkeiten gegenüber Gesellschaftern (Abs. 1);

(2) Ausweis des Eigenkapitals (Abs. 2);

---

[1] Vgl. BT-Drucks. 14/1806, S. 20. Eingehend zur Rechnungslegung der GmbH & Co. KG *Klatte*, S. 306 ff und passim.

(3) bilanzielle Behandlung des Privatvermögens (Abs. 3);

(4) Ausweis von Anteilen an der Komplementärgesellschaft und die Anwendung des § 272 Abs. 4 (Abs. 4).

Der durch das MicroBilG v. 20.12.2012[2] eingefügte Abs. 5 befasst sich mit der Ermittlung der Bilanzposten und der Bilanzgliederung bei Ausübung eines Wahlrechts nach § 266 Abs. 1 S. 3 oder 4.

2 In den Beratungen ist darüber hinaus vom IdW[3] angeregt worden, über die **Art der Rechtsbeziehungen** zwischen der Personenhandelsgesellschaft und ihren Gesellschaftern im Anhang zu berichten (z.B. Zinsen für Gesellschaftsdarlehen, feste und gewinnabhängige Tätigkeitsvergütungen geschäftsführender Gesellschafter, Miete und Pacht für überlassene Grundstücke). Solche Rechtsbeziehungen könnten je nach Vertragsgestaltung gesellschaftsrechtlicher oder schuldrechtlicher Natur sein, wovon wiederum im Einzelfall abhängt, ob derartige Rechtsbeziehungen in der Gewinn- und Verlustrechnung der Gesellschaft zu erfassen oder als Ergebnisverteilung zu behandeln sind. Ohne entsprechende Angaben werde daher der Einblick in die wirtschaftliche Lage der Gesellschaft erschwert.[4] Der Gesetzgeber ist dieser Anregung nicht gefolgt, weil solche Angabepflichten weder von der Richtlinie vorgeschrieben werden noch bei anderen Gesellschaftsformen bestehen.[5]

II. Ausleihungen, Forderungen und Verbindlichkeiten gegenüber Gesellschaftern (Abs. 1)

3 Nach § 264c Abs. 1 sind **Ausleihungen, Forderungen und Verbindlichkeiten** gegenüber den Gesellschaftern in der Regel als solche jeweils gesondert auszuweisen oder im Anhang als solche anzugeben. Werden sie unter anderen Posten ausgewiesen, so muss diese Eigenschaft vermerkt werden. Die Vorschrift überträgt die in § 42 Abs. 3 GmbHG vorgesehene Angabepflicht auf Personenhandelsgesellschaften i.S.v. § 264a HGB. Die Gesetzesbegründung verweist insoweit auf die wirtschaftliche Vergleichbarkeit der Gesellschaftsformen sowie die Tatsache, dass den Rechtsbeziehungen zwischen Gesellschaft und Gesellschaftern auch bei Personengesellschaften eine wesentliche Bedeutung zukomme. Wegen des Begriffs der Ausleihungen vgl. § 266 Rn 26. Forderungen sind alle Ansprüche gegen Gesellschafter, d.h. neben Forderungen aus Lieferungen und Leistungen auch kurzfristige Darlehen, Vorschüsse etc., soweit sie nicht nach den Grundsätzen über schwebende Geschäfte außer Betracht zu haben bleiben.[6] Ausstehende Pflichteinlagen sind (entsprechend § 272 Abs. 1) als solche gesondert auszuweisen.[7] Verbindlichkeiten sind die in § 266 Abs. 3 C. genannten Einzelposten. Für die Frage der Gesellschaftereigenschaft sind die Verhältnisse am Abschlussstichtag maßgebend.

4 § 264c Abs. 1 lässt drei verschiedene **Ausweisalternativen** zu. Aus der Formulierung „in der Regel" ist – ebenso wie bei § 42 Abs. 3 GmbHG – zu schließen, dass der gesonderte Ausweis in der Bilanz bzw. im Anhang (Abs. 1 S. 1) gegenüber einem Vermerk der Mitzugehörigkeit (Abs. 1 S. 2) vorrangig ist. Dagegen ist der Ausweis in der Bilanz

---

2 BGBl. I 2012, 2751.

3 Vgl. WPg 1999, 434.

4 Siehe auch *Wiechmann* WPg 1999, 921.

5 BT-Drucks. 14/1806, S. 20.

6 Vgl. – zu § 42 Abs. 3 GmbHG – ADS § 42 GmbHG Rn 30.

7 Vgl. BT-Drucks. 14/1806, S. 20; *Theile* BB 2000, 558.

gegenüber der Angabe im Anhang gleichwertig.[8] Ein Vermerk der Mitzugehörigkeit wird deshalb – als Ausnahme von der Regel – nur bei geringfügigen Beträgen in Betracht kommen. Der Ausweis nach § 266 Abs. 2 und 3 „Ausleihungen, Forderungen und Verbindlichkeiten gegenüber verbundenen Unternehmen" ist gegenüber einem gesonderten Bilanzausweis nach § 264c Abs. 1 – ebenso wie bei § 42 Abs. 3 GmbHG – nachrangig.[9]

III. Ausweis des Eigenkapitals (Abs. 2)

§ 264c Abs. 2 enthält besondere Regelungen zum Ausweis des Eigenkapitals bei Personengesellschaften. Sie ersetzen bzw. ergänzen die entsprechenden Ausweis- und Gliederungsvorschriften für Kapitalgesellschaften (§§ 266 Abs. 3 A., 268 Abs. 3, 272). Des Weiteren sind die allgemeinen Ausweisvorschriften des § 268 Abs. 1 sowie die gesellschaftsrechtlichen Regelungen der §§ 120, 167 betreffend die Gewinn- und Verlustrechnung zu beachten. § 264c Abs. 2 betrifft zwar den Ausweis des Eigenkapitals der *Gesellschaft*. Jedoch sind einzelne Eigenkapitalposten *gesellschafter*bezogen auszuweisen: So sind statt der Position „Gezeichnetes Kapital" die Kapitalanteile der Gesellschafter getrennt nach persönlich haftenden Gesellschaftern und Kommanditisten auszuweisen (§ 264c Abs. 2 S. 6). Hinsichtlich der anderen Positionen „Rücklagen", „Gewinnvortrag/Verlustvortrag" sowie „Jahresüberschuss/Jahresfehlbetrag" sieht das Gesetz dagegen einen gesellschaftsbezogenen zusammengefassten Ausweis vor (vgl. näher unten Rn 13). 5

1. Eigenkapitaldarstellung. An die Stelle der in § 266 Abs. 3 A. vorgesehenen Gliederung treten folgende Posten: 6

I. Kapitalanteile
II. Rücklagen
III. Gewinnvortrag/Verlustvortrag
IV. Jahresüberschuss/Jahresfehlbetrag

Die **Besonderheiten** bei Personenhandelsgesellschaften i.S.v. § 264a betreffen somit die Posten „Gezeichnetes Kapital", „Kapitalrücklage" und die Aufteilung der „Gewinnrücklagen". Der Verzicht auf den Ausweis eines Postens „Gezeichnetes Kapital" ergab sich für den Gesetzgeber schon daraus, dass nur bei Kommanditisten die Haftung der Gesellschafter für die Verbindlichkeiten der Gesellschaft im Sinne von § 272 Abs. 1 auf ein bestimmtes Kapital „beschränkt" ist.[10] Zudem wäre ein Ausweis der Pflichteinlagen als „Gezeichnetes Kapital" nur dann zutreffend, wenn die Pflichteinlagen mit der Haftsumme übereinstimmen. Für Komplementäre fehlt es ohnehin an einer Haftungsbeschränkung, so dass eine andere Postenbezeichnung erforderlich wäre. Die Einzelposten „Kapitalrücklage" und „Gewinnrücklagen" werden durch den Posten „Rücklagen" ersetzt. Zum Sonderfall einer Rücklage für Anteile an der Komplementär-Gesellschaft vgl. § 264c Abs. 4. 7

2. Kapitalanteile der persönlich haftenden Gesellschafter (Abs. 2 S. 2 bis 5). § 264c Abs. 2 S. 2 bis 5 regeln den Ausweis der Kapitalanteile der persönlich haftenden Gesellschafter (also z.B. der Komplementär-GmbH). Diese sind gesondert von denen der Kom- 8

---

[8] ADS § 42 GmbHG Rn 48; *Theile* BB 2000, 556; **aA** Lutter/Hommelhoff/*Kleindiek* GmbHG § 42 Rn 55; MünchKommHGB/*Reiner* §§ 264a–c Rn 18.

[9] ADS § 42 GmbHG Rn 50; *Theile* aaO.

[10] Vgl. BT-Drucks. 14/1806, S. 20.

manditisten auszuweisen (vgl. Abs. 2 S. 6). Ein solcher gesonderter Ausweis entfällt, wenn der persönlich haftende Gesellschafter (wie bei vielen GmbH und Co. KG) überhaupt nicht am Kapital der Gesellschaft beteiligt ist, also Gesellschafter ohne Kapitalanteil ist.[11]

9 Der **Begriff des Kapitalanteils** in § 264c Abs. 2 S. 2 ist im gleichen Sinne zu verstehen wie in den §§ 120 Abs. 2, 121 Abs. 1 und 2, 122 Abs. 1, 155 Abs. 1 und 167 bis 169. Das HGB enthält keine ausdrückliche Definition des Kapitalanteils. Nach ganz hM handelt es sich beim Kapitalanteil um eine bloße Rechnungsziffer, die den gegenwärtigen – d.h. um stehengelassene Gewinne, anteilige Verluste und Entnahmen fortgeschriebenen – Stand der Einlage des Gesellschafters in der Bilanz der Gesellschaft wiedergibt.[12] Die Summe der Kapitalanteile der Gesellschafter entspricht dem in der Gesellschaftsbilanz auszuweisenden Eigenkapital der Personengesellschaft. Der Kapitalanteil ist somit eine bilanzielle Größe. Er ist nicht zu verwechseln mit der Mitgliedschaft als solcher bzw. der gesamthänderischen Beteiligung des Gesellschafters am Gesellschaftsvermögen.[13]

10 Der Kapitalanteil eines Gesellschafters wird bilanziell auf dem **Kapitalkonto** des Gesellschafters erfasst. Dieses ist dazu bestimmt, die vermögensmäßigen Veränderungen der Kapitalbeteiligung des Gesellschafters aufzunehmen (Zuschreibung von späteren Einlagen und Gewinnen, Abbuchung von Verlusten und Entnahmen). Nach dem gesetzlichen Regelstatut ist für jeden Gesellschafter ein einheitliches, variables Kapitalkonto einzurichten (vgl. § 120 Abs. 2). In der gesellschaftsrechtlichen Kautelarpraxis sind demgegenüber abweichende Kontensysteme verbreitet.[14] Dabei zielt die Einrichtung fester Kapitalanteile auf die Schaffung einer praktikablen, nicht veränderlichen Bezugsgröße für die Zwecke der Gewinn- und Stimmrechtsverteilung sowie der Entnahmen. Verbreitet ist das *Dreikontenmodell*:[15] Dabei wird das variable Kapitalkonto zunächst in zwei Beteiligungskonten zerlegt. Das feste Kapitalkonto I entspricht dem festen Kapitalanteil und bemisst sich i.d.R. nach der im Gesellschaftsvertrag vereinbarten Einlage und deren Bilanzansatz. Das variable Kapitalkonto II dient der Verbuchung der nicht entnahmefähigen Gewinne sowie der Verluste. Darüber hinaus wird ein Entnahme-(Privat-)Konto geführt, auf dem die entnahmefähigen Gewinne und die Entnahmen verbucht werden.

11 Als Kapitalanteil i.S.v. § 264c Abs. 2 S. 2 sind grundsätzlich nur diejenigen Kapitalteile auszuweisen, die auf gesellschaftsrechtlicher Grundlage überlassen wurden und **Eigenkapitalcharakter** haben.[16] Soweit abweichend vom gesetzlichen Normalstatut weitere Gesellschafterkonten geführt werden (Kapitalkonto I, Kapitalkonto II, Konto für nicht entnahmefähige Gewinne, Konto für entnahmefähige Gewinne, Darlehenskonto oder Verlustvortragskonto), muss im Einzelfall festgestellt werden, ob diese Konten aus der Sicht der Gesellschaft *Eigen- oder Fremdkapitalcharakter* haben.[17] Dafür kommt es nach hM entscheidend auf die Behandlung der anteiligen Verluste an.[18] Sind auf einem „Privatkonto" neben entnahmefähigen Gewinnen auch Verluste zu buchen und führen sie zu einer Verminderung des Guthabens dieses Kontos, dann hat dieses Konto Eigenkapitalcharakter. Entgegen der gewählten Bezeichnung handelt es sich folglich nicht um ein Forderungskonto, sondern um ein Unterkonto zum Kapitalkonto.

---

[11] Zum Gesellschafter ohne Kapitalanteil näher § 120 Rn 74 ff.

[12] Vgl. zum Begriff des Kapitalanteils § 120, Rn 46 ff mwN.

[13] Näher § 120 Rn 48 ff.

[14] Zum Folgenden § 120 Rn 64 ff.

[15] Vgl. § 120 Rn 66 ff.

[16] BT-Drucks. 14/1806, S. 20.

[17] BT-Drucks. aaO.

[18] Vgl. aus der Rechtsprechung BFH BStBl. II 2008, 812; BFH BStBl. II 1997, 36; BFH BStBl. II 2000, 390; BGH WM 1982, 1311; ferner *Huber* ZGR 1988, 65 ff; vgl. auch § 120 Rn 57 mwN.

Übersteigen die Verluste den Kapitalanteil, ist ein daraus entstehender sog. **negativer Kapitalanteil** nach Abs. 2 S. 4 und 5 auf der Aktivseite auszuweisen (zur Verlustabschreibung vgl. unten Rn 19). Dabei ist zu unterscheiden: Soweit eine Zahlungsverpflichtung des Komplementärs besteht, ist der negative Kapitalanteil als „Einzahlungsverpflichtung persönlich haftender Gesellschafter“ unter den *Forderungen* gesondert auszuweisen (Abs. 2 S. 4). Eine solche Einzahlungsverpflichtung kann sich zum einen aus dem Gesellschaftsvertrag ergeben, zum anderen als Verlustausgleichspflicht in der Liquidation.[19] In beiden Fällen ist, wenn die Forderungen gegenüber den Gesellschaftern nach § 264c Abs. 1 gesondert ausgewiesen werden, die „Einzahlungsverpflichtung ...“ zusätzlich durch einen Davon-Vermerk kenntlich zu machen.[20] Besteht dagegen – was den Regelfall darstellen dürfte[21] – keine Zahlungsverpflichtung, ist ein negativer Kapitalanteil gemäß § 268 Abs. 3, d.h. *am Schluss der Aktivseite* der Bilanz, als „Nicht durch Vermögenseinlagen gedeckter Verlustanteil persönlich haftender Gesellschafter“ auszuweisen (Abs. 2 S. 5). 12

§ 264c Abs. 2 S. 2 2. Halbs. erlaubt auch einen **zusammengefassten Ausweis** der Kapitalanteile der persönlich haftenden Gesellschafter. Fraglich ist, ob eine solche Saldierung auch dann zulässig ist, wenn ein oder mehrere Kapitalanteile positiv, ein anderer oder mehrere andere Kapitalanteile dagegen negativ sind. *Meinungsstand.* Eine Auffassung lehnt eine Saldierung positiver und negativer Kapitalanteile unter Hinweis auf § 264c Abs. 2 S. 3 bis 5 ab.[22] § 264c Abs. 2 S. 3 spreche von dem Verlust, der auf „den Kapitalanteil eines ... Gesellschafters“ entfällt, nach Abs. 2 S. 4 sei ein „den Kapitalanteil“ übersteigender Verlust auf der Aktivseite gesondert auszuweisen.[23] Aus diesen Regelungen ergebe sich, dass – abweichend von der bisherigen Praxis[24] – nur noch Kapitalanteile mit gleichem Vorzeichen saldiert werden dürfen. Dies entspreche auch der Auslegung des § 286 Abs. 2 S. 2 AktG, dem § 264c Abs. 2 nachgebildet ist,[25] und bei dem ebenfalls auf Grund des Wortlauts eine Saldierung positiver und negativer Kapitalanteile abgelehnt wird.[26] Nach der Gegenansicht sollen dagegen auch weiterhin Kapitalanteile mit unterschiedlichem Vorzeichen verdeckt saldiert ausgewiesen werden dürfen.[27] Dies ergebe sich aus § 264c Abs. 2 S. 2 2. Halbs., der abweichend von § 286 Abs. 2 AktG ohne eine ausdrückliche Einschränkung den zusammengefassten Ausweis zulasse.[28] Ferner verletze der saldierte Ausweis auch keine Gläubigerinteressen.[29] *Stellungnahme.* Der erstgenannten Ansicht ist zu folgen. Die Saldierungsmöglichkeit nach § 264c Abs. 2 S. 2 2. Halbs. findet ihre Grenze in den allgemeinen Grundsätzen, insbesondere dem Einblicksgebot (§ 264 Abs. 2 S. 1) und dem Verrechnungsverbot (§ 246 Abs. 2). Unter Informationsgesichtspunkten haben aber die Gesellschafter, die ebenfalls Adressaten des Jahresabschlusses sind,[30] ein Interesse am gesonderten Ausweis negativer Kapitalanteile, 13

---

19 Vgl. *Hoffmann* DStR 2000, 840.
20 *Theile* BB 2000, 558.
21 Vgl. *Hoffmann* DStR 2000, 840.
22 ADS (ErgBd) 22; Beck BilKomm-*Förschle/Hoffmann* Rn 21; HdJ-*Lenz/Fiebiger* I/6 Rn 107; *IdW* RS HFA 7 Rn 44; *v. Kanitz* WPg 2003, 231 f; MünchKommHGB/*Reiner* §§ 264a–c Rn 21; *Theile* BB 2000, 557; Winkeljohann/Schindhelm/*Winkeljohann/Pickhardt-Poremba,* S. 44, 50; gegen eine Zusammenfassung wohl auch *Wiechmann* WPg 1999, 921.
23 *Theile* aaO.
24 *IdW* HFA 2/1993 WPg 1994, 23; ADS § 247 Rn 66.
25 Vgl. BT-Drucks. 14/1806, S. 20.
26 Siehe nur ADS § 286 AktG Rn 30; *Sethe* DB 1998, 1047 f mwN.
27 HdJ-*Hennrichs/Pöschke* III/1 Rn 123; *Hoffmann* DStR 2000, 840 f; *Bitter/Grashoff* DB 2000, 835.
28 *Hoffmann* aaO.
29 *Hoffmann* DStR 2000, 841.
30 Ebenso *Sieker* FS Westermann (2008), S. 1529; **aA** offenbar *v. Kanitz* WPg 2003, 331.

um ggf. von Auskunftsrechten Gebrauch machen zu können.[31] Ferner wären bei einer verdeckten Saldierung von positiven und negativen Kapitalanteilen auch etwaige Einzahlungsverpflichtungen einzelner Gesellschafter nicht mehr aus der Bilanz ersichtlich, an deren Ausweis sowohl die Mitgesellschafter als auch die Gläubiger ein Interesse haben. Damit ist eine Saldierung nur in dem (Ausnahme-)fall zulässig, dass alle Kapitalkonten positiv bzw. negativ sind.[32]

14 Der Gesetzgeber hat darauf verzichtet, ausdrücklich den **Ausweis einer ausstehenden Einlage** vorzusehen, da Komplementär-Kapitalgesellschaften nur ausnahmsweise gesellschaftsvertraglich zur Leistung von Einlagen verpflichtet seien (Pflichteinlagen).[33] Ist dies aber der Fall, sei eine entsprechende Verpflichtung – so die Gesetzesbegründung – „als ausstehende Einlage auszuweisen".[34] Pflichteinlagen, die nicht gestundet sind und geltend gemacht werden sollen, haben rechtlich und wirtschaftlich Forderungscharakter. Sie sind daher nach § 246 zu aktivieren. Demgegenüber ist auf den Ausweis „nicht eingeforderter" ausstehender Einlagen die Regelung des § 272 Abs. 1 S. 3 entsprechend anzuwenden.[35] Gestundete ausstehende Einlagen sind also offen vom Kapitalanteil des Komplementärs abzusetzen. Der verbleibende Betrag ist als „eingefordertes Kapital" auszuweisen. Die fälligen – „eingeforderten" – ausstehenden Einlagen sind bei diesem sog. Nettoausweis dann auf der Aktivseite unter den Forderungen gesondert anzusetzen (z.B. als „Einzahlungsverpflichtung des Komplementärs").

15 **3. Kapitalanteile der Kommanditisten, Haftsumme (Abs. 2 S. 6, 7 und 9).** Nach § 264 Abs. 2 S. 6 gelten für den Ausweis der Kapitalanteile der Kommanditisten die Vorschriften über den Ausweis der Kapitalanteile der Komplementäre (Abs. 2 S. 2 bis 5) entsprechend. Die Kapitalanteile der Kommanditisten sind gesondert gegenüber denen der Komplementäre auszuweisen. Da sich die Verweisung in Abs. 2 S. 6 auch auf Abs. 2 S. 2 2. Halbs. bezieht, dürfen auch die Kapitalanteile der Kommanditisten zusammengefasst werden (zur Saldierung von positiven und negativen Kapitalanteilen vgl. oben Rn 13). Zum Begriff des Kapitalanteils vgl. oben Rn 9; zur Abgrenzung von Beteiligungskonten und Forderungskonten bei Zwei- bzw. Mehrkontensystemen vgl. oben Rn 11.

16 Für die Bilanzierung des Kommanditkapitals ist die gesellschaftsrechtlich vereinbarte **Pflichteinlage** der Kommanditisten maßgebend (zur Abgrenzung von Pflichteinlage und Hafteinlage vgl. § 171 Rn 1 f). Abweichend von § 120 Abs. 2 werden auf dem Kapitalkonto des Kommanditisten Gewinne nur solange gebucht, bis der Betrag der Pflichteinlage erreicht ist (§ 167 Abs. 2). Weitere Gewinne sind deshalb nicht mehr auf dem Kapitalkonto (bzw. Kapitalkonto II), sondern als Verbindlichkeit der Gesellschaft gegenüber dem Kommanditisten auf dem Privatkonto zu erfassen.

17 Nach § 264c Abs. 2 S. 9 ist im Anhang „der Betrag der im Handelsregister gemäß § 172 Abs. 1 eingetragenen Einlagen" (**sog. Hafteinlagen**) anzugeben, soweit diese noch nicht geleistet sind. Durch diese Angabe soll nach dem Willen des Gesetzgebers deutlich gemacht werden, „inwieweit neben dem in der Bilanz ausgewiesenen Eigenkapital noch eine Haftung der Kommanditisten besteht".[36] Nach § 171 Abs. 1 1. Halbs. haftet der Kommanditist den Gläubigern summenmäßig beschränkt persönlich. Maßgebend ist insoweit der Betrag der im Handelsregister eingetragenen (Haft-)Einlage (§ 172 Abs. 1).

---

[31] Vgl. allgemein *Klatte*, S. 367.
[32] Ebenso *Theile* BB 2000, 557.
[33] BT-Drucks. 14/1806, S. 20.
[34] BT-Drucks. 14/1806, aaO.
[35] Beck BilKomm-*Förschle/Hoffmann* Rn 20; MünchKommHGB/*Reiner* §§ 264a–c Rn 22.
[36] BT-Drucks. 14/1806, S. 20.

Die Haftung ist ausgeschlossen, soweit der Kommanditist seine (Pflicht-)Einlage geleistet hat (§ 171 Abs. 1 2. Halbs.). Übersteigt der Betrag der Hafteinlage die Pflichteinlage, besteht somit auch nach vollständiger Leistung der Pflichteinlage noch eine beschränkte Kommanditistenhaftung. Diese wäre aber aus dem Jahresabschluss nicht ersichtlich, weil der Stand des Kapitalkontos höchstens die Pflichteinlage ausweist. Dieses Informationsdefizit wird durch die Pflicht zur Angabe der Hafteinlagen vermieden. Nach dem Gesetz ist – wenn noch keine Einlagen geleistet sind – der Betrag der eingetragenen Hafteinlage anzugeben, nicht nur ein etwaiger Unterschiedsbetrag gegenüber der Pflichteinlage. Eine Angabepflicht besteht somit auch dann, wenn (ausstehende) Pflichteinlage und Hafteinlage betragsmäßig übereinstimmen.[37] Anzugeben ist der Betrag der im Handelsregister eingetragenen Einlagen, „soweit diese nicht geleistet sind". Die Angabepflicht bezieht sich damit auf die beschränkte persönliche Haftung nach § 171 Abs. 1, soweit diese noch nicht durch Einlageleistungen erloschen ist. Gleichzustellen ist eine durch (Direkt-)Zahlung an einen Gesellschaftsgläubiger getilgte Außenhaftung.[38] Der anzugebende Betrag umfasst auch eine ausstehende Pflichteinlage. Der Umstand, dass ausstehende Pflichteinlagen bereits aus der Bilanz ersichtlich sind, ändert daran nichts.[39]

Die Angabepflicht erstreckt sich auf eine nach § 172 Abs. 4 wiederaufgelebte persön- **18**
liche Haftung des Kommanditisten, da ein entsprechender Betrag ebenfalls als im Verhältnis zu den Gesellschaftsgläubigern nicht geleistet gilt.[40] Ausschüttungsgesperrte Beträge i.S.d. § 268 Abs. 8 sind bei der Berechnung des Kapitalanteils nicht zu berücksichtigen (§ 172 Abs. 4 S. 3) und daher bei der Ermittlung des Haftungsbetrags von der bestehenden Einlage abzuziehen.[41] Eine daraus resultierende Außenhaftung besteht so lange fort (und ist daher gemäß § 264c Abs. 2 S. 9 angabepflichtig), wie die zugrunde liegenden, haftungsschädlichen Wertansätze nach § 268 Abs. 8 zum jeweiligen Beurteilungsstichtag noch vorhanden sind,[42] es sei denn, es ist in der Zwischenzeit auf anderem Wege, etwa durch erneute Einlageleistung, zu einem (Wieder-)Entfall der Haftung gekommen (vgl. § 171 Abs. 1 2. Halbs.).

4. Bilanzielle Darstellung der Ergebnisverwendung

a) **Verlustabschreibung (Abs. 2 S. 3).** Nach § 264c Abs. 2 S. 3 ist ein auf den Kapi- **19**
talanteil des Komplementärs entfallender Verlust „von dem Kapitalanteil abzuschreiben". Gleiches gilt nach § 264c Abs. 2 S. 6 für die Verlustanteile der Kommanditisten. Eine solche **Verlustabschreibung** entspricht im Grundsatz auch der allgemeinen Regelung des § 120 Abs. 2. Letztere ist aber grundsätzlich durch den Gesellschaftsvertrag abdingbar. Demgegenüber spricht § 264c Abs. 2 S. 3 davon, dass der Verlust vom Kapitalanteil abzuschreiben „ist". Fraglich ist deshalb, ob § 264c Abs. 2 S. 3 als speziellere Regelung der allgemeinen Vorschrift des § 120 Abs. 2 2. Halbs. vorgeht und damit zwingend eine Verlustabschreibung anordnet. Eine solche Auslegung entspricht bei der vergleichbaren Regelung des § 286 Abs. 2 S. 2 AktG allgemeiner Ansicht.[43] Gegen eine Pflicht zur

---

37 **AA** HdJ-*Lenz/Fiebiger* I/6 Rn 110; *Theile* BB 2000, 560; ADS (ErgBd) 17.

38 MünchKommHGB-*Reiner* §§ 264a–c Rn 24.

39 Ebenso Beck BilKomm-*Förschle/Hoffmann* Rn 60; MünchKommHGB/*Reiner* §§ 264a–c Rn 24; **aA** HdJ-*Hennrichs/Pöschke* III/1 Rn 125; *Theile* aaO; ADS (ErgBd) aaO.

40 Beck BilKomm-*Förschle/Hoffmann* Rn 60; *IDW* RS HFA 7 Rn 35 ff; zu den streitigen Einzelheiten vgl. BGHZ 39, 319, 331; MünchKommHGB/*K. Schmidt* §§ 171, 172 Rn 66 ff.

41 *IDW* RS HFA 7 Rn 38.

42 *IDW* RS HFA 7 Rn 39.

43 Vgl. ADS § 286 AktG Rn 32; *Sethe* DB 1998, 1047 mwN.

sofortigen Absetzung der Verluste vom Kapitalanteil als einziger Möglichkeit der Verlustverrechnung spricht aber entscheidend das Gliederungsschema des § 264c Abs. 2 S. 1, welches auch den Ausweis eines Jahresfehlbetrags bzw. Verlustvortrags vorsieht.[44] Ein Jahresfehlbetrag bzw. Verlustvortrag könnte aber bei einer sofortigen Verlustverrechnung nicht ausgewiesen werden. Das Gesetz ist somit in Hinsicht auf die Behandlung der Verluste widersprüchlich formuliert.

20 Der Widerspruch zwischen Abs. 2 S. 1 und Abs. 2 S. 3 ist zugunsten eines **Wahlrechts** dahingehend aufzulösen, dass neben einer Abschreibung der Verluste vom Kapitalanteil auch der Ausweis eines Jahresfehlbetrags bzw. – bei Verlusten aus Vorjahren – eines Verlustvortrags zulässig ist.[45] Eine solche offene Absetzung von Verlusten ist gerade für die Kommanditisten von besonderem Interesse. Denn nach § 172 Abs. 4 S. 2 lebt die beschränkte persönliche Haftung des Kommanditisten wieder auf, soweit dieser Gewinnanteile entnimmt, während sein Kapitalanteil durch Verluste unter den Betrag der geleisteten Einlage herabgemindert ist. Diese *haftungsrechtliche* Bedeutung der Verluste spricht unter Informationsgesichtspunkten für die Möglichkeit eines offenen Ausweises.[46] § 264c Abs. 2 Sätze 4 und 5 bleiben unberührt. Bei persönlich haftenden Gesellschaftern ist eine offene Absetzung von Verlusten dagegen entbehrlich.[47]

21 b) **Gewinnverwendung.** § 264c Abs. 2 enthält keine besondere Regelung über den Ausweis von Gewinnen. Nach der (dispositiven) **gesetzlichen Regelung** des § 122 Abs. 1 hat jeder Komplementär – auch bei negativem Kapitalkonto – ein Recht auf Entnahme seines Gewinnanteils, dessen Geltendmachung den Gewinnanspruch entstehen lässt.[48] Der Kommanditist kann dagegen nach § 169 Abs. 1 S. 2 2. Halbs. die Auszahlung des ihm zukommenden Gewinns nicht fordern, solange sein Kapitalanteil durch Verlust unter den auf die bedungene Einlage geleisteten Betrag herabgemindert ist oder durch die Auszahlung unter diesen Betrag herabgemindert werden würde. Liegen diese Einschränkungen nicht vor, hat auch der Kommanditist das Recht auf Entnahme seines Gewinnanteils (§ 169 Abs. 1 S. 2 1. Halbs.).

22 Soweit ein Gewinnanspruch der Gesellschafter durch Geltendmachung entstanden ist, stellen **stehengelassene Gewinne** aus der Sicht der Gesellschaft Fremdkapital dar. Sie dürfen folglich nicht mehr dem bilanziellen Eigenkapital der Gesellschaft zugerechnet werden.[49] Gleiches gilt, wenn die Gewinnanteile auf Grund einer gesellschaftsvertraglichen Regelung auf den Gesellschafterkonten (Privatkonten) verbucht werden.

23 Eine Verbuchung des Gewinns auf den Gesellschafterkonten in der Bilanz stellt der Sache nach eine **Bilanzaufstellung nach (vollständiger) Ergebnisverwendung** dar,[50] wie sie nach § 268 Abs. 1 grundsätzlich zulässig ist, der auf Grund der Verweisung in § 264a auch auf Kapitalgesellschaften und Co. anwendbar ist. Demgegenüber sieht das Gliederungsschema des § 264c Abs. 2 S. 1 auch die Möglichkeit eines ungeteilten Gewinn-

---

44 *Theile* BB 2000, 558; *Hoffmann* DStR 2000, 841 f (843); *Bitter/Grashoff* DB 2000, 835; *Wiechmann* WPg 1999, 921.

45 *Theile* aaO; *Hoffmann* aaO; *Bitter/Grashoff* aaO; **aA** ADS (ErgBd) 25; Beck BilKomm-*Förschle/Hoffmann* Rn 40; *IdW* RS HFA 7 Rn 49; *v. Kanitz* WPg 2003, 334; Winkeljohann/Schindhelm/*Winkeljohann/Pickhardt-Poremba,* S. 52; vgl. auch *Hempe* GmbHR 2000, 614 ff.

46 *Hoffmann* DStR 2000, 842; ebenso *IdW* Stellungnahme zum KapCoRiLiG WPg 1999, 936.

47 *IdW* aaO.

48 Wegen Einzelheiten vgl. § 122 Rn 5.

49 Siehe § 122 Rn 5.

50 *Hoffmann* DStR 2000, 842 f.

ausweises als Jahresüberschuss bzw. Gewinnvortrag vor (Bilanzaufstellung vor Ergebnisverwendung). Die Frage, ob die aufstellenden Organe ein Wahlrecht gemäß § 268 Abs. 1 haben, ist nach den gesellschaftsrechtlichen Vorgaben zu entscheiden. Insoweit ist im Fall des gesetzlichen Regelstatuts – entsprechend der bisherigen Praxis[51] – von einer Pflicht zur Aufstellung der Bilanz nach Ergebnisverwendung auszugehen.[52] Gleiches gilt in dem Fall, dass der Gesellschaftsvertrag eine Gutschrift des Jahresgewinns auf den Kapital- bzw. Gesellschafterkonten vorsieht. Ein Jahresüberschuss kann folglich nur in dem Fall ausgewiesen werden, dass der Gesellschaftsvertrag die Verwendung des Jahresüberschusses bzw. die Verfügung der Gesellschafter von einer vorherigen Beschlussfassung der Gesellschafter abhängig macht, die bei Aufstellung noch nicht vorliegt.[53] Soweit der Gesellschaftsvertrag z.B. die Einstellung eines Teils des Jahresüberschusses in die Rücklagen vorsieht und hinsichtlich des Restbetrages einen Gesellschafterbeschluss verlangt, kommt schließlich auch eine Bilanzaufstellung nach teilweiser Ergebnisverwendung mit Ausweis eines Bilanzgewinns in Betracht.[54]

5. Rücklagen (Abs. 2 S. 8). Das Gliederungsschema des § 264c Abs. 2 S. 1 sieht – abweichend von §§ 266 Abs. 3 A. II. und III., 272 Abs. 2 und 3 – nur den Ausweis einer einheitlichen Position „II. Rücklagen" vor. Abs. 2 S. 8 enthält eine nähere Erläuterung dieses Postens. Danach sind als Rücklagen bei Personenhandelsgesellschaften i.S.v. § 264a nur solche Beträge auszuweisen, „die auf Grund einer gesellschaftsrechtlichen Vereinbarung gebildet worden sind". Diese Definition ist vor dem Hintergrund der gesetzlichen Entnahmevorschriften zu sehen. Nach §§ 122 Abs. 1, 169 Abs. 1 S. 2 1. Halbs. können die Gesellschafter einer OHG und KG grundsätzlich die volle Auszahlung ihrer Gewinnanteile verlangen. Soll der Gewinn entgegen den §§ 122, 169 ganz oder teilweise zur Stärkung des Eigenkapitals der Gesellschaft auf Dauer in eine „Rücklage" eingestellt werden, setzt dies folglich eine abweichende gesellschaftsvertragliche Regelung und/oder einen Gesellschafterbeschluss voraus.[55] **24**

Die Einstellung in die Rücklagen ist eine Maßnahme der **Ergebnisverwendung**. Damit greift § 268 Abs. 1 ein. Soweit der Gesellschaftsvertrag die Einstellung einer bestimmten Quote in die Rücklagen vorsieht oder im Zeitpunkt der Bilanzaufstellung ein entsprechender Beschluss der Gesellschafterversammlung oder eines anderen zuständigen Gremiums vorliegt, ist die Bilanz nach § 268 Abs. 1 „nach" teilweiser oder vollständiger Ergebnisverwendung aufzustellen. Macht der Gesellschaftsvertrag die Verwendung des Jahresüberschusses von einem Gesellschafterbeschluss abhängig und liegt dieser im Zeitpunkt der Bilanzaufstellung noch nicht vor, ist der Gewinn ungeteilt als Jahresüberschuss bzw. – bei Gewinnen aus dem Vorjahr – Gewinnvortrag auszuweisen (vgl. oben Rn 23). **25**

Das Gliederungsschema des § 264c Abs. 2 S. 1 sieht – abweichend von § 266 Abs. 3 A. – **keine Unterteilung** der Rücklagen in „Kapitalrücklage" und „Gewinnrücklagen" vor. Daher können im Posten „II. Rücklagen" neben Einstellungen aus dem Jahresüberschuss auch Zuzahlungen ausgewiesen werden, die die Gesellschafter über ihre **26**

---

51 Vgl. *IdW* HFA 2/1993 WPg 1994, 24; ADS § 247 Rn 70.

52 *Bitter/Grashoff* DB 2000, 835; *IdW* RS HFA 7 Rn 47; Beck BilKomm-*Förschle/Hoffmann* Rn 40; **aA** – Wahlrecht – wohl *Hoffmann* DStR 2000, 842.

53 ADS (ErgBd) 25; *Bitter/Grashoff* DB 2000, 835.

54 Vgl. *Hoffmann* DStR 2000, 843; BT-Drucks. 14/2353, S. 29.

55 BGHZ 132, 263; vgl. näher *Huber* GS Knobbe-Keuk (1997), S. 203 ff; § 120 Rn 32 ff.

Pflichteinlage hinaus als dauerhaft gebundene Einlagen geleistet haben.[56] Dies entspricht der früheren Praxis bei Personengesellschaften.[57] Jedoch ist auch eine freiwillige Untergliederung der Rücklagenposition entsprechend § 272 Abs. 2 und 3 als zulässig anzusehen. Sie kann sinnvoll sein, wenn gesellschaftsvertraglich an die einzelnen Rücklagentypen unterschiedliche Rechtsfolgen geknüpft werden, z.B. für Zwecke der Entnahmen.[58]

IV. Behandlung des Privatvermögens (Abs. 3)

27 § 264c Abs. 3 S. 1 bestimmt in Anlehnung an § 5 Abs. 4 PublG, dass das sonstige Vermögen der Gesellschafter (Privatvermögen) nicht in die Bilanz aufgenommen werden darf. Ebenso dürfen die auf das Privatvermögen entfallenden Aufwendungen und Erträge nicht in die GuV aufgenommen werden. Im Jahresabschluss der Personenhandelsgesellschaft sind also **nur das Gesamthandsvermögen**[59] der Gesellschaft und die ihm zuzuordnenden Aufwendungen und Erträge zu berücksichtigen.

28 Die Regelung des Abs. 3 S. 1 stellt zugleich klar, dass **persönliche Steuern** der Gesellschafter nicht als Steueraufwand der Gesellschaft erfasst werden dürfen. Vielmehr sind nur diejenigen Beträge zu erfassen, die die Personenhandelsgesellschaft als Steuerschuldner entrichtet hat.[60] Als Steuern vom Einkommen und Ertrag (vgl. §§ 275 Abs. 2 Nr. 18, Abs. 3 Nr. 17) ist damit nur die Gewerbesteuer zu berücksichtigen, da Personengesellschaften selbst weder der Einkommen- noch der Körperschaftsteuer unterliegen. Gleiches gilt für Zwecke der Steuerabgrenzung (§ 274). Die persönlichen Steuern, die die Gesellschafter auf Grund der einkommensteuerlichen Zurechnung des Gesellschaftsgewinns nach § 15 Abs. 1 Nr. 2 EStG auf die Gewinnanteile zu zahlen haben, bleiben demgegenüber im Jahresabschluss der Personenhandelsgesellschaft außer Betracht. Auf diese Weise soll verhindert werden, dass die zutreffende Darstellung der Vermögens-, Finanz- und Ertragslage der Gesellschaft durch den Ausweis einer privaten Steuerbelastung der Gesellschafter beeinträchtigt wird.[61]

29 Im Interesse der Vergleichbarkeit der Abschlüsse von Personenhandelsgesellschaften mit solchen von Kapitalgesellschaften[62] hat der Gesetzgeber in Abs. 3 S. 2 jedoch den **Ausweis eines fiktiven Steueraufwandes** in der GuV im Anschluss an den Posten Jahresüberschuss/Jahresfehlbetrag zugelassen.

30 Dieser fiktive Steueraufwand ist nach dem Steuersatz der Komplementärgesellschaft zu berechnen. Soweit der KSt-Satz von der Gewinnverwendung abhängt (vgl. dazu § 278 Rn 2 ff) kann zur **Ermittlung** § 278 entsprechende Anwendung finden. Der so ermittelte Steueraufwand („Steueraufwand gem. § 264a Abs. 3")[63] darf nach dem Posten „Jahresüberschuss/Jahresfehlbetrag" in der GuV offen abgesetzt bzw. hinzugerechnet werden. Die sich ergebende Saldogröße aus Jahresergebnis und fiktivem Steueraufwand kann etwa als „Jahresüberschuss nach Steuern gem. § 264c Abs. 3" bezeichnet werden.[64]

---

[56] *Theile* BB 2000, 559.
[57] *IdW* HFA 2/1993 WPg 1994, 24.
[58] *Hoffmann* DStR 2000, 839.
[59] Vgl. näher § 124 Rn 6 ff.
[60] BT-Drucks. 14/1806, S. 21; dazu näher *Kirsch* DStR 2009, 1972.
[61] BT-Drucks. 14/1806, aaO.
[62] BT-Drucks. 14/1806, aaO.
[63] Für eine solche Bezeichnung *Bitter/Grashoff* DB 2000, 836.
[64] So *Bitter/Grashoff* aaO.

V. Anteile an Komplementärgesellschaften (Abs. 4)

§ 264c Abs. 4 enthält bilanzielle Sonderregelungen betreffend sog. **Einheitsgesellschaften,** bei denen die Kapitalgesellschaft und Co. selbst Anteile an der Komplementärgesellschaft hält. 31

Ausweis. Nach § 264c Abs. 4 S. 1 sind Anteile an Komplementärgesellschaften in der Bilanz gesondert auf der Aktivseite entweder unter den Posten A.III.1. („Anteile an verbundenen Unternehmen“) oder A.III.3. („Beteiligungen“) auszuweisen. Ein Ausweis nach A.III.1. geht vor.[65] 32

Abs. 4 S. 2 schreibt für Anteile an Komplementärgesellschaften die Bildung eines **passivischen „Sonderpostens“** entsprechend § 272 Abs. 4 vor. Dem liegt die Überlegung zugrunde, dass Anteile der Personenhandelsgesellschaft an der Komplementärgesellschaft der Personenhandelsgesellschaft unter Berücksichtigung der Rückbeteiligung der Komplementärgesellschaft wirtschaftlich den Charakter von eigenen Anteilen haben.[66] An die Stelle der in § 272 Abs. 4 vorgesehenen Rücklage mit Ausschüttungssperre tritt nach Abs. 4 S. 2 die Bildung eines Sonderpostens unter der Bezeichnung „Ausgleichsposten für aktivierte eigene Anteile“. Auf diese Weise wird die Aktivierung der eigenen Anteile neutralisiert. 33

VI. Wahlrechte nach § 266 Abs. 1 S. 3 u. 4 (Abs. 5)

Personenhandelsgesellschaften, auf die gemäß § 264a Abs. 1 die Vorschriften über kleine Kapitalgesellschaften (§ 267 Abs. 1) bzw. Kleinstkapitalgesellschaften (§ 267a) Anwendung finden, können eine **verkürzte Bilanz** aufstellen, die nur die mit Buchstaben und römischen Zahlen (§ 266 Abs. 1 S. 3) bzw. nur die mit Buchstaben (§ 266 Abs. 1 S. 4) bezeichneten Posten enthält. § 264c Abs. 5 betrifft die Situation, dass von diesem Wahlrecht Gebrauch gemacht worden ist. § 264c Abs. 5 S. 1 stellt klar, dass sich die Gliederungstiefe der Bilanzdarstellung ausschließlich nach den Vorgaben des § 266 Abs. 1 S. 3, 4 richtet. Hierdurch soll vermieden werden, dass die Wahlrechte durch zusätzliche Einzelangaben unterlaufen werden.[67] Für die *Ermittlung* der Bilanzposten bleiben jedoch die Vorschriften des § 264c Abs. 1 bis 4 maßgebend (Abs. 5 S. 2). 34

Aus der systematischen Stellung des Abs. 5 und den Gesetzesmaterialien[68] kann zwar abgeleitet werden, dass sich nicht nur S. 2, sondern Abs. 5 insgesamt auf die Sonderregelungen der Abs. 1 bis 4 bezieht. Jedoch erscheinen die Vorschriften des Abs. 5 **verallgemeinerungsfähig,** und zwar in zwei Richtungen: Erstens würden die Wahlrechte nach § 266 Abs. 1 S. 3 u. 4 auch dann unterlaufen, wenn andere als in § 264c geregelte Ausweis- bzw. Vermerkpflichten auf unteren Gliederungsebenen zu beachten wären. Daher beschränkt sich die klarstellende Bedeutung des Abs. 5[69] nicht auf die in § 264c enthaltenen Vorschriften, sondern findet ganz allgemein auf gesetzliche Regelungen Anwendung, die die bilanzielle Darstellung betreffen.[70] Zweitens ist kein Grund dafür ersichtlich, die so konkretisierte Regelung nicht auch auf die § 266 Abs. 1 S. 3, 4 unmittelbar unterfal- 35

---

[65] Vgl. zum Ausweis der Anteile näher *Theile* BB 2000, 559.

[66] Siehe BT-Drucks. 14/1806, S. 21; vgl. eingehend *Klatte,* S. 329; *Theile* BB 2000, 559.

[67] BT-Drucks. 17/11292, S. 17.

[68] BT-Drucks. 17/11292, S. 17.

[69] Vgl. BT-Drucks. 17/11292, S. 17; BoHdR-*Kirsch* Rn 147, 156.

[70] Vgl. auch *Theile* GmbHR 2012, 1115 f.

lenden Kapitalgesellschaften anzuwenden.[71] Sie ist systematisch falsch platziert und gehört in § 266 Abs. 1. Über § 264c Abs. 5 S. 1 wird lediglich der schon in § 266 Abs. 1 S. 3, 4 selbst enthaltene Normanwendungsbefehl bekräftigt. § 264c Abs. 5 S. 2 stellt klar, dass die verkürzte *Darstellung* nichts an den Vorschriften über die Ermittlung der Bilanzansätze ändert. Warum dies außerhalb von § 264c anders sein sollte, ist nicht einzusehen.

36 Die Regelung hat zur Folge, dass Vorschriften, die ausschließlich die **bilanzielle Darstellung** betreffen, ins Leere laufen, wenn sie auf unterer Gliederungsebene angesiedelt sind.[72] Um den Vereinfachungszweck des § 266 Abs. 1 S. 3, 4 nicht zu verfehlen, sind auch gleichartige Anhangangaben entbehrlich, wenn das Gesetz einen gesonderten Ausweis oder Vermerk alternativ auf unterer Gliederungsebene der Bilanz oder im Anhang zulässt. Bei Kleinstkapitalgesellschaften, die keinen Anhang aufstellen, sind mit Blick auf das mit § 264 Abs. 1 S. 5, Abs. 2 S. 4, § 266 Abs. 1 S. 4 verfolgte Regelungsanliegen ganz generell Angaben entbehrlich, die wahlweise in die Bilanz oder in den Anhang aufgenommen werden können.[73] So brauchen Kleinstpersonengesellschaften keine Angaben zu Ausleihungen, Forderungen und Verbindlichkeiten gegenüber Gesellschaftern (§ 264c Abs. 1) zu machen.[74] Ferner ist bei ihnen eine Aufgliederung des Eigenkapitals nach Abs. 2 und von Beträgen nach § 268 Abs. 3 entbehrlich.[75] Auf Folgerungen für sonstige, außerhalb von § 264c angesiedelte Vorschriften wird in den Erläuterungen zu § 266 Rn 7 f (Kleinunternehmen) und Rn 11 (Kleinstgesellschaften) eingegangen.

37 An einer echten Erleichterung fehlt es aufgrund von Abs. 5 S. 2 allerdings dort, wo die betreffende Vorschrift auch für die **Ermittlung der Höhe** eines in der Bilanz auszuweisenden Postens von Bedeutung ist (vgl. etwa Abs. 2 S. 4).[76] Ebenso wie im unmittelbaren Anwendungsbereich des § 266 Abs. 1 S. 3 u. 4 stellt sich auch für betroffene Personenhandelsgesellschaften die Frage nach weitergehenden **gesellschaftsrechtlichen Informationsrechten**, die ebenfalls prinzipiell losgelöst von den bilanzrechtlichen Erleichterungen nach Maßgabe der einschlägigen Vorschriften und Grundsätze des Gesellschaftsrechts zu beantworten ist.[77]

§ 264d
Kapitalmarktorientierte Kapitalgesellschaft

Eine Kapitalgesellschaft ist kapitalmarktorientiert, wenn sie einen organisierten Markt im Sinn des § 2 Abs. 5 des Wertpapierhandelsgesetzes durch von ihr ausgegebene Wertpapiere im Sinn des § 2 Abs. 1 Satz 1 des Wertpapierhandelsgesetzes in Anspruch nimmt oder die Zulassung solcher Wertpapiere zum Handel an einem organisierten Markt beantragt hat.

71 Wohl auch *Theile* aaO; insoweit unklar BT-Drucks. 17/11292, S. 17.

72 Vgl. *Fey/Deubert/Lewe/Roland* BB 2013, 109; *Theile* aaO.

73 So auch *Müller/Kreipl* DB 2013, 74 f.

74 *Fey/Deubert/Lewe/Roland* aaO; *Müller/Kreipl* aaO; *Theile* aaO; *Zwirner/Froschhammer* StuB 2013, 85; vgl. auch § 266 Rn 11; **aA** BoHdR-*Kirsch* Rn 150 ff; *Kirsch* DStZ 2012, 754.

75 BoHdR-*Kirsch* Rn 154.

76 Siehe zur rechtspolitischen Kritik auch § 266 Rn 9, 12.

77 Vgl. § 266 Rn 10, 13.

Übersicht

I. Regelungsgegenstand und Rechtsentwicklung

1 § 264d enthält eine **gesetzliche Definition** der kapitalmarktorientierten Kapitalgesellschaft für bilanzrechtliche Zwecke. Sie findet auf Kapitalgesellschaften & Co. entsprechende Anwendung (§ 264a) und ist für dem PublG unterliegende Unternehmen „unabhängig von ihrer Rechtsform" von Bedeutung (§ 5 Abs. 2a PublG). Rechtsformunabhängige Verweisungen finden sich auch in anderen Vorschriften.[1] Die Definition in § 264d ist ferner für das Genossenschaftsrecht von Bedeutung (siehe etwa § 36 Abs. 4 GenG). Das Merkmal der Kapitalmarktorientierung war bisher vor allem für die Größenerleichterungen nach § 267 relevant und daher in § 267 Abs. 3 S. 2 a.F. geregelt. Sie war zuletzt durch das KapCoRiLiG neu gefasst worden (vgl. Voraufl. § 267 Rn 9). Die zunehmende Zahl spezieller Rechnungslegungsvorschriften für kapitalmarktorientierte Unternehmen hat den Gesetzgeber nunmehr veranlasst, im Rahmen des BilMoG die bisher in § 267 Abs. 3 S. 2 a.F. enthaltene Begriffsbestimmung ohne inhaltliche Änderung in einer eigenen Vorschrift am Anfang des Zweiten Abschnitts zu verselbständigen. Daraus soll – so die Gesetzesbegründung[2] – „eine erhebliche Verkürzung und bessere Lesbarkeit einer Reihe handelsrechtlicher Vorschriften" folgen. Dementsprechend findet sich in den entsprechenden Einzelbestimmungen (vgl. §§ 264 Abs. 1 S. 2, 267 Abs. 3 S. 2, 286 Abs. 3 S. 3, 289 Abs. 5, 325 Abs. 4) nur noch ein Verweis auf § 264d.

2 Mit der zunehmenden Differenzierung des Rechnungslegungsrechts nach der Kapitalmarktnotierung folgt das Bilanzrecht einer Entwicklung, die auch in anderen Rechtsgebieten zu beobachten ist (vgl. etwa § 3 Abs. 2 AktG). Für einen solchen **sektorspezifischen Regelungsansatz** spricht, dass die Anleger am Kapitalmarkt ein gesteigertes Informationsinteresse haben (vgl. § 264 Abs. 1 S. 2), mit dem sich bestimmte größenabhängige Erleichterungen nicht vertragen (§§ 267, 286).

II. Kapitalmarktorientierung

3 Eine Kapitalmarktorientierung ist stets gegeben, wenn die Kapitalgesellschaft einen „organisierten Markt im Sinn des § 2 Abs. 5 des WpHG" *in Anspruch nimmt*. Dies ist ein „durch staatliche Stellen genehmigtes, geregeltes und überwachtes multilaterales System, das die Interessen einer Vielzahl von Personen am Kauf und Verkauf von dort zum Handel zugelassenen Finanzinstrumenten innerhalb des Systems und nach festgelegten Bestimmungen in einer Weise zusammenbringt oder das Zusammenbringen fördert, die zu einem Vertrag über den Kauf dieser Finanzinstrumente führt" (§ 2 Abs. 5 WpHG). Dazu gehört der regulierte Markt (§§ 32 ff BörsG),[3] nicht aber der Freiverkehr (§ 48 BörsG).[4] Inländischen Börsen sind solche in anderen EU-Mitglied- und EWR-

[1] Vgl. die Übersicht bei MünchKommHGB/*Reiner* Rn 2.
[2] BT-Drucks. 16/10067, S. 63.
[3] Vormals: „amtlicher Markt" und „geregelter Markt" (§§ 30 ff, 49 ff BörsG a.F.).
[4] Beck BilKomm-*Förschle/Hoffmann* Rn 2; MünchKommHGB/*Reiner* Rn 3; **aA** zu § 267 Abs. 3 S. 2 a.F. LG Wuppertal DB 1996, 1863.

Vertragsstaaten gleichgestellt. Die Inanspruchnahme muss durch Wertpapiere i.S.d. § 2 Abs. 1 WpHG erfolgen, die die Kapitalgesellschaft ausgegeben hat. Als solches kommen neben den (eigenen) Aktien z.B. auch Schuldverschreibungen, Genuss- und Optionsscheine in Betracht. Endet die Notierung, ist die Kapitalgesellschaft zum nächsten Bilanzstichtag nach den allgemeinen Vorschriften zu behandeln, kann also z.B. Größenerleichterungen in Anspruch nehmen, wenn sie gemessen an den Kriterien des § 267 eine „kleine" oder „mittelgroße" Kapitalgesellschaft ist.[5] Die Kapitalmarktorientierung beginnt mit der *Beantragung einer Zulassung* zum Handel an einem organisierten Markt (§ 264d a.E.) und bezieht sich daher auf die Berichtsperiode, innerhalb derer der Antrag gestellt wird.[6]

§ 265
Allgemeine Grundsätze für die Gliederung

(1) [1]Die Form der Darstellung, insbesondere die Gliederung der aufeinanderfolgenden Bilanzen und Gewinn- und Verlustrechnungen, ist beizubehalten, soweit nicht in Ausnahmefällen wegen besonderer Umstände Abweichungen erforderlich sind. [2]Die Abweichungen sind im Anhang anzugeben und zu begründen.

(2) [1]In der Bilanz sowie in der Gewinn- und Verlustrechnung ist zu jedem Posten der entsprechende Betrag des vorhergehenden Geschäftsjahrs anzugeben. [2]Sind die Beträge nicht vergleichbar, so ist dies im Anhang anzugeben und zu erläutern. [3]Wird der Vorjahresbetrag angepaßt, so ist auch dies im Anhang anzugeben und zu erläutern.

(3) Fällt ein Vermögensgegenstand oder eine Schuld unter mehrere Posten der Bilanz, so ist die Mitzugehörigkeit zu anderen Posten bei dem Posten, unter dem der Ausweis erfolgt ist, zu vermerken oder im Anhang anzugeben, wenn dies zur Aufstellung eines klaren und übersichtlichen Jahresabschlusses erforderlich ist.

(4) [1]Sind mehrere Geschäftszweige vorhanden und bedingt dies die Gliederung des Jahresabschlusses nach verschiedenen Gliederungsvorschriften, so ist der Jahresabschluß nach der für einen Geschäftszweig vorgeschriebenen Gliederung aufzustellen und nach der für die anderen Geschäftszweige vorgeschriebenen Gliederung zu ergänzen. [2]Die Ergänzung ist im Anhang anzugeben und zu begründen.

(5) [1]Eine weitere Untergliederung der Posten ist zulässig; dabei ist jedoch die vorgeschriebene Gliederung zu beachten. [2]Neue Posten dürfen hinzugefügt werden, wenn ihr Inhalt nicht von einem vorgeschriebenen Posten gedeckt wird.

(6) Gliederung und Bezeichnung der mit arabischen Zahlen versehenen Posten der Bilanz und der Gewinn- und Verlustrechnung sind zu ändern, wenn dies wegen Besonderheiten der Kapitalgesellschaft zur Aufstellung eines klaren und übersichtlichen Jahresabschlusses erforderlich ist.

(7) Die mit arabischen Zahlen versehenen Posten der Bilanz und der Gewinn- und Verlustrechnung können, wenn nicht besondere Formblätter vorgeschrieben sind, zusammengefaßt ausgewiesen werden, wenn
1. sie einen Betrag enthalten, der für die Vermittlung eines den tatsächlichen Verhältnissen entsprechenden Bildes im Sinne des § 264 Abs. 2 nicht erheblich ist, oder

---

[5] MünchKommHGB/*Reiner* § 267 Rn 21.

[6] Beck BilKomm-*Förschle/Hoffmann* Rn 1.

2. dadurch die Klarheit der Darstellung vergrößert wird; in diesem Falle müssen die zusammengefaßten Posten jedoch im Anhang gesondert ausgewiesen werden.

(8) Ein Posten der Bilanz oder der Gewinn- und Verlustrechnung, der keinen Betrag ausweist, braucht nicht aufgeführt zu werden, es sei denn, daß im vorhergehenden Geschäftsjahr unter diesem Posten ein Betrag ausgewiesen wurde.

Schrifttum

Baetge/Commandeur Vergleichbar – vergleichbare Beträge in aufeinanderfolgenden Jahresabschlüssen, HuRB, S. 326; *Budde/Förschle* Ausgewählte Fragen zum Inhalt des Anhangs, DB 1988, 1457; *Coenenberg* Gliederungs-, Bilanzierungs- und Bewertungsentscheidungen bei der Anpassung des Einzelabschlusses nach dem Bilanzrichtlinien-Gesetz, DB 1986, 1581; *Emmerich* Fragen der Gestaltung des Jahresabschlusses nach neuem Recht, WPg 1986, 698; *Leffson* Wesentlich, HuRB, S. 434; *Löffler/Müller* Vorjahreszahlen im handelsrechtlichen Jahres- und Konzernabschluss – Ein Überblick zu IDW RS HFA 39 und IDW RS HFA 44, WPg 2013, 291; *Niehus* „Materiality" („Wesentlichkeit") – Ein Grundsatz der Rechnungslegung auch im deutschen Handelsrecht? WPg 1981, 1; *Ossadnik* Grundsatz und Interpretation der „Materiality", WPg 1993, 617; *Schulze-Osterloh* Bilanzielle Voraussetzungen und bilanzielle Folgen unzulässiger Darlehensgewährung an GmbH-Gesellschafter, FS Eisenhardt (2007), S. 505; *ders.* Passiver Ausgleichsposten beim Erwerb von Anteilen an einer Kapitalgesellschaft gegen Zuzahlung des Verkäufers, BB 2006, 1955.

Übersicht

I. Übersicht

§ 265 enthält **allgemeine Grundsätze für die Gliederung** des Jahresabschlusses, insbesondere der Bilanz und GuV. Die Regelung konkretisiert die Generalnormen der §§ 243 Abs. 2, 264 Abs. 2 S. 1 einerseits und ergänzt die besonderen Gliederungsvorschriften der §§ 266, 275 andererseits. § 265 enthält folgende Einzelgrundsätze (jeweils mit Angabe der entsprechenden Art. der 4. EG-Richtlinie): Darstellungs- und Gliederungsstetigkeit (Abs. 1, Art. 3); Angabe von Vorjahresbeträgen (Abs. 2, Art. 4 Abs. 4); Vermerk der **1**

Mitzugehörigkeit von Bilanzposten (Abs. 3, Art. 13 Abs. 1, 2); Gliederung bei mehreren Geschäftszweigen (Abs. 4); Untergliederung und Hinzufügen von neuen Posten (Abs. 5, Art. 4 Abs. 1 S. 2, 3); abweichende Postengliederung und -bezeichnung (Abs. 6, Art. 4 Abs. 2 S. 1); Zusammenfassung von Posten (Abs. 7, Art. 4 Abs. 3); Ausweis von Leerposten (Abs. 8, Art. 4 Abs. 5).

2 **Sachliche Reichweite.** Während die Abs. 2–7 nach ihrem Wortlaut nur die Gliederung der Bilanz und GuV betreffen, ist für den Abs. 1 fraglich, ob das Gebot der Darstellungsstetigkeit über die Bilanz und GuV hinaus – zumindest eingeschränkt – auch auf Anhang und Lagebericht anzuwenden ist.[1]

3 **Anwendungsbereich.** § 265 gilt wegen seiner Einordnung im Zweiten Abschnitt unmittelbar nur für Kapitalgesellschaften und Personenhandelsgesellschaften i.S.v. § 264a. Soweit für andere Gesellschaften keine Verweisung gilt (vgl. § 5 Abs. 1 S. 2 PublG), können sich entsprechende Regeln für Nichtkapitalgesellschaften nur – wie z.B. bei der Darstellungs- und Gliederungsstetigkeit – aus ungeschriebenen GoB ergeben oder müssen aus § 243 Abs. 1 und 2 abgeleitet werden.[2]

II. Darstellungs- und Gliederungsstetigkeit (Abs. 1)

4 **1. Normzweck.** Nach § 265 Abs. 1 muss „die Form der Darstellung, insbesondere die Gliederung der aufeinanderfolgenden Bilanzen und Gewinn- und Verlustrechnungen" beibehalten werden, wenn nicht Abweichungen in Ausnahmefällen erforderlich sind. Der Grundsatz der Darstellungs- und Gliederungsstetigkeit (sog. formale Stetigkeit) dient der Herstellung der **Vergleichbarkeit der Jahresabschlüsse im Zeitablauf.**[3] Diese Vergleichbarkeit ist eine wichtige Voraussetzung dafür, dass der Jahresabschluss ein den tatsächlichen Verhältnissen entsprechendes Bild der Vermögens-, Finanz- und Ertragslage vermittelt (§ 264 Abs. 2 S. 1): Denn erst durch den Vergleich der Jahresabschlusszahlen kann der Bilanzleser Rückschlüsse auf die wirtschaftliche Entwicklung des Unternehmens ziehen.[4] Auch die 4. EG-Richtlinie weist dem Stetigkeitsgebot in Art. 3 – also unmittelbar im Anschluss an das Prinzip des „true and fair view" – eine herausgehobene Stellung zu. Die Bedeutung des Stetigkeitsgebots erschließt sich ferner daraus, dass das Gesetz bei Abweichungen Angaben und Begründungen im Anhang fordert (Abs. 1 S. 2).

5 **2. Sachliche Reichweite des Stetigkeitsgebots. Wortlaut.** § 265 Abs. 1 S. 1 betrifft nach dem Gesetzeswortlaut allgemein „die Form der Darstellung" und erwähnt als wichtigsten Bereich „die Gliederung der aufeinanderfolgenden Bilanzen und Gewinn- und Verlustrechnungen". Darin liegt eine – nach Ansicht des Gesetzgebers nur sprachliche – Abweichung gegenüber Art. 3 der 4. EG-Richtlinie, der sogleich auf die Gliederung der Bilanzen und der GuV verweist und nur in diesem Zusammenhang „insbesondere die Wahl der Darstellungsform" erwähnt.[5]

6 **Beschränkung auf Bilanz und GuV?** Umstritten ist, ob der Grundsatz der Darstellungsstetigkeit nur für die Bilanz und GuV gilt[6] oder – wenn auch eingeschränkt – auch im Bereich des Anhangs[7] und des Lageberichts[8] Anwendung findet. Zwar bezieht sich

---

[1] Vgl. dazu unten Rn 6.
[2] Vgl. *Coenenberg* DB 1986, 1581.
[3] Statt aller *Moxter* Bilanzlehre II, S. 81.
[4] HuRB-*Baetge/Commandeur*, S. 329.
[5] Vgl. *Biener/Berneke*, S. 142.
[6] So *Coenenberg* DB 1986, 1582.
[7] Eine Anwendung befürwortend ADS 7; einschränkend aber § 284 Rn 27; Beck-HdR-*Castan* B 141 Rn 39; KK-*Korth* Rn 5; Beck BilKomm-*Winkeljohann/Büssow* Rn 2;

Art. 3 der 4. EG-Richtlinie seinem Wortlaut nach nur auf die Bilanzen und GuV und auch in der Gesetzesbegründung findet sich der Hinweis, dass *er* nicht für den Anhang gelte.[9] Für eine Ausdehnung des Anwendungsbereichs über die Bilanz und GuV hinaus auch auf den Anhang sprechen aber der Wortlaut – „insbesondere" – und die systematische Stellung der Vorschrift zu Beginn des Ersten Unterabschnitts. Ferner ist in teleologischer Hinsicht zu berücksichtigen, dass § 265 Abs. 1 selbst nur eine Konkretisierung des Grundsatzes der Klarheit und Übersichtlichkeit bzw. des „true and fair view" darstellt (§§ 243 Abs. 2, 264 Abs. 2 S. 1), die auch für den Anhang als Teil des Jahresabschlusses gelten.[10] Eine Beschränkung des Grundsatzes der Darstellungsstetigkeit auf die Bilanz und GuV ist daher nicht gerechtfertigt. Für den *Lagebericht* ist zwar in erster Linie § 289 maßgebend. Auch hier ist aber eine gewisse Darstellungsstetigkeit als Ausprägung des allgemeinen Prinzips klarer und übersichtlicher Rechenschaftslegung im Interesse der Vergleichbarkeit der Lageberichte nachfolgender Jahre geboten.

Anwendungsfälle: Für die Bilanz und GuV enthalten die §§ 266, 275 vorrangige gesetzliche Gliederungsregelungen. Soweit danach abschließende Vorgaben zur Darstellung bestehen, bedarf es einer Heranziehung des Grundsatzes der formalen Stetigkeit nicht. Seine Bedeutung erlangt er erst in den Fällen, in denen *Ausweiswahlrechte* bestehen, gesetzliche Einzelregelungen fehlen bzw. Einzelposten in der Darstellung abzugrenzen sind. Dann gebietet das Gebot der Darstellungsstetigkeit, eine einmal gewählte Form der Darstellung grundsätzlich beizubehalten, soweit nicht aus besonderen Gründen eine Abweichung geboten ist. Ausweiswahlrechte kennt das Gesetz zum Einen, wenn es um die Auswahl zwischen verschiedenen Gliederungsschemata für die Bilanz und die GuV geht, also z.B. bei der Entscheidung zwischen Gesamtkostenverfahren (§ 275 Abs. 2) oder Umsatzkostenverfahren (§ 275 Abs. 3).[11] Wahlrechte bestehen auch hinsichtlich der Frage, ob bestimmte Angaben in der Bilanz/GuV oder im Anhang gemacht werden, z.B. der nach § 268 Abs. 2 geforderte Anlagenspiegel oder die Angaben der Haftungsverhältnisse nach § 268 Abs. 7.[12] In diesen Zusammenhang gehören auch rechtsformspezifische Ausweiswahlrechte nach dem AktG und dem GmbHG, z.B. die Entwicklung der Kapitalrücklage nach § 152 Abs. 2 AktG.[13] Ferner ist das Gebot der Darstellungsstetigkeit nach § 265 Abs. 1 auch von Bedeutung bei der Anwendung der Abs. 2–8 des § 265, so z.B. bei der Entscheidung über eine weitere Untergliederung und Hinzufügung weiterer Posten nach § 265 Abs. 5. Das Gebot der Darstellungsstetigkeit ist ferner anzuwenden, wenn gesetzliche Konkretisierungen über die Art der Darstellung fehlen. Während das Gesetz für die Bilanz und GuV in den §§ 266, 275 eingehende Vorgaben enthält, bestehen *Ausgestaltungsspielräume* im Bereich des Anhangs und des Lageberichts. Dies gilt aber nicht, wenn auf Grund von Ausweiswahlrechten oder nach § 265 Abs. 7 Nr. 2 Angaben aus der Bilanz/GuV in den Anhang verlagert werden und deshalb die für die Bilanz/GuV geltenden Vorgaben auch für den Anhang gelten. Außerhalb dieser Fälle wirkt sich das Gebot der Darstellungsstetigkeit aber im Anhang dahingehend aus, dass eine einmal aus Zweckmäßigkeitsgründen gewählte Darstellungsform im Interesse der Vergleichbarkeit beizubehalten ist bzw. wesentliche Abweichungen zu erläutern und zu begründen sind.[14] 7

Emmerich WPg 1986, 699 f; HdJ-*Kupsch* IV/4 45; Baumbach/Hueck/*Schulze-Osterloh* GmbHG[18] § 42 Rn 43; *Budde/Förschle* DB 1988, 1462.

[8] Für eingeschränkte Geltung deshalb ADS 14; *Schulze-Osterloh* aaO.

[9] Vgl. *Biener/Berneke*, S. 142.

[10] Vgl. *Emmerich* WPg 1986, 699 f; *Kupsch* aaO.

[11] Vgl. ADS 9.

[12] Übersichten über weitere Fälle bei ADS 10.

[13] Vgl. weitere Angaben bei ADS 11, 12.

[14] ADS 3, 13; HdJ-*Kupsch* IV/4 Rn 45; Baumbach/Hueck/*Schulze-Osterloh* GmbHG[18]

Schließlich ist das Gebot der Darstellungsstetigkeit auch einschlägig, wenn es um die *Abgrenzung von Einzelposten* geht, z.B. bei der Unterscheidung zwischen Umsatzerlösen und sonstigen betrieblichen Erträgen.[15]

8 3. **Abweichungen.** Vom Grundsatz der Darstellungs- und Gliederungsstetigkeit darf nach § 265 Abs. 1 S. 1 a.E. nur abgewichen werden, wenn „**in Ausnahmefällen** wegen besonderer Umstände Abweichungen erforderlich sind". Unter diesen Voraussetzungen muss abgewichen werden, es besteht also kein Wahlrecht zwischen Abweichung und Beibehaltung.[16] Ein „Ausnahmefall" im Sinne von § 265 Abs. 1 S. 1 a.E. liegt nur vor, wenn sich die tatsächlichen oder rechtlichen Verhältnisse so geändert haben, dass ein Ausweiswahlrecht nunmehr in anderer Weise ausgeübt werden muss, um die Klarheit und Übersichtlichkeit des Jahresabschlusses (§§ 243 Abs. 2, 264 Abs. 2 S. 1) zu gewährleisten. Beispiele für derartige „Ausnahmefälle" sind z.B. gesellschaftsrechtlich veranlasste Änderungen beim Wechsel des Mutterunternehmens oder Änderungen des Produktionsprogramms. Nicht dazu zählen hingegen solche Fälle, in denen auf Grund geänderter Verhältnisse oder einer Änderung der Rechtsprechung eine andere Darstellungsform gewählt werden muss bzw. neue Ausweiswahlrechte eröffnet werden.[17]

9 Abweichungen sind grundsätzlich **im Anhang anzugeben und zu begründen.** Dabei sind die zugrundeliegenden Änderungen der tatsächlichen oder rechtlichen Verhältnisse zu benennen und die Gründe zu erläutern, weshalb eine Abweichung im Interesse der Klarheit und Übersichtlichkeit geboten war. Dies gilt aber nur bei „wesentlichen"[18] Abweichungen, die geeignet sind, die Vergleichbarkeit des Jahresabschlusses zu beeinträchtigen.[19]

III. Angabe der Vorjahresbeträge (Abs. 2)

10 1. **Grundsatz (Abs. 2 S. 1).** Über das Gebot der Darstellungsstetigkeit hinaus wird die Vergleichbarkeit der Jahresabschlüsse insbesondere durch die Pflicht zur Angabe von Vorjahresbeträgen nach Abs. 2 verbessert. Diese gilt zunächst für jeden einzelnen Posten der Bilanz/GuV einschließlich freiwillig aufgenommener Posten sowie für Zusammenfassungen von Einzelposten. Ferner sind Vorjahresbeträge anzugeben bei Einzelposten, die nach § 265 Abs. 7 Nr. 2 in den Anhang verlagert worden sind.[20] Weil sich die Pflicht zur Angabe von Vorjahresbeträgen nach dem Wortlaut des Abs. 2 S. 1 nur auf Bilanz und GuV bezieht, ist zweifelhaft, in welchem Umfang auch bei solchen Posten, die alternativ in Bilanz/GuV oder im Anhang auszuweisen sind, Vorjahresbeträge anzugeben sind. Für eine Angabepflicht spricht die Überlegung, dass die Möglichkeit einer Verlagerung bestimmter Angaben in den Anhang nur der Entlastung der Bilanz/GuV dienen soll, nicht aber den Informationsgehalt und die Vergleichbarkeit schmälern darf.[21] Außerhalb

---

§ 42 Rn 43; Beck BilKomm-*Winkeljohann/Büssow* Rn 2; **aA** aber *Coenenberg* DB 1986, 1582.

15 ADS 15; KK-*Korth* Rn 7.

16 Vgl. nur HdR-*Hütten/Lorson* Rn 21.

17 So auch ADS 18, 19; anders HdR-*Hütten/Lorson* Rn 19.

18 Allgemein zum Begriff „wesentlich" HuRB-*Leffson,* S. 434 ff.

19 HdR-*Hütten/Lorson* Rn 25.

20 Vgl. nur ADS 26 ff.

21 Für Angabepflicht ADS 28; *IDW* RS HFA 39 Rn 1; HdJ-*Kupsch* IV/4 Rn 53; *Biener/Berneke,* S. 139; Beck-HdR-*Castan* B 141 Rn 41 ff; KK-*Korth* Rn 14; HdR-*Hütten/Lorson* Rn 26; **aA** aber *Coenenberg* DB 1986, 1582.

dieser Fälle bleibt es hingegen bei der gesetzlichen Vorgabe, dass die Pflicht zur Angabe von Vorjahresbeträgen für den Anhang nicht gilt.[22]

2. Angaben bei fehlender Vergleichbarkeit (**Abs. 2 S. 2**). Sind die Beträge des Geschäftsjahres mit denen des Vorjahres nicht vergleichbar, wäre eine entsprechende Angabe irreführend. Daher bestimmt § 265 Abs. 2 S. 2, dass eine solche mangelnde Vergleichbarkeit im Anhang anzugeben und zu erläutern ist. Nicht vergleichbar sind die Vorjahresbeträge z.B. in den Fällen einer nach Abs. 1 zulässigen Durchbrechung der Darstellungsstetigkeit, einer erstmaligen oder letztmaligen Inanspruchnahme von Erleichterungen, ferner bei sonstigen geänderten tatsächlichen oder rechtlichen Umständen, z.B. bei Rechtsformänderungen, Umstrukturierungen und Fusionen.[23] Dabei sind die betreffenden Einzelposten und die Ursachen der fehlenden Vergleichbarkeit anzugeben, soweit diese „wesentlich" sind. **11**

3. Anpassung der Vorjahresbeträge (**Abs. 2 S. 3**). Nach § 265 Abs. 2 S. 3 ist auch eine Anpassung der Vorjahresbeträge zulässig, um die Vergleichbarkeit herzustellen. Die Vorschrift gewährt den Kapitalgesellschaften nur ein Wahlrecht, da der deutsche Gesetzgeber von der durch Art. 4 Abs. 4 S. 2 der 4. EG-Richtlinie vorgesehenen Möglichkeit einer Anpassungspflicht keinen Gebrauch gemacht hat. Wechselt also z.B. eine Kapitalgesellschaft vom Gesamtkosten- zum Umsatzkostenverfahren, dann müssten – wenn nach Abs. 2 S. 3 vorgegangen werden soll – die entsprechenden Vorjahresbeträge dem neuen Gliederungsschema angepasst werden.[24] Die Anpassung ist wiederum im Anhang anzugeben und zu erläutern. **12**

IV. Mitzugehörigkeit von Posten (Abs. 3)

1. Allgemeines. Die in § 266 vorgesehene Gliederung der Vermögensgegenstände und Schulden in der Bilanz kann auf Grund der verwendeten Einteilungskriterien zu **Überschneidungen** führen. Daher sieht das Gesetz im Interesse einer größeren Übersichtlichkeit und Klarheit vor, dass die Mitzugehörigkeit eines Vermögensgegenstandes oder einer Schuld zu mehreren Posten kenntlich gemacht wird. Dies kann entweder durch einen sog. „Davon-Vermerk" oder durch entsprechende Angaben im Anhang erfolgen. Eine Pflicht zur Kenntlichmachung besteht aber nur, wenn die Angabe zur Aufstellung eines klaren und übersichtlichen Jahresabschlusses „erforderlich ist", d.h. die Klarheit und Übersichtlichkeit des Jahresabschlusses unter Berücksichtigung der relativen und absoluten Größe der jeweiligen Posten ohne einen entsprechenden Hinweis beeinträchtigt würden. § 265 Abs. 3 gilt seinem Wortlaut nach nicht für die GuV, wo entsprechende Überschneidungen nicht auftreten können.[25] **13**

2. Ausweisalternativen. In den Fällen einer Mitzugehörigkeit stellt sich das Problem, unter welchem Posten der betreffende Vermögensgegenstand oder die Schuld mit einem **14**

---

[22] *Löffler/Müller* WPg 2013, 292 f.

[23] Zu Einzelfällen vgl. ADS 30a ff; *Löffler/Müller* WPg 2013, 294 ff.

[24] Vgl. nur HdR-*Hütten/Lorson* Rn 42 f; weitergehend – Angabepflicht nach Abs. 1 – ADS 36; *Löffler/Müller* WPg 2013, 295.

[25] ADS 41; Baumbach/Hueck/*Schulze-Osterloh* GmbHG[18] § 42 Rn 45; **aA** Beck BilKomm-*Winkeljohann/Büssow* Rn 9.

entsprechenden Davon-Vermerk oder einer Angabe auszuweisen ist. Dabei ist zunächst zu prüfen, inwieweit gesetzliche Vorgaben über einen Vorrang eines bestimmten Postens bestehen, z.B. § 42 Abs. 3 GmbHG. Im Übrigen ist der **Ausweis** unter demjenigen Posten vorzunehmen, zu dem der Vermögensgegenstand bzw. die Schuld schwerpunktmäßig gehören.[26]

V. Gliederung bei mehreren Geschäftszweigen (Abs. 4)

15 Ist eine Kapitalgesellschaft in mehr als einem Geschäftszweig tätig, so kann dies die Verwendung unterschiedlicher Gliederungsschemata erforderlich machen. Solche Unterschiede können sich ergeben, wenn auf Grund der Besonderheiten der jeweiligen Geschäftsbereiche neue Posten hinzugefügt (§ 265 Abs. 5), Untergliederungen geändert (§ 265 Abs. 6) bzw. besondere Gliederungsvorschriften angewandt werden. Für diesen Fall sieht § 265 Abs. 4 vor, dass der Jahresabschluss nach der für einen Geschäftszweig vorgeschriebenen Gliederung aufzustellen und nach der für die anderen Geschäftszweige geltenden Gliederung zu ergänzen ist. Dabei wird unter dem Gesichtspunkt der Klarheit und Übersichtlichkeit i.d.R. das Gliederungsschema Vorrang haben, das für den wichtigsten Geschäftszweig vorgeschrieben ist bzw. möglichst wenige Ergänzungen erforderlich macht.[27] Nach § 265 Abs. 4 S. 2 sind die Ergänzungen im Anhang anzugeben und zu begründen.

VI. Erweiterungen der Gliederung (Abs. 5)

16 **1. Allgemeines.** Die in den §§ 266, 275 enthaltenen Gliederungsschemata sind auf die Normalfälle von Industrie- und Handelsunternehmen ausgerichtet und können daher nicht allen Besonderheiten des Einzelfalls Rechnung tragen. Für bestimmte Fälle sieht das Gesetz daher obligatorische weitere Untergliederungen vor.[28] Darüber hinaus erlaubt § 265 Abs. 5 den Kapitalgesellschaften im Interesse einer Verbesserung der Informationskraft des Jahresabschlusses eine weitere freiwillige Detaillierung der Gliederung. Dies kann zum einen durch eine weitergehende Untergliederung geschehen, indem ein gesetzlich vorgesehener Posten des Gliederungsschemas – ggf. durch einen Davon-Vermerk – unterteilt wird. Zum anderen ist auch eine Hinzufügung neuer Posten zulässig, wenn ihr Inhalt nicht von einem vorgeschriebenen Posten gedeckt wird.

17 **2. Weitere Untergliederung.** Nach § 265 Abs. 5 S. 1 2. Halbs. ist bei weiteren Untergliederungen die vorhandene Gliederung zu beachten. Dabei kommen mehrere Möglichkeiten der Untergliederung in Betracht: Bildung von Vor- und Hauptspalten, Aufgliederung eines Postens auf mehrere Teilposten, Ausgliederung einzelner Postenbestandteile und „Davon-Vermerke".[29] Ihre Grenze finden weitere Untergliederungen dort, wo die Klarheit und Übersichtlichkeit des Jahresabschlusses beeinträchtigt wird oder es sich um unwesentliche Posten handelt.[30]

---

[26] Vgl. Baumbach/Hueck/*Schulze-Osterloh* GmbHG[18] § 42 Rn 45; eingehend ADS 42 ff.
[27] ADS 49; HdR-*Hütten/Lorson* Rn 61.
[28] Vgl. die Übersicht bei ADS 54.
[29] Einzelheiten bei ADS 55 ff; HdR-*Hütten/Lorson* 66 ff.
[30] Vgl. ADS 59.

3. Hinzufügung neuer Posten. Die Bildung neuer Posten ist nach § 265 Abs. 5 S. 2 nur zulässig, wenn ihr Inhalt von den vorgeschriebenen Posten nicht gedeckt ist, d.h. das Gliederungsschema im Einzelfall unzureichend ist. Beispiele: GmbH-Anteile im Anlagevermögen, die weder Anteile an verbundenen Unternehmen (§ 266 Abs. 2 A III Nr. 1) noch Beteiligungen (§ 266 Abs. 2 A III Nr. 3) sind; öffentliche Investitionszuschüsse, die als Sonderposten mit Rücklageanteil ausgewiesen werden, um die Erfolgsneutralität zu gewährleisten;[31] passive Ausgleichsposten beim Erwerb eines Unternehmens mit negativem Geschäftswert;[32] einlagenersetzende Forderungen gegen Gesellschafter.[33] Kein Anlass für solche Erweiterungen sind unternehmens- und branchenspezifische Besonderheiten. Hier sind vorrangig weitere Untergliederungen (§ 265 Abs. 5 S. 1) oder eine Änderung nach Abs. 6 vorzunehmen.[34] Über das in § 265 Abs. 5 S. 2 enthaltene Wahlrecht hinaus kann sich im Einzelfall auch – unter Berücksichtigung von §§ 243 Abs. 2, 264 Abs. 2 S. 1 – eine Pflicht zur Hinzufügung ergeben.[35] **18**

VII. Änderung von Gliederung und Bezeichnung (Abs. 6)

1. Abweichungspflicht. § 265 Abs. 6 verpflichtet zu einer Änderung der Gliederung und der Bezeichnung bestimmter Posten, wenn dies wegen der Besonderheiten der Kapitalgesellschaft zur Aufstellung eines klaren und übersichtlichen Jahresabschlusses erforderlich ist. Auf diese Weise trägt das Gesetz der Tatsache Rechnung, dass das gesetzlich vorgeschriebene Gliederungsschema angesichts der vielfältigen branchenspezifischen Besonderheiten nicht immer geeignet ist, ein den tatsächlichen Verhältnissen entsprechendes Bild der Vermögens-, Finanz- und Ertragslage zu vermitteln. Soweit entsprechende Besonderheiten gegeben sind, die die Informationskraft des Jahresabschlusses wesentlich beeinträchtigen, ist daher vom gesetzlichen Gliederungsschema abzuweichen. Dies gilt nach dem ausdrücklichen Wortlaut des § 265 Abs. 6 allerdings nur für die *mit arabischen Zahlen nummerierten Posten.* **19**

2. Art der Abweichungen. Abweichungen[36] kommen zum einen in Form von *Umgliederungen* in Betracht, wenn die Beibehaltung der gesetzlichen Reihenfolge ausnahmsweise die Klarheit und Übersichtlichkeit beeinträchtigen würde. Ferner sind *Anpassungen der Bezeichnungen* möglich, z.B. durch Weglassen bestimmter im konkreten Geschäftsbetrieb nicht vorhandener Komponenten. Schließlich sind *Ergänzungen* der gesetzlichen Postenbezeichnungen denkbar. **20**

3. Freiwillige Abweichungen. § 265 Abs. 6 betrifft nur den Fall einer zwingenden Abweichung. Daneben stellt sich die Frage, ob außerhalb der von Abs. 6 geforderten Voraussetzungen auch freiwillige Abweichungen – z.B. durch Verwendung von Kurzbezeichnungen – zulässig sind. Dies ist zu bejahen, soweit durch die Abweichung die Klarheit und Übersichtlichkeit des Jahresabschlusses vergrößert und die Vergleichbarkeit nicht beeinträchtigt wird.[37] **21**

---

[31] BGH NZG 2003, 882.

[32] BFH BStBl. II 2006, 656; *Schulze-Osterloh* BB 2006, 1955.

[33] Dazu *Schulze-Osterloh* FS Eisenhardt (2007), S. 505 ff.

[34] *Schulze-Osterloh* aaO; **aA** ADS 65.

[35] Vgl. Beck BilKomm-*Winkeljohann/Büssow* Rn 15; ADS 68; HdR-*Hütten/Lorson* Rn 79.

[36] Näheres bei ADS 71 ff.

[37] Dazu eingehend ADS 78 ff.

VIII. Zusammenfassung von Posten (Abs. 7)

22 **1. Allgemeines.** Nach § 265 Abs. 7 ist eine Zusammenfassung von Einzelposten der gesetzlichen Gliederungsschemata *in zwei Fällen* zulässig: Nach Abs. 7 Nr. 1 können Einzelposten zusammengefasst werden, wenn sie einen unter dem Gesichtspunkt des § 264 Abs. 2 S. 1 unerheblichen Betrag enthalten. Abs. 7 Nr. 2 lässt eine Zusammenfassung bei gleichzeitigem Einzelausweis im Anhang zu, wenn dadurch die Klarheit der Darstellung vergrößert wird. Beide Ausnahmen sind auf die mit arabischen Zahlen versehenen Posten beschränkt. Zulässig ist aber nur eine Zusammenfassung von Einzelposten innerhalb der mit Großbuchstaben bzw. römischen Ziffern gebildeten Gruppen.[38] In der GuV besteht das Wahlrecht auch für die mit kleinen Buchstaben versehenen Posten.[39]

23 **2. Zusammenfassung wegen Geringfügigkeit (Abs. 7 Nr. 1).** Eine Zusammenfassung nach Abs. 7 Nr. 1 setzt voraus, dass die Posten – gemessen am Einblicksgebot des § 264 Abs. 2 S. 1 – einen nicht erheblichen Betrag enthalten. Dafür sind sowohl die absolute als auch die relative Größe des Postens sowie sein sachlicher Inhalt zu berücksichtigen.[40] Eine Zusammenfassung wegen Geringfügigkeit scheidet aber aus, wenn das Gesetz einen gesonderten Ausweis zwingend vorschreibt.[41]

24 **3. Zusammenfassung zur Vergrößerung der Klarheit (Abs. 7 Nr. 2).** § 265 Abs. 7 Nr. 2 gibt den Unternehmen die Möglichkeit, die Bilanz und GuV im Interesse der besseren Übersichtlichkeit und Klarheit zu entlasten und bestimmte **Einzelangaben im Anhang** zu machen.[42] Allerdings fehlt eine nähere gesetzliche Konkretisierung, wann die Klarheit des Jahresabschlusses durch eine entsprechende Verlagerung von Einzelangaben in den Anhang vergrößert wird. Dazu ist zu berücksichtigen, dass § 265 Abs. 7 Nr. 2 keine Einschränkung des Grundsatzes der Übersichtlichkeit des Jahresabschlusses einschließlich des Anhangs enthält. Gerade die Übersichtlichkeit des Anhangs wird aber durch eine übermäßige Verlagerung von Einzelangaben beeinträchtigt.[43] Ferner lässt sich aus § 265 Abs. 5 entnehmen, dass das Gesetz nicht jede Vereinfachung des Gliederungsschemas als Gewinn an Klarheit versteht. Für eine *einschränkende Auslegung* spricht schließlich auch der Umstand, dass der Gesetzgeber von einer Zusammenfassungspflicht abgesehen hat.[44]

25 Die Verlagerung von Einzelangaben in den Anhang nach § 265 Abs. 7 Nr. 2 setzt voraus, dass die dort gemachten Angaben nach der Art der Darstellung für den Bilanzleser praktisch **gleichwertig** sind.[45] Ferner besteht nach § 265 Abs. 2 S. 1 eine Pflicht zur Angabe der Vorjahresbeträge. Darüber hinaus gilt der Stetigkeitsgrundsatz (§ 265 Abs. 1).

---

[38] Vgl. nur Baumbach/Hueck/*Schulze-Osterloh* GmbHG[18] § 42 Rn 50.

[39] *Schulze-Osterloh* aaO; Beck BilKomm-*Winkeljohann/Büssow* Rn 17.

[40] Vgl. dazu ADS 88; Beck-HdR-*Castan* B 141 Rn 82 f; allgemein zum Begriff „wesentlich" HuRB-*Leffson*, S. 434 ff; ferner *Niehus* WPg 1981, 13; *Ossadnik* WPg 1993, 622 f.

[41] Vgl. ADS 89.

[42] Vgl. BT-Drucks. 10/317, S. 77.

[43] Vgl. *Emmerich* WPg 1986, 700 f; siehe auch *Budde/Förschle* DB 1988, 1458.

[44] Ebenso *Emmerich* aaO; KK-*Korth* 34; ADS 92 mit Beispielen für Anwendungsfälle.

[45] ADS 94.

IX. Leerposten (Abs. 8)

Ein Posten der Bilanz oder der GuV, der keinen Betrag ausweist, braucht nicht aufgeführt zu werden, wenn nicht im Vorjahr unter diesem Posten ein Betrag ausgewiesen worden ist (§ 265 Abs. 8). Die Vorschrift ist im Zusammenhang mit der Pflicht zur Angabe von Vorjahresbeträgen (§ 265 Abs. 2) zu sehen. Das Gesetz sieht zwar nur ein Recht und keine Pflicht zum Verzicht auf Leerposten vor. Ein solcher Verzicht wird aber im Allgemeinen den Grundsätzen der Klarheit und Übersichtlichkeit entsprechen.[46] § 265 Abs. 8 spricht ausdrücklich nur von Posten der Bilanz und GuV. Zweifelhaft ist daher, ob die Regelung auch bei sog. *Davon-Vermerken* Anwendung findet. Dagegen könnte sprechen, dass zumindest bestimmte gesetzlich vorgesehene Vermerke dem Bilanzleser weitergehende Informationen über bestimmte Sachverhalte vermitteln und daher stets Fehlanzeigen erforderlich seien.[47] Nach anderer Ansicht ist Abs. 8 dagegen auch auf Vermerke anzuwenden.[48] Für diese Auffassung sprechen vor allem Gründe der Praktikabilität. Zudem ist der mutmaßliche Informationswert von Fehlanzeigen eher gering einzuschätzen. **26**

X. Rechtsfolgen eines Verstoßes gegen Gliederungsvorschriften

Vorsätzliche Zuwiderhandlungen gegen § 265 Abs. 2–4 und 6 können nach § 334 Abs. 1 Nr. 1 Buchst. c als Ordnungswidrigkeit geahndet werden. Ferner kann eine schwerwiegende Missachtung der Gliederungsvorschriften als Vergehen nach § 331 Nr. 1 bestraft werden, wenn dadurch die Verhältnisse der Kapitalgesellschaft unrichtig dargestellt oder verschleiert werden. Verstöße gegen § 265 können ferner nach § 256 Abs. 4 AktG zur Nichtigkeit des Jahresabschlusses führen, wenn die Klarheit und Übersichtlichkeit wesentlich beeinträchtigt sind. **27**

---

[46] ADS 95; Baumbach/Hueck/*Schulze-Osterloh* GmbHG[18] § 42 Rn 51.

[47] So wohl KK-*Korth* Rn 35.

[48] ADS 96; Beck BilKomm-*Winkeljohann*/*Büssow* Rn 18; Beck-HdR-*Castan* B 141 Rn 93.

ZWEITER TITEL

Bilanz

§ 266
Gliederung der Bilanz

(1) [1]Die Bilanz ist in Kontoform aufzustellen. [2]Dabei haben große und mittelgroße Kapitalgesellschaften (§ 267 Abs. 3, 2) auf der Aktivseite die in Absatz 2 und auf der Passivseite die in Absatz 3 bezeichneten Posten gesondert und in der vorgeschriebenen Reihenfolge auszuweisen. [3]Kleine Kapitalgesellschaften (§ 267 Abs. 1) brauchen nur eine verkürzte Bilanz aufzustellen, in die nur die in den Absätzen 2 und 3 mit Buchstaben und römischen Zahlen bezeichneten Posten gesondert und in der vorgeschriebenen Reihenfolge aufgenommen werden. [4]Kleinstkapitalgesellschaften (§ 267a) brauchen nur eine verkürzte Bilanz aufzustellen, in die nur die in den Absätzen 2 und 3 mit Buchstaben bezeichneten Posten gesondert und in der vorgeschriebenen Reihenfolge aufgenommen werden.

(2) Aktivseite

A. Anlagevermögen:
- I. Immaterielle Vermögensgegenstände:
  1. Selbst geschaffene gewerbliche Schutzrechte und ähnliche Rechte und Werte;
  2. entgeltlich erworbene Konzessionen, gewerbliche Schutzrechte und ähnliche Rechte und Werte sowie Lizenzen an solchen Rechten und Werten;
  3. Geschäfts- oder Firmenwert;
  4. geleistete Anzahlungen;
- II. Sachanlagen:
  1. Grundstücke, grundstücksgleiche Rechte und Bauten einschließlich der Bauten auf fremden Grundstücken;
  2. technische Anlagen und Maschinen;
  3. andere Anlagen, Betriebs- und Geschäftsausstattung;
  4. geleistete Anzahlungen und Anlagen im Bau;
- III. Finanzanlagen:
  1. Anteile an verbundenen Unternehmen;
  2. Ausleihungen an verbundene Unternehmen;
  3. Beteiligungen;
  4. Ausleihungen an Unternehmen, mit denen ein Beteiligungsverhältnis besteht;
  5. Wertpapiere des Anlagevermögens;
  6. sonstige Ausleihungen.

B. Umlaufvermögen:
- I. Vorräte:
  1. Roh-, Hilfs- und Betriebsstoffe;
  2. unfertige Erzeugnisse, unfertige Leistungen;

3. fertige Erzeugnisse und Waren;
4. geleistete Anzahlungen;

II. Forderungen und sonstige Vermögensgegenstände:
1. Forderungen aus Lieferungen und Leistungen;
2. Forderungen gegen verbundene Unternehmen;
3. Forderungen gegen Unternehmen, mit denen ein Beteiligungsverhältnis besteht;
4. sonstige Vermögensgegenstände;

III. Wertpapiere:
1. Anteile an verbundenen Unternehmen;
2. sonstige Wertpapiere;

IV. Kassenbestand, Bundesbankguthaben, Guthaben bei Kreditinstituten und Schecks.

C. Rechnungsabgrenzungsposten.

D. Aktive latente Steuern.

E. Aktiver Unterschiedsbetrag aus der Vermögensverrechnung.

(3) Passivseite

A. Eigenkapital:

I. Gezeichnetes Kapital;

II. Kapitalrücklage;

III. Gewinnrücklagen:
1. gesetzliche Rücklage;
2. Rücklage für Anteile an einem herrschenden oder mehrheitlich beteiligten Unternehmen;
3. satzungsmäßige Rücklagen;
4. andere Gewinnrücklagen;

IV. Gewinnvortrag/Verlustvortrag;

V. Jahresüberschuß/Jahresfehlbetrag.

B. Rückstellungen:
1. Rückstellungen für Pensionen und ähnliche Verpflichtungen;
2. Steuerrückstellungen;
3. sonstige Rückstellungen.

C. Verbindlichkeiten:
1. Anleihen, davon konvertibel;
2. Verbindlichkeiten gegenüber Kreditinstituten;
3. erhaltene Anzahlungen auf Bestellungen;
4. Verbindlichkeiten aus Lieferungen und Leistungen;
5. Verbindlichkeiten aus der Annahme gezogener Wechsel und der Ausstellung eigener Wechsel;
6. Verbindlichkeiten gegenüber verbundenen Unternehmen;
7. Verbindlichkeiten gegenüber Unternehmen, mit denen ein Beteiligungsverhältnis besteht;
8. sonstige Verbindlichkeiten,
   davon aus Steuern,
   davon im Rahmen der sozialen Sicherheit.

D. Rechnungsabgrenzungsposten.

E. Passive latente Steuern.

Schrifttum

Bisges Bilanzierung und Bewertung von Websites und Domains, StB 2012, 309; *Fey/Deubert/Lewe/Roland* Erleichterungen nach dem MicroBilG – Einzelfragen zur Anwendung der neuen Vorschriften, BB 2013, 107; *Fross* Transferentschädigungen und unentgeltlicher Erwerb, FR 2012, 193; *Herzig/Briesemeister/Schäperclaus* Von der Einheitsbilanz zur E-Bilanz, DB 2011, 1; *Herzig/Schäperclaus* Einheitstaxonomie für E-Bilanz und Offenlegung, DB 2013, 1; *Jansen* Die Aktivierung der Anschaffungskosten der Spielerlaubnis in der Fußball-Bundesliga, FS Raupach (2006), S. 247; *Kirsch* Die Bedeutung der Generalnorm für den Jahresabschluss von Kapitalgesellschaften nach dem Bilanzrechtsmodernisierungsgesetz und nach dem Gesetz zur Erleichterung für Kleinstkapitalgesellschaften, DStZ 2013, 258; *ders.* Jahresabschlüsse von Kleinstunternehmen, DStZ 2012, 751; *Koether* Nochmals: Ablösezahlungen und Spieler-Vermittler-Provisionen im Profifußball, FR 2012, 631; *Küting/Dürr* „Genüsse" in der Rechnungslegung nach HGB und IFRS sowie Implikationen im Kontext von Basel II, DStR 2005, 938; *Moxter* Immaterielle Anlagewerte im neuen Bilanzrecht, BB 1979, 1102; *ders.* Zum neuen Bilanzrechtsentwurf, BB 1985, 1101; *W. Müller* Wohin entwickelt sich der bilanzielle Eigenkapitalbegriff, FS Budde (1995), S. 445; *Schaber/Kuhn/Eichhorn* Eigenkapitalcharakter von Genussrechten in der Rechnungslegung nach HGB und IFRS, BB 2004, 315; *Schulze-Osterloh* Der Ausweis von Aufwendungen nach dem Realisations- und dem Imparitätsprinzip, FS Forster (1992), S. 653 ff; *Sethe* Die Besonderheiten der Rechnungslegung bei der KGaA, DB 1998, 1044; *Streck/Binnewies* Gestaltungsmöglichkeiten, Bilanzierungs- und Steuerfragen zum Handel mit Berechtigungen zur Emission von Treibhausgasen nach dem Treibhausgas-Emissionshandelsgesetz (TEHG), DB 2004, 1116; *Theile* Vereinfachte Jahresabschlüsse für Kleinstkapitalgesellschaften – Eine Kurzkommentierung des Regierungsentwurfs eines MicroBilG –, GmbHR 2012, 1112; *Tiedchen* Der Vermögensgegenstand im Handelsbilanzrecht (1991); *Wader/Städle* Geänderte Rechnungslegungs- und Offenlegungsvorschriften für Kleinstkapitalgesellschaften durch das MicroBilG, WPg 2013, 249; *Zwirner/Froschhammer* „Reform" der Rechnungslegung für Kleinstkapitalgesellschaften ohne deregulierende Auswirkungen für die Praxis? StuB 2013, 83.

Übersicht

I. Normzweck und Allgemeines

1 **Normzweck.** § 266 regelt die **Gliederung der Bilanz** der Kapitalgesellschaften. Danach ist die Bilanz in *Kontoform* aufzustellen und – vorbehaltlich der Erleichterungen für kleine Kapitalgesellschaften und Kleinstkapitalgesellschaften – die Aktiv- und Passiv-

seite zwingend nach dem gesetzlichen Schema der Abs. 2 und 3 zu gliedern. Abweichungen von diesem Gliederungsschema sind nur kraft gesetzlicher Ausnahmeregelungen zulässig, insbesondere nach §§ 264c Abs. 3, 265 Abs. 4–8. Ferner sind die verschiedenen besonderen Gliederungsvorschriften außerhalb von § 266 zu beachten, z.B. über Anlagespiegel (§ 268 Abs. 2).[1] Schließlich ergeben sich weitere Modifikationen durch die gesetzlich vorgeschriebenen Bilanzvermerke.[2] Die Pflicht zur Einhaltung der gesetzlichen Gliederungsvorschriften dient zusammen mit dem Grundsatz der Darstellungsstetigkeit der Verwirklichung des „true and fair view"-Gebots (§ 264 Abs. 2 S. 1): Die *zwingende Gliederung* erleichtert den Einblick in die wirtschaftliche Lage des Unternehmens und erlaubt sowohl Perioden- als auch Betriebsvergleiche.[3]

Entstehungsgeschichte. § 266 beruht auf verschiedenen Regelungen der 4. EG-Richt- 2
linie. Der deutsche Gesetzgeber hat das Mitgliedsstaatenwahlrecht nach Art. 8 betreffend die Form der Bilanz im Sinne der Kontoform ausgeübt. § 266 Abs. 2 und 3 gehen auf Art. 9 zurück. Die Erleichterungen für kleine Kapitalgesellschaften und Kleinstkapitalgesellschaften nach § 266 Abs. 1 S. 3 u. 4 beruhen auf Art. 11 sowie Art. 1a Abs. 3 Buchst. a der 4. EG-Richtlinie. Im Rahmen des BilMoG ist das Gliederungsschema an die materiellen Änderungen (z.B. die Aktivierung von Entwicklungskosten oder Ausweis latenter Steuern) angepasst worden.

Persönlicher und sachlicher Anwendungsbereich. § 266 gilt in *persönlicher* Hinsicht 3
nur für Kapitalgesellschaften und Personenhandelsgesellschaften i.S.v. § 264a. Für die anderen Personengesellschaften bleibt es folglich bei § 247 Abs. 1 (vgl. aber § 264 Rn 3 f). Kraft Verweisung in § 5 Abs. 1 S. 2 PublG gilt § 266 allerdings für publizitätspflichtige Unternehmen sowie nach § 336 Abs. 2 für eingetragene Genossenschaften entsprechend. Keine Anwendung findet § 266 auf den Jahresabschluss von Kreditinstituten, Finanzdienstleistungsinstituten und Versicherungsunternehmen wegen der branchenspezifischen Sonderregelungen der §§ 340a Abs. 2 S. 2, 341a Abs. 2 S. 2, 330 Abs. 2 und Abs. 3. Soweit § 266 freiwillig angewendet wird, dürfen die Postenbezeichnungen nach Abs. 2 und 3 nicht in abweichendem Sinn verwendet werden.[4] In *sachlicher* Hinsicht betrifft § 266 nicht nur den Jahresabschluss der Kapitalgesellschaften, sondern auch die Gliederung von Sonderbilanzen, z.B. Eröffnungs-, Zwischen- und Abwicklungsbilanzen.[5] Was das *Verhältnis zur Steuerbilanz* angeht, sei zunächst auf die Kommentierung zu § 242 Rn 14 verwiesen. Die steuerlichen Gliederungsvorgaben zur E-Bilanz (§ 5b Abs. 1 EStG) basieren zwar auf § 266, jedoch enthalten die Taxonomien wesentlich detailliertere Angabepflichten.[6] Dies macht bereits in darstellerischer Hinsicht eine Überleitung der nach den handelsrechtlichen Vorschriften erstellten Bilanz erforderlich[7] und führt zu einer Relativierung der in Abs. 1 S. 3, 4 für Klein- und Kleinstgesellschaften vorgesehenen Erleichterungen. Nimmt man die durch das BilMoG weiter gewachsenen Unterschiede zwischen den bilanzrechtlichen Vorgaben von Handels- und Steuerrecht hinzu, so dürfte diese Entwicklung in der Praxis zu einem verstärkten Auftreten eigenständiger Steuerbilanzen (vgl. § 5b Abs. 1 S. 3 EStG) führen.[8] Auch die Möglichkeit der elektroni-

---

1 Übersichten bei HdR-*Dusemond/Heusinger-Lange/Knop* Rn 7; Baumbach/Hueck/*Schulze-Osterloh* GmbHG[18] § 42 Rn 56 ff.

2 Vgl. HdR-*Dusemond/Heusinger-Lange/Knop* Rn 8; Baumbach/Hueck/*Schulze-Osterloh* GmbHG[18] § 42 Rn 63 ff.

3 ADS 2.

4 Beck BilKomm-*Ellrott/Krämer* Rn 15.

5 Näheres bei ADS 14 ff.

6 Siehe nur L. Schmidt/*Weber-Grellet* EStG § 5b Rn 1.

7 BoHdR-*Matschke/Brösel/Haaker* Rn 30.

8 Näher *Herzig/Briesemeister/Schäperclaus* DB 2011, 1.

schen „Einheitstaxonomie“[9] ebnet nicht den Weg zurück in die „Einheitsbilanz“, da die bestehenden rechtlichen Unterschiede nicht nivelliert werden dürfen, sondern im Gegenteil zutreffend in der Taxonomie abgebildet werden müssen.

II. Gliederung der Bilanz (Abs. 1 S. 1 und 2)

4 Nach § 266 Abs. 1 S. 1 ist die Bilanz in **Kontoform** aufzustellen, d.h. unter Trennung der Aktiva und Passiva. Unerheblich ist, ob die Aktiva und Passiva nebeneinander oder untereinander angeordnet werden.[10] Ausgeschlossen ist die Staffelform, bei der aus einzelnen Gruppen von Aktiva und Passiva Zwischensummen gebildet werden (z.B. Umlaufvermögen abzüglich kurzfristiger Verbindlichkeiten). § 266 enthält **zwingendes Recht**. Vorbehaltlich der Erleichterungen für kleine Kapitalgesellschaften und Kleinstkapitalgesellschaften haben somit alle Kapitalgesellschaften die in Abs. 2 und 3 bezeichneten Posten der Aktiv- und Passivseite gesondert und in der vorgeschriebenen Reihenfolge auszuweisen. Abweichungen von dem gesetzlichen Gliederungsschema sind nur kraft besonderer Ausnahmeregelung zulässig, z.B. nach § 265 Abs. 4–8.

5 Das gesetzliche Bilanzschema in Abs. 2 und 3 orientiert sich an den verschiedenen, sich teilweise überschneidenden **Gliederungsgesichtspunkten.**[11] Dem betrieblichen Ablauf entspricht z.B. in zeitlicher und sachlicher Hinsicht die Unterteilung von Anlage- und Umlaufvermögen. Liquiditätsgesichtspunkten folgt etwa die Gliederung des Umlaufvermögens (z.B. Vorräte, Forderungen, Wertpapiere, Kassenbestand). Auf der Passivseite zeigt die Unterscheidung von Eigen- und Fremdkapital sowie die Gliederung beider Posten die Mittelherkunft an (vgl. z.B. die Untergliederung innerhalb des Eigenkapitals in gezeichnetes Kapital, Kapitalrücklagen, Gewinnrücklagen). Ein weiterer wichtiger Gliederungsaspekt ist die Hervorhebung von Unternehmensverbindungen durch den gesonderten Ausweis von Rechtsbeziehungen zu „verbundenen Unternehmen“ und solchen, „mit denen ein Beteiligungsverhältnis besteht“. Dass die Untergliederung der Rückstellungen und Verbindlichkeiten (Abs. 3 B. u. C.) lediglich mit arabischen Zahlen erfolgt, hat Bedeutung für die Erleichterungsvorschriften (dazu Rn 6 ff).

III. Erleichterungen für kleine Kapitalgesellschaften und Kleinstkapitalgesellschaften (Abs. 1 S. 3 u. 4)

6 **1. Kleine Kapitalgesellschaften.** § 266 Abs. 1 S. 3 erlaubt kleinen Kapitalgesellschaften im Sinne von § 267 Abs. 1 die Aufstellung einer **verkürzten Bilanz**, in die nur die im gesetzlichen Schema mit Buchstaben und römischen Zahlen bezeichneten Posten aufzunehmen sind. Danach ergibt sich folgendes Gliederungsschema:

Aktivseite

A. Anlagevermögen:
- I. Immaterielle Vermögensgegenstände;
- II. Sachanlagen;
- III. Finanzanlagen.

---

[9] Dazu eingehend (mit Blick auf die Taxonomie 5.2) *Herzig/Schäperclaus* DB 2013, 1.

[10] Beck-HdR-*Castan* B 200 Rn 8.

[11] Vgl. zum folgenden näher ADS 7 ff.

B. Umlaufvermögen:
   I. Vorräte;
   II. Forderungen und sonstige Vermögensgegenstände;
   III. Wertpapiere;
   IV. Kassenbestand, Bundesbankguthaben, Guthaben bei Kreditinstituten und Schecks.
C. Rechnungsabgrenzungsposten.
D. Aktive latente Steuern.
E. Aktiver Unterschiedsbetrag aus Vermögensverrechnung.

Passivseite
A. Eigenkapital:
   I. Gezeichnetes Kapital;
   II. Kapitalrücklage;
   III. Gewinnrücklagen;
   IV. Gewinnvortrag/Verlustvortrag;
   V. Jahresüberschuss/Jahresfehlbetrag.
B. Rückstellungen.
C. Verbindlichkeiten.
D. Rechnungsabgrenzungsposten.
E. Passive latente Steuern.

In Anlehnung an § 264c Abs. 5 S. 1 richtet sich die Gliederungstiefe ausschließlich nach dem vorstehenden Schema.[12] Dementsprechend finden Bestimmungen, die einen **gesonderten Ausweis bzw. Vermerk zu mit arabischen Zahlen bezeichneten Posten** (z.B. einzelnen Rückstellungen und Verbindlichkeiten) vorschreiben, grundsätzlich keine Anwendung. Hierhin zählen etwa Mitzugehörigkeitsvermerke nach § 265 Abs. 3, wobei sich insoweit auch Angabepflichten im Anhang erübrigen.[13] Angaben, die auf Posten mit arabischen Zahlen bezogen sind, sind nur dann nicht entbehrlich, wenn sie inhaltlich sinnvoll auch zu dem zugehörigen oberen, mit Buchstaben bzw. römischen Zahlen bezeichneten (Sammel-)Posten gemacht werden können. In dieser Weise ist beispielsweise in Bezug auf die Restlaufzeitvermerke nach § 268 Abs. 4 S. 1, Abs. 5 S. 1 für die Postengruppen Forderungen und Verbindlichkeiten vorzugehen.[14] 7

Der Wortlaut von § 266 Abs. 1 S. 3, Art. 11 Abs. 1 der 4. EG-Richtlinie („nur") und das zuletzt in den Materialien zu § 264c Abs. 5, § 266 Abs. 1 S. 4 zum Ausdruck gekommene gesetzgeberische Vereinfachungsanliegen[15] würde darüber hinaus sogar eine Auslegung zulassen, wonach *überhaupt nur* die mit Buchstaben und römischen Zahlen bezeichneten Posten in die Bilanzgliederung aufgenommen zu werden brauchen.[16] Das hätte zur Folge, dass Vorschriften, die einen gesonderten Ausweis bzw. Vermerk vorsehen, selbst dann nicht auf kleine Kapitalgesellschaften anwendbar wären, wenn sie Gliederungsposten betreffen, die mit Buchstaben oder römischen Zahlen bezeichnet sind. Hierhin zählen etwa die Angabepflichten nach § 42 Abs. 2 S. 2, 3, Abs. 3 GmbHG. Eine derart enge Auslegung des § 266 Abs. 1 S. 3 erscheint allerdings mit Blick auf den Informationsgehalt der Bilanz überaus bedenklich und folgt auch nicht zwingend aus dem 8

12 Siehe § 264c Rn 35; vgl. demgegenüber (für die Rechtslage vor Inkrafttreten des MicroBilG) Beck BilKomm-*Ellrott/Krämer* Rn 21.
13 Vgl. § 264c Rn 36.
14 ADS § 268 Rn 100, 112; Beck BilKomm-*Ellrott/Krämer* § 268 Rn 91; Beck BilKomm-*Kozikowski/Schubert* § 268 Rn 101.
15 BT-Drucks. 17/11292, S. 17.
16 In diese Richtung *Theile* GmbHR 2012, 1115 f.

Normtext, da in derartigen Fällen kein eigener Bilanzposten unterer Ebene geschaffen zu werden braucht, sondern eine **Abbildung über einen Mitzugehörigkeitsvermerk**, d.h. *innerhalb* der darzustellenden Gliederungsstufe möglich ist.[17] Gegen das vorgenannte Verständnis spricht auch der durch das MicroBilG eingefügte § 152 Abs. 4 AktG und die zugehörigen Gesetzesmaterialien, aus denen sich ergibt, dass es für kleine AG und KGaA bei den in § 152 AktG normierten Angabepflichten bleiben soll,[18] welche sich auf mit römischen Zahlen bezeichnete Gliederungsposten (§ 152 Abs. 1, 2 AktG) beziehen bzw. eine zusammenfassende Darstellung (dazu Rn 7) zulassen (Rücklagenbewegungen nach Abs. 3).[19]

9 Der so beschriebene **Rechtszustand ist unbefriedigend**, da die gesetzlichen Vorgaben Zweifelsfragen aufwerfen[20] und inhaltlich nicht hinreichend aufeinander abgestimmt erscheinen. So sind Angaben nach § 266 Abs. 2 A. III. 2., 4., B. II. 2., 3., Abs. 3 C. 6., 7. zu Ausleihungen, Forderungen und Verbindlichkeiten gegenüber verbundenen Unternehmen und Unternehmen, mit denen ein Beteiligungsverhältnis besteht, gemäß § 266 Abs. 1 S. 3 entbehrlich.[21] Demgegenüber müssen die Angaben nach § 42 Abs. 3 GmbHG vor dem Hintergrund der gesetzgeberischen Gesamtregelung (Rn 8) auch bei kleinen GmbH vorgenommen werden.[22]

10 Die Möglichkeit zur Aufstellung einer verkürzten Bilanz lässt weitergehende **Informationsrechte der Gesellschafter** unberührt.[23] So kann z.B. der Aktionär nach § 131 Abs. 1 S. 3 AktG in der Hauptversammlung stets die Vorlage eines ungekürzten Jahresabschlusses verlangen, was die praktischen Anwendungsmöglichkeiten des § 266 Abs. 1 S. 3 in der kleinen AG weitgehend einschränkt. Im GmbHG fehlt eine entsprechende Regelung, eine Pflicht zur Vorlage einer ungekürzten Bilanz kann sich aber aus dem Gesellschaftsvertrag ergeben. Ferner hat jeder GmbH-Gesellschafter das weitreichende Auskunfts- und Einsichtsrecht nach § 51a GmbHG.

11 **2. Kleinstkapitalgesellschaften.** Noch weitergehende Erleichterungen lässt § 266 Abs. 1 S. 4 für Kleinstkapitalgesellschaften (§ 267a) zu. Sie können eine verkürzte Bilanz aufstellen, in die nur die mit Buchstaben bezeichneten Posten aufzunehmen sind. Macht eine Kleinstkapitalgesellschaft von diesem Wahlrecht Gebrauch, so entfallen gemäß § 152 Abs. 4 AktG konsequenterweise auch die aktienrechtlichen Vorschriften zum Bilanzinhalt. Gleiches hat für die Ausweisvorschrift des § 42 Abs. 1 GmbHG sowie für die ebenfalls auf unteren Gliederungsebenen angesiedelten Angaben nach § 42 Abs. 2 S. 2, 3 Abs. 3 GmbHG zu gelten.[24] Dass es insoweit an einer § 152 Abs. 4 AktG entsprechenden Regelung fehlt, ist unschädlich, da ein genereller Anwendungsvorrang rechtsformspezifischer Angabepflichten angesichts der Vereinfachungsfunktion des § 266 Abs. 1 S. 3, 4 und mit Blick auf den in § 264c Abs. 5 S. 1 enthaltenen Rechtsgedanken nicht anzuerkennen ist.[25] Was die Auslegung des § 266 Abs. 1 S. 4 angeht, gelten die

---

[17] Vgl. ADS § 42 GmbHG Rn 28, 47 (zu § 42 Abs. 3 GmbHG).

[18] BT-Drucks. 17/11292, S. 19.

[19] Zu § 152 Abs. 3 AktG siehe ADS § 152 AktG Rn 39.

[20] Vgl. neben Rn 7 f auch Rn 11 (zu Kleinstkapitalgesellschaften) sowie § 264c Rn 36.

[21] **AA** (gegen das Gesetz) Beck BilKomm-*Ellrott/Krämer* Rn 22.

[22] Im Ergebnis wohl allgemeine Ansicht, vgl. ADS § 42 GmbHG Rn 28; Lutter/Hommelhoff/*Kleindiek* GmbHG § 42 Rn 54.

[23] ADS 19; Beck-HdR-*Castan* B 200 Rn 36 ff.

[24] *Fey/Deubert/Lewe/Roland* BB 2013, 109; *Wader/Städle* WPg 2013, 250 f; siehe mit Blick auf § 264c Abs. 1 auch Erläuterungen zu § 264c Rn 36; *Müller/Kreipl* DB 2013, 74.

[25] In Bezug auf § 42 GmbHG **aA** BoHdR-*Kirsch* § 264 Rn 60.4; *ders.* DStZ 2012, 754; *Theile* GmbHR 2012, 1115; *Zwirner/Froschhammer* StuB 2013, 85.

Ausführungen zu kleinen Kapitalgesellschaften entsprechend (siehe Rn 7, 8). Keine Anwendung auf Kleinstkapitalgesellschaften finden daher etwa § 268 Abs. 1 S. 2,[26] Abs. 4 S. 1,[27] § 272 Abs. 1 S. 3[28] sowie § 58 Abs. 2a S. 2 AktG, § 29 Abs. 4 S. 2 GmbHG.[29] Bei erstmaliger Anwendung der verkürzten Gliederung (vgl. § 267a Rn 2 a.E.) können die auf unteren Ebenen entfallenden Vorjahreszahlen (vgl. § 265 Abs. 2) saldiert werden.[30]

Das Wahlrecht nach § 266 Abs. 1 S. 4 bringt eine **überaus bedenkliche Einschränkung des Informationsgehalts der Bilanz** mit sich,[31] die nicht immer mit einer echten Vereinfachung für die betroffenen Gesellschaften einhergeht, da zum einen die Vorschriften über die *Ermittlung* der als Sammelposten dargestellten Bilanzansätze zu befolgen sind (vgl. § 264c Abs. 5 S. 2)[32] und sich zum anderen im Zuge des MicroBilG keine Änderungen am Mindestumfang der für steuerliche Zwecke zu übermittelnden E-Bilanz (§ 5b Abs. 1 EStG i.V.m. Taxomonie 5.2) ergeben haben.[33] Entgegen den Vorstellungen der Gesetzesverfasser[34] ergibt sich ein Korrektiv auch nicht aus der Möglichkeit zusätzlicher Angaben nach § 264 Abs. 2 S. 2, 3, denn solche sind wegen Art. 1a Abs. 5 der 4. EG-Richtlinie nicht verpflichtend.[35] Eine freiwillige weitere Untergliederung nach § 265 Abs. 5 S. 1 ist jedoch zulässig.[36] Das Gliederungsschema, das gemäß § 266 Abs. 1 S. 4 für Kleinstkapitalgesellschaften ausreichend ist, bleibt auf Grundlage des bisherigen Verständnisses des § 247 Abs. 1 („und hinreichend aufzugliedern") hinter den für Einzelkaufleute und Personenhandelsgesellschaften geltenden Anforderungen zurück,[37] für die bislang als Mindeststandard von einer Orientierung an das für kleine Kapitalgesellschaften geltende Gliederungsschema ausgegangen wird.[38] § 266 Abs. 1 S. 4 kann nicht ohne Auswirkungen auf diese Rechtslage bleiben, soweit Bilanzierungspflichtige gleicher Größe betroffen sind.[39] **12**

Das Verhältnis von § 266 Abs. 1 S. 4 zu den gesellschaftsrechtlichen Informationsrechten ist unklar. Insbesondere hat der Gesetzgeber des MicroBilG[40] § 131 Abs. 1 S. 3 AktG unverändert gelassen, ohne dass sich hierzu in den Materialien eine Erläuterung findet. Zu den Ergänzungen der §§ 152, 158, 160 AktG heißt es lediglich, dass Kleinstkapitalgesellschaften, die von den handelsrechtlich eingeräumten Erleichterungen Gebrauch machen, auch von den zusätzlichen Vorgaben des Aktienrechts befreit werden sollen.[41] Das erscheint in Bezug auf die betroffenen Rechnungslegungsvorschriften konsequent, wäre jedoch im Hinblick auf die gesellschaftsrechtlichen Informationsrechte zu kurz gegriffen, denn es käme zu einer empfindlichen Beeinträchtigung der berechtigten Interessen von (Minderheits-)Gesellschaftern, die auch in einer Kleinstkapitalgesellschaft **13**

---

26 *Fey/Deubert/Lewe/Roland* aaO.
27 *Theile* aaO.
28 *Wader/Städle* aaO; **a.A.** BoHdR-*Kirsch* § 264 Rn 60.4.
29 *Fey/Deubert/Lewe/Roland* aaO.
30 Vgl. ADS § 265 Rn 35 a.E.; *Löffler/Müller* WPg 2013, 295.
31 Vgl. *Theile* GmbHR 2012, 1117.
32 Vgl. auch *Zwirner/Froschhammer* StuB 2013, 89.
33 Vgl. BT-Drucks. 17/11292, S. 15 sowie Rn 3; kritisch deshalb *Haller/Groß* DB 2012, 2112; *Küting/Eichenlaub* DStR 2012, 2621; *Zwirner/Froschhammer* aaO.
34 BT-Drucks. 17/11292, S. 17; siehe auch BoHdR-*Kirsch* § 264 Rn 60.3; *Küting/Eichenlaub* DStR 2012, 2618.
35 Näher § 264 Rn 56 ff.
36 *Theile* GmbHR 2012, 1115.
37 *Kirsch* DStZ 2013, 263; unrichtig BT-Drucks. 17/11292, S. 17.
38 Beck BilKomm-*Ellrott/Krämer* § 247 Rn 5; HdJ-*Lenz/Fiebiger* I/6 Rn 13; HdR-*Hütten/Lorson* § 247 Rn 14; *IDW* RS HFA 7 Rn 41.
39 *Kirsch* DStZ 2012, 756 f.
40 Gesetz v. 20.12.2012, BGBl. I 2012, 2751.
41 BT-Drucks. 17/11292, S. 19.

eine Rolle spielen können. Daher sind die Fälle des § 266 Abs. 1 S. 3 u. 4 in Bezug auf die Informationsrechte der Gesellschafter gleich zu behandeln. Insbesondere findet § 131 Abs. 1 S. 3 AktG entsprechende Anwendung auf die Erleichterungen für Kleinst-AG.

IV. Gliederung der Aktivseite (Abs. 2)

14 **1. Anlagevermögen (A.).** Nach § 247 Abs. 2 sind beim Anlagevermögen nur Gegenstände auszuweisen, die bestimmt sind, dauernd dem Geschäftsbetrieb zu dienen (zu Einzelheiten der Abgrenzung von Anlage- und Umlaufvermögen vgl. Erläuterungen zu § 247). Das Gliederungsschema unterteilt das Anlagevermögen in drei weitere Posten: *Immaterielle Vermögensgegenstände* (Abs. 2 A. I.), *Sachanlagen* (Abs. 2 A. II.) und *Finanzanlagen* (Abs. 2 A. III.). Die „immateriellen Vermögensgegenstände" und die „Sachanlagen" zeigen die Investitionen in das eigene Unternehmen. Demgegenüber beruhen „Finanzanlagen" auf Investitionen in andere Unternehmen.[42]

15 **a) Immaterielle Vermögensgegenstände (A. I.).** Immaterielle Vermögensgegenstände des Anlagevermögens sind alle Vermögensgegenstände, die unkörperlich sind, nicht zu Sach- und Finanzanlagen gehören oder Bestandteil des Umlaufvermögens sind.[43] Weist ein Vermögensgegenstand sowohl körperliche als auch unkörperliche Elemente auf (z.B. Software), bedarf es einer entsprechenden Zuordnung unter Berücksichtigung der Funktion, Wertrelation etc.[44] § 266 Abs. 2 A. I. enthält – trotz seines weiten Wortlauts („... und ähnliche Werte") – keine eigenständige Aussage zur Aktivierungsfähigkeit von immateriellen Vermögensgegenständen; insoweit gelten vielmehr allein die aus §§ 246 Abs. 1, 248 abzuleitenden Kriterien.[45] Vgl. dazu näher die Erläuterungen zu §§ 246, 248.

16 **aa) Selbst geschaffene gewerbliche Schutzrechte und ähnliche Rechte und Werte (A. I. 1.).** Diese Bilanzposition ist als Konsequenz aus der Streichung des § 248 Abs. 2 a.F. durch das BilMoG neu in das Gliederungsschema eingefügt worden. Unter dieser Position sind insbesondere selbst geschaffene Patente, Gebrauchs- und Geschmacksmuster auszuweisen. Darüber hinaus sind nicht nur bereits vorhandene immaterielle Vermögensgegenstände, sondern nach § 255 Abs. 2a auch Entwicklungskosten für künftig entstehende immaterielle Werte auszuweisen.[46] Nicht aktivierbar sind dagegen nach § 248 Abs. 2 S. 2 Marken, Drucktitel, Verlagsrechte und Kundenlisten. Wegen der Einzelheiten der Aktivierung vgl. die Erläuterungen zu §§ 248, 255.

17 **bb) Entgeltlich erworbene Konzessionen, gewerbliche Schutzrechte und ähnliche Rechte und Werte sowie Lizenzen an solchen Rechten und Werten (A. I. 2.).** *Konzessionen* i.S.v. § 266 Abs. 2 A. I. 1. sind behördliche Genehmigungen zur Ausübung eines bestimmten Gewerbes bzw. Handels, z.B. die Güterfernverkehrsgenehmigung,[47] UMTS-Lizenzen[48]

---

[42] ADS 27.

[43] Vgl. KK-*Korth* Rn 23.

[44] Für die Einordnung von Software als immaterielles Wirtschaftsgut die hM, vgl. nur BFH BStBl. II 1987, 728; ADS § 246 Rn 32; **aA** aber etwa Baumbach/Hueck/*Schulze-Osterloh* GmbHG[18] § 42 Rn 76.

[45] Baumbach/Hueck/*Schulze-Osterloh* GmbHG[18] § 42 Rn 118.

[46] BT-Drucks. 16/10067, S. 60; kritisch dazu etwa *Lüdenbach/Hoffmann* DStR Beihefter zu Heft 30/2008, 52 ff.

[47] BFH BStBl. II 1992, 529; *IdW* WPg 1992, 609.

[48] Baumbach/Hueck/*Schulze-Osterloh* GmbHG[18] § 42 Rn 117.

sowie bergrechtliche Gewinnberechtigungen.[49] Emissionszertifikate nach TEHG gehören demgegenüber dem Umlaufvermögen an.[50] Zu den *gewerblichen Schutzrechten* zählen Patent-, Gebrauchsmuster-, Geschmacksmuster- und Markenrechte.[51] *Ähnliche Rechte* sind das Verlags- und Urheberrecht.[52] Ferner gehören hierher z.B. das Nießbrauchsrecht, aber auch (obligatorische) Nutzungsrechte und Lizenzen, Belieferungs- und Vertriebsrechte, Rechte aus Wettbewerbsverboten, eine Domain[53] oder die Spielerlaubnis im Lizenzfußball.[54] Schwierigkeiten bereitet die Abgrenzung zwischen „ähnlichen Rechten" und „Werten". Nach hM zählen zu den *ähnlichen Werten* zum einen ungeschützte Erfindungen, Rezepte, Geheimverfahren etc.[55] Zum anderen gehören hierher sonstige wirtschaftliche Positionen, die sich vom Geschäfts- und Firmenwert abgrenzen lassen (Kundenstamm, Adressenkarteien).[56]

cc) **Geschäfts- oder Firmenwert (A. I. 3.).** Nach § 266 Abs. 2 A. I. 3. ist unter dem **18**
Anlagevermögen auch ein *Geschäfts- oder Firmenwert* gesondert auszuweisen. Hinsichtlich der Aktivierungsfähigkeit eines entgeltlich erworbenen Geschäftswertes vgl. die Erläuterungen zu § 246 Abs. 1 S. 4. Ungeachtet der Erwähnung des Geschäfts- und Firmenwertes in § 266 Abs. 2 A. I. 3. handelt es sich richtiger Ansicht nach nicht um einen Vermögensgegenstand, sondern nur um eine Bilanzierungshilfe (vgl. § 246 Abs. 1 S. 4 n.F.: „gilt als Vermögensgegenstand").[57] Unter § 266 Abs. 2 A. I. 2. war früher auch ein sog. *Verschmelzungsmehrwert* nach § 348 Abs. 2 S. 2 AktG a.F., § 27 Abs. 2 KapErhG a.F. auszuweisen. Mit der Aufhebung des KapErhG durch das UmwBerG zum 1.1.1995 ist diese Möglichkeit ersatzlos entfallen.[58]

dd) **Geleistete Anzahlungen (A. I. 4.).** Geleistete Anzahlungen im Sinne von § 266 **19**
Abs. 2 A. I. 3. sind Anzahlungen auf ein schwebendes Geschäft, das den Erwerb eines immateriellen Vermögensgegenstandes zum Inhalt hat.[59] Der Ausweis geleisteter Anzahlungen dient der Ergebnisneutralisierung.[60] Anzahlungen auf schwebende Geschäfte sind von aktiven Rechnungsabgrenzungsposten abzugrenzen, die bei Vorauszahlungen auf periodische Nutzungsentgelte anzusetzen sind.[61]

---

49 MünchKommHGB/*Reiner/Haußer* Rn 27.

50 BMF v. 6.12.2005 – IV B – S 2134 a – 42/05; *IDW* RS HFA 15 Rn 5; MünchKommHGB/*Reiner/Haußer* Rn 27; *Streck/Binnewies* DB 2004, 1116; **aA** BoHdR-*Matschke/Brösel/Haaker* Rn 125: grundsätzlich Anlagevermögen.

51 Vgl. etwa KK-*Korth* Rn 36.

52 Geßler/Hefermehl/*Kropff* § 151 Rn 29.

53 Vgl. BFH BStBl. II 2007, 331; *Bisges* Stb 2012, 309.

54 BFH BStBl. II 2012, 238; BFH BStBl. II 1992, 977; aus dem neueren Schrifttum *Fross* FR 2012, 193; kritisch *Koether* FR 2012, 631; *Jansen* FS Raupach (2006), S. 247 ff.

55 Vgl. ADS 28; KK-*Korth* Rn 38; **aA** – „ähnliche Rechte" wegen Erfinderschutzes *Tiedchen,* S. 5 f; Baumbach/Hueck/*Schulze-Osterloh* GmbHG[18] § 42 Rn 117.

56 Vgl. dazu *Moxter* BB 1979, 1108.

57 Vgl. auch HdJ-*Lutz/Schlag* I/4 Rn 41; ebenso zum alten Recht Baumbach/Hopt/*Merkt* (33. Aufl.) § 255 Rn 24; *Moxter* BB 1985, 1101; *Knobbe-Keuk* Bilanz- und Unternehmenssteuerrecht § 4 IV 3b; HdR-*Knop/Küting* (Voraufl.) § 255 Rn 423; Baumbach/Hueck/*Schulze-Osterloh* GmbHG[18] § 42 Rn 120; i.E. ähnlich ADS § 255 Rn 271 f: Wert eigener Art; differenzierend Geßler/Hefermehl/*Kropff* § 153 Rn 64; **aA** – Vermögensgegenstand/Wirtschaftsgut – BFH BStBl. II 2007, 959, BStBl. II 1982, 189, BStBl. II 1987, 705; Beck BilKomm-*Kozikowski/Huber* § 247 Rn 400; HdR-*Kußmaul* § 246 Rn 19; *Biener/Berneke,* S. 117; L. Schmidt/*Weber-Grellet* EStG § 5 Rn 222.

58 Vgl. näher ADS 30.

59 KK-*Korth* Rn 49.

60 ADS 59; *Schulze-Osterloh* FS Forster (1992), S. 659 ff; *ders.* Baumbach/Hueck/*Schulze-Osterloh* GmbHG[18] § 42 Rn 125.

61 Vgl. ADS 31.

b) Sachanlagen (A. II.)

20 **aa) Grundstücke, grundstücksgleiche Rechte und Bauten einschließlich Bauten auf fremden Grundstücken (A. II. 1.).** In der Position A. II. 1. ist das Grundvermögen der Kapitalgesellschaft zusammengefasst. Dieses ist von anderen Posten – insbesondere den „technischen Anlagen und Maschinen" (A. II. 2.) sowie den „anderen Anlagen, Betriebs- und Geschäftsausstattungen" (A. II. 3.) nicht allein nach zivilrechtlichen Kriterien, sondern vorrangig nach dem konkreten Nutzungs- und Funktionszusammenhang abzugrenzen.[62] *Grundstücke* sind abgegrenzte Teile der Erdoberfläche, die – jedenfalls bei inländischen Grundstücken – im Grundbuchblatt verzeichnet sind. *Grundstücksgleiche Rechte* sind das Erbbaurecht, Bergwerkseigentum, Wohnungseigentum und Dauerwohn- und Dauernutzungsrecht nach WEG,[63] nicht aber die Grunddienstbarkeiten.[64] *Bauten* sind Gebäude und andere selbständige Grundstückseinrichtungen.[65] *Bauten auf fremden Grundstücken* liegen vor, wenn die Bebauung lediglich auf Grund eines dinglichen oder obligatorischen Nutzungsrechts erfolgt ist. Soweit das Eigentum an dem Gebäude nicht beim Hersteller verblieben ist, z.B. bei Bauten in Ausübung eines dinglichen Rechts an einem fremden Grundstück, verkörpert dieser Posten nur eine Forderung des Herstellers auf Verwendungsersatz gegen den Grundstückseigentümer bei Beendigung des Nutzungsverhältnisses.[66] Bei Mieterein- und umbauten ergibt sich das weitere Problem einer Abgrenzung zu den Posten „technische Anlagen ..." bzw. „Betriebs- und Geschäftsausstattung", soweit ein von der Gebäudenutzung verschiedener Funktionszusammenhang gegeben ist (sog. Betriebsvorrichtungen).[67]

21 **bb) Technische Anlagen und Maschinen (A. II. 2.).** Zum Posten „technische Anlagen und Maschinen" gehören – in Abgrenzung zum Posten „andere Anlagen ..." – alle Vermögensgegenstände, die der Erbringung der konkreten betrieblichen Leistung dienen.[68] Die Position betrifft daher nicht nur Produktionsunternehmen bzw. Maschinen und Anlagen, die bei Produktionsunternehmen für die Herstellung eingesetzt werden.[69] Sie umfasst vielmehr auch Anlagen eines Handelsunternehmens zum Einkauf und zur Lagerung, sowie die Maschinen und Anlagen, die ein Dienstleistungsunternehmen zur „Leistungserbringung" einsetzt.[70]

22 **cc) Andere Anlagen, Betriebs- und Geschäftsausstattung (A. II. 3).** Hierunter fallen alle Vermögensgegenstände, die nicht unmittelbar der Erbringung der betrieblichen Leistung dienen, also insbesondere Verwaltungsfunktion haben, wie z.B. Büroausstattung.[71]

23 **dd) Geleistete Anzahlungen und Anlagen im Bau (A. II. 4.).** Unter dem Posten *geleistete Anzahlungen* sind alle Vorleistungen auf schwebende Geschäfte auszuweisen, die den Erwerb von Gegenständen des Sachanlagevermögens zum Inhalt haben.[72] Der Ausweis der Anzahlungen dient der erfolgsneutralen Erfassung des schwebenden Geschäfts.[73] Der

---

62 Näher ADS 33 ff; KK-*Korth* Rn 52; HdR-*Dusemond/Heusinger/Knop* Rn 25.
63 ADS 40.
64 Statt aller HdR-*Dusemond/Heusinger-Lange/Knop* Rn 21.
65 ADS 42.
66 So *Knobbe-Keuk* Bilanz- und Unternehmenssteuerrecht § 4 IV 4b.
67 Vgl. HdR-*Dusemond/Heusinger-Lange/Knop* Rn 28.
68 Baumbach/Hueck/*Schulze-Osterloh* GmbHG[18] § 42 Rn 128; KK-*Korth* Rn 62.
69 So aber ADS 46; unklar Beck BilKomm-*Kozikowski/Huber* Rn 66 f.
70 *Schulze-Osterloh* aaO.
71 *Schulze-Osterloh* aaO; KK-*Korth* Rn 68 f.
72 Statt aller ADS 59.
73 ADS aaO; näher *Schulze-Osterloh* FS Forster (1992), S. 659 ff.

Posten *Anlagen im Bau* umfasst die am Bilanzstichtag noch nicht fertig gestellten Gegenstände des Sachanlagevermögens. Dabei sind die bis dahin entstandenen Aufwendungen für Eigen- und Fremdleistungen zu aktivieren.[74]

c) **Finanzanlagen (A. III.)**

aa) **Allgemeines.** Während die immateriellen Vermögensgegenstände und die Sachanlagen die Mittelverwendung im eigenen Unternehmen ausweisen, betreffen Finanzanlagen Investitionen in andere Unternehmen bzw. Ausleihungen gegenüber Privatpersonen.[75] Ferner müssen die Anteile und Forderungen nach § 247 Abs. 2 dazu bestimmt sein, dem Geschäftsbetrieb dauernd zu dienen. Fehlt es daran, sind sie dem Umlaufvermögen zuzuordnen. Hinsichtlich der weiteren bilanziellen Aufgliederung unterscheidet das Gesetz zum einen zwischen Anteilen (Nr. 1, 3, 5) und Ausleihungen (Nr. 2, 4, 6). Ferner sind Finanzanlagen bei verbundenen Unternehmen (Nr. 1, 2) und Unternehmen, mit denen ein Beteiligungsverhältnis besteht (Nr. 3, 4), und Finanzanlagen bei sonstigen Unternehmen und Privatpersonen (Nr. 5, 6) getrennt auszuweisen. 24

bb) **Anteile an verbundenen Unternehmen (A. III. 1.).** Der Begriff des verbundenen Unternehmens ist in § 271 Abs. 2 definiert (vgl. die Erläuterungen dort Rn 13 ff). Zum Begriff des Anteils vgl. Erläuterungen zu § 271 Rn 6. Der Ausweis unter dem Posten „Anteile an verbundenen Unternehmen" ist gegenüber dem Ausweis unter „Beteiligungen" vorrangig.[76] 25

cc) **Ausleihungen an verbundene Unternehmen (A. III. 2.).** Ausleihungen sind Darlehensforderungen, die dem Anlagevermögen zuzuordnen sind, d.h. nach § 247 Abs. 2 auf längere Zeit dem Geschäftsbetrieb zu dienen bestimmt sind.[77] Nicht dazu gehören Forderungen aus Umsatzgeschäften, soweit sie nicht in Darlehen umgewandelt worden sind.[78] Die Zuordnung zum Anlagevermögen setzt voraus, dass es sich um Darlehen mit einer gewissen Mindestlaufzeit handelt (wenigstens ein Jahr).[79] Zum Begriff des verbundenen Unternehmens vgl. Erläuterungen zu § 271 Rn 13 ff. 26

dd) **Beteiligungen (A. III. 3.).** Hier sind Beteiligungen im Sinne von § 271 Abs. 1 auszuweisen, soweit sie nicht zu den Anteilen an verbundenen Unternehmen (A. III. 1.) gehören. Zum Begriff der Beteiligung vgl. Erläuterungen zu § 271 Rn 2 ff. 27

ee) **Ausleihungen an Unternehmen, mit denen ein Beteiligungsverhältnis besteht (A. III. 4.).** Hierunter fallen sowohl Ausleihungen (zum Begriff vgl. oben Rn 26) an Unternehmen, an denen die Kapitalgesellschaft eine Beteiligung hält, als auch an Unternehmen, die an der Kapitalgesellschaft beteiligt sind.[80] 28

ff) **Wertpapiere des Anlagevermögens (A. III. 5.).** Unter diesem Posten sind alle Wertpapiere auszuweisen, die weder unter die vorrangigen Bilanzposten Anteile an verbunde- 29

---

74 Baumbach/Hueck/*Schulze-Osterloh* GmbHG[18] § 42 Rn 130; ADS 64.

75 Vgl. zur Abgrenzung ADS 26.

76 Statt aller Baumbach/Hueck/*Schulze-Osterloh* GmbHG[18] § 42 Rn 144.

77 ADS 76; Baumbach/Hueck/*Schulze-Osterloh* GmbHG[18] §42 Rn 145.

78 Beck BilKomm-*Kozikowski/Kreher* Rn 77; ADS 77.

79 HdR-*Dusemond/Heusinger-Lange/Knop* Rn 57.

80 Vgl. ADS 82; Baumbach/Hueck/*Schulze-Osterloh* GmbHG[18] § 42 Rn 152.

nen Unternehmen oder Beteiligungen fallen, noch dem Geschäftsbetrieb nur vorübergehend zu dienen bestimmt sind und deshalb dem Umlaufvermögen zuzuordnen sind.[81] Dazu gehören festverzinsliche Wertpapiere, z.B. öffentliche Anleihen, Industrie- und Bankobligationen; ferner Wertpapiere mit Gewinnbeteiligungsansprüchen bzw. Mitgliedschaftsrechten wie Aktien, Investmentanteile, Genussrechte, Wandel- und Gewinnschuldverschreibungen.

30 gg) **Sonstige Ausleihungen (A. III. 6.).** Unter diesen Auffangposten fallen alle Ausleihungen (zum Begriff vgl. oben Rn 26), die nicht bereits unter A. III. 2 und 4. ausgewiesen werden.

31 2. **Umlaufvermögen (B.).** Dem Umlaufvermögen sind im Unterschied zum Anlagevermögen gemäß § 247 Abs. 2 nur solche Vermögensgegenstände zuzuordnen, die nicht dazu bestimmt sind, dauernd dem Geschäftsbetrieb zu dienen.

32 a) **Vorräte (B. I.).** Der Oberbegriff Vorräte fasst vier Posten zusammen: Roh-, Hilfs- und Betriebsstoffe (B. I. 1.), unfertige Erzeugnisse, unfertige Leistungen (B. I. 2.), fertige Erzeugnisse und Waren (B. I. 3.) und geleistete Anzahlungen (B. I. 4.).

33 aa) **Roh-, Hilfs- und Betriebsstoffe (B. I. 1.).** *Rohstoffe* sind Stoffe, die in die betrieblichen Erzeugnisse eingehen und ihre Hauptbestandteile bilden. Dazu zählen nicht nur Grundstoffe der Urproduktion, sondern auch Erzeugnisse anderer Unternehmen, die zum Einbau in eigene Produkte oder zur Weiterverarbeitung bestimmt sind. *Hilfsstoffe* unterscheiden sich von Rohstoffen nur dadurch, dass sie einen untergeordneten Bestandteil des fertigen Erzeugnisses bilden. Zu den *Betriebsstoffen* zählen die Stoffe, die bei der Herstellung der betrieblichen Erzeugnisse verbraucht werden; ferner die Verbrauchsstoffe für Verwaltung und Vertrieb.[82]

34 bb) **Unfertige Erzeugnisse, unfertige Leistungen (B. I. 2.).** Unfertige Erzeugnisse sind solche Gegenstände, die – anders als Roh- und Hilfsstoffe (B. I. 1.) – bereits in den Produktionsprozess eingegangen sind, aber noch nicht wie die fertigen Erzeugnisse (B. I. 3.) das Stadium der Verkaufsfähigkeit erreicht haben.[83] Soweit Dienstleistungen erbracht werden, die zum Abschlussstichtag noch nicht abgeschlossen sind und sich nicht in körperlichen Gegenständen niedergeschlagen haben, hat ein Ausweis unter „unfertige Leistungen" zu erfolgen.[84] Unter dem Posten „unfertige Erzeugnisse, unfertige Leistungen" sind auch die mit den Herstellungskosten anzusetzenden Leistungen bei langfristiger Fertigung auszuweisen, z.B. bei unfertigen Bauten auf eigenem oder fremdem Grund.[85] Der bilanzrechtliche Charakter der Bilanzposition „Unfertige Erzeugnisse" ist umstritten. Während die Aktivierung nach einer Auffassung nur der bilanziellen Neutralität schwebender Geschäfte dienen soll (Bilanzierungshilfe),[86] handelt es sich nach wohl überwiegender Ansicht um den Ausweis von Vermögensgegenständen, wobei allerdings umstrit-

---

81 Statt aller ADS 84.

82 Vgl. zu allem näher ADS 102 ff.

83 ADS 107.

84 Zu unfertigen Leistungen vgl. näher Baumbach/Hueck/*Schulze-Osterloh* GmbHG[18] § 42 Rn 135; *ders.* FS Forster (1992), S. 657 ff.

85 Dazu Baumbach/Hueck/*Schulze-Osterloh* GmbHG[18] § 42 Rn 159; ADS 109; *Biener/Berneke,* S. 148; Beck BilKomm-*Ellrott/Krämer* Rn 100; HdR-*Dusemond/Heusinger-Lange/Knop* Rn 72.

86 So Baumbach/Hueck/*Schulze-Osterloh* GmbHG[18] § 42 Rn 159.

ten ist, ob insoweit Sachen oder Forderungen ausgewiesen werden.[87] Nach § 268 Abs. 5 S. 2 können erhaltene *Anzahlungen auf Vorräte* von dem Posten „Vorräte" und damit auch von den unfertigen Erzeugnissen und Leistungen offen abgesetzt werden. Die *4. EG-Richtlinie* enthält in Art. 9 D. I. 3. nur den Posten „unfertige Erzeugnisse". Unfertige Leistungen sind nach Art. 18 als Rechnungsabgrenzungsposten oder Forderung auszuweisen. Es ist deshalb zweifelhaft, ob die Erweiterung dieses Postens um die „unfertigen Leistungen" durch den deutschen Gesetzgeber mit der 4. EG-Richtlinie vereinbar ist.[88]

cc) **Fertige Erzeugnisse und Waren (B. I. 3.).** Als fertige Erzeugnisse sind die Produkte auszuweisen, die versandfertig und unmittelbar der Veräußerung zugänglich sind.[89] Waren sind zur Weiterveräußerung angeschaffte Sachen.[90] Fertige Leistungen sind – in Erweiterung des Postens – ebenfalls hier auszuweisen, soweit eine Gewinnrealisierung noch nicht stattgefunden hat und damit noch keine Forderung ausgewiesen werden kann.[91] 35

dd) **Geleistete Anzahlungen (B. I. 4.).** Hierunter fallen geleistete Anzahlungen, soweit sie für den Erwerb von Vorräten getätigt wurden. 36

b) **Forderungen und sonstige Vermögensgegenstände (B. II.)**

aa) **Forderungen aus Lieferungen und Leistungen (B. II. 1.).** Forderungen aus Lieferungen und Leistungen sind Ansprüche aus Umsatzgeschäften. Nicht erfasst sind Forderungen, die nicht in engem Zusammenhang mit dem Gegenstand des Unternehmens stehen.[92] Sie sind als sonstige Vermögensgegenstände auszuweisen. Diese Unterscheidung entspricht der Trennung von Umsatzerlösen und sonstigen betrieblichen Erträgen in der GuV.[93] Forderungen gegenüber verbundenen Unternehmen bzw. Unternehmen, mit denen ein Beteiligungsverhältnis besteht, sind vorrangig unter den entsprechenden Posten auszuweisen, ggf. ist ein Mitzugehörigkeitsvermerk nach § 265 Abs. 3 S. 1 erforderlich. 37

bb) **Forderungen gegenüber verbundenen Unternehmen (B. II. 2.).** Forderungen gegenüber verbundenen Unternehmen sind ohne Rücksicht auf ihre Entstehungsursache unter diesem Posten auszuweisen (zum Begriff des verbundenen Unternehmens vgl. § 271 Rn 13 ff). 38

cc) **Forderungen gegen Unternehmen, mit denen ein Beteiligungsverhältnis besteht (B. II. 3.).** Ebenfalls ohne Rücksicht auf die Entstehungsursache sind alle Forderungen gegen Beteiligungsunternehmen im Sinne von § 271 Abs. 1 unter diesem Posten auszuweisen, soweit nicht ein Ausweis unter B. II. 2. Vorrang hat (zum Begriff der Beteiligung vgl. § 271 Rn 2 ff). 39

dd) **Forderungen gegen Gesellschafter.** Unter den „Forderungen und sonstigen Vermögensgegenständen" sind ferner gesondert (mit arabischer Zahl) auszuweisen: Einge- 40

---

[87] BFH BStBl. II 2006, 298; MünchKomm HGB/*Reiner/Haußer* Rn 60 mwN.

[88] Einen Verstoß gegen die EG-Richtlinie bejahend *Vogel* Die Rechnungslegungsvorschriften des HGB für Kapitalgesellschaften und die 4. EG-Richtlinie (Bilanzrichtlinie) (1993), S. 36 ff; *Schulze-Osterloh* aaO.

[89] HdR-*Dusemond/Heusinger-Lange/Knop* Rn 73.

[90] Baumbach/Hueck/*Schulze-Osterloh* GmbHG[18] § 42 Rn 160.

[91] ADS 118; *Schulze-Osterloh* aaO.

[92] Statt aller ADS 120.

[93] Vgl. § 277 Rn 6 ff.

forderter Betrag der ausstehenden Einlagen (§ 272 Abs. 1 S. 3), eingeforderte Nachschüsse (§ 42 Abs. 2 GmbHG) und Forderungen gegen Gesellschafter (§ 42 Abs. 3 GmbHG).

41 ee) **Sonstige Vermögensgegenstände (B. II. 4.).** Dieser Posten hat die Funktion eines Sammelpostens, unter dem alle Vermögensgegenstände des Umlaufvermögens auszuweisen sind, die nicht unter einen vorrangigen Posten B. II. 1.–3. fallen, z.B. Forderungen aus Lieferungen und Leistungen außerhalb der gewöhnlichen Geschäftstätigkeit der Gesellschaft.

42 c) **Wertpapiere (B. III.).** Der Posten B. III. unterscheidet sich von dem Posten A. III. 5. (Wertpapiere des Anlagevermögens) nur durch die anderweitige Bestimmung (vgl. § 247 Abs. 2).

43 aa) **Anteile an verbundenen Unternehmen (B. III. 1.).** Zum Begriff „Anteile an verbundenen Unternehmen" vgl. Rn 25. Der Oberbegriff „Wertpapiere" führt zu der Frage, wie solche Anteile an verbundenen Unternehmen auszuweisen sind, die nicht verbrieft sind, wie z.B. GmbH-Anteile. Nach dem Wortlaut käme nur ein Ausweis unter „sonstigen Wertpapieren" (B. III. 3.) in Betracht. Im Interesse eines einheitlichen Ausweises im Anlage- und Umlaufvermögen wird dem Oberbegriff „Wertpapiere" aber für die Posten B. III. 1. und 2. keine Bedeutung beigemessen.[94]

44 bb) **Sonstige Wertpapiere (B. III. 2.).** Unter diesen Sammelposten fallen alle Wertpapiere, die nicht zum Anlagevermögen gehören und auch nicht unter B. III. 1 und 2 auszuweisen sind.

45 d) **Kassenbestand, Bundesbankguthaben, Guthaben bei Kreditinstituten und Schecks (B. IV.).** Dieser Posten umfasst alle liquiden Mittel der Gesellschaft. Eine Untergliederung in die einzelnen Bestandteile ist aus Gründen der Klarheit und Übersichtlichkeit sinnvoll, aber nicht vorgeschrieben.[95] Guthaben bei der Postbank zählen zu den Guthaben bei Kreditinstituten. Die frühere gesonderte Postenbezeichnung „Postgiroguthaben" (vgl. § 266 Abs. 2 B. IV. a.F.) war mit der Umstrukturierung der Postgiroämter (jetzt Postbank) unnötig geworden und ist durch das KapCoRiLiG[96] gestrichen worden. Da zu den Guthaben bei Kreditinstituten nur liquide Mittel gehören, können Festgelder bei Kreditinstituten hier nur erfasst werden, wenn sie jederzeit verfügbar sind.[97] Mangels ständiger Verfügbarkeit sind Bausparguthaben unter sonstigen Vermögensgegenständen auszuweisen.[98]

46 3. **Rechnungsabgrenzungsposten (C.).** Unter diesem Posten sind die aktiven Rechnungsabgrenzungsposten auszuweisen. Rechnungsabgrenzungsposten sind keine Vermögensgegenstände, sondern dienen einer periodengerechten Erfolgsermittlung.[99] Die Bil-

---

[94] Ganz hM, vgl. ADS 138; Baumbach/Hueck/*Schulze-Osterloh* GmbHG[18] § 42 Rn 146; HdR-*Dusemond/Heusinger-Lange/Knop* Rn 89; Beck BilKomm-*Ellrott/Krämer* Rn 136.

[95] HdR-*Dusemond/Heusinger-Lange/Knop* Rn 98.

[96] BGBl. I 2000, 154.

[97] So auch Baumbach/Hueck/*Schulze-Osterloh* GmbHG[18] §42 Rn 176; Beck BilKomm-*Ellrott/Krämer* Rn 156; HdR-*Dusemond/Heusinger-Lange/Knop* Rn 100. Weitergehend ADS 150.

[98] Ebenso *Schulze-Osterloh* aaO; HdR-*Dusemond/Heusinger-Lange/Knop* Rn 101; **aA** ADS 154.

[99] Statt aller *Knobbe-Keuk* Bilanz- und Unternehmenssteuerrecht § 4 VI 1.

dung aktiver Rechnungsabgrenzungsposten ist zulässig nach § 250 Abs. 1 für Ausgaben vor dem Abschlussstichtag, die Aufwand für eine bestimmte Zeit nach diesem Tag darstellen, und nach § 250 Abs. 3 für ein Disagio. Hinsichtlich der Einzelheiten der Bildung von aktiven Rechnungsabgrenzungsposten vgl. die Erläuterungen zu § 250. Nach § 268 Abs. 6 ist ein Rechnungsabgrenzungsposten für ein Disagio gesondert auszuweisen oder im Anhang anzugeben.

4. Aktive latente Steuern (D.). Auch nach dem BilMoG besteht nur ein Aktivierungs- **47**
wahlrecht für aktive latente Steuern (verbunden mit einer Ausschüttungssperre nach § 268 Abs. 8 S. 2). Allerdings sieht das geänderte Gliederungsschema für den gesonderten Ausweis aktiver latenter Steuern eine eigene Position vor. Wegen der weiteren Voraussetzungen der Steuerabgrenzung vgl. die Erläuterungen zu § 274.

5. Aktiver Unterschiedsbetrag aus der Vermögensverrechnung (E.). § 246 Abs. 2 S. 2 **48**
sieht unter gewissen Voraussetzungen eine Verrechnung von Vermögenswerten und Altersversorgungsverpflichtungen vor. Soweit sich dabei ein aktiver Unterschiedsbetrag ergibt, ist dieser nach § 246 Abs. 2 S. 3 „unter einem gesondertem Posten" zu aktivieren. Dazu ist das Gliederungsschema um die neue Position § 266 Abs. 2 E. erweitert worden. Hierbei handelt es sich mangels Schuldendeckungspotentials und selbständiger Verkehrsfähigkeit um keinen Vermögensgegenstand, sondern um einen Verrechnungsposten.[100] Soweit die beizulegenden Zeitwerte (abzüglich dafür gebildeter latenter Steuern) die Anschaffungskosten übersteigen, greift die Ausschüttungssperre des § 268 Abs. 8 S. 3 ein.

6. Sonderposten auf der Aktivseite. Das gesetzliche Gliederungsschema des § 266 **49**
Abs. 2 ist in bestimmten Fällen nach anderen Vorschriften um zusätzliche Aktivposten zu erweitern.

a) Nicht durch Eigenkapital gedeckter Fehlbetrag (§ 268 Abs. 3). Ist das Eigenkapital **50**
durch Verluste aufgebraucht und ergibt sich ein Überschuss der Passivposten über die Aktivposten, ist ein entsprechender Fehlbetrag nach § 268 Abs. 3 am Schluss der Bilanz auf der Aktivseite gesondert auszuweisen (vgl. § 268 Rn 23 f).

b) Nicht durch Einlagen gedeckter Verlustanteil persönlich haftender Gesellschafter **51**
einer KGaA (§ 286 Abs. 2 S. 3 AktG). Dieser Posten ergibt sich, wenn die anteiligen Verluste den Kapitalanteil des persönlich haftenden Gesellschafters übersteigen und auch keine Einzahlungsverpflichtung besteht. Er ist entsprechend § 268 Abs. 3 am Schluss der Bilanz auf der Aktivseite auszuweisen.

c) Sonderposten nach dem DMBilG. Weitere Sonderposten auf der Aktivseite können **52**
sich aus der Anwendung des DMBilG ergeben.[101]

---

[100] HdJ-*Lenz/Fiebiger* I/6 Rn 93; KK-*Korth* Rn 211; MünchKommHGB/*Reiner/Haußer* Rn 87.

[101] Vgl. dazu näher ADS 159, 161–163, 166, 167, 173–175.

V. Gliederung der Passivseite (Abs. 3)

53 **1. Eigenkapital (A.).** Nach § 266 Abs. 3 A. werden alle Eigenkapitalposten unter dem Posten „Eigenkapital" zusammengefasst ausgewiesen. Im Einzelnen gilt dabei folgende Untergliederung:
- Gezeichnetes Kapital (A. I.)
- Kapitalrücklage (A. II.)
- Gewinnrücklagen (A. III.)
- Gewinnvortrag/Verlustvortrag (A. IV.)
- Jahresüberschuss/Jahresfehlbetrag (A. V.).

54 a) **Gezeichnetes Kapital (A. I.).** Der Begriff des gezeichneten Kapitals wird in § 272 Abs. 1 gesetzlich definiert. Zum Inhalt dieses Postens vgl. § 272 Rn 6 ff.

55 b) **Kapitalrücklage (A. II.).** Welche Beträge unter dem Posten „Kapitalrücklage" auszuweisen sind, regelt § 272 Abs. 2. Wegen der Einzelheiten vgl. § 272 Rn 28 ff.

56 c) **Gewinnrücklagen (A. III.).** Der Ausweis der Gewinnrücklagen bestimmt sich nach § 272 Abs. 3. Zur Abgrenzung dieses Postens vgl. § 272 Rn 56 ff.

57 aa) **Gesetzliche Rücklage (A. III. 1.).** Vgl. Erläuterungen zu § 272 Rn 60 f.

58 bb) **Rücklage für Anteile an einem herrschenden oder mehrheitlich beteiligten Unternehmen (A. III. 2.).** Vgl. Erläuterungen zu § 272 Rn 65 f.

59 cc) **Satzungsmäßige Rücklagen (A. III. 3.).** Vgl. Erläuterungen zu § 272 Rn 62.

60 dd) **Andere Gewinnrücklagen (A. III. 4.).** Vgl. Erläuterungen zu § 272 Rn 63 f.

61 d) **Gewinnvortrag/Verlustvortrag (A. IV.).** Ein nicht ausgeschütteter Jahresüberschuss wird zum Bilanzstichtag des folgenden Geschäftsjahres zum Gewinnvortrag; ebenso wird ein Jahresfehlbetrag des Vorjahres zum Verlustvortrag. Der Posten Gewinnvortrag/Verlustvortrag wird nur ausgewiesen, wenn die Bilanz vor der Ergebnisverwendung aufgestellt wird (vgl. Erläuterungen zu § 268 Rn 2 ff).

62 e) **Jahresüberschuss/Jahresfehlbetrag (A. V.).** Der Jahresüberschuss bzw. Jahresfehlbetrag ist der Saldo aller Aufwendungen und Erträge nach § 275 (wegen Einzelheiten vgl. Erläuterungen zu § 275 Rn 44). Auch dieser Posten hat nur dann in der Bilanz zu erscheinen, wenn die Bilanz vor der Ergebnisverwendung aufgestellt wird (vgl. Erläuterungen zu § 268 Rn 2 ff).

63 **Sonderposten des Eigenkapitals.** Wegen weiterer Sonderposten des Eigenkapitals – insbesondere des Ausweises stiller Beteiligungen und von Genussrechtskapital sowie der Sonderposten mit Rücklageanteil – vgl. unten Rn 80 ff.

64 **2. Rückstellungen (B.).** Die allgemeinen Voraussetzungen für eine Rückstellungsbildung sind in § 249 geregelt. Wegen der Einzelheiten der Passivierung vgl. Erläuterungen zu § 249.

65 a) **Rückstellungen für Pensionen und ähnliche Verpflichtungen (B. 1.).** Es handelt sich um einen Unterfall der Rückstellungen für ungewisse Verbindlichkeiten. Ihre Passi-

vierungspflicht ergibt sich grundsätzlich aus § 249 Abs. 1 S. 1, wird aber durch § 28 Abs. 1 EGHGB (Übergangsvorschrift, Passivierungswahlrechte) sowie durch § 246 Abs. 2 S. 2 (Verrechnung von Vermögenswerten und Altersvorsorgepflichten) eingeschränkt. Unter diesem Posten sind zum einen Rückstellungen für unmittelbare *Pensionsverpflichtungen* (Anwartschaften und laufende Pensionen) auszuweisen, ferner Rückstellungen für mittelbare Pensionsverpflichtungen (vgl. § 28 Abs. 1 S. 2 EGHGB) aus der Subsidiärhaftung als Trägerunternehmen bei der Einschaltung einer Unterstützungskasse.[102] An einer entsprechenden – auch subsidiären – Verpflichtung gegenüber den Arbeitnehmern und seinen Angehörigen fehlt es dagegen bei Einschaltung einer Pensionskasse oder Direktversicherung. Die Beitragsverpflichtung der Gesellschaft gegenüber der Pensionskasse oder Direktversicherung ist als Verbindlichkeit zu passivieren. Hier entsteht eine unmittelbare Pensionsverpflichtung erst, wenn die Gesellschaft ihrer Leistungspflicht gegenüber der Pensionskasse oder Direktversicherung nicht nachkommt und deshalb gegenüber dem Arbeitnehmer unmittelbar aus der Pensionszusage verpflichtet ist.[103] *„Ähnliche Verpflichtungen"* sind den unmittelbaren und mittelbaren Pensionszusagen ähnliche Verpflichtungen gegenüber Arbeitnehmern, die Versorgungscharakter haben, z.B. Übergangs- und Sterbegelder.[104] Ein Rückdeckungsanspruch stellt gegenüber der Pensionsverpflichtung ein selbständig zu bilanzierendes Aktivum dar.[105]

b) **Steuerrückstellungen (B. 2.).** Unter die Steuerrückstellungen fallen alle Rückstellungen für ungewisse Verbindlichkeiten aus dem Steuerschuldverhältnis, und zwar ohne Rücksicht darauf, ob die Gesellschaft Steuerschuldnerin ist.[106] Diese Unterscheidung hat z.B. Bedeutung für den Ausweis von Rückstellungen wegen Lohnsteuerschulden, da Steuerschuldner der Lohnsteuer der Arbeitnehmer ist, aber die Gesellschaft als Arbeitgeberin die Lohnsteuer einzubehalten und abzuführen hat und Haftungsschuldner ist.[107] Solche Steuerschulden sind einzubeziehen, da der Posten „Steuerrückstellungen" nicht dem Ausweis einer (ungewissen) Steuerbelastung der Gesellschaft dienen soll, sondern inhaltlich durch die besondere rechtliche Qualität der Ansprüche aus dem öffentlich-rechtlichen Steuerschuldverhältnis bestimmt wird.[108] Eine Rückstellungsbildung kommt nach allgemeinen Grundsätzen nur in Betracht, soweit die Steuerschuld dem Grunde oder der Höhe nach ungewiss ist. Ansonsten sind die Steuerschulden unter den sonstigen Verbindlichkeiten mit entsprechendem Vermerk auszuweisen. Passive latente Steuern sind nunmehr – wegen der besonderen Ausweis- und Bewertungsregelungen in § 274 – einheitlich unter dem besonderen Posten „Passive latente Steuern" (§ 266 Abs. 3 E.) auszuweisen.[109] Wegen weiterer Einzelheiten der Steuerrückstellungen vgl. Erläuterungen zu §§ 249, 274. 66

c) **Sonstige Rückstellungen (B. 3.).** Sonstige Rückstellungen sind alle Rückstellungen mit Ausnahme der unter B. 1. und 2. ausgewiesenen Rückstellungen. Zu Voraussetzungen und Einzelfällen der Passivierung von Rückstellungen vgl. Erläuterungen zu § 249. 67

---

[102] Vgl. Baumbach/Hueck/*Schulze-Osterloh* GmbHG[18] § 42 Rn 271 f; näher HFA 2/88 WPg 1988, 403.
[103] *Schulze-Osterloh* aaO.
[104] ADS 205; Baumbach/Hueck/*Schulze-Osterloh* GmbHG[18] § 42 Rn 274.
[105] BFH BStBl. II 2004, 654.
[106] Ebenso HdR-*Dusemond/Heusinger-Lange/Knop* Rn 134; Beck BilKomm-*Kozikowski/Schubert* Rn 201; Baumbach/Hueck/*Schulze-Osterloh* GmbHG[18] § 42 Rn 275; vgl. auch Beck-HdR-*Scheffler* B 233 Rn 472; **aA** ADS 206.
[107] Vgl. §§ 38 Abs. 2 S. 1, Abs. 3, 42d Abs. 1 Nr. 1 EStG.
[108] Baumbach/Hueck/*Schulze-Osterloh* GmbHG[18] § 42 Rn 275.
[109] Vgl. BT-Drucks. 16/10067, S. 67. Anders zum alten Recht z.B. Baumbach/Hueck/*Schulze-Osterloh* GmbHG[18] § 42 Rn 275.

68 **3. Verbindlichkeiten** (C.). Verbindlichkeiten sind die **Schulden** der Gesellschaft. Sie unterscheiden sich von den Rückstellungen dadurch, dass ihre Entstehung sowohl dem Grunde als auch der Höhe nach hinreichend gewiss ist. Zu den Einzelheiten der Passivierung von Verbindlichkeiten und zur Abgrenzung von Fremd- und Eigenkapital vgl. Erläuterungen zu § 247. Unter den Verbindlichkeiten sind auch **Gesellschafterdarlehen** (vgl. § 39 Abs. 1 Nr. 5 InsO) auszuweisen. Eine Pflicht zum gesonderten Ausweis von Gesellschafterdarlehen ergibt sich aus § 42 Abs. 3 GmbHG. Auch sog. *eigenkapitalersetzende Gesellschafterdarlehen* nach §§ 32a, b GmbHG a.F. waren als Verbindlichkeiten auszuweisen.[110] Der Ansatz eines gesonderten Postens „haftendes Kapital" im Gliederungsschema zwischen Eigenkapital und Verbindlichkeiten kam – anders als bei Genussrechten etc. (vgl. Rn 82 f) – nicht in Betracht. **Verbindlichkeiten mit Rangrücktritt** sind in der Handelsbilanz – anders als im Überschuldungsstatus[111] – weiterhin zu passivieren, und zwar entweder als besonders gekennzeichnete Verbindlichkeiten[112] oder – zutreffender – als Sonderposten „haftendes Kapital" zwischen Eigenkapital und Verbindlichkeiten.[113]

69 a) **Anleihen** (C. 1.). Anleihen sind langfristige Verbindlichkeiten, die durch Inanspruchnahme der öffentlichen Kapitalmärkte aufgenommen worden sind.[114] Dazu zählen Schuldverschreibungen, Wandelschuldverschreibungen, Optionsschuldverschreibungen, Gewinnschuldverschreibungen, Genussrechte, soweit es sich um Fremdkapital handelt. Keine Anleihen sind mangels Aufnahme am öffentlichen Kapitalmarkt Schuldscheindarlehen.[115] „Konvertible" Anleihen sind durch gesonderten Davon-Vermerk anzugeben. Konvertibel sind solche Anleihen, die dem Anleihegläubiger ein Umtausch- bzw. Bezugsrecht auf Anteile der Gesellschaft gewähren (Wandelschuldverschreibungen und Optionsanleihen).[116]

70 b) **Verbindlichkeiten gegenüber Kreditinstituten** (C. 2.). Maßgeblich für die Zuordnung ist, dass Gläubiger der Schuld ein Kreditinstitut ist. Dies sind die Institute i.S.v. § 1 KWG sowie nach § 1 BausparkassenG auch Bausparkassen.[117]

71 c) **Erhaltene Anzahlungen auf Bestellungen** (C. 3.). Erhaltene Anzahlungen auf Bestellungen sind Vorleistungen auf die von der Gesellschaft zu erbringende Gegenleistung im Rahmen eines schwebenden Geschäfts. Sie sind keine echten Verbindlichkeiten, vielmehr dient ihre Passivierung dem erfolgsneutralen Ausweis des schwebenden Geschäfts *(passive Bilanzierungshilfe)*.[118] Anzahlungen „auf Bestellungen" liegen nur vor, wenn es sich bei

---

110 BGHZ 124, 282 (284) = NJW 1994, 724; Baumbach/Hueck/*Schulze-Osterloh* GmbHG[18] § 42 Rn 295; ADS 214a; HdR-*Küting/Kessler* § 272 Rn 202; *Knobbe-Keuk* Bilanz- und Unternehmenssteuerrecht § 4 V 3 2.

111 BGH NJW 1987, 1697 (1698); Hachenburg/*Ulmer* GmbHG § 63 Rn 46a; Baumbach/Hueck/*Schulze-Osterloh* GmbHG[18] § 42 Rn 282 mwN.

112 Vgl. ADS 215; Beck BilKomm-*Kozikowski/Schubert* Rn 255; HdR-*Küting/Kessler* § 272 Rn 216; Scholz/*Crezelius* GmbHG Anh. § 42a Rn 220.

113 *Knobbe-Keuk* Bilanz- und Unternehmenssteuerrecht § 4 V 3a; *Herlinghaus* Forderungsverzicht und Besserungsschein (1994), S. 152 ff.

114 ADS 218; Beck BilKomm-*Kozikowski/Schubert* Rn 212; Baumbach/Hueck/*Schulze-Osterloh* GmbHG[18] § 42 Rn 286.

115 Vgl. etwa Beck BilKomm-*Kozikowski/Schubert* Rn 212 ff.

116 ADS 221.

117 ADS 222; HdR-*Dusemond/Heusinger-Lange/Knop* Rn 151; Beck BilKomm-*Kozikowski/Schubert* Rn 221.

118 HdR-*Knop/Zander* § 268 Rn 208; Baumbach/Hueck/*Schulze-Osterloh* GmbHG[18] § 42 Rn 288.

den zugrunde liegenden Geschäften um solche handelt, die zu Umsatzerlösen führen und zu deren Erfüllung Vorräte i.S.v. § 266 Abs. 2 B. I. eingesetzt werden.[119] Dies folgt aus § 268 Abs. 5 S. 2. Anzahlungen im Rahmen von Geschäften, die nicht zu Umsatzerlösen führen, sind deshalb unter sonstigen Verbindlichkeiten auszuweisen.[120]

Umsatzsteuer auf erhaltene Anzahlungen (vgl. § 13 Abs. 1 Nr. 1 Buchst. a S. 4 UStG) ist erfolgsneutral zu behandeln. Nach Aufhebung des § 250 Abs. 1 Nr. 2 durch das BilMoG ist nur noch die sog. *Nettomethode* zulässig. Danach wird sogleich die Anzahlung abzüglich der abgeführten Umsatzsteuer angesetzt und die Umsatzsteuer bis zu ihrer Abführung an das Finanzamt gesondert unter den sonstigen Verbindlichkeiten passiviert. Der Nettomethode wurde schon bisher allgemein der Vorzug eingeräumt.[121] **72**

d) **Verbindlichkeiten aus Lieferungen und Leistungen** (C. 4.). Hierunter sind infolge des Nichtausweises schwebender Geschäfte[122] nur solche Verbindlichkeiten zu erfassen, bei denen der Vertragspartner die Hauptleistung bereits vollständig erbracht hat, während die Gegenleistung der Gesellschaft noch aussteht.[123] Anders als beim Posten „Forderungen aus Lieferungen und Leistungen" ist es nicht erforderlich, dass die Verbindlichkeiten in engem Zusammenhang mit der betrieblichen Leistungserstellung der Gesellschaft stehen. Hinreichend ist vielmehr, dass es sich um Verbindlichkeiten aus Umsatzgeschäften zugunsten der Gesellschaft mit selbstständigen Vertragspartnern handelt.[124] Eine langfristige Stundung ändert nichts am Charakter der Verbindlichkeit, soweit keine ausdrückliche Novation vorliegt.[125] Verbindlichkeiten aus Lieferungen und Leistungen gegenüber verbundenen Unternehmen oder Unternehmen, mit denen ein Beteiligungsverhältnis besteht, sind unter den vorrangigen Posten C. 6. oder C. 7. auszuweisen. **73**

e) **Verbindlichkeiten aus der Annahme gezogener Wechsel und der Ausstellung eigener Wechsel** (C. 5.). Unter diesem Posten sind die Wechselverbindlichkeiten der Gesellschaft auszuweisen, die auf der Annahme eines Wechsels (Art. 28 Abs. 1 WG) oder der Ausstellung eigener Wechsel (Art. 78 Abs. 1 WG) beruhen.[126] Der Ausweis der Wechselverbindlichkeit geht dem Ausweis der zugrunde liegenden Verbindlichkeit vor. Eine mögliche Haftung als Aussteller, Indossant oder Wechselbürge (Art. 9, 15, 32 WG) hat unter den Haftungsverhältnissen (§§ 251, 268 Abs. 7) zu erfolgen;[127] das gleiche gilt für sog. Kautions-, Sicherungs- und Depotwechsel, die nur zu Sicherungszwecken hinterlegt werden.[128] Erst soweit eine Inanspruchnahme droht, ist eine Rückstellung bzw. Verbindlichkeit auszuweisen. **74**

f) **Verbindlichkeiten gegenüber verbundenen Unternehmen** (C. 6.). Dieser Posten umfasst alle Verbindlichkeiten, wenn Gläubiger ein verbundenes Unternehmen ist. Zum Begriff des „verbundenen Unternehmens" vgl. Erläuterungen zu § 271 Rn 13 ff. **75**

---

[119] ADS 223, Baumbach/Hueck/*Schulze-Osterloh* GmbHG[18] § 42 Rn 288; Beck BilKomm-*Kozikowski/Schubert* Rn 224.

[120] ADS aaO; *Schulze-Osterloh* aaO.

[121] St/HFA 1/1985, WPg 1985, 258; ADS 225; Beck BilKomm-*Kozikowski/Schubert* Rn 226; Baumbach/Hueck/*Schulze-Osterloh* GmbHG[18] § 42 Rn 189.

[122] Vgl. Erläuterungen zu § 252.

[123] Vgl. etwa Baumbach/Hueck/*Schulze-Osterloh* GmbHG[18] §42 Rn 289.

[124] ADS 227.

[125] So ADS 228; Beck BilKomm-*Kozikowski-Lange/Schubert* Rn 230; wohl auch HdR-*Dusemond/Heusinger/Knop* Rn 155.

[126] ADS 229.

[127] Baumbach/Hueck/*Schulze-Osterloh* GmbHG[18] § 42 Rn 290.

[128] ADS 230; Beck BilKomm-*Kozikowski/Schubert* Rn 242.

76 g) **Verbindlichkeiten gegenüber Unternehmen, mit denen ein Beteiligungsverhältnis besteht** (C. 7.). Hierunter sind alle Verbindlichkeiten gegen Unternehmen auszuweisen, mit denen ein Beteiligungsverhältnis i.S.v. § 271 Abs. 1 besteht. Zum Beteiligungsverhältnis vgl. Erläuterungen zu § 271 Rn 2 ff.

77 h) **Sonstige Verbindlichkeiten** (C. 8.). Dieser Sammelposten umfasst alle Verbindlichkeiten, die nicht unter einer der vorstehenden Positionen auszuweisen sind und für die nach § 265 Abs. 5 S. 1 auch kein gesonderter Posten gebildet worden ist.[129]

78 4. **Rechnungsabgrenzungsposten** (D.). Unter diesem Posten sind passive Rechnungsabgrenzungsposten auszuweisen. Dies sind nach § 250 Abs. 2 solche Beträge, die als Einnahmen vor dem Bilanzstichtag Erträge für eine bestimmte Zeit nach dem Stichtag darstellen (vgl. näher Erläuterungen zu § 250).

79 5. **Passive latente Steuern** (E.). Durch das BilMoG ist der Ausweis latenter Steuern neu geregelt worden. Dem trägt das geänderte Gliederungsschema des § 266 n.F. durch einen eigenen Bilanzposten „Passive latente Steuern" in § 266 Abs. 3 E. Rechnung. Zu den Voraussetzungen einer Passivierung latenter Steuern vgl. die Erläuterungen zu § 274.

80 6. **Sonderposten der Passivseite.** Das in § 266 Abs. 3 vorgesehene Gliederungsschema für die Passivseite ist in bestimmten Fällen kraft gesetzlicher Sonderregelungen um weitere Passivposten zu erweitern.

81 a) **Kapitalanteil des persönlich haftenden Gesellschafters einer KGaA (§ 286 Abs. 2 S. 1 AktG).** Innerhalb des Eigenkapitals ist nach dem Posten „Gezeichnetes Kapital" der Kapitalanteil des persönlich haftenden Gesellschafters einer KGaA gesondert auszuweisen.[130]

82 b) **Genussrechte.** Die bilanzielle Zuordnung der Genussrechte innerhalb des bilanziellen Gliederungsschemas hängt zunächst davon ab, ob das Genussrechtskapital nach seiner konkreten vertraglichen Ausgestaltung materiell als eigenkapitalähnlich oder als Fremdkapital zu qualifizieren ist. Nach der HFA-Stellungnahme 2/94[131] müssen für die *Einordnung als materielles Eigenkapital* drei Merkmale erfüllt sein: Nachrangigkeit des Rückzahlungsanspruchs im Insolvenz- bzw. Liquidationsfall, Erfolgsabhängigkeit der Vergütung und Teilnahme am Verlust in voller Höhe sowie Längerfristigkeit der Kapitalüberlassung.[132] Wegen Einzelheiten der Abgrenzung von Eigen- und Fremdkapital vgl. Erläuterungen zu § 247.

83 Soweit man Genussrechtskapital als eigenkapitalähnlich einordnet, stellt sich im Rahmen des § 266 die Frage des bilanziellen **Ausweises.** Das Gliederungsschema des § 266 Abs. 3 enthält keinen besonderen Posten, sonstige gesetzliche Vorschriften fehlen. Denkbar ist zum einen – wie in HFA 2/94 vorgeschlagen – die Einfügung eines neuen Postens „Genussrechtskapital" innerhalb des Eigenkapitals nach den Gewinnrücklagen oder als

---

129 Vgl. etwa die Übersichten bei ADS 235; Beck BilKomm-*Kozikowski/Schubert* Rn 246.

130 Vgl. näher *Sethe* DB 1998, 1046 ff.

131 WPg 1994, 419.

132 Zum Meinungsstand im Schrifttum vgl. die Übersichten bei Baumbach/Hueck/*Schulze-Osterloh* GmbHG[18] § 42 Rn 284; ADS 190 ff; *Schaber/Kuhn/Eichhorn* BB 2004, 315; *Küting/Dürr* DStR 2005, 938.

letzter Posten.[133] Zum anderen kommt die Einfügung eines entsprechenden Postens zwischen Eigen- und Fremdkapital – mit eigenem Großbuchstaben – vor den Sonderposten mit Rücklageanteil in Betracht.[134] Für letzteres spricht das Gebot des true and fair view, weil auf diese Weise die Besonderheit des Postens – eigenkapitalähnliches Kapital von Nichtgesellschaftern – deutlicher wird als bei einem Ausweis im Rahmen des Eigenkapitals. Grundlage für diese Ergänzung des Gliederungsschemas wäre § 265 Abs. 5 S. 2.[135]

c) **Einlage des stillen Gesellschafters.** Für die bilanzielle Behandlung der Einlage des stillen Gesellschafters gelten die Ausführungen in Rn 82, 83 entsprechend.[136] **84**

d) **Einlagen zur Kapitalerhöhung.** Einlagen von Gesellschaftern, die in Erwartung von Mitgliedschaftsrechten geleistet werden, begründen bis zur Eintragung der Kapitalerhöhung nur Gläubigerrechte. Sie sind dementsprechend zwischen „A. Eigenkapital" und „B. Rückstellungen" als besonderer Posten „Zur Durchführung der beschlossenen Kapitalerhöhung geleistete Einlagen" auszuweisen.[137] **85**

e) **Bilanzgewinn/Bilanzverlust (§ 268 Abs. 1 S. 2).** Soweit die Bilanz nach teilweiser Ergebnisverwendung aufgestellt wird, sind die Posten „Jahresüberschuss/Jahresfehlbetrag" und „Gewinnvortrag/Verlustvortrag" nach § 268 Abs. 1 S. 2 durch den Posten „Bilanzgewinn/Bilanzverlust" zu ersetzen. Wegen Einzelheiten vgl. § 268 Rn 2 ff. **86**

f) **Sonderposten nach dem DMBilG.** Weitere Sonderposten auf der Passivseite können sich aus der Anwendung des DMBilG ergeben.[138] **87**

VI. Rechtsfolgen eines Verstoßes gegen das Gliederungsschema

Ein Verstoß gegen die Gliederungsvorschrift ist zunächst mit dem Ordnungswidrigkeitstatbestand des § 334 Abs. 1 Nr. 1 Buchst. c sanktioniert. Darüber hinaus droht den Mitgliedern des vertretungsberechtigten Organs bzw. des Aufsichtsrats eine Bestrafung nach § 331 Nr. 1, wenn durch den Gliederungsverstoß die Verhältnisse der Kapitalgesellschaft unrichtig wiedergegeben oder verschleiert werden. Sofern der Gliederungsverstoß die Klarheit und Übersichtlichkeit des Jahresabschlusses wesentlich beeinträchtigt, führt dies nach § 256 Abs. 4 S. 1 AktG zu dessen Nichtigkeit. Eine wesentliche Beeinträchtigung ist insbesondere dann anzunehmen, wenn die Bilanz in Staffelform aufgestellt wird, d.h. Aktiv- und Passivposten miteinander vermengt werden. Weitere Fälle sind z.B. unzulässige Abweichungen von der Gliederung entgegen § 265 Abs. 4–7 und die Aufstellung einer verkürzten Bilanz durch große Kapitalgesellschaften.[139] **88**

---

133 So HFA 2/94 WPg 1994, 421; ADS 197; Beck BilKomm-*Ellrott/Krämer* Rn 191; HdR-*Dusemond/Heusinger-Lange/Knop* Rn 168, 170; Beck-HdR-*Heymann* B 231 Rn 8.

134 So *W. Müller* FS Budde (1995), S. 459 f; zustimmend Baumbach/Hueck/*Schulze-Osterloh* GmbHG[18] § 42 Rn 284 a.E.

135 Eingehend *W. Müller* aaO.

136 Vgl. ADS 188; Beck BilKomm-*Ellrott/Krämer* Rn 192; Baumbach/Hueck/*Schulze-Osterloh* GmbHG[18] § 42 Rn 285; *W. Müller* FS Budde (1995), S. 461 f; alle mwN.

137 Näher ADS § 272 Rn 19.

138 Wegen Einzelheiten vgl. ADS 243–246, 253 f.

139 ADS 21.

§ 267
Umschreibung der Größenklassen

(1) Kleine Kapitalgesellschaften sind solche, die mindestens zwei der drei nachstehenden Merkmale nicht überschreiten:
1. 4 840 000 Euro Bilanzsumme nach Abzug eines auf der Aktivseite ausgewiesenen Fehlbetrags (§ 268 Abs. 3).
2. 9 680 000 Euro Umsatzerlöse in den zwölf Monaten vor dem Abschlußstichtag.
3. Im Jahresdurchschnitt fünfzig Arbeitnehmer.

(2) Mittelgroße Kapitalgesellschaften sind solche, die mindestens zwei der drei in Absatz 1 bezeichneten Merkmale überschreiten und jeweils mindestens zwei der drei nachstehenden Merkmale nicht überschreiten:
1. 19 250 000 Euro Bilanzsumme nach Abzug eines auf der Aktivseite ausgewiesenen Fehlbetrags (§ 268 Abs. 3).
2. 38 500 000 Euro Umsatzerlöse in den zwölf Monaten vor dem Abschlußstichtag.
3. Im Jahresdurchschnitt zweihundertfünfzig Arbeitnehmer.

(3) [1]Große Kapitalgesellschaften sind solche, die mindestens zwei der drei in Absatz 2 bezeichneten Merkmale überschreiten. [2]Eine Kapitalgesellschaft im Sinn des § 264d gilt stets als große.

(4) [1]Die Rechtsfolgen der Merkmale nach den Absätzen 1 bis 3 Satz 1 treten nur ein, wenn sie an den Abschlußstichtagen von zwei aufeinanderfolgenden Geschäftsjahren über- oder unterschritten werden. [2]Im Falle der Umwandlung oder Neugründung treten die Rechtsfolgen schon ein, wenn die Voraussetzungen des Absatzes 1, 2 oder 3 am ersten Abschlußstichtag nach der Umwandlung oder Neugründung vorliegen.

(5) Als durchschnittliche Zahl der Arbeitnehmer gilt der vierte Teil der Summe aus den Zahlen der jeweils am 31. März, 30. Juni, 30. September und 31. Dezember beschäftigten Arbeitnehmer einschließlich der im Ausland beschäftigten Arbeitnehmer, jedoch ohne die zu ihrer Berufsausbildung Beschäftigten.

(6) Informations- und Auskunftsrechte der Arbeitnehmervertretungen nach anderen Gesetzen bleiben unberührt.

Schrifttum

Bitter/Grashoff Anwendungsprobleme des Kapitalgesellschaften- und Co-Richtlinie-Gesetzes, DB 2000, 833; *Farr* Der Jahresabschluß der kleinen GmbH, GmbHR 1996, 92, 185; *ders.* Der Jahresabschluß der mittelgroßen und der kleinen AG, AG 1996, 145; *Göhner* Neue Größenklassenkriterien der §§ 267 und 293 Abs. 1 HGB: Besteht die Möglichkeit der Rückwirkung? BB 2005, 207; *Joswig* Größenabhängige Klassifizierung nach § 267 HGB bei Neugründungen und Umwandlungen, BB 2007, 763; *Kropp/Sauerwein* Bedeutung des Aufstellungszeitpunkts für die Rückwirkung der neuen Größenklassen/Kriterien des § 267 HGB, DStR 1995, 70; *Luttermann* Das Kapitalgesellschaften- und Co.-Richtlinie-Gesetz, ZIP 2000, 517; *Mohr* Keine Rückwirkung von Schwellenwerten zur Bestimmung der Größenmerkmale einer Gesellschaft? GmbHR 2007, 86; *Pfitzer/Wirth* Die Änderungen des Handelsgesetzbuchs, DB 1994, 1937; *Schellhorn* Zur Anwendung der erhöhten Schwellenwerte des § 267 HGB in der Fassung des BilMoG und weiteren Anwendungsfragen des § 267 HGB, DStR 2009, 2696; *Strobel* Die Neuerungen des KapCoRiLiG für den Einzel- und Konzernabschluss, DB 2000, 53; *Theile* Prüfung der Größenkriterien von Kapitalgesellschaften, StuB 2013, 411.

Übersicht

I. Allgemeines

1. Regelungsgegenstand. § 267 enthält die **gesetzlichen Definitionen** der sog. „kleinen", „mittelgroßen" und „großen Kapitalgesellschaft". Die Unterscheidung der Kapitalgesellschaften nach bestimmten Größenklassen bildet die Grundlage für bestimmte *Erleichterungen* bei der Aufstellung, Prüfung und Offenlegung des Jahresabschlusses, die nach dem BiRiLiG für kleine und mittelgroße Kapitalgesellschaften bestehen.[1] Die gemeinschaftsrechtliche Grundlage des § 267 sowie der verschiedenen Erleichterungen bilden die Art. 11, 12, 27, 44, 45 Abs. 2 S. 2, 47 Abs. 2, 3, 51 Abs. 2 der 4. EG-Richtlinie. § 267 wird seit Inkrafttreten des MicroBilG[2] ergänzt durch § 267a, der mit der „Kleinstkapitalgesellschaft" eine vierte Größenklasse definiert, für die weitergehende Erleichterungen gelten.[3] § 267 betrifft nur die größenabhängigen Erleichterungen für Kapitalgesellschaften und Personenhandelsgesellschaften i.S.v. § 264a. Ferner gilt § 267 kraft Verweisung in § 336 Abs. 2 auch für Genossenschaften. Die Rechnungslegungspflichten für Unternehmen nach dem PublG werden von § 267 nicht berührt (vgl. § 5 Abs. 1 S. 2 PublG). Dies gilt auch für die besonderen Schwellenwerte des § 1 Abs. 1 PublG. **1**

2. Übersicht. Die Abs. 1–3 enthalten die Definitionen der „kleinen", „mittelgroßen" und „großen Kapitalgesellschaft" anhand bestimmter **Größenmerkmale** (Bilanzsumme, Umsatzerlöse, Zahl der Arbeitnehmer) bzw. der **Börsennotierung.** Abs. 4 bestimmt, in welchen Zeitpunkten die Größenmerkmale vorliegen müssen. Abs. 5 enthält nähere Vorgaben zur Bestimmung der Anzahl der Arbeitnehmer. Abs. 6 betrifft die Auswirkungen der größenabhängigen Erleichterungen auf die Auskunftsrechte der Arbeitnehmervertretungen. **2**

3. Rechtsentwicklung. Die Größenmerkmale des § 267 sind seit dem Inkrafttreten des BiRiLiG in mehrfacher Hinsicht geändert worden. Die 4. EG-Richtlinie schreibt in Art. 53 Abs. 2 eine *Überprüfung der Finanzschwellenwerte* in einem Abstand von fünf Jahren vor. Damit soll der wirtschaftlichen und monetären Entwicklung (Inflationseffekte) **3**

---

1 Vgl. die Übersichten über die Erleichterungen bei ADS 29–31.

2 Gesetz v. 20.12.2012, BGBl. I, 2751.

3 S. im Einzelnen die Kommentierung zu § 267a.

Rechnung getragen werden. Auf dieser Grundlage sind die Grenzwerte „Bilanzsumme" und „Umsatzerlöse" – nicht aber der Schwellenwert „Zahl der Arbeitnehmer" – mehrfach – zuletzt außerplanmäßig durch die Richtlinie 2006/46/EG v. 14.6.2006[4] – angehoben worden. Der deutsche Gesetzgeber hat diese Änderungen – zuletzt durch das BilMoG v. 25.5.2009[5] – in das deutsche Recht übernommen. Die Entwicklung der Größenmerkmale „Bilanzsumme" und „Umsatzerlöse" zeigt folgende Übersicht:[6]

Kleine Kapitalgesellschaft	2002	2004	2008
Bilanzsumme	3,438 Mio. Euro	4,015 Mio. Euro	4,84 Mio. Euro
Umsatzerlöse	6,875 Mio. Euro	8,03 Mio. Euro	9,68 Mio. Euro

Mittelgroße Kapitalgesellschaft	2002	2004	2008
Bilanzsumme	13,75 Mio. Euro	16,06 Mio. Euro	19,25 Mio. Euro
Umsatzerlöse	27,5 Mio. Euro	32,12 Mio. Euro	38,5 Mio. Euro

Die seit 2008 geltenden *Beträge* dürfen auf alle Geschäftsjahre angewendet werden, die nach dem 31.12.2007 beginnen.[7] Zur Anwendung des § 267 Abs. 4 S. 1 bei gesetzlich angehobenen Schwellenwerten vgl. Rn 15.

4 Dass die in § 267 Abs. 1, 2 enthaltenen Beträge von den Werten in Art. 11 Abs. 1, Art. 27 Abs. 1 der 4. EG-Richtlinie um 10 % nach oben abweichen, erklärt sich damit, dass der deutsche Gesetzgeber von Art. 12 Abs. 2 der Richtlinie Gebrauch machen wollte, der eine entsprechende Betragsanpassung „bei der Umrechnung in nationale Währungen" gestattet.[8] Jedoch sind die Beträge bereits in der Richtlinie in Euro ausgedrückt, so dass es gar keiner **„Umrechnung"** bedarf. Nimmt man zudem den systematischen Zusammenhang mit Art. 11 Abs. 3, Art. 27 Abs. 3 der Richtlinie in den Blick, so spricht vieles dafür, dass das deutsche Recht an diesem Punkt gegen die Richtlinie verstößt.

II. Kleine, mittelgroße und große Kapitalgesellschaft (Abs. 1–3)

5 **1. Unterscheidung nach Größenkriterien (Abs. 1–3 S. 1).** Für die Differenzierung zwischen „kleinen", „mittelgroßen" und „großen Kapitalgesellschaften" i.S.v. § 267 sind *vier Kriterien* maßgebend:
- Bilanzsumme nach Abzug eines auf der Aktivseite ausgewiesenen Fehlbetrages,
- Umsatzerlöse,
- Zahl der Arbeitnehmer,
- Börsennotierung.

Unter Anwendung der aktuellen Größenkriterien ergibt sich danach folgendes Bild:

6 **a) Kleine Kapitalgesellschaft (Abs. 1).** Sie überschreitet mindestens zwei der folgenden drei Größenkriterien nicht:
- Bilanzsumme 4,84 Mio. Euro,
- Umsatzerlöse 9,68 Mio. Euro,
- Zahl der Arbeitnehmer 50.

---

[4] ABl. EU Nr. L 224/1 v. 16.8.2006.
[5] BGBl. I 2009, 1102.
[6] Zu früheren Werten s. Voraufl. Rn 3.
[7] Vgl. Art. 66 Abs. 1 EGHGB i.d.F. des BilMoG.
[8] BT-Drucks. 16/10067, S. 63.

b) **Mittelgroße Kapitalgesellschaft (Abs. 2).** Sie überschreitet mindestens zwei der für kleine Kapitalgesellschaften geltenden Schwellenwerte, aber überschreitet mindestens zwei der folgenden Werte nicht: 7
- Bilanzsumme 19,25 Mio. Euro,
- Umsatzerlöse 38,5 Mio. Euro,
- Zahl der Arbeitnehmer 250.

Ferner liegen die Voraussetzungen des Abs. 3 S. 2 nicht vor.

c) **Große Kapitalgesellschaft (Abs. 3 S. 1).** Eine große Kapitalgesellschaft liegt – vorbehaltlich der Sonderregelung des Abs. 3 S. 2 – vor, wenn mindestens zwei der folgenden Werte überschritten werden: 8
- Bilanzsumme 19,25 Mio. Euro,
- Umsatzerlöse 38,5 Mio. Euro,
- Zahl der Arbeitnehmer 250.

2. Sonderregelung für kapitalmarktorientierte Gesellschaften (Abs. 3 S. 2). Nach § 267 Abs. 3 S. 2 gilt eine kapitalmarktorientierte Kapitalgesellschaft im Sinne des § 264d ohne Rücksicht auf die Größenkriterien der Abs. 1–3 S. 1 als große Kapitalgesellschaft. Mit dieser Regelung hat der deutsche Gesetzgeber von der Möglichkeit Gebrauch gemacht, das Mitgliedsstaatenwahlrecht, das die Art. 11, 12, 27 der 4. EG-Richtlinie eröffnen, nur eingeschränkt umzusetzen. Zum Begriff der kapitalmarktorientierten Gesellschaft vgl. näher die Kommentierung zu § 264d. 9

III. Größenkriterien

1. Bilanzsumme (Abs. 1, 2). § 267 bestimmt hinsichtlich des Kriteriums der „Bilanzsumme" nur, dass ein Fehlbetrag nach § 268 Abs. 3 von dieser abzuziehen ist.[9] Hinzuweisen ist ferner auf § 267a Abs. 1 S. 2, wonach sich die Bilanzsumme aus den Posten zusammensetzt, die in den Buchst. A bis E des § 266 Abs. 2 aufgeführt sind, es sei denn, eine kleine Kapitalgesellschaft hat von der Erleichterung des § 274a Nr. 5 Gebrauch gemacht. Diese Regelung ist klarstellender Natur und systematisch falsch platziert, da sie auch für den Anwendungsbereich des § 267 Geltung beansprucht.[10] Im Übrigen fehlen weitere Vorgaben, so dass es den Kapitalgesellschaften grundsätzlich freisteht, im Rahmen der gesetzlichen Möglichkeiten (vgl. § 264 Abs. 2 S. 1) durch die entsprechende Ausübung von Ansatz-, Bewertungs- und Ausweiswahlrechten die Bilanzsumme zu beeinflussen.[11] Dabei ist zu beachten, dass es allein auf die Auswirkungen auf der Aktivseite der Bilanz ankommt (Verlängerung oder Verkürzung). 10

2. Umsatzerlöse (Abs. 1, 2). Das Gesetz enthält in § 267 keine spezielle Definition der „Umsatzerlöse". Daher kann unmittelbar der entsprechende Posten in der GuV (vgl. §§ 275 Abs. 2 Nr. 1, Abs. 3 Nr. 1, 277 Abs. 1) herangezogen werden.[12] Entscheidend 11

---

[9] Wegen der Abziehbarkeit der entsprechenden Posten für den Kapitalanteil des persönlich haftenden Gesellschafters einer KGaA vgl. ADS 10.

[10] **AA** *Theile* StuB 2013, 415; vgl. auch Erläuterungen zu § 267a Rn 5.

[11] Vgl. die Übersichten bei ADS 8 ff; HdR-*Knop* Rn 8 ff.

[12] ADS 11; Beck BilKomm-*Winkeljohann*/*Lawall* Rn 7; HdR-*Knop* Rn 12; Baumbach/Hueck/*Schulze-Osterloh* GmbHG § 41 Rn 8.

sind die Umsatzerlöse in den zwölf Monaten vor dem Abschlussstichtag. Bei Rumpfgeschäftsjahren sind – vorbehaltlich Abs. 4 S. 2 – die tatsächlichen Erlöse der entsprechenden Monate des vorangegangenen Geschäftsjahres ergänzend zu berücksichtigen.[13]

12 **3. Zahl der Arbeitnehmer (Abs. 5).** Der Gesetzgeber hat in § 267 auf eine besondere Definition des „Arbeitnehmerbegriffs" verzichtet. Deshalb wird vielfach der allgemeine Begriff des Arbeitnehmers herangezogen, wie er durch das Arbeitsrecht und die Rechtsprechung des BAG geprägt ist.[14] Diese Auslegung ist nicht zweifelsfrei, weil die 4. EG-Richtlinie von „Beschäftigten" spricht, so dass der europäische Arbeitnehmerbegriff vorrangig ist.[15] Ausgenommen sind aber nach § 267 Abs. 5 letzter Halbs. die zur Berufsausbildung Beschäftigten. Für die Berechnung der Zahl der Arbeitnehmer enthält Abs. 5 eine Sonderregelung. Danach ist der vierte Teil der Summe der jeweils am 31.3., 30.6., 30.9. und 31.12. beschäftigten Arbeitnehmer einschließlich der im Ausland beschäftigten Arbeitnehmer maßgebend.[16]

IV. Zeitliche Voraussetzungen der Größenklassen (Abs. 4)

13 Abs. 4 regelt die Frage, zu welchen Zeitpunkten die in Abs. 1–3 geregelten Größenkriterien erfüllt sein müssen, damit eine Kapitalgesellschaft als „kleine", „mittelgroße" oder „große" Kapitalgesellschaft qualifiziert werden kann.

14 **1. Grundregel (Abs. 4 S. 1).** Nach Abs. 4 S. 1 kommt es für die Einordnung in eine Größenklasse darauf an, dass die Gesellschaft an den Abschlussstichtagen von *zwei aufeinanderfolgenden Geschäftsjahren* die genannten Merkmale über- bzw. unterschreitet. Ein einmaliges Über- bzw. Unterschreiten ist somit bedeutungslos. Auf diese Weise soll eine **größere Stetigkeit** hinsichtlich der anzuwendenden Vorschriften erreicht werden. Erfüllt also z.B. eine Gesellschaft am Stichtag 1 die Merkmale einer „kleinen Kapitalgesellschaft", dann gilt diese Einordnung auch für das nächste Geschäftsjahr, selbst wenn sie am Stichtag 2 die Merkmale einer „mittelgroßen Kapitalgesellschaft" erfüllt. Erst dann, wenn am Stichtag 3 die Merkmale einer „mittelgroßen" oder „großen" Kapitalgesellschaft vorliegen, wären für dieses Geschäftsjahr die Vorschriften über „mittelgroße Kapitalgesellschaften" anzuwenden. Erfüllt die Gesellschaft dagegen zum Stichtag 3 wieder die Merkmale einer „kleinen Kapitalgesellschaft", bleibt die einmalige Überschreitung zum Stichtag 2 ohne Konsequenzen.[17] Erfüllt eine Kapitalgesellschaft an drei aufeinanderfolgenden Stichtagen jeweils in aufsteigender Reihenfolge die Merkmale einer „kleinen", „mittelgroßen" und „großen Kapitalgesellschaft", so ist sie am Ende des dritten Jahres als „mittelgroß" zu qualifizieren, obwohl die Voraussetzungen der „mittelgroßen Kapitalgesellschaft" nicht an zwei aufeinanderfolgenden Stichtagen vorgelegen haben.[18] Abs. 4 S. 1 fordert nicht, dass jeweils dieselben Merkmale in zwei aufeinanderfolgenden Jahren über- bzw. unterschritten werden.[19] Ausreichend ist, dass jeweils die

---

[13] ADS 12; Beck BilKomm-*Winkeljohann/Lawall* Rn 8; HdR-*Knop* Rn 13.
[14] ADS 13; Beck BilKomm-*Winkeljohann/Lawall* Rn 9; HdR-*Knop* Rn 14.
[15] Näher MünchKommHGB/*Reiner* Rn 8.
[16] Wegen Zurechnungsfragen bei Arbeitnehmerüberlassung vgl. näher ADS 14.
[17] Eingehend zur Wirkung des Abs. 4 S. 1 Beck BilKomm-*Winkeljohann/Lawall* Rn 20 mit tabellarischer Übersicht.
[18] Ebenso ADS 17; Beck BilKomm-*Winkeljohann/Lawall* Rn 18; KK-*Scherrer* Rn 31.
[19] *Theile* StuB 2013, 413.

geforderten zwei von drei Größenmerkmalen an zwei aufeinanderfolgenden Abschlussstichtagen vorliegen. Die Grundregel des Abs. 4 S. 1 bezieht sich bei „großen" Kapitalgesellschaften nur auf die Größenmerkmale nach Abs. 3 S. 1. Eine kapitalmarktorientierte Gesellschaft gilt folglich auch dann als groß, wenn sie an *einem* Abschlussstichtag die Merkmale des § 264d erfüllt.[20]

Fraglich ist, wie die Regelung des § 267 Abs. 4 S. 1 bei einer **gesetzlichen Anhebung der Schwellenwerte** anzuwenden ist. Die Übergangsvorschriften bestimmen in diesen Fällen lediglich, auf welchen Jahresabschluss die geänderte Fassung des § 267 Abs. 1 und 2 anzuwenden ist (vgl. etwa zuletzt § 66 Abs. 1 EGHGB). Damit ist noch nicht entschieden, ob für die von § 267 Abs. 4 S. 1 geforderte Beurteilung, ob die Schwellenwerte an zwei aufeinander folgenden Abschlussstichtagen über – bzw. unterschritten wurden, bereits die geänderten Schwellenwerte anzuwenden sind. Eine solche „rückwirkende" Anwendung geänderter Schwellenwerte wird im Schrifttum zu Recht ganz überwiegend bejaht.[21] Für sie spricht zunächst, dass auf diese Weise die vom Gesetzgeber angestrebte Erleichterung möglichst bald wirksam wird. Ferner soll die Zweijahresbetrachtung nur verhindern, dass sich kurzfristige unternehmensbezogene Veränderungen auf die Einordnung nach § 267 auswirken (Stetigkeitsgedanke). Diese Überlegung passt aber nicht auf gesetzliche Änderungen der Schwellenwerte, die zwangsläufig zu „unsteten" Ergebnissen führen. Eine gleichzeitige Anwendung von alten und neuen Schwellenwerten ergibt folglich keinen praktischen Sinn. Schließlich ist eine rückwirkende Anwendung der geänderten Schwellenwerte in den Gesetzesbegründungen zum KapCoRiLiG[22] und zum BilMoG[23] sogar ausdrücklich vorgesehen. 15

2. **Umwandlung und Neugründung** (**Abs. 4 S. 2**). Während die Grundregel des Abs. 4 S. 1 auf den Fall einer kontinuierlichen Unternehmensfortführung zugeschnitten ist, enthält Abs. 4 S. 2 eine **Sonderregelung** für die Fälle der Umwandlung und Neugründung. Hier ist der Rechtsgedanke des Abs. 4 S. 1 nicht anwendbar und deshalb bestimmt das Gesetz, dass es in diesen Fällen allein auf das Vorliegen der Größenmerkmale am ersten Abschlussstichtag nach der Umwandlung oder Neugründung ankommt. Die Anwendung dieser Sonderregelung bereitet für das Merkmal der Bilanzsumme keine Schwierigkeiten. Probleme ergeben sich dagegen bei der Feststellung der als Durchschnittsbeträge zu ermittelnden Kriterien „Umsatzerlöse" und „Zahl der Arbeitnehmer", sofern das erste Geschäftsjahr weniger als zwölf Monate umfasst. Dabei sind folgende Fallgestaltungen zu unterscheiden: 16

Handelt es sich um eine **Neugründung** und umfasst das erste Rumpfgeschäftsjahr weniger als zwölf Monate, so ist umstritten, ob aus den Erlösen des Rumpfgeschäftsjahres ein (fiktiver) Jahresumsatz hochzurechnen ist,[24] oder ob allein die tatsächlichen Erlöse des Rumpfgeschäftsjahres maßgebend sind.[25] Letzterer Ansicht ist zu folgen, da der Wortlaut des Abs. 4 für eine entsprechende Hochrechnung nichts hergibt. Für die 17

[20] Zutreffend *Schellhorn* DStR 2009, 2698 f.

[21] Vgl. BeckBilKomm-*Winkeljohann/Lawall* Rn 1; MünchKommHGB/*Reiner* Rn 4; *Göhner* BB 2005, 207; *Mohr* GmbHR 2007, 86; zum BilReG *Heuser/Theile* GmbHR 2005, 202; *Pfitzer/Oser/Orth* DB 2004, 2594; zum BilMoG *Schellhorn* DStR 2009, 2696; **aA** LG Berlin GmbHR 2007, 92 für die Anhebung durch das BilReG.

[22] BT-Drucks. 14/1806, S. 22.

[23] BT-Drucks. 16/10067, S. 98.

[24] So ADS 19; MünchKommHGB/*Reiner* Rn 16.

[25] Beck BilKomm-*Winkeljohann/Lawall* Rn 8, 28; HdR-*Knop* Rn 29; KK-*Scherrer* Rn 33.

Berechnung der Zahl der Arbeitnehmer ist die Durchschnittsregelung des Abs. 5 dahingehend zu modifizieren, dass das arithmetische Mittel der Quartalszahlen des Rumpfgeschäftsjahres zugrunde gelegt wird.[26] Fällt kein Quartalsende in das Rumpfgeschäftsjahr, ist die Zahl der Arbeitnehmer am Abschlussstichtag maßgebend.[27] Die vorstehenden Grundsätze sind nicht anzuwenden, wenn die Ermittlung der geforderten zwölfmonatigen Durchschnittszahlen unter Berücksichtigung der Umsätze und Arbeitnehmerzahlen der *Vorgesellschaft* möglich ist.[28] Eine einheitliche Betrachtung von Vorgesellschaft und später eingetragener Kapitalgesellschaft gebietet der Identitätsgedanke.[29]

18 Im Fall der **Verschmelzung und Spaltung** stellt sich die Frage, ob bei Rumpfgeschäftsjahren des neuen Rechtsträgers zur Ermittlung von Umsatzerlösen und Arbeitnehmerzahl die entsprechenden Zahlen des oder der alten Rechtsträger mitberücksichtigt werden können. So könnten etwa im Fall der Verschmelzung die Zahlen der übertragenden bzw. übertragenden und aufnehmenden Gesellschaften ergänzend herangezogen werden.[30] Nach anderer Auffassung soll es hingegen – wie im Fall der Gründung – allein auf die Zahlen des Rumpfgeschäftsjahres ankommen.[31] Für die zweitgenannte Ansicht spricht, dass Abs. 4 S. 2 ausdrücklich an rechtliche Umstrukturierungsmaßnahmen anknüpft, ohne Rücksicht darauf, ob weiterhin ein „wirtschaftlich unverändertes Gebilde" vorliegt.[32] Ein Rückgriff auf die Zahlen der früheren Rechtsträger ist deshalb nicht geboten. Aus den gleichen Erwägungen ist Abs. 4 S. 2 selbst im Fall des **Formwechsels** von einer Kapitalgesellschaft in eine andere anzuwenden,[33] der nach § 1 Abs. 1 Nr. 4 UmwG als „Umwandlung" gilt und vom Gesetzgeber nicht ausdrücklich aus dem Anwendungsbereich des § 267 Abs. 4 S. 2 ausgenommen worden ist.

19 § 267 Abs. 4 enthält keine ausdrückliche Regelung für den Fall der **erstmaligen Anwendung der §§ 264 ff.** Die Frage stellte sich zuerst beim Inkrafttreten des BiRiLiG und zuletzt 2000 bei der Einbeziehung von Personenhandelsgesellschaften infolge des KapCoRiLiG (vgl. §§ 264a ff). Würde man den Fall der erstmaligen Anwendung der §§ 264 ff wie eine Neugründung bzw. Umwandlung behandeln, wären analog § 267 Abs. 4 S. 2 ausschließlich die Verhältnisse am ersten Bilanzstichtag nach Einbeziehung relevant.[34] Gegen eine solche Analogie spricht aber der Umstand, dass eine rechtliche Umstrukturierung (Umwandlung, Neugründung) nicht stattgefunden hat.[35] Da das Unternehmen in derselben Rechtsform auch schon im Vorjahr bestanden hat, besteht durchaus die Möglichkeit, unter Einbeziehung der Vorjahreszahlen die allgemeine Zwei-Jahres-Regel des § 267 Abs. 4 S. 1 anzuwenden.[36] Dies setzt aber voraus, dass die Vorjahresgrößen vergleichbar sind, d.h. bereits im Vorjahr – freiwillig – die Rechnungslegungsvorschriften für Kapitalgesellschaftsregeln angewendet worden sind.[37] Im Regelfall wird daher mangels vergleichbarer Vorjahreszahlen § 267 Abs. 4 S. 2 maßgebend sein.

---

[26] ADS 20; HdR-*Knop* Rn 25; Beck BilKomm-*Winkeljohann/Lawall* Rn 13.
[27] ADS 20.
[28] Vgl. ADS 20, Beck BilKomm-*Winkeljohann/Lawall* Rn 23.
[29] Vgl. allgemein BGHZ 80, 129.
[30] So ADS 22; HdR-*Knop* Rn 27 f; KK-*Scherrer* Rn 33.
[31] Beck BilKomm-*Winkeljohann/Lawall* Rn 25.
[32] Anders HdR-*Knop* Rn 26.
[33] Ebenso Beck BilKomm-*Winkeljohann/Lawall* Rn 26; **aA** – für teleologische Reduktion des Abs. 4 S. 2 – ADS 24; *Joswig* BB 2007, 768; MünchKommHGB/*Reiner* Rn 20.
[34] So Begr. RegE BT-Drucks. 14/1806, S. 22; *Strobel* DB 2000, 57; ADS (ErgBd) § 267 n.F. Rn 4; ebenso – bei Inkrafttreten des BiRiLiG – Beck BilKomm-*Winkeljohann/Lawall* (1. Aufl.) Rn 29.
[35] Vgl. *Bitter/Grashoff* DB 2000, 834 f; *Wiechmann* WPg 1999, 923.
[36] So auch IdW WPg 1986, 668 zur erstmaligen Anwendung des BiRiLiG.
[37] Vgl. *Bitter/Grashoff* aaO.

V. Arbeitnehmerrechte (Abs. 6)

Nach Abs. 6 bleiben die Informations- und Auskunftsrechte der Arbeitnehmervertretungen nach anderen Gesetzen – z.B. nach § 108 Abs. 5 Betriebsverfassungsgesetz (BetrVG)[38] – unberührt. Die sachliche Reichweite dieses Vorbehalts ist im Schrifttum umstritten. 20

1. Meinungsstand. Nach einer Ansicht betrifft Abs. 6 nur Einschränkungen der *Offenlegungspflicht* des Jahresabschlusses.[39] Diese Auslegung kann sich auf den Bericht des Rechtsausschusses berufen, in dem zu Abs. 6 nur von den „Erleichterungen bei der Offenlegung“ die Rede ist.[40] Danach wären Teile des Jahresabschlusses, wie etwa die GuV, die bei kleinen Kapitalgesellschaften nicht offengelegt werden müssen, den zuständigen Arbeitnehmervertretungen gleichwohl vorzulegen.[41] Dagegen wäre Abs. 6 nach dieser Ansicht nicht anzuwenden, wenn es um Erleichterungen bei der *Aufstellung des Jahresabschlusses* – Zulässigkeit einer verkürzten Bilanz – geht.[42] Die Arbeitnehmervertreter könnten also nicht die Vorlage eines nicht verkürzten Jahresabschlusses verlangen. Nach anderer Meinung gilt § 267 Abs. 6 für alle Erleichterungen bei der Aufstellung, Prüfung und Offenlegung von Jahresabschlüssen, so dass die Vorlage einer verkürzten Bilanz oder GuV an Arbeitnehmervertretungen unzulässig wäre.[43] 21

2. Stellungnahme. Keine dieser Ansichten vermag zu überzeugen. Wenn Abs. 6 als klarstellende[44] Regelung zu verstehen ist, dass das BiRiLiG die Informations- und Auskunftsrechte nach anderen Gesetzen nicht berührt, dann muss dies nach dem Wortlaut allgemein und nicht nur für Erleichterungen bei der Offenlegung gelten. Andererseits ist zu berücksichtigen, dass die „anderen Gesetze“ hinsichtlich der Informationsrechte z.B. auf „den Jahresabschluß“ verweisen (§ 108 Abs. 5 BetrVG), dessen Inhalt wiederum durch das HGB und damit durch § 267 bestimmt wird. Zudem fehlt in § 108 Abs. 5 BetrVG eine dem § 131 Abs. 1 S. 3 AktG entsprechende Regelung, wonach jeder Aktionär die Vorlage eines unverkürzten Jahresabschlusses verlangen kann. Daraus ist zu schließen, dass bei der kleinen Kapitalgesellschaft die Vorlage eines unter Inanspruchnahme der Erleichterungen aufgestellten verkürzten Jahresabschlusses an die Arbeitnehmervertreter zulässig ist. Eine andere Frage ist aber, ob sich aus den sonstigen Informations- und Auskunftsrechten der Arbeitnehmervertreter ein Recht auf detailliertere Informationen – z.B. weiter aufgeschlüsselte Zahlen aus der GuV – ergibt. Soweit dies nach „den anderen Gesetzen“ (§§ 106, 108 BetrVG) zu bejahen ist, folgt aus Abs. 6, dass sich die Kapitalgesellschaft diesem Auskunftsbegehren nicht unter Hinweis auf die Erleichterungen nach § 267 entziehen kann. 22

VI. Sanktionen

§ 267 enthält nur Definitionen. Eine isolierte Verletzung dieser Vorschrift scheidet daher aus. 23

---

38 Vgl. *Biener/Berneke*, S. 166.
39 ADS 32; HdR-*Knop* Rn 32; wohl auch Beck BilKomm-*Winkeljohann/Lawall* Rn 30.
40 BT-Drucks. 10/4268, S. 104.
41 Vgl. Bericht des Rechtsausschusses aaO.
42 So ausdrücklich ADS 32; MünchKommHGB/*Reiner* Rn 22.
43 KK-*Scherrer* Rn 35.
44 So auch der Bericht des Rechtsausschusses, BT-Drucks. 10/4268, S. 104.

§ 267a
Kleinstkapitalgesellschaften

(1) [1]Kleinstkapitalgesellschaften sind kleine Kapitalgesellschaften, die mindestens zwei der drei nachstehenden Merkmale nicht überschreiten:
1. 350 000 Euro Bilanzsumme nach Abzug eines auf der Aktivseite ausgewiesenen Fehlbetrags (§ 268 Absatz 3);
2. 700 000 Euro Umsatzerlöse in den zwölf Monaten vor dem Abschlussstichtag;
3. im Jahresdurchschnitt zehn Arbeitnehmer.
[2]Die Bilanzsumme setzt sich aus den Posten zusammen, die in den Buchstaben A bis E des § 266 Absatz 2 aufgeführt sind, wobei bei Ausübung des in § 274a Nummer 5 geregelten Wahlrechts der betreffende Buchstabe nicht berücksichtigt wird. [3]§ 267 Absatz 4 bis 6 gilt entsprechend.

(2) Die in diesem Gesetz für kleine Kapitalgesellschaften (§ 267 Absatz 1) vorgesehenen besonderen Regelungen gelten für Kleinstkapitalgesellschaften entsprechend, soweit nichts anderes geregelt ist.

Schrifttum

Fey/Deubert/Lewe/Roland Erleichterungen nach dem MicroBilG – Einzelfragen zur Anwendung der neuen Vorschriften, BB 2013, 107; *Haller/Groß* Der MicroBilG-RefE – Neue Regeln für die Rechnungslegung kleiner Kapitalgesellschaften, DB 2012, 2109; *Kirsch* Die Bedeutung der Generalnorm für den Jahresabschluss von Kapitalgesellschaften nach dem Bilanzrechtsmodernisierungsgesetz und nach dem Gesetz zur Erleichterung für Kleinstkapitalgesellschaften, DStZ 2013, 258; *ders.* Jahresabschlüsse von Kleinstunternehmen, DStZ 2012, 751; *Küting/Eichenlaub* Verabschiedung des MicroBilG – Der „vereinfachte" Jahresabschluss für Kleinstkapitalgesellschaften, DStR 2012, 2615; *Kußmaul/Huwer/Palm* Der „fair value-Vorbehalt" nach MicroBilG, StuB 2013, 479; *Müller/Kreipl* Rechnungslegungserleichterungen für Kleinstkapitalgesellschaften und Tochterunternehmen ausländischer Konzernmütter durch das MicroBilG, DB 2013, 73; *Theile* Vereinfachte Jahresabschlüsse für Kleinstkapitalgesellschaften – Eine Kurzkommentierung des Regierungsentwurfs eines MicroBilG –, GmbHR 2012, 1112; *Wader/Städle* Geänderte Rechnungslegungs- und Offenlegungsvorschriften für Kleinstkapitalgesellschaften durch das MicroBilG, WPg 2013, 249; *Zwirner/Froschhammer* „Reform" der Rechnungslegung für Kleinstkapitalgesellschaften ohne deregulierende Auswirkungen für die Praxis? StuB 2013, 83.

Übersicht

I. Allgemeines

1 **1. Regelungsgegenstand und Anwendungsbereich.** Mit der „Kleinstkapitalgesellschaft" definiert § 267a in Ergänzung zu § 267 eine **vierte Größenklasse**, unter die schätzungsweise 500.000 Gesellschaften fallen.[1] Erfasst werden neben Kapitalgesellschaften

[1] BT-Drucks. 17/11292, S. 17.

auch kleine Personengesellschaften i.S.v. § 264a, nicht jedoch Genossenschaften (§ 336 Abs. 2 Satz 3) und Unternehmen, die dem PublG unterfallen (vgl. § 5 Abs. 1 S. 2 PublG). Die für Kleinstkapitalgesellschaften geltenden Vorschriften (dazu Rn 2) finden ferner keine Anwendung auf Gesellschaften, die unabhängig von den Größenkriterien der §§ 267, 267a als große oder mittelgroße Kapitalgesellschaften zu behandeln sind. Das betrifft kapitalmarktorientierte Gesellschaften i.S.v. § 264d (§ 267 Abs. 3 S. 2), Kreditinstitute (§ 340a Abs. 1), Versicherungsunternehmen (§ 341a Abs. 1), Kapitalanlagegesellschaften (§ 19d InvG) und Unternehmensbeteiligungsgesellschaften (§ 8 UBGG).[2] Die Regelungen über Kleinstkapitalgesellschaften sind daher in erster Linie für Unternehmergesellschaften (haftungsbeschränkt), kleinere GmbH und GmbH & Co. KG[3] sowie für Holdinggesellschaften[4] von Bedeutung.

Für Kleinstkapitalgesellschaften und gleichgestellte Personengesellschaften sieht das Gesetz **weit reichende Erleichterungen** vor, die als Wahlrechte ausgestaltet sind und im Wesentlichen die Gliederung von Bilanz und Gewinn- und Verlustrechnung (§ 266 Abs. 1 S. 4, § 275 Abs. 5)[5] und die Offenlegung (§ 326 Abs. 2)[6] betreffen. Darüber hinaus brauchen Kleinstunternehmen den Jahresabschluss gemäß § 264 Abs. 1 S. 5 nicht um einen Anhang zu erweitern, wenn sie die Angaben nach §§ 251, 268 Abs. 7, § 285 Nr. 9 Buchst. c) und gegebenenfalls § 160 Abs. 1 Nr. 2 AktG unter der Bilanz machen.[7] Übt eine Kleinstgesellschaft eines dieser Wahlrechte aus, so ist eine Bewertung von Vermögensgegenständen zum beizulegenden Zeitwert unzulässig (vgl. § 253 Abs. 1 S. 5, 6).[8] Gemäß Art. 70 Abs. 1 EGHGB gelten diese Erleichterungen für Jahresabschlüsse, die sich auf einen nach dem 30.12.2012 liegenden Abschlussstichtag beziehen. Kapitalgesellschaften, deren Abschlussstichtag der 31.12. ist, konnten von ihnen folglich bereits für 2012 Gebrauch machen. Für Zwecke der Zweijahresregelung (§ 267a Abs. 1 S. 3, § 267 Abs. 4 S. 1) kann auf die Werte der Vorjahre zurückgegriffen werden.[9] Die erstmalige Anwendung der für Kleinstkapitalgesellschaften geltenden Erleichterungen ist nicht an § 265 Abs. 1 zu messen.[10] Jedoch findet das Stetigkeitsgebot Anwendung, sobald es zu einer (positiven oder negativen) Wahlrechtsausübung gekommen ist.[11] 2

2. Überblick. In Anlehnung an § 267 wird eine Kleinstkapitalgesellschaft gemäß § 267a Abs. 1 S. 1 über die Größenmerkmale Bilanzsumme, Umsatzerlöse und Zahl der Arbeitnehmer definiert, wobei S. 2 eine klarstellende Vorschrift über die Ermittlung der Bilanzsumme enthält. S. 3 erklärt § 267 Abs. 4 bis 6 für entsprechend anwendbar. Abs. 2 bestimmt, dass die Vorschriften über kleine Kapitalgesellschaften Anwendung finden, soweit keine abweichende Regelung getroffen wurde. 3

3. Rechtsentwicklung. Die Vorschriften über Kleinstkapitalgesellschaften wurden durch das Gesetz zur Umsetzung der Richtlinie 2012/6/EU des Europäischen Parlaments und des Rates vom 14. März 2012 zur Änderung der Richtlinie 78/660/EWG des Rates über den Jahresabschluss von Gesellschaften bestimmter Rechtsformen hinsichtlich Kleinstbetrieben (Kleinstkapitalgesellschaften-Bilanzrechtsänderungsgesetz – **MicroBilG**) 4

---

2 Dazu auch *Theile* GmbHR 2012, 1114.
3 *Theile* GmbHR 2012, 1113.
4 *Müller/Kreipl* DB 2013, 73.
5 Näher § 266 Rn 11 ff, § 275 Rn 67 ff.
6 Dazu BT-Drucks. 17/11292, S. 18; *Wader/Städle* WPg 2013, 252.
7 Näher § 264 Rn 11.
8 Dazu *Kleindiek* § 253 Rn 60 ff; *Kußmaul/Huwer/Palm* StuB 2013, 479.
9 Vgl. § 267 Rn 15; *Kirsch* DStZ 2012, 752; *Müller/Kreipl* DB 2013, 73; *Wader/Städle* WPg 2013, 253.
10 Vgl. § 265 Rn 8 a.E.
11 Vgl. Beck BilKomm-*Ellrott* § 274a Rn 1.

v. 20.12.2012[12] eingefügt. Der Gesetzgeber verfolgte das Ziel, Kleinstbetriebe in der Rechtsform einer Kapitalgesellschaft sowie gleichgestellte Personengesellschaften möglichst weitgehend von Rechnungslegungsaufgaben zu entlasten.[13] Deshalb wurden die Gestaltungsoptionen, die Art. 1a der 4. EG-Richtlinie in der Fassung der Richtlinie 2012/6/EU (**„Micro-Richtlinie"**)[14] seit April 2012 eröffnet,[15] nahezu vollständig genutzt.[16] Der deutsche Gesetzgeber hat lediglich von einer Umsetzung der in Art. 1a Abs. 2 Buchst. a und b der Micro-Richtlinie in Bezug auf Rechnungsabgrenzungsposten eröffneten Anpassungsmöglichkeiten abgesehen.[17] Zu den eingefügten Erleichterungen im Einzelnen und ihrer rechtspolitischen Bewertung sei auf die Kommentierung der jeweiligen Vorschriften verwiesen (vgl. Rn 2).

II. Begriff der Kleinstkapitalgesellschaft

5 **1. Größenkriterien (Abs. 1).** Kleinstkapitalgesellschaften sind gemäß Abs. 1 S. 1 kleine Kapitalgesellschaften, die – entsprechend Art. 1a Abs. 1 der Micro-Richtlinie – mindestens zwei der folgenden drei Größenkriterien nicht überschreiten:
- Bilanzsumme 350.000 Euro,
- Umsatzerlöse 700.000 Euro,
- Zahl der Arbeitnehmer 10.

Die Formulierung des gesetzlichen Tatbestandes in Abs. 1 S. 1 entspricht § 267 Abs. 1 u 2. Ferner wird in S. 3 auf § 267 Abs. 4 bis 6 Bezug genommen. Im Hinblick auf die Feststellung der Größenkriterien kann daher an die entsprechenden Erläuterungen zu § 267 Rn 10 ff angeknüpft werden. Was das Merkmal Bilanzsumme angeht, wird in S. 2 (in Anlehnung an Art. 1a Abs. 8 S. 1 der Micro-Richtlinie) klargestellt, dass an die Posten des § 266 Abs. 2 A. bis E. anzuknüpfen ist. Aktive latente Steuern (§ 266 Abs. 2 D.) bleiben naturgemäß außer Betracht, wenn das für kleine Kapitalgesellschaften geltende Wahlrecht nach § 274a Nr. 5 ausgeübt wurde.[18] Auch für den Posten „Aktiver Unterschiedsbetrag aus der Vermögensverrechnung" (§ 266 Abs. 2 E.) dürfte wegen des Verbots der Zeitwertbilanzierung (§ 253 Abs. 1 S. 5) kein Raum bleiben.[19]

6 **2. Kleinstkapitalgesellschaften als kleine Kapitalgesellschaften (Abs. 1 S. 1, Abs. 2).** Das Gesetz versteht die Kleinstkapitalgesellschaft in Abs. 1 S. 1 als Unterfall der kleinen Kapitalgesellschaft (§ 267 Abs. 1) mit freilich stark abgesenkten Schwellenwerten. Dementsprechend gelten die auf kleine Kapitalgesellschaften anwendbaren Vorschriften auch für Kleinstkapitalgesellschaften, soweit keine abweichende Regelung vorgesehen ist (Abs. 2). So brauchen Kleinstkapitalgesellschaften gemäß § 264 Abs. 1 S. 4 keinen Lage-

---

12 BGBl. I 2012, 2751.

13 BT-Drucks. 17/11292, S. 12.

14 Richtlinie 2012/6/EU des Europäischen Parlaments und des Rates vom 14. März 2012 zur Änderung der Richtlinie 78/660/EWG des Rates über den Jahresabschluss von Gesellschaften bestimmter Rechtsform hinsichtlich Kleinbetrieben, ABl. L 81 v. 21.3.2012, S. 3.

15 Zu den Hintergründen auf europäischer Ebene näher *Theile* GmbHR 2012, 1113.

16 Vgl. Rn 2; näher BT-Drucks. 17/11292, S. 12 ff.

17 Dazu BT-Drucks. 17/11292, S. 13; *Kirsch* DStZ 2012, 753.

18 Anders – auf Grundlage eines abweichenden Verständnisses des § 274a – BoHdR-*Kirsch* Rn 8; *Theile* StuB 2013, 415, die aktive latente Steuern auch bei Anwendung des § 274 unberücksichtigt lassen wollen. Mit dem Sinngehalt des § 267a Abs. 1 S. 2 ist das jedoch nicht zu vereinbaren.

19 *Wader/Städle* WPg 2013, 250; vgl. aber *Kußmaul/Huwer/Palm* StuB 2013, 480 f.

bericht aufzustellen und dürfen den Jahresabschluss unter den dort genannten Voraussetzungen auch später aufstellen. Ferner steht es einer Kleinstkapitalgesellschaft offen, von der Erleichterung nach § 266 Abs. 1 S. 3 Gebrauch zu machen oder eine noch stärker verkürzte Bilanz nach § 266 Abs. 1 S. 4 aufzustellen. In Bezug auf die Gewinn- und Verlustrechnung kann entweder von dem Wahlrecht nach § 275 Abs. 5 oder von der Erleichterung nach § 276 S. 1 Gebrauch gemacht werden (§ 276 S. 3).[20] Erweitert eine Kleinstkapitalgesellschaft ihren Jahresabschluss um einen Anhang, d.h. wendet sie § 264 Abs. 1 S. 5 nicht an, so steht es ihr frei, die Erleichterungen nach § 288 Abs. 1 zu nutzen.

III. Sanktionen

§ 267a enthält im Wesentlichen Definitionsvorschriften und ist daher keiner isolierten Verletzung zugänglich. 7

§ 268
Vorschriften zu einzelnen Posten der Bilanz Bilanzvermerke

(1) [1]Die Bilanz darf auch unter Berücksichtigung der vollständigen oder teilweisen Verwendung des Jahresergebnisses aufgestellt werden. [2]Wird die Bilanz unter Berücksichtigung der teilweisen Verwendung des Jahresergebnisses aufgestellt, so tritt an die Stelle der Posten „Jahresüberschuß/Jahresfehlbetrag“ und „Gewinnvortrag/Verlustvortrag“ der Posten „Bilanzgewinn/Bilanzverlust“; ein vorhandener Gewinn- oder Verlustvortrag ist in den Posten „Bilanzgewinn/Bilanzverlust“ einzubeziehen und in der Bilanz oder im Anhang gesondert anzugeben.

(2) [1]In der Bilanz oder im Anhang ist die Entwicklung der einzelnen Posten des Anlagevermögens darzustellen. [2]Dabei sind, ausgehend von den gesamten Anschaffungs- und Herstellungskosten, die Zugänge, Abgänge, Umbuchungen und Zuschreibungen des Geschäftsjahrs sowie die Abschreibungen in ihrer gesamten Höhe gesondert aufzuführen. [3]Die Abschreibungen des Geschäftsjahrs sind entweder in der Bilanz bei dem betreffenden Posten zu vermerken oder im Anhang in einer der Gliederung des Anlagevermögens entsprechenden Aufgliederung anzugeben.

(3) Ist das Eigenkapital durch Verluste aufgebraucht und ergibt sich ein Überschuß der Passivposten über die Aktivposten, so ist dieser Betrag am Schluß der Bilanz auf der Aktivseite gesondert unter der Bezeichnung „Nicht durch Eigenkapital gedeckter Fehlbetrag“ auszuweisen.

(4) [1]Der Betrag der Forderungen mit einer Restlaufzeit von mehr als einem Jahr ist bei jedem gesondert ausgewiesenen Posten zu vermerken. [2]Werden unter dem Posten „sonstige Vermögensgegenstände“ Beträge für Vermögensgegenstände ausgewiesen, die erst nach dem Abschlußstichtag rechtlich entstehen, so müssen Beträge, die einen größeren Umfang haben, im Anhang erläutert werden.

(5) [1]Der Betrag der Verbindlichkeiten mit einer Restlaufzeit bis zu einem Jahr ist bei jedem gesondert ausgewiesenen Posten zu vermerken. [2]Erhaltene Anzahlungen auf Be-

[20] Zu § 276 S. 2 vgl. § 275 Rn 72.

stellungen sind, soweit Anzahlungen auf Vorräte nicht von dem Posten „Vorräte“ offen abgesetzt werden, unter den Verbindlichkeiten gesondert auszuweisen. [3]Sind unter dem Posten „Verbindlichkeiten“ Beträge für Verbindlichkeiten ausgewiesen, die erst nach dem Abschlußstichtag rechtlich entstehen, so müssen Beträge, die einen größeren Umfang haben, im Anhang erläutert werden.

(6) Ein nach § 250 Abs. 3 in den Rechnungsabgrenzungsposten auf der Aktivseite aufgenommener Unterschiedsbetrag ist in der Bilanz gesondert auszuweisen oder im Anhang anzugeben.

(7) Die in § 251 bezeichneten Haftungsverhältnisse sind jeweils gesondert unter der Bilanz oder im Anhang unter Angabe der gewährten Pfandrechte und sonstigen Sicherheiten anzugeben; bestehen solche Verpflichtungen gegenüber verbundenen Unternehmen, so sind sie gesondert anzugeben.

(8) [1]Werden selbst geschaffene immaterielle Vermögensgegenstände des Anlagevermögens in der Bilanz ausgewiesen, so dürfen Gewinne nur ausgeschüttet werden, wenn die nach der Ausschüttung verbleibenden frei verfügbaren Rücklagen zuzüglich eines Gewinnvortrags und abzüglich eines Verlustvortrags mindestens den insgesamt angesetzten Beträgen abzüglich der hierfür gebildeten passiven latenten Steuern entsprechen. [2]Werden aktive latente Steuern in der Bilanz ausgewiesen, ist Satz 1 auf den Betrag anzuwenden, um den die aktiven latenten Steuern die passiven latenten Steuern übersteigen. [3]Bei Vermögensgegenständen im Sinn des § 246 Abs. 2 Satz 2 ist Satz 1 auf den Betrag abzüglich der hierfür gebildeten passiven latenten Steuern anzuwenden, der die Anschaffungskosten übersteigt.

Schrifttum

Althoff Ausschüttungssperre für Steuerlatenzen auch ohne Aktivierung latenter Steuern? DStR 2012, 868; *Arbeitskreis Bilanzrecht der Hochschullehrer Rechtswissenschaft* Stellungnahme zu dem Entwurf eines BilMoG: Grundkonzept und Aktivierungsfragen, BB 2008, 152; *Gelhausen/Althoff* Die Bilanzierung ausschüttungs- und abführungsgesperrter Beträge im handelsrechtlichen Jahresabschluss nach dem BilMoG, WPg 2009, 584, 629; *Haller* Probleme bei der Bilanzierung der Rücklagen und des Bilanzergebnisses einer Aktiengesellschaft nach neuem Bilanzrecht, DB 1987, 645; *Hennrichs* GoB im Spannungsfeld von BilMoG und IFRS, WPg 2011, 861; *ders.* Immaterielle Vermögensgegenstände nach dem Entwurf des Bilanzrechtsmodernisierungsgesetzes (BilMoG), DB 2008, 537; *Hoffmann* Einführung in die Brutto-Entwicklung des Anlagevermögens nach dem Bilanzrichtlinien-Gesetz, BB 1986, 1398; *Hoffmann/Lüdenbach* Inhaltliche Schwerpunkte des BilMoG-Regierungsentwurfs, DStR-Beihefter zu Heft 30/2008, S. 49; *Kaya/Borgwardt* Ausschüttungssperre nach § 268 Abs. 8 HGB, StuB 2010, 727; *Kropff* Gesellschaftsrechtliche Auswirkungen der Ausschüttungssperre in § 268 Abs. 8 HGB, FS Hüffer (2010), S. 539; *Kühnberger* Eigenkapitalausweis und Kompetenzregeln für die AG bei der Kapitalaufbringung und -erhaltung nach BilMoG, BB 2011, 1387; *Küting/Haeger/Zündorf* Die Erstellung des Anlagengitters nach künftigem Bilanzrecht, BB 1985, 1948; *von der Laage* Die Ausschüttungssperre des § 268 Abs. 8 HGB nach dem Bilanzrechtsmodernisierungsgesetz – Systematik der Sperre, ihre Anwendung auf Personenhandelsgesellschaften i.S.d. § 264a HGB sowie Rechtsfolgen eines Verstoßes –, WM 2012, 1322; *Link* Die Ausschüttungssperre des § 268 Abs. 8 HGB (im Erscheinen); *Marx/Dallmann* Problembereiche und Anwendungsfragen der außerbilanziellen Ausschüttungssperre des § 268 Abs. 8 HGB, Stbg 2010, 453; *Roß* Angabepflicht gesetzlicher Haftungen als Haftungsverhältnis i.S. der §§ 251, 268 Abs. 7 HGB, DB 2011, 2219; *Ruberg* Keine Mehrdeutigkeit der Ausschüttungssperre gem. § 268 VIII HGB, NZG 2011, 1048; *Simon* Ausschüttungs- und Abführungssperre als gläubigerschützendes Institut in der reformierten HGB-Bilanzierung, NZG 2009, 1081; *Verse* Auswirkungen der Bilanzrechtsmodernisierung auf den Kapitalschutz, in: VGR (Hrsg.), Gesellschaftsrecht in der Diskussion 2009, Bd. 15 (2010), S. 67; *Zwirner/Froschhammer* Zum Anwendungsbereich der Ausschüttungssperre, StuB 2012, 139.

Übersicht

I. Überblick

§ 268 enthält eine Reihe von Vorschriften zu Einzelposten der Bilanz sowie zu Bilanzvermerken. Diese treten als *zwingende Ausweisvorschriften* ergänzend zu § 266 hinzu. Durch das BilMoG ist die Vorschrift um eine Ausschüttungssperre für bestimmte Aktivposten (u.a. selbst geschaffene immaterielle Vermögenswerte des Anlagevermögens und aktive latente Steuern) erweitert worden. § 268 gilt kraft Verweisung in § 5 Abs. 1 S. 2 PublG auch für publizitätspflichtige Unternehmen i.S.d. PublG. Im Einzelnen gliedert sich die Vorschrift wie folgt: Bilanzaufstellung nach Ergebnisverwendung (Abs. 1), Entwicklung des Anlagevermögens (Abs. 2), nicht durch Eigenkapital gedeckter Fehlbetrag (Abs. 3), Vermerk der Forderungen mit einer Restlaufzeit von mehr als einem Jahr und Erläuterungspflicht bei antizipativen sonstigen Vermögensgegenständen (Abs. 4), Vermerk der Verbindlichkeiten mit einer Restlaufzeit bis zu einem Jahr, Ausweis erhaltener Anzahlungen auf Bestellungen und Erläuterungen antizipativer Verbindlichkeiten (Abs. 5), aktiviertes Disagio (Abs. 6), Angabe der Haftungsverhältnisse (Abs. 7) und Ausschüttungssperre für bestimmte Aktivposten (Abs. 8). 1

II. Bilanzaufstellung nach Ergebnisverwendung (Abs. 1)

2 **1. Regelungsgehalt.** Nach dem Gliederungsschema des § 266 Abs. 3 ist die Bilanz ohne Berücksichtigung einer Ergebnisverwendung aufzustellen. § 268 Abs. 1 S. 1 gewährt abweichend davon ein **Wahlrecht**, die Bilanz auch nach vollständiger oder teilweiser Ergebnisverwendung aufzustellen. Wird die Bilanz unter Berücksichtigung der teilweisen Verwendung des Jahresergebnisses aufgestellt, tritt an die Stelle der in § 266 vorgesehenen Einzelposten „Jahresüberschuss/Jahresfehlbetrag" und „Gewinnvortrag/Verlustvortrag" nach § 268 Abs. 1 S. 2 der Posten „Bilanzgewinn/Bilanzverlust". Ein verbleibender Bilanzgewinn ist dann nach Feststellung der Bilanz Grundlage der Gewinnverwendungsentscheidung der zuständigen Gesellschaftsorgane. Dies sind bei der AG die Hauptversammlung (§ 174 AktG), bei der GmbH die Gesellschafterversammlung (§ 29 GmbHG). Gegenstand des Wahlrechts nach § 268 Abs. 1 S. 1 sind nur solche Ergebnisverwendungsmaßnahmen, die bereits bei der Aufstellung der Bilanz berücksichtigt werden können.

3 § 268 Abs. 1 S. 1 gewährt nach seinem Wortlaut ein Wahlrecht. Dieses unterliegt aber nach ganz herrschender Ansicht weitgehenden **Einschränkungen:**[1] Soweit z.B. bis zum Abschlussstichtag Vorabausschüttungen erfolgt bzw. beschlossen worden sind, ist die Bilanz zwingend unter Berücksichtigung der Gewinnverwendung aufzustellen;[2] gleiches gilt für den Fall, dass nach Gesetz (z.B. § 150 Abs. 2 AktG), Satzung (§ 58 Abs. 1 AktG) oder Gesellschafterbeschluss zwingende Rücklagendotierungen vorgeschrieben sind.[3] Ein echtes Wahlrecht besteht danach nur in den Fällen, in denen die zur Bilanzaufstellung zuständigen Organe durch Gesetz oder Satzung zu einer Gewinnverwendung durch Rücklagendotierung ermächtigt sind.[4] Diese Einschränkungen lassen sich aus dem HGB selbst nicht ableiten,[5] auch die Begründung zu § 268 Abs. 1 S. 1 gibt keine entsprechenden Hinweise.[6] § 270 Abs. 2 kann ebenfalls nicht als Argument herangezogen werden, denn diese Regelung setzt nach ihrem Wortlaut gerade voraus, dass von dem Wahlrecht aus § 268 Abs. 1 S. 1 Gebrauch gemacht worden ist.[7] Vielmehr ergibt sich die von der hM befürwortete Einschränkung des Wahlrechts in den Fällen gesetzlich bzw. durch Satzung vorgeschriebener Rücklagendotierung als Konsequenz aus der Pflicht zur Rücklagenbildung.[8] In den Fällen der Vorabausschüttung bzw. einer vor Abschlussstichtag beschlossenen Gewinnausschüttung folgt die Ausweispflicht daraus, dass sich diese Maßnahmen nicht auf den Jahresüberschuss auswirken dürfen, d.h. zwingend zum Ausweis eines Bilanzgewinns führen.[9] Eine entsprechende Einschränkung des Auswahlrechts nach § 268 Abs. 1 S. 1 ist auch mit Art. 6 der 4. EG-Richtlinie vereinbar, da es den Mitgliedsstaaten freisteht, eine Bilanzaufstellung nach Ergebnisverwendung verbindlich vorzuschreiben.

---

[1] ADS 21; HdR-*Knop/Zander* Rn 33; Beck BilKomm-*Ellrott/Krämer* Rn 5; Baumbach/Hueck/*Schulze-Osterloh* GmbHG[18] § 42 Rn 223; **aA** – echtes Ausweiswahlrecht unter Begrenzung durch Stetigkeitsgebot – *Haller* DB 1987, 652.

[2] Vgl. ADS 25; Beck BilKomm-*Ellrott/Krämer* Rn 7; HdR-*Knop/Zander* Rn 33; Baumbach/Hueck/*Schulze-Osterloh* GmbHG[18] § 42 Rn 224.

[3] Vgl. ADS 21; Beck BilKomm-*Ellrott/Krämer* Rn 5.

[4] Beck BilKomm-*Ellrott/Krämer* Rn 5.

[5] Vgl. nur ADS 21; insoweit zutreffend *Haller* DB 1987, 652.

[6] Vgl. Nachweise bei *Biener/Berneke,* S. 179.

[7] Vgl. ADS 21; Beck BilKomm-*Ellrott/Krämer* Rn 5.

[8] Ebenso ADS 21.

[9] HdR-*Knop/Zander* Rn 33; Baumbach/Hueck/*Schulze-Osterloh* GmbHG[18] § 42 Rn 224.

Wird von dem Ausweiswahlrecht des § 268 Abs. 1 S. 1 Gebrauch gemacht bzw. besteht nach den vorstehenden Grundsätzen eine Ausweispflicht, so ergeben sich **weitere Einschränkungen aus § 270 Abs. 2.** Danach sind im Fall der Aufstellung der Bilanz nach Ergebnisverwendung auch weitere Maßnahmen – z.B. Entnahmen aus Gewinnrücklagen etc. – ebenfalls bereits bei der Aufstellung zu berücksichtigen (vgl. auch Erläuterungen zu § 270 Rn 4). Bei Einstellungen in die Rücklage für eigene Anteile an einem herrschenden oder mit Mehrheit beteiligten Unternehmen ist die Sonderregelung des § 272 Abs. 4 S. 3 zu beachten. 4

2. Ergebnisverwendung und GuV. § 268 Abs. 1 betrifft nur die Berücksichtigung der Ergebnisverwendung in der Bilanz. Für die Darstellung der Ergebnisverwendung in der GuV gilt allgemein § 275 Abs. 4, der einen Ausweis der Veränderungen der Kapital- und Gewinnrücklagen in der GuV erlaubt. Für die AG ist allerdings § 158 AktG zu berücksichtigen, wonach die Ergebnisverwendung in der GuV oder im Anhang zwingend aufzuzeigen ist. Eine entsprechende Regelung für die GmbH fehlt, so dass ein dem § 158 AktG entsprechender Ausweis für die GmbH nur aus allgemeinen Grundsätzen (Klarheit und Übersichtlichkeit des Jahresabschlusses bzw. „true and fair view", §§ 243 Abs. 2, 264 Abs. 2 S. 1) abgeleitet werden kann.[10] 5

3. Begriff der Ergebnisverwendung

a) **Meinungsstand.** § 268 Abs. 1 S. 1 enthält keine besondere Definition des Begriffs „Ergebnisverwendung". Geht man von der Rechtsfolge des Abs. 1 S. 2 aus, so wäre darunter jeder Vorgang zu verstehen, der vom Jahresüberschuss/Jahresfehlbetrag zum Bilanzgewinn/Bilanzverlust überleitet, also nicht nur z.B. Einstellungen in die Gewinnrücklagen, sondern auch Auflösungen derselben.[11] Dies entspräche auch dem aktienrechtlichen Gliederungsschema des § 158 Abs. 1 AktG für die GuV.[12] Nach anderer Ansicht spricht der Wortlaut des § 268 Abs. 1 S. 1 – „Ergebnisverwendung" – für ein engeres Verständnis: Gemeint seien nur solche Maßnahmen, die die Verwendung des Jahresüberschusses betreffen.[13] Nicht erfasst wären danach alle Vorgänge, die zwar zum Ausweis eines Bilanzgewinns führen können, aber keine Ergebnisverwendung sind, wie Einstellungen in die Kapitalrücklage, Dotierung der Rücklage für eigene Anteile aus Gewinnrücklagen, sowie Auflösung von Kapital- und Gewinnrücklagen.[14] Für sie würde dann § 268 Abs. 1 nicht gelten, sie wären aber ggf. nach § 270 Abs. 2 zu berücksichtigen. In den übrigen Fällen soll sich die Möglichkeit, einen Posten Bilanzgewinn/Bilanzverlust auszuweisen, aus den Rechtsgedanken der § 275 Abs. 4 bzw. § 158 Abs. 1 AktG ergeben. 6

b) **Stellungnahme.** Der zweiten Ansicht ist zu folgen, weil sie terminologisch zutreffend zwischen Ergebnisverwendung und Rücklagenauflösung unterscheidet.[15] Die 7

---

10 Für eine entsprechende Verpflichtung Baumbach/Hueck/*Schulze-Osterloh* GmbHG[18] § 42 Rn 225; HdR-*Budde* § 275 Rn 154; zurückhaltender Beck BilKomm-*Ellrott/Krämer* Rn 3; Beck BilKomm-*Förschle* § 275 Rn 311; ähnlich ADS 14.

11 So ADS 15; Beck BilKomm-*Ellrott/Krämer* Rn 2; MünchKommHGB/*Reiner/Haußler* Rn 3.

12 Darauf weisen vor allem ADS 21 hin.

13 Baumbach/Hueck/*Schulze-Osterloh* GmbHG[18] § 42 Rn 224; KK-*Korth* Rn 5.

14 Vgl. nur Baumbach/Hueck/*Schulze-Osterloh* GmbHG[18] § 42 Rn 224.

15 Zum Streit um die Einordnung der Rücklagenauflösung vgl. die Nachweise bei Baumbach/Hueck/*Schulze-Osterloh* GmbHG[18] § 42 Rn 224.

Auflösung von Rücklagen ist keine Maßnahme der Ergebnisverwendung (allenfalls eine Verwendung früherer Jahresergebnisse), sondern schafft umgekehrt erst einen verwendbaren Bilanzgewinn. Soweit durch die begriffliche Ausklammerung der Rücklagenauflösung aus § 268 Abs. 1 – außerhalb des Anwendungsbereichs von § 270 Abs. 2 – eine Regelungslücke entsteht, ist aus § 275 Abs. 4 bzw. § 158 Abs. 1 AktG der Grundsatz abzuleiten, dass der Jahresüberschuss/Jahresfehlbetrag durch Rücklagenauflösung nicht beeinflusst werden darf. Daraus ergibt sich – auch außerhalb von § 268 Abs. 1 S. 1 – die Möglichkeit, einen Posten „Bilanzgewinn/Bilanzverlust" an Stelle der Posten „Jahresüberschuss/Jahresfehlbetrag" bzw. „Gewinnvortrag/Verlustvortrag" in der Bilanz auszuweisen. Dies gilt gleichermaßen für die AG wie für die GmbH.

8 c) **Einzelfragen.** Eine im Geschäftsjahr beschlossene und abgeflossene *Vorabausschüttung* bei der GmbH ist durch Ausweis eines gegenüber dem Jahresüberschuss geringeren Bilanzgewinns zu berücksichtigen.[16] Entsprechendes gilt auch für eine Abschlagszahlung nach § 59 AktG, obwohl die Abschlagszahlung in die Gewinnverwendungsentscheidung der Hauptversammlung eingeht.[17] Eine bereits beschlossene, aber noch nicht durchgeführte Vorabausschüttung führt zum Ausweis einer Verbindlichkeit gegenüber den Gesellschaftern. Zugleich ist – kein Wahlrecht – ein entsprechend geringerer Bilanzgewinn auszuweisen.[18] Dagegen kann ein bereits vor Feststellung des Jahresabschlusses gefasster Gewinnverwendungsbeschluss der Gesellschafterversammlung der GmbH, betreffend das erst noch festzustellende Jahresergebnis, zwar in der Bilanz nach § 268 Abs. 1 S. 1 berücksichtigt werden, es besteht aber mangels passivierungspflichtiger Verbindlichkeit zum Abschlussstichtag keine Ausweispflicht.[19] *Einstellungen in die Rücklage für eigene Anteile an einem herrschenden oder mit Mehrheit beteiligten Unternehmen* aus anderen Gewinnrücklagen sind ohne Ausweis eines Bilanzgewinns durch einfache Umbuchung der Rücklagen zu berücksichtigen.[20]

9 **4. Teilweise und vollständige Ergebnisverwendung, Ausweis. Anwendungsfälle.** § 268 Abs. 1 S. 1 erwähnt sowohl den Fall einer teilweisen als auch einer vollständigen Ergebnisverwendung. Eine *teilweise Ergebnisverwendung* liegt vor, wenn die Maßnahmen der Ergebnisverwendung – z.B. die Einstellungen in die gesetzliche Rücklage nach § 150 Abs. 2 AktG und die Dotierung der Gewinnrücklagen durch den Vorstand nach § 58 Abs. 2 AktG – nur einen Teil des Jahresüberschusses betreffen, so dass ein Bilanzgewinn verbleibt, über dessen Verwendung dann das zuständige Organ – im Fall der AG die Hauptversammlung (§ 174 AktG) – entscheidet.[21] Demgegenüber verbleibt bei der Aufstellung der Bilanz nach *vollständiger Ergebnisverwendung* – z.B. der Einstellung des gesamten Jahresüberschusses in die Gewinnrücklagen oder seine vollständige Verwendung zum Ausgleich eines Verlustvortrages – weder ein Bilanzgewinn noch -verlust, über dessen Verwendung die betreffenden Organe entscheiden können. Entsprechendes gilt für den Fall der Rücklagenauflösung, die nach der hier vertretenen Ansicht keine Ergebnisverwendung i.S.v. § 268 Abs. 1 darstellt.

---

16 ADS 25; Beck BilKomm-*Ellrott/Krämer* Rn 7; HdR-*Knop/Zander* Rn 33; *Schulze-Osterloh* aaO.

17 KK-*Korth* Rn 8; HdR-*Knop/Zander* Rn 12; **aA** ADS 24.

18 Ebenso ADS 25; HdR-*Knop/Zander* Rn 33; *Schulze-Osterloh* aaO; **aA** – für Wahlrecht – Beck BilKomm-*Ellrott/Krämer* Rn 7.

19 ADS 31; **aA** Beck BilKomm-*Ellrott/Krämer* Rn 8.

20 *Schulze-Osterloh* aaO; im Ergebnis ebenso HdR-*Knop/Zander* Rn 26; einschränkend ADS 22.

21 Weitere Anwendungsfälle bei ADS 18 ff.

Ausweis. Nach § 268 Abs. 1 S. 2 tritt, wenn die Bilanz nach teilweiser Ergebnisverwendung aufgestellt wird, an die Stelle der Posten „Jahresüberschuss/Jahresfehlbetrag" und „Gewinnvortrag/Verlustvortrag" der Posten „Bilanzgewinn/Bilanzverlust"; ein vorhandener Gewinn- oder Verlustvortrag ist nach § 268 Abs. 1 S. 2 in der Bilanz oder im Anhang zu vermerken.[22] Bei Aufstellung der Bilanz nach vollständiger Ergebnisverwendung wird sich in der Regel ein Bilanzgewinn bzw. -verlust in Höhe von Null ergeben (z.B. bei einem Ausgleich eines Verlustvortrages durch einen Jahresüberschuss). Soweit aber bei einer vollständigen Ergebnisverwendung ein auf das nächste Jahr vorzutragender Restgewinn verbleibt, ist dieser verbleibende Betrag als „Bilanzgewinn" auszuweisen.[23] Ein Ausweis als „Gewinnvortrag/Verlustvortrag" kommt nicht in Betracht, weil sich dieser nur aus dem vorangegangenen Jahresabschluss ergeben kann.[24] In allen Fällen einer Aufstellung der Bilanz nach Ergebnisverwendung muss – bei der AG gemäß § 158 Abs. 1, bei anderen Gesellschaften in entsprechender Anwendung dieser Regelung – in der GuV oder im Anhang die Entwicklung des Bilanzgewinns/-verlusts aus dem Jahresüberschuss/-fehlbetrag aufgezeigt werden. 10

Anpassung der Vorjahresbeträge. Wird die Bilanz in aufeinanderfolgenden Jahren unterschiedlich aufgestellt, so sind nach § 265 Abs. 2 S. 3 entweder die Vorjahresbeträge anzupassen oder die Abweichungen nach § 265 Abs. 2 S. 2 zu erläutern.[25] 11

III. Entwicklung des Anlagevermögens (Abs. 2)

1. **Allgemeines.** Nach § 268 Abs. 2 ist in der Bilanz oder im Anhang die Entwicklung der einzelnen Posten des Anlagevermögens darzustellen. Durch den sog. **„Anlagenspiegel"**, auch „Anlagengitter" genannt, soll ein Einblick in das im Anlagevermögen gebundene Kapital, seine Altersstruktur und seine Entwicklung im abgelaufenen Geschäftsjahr gegeben werden.[26] § 268 Abs. 2 folgt der sog. *direkten Bruttomethode*, bei der die gesamten historischen Anschaffungs- und Herstellungskosten den Ausgangspunkt bilden und die Abschreibungen aktivisch abzusetzen sind.[27] Abs. 2 beruht auf Art. 15 Abs. 3 Buchst. a und Abs. 4 der 4. EG-Richtlinie. Kleine Kapitalgesellschaften sind von der Verpflichtung zur Aufstellung eines Anlagenspiegels nach § 274a Nr. 1 befreit. 12

2. Gliederung und Bestandteile

a) **Gliederung.** Hinsichtlich der Gliederung des Anlagenspiegels ist zwischen vertikaler und horizontaler Gliederung zu unterscheiden. Erstere ergibt sich aus dem gesetzlichen Gliederungsschema der Aktivseite (§ 266 Abs. 2). Mit der horizontalen Gliederung ist die Reihenfolge gemeint, in der die einzelnen Bestandteile des Anlagenspiegels auszuweisen sind. Abs. 2 S. 2 bestimmt nur die Bestandteile ohne eine festgelegte Reihenfolge: Gesamte Anschaffungs- und Herstellungskosten, Zugänge, Abgänge, Umbuchungen, Zuschreibungen, Abschreibungen in ihrer gesamten Höhe. Als weiterer Posten tritt der Buchwert am Ende des Geschäftsjahres hinzu, ferner nach § 265 Abs. 2 der Vorjahres- 13

[22] Zu Ausweisfragen vgl. ADS 27 ff.
[23] ADS 33; Beck BilKomm-*Ellrott/Krämer* Rn 8.
[24] ADS 34.
[25] ADS 36; eingehend HdR-*Knop/Zander* Rn 44 ff.
[26] ADS 37; HdR-*Lorson* Rn 52.
[27] Dazu und zu anderen – nunmehr unzulässigen – Methoden vgl. näher *Küting/Haeger/Zündorf* DB 1985, 1948.

buchwert. Nach Abs. 2 S. 3 sind – wahlweise in Bilanz oder Anhang – ferner die Abschreibungen des Geschäftsjahres anzugeben. Das Ausweiswahlrecht des Abs. 2 S. 3 besteht unabhängig von dem des Abs. 2 S. 1. Für den Fall einer zusammenfassenden Darstellung aller vorstehend genannten Angaben ergibt sich somit ein **9-Spalten-Schema**, wobei unter dem Gesichtspunkt der Sachgerechtigkeit zwei horizontale Gliederungsschemata in Betracht kommen.[28] *Variante 1* (Gliederung nach mengenmäßigen und wertmäßigen Veränderungen): Gesamte Anschaffungs- und Herstellungskosten, Zugänge, Abgänge, Umbuchungen, Zuschreibungen, kumulierte Abschreibungen, Restbuchwert des Geschäftsjahres, Restbuchwert des Vorjahres, Abschreibungen des Geschäftsjahres. *Variante 2* (Gliederung nach werterhöhenden und wertmindernden Veränderungen): Gesamte Anschaffungskosten, Zugänge, Zuschreibungen, Umbuchungen, Abgänge, kumulierte Abschreibungen, Restbuchwert des Geschäftsjahres, Restbuchwert des Vorjahres, Abschreibungen des Geschäftsjahres. Die weitere Darstellung entspricht Variante 1.

14 b) **Gesamte Anschaffungs- und Herstellungskosten.** In der ersten Spalte sind die historischen Anschaffungs- und Herstellungskosten aller zu Beginn des Geschäftsjahres zum Anlagevermögen gehörenden Vermögensgegenstände auszuweisen. Dieser Posten zeigt somit die Investitionen der vergangenen Geschäftsjahre.

15 c) **Zugänge.** Unter der Spalte Zugänge sind zunächst alle mengenmäßigen Ausweitungen des Anlagevermögens bzw. der aktivierten Aufwendungen zu erfassen. Es handelt sich um Vermögensumschichtungen, die – anders als Zuschreibungen – i.d.R. nicht erfolgswirksam sind.[29] Als Zugang sind auch nachträgliche Erhöhungen der Anschaffungs- und Herstellungskosten zu behandeln,[30] ferner nachträgliche Anschaffungs- und Herstellungskosten[31] sowie die Nachholung einer zunächst unterlassenen Aktivierung.[32] Zweifelhaft ist die Zuordnung von Umgliederungen aus dem Umlaufvermögen in das Anlagevermögen, die einerseits eine Ausweitung des Anlagevermögens zur Folge haben, was für einen Ausweis als „Zugang" spricht, andererseits aber nicht auf Investitionen beruhen, so dass auch ein Ausweis als „Umbuchung" zulässig ist.[33]

16 d) **Abgänge.** Entsprechend zum Posten Zugänge sind unter „Abgänge" alle mengenmäßigen Abnahmen des Anlagevermögens auszuweisen. Ferner gehören dazu nachträgliche Minderungen der Anschaffungskosten, z.B. Rabatte, Boni etc., soweit sie in späteren Jahren als die Aktivierung gewährt werden.[34] Abgänge sind in Höhe der gesamten historischen Anschaffungs- und Herstellungskosten anzuzeigen, ferner sind die entsprechenden Abschreibungen und verrechneten Zuschreibungen aus der Spalte „gesamte Abschreibungen" herauszurechnen.[35]

17 e) **Umbuchungen.** Umbuchungen sind lediglich formale Ausweisänderungen innerhalb des Anlagevermögens und zeigen daher weder Mengen- noch Wertveränderungen

---

[28] Vgl. zur Darstellungstechnik näher ADS 45; HdR-*Lorson* Rn 64 f.

[29] ADS 50; HdR-*Lorson* Rn 74.

[30] ADS 53; KK-*Korth* Rn 13; Beck BilKomm-*Kozikowski/Huber* Rn 37; HdR-*Lorson* Rn 79.

[31] ADS 54; *Claussen* aaO; *Kozikowski/Huber* aaO; HdR-Lorson Rn 80.

[32] HdR-*Lorson* Rn 81; Baumbach/Hueck/*Schulze-Osterloh* GmbHG[18] § 42 Rn 60; **aA** – Zuschreibung, aber ohne Verrechnung mit kumulierten Abschreibungen – ADS 55; Beck BilKomm-*Kozikowski/Huber* Rn 46.

[33] Beide Ausweismöglichkeiten halten für vertretbar ADS 51; *Küting/Zündorf/Weber* BB 1985, 1952. Für Einordnung unter „Zugänge" Beck BilKomm-*Kozikowski/Huber* Rn 36; HdR-*Lorson* Rn 74.

[34] ADS 58.

[35] HdR-*Lorson* Rn 84.

an (wegen Umgliederungen zwischen Umlauf- und Anlagevermögen vgl. Rn 15). Entsprechend dem Bruttoprinzip sind Umbuchungen mit den gesamten Anschaffungs- und Herstellungskosten anzusetzen, zudem sind die in der Vergangenheit berücksichtigten Abschreibungen und verrechneten Zuschreibungen umzugliedern.[36]

f) **Zuschreibungen.** Als Zuschreibungen sind rein wertmäßige Erhöhungen des Anlagevermögens zu erfassen, mit denen in der Vergangenheit vorgenommene überhöhte Abschreibungen korrigiert werden (wegen Nachaktivierungen vgl. Rn 15). Ein Ausweis der gesamten Zuschreibungen der abgelaufenen Geschäftsjahre ist in Abs. 2 S. 2 nicht vorgesehen, kann aber durch freiwillige Erweiterung des Spaltenschemas erreicht werden.[37] Um eine Berechnung der Restbuchwerte zu ermöglichen, ist eine Verrechnung der Zuschreibungen des Geschäftsjahres mit den kumulierten Abschreibungen der Vorjahre zulässig.[38] **18**

g) **Abschreibungen.** Folgt man dem unter Rn 13 dargelegten 9-Spalten-Schema, so sind im Anlagenspiegel zum einen die sog. kumulierten Abschreibungen nach § 268 Abs. 2 S. 2 („Abschreibungen in ihrer gesamten Höhe") auszuweisen. Ferner sind – in der letzten Spalte – die Abschreibungen des Geschäftsjahres (§ 268 Abs. 2 S. 3) anzuzeigen. **19**

aa) **Kumulierte Abschreibungen.** In der Spalte kumulierte Abschreibungen („Abschreibungen in ihrer gesamten Höhe") sind alle wertmäßigen Verminderungen des Anlagevermögens anzugeben, die auf die am Abschlussstichtag zum Anlagevermögen zählenden Vermögensgegenstände und aktivierte Aufwendungen entfallen.[39] Diese umfassen sowohl die Abschreibungen der Vorjahre, als auch die – nach § 268 Abs. 2 S. 3 gesondert auszuweisenden – Abschreibungen des Geschäftsjahres. Zu den auszuweisenden Abschreibungen gehören die planmäßigen wie die außerplanmäßigen Abschreibungen. **20**

bb) **Abschreibungen des Geschäftsjahres.** Die Abschreibungen des Geschäftsjahres sind nach § 268 Abs. 2 S. 3 in der Bilanz bei den entsprechenden Posten oder im Anhang in einer der Gliederung des Anlagevermögens entsprechenden Weise anzugeben. Ihre Angabe kann mit dem Anlagenspiegel verbunden werden (vgl. dazu das 9-Spalten-Schema oben Rn 13). Fraglich ist, ob die Abschreibungen des Geschäftsjahres als stichtagsbezogene Teilmenge der kumulierten Abschreibungen nach dem Anlagenspiegel zu ermitteln sind,[40] oder ob sie mit dem in der GuV ausgewiesenen Betrag der Abschreibungen übereinstimmen müssen.[41] Der Unterschied zwischen beiden Ansichten betrifft die Berücksichtigung der Abschreibungen, die auf die Abgänge des laufenden Jahres und die geringwertigen Wirtschaftsgüter entfallen, die am Abschlussstichtag nicht mehr im Anlagevermögen enthalten sind. Die vom Anlagenspiegel getrennte gesetzliche Regelung der Angabepflicht in Abs. 2 S. 3 spricht für die zweite Interpretation, die zudem die Abstimmung mit der GuV ermöglicht.[42] Soweit die Abschreibungen des Geschäftsjahres als letzte **21**

---

36 HdR-*Lorson* Rn 92.

37 Vgl. ADS 63.

38 So schon Begr. RegE BT-Drucks. 10/4268, S. 105; vgl. näher ADS 62; HdR-*Lorson* Rn 96 ff; *Hoffmann* BB 1986, 1399 f; *Küting/Haeger/Zündorf* BB 1985, 1952 f.

39 ADS 64.

40 *Küting/Haeger/Zündorf* BB 1985, 1952.

41 So ADS 68; KK-*Korth* Rn 22; HdR-*Lorson* Rn 116 ff; Beck BilKomm-*Kozikowski/Huber* Rn 16; Baumbach/Hueck/*Schulze-Osterloh* GmbHG[18] § 42 Rn 62.

42 HdR-*Lorson* Rn 116.

Spalte des Anlagenspiegels gezeigt werden, sollte ein klarstellender Hinweis erfolgen, dass es sich insoweit nicht um eine Davon-Angabe der kumulierten Abschreibungen handelt.[43]

22 3. **Geringwertige Vermögensgegenstände im Anlagenspiegel.** Besonderheiten gelten für die Behandlung geringwertiger Vermögensgegenstände im Anlagenspiegel. Einigkeit bestand schon bisher darüber, dass Vermögensgegenstände des Anlagevermögens mit Anschaffungs- oder Herstellungskosten bis zu 60 Euro sowie kurzlebige Vermögensgegenstände (Nutzungsdauer bis ein Jahr) entsprechend allgemeinen Bilanzierungsgrundsätzen sofort als Aufwand verrechnet werden, d.h. den Anlagenspiegel nicht berühren.[44] Was geringwertige Vermögensgegenstände mit einem Wert von über 60 Euro bis zu 410 Euro (vgl. § 6 Abs. 2 EStG n.F.) anbetrifft, so sind zum alten § 6 Abs. 2 EStG unterschiedliche Darstellungsformen vorgeschlagen worden. Nach überwiegender Ansicht sind diese Vermögensgegenstände im Jahr ihrer Anschaffung sowohl als Zugang als auch als Abgang zu erfassen.[45] Nach anderer Auffassung soll ein Abgang im Folgejahr der Anschaffung fingiert werden.[46] Eine dritte Möglichkeit besteht darin, die geringwertigen Vermögensgegenstände bis zu einem an Durchschnittswerten ermittelten Abgangszeitpunkt weiter im Anlagenspiegel auszuweisen.[47] Den allgemeinen Grundsätzen über die Behandlung geringwertiger Wirtschaftsgüter entspricht am ehesten das erste Verfahren. Zudem sind die betreffenden Abschreibungen, wenn man mit der hier vertretenen Ansicht die Abschreibungen des laufenden Geschäftsjahres aus der GuV übernimmt (vgl. Rn 21), in der Angabe nach § 268 Abs. 2 S. 3 mitenthalten. Die vorstehenden Grundsätze dürften auch nach der Wiedereinführung des § 6 Abs. 2 EStG weiter angewendet werden können. Soweit abweichend von § 6 Abs. 2 S. 1 EStG in der Handelsbilanz für geringwertige Wirtschaftsgüter zwischen 150 Euro und 1000 Euro ein Sammelposten entsprechend § 6 Abs. 2a EStG n.F. (bis zu 1000 Euro) gebildet werden soll, sind die betreffenden Vermögensgegenstände am Ende desjenigen Geschäftsjahres, in dem der Sammelposten vollständig abgeschrieben wurde, im Anlagenspiegel als Abgang zu erfassen.[48]

IV. Nicht durch Eigenkapital gedeckter Fehlbetrag (Abs. 3)

23 § 268 Abs. 3 schreibt den Ausweis eines Sonderpostens „Nicht durch Eigenkapital gedeckter Fehlbetrag" am Schluss der Aktivseite vor, wenn das Eigenkapital durch Verluste aufgebraucht ist und sich ein Überschuss der Passiva über die Aktiva ergibt. Dadurch wird der Ausweis eines negativen Eigenkapitals auf der Passivseite vermieden.[49] Bei diesem Sonderposten handelt es sich weder um einen Vermögensgegenstand noch um eine Bilanzierungshilfe. Er dient vielmehr als *bloße Korrekturgröße* zum Eigenkapital und drückt die bilanzielle Überschuldung des Unternehmens aus.[50]

24 Diese **bilanzielle Überschuldung** ist vom Überschuldungstatbestand i.S.d. § 19 Abs. 2 InsO zu unterscheiden. Der Ausweis eines „Nicht durch Eigenkapital gedeckten Fehlbetrages" ist aber regelmäßig Anlass für eine Prüfung der *insolvenzrechtlichen* Überschul-

---

[43] ADS 68.
[44] ADS 77; Baumbach/Hueck/*Schulze-Osterloh* GmbHG[18] § 42 Rn 61; HdR-*Lorson* Rn 138 f.
[45] So auch Bericht des Rechtsausschusses BT-Drucks. 10/4268, S. 105; ADS 75; *Schulze-Osterloh* aaO.
[46] *Küting/Haeger/Zündorf* BB 1985, 1954 f.
[47] *Biener/Berneke,* S.174; *Hoffmann* BB 1986, 1402.
[48] Vgl. näher IdW FN 2007, 506.
[49] Begr. RegE BT-Drucks. 10/317, S. 78.
[50] ADS 86.

dungstatbestände. Aus diesem Grund wird auch – ungeachtet einer fehlenden ausdrücklichen gesetzlichen Regelung – eine Erläuterung des Sonderpostens im Anhang zweckmäßig sein.[51] Darüber hinaus dürfte in der Regel eine Erläuterungspflicht im Lagebericht gegeben sein.[52]

V. Vermerk der Forderungen mit einer Restlaufzeit von mehr als einem Jahr und Erläuterungspflicht bei antizipativen sonstigen Vermögensgegenständen (Abs. 4)

1. Vermerk der Forderungen mit einer Restlaufzeit von mehr als einem Jahr (Abs. 4 S. 1). Um einen **besseren Einblick in die Liquiditätslage** zu gewährleisten, sind nach Abs. 4 S. 1 die Beträge der Forderungen mit einer Restlaufzeit von mehr als einem Jahr bei den einzelnen Forderungsposten gesondert zu vermerken. Abs. 4 S. 1 beruht auf Art. 9 der 4. EG-Richtlinie. Er gilt – wie sich auch aus Art. 9 ergibt – seinem Sinn und Zweck nach nur für Forderungen des Umlaufvermögens. Dazu zählen folgende Posten: „Forderungen aus Lieferungen und Leistungen" (§ 266 Abs. 2 B. II. 1), „Forderungen gegen verbundene Unternehmen" (§ 266 Abs. 2 B. II. 2.), „Forderungen gegen Unternehmen, mit denen ein Beteiligungsverhältnis besteht" (§ 266 Abs. 2 B. II. 3.) und „Sonstige Vermögensgegenstände" (§ 266 Abs. 2 B. II. 4.). Soweit weitere Untergliederungen vorgenommen werden, sind auch hier entsprechende Vermerke vorzunehmen. Umgekehrt beschränkt sich die Vermerkpflicht bei einer verkürzten Bilanz auf die verbleibenden Posten.[53] 25

Die **Restlaufzeit einer Forderung** bestimmt sich nach dem Zeitraum zwischen dem Abschlussstichtag und dem erwarteten Eingang des Forderungsbetrages.[54] Für ihre Bemessung ist zunächst von der vereinbarten Laufzeit auszugehen. Soweit aber – z.B. auf Grund zwischenzeitlicher Zahlungsschwierigkeiten – nicht mehr mit einem vertragsgemäßen Eingang innerhalb eines Jahres gerechnet werden kann, ist ein entsprechender Vermerk vorzunehmen. Bei Forderungen, die ratenweise getilgt werden, ist der nach einem Jahr zu zahlende Teilbetrag zu vermerken.[55] 26

Nach § 268 Abs. 4 S. 1 müssen die entsprechenden **Vermerke in der Bilanz** erfolgen. Soweit aber nach § 265 Abs. 7 Nr. 2 bestimmte Forderungsposten zusammengefasst werden und der Einzelausweis in den Anhang verlagert wird, sind auch die entsprechenden Laufzeitvermerke im Anhang vorzunehmen. 27

2. Erläuterungspflicht bei antizipativen sonstigen Vermögensgegenständen (Abs. 4 S. 2). Nach § 268 Abs. 4 S. 2 sind Beträge für Vermögensgegenstände, die unter dem Posten „sonstige Vermögensgegenstände" ausgewiesen sind, **im Anhang gesondert zu erläutern**, wenn sie erst nach dem Abschlussstichtag entstehen und einen größeren Umfang haben. Die Regelung beruht auf Art. 18 S. 2 der 4. EG-Richtlinie. Danach können die Mitgliedsstaaten an Stelle von antizipativen Rechnungsabgrenzungsposten den Ausweis von „Erträgen, die erst nach dem Abschlußstichtag fällig werden" unter den 28

---

[51] ADS 89; KK-*Korth* Rn 43; Beck BilKomm-*Ellrott/Krämer* Rn 77; HdR-*Knop/Zander* Rn 195; Baumbach/Hueck/*Schulze-Osterloh* GmbHG[18] § 42 Rn 200.

[52] Vgl. *Schulze-Osterloh* aaO.

[53] Näher § 266 Rn 7.

[54] ADS 101; Beck BilKomm-*Ellrott/Krämer* Rn 92; HdR-*Knop/Zander* Rn 200.

[55] Beck BilKomm-*Ellrott/Krämer* Rn 92; ADS 101 f.

Forderungen vorsehen. In diesem Fall sieht Art. 18 S. 2 eine Erläuterungspflicht vor, wenn die Beträge einen größeren Umfang haben.

29 § 268 Abs. 4 S. 2 ist nach dem Willen des Gesetzgebers **nur eine Ausweisvorschrift**, d.h. lässt die allgemeinen Grundsätze über die Aktivierung unberührt.[56] Eine Erläuterungspflicht kommt daher nur in Betracht, wenn es sich um Vermögensgegenstände, insbesondere Forderungen handelt, die nach den GoB bilanzierungsfähig sind. Dies setzt voraus, dass die Forderung zum Abschlussstichtag bereits als hinreichend konkretisiert anzusehen ist, was i.d.R. zugleich die rechtliche Entstehung voraussetzt. Würde man am Erfordernis der mangelnden rechtlichen Entstehung festhalten, wäre der Anwendungsbereich des § 268 Abs. 4 S. 2 – je nach Auslegung des Realisationsprinzips – u.U. *sehr eingeschränkt*: In Betracht kämen – soweit man eine Aktivierung trotz fehlender rechtlicher Entstehung bejaht – z.B. Steuererstattungsansprüche bei Ertragssteuern, die erst nach Ablauf des Veranlagungszeitraums entstehen, Vorsteuererstattungsansprüche vor Rechnungserteilung oder phasengleich aktivierte Dividendenansprüche, soweit sie nicht unter „Forderungen gegen verbundene Unternehmen" ausgewiesen sind.[57] Angesichts dieses engen Anwendungsbereichs wird im Schrifttum unter Rückgriff auf den weitergehenden Wortlaut des Art. 18 S. 1 der 4. EG-Richtlinie – „Erträge, die am Abschlußstichtag noch nicht fällig sind" – eine *erweiternde Auslegung* des § 268 Abs. 2 befürwortet. Erläuterungspflichtig seien auch solche Forderungen, die am Abschlussstichtag bereits rechtlich entstanden sind, aber erst nach dem Abschlussstichtag fällig werden und Ertrag des abgelaufenen Geschäftsjahres darstellen. Dazu zählen etwa Ansprüche aus Miet- und Pachtverträgen auf anteiligen Miet- und Pachtzins.[58] Diese Auffassung kann sich zwar auf den Richtlinientext berufen, geht aber über den Wortlaut des Gesetzes hinaus. Der Gesetzgeber hat ausdrücklich an das Merkmal der rechtlichen Entstehung angeknüpft, so dass für eine erweiternde Auslegung im Sinne von Art. 18 S. 1 der 4. EG-Richtlinie kein Raum bleibt.

30 Eine Erläuterungspflicht setzt voraus, dass die betreffenden Beträge **„einen größeren Umfang"** haben. Weder das HGB noch die Richtlinie enthalten konkrete Aussagen darüber, wann diese Voraussetzung erfüllt ist. Damit bleibt nur die Möglichkeit, an die Grundsätze anzuknüpfen, die allgemein bei der Auslegung der Anhangs- und Erläuterungsvorschriften zum Merkmal der „Wesentlichkeit" entwickelt worden sind.[59]

VI. Vermerk der Verbindlichkeiten mit einer Restlaufzeit von bis zu einem Jahr, Ausweis erhaltener Anzahlungen auf Bestellungen und Erläuterungen antizipativer Verbindlichkeiten (Abs. 5)

31 **1. Vermerk der Verbindlichkeiten mit einer Restlaufzeit von bis zu einem Jahr (Abs. 5 S. 1).** Entsprechend Abs. 4 S. 1 betreffend Forderungen sieht § 268 Abs. 5 S. 1 eine gesonderte Angabe der Verbindlichkeiten mit einer Restlaufzeit von bis zu einem Jahr vor. Damit soll ein besserer **Einblick in die Finanzlage**, insbesondere die Liquiditätslage der Gesellschaft ermöglicht werden. Die Regelung beruht auf Art. 9 der 4. EG-Richtlinie.

---

[56] Vgl. Begr. RegE BT-Drucks. 10/317, S. 78; *Biener/Berneke*, S. 175.

[57] Beck BilKomm-*Ellrott/Krämer* Rn 95.

[58] ADS 106; *Biener/Berneke*, S. 175; HdR-*Knop/Zander* Rn 205.

[59] Ebenso ADS 107; HdR-*Knop/Zander* Rn 206; allgemein zur „Wesentlichkeit" vgl. HuRB-*Leffson*, S. 434 ff.

Mit „Verbindlichkeiten“ sind die in § 266 Abs. 3 C. genannten Einzelposten gemeint. **32**
Umstritten ist, ob auch **erhaltene Anzahlungen** auf Bestellungen (§ 266 Abs. 3 C. 3.) mit einem Restlaufvermerk zu versehen sind. Dafür spricht zwar ihr gesetzlich vorgeschriebener Ausweis unter „C. Verbindlichkeiten“.[60] Sachlich handelt es sich aber nicht um echte Zahlungsverpflichtungen. Vielmehr dient ihre Passivierung nur der erfolgsneutralen Erfassung des ansonsten schwebenden Geschäfts.[61] Daher ist von einem Restlaufvermerk abzusehen.[62]

Für die **Ermittlung der Restlaufzeit** ist auf den vertraglichen Fälligkeitstermin, nicht **33**
den beabsichtigten Zahlungstermin abzustellen.[63] Eine geplante Stundung oder vorgesehene Zahlungsreservierung bleiben außer Betracht, soweit noch keine Prolongation wirksam vereinbart worden ist.[64] Zusätzlich zu Abs. 5 S. 1 enthält § 285 Nr. 1, 2 weitere Angabepflichten, die zu einem Verbindlichkeitenspiegel zusammengefasst werden können.[65]

2. Erhaltene Anzahlungen auf Bestellungen (Abs. 5 S. 2). Nach § 268 Abs. 5 S. 2 **34**
sind Anzahlungen auf Bestellungen, soweit Anzahlungen auf Vorräte nicht offen von dem Posten „Vorräte“ abgesetzt werden, unter den Verbindlichkeiten gesondert auszuweisen. Die Passivierung von Anzahlungen auf Bestellungen dient vorrangig der **erfolgsneutralen Erfassung des schwebenden Geschäfts.** Abs. 5 S. 2 gestattet – wie in Art. 9 der 4. EG-Richtlinie vorgesehen – alternativ eine offene Verrechnung mit dem Posten „Vorräte“. Eine solche Saldierung erscheint nur dann gerechtfertigt, wenn zwischen den Anzahlungen einerseits und den unter „Vorräten“ ausgewiesenen Vermögensgegenständen andererseits ein *inhaltlicher Bezug* besteht, die Vorräte also gerade für die jeweilige Bestellung angeschafft bzw. hergestellt worden sind. Im Schrifttum wird deshalb eine Beschränkung des Wahlrechts auf den Fall gefordert, dass den Anzahlungen sachlich entsprechende Vorräte zugeordnet werden können.[66] Nach anderer Ansicht soll eine Absetzung ganz unabhängig von einer inhaltlichen Entsprechung zwischen Aktiv- und Passivposten zulässig sein.[67] Für die einschränkende Auslegung des § 268 Abs. 5 S. 2 spricht der Wortlaut der Vorschrift. Danach dürfen nicht allgemein „Anzahlungen auf Bestellungen“, sondern nur „Anzahlungen auf Vorräte“ vom Posten „Vorräte“ abgesetzt werden, was für einen sachlichen Bezug zwischen der Anzahlung und dem Ausweis der Vorräte spricht. Zudem stände eine unbeschränkte Saldierung im Widerspruch zum Gebot der Bilanzklarheit, weil sie den Eindruck erwecken würde, als seien in entsprechendem Umfang Vorräte vorhanden und durch Anzahlungen finanziert worden.[68]

3. Erläuterungen bei antizipativen Verbindlichkeiten (Abs. 5 S. 3). Sind unter dem **35**
Posten „Verbindlichkeiten“ auch Verbindlichkeiten ausgewiesen, die erst nach dem Abschlussstichtag rechtlich entstehen, dann sind Beträge, die einen größeren Umfang haben, nach § 268 Abs. 5 S. 3 im Anhang zu erläutern. Die Regelung beruht auf Art. 21 der

---

60 Für Restlaufvermerk deshalb ADS § 285 Rn 8.

61 Vgl. auch oben § 266 Rn 63.

62 Baumbach/Hueck/*Schulze-Osterloh* GmbHG[18] § 42 Rn 288; HdR-*Knop/Zander* Rn 208; Beck BilKomm-*Kozikowski/Schubert* Rn 101.

63 HdR-*Knop/Zander* Rn 209; KK-*Korth* Rn 59.

64 Vgl. auch § 285 Rn 9.

65 Vgl. ADS 113.

66 Baumbach/Hueck/*Schulze-Osterloh* GmbHG[18] § 42 Rn 288; HdR-*Knop/Zander* Rn 213.

67 ADS § 266 99; *Biener/Berneke,* S. 147; Beck BilKomm-*Kozikowski/Schubert* § 266 Rn 225.

68 Vgl. HdR-*Knop/Zander* Rn 213.

4. EG-Richtlinie. Da der deutsche Gesetzgeber keine antizipativen Rechnungsabgrenzungsposten zugelassen hat, war nach Art. 21 Abs. 2 nur eine Erläuterungspflicht für antizipative Verbindlichkeiten vorzusehen. Der deutsche Gesetzgeber hat bei der Umsetzung ausdrücklich an das Erfordernis der *rechtlichen* Entstehung nach dem Abschlussstichtag angeknüpft. Es sollten damit nur solche „Verbindlichkeiten" erfasst sein, „die noch nicht rechtlich entstanden sind, die aber dem Geschäftsjahr zuzurechnen und nach den GoB auch als Schulden anzusehen sind".[69] Der Ansatz einer Verbindlichkeit setzt aber regelmäßig ihre rechtliche Entstehung vor dem Abschlussstichtag voraus, so dass bei wortlautgetreuer Auslegung nur wenige praktische Anwendungsfälle – zudem „größeren Umfangs" – denkbar sind.[70] § 268 Abs. 5 S. 3 kann auch nicht in der Weise berichtigend ausgelegt werden, dass es nicht auf die rechtliche Entstehung, sondern auf die Fälligkeit der Verbindlichkeit nach dem Bilanzstichtag ankomme.[71] Dagegen spricht nicht nur der Wortlaut, sondern vor allem der Umstand, dass dann nahezu alle Verbindlichkeiten erläuterungspflichtig wären.[72]

VII. Disagio (Abs. 6)

36 Ist der Rückzahlungsbetrag einer Verbindlichkeit höher als der Ausgabebetrag, so darf nach § 250 Abs. 3 der Unterschiedsbetrag als Rechnungsabgrenzungsposten auf der Aktivseite angesetzt werden. Für diesen Fall bestimmt § 268 Abs. 6, dass der Unterschiedsbetrag in der Bilanz gesondert ausgewiesen oder im Anhang angegeben wird. Dies gilt nach § 274a Nr. 4 aber nicht für kleine Kapitalgesellschaften. Ein gesonderter Ausweis kann entweder durch Untergliederung oder Davon-Vermerk erfolgen.[73] Eine bestimmte Postenbezeichnung ist nicht vorgeschrieben.[74] Für mehrere Unterschiedsbeträge kann ein einheitlicher Posten gebildet werden.[75]

VIII. Haftungsverhältnisse (Abs. 7)

37 Nach § 268 Abs. 7 müssen Kapitalgesellschaften die in § 251 bezeichneten Haftungsverhältnisse jeweils gesondert unter der Bilanz oder im Anhang unter Angabe der gewährten Pfandrechte und sonstigen Sicherheiten (vgl. zum Begriff auch § 285 Rn 13 f)[76] angeben. Soweit solche Verpflichtungen gegenüber verbundenen Unternehmen bestehen, sind sie gesondert anzugeben. Abs. 7 beruht auf Art. 14 der 4. EG-Richtlinie. § 268 Abs. 7 gilt auch für kleine Kapitalgesellschaften, wenn auch unter Berücksichtigung der Erleichterungen bei der Bilanzgliederung;[77] zu Kleinstkapitalgesellschaften vgl. § 264 Abs. 1 S. 5. Zu den einzelnen auszuweisenden Haftungsverhältnissen vgl. Erläuterungen zu § 251. Die gewährten Pfandrechte und sonstigen Sicherheiten sind jeweils bei den einzelnen Haftungsverhältnissen gesondert mit einer Betragsangabe anzugeben.[78] Dabei ist

---

[69] BT-Drucks. 10/317, S. 79.

[70] Vgl. die Kritik an der Transformation bei ADS 118; Beck BilKomm-*Kozikowski/Schubert* Rn 108; KK-*Korth* Rn 56.

[71] So aber HdR-*Knop/Zander* Rn 217.

[72] MünchKommHGB/*Reiner/Haußer* Rn 37.

[73] So ADS 122; Beck BilKomm-*Ellrott/Krämer* Rn 111; HdR-*Hayn* Rn 220.

[74] Vgl. ADS aaO; *Ellrott/Krämer* aaO.

[75] ADS 123; Beck BilKomm-*Ellrott/Krämer* Rn 112; KK-*Korth* Rn 59.

[76] § 268 Abs. 7 und § 285 Nr. 1 Buchst. b sind – trotz kleiner sprachlicher Abweichung – gleich auszulegen, vgl. *Biener/Berneke*, S. 176.

[77] Näher ADS 125.

[78] ADS 126; KK-*Korth* Rn 65; wohl auch Beck BilKomm-*Ellrott* Rn 126.

der Betrag der gesicherten Verbindlichkeit anzugeben, nicht der Wert des Sicherungsgutes.[79] Bestehen Haftungsverhältnisse gegenüber verbundenen Unternehmen (§ 271 Abs. 2), so sind diese ebenfalls gesondert anzugeben.[80]

IX. Ausschüttungssperre (Abs. 8)

1. Überblick und Hintergründe. Durch das BilMoG ist § 268 um einen neuen Abs. 8 erweitert worden, der für verschiedene Aktivposten eine Ausschüttungssperre enthält.[81] Sie gilt in **sachlicher Hinsicht** für **38**

- die Beträge aus der Aktivierung selbst geschaffener immaterieller Vermögensgegenstände des Anlagevermögens nach § 248 Abs. 2 S. 1 abzüglich der hierfür gebildeten passiven Steuern (§ 268 Abs. 8 S. 1),
- den Betrag, um den die (freiwillig) nach § 274 Abs. 1 S. 2 aktivierten latenten Steuern die passiven latenten Steuern übersteigen (§ 268 Abs. 8 S. 2) und
- den Betrag, um den die nach § 253 Abs. 1 S. 4 zum beizulegenden Zeitwert bewerteten Vermögensgegenstände i.S.d. § 246 Abs. 2 S. 2 (sog. Planvermögen) abzüglich der hierfür gebildeten latenten Steuern die Anschaffungskosten übersteigen.

Die Ausschüttungssperre nach Abs. 8 ist Ausdruck eines **gesetzgeberischen Kompromisses.**[82] Der Gesetzgeber des BilMoG hat einerseits die Informationsfunktion des Jahresabschlusses durch den Ausweis entsprechender Aktivposten stärken wollen. Andererseits ist unter dem Aspekt des Gläubigerschutzes (gesellschaftsrechtliche Kapitalerhaltung) eine Ausschüttung dieser Beträge wegen der bestehenden Bewertungsunsicherheiten zumindest bei Haftungsbeschränkung nicht zu rechtfertigen. Diesen Bedenken wird durch die Kombination von Aktivierung und Ausschüttungssperre Rechnung getragen. **39**

2. Anwendungsbereich. Abs. 8 findet auf **Kapitalgesellschaften** Anwendung.[83] Die Vorschrift ist auf das aktienrechtliche Kapitalschutzsystem zugeschnitten, denn die hier geregelten Restriktionen bei der Gewinnausschüttung korrespondieren mit § 57 Abs. 3, § 58 Abs. 4 AktG, die als Bestandteile der strengen aktienrechtlichen Kapitalbindung über § 62 Abs. 1 S. 1 AktG sanktioniert sind. Bei der GmbH ist Abs. 8 zwar ebenfalls im Rahmen des § 29 GmbHG zu berücksichtigen („soweit der sich ergebende Betrag nicht nach Gesetz … von der Verteilung … ausgeschlossen ist“).[84] Dennoch führt Abs. 8 hier zu Abstimmungsbedarf mit den Kapitalschutzvorschriften. Denn im Gegensatz zu den §§ 57 Abs. 3, 58 AktG stellt § 29 GmbHG dispositives Recht dar[85] und nimmt nicht *per se* am Schutz der §§ 30, 31 GmbHG teil.[86] Dieser findet seinen Bezugspunkt vielmehr in der Erhaltung des Stammkapitals, nicht jedoch in der Ergebnisverwendung, an die § 268 Abs. 8 allein anknüpft („dürfen Gewinne nur ausgeschüttet werden“). Um Abs. 8 im GmbH-Recht zu effektuieren, wird ihm daher zum einen der Vorrang vor der Gewinn- **40**

---

[79] Vgl. Baumbach/Hueck/*Schulze-Osterloh* GmbHG[18] § 42 Rn 310.

[80] Zur Ausweistechnik vgl. etwa Beck BilKomm-*Ellrott* Rn 127 f.

[81] Ausführlich zu dieser Regelung *Link* S. 1 ff.

[82] Dazu BT-Drucks. 16/10067, S. 64; *Arbeitskreis Bilanzrecht der Hochschullehrer Rechtswissenschaft* BB 2008, 157; *von der Laage* WM 2012, 1323; *Simon* NZG 2009, 1081 ff.

[83] BT-Drucks. 16/10067, S. 67.

[84] Vgl. MünchKommHGB/*Reiner*/*Haußer* Rn 55.

[85] Siehe nur Baumbach/Hueck/*Fastrich* GmbHG § 29 Rn 3; Lutter/Hommelhoff/*Hommelhoff* GmbHG § 29 Rn 9.

[86] Vgl. Baumbach/Hueck/*Fastrich* GmbHG § 30 Rn 6; GmbHGGroßKomm/*W. Müller* § 29 Rn 1.

verwendungskompetenz der Gesellschafter zugemessen.[87] Zum anderen löst sich die wohl allgemeine Auffassung für Zwecke der Anwendung der §§ 30, 31 GmbHG vom Tatbestandsmerkmal der „Gewinnausschüttung" in Abs. 8, indem *Auszahlungen jeder Art* (vgl. § 30 Abs. 1 S. 1 GmbHG) als unzulässig angesehen werden, die die Summe aus Stammkapitalziffer und dem nach § 268 Abs. 8 gesperrten Betrag angreifen.[88] Der Gesetzgeber wäre an diesem Punkt besser dem Vorbild des § 172 Abs. 4 S. 3 gefolgt und hätte eine auf das GmbH-Recht zugeschnittene Sonderregelung geschaffen.

41 Vor dem Hintergrund dieser spezifisch kapitalgesellschaftsrechtlichen Anknüpfung des Abs. 8, die bereits in Bezug auf die GmbH ergänzende Überlegungen erforderlich macht, ist auch die umstrittene Frage zu bewerten, ob die Vorschrift (entsprechend ihrer systematischen Stellung) auf **Personengesellschaften i.S.v. § 264a** Anwendung findet. Diese Frage wird in Teilen des Schrifttums unter Hinweis auf das identische Gläubigerschutzbedürfnis bejaht.[89] In den Gesetzesmaterialien ist der entgegengesetzte Standpunkt zum Ausdruck gekommen,[90] und zwar zu Recht, denn Abs. 8 ist auf die Verhältnisse von Kapitalgesellschaften zugeschnitten, während zwingende Entnahmesperren dem Recht der Personengesellschaften fremd sind.[91] Dementsprechend setzt § 172 Abs. 4 S. 3 – systemkonform – an anderer Stelle, nämlich bei der Außenhaftung des Kommanditisten an: Sie entsteht bzw. erhöht sich bei Entnahmen, die Beträge i.S.v. Abs. 8 betreffen. Dass die Vorschrift auch auf Kommanditgesellschaften außerhalb von § 264a Anwendung findet, erklärt sich daraus, dass Kommanditisten ganz generell einer Kapitalbindung unterliegen und die in § 268 Abs. 8 geregelten Aktivposten – mit Ausnahme der Steuerlatenzen (vgl. § 274) – auch bei sonstigen Personengesellschaften angesetzt werden können.[92] Auch in Bezug auf Komplementärgesellschaften in der Rechtsform einer Kapitalgesellschaft bedarf es keiner „Ausschüttungssperren",[93] denn sie haften ohnehin mit ihrem gesamten Vermögen (§§ 128 ff, 161 Abs. 2), wodurch ein hinreichender Gläubigerschutz sichergestellt ist.[94] Aus den gleichen Gründen findet § 268 Abs. 8 auch auf **persönlich haftende Gesellschafter von KGaA** sowie **Personenunternehmen, die dem PublG unterfallen,** keine Anwendung. Ebenfalls nicht zu folgen ist einem vermittelnden Ansatz, wonach Abs. 8 bei Personengesellschaften i.S.v. § 264a zwar nicht als Ausschüttungs- bzw. Entnahmesperre fungieren soll, wohl aber zur Transparentmachung der entsprechenden Beträge innerhalb der Rechnungslegung zwingt.[95] Dem ist entgegenzuhalten, dass Abs. 8

[87] Vgl. Lutter/Hommelhoff/*Hommelhoff* GmbHG § 29 Rn 9; HdR-*Küting/Lorson* Rn 301; *Gelhausen/Althoff* WPg 2009, 584, 590; *von der Laage* WM 2012, 1323 („lex specialis").

[88] Vgl. Lutter/Hommelhoff/*Hommelhoff* GmbHG § 30 Rn 12; MünchKommHGB/*Reiner/Haußer* Rn 55; *von der Laage* WM 2012, 1327; *Verse* VGR Bd. 15 (2010), S. 73.

[89] MünchKommHGB/*Reiner/Haußer* Rn 57 ff; *Simon* NZG 2009, 1082; dafür auch HdR-*Küting/Lorson* Rn 254; *Hennrichs* WPg 2011, 864 f Fn 30; unentschieden *Althoff* DStR 2012, 868.

[90] Vgl. BT-Drucks. 16/10067, S. 67.

[91] Vgl. *Arbeitskreis Bilanzrecht der Hochschullehrer Rechtswissenschaft* BB 2008, 155; *IDW* RS HFA Rn 38; *von der Laage* WM 2012, 1324; *Marx/Dallmann* Stgb 2010, 454; WP-Handbuch I F 103; *Zwirner/Froschhammer* StuB 2012, 140; gegen eine Anwendung von Abs. 8 auch Beck BilKomm/*Kozikowski/Huber* Rn 141; MünchKommHGB/*Poelzig* § 285 Rn 457.

[92] Siehe bereits *Arbeitskreis Bilanzrecht der Hochschullehrer Rechtswissenschaft* aaO; *Hennrichs* DB 2008, 541 f.

[93] Vgl. demgegenüber MünchKommHGB/*Reiner/Haußer* Rn 59 („analoge Anwendung des § 172 Abs. 4 S. 3").

[94] Vgl. BT-Drucks. 16/10067, S. 67.

[95] So *von der Laage* WM 2012, 1324 ff; vgl. auch MünchKommHGB/*Reiner/Haußer* Rn 58 f („Verbot der Gewinnzuschreibung zu den Kapitalkonten").

außerbilanziell wirkt und gerade keinen gesonderten Ausweis verlangt (vgl. Rn 42).[96] Die vom Gesetzgeber für notwendig erachtete Transparenz wird stattdessen über § 285 Nr. 28 hergestellt. Diese Vorschrift findet zwar in Konsequenz der hier vertretenen Auffassung auf Personengesellschaften i.S.v. § 264a keine Anwendung.[97] Jedoch ist eine wegen § 172 Abs. 4 S. 3, § 268 Abs. 8 erhöhte Kommanditistenhaftung nach § 264c Abs. 2 S. 9 im Anhang anzugeben (näher § 264c Rn 18). Damit hat es *de lege lata* sein Bewenden.

3. Einzelheiten. Die Regelung des § 268 Abs. 8 ist der Ausschüttungssperre des § 269 S. 2 a.F. nachgebildet (vgl. dazu Vorauflage § 269 Rn 17 ff). Sie verlangt nicht die Bildung einer besonderen Gewinnrücklage; § 270 findet keine Anwendung.[98] Vielmehr ist vor einer Gewinnausschüttung nur zu prüfen, ob die nach der Ausschüttung verbleibenden frei verfügbaren Rücklagen unter Berücksichtigung eines Verlust- bzw. Gewinnvortrags **die entsprechenden Beträge mindestens abdecken.** Dürfen Gewinne aufgrund von Abs. 8 nicht ausgeschüttet werden, so entscheiden die nach den allgemeinen Grundsätzen für die Ergebnisverwendung zuständigen Gesellschaftsorgane, ob eine Rücklage gebildet oder der Betrag vorgetragen werden soll.[99] Für Zwecke der Anwendung des § 58 Abs. 2 AktG ist der ausschüttungsgesperrte Betrag nicht in Abzug zu bringen.[100] Die damit verbundene Stärkung der Hauptversammlungskompetenzen ist *de lege lata* hinzunehmen.[101] Ferner erhöht der ausschüttungsgesperrte Betrag die Bemessungsgrundlage gesetzlicher (§§ 150 AktG, 5a Abs. 3 GmbHG) und satzungsmäßiger Rücklagen und kann für ihre Dotierung verwendet werden.[102] Dies wird auch für die Rücklage für Anteile an einem herrschenden oder mit Mehrheit beteiligten Unternehmen (§ 272 Abs. 4) bejaht.[103] Für den Erwerb eigener Anteile steht er hingegen nicht zur Verfügung (arg. § 71 Abs. 2 S. 2 AktG a.E., § 33 Abs. 2 S. 1 a.E.).[104] Auch für eine Kapitalerhöhung aus Gesellschaftsmitteln kann er nicht in Ansatz gebracht werden, weil es aufgrund seiner zweifelhaften Werthaltigkeit an einer effektiven Kapitalaufbringung fehlen würde.[105] Die dadurch hervorgerufenen Unstimmigkeiten mit § 150 Abs. 4 S. 1 Nr. 3 AktG, § 5a Abs. 3 S. 2 Nr. 1 GmbHG sind *de lege lata* hinzunehmen. Die Ausschüttungssperre greift nicht nur im Jahr der erstmaligen Aktivierung der entsprechenden Beträge ein, sondern ist auch in den Folgejahren unter Berücksichtigung von Zu- und Abgängen neu zu prüfen.[106] Wie sich aus 42

---

[96] Wohl allgemein anerkannt, vgl. MünchKommHGB/*Reiner/Haußer* Rn 46, 54; *Kropff* FS Hüffer (2010), S. 543; *Simon* NZG 2009, 1083 f; *Verse* VGR Bd. 15 (2010), S. 72.

[97] Ebenso *IDW* RS HFA 7 Rn 38; Beck BilKomm/*Ellrott* § 285 Rn 460; MünchKommHGB/*Poelzig* § 285 Rn 457; vgl. auch BT-Drucks. 10/10067, S. 64.

[98] *Kühnberger* BB 2011, 1390; *von der Laage* WM 2012, 1323.

[99] HdR-*Küting/Lorson* Rn 302; MünchKommHGB/*Reiner/Haußer* Rn 54; *Simon* NZG 2009, 1084; näher *Kropff* FS Hüffer (2010), S. 541 ff.

[100] *Kropff* FS Hüffer (2010), S. 541 u. S. 544; *Kühnberger* BB 2011, 1390.

[101] So im Ergebnis auch *Verse* VGR Bd. 15 (2010), S. 76 f.

[102] Vgl. HdR-*Küting/Lorson* Rn 301 f; *Gelhausen/Althoff* WPg 2009, 588 ff; *Kropff* FS Hüffer (2010), S. 541; *Kühnberger* aaO; *Simon* aaO.

[103] Beck BilKomm-*Förschle/Hoffmann* § 272 Rn 302; HdR-*Küting/Lorson* Rn 301; *Gelhausen/Althoff* WPg 2009, 589; *Kropff* FS Hüffer (2010), S. 541 u. 546.

[104] Ebenso Beck BilKomm-*Förschle/Hoffmann* § 272 Rn 133; *Hüffer* § 71 Rn 21a; *Kropff* FS Hüffer (2010), S. 545 ff.

[105] **AA** *Reiner/Haußer* aaO; *Kropff* FS Hüffer (2010), S. 541 u 544.

[106] *Gelhausen/Althoff* WPg 2009, 586; *Kropff* FS Hüffer (2010), S. 543 f; *von der Laage* WM 2012, 1323 f.

dem neuen Begriff der „frei verfügbaren Rücklagen" ergibt, sind nicht nur entsprechende Gewinnrücklagen, sondern auch „frei verfügbare" Kapitalrücklagen zu berücksichtigen.[107] Der Gesamtbetrag der ausschüttungsgesperrten Beträge ist nach § 285 Nr. 28 im Anhang anzugeben und aufzugliedern.

43 Die zu § 269 S. 2 a.F. umstrittene Frage des Abzugs der für die Aktivposten gebildeten **passiven latenten Steuern** hat der Gesetzgeber des BilMoG für § 268 Abs. 8 ausdrücklich bejaht.[108] Auf diese Weise wird verhindert, dass die effektive Wirkung der Ausschüttungssperre über die aktivierten Beträge hinausgeht. Um eine Doppelberücksichtigung zu vermeiden, sind latente passive Steuern, die bereits nach § 268 Abs. 8 S. 1 und 3 berücksichtigt worden sind, im Falle eines Ausweises aktiver latenter Steuern nach § 268 Abs. 8 S. 2 nicht ein weiteres Mal abzuziehen (Gesamtbetrachtung).[109] Fraglich ist allerdings, ob ein Abzug passiver latenter Steuern im Rahmen der Anwendung des § 172 Abs. 4 S. 3 auch für Kommanditgesellschaften außerhalb von § 264a gilt. Dagegen spricht zwar, dass für Einzelkaufleute und Personengesellschaften keine Pflicht zum Ausweis von latenten Steuern nach § 274 besteht. Ein Verzicht auf den Abzug latenter Steuern würde aber dazu führen, dass die Vergleichbarkeit der Jahresabschlüsse von Personengesellschaften gemindert wird.[110]

44 Der Tatbestand des § 268 Abs. 8 Satz 3 bezieht sich auf die (fortzuschreibenden) Differenzen zwischen den beizulegenden Zeitwerten (§ 253 Abs. 1 S. 4, § 255 Abs. 4) und den historischen Anschaffungskosten der **Vermögensgegenstände des Planvermögens** (§ 246 Abs. 2 S. 2).[111] Der sich ergebende Betrag ist nicht identisch mit dem Verrechungsergebnis nach § 246 Abs. 2 S. 2, 3.[112] Eine Kürzung der Anschaffungskosten um fiktive Abschreibungen ist nicht vorzunehmen.[113] Maßgebend ist die Summe der *positiven* Differenzbeträge, so dass eine Verrechnung positiver und negativer Beträge nicht in Betracht kommt.[114] Passive latente Steuern sind nur insoweit abzuziehen, wie sie auf diese Differenzbeträge entfallen.[115]

45 Weil § 301 S. 1 AktG auf § 268 Abs. 8 verweist, besteht auch im Fall eines **Ergebnisabführungsvertrages** eine Abführungssperre in entsprechender Höhe. Sie gilt auch für betroffene GmbH.[116] Trotz § 301 S. 2 AktG sind bei der Berechnung freie Eigenkapitalpositionen aus vorvertraglicher Zeit zu berücksichtigen, da § 268 Abs. 8 dem Gläubigerschutz dient und es aus dieser Warte heraus keine Rolle spielt, zu welcher Zeit die Rücklage gebildet wurde.[117] Aspekte des Minderheitenschutzes nötigen zu keinem abweichenden Ergebnis.[118]

---

107 Vgl. BT-Drucks. 16/10067, S. 64; näher *Kropff* FS Hüffer (2010), S. 542 f.

108 BT-Drucks. 16/10067, S. 64.

109 Beck BilKomm-*Kozikowski/Huber* Rn 143; HdR-*Küting/Lorson* Rn 273; KK-*Korth* Rn 69b; WP-Handbuch I F 111; zu Zweifelsfragen vgl. *Althoff* DStR 2012, 869 ff; *Ruberg* NZG 2011, 1049 ff.

110 Zutreffend *Hoffmann/Lüdenbach* DStR-Beihefter zu Heft 30/2008, S. 62.

111 WP-Handbuch I F 110.

112 MünchKommHGB/*Reiner/Haußer* Rn 48; *Kaya/Borgwardt* StuB 2010, 729; *Marx/Dallmann* Stgb 2010, 459; **aA** *Hennrichs* WPg 2011, 864 f; *Simon* NZG 2009, 1082 f.

113 BT-Drucks. 16/12407, S. 87; MünchKommHGB/*Reiner/Haußer* Rn 49.

114 HdR-Küting/Lorson Rn 281 f; WP-Handbuch aaO.

115 *Kaya/Borgwardt* aaO.

116 MünchKommHGB/*Reiner/Haußer* Rn 46; WP-Handbuch I F 105.

117 *Gelhausen/Althoff* WPg 2009, 630 f; WP-Handbuch I F 115; ebenso BilKomm/*Kozikowski/Huber* Rn 144; HdR-*Küting/Lorson* Rn 307; **aA** *Simon* NZG 2009, 1085 f.

118 *Kropff* FS Hüffer (2010), S. 550 f.

X. Rechtsfolgen eines Verstoßes gegen § 268

Verstößt ein Mitglied des vertretungsberechtigten Organs oder des Aufsichtsrats gegen die Bilanzierungsvorschriften des § 268 Abs. 2, 3, 4, 5, 6 oder 7, kann dies nach § 334 Abs. 1 Nr. 1 Buchst. c als Ordnungswidrigkeit geahndet werden. Wer die Verhältnisse der Kapitalgesellschaft unrichtig wiedergibt oder verschleiert, kann zudem nach § 331 Nr. 1 bestraft werden. Des Weiteren können Verstöße gegen § 268 zu Einschränkungen des Bestätigungsvermerkes führen (§ 322 Abs. 4). Schließlich kann eine Zuwiderhandlung auch eine Nichtigkeit des Jahresabschlusses nach § 256 Abs. 4 AktG zur Folge haben, wenn dadurch Klarheit und Übersichtlichkeit „wesentlich beeinträchtigt" werden. Ein gegen § 268 Abs. 8 verstoßender Gewinnverwendungsbeschluss ist nach § 241 Nr. 3 AktG nichtig, weil § 268 Abs. 8 dem Gläubigerschutz dient.[119] Verbotswidrige Leistungen sind nach Maßgabe von §§ 62 AktG, 31 GmbHG zurückzugewähren.[120] Abs. 8 bildet kein Schutzgesetz i.S.v. § 823 Abs. 2 BGB.[121] 46

§ 269
(aufgehoben)

1 Die Vorschrift ist durch das BilMoG v. 25.5.2009[1] ersatzlos aufgehoben worden. Sie gewährte den Unternehmen die Möglichkeit, **Aufwendungen für die Ingangsetzung des Geschäftsbetriebs und dessen Erweiterung** auch dann zu aktivieren, wenn diese nicht bilanzierungsfähig waren. Der Bilanzausweis war im Interesse des Gläubigerschutzes mit einer Ausschüttungssperre gekoppelt (zu Einzelheiten vgl. Vorauflage). Nach Ansicht der Verfasser des BilMoG war diese *Bilanzierungshilfe* einer den tatsächlichen Verhältnissen entsprechenden Darstellung der Vermögens-, Finanz- und Ertragslage abträglich und erschwerte die Vergleichbarkeit des handelsrechtlichen Jahresabschlusses.[2]

2 Wird von dem Wahlrecht nach Art. 67 Abs. 5 S. 1 EG HGB kein Gebrauch gemacht, ist eine unter dem alten Recht gebildete Bilanzierungshilfe erfolgswirksam aufzulösen. Der **Wegfall der Bilanzierungshilfe** hat zwar keine unmittelbaren Auswirkungen auf den Überschuldungstatbestand, da aktivierte Ingangsetzungsaufwendungen auch schon bisher nach wohl allgemeiner Ansicht bei der Prüfung einer insolvenzrechtlichen Überschuldung außer Ansatz zu bleiben hatten.[3] Nachteilige Folgen können sich aber zum einen in Hinsicht auf die Pflicht zur Einberufung einer außerordentlichen Hauptversammlung bzw. Gesellschafterversammlung wegen hälftigen Verlustes des Grund- bzw. Stammkapitals nach § 92 Abs. 1 AktG bzw. § 49 Abs. 3 GmbHG ergeben, weil die Bilanzierungshilfe des § 269 a.F. in einer sog. *Verlustanzeigebilanz* zu berücksichtigen war.[4] Zum anderen führt die Aufhebung der Bilanzierungshilfe gerade in der Gründungsphase zu einer verschlechterten Eigenkapitalquote.

---

[119] HdR-*Küting/Lorson* Rn 293; zu den Rechtsfolgen *von der Laage* WM 2012, 1326 ff.

[120] Vgl. Rn 40; siehe auch *von der Laage* WM 2012, 1327; *Verse* VGR Bd. 15 (2010), S. 73.

[121] Näher *von der Laage* WM 2012, 1328; **aA** BilKomm/*Kozikowski/Huber* Rn 151; HdR-*Küting/Lorson* Rn 293.

[1] BGBl. I 2009, S. 1102.

[2] BT-Drucks. 16/10067, S. 64 f.

[3] Vgl. Vorauflage, § 269 Rn 3.

[4] Dazu etwa *Hüttemann* FS Huber (2006), S. 760 f.

§ 270
Bildung bestimmter Posten

(1) Einstellungen in die Kapitalrücklage und deren Auflösung sind bereits bei der Aufstellung der Bilanz vorzunehmen.

(2) Wird die Bilanz unter Berücksichtigung der vollständigen oder teilweisen Verwendung des Jahresergebnisses aufgestellt, so sind Entnahmen aus Gewinnrücklagen sowie Einstellungen in Gewinnrücklagen, die nach Gesetz, Gesellschaftsvertrag oder Satzung vorzunehmen sind oder auf Grund solcher Vorschriften beschlossen worden sind, bereits bei der Aufstellung der Bilanz zu berücksichtigen.

Schrifttum

Vgl. Angaben bei §§ 268, 272, 273.

Übersicht

I. Überblick

1 § 270 Abs. 1 enthält eine **Sondervorschrift** betreffend Einstellungen in die Kapitalrücklage und deren Auflösung. Die in § 270 Abs. 1 S. 2 vorgesehene entsprechende Anwendung auf Sonderposten mit Rücklagenteil ist durch das BilMoG aufgehoben worden. § 270 Abs. 2 ergänzt § 268 Abs. 1 und enthält Einschränkungen des Wahlrechts nach § 268 Abs. 1 S. 1 im Zusammenhang mit der Einstellung in und der Auflösung von Gewinnrücklagen.

II. Veränderungen der Kapitalrücklage (Abs. 1)

2 Nach § 270 Abs. 1 sind Einstellungen in die Kapitalrücklage und deren Auflösung bereits bei der Aufstellung der Bilanz vorzunehmen. Hinsichtlich des Inhalts dieses Postens vgl. § 272 Rn 28 ff. **Einstellungen in die Kapitalrücklage** erfolgen außerhalb der GuV und berühren das Ergebnis nach § 275 Abs. 4 nicht. Die Voraussetzungen für eine Einstellung in die Kapitalrücklage sind gesetzlich in § 272 Abs. 2 abschließend geregelt. Sie betreffen nicht die Ergebnisverwendung und sind daher nach Abs. 1 bereits bei der Aufstellung der Bilanz zu berücksichtigen. Die Voraussetzungen für eine **Auflösung der Kapitalrücklage** sind für AktG in § 150 Abs. 3 und 4 AktG enthalten. Bei der GmbH sind mangels gesetzlicher Vorschriften die gesellschaftsvertraglichen Regelungen maßgebend. Anders als Einstellungen in die Kapitalrücklage gehen Auflösungen aus Vereinfachungsgründen in den Bilanzgewinn ein (§ 158 Abs. 1 Nr. 2 AktG). In diesem Fall liegt zwar keine „Ergebnisverwendung“ im Sinne von § 268 Abs. 1 S. 1 vor,[1] aber es kommt gleichwohl – § 275 Abs. 4, § 158 AktG – zum Ausweis eines Bilanzgewinns.

---

[1] Vgl. § 268 Rn 6 f; **aA** ADS 6.

Entgegen der Ansicht der Gesetzesverfasser[2] enthält § 270 Abs. 1 **keine eigenständige Zuständigkeitsregelung**, was Entnahmen aus der Kapitalrücklage anbetrifft. Vielmehr ist die Frage, welche Organe für die Einstellung in die Kapitalrücklage und die Auflösung derselben zuständig sind, allein nach Maßgabe des Gesellschaftsrechts zu entscheiden.[3] Daher können z.B. Entnahmen aus Kapitalrücklagen bei der GmbH nur dann bei der Aufstellung des Jahresabschlusses berücksichtigt werden, wenn die Geschäftsführung – z.B. auf Grund einer entsprechenden Ermächtigung durch den Gesellschaftsvertrag oder die Gesellschafterversammlung – zu entsprechenden Entnahmen ermächtigt ist. **3**

III. Veränderungen bei Gewinnrücklagen (Abs. 2)

§ 270 Abs. 2 *ergänzt* die Regelung des § 268 Abs. 1. Wird in Ausübung des durch § 268 Abs. 1 gewährten Wahlrechts die Bilanz unter Berücksichtigung der vollständigen oder teilweisen Verwendung des Jahresergebnisses aufgestellt, so sind Entnahmen aus Gewinnrücklagen sowie Einstellungen in Gewinnrücklagen, die nach Gesetz, Gesellschaftsvertrag oder Satzung vorzunehmen sind oder auf Grund solcher Vorschriften beschlossen worden sind, bereits bei der Aufstellung der Bilanz zu berücksichtigen. Das Wahlrecht des § 268 Abs. 1 ist also immer dann eingeschränkt, wenn freiwillig oder kraft gesetzlicher Verpflichtung die Bilanz unter Berücksichtigung einer Gewinnverwendungsmaßnahme aufgestellt wird.[4] In diesem Fall sind dann nach § 270 Abs. 2 Veränderungen der Rücklagen bei der Aufstellung zu berücksichtigen.[5] Auch insoweit bleibt aber zu beachten, dass § 270 Abs. 2 keine Zuständigkeitsregelung enthält, sondern sich die Kompetenz der bilanzaufstellenden Organe hinsichtlich der Einstellungen in die Rücklage und der Entnahmen aus Rücklagen ausschließlich nach Gesellschaftsrecht bestimmt. **4**

IV. Rechtsfolgen eines Verstoßes gegen § 270

Ein Verstoß gegen § 270 wird nicht nach den Straf- und Bußgeldvorschriften gemäß §§ 331 bis 335 geahndet, da in § 270 lediglich der Zeitpunkt der Einstellung in die Kapitalrücklage und deren Auflösung bestimmt wird.[6] Der festgestellte Jahresabschluss ist aber nach § 256 Abs. 1 Nr. 4 AktG nichtig, wenn gegen gesetzliche Regelungen über die Bildung und Auflösung der Kapitalrücklage verstoßen wird.[7] **5**

---

[2] Begr. RegE, BT-Drucks. 10/317, S. 80; ebenso wohl *Biener/Berneke,* S. 183; Beck BilKomm-*Förschle/Taetzner* Rn 2; vgl. auch MünchKommHGB/*Reiner* Rn 1 f.

[3] Baumbach/Hueck/*Schulze-Osterloh* GmbHG[18] § 42 Rn 204; MünchKommAktG/*Hennrichs* Rn 7.

[4] Siehe auch § 268 Rn 3.

[5] Vgl. ADS § 268 Rn 30.

[6] Beck BilKomm-*Förschle/Taetzner* Rn 23.

[7] HdR-*Knop* Rn 30.

§ 271
Beteiligungen. Verbundene Unternehmen

(1) [1]Beteiligungen sind Anteile an anderen Unternehmen, die bestimmt sind, dem eigenen Geschäftsbetrieb durch Herstellung einer dauernden Verbindung zu jenen Unternehmen zu dienen. [2]Dabei ist es unerheblich, ob die Anteile in Wertpapieren verbrieft sind oder nicht. [3]Als Beteiligung gelten im Zweifel Anteile an einer Kapitalgesellschaft, die insgesamt den fünften Teil des Nennkapitals dieser Gesellschaft überschreiten. [4]Auf die Berechnung ist § 16 Abs. 2 und 4 des Aktiengesetzes entsprechend anzuwenden. [5]Die Mitgliedschaft in einer eingetragenen Genossenschaft gilt nicht als Beteiligung im Sinne dieses Buches.

(2) Verbundene Unternehmen im Sinne dieses Buches sind solche Unternehmen, die als Mutter- oder Tochterunternehmen (§ 290) in den Konzernabschluß eines Mutterunternehmens nach den Vorschriften über die Vollkonsolidierung einzubeziehen sind, das als oberstes Mutterunternehmen den am weitestgehenden Konzernabschluß nach dem Zweiten Unterabschnitt aufzustellen hat, auch wenn die Aufstellung unterbleibt, oder das einen befreienden Konzernabschluß nach § 291 oder nach einer nach § 292 erlassenen Rechtsverordnung aufstellt oder aufstellen könnte; Tochterunternehmen, die nach § 296 nicht einbezogen werden, sind ebenfalls verbundene Unternehmen.

Schrifttum

Clausen Verbundene Unternehmen (1992); *Knobbe-Keuk* Gesellschaftsanteile in Handels- und Steuerbilanz, AG 1979, 293; *Kropff* „Verbundene Unternehmen" im Aktiengesetz und im Bilanzrichtlinien-Gesetz, DB 1986, 364; *ders.* Wie lange noch: Verbundene Unternehmen im Bilanzrecht? FS Ulmer (2003), S. 847; *Küting* Verbundene Unternehmen nach dem HGB und AktG – zugleich eine kritische Analyse des § 271 Abs. 2 HGB, DStR 1987, 347; *Küting/Seel* Neukonzeption des Mutter-Tochter-Verhältnisses nach HGB – Auswirkungen des BilMoG auf die handelsrechtliche Bilanzierung, BB 2010, 1459; *Lüders/Meyer-Kessel* Der Begriff der Beteiligung nach § 271 Abs. 1 HGB, DB 1991, 1585; *Müller* Der befangene Abschlussprüfer im Unternehmensverbund NZG 2004, 1037; *Nösser* Verbundene Unternehmen im Bilanzrecht (1992); *Oser* Verbundene Unternehmen im Bilanzrecht (1993); *Pilhofer/Lessel* Bilanzierung von Beteiligungen im Jahresabschluss im Lichte jüngster Rechtsprechung, StuB 2013, 11; *Schulze-Osterloh* Die verbundenen Unternehmen nach dem Bilanzrichtlinien-Gesetz, FS Fleck (1988), S. 313; *Ulmer* Begriffsvielfalt im Recht der verbundenen Unternehmen als Folge des Bilanzrichtlinien-Gesetzes, FS Goerdeler (1987), S. 623; *Weber* Grundsätze ordnungsmäßiger Bilanzierung für Beteiligungen (1980); *Zilias* Zum Unternehmensbegriff im neuen Bilanzrecht (Drittes Buch des HGB), DB 1986, 1110.

Übersicht

I. Überblick

§ 271 enthält die **gesetzlichen Definitionen** der Begriffe „Beteiligung“ (Abs. 1) und „verbundene Unternehmen“ (Abs. 2) für Zwecke des Dritten Buches des HGB (§§ 238 ff). Diese besonderen Begriffsbestimmungen sind notwendig, weil zahlreiche Einzelregelungen des HGB an die Merkmale „Beteiligung“ bzw. „verbundene Unternehmen“ anknüpfen, so etwa bestimmte Posten der Gliederungsschemata für Bilanz (§ 266) und GuV (§ 275), ferner bei Angabepflichten im Anhang und in den Bereichen Konzernabschluss, Abschlussprüfung und Strafvorschriften. Es handelt sich um *eigenständige Begriffsbestimmungen für Zwecke des Rechnungslegungsrechts*, die inhaltlich von gleichlautenden Definitionen in anderen Rechtsgebieten (insbesondere dem aktienrechtlichen Begriff der verbundenen Unternehmen) abweichen können. Die Begriffe „Beteiligung“ (Abs. 1) und „verbundene Unternehmen“ (Abs. 2) stehen *selbständig nebeneinander*. Unter den Begriff der verbundenen Unternehmen i.S.v. § 271 Abs. 2 fallen aber nicht nur Beteiligungsverhältnisse, sondern auch horizontale Unternehmensverbindungen innerhalb eines Konzerns, auch wenn die Unternehmen keine Anteile aneinander halten (Schwestergesellschaften).[1] § 271 Abs. 2 ist seit langem Gegenstand **rechtspolitischer Kritik**. Der Gesetzgeber des BilMoG hat indes trotz verschiedener Vorschläge zur Änderung der Vorschrift[2] den Wortlaut der Regelung unverändert gelassen. 1

II. Beteiligungen (Abs. 1)

1. Allgemeines. § 271 Abs. 1 enthält die **gesetzliche Definition** der „Beteiligung“ i.S.d. HGB. Das Vorliegen einer „Beteiligung“ setzt zum einen „Anteile an anderen Unternehmen“ voraus, zum anderen müssen diese Anteile bestimmt sein, „dem eigenen Geschäftsbetrieb durch Herstellung einer dauernden Verbindung zu jenen Unternehmen zu dienen.“ Die Begriffsbestimmung des Abs. 1 geht zurück auf Art. 17 der 4. EG-Richtlinie. Sie hat zunächst Bedeutung für das gesetzliche Gliederungsschema des § 266. Die Legaldefinition des § 271 Abs. 1 bildet die Grundlage für die Zuordnung von Anteilen an anderen Unternehmen zu den Bilanzposten der Aktivseite, Abs. 2 A. III. 3., „Beteiligungen“, A. III. 4., „Ausleihungen an Unternehmen, mit denen ein Beteiligungsverhältnis 2

[1] Vgl. unten Rn 26.
[2] *Arbeitskreis Bilanzrecht der Hochschullehrer Rechtswissenschaft* BB 2008, 214 f; *Kropff* FS Ulmer (2003), S. 847.

besteht", B. II. 3., „Forderungen gegen Unternehmen, mit denen ein Beteiligungsverhältnis besteht", sowie zum Bilanzposten der Passivseite, Abs. 3 C. 7., „Verbindlichkeiten gegenüber Unternehmen, mit denen ein Beteiligungsverhältnis besteht". Ferner ist die Begriffsbestimmung der Beteiligung maßgebend für die Zuordnung zum Posten „Erträge aus Beteiligungen" im Rahmen der GuV-Gliederung (§ 275 Abs. 2 Nr. 9, Abs. 3 Nr. 8). Des Weiteren findet sich der Begriff der Beteiligung nunmehr in § 285 Nr. 11. Schließlich ist der Beteiligungsbegriff von Bedeutung für die Anwendung des § 311 Abs. 1.

3 **Anwendungsbereich.** Die gesetzliche Definition der „Beteiligung" ist – ihrer systematischen Anordnung entsprechend – zunächst verbindlich für den Jahresabschluss der Kapitalgesellschaften und der Personenhandelsgesellschaften i.S.v. § 264a. Sie gilt über die Verweisung des § 5 Abs. 1 S. 2 PublG sinngemäß für publizitätspflichtige Unternehmen im Sinne des PublG, nach § 336 Abs. 2 für eingetragene Genossenschaften sowie nach §§ 340a Abs. 1, 2, 341a Abs. 1, 2 für Kreditinstitute und Versicherungsunternehmen. Darüber hinaus ist die Begriffsbestimmung des § 271 Abs. 1 aber auch von Bedeutung für alle Kaufleute, soweit diese freiwillig im Jahresabschluss einen entsprechenden Posten ausweisen.[3]

2. Begriffsbestimmung (Abs. 1 S. 1)

4 a) **Unternehmen.** Eine Beteiligung i.S.v. § 271 Abs. 1 setzt Anteile an einem *Unternehmen* voraus. Das HGB enthält (ebenso wie das Aktienrecht in den §§ 15 ff AktG) keine nähere gesetzliche Definition dazu, was ein „Unternehmen" ist.[4] Der Unternehmensbegriff ist daher – wie im Aktienkonzernrecht[5] – auch für Zwecke des Rechnungslegungsrechts im Rahmen des § 271 *teleologisch* zu bestimmen.[6] Der gesonderte Ausweis von Beteiligungsverhältnissen in Bilanz, GuV und Anhang dient der Information der Jahresabschlussleser über mitgliedschaftliche Verbindungen („Anteile") zu anderen rechtlich selbstständigen Wirtschaftseinheiten, die dem eigenen Geschäftsbetrieb dienen sollen. Daraus folgt, dass der Unternehmensbegriff des § 271 Abs. 1 weit auszulegen ist. Insbesondere ist die Rechtsform, in der die andere Wirtschaftseinheit organisiert ist, für die Unternehmenseigenschaft insoweit unerheblich und erst beim Merkmal „Anteil" zu berücksichtigen. In diesem Sinne sind als Unternehmen im Rahmen von § 271 Abs. 1 alle Wirtschaftseinheiten anzusehen, die „als selbständiger Träger unternehmerischer Planungs- und Entscheidungsgewalt in abgrenzbarer Weise eigenständige erwerbswirtschaftliche Ziele im Rahmen einer nach außen hin auftretenden Organisation verfolgen."[7] Dazu können etwa auch BGB-Gesellschaften, insbesondere Joint-Ventures, gehören.[8]

5 **Verhältnis zu anderen Unternehmensbegriffen.** Der Unternehmensbegriff im Rahmen von § 271 Abs. 1 weicht zunächst ab vom engeren Begriff des (verbundenen) „Unternehmens" i.S.v. § 271 Abs. 2 und §§ 290 ff, der wegen der Anknüpfung an die Konzernrechnungslegung als Tochterunternehmen nach richtiger Auffassung nur buchführungspflichtige Wirtschaftseinheiten erfasst.[9] In Hinsicht auf den *aktienrechtlichen Unternehmens-*

---

[3] ADS 3; Beck BilKomm-*Kozikowski/Kreher* Rn 4.

[4] Zum Unternehmensbegriff im HGB vgl. *Burgard* § 22 Rn 13 ff.

[5] Zum aktienrechtlichen Unternehmensbegriff vgl. statt aller nur Übersicht bei *Hüffer* § 15 Rn 6 ff.

[6] Dazu etwa *Zilias* DB 1986, 1110; MünchKommAktG/*Kropff* Rn 13.

[7] So ADS 12; ebenso MünchKommHGB/*Reiner* Rn 4; Baumbach/Hueck/*Schulze-Osterloh* GmbHG[18] § 42 Rn 147; weitergehend unter Verzicht auf selbständige Entscheidungsgewalt MünchKommAktG/*Kropff* Rn 13.

[8] Vgl. dazu *IdW* HFA 1/1993 WPg 1993, 441.

[9] Vgl. näher unten Rn 17 f.

begriff ist zu differenzieren: Unterschiede bestehen gegenüber dem Begriff des (herrschenden) Unternehmens i.S.v. §§ 15 ff AktG, der zwar ebenfalls rechtsformunabhängig ist, aber – mit Rücksicht auf den Schutzcharakter des Konzernrechts – entscheidend auf die „anderweitige wirtschaftliche Interessenbindung" abstellt.[10] Dieser Einschränkung bedarf es für § 271 Abs. 1 nicht. Der Unternehmensbegriff des § 271 Abs. 1 bleibt andererseits hinter dem weiten Verständnis des (abhängigen) Unternehmens zurück, das – anders als in § 271 Abs. 1 – alle rechtlich selbstständigen Vermögenseinheiten ohne Rücksicht auf ihre erwerbswirtschaftliche Tätigkeit umfasst.[11]

b) **Anteile.** Nach der Definition des Abs. 1 S. 1 setzt eine Beteiligung des Weiteren „Anteile" an anderen Unternehmen voraus. Der Begriff der „Anteile" ist im HGB nicht näher bestimmt. Er ist nach allgemeiner Ansicht i.S.v. *Mitgliedschaftsrechten* zu verstehen, die Vermögens- und Verwaltungsrechte vermitteln.[12] Darunter fallen – ohne Rücksicht auf ihre Verbriefung (vgl. Abs. 1 S. 2) – Aktien, GmbH-Anteile, Genossenschaftsanteile, Beteiligungen an Personengesellschaften. Ist bei letzteren eine Kapitaleinlage nicht vereinbart (Komplementär ohne Vermögensbeteiligung), kommt der Ansatz eines Merkpostens in Betracht.[13] Anteile i.S.v. § 271 Abs. 1 können auch an BGB-Gesellschaften (z.B. Arbeitsgemeinschaften) bestehen.[14] An Rechtsträgern, die nicht mitgliedschaftlich verfasst sind, können keine „Anteile" gehalten werden. Eine Beteiligung scheidet daher mangels Anteile z.B. aus bei Stiftungen, Einzelkaufleuten, Anstalten des öffentlichen Rechts.[15] Schwierigkeiten bereitet die Abgrenzung von Anteilen gegenüber bloßen Forderungsrechten. So kann eine *stille Beteiligung* nach überwiegender Ansicht Anteilscharakter haben, wenn nicht nur eine Beteiligung am Verlust vereinbart ist, sondern der stille Gesellschafter auch über weitergehende Kontroll- und Mitwirkungsrechte verfügt.[16] Diese Voraussetzungen sind regelmäßig erfüllt bei atypischen stillen Beteiligungen.[17] Genussrechte sind keine „Anteile", weil sie mangels entsprechender Mitwirkungsrechte keine gesellschaftsrechtliche Beteiligung am Unternehmen vermitteln.[18] 6

c) **Zweckbestimmung.** Eine Beteiligung i.S.v. § 271 Abs. 1 S. 1 liegt nur vor, wenn die Anteile an anderen Unternehmen dazu „bestimmt sind, dem eigenen Geschäftsbetrieb durch Herstellung einer dauernden Verbindung zu jenen Unternehmen zu dienen". Für das Verständnis dieses Merkmals ist zu beachten, dass eine Zuordnung von Anteilen zum Posten „Beteiligungen" als Teil des Anlagevermögens schon nach § 247 Abs. 2 eine *Dauerhaftigkeit der Anlage* voraussetzt. Besteht die Absicht (und die Möglichkeit) der Veräußerung, sind die Anteile also dem Umlaufvermögen zuzuordnen.[19] 7

---

10 Vgl. zuletzt BGHZ 135, 107 (113) mit Nachweisen zum Meinungsstand und Modifikationen für Körperschaften des öffentlichen Rechts.

11 Dazu *Hüffer* § 15 Rn 14; KK-*Koppensteiner* § 15 Rn 10, 53.

12 Statt aller ADS 6; KK-*Scherrer* Rn 7; Baumbach/Hueck/*Schulze-Osterloh* GmbHG[18] § 42 Rn 144.

13 ADS 8; BoHdR-*Matschke/Schellhorn* Rn 13.

14 Vgl. dazu *IdW* HFA 1/1993 WPg 1993, 441.

15 Siehe *Zilias* DB 1986, 1111.

16 ADS 7; Beck BilKomm-*Kozikowski/Kreher* Rn 15; KK-*Scherrer* Rn 10; enger Baumbach/Hueck/*Schulze-Osterloh* GmbHG[18] § 42 Rn 144: Eigenkapitalcharakter (Ausschluss des § 236) und Mitwirkungsrechte.

17 ADS 7; HdR-*Bieg* Rn 10; *Weber* Grundsätze ordnungsmäßiger Bilanzierung für Beteiligungen (1980), S. 19.

18 Vgl. St/HFA 1/1994 WPg 1994, 419; ADS 7; Beck BilKomm-*Kozikowski/Kreher* Rn 15; *Schulze-Osterloh* aaO; HdJ-*Hachmeister* II/3 Rn 18; **aA** – Eigenkapitalcharakter ausreichend – KK-*Scherrer* Rn 11; HdR-*Bieg* Rn 10.

19 Vgl. näher zur Zuordnung auch HdR-*Bieg* Rn 32 ff; Beck BilKomm-*Kozikowski/Kreher* Rn 20 ff.

8 Fraglich ist, ob die Daueranlageabsicht für sich genommen ein hinreichendes Kriterium für das Vorliegen einer „Beteiligung“ darstellt. Dies hängt davon ab, was man unter **„Herstellung einer dauernden Verbindung“** versteht. Nach einer Ansicht im Schrifttum soll es ausreichen, dass die Anteile dauerhaft als Kapitalanlage dem eigenen Geschäftsbetrieb über die Gewinnpartizipation dienen sollen.[20] Dies würde bedeuten, dass letztlich alle dem Anlagevermögen zuzuordnenden Anteile an Unternehmen als Beteiligung auszuweisen wären, soweit sie nicht die Voraussetzungen des § 271 Abs. 2 (Anteile an verbundenen Unternehmen) erfüllen. Gegen diese Auffassung ist mit Recht eingewandt worden, dass ein gesonderter Ausweis von Beteiligungen nur sinnvoll ist, wenn er ein zusätzliches Kriterium über die Daueranlageabsicht des § 247 Abs. 2 hinaus fordert.[21] Ein solches weiteres Merkmal ist auch in Hinsicht auf eine Abgrenzung zwischen den Posten „Beteiligungen“ und „Wertpapieren des Anlagevermögens“ erforderlich.[22] Aus der Definition der „assoziierten Unternehmen“ in § 311 Abs. 1 lässt sich für die Auslegung des § 271 Abs. 1 des Weiteren entnehmen, dass es auch nicht entscheidend auf die Absicht einer „unternehmerischen Einflußnahme“ ankommen kann,[23] wie dies teilweise im Schrifttum zu § 152 Abs. 2 AktG a.F. angenommen wurde.[24] Vielmehr kann umgekehrt eine tatsächliche unternehmerische Einflussnahme nur als Indiz für die „Herstellung einer dauernden Verbindung“ i.S.v. § 271 Abs. 1 dienen.[25] Im Ergebnis muss daher jedes über die Daueranlageabsicht des § 247 Abs. 2 und die Gewinnpartizipation hinausgehende **unternehmerische Interesse zur Förderung des eigenen Geschäftsbetriebs** für die Annahme einer Beteiligung ausreichen.[26] Unerheblich ist, auf welche Weise – personelle Verbindungen, langfristige Vertragsbeziehungen – und in welchem Bereich – Beschaffung, Forschung, Produktion, Finanzierung, Vertrieb – die Förderung des eigenen Geschäftsbetriebs angestrebt wird.[27] Nach dem Wortlaut des § 271 Abs. 1 – „bestimmt sind“ – kommt es nicht auf den tatsächlichen Nutzen für den Geschäftsbetrieb, sondern auf die Absicht der Gesellschaft an, die wiederum aus objektiven Umständen abzuleiten ist.[28] Für das Vorliegen einer Beteiligung sprechen insoweit z.B. die Branchenverwandtschaft sowie übereinstimmende Beschaffungs- oder Absatzmärkte.[29] Umgekehrt ist die bloße Absicht einer Förderung des eigenen Geschäftsbetriebs nicht ausreichend, wenn es in tatsächlicher Hinsicht an entsprechenden Einflussnahmemöglichkeiten auf das andere Unternehmen fehlt.[30] Letzteres wird nicht nur von der Höhe der Anteilsquote, sondern auch von der Rechtsform des anderen Unternehmens (AG, GmbH, Personengesellschaft) abhängen, die den Gesellschaftern unterschiedliche Einflussmöglichkeiten auf die Geschäftspolitik eröffnet.[31]

---

20 HdR-*Bieg* Rn 15 ff; *Glade* Rn 11; wohl auch *Ulmer* FS Goerdeler (1987), S. 629.

21 ADS 17.

22 Baumbach/Hueck/*Schulze-Osterloh* GmbHG[18] § 42 Rn 148.

23 Vgl. ADS 18; *Schulze-Osterloh* aaO; **aA** wohl HdJ-*Hachmeister* II/3 Rn 22.

24 Vgl. die Darstellung des Meinungsstandes zu § 152 Abs. 2 AktG a.F. in BGHZ 101, 13 ff = NJW 1987, 3186.

25 So auch ADS 19; *Biener/Berneke*, S. 185.

26 ADS 19; KK-*Scherrer* Rn 18; Beck BilKomm-*Kozikowski/Kreher* Rn 17; Beck-HdR-*Scheffler* B 213 Rn 226 ff; *Schulze-Osterloh* aaO; MünchKommAktG/*Kropff* Rn 24; *Biener/Berneke* aaO; *Lüders/Meyer-Kessel* DB 1991, 1586.

27 Vgl. Beispiele bei ADS 19.

28 ADS 20 ff; Beck BilKomm-*Kozikowski/Kreher* Rn 20 ff; Baumbach/Hueck/*Schulze-Osterloh* GmbHG[18] § 42 Rn 148; Offenlassend BGHZ 101, 13 ff = NJW 1987, 3186 (zu § 152 Abs. 2 AktG a.F.).

29 Vgl. dazu auch BGHZ 101, 13 (14) = NJW 1987, 3186 (zu § 152 Abs. 2 AktG a.F.).

30 Beck-HdR-*Scheffler* B 213 Rn 231; *Lüders/Meyer-Kessel* DB 1991, 1586.

31 Vgl. Übersichten bei ADS 22 f; Baumbach/Hueck/*Schulze-Osterloh* GmbHG[18] § 42 Rn 149.

d) **Verbriefung der Anteile (Abs. 1 S. 2).** Nach § 271 Abs. 1 S. 2 ist es für die Qualifikation von Anteilen als Beteiligung unerheblich, ob die Anteile in Wertpapieren verbrieft sind. 9

3. **Beteiligungsvermutung (Abs. 1 S. 3).** Nach § 271 Abs. 1 S. 3 gelten Anteile an einer Kapitalgesellschaft im Zweifel als Beteiligung, die insgesamt 20 v.H. des Nennkapitals dieser Gesellschaft überschreiten. Die gesetzliche Vermutung des Abs. 1 S. 3 ist grundsätzlich *widerlegbar*.[32] Dazu reichen – ebenso wie im Rahmen des Abs. 1 S. 1 – bloße subjektive Erklärungen nicht aus, sondern es bedarf auch entsprechender objektiver Anhaltspunkte. Die Vermutungswirkung betrifft – entsprechend dem zu Abs. 1 S. 1 Gesagten – nicht nur das Merkmal der Daueranlageabsicht,[33] sondern auch das Vorliegen der zusätzlichen Voraussetzungen einer Beteiligung.[34] Folglich kann eine auf *objektive* Anhaltspunkte gestützte Widerlegung sowohl am Merkmal der Dauerhaftigkeit (§ 247 Abs. 2) als auch am Merkmal der Zweckbestimmung ansetzen. So bildet es ein Indiz für das Fehlen der besonderen Zweckbestimmung, wenn das andere Unternehmen in einer anderen Branche tätig ist.[35] Denn in diesem Fall wird die gesellschaftsrechtliche Verbindung für den eigenen Geschäftsbetrieb keinen oder nur einen ganz untergeordneten, über die bloße Kapitalanlage hinausgehenden unternehmerischen Nutzen vermitteln. Ebenso kann die Beteiligungsvermutung durch den Nachweis widerlegt werden, dass der Anteil auf Grund der Zusammensetzung des Gesellschafterkreises oder gesellschaftsrechtlicher Regelungen ungeachtet der Höhe der Anteilsquote nicht die erforderliche tatsächliche Einflussmöglichkeit auf das andere Unternehmen eröffnet.[36] 10

4. **Berechnung der Anteile (Abs. 1 S. 4).** § 271 Abs. 1 S. 4 verweist für die Berechnung der Anteilsquote, die im Rahmen von S. 3 zugrunde zu legen ist, auf § 16 Abs. 2 und 4 AktG. Neben einem direkten Anteilsbesitz i.S.v. § 16 Abs. 2 AktG ist folglich auch ein *indirekter* Anteilsbesitz nach Maßgabe von § 16 Abs. 4 AktG im Rahmen der Beteiligungsvermutung zu berücksichtigen. In die Ermittlung der Anteilsquote werden danach entsprechend § 16 Abs. 4 AktG auch Anteile einbezogen, die einem abhängigen Unternehmen oder einem anderen für Rechnung des Unternehmens oder eines von diesem abhängigen Unternehmen gehören. Diese Zurechnung hat zur Folge, dass auch für Kleinstbeteiligungen die Beteiligungsvermutung eingreift, wenn sich jedenfalls unter Einbeziehung des mittelbaren Anteilsbesitzes eine Anteilsquote im Sinne von Abs. 1 S. 3 ergibt.[37] Besteht überhaupt nur eine mittelbare Beteiligung, so ist zwar auf Grund einer Zurechnung entsprechend § 16 Abs. 4 AktG im Jahresabschluss keine Beteiligung auszuweisen. Jedoch sind Forderungen und Verbindlichkeiten gegenüber dem Unternehmen, zu dem ein solches mittelbares Beteiligungsverhältnis besteht, durch entsprechenden Ausweis kenntlich zu machen.[38] 11

5. **Genossenschaftsanteile (Abs. 1 S. 5).** Nach § 271 Abs. 1 S. 5 sind Genossenschaftsanteile aus dem Beteiligungsbegriff grundsätzlich ausgeklammert. Durch diese Ausnahmevorschrift wollte der deutsche Gesetzgeber verhindern, dass bei Kreditgenos- 12

---

[32] Vgl. Begr. RegE, BT-Drucks. 10/317, S. 81.
[33] **AA** HdR-*Bieg* Rn 55.
[34] ADS 27; Beck BilKomm-*Kozikowski/Kreher* Rn 25.
[35] Vgl. ADS 27; Beck-HdR-*Scheffler* B 213 Rn 239.
[36] Vgl. *Scheffler* aaO.
[37] Beck-HdR-*Scheffler* B 213 Rn 236.
[38] ADS 30; Beck BilKomm-*Kozikowski/Kreher* Rn 27.

senschaften „normale Kredite als Forderungen und Verbindlichkeiten gegenüber verbundenen Unternehmen ausgewiesen werden müßten".[39] Abs. 1 S. 5 findet in der 4. EG-Richtlinie keine Entsprechung und ist daher nicht richtlinienkonform.[40] Folglich kann von § 271 Abs. 1 S. 5 abgewichen werden.[41]

III. Verbundene Unternehmen (Abs. 2)

13 **1. Allgemeines.** § 271 Abs. 2 enthält eine **gesetzliche Definition** des Begriffs „verbundene Unternehmen" für Zwecke des Dritten Buches des HGB (§§ 238 ff), an die bestimmte Ausweis- und Angabepflichten anknüpfen und die des Weiteren für Einzelfragen der Abschlussprüfung und des Strafrechts von Bedeutung ist. So sind gesondert in der Bilanz auszuweisen: „Anteile an verbundenen Unternehmen" im Finanzanlagevermögen (§ 266 Abs. 2 A. III. 1.), „Ausleihungen an verbundene Unternehmen" (§ 266 Abs. 2 A. III. 2.), „Forderungen gegen verbundene Unternehmen" (§ 266 Abs. 2 B. II. 2.), „Anteile an verbundenen Unternehmen" im Umlaufvermögen (§ 266 Abs. 2 B. III. 1.), „Verbindlichkeiten gegenüber verbundenen Unternehmen" (§ 266 Abs. 3 C. 6.). Besondere Ausweis- und Angabepflichten bestehen bei der Angabe der Haftungsverhältnisse (§ 268 Abs. 7), im Rahmen der GuV (§ 275 Abs. 2 Nr. 9, 10, 11, 13 bzw. Abs. 3 Nr. 8, 9, 10, 12) sowie im Anhang (§ 285 Nr. 3a). Im Bereich der Abschlussprüfung und Offenlegung gelten für verbundene Unternehmen besondere Ausschlussgründe und Verantwortlichkeiten (§§ 319 Abs. 3 S. 1 Nr. 2, 3, Abs. 4 S. 1, 323 Abs. 1, 327 Nr. 1). Sodann findet sich der Begriff des verbundenen Unternehmens in der Strafvorschrift des § 331 Nr. 4.

14 Die Begriffsbestimmung des § 271 Abs. 2 beruht auf Art. 41 der **7. EG-Richtlinie**. Sie besteht selbstständig neben der des Aktienrechts (§ 15 AktG). Dieses Nebeneinander ist eine Konsequenz daraus, dass eine europäische Harmonisierung des Konzernrechts durch die geplante 9. EG-Richtlinie, die zu einer Angleichung der Begriffe führen könnte, noch aussteht. Die Definition des § 271 Abs. 2 gilt zunächst für den Jahresabschluss von Kapitalgesellschaften sowie von Personenhandelsgesellschaften i.S.v. § 264a. Gemäß § 5 Abs. 1 S. 2 PublG findet sie entsprechende Anwendung auf den Jahresabschluss eines nach § 5 Abs. 1 PublG publizitätspflichtigen Unternehmens (vgl. aber auch unten Rn 30). Ferner ist sie auch anzuwenden auf die Jahresabschlüsse von Genossenschaften (§ 336 Abs. 2), Kreditinstituten und Versicherungsunternehmen (§§ 340a Abs. 1 und 2, 341a Abs. 1, 2).

15 Die **Sondervorschriften für verbundene Unternehmen** im Bereich der Rechnungslegung sollen der besonderen Situation verbundener Unternehmen Rechnung tragen. Die Möglichkeit wechselseitiger Einflussnahmen kann zu Interessenkonflikten und Manipulationen zum Nachteil von Gläubigern und Minderheitsgesellschaftern führen.[42] Um dieser Gefahr entgegenzusteuern, bestimmt das Gesetz den gesonderten Ausweis der wirtschaftlichen Beziehungen zwischen verbundenen Unternehmen in Bilanz, GuV und Anhang, um die Bilanzadressaten darüber zu informieren, welche Positionen von diesen Beziehungen beeinflusst sind.[43] Ferner findet der Tatbestand der Verbundenheit von Unternehmen zur Wahrung der Unabhängigkeit und Unbefangenheit des Abschlussprüfers auch im

---

[39] Bericht des Rechtsausschusses BT-Drucks. 10/4268, S. 106.

[40] *Vogel* Die Rechnungslegungsvorschriften des HGB für Kapitalgesellschaften und die 4. EG-Richtlinie (Bilanzrichtlinie) (1993), S. 34; Baumbach/Hueck/*Schulze-Osterloh* GmbHG[18] § 42 Rn 149; zustimmend MünchKommHGB/*Reiner* Rn 14.

[41] *Vogel* aaO, S. 111.

[42] Vgl. ADS 34; *Nösser,* S. 51 f.

[43] *Clausen*, S. 12.

Rahmen der Vorschriften über den Abschlussprüfer und bei § 331 Nr. 4 Berücksichtigung.

Im Verhältnis zum Begriff der Beteiligung nach Abs. 1 ist Abs. 2 die **speziellere Norm.** 16
Sofern zwischen verbundenen Unternehmen zugleich ein Beteiligungsverhältnis besteht, ist ein Ausweis nach Abs. 2 (verbundene Unternehmen) vorrangig.[44]

2. „Mutter- und Tochterunternehmen" (§ 290)

a) **Unternehmen.** § 271 Abs. 2 enthält ebenso wie die in Bezug genommene Vor- 17
schrift des § 290 keine gesetzliche Definition des Unternehmensbegriffs. Der Begriff des Unternehmens bedarf deshalb für die §§ 271 Abs. 2, 290 einer eigenständigen Bestimmung im Kontext der gesetzlichen Regelungen.[45] Auch ein Rückgriff auf den zu § 271 Abs. 1 entwickelten Unternehmensbegriff ist nicht möglich, weil die Begriffsbestimmungen in Abs. 1 und 2 selbstständig nebeneinander stehen. Unstreitig ist die Unternehmenseigenschaft für (inländische) Kapitalgesellschaften und für Personenhandelsgesellschaften i.S.v. § 264a. Darüber hinaus lässt sich aber aus § 291 Abs. 1 S. 2 ableiten, dass „Unternehmen" nur solche Wirtschaftseinheiten sind, die „als Kapitalgesellschaft" zur Aufstellung eines Konzernabschlusses verpflichtet wären.[46] Privatpersonen und Körperschaften des öffentlichen Rechts können aber nicht „als Kapitalgesellschaft" geführt werden und scheiden mithin aus dem Unternehmensbegriff aus.[47] Bei ausländischen Unternehmen ist die Aufstellungspflicht nach deutschem Rechnungslegungsrecht – „wäre" – zu prüfen.[48] Im Übrigen spricht die Anknüpfung an die Konzernrechnungslegung dafür, den Unternehmensbegriff im Rahmen der §§ 271 Abs. 2, 290 auf **buchführungspflichtige Wirtschaftseinheiten** zu beschränken, da nur bei solchen Einheiten eine Einbeziehung (auf der Grundlage der Einzelabschlüsse) in einen Konzernabschluss denkbar ist.[49] Demnach sind über die Kaufleute i.S.d. HGB hinaus auch die Fälle des § 263 und die EWIV erfasst, nicht aber z.B. eine BGB-Gesellschaft.[50]

Verhältnis zu anderen Unternehmensbegriffen. Auf Grund der Anknüpfung an die 18
Buchführungspflicht unterscheidet sich der Unternehmensbegriff in Abs. 2 grundsätzlich von dem weitergehenden Begriff des Unternehmens im Rahmen von Abs. 1.[51] Unterschiede bestehen wegen der abweichenden Teleologie gegenüber dem aktienrechtlichen Unternehmensbegriff der §§ 15 ff AktG, der ebenfalls nicht auf die Buchführungspflicht abstellt.[52]

b) **Mutter-Tochter-Verhältnis i.S.v. § 290.** Neben der Unternehmenseigenschaft setzt 19
die Qualifikation als „verbundene Unternehmen" nach § 271 Abs. 2 des Weiteren ein Mutter-Tochter-Verhältnis i.S.v. § 290 voraus. Nach der Änderung des § 290 durch das

44 Statt aller ADS 32.

45 Vgl. zum folgenden *Zilias* DB 1986, 1110; *Nösser*, S. 28 ff; *Oser*, S. 45 ff; *Clausen*, S. 53 ff.

46 Vgl. *Nösser*, S. 30.

47 So auch Bericht des Rechtsausschusses BT-Drucks. 10/4268, S. 113.

48 *Zilias* DB 1986, 1112.

49 *Zilias* DB 1986, 1111; ebenso Baumbach/Hueck/*Schulze-Osterloh* GmbHG[18] § 42 Rn 134; HdR-*Küting* Rn 133 f; *Nösser*, S. 30; *Oser*, S. 47 f; **aA** – weiter Unternehmensbegriff wie bei § 271 Abs. 1 – aber ADS 11; wohl auch Beck BilKomm-*Kozikowski*/*Kreher* Rn 9 ff; *Clausen,* S. 58.

50 **AA** Baumbach/Hueck/*Schulze-Osterloh* GmbHG[18] § 42 Rn 134; MünchKommHGB/*Reiner* Rn 20.

51 Vgl. oben Rn 4 f.

52 Zum aktienrechtlichen Unternehmensbegriff vgl. nur *Hüffer* § 15 Rn 6 ff.

BilMoG beruht das Mutter-Tochter-Verhältnis auf einem erweiterten „*Control-Konzept*“: Danach liegt ein Mutter-Tochter-Verhältnis immer dann vor, wenn ein Unternehmen (Mutterunternehmen) auf ein anderes Unternehmen (Tochterunternehmen) unmittelbar oder mittelbar einen beherrschenden Einfluss ausüben kann. Eine solche Beherrschungsmöglichkeit besteht nach § 290 Abs. 2 in folgenden Fällen:
- Mehrheit der Stimmrechte (Abs. 2 Nr. 1);
- wenn das Recht besteht, die Mehrheit der Mitglieder des Verwaltungs-, Leitungs- oder Aufsichtsorgans zu bestellen oder abzuberufen, bei gleichzeitiger Gesellschafterstellung (Abs. 2 Nr. 2);
- wenn das Recht besteht, einen beherrschenden Einfluss auf Grund eines mit diesem Unternehmen geschlossenen Beherrschungsvertrages oder auf Grund einer Satzungsbestimmung dieses Unternehmens auszuüben (Abs. 2 Nr. 3);
- bei Zweckgesellschaften (Abs. 2 Nr. 4).

§ 290 Abs. 3 enthält schließlich eine *Zurechnungsvorschrift* zur Erweiterung der Mutter-Tochter-Beziehungen nach § 290 Abs. 2.

20 3. **Einbeziehung in den Konzernabschluss.** Das entscheidende Merkmal des Begriffs „verbundene Unternehmen“ ist neben der Qualifikation als Mutter- oder Tochterunternehmen i.S.v. § 290 die Einbeziehung in den Konzernabschluss eines Mutterunternehmens. Nach § 271 Abs. 2 sind verbundene Unternehmen nur solche, die als Mutter- oder Tochterunternehmen „in den Konzernabschluß eines Mutterunternehmens nach den Vorschriften über die Vollkonsolidierung einzubeziehen sind“. Dem steht der Fall gleich, dass ein Mutterunternehmen einen befreienden Konzernabschluss nach den §§ 291, 292 freiwillig aufstellt oder aufstellen könnte, in das die Unternehmen einzubeziehen wären. Nach § 271 Abs. 2 2. Halbs. zählen auch solche Unternehmen zu den verbundenen Unternehmen, deren Einbeziehung in einen Konzernabschluss auf Grund der Einbeziehungsverbote bzw. -wahlrechte des § 296 unterbleibt.

21 a) **Wortlautauslegung.** Geht man allein vom Wortlaut des Abs. 2 aus, dann ist das Merkmal „Einbeziehung in den Konzernabschluss“ nur bei folgenden Fallgestaltungen unstreitig erfüllt: Tochterunternehmen von inländischen Kapitalgesellschaften bzw. Personengesellschaften i.S.v. § 264a, die nach § 290 konzernrechnungslegungspflichtig sind; mehrstufige Konzerne mit einem inländischen Tochterunternehmen, das seinerseits konzernrechnungslegungspflichtig ist und in einen befreienden Konzernabschluss des Mutterunternehmens nach §§ 291, 292 einbezogen werden könnte. Ferner ist dem Gesetz zu entnehmen, dass die Nichteinbeziehung nach § 296 die Qualifikation als „verbundene Unternehmen“ nicht berührt. Im Übrigen ergeben sich bei einer wortlautgetreuen Auslegung aber weitreichende Einschränkungen des Begriffs „verbundene Unternehmen“:[53] Dies folgt daraus, dass nach § 290 nur eine Kapitalgesellschaft bzw. Personenhandelsgesellschaft i.S.v. § 264a mit Sitz im Inland als Mutterunternehmen zur Aufstellung eines Konzernabschlusses verpflichtet ist. Somit sind bei wortlautgetreuer Auslegung Tochterunternehmen von inländischen Personengesellschaften außerhalb von § 264a sowie Tochterunternehmen von ausländischen Gesellschaften mangels inländischer Konzernrechnungslegungspflicht im Verhältnis zu ihren Tochterunternehmen keine „verbundenen Unternehmen“ nach § 271 Abs. 2. Etwas anderes gilt nur bei mehrstufigen Konzernen,

[53] Vgl. etwa ADS 47 ff; *Kropff* DB 1986, 365 f; *Küting* DStR 1987, 353 ff; *Schulze-Osterloh* FS Fleck (1988), S. 320 ff; *Nösser*, S. 35 ff.

wenn die Voraussetzungen für einen befreienden Konzernabschluss nach den §§ 291, 292 vorliegen. *Beispiel*: Das Mutterunternehmen M ist eine OHG, die nicht § 264a unterfällt. M ist an zwei Tochterunternehmen T 1 und T 2 beteiligt. Mangels Konzernrechnungslegungspflicht der M handelt es sich bei M, T 1 und T 2 nicht um „verbundene Unternehmen". Gleiches gilt für ein inländisches Tochterunternehmen mit einer ausländischen Gesellschaft als Mutterunternehmen. Letzteres ist mangels inländischen Sitzes nicht konzernrechnungslegungspflichtig, so dass beide Unternehmen mangels Einbeziehung in einen Konzernabschluss keine „verbundenen Unternehmen" sind.

b) Berichtigende Auslegung des Abs. 2? Die Verbunddefinition des § 271 Abs. 2 erweist sich somit bei wortlautgetreuer Auslegung in den Fällen einstufiger Konzerne als lückenhaft. Ausgehend vom Normzweck des § 271 Abs. 2, die wirtschaftlichen Verflechtungen zwischen Unternehmen im Jahresabschluss transparent zu machen, erscheinen solche Einschränkungen unbefriedigend. Das Merkmal „Einbeziehung in den Konzernabschluß" führt aber noch zu weiteren Folgeproblemen, z.B. im Zusammenhang mit den §§ 291 Abs. 3 Nr. 2, 293. Die Feststellung, dass eine wortlautgetreue Auslegung des Abs. 2 zu unbefriedigenden Ergebnissen führt, scheint eine berichtigende Auslegung des Abs. 2 nahezulegen. **22**

Meinungsstand. Eine Reihe von Autoren befürwortet eine berichtigende Auslegung des Abs. 2 dahingehend, dass es für den Begriff der verbundenen Unternehmen allein auf das Vorliegen einer Mutter-/Tochterbeziehung i.S.v. § 290 ankommt.[54] Zur Begründung wird zum einen auf Art. 41 der 7. EG-Richtlinie verwiesen, der in Abs. 1 den Begriff der verbundenen Unternehmen ohne Rücksicht auf die Konzernaufstellungs- bzw. die Einbeziehungspflicht definiert.[55] Auch der Sinn und Zweck der Regelung, einen Einblick in die wirtschaftlichen Beziehungen zwischen verbundenen Unternehmen zu gewährleisten, spreche gegen eine Einschränkung der Verbunddefinition nach Maßgabe der Aufstellungs- oder Einbeziehungspflicht.[56] Eine berichtigende Auslegung des Abs. 2 wird schließlich auch auf die Generalklausel des § 264 Abs. 2 S. 1 gestützt.[57] Eine andere Meinung lehnt Abweichungen vom Wortlaut des Abs. 2 hingegen ab.[58] Nach dieser Auffassung ist Abs. 2 zwar rechtspolitisch verfehlt, aber bis zu einer Neuregelung hinzunehmen. Einer richtlinienkonformen Auslegung stehe der klare Wortlaut[59] bzw. die Übereinstimmung mit Art. 41 der 7. EG-Richtlinie[60] entgegen. Diese Auffassung hat sich inzwischen auch der BGH – in einer Entscheidung betreffend die Befangenheit eines Abschlussprüfers nach § 319 HGB – zu Eigen gemacht.[61] **23**

Stellungnahme. Gegen eine berichtigende Auslegung des § 271 Abs. 2 spricht zunächst der eindeutige Wortlaut der Regelung.[62] Dieser beruht auch nicht auf einem Redaktionsversehen, vielmehr entspricht die Anknüpfung an die Konzernrechnungs- **24**

---

[54] So ADS 56 ff; *Nösser,* S. 102 ff; *Kropff* DB 1986, 366 f; *ders.* MünchKommAktG/*Kropff* Rn 55; *Ulmer* FS Goerdeler (1987), S. 633; WP-Handbuch I F 176.

[55] Eingehend *Nösser*, S. 45 ff.

[56] Dazu vor allem *Kropff* aaO.

[57] So etwa *Claussen* aaO.

[58] *Schulze-Osterloh* FS Fleck (1988), S. 314 ff; Baumbach/Hueck/*Schulze-Osterloh* GmbHG[18] § 42 Rn 135; Beck BilKomm-*Kozikowski/ Kreher* Rn 35.

[59] *Kozikowski/Kreher* aaO.

[60] *Schulze-Osterloh* aaO.

[61] BGHZ 159, 234; dazu *W. Müller* NZG 2004, 1037.

[62] Vgl. *Schulze-Osterloh* FS Fleck (1988), S. 315; Beck BilKomm-*Kozikowski/Kreher* Rn 35; *Oser*, S. 229; MünchKommHGB/*Reiner* Rn 32.

pflicht – wie sich aus der Begründung ergibt – dem ausdrücklichen Willen des Gesetzgebers.[63] Auch die Berufung auf § 264 Abs. 2 S. 1 hilft nicht weiter, da die Generalklausel vorrangig im Kontext der Einzelvorschriften der Richtlinie auszulegen ist. Damit bleibt nur der Rückgriff auf Art. 41 der 7. EG-Richtlinie. Entgegen verbreiteter Ansicht vermag aber auch diese Richtlinienvorschrift keine berichtigende Auslegung des § 271 Abs. 2 zu begründen: Art. 41 Abs. 1 bestimmt zwar den Begriff der verbundenen Unternehmen auf der Grundlage des Control-Konzepts, ohne ausdrücklich auf die Konzernrechnungslegungspflicht zu verweisen. Aus Art. 41 Abs. 2 und 3 ergibt sich jedoch die Möglichkeit, die Verbunddefinition an die Konzernrechnungslegungspflicht anzuknüpfen. Abs. 5 erlaubt schließlich, dass Mutterunternehmen in der Rechtsform einer Nichtkapitalgesellschaft nicht nur von der Konzernrechnungslegungspflicht, sondern auch von der Verbunddefinition des Abs. 1 ausgenommen werden. Art. 41 lässt somit eine Verknüpfung von Verbunddefinition und Konzernabschlusspflicht durchaus zu. Somit fehlt es im Ganzen an eindeutigen Vorgaben der 7. EG-Richtlinie für eine berichtigende richtlinienkonforme Auslegung des § 271 Abs. 2. Die gesetzgeberische Entscheidung, die Verbundenheit an die Einbeziehung in den Konzernabschluss zu knüpfen, ist somit zu respektieren, zumal der Gesetzgeber des BilMoG auf eine Änderung verzichtet hat.

25 c) **Einbeziehung im Wege der Vollkonsolidierung.** Die Einbeziehung in den Konzernabschluss hat schließlich im Wege der Vollkonsolidierung (§§ 300 bis 307) zu erfolgen. Nicht erfasst sind danach sog. *Gemeinschaftsunternehmen* nach § 310. Sie zählen nicht zu den verbundenen Unternehmen, da nach § 310 nur eine anteilmäßige Konsolidierung stattfindet.[64] Etwas anderes soll aber im Fall gemeinschaftlicher einheitlicher Leitung gelten.[65] Eine Verbundenheit i.S.v. § 271 Abs. 2 kommt mangels Vollkonsolidierung auch nicht in Betracht bei *assoziierten Unternehmen* gemäß § 311.[66]

26 d) **Kreis der verbundenen Unternehmen.** Der Kreis der verbundenen Unternehmen wird bestimmt durch das oberste Mutterunternehmen, das im Verhältnis zu Tochterunternehmen nach § 290 einen beherrschenden Einfluss ausüben kann (erweitertes Control-Konzept).[67] Verbundene Unternehmen i.S.v. § 271 Abs. 2 sind dabei alle in den Konzernabschluss einzubeziehenden Unternehmen, d.h. nicht nur Mutterunternehmen im Verhältnis zu Tochterunternehmen, sondern auch Tochterunternehmen im Verhältnis zueinander (Schwestergesellschaften). Eine Nichteinbeziehung nach § 296 ist für die Verbunddefinition ohne Bedeutung (§ 271 Abs. 2 S. 2). Zum Wahlrecht nach § 293 vgl. unten Rn 28.

4. Einzelfragen

27 a) **Tatsächliche Aufstellung eines Konzernabschlusses ohne Relevanz.** Wie sich aus dem Wortlaut ergibt („einzubeziehen sind“), ist es für die Einordnung als „verbundene Unternehmen“ unerheblich, ob das Mutterunternehmen tatsächlich einen Konzernabschluss aufstellt oder nicht.[68] Vielmehr kommt es allein auf die Pflicht zur Aufstellung

---

[63] BT-Drucks. 10/3340, S. 35.

[64] ADS 35; Beck BilKomm-*Kozikowski*/*Kreher* Rn 33; Baumbach/Hueck/*Schulze-Osterloh* GmbHG[18] § 42 Rn 136; *Nösser*, S. 97.

[65] Vgl. dazu näher ADS 41; *Schulze-Osterloh* FS Fleck (1988), S. 319; Baumbach/Hueck/*Schulze-Osterloh* GmbHG[18] § 42 Rn 136.

[66] Statt aller nur ADS 41.

[67] Vgl. Baumbach/Hueck/*Schulze-Osterloh* GmbHG[18] § 42 Rn 138.

[68] Vgl. nur ADS 45.

eines Konzernabschlusses nach § 290 (§ 271 Abs. 2 1. Alt.) bzw. die Möglichkeit zur Einbeziehung in einen befreienden Konzernabschluss nach §§ 291, 292 an (§ 271 Abs. 2 2. Alt.).

b) **Größenabhängige Befreiung nach § 293.** Nach der berichtigenden Auslegung ist die Befreiungsregelung des § 293 im Rahmen der Verbunddefinition ohne Bedeutung, weil es nach dieser Ansicht auf die Konzernrechnungslegungspflicht ohnehin nicht ankommt.[69] Auf der Grundlage der hier vertretenen Ansicht ist die Entscheidung dagegen zweifelhaft. Teilweise wird angenommen, dass die Befreiung sich auch im Rahmen der Verbunddefinition auswirken müsse.[70] Nach anderer Auffassung soll § 293 aber im Rahmen von § 271 Abs. 2 nicht anwendbar sein, weil dies im Widerspruch zu den größenunabhängig anwendbaren Vorschriften über den befreienden Konzernabschluss stehen würde.[71] Geht man davon aus, dass die Einbeziehung in den Konzernabschluss Voraussetzung für die Verbundenheit i.S.v. § 271 Abs. 2 ist, so wäre auch die größenabhängige Befreiungsregelung grundsätzlich zu beachten. Aus der Verweisung in § 271 Abs. 2 auf § 291 Abs. 1 S. 2 für den befreienden Konzernabschluss lässt sich aber die gesetzgeberische Wertung ableiten, dass größenabhängige Befreiungen im Rahmen der Verbundenheitsdefinition allgemein keine Bedeutung haben. Insoweit ist das Merkmal der Einbeziehung in den Konzernabschluss also *„abstrakt“* zu verstehen. 28

c) **Einstufiger Konzern mit ausländischem Mutterunternehmen oder mit inländischer Nichtkapitalgesellschaft als Mutterunternehmen.** Im Fall des einstufigen Konzerns mit nicht konzernrechnungslegungspflichtigem Mutterunternehmen hängt die Qualifikation als „verbundene Unternehmen“ allein davon ab, ob man am Merkmal „Einbeziehung in einen Konzernabschluß“ festhält. Während nach der berichtigenden Auslegung das inländische Tochterunternehmen und das ausländische Mutterunternehmen bzw. das inländische Mutterunternehmen in der Rechtsform der Personengesellschaft als „verbundene Unternehmen“ einzuordnen sind,[72] ist nach der hier vertretenen, wortlautgetreuen Ansicht eine Verbundenheit mangels (inländischer) Konzernrechnungslegungspflicht zu verneinen.[73] 29

d) **Einstufiger Konzern mit inländischer publizitätspflichtiger Nichtkapitalgesellschaft als Mutterunternehmen.** Hält man – wie es der hier vertretenen Ansicht entspricht – an dem Merkmal der Einbeziehung in den Konzernabschluss fest, ist weiter zu überlegen, ob sich für die Beurteilung im Rahmen von § 271 Abs. 2 etwas ändert, wenn eine Konzernrechnungslegungspflicht nach § 11 PublG besteht. Dann ist zwar auf Grund der entsprechenden Anwendung des § 271 Abs. 2 nach § 5 Abs. 1 S. 2 PublG die Tochtergesellschaft aus der Sicht des publizitätspflichtigen Mutterunternehmens „verbundenes Unternehmen“. In umgekehrter Richtung wird aber eine Verbundenheit überwiegend mit dem Argument verneint, dass § 271 Abs. 2 diese Art von Konzernrechnungslegungspflicht nicht in seinen Regelungsbereich einbeziehe.[74] Nach anderer Meinung ist dagegen die Pflicht zur Aufstellung eines Konzernabschlusses nach § 11 PublG der „nach dem 30

[69] Vgl. ADS 64 ff; *Kropff* DB 1986, 367.
[70] *Küting* DStR 1987, 351.
[71] *Schulze-Osterloh* FS Fleck (1988), S. 321; im Ergebnis auch *Biener/Berneke*, S. 187.
[72] So ADS 68 ff; *Kropff* DB 1986, 365 ff; im Ergebnis auch *Biener/Berneke*, S. 188.
[73] Ebenso *Schulze-Osterloh* FS Fleck (1988), S. 323 ff; Baumbach/Hueck/*Schulze-Osterloh* GmbHG[18] § 42 Rn 140; *Küting* DStR 1987, 354 ff.
[74] *Schulze-Osterloh* FS Fleck (1988), S. 324; *Küting* DStR 1987, 354.

Zweiten Unterabschnitt“ gleichzustellen.[75] Der erstgenannten Ansicht ist zu folgen. § 271 Abs. 2 setzt eine Einbeziehung in einen Konzernabschluss „nach diesem Abschnitt“ voraus. Dies ist wegen der andersartigen Voraussetzungen bei einer Verpflichtung zur Konzernrechnungslegung nach §§ 11 ff PublG nicht der Fall.

31 e) **Mehrstufiger Konzern und Befreiung nach § 291.** Bei mehrstufigen Konzernen ist zu beachten, dass § 271 Abs. 2 für den Begriff des „verbundenen Unternehmens“ nicht nur auf eine inländische Konzernrechnungslegungspflicht, sondern auch auf die *Möglichkeit* der Einbeziehung in einen befreienden Konzernabschluss nach § 291 verweist. Wenn also das inländische Tochterunternehmen, das z.B. unter der Leitung eines an ihm beteiligten ausländischen Unternehmens oder einer inländischen Personengesellschaft außerhalb von § 264a steht, selbst als Mutterunternehmen i.S.v. § 290 gegenüber einem anderen Unternehmen konzernrechnungslegungspflichtig ist,[76] dann besteht die Möglichkeit zur Aufstellung eines befreienden Konzernabschlusses nach § 291. Dies reicht nach § 271 Abs. 2 aus, um eine Verbundenheit zwischen dem übergeordneten ausländischen Unternehmen oder der inländischen Personengesellschaft einerseits und dem konzernrechnungslegungspflichtigen inländischen Tochterunternehmen sowie seinem Tochterunternehmen andererseits zu begründen.[77] Nicht entscheidend ist nach § 271 Abs. 2, ob ein befreiender Konzernabschluss tatsächlich erstellt wird.

32 Fraglich ist, ob es Auswirkungen auf die Verbundenheit hat, wenn die **Minderheitsgesellschafter** des konzernrechnungslegungspflichtigen inländischen Tochterunternehmens nach § 291 Abs. 3 Nr. 2 die Aufstellung eines Teilkonzernabschlusses verlangen. Nach § 271 Abs. 2 kommt es nur darauf an, ob ein befreiender Konzernabschluss aufgestellt werden „könnte“. Dies wird zum Teil so verstanden, dass die Entscheidung der Gesellschafter Auswirkungen auf die Verbundenheit der Unternehmen habe.[78] Nach zutreffender Auslegung sind die Rechte der Gesellschafter aus § 291 Abs. 3 Nr. 2 ohne Einfluss auf die Verbunddefinition des § 271 Abs. 2, weil sie die abstrakte Möglichkeit der Aufstellung eines befreienden Konzernabschlusses nicht berührt.[79]

33 Im Fall eines übergeordneten ausländischen Unternehmens ist schließlich zweifelhaft, wonach sich die **Reichweite der Verbundenheit**, d.h. der Kreis der in den befreienden Konzernabschluss einzubeziehenden Tochterunternehmen bestimmt. Zum Teil wird allein das Recht des Staates für maßgebend gehalten, in dem das ausländische Mutterunternehmen seinen Sitz hat.[80] Nach anderer Ansicht soll dagegen im Rahmen des § 271 Abs. 2 das deutsche Recht anwendbar sein, soweit die ausländische Rechtsordnung infolge der Ausübung bestimmter Wahlrechte der 7. EG-Richtlinie z.B. nur für Control-Verhältnisse eine Konsolidierungspflicht vorsieht.[81] Letzterer Auffassung ist im Interesse einer Vergleichbarkeit der Jahresabschlüsse zu folgen, um eine einheitliche Anwendung des Verbundenheitstatbestandes in deutschen Jahresabschlüssen zu gewährleisten.

34 f) **Mehrstufiger Konzern und Befreiung nach § 292.** § 271 Abs. 2 verweist für den Fall eines außerhalb des EG- und EWR-Bereichs ansässigen Mutterunternehmens auch

---

[75] So *Kropff* DB 1986, 365: „relativ problemlos“.

[76] Abweichend *Biener/Berneke*, S. 188: Konzernrechnungslegungspflicht nicht entscheidend.

[77] Vgl. statt aller ADS 76 ff; *Schulze-Osterloh* FS Fleck (1988), S. 324.

[78] *Küting* DStR 1987, 354 f.

[79] *Schulze-Osterloh* FS Fleck (1988), S. 321; Baumbach/Hueck/*Schulze-Osterloh* GmbHG[18] § 42 Rn 140; *Nösser*, S. 78 f.

[80] WP-Handbuch I R 434; *Biener/Berneke*, S. 188.

[81] ADS 58, 78 ff; Baumbach/Hueck/*Schulze-Osterloh* GmbHG[18] § 42 Rn 141; *Nösser*, S. 86 f.

auf die Möglichkeit eines befreienden Konzernabschlusses nach § 292. Bis zum Erlass der in § 292 vorgesehenen Rechtsverordnung[82] war umstritten, ob es für die Verbunddefinition auf die Existenz einer solchen Verordnung ankomme. Diese Frage wurde mehrheitlich verneint,[83] hat sich aber mit dem Erlass der KonBefrVO erledigt.

g) **Gleichordnungskonzern.** Für Gleichordnungskonzerne kennt das geltende Recht keine Konzernabschlusspflicht, da der deutsche Gesetzgeber das Wahlrecht aus Art. 12 der 7. EG-Richtlinie nicht ausgeübt hat. Daher sind Unternehmen eines Gleichordnungskonzerns im Rahmen von § 271 Abs. 2 auch keine verbundenen Unternehmen.[84] **35**

IV. Rechtsfolgen eines Verstoßes gegen § 271

§ 271 enthält nur Definitionen. Eine isolierte Verletzung dieser Vorschrift scheidet daher aus.[85] **36**

§ 272
Eigenkapital

(1) [1]Gezeichnetes Kapital ist das Kapital, auf das die Haftung der Gesellschafter für die Verbindlichkeiten der Kapitalgesellschaft gegenüber den Gläubigern beschränkt ist. [2]Es ist mit dem Nennbetrag anzusetzen. [3]Die nicht eingeforderten ausstehenden Einlagen auf das gezeichnete Kapital sind von dem Posten „Gezeichnetes Kapital" offen abzusetzen; der verbleibende Betrag ist als Posten „Eingefordertes Kapital" in der Hauptspalte der Passivseite auszuweisen; der eingeforderte, aber noch nicht eingezahlte Betrag ist unter den Forderungen gesondert auszuweisen und entsprechend zu bezeichnen.

(1a) [1]Der Nennbetrag oder, falls ein solcher nicht vorhanden ist, der rechnerische Wert von erworbenen eigenen Anteilen ist in der Vorspalte offen von dem Posten „Gezeichnetes Kapital" abzusetzen. [2]Der Unterschiedsbetrag zwischen dem Nennbetrag oder dem rechnerischen Wert und den Anschaffungskosten der eigenen Anteile ist mit den frei verfügbaren Rücklagen zu verrechnen. [3]Aufwendungen, die Anschaffungsnebenkosten sind, sind Aufwand des Geschäftsjahres.

(1b) [1]Nach der Veräußerung der eigenen Anteile entfällt der Ausweis nach Absatz 1a Satz 1. [2]Ein den Nennbetrag oder den rechnerischen Wert übersteigender Differenzbetrag aus dem Veräußerungserlös ist bis zur Höhe des mit den frei verfügbaren Rücklagen verrechneten Betrages in die jeweiligen Rücklagen einzustellen. [3]Ein darüber hinausgehender Differenzbetrag ist in die Kapitalrücklage gemäß Absatz 2 Nr. 1 einzustellen. [4]Die Nebenkosten der Veräußerung sind Aufwand des Geschäftsjahres.

(2) Als Kapitalrücklage sind auszuweisen

1. der Betrag, der bei der Ausgabe von Anteilen einschließlich von Bezugsanteilen über den Nennbetrag oder, falls ein Nennbetrag nicht vorhanden ist, über den rechnerischen Wert hinaus erzielt wird;

---

[82] Vgl. Konzernabschlußbefreiungsverordnung – KonBefrVO v. 15.11.1991, BGBl. I 1991, 2122.

[83] Vgl. dazu etwa *Nösser*, S. 87 ff.

[84] WP-Handbuch I T 465; *Schulze-Osterloh* FS Fleck (1988), S. 323; *Nösser*, S. 98; HdR-*Küting* Rn 124.

[85] Vgl. Beck BilKomm-*Kozikowski/Huber* § 334 Rn 17 f.

2. der Betrag, der bei der Ausgabe von Schuldverschreibungen für Wandlungsrechte und Optionsrechte zum Erwerb von Anteilen erzielt wird;
3. der Betrag von Zuzahlungen, die Gesellschafter gegen Gewährung eines Vorzugs für ihre Anteile leisten;
4. der Betrag von anderen Zuzahlungen, die Gesellschafter in das Eigenkapital leisten.

(3) [1]Als Gewinnrücklagen dürfen nur Beträge ausgewiesen werden, die im Geschäftsjahr oder in einem früheren Geschäftsjahr aus dem Ergebnis gebildet worden sind. [2]Dazu gehören aus dem Ergebnis zu bildende gesetzliche oder auf Gesellschaftsvertrag oder Satzung beruhende Rücklagen und andere Gewinnrücklagen.

(4) [1]Für Anteile an einem herrschenden oder mit Mehrheit beteiligten Unternehmen ist eine Rücklage zu bilden. [2]In die Rücklage ist ein Betrag einzustellen, der dem auf der Aktivseite der Bilanz für die Anteile an dem herrschenden oder mit Mehrheit beteiligten Unternehmen angesetzten Betrag entspricht. [3]Die Rücklage, die bereits bei der Aufstellung der Bilanz zu bilden ist, darf aus vorhandenen frei verfügbaren Rücklagen gebildet werden. [4]Die Rücklage ist aufzulösen, soweit die Anteile an dem herrschenden oder mit Mehrheit beteiligten Unternehmen veräußert, ausgegeben oder eingezogen werden oder auf der Aktivseite ein niedrigerer Betrag angesetzt wird.

Schrifttum

Arbeitskreis Bilanzrecht der Hochschullehrer Rechtswissenschaft Stellungnahme zu dem Entwurf eines BilMoG: Einzelfragen zum materiellen Bilanzrecht, BB 2008, 209; *Baldamus* Forderungsverzicht als Kapitalrücklage gemäß § 272 Abs. 2 Nr. 4 HGB, DStR 2003, 852; *Baums* Aktienoptionen für Vorstandsmitglieder, FS Claussen (1997), S. 3; *Becker* Aktienrechtliches und handelsrechtliches Agio, NZG 2003, 510; *Bezzenberger* Erwerb eigener Aktien durch die AG (2002); *Blumenberg/Roßner* Steuerliche Auswirkungen der durch das BilMoG geplanten Änderungen der Bilanzierung von eigenen Anteilen, GmbHR 2008, 1079; *Breuninger/Müller* Erwerb und Veräußerung eigener Anteile nach dem BilMoG – Steuerrechtliche Behandlung – Chaos perfekt? –, GmbHR 2011, 10; *Döllerer* Einlagen bei Kapitalgesellschaften nach Handelsrecht und Steuerrecht unter besonderer Berücksichtigung des Bilanzrichtlinien-Gesetzes, BB 1986, 1857; *ders.* Die Kapitalrücklage der Aktiengesellschaft bei der Ausgabe von Optionsanleihen nach Handels- und Steuerrecht, AG 1986, 237; *Esterer/Härteis* Die Bilanzierung von Stock Options in der Handels- und Steuerbilanz, DB 1999, 2073; *Falk* Bilanzielle und ertragsteuerliche Behandlung eigener Anteile nach BilMoG (2013); *Gelhausen* Bilanzierung zur Einziehung erworbener Aktien und Kapitalschutz, FS Baetge (2007), S. 189; *Gelhausen/Rimmelspacher* Wandel- und Optionsanleihen in den handelsrechtlichen Jahresabschlüssen des Emittenten und des Inhabers, AG 2006, 729; *Groh* Ist die verdeckte Einlage ein Tauschgeschäft? DB 1997, 1683; *Haberstock* Rückzahlungen an Gesellschafter aus freier Kapitalrücklage, NZG 2008, 220; *Haller* Probleme bei der Bilanzierung der Rücklagen und des Bilanzergebnisses einer Aktiengesellschaft nach neuem Bilanzrecht, DB 1987, 645; *Hennrichs* Ausgewählte Zweifelsfragen zur Kapitalrücklage, FS Hoffmann-Becking (2013), S. 511; *Hentzen/Rau* Bildung und Auflösung von Rücklagen bei GmbH und AG als Kriterien für Rechtsformwahl und Vertragskonzern, BB 2008, 713; *Henze* Vermögensbindungsprinzip und Anlegerschutz, NZG 2005, 115; *Herlinghaus* Forderungsverzichte und Besserungsvereinbarungen zur Sanierung von Kapitalgesellschaften (1994); *Herzig* Steuerliche und bilanzielle Probleme bei Stock Options und Stock Appreciation Rights, DB 1999, 1; *Hommelhoff/Priester* Bilanzrichtliniengesetz und GmbH-Satzung, ZGR 1986, 463; *Hüttemann* Erwerb eigener Anteile im Bilanz- und Steuerrecht nach BilMoG, FS Herzig (2010), S. 595; *Karollus* Voreinzahlungen auf künftige Kapitalerhöhungen, DStR 1995, 1065; *Klingberg* Der Aktienrückkauf nach dem KonTraG aus bilanzieller und steuerlicher Sicht, BB 1998, 1575; *Knobbe-Keuk* Steuerrechtliche Fragen der Optionsanleihen, ZGR 1987, 312; *Koch/Vogel* Zur handels- und steuerrechtlichen Behandlung von Optionsanleihen, BB 1986, Beilage 10; *Köhler* Steuerliche Behandlung eigener Anteile, DB 2011, 15; *Kropff* Gesellschaftsrechtliche Auswirkungen der Ausschüttungssperre in § 268 Abs. 8 HGB, FS Hüffer (2010), S. 539; *ders.* Nettoausweis des Gezeichneten Kapitals und

Kapitalschutz, ZIP 2009, 1137; *ders.* Handelsrechtliche Bilanzierungsfragen der Optionsanleihen, ZGR 1987, 285; *Kühnberger* Eigenkapitalausweis und Kompetenzregeln für die AG bei der Kapitalaufbringung und -erhaltung nach BilMoG, BB 2011, 1387; *Kühnberger/Keßler* Stock option incentives – betriebswirtschaftliche und rechtliche Probleme eines anreizkompatiblen Vergütungssystems, AG 1999, 453; *Küting/Kessler* Die Problematik der „anderen Zuzahlungen" gem. § 272 Abs. 2 Nr. 4 HGB, BB 1989, 25; *Küting/Reuter* Der Bilanzausweis des Eigenkapitals nach dem BilMoG-RegE, StuB 2008, 535; *dies.* Bilanzierung eigener Anteile nach dem BilMoG-RegE, StuB 2008, 495; *dies.* Abbildung von eigenen Anteilen nach dem Entwurf des BilMoG – Auswirkungen in der Bilanzierungs- und Bilanzanalysepraxis, BB 2008, 658; *Lechner/Haisch* Was nun? Erwerb eigener Anteile nach dem BMF-Schreiben vom 10.08.2010, Ubg 2010, 691; *Martens* Erwerb und Veräußerung eigener Aktien im Börsenhandel, AG 1996, 337; *Naumann* Zur Bilanzierung von Stock Options, DB 1998, 1428; *H. P. Müller* Differenzierte Anforderungen für die Leistung von Sacheinlagen in das Eigenkapital von Kapitalgesellschaften, FS Heinsius (1991), S. 590; *Orth* Neue Aspekte zum Schütt-aus-hol-zurück-Verfahren, GmbHR 1987, 195; *Oser/Kropp* Eigene Anteile in Gesellschafts-, Bilanz- und Steuerrecht, Konzern 2012, 185; *Pellens/Crasselt* Bilanzierung von Stock Options, DB 1998, 217; *dies.* Replik, DB 1998, 1431; *Rammert* Die Bilanzierung von Aktienoptionen für Manager, WPg 1998, 766; *Rodewald/Pohl* Neuregelungen des Erwerbs von eigenen Anteilen durch die GmbH im Bilanzrechtsmodernisierungsgesetz (BilMoG), GmbHR 2009, 32; *Röper/Leffers* Bewertung einer Sacheinlage in eine GmbH im Wege der Überpari-Emission – zugleich Besprechung des BFH-Urteils vom 24.04.2007, WPg 2007, 1024; *Schmidtmann* Abstrakte und konkrete Bilanzierungsfähigkeit eigener Anteile nach dem Bilanzrechtsmodernisierungsgesetz, StuW 2010, 286; *Schneeloch* Verdeckte Vorteilszuwendungen an Kapitalgesellschaften, BB 1987, 481; *Singhof* Das Eigenkapital der Kapitalgesellschaften, HdJ Abt. III/2, 2008; *Thiel* Bilanzielle und steuerrechtliche Behandlung eigener Aktien nach der Neuregelung des Aktienerwerbs durch das KonTraG, DB 1998, 1583; *ders.* Wirtschaftsgüter ohne Wert: Die eigenen Anteile der Kapitalgesellschaft, FS Ludwig Schmidt (1993), S. 569; *Verse* Auswirkungen der Bilanzrechtsmodernisierung auf den Kapitalschutz, in: VGR (Hrsg.), Gesellschaftsrecht in der Diskussion 2009, Bd. 15 (2010), S. 67; *Vogel* Die Rechnungslegungsvorschriften des HGB für Kapitalgesellschaften und die 4. EG-Richtlinie (Bilanzrichtlinie) (1993); *von Rosen/Helm* Der Erwerb eigener Aktien durch die Gesellschaft, AG 1996, 434; *Walter* Bilanzierung von Aktienoptionsplänen in Handels- und Steuerbilanz – einheitliche Behandlung unabhängig von der Art der Unterlegung, DStR 2006, 1101; *Wassermeyer* Der Erwerb eigener Anteile durch eine Kapitalgesellschaft – Überlegungen zur Rechtsprechung des I. Senats des BFH, FS Ludwig Schmidt (1993), S. 621; *Wilhelm* Die Vermögensbindung bei Aktiengesellschaft und GmbH und das Problem der Unterkapitalisierung, FS Flume II (1978), S. 337; *Zilias/Lanfermann* Die Neuregelung des Erwerbs und Haltens eigener Aktien, WPg 1980, 61, 89.

Übersicht

I. Übersicht

1 **Regelungsgegenstand.** § 272 regelt den Ausweis der Eigenkapitalposten „Gezeichnetes Kapital“ (Abs. 1 S. 1 und 2), „ausstehende Einlagen“ (Abs. 1 S. 3), „Kapitalrücklage“ (Abs. 2), „Gewinnrücklagen“ (Abs. 3) sowie Ausweis, Bildung und Auflösung der „Rücklage für Anteile an einem herrschenden oder mit Mehrheit beteiligten Unternehmen“ (Abs. 4). Abs. 1a und 1b enthalten besondere Vorschriften über die bilanzielle Behandlung des Erwerbs eigener Anteile. Teile der Vorschrift sind durch das BilMoG geändert (Abs. 1 und 4) bzw. neu eingefügt worden (Abs. 1a und 1b). § 272 Abs. 1 S. 2 war früher in § 283 a.F. enthalten.

2 Die Vorschrift erfasst **nicht alle Einzelposten** des Eigenkapitals i.S.v. § 266 Abs. 3 A. Nicht enthalten sind die Posten „Gewinnvortrag/Verlustvortrag“, „Jahresüberschuss/Jahresfehlbetrag“, „Nicht durch Eigenkapital gedeckter Fehlbetrag“ (§ 268 Abs. 3) sowie bei der Aufstellung der Bilanz unter Berücksichtigung der Ergebnisverwendung der Posten „Bilanzgewinn/Bilanzverlust“ (§ 268 Abs. 1 S. 2). Darüber hinaus sind bei der Bildung und dem Ausweis von Eigenkapitalposten die weiteren besonderen Regelungen des AktG und des GmbHG zu beachten.[1]

3 § 272 beruht auf Art. 9 – Aktiva A. und D., Passiva A. – der **4. EG-Richtlinie**. Abweichend von Art. 9 Passiva A. II. („Agio“) spricht § 272 Abs. 2 von „Kapitalrücklage“, die zudem in vier Untergruppen unterteilt ist.[2] Der Begriff „Kapitalrücklage“ dient zugleich der Abgrenzung zu den „Gewinnrücklagen“ nach Abs. 3, die in der EG-Richtlinie (Art. 9 Passiva A. IV.) einfach nur „Rücklagen“ heißen. Die begriffliche Unterscheidung soll die grundsätzlich verschiedenen Entstehungsursachen (Gesellschafterleistungen bzw. Rücklagen aus erwirtschafteten Gewinnen) verdeutlichen. Die in Art. 9 Passiva A. III. vorgesehene „Neubewertungsrücklage“ konnte entfallen, da der deutsche Gesetzgeber vom Wahlrecht nach Art. 33 keinen Gebrauch gemacht und ausschließlich eine Bewertung zu Anschaffungs- und Herstellungskosten zugelassen hat.

---

1 Vgl. etwa die Übersicht bei ADS 3 ff.

2 Nach Ansicht von *Vogel* Rechnungslegungsvorschriften (1993), S. 41 liegt darin ein Richtlinienverstoß.

Anwendungsbereich. Die Regelung des § 272 gilt unmittelbar nur für Kapitalgesellschaften (AG, KGaA, GmbH). Sie findet nach § 5 Abs. 1 S. 2 PublG auf publizitätspflichtige Gesellschaften entsprechende Anwendung. Für Genossenschaften enthält § 337 eine vorrangige Sonderregelung. 4

Nicht anzuwenden ist § 272 auf **Personenhandelsgesellschaften** i.S.v. § 264a. Der Eigenkapitalausweis bei solchen Gesellschaften richtet sich nach § 264c. Kleinstkapitalgesellschaften (§ 267a) können gemäß § 266 Abs. 1 S. 4 auf eine Aufgliederung des Eigenkapitals verzichten. 5

II. Gezeichnetes Kapital und ausstehende Einlagen (Abs. 1)

1. Gezeichnetes Kapital (Abs. 1 S. 1)

a) **Begriff.** Nach § 272 Abs. 1 S. 1 ist das „gezeichnete Kapital" das Kapital, „auf das die Haftung der Gesellschafter für die Verbindlichkeiten der Kapitalgesellschaft gegenüber den Gläubigern beschränkt ist". Diese Definition ist unrichtig, weil es bei Kapitalgesellschaften eine Haftung der Gesellschafter gegenüber den Gläubigern überhaupt nicht gibt.[3] Gemeint ist – wie sich aus § 152 Abs. 1 S. 1 AktG, § 42 Abs. 1 GmbHG ergibt – das Nennkapital der Kapitalgesellschaft, also das Grundkapital bei der AG bzw. das Stammkapital bei der GmbH. Mit der einheitlichen Bezeichnung als „gezeichnetes Kapital" soll eine europaweite Vereinheitlichung der Terminologie erreicht werden und zugleich deutlich gemacht werden, dass es sich nicht notwendig um das eingezahlte Kapital handelt.[4] 6

Abgrenzungen. Bei einer Aktiengesellschaft ist als „gezeichnetes Kapital" der Gesamtnennbetrag aller Aktien auszuweisen. Soweit Aktien verschiedener Gattungen (z.B. Stammaktien und Vorzugsaktien) bestehen, sind nach § 152 Abs. 1 S. 2 AktG auch die Gesamtnennbeträge der jeweiligen Aktiengattungen gesondert anzugeben. Ferner sind ein bedingtes Kapital sowie bei Mehrstimmrechtsaktien ihre Gesamtstimmenzahl vorzumerken (§ 152 Abs. 1 S. 3, 4 AktG). Bei einer KGaA gehören die Kapitalanteile der persönlich haftenden Gesellschafter nicht zum gezeichneten Kapital. Sie sind gemäß § 286 Abs. 2 S. 1 AktG gesondert nach dem Posten „gezeichnetes Kapital" auszuweisen. Bei einer Genossenschaft tritt an die Stelle des Postens „gezeichnetes Kapital" nach § 337 Abs. 1 S. 1 der Betrag der Geschäftsguthaben der Genossen. Kein gezeichnetes Kapital sind – unabhängig vom etwaigen Eigenkapitalcharakter – stille Einlagen, Genussrechtskapital sowie kapitalersetzende Gesellschafterdarlehen.[5] 7

b) **Kapitalbetrag und Veränderungen.** Der Betrag des gezeichneten Kapitals bestimmt sich im Grundsatz nach dem am *Bilanzstichtag* im Handelsregister eingetragenen Betrag (§ 39 Abs. 1 S. 1 AktG).[6] Das gezeichnete Kapital ist nach § 272 Abs. 1 S. 2 mit dem Nennbetrag anzusetzen. In der Eröffnungsbilanz der Vorgesellschaft ist – mangels Eintragung – das bei Gründung in der Satzung bzw. im Gesellschaftsvertrag festgelegte Grund- bzw. Stammkapital auszuweisen.[7] 8

---

[3] Vgl. nur *Knobbe-Keuk* Bilanz- und Unternehmenssteuerrecht, S. 102 Fn 207.

[4] Siehe Begründung zu § 248 Abs. 2 S. 1 HGB-E, BR-Drucks. 257/83, S. 82.

[5] Zum Ausweis vgl. § 266 Rn 82 ff.

[6] Vgl. *Hüffer* § 152 Rn 2; Beck BilKomm-*Förschle/Hoffmann* Rn 25; BoHdR-*Brösel/Haaker* Rn 27.

[7] ADS 13.

9 **Spätere Veränderungen des Kapitals** (Kapitalerhöhungen und -herabsetzungen) sind bilanziell erst nach ihrer – konstitutiven – *Eintragung* in das Handelsregister zu erfassen, soweit das Gesetz ihr Wirksamwerden nicht ausnahmsweise von anderen Voraussetzungen abhängig macht. Maßgeblich ist die Handelsregistereintragung danach in folgenden Fällen:[8] Bei der Kapitalerhöhung gegen Einlagen ist die Eintragung ihrer Durchführung entscheidend (§ 189 AktG, § 54 Abs. 3 GmbHG). Das gleiche gilt beim genehmigten Kapital (§ 203 Abs. 1 S. 1 AktG). Die Kapitalerhöhung aus Gesellschaftsmitteln wird mit Eintragung des Beschlusses über die Erhöhung des Grund- bzw. Stammkapitals wirksam (§ 211 Abs. 1 AktG, §§ 54 Abs. 3, 57c Abs. 4 GmbHG). Bei der ordentlichen Kapitalherabsetzung kommt es auf die Eintragung des Beschlusses über die Kapitalherabsetzung an (§ 224 AktG, § 54 Abs. 3 GmbHG). *Abweichungen* vom Grundsatz der Maßgeblichkeit der Handelsregistereintragung gelten bei folgenden Kapitalveränderungsmaßnahmen: Bei der bedingten Kapitalerhöhung tritt die Erhöhung des Kapitals mit der Ausgabe der Bezugsaktien ein (§ 200 AktG). Zugleich ist dann der Vermerk nach § 152 Abs. 1 S. 3 AktG zu kürzen. Bei der vereinfachten Kapitalherabsetzung, die erst mit Eintragung des Beschlusses über die Kapitalherabsetzung wirksam wird (§ 229 Abs. 3 i.V.m. § 224 AktG, § 58a Abs. 3 i.V.m. § 54 Abs. 3 GmbHG), besteht nach § 234 Abs. 1 AktG, § 58e GmbHG die Möglichkeit einer Rückbeziehung des bilanziellen Ausweises auf das vorangegangene Geschäftsjahr. Entsprechendes gilt für eine mit der Kapitalherabsetzung verbundene Kapitalerhöhung (§ 235 Abs. 1 AktG, § 58f Abs. 1 GmbHG). Bei der Kapitalherabsetzung durch Einziehung von Anteilen ist zu unterscheiden: Bei einer von der Hauptversammlung beschlossenen Kapitalherabsetzung ist die Eintragung des Beschlusses über die Einziehung entscheidend, wenn nicht die Einziehung der Aktien nachfolgt (§ 238 S. 1 AktG). Bei einer satzungsmäßig angeordneten Einziehung kommt es auf den Zeitpunkt der Zwangseinziehung an (§ 238 S. 2 AktG). Bei der GmbH berührt die Einziehung der Anteile das Stammkapital nicht, sondern es bedarf einer anschließenden Kapitalherabsetzung.[9]

10 c) **Einzahlungen auf noch nicht eingetragene Kapitalerhöhungen gegen Einlagen.** Da eine Kapitalerhöhung gegen Einlagen erst mit der Eintragung der Durchführung in das Handelsregister wirksam wird, stellt sich die Frage, wie Einzahlungen der Gesellschafter auf eine bereits beschlossene, aber noch nicht eingetragene Kapitalerhöhung bilanziell zu erfassen sind. Vor Wirksamwerden der Kapitalerhöhungen begründen solche Zahlungen nur Verbindlichkeiten gegen die Gesellschaft. Bei einem entsprechenden Ausweis unter Verbindlichkeiten wäre aber die besondere Zweckbindung solcher Einzahlungen aus der Bilanz nicht ersichtlich. Daher wird allgemein ein gesonderter Ausweis solcher Einzahlungen unter einem gesonderten Posten *„zur Durchführung der beschlossenen Kapitalerhöhung geleistete Einlagen"* befürwortet.[10] Dieser Posten ist zwischen den Posten § 266 Abs. 3 A. (Eigenkapital) und B. (Rückstellungen) auszuweisen.[11] Soweit die Kapitalerhöhung bei Aufstellung der Bilanz bereits eingetragen ist, kommt auch ein Ausweis innerhalb des Eigenkapitals nach dem gezeichneten Kapital unter Angabe des Datums der Eintragung in Betracht.[12]

---

[8] Zum Folgenden vgl. auch ADS 17 ff; Beck BilKomm-*Förschle/Hoffmann* Rn 25, 50 ff.

[9] Baumbach/Hueck/*Fastrich* GmbHG § 34 Rn 20.

[10] ADS 19; HdR-*Küting/Reuter* Rn 12; KK-*Mock* Rn 60; Beck BilKomm-*Förschle/Hoffmann* Rn 51; Baumbach/Hueck/*Schulze-Osterloh* GmbHG[18] § 42 Rn 202; MünchKommAktG/*Kropff* Rn 49.

[11] Statt aller ADS 19; *Förschle/Hoffmann* aaO.

[12] ADS 19; *Schulze-Osterloh* aaO; *Förschle/Hoffmann* aaO; **aA** HdR-*Küting/Reuter* Rn 13.

Von Zahlungen auf bereits beschlossene, aber noch nicht eingetragene Kapitalerhöhungen sind sog. **Voreinzahlungen** auf erst noch zu beschließende Kapitalerhöhungen zu unterscheiden. Bei ihnen kommt ein entsprechender Ausweis als „zur Durchführung der beabsichtigen Kapitalerhöhung geleistete Einlagen" nur dann in Betracht, wenn die Zahlungen – wie dies namentlich in akuten Sanierungssituationen der Fall sein kann – ausnahmsweise Erfüllungswirkung in Hinsicht auf die noch zu beschließende Kapitalerhöhung haben.[13] 11

2. **Wertansatz** (Abs. 1 S. 2). § 272 Abs. 1 S. 2 regelt den **Wertansatz** des Postens „Gezeichnetes Kapital" (früher § 283 a.F.). Die Vorschrift dient dem Grundsatz der Kapitalerhaltung, da sie einen niedrigeren Ansatz des Kapitals und damit verbundene Ausschüttungen verhindert. Zugleich wird klargestellt, dass Verluste eines Geschäftsjahrs nicht zu einer Minderung des Kapitals führen.[14] Für Personenhandelsgesellschaften i.S.v. § 264a enthält § 264c Abs. 2 eine besondere Bestimmung. Für Genossenschaften enthält § 337 Abs. 1 eine Sonderregelung. 12

Fraglich ist, ob § 272 Abs. 1 S. 2 auch im **Liquidationsstadium** gilt. Hier sollen nach verbreiteter Ansicht der Abwicklungszweck und die besonderen Regelungen über die Kapitalerhaltung in der Liquidation einen einheitlichen Ausweis aller zur Abwicklung zur Verfügung stehenden Vermögensteile einschließlich der offenen Rücklagen in einem Bilanzposten (z.B. als „Liquidationskapital") gebieten (sog. Nettomethode).[15] § 272 Abs. 1 S. 2 wäre dann nicht anwendbar und Abwicklungsverluste würden unmittelbar zu einer Veränderung der Vermögensziffer führen.[16] Nach der Gegenansicht ist der gesonderte Ausweis der einzelnen Kapitalposten und somit auch des gezeichneten Kapitals nach § 272 Abs. 1 S. 2 während der Abwicklung beizubehalten, solange noch die Möglichkeit eines Fortsetzungsbeschlusses besteht.[17] Letzterer Auffassung ist zu folgen, da schon mit Rücksicht auf die Bedeutung des gezeichneten Kapitals als Maßstab für die Verteilung des Vermögens auch in der Liquidation ein Interesse an einem gesonderten Ausweis besteht. 13

3. **Ausstehende Einlagen (Abs. 1 S. 3)**

a) **Normzweck und Rechtsentwicklung.** Anders als Sacheinlagen müssen Bareinlagen bei der AG und der GmbH nur teilweise vor Eintragung geleistet werden, so dass das gezeichnete Kapital u.U. nicht vollständig geleistet ist und somit ein Teil der Einlagen auch nach Eintragung noch aussteht. § 272 Abs. 1 S. 3 regelt den bilanziellen Ausweis solcher ausstehender Einlagen auf das gezeichnete Kapital. Ausstehende Einlagen sind *rechtlich* – unabhängig von ihrer Einforderung – als Forderungen der Gesellschaft gegen die Gesellschafter anzusehen. Dagegen würde ein Ausweis nicht eingeforderter ausstehender Einlagen auf der Aktivseite *wirtschaftlich* betrachtet einen bloßen Korrekturposten zum gezeichneten Kapital auf der Passivseite darstellen.[18] Denn Forderungen, die nicht 14

---

[13] Ebenso ADS 20; MünchKommHGB/*Reiner* Rn 47. Zu den kapitalgesellschaftsrechtlichen Voraussetzungen zulässiger Voreinzahlungen vgl. BGHZ 168, 201; BGHZ 158, 283; OLG Celle ZIP 2010, 2298; aus dem Schrifttum dazu etwa Baumbach/Hueck/*Zöllner/Fastrich* § 56a Rn 9 ff; *Roth/Altmeppen* § 56a Rn 19 ff; *Karollus* DStR 1995, 1065 ff mwN.

[14] Vgl. ADS 1, 7.

[15] Vgl. zu § 283 a.F. ADS 14a; Baumbach/Hueck/*Haas* GmbHG § 71 Rn 18.

[16] ADS aaO.

[17] *Förschle/Deubert* Sonderbilanzen Rn 237; Hachenburg/*Hohner* GmbHG § 71 Rn 22; für Wahlrecht ADS § 270 AktG Rn 67.

[18] Vgl. nur HdR-*Küting/Reuter* Rn 30; ADS 58.

geltend gemacht werden sollen, haben keinen wirtschaftlichen Wert und wären deshalb nach allgemeinen Grundsätzen überhaupt nicht – oder nur mit einem Erinnerungswert – anzusetzen.[19] Dann müssten aber auch die nicht eingeforderten ausstehenden Einlagen vom gezeichneten Kapital abgesetzt werden.

15 Das BiRiLiG trug dieser Problematik durch ein Ausweiswahlrecht Rechnung. Nach § 272 Abs. 1 S. 2 a.F. konnten ausstehende Einlagen auf der Aktivseite gesondert vor dem Aktivvermögen ausgewiesen werden, wobei die davon eingeforderten Einlagen gesondert zu vermerken waren (sog. *Bruttoausweis*). Alternativ ließ § 272 Abs. 1 S. 3 a.F. auch eine offene Absetzung der nicht eingeforderten ausstehenden Einlagen vom Posten „Gezeichnetes Kapital" zu (sog. *Nettoausweis*). In diesem Fall war der verbleibende Betrag als Posten „Eingefordertes Kapital" auszuweisen und der eingeforderte, aber noch nicht eingezahlte Betrag unter den Forderungen gesondert auszuweisen.[20] Mit der Neufassung des § 272 Abs. 1 durch das BilMoG ist das Ausweiswahlrecht abgeschafft und der **Nettoausweis vorgeschrieben** worden. Damit soll die Informationsfunktion des Jahresabschlusses gestärkt und eine Annäherung an die IFRS erreicht werden.[21]

16 Die **Postenbezeichnung** des verbleibenden Betrags als „Eingefordertes Kapital" ist missverständlich, weil auf diese Weise eingeforderte und eingezahlte Einlagen vermischt werden.[22] Gleichwohl ist eine abweichende Bezeichnung angesichts der gesetzlichen Begriffsbestimmung unzulässig.[23] Zudem ist aus der Aktivseite erkennbar, in welcher Höhe das eingeforderte Kapital noch nicht geleistet worden ist.

17 b) **Einzelfragen.** Ausstehende Einlagen sind *„eingefordert"*, wenn der Vorstand (§ 63 Abs. 1 S. 1 AktG) bzw. die Gesellschafterversammlung (§ 46 Nr. 2 GmbHG) rechtmäßig zur Einzahlung auffordert.[24] Zu den ausstehenden Einlagen i.S.v. § 272 Abs. 1 S. 3 zählen auch solche auf nicht voll eingezahlte Vorratsaktien (§ 160 Abs. 1 Nr. 1 AktG), die ein Dritter für Rechnung der Gesellschaft übernommen hat, da der Zeichner für die Einzahlung haftet (§ 56 Abs. 3 AktG).[25] Dagegen ist ein Ausweis nach § 272 Abs. 1 S. 3 bei ausstehenden Einzahlungen auf sog. Zeichnungsscheine im Rahmen von Kapitalerhöhungen grundsätzlich nicht möglich, da es vor Eintragung der Kapitalerhöhung an einem aktivierbaren Einlageanspruch fehlt.[26] *Ausstehende Einlagen auf Agiobeträge* sind im Grundsatz nur bei der GmbH möglich (vgl. § 36a Abs. 1 AktG). Nach verbreiteter Auffassung sind sie – als Gegenposten zur Kapitalrücklage – als Forderungen bzw. sonstige Vermögensgegenstände (§ 266 Abs. 2 B II 4.) auszuweisen, und zwar unabhängig davon, ob sie eingefordert wurden oder nicht, weil § 272 Abs. 1 auf sie keine Anwendung finde.[27] Diese Lösung überzeugt nur für eingeforderte Beträge. Ihnen kommt Forderungscharakter zu, so dass sie entsprechend der in Abs. 1 S. 3 a.E. getroffenen Regelung behandelt werden können (gesonderter Ausweis unter den Forderungen). Einer Aktivierung nicht eingeforderter Agio-Beträge als Vermögensgegenstände stehen jedoch die in Rn 14 genannten Bedenken entgegen. Der in der Vorauflage (Rn 16) vertretene

---

[19] Vgl. ADS § 246 Rn 68; Baumbach/Hueck/*Schulze-Osterloh* GmbHG[18] § 42 Rn 82.

[20] Zu den unterschiedlichen Auswirkungen von Brutto- und Nettoausweis auf die Bilanz vgl. die Beispiele bei ADS 61; *Kropff* ZIP 2009, 1138.

[21] Vgl. BT-Drucks. 16/10067, S. 65.

[22] HdR-*Küting/Reuter* Rn 36; *Küting/Reuter* StuB 2008, 535.

[23] BT-Drucks. 16/10067, S. 65; *Küting/Reuter* aaO.

[24] Näher dazu sowie zum Verhältnis zur Fälligkeit *Hüffer* § 63 Rn 6 f.

[25] ADS 63.

[26] Vgl. HdR-*Küting/Reuter* Rn 32.

[27] ADS 107; Beck BilKomm-*Förschle/Hoffmann* Rn 30; MünchKommHGB/*Reiner* Rn 72.

Bruttoausweis unter dem Posten „Ausstehende Einlagen auf Agiobeträge" würde der in Abs. 1 sowie auch in Abs. 1a zum Ausdruck kommenden gesetzgeberischen Grundentscheidung zugunsten der Nettomethode zuwiderlaufen. Auch eine passivische „offene Absetzung" vom Rücklagenkapital analog Abs. 1 S. 3, d.h. ein Nettoausweis, erscheint nicht möglich, weil ein solcher im Anwendungsbereich des Abs. 2 nicht vorgesehen ist.[28] Es bleibt daher nur die Möglichkeit, nicht eingeforderte Agio-Beträge als im Rechtssinne (noch) nicht „erzielt" i.S.v. Abs. 2 Nr. 1 anzusehen und daher bilanzneutral zu behandeln. Wird mit einer einfachen Kapitalherabsetzung gleichzeitig eine Kapitalerhöhung beschlossen, führt eine *Rückbeziehung* nach § 235 Abs. 1 AktG, § 58f Abs. 1 GmbHG dazu, dass in Höhe des gezeichneten Kapitals und eines etwaigen Agios ein Forderungsausweis (vgl. § 272 Abs. 1 S. 3 a.E.) vorzunehmen ist, da nur die Kapitalerhöhung, nicht aber die Leistungen darauf fingiert werden dürfen.[29] Die Einlagen können als eingefordert angesehen werden.[30] Für den Bilanzausweis von ausstehenden Nachschüssen bei der GmbH gilt § 42 Abs. 2 GmbHG.[31]

Mit der Abschaffung des Ausweiswahlrechts hat sich auch die im alten Recht umstrittene Frage der **Bewertung der nicht eingeforderten ausstehenden Einlagen** erledigt (vgl. dazu Vorauflage, Erläuterungen zu § 272 Rn 18). Aus der Pflicht zum Nettoausweis folgt, dass es sich bei den noch nicht eingeforderten ausstehenden Einlagen um einen bloßen Korrekturposten zum Eigenkapital handelt, der gemäß § 272 Abs. 1 S. 2 stets zum Nennwert ausgewiesen werden muss. Eine Abwertung scheidet mithin aus.[32] Demgegenüber gelten für die Bewertung und ggf. Abschreibung der auf der Aktivseite als Forderungen gesondert auszuweisenden eingeforderten Einlagen keine Besonderheiten.[33] **18**

c) **Folgerungen für den gesellschaftsrechtlichen Kapitalschutz**. Im Schrifttum wird darauf hingewiesen, dass die seit dem BilMoG zwingend vorgeschriebene Nettomethode zu einer Schwächung des aktienrechtlichen Kapitalschutzes führe, weil bei nicht eingeforderten Einlagen, die *nicht werthaltig* seien, keine Abwertung in Betracht komme (vgl. Rn 18).[34] Dies habe eine Erhöhung des Ausschüttungsvolumens zur Folge. Nach früherem Recht sei man dem durch eine Verpflichtung zur Bruttomethode (§ 272 Abs. 1 S. 2 a.F.) begegnet,[35] da die hM bei ihr eine entsprechende Abwertung auf der Aktivseite zuließ.[36] *Meinungsstand.* Zu dieser Frage werden im Wesentlichen zwei Auffassungen vertreten. Nach einer Ansicht gebiete die organschaftliche Treuepflicht von Vorstand und Aufsichtsrat, die fehlende Werthaltigkeit im Rahmen des Gewinnverwendungsvorschlags (vgl. §§ 170, 171 AktG) zu berücksichtigen.[37] Andere wollen – weitergehend – bei § 57 Abs. 3 AktG ansetzen und befürworten eine außerbilanzielle Verringerung des ausschüttungsfähigen Bilanzgewinns um die Differenz zwischen dem Nennbetrag der nicht einge- **19**

---

[28] Vgl. BT-Drucks. 16/12407, S. 87; **aA** wohl HdR-*Küting/Reuter* Rn 39.

[29] ADS 42, 105; Beck BilKomm-*Förschle/Hoffmann* Rn 83; vgl. auch MünchKommHGB/*Reiner* Rn 56, 73.

[30] ADS 42; *Förschle/Hoffmann* aaO; differenzierend MünchKommHGB/*Reiner* Rn 56.

[31] Vgl. dazu etwa HdR-*Küting/Reuter* Rn 40; Scholz/*Crezelius* GmbHG § 42 Rn 16.

[32] Ebenso BT-Drucks. 16/10067, S. 65; HdR-*Küting/Reuter* Rn 46; KK-*Mock* Rn 55; MünchKommHGB/*Reiner* Rn 9, 20; *Kühnberger* BB 2011, 387.

[33] KK-*Mock* Rn 54; MünchKommHGB/*Reiner* Rn 20.

[34] Zum Folgenden MünchKommHGB/*Reiner* Rn 9; *Kropff* ZIP 2009, 1138 f.

[35] So die hM: ADS 71; Baumbach/Hueck/*Schulze-Osterloh* GmbHG[18] § 42 Rn 105; Beck BilKomm-*Förschle/Hoffmann* (6. Aufl.) Rn 15; **aA** MünchKommHGB/*Reiner* (2. Aufl.) Rn 11.

[36] Zu Nachweisen siehe Voraufl. Rn 18 sowie *Kropff* aaO.

[37] KK-*Mock* Rn 56; vgl. auch *Kropff* ZIP 2009, 1139.

forderten Einlage und ihrem tatsächlichen Wert.[38] *Stellungnahme*. Außerbilanzielle Korrekturen für Zwecke der Kapitalerhaltung sind nicht angezeigt. Denn gemäß Art. 17 Abs. 2 der Richtlinie 2012/30/EU v. 25.10.2012[39] (ex Art. 15 Abs. 1 Buchst. b der Richtlinie 77/91/EWG) „wird" im Falle des Nettoausweises nicht eingeforderter Einlagen die Grundkapitalziffer für Zwecke des Kapitalschutzes um den entsprechenden Betrag *vermindert*. Hiermit geht § 272 Abs. 1 S. 3 konform, so dass es **im Aktienrecht** auf den Posten „Eingefordertes Kapital" ankommt. Zwar mag die Richtlinie lediglich Mindestvorgaben setzen.[40] Anhaltspunkte für einen abweichenden Willen des deutschen Gesetzgebers sind jedoch aus den Materialien zu § 272 Abs. 1 nicht ersichtlich.[41] Ferner haben schon nach altem Recht die besseren Gründe *gegen* eine Abwertung von auf der Aktivseite ausgewiesenen, nicht eingeforderten Einlagen (Bruttomethode) gesprochen,[42] so dass sich im Ergebnis nichts an der Rechtslage geändert hat. Vor diesem Hintergrund bedarf es auch keiner Ableitung gegenläufiger organschaftlicher Treuepflichten.

20 Im **GmbH-Recht** kann es hingegen von vornherein zu keiner Schwächung des Kapitalschutzes kommen, weil für die Zulässigkeit von Ausschüttungen gemäß § 30 Abs. 1 GmbHG die (ungekürzte) Stammkapitalziffer maßgebend ist[43] und die Rechtslage nicht europarechtlich überformt wird. Dass der GmbH-rechtliche Kapitalschutz deshalb im Einzelfall strenger ausfallen kann als der aktienrechtliche, ist schon angesichts seiner ansonsten schwächeren Ausgestaltung hinnehmbar.[44] Hinzu kommt, dass die in Art. 17 Abs. 2 der Kapitalrichtlinie vorgesehene Relativierung des aktienrechtlichen Kapitalschutzes aus rechtspolitischer Sicht nicht zweifelsfrei erscheint.[45] Im GmbH-Recht wirkt sich der Nettoausweis im Vergleich zum früheren Recht *ausschüttungsbegrenzend* aus, denn die Möglichkeit der Aktivierung nicht eingeforderter Einlagen (Bruttomethode) ist entfallen.[46] Die inzwischen wohl hM befürwortet eine Korrektur *dieses* Effekts im Wege einer gedanklichen Aktivierung und ggf. Abschreibung nicht eingeforderter Einlagen für Zwecke der §§ 30, 31 GmbHG.[47] Das überzeugt nicht.[48] Diese Lösung führt dazu, dass die Höhe des entnahmefähigen Vermögens nicht mehr aus der Bilanz ersichtlich ist. Hierfür besteht keine genügende sachliche Veranlassung. Zum einen handelt es sich bei nicht eingeforderten Einlagebeträgen nicht um echte Vermögensgegenstände, so dass eine außerbilanzielle Erweiterung der gesellschaftsrechtlichen Entnahmebefugnisse nicht zwingend erscheint. Zum anderen haben die Gesellschafter es selbst in der Hand, durch Einforderung der Einlagen (§ 46 Nr. 2 GmbHG) zur Aktivierung entsprechender Forderungen zu gelangen und so das erwünschte Ausschüttungsvolumen zu generieren.

---

[38] MünchKommHGB/*Reiner* Rn 10; *Verse* VGR Bd. 15 (2010), S. 90.
[39] ABl. L 315 v. 14.11.2012, S. 74.
[40] Darauf weist *Verse* aaO hin, der die Vertretbarkeit des hier eingenommenen Standpunktes aber einräumt.
[41] Vgl. BT-Drucks. 16/12407, S. 87; BT-Drucks. 16/10067, S. 65.
[42] Näher Voraufl. Rn 18.
[43] KK-*Mock* Rn 57; MünchKommHGB/*Reiner* Rn 11 f; siehe auch die entsprechenden Nachweise in Rn 23 (zu Abs. 1a).
[44] Vgl. demgegenüber *Verse* VGR Bd. 15 (2010), S. 90.
[45] Vgl. auch die nachfolgenden Ausführungen.
[46] Baumbach/Hueck/*Fastrich* GmbHG § 30 Rn 15; *Kropff* ZIP 2009, 1139.
[47] So *Fastrich* aaO; *Reiner* aaO; *Kropff* ZIP 2009, 1139 f; *Verse* VGR Bd. 15 (2010), S. 89 f.
[48] Ablehnend auch *Mock* aaO.

III. Ausweis eigener Anteile (Abs. 1a, 1b)

1. Regelungsgegenstand und Rechtsentwicklung. § 272 Abs. 1a und 1b regeln den bilanziellen Ausweis des Erwerbs und der Veräußerung eigener Anteile. Erwerb und Einziehung eigener Anteile haben in den letzten Jahren gerade bei börsennotierten Unternehmen erheblich an praktischer Bedeutung gewonnen.[49] Der **bilanzielle Charakter von eigenen Anteilen** ist gleichwohl umstritten geblieben:[50] So kann man sie wegen der Möglichkeit einer späteren Veräußerung als aktivierungspflichtige Vermögensgegenstände des Umlaufvermögens ansehen, auch wenn die Rechte aus den Anteilen ruhen (vgl. § 71b AktG). Bei wirtschaftlicher Betrachtung handelt es sich beim Erwerb eigener Anteile um eine Kapitalrückgewähr an die Anteilseigner, auch wenn eine förmliche Kapitalherabsetzung noch nicht erfolgt ist. 21

Das BiLiRiG hatte dieser „**Doppelnatur**" dadurch Rechnung zu tragen versucht, dass die eigenen Anteile zwar als Umlaufvermögen aktiviert werden mussten (so § 265 Abs. 3 S. 2 a.F.), gleichzeitig aber aus Gläubigerschutzgründen auf der Passivseite nach § 272 Abs. 4 a.F. eine Rücklage für eigene Anteile zu bilden war. Durch das KonTraG wurden nicht nur die aktienrechtlichen Möglichkeiten zum Erwerb eigener Aktien erweitert, sondern es wurde jedenfalls für „zur Einziehung erworbene eigene Aktien" eine offene Absetzung vom Kapital vorgeschrieben (§ 272 Abs. 1 S. 4 bis 6 a.F.). Diese Sonderbehandlung beruhte auf der Überlegung, dass wegen der Einziehungsabsicht mit einer späteren Veräußerung nicht mehr zu rechnen sei, so dass es sich bei dieser Maßnahme um eine Art von Kapitalrückzahlung handele.[51] Der Gesetzgeber des BilMoG hat nunmehr ganz allgemein und rechtsformunabhängig den Ausweis auf der Passivseite durch offene Absetzung vom Kapital angeordnet (§ 272 Abs. 1a). Damit soll der bilanzielle Ausweis eigener Anteile vereinheitlicht und am „wirtschaftlichen Gehalt des Rückkaufs" orientiert werden.[52] Kommt es später zu einer Veräußerung, „entfällt der Ausweis nach Abs. 1a S. 1" (§ 272 Abs. 1b). Ob die Neuregelung zu Änderungen bei der steuerlichen Behandlung des Erwerbs und der Veräußerung eigener Anteile führt, ist derzeit offen. Das entsprechende, für die frühere steuerrechtliche Praxis maßgebende BMF-Schreiben aus dem Jahr 1998[53] ist zwar im August 2010 – bislang ohne Ersatz – aufgehoben worden.[54] Es spricht aber vieles dafür, an der bisherigen Praxis (Behandlung als Veräußerungsgeschäft) festzuhalten.[55] 22

2. Nettoausweis und gesellschaftsrechtlicher Kapitalschutz. Nicht zweifelsfrei ist, ob die Neuregelung den gesellschaftsrechtlichen Zusammenhängen ausreichend Rechung trägt.[56] So bleibt die Höhe des gezeichneten Kapitals in rechtlicher Hinsicht – bis zu 23

---

[49] Vgl. *Gelhausen* FS Baetge (2007), S. 189.

[50] Siehe näher ADS § 266 Rn 139; HdR-*Küting/Reuter* Rn 47; *Bezzenberger* S. 44 ff; *Hüttemann* FS Herzig (2010), S. 596 ff; *Küting/Reuter* StuB 2008, 495 (499); aus steuerrechtlicher Sicht *Thiel* FS L. Schmidt (1993), S. 569 ff; *Wassermeyer* FS L. Schmidt (1993), S. 623 ff.

[51] Zum Erwerb eigener Aktien nach dem KonTraG *Thiel* DB 1998, 1583 ff; *Klingberg* BB 1998, 1575 ff.

[52] BT-Drucks. 16/10067, S. 65 f; ausführlich zum neuen Recht *Falk* S. 1 ff.

[53] BMF BStBl. I 1998, 1509.

[54] BMF BStBl. I 2010, 659; dazu *Breuninger/Müller* GmbHR 2011, 10; *Köhler* DB 2011, 15; *Lechner/Haisch* Ubg 2010, 691.

[55] Vgl. dazu etwa MünchKommHGB/*Reiner* Rn 23; *Blumenberg/Roßner* GmbHR 2008, 1079; *Hüttemann* FS Herzig (2010), S. 595; *Schmidtmann* StuW 2010, 286; zur bisherigen Praxis siehe BFH BStBl. II 2005, 522; BMF BStBl. I 2003, 292.

[56] Vgl. dazu *Arbeitskreis Bilanzrecht der Hochschullehrer Rechtswissenschaft* BB 2008, 215; *Hüttemann* FS Herzig (2010), S. 595; *Kropff* ZIP 2009, 1137.

einer etwaigen förmlichen Kapitalherabsetzung – unberührt. Ferner fehlt es an einer Abstimmung mit der Regelung des § 237 Abs. 5 AktG, da der Bilanzausweis nach § 272 Abs. 1a im Fall des Erwerbs zur Einziehung nur für die Übergangszeit bis zur förmlichen Kapitalherabsetzung von Bedeutung ist.[57] Vor allem wird an der Neuregelung kritisiert, dass sie zu einer nicht unerheblichen Schwächung des aktienrechtlichen Kapitalschutzes in Bezug auf eigene Anteile führe.[58] Im Gegensatz zum früheren Recht (§ 272 Abs. 4 a.F.) komme es nämlich nicht zu einer vollständigen „Neutralisierung" der Anschaffungskosten im Wege der Bildung einer gebundenen Rücklage.[59] Eine solche sei nur noch für denjenigen Betrag vorgesehen, der den Nennbetrag bzw. rechnerischen Wert der Anteile übersteigt (§ 272 Abs. 1a S. 2). Das Gesetz verlange zwar, dass die Gesellschaft im Erwerbszeitpunkt eine Rücklage aus freien Mitteln bilden „könnte" (vgl. § 71 Abs. 2 S. 2 AktG n.F., § 33 Abs. 2 S. 1 GmbHG n.F.). Auf eine *tatsächliche* Rücklagenbildung werde jedoch in Bezug auf den Nennbetrag der Anteile verzichtet. Gemäß § 272 Abs. 1a S. 1 komme es in entsprechender Höhe lediglich zu einer Absetzung vom gezeichneten Kapital, was zur Folge habe, dass die vorhandenen freien Mittel ohne eine Korrektur durch den Rechtsanwender (dazu Rn 24) weiterhin für Ausschüttungszwecke zur Verfügung stünden.[60] Abweichend wird die Rechtslage wiederum (vgl. Rn 20) im **GmbH-Recht** bewertet, da es für die Entnahmemöglichkeit nach § 30 Abs. 1 GmbHG allein auf die Höhe der Stammkapitalziffer ankommt, die durch den passivischen Ausweis nicht tangiert wird.[61]

24 In Bezug auf das **Aktienrecht** hat sich zu dieser Frage folgender **Meinungsstand** gebildet: Teilweise werden die so entstehenden Ergebnisse hingenommen.[62] Die hM befürwortet demgegenüber eine mehr oder weniger weit reichende Korrektur. Einige Autoren sprechen sich für die Bildung einer gebundenen Rücklage in Höhe des Nennbetrags der betroffenen Aktien aus und stützen sich dafür auf eine Analogie zu § 237 Abs. 5 AktG.[63] Von anderer Seite wird eine Ausschüttungssperre in entsprechender Höhe im Wege einer außerbilanziellen Korrektur im Rahmen der Anwendung des § 57 AktG erzielt.[64] Eine weitere Ansicht befürwortet eine Pflicht zur Bildung einer gebundenen Rücklage lediglich bei Unter-pari-Erwerb der Aktien bzw. einem späteren Wertabfall unter den Nennbetrag.[65]

---

[57] Siehe zu diesem Fragenkreis KK-*Mock* Rn 72, 112; *Hüttemann* FS Herzig (2010), S. 601 f; *Kropff* FS Hüffer (2010), S. 548 ff; *Verse* VGR Bd. 15 (2010), S. 85 f.

[58] Vgl. zum Folgenden MünchKommHGB/*Reiner* Rn 30; *Kropff* ZIP 2009, 1140 f.

[59] Nach früherem Recht anders lediglich § 272 Abs. 1 S. 4–6 a.F. (Nettoausweis); vgl. Rn 22.

[60] So Beck BilKomm/*Förschle/Hoffmann* Rn 134; KK-*Mock* Rn 71 f; *Reiner* aaO; *Kropff* aaO; *ders.*, FS Hüffer (2010), S. 547; WP-Handbuch I F 322; vgl. auch *Arbeitskreis Bilanzrecht der Hochschullehrer Rechtswissenschaft* BB 2008, 215; *Verse* VGR Bd. 15 (2010), S. 81 ff.

[61] So zu Recht (vgl. Rn 20) die hM: Beck BilKomm-*Förschle/Hoffmann* Rn 136; KK-*Mock* Rn 73, 86; Lutter/Hommelhoff/*Lutter* GmbHG § 33 Rn 28; MünchKomm-HGB/*Reiner* Rn 33; *Hüttemann*, FS Herzig (2010), S. 600; *Verse* VGR Bd. 15 (2010), S. 84 f; WP-Handbuch I F 324; vgl. demgegenüber Baumbach/Hueck/*Fastrich* GmbHG § 33 Rn 10; *Kropff* ZIP 2009, 1143; *Rodewald/Pohl* GmbHR 2009, 34 f.

[62] KK-*Mock* Rn 72; vgl. auch *Arbeitskreis Bilanzrecht der Hochschullehrer Rechtswissenschaft* aaO; HdJ-*Singhof* III/2 Rn 163.

[63] Beck BilKomm-*Förschle/Hoffmann* Rn 134; Beck-HdR-*Heymann* B 231 Rn 64; vgl. auch *Verse* VGR Bd. 15 (2010), S. 85 f; so auch noch *Hüttemann* FS Herzig (2010), S. 601 f.

[64] MünchKommHGB/*Reiner* Rn 34.

[65] *Kropff* ZIP 2009, 1141 ff.

Stellungnahme. Die vorstehend dargestellte Prämisse, dass der Nettoausweis bei Erwerb eigener Aktien zu einem höheren Ausschüttungsvolumen führt als die frühere Bruttomethode, *trifft nicht zu*. Vielmehr verhält es sich im Aktienrecht ebenso wie bei der GmbH (vgl. Rn 23 a.E.), denn der in § 30 Abs. 1 Satz 1 GmbHG enthaltene Rechtssatz, dass das zur Erhaltung des Stammkapitals erforderliche Vermögen nicht an die Gesellschafter ausgeschüttet werden darf, gilt auch im Aktienrecht (vgl. § 57 Abs. 1 S. 1 AktG, Art. 17 Abs. 1 der Kapitalrichtlinie).[66] Hierbei handelt es sich um das selbstverständliche Mindestniveau des gesellschaftsrechtlichen Kapitalschutzes, über das im Aktienrecht erheblich *hinausgegangen* wird.[67] Anders als in Art. 17 Abs. 2 für nicht eingeforderte Einlagen vorgesehen (dazu Rn 19), liefert die Kapitalrichtlinie hier keine rechtliche Grundlage für ein geringeres Schutzniveau (arg. Art. 24 Abs. 1 Buchst. b der Richtlinie). Für die aktienrechtliche Kapitalbindung kommt es folglich allein auf die Höhe des Grundkapitals an. Daher hat der Nettoausweis sowohl bei der GmbH als auch bei der AG eine Bindung von zuvor freien Gesellschaftsmitteln in Höhe des Nennbetrags der eigenen Anteile zur Folge.[68] Berücksichtigt man zudem § 272 Abs. 1a S. 2, so hat sich im Hinblick auf den Kapitalschutz im Vergleich zum früheren Recht (§ 272 Abs. 4 a.F.) im Ergebnis *nichts geändert*. Allerdings erscheint es unter Informationsgesichtspunkten bedenklich, dass sich die Ausschüttungssperre nur noch mittelbar aus der Bilanz ablesen lässt.[69] Materieller Korrekturmechanismen *extra legem* bedarf es jedoch weder für das GmbH- noch für das Aktienrecht.[70] 25

3. **Erwerb eigener Anteile (Abs. 1a).** § 272 Abs. 1a S. 1 regelt den Ausweis eigener Anteile auf der Passivseite. Diese sind unabhängig vom Erwerbszweck nicht mehr aktivisch auszuweisen, sondern als **bloßer Korrekturposten zum Eigenkapital** „in der Vorspalte offen von dem Posten ‚gezeichnetes Kapital' abzusetzen". Damit soll dem „wirtschaftlichen Gehalt des Rückkaufs" Rechnung getragen werden.[71] Maßgebend ist insoweit der Nennbetrag bzw. der rechnerische Wert der erworbenen Anteile. Übersteigen die Anschaffungskosten der Anteile ihren Nennwert oder rechnerischen Wert, ist der Unterschiedsbetrag mit den „frei verfügbaren Rücklagen" zu verrechnen (§ 272 Abs. 1a S. 2). Mit dem Begriff der „frei verfügbaren Rücklagen" soll – abweichend von § 272 Abs. 1 S. 6 a.F. – auch eine Verrechnung mit anderen Rücklagen als den „anderen Gewinnrücklagen im Sinne des § 266 Abs. 3 A. III. 4. HGB" erlaubt werden. Auch eine Verrechnung mit einer frei verfügbaren Kapitalrücklage ist folglich zulässig.[72] Soweit keine ausreichenden Rücklagen vorhanden sind, mindert sich das Ergebnis.[73] Eine Verrechnung mit frei verfügbaren Rücklagen (mit der Folge ihrer Erhöhung) kann auch bei Unter-pari-Erwerb der Anteile erfolgen.[74] Ausgenommen von der Verrechnung mit dem Kapital sind nach § 272 Abs. 1a S. 3 Aufwendungen, die nach § 255 Abs. 1 S. 2 als Anschaffungsnebenkosten zu klassifizieren sind. Solche Aufwendungen (z.B. Erwerbsnebenkosten, 26

[66] Zutreffend *Oser/Kropp* Konzern 2012, 187; statt aller *Hüffer* § 57 Rn 1 f; MünchKommAktG/*Bayer* § 57 Rn 2; *Henze* NZG 2005, 118 ff (auch zu § 57 Abs. 1 S. 2 AktG).

[67] Siehe nur *Hüffer* § 57 Rn 1 ff; MünchKommAktG/*Bayer* § 57 Rn 1 ff; *Henze* aaO.

[68] *Oser/Kropp* aaO; siehe auch *Rodewald/Pohl* GmbHR 2009, 35; *Verse* VGR Bd. 15 (2010), S. 84 ff.

[69] Vgl. *Rodewald/Pohl* aaO; *Verse* VGR Bd. 15 (2010), S. 86.

[70] Vgl. *Oser/Kropp* aaO.

[71] BT-Drucks. 16/10067, S. 65 f.

[72] BT-Drucks. 16/10067, S. 66.

[73] Beck BilKomm-*Förschle/Hoffmann* Rn 133; MünchKommHGB/*Reiner* Rn 29.

[74] Ebenso Beck BilKomm-*Förschle/Hoffmann* Rn 131; Beck-HdR-*Heymann* B 231 Rn 64; KK-*Mock* Rn 85; differenzierend WP-Handbuch I F 321; vgl. auch *Oser/Kropp* Konzern 2012, 192.

Provisionen, Beratungskosten) sind – wie schon bisher – als Aufwand des Geschäftsjahres zu berücksichtigen.

27 **4. Veräußerung eigener Anteile (Abs. 1b).** Kommt es nach einem Anteilserwerb zu einer Wiederveräußerung der eigenen Anteile, entfällt nach § 272 Abs. 1b der **Vorspaltenausweis** nach Abs. 1a. Die Wiederveräußerung der Anteile soll also – einer wirtschaftlichen Betrachtung folgend und „folgerichtig" zu Abs. 1a – wie eine „Kapitalerhöhung" behandelt werden.[75] Dies geschieht in der Weise, dass der Vorspaltenausweis entfällt (Abs. 1b S. 1) und der den Nennbetrag bzw. rechnerischen Wert der Anteile übersteigende Differenzbetrag aus dem Veräußerungserlös bis zur Höhe des mit den frei verfügbaren Rücklagen verrechneten Betrages in die jeweiligen Rücklagen eingestellt wird (Abs. 1b S. 2). Von einer vollständigen Einstellung des Differenzbetrages als Agio in die Kapitalrücklage hat der Gesetzgeber bewusst abgesehen, da auch der vorangegangene Erwerb in diesem Umfang zu Lasten der frei verfügbaren Rücklagen erfolgt ist.[76] Lediglich der die ursprünglichen Anschaffungskosten übersteigende Differenzbetrag aus dem Veräußerungserlös ist in die Kapitalrücklage einzustellen (Abs. 1b S. 3). Auf diese Weise wird eine kongruente bilanzielle Behandlung des Erwerbs und der Wiederveräußerung eigener Anteile als erfolgsneutrale Kapitalmaßnahme erreicht.[77] Werden die Anteile mit Verlust veräußert, kommt es nur zu einer (anteilig) geminderten Aufstockung der Rücklagen bis zur Höhe des Veräußerungserlöses. Auf diese Weise wird eine gewinnneutrale Behandlung der Veräußerung gewährleistet. Bei Veräußerung unter pari ist der entsprechende Betrag entweder mit frei verfügbaren Rücklagen zu verrechnen[78] oder zulasten des Ergebnisses zu erfassen.[79] Ebenso wie bei Abs. 1a sind auch im Rahmen der Veräußerung anfallende Nebenkosten als Aufwand des Geschäftsjahres zu berücksichtigen (Abs. 1b S. 4).

IV. Kapitalrücklage (Abs. 2)

28 **1. Normzweck und Allgemeines.** § 272 Abs. 2 regelt, welche Beträge in die Kapitalrücklage einzustellen sind. Es handelt sich dabei um solche Vermögensmehrungen, die in Zusammenhang mit der **Beschaffung** von Kapital stehen,[80] d.h. von außen zugeführt werden und nicht aus den erwirtschafteten Gewinnen stammen. Unter dem Begriff der Kapitalrücklage sind auszuweisen:

(1) der Betrag, der bei der Ausgabe von Anteilen einschließlich von Bezugsanteilen über den Nennbetrag oder, falls ein Nennbetrag nicht vorhanden ist, über den rechnerischen Wert hinaus erzielt wird;

(2) der Betrag, der bei der Ausgabe von Schuldverschreibungen für Wandlungsrechte und Optionsrechte zum Erwerb von Anteilen erzielt wird;

(3) der Betrag von Zuzahlungen, die Gesellschafter gegen Gewährung eines Vorzugs für ihre Anteile leisten;

(4) der Betrag von anderen Zuzahlungen, die Gesellschafter in das Eigenkapital leisten.

---

[75] BT-Drucks. 16/10067, S. 66.
[76] BT-Drucks. 16/10067, S. 66.
[77] Siehe *Küting/Reuter* StuB 2008, 498.
[78] Dafür Beck BilKomm-*Förschle/Hoffmann* Rn 144; *Schmidtmann* StuW 2010, 297.
[79] So KK-*Mock* Rn 103; WP-Handbuch I F 327.
[80] *Knobbe-Keuk* Bilanz- und Unternehmenssteuerrecht, S. 103.

Sonstige Fälle. Einstellungen in die Kapitalrücklage können bei der AG ferner im Zusammenhang mit der vereinfachten Kapitalherabsetzung und der Kapitalherabsetzung durch Einziehung von Aktien auftreten (§§ 229 Abs. 1, 231, 232, 237 Abs. 5 AktG); entsprechendes gilt bei der GmbH (§§ 58b Abs. 2, 58c S. 1 GmbHG).[81] Hinzuweisen ist ferner auf § 272 Abs. 1b S. 3 n.F. **29**

Die Vorschriften über die Einstellung von Beträgen in die Kapitalrücklage dienen der **Abgrenzung von Vermögenszuwächsen** aus Kapitalzuführungen gegenüber dem Gewinn aus geschäftlicher Tätigkeit.[82] Dieser Gedanke lag bereits den Vorläuferregelungen zu § 272 Abs. 2 Nr. 1–3 zugrunde und ist durch die Einführung des § 272 Abs. 2 Nr. 4 betreffend „andere Zuzahlungen“ bestätigt worden. **30**

Einstellungen in die Kapitalrücklage sind nach § 270 Abs. 1 bereits **bei der Aufstellung des Jahresabschlusses** vorzunehmen.[83] Sie erfolgen – anders als Einstellungen in die Gewinnrücklagen nach Abs. 3 – außerhalb der Gewinnverwendung. Einstellungen in die Kapitalrücklage berühren – abgesehen vom Fall des § 240 AktG – nicht die GuV, sondern sind erfolgsneutral. Für Entnahmen aus der Kapitalrücklage enthält § 272 Abs. 2 keine Regelungen. Insoweit gelten die jeweiligen gesellschaftsrechtlichen Vorschriften. Bei der AG sind für die Beträge nach Abs. 2 Nr. 1–3 die Einschränkungen der § 150 Abs. 3 und 4 AktG zu beachten; bei der GmbH können sich entsprechende Schranken mangels gesetzlicher Vorschriften nur aus gesellschaftsvertraglichen Regelungen ergeben.[84] **31**

Hinsichtlich des Ausweises der Kapitalrücklage ist fraglich, ob die in Abs. 2 Nr. 1–4 genannten Beträge gesondert auszuweisen sind oder ob die einzelnen Tatbestände nur unselbstständige Zuweisungsgründe für Einstellungen in einen einheitlichen Posten „Kapitalrücklage“ darstellen. Der Wortlaut des § 272 Abs. 2 („Kapitalrücklage“) und des Art. 9 der 4. EG-Richtlinie („Agio“) sprechen für den **zusammengefassten Ausweis** unter einem Posten; nur in § 150 Abs. 3 ist von „den Kapitalrücklagen nach § 272 Abs. 2 Nr. 1–3“ die Rede. Deshalb geht man im Schrifttum ganz überwiegend davon aus, dass eine Pflicht zum gesonderten Ausweis nicht besteht.[85] Vereinzelt wird jedoch unter Zweckmäßigkeitsgesichtspunkten bei der AG mit Rücksicht auf § 150 Abs. 3 und 4 AktG ein gesonderter Ausweis der Beträge nach Abs. 2 Nr. 1–3 und Nr. 4 befürwortet.[86] Umstritten ist schließlich auch, ob für Beträge, die nach §§ 231 Abs. 1, 232, 237 Abs. 5 AktG, §§ 58b Abs. 2, 58c S. 1 GmbHG in die Kapitalrücklage einzustellen sind, ein gesonderter Ausweis erforderlich ist.[87] Ihre Zusammenfassung mit den Beträgen nach Abs. 2 Nr. 1–3 hängt davon ab, ob solche Beträge – auch ohne ausdrückliche gesetzliche Regelung – der Bindung nach § 150 Abs. 3 und 4 AktG unterstellt werden.[88] Für Einstellungen nach §§ 58b Abs. 2, 58c S. 1 GmbHG rechtfertigt sich dagegen ein gesonderter Ausweis wegen der besonderen fünfjährigen Bindung.[89] **32**

---

[81] Zu weiteren Fällen vgl. ADS 77; HdR-*Küting/Reuter* Rn 127 ff.

[82] Eingehend zum Sinn und Zweck der „Kapitalrücklage“ *Kropff* ZGR 1987, 285 (292 ff).

[83] Vgl. § 270 Rn 2.

[84] ADS 79; Beck BilKomm-*Förschle/Hoffmann* Rn 205 ff; *Hennrichs* FS Hoffmann-Becking (2013), S. 512 ff (auch zu Umwandlungsfällen); vgl. auch *Hentzen/Rau* BB 2008, 713.

[85] Für einheitlichen Ausweis HdR-*Küting/Reuter* Rn 66; Baumbach/Hueck/*Schulze-Osterloh* GmbHG[18] § 42 Rn 203; HdJ-*Singhof* III/2 Rn 113; KK-*Mock* Rn 180 f; MünchKommHGB/*Reiner* Rn 66; **aA** – für Pflicht zum gesonderten Ausweis der Beträge nach Abs. 2 Nr. 1–3 und Nr. 4 bei der AG unter dem Gesichtspunkt des § 264 Abs. 2 – Beck-HdR-*Heymann* B 231 Rn 89.

[86] ADS 86; WP-Handbuch I F 362.

[87] Für gesonderten Ausweis KK-*Claussen* (Voraufl.) Rn 33; im Ergebnis auch ADS 87; **aA** HdR-*Küting/Reuter* Rn 66 f.

[88] Vgl. dazu nur *Hüffer* § 150 Rn 6.

[89] Baumbach/Hueck/*Schulze-Osterloh* GmbHG[18] § 42 Rn 211.

33 **2. Beträge, die bei der Ausgabe von Anteilen einschließlich von Bezugsanteilen über den Nennwert hinaus erzielt werden (Abs. 2 Nr. 1).** Nach § 272 Abs. 2 Nr. 1 ist in die Kapitalrücklage der Betrag einzustellen, der „bei der Ausgabe von Anteilen einschließlich von Bezugsanteilen über den Nennbetrag oder, falls ein Nennbetrag nicht vorhanden ist, über den rechnerischen Wert hinaus erzielt wird". Erfasst sind also nur Beträge aus einem **„vereinbarten" Aufgeld (Agio)**, nicht aber freiwillige Zuzahlungen und Zuschüsse der Anteilseigner i.S.v. Abs. 2 Nr. 4.[90] Zweifelhaft ist, ob Kosten der Ausgabe von Anteilen den in die Kapitalrücklage einzustellenden Betrag mindern.[91] Dies ist mit der ganz herrschenden Auffassung unter Hinweis auf den eindeutigen Wortlaut des § 272 Abs. 2 Nr. 1 („über den Nennbetrag hinaus") abzulehnen.[92] Derartige Ausgabekosten (Notar- und Gerichtskosten, Prüfungsgebühren, Steuern etc.) gehen als Aufwand somit zu Lasten des Jahresergebnisses.

34 Im Rahmen von § 272 Abs. 2 Nr. 1 sind danach **folgende Beträge** auszuweisen: Der Differenzbetrag (Agio) bei der Ausgabe von Aktien zu einem höheren Betrag als dem Nennbetrag bei der Gründung (§ 9 Abs. 2 AktG) und bei der Kapitalerhöhung (§ 185 AktG). Bei Stückaktien (§ 8 Abs. 3 AktG) ist der rechnerische Wert maßgebend. Bei der GmbH ist der Mehrbetrag betroffen, den ein Gesellschafter bei der Gründung auf Grund des Gesellschaftsvertrages oder einer schuldrechtlichen Vereinbarung über den Betrag der Stammeinlage hinaus zu zahlen hat.[93] Bei Kapitalerhöhungen muss ein entsprechendes Agio im Erhöhungsbeschluss enthalten sein.[94] Ein Ausweis nach Abs. 2 Nr. 1 ist auch dann vorzunehmen, wenn die Summe aus dem Nennbetrag des übernommenen Anteils und dem Aufgeld den Verkehrswert des Anteils übersteigt.[95] Ferner zählt zu den Beträgen i.S.v. Abs. 2 Nr. 1 auch das Agio aus der Ausgabe von „Bezugsanteilen". Damit sind bei der AG die Bezugsaktien zu verstehen, die nach § 192 AktG bei der bedingten Kapitalerhöhung entstehen, insbesondere in Verbindung mit der Gewährung von Umtausch- und Bezugsrechten an Gläubiger von Wandelschuldverschreibungen.[96] Für die GmbH ist dieser Fall ohne Bedeutung.[97]

35 Ist eine **Sacheinlage** Gegenstand der Einlageverpflichtung, bestimmt sich das Agio nach der Differenz zwischen dem Wert, mit dem die Sacheinlage bewertet wurde und der bei der Gesellschaft als Anschaffungskosten angesetzt worden ist, und dem Nennwert der für die Sacheinlage ausgegebenen Anteile. Das Aufgeld bei einer Sacheinlage ist Teil des tauschähnlichen Einbringungsgeschäfts und folglich zwingend nach § 272 Abs. 2 Nr. 1 zu behandeln. Eine Einstellung in die freie Rücklage nach § 272 Abs. 1 Nr. 4 als „andere Zuzahlung" kommt nicht in Betracht.[98] Nach wohl hM besteht ein Wahlrecht, in welcher Höhe eine Gewinnrealisation eintritt, d.h. es kann jeder beliebige Wert zwischen dem Nennbetrag der ausgegebenen Anteile und dem Zeitwert der Sacheinlage angesetzt

---

90 ADS 90; HDR-*Küting/Reuter* Rn 68; MünchKommHGB/*Reiner* Rn 68; zur Abgrenzung vgl. BFH/NV 2010, 375 f; OLG München BB 2006, 2711; bestätigt durch BGH DB 2008, 50; **aA** *Becker* NZG 2003, 510; MünchKommAktG/*Kropff* Rn 67.

91 Dafür jetzt *Förschle/Kropp*, Sonderbilanzen E Rn 148.

92 ADS 93; HdR-*Küting/Reuter* Rn 68; Beck BilKomm-*Förschle/Hoffmann* Rn 172; Beck-HdR-*Heymann* B 231 Rn 90; Baumbach/Hueck/*Schulze-Osterloh* GmbHG[18] § 42 Rn 205; *Biener/Berneke*, S. 195; KK-*Mock* Rn 131; MünchKommHGB/*Reiner* Rn 69.

93 Baumbach/Hueck/*Schulze-Osterloh* GmbHG[18] § 42 Rn 205.

94 Vgl. Hachenburg/*Ulmer* GmbHG § 55 Rn 20.

95 BFH/NV 2010, 375 f (auch zur Behandlung beim Erwerber).

96 *Biener/Berneke*, S. 195.

97 Baumbach/Hueck/*Schulze-Osterloh* GmbHG[18] § 42 Rn 205.

98 Vgl. BFH BStBl. II 2008, 253; *Röper/Leffers* WPg 2007, 1024.

werden.[99] Nach der Gegenansicht sind Sacheinlagen dagegen *zwingend mit dem vorsichtig geschätzten Zeitwert* anzusetzen.[100] Gegen die hM spricht, dass sie der mit § 272 Abs. 2 beabsichtigten Unterscheidung von betrieblichen Gewinnen und gesellschaftsrechtlich veranlassten Kapitalzuführungen widerspricht, das Einblicksgebot (§ 264 Abs. 2) verletzt und die aktienrechtliche Kapitalbindung (§ 150 Abs. 3 u. 4 AktG) unterläuft. Auch Bewertungsunsicherheiten rechtfertigen kein Wahlrecht. Ihnen ist durch eine „vorsichtige" Bewertung der Sacheinlage (auch z.B. bei Unternehmenseinbringungen) Rechnung zu tragen.

In die Kapitalrücklage nach Abs. 2 Nr. 1 gehört des Weiteren ein Agio, das bei der **36** Ausgabe von Aktien unter Einschaltung eines Kreditinstituts im Wege des **mittelbaren Bezugsrechts** (§ 186 Abs. 5 AktG) erzielt wird. Dazu zählt zum einen die Differenz zwischen dem Nennbetrag und dem Ausgabekurs, zu dem das Kreditinstitut die Aktien übernimmt.[101] Darüber hinaus ist aber auch ein etwaiger Mehrerlös einzustellen, den das Kreditinstitut aus der Weitergabe der Aktien zu einem über dem Ausgabekurs liegenden Bezugskurs der Aktionäre erzielt hat und den es – abzüglich eines Entgelts für seine Dienstleistung – an die AG abführt.[102] Nach den gleichen Grundsätzen ist auch ein über dem Nennbetrag liegender Mehrerlös aus der **Ausgabe von Vorratsaktien** (§ 56 Abs. 3 AktG) – Aufgeld des Treuhänders zuzüglich eines an die AG abzuführenden Mehrerlöses aus der Weiterveräußerung der Aktien – in die Kapitalrücklage einzustellen.[103]

3. Beträge, die bei der Ausgabe von Schuldverschreibungen für Wandlungsrechte und Optionsrechte zum Erwerb von Anteilen erzielt werden (Abs. 2 Nr. 2)

a) **Allgemeines.** § 272 Abs. 2 Nr. 2 regelt die Einstellung von Beträgen in die Kapital- **37** rücklage, die bei der Ausgabe von Wandelschuldverschreibungen nach § 221 Abs. 1 S. 1 AktG erzielt werden. **Wandelschuldverschreibungen** i.S.v. § 221 Abs. 1 S. 1 AktG sind „Schuldverschreibungen, bei denen den Gläubigern ein Umtausch- oder Bezugsrecht auf Aktien eingeräumt wird". Dementsprechend unterscheidet man Wandel- und Optionsanleihen. *Wandelanleihen* („Wandlungsrechte" i.S.v. § 272 Abs. 2 Nr. 2) gewähren dem Gläubiger das Recht, seinen Anspruch auf Rückzahlung des Nennbetrags gegen eine bestimmte Anzahl Aktien einzutauschen. Bei *Optionsanleihen* („Optionsrechte" i.S.v. § 272 Abs. 2 Nr. 2) erhält der Gläubiger neben seinem Anspruch auf Rückzahlung des Nennbetrags nach Ablauf der Laufzeit ein – später abtrennbares – Recht (Option), innerhalb eines bestimmten Zeitraums eine bestimmte Zahl Aktien zu erwerben.[104] In beiden Fällen hat der Erwerber der Anleihe für sein Wandlungs- bzw. Optionsrecht ein bestimmtes zusätzliches Entgelt zu zahlen. Dieses *Aufgeld* ist nach § 272 Abs. 2 Nr. 2 in die Kapitalrücklage einzustellen. Hinsichtlich der Art des Entgeltes sind zwei Gestaltungen zu unterscheiden:[105] Entweder wird die Anleihe mit einer marktgerechten Verzinsung aus-

---

[99] ADS 93; HdR-*Küting/Reuter* Rn 70; *Röper/Leffers* WPg 2007, 1024; zweifelnd Beck Bil-Komm-*Förschle/Hoffmann* Rn 174.

[100] Baumbach/Hueck/*Schulze-Osterloh* GmbHG[18] § 42 Rn 205; *ders.* ZGR 1993, 420; MünchKommAktG/*Kropff* Rn 75 ff; MünchKommHGB/*Reiner* Rn 70.

[101] Vgl. nur ADS 97; Beck BilKomm-*Förschle/Hoffmann* Rn 173; HdR-*Küting/Reuter* Rn 71.

[102] ADS 97; *Küting* aaO; *Hüffer* § 186 Rn 48.

[103] ADS 101 f; HdR-*Küting/Reuter* Rn 72.

[104] Vgl. statt aller *Hüffer* § 221 Rn 5 f; *Gelhausen/Rimmelspacher* AG 2006, 729.

[105] Vgl. zum Folgenden näher *Kropff* ZGR 1987, 285 ff; *Döllerer* AG 1986, 237 ff; *Koch/Vogel* BB 1986 Beilage 10; ADS 110; HdR-*Küting/Reuter* Rn 75; BFH BStBl. II 2003, 883.

gestattet und für den Erwerb muss über den Rückzahlungsbetrag hinaus ein Aufgeld gezahlt werden, oder es wird kein Aufgeld erhoben, aber als Entgelt für das Wandlungs- bzw. Optionsrecht verzichtet der Anleihengläubiger auf eine marktgerechte Verzinsung. Eine besondere Form der Wandelschuldverschreibungen bilden schließlich sog. „Warrantanleihen", die von Tochtergesellschaften begeben werden und die ein Wandlungs- bzw. Umtauschrecht auf Aktien der Muttergesellschaften gewähren.

38 Von dem Aufgeld, das bei der Ausgabe von Wandelschuldverschreibungen erzielt wird, ist ein **Agio** zu unterscheiden, das bei der späteren Ausübung des Wandlungsrechts und der Begebung von Bezugsaktien zu einem höheren Betrag als dem Nennwert erzielt wird. Ein solches Aufgeld ist nach § 272 Abs. 2 Nr. 1 in die Kapitalrücklage einzustellen.

39 § 272 Abs. 2 Nr. 2 findet keine Anwendung, wenn **Genussrechte** über dem Nennbetrag begeben werden.[106] Insoweit fehlt es an der erforderlichen mitgliedschaftlichen Rechtsposition, so dass § 272 Abs. 2 Nr. 2 – auch bei Genussrechten mit Eigenkapitalcharakter – nicht entsprechend herangezogen werden kann.[107] Der Agiobetrag ist wie der Nennbetrag auszuweisen (vgl. dazu § 266 Rn 82 f), sollte aber kenntlich gemacht werden.[108] Eine analoge Anwendung des § 272 Abs. 2 Nr. 2 ist dagegen möglich, soweit das Genussrecht mit einem Wandlungsrecht ausgestattet ist.[109]

40 b) **Aufgeld bei marktgerechter Verzinsung.** Wird die Wandel- bzw. Optionsanleihe mit einer marktüblichen Verzinsung ausgestattet und zu einem über den Rückzahlungsbetrag liegenden Kurs begeben, so ist das über den Rückzahlungsbetrag hinausgehende Aufgeld nach Abs. 2 Nr. 2 in die Kapitalrücklage einzustellen. Eine Kürzung des einzustellenden Betrages um die Emissionskosten kommt nicht in Betracht.[110] Zugleich ist die Anleihe mit dem Rückzahlungsbetrag auf der Passivseite unter dem Posten § 266 III. C. 1. auszuweisen.

41 c) **Unter dem Kapitalmarktzins liegende Verzinsung.** Wird die Wandel- oder Optionsanleihe ohne offenes Aufgeld, aber mit einer unterdurchschnittlichen Verzinsung begeben, bemisst sich der „Betrag" i.S.v. § 272 Abs. 2 Nr. 2, den die Gesellschaft durch die Ausgabe erzielt, nach dem Zinsvorteil.[111] Denn wirtschaftlich macht es keinen Unterschied, ob der Anleihegläubiger für das Optionsrecht ein offenes Aufgeld oder eine niedrigere Verzinsung akzeptiert.[112] Auch diente die Neufassung des § 272 Abs. 2 Nr. 2 gerade zu der Klarstellung, dass auch in der Unterverzinslichkeit der Anleihe ein Aufgeld liegt. Wörtlich heißt es im Bericht des Rechtsausschusses:[113] „Die Gegenleistung für die Hingabe von Wandlungsrechten und Optionsrechten zum Erwerb von Anteilen kann u.a. auch in der Einräumung eines unter dem Kapitalmarktzins liegenden Zinssatzes bestehen. Die vom Ausschuss vorgeschlagene Fassung bestätigt dies." Der Einstellung in die Kapitalrücklage steht auch nicht entgegen, dass dieser „Betrag" nicht von vornherein betragsmäßig festliegt, sondern regelmäßig nur durch Schätzung zu ermitteln ist.[114] Bei

---

106 KK-*Mock* Rn 140.
107 *Mock* aaO; im Ergebnis auch St/HFA 1/94 WPg 1994, 421 (Ausweis innerhalb des Genussrechtskapitals).
108 WP-Handbuch I F 335.
109 St/HFA 1/94 WPg 1994, 421 f.
110 Vgl. oben Rn 33.
111 Allgemeine Ansicht, vgl. nur ADS 120; HdR-*Küting/Reuter* Rn 74; Beck BilKomm-*Förschle/Hoffmann* Rn 180; *Biener/Berneke*, S. 195; *Döllerer* AG 1986, 239; *Kropff* ZGR 1987, 302; BFH GmbHR 2006, 209; BFH BFH/NV 2006, 616.
112 *Kropff* ZGR 1987, 302.
113 BT-Drucks. 10/4268, S. 106; eingehend zur Entstehungsgeschichte BoHdR-*Matschke* (Voraufl.) Rn 23 ff.
114 Dazu näher ADS 121 ff; *Kropff* ZGR 1987, 303 ff.

der Bewertung des Zinsvorteils ist vom marktgerechten fristadäquaten Kapitalmarktzins im Zeitpunkt der Begebung der Anleihe auszugehen.[115] Auf dieser Grundlage ist der Anleihebetrag in einen Darlehensbetrag und ein Aufgeld aufzuteilen. Da aber die Anleihe grundsätzlich mit dem Rückzahlungsbetrag passiviert und auch das Aufgeld sofort in die Kapitalrücklage eingestellt werden muss, stellt sich die Frage nach dem Gegenposten auf der Aktivseite für die Kapitalrücklage. Dieser ist nicht als aktiviertes Kapitalnutzungsrecht[116], sondern als Disagio aufzufassen:[117] Der Ausgabebetrag ist – unter Berücksichtigung des auf das Optionsrecht entfallenden Aufgelds – niedriger als der Rückzahlungsbetrag (§ 250 Abs. 3).[118] Dieses Disagio ist nach § 250 Abs. 3 S. 2 zeitanteilig abzuschreiben. Auf diese Weise entsteht eine Aufwandsbelastung, die derjenigen bei einer marktgerechten Verzinsung entspricht.[119]

d) **Ausgabe durch Tochtergesellschaft.** Wird die Anleihe durch eine Tochtergesell- **42**
schaft mit Wandlungsrechten auf Aktien der Muttergesellschaft begeben, muss die Mutter die bei Ausübung der Wandlungsrechte benötigten Aktien bereitstellen. Erhält die Muttergesellschaft für die Bereitstellung der Optionsrechte von der Tochtergesellschaft ein Entgelt, ergibt sich ausgehend vom Wortlaut des § 272 Abs. 2 Nr. 2 das Problem, ob ein solcher Betrag „bei der Ausgabe von Schuldverschreibungen" erzielt worden ist. Dies könnte zweifelhaft sein, weil die Ausgabe nicht durch die Muttergesellschaft erfolgt, die die Optionsrechte bereitstellt, sondern durch die Tochter. Jedoch zeigt die Entstehungsgeschichte des § 272 Abs. 2 Nr. 2, dass es auf die Frage, wer die Schuldverschreibung ausgibt, nicht ankommt.[120] Die Einschaltung der Tochtergesellschaft schließt also eine Anwendung des Abs. 2 Nr. 2 nicht aus, sondern entscheidend muss sein, dass die Muttergesellschaft einen Betrag „für" die Bereitstellung von Optionsrechten erzielt, wenn sie von der Tochtergesellschaft ein entsprechendes Entgelt erhält.[121] Umstritten ist schließlich, ob auch dann, wenn die Tochtergesellschaft – mangels entsprechender Vereinbarung bzw. auf Grund eines Verzichts der Muttergesellschaft – kein Entgelt an die Muttergesellschaft abführt, ein „fiktives" Aufgeld in die Kapitalrücklage unter gleichzeitiger Erhöhung des Beteiligungsansatzes auf der Aktivseite einzustellen ist.[122]

e) **Bilanzierung, falls Wandlungsrecht nicht ausgeübt wird.** Wandel- und Options- **43**
anleihen gewähren dem Gläubiger nur ein Wandlungsrecht. Wird dieses später nicht ausgeübt, so stellt sich die Frage, ob dann eine bei Ausgabe gebildete Kapitalrücklage ergebniswirksam aufzulösen ist.[123] Dagegen spricht, dass das Aufgeld eine Gegenleistung für die Einräumung einer mitgliedschaftsrechtlichen Rechtsposition darstellt.[124] Es handelt sich also nicht um einen echten betrieblichen Gewinn, sondern um Kapitalzufuhr, die unabhängig von der späteren Ausübung des Wandlungsrechts in der Kapitalrücklage zu belassen ist.[125]

---

115 Vgl. zu den Bewertungsfragen HdR-*Küting/Reuter* Rn 82 ff.

116 So *Döllerer* AG 1986, 239.

117 *Knobbe-Keuk* ZGR 1987, 319 f; *Kropff* ZGR 1987, 306 f; ADS 125 f; Beck BilKomm-*Förschle/Hoffmann* Rn 181; HdR-*Küting/Reuter* Rn 87; MünchKommHGB/*Reiner* Rn 81.

118 *Knobbe-Keuk* ZGR 1987, 320.

119 ADS 126.

120 Dazu näher *Kropff* ZGR 1987, 309; HdR-*Küting/Reuter* Rn 94.

121 Überzeugend *Kropff* aaO; ebenso ADS 127; KK-*Mock* Rn 152; *Küting* aaO.

122 Vgl. HdR-*Küting/Reuter* Rn 96; ADS 128; *Kropff* ZGR 1987, 309 f.

123 So *Biener/Berneke*, S. 196.

124 Eingehend *Kropff* ZGR 1987, 288 ff (293 f).

125 *Knobbe-Keuk* Bilanz- und Unternehmenssteuerrecht (1993), S. 103; ebenso BFH BStBl. II 2008, 809 f; ADS 129; KK-*Mock* Rn 155; MünchKommHGB/*Reiner* Rn 76.

44 **4. Zuzahlungen, die Gesellschafter gegen Gewährung eines Vorzugs für ihre Anteile leisten (Abs. 2 Nr. 3).** Nach § 272 Abs. 2 Nr. 3 sind auch solche Zuzahlungen, die die Gesellschafter gegen Gewährung eines Vorzugs für ihre Anteile leisten, in die Kapitalrücklage einzustellen. **Vorzugsrechte**, für die die Anteilseigner Zuzahlungen zu leisten haben, können nicht nur bei der AG auftreten, sondern auch bei einer GmbH vereinbart werden.[126] Dabei ist in erster Linie an Vorzüge bei der Gewinnverteilung (vgl. § 11 AktG, § 29 Abs. 3 GmbHG) gedacht.[127] Es kommen aber auch andere Arten von Vorzügen in Betracht.[128] Zuzahlungen ohne Vorzugsgewährung sind nach Abs. 2 Nr. 4 zu erfassen.

45 **5. Andere Zuzahlungen, die die Gesellschafter in das Eigenkapital leisten (Abs. 2 Nr. 4).** Während nach Abs. 2 Nr. 3 nur Zuzahlungen gegen Gewährung von Vorzugsrechten erfasst werden, sind nach Abs. 2 Nr. 4 auch alle sonstigen Zuzahlungen der Gesellschafter in das Eigenkapital in die Kapitalrücklage einzustellen.[129] Es handelt sich also im Verhältnis zu Abs. 2 Nr. 1–3 um einen **Auffangtatbestand.** Dieser ist erst mit dem BiRiLiG neu eingeführt worden und dient der besseren bilanziellen Unterscheidung von Kapital und Gewinn.[130] Anders als die nach Abs. 2 Nr. 1–3 einzustellenden Beträge unterliegen Zuzahlungen nach Abs. 2 Nr. 4 – „wegen ihres allgemeinen Charakters"[131] – aber nicht der Kapitalbindung nach § 150 AktG. Auch die aktienrechtlichen Regeln über die effektive Kapitalaufbringung sind auf Zuzahlungen i.S.d. § 272 Abs. 2 Nr. 4 nicht anwendbar, so dass z.B. Verwendungsabreden zwischen Gesellschaft und Gesellschafter unschädlich sind.[132] Dies gilt auch für schuldrechtlich vereinbarte Zuzahlungen in einem zeitlichen Zusammenhang mit einer Bargründung oder Barkapitalerhöhung, die nach der getroffenen Vereinbarung in die freie Kapitalrücklage nach § 272 Abs. 2 Nr. 4 zu leisten sind.[133]

46 Der Begriff der „anderen Zuzahlungen" setzt zunächst eine Gesellschafterleistung[134] voraus, die nicht Abs. 2 Nr. 1–3 unterfällt (Auffangtatbestand).[135] Ferner muss es sich um eine Leistung „in das Eigenkapital" handeln. Abs. 2 Nr. 4 erfasst daher nicht alle Arten von Gesellschafterzuschüssen. Eine Zuzahlung „in das Eigenkapital" setzt vielmehr eine entsprechende **Zweckbestimmung** des Gesellschafters voraus, „ins Kapital" leisten zu wollen.[136] Durch dieses Willenselement unterscheidet sich die Zuzahlung i.S.v. Abs. 2 Nr. 4 von sog. verdeckten Einlagen im Sinne des Steuerrechts einerseits und von ergebniswirksamen sog. verlorenen Zuschüssen andererseits. Denn steuerrechtlich reicht für die Annahme einer verdeckten Einlage bereits die objektive Veranlassung der Zuzahlung durch das Gesellschaftsverhältnis aus.[137] Und verlorene Zuschüsse zielen gerade nicht auf

---

126 Vgl. Baumbach/Hueck/*Fastrich* GmbHG § 3 Rn 45 f.

127 *Biener/Berneke*, S. 196.

128 Vgl. ADS 130.

129 *Biener/Berneke*, S. 196; eingehend zu Gesetzgebungsgeschichte, Systematik und Zweck des Abs. 2 Nr. 4 *Herlinghaus* Forderungsverzichte (1994), S. 12 ff.

130 Vgl. *Döllerer* BB 1986, 1857 f; *Küting/Kessler* BB 1989, 25; *Herlinghaus* aaO; aus der Zeit vor dem BiRiLiG *Wilhelm* FS Flume II (1978), S. 366 ff.

131 BT-Drucks. 10/4268, S. 107.

132 OLG München BB 2006, 2711, bestätigt durch BGH DB 2008, 50; dazu *Haberstock* NZG 2008, 220.

133 OLG München aaO; **aA** *Becker* NZG 2003, 510; MünchKommAktG/*Kropff* Rn 67.

134 Zu Drittleistungen vgl. ADS 133.

135 Vgl. nur ADS 134.

136 *Herlinghaus* Forderungsverzichte (1994), S. 14.

137 Zu diesem Unterschied von handels- und steuerrechtlicher Lage vgl. näher HdR-*Küting/Reuter* Rn 109; *Döllerer* BB 1986, 1863; *Herlinghaus* Forderungsverzichte (1994), S. 42 f mwN; **aA** – Übereinstimmung – *Schneeloch* BB 1987, 486 f.

eine Leistung „ins Kapital", sondern auf eine unmittelbare Ergebniswirkung als außerordentlicher Ertrag. Letzteres ist etwa anzunehmen bei Zuschüssen zur Abdeckung eines Jahresfehlbetrages oder zum Ausgleich eines Bilanzverlusts.[138] Insoweit besteht – entgegen verbreiteter Ansicht[139] – kein echtes „Wahlrecht" zwischen der erfolgswirksamen Behandlung und der Einstellung in die Kapitalrücklage. Vielmehr ist entsprechend dem Sinn und Zweck des § 272 Abs. 2 Nr. 4 – richtiger Ergebnisausweis – die anhand objektiver Umstände des Einzelfalls ableitbare Zweckbestimmung des Gesellschafters maßgebend.[140] Deshalb besteht auch beim Fehlen einer ausdrücklichen Zwecksetzung kein Vorrang zugunsten einer ergebniswirksamen Behandlung.[141]

Der Begriff der „Zuzahlung" umfasst nach allgemeiner Ansicht nicht nur Bar-, sondern auch **Sachleistungen.**[142] Fraglich ist, ob für Zuzahlungen nach Abs. 2 Nr. 4 die für Sacheinlagen geltenden Grundsätze entsprechend anwendbar sind.[143] Dies hängt davon ab, ob man den Grundsatz der realen Kapitalaufbringung auch auf Zuzahlungen in Form von Sacheinlagen anwendet oder zwischen Einlagen auf das Nennkapital und „anderen Zuzahlungen" unterscheidet.[144] Die Frage hat etwa Bedeutung für den Fall des Verzichts eines Gesellschafters auf eine nicht mehr vollwertige Forderung gegen die Gesellschaft: Diese führt bei der Gesellschaft zu einer Vermögensmehrung in Höhe des Nennwertes, während nach allgemeinen Kapitalaufbringungsgrundsätzen nur der werthaltige Teil tauglicher Gegenstand einer (Sach-)Einlage sein könnte.[145] **47**

Beträge, die im Wege des **„Schütt-aus-hol-zurück"-Verfahrens** an die Gesellschaft zurückfließen, ohne dass eine formale Kapitalerhöhung erfolgt, sind ebenfalls als „sonstige Zuzahlungen" in die Kapitalrücklage nach Abs. 2 Nr. 4 einzustellen.[146] **48**

6. Nachschusskapital (§ 42 Abs. 2 S. 3 GmbHG). Nach § 42 Abs. 2 S. 1 GmbHG ist das Recht der Gesellschaft zur Einziehung von Nachschüssen der Gesellschaft in der Bilanz nur insoweit zu aktivieren, als die Einziehung bereits beschlossen ist und den Gesellschaftern ein Preisgaberecht nicht zusteht. Der nachzuschießende Betrag ist auf der **49**

---

[138] ADS 137; Beck BilKomm-*Förschle/Hoffmann* Rn 195; KK-*Mock* Rn 167; *Herlinghaus* Forderungsverzichte (1994), S. 15 f; zu Investitionszuschüssen vgl. *Küting/Kessler* BB 1989, 31 f.

[139] So etwa ADS 136; Beck BilKomm-*Förschle/Hoffmann* Rn 195; *H. P. Müller* FS Heinsius (1991), S. 606.

[140] *Herlinghaus* Forderungsverzichte (1994), S. 15; *Biener/Berneke*, S. 196 f; vgl. auch KK-*Mock* Rn 166.

[141] Ebenso im Ergebnis ADS 137; **aA** wohl *IdW* HFA 2/96 WPg 1996, 712 sub 22.

[142] Vgl. nur ADS 132; HdR-*Küting/Reuter* Rn 117; Beck BilKomm-*Förschle/Hoffmann* Rn 195.

[143] So *Biener/Berneke*, S. 197; *Döllerer* BB 1986, 1859 ff; HdR-*Küting/Reuter* Rn 117 ff; vgl. auch *Groh* DB 1997, 1685 f.

[144] Für unterschiedliche Behandlung von Sacheinlagen und Zuzahlungen *H. P. Müller* FS Heinsius (1991), S. 605 ff; speziell zum Forderungsverzicht *Herlinghaus* Forderungsverzichte (1994), S. 26 ff; vgl. auch ADS 135; noch weitergehend – Trennungsgebot gebiete den Ausweis aller Vermögensmehrungen als Zuzahlungen, die auf Vermögenszuführungen durch Gesellschafter beruhen: Baumbach/Hueck/*Schulze-Osterloh* GmbHG[18] § 42 Rn 208.

[145] Eingehend dazu *Herlinghaus* aaO; zur steuerlichen Behandlung des Forderungsverzichts vgl. nunmehr BFH GrS BStBl. II 1998, 307; nach FG Hamburg DStRE 2003, 193 sind diese Grundsätze auch handelsrechtlich maßgebend; dagegen aber *Baldamus* DStR 2003, 852.

[146] ADS 132; Beck BilKomm-*Förschle/Hoffmann* Rn 195; HdR-*Küting/Reuter* Rn 126; KK-*Mock* Rn 164; *Orth* GmbHR 1987, 199 f; **aA** – bei schuld- oder gesellschaftsrechtlicher Thesaurierungspflicht – *Hommelhoff/Priester* ZGR 1986, 515 f: bloß „formelle" Gesellschaftereinlagen.

Aktivseite unter den Forderungen gesondert unter der Bezeichnung „Eingeforderte Nachschüsse" auszuweisen (§ 42 Abs. 2 S. 2 GmbHG). In diesem Fall ist zugleich nach § 42 Abs. 2 S. 3 GmbHG auf der Passivseite als Gegenposten ein entsprechender Betrag in dem Posten „Kapitalrücklage" gesondert auszuweisen. Fraglich ist, ob der Betrag bei späterer Leistung in die „anderen Zuzahlungen" nach § 272 Abs. 2 Nr. 4 umzugliedern ist.[147] Dagegen spricht, dass das Nachschusskapital eigenen Regeln unterliegt, was bilanziell einen gesonderten Ausweis nahelegt.

50 7. **Kapitalrücklage aus vereinfachter Kapitalherabsetzung.** Im Zusammenhang mit der vereinfachten Kapitalherabsetzung und der Kapitalherabsetzung gegen Einziehung sehen die §§ 231 Abs. 1 S. 1, 232, 237 Abs. 5 AktG, §§ 58b Abs. 2, 58c S. 1 GmbHG die Einstellung bestimmter Beträge in die Kapitalrücklage vor.[148]

51 8. **Exkurs: Ausgabe von Stock Options.** Besondere Fragen wirft die Ausgabe von **Aktienoptionen** (sog. Stock Options) an Mitarbeiter, insbesondere Mitglieder der Geschäftsführung, auf. Mit der Änderung des § 192 Abs. 2 Nr. 3 AktG durch das KonTraG ist die Begebung solcher Optionsrechte erleichtert worden. Aktienoptionen gewähren ihrem Inhaber das Recht, ab einem bestimmten Zeitpunkt Aktien des betreffenden Unternehmens unter bestimmten Voraussetzungen und zu einem bestimmten Kurs (Basiskurs) zu erwerben. Solche Optionen bezwecken eine „anreizkompatible Vergütung" auf der Basis der Agency-Theorie.[149] Das Management soll sein Handeln an der Wertsteigerung des Unternehmens ausrichten. Ob dieses Ziel immer erreicht wurde, erscheint im Lichte der aktuellen Finanzkrise zweifelhaft.[150] Deshalb hat der Gesetzgeber gewisse Mindesthaltefristen vorgesehen (vgl. § 193 Abs. 2 Nr. 4 AktG).

52 Für die bilanzielle Behandlung von Aktienoptionsplänen ist zwischen **zwei Gestaltungsformen** zu unterscheiden:[151] Sofern die Empfänger *effektive* Unternehmensanteile erhalten sollen, kann dies durch die Ausgabe von Optionsrechten bzw. die Überlassung von eigenen Aktien geschehen. Demgegenüber zielen sog. *virtuelle* Eigenkapitalinstrumente (Stock Appreciation Rights, Phantom Stocks) auf eine bloß finanzielle Abgeltung von Unternehmenswertsteigerungen in Gestalt von Barzahlungen. Letzteres ist allerdings mit entsprechenden finanziellen Belastungen für das Unternehmen verbunden. Demgegenüber können Optionsrechte auf gesellschaftsrechtlicher Grundlage im Rahmen einer Kapitalerhöhung und damit ohne Belastung des Unternehmensvermögens gewährt werden.

53 **Virtuelle Eigenkapitalinstrumente** begründen in Höhe des voraussichtlichen zukünftigen Auszahlungsbetrages einen Erfüllungsrückstand aus dem Arbeitsvertrag. Dieser ist jeweils zum Ende des Geschäftsjahres neu zu bewerten und bilanziell durch die Bildung von Rückstellungen für ungewisse Verbindlichkeiten zu Lasten des Personalaufwands zu berücksichtigen.[152]

54 Sollen die Organmitglieder Aktien von der Gesellschaft erhalten, dann kann dies entweder über die **Gewährung eigener Anteile** geschehen oder durch einen **Programmkauf** der benötigen Aktien von Dritten mit anschließender Weitergabe an die Berechtigten. In

---

147 Für Umgliederung HdR-*Küting/Reuter* Rn 129; KK-*Mock* Rn 165; Lutter/Hommelhoff/*Kleindiek* § 42 Rn 49; **aA** Baumbach/Hueck/*Schulze-Osterloh* GmbHG[18] § 42 Rn 210; ADS § 42 GmbHG Rn 25; Beck BilKomm-*Förschle/Hoffmann* Rn 217.

148 Zum gesonderten Ausweis vgl. oben Rn 32.

149 Vgl. näher *Baums* FS Claussen (1997), S. 3 ff; *Kühnberger/Keßler* AG 1999, 453.

150 Vgl. nur BT-Drucks. 16/12278, S. 5.

151 Zum Folgenden etwa *Herzig* DB 1999, 1 f.

152 *Herzig* DB 1999, 10; näher dazu auch Beck BilKomm-*Förschle/Hoffmann* Rn 510 ff.

beiden Fällen besteht eine bedingte künftige Verpflichtung der Gesellschaft zur Ausgabe von Aktien. Der bilanzielle Ausweis entspricht dann dem virtueller Eigenkapitalinstrumente.[153] Es besteht ein jeweils zum Ende des Geschäftsjahres zu bewertender Erfüllungsrückstand, dem durch Bildung einer Rückstellung[154] zu Lasten des Personalaufwandes Rechnung zu tragen ist. Soweit das Unternehmen bereits eigene Anteile hält, ist dies bei der Bewertung der Rückstellung zu berücksichtigen.[155]

Umstritten ist die Bilanzierung der Gewährung bloßer Optionsrechte **im Rahmen einer bedingten Kapitalerhöhung.** *Meinungsstand.* Nach einer Ansicht stellt auch die Ausgabe von Optionsrechten in Höhe des inneren Wertes dieser Optionen im Zeitpunkt der Begebung Personalaufwand dar, der erfolgswirksam zu buchen ist, wobei die Gegenbuchung in der Kapitalrücklage zu erfolgen habe. Die Einstellung in die Kapitalrücklage gemäß § 272 Abs. 2 Nr. 2 beruhe auf einer Einlage der Altaktionäre (Einlage des Bezugsrechts),[156] bzw. entspreche dem Sinn und Zweck der Kapitalrücklage, da die Gesellschaft ein Entgelt in Form der Erbringung von Arbeitsleistung erziele.[157] Bei zukünftig zu erbringender Arbeitsleistung sei die Rücklage ratierlich aufzubauen. Nach anderer Auffassung gerät die Kapitalgesellschaft auch bei Ausgabe von Optionsrechten wegen des Verzichts der Optionsinhaber auf eine vollständige Entlohnung in einen Erfüllungsrückstand, so dass – entsprechend dem Fall der zukünftigen Ausgabe eigener Aktien – eine entsprechende Rückstellung zu Lasten des Personalaufwands zu buchen ist.[158] Mit Ausübung der Option sei der passivierte Betrag abzüglich des Nennwertes dann in die Kapitalrücklage nach § 272 Abs. 2 Nr. 1 einzustellen.[159] Eine dritte Meinung schließlich lehnt eine erfolgswirksame Berücksichtigung der Optionsrechte mit dem Argument ab, dass der Vorgang rein gesellschaftsrechtlicher Natur sei und auch keine Einlage in das Vermögen der Gesellschaft vorliege.[160] *Stellungnahme.* Der zuletzt genannten Ansicht ist zu folgen. Die Ausgabe von Optionsrechten führt mangels eines eigenen zukünftigen Aufwands der Gesellschaft nicht zum Ausweis einer Rückstellung. Auch eine erfolgswirksame Berücksichtigung des Sachverhalts durch eine Buchung Personalaufwand an Kapitalrücklage kommt nicht in Betracht. Für eine Einlage der Altaktionäre nach § 272 Abs. 2 Nr. 4 fehlt es im Fall des § 192 Abs. 2 Nr. 3 AktG bereits am Einlagegegenstand (ein gesetzliches Bezugsrecht ist ausgeschlossen). Auch die Optionsinhaber erbringen – wenn man die Grundsätze über Sacheinlagen im Rahmen von § 272 Abs. 2 Nr. 4 entsprechend heranzieht – keine taugliche Einlage, da Dienstleistungen nach § 27 Abs. 2 AktG nicht einlagefähig sind.[161] Schließlich rechtfertigt auch die Forderung nach einer vollständigen Aufwandserfassung und einer Vergleichbarkeit der Jahresabschlüsse keinen erfolgswirksamen Ausweis der Optionsgewährung. Insoweit ist vielmehr die Angabepflicht nach § 285 Nr. 9 Buchst. a ausreichend.[162] 55

[153] Demgegenüber seit Inkrafttreten des BilMoG für Behandlung wie Option, die aus bedingtem Kapital dotiert wird: Beck BilKomm-*Förschle/Hoffmann* Rn 515; dagegen zu Recht MünchKommHGB/*Reiner* Rn 86 ff.

[154] Für Ansatz einer Verbindlichkeit hingegen MünchKommHGB/*Reiner* Rn 85.

[155] *Herzig* DB 1999, 11.

[156] *Pellens/Crasselt* DB 1998, 222 f; *dies.* DB 1998, 1431 ff.

[157] Beck BilKomm-*Förschle/Hoffmann* Rn 505; *Esterer/Härteis* DB 1999, 2076; vgl. auch MünchKommAktG/*Kropff* Rn 93 ff.

[158] *Walter* DStR 2006, 1104 f.

[159] So Beck BilKomm-*Förschle/Kropp* (4. Aufl.) § 266 Rn 294.

[160] BFH BStBl. II 2011, 217 f; *Herzig* DB 1999, 6 ff; *Rammert* WPg 1998, 769 ff; *Naumann* DB 1998, 1428 ff; MünchKommHGB/*Reiner* Rn 95; WP-Handbuch I F 166.

[161] *Rammert* WPg 1998, 773 f; *Herzig* DB 1999, 7.

[162] *Herzig* DB 1999, 6 f; *Rammert* WPg 1998, 772; MünchKommHGB/*Reiner* Rn 97.

V. Gewinnrücklagen (Abs. 3)

56 **1. Allgemeines.** Gewinnrücklagen unterscheiden sich von Kapitalrücklagen durch die Mittelherkunft: Während in die Kapitalrücklage nur solche Vermögensmehrungen einzustellen sind, die von außen im Zusammenhang mit der Kapitalbeschaffung zugeführt werden, sind als Gewinnrücklagen nur solche Beträge auszuweisen, die „im Geschäftsjahr oder in einem früheren Geschäftsjahr aus dem Ergebnis gebildet worden sind" (Abs. 3 S. 1). Die Gewinnrücklagen werden also im Rahmen der **Ergebnisverwendung** gebildet. In diesem Sinne kann man die Kapitalrücklagen der „Außenfinanzierung" und die Gewinnrücklagen der „Innenfinanzierung" zuordnen.[163] In beiden Fällen handelt es sich um „offene" Rücklagen, die – anders als sog. stille Rücklagen – als eigenständige Bilanzposten aus der Bilanz ersichtlich sind und – soweit es sich um Gewinnrücklagen handelt – bereits der Besteuerung unterlegen haben.[164]

57 Nach dem **Gliederungsschema** des § 266 Abs. 3 A. III. müssen die Gewinnrücklagen wie folgt gegliedert werden:
(1) Gesetzliche Rücklage,
(2) Rücklage für Anteile an einem herrschenden oder mehrheitlich beteiligten Unternehmen,[165]
(3) satzungsmäßige Rücklagen,
(4) andere Gewinnrücklagen.

58 Im Zusammenhang mit dem Ausweis der Gewinnrücklagen bestehen folgende **größenabhängige Erleichterungen:** Kleine Kapitalgesellschaften (§ 267 Abs. 1) können von einer entsprechenden Untergliederung absehen (§ 266 Abs. 1 S. 3), für mittelgroße Kapitalgesellschaften besteht eine entsprechende Erleichterung bei der Offenlegung (§ 327 Nr. 1); zu Kleinstkapitalgesellschaften (§ 267a) vgl. Rn 5.

59 Die **Bildung und Auflösung** der Gewinnrücklagen bestimmen sich nach den Vorschriften des Gesellschaftsrechts (vgl. für AG §§ 58, 150, 170, 174 AktG).[166] Bei der AG sind nach § 152 Abs. 3 AktG in der Bilanz oder im Anhang zu den einzelnen Posten der Gewinnrücklagen folgende zusätzliche Angaben zu machen:
(1) die Beträge, die die Hauptversammlung aus dem Bilanzgewinn des Vorjahrs eingestellt hat;
(2) die Beträge, die aus dem Jahresüberschuss des Geschäftsjahrs eingestellt werden;
(3) die Beträge, die für das Geschäftsjahr entnommen werden.

60 **2. Gesetzliche Rücklage.** Aktiengesellschaften haben gemäß § 150 Abs. 1 AktG „eine gesetzliche Rücklage zu bilden". Darin ist nach § 150 Abs. 2 AktG der zwanzigste Teil des um einen Verlustvortrag aus dem Vorjahr geminderten Jahresüberschusses einzustellen, bis die gesetzliche Rücklage und die Kapitalrücklagen nach § 272 Abs. 2 Nr. 1–3 zusammen den zehnten oder den in der Satzung bestimmten höheren Teil des Grundkapitals erreichen. Ein Gewinnvortrag bleibt bei der Berechnung der Zuführung außer Betracht.[167] Für die Auflösung der gesetzlichen Rücklage gilt § 150 Abs. 3 und 4 AktG. Hinsichtlich der Besonderheiten bei Unternehmensverträgen vgl. § 300 AktG.[168]

---

163 Vgl. *Hennrichs* FS Hoffmann-Becking (2013), S. 512.
164 Dazu nur HdR-*Küting/Reuter* Rn 55 ff.
165 Vgl. Erläuterungen bei Rn 65 ff.
166 Vgl. *Hentzen/Rau* BB 2008, 713.
167 WP-Handbuch I F 380.
168 Vgl. Näheres bei ADS 159 ff; KK-*Mock* Rn 192 ff; MünchKommHGB/*Reiner* Rn 111 ff.

Das GmbH-Recht kannte demgegenüber bis zum Inkrafttreten des MoMiG[169] keine entsprechende Pflicht.[170] Nunmehr bestimmt § 5a Abs. 3 S. 1 GmbHG für die UG (haftungsbeschränkt), dass diese – als Ausgleich für die freie Wahl des Stammkapitals durch die Gründer – eine gesetzliche Rücklage zu bilden hat, in die 25 % des um einen Verlustvortrag aus dem Vorjahr geminderten Jahresüberschusses einzustellen ist. Die Pflicht zur Rücklagenbildung endet erst, wenn die Gesellschaft ihr Stammkapital auf mindestens 25.000 Euro erhöht (§ 5a Abs. 5 1. Halbs. GmbHG) und so den Normalstatus der GmbH erlangt. Die Rücklage darf nur zu einer Kapitalerhöhung aus Gesellschaftsmitteln (§ 57c GmbHG) oder zum Ausgleich eines Jahresfehlbetrags bzw. eines Verlustvortrags aus dem Vorjahr nach näherer Maßgabe von § 5a Abs. 3 S. 2 GmbHG verwendet werden. 61

3. **Satzungsmäßige Rücklagen.** Unter den satzungsmäßigen Rücklagen sind weitere Gewinnrücklagen auszuweisen, die bei der AG oder GmbH nach der Satzung bzw. dem Gesellschaftsvertrag zu bilden sind. Voraussetzung ist aber, dass die Satzung die Rücklagenbildung *zwingend* vorsieht („Pflichtrücklagen").[171] Eine bloße satzungsmäßige Ermächtigung zur Einstellung weiterer Ergebnisteile in die Rücklagen reicht nicht aus. Solche Rücklagen sind als „andere Gewinnrücklagen" auszuweisen.[172] Dazu zählen etwa Einstellungen von Beträgen nach § 58 Abs. 2 S. 1, 2 und 4, Abs. 3 AktG. Im Fall des § 58 Abs. 1 S. 1 und 2 AktG besteht zwar eine satzungsmäßige Pflicht zur Rücklagenbildung, gleichwohl hat – angesichts des eindeutigen Wortlauts – ein Ausweis unter „andere Gewinnrücklagen" zu erfolgen.[173] Damit bleibt bei der AG als einziger Fall „satzungsmäßiger Rücklagen" eine Rücklagendotierung nach § 58 Abs. 4 AktG, wenn die Satzung ausnahmsweise eine zwingende Rücklagendotierung vorsieht.[174] Bei der GmbH sind satzungsmäßige Rücklagen gegeben, wenn der Gesellschaftsvertrag verbindlich vorschreibt, dass die Geschäftsführung oder die Gesellschafterversammlung bestimmte Beträge in die Gewinnrücklagen einzustellen haben.[175] 62

4. **Andere Gewinnrücklagen.** Unter „andere Gewinnrücklagen" sind alle solche Beträge auszuweisen, die nicht in die gesetzliche Rücklage, die Rücklage für eigene Anteile oder die satzungsmäßigen Rücklagen eingestellt werden. Anlass für eine Dotierung „anderer Rücklagen" sind danach **insbesondere**: 63

(1) Einstellungen nach § 58 Abs. 1 AktG,
(2) Einstellungen im Rahmen der Feststellung des Jahresabschlusses durch Vorstand und Aufsichtsrat nach § 58 Abs. 2 AktG bei der AG bzw. kraft gesellschaftsvertraglicher Ermächtigung der Geschäftsführung bei der GmbH,
(3) Einstellungen auf Grund eines Beschlusses der Haupt- bzw. Gesellschafterversammlung im Rahmen der Ergebnisverwendung (§ 58 Abs. 3 AktG, § 29 Abs. 2 GmbHG) mit Ausnahme der satzungsmäßigen Pflichtrücklagen.

---

[169] Gesetz zur Modernisierung des GmbH-Rechts und zur Bekämpfung von Missbräuchen (MoMiG) v. 23.10.2008, BGBl. I 2008, 2026.

[170] Zum Recht der Genossenschaft siehe KK-*Mock* Rn 201 f.

[171] ADS 151; Beck BilKomm-*Förschle/Hoffmann* Rn 250; Baumbach/Hueck/*Schulze-Osterloh* GmbHG[18] § 42 Rn 218; HdR-*Küting* Rn 158; BoHdR-*Brösel/Haaker* Rn 89; **aA** *Glade* § 266 Rn 648.

[172] ADS 151.

[173] ADS 153; Beck BilKomm-*Förschle/Hoffmann* Rn 250; KK-*Mock* Rn 209 f.

[174] Vgl. ADS 154; HdR-*Küting/Reuter* Rn 163; ferner ADS § 58 AktG Rn 122.

[175] KK-*Mock* Rn 206.

64 Zu den anderen Gewinnrücklagen zählen auch die **Sonderrücklagen nach § 58 Abs. 2a AktG, § 29 Abs. 4 GmbHG.** Diese Regelungen erlauben es der Verwaltung der AG bzw. der Geschäftsführung mit Zustimmung des Aufsichtsrats oder der Gesellschafter „den Eigenkapitalanteil von Wertaufholungen bei Vermögensgegenständen des Anlage- und Umlaufvermögens und von bei der steuerrechtlichen Gewinnermittlung gebildeten Passivposten, die nicht im Sonderposten mit Rücklageanteil ausgewiesen werden dürfen, in andere Gewinnrücklagen einzustellen". Das Wahlrecht zur Bildung einer Sonderrücklage betrifft also zwei unterschiedliche Fallgestaltungen: Zum einen geht es um den Fall, dass Abschreibungen durch eine Zuschreibung nach § 253 Abs. 5 S. 1 rückgängig gemacht werden, weil die Voraussetzungen für eine solche Abschreibung entfallen sind. Das Wahlrecht aus § 58 Abs. 2a AktG, § 29 Abs. 4 GmbHG erlaubt es, die Ergebniserhöhung aus der Zuschreibung in eine Sonderrücklage einzustellen und auf diese Weise der Ausschüttung zu entziehen. Einzustellen ist der „Eigenkapitalanteil": Dies ist der Zuschreibungsbetrag abzüglich der darauf entfallenden Steuerbelastung, also die Differenz zwischen Zuschreibung und Steuerrückstellung.[176] Der andere Fall, in dem eine Sonderrücklage gebildet werden kann, betrifft unversteuerte Rücklagen, die nicht zugleich in der Handelsbilanz angesetzt werden dürfen. Infolge des Wegfalls der umgekehrten Maßgeblichkeit sowie der §§ 247 Abs. 3, 273 a.F. hat seine Bedeutung erheblich zugenommen.[177]

VI. Rücklage für Anteile an einem herrschenden oder mit Mehrheit beteiligten Unternehmen (Abs. 4)

65 **1. Rechtsentwicklung.** § 272 Abs. 4 ist durch das BilMoG neu gefasst worden. Er regelt nunmehr nur noch die Pflicht zur Bildung einer Rücklage für Anteile an einem herrschenden oder mit Mehrheit beteiligten Unternehmen i.S.v. §§ 16, 17 AktG (früher Abs. 4 S. 4). Die Pflicht zur Bildung einer Rücklage für eigene Anteile (früher Abs. 4 S. 1 bis 3) ist durch den Verzicht auf einen aktivischen Ausweis eigener Anteile (vgl. Abs. 1a n.F.) entfallen.

66 **2. Regelungsgehalt.** Die Rücklage nach § 272 Abs. 4 beruht auf den gleichen Überlegungen wie die frühere Rücklage für eigene Anteile, da der Erwerb von Anteilen durch ein Tochterunternehmen ebenfalls unter Gläubigerschutzgesichtspunkten problematisch ist.[178] Da die Anteile beim Tochterunternehmen grundsätzlich zu aktivieren sind, wird durch die Rücklagenbildung eine Ausschüttung verhindert. Eigene Anteile an einem herrschenden oder mit Mehrheit beteiligten Unternehmen sind im Anlagevermögen (§ 266 Abs. 2 A III.) anzusetzen, wenn sie dem Geschäftsbetrieb dauernd zu dienen bestimmt sind (§ 247 Abs. 2).[179] Im Anwendungsbereich des § 71d S. 5 AktG kommt dies nach den Gesetzesmaterialien nur dann in Betracht, wenn hinreichende Anhaltspunkte dafür bestehen, dass das entsprechende Erwerbsrecht nicht ausgeübt wird.[180] Andernfalls erfolgt ein Ausweis im Umlaufvermögen. Die Rücklage nach § 272 Abs. 4 ist bereits bei Aufstellung der Bilanz zu bilden und unter dem Posten § 266 Abs. 3 A III 2. auszuwei-

---

176 Näheres bei Baumbach/Hueck/*Schulze-Osterloh* GmbHG[18] § 42 Rn 220.

177 Siehe dazu Beck BilKomm-*Förschle/Hoffmann* Rn 258; MünchKommHGB/*Reiner* Rn 116.

178 Näher KK-*Mock* Rn 217; MünchKomm-HGB/*Reiner* Rn 117.

179 Einzelheiten bei MünchKommHGB/*Reiner* Rn 125.

180 BT-Drucks. 16/10067, S. 66.

sen. Sie kann aus dem Jahresüberschuss, einem Gewinnvortrag oder frei verfügbaren Rücklagen (Abs. 4 S. 3) dotiert werden,[181] wobei eine vorrangige Rücklagenverwendung nicht vorgeschrieben ist.[182] Die Rücklage nach Abs. 4 ist auch dann zu bilden, wenn es an freien Mitteln fehlt, so dass ein Bilanzverlust entsteht oder sich erhöht.[183] „Frei verfügbar" sind Gewinn- und Kapitalrücklagen, die keiner gesellschaftsrechtlichen Bindung unterliegen.[184] Wegen der Auflösung vgl. § 272 Abs. 4 S. 4.[185]

VII. Rechtsfolgen eines Verstoßes gegen § 272

Verstöße gegen § 272 können zunächst als *Ordnungswidrigkeit* nach § 334 Abs. 1 Nr. 1 Buchst. c geahndet werden. Ferner kann auch ein *Vergehen* nach § 331 Abs. 1 Nr. 1 vorliegen, wenn die Verhältnisse der Gesellschaft unrichtig wiedergegeben oder verschleiert werden. Dies setzt aber erhebliche Verstöße voraus, wie sie wohl erst bei Nichtigkeit nach § 256 AktG anzunehmen sind.[186] **67**

Nichtigkeit des Jahresabschlusses. Wird das gezeichnete Kapital unrichtig angesetzt, ist der Jahresabschluss regelmäßig nach § 256 Abs. 5 AktG nichtig. Verstöße gegen die Bestimmungen des AktG oder der Satzung über die Einstellung von Beträgen in die Kapital- oder Gewinnrücklagen oder über die Entnahme von Beträgen aus Kapital- oder Gewinnrücklagen führen nach § 256 Abs. 1 Nr. 4 AktG zur Nichtigkeit des Jahresabschlusses. Dies gilt etwa für Einstellung in Gewinnrücklagen entgegen § 58 AktG oder für eine nicht oder nicht ausreichend hohe Rücklage nach § 272 Abs. 4. Betreffen die Verstöße nur die Aufgliederung bzw. die Darstellung der Entwicklung der Rücklagen, so kann sich eine Nichtigkeit aus § 256 Abs. 4 AktG ergeben. Diese Grundsätze gelten mit gewissen Modifikationen entsprechend für die GmbH.[187] **68**

§ 273
(aufgehoben)

Die Regelung des § 273 ist 2009 durch das BilMoG[1] **aufgehoben worden**. Sie knüpfte an den ebenfalls aufgehobenen § 247 Abs. 3 an und beschränkte die Bildung von sog. Sonderposten mit Rücklageanteil für Kapitalgesellschaften auf Fälle der sog. „umgekehrten Maßgeblichkeit" nach § 5 Abs. 1 S. 2 EStG a.F. (vgl. näher Vorauflage, Erläuterungen zu § 273). Mit der Abschaffung der umgekehrten Maßgeblichkeit durch das BilMoG **1**

---

[181] BoHdR-*Brösel/Haaker* Rn 104; KK-*Mock* Rn 221; MünchKommHGB/*Reiner* Rn 121.

[182] ADS 189; Beck BilKomm-*Förschle/Hoffmann* Rn 303; *Kühnberger* BB 2011, 1389; **aA** Beck-HdR-*Heymann* B 231 Rn 113; HdR-*Küting/Reuter* Rn 151.

[183] HM, etwa Beck BilKomm-*Förschle/Hoffmann* Rn 303; Beck-HdR-*Heymann* B 231 Rn 114; KK-*Mock* Rn 221; MünchKommHGB/*Reiner* Rn 124.

[184] Näher Beck BilKomm-*Förschle/Hoffmann* Rn 302; siehe auch Rn 26.

[185] Einzelheiten bei MünchKommHGB/*Reiner* Rn 127 ff.

[186] Beck BilKomm-*Kozikowski/Gutman* § 331 Rn 21; Baumbach/Hueck/*Schulze-Osterloh* GmbHG[18] Anh § 82 Rn 6 f.

[187] Vgl. dazu näher Baumbach/Hueck/*Schulze-Osterloh* GmbHG[18] § 42a Rn 26; Beck BilKomm-*Förschle/Hoffmann* Rn 391.

[1] Bilanzrechtsmodernisierungsgesetz v. 25.5.2009 BGBl. I 2009, 1102.

ist auch die Notwendigkeit entsprechender Passivposten in der Handelsbilanz weggefallen.

2 Hinsichtlich des **Übergangs zum neuen Recht** ergibt sich eine Schwierigkeit daraus, dass § 273 a.F. nach Art. 65 Abs. 5, 67 Abs. 3 und 4 EGHGB für nach dem 1.1.2010 beginnende Geschäftsjahre nicht mehr angewendet werden darf, die umgekehrte Maßgeblichkeit nach § 5 Abs. 1 S. 2 EStG a.F. aber mangels Übergangsvorschrift ab dem Tag des Inkrafttretens des BilMoG (29.5.2009) entfallen ist. Dies hat zur Folge, dass § 273 a.F. bereits ab diesem Zeitpunkt für neu zu bildende Sonderposten nicht mehr anwendbar ist.[2]

3 Die – begrüßenswerte[3] – **Abkehr von der umgekehrten Maßgeblichkeit** und die Aufhebung der §§ 247 Abs. 3, 254, 273, 279 Abs. 2, 280 Abs. 2 und 281 führen dazu, dass die Aussagekraft des handelsrechtlichen Jahresabschlusses gestärkt wird. Verzerrungen im Bilanzausweis durch die Inanspruchnahme steuerrechtlicher Sonderregelungen (z.B. eine Rücklage nach § 6b EStG) werden vermieden. Zugleich werden aber auch die Abweichungen zwischen Handels- und Steuerbilanz tendenziell zunehmen. Dies gefährdet die gerade im Mittelstand noch vielfach verbreitete „Einheitsbilanz".[4] Gleichzeitig nimmt die praktische Bedeutung der latenten Steuern zu (vgl. Erläuterungen zu § 274).

§ 274
Latente Steuern

(1) [1]Bestehen zwischen den handelsrechtlichen Wertansätzen von Vermögensgegenstände, Schulden und Rechnungsabgrenzungsposten und ihren steuerlichen Wertansätzen Differenzen, die sich in späteren Geschäftsjahren voraussichtlich abbauen, so ist eine sich daraus insgesamt ergebende Steuerbelastung als passive latente Steuern (§ 266 Abs. 3 E.) in der Bilanz anzusetzen. [2]Eine sich daraus insgesamt ergebende Steuerentlastung kann als aktive latente Steuern (§ 266 Abs. 2 D.) in der Bilanz angesetzt werden. [3]Die sich ergebende Steuerbe- und die sich ergebende Steuerentlastung können auch unverrechnet angesetzt werden. [4]Steuerliche Verlustvorträge sind bei der Berechnung aktiver latenter Steuern in Höhe der innerhalb der nächsten fünf Jahre zu erwartenden Verlustverrechnung zu berücksichtigen.

(2) [1]Die Beträge der sich ergebenden Steuerbe- und -entlastung sind mit den unternehmensindividuellen Steuersätzen im Zeitpunkt des Abbaus der Differenzen zu bewerten und nicht abzuzinsen. [2]Die ausgewiesenen Posten sind aufzulösen, sobald die Steuerbe- und -entlastung eintritt oder mit ihr nicht mehr zu rechnen ist. [3]Der Aufwand oder Ertrag aus der Veränderung bilanzierter latenter Steuern ist in der Gewinn- und Verlustrechnung gesondert unter dem Posten „Steuern vom Einkommen und vom Ertrag" auszuweisen.

---

[2] Vgl. dazu *Hennrichs* UBg 2009, 532; aA wohl *IdW* RS HFA 28 Rn 3; Beck BilKomm-*Winkeljohann*/Buchholz Rn 130.

[3] Vgl. nur *Arbeitskreis Bilanzrecht der Hochschullehrer Rechtswissenschaft* DStR 2008, 1057.

[4] Siehe dazu auch § 266 Rn 3.

Schrifttum

Arbeitskreis Bilanzrecht der Hochschullehrer Rechtswissenschaft Stellungnahme zu dem Entwurf eines BilMoG: Einzelfragen zum materiellen Bilanzrecht, BB 2008, 209; *Baetge* Latente Steuern im deutschen handelsrechtlichen Jahresabschluß, FS für Loitlsberger (1991), S. 27; *Bareis* Latente Steuern in bilanzieller Sicht, BB 1985, 1235; *Beine* Die Bedeutung von Steuersatzänderungen für die Bildung latenter Steuern im Einzel- und Konzernabschluß, DStR 1995, 542; *Berger* Was der DPR aufgefallen ist: Ermessensspielraum und die Bilanzierung von latenten Steuern auf Verlustvorträge, DB 2006, 2473; *Bordewin* Latente Steuern im Einzelabschluß der Kapitalgesellschaft, DStZ 1987, 443; *Döllerer* Handelsbilanz und Steuerbilanz, BB 1987 Beilage 12; *Engels* Aktive latente Steuern auf Verlustvorträge – Was erwartet den HGB-Bilanzierer bei Umsetzung des RegE BilMoG? BB 2008, 1554; *Feldhoff/Langermeier* Zur Aktivierbarkeit des Steuereffekts aus Verlustvortrag nach § 10d EStG, DStR 1991, 195; *Förster/Beer* Passive latente Steuern und Verbindlichkeitsrückstellungen, StuW 2012, 85; *Harms/Küting* Zur Relevanz von passivischen latenten Steuern, DB 1984, 1253; *dies.* Probleme latenter Steuern im Entwurf des Bilanzrichtlinien-Gesetzes, BB 1985, 94; *Hennrichs* Neue Herausforderungen für den Mittelstand im BilMoG, GmbHR 2010, 17; *Herzig/Liekenbrock/Vossel* Gestaltungsoptionen bei der Bilanzierung von latenten Steuern im Organkreis, Ubg 2012, 141; *Herzig/Vossel* Paradigmenwechsel bei latenten Steuern nach dem BilMoG, BB 2009, 1174; *Hoffmann/Lüdenbach* Irrungen und Wirrungen in der Steuerlatenzrechnung nach dem BilMoG, NWB 2009, 1476; *IdW* Stellungnahme SABI 3/1988, Zur Steuerabgrenzung im Einzelabschluß, WPg 1988, 683; *dass.* Stellungnahme zur Rechnungslegung: Einzelfragen zur Bilanzierung latenter Steuern nach den Vorschriften des HGB in der Fassung des BilMoG, *IdW* ERS HFA 27; *Jacobs/Rupp* Voraussichtliche Steuerbelastung oder Steuerentlastung nachfolgender Geschäftsjahre, HuRB, S. 386; *von Kanitz* Die Bedeutung der Rückstellungspflicht nach § 249 Abs. 1 Satz 1 HGB für den Ausweis passiver latenter Steuern – eine Bestandsaufnahme, WPg 2011, 895; *Karrenbrock* Passive latente Steuern als Verbindlichkeitsrückstellungen – Diskussion der BStBK-Verlautbarung zum Ausweis passiver latenter Steuern in der Handelsbilanz, BB 2013, 235; *ders.*, Zweifelsfragen der Berücksichtigung aktiver latenter Steuern im Jahresabschluss nach BilMoG, BB 2011, 683; *ders.* Von der Steuerabgrenzung zur Bilanzierung latenter Steuern – Die Neuregelung der Bilanzierung latenter Steuerzahlungen nach dem Entwurf des Bilanzrechtsmodernisierungsgesetzes (BilMoG), WPg 2008, 328; *ders.* Latente Steuern in Bilanz und Anhang (1991); *Kastrup/Middendorf* Latente Steuern bei Personengesellschaften im handelsrechtlichen Jahresabschluss nach BilMoG, BB 2010, 815; *Kirsch/Hoffmann/Siegel* Diskussion der Bilanzierung latenter Steuern nach § 249 Abs. 1 Satz 1 HGB, DStR 2012, 1290; *Knief* Probleme bei der Berechnung des Steuerabgrenzungspostens gem. § 274 HGB, DB 1987, 697; *Kühne/Melcher/Wesemann* Latente Steuern nach BilMoG – Grundlagen und Zweifelsfragen WPg 2009, 1005, 1057; *Künkele/Zwirner* Latente Steuern im Zusammenhang mit Anteilen an Personengesellschaften auf Gesellschafterebene – Praxisbeispiele und Anwendungshinweise, DStR 2011, 2364; *dies.* Latente Steuern bei Personengesellschaften – Praxisbeispiele und Anwendungshinweise bei Ergänzungsbilanzen und Sonderbilanzen, DStR 2011, 2309; *Küting/Seel* Die Ungereimtheiten der Regelungen zu latenten Steuern im neuen Bilanzrecht, DB 2009, 922, *Kupsch/Eder* Anmerkungen zu Grundsatzfragen der Steuerabgrenzung, WPg 1988, 521; *Langermeier* Latente Steuern in Verlustsituationen, DStR 1992, 764; *Ley* Latente Steuern im Einzelabschluss nach dem Bilanzrechtsmodernisierungsgesetz (2013); *Loitz* Latente Steuern nach dem Bilanzrechtsmodernisierungsgesetz (BilMoG) – ein Wahlrecht als Mogelpackung? DB 2009, 913; *ders.* Latente Steuern nach dem Bilanzrechtsmodernisierungsgesetz UBg 2009, 708; *ders.* Aktuelle Fragen zu latenten Steuern, UBg 2008, 462; *ders.* Latente Steuern nach dem Bilanzrechtsmodernisierungsgesetz (BilMoG), DB 2008, 249; *Lüdenbach/Freiberg* Steuerlatenzrechnung auch für Personengesellschaften? – Diskussion des IDW ERS HFA 7 n.F., BB 2011, 1579; *dies.* Beitrag von DRS 18 zur Klärung strittiger Fragen der Steuerlatenzierung, BB 2010, 1971; *Marten/Weiser/Köhler* Aktive latente Steuern auf steuerliche Verlustvorträge: zunehmende Tendenz zur Aktivierung, BB 2003, 2335; *Müller* Rückstellungen für passive Steuerlatenzen gemäß § 249 Abs. 1 Satz 1 HGB, DStR 2011, 1046; *Müller/Kreipl* Passive latente Steuern und kleine Kapitalgesellschaften, DB 2011, 1701; *Müssig/Breitkreuz* Kritische Würdigung des Diskontierungsverbots bei latenten Steuern – Ein Plädoyer für eine konzeptions- und prinzipienkonforme Bewertung, StuW 2012, 71; *Ordelheide* Aktivische latente Steuern bei Verlustvorträgen im Einzel- und Konzernabschluß, FS Havermann (1995), S. 601; *Ordelheide/Hartle* Rechnungslegung und Gewinnermittlung von Kapitalgesellschaften nach dem Bilanzrichtlinien-Gesetz (I), GmbHR 1986, 9; *Petersen/Zwirner* Latente Steuern nach dem BilMoG – Darstellung und Würdigung der Neukonzeption, StuB 2009, 416; *Pollanz* Eine Rückstellung (für passive Steuern) hing am Glockenseil oder: zwei Berufsstände – drei Meinungen! DStR 2013, 58; *Ruberg* Passivierung latenter Steuern außerhalb des Anwendungsbereichs des § 274 HGB? – Anmerkungen zu IDW ERS HFA 7 n.F., Ubg 2011, 626; *Schildbach* Ingangsetzungsaufwendungen und latente Steuern, DB 1988, 57; *Schneeloch* Probleme der Steuerabgrenzung im Einzelabschluß, WPg 1986, 517; *Schulze-Osterloh* Jahresabschluß, Abschlußprüfung und Publizität der Kapitalgesellschaften nach dem Bilanzrichtlinie-Gesetz, ZHR 150 (1986), 532; *Schulze zur Wiesch* Bilanzielle Vorsorge für Steuerlatenzen aus der Beteiligung an einer Personengesellschaft, FS Forster (1992), S. 671; *D. Siegel* Die Bilanzierung latenter Steuern im handelsrechtlichen Jahresabschluss nach § 274 HGB (2011); *T. Siegel* Bilanzierung latenter Steuern, Baetge (Hrsg.), Das neue Bilanzrecht: Ein Kompromiß divergierender Interessen (1985), S. 81; *ders.* Latente Steuern, 4. EG-Richtlinie und Bilanzrichtlinie-Gesetz, BB 1985, 495; *ders.* Zur Bilanzierung latenter Steuern nach § 274 HGB, DStR 1986, 587; *Weidmann* Nur steuerlich zulässige Rücklagen und außerbilanzielle Korrekturen im Konzept der latenten Steuern des § 274 Abs. 1 HGB, DStR 2011, 2108; *Wendholt/Wesemann* Zur Umsetzung der HGB-Modernisierung durch das BilMoG: Bilanzierung von latenten Steuern im Einzel- und Konzernabschluss, DB 2009 Beilage 5, S. 64; *Weyand* Die Bilanzierung latenter Steuern nach § 274 HGB, DB 1986, 1185; *von Wysocki* Fragen zur passivischen Steuerabgrenzung nach § 274 Abs. 1 HGB, ZfbF 1987, 829.

Übersicht

I. Allgemeines

1 **1. Regelungsgegenstand.** § 274 regelt die **Behandlung latenter Steuern im Einzelabschluss** der Kapitalgesellschaften und bestimmter Personenhandelsgesellschaften i.S.v. § 264a. Weichen die handelsrechtlichen Wertansätze der Vermögensgegenstände, Schulden und Rechnungsabgrenzungsposten von den steuerrechtlichen Wertansätzen ab, ent-

spricht der auf Grund der Steuerbilanz ermittelte Steueraufwand regelmäßig nicht der fiktiv auf der Grundlage der Handelsbilanz errechneten Steuerbelastung.[1] Solche Unterschiede sind handelsbilanziell nicht weiter von Bedeutung, wenn es sich um – z.B. auf Grund nicht abziehbarer Aufwendungen oder steuerfreier Erträge – sog. „permanente" Differenzen handelt. Denn in diesem Fall ist der ihnen zugrundeliegende Geschäftsvorfall mit dem Steueraufwand des Geschäftsjahres abschließend behandelt und hat keine Auswirkungen mehr auf den Steueraufwand der Folgejahre.[2] Sind die Differenzen zwischen Handels- und Steuerbilanzergebnis hingegen zeitlich vorübergehender Natur, stellt sich die Frage, ob und wie solche zeitlichen Verschiebungen des Steueraufwands bei der handelsbilanziellen Ergebnisermittlung zu berücksichtigen sind. Dabei ist zwischen den Fällen passivischer (§ 266 Abs. 3 E.) und aktivischer Steuerabgrenzung (§ 266 Abs. 2 D.) zu unterscheiden.[3]

a) **Passive latente Steuern.** Nimmt die Kapitalgesellschaft steuerrechtliche Erleichterungen in Anspruch mit der – nach Abschaffung der umgekehrten Maßgeblichkeit häufigen – Folge, dass das Steuerbilanzergebnis hinter dem Handelsbilanzergebnis zurückbleibt, wird im Jahr der Inanspruchnahme der Steuererleichterung ein bezogen auf das Handelsbilanzergebnis zu geringer Steueraufwand ausgewiesen (zu Einzelheiten s. Rn 16 ff). Wird die Steuererleichterung später gewinnerhöhend aufgelöst, kommt es im Jahr der Auflösung zum Ausweis eines, verglichen mit dem Handelsbilanzergebnis des Auflösungsjahres, zu hohen Steueraufwandes. In diesem Fall greift § 274 Abs. 1 S. 1 ein: Bestehen zwischen den handelsrechtlichen Wertansätzen von Vermögensgegenständen, Schulden und Rechnungsabgrenzungsposten und ihren steuerrechtlichen Wertansätzen Differenzen, die sich in späteren Geschäftsjahren voraussichtlich abbauen, so ist eine sich daraus *insgesamt ergebende Steuerbelastung* (Überhang nach Abzug aktiver Steuerlatenzen) als passive latente Steuern (§ 266 Abs. 3 E.) in der Bilanz anzusetzen. **2**

b) **Aktive latente Steuern.** Demgegenüber betrifft Abs. 1 S. 2 und 4 den – praktisch häufigeren – umgekehrten Fall, dass das Steuerbilanzergebnis höher ist als das Handelsbilanzergebnis, z.B. weil das Steuerrecht für bestimmte Aktivposten eine höhere Bewertung vorschreibt oder einzelne Passivposten in der Handelsbilanz nicht oder nicht in gleicher Höhe anerkennt (zu Einzelheiten s. Rn 20 ff). Gleicht sich diese Differenz in späteren Jahren voraussichtlich aus – z.B. auf Grund höherer steuerlicher Abschreibungen oder höherer steuerlicher Aufwendungen –, kommt es auch hier zu einer Verschiebung des den Geschäftsjahren zuzurechnenden Steueraufwandes: Bezogen auf die Werteinsätze in der Handelsbilanz ist der Steueraufwand zunächst zu hoch und in den Folgejahren zu niedrig. Für solche Fälle gewährt Abs. 1 S. 2 ein Wahlrecht: Eine sich aus den Differenzen zwischen Handels- und Steuerbilanz *insgesamt ergebende Steuerentlastung* (Überhang nach Abzug passiver Steuerlatenzen) kann als aktive latente Steuern (§ 266 Abs. 2 D.) in der Bilanz angesetzt werden. Darüber hinaus stellt § 274 Abs. 1 S. 4 klar, dass bei der Berechnung aktiver latenter Steuern grundsätzlich auch steuerliche Verlustvorträge zu berücksichtigen sind. Ihre Berücksichtigung wird allerdings in zeitlicher Hin- **3**

[1] Zu Fällen der erfolgsneutralen Erfassung nach dem § 274 n.F. zugrunde liegenden temporary-Konzept s. Rn 24.

[2] Statt aller *Karrenbrock*, S. 85 f.

[3] Zur Problematik latenter Steuern allgemein vgl. etwa *Siegel* DStR 1986, 587; *Karrenbrock*, S. 1 ff; HdJ-*ders.* IIIa/1; HuRB-*Jacobs/Rupp* S. 386 ff; *Ley* S. 31 ff; zu Definitionsversuchen der „latenten Steuern" im Schrifttum vgl. Übersicht bei *Harms/Küting* BB 1985, 95 f.

sicht auf die innerhalb der nächsten fünf Jahre zu erwartende Verlustverrechnung beschränkt.

4 c) **Wahlrecht zwischen Saldierung und Einzelausweis (Abs. 1 S. 3).** § 274 Abs. 1 S. 1 und 2 beziehen sich jeweils auf eine sich aus Wertdifferenzen „insgesamt ergebende" Steuerbe- bzw. Steuerentlastung (saldierter Ausweis). Nach § 274 Abs. 1 S. 3 können Steuerbelastung und Steuerentlastung auch unverrechnet angesetzt werden. Es besteht also ein Wahlrecht zwischen Saldierung und Einzelausweis.

5 d) **Ermittlung der Steuerlatenzen (Abs. 2).** § 274 Abs. 2 enthält einige Regelungen zur Ermittlung der nach Abs. 1 auszuweisenden Steuerlatenzen. Bei der Bewertung der Steuerbe- und -entlastung sind die unternehmensindividuellen Steuersätze im Zeitpunkt des Abbaus der Differenzen anzusetzen. Ferner besteht ein Abzinsungsverbot (Abs. 2 S. 1). Abs. 2 S. 2 regelt den Zeitpunkt der Auflösung von Steuerlatenzen. Abs. 2 S. 3 schreibt vor, dass der Aufwand oder Ertrag aus der Veränderung bilanzierter latenter Steuern in der GuV gesondert auszuweisen ist.

2. Steuerabgrenzung in der 4. EG-Richtlinie und Entstehungsgeschichte des § 274

6 a) **Art. 43 Abs. 1 Nr. 11 der 4. EG-Richtlinie.** § 274 beruht auf Art. 43 Abs. 1 Nr. 11 der 4. EG-Richtlinie. Dieser lautet: „Im Anhang sind außer den in anderen Bestimmungen dieser Richtlinie vorgeschriebenen Angaben zumindest Angaben zu machen über: ... den Unterschied zwischen dem Steueraufwand, der dem Geschäftsjahr und den früheren Geschäftsjahren zugerechnet wird, und den für diese Geschäftsjahre gezahlten oder zu zahlenden Steuern, sofern dieser Unterschied für den künftigen Steueraufwand von Bedeutung ist. Dieser Betrag kann auch als Gesamtbetrag in der Bilanz unter einem gesonderten Posten mit entsprechender Bezeichnung ausgewiesen werden." Art. 43 Abs. 1 Nr. 11 ist im Zusammenhang mit den Vorarbeiten zur 4. EG-Richtlinie zu sehen:[4] Gegenüber den früheren EG-Richtlinienvorschlägen, in denen noch ein gesonderter Ausweis von Rückstellungen für latente Steuerverpflichtungen unter den Steuerrückstellungen vorgesehen war, weicht die abschließende Fassung der EG-Richtlinie in zweifacher Weise ab: Zum einen ist nunmehr ein (Mitgliedstaaten-)Wahlrecht zwischen Angaben im Anhang und dem Ausweis in der Bilanz vorgesehen; zum anderen spricht Art. 43 Abs. 1 Nr. 11 vom „Steueraufwand", was – zumindest dem Wortlaut nach[5] – auch eine Einbeziehung aktivischer Steuerabgrenzungsposten ermöglicht.[6] Diese Änderungen könnten sich aus der Einbeziehung angelsächsischer Rechnungslegungstraditionen während der Abschlussarbeiten an der EG-Richtlinie nach dem Beitritt Großbritanniens zur EG erklären.[7]

7 b) **Entstehungsgeschichte des § 274.** Bereits die Vorläufernorm des heutigen § 274 war das Ergebnis eines langwierigen Gesetzgebungsprozesses gewesen.[8] Im Vorentwurf

---

[4] Näheres bei *Karrenbrock*, S. 194 ff; *Vogel* Rechnungslegungsvorschriften (1993), S. 75 ff.

[5] Dazu *Vogel* Rechnungslegungsvorschriften (1993), S. 76.

[6] Vgl. *Vogel* Rechnungslegungsvorschriften (1993), S. 76; HuRB-*Jacobs/Rupp* S. 389; **aA** *T. Siegel* S. 106 f; im Ergebnis ebenso – mit Hinweis auf die Gesetzgebungsgeschichte – *Karrenbrock*, S. 198 ff; HdJ-*ders.* IIIa/1 Rn 32.

[7] So *Vogel* Rechnungslegungsvorschriften (1993), S. 77 f; *Jacobs/Rupp* aaO.

[8] Vgl. die Übersichten bei HuRB-*Jacobs/Rupp*, S. 389 f; *Karrenbrock*, S. 206 ff.

aus dem Jahr 1980 war zunächst sowohl der Ansatz passiver als auch aktiver latenter Steuern vorgesehen (§ 254 HGB-VE). Für Erstere bestand eine Pflicht zur Rückstellungsbildung, für Letztere ein Ansatzwahlrecht in Gestalt einer Bilanzierungshilfe, die mit einer zwingenden Ausschüttungssperre verbunden war. In den Regierungsentwürfen war dann aber nur noch eine Rückstellungspflicht für passive latente Steuern in § 251 HGB-E enthalten, ergänzt um einen ausdrücklichen Hinweis auf die allgemeine Pflicht zur Bildung von Rückstellungen in § 250 HGB-E. In der Begründung hieß es zum Passivierungsgebot, ihm „komme nur klarstellende Bedeutung zu".[9] Eine Berücksichtigung aktiver latenter Steuererträge wurde ausdrücklich ausgeschlossen. In den weiteren Beratungen im Rechtsausschuss näherte man sich wieder der Regelung im Vorentwurf an. Es blieb bei der Passivierungspflicht für latente Steuerverpflichtungen, daneben wurde aber wieder ein Wahlrecht zur Berücksichtigung aktiver Steuererträge durch Ansatz einer Bilanzierungshilfe eingeführt, die durch eine Ausschüttungssperre ergänzt wurde. Dieses Wahlrecht sollte es den Unternehmen ermöglichen, „bei der Entscheidung der Frage, ob eine aktivische oder passivische Abgrenzung vorzunehmen ist, von einer Gesamtbetrachtung des Geschäftsjahres und früherer Geschäftsjahre auszugehen".[10]

§ 274 ist durch das BilMoG[11] neu gefasst worden. Auch dieser Änderung ist ein län- **8**
gerer Diskussionsprozess vorangegangen, zumal die praktische Bedeutung der Steuerabgrenzung infolge der Abschaffung der umgekehrten Maßgeblichkeit erheblich zunehmen wird. Umstritten war vor allem, ob das bisherige Aktivierungswahlrecht für aktive Steuerlatenzen zugunsten einer *Aktivierungspflicht* aufgegeben werden sollte. Die Zielsetzung des BilMoG – Annäherung des nationalen Bilanzrechts an internationale Rechnungslegungsstandards und Verbesserung der Informationsfunktion durch den Abbau von Wahlrechten – legten eine solche Änderung nahe. Deshalb sahen sowohl der Referentenentwurf[12] als auch der Regierungsentwurf[13] eine Ansatzpflicht für aktive latente Steuern vor, die erst in den Beratungen des Rechtsausschusses zugunsten eines Ansatzwahlrechts aufgegeben worden ist. Ein anderer Streitpunkt war die Saldierung von passiven und aktiven Steuerlatenzen, da es sich insoweit konzeptionell um unterschiedliche Sachverhalte (Rückstellungen bzw. Sonderposten) handelt. Die im Referentenentwurf zunächst vorgesehene *Saldierungspflicht* war im Schrifttum auf heftige Kritik gestoßen.[14] Daraufhin war der Regierungsentwurf zum zwingenden Einzelausweis von passiven und aktiven latenten Steuern zurückgekehrt. Im Rechtsausschuss einigte man sich dann auf ein Wahlrecht zwischen saldiertem und unsaldiertem Ausweis. Auch die – gegenüber § 274 a.F. neue – *Berücksichtigung von steuerlichen Verlustvorträgen* bei der Berechnung aktiver Steuerlatenzen war unter Objektivierungsgesichtspunkten nicht unumstritten. Im Regierungsentwurf wurde daraufhin die Berücksichtigung der Verlustvorträge auf einen Fünf-Jahres-Zeitraum beschränkt. Unstreitig war hingegen von Anfang an der Wechsel vom bisherigen GuV-orientierten „Timing-Konzept" zum international üblichen bilanzorientierten „*Temporary-Konzept*".[15]

c) **EG-Richtlinienkonformität des § 274.** § 274 beruht auf Art. 43 Abs. 1 Nr. 11 der **9**
4. EG-Richtlinie (Rn 6). Mit der Einführung einer gesonderten Angabepflicht in § 285 Nr. 29 hat der Gesetzgeber des BilMoG ein bisher in Bezug auf aktive latente Steuern

---

[9] BT-Drucks. 10/317, S. 84.
[10] BT-Drucks. 10/4268, S. 107.
[11] Gesetz v. 25.5.2009, BGBl. I 2009, 1102.
[12] Dazu *Karrenbrock* WPg 2008, 328.
[13] Vgl. BT-Drucks. 16/10067, S. 67.
[14] *Arbeitskreis Bilanzrecht der Hochschullehrer Rechtswissenschaft* BB 2008, 215.
[15] Dazu BT-Drucks. 10/10067, S. 67 sowie unten Rn 24.

mögliches Umsetzungsdefizit (dazu Vorauflage Rn 6) beseitigt.[16] Auch die Möglichkeit des Bruttoausweises nach Abs. 1 S. 3 dürfte mit den Richtlinienvorgaben zu vereinbaren sein.[17]

10 3. **Anwendungsbereich.** § 274 gilt entsprechend seiner Anordnung im Zweiten Abschnitt „Ergänzende Vorschriften für Kapitalgesellschaften und bestimmte Personenhandelsgesellschaften“ unmittelbar nur für Kapitalgesellschaften sowie für Personenhandelsgesellschaften i.S.v. § 264a. Allerdings sind kleine Gesellschaften (§ 267 Abs. 1) nach § 274a Nr. 5 von der Anwendung des § 274 befreit. § 274 gilt über die Verweisung in § 5 Abs. 1 S. 2 PublG entsprechend für publizitätspflichtige Unternehmen. Daraus lässt sich aber nicht zugleich ableiten, dass § 274 darüber hinaus auch für Einzelunternehmen und Personengesellschaften außerhalb des PublG „sinngemäß anzuwenden“ ist.[18] Dies würde vielmehr voraussetzen, dass § 274 einen allgemeinen GoB darstellt, der über die Generalnorm des § 243 Abs. 1 für alle Kaufleute gilt.[19] Dagegen spricht aber, dass § 274 allein auf der 4. EG-Richtlinie beruht und eine aktivische Steuerabgrenzung im deutschen Bilanzrecht vor dem BiRiLiG nicht anerkannt war.[20] Bei latenten Steuern handelt es sich nicht um Vermögensgegenstände, Schulden[21] oder Rechnungsabgrenzungsposten i.S.v. § 246 Abs. 1,[22] sondern sie bilden einen Sonderposten eigener Art (siehe Rn 15), der außerhalb von § 274 und den auf ihn verweisenden Vorschriften gerade nicht vorgesehen ist.[23] Aus gleichen Gründen scheidet – entgegen verbreiteter Ansicht[24] – auch eine freiwillige Anwendung des § 274 aus.[25]

11 Ist der Anwendungsbereich des § 274 eröffnet, so richten sich Ansatz, Bewertung und Ausweis latenter Steuern **ausschließlich nach dieser Norm.** Dies gilt auch dann, wenn passive latente Steuern im Einzelfall zugleich die Tatbestandsvoraussetzungen einer Verbindlichkeitsrückstellung erfüllen (dazu Rn 12 f).[26] Die allgemeinen Vorschriften werden hier durch die Spezialregelung des § 274 verdrängt,[27] was insbesondere zur Folge hat, dass eine Verrechnung mit ansatzfähigen aktiven latenten Steuern und Verlustvorträgen zulässig ist (Abs. 1 S. 1, 2), eine Abzinsung unterbleiben muss (Abs. 2 S. 1) und nur ein einheitlicher Ausweis unter dem Posten „Passive latente Steuern“ (§ 266 Abs. 3 E.) in Betracht kommt. Die nach früherem Recht bestehende Streitfrage über das Verhältnis von § 274 Abs. 1 a.F. zu § 249 Abs. 1 S. 1[28] stellt sich deshalb nach neuem Recht nicht mehr.

---

16 Näher MünchKommHGB/*Reiner* Rn 13.
17 *Reiner* aaO (siehe aber Rn 44 f).
18 So aber ADS 8; *IdW* SABI WPg 1988, 683.
19 Allgemein zur Anwendung der ergänzenden Vorschriften auf Einzelunternehmen und Personengesellschaften § 264 Rn 3.
20 Siehe auch HdJ-*Schulze-Osterloh*/I 1 Rn 100; *Ley* S. 169.
21 Zu Ausnahmen vgl. Rn 12 f.
22 Vgl. BT-Drucks. 16/12407, S. 84.
23 Zum Fehlen der Analogievoraussetzungen näher *Ley* S. 169 ff; siehe auch *Müller* DStR 2011, 1049.
24 *IDW* RS HFA 7 Rn 18; Beck BilKomm-*Kozikowski/Fischer* Rn 85; BoHdR-*Brösel/Haaker/Zwirner* Rn 1; HdR-*Spanheimer/Simlacher* Rn 5; MünchKommHGB/*Reiner* Rn 33 f; WP-Handbuch I F 171; *Lüdenbach/Freitag* BB 2011, 1579 f.
25 Vgl. § 264 Rn 4; ebenso *Ley* S. 168 ff; siehe auch *Schulze-Osterloh* aaO; HdJ-*Karrenbrock*/IIIa 1 Rn 21 f; *Hennrichs* GmbHR 2010, 23.
26 BT-Drucks. 16/10067, S. 67 f.
27 Ebenso *Förster/Beer* StuW 2012, 88; siehe auch *Ley* S. 342 f; **aA** offenbar Beck-HdR-*Briese* B 235 Rn 43; vgl. auch BoHdR-*Brösel/Haaker/Zwirner* Rn 31; unklar *D. Siegel* S. 88 („binärer Charakter“).
28 Dazu Vorauflage Rn 8 f; *Förster/Beer* StuW 2012, 87.

Für **Bilanzierungspflichtige, auf die § 274 keine Anwendung findet**, weil sie den §§ 264 ff. nicht unterfallen (vgl. Rn 10) oder die Befreiung nach § 274a Nr. 5 in Anspruch nehmen, gelten hingegen die allgemeinen Vorschriften, d.h. aktive latente Steuern bleiben außer Ansatz und passive latente Steuern sind nur dann zu berücksichtigen, wenn sie zugleich die Tatbestandsvoraussetzungen einer Verbindlichkeitsrückstellung nach § 249 Abs. 1 S. 1 Alt. 1 erfüllen.[29] Umstritten ist, *wann* dies der Fall ist. **Meinungsstand.** Nach Auffassung des *IDW* kommt passiven latenten Steuern grundsätzlich Schuldcharakter zu, da sie zum Abschlussstichtag eine wirtschaftliche Belastung begründen.[30] Allerdings seien „aufrechenbare" aktive Latenzen und Vorteile aus steuerlichen Verlustvorträgen rückstellungsmindernd zu berücksichtigen.[31] Eine Abzinsung könne nach dem Rechtsgedanken des § 274 Abs. 2 S. 1 unterbleiben.[32] Es empfehle sich ein gesonderter Ausweis unter den Steuerrückstellungen (§ 266 Abs. 3 B. 2.). Eine Ausnahme sei nur für quasi-permanente Differenzen zu machen, soweit auf absehbare Zeit nicht mit dem Eintritt einer Steuerbelastung zu rechnen sei.[33] Nach der u.a. von der *Bundessteuerberaterkammer* vertretenen Gegenansicht scheidet der Ansatz einer Verbindlichkeitsrückstellung hingegen im Regelfall aus, weil sich passive latente Steuern nicht auf die steuerliche Bemessungsgrundlage auswirkten bzw. es am Merkmal der wirtschaftlichen Verursachung am Abschlussstichtag fehle.[34] Anders sei dies nur, wenn realisierte Erträge durch Bildung einer steuerfreien Rücklage oder einen außerbilanziellen Abzug zunächst nicht der Besteuerung unterlägen, sofern davon auszugehen sei, dass es später zu einer gewinnerhöhenden Auflösung des entsprechenden Postens komme.[35] Genannt werden die Rücklagen nach § 6b Abs. 3 EStG und R 6.6 Abs. 4 EStR sowie der Investitionsabzugsbetrag nach § 7g Abs. 1 EStG. **12**

Stellungnahme. Der zuletzt angeführten Auffassung ist zu folgen. Passiven latenten Steuern kommt in vielen Fällen kein Schuldcharakter zu. Steuerlatenzen finden ihren Bezugspunkt in unterschiedlichen handels- und steuerrechtlichen Wertansätzen, die eine zeitversetzte Ertragsrealisation bzw. Aufwandsverrechnung zur Folge haben (vgl. Abs. 1 S. 1, 2). Sie betreffen also das Verhältnis von Handelsbilanzergebnis und steuerlichem Ergebnis *zueinander* (vgl. Rn 2 f). Auswirkungen auf die steuerliche Bemessungsgrund- **13**

---

[29] BT-Drucks. 16/10067, S. 68; Beck BilKomm-*Ellrott* § 274a Rn 6; *v. Kanitz* WPg 2011, 899; zum alten Recht *Karrenbrock* S. 346 ff; *Siegel* DStR 1986, 594; **aA** – auch insoweit Sperrwirkung durch § 274 – *Lüdenbach/Freitag* BB 2011, 1580 ff.

[30] Zum Folgenden *IDW* RS HFA 7 Rn 26 ff; siehe auch BoHdR-*Brösel/Haaker/Zwirner* Rn 45; HdR-*Dyck/Prokein* § 274a Rn 6; *Hennrichs* GmbHR 2010, 23; *Karrenbrock* BB 2013, 235 ff; *Kirsch/Hoffmann/Siegel* DStR 2012, 1293 ff; *Wendholt/Wesemann* DB 2009 Beilage 5, S. 72; vgl. ferner Beck BilKomm-*Kozikowski/Fischer* Rn 4; HdJ-*Karrenbrock*/IIIa 1 Rn 22; HdJ-*Schulze-Osterloh*/I 1 Rn 99; *ders.* ZHR 150 (1986), 553; Vorauflage Rn 7, 9 ff; stärker differenzierend Beck-HdR-*Briese* B 235 Rn 20 ff, Rn 218; *Ley* S. 166 f, S. 217 ff; *D. Siegel* S. 80 ff.

[31] **AA** BT-Drucks. 16/10067, S. 68.

[32] Insoweit **aA** BoHdR-*Brösel/Haaker/Zwirner* Rn 141; *Karrenbrock* BB 2013, 239.

[33] Insoweit auch BT-Drucks. 16/10067, S. 67; **aA** Beck-HdR-*Briese* B 235 Rn 24; *Karrenbrock* BB 2013, 238.

[34] Zum Folgenden *BStBK* v. 18.9.2012 Rn 4 ff; *Förster/Beer* StuW 2012, 89 ff; siehe auch *Kupsch/Eder* WPg 1988, 522 ff; *Müller* DStR 2011, 1047 ff; *Müller/Kreipl* DB 2011, 1703 ff; *Pollanz* DStR 2013, 60 ff; *Ruberg* Ubg 2011, 630 ff; vgl. ferner KK-*Korth* § 266 Rn 353; *v. Kanitz* WPg 2011, 900 ff (jedoch offen lassend); *Lüdenbach/Freiberg* BB 2011, 1582 f.

[35] Ohne die zuletzt angeführte Einschränkung Beck BilKomm-*Ellrott* § 274a Rn 7; *v. Kanitz* WPg 2011, 902 f; *Müller/Kreipl* DB 2011, 1704.

lage haben latente Steuern hingegen nicht.[36] Ihr Vorhandensein hat keinen Einfluss auf Entstehung und Höhe der Steuerschuld. Tritt eine passive Steuerlatenz auf, so bedeutet das nur, dass der handelsrechtliche Ergebnisausweis mit Blick auf spätere steuerliche Wirkungen zu hoch ausgefallen ist. Das mag – wie in § 274 geschehen – den Ansatz eines Korrekturpostens rechtfertigen, dem eine Abgrenzungsfunktion zukommt (vgl. Rn 15). Eine damit korrespondierende Verbindlichkeit gegenüber der Finanzverwaltung ist am Abschlussstichtag jedoch weder rechtlich entstanden noch wirtschaftlich verursacht.[37] Das scheint auch der Standpunkt des europäischen Gesetzgebers zu sein, wenn er in Art. 43 Abs. 1 Nr. 11 der 4. EG-Richtlinie lediglich Anhangangaben verpflichtend stellt. Spiegeln passive latente Steuern mithin aus sich heraus keine Außenverpflichtungen wider, so kommt der Ansatz einer Rückstellung nur ausnahmsweise in Betracht, wenn sich *aus anderen Gründen* ergibt, dass einzelnen Positionen Verbindlichkeitscharakter zukommt. Im Schrifttum wird zu Recht auf Situationen hingewiesen, in denen passive latente Steuern aufgrund steuerlicher Vorschriften zu bilden sind, die zur Folge haben, dass eine Besteuerung *realisierter* Erträge zunächst unterbleibt (Beispiele in Rn 12).[38] Der Ansatz einer Steuerrückstellung setzt dann voraus, dass es in der Zukunft voraussichtlich zu einer ertragswirksamen Auflösung der betroffenen Rücklage bzw. außerbilanziellen Position kommt, die eine entsprechende Steuerbelastung nach sich zieht.[39] Hieran fehlt es, wenn konkrete Anhaltspunkte dafür bestehen, dass eine steuerneutrale Übertragung auf ein (Re-)Investitionsgut erfolgen wird.[40] Denkbar ist auch der Fall, dass voraussichtlich ein steuerlicher Verlust ausgewiesen wird, wobei aber aus Vorsichtsgründen ganz konkrete Verlusterwartungen bestehen müssen.[41] Ist nach diesen Grundsätzen ausnahmsweise eine Steuerrückstellung zu bilden, so richten sich ihre Bewertung und ihr Ausweis nach den allgemeinen Vorschriften.[42] Es kommt folglich weder eine Kürzung um aktive Steuerlatenzen in Betracht,[43] noch ist eine nach § 253 Abs. 2 S. 1 vorzunehmende Abzinsung verzichtbar. Ein gesonderter Ausweis ist nicht erforderlich.

II. Normzweck

14 **1. Meinungsstand zu § 274 a.F.** Die gesetzliche Konzeption des § 274 a.F. und das Verhältnis dieser Vorschrift zu den allgemeinen Bilanzierungsregeln waren umstritten.[44] Vielfach wurde die Regelung der Steuerabgrenzung in § 274 a.F. vor dem Hintergrund internationaler Rechnungslegungspraxis als Ausfluss der *„dynamischen Bilanzauffassung"* verstanden. Der Ausweis passiver und aktiver latenter Steuern diene vorrangig dem Ziel der periodengerechten Erfolgsermittlung und habe in erster Linie Abgrenzungscharakter.[45] Nach diesem Verständnis sollte § 274 Abs. 1 a.F. auch dann eine Rückstellungsbildung ermöglichen, wenn die allgemeinen Voraussetzungen für eine Verbindlichkeits-

---

36 Ausführlich *Förster/Beer* aaO.
37 *Kupsch/Eder* aaO; *Müller* aaO.
38 Näher *Förster/Beer* StuW 2012, 90 f, 93 f.
39 *BStBK* v. 18.9.2012 Rn 8; *Förster/Beer* StuW 2012, 93 f.
40 *BStBK* aaO (unter Hinweis auf das Vorsichtsprinzip); weniger streng *Förster/Beer* StuW 2012, 94.
41 *BStBK* aaO.
42 Zum Folgenden *BStBK* v. 18.9.2012 Rn 9 ff; insoweit **aA** Beck BilKomm-*Ellrott* § 274a Rn 6 f.
43 Ebenso BT-Drucks. 16/10067, S. 68.
44 Vgl. die Übersichten bei *Schneeloch* WPg 1986, 517; *Karrenbrock*, S. 224 ff.
45 So ADS 11 ff; *Harms/Küting* BB 1985, 94 ff; HuRB-*Jacobs/Rupp*, S. 388; HdJ-*Karrenbrock* IIIa/1 Rn 25; *Ordelheide/Hartle* GmbHR 1986, 18.

rückstellung nach § 249 nicht vorlagen,[46] und eine Gesamtbetrachtung aktiver und passiver latenter Steuern geboten sei.[47] Eine andere Ansicht legte § 274 auf der Grundlage einer *statischen Bilanzauffassung* aus:[48] Danach hatte § 274 Abs. 1 neben der allgemeinen Rückstellungsverpflichtung nach § 249 Abs. 1 S. 1 keine eigenständige Bedeutung, sondern nur klarstellenden Charakter; auch Abs. 2 war nicht als Abgrenzungsposten, sondern nur als Bilanzierungshilfe einzuordnen.[49] Umstritten blieb nach dieser Ansicht die Saldierung passiver und aktiver latenter Steuern.[50] Eine dritte *vermittelnde Ansicht* wollte § 274 – insbesondere mit Rücksicht auf § 249 Abs. 1 S. 1 – auf echte Abgrenzungssachverhalte beschränken:[51] Abs. 1 betreffe als bloße „Rechtsfolgenverweisung" überhaupt nur Fälle nicht rückstellungsfähiger passiver latenter Steuern außerhalb von § 249 Abs. 1 S. 1. Auf dieser Grundlage wurde auch die Gesamtbetrachtung passiver und aktiver Steuerlatenzen als unproblematisch angesehen.[52]

2. Neuregelung durch das BilMoG. Mit der Neufassung des § 274 durch das BilMoG und der Annäherung an internationale Rechnungslegungsstandards (vgl. IAS 12) hat sich auch der Normzweck gewandelt. Im Vordergrund steht nunmehr die „den tatsächlichen Verhältnissen entsprechende Darstellung der Vermögens-, Finanz- und Ertragslage"[53] durch den Ausweis aktiver und passiver Steuern. Dafür spricht zum einen, dass nach dem Willen des Gesetzgebers nunmehr auch sog. quasi-permanente Differenzen zu berücksichtigen sind, deren Ausweis nach allgemeinen Bilanzierungsregeln (z.B. als Rückstellung) zweifelhaft wäre. Ferner sind latente Steuern nunmehr als Sonderposten eigener Art im Gliederungsschema auszuweisen und der Verweis auf § 249 Abs. 1 S. 1 ist weggefallen.[54] Schließlich schreibt das Gesetz – abweichend von der bisherigen Praxis – auch die Einbeziehung von aktiven Steuerlatenzen aus Verlustvorträgen vor. Zwar hat der Gesetzgeber mit Rücksicht auf die bisherige Rechtslage von einer Aktivierungspflicht abgesehen und die Berücksichtigung von Verlustvorträgen in zeitlicher Hinsicht beschränkt. Diese Umstände ändern aber nichts daran, dass der Ausweis latenter Steuern im neuen Recht in erster Linie der Informationsfunktion des Jahresabschlusses dient und *„Abgrenzungscharakter"* hat. **15**

III. Anwendungsfälle der Steuerabgrenzung

1. Passivische Steuerabgrenzung. Voraussetzungen. Der Ansatz von passiven latenten Steuern setzt nach § 274 Abs. 1 S. 1 voraus, dass zwischen den handels- und steuerrechtlichen Wertansätzen Differenzen bestehen, die sich in späteren Geschäftsjahren voraus- **16**

[46] So in dem Fall der Inanspruchnahme einer Bilanzierungshilfe nach § 269 a.F. vgl. nur ADS 12; eingehend *Schildbach* DB 1988, 57 mwN.

[47] Siehe nur Beck BilKomm-*Hoyos/Fischer* (6. Aufl.) Rn 10 ff.

[48] *T. Siegel*, S. 81 ff; *ders.* BB 1985, 495; *ders.* DStR 1986, 587; *Bareis* BB 1985, 1235; *v. Wysocki* ZfbF 1987, 833; *Döllerer* BB 1987 Beilage 14, S. 5; *Knobbe-Keuk* Bilanz- und Unternehmenssteuerrecht, S. 131; *Baetge* FS Loitlsberger (1991), S. 30 f; *Karrenbrock*, S. 232 ff; wohl auch KK-*Claussen* (Voraufl.) Rn 17 f.

[49] Vgl. etwa *Döllerer* aaO.

[50] Einerseits *Siegel* DStR 1986, 590 ff; *Döllerer* aaO, *Baetge* aaO andererseits.

[51] Zuerst *Schulze-Osterloh* ZHR 150 (1986), 551 ff; Baumbach/Hueck/*Schulze-Osterloh* GmbHG[18] § 42 Rn 268; dem folgend *Bordewin* DStZ 1987, 447 f; *Kupsch/Eder* WPg 1988, 522 f.

[52] Eingehend *Schulze-Osterloh* aaO.

[53] Vgl. BT-Drucks. 16/10067, S. 67.

[54] Näher zu diesem Fragenkreis *Ley* S. 214 ff; s. auch Rn 11.

sichtlich abbauen. Solche Differenzen können Vermögensgegenstände, Schulden und Rechnungsabgrenzungsposten betreffen.[55] Unter die Vorschrift („steuerlichen Wertansätzen") fallen auch Differenzen, die auf außerbilanziellen Hinzurechnungen oder Abzügen im Rahmen der Besteuerung beruhen.[56] Erforderlich ist allerdings, dass sie nicht – wie häufig – zu permanenten Differenzen führen.[57] Gleiche Grundsätze gelten für steuerliche Wertansätze, die in der Handelsbilanz keine Entsprechung finden.[58] Der Ausweis passiver latenter Steuern hatte nach altem Recht wegen der sog. umgekehrten Maßgeblichkeit eher Ausnahmecharakter.[59] Nach dem Wegfall der umgekehrten Maßgeblichkeit und der Streichung der korrespondierenden handelsrechtlichen Öffnungsklauseln wird die praktische Bedeutung der passivischen Steuerabgrenzung erheblich zunehmen, da ein passiver Überhang an Steuerlatenzen – anders als ein aktiver Überhang (vgl. § 274 Abs. 1 S. 2) – zwingend auszuweisen ist. Nicht erfasst sind nach dem Wortlaut des Abs. 1 dagegen sog. *permanente Differenzen* zwischen Handels- und Steuerbilanz, wie sie sich etwa aus der Steuerfreiheit bestimmter Erträge ergeben (z.B. § 3 Nr. 54 EStG). Zur Behandlung sog. „quasipermanenter" Unterschiede vgl. unten Rn 22 f. Anwendungsfälle passivischer Steuerabgrenzung sind insbesondere:[60]

17 **Unterschiede auf der Aktivseite**: Inanspruchnahme steuerlicher Sonderabschreibungen, erhöhter Absetzungen und Bewertungsabschläge (vgl. etwa §§ 7 bis 7k EStG), die wegen der Aufhebung der §§ 254, 279 Abs. 2 a.F. handelsrechtlich nicht nachvollzogen werden können; Aktivierung selbst geschaffener immaterieller Vermögensgegenstände nach § 248 Abs. 2 (vgl. § 5 Abs. 2 EStG); handelsrechtliche Einbeziehungspflicht der Abschreibungen auf aktivierte Entwicklungskosten für selbst erstellte immaterielle Vermögensgegenstände bei den Herstellungskosten anderer Vermögensgegenstände (§ 255 Abs. 2 S. 2); handelsrechtliche Bewertung nach der Fifo-Methode bei steigenden Preisen und steuerrechtliche Bewertung nach Durchschnittssätzen.[61]

18 **Unterschiede auf der Passivseite**: höhere Abzinsung von Rückstellungen nach Handelsrecht (über 5,5 %); Bildung steuerfreier Rücklagen (z.B. nach § 6b EStG), die nach der Aufhebung der §§ 247 Abs. 3, 273 a.F. handelsrechtlich nicht nachvollzogen werden können; Rückstellungen bei Zuwendungen eines Trägerunternehmens an eine Unterstützungskasse nach § 4d Abs. 2 S. 2 EStG.

19 Ein weiterer Fall von Abweichungen zwischen Handels- und Steuerbilanz ergibt sich bei der **Beteiligung an Personengesellschaften**, bei denen steuerlich Gewinne und Verluste aus der Beteiligung im Rahmen der einheitlichen und gesonderten Feststellung unmittelbar den Gesellschaftern zugerechnet werden (vgl. § 15 Abs. 1 S. 1 Nr. 2 EStG). Demgegenüber sind Gewinnanteile in der Handelsbilanz der Kapitalgesellschaft erst mit Realisation der Forderung anzusetzen und Verlustanteile im Rahmen der Bewertung zu

---

55 Zu anderen Bilanzpositionen vgl. *Ley* S. 184 f.

56 DRS 18.37; *IDW* RS HFA 7 Rn 20; Beck BilKomm-*Kozikowski/Fischer* Rn 32, 57; MünchKommHGB/*Reiner* Rn 22; *Ley* S. 185 f; *D. Siegel* S. 102; *Weidmann* DStR 2011, 2109 ff (für Analogiebildung); WP-Handbuch I F 174; **aA** *Lüdenbach/Freitag* BB 2010, 1971; für Verbindlichkeitsrückstellung BoHdR-*Brösel/Haaker/Zwirner* Rn 31; vgl. auch Beck-HdR-*Briese* B 235 Rn 23, 43 (siehe dazu Rn 11).

57 MünchKommHGB/*Reiner* Rn 22 f (auch zu Einzelfragen); davon offenbar stets ausgehend HdR-*Spanheimer/Simlacher* Rn 9.

58 *Ley* S. 184; *Weidmann* DStR 2011, 2108 f.; vgl. demgegenüber Beck-HdR-*Briese* B 235 Rn 41 f.

59 Wegen der Anwendungsfälle im alten Recht vgl. Vorauflage Rn 12 ff.

60 Weitere Anwendungsfälle bei *Ley* S. 228 ff.

61 ADS 37; Beck BilKomm-*Kozikowski/Fischer* Rn 25.

berücksichtigen.[62] Diese unterschiedliche Erfassung von Gewinnen und Verlusten in Handels- und Steuerbilanz (einschließlich der Wirkung steuerlicher Ergänzungs- und Sonderbilanzen) wird häufig eine Steuerabgrenzung erforderlich machen.[63]

2. Aktivische Steuerabgrenzung. Voraussetzung für eine aktivische Steuerabgrenzung ist nach Abs. 1 S. 2, dass sich aus den Differenzen zwischen Handels- und Steuerbilanz eine Steuerentlastung ergibt. Dem Tatbestandsmerkmal „voraussichtlich abbauen" (Abs. 1 S. 1) kommt bei aktiven latenten Steuern erhebliche Bedeutung zu, da sie aufgrund des *Vorsichtsprinzips* nur angesetzt werden dürfen, wenn sich prognostisch feststellen lässt, dass hinreichende Anhaltspunkte für eine Realisierung durch Verrechnung mit passiven latenten Steuern oder zu erwartenden steuerpflichtigen Gewinnen bestehen.[64] Hierfür wird häufig eine Steuerplanungsrechnung erforderlich sein.[65] Einer eingehenden Werthaltigkeitsprüfung bedarf es namentlich bei Verlustvorträgen nach Abs. 1 S. 4 (dazu Rn 37 f) sowie im Falle ausländischer Betriebsstätten.[66] Aktive latente Steuern können wiederum von Unterschieden aus der Bilanzierung und Bewertung auf der Aktiv- und auf der Passivseite herrühren.[67] **20**

Unterschiede auf der Aktivseite: Steuerlich nicht anerkannte Abschreibungen auf Vermögensgegenstände des Anlage- und Umlaufvermögens (z.B. bei einer voraussichtlich nur vorübergehenden Wertminderung von Finanzanlagen, vgl. § 253 Abs. 2 S. 4, § 6 Abs. 1 Nr. 1 S. 2 EStG); Abschreibung eines aktivierten derivativen Firmenwerts in der Handelsbilanz vor Ablauf der steuerlichen 15-Jahresfrist (§ 7 Abs. 1 S. 3 EStG); Nichtaktivierung eines Disagios nach § 250 Abs. 3 in der Handelsbilanz bei Ansatz eines entsprechenden Rechnungsabgrenzungspostens in der Steuerbilanz; steuerliches Wertaufholungsgebot für Geschäfts- oder Firmenwerte. **21**

Unterschiede auf der Passivseite: Steuerliche Nichtanerkennung von Rückstellungen (z.B. Drohverlustrückstellungen, vgl. § 5 Abs. 3, 4, 4a und 4b EStG); unterschiedliche Zinssätze bei der Abzinsung von Rückstellungen (Marktzins bzw. 5,5 %); steuerliches Abzinsungsgebot bei unverzinslichen Verbindlichkeiten (§ 6 Abs. 1 Nr. 3 EStG); unterschiedliche Bewertung von Rückstellungen (Berücksichtigung künftiger Preis- und Kostensteigerungen) bzw. Pensionsrückstellungen (Berücksichtigung künftiger Gehalts- und Rentensteigerungen). **22**

Zur aktivischen Steuerabgrenzung bei **Verlustvorträgen** und den dort zu beachtenden Besonderheiten vgl. unten Rn 34 ff. **23**

---

62 Statt aller *IDW* RS HFA 18 Rn 13 ff, 32; **aA** aber Baumbach/Hueck/*Schulze-Osterloh* GmbHG[18] § 42 Rn 150 mwN.

63 Dazu *IDW* RS HFA 18 Rn 42 ff; Beck-HdR-*Briese* B 235 Rn 153 ff; *Kastrup/Middendorf* BB 2010, 815; speziell zu Sonderbilanzen *Künkele/Zwirner* DStR 2011, 2313 f u. 2369; zum alten Recht vgl. eingehend *Schulze zur Wiesch* FS Forster (1992), S. 671.

64 DRS 18.23; näher *Ley*, S. 259 ff; *D. Siegel* S. 116 ff; siehe auch BoHdR-*Brösel/Haaker/Zwirner* Rn 82 ff; HdR-*Spanheimer/Simlacher* Rn 12, 60; MünchKommHGB/*Reiner* Rn 27.

65 Vgl. DRS 18.17; *D. Siegel* S. 118 f, S. 142 ff; WP-Handbuch I F 176.

66 Dazu Beck BilKomm-*Kozikowski/Fischer* Rn 65; MünchKommHGB/*Reiner* Rn 49; WP-Handbuch I F 211.

67 Siehe auch die Beispiele bei *Ley* S. 263 ff.

IV. Gemeinsame Einzelfragen der Steuerabgrenzung

24 **1. Zeitlich begrenzte Abweichung.** Nach dem Wortlaut des § 274 Abs. 1 setzt eine (passivische und aktivische) Steuerabgrenzung voraus, dass zwischen den handelsrechtlichen Wertansätzen von Vermögensgegenständen, Schulden und Rechnungsabgrenzungsposten und ihren steuerlichen Wertansätzen Differenzen bestehen, die sich in späteren Geschäftsjahren voraussichtlich abbauen. Einigkeit besteht zunächst darin, dass eine Steuerabgrenzung deshalb bei sog. **„permanenten"** Differenzen ausgeschlossen ist.[68] Darunter sind solche Unterschiede zwischen dem Ergebnis nach Handels- und Steuerbilanz zu verstehen, die sich überhaupt nicht auf den Steueraufwand der Folgejahre auswirken, wie z.B. steuerfreie Erträge.[69] Im Unterschied zum timing-Konzept des früheren Rechts kommt es für die Steuerabgrenzung nicht mehr auf eine Abweichung zwischen handels- und steuerrechtlichem Ergebnis an, sondern nach dem neuen **temporary-Konzept** sind alle Bilanzierungs- und Bewertungsabweichungen zwischen Handels- und Steuerbilanz zu erfassen, die sich zukünftig in disproportionalen Steuerwirkungen niederschlagen.[70] Der wesentliche Unterschied zwischen beiden Konzepten betrifft also die Behandlung von ergebnisneutral entstandenen Abweichungen.[71] Der Begründung des Regierungsentwurfs zufolge habe dies „keine signifikanten Auswirkungen für den handelsrechtlichen Jahresabschluss", da „eine erfolgsneutrale Erfassung von Wertänderungen handelsrechtlich gegenwärtig grundsätzlich nicht zulässig" sei.[72] Allerdings hat der Rechtsausschuss zutreffend darauf hingewiesen, dass § 274 – im Gegensatz zu IAS 12 – „keine Regelung enthält, die es erlaubt, auf im Zugangszeitpunkt bestehende Differenzen keine latenten Steuern zu berechnen."[73] Dementsprechend ist anerkannt, dass in die Steuerabgrenzung auch Bewertungsunterschiede aufzunehmen sind, die sich auf den *erstmaligen Ansatz* von Bilanzpositionen beziehen.[74] Dies betrifft vor allem Anschaffungs- und Umwandlungsvorgänge sowie steuerfreie Investitionszulagen.[75] Im Schrifttum wird, teils mit Differenzierungen, vertreten, dass die aufgrund des ergebnisneutralen Sachverhalts entstehende latente Steuer ebenfalls erfolgsneutral zu erfassen sei,[76] wobei aber über die Einzelheiten dieser Erfassung (sowie die spätere Auflösung) Unsicherheit besteht.[77] Diese Auffassung stützt sich im Wesentlichen auf das Erfordernis der Erfolgsneutralität von Anschaffungsvorgängen.[78] Ihr ist jedoch *nicht zu folgen*. Gemäß § 274 Abs. 2 S. 3 sind latente Steuern vielmehr erfolgswirksam zu erfassen, ohne dass das Gesetz Besonderheiten für Sachverhalte kennt, bei denen die Differenz bereits im Zugangszeitpunkt besteht.[79] Anders als in § 306 S. 3, § 301 Abs. 3 S. 1 hat der Gesetzgeber in § 274 gerade keine abweichende

---

68 Siehe nur BT-Drucks. 16/10067, S. 67; Beck BilKomm-*Kozikowski/Fischer* Rn 13, 56 sowie zum alten Recht ADS 16; Baumbach/Hueck/*Schulze-Osterloh* GmbHG[18] § 42 Rn 191.

69 Vgl. oben Rn 1.

70 MünchKommHGB/*Reiner* Rn 9.

71 Beck-HdR-*Briese* B 235 Rn 95; HdR-*Spanheimer/Simlacher* Rn 11.

72 BT-Drucks. 16/10067, S. 67.

73 BT-Drucks. 16/12047, S. 87; dazu *Ley* S. 225 f; *Loitz* DB 2009, 915.

74 Siehe nur MünchKommHGB/*Reiner* Rn 10, 25; weitere Nachweise sogleich.

75 Siehe die Beispiele bei Beck BilKomm-*Kozikowski/Fischer* Rn 10 ff (auch zu der umstrittenen Behandlung eines Geschäfts- oder Firmenwerts i.S.v. § 246 Abs. 1 S. 4).

76 Vgl. DRS 18.51; Beck BilKomm-*Kozikowski/Fischer* Rn 10, 12; Beck-HdR-*Briese* B 235 Rn 98 ff; HdR-*Spanheimer/Simlacher* Rn 63; KK-*Prinz* Rn 49; MünchKommHGB/*Reiner* Rn 25 f; *Ley* S. 205; *D. Siegel* S. 163.

77 Vgl. BoHdR-*Brösel/Haaker/Zwirner* Rn 53 ff.

78 Vgl. *Reiner* aaO. Auf die „Sachgerechtigkeit" dieser Lösung verweisen DRS 18.51; Beck BilKomm-*Kozikowski/Fischer* Rn 10.

79 Vgl. BT-Drucks. 16/12047, S. 87.

Regelung getroffen. Angesichts dieses Ausgangsbefundes bedarf es gewichtiger Gründe, um eine teleologische Reduktion des Abs. 2 S. 3 zu rechtfertigen. Daran fehlt es. Denn die erfolgswirksame Erfassung der latenten Steuern ändert nichts an der Erfolgsneutralität des Anschaffungsvorgangs selbst, sondern reagiert vielmehr auf einen *davon zu trennenden* Sachverhalt, nämlich die unterschiedliche handels- und steuerrechtliche Entwicklung der entsprechenden Bilanzansätze in der Zukunft. Dass in Bezug auf *diesen* Aspekt – entgegen Abs. 2 S. 3 – zwischen erfolgswirksamen und erfolgsneutralen Vorgängen differenziert werden müsste, erscheint jedenfalls nicht zwingend.

Zum alten Recht war umstritten, ob bei **sog. „quasi-permanenten" Differenzen** eine Steuerabgrenzung zu erfolgen hat. Darunter werden solche Unterschiede zwischen Handels- und Steuerbilanzergebnis verstanden, die „in theoretischer Hinsicht zwar zeitlich beschränkt sind, deren Umkehrung im Zeitpunkt des Entstehens jedoch nicht zu erwarten ist oder im Extremfall erst mit der Liquidation des Unternehmens eintritt".[80] Ein Beispielsfall wären etwa unterschiedlich hohe Abschreibungen auf Grund und Boden oder Beteiligungen,[81] deren Umkehr erst im Fall einer zukünftigen Veräußerung, möglicherweise also erst bei Liquidation des Unternehmens zu erwarten ist. Die Berücksichtigung solcher quasi-permanenten Differenzen wurde ganz überwiegend verneint,[82] weil die Umkehrung der Steuerwirkung nicht absehbar bzw. eine auf die Liquidation bezogene Steuerabgrenzung mit dem Going-concern-Prinzip nicht vereinbar sei.[83] Eine Gegenauffassung sprach sich für eine weitgehende Berücksichtigung solcher Steuerlatenzen aus.[84] Dafür spreche, dass das Going-concern-Prinzip eine Bewertungsnorm sei, während es in § 274 um Ansatzfragen gehe.[85] Zudem wurde – für den Fall passivischer Abgrenzung – auf den Gesichtspunkt des Gläubigerschutzes hingewiesen.[86] **25**

Stellungnahme. Der Streit um die Behandlung sog. quasi-permanenter Differenzen ist mit der Neufassung des § 274 zugunsten einer Einbeziehung entschieden worden. Zwar hat der Gesetzgeber die Berücksichtigung solcher Unterschiede im Gesetzeswortlaut nicht ausdrücklich vorgeschrieben, weil – wie schon bisher – darauf abgestellt wird, dass sich die Differenzen in späteren Geschäftsjahren *voraussichtlich* abbauen. In der Gesetzesbegründung wird indes ausdrücklich eine Einbeziehung auch quasi-permanenter Differenzen gefordert. Die entsprechende Passage lautet: „Der Wortlaut der neuen Vorschrift bietet – ebenso wie § 274 HGB in seiner bisherigen Fassung – keine Anhaltspunkte für ihre Außerachtlassung."[87] Für diese Auslegung lassen sich nicht nur die materiellen Erwägungen anführen, die bereits zum alten Recht für eine Einbeziehung vorgetragen worden sind.[88] Auch ein Umkehrschluss aus der zeitlichen Beschränkung der Berücksichtigung von Verlustvorträgen spricht ebenso für eine Berücksichtigung quasi-permanenter Differenzen wie der (geänderte) Normzweck der Vorschrift. Denn unter Informations- **26**

---

80 So die Definition bei ADS 16.

81 Speziell zu Steuerlatenzen bei Personengesellschaftsbeteiligungen vgl. *Schulze zur Wiesch* FS Forster (1992), S. 671 ff.

82 *IdW* SABI WPg 1988, 684; ADS 16; *Biener/Berneke*, S. 204; *von Wysocki* ZfbF 1987, 830.

83 ADS aaO.

84 *Karrenbrock*, S. 224 f; HdJ-*ders.* IIIa/1 Rn 27; *Schulze zur Wiesch* FS Forster (1992), S. 679 ff; zweifelnd *Ordelheide/Hartle* GmbHR 1986, 18; ebenso Vorauflage.

85 *Karrenbrock* aaO.

86 *Schulze zur Wiesch* aaO.

87 BT-Drucks. 16/10067, S. 67; dem folgend auch Beck BilKomm-*Kozikowski/Fischer* Rn 13; ebenso BoHdR-*Brösel/Haaker/Zwirner* Rn 27; HdR-*Spanheimer/Simlacher* Rn 17; KK-*Prinz* Rn 10; WP-Handuch I F 173; differenzierend MünchKommHGB/*Reiner* Rn 24.

88 Vgl. Vorauflage Rn 21.

aspekten gibt es keinen Grund, bestimmte Steuerbe- und -entlastungen, die im abgelaufenen Geschäftsjahr wirtschaftlich verursacht worden sind, nur deshalb nicht zu berücksichtigen, weil der Zeitpunkt ihres Eintritts noch nicht absehbar ist.

2. Gesamt- oder Einzelbetrachtung

27 a) **Problemstellung.** Latente Steuern beruhen auf einzelnen Geschäftsvorfällen, die sich zeitlich abweichend auf das Ergebnis nach Handels- und Steuerbilanz auswirken. Legt man eine Einzelbetrachtung aller solcher Geschäftsvorfälle zugrunde, müssten folglich alle passiven und aktiven Steuerlatenzen getrennt ermittelt und ausgewiesen werden (*Einzelbetrachtung*). Eine andere Möglichkeit könnte darin bestehen, alle passiven und aktiven latenten Steuern in einer Gesamtbetrachtung zusammenzufassen und nur eine – passive oder aktive – „Abrechnungsspitze" auszuweisen (*Gesamtbetrachtung*). Gegen eine solche Saldierung passiver und aktiver latenter Steuern waren im alten Recht – nicht zuletzt wegen des unterschiedlichen Charakters beider Positionen (Rückstellungen bzw. Bilanzierungshilfe) und des zeitlichen Auseinanderfallens von Steuerbe- und -entlastungen erhebliche Vorbehalte geltend gemacht worden.[89] Die Saldierungsproblematik blieb auch in den Beratungen zum BilMoG umstritten.[90] Im Referentenentwurf war zunächst – entsprechend der bisherigen Praxis – ein saldierter Ausweis vorgesehen. Demgegenüber enthielt der Regierungsentwurf aus Gründen der besseren Information eine Pflicht zum unverrechneten Ausweis. Im Rechtsausschuss einigte man sich dann – gleichsam als Kompromiss – auf eine Gesamtdifferenzbetrachtung mit Ausweiswahlrecht.

28 b) **Saldierung mit Ausweiswahlrecht.** Nach § 274 Abs. 1 S. 1 sind aktive und latente Steuern grundsätzlich miteinander zu verrechnen, d.h. es ist nur eine sich aus den Differenzen „insgesamt ergebende Steuerbelastung" auszuweisen. Ergibt sich aus der Saldierung ein Aktivüberhang, besteht nach § 274 Abs. 1 S. 2 für diesen Überhang ein Ansatzwahlrecht. Insoweit ist auch das Gebot der Ansatzstetigkeit zu beachten (§ 246 Abs. 3).[91] Zusätzlich gewährt § 274 Abs. 1 S. 3 den Unternehmen ein *Ausweiswahlrecht*: Danach dürfen die sich ergebenden Steuerbe- und -entlastungen auch „unverrechnet angesetzt werden". Durch das Ausweiswahlrecht soll der Informationsgehalt des Jahresabschlusses verbessert werden.[92] Es unterliegt dem Gebot der Ausweisstetigkeit (§ 265).[93]

29 Unabhängig davon, ob der Ausweis saldiert oder unsaldiert erfolgen soll, bilden die einzelnen Differenzen (sowie ggf. Verlustvorträge) den **Ausgangspunkt bei der Ermittlung der passiven bzw. aktiven Steuerlatenzen.**[94] Eine solche Einzelbetrachtung ist im neuen Recht schon wegen des in § 274 Abs. 2 S. 1 vorgeschriebenen Bewertungsmaßstabs erforderlich. Denn eine Bewertung mit den „unternehmensindividuellen Steuersätzen im Zeitpunkt des Abbaus der Differenzen" ist nur auf der Ebene der einzelnen Differenzen möglich.[95] Die Unterschiede zwischen den handels- und steuerrechtlichen Wertansätzen sind vollständig zu erfassen.[96] Die so ermittelten Steuerlatenzen sind sodann – jeweils getrennt für passive und aktive latente Steuern – zusammenzufassen.[97] Die teilweise

---

89 Vgl. dazu eingehend Vorauflage Rn 22 ff.
90 Siehe *Arbeitskreis Bilanzrecht der Hochschullehrer Rechtswissenschaft*, BB 2008, 215.
91 Beck BilKomm-*Kozikowski/Fischer* Rn 14; näher *Karrenbrock* BB 2011, 685 f.
92 So die Begründung des Rechtsausschusses BT-Drucks. 16/12407, S. 87.
93 Beck BilKomm-*Kozikowski/Fischer* Rn 15.
94 DRS 18.36; Beck-HdR-*Briese* B 235 Rn 37; *D. Siegel* S. 100 f.
95 Ebenso *Karrenbrock* WPg 2008, 332 f.
96 Beck BilKomm-*Kozikowski/Fischer* Rn 56; HdR-*Spanheimer/Simlacher* Rn 48.
97 Vgl. DRS 18.38

erwogene, nach Bilanzposten, Steuerjurisdiktionen oder anderen Kriterien differenzierte Ermittlung von Abrechnungsspitzen[98] ist im Gesetz nicht angelegt (arg. Abs. 1 S. 3).[99] Ein derartiges Vorgehen kommt – in Form interner Hilfsrechnungen – lediglich dann in Betracht, wenn ausschließlich die *Saldogrößen* nach Abs. 1 S. 1, 2 ermittelt und ggf. ausgewiesen werden sollen, da das rechnerische Ergebnis identisch sein muss.[100] Der Bilanzausweis hängt zum einen von der Höhe der passiven und aktiven Steuerlatenzen und zum anderen davon ab, in welcher Weise von dem Ansatz- und Ausweiswahlrecht in Abs. 1 S. 2 und 3 Gebrauch gemacht wird (dazu näher unten Rn 40 ff).

3. **Berechnung des Steueraufwandes.** In die Berechnung der Steuerabgrenzung sind alle vom steuerlichen Gewinn abhängigen Steuern einzubeziehen, also Körperschaftsteuer und Gewerbesteuer.[101] Nach § 274 Abs. 2 S. 1 sind die sich ergebenden Steuerbe- und -entlastungen mit den unternehmensindividuellen Steuersätzen im Zeitpunkt des Abbaus der Differenzen zu bewerten. Sind die individuellen Steuersätze im Zeitpunkt der Umkehrung nicht bekannt, sind die am Bilanzstichtag gültigen individuellen Steuersätze anzuwenden.[102] Für eine deutsche Kapitalgesellschaft ergibt sich nach derzeitiger Rechtslage ein typisierter Steuersatz von ca. 30 % (KSt-Satz einschließlich SolZ 15,825 % zzgl. GewSt-Satz von 14 % bei einem Hebesatz von 400 %).[103] Bei Erträgen aus ausländischen Betriebsstätten mit DBA-Freistellung sind die ausländischen Steuersätze maßgebend. Änderungen der individuellen Steuersätze sind erst zu berücksichtigen, wenn die maßgebende Körperschaft die Änderung vor oder am Bilanzstichtag verabschiedet hat. In Deutschland bedeutet dies, dass der Bundesrat einem Steuergesetz vor oder am Bilanzstichtag zugestimmt haben muss.[104] 30

4. **Keine Abzinsung.** Nach § 274 Abs. 2 S. 1 sind die aktiven und passiven latenten Steuern nicht abzuzinsen. Dies entspricht der bisherigen Praxis[105] und der systematischen Einordnung als „Sonderposten eigener Art“.[106] Eine (klarstellende) Regelung war mit Rücksicht auf das neue Abzinsungsgebot für Rückstellungen geboten, weil zumindest der Sonderposten „passive latente Steuern“ auch Rückstellungselemente enthalten kann. 31

5. **Auflösung.** Die nach § 266 Abs. 2 D. bzw. Abs. 3 E. gebildeten Posten sind nach § 274 Abs. 2 S. 2 aufzulösen, sobald die Steuerbelastung oder -entlastung eintritt oder mit ihr nicht mehr zu rechnen ist. Die zuletzt genannte Alternative ist vor allem bei aktiven Steuerlatenzen von Bedeutung, wenn sich ihr ursprünglich prognostizierter Abbau voraussichtlich nicht bzw. nicht innerhalb der Frist des Abs. 1 S. 4 realisieren wird.[107] Auch Änderungen des Steuersatzes oder anderer rechtlicher Vorgaben können eine Auflösung erforderlich machen.[108] Derartige Sachverhalte sind nach Abs. 2 S. 3 erfolgswirk- 32

---

98 Vgl. Beck BilKomm-*Kozikowski/Fischer* Rn 14; *D. Siegel* S. 104.

99 Vgl. MünchKommHGB/*Reiner* Rn 29 f; WP-Handbuch I F 212.

100 Insoweit auch MünchKommHGB/*Reiner* Rn 29, der dieses Vorgehen jedoch gänzlich ablehnt.

101 Statt aller Baumbach/Hueck/*Schulze-Osterloh* GmbHG[18] § 42 Rn 194; bei Personenhandelsgesellschaften i.S.d § 264a ist nur die Gewerbesteuer betroffen, vgl. dazu etwa *IDW* RS HFA 7 Rn 19 ff; Beck BilKomm-*Kozikowski/Fischer* Rn 62; Beck-HdR-*Briese* B 235 Rn 136 ff; *Kühne/Melcher/Wesemann* WPg 2009, 1058 f; *Künkele/Zwirner* DStR 2011, 2309.

102 BT-Drucks. 16/10067, S. 68.

103 Statt vieler BoHdR-*Brösel/Haaker/Zwirner* Rn 151; *Petersen/Zwirner* StuB 2009, 417.

104 Vgl. BT-Drucks. 16/10067, S. 68.

105 Zum alten Recht vgl. Vorauflage Rn 29.

106 Kritisch aber *Müssig/Breitkreuz* StuW 2012, 71.

107 KK-*Prinz* Rn 48.

108 Vgl. DRS 18.54.

sam zu erfassen (dazu Rn 45). Die hier dargestellten Grundsätze gelten auch für Korrekturen der ausgewiesenen Posten der Höhe nach.[109]

33 **6. Steuerabgrenzung bei Organschaften.** § 274 enthält – ebenso wie die Vorgängerregelung – keine nähere Aussage dazu, wie die Bilanzierung latenter Steuern bei ertragsteuerlichen Organschaften (Körperschaft- und Gewerbesteuer) zu erfolgen hat. Da die Organschaft zu einer Verlagerung der Steuerlasten von der Organgesellschaft zum Organträger führt, wird man – entsprechend der bisherigen Praxis[110] – auch weiterhin die Steuerabgrenzung ausschließlich auf der Ebene des Organträgers vorzunehmen haben, solange die Umkehrung der Differenzen voraussichtlich während des Bestehens der Organschaft eintritt.[111] Ggf. bedarf es einer zeitlichen Abschichtung.[112] Soweit innerhalb des Organkreises Vereinbarungen über Steuerumlagen bestehen, handelt es sich bei solchen Zahlungen nicht um Steuern i.S.v. § 274. Eine „Umlagenabgrenzung" kann daher allenfalls in Analogie zu § 274 geboten sein, um künftige Be- und Entlastungen aus der Umlagevereinbarung wirtschaftlich zutreffend abzubilden.[113]

V. Steuerabgrenzung bei Verlustvorträgen (§ 274 Abs. 1 S. 4)

34 **1. Problemstellung.** Abweichungen zwischen dem Steueraufwand, der dem handelsrechtlichen Ergebnis entsprechen würde, und dem tatsächlichen Steueraufwand einer Periode können sich nicht nur aus unterschiedlichen Wertansätzen in Handels- und Steuerbilanz, sondern auch aus den Regelungen über den steuerlichen Verlustabzug ergeben (vgl. § 10d EStG i.V.m. § 8 Abs. 1 S. 1 KStG bzw. § 10a GewStG). Ohne Bedeutung ist insoweit ein steuerlicher *Verlustrücktrag*, weil er nur zu einer Steuererstattung führen kann, sich aber auf die künftige Steuerbelastung nicht auswirkt.[114] Dagegen können sich aus dem steuerlichen *Verlustvortrag* erhebliche Auswirkungen auf die künftige Steuerbelastung ergeben. Dabei sind zwei Effekte zu unterscheiden. Zum einen führt ein Verlustvortrag bei fehlender Gewinnerwartung dazu, dass mit einer „Steuerbelastung" bzw. „Steuerentlastung" voraussichtlich nicht zu rechnen ist. Zum anderen führt ein Verlustvortrag – entsprechende Gewinne in den Folgejahren vorausgesetzt – zu einer Minderung des Steueraufwands und damit selbst zu einer aktiven Steuerlatenz.

35 **2. Gesetzliche Regelung.** Das frühere Recht enthielt keine Regelung zur Behandlung von Verlustvorträgen bei der Steuerabgrenzung. Deshalb wurden Verlustvorträge zwar bei der Ermittlung von Steuerlatenzen berücksichtigt, eine Aktivierung von Verlustvorträgen nach § 274 Abs. 2 a.F. aber ganz überwiegend abgelehnt, weil es an einer Ergebnisdifferenz fehlte und eine Aktivierung wegen der Unsicherheiten über den künftigen Ge-

---

109 Vgl. BT-Drucks. 16/10067, S. 68.

110 Vgl. dazu ADS 31.

111 Ebenso DRS 18.32; HdR-*Spanheimer/Simlacher* Rn 76; *Wendholt/Wesemann* DB 2009 Beilage 5, S. 70 f; eingehend Beck-HdR-*Briese* B 235 Rn 174 ff; *Herzig/Liekenbrock/Vossel* Ubg 2012, 141.

112 DRS 18.34; näher Beck BilKomm-*Kozikowski/Fischer* Rn 70; MünchKommHGB/*Reiner* Rn 46.

113 So *Wendholt/Wesemann* aaO; für einen Ausweis nach der wirtschaftlichen Betrachtungsweise *Loitz* DB 2009, 917; für wahlweise zulässige Abbildung im Jahresabschluss der Organgesellschaft, wenn diese die steuerlichen Be- und Entlastungen vollständig übernimmt DRS 18.35; zu Folgefragen Beck-HdR-*Briese* B 235 Rn 196 ff; WP-Handbuch I F 218 f; *Herzig/Liekenbrock/Vossel* Ubg 2012, 143 f.

114 HdR-*Spanheimer/Simlacher* Rn 35 f.

schäftsverlauf als unvereinbar mit dem Vorsichtsprinzip angesehen wurde.[115] Durch das BilMoG ist die Berücksichtigung von steuerlichen Verlustvorträgen im Rahmen der Steuerabgrenzung neu geregelt worden. Nach § 274 Abs. 1 S. 4 sind steuerliche Verlustvorträge nunmehr „bei der Berechnung aktiver latenter Steuern in Höhe der innerhalb der nächsten fünf Jahre zu erwartenden Verlustverrechnung zu berücksichtigen". Mit der Einbeziehung steuerlicher Verlustvorträge wollte der Gesetzgeber die Steuerabgrenzung nach HGB an internationale Maßstäbe angleichen (vgl. IAS 12). Den unter Hinweis auf das Vorsichtsprinzip vorgetragenen Bedenken gegen eine Aktivierung von Verlustvorträgen hat der Gesetzgeber durch die (von IAS 12 abweichende) Beschränkung auf einen Fünf-Jahres-Zeitraum Rechnung getragen.[116] Eine solche starre zeitliche Grenze ist allerdings nicht frei von Bedenken, weil sie nicht dem individuellen Planungshorizont des Unternehmens entsprechen muss und innerhalb der Position „aktive latente Steuern" zu unterschiedlichen Bewertungsgrundsätzen führt.[117]

3. Einzelfragen. Fraglich ist zunächst, ob der gesetzlich bestimmte **Fünf-Jahres-Zeitraum** lediglich für den gesonderten Ansatz aktiver latenter Steuern gilt oder auch für die Verrechnung mit passiven latenten Steuern. Der Gesetzeswortlaut – „bei der Berechnung aktiver latenter Steuern" – legt eher eine einschränkende Interpretation nahe, zumal die Berücksichtigung von Verlustvorträgen bei der Ermittlung passiver latenter Steuern auch unter dem früheren Recht anerkannt war.[118] Allerdings hat der Rechtsausschuss die Ansicht geäußert, dass die „Fünf-Jahres-Grenze" auch bei der „Verrechnung mit passiven latenten Steuern" herangezogen werden müsse.[119] Daran ist richtig, dass die Art des Ausweises der Steuerlatenzen – saldiert oder unsaldiert – insoweit unerheblich ist. Ferner stellt sich das Unsicherheitsproblem nicht nur bei der Aktivierung von Verlustvorträgen, sondern auch bei der Bewertung passiver latenter Steuern. Denn auch insoweit kommt es entscheidend auf die prognostische Feststellung an, ob im Zeitpunkt der Umkehrung wegen eines Verlustvortrags mit einer künftigen Steuerlast zu rechnen ist.[120] Dies spricht aus Vorsichtsgründen dafür, den „Fünf-Jahres-Zeitraum" auf alle Steuereffekte aus Verlustvorträgen anzuwenden.[121] **36**

Bei der Ermittlung aktiver latenter Steuern aus Verlustvorträgen ist – wie zuletzt der Rechtsausschuss noch einmal bekräftigt hat[122] – das Vorsichtsprinzip zu berücksichtigen (vgl. allgemein Rn 20). An den **Nachweis der Wahrscheinlichkeit** einer künftigen steuerlichen Verlustnutzung sind daher insbesondere dann hohe Anforderungen zu stellen, wenn das Unternehmen bereits in der Vergangenheit nicht über ausreichende nachhaltige Gewinne verfügte.[123] Nach einer Verlustphase bedarf es für eine Aktivierung folglich besonders überzeugender Nachweise.[124] Gründe, die für eine Aktivierung sprechen, sind z.B. Gewinnerwartungen aus laufenden Großprojekten, ein hoher Auftragsbestand, aus- **37**

---

115 Vgl. dazu und zur Unternehmenspraxis zuletzt *Marten/Weiser/Köhler* BB 2003, 2335.

116 Vgl. BT-Drucks. 16/10067, S. 67.

117 So *Loitz* Ubg 2008, 466.

118 Vgl. Vorauflage Rn 27.

119 BT-Drucks. 16/12047, S. 87.

120 Vgl. dazu Beck-HdR-*Briese* B 235 Rn 88.

121 Siehe auch BoHdR-*Brösel/Haaker/Zwirner* Rn 105; *Lüdenbach/Freitag* BB 2010, 1974; *D. Siegel* S. 139 ff; wohl auch *Engels* BB 2008, 1556; **aA** DRS 18.21 f; Beck BilKomm-*Kozikowski/Fischer* Rn 45; MünchKommHGB/*Reiner* Rn 40; WP-Handbuch I F 187; *Karrenbrock* BB 2012, 684 f; *Ley* S. 308 ff; *Wendholt/Wesemann* DB 2009 Beilage 5, S. 70.

122 BT-Drucks. 16/12047, S. 87.

123 KK-*Prinz* Rn 41. So auch bereits die Begründung zum Regierungsentwurf, vgl. BT-Drucks. 16/10067, S. 67.

124 Vgl. auch HdR-*Spanheimer/Simlacher* Rn 41; *Lüdenbach/Freitag* aaO; WP-Handbuch I F 191; *Berger* DB 2006, 2474.

reichende passive Steuerlatenzen oder der Verkauf von verlustbringenden Geschäftsbereichen. Haben sich dagegen z.B. die steuerlichen oder wirtschaftlichen Rahmenbedingungen verschlechtert (Einschränkung des Verlustvortrags oder Rezessionserwartungen), wird eine Aktivierung regelmäßig ausscheiden. Eine bloße überwiegende Wahrscheinlichkeit der Verlustnutzung (im Sinne eines *„more likely than not"*) reicht mithin noch nicht aus.[125]

38 Aus den vorstehenden Anforderungen ergibt sich zugleich, dass die Berücksichtigung von Verlustvorträgen im Rahmen der Steuerabgrenzung entsprechende **Planungsrechnungen** über fünf Jahre (Planungshorizont) voraussetzt.[126] Wie diese auszugestalten sind, hängt von den individuellen Verhältnissen der Unternehmen (Größe, Branche etc.) ab. Gleiches gilt für den Umfang der Dokumentation.[127] Da es insoweit entscheidend auf die steuerlichen Rahmenbedingungen ankommt, sind auch alle relevanten steuerlichen Regelungen (z.B. die Vorschriften über die Mindestbesteuerung in § 10d EStG oder der Wegfall von Verlustvorträgen nach § 8c KStG bei Anteilseignerwechsel) zu berücksichtigen.[128]

39 Nach der Auffassung der Gesetzesverfasser ist § 274 Abs. 1 S. 4 auf aktive Steuern aus **Steuergutschriften und Zinsvorträgen** entsprechend anzuwenden.[129] Da es im aktuellen deutschen Steuerrecht keine Anwendungsfälle für latente Steuergutschriften gibt,[130] betrifft dies vor allem Zinsvorträge nach § 4h Abs. 4 EStG, § 8a KStG,[131] nicht jedoch EBITDA-Vorträge als solche.[132] Im Schrifttum wird ferner eine Einbeziehung des Spendenvortrags nach § 9 Abs. 1 Nr. 2 S. 9, 10 KStG, § 9 Nr. 5 S. 8 GewStG befürwortet.[133]

VI. Darstellung im Jahresabschluss

1. Ausweis in der Bilanz

40 **a) Allgemeines.** Steuerlatenzen sind in der Handelsbilanz als Sonderposten auszuweisen. Dazu ist das Gliederungsschema des § 266 um zwei Positionen erweitert worden: „Aktive latente Steuern" (§ 266 Abs. 2 D.) und „passive latente Steuern" (§ 266 Abs. 3 E.). Der konkrete Bilanzausweis hängt vor allem davon ob, ob von dem Ansatzwahlrecht für aktive latente Steuern nach § 274 Abs. 1 S. 2 Gebrauch gemacht wird und wie das Ausweiswahlrecht nach § 274 Abs. 1 S. 3 ausgeübt wird. Zu beachten ist ferner, dass das Ansatzwahlrecht nach § 274 Abs. 1 S. 2 nur hinsichtlich des gesamten Aktivüberhangs besteht. Ein teilweiser Ausweis aktiver latenter Steuern scheidet mithin aus.[134] Fraglich ist, wie die Ausübung des Ausweiswahlrechts durch das Ansatzwahlrecht beeinflusst

---

125 Ebenso BoHdR-*Brösel/Haaker/Zwirner* Rn 106 ff; *Hoffmann/Lüdenbach* NWB 2009, 1481.

126 Vgl. Beck BilKomm-*Kozikowski/Fischer* Rn 42 ff; HdR-*Spanheimer/Simlacher* Rn 39 f; WP-Handbuch I F 188; *Ley* S. 286 ff.

127 Siehe nur *Herzig/Vossel* BB 2009, 1176.

128 HdR-*Spanheimer/Simlacher* Rn 38; KK-*Prinz* Rn 42; WP-Handbuch I F 192.

129 BT-Drucks. 16/10067, S. 67; ebenso DRS 18.20.

130 Vgl. KK-*Prinz* Rn 43; zu der Übergangsregelung des § 37 Abs. 5 KStG siehe *Ley* S. 302 f.

131 Einzelheiten bei Beck BilKomm-*Kozikowski/Fischer* Rn 51; Beck-HdR-*Briese* B 235 Rn 65 ff; *Ley* S. 290 ff; *D. Siegel* S. 124 ff.

132 Näher *Prinz* aaO; *D. Siegel* S. 130 ff.

133 Beck-HdR-*Briese* B 235 Rn 69; HdR-*Spanheimer/Simlacher* Rn 45.

134 DRS 18.15; Beck BilKomm-*Kozikowski/Fischer* Rn 14; WP-Handbuch I F 178.

wird. Ausgehend vom Wortlaut des § 274 Abs. 1 S. 2 könnte man meinen, dass ein Ansatzwahlrecht für aktive latente Steuern nur im Rahmen des saldierten Ausweises besteht.[135] Nach anderer Ansicht bestehen das Aktivierungs- und Saldierungswahlrecht selbstständig nebeneinander.[136] Für die letztere Auffassung spricht, dass es keinen sachlichen Grund gibt, das Aktivierungswahlrecht für aktive latente Steuern vom Bilanzausweis abhängig zu machen. Verzichtet ein Unternehmen nach § 274 Abs. 1 S. 2 auf den Ansatz eines Aktivüberhangs, muss im Rahmen des unsaldierten Ausweises aber mindestens ein Teilbetrag an aktiven latenten Steuern ausgewiesen werden, der dem Umfang der passiven latenten Steuern entspricht.[137] Denn das Ansatzwahlrecht bezieht sich allein auf den *Überhang* der aktiven über die passiven latenten Steuern.[138] Im Einzelnen sind – abhängig davon, ob die passiven oder die aktiven Steuerlatenzen überwiegen – folgende Ausweisalternativen denkbar:

b) **Passivüberhang.** Ergibt sich insgesamt eine künftige Steuerbelastung (Passivüberhang), so ist entweder dieser Saldo auf der Passivseite als Sonderposten auszuweisen (§ 266 Abs. 3 E.), oder die aktiven und passiven latenten Steuern werden jeweils unter Anwendung des Ausweiswahlrechts nach § 274 Abs. 1 S. 3 unverrechnet auf der Aktiv- und Passivseite ausgewiesen (§ 266 Abs. 2 D. und Abs. 3 E.). **41**

c) **Aktivüberhang.** Ergibt sich insgesamt eine künftige Steuerentlastung (Aktivüberhang), so bestehen vier Möglichkeiten:[139] **42**

(1) Der Ausweis von latenten Steuern unterbleibt wegen des Ansatzwahlrechts nach § 274 Abs. 1 S. 2 ganz.

(2) Das Unternehmen verzichtet zwar auf den Ausweis des Aktivüberhangs, nimmt aber das Ausweiswahlrecht des § 274 Abs. 1 S. 3 in Anspruch und weist folglich aktive und passive latente Steuern in gleicher Höhe aus.

(3) Das Unternehmen weist nur den (ganzen) Aktivüberhang unter § 266 Abs. 2 D. aus (saldierter Ausweis).

(4) Das Unternehmen weist die aktiven und passiven latenten Steuern nach § 274 Abs. 1 S. 3 unverrechnet aus.

2. **Ausschüttungssperre.** Nach altem Recht war der (freiwillige) Ansatz aktiver latenter Steuern mit einer besonderen Ausschüttungssperre gekoppelt (vgl. § 274 Abs. 2 S. 3 a.F.). Dieser Ansatz ist vom BilMoG übernommen worden, allerdings hat der Gesetzgeber die Ausschüttungssperre in den neuen § 268 Abs. 8 aufgenommen. Wird ein Überhang an aktiven Steuerlatenzen angesetzt, dürfen nach dieser Vorschrift Gewinne nur dann ausgeschüttet werden, wenn die nach der Ausschüttung verbleibenden frei verfügbaren Rücklagen zuzüglich eines Gewinnvortrags und abzüglich eines Verlustvortrags mindestens dem Betrag entsprechen, um den die aktiven latenten Steuern die passiven latenten Steuern übersteigen.[140] Für die Anwendung des § 268 Abs. 8 macht es keinen **43**

---

135 So MünchKommHGB/*Reiner* Rn 43; *Küting/Seel* DB 2009, 922; *D. Siegel* S. 156 ff; siehe auch *Karrenbrock* BB 2011, 683 ff.

136 *Loitz* DB 2009, 918; *Wendholt/Wesemann* DB 2009 Beilage 5, S. 67; *Herzig/Vossel* BB 2009, 1177; Beck BilKomm-*Kozikowski/Fischer* Rn 15; WP-Handbuch I F 199; *Ley* S. 320 ff.

137 *Herzig/Vossel* aaO.

138 Vgl. Beck BilKomm-*Kozikowski/Fischer* Rn 15; *Karrenbrock* aaO; *Ley* S. 321.

139 Vgl. auch KK-*Prinz* Rn 37; *Loitz* DB 2009, 918.

140 *Wendholt/Wesemann* DB 2009 Beilage 5, S. 69.

Unterschied, ob die latenten Steuern saldiert oder unverrechnet ausgewiesen werden;[141] zu weiteren Einzelheiten siehe die Kommentierung zu § 268 Rn 38 ff.

44 **3. Angaben im Anhang.** Die bisherige Angabepflicht nach § 274 Abs. 1 S. 1 und 2 a.F. ist durch eine gesonderte Angabepflicht nach § 285 Nr. 29 ersetzt worden. Diese Angabepflicht beruht auf Art. 43 Abs. 1 Nr. 11 der 4. EG-Richtlinie (vgl. Rn 6 u. 9) und ist erst durch den Rechtsausschuss eingeführt worden. Sie besteht unabhängig davon, ob von dem Aktivierungswahlrecht nach § 274 Abs. 1 S. 2 Gebrauch gemacht worden ist oder nicht.[142] Damit wird der Vereinfachungseffekt des Ansatzwahlrechts für aktive latente Steuern erheblich eingeschränkt.[143] Denn auch eine große Kapitalgesellschaft, die aus Vereinfachungsgründen auf den Ansatz eines Überhangs an aktiven latenten Steuern verzichtet, muss im Anhang erläutern, auf welchen temporären Differenzen und Verlustvorträgen die latenten Steuern beruhen. Bei diesen Unternehmen verursacht die Neuregelung deshalb einen erheblichen Mehraufwand.

45 **4. Steuerabgrenzung und GuV.** Nach § 274 Abs. 2 S. 3 ist der Aufwand oder Ertrag aus der Veränderung bilanzierter latenter Steuern in der GuV gesondert unter dem Posten „Steuern vom Einkommen und vom Ertrag" (§ 275 Abs. 2 Nr. 18, Abs. 3 Nr. 17) auszuweisen. Dieser gesonderte Ausweis kann durch einen Unterposten, eine Vorspalte oder einen Davon-Vermerk erfolgen.[144]

VII. Rechtsfolgen des Verstoßes gegen § 274

46 Verstößt ein Mitglied des vertretungsberechtigten Organs oder des Aufsichtsrats gegen § 274, kann dies als Ordnungswidrigkeit nach § 334 Abs. 1 Nr. 1 Buchst. c verfolgt werden. Des Weiteren droht unter den Voraussetzungen des § 331 Nr. 1 Freiheits- oder Geldstrafe.

§ 274a
Größenabhängige Erleichterungen

Kleine Kapitalgesellschaften sind von der Anwendung der folgenden Vorschriften befreit:

1. **§ 268 Abs. 2 über die Aufstellung eines Anlagengitters,**
2. **§ 268 Abs. 4 Satz 2 über die Pflicht zur Erläuterung bestimmter Forderungen im Anhang,**
3. **§ 268 Abs. 5 Satz 3 über die Erläuterung bestimmter Verbindlichkeiten im Anhang,**
4. **§ 268 Abs. 6 über den Rechnungsabgrenzungsposten nach § 250 Abs. 3,**
5. **§ 274 über die Steuerabgrenzung.**

---

141 HdR-*Küting/Lorson* § 268 Rn 272; MünchKommHGB/*Reiner* Rn 42; WP-Handbuch I F 111.

142 So ausdrücklich BT-Drucks. 16/12047, S. 88; siehe auch MünchKommHGB/*Reiner* Rn 41.

143 Vgl. die rechtspolitische Kritik bei *Hoffmann/Lüdenbach* NWB 2009, 1476; *Loitz* DB 2009, 913.

144 DRS 18.60.

Schrifttum

Vgl. auch Angaben zu § 267 HGB.

Übersicht

I. Überblick

§ 274a regelt verschiedene **Erleichterungen bei der Aufstellung der Bilanz** für kleine Kapitalgesellschaften und Personenhandelsgesellschaften i.S.v. § 264a. Diese Gesellschaften werden von der Verpflichtung zum gesonderten Ausweis bestimmter Posten in der Bilanz und zur Erläuterung im Anhang befreit. 1

Die Vorschrift beruht auf der sog. **Mittelstandsrichtlinie** vom 8.11.1990,[1] durch die Art. 44 der 4. EG-Richtlinie um ein Mitgliedsstaatenwahlrecht betreffend den Jahresabschluss kleiner Kapitalgesellschaften ergänzt wurde, von dem der deutsche Gesetzgeber durch Gesetz vom 25.7.1994[2] Gebrauch gemacht hat. Neben der Einführung des § 274a wurden auch §§ 276 und 288 geändert.[3] 2

Bei der Inanspruchnahme der Erleichterungen nach § 274a ist das **Stetigkeitsgebot** zu beachten.[4] Mangels ausdrücklicher Erwähnung in § 131 Abs. 1 S. 3 AktG können die Erleichterungen nach § 274a – anders als solche nach §§ 266, 276, 288 – auch in einem zur Vorlage in der Hauptversammlung vorgesehenen Jahresabschluss in Anspruch genommen werden.[5] § 274a Nr. 5 ist durch das BilMoG vom 25.5.2009[6] eingeführt worden. 3

II. Die einzelnen Erleichterungen

1. Anlagengitter (Nr. 1). Kleine Kapitalgesellschaften sind von der Pflicht zur Aufstellung eines Anlagengitters nach § 268 Abs. 2 befreit.[7] 4

2. Erläuterung bestimmter Forderungen (Nr. 2). Werden unter dem Posten „sonstige Vermögensgegenstände“ Beträge für Vermögensgegenstände ausgewiesen, die erst nach dem Abschlussstichtag rechtlich entstehen und einen größeren Umfang haben, sind diese Beträge nach § 268 Abs. 4 S. 2 im Anhang zu erläutern. Von dieser Verpflichtung sind kleine Kapitalgesellschaften befreit. 5

---

[1] RL (90/604/EWG) v. 8.11.1990, ABl. EG Nr. L. 317 v. 16.11.1990, S. 57.
[2] BGBl. I 1994, 1682 ff.
[3] Zur Frage der erstmaligen Anwendung des § 274a vgl. ADS 2; HdR-*Dyck/Prokein* Rn 6.
[4] ADS 3; Beck BilKomm-*Ellrott* Rn 1.
[5] ADS 4.
[6] BGBl. I 2009, 1102 ff.
[7] Zur Ermittlung der Anschaffungs- und Herstellungskosten beim späteren Überschreiten der Größenklassen ADS 7.

6 **3. Erläuterung bestimmter Verbindlichkeiten (Nr. 3).** Sind unter dem Posten „Verbindlichkeiten“ Beträge für Verbindlichkeiten ausgewiesen, die erst nach dem Abschlussstichtag rechtlich entstehen und einen größeren Umfang haben, sind diese nach § 268 Abs. 5 S. 3 im Anhang zu erläutern. Hiervon sind kleine Kapitalgesellschaften befreit.

7 **4. Rechnungsabgrenzungsposten (Nr. 4).** Abweichend von § 268 Abs. 6 müssen kleine Kapitalgesellschaften ein aktiviertes Disagio nach § 250 Abs. 3 weder gesondert ausweisen noch im Anhang angeben.

8 **5. Steuerabgrenzung (Nr. 5).** Kleine Kapitalgesellschaften sind von der Anwendung des § 274 befreit. Sie müssen also keine passiven bzw. aktiven latenten Steuern als Sonderposten nach § 274 ausweisen. In bestimmten Fällen sind wegen passiver Steuerlatenzen allerdings gemäß § 249 Abs. 1 S. 1 Alt. 1 Steuerrückstellungen zu bilden (näher § 274 Rn 12 f). Für die Angabepflicht nach § 285 Nr. 29 gilt die besondere Befreiungsregelung in § 288 Abs. 1.

III. Rechtsfolgen eines Verstoßes gegen § 274a

9 § 274a regelt Erleichterungen für kleine Kapitalgesellschaften. Eine Verletzung dieser Vorschrift scheidet daher aus.[8]

[8] Vgl. Beck BilKomm-*Kozikowski*/*Gutmann* § 334 Rn 17 f.

DRITTER TITEL

Gewinn- und Verlustrechnung

§ 275
Gliederung

(1) [1]Die Gewinn- und Verlustrechnung ist in Staffelform nach dem Gesamtkostenverfahren oder dem Umsatzkostenverfahren aufzustellen. [2]Dabei sind die in Absatz 2 oder 3 bezeichneten Posten in der angegebenen Reihenfolge gesondert auszuweisen.

(2) Bei Anwendung des Gesamtkostenverfahrens sind auszuweisen:

1. Umsatzerlöse
2. Erhöhung oder Verminderung des Bestands an fertigen und unfertigen Erzeugnissen
3. andere aktivierte Eigenleistungen
4. sonstige betriebliche Erträge
5. Materialaufwand:
   a) Aufwendungen für Roh-, Hilfs- und Betriebsstoffe und für bezogene Waren
   b) Aufwendungen für bezogene Leistungen
6. Personalaufwand:
   a) Löhne und Gehälter
   b) soziale Abgaben und Aufwendungen für Altersversorgung und für Unterstützung, davon für Altersversorgung
7. Abschreibungen:
   a) auf immaterielle Vermögensgegenstände des Anlagevermögens und Sachanlagen
   b) auf Vermögensgegenstände des Umlaufvermögens, soweit diese die in der Kapitalgesellschaft üblichen Abschreibungen überschreiten
8. sonstige betriebliche Aufwendungen
9. Erträge aus Beteiligungen, davon aus verbundenen Unternehmen
10. Erträge aus anderen Wertpapieren und Ausleihungen des Finanzanlagevermögens, davon aus verbundenen Unternehmen
11. sonstige Zinsen und ähnliche Erträge, davon aus verbundenen Unternehmen
12. Abschreibungen auf Finanzanlagen und auf Wertpapiere des Umlaufvermögens
13. Zinsen und ähnliche Aufwendungen, davon an verbundene Unternehmen
14. Ergebnis der gewöhnlichen Geschäftstätigkeit
15. außerordentliche Erträge
16. außerordentliche Aufwendungen
17. außerordentliches Ergebnis
18. Steuern vom Einkommen und vom Ertrag
19. sonstige Steuern
20. Jahresüberschuß/Jahresfehlbetrag.

(3) Bei Anwendung des Umsatzkostenverfahrens sind auszuweisen:

1. Umsatzerlöse

2. Herstellungskosten der zur Erzielung der Umsatzerlöse erbrachten Leistungen
3. Bruttoergebnis vom Umsatz
4. Vertriebskosten
5. allgemeine Verwaltungskosten
6. sonstige betriebliche Erträge
7. sonstige betriebliche Aufwendungen
8. Erträge aus Beteiligungen,
   davon aus verbundenen Unternehmen
9. Erträge aus anderen Wertpapieren und Ausleihungen des Finanzanlagevermögens,
   davon aus verbundenen Unternehmen
10. sonstige Zinsen und ähnliche Erträge,
    davon aus verbundenen Unternehmen
11. Abschreibungen auf Finanzanlagen und auf Wertpapiere des Umlaufvermögens
12. Zinsen und ähnliche Aufwendungen,
    davon an verbundene Unternehmen
13. Ergebnis der gewöhnlichen Geschäftstätigkeit
14. außerordentliche Erträge
15. außerordentliche Aufwendungen
16. außerordentliches Ergebnis
17. Steuern vom Einkommen und vom Ertrag
18. sonstige Steuern
19. Jahresüberschuß/Jahresfehlbetrag.

(4) Veränderungen der Kapital- und Gewinnrücklagen dürfen in der Gewinn- und Verlustrechnung erst nach dem Posten „Jahresüberschuß/Jahresfehlbetrag" ausgewiesen werden.

(5) Kleinstkapitalgesellschaften (§ 267a) können anstelle der Staffelungen nach den Absätzen 2 und 3 die Gewinn- und Verlustrechnung wie folgt darstellen:

1. Umsatzerlöse,
2. sonstige Erträge,
3. Materialaufwand,
4. Personalaufwand,
5. Abschreibungen,
6. sonstige Aufwendungen,
7. Steuern,
8. Jahresüberschuss/Jahresfehlbetrag.

Schrifttum

Baetge/Fischer Externe Erfolgsanalyse auf der Grundlage des Umsatzkostenverfahrens, Otte (Hrsg.) Praxis der GmbH-Rechnungslegung (1994), S. 668; *dies.* Zur Aussagefähigkeit der Gewinn- und Verlustrechnung nach neuem Recht, Albach/Forster (Hrsg.) Beiträge zum Bilanzrichtliniengesetz, S. 175; *Ballwieser* Die Analyse von Jahresabschlüssen nach neuem Recht, WPg 1987, 57; *Coenenberg* Ertragslage, HuRB, S. 155; *Doberenz* Der Inhalt des GuV-Postens „Aufwendungen für bezogene Leistungen", BB 1987, 2190; *Dörner* Wann und für wen empfiehlt sich das Umsatzkostenverfahren? WPg 1987, 154; *Fischer* Zur Diskussion um das Umsatzkostenverfahren – Grundsatzfragen und praktische Umsetzung, FS Baetge (1997), S. 333; *Fischer/Ringling* Grundsätze des Umsatzkostenverfahrens, BB 1988, 442; *Gatzen* Die Gewinn- und Verlustrechnung nach dem Umsatzkostenverfahren – eine beliebig gestaltbare Rechnung? WPg 1987, 461; *Glade* Die Gewinn- und Verlustrechnung nach dem Umsatzkostenverfahren, BFuP 1987, 16; *Haller/Groß* Der MicroBilG-RefE – Neue Regeln für die Rechnungslegung kleiner Kapitalgesellschaften, DB 2012, 2109; *Harrmann* Gesamt- und Umsatzkostenverfahren nach neuem Recht, BB 1986, 1813; *Hüttemann* Bilanz- und steuerrechtliche Aspekte der sozialen Verantwortung von Unternehmen, AG 2009, 774; *IdW* Sonderausschuß Bilanzrichtlinien-Gesetz, Stellungnahme 1/87, Probleme des Umsatzkostenverfahrens, WPg 1987, 141; *IdW* Stellungnahme HFA 1/85, Zur Behandlung der Umsatzsteuer im Jahresabschluß, WPg 1985, 257; *Kirsch* Konzeption der Gewinn- und Verlustrechnung nach HGB und IFRS, StuB 2006, 651; *ders.* Die Bedeutung der Generalnorm für den Jahresabschluss von Kapitalgesellschaften nach dem Bilanzrechtsmodernisierungsgesetz und nach dem Gesetz zur Erleichterung für Kleinstkapitalgesellschaften, DStZ 2013, 258; *ders.* Jahresabschlüsse von Kleinstunternehmen, DStZ 2012, 751; *Küting* Die handelsbilanzielle Erfolgsspaltungs-Konzeption auf dem Prüfstand, WPg 1997, 693; *Lachnit* Externe Erfolgsanalyse auf der Grundlage der GuV nach dem Gesamtkostenverfahren, Otte (Hrsg.) Praxis der GmbH-Rechnungslegung (1994), S. 689; *Marx* Steuerliche Nebenleistungen im handelsrechtlichen Jahresabschluß, DB 1996, 1149; *Oebel* Zuordnungsfragen in der Gewinn- und Verlustrechnung nach dem Gesamtkostenverfahren, WPg 1988, 125; *Müller/Kreipl* Rechnungslegungserleichterungen für Kleinstkapitalgesellschaften und Tochterunternehmen ausländischer Konzernmütter durch das MicroBilG, DB 2013, 73; *Otto* Das Umsatzkostenverfahren – eine Chance für Klein- und Mittelbetriebe? BB 1987, 931; *ders.* Das Umsatzkostenverfahren als GuV-Darstellung, BB 1988, Beilage 8; *ders.* Posteninhalte und Ausweisprobleme in der GuV nach § 275 HGB, BB 1988, 1703; *Reige* Der Herstellungskostenbegriff im Umsatzkostenverfahren, WPg 1987, 498; *Rogler* Herstellungskosten beim Umsatzkostenverfahren, BB 1992, 1459; *dies.* Vermittelt das Umsatzkostenverfahren ein besseres Bild der Ertragslage als das Gesamtkostenverfahren? DB 1992, 749; *Schreiber* Aufwendungen und Erträge des Geschäftsjahrs, HuRB, S. 58; *Schulze-Osterloh* Verdeckte Gewinnausschüttungen im Grenzgebiet zwischen Handels- und Steuerrecht, StuW 1994, 131; *Schweitzer* Aufwendungen, HuRB, S. 53; *Selchert* Herstellungskosten im Umsatzkostenverfahren, DB 1986, 2397; *Wimmer* Theoretische Konzeption und praktische Umsetzungsprobleme des Umsatzkostenverfahrens nach HGB, WPg 1993, 161; *Zwirner/Froschhammer* „Reform" der Rechnungslegung für Kleinstkapitalgesellschaften ohne deregulierende Auswirkungen für die Praxis? StuB 2013, 83.

Übersicht

I. Allgemeines

1 **1. Übersicht.** § 275 regelt die **Gliederung der Gewinn- und Verlustrechnung** (GuV). Nach Abs. 1 ist die GuV ausschließlich in Staffelform aufzustellen. Ferner besteht ein Wahlrecht, die GuV nach dem Gesamtkosten- oder nach dem Umsatzkostenverfahren aufzustellen. Abs. 2 und Abs. 3 enthalten für beide Verfahren verbindliche Gliederungsschemata. Abs. 4 regelt den Ausweis von Veränderungen der Kapital- und Gewinnrücklagen im Anschluss an die GuV. Abs. 5 erlaubt Kleinstkapitalgesellschaften (§ 267a) eine vereinfachte Gliederung der GuV.

2 **2. 4. EG-Richtlinie.** Art. 22 der 4. EG-Richtlinie stellt den Mitgliedstaaten vier Gliederungsschemata zur Wahl. Das *Mitgliedstaatenwahlrecht* erlaubt sowohl eine Gliederung der GuV nach der Staffel- und Kontoform als auch eine Aufstellung nach dem Gesamt- bzw. Umsatzkostenverfahren (Art. 23–26). Der deutsche Gesetzgeber hat nur die Gliederungsschemata der Art. 23 und 25 in § 275 übernommen (Staffelform). Die Kontoform (Art. 24 und 26) wurde dagegen nicht zugelassen, da sich die Staffelform bewährt habe und kein Bedürfnis für eine Gliederung in der Kontoform bestehe.[1] § 275 Abs. 2 entspricht Art. 23, § 275 Abs. 3 beruht auf Art. 25. Die Bundesrepublik hat bei der Umsetzung auch vom Wahlrecht des Art. 30 betreffend die Aufgliederung des Ertragsteueraufwandes Gebrauch gemacht: Danach ist der in Art. 23 Ziff. 14 und Art. 25 Ziff. 12 vorgesehene Posten „Steuern auf das Ergebnis der normalen Geschäftstätigkeit" zugunsten einer entsprechenden Angabepflicht im Anhang (§ 285 Nr. 6) entfallen. Die in Art. 1a Abs. 3 Buchst. b der 4. EG-Richtlinie in der Fassung der Micro-Richtlinie[2] für

---

[1] BT-Drucks. 10/317, S. 85.
[2] RL 2012/6/EU v. 14.3.2012, ABl. L 81 v. 21.3.2012, S. 3.

Kleinstkapitalgesellschaften eröffnete Erleichterung ist durch das MicroBilG v. 20.12. 2012[3] in § 275 Abs. 5 umgesetzt worden.

3. Anwendungsbereich. Die Gliederungsvorschrift des § 275 gilt zunächst entsprechend ihrer Anordnung im Zweiten Abschnitt für alle Kapitalgesellschaften und Personenhandelsgesellschaften i.S.v. § 264a. Für kleine und mittlere Kapitalgesellschaften enthält jedoch § 276 S. 2, 3 verschiedene Erleichterungen. Kleinstkapitalgesellschaften haben die Wahl, von ihnen Gebrauch zu machen oder das vereinfachte Gliederungsschema des § 275 Abs. 5 anzuwenden (vgl. § 276 S. 3). Für publizitätspflichtige Gesellschaften i.S.d. PublG gilt § 275 nach § 5 Abs. 1 S. 2 PublG sinngemäß. Für andere Kaufleute bleibt es bei der Vorschrift des § 242 Abs. 2 sowie den allgemeinen Grundsätzen (§§ 243, 246). 3

4. Aufgabe der GuV. Nach § 264 Abs. 1 S. 1 bildet die GuV mit der Bilanz und dem Anhang eine Einheit, den Jahresabschluss der Kapitalgesellschaft. Gemäß § 264 Abs. 2 S. 1 hat der Jahresabschluss „ein den tatsächlichen Verhältnissen entsprechendes Bild der Vermögens-, Finanz- und Ertragslage der Kapitalgesellschaft zu vermitteln." Während der Einblick in die Vermögens- und Finanzlage vorrangig durch die Bilanz – und ergänzend durch die entsprechenden Angaben im Anhang – gewährleistet wird, dient die GuV in Verbindung mit den zugehörigen Angaben im Anhang der **Darstellung der Ertragslage:**[4] Sie soll „die Aufwands- und Ertragsstruktur deutlich machen und das Zustandekommen des Erfolges (Erfolgsquellen) aufzeigen".[5] Insoweit ist die GuV auch ein wichtiger Anknüpfungspunkt für die externe Bilanzanalyse.[6] Dem Einblick in die Aufwandsstruktur dient die Aufgliederung der Aufwendungen nach Arten (Gesamtkostenverfahren) bzw. Funktionsbereichen (Umsatzkostenverfahren). Informationen über die Erfolgsstruktur lassen sich aus der Ergebnisspaltung (Ergebnis der gewöhnlichen Geschäftstätigkeit/außerordentliches Ergebnis) ableiten. Ferner sind unabhängig von der gewählten Darstellungsform die Umsatzerlöse als wichtige Kennziffer anzugeben. Der Darstellung der Ertragslage dient auch der gesonderte Ausweis der wichtigsten Aufwands- und Ertragsposten, die Bildung von Zwischensummen für bestimmte Teilergebnisse und die Angabe von Vergleichszahlen des Vorjahres. Zur Verbesserung des Einblickes in die Ertragslage sieht das Gesetz schließlich eine Reihe von Angabepflichten im Anhang vor, z.B. die Aufgliederung der Umsatzerlöse nach § 285 Nr. 4 oder die Angabe des Material- und Personalaufwandes bei Anwendung des Umsatzkostenverfahrens (§ 285 Nr. 8). Ebenso wie der Jahresabschluss dient auch die GuV neben Informationszwecken zusätzlich der Ermittlung des ausschüttungsfähigen Gewinns (**Gewinnermittlungsfunktion**).[7] 4

5. Anwendung allgemeiner Grundsätze. Bei der Aufstellung der GuV sind neben den besonderen Regelungen der §§ 275 ff auch die **allgemeinen Vorschriften** zu beachten. Nach § 246 Abs. 1 S. 1 hat der Jahresabschluss sämtliche Aufwendungen und Erträge zu enthalten, soweit gesetzlich nichts anderes bestimmt ist. Auch für die GuV gilt damit das Vollständigkeitsgebot. Zu beachten ist auch § 252 Abs. 1 Nr. 5: Aufwendungen und 5

3 BGBl. I 2012, 2751.
4 Vgl. nur ADS 17; KK-*Berndt* Rn 8 f; HuRB-*Coenenberg*, S. 155 ff; *Kirsch* StuB 2006, 651.
5 ADS 19.
6 Vgl. dazu etwa *Baetge/Fischer* Beiträge zum Bilanzrichtlinien-Gesetz, S. 175 ff; *Ballwieser* WPg1987, 57; HuRB-*Coenenberg*, S. 162; *Lachnit* Praxis der GmbH- Rechnungslegung, S. 689 ff; *Küting* WPg 1997, 693.
7 Zum Verhältnis beider Funktion vgl. HdR-*Budde* Rn 1; ADS 18.

Erträge sind unabhängig von den Zeitpunkten der entsprechenden Zahlungen im Jahresabschluss zu berücksichtigen. Schließlich gilt für Aufwendungen und Erträge auch das Verrechnungsverbot des § 246 Abs. 2 S. 1.[8]

6 Für die Gliederung der GuV gilt die **allgemeine Gliederungsvorschrift des § 265** betreffend die Gliederungsstetigkeit, die Angabe von Vorjahresbeträgen, die Zulässigkeit von Untergliederungen und der Einfügung neuer Posten usw.[9] Zusätzliche Posten sind nach § 265 Abs. 5 S. 2 so einzufügen, dass die vom Gesetz angestrebte Grundgliederung möglichst erhalten bleibt und die Zwischensummen ihren Sinn behalten.[10] Dies gilt etwa für die in § 277 Abs. 3 vorgesehenen Posten betreffend den Ausweis außerplanmäßiger Abschreibungen sowie Erträge und Aufwendungen aus Verlustübernahmen. § 275 Abs. 2 und 3 schreibt für das Gesamt- und Umsatzkostenverfahren den gesonderten Ausweis bestimmter Posten vor. Von diesem Gliederungsschema kann unter den Voraussetzungen des § 265 Abs. 7 abgewichen werden.[11] Dies setzt voraus, dass entweder die Einzelbeträge unerheblich sind oder durch die Zusammenfassung die Klarheit der Darstellung erhöht wird.

II. Staffelform, Gesamt- und Umsatzkostenverfahren (Abs. 1)

7 **1. Staffelform.** Das Gesetz fordert in Abs. 1 S. 1 zwingend die **Aufstellung der GuV in Staffelform.** Die Aufstellung in Kontoform ist danach nicht zulässig.[12] Für eine Abweichung hiervon im Einzelfall nach „true and fair view“ besteht kein Anlass.[13] Besonderheiten – Wahlrecht zwischen Staffel- und Kontoform – gelten nach § 2 Abs. 1 S. 1 RechKredV für Kreditinstitute. Bei der Staffelform sind der Jahresüberschuss/Jahresfehlbetrag aus den Erträgen und Aufwendungen durch Addition und Subtraktion zu ermitteln.[14] Dem entspricht die Gliederung der GuV in § 275 Abs. 2 und 3. Ausgangspunkt sind unabhängig von der gewählten Darstellungsform (Gesamt- oder Umsatzkostenverfahren) die Umsatzerlöse. Die einzelnen Zwischensummen (z.B. „Ergebnis der gewöhnlichen Geschäftstätigkeit“) machen die Erfolgsschichten des Unternehmens sichtbar[15] und erleichtern den Einblick in die Ertragslage. Im Interesse einer besseren Vergleichbarkeit ist nach Abs. 1 S. 2 die im Gesetz angegebene Reihenfolge der einzelnen Posten verbindlich.

8 **2. Gesamt- und Umsatzkostenverfahren.** Das Gesetz stellt es den Kapitalgesellschaften frei, die GuV nach dem Gesamt- bzw. dem Umsatzkostenverfahren aufzustellen (**Wahlrecht**). Damit erkennt es beide Verfahren grundsätzlich als gleichwertige Alternativen an. Während das Gesamtkostenverfahren – wenn auch mit inhaltlichen Abweichungen – bereits im AktG 1965 enthalten war (vgl. § 157 AktG a.F.), stellt die Zulassung des – weltweit gebräuchlicheren – Umsatzkostenverfahrens eine Neuerung des BiRiLiG dar.[16] Gesamt- und Umsatzkostenverfahren führen grundsätzlich zu demselben Jahresergebnis bzw. Jahresfehlbetrag. Die Unterschiede zwischen beiden Verfahren betreffen ausschließlich die Zuordnung der Erträge und Aufwendungen.[17]

---

[8] Wegen Ausnahmen vgl. ADS 9 f.

[9] Vgl. allgemein Erläuterungen zu § 265.

[10] Vgl. BoHdR-*Lachnit/Wulf* Rn 62; ADS 42 ff.

[11] Näher dazu bei ADS 48.

[12] ADS 38; Baumbach/Hueck/*Schulze-Osterloh* GmbHG[18] §42 Rn 433.

[13] **AA** Beck BilKomm-*Förschle* Rn 11.

[14] Vgl. BoHdR-*Lachnit/Wulf* Rn 16 ff. Wegen eines Musters vgl. ADS 39.

[15] *Lachnit* aaO.

[16] Vgl. näher BT-Drucks. 10/4268, S. 107.

[17] Zum Folgenden vgl. ADS 29 ff; KK-*Berndt* Rn 28; Beck Bil-Komm-*Förschle* Rn 29 ff; Heymann/*Herrmann* Rn 3 f; BoHdR-*Lachnit/Wulf* Rn 44 ff.

Beim **Gesamtkostenverfahren** steht der Ausweis der gesamten Erträge und Aufwendungen einer Periode im Vordergrund. Die Darstellung ist periodenbestimmt. Beziehungen zwischen den Aufwendungen und den Umsatzerlösen bleiben außer Betracht. Vielmehr werden die gesamten Aufwendungen eines Geschäftsjahres mit der Gesamtleistung des Unternehmens verglichen. Daher werden beim Gesamtkostenverfahren nicht nur Umsatzerlöse, sondern auch Bestandsveränderungen der Erzeugnisse und andere aktivierte Eigenleistungen ausgewiesen. Demgegenüber ist das **Umsatzkostenverfahren** nicht perioden-, sondern umsatzbezogen ausgestaltet: Den Umsatzerlösen werden nur die zu ihrer Erzielung angefallenen Aufwendungen („Herstellungskosten") gegenübergestellt. Soweit Erzeugnisse aus früheren Perioden verkauft werden, enthalten die Herstellungskosten folglich auch Aufwendungen früherer Geschäftsjahre. Umgekehrt werden – mangels Umsatzerlöse – Bestandsveränderungen und aktivierte Eigenleistungen des Geschäftsjahres sowie die ihnen zuzurechnenden Aufwendungen beim Umsatzkostenverfahren nicht ausgewiesen. Beide Verfahren führen aber letztlich zum *gleichen Ergebnis*, denn die beim Umsatzkostenverfahren ausgewiesenen „Herstellungskosten der zur Erzielung der Umsatzerlöse erbrachten Leistungen" (§ 275 Abs. 3 Nr. 2) stellen nichts anderes dar als die um die Bestandserhöhung der Erzeugnisse und anderen aktivierten Eigenleistungen gekürzten sowie um die Bestandsverminderung der Erzeugnisse erhöhten Aufwendungen nach dem Gesamtkostenverfahren.[18] Ein weiterer Unterschied zwischen beiden Verfahren betrifft die *Gliederung der Aufwendungen*. Beim Gesamtkostenverfahren werden die Aufwendungen nach Arten (Materialaufwand, Personalaufwand, Abschreibungen, sonstige betriebliche Aufwendungen) unterteilt (Primärprinzip). Beim Umsatzkostenverfahren werden die Aufwendungen vorrangig nach den Bereichen Herstellung, Vertrieb und allgemeine Verwaltung gegliedert (Sekundärprinzip). Unterschiede bestehen auch bei der *Anwendung* der Verfahren. Während die GuV beim Gesamtkostenverfahren sogleich aus der Finanzbuchhaltung abgeleitet werden kann, bedarf es beim Umsatzkostenverfahren einer Aufteilung der Aufwendungen entsprechend den betrieblichen Funktionsbereichen Herstellung, Vertrieb und Verwaltung. Eine solche Aufschlüsselung von Aufwendungen führt zu Zuordnungsproblemen und eröffnet Manipulationsspielräume. Anders als das Gesamtkostenverfahren vermittelt das Umsatzkostenverfahren schließlich keinen *Einblick in die Gesamtkosten einer Periode*. Zum Ausgleich dafür verlangt § 285 Nr. 8 Buchst. a und b Angaben zum Material- und Personalaufwand des Geschäftsjahres. 9

Als **Vorteile des Gesamtkostenverfahrens** sind folgende Gesichtspunkte zu nennen:[19] 10

- Es zeigt die Gesamtleistung einer Periode,
- die gesamten in einer Periode angefallenen Aufwendungen werden nach Arten gegliedert ausgewiesen,
- die Aufwendungen werden periodengerecht gezeigt,
- die GuV nach dem Gesamtkostenverfahren lässt sich ohne weitere Aufschlüsselung und Kostenrechnung aus der Finanzbuchhaltung ableiten,
- das Gesamtkostenverfahren ist bei Unternehmen mit langfristiger Auftrags- und Einzelfertigung aussagekräftiger,
- es ist auch für Unternehmen ohne deutliche Funktionsgliederung geeignet.

Als **Vorteile des Umsatzkostenverfahrens** sind demgegenüber festzuhalten: 11

- Es zeigt die Beziehung zwischen Verkaufsleistung und Kosten,

---

[18] Vgl. nur *IdW* SABI. 1/1987, WPg 1987, 141 f.

[19] Zu den Vor- und Nachteilen von Gesamt- und Umsatzkostenverfahren vgl. Beck BilKomm-*Förschle* Rn 34 f; BoHdR-*Lachnit/Wulf* Rn 28 ff; Heymann/*Herrmann* Rn 4; HdR-*Budde* Rn 17 ff; Beck-HdR-*Stobbe/Schmeisky* B 310 Rn 16 ff.

- das Umsatzkostenverfahren entspricht dem Kalkulationsschema des Unternehmens,
- es eignet sich insbesondere für Unternehmen mit Serienfertigung und für Handelsunternehmen,
- das Umsatzkostenverfahren ist international üblicher und ermöglicht daher bei grenzüberschreitend tätigen Unternehmen eher eine internationale Vergleichbarkeit der Ergebnisrechnung.

12 Fraglich ist, welches Verfahren den größeren **Informationsgehalt** besitzt. Ein generelles Informationsdefizit des Umsatzkostenverfahrens gegenüber dem Gesamtkostenverfahren lässt sich wohl nicht feststellen.[20] Vielmehr erlaubt die funktionsorientierte Aufteilung der Aufwendungen beim Umsatzkostenverfahren weitergehende Einblicke in die Ertragslage; ferner werden systembedingte Nachteile zumindest teilweise durch die zusätzlichen Angabepflichten im Anhang (§ 285 Nr. 8) ausgeglichen.[21] Zudem dürfte der Gesichtspunkt der internationalen Vergleichbarkeit zunehmend an Bedeutung gewinnen.[22] Letztlich werden sich eindeutige Aussagen über die Vorteilhaftigkeit eines der beiden Verfahren nur für das einzelne Unternehmen treffen lassen. Ausschlaggebend dürften dabei insbesondere der Adressatenkreis der Rechnungslegung und die mit der Rechungslegung verfolgten unternehmenspolitischen Ziele sein.[23]

13 Geht man davon aus, dass beide Verfahren in ihrem Informationswert gleichwertig sind, dann besteht kein Grund, das gesetzliche Wahlrecht durch Rückgriff auf das Gebot des „true and fair view" einzuschränken.[24] Allerdings ist das Unternehmen durch das Gebot der **Gliederungsstetigkeit** an die einmal getroffene Entscheidung gebunden.[25] Ein Wechsel zum anderen Verfahren setzt daher das Vorliegen „besonderer Gründe" voraus (z.B. die Konzernabhängigkeit, wenn Konzern-GuV nach anderem Verfahren gegliedert ist).

III. Gesamtkostenverfahren (Abs. 2)

14 Bei Gliederung der GuV nach dem Gesamtkostenverfahren sind die in § 275 Abs. 2 aufgezählten Einzelposten in der gesetzlich bestimmten Reihenfolge auszuweisen. Das Gesetz legt dabei folgende **Gliederungssystematik** zugrunde:

- Erträge und Aufwendungen des betrieblichen Bereichs (Nr. 1–8),
- Erträge und Aufwendungen des Finanzbereichs (Nr. 9–13),
- Zwischensumme: Ergebnis der gewöhnlichen Geschäftstätigkeit (Nr. 14);
- außerordentliche Erträge und Aufwendungen (Nr. 15 und 16),
- Zwischensumme: Außerordentliches Ergebnis (Nr. 17);
- Steuern (Nr. 18 und 19),
- Jahresergebnis (Nr. 20).

15 **1. Umsatzerlöse (Nr. 1).** Der Posten Umsatzerlöse ist für das Gesamt- und Umsatzkostenverfahren identisch. Eine gesetzliche Definition des Begriffs der Umsatzerlöse enthält § 277 Abs. 1. Wegen Einzelheiten vgl. die Erläuterungen zu § 277 Rn 4 ff.

---

[20] Vgl. demgegenüber *Rogler* DB 1992, 749 ff; *Fischer* FS Baetge (1997), S. 332 ff.
[21] Ebenso ADS 34; *Biener/Berneke*, S. 219.
[22] HdR-*Budde* Rn 27.
[23] Vgl. näher ADS 35.
[24] ADS 35.
[25] Vgl. nur ADS 36; HdR-*Budde* Rn 28.

16 **2. Erhöhung oder Verminderung des Bestands an fertigen und unfertigen Erzeugnissen (Nr. 2).** Dieser Posten ist beim Gesamtkostenverfahren notwendig, weil in der nach Kostenarten gegliederten GuV sämtliche Aufwendungen des abgelaufenen Geschäftsjahres ausgewiesen werden. Er ist insoweit **bilanztechnischer Natur:**[26] Bestandserhöhungen werden ergänzend zu den Umsatzerlösen ausgewiesen und zeigen eine zusätzliche, im Geschäftsjahr noch nicht abgesetzte Leistung an.[27] Im Fall einer Bestandsverminderung handelt es sich um eine Korrektur der im Verhältnis zu den Umsatzerlösen zu niedrigen Aufwendungen. Hier zeigt der Posten die Verwertung von Leistungen früherer Geschäftsjahre.[28]

17 Unter den Bestandsveränderungen sind zum einen **Mengenveränderungen** auszuweisen, d.h. vor allem Bestandsänderungen der fertigen und unfertigen Erzeugnisse,[29] ferner auch Bestandsveränderungen selbsterzeugter Roh-, Hilfs- und Betriebsstoffe.[30] Nicht erfasst ist aber – mangels entsprechender Leistung – ein erhöhter Bestand an bezogenen Waren; eine Verminderung des Warenbestandes ist unter Nr. 5 Buchst. a zu erfassen. Insoweit weicht der unter Nr. 2 auszuweisende GuV-Posten von der Bestandsveränderung laut Bilanz (B. I. 2. und 3.) ab.[31] Unter entsprechender Anpassung der Postenbezeichnung bzw. gesondert sind hier auch unfertige Leistungen (bei Dienstleistungs- und Bauunternehmen) auszuweisen.[32]

18 Zum anderen gehören zu den Bestandsveränderungen i.S.v. Nr. 2 nach § 277 Abs. 2 auch **Wertänderungen**, z.B. infolge der Ausübung von Bewertungswahlrechten oder auf Grund der Vornahme von Abschreibungen. Nach § 277 Abs. 2 2. Halbs. sind aber nur solche Abschreibungen zu berücksichtigen, die „die in der Kapitalgesellschaft sonst üblichen Abschreibungen nicht überschreiten". „Unübliche" Abschreibungen sind unter Nr. 7 Buchst. b auszuweisen.

19 **3. Andere aktivierte Eigenleistungen (Nr. 3).** Dieser Posten ist ebenso wie Nr. 2 durch die **Besonderheit des Gesamtkostenverfahrens** bedingt, dass alle Aufwendungen eines Geschäftsjahres ausgewiesen werden. Soweit diese Aufwendungen in der Bilanz zu Aktivierungen geführt haben, bedarf es eines entsprechenden Gegenpostens. Es handelt sich also nicht um einen wirklichen Ertragsposten, sondern er beruht auf einer bilanziellen Vermögensumschichtung.[33] Erfasst werden nur „andere" aktivierte Eigenleistungen. Ein Ausweis unter Nr. 2 hat also Vorrang, so etwa bei selbsterzeugten Roh-, Hilfs- und Betriebsstoffen.[34] Unter Nr. 3 fallen insbesondere selbst geschaffene Gegenstände des Anlagevermögens.[35] Im Posten nach Nr. 3 sind entsprechend seiner Funktion als „Gegenposten" nur solche Aktivierungen zu berücksichtigen, die Aufwendungen des betreffenden Geschäftsjahres betreffen. Nachaktivierungen früheren Aufwands sind daher als periodenfremder Ertrag (Nr. 4, 15) zu erfassen.[36] Ferner sind Fremdleistungen im Rahmen von Nr. 3 – unter Verrechnung dieser Leistungen nach Nr. 5 Buchst. a und b – nur zu berücksichtigen, wenn die Eigenleistung überwiegt (sog. Bruttomethode). Überwiegen

---

26 ADS 53.

27 Vgl. nur Baumbach/Hueck/*Schulze-Osterloh* GmbHG[18] § 42 Rn 439; ADS aaO; KK-*Berndt* Rn 46.

28 Baumbach/Hueck/*Schulze-Osterloh* aaO.

29 Vgl. etwa HdR-*Budde* Rn 33.

30 Vgl. näher ADS 58 und 66 f; Beck BilKomm-*Förschle* Rn 78; BoHdR-*Lachnit/Wulf* Rn 76; **aA** (Ausweis unter Nr. 3) HdR-*Budde* Rn 37.

31 ADS 55; BoHdR-*Lachnit/Wulf* Rn 70.

32 ADS 57; für gesonderten Ausweis: Baumbach/Hueck/*Schulze-Osterloh* GmbHG[18] § 42 Rn 439.

33 Vgl. ADS 59.

34 ADS 66.

35 ADS 61; Baumbach/Hueck/*Schulze-Osterloh* GmbHG[18] § 42 Rn 440.

36 Vgl. ADS 60; HdR-*Budde* Rn 34.

dagegen die Fremdleistungen, sind unter Nr. 3 nur die vom Unternehmen erbrachten Eigenleistungen „netto" auszuweisen, während der Fremdbezug unmittelbar auf den Anlagenkonten verbucht wird.[37]

20 4. **Sonstige betriebliche Erträge** (Nr. 4). Der Posten erfasst als **Sammelposten** alle Erträge, die nicht unter einem anderen Ertragsposten des Gliederungsschemas auszuweisen sind.[38] Entsprechend dem Wortlaut „sonstige betriebliche Erträge" sind hier nur solche Erträge auszuweisen, die innerhalb der gewöhnlichen Geschäftstätigkeit angefallen sind. „Außerordentliche Erträge" sind demgegenüber unter Nr. 15 darzustellen. Zur Abgrenzung gegenüber der Nr. 1 (Umsatzerlöse) vgl. Erläuterungen zu § 277 Rn 6 ff.

21 Zu den „sonstigen betrieblichen Erträgen" zählen **insbesondere**:[39] Erträge (Buchgewinne) aus dem Abgang von Vermögensgegenständen des Anlagevermögens und aus Zuschreibungen; Erträge aus der Auflösung von Rückstellungen, die nicht bestimmungsgemäß in Anspruch genommen worden sind und auch nicht mehr benötigt werden,[40] ausgenommen Steuerrückstellungen; sonstige Erträge, wie z.B. Erträge aus einer nicht geschäftstypischen Vermietungstätigkeit, aus realisierten Kursgewinnen, aus Zuschüssen, Forderungserlass oder Schadensersatzleistungen.

5. **Materialaufwand** (Nr. 5)

22 a) **Aufwendungen für Roh-, Hilfs- und Betriebsstoffe und für bezogene Waren** (Nr. 5 **Buchst. a**). Unter dem Posten Nr. 5 Buchst. a sind alle Aufwendungen für Roh-, Hilfs- und Betriebsstoffe und für bezogene Waren auszuweisen.[41] Dies gilt – entsprechend der Systematik des Gesamtkostenverfahrens, das nicht nach Funktionsbereichen unterscheidet – unabhängig davon, ob sie im Fertigungsbereich oder im Bereich des Vertriebs bzw. der Verwaltung angefallen sind.[42] Die Aufwendungen werden ermittelt nach der Formel: Anfangsbestand plus Zugänge minus Endbestand.[43] Da sich Anfangs- und Endbestand nach den Bilanzansätzen bestimmen, sind also neben dem Verbrauch auch Abschreibungen erfasst (vgl. aber § 277 Abs. 2 2. Halbs., Abs. 3 S. 1), ferner Inventurunterschiede und sonstige Verluste.[44] Wurde ein Festwert gebildet, fallen unter Nr. 5 Buchst. a auch laufende Ersatzbeschaffungen und Veränderungen des Festwertes. Aufwendungen für bezogene (Handels-)Waren entstehen aus der Veräußerung bzw. Abschreibungen.[45]

23 b) **Aufwendungen für bezogene Leistungen** (Nr. 5 **Buchst. b**). Unter dem Posten Nr. 5 Buchst. b sind nur solche Aufwendungen auszuweisen, die „Materialaufwand" i.S.d. Hauptpostens Nr. 5 sind.[46] Dazu zählen zunächst die in die Fertigung eingehenden

[37] Vgl. ADS 63; HdR-*Budde* Rn 36; BoHdR-*Lachnit/Wulf* Rn 77 f.

[38] Statt aller ADS 69.

[39] Eingehende Übersichten bei ADS 71; Beck BilKomm-*Förschle* Rn 91.

[40] Vgl. näher ADS 76 ff.

[41] Wegen des Begriffs der Roh-, Hilfs- und Betriebsstoffe vgl. Erläuterungen zu § 266 Rn 33; wegen des Begriffs der Waren vgl. § 266 Rn 35.

[42] HM vgl. HdR-*Budde* Rn 50; *Biener/Berneke*, S. 211; KK-*Berndt* Rn 59; Baumbach/Hueck/*Schulze-Osterloh* GmbHG[18] § 42 Rn 442; *Westermann* BB 1986, 1121; *Vogel* Rechnungslegungsvorschriften (1993), S. 45; **aA** – wahlweise Beschränkung auf Fertigungsbereich und im übrigen Ausweis unter Nr. 8 – WP-Handbuch I F 526; ADS 83; Beck BilKomm-*Förschle* Rn 115; BoHdR-*Lachnit/Wulf* Rn 90.

[43] Beck BilKomm-*Förschle* Rn 120.

[44] ADS 89 ff.

[45] ADS 88.

[46] Statt aller nur ADS 93; Baumbach/Hueck/*Schulze-Osterloh* GmbHG[18] § 42 Rn 443; **aA** – alle externen Aufwendungen – *Westermann* BB 1986, 1121.

Fremdleistungen, z.B. Kosten der Lohnbe- und -verarbeitung von Rohstoffen oder unfertigen Erzeugnissen, ferner auch bezogene Leistungen in anderen Unternehmensbereichen (Forschung und Entwicklung, Vertriebs- und Verwaltungsbereich), wenn sie als „Materialaufwand“ angesehen werden können.[47] Ist dies nicht der Fall, sind die Aufwendungen unter Nr. 8 („sonstiger betrieblicher Aufwand“) auszuweisen, z.B. Beratungsgebühren, Mieten, Werbekosten.[48]

6. Personalaufwand (Nr. 6)

a) Löhne und Gehälter (Nr. 6 Buchst. a). Der Posten „Löhne und Gehälter“ **umfasst sämtliche Personalaufwendungen des Unternehmens** für seine Arbeitnehmer sowie für die Vorstände und Geschäftsführer, ganz gleich für welche Arbeit, in welcher Form und unter welcher Bezeichnung sie geleistet worden sind.[49] Voraussetzung ist aber, dass der Personalaufwand unabhängig von der Auszahlung dem betreffenden Geschäftsjahr wirtschaftlich zuzuordnen ist.[50] Ausweispflichtig ist der *Bruttobetrag der Löhne und Gehälter*, also einschließlich der vom Arbeitnehmer zu tragenden Steuern und Sozialabgaben. Dagegen ist der vom Arbeitgeber zu tragende Anteil an den sozialen Abgaben in den Posten nach Nr. 6 Buchst. b einzustellen.[51] Unter Nr. 6 Buchst. a auszuweisen sind neben den Löhnen und Gehältern der Angestellten und den Vorstandsbezügen bzw. Bezügen der Geschäftsführer auch *alle Nebenleistungen*[52] wie Aufwandsentschädigungen, Gratifikationen, Sonderzulagen, Dienstaltersprämien usw. und Sachleistungen.[53] Kein Personalaufwand sind mangels Dienstvertrag Entschädigungen für Mitglieder des Aufsichtsrates oder eines Beirates, die als sonstiger betrieblicher Aufwand nach Nr. 8 zu erfassen sind.[54] Fraglich ist, wie überhöhte Vergütungen an Gesellschaftergeschäftsführer hinsichtlich des Mehrbetrages zu behandeln sind. Nach verbreiteter Ansicht sollen solche *verdeckten Gewinnausschüttungen* ungeachtet ihrer Veranlassung im Gesellschaftsverhältnis als Personalaufwand unter Nr. 6 Buchst. a auszuweisen sein.[55] Richtiger erscheint es dagegen, sie in der GuV – ihrer sachlichen Natur entsprechend – als Ergebnisverwendung zu behandeln.[56] 24

b) Soziale Abgaben und Aufwendungen für Altersversorgung und für Unterstützung (Nr. 6 Buchst. b). In Nr. 6 Buchst. b sind soziale Abgaben und Aufwendungen für Altersversorgung und Unterstützung zusammengefasst. Aufwendungen für Altersversorgung sind dabei gesondert zu vermerken. Zu den *sozialen Abgaben* zählen die Arbeitgeberbeiträge an die Sozialversicherung (Renten-, Kranken,- Pflege- und Arbeitslosenversicherung) und die Berufsgenossenschaft.[57] Dagegen fallen die vom Lohn einbehaltenen Steuern und Sozialabgaben unter Nr. 6 Buchst. a. Eine Schwerbeschädigtenausgleichs- 25

---

47 Ebenso ADS 95; *Schulze-Osterloh* aaO; Beck-HdR-*Winzker* B 332 Rn 16; *Westermann* BB 1986, 1121; *Doberenz* BB 1987, 2191 f; *Vogel* Rechnungslegungsvorschriften (1993), S. 46; **aA** *Biener/Berneke*, S. 211; Beck BilKomm-*Förschle* Rn 123; HdR-*Budde* Rn 50.

48 ADS 98.

49 ADS 100 ff; Beck BilKomm-*Förschle* Rn 125 ff.

50 Beck-HdR-*Heymann* B 333 Rn 6.

51 ADS aaO.

52 Eingehend Beck-HdR-*Heymann* B 333 Rn 11 ff.

53 Vgl. näher ADS 104.

54 HdR-*Budde* Rn 55; ADS 113; Baumbach/Hueck/*Schulze-Osterloh* GmbHG[18] § 42 Rn 444.

55 ADS 103; Beck BilKomm-*Förschle/Kroner* § 246 Rn 93.

56 Baumbach/Hueck/*Schulze-Osterloh* GmbHG[18] § 42 Rn 444 mwN.

57 Statt aller ADS 116; KK-*Berndt* Rn 77.

abgabe gehört mangels Bezug zu den Arbeitnehmern zum sonstigen betrieblichen Aufwand (Nr. 8).[58] Der – gesondert zu vermerkende – Ausweis von *Aufwendungen für Altersversorgung* umfasst insbesondere die Zuführungen zur Pensionsrückstellung, Pensionszahlungen mit und ohne Rechtsanspruch des Empfängers, soweit diese nicht zu Lasten von Pensionsrückstellungen geleistet werden, Zuweisungen an rechtlich selbständige Unterstützungskassen, Beiträge zu Pensionskassen und Direktversicherungen sowie Beiträge zum Pensionssicherungsverein.[59] Der im Zuführungsbetrag enthaltene *Zinsanteil* ist aufgrund von § 277 Abs. 5 S. 1 unter Nr. 13 auszuweisen.[60] *Aufwendungen für Unterstützung* sind Beihilfen zur Milderung von Belastungen der Arbeitnehmer, auf die kein Rechtsanspruch besteht.[61]

7. Abschreibungen

26 **a) Abschreibungen auf immaterielle Vermögensgegenstände des Anlagevermögens und Sachanlagen (Nr. 7 Buchst. a).** Dieser Posten enthält sämtliche planmäßigen und außerplanmäßigen Abschreibungen auf die genannten Bilanzposten.[62] Der Ansatz deckt sich mit der Summe der nach § 268 Abs. 2 S. 3 anzugebenden Beträge, soweit keine Teilbeträge in den Posten „außerordentliche Aufwendungen" eingestellt werden.[63] Nicht hierher gehören Verluste aus dem Abgang von Gegenständen des Anlagevermögens.[64]

27 Außerplanmäßige Abschreibungen nach § 253 Abs. 3 S. 3 sind innerhalb des Postens **gesondert auszuweisen oder im Anhang anzugeben** (§ 277 Abs. 3 S. 1).

28 **b) Abschreibungen auf Vermögensgegenstände des Umlaufvermögens, soweit diese die in der Kapitalgesellschaft üblichen Aufwendungen überschreiten (Nr. 7 Buchst. b).** Abschreibungen auf Vermögensgegenstände des Umlaufvermögens sind in der GuV an unterschiedlichen Stellen auszuweisen: Nr. 7 Buchst. b umfasst nur die „unüblichen" Abschreibungen (**Mehrabschreibungen**). Dies wird für Bestandsänderungen ausdrücklich in § 277 Abs. 2 2. Halbs. ausgesprochen. Dagegen gehören die „üblichen" Abschreibungen je nach Art der Gegenstände des Umlaufvermögens in einen der folgenden vier Gliederungsposten: Bestandsveränderungen (Nr. 2), Materialaufwand (Nr. 5 Buchst. a), Abschreibungen auf Wertpapiere des Umlaufvermögens (Nr. 12) oder sonstiger betrieblicher Aufwand (Nr. 8). Unter Nr. 12 fallen – wegen der Trennung des Finanzergebnisses vom Betriebsergebnis – entgegen dem Wortlaut aber auch die „unüblichen" Abschreibungen auf Wertpapiere des Umlaufvermögens.[65]

29 Für die Bestimmung der **„Unüblichkeit"** ist weder auf die Höhe der Abschreibungen der Vorjahre[66] noch darauf abzustellen, ob sie in Ausübung eines Wahlrechtes vorge-

---

58 Vgl. ADS 116.

59 Vgl. Beck BilKomm-*Förschle* Rn 135; ADS 119 f.

60 Beck BilKomm-*Förschle* Rn 138; KK-*Berndt* Rn 80; MünchKommHGB/*Reiner*/*Haußer* Rn 60; vgl. *IDW* RS HFA 30 Rn 86.

61 Baumbach/Hueck/*Schulze-Osterloh* GmbHG[18] § 42 Rn 445. Abweichend WP-Handbuch I F 543; ADS 122: „soweit sie nicht für Leistungen der Empfänger gewährt werden".

62 Vgl. nur KK-*Berndt* Rn 84.

63 ADS 124.

64 ADS 128; Baumbach/Hueck/*Schulze-Osterloh* GmbHG[18] §42 Rn 446; **aA** *Biener*/*Berneke*, S. 212 f.

65 Vgl. ADS 131, 169; KK-*Berndt* Rn 87; Baumbach/Hueck/*Schulze-Osterloh* GmbHG[18] § 42 Rn 447; **aA** HdR-*Budde* Rn 82.

66 So aber etwa KK-*Berndt* Rn 89; Beck BilKomm-*Förschle* Rn 145.

nommen werden.[67] Vielmehr ist die bisherige Handhabung und Abschreibungspraxis entscheidend.[68]

8. Sonstige betriebliche Aufwendungen (Nr. 8). Der Posten „sonstige betriebliche Aufwendungen" umfasst als **Sammelposten** alle Aufwendungen des Geschäftsjahres, die nicht unter einem anderen speziellen Aufwandsposten auszuweisen sind. Die Bezeichnung „betriebliche" stellt in Abgrenzung zu Nr. 16 (außerordentliche Aufwendungen) klar, dass hier nur solche Aufwendungen erfasst werden, die der gewöhnlichen Geschäftstätigkeit zugerechnet werden können. Dazu zählen insbesondere:[69] Verluste aus dem Abgang von Gegenständen des Anlagevermögens[70] sowie des Umlaufvermögens (soweit letztere nicht als Bestandsveränderung in Nr. 2 bzw. als Materialaufwand nach Nr. 5 Buchst. a ausgewiesen werden),[71] übliche Abschreibungen auf Forderungen des Umlaufvermögens, sonstige Aufwendungen, z.B. Aufwandsentschädigungen für Aufsichtsrats- und Beiratsmitglieder, Spenden[72] und eine Schwerbehindertenausgleichsabgabe.[73] **30**

9. Erträge aus Beteiligungen (Nr. 9). Unter Nr. 9 sind **„Erträge aus Beteiligungen"** auszuweisen. Zum Begriff der „Beteiligung" vgl. Erläuterungen zu § 271 Rn 2 ff. Mit einem Davon-Vermerk gesondert anzugeben sind dabei die Erträge aus verbundenen Unternehmen. Wegen des Begriffs der „verbundenen Unternehmen" vgl. Erläuterungen zu § 271 Rn 13 ff. Gesondert anzugeben sind schließlich nach § 277 Abs. 3 S. 2 Erträge, die auf Grund einer Gewinngemeinschaft, eines Gewinn- oder eines Teilgewinnabführungsvertrages zufließen. *Beteiligungserträge* sind insbesondere Dividenden von Kapitalgesellschaften einschließlich eines KSt-Guthabens und einbehaltener Kapitalertragsteuer (die unter Nr. 18 auszuweisen ist, soweit sie nicht erstattet wird) und Gewinnanteile aus Personengesellschaften.[74] Umstritten ist die Behandlung *verdeckter Gewinnausschüttungen.*[75] Sie fallen nach richtiger Ansicht unter Nr. 9.[76] An dieser Rechtslage ändert sich auch nichts dadurch, dass die Erfassung solcher Sachverhalte (z.B. bei Konzernumlagen oder konzerninternen Verrechnungspreisen) naturgemäß mit praktischen Schwierigkeiten verbunden sein wird.[77] Je nach den Umständen kann allerdings auch ein Ausweis unter den außerordentlichen Erträgen in Betracht kommen.[78] Nicht zu den Beteiligungserträgen gehören Buchgewinne aus der Veräußerung von Beteiligungen.[79] Sie sind als sonstige betriebliche Erträge unter Nr. 4 bzw. außergewöhnlicher Ertrag nach Nr. 15 auszuweisen. Entsprechendes gilt für Zuschreibungen auf Beteiligungsbuchwerte.[80] Eine Saldierung von Beteiligungserträgen mit Verlusten aus Beteiligungen ist unzulässig.[81] Zum Zeitpunkt der Vereinnahmung von Beteiligungserträgen, insbesondere bei Beteiligungen **31**

---

[67] **AA** aber *Glade*, S. 175.

[68] ADS 135; Baumbach/Hueck/*Schulze-Osterloh* GmbHG[18] § 42 Rn 439, 447.

[69] Vgl. näher die Übersichten bei ADS 141; Beck BilKomm-*Förschle* Rn 156; WP-Handbuch I F 551.

[70] ADS 140; Baumbach/Hueck/*Schulze-Osterloh* GmbHG[18] § 42 Rn 448; **aA** *Biener/Berneke*, S. 212 f.

[71] Baumbach/Hueck/*Schulze-Osterloh* GmbHG[18] § 42 Rn 448.

[72] *Hüttemann* AG 2009, 774.

[73] Vgl. Zusammenstellung bei MünchKommHGB/*Reiner/Haußer* Rn 72.

[74] Vgl. ADS 145 f.

[75] Vgl. nur ADS 147 mwN zum Streitstand.

[76] Baumbach/Hueck/*Schulze-Osterloh* GmbHG[18] § 42 Rn 449.

[77] Zutreffend *Schulze-Osterloh* aaO; **aA** ADS 147; Beck BilKomm-*Förschle* Rn 179; HdR-*Budde* Rn 78.

[78] Vgl. *Schulze-Osterloh* aaO. Siehe auch LG Stuttgart DB 1994, 928 f.

[79] ADS 148; HdR-*Budde* Rn 78; Baumbach/Hueck/*Schulze-Osterloh* GmbHG[18] § 42 Rn 449; **aA** *Oebel* WPg 1988, 126.

[80] ADS 148.

[81] ADS 149; Beck BilKomm-*Förschle* Rn 180.

an Kapitalgesellschaften (sog. phasengleiche Aktivierung von Gewinnansprüchen) vgl. Erläuterungen zu § 252.

32 10. **Erträge aus anderen Wertpapieren und Ausleihungen des Finanzanlagevermögens (Nr. 10).** Unter diesen Einzelposten fallen alle *Erträge aus Finanzanlagen*, die nicht als Erträge aus Beteiligungen nach Nr. 9 bzw. als Erträge aus Gewinngemeinschaften etc. nach § 277 Abs. 3 S. 2 auszuweisen sind. Hierzu gehören Erträge aus Ausleihungen an verbundene Unternehmen (§ 266 Abs. 2 A. III. 2), aus Ausleihungen an Unternehmen, mit denen ein Beteiligungsverhältnis besteht (§ 266 Abs. 2 A. III. 4), aus Wertpapieren des Anlagevermögens (§ 266 Abs. 2 A. III. 5) sowie aus sonstigen Ausleihungen (§ 266 Abs. 2 A. III. 6). Zu den Erträgen aus anderen Wertpapieren und Ausleihungen des Finanzanlagevermögens zählen vor allem Zinsen, Dividenden und ähnliche Ausschüttungen, aber auch periodisch erfolgende Aufzinsungen und Ausgleichszahlungen nach § 304 AktG.[82] Erträge aus *Ausleihungen an verbundene Unternehmen* (vgl. § 271 Abs. 2) sind gesondert zu vermerken.

33 11. **Sonstige Zinsen und ähnliche Erträge (Nr. 11).** In dem **Sammelposten** „sonstige Zinsen und ähnliche Erträge" sind vor allem Zinsen aus Guthaben, Forderungen und Wertpapieren des Umlaufvermögens zu erfassen, die nicht unter die Posten Nr. 9, 10 fallen bzw. nach § 277 Abs. 3 S. 2 gesondert auszuweisen sind.[83] Als sonstige Erträge sind z.B. Erträge aus einem Agio, Disagio oder Damnum, Kreditprovisionen usw. anzusehen,[84] nicht aber ein von Kunden nicht in Anspruch genommener Skontoabzug.[85] Eine *Saldierung* von Zinserträgen und Zinsaufwendungen ist grundsätzlich unzulässig.[86] Für Erträge, die von *verbundenen Unternehmen* stammen, sieht das Gesetz eine gesonderte Angabe durch Davon-Vermerk vor.

34 12. **Abschreibungen auf Finanzanlagen und auf Wertpapiere des Umlaufvermögens (Nr. 12).** Hierunter sind alle Abschreibungen auf Vermögensgegenstände i.S.v. § 266 Abs. 2 A. III, B. III auszuweisen. Fraglich ist, ob sog. Mehrabschreibungen, die die in der Gesellschaft üblichen Abschreibungen überschreiten, unter Nr. 12 fallen oder – wie es der Wortlaut des Gesetzes nahelegt – unter Nr. 7 Buchst. b auszuweisen sind.[87] Für einen Ausweis unter Nr. 12 spricht entscheidend der Umstand, dass das Gliederungsschema die Erträge und Aufwendungen des Finanzbereichs gesondert in den Nrn. 9–13 erfasst.[88] Buchverluste aus dem Abgang von Finanzanlagen und Wertpapieren des Umlaufvermögens gehören dagegen unter Nr. 8.[89] Außerplanmäßige Abschreibungen nach § 253 Abs. 3 S. 3 sind nach § 277 Abs. 3 S. 1 gesondert auszuweisen oder im Anhang anzugeben.

35 13. **Zinsen und ähnliche Aufwendungen (Nr. 13).** Unter diesem Einzelposten sind die *Aufwendungen für das von der Gesellschaft aufgenommene Fremdkapital* auszuweisen.[90]

---

[82] ADS 155; Beck BilKomm-*Förschle* Rn 187.
[83] Vgl. ADS 156 ff.
[84] Siehe Beck BilKomm-*Förschle* Rn 194.
[85] Baumbach/Hueck/*Schulze-Osterloh* GmbHG[18] § 42 Rn 451.
[86] ADS 159 ff.
[87] Vgl. die Nachweise zum Meinungsstand bei ADS 169.
[88] HM ADS 169; Beck BilKomm-*Förschle* Rn 201; BoHdR-*Lachnit/Wulf* Rn 196; Baumbach/Hueck/*Schulze-Osterloh* GmbHG[18] § 42 Rn 452; KK-*Berndt* Rn 151; **aA** HdR-*Budde* Rn 82.
[89] WP-Handbuch I F 577; ADS 170; Baumbach/Hueck/*Schulze-Osterloh* GmbHG[18] § 42 Rn 452; **aA** *Biener/Berneke*, S. 215; *Oebel* WPg 1988, 125. Für Wahlrecht BoHdR-*Lachnit/Wulf* Rn 197.
[90] Beck BilKomm-*Förschle* Rn 204; Baumbach/Hueck/*Schulze-Osterloh* GmbHG[18] § 42 Rn 453.

Dazu gehören insbesondere[91] Kreditzinsen, Verzugszinsen, Diskontbeträge für Wechsel und Schecks, Kreditprovisionen, Abschreibungen auf ein aktiviertes Agio, Disagio oder Damnum, Zinsen auf Steuerschulden.[92] Ein nicht in Anspruch genommener Lieferantenskonto unterfällt (mangels Kapitalaufnahme) nicht Nr. 13.[93] Nicht unter Nr. 13, sondern beim sonstigen betrieblichen Aufwand i.S.v. Nr. 8 zu erfassen sind hingegen Bankspesen, Kontoführungsgebühren und Kosten des Zahlungsverkehrs. Zinsaufwendungen gegenüber einem verbundenen Unternehmen sind gesondert zu vermerken.

14. Ergebnis der gewöhnlichen Geschäftstätigkeit (Nr. 14). Das Ergebnis der gewöhnlichen Geschäftstätigkeit ist eine *Zwischensumme*, die sich aus dem Saldo der Nrn. 1–13 ergibt. Es umfasst neben dem Betriebsergebnis (Nr. 1–8) auch das Finanzergebnis (Nr. 9–13) und zeigt den Jahreserfolg ohne a.o. Ergebnis und ohne Steuerbelastung. Dabei ist durch die Verwendung der Begriffe „Überschuss" bzw. „Fehlbetrag"[94] oder durch ein entsprechendes Vorzeichen[95] deutlich zu machen, ob der Saldo positiv oder negativ ist. Der deutsche Gesetzgeber hat vom *Wahlrecht nach Art. 30* der 4. EG-Richtlinie Gebrauch gemacht und auf den gesonderten Ausweis der *„Steuern auf das Ergebnis aus der normalen Geschäftstätigkeit"* verzichtet. Stattdessen ist nach § 285 Nr. 6 im Anhang anzugeben, in welchem Maße Steuern vom Einkommen und vom Ertrag das Ergebnis der gewöhnlichen Geschäftstätigkeit und das außerordentliche Ergebnis belasten. 36

15. Außerordentliche Erträge (Nr. 15). Die Begriffe „außerordentliche Erträge" und „außerordentliche Aufwendungen" werden in § 277 Abs. 4 S. 1 definiert. Wegen des Inhalts des Postens Nr. 15 vgl. daher die Erläuterungen zu § 277 Rn 20 ff. 37

16. Außerordentliche Aufwendungen (Nr. 16). Vgl. dazu Erläuterungen zu § 277 Rn 20 ff. 38

17. Außerordentliches Ergebnis (Nr. 17). Es handelt sich um eine **Zwischensumme**, die als Saldo aus den Posten Nr. 15 und Nr. 16 abgeleitet wird. Auch hier ist durch entsprechende Zusätze deutlich zu machen, ob ein positiver oder negativer Saldo vorliegt.[96] 39

18. Steuern vom Einkommen und vom Ertrag (Nr. 18). „Steuern vom Einkommen und vom Ertrag" sind die Körperschaftsteuer (einschließlich einbehaltener Kapitalertragsteuern), Ergänzungsabgaben zur KSt wie der Solidaritätszuschlag, ferner die Gewerbesteuer sowie ausländische Ertragsteuern, wenn sie der Körperschaft- und Gewerbesteuer entsprechen.[97] Steuerliche Nebenleistungen – Verspätungszuschläge, Stundungs- und Aussetzungszinsen, Säumniszuschläge, Zwangsgelder und Kosten – sind keine „Steuern" i.S.v. Nr. 18, sondern entweder betrieblicher Aufwand (Nr. 8) oder Zinsen und ähnliche Aufwendungen (Nr. 13).[98] 40

Der Posten Nr. 18 soll die **gesamte Belastung der Gesellschaft mit Ertragsteuern** im jeweiligen Geschäftsjahr aufzeigen. Neben dem Körperschaft- und Gewerbesteueraufwand sowie dem Solidaritätszuschlag und den ausländischen Ertragsteuern sind deshalb 41

---

[91] Vgl. etwa ADS 174.
[92] Zu steuerlichen Nebenleistungen eingehend *Marx* DB 1996, 1149 ff.
[93] Baumbach/Hueck/*Schulze-Osterloh* GmbHG[18] § 42 Rn 363; ADS 176; **aA** wohl (Wahlrecht) Beck BilKomm-*Förschle* Rn 209.
[94] KK-*Berndt* Rn 158.
[95] ADS 177.
[96] Vgl. ADS 182.
[97] ADS 185; Beck BilKomm-*Förschle* Rn 238.
[98] Eingehend *Marx* DB 1996, 1149 ff.

hier auch Aufwendungen aus der Bildung eines passivischen Steuerabgrenzungspostens, der Auflösung aktivischer Steuerabgrenzungsposten und Zuführungen zu Ertragsteuerrückstellungen zu berücksichtigen.[99] Darüber hinaus muss aber auch ein „negativer Steueraufwand", d.h. Erträge aus der Auflösung von Steuerrückstellungen, aus einer aktiven Steuerabgrenzung (§ 274 Abs. 1) sowie der Aktivierung von Erstattungsforderungen, in den Posten einbezogen und saldiert werden. Eine solche Saldierung ist mit Rücksicht auf den besonderen Charakter des Postens auch ohne offene Absetzung der Erstattungsbeträge zulässig.[100] Soweit sich jedoch ein positiver Saldo ergibt, bedarf es zumindest einer entsprechenden Anpassung der Postenbezeichnung.[101] Unabhängig vom saldierten Ausweis in der GuV sind die Erträge und Aufwendungen aus der Veränderung bilanzierter latenter Steuern nach § 274 Abs. 2 S. 3 gesondert auszuweisen.

42 Als Steueraufwand sind nur solche Aufwendungen unter Nr. 18 auszuweisen, für die die Gesellschaft auch Steuerschuldnerin ist. Bei **Organschaftsverhältnissen** ist deshalb der Steueraufwand, der wirtschaftlich auf die Organgesellschaft entfällt, beim Organträger auszuweisen.[102] Die Organgesellschaft darf folglich nur die auf das eigene Einkommen entfallenden Steuern unter Nr. 18 zeigen.[103] Besonderheiten ergeben sich, wenn die Konzernobergesellschaft durch entsprechende Umlagen die Organgesellschaften mit dem wirtschaftlich auf sie entfallenden Steueraufwand belastet.[104]

43 **19. Sonstige Steuern (Nr. 19).** Unter diesen Posten fallen **alle weiteren Steuern**, die nicht unter Nr. 18 auszuweisen sind. Für den Begriff der Steuer ist von § 3 AO auszugehen. Hierzu zählen insbesondere[105] Grundsteuer, Erbschaft- und Schenkungsteuer, Verbrauchsteuern, Kraftfahrzeugsteuer, Versicherungsteuer.[106] Die Umsatzsteuer ist, soweit sie auf Umsatzerlöse entfällt, grundsätzlich von den Erlösen abzusetzen (§ 277 Abs. 1). Des Weiteren kommt eine Aktivierung bzw. ein Ausweis bei der entsprechenden Aufwandsart in Betracht. Raum für einen Ausweis von Umsatzsteuer unter Nr. 19 bleibt folglich nur in Organschaftsfällen, soweit eine Weiterbelastung an die Organgesellschaften unterbleibt.[107] Ebenfalls nicht nach Nr. 19 auszuweisen sind diejenigen Steuern, die als Anschaffungsnebenkosten zu aktivieren sind, z.B. die Grunderwerbsteuer.[108] Nicht zu den Steuern gehören steuerliche Nebenleistungen.[109]

44 **20. Jahresüberschuss/Jahresfehlbetrag (Nr. 20).** Der Posten weist den im Geschäftsjahr erzielten Gewinn oder eingetretenen Verlust **vor** *den Rücklagenbewegungen* (§ 275 Abs. 4) aus.[110] Er ergibt sich als Saldo aller unter den Nrn. 1–13, 15, 16, 18 und 19 aus-

---

[99] Vgl. etwa HdR-*Budde* Rn 93.
[100] ADS 187 f; Baumbach/Hueck/*Schulze-Osterloh* GmbHG[18] § 42 Rn 458; Beck Bil-Komm-*Förschle* Rn 245; BoHdR-*Lachnit/Wulf* Rn 212.
[101] ADS 187; vgl. auch HdR-*Budde* Rn 96.
[102] BoHdR-*Lachnit/Wulf* Rn 214; Münch-KommHGB/*Reiner/Haußer* Rn 108.
[103] ADS 191.
[104] Zu Steuerumlagen im Konzern vgl. BGHZ 141, 79; BGHZ 120, 50; *Hüttemann* ZHR 171 (2007), 451; zum Bilanzausweis eingehend ADS 191 ff; Beck BilKomm-*Förschle* Rn 256 ff; MünchKommHGB/*Reiner/Haußer* Rn 109 f.
[105] Vgl. auch ADS 197.
[106] Für alternativen Ausweis bei den betreffenden Aufwandsarten ADS 201.
[107] Zur Behandlung der Umsatzsteuer vgl. näher *IdW* HFA 1/1985, WPg 1985, 257 ff; ADS 198; BoHdR-*Lachnit/Wulf* Rn 219; Baumbach/Hueck/*Schulze-Osterloh* GmbHG[18] § 42 Rn 459; WP-Handbuch I F 600.
[108] ADS 205.
[109] Eingehend *Marx* DB 1996, 1149 ff.
[110] WP-Handbuch I F 607.

gewiesenen Erträge und Aufwendungen. Ein Gewinn heißt „Jahresüberschuss", ein Verlust „Jahresfehlbetrag". Wird die Bilanz nicht unter vollständiger oder teilweiser Gewinnverwendung aufgestellt, endet das Gliederungsschema mit dem Posten Nr. 20. Für die AG ist jedoch in § 158 Abs. 1 AktG eine weitere Gliederung vorgeschrieben, die die Ergebnisverwendung aufzeigt.

21. Weitere Einzelposten. Zusätzlich zu den im Gliederungsschema des Abs. 2 angeführten Posten sieht das Gesetz für bestimmte Fälle den gesonderten Ausweis weiterer Posten vor. Hierzu gehören insbesondere die nach § 277 Abs. 3 S. 2 auszuweisenden Erträge und Aufwendungen aus Verlustübernahme und auf Grund einer Gewinngemeinschaft, eines Gewinnabführungs- oder eines Teilgewinnabführungsvertrages (vgl. Erläuterungen zu § 277 Rn 14 ff). **45**

IV. Umsatzkostenverfahren (Abs. 3)

Wird die GuV nach dem Umsatzkostenverfahren aufgestellt, sind die in Abs. 3 genannten Posten in der angegebenen Reihenfolge auszuweisen. Dabei liegt dem Gliederungsschema folgende – vom Gesamtkostenverfahren abweichende – **Systematik** zugrunde: **46**

- Umsatzerlöse und Herstellungskosten (Nr. 1 und 2),
- Zwischensumme: Bruttoergebnis vom Umsatz (Nr. 3),
- Vertriebskosten, Verwaltungskosten (Nr. 4 und 5),
- sonstige betriebliche Erträge und Aufwendungen (Nr. 6 und 7).

Die weiteren Einzelposten bei Anwendung des Umsatzkostenverfahrens (Abs. 3 Nr. 8–19) entsprechen den Nr. 9–20 beim Gesamtkostenverfahren.

1. Umsatzerlöse (Nr. 1). Dieser Einzelposten wird in § 277 Abs. 1 gesetzlich definiert. Vgl. dazu die Erläuterungen zu § 277 Rn 4 ff. **47**

2. Herstellungskosten der zur Erzielung der Umsatzerlöse erbrachten Leistungen (Nr. 2)

a) **Allgemeines.** Unter diesem Posten werden die **gesamten Herstellungskosten** ausgewiesen, mit deren Hilfe die Umsatzerlöse des betreffenden Geschäftsjahres (Nr. 1) erzielt worden sind.[111] Bei Handelsunternehmen sind hier – ggf. unter Anpassung der Postenbezeichnung – die Anschaffungskosten der veräußerten Handelswaren anzusetzen.[112] Dabei ist es ohne Bedeutung, in welchem Geschäftsjahr die Aufwendungen angefallen sind. Vielmehr kommt es allein auf den Bezug zu den Umsatzerlösen des betreffenden Geschäftsjahres an.[113] **48**

Entsprechend dem Grundgedanken des Umsatzkostenverfahrens – Ausweis der auf die Umsatzerlöse entfallenen Herstellungskosten – bleiben aktivierte Herstellungs- und Anschaffungskosten für im betreffenden Geschäftsjahr nicht abgesetzte Erzeugnisse und Waren in der GuV außer Betracht.[114] Werden solche **Bestandserhöhungen** in der Bilanz **49**

---

[111] ADS 211; Beck BilKomm-*Förschle* Rn 266; Baumbach/Hueck/*Schulze-Osterloh* GmbHG[18] § 42 Rn 467.

[112] ADS 211; *Rogler* BB 1992, 1161 f.

[113] Statt aller nur ADS 211.

[114] Vgl. oben Rn 9.

aber nur mit Teilkosten aktiviert, während in der GuV die Herstellungs- und Anschaffungskosten auf Vollkostenbasis angesetzt werden, beeinflusst ein entsprechender Differenzbetrag die GuV des Geschäftsjahres der Bestandserhöhung.[115]

50 b) **Begriff der Herstellungskosten.** Das Gesetz erläutert den Begriff der Herstellungskosten in § 275 Abs. 3 Nr. 2 nicht. Daher liegt es – ausgehend vom Grundsatz der Einheitlichkeit der Bewertung – zunächst nahe, die Bewertungsvorschrift des § 255 Abs. 2 auch für Zwecke der GuV heranzuziehen.[116] Dagegen sprechen aber – ungeachtet des durch das BilMoG erweiterten Herstellungskostenbegriffs – die unterschiedlichen Zwecke der Bewertungsvorschrift des § 255 Abs. 2 einerseits und der Ausweisvorschrift des § 275 Abs. 3 Nr. 2 andererseits: Die Definition der aktivierungsfähigen Herstellungskosten ist maßgeblich durch den Grundsatz der Vorsicht beeinflusst, dem im Rahmen der bilanziellen Gewinnermittlung wegen der Ausschüttungsbemessungsfunktion der Bilanz erhebliche Bedeutung zukommt. Dagegen geht es bei der zweckgerechten Auslegung des Herstellungskostenbegriffs in § 275 Abs. 3 Nr. 2 um ein reines Ausweis- und Gliederungsproblem.[117] Für eine begriffliche **Trennung der Herstellungskosten in Bilanz und GuV** lässt sich auch anführen, dass die englische Fassung der 4. EG-Richtlinie für die umsatz- und die bestandsbezogenen Herstellungskosten unterschiedliche Begriffe – „cost of sales" und „production cost" – verwendet.[118] Angesichts der unterschiedlichen Aufgaben von Bilanz und GuV ist somit der Begriff der Herstellungskosten im Rahmen der GuV ausschließlich unter dem Gesichtspunkt des richtigen Ausweises und nach dem Zweck des Umsatzkostenverfahrens zu bestimmen. Folglich besteht auch keine Bindung an den in der Bilanz gewählten Bewertungsansatz.[119]

51 **Einzelfragen.** Über den Herstellungskostenbegriff des § 255 Abs. 2 hinaus können somit auch Gemeinkosten, die in der Bilanz nicht aktivierbar wären, weil sie nicht angemessen sind, sowie Abschreibungen auf nicht voll genutzte Anlagen in den Posten Nr. 2 einbezogen werden.[120] Zu den Herstellungskosten gehören ferner dem Herstellungsprozess zurechenbare Kosten der Forschung und Produktentwicklung,[121] Gewährleistungskosten und Kosten der Produkthaftpflicht. Auch nach § 255 Abs. 2 S. 3 aktivierte allgemeine Verwaltungskosten sind in der GuV umsatzbezogen unter den Herstellungskosten auszuweisen und nicht in die allgemeinen Verwaltungskosten nach Nr. 5 einzubeziehen.[122] Zweifelhaft ist, ob auch Fremdkapitalzinsen und betriebliche Steuern in die Herstellungskosten nach Nr. 2 einbezogen werden können. Dagegen spricht aber, dass das Gliederungsschema in Nr. 12 und 18 entsprechende Sonderposten enthält, denen bei

---

115 Dazu eingehend unten Rn 54 f.

116 *Selchert* DB 1986, 2397 ff; Baumbach/Hopt/*Merkt* Rn 28.

117 Vgl. dazu etwa *Gatzen* WPg 1987, 465 f.

118 Vgl. *Chmielewicz* DBW 1987, 168; *Gatzen* aaO.

119 HM *IdW* SABI 1/1987, WPg 1987, 142; WP-Handbuch I F 635; ADS 220; Beck BilKomm-*Förschle* Rn 270; HdR-*Budde* Rn 127; Baumbach/Hueck/*Schulze-Osterloh* GmbHG[18] § 42 Rn 468; MünchKomm-HGB/*Reiner/Haußer* Rn 129; *Gatzen* WPg 1987, 466; *Rogler* BB 1992, 1461; *Wimmer* WPg 1993, 161 ff; **aA** – Gleichsetzung von Herstellungskosten in der Bilanz und GuV – *Selchert* DB 1986, 2397 ff; Baumbach/Hopt/*Merkt* Rn 28. Für „großen Spielraum" *Reige* WPg 1987, 498 ff; ohne eigene Stellungnahme BoHdR-*Lachnit/Wulf* Rn 148; *Dörner* WPg 1987, 157 f.

120 WP-Handbuch I F 636; Beck BilKomm-*Förschle* Rn 273 f; Baumbach/Hueck/*Schulze-Osterloh* GmbHG[18] § 42 Rn 468.

121 WP-Handbuch aaO; *Schulze-Osterloh* aaO. Einschränkend aber ADS 234.

122 WP-Handbuch I F 635; ADS 225; KK-*Berndt* Rn 104; Baumbach/Hueck/*Schulze-Osterloh* GmbHG[18]§ 42 Rn 474.

Anwendung des Umsatzkostenverfahrens kein anderer Informationsgehalt zukommen darf als bei Anwendung des Gesamtkostenverfahrens.[123]

c) **Bestandsveränderungen.** Herstellungskosten sind nach dem Umsatzkostenverfahren ausschließlich umsatzbezogen und nicht periodenbezogen auszuweisen.[124] Daher sind Herstellungs- und Anschaffungskosten für im Geschäftsjahr nicht abgesetzte Erzeugnisse und Waren nicht unter Abs. 3 Nr. 2 auszuweisen. Solche *Bestandserhöhungen* sind vielmehr von den Herstellungskosten abzusetzen. Umgekehrt führen *Bestandsminderungen* durch den Verkauf von Erzeugnissen und Waren aus früheren Geschäftsjahren im Jahr des Umsatzes zum Ausweis entsprechender Herstellungskosten. Ein entsprechender Ausweis von Bestandsveränderungen bereitet jedoch im Einzelnen Probleme auf Grund der unterschiedlichen Herstellungskostenbegriffe in Bilanz und GuV. Insoweit gelten folgende Besonderheiten: **52**

Bestandsminderungen durch den Verkauf von Erzeugnissen und Waren, die bei Beginn des Geschäftsjahres bereits vorhanden waren, sind – abweichend vom oben dargelegten allgemeinen Herstellungskostenbegriff i.S.v. Abs. 3 Nr. 2 – in der GuV nur mit den *in der Bilanz aktivierten Beträgen* auszuweisen.[125] Würde man sie mit den vollen Herstellungskosten ansetzen bzw. die aktivierten Beträge auf Vollkosten hochrechnen,[126] bedürfte es einer Kürzung einer anderen Aufwandsposition oder des Ansatzes eines entsprechenden Ausgleichspostens (fiktiver Ertrag) unter den sonstigen betrieblichen Erträgen, um eine Änderung des Jahresergebnisses zu vermeiden.[127] Dagegen spricht aber, dass dann entweder gegen das Saldierungsverbot verstoßen würde oder die ursprünglich nicht aktivierten Teile der Herstellungskosten zum zweiten Mal in der GuV als Aufwand ausgewiesen würden.[128] **53**

Fraglich ist, mit welchem Wertansatz **Bestandserhöhungen** durch im Geschäftsjahr nicht abgesetzte Erzeugnisse und Waren von den Herstellungskosten abgesetzt werden. **Meinungsstand.** Nach einer Auffassung[129] sind die Herstellungskosten nach Abs. 3 Nr. 2 um die vollen Herstellungskosten der Bestandserhöhung zu kürzen. Die nicht aktivierten Herstellungskosten wären dann unter den „sonstigen betrieblichen Aufwendungen" nach Nr. 7 auszuweisen. Nach anderer Auffassung sind stets[130] – oder zumindest wahlweise[131] – nur die aktivierten Herstellungskosten abzusetzen mit der Folge, dass nicht aktivierte Herstellungskosten – abweichend vom Grundprinzip des Umsatzkostenverfahrens – periodenbezogen in dem Posten nach Abs. 3 Nr. 2 ausgewiesen würden. **54**

---

[123] So überzeugend Baumbach/Hueck/*Schulze-Osterloh* GmbHG[18] § 42 Rn 469; ebenso – mit Ausnahme für unerhebliche Beträge – HdR-*Budde* Rn 134; *Gatzen* WPg 1987, 463; **aA** – auch Ausweis unter Nr. 2 zulässig – WP-Handbuch I F 641; ADS 231, 233; Beck BilKomm-*Förschle* Rn 274, 308 f; BoHdR-*Lachnit/Wulf* Rn 152.

[124] Vgl. allgemein oben Rn 9, 48 f.

[125] *IdW* SABI 1/1987, WPg 1987, 142; WP-Handbuch I F 537; ADS 222; HdR-*Budde* Rn 127; Beck BilKomm-*Förschle* Rn 269; Baumbach/Hueck/*Schulze-Osterloh* GmbHG[18] § 42 Rn 470; BoHdR-*Lachnit/Wulf* Rn 136; *Gatzen* WPg 1987, 468; *Rogler* BB 1992, 1463.

[126] Vgl. *Jonas* Die EG-Bilanzrichtlinie, S. 142.

[127] *Rogler* BB 1992, 1463.

[128] *IdW* SABI 1/1987, WPg 1987, 142.

[129] *Baetge/Fischer*, Albach/Forster (Hrsg.), Beiträge zum Bilanzrichtlinie-Gesetz, S. 193 f; *Glade* BFuP 1987, 30; *Dörner* WPg 1987, 157; *Rogler* BB 1992, 1463; *Wimmer* WPg 1993, 165.

[130] Vgl. Baumbach/Hueck/*Schulze-Osterloh* GmbHG[18] § 42 Rn 470; Beck BilKomm-*Förschle* Rn 276; *Gatzen* WPg 1987, 470; *Vogel* Rechnungslegungsvorschriften (1993), S. 51 f.

[131] Für Zulässigkeit beider Verfahren bei Vorzug einer Kürzung um aktivierte Aufwendungen WP-Handbuch I F 639 f; HdR-*Budde* Rn 127; BoHdR-*Lachnit/Wulf* Rn 136.

55 **Stellungnahme.** Die erstgenannte Ansicht kann sich auf entsprechende Ausführungen des historischen Gesetzgebers stützen[132] und entspricht dem Grundgedanken des Umsatzkostenverfahrens, die Umsatzerlöse und Herstellungskosten auf die in der jeweiligen Periode abgesetzten Mengeneinheiten zu beziehen.[133] Gleichwohl ist der zweiten Ansicht zu folgen: Sie kann sich zum einen auf die internationale Übung berufen. Ferner handelt es sich bei den nicht aktivierten Herstellungskosten um solche des Funktionsbereichs „Herstellung".[134] Zudem sind die mit der zweiten Auffassung verbundenen Verzerrungen des Ausweises relativ gering, weil umgekehrt auch Bestandsverminderungen nur zu Teilkosten in den Posten nach Abs. 3 Nr. 2 einfließen. Die ganze Problematik beschränkt sich also praktisch auf die Bestandsveränderungen innerhalb einer Periode.[135] Schließlich spricht für die zweite Auffassung auch das Interesse an einer einheitlichen Behandlung von Bestandsveränderungen:[136] Ebenso wie Verkäufe aus den Anfangsbeständen nur mit den aktivierten Herstellungskosten in den Posten Nr. 2 eingehen, sollten auch die Kürzungen wegen Bestandsveränderungen – abweichend vom allgemeinen Herstellungskostenbegriff in der GuV – nur mit den in der Bilanz aktivierten Beträgen erfolgen.

56 Angesichts der dargelegten Meinungsunterschiede ist, wenn die Behandlung von Bestandsveränderungen nicht nur geringfügige Bedeutung hat, **im Anhang** nach § 284 Abs. 2 Nr. 1 die angewendete Darstellungsmethode anzugeben. Ferner muss nach dem Gebot der Darstellungsstetigkeit die einmal gewählte Methode beibehalten werden.[137]

57 **d) Gesonderter Ausweis nach § 277 Abs. 3 S. 1.** Soweit in dem Posten nach Abs. 3 Nr. 2 außerplanmäßige Abschreibungen nach § 253 Abs. 3 S. 3 enthalten sind, müssen diese nach § 277 Abs. 3 S. 1 gesondert ausgewiesen oder im Anhang angegeben werden.

58 **3. Bruttoergebnis vom Umsatz (Nr. 3).** Dieser Posten ergibt sich als Zwischensumme aus einer Saldierung der Posten Nr. 1 und 2. Ein negatives Bruttoergebnis sollte unter dem Gesichtspunkt der Klarheit durch ein entsprechendes Vorzeichen gekennzeichnet werden.[138]

59 **4. Vertriebskosten (Nr. 4).** Unter diesem Posten sind – *perioden*bezogen und nicht umsatzbezogen – alle Aufwendungen auszuweisen, die im jeweiligen Geschäftsjahr im Vertriebsbereich für den Absatz von Produkten und Dienstleistungen angefallen sind.[139] Vertriebskosten werden ausschließlich unter Nr. 4 ausgewiesen, da sie nach § 255 Abs. 2 S. 4 nicht als Herstellungskosten aktiviert werden dürfen. Zu den Vertriebskosten zählen neben den Vertriebseinzelkosten (z.B. Verpackungs- und Transportkosten) auch die Vertriebsgemeinkosten (Personalkosten, Marktforschung, Werbung etc.).[140] Soweit der Posten auch Abschreibungen nach § 277 Abs. 3 S. 1 enthält, sind diese gesondert auszuweisen bzw. im Anhang anzugeben.

60 **5. Allgemeine Verwaltungskosten (Nr. 5).** Als „allgemeine Verwaltungskosten" sind solche Verwaltungsaufwendungen auszuweisen, die weder dem Herstellungs- (Nr. 2)

---

132 BT-Drucks. 10/4268, S. 108.
133 *Rogler* BB 1992, 1463.
134 *Vogel* Rechnungslegungsvorschriften (1993), S. 51.
135 Zutreffend ADS 223.
136 Überzeugend Baumbach/Hueck/*Schulze-Osterloh* GmbHG[18] § 42 Rn 470.
137 Vgl. ADS 224.
138 ADS 235.
139 Vgl. HuRB-*Busse von Colbe*, S. 375 ff.
140 Vgl. näher WP-Handbuch I F 645; HdR-*Budde* Rn 136 f.

noch dem Vertriebsbereich (Nr. 4) zugerechnet werden können. Nicht darunter fallen deshalb als Herstellungskosten aktivierte Verwaltungskosten nach § 255 Abs. 2 S. 3 oder Personalkosten des Vertriebsbereichs. Die allgemeinen Verwaltungskosten werden – ebenso wie die Vertriebskosten – nicht umsatzbezogen, sondern *perioden*bezogen ausgewiesen. Unter Nr. 5 sind folglich alle Aufwendungen zu erfassen, die sich unter den Begriff „Allgemeine Verwaltung" subsumieren lassen,[141] also Kosten der Geschäftsführung und der Abteilungen mit Verwaltungscharakter (Rechts- und Steuerabteilung, Rechnungswesen, Personalabteilung) sowie Abschreibungen auf Verwaltungsgebäude. Abweichend vom Gesamtkostenverfahren sind im Rahmen des Umsatzkostenverfahrens Vergütungen für Aufsichtsrats- und Beiratsmitglieder nicht als „sonstige betriebliche Aufwendungen", sondern unter der vorrangigen Nr. 5 auszuweisen.[142]

6. Sonstige betriebliche Erträge (Nr. 6). Dieser Posten entspricht dem vergleichbaren Posten Nr. 4 im Rahmen des Gliederungsschemas für das Gesamtkostenverfahren. Werden Eigenleistungen des Unternehmens im Anlagevermögen aktiviert, unterbleibt im Umsatzkostenverfahren – anders als beim Gesamtkostenverfahren (vgl. Abs. 2 Nr. 3) – ein entsprechender Ausweis. Zugleich sind dann aber auch die entsprechenden Aufwendungen ohne Berührung der GuV auf den betreffenden Bestandskonten zu erfassen.[143] **61**

7. Sonstige betriebliche Aufwendungen (Nr. 7). Der Posten „sonstige betriebliche Aufwendungen" fehlt im Gliederungsschema der Art. 25, 26 der **4. EG-Richtlinie.** Er wurde in den Verhandlungen für entbehrlich gehalten.[144] Dies trifft sich mit der Grundkonzeption des Umsatzkostenverfahrens, nach dem alle Aufwendungen einem der drei Funktionsbereiche zugeordnet werden können. Soweit sich dieses aber nicht durchhalten lässt, ist die Einfügung eines solchen Postens durch den deutschen Gesetzgeber nach Art. 4 Abs. 1 S. 3 der 4. EG-Richtlinie gerechtfertigt.[145] **62**

Bedarf für einen entsprechenden **Auffangposten** besteht – wie oben (Rn 54 f) dargelegt – zwar nicht für den Ausweis nicht aktivierter Herstellungskosten bei Bestandserhöhungen.[146] Indes ist die Erweiterung des Gliederungsschemas aber in Hinsicht auf andere Aufwendungen geboten: Zu nennen sind zum einen Aufwendungen, die zu sonstigen Erträgen nach Nr. 6 geführt haben.[147] Ferner fallen unter Nr. 7 auch Aufwendungen für eine Grundlagenforschung, die mangels konkreten Produktbezugs nicht mehr dem Herstellungsbereich zugerechnet werden können.[148] Zu den sonstigen betrieblichen Aufwendungen zählen somit alle Aufwendungen, die keinem besonderen Funktionsbereich zugeordnet werden können und deshalb nicht unter einen spezielleren Posten – Herstellungs-, Vertriebs- oder allgemeine Verwaltungskosten – fallen.[149] **63**

8. Posten nach Abs. 3 Nr. 8–19. Die weiteren Posten nach Abs. 3 Nr. 8–19 bei Anwendung des Umsatzkostenverfahrens entsprechen inhaltlich den Posten nach Abs. 2 **64**

---

141 KK-*Berndt* Rn 120.

142 Statt aller nur ADS 238; Baumbach/Hueck/*Schulze-Osterloh* GmbHG[18] § 42 Rn 474.

143 Beck BilKomm-*Förschle* Rn 300; HdR-*Budde* Rn 114; KK-*Berndt* Rn 124; Baumbach/Hueck/*Schulze-Osterloh* GmbHG[18] § 42 Rn 475. Für Wahlrecht – auch Ausweis der Aufwendungen in der GuV mit entsprechendem Ausgleichsposten unter Nr. 6 möglich – WP-Handbuch I F 648; ADS 242; BoHdR-*Lachnit/Wulf* Rn 169.

144 Vgl. *Vogel* Rechnungslegungsvorschriften (1993), S. 50.

145 *Vogel* aaO.

146 **AA** aber BT-Drucks. 10/4268, S. 108.

147 KK-*Berndt* Rn 126; Baumbach/Hueck/*Schulze-Osterloh* GmbHG[18] § 42 Rn 476.

148 ADS 246; *Schulze-Osterloh* aaO.

149 Zu Spenden und CSR-Aufwendungen vgl. *Hüttemann*, AG 2009, 774.

Nr. 9–20 beim Gesamtkostenverfahren. Ein Unterschied ergibt sich jedoch bei dem Posten Nr. 11 (Abschreibungen auf Finanzanlagen und auf Wertpapiere des Umlaufvermögens), weil mangels eines besonderen Postens bei Anwendung des Umsatzkostenverfahrens hier auch unübliche Abschreibungen auszuweisen sind. Weitere Abweichungen können sich im Einzelfall aber bei Nr. 12, 18 durch die Einbeziehung von Aufwandszinsen und Kostensteuern in die Nr. 2, 4 und 5 ergeben.

V. Veränderungen der Kapital- und Gewinnrücklagen (Abs. 4)

65 Nach § 275 Abs. 4 dürfen Veränderungen der Kapital- und Gewinnrücklagen in der GuV erst nach dem Posten „Jahresüberschuss/Jahresfehlbetrag" ausgewiesen werden. Zuführungen bzw. Entnahmen aus den Rücklagen sollen also das Jahresergebnis nicht beeinflussen. Damit wird der Tatsache Rechnung getragen, dass es sich insoweit um **Maßnahmen der Gewinnverwendung** handelt, die den Bereich der Gewinnentstehung nicht berühren sollen.[150]

66 Für AG und KGaA gilt die **besondere Gliederungsvorschrift** des § 158 Abs. 1 AktG. Diese Vorschrift kann auf die GmbH entsprechend angewendet werden.[151] Nach §158 Abs. 1 S. 1 AktG ist die GuV im Anschluss an die Posten „Jahresüberschuß/Jahresfehlbetrag" um folgende Posten zu erweitern:

Nr. 1 Gewinnvortrag/Verlustvortrag aus dem Vorjahr
Nr. 2 Entnahmen aus der Kapitalrücklage
Nr. 3 Entnahmen aus Gewinnrücklagen
  a) aus der gesetzlichen Rücklage
  b) aus der Rücklage für Anteile an einem herrschenden oder mehrheitlich beteiligten Unternehmen
  c) aus satzungsmäßigen Rücklagen
  d) aus anderen Gewinnrücklagen
Nr. 4 Einstellungen in Gewinnrücklagen
  a) in die gesetzliche Rücklage
  b) in die Rücklage für Anteile an einem herrschenden oder mehrheitlich beteiligten Unternehmen
  c) in satzungsmäßige Rücklagen
  d) in andere Gewinnrücklagen
Nr. 5 Bilanzgewinn/Bilanzverlust.

Nach § 158 Abs. 1 S. 2 AktG ist es auch zulässig, die entsprechenden Posten statt in der GuV im Anhang anzugeben.

VI. Verkürzte Gliederung (Abs. 5)

67 **1. Allgemeines.** Kleinstkapitalgesellschaften (§ 267a) können nach Abs. 5 ein vereinfachtes Gliederungsschema anwenden. Entsprechend den Vorgaben des Art. 1a Abs. 3 Buchst. b der Micro-Richtlinie[152] lehnt sich die Gliederung an das – ohnehin weniger

[150] Beck BilKomm-*Förschle* Rn 310.
[151] Vgl. nur WP-Handbuch I F 616.
[152] RL 2012/6/EU v. 14.3.2012, ABl. L 81 v. 21.3.2012, S. 3.

komplexe (vgl. Rn 9 f) – Gesamtkostenverfahren (Abs. 2) an.[153] Dabei werden mehrere Gliederungspunkte zusammenfasst. Insbesondere wird auf eine Trennung zwischen dem betrieblichen Bereich, dem Finanzergebnis und außerordentlichen Erträgen und Aufwendungen verzichtet. So fallen unter die Posten sonstige Erträge (Nr. 2) und sonstige Aufwendungen (Nr. 6) sämtliche nicht über die übrigen Posten abzubildenden Erträge und Aufwendungen unabhängig davon, ob sie im betrieblichen Bereich, im Finanzbereich oder als außerordentliche angefallen sind.[154] Weitergehende Differenzierungen wären nach der Richtlinie zwar zulässig gewesen („zumindest"), wurden aber vom deutschen Gesetzgeber nicht für notwendig erachtet, weil Kleinstkapitalgesellschaften „häufig eine Konzentration auf ein Kerngeschäft [aufweisen], so dass dann außerhalb dieses Kerngeschäfts allenfalls Zinsaufwendungen in nennenswertem Umfang stattfinden. Regelmäßig werden das Finanzergebnis und das Ergebnis der außerordentlichen Geschäftstätigkeit daher nur geringen Einfluss auf den Jahresüberschuss oder den Jahresfehlbetrag haben."[155]

Eine **weitere Untergliederung** (§ 265 Abs. 5) ist auch im Anwendungsbereich des **68** Abs. 5 auf freiwilliger Basis zulässig. Unter dem Gesichtspunkt des „true und fair view" verpflichtend sind weitergehende Angaben jedoch nicht (vgl. § 264 Abs. 2 S. 4). Ebenso wenig sind zusätzliche Angaben nach § 264 Abs. 2 S. 2, 3 erforderlich.[156] Umgekehrt wird im Rahmen der verkürzten Gliederung kein Raum für einen zusammenfassenden Ausweis nach § 265 Abs. 7 bleiben.

Die Neuregelung ist **kritisch zu bewerten**, weil eine betriebswirtschaftlich orientierte **69** Ergebnisanalyse kaum mehr möglich erscheint.[157] Für Zwecke der Selbstinformation wird häufig eine stärkere Aufgliederung erforderlich sein.[158] Überaus fraglich ist zudem, ob Abs. 5 zu einer spürbaren Entlastung führt, denn für die *Ermittlung* der GuV-Ansätze sind die für das Gesamtkostenverfahren geltenden Vorschriften bestimmend (siehe im Einzelnen Rn 70 ff; vgl. auch § 266 Rn 12).

2. Einzelheiten. Die verkürzte Gliederung besteht aus folgenden acht Einzelposten. **70**

a) Umsatzerlöse (Nr. 1). Dieser Posten entspricht Abs. 2 Nr. 1 und Abs. 3 Nr. 1 und **71** wird in § 277 Abs. 1 definiert (vgl. die Erläuterungen zu § 277 Rn 4 ff). Die in § 276 S. 1 zugelassene Zusammenfassung mit anderen Posten darf im Anwendungsbereich des Abs. 5 nicht erfolgen (§ 276 S. 3). Will die Gesellschaft die Umsatzerlöse bzw. den Materialaufwand (Nr. 3) nicht gesondert ausweisen, muss sie von einer Wahlrechtsausübung nach Abs. 5 absehen.[159]

b) Sonstige Erträge (Nr. 2). Den Gesetzesmaterialien zufolge handelt es sich um einen **72** Sammelposten, der folgende Einzelposten zusammenfasst: Bestandsmehrungen an fertigen und unfertigen Erzeugnissen (vgl. Abs. 2 Nr. 2), andere aktivierte Eigenleistungen (Abs. 2 Nr. 3), sonstige betriebliche Erträge (Abs. 2 Nr. 4), finanzielle Erträge (Abs. 2 Nr. 9–11, Abs. 3 Nr. 8–10) sowie außerordentliche Erträge (Abs. 2 Nr. 15, Abs. 3 Nr. 14).[160] Wegen der Einzelheiten sei auf die Kommentierung zu Abs. 2 verwiesen. Für Zwecke des Abs. 5 ist eine entsprechende Zuordnung allerdings nicht notwendig. Unter

---

153 Siehe auch *Kirsch* DStZ 2013, 263.
154 BT-Drucks. 17/11292, S. 17 f.
155 BT-Drucks. 17/11292, S. 18.
156 Näher § 264 Rn 56 ff; **aA** BT-Drucks. 17/11292, S. 18.
157 BStBK v. 3.9.2012; *Kirsch* DStZ 2013, 263 f.
158 *Müller/Kreipl* DB 2013, 75.
159 Vgl. *Wader/Städle* WPg 2013, 251.
160 So BT-Drucks. 17/11292, S. 17 a.E.; dem folgend *Kirsch* DStZ 2012, 755; *Zwirner/Froschhammer* StuB 2013, 85.

Nr. 2 fallen vielmehr **sämtliche Erträge, die nicht Umsatzerlöse sind**. Daher erübrigen sich auch die in Abs. 2 Nr. 9–11, Abs. 3 Nr. 8–10 vorgesehenen Davon-Vermerke, da sie in Abs. 5 nicht in Bezug genommen werden und der gesetzgeberisch gewollten Vereinfachung zuwiderliefen. Nichts anderes gilt für die gesonderten Ausweispflichten nach § 277 Abs. 3 S. 2, Abs. 5[161] und – anders als in § 276 S. 3 vorausgesetzt – für die in § 277 Abs. 4 S. 2 vorgeschriebene Erläuterung der „außerordentlichen Erträge", denn dieser Posten ist in Abs. 5 gar nicht vorgesehen. Bei § 276 S. 3 dürfte es sich insoweit um ein Redaktionsversehen handeln. Mit dem Vereinfachungsanliegen des Abs. 5 schwerlich vereinbar wäre auch eine Erläuterungspflicht nach § 277 Abs. 4 S. 3, zumal entsprechende Anhangangaben bei Kleinstkapitalgesellschaften ohnehin entbehrlich sind (§ 264 Abs. 1 S. 5). § 276 S. 3 ist daher in der Weise korrigierend auszulegen, dass er lediglich die Erleichterungen nach S. 1 der Norm sperrt.[162]

73 c) **Materialaufwand (Nr. 3)**. Dieser Posten entspricht Abs. 2 Nr. 5, so dass auf die Erläuterungen in Rn 22 f verwiesen werden kann. Eine Aufschlüsselung in Aufwendungen für Roh-, Hilfs- und Betriebsstoffe und für bezogene Waren und Aufwendungen für bezogene Leistungen ist in Abs. 5 nicht vorgesehen.

74 d) **Personalaufwand (Nr. 4)**. Auch insoweit findet ein Begriff des Gesamtkostenverfahrens Verwendung (siehe dazu Rn 24 f). Die in Abs. 2 Nr. 6 vorgesehene Aufschlüsselung ist im Anwendungsbereich des Abs. 5 nicht vorgeschrieben.

75 e) **Abschreibungen (Nr. 5)**. Dieser Posten umfasst sämtliche Abschreibungen i.S.v. Abs. 2 Nr. 7 und Nr. 12, die nach Abs. 5 nicht aufgeteilt zu werden brauchen. Sein Vereinfachungszweck spricht dafür, dass § 277 Abs. 3 S. 1 keine Anwendung findet,[163] zumal Kleinstkapitalgesellschaften keinen Anhang aufstellen müssen (§ 264 Abs. 1 S. 5).[164] Abschreibungen nach § 277 Abs. 2 2. Halbs. sind – analog ihrer Behandlung im Gesamtkostenverfahren (Abs. 2 Nr. 2) – im verkürzten Gliederungsschema entweder dem Posten Nr. 2 (bei per saldo Bestandsmehrung) oder Nr. 6 (bei per saldo Bestandsminderung) zuzuordnen, da der Gesetzgeber Bestandsänderungen über diese Posten abbilden wollte.[165] Da sonstige betriebliche Aufwendungen i.S.v. Abs. 2 Nr. 8 im verkürzten Gliederungsschema ebenfalls unter Nr. 6 fallen sollen (siehe Rn 76), gehören dorthin auch Abschreibungen, die im Gesamtkostenverfahren unter Abs. 2 Nr. 8 auszuweisen wären. Auch außerordentliche Aufwendungen i.S.v. Abs. 2 Nr. 16, Abs. 3 Nr. 15 bilden einen Teil der betrieblichen Aufwendungen nach Nr. 6,[166] so dass Abschreibungen nach § 277 Abs. 4 S. 1 ebenfalls nicht unter Nr. 5, sondern unter Nr. 6 zu fassen sind. Soweit Abschreibungen auf Materialaufwand vorzunehmen sind (vgl. Rn 22), ist ein Ausweis unter Nr. 3 vorrangig.

76 f) **Sonstige Aufwendungen (Nr. 6)**. Unter diesem Sammelposten sind sämtliche Aufwendungen abzubilden, die nicht unter die Nrn. 3–5, 7 fallen. Hierhin zählen Bestandsminderungen an fertigen und unfertigen Erzeugnissen (vgl. Abs. 2 Nr. 2), sonstige

[161] **AA** *Kirsch* aaO.

[162] Vgl. auch *Haller/Groß* DB 2012, 2110; **aA** *Zwirner/Froschhammer* aaO.

[163] **AA** BoHdR-*Kirsch* § 264 Rn 60.4.

[164] Vgl. zu der parallelen Fragestellung bei der Bilanz § 264c Rn 35.

[165] Vgl. BT-Drucks. 17/11292, S. 17 f sowie Rn 72, 76.

[166] Siehe wiederum BT-Drucks. 17/11292, S. 17 f und Rn 76.

betriebliche Aufwendungen (Abs. 2 Nr. 8), Zinsen und ähnliche Aufwendungen (Abs. 2 Nr. 13, Abs. 3 Nr. 12) sowie außerordentliche Aufwendungen (Abs. 2 Nr. 16, Abs. 3 Nr. 15).[167] Auch insoweit ist eine getrennte Darstellung entbehrlich, so dass sich der in Abs. 2 Nr. 13, Abs. 3 Nr. 12 vorgesehene Davon-Vermerk ebenso erübrigt wie eine Anwendung von § 277 Abs. 3 S. 2, Abs. 4 S. 2, 3 und Abs. 5 (vgl. Rn 72); zur Rechtslage bei den Abschreibungen siehe Rn 75.

g) **Steuern (Nr. 7).** Steuern i.S.v. Abs. 2 Nr. 18, 19, Abs. 3 Nr. 17, 18 (mit § 278) sind **77**
unter Nr. 7 zusammenzufassen und brauchen daher nicht getrennt dargestellt zu werden. Die Anhangangabe nach § 285 Nr. 6 ist gemäß § 264 Abs. 1 S. 5 bzw. § 288 Abs. 1 mit § 267a Abs. 2 verzichtbar.

h) **Jahresüberschuss/Jahresfehlbetrag (Nr. 8).** Dieser Posten ist deckungsgleich mit **78**
Abs. 2 Nr. 20, Abs. 3 Nr. 19, so dass auf die Ausführungen zu Rn 44 verwiesen werden kann. Im Anwendungsbereich des Abs. 5 finden die Vorschriften des § 158 Abs. 1, 2 AktG aufgrund von § 158 Abs. 3 AktG keine Anwendung. Werden auf freiwilliger Basis (vgl. Rn 67 f) Rücklagenveränderungen ausgewiesen, so ist Abs. 4 zu beachten.

3. **Weitere Aspekte.** Bei erstmaliger Anwendung des Abs. 5 (vgl. § 267a Rn 2 a.E.) **79**
können die **Vorjahreszahlen** (vgl. § 265 Abs. 2) nach Maßgabe von Rn 72, 75–77 saldiert werden, wenn bisher das Gesamtkostenverfahren zur Anwendung gekommen ist.[168] Wurde hingegen vom Umsatzkostenverfahren und / oder der Erleichterung nach § 276 S. 1 Gebrauch gemacht, lassen sich die entsprechenden Angaben nur in Teilen aus der Vorjahres-GuV entnehmen. Eine Anpassung der Vorjahreszahlen an das neue Gliederungsformat ist nicht vorgeschrieben (arg. § 265 Abs. 2 S. 3)[169] und würde auch dem Vereinfachungsanliegen des MicroBilG zuwiderlaufen. Erläuterungen im Anhang nach § 265 Abs. 2 S. 2, 3 sind nur vorzunehmen, wenn ein solcher aufgestellt wird (vgl. § 266 Abs. 1 S. 5).

Ob in einer Kleinstaktiengesellschaft weitergehende **Auskunfts- und Informations-** **80**
rechte der Aktionäre bestehen, ist überaus zweifelhaft, da Abs. 5 – anders als § 276 – nicht von § 131 Abs. 1 S. 3 AktG in Bezug genommen wird. Im Hinblick auf die parallele Problemstellung bei der Wahlrechtsausübung nach § 266 Abs. 1 S. 4 (verkürzte Bilanz) ist eine entsprechende Anwendung des § 131 Abs. 1 S. 3 AktG zu bejahen (siehe Erläuterungen zu § 266 Rn 13). Gegen ein solches Vorgehen im Kontext des Abs. 5 lässt sich zwar anführen, dass es nicht um bloßes Weglassen untergeordneter Gliederungspunkte geht, sondern um eine andere Form der Darstellung. So müsste eine Kleinstkapitalgesellschaft für gesellschaftsinterne Zwecke zusätzlich eine „vollwertige" GuV nach dem Gesamt- oder Umsatzkostenverfahren aufstellen, was der gesetzgeberischen Vereinfachungsintention erkennbar zuwiderläuft. Andererseits ist zu bedenken, dass für die *Ermittlung* der GuV-Posten nach Abs. 5 auf die Vorschriften des Gesamtkostenverfahrens zurückgegriffen werden muss (vgl. Rn 67, 70 ff.), so dass es keinen wesentlichen Aufwand darstellen dürfte, eine GuV nach dem Gesamtkostenverfahren aufzustellen.[170] Zudem spricht der geringe Aussagegehalt der verkürzten GuV (vgl. Rn 69) für eine analoge Anwendung des § 131 Abs. 1 S. 3 AktG auch für den Anwendungsbereich des Abs. 5.

---

167 BT-Drucks. 17/11292, S. 17 f.

168 Vgl. ADS § 265 Rn 35 a.E.; *Löffler/Müller* WPg 2013, 295.

169 Siehe auch § 265 Rn 12; vgl. demgegenüber *Löffler/Müller* aaO.

170 Vgl. *Müller/Kreipl* DB 2013, 75.

VII. Rechtsfolgen eines Verstoßes gegen § 275

81 Eine unrichtige Wiedergabe oder Verschleierung der Verhältnisse im Jahresabschluss (und damit auch in der GuV) ist nach § 331 Nr. 1 strafbar. Ferner ist eine Verletzung des § 275 gemäß § 334 Abs. 1 Nr. 1 Buchst. c als Ordnungswidrigkeit zu ahnden. Ein Verstoß gegen die Gliederungsvorschrift des § 275 führt, wenn dadurch die Klarheit und Übersichtlichkeit wesentlich beeinträchtigt wird, nach § 256 Abs. 4 und Abs. 1 Nr. 1 AktG zur Nichtigkeit des Jahresabschlusses. Für die GmbH ergibt sich dieses Ergebnis aus einer entsprechenden Anwendung des § 256 Abs. 1, Abs. 4 AktG.[171]

§ 276
Größenabhängige Erleichterungen

[1]Kleine und mittelgroße Kapitalgesellschaften (§ 267 Abs. 1, 2) dürfen die Posten § 275 Abs. 2 Nr. 1 bis 5 oder Abs. 3 Nr. 1 bis 3 und 6 zu einem Posten unter der Bezeichnung „Rohergebnis" zusammenfassen. [2]Kleine Kapitalgesellschaften brauchen außerdem die in § 277 Abs. 4 Satz 2 und 3 verlangten Erläuterungen zu den Posten „außerordentliche Erträge" und „außerordentliche Aufwendungen" nicht zu machen. [3]Die Erleichterungen nach Satz 1 oder 2 gelten nicht für Kleinstkapitalgesellschaften (§ 267a), die von der Regelung des § 275 Absatz 5 Gebrauch machen.

Schrifttum

Vgl. Angaben zu § 275.

Übersicht

I. Allgemeines

1 § 276 enthält verschiedene **größenabhängige Erleichterungen bei der GuV.** § 276 S. 1 gestattet es kleinen und mittelgroßen Kapitalgesellschaften, bestimmte Posten zu einem Sammelposten „Rohergebnis" zusammenzufassen. Nach S. 2 entfallen für kleine Kapitalgesellschaften die Erläuterungspflichten nach § 277 Abs. 4 S. 2 und 3. S. 3 bezieht sich auf Kleinstkapitalgesellschaften, die eine verkürzte Gliederung nach § 275 Abs. 5 aufstellen.

2 Die Erleichterungen nach § 276 S. 1 beruhen auf Art. 27a und c der **4. EG-Richtlinie.** § 276 S. 2 ist erst 1994 in das Gesetz eingefügt worden und beruht auf Art. 5 Nr. 2 der

---

[171] Beck BilKomm-*Förschle* Rn 321; ADS 16.

sog. Mittelstandsrichtlinie.[1] S. 3 ist durch das MicroBilG[2] eingefügt worden und bildet eine Folge des ebenfalls neu geschaffenen § 275 Abs. 5. § 276 gilt entsprechend für Genossenschaften (§ 336 Abs. 2 S. 1), nicht aber für Kreditinstitute und Versicherungsunternehmen. Hinsichtlich der Begriffe „Kleine und mittelgroße Kapitalgesellschaften" sowie „Kleinstkapitalgesellschaften" vgl. § 267 Rn 3 ff, § 267a Rn 5 f.

§ 276 S. 1 u. 2 gewähren ein **Wahlrecht**. Seine Ausübung obliegt den zur Aufstellung des Jahresabschlusses berufenen Organen (Vorstand, Geschäftsführung). § 276 lässt **Auskunfts- und Informationsrechte der Gesellschafter** unberührt. So kann in einer AG jeder Aktionär nach § 131 Abs. 1 S. 3 AktG verlangen, dass ihm in der Hauptversammlung, die über den Jahresabschluss beschließt, eine ungekürzte GuV vorgelegt wird. In der GmbH ist die Bedeutung des Wahlrechts nach § 276 durch das Auskunftsrecht der Gesellschafter nach § 51a GmbHG eingeschränkt. Zur Bedeutung des § 276 in Hinsicht auf Arbeitnehmerrechte vgl. die Erläuterungen zu § 267 Abs. 6 oben bei § 267 Rn 20 ff. 3

II. Zusammenfassung bestimmter Posten zum „Rohergebnis" (S. 1)

Nach S. 1 dürfen kleine und mittelgroße Kapitalgesellschaften folgende Posten der GuV zu einem Posten unter der Bezeichnung „Rohergebnis" zusammenfassen: 4

bei **Anwendung des Gesamtkostenverfahrens** (§ 275 Abs. 2): 5
Nr. 1 Umsatzerlöse,
Nr. 2 Erhöhung oder Verminderung des Bestands an fertigen und unfertigen Erzeugnissen,
Nr. 3 andere aktivierte Eigenleistungen,
Nr. 4 sonstige betriebliche Erträge,
Nr. 5 Materialaufwand.

bei **Anwendung des Umsatzkostenverfahrens** (§ 275 Abs. 3): 6
Nr. 1 Umsatzerlöse,
Nr. 2 Herstellungskosten der zur Erzielung der Umsatzerlöse erbrachten Leistungen,
Nr. 3 Bruttogewinn vom Umsatz,
Nr. 6 sonstige betriebliche Erträge.

Je nach gewähltem Gliederungsschema erhält der Sammelposten „Rohergebnis" somit einen ganz **unterschiedlichen Inhalt**: So sind etwa die Personalaufwendungen bei Anwendung des Umsatzkostenverfahrens im Rohergebnis weitgehend enthalten, während Vertriebs- und allgemeine Verwaltungskosten gesondert ausgewiesen werden. Dies gilt auch, soweit sie Materialkosten enthalten, die bei Aufstellung der GuV nach dem Gesamtkostenverfahren in das Rohergebnis eingehen. Die Aussagekraft der GuV und die Möglichkeiten einer externen Bilanzanalyse werden durch diese abweichende Zusammenfassung je nach gewähltem Verfahren *erheblich beeinträchtigt*.[3] 7

III. Keine Erläuterungspflichten nach § 277 Abs. 4 S. 2 u. 3 (S. 2)

Nach § 276 S. 2 sind **kleine Kapitalgesellschaften** von folgenden Erläuterungspflichten befreit: Zum einen brauchen sie – abweichend von § 277 Abs. 4 S. 2 – keine Angaben zu Betrag und Art der „außerordentlichen Erträge" und „außerordentlichen Auf- 8

[1] RL 90/604/EWG v. 8.11.1990, ABl. EG L 317 v. 16.11.1990, S. 57.

[2] Gesetz v. 20.12.2012, BGBl. I 2012, 2751.

[3] Vgl. dazu näher ADS 10 mwN.

wendungen“ zu machen, auch wenn diese Posten nicht von untergeordneter Bedeutung sind. Ferner sind sie von der Erläuterungspflicht nach § 277 Abs. 4 S. 3 betreffend sog. periodenfremde Erträge und Aufwendungen befreit.

9 Die Erleichterungen nach § 276 S. 1 und 2 sind auch dann gegeben, wenn dadurch der Einblick nach § 264 Abs. 2 beeinträchtigt wird. § 276 geht als **lex specialis** der Generalnorm des § 264 Abs. 2 vor.[4]

IV. Kleinstkapitalgesellschaften (S. 3)

10 Kleinstkapitalgesellschaften i.S.v. § 267a können nach dem Gesetzeswortlaut entweder von den Erleichterungen der S. 1, 2 oder von der Regelung des § 275 Abs. 5 Gebrauch machen. Aus den bei § 275 Rn 72 dargestellten Gründen besteht dieses Alternativitätsverhältnis jedoch nur im Hinblick auf die Erleichterungen des S. 1, während S. 2 auch im Anwendungsbereich des § 275 Abs. 5 gilt.

V. Sanktionsfolgen

11 § 276 sieht eine Erleichterung für kleine und mittelgroße Kapitalgesellschaften vor. Eine Verletzung dieser Vorschrift ist daher nicht möglich.[5]

§ 277
Vorschriften zu einzelnen Posten der Gewinn- und Verlustrechnung

(1) Als Umsatzerlöse sind die Erlöse aus dem Verkauf und der Vermietung oder Verpachtung von für die gewöhnliche Geschäftstätigkeit der Kapitalgesellschaft typischen Erzeugnissen und Waren sowie aus von für die gewöhnliche Geschäftstätigkeit der Kapitalgesellschaft typischen Dienstleistungen nach Abzug von Erlösschmälerungen und der Umsatzsteuer auszuweisen.

(2) Als Bestandsveränderungen sind sowohl Änderungen der Menge als auch solche des Wertes zu berücksichtigen; Abschreibungen jedoch nur, soweit diese die in der Kapitalgesellschaft sonst üblichen Abschreibungen nicht überschreiten.

(3) [1]Außerplanmäßige Abschreibungen nach § 253 Abs. 3 Satz 3 und 4 sind jeweils gesondert auszuweisen oder im Anhang anzugeben. [2]Erträge und Aufwendungen aus Verlustübernahme und auf Grund einer Gewinngemeinschaft, eines Gewinnabführungs- oder eines Teilgewinnabführungsvertrags erhaltene oder abgeführte Gewinne sind jeweils gesondert unter entsprechender Bezeichnung auszuweisen.

(4) [1]Unter den Posten „außerordentliche Erträge“ und „außerordentliche Aufwendungen“ sind Erträge und Aufwendungen auszuweisen, die außerhalb der gewöhnlichen Geschäftstätigkeit der Kapitalgesellschaft anfallen. [2]Die Posten sind hinsichtlich ihres Betrags und ihrer Art im Anhang zu erläutern, soweit die ausgewiesenen Beträge für die

---
4 ADS 11.
5 Vgl. Beck BilKomm-*Kozikowski/Gutmann* § 334 Rn 17 f.

Beurteilung der Ertragslage nicht von untergeordneter Bedeutung sind. [3]Satz 2 gilt entsprechend für alle Aufwendungen und Erträge, die einem anderen Geschäftsjahr zuzurechnen sind.

(5) [1]Erträge aus der Abzinsung sind in der Gewinn- und Verlustrechnung gesondert unter dem Posten „Sonstige Zinsen und ähnliche Erträge“ und Aufwendungen gesondert unter dem Posten „Zinsen und ähnliche Aufwendungen“ auszuweisen. [2]Erträge aus der Währungsumrechnung sind in der Gewinn- und Verlustrechung gesondert unter dem Posten „Sonstige betriebliche Erträge“ und Aufwendungen aus der Währungsumrechnung gesondert unter dem Posten „Sonstige betriebliche Aufwendungen“ auszuweisen.

Schrifttum

Baetge/Fischer Zur Aussagefähigkeit der Gewinn- und Verlustrechnung nach neuem Recht, ZfB-Ergänzungsheft 1/87, S. 175; *Ballwieser* Die Analyse von Jahresabschlüssen nach neuem Recht, WPg 1987, 57; *Bohl* Der Jahresabschluß nach neuem Recht, WPg 1986, 29; *Federmann* Außerordentliche Erträge und Aufwendungen in der GuV-Rechnung, BB 1987, 1071; *Großfeld/Leffson* Außerordentliche Erträge und Aufwendungen; gewöhnliche Geschäftstätigkeit, Leffson (Hrsg.) Handwörterbuch unbestimmter Rechtsbegriffe im Bilanzrecht des HGB (1986), S. 68; *Küting* Die handelsbilanzielle Erfolgsspaltungs-Konzeption auf dem Prüfstand, WPg 1997, 693; *Kuhlewind* Die amerikanische Gewinn- und Verlustrechnung, Ballwieser (Hrsg.) US-amerikanische Rechnungslegung (2000), S. 283; *Leffson* Der Ausweis des Außerordentlichen nach dem HGB, WPg 1986, 433; *Marx* „Außerordentliche Erträge“ und „außerordentliche Aufwendungen“ i.S. der §§ 275 Abs. 2 Nr. 15 und 16, 277 Abs. 4 HGB, WPg 1995, 476; *Niehus* Aufwendungen und Erträge aus der „nicht gewöhnlichen Geschäftstätigkeit“ der Kapitalgesellschaft: Abgrenzungsfragen zum Ausweis der außerordentlichen Posten nach neuem Recht, DB 1986, 1293; *Theile/Stahnke/Nagafi* Abzinsung sonstiger Rückstellungen im Jahresabschluss nach BilMoG, StuB 2011, 323; *Zwirner* Handelsrechtliche Bilanzierung von Verbindlichkeitsrückstellungen – Anmerkungen zu IDW ERS HFA 34, BB 2012, 1655; *Zwirner/Künkele/Froschhammer* Angaben zur Fremdwährungsumrechnung nach BilMoG, BB 2011, 1323.

Übersicht

I. Übersicht

1 **1. Norminhalt.** § 277 enthält **Vorschriften zu einzelnen Posten der GuV**: Abs. 1 regelt, was unter dem Posten „Umsatzerlöse“ nach § 275 Abs. 2 Nr. 1, Abs. 3 Nr. 1 und Abs. 5 Nr. 1 auszuweisen ist. Abs. 2 erläutert im 1. Halbs. den Posten „Bestandsveränderungen“ (§ 275 Abs. 2 Nr. 2) und klammert die unüblichen Abschreibungen aus diesem Posten aus (Abs. 2 2. Halbs.). Abs. 3 S. 1 bestimmt, dass außerplanmäßige Abschreibungen gesondert auszuweisen oder im Anhang anzugeben sind. Nach Abs. 3 S. 2 sind Erträge und Aufwendungen aus Verlustübernahmen sowie aus erhaltenen oder abgeführten Gewinnen auf Grund von Gewinngemeinschaften, Gewinnabführungs- oder Teilgewinnabführungsverträgen gesondert auszuweisen. Abs. 4 S. 1 enthält eine Definition der Posten „außerordentliche Erträge“ und „außerordentliche Aufwendungen“, ergänzt um Erläuterungspflichten im Anhang in S. 2 und 3. Der durch das BilMoG neu eingeführte Abs. 5 befasst sich mit Erträgen und Aufwendungen aus Abzinsung und Währungsumrechnung.

2 **2. 4. EG-Richtlinie.** Die einzelnen Regelungen in § 277 beruhen auf unterschiedlichen Artikeln der 4. EG-Richtlinie. Die Definition der Umsatzerlöse in Abs. 1 entspricht weitgehend Art. 28 der 4. EG-Richtlinie, der – mit Rücksicht auf die Kürzung der Umsatzerlöse um Erlösschmälerungen und Umsatzsteuer – von „Nettoumsatzerlösen“ spricht. Allerdings beschränkt § 277 Abs. 1 die Abzüge zumindest dem Wortlaut nach auf Erlösschmälerungen und die Umsatzsteuer, während Art. 28 auch den Abzug „anderer unmittelbar auf den Umsatz bezogener Steuern“ vorsieht. Dies ist aber unschädlich, weil die Umsatzsteuer die einzige „unmittelbar auf den Umsatz bezogene Steuer“ darstellt.[1] Abs. 2 beruht auf dem in Art. 23 Nr. 7b vorgesehenen gesonderten Ausweis von unüblichen Abschreibungen. Die Pflicht zum gesonderten Ausweis von außerplanmäßigen Abschreibungen ergibt sich aus Art. 35 Abs. 1 Buchst. c cc, Art. 39 Abs. 1 Buchst. c S. 2 der 4. EG-Richtlinie. Abs. 3 S. 2 findet in der 4. EG-Richtlinie keine Entsprechung. Abs. 4 schließlich beruht auf Art. 29 der 4. EG-Richtlinie.[2]

3 **3. Anwendungsbereich.** § 277 gilt unmittelbar nur für *Kapitalgesellschaften und Personenhandelsgesellschaften* i.S.v. § 264a. Für kleine und mittlere Kapitalgesellschaften sieht § 276 S. 1 die Möglichkeit zur Zusammenfassung des Postens Umsatzerlöse mit anderen Posten zu einem Posten „Rohergebnis“ vor.[3] Für Kleinstkapitalgesellschaften,

---

[1] Vgl. *Vogel* Rechnungslegungsvorschriften (1993), S. 44; zur Nichtabzugsfähigkeit von Verbrauch- und Verkehrsteuern vgl. unten Rn 11.

[2] Dazu BT-Drucks. 16/10067, S. 68.

[3] Vgl. Erläuterungen zu § 276 Rn 4 ff.

die von der Erleichterung des § 275 Abs. 5 Gebrauch machen, ist im Wesentlichen nur die Definition der Umsatzerlöse in Abs. 1 von Bedeutung (näher § 275 Rn 71 f, 75 f). Auf Kreditinstitute finden lediglich die Vorschriften in Abs. 3 S. 2 und Abs. 4 Anwendung (§ 340a Abs. 2 S. 1); Versicherungsunternehmen haben nur Abs. 3 und 4 anzuwenden (§ 341a Abs. 2 S. 1). Genossenschaften sind von der Anwendung des Abs. 3 S. 1 befreit (§ 336 Abs. 2 S. 1 2. Halbs.). Zweifelhaft ist, ob zumindest einzelne in § 277 geregelte Vorschriften auch auf *Personenunternehmen* anwendbar sind. Ausgangspunkt ist dabei § 243 Abs. 1 („Der Jahresabschluß ist nach den Grundsätzen ordnungsmäßiger Buchführung aufzustellen"). Soweit sich demnach ein mit § 277 übereinstimmender Grundsatz ordnungsmäßiger Buchführung herausgebildet hat, z.B. ein einheitliches Begriffsverständnis der „Umsatzerlöse" entsprechend § 277 Abs. 1, wäre ein solcher Grundsatz auch von Kaufleuten zu beachten.[4] Gleiches gilt für den Begriff der Bestandsveränderung (Abs. 2 1. Halbs.). Dagegen sind die übrigen Vorschriften nur bei Kapitalgesellschaften etc. anwendbar.

II. Umsatzerlöse (Abs. 1)

1. Allgemeines. Abs. 1 definiert den Begriff „Umsatzerlöse". Die Definition gilt **gleichermaßen für das Gesamt- und Umsatzkostenverfahren** (§ 275 Abs. 2 Nr. 1 und Abs. 3 Nr. 1) sowie das vereinfachte Gliederungsschema nach § 275 Abs. 5 Nr. 1. Die Abgrenzung der „Umsatzerlöse" nach Abs. 1 hat nicht nur entscheidende Bedeutung für die Aussagekraft der GuV und damit für die externe Bilanzanalyse, sondern ist auch im Rahmen von § 267 (Umschreibung der Größenklassen) heranzuziehen.[5] 4

2. Umsatzerlöse. Als Umsatzerlöse sind nach der gesetzlichen **Definition** des § 277 Abs. 1 auszuweisen „die Erlöse aus dem Verkauf und der Vermietung oder Verpachtung von für die gewöhnliche Geschäftstätigkeit der Kapitalgesellschaft typischen Erzeugnissen und Waren sowie aus von für die gewöhnliche Geschäftstätigkeit der Kapitalgesellschaft typischen Dienstleistungen". Der Begriff der Umsatzerlöse setzt zunächst einen „Erlös" aus einem Geschäft (Verkauf, Vermietung, Dienstleistung) voraus. Damit sind nur sog. **„Außenumsätze"** gemeint, d.h. Erlöse aus Lieferungen und Leistungen an Dritte. Innenumsätze – Lieferungen und Leistungen zwischen rechtlich unselbstständigen Abteilungen und Betriebsstätten – gehören nicht zu den Umsatzerlösen.[6] Das Gesetz nennt – entsprechend der Vielfalt unterschiedlicher Unternehmenstypen (Handels-, Vermietungs- und Dienstleistungsunternehmen) – Verkaufserlöse, Erlöse aus Vermietung und Verpachtung sowie aus Dienstleistungen. Keine Umsatzerlöse sind – mangels Leistungsentgelt – Erträge aus Wertpapiervermögen und Beteiligungsbesitz. Reine *Holdinggesellschaften*, die sich auf die Nutzung und Verwaltung entsprechender Beteiligungen beschränken, haben somit keine Umsatzerlöse.[7] Solche Erträge fallen vielmehr unter die Finanzerträge (§ 275 Abs. 2 Nr. 9–11, Abs. 3 Nr. 8–10). 5

Für die Zuordnung zu den Umsatzerlösen ist des Weiteren entscheidend, dass es sich um Erlöse aus „für die gewöhnliche Geschäftstätigkeit" der Gesellschaft „typischen" Erzeugnissen, Waren und Dienstleistungen handelt. Es sollen nur Umsätze aus der eigentlichen Betriebsleistung erfasst werden.[8] Danach umfasst der Begriff der Umsatzerlöse 6

---

[4] Dafür HdR-*Isele/Urner-Hemmeter* Rn 8.
[5] Vgl. § 267 Rn 11.
[6] Vgl. nur ADS 5; HdR-*Isele/Paffrath* Rn 39.
[7] Statt aller nur ADS 5; KK-*Berndt* § 275 Rn 45.
[8] WP-Handbuch I F 505.

grundsätzlich nur **Erlöse aus der gewöhnlichen Geschäftstätigkeit**. Umsatzerlöse, die nicht das Ergebnis der gewöhnlichen Geschäftstätigkeit sind, gehören zu den „außerordentlichen Erträgen" nach § 277 Abs. 4 S. 1.[9] Bei der Frage, was die „gewöhnliche Geschäftstätigkeit" einer Kapitalgesellschaft darstellt, ist nach allgemeiner und richtiger Ansicht nicht der in der Satzung oder im Gesellschaftsvertrag genannte Gegenstand des Unternehmens maßgebend, sondern allein auf die tatsächliche wirtschaftliche Tätigkeit abzustellen.[10] Diese unterliegt naturgemäß im Zeitablauf Veränderungen (z.B. bei einem Wandel vom Industrie- zu Dienstleistungsunternehmen), so dass jeweils bezogen auf das einzelne Geschäftsjahr die „gewöhnliche Geschäftstätigkeit" zu ermitteln ist.

7 Ferner müssen die „Erzeugnisse, Waren und Dienstleistungen", aus denen die Umsätze herrühren, für die gewöhnliche Geschäftstätigkeit **„typisch"** sein. Dieses Merkmal dient der Abgrenzung gegenüber den „sonstigen betrieblichen Erträgen" (§ 275 Abs. 2 Nr. 4, Abs. 3 Nr. 6). So sind z.B. Erlöse aus der Veräußerung von Gegenständen außerhalb des „typischen" Lieferangebots keine Umsatzerlöse nach Abs. 1. Bewegt sich die Veräußerung aber noch im Rahmen der „gewöhnlichen Geschäftstätigkeit", handelt es sich auch nicht um „außerordentliche" Erträge nach Abs. 4 S. 1. Die Veräußerungserlöse wären vielmehr unter den „sonstigen betrieblichen Erträgen" auszuweisen und würden damit zum „Betriebsergebnis" gehören. Welche Erzeugnisse, Waren und Dienstleistungen zum „typischen" Liefer- und Leistungsangebot gehören, ist jeweils nach den tatsächlichen Verhältnissen des betreffenden Geschäftsjahres zu ermitteln.

8 **Einzelfälle.** Zu den Umsatzerlösen gehören danach[11] bei *Produktions- und Handelsunternehmen* die Erlöse aus dem Verkauf der produzierten Erzeugnisse und Handelswaren einschließlich der Veräußerungen von Halbfabrikaten, Zwischen- und Kuppelprodukten, nicht mehr benötigten Roh-, Hilfs- und Betriebsstoffen sowie von Produktionsabfällen. Bei *Miet- und Pachteinnahmen* ist der Geschäftszweig des Unternehmens entscheidend: Bei Vermietungs- und Leasinggesellschaften stellen solche Einnahmen „Umsatzerlöse" dar. Anders ist dagegen z.B. für Einnahmen aus der Vermietung von Werkswohnungen eines Handels- oder Produktionsunternehmens zu entscheiden. Sie gehören zu den „sonstigen betrieblichen Erträgen". Je nach geschäftlicher Tätigkeit zählen *Patent- und Lizenzeinnahmen* zu den Umsatzerlösen (Forschungsunternehmen) oder zu den sonstigen betrieblichen Einnahmen. Echte *Zuschüsse* (Subventionen) gehören mangels Entgeltcharakter nicht zu den Umsatzerlösen. Fraglich ist, ob eine *verdeckte Gewinnausschüttung* an einen Gesellschafter in Gestalt einer Unterpreislieferung bzw. -leistung zu (fiktiven) Umsatzerlösen führt.[12]

9 **3. Erlösschmälerungen und Umsatzsteuer.** Umsatzerlöse sind grundsätzlich in Höhe der Rechnungsbeträge auszuweisen.[13] Davon abzuziehen sind **Erlösschmälerungen** wie

---

[9] Baumbach/Hueck/*Schulze-Osterloh* GmbHG[18] § 42 Rn 435; HdR-*Isele/Paffrath* Rn 32; **aA** offenbar KK-*Berndt* § 275 Rn 42: „gewöhnliche Geschäftstätigkeit" als Abgrenzungsmerkmal zu den „sonstigen betrieblichen Erträgen"; näher zum Begriff der „außerordentlichen" Erträge und Aufwendungen vgl. unten Rn 20 ff.

[10] ADS 6; Beck BilKomm-*Förschle* § 275 Rn 49; KK-*Berndt* § 275 Rn 42; *Schulze-Osterloh* aaO; HdR-*Isele/Paffrath* Rn 33; HuRB-*Leffson/Großfeld*, S. 74.

[11] Vgl. näher die Übersichten bei ADS 8 ff; KK-*Berndt* § 275 Rn 13 f; WP-Handbuch I F 506 f.

[12] Dafür Baumbach/Hueck/*Schulze-Osterloh* GmbHG[18] § 42 Rn 438 mwN; **aA** ADS 28b; Beck BilKomm-*Förschle/Büssow* § 278 Rn 111.

[13] WP-Handbuch I F 508; ADS 29.

Preisnachlässe, Treuerabatte oder andere Sondernachlässe,[14] sowie ein vom Kunden in Anspruch genommenes Skonto.[15] Des Weiteren sind von den Umsatzerlösen auch Erlösschmälerungen wegen Gewährleistungspflichten abzusetzen (z.B. Minderung). Für zukünftige Erlösschmälerungen sind Rückstellungen zu Lasten der Umsatzerlöse zu bilden.[16] Wird eine Forderung aus einem Umsatzgeschäft langfristig zinslos gestundet, ist als Umsatzerlös nur der abgezinste Gegenwartswert anzusetzen, während in Höhe des Restbetrages laufende Zinserträge erzielt werden.[17]

Nach Abs. 1 sind die Umsatzerlöse **„netto"** auszuweisen, d.h. nach Abzug der deutschen Umsatzsteuer. Gleiches gilt auch für eine ausländische „Umsatzsteuer".[18] Erlaubt ist auch eine offene Absetzung der USt von den Bruttoerlösen.[19] **10**

Andere Verbrauch- und Verkehrsteuern (z.B. Mineralöl-, Tabak-, Bier- und Sektsteuer) sind hingegen nicht nach § 277 Abs. 1 abzugsfähig und dürfen deshalb auf Grund des allgemeinen Saldierungsverbots (§ 246 Abs. 2) nicht von den Umsatzerlösen abgesetzt werden.[20] Die Beschränkung der Abzugsfähigkeit nach § 277 Abs. 1 auf die Umsatzsteuer verstößt auch nicht gegen Art. 28 der 4. EG-Richtlinie, wonach auch „andere unmittelbar auf den Umsatz bezogene Steuern" abgezogen werden können. Verbrauch- und Verkehrsteuern knüpfen nicht an den Umsatz, sondern an andere tatsächliche Vorgänge an (vgl. etwa § 7 Abs. 1 BierStG: Entfernung aus dem Herstellungsbetrieb).[21] **11**

III. Bestandsveränderungen (Abs. 2)

Die **Erläuterung** des Postens Bestandsveränderungen hat nur Bedeutung für die GuV-Gliederung nach dem Gesamtkostenverfahren (§ 275 Abs. 2 Nr. 2). Nach Abs. 2 2. Halbs. sind Abschreibungen, die über die in der Kapitalgesellschaft sonst üblichen Abschreibungen hinausgehen, nicht unter § 275 Abs. 2 Nr. 2 auszuweisen, sondern unter Nr. 7 Buchst. b. Wegen der Abgrenzung des Postens gegenüber anderen Einzelposten vgl. oben die Erläuterungen zu § 275 Rn 16 ff. **12**

IV. Gesonderter Ausweis bestimmter Aufwendungen und Erträge (Abs. 3)

1. Außerplanmäßige Abschreibungen (Abs. 3 S. 1). Nach § 277 Abs. 3 S. 1 sind außerplanmäßige Abschreibungen auf Vermögensgegenstände des Anlagevermögens nach § 253 Abs. 3 S. 3 und 4 gesondert in der GuV auszuweisen oder im Anhang anzugeben. Die **Pflicht zum gesonderten Ausweis** gilt gleichermaßen bei Anwendung des Gesamt- **13**

---

14 ADS 30.

15 ADS 30; Baumbach/Hueck/*Schulze-Osterloh* GmbHG[18] § 42 Rn 435 f; HdR-*Isele/Paffrath* Rn 68.

16 ADS 33; Baumbach/Hueck/*Schulze-Osterloh* GmbHG[18] §42 Rn 436.

17 WP-Handbuch I F 512; ADS 35; Beck BilKomm-*Förschle* § 275 Rn 65.

18 Statt aller nur Baumbach/Hueck/*Schulze-Osterloh* GmbHG[18] § 42 Rn 437.

19 WP-Handbuch I F 508.

20 Ebenso HdR-*Isele/Paffrath* Rn 43; Baumbach/Hueck/*Schulze-Osterloh* GmbHG[18] § 42 Rn 437; ebenso – wenn auch mit Ausnahme für die Mineralölsteuer, da insoweit GoB: WP-Handbuch I F 509; ADS 38 sowie § 275 Rn 204; **aA** – Pflicht zum offenen Abzug – Beck BilKomm-*Förschle* § 275 Rn 66; vermittelnd – für Wahlrecht – BoHdR-*Lachnit/Wulf* Rn 10.

21 Vgl. näher Baumbach/Hueck/*Schulze-Osterloh* GmbHG[18] §42 Rn 437.

kosten- wie auch des Umsatzkostenverfahrens.[22] Abschreibungen nach § 253 Abs. 3 S. 3 und 4 können bei der Gliederung der GuV nach dem Gesamtkostenverfahren in den Einzelposten nach Abs. 2 Nr. 7 Buchst. a, 12, 16 enthalten sein. Bei Anwendung des Umsatzkostenverfahrens betrifft die Pflicht zum gesonderten Ausweis die Posten Nr. 2, 4, 5, 7, 11, 15.[23] Eine **Angabe im Anhang** hat gegenüber dem gesonderten Ausweis in der GuV den Vorteil, dass nur eine Angabe – Höhe der Abschreibungen nach § 253 Abs. 3 S. 3 und 4 – erforderlich ist.

2. Erträge und Aufwendungen aus Verlustübernahmen, Gewinngemeinschaften und Gewinnabführungs- und Teilgewinnabführungsverträgen (Abs. 3 S. 2)

14 a) **Allgemeines.** In den Gliederungsschemata nach Art. 23–26 der 4. EG-Richtlinie und § 275 Abs. 2 und 3 sind – anders als in § 157 AktG a.F. – keine besonderen Posten für Erträge und Aufwendungen aus Verlustübernahmen, Gewinngemeinschaften etc. enthalten. Durch § 277 Abs. 3 S. 2 sollte der **bisherige Rechtszustand erhalten bleiben,** was nach Art. 4 Abs. 1 der 4. EG-Richtlinie erlaubt ist. Anders als nach § 157 AktG a.F. wird die Frage des konkreten Ausweises in der GuV „dem pflichtgemäßen Ermessen der Unternehmen" überlassen.[24] In Betracht kommt der Ausweis in einem gesonderten Posten, durch Davon-Vermerk oder durch weitere Untergliederung. Im Einzelnen gilt – entsprechend der Reihenfolge ihres Ausweises im Gliederungsschema – Folgendes:

15 b) **Erträge aus Gewinngemeinschaften, Gewinnabführungs- und Teilgewinnabführungsverträgen.** Erträge einer Kapitalgesellschaft aus Gewinngemeinschaften, Gewinnabführungs- und Teilgewinnabführungsverträgen sind als Erträge der gewöhnlichen Geschäftstätigkeit gesondert unter einer entsprechenden Postenbezeichnung entweder vor oder nach dem Posten Abs. 2 Nr. 9 bzw. Abs. 3 Nr. 8 (Erträge aus Beteiligungen) auszuweisen.[25] Wegen des Begriffs der Gewinngemeinschaft, des Gewinnabführungs- und Teilgewinnabführungsvertrags vgl. §§ 291, 292 AktG. Für Zwecke des § 277 Abs. 3 S. 2 kommt es aber nicht auf die Rechtsform der beteiligten Unternehmen an.[26] Gesondert auszuweisen sind daher auch Erträge aus einem Gewinnabführungsvertrag zwischen zwei GmbH. Auch eine (typisch) stille Beteiligung stellt einen Teilgewinnabführungsvertrag dar.[27] Hinsichtlich des Zeitpunktes der Vereinnahmung der Erträge gelten die allgemeinen Grundsätze zur Aktivierung von Gewinnansprüchen, vgl. Erläuterungen zu § 252.

16 c) **Aufwendungen aus Verlustübernahmen.** Aufwendungen einer Kapitalgesellschaft aus Verlustübernahmen sind gesondert unter einer entsprechenden Postenbezeichnung als Teil des Ergebnisses der gewöhnlichen Geschäftstätigkeit vor oder hinter dem Posten nach Abs. 2 Nr. 13 bzw. Abs. 3 Nr. 12 (Zinsen und ähnliche Aufwendungen) auszuweisen.[28] Grundlage einer Verlustübernahme ist vorrangig § 302 AktG,[29] der aber auch

---

[22] ADS 48; Beck BilKomm-*Förschle* Rn 3 ff.
[23] ADS 49.
[24] Vgl. BT-Drucks. 10/317, S. 85 zu § 253 HGB-E.
[25] WP-Handbuch I F 487; ADS 65; BoHdR-*Lachnit/Ammann* Rn 28; KK-*Berndt* Rn 16; Beck BilKomm-*Förschle* Rn 19. Für alternativen Ausweis vor Posten nach Abs. 2 Nr. 14 Baumbach/Hueck/*Schulze-Osterloh* GmbHG[18] § 42 Rn 461.
[26] Statt aller nur Baumbach/Hueck/*Schulze-Osterloh* GmbHG[18] § 42 Rn 461.
[27] Vgl. nur *Schulze-Osterloh* aaO; ADS 58.
[28] ADS 65; Beck BilKomm-*Förschle* Rn 22; Baumbach/Hueck/*Schulze-Osterloh* GmbHG[18] § 42 Rn 462; für Nr. 12a: WP-Handbuch I F 578.
[29] Statt aller ADS 60.

bei Verträgen mit Unternehmen anderer Rechtsformen entsprechend gilt.[30] Einer Verlustübernahme stehen andere Verpflichtungen gleich, die auf eine Freistellung von Verlusten gerichtet sind oder eine andernfalls erforderlich werdende Verlustübernahme verhindern sollen.[31] Eine deliktische Konzernhaftung aus § 826 BGB begründet hingegen keine Ansprüche auf Verlustübernahme. Soweit für künftige Verlustübernahmen Rückstellungen gebildet werden, ist ein solcher Aufwand als „Aufwand aus Verlustübernahme" nach § 277 Abs. 3 S. 2 gesondert auszuweisen.[32]

d) **Aufwendungen aus Gewinngemeinschaften, Gewinnabführungs- und Teilgewinnabführungsverträgen.** Aufwendungen aus Gewinngemeinschaften, Gewinnabführungs- und Teilgewinnabführungsverträgen gehören beim abführungspflichtigen Unternehmen zur Ergebnisverwendung. Sie sind deshalb unmittelbar vor dem Posten „Jahresüberschuss/Jahresfehlbetrag" (Abs. 2 Nr. 20, Abs. 3 Nr. 19) gesondert auszuweisen.[33] **17**

e) **Erträge aus Verlustübernahmen.** Erträge aus Verlustübernahmen sind ebenfalls Teil der Ergebnisverwendung und deshalb beim ausgleichsberechtigten Unternehmen entsprechend vor dem Posten Abs. 2 Nr. 20 bzw. Abs. 3 Nr. 19 auszuweisen.[34] **18**

f) **Dividendengarantien.** Aufwendungen aus Dividendengarantien gemäß § 304 AktG sind mit dem abzuführenden Gewinn der Tochtergesellschaft zu saldieren oder – soweit die Ausgleichszahlung die Gewinnabführung übersteigt – führen zu einem Ausweis unter „Aufwand aus Verlustübernahme".[35] **19**

V. „Außerordentliche Erträge" und „außerordentliche Aufwendungen" (Abs. 4 S. 1)

1. **Regelungsgehalt.** Abs. 4 S. 1 definiert die Posten „außerordentliche Erträge" und „außerordentliche Aufwendungen": Darunter sind nunmehr – abweichend zu § 157 AktG a.F.[36] – solche Erträge auszuweisen, die „außerhalb der gewöhnlichen Geschäftstätigkeit der Kapitalgesellschaft anfallen". § 277 Abs. 4 S. 1 entspricht Art. 29 Abs. 1 der 4. EG-Richtlinie. Statt von „normaler Geschäftstätigkeit" spricht Abs. 4 S. 1 von „gewöhnlicher Geschäftstätigkeit". **20**

2. „... außerhalb der gewöhnlichen Geschäftstätigkeit"

a) **Problemstellung.** Weder die Richtlinie noch § 277 enthalten eine nähere Definition der Erträge und Aufwendungen, die „außerhalb der gewöhnlichen Geschäftstätigkeit **21**

---

[30] Vgl. BGHZ 116, 37 (39) = NJW 1992, 505.
[31] MünchKommHGB/*Reiner/Haußer* Rn 31.
[32] ADS 72; **aA** WP-Handbuch I F 579: Ausweis unter Posten 8, da unter Nr. 12a nur tatsächlich getragene Verluste ausgewiesen werden sollten.
[33] ADS 65; Baumbach/Hueck/*Schulze-Osterloh* GmbHG[18] §42 Rn 463.
[34] ADS 65; Baumbach/Hueck/*Schulze-Osterloh* GmbHG[18] § 42 Rn 464.
[35] ADS 67.
[36] Nach § 157 Abs. 1 Nr. 14 AktG a.F. waren „außerordentliche Erträge" durch Davon-Vermerk innerhalb der „sonstigen Erträge" gesondert auszuweisen. Eine entsprechende Ausweispflicht für „außerordentliche Aufwendungen" als Teil der „sonstigen Aufwendungen" fehlte dagegen. Vgl. die Hinweise zum alten Recht bei HuRB-*Leffson/Großfeld*, S. 70; *Niehus* DB 1986, 1293 f.

anfallen". Wie sich auch aus einem Umkehrschluss aus Abs. 4 S. 3 ergibt, kann dem Merkmal der „Periodenfremdheit" keine Bedeutung für die Zuordnung zu den „außerordentlichen" Erträgen und Aufwendungen zukommen.[37] Anderenfalls hätte die gesonderte Erläuterungspflicht in Abs. 4 S. 3 neben derjenigen für die „außerordentlichen" Erträge und Aufwendungen nach Abs. 4 S. 2 keinen Sinn.[38] Periodenfremde Erträge und Aufwendungen sind folglich nicht mehr per se „außerordentlich".[39] Im Übrigen besteht über die begriffliche Abgrenzung der „außerordentlichen" Erträge und Aufwendungen keine Einigkeit.

22 b) **Meinungsstand.** Nach überwiegender Ansicht sind „außerordentliche" Erträge und Aufwendungen – in Anlehnung an früher verbreitete Rechnungslegungsstandards[40] – durch drei Merkmale gekennzeichnet: Sie müssen – nach Maßgabe der tatsächlichen Verhältnisse – der Art nach ungewöhnlich, selten im Vorkommen und von einiger materieller Bedeutung (wesentlich) sein.[41] Eine andere Auffassung spricht demgegenüber mit Rücksicht auf § 277 Abs. 4 S. 2 dem Kriterium der Wesentlichkeit jede Bedeutung ab und will allein auf die Merkmale Ungewöhnlichkeit und Seltenheit abstellen.[42] Nach einer dritten Auffassung liegen nur solche Geschäftsvorfälle „... außerhalb der gewöhnlichen Geschäftstätigkeit", die in eine vorausschauende Unternehmens- und Ertragsplanung nicht einbezogen werden können, die also nicht „einplanbar" sind.[43] Eine vierte Ansicht schließlich zieht ausschließlich das Kriterium der „Regelmäßigkeit" heran.[44]

c) **Stellungnahme**

23 aa) **„Wesentlichkeit" kein Merkmal.** Dass dem Gesichtspunkt der „materiellen Bedeutung" bzw. „Wesentlichkeit" kein durchgreifendes Gewicht beizulegen ist, kann immerhin noch durch Umkehrschluss aus § 277 Abs. 4 S. 2 abgeleitet werden: Wenn das Gesetz eine Erläuterungspflicht für solche außerordentliche Erträge und Aufwendungen statuiert, falls sie „für die Beurteilung der Ertragslage nicht von untergeordneter Bedeutung sind", dann kann eine „Wesentlichkeit" im Sinne einer „nicht untergeordneten Bedeutung" kein Merkmal der außerordentlichen Erträge und Aufwendungen i.S.v. § 277 Abs. 4 S. 1 sein.[45] Denn anderenfalls hätte die Differenzierung des Abs. 4 S. 2 keinen Sinn. Der erstgenannten Ansicht ist allerdings zuzugeben, dass in der Praxis ein Ausweis unter den a.o. Erträgen und Aufwendungen häufig erst dann in Erwägung gezogen werden dürfte, wenn die Beträge nicht von „ganz untergeordneter Bedeutung" sind.[46]

---

[37] So auch die Begr. RegE zu § 256 HGB-E, BT-Drucks. 10/317, S. 86; ADS 75 f; Beck BilKomm-*Förschle* § 275 Rn 218; Baumbach/Hueck/*Schulze-Osterloh* GmbHG[18] § 42 Rn 455.

[38] HdR-*Isele/Urner-Hemmeter* Rn 111; *Bohl* WPg 1986, 35.

[39] KK-*Berndt* § 275 Rn 161.

[40] Vgl. dazu *Niehus* DB 1986, 1294 ff; *Kuhlewind* S. 305.

[41] BGH BB 2004, 488; ADS 79; WP-Handbuch I F 494; BoHdR-*Lachnit/Wulf* Rn 34 ff; Beck-HdR-*Winzker* B 320 Rn 9; wohl auch KK-*Berndt* § 275 Rn 160; *Bohl* WPg 1986, 35 f (der allerdings alle satzungsfremden Geschäfte für außerordentlich hält).

[42] Beck BilKomm-*Förschle* § 275 Rn 219 f; HdR-*Isele/Urner-Hemmeter* Rn 116; Baumbach/Hueck/*Schulze-Osterloh* GmbHG[18] § 42 Rn 365; *Winnefeld* G 350 f; ähnlich *Federmann* BB 1987, 1073 „Ungewöhnlichkeit des Sachverhalts der Art und Zeit nach".

[43] HuRB-*Großfeld/Leffson*, S. 74 f; *Leffson* WPg 1986, 433 ff; zustimmend *Ballwieser* WPg 1987, 62.

[44] *Baetge/Fischer* Beiträge zum Bilanzrichtlinien-Gesetz (1987), S. 187.

[45] Vgl. *Baetge/Fischer* aaO, S. 183.

[46] So BoHdR-*Lachnit/Wulf* Rn 36.

Insoweit mag die praktische Bedeutung des Problems gering sein. Dies ändert aber nichts daran, dass nach der Systematik des Gesetzes die „Wesentlichkeit" kein entscheidendes Merkmal darstellt.

bb) Tatsächliche Verhältnisse als Beurteilungsgrundlage. Des Weiteren gilt, dass bei der Abgrenzung der a.o. Erträge und Aufwendungen allein die tatsächlichen wirtschaftlichen Verhältnisse im Geschäftsjahr maßgebend sind: Ein Geschäftsvorfall liegt also nicht schon deshalb „außerhalb der gewöhnlichen Geschäftstätigkeit", weil er gegen die Satzung der Gesellschaft verstößt.[47] Nur diese Auffassung entspricht dem Zweck der GuV als Instrument zur Darstellung der Ertragslage und der Generalnorm des § 264 Abs. 2 S. 1 („... den tatsächlichen Verhältnissen entsprechendes Bild ...").[48] **24**

cc) „Seltenheit" als ausschlaggebendes Merkmal des a.o. Ergebnisses. Für die weitere Auslegung des Merkmals „außerhalb der gewöhnlichen Geschäftstätigkeit" ist am **Sinn und Zweck der Erfolgsspaltung** anzusetzen.[49] Die Adressaten des Jahresabschlusses sollen ein „den tatsächlichen Verhältnissen entsprechendes Bild" der Ertragslage erhalten. Dazu sind solche „außerordentlichen" Erträge und Aufwendungen auszusondern, die nicht mehr als Ergebnis der „normalen" (so Art. 29 der 4. EG-Richtlinie) bzw. der „gewöhnlichen" Geschäftstätigkeit anzusehen sind.[50] Sie sind auszuklammern, weil sie so selten bzw. unregelmäßig auftreten, dass ihre Einbeziehung in das „gewöhnliche" Ergebnis ein unzutreffendes Bild von der gegenwärtigen und damit zugleich auch – bei einer einfachen Fortschreibung der Gegenwart als Prognose – der zukünftigen Ertragslage vermitteln würde. Eine derartige Bereinigung des „gewöhnlichen Ergebnisses" ist auch im Interesse einer Vergleichbarkeit der Ertragslage verschiedener Unternehmen geboten. **25**

Für das Ziel einer solchen „Erfolgsspaltung" reicht es – entgegen überwiegender Ansicht – aus, auf das Merkmal der **„Seltenheit"** bzw. **„Unregelmäßigkeit"** abzustellen.[51] Unerheblich ist folglich, ob das betreffende Ereignis zusätzlich auch noch – sachlich – „ungewöhnlich" ist. Die Tatsache, dass ein bestimmter Vorgang für ein Unternehmen abstrakt betrachtet nicht ganz ungewöhnlich ist, rechtfertigt somit noch nicht die Einbeziehung in das Ergebnis der „gewöhnlichen" Geschäftstätigkeit, wenn der Vorgang beim konkreten Unternehmen aller Voraussicht nach nur „selten" eintritt.[52] Anderenfalls würde die Erfolgsspaltung – und damit die Aussagekraft der GuV – zu sehr eingeschränkt und das a.o. Ergebnis bliebe auf ganz wenige Fälle beschränkt. So sind z.B. Auflösungen von Rückstellungen bzw. Gewinne und Verluste aus dem Abgang von Vermögensgegenständen des Anlagevermögens „an sich" nichts Außergewöhnliches. Gleichwohl gehören sie nach der hier vertretenen Ansicht zum a.o. Ergebnis, wenn sie nach den Verhältnissen des jeweiligen Unternehmens als „selten" anzusehen sind.[53] Unerheblich ist schließlich auch, ob die betreffenden Erträge und Aufwendungen „einplanbar" sind:[54] Objektiv „seltene" Ereignisse sind ohnehin kaum als planbar anzusehen. Umgekehrt besteht kein Grund, solche Vorgänge in das a.o. Ergebnis einzustellen, deren Eintritt **26**

---

[47] Ganz hM, vgl. nur Baumbach/Hueck/*Schulze-Osterloh* GmbHG[18] § 42 Rn 455; Beck-HdR-*Winzker* B 320 Rn 10; HuRB-*Großfeld/Leffson*, S. 74; **aA** aber *Bohl* WPg 1986, 35.

[48] Zutreffend *Großfeld/Leffson* aaO.

[49] Ebenso z.B. MünchKommHGB/*Reiner/Haußer* Rn 37.

[50] Im Ansatz auch ADS 78.

[51] So auch *Baetge/Fischer* aaO, S. 187 ff.

[52] **AA** BGH BB 2004, 488; dazu *Hüttemann* WuB IV E § 277 1.04.

[53] Zutreffend *Baetge/Fischer* aaO.

[54] **AA** *Leffson* WPg 1986, 434; HuRB-*Großfeld/Leffson*, S. 74.

zwar nicht für bestimmte Perioden „eingeplant“ werden kann, mit deren regelmäßiger Wiederkehr aber zu rechnen ist. Nach der hier vertretenen Ansicht kommt es also allein darauf an, ob die Erträge und Aufwendungen nach den tatsächlichen Verhältnissen des Unternehmens als „selten“ vorkommend anzusehen sind. Dafür ist unter Berücksichtigung der Erfahrungen der Vergangenheit eine Prognose aufzustellen, ob sich der entsprechende Vorgang innerhalb der nächsten – etwa zehn[55] – Geschäftsjahre wiederholen wird. Dabei ist für Erträge und Aufwendungen der gleiche Maßstab anzulegen.[56]

27 d) **Einzelfälle.**[57] Als a.o. Erträge und Aufwendungen kommen beispielsweise in Betracht:[58] Gewinne und Verluste aus dem *Verkauf von Betriebsteilen, Beteiligungen und Betriebsgrundstücken*, sofern eine solche Veräußerung angesichts der Größe bzw. wirtschaftlichen Bedeutung des Objekts als „seltenes“ Ereignis anzusehen ist, d.h. nicht regelmäßig vorkommt (z.B. beim Sale-and-lease-back des Verwaltungsgebäudes); außerplanmäßige Abschreibungen und sonstige Aufwendungen aus Anlass „seltener“ betrieblicher und außerbetrieblicher Ereignisse (z.B. *Betriebsstilllegungen und andere größere Umstrukturierungen*); Enteignungen und Zerstörungen durch *kriegerische Einflüsse oder Katastrophen*; Erträge und Aufwendungen aus *Unternehmenssanierungen* (Gläubigerverzichte und öffentliche Zuschüsse) sowie Gesellschafterzuschüssen; Aufwendungen aus *Schadensfällen infolge Betrugs, Unterschlagung* etc.; Ausgleichszahlungen anstelle des entgangenen Gewinns;[59] einmalige bzw. ganz außergewöhnliche Aufwendungen aus *strukturellen Änderungen des gesetzlichen Umfeldes* (Umstellungen des Sozial- und Steuersystems). Demgegenüber fallen folgende Erträge und Aufwendungen im Regelfall *nicht unter Abs. 4*, da sie mehr oder weniger regelmäßig anfallen: Gewinne und Verluste aus der *Veräußerung von Gegenständen des Anlage- und Umlaufvermögens; Auflösung von Rückstellungen* auf Grund allzu vorsichtigen Ansatzes; *Währungsverluste; Steuernachzahlungen oder -erstattungen* (sofern nicht auf Grund einmaliger grundlegender Umstellungen des Steuersystems).

VI. Erläuterungspflichten (Abs. 4 S. 2 und 3)

28 **1. Erläuterungspflicht für a.o. Erträge und Aufwendungen** (Abs. 4 S. 2). Nach Abs. 4 S. 2 sind die unter den Posten „außerordentliche Erträge“ und „außerordentliche Aufwendungen“ ausgewiesenen Beträge **hinsichtlich des Betrags und ihrer Art im Anhang zu erläutern**, soweit sie für die Beurteilung der Ertragslage nicht von untergeordneter Bedeutung sind. Diese Erläuterungspflicht gilt nach § 276 S. 2 nicht für kleine Kapitalgesellschaften. Die Schwelle der Erläuterungspflicht lässt sich nur im Einzelfall und unter Berücksichtigung aller Umstände feststellen. Eine schematische Betrachtung (etwa 5 v.H. des Jahresergebnisses)[60] versagt nicht nur bei ausgeglichenem Ergebnis, sondern ver-

---

[55] Zu Recht ablehnend gegenüber einem Betrachtungszeitraum von 20 Jahren *Baetge/Fischer* aaO, S. 188.

[56] Vgl. aber *Marx* WPg 1995, 476 ff mit der interessanten Beobachtung, dass in der Praxis der Ausweis a.o. Erträge zumeist hinter dem von a.o. Aufwendungen zurückbleibt.

[57] Vgl. die eingehende Übersicht über die Behandlung der Einzelfälle im Schrifttum bei *Federmann* BB 1987, 1073 ff; MünchKomm HGB/*Reiner/Haußer* Rn 39 f.

[58] Vgl. auch ADS 80; BoHdR-*Lachnit/Wulf* Rn 38; Beck BilKomm-*Förschle* § 275 Rn 222 f.

[59] **AA** BGH BB 2004, 488.

[60] Vgl. die Nachweise zum Meinungsstand bei BoHdR-*Lachnit/Wulf* Rn 42.

kennt auch, dass es bei dem Kriterium „nicht von untergeordneter Bedeutung“ um einen normativen Maßstab geht. Daher wird es vorrangig auf das Informationsbedürfnis eines vernünftig urteilenden Jahresabschlussadressaten ankommen.[61] Hinsichtlich der Beträge genügt die Angabe derselben. Darüber hinaus sind die Beträge verbal ihrer Art nach so weit zu erläutern, dass sich ein Leser des Jahresabschlusses ein zutreffendes Bild machen kann.

2. Erläuterungspflicht für periodenfremde Aufwendungen und Erträge (Abs. 4 S. 3). **29**
Periodenfremde Aufwendungen und Erträge gehören nicht automatisch zu den a.o. Erträgen und Aufwendungen.[62] Soweit sie die Voraussetzungen des Abs. 4 S. 1 nicht erfüllen, gehen sie in die jeweiligen Posten des Gliederungsschemas ein. Um einen besseren Einblick in die Ertragslage des jeweiligen Geschäftsjahres zu gewähren, hat der Gesetzgeber durch das BilMoG in Abs. 4 S. 3 klargestellt, dass nicht nur die a.o., sondern alle[63] periodenfremden Erträge und Aufwendungen[64] – entsprechend den a.o. Erträgen und Aufwendungen nach Abs. 4 S. 2 – im Anhang zu erläutern sind. Erträge und Aufwendungen sind „periodenfremd“, wenn sie ihre wirtschaftliche Verursachung in Vorjahren haben[65] (z.B. Auflösung von Rückstellungen, Steuernachzahlungen und -erstattungen).

VII. Erträge und Aufwendungen aus Abzinsung bzw. Währungsumrechnung (Abs. 5)

Der durch das BilMoG neu eingefügte Abs. 5 enthält **zusätzliche gesonderte Ausweispflichten** für Erträge und Aufwendungen aus Abzinsung (Abs. 5 S. 1) bzw. Währungsumrechnung (Abs. 5 S. 2). Die zusätzlichen Ausweispflichten erklären sich durch die ebenfalls im Rahmen des BilMoG erfolgten Änderungen bei der Abzinsung von Rückstellungen (§ 253 Abs. 2) und der Währungsumrechnung (§ 256a). Der Ausweis kann durch gesonderten Posten, durch Davon-Vermerk oder durch eine weitere Untergliederung erfolgen. Hingegen ist ein Ausweis im Anhang gesetzlich nicht vorgesehen.[66] **30**

Der gesonderte Ausweis von **Erträgen bzw. Aufwendungen aus einer Abzinsung** nach Abs. 5 S. 1 erfolgt – wegen des zeitlichen Bezugs – unter dem Posten „Sonstige Zinsen und ähnliche Erträge“ bzw. „Zinsen und ähnliche Aufwendungen“. Der gesonderte Ausweis soll dem Abschlussadressaten kenntlich machen, in welchem Umfang Aufwendungen oder Erträge aus der nunmehr vorgeschriebenen Abzinsung von Rückstellungen nach § 253 Abs. 2 resultieren.[67] Abs. 5 S. 1 gilt bei Anwendung der Nettomethode[68] in gleicher Weise für entsprechende Aufzinsungsbeträge.[69] Wegen ihres uneingeschränkten Wortlauts findet die Vorschrift auch auf Rentenverpflichtungen nach § 253 Abs. 2 S. 3 **31**

---

[61] Ebenso ADS 83.
[62] Vgl. oben Rn 21.
[63] Vgl. dazu ADS 86; HdR-*Isele/Urner-Hemmeter* Rn 136.
[64] Siehe BT-Drucks. 16/10067, S. 68.
[65] HdR-*Isele/Urner-Hemmeter* Rn 133.
[66] **AA** MünchKommHGB/*Reiner/Haußer* Rn 51 (Wahlrecht); siehe auch *IDW* RS HFA 34 Rn 50.
[67] So BT-Drucks. 16/12407, S. 87.
[68] *IDW* RS HFA 34 Rn 11; *Theile/Stahnke/Nagafi* StuB 2011, 327; für Wahlrecht zwischen Brutto- und Nettomethode hingegen MünchKommHGB/*Reiner/Haußer* Rn 49.
[69] *IDW* RS HFA 34 Rn 47; MünchKommHGB/*Reiner/Haußer* Rn 48.

sowie sonstige abzuzinsende Verbindlichkeiten Anwendung.[70] Vor dem Hintergrund ihrer Entstehungsgeschichte liegt es allerdings fern, sie auf Forderungen anzuwenden.[71]

32 Erträge aus der **Währungsumrechnung** (vgl. § 256a) sind unter dem Posten „Sonstige betriebliche Erträge" und Aufwendungen aus der Währungsumrechnung unter dem Posten „Sonstige betriebliche Aufwendungen" und damit als Teil des Betriebsergebnisses gesondert auszuweisen. Unterjährig realisierte Erträge und Aufwendungen sind nicht einzubeziehen, da sie nicht aus einer Währungsumrechnung am Abschlussstichtag i.S.v. § 256a resultieren.[72]

VIII. Rechtsfolgen des Verstoßes gegen § 277

33 Hinsichtlich der Sanktionen bei Verstößen gegen § 277 gelten die zu § 275 gemachten Ausführungen entsprechend.

§ 278
Steuern

[1]Die Steuern vom Einkommen und vom Ertrag sind auf der Grundlage des Beschlusses über die Verwendung des Ergebnisses zu berechnen; liegt ein solcher Beschluß im Zeitpunkt der Feststellung des Jahresabschlusses nicht vor, so ist vom Vorschlag über die Verwendung des Ergebnisses auszugehen. [2]Weicht der Beschluß über die Verwendung des Ergebnisses vom Vorschlag ab, so braucht der Jahresabschluß nicht geändert zu werden.

Schrifttum

Bischof Erfassung der ausschüttungsbedingten Änderung des Körperschaftsteueraufwands nach Handelsrecht und nach International Accounting Standards im Licht der §§ 37 und 38 KStG, DB 2002, 1565; *IdW* St/HFA 2/1977 i.d.F. 1990, Zu den Auswirkungen der Körperschaftsteuerreform auf die Rechnungslegung, Fachgutachten und Stellungnahmen des IdW, Düsseldorf, Loseblatt; *Orth* Ausschüttungsbedingte Änderung des Körperschaftsteueraufwands, WPg 2001, 947; *Schulze-Osterloh* Ausweis der Sachdividende im Jahresabschluß und im Gewinnverwendungsbeschluß, FS für Priester (2007), S. 749; *ders.* Jahresabschluß, Abschlußprüfung und Publizität der Kapitalgesellschaften nach dem Bilanzrichtlinien-Gesetz, ZHR 150 (1986), 532; *Sender* Jahresabschluß der GmbH und Berechnung des Körperschaftsteueraufwands, BB 1990, 1799; *Siegel* Gewinnverwendungsvorschlag und Körperschaftsteueraufwand in der Aktiengesellschaft, DB 1990, 1980; *Wimmer* Körperschaftsteueraufwand und aktienrechtliche Gewinnverwendung, DB 1982, 1177.

Übersicht

---

[70] Zur Diskussion MünchKommHGB/*Reiner/Haußer* Rn 47.

[71] Ablehnend *IDW* RS HFA 34 Rn 50; *Reiner/Haußer* aaO; **aA** *Theile/Stahnke/Nagafi* aaO.

[72] *Zwirner/Künkele/Froschhammer* BB 2011, 1323; **aA** Beck BilKomm-*Förschle* § 275 Rn 172.

I. Regelungsgegenstand

§ 278 regelt die **Berechnung der Steuern vom Einkommen und Ertrag.** Diese sind nach S. 1 1. Halbs. auf der Grundlage des Beschlusses über die Verwendung des Ergebnisses zu berechnen; liegt ein solcher Beschluss im Zeitpunkt der Feststellung des Jahresabschlusses – wie im Regelfall – nicht vor, ist nach S. 1 2. Halbs. der Gewinnverwendungsvorschlag maßgebend. Für den Fall einer Abweichung des Gewinnverwendungsbeschlusses vom Gewinnverwendungsvorschlag bestimmt S. 2, dass der Jahresabschluss nicht geändert werden braucht. 1

II. Normzweck und Anwendungsbereich

Die Vorschrift beruht nicht auf der 4. EG-Richtlinie, sondern war vom deutschen Gesetzgeber im Interesse der Rechtssicherheit mit Rücksicht auf die Besonderheiten des alten Körperschaftsteuerrechts eingeführt worden.[1] Denn auf Grund des **gespaltenen Körperschaftsteuersatzes** im KStG 1977 für einbehaltene (zuletzt 40 v.H.)[2] und ausgeschüttete Gewinne (zuletzt 30 v.H.) hing der Körperschaftsteueraufwand vorrangig von der Ergebnisverwendung ab. Ferner war entscheidend, welche Teile des sog. verwendbaren Eigenkapitals (vgl. § 30 KStG) für die Ausschüttung als verwendet galten. Schließlich trat die Änderung der Körperschaftsteuer für den Veranlagungszeitraum ein, in dem das Wirtschaftsjahr endete, *für* das (nicht: in welchem) die Ausschüttung erfolgte (vgl. § 27 Abs. 3 KStG 1977). Unter dem KStG 1977 kam es somit je nach Ergebnisverwendung zu einer (rückwirkenden) unterschiedlichen Steuerbelastung der Kapitalgesellschaft. Um den Informationsgehalt des Jahresabschlusses zu verbessern, war nach § 278 S. 1 bei der Berechnung des Körperschaftsteueraufwandes die beschlossene bzw. vorgeschlagene Gewinnverwendung zugrunde zu legen. Auf diese Weise sollte möglichst vermieden werden, dass es auf Grund des späteren Gewinnverwendungsbeschlusses zu einem zusätzlichen Steueraufwand bzw. Steuerertrag kam, der aus dem Jahresabschluss nicht ersichtlich war.[3] 2

Seit der Änderung des Körperschaftsteuerrechts durch das **Gesetz zur Senkung der Steuersätze und zur Reform der Unternehmensbesteuerung** (Steuersenkungsgesetz – StSenkG) v. 23.10.2000[4] hat § 278 keine praktische Bedeutung mehr. Denn seit dem 1.1.2001 gilt für alle Körperschaften ein einheitlicher KSt-Satz (derzeit 15 v.H.). Das Anrechnungsverfahren ist letztmalig anzuwenden für Gewinnausschüttungen, die in dem letzten nach dem 31.12.2001 beginnenden Wirtschaftsjahr erfolgen. Bezüglich der nach diesem Zeitpunkt erfolgenden Gewinnausschüttungen hat die Entscheidung über die Ergebnisverwendung grundsätzlich keinen Einfluss mehr auf die Körperschaftsteuerbelastung. Umstritten geblieben ist, ob § 278 zumindest für einen *gewissen Übergangszeitraum* in Hinsicht auf die Ausschüttung von Altrücklagen weiter anzuwenden war, soweit diese nach §§ 36 ff KStG i.d.F. des StSenkG zu KSt-Minderungen bzw. KSt-Erhöhungen führten. Dies wurde teilweise wegen des fortbestehenden Ursachenzusammenhangs zwischen Ergebnisverwendung und Steuerbelastung bejaht.[5] Dagegen spricht aber der Umstand, dass es nach neuem Recht – anders als unter der Geltung des § 27 3

[1] *Biener/Berneke*, S. 235.
[2] I.d.F. des SteuerEntlG 1999/2000/2002 v. 24.3.1999, BGBl. I 1999, 402.
[3] Vgl. *Biener/Berneke*, S. 235; *Schulze-Osterloh* ZHR 150 (1986), 549.
[4] BGBl. I 2000, 1433; zu den Auswirkungen auf § 278 eingehend *Orth* WPg 2001, 947.
[5] IDW 2002 FN 2001, 688; *Bischof* DB 2002, 1565.

Abs. 3 KStG 1977 – nicht mehr zu einer rückwirkenden Änderung der Steuerbelastung kommt.[6] Für § 278 besteht somit seit dem Wegfall des Anrechnungsverfahrens kein unmittelbarer Anwendungsbereich mehr.[7] Mit der Neuregelung der Auszahlung des KSt-Guthabens im Gesetz über steuerliche Begleitmaßnahmen zur Einführung der Europäischen Gesellschaft (SEStEG) v. 7.12.2006 hat sich das Problem endgültig erledigt, weil nunmehr jeder Zusammenhang zwischen Ergebnisverwendung und Steuerbelastung weggefallen ist.[8] Auch eine *analoge Anwendung* des § 278 auf andere steuerrelevante Ergebnisverwendungsmaßnahmen ist angesichts des engen Regelungszwecks der Vorschrift (Regelung bilanzieller Zweifelsfragen des alten KSt-Rechts) abzulehnen. Soweit insbesondere bei Sachdividenden wegen §§ 58 Abs. 5, 174 Abs. 2 Nr. 2 AktG eine rückwirkende Gewinnrealisation für erforderlich gehalten wird, kann diesem Anliegen mit § 252 Abs. 2 Rechnung getragen werden.[9] Im Ganzen ist also festzustellen, dass § 278 heute eine funktionslose Regelung darstellt.

III. Berechnung der Steuern

4 Nach § 278 S. 1 1. Halbs. ist der Körperschaftsteueraufwand **auf der Grundlage des Gewinnverwendungsbeschlusses** zu berechnen.[10] Liegt ein solcher im Zeitpunkt der Feststellung des Jahresabschlusses nicht vor, ist nach S. 1 2. Halbs. vom **Ergebnisverwendungsvorschlag** auszugehen. Letzteres ist der Regelfall, weil bei der AG der Beschluss der Hauptversammlung über die Verwendung des Bilanzgewinns der Feststellung des Jahresabschlusses nachfolgt (vgl. §§ 172–174 AktG). Gleiches gilt für die GmbH, bei der ebenfalls die Feststellung des Jahresabschlusses Voraussetzung für den – möglicherweise zeitgleich erfolgenden – Beschluss über die Ergebnisverwendung ist. Zu Einzelfragen der Steuerberechnung nach dem alten KSt-Recht vgl. die Erläuterungen in der Vorauflage zu § 278 Rn 6 ff.

---

6 Zutreffend MünchKommAkt/*Kessler/Strnad* Rn 60 ff.

7 Ebenso MünchKommAktG/*Kessler/Strnad* Rn 72; BMF DStR 2002, 1048; *Schulze-Osterloh* FS Priester (2007), S. 754; MünchKommHGB/*Reiner/Haußer* Rn 3.

8 MünchKommHGB/*Reiner/Haußer* Rn 3.

9 Überzeugend *Schulze-Osterloh* FS Priester (2007), S. 757 ff; **aA** – analoge Anwendung des § 278 – MünchKommAktG/*Kropff* § 170 Rn 57; Beck BilKomm-*Förschle/Büssow* Rn 139; *Orth* WPg 2004, 791.

10 Zur Ermittlung des Körperschaftsteueraufwandes vgl. Berechnungsbeispiele und Berechnungsformeln bei ADS 10 ff.

VIERTER TITEL
(aufgehoben)

§§ 279–283
(aufgehoben)

Die §§ 279–283 sind durch das BilMoG vom 25.5.2009[1] aufgehoben worden. 1

§ 279 a.F. betraf die **Nichtanwendung bestimmter Abschreibungsvorschriften bei Kapitalgesellschaften.** Im Rahmen des BilMoG sind die allgemeinen Abschreibungsvorschriften an die Regelung des § 279 Abs. 1 a.F. angepasst und die umgekehrte Maßgeblichkeit abgeschafft worden. Einer Sondervorschrift für Kapitalgesellschaften bedurfte es folglich nicht mehr. Zur Übergangsregelung vgl. Erläuterung zu § 273 Rn 2. 2

§ 280 Abs. 1 a.F. enthielt ein sog. **Wertaufholungsgebot**, das bei Kapitalgesellschaften an die Stelle des allgemeinen Wertbeibehaltungswahlrechts nach §§ 253 Abs. 5, 254 S. 2 a.F. trat. Abweichend davon konnte im Rahmen der umgekehrten Maßgeblichkeit nach § 280 Abs. 2 a.F. ausnahmsweise von einer Zuschreibung abgesehen werden (zu Einzelheiten vgl. Vorauflage, Erläuterungen zu § 280). Da die Problematik der Wertaufholung im Rahmen des BilMoG für alle Unternehmen in § 253 Abs. 5 S. 1 neu geregelt worden ist, konnte § 280 a.F. aufgehoben werden. 3

§ 281 a.F. betraf den **Ausweis steuerrechtlicher Sonderabschreibungen in der Handelsbilanz**, soweit diese nach §§ 254, 279 a.F. auch bei Kapitalgesellschaften zulässig waren. Die Regelung gewährte ein Ausweiswahlrecht zwischen der Absetzung von steuerlichen Abschreibungen auf der Aktivseite (direkte Methode) und einer Wertberichtigung auf der Passivseite durch Einstellung in einen Sonderposten mit Rücklagenanteil (indirekte Methode; zu Einzelheiten vgl. Vorauflage, § 281 Rn 2 ff). Durch die Abschaffung der sog. umgekehrten Maßgeblichkeit und die Aufhebung der §§ 254, 279 a.F. ist auch das Ausweiswahlrecht funktionslos geworden. Zur Übergangsregelung vgl. Erläuterung zu § 273 Rn 2. 4

§ 282 a.F. betraf die **Abschreibung der Aufwendungen für die Ingangsetzung und Erweiterung des Geschäftsbetriebs** nach § 269 a.F. Durch die Aufhebung des § 269 a.F. im Rahmen des BilMoG war auch § 282 entbehrlich geworden. 5

Nach § 283 a.F. war das gezeichnete Kapital mit dem **Nennbetrag** anzusetzen. Eine wortlautgleiche Regelung findet sich nunmehr in § 272 Abs. 1 S. 2. 6

---

[1] BGBl. I 2009, 1102.

FÜNFTER TITEL

Anhang

§ 284
Erläuterung der Bilanz und der Gewinn- und Verlustrechnung

(1) In den Anhang sind diejenigen Angaben aufzunehmen, die zu den einzelnen Posten der Bilanz oder der Gewinn- und Verlustrechnung vorgeschrieben oder die im Anhang zu machen sind, weil sie in Ausübung eines Wahlrechts nicht in die Bilanz oder in die Gewinn- und Verlustrechnung aufgenommen wurden.

(2) Im Anhang müssen

1. **die auf die Posten der Bilanz und der Gewinn- und Verlustrechnung angewandten Bilanzierungs- und Bewertungsmethoden angegeben werden;**
2. **die Grundlagen für die Umrechnung in Euro angegeben werden, soweit der Jahresabschluß Posten enthält, denen Beträge zugrunde liegen, die auf fremde Währung lauten oder ursprünglich auf fremde Währung lauteten;**
3. **Abweichungen von Bilanzierungs- und Bewertungsmethoden angegeben und begründet werden; deren Einfluß auf die Vermögens-, Finanz- und Ertragslage ist gesondert darzustellen;**
4. **bei Anwendung einer Bewertungsmethode nach § 240 Abs. 4, § 256 Satz 1 die Unterschiedsbeträge pauschal für die jeweilige Gruppe ausgewiesen werden, wenn die Bewertung im Vergleich zu einer Bewertung auf der Grundlage des letzten vor dem Abschlußstichtag bekannten Börsenkurses oder Marktpreises einen erheblichen Unterschied aufweist;**
5. **Angaben über die Einbeziehung von Zinsen für Fremdkapital in die Herstellungskosten gemacht werden.**

Schrifttum

Budde/Förschle Ausgewählte Fragen zum Inhalt des Anhangs, DB 1988, 1457; *Coenenberg* Gliederungs-, Bilanzierungs- und Bewertungsentscheidungen bei der Anpassung des Einzelabschlusses nach dem Bilanzrichtlinien-Gesetz, DB 1986, 1581; *Döbel* Leitfaden für die Erstellung des Anhangs von Kapitalgesellschaften, BB 1987, 512; *Epperlein/Scharpf* Anhangangaben im Zusammenhang mit sogenannten Finanzinnovationen, DB 1994, 1629; *Farr* Der Anhang im Jahresabschluß der kleinen GmbH – Checkliste unter Berücksichtigung der neuen größenabhängigen Erleichterungen des HGB, GmbHR 1995, 31; *Förschle/Kropp* Die Bewertungsstetigkeit im Bilanzrichtlinien-Gesetz, ZfB 1986, 873; *Forster* Bewertungsstetigkeit – was sie ist und was sie nicht ist, FS für v. Wysocki (1985), S. 29; *Hoffmann* Der Anhang vor und nach dem BilMoG, BC 2009, 259; *ders.* Anmerkungen über den Grundsatz der Wesentlichkeit im Anhang, BB 1986, 1050; *Hüttemann/Meinert* Die Lifo-Methode in Handels- und Steuerbilanz (2013); *Küffner* Der Anhang nach §§ 284, 285 HGB, DStR 1987, Beilage zu Heft 17; *Küting/Strauß* Die Intensität und Komplexität der Anhangangaben nach HGB und IFRS im Vergleich, StuB 2011, 439; *Leffson* Wesentlich, HuRB, S. 434; *Niehues* Freiwillige nicht GoB-konforme Angaben im Anhang und der Bestätigungsvermerk des Abschlußprüfers, WPg 1988, 93; *Schnapauff* Fragebogen zur Prüfung des Anhangs nach § 264 Abs. 1 S. 1 HGB, WPg 1986, 555;

Janz/Schülen Der Anhang als Teil des Jahresabschlusses und des Konzernabschlusses, WPg 1986, 57; *Ossadnik* Wesentlichkeit als Bestimmungsfaktor für Angabepflichten in Jahresabschluß und Lagebericht, BB 1993, 1763; *Russ* Der Anhang als dritter Teil des Jahresabschlusses, 2. Aufl. (1986); *Schülen* Die Aufstellung des Anhangs, WPg 1987, 223; *ders.* Änderung von Bewertungsmethoden, BB 1994, 2312; *Selchert* Die sonstigen finanziellen Verpflichtungen, DB 1987, 545; *Selchert/Karsten* Inhalt und Gliederung des Anhangs, BB 1985, 1889; *Semler/Goldschmidt* Zur Anwendung des Grundsatzes der Unternehmensfortführung bei Zweifeln an der Überlebensfähigkeit des Unternehmens, ZIP 2005, 3.

Übersicht

I. Allgemeines

1. Gesetzliche Grundlagen und Anwendungsbereich

1 a) **Gegenstand.** Nach § 264 Abs. 1 S. 1 ist der Jahresabschluss einer Kapitalgesellschaft und Personenhandelsgesellschaft i.S.v. § 264a um einen Anhang zu erweitern, der mit der Bilanz und der Gewinn- und Verlustrechnung eine Einheit bildet. § 284 Abs. 1 bestimmt den **Inhalt des Anhangs**. Danach sind zum einen diejenigen Angaben zu machen, die zu den einzelnen Posten der Bilanz oder der Gewinn- und Verlustrechnung vorgeschrieben sind (*Pflichtangaben*). Zweitens sind diejenigen Angaben aufzunehmen,

die im Anhang zu machen sind, weil sie in Ausübung eines Wahlrechts nicht in die Bilanz oder in die Gewinn- und Verlustrechnung aufgenommen wurden (*Wahlpflichtangaben*).

Die **gesetzliche Grundlage** des Anhangs bilden vorrangig die §§ 284 bis 286, 288. Darüber hinaus enthalten die §§ 264 ff verschiedene Einzelbestimmungen, die zusätzliche Angaben vorschreiben, vgl. z.B. § 264 Abs. 2 S. 2 und § 265. Weitere Angabepflichten finden sich etwa in Art. 28 Abs. 2 EGHGB sowie – rechtsformspezifisch – im AktG und im GmbHG. Daneben können weitere, gesetzlich nicht vorgeschriebene Angaben gemacht werden (*freiwillige Angaben*).[1] **2**

Obwohl das Gesetz den Anhang – anders als den Lagebericht (§ 289) – dem Jahresabschluss zuordnet, spricht nichts gegen die Praxis, den Anhang, Lagebericht, weitere freiwillige Angaben sowie Bilanz und GuV in einem einheitlichen Druckstück, dem **Geschäftsbericht**, zusammenzufassen.[2] Die gesetzlichen Offenlegungspflichten werden durch die Verbreitung eines solchen Geschäftsberichts nicht berührt. **3**

§ 284 beruht auf verschiedenen Artikeln der **4. EG-Richtlinie:** § 284 Abs. 1, 2 Nr. 1 und 2 entsprechen Art. 43 Abs. 1; § 284 Abs. 2 Nr. 3 beruht auf Art. 31 Abs. 2 S. 2; § 284 Abs. 2 Nr. 4 entspricht Art. 40 Abs. 2 und § 284 Abs. 2 Nr. 5 setzt Art. 35 Abs. 4 S. 2 um. **4**

b) **Anwendungsbereich.** Die Vorschriften über den Anhang gelten entsprechend ihrer Anordnung im Zweiten Abschnitt *unmittelbar* nur für Kapitalgesellschaften und Personenhandelsgesellschaften i.S.v. § 264a. Kleine und mittelgroße Unternehmen (§ 267) können bei der Aufstellung und Offenlegung des Anhangs Erleichterungen in Anspruch nehmen (vgl. näher §§ 288, 326, 327). Kleinstkapitalgesellschaften (§ 267a) brauchen nach Maßgabe von § 264 Abs. 1 S. 5 keinen Anhang aufzustellen. **5**

Die Regelungen über den Anhang finden **darüber hinaus** nach § 336 Abs. 1 S. 1 entsprechende Anwendung auf Genossenschaften. Auch Kreditinstitute und Versicherungsunternehmen haben nach §§ 340a Abs. 1, 341a Abs. 1 vorbehaltlich besonderer Modifikationen einen Anhang aufzustellen. Bei publizitätspflichtigen Unternehmen i.S.d. PublG, die nicht in der Rechtsform einer Personenhandelsgesellschaft oder eines Einzelkaufmanns geführt werden, ist der Jahresabschluss nach § 5 Abs. 2 S. 1 PublG um einen Anhang zu erweitern. Für diesen gelten die §§ 284, 285 Nr. 1 bis 4, 7 bis 13, 17 bis 29, § 286 sinngemäß. **6**

2. Zweck des Anhangs. Der Anhang bildet neben der Bilanz und der Gewinn- und Verlustrechnung den dritten, eigenständigen Teil des Jahresabschlusses (vgl. § 264 Abs. 1 S. 1). Damit gilt auch für den Anhang die Generalnorm des § 264 Abs. 2 S. 1: Der Jahresabschluss hat unter Beachtung der Grundsätze ordnungsmäßiger Buchführung ein den tatsächlichen Verhältnissen entsprechendes Bild der Vermögens-, Finanz- und Ertragslage zu vermitteln. Entgegen der sog. Abkopplungsthese[3] beschränkt sich die Bedeutung des „true and fair view"-Prinzips auch nicht auf den Anhang, sondern hat gleichermaßen Bedeutung für die Bilanz und die GuV.[4] Jedoch wird das Einblicksgebot im Rahmen der Gewinnermittlung durch die Ausschüttungsbemessungsfunktion von Bilanz und GuV relativiert („… unter Beachtung der Grundsätze ordnungsmäßiger Buchführung …"). Da Bilanz, GuV und Anhang zusammen ein „den tatsächlichen Verhältnissen entsprechendes **7**

[1] Zur Zulässigkeit freiwilliger Angaben vgl. näher unten Rn 21 f.
[2] WP-Handbuch I F 658; ADS 3.
[3] Vgl. dazu eingehend § 264 Rn 25.
[4] Siehe § 264 Rn 27 ff.

Bild der Vermögens-, Finanz- und Ertragslage" zu vermitteln haben, kommt deshalb dem Anhang eine wichtige Aufgabe im Rahmen der **Informationsfunktion des Jahresabschlusses** zu: Er dient dem besseren Verständnis und der Ergänzung von Bilanz und GuV.[5]

8 Im Rahmen dieser „ergänzenden Informationsfunktion" lassen sich ausgehend von den gesetzlichen Regelungen zum Inhalt des Anhangs **drei Teilfunktionen** unterscheiden:[6] Der Anhang hat zum einen den Zweck, die Aussagekraft von Bilanz und Gewinn- und Verlustrechnung durch zusätzliche Angaben – z.B. zu den Bilanzierungs- und Bewertungsmethoden (vgl. § 284 Abs. 2 Nr. 1) oder zu Abweichungen von solchen (§ 284 Abs. 2 Nr. 3) – zu erhöhen (*ergänzende Informationsvermittlung*). Hierher gehören auch Angabepflichten zu solchen Sachverhalten, die in der Bilanz nicht vorkommen, z.B. die Angabe des Gesamtbetrags der aus der Bilanz nicht ersichtlichen sonstigen finanziellen Verpflichtungen (vgl. § 285 Nr. 3a). Von besonderer Bedeutung ist dabei auch die ergänzende Angabepflicht nach § 264 Abs. 2 S. 2 beim Vorliegen besonderer Umstände. Zweitens kommt dem Anhang auf Grund der zahlreichen Ausweiswahlrechte gegenüber Bilanz und Gewinn- und Verlustrechnung eine wichtige *Entlastungsfunktion* zu. Um die Aussagekraft der Bilanz und Gewinn- und Verlustrechnung zu erhöhen und auf die wesentlichen Angaben zu konzentrieren, können andere Angaben wahlweise in den Anhang verlagert werden, z.B. die Darstellung des Anlagespiegels nach § 268 Abs. 2 S. 1. Drittens dient der Anhang zur Erläuterung bestimmter Sachverhalte über ihre rein zahlenmäßige Darstellung hinaus *(Erläuterungsfunktion)*. So sind z.B. nach § 274 Abs. 1 S. 2 latente Steuern zu erläutern.

3. Grundsätze der Berichterstattung

9 a) **Anwendung der allgemeinen Grundsätze.** Das Gesetz enthält keine besonderen Regelungen darüber, nach welchen Grundsätzen der Anhang aufzustellen ist.[7] Dies ist auch nicht erforderlich, weil der Anhang nach § 264 Abs. 1 S. 1 Teil des Jahresabschlusses ist und mithin auch die allgemeinen Grundsätze über die Aufstellung des Jahresabschlusses (§§ 242, 243) auf ihn entsprechend anzuwenden sind.[8] Diese sind zu „Grundsätzen gewissenhafter und getreuer Rechenschaft" zu konkretisieren.[9]

10 aa) **Klarheit und Übersichtlichkeit.** Zunächst muss der Anhang entsprechend § 243 Abs. 2 klar und übersichtlich sein. Die Angaben müssen also so bezeichnet werden, dass Irrtümer und Missverständnisse soweit wie möglich ausgeschlossen sind und ein sachverständiger Dritter die Informationen in angemessener Zeit verstehen kann.[10] Eine Bezugnahme auf Paragraphen etc. ist nicht ausgeschlossen, darf aber nicht dazu führen, dass

---

[5] Vgl. ADS 6; *Russ* Der Anhang als dritter Teil des Jahresabschlusses, S. 14 ff; Beck-HdR-*Andrejewski* B 40 Rn 6; Beck BilKomm-*Ellrott* Rn 6; HdR-*Oser/Holzwarth* §§ 284–288 Rn 1; HdJ-*Kupsch* IV/4 Rn 10 ff; *Selchert/Karsten* BB 1985, 1889 f; *Budde/Förschle* DB 1988, 1457; *Küting/Strauß* StuB 2011, 440 f; WP-Handbuch I F 657.

[6] Zum Folgenden vgl. auch ADS 12 ff; abweichende Untergliederungen bei *Russ* Der Anhang als dritter Teil des Jahresabschlusses, S. 20 f; Beck-HdR-*Andrejewski* B 40 Rn 6.

[7] Anders noch § 160 Abs. 4 S. 1 AktG a.F., der ausdrücklich auf die „Grundsätze einer gewissenhaften und getreuen Rechenschaftslegung" verwies.

[8] Vgl. nur ADS 17; Beck BilKomm-*Ellrott* Rn 10 ff.

[9] Baumbach/Hueck/*Schulze-Osterloh* GmbHG[18] § 42 Rn 482; zu solchen Grundsätzen vgl. *Russ* Der Anhang als dritter Teil des Jahresabschlusses, S. 81 f; *Schülen* WPg 1987, 225.

[10] Zum Gebot der Klarheit und Übersichtlichkeit siehe nur *Pöschke* § 243 Rn 20 ff.

die entsprechenden Regelungen nur unter Heranziehung der jeweiligen gesetzlichen Vorschriften verständlich sind. Nicht ausreichend wäre daher etwa die Angabe: „Die nach § 285 Nr. 3a anzugebenden Beträge lauten X Euro."[11]

bb) **Wahrheit.** Ferner gilt der Grundsatz der „Wahrheit", d.h. die Angaben müssen den Bilanzierungsregeln und den gewählten Werten entsprechen.[12] 11

cc) **Vollständigkeitsgebot und seine Einschränkung durch den „Wesentlichkeitsgrundsatz".** Des Weiteren muss der Anhang „vollständig" sein. Dies setzt voraus, dass über *alle* Sachverhalte berichtet wird, zu denen das Gesetz entsprechende Angaben vorschreibt.[13] 12

Der Grundsatz der Vollständigkeit unterliegt gewissen **Einschränkungen.** Zum einen ist zu beachten, dass das Gesetz ausdrücklich bestimmte Angabepflichten auf „wesentliche Sachverhalte" beschränkt. So sind z.B. bei § 268 Abs. 4 S. 2 nur Beträge, „die einen größeren Umfang haben", anzugeben, und § 285 Nr. 12 beschränkt die Angabepflicht für nicht gesondert ausgewiesene Rückstellungen auf solche von „nicht unerheblichem Umfang". Weitere Ausprägungen der „Wesentlichkeit" finden sich in anderen Regelungen.[14] 13

Neben diesen speziellen Einschränkungen des Vollständigkeitsgrundsatzes ist zum anderen aus dem Gebot der Klarheit und Übersichtlichkeit (§ 243 Abs. 2) ein allgemeiner **„Wesentlichkeitsgrundsatz"** bei der Berichterstattung im Anhang abzuleiten.[15] Denn nur so wird verhindert, dass durch eine übermäßige Anhäufung „unwesentlicher" Zahlen und Angaben der Anhang überhäuft und damit der Zugang zu den relevanten Informationen erschwert bzw. verschleiert wird.[16] Der Grundsatz der Wesentlichkeit entspricht damit zugleich dem Einblicksgebot aus § 264 Abs. 2 S. 1. Denn das Prinzip des „true and fair view" fordert, dass nur die für die Adressaten eines Jahresabschlusses entscheidungsrelevanten Sachverhalte offenzulegen sind, während alle nicht entscheidungsrelevanten Tatsachen vernachlässigbar sind.[17] 14

Eine **Konkretisierung** des Wesentlichkeitsgrundsatzes[18] kann nur für den jeweiligen Einzelfall und unter Berücksichtigung des Sinns und Zwecks der einzelnen Angabevorschrift erfolgen.[19] Rein quantitative Grenzen – z.B. eine 10 v.H.-Grenze – können allenfalls eine gewisse Hilfsfunktion übernehmen.[20] Letztlich entscheidend muss die konkrete Auswirkung einer Angabe bzw. Nichtangabe auf die Vermittlung des von § 264 Abs. 2 S. 1 geforderten Einblicks sein. 15

---

[11] Beck BilKomm-*Ellrott* Rn 12; WP-Handbuch I F 668.

[12] Beck-HdR-*Andrejewski* B 40 Rn 33.

[13] ADS 17; Beck BilKomm-*Ellrott* Rn 11.

[14] Weitere Fälle bei *Russ* Der Anhang als dritter Teil des Jahresabschlusses, S. 85 f; *Hoffmann* BB 1986, 1053.

[15] Ebenso Beck-HdR-*Andrejewski* B 40 Rn 34; wohl auch ADS 23; **aA** – für Ableitung aus dem „true and fair view" – *Russ* Der Anhang als dritter Teil des Jahresabschlusses, S. 86 f; HdR-*Oser/Holzwarth* §§ 284–288 Rn 7 ff; *Ossadnik* BB 1993, 1763; grundsätzlich ablehnend hingegen KK-*Altenburger* Rn 15.

[16] Instruktiv *Hoffmann* BC 2009, 259; *ders.* BB 1986, 1051 f: „Verhinderung systematischer Desinformation"; vgl. auch ADS 23; Beck BilKomm-*Ellrott* Rn 13; BoHdR-*Krawitz* Rn 13 f.

[17] Vgl. *Ossadnik* BB 1993, 1763.

[18] Vgl. dazu insbesondere *Hoffmann* BB 1986, 1050; instruktiv *Ossadnik* BB 1993, 1763 ff mit Vergleichen von Literaturansichten und empirischen Befunden; vgl. auch *Russ* Der Anhang als dritter Teil des Jahresabschlusses, S. 88 ff.

[19] So auch ADS 23; HdR-*Oser/Holzwarth* §§ 284–288 Rn 9 ff.

[20] Ebenso HdR-*Oser/Holzwarth* §§ 284–288 Rn 9 ff; WP-Handbuch I F 682.

16 dd) **Stetigkeitsgebot.** Fraglich ist, ob und inwieweit die Gliederung des Anhangs dem Stetigkeitsgebot nach § 265 Abs. 1 unterliegt.[21] Für eine Anwendung des § 265 Abs. 1 auf den Anhang sprechen der Wortlaut der Vorschrift („insbesondere“) sowie der Umstand, dass § 265 Abs. 1 selbst nur eine Konkretisierung des Gebots der Klarheit und Übersichtlichkeit bzw. der Generalnorm darstellt.[22] Das Stetigkeitsgebot betrifft dabei zum einen die Ausübung der Ausweiswahlrechte und zum anderen die gewählte Gliederung bei den Pflichtangaben.[23]

17 ee) **Sonstiges.** Keine Anwendung finden die allgemeinen Grundsätze für die Gliederung (§ 265), soweit sich diese dem eindeutigen Wortlaut nach nur auf die Bilanz und die GuV beziehen. So bedarf es keiner Angabe von Vorjahresbeträgen nach § 265 Abs. 2.[24] Etwas anderes gilt aber dann, wenn z.B. in Ausübung eines Ausweiswahlrechts bestimmte Angaben statt in der Bilanz oder GuV im Anhang gemacht werden.[25] Die Entscheidung für einen bestimmten Ausweis darf die Einblicksqualität nicht beeinträchtigen. Gleiches gilt im Fall der Zusammenfassung von Einzelposten nach § 265 Abs. 7.[26] Nicht erforderlich sind nach § 265 Abs. 8 auch Leerposten.[27]

18 b) **Verschiedene Formen der Angaben.** Die gesetzlichen Vorschriften unterscheiden hinsichtlich der Art der Berichterstattung im Anhang verschiedene Formen von Angaben:[28] Dabei meint „*Angabe*“ die bloße Nennung eines Gegenstandes ohne weitere Bemerkungen. Sie kann zahlenmäßig oder verbal erfolgen. Unter „*Aufgliederung*“ ist eine zahlenmäßige Aufteilung einer Größe nach bestimmten sachlichen Merkmalen zu verstehen. Mit „*Ausweis*“ ist die zahlenmäßige Nennung von Beträgen gemeint. Eine „*Begründung*“ erfordert das verbale Aufzeigen von Gründen für ein bestimmtes Verhalten. „*Darstellung*“ meint die quantitative und/oder verbale Aufbereitung eines Sachverhaltes. Dazu bedarf es über die bloßen Angaben hinaus einer weiteren Aufgliederung oder Erläuterung. Unter „*Erläuterung*“ ist die weitergehende verbale und/oder zahlenmäßige Erklärung und Kommentierung eines Sachverhaltes über die reine Darstellung hinaus zu verstehen. Sie soll über die Voraussetzungen, Hintergründe und Konsequenzen eines Sachverhalts informieren.

19 c) **Form und Gliederung.** Der Anhang ist nach § 244 in deutscher Sprache und in Euro aufzustellen. Eine besondere Unterzeichnung durch die aufstellenden Organe ist nicht erforderlich, vielmehr umfasst die Unterzeichnung des Jahresabschlusses nach § 245 auch den Anhang als Teil desselben.[29] Das Gesetz schreibt im Übrigen keine besondere Form des Anhangs vor. Erforderlich ist jedoch schon mit Rücksicht auf die unterschiedlichen Prüfungs- und Offenlegungspflichten eine klare Trennung zwischen Anhang

---

[21] Dafür Beck BilKomm-*Ellrott* Rn 26; Beck-HdR-*Andrejewski* B 40 Rn 40 f; MünchKommHGB/*Poelzig* Rn 21; Baumbach/Hueck/*Schulze-Osterloh* GmbHG[18] § 42 Rn 483; BoHdR-*Krawitz* Rn 9; *Budde/Förschle* BB 1988, 1362; einschränkend ADS 27, anders ADS § 265 Rn 7; für entsprechende Anwendung HdR-*Hütten/Lorson* § 265 Rn 7; **aA** – keine Anwendung – *Coenenberg* DB 1986, 1582; *Russ* Der Anhang als dritter Teil des Jahresabschlusses, S. 233 f.

[22] Vgl. auch § 265 Rn 6.

[23] Beck BilKomm-*Ellrott* Rn 26.

[24] Statt aller ADS 20.

[25] ADS 20; Beck BilKomm-*Ellrott* Rn 21.

[26] ADS 20.

[27] WP-Handbuch I F 671.

[28] Vgl. zum Weiteren ADS 24; Beck BilKomm-*Ellrott* Rn 36; BoHdR-*Krawitz* Rn 15; HdJ-*Kupsch* IV/4 Rn 30; WP-Handbuch I F 681.

[29] Vgl. nur Beck BilKomm-*Ellrott* Rn 27.

und Lagebericht einerseits und einer freiwilligen zusätzlichen Berichterstattung andererseits.[30]

Das Gesetz enthält auch **keine besonderen Gliederungsvorschriften** für den Anhang. Grenzen der Gestaltungsfreiheit ergeben sich jedoch aus dem Gebot der Klarheit und Übersichtlichkeit (§ 243 Abs. 2). Dieses fordert zumindest eine Anordnung der Angaben nach sachlichen Gesichtspunkten.[31] Für die einmal gewählte Form der Gliederung gilt dann das Stetigkeitsgebot.[32] Im Schrifttum finden sich verschiedene Gliederungsvorschläge und Checklisten.[33] Danach könnte der Anhang z.B. in der folgenden Weise gegliedert werden (vgl. Wirtschaftsprüfer-Handbuch[34]): **20**

I. Allgemeine Angaben zu Bilanzierungs- und Bewertungsmethoden und Grundlagen der Währungsumrechnung
II. Erläuterungen der Bilanz und GuV
  1. Bilanz (jeweils in der Reihenfolge der Posten)
  2. GuV (jeweils in der Reihenfolge der Posten)
III. Sonstige Angaben
IV. Aufsichtsrat und Vorstand/Geschäftsführung

4. Freiwillige zusätzliche Angaben. Das Gesetz bestimmt in den §§ 284 ff nur den gesetzlich vorgeschriebenen Inhalt des Anhangs. Zu Recht wird aber allgemein angenommen, dass der Anhang freiwillig um zusätzliche Angaben ergänzt werden darf.[35] Gegenstand solcher **freiwilliger Angaben** können sein:[36] Allgemeine Abschlusserläuterungen, Angaben zu den Auswirkungen einer Geldwertverschlechterung (sog. Substanzerhaltungsrechnungen), Kapitalflussrechnungen, Prognoserechnungen, Öko- und Sozialbilanzen etc. **21**

Freiwillige Angaben unterliegen dem Einblicksgebot nach § 264 Abs. 2 S. 1 sowie der **Prüfung und Publizität**, soweit sie in den Anhang einbezogen werden.[37] Dies ist immer dann anzunehmen, wenn sie zusammen mit den Pflichtangaben in das als „Anhang" bezeichnete Schriftstück aufgenommen werden.[38] In diesem Fall darf durch die zusätzlichen Angaben die Aussagekraft des Anhangs nicht dadurch verschlechtert werden, dass der Leser etwa von den wichtigen (Pflicht-)Angaben abgelenkt wird.[39] Werden dagegen freiwillige Angaben deutlich abgesetzt außerhalb des Anhangs – insbesondere als gesonderter Teil des Geschäftsberichts – gemacht, unterliegen sie nicht dem Einblicksgebot und sind auch nicht Gegenstand der Prüfung und Offenlegung.[40] **22**

---

30 Beck BilKomm-*Ellrott* Rn 27; *Schülen* WPg 1987, 224.
31 So ADS 27; Beck BilKomm-*Ellrott* Rn 25 f; WP-Handbuch I F 672; *Selchert/Karsten* BB 1985, 1889.
32 Vgl. oben Rn 16.
33 Vgl. etwa ADS 28; Beck BilKomm-*Ellrott* Rn 30; BoHdR-*Krawitz* Rn 26 f; Baumbach/Hueck/*Schulze-Osterloh* GmbHG[18] § 42 Rn 483; *Selchert/Karsten* BB 1985, 1890 ff; *Janz/Schülen* WPg 1986, 57 ff; *Schnappauf* WPg 1986, 555 ff; *Schülen* WPg 1987, 230 ff; *Döbel* BB 1987, 512 f; *Küffner* DStR 1987, Beilage zu Heft 17; *Farr* GmbHR 1995, 32 ff.
34 WP-Handbuch I F 674; ähnlich ADS 28.
35 Vgl. Ausschussbericht BT-Drucks. 10/4268, S. 110; ADS 30; Baumbach/Hueck/*Schulze-Osterloh* GmbHG[18] § 42 Rn 481 mit 548; Beck BilKomm-*Ellrott* Rn 35 mit 80; WP-Handbuch I F 659; *Niehus* WPg 1988, 93 ff.
36 Zum Folgenden vgl. näher WP-Handbuch I F 683 ff; Beck BilKomm-*Ellrott* Rn 80.
37 ADS 30, 36; Beck BilKomm-*Ellrott* Rn 81 f.
38 WP-Handbuch I F 683.
39 ADS 30.
40 ADS 35; Beck BilKomm-*Ellrott* Rn 82.

II. Inhalt des Anhangs (Abs. 1)

23 **1. Allgemeines.** Nach § 284 Abs. 1 1. Alt. sind zunächst diejenigen Angaben im Anhang zu machen, die zu den einzelnen Posten der Bilanz oder der Gewinn- und Verlustrechnung vorgeschrieben sind (sog. **Pflichtangaben**). Gesetzliche Grundlage solcher Pflichtangaben sind neben dem HGB das EGHGB und das AktG. Darüber hinaus sind nach § 284 Abs. 1 2. Alt solche Angaben in den Anhang aufzunehmen, die im Anhang zu machen sind, weil sie in Ausübung eines Wahlrechts nicht in die Bilanz oder in die Gewinn- und Verlustrechnung aufgenommen worden sind (sog. **Wahlpflichtangaben**). Derartige Wahlpflichtangaben sind im HGB, AktG und GmbHG geregelt. Besondere Angabepflichten für Genossenschaften, Kreditinstitute und Versicherungsunternehmen finden sich schließlich in §§ 338, 340b bis e und 341c Abs. 2 S. 2.[41] Schließlich kann der Anhang um freiwillige Angaben erweitert werden (vgl. oben Rn 21 f).

24 **2. Übersicht über die gesetzlichen Regelungen zu Angabepflichten.** Die folgende Übersicht enthält eine Zusammenstellung der gesetzlichen Vorschriften, die bei der Aufstellung des Anhangs einer Kapitalgesellschaft zu beachten sind. Sie umfasst sowohl die Pflicht- wie auch die Wahlpflichtangaben und ist nach der Reihenfolge der Vorschriften und den verschiedenen Gesetzen geordnet.

a) Angaben nach HGB

25 **§ 264 Abs. 2 S. 2:** Zusätzliche Angaben zur Vermittlung des in 264 Abs. 2 S. 1 geforderten Bildes;

§ 264c Abs. 1: Angabe der Ausleihungen, Forderungen und Verbindlichkeiten gegenüber Gesellschaften bei Personenhandelsgesellschaften i.S.v. § 264a;

§ 264c Abs. 2 S. 9: Angaben des Betrags der im Handelsregister gemäß § 172 Abs. 1 eingetragenen Einlagen, soweit diese nicht geleistet sind;

§ 265 Abs. 1 S. 2: Angabe und Begründung von Abweichungen in der Form der Darstellung und Gliederung aufeinanderfolgender Bilanzen und GuV;

§ 265 Abs. 2 S. 2 und 3: Angabe und Erläuterung von nicht vergleichbaren bzw. angepassten Vorjahresbeträgen in Bilanz oder GuV;

§ 265 Abs. 3 S. 1: Vermerk der Mitzugehörigkeit zu anderen Posten der Bilanz;

§ 265 Abs. 4 S. 2: Angabe und Begründung einer Ergänzung des Jahresabschlusses nach der für die anderen Geschäftszweige vorgeschriebenen Gliederung;

§ 265 Abs. 7 Nr. 2: Gesonderter Ausweis von Posten, die im Jahresabschluss zwecks größerer Klarheit der Darstellung zusammengefaßt sind;

§ 268 Abs. 1 S. 2 2. Halbs.: Gesonderte Angabe eines vorhandenen Gewinn- oder Verlustvortrages, wenn die Bilanz unter Berücksichtigung der teilweisen Ergebnisverwendung aufgestellt wird;

§ 268 Abs. 2 S. 1: Darstellung des Anlagespiegels;

§ 268 Abs. 2 S. 3: Angabe der Abschreibungen des Geschäftsjahres in einer der Gliederung des Anlagevermögens entsprechenden Aufgliederung;

§ 268 Abs. 4 S. 2: Erläuterung von größeren Posten in den sonstigen Vermögensgegenständen, die erst nach dem Abschlussstichtag rechtlich entstehen;

§ 268 Abs. 5 S. 3: Erläuterung von größeren Beträgen im Posten „Verbindlichkeiten", die erst nach dem Abschlussstichtag rechtlich entstehen;

[41] Vgl. näher ADS 49 ff.

§ 268 Abs. 6: Angabe eines nach § 250 Abs. 3 in den aktiven Rechnungsabgrenzungsposten aufgenommenen Unterschiedsbetrages (Disagio);

§ 268 Abs. 7: Gesonderte Angabe der in § 251 bezeichneten Haftungsverhältnisse sowie der gewährten Pfandrechte und Sicherheiten; gesonderte Angabe solcher Verpflichtungen gegenüber verbundenen Unternehmen;

§ 274 Abs. 2 S. 2: Erläuterung der sich ergebenden künftigen Steuerbe- und -entlastung;

§ 277 Abs. 3 S. 1: Gesonderte Angabe außerplanmäßiger Abschreibungen nach § 253 Abs. 3 S. 3 und 4;

§ 277 Abs. 4 S. 2: Erläuterung der außerordentlichen Erträge und Aufwendungen hinsichtlich ihres Betrags und ihrer Art, soweit diese nicht von untergeordneter Bedeutung sind;

§ 277 Abs. 4 S. 3: Erläuterung der periodenfremden Erträge und Aufwendungen hinsichtlich ihres Betrags und ihrer Art, soweit diese nicht von untergeordneter Bedeutung sind;

§ 284 Abs. 2 Nr. 1: Angabe der auf die Posten der Bilanz oder der Gewinn- und Verlustrechnung angewandten Bilanzierungs- und Bewertungsmethoden;

§ 284 Abs. 2 Nr. 2: Angabe der Grundlagen für die Umrechnung in Euro;

§ 284 Abs. 2 Nr. 3: Angabe und Begründung von Abweichungen von Bilanzierungs- und Bewertungsmethoden und gesonderte Darstellung ihres Einflusses auf die Vermögens-, Finanz- und Ertragslage;

§ 284 Abs. 2 Nr. 4: Angabe der Unterschiedsbeträge bei Anwendung einer Bewertungsmethode nach § 240 Abs. 4, § 256 S. 1, wenn die Bewertung im Vergleich zu einer Bewertung auf der Grundlage des letzten vor dem Abschlussstichtag bekannten Börsenkurses oder Marktpreises einen erheblichen Unterschied aufweist;

§ 284 Abs. 2 Nr. 5: Angaben über die Einbeziehung von Zinsen für Fremdkapital in die Herstellungskosten;

§ 285 Nr. 1 Buchst. a und Buchst. b: Angabe des Gesamtbetrages der Verbindlichkeiten mit einer Restlaufzeit von mehr als fünf Jahren und des Gesamtbetrages der Verbindlichkeiten, die durch Pfandrechte oder ähnliche Rechte gesichert sind, unter Angabe von Art und Form der Sicherheiten;

§ 285 Nr. 2: Aufgliederung der in der Bilanz ausgewiesenen Verbindlichkeiten mit einer Restlaufzeit von mehr als 5 Jahren und der gesicherten Verbindlichkeiten für jeden einzelnen Posten;

§ 285 Nr. 3: Art und Zweck sowie Risiken und Vorteile von nicht in der Bilanz enthaltenen Geschäften;

§ 285 Nr. 3a: Angabe des Gesamtbetrages der aus der Bilanz nicht ersichtlichen sonstigen finanziellen Verpflichtungen unter gesonderter Angabe der Verpflichtungen gegenüber verbundenen Unternehmen;

§ 285 Nr. 4: Aufgliederung der Umsatzerlöse nach Tätigkeitsbereichen sowie nach geographisch bestimmten Märkten, soweit sich die Tätigkeitsbereiche und Märkte untereinander erheblich unterscheiden;

§ 285 Nr. 6: Angabe der Belastung des Ergebnisses der gewöhnlichen Geschäftstätigkeit und des außerordentlichen Ergebnisses durch Steuern vom Einkommen und vom Ertrag;

§ 285 Nr. 7: Angabe der durchschnittlichen Zahl der während des Geschäftsjahres beschäftigten Arbeitnehmer getrennt nach Gruppen;

§ 285 Nr. 8 Buchst. a und Buchst. b: Angabe des Materialaufwandes und Personalaufwandes bei Anwendung des Umsatzkostenverfahrens;

§ 285 Nr. 9 Buchst. a: Angabe der im Geschäftsjahr gewährten Gesamtbezüge für die Mitglieder des Geschäftsführungsorgans, eines Aufsichtsrats, eines Beirats oder einer ähnlichen Einrichtung; bei börsennotierten AG zusätzlich die Bezüge jedes einzelnen Vorstandsmitgliedes;

§ 285 **Nr. 9 Buchst. b**: Die Gesamtbezüge der früheren Organmitglieder einschließlich der Beträge der für diese Personengruppe gebildeten Pensionsrückstellungen;

§ 285 **Nr. 9 Buchst. c**: Vorschüsse, Kredite und Haftungsverhältnisse zugunsten von Organmitgliedern;

§ 285 **Nr. 10**: Angabe aller Mitglieder des Geschäftsführungsorgans und eines Aufsichtsrates;

§ 285 **Nr. 11**: Angaben zu Unternehmen, an denen ein Anteilsbesitz von 20 % oder mehr besteht;

§ 285 **Nr. 11a**: Angabe von Name, Sitz und Rechtsform der Unternehmen, deren unbeschränkt haftender Gesellschafter die Kapitalgesellschaft ist;

§ 285 **Nr. 12**: Erläuterung von nicht gesondert ausgewiesenen sonstigen Rückstellungen, wenn sie einen nicht unerheblichen Umfang haben;

§ 285 **Nr. 13**: Angabe der Gründe für die Annahme einer betrieblichen Nutzungsdauer eines Geschäfts- oder Firmenwertes von mehr als fünf Jahren;

§ 285 **Nr. 14**: Angabe von Namen und Sitz des Mutterunternehmens, das den Konzernabschluss für den größten Kreis von Unternehmen aufstellt, und des Mutterunternehmens, das den Konzernabschluss für den kleinsten Kreis von Unternehmen aufstellt, sowie im Falle der Offenlegung der von diesen Mutterunternehmen aufgestellten Konzernabschlüsse des Ortes, wo diese erhältlich sind;

§ 285 **Nr. 15**: Angabe von Name, Sitz und gezeichnetem Kapital der Gesellschaften, die persönlich haftende Gesellschafter sind, soweit es sich um den Anhang des Jahresabschlusses einer Personenhandelsgesellschaft i.S.v. § 264a handelt;

§ 285 **Nr. 16**: Angabe, ob Entsprechenserklärung nach § 161 AktG erfolgt ist und wo sie öffentlich zugänglich ist;

§ 285 **Nr. 17**: Angaben über das Honorar der Abschlussprüfer für im Geschäftsjahr erbrachte Leistungen, aufgeschlüsselt nach Abschlussprüfungsleistungen, andere Bestätigungsleistungen, Steuerberatungsleistungen und sonstige Leistungen;

§ 285 **Nr. 18**: Angabe des Buchwerts, beizulegenden Zeitwerts und der Gründe für das Unterlassen einer Abschreibung für zu den Finanzanlagen (§ 266 Abs. 2. A. III.) gehörende Finanzinstrumente, die mangels außerplanmäßiger Abschreibung über ihrem Zeitwert ausgewiesen werden;

§ 285 **Nr. 19**: Angaben zu jeder Kategorie nicht zum beizulegenden Zeitwert bilanzierten derivativer Finanzinstrumente: Art und Umfang, beizulegendem Zeitwert, Buchwert und Gründe, warum der beizulegende Zeitwert nicht bestimmt werden kann;

§ 285 **Nr. 20**: Angaben zu gemäß § 253 Abs. 1 S. 3 mit dem beizulegenden Zeitwert bewertete Finanzinstrumente; grundlegende Annahmen hinsichtlich der Bestimmung des beizulegenden Zeitwerts, Umfang und Art jeder Kategorie derivativer Finanzinstrumente einschließlich der wesentlichen Bedingungen, die Höhe, Zeitpunkt und Sicherheit der künftigen Zahlungsströme beeinflussen können;

§ 285 **Nr. 21**: Angabe der nicht zu marktüblichen Bedingungen zustande gekommenen Geschäfte, soweit sie wesentlich sind, mit nahe stehenden Unternehmen und Personen;

§ 285 **Nr. 22**: Angabe des Gesamtbetrags der Forschungs- und Entwicklungskosten des Geschäftsjahrs sowie des davon auf selbst geschaffene immaterielle Vermögensgegenstände entfallenden Betrags;

§ 285 **Nr. 23**: Angaben darüber, welche Arten von Bewertungseinheiten bei Anwendung des § 254 zur Absicherung welcher Risiken gebildet wurden und inwieweit der Eintritt der Risiken ausgeschlossen ist;

§ 285 **Nr. 24**: Angaben zu den Rückstellungen für Pensionen und ähnlichen Verpflichtungen (angewandte versicherungsmathematische Berechnungsverfahren sowie grundlegende Annahmen der Berechnung);

§ 285 Nr. 25: Angaben im Fall der Verrechnung von Vermögensgegenständen und Schulden nach § 246 Abs. 2 S. 2 (Anschaffungskosten, beizulegender Zeitwert der verrechneten Vermögensgegenstände, Erfüllungsbetrag der verrechneten Schulden und die verrechneten Aufwendungen und Erträge);

§ 285 Nr. 26: Angaben zu Anteilen oder Anlageaktien an inländischen Investmentvermögen oder vergleichbaren ausländischen Investmentanteilen von mehr als dem zehnten Teil aufgegliedert nach Anlagezielen (Wert, Differenz zum Buchwert, für das Geschäftsjahr erfolgte Ausschüttungen sowie Beschränkungen in der Möglichkeit der täglichen Rücklage; ferner Gründe, weshalb eine Abschreibung nach § 253 Abs. 3 S. 4 unterblieben ist);

§ 285 Nr. 27: Angabe der Gründe der Einschätzung des Risikos der Inanspruchnahme für nach § 251 unter der Bilanz ausgewiesene Verbindlichkeiten;

§ 285 Nr. 28: Angabe des Gesamtbetrags der Erträge im Sinn des § 268 Abs. 8, aufgegliedert in die Erträge aus der Aktivierung selbst geschaffener immaterieller Vermögensgegenstände und latenter Steuern sowie aus der Bewertung von Finanzinstrumenten oder Vermögensgegenständen zum beizulegenden Zeitwert;

§ 285 Nr. 29: Angabe, auf welchen Differenzen oder steuerlichen Verlustvorträgen die latenten Steuern beruhen und mit welchen Steuersätzen die Bewertung erfolgt ist;

§ 286 Abs. 3 S. 4: Angabe der Anwendung der Ausnahmeregelung nach § 286 Abs. 3 S. 1 Nr. 2 betreffend die Angaben über Beteiligungsgesellschaften nach § 285 Nr. 11;

§ 291 Abs. 2 S. 1 Nr. 3: Angabe von Namen und Sitz des ausländischen Mutterunternehmens bei befreiender Einbeziehung in dessen Konzernabschluss, Hinweis auf die Befreiung sowie Erläuterung der im befreienden Konzernabschluss abweichenden Bilanzierungs-, Bewertungs- und Konsolidierungsmethoden;

§ 324 Abs. 1 Nr. 1 2. Halbs.: Angabe der Gründe, warum ein Prüfungsausschuss nicht eingerichtet ist;

§ 327 Nr. 1 S. 2: Ergänzende gesonderte Angabe bestimmter Bilanzposten, sofern eine mittelgroße Kapitalgesellschaft eine verkürzte Bilanz offenlegt.

b) Angaben nach EGHGB

Art. 28 Abs. 2 EGHGB: Angabe der in der Bilanz nach Art. 28 Abs. 1 nicht passivierten Rückstellungen für laufende Pensionen, Anwartschaften auf Pensionen und ähnliche Verpflichtungen; **26**

Art. 42 Abs. 3 S. 3 EGHGB: Angabe des gezeichneten Kapitals in DM/Euro im Anhang statt Ausweises in der Vorspalte der Bilanz bei Umstellung auf Euro;

Art. 44 Abs. 1 S. 4 EGHGB: Angaben von Aufwendungen für die Währungsumstellung auf den Euro, die als Bilanzierungshilfe aktiviert wurden;

Art. 48 Abs. 5 und 6 EGHGB: Angaben von Kapitalgesellschaften und Co. betreffend die erstmalige Anwendung von § 268 Abs. 2 und Art. 28 EGHGB;

Art. 66 Abs. 3 S. 6 2. Halbs., 67 Abs. 1 S. 4, Abs. 2, Abs. 3 S. 1, Abs. 4 S. 1, Abs. 5, Abs. 8 S. 2 2. Halbs. EGHGB: Angaben betreffend die erstmalige Anwendung des BilMoG.

c) Angaben nach AktG

§ 58 Abs. 2a S. 2 AktG: Angabe des Betrages des Eigenkapitalanteils von Wertaufholungen und von bei der steuerrechtlichen Gewinnermittlung gebildeten Passivposten, die in andere Gewinnrücklagen eingestellt worden sind; **27**

§ 152 Abs. 2 AktG: Angabe der während des Geschäftsjahres eingestellten und der für das Geschäftsjahr entnommenen Beträge der Kapitalrücklage;

§ 152 Abs. 3 AktG: Angabe der Beträge, die durch die Hauptversammlung aus dem Bilanzgewinn des Vorjahrs oder aus dem Jahresüberschuss des Geschäftsjahres in die Gewinnrücklagen eingestellt oder für das Geschäftsjahr entnommen worden sind, jeweils gesondert zu den einzelnen Posten der Gewinnrücklagen;

§ 158 Abs. 1 S. 2 AktG: Angaben zur Überleitung eines Jahresüberschusses/Jahresfehlbetrages zum Bilanzgewinn/Bilanzverlust;

§ 160 Abs. 1 Nr. 1 AktG: Angaben über den Bestand und den Zugang an Vorratsaktien einschließlich deren Verwertung;

§ 160 Abs. 1 Nr. 2 AktG: Angaben über den Bestand, den Erwerb oder die Veräußerung eigener Aktien unter Angabe der Zahl dieser Aktien und des auf sie entfallenen Betrages des Grundkapitals;

§ 160 Abs. 1 Nr. 3 AktG: Angabe der Zahl und des Nennbetrages der unterschiedlichen Aktiengattungen;

§ 160 Abs. 1 Nr. 4 AktG: Angaben über das genehmigte Kapital;

§ 160 Abs. 1 Nr. 5 AktG: Angaben zur Zahl der Bezugsrechte gemäß § 192 Abs. 2 Nr. 3, der Wandelschuldverschreibungen und vergleichbaren Wertpapiere;

§ 160 Abs. 1 Nr. 6 AktG: Angabe der Art und Zahl der Genussrechte, Rechte aus Besserungsscheinen und ähnlichen Rechte;

§ 160 Abs. 1 Nr. 7 AktG: Angaben zum Bestehen einer wechselseitigen Beteiligung unter Angabe des Unternehmens;

§ 160 Abs. 1 Nr. 8 AktG: Angaben über das Bestehen einer Beteiligung an der Gesellschaft, die ihr nach § 20 Abs. 1 oder 4 AktG mitgeteilt worden ist unter Angabe des Inhabers und ob sie den vierten Teil aller Aktien der Gesellschaft übersteigt oder eine Mehrheitsbeteiligung ist;

§ 240 S. 3 AktG: Erläuterungen über die Verwendung der aus der Kapitalherabsetzung und aus der Auflösung von Gewinnrücklagen gewonnenen Beträge;

§ 261 Abs. 1 S. 3 AktG: Angabe der Gründe für eine niedrigere Bewertung und der Entwicklung des Wertes oder Betrages;

§ 261 Abs. 1 S. 4 AktG: Bericht über den Abgang von Gegenständen und die Verwendung der Erlöse.

d) **Angaben nach GmbHG**

28 **§ 29 Abs. 4 S. 2 GmbHG**: Angabe des Betrages des Eigenkapitalanteils von Wertaufholungen und von bei der steuerrechtlichen Gewinnermittlung gebildeten Passivposten, die in andere Gewinnrücklagen eingestellt werden;

§ 42 Abs. 3 GmbHG: Angaben zu Ausleihungen, Forderungen und Verbindlichkeiten gegenüber Gesellschaftern.

III. Allgemeine Angaben nach Abs. 2

1. Angaben der Bilanzierungs- und Bewertungsmethoden (Abs. 2 Nr. 1).

29 a) **Allgemeines.** § 284 Abs. 2 Nr. 1 verlangt die Angabe der auf die Posten der Bilanz und der GuV angewandten Bilanzierungs- und Bewertungsmethoden. Auf Grund der zahlreichen Bilanzierungs- und Bewertungswahlrechte sind solche Informationen notwendig, damit der externe Jahresabschlussleser die Posten der Bilanz und GuV verstehen

und beurteilen kann. Die Angabepflicht nach Abs. 2 Nr. 1 dient somit der **ergänzenden Informationsfunktion** des Anhangs.[42]

Das Gesetz unterscheidet insoweit zwischen Bilanzierungs- und Bewertungsmethoden, ohne beides näher zu definieren. Aus der Systematik der Rechnungslegungsvorschriften im HGB (vgl. die Überschriften des Zweiten bis Vierten Titels: „Bilanz“, „Gewinn- und Verlustrechnung“ sowie „Bewertungsvorschriften“) lässt sich aber ableiten, dass das Gesetz mit **Bilanzierungsmethoden** die Entscheidungen über den Ansatz in der Bilanz und GuV – z.B. die Bildung einer Rückstellung – meint, während unter **Bewertungsmethoden** die Verfahren der Wertfindung – z.B. die angewandte Abschreibungsmethode – zu verstehen sind.[43] **30**

Soweit bestimmte Angaben zu Bilanzierungs- und Bewertungsmethoden sich auf **mehrere Einzelposten** beziehen, können solche in allgemeiner Form vorangestellt werden. Bei den Angaben zu den Einzelposten ist dann ein Verweis möglich.[44] **31**

b) **Angabe der Bilanzierungsmethoden.** Die Angabepflicht nach Abs. 2 Nr. 1 dient der Vermittlung eines den tatsächlichen Verhältnissen entsprechenden Bildes nach § 264 Abs. 2. Sie besteht deshalb auch nur soweit, wie das Einblicksgebot zusätzliche Informationen verlangt. Dies ist etwa zu verneinen, wenn die Bilanzierungsmethoden gesetzlich eindeutig festgelegt sind.[45] In diesem Fall erübrigen sich weitere Angaben zu Ansatz und Darstellung eines Bilanzpostens. Die gezielte Streichung zahlreicher Ansatzwahlrechte durch das BilMoG (z.B. §§ 247 Abs. 3, 249 Abs. 1 S. 3 und Abs. 2, 250 Abs. 1 S. 2, 255 Abs. 4 S. 1, 269 und 274) reduziert folglich auch die Angabepflichten nach § 284 Abs. 2 Nr. 1. **32**

Einzelfälle. Eine Angabepflicht nach Abs. 2 Nr. 1 ist zum einen gegeben, wenn auf der Aktiv- bzw. Passivseite ein Ansatzwahlrecht einschließlich einer Bilanzierungshilfe besteht, so etwa bei Pensionsrückstellungen (§ 249 Abs. 1 S. 1 i.V.m. Art. 28 Abs. 1 EGHGB), oder einem Disagio (§ 250 Abs. 3). In diesen Fällen sind zusätzliche Angaben zu den Bilanzierungsmethoden zu machen, soweit solche Angaben im Einzelfall mangels „Wesentlichkeit“ des entsprechenden Bilanzpostens nicht entbehrlich sind.[46] Angaben nach Abs. 2 S. 1 sind aber des Weiteren auch dann erforderlich, wenn der Ansatzzeitpunkt – z.B. in Hinsicht auf die Gewinnrealisierung bei langfristiger Fertigung[47] – oder die Zuordnung zu einzelnen Bilanz- und GuV-Posten zweifelhaft ist.[48] Schließlich gehört zu den Bilanzierungsmethoden auch das Wahlrecht zur Aufstellung des Jahresabschlusses vor oder nach teilweiser bzw. vollständiger Ergebnisverwendung nach § 268 Abs. 1.[49] **33**

Das Gesetz fordert **nur die Angabe** der Bilanzierungsmethoden, nicht aber die Begründung für die getroffene Entscheidung.[50] **34**

---

42 Vgl. nur ADS 12.
43 Siehe etwa ADS 55; Baumbach/Hueck/*Schulze-Osterloh* GmbHG[18] § 42 Rn 488; WP-Handbuch I F 695.
44 ADS 54.
45 HM: WP-Handbuch I F 699; ADS 56; Baumbach/Hueck/*Schulze-Osterloh* GmbHG[18] § 42 Rn 488; HdR-*Oser/Holzwarth* §§ 284–288 Rn 73; wohl auch HdJ-*Kupsch* IV/4 Rn 74; **aA** *Schülen* WPg 1987, 227.
46 Zur Wesentlichkeit vgl. oben Rn 13 ff.
47 Weitere Beispiele bei Beck BilKomm-*Ellrott* Rn 89.
48 Vgl. Baumbach/Hueck/*Schulze-Osterloh* GmbHG[18] § 42 Rn 488.
49 WP-Handbuch I F 700; zust. Beck BilKomm-*Ellrott* Rn 88.
50 ADS 59; Beck BilKomm-*Ellrott* Rn 89.

c) Angabe der Bewertungsmethoden

35 **aa) Allgemeines und Übersicht.** Neben den Bilanzierungsmethoden sind nach Abs. 2 Nr. 1 auch die „angewandten Bewertungsmethoden" anzugeben. Unter Bewertungsmethoden sind „bestimmte, in ihrem Ablauf definierte Verfahren der Wertfindung zu verstehen, die den GoB entsprechen".[51] Dazu gehören auch Abschreibungsmethoden.[52]

36 **Zweck und sachliche Reichweite.** Die Angaben zu den Bewertungsmethoden im Anhang nach Abs. 2 Nr. 1 sind notwendig, weil das Gesetz für die einzelnen Posten von Bilanz und GuV mitunter verschiedene Bewertungsverfahren zulässt. Ohne Kenntnis der Bewertungsmethoden, die den konkreten Wertansätzen zu Grunde liegen, kann der Jahresabschluss deshalb für den externen Leser nicht das in § 264 Abs. 2 S. 1 geforderte Bild vermitteln. Umgekehrt folgt aus der inneren Verknüpfung der Angabepflicht mit dem Einblicksgebot des § 264 Abs. 2 S. 1, dass Angaben zu gesetzlich eindeutig festgelegten Bewertungsmethoden nicht erforderlich sind.[53] So sind auch Angaben zur Anwendung allgemeiner Bewertungsgrundsätze (§ 252 Abs. 1 Nr. 1–6) entbehrlich. Soweit aber im Einzelfall hiervon in „begründeten Ausnahmefällen" (§ 252 Abs. 2) abgewichen wird, ist darüber zu berichten.[54] Liegt in einer solchen Abweichung zugleich eine Abweichung von der bisherigen Bewertungspraxis, besteht allerdings eine vorrangige Angabepflicht nach § 284 Abs. 2 Nr. 3.[55]

37 **Einzelfälle.** Angaben nach Abs. 2 Nr. 1 sind danach also vor allem erforderlich, soweit das Gesetz ausdrücklich Bewertungswahlrechte enthält, d.h. beim Festwertansatz (§ 240 Abs. 3 S. 1 i.V.m. § 256 S. 2), bei der Gruppenbewertung (§ 240 Abs. 4 i.V.m. § 256 S. 2), bei der Bemessung der planmäßigen Abschreibung (§ 253 Abs. 3 S. 1 und 2), bei Abschreibungen auf Finanzanlagen im Fall einer voraussichtlich nicht dauernden Wertminderung gemäß § 253 Abs. 3 S. 4, bei der Bildung von Bewertungseinheiten nach § 254 sowie bei der Bemessung der Herstellungskosten, insbesondere der Einbeziehung von Verwaltungskosten und Fremdkapitalzinsen nach § 255 Abs. 2 und 3.

38 **Umfang der Angabe.** Das Gesetz fordert in § 284 Abs. 2 Nr. 1 nur die „Angabe" der angewandten Bewertungsmethoden, aber keine Begründung. Die Angabepflicht besteht – in den Grenzen des Wesentlichkeitsgrundsatzes – für jeden einzelnen Bilanzposten. Um Wiederholungen zu vermeiden, können jedoch gleichlautende Angaben in einer Art „allgemeiner Teil" zusammengefasst werden. Finden auf ein und denselben Bilanzposten verschiedene Bewertungsmethoden Anwendung, so ist durch zusätzliche Angaben deutlich zu machen, auf welche Teile des Bilanzpostens sich die jeweiligen Bewertungsmethoden beziehen.[56]

bb) Einzelne Angabepflichten

39 **(1) Angaben zu Vermögensgegenständen des Anlagevermögens.**[57] Die *Ermittlung der Anschaffungskosten* ist nur in Sonderfällen (Tausch bzw. Zuschüsse, soweit Beträge wesentlich) anzugeben. Bei einer *Bewertung* von Vermögensgegenständen des Anlage-

---

[51] So die Definition bei ADS 60; vgl. auch WP-Handbuch I F 695.

[52] Unstr., vgl. WP-Handbuch I F 704.

[53] So auch *Küffner* DStR 1987, Beilage zu Heft 17, S. 7; ähnlich ADS 62.

[54] Baumbach/Hueck/*Schulze-Osterloh* GmbHG[18] § 42 Rn 488; weitergehend – Angabepflicht schon bei Zweifeln an der Fortsetzung der Unternehmensfähigkeit – *Semler/Goldschmidt* ZIP 2005, 10 f.

[55] ADS 64.

[56] WP-Handbuch I F 703.

[57] Zum Folgenden vgl. ADS 65 ff; Beck BilKomm-*Ellrott* Rn 106 ff; BoHdR-*Krawitz* Rn 49 ff; WP-Handbuch I F 704 ff.

vermögens *mit den Herstellungskosten* ist stets anzugeben, ob und wie von dem Einbeziehungswahlrecht nach § 255 Abs. 2 S. 3 Gebrauch gemacht worden ist. Für die *Einbeziehung von Fremdkapitalzinsen* in die Herstellungskosten besteht eine besondere Angabepflicht nach § 284 Abs. 2 Nr. 5. Bei den *planmäßigen Abschreibungen* sind die Abschreibungsmethode (linear, degressiv etc.) und die Nutzungsdauer – ggf. durch Verweis auf die AfA-Tabellen – anzugeben. Zu berichten ist auch über eine Sofortabschreibung geringwertiger Vermögensgegenstände oder die Bildung eines Sammelpostens nach § 6 Abs. 2a EStG in der Handelsbilanz sowie über die zeitanteilige Abschreibung im Jahr des Zugangs. Bei *außerplanmäßigen Abschreibungen* ist anzugeben, für welche Vermögensgegenstände bzw. Gruppen von Anlagegütern diese vorgenommen worden sind und ob es sich um außerplanmäßige Abschreibungen wegen einer nur vorübergehenden oder einer voraussichtlich dauernden Wertminderung handelt. Zudem besteht eine besondere Wahlpflichtangabe für Abschreibungen nach § 253 Abs. 3 S. 3 und 4 nach § 277 Abs. 3 S. 1. Über einen *Festwert nach § 240 Abs. 3* wird dagegen wegen des „Wesentlichkeitsgrundsatzes" regelmäßig nicht zu berichten sein, weil ein Festwert nach § 240 Abs. 3 nur zulässig ist, wenn der Gesamtwert für das Unternehmen von nachrangiger Bedeutung ist.

(2) **Angaben zu Vermögensgegenständen des Umlaufvermögens.**[58] Bei den Vorräten sind – bei Verwendung unterschiedlicher Bewertungsmethoden für einzelne Bestände getrennt nach Beständen – die angewandten Bewertungsmethoden anzugeben. Dabei ist insbesondere über die Anwendung von *Bewertungsvereinfachungsmethoden* (Lifo-Methode, Festwert- oder Gruppenbewertungsverfahren) zu berichten. Soweit Vermögensgegenstände mit den *Herstellungskosten* bewertet werden, sind Angaben über die Ausübung der Einbeziehungswahlrechte zu machen. Bei der *Anwendung des Niederstwertprinzips* (§ 253 Abs. 3 S. 1 und 2) sind der Grund der Abschreibung, ihre Art und die Grundsätze der Ermittlung des niedrigeren Wertes anzugeben. **40**

(3) **Angaben zu aktiven Rechnungsabgrenzungsposten.** Fraglich ist, ob Angabepflichten hinsichtlich der „Bewertungsmethoden" bei aktiven Rechnungsabgrenzungsposten in Betracht kommen. Dagegen spricht zunächst, dass Rechnungsabgrenzungsposten keine Vermögensgegenstände sind und daher nicht der Bewertung nach § 253 unterliegen.[59] Andererseits gilt das Einblicksgebot aus § 264 Abs. 2 S. 1 für alle Bilanzposten. Soweit es um die Wertansätze bei Abgrenzungsposten geht, können deshalb im Interesse einer besseren Verständlichkeit nähere Angaben erforderlich sein, soweit diese nicht bereits unter den „Bilanzierungsmethoden" gemacht worden sind. Zu berichten ist z.B. über die Ermittlung und Tilgung eines Disagios.[60] **41**

(4) **Angaben zu Passivposten.** Auf der Passivseite sind insbesondere *Angaben zu Bewertungsmethoden* bei Rückstellungen und Fremdwährungsverbindlichkeiten denkbar:[61] Nachdem das BilMoG die Bewertung von Rückstellungen gesetzlich näher geregelt hat (vgl. § 253 Abs. 1 S. 2, Abs. 2) sind z.B. Angaben zum Abzinsungszinssatz nicht mehr erforderlich. Angabepflichten können sich aber zum einen ergeben, wenn mehrere Methoden zur Ermittlung des Rückstellungsbetrags in Betracht kommen (z.B. Angaben **42**

---

[58] Vgl. dazu ADS 79 ff; Beck BilKomm-*Ellrott* Rn 116 ff; BoHdR-*Krawitz* Rn 55 ff; WP-Handbuch I F 710.

[59] Siehe auch ADS 85; Beck BilKomm-*Ellrott* Rn 120; WP-Handbuch I F 714.

[60] ADS 85; WP-Handbuch I F 714.

[61] Zum Folgenden ADS 863 ff; Beck BilKomm-*Ellrott* Rn 126 ff; BoHdR-*Krawitz* Rn 58 ff.

zur Einzel- oder Gruppenbewertung oder Angaben zur versicherungsmathematischen Methode bei der Bewertung von Pensionsrückstellungen, vgl. § 285 Nr. 24). Zum anderen sind Angaben erforderlich, wenn das Gesetz auch einen Teilansatz bei der Rückstellungsbildung zulässt (Pensionsrückstellungen für Altzusagen). Bei *Pensionsrückstellungen* sind zudem die besonderen Angabepflichten nach Art. 28 EGHGB zu beachten. Für *Rentenverbindlichkeiten* ist nunmehr in § 253 Abs. 2 S. 3 eine bestimmte Bewertung vorgeschrieben, für *Fremdwährungsverbindlichkeiten* besteht die besondere Angabepflicht nach § 284 Abs. 2 Nr. 2.

43 **2. Angabe der Grundlagen für die Umrechnung in Euro (Abs. 2 Nr. 2).** Enthält der Jahresabschluss „Posten, denen Beträge zugrunde liegen, die auf fremde Währung lauten oder ursprünglich auf fremde Währung lauteten", so sind nach § 284 Abs. 2 Nr. 2 die Grundlagen für die Umrechnung in Euro anzugeben. Die Pflicht zur **Währungsumrechnung** folgt aus § 244, wonach der Jahresabschluss in Euro aufzustellen ist. Mit der durch das BilMoG eingeführten Regelung des § 256a sind erstmals auch materielle Fragen der Währungsumrechnung kodifiziert worden (vgl. näher Erläuterung zu § 256a). Betroffen von der Umrechnung sind vor allem Fremdwährungsforderungen und Fremdwährungsverbindlichkeiten, ferner Anschaffungs- und Herstellungskosten in ausländischer Währung sowie Vermögensgegenstände in ausländischen Betriebsstätten.[62] Da insoweit verschiedene Umrechnungsmethoden denkbar sind, bedarf es aus der Sicht des externen Jahresabschlussadressaten zur Vermittlung des nach § 264 Abs. 2 S. 1 geforderten Bildes näherer Informationen über die angewandten Umrechnungsverfahren.

44 Die **besondere Angabepflicht** zur Währungsumrechnung in Abs. 2 Nr. 2 neben der Angabepflicht betreffend die Bewertungsmethoden nach Abs. 2 Nr. 1 beruht auf Art. 43 Abs. 1 Nr. 1 der 4. EG-Richtlinie.

45 Das Gesetz verlangt nur die „Angabe der Grundlagen für die Umrechnung". Dies wird allgemein dahin verstanden, dass verbale **Angaben zur angewandten Umrechnungsmethode** hinreichend sind und die Angabe von Kurswerten nicht erforderlich ist.[63] Für Fremdwährungsforderungen und -verbindlichkeiten dürfte künftig nach Einfügung des neuen § 256a die Angabe genügen, dass die Bewertung „nach Maßgabe des § 256a erfolgt ist". Soweit verschiedene Positionen in sog. Bewertungseinheiten zusammengefasst sind, ist dies ebenfalls anzugeben.[64] Die Angabepflicht bezieht sich im Übrigen auf alle Einzelposten, in denen (wesentliche) Fremdwährungsbeträge enthalten sind. Eine zusammenfassende Erläuterung für gleichartige Umrechnungsgrundlagen ist zulässig.

3. Angaben der Abweichungen von Bilanzierungs- und Bewertungsmethoden und ihr Einfluss auf die Vermögens-, Ertrags- und Finanzlage (Abs. 2 Nr. 3)

46 **a) Überblick und Allgemeines.** Nach § 284 Abs. 2 Nr. 3 sind „Abweichungen von Bilanzierungs- und Bewertungsmethoden anzugeben und zu begründen" sowie „deren Einfluss auf die Vermögens-, Finanz- und Ertragslage gesondert darzustellen". Die Angabepflicht nach Abs. 2 Nr. 3 hat den Zweck, die *Vergleichbarkeit der Jahresabschlüsse* herzustellen.[65]

---

[62] ADS 95; WP-Handbuch I F 720.

[63] ADS 96; Baumbach/Hueck/*Schulze-Osterloh* GmbHG[18] § 42 Rn 489; BoHdR-*Krawitz* Rn 66 f; WP-Handbuch I F 721.

[64] Vgl. etwa HdJ-*Kupsch* IV/4 Rn 100.

[65] ADS 103; Beck BilKomm-*Ellrott* Rn 140; Baumbach/Hueck/*Schulze-Osterloh* GmbHG[18] § 42 Rn 490.

47 Die Berichtspflicht nach Abs. 2 Nr. 3 beruht auf Art. 31 Abs. 2 S. 2 der **4. EG-Richtlinie.** Sie ist daher – was Abweichungen von Bewertungsmethoden anbetrifft – zum einen im Zusammenhang mit dem Stetigkeitsgebot in § 252 Abs. 1 Nr. 6 zu sehen. Die Angabepflicht reicht aber ihrem eindeutigen Wortlaut nach über den Grundsatz der Bewertungsstetigkeit hinaus und betrifft auch Abweichungen von „Bilanzierungsmethoden". Für Abweichungen von der Darstellungsstetigkeit (§ 265 Abs. 1) besteht eine besondere Angabepflicht gemäß § 265 Abs. 1 S. 2.

48 Bei den Angabepflichten nach § 284 Abs. 2 Nr. 3 sind **folgende Einzelangaben** zu unterscheiden:
- die Angabe und Begründung bei Abweichungen von Bilanzierungsmethoden,
- die Angabe und Begründung bei Abweichungen von Bewertungsmethoden,
- die gesonderte Darstellung des Einflusses dieser Abweichungen auf die Vermögens-, Finanz- und Ertragslage der Gesellschaft.

49 Angabepflichtig nach Abs. 2 Nr. 3 sind „Abweichungen" bei allen Posten in der Bilanz und der GuV. Einschränkungen ergeben sich jedoch aus dem Grundsatz der **„Wesentlichkeit"**:[66] Nicht zu berichten ist deshalb über solche Abweichungen, die im bilanzrechtlichen Sinne „unwesentlich" sind. Ferner betrifft die Angabepflicht nur Methodenabweichungen, nicht dagegen den zugrunde liegenden Sachverhalt.[67] Hinsichtlich der Art der von Abs. 2 Nr. 3 geforderten Erläuterung ist zwischen „Angaben", „Begründung" und „Darstellung" zu unterscheiden (vgl. dazu oben Rn 18).

50 Die **sachliche Reichweite der Angabepflicht** nach Abs. 2 Nr. 3 ist umstritten. Fraglich ist zum einen, ob die Angabepflicht nur Abweichungen von bisher angewandten Bilanzierungs- und Bewertungsmethoden[68] oder auch solche vom gesetzlichen Regelfall umfasst.[69] Zum anderen ist zweifelhaft, ob Angaben bei gesetzlich vorgeschriebenen Abweichungen entbehrlich sind.[70] Beide Fragen müssen anhand des Sinn und Zwecks der Angabepflicht und vor dem Hintergrund des allgemeinen Einblicksgebots entschieden werden. Zwar spricht der Wortlaut („Abweichungen von Bilanzierungs- und Bewertungsmethoden" im Unterschied zu Abs. 2 Nr. 1: Angabe der „angewandten Bilanzierungs- und Bewertungsmethoden") für ein weites Verständnis des Abs. 2 Nr. 3 ohne Rücksicht auf die bisher angewandten Methoden.[71] Andererseits wird der Abweichung vom gesetzlichen Regelfall – z.B. bei einer Abweichung vom going-concern-Prinzip (§ 252 Abs. 1 Nr. 2) – bereits durch die Angabepflicht nach Abs. 2 Nr. 1 Rechnung getragen.[72] Daher kann Abs. 2 Nr. 3 ohne Informationsverlust auf Abweichungen gegenüber einer *bisher angewandten Methode* beschränkt werden. Nur für diese Fälle hat auch die Darstellung des Einflusses von Abweichungen auf die Vermögens-, Finanz- und Ertragslage einen besonderen Sinn. Der Zweck der Regelung erschöpft sich also in der Herstellung der Vergleichbarkeit aufeinanderfolgender Jahresabschlüsse.[73] Ferner ist § 284 Abs. 2 Nr. 3 – ebenso wie die Angabepflicht nach Abs. 2 Nr. 1[74] – auf Fälle sog. *Ansatz- oder Bewer-*

---

[66] Vgl. oben Rn 14 f.

[67] Siehe nur ADS 108.

[68] ADS 109; HFA 3/97 WPg 1997, 541; wohl auch Baumbach/Hueck/*Schulze-Osterloh* GmbHG[18] § 42 Rn 490.

[69] So aber Beck BilKomm-*Ellrott* Rn 140; BoHdR-*Krawitz* Rn 69; vgl. Beck-HdR-*Andrejewski* B 40 Rn 81 ff.

[70] Dafür ADS 118; WP-Handbuch I F 727; BoHdR-*Krawitz* Rn 81; **aA** Beck BilKomm-*Ellrott* Rn 140.

[71] Insoweit zutreffend Beck BilKomm-*Ellrott* Rn 140.

[72] Vgl. ADS 64.

[73] Baumbach/Hueck/*Schulze-Osterloh* GmbHG[18] § 42 Rn 490; WP-Handbuch I F 722; unklar ADS 103 („insbesondere"); **aA** Beck BilKomm-*Ellrott* Rn 140.

[74] Vgl. oben Rn 37 f.

tungswahlrechte zu beschränken.[75] Denn soweit Abweichungen allgemein gesetzlich vorgeschrieben sind und deshalb von allen Kapitalgesellschaften unter denselben Bedingungen vorgenommen werden müssen, ist das Vergleichbarkeitspostulat nicht berührt.

51 b) **Abweichungen von Bilanzierungsmethoden.** Abweichungen von Bilanzierungsmethoden können nur im Rahmen von **Ansatzwahlrechten** erfolgen (Bsp.: Aktivierung eines Disagios nach § 250 Abs. 3). Für sie gilt der Grundsatz der Bewertungsstetigkeit (§ 252 Abs. 1 Nr. 6) nicht, so dass Abweichungen innerhalb der Grenzen des Willkürverbotes zulässig sind.[76] Eine Abweichung i.S.v. Abs. 2 Nr. 3 liegt vor, wenn ein Ansatzwahlrecht abweichend gegenüber dem vorangegangenen Jahresabschluss ausgeübt wird.[77] Soweit ein entsprechender Geschäftsvorfall im vorangegangenen Geschäftsjahr nicht stattgefunden hat, ist für die Frage, ob eine Abweichung vorliegt, ggf. auf frühere Jahresabschlüsse zurückzugreifen.[78]

52 Die Angabepflicht nach Abs. 2 Nr. 3 umfasste ungeachtet besonderer Berichtspflichten auch Abweichungen beim **Ansatz von Bilanzierungshilfen**, um auch insoweit die Vergleichbarkeit der Jahresabschlüsse herzustellen (vgl. z.B. § 279 a.F.).[79] Angabepflichtig sind auch Abweichungen von Bilanzierungsgrundsätzen betreffend die **zeitliche Zuordnung von Erträgen und Aufwendungen** (z.B. bei langfristiger Fertigung).

53 Die Abweichungen sind **anzugeben** und zu **begründen**. Allerdings unterliegen Ansatzwahlrechte nicht dem Stetigkeitsgebot, jedoch sind zumindest die Gründe anzugeben, die zur Abweichung von den bisher angewandten Bilanzierungsmethoden geführt haben.[80]

54 c) **Abweichungen von Bewertungsmethoden.** Angesichts der zahlreichen Bewertungswahlrechte hat die Angabepflicht nach Abs. 2 Nr. 3 vor allem praktische Bedeutung für Abweichungen von Bewertungsmethoden. Eine Abweichung von Bewertungsmethoden i.S.v. Abs. 2 Nr. 3 liegt vor, wenn **Bewertungswahlrechte** anders als in vorangegangenen Jahresabschlüssen ausgeübt werden. Abweichungen von den in § 252 Abs. 1 geregelten allgemeinen Bewertungsmethoden, die nicht in der Vergangenheit angewandt worden sind, unterfallen nach der hier vertretenen Auslegung des Abs. 2 Nr. 3[81] der Angabepflicht nach Abs. 2 Nr. 1.[82]

55 Angabe- und begründungspflichtig nach Abs. 2 Nr. 3 sind **insbesondere:**[83] Änderungen bei der *Ermittlung der Anschaffungskosten*, z.B. durch Abweichungen bei den Wahlrechten betreffend die *Einbeziehung der Verwaltungskosten etc.* in die Herstellungskosten nach § 255 Abs. 2 S. 3; *Wechsel bei Abschreibungsmethoden*, z.B. Übergang von der linearen auf die degressive AfA; freiwillige *Vornahme von außerplanmäßigen Abschreibungen*; *Änderungen bei der Bewertungsmethode für Rückstellungen*, z.B. beim Übergang von Einzelbewertung auf Pauschalbewertung oder infolge geänderter Berechnungsgrundlagen bei Pensionsrückstellungen; Änderungen bei der *Ermittlung der Herstellungskosten in der GuV* bei der Anwendung des Umsatzkostenverfahrens nach § 275 Abs. 3 Nr. 2.

---

[75] Ebenso die in Fn 68 Genannten.
[76] Vgl. nur ADS 110; WP-Handbuch I F 725.
[77] Baumbach/Hueck/*Schulze-Osterloh* GmbHG[18] § 42 Rn 490.
[78] *Schulze-Osterloh* aaO; siehe auch ADS 111.
[79] ADS 111; MünchKommHGB/*Poelzig* Rn 73; Baumbach/Hueck/*Schulze-Osterloh* GmbHG[18] § 42 Rn 490; **aA** *Budde/Förschle* DB 1988, 1463.
[80] Vgl. nur Baumbach/Hueck/*Schulze-Osterloh* GmbHG[18] § 42 Rn 490.
[81] Siehe oben Rn 51.
[82] ADS 115; **aA** Beck BilKomm-*Ellrott* Rn 151.
[83] Zum Folgenden vgl. ADS 120 ff; Beck BilKomm-*Ellrott* Rn 151 ff.

Die Abweichungen sind **anzugeben** und zu **begründen.** Da für Änderungen der Bewertungsmethoden das Stetigkeitsgebot gilt, sind solche Abweichungen nur in „begründeten Ausnahmefällen" zulässig (§ 252 Abs. 2). Im Anhang sind deshalb die Gründe anzugeben, aus denen sich das Vorliegen eines solchen „Ausnahmefalls" ergibt.[84] **56**

d) **Darstellung des Einflusses auf die Vermögens-, Finanz- und Ertragslage.** Um die Vergleichbarkeit aufeinanderfolgender Jahresabschlüsse zu gewährleisten, fordert das Gesetz über die Angabe und Begründung einer Abweichung hinaus auch die Darstellung ihres Einflusses auf die Vermögens-, Finanz- und Ertragslage. Damit wird der Tatsache Rechnung getragen, dass Methodenänderungen – z.B. der Übergang von der Teil- zur Vollkostenbewertung bei den Herstellungskosten – die Vermögens-, Ertrags- und Finanzlage erheblich verzerren können.[85] Damit gleichwohl in solchen Fällen eine Jahresabschlussanalyse durch externe Bilanzleser möglich bleibt, bedarf es dann näherer Informationen über den Einfluss der Änderungen der Bilanzierungs- und Bewertungsmethoden, um die *Vergleichbarkeit* der Zahlen in aufeinanderfolgenden Jahresabschlüssen sicherzustellen. **57**

Einfluss von Abweichungen. Die Darstellungspflicht bezieht sich nur auf solche Abweichungen, die nach Abs. 2 Nr. 3 angabe- und begründungspflichtig sind. Auswirkungen von Bilanzierungs- und Bewertungsmethoden, die nach Abs. 2 Nr. 1 angabepflichtig sind, müssen nicht dargestellt werden. Zu den Begriffen „Vermögens-, Finanz- und Ertragslage" vgl. Erläuterungen bei § 264 Rn 35 ff. Das Gesetz fordert eine „gesonderte" Darstellung für die einzelnen Änderungen der Bilanzierungs- und Bewertungsmethoden. Es ist deshalb nicht zulässig, die Auswirkungen aller einzelnen Abweichungen in einem (positiven oder negativen) Saldo zusammenzufassen.[86] Vielmehr fordert das Einblicksgebot, dass die unterschiedlichen Auswirkungen der einzelnen Änderungen erkennbar sind. **58**

Art der Darstellung. Fraglich ist, ob der Darstellungspflicht mit rein verbalen Angaben genügt werden kann.[87] Dafür könnte sprechen, dass das Gesetz eine Angabe von absoluten Zahlen – z.B. in Form von Unterschiedsbeträgen – nicht ausdrücklich fordert. Ferner hat der Gesetzgeber die im Regierungsentwurf vorgesehene Pflicht zur Angabe eines Unterschiedsbetrages in Anlehnung an § 160 Abs. 2 S. 5 AktG a.F. nicht übernommen.[88] Diese bezog sich indes nur auf Auswirkungen von Bewertungsänderungen auf die Ertragslage und kann daher nicht allgemein als Argument gegen zahlenmäßige Angaben verwandt werden. Vielmehr ist als Maßstab zur Konkretisierung der Darstellungspflicht das allgemeine Einblicksgebot des § 264 Abs. 2 S. 1 heranzuziehen. Um ein den tatsächlichen Verhältnissen entsprechendes Bild zu ermitteln, sind aber bloße verbale Erläuterungen nicht ausreichend. Die Darstellung des Einflusses soll den Vergleich aufeinanderfolgender Jahresabschlüsse und damit eine externe Bilanzanalyse ermöglichen. Dies lässt sich nur mit zahlenmäßigen Angaben – im Einzelfall auch ggf. in Form von Verhältnis- und Prozentzahlen – gewährleisten.[89] **59**

[84] Beck BilKomm-*Ellrott* Rn 151; ADS 111; *Schülen* WPg 1994, 2313.
[85] Vgl. dazu nur *Biener/Berneke*, S. 254.
[86] ADS 149; Baumbach/Hueck/*Schulze-Osterloh* GmbHG[18] §42 Rn 490; KK-*Altenburger* Rn 43; *Schülen* WPg 1987, 228; **aA** Beck BilKomm-*Ellrott* Rn 170; HdJ-*Kupsch* IV/4 Rn 114.
[87] So Beck BilKomm-*Ellrott* Rn 170; HdR-*Oser/Holzwarth* §§ 284–288 Rn 107.
[88] Vgl. *Biener/Berneke*, S. 255.
[89] So HFA 3/97 WPg 1997, 542; *Schülen* WPg 1994, 2313; HdJ-*Kupsch* IV/4 Rn 102; ADS 148; Baumbach/Hueck/*Schulze-Osterloh* GmbHG[18] § 42 Rn 490; MünchKommHGB/*Poelzig* Rn 84.

60 **4. Ausweis der Unterschiedsbeträge bei Anwendung der Bewertungsmethode nach § 240 Abs. 4, § 256 Satz 1 (Abs. 2 Nr. 4). Allgemeines.** Wird im Jahresabschluss eine Gruppenbewertung (§ 240 Abs. 4) oder eine vereinfachte Bewertung nach der Verbrauchsfolge nach § 256 S. 1 angewendet[90] und führt diese Bewertung im Vergleich zu einer Bewertung anhand des letzten vor dem Abschlussstichtag bekannten Börsenkurses oder Marktpreises zu einem erheblichen Unterschied, dann müssen nach Abs. 2 Nr. 4 die „Unterschiedsbeträge pauschal für die jeweilige Gruppe ausgewiesen werden". Mit dieser Angabepflicht soll die Aussagekraft des Jahresabschlusses verbessert werden, indem Bewertungsunterschiede (Bewertungsreserven) aufgedeckt werden, die auf Grund vereinfachter Bewertungsverfahren gegenüber einer Tagespreisbewertung bestehen.[91] Die Regelung beruht auf Art. 40 Abs. 2 der 4. EG-Richtlinie.

61 Die **Angabepflicht** nach Abs. 2 Nr. 4 ist an drei Voraussetzungen geknüpft: Anwendung eines Bewertungsverfahrens nach §§ 240 Abs. 4, 256 S. 1; Vorliegen eines Börsen- oder Marktpreises; Erheblichkeit des Unterschieds zwischen dem Durchschnitts- bzw. Festwert und einer Bewertung mit dem letzten Börsen- oder Marktpreis. Die Angabepflicht betrifft somit nur Vermögensgegenstände (nicht auch die in § 240 Abs. 4 genannten Schulden), für die ein Börsen- bzw. Marktwert feststellbar ist.[92] Sie kommt wegen des Niederstwertprinzips auch nur dann in Betracht, wenn der Börsen- oder Marktpreis über dem Buchwert liegt. Die Unterschiedsbeträge sind für „die jeweilige Gruppe" anzugeben. Dabei ist der Begriff der „Gruppe" in Anlehnung an Art. 40 Abs. 2 der 4. EG-Richtlinie an den unterschiedlichen Bewertungsvereinfachungsverfahren zu orientieren.[93] „Gruppe" sind somit z.B. alle nach der Lifo-Methode bewerteten Vermögensgegenstände.[94]

62 **Berechnung und „Erheblichkeit".** Auszuweisen ist nur der für die jeweiligen Gruppen ermittelte „pauschale" Unterschiedsbetrag, d.h. Auf- und Abrundungen sind möglich.[95] Der Unterschiedsbetrag ist durch eine *Vergleichsrechnung* zu ermitteln. Dabei sind die Vermögensgegenstände zum einen mit dem nach §§ 240 Abs. 4, 256 S. 1 gefundenen Bilanzwert, zum anderen mit dem Börsen- bzw. Marktpreis zu bewerten. Nach dem Sinn und Zweck der Angabepflicht – Information über Bewertungsunterschiede – ist der Börsen- und Marktpreis auch dann ungekürzt anzusetzen, wenn er über den letzten tatsächlichen Anschaffungskosten liegt.[96] Dagegen sind Bewertungsabschläge vom Börsen- bzw. Marktpreis (des Absatzmarktes) bei der Ermittlung des Unterschiedsbetrages für unfertige und fertige Erzeugnisse gerechtfertigt, um eine Angabe unrealisierter Gewinne zu vermeiden.[97] Nur „erhebliche" Bewertungsunterschiede sind anzugeben. Die „Erheblichkeit" ist nach der Größe des Unterschiedsbetrages im Verhältnis zum Wert der zugrunde

---

90 Vgl. dazu *Hüttemann/Meinert* S. 9 ff.

91 Vgl. ADS 150; Beck BilKomm-*Ellrott* Rn 180.

92 ADS 154; Baumbach/Hueck/*Schulze-Osterloh* GmbHG[18] § 42 Rn 491; BoHdR-*Krawitz* Rn 94; Beck BilKomm-*Ellrott* Rn 184.

93 So Baumbach/Hueck/*Schulze-Osterloh* GmbHG[18] § 42 Rn 491; BoHdR-*Krawitz* Rn 97; **aA** – Abgrenzung entsprechend §§ 240 Abs. 4, 256 S. 1 – ADS 152; WP-Handbuch I F 739; Beck BilKomm-*Ellrott* Rn 183.

94 BoHdR-*Krawitz* Rn 99; insoweit im Ergebnis auch ADS 152 aE.

95 WP-Handbuch I F 742.

96 Ebenso Baumbach/Hueck/*Schulze-Osterloh* GmbHG[18] § 42 Rn 491; Beck BilKomm-*Ellrott* Rn 184; BoHdR-*Krawitz* Rn 103; HdR-*Oser/Holzwarth* §§ 284–288 Rn 118; **aA** – vorsichtiger Abschlag – ADS 153; WP-Handbuch I F 740.

97 ADS 154; Beck BilKomm-*Ellrott* Rn 185; Baumbach/Hueck/*Schulze-Osterloh* GmbHG[18] § 42 Rn 491; BoHdR-*Krawitz* Rn 103; **aA** – keine Berichterstattung in diesem Fall – HdR-*Oser/Holzwarth* §§ 284–288 Rn 114.

liegenden Gruppe festzustellen.[98] Dabei wird im Allgemeinen ein Unterschiedsbetrag als „*erheblich*" anzusehen sein, wenn er mehr als 10 v.H. des Wertes der jeweiligen Gruppe übersteigt.[99]

5. **Angaben über die Einbeziehung von Zinsen für Fremdkapital in die Herstellungskosten (Abs. 2 Nr. 5).** Nach § 284 Abs. 2 Nr. 5 sind Angaben zu machen „über die Einbeziehung von Zinsen für Fremdkapital in die Herstellungskosten". Die Regelung beruht auf Art. 35 Abs. 4 S. 2 der 4. EG-Richtlinie und ist im Zusammenhang mit dem Bewertungswahlrecht nach § 255 Abs. 3 S. 2 zu sehen. Die Angabepflicht nach Abs. 2 Nr. 5 betrifft eine „Bewertungsmethode" und kann daher auch im Rahmen der Angaben nach Abs. 2 Nr. 1 erfüllt werden.[100] Verbale Angaben genügen,[101] dabei sind die betroffenen Bilanzposten zu benennen und der Umfang – ganz oder teilweise Einbeziehung – anzugeben.[102] Zahlenangaben werden demnach nicht verlangt, können aber im Einzelfall als zusätzliche Angaben nach § 264 Abs. 2 S. 2 erforderlich sein.[103] **63**

IV. Sanktionen bei Verletzung des § 284

Mitglieder des vertretungsberechtigten Organs bzw. des Aufsichtsrats können sich durch das Unterlassen der nach § 284 geforderten Angaben nach § 331 Nr. 1 *strafbar* machen. Dies setzt voraus, dass infolge des Fehlens der Angaben die „Verhältnisse der Kapitalgesellschaft" im Jahresabschluss vorsätzlich unrichtig wiedergegeben werden. Ferner kann ein Verstoß gegen § 284 als *Ordnungswidrigkeit* nach § 334 Abs. 1 Nr. 1d geahndet werden. Darüber hinaus können fehlende Angaben für den Abschlussprüfer Anlass sein, den *Bestätigungsvermerk* zu versagen oder einzuschränken. **64**

Wird ein Anhang überhaupt nicht aufgestellt, führt dies gemäß § 256 Abs. 1 Nr. 1 AktG zur **Nichtigkeit** der Feststellung des Jahresabschlusses.[104] Das Gleiche gilt bei unvollständiger oder fehlerhafter Berichterstattung im Anhang, wenn diese wesentlich ist.[105] **65**

---

[98] Allg. Ansicht – wenn auch auf der Grundlage eines abweichenden Begriffs der „Gruppe" – vgl. ADS 155; Baumbach/Hueck/*Schulze-Osterloh* GmbHG[18] § 42 Rn 491.

[99] Baumbach/Hueck/*Schulze-Osterloh* GmbHG[18] § 42 Rn 491; BoHdR-*Krawitz* Rn 100; abweichend – bezogen auf alle vereinfacht bewerteten Vermögensgegenstände – ADS 155; ebenso wohl auch Beck BilKomm-*Ellrott* Rn 182; für 10 v.H.-Grenze bezogen auf Bilanzposten HdR-*Oser/Holzwarth* §§ 284–288 Rn 121.

[100] ADS 156; Beck BilKomm-*Ellrott* Rn 190.

[101] Statt aller WP-Handbuch I F 749.

[102] ADS 156; Baumbach/Hueck/*Schulze-Osterloh* GmbHG[18] §42 Rn 492.

[103] Baumbach/Hueck/*Schulze-Osterloh* GmbHG[18] § 42 Rn 492.

[104] Vgl. BGH ZIP 1999, 1965 f; OLG Stuttgart ZIP 2004, 909; *Hüffer* § 256 Rn 8; Baumbach/Hueck/*Schulze-Osterloh* GmbHG[18] § 42a Rn 24; Scholz/*K. Schmidt* GmbHG § 46 Rn 37.

[105] *Hüffer* § 256 Rn 8.

§ 285
Sonstige Pflichtangaben

Ferner sind im Anhang anzugeben:

1. zu den in der Bilanz ausgewiesenen Verbindlichkeiten
   a) der Gesamtbetrag der Verbindlichkeiten mit einer Restlaufzeit von mehr als fünf Jahren,
   b) der Gesamtbetrag der Verbindlichkeiten, die durch Pfandrechte oder ähnliche Rechte gesichert sind, unter Angabe von Art und Form der Sicherheiten;
2. die Aufgliederung der in Nummer 1 verlangten Angaben für jeden Posten der Verbindlichkeiten nach dem vorgeschriebenen Gliederungsschema;
3. Art und Zweck sowie Risiken und Vorteile von nicht in der Bilanz enthaltenen Geschäften, soweit dies für die Beurteilung der Finanzlage notwendig ist;

3a. der Gesamtbetrag der sonstigen finanziellen Verpflichtungen, die nicht in der Bilanz enthalten und nicht nach § 251 oder Nummer 3 anzugeben sind, sofern diese Angabe für die Beurteilung der Finanzlage von Bedeutung ist; davon sind Verpflichtungen gegenüber verbundenen Unternehmen gesondert anzugeben;

4. die Aufgliederung der Umsatzerlöse nach Tätigkeitsbereichen sowie nach geographisch bestimmten Märkten, soweit sich, unter Berücksichtigung der Organisation des Verkaufs von für die gewöhnliche Geschäftstätigkeit der Kapitalgesellschaft typischen Erzeugnissen und der für die gewöhnliche Geschäftstätigkeit der Kapitalgesellschaft typischen Dienstleistungen, die Tätigkeitsbereiche und geographisch bestimmten Märkte untereinander erheblich unterscheiden;
5. (aufgehoben)
6. in welchem Umfang die Steuern vom Einkommen und vom Ertrag das Ergebnis der gewöhnlichen Geschäftstätigkeit und das außerordentliche Ergebnis belasten;
7. die durchschnittliche Zahl der während des Geschäftsjahrs beschäftigten Arbeitnehmer getrennt nach Gruppen;
8. bei Anwendung des Umsatzkostenverfahrens (§ 275 Abs. 3)
   a) der Materialaufwand des Geschäftsjahrs, gegliedert nach § 275 Abs. 2 Nr. 5,
   b) der Personalaufwand des Geschäftsjahrs, gegliedert nach § 275 Abs. 2 Nr. 6;
9. für die Mitglieder des Geschäftsführungsorgans, eines Aufsichtsrats, eines Beirats oder einer ähnlichen Einrichtung jeweils für jede Personengruppe
   a) die für die Tätigkeit im Geschäftsjahr gewährten Gesamtbezüge (Gehälter, Gewinnbeteiligungen, Bezugsrechte und sonstige aktienbasierte Vergütungen, Aufwandsentschädigungen, Versicherungsentgelte, Provisionen und Nebenleistungen jeder Art). In die Gesamtbezüge sind auch Bezüge einzurechnen, die nicht ausgezahlt, sondern in Ansprüche anderer Art umgewandelt oder zur Erhöhung anderer Ansprüche verwendet werden. Außer den Bezügen für das Geschäftsjahr sind die weiteren Bezüge anzugeben, die im Geschäftsjahr gewährt, bisher aber in keinem Jahresabschluss angegeben worden sind. Bezugsrechte und sonstige aktienbasierte Vergütungen sind mit ihrer Anzahl und dem beizulegenden Zeitwert zum Zeitpunkt ihrer Gewährung anzugeben; spätere Wertveränderungen, die auf einer Änderung der Ausübungsbedingungen beruhen, sind zu berücksichtigen. Bei einer börsennotierten Aktiengesellschaft sind zusätzlich unter Namensnennung die Bezüge jedes einzelnen Vorstandsmitglieds, aufgeteilt nach erfolgsunabhängigen und erfolgsbezogenen Komponenten sowie Komponenten mit langfristiger Anreizwirkung, gesondert anzugeben. Dies gilt auch für:
      aa) Leistungen, die dem Vorstandsmitglied für den Fall einer vorzeitigen Beendigung seiner Tätigkeit zugesagt worden sind;

bb) Leistungen, die dem Vorstandsmitglied für den Fall der regulären Beendigung seiner Tätigkeit zugesagt worden sind, mit ihrem Barwert, sowie den von der Gesellschaft während des Geschäftsjahrs hierfür aufgewandten oder zurückgestellten Betrag;

cc) während des Geschäftsjahrs vereinbarte Änderungen dieser Zusagen;

dd) Leistungen, die einem früheren Vorstandsmitglied, das seine Tätigkeit im Laufe des Geschäftsjahrs beendet hat, in diesem Zusammenhang zugesagt und im Laufe des Geschäftsjahrs gewährt worden sind.

Leistungen, die dem einzelnen Vorstandsmitglied von einem Dritten im Hinblick auf seine Tätigkeit als Vorstandsmitglied zugesagt oder im Geschäftsjahr gewährt worden sind, sind ebenfalls anzugeben. Enthält der Jahresabschluss weitergehende Angaben zu bestimmten Bezügen, sind auch diese zusätzlich einzeln anzugeben;

b) die Gesamtbezüge (Abfindungen, Ruhegehälter, Hinterbliebenenbezüge und Leistungen verwandter Art) der früheren Mitglieder der bezeichneten Organe und ihrer Hinterbliebenen. Buchstabe a Satz 2 und 3 ist entsprechend anzuwenden. Ferner ist der Betrag der für diese Personengruppe gebildeten Rückstellungen für laufende Pensionen und Anwartschaften auf Pensionen und der Betrag der für diese Verpflichtungen nicht gebildeten Rückstellungen anzugeben;

c) die gewährten Vorschüsse und Kredite unter Angabe der Zinssätze, der wesentlichen Bedingungen und der gegebenenfalls im Geschäftsjahr zurückgezahlten Beträge sowie die zugunsten dieser Personen eingegangenen Haftungsverhältnisse;

10. alle Mitglieder des Geschäftsführungsorgans und eines Aufsichtsrats, auch wenn sie im Geschäftsjahr oder später ausgeschieden sind, mit dem Familiennamen und mindestens einem ausgeschriebenen Vornamen, einschließlich des ausgeübten Berufs und bei börsennotierten Gesellschaften auch der Mitgliedschaft in Aufsichtsräten und anderen Kontrollgremien im Sinne des § 125 Abs. 1 Satz 5 des Aktiengesetzes. Der Vorsitzende eines Aufsichtsrats, seine Stellvertreter und ein etwaiger Vorsitzender des Geschäftsführungsorgans sind als solche zu bezeichnen;

11. Name und Sitz anderer Unternehmen, von denen die Kapitalgesellschaft oder eine für Rechnung der Kapitalgesellschaft handelnde Person mindestens den fünften Teil der Anteile besitzt; außerdem sind die Höhe des Anteils am Kapital, das Eigenkapital und das Ergebnis des letzten Geschäftsjahrs dieser Unternehmen anzugeben, für das ein Jahresabschluß vorliegt; auf die Berechnung der Anteile ist § 16 Abs. 2 und 4 des Aktiengesetzes entsprechend anzuwenden; ferner sind von börsennotierten Kapitalgesellschaften zusätzlich alle Beteiligungen an großen Kapitalgesellschaften anzugeben, die fünf vom Hundert der Stimmrechte überschreiten;

11a. Name, Sitz und Rechtsform der Unternehmen, deren unbeschränkt haftender Gesellschafter die Kapitalgesellschaft ist;

12. Rückstellungen, die in der Bilanz unter dem Posten „sonstige Rückstellungen" nicht gesondert ausgewiesen werden, sind zu erläutern, wenn sie einen nicht unerheblichen Umfang haben;

13. die Gründe, welche die Annahme einer betrieblichen Nutzungsdauer eines entgeltlich erworbenen Geschäfts- oder Firmenwertes von mehr als fünf Jahren rechtfertigen;

14. Name und Sitz des Mutterunternehmens der Kapitalgesellschaft, das den Konzernabschluß für den größten Kreis von Unternehmen aufstellt, und ihres Mutterunternehmens, das den Konzernabschluß für den kleinsten Kreis von Unternehmen aufstellt, sowie im Falle der Offenlegung der von diesen Mutterunternehmen aufgestellten Konzernabschlüsse der Ort, wo diese erhältlich sind;

15. soweit es sich um den Anhang des Jahresabschlusses einer Personenhandelsgesellschaft im Sinne des § 264a Abs. 1 handelt, Name und Sitz der Gesellschaften, die persönlich haftende Gesellschafter sind, sowie deren gezeichnetes Kapital;
16. dass die nach § 161 des Aktiengesetzes vorgeschriebene Erklärung abgegeben und wo sie öffentlich zugänglich gemacht worden ist;
17. das von dem Abschlussprüfer für das Geschäftsjahr berechnete Gesamthonorar, aufgeschlüsselt in das Honorar für
    a) die Abschlussprüfungsleistungen,
    b) andere Bestätigungsleistungen,
    c) Steuerberatungsleistungen,
    d) sonstige Leistungen,

    soweit die Angaben nicht in einem das Unternehmen einbeziehenden Konzernabschluss enthalten sind;
18. für zu den Finanzanlagen (§ 266 Abs. 2 A. III.) gehörende Finanzinstrumente, die über ihrem beizulegenden Zeitwert ausgewiesen werden, da eine außerplanmäßige Abschreibung nach § 253 Abs. 3 Satz 4 unterblieben ist,
    a) der Buchwert und der beizulegende Zeitwert der einzelnen Vermögensgegenstände oder angemessener Gruppierungen sowie
    b) die Gründe für das Unterlassen der Abschreibung einschließlich der Anhaltspunkte, die darauf hindeuten, dass die Wertminderung voraussichtlich nicht von Dauer ist;
19. für jede Kategorie nicht zum beizulegenden Zeitwert bilanzierter derivativer Finanzinstrumente
    a) deren Art und Umfang,
    b) deren beizulegender Zeitwert, soweit er sich nach § 255 Abs. 4 verlässlich ermitteln lässt, unter Angabe der angewandten Bewertungsmethode,
    c) deren Buchwert und der Bilanzposten, in welchem der Buchwert, soweit vorhanden, erfasst ist, sowie
    d) die Gründe dafür, warum der beizulegende Zeitwert nicht bestimmt werden kann;
20. für gemäß § 340e Abs. 3 Satz 1 mit dem beizulegenden Zeitwert bewertete Finanzinstrumente
    a) die grundlegenden Annahmen, die der Bestimmung des beizulegenden Zeitwertes mit Hilfe allgemein anerkannter Bewertungsmethoden zugrunde gelegt wurden, sowie
    b) Umfang und Art jeder Kategorie derivativer Finanzinstrumente einschließlich der wesentlichen Bedingungen, welche die Höhe, den Zeitpunkt und die Sicherheit künftiger Zahlungsströme beeinflussen können;
21. zumindest die nicht zu marktüblichen Bedingungen zustande gekommenen Geschäfte, soweit sie wesentlich sind, mit nahe stehenden Unternehmen und Personen, einschließlich Angaben zur Art der Beziehung, zum Wert der Geschäfte sowie weiterer Angaben, die für die Beurteilung der Finanzlage notwendig sind; ausgenommen sind Geschäfte mit und zwischen mittel- oder unmittelbar in 100-prozentigem Anteilsbesitz stehenden in einen Konzernabschluss einbezogenen Unternehmen; Angaben über Geschäfte können nach Geschäftsarten zusammengefasst werden, sofern die getrennte Angabe für die Beurteilung der Auswirkungen auf die Finanzlage nicht notwendig ist;
22. im Fall der Aktivierung nach § 248 Abs. 2 der Gesamtbetrag der Forschungs- und Entwicklungskosten des Geschäftsjahres sowie der davon auf die selbst geschaffenen immateriellen Vermögensgegenstände des Anlagevermögens entfallende Betrag;
23. bei Anwendung des § 254,

a) mit welchem Betrag jeweils Vermögensgegenstände, Schulden, schwebende Geschäfte und mit hoher Wahrscheinlichkeit erwartete Transaktionen zur Absicherung welcher Risiken in welche Arten von Bewertungseinheiten einbezogen sind sowie die Höhe der mit Bewertungseinheiten abgesicherten Risiken,
b) für die jeweils abgesicherten Risiken, warum, in welchem Umfang und für welchen Zeitraum sich die gegenläufigen Wertänderungen oder Zahlungsströme künftig voraussichtlich ausgleichen einschließlich der Methode der Ermittlung,
c) eine Erklärung der mit hoher Wahrscheinlichkeit erwarteten Transaktionen, die in Bewertungseinheiten einbezogen wurden,

soweit die Angaben nicht im Lagebericht gemacht werden;

24. zu den Rückstellungen für Pensionen und ähnliche Verpflichtungen das angewandte versicherungsmathematische Berechnungsverfahren sowie die grundlegenden Annahmen der Berechnung, wie Zinssatz, erwartete Lohn- und Gehaltssteigerungen und zugrunde gelegte Sterbetafeln;
25. im Fall der Verrechnung von Vermögensgegenständen und Schulden nach § 246 Abs. 2 Satz 2 die Anschaffungskosten und der beizulegende Zeitwert der verrechneten Vermögensgegenstände, der Erfüllungsbetrag der verrechneten Schulden sowie die verrechneten Aufwendungen und Erträge; Nummer 20 Buchstabe a ist entsprechend anzuwenden;
26. zu Anteilen an Sondervermögen im Sinn des § 1 Absatz 10 des Kapitalanlagegesetzbuchs oder Anlageaktien an Investmentaktiengesellschaften mit veränderlichem Kapital im Sinn der §§ 108 bis 123 des Kapitalanlagegesetzbuchs oder vergleichbaren EU-Investmentvermögen oder vergleichbaren ausländischen Investmentvermögen von mehr als dem zehnten Teil, aufgegliedert nach Anlagezielen, deren Wert im Sinn der §§ 168, 278 des Kapitalanlagegesetzbuchs oder des § 36 des Investmentgesetzes in der bis zum 21. Juli 2013 geltenden Fassung oder vergleichbarer ausländischer Vorschriften über die Ermittlung des Marktwertes, die Differenz zum Buchwert und die für das Geschäftsjahr erfolgte Ausschüttung sowie Beschränkungen in der Möglichkeit der täglichen Rückgabe; darüber hinaus die Gründe dafür, dass eine Abschreibung gemäß § 253 Abs. 3 Satz 4 unterblieben ist, einschließlich der Anhaltspunkte, die darauf hindeuten, dass die Wertminderung voraussichtlich nicht von Dauer ist; Nummer 18 ist insoweit nicht anzuwenden;
27. für nach § 251 unter der Bilanz oder nach § 268 Abs. 7 Halbsatz 1 im Anhang ausgewiesene Verbindlichkeiten und Haftungsverhältnisse die Gründe der Einschätzung des Risikos der Inanspruchnahme;
28. der Gesamtbetrag der Beträge im Sinn des § 268 Abs. 8, aufgegliedert in die Beträge aus der Aktivierung selbst geschaffener immaterieller Vermögensgegenstände des Anlagevermögens, Beträge aus der Aktivierung latenter Steuern und aus der Aktivierung von Vermögensgegenständen zum beizulegenden Zeitwert;
29. auf welchen Differenzen oder steuerlichen Verlustvorträgen die latenten Steuern beruhen und mit welchen Steuersätzen die Bewertung erfolgt ist.

Schrifttum

Baumann Die Segment-Berichterstattung im Rahmen der externen Finanzpublizität, FS Goerdeler (1987), S. 1; *Baums* Zur Offenlegung von Vorstandsvergütungen, ZHR 169 (2005), 299; *Bernards* Segmentberichterstattung in den Geschäftsberichten deutscher Unternehmen – theoretische und empirische Ergebnisse, DStR 1995, 1363; *Bischof* Anhangangaben zu den Honoraren für Leistungen des Abschlussprüfers, WPg 2006, 705; *Bischof/Hettich* Anhangangaben zu Finanzinstrumenten (§ 285 Nr. 18 und Nr. 19 HGB bzw. § 314 Abs. 1 Nr. 10 und Nr. 11 HGB i.d.F. des BilMoG), WPg 2012, 689; *Bosse* Das Gesetz zur Angemessenheit der Vorstandsvorprüfung (VorstAG) BB 2009,

1650; *Budde/Förschle* Ausgewählte Fragen zum Inhalt des Anhangs, DB 1988, 1457; *Farr* Aufstellung, Prüfung und Offenlegung des Anhangs im Jahresabschluß der AG, AG 2000, 1; *Flämig* Erhebliche Nachteile, HuRB, S. 141; *Fleischer* Das Vorstandsvergütungs-Offenlegungsgesetz, DB 2005, 1611; *Forster* Lagebericht, Prüfung und Publizität im Regierungsentwurf eines Bilanzrichtlinie-Gesetzes – Teil II –, DB 1982, 1631; *Gelhausen/Althoff* Die Bilanzierung ausschüttungs- und abführungsgesperrter Beträge im handelsrechtlichen Jahresabschluss nach dem BilMoG (Teil 1), WPg 2009, 584; *Gschrei* Die Berichterstattung über den Anteilsbesitz im Jahresabschluß, BB 1990, 1587; *Haeger* Angabe der Ergebnisbeeinflussung durch steuerrechtliche Sachverhalte nach § 285 Nr. 5 HGB, WPg 1989, 441; *ders.* Angabe der künftigen Belastungen durch steuerrechtliche Sachverhalte nach § 285 Nr. 5 HGB, WPg 1989, 608; *Haller/Park* Grundsätze ordnungsmäßiger Segmentberichterstattung, ZfbF 1994, 499; *Hauschildt/Kortmann* „Sonstige finanzielle Verpflichtungen" (§ 285 Nr. 3 HGB) als Gegenstand der Berichterstattung – eine empirische Analyse, WPg 1990, 420; *Hennke/Fett* Vorstandsvergütungs-Offenlegungsgesetz: erste Praxiserfahrungen und Stellungnahme zu E-DRS 22, BB 2007, 1267; *Hohenstatt/Wagner* Zur Transparenz der Vorstandsvergütung – 10 Fragen aus der Unternehmenspraxis, ZIP 2008, 945; *Hülsmann* Stärkung der Abschlussprüfung durch das Bilanzrechtsreformgesetz, DStR 2005, 166; *Karrenbrock* Angaben im Anhang bei steuerrechtlich begründeten Bilanzierungsmaßnahmen, BB 1993, 534; *ders.* Angaben im Anhang über künftige Belastungen auf Grund der Inanspruchnahme von Steuervergünstigungen, BB 1993, 1045; *v. Keitz/Gloth* Praxis ausgewählter HGB-Anhangangaben, DB 2013, 129 u. 185; *Kling* Anhangangaben zur Honorierung des Abschlussprüfers nach dem BilMoG, WPg 2011, 209; *Leuering/Simon* Offene Fragen zur Offenlegung der Vorstandsvergütung, NZG 2005, 945; *Liese* Sind Aufhebungsvereinbarungen von Vorstandsmitgliedern nach dem Vorstandsvergütungs-Offenlegungsgesetz individuell offenzulegen? DB 2007, 209; *Meinert* Die Bildung objektübergreifender Bewertungseinheiten nach Handels- und Steuerrecht (2010); *W. Müller* Die Änderungen im HGB und die Neuregelung der Sachdividende durch das Transparenz- und Publizitätsgesetz, NZG 2002, 752; *Müller/Panzer/Reinke* Erweiterte Angabepflichten zu latenten Steuern durch das BilMoG, StuB 2012, 937; *Pfitzer/Oser/Orth* Offene Fragen und Systemwidrigkeiten des Bilanzrechtsreformgesetzes (BilReG), DB 2004, 2593; *Philipps* Konkretisierung der Anhangangaben zu außerbilanziellen Geschäften, DB 2011, 125; *Rimmelspacher/Fey* Anhangangaben zu nahe stehenden Unternehmen und Personen nach dem BilMoG, WPg 2010, 180; *Russ* Der Anhang als dritter Teil des Jahresabschlusses, 2. Aufl. (1986); *Selchert* Die Aufgliederung der Umsatzerlöse gemäß § 285 Nr. 4 HGB, BB 1986, 560; *Spindler* Das Gesetz über die Offenlegung von Vorstandsvergütungen – VorstOG, NZG 2005, 689; *Thüsing* Das Gesetz über die Offenlegung von Vorstandsvergütungen, ZIP 2005, 1389; *Wollmert/Oser/Graupe* Anhangsangaben zu den Abschlussprüferhonoraren und zu marktunüblichen Geschäften nach BilMoG, StuB 2010, 123; *Zwirner* Herausforderungen und Risiken der neuen Anhangberichterstattung nach BilMoG, BB 2009, 2302.

Übersicht

I. Überblick

1 § 285 enthält einen **Katalog der Pflichtangaben**, die im Anhang einer Kapitalgesellschaft und einer Personenhandelsgesellschaft i.S.v. § 264a zu machen sind. Es handelt sich um eine abschließende Aufzählung. Die Angaben betreffen zum einen einzelne Posten der Bilanz und GuV, ferner aber auch sonstige Sachverhalte, wie z.B. die Zahl der Arbeitnehmer.

2 § 285 beruht weitestgehend auf Vorgaben der **4. EG-Richtlinie** und späteren Abänderungsrichtlinien, insbesondere auf Art. 43.[1] § 285 Nr. 9 Buchst. a, 10 und 11 sind durch das KonTraG[2] geändert worden; § 285 Nr. 11 Buchst. a und 15 beruhen auf dem KapCoRiLiG.[3] Weitere Änderungen und Ergänzungen erfolgten durch das TransPuG[4] (Nr. 9 Buchst. a S. 4, Nr. 16), das BilReG[5] (Nr. 17 bis 19) und das VorStOG[6] (Nr. 9 Buchst. a S. 4 bis 9). Zuletzt sind die Angabepflichten nach § 285 durch das BilMoG erheblich erweitert worden (Nr. 3, 3a, 16 bis 29).

3 Die in § 285 geforderten Angaben sind **in jedem Anhang neu** zu machen. Bezugnahmen auf frühere Jahresabschlüsse sind unzulässig, für nicht verwirklichte Sachverhalte sind Fehlanzeigen aber nicht erforderlich.[7] § 285 fordert zwar gesonderte Angaben zu allen gesetzlich vorgeschriebenen Einzelpunkten. Eine der gesetzlichen Reihenfolge entsprechende Anordnung ist jedoch nicht geboten. Die vorgeschriebenen Angaben können deshalb auch im Zusammenhang mit anderen Angaben zu gleichen Posten gemacht werden.[8]

4 § 285 spricht allgemein von **„Angaben"**. Damit meint das Gesetz im Grundsatz zahlenmäßige oder verbale Angaben. Nur ausnahmsweise fordert das Gesetz eine „Aufgliederung" (Nr. 2 und 4) oder „Erläuterung" (Nr. 9 Buchst. a S. 7 und 12). Darüber hinaus ist im Einzelfall zu entscheiden, ob weitergehende Berichtspflichten bestehen, weil diese zum Verständnis der geforderten Informationen notwendig sind.[9]

5 **Ausnahmen** von § 285 regelt § 286. **Größenabhängige Erleichterungen** für kleine und mittelgroße Kapitalgesellschaften finden sich in § 288.

[1] Vgl. näher die Erläuterungen zu den einzelnen Angaben.
[2] BGBl. I 1998, 786.
[3] BGBl. I 2000, 154.
[4] BGBl. I 2002, 2681.
[5] BGBl. I 2004, 3166.
[6] BGBl. I 2005, 2267.
[7] Statt aller Beck BilKomm-*Ellrott* Rn 1.
[8] ADS 3.
[9] Vgl. ADS 4.

II. Einzelangaben

1. Angaben zu den in der Bilanz ausgewiesenen Verbindlichkeiten (Nr. 1)

a) **Allgemeines.** Nach § 285 Nr. 1 sind zu den in der Bilanz ausgewiesenen Verbindlichkeiten folgende Angaben zu machen: Zum einen ist der **Gesamtbetrag der Verbindlichkeiten mit einer Restlaufzeit von mehr als fünf Jahren** (Nr. 1 Buchst. a) anzugeben, zum anderen der **Gesamtbetrag der durch Pfandrechte oder ähnliche Rechte gesicherten Verbindlichkeiten** unter Angabe der Art und Form der Sicherheiten (Nr. 1 Buchst. b). Beide Angabepflichten beruhen auf Art. 43 Nr. 6 der 4. EG-Richtlinie. Die Angaben nach Nr. 1 sind – im Unterschied zur Aufgliederungspflicht nach Nr. 2 – von allen Kapitalgesellschaften zu machen. 6

Die Angabepflichten nach Nr. 1 betreffen **„die in der Bilanz ausgewiesenen Verbindlichkeiten"**. Damit sind grundsätzlich – vgl. auch die Angabepflicht nach §268 Abs. 5 S. 1 – die nach § 266 Abs. 3 C. auszuweisenden Passivposten gemeint. Auszunehmen sind aber Anzahlungen auf Bestellungen (§ 266 Abs. 3 C. 3.),[10] da diese keine aktuelle Zahlungsverpflichtung zum Gegenstand haben, sondern als passive Bilanzierungshilfe nur der erfolgsneutralen Erfassung des im Übrigen schwebenden Geschäfts dienen.[11] Dies gilt unabhängig davon, ob die Anzahlungen unter den Verbindlichkeiten oder nach § 268 Abs. 5 S. 2 offen von den Vorräten abgesetzt ausgewiesen werden.[12] Mangels Verbindlichkeitscharakter unterfallen auch Rückstellungen (§ 249) und Haftungsverhältnisse (§ 251) nicht der Angabepflicht nach Nr. 1. 7

b) **Gesamtbetrag der Verbindlichkeiten mit einer Restlaufzeit von mehr als fünf Jahren (Nr. 1 Buchst. a).** Die Angabepflicht nach § 285 Nr. 1 Buchst. a ist im Zusammenhang mit der Vermerkpflicht nach § 268 Abs. 5 S. 1 (Verbindlichkeiten mit einer Restlaufzeit von bis zu einem Jahr) zu sehen. Zusammen erlauben beide Informationen eine liquiditätsbezogene Aufteilung der ausgewiesenen Verbindlichkeiten in solche mit einer Fälligkeit bis zu einem Jahr, zwischen einem und fünf Jahren und von mehr als fünf Jahren (kurz-, mittel- und langfristige Verbindlichkeiten).[13] Eine Angabe nach Nr. 1 Buchst. a ist entbehrlich, wenn schon in der Bilanz alle Verbindlichkeiten als kurzfristige nach § 268 Abs. 5 S. 1 vermerkt sind. 8

Entscheidend ist die **„Restlaufzeit"**, nicht die vertragliche Gesamtlaufzeit. Die Restlaufzeit ergibt sich aus der Zeit zwischen Abschlussstichtag und der Fälligkeit der Verbindlichkeit. Dabei ist grundsätzlich die vereinbarte Fälligkeit maßgebend, nicht der beabsichtigte Zahlungstermin.[14] Eine beabsichtigte vorzeitige Tilgung bleibt somit außer Betracht,[15] da sie kaum nachprüfbar ist und erhebliche Spielräume bei der Angabepflicht eröffnen würde,[16] wodurch der vom Gesetz angestrebte Einblick in die Liquiditätslage übermäßig gefährdet würde. Unbeachtlich sind auch geplante, aber noch nicht vereinbarte Stundungen oder vorgesehene Zahlungsverweigerungen. Eine vereinbarte Laufzeit- 9

---

[10] **AA** ADS 8.

[11] Ebenso Baumbach/Hueck/*Schulze-Osterloh* GmbHG[18] § 42 Rn 297; HdR-*Knop/Zander* § 268 Rn 208; im Ergebnis auch – keine praktische Bedeutung wegen typischerweise kurzfristiger Rückzahlungsverpflichtung – BoHdR-*Krawitz* Rn 16.

[12] **AA** – für Angabepflicht auch bei offen abgesetztem Ausweis – ADS 8.

[13] Vgl. auch Beck BilKomm-*Ellrott* Rn 6.

[14] Baumbach/Hueck/*Schulze-Osterloh* GmbHG[18] § 42 Rn 297; wohl auch Beck Bil-Komm-*Ellrott* Rn 6; BoHdR-*Krawitz* Rn 13.

[15] **AA** ADS 10 f; WP-Handbuch I F 766; HdR-*Oser/Holzwarth* §§ 284–288 Rn 127, HdJ-*Kupsch* IV/4 Rn 153.

[16] HdR-*Knop/Zander* § 268 Rn 209.

verlängerung ist dagegen zu berücksichtigen. Soweit es an einer Laufzeitvereinbarung fehlt, ist auf den voraussichtlichen Rückzahlungszeitpunkt abzustellen.[17] Bei ratenweiser Tilgung sind nur die Teilbeträge mit Restlaufzeiten über fünf Jahren anzugeben.[18] Für einen sog. „Roll-over-Kredit" kommt es auf die frühestens mögliche Fälligstellung seitens des Gläubigers an.[19]

10 Das Gesetz fordert nur die Angabe des Gesamtbetrages der Verbindlichkeiten mit einer Restlaufzeit **von mehr als fünf Jahren.** Eine Angabe von Verbindlichkeiten mit einer Restlaufzeit von bis zu fünf Jahren wird nicht verlangt.[20]

11 c) **Gesamtbetrag der gesicherten Verbindlichkeiten (Nr. 1 Buchst. b).** Nach Nr. 1 Buchst. b ist anzugeben der Gesamtbetrag der Verbindlichkeiten, die durch „Pfandrechte oder ähnliche Rechte gesichert sind". Ferner sind Art und Form der Sicherheiten anzugeben. Die Angabepflicht dient der Information darüber, in welchem Umfang das Vermögen der Gesellschaft durch Bestellung von Sicherheiten dem möglichen Zugriff neuer Gläubiger bereits entzogen ist.[21]

12 Die Angabepflicht gilt für alle Verbindlichkeiten (zum Begriff vgl. oben Rn 7) unabhängig von ihrer Laufzeit. Sie setzt eine **eigene Verbindlichkeit** voraus. Nicht anzugeben sind daher – anders als der Vermerk nach §§ 251, 268 Abs. 7 – solche Sicherheiten, die die Kapitalgesellschaft für Verbindlichkeiten Dritter gewährt hat.[22]

13 Das Gesetz spricht von Verbindlichkeiten, die „durch Pfandrechte oder ähnliche Rechte" gesichert sind. Der Begriff **„Pfandrecht"** ist im zivilrechtlichen Sinne zu verstehen. Gemeint sind damit die beschränkt dinglichen Rechte, die dem Gläubiger – wie es in § 1204 BGB heißt – das Recht geben, „Befriedigung aus der Sache zu suchen (Pfandrecht)". Dazu zählen neben dem Fahrnispfand (§ 1204 ff BGB) an beweglichen Sachen, dem Pfandrecht an Forderungen und Rechten, den Grundpfandrechten gemäß §§ 1113 ff BGB (Hypothek, Grundschuld) insbesondere auch Pfandrechte an Schiffen und Luftfahrzeugen. Der Begriff **„ähnliche Rechte"** ist nicht näher definiert. Art. 43 Nr. 6 der 4. EG-Richtlinie spricht – ohne Differenzierung nach Pfandrecht etc. – von „dinglichen Sicherheiten".[23] Daher sind als „ähnliche Rechte" alle dinglichen Sicherungsrechte zu verstehen, die nicht Pfandrechte sind.[24] Dazu zählen Eigentumsvorbehalt, Sicherungsübereignung und Sicherungsabtretung sowie der Sicherungsnießbrauch.[25]

14 Umstritten ist, ob die Angabepflicht nach § 285 Nr. 1 Buchst. b auch sog. **„branchenübliche Sicherheiten"** – z.B. Eigentumsvorbehalte bei der Lieferung von Halbfabrikaten und Waren – umfasst. Dies wird teilweise unter Hinweis auf den Gesetzeswortlaut bejaht, der keine Anhaltspunkte für eine solche Einschränkung gebe.[26] Allerdings genüge insoweit ein „allgemeiner Hinweis".[27] Nach anderer Ansicht ist die Angabepflicht auf solche Besicherungen zu beschränken, mit denen der Verkehr nicht schon selbstverständlich rechnet.[28] Diese Auffassung ist vorzugswürdig, da sie den Anhang von inhaltsleeren

---

17 Beck BilKomm-*Ellrott* Rn 6.

18 WP-Handbuch I F 766.

19 Beck BilKomm-*Ellrott* Rn 6.

20 WP-Handbuch I F 766.

21 BoHdR-*Krawitz* Rn 18.

22 Vgl. nur ADS 14.

23 Ebenso auch Art. 14 der 4. EG-Richtlinie, so dass § 268 Abs. 7 und § 285 Nr. 1 Buchst. b trotz kleiner sprachlicher Abweichung gleich auszulegen sind, vgl. *Biener/Berneke*, S. 176.

24 Im Ergebnis ebenso ADS 16; Beck BilKomm-*Ellrott* Rn 11.

25 ADS 16; Beck BilKomm-*Ellrott* Rn 11.

26 ADS 17; WP-Handbuch I F 768; MünchKommHGB/*Poelzig* Rn 19.

27 ADS 18 f; WP-Handbuch aaO; *Poelzig* aaO.

28 Beck BilKomm-*Ellrott* Rn 12; Baumbach/Hueck/*Schulze-Osterloh* GmbHG[18] § 42 Rn 500; KK-*Peters* Rn 19.

„allgemeinen Hinweisen" freihält, die dem durchschnittlichen Jahresabschlussadressaten keine zusätzlichen Informationen vermitteln würden.[29] Aus den gleichen Erwägungen sind auch Hinweise auf gesetzliche Pfandrechte entbehrlich.[30]

Anzugeben nach Nr. 1 Buchst. b ist der **Betrag der gesicherten Verbindlichkeiten,** nicht der Wert der Sicherheiten. Bei teilweiser Besicherung ist nur der besicherte Teilbetrag anzugeben. Darüber hinaus fordert das Gesetz auch die Angabe von Art und Form der gewährten Sicherheiten (z.B. Hypothek). Nicht gefordert sind dagegen Angaben dazu, welcher Betrag auf die einzelnen Arten von Sicherheiten entfällt. Die Angaben können – zusammen mit denen nach § 268 Abs. 5 S. 1, 285 Nr. 1 Buchst. a, Nr. 2 – in einem sog. *Verbindlichkeitenspiegel* zusammengefasst werden. **15**

2. Aufgliederung der in Nr. 1 verlangten Angaben (Nr. 2). Nach § 285 Nr. 2 sind die nach Nr. 1 anzugebenden Gesamtbeträge der Verbindlichkeiten mit einer Restlaufzeit von mehr als fünf Jahren und der gesicherten Verbindlichkeiten **„für jeden Posten der Verbindlichkeiten nach dem vorgeschriebenen Gliederungsschema"** aufzugliedern. Die Angabepflicht nach Nr. 2 beruht ebenso wie die nach Nr. 1 auf Art. 43 Nr. 6 der 4. EG-Richtlinie. Der deutsche Gesetzgeber hat die Angabepflichten in zwei Nummern aufgeteilt, um von den größenabhängigen Erleichterungen nach Art. 44 Abs. 1 der 4. EG-Richtlinie Gebrauch machen zu können (vgl. § 288). **16**

Die Aufgliederung hat **im Anhang zu** erfolgen. Das frühere Ausweiswahlrecht (Anhang oder Bilanz, vgl. § 285 Nr. 2 a.F.) hat der Gesetzgeber im BilMoG aus Gründen der Klarheit und besseren Übersichtlichkeit aufgehoben.[31] Die Aufgliederung ist für jeden als Verbindlichkeit (vgl. oben Rn 7) ausgewiesenen Einzelposten vorzunehmen. Wird das Gliederungsschema in § 266 Abs. 3 C. gemäß § 265 Abs. 5 S. 1 und 2 erweitert, sind auch diese Zusatzposten in die Aufgliederung einzubeziehen.[32] In Hinsicht auf die gebotenen umfangreichen Angaben ist ein sog. *Verbindlichkeitenspiegel* zu empfehlen,[33] in dem alle gesetzlich vorgeschriebenen Vermerke und Angaben (§§ 268 Abs. 5 S. 1, 285 Nr. 1, 2) zusammengefasst werden.[34] **17**

3. Angaben zu nicht in der Bilanz enthaltenen Geschäften (Nr. 3)

a) **Allgemeines und Zweck der Angabepflicht.** § 285 Nr. 3 verpflichtet die Unternehmen, Art und Zweck sowie Risiken und Vorteile von nicht in der Bilanz enthaltenen Geschäften anzugeben, soweit dies für die Beurteilung der Finanzlage notwendig ist. Durch die Angabepflicht soll die Darstellung der Finanzlage erweitert werden, um ein vollständigeres und auch die Zukunftsentwicklung besser erfassendes Gesamtbild zu vermitteln.[35] Die Vorschrift beruht auf Art. 43 Abs. 1 Nr. 7 Buchst. a der 4. EG-Richtlinie i.d.F. der Abänderungsrichtlinie. Sie ist durch das BilMoG neu in § 285 eingefügt worden. **18**

b) **Verhältnis zu § 285 Nr. 3 Buchst. a.** Die Angabepflicht nach § 285 Nr. 3 steht in engem Zusammenhang mit der – früher in § 285 Nr. 3 a.F. geregelten – weiteren Angabepflicht nach § 285 Nr. 3 Buchst. a betreffend den Gesamtbetrag der sonstigen finan- **19**

---

29 Baumbach/Hueck/*Schulze-Osterloh* GmbHG[18] § 42 Rn 500.
30 Gegen Angabepflicht auch ADS 17; WP-Handbuch I F 768.
31 Vgl. BT-Drucks. 16/10067, S. 68.
32 ADS 27; WP-Handbuch I F 769; einschränkend – nur bei § 265 Abs. 5 S. 2 – Beck BilKomm-*Ellrott* Rn 17.
33 So auch BT-Drucks. 16/10067, S. 68 f.
34 Näheres bei ADS 26; St/SABI 3/1986, WPg 1986, 670; BoHdR-*Krawitz* Rn 26.
35 BT-Drucks. 16/10067, S. 70.

ziellen Verpflichtungen. Um Doppelerfassungen auszuschließen, hat der Gesetzgeber § 285 Nr. 3 Buchst. a mit der Einschränkung versehen, dass nicht in der Bilanz erscheinende Verpflichtungen nur anzugeben sind, wenn die Angabe nicht unter Nr. 3 zu erfolgen hat. Der Anwendungsbereich von Nr. 3 ist insoweit enger als der von Nr. 3 Buchst. a, als die Angabe für die Beurteilung der Finanzlage „notwendig" und nicht nur „von Bedeutung" sein muss (siehe Rn 21), jedoch insoweit weiter, als der Begriff „Risiko" einen geringeren Grad an Eintrittswahrscheinlichkeit impliziert als der Begriff „finanzielle Verpflichtung".[36] Hinter speziellere Angabepflichten tritt Nr. 3 hingegen zurück.[37]

20 c) **Nicht in der Bilanz enthaltene Geschäfte.** Die Angabepflicht nach § 285 Nr. 3 betrifft „nicht in der Bilanz enthaltene Geschäfte". Nach der Gesetzesbegründung handelt es sich um „alle Transaktionen, die von vornherein dauerhaft keinen Eingang in die Handelsbilanz finden oder einen dauerhaften Abgang von Vermögensgegenständen oder Schulden aus der Handelsbilanz nach sich ziehen".[38] Solchen außerbilanziellen „Geschäften" liegen regelmäßig rechtsgeschäftliche Vereinbarungen zugrunde. Dazu können auch schwebende Geschäfte gehören. Allerdings verlangt § 285 Nr. 3 – schon wegen der Beschränkung auf „notwendige Angaben" – keineswegs die Angabe aller am Bilanzstichtag kurzfristig in der Schwebe befindlichen Lieferungen und Leistungen des gewöhnlichen Geschäftsbetriebs.[39] Soweit die betreffenden Geschäfte in der Bilanz erfasst werden (z.B. durch Aktivierung der geleasten Gegenstände), entfällt auch die Angabepflicht.

21 d) **Wesentlichkeit der Geschäfte und Notwendigkeit der Angaben für die Beurteilung der Finanzlage.** Die Angabepflicht besteht nach dem Wortlaut des § 285 Nr. 3 nur, soweit sie für die Beurteilung der Finanzlage „notwendig" ist. Demgegenüber setzt die Angabe nach Art. 43 Abs. 1 Nr. 7 Buchst. a der 4. EG-Richtlinie voraus, dass die „Risiken und Vorteile, die aus solchen Geschäften entstehen, wesentlich sind, und ... die Offenlegung ... für die Beurteilung der Finanzlage der Gesellschaft notwendig ist." Der deutsche Gesetzgeber hat auf die Umsetzung des zusätzlichen Merkmals der Wesentlichkeit verzichtet, da eine Angabe nur dann „notwendig" sei, wenn die zugrunde liegenden Risiken und Vorteile auch wesentlich sind.[40] Daraus ergibt sich zugleich, dass das Merkmal der Notwendigkeit (§ 285 Nr. 3) enger zu interpretieren ist als das Merkmal „von Bedeutung" (§ 285 Nr. 3 Buchst. a): Es sind solche Vorteile und Risiken anzugeben, „die erwarten lassen, dass sich die Liquiditätslage eines Unternehmens künftig wesentlich verschlechtert oder verbessert, oder durch die das Unternehmen künftig wesentlich besser oder schlechter in der Lage ist, seine bestehenden Verpflichtungen zu erfüllen".[41] Ebenso wie bei § 285 Nr. 3 Buchst. a dürften relative Kennzahlen allenfalls eine indizielle Bedeutung haben, da es immer auf die konkrete Finanzlage des Unternehmens ankommt (vgl. auch Rn 30). Referenzzeitpunkt ist der Bilanzstichtag. Über Risiken und Vorteile ist getrennt und – soweit möglich – quantitativ[42] zu berichten. Eine kompensatorische Betrachtung ist nicht zulässig.

---

[36] *IDW* RS HFA 32 Rn 27; MünchKommHGB/*Poelzig* Rn 47.

[37] MünchKommHGB/*Poelzig* Rn 48.

[38] BT-Drucks. 16/10067, S. 69; vgl. auch *IdW* RS HFA 32 Rn 4 ff; *Philipp* DB 2011, 126 f.

[39] So auch BT-Drucks. 16/10067, S. 69 enger Beck BilKomm-*Ellrott* Rn 27.

[40] BT-Drucks. 16/10067, S. 69.

[41] BT-Drucks. 16/10067, S. 69.

[42] *IDW* RS HFA 32 Rn 22 f; MünchKomm HGB/*Poelzig* Rn 44.

e) **Einzelfälle.** Nach Erwägungsgrund 9 der Abänderungsrichtlinie gehören zu den außerbilanziellen Geschäften z.B. Risiko- und Gewinnverteilungsvereinbarungen oder Verpflichtungen aus Verträgen, wie z.B. Factoring, Pensionsgeschäfte, Konsignationslagervereinbarungen, Verträge mit unbedingter Zahlungsverpflichtung („take or pay"-Verträge); Forderungsverbriefung über gesonderte Gesellschaften oder nicht rechtsfähige Einrichtungen, Verpfändung von Aktiva, Leasingverträge, Auslagerung von Tätigkeiten o.ä. **22**

f) **Umfang der Angaben.** Soweit eine Notwendigkeit gegeben ist, sind neben den Risiken und Vorteilen (finanziellen Auswirkungen) auch Art und Zweck des Geschäfts anzugeben (z.B. eine Klassifikation nach Art des Gegenstandes, also etwa „Leasinggeschäfte, Pensionsgeschäfte etc."). Mit dem Zweck sind die Gründe für die Eingehung des Geschäfts gemeint (bei Eingehung eines Leasinggeschäfts also z.B. die Verbesserung der Liquidität).[43] **23**

3a. Angabe des Gesamtbetrages der sonstigen finanziellen Verpflichtungen (Nr. 3 Buchst. a)

a) **Allgemeines und Zweck der Angabepflicht.** Nach § 285 Nr. 3 Buchst. a müssen Kapitalgesellschaften im Anhang den Gesamtbetrag der **„sonstigen finanziellen Verpflichtungen"** angeben, „die nicht in der Bilanz enthalten und auch nicht nach § 251 anzugeben sind, sofern diese Angabe für die Beurteilung der Finanzlage von Bedeutung ist". Die Angabepflicht nach Nr. 3 Buchst. a beruht auf Art. 43 Nr. 7 der 4. EG-Richtlinie, wobei die von der Richtlinie geforderten Angaben zu Pensionsverpflichtungen, die nicht als Rückstellungen in der Bilanz ausgewiesen sind, eine gesonderte Regelung in Art. 28 EGHGB erfahren haben. **24**

Die Angabe der „sonstigen finanziellen Verpflichtungen" nach § 285 Nr. 3 Buchst. a dient – wie das Gesetz ausdrücklich feststellt – einer (verbesserten) „Beurteilung der Finanzlage" des Unternehmens und damit zugleich der Vermittlung des von § 264 Abs. 2 S. 1 geforderten Bildes.[44] Externe Jahresabschlussleser sollen einen **möglichst vollständigen Einblick in die Liquiditätslage** erhalten. Daraus erklären sich auch zugleich die beiden gesetzlichen Bedingungen für die Angabepflicht nach Nr. 3 Buchst. a: Zum einen sind nur solche finanziellen Verpflichtungen gemeint, die aus der Bilanz (und GuV)[45] nicht ersichtlich sind (z.B. infolge des Nichtausweises schwebender Geschäfte oder auf Grund von Passivierungswahlrechten). Ferner muss ihre Angabe für die Beurteilung der Finanzlage „von Bedeutung sein" (Wesentlichkeitsprinzip).[46] Eine im Regierungsentwurf noch enthaltene beispielhafte Aufzählung[47] ist bewusst nicht in das Gesetz übernommen worden.[48] **25**

Die Angabepflicht nach § 285 Nr. 3 Buchst. a steht in einem engen Zusammenhang mit der **Angabepflicht nach § 285 Nr. 3.** Um Doppelerfassungen auszuschließen, bestimmt § 285 Nr. 3 Buchst. a ausdrücklich, dass nicht in der Bilanz erscheinende Verpflichtungen nur dann anzugeben sind, wenn die Angabe nicht bereits unter § 285 Nr. 3 zu erfolgen hat (siehe dazu Rn 19). **26**

---

[43] Beck BilKomm-*Ellrott* Rn 31.
[44] Eingehend zur „Finanzlage" *Selchert* DB 1987, 545.
[45] Dazu sogleich Rn 29.
[46] Zur Wesentlichkeit im Anhang vgl. § 284 Rn 13 ff.
[47] Vgl. § 272 Abs. 1 Nr. 2 HGB-E.
[48] Man wollte der weiteren Entwicklung nicht vorgreifen, vgl. BT-Drucks. 10/317, S. 93.

27 b) **Abgrenzung der anzugebenden Verpflichtungen.** Aus dem Wortlaut des Nr. 3 Buchst. a lässt sich zunächst ableiten, dass nur *Zahlungsverpflichtungen* gemeint sind, weil nur diese Einfluss auf die Finanzlage haben können. Sach- und Dienstleistungspflichten fallen somit regelmäßig nicht unter die Angabepflicht.[49] Ferner sind auch nur eigene Verpflichtungen der Gesellschaft berichtspflichtig. Unerheblich ist, ob es sich um rechtliche (z.B. aus schwebenden Geschäften) oder faktische Verpflichtungen (z.B. unvermeidbaren zukünftigen Instandhaltungsaufwand) handelt. Entscheidend ist nur, dass die Auszahlung „unvermeidbar" ist.[50] Sodann setzt eine Angabe voraus, dass die finanzielle Verpflichtung nicht schon als Verbindlichkeit oder Rückstellung **in der Bilanz ausgewiesen ist.** Ferner geht auch ein Vermerk nach § 251 vor. Soweit die vorstehenden Kriterien erfüllt sind, kommt grundsätzlich eine Angabe im Anhang in Betracht.

28 c) **Bedeutung für die Beurteilung der Finanzlage.** Weitere Voraussetzung für eine Angabepflicht ist, dass die Angabe „für die Beurteilung der Finanzlage von Bedeutung ist". Diese *Einschränkung* lässt sich in zweifacher Hinsicht konkretisieren:

29 Zum einen sind Angaben nur dann veranlasst, wenn sich die betreffenden Informationen **nicht anderweitig aus dem Jahresabschluss ergeben.** Nicht erforderlich sind deshalb Angaben zu jährlich ungefähr gleichbleibenden laufenden Aufwandsposten, die sich bereits aus der GuV (z.B. Material- und Personalaufwand, Kreditzinsen) ablesen lassen. Insoweit geht der Ausweis in der GuV der Angabepflicht nach § 285 Nr. 3 Buchst. a vor.[51]

30 Zum anderen muss die Angabe **für den Einblick in die Finanzlage „von Bedeutung"**, also „wesentlich" sein.[52] Fraglich ist, ob es für die Wesentlichkeit – wie es der Wortlaut nahelegt – in erster Linie auf den „Gesamtbetrag"[53] oder auch auf die einzelne finanzielle Verpflichtung ankommt.[54] Richtigerweise sind beide Aspekte zu verbinden.[55] Einerseits können viele für sich betrachtet eher „unbedeutende" Einzelverpflichtungen in ihrer Summe durchaus für die Finanzlage von Bedeutung sein.[56] Andererseits lässt sich die „Bedeutung" des Gesamtbetrages ohne Kenntnis seiner Zusammensetzung, insbesondere der Art und Fälligkeiten der Einzelverpflichtungen, nicht sinnvoll beurteilen.[57] Nicht angabepflichtig sind danach in der Regel „übliche", kurzfristige finanzielle Verpflichtungen aus der kontinuierlichen Fortführung des Geschäftsbetriebs, die ohne weiteres erfüllt werden können (soweit nicht ohnehin schon aus der GuV ersichtlich).[58] Relative Kennzahlen – z.B. 10 v.H. der Bilanzsumme oder der ausgewiesenen Verbindlichkeiten[59] – haben allenfalls indizielle Bedeutung. Entscheidend ist die konkrete Finanzlage (vorhandene Zahlungsmittel, cash-flow, Verschuldung, Liquidität etc.).[60] Unter diesem Gesichtspunkt ist auch die Verteilung der Fälligkeiten relevant.[61]

---

[49] *Selchert* DB 1987, 546; Beck BilKomm-*Ellrott* Rn 42; weitergehend – auch Beschaffungsschulden – ADS 49; HdR-*Oser/Holzwarth* §§ 284–288 Rn 149.

[50] *Selchert* DB 1987, 546.

[51] Überzeugend *Selchert* DB 1987, 547; BoHdR-*Krawitz* Rn 47.

[52] Zum Wesentlichkeitsgrundsatz vgl. allgemein § 284 Rn 13 ff.

[53] So im Grundsatz ADS 74; WP-Handbuch I F 792; *Selchert* DB 1987, 548; wohl auch Baumbach/Hueck/*Schulze-Osterloh* GmbHG[18] § 42 Rn 517; BoHdR-*Krawitz* Rn 47; HdJ-*Kupsch* IV/4 Rn 223.

[54] Beck BilKomm-*Ellrott* Rn 51.

[55] Vgl. auch KK-*Peters* Rn 45.

[56] *Selchert* DB 1987, 548.

[57] So wohl auch ADS 74.

[58] ADS 73; Baumbach/Hueck/*Schulze-Osterloh* GmbHG[18] § 42 Rn 518; Beck BilKomm-*Ellrott* Rn 51; HdJ-*Kupsch* IV/4 Rn 223.

[59] BoHdR-*Krawitz* Rn 49.

[60] Statt aller ADS 73; Beck BilKomm-*Ellrott* Rn 51.

[61] ADS 74; **aA** wohl *Selchert* DB 1987, 548.

d) **Wichtige Einzelfälle.**[62] Nach Nr. 3 Buchst. a angabepflichtig sind insbesondere *Zahlungsverpflichtungen aus sog. schwebenden Geschäften*, insbesondere Dauerschuldverhältnissen, die nach allgemeinen Grundsätzen weder als Verbindlichkeit noch als Rückstellung ausgewiesen werden. Dazu zählen z.B. Zahlungspflichten aus Miet- und Leasingverträgen mit einer Restlaufzeit von mehr als einem Jahr und langfristigen Abnahmeverträgen.[63] Ferner sind anzugeben zukünftige *Verpflichtungen aus begonnenen Investitionsvorhaben*. Dies gilt nicht nur für bereits abgeschlossene (Teil-)Verträge, sondern darüber hinaus auch für noch nicht abgeschlossene Folgeaufträge, wenn zumindest ein wirtschaftlicher, faktischer Abschlusszwang besteht.[64] Weitere Beispielsfälle für Angabepflichten sind: Verpflichtungen aus *Verlustübernahmen* (vgl. § 302 AktG); Verpflichtungen aus zukünftigen *Großreparaturen*, soweit keine Passivierung nach § 249 Abs. 2 erfolgt; finanzielle Belastungen aus zukünftig notwendigen öffentlich-rechtlichen *Umweltschutzverpflichtungen*, soweit die Voraussetzungen für eine Rückstellungsbildung noch nicht vorliegen; Verpflichtungen aus *Vertragsstrafen*[65]; *Haftungsverhältnisse*, soweit diese nicht schon nach § 251 vermerkt sind, z.B. Bürgschaftsverbindlichkeiten aus einer zukünftigen Erhöhung der Hauptschuld[66] oder die Haftung aus der Beteiligung an einer Personengesellschaft und sonstige gesellschaftsrechtliche Haftungstatbestände, z.B. aus § 24 GmbHG.[67] **31**

e) **Umfang der Darstellung.** Das Gesetz fordert seinem Wortlaut nach nur die *zahlenmäßige* Angabe des „Gesamtbetrags" ohne weitere Aufgliederung nach Fristigkeiten.[68] Eine solche Angabe ist aber vielfach nicht geeignet, ein dem Prinzip des „true and fair view" entsprechendes Bild der Finanzlage zu vermitteln. Daher ist aus § 264 Abs. 2 S. 1 eine Pflicht zur Aufgliederung des Gesamtbetrages abzuleiten.[69] Insbesondere ist über einmalige und laufende Verpflichtungen getrennt zu berichten, bei letzteren genügt aber die Angabe des jährlichen Gesamtbetrags und der Laufzeit.[70] Verpflichtungen, die erst in späteren Perioden fällig werden, sind mit dem Erfüllungsbetrag anzugeben.[71] **32**

f) **Verpflichtungen gegenüber verbundenen Unternehmen.** Verpflichtungen gegenüber verbundenen Unternehmen – z.B. aus Verlustübernahmen – sind nach § 285 Nr. 3 Buchst. a 2. Halbs. gesondert anzugeben. Zum Begriff „verbundene Unternehmen" vgl. § 271 Rn 13 ff. **33**

---

[62] Zum Folgenden siehe auch die Übersichten bei ADS 42 ff; Beck BilKomm-*Ellrott* Rn 60 ff; HdJ-*Kupsch* IV/4 Rn 212 ff.

[63] Vgl. nur ADS 43 f; Baumbach/Hueck/*Schulze-Osterloh* GmbHG[18] § 42 Rn 516.

[64] Baumbach/Hueck/*Schulze-Osterloh* aaO; einschränkend ADS 46.

[65] Dazu näher ADS 66 f; Beck BilKomm-*Ellrott* Rn 73.

[66] Baumbach/Hueck/*Schulze-Osterloh* GmbHG[18] § 42 Rn 516.

[67] ADS 58 ff (63); Beck BilKomm-*Ellrott* Rn 71 f.

[68] Zum Umfang der Berichterstattung in der Praxis vgl. Angaben bei *Hauschildt/Kortmann* WPg 1990, 420.

[69] Vgl. Baumbach/Hueck/*Schulze-Osterloh* GmbHG[18] § 42 Rn 517; MünchKommHGB/*Poelzig* Rn 60; ebenso wohl Beck BilKomm-*Ellrott* Rn 54; BoHdR-*Krawitz* Rn 58; HdR-*Oser/Holzwarth* §§ 284–288 Rn 164; **aA** – keine Aufgliederung – ADS 76; HdJ-*Kupsch* IV/4 Rn 225; WP-Handbuch I F 793.

[70] *Schulze-Osterloh* aaO; vgl. auch *IdW* SABl 3/1986, WPg 1986, 671.

[71] Beck BilKomm-*Ellrott* Rn 55; HdR-*Oser/Holzwarth* §§ 284–288 Rn 167; Baumbach/Hueck/*Schulze-Osterloh* GmbHG[18] § 42 Rn 517; BoHdR-*Krawitz* Rn 56; **aA** – Abzinsung zulässig – ADS 78; HdJ-*Kupsch* IV/4 Rn 221; WP-Handbuch I F 795.

4. Aufgliederung der Umsatzerlöse nach Tätigkeitsbereichen sowie nach geographisch bestimmten Märkten (Nr. 4)

34 a) **Allgemeines und Zweck der Angabepflicht.** § 285 Nr. 4 verpflichtet große Kapitalgesellschaften unter bestimmten Voraussetzungen zu einer Aufschlüsselung ihrer Umsatzerlöse. Die Bestimmung beruht auf Art. 43 Abs. 1 Nr. 8 der 4. EG-Richtlinie.[72] Die Pflicht zur Segmentberichterstattung dient der Verbesserung des Einblicks in die Ergebnissituation bei großen Unternehmen, die auf unterschiedlichen Tätigkeitsfeldern und internationalen Märkten tätig sind. Denn je stärker ein Unternehmen diversifiziert ist, desto schwieriger ist es für den externen Rechnungslegungsadressaten, aus dem Jahresabschluss aussagekräftige Informationen über die Lage des Unternehmens abzuleiten. Durch die Aufgliederung der Umsatzzahlen in sachlicher und geographischer Hinsicht erhält der Bilanzleser einen Einblick in die unterschiedlichen Entwicklungen der verschiedenen Tätigkeitsbereiche und Märkte.[73] Es wird sichtbar gemacht, wie viel die verschiedenen Tätigkeitsbereiche zum Umsatz beitragen und wie das Unternehmen von Ausfuhren nach welchem Land abhängig ist.[74]

35 **Kleine und mittelgroße Kapitalgesellschaften** sind von der Pflicht zur Aufgliederung der Umsätze befreit. Große Kapitalgesellschaften können unter den Voraussetzungen des § 286 Abs. 2 von einer Aufschlüsselung absehen. Für Versicherungsunternehmen gilt die vorrangige Regelung des § 341a Abs. 2 S. 2.

36 b) **Umsatzerlöse.** Das Gesetz beschränkt die Pflicht zur Segmentberichterstattung auf die „Umsatzerlöse". Damit verweist § 285 Nr. 4 auf den entsprechenden Begriff im Rahmen der GuV (vgl. §§ 275 Abs. 2 Nr. 1, Abs. 3 Nr. 1). Nach der gesetzlichen Definition in § 277 Abs. 1 sind dies die „Erlöse aus dem Verkauf und der Vermietung und Verpachtung von für die gewöhnliche Geschäftstätigkeit der Kapitalgesellschaft typischen Erzeugnissen und Waren sowie aus von für die gewöhnliche Geschäftstätigkeit der Kapitalgesellschaft typischen Dienstleistungen nach Abzug von Erlösschmälerungen und der Umsatzsteuer". Soweit der Wortlaut des § 285 Nr. 4 von der Begriffsbestimmung in § 277 Abs. 1 in einzelnen Punkten abweicht (z.B. fehlt der Hinweis auf die Vermietung und Verpachtung), kommt dem keine sachliche Bedeutung zu. Gegenstand der Aufgliederung sind somit die in Position 1 des Gliederungsschemas der GuV ausgewiesenen Beträge.[75]

37 c) **Aufgliederung nach Tätigkeitsbereichen und geographisch bestimmten Märkten.** Die Aufgliederungspflicht nach Nr. 4 hat zum einen nach „Tätigkeitsbereichen" und zum anderen nach „geographisch bestimmten Märkten" zu erfolgen. Das Gesetz enthält keine nähere Definition dazu, wonach die Tätigkeitsbereiche und die geographisch bestimmten Märkte abzugrenzen sind. Es findet sich nur der Hinweis, dass bei der Aufgliederung der Umsatzerlöse die „Organisation des Verkaufs" zu berücksichtigen ist.

38 Als Unterscheidungsmerkmale für **„Tätigkeitsbereiche"** kommen vor allem in Betracht: Abnehmergruppen, Arten der Erzeugnisse bzw. Dienstleistungen, organisatorische Einheiten.[76] Welches die sachgerechte Aufgliederung ist, lässt sich nur im Einzelfall beur-

---

72 Vgl. die Übersicht über die weitergehenden angelsächsischen Rechnungslegungsrechte bei *Haller/Park* ZfbF 1994, 506 ff.

73 Zum Zweck der Umsatzaufgliederung vgl. nur ADS 84; *Selchert* BB 1986, 560 ff; *Haller/Park* ZfbF 1994, 499 ff.

74 HuRB-*Flämig*, S. 141.

75 ADS 86; *Selchert* BB 1986, 563; HdR-*Oser/Holzwarth* §§ 284–288 Rn 170.

76 Vgl. etwa Baumbach/Hueck/*Schulze-Osterloh* GmbHG[18] § 42 Rn 502; *Selchert* BB 1986, 563.

teilen. Ziel muss es sein, unterschiedliche Ergebnisrisiken in einzelnen Unternehmensbereichen transparent zu machen. Wie auch der gesetzliche Hinweis auf die „Verkaufsorganisation" zeigt, geht es dabei um *Absatzrisiken.*[77] Dagegen ist eine Abgrenzung nach Produktionsstandorten und Fertigungsverfahren regelmäßig nicht sachgerecht.[78]

Die Aufgliederung nach **„geographisch bestimmten Märkten"** meint Differenzierungen nach Kontinenten, Ländern und Ländergruppen (Inland-/Ausland) bzw. Regionen. Es geht um eine gebietsmäßige, erdkundliche Trennung der Märkte.[79] **39**

Die Aufgliederung hat **unter „Berücksichtigung" der Verkaufsorganisation** zu erfolgen. Das Bestehen unterschiedlicher Verkaufseinheiten für verschiedene Produkte, Dienstleistungen, Abnehmer bzw. geographisch bestimmte Märkte ist aber nur ein wichtiges Indiz für die Sinnhaftigkeit einer entsprechenden Aufschlüsselung.[80] Dagegen macht eine einheitliche Verkaufsorganisation eine Umsatzaufgliederung keineswegs entbehrlich. Vielmehr bleibt zu prüfen, ob trotz einheitlicher Organisation spezifische Risiken aus einzelnen Tätigkeitsbereichen oder geographisch bestimmten Märkten gegeben sind.[81] **40**

d) **Voraussetzung der Umsatzaufgliederung.** Voraussetzung für eine Umsatzaufgliederung ist, dass sich die Tätigkeitsbereiche und geographisch bestimmten Märkte „untereinander erheblich unterscheiden". Nicht hinreichend ist, dass irgendwelche Unterschiede zwischen den Abnehmern, der Art der Produkte und Dienstleistungen bzw. den einzelnen Absatzmärkten bestehen. Auch eine quantitative Betrachtung nach Umsatzanteilen (z.B. mindestens 10 v.H.) ist nicht ausschlaggebend.[82] Nach dem Sinn und Zweck der Umsatzaufgliederung, Einblick in unterschiedliche Ergebnisrisiken zu gewähren, ist ein „erheblicher Unterschied" nur dann gegeben, wenn für die einzelnen Bereiche und Märkte *heterogene Risikoerwartungen von beachtlichem Gewicht* bestehen.[83] **41**

e) **Art der Darstellung.** Da die Umsatzerlöse in der GuV wertmäßig ausgewiesen werden, ist dementsprechend auch eine *wertmäßige Aufgliederung* dieses Betrages gefordert. Die Aufgliederung kann entweder durch Angabe der Teilbeträge erfolgen oder durch Angabe der prozentualen Verteilung.[84] Dagegen ist die Angabe von Umsatzmengen weder hinreichend noch notwendig. Sie ist aber als Zusatzangabe zulässig.[85] **42**

Eine einmal gewählte Art der Aufgliederung unterliegt dem **Stetigkeitsgebot**, d.h. von ihr darf in den Folgejahren nicht ohne sachlichen Grund abgewichen werden.[86] Anlass für Änderungen kann z.B. eine Unternehmensumstrukturierung sein. **43**

---

77 ADS 89; HdJ-*Kupsch* IV/4 Rn 162.

78 ADS 89; *Selchert* BB 1986, 564; **aA** wohl BoHdR-*Krawitz* Rn 69; HdJ-*Kupsch* IV/4 Rn 161; Beck BilKomm-*Ellrott* Rn 91.

79 *Selchert* BB 1986, 563.

80 ADS 93; *Selchert* BB 1986, 562.

81 *Selchert* BB 1986, 562; HdJ-*Kupsch* IV/4 Rn 164; BoHdR-*Krawitz* Rn 74; Baumbach/Hueck/*Schulze-Osterloh* GmbHG[18] § 42 Rn 502; **aA** – im Anschluss an *Forster* DB 1982, 1631 – Beck BilKomm-*Ellrott* Rn 93; wohl auch ADS 93; MünchKomm-HGB/*Poelzig* Rn 104.

82 **AA** Beck BilKomm-*Ellrott* Rn 92.

83 So *Selchert* BB 1986, 562; Baumbach/Hueck/*Schulze-Osterloh* GmbHG[18] § 42 Rn 502; ähnlich BoHdR-*Krawitz* Rn 72 ff; HdR-*Oser/Holzwarth* §§ 284–288 Rn 170; HdJ-*Kupsch* IV/4 Rn 164.

84 ADS 95; WP-Handbuch I F 894; Baumbach/Hueck/*Schulze-Osterloh* GmbHG[18] § 42 Rn 502.

85 Vgl. nur BoHdR-*Krawitz* Rn 76.

86 ADS 85; Beck BilKomm-*Ellrott* Rn 90; Baumbach/Hueck/*Schulze-Osterloh* GmbHG[18] § 42 Rn 502; *Selchert* BB 1986, 562.

5. *(aufgehoben)*

44 Nach § 285 Nr. 5 a.F. war das Ausmaß anzugeben, in dem das Jahresergebnis durch die Inanspruchnahme oder Beibehaltung steuerrechtlicher Sonderabschreibungen oder durch die Bildung von Sonderposten mit Rücklageanteil beeinflusst wurde. Die **Berichtspflicht** ist mit der Aufhebung der §§ 254, 273, 280 Abs. 2 durch das BilMoG weggefallen.

6. Angabe des Umfangs der Belastung des Ergebnisses aus der gewöhnlichen Geschäftstätigkeit und des außergewöhnlichen Ergebnisses durch Steuern vom Einkommen und Ertrag (Nr. 6)

45 a) **Allgemeines und Zweck der Angabepflicht.** Nach § 285 Nr. 6 ist im Anhang anzugeben, welcher Anteil des Ertragsteueraufwandes auf das Ergebnis aus der gewöhnlichen und aus der außergewöhnlichen Geschäftstätigkeit entfällt. Die Angabepflicht beruht auf Art. 30 Abs. 2 der 4. EG-Richtlinie. Mitgliedstaaten, die in Ausübung des Wahlrechts aus Art. 30 Abs. 1 abweichend vom Gliederungsschema der Art. 23–26 einen zusammengefassten Ausweis der Steuern vom Einkommen und Ertrag in der GuV vorsehen, müssen danach eine Ertragsteueraufteilung im Anhang vorschreiben.

46 Die Pflicht zur Aufteilung des in der GuV angegebenen Ertragsteueraufwandes dient der **Verbesserung des Einblicks in die Ertragslage** der Gesellschaft, da sie eine annäherungsweise Ermittlung des ordentlichen bzw. außerordentlichen Ergebnisses nach Steuern erlaubt.[87]

47 b) **Einzelfragen.** Die Angabepflicht nach Nr. 6 dient der **Erläuterung der in der GuV ausgewiesenen Beträge**. Die Bezugsgrößen für die Ertragsteueraufteilung ergeben sich folglich aus den entsprechenden GuV-Posten „Ergebnis der gewöhnlichen Geschäftstätigkeit" (§ 275 Abs. 2 Nr. 14, Abs. 3 Nr. 13), „außerordentliches Ergebnis" (§ 275 Abs. 2 Nr. 17, Abs. 3 Nr. 16), „Steuern von Einkommen und vom Ertrag" (§ 275 Abs. 2 Nr. 18, Abs. 3 Nr. 17). Letztere umfassen die Körperschaftsteuer einschließlich des Solidaritätszuschlages, die Gewerbesteuer sowie Kapitalertragsteuern.

48 Die **Angabepflicht nach Nr. 6 entfällt**, wenn in der GuV kein a.o. Ergebnis ausgewiesen wird.[88] Ferner ist nach dem eindeutigen Wortlaut – „Belastung" – eine Aufteilung auch dann nicht geboten, wenn im jeweiligen Geschäftsjahr überhaupt kein Ertragsteueraufwand entstanden ist. Dies gilt unabhängig davon, ob beide Teilergebnisse negativ bzw. null sind,[89] ein negatives Teilergebnis das positive andere überwiegt oder sich Verlustvorträge bzw. Ausschüttungen ausgewirkt haben.[90] Überwiegt ein positives Teilergebnis das negative andere, so ist nur anzugeben, dass der Steueraufwand nur das positive Teilergebnis belastet.[91] Die Angabe einer fiktiven Steuerminderung des positiven Teilergebnisses[92] ist dagegen nicht geboten, da das Gesetz nur die Aufteilung der „Belastung" fordert.[93]

---

87 HdJ-*Kupsch* IV/4 Rn 182.
88 Statt aller ADS 128, HdJ-*Kupsch* IV/4 Rn 183.
89 BoHdR-*Krawitz* Rn 118.
90 ADS 137 f; WP-Handbuch I F 904; HdJ-*Kupsch* IV Rn 188; **aA** Beck BilKomm-*Ellrott* Rn 120.
91 ADS 136*;* Beck BilKomm-*Ellrott* Rn 120*;* HdJ-*Kupsch* IV/4 Rn 188.
92 So aber BoHdR-*Krawitz* Rn 116; *Budde/Förschle* DB 1988, 1465.
93 Beck BilKomm-*Ellrott* Rn 120.

Der in der GuV ausgewiesene Steueraufwand ist im Regelfall zweier positiver Teilergebnisse **im Verhältnis dieser Ergebnisse aufzuteilen.**[94] Dies gilt auch für Minderungen des Körperschaftsteueraufwandes durch Ausschüttungen, da sie sich nicht einem Teilergebnis zuordnen lassen.[95] Eine disproportionale Aufteilung ist aber bei steuerfreien Einkommensteilen geboten, ferner bei Steuerminderungen durch Verlustvorträge, soweit diese aus einem bestimmten Teilergebnis herrühren, sowie bei gewerbesteuerlichen Hinzurechnungen und Kürzungen.[96] **49**

Anzugeben ist nur der „Umfang", in dem der Ertragsteueraufwand auf die Teilergebnisse entfällt. Eine betragsmäßige Angabe ist somit nicht geboten.[97] Nach dem Willen des Gesetzgebers sollte es den Unternehmen überlassen bleiben, ob sie **Beträge** angeben **oder Erläuterungen in allgemeiner Form** machen.[98] Damit bleibt die Angabepflicht im Anhang hinter dem Ausweis in der GuV nach Art. 23–26 der 4. EG-Richtlinie zurück. Erforderlich ist aber zumindest die – wenn auch verbale – Angabe von Größenordnungen, etwa in Prozentzahlen oder Bruchteilen (z.B.: „Der ausgewiesene Steueraufwand entfällt zu einem Fünftel auf das außergewöhnliche Ergebnis").[99] Eine gesonderte Aufteilung nach einzelnen Steuerarten ist nicht geboten.[100] **50**

7. **Angabe der durchschnittlichen Zahl der während des Geschäftsjahres beschäftigten Arbeitnehmer getrennt nach Gruppen (Nr. 7).** Nach § 285 Nr. 7 ist im Anhang die durchschnittliche Zahl der im Geschäftsjahr beschäftigten Arbeitnehmer getrennt nach Gruppen anzugeben. Die Angabepflicht beruht auf Art. 43 Nr. 9 der 4. EG-Richtlinie und dient dem **Einblick in die Personalstruktur der Gesellschaft.**[101] Nach § 285 Nr. 8 Buchst. b sind zusätzlich Angaben zum Personalaufwand zu machen. Kleine Kapitalgesellschaften sind nach § 288 S. 1 von der Angabepflicht nach Nr. 7 befreit. **51**

Die Angabepflicht nach Nr. 7 ist nur unzureichend im Gesetz geregelt. So finden sich keine näheren Regelungen zum **Kreis der Arbeitnehmer** und der Ermittlung der Durchschnittszahl sowie der Gruppeneinteilung. Im Hinblick auf die beiden ersten Problemkreise können die zu § 267 Abs. 5 geltenden Grundsätze entsprechend herangezogen werden.[102] Daher sind z.B. Auszubildende nicht in die Zählung einzubeziehen,[103] Teilzeitkräfte sind voll mitzuzählen.[104] Ferner ergibt sich die durchschnittliche Arbeitnehmerzahl als vierter Teil der Summen aus den Arbeitnehmerzahlen zum Quartalsende (vgl. § 267 Abs. 5).[105] **52**

Hinsichtlich der **Gruppenbildung** lässt das Gesetz mangels näherer Regelung einen gewissen Spielraum. Vorrangig dürfte eine an arbeitsrechtlichen Kriterien orientierte Einteilung angezeigt sein (Arbeiter, Angestellte, Leitende Angestellte). Weitere Untergliederungen nach Art der Bezahlung (tariflich, außertariflich), nach Qualifikation (Facharbeiter, Hilfsarbeiter) oder Tätigkeitsbereichen (Verwaltung, Produktion etc.) sind denkbar.[106] **53**

---

94 Vgl. nur ADS 132; Beck BilKomm-*Ellrott* Rn 131 ff; Baumbach/Hueck/*Schulze-Osterloh* GmbHG[18] § 42 Rn 522.

95 ADS 133; Beck BilKomm-*Ellrott* Rn 131.

96 Vgl. näher ADS 134.

97 ADS 129; Beck BilKomm-*Ellrott* Rn 134; Baumbach/Hueck/*Schulze-Osterloh* GmbHG[18] § 42 Rn 523.

98 BT-Drucks. 10/317, S. 93.

99 WP-Handbuch I F 903.

100 ADS 131.

101 HdJ-*Kupsch* IV/4 Rn 227.

102 Statt aller ADS 144 ff.

103 ADS 146; Beck BilKomm-*Ellrott* Rn 141 i.V.m. Beck BilKomm-*Winkeljohann/Lawall* § 267 Rn 11; HdJ-*Kupsch* IV/4 Rn 227; **aA** aber BoHdR-*Krawitz* Rn 124.

104 ADS 148; HdJ-*Kupsch* IV/4 Rn 231; BoHdR-*Krawitz* Rn 126.

105 ADS 144; Beck BilKomm-*Ellrott* Rn 142.

106 Vgl. näher ADS 150 f.

54 **8. Angabe des Materialaufwands und des Personalaufwands bei Anwendung des Umsatzkostenverfahrens (Nr. 8).** Bei Anwendung des Umsatzkostenverfahrens sind der Material- und Personalaufwand nach dem Gliederungsschema des § 275 Abs. 3 – im Gegensatz zum Gesamtkostenverfahren (vgl. § 275 Abs. 2 Nr. 5 und 6) – nicht gesondert auszuweisen. Um dieses **Informationsdefizit gegenüber dem Gesamtkostenverfahren** zumindest teilweise auszugleichen,[107] sieht das Gesetz in § 285 Nr. 8 eine entsprechende Angabepflicht im Anhang vor.

55 Die Pflicht zur Angabe des Personalaufwandes beruht auf Art. 43 Abs. 1 Nr. 9 der **4. EG-Richtlinie.** Die Verpflichtung zur Angabe des Materialaufwandes geht dagegen auf eine autonome Entscheidung des deutschen Gesetzgebers zurück, der auf diese Weise Bedenken gegen das für Deutschland neue Umsatzkostenverfahren wegen seiner geringeren Informationskraft Rechnung tragen wollte.[108]

56 **Anwendungsbereich.** Die Angabepflicht nach § 285 Nr. 8 Buchst. b gilt für alle Kapitalgesellschaften. Dagegen besteht eine Pflicht zur Angabe und Offenlegung des Materialaufwandes (Nr. 8 Buchst. a) nur für große Kapitalgesellschaften. Mittelgroße Kapitalgesellschaften können ihren Anhang ohne diese Angabe beim Betreiber des elektronischen Bundesanzeigers einreichen (§ 327 Nr. 2), kleine Kapitalgesellschaften sind nach § 288 Abs. 1 grundsätzlich von der Pflicht zur Angabe des Materialaufwandes befreit. § 285 Nr. 8 gilt schließlich nicht für Kreditinstitute (vgl. § 340a Abs. 2 S. 1). Versicherungsunternehmen sind von der Angabepflicht nach Nr. 8 Buchst. a befreit; für die Angabe des Personalaufwandes gelten Sonderregeln (vgl. § 341a Abs. 2 S. 2).

57 **Art der Angaben.** Die nach Nr. 8 geforderten Angaben entsprechen den bei Anwendung des Gesamtkostenverfahrens zu machenden Angaben (§ 275 Abs. 2 Nr. 5 Buchst. a und b und Nr. 6 Buchst. a und b).[109] Für die Ermittlung des Materialaufwandes gelten die zum Gesamtkostenverfahren getroffenen Feststellungen entsprechend. Dabei sind – wie in § 275 Abs. 2 Nr. 5 Buchst. a und b – Aufwendungen für Roh-, Hilfs- und Betriebsstoffe sowie bezogene Waren einerseits und Aufwendungen für bezogene Leistungen getrennt auszuweisen. Auch die Angabe des Personalaufwandes ist entsprechend § 275 Abs. 2 Nr. 6 aufzugliedern (getrennte Angabe der Beträge für Löhne und Gehälter einerseits und für soziale Abgaben und Aufwendungen für die Altersversorgung und Unterstützung mit Davon-Vermerk für Altersversorgung andererseits). Erforderlich ist die Angabe der entsprechenden Beträge, verbale Angaben genügen nicht.

9. Angabe der Bezüge und anderer Leistungen an Organmitglieder (Nr. 9)

58 a) **Überblick und Zweck der Regelung.** Nach § 285 Nr. 9 sind verschiedene Angaben zu den **Aufwendungen für die Leitungs- und Kontrollorgane** der Gesellschaft zu machen. Anzugeben sind zum einen die Gesamtbezüge der aktiven Mitglieder des Geschäftsführungsorgans, eines Aufsichtsrats, eines Beirats oder einer ähnlichen Einrichtung (Nr. 9 Buchst. a S. 1 bis 4). Bei börsennotierten Aktiengesellschaften sind darüber hinaus für nach dem 31.12.2005 beginnende Geschäftsjahre auch die Bezüge der einzelnen Vorstandsmitglieder anzugeben (Nr. 9 Buchst. a S. 5 bis 8). Für Leistungen im Zusammenhang mit der Beendigung der Vorstandstätigkeit gelten für nach dem 31.12.2009 beginnende Geschäftsjahre zusätzliche Angabepflichten (Nr. 9 Buchst. a S. 6). Angabepflichtig sind ferner die Gesamtbezüge der ehemaligen Mitglieder des Geschäftsführungsorgans,

[107] Statt aller BoHdR-*Krawitz* Rn 129.
[108] Siehe BT-Drucks. 10/4268, S. 110.
[109] Statt aller nur ADS 154 ff.

eines Aufsichtsrats, eines Beirats oder einer ähnlichen Einrichtung (Nr. 9 Buchst. b Satz 1 und 2). Für die früheren Mitglieder dieser Organe sind darüber hinaus auch die gebildeten oder nicht gebildeten Pensionsrückstellungen anzugeben (Nr. 9 Buchst. b Satz 3). Schließlich sind die für beide Personengruppen gewährten Vorschüsse, Kredite und Haftungsverhältnisse anzugeben (Nr. 9 Buchst. c). Die Angabepflicht nach Nr. 9 Buchst. a S. 1 bis 4 und Buchst. b beruht auf Art. 43 Abs. 1 Nr. 12 der 4. EG-Richtlinie. Mit Nr. 9 Buchst. c ist Art. 43 Abs. 1 Nr. 13 in das deutsche Recht umgesetzt worden. Die Pflicht zur Angabe der individualisierten Vorstandsvergütung bei börsennotierten Aktiengesellschaften ist nicht durch die 4. EG-Richtlinie vorgegeben, sondern beruht auf der Empfehlung der EU-Kommission v. 14.12.2004[110] und ist durch das VorStOG[111] eingeführt worden. Die besonderen Transparenzpflichten für Abfindungen etc. sind durch das VorstAG[112] eingefügt worden.

Die Angaben nach Nr. 9 dienen dem **Zweck**, die Gesellschafter, Arbeitnehmer und Gläubiger über die Leistungen der Gesellschaft an die Mitglieder der Leitungs- und Kontrollorgane zu informieren (Schaffung von Vergütungstransparenz).[113] Allerdings ist dieser Einblick im Regelfall der nicht börsennotierten Kapitalgesellschaft auf Angaben zu den Gesamtbezügen einerseits und Vorschüssen, Kredit- und Haftungsverhältnissen andererseits beschränkt. Nur bei börsennotierten Aktiengesellschaften besteht eine Pflicht zur Angabe der Einzelbezüge (Nr. 9 Buchst. a S. 5 bis 8). Sie dient neben Informationszwecken auch einer erleichterten Angemessenheitskontrolle[114] und soll ferner zur Dämpfung des Vergütungsniveaus beitragen.[115] **59**

Die Angabepflicht unterliegt gewissen **Einschränkungen**. Angaben nach Nr. 9 Buchst. a S. 1 bis 4 und Buchst. b können unter den besonderen Voraussetzungen des § 286 Abs. 4 unterbleiben. Eine Angabepflicht nach Nr. 9 Buchst. a und b entfällt ferner bei kleinen Kapitalgesellschaften (§ 288 Abs. 1). **60**

b) **Mitglieder von Organen.** In persönlicher Hinsicht betrifft die Angabepflicht nach Nr. 9 nur die Leistungsbeziehungen zwischen der Gesellschaft und den aktiven und früheren Mitgliedern der Leitungs- und Kontrollorgane der Gesellschaft. Das Gesetz fordert gesonderte Angaben für die Mitglieder der einzelnen Organe. Wer in welchem Zeitraum „Mitglied" ist, bestimmt sich nach den gesetzlichen Regelungen. Als angabepflichtige Organe nennt das Gesetz das Geschäftsführungsorgan, den Aufsichtsrat, einen etwaigen Beirat und ähnliche Einrichtungen. **Geschäftsführungsorgan** sind bei der AG der Vorstand, bei der KGaA die persönlich haftenden Gesellschafter und bei der GmbH die Geschäftsführer, jeweils einschließlich der stellvertretenden Vorstandsmitglieder und Geschäftsführer.[116] Nicht erfasst sind mangels organschaftlicher Befugnisse Prokuristen oder Generalbevollmächtigte.[117] Bei Personenhandelsgesellschaften i.S.v. § 264a bezieht sich die Angabepflicht auf das Geschäftsführungsorgan der Komplementärgesellschaft (vgl. § 264a Abs. 2). Neben dem **Aufsichtsrat** erwähnt das Gesetz auch **„Beiräte und ähnliche Einrichtungen"**. Mit dieser weiten Angabepflicht sollen Umgehungen durch Einrichtung von „Beiräten" neben oder anstelle von Aufsichtsräten verhindert werden.[118] Dementsprechend ist für die Frage, ob ein Gremium einen „Beirat oder eine ähnliche Einrichtung" i.S.v. Nr. 9 darstellt, vorrangig darauf abzustellen, ob das Organ aufsichts- **61**

[110] ABl. EU Nr. L 385 v. 29.12.2004, S. 55.
[111] BGBl. I 2005, 2267.
[112] BGBl. I 2009, 2509.
[113] ADS 159.
[114] BR-Drucks. 398/05, S. 5.
[115] Vgl. näher *Fleischer* DB 2005, 1611 (1612); *Baums* ZHR 169 (2005), 299 ff.
[116] Vgl. ADS 162.
[117] ADS 162; BoHdR-*Krawitz* Rn 135.
[118] *Biener/Berneke*, S. 261.

ratsähnliche Funktionen hat.[119] Daran fehlt es z.B. bei Beratergremien, die nur der Pflege von Kundenbeziehungen dienen.[120]

62 **c) Angabe der Gesamtbezüge für aktive Organmitglieder (Nr. 9 Buchst. a S. 1 bis 4).** Nach Nr. 9 Buchst. a S. 1 sind zunächst die Gesamtbezüge der aktiven Mitglieder der Leitungs- und Kontrollorgane anzugeben. Nach der gesetzlichen Definition meint der Begriff der Gesamtbezüge „Gehälter, Gewinnbeteiligungen, Bezugsrechte, Aufwandsentschädigungen, Versicherungsentgelte, Provisionen und Nebenleistungen jeder Art". Zu den *Gehältern* und Gewinnbeteiligungen gehören neben den vertraglich zugesagten Bezügen auch freiwillig gewährte Zahlungen für die organschaftliche Tätigkeit. Unerheblich ist auch, ob die Bezüge in Geld oder Naturalleistungen gewährt werden.[121] Der Begriff „*Bezugsrechte*" ist durch das KonTraG[122] in das Gesetz eingefügt worden, um klarzustellen, dass auch Vorteile aus Aktienoptionsprogrammen nach Nr. 9 Buchst. a angabepflichtig sind. Die Angabepflicht ist durch das TransPuG[123] präzisiert worden. So ist in Nr. 9 Buchst. a S. 1 der Zusatz „und *sonstige aktienbasierte Vergütungen*" eingefügt worden. Ferner enthält Nr. 9 Buchst. a S. 4 eine spezielle Bewertungsvorschrift. Danach sind Bezugsrechte und sonstige aktienbasierte Vergütungen „mit ihrer Anzahl und dem beizulegenden Zeitwert zum Zeitpunkt ihrer Gewährung anzugeben; spätere Wertveränderungen, die auf einer Änderung der Ausübungsbedingungen beruhen, sind zu berücksichtigen". Damit sind alle Vergütungsformen erfasst, die eine Gewährung von Aktien oder eine an der Aktienkursentwicklung orientierte Barvergütung vorsehen (also z.B. stock appreciation rights).[124] In zeitlicher Hinsicht beschränkt sich die Angabepflicht auf die im Geschäftsjahr zugeteilten Optionen („für die Tätigkeit im Geschäftsjahr"). Maßgebend ist der nach anerkannten Optionspreismodellen ermittelte Wert (*fair value*) bei Gewährung.[125] Spätere (günstige oder ungünstige) Wertveränderungen sind nur anzugeben, wenn sie auf einer Änderung der Ausübungsbedingungen beruhen. Eine vollständige Transparenz der Vorstandsvergütungen (Angabe aller tatsächlich zugeflossenen Werte) wird somit gerade nicht erreicht.[126] *Aufwandsentschädigungen* sind pauschalierte Beträge, nicht aber ein Auslagenersatz.[127] Unter den Begriff der *Versicherungsentgelte* fallen Versicherungsprämien, die die Gesellschaft für eine auf den Namen von Organmitgliedern lautende Lebens-, Pensions- oder Unfallversicherung zahlt, aus der das Organmitglied selbst berechtigt ist.[128] *Provisionen* sind nur angabepflichtig, wenn die provisionspflichtige Tätigkeit in den Pflichtenkreis des Organmitglieds fällt.[129] Zu den *Nebenleistungen* gehören alle sonstigen Leistungen, z.B. zinsgünstig gewährte Kredite oder eine kostenlose oder preisgünstige Überlassung von Wohnraum etc.[130]

63 Nach § 285 Nr. 9 Buchst. a S. 2 sind auch solche Bezüge anzugeben, die nicht ausgezahlt werden, sondern in Ansprüche anderer Art umgewandelt oder zur Erhöhung anderer Ansprüche verwendet werden. Dies betrifft etwa die Umwandlung bestehender

---

119 ADS 165; Beck BilKomm-*Ellrott* Rn 162.
120 ADS 166.
121 Vgl. ADS 176.
122 BGBl. I 1998, 786.
123 BGBl. I 2002, 2681.
124 Vgl. näher *W. Müller* NZG 2002, 752 (753); MünchKommAktG/*Kessler* Rn 137.
125 Eingehend MünchKommAktG/*Kessler* Rn 138.
126 Kritisch dazu etwa *Spindler* NZG 2005, 690; *Thüsing* ZIP 2005, 1392: „Fehler des Gesetzes".
127 Vgl. etwa ADS 178 f; Baumbach/Hueck/*Schulze-Osterloh* GmbHG[18] § 42 Rn 526.
128 Statt aller ADS 180.
129 Baumbach/Hueck/*Schulze-Osterloh* GmbHG[18] § 42 Rn 526.
130 Vgl. ADS 183.

Zahlungsansprüche in Pensionszusagen,[131] nicht jedoch den Aufwand für die Bildung von Pensionsrückstellungen zur Deckung zukünftiger Verpflichtungen (arg. Nr. 9 Buchst. b S. 3, Buchst. a S. 6 Buchst. bb).[132] Ferner besteht eine Angabepflicht nach Nr. 9 Buchst. a S. 3 auch für Bezüge, die im Geschäftsjahr gewährt werden, bisher aber in keinem Jahresabschluss angegeben worden sind. Damit sind **Nachvergütungen** für frühere Geschäftsjahre gemeint. Diese sind gesondert anzugeben.[133]

d) **Individualisierte Vorstandsvergütungen bei börsennotierten Aktiengesellschaften (Nr. 9 Buchst. a S. 5 bis 8).**[134] Börsennotierte Aktiengesellschaften (zum Begriff vgl. § 3 Abs. 2 AktG) müssen zusätzlich zu den nach Nr. 9 Buchst. a S. 1 bis 4 geforderten Angaben auch die individuellen Vorstandsvergütungen angeben, und zwar unter Aufschlüsselung der Einzelbezüge nach erfolgsunabhängigen und erfolgsbezogenen Komponenten sowie nach Komponenten mit langfristiger Anreizwirkung (Nr. 9 Buchst. a S. 5). Darüber hinaus sind auch für den Fall der Beendigung der Tätigkeit zugesagte Leistungen anzugeben (Nr. 9 Buchst. a S. 6) sowie von dritter Seite zugesagte oder gewährte Leistungen für die Vorstandstätigkeit (Nr. 9 Buchst. a S. 7). Nr. 9 Buchst. a S. 8 erweitert die Pflicht zur Individualisierung auf sonstige Angaben zu bestimmten Bezügen. 64

Die Offenlegung der einzelnen Vorstandsbezüge nach Nr. 9 Buchst. a S. 5 bis 8 kann unter den Voraussetzungen des § 286 Abs. 5 unterbleiben („Opt-out-Modell"). Dazu bedarf es eines **Beschlusses der Hauptversammlung** mit Drei-Viertel-Mehrheit (näher dazu § 286 Rn 25). 65

Nach § 289 Abs. 2 Nr. 5 soll der **Lagebericht** auf die Grundzüge des Vergütungssystems der Gesellschaft eingehen. In diesem Fall können die Angaben nach § 285 Nr. 9 Buchst. a S. 4 bis 8 im Anhang unterbleiben, wenn die Darstellung im Lagebericht erfolgt (§ 289 Abs. 2 Nr. 5 S. 2). Ob eine solche Verlagerung sinnvoll ist, erscheint zweifelhaft, da die Angaben zu den Gesamtbezügen nach § 285 Nr. 9 Buchst. a S. 1 bis 4 stets im Anhang zu machen sind.[135] 66

Der Umfang der individuell für jedes einzelne Vorstandsmitglied anzugebenden „Bezüge" richtet sich nach Nr. 9 Buchst. a S. 1 bis 4.[136] Allerdings verlangt das Gesetz neben der Individualisierung zusätzlich auch noch eine **Untergliederung in drei Komponenten:**[137] 67

- erfolgsunabhängige Komponenten (z.B. Festgehalt, Garantietantieme, laufende Sachleistungen wie z.B. Dienstwagen und Dienstwohnung etc.),
- erfolgsabhängige Komponenten (z.B. Gewinnbeteiligungen, gewinnabhängige Tantiemen, Provisionen etc.),
- Komponenten mit langfristiger Anreizfunktion (z.B. Bezugsrechte und andere aktienbasierte Vergütungen).

---

131 Beck BilKomm-*Ellrott* Rn 169; BoHdR-*Krawitz* Rn 148.

132 Beck BilKomm-*Ellrott* Rn 169; BoHdR-*Krawitz* Rn 148.1; MünchKommHGB/*Poelzig* Rn 159.

133 ADS 184; HdJ-*Kupsch* IV/4 Rn 198; HdR-*Oser/Holzwarth* §§ 284–288 Rn 251; **aA** – Einrechnung in Gesamtbezüge – aber etwa BoHdR-*Krawitz* Rn 150: MünchKommHGB/*Poelzig* Rn 153.

134 Dazu näher *Fleischer* DB 2005, 1611; *Thüsing* ZIP 2005, 1389; *Spindler* NZG 2005, 689; *Leuering/Simon* NZG 2005, 945; *Hennke/Fett* BB 2007, 1267; *Hohenstatt/Wagner* ZIP 2008, 945.

135 Vgl. dazu *Hennke/Fett* BB 2007, 1267.

136 Beck BilKomm-*Ellrott* Rn 183; KK-*Peters* Rn 110.

137 Dazu *Hohenstatt/Wagner* ZIP 2008, 945.

68 Die individualisierte Angabepflichten nach Nr. 9 Buchst. a S. 5 gilt nach S. 6 auch für bestimmte Leistungen im Zusammenhang mit der Beendigung der Vorstandstätigkeit. Dazu gehören:

- Leistungszusagen für den Fall einer vorzeitigen Beendigung der Vorstandstätigkeit, insbesondere auf Grund sog. *Change-of-Control*-Klauseln (S. 6 Buchst. aa),
- Leistungszusagen für den Fall der regulären Beendigung der Vorstandstätigkeit, also z.B. Ruhegehalts- und Hinterbliebenenbezüge, aber auch sonstige Leistungen wie die Weiternutzung eines Büros oder Dienstwagens (S. 6 Buchst. bb),
- während des Geschäftsjahres vereinbarte Änderungen dieser Zusagen (S. 6 Buchst. cc),
- Leistungen, die einem im Laufe des Geschäftsjahres ausgeschiedenen Vorstandsmitglied zugesagt und im Laufe des Geschäftsjahres gewährt worden sind (S. 6 Buchst. dd).

69 Bei Leistungszusagen im Fall der vorzeitigen Beendigung (S. 6 Buchst. aa) reichen verbale Angaben dazu, ob und in welchem Umfang die Festvergütung weiterzuzahlen ist, ob diese abgezinst, ein anderweitiger Verdienst anzurechnen und wie mit entgehenden Boni zu verfahren ist. Bei den Leistungszusagen für den Fall der regulären Beendigung verlangt S. 6 Buchst. bb zusätzlich eine Angabe des Barwerts sowie des von der Gesellschaft während des Geschäftsjahres hierfür aufgewandten (z.B. Zahlungen an Pensionskasse) oder zurückgestellten Betrags. Wegen Nr. 9 Buchst. b sind Doppelangaben bei geschäftsjahresübergreifender Betrachtung unvermeidlich.[138] Während sich die Angaben nach S. 6 Buchst. aa und bb auf künftig fällige Bezüge beziehen, erstreckt S. 6 Buchst. dd die individualisierte Angabepflicht auch auf Leistungen, die einem im Laufe des Geschäftsjahres ausgeschiedenen Vorstandsmitglied zugesagt und gewährt worden sind. Die Offenlegung solcher Zahlungen auf Grund eines Aufhebungsvertrages war vor dem VorstAG umstritten gewesen.[139] Sie ist nunmehr gesetzlich ausdrücklich vorgesehen.[140] Damit trägt der Gesetzgeber der Tatsache Rechnung, dass gerade auch hinsichtlich des näheren Inhalts von Aufhebungsvereinbarungen ein besonderes Transparenzbedürfnis besteht. Anders als bisher sind derartige Abfindungsleistungen, die einem im Geschäftsjahr ausgeschiedenen Vorstandsmitglied gewährt worden sind, nicht nur im Rahmen der Gesamtbezüge früherer Vorstandsmitglieder (Nr. 9 Buchst. b) zu nennen, sondern individualisiert offen zu legen.

70 Angabepflichtig nach Nr. 9 Buchst. a S. 7 sind ferner auch Leistungen, die einem Vorstandsmitglied **von dritter Seite** für die Tätigkeit als Vorstandsmitglied zugesagt oder gewährt werden. Auf diese Weise sollen insbesondere Zahlungen von verbundenen Unternehmen erfasst werden (Beispiel: Beteiligung des Vorstandsmitglieds der Tochtergesellschaft am Aktienoptionsprogramm der Konzernmutter).[141] Auf eine besondere Regelung zu Zahlungen der Gesellschaft (oder eines Dritten) an nahe stehende Personen des Vorstandsmitglieds (z.B. die Ehefrau des Vorstandsmitglieds) hat der Gesetzgeber indes verzichtet. Hier bleibt nur der Rückgriff auf die allgemeinen Grundsätze zur Gesetzesumgehung.[142] Nach Nr. 9 Buchst. a S. 8 bezieht sich die Individualisierungspflicht schließlich auch auf weitergehende Angaben zu bestimmten Bezügen, die im Jahresabschluss enthalten sind.

---

138 Beck BilKomm-*Ellrott* Rn 186; MünchKommHGB/*Poelzig* Rn 186; *Thüsing* AG 2009, 527.

139 Ablehnend *Liese* DB 2007, 209; *Hohenstatt/Wagner* ZIP 2008, 949; bejahend *Thüsing* ZIP 2005, 1392.

140 Vgl. *Bosse* BB 2009, 1653.

141 Vgl. näher *Spindler* NZG 2005, 691; *Hohenstatt/Wagner* ZIP 2008, 950.

142 Vgl. *Thüsing* ZIP 2005, 1393; rechtspolitische Kritik bei *Fleischer* DB 2005, 1616.

e) **Angabe der Gesamtbezüge früherer Organmitglieder und Hinterbliebener** (**Nr. 9 Buchst. b**). Nach § 285 Nr. 9 Buchst. b sind die Gesamtbezüge anzugeben, die den früheren Mitgliedern des Geschäftsführungsorgans, eines Aufsichtsrats, Beirats oder einer ähnlichen Einrichtung und ihren Hinterbliebenen gewährt worden sind. Die Angaben sind wiederum jeweils für jede Personengruppe zu machen. Nr. 9 Buchst. a S. 2 und 3 gelten entsprechend. 71

Das Gesetz definiert Gesamtbezüge als **„Abfindungen, Ruhegehälter, Hinterbliebenenbezüge und Leistungen verwandter Art"**. Leistungen, die von einer selbstständigen Pensionskasse oder einem Versicherungsunternehmen erbracht werden, sind nicht angabepflichtig, wenn der Empfänger einen eigenen Leistungsanspruch hat.[143] Abfindungen sind Zahlungen aus Anlass des Ausscheidens. Ruhegehälter und Hinterbliebenenbezüge sind laufende Leistungen an das ehemalige Organmitglied und seine Angehörigen. Ist ein früheres Mitglied eines Gesellschaftsorgans zugleich aktives Mitglied eines anderen Organs (früherer Geschäftsführer als Mitglied im Aufsichtsrat), so sind seine Bezüge entsprechend aufzuteilen. 72

Ferner ist der Betrag der für diese Personen gebildeten Rückstellungen für laufende **Pensionen und Pensionsanwartschaften** sowie der Betrag der für diese Verpflichtungen nicht gebildeten Pensionsrückstellungen anzugeben. Insoweit handelt es sich um Teilbeträge der gebildeten Rückstellungen oder des Fehlbetrages nach Art. 28 Abs. 2 EGHGB. Die Angaben sind – wie sich aus Art. 43 Abs. 1 Nr. 12 der 4. EG-Richtlinie ergibt – für jede der in Nr. 9 genannten Personengruppen getrennt zu machen.[144] 73

f) **Angabe der gewährten Vorschüsse und Kredite sowie der eingegangenen Haftungsverhältnisse** (**Nr. 9 Buchst. c**). Nach § 285 Nr. 9 Buchst. c sind die den Mitgliedern des Geschäftsführungsorgans, eines Aufsichtsrats, eines Beirats oder einer ähnlichen Einrichtung gewährten Vorschüsse und Kredite anzugeben. Sinn und Zweck der Angabepflicht ist es, einen Einblick in die finanziellen Verflechtungen zwischen der Gesellschaft und ihren Organen zu vermitteln.[145] Enthält die Kreditgewährung zugleich eine Vorteilsgewährung, ist diese zusätzlich nach Nr. 9 Buchst. a S. 1 anzugeben. 74

Wie sich aus dem Wortlaut der Vorschrift – Bezugnahme auf die Eingangsworte zu Nr. 9 – und aus Art. 43 Abs. 1 Nr. 13 der 4. EG-Richtlinie ergibt, besteht keine Angabepflicht für Vorschüsse und Kredite an **frühere Organmitglieder**.[146] 75

Einzelfragen. Vorschüsse sind Vorauszahlungen der Gesellschaft an das Organmitglied für ihm zustehende, aber noch nicht fällige Ansprüche, z.B. auf Gehalt oder Gewinnbeteiligung. Demgegenüber sind unter Krediten alle Arten von Darlehensgewährung gegenüber Organmitgliedern zu verstehen. Anzugeben sind nicht nur die Höhe der Vorschüsse und Kredite, sondern auch – insbesondere für die Kredite – die Zinssätze, die wesentlichen Bedingungen (Tilgung, Laufzeit, Sicherheiten). Letztere sind zwar nur für jede Personengruppe insgesamt anzugeben, unterschiedliche Zinssätze und Bedingungen innerhalb der Personengruppe sind aber deutlich zu machen.[147] Das Gesetz verlangt des Weiteren eine Angabe der im Geschäftsjahr zurückgezahlten Beträge. Um aber einen möglichst vollständigen Einblick in die finanziellen Bewegungen zwischen Gesellschaft 76

---

143 ADS 186.

144 ADS 193; Beck BilKomm-*Ellrott* Rn 206; Baumbach/Hueck/*Schulze-Osterloh* GmbHG[18] § 42 Rn 527.

145 Statt aller ADS 196.

146 Ebenso ADS 197; Beck BilKomm-*Ellrott* Rn 212; Baumbach/Hueck/*Schulze-Osterloh* GmbHG[18] § 42 Rn 529.

147 Vgl. ADS 201 f; Baumbach/Hueck/*Schulze-Osterloh* GmbHG[18] § 42 Rn 529.

und Organmitgliedern zu gewährleisten, ist nicht allein über die Verhältnisse am Bilanzstichtag, sondern weitergehend über die Entwicklung der Vorschüsse und Kredite während des Geschäftsjahrs zu berichten. Folglich sind auch der Anfangsbestand, die Zugänge und Rückführungen sowie der Endbestand anzugeben.[148] Neben den Vorschüssen und Krediten ist auch über die zugunsten der Organmitglieder eingegangenen Haftungsverhältnisse, insbesondere Bürgschaften oder Stellung von Sicherheiten, zu berichten. Auch diese Angaben sind gesondert für jede Personengruppe zu machen.

77 **10. Angabe aller Mitglieder des Geschäftsführungsorgans und eines Aufsichtsrats (Nr. 10).** Nach § 285 Nr. 10 müssen im Anhang alle Mitglieder des Geschäftsführungsorgans und eines Aufsichtsrats **namentlich und mit dem ausgeübten Beruf** angegeben werden. Diese Angabepflicht besteht ohne größenabhängige Erleichterungen für alle Gesellschaften, die nach HGB oder PublG einen Anhang aufzustellen haben. Darüber hinaus ist bei **börsennotierten Gesellschaften** auch die Mitgliedschaft in weiteren gesetzlichen Aufsichtsräten und anderen Kontrollgremien anzugeben. Die Angabepflicht hat keine Grundlage in der 4. EG-Richtlinie, sondern geht auf § 160 Abs. 5 AktG a.F. zurück.[149] Die namentliche Angabe der Organmitglieder soll der Anonymität der Kapitalgesellschaft entgegenwirken.[150] Die Pflicht zur Angabe der beruflichen Tätigkeit und weiterer Aufsichtsratsmandate ist durch das KonTraG[151] neu in das Gesetz aufgenommen worden. Der Gesetzgeber wollte dadurch den Finanzanlegern einen besseren Einblick in die individuelle Belastungssituation der Organmitglieder sowie mögliche Interessenkonflikte auf Grund weiterer Organmitgliedschaften gewähren.[152]

78 Die **Berichterstattungspflicht** betrifft sämtliche Mitglieder des Geschäftsführungsorgans (einschließlich der stellvertretenden Vorstandsmitglieder oder Geschäftsführer)[153] und eines Aufsichtsrats. Mitglieder eines Beirats oder einer ähnlichen Einrichtung sind nur anzugeben, wenn dieses Gremium aufsichtsratsähnliche Aufgaben hat.[154] Nach Nr. 10 sind alle Organmitglieder anzugeben, „auch wenn sie im Geschäftsjahr oder später ausgeschieden sind". Die Angabepflicht umfasst somit alle Mitglieder, die dem betreffenden Organ in der Zeit vom Anfang des Geschäftsjahres bis zur Aufstellung des Jahresabschlusses angehört haben[155] (also z.B. auch ein nach dem Bilanzstichtag aber vor Aufstellung berufenes Vorstandsmitglied).[156] Auf den Zeitpunkt der Feststellung des Anhangs kann wegen vorangehender Prüfung nicht abgestellt werden.[157] Anzugeben sind der Familienname und mindestens ein ausgeschriebener Vorname. Ferner sind Angaben zur Berufstätigkeit zu machen.[158] Dabei ist die tatsächlich ausgeübte hauptberufliche Tätigkeit, nicht der erlernte Beruf anzugeben. Allgemeine Hinweise („Vorstandsmitglied") sind nicht ausreichend, sondern es ist die Funktion zu nennen (z.B. „Finanzvor-

---

148 ADS 196; Beck BilKomm-*Ellrott* Rn 211; Baumbach/Hueck/*Schulze-Osterloh* GmbHG[18] § 42 Rn 529; BoHdR-*Krawitz* Rn 160; vgl. auch *Russ* Der Anhang als dritter Teil des Jahresabschlusses, S. 223.

149 Vgl. *Biener/Berneke*, S. 270.

150 Siehe BoHdR-*Krawitz* Rn 166.

151 BGBl. I 1998, 786.

152 BT-Drucks. 13/9712, S. 17; vgl. auch *Farr* AG 2000, 5.

153 Vgl. ADS 209; HdJ-*Kupsch* IV/4 Rn 231.

154 ADS 207; Baumbach/Hueck/*Schulze-Osterloh* GmbHG[18] § 42 Rn 530; BoHdR-*Krawitz* Rn 167; Beck BilKomm-*Ellrott* Rn 224.

155 Baumbach/Hueck/*Schulze-Osterloh* GmbHG[18] § 42 Rn 530.

156 Vgl. ADS 208; Beck BilKomm-*Ellrott* Rn 220; Baumbach/Hueck/*Schulze-Osterloh* GmbHG[18] § 42 Rn 530.

157 So aber ADS 208.

158 Zum Folgenden vgl. näher Regierungsbegründung zum KonTraG BT-Drucks. 13/9712, S. 17.

stand“). Bei Aufsichtsratsmitgliedern ist zusätzlich der Arbeitgeber anzugeben, bei dem der Hauptberuf ausgeübt wird (z.B. „Gewerkschaftssekretär bei der X-Gewerkschaft“).

Bei **börsennotierten Gesellschaften** (zum Begriff vgl. § 3 Abs. 2 AktG) ist für alle Organmitglieder auch über eine Mitgliedschaft in Aufsichtsräten und anderen Kontrollgremien im Sinne des § 125 Abs. 1 S. 3 AktG zu berichten. Damit sind Mitgliedschaften „in anderen gesetzlich zu bildenden Aufsichtsräten“ und in „vergleichbaren in- und ausländischen Kontrollgremien von Wirtschaftsunternehmen“ gemeint. Gesetzlich zu bilden sind Aufsichtsräte vor allem bei der AG sowie in der mitbestimmten GmbH. „Vergleichbare Kontrollgremien“ sind etwa Verwaltungsräte in öffentlich-rechtlichen Unternehmen oder Boards ausländischer Unternehmen. Keine Wirtschaftsunternehmen sind z.B. karitative oder wissenschaftliche oder ähnliche Einrichtungen.[159] Die Angabepflicht besteht nach ihrem Sinn und Zweck – Einblick in mögliche Interessenkonflikte – unabhängig davon, ob für die Mitgliedschaft eine Vergütung gewährt wird.[160] **79**

Nach § 285 Nr. 10 S. 2 sind schließlich der **Vorsitzende** des Aufsichtsrats, seine Stellvertreter und ein etwaiger Vorsitzender des Geschäftsführungsorgans (nicht aber ein Sprecher) als solche zu bezeichnen. **80**

11. Angaben zum Anteilsbesitz (Nr. 11)

a) **Überblick und Regelungszweck.** § 285 Nr. 11 schreibt **verschiedene Angaben zum Anteilsbesitz** vor. Nach Nr. 11 1. bis 3. Halbs. sind Name, Sitz sowie weitere Daten von Unternehmen anzugeben, von denen die Kapitalgesellschaft oder eine für ihre Rechnung handelnde Person den fünften Teil der Anteile besitzt. Diese Angabepflicht beruht auf Art. 43 Abs. 1 Nr. 2 der 4. EG-Richtlinie. Der deutsche Gesetzgeber hat das Mitgliedstaatenwahlrecht betreffend den Prozentsatz der angabepflichtigen Beteiligungshöhe (1 bis 20 v.H.) mit der Begrenzung auf 20 v.H.-Anteile voll ausgenutzt. Durch das KonTraG[161] ist die Berichtspflicht für börsennotierte Kapitalgesellschaften durch Einfügung des 4. Teilsatzes erweitert worden. Solche Gesellschaften haben zusätzlich alle Beteiligungen an großen Kapitalgesellschaften anzugeben, die fünf v.H. der Stimmrechte überschreiten. **81**

Die Berichterstattung über den Anteilsbesitz verschafft dem Bilanzleser **Informationen zu kapitalmäßigen Verflechtungen** zwischen der Kapitalgesellschaft und anderen Unternehmen. Gleichzeitig ermöglicht sie eine bessere Beurteilung der Engagements bei Beteiligungsgesellschaften, da die ausschließliche Erwähnung von Anschaffungskosten in der Bilanz kein genaues Bild von der Lage der Beteiligungsunternehmen vermittelt.[162] Auf diese Weise wird der Einblick in die Vermögens-, Ertrags- und Finanzlage verbessert.[163] **82**

Die Angaben nach Nr. 11 1. bis 3. Halbs. sind von **allen Kapitalgesellschaften** und Personenhandelsgesellschaften i.S.v. § 264a (unabhängig von ihrer Größenordnung) in jedem Anhang zu machen. Bezugnahmen auf frühere Jahresabschlüsse sind nicht möglich. Weitere Einschränkungen können sich aus § 286 Abs. 3 ergeben. **83**

---

[159] BT-Drucks. 13/9712, S. 26 und 17.
[160] Beck BilKomm-*Ellrott* Rn 222.
[161] BGBl. I 1998, 786.
[162] HuRB-*Flämig*, S. 147.
[163] BoHdR-*Krawitz* Rn 178; Beck BilKomm-*Ellrott* Rn 230.

84 **b) Angaben zu Unternehmen, an denen ein Anteilsbesitz von mehr als einem Fünftel besteht**

85 **aa) Reichweite der Angabepflicht.** Die Angabepflicht umfasst Unternehmen, an denen die Gesellschaft mindestens 20 v.H. der Anteile besitzt. Der eigenen Beteiligung stehen Anteile gleich, die eine für Rechnung der Gesellschaft handelnde Person hält. Die Angabepflicht nach Nr. 11 reicht weiter als die Beteiligungsvermutung in § 271 Abs. 1 S. 3 („den fünften Teil überschreiten"). Auf das Vorliegen einer Beteiligung kommt es daher für die Angabepflicht nicht an.[164] Maßgebend ist bei Nr. 11 1. bis 3. Halbs. allein die kapitalmäßige Beteiligung ohne Rücksicht auf die Stimmrechte[165] (anders als bei den Zusatzangaben für börsennotierte Gesellschaften nach Nr. 11 4. Halbs.). Der Begriff des „Unternehmens" umfasst sowohl Kapital- als auch Personengesellschaften. Entscheidend ist aber, dass ein „Anteil am Kapital" besteht. Deshalb besteht keine Angabepflicht bei Personengesellschaftsbeteiligungen ohne kapitalmäßige Beteiligung, wie z.B. bei der typischen stillen Gesellschaft.[166]

86 **bb) Berechnung des Anteilsbesitzes.** Für die Ermittlung der Beteiligungshöhe sind nach Nr. 11 3. Halbs. die in § 16 Abs. 2 und 4 AktG enthaltenen Regeln entsprechend anzuwenden. Diese **Verweisung** ist von der 4. EG-Richtlinie nicht vorgegeben. Gerade die Berücksichtigung auch des mittelbaren Anteilsbesitzes entsprechend § 16 Abs. 4 AktG führt zu einer Erweiterung der Angabepflicht gegenüber Art. 43 Abs. 1 Nr. 2.

87 **Einzelfragen.** Eigene Anteile sind gemäß § 16 Abs. 2 AktG bei der Berechnung der Anteilshöhe nicht zu berücksichtigen, d.h. die Beteiligungsquote bestimmt sich nach dem Anteil am Nennkapital der Beteiligungsgesellschaft abzüglich der eigenen Anteile (Nettokapital).[167] Bei Personengesellschaften ist auf die festen und variablen Kapitalanteile abzustellen.[168] Ferner sind kraft der Verweisung auf § 16 Abs. 4 AktG nicht nur unmittelbare, sondern auch mittelbar gehaltene Anteile bei der Berechnung der Beteiligungsquote zu berücksichtigen. Insbesondere sind solche Anteile einzubeziehen, die einem von der Kapitalgesellschaft abhängigen Unternehmen (vgl. § 17 AktG) gehören. Maßgebend für die Berechnung der Beteiligungshöhe sind die Verhältnisse am Abschlussstichtag.[169]

88 **cc) Einzelangaben.** Anzugeben sind Name und Sitz der Beteiligungsgesellschaft; ferner die Höhe des Anteils am Kapital als Prozentsatz sowie der Betrag des Eigenkapitals und des Ergebnisses des letzten Geschäftsjahres, für das ein Jahresabschluss vorliegt. *Name und Sitz* bestimmen sich nach der Handelsregistereintragung.[170] Hinsichtlich der *Höhe des Kapitals* sind genaue Prozentangaben für jede einzelne Beteiligungsgesellschaft geboten. Eine Rundung der Beteiligungsquoten ist im Interesse eines genauen Einblicks in die Art der Beteiligung unzulässig.[171] Der *Betrag des Eigenkapitals* meint den nach § 266 Abs. 3 A auszuweisenden Posten. Für Personengesellschaften ist die entsprechende Größe anzugeben. *Ergebnis* meint den Jahresüberschuss/Jahresfehlbetrag (§ 275 Abs. 2 Nr. 20, Abs. 3 Nr. 19). Für Beteiligungen an ausländischen Gesellschaften ist entweder eine Umrechnung vorzunehmen oder es sind zusätzlich Beträge in Euro anzugeben. Die Beträge des Eigenkapitals und Ergebnisses bestimmen sich – wie sich aus Art. 43 Abs. 1

---

164 ADS 220.
165 Vgl. nur Baumbach/Hueck/*Schulze-Osterloh* GmbHG[18] § 42 Rn 531.
166 ADS 226; Baumbach/Hueck/*Schulze-Osterloh* aaO; Beck BilKomm-*Ellrott* Rn 231.
167 Beck BilKomm-*Ellrott* Rn 233.
168 Vgl. Baumbach/Hueck/*Schulze-Osterloh* GmbHG[18] § 42 Rn 531.
169 *Gschrei* BB 1990, 1588.
170 ADS 229.
171 Vgl. Beck BilKomm-*Ellrott* Rn 246.

Nr. 2 der 4. EG-Richtlinie entnehmen lässt – nach dem *letzten festgestellten Jahresabschluss* der Beteiligungsgesellschaft.[172] Ein aktuellerer, aber noch nicht festgestellter Jahresabschluss kann auch nicht wahlweise herangezogen werden.[173]

c) **Zusatzangaben bei börsennotierten Kapitalgesellschaften.** Nach Nr. 11 4. Halbs. haben börsennotierte Kapitalgesellschaften im Interesse einer Transparenz des Beteiligungsbesitzes[174] weitergehend auch über alle „Beteiligungen an großen Kapitalgesellschaften" zu berichten, wenn diese „fünf vom Hundert der Stimmrechte überschreiten" (zum Begriff der „börsennotierten Kapitalgesellschaft" vgl. § 3 Abs. 2 AktG). **89**

Anzugeben sind **Beteiligungen an „großen" Kapitalgesellschaften** (zum Begriff der großen Kapitalgesellschaft vgl. § 267 Abs. 3). Unerheblich ist, ob die Beteiligungsgesellschaft ihren Sitz im In- oder Ausland hat. Anders als nach Nr. 11 1. Halbs. sind nicht Anteile, sondern nur „Beteiligungen" anzugeben. Der Begriff der „Beteiligung" bestimmt sich nach § 271 Abs. 1. **90**

Voraussetzung für die Angabepflicht ist weiter, dass die Kapitalgesellschaft **mehr als 5 v.H. der Stimmrechte** besitzt. Stimmrechtslose Anteile sind daher ohne Rücksicht auf die Höhe der Kapitalbeteiligung nicht berichtspflichtig. Die Art der Berechnung der Stimmrechtsquote ist gesetzlich nicht geregelt. Die systematische Nähe zu Halbs. 3 spricht für eine entsprechende Anwendung aktienrechtlicher Vorschriften (hier insbesondere § 16 Abs. 3 AktG).[175] **91**

Anzugeben sind **nur Name und Sitz** der betreffenden Beteiligungsgesellschaften. Die anderen nach Nr. 11 2. Halbs. geforderten Angaben sind nicht zu machen. Eine Angabepflicht nach dem 4. Halbs. entfällt, soweit schon Angaben nach dem 1. bis 3. Halbs. erfolgt sind („zusätzlich"). **92**

11a. Angaben zu Kapitalgesellschaften & Co (Nr. 11 Buchst. a). Nach Nr. 11 Buchst. a sind Name, Sitz und Rechtsform der Unternehmen anzugeben, deren unbeschränkt haftender Gesellschafter die Kapitalgesellschaft ist. Die Angabepflicht ist durch das KapCoRiLiG[176] in § 285 eingefügt worden und beruht auf Art. 43 Abs. 1 Nr. 2 der 4. EG-Richtlinie i.d.F. der GmbH & Co-Richtlinie. Mit der Angabe nach Nr. 11 Buchst. a soll dem Bilanzleser Einblick in **Beteiligungen der Kapitalgesellschaft als persönlich haftender Gesellschafter** gewährt werden. Sie ist nach dem Wortlaut der Regelung unabhängig davon zu machen, ob das andere Unternehmen nach § 264a rechnungslegungspflichtig ist. Ausreichend ist, dass die Kapitalgesellschaft – sei es auch neben einer natürlichen Person – als unbeschränkt haftender Gesellschafter beteiligt ist. Die Angabe kann unter den Voraussetzungen des § 286 Abs. 3 S. 1 entfallen. **93**

12. Erläuterung der nicht gesondert ausgewiesenen Rückstellungen (Nr. 12). Die Erläuterungspflicht nach Nr. 12 betrifft die nach § 266 Abs. 3 B 3 in der Bilanz ausgewiesenen „sonstigen Rückstellungen". Dazu zählen sämtliche Rückstellungen mit Ausnahme der Pensions- und Steuerrückstellungen. Soweit diese Rückstellungen nicht gesondert ausgewiesen, insbesondere in Ausübung des Wahlrechts nach § 265 Abs. 5 weiter untergliedert werden, müssen sie nach § 285 Nr. 12 erläutert werden, wenn sie einen **94**

---

172 Baumbach/Hueck/*Schulze-Osterloh* GmbHG[18] § 42 Rn 532; HdR-*Oser/Holzwarth* §§ 284–288 Rn 307 f; BoHdR-*Krawitz* Rn 190; *Gschrei* BB 1990, 1588.

173 **AA** HdJ-*Kupsch* IV/4 Rn 236.

174 Vgl. Bericht des Rechtsausschusses BT-Drucks. 13/10038, S. 26.

175 So Beck BilKomm-*Ellrott* Rn 254.

176 BGBl. I 2000, 154.

nicht unerheblichen Umfang haben. Die Regelung beruht auf Art. 42 Satz 2 der 4. EG-Richtlinie. Die Erläuterungspflicht bezweckt einen besseren Einblick in die *Risikostruktur* auf Grund von ungewissen Verbindlichkeiten.[177] Sie besteht uneingeschränkt für große Kapitalgesellschaften. Kleine Kapitalgesellschaften sind von ihr befreit (§ 288 S. 1), mittelgroße Kapitalgesellschaften können diese Angaben bei der Offenlegung des Anhangs unterlassen (§ 327).

95 Ob eine unter den sonstigen Rückstellungen ausgewiesene Rückstellung einen **„nicht unerheblichen" Umfang** hat, bestimmt sich nach dem Gesamtbild der Bilanz (insbesondere der Relation der Rückstellung zum Gesamtumfang des Postens „sonstige Rückstellungen", ferner zum Gesamtbetrag des Fremdkapitals oder zur Bilanzsumme).[178] Ist bereits der Gesamtposten „sonstige Rückstellung" als unerheblich anzusehen, entfällt die Erläuterungspflicht.[179]

96 Das Gesetz verlangt eine **„Erläuterung"**. Angaben zu Einzelbeträgen sind damit nicht gefordert; erforderlich ist aber die Nennung der Rückstellungsarten und die Angabe von Größenordnungen.[180] Eine weitergehende Angabe der Gründe der Rückstellungsbildung ist nicht geboten, da die Erläuterungspflicht nur das Informationsdefizit aus einem zusammengefassten Ausweis ausgleichen soll.[181]

97 **13. Angabe der Gründe für die Annahme einer Nutzungsdauer des Geschäfts- oder Firmenwerts von mehr als fünf Jahren (Nr. 13).** Nach § 246 Abs. 1 S. 4 i.d.F. des BilMoG gilt der entgeltlich erworbene Geschäfts- oder Firmenwert als zeitlich begrenzt nutzbarer Vermögensgegenstand. Er ist folglich nach der Streichung der Sonderregelung in § 255 Abs. 4 a.F. nach § 253 planmäßig bzw. außerplanmäßig abzuschreiben. Wird die betriebliche Nutzungsdauer nach den individuellen Verhältnissen des Unternehmens mit mehr als fünf Jahre angesetzt, so ist nach § 285 Nr. 13 im Anhang darzulegen, aus welchen **Gründen dieser über einen Zeitraum von mehr als fünf Jahren genutzt werden soll.** Eine bloße Bezugnahme auf die steuerliche Regelung des § 7 Abs. 1 S. 3 EStG genügt nicht.[182] Die Angabepflicht geht auf Art. 37 Abs. 2 S. 2 der 4. EG-Richtlinie zurück.

98 **14. Angabe des Namens und Sitzes von Mutterunternehmen (Nr. 14).** Nach § 285 Nr. 14 sind bei **konzernangehörigen Kapitalgesellschaften** verschiedene Angaben zu machen, die den Zugang zum entsprechenden Konzernabschluss erleichtern sollen.[183] Danach sind anzugeben der Name und Sitz des Mutterunternehmens, das den Konzernabschluss für den größten Kreis, und des Mutterunternehmens, das den Konzernabschluss für den kleinsten Kreis von Unternehmen aufstellt. Ferner ist darauf hinzuweisen, wo die aufgestellten Konzernabschlüsse erhältlich sind.

99 Ob ein Unternehmen ein **„Mutterunternehmen"** ist, bestimmt sich nach den Vorschriften über die Konzernabschlusspflicht (§ 290 Abs. 1 und 2). Voraussetzung für eine Angabe nach Nr. 14 ist des weiteren, dass das Mutterunternehmen einen Konzern-

[177] HdJ-*Kupsch* IV/4 Rn 206.
[178] Vgl. mit gewissen Unterschieden in den Beurteilungsmaßstäben ADS 241; Baumbach/Hueck/*Schulze-Osterloh* GmbHG[18] § 42 Rn 498; BoHdR-*Krawitz* Rn 215; HdJ-*Kupsch* IV/4 Rn 207.
[179] *Epperlein/Scharpf* DB 1994, 1632.
[180] ADS 242 f; Beck BilKomm-*Ellrott* Rn 261.
[181] Zutreffend BoHdR-*Krawitz* Rn 218; Baumbach/Hueck/*Schulze-Osterloh* GmbHG[18] § 42 Rn 498; MünchKommHGB/*Poelzig* Rn 279; **aA** ADS 242; *Epperlein/Scharpf* DB 1994, 1632.
[182] BT-Drucks. 16/10067, S. 70.
[183] Vgl. etwa BoHdR-*Krawitz* Rn 227.

abschluss tatsächlich – sei es auf Grund gesetzlicher Verpflichtung oder freiwillig – aufstellt.[184] Soweit von der Befreiung des § 291 Gebrauch gemacht wird, verlagert sich die Angabepflicht auf das nächst höhere Mutterunternehmen,[185] so dass größter und kleinster Kreis deckungsgleich sein können.[186] Unterbleibt jedoch die Aufstellung des Konzernabschlusses seitens des Mutterunternehmens entgegen der gesetzlichen Verpflichtung, befreit dies die Tochterkapitalgesellschaft nicht von der Angabepflicht nach Nr. 14. Für die Angabepflicht kommt es nach dem Zweck der Regelung – Offenlegung von Konzernverflechtungen – auch nicht darauf an, ob die Kapitalgesellschaft in den Konzernabschluss einbezogen worden ist oder dies nach § 296 unterblieben ist.[187]

Anzugeben sind zum einen **Name und Sitz** der Mutterunternehmen mit dem größ- **100**
ten/kleinsten Konsolidierungskreis, soweit beide nicht – wie z.B. im zweistufigen Konzern – deckungsgleich sind. Ferner ist der **Ort** anzugeben, wo die Konzernabschlüsse erhältlich sind. Dies ist der Ort, an dem das Gericht seinen Sitz hat, bei dem der Konzernabschluss einzureichen ist.[188] Die Pflicht zur Angabe des Ortes entfällt im Fall eines freiwillig aufgestellten Konzernabschlusses.[189]

15. Angaben zu Komplementärgesellschaften (Nr. 15). Nach Nr. 15 sind im Anhang **101**
des Jahresabschlusses einer Personenhandelsgesellschaft i.S.v. § 264a Name, Sitz und gezeichnetes Kapital der Gesellschaften anzugeben, die **persönlich haftende Gesellschafter dieser Personenhandelsgesellschaft** sind. Die Angabepflicht nach Nr. 15 ist durch das KapCoRiLiG[190] in § 285 eingefügt worden und beruht – anders als Nr. 11a – nicht auf Vorgaben der 4. EG-Richtlinie. Der Gesetzgeber bezweckt mit der Angabepflicht eine größere Transparenz über die Beteiligungsverhältnisse bei Kapitalgesellschaften und Co.[191] Anzugeben sind neben Name und Sitz auch das gezeichnete Kapital (vgl. zum Begriff § 272 Rn 6 f). Handelt es sich bei der persönlich haftenden „Gesellschaft" um eine Stiftung, ist entsprechend das Grundstockvermögen anzugeben. Auf die Angaben kann unter den Voraussetzungen des § 286 Abs. 3 S. 1 nicht verzichtet werden.[192]

16. Angaben zur Entsprechenserklärung (Nr. 16). Nach § 161 AktG haben Vorstand **102**
und Aufsichtsrat einer börsennotierten Aktiengesellschaft jährlich zu erklären, dass den vom Bundesministerium der Justiz im amtlichen Teil des elektronischen Bundesanzeigers bekannt gemachten Empfehlungen der „Regierungskommission Deutscher Corporate Governance Kodex" entsprochen wurde und wird oder welche Empfehlungen nicht angewendet wurden oder werden. Diese Erklärung ist den Aktionären zugänglich zu machen. Nach § 285 Nr. 16 ist im Anhang anzugeben, dass die Entsprechenserklärung abgegeben worden ist und „wo sie öffentlich zugänglich gemacht worden ist" (z.B. auf welcher Internetseite). Die Entsprechenserklärung selbst braucht weder im Anhang noch im Lagebericht angegeben werden. Die Angabepflicht nach Nr. 16 ist durch das TransPuG eingeführt und im Rahmen des BilMoG neu gefasst worden. Sie beruht auf Art. 46a der 4. EG-Richtlinie i.d.F. der Abänderungsrichtlinie.

---

184 ADS 251; Beck BilKomm-*Ellrott* Rn 274.
185 ADS 251.
186 Baumbach/Hueck/*Schulze-Osterloh* GmbHG[18] § 42 Rn 538.
187 ADS 252; Beck BilKomm-*Ellrott* Rn 275; BoHdR-*Krawitz* Rn 232; Baumbach/Hueck/*Schulze-Osterloh* GmbHG[18] § 42 Rn 538.
188 ADS 254.
189 Beck BilKomm-*Ellrott* Rn 277.
190 BGBl. I 2000, 154.
191 Vgl. BR-Drucks. 458/99, S. 43.
192 Vgl. MünchKommHGB/*Poelzig* Rn 299.

103 17. **Angaben zum Honorar des Abschlussprüfers (Nr. 17).** Nach § 285 Nr. 17 sind bestimmte Angaben über das Honorar des Abschlussprüfers zu machen. Die Angabepflicht steht im Zusammenhang mit den Vereinbarkeitsregelungen der §§ 319, 319a[193] und verschafft dem Bilanzleser die erforderlichen **Informationen zur Abschlussprüfervergütung.**[194] Durch die Honorartransparenz soll das Vertrauen in die (finanzielle) Unabhängigkeit des Abschlussprüfers verbessert werden.[195] Sie ist durch das BilReG eingeführt worden und war zunächst auf börsennotierte Unternehmen beschränkt.[196] Im Rahmen des BilMoG ist sie neu gefasst und gleichzeitig auf alle Kapitalgesellschaften und Personengesellschaften i.S.d. § 264a ausgedehnt worden (vorbehaltlich der Erleichterungen nach § 288). Die Angabepflicht findet ihre Grundlage in Art. 43 Abs. 1 Nr. 15 der 4. EG-Richtlinie i.d.F. der Abänderungsrichtlinie.

104 Anzugeben ist nur das vom Abschlussprüfer für das Geschäftsjahr *berechnete* Gesamthonorar. Abschlussprüfer ist der Abschlussprüfer i.S.v. § 318, d.h. die (bestellte) WP-Praxis, einschließlich verbundener Unternehmen i.S. von § 271 Abs. 2.[197] Werden mehrere Abschlussprüfer bestellt, so sind die Angaben nach Nr. 17 für jede einzelne WP-Praxis zu machen.[198] Auf den Zeitpunkt der Honorarvereinbarung, die Zahlung der Vergütung oder ihre aufwandswirksame Erfassung kommt es – anders als nach § 285 Nr. 17 a.F. – nicht mehr an. Unter den Begriff des Honorars fällt die **Gesamtvergütung des Abschlussprüfers für seine im Geschäftsjahr erbrachten Leistungen** einschließlich des berechneten Auslagenersatzes (z.B. Tage- und Übernachtungsgelder, Fahrtkosten) ohne Umsatzsteuer.[199]

105 Es ist nicht ausreichend, das Gesamthonorar lediglich in einer Summe anzugeben. Dieses ist vielmehr nach bestimmten Kategorien (Abschlussprüfung, sonstige Bestätigungs- und Bewertungsleistung, Steuerberatung und sonstige Leistungen) **aufzuschlüsseln** (§ 285 Nr. 17 Buchst. a–d). In die Kategorie „Abschlussprüfung" fallen die Honorare für die Prüfung des Jahresabschlusses und Lageberichts einschließlich einer Nachtragsprüfung, ferner auch z.B. die Honorare für die Prüfung des Risikoerkennungssystems nach § 317 Abs. 4 oder die Prüfung des Abhängigkeitsberichts nach § 313 AktG.[200] Mit „andere Bestätigungsleistungen" sind alle übrigen Leistungen gemeint, bei denen der bestellte Abschlussprüfer das Berufssiegel führen kann bzw. muss.[201] Steuerberatungsleistungen sind Vergütungen für Leistungen nach § 1 StBerG. Die „sonstigen Leistungen" sind ein Auffangtatbestand, unter den z.B. prüfungsnahe Beratungen fallen.

106 Die Angaben sind nicht vorzunehmen, wenn das Unternehmen in einen **Konzernabschluss einbezogen** wird und die Angaben dort enthalten sind. In diesem Fall ist eine zusammenfassende (und nach den vier Kategorien aufgeschlüsselte) Angabe aller im Konzern angefallenen Honorare ausreichend.[202]

---

193 Näher *Hülsmann* DStR 2005, 166; *Bischof* WPg 2006, 705; *Wollmert/Oser/Graupe* StuB 2010, 123.

194 BT-Drucks. 15/3419, S. 29.

195 Kritisch hierzu *Pfitzer/Oser/Orth* DB 2004, 2594.

196 Vgl. auch *IdW* WPg 2005, 1232.

197 HdR-*Oser/Holzwarth* §§ 284–288 Rn 356; *Kling* WPg 2011, 211; *Wollmert/Oser/Graupe* StuB 2010, 126; *Bischof* WPg 2006, 707 f, **aA** Beck BilKomm-*Ellrott* Rn 296; MünchKommHGB/*Poelzig* Rn 312; für Wahlrecht *IDW* RS HFA 36 Rn 7.

198 HdR-*Oser/Holzwarth* §§ 284–288 Rn 357; MünchKommHGB/*Poelzig* Rn 312; *Kling* WPg 2011, 209.

199 BT-Drucks. 16/10067, S. 155.

200 Vgl. *Bischof* WPg 2006, 710 f.

201 *Bischof* WPg 2006, 711.

202 *IDW* RS HFA 36 Rn 17, 19; HdR-*Oser/Holzwarth* §§ 284–288 Rn 348; KK-*Peters* Rn 195.

18. Angaben zu über dem beizulegenden Wert ausgewiesenen Finanzinstrumenten (Nr. 18). Nach § 285 Nr. 18 sind zusätzliche Angaben zu machen, wenn bei Finanzinstrumenten, die zu den Finanzanlagen gehören, eine außerplanmäßige Abschreibung unterblieben ist, weil die **Wertminderung voraussichtlich nicht von Dauer ist.** Die Angabepflicht ist durch das BilReG eingeführt worden und war bisher in § 285 Nr. 19 a.F. enthalten. Durch das BilMoG ist sie an die Änderungen des § 253 angepasst worden und nunmehr in § 285 Nr. 18 enthalten.[203] Sie beruht auf Art. 43 Abs. 1 Nr. 14 Buchst. b der 4. EG-Richtlinie i.d.F. der Fair-Value-Richtlinie. 107

Die Angabepflicht nach § 285 Nr. 18 erfasst sämtliche Finanzanlagen i.S.v. § 266 Abs. 2 A. III.[204] und setzt voraus, dass der **Buchwert über dem beizulegenden Zeitwert liegt** (zur Ermittlung des beizulegenden Zeitwerts vgl. § 255 Abs. 4). In diesem Fall sind der Buchwert und der beizulegende Zeitwert anzugeben (Buchst. a). Hinsichtlich der Angabe der Gründe (Buchst. b) für das Unterbleiben der außerplanmäßigen Abschreibung reicht eine Wiederholung der gesetzlichen Voraussetzungen des § 253 Abs. 3 S. 4 nicht aus.[205] Vielmehr sind die tatsächlichen Anhaltspunkte anzugeben, aus denen man die fehlende Dauerhaftigkeit der Wertminderung ableitet (z.B. günstige konjunkturelle Entwicklung am Bilanzstichtag). 108

19. Angaben zu nicht zum Zeitwert bilanzierten derivativen Finanzinstrumenten (Nr. 19). Nach § 285 Nr. 19 sind verschiedene Angaben zu nicht **zum beizulegenden Zeitwert bilanzierten derivativen Finanzinstrumenten** zu machen. Die Angabepflicht ist durch das BilReG eingeführt worden und war früher in § 285 Nr. 18 enthalten. Sie ist im Rahmen des BilMoG neu gefasst und – wegen des Zusammenhangs mit der neuen Nr. 20 – in § 285 Nr. 19 eingefügt worden.[206] Die Neufassung trägt der Tatsache Rechnung, dass Finanzinstrumente des Handelsbestandes bei Kreditinstituten künftig zum beizulegenden Zeitwert zu bewerten sind (vgl. § 340e Abs. 3 S. 1). Die Angabepflicht beruht auf Art. 43 Abs. 1 Nr. 14 der 4. EG-Richtlinie i.d.F. der Fair-Value-Richtlinie. 109

§ 285 Nr. 19 enthält **vier verschiedene Angabepflichten** für jede Kategorie von derivativen Finanzinstrumenten. Angesichts der Vielfalt der Gestaltungen hat der Gesetzgeber auf eine Legaldefinition des derivativen Finanzinstruments im HGB verzichtet. In der Praxis versteht man darunter als Fest- oder Optionsgeschäfte ausgestaltete Termingeschäfte, deren Werte von einer Basisvariablen abhängen.[207] Anzugeben sind Art und Umfang (d.h. Qualifikation und Nominalwert), der nach § 255 Abs. 4 ermittelte beizulegende Zeitwert einschließlich der angewandten Bewertungsmethode (z.B. Marktbewertung), Höhe des Buchwerts und der betreffenden Bilanzposition sowie die Gründe dafür, warum der beizulegende Zeitwert nicht bestimmt werden kann (z.B. weil ein Marktwert weder für das betreffende Finanzinstrument noch für vergleichbare Instrumente existiert und auch die für die Anwendung anerkannter Bewertungsmodelle erforderlichen Daten nicht verlässlich bestimmt werden können). 110

20. Angaben zu mit dem Zeitwert bewerteten Finanzinstrumenten (Nr. 20). Nach § 285 Nr. 20 sind zu den nach § 340e Abs. 3 S. 1 mit dem beizulegenden Zeitwert bewerteten Finanzinstrumenten bestimmte **Angaben hinsichtlich der grundlegenden Bewertungsannahmen (Buchst. a) und zu Art und Umfang jeder Kategorie von derivativen Finanzinstrumenten (Buchst. b)** zu machen. Die Angabepflicht nach Buchst. a ent- 111

---

203 Vgl. BT-Drucks. 16/10067, S. 71.
204 *IDW* RH HFA 1.005 Rn 14.
205 HdR-*Oser/Holzwarth* §§ 284–288 Rn 384.
206 Näher dazu *Bischof/Hettich* WPg 2012, 689.
207 So *IdW* WPg 2005, 531.

fällt, wenn der beizulegende Zeitwert unmittelbar auf einem eigenen Marktwert beruht.[208] Die nach Buchst. b erforderlichen Angaben zu Art und Umfang sind identisch mit den nach der (neuen) Nummer 19 geforderten Angaben. Die Kategorisierung der derivativen Finanzinstrumente kann z.B. nach dem zugrunde liegenden Basiswert oder dem abgesicherten Risiko erfolgen. Hinsichtlich des Umfangs ist eine Angabe des Nominalwertes ausreichend. Darüber hinaus sind die wesentlichen Bedingungen anzugeben, die Höhe, Zeitpunkt und Sicherheit künftiger Zahlungsströme beeinflussen können. Die durch das BilMoG neu eingeführte Angabepflicht beruht auf Art. 42d der 4. EG-Richtlinie in der Fassung der Fair-Value-Richtlinie.

112 **21. Angabe der nicht zu marktüblichen Bedingungen zustande gekommenen Geschäfte mit nahe stehenden Unternehmen oder Personen (Nr. 21).** Nach § 285 Nr. 21 sind die nicht zu marktüblichen Bedingungen zustande gekommenen **Geschäfte**, soweit sie wesentlich sind, **mit nahe stehenden Unternehmen oder Personen** anzugeben und in bestimmter Hinsicht zu erläutern. Die Angabepflicht ist durch das BilMoG neu eingeführt worden. Das bisherige Recht forderte nur bestimmte Angaben zu verbundenen Unternehmen (z.B. § 285 Nr. 3 und 14). Mit der neuen Angabepflicht sollen die handelsrechtlichen Berichtspflichten an die internationale Rechnungslegung angenähert werden.[209] Sie beruht auf Art. 43 Abs. 1 Nr. 7b der 4. EG-Richtlinie i.d.F. der Abänderungsrichtlinie.

113 Die Angabepflicht bezieht sich auf „Geschäfte“ im weitesten Sinne, d.h. auf **alle Transaktionen rechtlicher oder wirtschaftlicher Art**, die sich auf die Finanzlage eines Unternehmens auswirken können[210] (z.B. Kauf und Verkauf von Grundstücken, Bezug oder Erbringung von Dienstleistungen, Nutzungsüberlassungen, Produktionsverlagerungen etc.). Unterlassene Rechtsgeschäfte und Maßnahmen sind von der Angabepflicht aber nicht erfasst.

114 Angabepflichtig sind **zumindest die nicht zu marktüblichen Bedingungen** zustande gekommenen Geschäfte, soweit sie wesentlich sind. Die Marktüblichkeit der Bedingungen einer Transaktion ist im Wege des Fremdvergleichs festzustellen. Hinsichtlich des Merkmals der „Wesentlichkeit“ gelten die allgemeinen Grundsätze (vgl. Rn 21). Werden alle Geschäfte mit nahe stehenden Unternehmen oder Personen angegeben, ist eine Untergliederung in marktübliche und marktunübliche Geschäfte nicht erforderlich.

115 Der Begriff der **„nahe stehenden Unternehmen oder Personen“** ist gemäß Art. 43 Abs. 1 Nr. 7 Buchst. b im Sinne der gemäß der IAS-VO übernommenen IFRS zu bestimmen (also gegenwärtig IAS 24). Diese Auslegung entspricht darüber hinaus auch dem Zweck der Angabepflicht (Annäherung an IFRS).

116 Über die Pflicht zur Angabe der wesentlichen zu marktunüblichen Bedingungen mit nahe stehenden Unternehmen oder Personen zustande gekommenen Geschäften hinaus müssen im Anhang **weitere Angaben** gemacht werden, und zwar auch über die nahe stehenden Unternehmen und Personen, die Art ihrer Beziehung zu der berichtspflichtigen Gesellschaft sowie über den Wertumfang der Geschäfte. Die Angaben können nach Geschäftsarten zusammengefasst werden, sofern die getrennte Angabe für die Beurteilung der Auswirkungen auf die Finanzlage nicht notwendig ist.

117 Von der Angabepflicht sind Geschäfte ausgenommen, die **mit oder zwischen mittel- oder unmittelbar in hundertprozentigem Anteilsbesitz stehenden, in einen Konzern-**

---

[208] Vgl. BT-Drucks. 16/10067, S. 71.
[209] BT-Drucks. 16/10067, S. 72.
[210] So BT-Drucks. 16/10067, S. 72; vgl. *IdW* ERS HFA 33 Rn 5; *Wollmert/Oser/Graupe* StuB 2010, 128.

abschluss einbezogenen Unternehmen eingegangen werden. Mit dieser Ausnahme hat der deutsche Gesetzgeber von dem in Art. 43 Abs. 1 Nr. 7 Buchst. b der 4. EG-Richtlinie vorgesehenen Mitgliedstaatenwahlrecht Gebrauch gemacht, um „hoch integrierte Konzerne" mit umfangreichem internen Leistungsverkehr von zusätzlichen Angabepflichten zu entlasten.[211]

22. Angaben zu Forschungs- und Entwicklungskosten (Nr. 22). Nach § 285 Nr. 22 ist im Fall der Aktivierung nach § 248 Abs. 2 der Gesamtbetrag der Forschungs- und Entwicklungskosten (vgl. § 255 Abs. 2a S. 2, 3) des Geschäftsjahrs sowie der davon auf die selbst geschaffenen immateriellen Vermögensgegenstände des Anlagevermögens entfallende Betrag anzugeben. Dieser muss sich im Hinblick auf die Entwicklungskosten (vgl. § 255 Abs. 2a S. 1) mit dem Zugang im Anlagespiegel (§ 268 Abs. 2 S. 2) zu § 266 Abs. 2 A I 1. decken.[212] Eine Aufteilung der nach Nr. 22 anzugebenden Beträge in Kosten der Forschung und Entwicklung ist im Gesetz (anders als im Regierungsentwurf)[213] allerdings nicht vorgesehen.[214] Anzugeben sind sämtliche Ausgaben des Geschäftsjahres unabhängig von ihrer Aktivierung bzw. Aktivierbarkeit.[215] Mit dieser Angabepflicht hat der Gesetzgeber des BilMoG zum einen der Aufhebung des in § 248 Abs. 2 a.F. enthaltenen Aktivierungsverbots Rechnung getragen. Zum anderen sollen die zusätzlichen Angaben den Informationsgehalt des Jahresabschlusses in Hinsicht auf die Investitionen der Unternehmen in Forschung- und Entwicklung (Innovation) verbessern.[216] Anzugeben sind nur die jeweiligen Beträge des Geschäftsjahres. Dagegen wird – offenbar mit Rücksicht auf die Geheimhaltungsinteressen der Wirtschaft – eine Erläuterung der tatsächlichen Gründe, weshalb bestimmte Aufwendungen nach § 255 Abs. 2a der Entwicklung oder der Forschung zugeordnet worden sind, nicht gefordert. Ob diese Einschränkung den Vorgaben der 4. EG-Richtlinie genügt, erscheint zweifelhaft. Art. 34 Abs. 2 (der nach Art. 37 Abs. 1 für die Aktivierung von Forschungs- und Entwicklungskosten entsprechend gilt) verlangt eine „Erläuterung" des Inhalts des Postens. Eine solche Erläuterungspflicht bestand z.B. auch bei der Aktivierung von Ingangsetzungsaufwendungen nach § 269 S. 1 a.F. **118**

23. Angaben zu Bewertungseinheiten (Nr. 23). Macht das Unternehmen von § 254 Gebrauch und fasst – abweichend vom Einzelbewertungsgrundsatz – Vermögensgegenstände, Schulden, schwebende Geschäfte oder mit hoher Wahrscheinlichkeit vorgesehene Transaktionen mit Finanzinstrumenten zur Absicherung von Risiken in sog. Bewertungseinheiten zusammen,[217] so sind nach § 285 Nr. 23 umfangreiche Angaben im Anhang zu machen, soweit die Angaben nicht im Lagebericht erfolgen (vgl. § 289 Abs. 2 Nr. 2 Buchst. a). Die Angabepflicht ist im Rahmen des BilMoG neu eingeführt worden und gilt für alle Unternehmen i.S.d. §§ 264 ff (also auch für kleine Kapitalgesellschaften), soweit diese Bewertungseinheiten bilden. Die Angabepflicht steht in engem Zusammenhang mit der Bewertungsvorschrift des § 254 und soll dem Bilanzleser **hinreichend verständliche Informationen zu den gebildeten Bewertungseinheiten** vermitteln.[218] Die europarechtliche Grundlage der Angabepflicht findet sich in Art. 2 Abs. 5 S. 2 der 4. EG-Richtlinie. **119**

---

211 BT-Drucks. 16/10067, S. 72.
212 Vgl. HdR-*Oser/Holzwarth* §§ 284–288 Rn 448.
213 BT-Drucks. 10/10067, S. 10.
214 *v. Keitz/Gloth* DB 2013, 129, 132; **aA** MünchKommHGB/*Poelzig* Rn 390.
215 MünchKommHGB/*Poelzig* Rn 393.
216 BT-Drucks. 16/10067, S. 73; BT-Drucks. 16/12407, S. 88.
217 Dazu eingehend *Meinert* S. 1 ff.
218 BT-Drucks. 16/10067, S. 73; BT-Drucks. 16/12407, S. 88.

Da es sich bei § 254 nach der Ansicht des Gesetzgebers um einen gesetzlich festgelegten „Ausnahmefall" vom Realisations- und Imparitätsprinzip i.S.d. Art. 2 Abs. 5 S. 3 handelt,[219] bedarf es auch einer entsprechenden Angabepflicht. Diese wird mit § 285 Nr. 23 geschaffen.

120 Nach § 285 Nr. 23 sind folgende Einzelangaben zu machen:[220]

- Nach § 285 Nr. 23 Buchst. a sind der **betragsmäßige Umfang** der gebildeten Bewertungseinheiten (Angabe der Größenordnung), die **Art des abgesicherten Risikos** (also z.B. Preisänderungs-, Zins-, Währungs-, Ausfall- oder Liquiditätsrisiken) sowie die **Art der gebildeten Bewertungseinheiten** (*micro-hedging, portfolio-hedging, macro-hedging, antizipatives hedging*) anzugeben. Ferner ist über das Gesamtvolumen der mit am Bilanzstichtag bestehenden Bewertungseinheiten abgesicherten Risiken zu berichten.
- Nach § 285 Nr. 23 Buchst. b ist zur **Wirksamkeit** der jeweiligen Bewertungseinheiten Stellung zu nehmen. Diese Angaben betreffen vor allem das *macro-hedging*. So ist anzugeben, wie die Risiken ermittelt worden sind und aus welchen Gründen man davon ausgeht, dass die abgesicherten Risiken nicht eintreten werden. Dazu ist anzugeben, warum, in welchem Umfang und für welchen Zeitraum sich die gegenläufigen Wertänderungen oder Zahlungsströme künftig voraussichtlich ausgleichen.
- Nach § 285 Nr. 23 Buchst. c sind schließlich **zusätzliche Angaben zu antizipativen Bewertungseinheiten** zu machen, an deren Bildung nach Ansicht der Gesetzesverfasser „strenge Anforderungen" zu stellen sind.[221] Insbesondere ist zum Merkmal „hohe Wahrscheinlichkeit" Stellung zu nehmen. Dies gilt insbesondere bei Einbeziehung derivativer Finanzinstrumente, deren beizulegender Zeitwert unter den Anschaffungskosten liegt, als Sicherungsmittel in eine antizipative Bewertungseinheit.[222]

Der Detaillierungsgrad der Angaben hat sich am Umfang der gebildeten Bewertungseinheiten zu orientieren.[223]

121 Die nach § 285 Nr. 23 erforderlichen Angaben können auch mit den Angaben nach § 289 Abs. 2 Nr. 2 Buchst. a betreffend die Risikomanagementziele und -methoden der Gesellschaft sowie bestimmte Einzelrisiken gebündelt in einer Art „Risikobericht" im **Lagebericht** erfolgen, um unnötige Wiederholungen und Überschneidungen zwischen beiden Angabepflichten zu vermeiden.

122 **24. Angaben zu Pensionsrückstellungen (Nr. 24).** § 285 Nr. 24 verpflichtet die Unternehmen zur Angabe der versicherungsmathematischen Berechnungsverfahren und grundlegenden Annahmen, die bei der Bewertung der Pensionsrückstellungen und ähnlicher Verpflichtungen angewendet worden sind. Die ausdrückliche Angabepflicht ist durch das BilMoG eingeführt worden, ergab sich aber im früheren Recht bereits aus § 284 Abs. 2 Nr. 1. Durch die Neufassung sollen eine gewisse Vereinheitlichung und Vergleichbarkeit der Angaben zu Pensionsrückstellungen erreicht werden. Anzugeben sind nunmehr das angewendete versicherungsmathematische Bewertungsverfahren sowie die grundlegenden Annahmen (Zinssatz, erwartete Lohn- und Gehaltssteigerungen und zugrunde gelegte Sterbetafeln).[224] Dagegen brauchen die Gründe, weshalb sich das Unternehmen für die Anwendung des gewählten versicherungsmathematischen Bewertungsverfahrens entschieden hat, nicht angegeben zu werden.

---

219 Vgl. BT-Drucks. 16/10067, S. 59.
220 Vgl. auch BT-Drucks. 16/12407, S. 88.
221 BT-Drucks. 16/12407, S. 88.
222 BT-Drucks. 16/12407, S. 88.
223 BT-Drucks. 16/10067, S. 73.
224 Näher *Höfer/Hagemann* DStR 2008, 1747; *Rhiel/Veit* DB 2008, 1512.

25. Angaben zur Verrechnung von Vermögensgegenständen und Schulden nach § 246 Abs. 2 S. 2 (Nr. 25). Nach § 285 Nr. 25 sind bestimmte Angaben zur Verrechnung von Vermögensgegenständen und Schulden nach § 246 Abs. 2 S. 2 zu machen. Die Angabepflicht ist durch das BilMoG eingeführt worden. Die Angaben, die nach bisheriger Rechtslage ohne Verrechnungsmöglichkeit in der Bilanz zu finden waren, erfolgen nunmehr im Anhang. Die Angabepflicht beruht auf Art. 2 Abs. 5 S. 2 der 4. EG-Richtlinie, weil es sich bei § 246 Abs. 2 S. 2 nach Ansicht des Gesetzgebers um einen gesetzlich geregelten „Ausnahmefall" i.S.d. Art. 2 Abs. 5 handelt.[225] Nr. 20 Buchst. a ist entsprechend anzuwenden, d.h. es sind die grundlegenden Annahmen, die der Bestimmung des beizulegenden Zeitwertes mit Hilfe allgemein anerkannte Bewertungsmethoden zugrunde gelegt wurden, anzugeben. **123**

26. Angaben zu Anteilen oder Anlageaktien an Investmentanteilen (Nr. 26). § 285 Nr. 26 verpflichtet Kapitalgesellschaften, die Anteile an Sondervermögen i.S.v. § 1 Abs. 10 KAGB oder Anlageaktien an Investmentaktiengesellschaften mit veränderlichem Kapital i.S.v. §§ 108 ff KAGB oder vergleichbaren ausländischen Investmentvermögen von mehr als 10 % halten, die darin enthaltenen stillen Reserven oder stillen Lasten im Anhang darzustellen. Die Angabepflicht ist durch das BilMoG in § 285 eingefügt und durch das AIFM-UmsG[226] redaktionell angepasst worden. Der Gesetzgeber versteht die Angabepflicht nach Nr. 26 als Konsolidierungssurrogat. Sie steht überdies in Zusammenhang mit der Streichung des Beteiligungserfordernisses in § 290 Abs. 1 S. 1 n.F.[227] Daher werden stimmberechtigte Unternehmensaktien i.S.v. § 109 Abs. 1 KAGB sowie vergleichbare ausländische Anlagen von der Angabepflicht nicht erfasst, da bei derartigen Anlagen vorrangig die Frage der Konsolidierung zu prüfen ist.[228] Mit der Aufgliederung der Anteile nach Anlagezielen soll den Abschlussadressaten eine überschlägige Einschätzung des Anlagerisikos ermöglicht werden. Darüber hinaus sollen die Bilanzleser auch über die „im" Geschäftsjahr durch das Unternehmen vereinnahmten Ausschüttungen informiert werden.[229] Der Gesetzeswortlaut („für") ist korrigierend auszulegen.[230] Die Angabepflicht nach Nr. 26 stellt gegenüber der nach Nr. 18 die speziellere Regelung dar. **124**

27. Angaben zu unter der Bilanz oder im Anhang ausgewiesenen Haftungsverhältnissen (Nr. 27). Nach § 285 Nr. 27 haben die Unternehmen die Gründe der Einschätzung des Risikos der Inanspruchnahme für nach § 251 unter der Bilanz oder nach § 268 Abs. 7 1. Halbs. im Anhang ausgewiesenen Verbindlichkeiten und Haftungsverhältnissen anzugeben. Die Angabepflicht ist durch das BilMoG neu eingeführt worden und soll die Transparenz des Jahresabschlusses erhöhen.[231] Denn nach §§ 251, 268 Abs. 7 1. Halbs. werden die Eventualverbindlichkeiten nur als Gesamtsumme unter der Bilanz oder im Anhang ausgewiesen, ohne dass dem Abschlussadressaten erkennbar wäre, wie sich die zugrunde liegenden Verpflichtungen und Haftungsverhältnisse im Einzelnen aufschlüsseln und welche Risiken ihnen immanent sind. § 285 Nr. 27 wirkt dem dadurch entgegen, dass nunmehr die Gründe anzugeben sind, weshalb solche Eventualverbindlichkeiten nicht auf der Passivseite der Bilanz ausgewiesen werden (Erläuterungsfunktion). Die vorhandenen Risiken sind konkret zu benennen und zu bewerten, wobei das Gesetz aber keine Quantifizierung der Eintrittswahrscheinlichkeit verlangt.[232] Die Angabepflicht **125**

[225] Vgl. BT-Drucks. 16/10067, S. 48.
[226] Dazu BT-Drucks. 17/12294, S. 308.
[227] Siehe BT-Drucks. 16/10067, S. 78.
[228] BT-Drucks. 16/10067, S. 74.
[229] BT-Drucks. 16/10067, S. 74.
[230] Beck BilKomm-*Ellrott* Rn 448.
[231] Vgl. BT-Drucks. 16/10067, S. 74 f.
[232] HdR-*Oser/Holzwarth* §§ 284–288 Rn 542; KK-*Peters* Rn 290 f; MünchKommHGB/*Poelzig* Rn 455.

beschränkt sich auf die für die Vermögens-, Finanz- und Ertragslage wesentlichen Eventualverbindlichkeiten.[233] Sie bezieht sich auch auf Verpflichtungen gegenüber verbundenen Unternehmen nach § 268 Abs. 7 Halbs. 2,[234] da sie einen Teil der Haftungsverhältnisse bilden und die Kenntnis der aus ihnen resultierenden Risiken für den Bilanzadressaten von großer Bedeutung sein kann. Der Gesetzeswortlaut steht dieser Auslegung nicht entgegen, da er lediglich verdeutlichen soll, dass es keinen Unterschied macht, ob die Haftungsverhältnisse in der Bilanz oder im Anhang ausgewiesen werden.

126 **28. Angabe des Gesamtbetrags der Beträge i.S.v. § 268 Abs. 8 (Nr. 28).** Nach § 285 Nr. 28 ist der Gesamtbetrag der Beträge i.S.v. § 268 Abs. 8 anzugeben unter Aufgliederung in Beträge aus der Aktivierung selbst geschaffener immaterieller Vermögensgegenstände des Anlagevermögens (§ 248 Abs. 2), Beträge aus der Aktivierung latenter Steuern (§ 274) und Beträge aus der Bewertung von Vermögensgegenständen i.S.v. § 246 Abs. 2 S. 2 zum beizulegenden Zeitwert. Die Angabepflicht ist durch das BilMoG neu eingeführt worden und soll transparent machen, in welchem Umfang im Jahresergebnis Beträge enthalten sind, die wegen § 268 Abs. 8 nicht ausgeschüttet werden können, soweit nicht in zumindest derselben Höhe jederzeit auflösbare Gewinnrücklagen zuzüglich eines Gewinnvortrags und abzüglich eines Verlustvortrags im Unternehmen vorhanden sind.[235] Wegen der Einzelheiten sei auf die Kommentierung zu § 268 Rn 38 ff verwiesen. Allerdings kann aus den gemäß § 285 Nr. 28 anzugebenden Informationen nicht abgeleitet werden, ob die Ausschüttungssperre nach § 268 Abs. 8 auch tatsächlich *eingehalten* wurde, da die frei verfügbaren Eigenkapitalpositionen nicht mitgeteilt werden müssen. Da sie sich in aller Regel auch nicht aus der Bilanz ablesen lassen, empfiehlt es sich, freiwillig entsprechende Angaben zu machen.[236]

127 **29. Angaben zu latenten Steuern (Nr. 29). Allgemeines.** Nach § 285 Nr. 29 ist anzugeben, auf welchen Differenzen oder steuerlichen Verlustvorträgen die latenten Steuern (vgl. § 274) beruhen und mit welchen Steuersätzen die Bewertung erfolgt ist. Durch das BilMoG sind die Anforderungen an die Berichterstattung über latente Steuern gegenüber der Erläuterungspflicht nach § 274 a.F. verschärft worden. So besteht die Angabepflicht nach der Begründung des Rechtsausschusses **unabhängig davon, ob in der Bilanz latente Steuern ausgewiesen werden.**[237] Sie greift also insbesondere auch dann ein, wenn auf Grund der Gesamtdifferenzbetrachtung von passiven und aktiven Steuerlatenzen und des Aktivierungswahlrechts für einen Aktivüberhang ein Ausweis unterbleibt.[238] Dies bedeutet, dass der mit der Beibehaltung des Aktivierungswahlrechts für aktive latente Steuern angestrebte Vereinfachungseffekt letztlich nicht eintritt, weil der Ermittlungsaufwand für die (aufgegliederten) Angaben nach § 285 Nr. 29 kaum hinter den Voraussetzungen eines Bilanzausweises zurückbleiben dürfte.[239]

---

233 Beck BilKomm-*Ellrott* Rn 455; KK-*Peters* Rn 291; MünchKommHGB/*Poelzig* Rn 453; vgl. BT-Drucks. 16/10067, S. 74 f; § 284 Rn 14 f.

234 **AA** Beck BilKomm-*Ellrott* Rn 455.

235 BT-Drucks. 16/10067, S. 75.

236 Vgl. HdR-*Küting/Lorson* § 268 Rn 289 f; MünchKommHGB/*Poelzig* Rn 463; *Gelhausen/Althoff* WPg 2009, 591.

237 BT-Drucks. 16/12407, S. 88.

238 Beck BilKomm-*Ellrott* Rn 471; MünchKommHGB/*Poelzig* Rn 469; *Müller/Panzer/Reinke* StuB 2012, 939; siehe auch DRS 18.64; einschränkend Beck-HdR-*Briese* B 235 Rn 226.

239 Vgl. dazu *Hoffmann/Lüdenbach* NWB 2009, 1482; *Küting/Seel* DB 2009, 924 f.

Anwendungsbereich. Die Angabepflicht nach § 285 Nr. 29 gilt nur für große Kapitalgesellschaften. Kleine Kapitalgesellschaften sind nach § 288 Abs. 1 und mittelgroße Kapitalgesellschaften nach § 288 Abs. 2 S. 2 von der Angabepflicht befreit. 128

Umfang der Angabepflicht. Einzugehen ist nach § 285 Nr. 29 zunächst auf die Grundlagen bestehender passiver und aktiver Steuerlatenzen, d.h. die einzelnen temporären Differenzen und steuerlichen Verlustvorträge. Letztere sind nur innerhalb des von § 274 Abs. 1 S. 4 bestimmten Fünf-Jahres-Zeitraums zu erläutern. Mit Rücksicht auf den Gesetzeswortlaut – „auf welchen Differenzen" – ist eine Aufgliederung der latenten Steuern auf die einzelnen Bilanzpositionen entsprechend dem Gliederungsschema des § 266 geboten.[240] Eine entsprechende Aufgliederung ist auch für steuerliche Verlustvorträge (KSt, GewSt) und gleichzustellende Positionen (dazu § 274 Rn 39) erforderlich.[241] Ferner sind die angewendeten Steuersätze zu erläutern. Weitergehende Angaben – insbesondere die in der Begründung zum Regierungsentwurf noch enthaltene Überleitungsrechnung zum tatsächlichen Steueraufwand[242] – sind wegen des abschließenden Charakters der Angabepflicht nicht erforderlich.[243] 129

§ 286
Unterlassen von Angaben

(1) Die Berichterstattung hat insoweit zu unterbleiben, als es für das Wohl der Bundesrepublik Deutschland oder eines ihrer Länder erforderlich ist.

(2) Die Aufgliederung der Umsatzerlöse nach § 285 Nr. 4 kann unterbleiben, soweit die Aufgliederung nach vernünftiger kaufmännischer Beurteilung geeignet ist, der Kapitalgesellschaft oder einem Unternehmen, von dem die Kapitalgesellschaft mindestens den fünften Teil der Anteile besitzt, einen erheblichen Nachteil zuzufügen.

(3) [1]Die Angaben nach § 285 Nr. 11 und 11a können unterbleiben, soweit sie
1. für die Darstellung der Vermögens-, Finanz- und Ertragslage der Kapitalgesellschaft nach § 264 Abs. 2 von untergeordneter Bedeutung sind oder
2. nach vernünftiger kaufmännischer Beurteilung geeignet sind, der Kapitalgesellschaft oder dem anderen Unternehmen einen erheblichen Nachteil zuzufügen.

[2]Die Angabe des Eigenkapitals und des Jahresergebnisses kann unterbleiben, wenn das Unternehmen, über das zu berichten ist, seinen Jahresabschluß nicht offenzulegen hat und die berichtende Kapitalgesellschaft weniger als die Hälfte der Anteile besitzt. [3]Satz 1 Nr. 2 ist nicht anzuwenden, wenn die Kapitalgesellschaft oder eines ihrer Tochterunternehmen (§ 290 Abs. 1 und 2) am Abschlussstichtag kapitalmarktorientiert im Sinn des § 264d ist. [4]Im Übrigen ist die Anwendung der Ausnahmeregelung nach Satz 1 Nr. 2 im Anhang anzugeben.

(4) Bei Gesellschaften, die keine börsennotierten Aktiengesellschaften sind, können die in § 285 Nr. 9 Buchstabe a und b verlangten Angaben über die Gesamtbezüge der

---

240 Vgl. Beck BilKomm-*Ellrott* Rn 471; MünchKommHGB/*Poelzig* Rn 470 sowie den Vorschlag bei *Wendholt/Wesemann* DB 2009, Beilage 5, S. 68.

241 Vgl. Beck BilKomm-*Ellrott* Rn 472; MünchKommHGB/*Poelzig* Rn 471.

242 BT-Drucks. 16/10067, S. 68.

243 Ebenso Beck BilKomm-*Ellrott* Rn 474; BoHdR-*Kranitz* Rn 617; *Wendholt/Wesemann* DB 2009, Beilage 5, S. 68; wohl auch *Müller/Panzer/Reinke* StuB 2012, 939; aA MünchKommHGB/*Poelzig* Rn 474; siehe auch DRS 18.67.

dort bezeichneten Personen unterbleiben, wenn sich anhand dieser Angaben die Bezüge eines Mitglieds dieser Organe feststellen lassen.

(5) [1]Die in § 285 Nr. 9 Buchstabe a Satz 5 bis 8 verlangten Angaben unterbleiben, wenn die Hauptversammlung dies beschlossen hat. [2]Ein Beschluss, der höchstens für fünf Jahre gefasst werden kann, bedarf einer Mehrheit, die mindestens drei Viertel des bei der Beschlussfassung vertretenen Grundkapitals umfasst. [3]§ 136 Abs. 1 des Aktiengesetzes gilt für einen Aktionär, dessen Bezüge als Vorstandsmitglied von der Beschlussfassung betroffen sind, entsprechend.

Schrifttum

Bernards Segmentberichterstattung in den Geschäftsberichten deutscher Unternehmen – theoretische und empirische Ergebnisse, DStR 1995, 1363; *Biener* Die Transformation der Mittelstands- und GmbH & Co-Richtlinie, WPg 1993, 707; *Bischof/Oser* Frankfurt locuta, causa finita – Enforcement der Angabe der Vorstandsbezüge bei einem Alleinvorstand, BB 2012, 2615; *Bleckmann* Wohl der Bundesrepublik Deutschland oder eines ihrer Länder, HuRB, S. 461; *BMJ* Transformation der Mittelstandsrichtlinie in bezug auf die Organbezüge (§ 286), DB 1995, 639; *Feige/Ruffert* Zur Bedeutung der Ausnahmeregelung des § 286 Abs. 4 HGB, DB 1995, 637; *Flämig* Erhebliche Nachteile, HuRB, S. 141; *GEFIU* Ausgewählte Probleme bei der Anwendung des Bilanzrichtlinien-Gesetzes, Bd. 1 (1986); *Kempter* Zum Recht des Vorstands, keine Angaben über die Gesamtbezüge von Organen der Gesellschaft zu machen, BB 1996, 419; *Klatte* Möglichkeiten des Verzichts auf Angabe von Organbezügen und Ergebnisverwendung, BB 1995, 35; *Kling* Argumente für den Verzicht auf die Angabe von Organbezügen, BB 1995, 349; *Niessen* Zu den jüngsten Entwicklungen des Bilanzrechts der Europäischen Gemeinschaft, WPg 1991, 193; *Pfitzer/Wirth* Die Änderungen des Handelsgesetzbuchs, DB 1994, 1937; *Ossadnik* Wesentlichkeit als Bestimmungsfaktor für Angabepflichten in Jahresabschluß und Lagebericht, BB 1993, 1763; *Selchert* Die Aufgliederung der Umsatzerlöse gemäß § 285 Nr. 4, BB 1986, 560; *Wagner* Das neue Mitspracherecht der Hauptversammlung bei der Vorstandsvergütung, BB 2013, 1731; *Zimmermann* Zur Anwendung der Schutzklausel im Rahmen der Segmentberichterstattung im Einzel- und Konzernabschluß, DStR 1998, 1974; *Zülch/Hoffmann* Zur Angabe der Vorstandsbezüge des Alleinvorstands einer börsennotierten AG, StuB 2013, 134.

Übersicht

I. Überblick

1 § 286 enthält bestimmte **Einschränkungen der Berichterstattungspflicht im Anhang.** Nach der allgemeinen Schutzklausel in Abs. 1 hat die Berichterstattung zu unterbleiben, soweit es für das Wohl der Bundesrepublik Deutschland oder eines ihrer Länder erforderlich ist. Abs. 2 räumt den Unternehmen die Möglichkeit ein, auf die Aufgliederung der Umsatzerlöse nach § 285 Nr. 4 zu verzichten, wenn diese geeignet ist, der Kapital-

gesellschaft oder einer ihrer Beteiligungsgesellschaften erhebliche Nachteile zuzufügen. Abs. 3 und 4 regeln Ausnahmen von den Angabepflichten zum Anteilsbesitz (§ 285 Nr. 11) und den Gesamtbezügen der Organmitglieder (§ 285 Nr. 9 Buchst. a und b). Nach Abs. 5 kann die Offenlegung der Vorstandsvergütungen unterbleiben, wenn die Hauptversammlung dies mit $^3/_4$-Mehrheit beschließt. Während die Schutzklausel des Abs. 1 dem öffentlichen Geheimhaltungsinteresse dient, geht es bei den Einschränkungen in Abs. 2 bis 4 um das vorrangige Interesse der Gesellschaft an einer Geheimhaltung bestimmter rechtlicher oder geschäftlicher Beziehungen. Abs. 5 („Opt-out-Lösung“) soll den Aktionären einen Verzicht auf die Information nach § 285 Nr. 9 Buchst. a S. 5 bis 9 ermöglichen.

Die Schutzklausel des § 286 Abs. 1 geht zurück auf § 160 Abs. 4 Satz 2 AktG a.F.[1] 2 Die **4. EG-Richtlinie** enthält dagegen keine Grundlage für eine solche Einschränkung der Berichterstattungspflichten von Unternehmen. Ihre Vereinbarkeit mit dem EG-Recht ist daher zweifelhaft und kann allenfalls aus der – sachlich deutlich engeren – Vorschrift des Art. 346 Abs. 1 Buchst. a und b AEUV abgeleitet werden.[2] § 286 Abs. 2 beruht auf Art. 45 Abs. 2 i.V.m. Art. 45 Abs. 1 Buchst. b. Allerdings hat der deutsche Gesetzgeber von der Möglichkeit, den Verzicht auf eine Umsatzaufgliederung von einer vorherigen Zustimmung einer Verwaltungsbehörde oder eines Gerichts abhängig zu machen, keinen Gebrauch gemacht. Ferner fehlt auch eine entsprechende Angabepflicht bei Anwendung der Schutzklausel entsprechend § 286 Abs. 3 S. 3, wie sie die 4. EG-Richtlinie auf Grund der Verweisung auf Art. 45 Abs. 1 Buchst. b der 4. EG-Richtlinie vorsieht. § 286 Abs. 3 Nr. 1 und S. 2 gehen auf Art. 43 Abs. 1 Nr. 2 S. 2 und 3, § 286 Abs. 3 Nr. 2 auf Art. 45 Abs. 1 Buchst. b zurück. § 286 Abs. 4 findet seine Grundlage in Art. 43 Abs. 3 der 4. EG-Richtlinie, der durch Art. 4 der Mittelstandsrichtlinie[3] v. 8.11.1990 in den Art. 43 eingefügt worden ist. Abs. 5 hat keine europarechtliche Grundlage, sondern beruht auf dem Vorstandsvergütungs-Offenlegungsgesetz v. 3.8.2005.[4]

Die Einschränkungen nach § 286 gelten für **alle Kapitalgesellschaften und Personenhandelsgesellschaften i.S.v. § 264a**, eingetragene Genossenschaften (§ 336 Abs. 2 S. 1), Kreditinstitute und Versicherungsunternehmen (siehe aber § 341a Abs. 2 S. 2) sowie nach § 5 Abs. 2 S. 2 PublG entsprechend für Unternehmen, die nach dem PublG rechnungslegungspflichtig sind. 3

Das Gesetz kennt keine allgemeine Schutzklausel. § 286 hat somit **Ausnahmecharakter**. Dies bedeutet, dass die entsprechenden Tatbestände eng auszulegen und nicht auf andere Sachverhalte entsprechend anwendbar sind.[5] § 286 gestattet nur das Unterlassen von Angaben, nicht aber die Aufnahme falscher Angaben in den Anhang: Was im Anhang steht, muss also richtig sein.[6] Schließlich darf die Nichtangabe bestimmter Sachverhalte auf Grund von § 286 nicht dazu führen, dass der Jahresabschluss im Ganzen ein zu günstiges Bild von der Vermögens-, Ertrags- und Finanzlage vermittelt. Insoweit kann die Anwendung des § 286 ggf. zusätzliche Angaben nach § 264 Abs. 2 S. 2 erforderlich machen. Soweit das Gesetz der Gesellschaft ein bestimmtes Ermessen bei der Anwendung der Schutzklauseln gewährt, ist das Stetigkeitsgebot zu beachten.[7] Eine unterschiedliche Handhabung des § 286 in aufeinanderfolgenden Jahresabschlüssen bedarf deshalb der Rechtfertigung durch einen sachlichen Grund. 4

1 BT-Drucks. 10/317, S. 104.
2 Vgl. dazu HuRB-*Bleckmann*, S. 469.
3 RL (90/604/EWG) v. 8.11.1990, ABl. EG Nr. L 317 v. 16.11.1990, S. 57; vgl. dazu näher *Niessen* WPg 1991, 193 ff; *Biener* WPg 1993, 707 ff.
4 BGBl. I 2005, 2267.
5 Statt aller ADS 8.
6 Vgl. bereits RGSt 68, 245 zum Geschäftsbericht; ADS 8.
7 ADS 8.

II. Schutzklausel (Abs. 1)

5 Nach § 286 Abs. 1 hat die Berichterstattung insoweit zu unterbleiben, als es für das Wohl der Bundesrepublik Deutschland oder eines ihrer Länder erforderlich ist. Anders als bei den Einschränkungen nach Abs. 2 bis 4 enthält Abs. 1 eine zwingende **Unterlassungspflicht** (Berichterstattung „hat" zu unterbleiben). Bei der Prüfung, ob die Voraussetzungen des § 286 Abs. 1 erfüllt sind, steht den Organen, die den Jahresabschluss aufstellen, kein Ermessens- oder gerichtlich nicht überprüfbarer Beurteilungsspielraum zu.[8]

6 Die Vorschrift betrifft nach ihrer systematischen Stellung **nur die Berichterstattung im Anhang**. Erfasst sind nicht nur die nach §§ 284 Abs. 2, 285 zu machenden Angaben, sondern auch alle sonstigen rechtsformspezifischen Angabepflichten.[9] Angaben, die wahlweise in der Bilanz/GuV oder im Anhang gemacht werden können (sog. Wahlpflichtangaben), sind – unabhängig davon, wie das Ausweiswahlrecht ausgeübt wird – nicht erfasst, weil anderenfalls die Regelung auch den Inhalt von Bilanz und GuV beeinflussen würde.[10]

7 Die Berichterstattung hat nach § 286 Abs. 1 insoweit zu unterbleiben, als es für das **„Wohl der Bundesrepublik Deutschland oder eines ihrer Länder erforderlich ist"**. Für die Anwendung der Schutzklausel bedarf es zunächst einer Konkretisierung des „Staatswohls".[11] Dieses ist nur bei der Berichterstattung über Umstände betroffen, die den Charakter von Staatsgeheimnissen (§ 93 StGB) haben (z.B. Angaben zu Rüstungsaufträgen).[12] Der betreffende Sachverhalt muss hoheitliche Interessen berühren,[13] ein rein wirtschaftliches Interesse von Bund oder Ländern (etwa auf Grund einer Beteiligung des Bundes oder der Länder) reicht nicht aus.[14] § 286 Abs. 1 stellt allein auf das Wohl des Bundes und der Länder ab. Interessen anderer staatlicher Einrichtungen oder der Gebietskörperschaften können somit Einschränkungen der Berichterstattungspflicht nicht rechtfertigen. Soweit das Wohl von Bund oder Ländern berührt ist, bleibt weiter zu prüfen, ob und inwieweit („soweit") ein Verzicht auf Angaben „erforderlich" ist. Entscheidend ist die **„Notwendigkeit" der Nichtveröffentlichung**, auf eine Abwägung zwischen dem Informationsinteresse der Bilanzadressaten und dem öffentlichen Wohl kommt es dagegen nicht an.[15]

8 Wird von der Schutzklausel nach § 286 Abs. 1 Gebrauch gemacht, so ist – wie durch Umkehrschluss aus § 286 Abs. 3 S. 4 zu schließen ist – **über die Anwendung nicht zu berichten**. Dafür spricht auch der Zweck der Vorschrift (Geheimhaltung von Staatsgeheimnissen).[16]

---

[8] HuRB-*Bleckmann*, S. 462. Mißverständlich ADS 10: „Beurteilungsspielraum, der nach pflichtgemäßer Einschätzung auszunutzen ist".

[9] Baumbach/Hueck/*Schulze-Osterloh* GmbHG[18] § 42 Rn 546; HdR-*Oser*/*Holzwarth* §§ 284– 288 Rn 418.

[10] KK-*Peters* Rn 11; Baumbach/Hueck/*Schulze-Osterloh* GmbHG[18] § 42 Rn 546; einschränkend – „in der Regel" – HdJ-*Kupsch* IV/4 Rn 54; **aA** – für Anwendung der Schutzklausel – ADS 6; Beck BilKomm-*Ellrott* Rn 1.

[11] Vgl. dazu auch HuRB-*Bleckmann*, S. 462 ff.

[12] Vgl. KK-*Peters* Rn 12 f; Baumbach/Hueck/*Schulze-Osterloh* GmbHG[18] § 42 Rn 546; weitergehend offenbar ADS 14.

[13] Beck BilKomm-*Ellrott* Rn 3.

[14] ADS 16.

[15] KK-*Peters* Rn 14; **aA** aber wohl ADS 11.

[16] ADS 17; KK-*Peters* Rn 15; Beck BilKomm-*Ellrott* Rn 4; Baumbach/Hueck/*Schulze-Osterloh* GmbHG[18] § 42 Rn 546; **aA** wohl HuRB-*Bleckmann*, S. 468.

III. Unterlassen der Aufgliederung der Umsatzerlöse (Abs. 2)

§§ 285 Nr. 4, 288 verpflichten nur große Kapitalgesellschaften (vgl. § 267) zu einer Aufgliederung der Umsatzerlöse nach Tätigkeitsbereichen bzw. geographisch bestimmten Märkten. Diese **Aufschlüsselung kann** nach § 286 Abs. 2 **unterbleiben**, wenn sie nach vernünftiger kaufmännischer Beurteilung geeignet ist, der Kapitalgesellschaft oder einem Unternehmen, von dem die Kapitalgesellschaft mindestens den fünften Teil der Anteile besitzt, einen erheblichen Nachteil zuzufügen. Anders als in Abs. 1 steht die Anwendung der Schutzklausel nach Abs. 2 im pflichtgemäßen Ermessen der Organe, die den Jahresabschluss aufstellen. Die Bedeutung dieser Schutzklausel wird als gering eingeschätzt.[17] 9

Voraussetzung für ein Unterlassen der Aufgliederung ist, dass diese geeignet ist, der Kapitalgesellschaft bzw. einer Beteiligungsgesellschaft (vgl. dazu unten Rn 12) einen „erheblichen Nachteil" zuzufügen. Dies ist **jeweils gesondert** für die Aufgliederung nach Tätigkeitsbereichen und nach geographisch bestimmten Märkten festzustellen. Je nach den Umständen kann dann nur eine Art der Aufgliederung unterbleiben.[18] Die Entscheidung über die Inanspruchnahme der Schutzklausel ist nach **„vernünftiger kaufmännischer Beurteilung"** zu treffen. Dies schließt eine willkürliche Anwendung der Ausnahmevorschrift aus.[19] 10

Der **Begriff des „Nachteils"** ist nicht weiter im Gesetz geregelt. Ein konkreter materieller Schaden ist nach dem Gesetzeswortlaut nicht erforderlich; vielmehr reicht jede Beeinträchtigung – auch immaterieller Art (z.B. Imageverlust) – aus, die zu (erheblichen) wirtschaftlichen Nachteilen führen kann.[20] Als Nachteil kommen danach in Betracht: Eine Verschlechterung der Wettbewerbslage gegenüber konkurrierenden und nicht offenlegungspflichtigen Unternehmen, z.B. wenn aus der Aufgliederung Erkenntnisse über eine besondere Marktstellung, die Ertragskraft einzelner Produkte oder die Preiskalkulation bzw. Gewinnmargen auf regionalen Märkten gewonnen werden können;[21] u.U. auch Verschlechterungen des öffentlichen Ansehens der Gesellschaft durch Angaben über bestimmte Produkte, Tätigkeitsbereiche oder Exportstaaten;[22] Beeinträchtigung der geschäftlichen Beziehungen zu bestimmten Ländern auf Grund von Informationen über Lieferungen in Feindstaaten.[23] Die Nachteile müssen **„erheblich"** sein. Eine bloß geringfügige Beeinträchtigung der wirtschaftlichen Interessen der Kapitalgesellschaft oder einer Beteiligungsgesellschaft, wie sie stets mit der Publizität von Unternehmensdaten verbunden ist, reicht nicht aus.[24] Die Nachteile müssen vielmehr ein Maß erreichen, dass sie für die wirtschaftliche Lage des Unternehmens im Ganzen „spürbar" sind.[25] Ausreichend ist die **„Eignung"** der Aufgliederung zur Nachteilszufügung. Eine größere Wahrscheinlichkeit etc. 11

[17] So schon *Biener/Berneke*, S. 272; ebenso der empirische Befund bei *Ossadnik* BB 1993, 1765 f.

[18] ADS 22.

[19] So Baumbach/Hueck/*Schulze-Osterloh* GmbHG[18] § 42 Rn 503; HdR-*Oser/Holzwarth* §§ 284–288 Rn 181; weitergehend ADS 29, BoHdR-*Krawitz* Rn 24.

[20] Vgl. eingehend HuRB-*Flämig*, S. 149 f.

[21] Vgl. näher ADS 23; HdR-*Oser/Holzwarth* §§ 284–288 Rn 182 f; Beck BilKomm-*Ellrott* Rn 5; Baumbach/Hueck/*Schulze-Osterloh* GmbHG[18] § 42 Rn 503; HuRB-*Flämig*, S. 151; *Selcher* BB 1986, 564; *GEFIU* Ausgewählte Probleme bei der Anwendung des Bilanzrichtlinien-Gesetzes, S. 26.

[22] Vgl. ADS 23; *Selchert* BB 1986, 564.

[23] HdR-*Oser/Holzwarth* §§ 284–288 Rn 183; Baumbach/Hueck/*Schulze-Osterloh* GmbHG[18] § 42 Rn 503.

[24] Vgl. HuRB-*Flämig*, S. 150.

[25] So ADS 24; HdR-*Oser/Holzwarth* §§ 284–288 Rn 183.

ist also nicht erforderlich.[26] Ausreichend ist vielmehr, dass eine ernsthafte Gefahr besteht, dass durch die Angabe erhebliche Nachteile eintreten.[27]

12 Neben den Nachteilen für die Kapitalgesellschaft können auch solche **Nachteile** einen Verzicht auf die Aufgliederung rechtfertigen, die nur **bei einer Beteiligungsgesellschaft** zu befürchten sind. Dabei sind aber nur solche Unternehmen zu berücksichtigen, an denen die Kapitalgesellschaft einen Anteil von mindestens 20 v.H. des Kapitals hält. Mangels besonderer Berechnungshinweise können die in § 285 Nr. 11 enthaltenen Grundsätze entsprechend herangezogen werden.[28]

13 Wird von der Schutzklausel Gebrauch gemacht, so besteht nach dem Gesetzeswortlaut – anders als in § 286 Abs. 3 S. 4 – keine Pflicht, die Anwendung der Ausnahmeregelung im Anhang anzugeben. Dieser Unterschied zwischen den Schutzklauseln nach Abs. 2 und 3 findet in der 4. EG-Richtlinie keine Grundlage.[29] Es handelt sich offenbar um ein Redaktionsversehen, welches im Wege richtlinienkonformer Auslegung zu korrigieren ist.[30] Der Verzicht auf eine Umsatzaufgliederung nach § 286 Abs. 2 ist folglich **im Anhang anzugeben.**[31]

IV. Unterlassen der Angaben zum Anteilsbesitz (Abs. 3)

14 Nach § 286 Abs. 3 können die nach § 285 Nr. 11 und Nr. 11a vorgeschriebenen Angaben zum Anteilsbesitz im Anhang unter bestimmten Voraussetzungen unterbleiben. Die Vorschrift gilt für alle Kapitalgesellschaften und solche Unternehmen, die nach § 5 Abs. 2 PublG zur Aufstellung eines Anhangs verpflichtet sind.

15 **1. Unterlassen der Angaben wegen untergeordneter Bedeutung (Abs. 3 S. 1 Nr. 1).** Angaben zu Beteiligungsgesellschaften nach § 285 Nr. 11 und Nr. 11a sind nach § 286 Abs. 3 S. 1 Nr. 1 verzichtbar, wenn diese für die Darstellung der Vermögens-, Ertrags- und Finanzlage der Kapitalgesellschaft nach § 264 Abs. 2 von „untergeordneter Bedeutung" sind. § 286 Abs. 3 S. 1 Nr. 1 ist **gesetzlicher Ausdruck des „Wesentlichkeitsgrundsatzes"**, der auch sonst die Berichterstattung im Anhang einschränkt. Als Ausnahmevorschrift ist sie eng auszulegen, da die gesetzliche Angabepflicht nach § 285 Nr. 11 und Nr. 11a eine Vermutung für die Erheblichkeit dieser Angaben begründet.[32] Für die Beurteilung der „untergeordneten Bedeutung" sind alle drei Elemente des Bildes i.S.v. § 264 Abs. 2 zu prüfen. Dabei ist vorrangig auf die Bedeutung des Beteiligungsengagements im Verhältnis zum Gesamtvermögen etc. abzustellen.[33] Soweit – wenn auch nur auf Grund einzelner Elemente – die Beteiligung nicht von untergeordneter Bedeutung ist, sind grundsätzlich alle in § 285 Nr. 11 und Nr. 11a geforderten Angaben zu machen. Beurteilungsmaßstab für die „Bedeutung" der Angaben ist zunächst das einzelne Beteiligungsunternehmen. Allerdings ist in dem Fall, dass einzelne Beteiligungsengagements für sich betrachtet nur von untergeordneter Bedeutung sind, die Ausnahmevorschrift dann nicht anwendbar, wenn zumindest bei einer Gesamtbetrachtung aller Beteiligungen Angaben erforderlich

[26] HdR-*Oser/Holzwarth* §§ 284–288 Rn 192.
[27] Baumbach/Hopt/*Merkt* Rn 2; ADS 25.
[28] ADS 27; Beck BilKomm-*Ellrott* Rn 5.
[29] Siehe oben Rn 2.
[30] *Zimmermann* DStR 1998, 1975; Beck BilKomm-*Ellrott* Rn 6; vgl. auch *Bernhards* DStR 1995, 1366.
[31] **AA** ADS 20; BoHdR-*Krawitz* Rn 26.
[32] ADS 33, 40; Baumbach/Hueck/*Schulze-Osterloh* GmbHG[18] § 42 Rn 533.
[33] Vgl. näher ADS 36 ff; Beck BilKomm-*Ellrott* Rn 8.

sind, um das von § 264 Abs. 2 geforderte Bild zu vermitteln.[34] Über den Verzicht auf Angaben nach § 286 Abs. 3 S. 1 Nr. 1 braucht im Anhang nicht berichtet zu werden.

2. Unterlassen der Angaben wegen erheblicher Nachteile (Abs. 3 S. 1 Nr. 2, S. 3 und 4). Auf Angaben nach § 285 Nr. 11 und Nr. 11a kann ferner verzichtet werden, wenn sie nach vernünftiger kaufmännischer Beurteilung **geeignet sind, der Kapitalgesellschaft oder dem anderen Unternehmen einen erheblichen Nachteil zuzufügen** (§ 286 Abs. 3 S. 1 Nr. 2). Hinsichtlich der Begriffe „vernünftige kaufmännische Beurteilung", „Eignung" zur Nachteilszufügung und „erheblicher Nachteil" gelten die zu § 286 Abs. 2 getroffenen Aussagen entsprechend.[35] Eine Anwendung der Schutzklausel nach Abs. 3 S. 1 Nr. 2 ist z.B. in Betracht zu ziehen, wenn das Beteiligungsunternehmen Produkte vertreibt, die mit den Erzeugnissen der Großkunden der Gesellschaft in Konkurrenz stehen, oder das Beteiligungsunternehmen auch für Konkurrenzunternehmen tätig ist.[36] Ferner können Angaben zu regional tätigen Vertriebsgesellschaften den Wettbewerbern Einblicke in die Gewinnmargen auf den jeweiligen Märkten gewähren.[37] Über die Anwendung der Schutzklausel ist nach Abs. 3 S. 4 im Anhang zu berichten. Keine Anwendung findet die Schutzklausel, wenn die Kapitalgesellschaft oder eines ihrer Tochterunternehmen (§ 290 Abs. 1 und 2) am Abschlussstichtag kapitalmarktorientiert im Sinn des § 264d ist (§ 286 Abs. 3 S. 3 i.d.F. des BilMoG). 16

3. Unterlassen der Angaben über nicht offenlegungspflichtige Unternehmen (Abs. 3 S. 2). Nach Abs. 3 S. 2 kann die Angabe des Eigenkapitals und des Jahresergebnisses einer Beteiligungsgesellschaft unterbleiben, wenn **das betreffende Unternehmen seinen Jahresabschluss nicht offenzulegen hat und die Kapitalgesellschaft weniger als die Hälfte der Anteile besitzt.** Die Ausnahmeregelung gilt nur für die beiden genannten Angaben. Die Pflicht zu den anderen Angaben (Name, Sitz, Beteiligungshöhe) bleibt unberührt.[38] Die Regelung betrifft vor allem Personengesellschaften, die nicht zur Rechnungslegung und Offenlegung verpflichtet sind (vgl. aber § 264a), ferner – beschränkt auf die Nichtangabe des Jahresergebnisses – Unternehmen, die von der Vorschrift des § 9 Abs. 2 PublG Gebrauch machen. Kleine Kapitalgesellschaften sind dagegen nicht erfasst, weil diese nach §§ 325, 326 die Bilanz und den Anhang offenzulegen haben, also jedenfalls hinsichtlich des Eigenkapitals und – wenn die Bilanz nicht nach § 268 Abs. 1 S. 2 aufgestellt wird – des Jahresergebnisses offenlegungspflichtig sind.[39] Der Ausnahmetatbestand umfasst nur Beteiligungen mit einer Beteiligungsquote zwischen 20 und 50 v.H., da bei kleineren Beteiligungen ohnehin keine Angabepflicht nach § 285 Nr. 11 besteht. Hinsichtlich der Berechnung der Beteiligungsquote gilt § 285 Nr. 11 3. Teilsatz entsprechend.[40] Die Anwendung der Regelung steht im pflichtgemäßen Ermessen der zuständigen Organe, darf also nicht willkürlich ausgeübt werden.[41] Ferner ist der Grundsatz der Ausweisstetigkeit zu beachten.[42] 17

---

[34] ADS 40; Baumbach/Hueck/*Schulze-Osterloh* GmbHG[18] § 42 Rn 533; Beck BilKomm-*Ellrott* Rn 8; BoHdR-Krawitz Rn 34.

[35] Vgl. oben Rn 10 f.

[36] Baumbach/Hueck/*Schulze-Osterloh* GmbHG[18] § 42 Rn 534; ADS 44; BoHdR-*Krawitz* Rn 38.

[37] *GEFIU* Ausgewählte Probleme bei der Anwendung des Bilanzrichtlinien-Gesetzes, S. 26.

[38] ADS 46.

[39] ADS 48; KK-*Peters* Rn 31; differenzierend nach Aufstellung der Bilanz gemäß § 268 Abs. 1 S. 2 BoHdR-*Krawitz* Rn 42; **aA** Baumbach/Hueck/*Schulze-Osterloh* GmbHG[18] § 42 Rn 535; Beck BilKomm-*Ellrott* Rn 10; wohl auch HdR-*Oser/Holzwarth* §§ 284–288 Rn 317.

[40] ADS 50.

[41] Statt aller Baumbach/Hueck/*Schulze-Osterloh* GmbHG[18] §42 Rn 534.

[42] Beck BilKomm-*Ellrott* Rn 10.

V. Unterlassen der Angaben zu den Bezügen der Organmitglieder (Abs. 4 und 5)

18 Nach §§ 285 Nr. 9, 288 S. 1 sind mittelgroße und große Kapitalgesellschaften verpflichtet, die Gesamtbezüge der aktiven und früheren Mitglieder des Geschäftsführungsorgans, eines Aufsichtsrats, Beirats oder einer ähnlichen Einrichtung sowie die Hinterbliebenenbezüge anzugeben. Diese Angaben können nach § 286 Abs. 4 bei Gesellschaften, die keine börsennotierten Aktiengesellschaften sind, unterbleiben, **wenn sich anhand der Angaben die Bezüge eines Mitglieds dieser Organe feststellen lassen.** Die Schutzklausel des Abs. 4 gilt für alle Kapitalgesellschaften. Sie hat nur Bedeutung für die Angabepflichten im Anhang. Auskunfts- und Informationsrechte der Gesellschafter (§ 131 Abs. 1 AktG, § 51a GmbHG) bleiben dagegen unberührt, da § 286 Abs. 4 nur das Verhältnis der Gesellschaft zur Öffentlichkeit, nicht aber zu den Gesellschaftern betrifft.[43]

19 Die Regelung des § 286 Abs. 4 dient dem **Datenschutz.**[44] Das persönliche Einkommen gehört zu den schutzwürdigen Daten der betreffenden Personenkreise. Diesem Gesichtspunkt kommt nach dem Willen des Richtliniengebers nicht nur bei kleinen und mittelgroßen Kapitalgesellschaften Bedeutung zu, weshalb Art. 4 der Mittelstandsrichtlinie auch bei großen Kapitalgesellschaften einen Verzicht auf entsprechende Angaben zulässt.

20 § 286 Abs. 4 spricht – abweichend von Art. 4 der Mittelstandsrichtlinie („Status") – von **„Bezüge"**. Der deutsche Gesetzgeber beabsichtigte damit aber keine Einschränkung gegenüber der Richtlinie, sondern nur eine sprachliche Abstimmung mit § 285 Nr. 9 Buchst. a und b („Gesamtbezüge").[45]

21 § 286 Abs. 4 setzt zunächst voraus, dass die betreffenden Organmitglieder, deren Bezüge sich aus der Angabe der Gesamtbezüge feststellen lassen, **als Person bekannt** sind. Dies ist für die in § 285 Nr. 10 genannten Personen grundsätzlich zu bejahen.[46] Im Übrigen hängt es von den für die Jahresabschlussadressaten zugänglichen Informationen (Geschäftsberichte etc.) ab, ob sich der weitere Personenkreis (Mitglieder von Beiräten und ähnlichen Einrichtungen, frühere Organmitglieder, Hinterbliebene) ermitteln lässt.[47]

22 **Feststellbarkeit der Bezüge eines Mitglieds.** Die Regelung ist nach Wortlaut und Zweck stets anwendbar, wenn die Gesellschaft überhaupt nur über ein Vorstandsmitglied oder einen Geschäftsführer bzw. ein einziges früheres Organmitglied verfügt, da dann die Angabe der „Gesamtbezüge" zugleich auch dessen persönliche Bezüge offenbart.[48] Fraglich ist, unter welchen Voraussetzungen die Schutzklausel bei mehrköpfigen Leitungs- und Kontrollorganen eingreift. In diesem Fall ist eine Anwendbarkeit jedenfalls dann gegeben, wenn nur eines der Mitglieder von der berichterstattungspflichtigen Kapitalgesellschaft bezahlt wird, so dass sich die Angabe der Gesamtbezüge wiederum mit den persönlichen Bezügen dieses Mitglieds deckt.[49] Gleiches gilt in dem Fall, dass eines von zwei Mitgliedern im Berichtsjahr nur sehr kurz für die Gesellschaft tätig war, so dass die Gesamtbezüge nahezu ausschließlich dem anderen Mitglied zurechenbar sind.[50] Ferner

43 Vgl. OLG Düsseldorf DB 1997, 1609 (betreffend Auskunftsrecht des Aktionärs); *Klatte* BB 1995, 37; *Kempter* BB 1996, 420.

44 Vgl. BT-Drucks. 12/7912, S. 23; *BMJ* DB 1995, 639.

45 *BMJ* DB 1995, 639; ebenso *Klatte* BB 1995, 36; *Feige/Ruffert* DB 1995, 637.

46 Vgl. nur BoHdR-*Krawitz* Rn 64.

47 Siehe näher ADS 53; *Klatte* BB 1995, 37.

48 Statt aller ADS 54; BoHdR-*Krawitz* Rn 69; *Pfitzer/Wirth* DB 1994, 1938.

49 ADS 55.

50 *Klatte* BB 1995, 37.

ist § 286 Abs. 4 bei mehrköpfigen Organen anwendbar, wenn der Verteilungsschlüssel z.B. aus der Satzung bekannt ist.[51]

Schutz vor Einblick in „durchschnittliche Pro-Kopf-Bezüge"? Zweifelhaft ist dagegen, ob es für die Anwendung des § 286 Abs. 4 bereits ausreicht, dass bei mehrköpfigen Organen aus der Angabe der Gesamtbezüge nach § 285 Nr. 9 Buchst. a S. 1 bis 4 und b unter Berücksichtigung der Anzahl der Organmitglieder die durchschnittlichen Jahresbezüge der einzelnen Organmitglieder errechnet werden können. Dies wird vom BMJ und der überwiegenden Ansicht mit dem Argument bejaht, ein schutzwürdiges Interesse der Organmitglieder bestehe bereits dann, wenn die Größenordnung der Bezüge eines Mitglieds auf diese Weise geschätzt werden kann.[52] Nach dieser Auffassung ist § 286 Abs. 4 folglich schon dann anzuwenden, wenn die Zahl der Organmitglieder bekannt ist und die Mitglieder in etwa gleich hohe Bezüge erhalten, so dass durch eine Durchschnittsberechnung mehr oder weniger genau auf die Pro-Kopf-Bezüge der Organmitglieder geschlossen werden kann.[53] Gegen eine derart weite Auslegung der Schutzklausel ist zu Recht der Einwand erhoben worden, dass bei einer solchen Betrachtung die Ausnahme von § 285 Nr. 9 Buchst. a S. 1 bis 4 und b zur Regel werde.[54] Dies widerspricht aber dem Sinn einer „Ausnahmevorschrift", wie es § 286 Abs. 4 nach seiner systematischen Stellung ist.[55] Es gibt auch keinen Grund für die Annahme, dass der Richtliniengeber dem Datenschutz einen solchen Vorrang vor dem Informationsinteresse der Öffentlichkeit eingeräumt hat. Schließlich spricht auch der Wortlaut der Regelung gegen einen datenrechtlichen Schutz der durchschnittlichen „Pro-Kopf-Bezüge". Das Gesetz fordert, dass sich die Bezüge eines Mitglieds „feststellen lassen". Dies verlangt zwar keine exakte Ermittlung der individuellen Bezüge „in Euro und Cent", aber doch eine hinreichend genaue Betragsangabe, was bei einer Durchschnittsgröße schon wegen der verschiedenen denkbaren Verteilungsschlüssel nicht gegeben sein kann.[56] Dies gilt auch in dem Fall, dass der Durchschnittsbetrag auf Grund tatsächlicher Gleichverteilung zufällig mit den tatsächlichen individuellen Bezügen übereinstimmt.[57] Somit reicht die Möglichkeit einer Durchschnittsberechnung auf Grund der bekannten Zahl von Vorstandsmitgliedern für eine Anwendung der Schutzklausel nicht aus.[58] **23**

Das Vorliegen der Voraussetzungen des § 286 Abs. 4 ist für jede der in § 285 Nr. 9 Buchst. a und b erwähnten Personengruppen **gesondert** zu prüfen.[59] **24**

Nach § 286 Abs. 5 S. 1 kann die für börsennotierte Aktiengesellschaften vorgeschriebene Offenlegung der Vorstandsbezüge (§ 285 Nr. 9 Buchst. a S. 5 bis 8) unterbleiben, wenn die Hauptversammlung dies beschließt. Der Gesetzgeber hat die sog. **„Opt-out-Lösung"** mit der Überlegung gerechtfertigt, dass die Offenlegung dem Schutz der Aktionäre diene, so dass diese auch darauf verzichten könnten.[60] Diese eher verbandsrechtliche Überlegung ist rechtspolitisch nicht zweifelsfrei, da aus kapitalmarktrechtlicher **25**

---

[51] *Pfitzer/Wirth* DB 1994, 1939; ebenso OLG Düsseldorf DB 1997, 1609.

[52] Vgl. *BMJ* DB 1995, 639; dem folgend *Kling* BB 1995, 349; *Kempter* BB 1996, 419; *Feige/Ruffert* DB 1995, 638; Beck BilKomm-*Ellrott* Rn 18; wohl auch OLG Düsseldorf DB 1997, 1609: Schutz greife, wenn die Bezüge sich „annähernd verläßlich schätzen lassen". Für Verzicht auf Angaben als Regelfall offenbar *Biener* WPg 1993, 708.

[53] *BMJ* DB 1995, 639.

[54] *Pfitzer/Wirth* DB 1994, 1938.

[55] ADS 54.

[56] BoHdR-*Krawitz* Rn 71.

[57] BoHdR-*Krawitz* Rn 73.

[58] ADS 56a; BoHdR-*Krawitz* Rn 71; HdR-*Oser/Holzwarth* §§ 284–288 Rn 273; Baumbach/Hueck/*Schulze-Osterloh* GmbHG[18] § 42 Rn 528; *Pfitzer/Wirth* DB 1994, 1938 f; ebenso LG Köln DB 1997, 321.

[59] BoHdR-*Krawitz* Rn 58.

[60] BR-Drucks. 398/05, S. 12.

Sicht eine zwingende Regelung, wie sie sich auch in ausländischen Rechtsordnungen findet, näher gelegen hätte.[61] Immerhin hat der Gesetzgeber die Schwelle recht hoch gelegt. Der Beschluss der Hauptversammlung, der höchstens für fünf Jahre gefasst werden darf, bedarf nach Abs. 5 S. 2 einer satzungsändernden Mehrheit von mindestens drei Viertel des bei der Beschlussfassung vertretenen Grundkapitals. Stimmenthaltungen zählen nicht mit. Ferner wird durch eine entsprechende Anwendung des § 136 Abs. 1 AktG sichergestellt, dass ein von der Offenlegung betroffener Aktionär (d.h. ein Vorstandsmitglied, das zugleich Aktien hält), bei dieser Beschlussfassung nicht mit abstimmen darf (Abs. 5 S. 3). Hinzuweisen ist zudem auf den geplanten § 120 Abs. 4 AktG (in der Fassung des VorstKoG), der einen jährlichen Hauptversammlungsbeschluss über das vom Aufsichtsrat vorzulegende System der Vorstandsmitgliedervergütung verpflichtend stellen soll, das auch Angaben zu den *höchstens erreichbaren Gesamtbezügen* des Vorsitzenden, seines Stellvertreters und eines einfachen Mitglieds enthalten muss.[62] Wird von der Befreiung nach Abs. 5 Gebrauch gemacht, muss dies in der Entsprechenserklärung des § 161 AktG angegeben werden. Die Pflicht zur Angabe der Gesamtbezüge des Vorstands nach § 285 Nr. 9 Buchst. a S. 1 bleibt auch bei einem Beschluss nach § 286 Abs. 5 weiterhin bestehen. Dies gilt auch dann, wenn im Falle einer börsennotierten Gesellschaft die Anwendung von Abs. 4 eröffnet wäre, insbesondere wenn der Vorstand nur aus einer Person besteht.[63]

§ 287
(aufgehoben)

Die Vorschrift ist durch das BilMoG v. 25.5.2009 aufgehoben worden.[1] Sie enthielt ein Publizitätswahlrecht hinsichtlich der nach § 285 Nr. 11 und 11a verlangten Angaben zum Anteilsbesitz. Diese konnten statt im Anhang in einer gesonderten Aufstellung, der Beteiligungsliste, gemacht werden. Nach Ansicht des Gesetzgebers des BilMoG stand das Wahlrecht dem Ziel der Bilanzrechtsmodernisierung – Vereinfachung der Rechtsanwendung und bessere Vergleichbarkeit der Jahresabschlüsse – entgegen. Seine Streichung wurde auch damit gerechtfertigt, dass § 287 a.F. nach der Aufhebung des § 325 Abs. 2 S. 2 a.F. durch das EHUG[2] keine Kostenvorteile bei der Offenlegung mehr begründete.[3]

---

61 Dazu näher *Fleischer* DB 2005, 1614; *Thüsing* ZIP 2005, 1394.

62 Dazu näher BT-Drucks. 17/14214, S. 21 ff; *Wagner* BB 2013, 1731.

63 OLG Frankfurt/Main DB 2012, 1978; Beck BilKomm-*Ellrott* Rn 25; BoHdR-*Krawitz* Rn 56.1; KK-*Peters* Rn 40; MünchKomm-HGB/*Poelzig* Rn 71; **aA** HdR-*Oser/Holzwarth* §§ 284–288 Rn 696; vgl. auch *Bischof/Oser* BB 2012, 2615.

1 BGBl. I 2009, S. 1102.

2 Gesetz vom 10.11.2006, BGBl. I 2006, S. 2553.

3 BT-Drucks. 16/10067, S. 43.

§ 288
Größenabhängige Erleichterungen

(1) Kleine Kapitalgesellschaften (§ 267 Abs. 1) brauchen die Angaben nach § 284 Abs. 2 Nr. 4, § 285 Nr. 2 bis 8 Buchstabe a, Nr. 9 Buchstabe a und b sowie Nr. 12, 17, 19, 21, 22 und 29 nicht zu machen.

(2) [1]Mittelgroße Kapitalgesellschaften (§ 267 Abs. 2) brauchen bei der Angabe nach § 285 Nr. 3 die Risiken und Vorteile nicht darzustellen. [2]Sie brauchen die Angaben nach § 285 Nr. 4 und Nr. 29 nicht zu machen. [3]Soweit sie die Angaben nach § 285 Nr. 17 nicht machen, sind sie verpflichtet, diese der Wirtschaftsprüferkammer auf deren schriftliche Anforderung zu übermitteln. [4]Sie brauchen die Angaben nach § 285 Nr. 21 nur zu machen, soweit sie Aktiengesellschaft sind; die Angabe kann auf Geschäfte beschränkt werden, die direkt oder indirekt mit dem Hauptgesellschafter oder Mitgliedern des Geschäftsführungs-, Aufsichts- oder Verwaltungsorgans abgeschlossen wurden.

Schrifttum

Vgl. die Angaben zu § 267.

Übersicht

I. Allgemeines

§ 288 enthält verschiedene **größenabhängige Erleichterungen** bei der Erstellung des Anhangs. Kleine Kapitalgesellschaften (§ 267 Abs. 1) sind von den Angaben nach § 284 Abs. 2 Nr. 4, § 285 Nr. 2 bis 8 Buchst. a, 9 Buchst. a und b sowie 12, 17, 19, 21, 22 und 29 befreit. § 288 Abs. 1 findet gemäß § 267a Abs. 2 auch auf Kleinstkapitalgesellschaften Anwendung, die nicht von dem Wahlrecht des § 264 Abs. 1 S. 5 Gebrauch machen.[1] Mittelgroße Kapitalgesellschaften (§ 267 Abs. 2) brauchen bei nicht in der Bilanz erscheinenden Geschäften (§ 285 Nr. 3) die finanziellen Auswirkungen nicht darzustellen und – wie schon bisher (§ 288 S. 2 a.F.) – keine Angaben nach § 285 Nr. 4 zu machen. Auch die Angabepflichten nach § 285 Nr. 17 und 21 gelten für mittelgroße Gesellschaften nur eingeschränkt. Die Befreiungsregelung für kleine Kapitalgesellschaften in Abs. 1 beruht auf den Mitgliedstaatenwahlrechten in Art. 43 Abs. 1 Nr. 7, 44 Abs. 1 der 4. EG-Richtlinie, die Erleichterung für mittelgroße Kapitalgesellschaften nach Abs. 2 auf Art. 45 Abs. 2 der 4. EG-Richtlinie. § 288 ist durch das BilMoG neu gefasst worden. 1

Der Anwendungsbereich des § 288 umfasst nur Kapitalgesellschaften und Personenhandelsgesellschaften i.S.v. § 264a sowie – mit Modifikationen (vgl. § 336 Abs. 2 S. 1) – Genossenschaften. Das PublG kennt naturgemäß keine größenabhängigen Erleichterungen, weshalb auch § 288 nicht von der Verweisung in § 5 PublG umfasst wird. Keine 2

[1] Vgl. BT-Drucks. 17/11292, S. 16.

Anwendung findet die Vorschrift auch bei Kreditinstituten (§ 340a Abs. 2 S. 1) und Versicherungsunternehmen (§ 341a Abs. 2 S. 1).

3 Nach § 288 „brauchen“ die betreffenden Gesellschaften die genannten Angaben nicht zu machen. Die Inanspruchnahme der Erleichterungen steht mithin im **pflichtgemäßen Ermessen** der für die Aufstellung des Jahresabschlusses zuständigen Gesellschaftsorgane. Allerdings ist dabei der Stetigkeitsgrundsatz zu beachten. Der Gesellschaft ist es folglich verwehrt, ohne sachlichen Grund in aufeinanderfolgenden Jahresabschlüssen von den Erleichterungsvorschriften unterschiedlichen Gebrauch zu machen.[2]

4 Die größenabhängigen Erleichterungen nach § 288 betreffen nur die Erstellung des Anhangs, lassen aber die **Einsichts- und Informationsrechte der Gesellschafter** unberührt. So kann nach § 131 Abs. 1 S. 3 AktG jeder Aktionär die Vorlage eines vollständigen Jahresabschlusses einschließlich der nach § 288 nicht vorgeschriebenen Angaben verlangen. Bei der GmbH fehlt eine entsprechende Regelung, so dass sich eine entsprechende Pflicht nur aus der Satzung ergeben kann. Daneben bleibt aber das Auskunfts- und Einsichtsrecht des GmbH-Gesellschafters nach § 51a Abs. 1 GmbHG zu beachten.

II. Anhang der kleinen Kapitalgesellschaft (Abs. 1)

5 Kleine Kapitalgesellschaften (vgl. näher § 267 Abs. 1) brauchen nach § 288 Abs. 1 folgende Angaben nicht zu machen:

§ 284 Abs. 2 Nr. 4: Angabe der Unterschiedsbeträge bei Anwendung einer Bewertungsmethode nach § 240 Abs. 4, § 256 S. 1, wenn die Bewertung im Vergleich zu einer Bewertung auf der Grundlage des letzten vor dem Abschlussstichtag bekannten Börsenkurses oder Marktpreises einen erheblichen Unterschied aufweist;

§ 285 Nr. 2: Aufgliederung der in der Bilanz ausgewiesenen Verbindlichkeiten mit einer Restlaufzeit von mehr als 5 Jahren und der gesicherten Verbindlichkeiten für jeden einzelnen Posten;

§ 285 Nr. 3: Angabe des Gesamtbetrages der aus der Bilanz nicht ersichtlichen sonstigen finanziellen Verpflichtungen unter gesonderter Angabe der Verpflichtungen gegenüber verbundenen Unternehmen;

§ 285 Nr. 4: Aufgliederung der Umsatzerlöse nach Tätigkeitsbereichen sowie nach geographisch bestimmten Märkten, soweit sich die Tätigkeitsbereiche und Märkte untereinander erheblich unterscheiden;

§ 285 Nr. 5: Angabe des Ausmaßes der Beeinflussung des Jahresergebnisses und erheblicher künftiger Belastungen durch die Anwendung steuerrechtlicher Sondervorschriften;

§ 285 Nr. 6: Angabe der Belastung des Ergebnisses der gewöhnlichen Geschäftstätigkeit und des außerordentlichen Ergebnisses durch Steuern vom Einkommen und vom Ertrag;

§ 285 Nr. 7: Angabe der durchschnittlichen Zahl der während des Geschäftsjahres beschäftigten Arbeitnehmer getrennt nach Gruppen;

§ 285 Nr. 8 Buchst. a: Angabe des Materialaufwandes bei Anwendung des Umsatzkostenverfahrens;

§ 285 Nr. 9 Buchst a S. 1 bis 4: Angabe der im Geschäftsjahr gewährten Gesamtbezüge für die Mitglieder des Geschäftsführungsorgans, eines Aufsichtsrats, eines Beirats oder einer ähnlichen Einrichtung;

[2] ADS 4; BoHdR-*Krawitz* Rn 3.

§ 285 Nr. 9 Buchst b: Die Gesamtbezüge der früheren Organmitglieder einschließlich der Beträge der für diese Personengruppe gebildeten Pensionsrückstellungen;

§ 285 Nr. 12: Erläuterung von nicht gesondert ausgewiesenen sonstigen Rückstellungen, wenn sie einen nicht unerheblichen Umfang haben;

§ 285 Nr. 17: Angaben über das Honorar der Abschlussprüfer für im Geschäftsjahr erbrachte Leistungen, aufgeschlüsselt nach Abschlussprüfungsleistungen, andere Bestätigungsleistungen, Steuerberatungsleistungen und sonstige Leistungen;

§ 285 Nr. 19: Angabe des Buchwerts, beizulegenden Zeitwerts und der Gründe für das Unterlassen einer Abschreibung für zu den Finanzanlagen (§ 266 Abs. 2. A. III.) gehörende Finanzinstrumente, die mangels außerplanmäßiger Abschreibung über ihrem Zeitwert ausgewiesen werden;

§ 285 Nr. 21: Angabe der nicht zu marktüblichen Bedingungen zustande gekommenen Geschäfte, soweit sie wesentlich sind, mit nahe stehenden Unternehmen und Personen;

§ 285 Nr. 22: Angabe des Gesamtbetrags der Forschungs- und Entwicklungskosten des Geschäftsjahrs sowie des davon auf selbst geschaffene immaterielle Vermögensgegenstände entfallenden Betrags.

§ 285 Nr. 29: Angaben zu latenten Steuern.

Über die vorstehend aufgezählten entfallenden Angabepflichten hinaus ergeben sich **6**
weitere Erleichterungen auf Grund von §§ 266 Abs. 1 S. 3, 274a und 276.

III. Anhang der mittelgroßen Kapitalgesellschaft (Abs. 2)

Die Befreiungen für mittelgroße Kapitalgesellschaften sind durch das BilMoG erwei- **7**
tert worden. § 288 Abs. 2 S. 1 beschränkt die Angabepflicht nach § 285 Nr. 3 auf Angaben zu Art und Zweck der nicht in der Bilanz erscheinenden Geschäfte. Über die finanziellen Auswirkungen solcher Geschäfte muss dagegen nicht berichtet werden. Die Regelung soll die Geheimhaltungsinteressen der Unternehmen und das Informationsinteresse der Abschlussadressaten zum Ausgleich bringen.[3] Wie schon im bisherigen Recht (vgl. § 288 S. 2 a.F.) sind mittelgroße Kapitalgesellschaften auch von der Pflicht zur Aufgliederung der Umsatzerlöse nach Tätigkeitsbereichen bzw. geographisch bestimmten Märkten (§ 285 Nr. 4) befreit. Darüber hinaus brauchen mittelgroße Kapitalgesellschaften keine Angaben zur Honorierung der Abschlussprüfer (§ 285 Nr. 17) zu machen. Sie sind stattdessen nur verpflichtet, diese Informationen der Wirtschaftsprüferkammer auf deren schriftliche Anforderung zu übermitteln. Diese Einschränkung beruht auf Art. 45 Abs. 2 der 4. EG-Richtlinie. Schließlich unterliegt auch die Berichtspflicht über marktunübliche Geschäfte mit nahe stehenden Personen (§ 285 Nr. 21) bei mittelgroßen Kapitalgesellschaften einer doppelten Einschränkung: Sie erfasst zum einen nur mittelgroße Kapitalgesellschaften in der Rechtsform der Aktiengesellschaft; zum anderen kann sie auf Geschäfte mit dem Hauptgesellschafter oder Mitgliedern des Verwaltungs-, Leitungs- oder Aufsichtsorgans beschränkt werden. Der Begriff des „Hauptgesellschafters" ist nach der Gesetzesbegründung funktional zu verstehen. Gemeint ist diejenige natürliche oder juristische Person oder Persongesellschaft, „die die Möglichkeit hat, die Finanz- und Geschäftspolitik des Unternehmens zu bestimmen und infolgedessen die Eingehung eines marktunüblichen Geschäfts zum eigenen Nutzen durchsetzen kann."[4] Insoweit ist in erster Linie auf die gesellschaftsrechtlich vermittelten Einflussmöglichkeiten abzustellen.

---

[3] So BT-Drucks. 16/10067, S. 76.

[4] BT-Drucks. 16/10067, S. 76.

§§ 289/289a

1 Für das Recht des Lageberichts (§ 289 HGB), aber auch für das der Erklärung zur Unternehmensführung (§ 289a HGB) zeichnen sich seit 2012 erhebliche Veränderungen ab, deren Niederschlag im deutschen Recht momentan (im Spätsommer 2013) noch nicht abzusehen ist. So hat die EU-Kommission zur unionsrechtlichen Grundlage der §§ 289/289a den Vorschlag zur Änderung der 4. Bilanzrichtlinie und der 7. Konzernbilanzrichtlinie im Hinblick auf die Offenlegung nichtfinanzieller und die Diversität betreffender Informationen durch bestimmte große Gesellschaften und Konzern im April 2013 vorgelegt[1] und damit den europäischen Gesetzgebungsprozess eingeleitet.

2 Daneben hat das 2010 gegründete *International Integrated Reporting Council* (IIRC) nach einem 2011 veröffentlichten Diskussionspapier ebenfalls im April 2013 den Beratungsentwurf für ein Rahmenkonzept zum Integrated Reporting (IR)[2], zur integrierten Berichterstattung mit dem Ziel publiziert, zum Jahresende 2013 das IR-Rahmenkonzept in seiner endgültigen Fassung zu verabschieden.[3] Obwohl dessen Regelungen den Charakter lediglich rechtlich unverbindlicher Leitlinien haben werden,[4] gewinnen sie dennoch für bestimmte Unternehmen in der Union Bedeutung, weil die Bilanzrichtlinie schon nach dem Kommissionsentwurf in seiner jetzigen Fassung auf das kommende IR-Rahmenkonzept doppelt Bezug nimmt: So sollen die zu nichtfinanziellen Informationen angehaltenen Unternehmen sich nach ihrer Wahl auch auf internationale Regelwerke stützen können (Art. 46 Abs. 1b UntAbs. 3 Bilanzrichtlinien-Entwurf), also auch auf das IR-Rahmenkonzept. Weit darüberhinausgehend will Art. 46 Abs. 4 die Unionsvorgaben zu den nichtfinanziellen Informationen in Gänze zur Disposition des Unternehmens stellen, falls dies nach einem internationalen Rahmenwerk umfassend berichtet und das Werk die unionsrechtlich vorgesehenen Informationen umfasst.

3 Diese auf der europäischen Ebene anstehenden, aber noch nicht finalisierten Impulse, die dann auch noch ins deutsche Recht der §§ 289/289a transformiert werden müssen, schließen eine Kommentierung zum jetzigen Zeitpunkt schon aus formalen Gründen aus: Der kommentierte Gesetzestext könnte bereits im Augenblick, da die Erläuterung veröffentlicht wird, außer Kraft gesetzt sein. Vor allem jedoch kommen rechtsgrundsätzliche und konzeptionelle Aspekte hinzu, wie an dieser Stelle momentan bloß angedeutet werden soll:

4 Wenn der Vorschlag zur Fortschreibung der Bilanzrichtlinie für den Lagebericht zusätzlich eine „nichtfinanzielle Erklärung" mit Angaben mindestens zu Umwelt-, Sozial- und Arbeitnehmerbelangen etc. vorgeben will (Art. 46 Abs. 1b), so scheint es sich dabei (wenigstens auf den ersten Blick) um nicht mehr als eine weitere Konkretisierung dessen zu handeln, was bereits im geltenden § 289 Abs. 3 umgesetzt zu den nichtfinanziellen Leistungsindikatoren bestimmt ist. Aber dieser erste Blick trügt. Denn nach dem Richtlinienvorschlag sollen die betroffenen Unternehmen (das sind in Anwendung der im Entwurf zur Diskussion gestellten Merkmale nach Einschätzung der Kommission 18 000 Großunternehmen in der Rechtsform einer Kapitalgesellschaft)[5] zusätzlich zu den ge-

---

[1] COM (2013) 207 final (16.4.2013).

[2] Zu diesem Projekt s. *Arbeitskreis Externe Unternehmensrechnung der Schmalenbach-Gesellschaft für Betriebswirtschaft* BB 2013, 875; *Beyhs/Barth* DB 2011, 2857; *Haller/Zellner* DB 2013, 1125; *Kajüter/Blaesing/Hannen* DStR 2013, 1680.

[3] S. *Kajüter/Blaesing/Hannen* DStR 2013, 1680.

[4] *Kajüter/Blaesing/Hannen* aaO.

[5] Begründung zum Änderungsvorschlag (oben Fn. 1), S. 8.

nannten Belangen, aber auch zur Achtung der Menschenrechte und zur Bekämpfung von Korruption und Bestechung *Unternehmenspolitiken* entwickeln und verfolgen, die die mit diesen Belangen etc. verbundenen Risiken erfassen und sie steuern, sowie schließlich über die im Geschäftsjahr zu diesen *Unternehmenspolitiken* erzielten Ergebnisse berichten (Art. 46 Abs. 1b UntAbs. 1 Bilanzrichtlinien-Entwurf). Mit dieser Regelung will die EU-Kommission ihre „Strategie für die soziale Verantwortung der Unternehmen"[6], die Corporate Social Responsibility (CSR) zum ersten Mal normativ verankern;[7] es geht um „die Verantwortung von Unternehmen für ihre Auswirkungen auf die Gesellschaft"[8].

Die so rechtsqualitativ erweiterten Berichtsvorgaben für den Lagebericht werden zu einer Vielzahl teils fundamentaler Folgefragen führen – wie etwa zu der, welche Funktionen die Lageberichterstattung nach neuem Recht haben wird: über Rechenschaft und Entscheidungsgrundlage hinaus die neue weitere, das Verhalten der Verwaltungsorgane in Großunternehmen auch auf nichtfinanzielle Unternehmensziele auszurichten, es also zu steuern?[9] Und wer werden künftig die Publizitätsadressaten eines solchen Lageberichts sein: über die Kapitalanleger, die Gesellschaftsgläubiger und die Arbeitnehmer hinaus zusätzlich die Allgemeinheit sowie zivilgesellschaftliche Verbände und Gruppen, aber auch die Gewerkschaften (Multistakeholder-Ansatz)?[10] Schon mit diesen Fragen verbinden sich Folgeprobleme in Fülle. Sie werden sich nicht ohne Auseinandersetzung mit der Grundfrage beantworten lassen, ob die Rechnungslegung der legitime Ort ist, um Großunternehmen über ihre finanziell-wirtschaftlichen Ziele hinaus auch auf nichtfinanzielle auszurichten und zu steuern. Rechtsverträglicher erscheint es demgegenüber, zwischen den Unternehmenszielen und der Ausrichtung der Verwaltungsorgane auf sie einerseits und der Berichterstattung über die Unternehmensziele und ihre Erreichung andererseits deutlich zu trennen. 5

Andernfalls droht eine noch weitergehende Überlastung des Lageberichts. Schon heute ist er durch immer neue Impulse vornehmlich des europäischen Gesetzgebers aufgebläht worden;[11] im Text des § 289 HGB braucht nur auf die Regelungen in Abs. 1 S. 4, Abs. 2 Ziff. 2/5, Abs. 4 und Abs. 5 hingewiesen zu werden. Hinzukommen eine Vielzahl weiterer Berichte wie die Erklärung zur Unternehmensführung (§ 289a), der Corporate Governance-Bericht (3.10 DCGK) und der Vergütungsbericht in Börsengesellschaften (4.2.5 DCGK), der Nachhaltigkeitsbericht und sonstige Berichte. Sie alle haben mit ihrem Umfang und ihrer Komplexität, mit ihren Überschneidungen und unterschiedlichen Zielsetzungen zu Undurchschaubarkeit, stark eingeschränkter Verständlichkeit und im Ergebnis zu geschwächter Verlässlichkeit geführt.[12] Das trifft Rechnungslegung und ihre Funktionen im Kern. 6

Dem will das IIRC (oben Rn. 1) mit seinem IR-Rahmenkonzept begegnen: Die abgeschottete Versäulung der einzelnen Berichtsinstrumente soll aufgebrochen, ihre Informationen sollen in einem einzigen Berichtsformat zusammengeführt werden: klar, prä- 7

---

6 KOM (2011) 681 endgültig (25.10.2011); dazu u.a. *Müller-Michaels/Ringel* AG 2011, 101.

7 Die Kommission hält in der Begründung zum Änderungsvorschlag (oben Fn. 1, S. 2) dafür, mit diesem Vorschlag werde eine der Hauptverpflichtungen der neuen Strategie eingelöst.

8 CSR-Mitteilung (oben Fn. 6, S. 7–3.1).

9 Dazu demnächst *Hommelhoff* in: Böhmke u.a. (Hrsg.) Festschrift für Gerrick von Hoyningen-Huene, 2014.

10 CSR-Mitteilung (oben Fn. 6, S. 6).

11 Zu den vielfältigen Impulsen des Gesetzgebers in der letzten Dekade s. u.a. *Merkt* in: Baumbach/Hopt, Handelsgesetzbuch, 35. Aufl. 2012, § 289 Rn. 1.

12 S. *Kajüter/Blaesing/Hannen* DStR 2013, 1680; zum Corporate Governance-Bericht plädieren *Bredol/Schäfer* NZG 2013, 568 für dessen Abschaffung.

zise, konsistent und vergleichbar,[13] um die Informationsbedürfnisse aller stakeholder zu befriedigen. Für den europäischen Gesetzgeber muss dies internationale Regelungsvorhaben schon im Laufe der gerade anstehenden Reform der Bilanzrichtlinien zur rechtspolitischen Frage führen, ob und inwieweit die internationalen Impulse aufgegriffen werden sollen. Denn der Unionsgesetzgeber, um ein modernes und international wettbewerbsfähiges „enabling law" bemüht, darf sich nicht mit der formalen Öffnungsklausel (§ 46 Abs. 4 Bilanzrichtlinien-Entwurf, oben Rn. 2) begnügen. Vielmehr muss er das in der IIRC-Initiative zutage getretene Unbehagen an Entwicklung und momentanem Zustand der Rechnungslegung aufgreifen und im Interesse der Unternehmen und ihrer globalen Wettbewerbsfähigkeit um durchgreifende Verbesserungen schon jetzt bemüht sein. Andernfalls wird der Unionsgesetzgeber sehr bald erneut vor der Aufgabe stehen, die Bilanzrichtlinien zu novellieren. Die zur Umsetzung verpflichteten Mitgliedstaaten mit ihren ebenfalls beschränkten Gesetzgebungs-Ressourcen würde ein so gestuftes Vorgehen kaum erfreuen.

8 Das alles wird den europäischen Gesetzgeber unter mehreren Aspekten intensiv herausfordern: Er wird sein Anliegen, die „Corporate Social Responsibility" (oben Rn. 4) zu normieren, mit der grundkonzeptionellen Überarbeitung des bisherigen Rechts der Lageberichterstattung zu verbinden haben. Das wird ihn auch in den Einzelheiten des Konzepts herausfordern – so z.B. zu den Berichtsadressaten: Sollte der Unionsgesetzgeber dem IIRC auf dessen jüngst eingeschlagenem Weg folgen und die Informationsbedürfnisse der Eigen- und Fremdkapitalgeber, der Investoren[14] ganz in den Vordergrund rücken, dann liefe er Gefahr, sein auf die nichtfinanziellen Unternehmensziele ausgerichtetes Regelungsanliegen (oben Rn. 4) zu verfehlen. In gleicher Weise greifen die Bestrebungen zu kurz, nichtfinanzielle Informationen bloß insoweit berichtspflichtig stellen zu lassen, wie sie für finanziell-wirtschaftliche Unternehmensleistungen relevant sind.[15]

9 Um einen materiellen Abgleich mit dem IR-Rahmenwerk wird sich der europäische Gesetzgeber noch Ende 2013/Anfang 2014 bemühen müssen, damit die nationalen Transformationsgesetzgeber ebenfalls nach 2014 tätig werden können. Denn für die international agierenden EU-Großunternehmen wäre es abträglich, einen Lagebericht nach zwar reformiertem, aber „unmodernem" Recht zu verfassen und daneben einen „modernen" kompakten, lesbaren und vertrauenswürdigen „Integrierten Bericht" nach dem IR-Rahmenwerk zu veröffentlichen. Für das Ansehen des EU-Rechts in der Welt und für das Ansehen der mitgliedsstaatlichen Bilanzrechte wäre ein solches Nebeneinander überaus schädlich.

10 Nur in stark abgeschwächter Form gilt das Voranstehende für den Diversitätsbericht, wie ihn Art. 46a Abs. 1 lit g Bilanzrichtlinien-Entwurf[16] den Börsengesellschaften für deren Erklärung zur Unternehmensführung zusätzlich vorgeben will. Im nationalen Recht wird dies die Regelung in § 289a HGB erweitern. Ob und in welcher Richtung diese Erweiterung dem Unionsgesetzgeber Anlass bieten sollte, die Informationen in der Erklärung zur Unternehmensführung mit Blick auf die Anregungen aus dem IR-Rahmenwerk (oben Rn. 7) zu kondensieren, bedarf alsbald näherer Untersuchung, damit der Richtlinien-Vorschlag einheitlich beraten, verabschiedet und umgesetzt werden kann.

Die Kommentierung der §§ 289 und 289a erscheint in einem Nachtragsband zu Band 5.

---

[13] *Kajüter/Blaesing/Hannen* aaO.
[14] *Kajüter/Blaesing/Hannen* DStR 2013, 1680.
[15] *Institut der Wirtschaftsprüfer*, IDW Fachnachrichten 2013, 301, 302; dazu *Hommelhoff* (oben Fn. 9).
[16] Oben Fn. 1.

Sachregister

Die fetten Zahlen verweisen auf die Paragraphen, Vor = Vorbemerkung,
die mageren Zahlen verweisen auf die Randnummern